Steindorf
Waffenrecht

# Beck'sche Kurz-Kommentare

Band 35

# Waffenrecht

Waffengesetz, Beschussgesetz,
Kriegswaffenkontrollgesetz einschließlich
untergesetzlichem Regelwerk
und Nebenbestimmungen

Begründet und über 4 Auflagen erläutert von

**Dr. Gerhard Potrykus**

Amtsgerichtsdirektor a. D.

fortgeführt von

**Dr. Joachim Steindorf**

Richter am Bundesgerichtshof a. D.

8., völlig neu bearbeitete Auflage

Verlag C. H. Beck München 2007

Verlag C. H. Beck im Internet:
**beck.de**

ISBN 3 406 50771 9

© 2007 Verlag C. H. Beck oHG
Wilhelmstraße 9, 80801 München
Druck: Clausen & Bosse, Birkstr. 10
25917 Leck

Satz: Druckerei C. H. Beck Nördlingen

Gedruckt auf säurefreiem, alterungsbeständigem Papier
(hergestellt aus chlorfrei gebleichtem Zellstoff)

# Vorwort zur 8. Auflage

Fast sieben Jahre sind seit dem Erscheinen der 7. Auflage des Kommentars vergangen. Die gesetzgeberischen Bestrebungen zur Neugestaltung des Waffenrechts haben nach einer Dauer von etwa 15 Jahren durch das **„Gesetz zur Neuregelung des Waffenrechts (WaffRNeuRegG)"** vom **11. 10. 2002** (BGBl. I 3970; ber. 4592 und 2003 1957) ihren Abschluss gefunden. Das Ergebnis ist eine **völlige Umgestaltung** des bisherigen Rechts. Mit Fug und Recht kann man sagen, dass insoweit „kein Stein mehr auf dem anderen steht". Eine der wesentlichsten Änderungen ist die Ausgliederung des Beschussrechts aus dem Waffengesetz. Das eigentliche Waffenrecht ist nunmehr im **Waffengesetz** (Art. 1 WaffRNeuRegG), das Beschusswesen in einem eigenen Gesetz, dem **Beschussgesetz** (Art. 2 WaffRNeuRegG) geregelt. Neu ist auch, dass das Waffengesetz insofern „entlastet" worden ist, dass ihm die Anlagen 1 und 2 angefügt worden sind. Näheres hierzu ist der Einleitung zu entnehmen.

Die völlige Neubearbeitung bringt das Werk auf den Stand vom 1. August 2006. Es enthält – erstmals in einem Band vereinigt – die Kommentierung des „neuen" Waffengesetzes, der Allgemeinen Verordnung zum Waffengesetz (AWaffV), des Beschussgesetzes (BeschG), der Allgemeinen Verordnung zum Beschussgesetz (BeschussV) sowie des Kriegswaffenkontrollgesetzes. Das neue untergesetzliche Regelwerk ist – soweit es vorliegt – vollständig berücksichtigt worden. Die außer dem neuen Waffengesetz und dem Beschussgesetz im Kommentar enthaltenen Gesetze und Vorschriften sind aktualisiert worden. Neu aufgenommen wurden unter Nr. 12 die wichtigsten Bestimmungen des internationalen und supranationalen Waffen- und Beschussrechts sowie unter Nr. 14 eine Auswahl bedeutsamer Bescheide des Bundeskriminalamts nach den §§ 2 Abs. 5 und 40 Abs. 4 WaffG. Außer dem Bundesrecht sind auch – wie bisher – die waffenrechtlichen Bestimmungen der Länder im Anhang aufgeführt.

Besonderer Dank gilt wiederum meiner Frau für ihr Verständnis und ihre tatkräftige Unterstützung.

Der Kommentar soll auch nach der Neuordnung des Waffenrechts ein – jetzt besonders notwendiger – kompakter, zuverlässiger Wegweiser durch das völlig umgestaltete Gebiet des Waffenrechts für Gerichte, Staatsanwaltschaften, Rechtsanwälte und Verwaltungsbehörden, aber auch für an diesem Rechtsgebiet interessierte Privatpersonen, wie Jäger, Sportschützen und Waffensammler, sein.

Bad Kreuznach, im August 2006                    Joachim Steindorf

# Inhaltsverzeichnis

Vorwort .................................................................................. V
Abkürzungsverzeichnis ........................................................ IX

1. Waffengesetz (WaffG) – Kommentar ............................. 1
2. Allgemeine Waffengesetz-Verordnung (AWaffV) – Kommentar ................................................................................. 435
3. Kostenverordnung zum WaffG (WaffKostV) ................. 521
4. Allgemeine Verwaltungsvorschrift zum WaffG (WaffVwV) *(zZ. unbesetzt)* ................................................................. 533
5. Gesetz über die Prüfung und Zulassung von Feuerwaffen, Böllern, Geräten, bei denen zum Antrieb Munition verwendet wird, sowie von Munition und sonstigen Waffen (Beschussgesetz – BeschG) – Kommentar ............................. 535
6. Allgemeine Verordnung zum Beschussgesetz (BeschussV) – Kommentar (Anlagen nicht kommentiert) ............................. 609
7. Kostenverordnung zum Beschussgesetz *(zZ. unbesetzt)* ......... 707
8. Ausführungsgesetz zu Artikel 26 Abs. 2 des Grundgesetzes (Gesetz über die Kontrolle von Kriegswaffen) – Kommentar ................................................................................. 709
8 a. Erste Verordnung zur Durchführung des Gesetzes über die Kontrolle von Kriegswaffen ............................................. 807
8 b. Zweite Verordnung zur Durchführung des Gesetzes über die Kontrolle von Kriegswaffen ............................................. 809
8 c. Dritte Verordnung zur Durchführung des Gesetzes über die Kontrolle von Kriegswaffen ............................................. 817
8 d. Erste Verordnung über Allgemeine Genehmigungen nach dem Gesetz über die Kontrolle von Kriegswaffen ................ 819
8 e. Zweite Verordnung über eine Allgemeine Genehmigung nach dem Gesetz über die Kontrolle von Kriegswaffen ........ 821
8 f. Verordnung über Meldepflichten für bestimmte Kriegswaffen (Kriegswaffenmeldeverordnung – KWMV) ..................... 823
8 g. Verordnung über den Umgang mit unbrauchbar gemachten Kriegswaffen ..................................................................... 827
8 h. Gesetz zu dem Übereinkommen vom 13. 1. 1993 über das Verbot der Entwicklung, Herstellung, Lagerung und des Einsatzes chemischer Waffen und über die Vernichtung solcher Waffen (Gesetz zum Chemiewaffenübereinkommen) ... 830
8 i Ausführungsgesetz zu dem Übereinkommen vom 13. 1. 1993 über das Verbot der Entwicklung, Herstellung, Lagerung und des Einsatzes chemischer Waffen und über die Vernichtung solcher Waffen (Ausführungsgesetz zum Chemiewaffenübereinkommen – CWÜAG) ............................. 861
8 k. Ausführungsverordnung zum Chemiewaffenübereinkommen (CWÜV) .................................................................. 873
9. Fünfte Verordnung zum WaffG aF (5. WaffV) ............... 883

# Inhaltsverzeichnis

10. Verordnung über die Zuständigkeit der Hauptzollämter zur Verfolgung und Ahndung bestimmter Ordnungswidrigkeiten nach dem Waffengesetz und dem Sprengstoffgesetz ........ 885
11. Gesetz zur Neuregelung des Waffenrechts (WaffR-NeuRegG) .................................................................................. 887
12. Internationales und supranationales Waffen- und Beschussrecht ............................................................................................. 891
    a) Europäisches Übereinkommen über die Kontrolle des Erwerbs und des Besitzes von Schusswaffen durch Einzelpersonen .................................................................................. 891
    b) EU-Waffenrichtlinie (91/477/EWG) vom 18. 6. 1991 ......... 898
    c) Richtlinie 93/15/EWG des Rates vom 5. 4. 1993 zur Harmonisierung der Bestimmungen über das Inverkehrbringen und die Kontrolle von Explosivstoffen für zivile Zwecke (Sprengstoffrichtlinie)............................................................ 907
    d) Übereinkommen zur Durchführung des Übereinkommens von Schengen vom 14. 6. 1985 zwischen den Regierungen der Staaten der Benelux-Wirtschaftsunion, der Bundesrepublik Deutschland und der Französischen Republik betreffend den schrittweisen Abbau der Kontrollen an den gemeinsamen Grenzen (Schengener Durchführungsübereinkommen) (Auszug) .......................................................... 929
    e) VN-Schusswaffenprotokoll .................................................. 934
    f) Deutsch-Österreichisches Abkommen vom 28. 6. 2002 ...... 945
    g) Übereinkommen über die gegenseitige Anerkennung der Beschußzeichen für Handfeuerwaffen vom 1. 7. 1969 ........ 947
13. Landesrechtliche Vorschriften zum Waffengesetz ................ 951
    13.1   Baden-Württemberg ............................................. 951
    13.2   Bayern .................................................................. 954
    13.3   Berlin ................................................................... 961
    13.4   Brandenburg ........................................................ 962
    13.5   Bremen ................................................................ 963
    13.6   Hamburg .............................................................. 964
    13.7   Hessen .................................................................. 965
    13.8   Mecklenburg-Vorpommern .................................. 969
    13.9   Niedersachsen ...................................................... 972
    13.10  Nordrhein-Westfalen ........................................... 976
    13.11  Rheinland-Pfalz ................................................... 978
    13.12  Saarland ............................................................... 980
    13.13  Sachsen ................................................................ 980
    13.14  Sachsen-Anhalt .................................................... 981
    13.15  Schleswig-Holstein .............................................. 983
    13.16  Thüringen ............................................................ 984
14. Bescheide des Bundeskriminalamtes
    I. Feststellungsbescheide nach § 2 Abs. 5 WaffG (Auszug) ... 987
    II. Ausnahmegenehmigungen nach § 40 Abs. 4 WaffG (Auszug) ................................................................................ 1016

**Sachverzeichnis** ............................................................................ 1019

# Verzeichnis der Abkürzungen

| | |
|---|---|
| A | Abschnitt (der Anlagen zum WaffG nF) |
| aA | anderer Ansicht |
| aaO | am angebenen Ort |
| ABer. | Ausschussbericht |
| ABl. | Amtsblatt |
| ABl. AHK | Amtsblatt der Alliierten Hohen Kommission |
| ABl. EG | Amtsblatt der Europäischen Gemeinschaften |
| ADV | (Automatische) Datenverarbeitung |
| aE | Am Ende |
| aF | alte(r) Fassung |
| AG | Aktiengesellschaft, Amtsgericht, Ausführungsgesetz |
| AgrR | Zeitschrift für das Recht der Landwirtschaft, der Agrarmärkte und des ländlichen Raumes (bis 2002; jetzt AUR) |
| AHKG | Gesetz der Alliierten Hohen Kommission |
| aM | andere(r) Meinung |
| Amtl. Begr. | Amtliche Begründung |
| ÄndG | Änderungsgesetz |
| Anl. | Anlage |
| AO | Abgabenordnung, Anordnung |
| *Apel* | Kommentar zum WaffG (1977) m. Erg.-Bd. (1980) |
| *Apel/Bushart* | Waffenrecht, 3. Aufl. 2004 |
| ArbuR | Zeitschrift für Arbeit und Recht |
| ArchKrim. | Archiv für Kriminologie |
| Art. | Artikel |
| AUR | Agrar- und Umweltrecht (ab 2003) |
| AWaffV | Allgemeine Waffengesetz-Verordnung vom 27. 10. 2003 (BGBl. I 2123) |
| AWG | Außenwirtschaftsgesetz |
| AW-Prax. | Zeitschrift für Außenwirtschaft in Recht und Praxis |
| BAM | Bundesanstalt für Materialforschung und -prüfung |
| BAnz. | Bundesanzeiger |
| BaWüVBl. | Baden-Württembergische Verwaltungsblätter |
| BayLStVG | Bayer. Landesstraf- u. Verordnungsgesetz |
| BayObLG | Bayer. Oberstes Landesgericht |
| BayObLGSt. | Entscheidungen des BayObLG in Strafsachen, Sammlung der – |
| BayVerfGH | Bayer. Verfassungsgerichtshof |
| BayVBl. | Bayerische Verwaltungsblätter |
| BayVGH | Bayer. Verwaltungsgerichtshof |
| Bd. | Band |
| BDZ | Deutsche Zoll- und Finanzgewerkschaft (Magazin) |
| Beil. | Beilage |
| Bek. | Bekanntmachung |

# Abkürzungen

| | |
|---|---|
| Ber. | Bericht |
| ber. | berichtigt |
| BG | Bezirksgericht (DDR) |
| BGBl. | Bundesgesetzblatt |
| BGH | Bundesgerichtshof |
| BGHSt. | Entscheidungen des Bundesgerichtshofs in Strafsachen |
| BGHZ | Entscheidungen des Bundesgerichtshofs in Zivilsachen |
| BGS | Bundesgrenzschutz |
| BImSchG | Bundes-Immissionsschutzgesetz |
| BJagdG | Bundesjagdgesetz |
| BMJ | Bundesministerium der Justiz |
| BKA | Bundeskriminalamt |
| Bl. | Blatt |
| BM | Bundesminister(ium); „Der Büchsenmacher" (Zeitschrift) |
| BMF(i) | Bundesminister(ium) der Finanzen |
| BMV | Bundesminister(ium) für Verkehr, Bau- und Wohnungswesen |
| BMVtg | Bundesminister(ium) der Verteidigung |
| BMI (BMdI) | Bundesminister(ium) des Innern |
| BMWi | Bundesminister(ium) für Wirtschaft und Technologie; in 15. Legislaturperiode: Bundesministerium für Wirtschaft und Arbeit (BMWA) |
| BMZ | Büchsenmacherzeitung, Rechtsverlag Düsseldorf 1958–1963 |
| BR(-Drucks.) | Bundesrat(sdrucksache) |
| BReg. | Bundesregierung |
| BRep. | Bundesrepublik |
| BRepD | Bundesrepublik Deutschland |
| BeschG | Beschussgesetz |
| BeschussV | Beschussverordnung |
| BT(-Drucks.) | Bundestag(sdrucksache) |
| BtMG | Betäubungsmittelgesetz |
| BVerfG | Bundesverfassungsgericht |
| BVerfGE | Entscheidungssammlung des BVerfG |
| BVerwG | Bundesverwaltungsgericht |
| BVerwGE | Entscheidungssammlung des BVerwG |
| BW | Baden-Württemberg |
| BWVBl. | Baden-Württembergische Verwaltungsblätter |
| BWaffG | Bundeswaffengesetz |
| BZRG | Bundeszentralregistergesetz |
| CIP | Ständige Internationale Kommission zur Prüfung von Handfeuerwaffen |
| DB | Der Betrieb (Zeitschrift) |
| DDB | Das Deutsche Bundesrecht |
| DÖV | Die Öffentliche Verwaltung |
| DPolBl. | Deutsches Polizeiblatt |
| DRiZ | Deutsche Richterzeitung |

# Abkürzungen

| | |
|---|---|
| Drucks. | Drucksache |
| DVBl. | Deutsches Verwaltungsblatt |
| DVO | Durchführungsverordnung |
| DVP | Deutsche Verwaltungspraxis |
| DWJ | Deutsches Waffenjournal |
| | |
| E | Entscheidung, Entwurf |
| EFG | Entscheidungen der Finanzgerichte |
| EG | Einführungsgesetz, Europäische Gemeinschaft |
| ErgBd. | Ergänzungsband |
| EU | Europäische Union |
| EVertr. | Einigungsvertrag v. 31. 8. 1990 (BGBl. II 889) |
| EWG | Europäische Wirtschaftsgemeinschaft |
| | |
| ff. | und folgende |
| fr. | früher |
| | |
| G, Ges. | Gesetz |
| GA | Goltdammers Archiv für Strafrecht |
| GewA | Gewerbearchiv |
| GewO | Gewerbeordnung |
| GG | Grundgesetz |
| GMBl. | Gemeinsames Ministerialblatt (BMI) |
| GVBl. | Gesetz- und Verordnungsblatt |
| GV NW | Gesetz- und Verordnungsblatt des Landes Nordrhein-Westfalen |
| | |
| HGB | Handelsgesetzbuch |
| *Hinze* | Kommentar zum WaffG und KWKG (Loseblattausgabe) |
| hM | herrschende Meinung |
| *Hoche* SchWaffG | Kommentar zum SchWaffG 1928 |
| *Hoche* RWaffG | Kommentar zum RWaffG 1938 |
| HwO | Handwerksordnung |
| | |
| idF | in der Fassung |
| idR | in der Regel |
| ieS | im engeren Sinne |
| IKPO | Internationale kriminalpolizeiliche Organisation – Interpol |
| iS | im Sinne |
| iVm. | in Verbindung mit |
| iwS | im weiteren Sinne |
| | |
| J | Joule (Maß für Bewegungsenergie) |
| JA | Juristische Arbeitsblätter |
| JagdRE | Jagdrechtliche Entscheidungen |
| JR | Juristische Rundschau |
| JuS | Juristische Schulung |
| JW | Juristische Wochenschrift |
| JZ | Juristenzeitung |

# Abkürzungen

| | |
|---|---|
| *Kääb/Rösch* | Kommentar zum Bayer. LStVG 2. Aufl. 1967/68 |
| KG | Kammergericht, Kommanditgesellschaft |
| *K/P* | *König/Papsthart,* Das neue Waffenrecht, 2004 |
| KRG | Kontrollratsgesetz |
| KWKG | Kriegswaffenkontrollgesetz (Abkürzung neuerdings auch verwendet für Kraft-Wärme-Kopplungsgesetz vom 19. 3. 2002) |
| KWL | Kriegswaffenliste |
| *Lackner/Kühl* | *Lackner/Kühl,* Strafgesetzbuch mit Erläuterungen, 24. Aufl. 2001 |
| *Landmann/Rohmer* | Gewerbeordnung, Loseblatt-Kommentar |
| L/F/L | Lehmann/Frieß/Lehle, Aktuelles Waffenrecht |
| LG | Landgericht |
| LK | Leipziger Kommentar zum Strafgesetzbuch, 10. bzw. 11. Auflage |
| LKV | Landes- und Kommunalverwaltung (Zeitschrift) |
| LM | *Lindenmaier/Möhring,* Nachschlagewerk des Bundesgerichtshofs, Leitsätze und Entscheidungen mit erläuternden Anmerkungen (Verlag C. H. Beck) |
| LStVG | (Bayerisches) Landesstraf- und Verordnungsgesetz |
| LuftVG | Luftverkehrsgesetz |
| MBl. | Ministerialblatt |
| MDR | Monatsschrift für Deutsches Recht |
| MedR | Medizinrecht (Zeitschrift) |
| *Meyer-Goßner* | *Meyer-Goßner,* Strafprozessordnung, 48. Aufl. 2006 |
| MfS | Ministerium für Staatssicherheit (DDR) |
| mR | mit Recht |
| MRRG | Melderechtsrahmengesetz |
| mwN | mit weiteren Nachweisen |
| NdsRpfl. | Niedersächsische Rechtspflege (Zeitschrift) |
| nF | neue(r) Fassung |
| NJW | Neue Juristische Wochenschrift |
| NPA | Neues Polizeiarchiv (Nachschlagewerk) |
| Nr. (Nrn.) | Nummer(n) |
| NStZ | Neue Zeitschrift für Strafrecht |
| NStZ-RR | Neue Zeitschrift für Strafrecht – Rechtsprechungs-Report |
| NW (NRW) | Nordrhein-Westfalen |
| NZWehrR | Neue Zeitschrift für Wehrrecht |
| OG | Oberster Gerichtshof (DDR) |
| OHG | Offene Handelsgesellschaft |
| OLGSt. | Entscheidungen der Oberlandesgerichte zum Straf- und Strafverfahrensrecht |

# Abkürzungen

| | |
|---|---|
| OVG | Oberverwaltungsgericht |
| OWiG | Gesetz über Ordnungswidrigkeiten |
| *Palandt* | Kommentar zum Bürgerlichen Gesetzbuch, 65. Aufl. 2006 |
| ph | Polizei heute (Zeitschrift) |
| PTB | Physikalisch-Technische Bundesanstalt |
| PVT | Polizei, Verkehr, Technik (Zeitschrift) |
| RdErl. | Runderlass |
| RdL | Recht der Landwirtschaft (Zeitschrift) |
| Rdn. | Randnummer(n) |
| RegE | Regierungsentwurf |
| RGBl. | Reichsgesetzblatt |
| RGSt. | Amtliche Sammlung von Entscheidungen des Reichsgerichts in Strafsachen |
| Rh.-Pf. | Rheinland-Pfalz |
| RiStBV | Richtlinien für das Strafverfahren und das Bußgeldverfahren |
| RIW/AWD | Recht der internationalen Wirtschaft/Außenwirtschaftsdienst |
| RL | Richtlinie(n) |
| RMdI | Reichsminister des Innern |
| RWaffG | Reichswaffengesetz vom 18. 3. 1938 |
| Rz | Randziffer |
| s. | siehe |
| S. | Seite |
| SächsVBl. | Sächsische Verwaltungsblätter |
| SchlHA | Schleswig-Holsteinische Anzeigen |
| *Schönke/Schröder* | Strafgesetzbuch, Kommentar, 26. Aufl. 2001 (Bearbeiter: *Lenckner, Cramer, Eser, Stree* u. a.) |
| SchWaffG | Schusswaffengesetz von 1928 |
| SMAD | Sowjetische Militär-Administration |
| s. o. | siehe oben |
| SprengG | Sprengstoffgesetz |
| SprengV | Sprengverordnung |
| StAnz. | Staatsanzeiger |
| StGB | Strafgesetzbuch |
| StPO | Strafprozessordnung |
| StRG | Strafrechtsreformgesetz |
| s. u. | siehe unten |
| *Tröndle/Fischer* | *Tröndle/Fischer,* Strafgesetzbuch und Nebengesetze, 52. Aufl. 2006 |
| ThürVBl. | Thüringer Verwaltungsblätter |
| U. | Unterabschnitt (der Anlagen zum Waffengesetz nF) |
| u. a. | unter anderem |
| u. ä. | und ähnliche(s) |

# Abkürzungen

| | |
|---|---|
| V, (VO) | Verordnung |
| VB | Verwaltungsbehörde |
| VBl. | Verwaltungsblatt (-blätter) |
| VersG | Versammlungsgesetz |
| VersR | Versicherungsrecht (Zeitschrift) |
| VerwG (VG) | Verwaltungsgericht |
| VerwGH (VGH) | Verwaltungsgerichtshof |
| vgl. | vergleiche |
| VerwRspr. VRspr. | Verwaltungsrechtsprechung in Deutschland |
| VO(EWG) | Verordnung (der Europäischen Wirtschaftsgemeinschaft) |
| Vorbem. | Vorbemerkung |
| VwGO | Verwaltungsgerichtsordnung |
| VwVfG | Verwaltungsverfahrensgesetz |
| VwV | Verwaltungsvorschrift |
| WaffG | Waffengesetz |
| WaffRNeuRegG | Gesetz zur Neuregelung des Waffenrechts vom 11. 10. 2002 (BGBl. I 3970), ber. 19. 12. 2002 (BGBl. I 4592) und 19. 9. 2003 (BGBl. I 1957) |
| WaffV | Verordnung zum WaffG |
| WaffVwV | Allgemeine Verwaltungsvorschrift zum WaffG |
| WBK | Waffenbesitzkarte |
| WeimRV | Weimarer Reichsverfassung |
| WF | Waffenfreund (Zeitschrift) |
| zB | zum Beispiel |
| ZEV | Zeitschrift für Erbrecht und Vermögensnachfolge |
| ZfZ | Zeitschrift für Zölle und Verbrauchssteuern |
| ZVglRWiss. | Zeitschrift für vergleichende Rechtswissenschaft |
| ZPO | Zivilprozessordnung |
| ZStW | Zeitschrift für die gesamte Strafrechtswissenschaft |
| zT | zum Teil |

# 1. Waffengesetz (WaffG)[1]

Vom 11. 10. 2002 (BGBl. I 3970; ber. 4592 und 2003, 1957, geänd. durch Art. 3 des Gesetzes vom 10. 9. 2004 (BGBl. I 2318) und Art. 34 des Gesetzes vom 21. 6.2005 (BGBl. I 1818)

**BGBl. III/FNA 7133-4**

## Inhaltsübersicht

### Abschnitt 1. Allgemeine Bestimmungen

| | §§ |
|---|---|
| Gegenstand und Zweck des Gesetzes, Begriffsbestimmungen | 1 |
| Grundsätze des Umgangs mit Waffen oder Munition, Waffenliste | 2 |
| Umgang mit Waffen oder Munition durch Kinder und Jugendliche | 3 |

### Abschnitt 2. Umgang mit Waffen oder Munition

#### Unterabschnitt 1. Allgemeine Voraussetzungen für Waffen- und Munitionserlaubnisse

| | |
|---|---|
| Voraussetzung für eine Erlaubnis | 4 |
| Zuverlässigkeit | 5 |
| Persönliche Eignung | 6 |
| Sachkunde | 7 |
| Bedürfnis, allgemeine Grundsätze | 8 |
| Inhaltliche Beschränkungen, Nebenbestimmungen und Anordnungen | 9 |

#### Unterabschnitt 2. Erlaubnisse für einzelne Arten des Umgangs mit Waffen oder Munition, Ausnahmen

| | |
|---|---|
| Erteilung von Erlaubnissen zum Erwerb, Besitz, Führen und Schießen | 10 |
| Erwerb und Besitz von Schusswaffen oder Munition mit Bezug zu einem anderen Mitgliedstaat der Europäischen Union | 11 |
| Ausnahmen von den Erlaubnispflichten | 12 |

#### Unterabschnitt 3. Besondere Erlaubnistatbestände für bestimmte Personengruppen

| | |
|---|---|
| Erwerb und Besitz von Schusswaffen und Munition durch Jäger, Führen und Schießen zu Jagdzwecken | 13 |
| Erwerb und Besitz von Schusswaffen und Munition durch Sportschützen | 14 |
| Schießsportverbände, schießsportliche Vereine | 15 |
| Erwerb und Besitz von Schusswaffen und Munition durch Brauchtumsschützen, Führen von Waffen und Schießen zur Brauchtumspflege | 16 |

---

[1] Verkündet als Art. 1 des G zur Neuregelung des Waffenrechts (WaffRNeuRegG) vom 11. 10. 2002 (BGBl. I 3970), ber. 19. 12. 2002 (BGBl. I 4592) und 19. 9. 2003 (BGBl. I 1957).

# Einleitung

Inhaltsverzeichnis

|  | §§ |
|---|---|
| Erwerb und Besitz von Schusswaffen oder Munition durch Waffen- oder Munitionssammler | 17 |
| Erwerb und Besitz von Schusswaffen oder Munition durch Waffen- oder Munitionssachverständige | 18 |
| Erwerb und Besitz von Schusswaffen und Munition, Führen von Schusswaffen durch gefährdete Personen | 19 |
| Erwerb und Besitz von Schusswaffen durch Erwerber infolge eines Erbfalls | 20 |

Unterabschnitt 4. Besondere Erlaubnistatbestände für Waffenherstellung, Waffenhandel, Schießstätten, Bewachungsunternehmer

| | |
|---|---|
| Gewerbsmäßige Waffenherstellung, Waffenhandel | 21 |
| Fachkunde | 22 |
| Waffenbücher | 23 |
| Kennzeichnungspflicht, Markenanzeigepflicht | 24 |
| Ermächtigungen und Anordnungen | 25 |
| Nichtgewerbsmäßige Waffenherstellung | 26 |
| Schießstätten, Schießen durch Minderjährige auf Schießstätten | 27 |
| Erwerb, Besitz und Führen von Schusswaffen und Munition durch Bewachungsunternehmer und ihr Bewachungspersonal | 28 |

Unterabschnitt 5. Verbringen und Mitnahme von Waffen oder Munition in den, durch den oder aus dem Geltungsbereich des Gesetzes

| | |
|---|---|
| Verbringen von Waffen oder Munition in den Geltungsbereich des Gesetzes | 29 |
| Verbringen von Waffen oder Munition durch den Geltungsbereich des Gesetzes | 30 |
| Verbringen von Waffen oder Munition aus dem Geltungsbereich des Gesetzes in andere Mitgliedstaaten der Europäischen Union | 31 |
| Mitnahme von Waffen oder Munition in den, durch den oder aus dem Geltungsbereich des Gesetzes, Europäischer Feuerwaffenpass | 32 |
| Anmelde- und Nachweispflicht bei Verbringen oder Mitnahme von Waffen oder Munition in den oder durch den Geltungsbereich des Gesetzes | 33 |

Unterabschnitt 6. Obhutspflichten, Anzeige-, Hinweis- und Nachweispflichten

| | |
|---|---|
| Überlassen von Waffen oder Munition, Prüfung der Erwerbsberechtigung, Anzeigepflicht | 34 |
| Werbung, Hinweispflichten, Handelsverbote | 35 |
| Aufbewahrung von Waffen oder Munition | 36 |
| Anzeigepflichten | 37 |
| Ausweispflichten | 38 |
| Auskunfts- und Vorzeigepflicht, Nachschau | 39 |

# Geschichtlicher Überblick § 1

| Unterabschnitt 7. Verbote | §§ |
|---|---|
| Verbotene Waffen | 40 |
| Waffenverbote für den Einzelfall | 41 |
| Verbot des Führens von Waffen bei öffentlichen Veranstaltungen | 42 |

### Abschnitt 3. Sonstige waffenrechtliche Vorschriften

| | |
|---|---|
| Erhebung und Übermittlung personenbezogener Daten | 43 |
| Übermittlung an und von Meldebehörden | 44 |
| Rücknahme und Widerruf | 45 |
| Weitere Maßnahmen | 46 |
| Verordnungen zur Erfüllung internationaler Vereinbarungen oder zur Angleichung an Gemeinschaftsrecht | 47 |
| Sachliche Zuständigkeit | 48 |
| Örtliche Zuständigkeit | 49 |
| Kosten | 50 |

### Abschnitt 4. Straf- und Bußgeldvorschriften

| | |
|---|---|
| Strafvorschriften | 51 |
| Strafvorschriften | 52 |
| Bußgeldvorschriften | 53 |
| Einziehung und erweiterter Verfall | 54 |

### Abschnitt 5. Ausnahmen von der Anwendung des Gesetzes

| | |
|---|---|
| Ausnahmen für oberste Bundes- und Landesbehörden, Bundeswehr, Polizei und Zollverwaltung, erheblich gefährdete Hoheitsträger sowie Bedienstete anderer Staaten | 55 |
| Sondervorschriften für Staatsgäste und andere Besucher | 56 |
| Kriegswaffen | 57 |

### Abschnitt 6. Übergangsvorschriften, Verwaltungsvorschriften

| | |
|---|---|
| Altbesitz | 58 |
| Verwaltungsvorschriften | 59 |

**Anlage 1** (zu § 1 Abs. 4)
**Anlage 2** (zu § 2 Abs. 2 bis 4)

## Einleitung[1]

## Geschichtlicher Überblick

**I. Die Entwicklung bis zum Schusswaffengesetz von 1928.** Die ältesten bekannten Waffen gehören der Altsteinzeit (bis etwa 10 000 v. Chr.) an. Es handelte sich um zugehauene Feuersteine, die zu Angriffs- oder Verteidigungszwecken eingesetzt wurden. Aus der Jungsteinzeit liegen Hieb- und Stichwaffen verschiedener Art vor. Später, als man gelernt hatte, Metalle zu verwenden, entstanden das Lappenbeil und das Schwert. Die weitere Entwicklung des Menschen war stets begleitet

1

---

[1] Soweit mit dem Hinweis „abgedruckt unter Nr. ..." Verweisungen erfolgen, bezieht sich das auf die 8. Auflage des Kommentars.

# Einleitung
Geschichtlicher Überblick

von einer Fortentwicklung der von ihm benutzten Waffen. Die Einführung der Feuerwaffen im 15./16. Jahrhundert änderte das System der Bewaffnung grundlegend.

**2** Schon in relativ früher Zeit stellte man in einzelnen Fällen **Waffen unter Ge- oder Verbotsnormen** (*Reiber*, Die Entwicklung des Deutschen Schusswaffenrechts zum 2. Bundeswaffengesetz in der Fassung vom 8. März 1976 und eine kriminalpolitische Kritik unter besonderer Berücksichtigung der Begriffe Erwerb, Besitz und Führen, Diss. Marburg 1981, S. 4). Waffenverbote wurden im Mittelalter von den Feudalherren gegenüber den Bauern erlassen (*Mitteis/Lieberich*, Deutsche Rechtsgeschichte, 19. Aufl. S. 301). Nur in Ausnahmefällen erhielt ein Bauer die Erlaubnis, Schwert, Schild oder Lanzen zu tragen (*Reiber* aaO S. 4). Die „Waffenfähigkeit" entschied gleichzeitig über Freiheit und Unfreiheit des Einzelnen und damit über seine soziale Stellung (*Werger*, Das Recht des Waffenbesitzes und Waffentragens vor und nach dem Reichsgesetz vom 12. April 1928, Diss. Gießen 1930). Im Verlauf des Mittelalters schälten sich schließlich zwei Gruppen heraus, die dem Führen von Waffen betraut waren: die Armee mit ihren Feuerwaffen und die Jagdberechtigten mit ihren Jagdwaffen. Zu Beginn der Neuzeit bis in das 19. Jahrhundert hinein bildeten sich neben den Berufsheeren der Landsknechte Zusammenschlüsse der wehrfähigen Bürger und Bauern zur „Landesdefension"; sie hielten in der Regel zu Hause militärische Ausrüstung zur Landesverteidigung bereit (*Reiber* aaO S. 4).

**3** Auffälligerweise gab es bis dahin **keine allgemeine Kodifikation** des Waffenrechts. Lediglich in Einzelfällen ergingen Edikte u. ä., die aber im wesentlichen den Schutz des Jagdrechts betrafen (Nachweise bei *Reiber* aaO S. 7 ff.). Selbst eine so umfassende Regelung wie das Preußische Allgemeine Landrecht aus dem Jahre 1794 enthält keine waffenrechtlichen Bestimmungen; auch durch das preußische „Gesetz zum Schutz der persönlichen Freiheit" vom 12. 1. 1850 (G. S. S. 45; insoweit falsch zitiert bei *Reiber* aaO S. 14) wurde der Waffenbesitz keinem generellen Verbot unterworfen (*Werger* aaO S. 10). Landesrechtliche Regelungen enthielten weiter ein hessisches „Regierungsausschreiben" (bei *Reiber* aaO S. 16) sowie die sächsische „Verordnung, polizeiliche Vorschriften über Waffen und Schießbedarf betreffend" vom 15. 11. 1904 (GVBl. 425). Reichsrechtliche Regelungen blieben noch aus. Lediglich im Gewerberecht war bestimmt, dass Schießpulverfabriken als gefährliche Anlagen einer Genehmigung bedurften. Abgesehen von dieser mehr sprengstoffrechtlichen Regelung waren behördliche Gestattungen weder für die Herstellung von Waffen noch den Handel mit ihnen erforderlich. Es genügte vielmehr, dass der Beginn des Gewerbes nach § 14 GewO der zuständigen Behörde angezeigt wurde. Die Gewerbeordnung enthielt aber bereits das Verbot, Schusswaffen im Rahmen des „Gewerbes im Umherziehen" feilzubieten oder anzukaufen (§§ 56 Abs. 2 Nr. 8, 148 Abs. 1 Nr. 7 a).

**4** Das **Strafgesetzbuch** für das Deutsche Reich vom 15. 5. 1871 (RGBl. 195; vgl. zu den Übertretungstatbeständen *Goldmann*, Die behördliche Genehmigung als Rechtfertigungsgrund, Diss. Freiburg 1967, S. 25 ff.) befasste sich nur in wenigen Vorschriften mit Waffen. Als „Übertretungen" waren aufgeführt das heimliche oder entgegen einem behördlichen Verbot vorgenommene „Aufsammeln" von Vorräten an Waffen und Schießbedarf (§ 360 Nr. 2), das Schießen an bewohnten Orten „ohne polizeiliche Erlaubnis" (§ 367 Nr. 8), das Schießen „mit Feuergewehr" in gefährlicher Nähe von Gebäuden und feuerfangenden Sachen (§ 368 Nr. 7) sowie das Feilhalten oder Mitsichführen von in Stöcken, Röhren oder sonst verborgenen Waffen (§ 367 Nr. 9). Das Nebenstrafrecht enthielt im Vereinsgesetz ein Verbot des Führens von Waffen bei Versammlungen, Aufmärschen oder Umzügen (§§ 11, 19 Nr. 2 VereinsG). Abgesehen davon war weder das Besitzen noch das Mitsichführen von

# Die Entwicklung im „Dritten Reich" § 1

Schusswaffen als solches strafbar; lediglich bei einigen Straftatbeständen wurde das Mitführen von Schusswaffen bei deren Begehung unter höhere Strafdrohung gestellt.

Etwa zeitgleich mit den Regelungen im Strafgesetzbuch erging im Königreich Bayern die „Königlich Allerhöchste Verordnung" vom 21. 1. 1872 (RegBl. 331) und später diejenige vom 19. 11. 1887 (GVBl. 655), mit denen zunächst allen „unselbstständigen" – und damit allen ledigen – Personen und schließlich mit der zweiten Verordnung allen Personen das Führen bestimmter gefährlicher Waffen verboten wurde. Zu diesen Waffen zählten feststellbare Messer, Terzerolen (kleine Pistolen), „Sackpistolen", Revolver, „Abschraubgewehre" sowie „Raufringe" und „Schlageisen".

Kurz vor Ausbruch des Ersten Weltkrieges war man schließlich soweit, der Rechtszersplitterung auf dem Gebiet des Waffenrechts ein Ende zu bereiten. Die Kriegswirren verhinderten dies jedoch. Bei Kriegsende im Jahre **1918** befand sich noch eine Fülle von **Kriegswaffen in Privathand.** Im Hinblick darauf versuchte der Staat zunächst, diesen Waffenbesitz unter Kontrolle zu bekommen. Mit der „Verordnung des Rates der Volksbeauftragten über Waffenbesitz" vom 13. 1. 1919 (RGBl. 31, 122) wurde aber darüber hinaus jeglicher private Waffenbesitz verboten; alle Schusswaffen waren unverzüglich abzuliefern. Trotz dieser und ergänzender Regelungen mit teilweise hohen Strafdrohungen war die völlige Entwaffnung der Bevölkerung aber offensichtlich nicht zu erreichen gewesen; denn bei den politischen Unruhen zu Beginn der zwanziger Jahre wurden in erheblichem Maße Waffen verwendet. Es kam schließlich zum „Gesetz zum Schutze der Republik" vom 21. 7. 1922 (RGBl. I 585), nach dessen § 7 Nr. 5 bestraft wurde, wer als Mitglied einer geheimen oder staatsfeindlichen Verbindung unbefugt Waffen besaß; gleiches galt für denjenigen, der ein heimliches Waffenlager unterhielt oder ein solches trotz Kenntnis hiervon der Behörde nicht meldete.

**II. Das Schusswaffengesetz.** Vereinheitlicht wurde das Waffenrecht dann durch das **„Reichsgesetz über Schusswaffen und Munition"** vom **12. 4. 1928** (RGBl. I 143). Es enthielt u. a. eine umfassende Regelung über die Herstellung von und den Handel mit Schusswaffen sowie über deren Erwerb, Einfuhr, Besitz und Führen. Erstmals trat im Waffenrecht der starke Bezug zum Verwaltungsrecht deutlich hervor (*Reiber* aaO S. 42). Ein Netz von behördlichen Registrierpflichten wurde geschaffen. Als Befreiung von dem grundsätzlichen Verbot des Erwerbs, der Einfuhr und des Besitzes sah das Gesetz „Erwerbscheine" vor (§§ 10, 22 SchusswaffenG). Das Waffengewerbe durfte nur mit behördlicher Genehmigung betrieben werden. Eine allumfassende Kontrolle sollte sicherstellen, dass Schusswaffen nur in begrenzter Zahl und ausschließlich an zuverlässige Personen ausgegeben werden (Zuverlässigkeitsprüfung; darüber hinaus Bedürfnisprüfung vor Erteilung eines Waffenscheins zum „Führen" von Waffen – §§ 15, 16 SchusswaffenG) (näher *Hoche*, Schusswaffengesetz, 3. Aufl. 1931, S. 12ff.).

Die schwierigen wirtschaftlichen und politischen Verhältnisse zu Beginn der dreißiger Jahre führten dazu, dass im Verordnungs- und später im Gesetzeswege weitere Verschärfungen des Waffenrechts erfolgten. Ab 1930 wurde auch der Umgang mit Hieb- und Stoßwaffen reglementiert (VO des Reichspräsidenten auf Grund des Art. 48 Reichsverfassung gegen Waffenmissbrauch vom 25. 7. 1930 – RGBl. I 352).

**III. Die Entwicklung im „Dritten Reich".** Nachdem die nationalsozialistische Staatsführung den „Staatsfeinden" die Schusswaffen hatte wegnehmen lassen und durch die VO vom 12. 6. 1933 (RGBl. I 367) die Einfuhr von Faustfeuerwaffen aus dem Ausland aus sicherheitspolizeilichen Gründen verboten hatte, ging sie an eine Reform des Waffenrechts iS einer Lockerung der bestehenden Vorschriften „zwecks

# Einleitung
Geschichtlicher Überblick

Wehrhaftmachung des Deutschen Volkes". Die Voraussetzungen für die Zulassung zur Waffenherstellung und zum Waffenhandel wurden in den §§ 3 und 7 genauer festgelegt, die Kennzeichnungspflicht (§ 10) wurde verschärft, der Waffenerwerbscheinzwang dagegen in § 11 nur auf Faustfeuerwaffen erstreckt, der Erwerb von Munition gänzlich von einer polizeilichen Erlaubnis freigestellt und der entgeltliche Erwerb von Schusswaffen und Munition durch Jugendliche unter 18 Jahren untersagt (§ 13). Die Bestimmungen über die Waffenscheinpflicht (§ 14) blieben im Wesentlichen unverändert, sie wurden aber praktisch durch zahlreiche Ausnahmen nicht nur zugunsten von bestimmten Beamtenkategorien, sondern sehr weitgehend auch für die sog. „politischen Leiter" der fr. NSDAP, die Funktionäre der SS, der Technischen Nothilfe und des Luftschutzes durchbrochen (§§ 18, 19). Die Einfuhr von Schusswaffen blieb, wie bisher, polizeilicher Kontrolle unterworfen (§ 14).

**10** Das neugefasste **Reichswaffengesetz** (RWaffG) vom 18. 3. 1938 (RGBl. I 265) wurde am 21. 3. 1938 verkündet und trat gem. seinem § 33 Abs. 1 am 1. 4. 1938 in Kraft. Zur Ausführung und Durchführung des Waffengesetzes erließ der RMI auf Grund der ihm durch § 31 RWaffG erteilten Ermächtigung die VO zur Durchführung des Waffengesetzes vom 19. 3. 1938 (RGBl. I 270) sowie weitere Durchführungsverordnungen.

**11** **IV. Die Nachkriegsentwicklung.** Durch den Zusammenbruch von 1945 und die Gesetzgebung der Siegermächte, insbesondere das Gesetz Nr. 24 der Alliierten Hohen Kommission vom 30. 3. 1950 (ABl. AHK 251), wurden die Bestimmungen des RWaffG von 1938 vorübergehend verdrängt und praktisch außer Anwendung gesetzt. Die Wiedererlangung der Souveränität durch den Vertrag über die Beziehungen zwischen der Bundesrepublik Deutschland und den Drei Mächten vom 26. 5. 1952 idF der Bekanntmachung vom 30. 3. 1955 (BGBl. II 301, 305) hat bewirkt, dass das RWaffG 1938 mit seinen Durchführungsverordnungen im Geltungsbereich des Grundgesetzes wieder anzuwenden war. Eine erste Lockerung war vorher durch das Gesetz Nr. 70 der Alliierten Hohen Kommission über den Besitz von Sportwaffen vom 24. 12. 1951 (ABl. AHK 1366) bewirkt worden. Im Zusammenhang damit sind zu erwähnen die „Erste Anordnung über Sportwaffen und Munition" der Bundesregierung vom 12. 1. 1951 (BAnz. Nr. 9) und die Anordnung der Bundesregierung zur Durchführung der Sportwaffenamnestie vom 17. 3. 1952 (BAnz. Nrn. 55 und 56).

**12** Infolge anderweitiger Verteilung der Gesetzgebungszuständigkeiten im GG zwischen Bund und Ländern galt das RWaffG 1938 gem. Art. 125 GG in Verbindung mit Art. 74 Nr. 11 GG als **Bundesrecht** fort, soweit in ihm die Herstellung, Bearbeitung und Instandsetzung von Waffen und Munition sowie die Einfuhr von und der Handel mit diesen Gegenständen geregelt waren (vgl. zB die §§ 3–10, 24 RWaffG). Ansonsten war das RWaffG wegen seines sicherheitsrechtlichen Charakters **Landesrecht** geworden, da das Sachgebiet der öffentlichen Sicherheit und Ordnung gem. Art. 74 GG im Gegensatz zu Art. 9 Nr. 2 WeimRV nicht mehr in den Bereich der konkurrierenden Gesetzgebung des Bundes fiel (so die amtl. Begr. des Entwurfs eines BWaffG – BT-Drucks. IV/2883 unter A; vgl. ferner den Beschluss des BVerfG vom 29. 4. 1958, BGBl. I 890 und BVerfGE **8**, 143, sowie OLG Hamm NJW **1967**, 107; aM zT BayObLGSt. **1954**, 87; **1956**, 167 f.). Der bereinigten Sammlung des bayerischen Landesrechts (BayBS) ErgBd. 1968 Nr. 10 (S. 15 f.) – Waffengesetz – und Nr. 11 (S. 17) – DVO RWaffG – war zu entnehmen, welche Vorschriften des RWaffG 1938 und der DVO hierzu im einzelnen als Landesrecht fortgalten (s. auch den Runderlass des NW-Innenministers betr. Fortgeltung des Waffenrechts vom 18. 3. 1938 und der DVO hierzu vom 8. 11. 1968 – MBl. NW Nr. 149).

# Beseitigung der Rechtszersplitterung § 1

**V. Ansätze zu einer bundeseinheitlichen Gesetzgebung.** Schon in der IV. Wahl- 13
periode des Bundestages hatte die Bundesregierung am 29. 12. 1964 den Entwurf
eines **Bundeswaffengesetzes** vorgelegt, der als BT-Drucks. IV/2883 in erster Lesung und in den Ausschüssen behandelt wurde, wegen Zeitablaufs jedoch vom Bundestag nicht mehr rechtzeitig in der IV. Wahlperiode verabschiedet werden konnte.
Am 19. 4. 1966 hat dann die Bundesregierung nach Anhörung des Bundesrates im
1. Durchgang (BT-Drucks. V/528) dem Bundestag erneut den (nunmehr umgearbeiteten) Entwurf eines nur den gewerberechtlichen Teil des Waffenrechts umfassenden (ersten) Bundeswaffengesetzes (BWaffG) zugeleitet, der nach der 1. Lesung
im Bundestag als BT-Drucks. V/2623 dem (6.) Innenausschuss (federführend) und
dem (15.) Ausschuss für Wirtschaft und Mittelstandsfragen (mitberatend) überwiesen wurde. Das Ergebnis der Ausschussberatungen wurde in einem schriftlichen Bericht des Innenausschusses niedergelegt. Der Bundestag beriet das Gesetz in 2. und
3. Lesung in seiner 161. Sitzung vom 27. 3. 1968 und nahm den Entwurf in der vom
Innenausschuss erarbeiteten Fassung mit lediglich drei sprachlichen Änderungen an.
Der Bundesrat stimmte dem Gesetz in seiner 323. Sitzung vom 26. 4. 1968 zu, so
dass das Gesetz unter dem Datum vom 14. 6. 1968 im BGBl. I verkündet werden
konnte. Mit der überwiegenden Mehrzahl seiner Bestimmungen ist dieses erste Waffengesetz des Bundes (BWaffG) am 1. 12. 1968 in Kraft getreten. Auf Grund der im
Gesetz enthaltenen Ermächtigung erließ der BMWi am 26. 11. 1968 eine DVO zum
BWaffG (BGBl. I 1199). Außerdem erließ der BMWi zum Vollzug des BWaffG und
der DVO hierzu mit dem Datum vom 16. 6. 1970 eine Allgemeine Verwaltungsvorschrift z. BWaffG (Beilage z. BAnz. Nr. 111 vom 24. 6. 1970).

**VI. Beseitigung der Rechtszersplitterung.** Die Aufspaltung der waffenrechtlichen 14
Gesetzgebungszuständigkeit zwischen Bund und Ländern führte bald zu einer weitegehenden Rechtszersplitterung auf dem der Landesgesetzgebung vorbehalten, für die
Öffentlichkeit besonders bedeutsamen sicherheitsrechtlichen Sektor des Waffenrechts,
die speziell bei § 12 Nr. 7 RWaffG hervortrat. Diese Bestimmung, welche die Waffenschein- und Jahresjagdscheininhaber von der Erlaubnispflicht für den Erwerb von
Faustfeuerwaffen freistellte, wurde in der Mehrzahl der Bundesländer aufgehoben,
jedoch mit Ausnahme von Bayern und Hessen. In diesen beiden Ländern konnten derartige Erlaubnisinhaber bis zum 31. 12. 1972, dem Zeitpunkt des totalen Außerkrafttretens des RWaffG 1938, Kurzwaffen nach im Grundsatz von in beliebiger Anzahl gegen
Vorlage ihres Waffen- oder Jahresjagdscheins ohne weitere besondere Erlaubnis erwerben, was einen bedeutenden Versandhandel aus den Ländern mit Fortgeltung von
§ 12 Nr. 7 RWaffG in solche mit Aufhebung dieser Bestimmung zur Folge hatte.

Da, wie nachfolgend dargelegt wird, die aus sicherheitsrechtlichen Gründen drin- 15
gend gebotene bundeseinheitliche Regelung des Waffenrechts nicht zu erreichen
war, entschloss sich der Bundesrat zu einem anderen Verfahren. Er legte einmal der
Bundesregierung einen Antrag zur Abänderung des GG vor, wonach dem Bund die
konkurrierende Gesetzgebung auf dem **gesamten** Gebiete des Waffenrechts zustehen sollte (BR-Drucks. 657/70). Bundesregierung und Bundestag entsprachen diesem Antrag (vgl. BT-Drucks. VI/3559). Mit dem 31. Gesetz z. Änderung des GG
vom 28. 7. 1972 (BGBl. I 1305) wurde in den Katalog der konkurrierenden Gesetzgebung des Bundes (Art. 74 GG) eine Nr. 4 a „Waffenrecht" eingefügt und damit die
konkurrierende Gesetzgebungszuständigkeit des Bundes im gesamten Bereich des
Waffenrechts begründet.

Sodann legte der Bundesrat einen bereits vorher von der Länderinnenministerkon- 16
ferenz beschlossenen Entwurf eines Landeswaffengesetzes, dessen einheitliche In-

# Einleitung
Geschichtlicher Überblick

kraftsetzung in den verschiedenen Bundesländern sich als nicht durchführbar herausgestellt hatte, vereinigt mit den Bestimmungen des BWaffG 1968, der Bundesregierung vor mit dem Antrag, diesen Entwurf gem. Art. 76 Abs. 1 GG beim Bundestag zur Beschlussfassung einzubringen. Die Bundesregierung entsprach diesem Antrag und brachte am 7. 10. 1971 den Entwurf eines Waffengesetzes (WaffG) als BT-Drucks. VI/2678, versehen mit ihrer ausführlichen Stellungnahme, im Bundestag ein. Nach zum Schluss unter dem Eindruck der Oberhausener Polizistenmorde etwas übereilter Beratung in den zuständigen BT-Ausschüssen (vgl. dazu den schriftl. Bericht des Innenausschusses – BT-Drucks. VI/3566) wurde die Gesetzesvorlage in der 195. Sitzung des VI. Deutschen Bundestages vom 22. 6. 1972 in 2. und 3. Lesung angenommen. Der Bundesrat erteilte dem Gesetz gem. Art. 84 Abs. 1 GG in seiner 383. Sitzung vom 7. 7. 1972 (BR-Drucks. 359/72) seine Zustimmung, und das Gesetz wurde unter dem Datum vom 19. 9. 1972 (BGBl. I 1797) verkündet. Gem. seinem § 62 ist es am 1. 1. 1973 in Kraft getreten.

**17**  Schon bald nach Inkrafttreten des neuen Gesetzes erwies sich seine **Abänderung** als notwendig, da einige Regelungen beim Vollzug des Gesetzes sowohl die Verwaltungsbehörden als auch die Bürger mehr als unbedingt erforderlich belasteten. Zur Erreichung der verwaltungsmäßigen Vereinfachung sah der von der Bundesregierung eingebrachte Entwurf eines BGes. z. Änderung d. WaffG (BT-Drucks. 7/2379) im Wesentlichen folgende Änderungen vor: Wegfall der Befristung der Waffenbesitzkarte (Besitzerlaubnis für den Regelfall [§ 28 Abs. 1]), Einführung einer besonderen Waffenbesitzkarte für Sportschützen und Waffensammler (§ 28 Abs. 2), Freistellung der altertümlichen Waffen von der Besitzkartenpflicht, Verzicht auf den Munitionserwerbschein bei Inhabern von Waffenbesitzkarten (§ 29 Abs. 2 Nr. 1), Zulassung eines Munitionserwerbsscheins ohne Beschränkung auf bestimmte Munitionsarten (§ 29 Abs. 1 Satz 3), Erleichterung des Bedürfnisnachweises für den Erwerb von Sportwaffen durch Sportschützen (§ 32), Wegfall einer besonderen Einfuhrerlaubnis neben der Waffenbesitzkarte (§ 27) und Eröffnung einer erneuten Anmeldefrist für Waffenaltbesitz (§§ 58, 59).

**18**  Nach eingehender Beratung im (4.) Innenausschuss (vgl. d. Ausschussber. – BT-Drucks. 7/4407) nahm der Bundestag den abgeänderten Regierungsentwurf in seiner 208. Sitzung vom 10. 12. 1975 an. Nachdem auch der Bundesrat dem Gesetzentwurf seine Zustimmung erteilt hatte, wurde das Ges. zur Änderung des WaffG unter dem Datum vom 4. 3. 1976 im BGBl. (I 417) verkündet. Es ist gem. seinem Art. 4 am 1. 7. 1976 in Kraft getreten. Auf Grund der im Art. 3 des ÄndG enthaltenen Ermächtigung hat der BMI den ab 1. 7. 1976 geltenden Wortlaut des WaffG mit dem Datum vom 8. 3. 1976 im BGBl. (I 433 ff.) bekannt gemacht.

**19**  Erfordernisse der inneren Sicherheit und der Bekämpfung des Terrorismus machten bereits kurze Zeit nach In-Kraft-Treten des vorstehend erwähnten (1.) WaffG-ÄndG v. 1976 eine **Abänderung** des WaffG 1972 erforderlich. Die Bundesregierung legte zu diesem Zweck am 4. 10. 1977 als BT-Drucks. 8/977 den Entwurf eines Ges. zur Änderung von Strafvorschriften des WaffR vor, der im Wesentlichen auf eine Verschärfung und Harmonisierung der Strafbestimmungen des WaffG und des KWKG hinauslief. Dieser RegEntw. wurde, nachdem schon der BRat in seiner Stellungnahme (Anlage 2) eine weitgehende Modifizierung des GEntw. verlangt hatte, während der Ausschussberatung im BT (BT-Drucks. 8/1614) entscheidend iS der Gesetz gewordenen Regelung umgestaltet. Diese Änderungen brachten die Einbeziehung der Griffstücke in den Begriff der wesentlichen Teile von Schusswaffen (§ 3 Abs. 2 Nr. 4) und eine Erweiterung der Ermächtigungen für den BMI gem. § 6 Abs. 4 Nrn. 2 und 6 sowie für die zuständige Behörde gem. § 42 Abs. 2. In den IX. Abschnitt

# Beseitigung der Rechtszersplitterung § 1

(Straf- und Bußgeldvorschriften) wurde ein neuer § 52a eingefügt, der die iSv. § 37 Abs. 1 WaffG unerlaubte Herstellung, den Erwerb und den Vertrieb sowie die Ausübung der tatsächlichen Gewalt über vollautomatische Selbstladewaffen und voll- und halbautomatische Selbstladewaffen mit Kriegswaffenanschein unter eine gegenüber § 53 erhöhte Strafdrohung von 1–5 Jahren, in schweren Fällen bis 10 Jahren, stellte. Die Einziehungsbestimmung in § 56 wurde dahin abgeändert, dass die Einziehung bei Verstößen gegen § 52a und in schwereren, in § 53 Abs. 1 oder Abs. 3 pönalisierten Handlungen **zwingend** vorgeschrieben wird. Mit diesem aus Art. 1 WaffRÄG ersichtlichen Inhalt wurde das „Gesetz zur Änderung des Waffenrechts" vom 31. 5. 1978 im BGBl. (I 641) verkündet. Es ist am 1. 7. 1978 in Kraft getreten.

Einen gewissen Abschluss der Entwicklung brachte das **„Zweite Gesetz zur Änderung des Waffengesetzes"** v. 14. 7. 1980 (BGBl. I 956). Es brachte Änderungen des WaffG, die auf Verpflichtungen der BRepD aus völkerrechtlichen Vereinbarungen beruhen. Es schaffte die Voraussetzungen für die Umsetzung des Europäischen Übereinkommens über die Kontrolle des Erwerbs und Besitzes von Schusswaffen durch Einzelpersonen, das die Bundesregierung am 28. 6. 1978 in Straßburg unterzeichnet hatte, in nationales Recht. Gleichzeitig galt es, das Waffenrecht an zwei Beschlüsse der Ständigen Internationalen Kommission für die Prüfung von Handfeuerwaffen (CIP) anzupassen. Es handelt sich einmal um einen Beschluss über die Prüfung bestimmter Handfeuerwaffen und tragbarer Schussapparate und zum anderen um einen solchen über die – bisher im nationalen Recht nicht vorgesehen gewesene – Prüfung von Munition. Die Beschlüsse sind in der maßgeblichen BT-Drucks. 8/3661 (S. 11 ff.) abgedruckt. Das ÄndG 1980 ist am 1. 1. 1981 in Kraft getreten (Art. 2). 20

Seit dem Jahre 1981 war als Gesetzentwurf der BReg. ein „Drittes Gesetz zur Änderung des Waffengesetzes" mit dem Ziel einer tiefgreifenden Umgestaltung des Waffenrechts in Vorbereitung (vgl. BR-Drucks. 375/87 und BT-Drucks. 11/1556). Nachdem dieses Vorhaben parlamentarisch nicht durchzusetzen war, lag unter derselben Bezeichnung ein Gesetzentwurf des Bundesrates (BR-Drucks. 589/97) vor, der das Verbot von besonders gefährlichen Hieb- und Stoßwaffen sowie von „Wurfsternen" bezweckte. 21

Bereits vor der Bundestagswahl vom 27. 9. 1998 hatte nach einem umfassenden Entwurf des BMI zur Reform des Waffenrechts, dem nicht offiziell veröffentlichten „Ersten vorläufigen Entwurf zu einer strukturellen Neuordnung des Waffenrechts" – Stand 20. 5. 1997 – eine eingehende Diskussion eingesetzt (vgl. insbesondere die Ausführungen von *Bärlin, Lindner* und *Scholzen* im Schrifttumsverzeichnis Einleitung Rdn. 36). Eine drastische Verschärfung des Waffenrechts forderte seinerzeit die Fraktion Bündnis 90/DIE GRÜNEN (BT-Drucks. 12/5948). Eine parlamentarische Verabschiedung dieses Reformgesetzes innerhalb der 13. Legislaturperiode (bis 27. 9. 1998) erfolgte nicht mehr. 22

Nach der Bundestagswahl vom 27. 9. 1998 verfolgte die nunmehr verantwortliche „rot-grüne" Koalition ihr Vorhaben, das Waffenrecht völlig neu zu gestalten, mit Nachdruck. Nachdem den Ländern und den Verbänden in mehreren Gesprächsrunden Gelegenheit gegeben worden war, ihre Vorstellungen zur Reform des Waffenrechts vorzubringen, hatte das BMI unter dem 20. 7. 2000 einen ersten Arbeitsentwurf für ein Gesetz zur grundlegenden Neuregelung des Waffenrechts den Bundesressorts, den Ländern sowie den Verbänden zur Diskussion gestellt. In einer zweiten Runde wurde aufgrund der eingegangenen, umfangreichen Stellungnahmen der erste Entwurf überarbeitet, der dann den Beteiligten zur abschließenden Stellungnahme vorgelegt wurde. Anlässlich der Vorstellung des Arbeitsentwurfs am 21. 3. 2001 erklärte das BMI: „Dank der konstruktiven Mitarbeit der Länder und der Verbände 23

# Einleitung

Geschichtlicher Überblick

ist ein Entwurf erarbeitet worden, der ein verständlicheres, übersichtlicheres und vom Umfang her reduziertes Waffenrecht schafft und zugleich zur Erhöhung der Sicherheit das geltende Waffenrecht verschärft. Mit dem Gesetzentwurf wird nach vielen vergeblichen Anläufen der Vorgängerregierung die überfällige Modernisierung des Waffenrechts vollzogen. Das neue Recht soll die Bevölkerung besser schützen. ... Zugleich dient das neue Recht der verbesserten Rechtssicherheit der – von allenfalls wenigen Ausnahmen abgesehen – insgesamt rechtstreuen und verantwortungsbewussten Jäger und Schützen".

**24** Das Bundeskabinett beschloss den Entwurf am 11. 7. 2001. Er spaltete das bisherige Waffengesetz aus Praxisgründen in zwei neue Gesetze auf: Ein Gesetz, das **Waffengesetz**, sollte zum Schutz der öffentlichen Sicherheit und Ordnung Regelungen für die Waffenbesitzer vorsehen. Das zweite Gesetz, das **Beschussgesetz**, dient der Regelung der Prüfung und Zulassung von Waffen und Munition zur Sicherheit der Verwender. Oberste Priorität des neuen Gesetzes sollte der bessere Schutz der Bevölkerung haben. Kernpunkte der Neuregelung waren höhere Anforderungen an die Zuverlässigkeit der Personen, die mit Waffen umgehen dürfen, insbesondere der Ausschluss des Waffenerwerbs durch Extremisten, ein so genannter „Kleiner Waffenschein" für das Führen von Gas-, Signal- und Schreckschusswaffen in der Öffentlichkeit, das Verbot von Fall-, Faust- und Butterflymessern sowie Wurfsternen und weitere Restriktionen für Springmesser sowie strengere Aufbewahrungsregelungen für Waffen und Munition.

**25** Die weitere Entwicklung des Gesetzentwurfs spiegelt sich in den Gesetzesmaterialien wider. Über die BR-Drucks. 596/01 vom 17. 8. 2001 mündete sie zunächst in den Entwurf eines Gesetzes zur Neuregelung des Waffenrechts (WaffRNeuRegG) vom 7. 12. 2001 (BT-Drucks. 14/7758). In ihm sind auch die zahlreichen Änderungswünsche des Bundesrates und die Gegenäußerung der BReg. hierzu enthalten (S. 103 ff.). Mit ihnen setzte sich der Innenausschuss des Bundestages eingehend auseinander („Beschlussempfehlung und Bericht" vom 24. 4. 2002 – BT-Drucks. 14/8886). Am 26. 4. 2002 wurde der Gesetzentwurf schließlich in dritter Lesung im Bundestag behandelt (234. Sitzung). Ausgerechnet am selben Tag geschah der Vorfall, der später als „Massaker von Erfurt" bekannt wurde, bei dem der Täter ein junger Sportschütze war. Es konnte nicht ausbleiben, dass dieses Geschehen erheblichen Einfluss auf die noch im Fluss befindliche Neugestaltung des Waffenrechts ausübte. Es kam zur Anrufung des Vermittlungsausschusses (BT-Drucks. 14/9341 vom 10. 6. 2002), die schließlich zu einer ganzen Reihe von Änderungen führte (Beschlussempfehlung vom 12. 6. 2002 – BT-Drucks. 14/9432; BR-Drucks. 524/02). Das Gesetz wurde schließlich unter dem Datum des 11. 10. 2002 im Bundesgesetzblatt (BGBl. I 3970) verkündet. Im Gefolge der Waffenrechtsänderung hat das WaffRNeuRegG in insgesamt – außer den Artikeln 1 (WaffG) und 2 (BeschG) – weiteren 17 Artikeln eine Anpassung an das neue Recht vornehmen müssen (BGBl. 2002 I 4011 ff.). Berichtigungen des Gesetzes erfolgten unter dem 19. 12. 2002 (BGBl. I 4592) und 19. 9. 2003 (BGBl. I 1957).

**26** **VII. Inhalt und Gliederung des neuen Waffengesetzes. 1.** Das WaffG ist durch das Waffenrechtsneuregelungsgesetz, das vom BVerfG nicht beanstandet worden ist (GewA **2003**, 241 = NVwZ **2003**, 855), **völlig umgestaltet** worden, so dass „kein Stein mehr auf dem anderen" steht. Die Materialien zum WaffRNeuRG sind unter Rdn. 27 abgedruckt. Es gliedert sich nunmehr in 6 Gesetzesabschnitte (statt bisher 10). Der 1. Abschnitt (Allgem. Bestimmungen) regelt in den §§ 1 bis 3 zunächst den Gegenstand des Gesetzes und dessen Zielrichtung sowie einige Definitionen (§ 1), Grundsätze des Umgangs mit Waffen und Munition mit einem Hinweis auf die

Inhalt und Gliederung des neuen Waffengesetzes **§ 1**

„Waffenliste" (§ 2) sowie schließlich den „Umgang" mit Waffen und Munition durch Minderjährige (§ 3), während zur Erläuterung der wichtigsten Begriffe in § 1 Abs. 4 auf die neu geschaffene „Anlage 1" zum Gesetz verwiesen wird. Der 2. Gesetzesabschnitt „Umgang mit Waffen oder Munition" (§§ 4 bis 42) ist in 7 Unterabschnitte unterteilt. Diese behandeln nacheinander „Allgemeine Voraussetzungen für Waffen- und Munitionserlaubnisse (Nr. 1; §§ 4 bis 9), „Erlaubnisse für einzelne Arten des Umgangs mit Waffen oder Munition" sowie Ausnahmen hiervon (Nr. 2; §§ 10 bis 12), „Besondere Erlaubnistatbestände für bestimmte Personengruppen (Nr. 3; §§ 13 bis 20), „Besondere Erlaubnistatbestände für Waffenherstellung, Waffenhandel, Schießstätten, Bewachungsunternehmer" (Nr. 4; §§ 21 bis 28), „Verbringen und Mitnahme von Waffen oder Munition in den, durch den oder aus dem Geltungsbereich des Gesetzes" (Nr. 5; 29 bis 33), „Obhutspflichten, Anzeige-, Hinweis- und Nachweispflichten" (Nr. 6; §§ 34 bis 39), und schließlich „Verbote" (Nr. 7; §§ 40 bis 42). Der 3. Abschnitt bringt „Sonstige waffenrechtliche Vorschriften (§§ 43 bis 50), der 4. Abschnitt die „Straf- und Bußgeldvorschriften" (§§ 51 bis 54), Abschnitt 5 regelt „Ausnahmen von der Anwendung des Gesetzes (§§ 55 bis 57) und der Abschnitt 6 letztendlich ist den „Übergangsvorschriften, Verwaltungsvorschriften" (§§ 58 und 59) gewidmet. Ergänzt werden diese gesetzlichen Regelungen schließlich durch zwei im bisherigen Recht nicht vorgesehene gewesene **Anlagen:** Anlage 1 (zu § 1 Abs. 4) mit den wichtigsten Definitionen und Anlage 2 (zu § 2 Abs. 2 bis 4) mit der neu geschaffenen „Waffenliste", aus der jeweils zu ersehen ist, ob die betreffende Waffe verboten ist oder ob der Umgang mit ihr Beschränkungen unterliegt und ggf. welchen. Diese strukturelle Umgestaltung des Gesetzes hat es – entgegen den Intentionen des Gesetzgebers – unübersichtlich und wenig handhabungsfreundlich gemacht (*Lehmann/Frieß/Lehle* Einleitung Rdn. 27). Krit. auch (oV) Kommunaljurist **2004,** 79: lückenhaft und daher nachbesserungsbedürftig); *Mank* Jäger **2002,** Ausgabe 11: „bürokratisches Ungetüm". „Von der angeblich leichteren Anwendbarkeit des neuen Waffenrechts für Betroffene sowie Anwender und Behörden ist in der Praxis wenig festzustellen. Das Gesetz ist schwer lesbar, für Nichtjuristen kaum verständlich und enthält Widersprüche, die sich erst in der praktischen Anwendung zeigen. Der gesetzeswidrig restriktiven Auslegung durch Behörden ist Tür und Tor geöffnet. Eine Konsolidierung wird frühestens durch die Rechtsprechung in den nächsten Jahren erfolgen können. Ohne sachkundige Rechtshilfe ist man in diesem Gesetz und seiner Anwendung fast verloren" (Redaktions-Fazit der Fachzeitschrift Deutsches Waffenjournal **2005,** Heft 6 S. 97 nach mehr als 2 Jahren der Geltung des Gesetzes).

**2. Materialien** zum WaffRNeuRegG: 27
„Erster vorläufiger Entwurf zu einer strukturellen Neuordnung des Waffenrechts" – Stand 20. 5. 1997 (nicht veröffentlicht)
Entwurf eines Gesetzes zur Neuregelung des Waffenrecht – Stand: 20. 7. 2000 (nicht veröffentlicht)
Synoptischer Entwurf eines WaffRNeuRegG – Stand: 25. 2. 2001 (nicht veröffentlicht)
Gesetzentwurf der Bundesregierung vom 17. 8. 2001 BR-Drucks. 596/01
    Zuweisung: Innenausschuss (federführend), Agrarausschuss, Ausschuss für Frauen und Jugend, Rechtsausschuss, Wirtschaftsausschuss
Vorschlag des Ständigen Beirats des Bundesrates vom 30. 8. 2001 Drucks. 596/1/01
BR – Plenarprotokoll 767 27. 9. 2001 S. 493C
    Beschluss: S. 493C – Antrag auf Fristverlängerung gemäß Art. 76 Abs. 2 Satz 3 GG

# Einleitung
Geschichtlicher Überblick

BR – Beschluss vom 27. 9. 2001 BR-Drucks. zu 596/01
BR – Empfehlungen Innenausschuss (federführend); Agrarausschuss; Ausschuss für Frauen und Jugend; Rechtsausschuss; Wirtschaftsausschuss 9. 10. 2001 Drucks. 596/2/01
BR – Antrag Thüringen 17. 10. 2001 Drucks. 596/3/01
BR – Antrag Bayern 17. 10. 2001 Drucks. 596/4/01
BR – Antrag Bayern 17. 10. 2001 Drucks. 596/5/01
BR – Antrag Bayern 17. 10. 2001 Drucks. 596/6/01
BR – Antrag Bayern 17. 10. 2001 Drucks. 596/7/01
BR – Antrag Bayern 17. 10. 2001 Drucks. 596/8/01
BR – Antrag Bayern 17. 10. 2001 Drucks. 596/9/01
BR – Antrag Bayern 17. 10. 2001 Drucks. 596/10/01
BR – Antrag Bayern 17. 10. 2001 Drucks. 596/11/01

**1. Durchgang**

BR – Plenarprotokoll 768 19. 10. 2001 S. 557C–558B, 574A–C/Anl
Beschluss: S. 558B – Stellungnahme: u. a. Änderungsvorschläge – gemäß Art. 76 Abs. 2 GG
BR – Stellungnahme Bundesrat 19. 10. 2001 Drucks. 596/01 (Beschluss)
BT – Gesetzentwurf Bundesregierung 7. 12. 2001 Drucks. 14/7758
Anlage: Stellungnahme Bundesrat und Gegenäußerung Bundesregierung

**1. Beratung**

BT – Plenarprotokoll 14/208 13. 12. 2001 S. 20655B–C, 20688B–20693C/Anl
Beschluss: S. 20655C – Überweisung: Innenausschuss (federführend), Sportausschuss, Rechtsausschuss, Ausschuss für Verbraucherschutz, Ernährung und Landwirtschaft, Ausschuss für Tourismus
BT – Plenarprotokoll 14/212 24. 1. 2002 S. 20912B–C
Beschluss: S. 20912C: nachträgliche Überweisung Ausschuss für Familie, Senioren, Frauen und Jugend
BT – Beschlussempfehlung und Bericht Innenausschuss 24. 4. 2002 Drucks. 14/8886
BT – Änderungsantrag Ulla Jelpke, PDS; Petra Pau, PDS; 24. 4. 2002 Drucks. 14/8933
BT – Änderungsantrag Ulla Jelpke, PDS; Petra Pau, PDS; 24. 4. 2002 Drucks. 14/8934

**2. Beratung**

BT – Plenarprotokoll 14/234 26. 4. 2002 S. 23340A–23348A
Beschluss- S. 23348A – Annahme Drucks. 14/7758 idF Drucks. 14/8886 (mit Berichtigung); Ablehnung Änderungsantrag Drucks. 14/8933), Drucks. 14/8934

**3. Beratung**

BT – Plenarprotokoll 14/234 26. 4. 2002 S. 23348A
Beschluss- S. 23348A – Annahme Drucks. 14/7758 idF Drucks. 14/8886 (mit Berichtigung)
BR – Gesetzesbeschluss Deutscher Bundestag 10. 5. 2002 BR-Drucks. 355/02
Zuweisung: Innenausschuss (federführend), Agrarausschuss, Ausschuss für Frauen und Jugend
BR – Empfehlungen Innenausschuss (federführend), Agrarausschuss; Ausschuss für Frauen und Jugend 21. 5. 2002 Drucks. 355/1/02

Geltungsbereich des WaffG § 1

**2. Durchgang**
BR – Plenarprotokoll 776 31. 5. 2002 S. 265D–268B
  Beschluss- S. 268B: Anrufung des Vermittlungsausschusses gemäß Art. 77 Abs. 2 GG
BR – Anrufung des Vermittlungsausschusses Bundesrat 31. 5. 2002 Drucks. 355/02 (Beschluss)
BT – Unterrichtung Bundesrat 10. 6. 2002 BT-Drucks. 14./9341
BT – Beschlussempfehlung Vermittlungsausschuss 12. 6. 2002 Drucks. 14/9432
**Vermittlungsverfahren**
BT – Plenarprotokoll 14/243 14. 6. 2002 S. 24 423D–24 424A
  Beschluss- S. 24 424A: Annahme Drucks. 14/9432
BR – Beschluss Deutscher Bundestag 14. 6. 2002 Drucks. 524/02

**VIII. Geltungsbereich des WaffG.** Das WaffG findet im gesamten Hoheitsgebiet 28 der BRep Deutschland, einschließlich des Küstenmeeres (*A/B* § 1 Rdn. 12) Anwendung. Frühere Einschränkungen hinsichtlich des Saarlandes (vgl. insoweit § 61 Abs. 1 Nr. 4 WaffG 1972 betr. Aufhebung des saarländischen WaffG vom 1. 8. 1959) und des Gebietes der ehem. DDR sind längst entfallen. In Berlin (West) galt bis zum 3. 10. 1990 primär noch das Besatzungsrecht und subsidiär das RWaffG 1938 nebst den dazu erlassenen landesrechtlichen Ausführungsbestimmungen weiter. Vgl. hierzu die 7. Auflage. auch hinsichtlich der Überleitungsbestimmungen §§ 59 b und 59 c WaffG aF.

Zum **Österreichischen Recht** vor der Gesetzesänderung zum 1. 7. 1997 s. *Gaisbauer* BM **1980,** 218. Nach dem österr. WaffG 1996 wird von den „Langwaffen" die Repetiergewehre und halbautomatischen Schusswaffen ebenso genehmigungspflichtig wie bisher schon „Faustfeuerwaffen"; meldepflichtig werden alle Schusswaffen mit gezogenem Lauf wie Jagdgewehre oder Gewehre mit doppeltem Lauf für Schrot und Kugel. Ausführlich hierzu *Mötz* DWJ **1997,** 602. Vgl. den Kurzkommentar von *Grosinger/Szirba/Szymanski,* 2005. Das Gesetz kann aus dem Internet abgerufen werden (www.bmi.gv.at). Die **Schweiz** plant eine Waffenrechtsreform (hierzu *Heinz* DWJ **2004,** Heft 1, 90). Eine Gegenüberstellung von Gesetz und Entwurf findet sich ebenfalls im Internet unter www.ejpd.admin.ch. Auch **Brasilien** hat im Dezember 2003 das Waffenrecht erheblich verschärft (www.dwj.de). Zum Waffenbegriff in der Schweiz: Schweizerisches Bundesgericht SJZ **2003,** 612; zum (neuen) Tatbestand der „Gefährdung der öffentlichen Sicherheit mit Waffen" SJZ **2004,** 264. Zum russischen Waffenrecht: *Schrepfer-Proskurjakov* DWJ **2005,** Heft 12, 78. 29

Zur **internationalen** Verflechtung: Von großer Bedeutung ist die Richtlinie des EG-Rates vom 18. 6. 1991 über die Kontrolle des Erwerbs und des Besitzes von Waffen (91/477 EWG; ABl. EG L 256/51 vom 13. 9. 1991 – **„Waffenrichtlinie"**); abgedruckt unter Nr. 12 b, mit den Anhängen I und II. Aus deren Vorspruch iVm. Kapitel 4 Art. 15 Abs. 1 ist herzuleiten, dass die Mitgliedstaaten (der EG) ab 31. 12. 1992 auf Kontrollen des Waffenbesitzes an den innergemeinschaftlichen Grenzen verzichten. Erforderlich ist der EG-Waffenpass („Feuerwaffenpass" nach Anhang II zur Waffenrichtlinie). Vgl. *Bärlin* DWJ **1993,** 102 sowie die Ausführungen (o. Verf.) im DWJ **1990,** 1480 ff. und von *Brenneke* DWJ **1993,** 1150. Die Regelung fand zunächst Aufnahme in §§ 9 ff. 1. WaffV aF; Begr.: BR-Drucks. 566/94; hierzu die Ergänzung der WaffVwV aF um die Nr. 6.6 bis 6.13.4 (DWJ **1994,** 404 f.; BR-Drucks. 567/94; BAnz. Nr. 206 a v. 29. 10. 1994). Vgl. jetzt den im Laufe des Gesetzgebungsverfahrens völlig umgestalteten Unterabschnitt 5 des Abschnittes 2 des Geset- 30

**Einleitung** Geschichtlicher Überblick

zes (§§ 29 ff. WaffG nF). Das WaffRNeuRegG vom 11. 10. 2002 (BGBl. I 3970) berücksichtigt auch die Verpflichtungen aus der Richtlinie 98/34/EG des Europäischen Parlaments und des Rates vom 22. 6. 1998 über Informationsverfahren (ABl. EG Nr. L 204 S. 34), geändert durch die Richtlinie 98/48/EG vom 20. 7. 1998 (ABl. EG Nr. L 217 S. 18). Die „Waffenrichtlinie" gilt auch in Norwegen und Island aufgrund besonderer Übereinkommen, desgleichen ab 1. 5. 2004 in den 10 „neuen" EU-Staaten (*Ostgathe* S. 47 ff.). Des Weiteren ist hinsichtlich der Munition einschlägig Art. 10 der Richtlinie 93/15/EWG – **Explosivstoffrichtlinie** – vom 5. 4. 1993 (ABl. EG Nr. L 121 S. 20; abgedruckt unter **Nr. 12 c**). Nach den Maßgaben der Richtlinien ist das „Verbringen" (§ 1 Abs. 3 iVm. Anlage 1 A 2 Nr. 5; § 1 Rdn. 54) bestimmter Waffen und Munition innerhalb des Binnenraums der EU von einer Erlaubnis abhängig gemacht worden. Das hat seinen Grund in dem Wegfall der Personen- und sonstigen Sicherheitskontrollen an den früheren Staatsgrenzen innerhalb der EU. Zu nennen sind weiter: Gesetz vom 5. 7. 1994 zu dem Übereinkommen vom 13. 1. 1993 über das Verbot der Entwicklung, Herstellung, Lagerung und des Einsatzes chemischer Waffen und über die Vernichtung solcher Waffen (BGBl. II 806); hierzu die Bekanntmachung vom 4. 11. 1996 über das In-Kraft-Treten am 29. 4. 1997 (BGBl. II 2618); ferner Gesetz vom 18. 4. 1997 zum Protokoll II in der am 3. 5. 1996 geänderten Fassung und zum Protokoll IV vom 13. 10. 1995 zum VN-Waffenübereinkommen (BGBl. II 806). Protokoll II enthält das Verbot für nichtdetektierbare Antipersonenminen, das neue Protokoll IV zum VN-Waffenübereinkommen verbietet den Einsatz blindmachender Laserwaffen (vgl. die Begründung zu dem Gesetzentwurf der BReg. zu den beiden letztgenannten Protokollen: BR-Drucks. 969/96).

Weitere Änderungen des Waffenrechts sind zu erwarten, nachdem die Bundesregierung am 10. 7. 2002 der Zeichnung des **Zusatzprotokolls der Vereinten Nationen** gegen die unerlaubte Herstellung von und den unerlaubten Handel mit Schusswaffen, dazugehörigen Teilen und Komponenten und Munition (abgedr. unter **Nr. 12 e**) zugestimmt hat.

**31**  IX. Ergänzungsrecht. 1. Kriegswaffen. Für sie ist in erster Linie das **Kriegswaffenkontrollgesetz** (KWKG) – Ausführungsgesetz zu Art. 26 Abs. 2 GG – vom 20. 4. 1961 (BGBl. I 444), zuletzt geändert durch Art. 3 des WaffRNeuRegG vom 11. 10. 2002 (BGBl. I 3970) und Art. 10 der VO vom 25. 11. 2003 (BGBl. I 2304), maßgebend. Da dieses KWKG jedoch das Führen von Kriegswaffen nicht regelte, erklärte § 6 Abs. 3 WaffG aF dessen Vorschriften über das Schießen mit und das Führen von Schusswaffen und die sich darauf beziehenden Begriffs-, Zuständigkeits-, Verfahrens, Straf- und Bußgeldvorschriften (§§ 4 Abs. 4, 35/36, 37 Abs. 1 u. 2, 39, 42, 45–52 und die Abschnitte IX u. X des WaffG aF) auf „tragbare" Kriegswaffen iS d. KWKG für anwendbar (vgl. auch die Rdn. 11 ff. zu § 6 Abs. 3 WaffG aF in der Vorauflage). Das WaffG nF sieht in § 57 nunmehr eine klare Abgrenzung beider Rechtsgebiete vor (vgl. auch §§ 13 a, 22 a KWKG nF). Vgl. auch Rdn. 8 ff. vor § 1 KWKG.

**32**  2. Sprengstoff. Nach § 1 Abs. 2 RWaffG wurde als Munition iS dieses Gesetzes auch Schießpulver jeder Art angesehen. Schon das BWaffG 1968 enthielt eine derartige Bestimmung nicht mehr. Das Gleiche gilt für das WaffG 1972. Auf Schießpulver und entsprechende Teile von Munition findet seit dem 1. 1. 1970 das **Sprengstoffgesetz**, das Gesetz über explosionsgefährliche Stoffe vom 25. 8. 1969 (BGBl. I 1358), jetzt idF vom 10. 9. 2002 (BGBl. I 3518), geänd. durch Art. 12 des WaffRNeuRegG, Art. 113 der VO vom 25. 11. 2003 (BGBl. I 2304) und Art. 35 des Gesetzes vom 21. 6. 2005 (BGBl. I 1818), Anwendung.

Untergesetzliches Regelwerk **§ 1**

**3. Produktsicherheitsgesetz.** Nach § 2 Abs. 3 Satz 1 Nr. 2 Buchst. i) des Geset- 33
zes zur Regelung der Sicherheitsanforderungen an Produkte und zum Schutz der
CE-Kennzeichnung (Produktsicherheitsgesetz – ProdSG) vom 22. 4. 1997 (BGBl. I
934), zuletzt geänd. durch Art. 7 des WaffRNeuRegG vom 11. 10. 2002 (BGBl. I
3970), waren die Vorschriften über Warnungen und den Rückruf (§§ 8, 9, 10, 15
Abs. 2 Nr. 2 und Abs. 3) auch auf Produkte anzuwenden, die dem Waffengesetz und
dem neuen Beschussgesetz unterliegen. Dieses Gesetz ist durch Art. 28 des **Geräte-
und Produktsicherheitsgesetzes (GPSG)** vom 6. 1. 2004 (BGBl. I 2, 219) mit Wirkung vom 1. 5. 2004 außer Kraft getreten. Die Nachfolgevorschrift (§ 1 Abs. 3 und 4
GPSG) verzichtet bei der Festlegung des Anwendungsbereichs dieses Gesetzes bewusst auf die bisherige Aufzählung einzelner dem Gesetz vorgehender gesetzlicher
Regelungen.

Statt dessen heißt es (Absatz 3): Die der Gewährleistung von Sicherheit und Gesundheit beim Inverkehrbringen oder Ausstellen von Produkten dienenden Vorschriften dieses Gesetzes [GPSG] gelten nicht, soweit in anderen Rechtsvorschriften
entsprechende oder weitergehende Anforderungen an die Gewährleistung von Sicherheit und Gesundheit vorgesehen sind. Die §§ 5, 6 [Besondere Pflichten für das
Inverkehrbringen von Verbraucherprodukten; CE-Kennzeichnung] und 8 bis 10
[Aufgaben und Befugnisse der zuständigen Behörden; Meldeverfahren; Veröffentlichung von Informationen] gelten nicht, soweit in anderen Rechtsvorschriften entsprechende oder weitergehende Regelungen vorgesehen sind. Weiter heißt es
(Absatz 4): Rechtsvorschriften, die der Gewährleistung von Sicherheit und Gesundheit bei der Verwendung von Produkten dienen, bleiben unberührt; dies gilt insbesondere für Vorschriften, die den Arbeitgeber hierzu verpflichten.

Aus den Materialien ist nichts dafür ersichtlich, dass damit die bisherige Rechtslage – außer durch Vereinfachung der Verweisungen – geändert werden sollte. Das
bedeutet, dass das – subsidiär geltende – GPSG heranzuziehen ist, falls im Waffen-
oder Beschussrecht eine entsprechende Schutzregelung fehlt. Das GPSG ist durch
Art. 41 des Gesetzes vom 21. 6. 2005 (BGBl. I 1818), Art. 2 des Gesetzes vom 25. 6.
2005 (BGBl. I 1865) und Art. 3 Abs. 33 des Gesetzes vom 7. 7. 2005 (BGBl. I 1970)
geändert worden.

**X. Untergesetzliches Regelwerk.** Zur Durchführung des WaffG aF waren ergan- 34
gen:

**1. Bundesrecht. a)** Die **Erste Verordnung** zum Waffengesetz (**1. WaffV**) idF vom
10. 3. 1987 (BGBl. I 777), zuletzt geänd. durch Art. 10 WaffRNeuRegG. Sie regelt
den Anwendungsbereich des Gesetzes, den Fachkundenachweis für den Waffenhandel, die Waffenbuchführung, die Kennzeichnung und Aufbewahrung der Waffen,
die Anforderungen an Reizstoffe, die Benutzung von Schießstätten und den Sachkundenachweis. Nach Art. 19 Nr. 3 Buchst. a WaffRNeuRegG findet die VO bis
zum Inkrafttreten von Verordnungen nach dem WaffG nF weiterhin „entsprechend"
Anwendung. Sie ist – mit **Ausnahme** der Abschnitte III und VI (wiederum ausgenommen § 20) sowie § 43 Abs. 1 Nr. 2, 3 und 4 – **ab 1. 12. 2003 außer Kraft**
(§§ 35 und 36 AWaffV).

**b)** Die **Zweite Verordnung** zum Waffengesetz (**2. WaffV**) v. 13. 12. 1976
(BGBl. I 3387) über die Anwendung des WaffG auf Angehörige der EG-Mitglied-
staaten. Auch für sie galt nach Art. 19 Nr. 3 Buchst. b WaffRNeuRegG die Anordnung über die Fortgeltung. Sie ist **ab 1. 12. 2003 außer Kraft** (§ 36 AWaffV).

**c)** Die **Dritte Verordnung** zum Waffengesetz (**3. WaffV**) idF vom 2. 9. 1991
(BGBl. I 1872), zuletzt geändert durch Art. 11 WaffRNeuRegG und Art. 283 der

# Einleitung
Geschichtlicher Überblick

VO vom 25. 11. 2003 (BGBl. I 2304). Sie befasst sich mit der Beschussprüfung und Bauartzulassung. Sie unterfällt nach dem WaffRNeuRegG der Regelungsmaterie des neuen Beschussgesetzes. Nach dessen § 22 Abs. 6 ist sie bis zum Inkrafttreten einer beschussrechtlichen Verordnung weiterhin „sinngemäß" anzuwenden.

**d)** Die **Vierte Verordnung** zum Waffengesetz (**4. WaffV**) vom 19. 7. 1976 (BGBl. I 1810), ab 1. 6. 1990 ersetzt durch die „**Kostenverordnung zum Waffengesetz" (WaffKostV)** idF vom 20. 4. 1990 (BGBl. I 780), zuletzt geändert durch VO vom 10. 1. 2000 (BGBl. I 38). Auch diese Verordnung ist bis zum Erlass von neuen Kostenvorschriften für das Waffenrecht und das Beschussrecht weiterhin entsprechend (bzw. im Beschussrecht „sinngemäß") anzuwenden (Art. 19 Nr. 3 Buchst. c; § 22 Abs. 7 BeschG). Zur „Gebührengerechtigkeit" äußert sich *Scholzen* DWJ **2002** Heft 10, 88).

**e)** Die **Fünfte Verordnung** zum Waffengesetz (**5. WaffV**) vom 11. 8. 1976 (BGBl. I 2117), geänd. durch Art. 282 der VO vom 25. 11. 2003 (BGBl. I 2304), über die Freistellung der Bediensteten der Bundesministerien von Vorschriften des WaffG. Über ihr Weitergelten ist nichts bestimmt. Die Änderung vom 25. 11. 2003 spricht für ihr Fortgelten (so auch *Ostgathe* S. 8 und FNA).

**f)** *Die* **Sechste** *Verordnung* zum *Waffengesetz* (**6. WaffV**) *vom 18. 6. 1985* (*BGBl. I 1150); außer Kraft durch Bek. vom 10. 2. 1999 (BGBl. II 177*).

Nach der **Neuregelung** des Waffen- und Beschussrechts soll das untergesetzliche Regelwerk in einer einzigen Waffenverordnung und in einer Beschussverordnung aufgehen; zusätzlich hierzu sind zwei entsprechende Kostenverordnungen vorgesehen. Das WaffG nF enthält hierzu allein zwölf verschiedene Ermächtigungen (zusammengestellt bei *Heller/Soschinka* S. 15). Inwieweit von ihnen Gebrauch gemacht wird, kann gegenwärtig noch nicht abschließend überblickt werden. Ergangen ist als wichtigste die **Allgemeine Waffengesetz-Verordnung (AWaffV)** vom 27. 10. 2003 (BGBl. I 2123), abgedr. unter **Nr. 12a** d. Slg.

35 Außerdem hatte der BMI zum WaffG aF eine **Allgemeine Verwaltungsvorschrift** zum Waffengesetz (**WaffVwV**) mit dem Datum vom 26. 7. 1976 (Beilage z. BAnz. Nr. 143 v. 3. 8. 1976) erlassen, die in etwa einen amtlichen Kommentar zum WaffG aF darstellte. Sie galt später in der Neufassung der Bek. v. 29. 11. 1979 (Beilage z. BAnz. Nr. 229 v. 7. 12. 1979, ber. Nr. 231). Eine Ergänzung erfolgte unter dem 20. 10. 1994 (BAnz. Nr. 206a vom 29. 10. 1994; vgl. BR-Drucks. 567/94 und DWJ **1994,** 404). Zur Bedeutung als auf Erfahrung beruhende **Richtlinien** vgl. BGH, Beschluss vom 17. 11. 1988 – 1 StR 588/88. Aufgrund von § 59 WaffG nF werden neue, aktuelle Verwaltungsvorschriften für den in dieser Bestimmung genannten Bereich ergehen. Allgemeine Verwaltungsvorschriften in dem darüber hinausgehenden Rahmen kann nur die Bundesregierung als Kollegialorgan erlassen (vgl. Anm. zu § 59).

36 Hinsichtlich der – auf Grund der Ermächtigungen gem. §§ 6 Abs. 1 Satz 4 und 50 Abs. 1 WaffG aF erlassenen – AusführungsVOen der **Länder** zum Waffengesetz aF und bezüglich des Waffenrechts in der früheren DDR wird auf die Vorauflage (S. 889 ff.) verwiesen.

37 **XI. Schrifttumsverzeichnis. 1. Erläuterungswerke (zum WaffG aF):** *Apel*, Waffenrecht, 2. Aufl. 1977, mit Erg.-Bd. 1980; *ders.* in: Das Deutsche Bundesrecht III B 75 S. 41 ff.; *Apel/Lötz/Seitz*, Bundeswaffengesetz, 1969; *Bengl/Berner/ Emmerig*, Bayerisches Landesstraf- und Verordnungsgesetz (Loseblattausgabe); *Boeheim*, Handbuch der Waffenkunde, 1966; *Bury/Molzahn*, Waffenrecht und Waffentechnik, 2. Aufl. 2002; *Dobler*, Schusswaffen und Schusswaffenkriminalität in

## Schrifttumsverzeichnis § 1

der Bundesrepublik Deutschland (ohne Berücksichtigung der neuen Länder), 1994; *Dörflinger, Lorz u. a.* (Hrsg.), Handbuch des Waffenrechts in Wort und Bild, 1987; *Ehmke*, Waffen und Waffenrecht, 2. Aufl. 1980; *Engelbrecht*, Waffenkunde für Polizeibeamte, 2. Aufl. 1988; *Erichsen/Martens* (Hrsg.), Allgemeines Verwaltungsrecht, 9. Aufl. 1994; *Frank*, Waffengesetz, 1973; *Götz*, Waffenkunde für Sammler, 1973; *Hennig*, Das neue Waffenrecht in der Bundesrepublik Deutschland, 1973; *ders.*, Die Waffen-Sachkundeprüfung in Frage und Antwort, 10. Aufl. 1990; *Hinze*, Waffenrecht (Loseblattausgabe); *ders.*, Waffenrechtliche Literatur, 1990; *ders.*, Handbuch zum Waffenrecht, 2. Aufl. 1991; *Hoche*, Waffengesetz, 2. Aufl. 1938; *ders.*, Schusswaffengesetz, 3. Aufl. 1931; *Hoche/Schönner*, Gesetz gegen Waffenmissbrauch, 1931; *Holland*, Waffenrecht, 1944; *Kießig*, Bundeswaffengesetz (mit Nachtrag), 1969–1971; *Kurth/Lehle/Schirm*, Aktuelles Waffenrecht (Loseblattausgabe); *Laible*, Dolche und Kampfmesser, 2002; *Lampel/Mahrholdt*, Waffenlexikon, 10. Aufl. 1994; *Langner/Weiß*, Waffen bei Versammlungen, 1995; *Lorz/Gantschnigg*, Handbuch des Waffenrechts in Wort und Bild, 1985; *Martini*, Waffenrecht in der Praxis, 5. Aufl. o.J; *ders.* Das Waffen-Sachkundebuch 12. Aufl. 2000; *Meitz*, Waffenrecht des Bundes und der Länder, 5. Aufl. 1967; *Müller, Heinz*, Das Waffenrecht des Bundes und der Länder, 2. Aufl. 1969; *Münstedt*, Das neue Waffenrecht, 3. Aufl. 1976; *ders.*, Waffenrecht griffbereit, 3. Aufl. 1987; *ders.*, Deutsches Waffenrecht, 1991, Loseblattausgabe; *Ochs/Boden*, Waffensachkundeprüfung ‚leicht gemacht', 3. Aufl. 2002; *Oswald*, Das neue Waffenrecht, 1980; *Pawlas*, Waffenhandbuch, 1973; *Potrykus*, Waffengesetz 1959; *ders.*, Waffenrecht, 2. Aufl. 1970; *Reiber*, Die Entwicklung des deutschen Schusswaffenrechts zum 2. Bundeswaffengesetz i.d. Fassung vom 8. März 1976 und eine kriminalpolitische Kritik unter besonderer Berücksichtigung der Begriffe Erwerb, Besitz und Führen, Dissertation Marburg 1981; *Reich*, Das Schusswaffengesetz, 1929; *Rothschildt*, Zur Gefährlichkeit freiverkäuflicher Schreckschusswaffen, 2001; *Schäfer/Cohn*, Gesetz gegen Waffenmissbrauch, 1931; *Schrötter*, Waffen und Waffenrecht von A–Z, 1981, mit Nachtrag 1988; *Schürer*, Polizei und Waffenrecht, 3. Aufl. 1979; *Schweers/Gerards*, Das neue Waffenrecht, 1973; *Storch*, Private Sicherheitsdienste und Waffenrecht, 2001; *Stute*, Der Erwerb, das Tragen und der Besitz von Schusswaffen nach dem Schusswaffenrecht im Deutschen Reich, Dissertation Köln 1933; *Wagemann/Delius*, Die Gesetze über Schusswaffen und Munition sowie gegen Waffenmissbrauch, 2. Aufl. 1931; *Wündisch*, Das Gesetz über Schusswaffen und Munition, 1928; *Zhuk/Brukner*, Revolver und Pistolen, 1997.

**2. Abhandlungen** (zur Ergänzung wird für das Schrifttum bis 1997 auf das Verzeichnis in der 7. Auflage verwiesen. Da das WaffG nF im Wesentlichen eine nur formelle Neuordnung gebracht hat, das materielle Waffenrecht aber weitgehend in seiner Substanz erhalten geblieben ist, können die Aufsätze zu den jeweiligen Themen weiterhin von Bedeutung sein). *Bohm*, Dichotomien bei der Rekonstruktion von Schussverletzungen, Kriminalistik **2001**, 51; *Calliess* NJW **1998**, 928 (Regelbeispiele im Strafrecht); *Császár/Bärlin* DWJ **1998**, 586 (Waffen und Kriminalität); *Deger*, Waffeneinsatz gegen Selbstmörder? NVwZ **2001**, 1229; *Derksen*, Die Hinterlegung einer Anleitung zur Herstellung von Sprengstoffen in einer Mailbox – ein strafbarer Verstoß gegen das Waffengesetz? NJW **1998**, 3760; *Fürst* DWJ **1999**, 724; (neues schweizerisches Waffenrecht); *Härke* DWJ **2000**, Heft 2, 64 und Heft 8, 63 (Waffenrecht in England); *Härke*, Schusswaffenkriminalität in England steigt weiter, DWJ **2001**, Heft 12, 50; *Harries* DDZ **2001**, F 74–F 77 (Praktische Arbeitshilfe für Zollstellen bzgl. Ein- und Durchfuhr erlaubnispflichtiger Schusswaffen und

38

# Einleitung
Geschichtlicher Überblick

Munition); *Herber,* Die Neuregelung des deutschen Transportrechts, NJW **1998,** 3297; *Jena/Bröker/Schmidt,* „Zuverlässigkeit Ost", DWJ **1999,** 1060; *Jena/Bröker/ Schmidt,* (Einmalige Trunkenheitsfahrt und Zuverlässigkeit), DWJ **1999,** 1552; *Jena/Bröker/Schmidt,* (Rechtsnatur waffenrechtlicher Erlaubnisse); Keusgen, DWJ **1998,** 1418 (Parteien zur Waffenrechtsreform); *Kräußlich* DWJ **2000,** Heft 10, 128 (Waffenrechtsreform); *Kräußlich* DWJ **2002,** Heft 10, 87 (Mehr Rechte für Sportschützen?); *Krause,* DWJ **2001,** Heft 4, 36 (Registrierungspflicht für Munition); *Kuschicke,* Immissionsschutz **1998,** 11 (Immissionsschutz und Waffenrecht bei Schießständen); *Lindner* DWJ **1999,** 1222 (Beschlagnahme legaler Schusswaffen); *Marx* VA **2000,** 149 (Änderung des Waffenrechts); *Marx,* Erlaubnistatbestände im Waffengesetz, RdL **1999,** 312; *Marx,* Begriffsbestimmung des waffenrechtlichen Bedürfnisses, RdL **2000,** 87; *Meyer,* Die neuere waffenrechtliche Rechtsprechung des Bundesverwaltungsgerichts (I und II), GewA **1998,** 89 und **2001,** 89; *Mitsch,* JuS **1999,** 640 (Raub mit Waffen und Werkzeugen); *Missliwetz/Risser/Bauer,* Pumpgun – Waffe, Verletzungsbilder, Waffenverbot, ArchKrim. 203 (1999), 10; *Neuhaus,* Kriminaltechnik für den Strafverteidiger – Einsatz von Schusswaffen, StraFO **2002,** 254; *Nolte,* Waffenerwerb aufgrund von Ausländerjagdscheinen, NuR **2000,** 24; *oV* DRiZ **2002,** 241 (Neuregelung des Waffenrechts); *Pfister/Kneubuehl,* Die Munitionswahl beim bewaffneten Dienst der Polizei (Schweiz), Kriminalistik **2001,** 359; *Rahm,* Schusswaffenerkennungsdienst, Kriminalistik **1998,** 586; *Roth* DWJ **2001,** Heft 11, 108 (Amokläufe unter dem Einfluss von Psychodrogen); *Roth* DWJ **2001,** Heft 6, 48 (Waffen und Gewaltdelikte, besonders in Australien); *Rothschildt,* Zur Gefährlichkeit freiverkäuflicher Schreckschusswaffen, NStZ **2001,** 406; *Rothschildt/ Geserick/Horn u. a.,* Todesfälle durch umgebaute Schreckschusswaffen, Rechtsmedizin **8** (1998), 77; *Schenke,* Der Widerruf einer waffenrechtlichen Erlaubnis gegenüber dem Inhaber eines Jagdscheins, GewA **2000,** 136; *Schörmal* DWJ **1999,** 586 (Sportpistolen als Kriegswaffen?); *Schörmal,* DWJ **2001,** Heft 12, 51 (Verschärfung des Waffenrechts); *Scholzen* DWJ **1998,** 104 (Zum Wiederladen erforderliche Erlaubnisse); *Scholzen* DWJ **1998,** 276 (Auswirkung der Produkthaftung); *Scholzen* DWJ **1998,** 432 (Rechtliche Einordnung von Repetierlangwaffen); *Scholzen* DWJ **1998,** 776 (Waffenhandelserlaubnis); *Scholzen* DWJ **1999,** 600 (Aufbewahrung von Waffen); *Scholzen* DWJ **1999,** 1398 (Sammeln oder Handel?); *Scholzen* DWJ **1999,** 896; **2000,** Heft 10, 60; Heft 11, 62; Heft 12, 64; **2001,** Heft 4, 46 (Erben/Vererben); *Scholzen* DWJ **2000,** Heft 8, 64 (Kurzwaffen für Jäger); *Scholzen* DWJ **2000,** Heft 3, 60 (Strafklageverbrauch); *Scholzen* DWJ **2000,** Heft 4, 60 (Nachträglicher Bedürfniswegfall); *Scholzen* DWJ **2001,** Heft 2, 64 (Kritisches zur Kostenverordnung); *Scholzen* DWJ **2001,** Heft 5, 46 (Griffstückproblematik); *Scholzen* DWJ **2001,** Heft 7, 44 (Sportschützenbedürfnis); *Scholzen* DWJ **2001,** Heft 11, 50 (Munitionserwerb nach WaffG aF); *Scholzen* DWJ **2002,** Heft 1, 90 (Sachkunde zum Waffensammeln durch Jäger und Sportschützen); *Scholzen* DWJ **2002,** Heft 1, 92 (Missbräuchliche Waffenverwendung: Widerruf der WBK und Waffenbesitzverbot; zu BayVGH, Beschluss vom 11. 6. 2001 – 21 ZB 01 631); *Scholzen* DWJ **2002,** Heft 4, 102 (Bedürfnis für sportliche Kurzwaffen); *Scholzen* DWJ **2002,** Heft 10, 88 (Gebührengerechtigkeit); *Schyma/Schyma,* Spurensicherung an der Schusshand – Möglichkeiten und Probleme, Der Kriminalist **1998,** 169; *Sproll,* Rechtsschutz gegen Nebenbestimmungen eines Verwaltungsakts, NJW **2002,** 3221; *Vahle,* Widerspruchsbescheid durch örtlich unzuständige Behörde, DVP **2000,** 175; *Vendura/Strauch/Wieland,* Harpunen – Spielzeug, Werkzeug, Waffe? ArchKrim. **201** (1998), 73.

**39** **Schrifttum zum WaffG nF: a) Erläuterungswerke** und **Monographien:** *Angsten* Waffenrecht für Jäger, 2005; *Apel/Bushart* Waffenrecht, 3. Aufl. 2004, Bd. 2 Waf-

# Schrifttumsverzeichnis § 1

fengesetz; Bd. 3 Allgemeine Verordnung zum Waffengesetz (AWaffV); *Brukner* Faustfeuerwaffen. Technik und Schießlehre, 2003; *Dietlein/Dietlein* Jagdrecht von A bis Z (mit dem neuen Waffenrecht), 2003; *Eisele* Die Regelbeispiele im Strafrecht, 2004; *Engelbrecht/Pries* Waffenkunde für Polizeibeamte. Waffen, Munition, Reizstoffe, 3. Aufl. 2004; *Gade* Basiswissen Waffenrecht, 2005; *Göppl* Allgemeines Polizeirecht, Vereins- und Versammlungsrecht, Waffenrecht, in: Deutsches Verwaltungsrecht unter europäischem Einfluss, 2002, S. 323; *Grosinger/Szirba/Szymanski* Das österreichische Waffenrecht, 2005; *von Harling/Bothe* Noch mehr Praxistipps für Jagd und Jäger, *Hartink* Pistolen und Revolver, 2003; *Heghmanns* Grundzüge einer Dogmatik der Straftatbestände zum Schutz von Verwaltungsrecht oder Verwaltungshandeln, 2000; *Heller/Soschinka* Das neue Waffenrecht, 2003, (zitiert nach Seitenzahl); *Hennig* Die Waffen-Sachkundeprüfung, 21. Aufl. 2003; *Hinze* Waffengesetz. Textsammlung waffenrechtlicher Vorschriften, 6. Aufl. 2004; *Hinze/Runkel/Schmidt/Scholzen* Waffenrecht (Loseblattausgabe), zit. *H/R/S/S;* *Hochmayr* Strafbarer Besitz von Gegenständen, Wien 2005; *Kaestl/Krinner* Bayerisches Jagdrecht, 2003; *Kneubuehl* Geschosse, Bd. 2, 2004; *König/Papsthart* Das neue Waffenrecht, 2004; *Kümmerle/Nagel* Jagdrecht in Baden-Württemberg, 2003; *Künneke/Berger* Waffenhandel. Rechtsgrundlagen für die Fachkundeprüfung, 2003; *Lehmann/Frieß/Lehle* zitiert: *L/F/L,* Aktuelles Waffenrecht (Loseblattausgabe); *Martini* Das Waffen-Sachkunde-Buch, 14. Aufl. 2004; *Ochs/Boden* Sachkundeprüfung leicht gemacht, 4. Aufl. 2004; *Oeter/Stober* (Hrg.), Sicherheitsgewerberecht in Europa, 2002; *Ostgathe* Waffenrecht kompakt, 3. Aufl. 2004; *Oswald* Fachkundeprüfung nach dem Sprengstoffgesetz, 2003; *o. V.* Jagdrecht/Wild und Hund Exklusiv, 2004; *Rönnau* Die Vermögensabschöpfung in der Praxis, 2003; *Rose* Jagdrecht in Niedersachsen, 1994; *Rosenberger* Waffen und Einsatzmunition der Polizei, 2002; *Sauerland* Die Verwaltungsvorschrift im System der Rechtsquellen, 2005; *Schulz* Neues Waffenrecht für Polizei, Bundesgrenzschutz und Zoll, 2003; *Stober/Olschok* (Hrsg.), Handbuch des Sicherheitsgewerberechts, 2004; *Storch* Private Sicherheitsdienste und Waffenrecht, 2001, zugl. Diss. Bielefeld 2000; *Stoppa/Hartmann* Praxishandbuch zum neuen Waffenrecht, 2004; *Tettinger/Wank* Gewerbeordnung, 7. Aufl. 2004; *Thies* Deutsches Jagd-, Natur- und Waffenrecht, CD-ROM, 2005; *VISIER-EDITION* (o. V.), Alles zum neuen Waffenrecht, 2003 (zit.: *VISIER);* *Wimsberger* Beschusszeichen; *Wirtgen* Die preußischen Handfeuerwaffen. Modell, Manufakturen und Gewehrfabriken 1814–1856. Steinschloss- und Perkussionswaffen, 2004; *Zöckler* Laserwaffen im Völkerrecht, 2005.

b) **Abhandlungen:** *Adam* Die Begrenzung der Aufsichtspflichten in der Vorschrift des § 130 OWiG, wistra **2003,** 285; *Baumanns* Hinweis auf eine bei sich geführte Waffe als „Verwenden" im Sinne des § 250 Abs. 2 Nr. 1 StGB? JuS **2005,** 405; *Beaucamp* Das ordnungsbehördliche Verbot von Laserdromen – europarechtliche, gewerberechtliche und verfassungsrechtliche Probleme, DVBl. **2005,** 1174; *Berger* Klausur Öffentliches Recht: „Die Waffenbörse", JA **2005,** 377; *Boerner* Der praktische Fall: Keine Grenzen für „Killerspiele"?, apf (Ausbildung, Prüfung, Fortbildung) **2004,** 231; *Braun* Das Erbenprivileg im neuen Waffenrecht, ZEV **2003,** 105; *Braun* Das Gesetz zur Neuregelung des Waffenrechts, NVwZ **2003,** 311; *Braun* Konkretisierung des neuen Waffenrechts durch die Allgemeine Waffengesetz-Verordnung, NVwZ **2004,** 828; *Braun* Die Allgemeine Waffengesetz-Verordnung, BWVBl. **2004,** 292; *Brenneisen* Ultima ratio des Eingriffshandelns: Der polizeiliche Schusswaffengebrauch, DPolBl. **2005,** 15; *Brenneke* Neuregelung des Waffenrechts. Bleibt alles beim Alten? Kriminalistik **2005,** 331 [hierzu *Dicke* Kriminalistik **2005,** 524]; *Brukner* DWJ **2003,** Heft 6 S. 58 („Schallgedämpft"); *Bungardt/Dettmeyer/*

# Einleitung
Geschichtlicher Überblick

*Madea* Suizidaler Mundschuss mit nicht manipulierter Schreckschusspistole, ArchKrim. 216 (2005), 1; *Bux/Andresen/Rothschild* Elektrowaffe ADVANCED TASER M 26, Rechtsmedizin **12** (2002), 207; *Dickel/Schulz* DWJ **2002,** 97 (Kritisches zur Neuregelung); *Dietlein/Heinemann* Ausbildung und Prüfung: Übungsklausur „Entziehung des Jagdscheins", NWVBl. **2005,** 278; *Dietrich* Neues Waffenrecht in der Praxis, Die Polizei **2003,** 343; *div. Autoren* Schießausbildung bei der Polizei, Deutsches Polizeiblatt **2005,** 2 ff.; *Doerenkamp* Die Pirsch **2002,** Heft 15, 16 und 18 (Das neue Waffenrecht); *Doerenkamp/Syskowski* Die Pirsch **2002,** Heft 14 (Aufbewahrung von Waffen und Munition nach neuem Recht); *Dolderer* Beschlagnahme und Einziehung im Polizeirecht; BWVBl. **2003,** 222; *Dubbert* Grenzsituation: Der polizeiliche Schusswaffengebrauch aus psychologischer Sicht, DPolBl. **2005,** 21; *Eichener* DWJ **2003,** Heft 9, 82 (Gnade im Waffenrecht?); *Eidam* Der faktische Geschäftsführer und § 30 OWiG, StraFo **2003,** 299; *Eidam* Die Verbandsgeldbuße des § 30 Abs. 4 OWiG – eine Bestandsaufnahme, wistra **2003,** 447; *Eifert* „Zuverlässigkeit" als persönliche Tätigkeitsvoraussetzung im Besonderen Verwaltungsrecht, JuS **2004,** 565; *Faller-Marquardt/Braunwarth* Suizidaler Mundschuss mit Gummischrot, ArchKrim. 213 (2004), 76; *Fatscher* DWJ **2003,** Heft 11, 88 (Auslegung der neuen Zuverlässigkeitsvorschriften); *Fischer* Waffen, gefährliche und sonstige Werkzeuge nach dem Beschluss des Großen Senats (zugl. Anmerkung zu BGH, Beschluss vom 4. 2. 2003 – GSSt. 2/02), NStZ **2003,** 569; *Frank* Rechtsfragen beim Tod eines Jägers, ZEV **2005,** 475; *Franke* Genehmigung eines Schießstandes. Fallbearbeitung aus dem Bereich des Immissionsschutz- und Bauplanungsrechts, DVP **2004,** 326; *Gröpl/Brandt* „Tötungsspiele" und öffentlich-rechtliche Möglichkeiten zu ihrer Verhinderung, VerwArch. **2004,** 223; *Große Perdekamp/Braunwarth/Schmidt/Schmidt/Pollak* Zum absoluten Nahschuss aus Infanteriewaffen mit Mündungsstück, ArchKrim. 212 (2003), 10*; Habermeyer/Saß* Voraussetzungen der Geschäfts(-un)fähigkeit – Anmerkungen aus psychopathologischer Sicht, MedR **2003,** 543; *Harries* Auswirkungen der Reform des Waffenrechts auf die Tätigkeit der Zollverwaltung, DDZ **2003,** F 1 – F 7; *Heghmanns* Die Strafbestimmungen des neuen Waffengesetzes, NJW **2003,** 3373; *Heinz* DWJ **2003,** Heft 7, 80 (Waffenrecht in der Schweiz); *Heller/Soschinka* Das neue Waffenrecht, NJW **2002,** 2690 (zitiert mit Angabe NJW); *Hermanutz/Spöcker/Panning* Schießen lernen mit Computerspielen, Polizei & Wissenschaft (PolWiss.) **2003,** 2; *Hufen/Bickenbach* Der Rechtsschutz gegen Nebenbestimmungen zum Verwaltungsakt, JuS **2004,** 867 und 966; *Humberg* Der Adressatenkreis eines Waffenverbots für den Einzelfall gemäß § 41 WaffG, VR **2004,** 8; *Kay* Zur Anwendung des neuen Waffengesetzes, Kriminalistik **2003,** 631; *Kiethe/Hohmann* Das Spannungsverhältnis von Verfall und Rechten Verletzter (§ 73 Abs. 1 Satz 2 StGB). Zur Notwendigkeit der effektiven Abschöpfung von Vermögensvorteilen aus Wirtschaftsstraftaten, NStZ **2003,** 505; *Knollmann/Wilhelm* Fallbearbeitung: Jeder Schuss ein Farbtreffer, Klausur aus dem Polizei- und Ordnungsrecht, DVP **2005,** 243; *Kräußlich* DWJ **2003,** Heft 1, 96 (Kurioses im neuen WaffG); *Kräußlich* DWJ **2003,** Heft 2, 84 (Pfefferspray als Waffe); *Kräußlich* DWJ **2003,** Heft 4, 86 (Das neue Waffenrecht); *Kräußlich* DWJ **2003,** Heft 8, 88 (Aufbewahrungsvorschriften); *Kräußlich* DWJ **2004,** Heft 7, 18 (Unterschiedliche Einstufung von Reizstoffsprühgeräten); *Kräußlich* Verbandslose [Sportschützen], DWJ **2004,** Heft 12, 86; *Kräußlich* „Gelbe" ohne Grenzen, DWJ **2005,** Heft 6, 92; *Kräußlich* Führen von Blankwaffen, DWJ **2005,** Heft 6, 98; *Kramer* Das Verbot von die Menschenwürde gefährdenden Spielen, NVwZ **2004,** 1083; *Kropac* DWJ **2002,** Heft 6, 82 (Reisen mit Waffen innerhalb der EU); *Kruger* Schreckschuss-, Reizstoff- und Signalwaffen. Die unterschätzte Gefahr, Kriminakistik **2006,** 191; *Kühling*

# Schrifttumsverzeichnis § 1

Examensklausur ÖR: Der unzuverlässige Waffensammler, Jura **2005**, 198; *Leipold/Schmidt* Die Bande im Strafrecht, NJW-Spezial **2005**, 423; *Löhr/Kandler* Rechtlich bedenklich [neue Zuverlässigkeitsvorschriften], DWJ **2006**, Heft 2, 82; *Meier* Licht ins Dunkel: Die richterliche Strafzumessung, JuS **2005**, 769 und 879; *Mühlbauer* Der Vermächtnisnehmer als privilegierter Erwerber im Sinne des § 28 Abs. 4 Nr. 1 WaffG, BWVBl. **2002**, 515; *Müller, Kai* Die Konvergenz der Bandendelikte, GA **2002**, 318; *Nadjem/Braunwarth/Pollak* Zum Verletzungspotential von Softair-Pistolen, ArchKrim. 213 [2004], 15; *Neuser* Begutachtung der persönlichen Eignung nach § 6 WaffG, report psychologie **2004**, 22; *oV* Polizeiwaffen: Sicherheit durch nichtlethale Einsatzmittel. Taser und Pepper Ball ermöglichen Einwirkung aus sicherer Entfernung, Magazin für die Polizei **2004**, 337, 338; *Parhofer/Giebel* Weltneuheit – Armatix entwickelt elektronische Lösung zur Sicherung von Schusswaffen, Magazin für die Polizei **2005**, 8; *Peglau* Neue strafprozessuale Möglichkeiten der eigenen Sachentscheidung des Revisionsgerichts nach dem JuMoG, JR **2005**, 143; *Peglau* Aktuelle Entwicklungen bei Verfall und Einziehung, JA **2005**, 640; *Peschel/Manthei/Kühl* Verletzungspotenzial von FxR-Farbmarkierungsmunition, ArchKrim. **2004**, 1; *Remmert* Rechtsprobleme von Verwaltungsvorschriften, Jura **2004**, 728; *Rissing-van Saan* Die Bande, Geilen-Festschrift (2003) S. 131; *Roos* Waffenrecht, ph (Polzei heute) **2003**, 96; *Scheffer* Waffenrechtliche Bedürfnisprüfung bei Jägern, GewA **2005**, 278; *Scheideler* Möglichkeiten behördlichen Einschreitens gegen Laserdrome und Paintballanlagen, GewA **2005**, 312; *Scheithauer/Schrötter* DWJ **2001**, Heft 5, 51 (Waffenrechtsreform); *Scheithauer/Schrötter* DWJ **2001**, Heft 5, 51 (Waffenrechtsreform); *Schoch* Der unbestimmte Rechtsbegriff im Verwaltungsrecht, Jura **2004**, 612; *Scholzen* DWJ **2001**, Heft 10, 52 (Novellierung des WaffG); *Scholzen* DJW **2002**, Heft 8, 72 (Waffenrechtsreform); *Scholzen* DWJ **2003**, Heft 3, 90 (Sachkundeprüfung für Waffensammler); *Scholzen* DWJ **2003**, Heft 6, 96 (Behördliche Nachschau); *Scholzen* DWJ **2003**, Heft 10, 90 (Auslegung der neuen Zuverlässigkeitsvorschriften); *Scholzen* DWJ **2003**, Heft 12, 88 (Zum eigenen befriedeten Besitztum); *Scholzen* DWJ **2004**, Heft 2, 84 (Aufbewahrungsvorschriften); *Scholzen* DWJ **2004**, Heft 4 90 (Rechtsbehelfe gegen Verwaltungsentscheidungen)); *Scholzen* DWJ **2004**, Heft 6, 84 (Zuverlässigkeit bei alten Verurteilungen); *Scholzen* DWJ **2004**, Heft 10, 90 (Gebührengerechtigkeit); *Scholzen* DWJ **2005**, Heft 1, 94 („Stand der Technik" bei Aufbewahrung); *Scholzen* DWJ **2005**, Heft 2, 88 („Amnestieregelung" des § 58 Abs. 8 WaffG); *Scholzen* DWJ **2005**, Heft 3, 98 (Ausnahmeregelung des § 12 WaffG); *Scholzen* DWJ **2005**, Heft 4, 104 (Entwurf WaffVwV); *Scholzen* DWJ **2005**, Heft 6, 96 (Behördliche Fehlentscheidungen); *Scholzen* DWJ **2005**, Heft 7, 90 (Eigentum an Kriegswaffen); *Scholzen* DWJ **2005**, Heft 8, 80 (WBK für Waffensachverständige); *Scholzen* DWJ **2005**, Heft 8, 92 (Gebührenrechtsprechung des BVerwG); *Scholzen* DWJ **2005**, Heft 9, 94 (Rechtsprechung zum WaffG); *Scholzen* DWJ **2005**, Heft 11, 80 (Rechtsbehelfe gegen Verwaltungsakte); *Scholzen* DWJ **2006**, Heft 1, 86 („Gröbliche" Verstöße iSv. § 5 Abs. 2 Nr. 5 WaffG); *Scholzen* DWJ **2006**, Heft 3, 82 (Auswirkungen eines Waffenverbots durch BKA); *Scholzen/Kräußlich* DWJ **2002**, Heft 12, 96 (Aufbewahrung nach neuem Recht); *Scholzen/Thielemann* DWJ **2003**, Heft 7, 80; *Schomburg/Fischer* Das Sicherheitsgewerbe und der Europäische Binnenmarkt – Chancen und Risiken, NVwZ **2005**, 1284; *Schrepfer-Proskurjakov* WWJ **2005**, Heft 12, 78 (Waffenrecht der Russischen Föderation); *Schulz* DWJ **2002**, Heft 2, 98; Heft 3, 100; Heft 7, 94 (Zur Waffenrechtsreform); *Schulz* DWJ **2004**, Heft 9, 88 (Bedürfnis § 14 Abs. 4 WaffG); *Schwannecke/Heck* Die Handwerksordnungsnovelle 2004, GewA **2004**, 129, 141; *Staack* DPolBl. **2003**, 10 (Verbotsnormen des Versammlungsgeset-

# Einleitung
Geschichtlicher Überblick

zes); *Stein* Der praktische Fall: „Der unzuverlässige Jagdscheininhaber", VR **2004**, 173; *Stein/Wille* Fallbearbeitung: Der unzuverlässige Waffenhändler, DVP **2004**, 291; *Szczekalla* Laserdrome goes Luxemburg. Der Kampf gegen die Hass- und Gewaltindustrie aus deutscher und gemeineuropäischer Sicht, JA **2002**, 992; *Theisen/Schoppmeier-Pauli* Fallbearbeitung: Untersagung eines Laserdroms, DVP **2005**, 251; *Timm* Das Waffenrecht – eine unendliche Geschichte, Kriminalistik **2005**, 330; *Toepel* Zur Problematik des Bandendiebstahls, StV **2002**, 540; *Toepel* Zur Architektur der Bandendelikte, ZStW **2003**, 60; *Ullrich* Chaos pur. Verbringen und Mitnahme von Waffen und Munition, DWJ **2004**, Heft 5 S. 92; *Ullrich* Verbringen und Mitnahme von Waffen und Munition. Eine systematische Darstellung für den praktischen Umgang mit den §§ 29 bis 33 WaffG, Kriminalistik **2004**, 472; *Ullrich* Ausnahmen von den Erlaubnispflichten gem. § 12 WaffG. Eine Darstellung anhand von praktischen Beispielen, AWPrax. **2005**, 25 und 73; *Ullrich* Waffengesetz – Ausnahmen von Erlaubninspflichten, Kriminalistik **2005**, 238; *Weber* Der praktische Fall: Der EuGH und das behördliche Verbot des Betreibens eines sog. „Laserdromes", VR **2005**, 96; *Werner* Das neue Waffenrecht, StraFo **2003**, 110; *Wilhelms* Zur Tatbestandswirkung von Verwaltungsakten, NJ **2005**, 337; *Wölfl* Sind die Verwaltungsbehörden an rechtskräftige strafrechtliche Verurteilungen gebunden? DÖV **2004**, 433; *Wurster* DWJ **2004**, Heft 8, 86 (Gebührenerhebung; zu OVG Koblenz v. 15. 1. 2004 – 12 A 11 556/03); *Zimmermann* Die Bedeutung des Waffengesetzes bei der Abfertigung von Waren im Postverkehr, BDZ **2005**, F 87.

Gegenstand und Zweck des Gesetzes, Begriffsbestimmungen § 1

## Abschnitt 1. Allgemeine Bestimmungen

**Gegenstand und Zweck des Gesetzes, Begriffsbestimmungen**

**1** (1) **Dieses Gesetz regelt den Umgang mit Waffen oder Munition unter Berücksichtigung der Belange der öffentlichen Sicherheit und Ordnung.**

(2) **Waffen sind**
1. **Schusswaffen oder ihnen gleichgestellte Gegenstände und**
2. **tragbare Gegenstände,**
   a) **die ihrem Wesen nach dazu bestimmt sind, die Angriffs- oder Abwehrfähigkeit von Menschen zu beseitigen oder herabzusetzen, insbesondere Hieb- und Stoßwaffen;**
   b) **die, ohne dazu bestimmt zu sein, insbesondere wegen ihrer Beschaffenheit, Handhabung oder Wirkungsweise geeignet sind, die Angriffs- oder Abwehrfähigkeit von Menschen zu beseitigen oder herabzusetzen, und die in diesem Gesetz genannt sind.**

(3) **Umgang mit einer Waffe oder Munition hat, wer diese erwirbt, besitzt, überlässt, führt, verbringt, mitnimmt, damit schießt, herstellt, bearbeitet, instand setzt oder damit Handel treibt.**

(4) **Die Begriffe der Waffen und Munition sowie die Einstufung von Gegenständen nach Absatz 2 Nr. 2 Buchstabe b als Waffen, die Begriffe der Arten des Umgangs und sonstige waffenrechtliche Begriffe sind in der Anlage 1 (Begriffsbestimmungen) zu diesem Gesetz näher geregelt.**

*Vermerk: Um die Zitierweise zu erleichtern, werden für die Untergliederungen der Anlagen zum Gesetz Abkürzungen verwendet: A = Abschnitt; U = Unterabschnitt (vgl. Abkürzungsverzeichnis).*

### Inhaltsübersicht

|  | Rdn. |
|---|---|
| Abschussbecher | 12 |
| Allg. gebräuchl. Werkzeuge | 14 |
| Änderungsumfang | 2 a |
| Ankaufen | 62 |
| Aufsuchen v. Bestellungen | 63 a |
| Bearbeiten | 58 |
| Besitz | 42 |
| Elektroimpulsgeräte | 23 a |
| Entstehungsgeschichte | 1 |
| Erwerb | 33 |
| Fallmesser | 26 |
| Faltmesser (Butterflymesser) | 28 |
| Faustmesser | 27 |
| Feilhalten | 63 |
| Flammenwerfer | 23 e |

## § 1 Abschn. 1. Allgemeine Vorschriften

|  | Rdn. |
|---|---|
| Führen | 46 |
| Gaspistolen | 11 |
| Gefährl. tragbare Gegenstände | 23 c |
| Geschosse | 5 |
| Herstellung | 56 |
| Hieb- und Stoßwaffen | 21 |
| Instandsetzen | 60 |
| Kartoffelkanone | 6 |
| Lauf | 4 |
| Leuchtpistolen | 9 |
| Messer | 24 ff. |
| Mitnahme | 54 a |
| Molotow-Cocktails | 23 f |
| Munitionsabschussgeräte | 16 |
| Neue Systematik | 66 |
| Paintball-(Gotscha-)Waffen | 3 a ff. |
| Präzisionsschleudern | 23 h |
| Reizstoffsprühgeräte | 23 b |
| Schalldämpfer | 19 a |
| Schießen | 55 |
| Schreckschusswaffen | 10 |
| Schusswaffen ieS | 3 b |
| Signalwaffen | 9, 19 |
| Soft-Air-Waffen | 3 f |
| Soft-Nun-Chakus | 23 g |
| Springmesser | 25 |
| Tierabwehrgeräte | 29 a |
| Tragb. Gegenst. iSv Abs. 2 Nr. 2 b | 24 |
| Tragbarkeit | 8 |
| Überlassen | 43, 64 |
| Umgang | 30 |
| Verbringen | 54 |
| Vermitteln | 65 |
| Waffen n. Absatz 2 Nr. 2 a | 21 |
| Waffen nach Absatz 2 Nr. 2 | 20 |
| Waffen, Begriff | 3 |
| Waffenhandel | 61 |
| Wesentliche Teile | 19 a |
| Würgegeräte | 23 g |
| Zündblättchenpistolen | 13 |
| Zweck der Vorschrift | 2 |

**1** **1. Entstehungsgeschichte.** Die Vorschrift ist, wie das gesamte Waffengesetz nF, durch Art. 1 des **WaffRNeuRegG** („Gesetz zur Neuregelung des Waffenrechts" vom 11. 10. 2002 [BGBl. I 3970], ber. 19. 12. 2002 [BGBl. I 4592] und 19. 9. 2003 [BGBl. I 1957]) neu geschaffen worden. Während § 1 aF nur die Definition der „Waffenbegriffe" zum Gegenstand hatte, bringt § 1 Abs. 1 nF an vorderster Stelle – wie bei modernen Gesetzgebungswerken üblich – die Festlegung des **Gesetzes-**

## Gegenstand und Zweck des Gesetzes, Begriffsbestimmungen § 1

**zwecks:** Das neue Waffengesetz stellt in den Vordergrund, dass es eine waffenrechtliche Regelung sein will, die der Aufrechterhaltung der **öffentlichen Sicherheit und Ordnung** dient. Das kam im Waffengesetz aF nicht expressis verbis zum Ausdruck. Seinen Grund hatte dies im Wesentlichen in der Entstehungsgeschichte des früheren Waffengesetzes (vgl. Einleitung Rdn. 11 ff.). Die Gesetzgebungszuständigkeit war nach dem Zweiten Weltkrieg zunächst zwischen Bund und Ländern aufgespalten. Bis zum Jahre 1972 besaß der Bund lediglich die Kompetenz zur Regelung des Rechts der Wirtschaft (Art. 74 Nr. 11 GG). Dementsprechend standen die hiermit zusammenhängenden Fragen im Mittelpunkt: gewerbsmäßige Herstellung, Handel, Einfuhr sowie Funktionssicherheit der hergestellten Produkte (Beschusswesen). Die konkurrierende Gesetzgebungszuständigkeit des Bundes für das gesamte Gebiet „Waffenrecht" (Art. 74 Nr. 4a; gegenwärtig Absatz 1 Nr. 4a) wurde erst durch das 31. Gesetz zur Änderung des Grundgesetzes vom 28. 7. 1972 (BGBl. I 1305) geschaffen (Einleitung Rdn. 15). Die dem Polizeirecht im weitesten Sinne entstammenden Regelungen über den privaten Umgang mit Waffen und Munition (Absatz 3) wurden dem bestehenden Waffengesetz weitgehend nur angefügt, so dass der wirtschaftsbezogene Teil der Regelungen weiter im Mittelpunkt stand. Die Neugliederung will dem gegenüber dem Umstand Rechnung tragen, dass die Vorschriften über den Erwerb und Besitz von Waffen und über deren Verwendung sich an einen Adressatenkreis von mehreren Millionen wenden; dem gegenüber steht die zahlenmäßig nicht ins Gewicht fallende und sicherheitspolitisch wenig problematische Gruppe der Waffenhersteller und Waffenhändler (Begr. RegE BT-Drucks. 14/7758 S. 50). Nach Einschätzung unabhängiger Experten soll es in Deutschland – gesteigert durch den Balkankonflikt – zwischen 20 und 30 Millionen illegale Waffen geben, weit mehr als legale (AZ Mainz vom 21. 2. 2002).

**2. Zweck der Vorschrift.** Die der wahren Bedeutung der einzelnen Rechtsgebiete 2
bisher nicht gerecht werdende wirtschaftsorientierte „Kopflastigkeit" wird durch die Neufassung des Absatzes 1 beseitigt, indem durch die Erklärung des Gesetzeszwecks die Regelung quasi „vom Kopf auf die Beine gestellt" worden ist. Der Sektor „Wirtschaft" wurde noch weiter dadurch geschwächt, dass die Regelungen über die **Produktsicherheit** und damit das gesamte Beschusswesen aus dem Waffengesetz ausgegliedert und einem eigenständigen **Beschussgesetz** zugewiesen wurden. Im Hinblick darauf ist verständlich, dass als Zielrichtung des so neu konzipierten Gesetzes die Regelung des Umgangs mit Waffen und Munition unter Berücksichtigung der Belange der **öffentlichen Sicherheit und Ordnung** (ausführlich *L/F/L* Rdn. 3 ff.) angegeben wird. Alle wesentlichen Vorschriften über den privaten Umgang mit Waffen und Munition (das Gesetz sagt: „Waffen *oder* Munition") unter sicherheitspolizeilichen Aspekten sind nunmehr zu Beginn und im **Hauptteil** des Gesetzes enthalten. Damit soll auch dazu beigetragen werden, dass sicherheitspolitische Belange nicht zugunsten wirtschaftspolitischer Interessen vernachlässigt werden (Begr. RegE BT-Drucks. 14/7758 S. 52). Um die wahre Bedeutung dieser Umschichtung zu erfassen, sei darauf hingewiesen, dass in der BRepD schätzungsweise 2,3 Millionen legale Besitzer mit ca. 7,2 Millionen „scharfen" Schusswaffen umgehen (Begr. aaO S. 51), eine Tatsache, die den am tragischen Ereignis von Erfurt vom 26. 4. 2002 verhältnismäßig unproblematisch erschien. Um den sicherheitspolizeilichen Aspekt noch mehr herauszustellen, hatte der Bundesrat (Begr. RegE BT-Drucks. 14/7758 S. 103) vorgeschlagen, in Absatz 1 die Wörter „unter Berücksichtigung der Belange" durch die Wörter „insbesondere zum Zwecke der Gewährleistung" zu ersetzen. Die Bundesregierung (aaO S. 127) lehnte den Vorschlag ab. Der

## § 1 Abschn. 1. Allgemeine Vorschriften

Zweck des Waffengesetzes, der in der Vorschrift umschrieben werde, sei die Regelung des Umgangs mit Waffen oder Munition durch Privatpersonen. Dieser Umgang könne aus Gründen der öffentlichen Sicherheit und Ordnung nicht schrankenlos sein. Danach sei die Gewährleistung der öffentlichen Sicherheit und Ordnung nicht der primäre Zweck des Gesetzes; sie stehe vielmehr lediglich den privaten Interessen des Einzelnen am Umgang mit diesen Gegenständen gegenüber und begrenze diesen. Dieser Regelungszweck würde durch die vorgeschlagene Formulierung des § 1 Abs. 1 WaffG einseitig verengt. Dem ist zuzustimmen.

Bei der Ausgestaltung des „Umgangs" mit Waffen im Einzelnen wird im Gesetz durchgängig die Reihenfolge Erwerb, Besitz und Führen von Waffen sowie Schießen mit Waffen eingehalten (Begr. aaO S. 51).

2a **2a. Änderungsumfang** (hierzu *Heller/Soschinka* NJW 2002, 2690; *o. V.* DRiZ 2002, 241). Die Begründung des Gesetzentwurfs stellt ausdrücklich klar, dass materielle Änderungen mit der neu geschaffenen, das Gesetz beherrschenden **Systematik** von Erwerb, Besitz, Führen und Schießen nicht verbunden sind, es vielmehr vorrangig darum gegangen sei, das bisher geltende, weitgehend unübersichtliche Waffenrecht für alle Beteiligten übersichtlicher („transparenter") zu gestalten (BT-Drucks. 14/7758 S. 51). Eine Zusammenstellung der vom Regierungsentwurf geplant gewesenen **Änderungen** findet sich in der Gesetzesbegründung zu Art. 1 unter I. Allgemeines (BT-Drucks. 14/7758 S. 50). Sie sind zum größten Teil Gesetz geworden. Änderungen sind auf Grund der Beratungen im Innenausschuss sowie im Vermittlungsausschuss erfolgt (BT-Drucks. 14/8886; 14/9432; BR-Drucks. 355/02 und 524/02), teilweise veranlasst durch das Massaker von Erfurt vom 26. 4. 2002. Die Änderungen im Einzelnen: An die Zuverlässigkeit (§ 5) werden verschärfte Anforderungen gestellt. Das bedeutet obligatorische Waffenversagung bzw. Waffenentzug bei Verurteilung wegen eines Verbrechens oder sonst bei zu mindestens einjähriger Freiheitsstrafe verurteilten Personen, in der Regel Annahme der Unzuverlässigkeit bei verfassungswidriger Betätigung, gleiche Zuverlässigkeitsanforderungen auch an **Jäger**, bei denen bislang Straftaten gegen das Vermögen (zB Steuerdelikte) nicht zur Annahme der Unzuverlässigkeit führten; außerdem **Überprüfung** der Zuverlässigkeit und persönlichen Eignung künftig spätestens nach drei Jahren (§ 4 Abs. 3) statt bisher nur alle fünf Jahre (§ 30 Abs. 4 WaffG aF); Überprüfung auch des Bedürfnisses drei Jahre nach Erteilung der waffenrechtlichen Erlaubnis (§ 4 Abs. 4). Ist der Antragsteller jünger als 25 Jahre, hat er bei erstmaligem Antrag auf Erwerb und Besitz einer Schusswaffe seine „geistige Eignung" durch ein entsprechendes amts- oder fachärztliches oder fachpsychologisches Attest zu belegen (§ 6 Abs. 3). Als Erleichterung ist anzusehen die Einführung der erlaubnisfreien **Ausleihe** von Schusswaffen bis zu einem Monat unter Waffenberechtigten (Erleichterung vor allem für Jäger und Sportschützen – § 12 Abs. 1 Nr. 1 Buchstabe a). Für **Sportschützen** haben sich – vor allem im Hinblick auf die Ereignisse von Erfurt – einige Änderungen ergeben. Die Erlaubnis zum Erwerb und Besitz von Schusswaffen und Munition zum sportlichen Schießen wird grundsätzlich – mit einer Ausnahme für bestimmte harmlosere Waffen und Munition – nur erteilt, wenn der Sportschütze das 21. Lebensjahr vollendet hat (§ 14 Abs. 1). Aus Gründen der Rechtsklarheit, aber auch der Erleichterung des Vollzugs, wird den Sportschützen ein **Grundkontingent** an Schusswaffen zugebilligt, wie es bereits für Sportschützen und Jäger hinsichtlich der Kurzwaffen bisher festgelegt war (jeweils zwei Kurzwaffen). Die Einführung des Prinzips der Grundausstattung – die keine absolute Höchstgrenze bildet – lässt für Sportschützen den erleichterten Erwerb von insgesamt drei halbautomatischen Langwaffen und zwei mehrschüssigen Kurzwaffen für Patronenmunition einschließlich zugehöriger Munition zu; Repetier-Langwaffen sind entgegen der ursprünglichen Absicht nicht mehr in diese Begrenzung einbezogen. Ebenfalls ist Sportschützen der Erwerb von Einzellader-Langwaffen mit glatten oder gezogenen Läufen, einläufigen Einzellader-Kurzwaffen für Patronenmunition und von mehrschüssigen Kurz- und Langwaffen mit Zündhütchenzündung (Perkussionswaffen) gestattet (§ 14 Abs. 4). Im Übrigen werden nur Bedürfnisnachweise von Schützenvereinen anerkannt, die über eigene oder vertraglich gesicherte Schießstände verfügen und die einem staatlich anerkannten Schießsportverband angeschlossen sind, dem grundsätzlich mindestens 10 000 aktive Sportschützen angehören müssen (§ 15). Das Schießen mit Schusswaffen durch Jugendliche und Kinder wird in § 27 Abs. 3 und 4 eingehend neu geregelt. Für **Jäger** (Jahresjagdscheininhaber) besteht die Grundausstattung im erleichterten Erwerb von Langwaffen und zwei Kurzwaffen. Inhabern eines Jugendjagdscheins (§ 16 BJagdG) darf eine Erlaubnis zum Erwerb und Besitz von Schusswaffen und zugehöriger Munition nicht erteilt werden (§ 13 Abs. 7 Satz 1). Sie dürfen mit diesen Gegenständen nur ganz eingeschränkt im Rahmen spezieller jagdlicher Betätigung umgehen (§ 13 Abs. 7 Satz 2). Für erforderlich gehalten hat man weiter die Aufnahme einer Vorschrift über den Umgang mit Waffen oder Munition durch Kinder und Jugendliche (§ 3). Neben eigenständigen Regelungen für Jäger, Sportschützen und andere Personengruppen (§§ 13 ff.) hat das Gesetz auch eine solche für Erben (§ 20) formuliert, und zwar in Anlehnung an das geltende Recht (Erwerb ohne Prüfung der Volljährigkeit, der Sachkunde und des Bedürfnisses); allerdings wird diese Privilegierung auf fünf Jahre befristet (Art. 19 Nr. 2 WaffRNeuRegG). Das Verbringen und die Mitnahme von Schusswaffen oder Munition in den und aus dem Geltungsbereich des Gesetzes ist neu geordnet worden (§§ 29 bis 33); die Pflicht zur sicheren Aufbewahrung wurde an das EG-Recht angepasst. Die zunächst beabsichtigte Beseitigung des Verbrechensstraftatbestandes (bisher § 52a WaffG aF) ist fallen gelassen worden, so dass strafrechtlich die Neuregelung (§§ 51, 52) nicht hinter dem früheren Recht zurückbleibt. Was die Verbotsregelung anbetrifft (§ 2 Abs. 3; Anlage 2 Abschnitt 1), so sind das Verbot des Umgangs mit Wurfsternen, Fall-, Faust- und Butterflymessern sowie weitere Einschränkungen des so genannten Taschenmesserprivilegs (Anlage 2 Abschnitt 1 Nr. 1.3.3 und Nr. 1.4.1 bis 1.4.3) neu aufgenommen worden, ebenso das Verbot sog. Pumpguns, Vorderschaftsrepetierflinten, bei denen der Hinterschaft durch einen Pistolengriff ersetzt ist (Anlage 2 Abschnitt 1 Nr. 1.2.1 nF).

Gleichzeitig erfolgte jedoch bedauerlicherweise die Aufhebung des Verbots von Schusswaffen mit dem Anschein einer Kriegswaffe, von Kriegswaffennachbildungen und von unbrauchbar gemachten Kriegswaffen (bisher § 37 Abs. 1 Satz 1 Nr. 1 Buchstabe e, Nr. 10 und 11 des Waffengesetzes), obwohl das hierin liegende Drohpotential erfahrungsgemäß sehr hoch ist; immerhin ist laut amtlicher Statistik im Jahre 2001 in 11 270 Fällen bei der Begehung von Straftaten mit einer Schusswaffe (allerdings einschließlich Spielzeugpistolen) gedroht worden (vgl. zu waffenstatistischen Angaben das „Forum Waffenrecht" im Internet [www.fwr.de]). Als weitere wesentliche Neuerung ist die Einführung des sog. **Kleinen Waffenscheins** für das **Führen** von Schreckschuss- Reizstoff- und Signalwaffen zu nennen (§ 10 Abs. 4 Satz 4). Dieses wird künftig von einer Erlaubnis, die allerdings nur eine Zuverlässigkeits- und Eignungsprüfung voraussetzt, abhängig gemacht (Anlage 2 Abschnitt 2 Unterabschnitt 3 Nr. 2). Zu beachten sind auch die Neuregelungen in § 6 Abs. 3 und § 58 Abs. 9, wonach grundsätzlich – mit Ausnahmen für Jäger und Sportschützen – der Besitz von Schusswaffen durch Personen unter 25 Jahren nur bei Vorlage einer

## § 1 Abschn. 1. Allgemeine Vorschriften

fach- oder amtsärztlichen oder einer fachpsychologischen Bescheinigung über die geistige (mentale) Eignung des Betreffenden zum Schusswaffenbesitz gestattet wird; diese Regelung erfasst auch Inhaber bereits auf Grund des WaffG aF erteilter Erlaubnisse, sofern sie das 25. Lebensjahr noch nicht vollendet haben.

**2 b** Weitere Änderungen des Waffenrechts sind zu erwarten, nachdem die Bundesregierung am 10. 7. 2002 der Zeichnung des **Zusatzprotokolls der Vereinten Nationen** gegen die unerlaubte Herstellung von und den unerlaubten Handel mit Schusswaffen, dazugehörigen Teilen und Komponenten und Munition zugestimmt hat.

**3** **3. Der Begriff „Waffen" (Absatz 2).** Während § 1 WaffG aF die einzelnen Kategorien von Waffen nacheinander aufzählte, gibt sich die Neufassung den Anschein, erstmalig den Oberbegriff „Waffe" einzuführen und zu definieren. Danach sind Waffen (vgl. die „Schnellübersicht" bei *Ostgathe* S. 98 ff.) zum einen Schusswaffen und ihnen gleichgestellte Gegenstände (Nr. 1) und zum anderen tragbare Geräte mit im Einzelnen aufgeführten Eigenschaften (Nr. 2 Buchst. a und b). Die Formulierung lässt jedoch erkennen, dass es sich dabei auch nur um eine Aufzählung, nicht aber um eine eigene Definition des Begriffs „Waffe" handelt. Dieser wird vielmehr als der **„herkömmliche historische Waffenbegriff"**, wie er sich nach dem Reichswaffengesetz 1938 (Einleitung Rdn. 10) und dem Bundeswaffengesetz 1968 (Einleitung Rdn. 13) entwickelt hatte, übernommen und zugrunde gelegt (Begr. RegE BT-Drucks. 14/7758 S. 52). Nach RG JW **1932**, 952, 953 war als Waffe iS des (speziellen) Waffenrechts, also damals der Waffenmissbrauchs-VO v. 25. 7. 1930, ein Gegenstand anzusehen, dessen Zweckbestimmung darin besteht, seinem Besitzer bei einem Kampf, in den er verwickelt werden sollte, als Angriffs- oder Verteidigungsmittel zu dienen. Dieser traditionelle Waffenbegriff hat in der Folgezeit eine beträchtliche Ausweitung insofern erfahren, als in ihn auch Waffen einbezogen wurden, die zum Sport, Spiel oder zur Jagd bestimmt sind, mithin bei Tätigkeiten Verwendung finden, die gemeinhin mit Angriff oder Verteidigung nichts zu tun haben. Dass bei der Jagd verwendete Waffen unter den waffengesetzlichen Waffenbegriff fallen, war früher schon rechtens. Es genügt insoweit der Hinweis auf § 32 DVO RWaffG (vgl. auch § 21 RWaffG). Die Einbeziehung der zum **Spiel** bestimmten (Schuss-)Waffen in den Geltungsbereich des WaffG erfolgte erstmalig im BWaffG 1968. Der Gesetzgeber (Begr. BT-Drucks. V/528 S. 19) begründete seinerzeit diese Begriffserweiterung damit, dass die Spielzeugindustrie Spielzeugwaffen auf den Markt gebracht habe, die „nicht nur wegen der täuschend ähnlichen Nachahmung, sondern auch wegen der mit ihnen zu erreichenden Bewegungsenergie der Geschosse eine Gefahr" darstellten, weshalb diese Waffen, mit denen gezielt geschossen werden könne und die in Händen von Kindern und Jugendlichen eine nicht unerhebliche Gefahr für Mensch und Tier bedeuteten, als Schusswaffen behandelt werden müssten. Das WaffG 1972 und ebenso dasjenige von 1976 haben diese Regelung beibehalten. Um Härten auszuschließen, gab § 6 Abs. 4 Nr. 1 Buchst. a aF dem BMI die Ermächtigung, harmlose Spielzeugwaffen im Wege einer Rechtsverordnung von den Vorschriften des WaffG auszunehmen. Der BMI machte von dieser Ermächtigung in § 1 Abs. 1 Nr. 1 der 1. WaffV aF entsprechend Gebrauch. Dagegen war der Zweck, Tiere zu betäuben, nicht erfasst; derartige Narkosewaffen fielen nicht unter § 1 Abs. 1 aF, sondern unter Absatz 2 aF (vgl. *Ehmke* Die Polizei **1981,** 22).

**3 a** **Paintball- und Gotcha-Waffen** (vgl. hierzu auch „Paintball" BKA 2004). Ihren Ursprung haben diese Geräte in den Farbmarkierern, mit denen in den USA zu fällende Bäume gekennzeichnet wurden. Dementsprechend werden in den betreffenden Kreisen auch heute noch diese Schusswaffen als **„Markierer"** bezeichnet. Unter

## Gegenstand und Zweck des Gesetzes, Begriffsbestimmungen § 1

Benutzung dieser Schusswaffen wurde im Laufe der Jahre ein **Spiel** entwickelt, das Paintball- oder Gotchaspiel (letzteres von engl. [Slang] gotcha = got you „hab dich"), bei denen zwei oder mehr Spieler versuchen, in einem mehr oder weniger kriegsähnlichen Spiel einen Gegenspieler zu „markieren", was dessen Ausschluss aus dem Spiel bedeutet. Die Bezeichnung „Paintball" folgt aus der Verwendung von Farbmunition, die aus mit Lebensmittelfarbe gefüllten Gelatinekugeln des Kalibers .68 besteht, welche durch den Federdruck oder Gasdruck einer $CO_2$- oder Luftdruckflasche aus dem „Markierer" verschossen werden. Die Bewegungsenergie, die den Paintballs erteilt wird (üblich sind 300 fps [feet per second], was rund 90 m/s entspricht), kann den Spielern gefährliche Verletzungen, vor allem im Gesicht zuzufügen, so dass während des Spiels zumindest eine Schutzmaske mit Sicherheitsglas getragen wird.

Das Waffengesetz setzt für die Unterstellung unter die privilegierte Kategorie der **3b** Druckluft-, Federdruck- oder Kaltgaswaffen (Anlage 2 A 2 UA 2 Nr. 1.1) eine Grenze für die Bewegungsenergie, die den Geschossen erteilt wird, bei 7,5 Joule. Die Farbkugeln haben ein Gewicht von ungefähr 3,5 g. Daraus folgt eine Mündungsgeschwindigkeit von 214 fps. Im Hinblick darauf sind Paintball-Waffen nur in diesen Grenzen als privilegiert anzuerkennen. Dann können sie, sofern sie mit dem Prüfzeichen gekennzeichnet sind (F im Fünfeck) tragen, von Erwerbern im Alter ab 18 Jahren frei gekauft und in Besitz gehalten werden. Wird die zulässige Bewegungsenergie überschritten oder fehlt das Prüfzeichen, so ist eine WBK erforderlich. In jedem Fall darf der Sport im Inland erst ab dem 18. Lebensjahr betrieben werden und ist auch nur auf „umfriedetem" Gelände erlaubt; es muss jede Gefahr für Außenstehende durch entsprechende Vorrichtungen (Zäune, Fangnetze) ausgeschlossen sein. Es gelten auch die Regeln über das **Führen** von Waffen, auch hinsichtlich des Transports der Waffen. So verbietet sich zB das Spielen im öffentlichen Wald; man benötigt ein abgeschlossenes geeignetes Privatgelände, dessen Eigentümer sein Einverständnis erteilt hat.

Soweit es sich um **vollautomatische** Waffen handelt, unterliegen diese dem waffenrechtlichen **Verbot** (Anlage 2 A 1 Nr. 1.2.1). Die Verbotsnorm ist nicht auf Feuerwaffen beschränkt, sondern besteht bei Vollautomaten unabhängig von der Antriebsart ihrer Geschosse (*Ostgathe* S. 30). Daher sind auch vollautomatische Gasdruckwaffen erfasst. Soweit die Waffen aufgrund der geringen Bewegungsenergien vom WaffG ausgenommen sind (Spielzeugwaffen), kann auch das Verbot nicht eingreifen.

Das WaffG aF sah ein **Verbot** solcher Schusswaffen vor, die ihrer äußeren Form **3c** nach den **Anschein** einer vollautomatischen Selbstladewaffe hervorrufen, die **Kriegswaffe** iSd. Gesetzes über die Kontrolle von Kriegswaffen sind (§ 37 Abs. 1 Satz 1 Nr. 1 e). Für die Annahme eines solchen Erscheinungsbildes wurde gemeinhin keine Detailnachbildung gefordert, sondern auf den optischen Gesamteindruck der Waffe abgestellt (*Verf.* in Voraufl. § 37 WaffG Rdn. 8 ff.). Unverständlicherweise hat der Gesetzgeber dieses in der Vergangenheit häufig diskutierte, im Ergebnis aber weitläufig akzeptierte Verbot im neuen WaffG ersatzlos gestrichen (Rdn. 2 a; *Gade* S. 9 Fn. 19), so dass nach der jetzigen Rechtslage Gotcha-Waffen, die vollautomatischen Kriegswaffen optisch nachempfunden sind, nicht verboten sind und demzufolge ab 18 Jahren frei erworben werden dürfen. Wird den Geschossen eine Bewegungsenergie bis zu 0,08 Joule erteilt, sind sie als Spielzeugwaffen sogar ab 14 Jahren frei erwerbbar; in diesem Falle auch in der Form eines Vollautomaten.

Zu beachten ist aber, dass **unbrauchbar gemachte vollautomatische Kriegswaf- 3d fen** jetzt dem **Kriegswaffenkontrollgesetz** (KWKG) unterliegen (§ 13 a). Das Nähe-

**§ 1** Abschn. 1. Allgemeine Vorschriften

re regelt die **Verordnung über den Umgang mit unbrauchbar gemachten Kriegswaffen** vom 1. 7. 2004 (BGBl. I 1448- BGBl. III/FNA 190–1-6). Nach deren § 2 Abs. 1 ist Kindern und Jugendlichen der Umgang mit unbrauchbar gemachten Kriegswaffen verboten. Nach dessen Absatz 2 ist es weiter verboten, unbrauchbar gemachte Kriegswaffen, die, bevor sie unbrauchbar gemacht wurden, Kriegswaffen nach Nummer 29, 30, 37 oder 46 der Kriegswaffenliste waren, offen – für Dritte erkennbar (§ 1 Abs. 3 VO) – zu führen; dies gilt nicht für die Verwendung bei Film- oder Fernsehaufnahmen oder Theateraufführungen.

3e **Softair-Waffen.** Vgl. hierzu *Scholzen* DWJ **1998**, 1260, auch VGH München BayVBl. **2006**, 23. Sie sind als Federdruck-, Druckluft- oder Kaltgas-Waffen (Anlage 2 A 2 UA 2 Nr. 1.1) den Bestimmungen des WaffG unterworfen; auch für sie gilt indessen – unabhängig von abweichenden Regelungen in der europäischen Spielzeugrichtlinie – noch der **gesetzliche Spielzeug-Grenzwert von 0,08 Joule** (Anlage 2 A 3 UA 2 Nr. 1). Bei fast allen auf dem Markt befindlichen Softair-Waffen wird jedoch eine Bewegungsenergie der Geschosse von mehr als 0,08 J (idR 0,1 bis 0,4 J) erreicht, so dass ein Erwerbsalter von 18 Jahren erforderlich ist, sofern sich das Prüfzeichen (F im Fünfeck) auf der Waffe befindet, das von den Beschussämtern auch nachträglich – gegen Gebühr – angebracht wird (vgl. hierzu das Merkblatt „Soft-Air-Waffen" des BayLKA, im Kommentar abgedr. unter **Nr. 13.2**). Fehlt das Prüfzeichen, ist eine WBK erforderlich. Für das Führen derartiger Waffen bedarf es des Waffenscheins.

Das Schießen mit vom WaffG erfassten Softair-Waffen darf im privaten Bereich nur innerhalb des befriedeten Besitztums und dann erlaubnisfrei erfolgen, soweit die Geschosse dasselbe nicht verlassen können. Zum – bei Nahschüssen nicht unerheblichen – Verletzungspotential von Softair-Pistolen äußern sich *Nadjem/Braunwarth/Pollak* ArchKrim. **213** (2004), 15. Die Softair-Waffen wurden zunächst in Japan entwickelt, um den dortigen strengen Waffenvorschriften auszuweichen. Softair-Waffen sind **äußerlich** meist täuschend echte Imitationen von realen Schusswaffen. Sie gelten jedoch **nicht** als „getreue Nachahmungen" iSv. Anlage 2 A 3 UA 2 , weil es ihnen an dem **inneren** Erscheinungsbild einer erlaubnispflichtigen Schusswaffe fehlt (vgl. BKA-Feststellungsbescheid zum Begriff „Getreue Nachahmung von Schusswaffen" vom 14. 5. 2004 – BAnz. Nr. 91 S. 10459).

3f Auch in Bezug auf derartige Waffen, die von „Insidern" als **„Airsoft"** bezeichnet werden, hat sich eine **Spielversion** entwickelt. Es handelt sich um ein Geländespiel, das mit solchen – nicht-lethalen – Softair-Waffen gespielt wird, die Plastikkugeln verschießen; diese enthalten jedoch keine Farbmasse. Die Kunststoffkugeln haben idR einen Durchmesser von 6 bzw. 8 mm, die per Federdruckluft oder Flongas auf eine Geschwindigkeit von ca. 60–150 m/s beschleunigt werden. Durch Spannen einer Feder (manuell oder per Motor und Getriebe), die mit einem Kolben verbunden ist. schnellt dieser Kolben nach Betätigen des Abzugs nach vorne und beschleunigt das Projektil aus dem Lauf.

3g Zum Paintball-(Gotcha)Spiel als **Beeinträchtigung der öffentlichen Ordnung** vgl. VGH München BayVBl. **2001**, 689; VGH Mannheim GewA **2004**, 327 = NVwZ-RR **2005**, 472, *Gröpl/Brandt* VerwArch. **2004**, 223 sowie Niedersächsisches Finanzgericht EFG **1998**, 1667; aA VG Dresden NVwZ-RR **2003**, 848 (zw.); hierzu *Kramer* NVwZ **2004**, 1083. Das BVerwG (NVwZ **2002**, 598) hat ein Verbotsverfahren betr. „Laserdrome" dem EuGH vorgelegt. Dieser hat das Verbot aus Sicht des europäischen Rechts nicht beanstandet (NVwZ **2004**, 1471). Vgl. auch *Scheidler* GewA **2005**, 313, *Knollmann/Wilhelm* DVP **2005**, 243; *Weber* VR **2005**, 96. Zur Markierung mit Farbmarkierungsmunition im Polizeiwesen und dem daraus resultie-

## Gegenstand und Zweck des Gesetzes, Begriffsbestimmungen § 1

rendes Verletzungspotential wird auf *Peschel/Manthei/Kühl* ArchKrim. **214** (2004), 1 verwiesen. Zu Soft-Air-Waffen (Kaliber 5,5 mm) als dem WaffG aF unterliegend VG Mainz vom 5. 4. 2001–1 K 1100/99 MZ; ausführlich VGH Mannheim GewA **2002**, 168; aufgehoben – auch im Hinblick auf das WaffG nF – durch BVerwG vom 6. 11. 2002 – 6 C 8/02 (Buchholz 402.5 WaffG Nr. 89) mit nicht überzeugender Begründung. Die Freistellung in Anlage 2 Abschnitt 3 Unterabschnitt 2 Nr. 1 zum WaffG erfasst derartige Softair-Waffen **nicht**, sofern der neue Grenzwert von 0,08 Joule überschritten wird (vgl. § 2 Rdn. 70)

Die **Neufassung** (hierzu *Doerenkamp* Die Pirsch **2002**, Heft 16) stellt bei der Erläuterung des Begriffs „Schusswaffen" in Anlage 1 Abschnitt 1 (zitiert A 1) Unterabschnitt 1 (zitiert U 1) Nr. 1.1 nunmehr klar, dass es sich um Gegenstände handelt, die zum **Angriff** oder zur **Verteidigung**, zur **Signalgebung**, zur **Jagd**, zur **Distanzinjektion**, zur **Markierung** (später hinzugefügt), zum **Sport** oder zum **Spiel** bestimmt sind (ausführlich zu den einzelnen Zwecken *L/F/L* Rdn. 11ff.). Gewerbliche und technische Zwecke scheiden aus. Damit sind alle Möglichkeiten erfasst. Für die Frage der **Bestimmung** zu den eben genannten Zwecken (Sport, Spiel usw.) ist der Wille des Herstellers maßgebend, soweit er in der Bauart der Waffe zum Ausdruck kommt (BayObLGSt. **1990**, 12, 13; so auch Nr. 1.1.3 WaffVwV aF). Eine abweichende Erklärung des Herstellers über den Verwendungszweck, zB nur für Zier- oder Sammlerzwecke, Replikas (Nachbildungen), ist unbeachtlich.

**3h**

Zu der zu verneinenden Frage, ob auch **Kampfhunde** den Regelungen des WaffG zu unterwerfen sind, äußert sich *Hinze* RdL **1991**, 255; die hiermit zusammenhängenden Fragen sind inzwischen außerhalb des Waffenrechts auf Länderebene gelöst worden (vgl. *Caspar* DVBl. **2000**, 1580; *Erbs/Kohlhaas* Registerband unter Nr. 318a).

Eine gute Einführung in die Waffentechnik geben *Bury/Molzahn,* Waffenrecht und Waffentechnik, 2. Aufl. 2002; zum technischen Waffenbegriff des Waffenrechts weiter BayObLGSt. **1990**, 12, 13f.; *Seitz* BM **1973**, 269f.). Bei der Frage der **Qualifikation** einer Waffe handelt es sich um eine **Rechtsfrage**, über die letztlich nicht die Exekutive, sondern allein die Gerichte verbindlich zu entscheiden haben (VGH Mannheim GewA **1972**, 165; zu § 11 RWaffG 1938). Es ist aber hier schon auf die neu geschaffene **Einordnungskompetenz** des **Bundeskriminalamts** (BKA) in § 2 Abs. 5 hinzuweisen. Vgl. hierzu die Feststellungsbescheide, abgedr. unter **Nr. 14 I.**

Der in § 1 verwendete Waffenbegriff gilt eigenständig für das WaffG (vgl. Rdn. 3) und ist nicht etwa gleichbedeutend mit dem Begriff der „Waffe" im allgemein-strafrechtlichen Sinne (BGHSt. **45**, 249, 250 zu § 250 Abs. 2 Nr. 1 StGB mwN), wonach er jedem gefährlichen Werkzeug gleichzusetzen ist (vgl. BGH NJW **1992**, 920 = JZ **1993**, 267 m. Anm. *Grasnick;* RGSt. **68**, 238, 239; zum Begriff der Waffe im nichttechnischen Sinne des § 2 Abs. 3 Versammlungsgesetz: VG Braunschweig NVwZ **1988**, 661). Auf Rdn. 3b und 10 wird Bezug genommen.

**a) Schusswaffen (im engeren Sinne – Absatz 2 Nr. 1 1. Alt.; Anlage 1 A 1 U 1 Nr. 1.1).** Der auch in den §§ 125a Satz 2 Nr. 1 (LG Berlin NStZ **1992**, 37), 244 Abs. 1 Nr. 1 aF (hierzu OLG Düsseldorf NStZ **1991**, 40), 250 Abs. 1 Nr. 1 aF, 292 Abs. 2 Satz 2 Nr. 3 StGB verwendete Begriff der „Schusswaffe" ist ebenfalls nicht identisch mit dem waffengesetzlichen (BGH NStZ **1989**, 476). Das StGB entwickelt jeweils für die einzelnen Strafbestimmungen einen eigenen Waffenbegriff (vgl. BGH NStZ-RR **2004**, 169; Kriminalistik **2004**, 447 m. Anm. *Vahle;* NStZ-RR **2005**, 373). So hatte sich der Große Senat für Strafsachen des BGH am 4. 2. 2003 – GSSt. 2/02 (BGHSt. **48**, 197 = NJW **2003**, 1677) mit einem Fall zu befassen, in dem bei der Schreckschusswaffe der Explosionsdruck nach vorn austritt; es geht um die –

**3i**

## § 1 Abschn. 1. Allgemeine Vorschriften

bejahte – Einordnung einer mit „Platzpatronen" geladenen Schreckschusswaffe als „gefährliches Werkzeug" iSv. § 250 Abs. 2 Nr. 1 StGB (vgl. dazu BGH NJW **2002**, 2889; NStZ **2003**, 35 [2. Senat] sowie NStZ-RR **2002**, 265 [1. Senat]; parallel dazu ging es vor dem Großen Senat um den Tatbestand des mittäterschaftlichen bewaffneten Handeltreibens mit Betäubungsmitteln in nicht geringer Menge (§ 30a Abs. 2 Nr. 2 BtMG); hierzu BGHSt. **48**, 189 = NJW **2003**, 1541 = NStZ **2003**, 435 m. Anm. *Altenhain;* BGH NStZ **2002**, 440; NJW **2002**, 3116 sowie *Nestler* StV **2002**, 504).

Der Schusswaffenbegriff im engeren Sinne des **WaffG** ist Bestandteil des allgemein-technischen Waffenbegriffs, wie er Rdn. 2 erläutert worden ist. Ob das Gerät einer nach § 5 BeschG (§ 18 WaffG aF) durchgeführten Beschussprüfung genügen würde, war und ist unerheblich (BayObLGSt. **1990**, 12 zum WaffG aF). Die gesetzliche Definition ist weiterhin durch zwei Merkmale gekennzeichnet, die in Anlage 1 A 1 U 1 Nr. 1.1 wie folgt umschrieben werden: „Gegenstände ..., bei denen Geschosse durch einen Lauf getrieben werden".

4   **aa)** Die Schusswaffe muss demnach zwingend über einen **Lauf** (vgl. dazu BGH NJW **1971**, 1223, 1224; OLG Karlsruhe NJW **1992**, 1057) verfügen, der gem. Anlage 1 A 1 U 1 Nr. 1.3.1 (§ 3 Abs. 2 Nr. 1 WaffG aF) zu den wesentlichen Teilen der Schusswaffe gehört. Das WaffG nF hat, wie schon die WaffG 1972 und 1976, am Erfordernis des Laufes festgehalten, weil damit ein leicht erkennbares Merkmal zur Abgrenzung der Schusswaffen gegenüber Sportgeräten oder anderen Gebrauchsgegenständen gegeben ist (BT-Drucks. V/528 S. 19). Den Begriff „Lauf" definierte das Gesetz aF nicht näher. Nach dem Sprachgebrauch war hierunter ein durchbohrtes, glattes oder mit Zügen versehenes Rohr zu verstehen, das an beiden Seiten eine Öffnung hat und über eine geradlinige Seelenachse verfügt. Das WaffG nF bringt in Anlage 1 A 1 U 1 Nr. 1.3.1 2. Halbs. – auch zur Unterscheidung von einem „Gaslauf" – eine Definition, die Nr. 1.1.2 WaffVwV aF entspricht (Begr. RegE BT-Drucks. 14/7758 S. 87). Danach ist der Lauf „ein aus einem ausreichend festen Werkstoff bestehender rohrförmiger Gegenstand, der Geschossen, die hindurchgetrieben werden, ein gewisses Maß an Führung [Richtung] gibt"; die Anlage 1 hat den früheren Klammerzusatz „[Richtung]" nicht übernommen. Diese Bewegungsrichtung ist technisch nur gewährleistet, wenn die Geschosse über wenigstens „2 Kaliberlängen durch den Lauf geführt" werden. Wegen Fehlens eines solchen Laufes sind zB Tränengassprühgeräte („Reizstoffsprühgeräte" nach Anlage 1 A 1 U 2 Nr. 1.2.2; § 1 Rdn. 23 b; vgl. hierzu die Neuregelung für geprüfte Geräte dieser Art in § 3 Abs. 2; dort. Rdn. 4), die als Öffnung nur die Düse haben und den Wirkstoff in einem großen Raumwinkel versprühen, keine Schusswaffen iS des Gesetzes.

5   **bb)** Zweckbestimmung des Laufes ist, dass durch ihn **Geschosse** (Anlage 1 A 1 U 3 Nr. 3; § 2 Abs. 3 WaffG aF) getrieben werden (zum Geschossbegriff im WaffG aF vgl. BGH NJW-RR **2005**, 111 = VersR **2005**, 69). Das WaffG nF verzichtet (wie schon das BWaffG 1968 und die WaffG 1972 und 1976, im Gegensatz zu § 1 Abs. 1 RWaffG) bewusst darauf, das oder die Antriebsmittel zu bezeichnen, die das Geschoss durch den Lauf treiben (früher: Gas- oder Luftdruck), weil seit Erlass des RWaffG im Jahre 1938 andere Mittel als Pulver oder Explosivgas entwickelt worden sind, mit denen ähnliche Wirkungen erzielt werden können wie mit explosivem Gas. Dementsprechend fallen $CO_2$-Waffen, bei denen die Bewegungsenergie durch Kaltgas erzeugt wird, ebenfalls unter das Gesetz, sofern sie auch die anderen Voraussetzungen des Schusswaffenbegriffs erfüllen, ebenso Druckluft- und Federdruck-Waffen (vgl. Anlage 2 A 2 U 2 Nr. 1.1 und 1.2). Auch „Soft-Air-Waffen" sind Schusswaffen (www.bka.de\ unter FAQ; § 2 Rdn. 70).

## Gegenstand und Zweck des Gesetzes, Begriffsbestimmungen § 1

Das WaffG stellt auch nicht mehr, wie noch § 1 Abs. 1 RWaffG, darauf ab, dass **6** ein fester Körper durch den Lauf getrieben wird, sondern es setzt für den Schusswaffenbegriff voraus, dass Geschosse durch den Lauf getrieben werden. **Geschosse** sind nach Anlage 1 A 1 U 3 Nr. 3 (§ 2 Abs. 3 WaffG aF) als Waffen oder für Schusswaffen bestimmte – das bloße Geeignetsein zu diesem Zweck reicht nicht aus – feste (massive) Körper (aaO Nr. 3.1) nach Art eines Einzelgeschosses oder einer Schrotladung, die ihrerseits wiederum aus mehreren festen Körpern, nämlich den Schrotkugeln, besteht. Welche Munition und welche Geschosse nach dem WaffG nF verboten sind, bestimmt die Anlage 2 A 1 Nr. 1.5. Ob auch Pulverkörner oder unverbrauchte Rückstände, die den Lauf verlassen, als feste Körper anzusehen sind, ist zweifelhaft (bejahend BayObLG OLGSt. § 1 WaffG S. 1, 2; OLG Koblenz aaO § 53 S. 1, 2 mwN –; aM OLG Schleswig SchlHA **1957,** 312). Die Streittrage dürfte im Hinblick auf § 2 Abs. 3 Nr. 1 WaffG aF zu verneinen sein (ebenso *Krüger* Kriminalistik **1968,** 410, 413). Eine Änderung der früheren Rechtslage beabsichtigt das WaffG nF auch hier nicht (Begr. RegE BT-Drucks. 14/7758 S. 89). Zum Verletzungspotential von Gummischrot als Geschoss vgl. *Faller-Marquardt/Braunwarten* ArchKrim. 213 (2004), 76. Zu den Geschossen zählen auch Kartoffeln oder Tomaten, die aus selbst gebastelten „Kartoffelkanonen" verschossen werden (vgl. zB den in www.hier-luebeck.de geschilderten Fall).

Geschosse sind weiterhin nach Anlage 1 A 1 U 3 Nr. 3.2 als Waffen oder für **7** Schusswaffen bestimmte gasförmige, flüssige oder feste Stoffe in Umhüllungen. Das entspricht § 2 Abs. 3 Nr. 2 WaffG aF. Flüssigkeiten, die unmittelbar aus Sprühgeräten versprüht werden, fallen deshalb nicht unter die Vorschrift (s. auch Rdn. 4 aE). Der Geschossbegriff setzt ferner voraus, dass die festen Körper usw. zum Verschießen aus Schusswaffen bestimmt (hergerichtet) sind und nicht die für ihren Antrieb erforderliche Ladung enthalten, wie etwa bei der Raketenmunition (Anlage 1 A 1 U 3 Nr. 1.1; § 2 Abs. 1 Satz 2 WaffG aF). Fehlt es an einer Umhüllung, so ist die Vorschrift nicht anwendbar. Auch die Umhüllungen müssen zum Verschießen aus Schusswaffen bestimmt und hergerichtet sein. Trotz Streichung dieses in § 2 Abs. 2 Nr. 2 BWaffG 1968 und auch noch im Regierungsentwurf des WaffG 1972 enthalten gewesenen Zusatzes muss diese Voraussetzung, wie die Anlage 1 A 1 U 3 Nr. 3 eindeutig klarstellt, gegeben sein. Die Streichung geschah seinerzeit nur, weil sich bereits aus dem Geschossbegriff dasselbe herleiten ließ, was der betreffende Zusatz besagte. Solche in Umhüllungen untergebrachte Gase oder Flüssigkeiten sind jedoch nur dann Geschosse iS der Bestimmung, wenn die Umhüllung nur für einen einzelnen Schuss verwendbar ist. Die Umhüllungen können mit der Füllung im ganzen verschossen werden oder in der Schusswaffe aufreißen und in Teilen, getrennt von der Füllung, aus der Laufmündung herausfliegen (Nr. 2.4 WaffVwV aF). Wesentlich ist, dass die Flüssigkeit oder das Gas vor dem Abschießen in einer Umhüllung untergebracht war. Erfasst sind auch wiederbefüllbare Umhüllungen zur Tierimmobilisation (WaffVwV zu Nr. 3.2).

**cc)** Auf das noch in § 1 Abs. 1 BWaffG 1968 enthaltene gewesene Merkmal der **8** **Tragbarkeit** hat auch der Gesetzgeber des WaffRNeuRegG verzichtet. Nach der amtl. Begr. zur früheren Fassung (BT-Drucks. VI/2678 S. 25) erscheint es „insbesondere geboten, nicht tragbare Schussvorrichtungen, die nicht mehr unter das Gesetz über die Kontrolle von Kriegswaffen – KWKG – fallen, zu erfassen". Schusswaffen im hier maßgeblichen Sinne sind also auch fahrbare Werfer, Kanonen oder Geschütze, sofern sie nicht unter das Kriegswaffenkontrollgesetz fallen (vgl. § 57 nF; § 1 KWKG).

Zu beachten ist auch, dass in Absatz 2, nachdem das früher verwendete Wort „Waffen" vor Beginn des Relativsatzes „durch den umfassenden und für die zum

## § 1  Abschn. 1. Allgemeine Vorschriften

Spiel bestimmten Gegenstände besser passenden Begriff „Geräte" ersetzt worden" war (amtl. Begr. aaO), nunmehr das noch weiter gefasste Wort **„Gegenstände"** verwendet wird, ohne dass eine Begründung hierfür ersichtlich ist; dadurch ist praktisch ausgeschlossen, dass irgendein Objekt nicht hierunter fallen könnte.

**9**    **dd) Einzelfälle. Leuchtpistolen** sind als Schusswaffen nach Absatz 2 Nr. 1 anzusehen. Bei ihnen gilt die Leuchtkugel als fester Körper und damit als Geschoss iS von Anlage 1 A 1 U 1 Nr. 1.1 (§ 2 Abs. 3 Nr. 1 WaffG aF), das durch den vorhandenen Lauf getrieben wird. Die Bewegungsenergie ist erheblich und kommt derjenigen von scharfen Waffen gleich. Ähnliches gilt grundsätzlich für alle **Signalwaffen** (vgl. dazu § 12 Abs. 1 Nr. 3 Buchst. c, Abs. 3 Nr. 4, Abs. 4 Nr. 4 sowie Anlage 1 A 1 U 1 Nr. 2.9; wegen der harmloseren, bauartzugelassenen Signalwaffen § 8 BeschG; Anlage 2 A 2 U 2 Nr. 1.3 [§ 22 Abs. 1 Nr. 3 WaffG aF und § 2 Abs. 4 Nr. 2 der 1. WaffV aF]).

**10**    Echte **Schreckschusswaffen** (hierzu *Kruger* Kriminalistik **2006,** 191; *Rothschild* NStZ **2001,** 406) haben nur eine Laufimitation. Wird eine solche Waffe von vorn in Augenschein genommen, so scheint eine Laufmündung vorhanden zu sein. Es handelt sich hierbei aber nicht um eine wirkliche Laufmündung, sondern um eine 1 bis 2 cm tiefe Anbohrung, die eine Laufmündung nur vortäuscht. In Wirklichkeit sind echte Schreckschusswaffen nach vorn zu völlig geschlossen. Die Pulvergase der verfeuerten Knallkartuschen („Platzpatronen") entweichen bei ihnen nach oben oder seitlich. Wegen Fehlens eines Laufes sind solche Schreckschusswaffen, aus denen ausschließlich Knallkartuschen verfeuert werden können, keine Schusswaffen iS des Absatzes 2 Nr. 1 von § 1 WaffG nF (Absatz 1 aF), zählen aber zu den „gleichgestellten" Gegenständen nach Anlage 1 A 1 U 1 Nr. 1.2.1 (Absatz 2 aF). Auch bei ihnen sieht § 8 BeschG eine Prüfung der Bauart nach vor. Ihre Eigenschaft als „Feuerwaffe" (Anlage 1 A 1 U 1 Nr. 2 [Antrieb der Geschosse durch heiße Gase]) ist in Anlage 1 A 1 U 1 Nr. 2.7 festgelegt. **Startpistolen** sind Schreckschusswaffen, wenn sie keine Ausschussöffnung nach vorne haben und in ihnen nur Knallkartuschen verfeuert werden. Schreckschusswaffen, die eine von der vorstehenden Darstellung abweichende Konstruktion aufweisen dergestalt, dass die Abzugsöffnung nicht vertikal oder seitlich angebracht ist, sondern Laufähnlichkeit vor wenigstens doppelter Kaliberlänge besitzt, oder die aufgebohrt sind, so dass aus ihnen Gaskartuschen oder gar scharfe Munition verschossen werden kann, sind dagegen als Schusswaffen im engeren Sinne (Anlage 1 A 1 U 1 Nr. 1.1) anzusehen. Mit einem Fall, in dem bei der Schreckschusswaffe der Explosionsdruck nach vorn austritt (BGH NJW **2006,** 73 zu § 30a Abs. 2 Nr. 2 BtMG; hierzu *Vahle* Kriminalistik **2006,** 194), hatte sich der Große Senat für Strafsachen des BGH zu befassen; es geht um die nach StGB erhebliche Einordnung der mit „Platzpatronen" geladenen Schreckschusswaffe als „Waffe" iSv. § 250 Abs. 2 Nr. 1 StGB (vgl. dazu BGH NJW **2002,** 2889 [2. Senat] sowie NStZ-RR **2002,** 265 [1. Senat]). Die Frage ist bejaht worden (BGHSt. **48,** 197 = NJW **2003,** 141 = NStZ **2003,** 606 m. Anm. *Fischer* aaO S. 569; hierzu auch *Baier* JA **2004,** 12; *Schlaustein* NPA **2004,** Heft 1. Vgl. aber BGH Kriminalistik **2004,** 477 [LS] m. Anm. Vahle bzgl. einer nicht funktionsfähigen Waffe (BGH, Beschluss vom 17. 2. 2004 – 4 StR 580/03). Ausführlich *Rothschild,* Zur Gefährlichkeit freiverkäuflicher Schreckschusswaffen, NStZ **2001,** 406; *Rothschild/Krause,* Schreckschusswaffen – eine unterschätzte Waffengattung. Gefährlichkeit, Verletzungsfolgen und strafrechtliche Einordnung, ArchKrim. **1996,** 65; *Rothschildt/Geserick/Horn u.a.,* Todesfälle durch umgebaute Schreckschusswaffen, Rechtsmedizin **8** (1998), 77. Einen Fall der Gehörbeeinträchtigung durch Abfeuern eines Schreckschusses in einer Theateraufführung behandelt (aus zivilrechtlicher Sicht) der BGH NJW **2006,**

Gegenstand und Zweck des Gesetzes, Begriffsbestimmungen § 1

610 = VersR **2006,** 233. Auch Schießbleistifte (Schießkugelschreiber, Signalstifte) fallen wegen Fehlens eines Laufes nicht unter Anlage 1 A 1 U 1 Nr. 1.1.

Bei den **Gaspistolen,** vom Gesetz Reizstoffwaffen genannt und ebenfalls der **11** Bauartprüfung nach § 8 BeschG unterworfen, kommt es ebenfalls auf die Konstruktion an. Keinesfalls kann gesagt werden, dass Gaspistolen schlechthin Schusswaffen im engeren Sinne (Anlage 1 A 1 U 1 Nr. 1.1) sind. Denn bestimmungsgemäß dient bei der Gaspistole der Lauf zum Entweichen der in der Kartusche entstehenden Gase nach vorn. Durch Sperrhöcker, Querstifte oder Verengungen im Lauf wird im allgemeinen verhindert, dass ein festes Geschoss durch den Lauf getrieben werden kann; eine nur balkenförmige Sperre reicht allerdings nicht aus. Fehlt es an einem Lauf und treten die Gase dementsprechend seitlich aus, so handelt es sich um einen gleichgestellten Gegenstand iSv. Absatz 2 Nr. 1 2. Altern.; Anlage 1 A 1 U 1 Nr. 1.2.1. Bei diesen entscheidet zumeist die im einzelnen geladene Munition, die aus der Waffe eine Schreckschusswaffe (Knallkartuschen), eine Gas- oder Reizstoffwaffe (Reizstoffkartusche) oder eine Signalwaffe (pyrotechnische Munition) macht (*Rothschild* NStZ **2001,** 406). Beim Abfeuern der „Gaspatrone" entsteht kein Gas im eigentlichen Sinne, sondern ein Aerosol (*Rothschild* aaO). Reizstoffwaffen sind „Feuerwaffen" iSv. Anlage 1 A 1 U 1 Nr. 2.8. Der Bundesgerichtshof hielt stets (NStZ **1989,** 476; NJW **1971,** 1223) Gaspistolen für Schusswaffen iS von § 250 Abs. 1 Nr. 1 und 244 Abs. 1 Nr. 1 StGB aF (hiergegen *Schneider* NJW **1971,** 1663 und besonders *Schröder* JR **1971,** 343) sowie nach dem RWaffG 1938 (NJW **1971,** 1224); bejahend auch OVG Lüneburg OVGE **32,** 356. Das Gericht betonte jedoch, dass die Schusswaffeneigenschaft nach den genannten Vorschriften des StGB „nicht in direkter Abhängigkeit vom Waffenrecht" beurteilt werde (NStZ **1989,** 476). Tritt bei einer Gaspistole das Gas nach vorn durch einen regelrechten Lauf aus („Gaslauf" nach Anlage 1 A 1 U 1 Nr. 1.3.1), so handelt es sich um eine Schusswaffe sowohl nach Waffenrecht als auch allgemeinem Strafrecht (vgl. BGHSt. **24,** 136, 139; BGH, Urteil vom 25. 5. 1976 – 1 StR 240/76 – bei Holtz MDR **1976,** 813; BGH NStZ **1981,** 301, **1989,** 476; aA OLG Düsseldorf NStZ **1991,** 40, 41). Tritt das Gas indessen nicht mit der Bewegungsrichtung nach vorn, sondern seitlich aus, so liegt auch keine Schusswaffe im Sinne des allgemeinen Strafrechts vor (BGH, Urteil vom 12. 9. 1995 – 1 StR 401/95). Nach Waffenrecht ist ein gleichgestellter Gegenstand nach Anlage 1 A 1 U 1 Nr. 1.2.1 (§ 1 Abs. 2 WaffG aF) gegeben. Zur Gefährlichkeit „aufgesetzter" Schüsse mit Gaswaffen: BGH aaO sowie Beschluss vom 12. 9. 1989 – 1 StR 398/89; *Rothschild* NStZ **2001,** 406, 407 ff.; *Sattler/Wagner* Kriminalistik **1986,** 485.

**Abschussbecher,** die auf Gaswaffen aufgeschraubt werden können und die zum **12** Abschießen pyrotechnischer Gegenstände dienen, machen eine Gaswaffe gleichfalls nicht generell zu einer Schusswaffe im engeren Sinne; es fehlt an der Möglichkeit zu gezieltem Schießen. Es liegt ein Gegenstand nach Anlage 1 A 1 U 1 Nr. 1.2.1 vor. Vgl. aus versicherungsrechtlicher Sicht BGH, Urteil vom 3. 11. 2004 – IV ZR 250/ 03 = NJW-RR **2005,** 111 = VersR **2005,** 69 zu einem „Starenschreck".

**Zündblättchenpistolen** (zum Abschießen nur von Amorces u. ä.) sowie **Knall-** **13** **korkenpistolen** erfüllten auch schon nach bisherigem Recht nicht die Voraussetzungen des Schusswaffenbegriffs im engeren Sinne, weil bei ihnen üblicherweise kein fester Körper durch einen Lauf getrieben wird. Das WaffG nF hat in Anlage 2 A 3 U 2 Nr. 3 derartige Gegenstände (zum Spiel bestimmte Schusswaffen iwS, wenn mit ihnen nur Zündblättchen, Zündbänder, Zündringe [Amorces] oder Knallkorken abgeschossen werden können), weiterhin vom Gesetz ausgenommen, es sei denn, sie könnten mit allgemein gebräuchlichen (bei Bastlern üblichen) Werkzeugen (Ham-

**§ 1**                                             Abschn. 1. Allgemeine Vorschriften

mer, Meißel, Zange, Feile, Säge [einschließlich von Metallsägen], Bohrer, auch Metallbohrer mit Elektroantrieb u. a.; Rdn. 14) in eine Schusswaffe oder einen anderen einer Schusswaffe gleichstehenden Gegenstand umgearbeitet werden oder sie seien getreue Nachahmungen von Schusswaffen, deren Erwerb der Erlaubnis bedarf (hierzu Anlage 2 Abschnitt 2).

**14** ee) **Allgemein gebräuchliche Werkzeuge** werden im WaffG nF nicht neu definiert. Es gilt daher weiter die bisherige Begriffsbestimmung (BT-Drucks. V/2623 S. 19), wonach es sich um solche Werkzeuge handelt, die idR einem Bastler zur Verfügung stehen, wie Hammer, Meißel, Zange, Feile, Säge (einschließlich von Metallsägen), Bohrer, auch Metallbohrer mit Elektroantrieb u. a. Nach Nr. 1.8.6 WaffVwV aF handelte es sich um die „unter Bastlern/Heimwerkern verbreiteten Werkzeuge". Fräsmaschinen fallen nicht hierunter.

**15** Auf **Antiquitäten-Schusswaffen** findet das WaffG nur insoweit Anwendung, als sie noch der Begriffsbestimmung in Absatz 2 entsprechen. Auf die Anlage 2 A 2 U 2 wird Bezug genommen. Zur Unbrauchbarmachung vgl. Anlage 1 A 1 U 1 Nr. 1.4.

Schusswaffen, bei denen feste Körper durch **Muskelkraft** angetrieben werden, fallen nicht unter das Gesetz (Anlage 2 A 3 U 2 Nr. 2; früher § 1 Abs. 1 Nr. 2 der 1. WaffV aF), es sei denn, sie verfügen über eine Sperrvorrichtung, mit der die durch Muskelkraft eingebrachte Antriebsenergie gespeichert wird (wie bei Druckluft- und Federdruckwaffen oder bei Armbrüsten, nicht bei Verwendung von Pressluftkartuschen) oder sie stellen sich als getreue Nachahmung einer erlaubnispflichtigen Schusswaffe iSv. Anlage 1 A 1 U 1 Nr. 1.1 dar.

**16** b) **Munitionsabschussgeräte** (Schusswaffen im weiteren Sinne; Anlage 1 A 1 U 1 Nr. 1.2.1). Den Schusswaffen im engeren Sinne (oben Rdn. 3 ff.) werden in Absatz 2 Nr. 1 zweite Altern. gleichgestellt **tragbare** Munitionsabschussgeräte, die wegen Fehlens eines Laufes an sich nicht als Schusswaffen zu betrachten wären. Vorausgesetzt wird hier, dass mit ihnen gezielt oder wenigstens gerichtet geschossen werden kann. Voraussetzung der Gleichstellung ist weiterhin, dass sie den in Anlage 1 A 1 U 1 Nr. 1.1 aufgeführten **Zwecken** dienen (Rdn. 3 a) sowie, dass die betreffenden Geräte tragbar (Rdn. 20) sind. Damit sind Großgeräte von der Gleichstellung ausgenommen, aber nach der auch jetzt noch zutreffenden amtl. Begr. z. BWaffG 1968 (BT-Drucks. V/2623 S. 19) ebenfalls Standbölller, Salutkanonen, Abschussrohre für Großfeuerwerke, Tränengaswerfer der Polizei, die fest montierten Selbstschussapparate (vgl. aber § 1 Abs. 3 Satz 1 Nr. 1 BeschG; § 5 Abs. 3 1. WaffV aF) zum Vertreiben von Tieren oder zur Einbruchsicherung. Dagegen sind **Handbölller** erfasst, sofern sie dem Zweck „Sportausübung" untergeordnet werden können (*L/F/L* Rdn. 36).

**17** Soweit die in Absatz 2 Nr. 1 zweite Altern. angesprochenen Gegenstände zum einmaligen Abschießen von pyrotechnischen Gegenständen bestimmt sind, ist das WaffG auf sie nicht anzuwenden (vgl. § 1 Abs. 1 Nr. 4 der 1. WaffV aF). Sie fallen unter die Vorschriften des Sprengstoffgesetzes. Der Begriff der pyrotechnischen Gegenstände ergibt sich aus § 3 Abs. 1 Nr. 2 des Gesetzes über explosionsgefährliche Stoffe – SprengG – vom 13. 9. 1976 (BGBl. I 2737 idF v. 17. 4. 1986 [BGBl. I 1577] m. späteren Änderungen, jetzt idF vom 10. 9. 2002 (BGBl. I 3518). Hiernach sind pyrotechnische Gegenstände solche Gegenstände, die Vergnügungs- oder technischen Zwecken dienen und in denen explosionsgefährliche Stoffe oder Stoffgemische (pyrotechnische Sätze, Schwarzpulver) enthalten sind, die dazu bestimmt sind, unter Ausnutzung der in ihnen enthaltenen Energie Licht-, Schall-, Rauch-, Nebel-, Heiz-, Druck- oder Bewegungswirkungen zu erzeugen. Wegen der pyrotechnischen Munition s. Anlage 1 A 1 U 3 Nr. 1.4 (§ 2 Abs. 1 Nr. 3 WaffG aF).

## Gegenstand und Zweck des Gesetzes, Begriffsbestimmungen § 1

Unter die in Anlage 1 A 1 U 1 Nr. 1.2.1 umschriebenen Gegenstände fallen ferner **18** die bereits in Rdn. 10 ff. beschriebenen Schreckschusswaffen, Schießbleistifte usw., die wegen Fehlens eines Laufes sonst nicht als Schusswaffen anzusehen wären. Hierunter einzuordnen sind in gleicher Weise tragbare Geräte, die zum Abschießen von Patronenmunition, zB mit Geschossen mit Reizstoffen oder Betäubungsmitteln, oder von Kartuschen- oder Raketenmunition (wegen der Begriffe s. die Anlage 1 A 1 Unterabschnitt 3) bestimmt sind. **Armbrüste** sind unter Anlage 1 A 1 U 1 Nr. 1.2.2 erfasst; in der Praxis sind derartige Geräte – mit Zielfernrohr – auch schon als todbringende „Waffen" verwendet worden (BGH, Urteil vom 6. 8. 1987 – 4 StR 321/87 = BGHR StGB § 21 Affekt 1). Sie sind aber generell **freigestellt** (Anlage 2 A 2 U 2 Nr. 1.10, 3.2 und 4.2); es besteht aber das Alterserfordernis von 18 Jahren. Nicht hierzu zählen sog. Apportierdummys (Launcher); vgl. hierzu BKA, abgedr. unter **Nr. 14** I.

Zur rechtlichen Einordnung einer im veterinärmedizinischen Bereich verwendeten Narkosewaffe (Gerät nach Absatz 2 WaffG aF) vgl. VGH Mannheim NuR **1990,** 169 = NVwZ-RR **1989,** 370; OVG Münster DVBl. **1979,** 730; *Hinze* BM **1979,** 334 und *Ehmke* Die Polizei **1981,** 22. Diese Gegenstände zur „Distanzinjektion" erfasst die Anlage 1 A 1 U 1 Nr. 1.1 jetzt als Schusswaffe im engeren Sinne.

Zu den Gegenständen nach Absatz 2 Nr. 1 2. Altern. (Anlage 1 A 1 U 1 Nr. 1.2.1) **19** gehören auch die nach ihrer **Bauart zugelassenen Schreckschuss-, Signal- und Reizstoffwaffen** nach Anlage 2 A 2 U 2 Nr. 1.3 (§ 8 BeschG; § 22 WaffG aF), die keinen Lauf im technischen Sinne haben, sowie Schussapparate, die nicht fest montiert sind (vgl. Nr. 1.2.1 Abs. 1 WaffVwV aF). Soweit Gegenstände hiernach nicht tragbar sind, aber im Übrigen die Begriffsmerkmale eines Schussapparates aufweisen, wie zB Kabelschießer, Industriekanonen, sind auf sie die Vorschriften über die Bauartzulassung (§§ 7 ff. BeschG) anzuwenden (vgl. Nr. 1.2.2 WaffVwV aF). Dagegen werden Geräte mit anderem Antrieb als Munition (d. h. mit heißen Pulvergasen), zB Druckluft, $CO_2$-Gas, von dem Begriff der den Schusswaffen gleichgestellten Gegenstände (Absatz 2 aF) nicht erfasst. Ausnahmsweise können derartige Gegenstände (Geräte nach Absatz 2 aF) auch über einen Lauf verfügen, wie beispielsweise die in Absatz 6 WaffG aF aufgeführten Schussapparate (Bolzensetzwerkzeuge). Sie werden dadurch aber nicht zu Schusswaffen im engeren Sinne nach Anlage 1 A 1 U 1 Nr. 1.1 (§ 1 Absatz 1 WaffG aF), weil sie nicht den in dieser Bestimmung genannten Zwecken (Rdn. 3 a) zu dienen bestimmt sind, sondern gewerblichen oder technischen.

**Wesentliche Teile von Schusswaffen und Schalldämpfer.** Zur Entstehungsge- **19a** schichte und zu Einzelheiten der Regelung wird auf die Vorauflage (7.) § 3 WaffG aF Rdn. 1 ff. verwiesen. Sie stehen, wie schon nach § 3 WaffG aF, den Schusswaffen gleich, für die sie bestimmt sind (Anlage 1 A 1 U 1 Nr. 1.3 und Nr. 3), sofern das Gesetz nichts Abweichendes (wie zB in den §§ 23 f WaffG) bestimmt. Dies gilt auch dann, wenn sie mit anderen Gegenständen verbunden sind und die Gebrauchsfähigkeit als Waffenteil nicht beeinträchtigt ist oder mit allgemein gebräuchlichen Werkzeugen wieder hergestellt werden kann. Wesentliche Teile sind nach dem **abschließenden Katalog** der Anlage 1 A 1 U 1 Nr. 1.3.1 der **Lauf** oder der **Gaslauf** (bei letzterem wird ein Geschoss nicht durchgetrieben), der **Verschluss** sowie das **Patronen- oder Kartuschenlager**, wenn diese nicht bereits Bestandteil des Laufes sind; dazu kann auch die Trommel des Revolvers sein, obwohl hier nicht ausdrücklich genannt, erfasst (abzuleiten aus Anlage 1 A 1 U 1 Nr. 3.4, wo „Wechseltrommeln" als wesentliche Teile aufgeführt sind). Die Begriffe werden in der Anlage 1 aaO näher erläutert (ausführlich: *L/F/L* Rdn. 40 ff.); nach N. 1.3.2 bei Schusswaffen, bei denen zum Antrieb ein entzündbares flüssiges oder gasförmiges Gemisch verwendet wird,

### § 1 Abschn. 1. Allgemeine Vorschriften

auch die **Verbrennungskammer** und die **Einrichtung zur Erzeugung des Gemisches**; nach Nr. 1.3.3 bei Schusswaffen mit anderem Antrieb auch die **Antriebsvorrichtung**, sofern sie fest mit der Schusswaffe verbunden ist; nach Nr. 1.3.4 bei Kurzwaffen auch das **Griffstück** oder sonstige **Waffenteile**, soweit sie für die **Aufnahme des Auslösemechanismus** bestimmt sind.

Als wesentliche Teile gelten auch **vorgearbeitete** wesentliche Teile von Schusswaffen sowie Teile/Reststücke von Läufen und Laufrohlingen, wenn sie als „weißfertig" (§ 2 Abs. 5 BeschG) anzusehen sind und mit allgemein gebräuchlichen Werkzeugen (§ 1 Rdn. 14) fertiggestellt werden können (Nr. 1.3.5); Teile, die einen solchen Bearbeitungszustand noch nicht erreicht haben, scheiden aus. Eine Erweiterung der „wesentlichen Teile" findet sich in der Nr. 3 der Anlage 1 A 1 U 1. Hierzu wird auf § 2 Rdn. 44 bis 46 verwiesen. Die in diesem Zusammenhang in der nachfolgenden Nr. 4 genannten „sonstigen Teile von Schusswaffen" sind ausdrücklich nicht den „wesentlichen" Teilen zugeordnet (hierzu § 2 Rdn. 9 und 10).

**Schalldämpfer** sind Vorrichtungen, die der **„wesentlichen"** (insoweit neu) Dämpfung des Mündungsknalls dienen und für Schusswaffen bestimmt sind. Ob ein solcher Gegenstand vorliegt, kann häufig nur unter Heranziehung eines Sachverständigen beurteilt werden; die Bezeichnung als „Schalldämpfer" reicht hierfür nicht aus, da diese über die geforderte Wirkung nichts aussagt (vgl. *Brukner* DWJ **2003**, Heft 6 S. 58: „Schallgedämpft"). „Kompensatoren" und „Mündungsbremsen" unterfallen dem Begriff nicht. Zum Erfordernis einer WBK für Jagdwaffen mit Schalldämpfern (Bedürfnis?), etwa zum Bejagen von Kaninchen auf Friedhöfen, vgl. VGH Kassel vom 9. 12. 2003 – 11 UE 2912/00 = JagdRE XVII Nr. 138 ; hierzu ohne Beanstandungen BVerwG, Beschluss vom 13. 9. 2004 – 6 B 19/04.

**20**    c) **Waffen nach Absatz 2 Nr. 2.** Nach der Systematik des WaffRNeuRegG werden unter dem Begriff „Waffen" nach Absatz 2 Nr. 2 nF neben den Schusswaffen (Rdn. 3 ff.) und den ihnen gleichgestellten (tragbaren) Gegenständen (Rdn. 16) auch bestimmte, im Einzelnen zu Buchst. a und b näher umschriebene **tragbare Gegenstände** zusammengefasst (vgl. hierzu §§ 5 und 7 der 1. WaffV aF; Nr. 1.3 WaffVwV aF); der Schusswaffenbegriff der Nr. 1 in seiner 1. Alternative (Schusswaffen im engeren Sinne) setzt dagegen – im Gegensatz zu den „gleichgestellten Gegenständen" (Anlage 1 A 1 U 1 Nr. 1.2) – Tragbarkeit nicht voraus (Rdn. 8). **Tragbar** iS von Anlage 1 A 1 U 1 Nr. 1.2 (Absatz 2 aF) sind Gegenstände, die nach ihrer Beschaffenheit dazu bestimmt sind, üblicherweise von einer Person getragen und bei der Schussauslösung in der Hand gehalten zu werden, wobei die Tragbarkeit nicht dadurch ausgeschlossen wird, dass der Gegenstand mit einer aufklappbaren Stütze versehen ist, um das Zielen zu erleichtern (vgl. Nr. 1.2.1 Abs. 2 WaffVwV aF). Nicht hiervon erfasst werden die nicht tragbaren Geräte, zB Selbstschussgeräte zur Bekämpfung oder Vertreibung von Tieren, etwa in Weinbergen (Nr. 1.2.1 Abs. 3 WaffVwV aF; vgl. aber § 1 Abs. 3 Satz 1 Nr. 1 BeschG; § 5 Abs. 3 1. WaffV aF). Klargestellt wird durch die Begr. zu Anlage 1 A 1 U 2 (BT-Drucks. 14/7758 S. 88), dass Verteidigungsmittel, die ausschließlich dem **Passivschutz** dienen (zB Schutzwesten, Schutzschilde, Alarmanlagen, Panzerungen), **nicht** zu den Waffen zählen.

**21**    **aa)** Unter Absatz 2 Nr. 2 **Buchst. a** fallende tragbare Gegenstände (typische Waffen aufgrund ihrer **Bestimmung**) werden in der Anlage 1 A 1 U 2 Nr. 1 beispielhaft („insbesondere") aufgeführt:

aaa) **Hieb- und Stoßwaffen.** Diese werden in Anlehnung an § 1 Abs. 7 Satz 1 WaffG aF in der Anlage 1 A 1 U 2 Nr. 1.1 dahin definiert, dass es sich um Gegenstände handelt, die ihrem Wesen nach dazu **bestimmt** sind, unter unmittelbarer Ausnutzung der Muskelkraft durch Hieb, Stoß, Stich, Schlag oder Wurf Verletzungen

# Gegenstand und Zweck des Gesetzes, Begriffsbestimmungen § 1

beizubringen, wobei „Schlag" und „Wurf" neu hinzugefügt worden sind. Zur historischen Entwicklung:
Der Reg.-Entwurf des BWaffG 1968 enthielt im Gegensatz zum RWaffG 1938 (s. dort § 2) keine ausdrückliche Erklärung des Begriffs einer Hieb- und Stoßwaffe. Der Innenausschuss des Bundestages füllte diese Lücke damals dadurch aus, dass er als § 1 Absatz 5 Satz 1 die Definition von § 2 RWaffG übernahm und lediglich die Worte „unter unmittelbarer Ausnutzung der Muskelkraft" (Ausschussbericht S. 3) einfügte. Diese Gesetzesregelung ist seinerzeit in § 1 Abs. 7 des WaffG 1972 übergegangen. Der betreffende Zusatz soll zum Ausdruck bringen, dass der Hieb, Stoß oder Stich mittels mechanischer, körperlicher Energie unmittelbar geführt werden muss. Dadurch unterschieden sich die Hieb- und Stoßwaffen des Satzes 1 von den in Absatz 7 Satz 2 aF erwähnten Geräten, die andere Energieformen verwenden.

Wegen der näheren Bestimmung des Begriffs einer Hieb- oder Stoßwaffe vgl. **22** schon RGSt. **66**, 191 und RG JW **1932**, 952. Hiernach sind Hieb- oder Stoßwaffen Waffen, die ihrer Natur nach objektiv dazu bestimmt sind, durch Hieb, Stoß, Stich, Schlag oder Wurf (Schleuder) Gesundheitsbeschädigungen oder Körperverletzungen iS von § 223 Abs. 1 StGB beizubringen (vgl. auch BGH NStZ **2003**, 439; BayObLG NJW **1994**, 335). Der damit klargestellte Begriff erstreckt sich nur auf Gegenstände, denen nach der Art ihrer ersten Anfertigung oder späteren Veränderung und nach der herrschenden Verkehrsauffassung von vornherein der Begriff einer Waffe im technischen Sinn zukommt. Die Begründung zur Anlage 1 A 1 U 2 (BT-Drucks. 14/7758 S. 88) bringt das dadurch zum Ausdruck, dass diese Gegenstände dazu **bestimmt** sein müssen, die Angriffs- oder Abwehrfähigkeit von Menschen zu beeinträchtigen. Hierbei war schon mit *Hoche,* RWaffG Anm. 1 e zu § 2, Hieb mit Schlag gleichzusetzen, so dass Schlagwaffen rechtlich Hieb- und Stoßwaffen gleichstanden. Dass auch Wurfwaffen erfasst sind, wird nunmehr ausdrücklich klargestellt (Anlage 1 A 1 U 2 Nr. 1.1).

Hieb- und Stoßwaffen sind danach beispielsweise Dolche, Stilette, Seitengewehre, **23** Degen, Säbel, geschliffene Florette, geschliffene studentische Schläger, Jagdnicker (RGSt. **66**, 191, 192), Hirschfänger, Stockdegen (s. dazu auch § 37 Abs. 1 Satz 1 Nr. 4 WaffG aF), „Totschläger", Stahlruten (KG JW **1930**, 3443: „Hiebwaffe"), Schlagringe, Gummiknüppel, Schlagstöcke der Polizei, Hampelmänner (Gummischläuche), Ochsenziemer, dagegen nicht Äxte, Beile, Sensen, Sicheln, Tisch- oder Schlachtmesser. Auch eine zur Verwendung als Waffe dienende Holzlatte, die an einem Ende mit vorstehenden Nägeln versehen war und am anderen Ende eine Handschlaufe aufwies, war eine Waffe im technischen Sinne und im gegebenen Fall eine Hieb- oder Stoßwaffe (*Schäfer/Cohn,* Waffenmissbrauchsgesetz S. 5). Erfasst sind auch sog. Handkrallen (*L/F/L* Rdn. 70).

bbb) **Elektroimpulsgeräte** u. ä. Bei ihnen handelt es sich um tragbare Gegenstän- **23a** de, die unter Ausnutzung einer anderen als mechanischen Energie Verletzungen beibringen (Anlage 1 A 1 U 2 Nr. 1.2.1). Das WaffG aF sprach von Hieb- oder Stoßgeräten (§ 1 Abs. 7 Satz 2 WaffG aF). Den nur mechanische Energie verwendenden Hieb- und Stoßwaffen iS von § 1 Abs. 7 Satz 1 stellte das Gesetz aF Geräte gleich, die andere Energieformen, zB Elektrizität oder Wärme bzw. Strahlen, durch Berührung zur Anwendung bringen. Da die betr. Geräte in ihrer Gefährlichkeit den herkömmlichen Hieb- und Stoßwaffen nicht nachstehen, waren sie vom Gesetzgeber den traditionellen Hieb- und Stoßwaffen gleichgestellt worden (Ausschussbericht S. 3). Unter diese Vorschrift fielen nach Nr. 1.9 Abs. 2 WaffVwV aF insbesondere sog. Elektro-Kontaktgeräte, zB Kontaktstäbe nach Art des „Leibgardisten", das sind zur Verteidigung bestimmte Geräte, die ähnlich wie ein Gummiknüppel aussehen

**§ 1** Abschn. 1. Allgemeine Vorschriften

und nach Betätigung einer Auslösevorrichtung, etwa auf Knopfdruck, der mit dem batteriebetriebenen Gerät berührten Person schmerzhafte elektrische Schläge versetzen, die zur vorübergehenden Kampfunfähigkeit, bei Herzvorschädigungen oder Betäubungsmittelkonsum des Opfers sogar zum Tode des Betroffenen führen können (ausführlich *Rothschild/Kahl/Schneider* Kriminalistik **1996**, 428). Hierzu gehört auch der „Paralyser", der einen Strom von 38 000 Volt zwischen 2 Stiften entstehen lässt. Diese Geräte haben, wie das eben erwähnte Beispiel der Kontaktstäbe zeigt, vielfach eine Form, die der einer gewöhnlichen Hieb- und Stoßwaffe sehr nahe kommt. Hierher zählt auch der bei der Berliner Polizei (SEK) verwendete „Advanced Taser M 26" (hierzu ausführlich *Bux/Andresen/Rothschild* Rechtsmedizin **12** (2002), 207), der nach der Neuregelung (Anlage 2 A 1 Nr. 1.3.6) – im Gegensatz zur bisherigen Rechtslage – einem Verbot unterfällt, sofern keine amtliche Zulassung als „gesundheitlich unbedenklich, verbunden mit einem entsprechenden Prüfzeichen, vorliegt. Das zunächst – im Anschluss an das bisher geltende Recht – vorgesehen gewesene Erfordernis, dass die Verletzung durch **körperliche Berührung** (Elektroschock) verursacht sein müsse, ist fallen gelassen worden, da bei derartigen Geräten der Schaden **auch ohne Kontakt** mit der Zielperson entstehen kann (Begr. BT-Drucks. 14/8886 S. 119). Solange die Prüfung und Zulassung durch die PTB nicht erfolgen kann, gilt die Ausnahmegenehmigung des BKA (vgl. Bek. vom 28. 6. 2004 [BAnz. **2004,** 14381], verlängert bis 31. 3. 2006, abgedr. unter **Nr. 14 II c** (im Kommentar). Vgl. auch Anlage V zur BeschV.

**23b** ccc) **Reizstoffsprühgeräte.** Das sind nach Anlage 1 A 1 U 2 Nr. 1.2.2 tragbare Gegenstände, aus denen Reizstoffe (Definition: Anlage 1 A 1 U 1 Nr. 5) versprüht oder ausgestoßen werden, die eine Reichweite **bis zu 2 m** haben. Hinsichtlich der Produktsicherheit sind die Regelungen in das neue Beschussgesetz (vgl. dort § 9 Abs. 2 Satz 1 Nr. 3 – Anzeigeverfahren) eingestellt worden (Begr. RegE BT-Drucks. 14/7758 S. 89). „Hundeabwehrsprays" o. ä., die nur zur Abwehr von Tieren dienen, sind (noch) nicht erfasst (Begr. aaO). Vgl. § 3 Rdn. 4.

**23c** ddd) **Gefährliche tragbare Gegenstände nach Anlage 1 A 1 U 2 Nr. 1.2.3.** Sie werden in zwei Gruppen eingeteilt: 1. Gegenstände, bei denen in einer Entfernung von mehr als 2 m bei Menschen eine angriffsunfähig machende Wirkung durch ein gezieltes Versprühen oder Ausstoßen von Reiz- oder anderen Wirkstoffen hervorgerufen werden kann, 2. Gegenstände, bei denen in derselben Entfernung eine gesundheitsschädliche Wirkung durch eine andere als kinetische Energie, insbesondere durch ein gezieltes Ausstrahlen einer elektro-magnetischen Strahlung, hervorgerufen werden kann.

Die Materialien (Begr. RegE BT-Drucks. 14/7758 S. 89) sagen hierzu nur, es handele sich bei den Gegenständen nach Nr. 1.2.3 bis 1.2.5 um solche, die bisher durch § 37 Abs. 1 [Satz 1] Nr. 7 bis 9 WaffG aF geregelt waren. Das ist zunächst nur für die Nr. 1.2.5 (Rdn. 23f) ersichtlich; sie entspricht § 37 Abs. 1 Satz 1 Nr. 7. Dagegen hat Nr. 1.2.4 keine Entsprechung in § 37 WaffG aF. Bei der ausführlich umschriebenen hier zu erläuternden Nr. 1.2.3 ist eine direkte Parallele ebenfalls nicht zu erkennen. § 37 Abs. 1 Satz 1 Nr. 8 verbot „Geschosse mit Betäubungsstoffen, die zu Angriffs- oder Verteidigungszwecken bestimmt sind", Nr. 9 „Geschosse und sonstige Gegenstände mit Reizstoffen, die zu Angriffs- oder Verteidigungszwecken oder zur Jagd bestimmt sind, wenn sie bei bestimmungsgemäßer Verwendung den Anforderungen einer Rechtsverordnung nach § 6 Abs. 4 Nr. 4 [WaffG aF] nicht entsprechen". Ein Blick in die aufgelisteten verbotenen Waffen (Anlage 2 Abschnitt 1) unter Nr. 1.3.5 ergibt, dass dort wiederum andere Formulierungen gewählt worden sind. Verboten sind danach Gegenstände mit Reiz- oder anderen Wirkstoffen, es sei

# Gegenstand und Zweck des Gesetzes, Begriffsbestimmungen § 1

denn, dass die Stoffe oder Gegenstände als gesundheitlich unbedenklich amtlich zugelassen sind, in der Reichweite und Sprühdauer begrenzt sind und zum Nachweis der gesundheitlichen Unbedenklichkeit, der Reichweiten- und Sprühdauerbegrenzung ein amtliches Prüfzeichen tragen.

In Wirklichkeit handelt es sich sowohl bei der oben genannten ersten Gruppe als auch bei der zweiten um Umschreibungen, die wörtlich aus § 5 Abs. 1 Nr. 2 Buchst. a und b der 1. WaffV aF entnommen worden sind. Diese Vorschrift hatte zunächst nur auf bestimmte Schusswaffen abgestellt, deren Geschossen eine Bewegungsenergie von mehr als 7,5 J erteilt werden kann. Die für diese Waffen geltenden Gesetzesbestimmungen wurden durch § 5 Abs. 1 der 1. WaffV aF auch auf die in den Nrn. 1 u. 2 angeführten waffenähnlichen Geräte erstreckt, die zu Angriffs- oder Verteidigungszwecken bestimmt sind. Die Ermächtigungsgrundlage hierfür war § 6 Abs. 4 Nr. 1 e WaffG aF. Das Gesetz legte die einzelnen Merkmale für die Erweiterung des Waffenbegriffs hinreichend fest. Daraus ergibt sich auch, dass von der Vorschrift Geräte nicht erfasst wurden, die gewerblichen oder technischen Zwecken dienen, zB der Schädlingsbekämpfung. Die Unterstellung der Reizstoffsprühgeräte unter die für Schusswaffen mit einer Bewegungsenergie der Geschosse von über 7,5 J geltenden waffengesetzlichen Bestimmungen war davon abhängig, dass die Geräte in einer Entfernung von mehr als 2 m eine Wirkung erzielten, die den Betroffenen angriffsunfähig macht. Eine Entfernung von mehr als 2 m ist gewählt worden, da solche Geräte auch zu Angriffszwecken geeignet erscheinen (BR-Drucks. 74/76 S. 51). Diese Regelung hat das WaffG nF übernommen. Allerdings zählen die Geräte nicht mehr zu den Schusswaffen (*A/B* Anlage 1 Rdn. 40). Wegen der augenschädlichen Wirkung der aus solchen Geräten versprühten Reizstoffe vgl. *Hoffmann* in den Monatsblättern f. Augenheilkunde **1965,** 625.

Bei der genannten zweiten Gruppe handelt es sich um Gegenstände, die andere **23d** kinetische Energie gezielt mit der Eignung zur Gesundheitsschädigung verwenden. Als Beispiel ist das gezielte Ausstrahlen elektro-magnetischer Strahlung genannt. Wie bei den Elektroimpulsgeräten (Rdn. 23 a) ist hier nach neuem Recht eine körperliche Berührung nicht erforderlich. Unter den Begriff fallen nach der Begr. der 1. WaffV 1972 (BR-Drucks. 581/72 S. 11) insbesondere Geräte, bei denen die Strahlen von Elektronen oder Neutronen, ferner elektromagnetische Strahlung (Kurzwellen), energiereiche optische Strahlung (Laser) oder eine akustische Wirkung zur Anwendung gelangen. Mit diesen bisher vorwiegend im militärischen Bereich verwendeten Geräten können schwere Verletzungen herbeigeführt werden. Da mit der Verwendung dieser Geräte auch im zivilen Bereich zu rechnen war, sind sie zu Recht dem Anwendungsbereich des WaffG unterworfen worden. Arbeitsgeräten, die ähnlich konstruiert sind (Schweißbrenner u. ä.) fehlt die hier erforderliche waffenspezifische Bestimmung (abw. *Kräußlich* DWJ **2003,** Heft 1, S. 96), desgl. „Laserpointern".

eee) **Flammenwerfer.** Nach Anlage 1 A 1 U 2 Nr. 1.2.4. handelt es sich bei dieser **23e** Waffenart um tragbare Gegenstände, bei denen gasförmige, flüssige oder feste Stoffe das Gerät gezielt und brennend mit einer Flamme von mehr als 20 cm Länge verlassen. Diese Umschreibung entspricht wörtlich § 5 Abs. Nr. 1 der 1. WaffV aF. Diese Geräte sind wegen ihrer offensichtlichen Gefährlichkeit zu Recht auch weiterhin erfasst.

fff) Sog. **Molotow-Cocktails.** Nach Anlage 1 A 1 U 2 Nr. 1.2.5 sind hier tragbare **23f** Gegenstände gemeint, bei denen leicht entflammbare Stoffe so verteilt und entzündet werden, dass schlagartig ein Brand entstehen kann. Es handelt sich hierbei meist um mit Benzin, Benzin-Ölgemisch oder anderen leicht brennbaren Flüssigkeiten

**§ 1** Abschn. 1. Allgemeine Vorschriften

gefüllte Glasflaschen, die entweder nach Wurf beim Auftreten auf einen heißen Gegenstand (zB Panzermotor) zersplittern, wobei der dadurch frei gewordene Brennstoff sich an der Temperatur des getroffenen Gegenstandes (Motor) entzündet, ohne dass es einer besonderen Zündvorrichtung bedarf, oder mit einer Zündvorrichtung (Lunte o. ä.) versehen sind und angezündet als Brandsätze vorwiegend zum Inbrandsetzen von Gebäuden verwendet werden (vgl. BGH NJW **1994**, 808; **1998**, 362). Auch die Verwendung des Brandsetzungsmittels „Napalm" ist hier einzuordnen (*L/F/L* Rdn. 79). Da nach der amtl. Begr. (BT-Drucks. VI/2678 S. 33) in zunehmendem Maße Anschläge auf Gebäude mit solchen Gegenständen verübt worden sind, hat der Gesetzgeber 1972 zu Recht ihre Aufnahme auch in den Verbotskatalog des § 37 WaffG aF (Abs. 1 Satz 1 Nr. 7) für erforderlich gehalten. Das Verbot gilt nach Anlage 2 A 1 Nr. 1.3.4 weiter. Land- oder forstwirtschaftliche Geräte werden jedoch entsprechend der Zweckbestimmung nicht erfasst. Das frühere in § 37 Abs. 1 Satz 3 WaffG aF enthaltene Verbot, zur Herstellung solcher Gegenstände anzuleiten, ergänzt gem. § 40 Abs. 1 WaffG nF auch heute die Verbotsregelung, wobei hierzu auf das Verbot in Anlage 2 A 1 Nr. 1.3.4 verwiesen wird. Maßgebend hierfür war: „Das Verbot der so genannten Molotow-Cocktails ist relativ unwirksam, solange ungestrafte Anleitungen zu ihrer Herstellung verbreitet werden dürfen und jedermann ungestraft zu ihrer Herstellung auffordern darf. Dies geschieht vornehmlich im politisch-kriminellen Raum in erheblichem Umfang. Es müssen daher auch diese Tatbestände in das Verbot einbezogen werden (ABer. zu BT-Drucks. VI/3566 S. 7). Der Vertrieb von Bestandteilen, die zur Herstellung von Molotow-Cocktails bestimmt sind, ist nicht mehr erfasst. Wer einen fremden Text (zB über Internet) verbreitet, der eine Anleitung zur Herstellung enthält, erfüllt den Tatbestand allerdings nur, wenn er sich den Inhalt des verbotenen Textes zu eigen macht und damit selbst zur Herstellung anleitet; es handelt sich um ein Äußerungsdelikt, nicht um ein Verbreitungsdelikt (BayObLGSt. **1997**, 151 = StraFo **1998**, 204).

23g    ggg) **Würgegeräte.** Nach Anlage 1 A 1 U 2 Nr. 1.2.6 sind auch tragbare Gegenstände erfasst, die nach ihrer Beschaffenheit und Handhabung dazu **bestimmt** sind, durch Drosseln die Gesundheit zu beschädigen (vgl. § 2 Rdn. 18). Hiermit wird die Regelung des § 8 Abs. 1 Nr. 3 der 1. WaffV aF übernommen. Diese Vorschrift untersagte die Herstellung, den Vertrieb und den Besitz von Gegenständen, die nach ihrer Beschaffenheit und Handhabung dazu bestimmt sind, durch Würgen die Gesundheit zu beschädigen (vgl. BVerwG GewA **1987**, 276; VGH Kassel GewA **1989**, 72; BGH, Urteil v. 2. 11. 1983 – 2 StR 396/83). „Solche Gegenstände werden in zunehmendem Maße im Besitz jugendlicher Schlägerbanden angetroffen und sind wiederholt sogar gegen Angehörige der Polizei angewendet worden. Unter die Vorschrift fallen zB Geräte, die regelmäßig aus zwei Hartholzstäben oder Metallrohren bestehen, die durch Lederriemen, eine Schnur oder eine Kette miteinander verbunden sind. In den Händen von Personen, die ihre Anwendungstechnik beherrschen, erweisen sich diese Geräte, ähnlich wie Schlagringe oder Totschläger, als äußerst gefährlich. Diese Geräte sind unter der Bezeichnung Nunchaku bekannt geworden" (VO-Begr. S. 54). In der Liste der verbotenen Waffen (Anlage 2 A 1 Nr. 1.3.8) wird die Schreibweise „Nun-Chaku" gewählt. Erfasst ist auch die aus Süditalien stammende, im Inland von Straftätern bereits angewendete Würgeschlinge (Garotte) aus Spezialdraht. Erfasst sind auch sog. Soft-Nun-Chakus (BKA vom 5. 2. 2004 – BAnz. Nr. 35 vom 20. 2. 2004 S. 3041).

23h    hhh) **Präzisionsschleudern.** Nach Anlage 1 A 1 U 2 Nr. 1.3 fallen unter die vorstehende Regelung auch tragbare Gegenstände in Gestalt von Schleudern, die zur Erreichung einer höchstmöglichen Bewegungsenergie eine Armstütze oder eine ver-

Gegenstand und Zweck des Gesetzes, Begriffsbestimmungen § 1

gleichbare Vorrichtung besitzen oder für eine solche Vorrichtung eingerichtet sind (Präzisionsschleudern) sowie Armstützen und vergleichbare Vorrichtungen für die vorbezeichneten Gegenstände. Damit wird die (Verbots-)Regelung in § 8 Abs. 1 Nr. 4 der 1. WaffV aF weitgehend übernommen.
Gestützt auf die durch das Waffenrechtsänderungsgesetz v. 31. 5. 1978 (BGBl. I 641) erweiterte Ermächtigungsgrundlage in § 6 Abs. 4 Nr. 2 WaffG aF hatte die Verordnung die gefährlichen Präzisionsschleudern nebst Zubehör in die Verbotsmaterie einbezogen. Der Begriff wurde in § 8 Absatz 4 1. WaffV aF erläutert; er ist in dieser Form übernommen worden. Diese Präzisions-Gummischleudern können den Geschossen (Stahlkugeln) eine Bewegungsenergie von mehr als 17,5 Joule erteilen, je nach der Muskelkraft des Schützen und dem Gewicht und der Form der Geschosse, so dass mit ihnen neben Blutergüssen auch offene Wunden zugefügt werden können. Erfasst waren zunächst nur Geräte, die – über die herkömmlichen Katapulte und Kleinschleudern (Zwillen) hinaus – zusätzliche Vorrichtungen zur Erreichung einer höchstmöglichen Bewegungsenergie der Geschosse aufweisen oder die zur Aufnahme solcher Vorrichtungen (Armstützen) eingerichtet sind (BR-Drucks. 423/78 S. 11). Die 2. ÄndVO hatte ab 1. 1. 1987 das Verbot auf „alle gefährlichen Schleudern" erweitert (BR-Drucks. 544/86 S. 17). Bei diesen ist der ursprünglich vorgesehene Wert von 17,5 Joule schließlich auf 23 Joule erhöht worden (BR-Drucks. 544/1/86). Die Neuregelung verzichtet auf die Festlegung derartiger Werte. Armstützen für diese Gegenstände und vergleichbares Zubehör sind mit erfasst.

**d) Tragbare Gegenstände nach Absatz 2 Nr. 2 Buchst. b (atypische Waffen).** 24
Diese sind dadurch charakterisiert, dass sie nicht „von Hause aus" dazu bestimmt sind, als Waffe eingesetzt zu werden, aber aufgrund ihrer Gestaltung – erfahrungsgemäß – die **Eignung** besitzen, als Waffe verwendet zu werden. Welche Gegenstände unter diesen Waffenbegriff fallen, wird durch das WaffG nF erfreulicherweise durch ausdrückliche Regelung in der Anlage 1 A 1 U 2 Nr. 2, die auf Absatz 2 Nr. 2 Buchst. b fußt, katalogmäßig durch gesetzliche Regelung – was bei diesen „gekorenen" Waffen erforderlich gewesen ist – (Begr. RegE BT-Drucks. 14/7758 S. 89) festgelegt: Spring-, Fall-, Faust- und Faltmesser (Butterflymesser). Die Typisierung dieser Waffenarten findet sich in Anlage 1 A 1 U 2 Nr. 2.1.1 bis 2.1.4. Inwieweit es sich hierbei um verbotene Waffen handelt, ist in der Anlage 2 A 1 Nr. 1.4.1 bis 1.4.3 geregelt. Die Neuregelung durch das WaffRNeuRegG geht von folgenden Überlegungen aus (Begr. BT-Drucks. 14/7758 S. 89): „Spring- und Fallmesser, die die Kriterien des so genannten Taschenmesser-Privilegs erfüllten (vgl. Nr. 37.2.6 der Allgemeinen Verwaltungsvorschrift zum Waffengesetz), wurden bislang als Gebrauchsgegenstände angesehen, also nicht unter den Begriff der Hieb- und Stoßwaffen im Sinne des § 1 Abs. 7 Satz 1 des bisherigen Waffengesetzes subsumiert. Für Faust- und Butterflymesser gibt es hierzu bislang keine eindeutige Festlegung. Die Bundesratsinitiative eines Entwurfs eines Dritten Gesetzes zur Änderung des Waffengesetzes, die sich noch nicht auf Faustmesser bezog, ging ausweislich der Begründung des federführenden Innenausschusses (BR-Drucks. 589/11/97) davon aus, dass Butterflymesser „klassische Hieb- und Stoßwaffen" seien. In Bezug auf Faustmesser, die eigentlich als Spezialwerkzeuge für Kürschner und Jäger [vgl. jetzt § 40 Abs. 3] zum Abziehen von Fellen entwickelt worden sind („Skinner"), hat sich noch keine Verkehrsanschauung gebildet. Spring-, Fall-, Faust- und Butterflymesser unterfallen nunmehr allesamt dem Regime des Waffengesetzes; dabei wird – ohne rechtliche Auswirkungen – darauf verzichtet, eine unterschiedliche Zuordnung unter die Buchstaben a oder b des § 1 Abs. 2 des Entwurfs vorzunehmen. Einzige sich

**§ 1** Abschn. 1. Allgemeine Vorschriften

unmittelbar daraus ergebende Rechtswirkung ist die Tatsache, dass bislang frei verkäufliche derartige Taschenmesser (in Bezug auf diese war die Nicht-Waffeneigenschaft und mangels sonstiger Einbeziehung die Nicht-Geltung des Regimes des bisherigen Waffengesetzes unzweifelhaft) nunmehr grundsätzlich erst an Volljährige verkauft werden dürfen. In Bezug auf den Waffenhandel und dessen Schutz durch das Grundrecht der Berufsfreiheit (Art. 12 des Grundgesetzes) liegt hierin eine Regelung der Berufsausübung (Art. 12 Abs. 1 Satz 2 des Grundgesetzes), die durch das Interesse des Gemeinwohls gerechtfertigt ist". Zum Begriff „Gemeinwohl" vgl. *Schuppert* GewA **2004,** 441.

25   **aa) Springmesser** sind dadurch gekennzeichnet, dass ihre Klingen auf Knopf- oder Hebeldruck hervorschnellen und hierdurch festgestellt werden können (Nr. 2.1.1). Sie richtig einzuordnen, war ein Hauptanliegen des WaffRNeuRegG. Nach bisherigem Recht fielen sie nicht unter das Waffengesetz, wenn das „Taschenmesserprivileg" der Nr. 37.2.6 WaffVwV aF eingriff, das Messer also die dort genannte Beschaffenheit eines Taschenmessers im Einzelfall nicht überschritt (vgl. BGH StV **2003,** 284). Nach der Neuregelung unterfallen diese Messerarten grundsätzlich dem Waffenregime, so dass sie nicht an Minderjährige verkauft werden dürfen (Begr. aaO). Nach kriminalistischer Erfahrung sind sie wegen ihrer Eignung zum heimtückischen Verwenden, zB „aus dem Ärmel heraus" (Begr. RegE BT-Drucks. 14/7758 S. 90/91), ein sowohl bei bewaffneten räuberischen Angriffen als auch bei Messerstechereien häufig verwendetes Mittel. Die Art der Verwendung lässt dem Angegriffenen praktisch keine reelle Chance zur Abwehr. Es hat sich gezeigt, dass auf diesem Gebiet „eine Reihe von Billigprodukten auf dem Markt" sind, die mangels Verarbeitungsqualität quasi nur zum verbrecherischen Einsatz taugen (Begr. aaO S. 91). Die geschilderte Gefährlichkeit der Waffe ist auch der Grund, sie über die Erfassung als Waffe hinaus mit einem Verbot zu belegen (Anlage 2 A 1 Nr. 1.4.1 Satz 1 mit der Ausnahmeregelung in Satz 2 bei bestimmter, im einzelnen umschriebener Beschaffenheit). Mit Feststellungsbescheid vom 9. 7. 2004 hat das BKA ein „Klappmesser mit federunterstütztem Klappmechanismus" von dem Verbot ausgenommen, da zum Öffnen kein Knopf oder Hebel vorhanden ist, sondern die Klinge zunächst mit der Hand aufgeklappt werden muss (BAnz. Nr. 141 S. 16885 vom 30. 7. 2004).

26   **bb) Fallmesser** sind solche Messerarten, deren Klingen beim Lösen einer Sperrvorrichtung durch ihre Schwerkraft oder durch eine Schleuderbewegung aus dem Griff hervorschnellen und selbsttätig oder beim Loslassen der Sperrvorrichtung festgestellt werden (Nr. 2.1.2). Auch für sie galt nach bisherigem Recht ggf. das „Taschenmesserprivileg" (Rdn. 25). Sie sind nach neuem Recht ausnahmslos vom WaffG erfasst mit der Konsequenz, dass sie nur an Volljährige verkauft werden dürfen (Begr. aaO S. 89). Springmesser (Rdn. 25) setzt das Gesetz den Fallmessern in allem gleich, so dass auch hier die Verbotsregelung nach Anlage 2 A 1 Nr. 1.4.1 Satz 1 einschließlich der Ausnahmeregelung in Satz 2 greift (Rdn. 25 aE). Der einzige Unterschied zwischen Spring- und Fallmessern besteht darin, dass die Klinge nicht durch einen Federmechanismus, sondern durch die Schwerkraft (beim Herausrutschenlassen durch senkrechtes Halten nach unten) oder Masseträgheit (beim Herausschleudern mit einer Arm- oder Handbewegung) hervorschnellt (Begr. aaO S. 91). Für Altbesitz ist § 58 Abs. 7 zu beachten.

27   **cc) Faustmesser** sind Messer mit einem quer zur feststehenden Klinge verlaufenden Griff, die bestimmungsgemäß in der geschlossenen Faust geführt oder eingesetzt werden (Nr. 2.1.3). Bei ihnen handelt es sich eigentlich (Begr. RegE BT-Drucks. 14/7758 S. 89) um Spezialwerkzeuge für Kürschner und Jäger (Rdn. 24) zum Ab-

Gegenstand und Zweck des Gesetzes, Begriffsbestimmungen  § 1

ziehen von Fellen („Skinner"). Sie waren im WaffG aF noch nicht erfasst. Sie fallen nunmehr unter das Waffenrechtsregime in der Weise, dass sie – mit der Ausnahmeregelung des § 40 Abs. 3 – dem Verbot der Anlage 2 A 1 Nr. 1.4.2 unterliegen. Das hat seinen Grund zum einen darin, dass sie sich durch ihre „Verwinkelung" vom Griff zur Klinge" wegen des auf die Klinge auszuübenden starken Drucks zum Zufügen besonders schwerer Verletzungen eignen und zum anderen in der Tatsache, dass es außergewöhnlich schwer erscheint, einem in dieser Weise geführten Angriff auszuweichen (Begr. aaO S. 91).

dd) **Faltmesser,** besser bekannt als **Butterflymesser,** sind Messer mit zweigeteilten, schwenkbaren Griffen (Nr. 2.1.4). Sie fallen unter die absolut – ohne Ausnahmeregelung, wie sie bei Spring- und Fallmessern vorgesehen ist – verbotenen Waffen (Anlage 2 A 1 Nr. 1.4.3). Nicht hierunter fällt der „Leatherman Tool", weil die Klinge separat aufgeklappt wird (*K/P* Rdn. 823). Vgl. auch die BKA-Bescheide, abgedr. unter **Nr. 14 I.** Nach den kriminalistischen Erfahrungen sind sie insbesondere in Kreisen gewaltbereiter Jugendlicher weit verbreitet (Begr. RegE BT-Drucks. 14/7758 S. 91). Bereits im Jahre 1997 sollten sie auf Initiative des Bundesrates als „klassische Hieb- und Stoßwaffen" einbezogen werden (BR-Drucks. 589/1/97). Das ist nunmehr geschehen. Über die Herkunft der Messer besteht Ungewissheit (o. V. BM **2002,** Heft 7). Hinsichtlich der Strafbarkeit für Altbesitz ist § 58 Abs. 7 zu beachten. 28

Diese Neuregelung hinsichtlich der einzelnen Messerarten ist sehr zu begrüßen, denn die Rechtslage zuvor war erschreckend unübersichtlich. Das Reichsgericht hatte seinerzeit entschieden, dass die Tatsache allein, dass das Messer durch eine Vorrichtung festgestellt werden könne, nicht ausreiche, um zu einer Waffe werden zu lassen (RG vom 26. 11. 1921, AZ II 555/31). Ob sonst Messer mit feststellbarer Klinge Hieb- oder Stoßwaffen iS des WaffG waren, ferner, ob Messer mit feststehender Klinge erfasst werden, beurteilte sich in der Rspr. nach den Verhältnissen des **Einzelfalles** (BGH, Beschluss vom 9. 4. 1991 – 1 StR 4/91; die Waffeneigenschaft der in der Praxis von Straftätern wiederholt verwendeten Schmetterlings-(Butterfly-)messer wurde seinerzeit zB von *Scholzen* [DWJ **1992,** 132] zu Unrecht verneint), wobei auch die örtlichen Gepflogenheiten (zB in Oberbayern) zu berücksichtigen waren (RGSt. **66,** 191, 192). Keine Waffen in diesem Sinne waren in der Regel Taschenmesser, es sei denn, einem solchen Messer wäre bei seiner Herstellung eine von der sonst üblichen Beschaffenheit abweichende, der veränderten Bestimmung als Waffe entsprechende Gestaltung verliehen worden. Die üblichen Fahrtenmesser der wandernden oder zeltenden Jugend, das sind in einer Scheide am Gurt getragene, im Griff feststehende Messer mit stumpfem Rücken, die in erster Linie zum Schneiden von Lebensmitteln und zum Spalten von Holz verwendet werden, waren und sind auch heute keine Hieb- oder Stoßwaffen iS des WaffG. Auch die in Südbayern sehr verbreiteten feststehenden Messer mit Horngriff, welche die männliche Landbevölkerung als sog. Brotzeitmesser benutzt und die unter dieser Bezeichnung hergestellt und in den Handel gebracht werden, sind nicht erfasst. 29

Nach alledem konnte ein Messer nur dann als Hieb- oder Stoßwaffe iS von § 1 Absatz 7 Satz 1 aF bezeichnet werden, wenn ihm durch seine ungewöhnliche Größe oder seine das übliche Maß überschreitende Länge und Schärfe der Spitze, ähnlich wie bei einem Dolch, bewusst die Eignung zur Zufügung von Verletzungen gegeben war (RG JW **1932,** 952; *Hoche* RWaffG § 2 Anm. 1 e und BayObLGSt. **1962,** 183). Im letztgenannten Urteil hatte das BayObLG ein Messer, dessen spitze, 10,5 cm lange Klinge auf Druck aus dem Griff springt und dann ohne weiteres festgestellt ist (sog. Springmesser), als Stoßwaffe iS des RWaffG angesehen, und zwar auch dann, wenn die andere Seite nicht durchwegs, sondern nur zu einem nicht unerheblichen Teil von der Spitze weg scharf geschliffen war (jetzt: Waffe nach Anlage 1 A 1 U 2 Nr. 2.1.1). Dass ein „Fallmesser" eine Gesamtlänge von 20 cm aufweist, reichte allein nicht aus, ihm den Charakter eines Taschenmessers abzusprechen. Es kam vielmehr jeweils auf Länge, Schärfe und Form der Klinge an (BGH, Beschluss vom 8. 6. 1984 – 2 StR 880/83). Derartige Fallmesser sind nunmehr nach dem WaffG nF stets – ohne Rücksicht auf ihre Abmessungen – Waffen iSv. Absatz 2 Nr. 2 Buchst. b (Anlage 1 A 1 U 2 Nr. 2.1.2; Rdn. 26). Nach einem Urteil des Obersten Gerichtshofes der Bundesrepublik Österreich vom 27. 9. 1960 waren die italienischen Stoßmesser des Typs „Stiletti" Stoßwaffen iS der §§ 2, 13 RWaffG 1938, das damals in Österreich noch Geltung hatte (*Potrykus* BMZ **1961,** 4 und BM **1965,** 142, auch allgemein zur Waffeneigenschaft von Springmessern nach damaliger Anschauung). Dagegen stellte ein „Kugelschreiber-Stilett" (eine in einen Kugelschreiber eingearbeitete 6,5 cm lange, dreikantige Klinge) kein Stilett in diesem Sinne dar (zweifelnd BayObLG NJW **1994,** 335).

Die Hieb- oder Stoßwaffe musste auch seinerzeit schon dazu bestimmt sein, Verletzungen iS von § 223 Abs. 1 StGB beizubringen. Hiermit sind nur Verletzungen an lebenden Menschen gemeint (Absatz 2 Nr. 2 Buchst. b). Deshalb ist das Seziermesser des Anatomen oder Pathologen keine Waffe iS des WaffG.

Nicht als Hieb- oder Stoßwaffen galten und gelten ferner Gegenstände, die nur die Form von Waffen haben, aber zur Verwendung als solche wegen abgestumpfter Spitzen oder stumpfer Schneiden nicht bestimmt waren, wie Zierwaffen aller Art, zB Paradesäbel, Vereins-, Ausstattungs- und Dekorationswaffen, die nicht scharf geschliffen sind, Sportdegen u. a. (so zum früheren Recht Nr. 1.3 WaffVwV aF). Handschuhe, bei denen auf dem Rücken des Ring- und Mittelfingers jeweils eine Rasierklinge angebracht ist, werden waffenrechtlich als Hieb- und Stoßwaffe eingeordnet. Das heißt, sie sind keine verbotenen Gegenstände (BKA-Feststellungsbescheid vom 28. 6. 2004, BAnz. **2004,** 14826 – Nr. 127 vom 10. 7. 2004).

29 a **ee) Tierabwehrgeräte.** Nachträglich hinzugefügt wurde in diesem Zusammenhang die Nr. 2.2.1. Zu den vom Waffengesetz erfassten Gegenständen zählen nunmehr auch solche, die bestimmungsgemäß unter Ausnutzung einer anderen als mechanischen Energie **Tieren** Verletzungen beibringen (zB Elektroimpulsgeräte), mit Ausnahme der ihrer Bestimmung entsprechend im Bereich der Tierhaltung Verwendung findenden Gegenstände („Viehtreiber"). Zur Rechtfertigung der Einführung dieser Vorschrift weist die Begründung (BT-Drucks. 14/8886 S. 119) darauf hin, dass diese der Tierabwehr dienenden Geräte denjenigen zur Verteidigung (Nr. 1.2.1) gleichgestellt werden müssten, um eine Umgehung dieser letztgenannten Regelung auszuschließen.

30 **4. Formen des „Umgangs" (Absatz 3).** Als Oberbegriff für sämtliche waffenrechtserheblichen Tätigkeiten führt das WaffG nF erstmals den Begriff des „Umgangs" ein, der bisher allerdings schon in der Rspr. und dem Schrifttum verwendet worden ist. Die Bestimmung übernimmt inhaltlich die Regelung aus § 4 WaffG aF. Ergänzt wird sie durch die Begriffsbestimmungen der Anlage 1 Abschnitt 2.

31 **Zur Rechtsentwicklung:** Das SchWaffG 1928 und das RWaffG 1938 enthielten keine Begriffsbestimmung hinsichtlich des Erwerbens und Überlassens von Gegenständen und des Waffenführens und auch keine besondere Vorschrift, die diese Begriffe, wie § 4 WaffG aF, zusammengefasst definierte. Beide Gesetze befassten sich hiermit nur incidenter, indem § 10 Abs. 1 SchWaffG das Überlassen und den Erwerb von Schusswaffen und Munition von der Aushändigung eines behördlich

## Gegenstand und Zweck des Gesetzes, Begriffsbestimmungen § 1

ausgestellten Waffen- bzw. Munitionserwerbscheins abhängig machte. Gem. § 11 Abs. 1 RWaffG wiederum durften Faustfeuerwaffen nur gegen Aushändigung eines Waffenerwerbscheins „überlassen oder erworben" werden. Eine Erklärung dieser beiden Begriffe war in den angeführten Gesetzen nicht vorgesehen; sie wurden dort ersichtlich als bekannt vorausgesetzt.

Wohl im Hinblick auf die erheblich gesteigerte Bedeutung der Waffenerwerbs- und Überlassungsvorgänge im WaffG 1972, das unter weitgehender Rückkehr zum Rechtszustand während der Geltungsdauer des SchWaffG 1928 den Erwerb sämtlicher Schusswaffen, insbesondere auch von Langwaffen, mit gewissen Ausnahmen (vgl. zB § 28 Abs. 4 WaffG aF) an eine behördliche Erlaubnis band, wurden die betreffenden Begriffe (Erwerben und Überlassen) erstmalig im Waffengesetz 1972 selbst definiert. Die Entwurfsbegr. hierzu (BT-Drucks. VI/2678 S. 25/26) meint allerdings, dass die in den Absätzen 1 und 2 (von § 4 WaffG aF) gegebenen Begriffsbestimmungen „im Wesentlichen der Auslegung" entsprächen, „die diese Begriffe in § 11 RWG und dem vor 1938 geltenden Waffenrecht gefunden" hätten. Die Begründung weist aber zugleich auf den Unterschied hin, wonach abweichend vom vorher geltenden Recht unter „Erwerben" nur die Erlangung der tatsächlichen Gewalt, d. h. der tatsächlichen Möglichkeit zu verstehen ist, über den Gegenstand „nach eigenem Willen zu verfügen".

Nach der o. a. Entwurfsbegründung (S. 26) sollten die Begriffsbestimmungen (in **32** § 4 Abs. 1 und 2 WaffG aF) insbesondere klarstellen (Hervorhebungen v. *Verf.*), „dass unter ‚Erwerb' und ‚Überlassen' nicht das schuldrechtliche Rechtsgeschäft (Kaufvertrag, Schenkungsvertrag o. dgl.) zu verstehen ist und dass es nicht darauf ankommt, ob das Eigentum an dem Gegenstand auf einen anderen übergeht." Ferner ergibt sich danach aus der gesonderten Erklärung jedes der beiden Begriffe und auch aus § 28 Abs. 4 WaffG aF (= § 27 Abs. 3 des Entwurfs), dass es sich beim Erwerb und beim Überlassen nicht um ein zweiseitiges Rechtsgeschäft handeln muss, sondern dass insbesondere auch die Erlangung der tatsächlichen Gewalt im Wege der Erbfolge oder durch Fund hierzu zu rechnen ist. „Allein eine solche Auslegung dieser Begriffe erscheint geeignet, den Umgang mit Waffen und Munition in übersehbaren Grenzen zu halten und es wenigstens zu erschweren, dass unter dem Vorwand von Leihe, Miete, Fund, Aneignung und dergleichen unerlaubter Waffenerwerb verdunkelt wird".

Hiernach wird man also nicht, wie zuvor zur Auslegung von § 10 Abs. 1 SchWaffG und § 11 Abs. 1 RWaffG geschehen, sagen können, dass die Worte „Überlassen" und „Erwerben" in jedem Falle nur zwei Ausdrücke für ein und dasselbe Rechtsgeschäft sind.

**a) Erwerb.** Nach Anlage 1 A 2 Nr. 1 iVm. Absatz 3 1. Variante erwirbt (eine **33** Waffe oder Munition), wer die **tatsächliche Gewalt** darüber **erlangt** (vgl. auch § 13 Rdn. 8 a ff.). Das entspricht § 4 Abs. 1 WaffG aF. Mit dem in der Definition zum Zwecke der Erklärung des Begriffs „Erwerben" angesprochenen, aus dem KWKG (§§ 2, 3, 5) stammenden Begriff der „tatsächlichen Gewalt" ist, wie zunächst herauszustellen ist, nicht der strafrechtliche, etwa in § 242 StGB zugrunde gelegte Gewahrsamsbegriff (= Begründung eines tatsächlichen, von einem Herrschaftswillen getragenen Herrschaftsverhältnisses gemeint [vgl. BGH NJW **1975,** 226]). Andererseits ist der Begriff „Erwerben", wie bisher, dinglich zu verstehen, und zwar als Erwerb des unmittelbaren Besitzes (§ 854 Abs. 1 BGB), der hiernach auch durch die Erlangung der „tatsächlichen Gewalt" über die Sache erworben wird, wobei nicht darauf abgestellt wird, ob die tatsächliche Gewalt über den Gegenstand (die Waffe oder die Munition) in der Form des Eigenbesitzes (§ 872 BGB) oder des Fremdbe-

**§ 1**  Abschn. 1. Allgemeine Vorschriften

sitzes erlangt (erworben) wird. Ob auch der mittelbare Besitz (§ 868 BGB) unter den Begriff der tatsächlichen Gewalt fällt (dafür OLG Celle NJW **1973**, 1986 [für beschlagnahmte Waffen] und anscheinend auch OLG Frankfurt NJW **1973**, 1514 [für freiwillig den Ermittlungsbehörden überlassene Waffen], dagegen BayObLG im Vorlagebeschluss NJW **1974**, 160, sämtlich zu § 59 WaffG aF ergangen), ist bestritten. Der BGH hat in seinem o. a. Beschluss (NJW **1975**, 226 m. abl. Anm. v. *Hinze* NJW **1975**, 1287) die betr. Zweifelsfrage unbeantwortet gelassen, jedoch zu erkennen gegeben, dass seiner Meinung nach „erhebliche Zweifel hinsichtlich einer möglichen Ausdehnung des Anwendungsbereichs des § 59 WaffG auf den mittelbaren Besitzer" bestünden, weil dieser mittelbare Besitzer (der im gegebenen Falle polizeilich sichergestellten Schusswaffe) „jede tatsächliche Möglichkeit" verliere, „auf die Waffe einzuwirken" (so auch BGHSt. **26**, 12, 16 und MDR **1977**, 511). Dem wird auch für die vorliegende Vorschrift in dem Sinne zuzustimmen sein, dass eine gewisse, jederzeit zu realisierende tatsächliche Herrschaftsmöglichkeit über die Waffe bestehen muss (OLG Karlsruhe NJW **1992**, 1057). Einen Anhaltspunkt hierfür ergibt § 854 Abs. 2 BGB, wonach eine Einigung des bisherigen Besitzers und des Erwerbers zum Erwerb des Besitzes dann genügt, wenn der Erwerber „in der Lage ist, die Gewalt über die Sache auszuüben". Alle bloßen Absprachen, die nicht von der tatsächlichen Einwirkungsmöglichkeit begleitet sind, können die „tatsächliche Gewalt" über eine Waffe weder aufrechterhalten noch neu begründen. Auf der anderen Seite genügt wiederum das Erlangen der tatsächlichen Einwirkungsmöglichkeit, auch wenn Absprachen nicht zugrunde liegen.

**34**   Das allein entspricht auch dem **Sicherungszweck** des Gesetzes. Gefahren gehen grundsätzlich nur von demjenigen aus, der die Waffe derart in seinem Herrschaftsbereich hat, dass er jederzeit auf sie „zugreifen" kann (zust. BVerfG [2. Kammer des 2. Senats] NJW **1995**, 248). Die Tatsache, dass der Täter die Waffe lediglich in einer Schreibtischschublade seiner Wohnung aufbewahrt hat, erfüllt den Tatbestand des Ausübens der tatsächlichen Gewalt über die Waffe; denn nicht nur eine Tat im Sinne einer „willensgetragenen Körperbewegung", sondern auch das Aufrechterhalten eines verbotenen Zustandes, etwa des Besitzes an gefährlichen Gegenständen, wie sie Schusswaffen darstellen, kann der Gesetzgeber ohne Verfassungsverstoß unter Strafe stellen (BVerfG aaO). Diese Machtposition kommt indessen dem nicht zu, der sie, aus welchen Gründen auch immer, „aus der Hand gegeben" hat und nur einen unsicheren, noch durchzusetzenden Anspruch auf Rückgabe besitzt oder der in sonstiger Weise über einen bloßen Herausgabeanspruch verfügt (mittelbarer Besitzer). Es sind allerdings Fallgestaltungen denkbar, in denen außer dem „ständigen" unmittelbaren Besitzer auch einem anderen die Zugriffsmöglichkeit offen steht; in diesem Falle sind beide die Inhaber der tatsächlichen Gewalt (BGH NStZ-RR **1997**, 283). Dass mehrere Personen die tatsächliche Gewalt gleichzeitig ausüben können (§ 10 Abs. 2 Satz 1), ergab sich mittelbar auch zuvor schon aus § 28 Abs. 6 WaffG aF (vgl. ferner Nr. 4.1 Abs. 2 WaffVwV aF; BVerwG vom 6. 12. 1978 – 1 C 7.77 bei *Meyer* GewA **1998**, 89, 97; BayObLG NStZ-RR **1996**, 184; BayObLGSt. **1976**, 173, 177 = NJW **1977**, 1737; OLG Koblenz OLGSt. § 53 WaffG S. 6, 8, 10). Dagegen findet eine Zurechnung der tatsächlichen Gewalt auf einen anderen Tatbeteiligten, der ohne direkte Zugriffsmöglichkeit ist, nicht statt, auch nicht nach § 25 Abs. 2 StGB (BGH NStZ **1997**, 604, 605).

**35**   Zu dem objektiven Beherrschungsverhältnis muss aber – wie beim zivilrechtlichen Besitz – das subjektive Element des **Beherrschenwollens** hinzutreten, das seinerseits Kenntnis vom Entstandensein der Sachherrschaft voraussetzt; unbewusste Innehabung genügt nicht (OLG Stuttgart OLGSt. § 4 WaffG S. 1 [Schlagwerkzeug

## Gegenstand und Zweck des Gesetzes, Begriffsbestimmungen § 1

im Pkw nicht entdeckt] unter Hinweis auf § 867 BGB; OLG Braunschweig OLGSt. § 53 WaffG S. 17, 21). Eine nur kurze Hilfstätigkeit ohne Herrschaftswillen reicht nicht aus (BGHSt. **28**, 294 = NJW **1979**, 2113). Die Ausübung der tatsächlichen Gewalt ist kein Unterlassungsdelikt (so mit Recht *Mitsch* NStZ **1987**, 457, 458 gegen OLG Zweibrücken NJW **1986**, 2841 = MDR **1986**, 692).

Der Besitz des einzigen Schlüssels zu einem Waffenschrank bedeutet das Innehaben der tatsächlichen Gewalt über alle dort verwahrten Waffen, selbst wenn das Eigentum teilweise auch einem anderen zusteht (OLG Koblenz OLGSt. § 6 WaffG S. 1, 3). Damit stimmte auch Nr. 4.1 Abs. 3 WaffVwV aF überein, wonach die tatsächliche Gewalt „einen Herrschaftswillen und damit die Kenntnis vom Entstehen der Sachherrschaft" voraussetzt, jedoch nicht die Anwesenheit des Inhabers erfordert. In Nr. 4.1 Abs. 3 WaffVwV aF war geregelt, dass, da die tatsächliche Gewalt nicht die Anwesenheit des Besitzers erfordert, Waffen, die in einer Wohnung eingeschlossen sind, in der tatsächlichen Gewalt des abwesenden Inhabers bleiben. Dagegen übt der bisherige Inhaber über verlorene Gegenstände nicht mehr die tatsächliche Gewalt aus. Für den Bereich des § 59 WaffG aF galt als Inhaber der tatsächlichen Gewalt im Sinne dieser Bestimmung nur der unmittelbare Besitzer (Nr. 59.3 WaffVwV aF). **36**

Der Begriff des Erwerbs der tatsächlichen Gewalt erscheint inzwischen geklärt. Man versteht darunter das Erlangen der tatsächlichen Gewalt über einen körperlichen Gegenstand (Sache nach § 90 BGB), also die Machtposition, sie nach eigenem Willen zu (be-)nutzen (vgl. Rdn. 33). Das Wort „verfügen" ist in diesem Zusammenhang missverständlich, da es im Sachenrecht des BGB eine festgelegte Bedeutung hat, nämlich die des Einwirkens unmittelbar auf ein dingliches Recht durch Rechtsgeschäft. Die Machtposition des Inhabers der tatsächlichen Gewalt gestattet Verfügungen dieser Art aber allenfalls in Bezug auf den unmittelbaren Besitz, keinesfalls indessen beispielsweise über das Eigentum. **37**

Für den Erwerb der tatsächlichen Gewalt kommt es nicht darauf an, ob ihm ein Rechtsgeschäft zugrunde liegt. Er braucht auch nicht auf „abgeleitetem Wege" zu erfolgen, also sich nicht von einem Vor-Inhaber herzuleiten (BGHSt. **29**, 184 = NJW **1980**, 1475; hierzu *Willms* LM WaffG 1976 Nr. 3), so dass ein solcher Erwerb auch durch Fund (§ 28 Abs. 4 Nr. 2 WaffG aF; OLG Schleswig NStZ **1983**, 271), Aneignung nach § 958 Abs. 1 BGB (vgl. § 43 Abs. 1 WaffG aF), Diebstahl (BGH aaO; OLG Hamm NJW **1979**, 117) oder Ansichnahme nach Ermordung des bisherigen Besitzers (BGH, Beschluss vom 12. 12. 2001 – 5 StR 539/01) vorgenommen werden kann. Ein Miterbe erlangt die tatsächliche Gewalt über eine zum Nachlass gehörende Schusswaffe jedenfalls dann, wenn er die Möglichkeit des tatsächlichen Zugriffs auf die Waffe hat (BayObLG NStZ-RR **1996**, 184). **38**

Erwerb durch Rechtsgeschäft wird der Regelfall sein. „Auch wer einen Gegenstand mietweise oder leihweise erlangt, erwirbt ihn im Sinne des Absatzes 1" (Begr. WaffG 1972 BT-Drucks. VI/2678 S. 26). Dem stehen ähnliche Rechtsverhältnisse wie die Verwahrung (mit Benutzungsbefugnis) gleich. Nach früherem Recht „erwarb" jedoch nicht, wer die tatsächliche Gewalt über die Waffe nur als Besitzdiener (§ 855 BGB) ohne zivilrechtliche Benutzungsbefugnis, auf die es entscheidend ankam, erlangte, zB der Bote eines Waffengeschäfts, der dem Erwerber die gekaufte Waffe überbringt (hM, aM mit beachtlichen Gründen BayObLG NJW **1977**, 1737, wonach das Überlassen einer Schusswaffe keine Besitzübertragung erfordern und es für das Überlassen iS v. § 34 Abs. 1 und 2 WaffG aF genügen sollte, wenn die Schusswaffe einem, der nicht unmittelbarer Besitzer iS des BGB geworden ist, lediglich vorübergehend für kurze Zeit zum Schießen außerhalb einer behördlich genehmigten Schießstätte übergeben [Benutzungsbefugnis!] wird). Aus der Formu- **39**

**§ 1**  Abschn. 1. Allgemeine Vorschriften

lierung des § 12 Abs. 1 und 2 nF ergibt sich indessen, dass auch in derartigen Fällen ein „Erwerb" anzunehmen ist (*L/F/L* Rdn. 94), dieser allerdings erlaubnisfrei gestellt wird. Darauf, ob der „Besitz"erwerb gewerbsmäßig oder nicht gewerbsmäßig, entgeltlich oder unentgeltlich geschieht und ob die tatsächliche Gewalt nur vorübergehend oder auf Dauer ausgeübt werden soll, ist nicht entscheidend.

**40**  Kommt es sonach für das Erwerben in erster Linie auf die Erlangung des Besitzes (= der tatsächlichen Gewalt) an, was auch aus der in § 10 nF (§ 28 WaffG aF) verwendeten Formulierung „Waffenbesitzkarte" hervorgeht so bedarf es dessen ungeachtet keiner Hervorhebung, dass auch der Eigentumserwerb unter die Begriffsbestimmung fällt, und zwar nicht nur der Eigentumserwerb mittels Einigung und Übergabe, wie ihn § 929 Satz 1 BGB regelt, sondern auch der durch Übergabesurrogate gem. § 930 BGB (Besitzkonstitut) und § 931 BGB (Vindikationszession = Abtretung des Herausgabeanspruchs), **sofern** der Erwerber eine – wenn auch nur entfernte – tatsächliche **Einwirkungsmöglichkeit** auf die Waffe erhält. In Betracht kommt auch der Erwerb bei einer Auktion (hierzu *Scholzen* DWJ **1997**, 1907). Über die zivilrechtliche Gewährleistungspflicht beim Kauf von Waffen äußert sich *Scholzen* DWJ **1996**, 144.

**41**  Da es sich, wie die oben (Rdn. 39) mitgeteilte Entwurfsbegründung ergibt, beim „Erwerben" nur um einen einseitigen Vorgang handelt, fällt auch der Erwerb eines Gegenstandes durch Fund (§ 965 ff. BGB; Nr. 28.4.1 WaffVwV aF), Aneignung (§ 958 BGB), Erbfolge (§ 1922 BGB) unter den Begriff „Erwerb". Ein solcher Erwerb auf Grund Erbfalls (BayObLG NStZ-RR **1996**, 184) war und ist allerdings (§ 20 WaffG nF) – wie früher der durch Fund aufgrund § 28 Abs. 4 Satz 1 Nr. 1 und 2 WaffG aF – erlaubnisfrei gestellt (vgl. jedoch § 28 Abs. 5 WaffG aF) wegen der weiteren Ausnahmen von der durch § 28 Abs. 1 WaffG aF grundsätzlich festgesetzten Erlaubnispflicht für den Erwerb von Schusswaffen § 28 Abs. 4 Nr. 3 bis 10 WaffG aF). Hielt der Erbe die Eintragungsfrist des § 28 Abs. 5 Satz 1 WaffG aF nicht ein, so übte er danach die tatsächliche Gewalt unerlaubt aus; dieser Verstoß stellte jedoch nur eine Ordnungswidrigkeit nach § 55 Abs. 1 Nr. 15 WaffG aF (lex specialis) dar, kein Vergehen nach § 53 WaffG aF (BGH NStZ **1993**, 192; BayObLG NStZ-RR **1996**, 184, 185). Nach neuem Recht ist die Verletzung der Anzeigepflicht aus § 37 Abs. 1 Satz 1 in § 53 Abs. 1 Nr. 5 bußgeldbewehrt.

**42**  **b) Besitz (Absatz 3 2. Variante).** Bei der Neufassung des WaffG durch Art. 1 des WaffRNeuRegG erhielt diese Form des Umgangs (§ 1 Abs. 3) eine eigenständige Bedeutung; in § 4 WaffG aF war sie nicht ausdrücklich erwähnt. Nach Anlage 1 A 2 Nr. 2 besitzt eine Waffe (oder Munition), wer die **tatsächliche Gewalt** darüber **ausübt.** Damit wird der – meist länger andauernde und deshalb an sich bedeutungsvollere – Zustand erfasst, der sich an den Erwerb – die Erlangung der tatsächlichen Gewalt als quasi „Momentaufnahme" – anschließt. Bisher führte diese wichtige Umgangsform bei den Definitionen kein Eigenleben, sondern wurde unter dem Begriff „Erwerb" mit abgehandelt. Im Hinblick auf die wesentliche Rolle, die ihm zukommt (zB bei den Strafvorschriften der §§ 51 und 52 nF), ist diese – späte – Anerkennung nur zu begrüßen. Mit dem Erwerb, der Erlangung der tatsächlichen Gewalt (Rdn. 33 ff.), tritt de ipso der Zustand des Besitzes ein (vgl. § 13 Rdn. 8 a ff.). Das „Ausüben" der tatsächlichen Gewalt über den Gegenstand beinhaltet jedoch, wie auch das Wort „Besitz" selbst, schon rein sprachlich ein gewisses Moment der Dauer (*L/F/L* Rdn. 99), nicht nur des Augenblicks. Deshalb wird ein Erwerb, dem unmittelbar ein Überlassen, ein Aufgeben der tatsächlichen Gewalt folgt, nicht als Besitz einzustufen sein. Der Bedeutung dieser Variante entspricht es, dass schon die früheren Strafvorschriften (§§ 52 a, 53 WaffG aF) an die – unerlaubte – Ausübung

# Gegenstand und Zweck des Gesetzes, Begriffsbestimmungen § 1

der tatsächlichen Gewalt anknüpften, wobei sich in der Praxis – ohne eine entsprechende Stütze im Gesetz – für derartige Verhaltensweisen der Begriff „Besitz" bereits weitgehend durchgesetzt hatte. Die neuen Strafvorschriften – § 51 und § 52 – stellen folgerichtig (zB in Absatz 1 Nr. 1) auf das Besitzen ab.

**c) Überlassen (Absatz 3 3. Variante).** Mit diesem Begriff befindet sich das Gesetz auf althergebrachtem Terrain; er stimmt mit dem des § 4 Abs. 2 WaffG aF überein. Nach Anlage 1 A 2 Nr. 3 überlässt eine Waffe (oder Munition), wer die tatsächliche Gewalt darüber einem anderen einräumt. Im Gegensatz zu dem in Rdn. 33 ff. behandelten „Erwerben", das auch einseitig erfolgen kann, erfordert der Begriff des „Überlassens", was in der Entwurfsbegr. (Begr. WaffG 1972 BT-Drucks. VI/2678 S. 26), die insoweit das „Erwerben" mit dem „Überlassen" gleichstellt, übersehen wird, einen Vorgang, an dem notwendigerweise **zwei** Personen beteiligt sein müssen, ein Gebender und ein Nehmender (Erwerber). Welche Überlassenshandlungen im Einzelnen hierunter fallen kann, soweit nicht einseitige Erwerbsakte in Betracht kommen, Rdn. 3 ff. entnommen werden, wonach sowohl Eigentums- als auch Besitzübertragungen dem Begriff des „Überlassens" zuzurechnen sind. Ergänzend hierzu ist Folgendes zu bemerken: Das Überlassen ist (vgl. § 34 Abs. 1 Satz 1 WaffG aF) das Gegenstück zum Erwerb, es setzt den Erwerb eines anderen voraus (BayObLGSt. **1976**, 173, 174). Der Überlassende muss im Zeitpunkt des Überlassens selbst die tatsächliche Gewalt ausüben (BGHSt. **28**, 294 = NJW **1979**, 2113). Der Begriff des Überlassens fordert aber nicht, dass der Überlassende selbst die tatsächliche Gewalt seinerseits aufgibt; es können vielmehr mehrere gleichzeitig die tatsächliche Gewalt über die Waffe ausüben (zB Eheleute), was sich zB aus § 10 Abs. 2 WaffG nF herleiten lässt und sich auch bereits aus § 28 Abs. 6 WaffG aF ergab (vgl. BayObLG aaO S. 177 = NJW **1977**, 1737). Ein Überlassen ist dementsprechend bereits dann anzunehmen, wenn der Überlassende – ohne seine eigene tatsächliche Gewalt aufzugeben – einer anderen Person die Möglichkeit einräumt, sich in gleicher Weise selbständig der Waffe (oder Munition) bedienen zu können (BVerwG NJW **1979**, 1564 = VerwRspr. **1979**, 958; in diesem Falle waren die Waffen der berechtigten Ehefrau so untergebracht, dass der nichtberechtigte Ehemann jederzeit auf sie zugreifen konnte; zur entgegengesetzten Sachlage OVG Münster MDR **1983**, 960, 961). Zum Überlassen „zur Probe" s. § 12 Abs. 1 Nr. 1 Buchst. a WaffG nF. Für das Zivilrecht hat der BGH (NJW **1991**, 696 [L] = Urteil vom 12. 6. 1990 – VI ZR 297/89) entschieden, dass das vorübergehende Ablegen einer Gaspistole auf einer Kommode in Reichweite eines anderen für sich allein noch kein „Überlassen" der Waffe an diesen darstellt.

Der **Erbschaftsbesitzer**, der die zur Erbschaft gehörige Pistole gem. § 2018 BGB dem Erben herausgibt, „überlässt" diesem im waffenrechtlichen Sinne die Waffe. Zivilrechtlich hat der gesetzliche oder testamentarische Erbe die Erbschaft und damit auch den Besitz hieran zwar gem. §§ 1922, 857 BGB bereits mit dem Erbfall erworben. Mit der Erlangung der tatsächlichen Gewalt über die Waffe „erwirbt" der Erbe aber im waffenrechtlichen Sinne den betreffenden Gegenstand, Entsprechendes gilt, wenn die Waffe im Zeitpunkt des Erbfalls an einen berechtigten Dritten ausgeliehen war (vgl. BReg. BT-Drucks. 14/7758 S. 132/133). Ebenso „überlässt" der Erbe, der einem Dritten die diesem vermachte Waffe in Erfüllung des Vermächtnisses aushändigt; denn der Vermächtnisnehmer tritt nicht, wie der Erbe, unmittelbar in die Rechtsposition des Erblassers ein, sondern erwirbt mit dem Erbfall nur einen obligatorischen Herausgabeanspruch gem. § 2174 BGB gegen den Erben. Das Waffenrechtsneuregelungsgesetz hat jedoch die waffenrechtliche Rechtsposition des Erben, Vermächtnisnehmers und desjenigen, der in Bezug auf eine Waffe durch eine

43

44

**§ 1**  Abschn. 1. Allgemeine Vorschriften

Auflage begünstigt wird, einander angenähert. Nach § 17 Abs. 3 WaffG nF werden diese drei verschiedenen Personengruppen nunmehr unter dem Oberbegriff „Erwerber infolge eines Erbfalls" zusammengefasst und in der in dieser Vorschrift umschriebenen Weise privilegiert. Eine entsprechende Gleichstellung ist im „Erbenparagraphen" (§ 20 Abs. 1) erfolgt, wo nach neuem Recht bei der Beantragung einer waffenrechtlichen Erlaubnis für den auf Grund des Erbfalls aus dem Nachlass eines berechtigten Besitzers erworbenen Gegenstand bei allen drei Personengruppen nur noch geprüft wird, ob der Antragsteller zuverlässig (§ 5) und persönlich geeignet (§ 6) ist (§ 20 Abs. 1 in der endgültigen Fassung; Begr. BT-Drucks. 14/8886 S. 113).

**45**   Ebenso stellt sich die Aushändigung der gepfändeten Waffe durch den Gerichtsvollzieher an den Meistbietenden in der Zwangsversteigerung (§ 817 ZPO) oder der verpfändeten Waffe in einer Versteigerung gem. §§ 1235 ff. BGB durch den Versteigerer als erlaubnispflichtiges „Überlassen" dar, das, da eine Ausnahme hierfür nicht vorgesehen ist (wie schon in § 28 Abs. 4 WaffG aF), nur gegen Vorlage einer Waffenbesitzkarte geschehen darf. Dagegen bedurfte nach § 28 Abs. 4 Nr. 10 WaffG aF der Gerichtsvollzieher oder ein sonstiger Vollziehungsbeamter, zB des Finanzamts, keiner Waffenbesitzkarte, wenn er selbst in einem Vollstreckungsverfahren im Wege der Pfändung eine erlaubnispflichtige Schusswaffe an sich nahm (Erwerb). Hieran hat sich auch nach der Neuregelung nichts geändert. Den Vorschlag des BR, dies ausdrücklich ins Gesetz aufzunehmen, lehnte die BReg. ab (BT-Drucks. 14/7758 S. 130); der Gesetzgeber hat insoweit die Erfüllung der Anzeigepflicht nach § 37 Abs. 1 Satz 1 Nr. 2 WaffG nF für ausreichend erachtet.

Wegen des Überlassens erlaubnispflichtiger Waffen iSv. § 1 Abs. 2 Nr. 1 (Anlage 1 A 1 U 1 Nr. 1 bis 4) wird auf Anlage 2 A 2 U 1 verwiesen, wonach das Überlassen dieser Waffen von der Erlaubnispflicht freigestellt worden ist.

**46**   **d) Waffenführen (Absatz 3 4. Variante). aa)** Entwicklung des Begriffs. Nach Anlage 1 A 2 Nr. 4 führt eine Waffe, wer die tatsächliche Gewalt darüber außerhalb der eigenen Wohnung, Geschäftsräume oder des eigenen befriedeten Besitztums ausübt (eingehend zum Führen *Scholzen* DWJ **1994**, 1686). Der besonders für § 10 Abs. 4 (§ 35 WaffG aF) bedeutsame Begriff des Waffenführens war in den bisherigen Waffengesetzen nicht näher erläutert, seine Erklärung vielmehr der Rechtsprechung überlassen worden. Hiernach bedeutete Waffenführen, eine Waffe gebrauchsfertig und zugriffsbereit als solche, um ihrer selbst willen, zu tragen, d. h. um mit ihr ausgerüstet zu sein, wobei für die Strafbarkeit iS von § 26 Abs. 1 Nr. 2 RWaffG noch das Bewusstsein des Waffenführens hinzukommen musste. Es wurde also dem Zweck des Beisichtragens eine wesentliche Bedeutung eingeräumt (RGSt. **66,** 191, 193). Der bloße Transport einer Schusswaffe, zB durch den Boten eines Waffengeschäfts oder einer Reparaturwerkstätte, war kein Führen iS von § 14 RWaffG (RGSt. **18,** 367, 368; **66;** 191, 193; vgl. § 35 Abs. 4 Nr. 2 Buchst. c WaffG aF).

Der Bundesgesetzgeber ist seinerzeit bei Schaffung des WaffG von dieser bewährten Regelung, anscheinend wegen der regelmäßig hierbei auftretenden Beweisschwierigkeiten, abgegangen. Wie die Entwurfsbegründung (BT-Drucks. VI/2678, S. 26) ausführt, kommt es nach der in § 4 Abs. 4 WaffG aF gegebenen Definition nicht mehr darauf an, „ob jemand die Waffe in der Absicht, mit ihr ausgerüstet zu sein, bei sich hat. Ebenso wenig wird darauf abgestellt, ob die Waffe zugriffsbereit oder schussbereit ist oder ob die zugehörige Munition mitgeführt wird". Entscheidend soll nach der mitgeteilten Begründung vielmehr, vorbehaltlich der in § 35 Abs. 4 WaffG aF festgesetzten Ausnahmen, lediglich die „Ausübung der tatsächlichen Gewalt über die Waffe" sein (jetzt: Besitz Rdn. 42 ff.; BGH, Urteil vom 19. 7. 1994 – 1 StR 362/94 – und OLG Oldenburg NJW **1988,** 3217). Dabei muss das Füh-

## Gegenstand und Zweck des Gesetzes, Begriffsbestimmungen § 1

ren jeweils eigenhändig verwirklicht werden; eine Zurechnung des Führens an andere Tatbeteiligte, die selbst keine Zugriffsmöglichkeit haben, findet nicht statt, auch nicht über § 25 Abs. 2 StGB (BGH NStZ **1997,** 604, 605).

Umstritten ist, ob die Regelung über das **„Führen"** von Waffen ihrem Sinn und **46 a** Zweck nach auf **wesentliche Teile** einer Waffe (Rdn. 19 a) anzuwenden ist, die an sich den Schusswaffen, für die sie bestimmt sind, **gleichgestellt** werden (Anlage 1 A 1 U 1 Nr. 1.3.1. Satz 1; allg. bejahend *Runkel* in *H/R/S/S* Rdn. 82). Die Erteilung eines Waffenscheins zum Führen lediglich einzelner Waffenteile kommt aber in aller Regel nach der ratio legis nicht in Betracht, da die Gründe für den Erlaubnisvorbehalt hinsichtlich des Führens (Gefahrenlage infolge schnellen Zugriffs) nicht vorliegen (*A/B* Anlage 1 Rdn. 13). Anders kann die Sachlage dann zu beurteilen sein, wenn sämtliche Teile zusammensetzbar vorhanden sind (eingehend *Scholzen* BM **1989,** 62, 63 ff.). Beizupflichten ist jedoch der Ansicht (*A/B* aaO), dass in derartigen Fällen die Erforderlichkeit eines Waffenscheins im Hinblick auf § 12 Abs. 3 Nr. 2 nicht gegeben ist, weil ein Transportieren nicht schussbereiter und nicht zugriffsbereiter Waffen(-teile) vorliegt. Denkbar ist allerdings auch der Fall, dass der Lauf einer Kurzwaffe dergestalt in der Hand „geführt" wird, dass insgesamt der Eindruck einer vollkommenen Schusswaffe hervorgerufen wird, wodurch eine gewisse Drohgefahrenlage erzeugt wird. In einem solchen Fall ist es vertretbar, vom „Führen" eines wesentlichen Teils einer Waffe zu sprechen.

Neu im Bereich des Waffenführens ist der durch § 1 Abs. 3 der „Verordnung über **46 b** den Umgang mit unbrauchbar gemachten Kriegswaffen" vom 1. 7. 2004 (BGBl. I 1448; abgedr. zu § 13 a KWKG) eingeführte Begriff des „offenen" Waffenführens. Danach führt eine unbrauchbar gemachte Kriegswaffe in dieser Bestimmung genannten Art „offen", wer diese „für Dritte erkennbar" führt. Der neu geschaffene Begriff findet nur im Kriegswaffenrecht bezüglich im einzelnen genannter unbrauchbar gemachter Kriegsschusswaffen Anwendung; für das Waffenrecht im Übrigen ist er nicht von Bedeutung.

**bb)** Räumliche Erfordernisse des Waffenführungsbegriffs. Eine Waffe führt iS **47** des Gesetzes nur derjenige, der die tatsächliche Gewalt hierüber außerhalb der eigenen (früher: „seiner") Wohnung, der eigenen Geschäftsräume oder des eigenen befriedeten Besitztums ausübt. Zur Erklärung dieser Begriffe ist, wie bisher, die Rechtsprechung zu § 123 Abs. 1 StGB (Hausfriedensbruch) heranzuziehen (EBegr. WaffG 1972 BT-Drucks. VI/2678 S. 26); BVerwG AgrR **1987,** 231, 232; BayObLG OLGSt. § 14 RWaffG S. 1, 2); differenzierend jetzt BayObLGSt vom 17. 11. 2003 – 4 St RR 138/03 = BayObLGSt. 2003, 130 hinsichtlich eines zur Straße hin offenen **Garagenvorplatzes** (abgedr. NPA StGB § 123 Bl. 34 m. Anm. *Eckelmann*): weder zur Wohnung gehörend noch umfriedetes Besitztum in Abgrenzung zu § 123 StGB, der Individualinteressen schützt; beachtenswert auch die Ausführungen zum – vermeidbaren – Verbotsirrtum.

**Wohnräume** (als Bestandteil der eigenen Wohnung) sind nach RGSt. **12,** 132, **48** 133 die Räume, die einer einzelnen Person (oder mehreren Personen), insbesondere einer Familie, zum ständigen oder vorübergehenden (RG JW **1933,** 438) Aufenthalt dienen und zur Benutzung zur Verfügung stehen, einschließlich Nebenräumen und Fluren (BayObLG OLGSt. § 14 RWaffG S. 1, 3). Auch das von einem Gast gemietete Hotelzimmer ist ein Wohnraum in diesem Sinne, ebenso ein angemietetes blockhüttenähnliches Ferienhaus (BGH, Beschluss vom 5. 1. 1989 – 1 StR 734/88) oder das Zimmer des Untermieters, des Logiergastes u. a. Zu den Wohnräumen gehört auch das dazugehörige Treppenhaus (so das auch in anderer Hinsicht aufschlussreiche Urteil des BayObLG aaO). So macht sich wegen unerlaubten Führens

## § 1   Abschn. 1. Allgemeine Vorschriften

einer Waffe nicht strafbar, wer von einer Schusswaffe auf einem zum Treppenhaus seiner Wohnung gehörenden Vorplatz Gebrauch macht (BGHR WaffG § 53 Abs. 1 Nr. 3a Führen 1; BGHR WaffG § 4 Führen 1; OLG Frankfurt NJW **1974**, 1717). Zum Begriff der Wohnung iSv. § 244 Abs. 1 Nr. 3 StGB s. BGH NStZ-RR **2002**, 68.

Die Schlafkoje eines Lkw ist keine Wohnung (aA OLG Celle GA **1962**, 188 für den Fall, dass sich die gesamte Habe des Betreffenden in den beiden Schlafkojen des Lkw befindet). Kein Wohnraum ist ferner der Pkw mit Campingausstattung (BayObLGSt. **1974**, 72, 76), wohl aber der Campinganhänger eines Pkw (*Apel* Anm. 4; aA BayObLG VerwRspr. **1975**, 423).

**49**   Unter einem (eigenen) **Geschäftsraum** ist nach RGSt. **32**, 371 ein abgeschlossener Raum zu verstehen, der hauptsächlich und für eine gewisse Dauer für die Geschäftstätigkeit bestimmt ist. In Betracht kommt zB die vom Gastwirt betriebene Gaststätte (BGH, Urteil vom 20. 8. 1997 – 2 StR 175/97). Ein Taxi ist kein Geschäftsraum in diesem Sinne (LG Zweibrücken NJW **1972**, 1377). Die Arbeitsstelle eines Arbeitnehmers ist nicht sein Geschäftsraum, sondern der seines Arbeitgebers (BayObLG NStE § 35 WaffG Nr. 1); das gilt auch für eine fahrbare Sparkassenfiliale.

**50**   Ein **Besitztum** ist eine **unbewegliche** Sache. Nach RGSt. **11**, 295 ist es dann befriedet, wenn es der Inhaber in äußerlich erkennbarer Weise mittels zusammenhängender Schutzwehren gegen das willkürliche Betreten durch andere gesichert hat (vgl. zur Erläuterung von § 123 StGB auch *Amelung* NJW **1986**, 2075 und die Erläuterungswerke zum StGB). Hierunter fällt auch ein verschlossenes, leerstehendes, zum Abbruch bestimmtes Haus (AG Wiesbaden NJW **1991**, 188). Innerhalb eines solchen allseitig umzäunten (Garten-)Grundstücks dürfen der Eigentümer und die ihm gleichgestellten Personen (vgl. § 12 Abs. 3 Nr. 1; § 35 Abs. 4 Nr. 2 Buchst. b WaffG aF) eine Schusswaffe, für die sie eine Waffenbesitzkarte haben, erlaubnisfrei – ohne Waffenschein – bei sich haben, ebenso in dem dazu gehörigen Gartenhaus, da insoweit kein Waffenführen vorliegt (vgl. aber Rdn. 47 aE und die Ausführungen DWJ **2003**, Heft 12). Das Bayerische Oberste Landesgericht hat dies auch bei einem auf einem Fliegerhorst wohnenden Soldaten angenommen, der dort private Schießübungen veranstaltete (OLGSt. § 14 RWaffG S. 9); es genügt insoweit die Waffenbesitzkarte; ein Waffenschein ist entbehrlich. Wer im Hausflur des in seinem Miteigentum stehenden Hauses eine Schusswaffe bei sich hat, „führt" diese nicht, selbst wenn er in diesem Haus nicht selbst wohnt (eigenes befriedetes Besitztum: OLG Düsseldorf StraFo **2004**, 68 = JMBl. NW **2003**, 227; *Scholzen* DWJ **2003**, Heft 12, 88; LS: NStZ-RR **2004**, 154.

Das Gleiche gilt gem. § 12 Abs. 3 Nr. 2 (§ 35 Abs. 4 Nr. 2 Buchst. c WaffG aF) für das Verbringen der Schusswaffe von der Wohnung in ein sonstiges, dem Eigentümer gehörendes Gartenhaus und umgekehrt (Waffentransport, dazu § 12 Rdn. 23 ff. und *Hinze* DWJ **1986**, 887), sofern die betr. Waffe nicht schussbereit (also ungeladen) und auch nicht zugriffsbereit, zB in einem Futteral verpackt ist (*Gaisbauer* BM **1974**, 266). Nach der Neuregelung muss der Transport „zu einem von seinem Bedürfnis umfassten Zweck oder im Zusammenhang damit" erfolgen (§ 12 Abs. 3 Nr. 2; § 12 Rdn. 23).

In den eigenen (früher: „seinen") Wohnräumen usw. befindet sich derjenige, der die Räume als Wohnung, Geschäftsraum usw. zu benutzen berechtigt ist, also nicht nur der Eigentümer, der Besitzer, der Inhaber des Hausrechts, sondern auch der Nutznießer, Pächter, Mieter, Gast und ähnliche Personen (RG JW **1933**, 438).

**51**   Eine Schusswaffe **führt** außerhalb der bezeichneten Räumlichkeiten, wer sich mit der Schusswaffe außerhalb der betreffenden Räume oder außerhalb der Schutzwehren des befriedeten Besitztums befindet. Das Gesetz stellt nicht auf die Wirkung des

## Gegenstand und Zweck des Gesetzes, Begriffsbestimmungen § 1

Schusses, sondern auf den Standort des Schützen ab (BGHR WaffG § 4 Führen 1 = BGH NStZ **1993**, 88; RGSt. **65**, 36, 37; RG JW **1932**, 3066). Wer vom Fenster seiner Wohnung aus auf Katzen im Nachbargarten oder eine gegenüberliegende Mauer schießt, führt keine Schusswaffe, handelt aber evtl. ordnungswidrig iSv. § 53 Abs. 1 Nr. 3 (§§ 55 Abs. 1 Nr. 25, 45 Abs. 1 WaffG aF). Führen einer Waffe liegt auch vor, wenn diese im Handschuhfach des geparkten, abgeschlossenen Pkw auf fremdem Firmengelände zurückbleibt und der Firmeninhaber mangels Kenntnis hiervon kein Einverständnis nach § 12 Abs. 3 Nr. 1 (§ 35 Abs. 4 Nr. 2 b WaffG aF) gegeben hat (z. früheren Recht OLG Braunschweig OLGSt. § 53 WaffG S. 17, 20 = GA **1978**, 245 sowie *Ehmke* Die Polizei **1980**, 382 und *Gaisbauer* BM **1981**, 104).

Im einschlägigen § 14 Abs. 1 Satz 1 RWaffG waren auch die **„Diensträume"** 52 ausdrücklich erwähnt und hinsichtlich des Waffenführens den Wohn- und Geschäftsräumen gleichgestellt. Schon § 4 Abs. 4 WaffG aF zählte – wie die Neufassung – die Diensträume nicht mehr auf. Das besagt jedoch nicht, dass, wer die tatsächliche Gewalt über seine Schusswaffe innerhalb seines Dienstraumes ausübt, eines Waffenscheins bedarf. Der Gesetzgeber hatte vielmehr ersichtlich eine Erwähnung der Diensträume im § 4 Abs. 4 aF mit Rücksicht auf die im § 6 Abs. 1 aF gegebenen Vorschriften und Ermächtigungen, wonach das WaffG auf öffentliche Bedienstete nach näherer Bestimmung in den Rechtsverordnungen der obersten Bundes- und Landesbehörden keine Anwendung findet, wenn die betreffenden Personen dienstlich tätig werden, nicht für notwendig gehalten (vgl. insoweit die 5. WaffV aF und die entsprechenden von den Landesbehörden erlassenen sog. Freistellungsverordnungen). Die Neuregelung erfasst diese Fälle in § 55.

**Ausnahmen.** § 14 Abs. 1 Satz 1 RWaffG beschränkte den Begriff des Waffenfüh- 53 rens auf Schusswaffen. Daran hatte sich unter der Geltung des WaffG aF nichts geändert (§ 1 Abs. 1 und 2 WaffG aF). Die Neuregelung über das Führen von Waffen gilt grundsätzlich nicht nur für Schusswaffen (§ 10 Abs. 4 Satz 1; Begr. RegE BT-Drucks. 14/7758 S. 58; § 10 Rdn. 12). Erfasst sind auch die wesentlichen Teile und Schalldämpfer durch die Gleichstellung nach Anlage 1 A 1 U Nr. 1.3 (*L/F/L* § 10 Rdn. 10). Bei den Schusswaffen gilt nach der Einführung des sog. **Kleinen Waffenscheins,** dass für die Erlaubnis zum Führen von Schreckschuss-, Reizstoff- und Signalwaffen, die der zugelassenen Bauart nach § 8 BeschG entsprechen und das zugehörige Zulassungszeichen tragen (vgl. Anlage 2 A 2 U Nr. 1.3), ein Sachkunde-, Bedürfnis- und Haftpflichtversicherungsnachweis (§ 4 Abs. 1 Nr. 3 bis 5 WaffG nF) nicht erforderlich ist (Anlage 2 A 2 U 3 Nr. 2).

e) **Verbringen (Absatz 3 5. Variante).** Nach Anlage 1 A 2 Nr. 5 verbringt eine 54 Waffe (oder Munition) derjenige, der sie über die Grenze zum dortigen Verbleib oder mit dem Ziel des Besitzwechsels in den, durch den oder aus dem Geltungsbereich des WaffG zu einer anderen Person oder an sich selbst transportieren lässt oder selbst transportiert. Das Gesetz wählt den allumfassenden Begriff des „Verbringens", wodurch nicht nur die grenzüberschreitende Beförderung innerhalb der EG gemeint ist; im Verhältnis zu Drittstaaten umfasst er auch die Begriffe „Einfuhr" (§ 27 WaffG aF), „Durchfuhr" und „Ausfuhr" iS des WaffG aF (Begr. RegE BT-Drucks. 14/7758 S. 90). Die Definition ist nach Wünschen des Innenausschusses präzisiert worden (BT-Drucks. 14/8886 S. 67 und 119). Zur Abgrenzung vom Begriff der „Mitnahme" vgl. Rdn. 54a. Anschaulich zu beiden Begriffen *Ullrich* DWJ **2004**, Heft 5 S. 92 sowie Kriminalistik **2004**, 472.

f) **Mitnahme (Absatz 3 6. Variante nF).** Erst gegen Ende des Gesetzgebungsver- 54a fahrens (BT-Drucks. 14/8886 S. 67 und 119) ist dieser Begriff zusätzlich eingefügt worden, weil man ihm im Hinblick auf die Umgangsform „Mitnahme" in den §§ 32

## § 1 Abschn. 1. Allgemeine Vorschriften

und 33 zu Recht eine eigenständige Bedeutung neben dem Verbringen zumaß. Danach nimmt eine Waffe (oder Munition) in diesem Sinne jemand mit, wer sie vorübergehend auf einer Reise **ohne Aufgabe des Besitzes** zur Verwendung über die Grenze in den, durch den oder aus dem Geltungsbereich des Gesetzes bringt. Eine Aufgabe des Besitzes liegt hierbei nicht schon darin, dass die Waffe auf einer Flugreise – notgedrungen – als Gepäck aufgegeben wird (BMFi bei *Ullrich* DWJ **2004,** Heft 5 S. 92). Von dem „Verbringen" (Rdn. 54) unterscheidet sich die Mitnahme in zwei Punkten. Während die **Mitnahme** den Charakter des **Vorübergehenden** aufweist, ist das **Verbringen** auf **Dauer** (zum „dortigen Verbleib") gerichtet. Zum anderen verläuft die **Mitnahme** jeweils in der Weise, dass **kein Besitzwechsel** bezweckt oder vorgenommen wird, während beim **Verbringen** auf Grund der Definition ein **Besitzwechsel** zumindest angestrebt wird. Schlichtes Transportieren innerhalb Deutschlands ist kein „Mitnehmen" (*Heghmanns* NJW **2003,** 3373, 3376).

55 **g) Schießen (Absatz 3 7. Variante).** Die Anlage 1 A 2 Nr. 7 nF definiert den Begriff erstmals, und zwar wie folgt: es schießt, wer mit einer Schusswaffe Geschosse durch einen Lauf verschießt, Kartuschenmunition abschießt, mit Patronen- oder Kartuschenmunition Reiz- oder andere Wirkstoffe verschießt oder pyrotechnische Munition verschießt. Damit sind praktisch alle mit Schusswaffen ausführbaren Schussmöglichkeiten erfasst. Das Schießen mit anderen Geräten als Schusswaffen – und, wie zur Klarstellung hinzuzufügen ist – diesen Waffen gleichgestellten Gegenständen (Absatz 2 Nr. 1; Rdn. 3 ff.) ist nicht inbegriffen (zB Harpunengeräte nach Anlage 2 A 3 U 1).

56 **h) Herstellung nach Absatz 3 8. Variante.** Nach Anlage 1 A 2 Nr. 8.1 gilt als Herstellen von Munition auch das – gewerbsmäßige – Wiederladen von Hülsen. Das eigentliche Herstellen von Waffen oder Munition ist nicht mehr ausdrücklich geregelt (Wegfall der Nr. 7 in der ursprünglichen Fassung – BT-Drucks. 14/8886 S. 67). Auf diesen Oberbegriff verzichtet der Gesetzgeber (Begr. aaO S. 109). Er beschränkt sich auf den wiedergegebenen Hinweis bezüglich des Wiederladens und erwähnt weiter nur noch das zu selbständigen Varianten erhobenen Formen des Bearbeitens und Instandsetzens. Das erscheint nicht gerechtfertigt. Das Gesetz kennt nämlich das „Herstellen" als eigene, selbständige Alternative, an die zB die Strafvorschriften (§§ 51 und 52) anknüpfen. Es hätte deshalb eine Begriffsbestimmung erfolgen müssen. Da dies nicht geschehen ist, wird man auf die Definition des bisherigen Rechts zurückgreifen müssen.

**Waffenherstellung** war nach § 7 Abs. 1 Nr. 1 WaffG aF der **Oberbegriff,** der die Unterbegriffe des Waffenherstellens im engeren Sinne, des Bearbeitens und des Instandsetzens mitumfasste. Unter Waffenherstellung war und ist in gleicher Weise die industrielle wie die handwerksmäßige Fertigung von Schusswaffen und Munition zu verstehen.

57 **aa) Herstellen** ist nach RGSt. **41,** 207 alles von Menschen – mittelbar oder unmittelbar – bewirkte Geschehen, das ohne weiteres oder in fortschreitender Entwicklung ein bestimmtes körperliches Ergebnis zustande bringt. Dieses kann man als Produkt bezeichnen. Hersteller ist auch, wer gewerbsmäßig Schusswaffen aus anderswo erworbenen, „wesentlichen" Teilen (Anlage 1 A 1 U 1 Nr. 1.3; § 3 WaffG aF) zusammensetzt (BayObLG vom 19. 12. 2003 – 4 St RR 149/03 = BayObLGSt. **2003,** 148; so schon § 19 DVO RWaffG), dagegen nicht, wer nur seine zum Zwecke der Pflege zerlegte Waffe wieder zusammensetzt. Das gewerbsmäßige Wiederladen von Hülsen, das jetzt in Anlage 1 A 2 Nr. 8.1 als einzige Modalität ausdrücklich unter den Begriff „Herstellen" (von Munition) gefasst wird, zählte auch schon nach § 7 Abs. 2 Satz 3 WaffG aF hierzu. Unter Herstellen von Munition ist ihre Fertig-

# Gegenstand und Zweck des Gesetzes, Begriffsbestimmungen § 1

stellung zum Gebrauch (Schießen) zu verstehen, mithin das Laden von Hülsen mit dem Zünd- und Treibsatz und bei Patronenmunition (Begriff: Anlage 1 A 1 U 3 Nr. 1.1) auch das Einsetzen des Geschosses (aaO Nr. 3) in die Hülse. Das nicht gewerbsmäßig vorgenommene Laden von Hülsen unterliegt dagegen ausschließlich den Bestimmungen des Sprengstoffgesetzes (Begr. RegE BT-Drucks. 14/7758 S. 90).

**bb)** Das **Bearbeiten (Absatz 3, 9. Variante)** setzt einen bereits vorhandenen Gegenstand voraus und bezeichnet jede Art von dessen körperlicher Behandlung (BayObLG vom 19. 12. 2003 – 4 St RR 149/03 = BayObLGSt. **2003,** 148). Arbeiten, die nur zur Verschönerung oder Verzierung einer Schusswaffe, zB zur Anbringung von Ziselierungen, an der Schusswaffe vorgenommen werden, fallen nicht unter die Erlaubnispflicht (vgl. Nr. 7.4 WaffVwV aF.) Das Gesetz nF nimmt generell „geringfügige" Änderungen, beispielsweise am Schaft oder an der Zieleinrichtung, aus (Anlage 1 A 2 Nr. 8.2). Bearbeiten ist auch die Umarbeitung scharfer Waffen in Zier- oder Sammlerwaffen; auch insoweit besteht ein behördliches Kontrollbedürfnis (*L/F/L* Rdn. 120). Die Anlage 1 A 2 Nr. 8.2 zählt einige Formen der Bearbeitung und Instandsetzung (Rdn. 60) auf. Diese sind im Wesentlichen der bisherigen Regelung in § 7 Abs. 2 Satz 1 WaffG aF entnommen. Die Verkürzung von Schusswaffen hat besonders im Hinblick auf verbotene Waffen nach Anlage 2 A 1 Nr. 1.2.3 (§ 37 Abs. 1 Satz 1 Nr. 1 Buchst. a WaffG aF) Bedeutung (Wildererwaffen). Eine Veränderung der Schussfolge liegt zB vor beim Umbau eines Einzelladers zu einer Repetierwaffe, durch Umstellung der Schusswaffe auf vollautomatische Patronennachführung und Ladung oder durch Steigerung der Schussleistung. Die gleichzeitig angesprochene Veränderung der Waffe hinsichtlich der aus ihr zu verschießenden Munition soll das Verschießen anderer als der vom Hersteller ursprünglich vorgesehenen Munition ermöglichen, zB anderskalibriger Munition oder von Nitroglyzerinpulver-Patronen anstelle der bisherigen Schwarzpulver-Patronen bzw. nach Aufbohren des Laufs einer Gaswaffe das Verfeuern scharfer Patronen. Die Umarbeitung von Zier- oder Sammlerwaffen zu scharfen Schusswaffen durch Beseitigung der (in Anlage 1 A 1 U 1 Nr. 1.4; § 3 Abs. 1 WaffV aF) vorgeschriebenen Veränderungen, zB Ausschmelzen der Ausfüllung des Laufs, ist ebenfalls erlaubnispflichtiges Bearbeiten. Die Umarbeitung von Mehrladerwaffen in Einzelladerwaffen regelte die Richtlinie des BMI – Aktenzeichen IS 5 – 6812 01/12. Demgegenüber stellt sich das Auswechseln wesentlicher Teile (Anlage 1 A 1 U 1 Nr. 1.3; § 3 WaffG aF), zB eines verrosteten Laufs oder des Verschlusses, als Instandsetzung iSd. Gesetzes dar.

Werden dagegen nur **geringfügige Änderungen** vorgenommen, die für die Funktionsweise oder Haltbarkeit der Schusswaffe nicht wesentlich sind, so liegt nach Anlage 1 A 2 Nr. 8.2 letzter Halbsatz (§ 7 Abs. 2 Satz 2 WaffG aF) keine erlaubnispflichtige Bearbeitungs- oder Instandsetzungstätigkeit vor. In Frage kommen insoweit etwa der Einbau eines gekrümmten Kammerstengels, der vorher angebracht gewesenen geraden Kammerstengels, geringfügige Änderungen am Schaft oder der Visiereinrichtung, Anbringung einer Zieleinrichtung, eines verstellbaren Gewehrriemens u. a. Das Zerstören einer Schusswaffe ist keine erlaubnispflichtige Tätigkeit (vgl. Nr. 7.4 WaffVwV aF); hier besteht aber die **Anzeigepflicht** nach § 37 Abs. 3 Satz 1.

**cc)** Das **Instandsetzen (Absatz 3, 10. Variante)** wurde bisher nur als eine Unterart des Bearbeitens verstanden. Es handelt sich jetzt um eine eigenständige Modalität, was auch in den Strafvorschriften (§§ 51 und 52) in Erscheinung tritt. Behandelt wird hierbei eine bereits vorhandene, mangelbehaftete oder beschädigte (Begr. E WaffG 1972 BT-Drucks. VI/2678 S. 26) oder zum bestimmungsgemäßen Zwecke, dem Schießen, unbrauchbar gewordene Schusswaffe.

**§ 1**

**61** i) **Waffenhandel** (Absatz 3 11. [letzte] Variante). Nach Anlage 1 A 2 Nr. 9 treibt Waffenhandel, wer gewerbsmäßig oder selbständig im Rahmen einer wirtschaftlichen Unternehmung Schusswaffen oder Munition ankauft, feilhält, Bestellungen entgegennimmt oder aufsucht, anderen überlässt oder den Erwerb, den Vertrieb oder das Überlassen vermittelt. Die Begründung zum WaffG nF sagt dazu lediglich: Diese Regelung war bisher in § 7 Abs. 1 Nr. 2 WaffG aF enthalten (Begr. RegE BT-Drucks. 14/7758 S. 90). Zum Handel mit Waffen oder Munition gehören alle Vertriebsformen desselben (BGH, Urteil vom 9. 3. 1994 – 3 StR 723/93 = BGHSt. **40**, 94 = NJW **1994**, 2102 = NStZ **1994**, 345), also der Einzelhandel einschließlich des Versandhandels und ebenso der Groß- und der Außenhandel. Wegen der Ausnahmen s. Anlage 2 A 2 U 2 Nr. 4 und 5; vgl. § 2 der 1. WaffV aF).

Die Anlage 1 A 1 Nr. 9 fasst die Tätigkeiten des Waffen- (auch Munitions-)Ankaufs, Vertreibens, Überlassens und Vermittelns unter dem Oberbegriff des „Treibens" von Waffenhandel zusammen. Die frühere Legaldefinition für den in der Rechtsprechung umstrittenen Begriff des „Vertreibens" (§ 7 Abs. 1 Satz 1 Nr. 1 WaffG aF) hat die Neuregelung in ihre Bestandteile aufgelöst und in dieser Form übernommen.

**62** aa) **Ankaufen.** Anstelle des noch in § 5 Abs. 1 Nr. 2 BWaffG 1968 verwendeten Wortes „erwerben" ist die Formulierung „ankaufen" gewählt worden, weil im Rahmen des Waffenhandels nicht (bloß) ein (dinglicher) Erwerb gemeint ist. Unter „ankaufen" sind vielmehr „alle geschäftlichen Handlungen zu verstehen, die darauf gerichtet sind, mit den angeschafften Gegenständen Waffenhandel zu betreiben" (EntwBegr. BT-Drucks. VI/2678 S. 26). Der Ankauf zum eigenen Bedarf ist nicht erfasst.

**63** bb) **Feilhalten.** Das unter diesen Begriff fallende Verhalten ist nicht zu verwechseln mit dem eine Aufforderung enthaltenden Feilbieten. Feilhalten bedeutet, dass bestimmte, zum Verkauf bereitgestellte Schusswaffen (Munition), sei es auch nur durch Auslegen oder Ausstellen zum Mitnehmen (Erwerb, Ankauf), vorrätig gehalten werden.

**63a** cc) Zum **Bestellungen Aufsuchen** gehören zwar nicht Vorbereitungshandlungen wie das Verteilen von Reklame, Prospekten, die bloße Vorführung von Geräten u. a., wohl aber jede Tätigkeit, die darauf abzielt, von einem anderen einen festen Auftrag zur künftigen Lieferung zu erhalten, wozu bereits die eine Bestellung anbahnende Tätigkeit gehört (BGH, Urteil vom 9. 3. 1994 – 3 StR 723/93 = BGHSt. **40**, 94 = NJW **1994**, 2102). So reicht es zB aus, wenn ein verbindliches Angebot über die Lieferung von – auf Abruf zur Verfügung stehenden – Waffen übermittelt und die ausgehandelten Preise per Telefax bestätigt werden. Keinesfalls ist hier nur das Reisegewerbe erfasst (so allerdings *Apel* DDB S. 66). Vom Feilhalten unterscheidet sich das Aufsuchen von Bestellungen dadurch, dass es sich beim Feilhalten um das äußerlich erkennbare Bereitstellen von Waren zum sofortigen Verkauf handelt (s. o.), während für das Aufsuchen von Bestellungen wesentlich ist, dass die künftige Lieferung der, – sei es nach Proben oder Mustern gekauften, sei es der individuell bestimmten – Waren vereinbart wird. Die **Entgegennahme** von Bestellungen betrifft in erster Linie den Versandhandel. Ob es zur Ausführung des Geschäftes kommt, ist unerheblich (BGH NJW **1996**, 735).

**64** dd) **Überlassen** (vgl. Rdn. 43). Hierunter ist jede mit der Übertragung des unmittelbaren Besitzes verbundene Einräumung der tatsächlichen Möglichkeit zu verstehen, über einen Gegenstand, hier Schusswaffen und Munition, nach eigener Entschließung zu verfügen, wobei es gleichgültig ist, ob die Verfügungsmöglichkeit als dauernd oder nur vorübergehend gedacht ist, wenn sie nur auf eine gewisse Zeit geplant wird. Überlassen ist hauptsächlich das Verkaufen, daneben ausnahmsweise

Grundsätze des Umgangs mit Waffen oder Munition, Waffenliste § 2

auch das Verleihen, das gewerbsmäßige Vermieten, Verpfänden, Verwahren und Befördernlassen. Im Vordergrund steht jedoch, wie bereits betont, das Verkaufsgeschäft mit Besitzübertragung.

**ee) Vermitteln** des Erwerbs, Vertriebs oder Überlassens von Schusswaffen oder 65 Munition ist Mitwirken am Zustandekommen dieser Rechtsgeschäfte (Maklertätigkeit) durch Herbeiführung des Abschlusses des obligatorischen Vertrages, durch Nachweis einer Gelegenheit zum Vertragsschluss, Mitteilung des Angebots u. a. (vgl. Nr. 7.5 WaffVwV aF). Darauf, ob das vermittelte Geschäft später ausgeführt wird, kommt es nicht an. Das bloße Sicherbieten zur Entfaltung einer Vermittlungstätigkeit bedeutet noch kein Vermitteln (BGH, Urteil v. 20. 2. 1979 – 1 StR 670/78 S. 7). Die Einbeziehung auch der Vermittlungstätigkeit in die erlaubnispflichtigen Handlungen entspricht früherem Recht (§ 5 BWaffG 1968). Sie soll verhindern, dass sich auf dem Gebiete des Waffenhandels Personen betätigen, gegen deren Zuverlässigkeit Bedenken bestehen. Erfasst ist auch die Vermittlung von Geschäften mit Auslandsberührung (*Apel* DDB S. 66). In Abweichung vom früheren Rechtszustand (vgl. § 17 DVO RWaffG) hatte der Gesetzgeber in § 12 WaffG aF lediglich davon abgesehen, dass Waffenmakler ein besonderes Waffenhandelsbuch zu führen haben. Waffenvermittler sind neben den (eigentlichen) Maklern auch die selbständigen Handelsvertreter, nicht dagegen unselbständige Handlungsreisende, die für einen bestimmten Auftraggeber tätig sind; deren Tätigkeit wird durch die Konzession des Geschäftsherrn gedeckt (vgl. Nr. 7.5 WaffVwV aF). Vgl. zum Begriff „Vermitteln" auch BGH, Urteil v. 2. 7. 1981 – 1 StR 195/81.

Zum Umfang der Herstellungserlaubnis vgl. § 21 Abs. 2 (§ 7 Abs. 3 Satz 1 WaffG aF).

**5. Neue Systematik (Absatz 4).** Das WaffG nF bringt im Rahmen der Neuregelung 66 erstmals eine Systematik, nach der nicht das gesamte Regelungswerk in Paragraphen enthalten ist, sondern – zur Entlastung des eigentlichen Gesetzes – die Zuflucht zu **Anlagen** gewählt worden ist. Damit soll die bisherige reichlich unübersichtliche Gesamtregelung **transparenter** gemacht werden. Das Anliegen des Gesetzgebers war es zu erreichen, dass jedermann bereits aus den ersten beiden Vorschriften des Gesetzes in Verbindung mit der Anlage 1 ohne weiteres entnehmen kann, welche Gegenstände überhaupt als Waffen oder Munition (Anlage 1 A 1 U 3; ausführlich *L/F/L* Rdn. 132 ff.); vgl. auch Rdn. 6 ff. und § 2 Rdn. 42 f. anzusehen sind, welche Grundsätze für den Umgang mit Waffen gelten und aus Anlage 2, welche Waffen verboten, von einer Erlaubnis ganz oder teilweise befreit oder vom Waffengesetz schlechthin freigestellt sind (Begr. RegE BT-Drucks. 14/7758 S. 50). Vor allem die Anlage 2 (Waffenliste) soll jeden an Waffen Interessierten in die Lage versetzen, schnell und einfach – ohne einen weiteren Blick in das Gesetz – festzustellen, welche Besonderheiten hinsichtlich des Umgangs (Absatz 3) mit den einzelnen Waffenarten bestehen. Inwieweit dieses hochgesteckte Ziel zu erreichen ist, wird die zukünftige Praxis zeigen (vgl. § 2 Rdn. 3). Die bisherigen Erfahrungen sind eher negativ.

## Grundsätze des Umgangs mit Waffen oder Munition, Waffenliste

**2** (1) **Der Umgang mit Waffen oder Munition ist nur Personen gestattet, die das 18. Lebensjahr vollendet haben.**

(2) **Der Umgang mit Waffen oder Munition, die in der Anlage 2 (Waffenliste) Abschnitt 2 zu diesem Gesetz genannt sind, bedarf der Erlaubnis.**

**§ 2** Abschn. 1. Allgemeine Vorschriften

(3) Der Umgang mit Waffen oder Munition, die in der Anlage 2 Abschnitt 1 zu diesem Gesetz genannt sind, ist verboten.

(4) Waffen oder Munition, mit denen der Umgang ganz oder teilweise von der Erlaubnispflicht oder von einem Verbot ausgenommen ist, sind in der Anlage 2 Abschnitt 1 und 2 genannt. Ferner sind in der Anlage 2 Abschnitt 3 die Waffen und Munition genannt, auf die dieses Gesetz ganz oder teilweise nicht anzuwenden ist.

(5) Bestehen Zweifel darüber, ob ein Gegenstand von diesem Gesetz erfasst wird oder wie er nach Maßgabe der Begriffsbestimmungen in Anlage 1 Abschnitt 1 und 3 und der Anlage 2 einzustufen ist, so entscheidet auf Antrag die zuständige Behörde. Antragsberechtigt sind
1. Hersteller, Importeure, Erwerber oder Besitzer des Gegenstandes, soweit sie ein berechtigtes Interesse an der Entscheidung nach Satz 1 glaubhaft machen können,
2. die zuständigen Behörden des Bundes und der Länder.

Die nach Landesrecht zuständigen Behörden sind vor der Entscheidung zu hören. Die Entscheidung ist für den Geltungsbereich dieses Gesetzes allgemein verbindlich. Sie ist im Bundesanzeiger bekannt zu machen.

## Inhaltsübersicht

(alphabetisch)

| | Rdn. |
|---|---|
| Abschussbecher | 12 |
| Alte einläufige Perkussionswaffen | 38, 52, 60 |
| Alte Schusswaffen mit Lunten-/Funkenzündung | 39, 47, 50, 61 |
| Alte Schusswaffen mit Zündnadelzündung | 40, 53 |
| Alterserfordernis | 2 |
| Anscheinswaffen | 28 |
| Armbrüste | 41, 48, 51, 62 |
| Aufgehobene Verbote | 28 |
| Ausnahmebewilligungen | 31 a |
| Ausnahmen von Erlaubnispflicht oder Verbot | 32 |
| Automatische Waffen | 6 |
| Bedürfnisnachweis entfällt bei 7,5 Joule-Waffen | 65 |
| Butterflymesser (Faltmesser) | 21 |
| Druckluft-, Federdruck- u. ähnl. 7,5 J-Waffen | 33 |
| Druckluft-, Federdruck- u. ähnl. Waffen | 55 |
| Druckluftwaffen u. a. bestimmter Art | 33 a |
| Durch Muskelkraft betriebene Waffen ohne Sperre | 71 |
| Einstreckläufe, -systeme, Einsätze | 46 |
| Elektroimpulsgeräte | 16 |
| Entbehrlichkeit von Erlaubnisvoraussetzungen | 65 |
| Entstehungsgeschichte | 1 |
| Erlaubnisfreie nichtgewerbsmäßige Herstellung | 54 |
| Erlaubnisfreier Erwerb und Besitz | 33 |
| Erlaubnisfreier Erwerb und Besitz durch Inhaber einer WBK | 44 |

## Grundsätze des Umgangs mit Waffen oder Munition, Waffenliste § 2

| | Rdn. |
|---|---|
| Erlaubnisfreier Handel | 52 |
| Erlaubnisfreier Handel, erlaubnisfreie Herstellung | 50 |
| Erlaubnisfreies Führen | 4 |
| Erlaubnisfreies Verbringen, ebensolche Mitnahme | 55, 64 |
| Erlaubnispflicht | 3 |
| Faltmesser | 21 |
| Faustmesser | 20 |
| Gefährliche Wirkstoffmunition | 26 |
| Gegenstände mit Reiz- oder anderen Stoffen | 15 |
| Gegenstände mit Reizstoffen | 23 |
| Geschosse mit Betäubungsstoffen | 22 |
| Getreue Waffennachahmungen | 49 |
| Hieb- und Stoßwaffen, nicht als solche erkennbar | 11 |
| Kartuschenmunition für Waffen Rdn. 36 sowie für Schussapparate nach § 7 BeschG | 42 |
| Kleiner Waffenschein für Schreckschuss- usw.-Waffen | 67 |
| Kleinschrotmunition bestimmter Ausgestaltung | 27 |
| Kriegswaffen, aus der KWL gestrichen | 5 |
| Messer | 19 |
| Molotow-Cocktails | 14 |
| Munition für bauartzugelassene Waffen | 59 |
| Munition für Schreckschuss- usw.-Waffen | 35 |
| Muskelkraftbetriebene Waffen | 71 |
| Nachbildungen | 30 |
| Nachtsichtgeräte | 10 |
| Nichtgewerbsmäßige Munitionsherstellung | 54 |
| Nun-Chakus | 18 |
| Patronenmunition mit verbotenen Geschossen | 25 |
| Präzisionsschleudern | 17 |
| Pumpguns | 6b |
| Pyrotechnische Munition bestimmter Art | 43, 63 |
| Reine Spielzeugwaffen | 7 |
| Schreckschuss-, Reizstoff- und Signalwaffen: Sachkunde-, Bedürfnis- und Haftpflichtversicherungsnachweis entfällt (Kleiner Waffenschein nötig) | 67 |
| Schreckschuss- u. ä. bauartzugel. Waffen | 34, 56 |
| Soft-Air-Waffen | 70 |
| Spielzeugwaffen | 70, 72 |
| Spring- und Fallmesser | 19 |
| Stahlruten, Totschläger, Schlagringe | 12 |
| Tierabwehrgeräte | 21a |
| Total vom Gesetz ausgenommene Waffen | 70 |
| Totschläger, Teleskopschlagstöcke | 12 |
| Tragbare Gegenstände iSv. Abs. 2 Nr. 2 lit. b | 19 |
| Tragbare Gegenstände iSv. Abs. 2 Satz 2 lit. a | 11 |
| Treibspiegelmunition | 24 |

## § 2 Abschn. 1. Allgemeine Vorschriften

| | Rdn. |
|---|---|
| Unbrauchbar gemachte Waffen (bis 1. 4. 2003) | 73 |
| Unterwassersportgeräte (teilweise Freistellung) | 69 |
| Veränderte Schusswaffen nach früherem Recht | 37, 58 |
| Verbotene Munition und Geschosse | 22 |
| Verbotene Waffen | 4 |
| Verbringen und Mitnahme in Nicht-EU-Staat | 64 |
| Verkleinerte Schusswaffen | 8 |
| Versteckte Schusswaffen | 7 |
| Vollautomaten und bestimmte Pumpguns | 6 |
| Vom Gesetz ganz oder teilweise ausgenomme Waffen | 69 |
| Waffenrechtl. Einstufungskompetenz des BKA | 75 |
| Wechsel- und Austauschläufe, Wechselsysteme | 44 |
| Wechseltrommeln | 45 |
| Wirkstoffmunition nach Tabelle 5 d. Maßtafeln | 26 |
| Wurfsterne | 13 |
| Würgegeräte | 18 |
| Zielbeleuchtungsgeräte u. ä. | 9 |
| Zielscheinwerfer | 9 |
| Zier- und Sammler-, Theater-, Film- usw. Waffen | 36, 57 |

**1** **1. Entstehungsgeschichte.** Die Vorschrift ist durch das WaffRNeuRegG geschaffen worden. Absatz 1 übernimmt die Regelungen, die zuvor „eher versteckt" (Begr. RegE BT-Drucks. 14/7758 S. 52) in den §§ 30 Abs. 1 Satz 1 und 33 Abs. 1 WaffG aF enthalten waren und bringt im Hinblick auf frühere Zweifelsfragen eindeutig zum Ausdruck, dass **jeder Umgang** (§ 1 Abs. 3) **mit Waffen und Munition Minderjährigen untersagt** ist. Im Hinblick auf § 33 Abs. 1 WaffG aF war zB angenommen worden, dass ein Erwerb durch Fund bei einer Hieb- und Stoßwaffe oder einer erlaubnisfreien Schusswaffe (etwa einer Luftdruckwaffe) den Minderjährigen zum dauernden Besitz berechtigte, falls der Verlierer auf seinen Rückgabeanspruch verzichtete (Begr. aaO). Als **Ausnahmeregelung** ist § 3 zu beachten. Die Absätze 2 bis 4 der vorliegenden Bestimmung bringen grundsätzliche Ausführungen zur neuen Systematik des Gesetzes mit seiner Verweisung auf die Anlagen, hier auf die Anlage 2 zum Gesetz. **Absatz 5** ist erst gegen Ende der Gesetzgebungsarbeiten auf Anregung des **Bundesrates** eingefügt worden (vgl. Rdn. 75). Die **Verbotsregelung** des Absatzes 3 hätte sinnvollerweise als Absatz 1 vorgezogen werden müssen, weil insoweit waffenrechtliche Erlaubnisse in Betracht kommen (*Gade* S. 38).

**2** **2. Alterserfordernis (Absatz 1).** Die **Volljährigkeit** ist nach der Neuregelung zum generellen Erfordernis für jeden „Umgang" (§ 1 Abs. 3) mit Waffen oder Munition geworden (zu den Ausnahmen: § 3; weitere Ausnahmen enthalten die §§ 13 Abs. 7 Satz 2, Abs. 8 und 27 Abs. 3 bis 6); die Regelung des § 33 Abs. 1 letzter Halbsatz WaffG aF ist nicht ausdrücklich übernommen worden, sie gilt aber sinngemäß weiter (*K/P* Rdn. 63). Die Einführung einer Altersgrenze für die Erlangung einer Waffenbesitzkarte oder einen Munitionserwerbsschein durch § 30 Abs. 1 Satz 1 Nr. 1 WaffG aF war seinerzeit durch die Erwägung gerechtfertigt worden, dass Jugendliche iS von § 1 Abs. 2 JGG (im Alter von 14 bis 17 Jahren) im Allgemeinen noch nicht über die für den Waffengebrauch notwendige „Besonnenheit und Selbstkontrolle" verfügen. Ausnahmen vom Erfordernis des Mindestalters kamen nach bishe-

## Grundsätze des Umgangs mit Waffen oder Munition, Waffenliste § 2

rigem Recht nur in Betracht, wenn der Antragsteller entgegen der allgemeinen Regel trotz seiner Jugend die für den selbstständigen Umgang mit Schusswaffen erforderliche Reife besaß und auch imstande war, die Waffe vor unbefugtem Zugriff, auch durch Angehörige des Haushalts, in dem er lebt, zu sichern. Nach Nr. 30. 1. 4 WaffVwV aF kamen für eine Ausnahme im wesentlichen nur Mitglieder von Schießsportvereinen in Betracht, die regelmäßig an den Übungsschießen ihres Vereins teilnehmen. Im RegE zum WaffG aF war ursprünglich eine Altersgrenze von 21 Jahren vorgesehen gewesen, die auch die Heranwachsenden iS des Jugendgerichtsgesetzes (im Alter von 18 bis 20 Jahren) mit einbezogen hätte. Während der Ausschussberatung ist das Mindestalter jedoch im Hinblick auf den Entwurf eines Gesetzes zur Neuregelung des Volljährigkeitsalters (vgl. das betr. Ges. v. 31. 7. 1974 – BGBl. I 1713) sowie unter Berücksichtigung der Altersregelungen bei der Wehrpflicht und im Wahlrecht auf 18 Jahre herabgesetzt worden (zu BT-Drucks. VI/3566 S. 6). Den Belangen des Schießsports war durch die Ausnahmeregelung in § 30 Abs. 2 WaffG aF in ausreichender Weise Rechnung getragen.

In § 33 Abs. 1 WaffG aF war – im Anschluss an § 13 RWaffG – aus den gleichen Gründen bestimmt, dass auch der Erwerb von ihrer Art nach erlaubnisfreien Schusswaffen oder solcher Munition sowie von Hieb- und Stoßwaffen (§ 1 Abs. 7 Satz 1 WaffG aF) nur Volljährigen gestattet war. Die Erwägungen zu den Gründen, Minderjährige in dieser Weise waffenrechtlich zu beschränken, haben auch weiterhin Gültigkeit. Unerlaubter Besitz durch Jugendliche stellt eine Ordnungswidrigkeit nach § 53 Abs. 1 Nr. 1 dar (vgl. *Heghmanns* NJW **2003**, 3373, 3375). Im Anschluss an die Ereignisse von Erfurt (26. 4. 2002) war vorübergehend erwogen worden, die Altersgrenze auf 21 Jahre zu erhöhen. Davon wurde wieder abgesehen. Dafür wurden aber andere wichtige Altersbeschränkungen neu eingeführt (zB § 6 Abs. 3, § 13 Abs. 7, § 14 Abs. 1). Eine Übersicht über die Altersregelungen im WaffG nF findet sich bei *Heller/Soschinka* S. 67/68; allerdings wird hier das beaufsichtigte Schießen durch Kinder an Schießbuden erst ab dem 12. Lebensjahr für zulässig gehalten, obwohl das Gesetz insoweit eine Altersbegrenzung nicht enthält (§ 27 Abs. 6 Satz 1 und 2).

**3. Erlaubnispflicht (Absatz 2).** Entsprechend der Überschrift der Vorschrift ("Grundsätze") wird hier kurz und knapp das **Prinzip** festgelegt, dass derjenige, der mit Waffen oder Munition, die im Abschnitt 2 der Waffenliste (Anlage 2 zum Gesetz) aufgeführt sind, „umgehen" (§ 1 Abs. 3) will, der **Erlaubnis** bedarf. Wie aber schon das WaffG aF enthält auch das WaffG nF eine Fülle von Ausnahmen von diesem Grundsatz (Absatz 4), für die auf die Waffenliste (Anlage 2 Abschnitt 2 und 3), § 12 sowie die Privilegierungsvorschriften für einzelne Personengruppen (§§ 13 bis 20 und 28) verwiesen wird. Aus der früheren Formulierung („umgehen will") war klar ersichtlich, dass diese Erlaubnis, wie schon bisher, eingeholt sein muss, bevor der „Umgang" stattfindet. Wenn der Wortlaut nunmehr besagt: „der Umgang ... bedarf der Erlaubnis, so ändert das nichts daran. Die Strafvorschriften des § 52, die **„ohne Erlaubnis"** vollzogene Tathandlungen betreffen, charakterisieren dies durch die Formulierung „ nach § 2 Abs. 2 in Verbindung mit Anlage 2 Abschnitt 2 Unterabschnitt 1 Satz 1". Dort heißt es wiederum: „Der Umgang, ausgenommen das Überlassen, mit Waffen im Sinne des § 1 Abs. 2 Nr. 1 (Anlage 1 Abschnitt 1 Unterabschnitt 1 Nr. 1 bis 4) und der dafür bestimmten Munition bedarf der Erlaubnis, soweit solche Waffen oder Munition nicht nach Unterabschnitt 2 für die dort bezeichneten Arten des Umgangs von der Erlaubnispflicht freigestellt sind (hierzu unten §§ 32 ff.). Das Überlassen ist ausgenommen, weil insoweit in § 34 eine Spezialregelung besteht. Schließlich wird in Anlage 2 Abschnitt 2 Unterabschnitt 1 Satz 2

3

**§ 2**  Abschn. 1. Allgemeine Vorschriften

bestimmt, dass im Unterabschnitt 3 die Schusswaffen oder Munition aufgeführt sind, bei denen die Erlaubnis unter erleichterten Voraussetzungen erteilt wird. In Abschnitt 3 der Anlage 2 findet man die Waffen, die vom Gesetz teilweise (Unterabschnitt 1) oder ganz ausgenommen sind (Unterabschnitt 2). Es bedarf danach wohl – entgegen dem Vorhaben des Gesetzgebers der Neuregelung (§ 1 Rdn. 66) – mehr als eines einzigen Blickes in das neue Waffengesetz, um die jeweilige rechtliche Einordnung eines Gegenstandes herauszufinden. Insofern täuscht die Formulierung des Absatzes 2 etwas über diese Schwierigkeiten hinweg, wenn einfach gesagt wird: „Der Umgang mit Waffen oder Munition, die in der Anlage 2 (Waffenliste) Abschnitt 2 zu diesem Gesetz genannt sind, bedarf der Erlaubnis". Während „Verbotene Waffen" in Abschnitt 1 der Anlage 2 (Waffenliste) tatsächlich „genannt" sind, fehlt es daran bei den erlaubnispflichtigen Gegenständen. Sie findet man nur, wenn man – ausgehend von der Vielzahl der in Anlage 1 Abschnitt 1 Unterabschnitt 1 Nr. 1 bis 4 aufgeführten Gegenstände – prüft, ob ein hier gefundener Gegenstand, der an sich der Erlaubnispflicht unterliegt, an irgendeiner Stelle in Unterabschnitt 2 oder in den oben genannten Vorschriften des Gesetzes (§§ 12 bis 20 und 28) ganz oder für eine bestimmte Form des Umgangs (§ 1 Abs. 3) – außer Überlassen – von der Erlaubnispflicht freigestellt worden ist. Eine erschöpfende Auflistung aller Gegenstände, für die bzgl. des Umgangs in irgendeiner Weise eine waffenrechtliche Erlaubnis erforderlich ist, erscheint daher nicht möglich; das Gesetz und seine Anlagen haben nicht ohne Grund auf seine solche Zusammenstellung verzichtet. Es bleibt nur der beschriebene Weg, im Einzelfall die etwaige Erlaubnisbedürftigkeit aufzuspüren. Hierzu soll das dem Kommentar angefügte **Sachverzeichnis** eine Erleichterung bieten. Wenn zB erforscht werden soll, welche waffenrechtlichen Regelungen bzgl. „Gaspistolen" bestehen, wird man im Sachverzeichnis unter „Gaspistolen" zunächst finden, dass das Gesetz sie als „Reizstoffwaffen" bezeichnet. Unter Reizstoffwaffen wird man dann auf die Anlage 1 Abschnitt („A") 1 Unterabschnitt („U") 1 Nr. 2.8 verwiesen. In der im Anschluss an das Gesetz abgedruckten Anlage 1 findet man an der angegebenen Stelle allerdings nur eine Definition. Aus den weiter angegebenen Kommentarstellen und den Zitaten aus der Anlage 2 unter A 2 U 2 Nr. 1.3 kann entnommen werden, dass nach § 8 BeschG bauartgeprüfte Reizstoffwaffen mit entsprechendem Zulassungszeichen unter die Rubrik „Erlaubnisfreier Erwerb und Besitz" fallen. Aus dem weiteren Hinweis auf die Nr. 7.2 ist herauszulesen, dass derartige Waffen auch erlaubnisfrei in der dort beschriebenen Weise „verbracht" oder „mitgenommen" werden dürfen; etwas verallgemeinernd und volkstümlich ausgedrückt bedeutet das, dass der Import in, die Durchfuhr durch und der Export aus dem Inland keiner Erlaubnis bedürfen. Die Begriffe „Verbringen" und „Mitnahme" werden in der Anlage 1 A 1 erläutert; die betreffende Stelle kann wiederum im Sachverzeichnis gefunden werden. Schließlich ergibt sich aus dem weiter im Sachverzeichnis vermerkten Hinweis auf die Anlage 2 A 2 U 3 Nr. 2.1 und dem Zitat aus dem Kommentar (§ 2 Rdn. 67), dass zum „Führen" (s. dort) einer Reizstoffwaffe, also dem Umgang mit ihr außerhalb des häuslichen Bereichs, nach neuem Recht der „Kleine Waffenschein" erforderlich ist, was bedeutet, dass hierfür eine behördliche Erlaubnis vonnöten ist, zu deren Erteilung allerdings – im Gegensatz zu sonstigen Erlaubnissen (§ 4) – nur die Volljährigkeit, die Zuverlässigkeit (§ 5) und die persönliche Eignung (§ 6) vorliegen müssen. Dass die geschilderte Prozedur noch unter die vom Gesetzgeber angestrebte Transparenz (§ 1 Rdn. 66) der gesetzlichen Regelung eingeordnet werden kann, kann nicht ohne weiteres bejaht werden (krit. auch *L/F/L* Einleitung Rdn. 27).

Grundsätze des Umgangs mit Waffen oder Munition, Waffenliste § 2

**4. Verbotene Waffen (Absatz 3).** Die generelle Verbotsregelung für Waffen aller 4 Art und Munition ist hier verankert. Die Verbote gelten auch für ansonsten (ab 18 Jahre) frei verkäufliche Waffen, wie Soft-Air-Waffen (*VISIER* S. 30). Die Anlage 2 Abschnitt (A) 1 spricht in ihrer Abschnittsüberschrift ungenauerweise nur von verbotenen Waffen, während das Gesetz in Absatz 3 richtigerweise auch die verbotene Munition erwähnt, nicht jedoch die von der Munition durchgängig unterschiedenen „Geschosse" (Anlage 1 A 1 U 3: „Munition und Geschosse"), die teilweise auch unter die Verbotsregelung fallen (Anlage 2 A 1 Nr. 1.5 „Munition und Geschosse"). Mit verbotenen Gegenständen ist jeder Umgang (§ 1 Abs. 3) – vorbehaltlich einer Ausnahmeregelung nach § 40 Abs. 3 – grundsätzlich verboten. Das Gesetz greift hier, ähnlich wie im Kriegswaffenkontrollgesetz (KWKG), zu einer Listenlösung (Anlage 2 Abschnitt 1), wobei allerdings die Aktualisierung der Kriegswaffenliste durch Verordnung der Bundesregierung (§ 1 Abs. 2 KWKG) erfolgt, nicht durch förmliches Gesetz geschehen muss. Für die Aufnahme in die Liste nach den Materialien (Begr. RegE BT-Drucks. 14/7758 S. 53) Folgendes ausschlaggebend: „Die Zuordnung von Waffen und Munition als erlaubnispflichtig oder verboten orientiert sich primär nach der Zweckbestimmung und der Gefährlichkeit; daneben ist für die Zuordnung aber vor allem auch von Bedeutung, welche Bedrohungswirkung die Waffe oder der Gegenstand entfaltet, die Häufigkeit ihrer missbräuchlichen Verwendung oder z. B. selbst ihre bloße Geeignetheit, unter Kindern oder Jugendlichen die Aggressionsbereitschaft zu provozieren. Folglich haben eine besonders eingehende Abwägung und Begründung der Zuordnung regelmäßig zu erfolgen bei Waffen, die ihrem Wesen nach nicht zum Angriff oder zur Verteidigung bestimmt sind oder die objektiv weniger gefährlich sind oder die als solche sogar objektiv völlig ungefährlich sind (z. B. Spielzeugpistolen, Schusswaffenattrappen) und nur wegen ihrer getreuen Nachahmung (Beschaffenheit) einer so genannten scharfen Schusswaffe allein durch eine Täuschungshandlung des Täters eine Bedrohungswirkung beim Opfer entfalten können". Von besonderer Wichtigkeit sind in diesem Zusammenhang die nach Absatz 5 ergangenen **Feststellungsbescheide** des **BKA**, abgedruckt unter **Nr. 14 I** (im Kommentar). Zu den Beschlagnahmemöglichkeiten bei verbotenen Waffen und dem Entstehen eines Veräußerungsverbots vgl. *Ostgathe* S. 18.

Im Einzelnen handelt es sich gem. der **Verbotsliste** in Anlage 2 Abschnitt 1 (vgl. die anschauliche bebilderte Zusammenstellung bei *Ostgathe* S. 68 ff.) um folgende Waffen (§ 1 Abs. 2):

**a) 1.1.** „Waffen, mit Ausnahme halbautomatischer tragbarer Schusswaffen, die in 5 der Anlage zum Gesetz über die Kontrolle von Kriegswaffen (Kriegswaffenliste) in der Fassung der Bekanntmachung vom 22. November 1990 (BGBl. I S. 2506) oder deren Änderungen aufgeführt sind, nach Verlust der Kriegswaffeneigenschaft". Während die übrigen verbotenen Waffen – mit Ausnahme der Kategorie der Messer und der Wurfsterne – schon bisher in den Verbotsregelungen der §§ 37 Abs. 1 WaffG aF, 8 Abs. 1 der 1. WaffV aF und 17 Abs. 2 der 3. WaffV aF enthalten waren, werden hiermit neu einbezogen sämtliche **aus der Kriegswaffenliste „entlassene" Waffen, ausgenommen halbautomatische Handfeuerwaffen** (zur Charakterisierung solcher Waffen: Anlage 1 A 1 U 1 Nr. 2.3). Das bedeutet, dass in der Kriegswaffenliste enthalten gewesene Waffen, die durch Art. 3 WaffRNeuRegG oder durch VO der BReg. aus der Liste gestrichen worden sind, danach automatisch der Liste der verbotenen Waffen nach dem WaffG nF zuzuordnen sind, es sei denn, es handele sich um tragbare Halbautomaten, für die die Sonderregelung der Nr. 29 Buchst. d der Kriegswaffenliste bestand (vgl. Art. 3 Nr. 7 Buchst. a WaffRNeu-

## § 2   Abschn. 1. Allgemeine Vorschriften

RegG). Die Gesetzesformulierung ist etwas unklar, da man zunächst nicht erkennt, worauf sich der Relativsatz („die ...") bezieht. Außerdem können Waffen „nach Verlust der Kriegswaffeneigenschaft" nicht mehr in der Kriegswaffenliste „aufgeführt" sein; denn diese Eigenschaft geht allein dadurch verloren, dass die Waffe durch Verordnung aus der Kriegswaffenliste (Anlage zu § 1 Abs. 1 KWKG) gestrichen wird (§ 1 KWKG Rdn. 1). Vgl. auch § 57 Abs. 2 Satz 1 WaffG nF. Eine Beschränkung dieser Regelung auf Waffen der in § 57 Abs. 1 Satz 2 erwähnten Art (so *L/F/L* § 1 Rdn. 27), ist nicht anzuerkennen.

**5a**   Ob unter die Formulierung "nach Verlust der Kriegswaffeneigenschaft" außer der Streichung in der KWL (Rdn. 5) auch noch weitere Fälle zu fassen sind, ist umstritten. Nach *Runkel* (in *H/R/S/S* Rdn. 49) sind hier auch Kriegswaffen gemeint, die aufgrund ihres Erhaltungszustandes oder infolge von Abänderungsmaßnahmen auf Dauer gebrauchs- und funktionsunfähig geworden sind. Diesen Bereich regelt indessen § 13a KWKG (im Kommentar abgedr. unter **Nr. 8**) und die hierzu ergangene VO vom 1. 7. 2004 (BGBl. I 1448; im Kommentar abgedr. unter **Nr. 8k**). Aus den dort gebrauchten Formulierungen ist erkennbar, dass derartige Waffen immer noch als „Kriegswaffen" bezeichnet werden, die allerdings unbrauchbar gemacht worden sind. Sie stellen damit eine eigene Kategorie gegenüber denen dar, die ihre Eigenschaft als Kriegswaffen völlig verloren haben; letzteres kann demnach nur durch Änderung der KWL bewirkt werden (vgl. § 57 Abs. 2 Satz 1). Demgegenüber vertreten *Apel/Bushart* (Anlage 2 zum WaffG Rdn. 3; ähnlich wohl auch *L/F/L* Rdn. 25) die Auffassung, dass die hier einschlägige Nr. 1.1 der Anlage 2 A 1 überhaupt nur solche Waffen erfasse, die durch Änderungsmaßnahmen oder sonst unbrauchbar geworden seien; der Verlust der Kriegswaffeneigenschaft durch Änderung der KWL falle aus dem Regelungsbereich heraus, was auch aus § 57 Abs. 2 herzuleiten sei.

Hierzu muss darauf hingewiesen werden, dass in diesem Fall ein gravierender Wertungswiderspruch festzustellen wäre: Während der unerlaubte Umgang mit unbrauchbar gemachten Kriegswaffen nach der Sonderregelung in der oben genannten VO vom 1. 7. 2004 (§ 3) nur unter Bußgelddrohung steht, stellt der gegen die Anlage 2 Abschnitt 1 Nr. 1.1 zum WaffG verstoßende unerlaubte Umgang mit den früheren Kriegswaffen nach § 52 Abs. 1 Nr. 1 eine Straftat dar, die mit Freiheitsstrafe bis zu 5 Jahren geahndet werden kann. Diese Diskrepanz ist unerklärlich für den Fall, dass unter Nr. 1.1 auch nur solche Waffen zu fassen sein sollten, die ihre Kriegswaffeneigenschaft durch Eintreten der Funktionsunfähigkeit verloren haben. Nr. 1.1 erfasst vielmehr diejenigen Waffen (§ 1 Abs. 2), deren Verlust der Kriegswaffeneigenschaft auf eine **Änderung der KWL** zurückgeht. § 57 Abs. 2 steht dem nicht entgegen, weil eine Privilegierung für diejenigen Waffenbesitzer angebracht erscheint, die unter Heranziehung von § 6 Abs. 3 WaffG aF seinerzeit eine WBK für Kriegsschusswaffen erhalten haben oder hätten erhalten können. Der Gesetzgeber hat aber offensichtlich für den Fall, dass funktionsfähige Kriegschusswaffen, bei denen der unerlaubte Umgang zuvor nach § 22a KWKG als Vergehen mit Freiheitsstrafe bis zu 5 Jahren bedroht war, durch VO der BReg. „herabgestuft" werden, im Hinblick auf die weiterhin – auch für den zivilen Bereich – bestehende Gefährlichkeit solcher Waffen eine angemessene Sanktion vorsehen wollen. Für den unerlaubten Umgang mit unbrauchbar gemachten Waffen, die als solche in der KWL aufgeführt sind, wäre eine derart harte Strafdrohung weit überzogen. Das ergibt sich auch aus der genannten Sonderregelung für unbrauchbar gemachte Kriegswaffen mit ihrer Sanktion (Ordnungswidrigkeit). Schließlich spricht für die hier vertretene Auffassung auch, dass der Gesetzgeber das hier einschlägige Verbot nach Nr. 1.1 wie folgt

## Grundsätze des Umgangs mit Waffen oder Munition, Waffenliste § 2

begründet hat: „Neu aufgenommen wurden aus der Kriegswaffenliste nach dem KWKG entlassene Waffen mit Ausnahme halbautomatischer Handfeuerwaffen ..." (EntwBegr. BT-Drucks. 14/7758 S. 90). Wie hier auch *K/P* Rdn. 823 und 841; *Ostgathe* S. 21 und 68; im Ergebnis auch *Gade* S. 38.

Der unerlaubte Umgang mit derartigen Waffen ist als Vergehen gem. § 52 Abs. 1 Nr. 1, Abs. 4 unter Strafe gestellt.

**b)** 1.2. Schusswaffen im Sinne des § 1 Abs. 2 Nr. 1 nach Nummer 1.2.1 bis 1.2.3 **6** und deren Zubehör nach Nr. 1.2.4, die

1.2.1. **Vollautomaten** im Sinne der Anlage 1 Abschnitt 1 Unterabschnitt 1 Nr. 2.3 oder **Vorderschaftsrepetierflinten,** bei denen der Hinterschaft durch einen Pistolengriff ersetzt ist („Pumpguns"). Die Definition lautet insoweit: Automatische Schusswaffen; dies sind Schusswaffen, die nach Abgabe eines Schusses selbsttätig erneut schussbereit werden und bei denen aus demselben Lauf durch einmalige Betätigung des Abzuges oder einer anderen Schussauslösevorrichtung mehrere Schüsse abgegeben werden können (Vollautomaten) oder durch einmalige Betätigung des Abzugs oder einer anderen Schussauslösevorrichtung jeweils nur ein Schuss abgegeben werden kann (**Halbautomaten**). Als automatische Schusswaffen gelten auch Schusswaffen, die mit allgemein gebräuchlichen Werkzeugen (§ 1 Rdn. 14) – oder ohne Werkzeuge (Beitler BWT3) – in automatische Schusswaffen geändert werden können. Als Vollautomaten gelten nicht nur Feuerwaffen, sondern auch vollautomatische Druckluftwaffen u. ä. sowie in Halbautomaten geänderte Vollautomaten, die mit den in Satz 2 genannten Hilfsmitteln [allgemein gebräuchlichen Werkzeugen] wieder in Vollautomaten zurückgeändert werden können. Im Laufe des Gesetzgebungsverfahrens wurde – gegenüber einer anders lautenden BGH-Rechtsprechung – zur Klarstellung folgendes eingefügt: Double-Action-Revolver sind keine halbautomatischen Schusswaffen (so jetzt auch BGH StV **2005,** 330). Beim Double-Action-Revolver wird bei Betätigung des Abzugs durch den Schützen die Trommel weitergedreht, so dass das nächste Lager mit einer neuen Patrone vor den Lauf und den Schlagbolzen zu liegen kommt, und gleichzeitig die Feder gespannt. Beim weiteren Durchziehen des Abzugs schnellt der Hahn nach vorn und löst den Schuss aus.

Den hierfür im WaffG aF verwendeten Begriff „Selbstladewaffen" (§ 1 Abs. 5 WaffG aF) hat die Neuregelung aufgegeben. Auch diese waren aber zuvor schon unterteilt in vollautomatische und halbautomatische. Zu den zur Abgabe von Feuerstößen oder von Dauerfeuer geeigneten Vollautomaten bemerkt die Begründung zum Entwurf des WaffG 1972 (BT-Drucks. VI/2678 S. 25), dass solche Waffen „wegen ihrer schnellen Schussfolge in der Hand von Gewalttätigen oder Leichtsinnigen eine besondere Gefahr für die öffentliche Sicherheit" sind. Sie wurden deshalb im Gesetz aF teilweise strengeren Bestimmungen unterworfen (§ 37 Abs. 1 Satz 1 Nr. 1 Buchst. d und e WaffG aF) und waren von bestimmten Vergünstigungen, die für andere Schusswaffen galten, ausgenommen (§ 28 Abs. 4 Nr. 7, § 32 Abs. 1 Nr. 2 WaffG aF). Vollautomatische, damals Selbstladewaffen genannte „Vollautomaten" wurden 1972 neu in den Verbotskatalog der Nr. 1 des § 37 WaffG aF aufgenommen (vgl. Nr. 1.5 WaffVwV aF). Buchst. d dieser Bestimmung betraf auch vollautomatische (Selbstlade-)Waffen, sofern sie in Vollautomaten abgeänderte Kleinkaliber-Halbautomaten darstellten, deren Verbreitung die Bestimmung verhindern wollte.

Gewehre mit Kammerverschluss, bei denen in einem Magazin mehrere Patronen bereitgehalten werden und das Auswerfen der abgeschossenen Hülse, das Zuführen der neuen Patrone und das Spannen der Feder durch die Bewegung des Kammerstengels erfolgt, erfüllten nicht die Merkmale einer Selbstladewaffe (Nr. 1.5 Abs. 4 WaffVwV aF). „Dagegen sind Schusswaffen, bei denen die Geschosse durch hoch-

## § 2   Abschn. 1. Allgemeine Vorschriften

gespannte kalte Gase angetrieben werden, Selbstladewaffen, wenn die Antriebsgase und die Geschosse in einem Vorratsbehälter bereitgehalten werden und bei der Betätigung des Abzugs das neue Geschoss zugeführt und das Ventil geöffnet wird" (Nr. 1.5 Abs. 3 WaffVwV aF).

Voraussetzung ist weiter, dass mehrere Schüsse **aus demselben Lauf** abgegeben werden. Deshalb sind mehrläufige Waffen (etwa Drillinge), bei denen, ohne nachladen zu müssen, aus jedem Lauf kein weiterer Schuss mehr abgegeben werden kann, keine automatischen Schusswaffen, auch dann nicht, wenn, wie beim „Derringer" mit Doppellauf, nach Abgabe eines Schusses aus dem einen Lauf bei erneuter Betätigung des Abzugsbügels die nächste Patrone im parallel gelagerten zweiten Lauf gezündet wird. Automatische Waffen sind oft **Kriegswaffen** iS des KWKG, wie zB Maschinenpistolen, Maschinengewehre u. a. (Nr. 29 KWL). Im Hinblick auf § 6 Abs. 3 WaffG aF erfasste § 37 Abs. 1 Satz 1 Nr. 1 Buchst. d WaffG aF auch tragbare Schusswaffen, die dem KWKG unterlagen (Nr. 37.2.3 WaffVwV aF) sowie deren wesentliche Teile (§ 3); vgl. BGH NJW **2001**, 384 (betr. Griffstücke für Maschinenpistolen); OLG Stuttgart, Urteil v. 6. 7. 1981 – 3 Ss 220/81 – NStZ **1982**, 33. Granatgewehre, Granatpistolen sowie leichte Panzerabwehrwaffen („Panzerfaust" nach Nr. 37 der Kriegswaffenliste) fallen nicht unter diese Vorschrift, da sie vor jedem Schuss neu geladen werden müssen (*Pottmeyer,* KWKG, 2. Aufl. 1994, Einleitung Rdn. 91). Da es sich bei der „Panzerfaust" jedoch um eine (gleichgestellte) tragbare Schusswaffe (§ 1 Abs. 2 Nr. 1 WaffG nF iVm. Anlage 1 A 1 U 1 Nr. 1.2.1; § 1 Abs. 2 WaffG aF) handelt, war nach § 6 Abs. 3 WaffG aF die Anwendung des Kriegswaffenrechts (§ 22 a KWKG) auf sie ausgeschlossen. Vgl. jetzt für „Altfälle" § 57 Abs. 1).

**6a** „Handrepetierer" waren keine Selbstladewaffen (Nr. 1.5 Abs. 3 Satz 1 WaffVwV aF). und zählen auch nach neuem Recht („Repetierwaffen" nach Anlage 1 A 1 U 1 Nr. 2.4) naturgemäß nicht zu den automatischen Waffen. Halbautomatische (früher: „Selbstlade"-)Waffen waren auch dann Mehrlader, wenn sie so verändert waren, dass sie nur als Einzellader benutzt werden konnten, diese Veränderungen aber mit gebräuchlichen Werkzeugen leicht rückgängig zu machen waren (BayObLG GewA **1989**, 301 = NStE § 28 WaffG Nr. 2). Zur Umarbeitung von halbautomatischen Gewehren in zivile Schusswaffen gilt die „Richtlinie" des BMWi – V B 3–10 17 03 vom 21. 4. 1999, abgedruckt als Anhang zu § 1 KWKG.

**6b** Im Verfahren vor dem Vermittlungsausschuss des Parlaments wurde in letzter Minute zu Recht noch das **Verbot** bestimmter **„Pumpguns"** durchgesetzt. Das sind diejenigen Vorderschaftsrepetierflinten, bei denen der Hinterschaft durch einen Pistolengriff ersetzt oder bereits so hergestellt worden ist (hierzu ausführlich *Misslitwetz/Risser/Bauer,* Pumpgun – Waffe, Verletzungsbilder, Waffenverbot, ArchKrim. **203** [1999], 10; andere Modelle sind nicht erfasst [*Heller/Soschinka* S. 29]). Gerade diese Waffe wird – nicht nur in entsprechenden Filmen, sondern auch in Wirklichkeit – häufig von Verbrechern benutzt. Dieses Verbot ist bereits am 17. 10. 2002, dem Tag nach der Verkündung des WaffRNeuRegG, in Kraft getreten (Art. 19 Nr. 1 WaffRNeuRegG). es entfaltet allerdings bis zum In-Kraft-Treten der zugehörigen Strafvorschrift (§ 51) am 1. 4. 2003 nur verwaltungsrechtlich seine Wirkung (so auch *Dietrich* Die Polizei **2003**, 343, 347).

**6c** Der verbotene Umgang mit Vollautomaten und Pumpguns ist nach § 51 Abs. 1 als **Verbrechen** strafbar. Ausnahmegenehmigungen werden nach Auskunft des BKA nicht erteilt.

**7** c) 1.2.2. Schusswaffen, die ihrer Form nach geeignet sind, einen anderen Gegenstand vorzutäuschen oder die mit Gegenständen des täglichen Gebrauchs ver-

Grundsätze des Umgangs mit Waffen oder Munition, Waffenliste  § 2

kleidet sind (zB Koppelschlosspistolen, Schießkugelschreiber, Stockgewehre, Taschenlampenpistolen).
Die Formulierung ist wörtlich aus § 37 Abs. 1 Satz 1 Nr. 1 Buchst. c WaffG aF übernommen worden. Sie weicht von § 25 Abs. 1 Nr. 1 RWaffG, der Schusswaffen erwähnte, die in Stöcken, Schirmen, Röhren oder in ähnlicher Weise verborgen waren, und in etwa auch von § 18 Abs. 1 Satz 1 Nr. 1 Buchst. c BWaffG 1968 ab, wonach nur die Herstellung usw. von Schusswaffen verboten war, die nicht die herkömmliche Form einer Schusswaffe, sondern die Form eines Gebrauchsgegenstandes, zB eines Kugelschreibers (BGH, Beschluss vom 23. 8. 2002 – 2 StR 291/02), Feuerzeuges, Mobiltelefons (DWJ **2001,** Heft 9, S. 34) oder einer Taschenlampe (Nr. 37.2.2 WaffVwV aF) hatten. Das gilt zwar auch jetzt noch. Daneben betont die weite Formulierung („Vortäuschung eines anderen Gegenstands") stärker den Grund des Verbots. Denn gerade hierin liegt die besondere Gefährlichkeit solcher Gegenstände (Überraschungseffekt). Der jetzige Gesetzestext ist also umfassender, schließt aber nach Zweck und Wortsinn auch die in den bisherigen Formulierungen angesprochenen Schusswaffen mit ein, zumal die erste Verbotsalternative auf dem gleichen Grunde wie § 18 Abs. 1 Satz 1 Nr. 1 Buchst. c BWaffG 1968 beruht. Auch der Nichtfachmann soll eine Schusswaffe ohne weiteres auf den ersten Blick als solche erkennen können, um sich – wenn möglich – besser vor ihr schützen zu können. Aus den gesetzlichen Beispielen ist ersichtlich, dass die Phantasie der Hersteller solcher Gegenstände offensichtlich keine Grenzen kennt.
Verbotswidriger Umgang mit solchen Waffen ist nach § 52 Abs. 3 Nr. 1, Abs. 4 strafbar.

**d)** 1.2.3. Schusswaffen, die über den für Jagd- und Sportzwecke allgemein üblichen Umfang hinaus zusammengeklappt, zusammengeschoben, verkürzt oder schnell zerlegt werden können.  **8**
Dieses Verbot entspricht wörtlich dem in § 37 Abs. 1 Satz 1 Nr. 1 Buchst. a WaffG aF enthalten gewesenen. Bereits die §§ 24 SchWaffG und 25 RWaffG (§ 35 DVO RWaffG) enthielten ähnliche Vorschriften, die in erster Linie der Bekämpfung des Wildererunwesens dienten. Gegenüber diesen Bestimmungen war bereits der Verbotskatalog in § 18 BWaffG 1968 entsprechend dem Fortschreiten der technischen Entwicklung erheblich erweitert worden. Gleiches galt für § 37 WaffG 1972. Die Verbotsbestimmung bezog sich auf Waffen (nicht nur Schusswaffen) und Gegenstände, die vorwiegend von Verbrechern zur Begehung von Straftaten verwendet werden. Diese Verbote des § 37 WaffG aF galten nach der Ausdehnung der Gesetzgebungskompetenz des Bundes auf den sicherheitsrechtlichen Teil des Waffenrechts (Art. 74 Nr. 4a GG) nicht nur, wie nach § 18 BWaffG 1968, für die gewerbliche, sondern auch für die nichtgewerbliche, zuvor in § 25 RWaffG geregelte Betätigung.
Das Bundeskriminalamt (BKA) führt (vgl. auch § 2 Abs. 5) eine Liste der verbotenen Gegenstände (vgl. Nr. 37.1 WaffVwV aF). Diese ist jedoch nicht erschöpfend; sie erfasst nur Waffen, die nicht schon offensichtlich unter eines der Verbote fallen. Mit der Frage der verbotenen Waffen befasst sich auch *Hinze* BM **1979,** 236. Vgl. zu Verboten im deutschen Waffenrecht auch *Verf.* in Festschrift für Salger (1994) S. 167 und Vorbem. vor § 51 Rdn. 2 ff.
Das Verbot richtet sich zB gegen die sog. **Wilddiebsgewehre.** Die gesetzliche Umschreibung des Begriffes ist im Wesentlichen übereinstimmend mit § 25 Abs. 1 Nr. 1 RWaffG und § 18 Abs. 1 Satz 1 Nr. 1 BWaffG 1968. Unter das Verbot fallen nur Schusswaffen, die über den für Jagd- oder Sportzwecke allgemein üblichen Umfang hinaus zusammengeklappt usw. werden können, also dafür eingerichtet sind; denn auch die meisten Jagdwaffen, vor allem die mehrläufigen, sind zerlegbare

**§ 2** Abschn. 1. Allgemeine Vorschriften

Kipplaufwaffen. Es ist also nicht jedes zusammenklappbare Jagdgewehr als verbotene Wilddiebswaffe anzusehen, wohl aber eine Schusswaffe, die eine von den üblichen Jagdwaffen abweichende Konstruktion zum Zerlegen, Zusammenklappen usw. aufweist, die es ermöglicht, sie mit wenigen Handgriffen und ohne erheblichen Zeitaufwand schneller als für Jagd- und Sportzwecke allgemein üblich (BVerwG DVBl. **1979,** 728, 729 für Kleinkalibergewehr Modell „Trombone"; vgl. auch BVerwG RdL **1979,** 139) durch Trennung einzelner Teile in einen Zustand zu versetzen, in dem sie nach außen hin weniger leicht oder gar nicht als Schusswaffe zu erkennen ist, zB durch Abhaken des Laufes mit einem Griff (sog. Aushakgewehr; *Hoche* SchWaffG Bem. 2 b zu § 24). Ihre Gefährlichkeit besteht auch darin, dass sie auf Grund dieser Konstruktion geeignet sind, bei Attentaten Verwendung zu finden (*Heller/Soschinka* S. 30).

Beim Verkürzen ist entscheidend darauf abzustellen, ob die Waffe nach ihrer gegenwärtigen Beschaffenheit in schussfertigem Zustand verkürzbar ist und nicht etwa darauf, ob sie gegenüber ihrem ursprünglichen Zustand, zB durch Absägen eines Teiles des Laufs, verkürzt worden ist oder verkürzt werden kann (vgl. Nr. 37.2.1 WaffVwV aF). Das Verbot schließt nicht eine Zerlegbarkeit zum bequemeren Transport der Waffe aus und auch nicht ein Zerlegen derselben zum Zwecke der Anbringung anderer Laufsysteme, zB anstelle der Flintenläufe von Büchsenläufen oder von gemischten Laufsystemen (Begr. BT-Drucks. V/2623 S. 29).

Das frühere Verbot (§ 37 Abs. 1 Satz 1 Nr. 1 Buchst. b) betraf weiter die ohne besondere Vorrichtungen schnell zerlegbaren Schusswaffen für Randfeuerpatronen, bei denen der längste Waffenteil, zB der Lauf, kürzer als 60 cm ist. Dieses Verbot findet sich im WaffG nF nicht mehr.

Die Strafbarkeit bei verbotenem Umgang mit Waffen nach Nr. 1.2.3 ist in § 52 Abs. 3 Nr. 1, Abs. 4 geregelt.

**9** e) 1.2.4. Für Schusswaffen bestimmte
**aa) 1.2.4.1. Vorrichtungen,** die das Ziel beleuchten (z. B. Zielscheinwerfer) oder markieren (z. B. Laser oder Zielpunktprojektoren).

Die Benutzung von Scheinwerfern (vgl. früher § 25 Abs. 1 Nr. 2 RWaffG), die mit Vorliebe von Wilderern verwendet werden, stellt nicht nur eine Gefahr für die Wildbestände, sondern gerade in der Hand von Wilddieben auch eine beträchtliche Bedrohung der Jagdberechtigten und der mit dem Jagdschutz betrauten Personen dar. Es wird jetzt in erster Linie um Gewehrscheinwerfer handeln. Durch den insoweit vom § 25 Abs. 1 Nr. 2 RWaffG abweichenden Gesetzeswortlaut von § 37 Abs. Satz 1 Nr. 2 WaffG aF wurden aber auch Anleuchtvorrichtungen für Kurzwaffen erfasst. Die betr. Vorrichtungen müssen zum Anleuchten oder Anstrahlen des **Zieles,** zB von Wild, das dadurch geblendet wird, – nach der Gesetzesänderung durch Art. 2 des Gesetzes vom 21. 11. 1996 [BGBl. I 1779] **nicht nur der Zieleinrichtung** (Visier, Korn) – dienen und für Schusswaffen bestimmt sein. Das hat das WaffG nF in dieser Form übernommen. Unter das Verbot fallen daher nicht Handscheinwerfer oder Reparaturlampen für Kraftfahrzeuge, die, wie mitunter, unwaidmännisch und bestimmungswidrig, zum Anleuchten des Zieles verwendet werden. Vgl. auch das entspr. Verbot in § 19 Abs. 1 Nr. 5 Buchst. a BJagdG.

Der fortschreitenden technischen Entwicklung trägt die neu hinzugekommene Regelung Rechnung, wonach sich das Verbot auch auf moderne Vorrichtungen erstreckt, die das Ziel markieren, etwa durch Laserstrahlen, oder sog. Zielpunktprojektoren, wie sie zB im militärischen Bereich (zur MP 5) verwendet werden.

**10** **bb) 1.2.4.2. Nachtsichtgeräte** und **Nachtzielgeräte** mit Montagevorrichtung für Schusswaffen sowie Nachtsichtvorsätze und Nachtsichtaufsätze für Zielhilfsmittel

## Grundsätze des Umgangs mit Waffen oder Munition, Waffenliste § 2

(z. B. Zielfernrohre), sofern die Gegenstände einen Bildwandler oder eine elektronische Verstärkung besitzen.

Das Verbot entspricht dem § 3a DVO BWaffG 1968 (BGBl. I 1199) sowie § 37 Abs. 1 Satz 1 Nr. 3 WaffG aF, wobei das Gesetz aF zuvor allerdings nur die Nachtzielgeräte, nicht aber die Nachtsichtgeräte und auch nicht die Nachtsichtvorsätze und -aufsätze für Zielhilfsmittel (zB Zielfernrohre) aufführte. Mit dieser Vorschrift werden die bisher vorwiegend militärischen Zwecken dienenden Nachtzielgeräte und Nachtsichtgeräte einem umfassenden zivilen Umgangsverbot unterworfen, ersichtlich um einer künftigen Entwicklung (Benutzung durch Wilderer) entgegenzuwirken. Unter die Regelung fallen Geräte, die unsichtbare Strahlen, zB Ultrakurzwellen oder Infrarotstrahlen, aussenden. Sie müssen jeweils über einen Bildwandler oder eine elektronische Verstärkung verfügen, mit deren Hilfe für das Auge nicht mehr wahrnehmbare Strahlen sichtbar gemacht werden. Dabei ist es unerheblich, ob das Gerät über die Montagevorrichtung bereits mit der Waffe verbunden ist; Voraussetzung ist lediglich, dass eine Montagevorrichtung vorhanden und das Gerät dazu bestimmt ist, an der Waffe angebracht werden. Eine solche Zweckbestimmung ist auch gegeben, wenn die Vorrichtung auf eine gebräuchliche Schusswaffe montiert werden kann, auch wenn sie ohne Montage anderweitig benutzbar ist, zB für Beobachtungszwecke (Nr. 37.2.5 WaffVwV aF). Vgl. auch *Scholzen* DWJ **1992,** 1968 zu Laserzielgeräten und BGH NStZ **1994,** 92. Ein für militärische Zwecke eingesetztes Nachtzielgerät ist zB der Infrarot-Laser-Pointer iVm. mit dem Restlichtverstärker 95 für das Sturmgewehr 90. Allgemein zur Laserstrahlung *Runkel* in *H/R/S/S* § 1 Rdn. 138.

Die Zuwiderhandlung gegen das Verbot nach Nr. 1.2.4 (Rdn. 9 und 10) wird nach § 52 Abs. 3 Nr. 1 als Vergehen geahndet.

**f)** 1.3. Unter die **Verbotsregelung** fallen weiter tragbare Gegenstände im Sinne **11** des § 1 Abs. 2 Nr. 2 **Buchstabe a** nach Nummer 1.3.1 bis 1.3.8

**aa)** 1.3.1. Hieb- oder Stoßwaffen, die ihrer Form nach geeignet sind, einen anderen Gegenstand vorzutäuschen, oder die mit Gegenständen des täglichen Gebrauchs verkleidet sind.

Das Verbot entspricht bisherigem Recht (§ 37 Abs. 1 Satz 1 Nr. 4 WaffG aF). Es wurde seinerzeit im Hinblick auf die durch § 43 Abs. 3 BWaffG 1968 vorgenommene Aufhebung des einschlägigen § 367 Abs. 1 Nr. 9 StGB aF in den Katalog der verbotenen Gegenstände (fr. § 18 BWaffG 1968) aufgenommen. Die Fassung wurde mit § 37 Abs. 1 Satz 1 Nr. 1 Buchst. c WaffG aF (Rdn. 7) koordiniert, was keine materielle Änderung bedeutete. Bei den hier erfassten Gegenständen wird es sich meist um Stockdegen – Stoßwaffen, die wie Spazierstöcke aussehen – und ähnliche Waffen handeln, die überwiegend nur Altertumswert haben, weil die Fertigung solcher Gegenstände wegen des in § 367 Abs. 1 Nr. 9 StGB aF bereits ausgesprochenen Handelsverbots schon seit längerer Zeit eingestellt war. Neuerdings werden auch Frisierutensilien angeboten, in deren Griff ein Messer verborgen ist (*L/F/L* Rdn. 32). Mit einem „Kugelschreiber-Stilett" (einer 6,5 cm langen, dreikantigen Klinge, die in einen Kugelschreiber eingearbeitet worden ist) befasst sich der Beschluss des BayObLG BayObLGSt. **1993,** 167 = NJW **1994,** 335; das Gericht fordert u.a. zu Recht die Feststellung, dass der betr. Gegenstand dazu bestimmt (nicht nur geeignet) sein muss, Verletzungen zuzufügen. Das Verfahren endete mit Freispruch. Vgl. auch BGH NStZ **2003,** 439 (Springmesser in Form eines Feuerzeugs).

Strafbarkeit: § 52 Abs. 3 Nr. 1, Abs. 4.

**bb)** 1.3.2. **Stahlruten, Totschläger** oder **Schlagringe** sind typische von Straftä- **12** tern benutzte Angriffs- oder Verteidigungswaffen. **Totschläger** sind biegsame Ge-

## § 2 Abschn. 1. Allgemeine Vorschriften

genstände, wie Gummischläuche, Riemen, Stricke, deren eines Ende durch Metall usw. beschwert ist (AG Maulbronn MDR **1990,** 1039; *Schäfer/Cohn,* WaffenmissbrauchsGes. S. 8/9). Ein Schlagstock ist kein Totschläger (BGH NStZ **2004,** 111 = StV **2003,** 431 ebenso **nicht Teleskop-Schlagstöcke** (BKA vom 20. 7. 2005, abgedruckt unter Nr. 14 I Nr. 15; **aA** BGH, Urteil vom 25. 8. 2005 – 5 StR 255/05; str. ... Wegen der Stahlruten s. Stellungnahme des BMI (bei VISIER.de): immer verbotene Gegenstände. Sie werden wie folgt charakterisiert: betehend aus einem rohrförmigen Behältnis, aus dem durch eine Schleuderwirkung mehrere ineinander gesteckte Stahlfedern teleskopartig ausgetrieben werden. Vgl. auch BVerwG NVwZ-RR **1997,** 635; KG JW **1930,** 3443, bzgl. der Schlagringe *Hoche,* Polizei **1930,** 476 und zu „Totschlägern" OLG Stuttgart OLGSt. § 37 WaffG S. 1. Als Schlagringe sind auch Ledermanschetten, die mit spitzen Nieten besetzt sind, einzustufen, wenn die an der Schlagseite über den Fingern angebrachten metallenen Spitzen es ermöglichen, die Auftreffenergie zu erhöhen (BayObLG NStZ **1987,** 29; *Hinze* BM **1969,** 236, 238). Unter die Vorschrift fallen auch sog. Schlagring- oder Fingergriffmesser (OLG Celle MDR **1990,** 273; ausführlicher: GewA **1990,** 109). Bei ihnen handelt es sich äußerlich um einen Schlagring, der sich nach Aufklappen der Schneide als Messer mit Griff darstellt. Bei eingeklappter Schneide sind die Fingeröffnungen allerdings versperrt, so dass das Gerät in dieser Form nicht als Schlagring benutzt werden kann. Es handelt sich damit um „mit einer Messerklinge kombinierte Schlagringe". Die besondere Gefährlichkeit und die Verwendung zu kriminellen Zwecken wird vom Gericht zu Recht als Grund für die Einordnung unter die verbotenen Gegenstände angesehen. Dagegen reicht ein mit – nicht spitzen – Nieten besetzter Lederhandschuh mit angrenzendem Lederarmband, das mit spitzen Nieten versehen ist, nicht aus, um als „Schlagring" zu gelten (OLG Celle NStZ **1988,** 280). Als solcher gilt auch nicht ein diesem ähnlich sehendes Teilstück eines zerbrochenen Rändelrades (wie es zB bei Wasserhähnen verwendet wird), falls es nicht gezielt zu einem Schlagring umgearbeitet worden ist (OLG Zweibrücken MDR **1990,** 1039).

Strafbarkeit: § 52 Abs. 3 Nr. 1.

**13** **cc) 1.3.3. Wurfsterne.** Das sind sternförmige Scheiben, die nach ihrer Beschaffenheit und Handhabung zum Wurf auf ein Ziel bestimmt und geeignet sind, die Gesundheit zu beschädigen. Dieses Verbot ist durch das WaffRNeuRegG neu aufgenommen worden (Begr. RegE BT-Drucks. 14/7758 S. 90). Zuvor gab es jedoch bereits dahin zielende Initiativen. Nach einem Gesetzentwurf des Bundesrates vom 14. 1. 1998 (BT-Drucks. 13/9611) sollte damals schon dem Verbotskatalog des § 37 Abs. 1 Satz 1 WaffG aF folgende Nr. 12 angefügt werden: „12. sternförmige Scheiben, die nach ihrer Beschaffenheit und Handhabung zum Wurf auf ein Ziel bestimmt und geeignet sind, die Gesundheit zu beschädigen (Wurfsterne)". Der Bundesrat hatte vorgeschlagen (BT-Drucks. 14/7758 97 S. 123), das Wort „sternförmige" zu streichen sowie vor dem Wort „Wurfsterne" die Angabe „z. B." einzufügen. Zur Begründung wies er darauf hin, dass bei der einengenden Definition „sternförmig" die Gefahr bestehe, dass Anwender oder Hersteller auf Scheiben mit geschliffenem Rand mit derselben Wirkungsweise wie herkömmliche Wurfsterne ausweichen; dies sollte durch die Formulierungsänderung verhindert werden. Die Bundesregierung lehnte den Vorschlag ab (aaO S. 139) mit der Begründung, die vorgeschlagene Änderung bewirke erhebliche Abgrenzungsprobleme von Wurfsternen (als Waffen) gegenüber handelsüblichen sonstigen Gebrauchsgegenständen. Nach Erfahrungen der Kriminalistik werden Ausprägungen von Wurfsternen auch als gefährliche Hiebwaffen im „Nahkampf" verwendet; sie in ihrer Gefährlichkeit lediglich mit „Dart-

## Grundsätze des Umgangs mit Waffen oder Munition, Waffenliste § 2

Pfeilen" gleichzusetzen (so *Heller/Soschinka* S. 32), dürfte nicht gerechtfertigt sein. Wurfsterne, die Dekorationszwecken dienen, sind nicht erfasst (*Ostgathe* S. 21).

Strafbarkeit: § 52 Abs. 3 Nr. 1, Abs. 4. Für Altbesitz ist § 58 Abs. 7 zu beachten (vgl. *Dietrich* Die Polizei **2003**, 343, 347).

**dd)** 1.3.4. Gegenstände, bei denen leicht entflammbare Stoffe so verteilt und ent- **14** zündet werden, dass schlagartig ein Brand entstehen kann;

Gemeint sind die sog. **Molotow-Cocktails.** Nach Anlage 1 A 1 U 2 Nr. 1.2.5 sind hier tragbare Gegenstände erfasst, bei denen leicht entflammbare Stoffe so verteilt und entzündet werden, dass schlagartig ein Brand entstehen kann. Es handelt sich hierbei meist um mit Benzin, Benzin-Ölgemisch oder anderen leicht brennbaren Flüssigkeiten gefüllte Glasflaschen, die entweder nach dem Wurf beim Auftreten auf einen heißen Gegenstand (zB Panzermotor) zersplittern, wobei der dadurch freigewordene Brennstoff sich an der Temperatur des getroffenen Gegenstandes (Motor) entzündet, ohne dass es einer besonderen Zündvorrichtung bedarf, oder mit einer Zündvorrichtung (Lunte o. ä.) versehen sind und angezündet als Brandsätze vorwiegend zum Inbrandsetzen von Gebäuden verwendet werden (vgl. BGH NJW **1994**, 808). Da nach der früheren amtl. Begr. zum WaffG aF (BT-Drucks. VI/2678 S. 33) in zunehmendem Maße Anschläge auf Gebäude mit solchen Gegenständen verübt worden sind, hat der Gesetzgeber 1972 zu Recht ihre Aufnahme auch in den Verbotskatalog des § 37 WaffG aF (Abs. 1 Satz 1 Nr. 7) für erforderlich gehalten. Das Verbot gilt auch nach dem aktuellen Katalog der Anlage 2 A 1 Nr. 1.3.4 weiter. Land- oder forstwirtschaftliche Geräte werden jedoch entsprechend deren Zweckbestimmung nicht erfasst. Das früher in § 37 Abs. 1 Satz 3 WaffG aF enthaltene gewesene Verbot, zur Herstellung solcher Gegenstände anzuleiten, ergänzt gem. § 40 Abs. 1 WaffG nF auch heute die Verbotsregelung; verboten ist danach neben der Anleitung auch das Auffordern zur Herstellung derartiger Gegenstände. Maßgebend für die Einfügung von § 37 Abs. 1 Satz 3 WaffG aF war: „Das Verbot der so genannten Molotow-Cocktails ist relativ unwirksam, solange ungestrafte Anleitungen zu ihrer Herstellung verbreitet werden dürfen und jedermann ungestraft zu ihrer Herstellung auffordern darf. Dies geschieht vornehmlich im politisch-kriminellen Raum in erheblichem Umfang. Es müssen daher auch diese Tatbestände in das Verbot einbezogen werden" (ABer. zu BT-Drucks. VI/3566 S. 7). Wer einen fremden Text (zB über Internet) verbreitet, der eine Anleitung zur Herstellung enthält, erfüllt den Tatbestand allerdings nur, wenn er sich den Inhalt des verbotenen Textes zu eigen macht und damit selbst zur Herstellung anleitet; es handelt sich um ein Äußerungsdelikt, nicht um ein Verbreitungsdelikt (BayObLGSt. **1997**, 151 = StraFo **1998**, 204).

Strafbarkeit: § 52 **Abs. 1** Nr. 1, Abs. 4.

**ee)** 1.3.5. **Gegenstände mit Reiz- oder anderen Wirkstoffen,** es sei denn, dass **15** die Stoffe als gesundheitlich unbedenklich amtlich zugelassen sind und die Gegenstände in der Reichweite und Sprühdauer begrenzt sind und zum Nachweis der gesundheitlichen Unbedenklichkeit, der Reichweiten- und der Sprühdauerbegrenzung ein amtliches Prüfzeichen tragen (vgl. § 1 Rdn. 23c sowie §§ 10f. der 1. WaffV aF und Anlage 2 hierzu). Gegenüber dem ursprünglichen Formulierungsvorschlag regte der BR (BT-Drucks. 14/7758 S. 123) folgende Fassung vor: „Geräte mit Reiz- und anderen Wirkstoffen, es sei denn, dass die Stoffe als gesundheitlich unbedenklich amtlich zugelassen sind und die Geräte in der Reichweite und Sprühdauer begrenzt sind und zum Nachweis der gesundheitlichen Unbedenklichkeit, der Reichweiten- und der Sprühdauerbegrenzung ein amtliches Prüfzeichen tragen". Zur Begründung wurde zu Recht darauf hingewiesen, dass diese Formulierung genauer sei: Stoffe

§ 2 Abschn. 1. Allgemeine Vorschriften

wiesen keine Reichweiten- und Sprühdauerbegrenzung auf und könnten auch kein Prüfzeichen tragen. Die Bundesregierung stimmte (aaO S. 139) dem Vorschlag im Grundsatz zu; aus Gründen der festgelegten einheitlichen Terminologie müsse jedoch der Begriff „Gegenstände" beibehalten werden.

Näheres wird dem untergesetzlichen Regelwerk entnommen werden können. Zur Problematik der in diesem Zusammenhang erforderlichen Tierversuche vgl. DWJ **2003,** Heft 2, S. 84.

Strafbarkeit: § 52 Abs. 3 Nr. 1, Abs. 4.

**16** **ff)** 1.3.6. Gegenstände, die unter Ausnutzung einer anderen als mechanischen Energie Verletzungen beibringen (z. B. **Elektroimpulsgeräte**), sofern sie nicht als gesundheitlich unbedenklich amtlich zugelassen sind und ein amtliches Prüfzeichen tragen zum Nachweis der gesundheitlichen Unbedenklichkeit. Vgl. § 1 WaffG Rdn. 23a und § 9 Abs. 2 Nr. 2 BeschG. Elektroreizgeräte zur Hundeerziehung sind tierschutzrechtlich verboten (BVerwG, Urteil vom 23. 2. 2006 – 3 C 14.05). Das ursprünglich vorgesehen gewesene Merkmal „durch körperliche Berührung" ist entfallen, da dieser Kontakt nicht bei allen unter die Regelung fallenden Geräten zwingend erforderlich ist (Begr. BT-Drucks. 14/8886 S. 119). Derartige Geräte unterfallen nicht (mehr) den Hieb- und Stoßwaffen, so dass das Verbot der Vortäuschung eines anderen Gegenstandes (Anlage 2 A 1 Nr. 1.3.1) für sie nicht gilt (so mR *A/B* Anlage 1 Rdn. 38 bzgl. „Sicherheitskoffer").

Zuwiderhandlung: Ordnungswidrigkeit nach § 53 Abs. 1 Nr. 2.

**17** **gg)** 1.3.7. **Präzisionsschleudern** nach Anlage 1 Abschnitt 1 Unterabschnitt 2 Nr. 1.3 sowie Armstützen und vergleichbare Vorrichtungen für die vorbezeichneten Gegenstände. Näher § 1 Rdn. 23h. Diese Formulierung wurde aus Gründen der Vereinfachung auf Vorschlag des BR gewählt (BT-Drucks. 14/7758 S. 124 und 139).

Strafbarkeit: § 52 Abs. 3 Nr. 1, Abs. 4.

**18** **hh)** 1.3.8. Gegenstände, die nach ihrer Beschaffenheit und Handhabung dazu **bestimmt** sind, durch Drosseln die Gesundheit zu schädigen (z. B. **Nun-Chakus**). Vgl. BGH StV **2002,** 183 und § 1 Rdn. 23g. Der Klammerzusatz ist auf Vorschlag des BR hinzugefügt worden (BT-Drucks. 14/7758 S. 124 und 139), um die Lesbarkeit und das Verständnis für das Gewollte zu erhöhen; der Einwand des BKA, es gebe auch nicht verbotene Nun-Chakus, greife nicht durch, da es sich bei diesen leicht zerbrechlichen Geräten nicht um Gegenstände im Sinne der Ziffer 1.3.8 handele, die objektiv bestimmt sind, die Gesundheit durch Würgen zu beschädigen. Man wird Trainingsgeräte für asiatischen Kampfsport, wie „Soft-Nun-Chakus" ebenfalls unter das Verbot fassen dürfen (aA *Heller/Soschinka* S. 34; *Schulz* S. 62), auch die aus Süditalien stammende Garotte, die bereits als Mordwaffe eingesetzt worden ist.

Strafbarkeit: § 52 Abs. 3 Nr. 1, Abs. 4.

**19** **f)** 1.4. Tragbare Gegenstände im Sinne des § 1 Abs. 2 Nr. 2 **Buchstabe b** nach Nummer 1.4.1 bis 1.4.**4**

**aa)** 1.4.1 (vgl. (§ 1 Rdn. 24 ff.). **Spring- und Fallmesser** nach Anlage 1 Abschnitt Unterabschnitt 2 Nr. 2.1.1 und 2.1.2. Hiervon ausgenommen sind **Springmesser,** wenn die Klinge seitlich aus dem Griff herausspringt und der aus dem Griff herausragende Teil der Klinge

– höchstens 8,5 cm lang ist,
– in der Mitte mindestens eine Breite von 20 vom Hundert ihrer Länge aufweist,
– nicht zweiseitig geschliffen ist und
– einen durchgehenden Rücken hat, der sich zur Schneide hin verjüngt;

sobald auch nur eines dieser Merkmale nicht vorliegt, greift das Verbot ein (*Ostgathe* S. 20).

# Grundsätze des Umgangs mit Waffen oder Munition, Waffenliste § 2

Auch diese gegenüber der ursprünglichen Fassung vereinfachende Formulierung geht auf den Vorschlag des Bundesrats zurück (BT-Drucks. 14/7758 S. 124). Dass Fallmesser („Kappmesser"), die vor allem von Fallschirmspringern zur Kappung verhedderter Seile benutzt werden, ausnahmslos verboten worden sind, wird mit Recht gerügt (*Heller/Soschinka* S. 36). Mit einem Springmesser in Form eines Feuerzeugs (verbotener Gegenstand nach WaffG aF) befasst sich der BGH NStZ **2003**, 439. Vgl. auch § 1 Rdn. 25.

Strafbarkeit: § 52 Abs. 3 Nr. 1, Abs. 4 mit Bezug auf Satz 1 von Nr. 1.4.1.

**bb)** 1.4.2. Feststehende Messer mit einem quer zur Klinge verlaufenden Griff, die bestimmungsgemäß in der geschlossenen Faust geführt oder eingesetzt werden (**Faustmesser**). Vgl. § 1 Rdn. 27.   **20**

Der Bundesrat (BT-Drucks. 14/7758 S. 124) bat demgegenüber zu prüfen, wie sichergestellt werden könne, dass Faustmesser mit Werkzeugcharakter, wie z. B. Abhäutemesser (auch Skinner genannt), die z. B. im Bereich der Jagd Verwendung finden, nicht als verbotene Waffen eingestuft werden; Einzelausnahmegenehmigungen seien bürgerunfreundlich und verwaltungsaufwändig. Die Bundesregierung hielt nach Prüfung der Stellungnahme zunächst an der vorliegenden Fassung der Bestimmung fest mit der Begründung, eine eindeutige Begriffsbestimmung von Faustmessern, die zu gewerblichen Zwecken und Faustmessern, die als Waffe bestimmt sind, sei nur schwer möglich. Ein Verbot dieser Gegenstände müsse daher wohl allgemein ausgesprochen werden, weshalb der Zugang zu diesen Waffen im Rechtssinne nur über entsprechende Ausnahmegenehmigungen ermöglicht werden könne. Geprüft werden würde allerdings, ob durch eine definitorische Bestimmung des Verhältnisses der Klingenbreite zur Klingenlänge sowie bezogen auf den einseitigen Schliff und die asymmetrische Lage der Klingenspitze (zur augenscheinlichen Unterscheidung von einem Dolch) eine **Einschränkung** des Verbots möglich sei (hierfür auch *Heller/Soschinka* S. 37). Eine solche erfolgte schließlich auf anderem Wege, nämlich nach **§ 40 Abs. 3.**

Strafbarkeit: § 52 Abs. 3 Nr. 1, Abs. 4.

**cc)** 1.4.3. **Faltmesser** mit zweigeteilten, schwenkbaren Griffen (**Butterflymesser**). Vgl. § 1 Rdn. 28. Krit. im Hinblick auf die Unverhältnismäßigkeit dieses Verbots *Heller/Soschinka* S. 38.   **21**

Strafbarkeit: § 52 Abs. 3 Nr. 1, Abs. 4.

Handschuhe, bei denen auf dem Rücken des Ring- und Mittelfingers jeweile eine Rasierklinge angebracht ist, werden waffenrechtlich als Hieb- und Stoßwaffe eingeordnet. Das heißt sie sind keine verbotenen Gegenstände (BKA-Feststellungsbescheid vom 28. 6. 2004, BAnz. Nr. 127 vom 10. 7. 2004 S. 14826).

**dd)** 1.4.4. **Tierabwehrgeräte.** Vgl. § 1 Rdn 29 a. Nachträglich eingefügt wurde in diesem Zusammenhang die Nr. 1.4.4. Zu den verbotenen Gegenständen zählen nunmehr auch solche, die bestimmungsgemäß unter Ausnutzung einer anderen als mechanischen Energie **Tieren** Verletzungen beibringen (zB Elektroimpulsgeräte), sofern sie nicht als gesundheitlich unbedenklich amtlich zugelassen sind und ein amtliches Prüfzeichen tragen zum Nachweis der gesundheitlichen Unbedenklichkeit oder bestimmungsgemäß in der Tierhaltung Verwendung finden. Mit diesem Verbot soll eine Umgehung des Verbots aus Nr. 1.3.6 (Rdn. 16) verhindert werden (Begr. BT-Drucks. 14/8886 S. 119).   **21 a**

Strafbarkeit: § 52 Abs. 3 Nr. 1, Abs. 4.

**g)** 1.5. **Verbotene Munition und Geschosse** nach Nummer 1.5.1 bis 1.5.6,   **22**

**aa)** 1.5.1. Geschosse mit Betäubungsstoffen, die zu Angriffs- oder Verteidigungszwecken bestimmt sind. Dieses Verbot entstammt § 37 Abs. 1 Satz 1 Nr. 8 WaffG

## § 2 Abschn. 1. Allgemeine Vorschriften

aF. Derartige Geschosse sind schlechthin verboten, sofern sie zur „Auseinandersetzung zwischen Menschen" bestimmt sind, dagegen nicht, soweit sie zu veterinärmedizinischen, tierschützerischen (Großwildpflege) und Tierforschungszwecken Verwendung finden. Insoweit gelten ausschließlich die Vorschriften über den Umgang mit Arzneimitteln, Betäubungsmitteln oder Giften (vgl. OVG Münster DVBl. **1979**, 730, 731).

Eine Ahndung des Verstoßes ist nicht vorgesehen (vgl. *Dietrich* Die Polizei 2003, 343).

**23**  bb) 1.5.2. Geschosse oder Kartuschenmunition mit Reizstoffen, die zu Angriffs- oder Verteidigungszwecken bestimmt sind ohne amtliches Prüfzeichen zum Nachweis der gesundheitlichen Unbedenklichkeit. Diese Gegenstände sind – im Gegensatz zu den vorerwähnten Geschossen (Nr. 1.5.1; Rdn. 22) – nicht absolut verboten, sondern, wie schon nach § 37 Abs. 1 Satz 1 Nr. 9 WaffG aF, nur dann, wenn sie nicht den festgelegten Anforderungen entsprechen; tragen sie das amtliche Prüfzeichen, so greift das Verbot nicht ein.

Eine Sanktionsmöglichkeit ist nicht vorhanden (vgl. Rdn. 22 aE).

**24**  cc) 1.5.3. Patronenmunition für Schusswaffen mit gezogenen Läufen, deren Geschosse im Durchmesser kleiner sind als die Felddurchmesser der dazu gehörigen Schusswaffen und die mit einer Treib- und Führungshülse umgeben sind, die sich nach Verlassen des Laufes vom Geschoss trennt („Treibspiegelmunition").

Dieses Verbot ist aus § 8 Abs. 1 Nr. 5 der 1. WaffV aF übernommen worden. Es hatte seine gesetzliche Grundlage in dem durch das Waffenrechtsänderungsgesetz vom 31. 5. 1978 (BGBl. I 641) geänderten früheren § 6 Abs. 4 Nr. 2 WaffG. Die Vorschrift war im damaligen ursprünglichen Entwurf noch nicht enthalten, wurde vielmehr erst auf Grund der Empfehlungen der Ausschüsse (BR-Drucks. 423/1/78 S. 1/2) eingefügt. An diesem Beispiel zeigt sich mit besonderer Deutlichkeit, wie der Verordnungsgeber im Waffenrecht stets die aktuellen Bedürfnisse – soweit seine Ermächtigung reicht – berücksichtigen muss. Entscheidender Grund für die neue Vorschrift war das Auftauchen einer neuartigen Munitionsart, die – wegen einer Kunststoffummantelung – beim Verfeuern keine Zug- und Felderspuren des Laufs auf dem Geschoss mehr verzeichnete und so die Feststellung, aus welchem Lauf ein solches Geschoss abgefeuert worden ist, unmöglich machte. Da ein Bedürfnis für die Verwendung dieser Munition für legale Zwecke nicht ersichtlich war und das geänderte Gesetz in § 6 Abs. 4 Nr. 2 WaffG aF auch ein Verbot von Gegenständen vorsah, die geeignet sind, die Aufklärung einer mit diesen Gegenständen begangenen Straftat zu erschweren, wurde die vorstehende Bestimmung geschaffen. Der Wortlaut brachte die Absicht des Verordnungsgebers in die den technischen Anforderungen genügende Form, in der sie vom Gesetzgeber des WaffRNeuRegG übernommen worden ist.

Strafbarkeit: § 52 Abs. 3 Nr. 1, Abs. 4.

**25**  dd) 1.5.4. Patronenmunition mit Geschossen, die einen Lichtspur-, Brand- oder Sprengsatz oder einen Hartkern (Kernhärte größer HB 400 30 – Brinellhärte – oder 421 HV 10 – Vickershärte –) enthalten, ausgenommen pyrotechnische Munition, die bestimmungsgemäß zur Signalgebung der Gefahrenabwehr dient. Dieses Verbot schließt an dasjenige des § 17 Abs. 2 Nr. 2 der 3. WaffV idF vom 10. 1. 2000 (BGBl. I 38) an. Es erstreckte in seiner früheren Form das Verbot auf Revolver- und Pistolenpatronen mit Geschossen, die überwiegend oder vollständig aus hartem Material (Brinellhärte größer als 25 HB 5/62,5/30) bestehen (Absatz 2 Nr. 1 aF; Absatz 2 Nr. 1 späterer Fassung) oder die mit einem Spreng- oder Brandsatz versehen sind. Diese Bestimmung war zuvor inhaltlich in der Anlage III Nr. 8 a und 8 b zur

## Grundsätze des Umgangs mit Waffen oder Munition, Waffenliste § 2

3. WaffV aF enthalten gewesen. Sie wurde 1976 aus Gründen der Übersichtlichkeit und der Heraushebung in die 3. WaffV aF selbst übernommen. Die Neufassung 1980 änderte das Verbot. Die Erfahrung hatte nämlich gezeigt, dass der vom Verordnungsgeber verfolgte Zweck, das Inverkehrbringen von besonders gefährlicher Pistolen- und Revolvermunition zu verhindern, mit der bis dahin geltenden Fassung insoweit nicht erreicht werden konnte, als das Verbot nur den Geschosskern erfasste und die Gefährlichkeit nicht berücksichtigte, die sich aus dem harten Material des Geschossmantels ergibt. In der Folgezeit war ausreichend, wenn die Geschosse überwiegend oder vollständig aus hartem Material bestehen, das aber gleichzeitig erst ab einer Brinellhärte von 25 (anstelle von 16) HB 5/62,5/30 dem Verbot unterfiel.

Das Verbot wurde dann in mehreren Punkten geändert. Es beschränkte sich zum einen nicht auf Revolver- und Pistolenpatronen (Absatz 2 Nr. 1 geänderter Fassung), sondern erfasste Patronenmunition schlechthin, ab der Neufassung vom 10. 1. 2000 (BGBl. I 38, 40) allerdings nur für Waffen mit gezogenen Läufen (Absatz 2 Nr. 2 dieser Fassung). Mit der Neufassung der Nr. 2 aus dem Jahre 2000 sollte § 25 Abs. 3 Satz 2 WaffG aF präzisiert werden; für die hierin umschriebene Munition bestand nach Ansicht des Verordnungsgebers „ganz allgemein für zivile Zwecke kein Bedarf" (BR-Drucks. 486/99 S. 36). Unter Patronenmunition in der jetzigen Fassung sind nach Anlage 1 A 1 U 3 Nr. 1.1 zu verstehen: Hülsen mit Treibladungen, die ein Geschoss enthalten, und Geschosse mit Eigenantrieb. Weiter sind nunmehr auch Geschosse, die einen Lichtspursatz (früher: Leuchtspursatz) enthalten, verboten. Die Neufassung greift andererseits wieder auf die frühere Regelung zurück, wonach es nur auf den Hartkern ankommt, der allerdings in seinen Anforderungen neu umschrieben worden ist. Ausdrücklich vom Verbot ausgenommen ist pyrotechnische Munition (Anlage 1 A 1 U 3 Nr. 1.4), soweit sie der Signalgebung bei der Gefahrenabwehr dient. Die Neuregelung bei der zitierten Definition der pyrotechnischen Munition soll nach dem Willen des Gesetzgebers verdeutlichen, dass diese Art Munition nicht dem Treffen eines Zieles, sondern der Erzeugung unterschiedlicher Effekte dient (Begr. RegE BT-Drucks. 14/7758 S. 89). Die geänderte Fassung der Nr. 1 von § 17 Abs. 2 der 3. WaffV aF hatte zudem einen Setzfehler berichtigt; die Angabe der Prüfzahl 62,5 war zuvor fälschlicherweise mit einem Leerzeichen geschrieben worden („62, 5").

Strafbarkeit: § 52 Abs. 3 Nr. 1, Abs. 4.

**ee) 1.5.5.** Knallkartuschen, Reiz- und sonstige Wirkstoffmunition nach Tabelle 5 **26** der Maßtafeln nach § 1 Abs. 3 Satz 3 der Dritten Verordnung zum Waffengesetz in der Fassung der Bekanntmachung vom 2. September 1991 (BGBl. I S. 3073), die zuletzt durch die Zweite Verordnung zur Änderung von waffenrechtlichen Verordnungen vom 24. Januar 2000 (BGBl. I S. 38) geändert wurde, in der jeweils geltenden Fassung (Maßtafeln), bei deren Verschießen in Entfernungen von mehr als 1,5 m vor der Mündung Verletzungen durch feste Bestandteile hervorgerufen werden können, ausgenommen Kartuschenmunition der Kaliber 16 und 12 mit einer Hülsenlänge von nicht mehr als 47 oder 49 mm.

Dieses Verbot wurde – leicht abgeändert – aus § 17 Abs. 2 Nr. 3 der 3. WaffV idF vom 10. 1. 2000 (BGBl. I 38) – Nr. 2 der 3. WaffV aF – (iVm. Tabelle 5 der Maßtafeln) übernommen. Anstelle von „Platzpatronen" heißt es nun entsprechend der neueren richtigen Diktion „Knallkartuschen". Das Wort „Patronen" wurde dementsprechend auch sonst ersetzt durch „Munition". Die jetzt für maßgeblich erklärte Entfernung von „mehr als 1,5 m" ersetzt die zuvor festgesetzte von „mehr als 1 m". Diese durch die VO vom 10. 1. 2000 (BGBl. I 38) eingeführte Änderung diente der Umsetzung eines entsprechenden CIP-Beschlusses (der Ständigen Internationalen Kom-

## § 2
Abschn. 1. Allgemeine Vorschriften

mission zur Prüfung von Handfeuerwaffen). Die VO-Begr. führte hierzu aus: „Die genannten Kartuschen größeren Kalibers sind nicht für Verteidigungszwecke bestimmt; die Waffen werden beim bestimmungsgemäßen Gebrauch nicht in geringem Abstand auf Menschen gerichtet. Gegenüber etwaigen aus dem Lauf austretenden Partikeln sind daher geringere Vorkehrungen vertretbar. Die zugehörigen Waffen sind auch nicht frei zu erwerben (BR-Drucks. 486/99 S. 36/37). Die Eignung, Verletzungen „durch feste Bestandteile" hervorzurufen, wird seit der ÄndVO 1991 (BGBl. I 918) gefordert, damit auch Pulverrückstände erfasst werden (Begr. BR-Drucks. 810/90 S. 107; zuvor hieß es „durch Teile der Abdeckung"). Die Hülsenlänge in der Ausnahmeregelung wurde gleichzeitig auf „nicht mehr als 45 mm" festgelegt, was praktisch wichtig war für Selbstschussapparate mit 40 mm Hülsenlänge. Die jetzigen Werte für die Ausnahme lauten: Kaliber 16 und 12 mit einer Hülsenlänge von nicht mehr als 47 oder 49 mm. Die genannten Maßtafeln gelten jetzt idF der Bekanntmachung vom 10. 1. 2000 (BAnz. Nr. 38 a vom 24. 2. 2000).

Strafbarkeit: § 52 Abs. 3 Nr. 1, Abs. 4.

**27** ff) 1.5.6. Kleinschrotmunition, die in Lagern nach Tabelle 5 [richtig: Tabelle 9] der Maßtafeln mit einem Durchmesser ($P_1$) bis 12,5 mm geladen werden kann.

Dieses Verbot entstammt ebenfalls § 17 Abs. 2 der 3. WaffV aF, und zwar der dortigen Nr. 4 idF vom 10. 1. 2000 (BGBl. I 38), Nr. 3 der vorhergehenden Fassung. Es war 1991 eingeführt worden, um zu verhindern, dass aus „freien" Waffen nach § 22 WaffG aF schadenbringende Kleinschrotmunition verschossen wird (Begr. BR-Drucks. 810/90 S. 108). Die Bezugnahme erfolgt jetzt auf die Tabelle 5 der Maßtafeln (Rdn. 26 aE) in einer Durchmesserbegrenzung.

Auffällig ist, dass die mit der ÄndVO vom 10. 1. 2000 (BGBl. I 38) durch Art. 1 Nr. 19 b) ee neu eingeführten Verbote § 17 Abs. 2 Nr. 5 und 6 der 3. WaffV nicht in die Liste der verbotenen „Waffen" aufgenommen worden sind; möglicherweise handelt es sich hierbei um ein Redaktionsversehen.

Eine Sanktionsmöglichkeit für den Fall der Zuwiderhandlung sieht das Gesetz in diesem Fall nicht vor (*Dietrich* Die Polizei **2003**, 343, 344; aA *Heller/Soschinka* S. 40 Rdn. 127: Strafbarkeit: § 52 Abs. 3 Nr. 1, Abs. 4).

**28** **h) Nicht aufrechterhaltene Verbote.** Soweit frühere Waffenverbote nicht aufrechterhalten worden sind, gibt die Begründung des WaffRNeuRegG nur Folgendes an (BT-Drucks. 14/7758 S. 91):

**aa)** Nicht mehr erfasst wird die **„Anscheinswaffen".** Das sind Schusswaffen, die den Anschein einer vollautomatischen Kriegsschusswaffe erwecken (vgl. bisher § 37 Abs. 1 Satz 1 Nr. 1 Buchstabe e WaffG aF). Die optische Ähnlichkeit dieser Waffen mit Kriegswaffen allein führt kaum zu einem Gefahrenpotential, das dem der sonstigen verbotenen Gegenstände vergleichbar wäre. Auch nicht mehr als verboten eingestuft werden Nachbildungen von Kriegsschusswaffen im Sinne der Nr. 10 und von unbrauchbar gemachten Kriegsschusswaffen im Sinne der Nr. 11 des bisherigen § 37 Abs. 1 Satz 1 WaffG. Kritisch zu dem Verbot der Anscheinswaffen äußerten sich bereits *Scholzen* und *Künneke* DWJ **1993**, 992, 996, die sich für die Aufhebung der Vorschrift einsetzten. Für derartige Anscheinswaffen früher erteilte Ausnahmegenehmigungen sind gegenstandslos geworden. Sie können wie „normale" Schusswaffen veräußert werden.

**29** Dessen ungeachtet ist diese Entscheidung des Gesetzgebers vom Standpunkt des Strafrechtspraktikers aus zu bedauern (krit. auch *L/F/L* Einleitung Rdn. 33; *Runkel* in *H/R/S/S* Rdn. 54). Denn derartige Gegenstände wurden und werden auch gegenwärtig von Straftätern häufig zur Begehung schwerer und schwerster Straftaten verwendet. Die Begründung zur Einführung des Verbots bzgl. unbrauchbar gemachter

## Grundsätze des Umgangs mit Waffen oder Munition, Waffenliste § 2

Kriegsschusswaffen führte seinerzeit aus: „Solche Gegenstände, zum Beispiel unbrauchbar gemachte Maschinenpistolen, sind in der Vergangenheit vielfach als Drohmittel bei der Begehung von Straftaten verwendet worden" (amtl. Begr. BT-Drucks. 7/2379 S. 22). In der Tat vermag der Bedrohte in seiner prekären Situation in aller Regel nicht zu erkennen, ob es sich um eine gefährliche echte Schusswaffe oder um einen – objektiv gesehen- ungefährlichen Gegenstand handelt. Das Gesetz stellte deshalb zuvor zu Recht auf einen Vergleich mit solchen Schusswaffen ab, die zur Abgabe von Feuerstößen oder Dauerfeuer bei einmaliger Betätigung des Abzugs geeignet sind (OLG Hamm NStE § 53 WaffG Nr. 1), also mit vollautomatischen Waffen, die nach Nr. 29 Buchst. b bis d der Kriegswaffenliste Kriegswaffen iS des KWKG sind, also insbesondere militärische Maschinenpistolen, Maschinengewehre und Schnellfeuergewehre (Sturmgewehre). Nach der Formulierung in § 37 Abs. 1 Satz 1 Nr. 1 Buchst. e WaffG aF fielen unter das einschlägige Verbot Waffen, die in ihrer äußeren Form einer vollautomatischen Kriegswaffe überwiegend nachgebildet sind oder in sonstiger Weise den Anschein einer solchen Waffe hervorriefen (Nr. 37.2.4 Satz 1 WaffVwV aF; BayObLGSt. **1997**, 59, 60). Unter das Verbot fielen dagegen nicht solche Schusswaffen, die nur das äußere Erscheinungsbild eines militärischen Einzelladers oder einer halbautomatischen militärischen Schusswaffe aufwiesen. Die einzelnen Merkmale führte Nr. 37.2.4 WaffVwV aF auf. Näher hierzu die 7. Aufl. § 37 Rdn. 10. Entscheidend war entsprechend dem Wortlaut des Gesetzes der durch die erwähnten Merkmale bewirkte Gesamteindruck (BVerwG NJW **1979**, 729). Maßgebend dafür, ob der Anschein einer vollautomatischen Kriegswaffe hervorgerufen wird, war die Einschätzung des – mit dieser Waffe möglicherweise bedrohten – Laien, nicht die des Waffenfachmannes (Berufungsentscheidung des bayerischen VGH vom 30. 4. 1997 [bei *Lindner* DWJ **1997**, 1402]).

Der BR (BT-Drucks. 14/7758 S. 115/116) hat während des Gesetzgebungsverfahrens noch einmal die Initiative ergriffen, um „Gegenstände, die den Anschein vollautomatischer Kriegswaffen hervorrufen", in die Verbotsregelung einzubeziehen. Zur Begründung wurde Folgendes ausgeführt: Beibehaltung des durch § 37 Abs. 1 Satz 1 Nr. 1e, 10 und 11 geregelten Rechtszustandes. Die für die Aufhebung dieser Bestimmungen angeführte Begründung überzeugt nicht. Das Gefahrenpotential liegt bei diesen Gegenständen in der Verwechselbarkeit mit wirklich gefährlichen Waffen und damit in einem äußerst wirksamen Drohpotential, das zB bei Flugzeugentführungen wirksam eingesetzt werden kann.

Die Bundesregierung lehnte den Vorschlag ab (aaO S. 136) und wies darauf hin, dass die entsprechenden Vorschriften des § 37 Abs. 1 Satz 1 Nr. 1 Buchstabe e des bisherigen Waffengesetzes erst durch das Sprengstoffgesetz vom 25. August 1969 (BGBl. 1 S. 1358) in das BWaffG 1968, die des § 37 Abs. 1 Satz 1 Nr. 11 durch das Gesetz zur Änderung des Waffengesetzes vom 4. März 1976 (BGBl. 1 S. 417) in das WaffG 1972 eingefügt worden seien. Die damalige Absicht des Gesetzes von 1969 habe darin bestanden, der seinerzeit relevanten Landmann-Kleinkaliber-Halbautomaten mit dem Aussehen der MP 40 Herr zu werden. Das Änderungsgesetz von 1976 gehe ausweislich seiner amtlichen Begründung (BundestagsDrucks. 7/2379, S. 22) von einer Einsetzbarkeit solcher Attrappen für kriminelle Zwecke aus. Der Vollzug der bisherigen Vorschrift sei trotz oder wegen der Nummer 37.2.4 der Allgemeinen Verwaltungsvorschrift zum Waffengesetz (WaffVwV) praktisch in Folge abstrakt kaum zu lösender Abgrenzungsfragen und einer unübersichtlichen Zuordnungs-Kasuistik äußerst schwierig gewesen. Er habe schließlich zu der Feststellung eines Landes geführt, dass der Anschein selbst dann nicht gegeben sei, wenn mehrere phänotypische Merkmale einer Kriegswaffe vorlägen.

§ 2  Abschn. 1. Allgemeine Vorschriften

Kriminalistisch seien Anscheins-Kriegswaffen im Allgemeinen eine Randerscheinung gewesen. Der Einsatz von Kriegswaffen, d.h. zB Maschinengewehren oder Maschinenpistolen, durch Flugzeugentführer habe in der Vergangenheit keine praktische Bedeutung erlangt. Die Möglichkeit eines solchen Einsatzes erscheine angesichts ihrer Länge und Beschaffenheit, auf Grund derer sie leicht entdeckt werden könnten, eher unwahrscheinlich. Somit bleibe das Gefahrenpotenzial von Anscheins-Kriegswaffen deutlich hinter dem der sonstigen verbotenen Gegenstände zurück".

Diese Argumentation überzeugt nicht. Für ein Zurückgehen hinter den bisherigen Rechtszustand besteht keinerlei Veranlassung. Die Begr. zu § 2 Abs. 3 (BT-Drucks. 14/7758 S. 53) weist zu Recht ausdrücklich darauf hin, dass die Zuordnung der Waffen als erlaubnispflichtig oder verboten sich auch danach zu richten hat, welche **Bedrohungswirkung** die Waffe entfaltet. Immerhin ist laut polizeilicher Kriminalstatistik in der BRepD im Jahre 2002 in 10 883 Fällen von Straftaten mit einer Schusswaffe (einschließlich Spielzeugpistolen) gedroht worden. Das ist zwar ein weiterer Rückgang nach einem Höhepunkt im Jahre 1997 (13 648 Fälle), aber immer noch ein ganz erhebliches Bedrohungspotenzial. Es bleibt nur zu hoffen, dass diese Problematik nicht durch einen spektakulären Fall von Geiselnahme oder Banküberfall Realität annimmt. Der Gesetzgeber des KWKG hat in § 13a eine VO-Ermächtigung geschaffen, die durch die **„Verordnung über den Umgang mit unbrauchbar gemachten Kriegswaffen"** vom 1.7. 2004 (BGBl. I 1448) ausgefüllt worden ist. Um dem aufgezeigten **Drohpotenzial** begegnen zu können ist u.a. das **„offene" Führen** (§§ 1 Abs. 3, 2 Abs. 2 VO) bestimmter unbrauchbar gemachter Kriegswaffen unter Bußgelddrohung gestellt worden (§ 3 Abs. 1 VO). Die VO ist im Kommentar abgedruckt unter **Nr. 8 k.**

30  **bb) Nachbildungen** waren gem. § 7 Abs. 3 der 1. WaffV aF nicht als Schusswaffen hergestellte Gegenstände, die die äußere Form einer Schusswaffe haben, aus denen aber nicht geschossen werden kann. Hier kamen hauptsächlich Maschinenpistolen-Attrappen in Frage, die nicht selten bei Verübung von Raubüberfällen als Drohmittel Verwendung finden. Nach Nr. 37.2.9 Satz 2 WaffVwV aF waren als Nachbildungen iS des Verbots nur Gegenstände anzusehen, die von vornherein als Waffenattrappen hergestellt worden sind; Schusswaffen, die nachträglich unbrauchbar gemacht werden und aus wesentlichen Teilen von Schusswaffen hergestellte Zierstücke waren keine Nachbildungen iS dieser Vorschrift.

31  Das WaffG nF regelt Nachbildungen von Schusswaffen in Anlage 1 A 1 U 1 Nr. 1.5 wie folgt: Die für Schusswaffen geltenden Vorschriften sind auf Nachbildungen von Schusswaffen dann anzuwenden, wenn diese Gegenstände mit allgemein gebräuchlichen Werkzeugen (§ 1 Rdn. 14) so umgebaut oder verändert werden können, dass aus ihnen Munition, Ladungen oder Geschosse verschossen werden können. Es wird in diesem Fall also fingiert, dass diese umbaufähigen Waffen solche Waffen bereits sind, die aus ihnen durch unkomplizierten Umbau entstehen können; sie unterfallen damit der für das entstehende Produkt vorgesehenen waffenrechtlichen Regelung. Damit übernimmt das Gesetz die zuvor in § 7 Abs. 2 und 3 der 1. WaffV aF enthaltene gewesene Regelung, deren Sinn und Zweck es nach der VO-Begr. (BR-Drucks. 581/72 S. 13) ist zu verhindern, dass Nachbildungen von Schusswaffen in scharfe Waffen umgebaut werden. Die Nachbildungen müssen deshalb so beschaffen sein, dass sie nicht mit allgemein gebräuchlichen Werkzeugen (§ 1 Rdn. 14) in funktionsfähige (scharfe) Waffen umgebaut werden können. Auf Anforderungen an die äußere Form und die Farbe der Nachbildungen, etwa die Brünierung, wie sie seinerzeit in § 16 Abs. 3 DVO BWaffG 68 gestellt wurden, ist ver-

Grundsätze des Umgangs mit Waffen oder Munition, Waffenliste **§ 2**

zichtet worden, „da sich die Vorschrift in der Verwaltungspraxis als wenig praktikabel erwiesen" hatte (Begr. S. 13).

**i) Ausnahmebewilligungen.** Auf Antrag kann das **Bundeskriminalamt** nach § 40 Abs. 4 Satz 1 **Ausnahmen** von den genannten (repressiven) Verboten – für den Einzelfall oder allgemein – zulassen. Soweit in Bezug auf nach dem WaffG aF verbotene Gegenstände nach § 37 Abs. 3 oder § 57 Abs. 7 WaffG aF **Ausnahmebewilligungen** erteilt worden waren, gelten diese im bisherigen Umfang nach § 40 Abs. 4 WaffG nF weiter (§ 58 Abs. 5). Bei bisher rechtmäßig besessenen, durch das WaffG nF erstmals – neu – unter ein Verbot fallenden Waffen gilt die Regelung des § 58 Abs. 7: Besitzt der Betreffende eine solche Waffe am 1. 4. 2003, so kann er dem drohenden Verbot auf dreierlei verschiedene Weise durch Tätigwerden bis zum 31. 8. 2003 entgehen: a) Unbrauchbarmachen der Waffe; b) Überlassung an einen Berechtigten oder c) Stellung eines Antrags auf Ausnahmebewilligung nach § 40 Abs. 4. Macht der Betreffende von diesen Möglichkeiten keinen Gebrauch, so drohen ihm Sicherstellung, Einziehung und Verwertung der Waffe. Zu der – zu verneinenden – Frage, ob hierin eine Enteignung liegt, vgl. BVerwG NJW **1979,** 1563 krit. hierzu *Heller/Soschinka* S. 40/41 Rdn. 130.

**31 a**

**5. Ausnahmen von Erlaubnispflicht und Verbot.** Im Anschluss an den **Grundsatz** der **Erlaubnispflicht** in Absatz 2 und Anlage 2 A 2 (Waffenliste) regelt Absatz 4 Satz 1 die **Ausnahmen** von der Erlaubnispflicht (und von einem Verbot) und bezieht sich hierzu für beides auf die Waffenliste (Anlage 2 A 1 und A 2 ). Anlage 2 A 2 U 1 wiederholt zunächst in Bezug auf Waffen nach § 1 Abs. 2 Nr. 1 (Anlage 1 A 1 U 1 Nr. 1 bis 4) das Prinzip, dass der Umgang mit diesen Waffen und der zugehörigen Munition der Erlaubnis bedarf, nimmt aber generell von den Umgangsformen des § 1 Abs. 3 das **Überlassen** aus; dieses ist in **§ 34** gesondert geregelt. Außerdem wird auf die Anlage 2 A U 2 Bezug genommen, in der einzelne Arten des Umgangs mit Waffen oder Munition von der Erlaubnispflicht freigestellt werden. Dementsprechend hat dieser Unterabschnitt 2 auch in der letzten Phase des Gesetzgebungsverfahrens die Überschrift „Erlaubnisfreie Arten des Umgangs" erhalten.

**32**

Absatz 4 Satz 2 regelt weiter unter Bezugnahme auf die Waffenliste (Anlage 2 A 3) die Fälle, in denen auf Waffen oder Munition das Gesetz – ganz oder teilweise – nicht anzuwenden ist. Im Einzelnen handelt es sich bei den **Ausnahmen** des Absatzes 4 Satz 1 um folgende Fälle (Ausnahmen für Hoheitsträger enthält § 55 WaffG nF; vgl. auch §§ 13 Abs. 7 Satz 2, Abs. 8 und 27 Abs. 3 bis 6):

**a) Erlaubnisfreier Erwerb und Besitz** (Anlage 2 A 2 U 2 Nr. 1).

**33**

**aa)** 1.1. Druckluft-, Federdruckwaffen und Waffen, bei denen zum Antrieb der Geschosse kalte Treibgase Verwendung finden, deren Geschossen eine Bewegungsenergie von nicht mehr als 7,5 Joule erteilt wird und die das Kennzeichen nach Anlage 1 Abbildung 1 zur Ersten Verordnung zum Waffengesetz vom 24. Mai 1976 (BGBl. I S. 1285) in der zum Zeitpunkt des Inkrafttretens dieses Gesetzes geltenden Fassung oder ein durch Rechtsverordnung nach § 25 Abs. 1 Nr. 1 Buchstabe c bestimmtes Zeichen tragen;

Diese Freistellung entspricht dem bisherigen Recht: Nach § 2 Abs. 4 Nr. 3 Buchst. a der 1. WaffV aF waren derartige Waffen von den Vorschriften über die Waffenbesitzkarte und die Anmeldung (§§ 28, 59 WaffG aF) befreit. Nach der Neuregelung in § 24 Abs. 2 WaffG nF müssen solche Waffen neben dem genannten Kennzeichen auch eine Typenbezeichnung tragen. Die Anzeigepflicht des § 26 Abs. 1 Satz 1 der 1. WaffV aF findet sich jetzt in § 24 Abs. 5 WaffG nF; Adressat der Anzeige ist nunmehr sinnvollerweise nicht mehr das Bundeskriminalamt (BKA),

§ 2  Abschn. 1. Allgemeine Vorschriften

sondern die Physikalisch-Technische Bundesanstalt. Diese wird damit in die Lage versetzt zu überprüfen, ob die Grenzwerte der Bewegungsenergie eingehalten sind. Hierunter fallen auch Farbmarkierungs-(Gotcha-, Paintball-)waffen und Federdruck-/Flongas-Gas-Waffen (Soft-Air-Waffen) mit dem Kennzeichen „F" im Fünfeck. Vgl. aber Rdn. 49 und 70 unter aaa). Eine Übersicht hat die Akademie der Polizei BW herausgegeben. Ebenfalls hier einzuordnen sind die LEP-Waffen (LEP = Lufterzeugerpatronen), bei denen ein Umbau in „scharfe" Waffen in Betracht kommt (*K/P* Rdn. 804). Vgl. auch § 1 Rdn. 3 a ff.

**33a**   **bb)** 1.2. Druckluft-, Federdruckwaffen und Waffen, bei denen zum Antrieb der Geschosse kalte Treibgase Verwendung finden, die vor dem 1. Januar 1970 oder in dem in Artikel 3 des Einigungsvertrages genannten Gebiet vor dem 2. April 1991 hergestellt und entsprechend den zu diesem Zeitpunkt geltenden Bestimmungen in den Handel gebracht worden sind;

Auch hiermit wird zT bisheriges Recht übernommen; die Zeitangabe entspricht der zuletzt für das „Beitrittsgebiet" (fr. DDR) maßgeblichen (§ 2 Abs. 4 Nr. 3 Buchst. c der 1. WaffV aF). Sie war zunächst für alle Waffen dieser Art vorgesehen. Im Gesetzgebungsverfahren ist aber die Zeitgrenze – entsprechend dem bisher geltenden Recht – für die „alten" Bundesländer wieder auf das frühere Datum des 1. 1. 1970 zurückgenommen worden, um nicht noch mehr Waffen dieser Art mit Geschossenergien über 7,5 Joule freizustellen (Begr. BT-Drucks. 14/8886 S. 119). Denn bei dieser Privilegierung ist das Außerachtlassen der jeweils erreichbaren Bewegungsenergie problematisch. Der Bundesrat (BT-Drucks. 14/7758 S. 124) hatte im Hinblick darauf die Bundesregierung gebeten, im weiteren Verlauf des Gesetzgebungsverfahrens zu prüfen, ob und gegebenenfalls in welchem Umfang die vorgesehene erweiterte Freistellung von Druckluft-, Federdruckwaffen und Waffen, bei denen zum Antrieb der Geschosse kalte Treibgase Verwendung finden, gegenständlich oder zeitlich weitergehend zu beschränken ist, um gegenüber dem bisherigen Rechtszustand (§ 2 Abs. 4 Nr. 3 1. WaffV) eine erhebliche Ausdehnung der Freistellung zu vermeiden. Nach der zunächst geplant gewesenen Neuregelung sollten künftig die im Zeitraum zwischen dem 1. Januar 1970 und dem 2. April 1991 im ehemals alten Bundesgebiet in den Handel gebrachten Waffen auch bei einer Bewegungsenergie der Geschosse von (unter Umständen weit) über 7,5 J nicht mehr waffenbesitzkartenpflichtig sein, sondern erlaubnisfrei erworben und besessen werden können. Da damit eine größere Anzahl von Schusswaffen mit erheblichem Gefährdungs- und Verletzungspotential einer effektiven behördlichen Kontrolle entzogen werden würde, bat der BR um eine erneute Überprüfung. Die BReg. (aaO S. 139) sagte daraufhin zu, in eine Prüfung einzutreten und legte schließlich eine überarbeitete Fassung der Bestimmung vor, die den Bedenken Rechnung trug.

**34**   **cc)** 1.3. Schreckschuss-, Reizstoff- und Signalwaffen, die der zugelassenen Bauart nach § 8 des Beschussgesetzes entsprechen und das Zulassungszeichen nach Anlage 1 Abbildung 2 zur Ersten Verordnung zum Waffengesetz vom 24. Mai 1976 (BGBl. I S. 1285) in der zum Zeitpunkt des Inkrafttretens dieses Gesetzes geltenden Fassung oder ein durch Rechtsverordnung nach § 25 Abs. 1 Nr. 1 Buchstabe c bestimmtes Zeichen tragen;

Diese Freistellung gab es bereits nach § 2 Abs. 4 Nr. 2 der 1. WaffV aF. Derartige Waffen werden der Bauart nach gem. § 8 BeschG (§ 22 WaffG aF) von der Physikalisch-Technischen Bundesanstalt (§ 20 Abs. 3 Satz 1 BeschG) zugelassen (Zulassungszeichen nach Anlage 1 Abbildung 2 der 1. WaffV). Bei ihnen wird durch die Bauartprüfung sichergestellt, dass der Wert von 7,5 J eingehalten ist und dass sie auch mit allgemein gebräuchlichen Werkzeugen nicht zu Schusswaffen mit einer

## Grundsätze des Umgangs mit Waffen oder Munition, Waffenliste § 2

höheren Bewegungsenergie der Geschosse umgebaut werden können (vgl. § 8 Abs. 2 Nr. 4 BeschG; § 22 Abs. 2 Nr. 1 und 3 WaffG aF). Ihre Privilegierung ist jedoch davon abhängig, dass die betr. Waffen der zugelassenen Bauart noch entsprechen. Wird die Waffe in wesentlichen Teilen nachträglich abgeändert, so unterliegt sie der Erlaubnispflicht. Die weitere Freistellung der in der früheren Nr. 2 des § 2 Abs. 5 der 1. WaffV aF erwähnten „sonstigen Schusswaffen, bei denen die Bewegungsenergie der Geschosse nicht mehr als 7,5 J beträgt", war ohne Unterscheidung nach Lang- oder Kurzwaffen im Hinblick auf die Gefährlichkeit der sog. 4-mm-Waffen gestrichen worden (vgl. die VO-Begr. BR-Drucks. 74/76 S. 47/48 und den Beschluss des BRats hierzu vom 12. 3. 1976 S. 2/4). Die 2. ÄndVO zur 1. WaffV aF hatte die Befreiung erweitert auf Schreckschuss-, Reizstoff- und Signalwaffen (ohne Zulassungszeichen) mit einer 15 mg nicht überschreitenden Munitionsladung. Dies ist in die Neufassung des WaffG nicht übernommen worden, findet sich vielmehr in § 1 Abs. 2 Nr. 1 BeschG. Waffen zum Verschießen der Patrone 4 mm M 20 waren und sind nicht befreit (BR-Drucks. 544/86 S. 15; *VISIER* S. 31).

**dd)** 1.4. Munition für die in Nr. 1.3 bezeichneten Schusswaffen. 35

Die Erstreckung der Freistellung auf die Munition für von der Erlaubnis freigestellte Waffen entspricht der Logik.

**ee)** 1.5. Veränderte Langwaffen, die für Zier- oder Sammlerzwecke, zu Theateraufführungen, Film- oder Fernsehaufnahmen bestimmt sind, wenn sie die nachstehenden Anforderungen erfüllen: 36
– das Patronenlager muss dauerhaft so verändert sein, dass keine Patronen- oder pyrotechnische Munition geladen werden kann,
– der Lauf muss in dem dem Patronenlager zugekehrten Drittel mindestens sechs kalibergroße, nach vorn gerichtete unverdeckte Bohrungen oder andere gleichwertige Laufveränderungen aufweisen und vor diesen in Richtung der Laufmündung mit einem kalibergroßen gehärteten Stahlstift dauerhaft verschlossen sein,
– der Lauf muss mit dem Gehäuse fest verbunden sein, sofern es sich um Waffen handelt, bei denen der Lauf ohne Anwendung von Werkzeugen ausgetauscht werden kann, und
die Änderungen müssen so vorgenommen sein, dass sie nicht mit allgemein gebräuchlichen Werkzeugen rückgängig gemacht und die Gegenstände nicht so geändert werden können, dass aus ihnen Geschosse, Patronen- oder pyrotechnische Munition verschossen werden können.

Diese Herausnahme aus der Erlaubnispflicht für Erwerb und Besitz entspricht nahezu wörtlich und jedenfalls inhaltlich derjenigen aus § 3 Abs. 1 der 1. WaffV aF. Bei dieser war allerdings zusätzlich bestimmt, dass die Schusswaffen ihrer äußeren Form nach nicht den Anschein einer vollautomatischen Kriegswaffe hervorrufen durften. Dies ist im WaffG nF entfallen, parallel zur Herausnahme der Anscheinswaffen aus dem Katalog der verbotenen Waffen (Rdn. 28). Der genannte Absatz 1 war weitgehend dem § 3 der 1. WaffV 1972 nachgebildet worden. Die Vergünstigung für Zier- und Sammlerwaffen war jedoch entgegen der früheren Regelung auf Schusswaffen mit einer Länge von mehr als 60 cm beschränkt worden. Der Ausschluss der Kurzwaffen von der Ausnahmeregelung war und ist aus Sicherheitsgründen geboten.

Die im Eingang der Bestimmung erwähnten Schusswaffen für Zier-, Sammler- oder Aufführungszwecke müssen sämtliche angeführten Erfordernisse nebeneinander erfüllen. Die vorgeschriebenen Veränderungen bewirken die Unbrauchbarkeit der betr. Waffen zum Verschießen von Patronen- und Raketenmunition. Die Waffen sind dann nur noch zum Abschießen von ungefährlicher Kartuschenmunition („Platz-

## § 2 Abschn. 1. Allgemeine Vorschriften

patronen", richtiger: Knallkartuschen) geeignet. Durch § 1 Abs. 1 Satz 1 Nr. 4 der 1. WaffV aF sollte auch die Verwendung derartiger Schusswaffen als Drohmittel verhindert werden, die möglich wäre, wenn sie den Anschein einer gefährlichen Kriegswaffe hervorrufen. Dieses Erfordernis ist – wie bereits erwähnt – bedauerlicherweise entfallen.

Die vorgeschriebenen Veränderungen des Patronenlagers und des Laufs sind bei der Neufassung der VO 1976 unter Berücksichtigung der zwischenzeitlichen Erfahrungen verschärft worden. Das im 1. „Spiegelstrich" (Nr. 1 aF) aufgeführte Erfordernis bezüglich des Patronenlagers ist durch die 1. ÄndVO 1978 erweitert worden („verändert" statt „verschlossen"), da es technisch möglich ist, das Patronenlager auch durch andere Maßnahmen als Verschließen so zu verändern, dass keine Patronen- oder pyrotechnische Munition geladen werden kann (BR-Drucks. 423/78 S. 9). Im Einzelnen beruht die Fassung des im 2. Spiegelstrich genannten Erfordernisses (Nr. 2 aF) auf einem Vorschlag des Bundesrats, der sich in seiner Stellungnahme zur BR-Drucks. 75/76 S. 6 auf den Standpunkt gestellt hat, auch andere Laufveränderungen zuzulassen, soweit sie gleichwertig sind.

Die Erfordernisse der Unveränderlichkeit mussten bei der Neufassung der VO verschärft werden, da nach der VO-Begr. (BR-Drucks. 74/76 S. 49) die Erfahrungen bei der Anwendung der dem § 3 der 1. WaffV entsprechenden bisherigen Vorschrift gezeigt hatten, dass die vom BKA festgelegten Anforderungen von den Betrieben beim späteren Vertrieb der Waffen nicht immer eingehalten wurden, so dass es möglich war, die Waffen mit allgemein gebräuchlichen Werkzeugen ohne besondere Schwierigkeiten wieder in den Originalzustand zurückzuversetzen. Diesem Missbrauch wurde durch die Neuformulierung (§ 3 Abs. 1 Satz 2 der 1. WaffV aF) entgegengetreten. Zu dem Begriff „allgemein gebräuchliche Werkzeuge" vgl. § 1 Rdn. 14. Die unter der Herrschaft des § 3 der 1. WaffV 1972 abgeänderten Waffen behandelt die nachfolgende Nr. 1.6.

**37** **ff)** 1.6. Schusswaffen, die vor dem 1. April 1976 entsprechend den Anforderungen des § 3 der Ersten Verordnung zum Waffengesetz vom 19. Dezember 1972 (BGBl. I S. 2522) verändert worden sind.

Auch in diesem Falle ist bisheriges Recht übernommen worden. Die Regelung fußt auf § 3 Abs. 2 der 1. WaffV aF. Danach sind Zier- und Sammlerwaffen, die nach den Anforderungen des früheren § 3 der 1. WaffV vor dem 1. 4. 1976 abgeändert worden sind, auch weiterhin von der WBK-Pflicht ausgenommen, was allerdings voraussetzt, dass die betr. Änderungen ordnungsgemäß vorgenommen worden sind und nicht mit allgemein gebräuchlichen Werkzeugen (§ 1 Rdn. 14) wieder rückgängig gemacht werden können (BR-Drucks. 74/76 S. 50).

**38** **gg)** 1.7. Einläufige Einzelladerwaffen mit Zündhütchenzündung (Perkussionswaffen), deren Modell vor dem 1. Januar 1871 entwickelt worden ist.

Die Regelung entspricht § 2 Abs. 1 Buchst. b iVm. Abs. 4 Nr. 1 der 1. WaffV aF. Da das Jahr der tatsächlichen Anfertigung häufig nur schwer festzustellen ist, wird darauf abgestellt, ob das Modell der Waffe vor dem 1. Januar 1871 entwickelt worden ist. Die Freistellung beruht auf der Erwägung, dass die genannten Waffen wegen der durch ihre Konstruktion bedingten umständlichen Ladeweise und im Hinblick darauf, dass sie nur noch für Sammlerzwecke verwendet werden, keine Gefahr für die öffentliche Sicherheit darstellen und dass es deshalb vertretbar ist, sie von dem Erlaubnisverfahren auszunehmen. Abweichend vom früheren Recht sind auch Perkussions-**Kurzwaffen** erfasst; jedoch sind nur einläufige Einzelladerwaffen von der Erlaubnispflicht ausgenommen. Mit dem Begriff „Einzelladerwaffen", unter den auch mehrläufige Schusswaffen fallen (jetzt ausdrücklich Anlage 1 A 1 U 1 Nr. 2.5),

Grundsätze des Umgangs mit Waffen oder Munition, Waffenliste  § 2

ist klargestellt worden, dass Trommelrevolver in jedem Fall der Erlaubnispflicht unterliegen (BR-Drucks. 74/76 S. 45 f.). Die geänderte Fassung sollte regeln, dass auch umgearbeitete Nachbauten von Perkussionsrevolvern, die im Original mehrschüssig waren, den waffenrechtlichen Bestimmungen unterliegen; ihre – nicht kontrollierbare – Rückverwandlung birgt erhebliche Gefahren in sich (vgl. BR-Drucks. 423/78 S. 9). Andererseits ist die frühere Einschränkung der Vorschrift auf Vorderladerwaffen entfallen. „Damit wird der Tatsache Rechnung getragen, dass es Schusswaffen mit Perkussionszündung gibt, bei denen der Lauf abgekippt werden kann, um das Geschoss und die Treibladung von hinten in den Lauf einzuführen. Bei diesen Waffen muss im Gegensatz zu den neueren Hinterladerwaffen neben dem erschwerten Laden das Zündhütchen getrennt aufgesetzt werden; die Handhabung dieser Waffen ist umständlicher und mit derjenigen der Vorderladerwaffen vergleichbar" (BR-Drucks. 74/76 S. 46), weshalb die Ausnahmeregelung auf sie erstreckt worden ist. Zunächst war seinerzeit eine generelle Freistellung der Vorderlaperkussionswaffen (Zündhütchenzündung) mit einer Länge von mehr als 60 cm vorgenommen worden, sofern sie keine Mehrschusseinrichtung besaßen. Die Freistellung dieser Waffen wurde jedoch nach und nach teilweise zurückgenommen. Vorderladerperkussionslangwaffen waren seit der 1. WaffV 1976 (vgl. § 2 Abs. 1 Nr. 1 b, Abs. 4 Nr. 1 der 1. WaffV aF) nicht mehr generell von den Vorschriften des WaffG befreit. Bei ihnen entfiel – außer der Anwendung der §§ 7 bis 12 WaffG aF (§ 2 Abs. 1 VO aF) – nur die Waffenbesitzkarten- und die Anmeldepflicht (§ 2 Abs. 4 VO aF), dagegen blieben das „Führen" derartiger Waffen (§ 35 WaffG aF) und das Schießen außerhalb von Schießstätten nur mit behördlicher Erlaubnis gestattet. Diese einschränkende Regelung wurde wegen der zunehmenden Verbreitung dieser Waffen vorgenommen (BR-Drucks. 74/76 S. 44).

hh) 1.8. Schusswaffen mit Lunten- oder Funkenzündung, deren Modell vor dem 39 1. Januar 1871 entwickelt worden ist.

Im Gegensatz zu § 2 Abs. 1 Nr. 1 Buchst. a iVm. Abs. 4 der 1. WaffV aF, wo es um Waffen mit „Zündnadelzündung" geht, übernimmt die jetzige Regelung der „Lunten- oder Funkenzündung" aus § 2 der 1. WaffV aF. Demgegenüber war in der folgenden Nummer 1.9 zunächst vorgesehen, Schusswaffen mit Zündnadelzündung generell – ohne zeitliche Begrenzung – von der Erlaubnispflicht für Erwerb und Besitz zu befreien. Gegen Ende des Gesetzgebungsverfahrens ist aber auch dort dieselbe zeitliche Schranke wie vorliegend festgelegt worden. Da das Jahr der tatsächlichen Anfertigung häufig nur schwer festzustellen ist, wird – wie in vergleichbaren Fällen – darauf abgestellt, ob das Modell der Waffe vor dem 1. Januar 1871 entwickelt worden ist. Die Regelung betreffend Waffen mit Lunten- oder Funkenzündung in § 1 Abs. 2 der 1. WaffV aF war durch die 1. ÄndVO zur 1. WaffV vom 5. 11. 1978 (BGBl. I 1722) neu gefasst und durch die ab 1. 1. 1987 geltende 2. ÄndVO v. 19. 12. 1986 (BGBl. I 2701) erneut geändert worden. Neben Vorderladerwaffen, d. h. „Waffen, die von vorn geladen werden" (Nr. 1.8.3 der Allgemeinen Verwaltungsvorschrift zum Waffengesetz – WaffVwV – idF d. Bek. vom 29. 11. 1979, veröffentlicht in der Beilage zum BAnz. Nr. 229; ber. Nr. 231), unterfielen danach auch Hinderladerwaffen mit Funkenzündung der Regelung (BR-Drucks. 544/86 S. 14). Nach früherer Ansicht bildeten die Vorderladerwaffen im allgemeinen keine Gefahr für die öffentliche Sicherheit und waren deshalb als unbedenklich aus dem Anwendungsbereich des WaffG gänzlich herausgenommen worden. „Soweit sie mit Lunten- oder Funkenzündung ausgestattet sind, sind sie schwer zu handhaben, so dass sie für eine verbrecherische Verwendung nicht in Betracht kommen" (BR-Drucks. 581/72 Begr. S. 5).

**§ 2**                          Abschn. 1. Allgemeine Vorschriften

Die freigestellten Vorderladerwaffen mit Lunten- oder Funkenzündung, wie zB Miniaturkanonen, erwiesen sich im Laufe der Zeit indessen als gefährlich für Schützen und Umgebung wegen der Art des Ladens und Zündens (Schwarzpulver und Lunten). Eine Kontrolle durch das allgemeine Polizeirecht reichte nach Ansicht des Verordnungsgebers nicht mehr aus (vgl. BR-Drucks. 423/78 S. 9), so dass nach der oben genannten ÄndVO diese Schusswaffen der Beschussprüfung (§§ 16ff. WaffG aF) unterworfen wurden und das Schießen mit ihnen auf Schießstätten und außerhalb derselben (§§ 44 und 45 WaffG) der Erlaubnis bedurfte. Die 2. ÄndVO (s. o.) erklärte auf alle Schusswaffen mit Lunten- oder Funkenzündung § 39 WaffG aF für anwendbar, weil sich hierfür ein sicherheitspolizeiliches Bedürfnis ergeben hatte (BR-Drucks. 544/86 S. 14).

Der Bundesrat hatte im Gesetzgebungsverfahren (BT-Drucks. 14/7758 S. 124) gebeten, die unterschiedlichen Regelungsinhalte für Schusswaffen mit Lunten- oder Funkenzündung (Nummern 1.8, 3.1, 4.1 und 7.7) und Schusswaffen mit Zündnadelzündung (Nummern 1.9 und 5.2) zu überprüfen und sinnvoll zu harmonisieren; es erscheine aus sicherheitsrechtlicher Sicht vertretbar, den erlaubnisfreien Umgang – mit Ausnahme des Führens – für diese Waffen zumindest dann zuzulassen, wenn das Modell dieser Schusswaffen vor dem 1. Januar 1871 entwickelt worden sei. Die Bundesregierung (aaO S. 139) hat daraufhin eine Harmonisierung der beiden Regelungsbereiche vorgenommen, indem sie auch bei den Schusswaffen mit Zündnadelzündung (nachfolgende Rdn. 40) die gleiche zeitliche Beschränkung wie vorliegend bei Nr. 1.8 eingeführt hat. Nach dem WaffG nF ist auch das Führen derartiger Schusswaffen erlaubnisfrei gestellt (Anlage 2 A 2 U 2 Nr. 3.1).

**40**   **ii)** 1.9. Schusswaffen mit Zündnadelzündung, deren Modell vor dem 1. Januar 1871 entwickelt worden ist;

Die Neuregelung sollte nach dem ursprünglichen Plan eine generelle Freistellung derartiger Waffen hinsichtlich Erwerb und Besitz bringen, ohne hierfür das Vorliegen eines vor dem 1. 1. 1871 entwickelten Modells zu fordern (so aber § 2 Abs. 4 Nr. 1 iVm. Abs. 1 Nr. 1 Buchst. a der 1. WaffV aF). Vgl. auch Rdn. 39. Der Gesetzgeber hat dann aber doch im Zuge einer Harmonisierung der Vorschriften, wie vom BR angeregt, auch hier den Zusatz aufgenommen, dass das Modell vor dem 1. 1. 1871 entwickelt worden sein muss, um an der Freistellung für Erwerb und Besitz teilzuhaben (Begr. BT-Drucks. 14/8886 S. 119). Das Zündnadelgewehr wurde um 1840 erfunden. Hierbei wurde die Waffe von hinten geladen, wobei erstmals komplette Patronen (aus Papier) verwendet wurden. Gezündet wurde durch eine lange Zündnadel, die durch die Pulverladung auf ein Knallquecksilber schlug. Auf diese Weise konnte eine Schussfrequenz von ca. 5 Schuss pro Minute erreicht werden. Diese Waffenart war nicht lange im Gebrauch, war aber der Übergang zu den Mehrladegewehren mit Metallpatronen.

**41**   **jj)** 1.10. Armbrüste. Die zunächst vorgesehene Fassung lautete: „von den tragbaren Gegenständen, bei denen bestimmungsgemäß feste Körper gezielt verschossen werden, deren Antriebsenergie durch Muskelkraft eingebracht und durch eine Sperrvorrichtung gespeichert werden kann, nur Armbrüste". Demgegenüber schlug der BR (BT-Drucks. 14/7758 S. 124) die jetzt Gesetz gewordene abgekürzte Formulierung vor. Die BReg. (aaO S. 139) stimmte dem Vorschlag zu, da hier die Befreiung nur die Armbrust betreffen könne.

Armbrüste waren nach bisherigem Recht – im Gegensatz zum WaffG 1968 (dort: § 1 Abs. 2 Nr. 1) – nicht mehr erfasst. In der Praxis sind derartige Geräte – mit Zielfernrohr – allerdings als todbringende Waffen verwendet worden (BGH, Urteil vom 6. 8. 1987 – 4 StR 321/87 – BGHR StGB § 21 Affekt 1). Für sie gilt nach neuem

## Grundsätze des Umgangs mit Waffen oder Munition, Waffenliste § 2

Recht das Alterserfordernis (18 Jahre); vgl. *Dietrich* Die Polizei **2003**, 343, 346. Das **Schießen** mit der Armbrust unterfällt nicht der Definition „Schießen" in Anlage 1 Abschnitt 2 Nr. 7, da kein Geschoss durch einen Lauf getrieben wird.

**kk)** 1.11. Kartuschenmunition für die nach Nummer 1.5 abgeänderten Schusswaf- **42** fen sowie für Schussapparate nach § 7 des Beschussgesetzes.

Ursprünglich war hier von „Patronen- oder Kartuschenmunition" die Rede. Der BR trat demgegenüber (BT-Drucks. 14/7758 S. 125) für die jetzt Gesetz gewordene Formulierung ein. Hierzu wurde geltend gemacht: Für die in den Nummern 1.5 bis 1.9 bezeichneten Schusswaffen (u. a. Vorderladerwaffen) gäbe es heute keine Patronenmunition mehr. Sollte für Zündnadelwaffen heute neue Patronenmunition hergestellt werden, unterläge diese der Zulassung nach dem Beschussgesetz. Die BReg. nahm daraufhin die vorgeschlagene Korrektur vor (Begr. BT-Drucks. 14/8886 S. 110).

Unter Kartuschenmunition versteht man Hülsen mit Treibladungen, die ein Geschoss nicht enthalten (Anlage 1 A 1 U 3 Nr. 1.2). Die Begriffsbestimmung entspricht § 2 Abs. 1 Satz 1 Nr. 2 WaffG aF. Im Gegensatz zur Patronenmunition enthält hier die Hülse (= Kartusche) kein Geschoss, sondern nur die Ladung zum etwaigen Antrieb eines solchen. Unter den Begriff „Kartuschenmunition" fallen Gas-, Schreckschuss- und „Platzpatronen" (Knallkartuschen)", bei denen kein weiterer Erfolg als der Gas- oder Knallerzeugung bewirkt wird, sowie die besonders erwähnten Kartuschen für Schussapparate (§ 7 BeschG; § 1 Abs. 6 WaffG aF). Abgepackte Ladungen, die zum Wiederladen der Kartuschen, oder in Umhüllung befindliche zusätzliche Ladungen, die zum Verstärken der Ladung bestimmt sind, werden nicht erfasst.

Erforderlich für die Freistellung ist jeweils, dass es sich um Munition für „die nach Nummer 1.5 abgeänderten Schusswaffen" (s. die obigen Ausführungen zu Nr. 1.5) oder für Schussapparate (§ 7 BeschG) handelt.

Die im früheren Entwurf enthalten gewesene Ausnahme von der Freistellung betraf Schwarzpulverpresslinge. Diese Ausnahme erwähnt das Gesetz nicht mehr. Sie besteht aber aus dem Grunde weiter, weil die Gesetz gewordene Privilegierung nur Kartuschenmunition freistellt, also **Hülsen** mit Treibladungen (ohne Geschoss). Auf hülsenlose Treibladungen waren bereits nach § 3 Abs. 4 der DVO BWaffG die für Munition geltenden Vorschriften des BWaffG einschließlich der Straf- und Bußgeldbestimmungen anzuwenden, wenn die betreffenden Treibladungen eine den Innenabmessungen einer Schusswaffe (oder eines nicht tragbaren Gerätes) angepasste Form hatten und zum Antrieb von Geschossen bestimmt waren. Diese Bestimmung war 1972 in das WaffG selbst übernommen worden. Die hier angesprochenen, nicht in Hülsen untergebrachten „Presslinge" werden durch Kleben oder Pressen in die erforderliche Form gebracht und wie eine Kartusche zum Verschießen beispielsweise aus mehrschüssigen Vorderladerwaffen (Perkussionsrevolvern) oder bestimmten Schussapparaten verwendet. Sie unterlagen der Munitionserwerbsscheinpflicht des § 29 WaffG aF (vgl. auch BayObLGSt. **1974,** 72, 73). Hülsenlose Munition aus Pulverpresslingen, die das Geschoss „aufgepfropft" hat, ist für militärische Zwecke entwickelt worden (Der Spiegel 31/87 S. 151). Derartige Presslinge, sofern sie aus Schwarzpulver bestehen, sind von der Rubrik „Erlaubnisfreier Erwerb und Besitz", auch ohne dass dies nach jetziger Gesetzesfassung ausdrücklich erwähnt ist, ausgenommen.

Nach § 29 Abs. 1 Satz 1 Nr. 1 der 3. WaffV aF unterlagen diese Treibladungen zuletzt nicht mehr der Zulassung (§ 25 WaffG aF) sowie der Fabrikationskontrolle und der periodischen behördlichen Kontrolle, weil die vorgesehenen Prüfungen aus technischen Gründen nicht möglich sind (BR-Drucks. 554/80 S. 104).

**§ 2** Abschn. 1. Allgemeine Vorschriften

**43** II) 1.12. Pyrotechnische Munition, die das Zulassungszeichen nach Anlage II Abbildung 7 zur Dritten Verordnung zum Waffengesetz mit der Klassenbezeichnung PM I trägt. Leider hat das Gesetz, abweichend von dem insoweit richtigen Entwurf, die zutreffende Bezeichnung „Abbildung 7" in „Abbildung 5" geändert und dabei übersehen, dass die frühere Bezeichnung Abbildung 5 durch Art. 1 Nr. 33 Buchst. i der Verordnung vom 10. 1. 2000 (BGBl. I 38, 45) wie folgt geändert worden ist: „Die Abbildung 5 wird die Abbildung 7".

Erlaubnisfrei erwerben und besitzen darf man pyrotechnische Munition (Anlage 1 A 1 U 3 Nr. 1.4), sofern sie das erforderliche Zulassungszeichen der Bundesanstalt für Materialforschung und -prüfung („BAM" im Sechseck) und den Zusatz „PM I" trägt. Die Voraussetzungen für die Einordnung in die Klasse PM I ergeben sich zZ noch aus § 9 Abs. 4 der 3. WaffV aF iVm. der Anlage I Nr. 5.2.2 zu dieser VO. Vgl. auch §§ 10 und 20 Abs. 3 Satz 2 BeschG.

**44** **b) Erlaubnisfreier Erwerb und Besitz durch Inhaber einer Waffenbesitzkarte.** 2. Der Inhaber einer Waffenbesitzkarte (§ 10 Abs. 1 WaffG nF; § 28 WaffG aF) ist behördlicherseits bereits hinreichend überprüft, so dass es gerechtfertigt erscheint, ihn von der Einholung weiterer Erlaubnisse für bestimmte „Anschlusstätigkeiten oder -geschäfte" freizustellen. Voraussetzung ist jedoch, dass diese sich jeweils auf eine Schusswaffe beziehen, die bereits in der Waffenbesitzkarte des Inhabers der Erlaubnis eingetragen ist (Nr. 2 letzter Satz). Zu „Erwerb" und „Besitz" wird auf Anlage 1 A 2 Nr. 1 und 2 verwiesen (§ 1 Rdn. 33 ff. bzw. 42).

**aa)** 2.1. Wechsel- und Austauschläufe gleichen oder geringeren Kalibers einschließlich der für diese Läufe erforderlichen auswechselbaren Verschlüsse (Wechselsysteme).

Diese Regelung entspricht der bisherigen in § 4 Abs. 1 Nr. 1 der 1. WaffV aF. Diese Vorschrift ist bei der Neufassung der 1. WaffV 1976 eingefügt und durch die 2. ÄndVO ab 1. 1. 1987 geändert (Erweiterung auf Wechseltrommeln [nachfolgende Nr. 2.2]) worden. Sie beruht auf der Erwägung, dass den Personen, welche die bezeichneten Gegenstände erwerben wollen, bereits eine WBK für eine Schusswaffe erteilt worden ist. Im Hinblick darauf ist auf die Erteilung einer zusätzlichen besonderen Erlaubnis verzichtet worden, da die persönlichen Voraussetzungen, die beim Erwerber vorliegen müssen, bereits in dem vorangegangenen Erlaubnisverfahren zum Erwerb einer Schusswaffe kontrolliert worden sind. „Durch die Zubilligung weiterer Austausch- und Wechselläufe wird die Zahl der Schusswaffen nicht erhöht" (VO-Begr. BR-Drucks. 74/76 S. 50). Entsprechendes gilt für die Wechseltrommeln [der nachfolgenden Nr. 2.2] (BR-Drucks. 544/86, S. 17). Nach der VO-Begr. (BR-Drucks. 74/76 S. 50) besteht ein Bedürfnis zum Erwerb von Austausch- und Wechselläufen insbesondere bei Jägern und Sportschützen. Durch die Verwendung dieser Läufe wird der Schütze in die Lage versetzt, entweder eine andere Munition zu verschießen oder eine andere Wirkung zu erzielen. Die Einsätze für Schusswaffen (nachfolgende Nr. 2.3 [2. Alternative]) sind dazu bestimmt, eine Munition mit kleineren Abmessungen zu verschießen. Diese Einsätze sind ihrer Funktion nach den gesondert genannten Einstecklaufen (Nr. 2.3 [1. Alternative]) vergleichbar, deren Erwerb bereits nach § 28 Abs. 3 WaffG aF einer WBK-Pflicht nicht unterlag. Freigestellt sind nunmehr auch die Einstecklaufe mit zugehörigem Verschluss („Einstecksysteme"), was nach altem Recht umstritten war (vgl. Vorauflage Rdn. 21 zu § 28 WaffG aF). Die Freistellung erfasst – wie bisher – bei Wechsel- oder Austauschläufen nur solche bis zu gleichem Kaliber; entsprechendes gilt für die Wechseltrommeln (Nr. 2.2). Das unkontrollierte „Basteln" großkalibriger scharfer Waffen ist nicht gestattet.

### Grundsätze des Umgangs mit Waffen oder Munition, Waffenliste § 2

**bb)** 2.2. Wechseltrommeln, aus denen nur Munition verschossen werden kann, bei der gegenüber der für die Waffe bestimmten Munition Geschossdurchmesser und höchstzulässiger Gebrauchsgasdruck gleich oder geringer sind (Maßtafeln). 45

Auch hier ist eine sachliche Gesetzesänderung nicht eingetreten. Die bisherige wortgleiche Regelung fand sich in § 4 Abs. 1 Nr. 2 der 1. WaffV aF. Auf die obigen Ausführungen zu Nr. 2.1 (Rdn. 44) wird verwiesen. Unter den erwähnten Maßtafeln versteht man die „Bekanntmachung der Maßtafeln für Handfeuerwaffen und Munition" vom 10. 1. 2000 (BAnz. Nr. 38 a vom 24. 2. 2000).

**cc)** 2.3. Einsteckläufe und dazugehörige Verschlüsse (Einstecksysteme) sowie Einsätze, die dazu bestimmt sind, Munition mit kleinerer Abmessung zu verschießen, und die keine Einsteckläufe sind, für Schusswaffen, die bereits in der Waffenbesitzkarte des Inhabers einer Erlaubnis eingetragen sind. Die Einsteckysteme selbst werden nicht in die WBK eingetragen (**aA** *K/P* Rdn. 826). 46

Die Vorschrift entspricht bisherigem Recht (vgl. die obigen Ausführungen zu Nr. 2.1 – Rdn. 44).

**c) 3. Erlaubnisfreies Führen.** Zum Begriff des „Führens" wird auf Anlage 1 A 2 Nr. 4 Bezug genommen (§ 1 Rdn. 46). 47

**aa)** 3.1. Schusswaffen mit Lunten- oder Funkenzündung, deren Modell vor dem 1. Januar 1871 entwickelt worden ist.

Hierzu wird zunächst auf die Ausführungen zu Nr. 1.8 (Rdn. 39) verwiesen. Auffälligerweise war in der zunächst vorgesehenen Fassung eine Freistellungsregelung enthalten, die eine Beschränkung auf Schusswaffen, deren Modell vor dem 1. 1. 1871 entwickelt worden ist, nicht vorsah, obwohl eine solche nach Nr. 1.8 bzgl. des Erwerbens und Besitzens bestand. Auch hier ist aber im Laufe des Gesetzgebungsverfahrens eine entsprechende Korrektur vorgenommen worden, so dass ein Waffenschein nur dann nicht benötigt wird, wenn das Modell der Waffe vor dem 1. 1. 1871 entwickelt worden ist.

**bb)** 3.2. Armbrüste. Auch hier ist die ursprüngliche umständliche Formulierung: „von den tragbaren Gegenständen, bei denen bestimmungsgemäß feste Körper gezielt verschossen werden, deren Antriebsenergie durch Muskelkraft eingebracht und durch eine Sperrvorrichtung gespeichert werden kann, nur Armbrüste" durch die Kurzform ersetzt worden, weil andere Gegenstände offensichtlich nicht hiervon erfasst werden. 48

Die Freistellung vom Erfordernis eines Waffenscheins für Armbrüste entspricht bisherigem Recht (§ 1 Abs. 1 Nr. 2 der 1. WaffV aF). Zur Freistellung hinsichtlich Erwerb und Besitz vgl. Nr. 1.10 (Rdn. 41).

**cc)** 3.3. Schusswaffen nach [Anlage 2] Abschnitt 3 Unterabschnitt 2, die als getreue Nachahmungen im Sinne der vorgenannten Nummern nicht vom Waffengesetz ausgenommen sind. 49

Schusswaffen der genannten Art sind nach Anlage 2 A 3 U 2 (vgl. im Einzelnen die Anmerkungen Rdn. 70 ff.) an sich „vom Gesetz ausgenommene Waffen". Das gilt indes in den Fällen nicht, in denen ihre äußere Gestalt so beschaffen ist, dass sie „getreue Nachahmungen von Schusswaffen" sind, „deren Erwerb der Erlaubnis bedarf". Das Vorliegen einer „getreuen Nachahmung" ist dann anzunehmen, wenn diese ihrem äußeren und inneren Erscheinungsbild (Vorhandensein baulicher Komponenten einer solchen Schusswaffe bis in ihren inneren Mechanismus hinein, zB durch einen Lademechanismus für Patronen oder patronenähnliche Gegenstände) sowie ihren Maßen nach einer echten erlaubnispflichtigen Schusswaffe täuschend ähnlich sieht. Nicht erforderlich ist allerdings, dass es sich um eine originalgetreue Nachahmung eines bestimmten, existierenden Modells einer erlaubnispflichtigen Schusswaffe handelt („Hinweise zum Vollzug des neuen Waffengesetzes durch die

## § 2 Abschn. 1. Allgemeine Vorschriften

Waffenbehörden ab dem 1. 4. 2003" des Bundesministeriums des Innern (BMI) vom 18. 3. 03 – Az. IS 7 a–681032/29; *Ostgathe* S. 23). Maßstabgetreue Verkleinerungen, für die es keine Munition gibt, scheiden aus (*L/F/L* § 1 Rdn. 67). Nach bisherigem Recht wurde nur auf die Ähnlichkeit mit einer vollautomatischen Kriegswaffe abgestellt; ein solcher Anschein führte zur Aufhebung der Freistellung. Nach jetzigem Recht bewirkt das Vorliegen einer „getreuen Nachahmung" einer erlaubnisbedürftigen Schusswaffe, dass die generelle Freistellung von den Vorschriften des Waffengesetzes entfällt; ungeachtet dessen wird aber vorliegend bestimmt, dass trotz grundsätzlicher Anwendung des Waffengesetzes für derartige Nachbildungen jedenfalls zum Führen der Waffe **kein Waffenschein** benötigt wird, eine Regelung, die nicht plausibel erscheint (Redaktionsversehen?).

50 **d) Erlaubnisfreier Handel und erlaubnisfreie Herstellung.** 4. Die Begriffe „Handel" und „Herstellung" sind in § 1 Rdn. 61 ff. bzw. 56 ff. erläutert.

**aa)** 4.1. Schusswaffen mit Lunten- oder Funkenzündung, deren Modell vor dem 1. 1. 1871 entwickelt worden ist.

Nachdem das Führen derartiger Waffen nach Nr. 3.1 letztlich nur mit der genannten zeitlichen Beschränkung freigestellt worden ist, erscheint es nur konsequent, auch die Fabrikation und den Handel hiermit in diesem Ausmaß vom Erlaubnisvorbehalt zu befreien. Die frühere inkonsequente Freistellungsregelung hat der Gesetzgeber in letzter Minute bereinigt, nach der sich die Freistellung für Erwerb und Besitz in Nr. 1.8 nur auf vor dem 1. 1. 1871 entwickelte Modelle bezog, ansonsten aber eine generelle Privilegierung gelten sollte.

51 **bb)** 4.2. Armbrüste. Auch hier musste die zunächst vorgesehene Fassung „von den tragbaren Gegenständen, bei denen bestimmungsgemäß feste Körper gezielt verschossen werden, deren Antriebsenergie durch Muskelkraft eingebracht und durch eine Sperrvorrichtung gespeichert werden kann, nur Armbrüste" zu Recht der nunmehr erfolgten Kurzfassung weichen.

Bei Armbrüsten sind folgerichtig sowohl Erwerb und Besitz (Nr. 1.10) als auch Führen (Nr. 3.2) sowie Fabrikation und Handel (vorliegende Nr. 4.2) freigestellt.

52 **e) Erlaubnisfreier Handel.** 5. Zum Begriff „Handel" wird auf § 1 Rdn. 61 ff. verwiesen.

**aa)** 5.1. Einläufige Einzelladerwaffen mit Zündhütchenzündung (Perkussionswaffen), deren Modell vor dem 1. Januar 1871 entwickelt worden ist.

Keiner Erlaubnis nach § 21 Abs. 1 WaffG nF bedarf derjenige, der mit diesen Waffen Handel treibt. Das korrespondiert mit der Regelung in Nr. 1.7 (Rdn. 38), durch die Erwerb und Besitz solcher Waffen freigegeben worden sind. Das Führen ist nicht erlaubnisfrei gestellt.

53 **bb)** 5.2. Schusswaffen mit Zündnadelzündung, deren Modell vor dem 1. 1. 1871 entwickelt worden ist

Sie sind hinsichtlich Erwerb und Besitz in Nr. 1.9 von der Erlaubnispflicht befreit worden (Rdn. 40), so dass auch der Handel keinen Beschränkungen unterliegt.

54 **f) Erlaubnisfreie nichtgewerbsmäßige Herstellung.** 6. Zum Begriff „Herstellung" s. § 1 Rdn. 56 ff.

6.1. Munition. Während § 26 die nichtgewerbsmäßige Herstellung von Schusswaffen unter Erlaubnisvorbehalt stellt, ist eine entsprechende Regelung für die Herstellung von Munition nicht erfolgt. Das entspricht bisherigem Recht. Auch in § 41 Abs. 1 Satz 1 WaffG aF war nur die nichtgewerbsmäßige Herstellung von Schusswaffen erlaubnispflichtig, nicht jedoch diejenige von Munition. Die amtliche Begründung z. WaffG 1972 (BT-Drucks. VI/2678 S. 34) rechtfertigte die Aufnahme der Bestimmung wie folgt:

## Grundsätze des Umgangs mit Waffen oder Munition, Waffenliste § 2

„Nach dem RWG war das nichtgewerbliche Herstellen, Bearbeiten und Instandsetzen von Schusswaffen – mit Ausnahme der ‚verbotenen' Schusswaffen nach § 25 Abs. 1 RWG – erlaubnisfrei." Nach früher geltendem Recht durfte daher jedermann Schusswaffen, die keine Kriegswaffen waren, herstellen, bearbeiten und instand setzen, wenn er dies nicht gewerbsmäßig tat. Dies war mit dem Sicherheitsbedürfnis der Öffentlichkeit nicht vereinbar. Denn „seit geraumer Zeit sind zum Basteln bestimmte Werkzeuge weit verbreitet, mit denen auch die für Schusswaffen verwendeten Metalllegierungen leichter und besser als mit dem früher üblichen Bastlerwerkzeug bearbeitet werden können. Ferner sind Schreckschuss- und Gaswaffen oft so gebaut, dass sie mit einfachem Werkzeug zu scharfen Waffen umgearbeitet werden können. Es werden deshalb nicht selten Schreckschuss- oder Gaswaffen festgestellt, die in scharfe Waffen umgearbeitet worden sind. ...

Eine Ausdehnung der Erlaubnispflicht nach Absatz 1 auf die nichtgewerbliche Herstellung von Munition erscheint nicht erforderlich, da nur der Inhaber eines Sprengstofferlaubnisscheines die benötigten Treibladungsstoffe erhält. Im Übrigen können auch in der sprengstoffrechtlichen Erlaubnis die zur Verhütung von Gefahren erforderlichen Auflagen festgelegt werden." Vgl. hierzu VG Hannover, Urteil vom 19. 3. 2004 – 10 A 6817/03.

**g) Erlaubnisfreies Verbringen und erlaubnisfreie Mitnahme in den, durch** **55**
**den oder aus dem Geltungsbereich des Gesetzes.** 7. Der Begriff des „Verbringens" ist in Anlage 1 A 2 Nr. 5 geregelt (hierzu § 1 Rdn. 54), derjenige der „Mitnahme" in Anlage 1 A 2 Nr. 6 (vgl. § 1 Rdn. 54 a).

**aa)** 7.1. Druckluft-, Federdruckwaffen und Waffen, bei denen zum Antrieb der Geschosse kalte Treibgase Verwendung finden, sofern sie den Voraussetzungen der Nummer 1.1 oder 1.2 entsprechen. Auf die obigen Erläuterungen zu den Nrn. 1.1 und 1.2 (Rdn. 33 und 33 a) wird verwiesen. Nr. 1.3 war im Entwurf zunächst offensichtlich versehentlich hier mit aufgeführt; sie bezieht sich jedoch auf eine andere Kategorie Waffen, nämlich die nachfolgend genannten. Das Versehen ist in der endgültigen Fassung behoben worden.

**bb)** 7.2. Schreckschuss-, Reizstoff- und Signalwaffen, die der zugelassenen Bau- **56**
art nach § 8 des Beschussgesetzes entsprechen und das Zulassungszeichen nach Anlage 1 Abbildung 2 zur Ersten Verordnung zum Waffengesetz vom 24. Mai 1976 (BGBl. I S. 1285) in der zum Zeitpunkt des Inkrafttretens dieses Gesetzes geltenden Fassung oder ein durch Rechtsverordnung nach § 25 Abs. 1 Nr. 1 Buchstabe c bestimmtes Zeichen tragen.

Hierzu wird auf die Anmerkungen zu Nr. 1.3 (Rdn. 34) Bezug genommen.

**cc)** 7.3. Veränderte Langwaffen, die für Zier- oder Sammlerzwecke, zu Theater- **57**
aufführungen, Film- oder Fernsehaufnahmen bestimmt sind, wenn sie die Anforderungen der Nummer 1.5 erfüllen.

Auf die Erläuterungen zu der genannten Nr. 1.5 (Rdn. 36) wird verwiesen.

**dd)** 7.4. Schusswaffen, die vor dem 1. April 1976 entsprechend den Anforderun- **58**
gen des § 3 der Ersten Verordnung zum Waffengesetz vom 19. Dezember 1972 (BGBl. I S. 2522) verändert worden sind.

Diese Art Waffen sind bereits in Nr. 1.6 aufgeführt und umschrieben (Rdn. 37).

**ee)** 7.5. Munition für die in Nummer 7.2 bezeichneten Waffen. **59**

Aus dem vorliegend unter Nr. 7 zusammengestellten Katalog von Waffen ist ausdrücklich **nur** die Munition für die näher gekennzeichneten Schreckschuss-, Reizstoff- und Signalwaffen von der Erlaubnis für die „Mitnahme" und das „Verbringen" freigestellt.

**§ 2**                                 Abschn. 1. Allgemeine Vorschriften

**60**     **ff)** 7.6. Einläufige Einzelladerwaffen mit Zündhütchenzündung (Perkussionswaffen), deren Modell vor dem 1. Januar 1871 entwickelt worden ist.

Hierzu kann auf Nr. 1.7 (Rdn. 38) verwiesen werden.

**61**     **gg)** 7.7. Schusswaffen mit Lunten- oder Funkenzündung.

Näheres hierzu findet sich zu Nr. 1.8 (Rdn. 39); die Beschränkung auf bestimmte alte Modelle ist auch hier (nachträglich) eingeführt worden.

**62**     **hh)** 7.8. Armbrüste. Obwohl diese (Nr. 1.10; Rdn. 41) in der waffenrechtlichen Praxis nur eine untergeordnete Rolle spielen, werden sie auch hier im Rahmen der Freistellung für die „Mitnahme" und das „Verbringen" gesondert aufgeführt.

**63**     **ii)** 7.9. Pyrotechnische Munition, die das Zulassungszeichen nach Anlage II Abbildung 7 zur Dritten Verordnung zum Waffengesetz mit der Klassenbezeichnung PM I trägt.

Die Formulierung entspricht Nr. 1.12. (Rdn. 43). Die dort aufgezeigte Falschzitierung von Abbildung 5 gilt auch hier.

**64**     **h)** Erlaubnisfreies Verbringen und erlaubnisfreie Mitnahme aus dem Geltungsbereich des Gesetzes in einen Staat, der nicht Mitgliedstaat der Europäischen Union ist.

Zum Begriff „Verbringen" vgl. § 1 Rdn. 54, zur „Mitnahme" § 1 Rdn. 54a.

Sämtliche Waffen im Sinne des § 1 Abs. 2. Zur Darstellung dieser umfangreichen Kategorie wird auf § 1 Rdn. 4 ff. sowie Anlage 1 A 2 U 1 und U 2 verwiesen. Die Beförderung (Entfernung) aller dieser Waffen aus dem Inland bedarf keiner waffenrechtlichen Erlaubnis; dieser Bereich unterfällt nicht mehr dem inländischen waffenrechtlichen Regime. Hier setzt das Außenwirtschaftsrecht mit seinen Genehmigungserfordernissen ein.

**65**     Unterabschnitt 3:

**i) Entbehrlichkeit einzelner Erlaubnisvoraussetzungen**

1. Erwerb und Besitz ohne Bedürfnisnachweis (§ 4 Abs. 1 Nr. 4)

**aa)** 1.1. Feuerwaffen, deren Geschossen eine Bewegungsenergie von nicht mehr als 7,5 Joule erteilt wird und die das Kennzeichen nach Anlage 1 Abbildung 1 der Ersten Verordnung zum Waffengesetz vom 24. Mai 1976 (BGBl. I S. 1285) in der zum Zeitpunkt des Inkrafttretens dieses Gesetzes geltenden Fassung oder ein durch Rechtsverordnung nach § 25 Abs. 1 Nr. 1 Buchstabe c bestimmtes Zeichen tragen.

Die Anlage 2 verweist hier zunächst auf den Begriff der „Feuerwaffe", der dem früheren innerdeutschen Waffenrecht fremd war, im europäischen Rahmen indessen bereits verwendet wurde (Anhang I Nr. II der Richtlinie des Rates über die Kontrolle des Erwerbs und des Besitzes von Waffen („Waffenrichtlinie") 91/477/EWG vom 18. 6. 1991 [Abl. EG Nr. L 256/91 vom 13. 9. 1991; abgedruckt unter Nr. 6]; Anhang II: Europäischer Feuerwaffenpass; s. auch Nr. 6.7 ff. WaffVwV aF). Feuerwaffen sind nunmehr in Anlage 1 A 1 U 1 Nr. 2 definiert. Ihr Wesensmerkmal ist, dass bei ihnen zum Antrieb der Geschosse heiße Gase verwendet werden. Feuerwaffen sind sie aber nur, soweit sie in den Nr. 2.1 bis 2.9 der Anlage 1 A 1 U 1 ausdrücklich als eine der neun in Betracht kommenden Kategorien aufgeführt sind. Zur Vermeidung von Wiederholungen wird auf die angegebene Stelle der Anlage 1 verwiesen. Eine abweichende Definition findet sich in § 2 Abs. 1 Nr. 2 BeschG.

Für diese Feuerwaffen, sofern ihren Geschossen keine höhere Bewegungsenergie als 7,5 Joule erteilt wird, ist bei Vorliegen der übrigen Voraussetzungen eine Waffenbesitzkarte zu erteilen, ohne dass es des Nachweises eines „Bedürfnisses" (§ 4 Abs. 1 Nr. 4, § 8; § 8 Rdn. 3 ff.) bedarf. Damit entspricht die Regelung dem bisherigen Recht; denn bereits nach § 2 Abs. 5 Nr. 1 der 1. WaffV aF waren bei der Erteilung einer Waffenbesitzkarte für „Hand"feuerwaffen mit der 7,5 Joule-Begrenzung

## Grundsätze des Umgangs mit Waffen oder Munition, Waffenliste § 2

die Vorschriften über eine Prüfung des Bedürfnisses (§ 30 Abs. 1 Satz 1 Nr. 3 WaffG aF) nicht anzuwenden. Der im Jahre 1976 eingefügte Absatz 5 des § 2 der 1. WaffV besagt, dass die Erteilung der Erlaubnis (WBK) zum Erwerb von Handfeuerwaffen (Kurz- oder Langwaffen) mit einer Bewegungsenergie bis zu 7,5 J (sowie des Munitionserwerbscheins für diese Waffen [vgl. nachfolgende Nr. 1.2]) unter erleichterten Bedingungen geschieht. Diese Waffen sind zwar aus Gründen der öffentlichen Sicherheit der WBK-Pflicht unterworfen worden, nachdem sie bis 1976 der WBK-Pflicht nicht unterlagen (§ 2 Absatz 5 Nr. 2 der 1. WaffV in der früheren Fassung). Die Freistellung der in der früheren Nr. 2 des Absatzes 5 erwähnten „sonstigen Schusswaffen, bei denen die Bewegungsenergie der Geschosse nicht mehr als 7,5 J beträgt", ist seinerzeit ohne Unterscheidung nach Lang- oder Kurzwaffen im Hinblick auf die Gefährlichkeit dieser sog. 4-mm-Waffen gestrichen worden (vgl. VO-Begr. BR-Drucks. 74/76 S. 47/48 und den Beschluss des BRats hierzu vom 12. 3. 1976 S. 2/4). Jedoch wird die Erteilung der WBK hier nicht, wie bei sonstigen scharfen Handfeuerwaffen, vom Nachweis eines Bedürfnisses abhängig gemacht (Beschluss des BRats zu BR-Drucks. 74/76 S. 4; VG Neustadt/Weinstraße GewA **1998,** 120, 122).

Waffen zum Verschießen der Patrone 4 mm M 20 sind nicht befreit (BR-Drucks. 544/86 S. 15).

1.2. Für Waffen nach Nr. 1.1 bestimmte Munition. **66**

Für den Erwerb und Besitz von Munition (§ 10 Abs. 3 WaffG nF) für die unter 1.1 umschriebenen weniger gefährlichen Waffen gelten die gleichen Erleichterungen in Bezug auf den Nachweis eines Bedürfnisses (so schon bisher § 2 Abs. 5 Nr. 2 der 1.WaffV aF).

**bb)** 2. Führen ohne Sachkunde-, Bedürfnis- und Haftpflichtversicherungsnach- **67** weis (§ 4 Abs. 1 Nr. 3 bis 5) – **Kleiner Waffenschein.**

Die Erlaubnis zum „Führen" der Waffe (§ 1 Rdn. 46 ff.) wird durch einen „Waffenschein" erteilt (§ 10 Abs. 4 Satz 4 WaffG nF). Bei der Erteilung eines Waffenscheins für die im Folgenden aufgeführten Waffen werden von den Erfordernissen des § 4 Abs. 1 nur das Alterserfordernis (Nr. 1) sowie (Nr. 2) die Zuverlässigkeit (§ 5) und die persönliche Eignung (§ 6) geprüft. Diese Erlaubnis wird unbefristet und nicht für eine bestimmte Waffe erteilt, sondern für die folgenden drei Gruppen:

2.1. Schreckschuss-, Reizstoff- und Signalwaffen nach Unterabschnitt 2 Nr. 1.3.

Das sind Waffen, die der zugelassenen Bauart nach § 8 des Beschussgesetzes entsprechen und das Zulassungszeichen nach Anlage 1 Abbildung 2 zur Ersten Verordnung zum Waffengesetz vom 24. Mai 1976 (BGBl. I S. 1285) in der zum Zeitpunkt des Inkrafttretens dieses Gesetzes geltenden Fassung oder ein durch Rechtsverordnung nach § 25 Abs. 1 Nr. 1 Buchstabe c bestimmtes Zeichen tragen.

Derartige Waffen werden der Bauart nach gem. § 8 BeschG (§ 22 WaffG aF) von der Physikalisch-Technischen Bundesanstalt (§ 20 Abs. 3 Satz 1 BeschG) zugelassen (Zulassungszeichen nach Anlage 1 Abbildung 2 der 1. WaffV aF). Bei ihnen wird durch die Bauartprüfung sichergestellt, dass der Wert von 7,5 J eingehalten wird und dass sie auch mit allgemein gebräuchlichen Werkzeugen nicht zu Schusswaffen mit einer höheren Bewegungsenergie der Geschosse umgebaut werden können (vgl. § 8 Abs. 2 Nr. 4 BeschG; § 22 Abs. 2 Nr. 1 und 3 WaffG aF). Ihre Privilegierung ist jedoch davon abhängig, dass die betr. Waffen der zugelassenen Bauart noch entsprechen.

Das WaffG nF hat hinsichtlich dieser Waffen jedoch – abweichend vom bisherigen Recht – das **Erfordernis des Waffenscheins, allerdings in erleichterter Form,** gemeinhin und jetzt auch in der betreffenden Nr. 2 der Anlage 2 Abschnitt 2 Unter-

## § 2 Abschn. 1. Allgemeine Vorschriften

abschnitt 3 **„Kleiner Waffenschein"** genannt, gebracht. Für dessen Erteilung bedarf es nur der Bejahung des Alterserfordernisses sowie der Zuverlässigkeit und persönlichen Eignung nach § 4 Abs. 1 WaffG nF. Für die Einführung des „Kleinen Waffenscheins" für die hier in Rede stehenden Waffen war Folgendes maßgebend (Begr. RegE BT-Drucks. 14/7758 S. 91):

„Die Erteilung eines Waffenscheins im Sinne des § 10 Abs. 3 *[des Entwurfs]* bedarf für die hier genannten Waffen lediglich der Prüfung der Zuverlässigkeit und persönlichen Eignung einer Person. Nach bisher geltender Rechtslage sind der Erwerb, der Besitz und das Führen von Schreckschuss-, Reizstoff- und Signalwaffen nur an das Alterserfordernis von 18 Jahren geknüpft. In dem Waffen- und Sprengstoff-Jahresbericht des Bundeskriminalamts aus dem Jahre 1999 wurde festgestellt, dass es sich bei mehr als der Hälfte (51,5%, 994 Waffen) aller sichergestellten Schusswaffen, mit denen Straftaten nach dem Strafgesetzbuch verübt wurden, um erlaubnisfreie Schreckschuss-, Reizstoff- oder Signalwaffen handelte; diese Feststellung, dass mehr als 50% der sichergestellten Tatwaffen dieser Gruppe zuzuordnen sind, findet sich in allen Jahresberichten der vergangenen Jahre. Vor diesem Hintergrund hat sich der Bundesrat in seiner Entschließung zur Stärkung der Inneren Sicherheit vom 26. September 1997 – BR-Drucks. 580/97 (Beschluss) – dafür ausgesprochen, das Führen solcher Schusswaffen unter eine eingeschränkte Erlaubnispflicht zu stellen („kleiner Waffenschein"). Diesem Ansinnen wird mit Anlage 2 Abschnitt 2 Unterabschnitt 3 Nr. 2.1 entsprochen".

**68** *Unterabschnitt 4*
*(entfällt)* Hierin war Folgendes vorgesehen: *Der Umgang mit Waffen nach § 1 Abs. 2 Nr. 2 Buchstabe a bedarf keiner Erlaubnis.*

Völlig freigestellt werden von den Erlaubnisbestimmungen, nicht jedoch von den Verboten (s. unten) sollte damit jeglicher „Umgang" (§ 1 Abs. 3 WaffG nF) mit „tragbaren Gegenständen, die ihrem Wesen nach dazu bestimmt sind, die Angriffs- oder Abwehrfähigkeit von Menschen zu beseitigen oder herabzusetzen, insbesondere Hieb- und Stoßwaffen" (§ 1 Rdn. 20 ff.). Die Freistellung von der Erlaubnispflicht sollte jedoch nicht bedeuten, dass der Umgang mit ihnen keinen Beschränkungen unterliegt. Insofern erschien die vom Gesetzgeber im Entwurf gebrauchte Formulierung nicht gerade glücklich gewählt. Eine ganze Reihe der hier angesprochenen „Geräte" zählt nämlich zu den „Verbotenen Waffen" nach Anlage 2 A 1 Nr. 1.3 iVm. § 2 Abs. 3. Auf § 2 Rdn. 11 ff. wird verwiesen.

Der BR (BT-Drucks. 14/7758 S. 125) unterbreitete hierzu den Vorschlag, die Wörter „Buchstabe a" zu streichen. Zur Begründung führte er Folgendes ins Feld: „Es erscheint geboten, die im Verhältnis etwa zu der Regelung der Anlage 2 Abschnitt 2 Unterabschnitt 1 unklare Bestimmung inhaltlich auch auf Waffen nach § 1 Abs. 2 Nr. 2 Buchstabe b auszudehnen, da die zum Beispiel bislang in Anlage 1 Abschnitt 1 Unterabschnitt 1 Nr. 2 genannten Gegenstände zwar zum Teil waffenrechtlichen Verboten nach Anlage 2 Abschnitt 1, bei Verzicht auf derartige Verbote jedoch keiner Erlaubnispflicht unterliegen sollen. Anderenfalls bestünden insbesondere im Hinblick auf die gegenwärtige Fassung des Unterabschnittes 4 im erheblichen Umfang Zweifel an der rechtlichen Einstufung beispielsweise der weiterhin privilegierten Springmesser oder der (ggf. neu aufgenommenen) geprüften/zugelassenen Elektroschock- und Reizstoffsprühgeräte im Tierbereich. Die BReg. (aaO S. 139) stimmte dem Vorschlag zu, hielt aber über den Vorschlag hinaus als Folgeänderung der Korrektur des § 2 Abs. 2 WaffG den Unterabschnitt 4 in Anlage 2 Abschnitt 2 für gänzlich entbehrlich und entschied sich schließlich für seine Streichung.

Grundsätze des Umgangs mit Waffen oder Munition, Waffenliste § 2

**Abschnitt 3:** 69
**j) Vom Gesetz ganz oder teilweise ausgenommene Waffen**
**aa)** Unterabschnitt 1: Vom Gesetz mit Ausnahme von § 2 Abs. 1 und § 41 ausgenommene Waffen.

Unterwassersportgeräte, bei denen zum Antrieb der Geschosse keine Munition verwendet wird (Harpunengeräte).

Die Regelung ist aus § 2 Abs. 2 der 1. WaffV aF übernommen worden. Auf diese Geräte fand bereits zuvor das Gesetz mit Ausnahme der Vorschriften über die Abgabe an Jugendliche und über das Waffenbesitzverbot (§§ 33 und 40 WaffG aF) keine Anwendung, sofern sie zum Antrieb der Geschosse keine Munition verwenden. „Diese Geräte werden wegen ihrer Form und schweren Handhabung für die Begehung von Straftaten im Allgemeinen nicht verwendet. Die Freistellung dieser Geräte ist aus Sicherheitsgründen unbedenklich; sie sind ausschließlich zur Unterwasserjagd bestimmt und wegen ihrer Größe und Form zur Verwendung bei Straftaten ungeeignet" (Begr. der 1. WaffV von 1972 BR-Drucks. 581/72 S. 7). Anwendbar bleiben demnach die Vorschriften über das Alterserfordernis (§ 2 Abs. 1) sowie über Waffenverbote im Einzelfall. Zu Harpunen aus kriminologischer Sicht: *Vendura/ Strauch/Wieland,* Harpunen – Spielzeug, Werkzeug, Waffe? ArchKrim. **201** (1998), 73. Wie gefährlich diese Waffe ist, zeigte sich auch im Strafverfahren gegen den „Harpunenschützen vom Kreuzviertel" in Dortmund; bei Probeschüssen hat sich der Pfeil fast 20 cm tief ins (Schweine-)Fleisch gebohrt.

**bb)** Unterabschnitt 2: 70
Vom Gesetz ausgenommene Waffen
Hier werden **abschließend** die Waffen aufgezählt, auf die das **WaffG** überhaupt **nicht anwendbar** ist:
aaa) 1. Schusswaffen (Anlage 1 Abschnitt 1 Unterabschnitt 1 Nr. 1.1), die zum **Spiel** bestimmt sind, wenn aus ihnen nur Geschosse verschossen werden können, denen eine Bewegungsenergie von nicht mehr als 0,08 Joule (J) erteilt wird, es sei denn.
– sie können mit allgemein gebräuchlichen Werkzeugen so geändert werden, dass die Bewegungsenergie der Geschosse über 0.08 Joule steigt oder
– sie sind getreue Nachahmungen von Schusswaffen im Sinne der Anlage 1 Abschnitt 1 Unterabschnitt 1 Nr. 1.1, deren Erwerb der Erlaubnis bedarf.

Die Einbeziehung der zum **Spiel** bestimmten (Schuss-)Waffen in den Geltungsbe- 70a reich des WaffG erfolgte erstmalig im BWaffG 1968. Der Gesetzgeber (Begr. BT-Drucks. V/528 S. 19) begründete seinerzeit diese Begriffserweiterung damit, dass die Spielzeugindustrie Spielzeugwaffen auf den Markt gebracht habe, die „nicht nur wegen der täuschend ähnlichen Nachahmung, sondern auch wegen der mit ihnen zu erreichenden Bewegungsenergie der Geschosse eine Gefahr" darstellten, weshalb diese Waffen, mit denen gezielt geschossen werden könne und die in den Händen von Kindern und Jugendlichen eine nicht unerhebliche Gefahr für Mensch und Tier bedeuteten, als Schusswaffen behandelt werden müssten. Das WaffG 1972 und ebenso dasjenige von 1976 haben diese Regelung beibehalten. Um Härten auszuschließen, gab § 6 Abs. 4 Nr. 1 Buchst. a WaffG aF dem BMI die Ermächtigung, harmlose Spielzeugwaffen im Wege einer Rechtsverordnung von den Vorschriften des WaffG auszunehmen. Der BMI hatte von dieser Ermächtigung in § 1 Abs. 1 Nr. 1 der 1. WaffV aF Gebrauch gemacht. Diese Regelungen hat das WaffG nF sachlich weitgehend übernommen und hierzu – missverständlich – ausgeführt (Begr. RegE BT-Drucks. 14/7758 S. 92); „So genannte Soft Air-Waffen" „unterliegen in Zukunft auch dann nicht dem Waffenrecht, wenn aus ihnen gasförmige, flüssige oder feste

## § 2 Abschn. 1. Allgemeine Vorschriften

Stoffe in Umhüllungen verschossen werden können. Andererseits unterfallen sie künftig dem Waffengesetz (Mindestalter!), wenn sie getreue Nachahmungen von Schusswaffen sind, deren Erwerb der Erlaubnis bedarf, da die europäische Richtlinie des Rates vom 3. Mai 1988 zur Angleichung der Rechtsvorschriften der Mitgliedstaaten über die Sicherheit von Spielzeug (88/378/EWG) – Spielzeugrichtlinie – diese Gegenstände nicht dem Spielzeug zuordnet. Die Richtlinie legt zudem für Spielzeug eine maximale Geschossenergie von 0,08 Joule fest. Der bisherige waffenrechtliche Grenzwert war daher anzupassen".

**70b** Mit der Regelung über **Spielzeugwaffen** wird der außerordentlich weit gezogene Schusswaffenbegriff des § 1 Abs. 2 Nr. 1 WaffG nF eingeengt, indem eine Anzahl harmloser Schusswaffen, die zum **Spiel** bestimmt sind, ganz freigestellt werden. Der Spielzeugrichtlinie unterfallen dabei nur **Federdruckwaffen,** da Druckluftwaffen ausdrücklich vom Spielzeugbegriff ausgenommen worden sind (Anhang l Nr. 9 zur Spielzeugrichtlinie); Entsprechendes gilt „erst recht" für Kaltgaswaffen (*Ostgathe* S. 29 Fn. 64). Gleichzeitig wird festgelegt, dass die Freistellung in zwei Fällen nicht gilt wenn nämlich einmal die privilegierten Waffen mit allgemein gebräuchlichen Werkzeugen (§ 1 Rdn. 14) zu gefährlicheren Waffen **umgearbeitet** werden können (Umbaumöglichkeit reicht also aus *A/B* Anlage S Rdn. 60) oder zum anderen, wenn diese Spielzeugwaffen sich als **„getreue Nachahmungen"** von echten erlaubnisbedürftigen Schusswaffen darstellen. Auf die Hervorrufung des Anscheins einer Kriegswaffe wird nicht mehr abgestellt (anders § 1 Abs. 1 Nr. 1 iVm. Absatz 3 Nr. 1 und 3 der 1. WaffV aF).

Auf Schusswaffen im engeren Sinne nach § 1 Abs. 2 Nr. 1 WaffG iVm. Anlage 1 A 1 U 1 Nr. 1.1, die zum **Spiel** bestimmt sind, findet danach das WaffG (auch hinsichtlich des „Führens") keine Anwendung, wenn die Bewegungsenergie der aus ihnen verschossenen festen Körper, insbesondere der massiven Geschosse, nicht mehr als **0,08 Joule** (nach bisherigem Recht: 0,5 J) beträgt, also keine schweren Verletzungen beim Auftreffen auf den menschlichen Körper erwarten bzw. befürchten lässt (ein Körper von 1 kg Masse hat nach einem widerstandsfreien Fall aus 1 m Höhe eine Bewegungsenergie von etwa 10 J). Zu „Geschossen" wird auf Anlage 1 A 1 U 3 Nr. 3 und § 1 Rdn. 5 ff. verwiesen.

**70c** Die Negierung dieser Entscheidung des **Gesetzgebers** durch den Feststellungsbescheid des **BKA** vom 18. 6. 2004 (BAnz. Nr. 122 vom 3. 7. 2004 S. 14246; abgedr. im Kommentar unter Nr. 14 I Nr. 4), mit dem kurzerhand aus europäischen Gesichtspunkten der frühere Wert von 0.5 Joule erneut für maßgebend erklärt worden ist, dürfte vorerst **unbeachtlich** sein; es bedarf der Änderung durch den **Gesetzgeber** (so ausführlich auch *Gade* S. 30 ff.; ebenso *Ostgathe* S. 27). Einschlägig ist hier die **„Spielzeugrichtlinie"** 88/378/EWG des Rates vom 3. 5. 1988 (ABl. EG Nr. L 187 S. 1), geänd. durch Art. 3 der Richtlinie 93/68/EWG des Rates vom 22. 7. 1993 (ABl. EG Nr. L 220 S. 1) iVm. der harmonisierten Norm DIN EN 71-1, Teil I „Mechanische und physikalische Eigenschaften" Nr. 4.17.3. Als Spielzeug gelten danach alle Erzeugnisse, die dazu gestaltet oder offensichtlich bestimmt sind, von Kindern im Alter bis 14 Jahren zum Spielen verwendet zu werden; der Kennzeichnung dieser Erzeugnisse mit dem CE-Kennzeichen kommt eine dahingehende Indizwirkung zu. Das BKA hat in seinem Bescheid wie folgt argumentiert: Die Herabsetzung der Geschossenergie auf 0,08 Joule im Waffenrecht ergebe auf europäischer Ebene Probleme dahingehend, dass Geschossspielzeug, das gemäß den Anforderungen der Spielzeugrichtlinie iVm. der DIN-Norm EN 71-1 mit einer Bewegungsenergie bis zu 0.5 Joule ordnungsgemäß in den Verkehr gebracht werde, unter das Waffengesetz falle und damit von Kindern unter 14 Jahren nicht benutzt werden dürfe;

durch diese Regelung werde für das Inverkehrbringen dieser Produkte ein Handelshemmnis iSd. Artikel 4 der Spielrichtlinie aufgebaut. Hinsichtlich der Bewegungsenergie wird unter Berufung auf die zitierte DIN EN-Norm auch noch auf eine weitere Differenzierung hingewiesen (*Ostgathe* S. 27): Danach beschränkt sich der Standard von 0,08 J für die maximale kinetische Energie von Geschossspielzeugen auf starre Geschosse ohne elastische Aufprallspitzen. Für elastische Geschosse oder Geschosse mit elastischen Aufprallspitzen gilt hingegen auch auf europäischer Ebene der Grenzwert von 0.5 Joule.

Bereits in der genannten europäischen Spielzeugrichtlinie (dort: Anhang I Nr. 20) **70d** ist ausdrücklich klargestellt, dass **getreue Nachahmungen** echter Schusswaffen **kein Spielzeug** sind (ebenso wie Druckluftwaffen – dort Anhang I Nr. 9. so dass sich der angegebene Joule-Wert immer nur auf Federdruckwaffen bezieht). Der Begriff der **„getreuen Nachahmung"** ist nicht definiert und dementsprechend umstritten. Es wird von einer Auffassung, so das BKA in seinem Bescheid vom 3. 5. 2004 (BAnz. Nr. 91 vom 14. 5. 2004 S. 10459: ähnlich *K/P* Rdn. 830) gefordert, derartige Waffen müssten nach ihrem äußeren und inneren Erscheinungsbild (Vorhandensein baulicher Komponenten einer solchen Schusswaffe bis in ihren inneren Mechanismus hinein, zB durch einen Lademechanismus für Patronen oder patronenähnliche Gegenstände) sowie ihren Maßen nach einer echten erlaubnispflichtigen Schusswaffe täuschend ähnlich sehen; das Anbringen von Originalkennzeichnungen (Beschusszeichen, Firmenbezeichnungen, Herstellungsnummern) verstärke das äußere Erscheinungsbild einer echten erlaubnispflichtigen Schusswaffe und sei daher als Indiz für eine getreue Nachahmung anzusehen. Das Fehlen derartiger Kennzeichnungen hingegen berühre die Kriterien einer getreuen Nachahmung nicht. Nicht erforderlich sei, dass es sich um eine originalgetreue Nachahmung eines bestimmten, existierenden Modells einer erlaubnispflichtigen Schusswaffe handele.

Dieser Auffassung kann **nicht** gefolgt werden. Maßgebend für die Herausnahme **70e** getreuer Nachahmungen aus dem Begriff der – an sich objektiv ungefährlichen – Spielzeugschusswaffen war und ist das **Drohpotential**, das von derartigen Nachahmungen ausgeht. Dieses kann sich aber immer nur am **äußeren Erscheinungsbild** eines Gegenstandes orientieren, so dass nach wie vor der Gesamteindruck eines durchschnittlichen Betrachters maßgebend ist (*Verf.* in Vorauflage § 37 WaffG aF Rdn. 9 zu Nachbildungen; folgend *A/B* Anlage 2 Rdn. 61). Die innere Beschaffenheit einer Nachahmung bleibt demjenigen, der mit einem solchen Gegenstand konfrontiert wird, stets verborgen und kann deshalb als Maßstab nicht herangezogen werden (so auch ausführlich *Gade* S. 27 ff. 31/32). Der Begriff der „getreuen Nachahmung", der im Waffenrecht nirgends definiert ist, kann nicht auf quasi bis ins Detail „geklonte" Nachahmungen beschränkt werden.

bbb) 2. Schusswaffen und tragbare Gegenstände im Sinne von Anlage 1 Abschnitt 1 Unterabschnitt 1 Nr. 1.2.2, bei denen feste Körper durch Muskelkraft angetrieben werden, es sei denn **71**
- deren durch Muskelkraft eingebrachte Antriebsenergie kann durch eine Sperrvorrichtung gespeichert werden (z.B. Druckluft- oder Federdruckwaffe, Armbrüste) oder
- sie sind getreue Nachahmungen von Schusswaffen im Sinne von Anlage 1 Abschnitt 1 Unterabschnitt 1 Nr. 1.1, deren Erwerb der Erlaubnis bedarf.

Totale Freistellung von den Vorschriften des Waffengesetzes gilt auch für die hier angesprochenen Schusswaffen, sofern sie keine Vorrichtung zur Speicherung der Antriebsenergie aufweisen. Dies galt auch bereits nach altem Recht (§ 1 Abs. 1 Nr. 2 der 1. WaffV aF). Hierunter fallen zB Blasrohre, mit denen Geschosse aus einem

§ 2 Abschn. 1. Allgemeine Vorschriften

„Lauf" verschossen werden. Auf sie war und ist das WaffG nicht anzuwenden, weil die Geschwindigkeit dieser Geschosse und deren Reichweite verhältnismäßig unbedeutend sind; auch ist die Schießgenauigkeit gering. Zu diesen Geräten gehören nicht die Luft- und Federdruckwaffen und Armbrüste mit Sperrvorrichtung, wie jetzt ausdrücklich klargestellt wird; diese sind nur von einigen Vorschriften des Gesetzes ausgenommen. Das Vorhandensein einer Sperrvorrichtung zur Speicherung der Muskelkraft lässt die Privilegierung also stets entfallen. Entsprechendes gilt, wenn die Schusswaffe so beschaffen ist, dass sie sich nach ihrem äußeren Erscheinungsbild als „getreue Nachahmung" einer Schusswaffe erweist, die den Erlaubnisvorschriften des Gesetzes unterliegt.

72 ccc) In Anlage 1 Abschnitt 1 Unterabschnitt 1 Nr. 1.1 oder 1.2.1 bezeichnete Gegenstände, die zum **Spiel** bestimmt sind (vgl. aber Rdn. 75 aE), wenn mit ihnen nur Zündplättchen, -bänder, -ringe (Amorces) oder Knallkorken abgeschossen werden können, es sei denn,
– sie können mit allgemein gebräuchlichen Werkzeugen in eine Schusswaffe oder einen anderen, einer Schusswaffe gleichstehenden Gegenstand umgearbeitet werden oder
– sie sind getreue Nachahmungen von Schusswaffen im Sinne von Anlage 1 Abschnitt 1 Unterabschnitt 1 Nr. 1.1, deren Erwerb der Erlaubnis bedarf.

Bei dieser gänzlich vom Waffengesetz freigestellten Kategorie sind nicht nur die Schusswaffen im engeren Sinne (Anlage 1 A 1 U 1 Nr. 1.1), sondern auch diejenigen nach Nr. 1.2.1 einbezogen (§ 1 Rdn. 3 ff. bzw. 16 ff.). Zwei Voraussetzungen müssen jedoch erfüllt sein: es muss sich einmal **eindeutig** um **Spielzeugwaffen** handeln, und zum anderen dürfen aus ihnen nur die im einzelnen benannten **harmlosen** Gegenstände abgeschossen werden können. Auch hier wird bisheriges Recht übernommen (§ 1 Abs. 1 Nr. 3 der 1. WaffV aF). Derartige Geräte sind im Allgemeinen ungefährlich, wenn die Zündladung der Amorces in Papier gepackt ist, so dass beim Abschießen keine Splitter entstehen können oder, falls eine Verpackung mit Metall oder Kunststoff gewählt wird, durch die Konstruktion der Waffe Vorsorge dagegen getroffen ist, dass beim Abschießen die Splitter der Umhüllungen den Schützen oder andere Personen gefährden.

Die Privilegierung entfällt auch hier (wie oben bei Nr. 1), wenn die Möglichkeit besteht, durch Umarbeitung mit allgemein gebräuchlichen Werkzeugen (§ 1 Rdn. 14) aus der Spielzeugwaffe eine „Schusswaffe oder einen einer Schusswaffe gleichstehenden Gegenstand" zu schaffen (ebenso schon § 1 Abs. 3 Nr. 2 der 1. WaffV aF). Außerdem dürfen derartige Spielzeugwaffen ihrer äußeren Form nach nicht „getreue Nachahmungen" (Rdn. 49) erlaubnisbedürftiger Schusswaffen sein. Darauf, dass sie den Anschein einer Kriegswaffe hervorrufen (§ 1 Abs. 3 Nr. 3 der 1. WaffV aF), wird nicht mehr abgestellt. Spielzeugwaffen müssen sich also ihrer äußeren Form nach von erlaubnispflichtigen Schusswaffen so deutlich unterscheiden, dass sie von jeder verständigen erwachsenen Person als Spielzeugwaffen erkannt werden können.

Auf tragbare Schussgeräte, mit denen zum Spiel nur **Knallkorken** abgeschossen werden können, insbesondere Knallkorkenpistolen, findet das WaffG ebenfalls nach wie vor (§ 1 Abs. 1 Nr. 3 Buchst. b der 1. WaffV aF) keine Anwendung, weil die Masse und Bewegungsenergie der beim Abschießen der Knallkorken entstehenden und wegfliegenden Korkstücke so gering ist, dass sie keine erhebliche Gefahr darstellen.

73 ddd) Schusswaffen, die vor dem 1. 4. 2003 entsprechend den Anforderungen der Anlage 1 Abschnitt 1 Unterabschnitt 1 Nr. 1.4 in der bis zu diesem Zeitpunkt geltenden Fassung unbrauchbar gemacht worden sind.

## Grundsätze des Umgangs mit Waffen oder Munition, Waffenliste § 2

Eine letzte Freistellung im Rahmen der Anlage 2 betrifft die unter bestimmten Bedingungen unbrauchbar gemachten Schusswaffen. Zum einen muss die Unbrauchbarmachung vor dem Inkrafttreten des WaffRNeuRegG erfolgt (abgeschlossen) sein. Zum anderen müssen präzise die hierfür geltenden Vorschriften technischer Art eingehalten worden sein. Welche Waffenbeschaffenheit der Annahme der Unbrauchbarkeit im einzelnen entgegensteht, ist in der Anlage 1 A 1 U 1 Nr. 1.4 bis 1.4.6 aufgeführt. Positiv ausgedrückt ist folgendes erforderlich:
- Das Patronenlager muss dauerhaft so verändert sein, dass weder Munition noch Treibladungen geladen werden können,
- der Verschluss muss dauerhaft funktionsunfähig gemacht worden sein,
- in Griffstücken oder anderen wesentlichen Waffenteilen für Handfeuer-Kurzwaffen muss der Auslösemechanismus dauerhaft funktionsunfähig gemacht worden sein,
- bei Kurzwaffen muss der Lauf auf seiner ganzen Länge, im Patronenlager beginnend, bis zur Laufmündung einen durchgehenden Längsschlitz von mindestens 4 mm Breite oder im Abstand von jeweils 3 cm, mindestens jedoch 3 kalibergroße Bohrungen oder andere gleichwertige Laufveränderungen aufweisen,
- bei Langwaffen muss der Lauf in dem dem Patronenlager zugekehrten Drittel mindestens 6 kalibergroße Bohrungen oder andere gleichwertige Laufveränderungen aufweisen und vor diesen in Richtung der Laufmündung mit einem kalibergroßen gehärteten Stahlstift dauerhaft verschlossen sein.

Dauerhaft unbrauchbar gemacht ist eine Schusswaffe nur dann, wenn mit allgemein gebräuchlichen Werkzeugen (§ 1 Rdn. 14) die Schussfähigkeit der Waffe oder der wesentlichen Teile nicht wieder hergestellt werden kann.

Diese Regelung hat ihr Vorbild in § 7 Abs. 1 und 4 der 1. WaffV aF: Absatz 1 dieser Vorschrift regelte die Anforderungen, die an unbrauchbar gemachte Schusswaffen und an aus Schusswaffen hergestellte Gegenstände gestellt werden. Die Rechtsgrundlage hierfür befand sich in § 6 Abs. 4 Nr. 1 g WaffG aF. Wurden diese Anforderungen nicht erfüllt, unterlagen die Gegenstände voll dem Anwendungsbereich des WaffG. „Die Vorschrift dient dem Zweck, an die Unbrauchbarmachung von Schusswaffen einheitliche und verbindliche Anforderungen zu stellen, um damit sowohl den Überwachungsbehörden als auch den betroffenen Betrieben die Beurteilung der Frage zu ermöglichen, ob der Gegenstand dem Anwendungsbereich des WaffG unterliegt oder nicht" (VO-Begr. BR-Drucks. 74/76 S. 52). Die Anforderungen ... bezwecken, den Schusswaffen auf Dauer die Schusswaffeneigenschaft zu nehmen. Durch die vorgeschriebene Art der Änderungen ist jedoch Rücksicht darauf genommen worden, dass das Erscheinungsbild der Waffe durch die Änderungen nicht übermäßig beeinträchtigt wird". Unbrauchbar machen bedeutet somit nicht Zerstören der Waffe. Nach späterer Änderung des § 3 Abs. 2 WaffG aF wurden Griffstücke oder Waffenteile, die zur Aufnahme des Auslösemechanismus bestimmt sind, ebenfalls wesentliche Bestandteile, so dass sie der Regelung des § 7 Abs. 1 VO aF zu unterstellen waren.

§ 7 Abs. 1 Nr. 3 a der 1. WaffV aF war durch die ÄndVO – in der Folge Nr. 4 a – verschärft worden, nachdem sich herausgestellt hatte, dass mit den entsprechend der alten Bestimmung geänderten Waffen noch geschossen werden konnte (vgl. BR-Drucks. 423/78 S. 10).

### 6. Waffenrechtliche Einstufungskompetenz des Bundeskriminalamts (Absatz 5).
Diese erst im Laufe des Gesetzgebungsverfahrens in das WaffG nF eingefügte Bestimmung ist ein **Novum** im deutschen Waffenrecht. Wird durch sie doch eine

Bundes-Verwaltungsbehörde dazu bestimmt, Zweifel hinsichtlich der Auslegung waffenrechtlicher Begriffe allgemein verbindlich zu klären (*Scholzen* DWJ **2006,** Heft 3, 82). Dies war bisher den Verwaltungsbehörden, Verwaltungs- oder Strafgerichten vorbehalten. Letztlich wird auch nach neuem Recht das allerletzte Wort durch ein Gericht gesprochen werden, durch das die Entscheidung des BKA verwaltungsgerichtlich zu überprüfen sein wird (so auch *A/B* Rdn. 16; die Entscheidungen des BKA haben keinen Rechtsnormcharakter [*K/P* Rdn. 88]). Richtigerweise enthalten neuere Feststellungsbescheide auch eine **Rechtsmittelbelehrung:** Widerspruch binnen eines Monats (vgl. den unter Nr. 14 I Nr. 23 im Kommentar abgedruckten Bescheid). Die Allgemeinverbindlichkeit der BKA-Entscheidung dürfte deshalb keinen Bestand haben, so dass auch die Anordnung über Veröffentlichung dieser Entscheidung im Bundesanzeiger etwas voreilig getroffen worden ist. Hier werden wohl Parallelen zu ziehen sein zu den Entscheidungen der Bundesprüfstelle für jugendgefährdende Schriften, die der Anfechtung unterliegen.

Die neue Vorschrift ist auf Initiative des **Bundesrats** eingefügt worden. Dieser begründete seinen Vorschlag wie folgt: „In der Praxis hat sich das Fehlen einer für die bundesweit verbindliche Einstufung von Gegenständen zuständigen Stelle bisher ausschließlich zu Lasten der Bürger ausgewirkt. Sie müssen damit rechnen, dass ein Gegenstand in einem Land als verboten, im nächsten als nicht verboten, in einem als Waffe, im nächsten nicht als Waffe eingestuft wird. Sie müssen ferner damit rechnen, dass selbst die Entscheidung der Waffenbehörde ohne Nutzen ist, da weder Staatsanwaltschaften noch Gerichte im Rahmen der Strafverfolgung an die waffenrechtliche Entscheidung gebunden sind. Die vorgeschlagene Änderung soll diesen höchst unbefriedigenden Zustand beenden. Sie sieht zum einen in § 2 Abs. 5 die Möglichkeit einer allgemein verbindlichen Entscheidung auf Antrag vor. Die Antragsbefugnis steht den betroffenen Personen und den obersten zuständigen Bundes- und Landesbehörden zu, soweit sie ein Feststellungsinteresse glaubhaft machen können. Die Befugnis auf der Seite der Behörden ist nicht auf die obersten Waffenbehörden beschränkt, so dass auch die Polizei- oder Justizbehörden z. B. im Rahmen eines staatsanwaltschaftlichen Ermittlungsverfahrens (das das Feststellungsinteresse begründet) den Antrag stellen können, soweit sie durch Landesrecht dazu ermächtigt sind. Im Rahmen dieses Verfahrens ist die Beteiligung der Länderbehörden zwingend vorgesehen. Die **Bundesregierung** lehnte diesen Vorschlag zunächst ab (BT-Drucks. 14/7758 S. 127). Zur Begründung machte sie geltend: „Nach Artikel 83 des Grundgesetzes obliegt den Ländern der Vollzug der Bundesgesetze, soweit das Grundgesetz dem Bund keine besondere Sachkompetenz für den jeweiligen Aufgabenbereich eingeräumt hat. Fehlt es an der Übertragung der Sachkompetenzen, verstoßen Mitplanungs-, Mitverwaltungs- und Mitentscheidungsbefugnisse des Bundes gleich welcher Art im Aufgabenbereich der Länder grundsätzlich gegen das grundgesetzliche Verbot der Mischverwaltung (BVerfGE **32,** 145, 156, **39,** 86, 120; in BVerfGE **63,** 1, 36 ff. kommt das Bundesverfassungsgericht zu dem gleichen Ergebnis, stellt jedoch nicht auf den Begriff der Mischverwaltung, sondern auf ‚verwaltungsorganisatorische Erscheinungsformen' ab). Dem Bund ist nicht von vornherein eine grundgesetzliche Kompetenz zum Vollzug des Waffengesetzes eingeräumt. Er hat auch nicht von einer nach Artikel 87 Abs. 3 des Grundgesetzes bestehenden Möglichkeit Gebrauch gemacht, für das Waffenrecht eine eigene Verwaltungszuständigkeit zu begründen. Eine dem Vorschlag in der Stellungnahme entsprechende Regelung, die in Einzel(Zweifels-)fällen die zum Vollzug des Waffenrechts durch die Länder gehörige Aufgabenstellung der Auslegung und damit der Anwendung des Waffengesetzes einer Bundesbehörde übertragen möchte, verstieße nach alledem

Umgang mit Waffen oder Munition durch Kinder und Jugendliche **§ 3**

gegen das genannte Verbot der Mischverwaltung. Zur Gewährleistung einer einheitlichen Rechtsanwendung in den Ländern sieht das Grundgesetz vielmehr insbesondere den Erlass allgemeiner Verwaltungsvorschriften im Sinne des Artikels 84 Abs. 2 des Grundgesetzes vor. Zulässig ist darüber hinaus der Erlass übereinstimmender allgemeiner Verwaltungsvorschriften der Länder (Ländererlass)". Diese Bedenken hat der **Gesetzgeber** nicht für überzeugend gehalten und dementsprechend den im Entwurf noch nicht enthalten gewesenen Absatz 5 Gesetz werden lassen und gleichzeitig in § 48 Abs. 3 bestimmt, dass zuständige Behörde für diese Entscheidungen das **Bundeskriminalamt** ist. Dieses war bisher schon nach § 37 Abs. 3 WaffG aF dafür zuständig, Ausnahmebewilligungen bei verbotenen Waffen zu erteilen; im Zusammenhang mit dieser Tätigkeit führte es eine – nicht konstitutive – Liste der verbotenen Gegenstände (Voraufl. § 37 Rdn. 26ff.). Es bleibt abzuwarten, ob das BKA bei der Fülle der zu erwartenden Vorlagen dieser Entscheidungskompetenz im angestrebten Maße nachzukommen vermag. Eine Auswahl der ergangenen Feststellungsbescheide ist im Kommentar unter der **Nr. 14** unter I abgedruckt. Eine Änderung der **gesetzlichen** Bestimmungen steht dem BKA nicht zu (so aber geschehen bei der Festlegung der Bewegungsenergie der Geschosse von Spielzeugwaffen 0,5 statt 0,08 (vgl. Rdn. 70).

## Umgang mit Waffen oder Munition durch Kinder und Jugendliche

**3** (1) **Jugendliche dürfen im Rahmen eines Ausbildungs- oder Arbeitsverhältnisses abweichend von § 2 Abs. 1 unter Aufsicht eines weisungsbefugten Waffenberechtigten mit Waffen oder Munition umgehen.**

(2) **Jugendliche dürfen abweichend von § 2 Abs. 1 Umgang mit geprüften Reizstoffsprühgeräten haben.**

(3) **Die zuständige Behörde kann für Kinder und Jugendliche im Einzelfall Ausnahmen von Alterserfordernissen zulassen, wenn besondere Gründe vorliegen und öffentliche Interessen nicht entgegenstehen.**

**1. Wesen der Vorschrift.** Die Bestimmung ist, wie Absatz 1 ausdrücklich hervorhebt, eine **Ausnahmeregelung** gegenüber dem Grundsatz des § 2 Abs. 1, wonach der Umgang mit Waffen und Munition nur Volljährigen gestattet ist (§ 2 Rdn. 1 f.). Es hat sich herausgestellt, dass es in manchen Lehrberufen, zB bei Büchsenmachern, unumgänglich ist, dass die minderjährigen Auszubildenden oder sonst Beschäftigten mit Waffen oder Munition hantieren müssen. Das bisherige Recht kannte nur die Bestimmungen über den Erwerb seitens eines Minderjährigen (§ 33 WaffG aF) sowie diejenigen über weisungsgebundene Inhaber der tatsächlichen Gewalt (§ 28 Abs. 4 Nr. 5 WaffG aF), zu denen nach dem Gesetzeswortlaut auch im Rahmen eines Arbeitsverhältnisses tätig gewordene Besitzer zählten; diese Auszubildenden wurden dieser Gruppe gleichgestellt (Voraufl. § 28 WaffG Rdn. 32).

**2. Generelle Regelung für Jugendliche.** Das WaffG nF hat es in Absatz 1 für erforderlich gehalten, die besondere Situation der 14–17-jährigen Beschäftigten in Arbeits- oder Ausbildungsverhältnissen mit Waffen- und Munitionskontakten (Büchsenmacher, Messerschmied, Waffenhandel) in einer gesonderten Vorschrift zu berücksichtigen. Weitere Spezialvorschriften für Minderjährige enthält das Gesetz in § 13 Abs. 7 und 8 (Ausbildung Jugendlicher zum Jäger) und § 27 Abs. 3 bis 7

**§ 3** Abschn. 1. Allgemeine Vorschriften

(Schießen auf Schießstätten seitens Minderjähriger). Minderjährige vor Vollendung des 14. Lebensjahres („Kinder") werden von der Vorschrift nicht erfasst; sie werden auch normalerweise nicht in einem Ausbildungs- oder Arbeitsverhältnis stehen. Mit der Vollendung des 18. Lebensjahres (Volljährigkeit) scheiden sie aus dem Regelungsbereich aus.

**3**  3. **Grenzen der Privilegierung.** Jeglicher Umgang (§ 1 Abs. 3; dort. Rdn. 30 ff.) mit Waffen (aller Art) und Munition ist dem Jugendlichen gestattet, solange er sich „im Rahmen" des Arbeits- oder Ausbildungsverhältnisses bewegt. Außerberuflicher (privater) Umgang bleibt weiterhin untersagt. Weitere Voraussetzung für die Freistellung ist, dass das Tätigwerden mit Waffen oder Munition nicht eigenmächtig, sondern „unter Aufsicht eines weisungsberechtigten Waffenberechtigten" geschieht. Waffenberechtigt ist jeder Lehrherr (Ausbilder) oder Arbeitgeber, der selbst über die waffenrechtliche Erlaubnis zum jeweiligen Umgang mit Waffen oder Munition, soweit eine solche erforderlich ist, verfügt. Die Weisungsbefugnis ergibt sich aus dem betreffenden Beschäftigungsverhältnis und kann innerbetrieblich auf bestimmte Personen konzentriert sein. Auf § 12 Abs. 1 Nr. 3 Buchst. a und Abs. 2 Nr. 1 wird hingewiesen.

**4**  4. **Ausnahme bei Reizstoffsprühgeräten (Absatz 2).** Diese Vorschrift ist erst auf den Beschluss des Innenausschusses hin „in letzter Minute" in das Gesetz eingefügt worden. Der Bundesrat hatte die Einfügung einer solchen generellen Ausnahmebewilligung hinsichtlich von Reizstoffsprühgeräten vorgeschlagen (BT-Drucks. 14/ 7758 S. 104), weil er die jeweilige Einholung von Ausnahmebewilligungen im Einzelfall für zu verwaltungsaufwändig hielt. Die Notwendigkeit für die Herabsetzung der Altersgrenze von 18 Jahren auf 14 Jahre für den Umgang mit geprüften Reizstoffsprühgeräten ergäbe sich aus dem sicherheitsrechtlichen Bedürfnis von Jugendlichen für eine Abwehrmöglichkeit im Notwehrfall mit Geräten unterhalb der Schwelle von Schusswaffen oder Hieb- und Stoßwaffen. Die Bundesregierung lehnte den Vorschlag zunächst ab (aaO S. 127/128) mit der Begründung: Das Anliegen des Bundesrates sei zwar in Bezug auf weibliche Jugendliche verständlich. Gerade männliche Jugendliche verwendeten jedoch bei gewalttätigen Auseinandersetzungen, aber auch nur zur Begehung groben Unfugs, derartige Reizstoffsprühgeräte. Diese würden – davon ist auszugehen – von diesem Personenkreis verstärkt missbräuchlich eingesetzt, wenn die Altersgrenze generell nicht auf das 18. Lebensjahr heraufgesetzt werde. Schutzbedürftigen Jugendlichen bleibe der Erwerb, Besitz und das Führen von Reizstoffsprühgeräten auf der Grundlage des § 3 Abs. 2 [jetzt Abs. 3] jederzeit möglich. Das anerkennenswerte Schutzbedürfnis bei Mädchen iVm. der Verwaltungsvereinfachung hat aber schließlich den Ausschlag zugunsten der Einfügung der Bestimmung gegeben (Begr. BT-Drucks. 14/8886 S. 109). Abwehrsprays gegen **Tiere (Pffeffersprays),** die den Vermerk „Verwendung nur gegen Tiere" aufweisen, unterfallen nicht dem WaffG; eine Altersbeschränkung besteht nicht. Der Einsatz gegen Menschen kann bei Verursachung von Schäden zu Strafen und Schadensersatzverpflichtungen führen. Die Sprays sind auch unter der englischen Bezeichnung OC-Spray im Handel. Wirkstoff ist das Oleoresin/Capsicum (*Ostgathe* 1. Aufl. S. 14). Mit Recht kritisch zu dieser zum Missbrauch einladenden Ausnahme *Dietrich* Die Polizei **2003,** 343, 346. Vgl. auch *Kräußlich* DWJ **2004,** Heft 7, 18.

**5**  5. **Ausnahmen im Einzelfall (Absatz 3).** Eine ähnliche Regelung enthielten bereits § 30 Abs. 2 WaffG aF hinsichtlich Waffenbesitzkarten und Munitionserwerbsscheinen sowie § 33 Abs. 2 WaffG aF bezüglich des Erwerbs von Schusswaffen

Voraussetzungen für eine Erlaubnis **§ 4**

oder Munition für den Fall, dass „öffentliche Interessen nicht entgegenstehen". Im vorliegenden Absatz 3 sind **alle Minderjährigen** erfasst, also auch Kinder. Die Bestimmung bezieht sich weiter auf alle gesetzlichen Alterserfordernisse, also auch das nach § 4 Abs. 1 Nr. 1 WaffG nF (betr. Erlaubniserteilung). Die Privilegierung im Einzelfall erfasst nur die Befreiung vom Alterserfordernis; sonstige Erfordernisse für den Umgang mit Waffen oder Munition bleiben unberührt (Begr. RegE BT-Drucks. 14/7758 S. 53). Die Freistellung vom Alterserfordernis ist nunmehr kumulativ an zwei Voraussetzungen geknüpft: Es müssen zum einen „besondere Gründe" vorliegen. Solche sind nur gegeben, wenn sich gegenüber dem Normalfall der Lebensverhältnisse eines Minderjährigen ein herausgehobenes, anerkennenswertes Bedürfnis für die Freistellung ergibt. Die Gesetzesbegründung (aaO) spricht von „besonderen Gefahren- und Bedürfnissituationen" Damit klingt hier die Bedürfnisfrage (§ 8) an. In der Tat wird sich die Bewilligung von Ausnahmen an den im Rahmen der Prüfung des Bedürfnisses entwickelten Grundsätzen auszurichten haben.

Zum anderen ist, wie bei § 30 Abs. 2 und § 33 Abs. 2 WaffG aF sowie zuvor bereits bei § 13 Abs. 2 RWaffG, zu prüfen, ob nicht öffentliche Interessen entgegenstehen. In diesem Rahmen hat die zuständige Landesbehörde (§ 48 Abs. 1) die mit dem Waffengesetz allgemein unter Schutz gestellten Sicherheitsinteressen der Allgemeinheit zu beachten und diesen gegenüber den Bedürfnissen des Minderjährigen gegebenenfalls den Vorrang einzuräumen.

## Abschnitt 2. Umgang mit Waffen oder Munition

### Unterabschnitt 1. Allgemeine Voraussetzungen für Waffen- und Munitionserlaubnisse

#### Voraussetzungen für eine Erlaubnis

**4** (1) **Eine Erlaubnis setzt voraus, dass der Antragsteller**
1. **das 18. Lebensjahr vollendet hat (§ 2 Abs. 1),**
2. **die erforderliche Zuverlässigkeit (§ 5) und persönliche Eignung (§ 6) besitzt,**
3. **die erforderliche Sachkunde nachgewiesen hat (§ 7),**
4. **ein Bedürfnis nachgewiesen hat (§ 8) und**
5. **bei der Beantragung eines Waffenscheins oder einer Schießerlaubnis eine Versicherung gegen Haftpflicht in Höhe von 1 Million Euro – pauschal für Personen- und Sachschäden – nachweist.**

(2) **Die Erlaubnis zum Erwerb, Besitz, Führen oder Schießen kann versagt werden, wenn der Antragsteller seinen gewöhnlichen Aufenthalt nicht seit mindestens fünf Jahren im Geltungsbereich dieses Gesetzes hat.**

(3) **Die zuständige Behörde hat die Inhaber von waffenrechtlichen Erlaubnissen in regelmäßigen Abständen, mindestens jedoch nach Ablauf von drei Jahren, erneut auf ihre Zuverlässigkeit und ihre persönliche Eignung zu prüfen sowie in den Fällen des Absatzes 1 Nr. 5 sich das Vorliegen einer Versicherung gegen Haftpflicht nachweisen zu lassen.**

## § 4 Abschn. 2. Umgang mit Waffen oder Munition

(4) **Die zuständige Behörde hat drei Jahre nach Erteilung der ersten waffenrechtlichen Erlaubnis das Fortbestehen des Bedürfnisses zu prüfen. Dies kann im Rahmen der Prüfung nach Absatz 3 erfolgen.**

**1** **1. Bedeutung der Vorschrift.** Sie ist die **Zentralbestimmung** für alle nach dem WaffG zu erteilenden Erlaubnisse. Sie zählt die Voraussetzungen für die Erteilung einer Erlaubnis im Normalfall – abgesehen von besonders geregelten Ausnahmen – auf (Absatz 1), bringt in Absatz 2 einen fakultativen Versagungsgrund und setzt in den Absätzen 3 und 4 Fristen zur Überprüfung erteilter Erlaubnisse fest. In dieser Form ist die Vorschrift **neu.** Da sie eine verständliche Zusammenfassung bisheriger waffenrechtlicher Bestimmungen enthält, ist ihre Einführung insgesamt zu begrüßen. Eine ähnliche Zusammenstellung der Erfordernisse für die Erteilung einer behördlichen Gestattung – Genehmigung – findet sich zB in § 7 Abs. 2 AtomG. Eine tierschutzbehördliche Zulassung des Tötens von Tieren mittels Kugelschusses ersetzt nicht die erforderliche waffenrechtliche Erlaubnis (VG Potsdam vom 19. 7. 2004 – 3 K 3152/03).

**1a** Keine neue Erlaubnis nach dem WaffG **nF** wird benötigt, wenn eine Erlaubnis nach dem WaffG **aF** vorliegt; denn nach § 58 Abs. 1 Satz 1 gilt diese fort. In den Überleitungsbestimmungen (§ 58 Abs. 1 Satz 2) ist ferner geregelt, dass bisherige Erlaubnisse zum Erwerb von Munition nicht nur diesen rechtfertigen, sondern auch den weiteren Besitz. Es gelten weiter fort die Bescheinigungen, die Hoheitsträgern nach § 6 Abs. 2 WaffG aF ausgestellt worden sind (§ 58 Abs. 4). Auf nicht erledigte Anträge, die vor dem 1. 4. 2003 gestellt worden sind, ist mangels einer entsprechenden Übergangsvorschrift das neue Recht anzuwenden (Vollzugshinweise www.sachsen.de).

Anders ist die Regelung für Erlaubnisse nach dem WaffG aF, wenn sie sich auf **Kriegsschusswaffen** beziehen. Hier bestimmt § 58 Abs. 2, dass solche Erlaubnisse nur noch befristet fortgelten, nämlich bis zum 1. Tage des sechsten auf das Inkrafttreten des Gesetzes folgenden Monats. Hiermit ist nicht das partielle Inkrafttreten des Gesetzes nach Art. 19 Nr. 1 Satz 1 gemeint, sondern das Inkrafttreten des Hauptteils nach Art. 19 Nr. 1 Satz 2 zum 1. 4. 2003, so dass die Befristung am 1. 10. 2003 endet. Möglich ist danach nur noch die Einholung einer Genehmigung nach dem KWKG (abw. *Heller/Soschinka* S. 43/44: Antrag nach § 57 Abs. 2; deren Voraussetzungen sind aber in solchen Fällen nicht gegeben).

**2** **2. Voraussetzungen für die Erteilung einer Erlaubnis (Absatz 1).** Das Gesetz spricht sprachlich vereinfachend von den „Voraussetzungen für eine Erlaubnis", meint damit allerdings nicht die bereits erteilte Erlaubnis, sondern den von einzelnen Prüfungen besetzten Vorgang, der gegebenenfalls in die Erteilung einer Erlaubnis mündet. Die in den Nummern 1 bis 5 aufgezählten Erfordernisse müssen, von Ausnahmeregelungen abgesehen, nebeneinander erfüllt sein, um einen Rechtsanspruch (*A/B* Rdn. 2) auf Erteilung zu begründen. Zum waffenrechtlichen Verwaltungsverfahren eingehend *L/F/L* Einleitung Rdn. 77 ff. Während die Rspr. (seit BVerwG GewA **1993,** 325) bisher (Nachweise bei *Meyer* GewA **2001,** 89) an dem höchstpersönlichen Charakter einer waffenrechtlichen Erlaubnis und der Erteilung nur an natürliche Personen festgehalten hat, hat der Gesetzgeber nunmehr in § 10 Abs. 2 Satz 2 die Möglichkeit eröffnet, eine Waffenbesitzkarte auch einem schießsportlichen Verein als juristischer Person zu erteilen (§ 10 Rdn. 4).

**3** a) **Alterserfordernis (Nr. 1).** In Übereinstimmung mit § 2 Abs. 1, durch die Minderjährigen grundsätzlich jeder Umgang (§ 1 Abs. 3; dort. Rdn. 30 ff.) mit Waffen oder Munition, auch soweit er nicht der Erlaubnispflicht unterstellt worden ist,

## Voraussetzungen für eine Erlaubnis § 4

untersagt wird (vgl. aber die Ausnahmeregelungen in § 3 [dort. Rdn. 2 f.]), wird als Grundvoraussetzung für die Erteilung einer Erlaubnis gefordert, dass beim Antragsteller **Volljährigkeit** vorliegt. Das entspricht für das Teilgebiet der Waffenbesitzkarte und des Munitionserwerbsscheins § 30 Abs. 1 Satz 1 Nr. 1 WaffG aF. Die Einführung einer derartigen Altersgrenze wird durch die Erwägung gerechtfertigt, dass Kinder und auch noch Jugendliche iS von § 1 Abs. 2 JGG (im Alter von 14 bis 17 Jahren) im Allgemeinen noch nicht über die für den Waffengebrauch notwendige „Besonnenheit und Selbstkontrolle" verfügen. Ausnahmen vom Versagungsgrund des Mindestalters (§ 3 Abs. 3) kommen nur in Betracht, wenn der Antragsteller entgegen der allgemeinen Regel trotz seiner Jugend die für den selbstständigen Umgang mit Schusswaffen erforderliche Besonnenheit besitzt und auch imstande ist, die Waffe vor unbefugtem Zugriff, auch durch Angehörige des Haushalts, in dem er lebt, zu sichern. Nach Nr. 30. 1. 4 WaffVwV aF sollten für eine Ausnahme im wesentlichen nur Mitglieder von Schießsportvereinen in Betracht kommen, die regelmäßig an den Übungsschießen ihres Vereins teilnehmen; hier haben die Ereignisse von Erfurt zu einigen Vorbehalten geführt. Im Reg.-Entwurf zum ursprünglichen WaffG war eine Altersgrenze von 21 Jahren vorgesehen, die auch die Heranwachsenden iS des Jugendgerichtsgesetzes (im Alter von 18 bis 20 Jahren) mit einbezogen hätte. Während der Ausschussberatung ist das Mindestalter jedoch seinerzeit im Hinblick auf den Entwurf eines Gesetzes zur Neuregelung des Volljährigkeitsalters (vgl. das betr. Ges. v. 31. 7. 1974 – BGBl. I 1713) sowie unter Berücksichtigung der Altersregelungen bei der Wehrpflicht und im Wahlrecht auf 18 Jahre herabgesetzt worden (zu BT-Drucks. VI/3566 S. 6). Den Belangen minderjähriger Antragsteller, besonders aus dem Bereich des Schießsports, wird durch die Ausnahmeregelung in § 3 Abs. 3 in ausreichender Weise Rechnung getragen, desgl. durch § 27 Abs. 3 ff.

b) **Zuverlässigkeit (Nr. 2 – 1. Alternative).** Das Gesetz verweist hier pauschal auf die eingehende Regelung des § 5. Um Doppelkommentierungen zu vermeiden, wird zur Erläuterung der vielfältigen mit dem Erfordernis der Zuverlässigkeit zusammenhängenden Fragen auf die Anmerkungen zu § 5 verwiesen. 4

c) **Persönliche Eignung (Nr. 2 – 2. Alternative).** Auch hier greift das Gesetz zu dem Mittel der Verweisung auf die ausführliche Regelung in § 6. Zur Erläuterung wird aus diesem Grunde ebenfalls (vgl. Rdn. 4) auf die dortige Kommentierung Bezug genommen. 5

d) **Sachkunde (Nr. 3).** Aus denselben Gründen, wie in Rdn. 4 und 5 dargestellt, muss auch hier auf die Erläuterungen zu dem maßgebenden § 7 verwiesen werden. 6

e) **Bedürfnis (Nr. 4).** Ähnlich wie in den vorausgegangenen Randnummern hat auch hier eine Verweisung auf die Kommentierung zu dem einschlägigen § 8 zu erfolgen. 7

f) **Haftpflichtversicherung (Nr. 5).** Dieses Erfordernis betrifft kraft ausdrücklicher Regelung nur zwei Arten der Erlaubnis: den **Waffenschein** (§ 10 Abs. 4) und die **Schießerlaubnis** (§ 10 Abs. 5). In beiden Fällen wird bisheriges Recht übernommen (§ 36 Abs. 1 Satz 2, auch iVm. § 45 Abs. 3 Satz 2 WaffG aF). Der Nachweis einer Haftpflichtversicherung in der vorgeschriebenen, bei der Gesetzesnovellierung 1976 im Hinblick auf mögliche Schadensfälle von 250 000 bzw. 25 000 DM auf 500 000 und 50 000 DM angehobenen Höhe war seinerzeit neu als weitere Voraussetzung für die Erteilung des Waffenscheins vorgeschrieben worden, und zwar im Interesse potentieller Geschädigter. Sie galt sinngemäß auch bei der Verlängerung der Geltungsdauer des Waffenscheins gem. § 35 Abs. 1 Satz 4 WaffG aF. Vorbild der Bestimmung war § 17 Abs. 1 Nr. 4 BJagdG. 8

**§ 4** Abschn. 2. Umgang mit Waffen oder Munition

Die Erteilung des Waffenscheins ist nicht nur zu versagen, wenn die Haftpflichtversicherung nicht in der vorgeschriebenen Höhe, sondern auch dann, wenn sie nicht in dem entsprechenden sachlichen Umfang abgeschlossen worden oder der Versicherungsschutz noch nicht in Kraft getreten ist. Auch wird die Erlaubnisbehörde auf dem Abschluss einer während der Gültigkeitsdauer des Waffenscheins (§ 10 Abs. 4 Satz 2 WaffG nF; § 35 Abs. 1 Satz 3 und 4 WaffG aF) von Seiten des Versicherungsnehmers nicht kündbaren Haftpflichtversicherung bestehen können, damit die Fortdauer des Versicherungsschutzes während dieses Zeitraums gewährleistet ist.

In Anpassung an die Schadensentwicklung (Begr. RegE BT-Drucks. 14/7758 S. 53) ist eine **Heraufsetzung** der Haftpflichtsumme etwa um das **Vierfache** auf 1 Million Euro pauschal für Personen- und Sachschäden vorgenommen worden, nachdem zuvor durch Art. 23 Nr. 1 des 6. Euro-Einführungsgesetzes vom 3. 12. 2001 (BGBl. I 3306) mit Wirkung vom 1. 1. 2002 die Summe in § 36 Abs. 1 Satz 2 WaffG aF auf pauschal 250 000 Euro erhöht worden war. Zu beachten ist jedoch, dass Ausnahmen für bestimmte Nutzer vorgesehen sind, wenn gleichwertige Nachweise erbracht werden (Begr. aaO).

**9** **3. Fakultativer Versagungsgrund: fehlender 5-jähriger Inlandsaufenthalt (Absatz 2).** Die Vorschrift knüpft an die §§ 8 Abs. 3 Nr. 2 und 30 Abs. 3 Nr. 2 WaffG aF an, wonach die Waffengewerbeerlaubnis des § 7 WaffG aF bzw. die Waffenbesitzkarte oder der Munitionserwerbsschein versagt werden konnten, wenn die in den Vorschriften im einzelnen näher aufgeführte **„Inlandsbindung"** fehlte. Der Aufenthalt des Antragstellers in der Bundesrepublik musste nach bisherigem Recht drei Jahre ununterbrochen angedauert haben, wobei kürzere Unterbrechungen, etwa zum Zwecke des Verbringens von Urlaub außerhalb des Bundesgebiets, unschädlich waren. Das WaffG nF hat die Frist auf **fünf Jahre** verlängert. Das Erfordernis eines längeren Aufenthalts in der Bundesrepublik wird dadurch gerechtfertigt, dass die Zuverlässigkeit von Antragstellern, die sich längere Zeit im Ausland aufgehalten haben, manchmal schwer zu überprüfen ist (Begr. BT-Drucks. VI/2678 S. 31), insbesondere hinsichtlich etwaiger strafrechtlicher Vorbelastungen. Zum Begriff des „gewöhnlichen Aufenthalts" BVerwG NVwZ **2006,** 97 (für das SGB I). Für Angehörige der EG-Staaten gilt § 26 Abs. 5 AWaffV über die Anwendung der Vorschriften des WaffG auf diesen Personenkreis. Zu beachten ist weiter § 11.

Die Regelung erstreckt sich nicht auf alle Formen des Umgangs (§ 1 Abs. 3; hierzu § 1 Rdn. 30 ff.), sondern begrenzt ihren Anwendungsbereich auf die Erlaubnis für bestimmte Umgangsvarianten: Erwerb, Besitz, Führen und Schießen. Herstellung von und Handel mit Waffen sind zB nicht genannt.

Die Behörde prüft diesen Versagungsgrund nach pflichtgemäßem **Ermessen;** für den genannten Personenkreis besteht auch bei Vorliegen der Voraussetzungen nach Absatz 1 kein Rechtsanspruch auf Erteilung der Erlaubnis.

**10** **4. Regelüberprüfung der Zuverlässigkeit (§ 5) und persönlichen Eignung (§ 6) nach Absatz 3.** Eine solche turnusmäßige Überprüfung kannte bereits das bisherige Recht bei Inhabern von Waffenbesitzkarten, ohne jedoch zwischen Zuverlässigkeit und Eignung zu unterscheiden. Nach § 30 Abs. 4 Satz 1 WaffG aF hatte die zuständige Behörde diese in regelmäßigen Abständen, mindestens jedoch nach Ablauf von 5 Jahren, erneut auf ihre Zuverlässigkeit zu überprüfen; eine Ausnahme war nach Satz 2 dieser Vorschrift für Inhaber von Waffenscheinen und Jagdscheinen vorgesehen, da die Waffenscheininhaber nach § 35 WaffG aF, die Jagdscheininhaber nach den jagdrechtlichen Vorschriften, ohnehin regelmäßig auf ihre Zuverlässigkeit überprüft werden. Dieses „Prüfungshindernis" entfällt jedoch, wenn die Wirkungen des Jagdscheins enden (BVerwG DVBl. **1985,** 1311, 1314 = NVwZ **1986,** 558). Die spätere Kontrolle soll im Hinblick auf die im Gesetz nunmehr als Regelfall vorgesehene unbefristete Erlaubnis sicherstellen, dass der Waffenbesitzer in turnusmäßigen Abständen daraufhin überprüft wird, ob er noch die erforderliche Zuverlässigkeit und Eignung für eine derart risikobehaftete Tätigkeit besitzt. Den Rhythmus für die **Pflichtüberprüfung** hat das WaffRNeuRegG „aus sicherheitspolitischen Gründen" (Begr. RegE BT-Drucks. 14/7758 S. 53) von 5 Jahren **auf 3 Jahre verkürzt;** eine fünfjährige Frist reiche oft nicht aus, um rechtzeitig auf waffenrechtlich relevante Entwicklungen beim privaten Erlaubnisinhaber reagieren zu können. Bei Inhabern von Waffenscheinen (§ 10 Abs. 4 WaffG nF) und Schießerlaubnissen (§ 10 Abs. 5 WaffG nF) wird anlässlich dieser Regelüberprüfung auch das Vorliegen einer ausreichenden Haftpflichtversicherung (Rdn. 8) kontrolliert (Absatz 3 letzter Halbsatz). Nach der ursprünglichen Entwurfsfassung sollte eine weitere Überprüfung des Bedürfnis im Abstand von nochmals drei Jahren erfolgen. Das ist fallen gelassen worden, weil eine einmalige „intensive" Überprüfung für ausreichend erachtet worden ist (Absatz 4 Satz 1 jetziger Fassung; Begr. BT-Drucks. 14/8886 S. 109). Der BR hatte hinsichtlich der Pflichtüberprüfung des Absatzes 3 vorgeschlagen (BT-Drucks. 14/7758 S. 104), dem Absatz 3 folgenden Satz 2 anzufügen: „Dies gilt nicht für Inhaber gültiger Jagderlaubnisse." Zur Begründung wies er darauf hin, dass dieser Personenkreis bereits nach Jagdrecht bei der Erteilung oder Verlängerung von Jagdscheinen ausreichend überprüft werde; eine Doppelüberprüfung von ca. 400 000 Jagdscheininhabern in Deutschland erhöhe den Verwaltungsaufwand erheblich, sei indessen sicherheitsrechtlich unnötig. Die BReg. lehnte den Vorschlag ab mit folgender Begründung: „Gemäß § 13 Abs. 2 Satz 1 WaffG kann Jägern die Erlaubnis zum Erwerb und Besitz von Schusswaffen und Munition in der Regel ohne Prüfung der Zuverlässigkeit erteilt werden. Diese Erleichterung gegenüber anderen Antragstellern rechtfertigt sich aus der Tatsache, dass die Erteilung eines Jagdscheins, der Voraussetzung der Anwendung der Bestimmungen insbesondere auch des § 13 Abs. 2 WaffG ist, künftig nur nach einer waffenrechtlich ausreichenden Zuverlässigkeitsprüfung durch die Jagdbehörden erfolgen darf (Artikel 14 Nr. 1 Buchstabe a [WaffRNeuRegG]). Mit der Regelung des § 13 Abs. 2 Satz 1 WaffG ist damit schon gewährleistet, dass bei Inhabern gültiger Jagdscheine auch eine nach § 4 Abs. 3 WaffG vorgeschriebene Wiederholungsprüfung in der Regel entbehrlich ist. Gleichwohl kann auf eine periodische Überprüfung der für das Waffenrecht elementaren Zuverlässigkeit und persönlichen Eignung auch eines Jägers im Hinblick auf dessen Umgang mit Waffen und Munition nicht immer verzichtet werden, insbesondere da diese Überprüfung nach § 4 Abs. 3 WaffG auf wesentlich mehr Erkenntnisquellen gestützt wird (vgl. § 5 Abs. 5 WaffG); sie ist erforderlich, wenn kein gültiger Jagdschein mehr vorliegt".

**5. Regelüberprüfung des Bedürfnisses (Absatz 4 Satz 1).** Die „verschärfte Überprüfung" des Bedürfnisses für erlaubnispflichtige Schusswaffen während der ersten **sechs** Jahre ab Erteilung der Besitzerlaubnis wurde als ein besonderes Anliegen der Neuregelung gekennzeichnet (Begr. RegE BT-Drucks. 14/7758 S. 50). Der Grundgedanke des Gesetzgebers ist, dass das Bedürfnis (§ 8) die Basis für jede Erlaubnis darstellt und deshalb zu jeder Zeit vorliegen muss. Entfällt es, ist die Erlaubnis zu widerrufen (§ 45 Abs. 2; OVG Berlin NVwZ-RR **2000,** 431). An sich besteht die Prüfungsmöglichkeit seitens der Behörde latent immer und wird durch das Vorliegen eines Prüfungsanlasses jeweils akut. Das Gesetz setzt aber aus sicherheitspolizeilichen Gründen zusätzlich auf eine turnusmäßige Überprüfung, die nach ur-

**11**

**§ 5** Abschn. 2. Umgang mit Waffen oder Munition

sprünglicher Absicht des Gesetzgebers jeweils im Abstand von 3 Jahren nach Erteilung der Erlaubnis **zweimal** zu erfolgen hatte. Im Laufe des Gesetzgebungsverfahrens ist dies schließlich auf eine **einmalige** „intensive" Überprüfung nach drei Jahren zurückgenommen worden (BT-Drucks. 14/8886 S. 109/110). Zweckmäßigerweise werden die Regelüberprüfungen nach Absatz 3 und Absatz 4 miteinander kombiniert. Die Möglichkeit hierzu wird durch Satz 2 des Absatzes 4 ausdrücklich aufgezeigt.

12    6. **Verfahrensrechtliches.** Die Erteilung einer waffenrechtlichen Erlaubnis ist an einen **Antrag** gebunden, dem die erforderlichen Unterlagen beizufügen sind. Die einzelnen Erteilungsvoraussetzungen werden nacheinander von Amts wegen geprüft. Sie unterliegen uneingeschränkter gerichtlicher Überprüfung (BVerwG NVwZ-RR **2003**, 432 = DVBl. **2003**, 880).

Eine unbeschränkte Auskunft aus dem BZR wird eingeholt (näher (*Heller/Soschinka* S. 171 ff.). Gegen den ablehnenden Bescheid der Verwaltungsbehörde kann binnen eines Monats nach allgemeinen verwaltungsrechtlichen Grundsätzen (§§ 68 ff. VwGO) Widerspruch (Ausnahme: Bayern [kein Widerspruchsverfahren vor Klageerhebung: Art. 15 Nr. 17 BayAGVwGO]) eingelegt werden (§ 69 VwGO). Dieser Widerspruch hat grundsätzlich aufschiebende Wirkung; diese entfällt jedoch in den Fällen des § 80 Abs. 2 und 3 VwGO. Bleibt der Widerspruch ohne Erfolg, kann Verpflichtungsklage vor dem zuständigen Verwaltungsgericht erhoben werden (*Heller/Soschinka* S. 187 f.; *Scholzen* DWJ **2004**, Heft 4, 90).

**Zuverlässigkeit**

**5** (1) **Die erforderliche Zuverlässigkeit besitzen Personen nicht,**
1. **die rechtskräftig verurteilt worden sind**
    a) **wegen eines Verbrechens oder**
    b) **wegen sonstiger vorsätzlicher Straftaten zu einer Freiheitsstrafe von mindestens einem Jahr,**
    **wenn seit dem Eintritt der Rechtskraft der letzten Verurteilung zehn Jahre noch nicht verstrichen sind,**
2. **bei denen Tatsachen die Annahme rechtfertigen, dass sie**
    a) **Waffen oder Munition missbräuchlich oder leichtfertig verwenden werden,**
    b) **mit Waffen oder Munition nicht vorsichtig oder sachgemäß umgehen oder diese Gegenstände nicht sorgfältig verwahren werden,**
    c) **Waffen oder Munition Personen überlassen werden, die zur Ausübung der tatsächlichen Gewalt über diese Gegenstände nicht berechtigt sind.**

(2) **Die erforderliche Zuverlässigkeit besitzen in der Regel Personen nicht, die**

1. a) **wegen einer vorsätzlichen Straftat,**
    b) **wegen einer fahrlässigen Straftat im Zusammenhang mit dem Umgang mit Waffen, Munition oder Sprengstoff oder wegen einer fahrlässigen gemeingefährlichen Straftat,**

# Zuverlässigkeit § 5

    c) wegen einer Straftat nach dem Waffengesetz, dem Gesetz über die Kontrolle von Kriegswaffen, dem Sprengstoffgesetz oder dem Bundesjagdgesetz

zu einer Freiheitsstrafe, Jugendstrafe, Geldstrafe von mindestens 60 Tagessätzen oder mindestens zweimal zu einer geringeren Geldstrafe rechtskräftig verurteilt worden sind oder bei denen die Verhängung von Jugendstrafe ausgesetzt worden ist, wenn seit dem Eintritt der Rechtskraft der letzten Verurteilung fünf Jahre noch nicht verstrichen sind,

2. Mitglied
   a) in einem Verein, der nach dem Vereinsgesetz als Organisation unanfechtbar verboten wurde oder der einem unanfechtbaren Betätigungsverbot nach dem Vereinsgesetz unterliegt, oder
   b) in einer Partei, deren Verfassungswidrigkeit das Bundesverfassungsgericht nach § 46 des Bundesverfassungsgerichtsgesetzes festgestellt hat,

   waren, wenn seit der Beendigung der Mitgliedschaft zehn Jahre noch nicht verstrichen sind,
3. einzeln oder als Mitglied einer Vereinigung Bestrebungen verfolgen oder in den letzten fünf Jahren verfolgt haben, die gegen die verfassungsmäßige Ordnung oder den Gedanken der Völkerverständigung, insbesondere gegen das friedliche Zusammenleben der Völker gerichtet sind,
4. innerhalb der letzten fünf Jahre mehr als einmal wegen Gewalttätigkeit mit richterlicher Genehmigung in polizeilichem Präventivgewahrsam waren,
5. wiederholt oder gröblich gegen die Vorschriften eines der in Nummer 1 Buchstabe c genannten Gesetzes verstoßen haben.

(3) In die Frist nach Absatz 1 Nr. 1 oder Absatz 2 Nr. 1 nicht eingerechnet wird die Zeit, in welcher der Betroffene auf behördliche oder richterliche Anordnung in einer Anstalt verwahrt worden ist.

(4) Ist ein Verfahren wegen Straftaten im Sinne des Absatzes 1 Nr. 1 oder des Absatzes 2 Nr. 1 noch nicht abgeschlossen, so kann die zuständige Behörde die Entscheidung über den Antrag auf Erteilung einer waffenrechtlichen Erlaubnis bis zum rechtskräftigen Abschluss des Verfahrens aussetzen.

(5) Die zuständige Behörde hat im Rahmen der Zuverlässigkeitsprüfung folgende Erkundigungen einzuholen:

1. die unbeschränkte Auskunft aus dem Bundeszentralregister;
2. die Auskunft aus dem zentralen staatsanwaltschaftlichen Verfahrensregister hinsichtlich der in Absatz 2 Nr. 1 genannten Straftaten;
3. die Stellungnahme der örtlichen Polizeidienststelle, ob Tatsachen bekannt sind, die Bedenken gegen die Zuverlässigkeit begründen; die örtliche Polizeidienststelle schließt in ihre Stellungnahme das Ergebnis der von ihr vorzunehmenden Prüfung nach Absatz 2 Nr. 4 ein.

Die nach Satz 1 Nr. 2 erhobenen personenbezogenen Daten dürfen nur für den Zweck der waffenrechtlichen Zuverlässigkeitsprüfung verwendet werden.

## § 5 Abschn. 2. Umgang mit Waffen oder Munition

**1** **1. Entstehungsgeschichte.** Die ersten Waffengesetze enthielten keine Definition des Zuverlässigkeitsbegriffs, sondern lediglich einen Negativkatalog für die Erteilung gewerberechtlicher Erlaubnisse, wie in § 8 DVO RWaffG, oder für die Ausstellung von Waffenerwerbscheinen und Waffenscheinen, wie in den §§ 16 Abs. 1 Satz 2 SchWaffG und 15 Abs. 2 RWaffG. Demgegenüber legte § 5 WaffG 1972 erstmalig im deutschen Waffenrecht den Begriff der Zuverlässigkeit mit Geltung für den gesamten Gesetzesbereich, insbesondere die §§ 8 Abs. 1, 30 Abs. 1 Nr. 2, 36 Abs. 1 Satz 1 WaffG aF, fest, und zwar in Absatz 1 positiv, in Absatz 2 negativ. Vorbild der Bestimmung, die im Regierungsentwurf nicht enthalten war und erst während der Ausschussberatung in das Gesetz eingefügt wurde (vgl. darüber den Bericht des Innenausschusses, zu BT-Drucks. VI/3566 S. 3), war § 6 des Österr. WaffG vom 1. 3. 1967 (BGBl. Nr. 121), dessen Absatz 1 fast wörtlich in § 5 Abs. 1 WaffG aF übernommen wurde, während sich in Absatz 2 zahlreiche Entlehnungen aus der österreichischen Bestimmung finden (vgl. auch *Gaisbauer*, Der Zuverlässigkeitsbegriff nach dem neuen Waffenrecht, GewA **1972**, 317; am 1. 7. 1997 ist in Österreich das Waffengesetz 1996 (Österr. BGBl. I 59 vom 10. 1. 1997) in Kraft getreten; über die umfangreichen Neuerungen informiert *Mötz* DWJ **1997**, 602). In der Schweiz gilt ab 1. 1. 1999 ein bundeseinheitliches Waffengesetz (hierzu *Fürst* DWJ **1999**, 724).

Bei der Novellierung des WaffG iJ 1976 (BT-Drucks. 7/2379 S. 14) wurde der Zuverlässigkeitsbegriff in Übereinstimmung mit der im § 5 Abs. 2 aF verwendeten Gesetzestechnik und in Anpassung an die im Gesetz enthaltenen Versagungsgründe definiert und herausgestellt, unter welchen Voraussetzungen eine Person die erforderliche waffenrechtliche (die gewerberechtliche – etwa nach § 34a Abs. 1 Satz 3 Nr. 1 GewO – kann vorhanden sein [OVG Bautzen GewA **1994**, 195, 197]) Zuverlässigkeit nicht besitzt. Es wird also praktisch vom Begriff der Unzuverlässigkeit ausgegangen (OVG Bautzen NVwZ-RR **1997**, 411). Der früher in § 5 Abs. 1 verwendete Begriff der Zuverlässigkeit bürdete dem Antragsteller einen Nachweis auf, den er praktisch nicht erbringen konnte, was wiederum allgemeinen verwaltungsrechtlichen Grundsätzen widersprach. Infolge Umkehrung der Beweislast hatte nunmehr die Verwaltungsbehörde nachzuweisen (*Meyer* GewA **1998**, 89, 90), inwieweit der Antragsteller auf Grund festgestellter erheblicher Tatsachen nicht die erforderliche Zuverlässigkeit iS der einschlägigen Vorschriften des WaffG aF (§ 8 Abs. 1, § 30 Abs. 1 Satz 1 Nr. 2, § 36 Abs. 1, § 39 Abs. 2 Nr. 1, § 41 Abs. 1, § 44 Abs. 1, § 45 Abs. 3 und § 59 Abs. 3 Satz 1 WaffG) besaß. Im Übrigen war die Vorschrift dergestalt gegliedert, dass Absatz 1 die Tatbestände der speziellen waffenrechtlichen Unzuverlässigkeit aufzählte, während Absatz 2 einen Negativkatalog darbot, bei dessen Vorliegen die allgemeine Unzuverlässigkeit des Antragstellers in der Regel anzunehmen, zu vermuten (BVerwG DVBl. **1985**, 1311, 1314 = NVwZ **1986**, 585; OVG Hamburg, Beschluss vom 17. 11. 2005 – 3 Bf 128/02; OVG Bautzen NVwZ-RR **1997**, 411; OVG Koblenz RdL **1989**, 183, 184; BayVGH BayVBl. **1987**, 727) war. Zu prüfen war nur, ob im Einzelfall Umstände vorlagen, die die Regelvermutung entkräfteten (BVerwG aaO; OVG Bautzen NVwZ-RR **1997**, 411, 412 f.). Hierbei galt das Verbot, im Bundeszentralregister getilgte oder zu tilgende strafgerichtliche Verurteilungen (zur Berechnung der Tilgungsfrist: OLG Köln NStZ-RR **1998**, 88) zu verwerten (§ 51 Abs. 1 BZRG) auch für die Beurteilung der Zuverlässigkeit im Rahmen eines Widerrufsverfahrens bzgl. einer Waffenbesitzkarte; die Ausnahme nach § 52 Abs. 1 Nr. 4 BZRG gilt nur für die Erteilung, nicht für den Widerruf (BVerwG DVBl. **1996**, 1439). Die im Absatz 2 aufgeführten Regelvermutungen waren abschließender Natur (BVerwG SächsVerwBl. **1995**, 184; *Mey-*

# Zuverlässigkeit § 5

*er* GewA **1998,** 89, 92). Sie waren aber nicht im Wege des Umkehrschlusses dahin zu verstehen, dass andere als die dort genannten Tatsachen bei der Prüfung der Zuverlässigkeit außer Betracht zu bleiben hätten. Die Auslegung, orientiert am Sicherheitszweck (BVerwG DVBl. **1996,** 1439, 1441), kann zu dem Ergebnis führen, dass im Einzelfall Unzuverlässigkeit auch in anderen Fällen anzunehmen ist, zB bei jahrelanger hauptamtlicher „operativer" Tätigkeit als Offizier des MfS der früheren DDR, die zu einer speziellen Persönlichkeitsprägung mit „autonomen Ordnungsvorstellungen" geführt hat (BVerwG SächsVBl. **1995,** 184; weitere Nachweise bei *Meyer* GewA **2001,** 89; abw. iS einer Vermutung: Sächs. OVG GewA **1994,** 195; hierzu *Scholzen* DWJ **1994,** 1364; krit. insoweit BVerwG aaO).

Die **Neuregelung** knüpft an § 5 WaffG aF an, der aus einer ganz anderen Systematik heraus unter dieser Bezeichnung ebenfalls die Fragen der Zuverlässigkeit regelte. Die neue Vorschrift trennt erstmals die Fälle des vorwerfbaren Handelns von denen nicht vorwerfbarer körperlicher Einschränkungen (jetzt § 6 – persönliche Eignung). Dabei wird bei strafrechtlich relevantem Verhalten künftig die waffenrechtliche Unzuverlässigkeit im Wesentlichen an das **Strafmaß** statt an bestimmte Delikte (so aber § 5 Abs. 2 Nr. 1 WaffG aF; hierzu ausführlich 7. Aufl.) geknüpft. Die Art der Begehung (Vorsatz oder Fahrlässigkeit) und die **Schwere des Fehlverhaltens** sind damit entscheidend für waffenrechtliche Konsequenzen (Begr. RegE BT-Drucks. 14/7758 S. 54). Dabei hat die Verwaltungsbehörde grundsätzlich von der **Richtigkeit** der strafgerichtlichen Verurteilung auszugehen (VG Sigmaringen, Urteil vom 31. 1. 2005 – 2 K 978/04; VG Koblenz, Urteil vom 28. 11. 2005 – 8 K 472/05.KO).

Absatz 5 Satz 3 der ursprünglichen Fassung ist durch Art. 3 des Gesetzes vom 10. 9. 2004 (BGBl. I 2318) gestrichen worden (anderweitige Platzierung).

**2. Allgemeines.** Die waffenrechtliche Zuverlässigkeit (hierzu auch die Nachweise bei *Meyer* GewA **2001,** 89; VG Gießen GewA **1999,** 200 sowie allgemein *Eifert* JuS **2004,** 565) ist ein individuell zu prüfender Umstand, weshalb konkrete Anhaltspunkte dafür vorliegen müssen, dass zB die Gefahr missbräuchlicher Verwendung gerade von dem betreffenden Antragsteller ausgeht; die Mitgliedschaft in einer Rocker-Gruppe reicht für sich genommen nicht zur Annahme der Unzuverlässigkeit aus (VG Berlin NVwZ-RR **2000,** 156). Die in § 5 getroffene Regelung hat keinen Ausschließlichkeitscharakter (zur Rspr. des BVerwG zu allen einschlägigen Fragen ausführlich *Meyer* GewA **2001,** 89; **1998,** 89). Sie schließt zB nicht die Anwendung der Rechtsgrundsätze aus, die für die Erteilung gewerberechtlicher Erlaubnisse (vgl. insoweit die §§ 7, 8, 60 Abs. 1 WaffG aF) erarbeitet worden sind (zust. *Meyer* GewA **1998,** 89, 90). Soweit die Erteilung einer Erlaubnis für das Waffenherstellungs- oder Waffenhandelsgewerbe beantragt wird (§ 21; § 7 WaffG aF), ist die Zuverlässigkeit über § 5 hinaus auch nach allgemeinen gewerberechtlichen Grundsätzen zu prüfen. Es kann also, wenn es sich um die Erteilung einer Erlaubnis an Waffengewerbetreibende handelt, diese trotz Vorliegens der Zuverlässigkeit iSv. § 5 versagt werden, wenn die Frage der allgemeinen Zuverlässigkeit zu verneinen ist (VG Hamburg GewA **1988,** 306). Insoweit ist unzuverlässig, wer nicht die Gewähr dafür bietet, dass er sein Gewerbe ordnungsgemäß ausüben wird. Die für den Waffenhandel erforderliche Zuverlässigkeit besitzt nicht, wer nach seiner Persönlichkeit, wie sie in dem Gesamtbild seines Verhaltens zum Ausdruck kommt, diese Gewähr nicht bietet. Die anzustellende Prognose verlangt nicht den Nachweis, der Antragsteller werde mit an Sicherheit grenzender Wahrscheinlichkeit mit Waffen und Munition nicht sorgsam umgehen. Es genügt insoweit vielmehr, dass bei verständiger Würdigung aller Umstände eine gewisse Wahrscheinlichkeit für eine nicht ordnungsge-

## § 5 Abschn. 2. Umgang mit Waffen oder Munition

mäße Ausübung des Gewerbes besteht. An die Beurteilung der Zuverlässigkeit durch die Jagdbehörde ist die Erlaubnisbehörde nicht gebunden (vgl. zur jagdrechtlichen Unzuverlässigkeit den Lehrfall von *Stein* VR **2004,** 173 sowie VGH Mannheim JagdRE V Nr. 213; § 30 Abs. 1 Satz 3 WaffG aF (vgl. jetzt § 13) fand insoweit keine Anwendung (BVerwG NVwZ-RR **1995,** 143 = DVBl. **1995,** 356 = GewA **1995,** 73 = BayVBl. **1995,** 249; *Meyer* GewA **1998,** 89, 94). Vorstrafen sind zwar von Bedeutung, sie reichen jedoch für sich allein nicht zur Begründung der persönlichen Unzuverlässigkeit aus, ausgenommen, es handelt sich um Verurteilungen nach Absatz 1 oder Absatz 2 Nr. 1. Vielmehr ist immer die Gesamtpersönlichkeit des Bewerbers zu würdigen, evtl. ein innerer Zusammenhang der Straftat mit dem auszuübenden Gewerbe. So werden erhebliche Eigentumsdelikte der Annahme der Zuverlässigkeit idR entgegenstehen, dagegen nicht fahrlässige Zuwiderhandlungen im Straßenverkehr (ohne Alkoholeinfluss). Zur Unzuverlässigkeit im **Luftverkehr** vgl. BVerwG, Urteil vom 15. 7. 2004 – 3 C 33/03 = BVerwGE **121,** 257 = DVBl. **2005,** 115; DVBl. **2005,** 637; OVG Hamburg NordÖR **2005,** 214; *Baumann* ZLW **2006,** 34.

Andererseits ist es für den Begriff der allgemeinen Zuverlässigkeit ohne besondere Bedeutung, dass der Antragsteller bisher überhaupt noch nicht bestraft ist bzw. ein staatsanwaltschaftliches Ermittlungsverfahren gegen ihn mangels Beweises eingestellt worden ist, wenn andere Tatsachen gegen seine allgemeine Zuverlässigkeit sprechen (OVG Koblenz VerwRspr. **1966,** 465). So kann zB jemand unzuverlässig sein, der ohne vernünftigen Grund ein Wirbeltier mittels einer Waffe tötet (OVG Magdeburg NuR **1999,** 231). Finanzielle Schwierigkeiten einer Person werden für sich allein die Unzuverlässigkeit nicht begründen. Wenn aus ihnen aber ein Schluss auf insgesamt leichtfertige Veranlagung des Antragstellers oder fehlende wirtschaftliche Leistungsfähigkeit gerechtfertigt ist, kann die Annahme der Unzuverlässigkeit hierauf gestützt werden (BVerwG DVBl. **1961,** 731 = GewA **1961,** 166 = NJW **1961,** 1834 und *Tettinger/Wank,* GewO 7. Aufl. § 35 Rdn. 18). Auch wird derjenige, der seinen öffentlich-rechtlichen Verpflichtungen nicht nachzukommen geneigt ist, zB die Lohnsteuer seiner Arbeitnehmer nicht an das Finanzamt abführt bzw. die Arbeitgeberanteile zur Sozialversicherung oder die Berufsgenossenschaftsbeiträge nicht entrichtet, möglicherweise nicht als zuverlässig angesehen werden können (VGH Mannheim GewA **1971,** 203). Ob derjenige, der beim Vorwurf der Steuerhinterziehung vor den Strafverfolgungsbehörden ins Ausland flieht, generell die erforderliche charakterliche Eignung zum Besitz von Schusswaffen aufweist (so VG Darmstadt NVwZ-RR **1994,** 582), erscheint zweifelhaft. Ein Jagdunfall durch einen Fehlschuss muss nicht die Unzuverlässigkeit begründen (VG Sigmaringen vom 25. 5. 2005 – 9 K 440/05). Zur Unzuverlässigkeit des Geschäftsführers einer GmbH im Gewerberecht s. VGH Mannheim GewA **2005,** 84; VG Arnsberg GewA **2003,** 298; zur gewerberechtlichen Unzuverlässigkeit wegen Steuerrückständen vgl. VG Stuttgart GewA **2004,** 74 und *Forkel* GewA **2004,** 53; VG Gießen GewA **2004,** 302; VG Potsdam, Beschluss vom 22. 10. 2004 – 3 L 757/04.

Unzuverlässigkeit setzte nach bisherigem Recht kein Verschulden voraus. So konnte idR auch ein Geschäftsunfähiger (Geisteskranker) unzuverlässig sein (§ 8 Abs. 2 Nr. 1 DVO RWaffG; § 5 Abs. 2 Nr. 3 WaffG aF; BVerwG, Beschluss vom 5. 3. 1986 – 1 B 36.86 – bei *Meyer* GewA **1998,** 89, 91). Das ist durch die Neuregelung geändert worden. Unverschuldete persönliche Umstände, die der Erteilung einer Erlaubnis entgegenstehen, sind nunmehr unter dem Oberbegriff „persönliche Eignung" in § 6 zusammengefasst (Rdn. 1 aE).

## Zuverlässigkeit § 5

Hinsichtlich der für die Durchführung einer Zuverlässigkeitsprüfung anfallenden Gebühr ist der Inhaber einer WBK als Veranlasser der richtige Gebührenschuldner (OVG Koblenz NVwZ-RR **2004**, 656).

**3. Unbestimmter Rechtsbegriff.** Die Unzuverlässigkeit nach Absatz 1 und Absatz 2 ist ein unbestimmter Rechts-(Gesetzes-)begriff iS der Rechtsprechung der Verwaltungsgerichte (OVG Saarlouis, Beschluss vom 3. 3. 2006 – 1 Q 2/06; *Schoch* Jura **2004**, 612; *K/P* Rdn. 134). Die im Einzelfall zu treffende Entscheidung ist allein durch die – uneingeschränkt gerichtlich überprüfbare – Unterordnung des festgestellten einschlägigen Sachverhalts unter die in Absatz 1 und Absatz 2 gesetzlich festgelegten Tatbestandsmerkmale zu treffen; der Behörde, die sich nur auf Tatsachen, nicht Vermutungen stützen darf, bleibt keine Möglichkeit, ihr Ermessen walten zu lassen (BVerwGE **4**, 305, 307; **55**, 104; **92**, 340, 348f.; BVerwG NJ **1997**, 551; VG Sigmaringen GewA **1994**, 87; *Eyermann*, VwGO, 11. Aufl. § 137 Rdn. 18 mit Zitaten). Maßgeblicher **Zeitpunkt** für die Beurteilung der Sach- und Rechtslage ist derjenige der **letzten Behördenentscheidung** (BVerwG GewA **1992**, 359; BayVGH BayVBl. **2003**, 595; VG Sigmaringen, Urteil vom 23. 10. 2003 – 2 K 1592/02). Zur Frage einer einstweiligen Anordnung und der Vorwegnahme der Hauptsache im Verfahren über die Zuverlässigkeit vgl. VGH Mannheim NVwZ **2004**, 630 (betr. Jagdschein). Das verfassungsrechtliche Bestimmtheitsgebot (Art. 20 Abs. 3 GG) ist bei Verwendung unbestimmter Rechtsbegriffe erst dann verletzt, wenn es wegen der Unbestimmtheit nicht mehr möglich ist, objektive Kriterien zu gewinnen, die eine willkürliche Handhabung durch die Behörden und die Gerichte ausschließen (BVerwG, Beschluss vom 15. 11. 1995 – 11 B 72.95 [zum Gebührenrecht]). Diese Gefahr ist vorliegend durch eine Fülle von konkreten Anforderungen ausgeschlossen.

**4. Rechtskräftige Verurteilung (Absatz 1 Nr. 1).** Nach § 5 Abs. 2 Satz 1 Nr. 1 WaffG aF besaßen Personen in der Regel die erforderliche Zuverlässigkeit nicht, wenn gegen sie die in dieser Vorschrift aufgeführten rechtskräftigen Verurteilungen ergangen waren. Nach der Neuregelung (vgl. Rdn. 1) wird demgegenüber bei Verurteilungen a) wegen eines Verbrechens (ohne Berücksichtigung der ausgeworfenen Strafe) oder b) wegen eines vorsätzlichen Vergehens zu mindestens einem Jahr Freiheitsstrafe die **absolute waffenrechtliche Unzuverlässigkeit** für die Dauer von zehn Jahren ab Rechtskraft des letzten Urteils unwiderlegbar vermutet (Begr. RegE BT-Drucks. 14/7758 S. 54; OVG Lüneburg NVwZ-RR **2005**, 110 [betr. Jagdschein]). Die Behörde darf dabei grundsätzlich von der Richtigkeit des rechtskräftigen Strafurteils einschließlich der darin enthaltenen tatsächlichen Feststellungen ausgehen (OVG Hamburg, Beschluss vom 17. 11. 2005 – 3 Bf 128/02). Für die Fälle des Absatzes 1 ist – auch in Abgrenzung zur Regelunzuverlässigkeit nach Absatz 2 – keine Härtefall-Regelung vorgesehen. Die Aussetzung der Vollstreckung der Strafe zur Bewährung ist hierfür unbeachtlich (VG Sigmaringen JagdRE V Nr. 212); auch eine Begnadigung (aA *K/P* Rdn. 146).

**a) Verurteilung wegen eines Verbrechens (Absatz 1 Nr. 1 Buchst. a).** Nach der Systematik des Strafgesetzbuchs handelt es sich hierbei um vorsätzliche Straftaten, die im Mindestmaß mit einer Freiheitsstrafe von einem Jahr bedroht sind (§ 12 Abs. 1 StGB). Der Versuch ist bei einem Verbrechen generell unter Strafe gestellt (§ 23 Abs. 1 StGB), so dass auch die Verurteilung wegen eines versuchten Verbrechens – ohne Rücksicht auf die Höhe der Strafe – eine „Verurteilung wegen eines Verbrechens" darstellt, ohne dass dies in der vorliegenden Bestimmung ausdrücklich erwähnt ist. Nach der grundsätzlichen gesetzlichen Vorbewertung des Unrechts bei der Schaffung von Verbrechenstatbeständen handelt es sich bei diesen Delikten aus-

## § 5 Abschn. 2. Umgang mit Waffen oder Munition

nahmslos um Straftaten, die schweres und schwerstes Unrecht verwirklichen. Im Fall der Nummer 1 ist – sowohl zu a) als auch zu b) – die Verletzung der Rechtsordnung von einem solchen Gewicht, dass das Vertrauen in die Zuverlässigkeit im Umgang mit Waffen für die Dauer der 10-Jahres-Frist als nicht wieder herstellbar anzusehen ist (Begr. RegE BT-Drucks. 14/7758 S. 54).

Es erscheint im Hinblick darauf nur als konsequent, die (rechtskräftige) Verurteilung wegen einer derartigen Kriminalstraftat zum hinreichenden Grund für die Begründung der Unzuverlässigkeit auch im waffenrechtlichen Sinne zu statuieren. Das Abstellen auf die Erfüllung eines Verbrechenstatbestandes bringt eine wesentliche Erleichterung der Gesetzesanwendung mit sich, da das Abstellen auf einzelne Arten von Straftaten entfällt. Das ist eine begrüßenswerte Neuerung.

6  **b) Verurteilung zu Freiheitsstrafe von mindestens einem Jahr (Absatz 1 Nr. 1 Buchst. b).** Auch diese Neugestaltung der Unzuverlässigkeitsregelung erscheint geglückt, da sie die Anwendung des Gesetzes beträchtlich vereinfacht. Die Art der begangenen Straftat interessiert hier nicht mehr (anders § 5 aF, dessen Anwendung zu einer kaum mehr überschaubaren Kasuistik geführt hatte [vgl. die 7. Aufl.]; krit. *Löhr/Kandler* DWJ **2006,** Heft 2, 82), sofern es sich nur um ein vorsätzliches Vergehen (§ 12 Abs. 2 StGB) handelt, auf das die Gerichte – rechtskräftig – mit einer Freiheitsstrafe von einem Jahr und mehr reagiert haben (bis zu einem Jahr jetzt auch durch Strafbefehl zulässig [§ 407 Abs. 2 Satz 2 StPO]). Die Verurteilung zu einer **Gesamtstrafe** in dieser Höhe erfüllt bereits die Voraussetzung (vgl. VGH Kassel NVwZ-RR **2005,** 324 betr. Gesamtgeldstrafe; ebenso VG Neustadt/Weinstraße vom 14. 3. 2005 – 4 L 371/05.NW = JagdRE V Nr. 219). Bei der verhältnismäßig zurückhaltenden Strafzumessungspraxis unserer Gerichte innerhalb der vom Gesetz vorgegebenen Strafrahmen spricht alles dafür, dass auch in diesen Fällen Unrecht von beträchtlichem Gewicht verwirklicht worden ist, da weder eine Geldstrafe noch eine unter einem Jahr liegende Freiheitsstrafe als Schuldausgleich für ausreichend erachtet worden ist. Das bedeutet, dass auch Verurteilungen wegen Eigentums- und Vermögensdelikten sowie Wirtschaftsstraftaten u. ä. hier in Betracht kommen, während Urteile wegen fahrlässiger Tötung nach wie vor nicht erfasst werden, sofern sie nicht den in Absatz 2 Nr. 1 Buchst. b geforderten Bezug aufweisen. Auch bei dieser Variante handelt es sich um eine durch die Erfüllung der genannten Voraussetzung ausgelöste **unwiderlegliche** Vermutung der Unzuverlässigkeit im Gegensatz zu der Regelunzuverlässigkeit des Absatzes 2. Die Entwurfsbegründung (BT-Drucks. 14/7758 S. 54) weist zu Recht darauf hin, dass vergleichbare Verurteilungen etwa bei Beamten dauerhaft und endgültig zum Verlust dieses Status führen.

7  **5. Die Zehn-Jahresfrist (Absatz 1 Nr. 1 letzter Halbsatz).** Die unwiderlegbare Vermutung greift nur ein, wenn nach dem Eintritt der Rechtskraft der letzten Verurteilung noch keine 10 Jahre verstrichen sind. Ein solcher Zeitablauf wird für erforderlich gehalten, um dem massiven Rechtsbruch die Stärke zu nehmen, die zur Unwiderlegbarkeit der Unzuverlässigkeitsvermutung geführt hatte. Die Sperrfrist betrug nach bisherigem Recht einheitlich 5 Jahre (jetzt noch nach Absatz 2). Eine Anwendung der Zehnjahresfrist auf Altfälle, in denen die seinerzeit maßgebliche Fünfjahresfrist bereits abgelaufen war, ist nicht zulässig (vgl. VG Würzburg, Beschluss vom 11. 6. 2003 im Verfahren betr. die **sofortige Vollziehung** des dennoch angeordneten Widerrufs. Der VGH München hat die Wiederherstellung der aufschiebenden Wirkung der Klage bestätigt und die Entscheidung in der Sache dem Hauptsacheverfahren vorbehalten (Beschluss vom 11. 9. 2003 – 21 Cs 03. 1736; Veröff. JagdRE XVII Nr. 157).

Zuverlässigkeit § 5

Das Hauptsacheverfahren hat seine Erledigung dadurch gefunden, dass die VB den Widerruf zurückgenommen hat; ihr wurden daraufhin die Kosten des Verfahrens auferlegt (VG Würzburg, Beschluss vom 14. 1. 2004 – W 6 K 03.537). Wie hier auch L/F/L Einleitung vor § 1 Rdn. 107 f.

In der Praxis (vgl. die Zusammenstellung der Rspr. im Anhang Rdn. 7 d) hat nach 7a dem Inkrafttreten der Neuregelung mit ihren veränderten Anforderungen an die Bejahung der Zuverlässigkeit die Frage des **Widerrufs** von Waffenbesitzkarten bzw. der Ungültigkeitserklärung /Einziehung des Jagdscheins eine außerordentliche Bedeutung erlangt. Zum einen wurde eine **Vorwirkung** der Neuregelung verneint, so dass die auf 60 Tagessätze angehobene Schwelle in Absatz 2 Nr. 1 auf „Altfälle" nicht für anwendbar erklärt wurde, bei denen die Verurteilung (etwa zu 40 Tagessätzen) noch vor dem Inkrafttreten der Neuregelung am 1. 4. 2003 erfolgt war (BayVGH BayVBl. **2003,** 595).

Auf der anderen Seite beschäftigte die Gerichte mehrfach die Frage einer irgendwie gearteten **Rückwirkung** bzw. tatbestandlichen Rückanknüpfung (OVG Magdeburg, Beschluss vom 4. 3. 2005 – 1 M 279/04) der verschärften Zuverlässigkeitskriterien auf bestehende Erlaubnisse (zur „unechten" Rückwirkung: BVerfG NJW **2004,** 739 [betr. Sicherungsverwahrung]; NJW **1998,** 1547; OVG Lüneburg NVwZ-RR **2005,** 110 [betr. Jagdschein]; VGH Mannheim, Beschluss vom 19. 8. 2004 – 1 S 976/04 = BWVBl. **2005,** 102 [beide im Verfahren betr. vorläufigen Rechtsschutz]; OVG Magdeburg aaO; VG Chemnitz vom 3. 6. 2005 – 3 K 449/05; VG Koblenz, Urteil vom 28. 11. 2005 – 8 K 472/05.KO betr. Jagdschein). In Anlehnung an BVerwGE **71,** 234, 243 (= NVwZ **1986,** 558) begründeten das OVG Lüneburg (Urteil vom 26. 1. 2006 – 11 LB 178/05), das OVG Magdeburg (aaO), der VGH Mannheim (aaO) sowie das VG Aachen (Urteil vom 31. 3. 2004 – 6 K 1922/03) ausführlich ihre Ansicht, dass der Gesetzgeber des WaffRNeuRegG ungeachtet des § 58 Abs. 1 WaffG **keinen Vertrauens- oder Bestandsschutz** für unter dem WaffG 1976 erteilte waffenrechtliche Erlaubnisse statuiert hat (aA VG Regensburg, Beschluss vom 16. 7. 2003 – RN 7 S 03.970 = JagdRE V Nr. 208; vgl. auch *Scholzen* DWJ **2004,** Heft 6, 84); daraus folge, dass eine derartige Erlaubnis zu widerrufen sei, wenn deren Inhaber nach neuem Recht nicht mehr als zuverlässig angesehen werden könne (ähnlich betr. den Jagdschein OVG Lüneburg NVwZ-RR **2005,** 110 im Verfahren über die sofortige Vollziehung der Ungültigkeitserklärung im Falle der Verurteilung nach dem Inkrafttreten der Neuregelung zum 1. 4. 2003 zu einem Jahr Freiheitsstrafe). Im Falle des VG Aachen wurde eine nach Erlaubniserteilung erfolgte Verurteilung aus dem Jahre 1998 zu einem Jahr und 9 Monaten Freiheitsstrafe unter Berufung auf Absatz 1 Nr. 1 WaffG nF als den Widerruf zwingend auslösend gewertet; allerdings stützte sich das VG auch noch auf eine weitere, in dem vorliegenden Zusammenhang unproblematische Begründung.

In der Tat handelt es sich bei der Frage des Widerrufs nicht um eine Korrektur der seinerzeit ergangenen Entscheidung auf Erteilung einer Erlaubnis unter Anlegung früherer Maßstäbe, sondern um ein Befinden darüber, ob im Zeitpunkt der letzten behördlichen Entscheidung über den Widerruf (vgl. BVerwG GewA **1992,** 359; OVG Magdeburg aaO; VGH Mannheim aaO; VG Sigmaringen, Urteil vom 31. 1. 2005 – 2 K 978/04) die jederzeit als Erteilungsvoraussetzung erforderliche **Zuverlässigkeit** mit Blickrichtung auf die **Zukunft** noch bejaht werden kann (BVerwGE **71,** 234, 243 = NVwZ **1986,** 558; BVerwG Buchholz 402.5 WaffG Nr. 43), wozu eine **Gesamtwürdigung** der Umstände des Einzelfalls zu erfolgen hat. Einer der hierbei zu berücksichtigenden Umstände ist ganz sicher, dass der Gesetzgeber des WaffR-NeuRegG, wozu er aufgrund seines „Beurteilungsspielraums" (BVerfG NJW **2004,**

**§ 5**  Abschn. 2. Umgang mit Waffen oder Munition

739) grundsätzlich berechtigt ist, die Zuverlässigkeitsanforderungen bewusst verschärft hat (vgl. VGH München, Beschluss vom 7. 7. 2005 – 19 CS 05.1154).

**7b**  Dagegen vertrat der VGH München (Beschlüsse vom 14. 11. 2003 – 21 CS 03.2056 und vom 12. 1. 2004 – 19 CS 03.3148) die Auffassung, es müsse hinsichtlich des Widerrufs auf die Rechtslage zum Eintritt der Tatsachen abgestellt werden, die die Annahme der Unzuverlässigkeit begründen sollen; ein auf die geänderten Erteilungsvoraussetzungen des Gesetzes gestützter Widerruf sei unzulässig (in letzterem Sinne auch *A/B* § 58 Rdn. 4). Das neue WaffG hat seinerzeit – offenbar bewusst – **keine Übergangsregelung** geschaffen, so dass davon auszugehen ist, dass die beabsichtigte Verschärfung der Anforderungen an das Vorliegen der Zuverlässigkeit mit Erlass des neuen Gesetzes eintreten sollte. Im Gegensatz hierzu hat der Gesetzgeber bei später erfolgten der Neuregelung des artverwandten Sprengstoffrechts eine Übergangsregelung getroffen: Nach § 47a SprengG (eingefügt durch das 3. SprengÄndG vom 15. 6. 2005 [BGBl. I 1626], dieses geänd. durch Art. 35 des Gesetzes vom 21. 6. 2005 [BGBl. I 1818, 1826]). Hierbei handelt es sich um eine bis Ende des Jahres 2009 befristete Überleitungsbestimmung (zur Erforderlichkeit derartiger Übergangsbestimmungen BVerfG NVwZ **1986,** 369; NJW **1985,** 964; **1977,** 1049), die im Sprengstoffrecht den Übergang auf die an das neue Waffenrecht angepassten (verschärften) Zuverlässigkeitsanforderungen regelt. Nach der hierzu ergangenen Begründung (BR-Drucks. 15/05 S. 41) wurden hierbei „die beim Vollzug der Zuverlässigkeitsbestimmungen des neuen Waffengesetzes gewonnenen Erfahrungen" berücksichtigt. Daraus ist zu entnehmen, dass der Gesetzgeber nachträglich zu der Ansicht gekommen ist, eine solche Überleitungsbestimmung wäre auch im WaffG angebracht gewesen. Nach der Neuregelung im Sprengstoffgesetz soll verhindert werden, dass „Personen, die nach dem bisher geltenden Recht zuverlässig waren, ausschließlich auf Grund geänderter gesetzlicher Bestimmungen, nicht jedoch durch aktives Tun" ihre Zuverlässigkeit verlieren; die öffentliche Sicherheit und Ordnung gebiete es jedoch, insbesondere gewaltbereite Personen oder Personen mit schweren persönlichen Eignungsdefiziten nicht an der Übergangsbestimmung teilhaben zu lassen.

**7c**  Im Hinblick auf die Wesensverwandtschaft von Waffenrecht und Sprengstoffrecht könnte man daran denken, diese sprengstoffrechtliche Neuregelung, die zugegebenermaßen auf Überlegungen zum Vollzug des neuen Waffengesetzes beruht, auf die im Bereich des Widerrufs waffenrechtlicher Erlaubnisse akut werdenden Fragen entsprechend anzuwenden. Das würde bedeuten, dass im Normalfall – mit Ausnahme der aufgezeigten Sonderfälle – eine Rückwirkung der verschärften Zuverlässigkeitsbestimmungen nicht in Betracht kommt, so dass Personen, die nach dem bisher geltenden Recht zuverlässig waren, nicht ausschließlich auf Grund geänderter gesetzlicher Bestimmungen, sondern nur „durch aktives Tun", also neue, nach Inkrafttreten des WaffG nF (hier maßgeblich: 1. 4. 2003) iSv. § 5 WaffG zuverlässigkeitsrelevante Aktivitäten ihre Zuverlässigkeit verlieren können (BR-Drucks. 15/05 S. 41 zu § 47a SprengG nF). Eine entsprechende Anwendung verbietet sich indessen, weil eine echte Regelungslücke nicht festgestellt werden kann. Der Gesetzgeber hat allem Anschein nach bewusst auf eine Überleitungsbestimmung verzichtet (vgl. OVG Lüneburg, Urteil vom 26. 1. 2006 – 11 LB 178/05; OVG Magdeburg, Beschluss vom 4. 3. 2005 – 1 M 279/04; soweit erkennbar, ist auch keine „Nachbesserung" geplant.

Soweit in Rdn. 7 auf die Entscheidungen des VG Würzburg und des VGH München Bezug genommen worden ist, muss angemerkt werden, dass in diesem Fall die zum Widerruf herangezogene Rechtskraft der Verurteilung jeweils bereits vor der

Zuverlässigkeit § 5

Erteilung der waffenrechtlichen Erlaubnis lag und somit keine „nachträgliche" Tatsache gegeben war. Vgl. auch § 45 Rdn. 9.

**Zusammenstellung der neueren Rechtsprechung zu Fragen der Anwendung 7 d des WaffG nF hinsichtlich des Widerrufs** bei waffenrechtlichen **Erlaubnissen** (E) und der **Versagung** oder **Einziehung** von **Jagdscheinen** (J). Soweit die Verfahren vorläufigen Rechtsschutz betreffen, ist dies vermerkt (vR).

**1. Erteilung (E/J) vor 1. 4. 2003. a) Rechtskraft** der Verurteilung **vor 1. 4. 2003. aa)** Widerruf **nach** 1. 4. 2003: **ja:** OVG Lüneburg, Urteil vom 26. 1. 2006 – 11 LB 178/05 (J); OVG Magdeburg, Beschluss vom 4. 3. 2005 – 1 M 279/04; VGH Mannheim (vR), Beschluss vom 19. 8. 2004 – 1 S 976/04 = BWVBl. **2005,** 102; vom 13. 7. 2004 – 1 S 807/04 = JagdRE V Nr. 213 (J); OVG Münster, Beschluss vom 6. 4. 2005 – 20 B 155/05 = Rd L **2005,** 177 (J); VG Aachen vom 31. 3. 2004 – 6 K 1922/03 (E/J); VG Göttingen, Urteil vom 25. 1. 2006 – 1 A 140/05 (E/J); VG Sigmaringen, Urteil v. 31. 1. 2005 – 2 K 978/04 (E); vom 9. 3. 2004 – 5 K 1858/03 = JagdRE V Nr. 212 (J: keine Neuertejlung)

**bb)** Widerruf **nein:** VGH München (vR) vom 11. 9. 2003 – 21 CS 03.1736 = JagdRE XVII Nr. 137 (E); Beschluss vom 12. 1. 2004 – 19 CS 03.3148 = JagdRE V Nr. 218; VG Darmstadt GewA **2004,** 436; VG Regensburg (vR), Beschluss vom 16. 7. 2003 – RN 7 S 03.970 [Verurteilung vor Erteilung] (E/J);

**b) Rechtskraft** der Verurteilung **nach dem 1. 4. 2003. aa)** Widerruf **ja:** VGH Kassel (vR) NVwZ-RR **2005,** 324 (E); OVG Lüneburg (vR) NVwZ-RR **2005,** 110 (J); VGH München (vR) BayVBl. **2005,** 666 = JagdRE V Nr. 221 (J); VG Oldenburg (vR) NVwZ-RR **2005,** 112 (J)

**bb)** Widerruf nur aufgrund nach dem 1. 4. 2003 eingetretener Tatsachen: VGH München JagdRE XVII Nr. 137.

**2. Erteilung E/J für die Zeit nach dem 1. 4. 2003: a) Rechtskraft** des Urteils **vor dem 1. 4. 2003** Versagung **ja:** VGH Mannheim JagdRE V Nr. 213 (J); Einziehung (J) **ja:** OVG Münster (vR) Rd L **2005,** 177; VG Neustadt (Weinstraße) (vR), Beschluss vom 14. 3. 2005 – 4 L 371/05 NW (J); VG Sigmaringen JagdRE V Nr. 212; VG Koblenz, Urteil vom 28. 11. 2005 – 8 K 472/05.KO (J)

**b) Rechtskraft** des Urteils **nach dem 1. 4. 2003:** unproblematisch.

**3. Anfechtungsklage.** Maßgebend die Sach- und Rechtslage zur Zeit der **letzten Behördenentscheidung:** BVerwGE **97,** 245 = GewA **1995,** 383; OVG Lüneburg, Urteil vom 26. 1. 2006 – 11 LB 178/05; OVG Magdeburg, Beschluss vom 4. 3. 2005 – 1 M 279/04; VGH München BayVBl. **2005,** 694; VGH Mannheim BWVBl. **2005,** 104; OVG Bautzen, Beschluss vom 10. 3. 2004 – 3 BS 8/03; VG Chemnitz, Beschluss vom 3. 6. 2005 – 3 K 449/05; VG Weimar, Urteil vom 6. 5. 2003 – 2 K 1683/01 We.

Maßgebender Zeitpunkt für die Berechnung im Verwaltungsverfahren ist der Erlass des Widerspruchsbescheides (BVerwGE **84,** 17, 19; BVerwG GewA **1995,** 343, 345; **1991,** 198). Vorverurteilungen, die gnadenweise im Strafregister getilgt worden sind, dürfen nicht zum Nachteil des Antragstellers verwertet werden (§ 51 Abs. 1 BZRG). In solchen Fällen wird jedoch die Annahme allgemeiner Unzuverlässigkeit (Rdn. 2) nicht ausgeschlossen, wenn diese Annahme aus anderen Gründen gerechtfertigt ist. Zur „Versagungsverjährung" s. Sächs. OVG GewA **1994,** 195 und *Scholzen* DWJ **1994,** 1364. Bei der Fristberechnung ist Absatz 3 zu beachten (inhaltlich dem § 5 Abs. 2 Nr. 1 Satz 2 WaffG aF entsprechend, der bei der Novellierung des WaffG iJ 1976 eingefügt worden war). Nach der amtl. Begr. zur Vorgängervorschrift (BT-Drucks. 7/2379 S. 14) gebietet es der der Vorschrift zugrunde liegende Bewährungsgedanke, in die Fünfjahresfrist die Zeit einer Verwahrung in einer

## § 5 Abschn. 2. Umgang mit Waffen oder Munition

„Anstalt" nicht einzurechnen. Hierzu gehört auch die in Strafhaft verbrachte Zeit (BVerwG NVwZ-RR **1988**, 75 = GewA **1988**, 311). Vgl. auch die – hier bereits berücksichtigte – Berichtigung des ursprünglichen Redaktionsversehens (vom 19. 9. 2003 – BGBl. I 1957), aufgedeckt auch durch VGH Mannheim NVwZ **2004,** 630.

**8**  **6. Waffenrechtliche absolute Unzuverlässigkeitsgründe (Absatz 1 Nr. 2).** Hier geht es – wie bisher in § 5 Abs. 1 WaffG aF, der fast wörtlich übernommen worden ist – um die auf Tatsachen gestützte Prognose eines spezifisch waffenrechtlich bedenklichen Verhaltens (Begr. RegE BT-Drucks. 14/7758 S. 54), „aus dem mit hoher Wahrscheinlichkeit der Eintritt von Schäden für hohe Rechtsgüter resultiert, sei es durch das Verhalten des Antragstellers selbst (Buchstabe a und b, 1. Alternative) oder anderer (Buchstabe b, 2. Alternative und Buchstabe c)". Für die Fristberechnung ist Absatz 3 zu beachten.

**9**  **a) Missbräuchliche oder leichtfertige Waffen- oder Munitionsverwendung (Absatz 1 Nr. 2 Buchst. a).** Eine missbräuchliche Verwendung liegt vor, wenn schuldhaft, idR wohl mindestens bedingt vorsätzlich, von der Schusswaffe (Munition) ein Gebrauch gemacht wird, der vom Recht nicht gedeckt wird (VGH Mannheim NJW **1994,** 956: Rechtsanwalt nimmt die Waffe zu einer von ihm erwarteten familiären Auseinandersetzung mit). Denn das Gesetz verlangt, dass der Inhaber mit der (Schuss-)Waffe verantwortungsbewusst und unter Berücksichtigung von Leben und Gesundheit seiner Mitmenschen umgeht und die Waffen nur benutzt, wenn die Rechtsordnung ihm dies gestattet (VGH Mannheim aaO). Fälle missbräuchlicher Verwendung werden besonders bei Notwehr-, Nothilfe- und Selbsthilfeüberschreitungen (§§ 32, 33 StGB, 227, 229 f. BGB) in Betracht kommen, ferner bei leicht erregbaren (reizbaren) oder in der Erregung unbeherrschten, jähzornigen oder zur Aggression oder zu Affekthandlungen neigenden Personen (*Gaisbauer* GewA **1972,** 317) sowie bei Personen, die unter Alkohol- oder Drogeneinfluss stehend voraussichtlich von ihrer Waffe Gebrauch machen werden (vgl. VGH München BayVBl. **2003,** 595). Die Trunk- oder Drogensucht als solche ist in § 6 Abs. 1 Satz 1 Nr. 2 und § 41 Abs. 1 Satz 1 Nr. 2 geregelt, sie war früher in § 5 Abs. 2 Nr. 4 WaffG aF erfasst. Die zu prognostizierende hinreichende Wahrscheinlichkeit eines solchen Fehlverhaltens in Bezug auf Waffen oder Munition reicht aus (*Meyer* GewA **1998,** 89, 90 m. Nachw. aus der BVerwG-Rspr.; VG Sigmaringen, Urteil vom 23. 10. 2003 – 2 K 1592/02). Die Beurteilung der Frage, ob bei einem wiederholt straffällig gewordenen Antragsteller für eine waffenrechtliche Erlaubnis nach dem abgeurteilten Verhalten und den sonstigen Umständen des Falles die Besorgnis begründet ist, er Kläger könne Waffen missbräuchlich oder leichtfertig verwenden, erfordert grundsätzlich nicht die Hinzuziehung eines Sachverständigen; das Gericht bewegt sich mit einer entsprechenden tatsächlichen Würdigung idR in Lebens- und Erkenntnisbereichen, die dem Richter allgemein zugänglich sind (BVerwG, Beschluss vom 9. 1. 1990 – 1 B 1.90; VG Sigmaringen aaO; *Meyer* GewA **1998,** 89, 92 Fn. 55).

Der Begriff „missbräuchlich verwenden" kehrte früher in § 40 Abs. 1 WaffG aF wieder. Er hatte dort indessen eine andere – weitere – Bedeutung (*Meyer* GewA **1998,** 89, 97).

**10**  Die Annahme der Zuverlässigkeit wird auch schon durch zu befürchtenden **leichtfertigen** Umgang mit Waffen oder Munition (hierzu BVerwG NJW **1992,** 387 betr. Disziplinarmaßnahmen gegen einen Soldaten) ausgeschlossen. „Leichtfertigkeit" (vgl. insoweit §§ 138 Abs. 3, 307 Abs. 3, § 309 Abs. 4; 312 Abs. 6 Nr. 2 StGB) erfordert idR einen hohen, zumindest aber einen gesteigerten Grad von – meist bewusster – Fahrlässigkeit, der darin zu erblicken ist, dass der Täter aus besonderer

Zuverlässigkeit                                                                 § 5

Gleichgültigkeit handelt (BGHSt. **33,** 66, 67; OLG Nürnberg NStZ **1986,** 556; OLG
Frankfurt NStZ-RR **1996,** 279, 280 [zu § 5 WiStG]; *Steindorf* LK[11] § 330 StGB aF
Rdn. 4), einen „erhöhten Grad von Fahrlässigkeit", der objektiv der groben Fahrlässigkeit des bürgerlichen Rechts (§§ 276, 277 BGB) gleichkommt (BGHSt. **14,** 241),
subjektiv aber die persönlichen Fähigkeiten und Kenntnisse des Täters zugrunde
legt. Diese Alternative wird oft bei Menschen, die zum Leichtsinn neigen, erfüllt
sein; ferner bei solchen Personen, die sich keine Rechenschaft über ihr Tun ablegen
oder die unüberlegt oder vorschnell (voreilig) handeln (vgl. VGH München Bay-
VBl. **2003,** 595; **2002,** 673). Zur Verkehrssicherungspflicht beim Umgang mit Gaswaffen auf einer Party: LG Konstanz NJW-RR **2004,** 459 (zivilrechtl. Haftung).

**b) Bedenklicher Umgang mit Waffen oder Munition (Absatz 1 Nr. 2 Buchst. b).** 11
Die Gefährlichkeit der Schusswaffe erfordert einen entsprechend vorsichtigen Umgang hiermit, der alle Sicherungsmöglichkeiten ausnutzt und nicht nur die eigene
Gefährdung, sondern auch die dritter Personen soweit wie irgend möglich aus-
schließt, wie Entladen und Entspannen nach Gebrauch, Überprüfung des Laufes auf
etwa darin noch vorhandene Munition, Verbot des Anschlags mit der Waffe auf
Menschen auch nur zum Spaß, Laden zur „Unzeit" (OVG Lüneburg, Beschluss vom
19. 5. 2006 – 8 ME 50/06) usw. Mit der Waffe wird im allgemeinen nur vorsichtig umgehen können, wer sie sachgemäß zu handhaben versteht, also über die
erforderliche Sachkunde verfügt, seine Waffe, insbesondere ihre technische Einrichtung, kennt (vgl. insoweit die Sachkundevorschrift § 7, früher auch §§ 29 ff. der
1. WaffV aF), sie einigermaßen zielsicher handhaben kann und die erforderliche
körperliche Eignung, zB Sehschärfe, besitzt. Außerdem muss von dem Antragsteller
zu erwarten sein, dass er seine Schusswaffe sorgfältig, dh. diebstahlsicher und vor
dem Zugriff Unbefugter, insbesondere von Kindern, geschützt, aufbewahrt (vgl.
hierzu § 36; früher § 42 aF; OVG Greifswald, Beschluss vom 15. 3. 2005 – 3 L 3/02
[ungeschützt abgelegt]; VGH München BayVBl. **2005,** 694 [Waffe im unverschlos-
senen Schrank]; VG Minden NVwZ-RR **2001,** 515 [Waffe im Kofferraum]). Wer
diese Voraussetzungen oder auch nur eine von ihnen nachweisbar nicht erfüllen
wird, ist unzuverlässig iSv. Absatz 1 Nr. 2 Buchst. b, sofern es sich um eine ins Gewicht fallende Unvorsichtigkeit oder einen solchen unsachgemäßen Umgang mit
Waffen einschließlich ihrer ungenügenden Verwahrung handelt (BayVGH BayVBl.
**2002,** 673; **1996,** 534). Auch ein Verstoß gegen die Pflicht zur Führung der Waffenbücher reicht (vgl. OVG Bautzen NVwZ-RR **1997,** 411 = GewA **1997,** 335).

**c) Nichtüberlassen an Unbefugte (Absatz 1 Nr. 2 Buchst. c).** Inwieweit Schuss- 12
waffen anderen überlassen werden dürfen, ist in § 34 geregelt (vgl. zu § 34 aF Bay-
VGH BayVBl. **1994,** 404), wegen des Alterserfordernisses s. auch § 2 Abs. 1. Ein
Überlassen an Unbefugte kann auch darin liegen, dass dem Ehemann der Antragstellerin der jederzeitige Zugriff auf die verwahrten Waffen möglich ist; die Besorgnis der Unzuverlässigkeit der Antragstellerin kann hier nur dadurch ausgeräumt
werden, dass sie die Waffen unter strengen Alleinverschluss nimmt (BVerwG, Urteil
v. 6. 12. 1978 – 1 C 7/77 – VerwRspr. **1979,** 958 = NJW **1979,** 1564 – Leitsatz;
OVG Münster MDR **1983,** 960). Einen atypischen Ausnahmefall, der die Zuverlässigkeit nicht entfallen lässt, behandelt das OVG Bautzen JagdRE XVII Nr. 129 =
SächsVBl. **2000,** 138 [LS]. Zu den Anforderungen dieser Vorschrift vgl. auch VG
Darmstadt GewA **2004,** 436: „Milieu".

**7. Regelunzuverlässigkeit aufgrund Verurteilung (Absatz 2 Nr. 1).** Während 13
bei Vorliegen der Voraussetzungen nach Absatz 1 eine unwiderlegbare Vermutung
für die Unzuverlässigkeit besteht, wird beim Vorhandensein der Kriterien des Absat-

## § 5 Abschn. 2. Umgang mit Waffen oder Munition

zes 2 die **Unzuverlässigkeit** der betreffenden Person nur **in der Regel** (Ausnahmen nur nach den konkreten Umständen des Einzelfalls [BVerwG GewA **1992,** 314; OVG Hamburg, Beschluss vom 17. 11. 2005 – 3 Bf 128/02; OVG Saarlouis, Beschluss vom 3. 3. 2006 – 1 Q 2/06; VG Koblenz, Urteil vom 28. 11. 2005 – 8 K 472/05.KO]) als vorliegend angenommen, wie das im früheren Recht allgemein der Fall war. Zur Begründung weist der Gesetzgeber auf folgendes hin: „Nach Sinn und Zweck des § 5 Abs. 2 soll das mit jedem Waffenbesitz vorhandene Sicherheitsrisiko möglichst gering gehalten werden. Es soll nur bei Personen hingenommen werden, die nach ihrem Verhalten Vertrauen darin verdienen, dass sie mit der Waffe jederzeit und in jeder Hinsicht ordnungsgemäß umgehen. Diese Intention des Gesetzgebers wird von der (höchstrichterlichen) Rechtsprechung nachdrücklich gestützt (BVerwGE 97, 245, 248; ständige Rechtsprechung). Der Entwurf sieht die Unzuverlässigkeit über die in Absatz 1 genannten besonders schweren Straftaten (Verbrechen u. a.) hinaus in der Regel auch bei bestimmten sonstigen gewichtigen Straftaten als gegeben an. Die Aufzählung in Nummer 1 macht deutlich, dass es hierfür auf einen Bezug zum Umgang mit Waffen nicht ankommt; d. h. das Gesetz stellt bei der Prüfung der Zuverlässigkeit nicht allein auf Straftaten ab, bei denen Waffen eingesetzt oder die gewaltsam begangen wurden. Auf der Tatbestands-Seite für die waffenrechtliche Anknüpfung ist besonders Buchstabe b Fall 2 (fahrlässige gemeingefährliche Straftat) hervorzuheben. Es geht dabei um den 28. Abschnitt des Strafgesetzbuches (§§ 306 bis 323 c StGB). In Übereinstimmung mit der vorher zitierten Rechtsprechung besteht keine Veranlassung, die fahrlässige Trunkenheitsfahrt nach § 316 Abs. 2 des Strafgesetzbuchs aus dem Kanon der waffenrechtlich relevanten Fahrlässigkeitstaten herauszunehmen. Auf der Rechtsfolgen-Seite für die waffenrechtliche Anknüpfung handelt es sich bei den 60 Tagessätzen im Falle einer Erstverurteilung um einen Mittelwert, der im Kompromiss mit den Ländern gefunden wurde. Er trägt der Tatsache Rechnung, dass in der Praxis der Gerichte 60 Tagessätze durchaus ein erhebliches Unwerturteil bei einer Geldstrafe darstellen, das einiges Gewicht der konkreten Tat voraussetzt, so dass Bagatell-Taten nicht erfasst werden. Die besondere Erwähnung der Aussetzung der Jugendstrafe trägt dem § 27 des Jugendgerichtsgesetzes (JGG) Rechnung". Gegenüber diesem Vorhaben der BReg. meldete der BR Bedenken an. Er wollte die hier maßgebliche Tagessatzhöhe von 60 Tagessätzen auf 30 herabgesetzt sehen (BT-Drucks. 14/7758 S. 105), da die bisher vorgesehene Lösung nicht lediglich die tatbestandliche Aussonderung von Bagatellfällen aus dem Bereich der Regelunzuverlässigkeit zur Konsequenz hätte, sondern auch Fälle von erheblicher Bedeutung (Diebstahl, einfache Körperverletzung, gemeingefährliches Verkehrsdelikt) erfassen würde, in denen gerade bei erstmaliger Aburteilung eine derartige Strafmaßgrenze in aller Regel nicht erreicht werde. In Anbetracht der quantitativen Bedeutung der dann bereits tatbestandlich von der Regelvermutung ausgeschlossenen (Erst-)Verurteilungen würde dies unter praktischer Umkehrung des gegenwärtigen Regel-/Ausnahmeverhältnisses letztendlich dazu führen, dass dem insgesamt überwiegenden Teil der derzeit vom Erwerb oder vom weiteren Besitz erlaubnispflichtiger Schusswaffen und Munition auszuschließenden Straftäter künftig der Erwerb oder der weitere Besitz dieser Gegenstände behördlich gestattet werden müsste. Eine Absenkung der Strafmaßgrenze auf 30 Tagessätze würde in diesem Sinne eine Zurückstellung der öffentlichen Sicherheitsinteressen weit gehend vermeiden. Die BReg. (aaO S. 128) lehnte den Vorschlag ab und wies auf Folgendes hin: Der Regierungsentwurf eines Waffengesetzes stelle nicht mehr primär auf die Art der Straftaten, sondern auf die Rechtsfolgenseite ab. Der in der bisherigen Regelung enthaltene Bezug der Straftat zu Waffen werde ausdrücklich aufgegeben. Als Folge dieser Neubestimmung der Unzuverlässigkeit in

## Zuverlässigkeit § 5

Bezug auf Straftaten sei es geboten, wegen der Ausweitung der Tatbestandsseite dementsprechend auf der Rechtsfolgenseite die Tagessatzgrenze für Erstverurteilungen zu Geldstrafen so anzusetzen, dass nicht nur außergewöhnlich geringfügige, sondern gemessen an der Spruchpraxis der Gerichte geringfügige Strafaussprüche von Gesetzes wegen außer Betracht bleiben. Die Tagessatzgrenze von 60 Tagessätzen entspreche der bewährten, schon jetzt ausdrücklich auf die Rechtsfolgenseite abstellenden Regelung in § 17 Abs. 4 Nr. 1 des Bundesjagdgesetzes. Insbesondere führe sie beim Massendelikt der fahrlässigen Trunkenheitsfahrt zu sachgerechten Ergebnissen, weil erstmalige Verurteilungen wegen dieses Tatbestandes nur dann zur Regelvermutung der Unzuverlässigkeit führten, wenn besondere Umstände, etwa eine gesteigerte Aggressivität des Täters oder die Verursachung von Schäden, hinzutreten. Die Tagessatzgrenze von 60 Tagessätzen ist auch erreicht, wenn es sich um eine **Gesamtstrafe** aus Einzelstrafen handelt, die wegen Taten nach Absatz 2 Nr. 1 verhängt worden sind (VGH Kassel, Beschluss vom 14. 10. 2004 – 11 TG 2490/04). Eine „Vorwirkung" auf in der Zeit vor Inkrafttreten der Neuregelung erfolgte Verurteilungen zu weniger als 60 Tagessätzen scheidet aus (BayVGH BayVBl. 2003, 595).

**a) Verurteilung wegen einer Vorsatztat (Absatz 2 Nr. 1 Buchst. a).** Die Spezies der Straftat ist unerheblich. Sie kann dem Kernstrafrecht oder auch dem Nebenstrafrecht entstammen (zu Verurteilungen durch ausländische [englische] Gerichte vgl. *Kühling* Jura 2005, 198). Wichtig sind neben dem Vorliegen des Vorsatzes nur die Art und die Höhe der rechtskräftig verhängten Sanktion. Diese muss entweder Freiheitsstrafe (hierzu nach altem Recht: VG Meiningen vom 21. 1. 2003 – 2 K 71/02) schlechthin (ohne Rücksicht auf die Höhe), Jugendstrafe (mindestens 6 Monate nach § 18 Abs. 1 JGG) oder Geldstrafe von mindestens 60 Tagessätzen oder zweimal geringeren Ausmaßes sein; die jugendgerichtliche Möglichkeit des Schuldspruchs unter Aussetzung der Verhängung einer Jugendstrafe nach § 27 JGG wird einer solchen Sanktion gleichgestellt. 14

**b) Verurteilung wegen bestimmter Fahrlässigkeitstaten (Absatz 2 Nr. 1 Buchst. b).** Fahrlässig begangene Straftaten indizieren die Unzuverlässigkeit nur ausnahmsweise, nämlich einmal wegen ihres Bezugs zum Waffen- oder Sprengstoffsektor und zum anderen wegen ihrer Einordnung im 28. Abschnitt des StGB als „Gemeingefährliche Straftaten" (§§ 306 bis 323c). Auch hier gilt die Sanktionsschwelle (Rdn. 14). Bei den hier in Betracht kommenden Straftaten mit Waffen- oder Sprengstoffbezug braucht es sich nicht um einen typischen Verstoß gegen das WaffG oder das Sprengstoffgesetz zu handeln, sondern es kommen auch Straftatbestände des StGB in Betracht, die durch fahrlässigen Umgang mit Waffen, Munition oder Sprengstoff verwirklicht worden sind, zB derjenige der fahrlässigen Tötung (§ 222 StGB) oder fahrlässigen Körperverletzung (§ 230 StGB [§ 229 StGB nF] – BVerwGE **67**, 16; VGH Mannheim vom 14. 3. 1986 AgrR **1986**, 316; *Meyer* GewA **1998**, 89, 93) durch unvorsichtiges Hantieren mit einer geladenen Pistole oder (fahrlässige) Gefährdung durch Sprengstoffexplosion (§ 308 Abs. 6 StGB nF; § 311 Abs. 5 aF). Bei den Fahrlässigkeitstaten aus dem Bereich der gemeingefährlichen Straftaten wird es sich häufig um den Verstoß gegen § 316 Abs. 2 StGB handeln, die fahrlässige Trunkenheit im Straßenverkehr (vgl. Rdn. 13; BVerwGE **84**, 17), und andere fahrlässig begangene Gefährdungsdelikte aus dem 28. Abschnitt des StGB (VGH München JagdRE V Nr. 224); maßgeblich ist der konkrete Handlungs- oder Erfolgsunwert der Tat (*A/B* Rdn. 28 ff.). 15

**c) Spezifische Verstöße gegen das WaffG (§§ 51, 52; §§ 52 a, 53 aF), das KWKG (§§ 19–22 a), das SprengG (§§ 40, 42) und das BJagdG (§ 38),** wobei es sich hier bei **Absatz 2 Nr. 1 Buchst. c** nicht um Verbrechen (insoweit Absatz 1), 16

121

**§ 5** Abschn. 2. Umgang mit Waffen oder Munition

sondern um Vergehen, nicht nur Ordnungswidrigkeiten, handeln muss (vgl. BVerwG DVBl. **1985,** 1311, 1314 = NVwZ **1986,** 585). Nach den zwischenzeitlich unterschiedlich ausgestaltet gewesenen Zuverlässigkeitsanforderungen im Jagdrecht und im Waffenrecht (BVerwG NVwZ-RR **1995,** 525 = GewA **1995,** 343; *Meyer* GewA **1998,** 89, 94; krit. hierzu *Scholzen* DWJ **1995,** 1282) ist infolge Änderung des § 17 BJagdG durch Art. 15 Nr. 1 WaffRNeuRegG dafür gesorgt, dass die jagdrechtlichen nicht mehr hinter den waffenrechtlichen Voraussetzungen in ihrer Strenge zurückbleiben (vgl. noch VGH Mannheim BaWüVerwPr. **1996,** 208). So konnte im Waffenrecht bereits eine strafgerichtliche Verurteilung zu einer Geldstrafe von 30 Tagessätzen wegen unerlaubten Führens einer Schusswaffe die Regelvermutung der Unzuverlässigkeit (§ 5 Abs. 2 Nr. 1 Buchst. e WaffG aF) auslösen, während im Jagdrecht (§ 17 Abs. 4 Nr. 1 Buchst. d BJagdG) der Schwellenwert 60 Tagessätze betrug (VGH Mannheim aaO). Auch hier ist die im Gesetz festgelegte Sanktionsschwelle maßgebend (Rdn. 14).

**17**   d) **Fünfjährige Sperrfrist (Absatz 2 letzter Halbsatz).** Im Gegensatz zu Absatz 1 und Absatz 2 Nr. 2 ist für Absatz 2 Nr. 1 die auch bisher (§ 5 Abs. 2 Satz 1 WaffG aF) maßgebliche Frist auf 5 Jahre bemessen worden. Zu den Einzelheiten der Fristberechnung wird auf Rdn. 7 sowie Absatz 3 verwiesen.

**18**   8. **Mitgliedschaft in verbotenen Organisationen (Absatz 2 Nr. 2).** Dieser Grund zur Annahme der waffenrechtlichen Regelunzuverlässigkeit ist neu in den Katalog aufgenommen worden. Wie die Begründung des Gesetzgebers (BT-Drucks. 14/7758 S. 54) zu Recht hervorhebt, verfügt die Vorschrift über rechtlich eindeutige Anknüpfungspunkte: Die **Unanfechtbarkeit** eines Vereins- oder Betätigungsverbots (§§ 3, 14 Abs. 2 Satz 1 VereinsG) bzw. die Feststellung der Verfassungswidrigkeit einer Partei durch das Bundesverfassungsgericht (§ 46 BVerfGG). Sie ist damit für den Rechtsanwender eindeutig zu handhaben. Zu der Frage, wann eine Person als „Mitglied" anzusehen ist, wird auf die Erläuterungswerke zu §§ 129 StGB verwiesen. Meist wird es sich um schriftliche Unterlagen handeln, die die Mitgliedschaft belegen (Parteibuch o. ä.). Das Gesetz spricht nur von Personen, die Mitglied „waren", ohne die gegenwärtige Mitgliedschaft zu erwähnen. Das folgt ersichtlich daraus, dass die genannten Vereinigungen – jedenfalls aus Behördensicht – nach dem ausgesprochenen Verbot nicht mehr existent sind; jedenfalls sind aber nicht nur Personen erfasst, deren Mitgliedschaft beendet ist. Die Entwurfsbegründung bezieht denn auch die „aktuelle" Mitgliedschaft ausdrücklich mit ein (aaO). Die Sperrfrist beträgt hier, wie in Absatz 1, zehn Jahre (vgl. auch Rdn. 7 und 17). Zur Begründung wird zu Recht auf Folgendes verwiesen: „Dies erscheint gerechtfertigt zum einen wegen der kollektiv-organisierten Betätigung, die bereits in der Mitgliedschaft in einem solchen Verein oder einer solchen Partei zum Ausdruck gekommen ist, zum anderen wegen der hohen Rechtsgüter, deren Infragestellung dem Vereinsverbot oder der Feststellung der Verfassungswidrigkeit einer Partei zu Grunde lag. Im Übrigen bleibt aber dadurch, dass es sich hier um einen Regelfall der Unzuverlässigkeit handelt, also kein Automatismus einer negativen Entscheidung auf Grund der Mitgliedschaft eintritt, genug Freiraum für die Einzelfallgerechtigkeit. So kann zum Beispiel im Fall einer Person, die auf eine waffenrechtliche Erlaubnis wegen der Berufsmäßigkeit des Umgangs mit einer Waffe angewiesen ist (z. B. ein Büchsenmacher), auch vor Ablauf der Zehn-Jahres-Frist seit Austritt etwa eine eindeutige Abkehr von den früher verfolgten Zielen zu einer positiven Entscheidung führen" (BT-Drucks. 14/7758 S. 55).

**19**   a) Bei den aufgrund des **Vereinsgesetzes** erfassten Organisationen (vgl. hierzu BVerwG NVwZ **2006,** 214) handelt es sich zum einen um gewaltbereite oder

Zuverlässigkeit § 5

-orientierte Vereine auch allgemein krimineller Art (z.B. apolitische Rocker- oder Schlägergruppen) und zum anderen um Vereine mit politisch oder religiös extremistischer Orientierung. Hinsichtlich der Ausländervereine treten die in § 14 Abs. 1 des Vereinsgesetzes genannten Betätigungsformen hinzu (Begr. aaO). Vgl. BVerwG DVBl. **2005,** 590.

**b)** Das Verbot einer **Partei** durch das Bundesverfassungsgericht ist an strenge 20 Voraussetzungen geknüpft und wird jeweils erst nach umfangreichen und langwierigen Erhebungen ausgesprochen. Wenn das Verbot ergeht, ist damit überzeugend dargetan, dass die Partei nach ihren Zielen oder dem Verhalten ihrer Anhänger darauf ausgeht, die freiheitliche demokratische Grundordnung zu beeinträchtigen oder zu beseitigen oder den Bestand der Bundesrepublik Deutschland zu gefährden; diese materiellen Tatbestandsvoraussetzungen sind in Art. 21 Abs. 2 Satz 1 des Grundgesetzes festgelegt (Begr. BT-Drucks. 14/7758 S. 54/55). Wer sich durch seine Mitgliedschaft, die keine förmliche sein muss (BGHSt. **18,** 196, 299/300), mit diesen verbotenen Zielen der Partei identifiziert, wird zu Recht als unzuverlässig eingestuft, selbst wenn seine Mitgliedschaft, die durch Austritt oder jedenfalls durch das Verbot der Vereinigung endet (*A/B* Rdn. 36), schon bis zu 10 Jahren zurückliegt.

**9. Verfolgung verfassungsfeindlicher Bestrebungen (Absatz 2 Nr. 3).** Nach 21 dieser auf Initiative der Bundesländer neu eingefügten Bestimmung soll jede „– individuelle oder kollektive – verfassungsfeindliche Betätigung in der Regel zur Unzuverlässigkeit führen. Im Unterschied zu Nummer 2 knüpft der Begriff des „Verfolgens" verfassungsfeindlicher Bestrebungen auch bei kollektiver Betätigung immer an die aktive individuelle Betätigung an; für die Einschlägigkeit dieses Unzuverlässigkeitstatbestandes ist eine Mitgliedschaft zwar eine notwendige, aber keine hinreichende Bedingung. Zur Auslegung des Begriffs „verfassungsfeindliche Bestrebungen" könne die einschlägigen bzw. wesensverwandten Begriffsbestimmungen in § 92 Abs. 2 des Strafgesetzbuchs und § 4 des Bundesverfassungsschutzgesetzes herangezogen werden". Nach Kritik des Bundesrats im Hinblick auf fehlende verfassungskonforme Konkretisierung (BT-Drucks. 14/7758 S. 105) hat die BReg. (aaO S. 128), „orientiert an der verfassungsrechtlichen Umschreibung des Art. 9 Abs. 2 GG, die Formulierung gewählt: „einzeln oder als Mitglied einer Vereinigung Bestrebungen verfolgen oder in den letzten fünf Jahren verfolgt haben, die gegen die verfassungsmäßige Ordnung oder gegen den Gedanken der Völkerverständigung gerichtet sind" (hierzu BVerwG DVBl. **2005,** 590). Letzteres wurde schließlich noch ergänzt durch den Zusatz „insbesondere gegen das friedliche Zusammenleben der Völker", womit auf Art. 26 Abs. 1 GG Bezug genommen worden ist. In derartigen Fällen kommt auch eine Auskunftseinholung beim zuständigen Verfassungsschutzamt in Betracht.

In diesen Fällen ist die Frist auf den „Normalfall" von 5 Jahren festgesetzt worden. Erfasst ist das aktuelle Verfolgen und dasjenige, das in den letzten 5 Jahren stattgefunden hat (zur Berechnung der Fristen vgl. Rdn. 7). Vorgänge, die mehr als 5 Jahre zurückliegen, lösen die Annahme der Regel-Unzuverlässigkeit nicht aus. Die Ausführungen zur Einzelfallgerechtigkeit (Rdn. 18 aE) gelten auch hier. Anders die luftverkehrsrechtliche Zuverlässigkeit (BVerwG NVwZ **2005,** 450).

**10. Gerichtsbekannte Auffälligkeit wegen Gewalttätigkeit (Absatz 2 Nr. 4).** 22 Auch diese Vorschrift ist durch das WaffRNeuRegG „neu eingefügt worden. Danach werden in der Regel auch solche Personen als waffenrechtlich unzuverlässig eingestuft, die sich innerhalb der letzten 5 Jahre vor der Entscheidung mindestens zweimal wegen Gewalttätigkeit mit – **zuvor** ausgesprochener (*A/B* Rdn. 45 f.) –

## § 5 Abschn. 2. Umgang mit Waffen oder Munition

richterlicher Billigung in polizeilichem „Präventivgewahrsam" befunden haben. Die Vorschrift will die in der Regel nicht politisch motivierten „Schläger" erfassen (zB „Hooligans" im Zusammenhang mit Fußballspielen). Ganz kurzfristige Verwahrungen in Bagatellfällen sind nicht gemeint (Begr. RegE BT-Drucks. 14/7758 S. 55). Den Vorschlag des BR (aaO S. 105), das Erfordernis „mit richterlicher Genehmigung" zu streichen, hat die BReg. (aaO S. 128/129) zu Recht aus verfassungsrechtlichen Gründen abgelehnt.

**23**   **11. Wiederholte oder gröbliche Verstöße gegen die in Absatz 2 Nr. 1 Buchst. c genannten Gesetze (Absatz 2 Nr. 5).** Diese Vorschrift, die inhaltlich bereits Bestandteil des bisherigen Rechts war, ist erst auf Initiative des BR (BT-Drucks. 14/7758 S. 105/106) wieder in das geltende Recht eingefügt worden. Der BR hatte geltend gemacht: „Im Gegensatz zur gegenwärtigen Rechtslage (§ 5 Abs. 2 Nr. 2 WaffG aktueller Fassung) stuft der Entwurf gröbliche oder wiederholte Verstöße gegen die Vorschriften des Waffengesetzes, des Kriegswaffenkontrollgesetzes, des Sprengstoffgesetzes und des Bundesjagdgesetzes nicht mehr als eigenständigen Grund für eine in der Regel zu vermutende waffenrechtliche Unzuverlässigkeit der entsprechend handelnden Antragsteller oder Waffenbesitzer ein. Abgesehen von einigen wenigen Ausnahmekonstellationen, in denen derartige Verstöße unter Umständen die zur absoluten Unzuverlässigkeit führenden Prognoseentscheidungen nach Artikel 1 § 5 Abs. 1 Nr. 2 des Entwurfs stützen könnten, wären somit nicht sanktionierte oder „nur" bußgeldbewehrte Rechtsverletzungen in den genannten Rechtsgebieten waffenrechtlich nicht mehr zuverlässigkeitsrelevant. Daneben würde eine unveränderte Umsetzung des Entwurfs selbst strafbare Handlungen in diesen Bereichen dann vollständig einer abschließenden ordnungsbehördlichen Bewertung durch die Waffenbehörden entziehen, wenn die Verfolgung dieser Straftaten durch die hierzu berufenen Behörden und Gerichte auf Grundlage dortiger spezifischer Bewertungen (zB nach den §§ 153 ff./154 der Strafprozessordnung) eingestellt worden ist. Für die umfassende Beurteilung eines Antragstellers oder Waffenbesitzers unter dem Aspekt der Gefahrenabwehr ist jedoch nach wie vor eine Berücksichtigung auch derartiger Vorgänge unverzichtbar. So muss es auch künftig möglich sein, beispielsweise Waffenbesitzer, die insbesondere wiederholt oder gar fortlaufend ihren Anzeige-, Vorlage-, Auskunfts- oder sonstigen waffenrechtlichen Pflichten nicht oder nicht ordnungsgemäß nachkommen und hierdurch jede effektive Kontrolle des privaten Waffenbesitzes gefährden, nicht nur mit Bußgeldern zu belegen, sondern auch im Hinblick auf ihre waffenrechtliche Zuverlässigkeit und Vertrauenswürdigkeit kritisch zu überprüfen (ggf. mit der Folge der Unterbindung eines weiteren Umgangs mit Waffen und Munition). Auch Straftaten in den o. g. Bereichen darf nach einer strafprozessualen Einstellung nach wie vor nicht automatisch, sondern nur auf Grundlage einer ordnungsbehördlichen Einzelfallprüfung der Zuverlässigkeitsrelevanz innerhalb des Waffenrechts abgesprochen werden. Durch die (Wieder-)Aufnahme des betreffenden Unzuverlässigkeitsgrundes in den Bereich der Regelvermutung (Artikel 1 § 5 Abs. 2) wird diesen Erfordernissen Rechnung getragen". Diese Argumente überzeugten die BReg. (BT-Drucks. 14/7758 S. 129; BT-Drucks. 14/8886 S. 110).

**24**   Für die neue Nr. 5 kommen einmal leichtere, insbesondere fahrlässige Zuwiderhandlungen gegen die in Absatz 2 Nr. 1 Buchst. c angeführten Gesetze (und nur gegen diese) in Betracht, Straftaten, die etwa für sich allein nicht zur Begründung der Unzuverlässigkeitsannahme ausreichen, wohl aber dann, wenn sie mehrmals (= wiederholt), wofür einmalige Wiederholung genügt (OVG Saarlouis, Beschluss vom

Zuverlässigkeit **§ 5**

3. 3. 2006 – 1 Q 2/06), begangen worden sind. Zum anderen werden mit § 53 nF, § 55 WaffG aF, § 41 SprengG und § 39 BJagdG auch die dort erwähnten Ordnungswidrigkeiten angesprochen, wobei nicht einmal der Erlass eines Bußgeldbescheides wegen der betreffenden Zuwiderhandlung erforderlich ist. So führt der jahrelange Verstoß gegen die waffenrechtliche Buchführungspflicht (jetzt § 53 Abs. 1 Nr. 7; zuvor § 55 Abs. 1 Nr. 4 WaffG aF) bei einem Waffenhändler zur Annahme der nachträglich eingetretenen Unzuverlässigkeit und damit zum Widerruf der Waffenhandelserlaubnis (eingehend OVG Bautzen NVwZ-RR **1997,** 411, 412 ff.). Bei der Beurteilung der persönlichen Zuverlässigkeit in diesem Zusammenhang sind die Ordnungsbehörden und die Verwaltungsgerichte allerdings rechtlich nicht an die Beurteilung in strafgerichtlichen Entscheidungen gebunden; das gilt auch für die Einstellung des Strafverfahrens nach § 153 a StPO (BVerwG DVBl. **1996,** 1439, 1441; *Scholzen* DWJ **2006** Heft 5, 88). Ob ein „gröblicher" Verstoß iS der vorliegenden Bestimmung vorliegt (hierzu *Scholzen* DWJ **2006,** Heft 1, 86), haben danach die Verwaltungsbehörde und im Streitfall das Verwaltungsgericht aufgrund eigener Beurteilung eigenständig zu entscheiden, wobei die strafgerichtliche Beurteilung „von tatsächlichem Gewicht" sein kann, ohne eine Bindungswirkung zu entfalten (BVerwG aaO). Das bedeutet, dass Unzuverlässigkeit auch vorliegen kann, wenn strafgerichtlich eine Verfahrenseinstellung, etwa wegen geringer Schuld, erfolgt ist. Maßgebend für die Anwendung von Nr. 5 ist deren ordnungsrechtlicher Zweck, das mit jedem Waffenbesitz verbundene Sicherheitsrisiko möglichst gering zu halten (OVG Saarlouis, Beschluss vom 3. 3. 2006 – 1 Q 2/06; VG Potsdam, Beschluss vom 24. 1. 2005 – 3 L 979/04). Das wird nur der Fall sein, wenn die betr. Person nach ihrem Verhalten das Vertrauen verdient, dass sie mit der Waffe stets und in jeder Hinsicht ordnungsgemäß umgehen wird (BVerwG aaO; BVerwGE **84,** 17, 20).

Die Gesetzesverstöße nach Nr. 5 müssen – wie bereits erwähnt – **wiederholt,** also 25 mehrmals, wobei Beharrlichkeit nicht dazu zu gehören braucht, begangen worden sein, oder es muss ein **gröblicher,** also schwerer Verstoß vorliegen, mithin eine schuldhafte (vorsätzliche oder fahrlässige), „nach objektivem Gewicht und Vorwerfbarkeit schwerwiegende Zuwiderhandlung" (VG Weimar, Urteil vom 6. 5. 2003 – 2 K 1683/01.We). Der Unterschied liegt darin, dass es bei der wiederholten Begehung nicht so sehr auf die Schwere des Verstoßes als auf die Mehrmaligkeit der Begehung ankommt, während die Gröblichkeit einen bewusst schwerwiegenden, evtl. sogar mit Nachdruck begangenen Verstoß voraussetzt. Maßgebend für die Beurteilung sind nicht strafrechtliche, sondern **ordnungsrechtliche** Gesichtspunkte (*Meyer* GewA **1998,** 89, 94). Verstöße, die vorsätzliche Straftaten darstellen, sind in aller Regel als „gröblich" einzustufen (BVerwGE **101,** 24 = GewA **1997,** 69 m. Anm. *Häußler* BayVBl. **1997,** 121). Auf die Sperrfrist von 5 Jahren kommt es hier schon der Natur der Sache nach nicht an.

**12. Fristberechnung bei Anstaltsverwahrung (Absatz 3).** Wie bisher nach § 5 26 Abs. 2 Nr. 1 Satz 2 WaffG aF, der auf dem „Bewährungsgedanken" aufbaute, bleiben Haft und Unterbringung in einer Anstalt, gleich in welcher Sache (*A/B* Rdn. 48), bei der Berechnung einzelner Fristen, nämlich der nach Absatz 1 Nr. 1 und Absatz 2 Nr. 1, außer Betracht (vgl. Rdn. 7).

**13. Aussetzung des Verwaltungsverfahrens bei schwebendem Strafverfahren** 27 **(Absatz 4).** Hier wird aus gutem Grunde an dem früheren Recht (§ 5 Abs. 3 WaffG aF) festgehalten. Nach dem damaligen Ausschussbericht (zu BT-Drucks. VI/3566 S. 3) soll die Bestimmung der landesrechtlich zuständigen Behörde die Aussetzung des Erlaubnisverfahrens ermöglichen, „solange ein für die Beurteilung der Zuverlässigkeit erhebliches Verfahren nicht rechtskräftig abgeschlossen ist". Da bei den zu berücksichtigenden Verurteilungen ohnehin eine rechtskräftige Verurteilung vorausgesetzt wird, hat Absatz 4 praktisch in erster Linie für den Fall Bedeutung, dass der Behörde ein gegen den Antragsteller laufendes Verfahren bekannt wird. Eine Aussetzung kann nicht bei Heranwachsenden in Betracht kommen, bei denen die Entscheidung über die Verhängung einer Jugendstrafe ausgesetzt worden ist (§ 27 JGG). Hier liegt bereits eine rechtskräftige Entscheidung (Schuldspruch) vor, die nach Absatz 2 Nr. 1 zu berücksichtigen ist („Verhängung von Jugendstrafe ausgesetzt worden ist." Die in der Vorauflage vertretene gegenteilige Ansicht wird aufgegeben (in diesem Sinne auch *L/F/L* Rdn. 76 und *A/B* Rdn. 50). Eine Aussetzung darf auch nicht erfolgen, um den Ausgang eines Verbotsverfahrens (Verein, Partei) abzuwarten (*A/B* Rdn. 35).

28 **14. Behördliche Erkundigungspflichten (Absatz 5).** Diese neu geschaffene Bestimmung ist auf die Initiative der Länder zurückzuführen. In ihrer Begründung wird u. a. ausgeführt (BT-Drucks. 14/7758 S. 55/56): „Die Einholung der BZR-Auskunft (Buchstabe a) ist bereits gängige Praxis. Die Übermittlungsbefugnis für das Bundeszentralregister ergibt sich aus § 41 Abs. 1 Nr. 9 des Bundeszentralregistergesetzes (BZRG). Das BZRG trifft im Übrigen selbst Regelungen etwa zur Zweckbindung von ihm übermittelter personenbezogener Daten. Eine weitere Informationsquelle ist die örtliche Polizeidienststelle. Gemeint ist hier – wie an anderen Stellen des Entwurfs, an denen dieser Ausdruck verwendet wird – die Polizeidienststelle, in deren Zuständigkeitsbereich der Antragsteller seine alleinige Wohnung, seine Hauptwohnung oder seinen gewöhnlichen Aufenthalt hat. Diese wird vor allem zu den Zuverlässigkeitskriterien mit prognostischem Einschlag (etwa gemäß Absatz 1 Nr. 2) Hinweise geben können. Darüber hinaus gibt *Satz* 3 (Nr. 3?) der befragten Polizeidienststelle auf, durch Recherchen gegebenenfalls in den ihr zur Verfügung stehenden Informationssystemen die Fälle polizeilichen Präventivgewahrsams nach Absatz 2 Nr. 4 aufzuklären und der Waffenbehörde mitzuteilen". Dem Vorschlag des BR (aaO S. 106), auch den Zugriff auf das Zentrale Staatsanwaltschaftliche Verfahrensregister (ZStV; vgl. hierzu die ZStVBetrV vom 23. 9. 2005 (BGBl. I 2885, insbes. § 6 Abs. 1 Nr. 5), das beim BZR in Berlin geführt wird, zu eröffnen, stimmte die BReg. im Gesetzgebungsverfahren (aaO S. 129) im Grundsatz zu, behielt sich aber einen eigenen Formulierungsvorschlag vor. Dieser ist in Gestalt der neuen Nr. 2 des Absatzes 5 Gesetz geworden. Neu eingefügt wurden in Absatz 5 die Sätze 2 und 3, die datenschutzrechtliche und ermittlungstechnische Einzelfragen betreffen. (Vgl. Begr. BT-Drucks. 14/8886 S. 110). Satz 3 ist inzwischen aufgehoben (vgl. Rdn. 1 aE).

Wird eine Erlaubnis für das **Waffengewerbe** beantragt (zB nach § 21), ist auch das Gewerbezentralregister zu befragen (*L/F/L* Rdn. 84). Absatz 5 gilt auch für die „Regelüberprüfung nach § 4 Abs. 3 (*A/B* Rdn. 58). Eine besondere Regelung bzgl. Nichtdeutscher enthält das Gesetz – im Gegensatz zu § 8 a Abs. 5 SprengG nF – nicht.

### Persönliche Eignung

**6** (1) **Die erforderliche persönliche Eignung besitzen Personen nicht, wenn Tatsachen die Annahme rechtfertigen, dass sie**

1. **geschäftsunfähig sind,**
2. **abhängig von Alkohol oder anderen berauschenden Mitteln, psychisch krank oder debil sind oder**

Persönliche Eignung § 6

3. auf Grund in der Person liegender Umstände mit Waffen oder Munition nicht vorsichtig oder sachgemäß umgehen oder diese Gegenstände nicht sorgfältig verwahren können oder dass die konkrete Gefahr einer Fremd- oder Selbstgefährdung besteht.

Die erforderliche persönliche Eignung besitzen in der Regel Personen nicht, wenn Tatsachen die Annahme rechtfertigen, dass sie in ihrer Geschäftsfähigkeit beschränkt sind. Die zuständige Behörde soll die Stellungnahme der örtlichen Polizeidienststelle einholen. Der persönlichen Eignung können auch im Erziehungsregister eingetragene Entscheidungen oder Anordnungen nach § 60 Abs. 1 Nr. 1 bis 7 des Bundeszentralregistergesetzes entgegenstehen.

(2) Sind Tatsachen bekannt, die Bedenken gegen die persönliche Eignung nach Absatz 1 begründen, oder bestehen begründete Zweifel an vom Antragsteller beigebrachten Bescheinigungen, so hat die zuständige Behörde dem Betroffenen auf seine Kosten die Vorlage eines amts- oder fachärztlichen oder fachpsychologischen Zeugnisses über die geistige oder körperliche Eignung aufzugeben.

(3) Personen, die noch nicht das 25. Lebensjahr vollendet haben, haben für die erstmalige Erteilung einer Erlaubnis zum Erwerb und Besitz einer Schusswaffe auf eigene Kosten ein amts- oder fachärztliches oder fachpsychologisches Zeugnis über die geistige Eignung vorzulegen. Satz 1 gilt nicht für den Erwerb und Besitz von Schusswaffen im Sinne von § 14 Abs. 1 Satz 2.

(4) Das Bundesministerium des Innern wird ermächtigt, durch Rechtsverordnung mit Zustimmung des Bundesrates Vorschriften über das Verfahren zur Erstellung, über die Vorlage und die Anerkennung der in den Absätzen 2 und 3 genannten Gutachten bei den zuständigen Behörden zu erlassen.

**1. Entstehungsgeschichte.** Die Vorschrift ist in ihrer **jetzigen Gestalt ohne Vorbild** im deutschen Waffenrecht. Ihre Entstehung hat sie der Entscheidung des Gesetzgebers zu verdanken, im Rahmen der Prüfung der Zuverlässigkeit im weiteren Sinne Fälle des vorwerfbaren Handelns („Zuverlässigkeit" im engeren Sinne: § 5) von denen nicht vorwerfbarer körperlicher Einschränkungen („persönliche Eignung": § 6) zu trennen (Begr. RegE BT-Drucks. 14/7758 S. 54); auch die letztgenannten Fragen waren bisher (§ 5 Abs. 2 Nr. 3 und 4 WaffG aF) unter dem Oberbegriff „Zuverlässigkeit" abgehandelt worden. Die neue Bestimmung will alle in der Person liegenden Gesundheitsstörungen erfassen, die negativen Einfluss auf den Umgang mit Waffen haben können (Begr. aaO S. 56). Hierzu gehören auch Fälle, in denen sich aus gesundheitlichen Gründen eine negative Verhaltensprognose in Bezug auf den Umgang mit Waffen ergibt (Absatz 1 Satz 1 Nr. 3; zuvor unter § 5 Abs. 1 mitbehandelt). Diese neue Nummer 3 soll nach dem Willen des Gesetzgebers (aaO) auch die Fälle erfassen, in denen beim Einsatz der Waffe gegen Leben oder Gesundheit des Berechtigten oder Dritter droht einschließlich von Selbstmordhandlungen. Absatz 1 Satz 4 und die Absätze 3 und 4 sind im Vermittlungsverfahren nach den Ereignissen von Erfurt (26. 4. 2002) eingefügt worden (BR-Drucks. 524/02 Anlage S. 1). Zu beachten ist die Überleitungsvorschrift § 58 Abs. 9: Besitzt jemand beim Inkrafttreten der Neuregelung (1. 4. 2003) als eine Person unter 25 Jahren auf Grund einer Erlaubnis nach dem WaffG aF eine Schusswaffe, so hat er binnen eines

## § 6 Abschn. 2. Umgang mit Waffen oder Munition

Jahres (auf eigene Kosten) eine amts- oder fachärztliche oder fachpsychologische Bescheinigung über seine mentale Eignung zum Waffenbesitz der Behörde vorzulegen; hiervon freigestellt sind lediglich Jäger (§ 13 Abs. 2 Satz 1) und der Besitz von bestimmten Sportwaffen iSv. § 14 Abs. 1 Satz 2 bei Sportschützen; im Übrigen sind Sportschützen nicht freigestellt (*L/F/L* § 14 Rdn. 16). Vgl. auch § 4 AWaffV.

**2**   **2. Vorlage ärztlicher Bescheinigungen.** Nach bisher geltendem Recht (§ 5 Abs. 4 WaffG aF) konnte in einschlägigen Fällen die Waffenbehörde von dem Antragsteller verlangen, dass dieser ein amts- oder fachärztliches Zeugnis über seine geistige und körperliche Eignung vorlegt. Diese Vorschrift war erst durch das Gesetz zur Änderung des WaffG vom 4. 3. 1976 (BGBl. I 417) dem § 5 aF angefügt worden. Bei der bis dahin bestehenden Anwendung des Gesetzes hatte sich, wie die amtl. Begr. (BT-Drucks. 7/2379 S. 14/15) bemerkt, das Fehlen einer derartigen Vorschrift als Mangel erwiesen. Die Vorlage eines solchen amts- oder fachärztlichen Zeugnisses sollte allerdings auch nach bisherigem Recht nur verlangt werden, wenn ernsthafte Zweifel an der Zuverlässigkeit oder an der körperlichen Eignung bestanden. Im Hinblick auf § 26 Abs. 2 Satz 1 VwVfG wollte das Gesetz zunächst von der Beibehaltung einer solchen strikten Verpflichtung absehen. Im Vermittlungsverfahren wendete man sich jedoch von der im Entwurf enthalten gewesenen bloßen Kann-Vorschrift wieder ab. Weigert sich der Betreffende allerdings, der jetzt – in begründeten Fällen – vorgesehenen Aufforderung zur Vorlage eines ärztlichen Zeugnisses nachzukommen, so kann die Behörde hieraus – auch für den Antragsteller negative – Schlüsse ziehen (vgl. BVerwGE **8**, 29).

**3**   **3. Absolut fehlende persönliche Eignung (Absatz 1 Satz 1).** Gegenüber der bisherigen Regelung in § 5 Abs. 2 Nr. 3 und 4 WaffG aF sieht der Gesetzgeber des WaffRNeuRegG in den Fällen des Absatzes 1 Satz 1 davon ab, den Antragstellern lediglich „in der Regel" die persönliche Eignung abzusprechen, sondern statuiert statt dessen eine unwiderlegbare Vermutung der mangelnden Eignung, wenn Tatsachen die Annahme rechtfertigen, dass die Voraussetzungen einer der Nummern 1 bis 3 vorliegen. Dies hat der BR im Gesetzgebungsverfahren beanstandet (BT-Drucks. 14/7758 S. 106) und die Wiederherstellung des früheren Rechtszustandes angeregt. Die BReg. (aaO S. 129) hat dem nur in Bezug auf die beschränkte Geschäftsfähigkeit, die zuvor in der Nr. 1 ebenfalls enthalten war, zugestimmt.

**4**   **a) Fehlen der Geschäftsfähigkeit (Nr. 1).** Hier wird § 5 Abs. 2 Nr. 3 WaffG aF aufgegriffen. Notwendig ist, dass Geschäftsunfähigkeit iS des § 104 BGB vorliegt. Vgl. hierzu aus psychopathologischer Sicht *Habermeyer/Saß* MedR **2003**, 543. Die Geschäftsunfähigkeit, die allein aus Gründen fehlenden Lebensalters besteht, ist nicht gemeint (*A/B* Rdn. 2).

**5**   **b) Psychisch stark beeinträchtigte Personen (Nr. 2).** Die frühere Fassung (§ 5 Abs. 2 Nr. 4 WaffG aF) sprach in diesem Zusammenhang von Geisteskranken, Geistesschwachen und Trunksüchtigen. Diese waren früher in § 15 Abs. 2 Nr. 2 RWaffG nur erfasst, soweit sie deshalb entmündigt waren. Hierauf kam es schon für Nr. 4 aF nicht mehr an; entscheidend war lediglich, ob der Antragsteller tatsächlich geisteskrank, geistesschwach, rauschmittelsüchtig oder trunksüchtig ist (ebenso Nr. 5.2 Abs. 4 WaffVwV aF). Geisteskrankheit ist gegeben, wenn die Störung der Geistestätigkeit so hochgradig ist, dass die Fähigkeit vernünftiger Willensbildung ausgeschlossen ist (vgl. *Palandt/Heinrichs* BGB 65. Aufl., § 104 Rdn. 3 ff.). Geistesschwäche ist nicht mit Schwachsinn gleichzustellen. Sie ist vielmehr anzunehmen, wenn die Fähigkeit zu vernünftiger Willensbildung der eines Minderjährigen über 7 Jahren entspricht (*Palandt* aaO). Trunksucht ist ein Hang zu übermäßigem Genuss

Persönliche Eignung § 6

alkoholischer Getränke, dem zu widerstehen der Betroffene nicht mehr die Kraft hat (BVerwGE **97,** 245 = GewA **1995,** 343, 344; RG SeuffA **68,** 116). Gelegentlicher starker oder häufiger Genuss geistiger Getränke genügt nicht, auch nicht ohne weiteres mehrfache Verurteilungen wegen alkoholbedingter Delikte, die eine „Neigung" des Betreffenden zum Alkoholkonsum erkennen lassen (BVerwG aaO). Unter Hinweis auf diese Rechtslage hat es das BAG (NJW **2000,** 604) abgelehnt, von einem als Wachmann bei den britischen Streitkräften angestellten Arbeitnehmer routinemäßige Blutuntersuchungen zu verlangen. Ein unüberwindlicher Hang zum Genuss von Rauschgiften (= Betäubungsmitteln iSd. Betäubungsmittelgesetzes – FNA 2121–6– 24) ist der Trunksucht gleichzuachten. Das ergibt sich schon aus der gleichwertigen Anführung im Gesetz (ähnlich *Palandt* aaO unter Berufung auf das österr. Recht; aM LG Münster NJW **1968,** 1165 mit Zitaten). Es bedarf keiner besonderen Hervorhebung, dass die in Nr. 2 erwähnten Personengruppen besonders zu leichtfertigem oder missbräuchlichem Umgang mit Schusswaffen neigen werden, weshalb ihnen solche auch nicht anvertraut werden können.

Der Gesetzgeber des **WaffRNeuRegG** hat die Bestimmung dem modernen Sprachgebrauch angepasst. Alkoholabhängigkeit ist an die Stelle von „Trunksucht" getreten, die Abhängigkeit von (anderen) berauschenden Mitteln ist für Rauschmittelsucht eingesetzt worden (vgl. zu beiden *Hanack* in LK 11. Aufl. § 64 Rdn. 38 ff.). Psychisch krank oder debil sind für Geisteskrankheit und Geistesschwäche verwendet worden, ohne dass sich aus diesen – die jeweilige Person allerdings weniger stigmatisierenden – Begriffen in der Sache Abweichungen ergeben. Es gelten demnach die obigen Ausführungen sinngemäß für die neuen Bezeichnungen. **6**

**c) Unverschuldete Unfähigkeit zum sorgfältigen Umgang mit Waffen oder Munition (Nr. 3).** Diese neu gestaltete Bestimmung hat ihre verschuldensabhängige Parallele in § 5 Abs. 1 Nr. 2 nF (vgl. die Anm. hierzu). Die Gefahr, die für die öffentliche Sicherheit aus dem unsachgemäßen Gebrauch von Waffen oder Munition ausgeht, ist unabhängig davon, ob der Handelnde sie schuldhaft (vorwerfbar) oder ohne Verschulden (nicht vorwerfbar) herbeiführt. Deshalb ist auch in den letztgenannten Fällen zu Recht von absolutem Fehlen persönlicher Eignung auszugehen. Ein Fall missbräuchlichen Umgangs ist auch gegeben, wenn – wie in Nr. 3 jetzt zusätzlich umschrieben – die konkrete Gefahr einer Fremd- oder Eigengefährdung besteht; gerade letzteres wird bei nicht vorwerfbaren in der Person liegenden psychischen Mängeln häufig festzustellen sein. Die konkrete Gefahr setzt im Gegensatz zur rein abstrakten eine gewisse Wahrscheinlichkeit des Schadenseintritts voraus (vgl. die Rspr. und das Schrifttum zu Fällen der „konkreten Gefahr" in den §§ 315c, 330 Abs. 2 Nr. 1 StGB). **7**

**4. Fehlende persönliche Eignung im Regelfall (Absatz 1 Satz 2).** Das Vorliegen nur **beschränkter Geschäftsfähigkeit** aus dem Katalog der absolut fehlenden persönlichen Eignung des Absatzes 1 Satz 1 (Nr. 1) hat zur Einfügung dieser Bestimmung geführt, wonach in der Geschäftsfähigkeit Beschränkte (§ 114 BGB aF; vgl. jetzt § 1903 BGB) „in der Regel" die erforderliche persönliche Eignung nicht aufweisen. Hier bedarf es also der Einzelfallprüfung. Der Hauptfall der in der Geschäftsfähigkeit beschränkten Personen sind die Minderjährigen (§ 106 BGB). Hier wird es aber bereits am Alterserfordernis (§ 4 Abs. 1 Nr. 1) fehlen. Soweit das Gesetz indessen Minderjährigen den Umgang mit Waffen oder Munition erlaubt, sind diese Vorschriften jeweils als lex specialis anzusehen (Begr. BT-Drucks. 14/8886 S. 110). **8**

**3. Stellungnahme der örtlich zuständigen Polizeidienststelle (Absatz 1 Satz 3).** In Gestalt einer „Sollvorschrift" möchte das WaffRNeuRegG erreichen, dass das **9**

§ 6     Abschn. 2. Umgang mit Waffen oder Munition

jeweilige Wissen der dem Antragsteller und seinem Lebensablauf nahen Polizeibeamten in die Entscheidung über die Erteilung einer Erlaubnis einfließt. Der Vorschlag des Bundesrats, diese Auskunftseinholung durch den Zusatz „insbesondere" nur zum Beispielsfall zu deklarieren, lehnte die BReg. – als nicht gewollt – ab (BT-Drucks. 14/7758 S. 106/107 bzw. 129). Aufgrund des Vermittlungsverfahrens ist dem Absatz 1 zu Recht der Satz 4 angefügt worden, wonach sich die fehlende persönliche Eignung auch aus im Erziehungsregister eingetragenen Entscheidungen oder Anordnungen (§ 60 Abs. 1 Nr. 1 bis 7 BZRG) ergeben kann.

**10**    **4. „Aufgeben" der Vorlage eines medizinischen Zeugnisses (Absatz 2).** Die Gründe für die zunächst gegenüber der bisher angenommenen „Verpflichtung" abgeschwächten Formulierung sind in Rdn. 2 geschildert. Im Vermittlungsverfahren ist die Kann-Vorschrift wieder in eine Muss-Vorschrift umgewandelt worden (BR-Drucks. 524/02 Anlage S. 1). Die Vorlage (hierzu VG Osnabrück, Urteil vom 6. 4. 2006 – 3 A 173/04) ist nicht nur dann aufzugeben, wenn ernsthafte Bedenken gegen die persönliche Eignung bestehen, sondern auch, wenn die vom Antragsteller vorgelegten (ärztlichen) Bescheinigungen die Behörde nicht zu überzeugen vermögen. Vorzulegen sind – wie bisher – amts- oder fachärztliche Zeugnisse oder – neu eingefügt – fachpsychologische Äußerungen; sie können sowohl die geistige als auch die körperliche Eignung betreffen. Schließlich ist zur Klärung neu hinzugefügt worden, dass in jedem Fall der Antragsteller für die Kosten derartiger Bescheinigungen aufzukommen hat. Die Aufforderung zur Vorlage ist eine behördliche **Verfahrenshandlung** und als solche nicht isoliert anfechtbar (VG Berlin vom 18. 3. 2005 – 1 A 321.04).

**11**    **5. Sonderregelung für Antragsteller unter 25 Jahren (Absatz 3). a)** Die tragischen Vorkommnisse von Erfurt (26. 4. 2002) haben bei den Beratungen im Vermittlungsausschuss zu der Einfügung des Absatzes 3 geführt (krit. *Heller/Soschinka* S. 77). Junge Waffenaspiranten, die noch nicht 25 Jahre alt sind und erstmals eine waffenrechtliche Erlaubnis zum Erwerb und Besitz einer Schusswaffe anstreben, müssen danach ihre **„geistige Eignung"** durch Vorlage amtsärztlicher, fachärztlicher oder auch fachpsychologischer Zeugnisse belegen. Die Kosten hierfür müssen sie selbst aufbringen. Welche Merkmale Bestandteile der geistigen Eignung sind, wird nicht näher umschrieben. Es wird um die Aufhellung der Charaktereigenschaften gehen, die für den Umgang mit Waffen unabdingbar sind, wie allgemeine sittliche und moralische Reife, Besonnenheit, Selbstbeherrschung, soziale, mitmenschliche Denkungsweise, Verantwortungsgefühl, Rücksichtnahme auf die Interessen anderer u. ä. Fachpsychologisch sind hier durch entsprechende Tests verwertbare Daten zu gewinnen. Bei der körperlichen Untersuchung durch Allgemeinärzte ist dagegen nicht viel zu erwarten. Man wird sich hier etwa an Methoden anlehnen müssen, die im Jugendstrafrecht bei der Bewertung des Reifezustandes Heranwachsender angewendet werden. Auch ist an ähnliche gutachtliche Äußerungen zu denken, wie sie bei dem Antrag auf Wiedererlangung einer entzogenen Fahrerlaubnis gefordert werden. Nach Absatz 4 sind in § 4 AWaffV ausführliche Regelungen hierzu im Verordnungswege ergangen. Zu beachten ist hierzu auch die Übergangsregelung in § 58 Abs. 9.

**12**    **b) Ausnahmen für Sportschützen und Jäger (Absatz 3 Satz 2 und § 13 Abs. 2 Satz 1).** Nicht zur Vorlage einer solchen Bescheinigung sind Sportschützen verpflichtet (krit. hierzu *A/B* Rdn. 12), die die Voraussetzungen des § 14 Abs. 2 Satz 2 erfüllen, also nachweisbar seit mindestens einem Jahr als Sportschütze in einem Verein aktiv tätig sind und zugelassene Sportwaffen (zB Kleinkaliberwaffen und Sportflinten) erwerben wollen. Auf die Erläuterungen zu der in Bezug genommenen Vorschrift (§ 14 Rdn. 2 a) wird verwiesen. Zu beachten ist weiter der erst auf Grund

Sachkunde § 7

des Vermittlungsverfahrens in § 14 eingefügte Absatz 1 mit seinen Beschränkungen. Leider fehlt in der vorliegenden Vorschrift ein Hinweis auf § 13 Abs. 2 Satz 1, wonach der hier zu erläuternde Absatz 3 im Hinblick auf die anspruchsvolle Ausbildung und die schwierige Jagdprüfung für „Jäger" nicht gilt.

**6. Untergesetzliches Regelwerk (Absatz 4).** Im Verordnungswege werden die 13 Einzelheiten über die in den Absätzen 2 und 3 angesprochenen gutachterlichen Bescheinigungen festgelegt. Diese finden sich in § 4 AWaffV. Auf die Erläuterungen hierzu wird verwiesen.

## Sachkunde

**7** (1) **Den Nachweis der Sachkunde hat erbracht, wer eine Prüfung vor der dafür bestimmten Stelle bestanden hat oder seine Sachkunde durch eine Tätigkeit oder Ausbildung nachweist.**

(2) **Das Bundesministerium des Innern wird ermächtigt, durch Rechtsverordnung mit Zustimmung des Bundesrates Vorschriften über die Anforderungen an die waffentechnischen und waffenrechtlichen Kenntnisse, über die Prüfung und das Prüfungsverfahren einschließlich der Errichtung von Prüfungsausschüssen sowie über den anderweitigen Nachweis der Sachkunde zu erlassen.**

**1. Entstehungsgeschichte.** Die Bestimmung ist nahezu wörtlich aus § 31 WaffG 1 aF übernommen worden. Lediglich die Ermächtigung ist statt dem Bundesminister des Innern dem Bundesministerium des Innern übertragen worden.

**2. Sachkunde (Absatz 1).** Ihr Nachweis kann entweder durch eine Prüfung vor 2 der durch Landesrecht bestimmten Stelle (einem Prüfungsausschuss) oder durch den Nachweis einer entsprechenden Tätigkeit oder Ausbildung erbracht werden. Die Prüfungsausschüsse sind im allgemeinen bei den Industrie- und Handelskammern gebildet. Das Nähere wird im Verordnungswege bestimmt (Absatz 2; vgl. Rdn. 5 aE); die Verordnungsermächtigung ist bereits am 17. 10. 2002 in Kraft getreten (Art. 19 Nr. 1 Satz 1 WaffRNeuRegG). Es soll gewährleistet werden, dass die betreffende Person verantwortungsbewusst und ohne Gefahr für die Sicherheit der Allgemeinheit und seine eigene mit der Waffe umgeht, wobei Art und Umfang der geforderten waffenrechtlichen Sachkunde mit dem jeweiligen Grund für den Waffenbesitz korrespondieren müssen (BVerwG NVwZ-RR **2003,** 432; VG Neustadt/Weinstraße GewA **1998,** 120, 121; VG Meiningen ThürVBl. **2001,** 286); gefordert wird also eine spezifische, auf die Umstände des Einzelfalls abgestimmte Sachkunde.

**3. Durchführungsrecht.** Der früher zuständige BMI hatte von seiner ihm gegebe- 3 nen Ermächtigung mit der **1. WaffV aF** (§§ 29 bis 32) Gebrauch gemacht. Nach Art. 19 Nr. 3 Buchst. a WaffRNeuRegG blieb diese VO bis zum Erlass einer Verordnung, die sich auf die Neufassung des Gesetzes gründet, entsprechend anwendbar. Hiernach (§ 29) umfasst die Sachkunde u. a. ausreichende Kenntnisse in der Handhabung der Schusswaffe und im Umgang mit der Munition, über die Reichweite und Wirkungsweise der Geschosse, über die wichtigsten waffenrechtlichen Vorschriften sowie über Notwehr und Notstand (§§ 32–35 StGB). Diese Kenntnisse müssen vor einem Prüfungsausschuss in einer theoretischen und praktischen Prüfung nachgewiesen werden, über deren Ergebnis ein Zeugnis ausgestellt wird (§ 30). Private „Sachkundebescheinigungen" sind hiermit nicht vergleichbar (VG Düsseldorf GewA **1984,** 347; VA **2001,** 132 m. Anm. *Sternberg* zur behördlichen Anerkennung von waffenrechtlichen Sach-

**§ 8** Abschn. 2. Umgang mit Waffen oder Munition

kundeprüfungen im Rahmen des waffenrechtsbezogenen Geschäftsbetriebs einer GmbH). Eine zur Erteilung der Waffenbesitzkarte abgelegte Prüfung genügt gem. § 31 der 1. WaffV aF als hinreichender Sachkundenachweis bei der Erteilung der anderen waffengesetzlichen Erlaubnisse, zB des Waffenscheins (§ 10 Abs. 4; § 36 WaffG aF).

Nach § 32 1. WaffV aF gilt die Sachkunde als nachgewiesen, d. h. es bedarf keiner besonderen Prüfung mehr, wenn der Antragsteller die Jägerprüfung bestanden oder die Gesellenprüfung im Büchsenmacherhandwerk abgelegt hat. Auch derjenige, der hinreichende Waffenkenntnisse auf Grund einer anderweitigen, insbesondere behördlichen, zB polizeilichen oder militärischen, oder staatlich anerkannten Ausbildung oder als Sportschütze (vgl. Nr. 31. 2 WaffVwV aF) erworben hat, braucht sich einer Sachkundeprüfung nicht zu unterziehen (vgl. Rdn. 1 und 2 zu § 32 1. WaffV). Die Erteilung einer „roten" Sammler-WBK an einen bei einem Waffenhersteller vertraglich tätigen Werks- oder Testschützen setzt aber den Nachweis einer besonderen Sachkunde voraus; derjenige für einen Sportschützen reicht insoweit nicht aus (VG Neustadt/Weinstraße GewA **1998,** 120; teilw. krit. hierzu *Scholzen* DWJ 1998, 1422).

**4** Der in § 32 Abs. 1 Nr. 1 Buchst. a 1. WaffV aF bei der Novellierung 1976 neu aufgenommene Zusatz betr. Teilnahme an einem Lehrgang für die Ablegung der Jägerprüfung eröffnet Jungjägern die Möglichkeit, ihre Sachkunde durch erfolgreiche Teilnahme an einem Lehrgang zur Vorbereitung auf die Jägerprüfung nachzuweisen. Diese Regelung entspricht nach der VO-Begr. BR-Drucks. 74/76 S. 68 „einem in der Vergangenheit hervorgetretenen Bedürfnis". In allen Fällen muss sich die anderweitig erworbene Sachkunde auf die Gegenstände erstrecken, auf die sich der Antrag bezieht. Die Einschränkungen in § 32 Abs. 1 der 1. WaffV aF durch den „sofern ..."-Satz erfassen ersichtlich nur die „Tätigkeiten" der Nr. 2 b, die als Sportschütze der Nr. 2 c sowie die in Nr. 2 c genannte „Ausbildung". Dagegen wird die durch bestandene Prüfungen nachgewiesene Sachkunde (§ 32 Abs. 1 Nr. 1 a 1. WaffV aF [Jägerprüfung], Nr. 1 b [Gesellenprüfung im Büchsenmacherhandwerk] und Abs. 1 Nr. 2 a (Fachkundeprüfung für das Waffengewerbe nach § 9 Abs. 1 WaffG aF) nicht erfasst. Das ergibt die gesetzessystematische Auslegung (vgl. OVG Münster, Urteil vom 25. 7. 1991 – 20 A 1292/90).

**5** Der bei der Neufassung der 1. WaffV 1976 angefügte § 32 **Abs. 2** der 1. WaffV aF trägt dem Umstand Rechnung, dass bei der Durchführung der Sachkundeprüfung Personen mit einer technischen Ausbildung an Handfeuerwaffen, zB Angehörige der Bundeswehr, oft nicht über die erforderlichen waffenrechtlichen Kenntnisse verfügen. Bei diesem Personenkreis können mithin lediglich die waffentechnischen Kenntnisse als ausreichend nachgewiesen anerkannt werden. Absatz 2 eröffnet dementsprechend die Möglichkeit, die Sachkundeprüfung auf die waffenrechtlichen Kenntnisse zu beschränken.

Ab 1. 12. 2003 gilt die **Allgemeine Waffengesetz-Verordnung (AWaffV)** vom 27. 10. 2003 (BGBl. I 2123), die diesen Bereich – in weitgehender Anlehnung an das bisherige Recht – in den §§ 1 bis 3 ausführlich regelt (vgl. die Erläuterungen zu diesen Vorschriften, abgedr. unter **Nr. W 12 a** d. Slg).

### Bedürfnis, allgemeine Grundsätze

**8** **(1) Der Nachweis eines Bedürfnisses ist erbracht, wenn gegenüber den Belangen der öffentlichen Sicherheit oder Ordnung**

1. **besonders anzuerkennende persönliche oder wirtschaftliche Interessen, vor allem als Jäger, Sportschütze, Brauchtumsschütze, Waf-**

Bedürfnis, allgemeine Grundsätze **§ 8**

fen- oder Munitionssammler, Waffen- oder Munitionssachverständiger, gefährdete Person, als Waffenhersteller oder -händler oder als Bewachungsunternehmer, und
2. die Geeignetheit und Erforderlichkeit der Waffen oder Munition für den beantragten Zweck glaubhaft gemacht sind.

(2) Ein Bedürfnis im Sinne des Absatz 1 Nr. 1 liegt insbesondere vor, wenn der Antragsteller
1. Mitglied eines schießsportlichen Vereins ist, der einem nach § 15 Abs. 1 anerkannten Schießsportverband angehört, oder
2. Inhaber eines gültigen Jagdscheines ist.

**1. Entstehungsgeschichte.** Weder in den früheren Waffengesetzen des Reiches 1 oder Bundes noch im Regierungsentwurf für das WaffG 1972 (BT-Drucks. VI/2678) war eine besondere Bestimmung über den Bedürfnisbegriff enthalten. Die amtl. Begr. des o. a. Entwurfs führte auf S. 31 unter Berufung auf das Urteil des BVerwG vom 4. 11. 1965 (DÖV **1966,** 767) lediglich folgendes aus: „An der Bedürfnisprüfung soll festgehalten werden. Sie dient dem Ziel, die Zahl der Waffenbesitzer sowie die Art und Zahl der in Privatbesitz befindlichen Schusswaffen auf das unbedingt notwendige und mit Rücksicht auf die Interessen der öffentlichen Sicherheit vertretbare Maß zu beschränken". In Abweichung vom Regierungsentwurf wurde dann die Vorschrift (§ 32 WaffG aF) während der Ausschussberatung 1972 in das Gesetz eingefügt, um durch beispielhafte („insbesondere") Aufzählung von Fällen, in denen ein Bedürfnis für den Erwerb von Waffen oder Munition vorliegt, den Begriff des Bedürfnisses im Gesetz, soweit als möglich, zu konkretisieren und damit eine bundeseinheitliche Auslegung zu gewährleisten (ABer., zu BT-Drucks. VI/3566 S. 6), die im Übrigen schon dadurch sichergestellt wurde, dass, nachdem das Waffenrecht durch die Ausdehnung der Gesetzgebungskompetenz des Bundes (Art. 74 Nr. 4a GG) insgesamt Bundesrecht geworden ist, das Bundesverwaltungsgericht in letzter Instanz über die Gewährung der Erlaubnisse nach dem WaffG zu entscheiden hat. „Durch die Regelungen für Jäger sowie Sport- und Traditionsschützen sollen die bisher üblichen Gebräuche auf diesen Gebieten nicht eingeschränkt werden. Es soll lediglich ein Missbrauch der für diese Personengruppen bestehenden Erleichterungen beim Waffenerwerb verhindert werden" (ABer. aaO S. 6/7). Bei der Novellierung des WaffG 1976 ist die Bestimmung (§ 32 aF) nur unwesentlich verändert worden. Das Kernstück der Vorschrift (§ 32 Abs. 1 Nr. 3 aF – Begriff des Bedürfnisses) blieb unverändert.

Durch das **WaffRNeuRegG** ist die Bestimmungen über das Bedürfnis geändert 2 worden, indem die zuvor reichlich unübersichtliche Vorschrift aus Gründen der Klarstellung aufgespalten worden ist in eine **Grundnorm** (§ 8) und entsprechende Spezialnormen für die einzelnen in Nr. 1 aufgeführten Personengruppen (§§ 13 bis 20, 26 und 28). Zur Erläuterung der Bedürfnisfrage in diesen besonderen Fällen wird auf die Kommentierung zu den genannten Bestimmungen verwiesen: Jäger (§ 13), Sportschützen (§ 14 und 15), Brauchtumsschützen (§ 16), Waffen- und Munitionssammler (§ 17) Waffen- und Munitionssachverständige (§ 18), „gefährdete Personen" (§ 19), Waffengewerbetreibender, Waffenhändler (§ 21) und Bewachungsunternehmer (§ 28). Die Grundnorm enthält nur die übergreifenden Regelungen, den „Allgemeinen Teil", was sich bereits aus der Überschrift „Bedürfnis, allgemeine Grundsätze" entnehmen lässt. Im Laufe des Gesetzgebungsverfahrens ist dann aber doch – inkonsequenterweise – durch den neuen Absatz 2 eine nicht übergreifende Bestimmung eingefügt worden, die sich ausschließlich mit dem Bedürfnis bei Sportschützen bzw. Jägern befasst.

## § 8 Abschn. 2. Umgang mit Waffen oder Munition

Wie die Begründung des WaffRNeuRegG ergibt (BT-Drucks. 14/7758 S. 56/57), will die Neuregelung in Anbetracht der Gefährlichkeit von Schusswaffen strikt am **Bedürfnisprinzip als zentralem Element** des deutschen Waffenrechts festhalten, auch im Hinblick auf die einschlägigen internationalen Bestimmungen. So hat auch die Richtlinie des Rates über die Kontrolle des Erwerbs und des Besitzes von Waffen (91/477/EWG) – Waffenrichtlinie – vom 18. 6. 1991 (ABl. EG Nr. L 256 S. 51 ff.; abgedruckt unter **Nr. 12 b**) das **Bedürfnisprinzip für alle Staaten der Europäischen Union** im Grundsatz festgeschrieben. Danach gestatten die Mitgliedstaaten den Erwerb und den Besitz von Feuerwaffen der Kategorie B (d. h. Kurzwaffen und grundsätzlich halbautomatische Langwaffen) nur Personen, die dafür eine Rechtfertigung anführen können (Artikel 5). Entsprechend restriktive Regelungen für andere Feuerwaffen auf Grund einzelstaatlicher Rechtsetzung werden ausdrücklich erlaubt. Auch das Schengener Durchführungsübereinkommen vom 19. Juni 1990 (BGBl. II 1993 S. 1013 ff., im Kommentar abgedr. unter **Nr. 12 d**) fordert in seinem für alle Schengen-Mitgliedstaaten verbindlichen Artikel 83, dass eine Erlaubnis zum Erwerb und Besitz einer Kurzfeuerwaffe oder halbautomatischen Langfeuerwaffe einer Person nur erteilt werden darf, wenn der für den Erwerb oder Besitz einer Feuerwaffe angeführte Grund als triftig anzusehen ist (Entwurfsbegr. aaO S. 56). Ein erklärtes Ziel der Neuregelung ist es, mit dem Bedürfnisprinzip auch die Zahl der zugelassenen (Schuss-) Waffen möglichst klein zu halten, „um von vornherein der Gefahr vorzubeugen, dass dem legalen Waffenbesitzer Waffen entwendet und zu Straftaten benutzt werden. Der BR wollte dies sogar im Gesetzestext ausdrücklich ausgedrückt wissen und hatte angeregt, nach den Wörtern „den Belangen der öffentlichen Sicherheit oder Ordnung" die Wörter „insbesondere dem öffentlichen Interesse an einem möglichst geringen privaten Waffen- und Munitionsbestand" einzufügen (BT-Drucks. 14/7758 S. 107). Dem ist die BReg. zu Recht nicht gefolgt mit dem Hinweis darauf, dass sich die Feststellung eines Bedürfnisses zum Umgang mit Waffen oder Munition primär an dem Verhältnis der generellen Belange der öffentlichen Sicherheit und Ordnung einerseits und den privaten Interessen des Einzelnen andererseits orientiere; erst nach dieser Abwägung ergebe sich, in welchem Umfang der Umgang mit solchen Gegenständen durch Privatpersonen erlaubt sei (aaO S. 129). Das Bedürfnisprinzip richte sich im Übrigen nicht gegen die im Allgemeinen rechtstreuen Waffenbesitzer, sondern diene primär dem Schutz der Allgemeinheit (Begr. aaO S. 57). In diesem Zusammenhang wird weiter darauf hingewiesen, dass jährlich aus legalem privaten Schusswaffenbesitz durchschnittlich über 6000 Schusswaffen durch Diebstahl und sonstigen Verlust abhanden kommen, im Jahre 1999 92% hiervon aus privatem Besitz (d. h. der Jäger, Sportschützen, Sammler, der sonstigen Berechtigten wie Altbesitzer oder Erben und der Gewerbetreibenden); bei Aufhebung des Bedürfnisprinzips würde sich bereits diese aus Gründen der öffentlichen Sicherheit bedrohlich hohe Zahl des Übergangs von Schusswaffen aus legalem in illegalen Besitz noch vervielfachen, was die Gesetzesbegründung zu Recht als nicht hinnehmbar bezeichnet (aaO).

**3**  **2. Bedürfnis, Glaubhaftmachung.** Die hiermit zusammenhängenden Fragen behandeln eingehend OVG Brandenburg NJ **2002**, 442 = DVP **2002**, 435 sowie *Meyer* GewA **1998**, 89, 94 ff.. Bei dem Begriff „Bedürfnis" handelt es sich um einen unbestimmten Rechtsbegriff iS des allgemeinen Verwaltungsrechts und der Rechtsprechung der Verwaltungsgerichte (*Schoch* Jura **2004**, 612). Dem Bedürfnisbegriff liegt eine **Abwägung** zwischen den anerkennungswürdigen Interessen des Antragstellers und dem öffentlichen Interesse daran zugrunde, dass möglichst wenig Waffen „ins

Bedürfnis, allgemeine Grundsätze **§ 8**

Volk" gelangen (BVerwGE **49**, 1; NVwZ-RR **2003**, 432 = DVBl. **2003**, 880; GewA **1999**, 483; *Meyer* GewA **1998**, 89, 94/95). Der Antragsteller hat das Vorliegen der Voraussetzungen durch **Glaubhaftmachen von Tatsachen zur Überzeugung der Erlaubnisbehörde** bzw. des Gerichts nachzuweisen (VGH Mannheim BaWü-VerwPr. **1996**, 209; BayVGH BayVBl. **1994**, 732, 733; *Meyer* GewA **1998**, 89, 95; **2001**, 89, 91 ff.), zB hinsichtlich solcher Tatsachen, welche die Annahme rechtfertigen, dass er besonders gefährdet sei, wobei hierfür im Falle der gerichtlichen Anfechtung der Zeitpunkt der letzten Tatsacheninstanz maßgeblich ist (OVG Brandenburg aaO). Was die Gefährdung selbst anlangt, kann vernünftigerweise nicht der Nachweis im Sinne des prozessrechtlichen Beweises einer Tatsache, einer an Gewissheit grenzenden Wahrscheinlichkeit, gefordert werden. Ein Bedürfnis ist vielmehr dann nicht nachgewiesen, wenn der Antragsteller keine hinreichenden einschlägigen Tatsachen glaubhaft macht (BVerwG vom 24. 6. 1975 – I C 6/75 – Arzt-Urteil, NJW **1975**, 2258; VGH Mannheim BaWüVerwPr. **1996**, 209, 210). Die materielle Beweislast liegt danach nach wie vor bei dem Antragsteller (vgl. zum früheren Recht: *Meyer* GewA **1998**, 89, 95 m. Nachw. aus der Rspr. des BVerwG). Da die Voraussetzungen für die Erteilung einer Erlaubnis identisch sind mit den „Fortdauervoraussetzungen", führt ein Wegfall des Bedürfnisses, sofern nichts anderes bestimmt ist, regelmäßig zum Widerruf der waffenrechtlichen Erlaubnis (OVG Berlin NVwZ-RR **2000**, 431). Zu beachten ist die Überprüfung des einmal bejahten Bedürfnisses nach drei Jahren (§ 4 Abs. 4 Satz 1). Das Bedürfnis im WaffG nF behandeln *Scholzen/Thielemann* DWJ **2003**, Heft 7, 80.

**3.** Die einzelnen **Bedürfnisfälle** sind, wie das Wort „vor allem" ergibt, in der **4** Grundnorm unter Nr. 1 nur **beispielhaft** aufgezählt (OVG Lüneburg, Urteil vom 23. 3. 2006 – 11 LB 334/D4 bzgl. eines „Auslandsjägers"). Das schließt also nicht aus, dass die Behörde auch in anderen Fällen ein Bedürfnis für die Erteilung einer WBK bejaht (*Meyer* GewA **1998**, 89, 94), obwohl es sich hierbei nur um Ausnahmefälle handeln wird, zB den Erwerb geeigneter Waffen durch Landwirte zur Schädlingsbekämpfung (Nr. 32. 5. 1 WaffVwV aF). Gefordert wird in Absatz 1 die Glaubhaftmachung a) „besonders anzuerkennender persönlicher oder wirtschaftlicher Interessen" gegenüber den Belangen der öffentlichen Sicherheit oder Ordnung (Nr. 1) und – kumulativ – b) die Geeignetheit und Erforderlichkeit der Waffen oder Munition für den beantragten Zweck (Nr. 2).

**a) Besonders anzuerkennende persönliche oder wirtschaftliche Interessen.** Ob **5** solche aus dem **persönlichen** Bereich vorliegen, ist bisher hauptsächlich an dem Unterbeispiel „gefährdete Person" (aus der Nr. 1; vgl. jetzt die Spezialregelung § 19 nF) unter dem Stichwort „Besondere Gefährdung" entschieden worden (vgl. dazu Nr. 32. 3 WaffVwV aF). Die Formulierung dieser in der Praxis besonders wichtigen Regelung (früher § 32 Abs. 1 Nr. 3 WaffG aF) stimmt weitgehend mit den von der Rechtsprechung der Oberverwaltungsgerichte (Verwaltungsgerichtshöfe) zu § 15 Abs. 1 RWaffG bei Auslegung des Bedürfnisbegriffs erarbeiteten Rechtsgrundsätzen überein. Hiernach war ein Bedürfnis für die Erteilung eines Waffenscheins dann anzuerkennen, wenn bei dem Antragsteller besondere Umstände vorlagen, die ihn von der Allgemeinheit unterschieden und als besonders gefährdet erscheinen ließen. Dabei musste es sich um Umstände handeln, die berücksichtigenswert waren, also nicht auf einer Laune, Liebhaberei oder Übergänstlichkeit, sondern auf einem wirtschaftlichen, persönlichen oder anderweit begründeten Interesse beruhten. Zur Begründung dieser besonderen Umstände genügte nicht eine abstrakte Gefahr; die gefahrbringenden Umstände mussten vielmehr im Einzelfall realisiert sein. Außerdem

## § 8 Abschn. 2. Umgang mit Waffen oder Munition

musste der Erwerb bzw. der Gebrauch der munitionierten Schusswaffe geeignet sein, die Gefährdung des Antragstellers wenigstens herabzusetzen, was die Neuregelung nunmehr gesondert in der Nr. 2 aufführt. Diese Rechtsprechungsgrundsätze sind seinerzeit in das WaffG aF selbst übernommen worden. Das BVerwG hat nach seiner grundlegenden Entscheidung aus dem Jahre 1975 (BVerwGE **49**, 1) später hinsichtlich einer beantragen WBK deutlich gemacht, dass ein Bedürfnis auch aus einem „berücksichtigenswerten wirtschaftlichen Interesse" hergeleitet werden kann (GewA **1993**, 325); der Betrieb einer Fachschule für Personenschutz könne ein derartiges wirtschaftliches Interesse darstellen. Diesen Fall hat der Gesetzgeber des WaffRNeuRegG nunmehr ebenfalls ausdrücklich aufgeführt.

**6** Zuvor schon hatte das BVerwG Gelegenheit, in grundlegenden Entscheidungen (hierzu eingehend *Meyer* GewA **1998**, 89, 94 ff.) vom 24. 6. 1975 (1 C 25 und 30.73, 2 und 45.74 und 6.75 – NJW **1975**, 2258 und **1976**, 638 sowie MDR **1975**, 1047, DVBl. **1975**, 890) zur Frage des Vorliegens eines Bedürfnisses iS dieser Vorschrift Stellung zu nehmen, wobei als Vorliegen eines besonderen Schutzbedürfnisses (vgl. dazu *Hinze* DJW **1976**, 1046 und DÖV **1976**, 159) bei Taxifahrern, Geschäftsreisenden, einem Landarzt, einem Amtsanwalt (MDR **1975**, 1047), einem Apotheker (Rauschgiftdiebstahl) – E vom 24. 6. 1975 – 1 C 2.74 – DVBl. **1975**, 890) zu überprüfen war. Wie das BVerwG NJW **1975**, 2258, 2259 ausführt, stellt das WaffG 1972 – was wegen der unveränderten Fassung auch für das WaffG 1976 galt – an den Nachweis eines Bedürfnisses für Schusswaffen zu Verteidigungszwecken die gleichen Anforderungen wie das RWaffG 1938. Hiernach darf die Erlaubnis zum **Führen** von Schusswaffen durch Privatpersonen nur unter **engen Voraussetzungen** erteilt werden (so auch OVG Brandenburg NJ **2002**, 442; OVG Koblenz GewA **2000**, 194; VGH Mannheim BaWüVerwPr. **1996**, 209; BayVGH BayVBl. **1994**, 732; **1985**, 370, 371). Nach der Konzeption des WaffG – auch in seiner neuen Fassung – darf die Erteilung der Erlaubnis, insbesondere für das „Führen" von Schusswaffen, nicht die Regel sein, sondern sie muss eine Ausnahme bleiben. Wird ein Bedürfnis für „**Besitz**" von Waffen geltend gemacht, so bedarf es einer Interessenabwägung zwischen der Anerkennung der Notwehr als legitimem menschlichem Verhalten – „Recht braucht dem Unrecht nicht zu weichen" – und den Gefahren, die eine zu weitgehende Bewaffnung für die Allgemeinheit zur Folge haben würde. Welche der miteinander kollidierenden Interessen höher zu bewerten sind, kann davon abhängen, ob der Antragsteller die Schusswaffe nur innerhalb oder auch außerhalb seines häuslichen Bereichs zur Verfügung haben will. Das ergibt eine graduelle Abstufung der Bedürfnisprüfung, je nachdem, ob es sich um die Erteilung einer WBK oder die Bewilligung eines Waffenscheins handelt. Für den Erwerb von Munition durch einen Hühner züchtenden Landwirt („Aussiedlerhof") vgl. BVerwG NuR **1988**, 384 (Bedürfnis verneint; bauliche Maßnahmen und Halten von Wachhunden reiche aus).

**7** Nach Nr. 32. 3. 5. 2 WaffVwV aF soll eine besondere Gefährdung insbesondere vorliegen bei Personen, für die im Zusammenhang mit ihrer **Berufsausübung** in erhöhtem Maße die Gefahr von Überfällen besteht, zB bei Angestellten von Geldinstituten und Geldtransportinstituten, Lohngeldfahrern, Angestellten von Bewachungsunternehmen bei besonders gefährdeten Objekten, Personen, die besonders begehrenswerte Güter befördern, wie zB Schusswaffen, Munition oder Rauschmittel, und die deshalb bevorzugtes Ziel geplanter verbrecherischer Überfälle sind. Aber auch hier sind die Umstände des **Einzelfalles** entscheidend, so dass zB bei mangelndem Nachweis von Gefährdungssituationen in den zurückliegenden Jahren ein Bedürfnis verneint werden kann (VGH Mannheim BaWüVerwPr. **1996**, 209, 210 betr. den nebenberuflichen Betriebsleiter einer Waffenhandlung ohne Geschäftslokal, der

# Bedürfnis, allgemeine Grundsätze § 8

Waffen und Schmuck transportiert). In derartigen Fällen kann es angezeigt sein, die Stellungnahme des Bundeskriminalamtes, des jeweiligen Landeskriminalamtes (*Meyer* GewA **1998**, 89, 95 mwN in Fn. 102) oder der zuständigen Landespolizeibehörde einzuholen (VGH Mannheim aaO). Der Gefährdungsunterschied gegenüber dem „Normalbürger" muss aber in jedem Falle auf Umständen beruhen, die waffenrechtlich berücksichtigungswürdig sind. Das ist zB nicht gegeben bei einem Bergsteiger, der sich in seiner Freizeit dem Bergsteigen in Extremlagen widmet und dieses selbst geschaffene Risiko durch das Mitführen einer großkalibrigen Signalpistole mindern will (OVG Koblenz GewA **1997**, 372, 373). Vgl. jetzt aber die Neuregelung in § 12 Abs. 3 Nr. 4.

Nach der bisherigen **Rechtsprechung** ist ein Bedürfnis u. a. anerkannt worden vom OVG Lüneburg (BM **1967**, 160) für den Fall einer Gastwirtin, welche die Tageseinnahmen über Nacht zu Hause aufbewahrte (vgl. aber OVG Lüneburg GewA **1978**, 277), und vom OVG Münster (BM **1966**, 220) für den Kraftfahrer einer größeren Firma, der Lohngelder über eine Entfernung von 45 km zu einer auswärtigen Betriebsstätte zu transportieren hatte (anders BayVGH DÖV **1976**, 719 [LS]) und für Begleiter eines Geldtransports einer Bank (BayVGH VerwRspr. **1973**, 844; abgelehnt für den Mitinhaber eines Straßenbauunternehmens, der Lohngelder von ca. 30000,– DM ausfährt (OVG Koblenz VerwRspr. **1973**, 613; desgleichen bei einem Baubediensteten und freien Architekten (BVerwG NJW **1980**, 1588). Richtungweisende Ausführungen finden sich auch in einer Entscheidung, die einen häufig auf Reisen befindlichen Juwelier betraf (BVerwG DVBl. **1980**, 1044 = GewA **1980**, 348 – 1 C 38/77), insbesondere zur **überdurchschnittlichen** Gefährdung, wofür auf eine „lebensgerechte Betrachtung" abgestellt wird. Danach kann bei einem reisenden Kunstgoldschmied ein Bedürfnis bejaht werden (VGH Mannheim GewA **1989**, 245 = NVwZ-RR **1990**, 73), ebenso bei einem reisenden Edelsteinhändler (VG Koblenz GewA **1989**, 242).

Ein Bedürfnis ist **verneint** worden bei dem Leiter des Technischen Kundendienstes einer großen, im Waffen- und Munitionshandel tätigen Firma, der nur gelegentlich und unregelmäßig – durchschnittlich ein- bis zweimal monatlich – bei Außendienstfahrten Waffen und Munition beförderte (BayVGH GewA **1994**, 245, das ihn in erster Linie auf die Möglichkeit eines Waffenscheins für das Unternehmen nach § 35 Abs. 3 WaffG aF verweist). Ebenfalls verneint vom VGH Mannheim (BaWü-VerwPr. **1996**, 209, 210) bei dem nebenberuflichen Betriebsleiter einer Waffenhandlung ohne Geschäftslokal, der Waffen und Schmuck transportiert, bei einem Privatdetektiv hinsichtlich des Führens eines Revolvers (OVG Brandenburg NJ **2002**, 442 = DVP **2002**, 435) sowie bei einem Spielothekenbesitzer (VG Darmstadt GewA **2004**, 435: WBK genügt, Waffenschein nicht erforderlich).

Das OVG Hamburg wiederum hat in einem Urteil vom 27. 11. 1970 (OVG Bf I 25/70) das Bedürfnis bei einem Arzt wegen dessen stärkerer Gefährdung bei nächtlichen Besuchen von Kranken bejaht (anders VG Neustadt a. d. W. GewA **1989**, 241), zumal er den Weg hierbei nicht bestimmen könne: Fingierten Besuchsaufforderungen könne der Arzt aus menschlichen Gründen nicht ausweichen; die Herbeiführung von Polizeischutz würde die ärztliche Hilfe verzögern. Eine besondere Gefahr sei auch im Hinblick auf die mitgeführten Rezeptblöcke, an denen ein spezielles Interesse von Rauschgiftsüchtigen bestehe, anzuerkennen. Das OVG Hamburg führt im Zusammenhang mit der Bejahung der Bedürfnisfrage wörtlich aus: „Ist ein besonderes Bedürfnis des Bewerbers anzuerkennen, sich oder sein Eigentum durch eine scharfe Faustfeuerwaffe zu schützen, kann es nicht mehr im Ermessen der Behörde liegen, ob sie ihm die gesetzlich vorgesehene Schutzmöglichkeit zubilligen will."

## § 8 Abschn. 2. Umgang mit Waffen oder Munition

Dagegen hat der VGH München das Bedürfnis zum Führen einer Faustfeuerwaffe und auch die Ausstellung einer WBK hierfür bei einem Nachtlokalbesitzer verneint (Urt. v. 19. 1. 1976 BayVBl. **1976,** 345); desgl. für den Besitzer einer Tankstelle, in die mehrfach eingebrochen worden war; Alternative: Alarmanlage (GewA **1988,** 139); ebenso ablehnend hinsichtlich eines Waffenscheins für einen Rechtsanwalt als Grundstücksverwalter und Übermittler von Geld und Wertgegenständen (GewA **1990,** 110) oder als Strafverteidiger (BayVGH BayVBl. **1994,** 732), einem Taxifahrer (BayVBl. **1985,** 370, 371) und einem Bewachungsunternehmer (GewA **1989,** 37), der keine besonders gefährdeten Personen und Objekte bewacht. Auch der VGH Mannheim versagte einem Rechtsanwalt den Waffenschein (NJW **1992,** 2308). Zum Fall eines Juwelenhändlers, der seine Kollektion auf Messen anbietet vgl. OVG Koblenz GewA **1978,** 398, für Pelzhändler (Bedürfnis verneint) OVG Koblenz AS **13,** 327. Der VGH Kassel hat für den Betreiber einer Lottoannahmestelle das Bedürfnis verneint (DÖV **1977,** 644), desgl. für einen Waffengraveur (GewA **1986,** 175) und mit Urt. v. 2. 12. 1975 (NJW **1976,** 1990) einem verantwortlichen Luftfahrzeugführer die Ausstellung eines Waffenscheins verweigert und ihn auf die Erteilung einer Bescheinigung gem. § 35 Abs. 5 WaffG 1972 (§ 6 Abs. 2 WaffG 1976) verwiesen. Vgl. auch VG Minden DÖV **1991,** 1078, zur Erteilung eines Waffenscheins an einen „spezialisierten" Waffenhändler.

**11** Zu beachten ist, dass auch die besondere **Wohnlage** in einer abgelegenen Gegend (hierzu VGH Kassel GewA **1987,** 176) oder einem Wochenendhaus oder einem Wohnwagen ein erhöhtes Schutzbedürfnis begründen kann. Eine einsame Wohnlage allein begründet aber noch kein Bedürfnis (VG Münster NWVBl. **1991,** 71).

Ein Bedürfnis kann andererseits auch vorliegen, wenn Angriffe auf andere Rechtsgüter als Leib und Leben zu befürchten sind (BVerwG NJW **1975,** 2258, 2259).

**12** Da der einzelne Antragsteller nach **objektiven** Maßstäben überdurchschnittlich gefährdet sein muss (VGH Mannheim BaWüVerwPr. **1996,** 209; BayVGH BayVBl. **1994,** 732), begründet ein **Gefühl** allgemeiner Unsicherheit oder eine allgemeine Zunahme der Kriminalität noch kein Bedürfnis für Waffenbesitz (OVG Brandenburg NJ **2002,** 442 = DVP **2002,** 435). Die Zugehörigkeit zu einer bestimmten Berufsgruppe, die nach allgemeiner Lebenserfahrung wesentlich mehr als die Allgemeinheit gefährdet ist, muss hierbei allerdings berücksichtigt werden, ist aber nicht allein ausschlaggebend (VGH Mannheim BaWüVerwPr. **1996,** 209, 210); es gelten keine festen berufsspezifischen Gefährdungsmaßstäbe (BVerwG, Beschluss vom 22. 9. 1993 – 1 B 153.92; *Meyer* GewA **1998,** 89, 95).

**13** **b) Geeignetheit und Erforderlichkeit der Waffe oder Munition.** Nach Nr. 2 der Neufassung ist ein Bedürfnis – im Einklang mit dem bisherigen Recht – nicht anzuerkennen, wenn nach den Umständen des einzelnen Falles die Waffe (Munition) zur Minderung der Gefährdung nicht geeignet oder nicht erforderlich ist (OVG Koblenz NVwZ-RR **2005,** 326; BayVGH BayVBl. **1994,** 732; *Meyer* aaO S. 96 m. w. N. ). Sie ist nur **geeignet,** wenn durch sie in einer für die Verhältnisse des Antragstellers typischen Verteidigungssituation eine erfolgreiche Abwehr zu erwarten ist. Das soll nach *Meyer* (aaO) möglicherweise entfallen, wenn ein etwaiger Angriff so überraschend käme, dass der Betroffene zu einer wirksamen Verteidigung außerstande wäre; eine solche Prognose zu stellen, erscheint indessen nicht verantwortbar. Sie ist **nicht erforderlich,** wenn die Gefährdung sich auf andere zumutbare Weise verhindern lässt, zB durch bauliche Maßnahmen (VG Darmstadt GewA **2004,** 435). Ob auch eine abweichende Gestaltung der Lebensverhältnisse vom Antragsteller gefordert werden kann (*Meyer* aaO), erscheint zweifelhaft. Grundsätzlich ist der Antragsteller nicht gehalten, seine Lebensgewohnheiten, geschäftlichen Gepflogen-

# Inhaltliche Beschränkungen § 9

heiten und betriebsbedingten Geschäftsbedürfnisse zu ändern, um das an sich bestehende Bedürfnis in Wegfall zu bringen. Abgestellt wird ausdrücklich auf die Geeignetheit der Waffe oder der Munition, nicht auf die körperliche Geeignetheit des Antragstellers; diese wird in § 6 erfasst.

c) Schließlich ist bei der Bedürfnisfrage im Rahmen der Erforderlichkeit aber **14** doch die **Verteidigungsfähigkeit** des Bewerbers zu berücksichtigen. So wird ein an Jahren älterer Antragsteller im Allgemeinen nicht mehr in der Lage sein, sich ebenso gut wie ein jüngerer Bewerber körperlich gegen Angriffe auf seine Person zu verteidigen, weil ihm hierfür Reaktionsschnelligkeit, Behändigkeit und auch die erforderliche physische Kraft fehlen (*Wilhelm* DÖV **1966**, 329, 332). Es ist also auch der Grundsatz der Relativität bei der Beantwortung der Bedürfnisfrage zu beachten und hierbei stets von der Person des Antragstellers auszugehen.

**4. Gefährdung bei hoheitlicher Tätigkeit.** Wer eine Schusswaffe führen will, **15** weil er sich wegen der von ihm wahrgenommenen **hoheitlichen** Aufgaben des Bundes oder der Landes persönlich erheblich gefährdet fühlt, hat keinen Anspruch auf Ausstellung eines Waffenscheins durch die dafür allgemein zuständigen Behörden. Ihm wird von seiner **Dienstbehörde** im Bedarfsfalle die notwendige **Bescheinigung** erteilt (vgl. insoweit § 55 nF; früher § 35 Abs. 5 WaffG 1972, § 6 Abs. 2 WaffG 1976 und die 5. WaffV aF sowie BVerwG MDR **1975**, 1047; NJW **1980**, 1588).

**5. Beispiele anzuerkennenden Bedürfnisses (Absatz 2).** Obwohl die vorliegende **16** Bestimmung zunächst nur die **Grundsätze** der Bedürfnisfrage klarstellen wollte, ist ihr gegen Ende des Gesetzgebungsverfahrens doch noch eine ins Einzelne gehende Regelung für zwei – in der Praxis allerdings sehr bedeutsame – Personengruppen (auf deren Drängen [*A/B* Rdn. 19]) angefügt worden (krit. *K/P* Rdn. 234 f.). Ein Bedürfnis wird beispielhaft („insbesondere") zum einen bejaht bei **Sportschützen**, die Mitglieder eines Schießsportvereins sind, der wiederum einem anerkannten Schießsportverband nach § 15 Abs. 1 angehört, der nach dieser Vorschrift ganz bestimmte, hochgeschraubte Bedingungen erfüllen muss (Nr. 1), und zum anderen bei **Jägern**, die Inhaber eines gültigen Jagdscheines sind (Nr. 2). Die etwas systemwidrige Einfügung („völlig missglückt" [*A/B* Rdn. 20]) des Absatzes 2 – für beide Personengruppen bestehen Spezialregelungen in §§ 14/15 bzw. § 13 – wird in den Materialien wie folgt begründet: „Nachdem die einmalige, intensive Überprüfung eines Sportschützen oder eines Jägers nach drei Jahren (vgl. § 4 Abs. 4) ergeben hat, dass es sich nicht um einen ‚Scheinschützen' oder um einen bloßen ‚Waffen-Anschaffer' handelt, soll künftig nach dem neuen Absatz 2 ausreichen, dass durch die fortdauernde Mitgliedschaft eines Sportschützen in einem Schießsportverein oder durch die fortwährende Innehabung eines Jagdscheines durch einen Jäger belegt wird, dass er die Waffen weiterhin für den Schießsport/für die Jagd benötigt, mithin ein Bedürfnis gegeben ist"(BT-Drucks. 14/8886 S. 110). Für „freie" Sportschützen ist die vorliegende Bestimmung als Auffangregelung maßgebend (*K/P* Rdn. 230). Vgl. auch *Scheffer* GewA **2005**, 278.

## Inhaltliche Beschränkungen, Nebenbestimmungen und Anordnungen

**9** (1) **Eine Erlaubnis nach diesem Gesetz kann zur Abwehr von Gefahren für die öffentliche Sicherheit oder Ordnung inhaltlich beschränkt werden, insbesondere um Leben und Gesundheit von Menschen gegen die aus dem Umgang mit Schusswaffen oder Munition entstehenden Gefahren und erheblichen Nachteile zu schützen.**

**§ 9** Abschn. 2. Umgang mit Waffen oder Munition

(2) **Zu den in Absatz 1 genannten Zwecken können Erlaubnisse befristet oder mit Auflagen verbunden werden. Auflagen können nachträglich aufgenommen, geändert und ergänzt werden.**

(3) **Gegenüber Personen, die die Waffenherstellung oder den Waffenhandel nach Anlage 2 Abschnitt 2 Unterabschnitt 2 Nr. 4 bis 6 oder eine Schießstätte nach § 27 Abs. 2 ohne Erlaubnis betreiben dürfen, können Anordnungen zu den in Absatz 1 genannten Zwecken getroffen werden.**

1 **1. Entstehungsgeschichte.** Die durch das Waffenrechtsneuregelungsgesetz neu gestaltete Bestimmung ist eine **verwaltungsrechtliche Zentralvorschrift** für das Erlaubnisverfahren (Abschnitt 2 Unterabschnitt 1 des WaffG nF). Sie leistet einen Beitrag zur Harmonisierung der zuvor über das Gesetz verstreut gewesenen Einzelregelungen (§ 10 Abs. 1 Satz 2 und 3, § 28 Abs. 1 Satz 5, § 29 Abs. 1 Satz 3, § 35 Abs. 1 Satz 3 und Abs. 2, § 44 Abs. 1 Satz 2 und § 45 Abs. 2 WaffG aF) und bringt das WaffG gleichzeitig in Einklang mit dem VwVfG (Begr. RegE BT-Drucks. 14/7758 S. 57).

2 **2. Inhaltliche Beschränkungen (Absatz 1).** Nach dieser Vorschrift können waffenrechtliche Erlaubnisse zur Abwehr von Gefahren für die öffentliche Sicherheit oder Ordnung, vor allem zum Schutz von Leben oder Gesundheit von Menschen, mit inhaltlichen Beschränkungen versehen werden. In derartigen Fällen kann nach dem Grundsatz der Verhältnismäßigkeit die beantragte Erlaubnis nicht versagt werden, sie kann aber auch zum Schutz der genannten Rechtsgüter nicht unbeschränkt erteilt werden. Diese in Absatz 1 getroffene Kompromisslösung entspricht dem bisher geltenden Recht. Im Rahmen der im Verwaltungsakt der Erlaubnis ausgesprochenen Begrenzung handelt es sich um eine Voll-Erlaubnis. Alle behördlich zu treffenden Einschränkungen der Erlaubnis dürfen nur geschehen, um die benachbarten Grundstücke, besonders Häuser, in ihrem Bestand sowie deren Bewohner oder die Allgemeinheit vor Gefahren, erheblichen Nachteilen oder erheblichen Belästigungen gegen die aus dem Umgang mit Schusswaffen oder Munition entstehenden Gefahren, also speziell gegen „waffengewerberechtliche Gefährdungsmomente" zu schützen.

3 Inhaltliche Beschränkungen im Waffengewerbe und im Waffenhandel können **auf Antrag** oder **von Amts wegen** festgesetzt werden. Sie können sich auf die Ausübung des Waffengewerbes in sachlicher, örtlicher oder auch persönlicher Hinsicht beziehen. Die Behörde ist zB, wie schon nach § 7 DVO RWaffG, berechtigt, sowohl die Herstellungs- als auch die Handelserlaubnis auf bestimmte Arten von Schusswaffen oder Munition zu beschränken, wenn dies aus Sicherheitsgründen angezeigt ist. Wenn, wie nicht selten, der Bewerber selbst einen Antrag stellt (vgl. Anlage 5 u. 6 zur WaffVwV aF) fällt dies nicht unter den Begriff der inhaltlichen Beschränkungen (*Apel* Anm. 2). Darüber, ob zur Abwehr solcher Gefahren inhaltliche Beschränkungen der Konzession oder Auflagen notwendig sind, entscheidet die zuständige Behörde „unter Abwägung der jeweils berührten Interessen" nach pflichtgemäßem Ermessen. Zweifelhaft ist, ob für die Beschränkung der Erlaubnis eine abstrakte Gefahr oder eine unmittelbare (konkrete) Gefahr gegeben sein muss. Eine abstrakte Gefahr, die von der konkreten Situation völlig absieht, reicht jedenfalls nicht aus. Andererseits muss auch nicht die zeitlich unmittelbar bevorstehende Gefahr iS des allgemeinen Polizeirechts vorliegen. Es genügt, wenn nach den Umständen des **Einzelfalls** eine **generelle potentielle Gefahr** für die Allgemeinheit oder Nachbargrundstücke gegeben ist.

# Inhaltliche Beschränkungen § 9

Bei der Erteilung eines **Waffenscheins** (§ 10 Abs. 4) sind zeitliche, räumliche und 4
anlassmäßig bedingte Beschränkungen möglich (§ 35 Abs. 2 WaffG aF). Wegen der
Möglichkeit der kürzeren Bemessung der Geltungsdauer des Waffenscheins s. § 10
Abs. 4 Satz 2 (letzter Halbs.). Auch andere Beschränkungen des Waffenscheins ergeben sich aus dem Bedürfnisgrundsatz. So kann beim Bewachungsgewerbe (jetzt
§ 28) die Beschränkung des Waffenscheins auf die der Bewachung unterliegenden
Anlagen, beim Bank- oder Kassenboten oder beim Geldbriefträger auf die erforderlichen Berufsgänge und -fahrten in Betracht kommen. Bei einem Kraftfahrer, der
mit wertvollen Waren unterwegs ist (Pelzen) oder hohe Geldbeträge bei sich führt,
wird zu prüfen sein, ob die Notwendigkeit zum Führen einer Schusswaffe auch dann
besteht, wenn er sich nicht mit seinem Kraftfahrzeug auf Reisen befindet.

**3. Befristungen und Auflagen (Absatz 2).** Derartige Nebenbestimmungen (zu 5
deren isolierter Anfechtbarkeit vgl. BVerwG NVwZ **2001,** 429; *Hufen/Bickenbach*
JuS **2004,** 867 und 966; *Sproll* NJW **2002,** 3221) waren auch nach bisher geltendem
Recht an verschiedenen Stellen des Gesetzes vorgesehen. Diese einzelnen Vorschriften sind nunmehr in Absatz 2 zentralisiert worden. Die im Anschluss an § 36
Abs. 2 VwVfG getroffene Regelung bezieht sich auf alle Erlaubnisse und Ausnahmebewilligungen, gleichgültig, ob auf deren Erteilung ein Rechtsanspruch besteht
oder ob die Entscheidung im pflichtgemäßen Ermessen der Behörde liegt (Begr.
RegE BT-Drucks. 14/7758 S. 57). Die vorliegende waffenrechtliche Ausformung
des § 36 Abs. 2 VwVfG bringt zum einen das Erfordernis, dass die zu treffenden
Nebenbestimmungen an dem Ziel der Gefahrenabwehr (Absatz 1; Rdn. 1 und 3)
ausgerichtet sein müssen und zum anderen die Erleichterung für den Gesetzesanwender, dass Auflagen nachträglich – zu Zwecken der genannten Gefahrenabwehr –
an veränderte Umstände angepasst werden dürfen, ohne Rücksicht darauf, ob in den
Erlaubnisbescheid ein solcher Vorbehalt aufgenommen worden war. Auflagen und
Befristungen können alsbald bei Ausstellung der Waffenbesitzkarte oder auch nachträglich festgesetzt werden. Die Auflagen werden im Allgemeinen die Sicherung der
Waffe gegen Abhandenkommen (Diebstahl) oder Missbrauch (unbefugten Gebrauch, zB durch Herausnahme des Schlagbolzens bzw. des ganzen Schlosses oder
getrennte Aufbewahrung der Munition) betreffen. Die Auflage, die Beendigung der
Jagdausübung bzw. des Schießsports der Behörde unverzüglich anzuzeigen, ist jedoch nach früherem Recht für unzulässig gehalten worden, da sie nicht der Abwehr
von Gefahren für die öffentliche Sicherheit diene (VG Freiburg, mitgeteilt von
*Scholzen* DWJ **1997,** 1404, 1405). Vgl. jetzt aber für Sportschützen die Neuregelung
in § 15 Abs. 5 über eine Anzeigepflicht des Schießsportvereins in derartigen Fällen.

**a) Befristungen.** Bei Vorliegen eines entsprechenden Grundes kann die zeitlich 6
begrenzte Geltung der Erlaubnis zur Abwehr von Gefahren für die öffentliche Sicherheit angeordnet werden (Anwendungsfälle: nur vorübergehendes Bedürfnis,
begrenzter Inlandsaufenthalt). Das Mittel der Befristung erfasst auch den Fall, dass
von vornherein feststeht, dass die Erteilungsvoraussetzungen in Zukunft zu einem
bestimmten vorhersehbaren Zeitpunkt entfallen werden. Eine Sonderregelung für
diesen Fall, die vom BR angeregt worden war, hat die BReg. zu Recht abgelehnt
(BT-Drucks. 14/7758 S. 107 und 129). Bei der Erlaubnis zum Schießen (§ 10
Abs. 5) kann eine Befristung oder sonstige zeitliche Beschränkungen derselben, etwa auf bestimmte Wochentage (mit Ausschluss der Sonn- und Feiertage) oder auf
bestimmte Tageszeiten (nicht vor 8 Uhr), angeordnet werden.

**b) Auflagen.** Die Auflage ist eine erzwingbare hoheitliche Anordnung, die selbst- 7
ständig zum Hauptinhalt des Verwaltungsakts hinzutritt und die dem Begünstigten

**§ 9** Abschn. 2. Umgang mit Waffen oder Munition

ein bestimmtes Tun, Dulden oder Unterlassen vorschreibt, ihm mithin eine besondere Verpflichtung auferlegt (§ 36 Abs. 2 Nrn. 4 u. 5 VwVfG, *Eyermann,* VwGO 11. Aufl. § 42 Rdn. 46 ff.; *Forsthoff,* Lehrbuch, 10. Aufl. § 11 Anm. 5). Als Auflage im Bereich des Waffengesetzes wird etwa die Nebenbestimmung, bestimmte Vorgänge der Behörde zu melden (vgl. Nr. 10.4 WaffVwV aF), anzusehen sein. Beim Waffenschein kann es erforderlich sein, Anordnungen zu treffen, die ein Führen der Schusswaffen in der Öffentlichkeit in einer den Belangen der Sicherheit zuwiderlaufenden Weise unterbinden (früher: ABer. BT-Drucks. 7/4407 S. 8). Keine gesetzliche Beschränkung ergibt sich aus § 2 Abs. 3 VersammlungsG und § 39 Abs. 1 WaffG (BVerwG GewA **1984,** 245).

Bei Schießstätten (§ 27; § 44 aF) müssen die Auflagen darauf gerichtet sein sicherzustellen, dass deren Betrieb keine Gefahren, erheblichen Nachteile oder erheblichen Belästigungen für die Bewohner des Grundstücks, auf dem die Schießstätte betrieben wird, die Nachbarschaft oder die Allgemeinheit mit sich bringt. Sie können sich auf die Beschaffenheit der Schießstätte beziehen, aber auch auf die Benutzung der Anlage. Ferner kann in Form der Auflage die regelmäßige Prüfung der Anlage vorgeschrieben werden, ebenso die Versicherung gegen Haftpflicht und Unfall. Im Sicherheitsinteresse ist es ferner notwendig, die Beschaffenheit der Schießstätten sowie die hierfür zugelassenen Arten von Schusswaffen und Munition im einzelnen in der Erlaubnis festzulegen. Dem Erlaubnisinhaber kann aufgegeben werden, schadhaft werdende Teile der Anlage rechtzeitig zu erneuern (Auflage gleich bleibender Beschaffenheit). Die Auflage zum Abschluss einer Haftpflichtversicherung soll verhindern, dass ein durch den Schießbetrieb Geschädigter mangels Zahlungsfähigkeit des Schadensersatzpflichtigen leer ausgeht (Nr. 44 WaffVwV aF); hier ist § 27 Abs. 1 Satz 2 einschlägig. Als weitere Auflagen kommen in Betracht (VG Schwerin GewA **1997,** 341): Einhaltung der Schall-Immissionsgrenzwerte bei Wohngebieten von 55 dB(A) bei Tage, Begrenzung der maximalen Anlageschusszahlen, Verbot des Schießbetriebs an Sonn- und Feiertagen, Einhaltung auch der Ruhezeiten nach § 2 Abs. 5 der 18. BImSchV).

Bei der Erlaubnis zum Schießen (§ 10 Abs. 5) müssen die Auflagen ebenfalls erforderlich und geeignet sein, vom Schießen ausgehende konkrete Gefahren, erhebliche Nachteile oder entsprechende Belästigungen zu verhüten oder wenigstens zu vermindern. Insoweit kommen neben dem Nachweis des Abschlusses einer angemessenen Haftpflichtversicherung auch Beschränkungen auf besondere Gelegenheiten, zB Schädlingsbekämpfung, in Betracht. Die Auflagen müssen stets bestimmt abgefasst werden, dem Einzelfall angepasst sein und die Lage des Ortes, an dem geschossen werden soll, berücksichtigen, insbesondere den Umstand, ob dort mit dem Erscheinen von Menschen zu rechnen ist oder nicht. Der Verstoß gegen eine vollziehbare Auflage ist nach § 53 Abs. 1 Nr. 4 ordnungswidrig.

**8**   **c) Nachträgliche Auflagen.** Nur Auflagen, nicht inhaltliche Beschränkungen oder Befristungen, können nach Absatz 2 Satz 2 auch nach Erteilung der Erlaubnis festgesetzt werden, wenn das Interesse der Allgemeinheit, insbesondere die Abwehr von Gefahren für die Allgemeinheit oder die Nachbargrundstücke und deren Bewohner, eine nachträgliche Anordnung notwendig erscheinen lässt, zB wenn sich eine Stadtrandsiedlung im Laufe der Zeit bis in die Nähe des Munitionsherstellungsbetriebs ausgedehnt hat. Da infolge der fortschreitenden waffentechnischen Entwicklung weitere zusätzliche Auflagen erforderlich werden können, ist die rechtliche Zulässigkeit zur Festsetzung nachträglicher Auflagen ausdrücklich im Gesetz hervorgehoben worden (Rdn. 5). Eine solche nachträgliche Auflagenfestsetzung kann auch notwendig werden, wenn sich herausgestellt hat, dass die mit dem

Erteilung von Erlaubnissen § 10

Verwaltungsakt der Erlaubnis verbundenen Auflagen nicht ausreichend gewesen sind (OVG Weimar, Beschluss vom 10. 3. 2006 – 3 EO 946/05).

Das Instrument der nachträglichen Auflage, orientiert am Verhältnismäßigkeitsgrundsatz, ermöglicht die Erreichung des aktuellen Sicherheitsstandards.

**4. Behördliche Anordnungen (Absatz 3).** Die sanktionsbewehrte (§ 53 Abs. 1 Nr. 4) Vorschrift entspricht im Wesentlichen § 10 Abs. 2 WaffG aF. Die Erstreckung der Anordnungsbefugnis auf die in Absatz 3 genannten Fälle ermöglicht es den Waffenbehörden, auch im nur anzeigepflichtigen Bereich die notwendigen Anordnungen zu treffen (Begr. RegE BT-Drucks. 14/7758 S. 58). Die Vorschrift ist auf erlaubnisfreie Schießstätten erweitert worden. Sie ist damit (Begr. aaO) eine notwendige Ergänzung der im Gesetz vorgesehenen Anzeigepflicht für diese Schießstätten (vgl. § 27 Abs. 2 Satz 2 nF). Der erst während der Ausschussberatung zum WaffG 1972 eingefügte § 10 Abs. 2 aF, die Vorgängervorschrift, gestattete unter den im Gesetz festgelegten Voraussetzungen entsprechende behördliche **Anordnungen** (Verwaltungsakte) – evtl. auch nachträglich – gegenüber **nicht** konzessionierten Waffengewerbetreibenden festzusetzen. Es handelte sich hierbei um Betriebe, die gem. einer auf Grund von § 6 Abs. 4 Nr. 1 WaffG aF erlassenen RechtsVO keiner Erlaubnis bedurften. Entsprechende Freistellungen fanden sich in den §§ 1 und 2 der 1. WaffV aF. In Frage kommen etwa Betriebe, die Knallkorken oder Zündblättchen u. a. herstellen.

9

## Unterabschnitt 2. Erlaubnisse für einzelne Arten des Umgangs mit Waffen oder Munition, Ausnahmen

### Vorbemerkung

Der dem vorliegenden Unterabschnitt 2 in etwa entsprechende V. Gesetzesabschnitt des WaffG aF (§§ 28 ff.) enthielt die wichtigsten Änderungen im Vergleich mit der Regelung im Sicherheitssektor des RWaffG und des BWaffG 1968. In § 28 aF wurde mit der Waffenbesitzkarte eine neue Erlaubnisform behandelt, die sowohl zum Erwerb als auch zur Ausübung der tatsächlichen Gewalt über Schusswaffen berechtigte, die seinerzeit (1972) erstmalig im deutschen Waffenrecht generell an eine Erlaubnispflicht gebunden wurde. Das WaffG nF regelt nunmehr im 2. Unterabschnitt des 2. Gesetzesabschnitts die Erlaubnisse für einzelne Arten des „Umgangs" (§ 1 Abs. 3) mit Waffen und Munition einschließlich der hierzu vorgenommenen Ausnahmen. Der Begriff der Ausübung der tatsächlichen Gewalt, der dem Kriegswaffenrecht (KWKG) entlehnt war, wird nunmehr durch die Kurzform „Besitz" ersetzt (§ 1 Abs. 3 iVm. Anlage 1 A 2 Nr. 2), wie sie bereits zuvor im Rahmen der Waffen„besitz"karte mit Erfolg verwendet worden ist.

### Erteilung von Erlaubnissen zum Erwerb, Besitz, Führen und Schießen

**10** **(1) Die Erlaubnis zum Erwerb und Besitz von Waffen wird durch eine Waffenbesitzkarte oder durch Eintragung in eine bereits vorhandene Waffenbesitzkarte erteilt. Für die Erteilung einer Erlaubnis für Schusswaffen sind Art, Anzahl und Kaliber der Schusswaffen anzugeben. Die Erlaubnis zum Erwerb einer Waffe gilt für die Dauer eines Jahres, die Erlaubnis zum Besitz wird in der Regel unbe-**

## § 10 Abschn. 2. Umgang mit Waffen oder Munition

fristet erteilt. Wer eine Waffe auf Grund einer Erlaubnis nach Satz 1 erwirbt, hat binnen zwei Wochen der zuständigen Behörde unter Benennung von Name und Anschrift des Überlassenden den Erwerb schriftlich anzuzeigen und seine Waffenbesitzkarte zur Eintragung des Erwerbs vorzulegen.

(2) Eine Waffenbesitzkarte über Schusswaffen, die mehrere Personen besitzen, kann auf diese Personen ausgestellt werden. Eine Waffenbesitzkarte kann auch einem schießsportlichen Verein als juristischer Person erteilt werden. Sie ist mit der Auflage zu verbinden, dass der Verein der Behörde vor Inbesitznahme von Vereinswaffen unbeschadet des Vorliegens der Voraussetzung des § 4 Abs. 1 Nr. 5 eine verantwortliche Person zu benennen hat, für die die Voraussetzungen nach § 4 Abs. 1 Nr. 1 bis 3 nachgewiesen sind; diese benannte Person muss nicht vertretungsberechtigtes Organ des Vereins sein. Scheidet die benannte verantwortliche Person aus dem schießsportlichen Verein aus oder liegen in ihrer Person nicht mehr alle Voraussetzungen nach § 4 Abs. 1 Nr. 1 bis 3 vor, so ist der Verein verpflichtet, dies unverzüglich der zuständigen Behörde mitzuteilen. Benennt der Verein nicht innerhalb von zwei Wochen eine neue verantwortliche Person, für die die Voraussetzungen nach § 4 Abs. 1 Nr. 1 bis 3 nachgewiesen werden, so ist die dem schießsportlichen Verein erteilte Waffenbesitzerlaubnis zu widerrufen und die Waffenbesitzkarte zurückzugeben.

(3) Die Erlaubnis zum Erwerb und Besitz von Munition wird durch Eintragung in eine Waffenbesitzkarte für die darin eingetragenen Schusswaffen erteilt. In den übrigen Fällen wird die Erlaubnis durch einen Munitionserwerbsschein für eine bestimmte Munitionsart erteilt; sie ist für den Erwerb der Munition auf die Dauer von sechs Jahren zu befristen und gilt für den Besitz der Munition unbefristet.

(4) Die Erlaubnis zum Führen einer Waffe wird durch einen Waffenschein erteilt. Eine Erlaubnis nach Satz 1 zum Führen von Schusswaffen wird für bestimmte Schusswaffen auf höchstens drei Jahre erteilt; die Geltungsdauer kann zweimal um höchstens je drei Jahre verlängert werden, sie ist kürzer zu bemessen, wenn nur ein vorübergehendes Bedürfnis nachgewiesen wird. Der Geltungsbereich des Waffenscheins ist auf bestimmte Anlässe oder Gebiete zu beschränken, wenn ein darüber hinausgehendes Bedürfnis nicht nachgewiesen wird. Die Voraussetzungen für die Erteilung einer Erlaubnis zum Führen von Schreckschuss-, Reizstoff- und Signalwaffen sind in der Anlage 2 Abschnitt 2 Unterabschnitt 3 Nr. 2 und 2.1 genannt (Kleiner Waffenschein).

(5) Die Erlaubnis zum Schießen mit einer Schusswaffe wird durch einen Erlaubnisschein erteilt.

1  **1. Entstehungsgeschichte.** Mit der Regelung des **Absatzes 1** wird im Wesentlichen bisheriges Recht (§ 28 Abs. 1 Satz 2 und 3 WaffG aF) übernommen. § 28 aF brachte seinerzeit insoweit eine erhebliche **Ausdehnung der Erlaubnispflicht**, als er grundsätzlich den Erwerb von Schusswaffen, im Gegensatz zu § 11 Abs. 1 RWaffG auch von Langwaffen (so schon § 10 Abs. 1 SchWaffG), und darüber hinaus auch die Ausübung der tatsächlichen Gewalt über (den Besitz von) Schusswaf-

Erteilung von Erlaubnissen § 10

fen allgemein erlaubnispflichtig machte; der Besitz konnte bis zum Inkrafttreten des WaffG 1972 nur im Einzelfall untersagt werden (§ 23 RWaffG) und war generell nur bezüglich der in § 25 Abs. 1 RWaffG angeführten Waffen (Wildererwaffen usw.) verboten. Wie sich schon aus der Bezeichnung ergibt, berechtigt die Waffenbesitzkarte **nicht** zum **Führen** von Schusswaffen (Absatz 4; § 35 WaffG aF). Wegen der Gründe für die damalige gesetzliche Regelung vgl. die ausführliche Entwurfsbegründung (BT-Drucks. VI/2678 S. 29).

Um die Erlaubnispflicht auch des bloßen Waffenbesitzes zum Ausdruck zu bringen, führte der Gesetzgeber des WaffG 1972 im Anschluss an das österr. Waffengesetz 1967, jetzt idF v. 16. 8. 1986 – österr. BGBl. 443, (§§ 16 ff.), anstelle des bisherigen Waffenerwerbscheines die **Waffenbesitzkarte** ein, allerdings nicht in der gleichen materiellen Ausgestaltung wie diese. Denn die Waffenbesitzkarte des österr. Rechts berechtigte in erster Linie zum Erwerb und Besitz von Faustfeuerwaffen. Bei der Abänderung des WaffG iJ 1976 ist die Bestimmung (§ 28 aF) im Hinblick auf gewisse Zweifel an dem verfassungsgemäßen Zustandekommen der Absätze 3 und 4 der Vorschrift und der Zulässigkeit des insoweit durchgeführten Berichtigungsverfahrens neu gefasst und den Bedürfnissen der Praxis angepasst worden. In Absatz 1 wurde hinsichtlich der Gültigkeitsdauer der WBK zwischen der Erwerbserlaubnis und der Erlaubnis zur Ausübung der tatsächlichen Gewalt unterschieden: Erstere war längstens auf ein Jahr befristet, letztere wurde idR unbefristet erteilt. Damit entfiel die bis dahin bestehende Befristung der Besitzerlaubnis auf eine Gültigkeitsdauer von 5 Jahren. **2**

**2. Regelungsumfang.** Die Vorschrift regelt (Begr. RegE BT-Drucks. 14/7758 S. 58) „die Form der Erteilung der Erlaubnisse für solche Waffen und Munition, für die eine Erlaubnispflicht hinsichtlich der hauptsächlichen Arten des Umgangs besteht, nämlich des Erwerbs und des Besitzes, des Führens und des Schießens. Die weiteren Arten des Umgangs mit Waffen oder Munition (vgl. im Einzelnen § 1 Abs. 4 in Verbindung mit Anlage 1 Abschnitt 2) sind im Unterabschnitt 4 des Gesetzes, der die Waffenherstellung, den Waffenhandel, die Bewachungsunternehmen und das Betreiben von Schießstätten regelt, und im Unterabschnitt 5, der das Verbringen [und die Mitnahme] von Waffen oder Munition zwischen Deutschland und den Mitgliedstaaten der EU bzw. Drittstaaten regelt, enthalten. Abweichend von diesen grundsätzlich für alle Personen geltenden Vorschriften beim Umgang mit Waffen oder Munition enthält der Unterabschnitt 3 für bestimmte Personengruppen (Jäger, Sportschützen, Waffensammler u. a.) Sonderregelungen hinsichtlich einzelner Arten des Umgangs und für bestimmte Waffen und Munition". Als Ausnahmeregelung ist stets § 12 zu beachten. **3**

**3. Waffenbesitzkarte (WBK).** Sie stellt die Bescheinigung (Nr. 10.4 EWaffVwV) über die – **höchstpersönliche** (BVerwG GewA **1993,** 326) – behördliche **Erlaubnis** zum Erwerb und zum Besitz von erlaubnisbedürftigen Waffen (Absatz 1) dar (Ausnahmen von der Erlaubnispflicht sind in der Anlage 2 A 2 und in § 12 Abs. 1 aufgeführt). Sie konnte bisher nur an natürliche Personen erteilt werden, nicht einer Personengesellschaft oder einer juristischen Person (BVerwGE **110,** 1 = NVwZ **2000,** 442). Dies folgte aus den gesetzlichen Voraussetzungen für ihre Erteilung, die nur von natürlichen Personen erfüllt werden können, wie der Vollendung eines Mindestalters, der persönlichen Zuverlässigkeit, der körperlichen Eignung sowie dem Nachweis der Sachkunde (Begr. RegE BT-Drucks. 14/7758 S. 63). Hier hat das Waffenrechtsneuregelungsgesetz eine Änderung gebracht. Nach dem im letzten Teil des Gesetzgebungsverfahrens eingefügten Satz 2 von Absatz 2 kann sie nunmehr **4**

## § 10 Abschn. 2. Umgang mit Waffen oder Munition

auch einem schießsportlichen Verein als juristischer Person erteilt werden, der jedoch eine verantwortliche natürliche Person ("Waffenwart") zu benennen hat. Die einzelnen Regelungen hierzu sind in den weiteren neu geschaffenen Sätzen des Absatzes 2 enthalten und durch entsprechende Bußgeldandrohungen abgesichert worden. Nach der Begründung der Änderung (BT-Drucks. 14/8886 S. 110) wird damit einem „praktischen Bedürfnis" der Schießsportvereine Rechnung getragen.

Wegen der Begriffe des Erwerbs und Besitzes vgl. § 1 Abs. 3 WaffG nF (§ 1 Rdn. 33ff. und 42ff. sowie OLG Celle NJW **1973**, 1986. Für eine GmbH & Co KG kann der Geschäftsführer der Komplementär-GmbH die WBK erhalten (BVerwG GewA **1993**, 325). Auf die Erteilung der Waffenbesitzkarte besteht, wie die Formulierung von § 4 Abs. 1 (§ 30 WaffG aF) ergibt, bei Vorliegen der gesetzlichen Voraussetzungen ein **Rechtsanspruch.**

Welche Behörde für die Erteilung der Erlaubnis sachlich zuständig ist, ergibt in Verbindung mit §§ 48 Abs. 1, 49 das Landesrecht. Es sind drei verschiedene Arten der WBK zu unterscheiden: die **gelbe** WBK für Sportschützen (§ 14 Abs. 4); die **rote** WBK für Sammler und Sachverständige und die **grüne** WBK für Jäger, Sportschützen im Übrigen, Altbesitz, Erben, Fund u. ä.

5  **4. Erwerbsfunktion der Waffenbesitzkarte.** Sie berechtigt im Allgemeinen, wie schon früher der Waffenerwerbschein, zum Erwerb **einer** Schusswaffe; jedoch kann, je nach den Erfordernissen des Einzelfalles, auch eine Erwerbsberechtigung für mehrere Schusswaffen, etwa eine Langwaffe und eine Kurzwaffe, erteilt werden. Das ergibt Absatz 1 Satz 2, wonach bei Schusswaffen die Anzahl neben der Art und dem Kaliber in der WBK anzugeben ist (Muster einer WBK: Anlage zur WaffVwV). Im Gegensatz zur Regelung des RWaffG, aber in Übereinstimmung mit der Praxis in den Bundesländern nach 1950, ist in der Waffenbesitzkarte auch deren „Art" anzugeben, also ob es sich um eine Lang- oder Kurzwaffe und hier wiederum um eine Pistole oder einen Revolver handelt. Nach der vom BayObLG (Beschluss vom 11. 4. 1973, RReg 8 St 1/73) mitgeteilten Verwaltungspraxis wird in der WBK bei Neuerwerb einer Schusswaffe zunächst nur die Art der Schusswaffe (Pistole, Revolver usw.) und allenfalls noch das Kaliber eingetragen, während die weiteren Daten (Fabrikat und Herstellungsnummer) erst nach dem Erwerb in der vom Antragsteller vorzulegenden WBK vermerkt werden. In eine WBK dürfen (Absatz 1 Satz 1), jedoch müssen nicht mehrere Schusswaffen des Erlaubnisinhabers eingetragen werden (Ermessensentscheidung BVerwG DÖV **1976**, 718 [LS]). Vgl. auch Nr. 28.7–28.9 WaffVwV aF. Die **Eintragung** in die WBK ist das entscheidende Element der Erlaubnis (*A/B* Rdn. 5).

6  **5. Gültigkeitsdauer (Absatz 1 Satz 3).** Die Neufassung unterscheidet, wie bereits § 28 Abs. 1 Satz 3 und 4 WaffG aF, zwischen der durch die WBK vermittelten Erlaubnis zum **Erwerb** und derjenigen zum **Besitz** (früher: Ausübung der tatsächlichen Gewalt). Die **Erwerbserlaubnis** ist wie bisher auf die Dauer **eines Jahres** begrenzt (anders in § 14 Abs. 4). Nach der amtl. Begr. des damaligen RegEntw. BT-Drucks. 7/2379 S. 19 ist eine solche Befristung der Erwerbserlaubnis angebracht, „da eine Frist von einem Jahr für den Erwerb im Regelfall ausreicht und die Möglichkeit bietet, eine inzwischen eingetretene Änderung der Verhältnisse des Antragstellers zu berücksichtigen".

7  Die **Besitzerlaubnis** wird (jetzt mit dem Zusatz: „in der Regel") in Übereinstimmung mit dem bisher gültigen Recht, **unbefristet** und nicht mehr nur, wie früher, auf die Dauer von 5 Jahren erteilt, womit die früher vorgesehene Verlängerungsmöglichkeit entfällt, was eine erhebliche Entlastung der Verwaltung bedeutet.

Erteilung von Erlaubnissen  § **10**

Jedoch wird die zuständige Verwaltungsbehörde durch § 4 Abs. 3 und 4 (§ 30 Abs. 4 WaffG aF) verpflichtet, die Inhaber von WBK in regelmäßigen Abständen erneut auf ihre Zuverlässigkeit zu überprüfen sowie das Fortbestehen des erforderlichen Bedürfnisses zu kontrollieren. Die Besitzerlaubnis wird gleichzeitig mit der Erwerbserlaubnis durch Ausstellung einer Waffenbesitzkarte oder durch Eintragung in eine bereits erteilte Waffenbesitzkarte vorgenommen (Absatz 1 Satz 1).

**6. Anzeige- und Vorlagepflicht** (Absatz 1 Satz 4). Sinn und Zweck der früher in § 28 Abs. 7 WaffG aF vorgeschriebenen Vorlagepflicht ist, die Waffenbesitzkarte stets auf dem neuesten Stand zu halten. „Die Waffenbesitzkarte hat somit außer der das Recht zum Erwerb und zum Besitz begründenden Funktion zugleich die Funktion eines Legitimationspapiers, aufgrund dessen von den Behörden sofort die Berechtigung zum Besitz aufgefundener Waffen sowie die Vollständigkeit der Waffen kontrolliert werden kann, die der Inhaber ausweislich seiner Waffenbesitzkarte erworben hat" (Ausschussber. betr. WaffG 1972, zu BT-Drucks. VI/3566 S. 6). Durch die vorliegende Bestimmung wird der Erwerber verpflichtet, den Erwerb der Waffe schriftlich (§ 126 BGB) binnen einer Zweiwochenfrist der Behörde anzuzeigen (= mitzuteilen) und innerhalb derselben Frist seine WBK der zuständigen Behörde zur Eintragung des Erwerbs vorzulegen. Die Eintragungen dürfen nicht etwa von den beteiligten Personen selbst vorgenommen werden, sondern sie geschehen durch die zuständige Landesbehörde, der die WBK vom Erwerber persönlich oder mit der Post vorzulegen ist, damit die Behörde den Zugang bescheinigen kann. Welche Eintragungen im Übrigen in Betracht kommen, ist aus Nr. 10 WaffVwV zu entnehmen. **8**

Diese aus § 28 Abs. 7 WaffG aF entnommene Pflichtstatuierung hat das WaffR-NeuRegG aber abgeändert. Während früher nur Schusswaffen erwähnt waren, spricht die Vorschrift nunmehr allgemein von „Waffen", die auf Grund einer Erlaubnis nach Absatz 1 Satz 1 erworben worden sind. Eine weitere Änderung ist von erheblicher Bedeutung: gefordert wird jetzt aus Gründen der besseren Überwachung, dass gleichzeitig der Name und die Anschrift desjenigen angegeben wird, der dem jetzigen Besitzer die Waffe überlassen hat. Geblieben sind demnach die Zweiwochenfrist, das Erfordernis der Schriftform der Anzeige und die Vorlagepflicht zur Ermöglichung der erforderlichen Eintragung. Die Nichteinhaltung der Frist hat nach der Gesetzesbegründung (BT-Drucks. 14/7758 S. 58) „nicht zur Folge, dass mit Ablauf der zwei Wochen, innerhalb derer der Besitzer den Erwerb anzuzeigen hat, dieser Besitz nunmehr ohne Erlaubnis ausgeübt wird"; sie ist aber unter Bußgelddrohung gestellt (§ 53 Abs. 1 Nr. 5 und 7), ähnlich wie in den Fällen der §§ 13 Abs. 3 und § 20 Abs. 1 nach § 53 Abs. 1 Nr. 7). Außerdem kann die Verletzung der Anzeige- und Vorlagepflicht unter Umständen die Zuverlässigkeit des Waffenbesitzers in Frage stellen (*K/P* Rdn. 100).

**7. Auflagen und Befristungen** Sie können nach § 9 Abs. 2 alsbald bei Ausstellung der Waffenbesitzkarte oder auch nachträglich festgesetzt werden. Die Auflagen werden im Allgemeinen die Sicherung der Waffe gegen Abhandenkommen (Diebstahl) oder Missbrauch (unbefugten Gebrauch, zB durch Herausnahme des Schlagbolzens bzw. des ganzen Schlosses oder getrennte Aufbewahrung der Munition) betreffen. **9**

**8. Waffenbesitzkarte für mehrere Personen (Absatz 2 Satz 1).** Diese Vorschrift entspricht § 28 Abs. 6 WaffG aF, der bei der Gesetzesänderung 1976 neu in § 28 aF eingefügt worden war. Die Bestimmung stellt eine Durchbrechung des Prinzips dar, wonach eine WBK jeweils nur für **eine** Person ausgestellt werden darf. In Fällen, in denen der Besitz derselben Waffen von mehreren Personen ausgeübt wird, **10**

**§ 10** Abschn. 2. Umgang mit Waffen oder Munition

besteht jedoch ein praktisches Bedürfnis, den betroffenen Personenkreis in der WBK anzugeben und den Personen, welche die tatsächliche Gewalt über die Schusswaffe(n) ausüben, zB mehreren Familienangehörigen (Vater und Sohn, Eheleute, Erbengemeinschaft), eine gemeinsame WBK auf den Namen der betr. Personen auszustellen. In diesem Falle müssen die Voraussetzungen für die Erteilung der WBK allerdings bei **jedem** der Berechtigten vorliegen. Eine Ausweitung des Bedürfnisses auf andere Personen ist ausgeschlossen (*K/P* Rdn. 105).

**10a** **8a. Waffenbesitzkarte für Schießsportverein (Absatz 2 Satz 2).** Das Waffenrechtsneuregelungsgesetz hat entgegen dem ursprünglichen Entwurf eine teilweise Abkehr von dem Prinzip der Höchstpersönlichkeit einer WBK vollzogen (Rdn. 4). Um einem praktischen Bedürfnis Rechnung zu tragen, ist nunmehr auch die Ausstellung einer WBK auf einen schießsportlichen Verein für zulässig erklärt worden. Dieser muss nicht den Anforderungen der §§ 14, 15 genügen (*L/F/L* Rdn. 20). Das „Vereinsbedürfnis" richtet sich nach § 8, nicht nach § 14 (*A/B* Rdn. 23). Der Grundsatz der an einer natürlichen Person festzumachenden Erfordernisse des § 4 Abs. 1 ist insoweit gewahrt, als eine verantwortliche Person des Vereins als „Waffenwart" den Verein in Bezug auf die Zuverlässigkeit repräsentiert. Durch eingehende Regelungen ist – unter Androhung des Widerrufs der WBK – dafür gesorgt, dass stets ein solches zuverlässiges Vereinsmitglied vorhanden und der zuständigen Behörde bekannt gegeben ist (Absatz 2 Sätze 3 bis 5). Zuwiderhandlungen in diesem Bereich sind in § 53 Abs. 1 Nr. 4 und 6 als Ordnungswidrigkeitstatbestände festgelegt.

**11** **9. Munitionserwerb und -besitz (Absatz 3).** Die hiermit zusammenhängenden Fragen waren bisher in § 29 WaffG aF geregelt. Die Vorschrift ist von dort – unter Abänderungen – übernommen worden (vgl. die Ausnahmen in § 12 Abs. 2). Während früher nach § 29 Abs. 1 aF als Regelfall die Erteilung eines Munitionserwerbsscheins angesehen wurde, hat die Praxis gezeigt, dass die im Gesetz vorgesehene zweite Alternative, nämlich die Eintragung der Berechtigung zum Munitionserwerb in die Waffenbesitzkarte, stärkere Bedeutung erlangt hat. Dementsprechend wurde die Neufassung so gestaltet, dass in Satz 1 des Absatzes 3 als erste Variante die Eintragung der Berechtigung zum Munitionserwerb in die WBK für die hierin eingetragenen Schusswaffen aufgeführt wird. Satz 2 bringt anschließend für die „übrigen Fälle" die Einzelheiten zum Munitionserwerbsschein. Die Begründung des Gesetzes (BT-Drucks. 14/7758 S. 58) verspricht sich von der Änderung, dass der Munitionserwerb und -besitz gesetzestechnisch einfacher gestaltet wird. Die Begr. (aaO) weist in diesem Zusammenhang ausdrücklich auf die an sich selbstverständliche Tatsache hin, dass bei der Erteilung der Erlaubnis zum Munitionserwerb und -besitz in Form der Eintragung in der Waffenbesitzkarte oder durch einen Munitionserwerbsschein die Voraussetzungen des § 4 Abs. 1 Nr. 1 bis 4 vorliegen müssen; im Hinblick auf die in § 4 Abs. 3 und 4 ursprünglich vorgesehene Regelüberprüfung im Rhythmus von 3 Jahren sei die Frist für die Geltung des Munitionserwerbsscheines auf 6 Jahre erhöht worden. Voraussetzung des erlaubnisfreien Munitionserwerbs durch WBK-Inhaber ist, dass bei der Erteilung der WBK die Erfordernisse (Lebensalter, Zuverlässigkeit, Sachkunde, persönliche Eignung, Bedürfnis) vorgelegen haben oder als nachgewiesen anzusehen waren. Ist dies der Fall, so hat die zuständige Behörde in die WBK folgenden Vermerk einzutragen: „Berechtigt zum Munitionserwerb für unter ... eingetragene Schusswaffen" (Nr. 29.3 WaffVwV aF). Nur wenn dieser Vermerk in der WBK enthalten ist, ist der Munitionserwerb durch Inhaber einer solchen WBK erlaubnisfrei gestellt (BVerwG NuR **1988,** 384). Die vereinfachte Erlaubniserteilung erstreckt sich jedoch immer nur auf die für die in der WBK ausge-

Erteilung von Erlaubnissen § 10

wiesene Schusswaffe bestimmte Munition. Der **Munitionserwerbsschein** (Absatz 3 Satz 2) weist einige Besonderheiten auf. Er wird nach der gesetzlichen Regelung zum Erwerb und Besitz einer **bestimmten Munitionsart** erteilt. Außerdem ist er hinsichtlich des **Erwerbs** der Munition auf die Zeit von 6 Jahren **befristet**. Demgegenüber gilt er für den **Besitz** der Munition **unbefristet**. Nach der neuen Sprachregelung ist gegenüber der früheren Fassung das zusätzliche „s" zu beachten (Munitionserwerb(s)schein). Vgl. auch die §§ 17 und 18 bezüglich Munitionssammlern bzw. Munitionssachverständigen.

Wegen des ausnahmsweise erlaubnisfreien Munitionserwerbs zum vorübergehenden Besitz wird auf § 12 Abs. 2 verwiesen.

**10. Waffenschein (Absatz 4).** Die Vorschrift entspricht im Wesentlichen § 35 Abs. 1 und 2 WaffG aF, ergänzt durch § 9 Abs. 2 (vgl. die Ausnahmen in § 12 Abs. 3). Die Besonderheit der Neuregelung ist, dass sie nunmehr grundsätzlich nicht nur für Schusswaffen gilt (Rdn. 12 b). Das Mitführen von Waffen nach dem StGB und dem Versammlungsgesetz sowie in Wasser- und Luftfahrzeugen unterliegt abweichenden Regelungen (ausführlich *L/F/L* Rdn. 11 ff. vor § 10). Neben der „Normalausführung" eines Waffenscheins bisherigen Rechts, bei dessen Erteilung die Prüfung aller Versagungsgründe einer Erlaubnis nach § 4 Abs. 1 Nr. 1 bis 5 erforderlich ist, wird bei der vom Waffenrechtsneuregelungsgesetz vorgenommenen **Neuschöpfung** des **„Kleinen Waffenscheins"** die Prüfung auf einzelne Versagungsgründe beschränkt. Für das Führen von Schreckschuss-, Reizstoff- und Signalwaffen im Sinne der Anlage 2 Abschnitt 2 Unterabschnitt 3 Nr. 2.1 ist nur das Vorliegen der Zuverlässigkeit (§ 5) und der persönlichen Eignung (§ 6) zu prüfen (Begr. RegE BT-Drucks. 14/7758 S. 58). Das hat das Waffenrechtsneuregelungsgesetz – über den ursprünglichen Entwurf hinaus – nunmehr in Absatz 4 Satz 4 verankert. Grund für die Einführung des Kleinen Waffenscheins war die seit Jahren gemachte Erfahrung, dass in Deutschland etwa die Hälfte der mit Schusswaffen verübten Delikte unter Verwendung von bis dahin erlaubnisfrei zu führenden, nur an die Altersgrenze von 18 Jahren gebundenen Schreckschuss-, Reizstoff- oder Signalwaffen begangen worden ist. Der „Kleine Waffenschein" wird **unbefristet** und **nicht für eine bestimmte Waffe,** sondern für die **Gruppe** der genannten drei Waffenarten erteilt. Allerdings unterfällt er der Regelüberprüfung des § 4 Abs. 3. Wegen ihrer Gefährlichkeit im Nahbereich werden diese Waffen jetzt auch als Waffen iS des StGB eingestuft (BGHSt. **45,** 92 = NJW **1999,** 2198; NJW **2003,** 1677; *Heghmanns* NJW **2003,** 3373, 3376).

Soweit eine WBK nach Absatz 1 erforderlich ist, bleibt diese Regelung selbstverständlich unberührt (vgl. BVerwG DVBl. **1985,** 1311, 1312 = NVwZ **1986,** 558). Gegenüber der vorliegenden Bestimmung ist § 55 Abs. 2 (§ 6 Abs. 2 WaffG aF) Spezialvorschrift; Gefährdungen aus jenem dienstlichen Bereich begründen demnach keinen Anspruch auf einen Waffenschein (BVerwG NJW **1980,** 1588 = MDR **1980,** 784). Der Waffenschein stellt – wie an sich auch die WBK (Ausnahme Rdn. 10 a) – eine höchstpersönliche Erlaubnis dar; die Erteilung an eine GmbH scheidet aus (BVerwG GewA **2000,** 122).

Zum Begriff des **Führens** von Waffen wird auf § 1 Rdn. 46 ff. verwiesen. Dass das **Führen** von **Schusswaffen** grundsätzlich erlaubnispflichtig ist und die Erlaubnis hierfür durch einen **Waffenschein** erteilt wird, entspricht dem bisherigen Recht. Jedoch wird man nach wie vor vom Führen einer Schusswaffe nur dann sprechen können, wenn diese alle wesentlichen Teile iS der Anlage 1 A 1 U 1 Nr. 1.3 aufweist. Dagegen wird als Waffenführen – abweichend vom bisherigen Recht – **auch** das

12

12 a

12 b

## § 10 Abschn. 2. Umgang mit Waffen oder Munition

Beisichhaben von **Hieb- oder Stoßwaffen** außerhalb des eigenen häuslichen Bereichs anzusehen sein. Eine Erlaubnispflicht existiert allerdings insoweit nicht (vgl. Anlage 2 A 2 U 1 Satz 1), anders jedoch für die wesentlichen Teile (aaO). Vgl. zum Führen von „Blankwaffen" *Kräußlich* DWJ **2005**, Heft 6, 98.

**12c** Der (große) Waffenschein wird, wie schon bisher, durch eine Urkunde „Waffenschein" (Muster: Anlage 15 zur WaffVwV) erteilt. Der Waffenschein wird zum Führen **bestimmter,** im Waffenschein genau bezeichneter Schusswaffen ausgestellt (jetzt ausdrücklich in Absatz 4 Satz 2 1. Halbs. geregelt), wobei die Angabe der Gattungsbezeichnung, des Fabrikats, der Fertigungsnummer und des Kalibers genügt, sofern, wie meist, nur das Führen einer, und zwar der im Waffenschein ausgewiesenen Schusswaffe, in Betracht kommt (vgl. Nr. 35.2 iVm. Nr. 28.8 und 28.9 WaffVwV aF). Die Geltungsdauer (höchstens 3 Jahre) entspricht dem bisherigen und früherem Recht (§ 14 Abs. 3 RWaffG). Durch den Gebrauch des Wortes „höchstens" bringt das Gesetz im Gegensatz zur früheren Formulierung vereinfachend zum Ausdruck, dass die Ausstellung des Waffenscheins auch auf kürzere Zeitdauer statthaft ist (so jetzt ausdrücklich in Absatz 4 Satz 2 letzter Halbs. aufgeführt). Eine Fristverkürzung wird vor allem in Betracht kommen, wenn ein Bedürfnis zum Waffenführen für eine Zeit von 3 Jahren nicht anzuerkennen ist (so etwa, weil der Kassierer einer Bank vor Ablauf dieser Zeit in den Ruhestand tritt). Inwieweit die Innehabung des (großen) Waffenscheines oder einer anderen waffenrechtlichen Erlaubnis den „Kleinen Waffenschein" entbehrlich machen kann, ist noch nicht geklärt (vgl. *K/P* Rdn. 115).

Die in Satz 2 vorgesehene Verlängerungsmöglichkeit – wie nach bisherigem Recht – um zweimal jeweils höchstens 3 Jahre dient der Verwaltungsvereinfachung. Der Antrag auf Verlängerung muss vor Ablauf der Geltungsdauer gestellt sein, andernfalls ist ein Neuantrag anzunehmen (BayVGH BayVBl. **1985**, 370, 371). Im Rahmen des **Verlängerungsverfahrens** ist nicht lediglich zu prüfen, ob die sachlichen Erteilungsvoraussetzungen sich zwischenzeitlich **verändert** haben, insbesondere ob die Zuverlässigkeit (§ 5), die persönliche Eignung (§ 6), der Schutzbedarf und die körperliche Eignung noch bestehen, sondern es tritt eine **allumfassende Neuprüfung** ein (VGH Mannheim BaWüVerwPr. **1996**, 209; BayVGH GewA **1989**, 37); die Verlängerung der Geltungsdauer eines Waffenscheines ist von denselben materiell-rechtlichen Voraussetzungen abhängig wie die Neuerteilung (BVerwG NJW **1980**, 1588 = MDR **1980**, 784). Überzeugend führt das Gericht aus, dass der mit der Bestimmung verfolgte Zweck einer Befristung, die „Regelungsoffenheit" für die Zukunft zu erhalten, mit einer irgendwie gearteten Bindung unvereinbar sei.

Die Rechtsfrage, ob die Geltungsdauer von Waffenscheinen verlängert werden kann, die vor dem Inkrafttreten des WaffG 1972 (1. 1. 1973) erteilt worden sind, ist inzwischen höchstrichterlich geklärt. Das Bundesverwaltungsgericht hat die Frage – in Übereinstimmung mit der hier zu der Frage vertretenen Auffassung – bejaht (NJW **1980**, 1588 = MDR **1980**, 784; ferner GewA **1980**, 348).

Zu zeitlichen, räumlichen und anlassmäßig bedingten Beschränkungen des Waffenscheins wird auf die Erläuterungen zu § 9 Abs. 2 verwiesen. Der Erteilung eines „Kleinen Waffenscheines" an mehrere Personen dürfte nichts im Wege stehen (*K/P* Rdn. 114).

**13** **11. Erlaubnis zum Schießen (Absatz 5).** Die Vorschrift entspricht im Grundsatz dem § 45 Abs. 1 WaffG aF; ergänzend sind die Ausnahmevorschriften insbesondere des § 12 Abs. 4 heranzuziehen (Begr. RegE BT-Drucks. 14/7758 S. 58). Sie wird durch einen „Erlaubnisschein" erteilt, der an keine besondere Form gebunden ist.

# Erteilung von Erlaubnissen § 10

Die Reglementierung des Schießens hat eine lange Geschichte. Schon § 367 Abs. 1 Nr. 8 StGB aF verbot bei Androhung von Geldstrafe oder Freiheitsstrafe bis zu 6 Wochen das nicht zu Jagdzwecken erfolgende Schießen mit einer Schusswaffe an bewohnten oder von Menschen besuchten Orten ohne polizeiliche Erlaubnis. Nach der EntwBegr. zum WaffG aF (BT-Drucks. VI/2678 S. 35) wurde diese Bestimmung wegen der Beschränkung des Schießverbotes auf bewohnte oder von Menschen besuchte Orte „der staatlichen Verpflichtung zum Schutz des Lebens und der körperlichen Unversehrtheit nicht gerecht, weil sich gerade in menschenleeren Gebieten der Schütze erfahrungsgemäß darauf verlässt, dass sich niemand im Schussfeld befindet". Ferner sei der Begriff der „von Menschen besuchten Orte" problematisch, da für keinen Ort feststünde, dass nicht irgend jemand unvermutet in das Schussfeld gerate. „Im Übrigen ist, wenn man die durch das ungeregelte Schießen entstehenden Gefahren berücksichtigt, kein allgemeines Bedürfnis anzuerkennen, in der freien Natur zu anderen als zu Jagdzwecken zu schießen". Der Gesetzgeber hat deshalb 1972 die umfassendere Vorschrift des § 45 anstelle in das StGB in das WaffG als die systematisch richtigere Stelle eingefügt, wobei Art. 40 des bayer. LStVG vom 19. 11. 1970 (GVBl. 601) als Vorbild diente.

Später ist § 367 Abs. 1 Nr. 8 StGB aF im Zuge der auf die Beseitigung der fr. **14** „Übertretungen" des StGB ausgerichteten Strafrechtsreform in Wegfall gekommen. Die Bestimmung hat auch nicht in den 3. Teil des OWiG (§§ 111–129) Aufnahme gefunden, woraus folgt, dass das Schießen außerhalb von Schießstätten ausschließlich nach § 45 WaffG zu beurteilen war. Bei der Novellierung des WaffG 1976 wurde die Bestimmung geringfügig geändert (Vorauflage § 45 Rdn. 1).

Das Gesetz bindet das Schießen (Begriff: Anlage 1 A 2 Nr. 7) mit einer Schuss- **15** waffe iS v. § 1 Abs. 2 Nr. 1 außerhalb von Schießstätten an die **vorher** zu erteilende **Erlaubnis** der nach Landesrecht zuständigen Behörde. Das ergibt sich aus den §§ 1 Abs. 3 und 2 Abs. 2. Böller (§ 2 Abs. 3 BeschG) sind in der neugefassten Bestimmung nicht mehr ausdrücklich erwähnt. Sie sollen jedoch rechtlich nicht anders behandelt werden als bisher (Begr. RegE BT-Drucks. 14/7758 S. 132; vgl. hierzu Nr. 16.2 WaffVwV aF). Standböller sind waffenrechtlich nicht mehr erfasst; hier sind das Immissionsschutz- oder Allgemeine Polizeirecht einschlägig (*L/F/L* Rdn. 51). Erlaubnispflichtig ist **jegliches Schießen** mit den erwähnten Gegenständen, das **außerhalb** von genehmigten Schießstätten iS von § 27 Abs. 1 (§ 44 WaffG aF) geschieht (zB Tontaubenschießen: OLG Köln NStZ **1989**, 330 = NStE § 45 WaffG Nr. 1). Zu beachten sind aber die **Ausnahmeregelungen** in den §§ 12 Abs. 4 und 5, 13 Abs. 6 und 7 und 16 Abs. 4 Satz 1. Eine solche kommt **nicht** in Betracht für das Abschießen verwilderter Haustauben in der Innenstadt (so überzeugend VG Düsseldorf NWVBl. **2006**, 33). Ob eine Erlaubnispflicht auch für das Schießen innerhalb von geschlossenen Räumen besteht, obwohl hierbei regelmäßig Außenstehende regelmäßig nicht gefährdet werden, war strittig (bejahend *Apel* DDB S. 139; *Hinze* Anm. 1; *Verf.* Vorauflage § 45 Rdn. 2; der Wortlaut von § 45 Abs. 1 aF ließ keine andere Auslegung zu). Hier hat der Gesetzgeber des WaffRNeuRegG in § 27 Abs. 2 erfreulicherweise eine klärende Regelung getroffen. Diese Bestimmung nimmt zu Recht Schießanlagen von der Erlaubnispflicht aus, die der Erprobung von Schusswaffen oder Munition durch Waffen- oder Munitionshersteller, Waffen- oder Munitionssachverständige und durch wissenschaftliche Einrichtungen dienen und der Öffentlichkeit nicht zugänglich sind. Zur Begründung wird ausgeführt (BT-Drucks. 14/7758 S. 68): „Hersteller von Schusswaffen und Munition unterziehen ihre Produkte im Verlaufe des Fertigungsprozesses häufig verschiedenen Prüfungen auf Funktion und Haltbarkeit. In diesen Fällen wird auf kurze Distanz in ein Medium

**§ 10** Abschn. 2. Umgang mit Waffen oder Munition

geschossen, ohne dass dabei eine Schießstätte wie beim sportlichen oder jagdlichen Schießen benutzt wird. Ähnliche Erfordernisse bestehen bei wissenschaftlichen Einrichtungen. Für die Erprobung bei der Waffen- oder Munitionsherstellung gelten einschlägige Unfallverhütungsvorschriften, die gewährleisten, dass die erforderlichen Sicherheitsvorkehrungen zum Schutze der Arbeitnehmer getroffen werden. Um etwaigen sicherheitlichen Bedenken Rechnung zu tragen, sieht der Entwurf eine Anzeigepflicht des Betreibers an die zuständige Behörde vor (Satz 2). Hierdurch erhalten die Behörden Kenntnis von den Räumen, in denen die Schießanlage betrieben wird; etwa erforderliche Anordnungen können nach § 9 des Entwurfs getroffen werden. Die Aufnahme und die Beendigung des Betriebs sind in diesen Fällen der zuständigen Behörde zwei Wochen vorher anzuzeigen".

Für das Schlachten von „Freilandrindern" auf der Weide konnte nach früherer Auffassung eine Erlaubnis wegen mangelnden Bedürfnisses, aber auch aus fleischhygienischen Gründen nicht erteilt werden (BVerwG NVwZ-RR **1995,** 83 = GewA **1995,** 31 = RdL **1994,** 291; VGH Mannheim NuR **1992,** 380). Der VGH Mannheim hat seine diesbezügliche Rspr. – vor allem im Hinblick auf Änderungen des Fleischhygienerechts und des Tierschutzschlachtrechts – gelockert und in einer späteren Entscheidung (NVwZ-RR **2001,** 380) ein Bedürfnis für das Schlachten von ganzjährig auf der Weide gehaltenen Rindern anerkannt und dies ausführlich und überzeugend begründet (aaO S. 381 f.).

**16**  **12. Weitere Änderungsbestrebungen.** Der Bundesrat regte im Gesetzgebungsverfahren an, dem § 10 folgende Absätze anzufügen:

„(6) Feuerwaffen, Böller und höchstbeanspruchte Teile, die nach den Vorschriften des Beschussgesetzes der Beschusspflicht unterliegen, dürfen anderen nur überlassen oder zum Schießen verwendet werden, wenn sie das vorgeschriebene Beschusszeichen tragen. Dies gilt nicht, wenn die zuständige Behörde bescheinigt, dass die amtliche Prüfung nicht durchgeführt werden kann.

(7) Schusswaffen, Geräte, Einsätze, Einstecksläufe und Munition, die nach den Vorschriften des Beschussgesetzes der Prüfung oder Zulassung bedürfen, dürfen anderen nur überlassen oder zum Schießen verwendet werden, wenn sie das vorgeschriebene Prüf- oder Zulassungszeichen tragen".

Zur Begründung wurde geltend gemacht: „Zwischen den waffenrechtlichen Erlaubnissen und den Anforderungen an die Produktsicherheit besteht eine enge inhaltliche Verbindung. Um dies dem Verwender einer Waffe, Munition etc. ausreichend deutlich zu machen, muss er unabhängig von der Regelung im Beschussgesetz auch im Waffengesetz auf das Beschusszeichen sowie das Prüf- oder Zulassungszeichen hingewiesen werden". Die Bundesregierung (aaO S. 129) lehnte den Vorschlag wie folgt ab: „Die vom Bundesrat vorgeschlagene Regelung findet sich bereits inhaltsgleich am systematisch richtigen Ort, nämlich in Artikel 2 § 12 BeschG. Im Beschussgesetz ist in § 21 Abs. 1 Nr. 5 die Bewehrung mit Bußgeld vorgenommen. Eine Doppelregelung wäre verfehlt. Die Verortung der Regelung im Beschussgesetz, wie vom Regierungsentwurf zutreffender Weise vorgesehen, ist Konsequenz der Trennung von Waffen- und Beschussgesetz mit ihren unterschiedlichen Zielrichtungen. Selbstverständlich wird der weiterhin bestehenden sachlichen Affinität beider Regelungsbereiche dadurch Rechnung getragen, dass die Kenntnis der maßgeblichen beschussrechtlichen Vorschriften bei der Sachkundeprüfung nachgewiesen wird. Die Rechtsverordnung, zu deren Erlass Artikel 1 § 7 Abs. 2 WaffG die Ermächtigung enthält, wird dies im Einzelnen regeln".

Erwerb und Besitz von Schusswaffen oder Munition § 11

**Erwerb und Besitz von Schusswaffen oder Munition mit Bezug zu einem anderen Mitgliedstaat der Europäischen Union**

**11** (1) **Eine Erlaubnis zum Erwerb und Besitz einer Schusswaffe nach Anlage 1 Abschnitt 3 Nr. 1 bis 3 (Kategorien A bis C) oder von Munition für eine solche darf einer Person, die ihren gewöhnlichen Aufenthalt in einem anderen Mitgliedstaat der Europäischen Union (Mitgliedstaat) hat, nur erteilt werden, wenn sie**

**1. die Schusswaffen oder die Munition in den Mitgliedstaat im Wege der Selbstvornahme verbringen wird oder**

**2. eine schriftliche Erklärung vorlegt, dass und aus welchen Gründen sie die Schusswaffen oder die Munition nur im Geltungsbereich dieses Gesetzes zu besitzen beabsichtigt.**

**Die Erlaubnis zum Erwerb oder Besitz einer Schusswaffe nach Anlage 1 Abschnitt 3 Nr. 2 (Kategorie B) oder Munition für eine solche darf nur erteilt werden, wenn über die Voraussetzungen des Satzes 1 hinaus eine vorherige Zustimmung dieses Mitgliedstaates hierzu vorgelegt wird.**

(2) **Für eine Person mit gewöhnlichem Aufenthalt im Geltungsbereich dieses Gesetzes, die eine Schusswaffe nach Anlage 1 Abschnitt 3 Nr. 2 (Kategorie B) oder Munition für eine solche in einem anderen Mitgliedstaat mit einer Erlaubnis dieses Staates erwerben will, wird eine Erlaubnis erteilt, wenn die Voraussetzungen nach § 4 Abs. 1 Nr. 2 vorliegen.**

1. **Entstehungsgeschichte.** Die **neu gestaltete** Vorschrift (vgl. ausfüllend § 28 AWaffV) baut auf § 9 der 1. WaffV aF auf. Sie präzisiert aber nunmehr die Vorgaben der **EG-Waffenrichtlinie** 91/477/EWG vom 18. 6. 1991 (Artikel 6 bis 9), abgedruckt unter **Nr. 12,** um insbesondere zu vermeiden, dass wie bisher – entgegen den Vorschriften der Waffenrichtlinie – die Regelung auf alle nach deutschem Recht erlaubnispflichtigen Schusswaffen (z. B. für den Erwerb von Druckluftwaffen über 7,5 Joule) angewendet werden muss. Die Vorschrift nimmt dabei jeweils ausdrücklich Bezug auf die in **Anlage 1** Abschnitt 3 aufgeführten **Waffenkategorien** A–D der Waffenrichtlinie (Begr. RegE BT-Drucks. 14/7758 S. 59). In Anwendung der genannten Waffenrichtlinie werden **zusätzliche** Voraussetzungen für die Erteilung von Erlaubnissen (bzw. einer Zustimmung) zum Erwerb und Besitz der in Frage stehenden Waffen (etwa nach § 13 Abs. 1 im Falle eines Jägers) aufgestellt. Dies ist – entgegen der im Gesetzgebungsverfahren geäußerten Ansicht des Bundesrates (aaO S. 107) – als erforderlich anzusehen. § 9 der 1. WaffV aF war durch Art. 1 Nr. 2 der „Verordnung zur Änderung von waffenrechtlichen Verordnungen" vom 20. 10. 1994 (BGBl. I 3073) neu in die 1. WaffV aF eingefügt worden. Er bezweckte die Umsetzung der Waffenrichtlinie und – teilweise – der Sprengstoffrichtlinie 93/15/EWG des Rates vom 5. 4. 1993 zur Harmonisierung der Bestimmungen über das Inverkehrbringen und die Kontrolle von Explosivstoffen für zivile Zwecke (ABl. EG Nr. L 121 S. 20). Diese Regelung trat an die Stelle der weggefallenen Kontrollen des Waffen- und Munitionsbesitzes an den früheren innergemeinschaftlichen Grenzen und schaffte ein **EG-einheitliches Verfahren,** um weiterhin eine **gewisse Kontrollmöglichkeit** über so brisante Gegenstände wie Waffen und Munition auch innerhalb der Gemeinschaft zu behalten. Dabei orientierten sich die Anforderungen im Einzelnen an der unterschiedlichen Gefährlichkeit der „Feuerwaffen". Sie werden nach der

## § 11 Abschn. 2. Umgang mit Waffen oder Munition

genannten Waffenrichtlinie (Anhang I Abschnitt II) in **4 Kategorien** unterteilt: A: verbotene; B: genehmigungspflichtige; C: meldepflichtige und D: sonstige Feuerwaffen. Diese Einteilung war seinerzeit für das deutsche Waffenrecht nicht maßgebend. Die BRepD hatte sich im Hinblick auf ihre strengeren waffenrechtlichen Vorschriften zunächst dafür entschieden, ihr Recht nicht an die „weniger restriktive Kategorisierung" der Richtlinie anzupassen (BR-Drucks. 566/94 S. 20; vgl. Art. 3 der Richtlinie, abgedr. unter **Nr. 12b**, der diese Möglichkeit vorsieht). Das WaffV-NeuRegG hat demgegenüber in der **Anlage 1 Abschnitt 3** nunmehr diese EG-Vorschriften in das deutsche Recht integriert. Eine ausführliche Darstellung der einzelnen Waffen- und Munitionskategorien enthielt die ab 1.1.1995 geltende Ergänzung der WaffVwV aF vom 20.10.1994 (Beilage Nr. 206a z. BAnz. vom 29.10.1994) in den Nrn. 6.8 bis 6.8.5. Eine Erläuterung der oben genannten ÄndVO vom 20.10.1994 – im Wesentlichen übernommen aus der Begr. des VO-Entwurfs BR-Drucks. 566/94 – wurde in die **WaffVwV** aF Nrn. 6.9 ff. übernommen.

**2** **2. Bezug zu einem anderen Mitgliedstaat der EU.** Die Vorschrift regelt ausschließlich die Fälle, in denen Angehörige der EU Schusswaffen oder Munition **erwerben** oder **besitzen** wollen. Regelungen über **Drittstaaten** enthielt schon die Vorgängervorschrift (§ 9 der 1. WaffV aF) **nicht,** weil insoweit kein Regelungsbedarf gesehen worden ist (Begr. BR-Drucks. 566/94 S. 23). Solche finden sich jetzt in den §§ 32 und 33. Die Ausnahmen nach § 12 Abs. 1 und 2 gelten auch hier (*K/P* Rdn. 496).

**3** **3. Innerdeutsche Erlaubnis bei gewöhnlichem Aufenthalt in einem anderen Mitgliedstaat (Absatz 1).** Für die Bejahung des „gewöhnlichen Aufenthalts" ist erforderlich, dass der Antragsteller seinen tatsächlichen Lebensmittelpunkt in einem außerdeutschen Mitgliedstaat der EU hat. Die Begründung des Gesetzes (BT-Drucks. 14/7758 S. 59) spricht vom Mittelpunkt seiner Lebensverhältnisse und davon, dass er dort „ansässig" ist; dem stehe nicht entgegen, dass sich die betreffende Person im Rahmen eines anderen Status in Deutschland für kürzere oder längere Zeiträume aufhalte, hier sogar gemeldet sei und eine Wohnung habe; der erforderliche Nachweis sei durch Vorlage entsprechender Personaldokumente möglich. Zum Begriff des gewöhnlichen Aufenthalts vgl. auch BVerwG NVwZ **2006,** 97 (zum SGB I).

**4** Die Vorschrift setzt voraus, dass Erwerb oder Besitz von Schusswaffen der Kategorien A bis C (oder Munition hierfür) beantragt wird, jetzt aufgeführt in Anlage 1 Abschnitt 3 Nr. 1 bis 3. Auffälligerweise sind auch die „verbotenen" Waffen (Kategorie A) erfasst, bei denen „Genehmigungen" nur in Sonderfällen in Betracht kommen (Art. 6 Satz 2 Waffenrichtlinie). Wenn alle Erteilungsvoraussetzungen nach deutschem Recht für die Erlaubnis gegeben sind, muss in Anwendung von **Art. 9 der Waffenrichtlinie** (Rdn. 1) zusätzlich eine der Bedingungen des Absatzes 1 Satz 1 Nr. 1 oder 2 erfüllt sein: a) (Nr. 1) die Schusswaffe (oder die Munition), auf die sich die Erlaubnis bezieht, verbleibt nicht im Inland, sondern wird in den Aufenthaltsstaat des Antragstellers von diesem „im Wege der Selbstvornahme" verbracht werden (zum Verbringen § 1 Rdn. 54) oder b) (Nr. 2) der Antragsteller legt eine schriftliche Erklärung darüber vor, dass und aus welchen Gründen er die Schusswaffe (oder Munition) nur im Inland besitzen wolle. Mit dieser Regelung soll sichergestellt werden, dass ein Überlassen der Waffe (Munition) ausschließlich in diesen genannten Fällen erfolgt (Begr. RegE BT-Drucks. 14/7758 S. 59).

**5** Nach **Satz 2** des Absatzes 1 ist bei Erwerb und Besitz von Waffen der Kategorie B (Anlage 1 Abschnitt 3 Nr. 2) oder der Munition hierfür zur Erlaubniserteilung

Ausnahmen von den Erlaubnispflichten   § 12

**außerdem** vonnöten, dass eine „vorherige Zustimmung dieses Mitgliedstaates hierzu" vorgelegt wird. Das entspricht § 9 Abs. 1 der 1. WaffV aF. Nach Art. 7 Abs. 1 und 2 der Waffenrichtlinie (Rdn. 1) bedarf eine Person aus einem anderen Mitgliedstaat der vorherigen Zustimmung dieses Staates zusätzlich zur deutschen Erlaubnis, wenn sie im Geltungsbereich des Gesetzes eine Schusswaffe der Kategorie B oder entsprechende Munition erwerben oder besitzen will.

**4. Gewöhnlicher Aufenthalt im Inland und Erlaubniserwerb in einem anderen Mitgliedstaat der EU (Absatz 2; § 28 AWaffV).** Hier wird im Wesentlichen die Regelung aus § 9 Abs. 2 der 1. WaffV aF übernommen. Hinsichtlich des „gewöhnlichen Aufenthalts" wird auf Rdn. 3, hinsichtlich der Waffen der Kategorie B oder der zugehörigen Munition auf Rdn. 5 und die Anlage 1 Abschnitt 3 Nr. 2 verwiesen. Die Regelung erfasst hauptsächlich deutsche Staatsangehörige, aber auch andere Personen, die sich aus persönlichen oder beruflichen Gründen ständig oder nicht nur vorübergehend in einem anderen Mitgliedstaat aufhalten, dort eine Schusswaffe oder Munition erwerben und besitzen wollen und gleichzeitig einen gewöhnlichen Aufenthalt im Inland haben. Ihnen ist auf Antrag die vorherige Einwilligung, im Gesetz jetzt ebenfalls „Erlaubnis" genannt, zu der Erwerbserlaubnis des anderen Mitgliedstaates durch die zuständige Behörde zu erteilen, wenn die Zuverlässigkeit und persönliche Eignung bejaht werden können. Eine Prüfung der Sachkunde und des Bedürfnisses entfällt (vgl. Nr. 6.9.2 WaffVwV aF). Soll die Feuerwaffe oder Munition nach Deutschland verbracht werden, so ist hierfür eine Verbringungserlaubnis gemäß § 29 Abs. 1 notwendig, die von einer Prüfung der maßgeblichen Versagungsgründe iS des § 4 Abs. 1 abhängig ist (Begr. RegE BT-Drucks. 14/7758 S. 59).

6

### Ausnahmen von den Erlaubnispflichten

**12** (1) **Einer Erlaubnis zum Erwerb und Besitz einer Waffe bedarf nicht, wer diese**

1. **als Inhaber einer Waffenbesitzkarte von einem Berechtigten**
   **a) lediglich vorübergehend, höchstens aber für einen Monat für einen von seinem Bedürfnis umfassten Zweck oder im Zusammenhang damit, oder**
   **b) vorübergehend zum Zweck der sicheren Verwahrung oder der Beförderung**
   **erwirbt;**
2. **vorübergehend von einem Berechtigten zur gewerbsmäßigen Beförderung, zur gewerbsmäßigen Lagerung oder zur gewerbsmäßigen Ausführung von Verschönerungen oder ähnlicher Arbeiten an der Waffe erwirbt;**
3. **von einem oder für einen Berechtigten erwirbt, wenn und solange er**
   **a) auf Grund eines Arbeits- oder Ausbildungsverhältnisses,**
   **b) als Beauftragter oder Mitglied einer jagdlichen oder schießsportlichen Vereinigung, einer anderen sportlichen Vereinigung zur Abgabe von Startschüssen oder einer zur Brauchtumspflege Waffen tragenden Vereinigung,**
   **c) als Charterer von seegehenden Schiffen zur Abgabe von Seenotsignalen**

**§ 12** Abschn. 2. Umgang mit Waffen oder Munition

den Besitz über die Waffe nur nach den Weisungen des Berechtigten ausüben darf;
4. von einem anderen,
   a) dem er die Waffe vorübergehend überlassen hat, ohne dass es hierfür der Eintragung in die Erlaubnisurkunde bedurfte, oder
   b) nach dem Abhandenkommen
   wieder erwirbt;
5. auf einer Schießstätte (§ 27) lediglich vorübergehend zum Schießen auf dieser Schießstätte erwirbt;
6. auf einer Reise in den oder durch den Geltungsbereich des Gesetzes nach § 32 berechtigt mitnimmt.

(2) Einer Erlaubnis zum Erwerb und Besitz von Munition bedarf nicht, wer diese

1. unter den Voraussetzungen des Absatzes 1 Nr. 1 bis 4 erwirbt;
2. unter den Voraussetzungen des Absatzes 1 Nr. 5 zum sofortigen Verbrauch lediglich auf dieser Schießstätte (§ 27) erwirbt;
3. auf einer Reise in den oder durch den Geltungsbereich des Gesetzes nach § 32 berechtigt mitnimmt.

(3) Einer Erlaubnis zum Führen von Waffen bedarf nicht, wer

1. diese mit Zustimmung eines anderen in dessen Wohnung, Geschäftsräumen oder befriedetem Besitztum oder dessen Schießstätte zu einem von seinem Bedürfnis umfassten Zweck oder im Zusammenhang damit führt;
2. diese nicht schussbereit und nicht zugriffsbereit von einem Ort zu einem anderen Ort befördert, sofern der Transport der Waffe zu einem von seinem Bedürfnis umfassten Zweck oder im Zusammenhang damit erfolgt;
3. eine Langwaffe nicht schussbereit den Regeln entsprechend als Teilnehmer an genehmigten Sportwettkämpfen auf festgelegten Wegstrecken führt;
4. eine Signalwaffe beim Bergsteigen oder als verantwortlicher Führer eines Wasserfahrzeugs auf diesem Fahrzeug oder bei Not- und Rettungsübungen führt;
5. eine Schreckschuss- oder eine Signalwaffe zur Abgabe von Start- oder Beendigungszeichen bei Sportveranstaltungen führt, wenn optische oder akustische Signalgebung erforderlich ist;

(4) Einer Erlaubnis zum Schießen mit einer Schusswaffe bedarf nicht, wer auf einer Schießstätte (§ 27) schießt. Das Schießen außerhalb von Schießstätten ist darüber hinaus ohne Schießerlaubnis nur zulässig

1. durch den Inhaber des Hausrechts oder mit dessen Zustimmung im befriedeten Besitztum
   a) mit Schusswaffen, deren Geschossen eine Bewegungsenergie von nicht mehr als 7,5 Joule (J) erteilt wird oder deren Bauart nach § 7 des Beschussgesetzes zugelassen ist, sofern die Geschosse das Besitztum nicht verlassen können,
   b) mit Schusswaffen, aus denen nur Kartuschenmunition verschossen werden kann,

Ausnahmen von den Erlaubnispflichten § 12

2. **durch Personen, die den Regeln entsprechend als Teilnehmer an genehmigten Sportwettkämpfen nach Absatz 3 Nr. 3 mit einer Langwaffe an Schießständen schießen,**
3. **mit Schusswaffen, aus denen nur Kartuschenmunition verschossen werden kann,**
   a) **durch Mitwirkende an Theateraufführungen und diesen gleich zu achtenden Vorführungen,**
   b) **zum Vertreiben von Vögeln in landwirtschaftlichen Betrieben,**
4. **mit Signalwaffen bei Not- und Rettungsübungen,**
5. **mit Schreckschuss- oder mit Signalwaffen zur Abgabe von Start- oder Beendigungszeichen im Auftrag der Veranstalter bei Sportveranstaltungen, wenn optische oder akustische Signalgebung erforderlich ist.**

**(5) Die zuständige Behörde kann im Einzelfall weitere Ausnahmen von den Erlaubnispflichten zulassen, wenn besondere Gründe vorliegen und Belange der öffentlichen Sicherheit und Ordnung nicht entgegenstehen.**

**1. Zweck der Regelung.** Die Vorschrift fasst die **wichtigsten Ausnahmetatbestände** des Waffenrechts (hierzu *Scholzen* DWJ **2005**, Heft 3, S. 98; *Ullrich* Kriminalistik **2005,** 238) in **einer** Bestimmung zusammen und eröffnet durch Absatz 5 der Behörde die Gestattung weiterer Ausnahmen im Einzelfall. Die Ausnahmen waren zuvor nicht vollständig, an den unterschiedlichsten Stellen und damit weitgehend unübersichtlich geregelt. Um die Vorschrift nicht noch umfangreicher zu gestalten, beschränkt sich das Gesetz auf die Auflistung der typischen und in der Praxis bedeutendsten Ausnahmefälle; ergänzt wird die Regelung durch die Schaffung von Anzeigepflichten (§ 37 Abs. 1). Auf der anderen Seite hat man versucht, nicht nur solche im Bereich Erwerb und Besitz von Waffen (Absatz 1) zu regeln, sondern auch in den Bereichen Munition (Absatz 2), Führen (Absatz 3) und Schießen (Absatz 4). Durch diese Zusammenfassung ist wiederum ein wenig übersichtliches, monströses Paragraphengebilde entstanden, was den Intentionen des WaffRNeuRegG eigentlich stark zuwiderläuft. Kernstück der Vorschrift ist Absatz 1, der an § 28 Abs. 4 WaffG aF anknüpft. Dieser regelte schon Fälle von Ausnahmen von der Erlaubnispflicht für den Erwerb von Schusswaffen. Die Auslegung dieser Bestimmung bereitete der Praxis einige Schwierigkeiten, zB beim erlaubnisfreien Erwerb von Schusswaffen oder Munition sowie beim ausnahmsweisen Erwerb von Waffen und Munition durch Minderjährige. Die Entwurfsbegründung führt hierzu aus (BT-Drucks. 14/7758 S. 59): „Sie führten schließlich dazu, dass die Mehrheit der Länder sich aus Gründen der Rechtsstaatsgebots daran gehindert sah, zB den Besitz von erlaubnispflichtiger Munition zu unterbinden, den eine Person gemäß dem bisherigen § 29 Abs. 2 Nr. 3 des Waffengesetzes zum sofortigen Verbrauch auf einer Schießstätte erworben hatte, die sie aber nicht restlos verschießen konnte. Oder: Die Mehrheit der Länder sah im bisherigen § 33 Abs. 1 in Verbindung mit § 28 Abs. 4 Nr. 2 des Waffengesetzes keine Handhabe, von einem minderjährigen Finder Munition, zu deren Erwerb es der Erlaubnis bedurfte, oder Hieb- und Stoßwaffen heraus zu verlangen, wenn der Verlierer auf eine Rückgabe verzichtete". Bei der Neuregelung hat man auch die Gelegenheit ergriffen, Ausnahmen, die nach heutiger Anschauung sicherheitspolitisch nicht mehr vertretbar sind, zu beseitigen, zB die freigestellte vorübergehende Überlassung von Schusswaffen zum Zwecke der nichtgewerbsmäßigen Verwahrung oder Beförderung (§ 28 Abs. 4 Nr. 3 WaffG aF).

157

**§ 12** Abschn. 2. Umgang mit Waffen oder Munition

**2** **2. Freistellungen hinsichtlich Erwerb und Besitz von Waffen (Absatz 1).** Hierbei handelt es sich um das **„Kernstück"** der Neuregelung (Rdn. 1). Es werden eine Vielzahl von Einzeltatbeständen aufgestellt, in denen es nach Ansicht des Gesetzgebers – zum größten Teil wie bisher (§ 28 Abs. 4 WaffG aF) – vertretbar erscheint, auf eine staatliche Vorprüfung in Gestalt der waffenrechtlichen Erlaubnis zu verzichten. In diesen Fällen ist das sicherheitspolizeiliche Risiko anderweitig abgedeckt oder insgesamt hinnehmbar. Die Vorschriften für den Fall des Erwerbs durch **Erbfolge** haben Eingang in eine neue **besondere Bestimmung** gefunden (§ 20). Im Unterschied zu der bisherigen Regelung (vgl. Begr. RegE BT-Drucks. 14/7758 S. 60) ist die nichtgewerbliche Verwahrung oder Beförderung künftig nur bei Ausübung dieser Tätigkeit durch den Inhaber einer waffenrechtlichen Erlaubnis von der Erlaubnispflicht freigestellt (ausreichend sind auch gültige deutsche Jagdscheine). Zu beachten ist auch die **Ausweispflicht** nach § 38 Satz 1 Nr. 1 Buchst. e.

Im Einzelnen gilt Folgendes:

**3** **a) Erwerb einer Waffe durch den Inhaber einer Waffenbesitzkarte (WBK) von einem waffenrechtlich Berechtigten (Absatz 1 Nr. 1).** Voraussetzung ist zum einen, dass der Erwerber (§ 1 Rdn. 33 ff.) im Besitz einer gültigen Waffenbesitzkarte (§ 10 Abs. 1) ist (vgl. die Sonderregelung in § 13 Abs. 4). Das bedeutet gleichzeitig, dass er behördlicherseits in waffenrechtlicher Hinsicht mit positivem Erfolg überprüft worden ist. Weiter ist erforderlich, dass auch der Überlassende eine solche Kontrolle durchlaufen hat, die ihn zum waffenrechtlich „Berechtigten" hat werden lassen. Berechtigte sind auch die Inhaber einer Bescheinigung nach § 55 Abs. 2. Das Alterserfordernis des § 14 Abs. 1 Satz 1 gilt auch hier (*K/P* Rz. 583). Unter diesen Umständen sind zwei Fälle erlaubnisfrei gestellt: vorübergehender Erwerb, höchstens für die Dauer eines Monats, und dann auch nur für einen von seinem, des WBK-bestückten Erwerbers, Bedürfnis umfassten Zweck oder doch im Zusammenhang damit (Buchst. a) und vorübergehender Erwerb zum Zweck der sicheren Verwahrung oder der Beförderung (Buchst. b). Auf den Sonderfall des § 13 Abs. 4 (dort. Rdn. 9) wird hingewiesen.

**4** Im Falle des **Buchst. a)** ist das **zeitliche Moment** mit der Beschränkung auf die Höchstdauer von einem Monat klar umrissen. Der BR (BT-Drucks. 14/7758 S. 108) schlug im Gesetzgebungsverfahren vor, als zusätzliche Begrenzung „drei Mal jährlich" einzufügen, weil mit der Monatsbeschränkung allein dem zu bekämpfenden „Vagabundieren" von Waffen nicht wirksam entgegengetreten werden könne; es seien Dauerausleihen – mit eintägiger Unterbrechung – möglich. Diesem Änderungsvorschlag stimmte die BReg. (aaO S. 130) an sich zu, zumal da die berechtigten Belange eines WBK-Inhabers an der vorübergehenden Benutzung einer fremden Waffe dadurch nicht beeinträchtigen würden. Gesetz geworden ist dieser Änderungsvorschlag dann trotzdem nicht, weil man die Beschränkungen als zu weitgehend ansah (Begr. BT-Drucks. 14/8886 S. 111). Gedacht ist bei der Ausnahmeregelung an den zeitlich begrenzten Waffenaustausch jeweils zwischen **Jägern** oder zwischen **Sportschützen** (Begr. BT-Drucks. 14/7758 S. 60). Ein Jäger kann sich zB für eine Drückjagd, Auslandsjagd, zum jagdlichen Schießen oder zum Ausprobieren im eigenen Revier eine Jagdwaffe bis zu einem Monat ausleihen, nicht jedoch eine Sportwaffe, die zu Jagdzwecken nicht zugelassen ist, oder eine Kurzwaffe, um einen Einbruch zu verhindern. Für die Herstellung von Munition für derart erlangte Waffen kann regelmäßig keine Sprengstofferlaubnis (§ 27 SprengG) erteilt werden (OVG Münster NWVBl. **2005**, 390). In diesen Fällen ist das Erfordernis zu bejahen, dass der Erwerb von dem der WBK zugrunde liegenden Bedürfnis gedeckt ist oder doch in Zusammenhang damit steht. Diese Bedingung soll sicherstellen, dass der von einer Erlaubnis Freigestellte die Waffe gegenüber seinem anerkannten Bedürfnis nicht zweckentfremdet verwendet; ein im Zusammenhang mit der Ausübung des Bedürfnisses stehendes Verhalten (etwa Transport zum Büchsenmacher, nicht aber Verwendung als Türsteher einer Diskothek) ist allerdings mit abgedeckt, was jetzt ausdrücklich in den Gesetzestext aufgenommen worden ist. Ein solcher Konnex liegt beispielsweise vor im Falle des Absatzes 3 Nr. 1 beim Vorführen der Waffe bei einem Waffeninteressenten zwecks Besichtigung in Anbahnung eines Kaufgeschäfts über die Waffe (Begr. RegE BT-Drucks. 14/7758 S. 60). Bzgl. der **Ausweispflicht** vgl. Rdn. 2 aE.

Bei dem **Buchst. b)** ist nach der Neuregelung ebenfalls für den Verwahrer oder 5 Beförderer der Besitz einer WBK oder einer Bescheinigung nach § 55 Abs. 2 erforderlich. Der Begriff „vorübergehend" ist hier nicht weiter präzisiert. Die Regelung zu Buchst. a) mit der Monatsfrist kann hier zwar als Anhaltspunkt dienen. Zu orientieren hat er sich aber an den jeweiligen Anforderungen, die durch die Zwecke „Verwahrung" und „Beförderung" vorgegeben sind. Während Transportvorgänge ihrer Natur nach vorübergehenden Charakter haben werden, ist bei Verwahrungen auch an Tätigkeiten von längerer Dauer zu denken; solche sind nicht erfasst, weil in diesen Fällen der Behörde die erforderlich Kontrolle über die Waffe entgleiten würde. Die Verwahrzeit muss entweder von vornherein festgelegt oder doch zumindest absehbar sein (Begr. aaO). Eine ähnliche Regelung enthielt § 28 Abs. 4 Nr. 3 WaffG aF, der aber nicht den Besitz einer WBK forderte.

Die Ausnahme bezüglich der **Verwahrung** soll es dem Berechtigten ermöglichen, 6 „die Waffe im Falle seiner Abwesenheit von seinem Wohnsitz oder vom sonstigen Aufbewahrungsort der Waffe einer vertrauenswürdigen Person vorübergehend zur Verwahrung (erlaubnisfrei) zu überlassen. Andernfalls würde ein vermeidbares Diebstahls- und Sicherheitsrisiko gegeben sein, das dem Zweck des Gesetzes zuwiderliefe. Wäre dem Verwahrenden auferlegt, sich in jedem Fall eine Waffenbesitzkarte zu besorgen, so würde dies in vielen Fällen dazu führen, dass er sich nicht zur Verwahrung bereit fände. Entsprechendes gilt für die nichtgewerbliche Beförderung an einen zum Erwerb Berechtigten" (Ausschussber. zu BT-Drucks. VI/3566 S. 6). Nach jetzigem Recht ist die **nichtgewerbliche** Beförderung ohne eigene waffenrechtliche Erlaubnis (früher § 28 Abs. 4 Nr. 3 WaffG aF) nicht mehr freigestellt. Berechtigter kann auch der Inhaber einer Erlaubnis nach § 27 Abs. 1 Satz 1 sein (*L/F/L* Rdn. 19). Fälle der „Dauerfremdverwahrung" fallen, wie bereits erwähnt, nicht unter die Ausnahmevorschrift. Der Verwahrer darf keinen Gebrauch von der Waffe machen.

Hinsichtlich der **Beförderung** wird nicht mehr, wie bisher in § 28 Abs. 4 Nr. 3 7 WaffG aF, auf nichtgewerbsmäßige Beförderung abgestellt. Da es sich aber hier um interne Beförderungsvorgänge zwecks zwischen waffenrechtlich „Berechtigten" handeln muss, ist der gewerbsmäßige Transport auch weiterhin nicht erfasst, sondern in der nachfolgenden Nummer 2 geregelt. Vgl. auch Rdn. 6 hinsichtlich der Zielrichtung der Vorschrift.

**b) Gewerbsmäßige Beförderung, Lagerung und Waffenbearbeitung (Ab-** 8 **satz 1 Nr. 2).** Die gewerbsmäßige Beförderung und Lagerung war bereits in § 28 Abs. 4 Nr. 8 WaffG aF freigestellt, ohne dass es darauf ankam, dass von einem „Berechtigten" zu diesen Zwecken erworben wurde. Die Neuregelung durch das WaffR-NeuRegG bezieht Personen in die Freistellung mit ein, die – ohne Reparaturbetriebe im Sinne des § 21 Abs. 1 zu unterhalten – Waffen gewerbsmäßig verschönern, zB brünieren, vernickeln oder durch Gravuren verzieren. Die Befreiung tritt **nur** ein, wenn die Waffen **von einem Berechtigten** und nur **vorübergehend** (Rdn. 4 und 5) überlassen werden, wobei die Frist von einem Monat der Nr. 1 Buchst. a **nicht** gilt

**§ 12** Abschn. 2. Umgang mit Waffen oder Munition

(Begr. RegE BT-Drucks. 14/7758 S. 60). Eine ähnliche Freistellung der Transportgeschäfte enthielt schon § 11 Abs. 3 Buchst. c RWaffG. Unter die Bestimmung fällt in gleicher Weise der Land- wie der See- und auch der Lufttransport. Wegen der Spediteure vgl. die §§ 407 ff. HGB, wegen der Frachtführer den § 425 HGB; der Frachtverkehr über See ist in den §§ 556 bis 663 b HGB, das Lagergeschäft in den §§ 416 ff. HGB geregelt. Das Gesetz erwähnt nicht ausdrücklich den Güterverkehr mit Kraftfahrzeugen und denjenigen im Luftverkehr, der vom HGB nicht erfasst wird. Nach dem Sinn und Zweck des Gesetzes ist aber auch für den gewerbsmäßigen Transport von Schusswaffen mit Kraft- oder Luftfahrzeugen, wie bereits oben betont, eine Freistellung von der WBK-Pflicht anzunehmen (durch Taxiunternehmer: *Scholzen* DWJ **2005**, Heft 3, S. 98, 99). In Luftfahrzeugen dürfen Waffen und Munition nur mit behördlicher Ausnahmegenehmigung mitgeführt werden (§ 27 Abs. 4 LuftVG idF vom 27. 3. 1999 – BGBl. I 550 mit späteren Änderungen, zuletzt durch Art. 48 des Gesetzes vom 21. 6. 2005 (BGBl. I 1818); die ungenehmigte Mitnahme von Waffen und Munition in Luftfahrzeugen wird als Vergehen gem. § 60 Abs. 1 Nr. 8 LuftVG verfolgt. Bei der Vorgängervorschrift § 28 Abs. 4 Nr. 8 WaffG aF bedurfte es einer ausdrücklichen Hervorhebung der Eisenbahnen des öffentlichen Verkehrs und der Post, da diese Unternehmen des Bundes nach der damaligen Gesetzeslage nicht in erster Linie gewerbsmäßig tätig wurden; dies hat sich nach der Umgestaltung von Bahn und Post zu gewerbsmäßigen Unternehmungen erledigt.

**9** **c) Weisungsgebundener Erwerb und Besitz (§ 12 Absatz 1 Nr. 3 WaffG;** vgl. schon die Freistellung in § 28 Abs. 4 Nr. 5 WaffG aF). Der Begriff des „Erwerbs" ist in § 1 Rdn. 33 ff., derjenige des Besitzes in § 1 Rdn. 42 ff. erläutert. Maßgebend ist die Erlangung der **tatsächlichen Gewalt** über die Waffe. Nach dem Wegfall der Sonderregelung des § 4 Abs. 3 WaffG aF, wonach Personen, die im Rahmen einer Waffenhandels- oder -gewerbeerlaubnis nach § 7 WaffG aF tätig wurden, keine eigene tatsächliche Gewalt innehatten, diese vielmehr als eine solche des Erlaubnisinhabers fingiert wurde, fällt auch dieser Personenkreis unter die vorliegende Bestimmung. Erforderlich ist, dass die tatsächliche Gewalt erlangt wird („erwirbt"), man aber in Bezug auf ihre **Ausübung** (Besitz) einem waffenrechtlich Berechtigten **weisungsunterworfen** ist. Ein solcher Erwerber und anschließender Besitzer darf keinerlei eigene Entscheidungsbefugnis hinsichtlich des Schicksals der Waffe haben; er ist lediglich eine Art befehlempfangendes Werkzeug. Er wird sowohl hinsichtlich des Erlangens der tatsächlichen Gewalt von einem Berechtigten als auch beim Erwerb **für** einen Berechtigten von diesem **dirigiert**, entsprechendes gilt für den anschließenden Besitz. In dem Augenblick, in dem dieser Abhängigkeitsstatus endet, ist für eine Freistellung von der Erlaubnis kein Raum mehr („solange er"). Als Varianten eines solchen Abhängigkeitsverhältnisses kommen in Betracht:

**10** **aa) Arbeits- oder Ausbildungsverhältnisse (Buchst. a).** In der Vorgängervorschrift (§ 28 Abs. 4 Nr. 5 WaffG aF) waren die Ausbildungsverhältnisse noch nicht erwähnt; sie wurden aber von Rspr. und Schrifttum bereits einbezogen (OLG Zweibrücken, Urteil vom 29. 1. 1988 – 1 Ss 239/87 = NStE § 28 WaffG Nr. 1 = OLGSt. WaffG § 28 Nr. 1 [LS] betr. das Ausbildungsverhältnis zwischen dem „jagdlichen Lehrherrn und dem Jägerlehrling", wobei der „Jägerlehrling" ein erwachsener Forstwirtschaftsmeister und der „Lehrherr" zugleich als Dienststellenleiter dessen Dienstvorgesetzter war; Vorauf. § 28 WaffG Rdn. 32). Prüfungen im Rahmen oder als Abschluss einer Ausbildung unterfallen dem Begriff „Ausbildung" im Sinne des Gesetzes (Begr. RegE BT-Drucks. 14/7758 S. 60). Erfasst sind nach Nr. 28.4.3 WaffVwV aF auch die Schiffsführung und die Bediensteten der Flughafenunternehmen und Landeplatzhalter.

Ausnahmen von den Erlaubnispflichten § 12

**bb) Gesetzlich bestimmte Vereinigungen (Buchst. b).** Erfasst sind sowohl Be- 11
auftragte als auch Mitglieder dieser Vereinigungen bei Bestehen der **Weisungsgebundenheit** gegenüber einem **Berechtigten** (s. oben). Das Gesetz führt **abschließend** auf: Jagdliche Vereinigungen, schießsportliche Vereinigungen (zu den Beauftragten schießsportlicher Vereinigungen gehören auch Sportschützen, denen der Verein Waffen zur Ausübung des Schießsports zur Verfügung stellt), sportliche Vereinigungen zur Abgabe von Startschüssen bei Sportveranstaltungen, Brauchtumsvereine. Letztere sind seit 1976 mit einbezogen; dadurch können Brauchtumsvereinigungen, die nicht als schießsportliche Vereinigungen angesehen werden können, zB die bayerischen Gebirgsschützenkompanien, ferner Schützengilden, Heimat- und Trachtenvereine berücksichtigt werden. In allen diesen Fällen ist Voraussetzung, dass der Inhaber des Weisungsrechts zur Ausübung der tatsächlichen Gewalt über den betreffenden Gegenstand waffenrechtlich befugt ist.

Das bedeutet, dass – abweichend von § 12 Abs. 1 Nr. 1 Buchst. a und b WaffG – eine Vereinigung der genannten Art Personen ohne eigene WBK beauftragen kann, die tatsächliche Gewalt über Waffen (Besitz), allerdings ausschließlich und streng nach den Weisungen des Berechtigten, auszuüben. Es empfiehlt sich, hierüber eine schriftliche Beweisurkunde zu erstellen. Der **Transport** zur Schießstätte ist in diesem Rahmen **nicht** erfasst. Er überschreitet die Grenzen des Besitzes. Hier sind die Beförderungsregelungen des § 12 Abs. 1 Nr. 1 Buchst. b und Nr. 2 WaffG zu beachten, wonach nur noch die **gewerbsmäßige** Beförderung freigestellt wird (anders noch § 28 Abs. 4 Nr. 3 WaffG aF). Vgl. auch § 34 Abs. 1 WaffG. Freistellungen hinsichtlich des „Führens" der Waffe sind nur für den Berechtigten selbst und auch nur im Rahmen des § 12 Abs. 3 Nr. 2 WaffG vorgesehen.

**cc) Charterer von seegehenden Schiffen (Buchst. c).** Diese **neue** Regelung 12
„ermöglicht den erlaubnisfreien Erwerb und Besitz von Seenotsignalwaffen durch Charterer von seegehenden Schiffen. Damit ist die Ausrüstung durch den Schiffseigner möglich. Der Charterer hat kein Bedürfnis für eigene Waffen" (Begr. RegE BT-Drucks. 14/7758 S. 60). Er übt die tatsächliche Gewalt quasi nach Weisungen des Schiffseigners zur Abgabe von möglicherweise erforderlich werdenden Seenotsignalen aus. Vgl. auch Absatz 3 Nr. 4. Erfasst sind nur die **erlaubnispflichtigen** Signalwaffen, nicht diejenigen nach Anlage 2 A 2 U 2 Nr. 1.3.

**d) Wiedererwerb (Absatz 1 Nr. 4).** Hier werden die bisherigen Regelungen in 13
§ 28 Abs. 4 Nr. 4 und Nr. 9 WaffG aF übernommen und sinnvollerweise (nach zwischenzeitlicher Aufspaltung wieder) in einer Vorschrift zusammengefasst. **Buchst. a** stellt besonders die Fälle des Rückerwerbs nach dem (vorübergehenden) Schusswaffenerwerb zum Zwecke der Reinigung oder der nichtgewerblichen (freundschaftlichen) Wiederinstandsetzung erlaubnisfrei. Das Gleiche gilt für die (dauernde) Wiedererlangung des Besitzes an der überlassenen Schusswaffe.

Der Wiedererwerb einer Schusswaffe nach deren **Abhandenkommen (Buchst. b)** 14
betrifft den Fall, dass die Waffe, die gestohlen worden, verloren gegangen oder sonst abhanden gekommen war, seitens der Behörde oder des Finders wieder an den rechtmäßigen Eigentümer oder Besitzer zurückgelangt. Hier erfolgt nach dem jeweils ohne seinen Willen erfolgten Besitzverlust nur die Wiederherstellung des ursprünglichen Rechtszustandes. Erforderlich ist, dass die Erlaubnis zu diesem Zeitpunkt noch besteht (A/B Rdn. 21).

**e) Vorübergehender Erwerb zum Schießen innerhalb einer Schießstätte (Abs. 1** 15
**Nr. 5). aa)** Hier wird bisheriges Recht übernommen (§ 28 Abs. 4 Nr. 6 WaffG aF). Es muss sich um eine behördlich genehmigte Schießstätte (§ 27) handeln. Eine entsprechende Freistellung enthielt bereits früher § 11 Abs. 3 Buchstabe a RWaffG. Es

**§ 12** Abschn. 2. Umgang mit Waffen oder Munition

besteht keine Notwendigkeit, demjenigen, der sich auf einem behördlich genehmigten Schießstand eine Schusswaffe zur vorübergehenden Benutzung lediglich daselbst geben lässt, eine Verpflichtung zur Beschaffung einer WBK aufzuerlegen. „Vorübergehend" in diesem Zusammenhang (anders Rdn. 4 und 5) wird so zu verstehen sein, dass für das Schießen an Ort und Stelle die Dauer eines Tages nicht überschritten werden darf.

**15 a** **bb) Voraussetzungen zulässigen Schießbetriebs.** Grundsätzlich gilt § 12 Abs. 4 Satz 1, wonach für das Schießen in einer Schießstätte iS von § 27 keine Schießerlaubnis erforderlich ist. Die Voraussetzungen für einen zulässigen Schießbetrieb werden im Übrigen in **§ 9 Absatz 1 Satz 1 AWaffV** im einzelnen **alternativ** („oder") festgelegt.

**Nr. 1** will sicherstellen, dass Inhaber waffenrechtlicher Besitzerlaubnisse (WBK) im Rahmen des dem Besitz zugrunde liegenden Bedürfnisses den Gebrauch ihrer Schusswaffen oder solcher gleicher Art auf Schießstätten üben bzw. solche Schusswaffen testen können. Zu denken ist hier insbesondre an Inhaber waffenrechtlicher Besitzerlaubnisse als gefährdete Personen, Büchsenmacher oder Jäger, die zum jagdlichen Übungsschießen mit eigener Waffe die Schießstätte benutzen möchten (Begr. BR-Drucks. 415/03 S. 46).

**Nr. 2** erlaubt – ohne das Erfordernis einer WBK der Nr. 1 aufzunehmen – das im Rahmen des geltenden Waffenrechts zulässige sportliche Schießen, die zur Erlangung der Sachkunde erforderlichen Übungen, die jagdliche Ausbildung und die Ausbildung bzw. Übung der Verteidigung mit Schusswaffen.

**Nr. 3** behandelt nach der Verordnungsbegründung die Fälle, in denen auf kommerziell betriebenen Schießstätten außerhalb der in der Nummern 1 und 2 genannten Sachverhalte das Schießen zulässig ist. Zu denken ist hier etwa an Personen in der Ausbildung zum Jäger, die noch keine eigene Schusswaffe besitzen (können), oder aber Personen, die zur Belustigung auf ortsfesten oder ortsveränderlichen Schießanlagen schießen möchten.

Zur Verhinderung einer Aushöhlung der Bestimmungen der Verordnung über das sportliche Schießen ist die Regelung zunächst auf die dort zulässigen Schusswaffen begrenzt worden (Begr. BR-Drucks. 415/03 S. 47). Durch die etwas unklare Regelung in Absatz 1 Satz 2 soll klargestellt werden, dass Übungen im Sinne des § 7 nur in den Fällen gestattet werden, in denen diese im Rahmen von Ausbildungen erforderlich sind (zB nicht zur Erlangung der Sachkunde, was durch die Einfügung der Nr. 2 Buchst. c erreicht werden sollte (BR-Drucks. 415/03 [Beschluss] S. 3); durch die Verweisung auch auf § 7 Abs. 3 bleibt die dort vorgenommene Freistellung des Trainings im jagdlichen Schießen unberührt (Begr. BR-Drucks. 415/03 S. 47).

Der Nachweis der Berechtigung (**WBK**) wird nur im Falle der **Nr. 1** gefordert. Nr. 2 steht selbständig („oder") daneben. Ein Widerspruch zwischen § 9 Abs. 1 Nr. 1 und Nr. 2 Buchst. c AWaffV ist nicht ersichtlich.

**15 b** **f) Mitnahme auf einer Reise nach § 32 (Absatz 1 Nr. 6).** Diese Vorschrift war im ursprünglichen Entwurf noch nicht enthalten. Durch sie soll klargestellt werden, dass es neben einer Erlaubnis zur Mitnahme nach § 32 Abs. 1 einer weiteren Erlaubnis zum Besitz der Waffe nicht bedarf (Begr. BT-Drucks. 14/8886 S. 111).

**16** **3. Freistellungen hinsichtlich Erwerb und Besitz von „Munition" (Absatz 2).** Die Vorschrift ist aus § 29 Abs. 2 WaffG aF hervorgegangen. Zur Behebung in der Praxis aufgetretener Zweifel ist die Regelung über den Munitionserwerb und – wegen § 10 Abs. 3 – den Munitionsbesitz klarer gefasst worden (Begr. RegE BT-Drucks. 14/7758 S. 60). Zum Begriff „Munition" s. Anlage 1 A 1 U 3 Nr. 1 und 2.

## Ausnahmen von den Erlaubnispflichten § 12

Das Gesetz regelt die Freistellungen vom Erfordernis der waffenrechtlichen Erlaubnis hinsichtlich des Erwerbs und Besitzes von **Munition** zunächst durch einfache **Verweisung (Absatz 2 Nr. 1)** auf die für **Waffen** geltenden Nrn. 1 bis 4 des Absatzes 1. Auf die Rdn. 2 bis 14 wird insoweit Bezug genommen. Diese Lösung entspricht Gründen der Logik, wonach an Erlaubnisse für den Erwerb und Besitz von Munition keine schärferen Anforderungen gestellt werden können als an solche für die zugehörigen Waffen (vgl. auch Ausschussbericht zu BT-Drucks. VI/3566 S. 6). 17

Hinsichtlich der Verweisung auf Nr. 5 (**Absatz 2 Nr. 2**) hat der Gesetzgeber des WaffRNeuRegG einen klarstellenden Zusatz eingefügt. Die Wörter „zum sofortigen Verbrauch lediglich auf dieser Schießstätte", so die Gesetz gewordene Fassung, sollen klären, dass die Mitnahme von Munition von der Schießstätte nicht erfolgen darf (Begr. RegE BT-Drucks. 14/7758 S. 60). Die Vorschrift über Munitionserwerb auf einer Schießstätte war als § 29 Abs. 2 Nr. 3 in das WaffG 1976 eingefügt worden. Die bis dahin bestehende Regelung – Notwendigkeit eines weiteren Munitionserwerbsscheines auch für WBK-Inhaber – hatte zu einer unerwünscht starken Verlagerung des Munitionsverkaufs auf genehmigte Schießstätten geführt, bei der sich eine wirksame Kontrolle des Verbleibs der Munition nicht durchführen ließ. Durch die Beseitigung der Munitionserwerbsscheinpflicht für die WBK-Inhaber entfiel der Anreiz, sich auf der Schießstätte über den unmittelbaren Bedarf hinaus mit Munition zu versorgen. Für die Freistellung nach dieser Vorschrift war auch bisher schon ein sofortiger Verbrauch der daselbst erworbenen Munition auf der Schießstätte erforderlich. Ohne Nachweis der Berechtigung zum Munitionserwerb durfte nach Nr. 29. 2. 4 WaffVwV aF einem Benutzer der Schießstätte nicht mehr Munition überlassen werden, als dieser nach den gegebenen Umständen sofort, d. h. während des jeweiligen Aufenthalts auf der Schießstätte, verbrauchen konnte. Der BR (BT-Drucks. 14/7758 S. 108) schlug gegenüber dem ursprünglichen Entwurf folgende den Gesetzeszweck klärende Fassung vor: „2. auf einer Schießstätte (§ 27) Munition unter den Voraussetzungen des Absatzes 1 Nr. 5 zum sofortigen Verbrauch lediglich auf dieser Schießstätte erwirbt." Dem stimmte die Bundesregierung zu, da die vorgeschlagene Änderung stärker verdeutliche, dass der Erwerb und Besitz nur im Rahmen des sofortigen Verbrauchs der Munition beim Schießen auf derselben Schießstätte zugelassen werden soll. Daraufhin erhielt Absatz 2 Nr. 2 die jetzige Fassung. 18

**3 a. Mitnahme auf einer Reise nach § 32 (Absatz 2 Nr. 3).** Diese Vorschrift war im ursprünglichen Entwurf noch nicht enthalten. Durch sie soll klargestellt werden, dass es neben einer Erlaubnis zur Mitnahme der Munition nach § 32 Abs. 1 einer weiteren Erlaubnis zu ihrem Besitz nicht bedarf (Begr. BT-Drucks. 14/8886 S. 111). 18 a

**4. Freistellungen hinsichtlich des „Führens" von Waffen (Absatz 3).** Die Vorschrift entspricht im Prinzip § 35 Abs. 4 iVm. mit Absatz 3 Satz 1 WaffG aF. Bezüglich Absatz 3 Nr. 1 der vorliegenden Bestimmung hat der Gesetzgeber aber zu Recht – im Hinblick auf aufgetretene Missbrauchsfälle – folgende Hinweise erteilt (Begr. RegE BT-Drucks. 14/7758 S. 61): Zusätzlich wird im Falle der Nummer 1 neben der Zustimmung des Hausrechtsinhabers klargestellt, dass ein **Bedürfnis** zum Führen der Schusswaffe in dem fremden Besitztum vorliegen muss. Ein solches Bedürfnis wird nur im **Ausnahmefall** vorliegen. „Mit dieser Ergänzung soll einer missbräuchlichen Verwendung von Schusswaffen begegnet werden. In der Vergangenheit ist es immer wieder vorgekommen, dass z. B. Sportschützen mit ihren Waffen in Lokalen als Türsteher oder als sonstiges Aufsichtspersonal mit Zustimmung 19

**§ 12** Abschn. 2. Umgang mit Waffen oder Munition

des Hausrechtsinhabers fungierten. Häufig ist es auch vorgekommen, dass Waffensammler ihre Sammlerwaffen zum Sportschießen verwendet haben, entgegen der vom Bundesverwaltungsgericht und mehreren Verwaltungsgerichten der Länder ergangenen Rechtsprechung, wonach sich eine kulturhistorisch bedeutsame Sammlung darauf beschränkt, dass eine Mehrzahl oder Vielzahl von Waffen gleicher Art aus künstlerischen, wissenschaftlichen oder reinen Liebhaberinteressen zusammengebracht werden und dass diese Waffen nicht gebraucht werden". Mit dem Erfordernis, dass das Führen ausschließlich zu einem von seinem **Bedürfnis** umfassten Zweck erfolgen darf, hat die Bestimmung nun das **notwendige Korrektiv** für eine praxisgerechte Anwendung erhalten. Auch hier ist nachträglich hinzugefügt worden, dass es ausreichend ist, wenn das Führen im Zusammenhang mit dem anerkannten Bedürfnis des Betreffenden steht. Damit ist klargestellt, dass Sport- und Jagdwaffen nicht zu anderweitigen Wachaufgaben in der Sphäre des Wohnungsinhabers benutzt werden dürfen.

**20** a) **Waffenführen in fremden Räumlichkeiten (Absatz 3 Nr. 1).** Schon nach bisherigem Recht war anerkannt, dass nicht nur der Eigentümer der Wohnung und Inhaber des Hausrechts innerhalb derselben ohne besondere Erlaubnis (Waffenschein) waffenführungsberechtigt war, sondern auch der Nutznießer, Pächter, Mieter (RG JW **1933**, 438). Auch Familienmitglieder und Hausangestellte waren hiernach befugt, die Wohnung des Familienoberhauptes oder des Haushaltsvorstandes zu teilen und demzufolge berechtigt, innerhalb der Wohnung eine Schusswaffe erlaubnisfrei zu benutzen; gewerbliche Angestellte innerhalb der Geschäftsräume ihres Arbeitgebers (*Hoche* RWaffG Anm. 2 c zu § 14). Der Bedienstete, der in der Wohnung seines Dienstherrn mit dessen Pistole auf einen Einbrecher schießt, „führt" die Waffe innerhalb der Wohnung. Hierher gehört auch das Beispiel des Angestellten eines Juweliers, der mit Zustimmung des Geschäftsinhabers in dessen Geschäftsräumen eine Schusswaffe bereithält.

**21** Anders verhält es sich mit dem nur gelegentlichen Besucher. Er kann jedoch vom Wohnungs- oder Besitztumsinhaber zum Waffengebrauch **ermächtigt** sein, wie etwa der Besucher, der zusammen mit dem Inhaber in dessen Wohnung oder Garten mit dem Zimmerstutzen oder Luftgewehr auf eine Scheibe schießt. Das WaffG 1972 hatte diesen Rechtszustand ausdrücklich in § 35 Abs. 4 Nr. 2 Buchst. b – in nicht besonders glücklicher Fassung – legalisiert. Statt „Zustimmung eines anderen" (so auch die aktuelle Formulierung) wären besser die Worte „Einwilligung des Berechtigten" eingefügt worden. Die Zustimmung (§ 182 BGB) kann hier nur vorher als Einwilligung (§ 183 BGB), nicht nachträglich als Genehmigung (§ 184 BGB) erteilt werden; die Berechtigung verträgt schon im Hinblick auf die Strafdrohung der §§ 51 und 52 keinen Schwebezustand. Auch das Mitnehmen der Waffe in ein Vereinslokal, das an ein Schützenhaus angeschlossen ist, stellt sich als „Führen" dar. Hier kann durch das – am besten schriftlich erklärte – Einverständnis des Gastwirts die Erlaubnisfreiheit herbeigeführt werden.

Hinsichtlich der Örtlichkeit lehnt sich das Gesetz an § 123 StGB (Hausfriedensbruch) an. Eines Waffenscheins bedarf im Hinblick auf Anlage 1 A 2 Nr. 4 nur, wer **außerhalb** seiner eigenen Wohnung, Geschäftsräume oder seines eigenen befriedeten Besitztums die tatsächliche Gewalt über eine Schusswaffe ausübt (vgl. § 1 Rdn. 46).

Dazu, dass in allen diesen Fällen das Führen der Waffe durch den Berechtigten nur zu einem von seinem Bedürfnis gedeckten Zweck oder im Zusammenhang damit erfolgen darf, um an der Freistellung teilzuhaben, wird auf Rdn. 19 verwiesen.

**22** Auch bezüglich des in Absatz 3 Nr. 1 als letzte Variante aufgeführten Waffenführens in einer **Schießstätte** (§ 27 Abs. 1; § 44 Abs. 1 WaffG aF) entspricht die Rege-

## Ausnahmen von den Erlaubnispflichten § 12

lung dem bisherigen Recht (vgl. schon § 14 Abs. 1 Satz 2 RWaffG). Die ausdrückliche Erwähnung der Schießstätten war erforderlich, da der Standort des Schützen in manchen Schießstätten sich nicht immer in einem befriedeten Besitztum befindet, zB bei den Schießbuden (Begr. BT-Drucks. VI/2678 S. 32). Die in Rdn. 19 ff. enthaltenen Erläuterungen, auch hinsichtlich des Bedürfnisses, gelten hier entsprechend.

**b) Waffentransport (Absatz 3 Nr. 2).** Diese Regelung orientiert sich an § 35 Abs. 4 Nr. 2 Buchstabe c WaffG aF, allerdings wird nach der Neuregelung zusätzlich auch hier gefordert, dass der Transport „zu einem von seinem Bedürfnis umfassten Zweck oder im Zusammenhang damit" erfolgt (vgl. Rdn. 19). Statt dessen ist das Erfordernis, dass die Beförderung von einem erlaubnisfreien Ort zu einem anderen solchen erfolgen muss, nicht mehr im Gesetz enthalten, ohne dass dies in der Begr. erwähnt würde. Es muss aber der Natur der Sache nach davon ausgegangen werden, dass es weiter besteht (*A/B* Rdn. 40, und zwar als Ausfluss der erforderlichen Zwecksetzung). Jede Waffenbeförderung von einem Ort zu einem beliebigen anderen ist als Transportvorgang möglich, sofern nur zwischen ihm und dem bezüglich des Beförderers behördlich anerkannten waffenrechtlichen Bedürfnis ein Zusammenhang festgestellt werden kann („Inselverkehr"). Beispiele sind der Transport der Waffe zum Schießstand, zum Brauchtums-Böllerschießen oder zum Instandsetzen (vgl. auch Nr. 35.6 WaffVwV aF). Transporte, die nicht zu einem von diesem Bedürfnis gedeckten Zweck stattfinden und bei denen auch kein Zusammenhang damit auszumachen ist, sind nicht freigestellt. In entsprechender Anwendung wird man auch das Nachhausebringen einer gekauften Gas- oder Schreckschusswaffe ohne „Kleinen Waffenschein" für zulässig erachten dürfen (vgl. *K/P* Rdn. 603). 23

Die Gesetzesfassung macht deutlich, dass die Befreiung von der Waffenscheinpflicht nicht eintritt, wenn die Waffe schussbereit oder auch nur zugriffsbereit ist (vgl. BGH, Beschluss vom 10. 3. 1993 – 2 StR 4/93 – BGHR WaffG § 53 Abs. I Nr. 3a Führen 2). Das Merkmal **„schussbereit"** (vgl. Nr. 35.6.1 WaffVwV aF) ist bereits erfüllt, wenn sich Munition irgendwo in der Waffe befindet, ohne dass es darauf ankäme, ob die Waffe gespannt oder entsichert ist. Der Inhaber einer WBK (Sportschütze) darf die Waffe grundsätzlich nur in **entladenem** Zustand zur Schießstätte transportieren (VG Minden NVwZ-RR **2001**, 515 = GewA **2001**, 295). Entsprechendes gilt für den Jäger auf dem Weg in das oder aus dem Revier (*VISIER* S. 36). Sofern keine Munition mitgeführt wird, reicht es aber aus, wenn die Waffe in einer dem Transport angemessenen Verpackung enthalten ist. Bei Langwaffen genügt ein Futteral. Im Falle des Mitführens von Munition sind weitere Vorkehrungen erforderlich, aus denen deutlich wird, dass es sich lediglich um einen Transport handelt (amtl. Begr. BT-Drucks. VI/2678 S. 32). Nach der mitgeteilten Gesetzesbegründung kann es keinem Zweifel unterliegen dass, wer eine **geladene** Schusswaffe bei sich hat, nicht lediglich einen Transport iS der vorliegenden Bestimmung durchführt. Ein Revolver ist geladen, wenn sich auch nur eine Patrone in der Trommel befindet. Wer eine Pistole ohne Magazin und Munition von einem Ort an einen anderen verbringt, erfüllt jedoch die Voraussetzungen hinsichtlich mangelnder Schussbereitschaft. 24

**Zugriffsbereit** ist eine Schusswaffe (vgl. Nr. 35.6.2 WaffVwV aF), wenn sie mit wenigen schnellen Handgriffen in Anschlag gebracht werden kann, zB wenn sie in einem Halfter oder in einer bei Militär und Polizei üblichen Bereitschaftstasche getragen oder im nicht abgeschlossenen Handschuhfach des Kraftfahrzeugs (OLG Braunschweig GA **1978**, 245; vgl. auch *Ehmke*, Die Polizei **1980**, 382) oder auf der Rücksitzbank des Pkw (AG Wolfratshausen vom 1. 4. 1998 – 2 Cs 42 Js 33 073/97) mitgeführt wird. Sie ist auch zugriffsbereit, wenn sie in einer geschlossenen Akten- 25

165

## § 12 Abschn. 2. Umgang mit Waffen oder Munition

tasche getragen wird (BayObLG, Urteil vom 11. 7. 1989 – RReg. 4 St. 107/89 = NStE § 35 WaffG Nr. 1 = NVwZ-RR **1990**, 73 [LS]; vgl. auch *Berger* DWJ **1990,** 1822). Das Transportieren einer Schusswaffe im entladenen Zustand und ohne Munition in der Weise, dass sie im Hosenbund getragen wird, stellt ein verbotenes Führen der Waffe dar, da die Waffe „zugriffsbereit" ist (BayObLGSt. **1979,** 144 = MDR **1980,** 427). Bei Jägern ist § 13 Abs. 6 zu beachten (§ 13 Rdn. 11a). Die Bestimmung galt bis zum WaffRNeuRegG auch für tragbare Schusswaffen, die Kriegswaffen iS des KWKG sind (§ 6 Abs. 3 WaffG aF). Ein Waffenschein für das Führen einer solchen Kriegswaffe sollte nach Nr. 35.7 WaffVwV aF jedoch nur in besonderen Ausnahmefällen erteilt werden. Bezüglich derartiger Kriegswaffen gilt nunmehr § 57 Abs. 1 nF.

**25 a** c) **Transport von Langwaffen zu genehmigten Sportwettkämpfen (Absatz 3 Nr. 3).** Diese Vorschrift war im ursprünglichen Entwurf noch nicht enthalten. Durch sie soll klargestellt werden, dass es für das Führen von Langwaffen im **Biathlonsport** auch außerhalb von Schießstätten keines Waffenscheins bedarf (Begr. BT-Drucks. 14/8886 S. 111). Näheres soll durch Verwaltungsvorschriften geregelt werden.

**26** d) **Signalwaffen (Absatz 3 Nr. 4).** Hier hat der Gesetzgeber des WaffRNeuRegG die Rechtslage geändert. Aus der Begründung (RegE BT-Drucks. 14/7758 S. 61): Nach bisherigem Recht bedurften Führer von kleineren Sportbooten zusätzlich eines Waffenscheins, wenn sie eine erlaubnispflichtige Signalwaffe an Bord mitführen wollen. Die Rechtsprechung zum Begriff „Wohnung" verlangte nämlich, dass das Wasserfahrzeug über Einrichtungen verfügen muss, die ein Wohnen auf dem Fahrzeug gestatten. Solche Einrichtungen sind nur bei größeren Sportbooten vorhanden. Es erscheint sicherheitspolitisch unbedenklich, das Mitführen einer Signalwaffe an Bord von Sportbooten zu gestatten, ohne neben der Waffenbesitzkarte einen Waffenschein zu verlangen. Schließlich erscheint es unbedenklich und dient der Vereinfachung, Bergsteigern für Notsituationen das zugriffsbereite Mitführen einer Signalwaffe im Gebirge zu gestatten, ohne dass es hierzu eines Waffenscheins bedarf. Ergänzt wurde die Bestimmung noch durch den Zusatz, dass auch bei Not- und Rettungsübungen Signalwaffen ohne Waffenschein geführt werden dürfen.

**27** Zum Begriff des „Führens" einer Waffe wird auf § 1 Rdn. 46 verwiesen. Ein solches Führen setzen alle Varianten der Nr. 4 des Absatzes 3 voraus. Im Einzelnen sind dies:

**28** **Signalwaffe für Bergsteiger.** Diese Freistellung ist durch das WaffRNeuRegG neu eingefügt worden (Rdn. 26). Nach der Fassung des Gesetzes und der Formulierung in der Begründung geht es hier darum, Notsituationen zu meistern. Die Bestimmung ist von ihrer ursprünglichen Verquickung mit Starterpistolen befreit worden (vgl. hierzu jetzt Nr. 5).

**29** **Signalwaffe für Bootsführer.** Auch diese Variante ist durch das WaffRNeuRegG eingefügt worden. Die Gründe hierfür sind in Rdn. 26 aufgeführt. Die Freistellung besteht nur für den verantwortlichen Bootsführer und nur für das Führen der Signalwaffe auf diesem Wasserfahrzeug.

**29 a** **Not- und Rettungsübungen.** Zulässig ist das Führen von Signalwaffen ohne Waffenschein schließlich auch bei Not- und Rettungsübungen. Hier bestehen keine Sicherheitsbedenken, weil derartige Übungen nicht von irgendwelchen Privatpersonen, sondern von anerkannten, unter staatlicher Beobachtung handelnden Organisationen durchgeführt werden (Feuerwehr, Technisches Hilfswerk, Rotes Kreuz u. ä.).

**30** e) **Startpistolen (Absatz 3 Nr. 5).** Eines („Kleinen") Waffenscheins zum Führen von Schreckschuss- oder Signalwaffen bedarf ferner nicht, wer sie bei Sportveran-

Ausnahmen von den Erlaubnispflichten § 12

staltungen zur Abgabe von Start- oder Beendigungszeichen verwendet. Hier wird es sich idR um einen eng begrenzten, von den Sportverbänden als zuverlässig eingestuften Personenkreis handeln, der die Berechtigung zu dieser Tätigkeit übertragen erhalten hat („Starter"). In diesem Bereich hat sich die akustische Signalgebung als unentbehrlich erwiesen, so dass auch das gesetzliche Erfordernis erfüllt ist, dass (optische oder) akustische Signalgebung erforderlich ist.

**5. Freistellungen von der Schießerlaubnis (Absatz 4).** Die Begründung zum 31
WaffRNeuRegG führt zu diesem Punkt u. a. aus: „Die Regelung war bisher in § 45 Abs. 6 Nr. 2, 6 und 7 des Waffengesetzes enthalten. Die bisherigen Regelungen des § 45 Abs. 6 Nr. 3 und 4 erscheinen als Überreglementierung nicht länger erforderlich, Nummer 5 ist jetzt in § 13 Abs. 6 des Entwurfs enthalten.

**a) Schießen innerhalb einer Schießstätte (§ 27 Abs. 1 Satz 1).** Die Freistellung 32
entspricht bisherigem Recht. Nach § 45 Abs. 1 WaffG aF bedurfte nur derjenige einer Erlaubnis zum Schießen, der „außerhalb" von Schießstätten schießen wollte. Daraus ergab sich die Freistellung des internen Schießbetriebs.

**b) Schießen außerhalb von Schießstätten (Absatz 4 Satz 2).** Hier führt das Ge- 33
setz im Anschluss an die frühere Regelung in § 45 Abs. 6 (vgl. Rdn. 31) die einzelnen Freistellungsfälle abschließend auf. Abweichend von Satz 1 wird hier die Formulierung gebraucht, dass das Schießen nur in den genannten Fällen ohne Schießerlaubnis zulässig sei. Eine sachliche Abweichung ist damit nicht verbunden, so dass auch hier – wie bei den anderen Varianten – zu konstatieren ist, dass der Schießende insoweit einer Erlaubnis (zum Schießen) nicht bedarf. Im einzelnen enthält der Katalog der Befreiungen folgende Tatbestände:

**aa) Durch Hausrecht gedecktes Schießen (Absatz 4 Satz 2 Nr. 1).** Hier sind 34
zwei Unterfälle zu unterscheiden: zum einen das Schießen mit relativ ungefährlichen Schusswaffen (Buchst. a) und zum anderen (Buchst. b) mit Schusswaffen, aus denen nur Kartuschenmunition verschossen werden kann (zuvor: „verschossen wird"). Die Befreiung gem. Nr. 1 ist davon abhängig, dass das Schießen entweder durch den Hausrechtsinhaber selbst oder mit dessen Zustimmung in seinem befriedeten Besitztum (Begriff: § 1 Rdn. 50) geschieht. Für den Gesetzgeber war eine darüber hinausgehende Befreiung von der Schießerlaubnis nicht vertretbar, insbesondere nicht in den Fällen, in denen jemand auf fremdem befriedeten Besitztum ohne Zustimmung des Hausrechtsinhabers Schusswaffen gebraucht.

**Schießen mit relativ ungefährlichen Waffen (Buchst. a).** Die Freistellung wird 35
beschränkt auf zwei Gruppen von Schusswaffen: einmal auf solche, mit denen zwar Geschosse abgefeuert werden können, deren Bauart aber eine **Bewegungsenergie** der Geschosse **stärker als 7,5 Joule (J) nicht** zulässt (vgl. § 2 Rdn. 33). In Anlage 2 A 2 U 2 Nr. 1.1 sind in diesem Zusammenhang aufgeführt Druckluft-, Federdruckwaffen und Waffen, bei denen zum Antrieb der Geschosse kalte Treibgase Verwendung finden, deren Geschossen eine Bewegungsenergie von nicht mehr als 7,5 Joule erteilt wird (und die zusätzlich noch das Kennzeichen nach Anlage 1 Abbildung 1 zur Ersten Verordnung zum Waffengesetz vom 24. Mai 1976 (BGBl. I S. 1285) in der zum Zeitpunkt des Inkrafttretens dieses Gesetzes geltenden Fassung oder ein durch Rechtsverordnung nach § 25 Abs. 1 Nr. 1 Buchstabe c bestimmtes Zeichen tragen). Diese Schusswaffen sind nach bisherigem Recht mit dem Buchstaben „F" im Fünfeck gekennzeichnet (vgl. § 2 Abs. 4 Nr. 3a 1. WaffV aF). Nach der Ausschussberatung zum WaffG 1972 (zu BT-Drucks. VI/3566 S. 8) war weiterhin erlaubnisfrei gestellt worden das Schießen mit sog. Flobert-Waffen, die vornehmlich im landwirtschaftlichen Bereich zur Schädlingsbekämpfung verwendet werden.

**§ 12** Abschn. 2. Umgang mit Waffen oder Munition

Nach dem WaffG 1976 ist das Schießen mit diesen nicht mehr erlaubt (vgl. *Apel* Anm. 7 b), es sei denn, es wurden Randfeuerschrotpatronen nach § 45 Abs. 6 Nr. 2 b WaffG aF verwendet (BVerwG AgrR **1987,** 231). Diese Erlaubnisfreiheit betr. Randfeuerschrotpatronen ist entfallen (vgl. *Heghmanns* NJW **2003,** 3373, 3375 Fn. 14).

**36** Zum anderen sind im Rahmen von Buchst. a freigestellt solche Schusswaffen, deren **Bauart** nach § 7 Abs. 1 Satz 2 BeschG **zugelassen** ist. Auch hier ist vorausgesetzt, dass die Bewegungsenergie der Geschosse 7,5 J nicht überschreitet. Auf die Erläuterungen zu dieser Vorschrift wird verwiesen.

**37** Dem Sicherheitsbedürfnis in den Rdn. 35 und 36 aufgeführten Fällen wird dadurch Rechnung getragen, dass die Freistellung nur gilt, wenn sichergestellt ist, dass die **Geschosse** das **befriedete Besitztum** (Rdn. 34) **nicht verlassen** können. Das Schießen in dicht besiedelten Wohngebieten wird von der Freistellung grundsätzlich nicht gedeckt. Nach der Begr. zur früheren Fassung (BT-Drucks. VI/2678 S. 35) soll „das Schießen mit gewissen Luftgewehren im befriedeten Besitztum ermöglicht werden". Über Schießen im Hauskeller s. *Hinze* BM **1979,** 310. Zu Biathlon-Wettbewerben wird auf Rdn. 38 a verwiesen. In der Praxis bedeutsam ist das **„Silvesterschießen",** bei dem pyrotechnische Munition aus SRS-Waffen mit Hilfe von Abschussbechern abgeschossen wird. Es ist als zulässig anzusehen, sofern senkrecht nach oben geschossen und von brennbaren Objekten gehöriger Abstand gehalten wird (*K/P* Rdn. 609). Auch der Transport unter den Voraussetzungen der Rdn. 23 ff. ist freigestellt (www.visier.de/kh_waffenrecht [Mitteilung des BMI]).

**38** Schießen mit Schusswaffen, aus denen nur **Kartuschenmunition** verschossen werden kann (**Absatz 4 Satz 2 Nr. 1 Buchst. b**) durch den **Hausrechtsinhaber** oder mit dessen Zustimmung im befriedeten Besitztum (Rdn. 34) ist generell nicht erlaubnisbedürftig. Aus dem Wesen der Kartuschenmunition (§ 1 Rdn. 42) folgt, dass hier keine Geschosse abgefeuert werden, so dass die Rdn. 37 aufgeführte Beschränkung hier fehl am Platze wäre.

**38 a** **bb) Schießen mit Langwaffen an Schießständen bei Biathlon-Wettkämpfen (Absatz 4 Satz 2 Nr. 2).** Zunächst wurde für entbehrlich gehalten, eine Bestimmung über den Sport, insbesondere den Biathlon-Sport, aufzunehmen, bei dem nicht in einer Schießstätte im eigentlichen Sinn geschossen wird, sondern im freien Gelände, von dem bestimmte gekennzeichnete Bereiche vorübergehend – nämlich für die Dauer des Parcours – dem Schießen gewidmet sind (BT-Drucks. 14/7758 S. 61). Der Bundesrat (aaO S. 109) bat demgegenüber darum, in § 12 sicherzustellen, dass Schusswaffen außerhalb von Schießstätten – ohne zusätzliche Erlaubnis – geführt werden können, wenn dies für offiziell anerkannte Wettbewerbe und das Training hierfür (insbesondere beim Biathlon) notwendig sei. Die Bundesregierung (aaO S. 130), versprach, sie werde im weiteren Gesetzgebungsverfahren einen Vorschlag zur Einfügung einer entsprechenden Freistellung für diejenigen Fälle vorlegen, in denen das Führen von Schusswaffen und das Schießen mit ihnen im Rahmen sportlicher Betätigung zugelassen werden könne. Das Ergebnis ist die vorliegende Nr. 2. „Den Regeln entsprechend" bezieht sich auf die Regeln der jeweiligen Wettkampfsportart. Das Schießen findet mit Langwaffen an festgelegten Freiluftschießständen statt, wie auf Grund vieler Fernsehübertragungen als allgemein bekannt vorauszusetzen ist.

**39** **cc) Weitere Freistellungen** bei Verschießen ausschließlich von **Kartuschenmunition (Absatz 4 Satz 2 Nr. 3).** Das Fehlen eines Geschosses beim Verschießen von Kartuschenmunition (Rdn. 38) lässt die hierfür bestimmten Schusswaffen beim Einhalten von **ausreichenden Entfernungen** als **verhältnismäßig ungefährlich** er-

## Ausnahmen von den Erlaubnispflichten § 12

scheinen, so dass das Schießen mit ihnen in einigen ausgewählten Bereichen auch ohne behördliche Erlaubnis unter dem Gesichtspunkt der öffentlichen Sicherheit hingenommen werden kann. Es handelt sich folgende Fälle:

**Schießen durch Mitwirkende bei Theateraufführungen und gleichzustellenden** **40** **Vorführungen (Buchst. a).** Diese Freistellung war bereits im bisherigen Recht enthalten (§ 45 Abs. 6 Nr. 6 und § 39 Abs. 6 Nr. 1 WaffG aF), ohne dass in diesem Zusammenhang Probleme aufgetreten wären. Den Theaterveranstaltungen stehen **Film- und Fernsehaufnahmen** gleich, bei letzteren sowohl Livesendungen als auch Aufzeichnungen.

**Vertreiben von Vögeln** in der **Landwirtschaft (Nr. 3 Buchst. b).** Schießen au- **41** ßerhalb von Schießstätten ist weiter ohne Erlaubnis zulässig, wenn es erfolgt, um „in landwirtschaftlichen Betrieben" Schaden verursachende Vögel durch Abfeuern von Knallkartuschen zu verscheuchen. Dies wird idR nicht in den Betrieben, sondern auf angrenzenden Grundstücken oder auf freiem Feld erfolgen. Zu denken ist zB an die Vertreibung von Starenschwärmen aus Weinbergen zur Reifezeit der Trauben oder das Abfeuern von Knallkartuschen zum Schutz der vorgenommenen Aussaat. Als miterfasst wird man auch die Freistellung von der Erlaubnis zum Führen ansehen (*K/P* Rdn. 611). Die Regelung erstreckt sich auch auf Fischzuchtbetriebe, die von fischfressenden Vögeln heimgesucht werden (*L/F/L* Rdn. 55).

**dd) Schießen mit Signalwaffen (Absatz 4 Satz 2 Nr. 4).** Des Weiteren erfolgt **42** eine Freistellung von der Schießerlaubnis auch noch in einem Falle des Gebrauchs von Signalwaffen. Diese Ausnahme ist bei der Gesetzesnovellierung 1976 neu in das WaffG eingefügt worden. Die Freistellung war damals allerdings an das Vorliegen der Voraussetzungen der Gefahrenabwehr oder von Rettungsübungen geknüpft worden. Nach der amtl. Begr. (BT-Drucks. 7/2379 S. 23) entsprach diese Ausnahme praktischen Erfordernissen. Denn „für das Schießen mit Signalwaffen in Notfällen kann eine Schießerlaubnis rechtzeitig nicht eingeholt werden. Rettungsübungen werden in aller Regel von Organisationen durchgeführt, von denen die Beachtung der notwendigen Sicherheitsvorkehrungen erwartet werden kann". Erfasst sind hier alle Signalwaffen. Die Neufassung durch das WaffRNeuRegG verzichtet auf die Regelung des Bereichs „Gefahrenabwehr", weil darin – wie bei der Notwehr u. ä. (§ 45 Abs. 6 Nr. 3 WaffG aF; § 52 Rdn. 62) – eine „Überreglementierung" läge (vgl. Rdn. 31), was allerdings nicht nachvollziehbar ist. Bei den Signalwaffen wurden ursprünglich in der vorliegenden Bestimmung zwei Unterfälle geregelt. Geblieben ist der folgende Fall:

Zulässig ist das Schießen ohne entsprechende Erlaubnis (außerhalb von geneh- **43** migten Schießstätten) bei **Notfall- und Rettungsübungen** (im Entwurf: Buchst. a). Wie oben (Rdn. 29 a) bereits ausgeführt, bestehen hier keine Sicherheitsbedenken, weil derartige Übungen nicht von irgendwelchen Privatpersonen, sondern von anerkannten, unter staatlicher Beobachtung handelnden Organisationen durchgeführt werden (Feuerwehr, Technisches Hilfswerk, Rotes Kreuz u. ä.). Vgl. auch § 27 Abs. 6 SprengG.

**ee) Starterwaffen (Absatz 4 Satz 2 Nr. 5).** Der ursprünglich ebenfalls in dersel- **44** ben Bestimmung unter Buchstabe b geregelte Fall ist in der Endphase der Gesetzgebungsarbeiten in eine eigene Nummer 5 übernommen worden. Hier werden jetzt neben Signalwaffen auch Schreckschusswaffen erfasst. Voraussetzung für die Freistellung ist, dass bei Sportveranstaltungen im Auftrag des Veranstalters geschossen wird zum Zwecke der Abgabe von Start- oder Beendigungszeichen, wobei die Startzeichen überwiegen werden. Gefordert wird weiter – wie bei Absatz 3 Nr. 5 (Rdn. 30) –, dass optische oder akustische Signalgebung erforderlich ist. Bei opti-

**§ 12** Abschn. 2. Umgang mit Waffen oder Munition

scher Signalgebung wird pyrotechnische Munition (Anlage 1 A 1 U 3 Nr. 1.4; § 2 Abs. 1 Nr. 3 WaffG aF), bei akustischer Signalgebung Kartuschenmunition (Knallkartuschen) zum Einsatz kommen. Gemeint sind diejenigen, die (bei Sportveranstaltungen) im Auftrag des Veranstalters Startzeichen abgeben, also als **Starter** bei Leichtathletik-, Schwimm- oder ähnlichen Veranstaltungen fungieren (vgl. Rdn. 30). Wegen der beschränkten Anwendungsmöglichkeit sowie der Voraussehbarkeit der Schusswirkung, die keine Gefahren oder Nachteile für die Besucher der Veranstaltung und die Allgemeinheit erwarten lässt, ist eine Freistellung von der Erlaubnispflicht nach wie vor gerechtfertigt.

45 **6. Weitere Ausnahmebewilligungen im Einzelfall (Absatz 5).** Der erst gegen Ende der Gesetzgebungsarbeiten angefügte Absatz 5 eröffnet der zuständigen **Behörde** – über die Fälle der Absätze 1 bis 4 hinaus – die Möglichkeit, in allen angesprochenen Bereichen des Umgangs mit Waffen oder Munition Ausnahmen für den jeweiligen Einzelfall zu gestatten. Eine solche Bestimmung ist stets angebracht, um der Verwaltungsbehörde den Weg zu ebnen, flexibel auf besondere Umstände des Einzelfalls reagieren zu können. Die hierfür festgelegten Voraussetzungen spiegeln das Grundprinzip wider, von dem das Waffenrecht beherrscht wird: es geht um die Abwägung der besonderen Gründe auf Seiten des Antragstellers gegen die Interessen der öffentlichen Sicherheit und Ordnung. Die Formulierung entspricht derjenigen, die in § 3 Abs. 3 für die Ausnahmebewilligungen vom Alterserfordernis festgelegt worden ist (§ 3 Rdn. 5). Für den Abschuss verwilderter Haustauben in Innenstädten kann eine solche Ausnahme wegen des Vorrangs der öffentlichen Sicherheit **nicht** bewilligt werden (VG Düsseldorf NWVBl. **2006,** 33).

46 **7. Nicht berücksichtigte Änderungsvorschläge zur gesetzlichen Regelung.** Der Bundesrat hatte im Laufe des Gesetzgebungsverfahrens (vgl. BT-Drucks. 14/7758 S. 108 ff.) eine Reihe von Änderungen zum Regierungsentwurf angeregt. So hatte er vorgeschlagen, in Absatz 1 Nr. 2 vor dem Wort „Beförderung" das Wort „gewerbsmäßigen" zu streichen. Zur Begründung hat er geltend gemacht: In § 12 Abs. 1 Nr. 2 sei die Ausnahme der Erlaubnis zum Erwerb und Besitz einer Waffe nur bei der gewerbsmäßigen Beförderung vorgesehen. Im Rahmen der Ausbildung der Jäger sei die Beförderung von Waffen zum Schießstand erforderlich. Diese Beförderung erscheine nicht möglich, wenn nur eine gewerbsmäßige Beförderung nach dem Waffengesetz zulässig werde. Bedenken der öffentlichen Sicherheit seien auszuschließen, da die entsprechende Qualifikation im Rahmen der Prüfungsvorbereitung vermittelt werde. Diesen Vorschlag lehnte die Bundesregierung ab mit den Gründen: Die Bestimmung des § 12 Abs. 1 Nr. 2 WaffG ist eine generelle Ausnahme und richtet sich nicht nur an Personen in der Ausbildung zum Jäger. Bei einer Streichung des Tatbestandsmerkmals „gewerbsmäßig" würde die Befreiung folglich jedermann (selbst Vorbestraften) ohne waffenrechtliche Qualifikation oder gewerberechtlichen Status die Möglichkeit eröffnen, Schusswaffen und Munition, wenn auch nur vorübergehend, zu besitzen; dies kann nicht gewünscht sein. Das Führen von Schusswaffen durch Personen in der Ausbildung zum Jäger ist im Übrigen abschließend in § 13 Abs. 7 [jetzt: Abs. 8] WaffG geregelt.

Der BR beantragte weiter (aaO S. 108) die Ausdehnung des erlaubnisfreien Erwerbs- und Besitzvorganges auf das Ausmaß des bisher geltenden Rechts (§ 28 Abs. 4 WaffG aF). Auch dieser Vorschlag stieß bei der BReg. auf Ablehnung: Die selbstverständliche Befreiung eines Finders, Erben usw. von allen Voraussetzungen zu einem Besitzerwerb einer erlaubnispflichtigen Waffe oder Munition im Sinne des § 4 Abs. 1 bedürfe aus systematischen Gründen keiner ausdrücklichen Regelung.

Erwerb von Schusswaffen und Munition durch Jäger § 13

Der BR (aaO S. 108/109) regte schließlich an, dem § 12 folgenden Absatz 5 anzufügen:
„(5) Erben sind zum Erwerb und Besitz der im Nachlass befindlichen Schusswaffen oder Munition auch ohne Erlaubnis berechtigt. Die Berechtigung zum Besitz endet einen Monat nach der Annahme der Erbschaft oder dem Ablauf der für die Ausschlagung der Erbschaft vorgeschriebenen Frist. Wurde innerhalb des Zeitraums nach Satz 2 die Ausstellung einer Waffenbesitzkarte nach § 20 beantragt, so ist der Erbe zum Besitz der von der Antragstellung erfassten Schusswaffen bis zur Bestandskraft der Entscheidung über seinen Antrag berechtigt." Zur Begründung machte er geltend:

Die im Gesetzentwurf vorgesehenen Regelungen zu der Stellung des Erben sollen mit der vorgeschlagenen Änderung präzisiert werden. Beim Erben sind zwei Fragen streng voneinander zu trennen: Mit dem Tode des Waffenbesitzers gehen die zu seinem Vermögen gehörenden Waffen und die Munition kraft Gesetzes auf den Erben über. Der Übergang erfasst spätestens mit der Ausübung der tatsächlichen Gewalt über den Nachlass auch die tatsächliche Gewalt über die Schusswaffen und Munition. Diesen Erwerb und den anschließenden Besitz stellt § 12 Abs. 5 erlaubnisfrei und macht damit klar, dass im Erbfall die Erlaubnisvoraussetzungen nicht vorliegen müssen, auch der unzuverlässige und deshalb nicht zum Dauerbesitz berechtigte Erbe darf die Waffen (zunächst) erwerben und vorübergehend besitzen. Dies muss trotz der in § 37 festgeschriebenen Meldepflicht gesondert geregelt werden, weil zum einen die die Meldepflicht auslösende erste Inbesitznahme durch andere Personen als durch den Erben erfolgen kann und zum anderen im Unterschied zu § 22 a Abs. 1 Nr. 6 b KWKG das Waffenrecht an die unterlassene Meldung keine strafrechtliche Konsequenz anknüpft. Die Lokalisierung bei § 12 macht deutlich, dass dieser Teil des Erbenprivilegs vom sog. Besitzprivileg des § 20 zu trennen ist und außerdem auch die Munition erfasst. Die Erlaubnisfreiheit endet mit Ablauf der Frist, innerhalb derer der Erbe die WBK nach § 20 beantragen kann. Hat er sie beantragt, ohne dass über seinen Antrag endgültig entschieden ist, so verlängert sich die Zeitdauer der Erlaubnisfreiheit bis zur Entscheidung. Im Unterschied dazu ist der Munitionsbesitz nur bis zum Zeitpunkt erlaubnisfrei, bis zu dem die Munition spätestens einem Berechtigten überlassen sein muss. Dies ist sachgerecht, weil ein privilegierter Munitionsbesitz nicht vorgesehen ist.

Die Bundesregierung (aaO S. 130) lehnte den Vorschlag als nicht erforderlich ab.

**Unterabschnitt 3. Besondere Erlaubnistatbestände für bestimmte Personengruppen**

**Erwerb und Besitz von Schusswaffen und Munition durch Jäger, Führen und Schießen zu Jagdzwecken**

**13** (1) **Ein Bedürfnis für den Erwerb und Besitz von Schusswaffen und der dafür bestimmten Munition wird bei Personen anerkannt, die Inhaber eines gültigen Jagdscheines im Sinne von § 15 Abs. 1 Satz 1 des Bundesjagdgesetzes sind (Jäger), wenn**

1. **glaubhaft gemacht wird, dass sie die Schusswaffen und die Munition zur Jagdausübung oder zum Training im jagdlichen Schießen einschließlich jagdlicher Schießwettkämpfe benötigen,**

## § 13 Abschn. 2. Umgang mit Waffen oder Munition

2. die zu erwerbende Schusswaffe und Munition nach dem Bundesjagdgesetz in der zum Zeitpunkt des Erwerbs geltenden Fassung nicht verboten ist (Jagdwaffen und -munition).

(2) **Für Jäger gilt** § 6 Abs. 3 Satz 1 nicht. Bei Jägern, die Inhaber eines Jahresjagdscheines im Sinne von § 15 Abs. 2 in Verbindung mit Abs. 1 Satz 1 des Bundesjagdgesetzes sind, erfolgt keine Prüfung der Voraussetzungen des Absatzes 1 Nr. 1 sowie des § 4 Abs. 1 Nr. 4 für den Erwerb und Besitz von Langwaffen und zwei Kurzwaffen, sofern die Voraussetzungen des Absatzes 1 Nr. 2 vorliegen.

(3) Inhaber eines gültigen Jahresjagdscheines im Sinne des § 15 Abs. 2 in Verbindung mit Abs. 1 Satz 1 des Bundesjagdgesetzes bedürfen zum Erwerb von Langwaffen nach Absatz 1 Nr. 2 keiner Erlaubnis. Die Ausstellung der Waffenbesitzkarte oder die Eintragung in eine bereits erteilte Waffenbesitzkarte ist binnen zwei Wochen durch den Erwerber zu beantragen.

(4) **Für den Erwerb und vorübergehenden Besitz** gemäß § 12 Abs. 1 Nr. 1 von Langwaffen nach Absatz 1 Nr. 2 steht ein Jagdschein im Sinne von § 15 Abs. 1 Satz 1 des Bundesjagdgesetzes einer Waffenbesitzkarte gleich.

(5) Jäger bedürfen für den Erwerb und Besitz von Munition für Langwaffen nach Absatz 1 Nr. 2 keiner Erlaubnis, sofern sie nicht nach dem Bundesjagdgesetz in der jeweiligen Fassung verboten ist.

(6) Ein Jäger darf Jagdwaffen zur befugten Jagdausübung einschließlich des Ein- und Anschießens im Revier, zur Ausbildung von Jagdhunden im Revier, zum Jagdschutz oder zum Forstschutz ohne Erlaubnis führen und mit ihnen schießen; er darf auch im Zusammenhang mit diesen Tätigkeiten die Jagdwaffen nicht schussbereit ohne Erlaubnis führen.

(7) Inhabern eines Jugendjagdscheins im Sinne von § 16 des Bundesjagdgesetzes wird eine Erlaubnis zum Erwerb und Besitz von Schusswaffen und der dafür bestimmten Munition nicht erteilt. Sie dürfen Schusswaffen und die dafür bestimmte Munition nur für die Dauer der Ausübung der Jagd oder des Trainings im jagdlichen Schießen einschließlich jagdlicher Schießwettkämpfe ohne Erlaubnis erwerben, besitzen, die Schusswaffen führen und damit schießen; sie dürfen auch im Zusammenhang mit diesen Tätigkeiten die Jagdwaffen nicht schussbereit ohne Erlaubnis führen.

(8) Personen in der Ausbildung zum Jäger dürfen nicht schussbereite Jagdwaffen in der Ausbildung ohne Erlaubnis unter Aufsicht eines Ausbilders erwerben, besitzen und führen, wenn sie das 14. Lebensjahr vollendet haben und die Sorgeberechtigte und der Ausbildungsleiter ihr Einverständnis in einer von beiden unterzeichneten Berechtigungsbescheinigung erklärt haben. Die Person hat in der Ausbildung die Berechtigungsbescheinigung mit sich zu führen.

**1** **1. Zweck der Regelung.** Das WaffRNeuRegG hat erfreulicherweise die für **bestimmte Personengruppen** geltenden waffenrechtlichen Vorschriften so weit wie möglich in einer Bestimmung zusammengefasst, so in § 13 diejenigen für **Jäger**

# Erwerb von Schusswaffen und Munition durch Jäger § 13

(hierzu *Angsten,* Waffenrecht für Jäger, 2005). Zuvor waren die sich an diesen Personenkreis wendenden Vorschriften an sechs verschiedenen Stellen im Gesetz enthalten, wodurch die gesamte Regelung verständlicherweise sehr unübersichtlich geworden war. Die vorliegende Zusammenfassung kann man deshalb mit Recht als den „**Jäger-Paragraphen**" bezeichnen (vgl. hierzu *Doerenkamp,* Die Waffe in Jägerhand, Die Pirsch **2002, Heft 15**). Den Jägern als einer der „Hauptnutzergruppen" von Schusswaffen soll künftig gewissermaßen auf einen Blick ermöglicht werden zu erkennen, welche Voraussetzungen für den jagdlichen Umgang mit Schusswaffen oder Munition notwendig sind (Begr. RegE BT-Drucks. 14/7758 S. 61). Gleichzeitig wurden die für Jäger geltenden Vorschriften aktualisiert: In Gestalt einer Grundnorm (Absatz 1) wird klargestellt, dass ein Jäger Langwaffen nur zur jagdlichen Verwendung, nicht aber zB zum Waffensammeln erwerben darf. Darüber hinaus musste die Rechtslage bereinigt werden (vgl. BVerwGE **97,** 245 = NVwZ-RR **1995,** 525 = DVBl. **1995,** 798; *Meyer* GewA **1998,** 89, 92), wonach für die Zuverlässigkeit von Jägern nicht die strengen Versagungsgründe des Waffengesetzes, sondern die geringeren Anforderungen des Jagdrechts galten (vgl. § 17 Abs. 4 BJagdG; vgl. aber jetzt Art. 15 Nr. 1 a WaffRNeuRegG). Es ist demnach festzuhalten, dass für die Erteilungsvoraussetzungen der Zuverlässigkeit und der persönlichen Eignung die allgemeinen Bestimmungen des Waffengesetzes auch für Jäger gelten. Durch die nach Art. 15 Nr. 2 WaffRNeuRegG neu geschaffenen Vorschrift des § 18a BJagdG wird eine bisher vermisste Verknüpfung zwischen Jagd- und Waffenbehörden hergestellt; nunmehr ist sichergestellt, dass die Waffenbehörde alle für sie wichtigen Informationen – unter Wahrung datenschutzrechtlicher Belange – von der Jagdbehörde erhält. Schließlich beabsichtigt das WaffRNeuRegG (Begr. aaO) Erleichterungen u. a. bei der Ausleihe von Waffen (§ 12 Rdn. 4) sowie die Schieß- und Jagdhundeausbildung (Absatz 4 und 6).

**2. Bedürfnis zum Schusswaffenerwerb und -besitz (Absatz 1).** Nach der Neu- 2
regelung gilt das **Bedürfnisprinzip** (§ 8) auch für Jäger wie für alle übrigen Waffeninteressierten zum Erwerb und Besitz von Schusswaffen (*Scheffer* GewA **2005,** 278), allerdings nur unter Berücksichtigung der in Bezug auf Jäger bestehenden Besonderheiten (Begr. RegE BT-Drucks. 14/7758 S. 61/62): „Jäger müssen eine anspruchsvolle und schwierige Prüfung unter staatlicher Aufsicht ablegen. Die Jagdausübung ist in den Jagdgesetzen des Bundes und der Länder detailliert reglementiert. Vor diesem Hintergrund erscheint es vertretbar, den Erwerb und Besitz von Schusswaffen durch Jäger sowie den sonstigen Umgang mit Schusswaffen weniger strengen waffenrechtlichen Beschränkungen zu unterwerfen, zumal der Bedarf an Schusswaffen bei Jägern sich grundsätzlich auf die aus Gründen der öffentlichen Sicherheit weniger gefährlichen Langwaffen (Flinten, Büchsen) beschränkt". Die neuen Vorschriften sollen es allerdings nicht mehr zulassen, dass Jäger Schusswaffen zB zu Sammlerzwecken erwerben können; die zuständige Behörde könne daher in Zweifelsfällen einen Bedürfnisnachweis verlangen; werde ein Bedürfnis allein auf Grund einer ausländischen Erlaubnis für die Jagd im Ausland geltend gemacht, sei hierfür § 8 anzuwenden (Begr. aaO S. 62). Ein Bedürfnis nach dieser Bestimmung kann etwa anerkannt werden bei jemandem, der im deutsch-österreichischen Grenzgebiet wohnt und nur mit einer österreichischen Jagdberechtigung regelmäßig in Österreich die Jagd ausübt (Begr. aaO S. 57).

**a) „Jäger"** (Absatz 1 1. Halbs.) Erste Voraussetzung für die Anerkennung eines 3
Bedürfnisses bei Jägern ist der Besitz eines **gültigen Jagdscheins** (OVG Lüneburg, Urteil vom 23. 3. 2006 – 11 LB 334/04 zur Abgrenzung gegenüber einem „Aus-

landsjäger"). Hier verweist das Gesetz auf die jagdrechtliche Regelung in § 15 Abs. 1 Satz 1 BJagdG (zuletzt geänd. durch Art. 15 des WaffRNeuRegG und Art. 168 der VO vom 25. 11. 2003 (BGBl. I 2304). Wer Inhaber eines solchen Jagdscheins ist, den definiert das Gesetz als „Jäger". Die Regelung im Entwurf des Gesetzes bezog sich auf Jagdscheine schlechthin, ohne hier – anders in den Absätzen 2 und 3 – zwischen den einzelnen Varianten (Jahres-, Tages-, Ausländer-, Falkner-Jugendjagdschein) zu differenzieren. Die frühere Zitierung § 16 Abs. 1 BJagdG in der vorliegenden Vorschrift ist nach Durchlaufen des Vermittlungsverfahrens gestrichen worden, so dass **Jugendjagdscheine** (für 16- und 17-jährige Jugendliche) **nicht** mehr privilegieren. Weitere Einschränkungen bei Jugendjagdscheinen brachte der gleichzeitig eingefügte Absatz 7. Außerdem wurde Absatz 1 gegenüber dem ersten Entwurf auf Vorschlag des Bundesrats und nach Anhörung des Innenausschusses sinnvollerweise dahin ergänzt, dass neben den Jagdwaffen auch die **Munition** für Jagdzwecke einbezogen wurde (Begr. BT-Drucks. 14/8886 S. 111).

4   b) **Glaubhaftmachung des Jagdbedarfs (Absatz 1 Nr. 1).** Zweite Voraussetzung für die Anerkennung eines Bedürfnisses ist, dass der Antragsteller glaubhaft macht, die erstrebte Schusswaffe oder Munition zu **Jagdzwecken** zu benötigen. Neben den in diesem Zusammenhang immer schon erwähnten Zweck der **Jagdausübung** ist im Laufe des Gesetzgebungsverfahrens auf Anregung des Bundesrats ein weiterer angefügt worden: zum **Training im jagdlichen Schießen** einschließlich **jagdlicher Schießwettkämpfe.** Dies wird wie folgt begründet: „Damit wird es den Jägern ermöglicht, sich spezielle Schusswaffen und Munition für das jagdliche Schießen zu beschaffen. Für das jagdliche Schießen, bei dem jagdbezogene Schießtechniken und -fertigkeiten unter Schießstandbedingungen geübt und perfektioniert werden, können häufig billigere Schusswaffen und Munition verwendet werden als in der freien Natur, in der aus Gründen des Tier- und Naturschutzes bestimmte Anforderungen hieran gestellt werden müssen" (BT-Drucks. 14/8886 S. 111). Hieraus ist zu ersehen, dass die Beratungen in den parlamentarischen Gremien nicht ohne jagdlichen Sachverstand verlaufen sind. Mit der im Gesetz festgelegten **Zweckbindung** soll verhindert werden, dass Jäger Schusswaffen zu anderen Zwecken, etwa zu Sammlerzwecken, erwerben (Rdn. 2 aE). Hier wird die Behörde Nachweise insbesondere dann verlangen, wenn eine Vielzahl von Schusswaffen oder solche ohne jagdlichen Bezug angeschafft werden sollen oder sonstige Auffälligkeiten beim Erwerb zu Jagdzwecken als zweifelhaft erscheinen lassen. Zur Glaubhaftmachung vgl. § 8 Rdn. 3.

5   c) **Erlaubtheit der zu erwerbenden Gegenstände („Jagdwaffen und -munition").** Dritte und letzte Bedingung für die Anerkennung eines Bedürfnisses bei Jagdscheininhabern zum Erwerb und Besitz von Schusswaffen und dazugehöriger Munition ist nach Absatz 1 Nr. 2, dass die erstrebte Waffe (Munition) **nicht** dem Katalog der nach dem BJagdG **verbotenen** Gegenstände (§ 19 Abs. 1 BJagdG) unterfällt. Verboten sind danach halbautomatische oder automatische Waffen, die mehr als zwei Patronen im Magazin aufnehmen können (§ 19 Nr. 2 Buchst. c), Selbstschussgeräte (§ 19 Nr. 9), elektrische Schläge erteilende Geräte sowie Nachtzielgeräte und Bildwandler für Schusswaffen (§ 19 Nr. 5 Buchst. a). Auch Verbote aus dem Landesrecht, zB bzgl. Schalldämpfer (Art. 29 Abs. 2 Nr. 7 BayJagdG iVm. § 19 Abs. 2 BJagdG), sind zu beachten (*L/F/L* Rdn. 13). In Zweifelsfällen wird eine gutachterliche Äußerung des zuständigen Landesjagdverbandes einzuholen sein. Die noch im Entwurf enthalten gewesene weitere Klausel, dass die Waffe zur Jagdausübung geeignet sein müsse, ist fallen gelassen worden. Dies wird (BT-Drucks. 14/8886 S. 111) wie folgt begründet: Auf das Positivkriterium der Geeignetheit zur Jagdausübung wird verzichtet. Der Deutsche Jagdschutz-Verband hatte die Be-

Erwerb von Schusswaffen und Munition durch Jäger § 13

fürchtung, dass sonst der Waffenbehörde eine Prüfungskompetenz zugewiesen werde, für die ihr das Sach- und Fachwissen fehle: Welche Jagdwaffe für die Wildzusammensetzung in ganz bestimmten Revieren positiv geeignet ist, wisse letztlich der Jäger selbst am besten; durch das Negativkriterium [Nichtverbotensein der Waffe oder Munition] sei hinreichend sichergestellt, dass sich die Waffenauswahl im Rahmen der Waidgerechtigkeit halte. Es kann danach sein, dass eine Jagdmunition für eine bestimmte Tierart erlaubt, für eine andere dagegen verboten ist (*Heller/ Soschinka* S. 87).

**3. Erleichterungen für „Jäger" bei Beantragung einer Waffenbesitzkarte 6 (Absatz 2). a)** Diese Vorschrift hat im Gesetzgebungsverfahren bis zuletzt Änderungen hinnehmen müssen. Auf Grund der Entschließungen des eingeschalteten Vermittlungsausschusses wurde **Satz 1** eingefügt, der bestimmt, dass der gleichzeitig dem § 6 angefügte Absatz 3 Satz 1 für „Jäger" (Absatz 1 1. Halbsatz; Rdn. 3) nicht gilt. Das bedeutet, dass „Jäger" im Alter unter 25 Jahren, die erstmals eine waffenrechtliche Erlaubnis zum Erwerb und Besitz einer Schusswaffe beantragen, nicht wie andere Bewerber gezwungen sind, ihre „geistige Eignung" durch ärztliche oder fachpsychologische Atteste glaubhaft zu machen (§ 4 AWaffV). Immerhin haben sie ja die „anspruchsvolle und schwierige", „unter staatlicher Aufsicht" abzulegende Jägerprüfung (BT-Drucks. 14/7758 S. 61) bestanden. Eine entsprechende Freistellung für Jungjäger unter 25 Jahren findet sich in § 58 Abs. 9 Satz 2.

**b)** Nach dem ursprünglichen Entwurf (BT-Drucks. 14/7758 S. 10) sollten Inhaber **6a** eines gültigen **Jagdscheins irgendeiner Art** nach Absatz 2 Satz 1 früherer Fassung bei der Beantragung einer WBK „in der Regel" nicht darauf geprüft werden, ob bei ihnen die Erteilungsvoraussetzungen nach § 4 Abs. 1 Nrn. 1 bis 3 vorliegen, also ob sie volljährig, zuverlässig und persönlich geeignet sind sowie ob sie über die erforderliche Sachkunde verfügen. Das alles sollte – als im Rahmen des Jagdscheinerwerbs bereits bejaht – auch waffenrechtlich als gegeben unterstellt werden. Nach der Anhörung im Innenausschuss (Begr. BT-Drucks. 14/8886 S. 111) ist die Bestimmung tief greifend dahin geändert worden, dass nur noch das **Bedürfnis** unterstellt wird, und zwar sowohl das spezielle waffen- und munitionsbezogene Bedürfnis nach Absatz 1 Nr. 1 als auch das allgemeine nach § 4 Abs. 1 Nr. 4 iVm. § 8 in Bezug auf Langwaffen und zwei – nicht unter ein Verbot des § 19 BJagdG fallende – Kurzwaffen (Jagdwaffen). **Langwaffen** sind nach Anlage 1 A 1 U 1 Nr. 2.6 Schusswaffen, deren Lauf und Verschluss in geschlossener Stellung insgesamt länger als 30 cm sind und deren kürzeste bestimmungsgemäß verwendbare Gesamtlänge 60 cm überschreitet; **Kurzwaffen** sind alle anderen Schusswaffen. Der Jahresjagdscheininhaber ist damit in seiner bisherigen Rechtsstellung bestätigt worden; er hatte, um die Bedürfnisprüfung auszuschließen, lediglich zu versichern, dass er nicht bereits zwei für jagdliche Zwecke geeignete bzw. bestimmte Kurzwaffen besitzt (vgl. auch Nr. 32.1 Abs. 2 WaffVwV aF). Für den Erwerb von Langwaffen, ausgenommen Selbstladewaffen, deren Magazin mehr als zwei Patronen aufnehmen kann, war nach altem Recht keine WBK erforderlich (§ 28 Abs. 4 Nr. 7 WaffG aF). Letztere Regelung galt nach dieser Bestimmung allerdings für Jagdscheininhaber jeder Art.

Die Vorschrift erlaubt danach dem Jäger mit gültigem Jahresjagdschein den Erwerb so vieler Langwaffen, wie er für die Ausübung der Jagd benötigt; ohne Nachweis eines Bedürfnisses lässt die Vorschrift außerdem den Erwerb von zwei Kurzwaffen als **Grundausstattung** zu. Bei Beantragung einer dritten Kurzwaffe kann uU verlangt werden, dass der Jäger sich von einer der anderen Waffen trennt (OVG Münster GewA **2005,** 295; hierzu *Scheffer* GewA **2005,** 298; aA OVG Münster

## § 13 Abschn. 2. Umgang mit Waffen oder Munition

GewA **2005**, 295. Erworben werden dürfen nach Absatz 1 Nr. 2 nur Schusswaffen, deren Verwendung zur Jagd nach den Bestimmungen des Bundesjagdgesetzes nicht verboten ist (Begr. aaO). Zum Vergleich: Das österreichische Waffengesetz vom 10. Januar 1997 (BGBl. I S. 59) idF BGBl. I Nr. 134/2002 legt die Anzahl von Schusswaffen auch für Jäger grundsätzlich auf zwei fest, lässt aber für die Ausübung der Jagd eine größere Anzahl zu (§ 23).

**7** Da diese Befreiung „komplett" sein soll (Begr. BT-Drucks. 14/8886 S. 111), entfällt insoweit auch die Überprüfung des Bedürfnisses nach § 4 Abs. 4 (**aA** *L/F/L* Rdn. 25). Unabdingbare Voraussetzung ist nach der Neuregelung, dass der Betreffende Inhaber eines **Jahresjagdscheins** ist; andere Jagdscheine reichen – abweichend vom früheren Entwurf – nicht mehr aus. Auch hier ist ein **gültiger** Jahresjagdschein erforderlich, obwohl dies in diesem Zusammenhang nicht mehr ausdrücklich erwähnt wird. Die Nichtverlängerung eines Jagdscheins zwingt zwar nicht schon als solche zum Widerruf der WBK (BVerwG NVwZ **1986**, 558 = DVBl. **1985**, 1311); ein solcher kann aber in Betracht kommen, wenn die persönliche Zuverlässigkeit nicht gegeben ist (BVerwG aaO; BayVGH BayVBl. **1984**, 304, 306). Er ist auszusprechen, wenn der Jagdschein für ungültig erklärt und eingezogen worden ist (OVG Hamburg NVwZ-RR **1993**, 27). Bestehen hinreichende Anhaltspunkte dafür, dass die als gegeben unterstellten Erteilungsvoraussetzungen trotz Vorliegens eines Jagdscheins nicht vorhanden sind, können sie – ausnahmsweise – voll überprüft werden. Von den übrigen Erteilungserfordernissen des § 4, insbesondere nach dessen Absatz 1 Nr. 1 bis 3, werden die Jäger nach der Neuregelung, wie sie schließlich Gesetz geworden ist, nicht freigestellt, obwohl die Jäger im Rahmen der Erteilung des Jahresjagdscheines auch in dieser Hinsicht überprüft worden sind. Wird der Jagdschein (wegen Unzuverlässigkeit infolge strafgerichtlicher Verurteilung) nicht verlängert, so entfällt idR das Bedürfnis hinsichtlich der Jagdwaffen, so dass ein Widerruf der WBK zu erfolgen hat (VG Sigmaringen, Beschluss vom 9. 3. 2004 – 5 K 1858/03 = JagdRE V Nr. 212).

**8** Jahresjagdscheininhaber werden nach Absatz 3 Satz 1 weiter freigestellt von einer Erlaubnis zum **Erwerb** (§ 1 Rdn. 33 ff.) von **Jagdwaffen** (Absatz 1 Nr. 2), die **Langwaffen** (Rdn. 6 a) sind; der Jahresjagdschein ist „Erwerbspapier" für diese (Begr. RegE BT-Drucks. 14/7758 S. 62); Kurzwaffen können nur nach entspr. Voreintrag in der WBK erworben werden. Während des Gesetzgebungsverfahrens hatte der Bundesrat angeregt, für diesen Antrag die früher bestehende Monatsfrist wieder einzuführen. Das lehnte die BReg. indessen ab (BT-Drucks. 14/7758 S. 109, 131). Zur Begründung führte sie aus: „Die Frist zur Anmeldung und Eintragung von Schusswaffen in eine Waffenbesitzkarte ist ausreichend und entspricht der ähnlichen Regelung des § 14 Abs. 3 Satz 2 WaffG für Sportschützen. Soweit Jägern die Möglichkeit zu einer Ausleihe von Waffen gegeben werden soll, so ist dies bereits über § 12 Abs. 1 Nr. 1 Buchstabe a WaffG gewährleistet, der hier einen (weiteren) Zeitraum von einem Monat vorsieht".

**8 a** Die Frage, wann in Fällen des **erlaubten Erwerbs** von Waffen der anschließende **Besitz** materiell rechtswidrig werden kann (Folge: Strafbarkeit) oder ob in solchen Fällen nur formell rechtswidriges Verhalten (Folge: Ordnungswidrigkeit) vorliegt, bedarf näherer Erörterung.

Im Waffenrecht vor dem WaffG 1972 gab es lediglich Erlaubnisse zum **Erwerb** von Waffen (§ 52 Rdn. 75 ff.). Die Notwendigkeit, eine behördliche Erlaubnis auch zur Ausübung der tatsächlichen Gewalt über eine Waffe (Besitz) einzuholen, ergab sich erst aufgrund der Neufassung des Waffenrechts durch das Waffengesetz 1972. Der Innenausschuss des Deutschen Bundestages ließ sich seinerzeit bei der Beratung

Erwerb von Schusswaffen und Munition durch Jäger **§ 13**

des Entwurfs davon leiten, dass viele Schusswaffendelikte mit Waffen begangen würden, die ursprünglich nicht zur Begehung von Straftaten erworben worden seien, und ein weit verbreiteter Besitz von Schusswaffen stets die Gefahr eines Missbrauchs in sich berge (Bericht des Innenausschusses zu BT-Drucks. VI/3566 S. 2). Dieser erheblichen Gefährlichkeit des Waffenbesitzes hat der Gesetzgeber dadurch Rechnung getragen, dass er die Erlaubnis zum Erwerb von Schusswaffen und zur Ausübung der tatsächlichen Gewalt über sie (Besitz) von der Erteilung eines einheitlichen behördlichen Dokuments, der Waffenbesitzkarte (§ 10 Abs. 1 Satz 1; § 28 Abs. 1 Satz 1 WaffG aF) abhängig gemacht hat (vgl. BGH NStZ **1984**, 171).

Nach § 10 Abs. 1 Satz 1 (§ 28 Abs. 1 Satz 1 WaffG aF) bedarf der behördlichen **8b** Erlaubnis in Gestalt einer **Waffenbesitzkarte**, wer Schusswaffen erwerben und besitzen will. Aus dieser Formulierung könnte man bereits den Schluss ziehen, dass hier nicht zwei verschiedene, selbständig zu beurteilende Varianten gegeben sind. Wäre dies der Fall, hätte man erwarten können, dass beide Varianten im Gesetz mit „oder" verbunden worden wären. Entgegen ihrer aus dem früheren Recht übernommenen Bezeichnung als Waffen**besitz**karte gilt diese nicht nur für den Besitz, sondern bereits für den – einem Besitz vorgeschalteten – Erwerbsvorgang (*K/P* Rz. 100).

Die Nachrangigkeit der Tatbestandsvariante Besitz ergibt sich aus folgendem: Das Waffengesetz versteht in Anlage 1 A 2 Nr. 1 (§ 4 Abs. 1 WaffG aF) unter **Erwerben** einer Waffe die **Erlangung der tatsächlichen Gewalt** über sie. Dieses Erlangen ist vom Gesetz aber nicht als kurzzeitiges, vorübergehendes Innehaben ausgestattet worden, das alsbald endet. Das Erlangen der tatsächlichen Gewalt ist vielmehr gleichzeitig der notwendige Beginn des – im Gesetz durch keinerlei Befristung begrenzten – Besitzes (VG Meiningen, Urteil vom 21. 3. 2006 – 2 K 1003/04 ME). Ein Erlangen der tatsächlichen Gewalt ohne deren anschließende Ausübung ist schlechterdings nicht denkbar. Der Fall, dass jemand nach dem Erwerb die tatsächliche Gewalt sofort wieder aufgibt, ist rein theoretischer Natur und kann deshalb vernachlässigt werden. Dementsprechend **berechtigt** eine **Erlaubnis zum Erwerb** einer Schusswaffe zum anschließenden **unbegrenzten Besitz**; die Jahresfrist des § 10 Abs. 1 Satz 3 (§ 28 Abs. 1 Satz 3 WaffG aF) betrifft nur den Fall, dass von der behördlich im voraus erteilten Erwerbserlaubnis nicht binnen eines Jahres Gebrauch gemacht worden ist. Hat also jemand aufgrund einer zum Erwerb berechtigenden Waffenbesitzkarte tatsächlich **erworben**, so benötigt er zum anschließenden **Besitz keiner weiteren behördlichen Erlaubnis**. Nicht erforderlich oder angebracht ist hierfür, dass man den einheitlichen behördlichen Akt (Verwaltungsakt) theoretisch in zwei zugrunde liegende Erlaubnisse, diejenige zum Erwerb und die weitere zum Besitz, aufspaltet (so aber *K/P* Rz. 100). Missachtet der Erwerber die Anzeige- und Vorlegungspflicht (§ 10 Abs. 1 Satz 4), so wird sein bereits erlaubter Waffenbesitz dadurch nicht materiell unerlaubt, es liegt vielmehr nur eine **Ordnungswidrigkeit** vor (§ 53 Abs. 1 Nr. 5 und 7; BGH NStZ **1993**, 192).

Die Frage ist, ob anders zu entscheiden ist (so *K/P* Rz. 101), wenn ähnliche waf- **8c** fenrechtliche Sachverhalte zu beurteilen sind, bei denen ein gesetzlich gestatteter Erwerb mit einer nachfolgenden Anzeige- oder Vorlegungspflicht gekoppelt ist.

**a) § 13 Abs. 3 Satz 1.** In diesem Fall ist der Erwerb von Jagd-Langwaffen durch den Inhaber eines gültigen Jahresjagdschein von jeder Erlaubnis freigestellt. Nach Satz 2 dieser Vorschrift ist der Erwerber allerdings verpflichtet, binnen zwei Wochen einen Antrag dahin gehend zu stellen, dass die erworbene Waffe in eine WBK eingetragen wird. Fraglich ist, wie der an den ordnungsgemäßen Erwerb anschließende Besitz nach ungenutztem Ablauf der Antragsfrist einzuordnen ist. Nach *König/Papsthart* (aaO; ähnlich *L/F/L* Rdn. 25; § 14 Rdn. 39; zweifelnd *A/B* Rdn. 17 Fn. 15) sind

## § 13 Abschn. 2. Umgang mit Waffen oder Munition

in solchen Fällen der Erwerb und der Besitz nur „vorübergehend" durch das Gesetz erlaubnisfrei gestellt; nach Fristablauf sei eine behördliche Erlaubniserteilung (WBK) erforderlich; ohne eine solche liege „materielle Illegalität" vor mit der Folge der Strafbarkeit nach § 52 Abs. 3 Nr. 2. Demgegenüber findet sich in § 53 Abs. 1 Nr. 7 ein Bußgeldtatbestand, wonach derjenige eine Ordnungswidrigkeit begeht, der entgegen § 13 Abs. 3 Satz 2 die Ausstellung einer WBK oder die Eintragung der Waffe in eine bereits erteilte WBK nicht beantragt. Folgte man der erstgenannten Ansicht, so ergäbe sich ein gravierender Wertungswiderspruch, der nicht aufzulösen ist. Mangels anderer Erkenntnismittel muss hier dem Gesetzeswortlaut gefolgt werden, wonach alleinige Sanktion die Bußgelddrohung ist. Die Theorie, in diesen Fällen läge nur eine vorübergehende Erlaubnis vor, findet im Gesetz keine Stütze. Nach § 13 Abs. 3 Satz 1 ist die Erlangung der tatsächlichen Gewalt über die genannten Waffen gestattet. Dass die erlaubte Erlangung der tatsächlichen Gewalt ab einem gewissen Zeitpunkt in die Illegalität umschlagen soll, ist dem Gesetz nicht zu entnehmen; es begnügt sich vielmehr damit, bei nicht fristgerechtem Antrag einen formellen Verstoß gegen eine Ordnungsvorschrift anzunehmen, der entsprechend sanktioniert wird (nur im Ergebnis so *Gade* S. 92). Auch aus der Regelung des § 38 Satz 2 lässt sich letztlich nichts Abweichendes herleiten. Zum einen muss darauf hingewiesen werden, dass der vorliegende Fall in § 38 nicht unter diejenigen Fälle eingeordnet worden ist, die eine „vorübergehende" Berechtigung betreffen (§ 38 Satz 1 Nr. 1 Buchst. e). Wenn nach Satz 2 dieser Bestimmung beim Führen der erlaubt erworbenen Jagdlangwaffen als Ausweis die WBK mitzuführen ist oder falls eine solche nicht vorgezeigt werden kann, ein schriftlicher Nachweis darüber, dass die zweiwöchige Antragsfrist genutzt worden oder noch nicht verstrichen ist, so spricht dies bis zu einem gewissen Grade dafür, dass nur bei Vorlage dieser Dokumente beim Führen der Waffe die Berechtigung zum Waffenbesitz nachgewiesen ist. Diese eher beiläufige Erwähnung in einer Nebenbestimmung vermag aber die hier zu entscheidende Grundfrage nicht überzeugend zu beantworten. Hier wäre vielmehr eine klare, eindeutige Regelung durch den Gesetzgeber erforderlich, bevor zum Nachteil des betroffenen Waffenerwerbers dessen zunächst unbestritten im Einklang mit dem Gesetz befindliche Verhaltensweise in die Strafbarkeit umschlägt; diese würde bereits vorliegen, wenn die Antragsfrist auch nur um einen Tag überschritten wäre. Die Regelung des § 53 Abs. 1 Nr. 7 käme demnach in Fällen der vorliegenden Art nie zum Zuge. Das kann nicht gewollt sein.

**8d** b) **§ 14 Abs. 4.** Entsprechendes gilt für diese Regelung bei den Sportschützen. Der Unterschied besteht zwar darin, dass hier der Erwerb der Waffen nicht generell von jeder Erlaubnispflicht freigestellt worden ist. Es wird vielmehr **kraft Gesetzes** eine unbefristete **Erwerbserlaubnis** für bestimmte Waffenarten erteilt. Das bedeutet, dass der Erwerb derartiger Waffen durch einen „Sportschützen" iSd Gesetzes von vornherein „abgesegnet" ist. Es liegt demnach auch hier erlaubte Erlangung der tatsächlichen Gewalt vor, ohne dass eine Beschränkung auf eine nur vorübergehende Ausübung rechtswirksam vorgenommen worden ist (aA *K/P* Rdn. 343, die – wohl im Anschluss an BVerwGE **71**, 234, 239 = NVwZ **1986**, 558 – von einem Erlöschen der von ihnen angenommenen vorübergehenden Besitzberechtigung sprechen). Hinsichtlich der Verletzung der Antragsfrist (§ 14 Abs. 4 Satz 2 gilt hier das zu a) Gesagte entsprechend. Auch hier würde bei Annahme des Entfallens der Erlaubniswirkung durch bloßes Nichtnutzen der Antragsfrist die Sanktionsvorschrift des § 53 Abs. 1 Nr. 7 „in der Luft hängen".

**8e** Insgesamt muss herausgestellt werden, dass es sich bei den genannten **Personen**, die nach dem Gesetz ohne vorherige Einholung einer Erwerbserlaubnis erwerben dürfen, um solche handelt, denen auf Grund ihres persönlichen Status, hier als „Jahresjagdscheininhaber" oder „Sportschütze", vom Gesetz ein gewisser **„Vertrauensvorschuss"** eingeräumt wird dahingehend, dass man von ihnen erwartet, dass sie von sich aus alles unternehmen, um ihre Privilegierung beim Erwerb alsbald durch Eintragung in eine WBK nach außen zu verlautbaren. Im Hinblick darauf leuchtet auch die Form der Sanktionierung ein, dass das Gesetz sie nämlich bei Überschreitung der einschlägigen Fristen nicht sofort zu Kriminellen stempelt, die als unerlaubt Besitzende der Verfolgung wegen einer Straftat ausgesetzt sind, sondern in der Nichtwahrung der Frist bloßes „Verwaltungsunrecht" sieht, das zu Recht nur als Ordnungswidrigkeit verfolgt wird. Bei Außerachtlassen der Frist droht indessen nicht nur die Verhängung einer Geldbuße; es kann vielmehr auch zu einem Widerruf bestehender Erlaubnisse kommen, weil die Voraussetzungen der Unzuverlässigkeit (etwa nach § 5 Abs. 2 Nr. 5) erfüllt sind, oder gegen den Betreffenden ein Waffenbesitzverbot nach § 41 Abs. 2 verhängt werden , so dass die Behörde den unangemeldeten Besitz nicht tatenlos hinnehmen muss.

**4. Jagdschein als Ersatz für Waffenbesitzkarte (Absatz 4).** Diese Vorschrift stellt die bisherige Praxis der **Ausleihe** auf gültigen Jagdschein auf eine klare gesetzliche Grundlage (Begr. RegE BT-Drucks. 14/7758 S. 62). Für bestimmte Fälle wird der Jagdschein (§ 15 Abs. 1 Satz 1; Abs. 2 BJagdG) in seinen Wirkungen denen einer WBK gleichgestellt. Von dieser Regelung erfasst sind Langwaffen mit dem Charakter von „Jagdwaffen" (Absatz 1 Nr. 2; Rdn. 6 a). Freigestellt ist zum einen der **Erwerb** derartiger Waffen, d. h. die Erlangung der tatsächlichen Gewalt über sie (§ 1 Rdn. 33 ff.), und zum anderen der „vorübergehende Besitz" iSv. § 12 Abs. 1 Nr. 1 (§ 12 Rdn. 3 ff.). § 12 Abs. 1 Nr. 1 ist in diesen Fällen also so zu lesen, dass an die Stelle des Wortes „Waffenbesitzkarte" das Wort „Jagdschein" zu setzen ist, so dass danach freigestellt von einer Erlaubnis für Erwerb und Besitz einer Waffe ist, wer als Inhaber eines Jagdscheins von einem Berechtigten in den Fällen der Buchst. a und b erwirbt. Auch auf diese Weise ist der Grundsatz gewahrt, dass es sich um einen Austausch zwischen waffenrechtlich Berechtigten handeln muss.

**5. Munitionserwerb und -besitz durch Jäger (Absatz 5).** Diese Regelung entspricht § 29 Abs. 2 Nr. 1 WaffG aF. Inhaber eines gültigen Jagdscheins iSv. § 15 Abs. 2 iVm. Abs. 1 Satz 1 BJagdG („Jäger" nach Absatz 1), und zwar nicht nur von Jahres-, sondern auch von Tagesjagdscheinen, sind bereits auf ihre persönliche Zuverlässigkeit überprüft und bedürfen aus diesem Grunde – wie bisher – keiner Erlaubnis zum Erwerb und anschließenden Besitz von Munition, die für Langwaffen (Rdn. 6 a) als „Jagdwaffen" (Absatz 1 Nr. 2) bestimmt ist (vgl. § 28 Abs. 4 Nr. 7 WaffG aF). Ausgenommen ist naturgemäß Munition, die einem Verbot nach dem BJagdG unterliegt. Für Kurzwaffenmunition benötigt der Jäger eine Erwerbsberechtigung, die durch Eintragung in die WBK erteilt wird. Die ursprünglich vorgesehene Einbeziehung auch der Jugendjagdscheine (§ 16 BJagdG) ist nach den Entschließungen des Vermittlungsausschusses fallen gelassen worden; Inhaber von Jugendjagdscheinen werden nicht (mehr) von dem gesetzlichen Begriff „Jäger" in Absatz 1 erfasst. Vgl. betr. Jugendjagdscheinen auch Absatz 7. Beim Munitions**transport** durch Jäger sind die (zum 1. 1. 2005 geänderten) Vorschriften des **Gefahrgutrechts** zu beachten (ausführlich www.fwr.de/re_gefahrguttransport_2005).

**6. Erlaubnisfreies Führen von Jagdwaffen und Schießen durch Jäger (Absatz 6).** Die Freistellung erfasst nur Inhaber von gültigen Jahres- und Tagesjagdscheinen (vgl. Rdn. 10 aE). Die im Wesentlichen übernommene frühere Regelung ist in einem Punkt zugunsten der Jäger ergänzt worden (Begr. RegE BT-Drucks. 14/

**§ 13** Abschn. 2. Umgang mit Waffen oder Munition

7758 S. 62): „Im Rahmen der Ausbildung von Jagdhunden, die mit einer Prüfung abschließt, wird u. a. die Schussfestigkeit der Hunde erprobt und geprüft. Die in diesem Zusammenhang eingesetzte Schusswaffe dient nicht der Jagdausübung. Diese Tätigkeiten können – wie das Anschießen im Revier – von der Erlaubnispflicht nach § 10 Abs. 4 und 5 des Entwurfs für Jagdscheininhaber freigestellt werden, da insoweit keine durchgreifenden Sicherheitsbedenken entgegen stehen". Zu beachten ist die Pflicht, ein Personaldokument, WBK und Jagdschein mitzuführen und ggf. prüfen zu lassen (§ 38 Nr. 2).

**11a** Die **Freistellung** für die Tätigkeit **im Revier** erfolgt – eingeschränkt – für das Führen von Jagdwaffen auch insoweit, als es mit den im ersten Halbsatz des Absatzes 6 im einzelnen genannten Tätigkeiten im **Zusammenhang** steht, sofern die Jagdwaffen **„nicht schussbereit"** (§ 12 Rdn. 24) geführt werden (Absatz 6 zweiter Halbsatz). Diese Regelung wurde nach Anhörung des Innenausschusses eingefügt (Begr. BT-Drucks. 14/8886 S. 112). Hierzu heißt es: „Die Regelung in Absatz 6 bedarf der Präzisierung: Einerseits sollen nicht nur die direkten Hin- und Rückwege zur und von der Jagd und den anderen jagdlichen Tätigkeiten von der Waffenscheinpflicht freigestellt werden, sondern auch die üblichen gesellschaftlichen Veranstaltungen (zB sog. Schüsseltreiben) oder die damit einhergehenden Besorgungen wie Abstecher zur Bank oder Post. Andererseits dürfen in hiernach umschriebenen Bereich die Jagdwaffen aber nicht schussbereit geführt werden (vgl. auch § 2 Abs. 1 Satz 1 der Unfallverhütungsvorschrift „Jagd" der landwirtschaftlichen Berufsgenossenschaften/UVV 4.4)." Darauf, ob die Waffe „zugriffsbereit" ist, wird hier nicht abgestellt (anders § 12 Rdn. 25). Die Freistellung erfasst auch das Führen von – nicht einem Verbot unterliegenden – Hieb- und Stroßwaffen (zB Jagdknicker). Vgl. auch § 40 Abs. 3.

**12** a) **„Befugte Jagdausübung".** Voraussetzung für jede Privilegierung in diesem Zusammenhang ist, dass der Jäger (Absatz 1) jeweils berechtigterweise die Jagd ausübt. Aber auch die jeweils ausgeübte Tätigkeit muss den erforderlichen Bezug zum Jagdbetrieb erkennen lassen. Der Abschuss verwilderter Haustauben in Innenstädten zählt **nicht** zur „befugter Jagdausübung" (VG Düsseldorf NWVBl. **2006**, 33). Die Jagd übt derjenige rechtmäßig aus, der an dem in Frage kommenden Ort materiell-rechtlich jagdausübungsberechtigt ist (OLG Hamm NJW **1960**, 114) oder wer von diesem Jagdausübungsberechtigten, zB als Jagdgast, die Erlaubnis zur Jagdausübung erhalten hat. Die Jagd muss ferner mit zulässigem Jagdgerät (§ 19 BJagdG) ausgeübt werden. Auch das sog. Anschießen von Jagdwaffen im Revier bedarf keiner Erlaubnis, da für die Jäger auch sonst vorausgesetzt wird, dass sie ihre Schusswaffen so gebrauchen, dass andere nicht gefährdet werden (Begr. BT-Drucks. VI/2678 S. 35). Das „Anschießen" wird nach der Neufassung durch das WaffRNeuRegG beispielhaft ausdrücklich erwähnt. Hinzugefügt wurde nach den Entschließungen des Innenausschusses das „Einschießen". Dies geht auf einen Vorschlag des Bundesrats zurück (BT-Drucks. 14/7758 S. 109), der wie folgt begründet wurde: Die Freistellung allein des Anschießens von der zusätzlichen Erlaubnispflicht für das Führen von Jagdwaffen werde den Bedürfnissen der Jägerschaft nicht gerecht. Anschießen umfasse lediglich die Überprüfung der Treffpunktlage mit wenigen Schüssen, nicht jedoch die erforderliche Korrektur der Visiereinrichtung bei abweichender Trefferlage und das anschließende erneute Überprüfen (Einschießen).

**13** Bei der Gesetzesänderung 1976 waren in Koordinierung mit § 35 Abs. 4 Nr. 2 Buchst. a WaffG aF die Worte „sowie auf den **Jagd- und Forstschutz"** in den Gesetzestext eingefügt worden. Diese Ergänzung sollte nach der amtl. Begr. (BT-Drucks. 7/2379 S. 23) Zweifel, die bei der Anwendung dieser Vorschrift aufgetreten

Erwerb von Schusswaffen und Munition durch Jäger § 13

waren, ausräumen. Nach § 25 Abs. 1 BJagdG obliegt dem Jagdausübungsberechtigten auch der Jagdschutz. Der Inhaber eines Jagdscheins ist deshalb nach wie vor berechtigt, ohne zusätzliche Erlaubnis (Waffenschein, Schießerlaubnis) den Jagd- und Forstschutz auszuüben. Die Privilegierung schließt sich an § 21 RWaffG 1938 an, wonach der Jagdschein seinen Inhaber generell zum Führen von Jagd- und Faustfeuerwaffen berechtigte. Die Waffenführungsbefugnis ohne Waffenschein ist jedoch schon nach § 35 Abs. 4 Nr. 2a WaffG aF auf die befugte Jagdausübung und den Jagd- und Forstschutz beschränkt worden. Das bedeutete in etwa eine Rückkehr zum Rechtszustand gem. § 21 Abs. 2 SchWaffG 1928, wonach der Jagdschein den Waffenschein nur beim Führen von Jagdwaffen auf der Jagd, beim Jagdschutz und Übungsschießen sowie auf den dazu gehörigen Hin- und Rückwegen ersetzte. Durch die während der Ausschussberatung 1972 erfolgte Einfügung der Worte „oder im Zusammenhang damit" sollte den Erfordernissen der jagdlichen Praxis und dem waidmännischen Brauchtum Rechnung getragen werden (ABer. zu BT-Drucks. VI/3566 S. 7). Es wurden durch diese Formulierung, die der Entwurf des WaffRNeuRegG zunächst übernommen hatte, nicht nur, wie nach § 21 Abs. 2 SchWaffG 1928, die direkten Hin- und Rückwege zur und von der Jagd von der Waffenscheinpflicht freigestellt, sondern auch die üblichen anschließenden gesellschaftlichen Veranstaltungen u. ä., wenn sie nur in Zusammenhang mit einem Jagdgang erfolgten. In allen diesen Fällen hatte der Gesetzgeber von dem Erfordernis eines Waffenscheins abgesehen, weil nach seiner Ansicht das Jagd- und Forstrecht die Rechte und Pflichten der Jäger hinsichtlich des Führens von Schusswaffen in einer auch dem Sicherheitsinteresse genügenden Weise regelte. Hier hat das Waffenrechtsneuregelungsgesetz eine Änderung gebracht. Im eigentlichen Bereich der befugten Jagdausübung, wie er im ersten Halbsatz im Einzelnen charakterisiert wird, darf die Schusswaffe auch geladen und zugriffsbereit sein, bei den genannten bloßen Annex-Tätigkeiten („im Zusammenhang") erstreckt sich die Befreiung von der Waffenscheinpflicht nur auf das Führen „nicht schussbereiter" Jagdwaffen.

Über den **Jagdschutz** im Einzelnen bestimmen die §§ 23–25 BJagdG idF v. 29. 9. 1976 (BGBl. I 2849 mit späteren Änderungen, zuletzt durch Art. 12g Abs. 16 des Gesetzes vom 24. 8. 2004 [BGBl. I 2198]). Mit der Frage wildernder Hunde und Katzen befassen sich ausführlich *L/F/L* Rdn. 48 ff. Der **Forstschutz** betrifft besonders den Schutz des Waldes vor Forstdiebstählen, Beschädigungen usw. Er ist landesrechtlich geregelt (*Apel* Anm. 6b). Die Ausbildung von Jagdhunden im Revier ist nunmehr ebenfalls durch ausdrückliche Regelung einbezogen worden (Rdn. 1).

Auch das **Schießen** mit Jagdwaffen, nicht nur ihr Führen, ist in den Fällen des 14 Absatzes 6 erlaubnisfrei gestattet, so dass weder ein Waffenschein (§ 10 Abs. 4) noch eine besondere Schießerlaubnis (§ 10 Abs. 5) erforderlich ist, soweit der Kernbereich der befugten Jagdausübung oder die genannten übrigen Bereiche direkt tangiert sind. Für die nur mit diesen Kerntätigkeiten in Zusammenhang stehenden Verhaltensweisen ergibt sich bereits aus dem Erfordernis, dass die Jagdwaffen insoweit nur in „nicht schussbereitem" Zustand mitgeführt werden dürfen, dass das Schießen mit ihnen in diesem Rahmen nicht ohne Erlaubnis gestattet ist.

**7. Sonderregelung für Inhaber von Jugendjagdscheinen (Absatz 7).** Diese Vor- 15 schrift ist nach den Beratungen im Vermittlungsausschuss eingefügt worden. Ihre Entstehung verdankt sie – wie viele andere – den Überlegungen im Anschluss an das Massaker von Erfurt (26. 4. 2002). Zunächst wurde aus den privilegierenden Bestimmungen, die neben erwachsenen Jagdscheininhabern auch Jugendjagdscheininhaber erwähnten, der § 16 BJagdG gestrichen, so dass Inhaber von Jugendjagdschei-

**§ 13** Abschn. 2. Umgang mit Waffen oder Munition

nen an den hiermit verbundenen Freistellungen nicht mehr teilhaben. **Satz 1** enthält darüber hinaus ein unabdingbares **Verbot**, diesen Jungjägern im Alter von 16 bis 17 Jahren eine waffenrechtliche Erlaubnis zum Erwerb und Besitz einer Schusswaffe oder zugehöriger Munition zu erteilen. **Satz 2** regelt den Umgang mit Schusswaffen und Munition im Einzelnen und unterscheidet, wie bei volljährigen Jägern, zwischen dem – hier noch enger gezogenen – Kernbereich jagdlicher Tätigkeit („nur für die Dauer der Ausübung ...") und dem Randbereich, in dem ebenfalls nur das Führen nicht schussbereiter Jagdwaffen ohne waffenrechtliche Erlaubnis für zulässig erklärt wird.

**16** **8. Auszubildende im Jagdbereich** (Absatz 8). Zum Abschluss des „Jägerparagrafen" wird schließlich noch eine Spezialregelung für die „Ausbildung zum Jäger" getroffen. Eine solche fehlte bisher. Die Begr. zum Gesetzentwurf (BT-Drucks. 14/7758 S. 62) bemerkt hierzu: „Im Interesse einer praxisgerechten Ausbildung ist diese Regelung für Jäger in der Ausbildung notwendig, aber auch aus sicherheitspolitischen Gründen vertretbar. Zusätzlich besteht außerdem für jugendliche Jäger in der Ausbildung auch die Ausweispflicht im Sinne des § 38 Satz 1 Nr. 1 des Entwurfs. Das Schießen jugendlicher Jäger wird durch § 27 Abs. 5 des Entwurfs geregelt". Das Gesetz spricht nicht von „Jugendlichen" in der Ausbildung, sondern ganz allgemein von „Personen", so dass auch volljährige Auszubildende erfasst sind. Das Mindestalter ist jedoch auf 14 Jahre festgelegt, so dass Kinder nicht unter die Regelung fallen. Das erlaubnisfreie Erwerben, Besitzen (beides nachträglich eingefügt) und Führen von Jagdwaffen durch Auszubildende ist an eine Reihe von Bedingungen geknüpft: Zunächst bezieht es sich nur auf den Umgang mit **nicht schussbereiten** Waffen. Dies ist auf Anregung des Bundesrats klargestellt worden (BT-Drucks. 14/7758 S. 109 und 131): „Eine Notwendigkeit des Umgangs mit schussbereiten Jagdwaffen durch in der Jägerausbildung befindliche Personen besteht während des erlaubnisfreien Führens „im Gelände" regelmäßig nicht, zumal dort auch ein Schießen mit den geführten Waffen grundsätzlich nicht zulässig ist. Zur Vermeidung von Gefährdungen sowohl der an der Ausbildung Beteiligten als auch dritter Personen ist die in Artikel 1 § 13 Abs. 7 Satz 1 [§ 13 Abs. 8 Satz 1 der endgültigen Fassung] geregelte Befugnis zum erlaubnisfreien Führen daher entsprechend einzuschränken".

Wie bei der befugten Jagdausübung (Rdn. 12) ist auch hier stets ein Zusammenhang mit der Ausbildung vonnöten („in der Ausbildung"). Des Weiteren darf der Umgang mit den Jagdwaffen durch den Auszubildenden nicht selbstständig vorgenommen werden, sondern nur „unter Aufsicht" des Ausbilders, der für den ordnungsgemäßen Verlauf der Ausbildungstätigkeit verantwortlich ist. Weitere Voraussetzung ist, dass sowohl der Sorgeberechtigte (bei Minderjährigen) als auch der Ausbildungsleiter, der möglicherweise der bereits genannte Ausbilder ist, ihr Einverständnis in einer von beiden unterschriebenen schriftlichen Erklärung kundgetan haben; sie wird als „Berechtigungsbescheinigung" bezeichnet. Diese ist nach Absatz 8 Satz 2 von dem Auszubildenden in der Ausbildung „mit sich zu führen". Dies ist so zu verstehen, dass die Bescheinigung von dem Auszubildenden nicht etwa ständig mitgeführt werden muss, sondern nur, soweit es während der Ausbildung tatsächlich zum (beaufsichtigten) Erwerb, Besitz oder Führen von Jagdwaffen kommt. Das Schießen zu Ausbildungszwecken ist leider in der vorliegenden Vorschrift nicht geregelt, so dass der Eindruck entstehen könnte, der Auszubildende werde von Gesetzes wegen zum Schießen überhaupt nicht zugelassen. Das ist natürlich nicht der Fall. Die Berechtigung zum Schießen regelt vielmehr § 27 Abs. 5 in ganz ähnlicher Weise wie die vorliegende Bestimmung das Erwerben, Besitzen und Führen. Vgl. Nr. 13.8 WaffVwV zur Ausstellung einer befristeten WBK an derartige

Erwerb von Schusswaffen und Munition durch Sportschützen  **§ 14**

Auszubildende; auch den Runderlass des MdI NRW vom 26. 11. 2003 – 44.3 – 2600 (neu) § 13. Entsprechende Regelungen gelten in Bayern, Niedersachen, Schleswig-Holstein und Baden-Württemberg.

**9. Mitnahme von Jagdwaffen auf Jagdreisen.** Hierfür gelten die Bestimmungen des § 32.  17

**Erwerb und Besitz von Schusswaffen und Munition durch Sportschützen**

**14** (1) Die Erlaubnis zum Erwerb und Besitz von Schusswaffen und Munition zum Zweck des sportlichen Schießens wird abweichend von § 4 Abs. 1 Nr. 1 nur erteilt, wenn der Antragsteller das 21. Lebensjahr vollendet hat. Satz 1 gilt nicht für den Erwerb und Besitz von Schusswaffen bis zu einem Kaliber von 5,6 mm lfB (.22 l.r.) für Munition mit Randfeuerzündung, wenn die Mündungsenergie der Geschosse höchstens 200 Joule (J) beträgt, und Einzellader-Langwaffen mit glatten Läufen mit Kaliber 12 oder kleiner, sofern das sportliche Schießen mit solchen Waffen durch die genehmigte Sportordnung eines Schießsportverbandes zugelassen ist.

(2) Ein Bedürfnis für den Erwerb und Besitz von Schusswaffen und der dafür bestimmten Munition wird bei Mitgliedern eines Schießsportvereins anerkannt, der einem nach § 15 Abs. 1 anerkannten Schießsportverband angehört. Durch eine Bescheinigung des Schießsportverbandes oder eines ihm angegliederten Teilverbandes ist glaubhaft zu machen, dass

1. das Mitglied seit mindestens zwölf Monaten den Schießsport in einem Verein regelmäßig als Sportschütze betreibt und
2. die zu erwerbende Waffe für eine Sportdisziplin nach der Sportordnung des Schießsportverbandes zugelassen und erforderlich ist.

Innerhalb von sechs Monaten dürfen in der Regel nicht mehr als zwei Schusswaffen erworben werden.

(3) Ein Bedürfnis von Sportschützen nach Absatz 2 für den Erwerb und Besitz von mehr als drei halbautomatischen Langwaffen und mehr als zwei mehrschüssigen Kurzwaffen für Patronenmunition sowie der hierfür erforderlichen Munition wird durch Vorlage einer Bescheinigung des Schießsportverbandes des Antragstellers glaubhaft gemacht, wonach die weitere Waffe

1. von ihm zur Ausübung weiterer Sportdisziplinen benötigt wird oder
2. zur Ausübung des Wettkampfsports erforderlich ist.

(4) Sportschützen nach Absatz 2 wird abweichend von § 10 Abs. 1 Satz 3 eine unbefristete Erlaubnis erteilt, die zum Erwerb von Einzellader-Langwaffen mit glatten und gezogenen Läufen, von Repetier-Langwaffen mit gezogenen Läufen sowie von einläufigen Einzellader-Kurzwaffen für Patronenmunition und von mehrschüssigen Kurz- und Langwaffen mit Zündhütchenzündung (Perkussionswaffen) berechtigt. Die Eintragung von Waffen, die auf Grund dieser un-

## § 14 Abschn. 2. Umgang mit Waffen oder Munition

befristeten Erlaubnis erworben wurden, in die Waffenbesitzkarte ist durch den Erwerber binnen zwei Wochen zu beantragen.

1  1. **Allgemeines.** Während § 13 den neu gestalteten Spezialparagrafen für Jäger darstellt, ist die vorliegende Vorschrift der neue **„Sportschützen-Paragraf"**. Die Diskussion um die Neuregelung für Sportschützen hat durch das Massaker von Erfurt, das am 26. 4. 2002 und damit gegen Ende der Gesetzgebungsarbeiten zum WaffRNeuRegG stattfand, eine neue Dimension angenommen. Schon die Begr. zum RegE (BT-Drucks. 14/7758 S. 62/63) äußerte sich teilweise kritisch zum bisherigen Recht für diesen Personenkreis. Sie wies zB mit Recht darauf hin, dass in diesem Bereich – im Gegensatz zu den Jägern – keine staatliche Prüfung vorausgesetzt wird und auch der Schießbetrieb nicht, wie die Jagdausübung mit Schusswaffen, der Einhaltung detaillierter spezifischer Vorschriften unterliegt. Demgegenüber ist das Sportschützenwesen „stark von der Autonomie des Sports geprägt und das sportliche Schießen im Wesentlichen nach den selbst gesetzten Regeln der Schützenverbände ausgerichtet". Als Sportschütze iS v. § 28 Abs. 2 Satz 1 WaffG aF war (vgl. Nr. 32.2.1 WaffVwV aF) anzusehen, wer mit einer gewissen Regelmäßigkeit an Schießübungen von Schießsportvereinigungen nach überörtlichen Regeln teilnahm (Nachweise bei *Meyer* GewA **2001,** 89, 92 f.). Überörtliche Regeln konnten auch andere als die in der Sportordnung des Deutschen Schützenbundes anerkannten Schießdisziplinen sein. Zum Nachweis dafür, dass der Antragsteller regelmäßig an Schießübungen teilnahm, hatte die Erlaubnisbehörde die Vorlage einer Bescheinigung der betr. schießsportlichen Vereinigung zu verlangen (OVG Koblenz NVwZ-RR **1989,** 369). Zum Bedürfnisnachweis (nach altem Recht) vgl. VGH München BayVBl. **2002,** 183.

Als änderungsbedürftig wurde im Rahmen der Neufassung zunächst Folgendes erachtet: „Für Sportschützen wurde auf Grund des bisherigen § 28 Abs. 2 Satz 1 des Waffengesetzes davon ausgegangen, dass sie unbegrenzt viele Einzellader-Langwaffen erwerben und besitzen dürfen; diese irrige Auffassung, die teilweise auch Verwaltungspraxis war, stand nicht in Einklang mit dem bisherigen § 32 Abs. 1 Nr. 2 des Waffengesetzes. Darüber hinaus war auch der Begriff des Sportschützen nicht klar geregelt, wie sich aus den bisherigen Regelungen in § 27 Abs. 3 Nr. 2 und § 32 Abs. 1 Nr. 2 des Waffengesetzes ergibt, wonach nicht eindeutig war, ob der Brauchtumsschütze ein Unterfall des Sportschützen ist (s. jetzt aber die Begründung zu § 16 – Brauchtumsschützen). Im Hinblick darauf wird künftig eine Mitgliedschaft in einem Schießsportverein, der einem anerkannten Schießsportverband angehört, gefordert; eine Person, die den Schießsport betreiben möchte, kann daher Schusswaffen auf der Grundlage des Verfahrens nach § 14 – der Sportschützen Erleichterungen bei der Erteilung von Erlaubnissen einräumt – nur unter dieser Voraussetzung erwerben und besitzen" (Begr. aaO S. 62/63). Zur Neuregelung vgl. auch *Kräußlich* DWJ **2002,** Heft 10, 87.

1a  Im Hinblick auf die **Ereignisse von Erfurt** (26. 4. 2002) ist die Sportschützenregelung verständlicherweise einer Revision unterzogen worden; im Verfahren vor dem Vermittlungsausschuss des Bundestages sind eine Reihe von **Änderungen** vorgenommen worden. Für den Erwerb und Besitz von Sportwaffen und Munition ist eine **neue Altersgrenze von 21 Jahren** eingeführt worden (Absatz 1 Satz 1 nF). Ausgenommen sind die in Absatz 1 Satz 2 im Einzelnen beschriebenen harmloseren Schusswaffen zum anerkannten Sportbetrieb. Für Jäger (§ 13) gilt diese Altersgrenze nicht. Im Übrigen sind für die Erteilung einer Erlaubnis die Antragserfordernisse des § 4 zu beachten, soweit sie nicht durch die vorliegende Bestimmung variiert werden.

Erwerb von Schusswaffen und Munition durch Sportschützen **§ 14**

Zu beachten sind die Herausnahme der weniger gefährlichen Waffen durch **Absatz 1 Satz 2** und die Verbote nach § 6 Abs. 1 und 2 AWaffV; zur Begutachtung vgl. § 6 Rdn. 1.

**2. Bedürfnis für Erwerb und Besitz von Schusswaffen und zugehöriger (Munition) bei Sportschützen (Absatz 2).** Für den Langwaffenerwerb durch Sportschützen war bisher weder im Gesetz noch in der Allgemeinen Verwaltungsvorschrift zum Waffengesetz eine bestimmte Dauer der Ausübung des Schießsportes, ja nicht einmal eine Vereinszugehörigkeit vorgeschrieben mit der Folge, dass das Waffenrecht den Langwaffenerwerb auch für nur sporadisch schießende, nicht vereinsgebundene Freizeitsportler zuließ; nur für den Kurzwaffenerwerb sah § 32 Abs. 2 Satz 1 Nr. 3 WaffG aF eine sechsmonatige Vereinsmitgliedschaft in einem Schießsportverein, verbunden mit einer regelmäßigen Teilnahme am Übungsschießen, vor (Begr. aaO S. 63). Die Freistellung erstreckte sich auf den Erwerb von bis zu zwei Kurzwaffen und beliebig vielen Selbstlade-Langwaffen; letzteres dürfte – in entsprechender Anwendung – auch für die im Gesetz nicht erwähnten Repetierlangwaffen gegolten haben (so ausdrücklich OVG Hamburg GewA **1998**, 119; zuvor schon VG Hamburg GewA **1997**, 340, 341); *Scholzen* DWJ **1998**, 432; **1993**, 1812, 1813). Voraussetzung der Befreiung vom Bedürfnisnachweis war lediglich, dass der Antragsteller durch die Vorlage der Bescheinigung eines Schießsport-(Sportschützen-)vereins nachwies, dass er wenigstens ein halbes Jahr an den Übungsschießen des Vereins regelmäßig und erfolgreich teilgenommen hatte. Trotz der abweichenden Formulierung des Gesetzes („als Mitglied eines Schießsportvereins") konnte nach damaliger Rechtsauffassung die Behörde nicht auf der Mitgliedschaft des Antragstellers bei einem Schießsportverein als Erfordernis bestehen. Es genügte vielmehr, dass der Antragsteller die in § 32 Abs. 2 Nr. 3 WaffG aF verlangte Bescheinigung vorlegte, die er möglicherweise auch ausgestellt erhielt, wenn er nur als Gast an den Übungsschießen des Vereins teilgenommen hatte. Ferner musste die Bescheinigung ergeben, dass die beantragte Waffe für die Ausübung der betr. Schießdisziplin erforderlich war. Die Privilegierung erstreckte sich grundsätzlich nur auf den Erwerb von zwei Kurzwaffen. Besaß der Bewerber schon zwei Waffen solcher Art, so musste er ein Bedürfnis am Erwerb **weiterer** Kurzwaffen nachweisen (BVerwG GewA **1998**, 117). Nach Nr. 32.2.2 letzter Satz WaffVwV aF konnte ein solches Bedürfnis bei Sportschützen im Allgemeinen anerkannt werden, wenn der Antragsteller durch Vorlage einer Bescheinigung des zuständigen Landessportverbands nachwies, dass er sich in einer schießsportlichen Vereinigung erfolgreich an bestimmten Schießdisziplinen beteiligte und dass die beantragte Sportwaffe zur Leistungssteigerung in den betr. Schießdisziplinen erforderlich war (vgl. *Scholzen* DWJ **1993**, 1812, 1813). Eine solche Bescheinigung war aber keine unabdingbare Voraussetzung, sondern nur ein mögliches Beweismittel; es galten bei Nichtvorlage die allgemeinen Regeln über die Darlegungslast, die Aufklärungspflicht und die Beweislast (BVerwG GewA **1998**, 117, 118).

Nach der **Neuregelung** durch das WaffRNeuRegG wird als **Sportschütze** im Rahmen der Bedürfnisprüfung vom Gesetz nur anerkannt, wer folgende Voraussetzungen erfüllt (hilfreich sind die Anleitungen zur Antragstellung zB des BDMP im Internet): Er muss **Mitglied** eines Schießsportvereins sein, der seinerseits wiederum einem anerkannten Schießsportverband (§ 15) angehört. Er hat weiter eine **Bescheinigung** dieses Schießsportverbandes oder eines zugehörigen Unterverbandes vorzulegen, die zum einen beweist, dass er – ununterbrochen – seit mindestens einem Jahr den Schießsport in einem Verein regelmäßig als Sportschütze, also ernsthaft betreibt

## § 14  Abschn. 2. Umgang mit Waffen oder Munition

(Absatz 2 Satz 2 Nr. 1) und zum anderen, dass die erstrebte Waffe für eine anerkannte Sportdisziplin nach der Sportordnung (vgl. §§ 5 ff. AWaffV) des Verbandes (allgemein) zugelassen und (im Einzelfall auch zur Ausübung dieser Sportdisziplin) erforderlich ist; an der Erforderlichkeit kann es fehlen, wenn bereits eine geeignete Waffe für die Disziplin zur Verfügung steht. „Eine regelmäßige Sportausübung ist in der Regel daher dann anzunehmen, wenn der Sportschütze im maßgeblichen Jahreszeitraum wenigstens achtzehnmal oder einmal pro Monat intensiv und mit einer gewissen Dauer Schießübungen mit einer Waffe der Art betrieben hat, für die er ein Bedürfnis geltend macht" (Begr. aaO); auf eine „erfolgreiche" Teilnahme (§ 32 Abs. 2 Nr. 3 WaffG aF) wird nicht mehr abgestellt. Ein nicht vereinsgebundener Freizeitsportschütze unterliegt dagegen der allgemeinen Bedürfnisprüfung nach § 8, die nur in Ausnahmefällen ein für den Antragsteller positives Ergebnis erwarten lässt (*K/P* Rdn. 349 ff.; positiver in dieser Hinsicht *Kräußlich* DWJ **2004** Heft 12, 86).

**3**  Durch Absatz 2 Satz 3 wird das anzuerkennende Bedürfnis dahin **eingeschränkt**, dass in der Regel nicht mehr als zwei Schusswaffen im halben Jahr erworben werden dürfen. Der Zusatz „in der Regel" ist auf Vorschlag des Bundesrats (BT-Drucks. 14/7758 S. 110 und 132) im Laufe des Gesetzgebungsverfahrens eingefügt worden, um in begründeten Einzelfällen eine flexible Lösung finden zu könne (Begr. BT-Drucks. 14/8886 S. 112). Mit der Einschränkung soll der Anlegung von Waffensammlungen unter dem Deckmantel des Sportschützenbedarfs entgegengewirkt werden (Begr. BT-Drucks. 14/7758 S. 63). Aus dem Rückschluss aus Absatz 3 ergibt sich, dass insgesamt bei Sportschützen in der Regel ein Bedürfnis für den Erwerb und Besitz von drei halbautomatischen Langwaffen sowie zwei mehrschüssigen Kurzwaffen für Patronenmunition einschließlich der hierfür erforderlichen Munition anerkannt wird. Einläufige Einzellader-Kurzwaffen, die insbesondere für das „Silhouetten-Schießen" verwendet werden, fallen nicht unter die Beschränkung. Repetier-Langwaffen sind aus der Kontingentierung völlig herausgenommen worden. Sie sind im Vergleich zu den halbautomatischen Langwaffen als weniger für kriminellen Missbrauch geeignet anzusehen, da eine Mehrfachschussabgabe auf Grund des Repetiervorgangs im Vergleich zu halbautomatischen Langwaffen nur in langsamerer Kadenz möglich ist. Andererseits finden sie beim sportlichen Schießen verbreitet in einer Reihe von Schießdisziplinen Verwendung (Begr. BT-Drucks. 14/8886 S. 112). Die Zubilligung weiterer Kurz- und Langwaffen ist möglich (Absatz 3). Das WaffRNeuRegG ändert bewusst die bisherige Regelung, wonach auch Selbstlade-Langwaffen in unbeschränkter Anzahl erworben werden konnten; der Gesetzgeber ist sich dabei im klaren, dass diese Beschränkung nicht alle Wünsche der ernsthaften Leistungssportler erfüllt, weist aber auf die Möglichkeit der Zuerkennung weiterer Waffen (zB nach Absatz 3) hin. Das „Erwerbsstreckungsgebot" des Satzes 3 gilt **nicht** für die „Gelbe WBK" des Absatzes 4 (*A/B* Rdn. 25; *K/P* Rdn. 347; VG Würzburg vom 10. 3. 2005 – W 5 K 04.1515; hierzu *Kräußlich* DWJ **2005** Heft 6, 92; *Scholzen* DWJ **2005** Heft 9, 94; VG München, Urteil vom 4. 5. 2005 – M 7 K 04.995).

**4**  **Vereinseigene** Waffen, die ein Schießsportverein für seine Mitglieder vorhält, mussten bisher immer in einer Waffenbesitzkarte, ausgestellt auf eine natürliche Person, eingetragen sein; für einen Verein konnte eine solche höchstpersönliche Erlaubnis nicht erteilt werden. Dies folgt sich aus den gesetzlichen Voraussetzungen für ihre Erteilung, die nur von natürlichen Personen erfüllt werden können, wie der Vollendung eines Mindestalters, der persönlichen Zuverlässigkeit, der körperlichen Eignung sowie dem Nachweis der Sachkunde (vgl. BVerwG GewA **1993,** 326; Begr. BT-Drucks. 14/7758 S. 63). Hiervon hat der Gesetzgeber sich insofern entfernt, als nunmehr eine **Waffenbesitzkarte** auch einem schießsportlichen **Verein** als juristi-

Erwerb von Schusswaffen und Munition durch Sportschützen § 14

scher Person erteilt werden kann (§ 10 Abs. 2 Satz 2; § 10 Rdn. 4). Für vereinseigene Waffen gelten hinsichtlich des Bedürfnisses nicht die personenspezifischen Regelungen des vorliegenden Paragrafen, sondern die allgemein nach § 8 (*K/P* Rdn. 355 ff.).

**3. Gesteigertes Bedürfnis (Absatz 3).** Will ein Sportschütze mehr als die 5 **„Grundausstattung"** von 5 Waffen (2 mehrschüssige Kurzwaffen für Patronenmunition, 3 halbautomatische Langwaffen nebst Munition) erwerben, muss er ein besonderes, über den Regelfall hinausreichendes Bedürfnis glaubhaft machen. Dies geschieht wiederum, wie bei Absatz 1 (Rdn. 2), durch eine (weitere) **Bescheinigung** des Schießsportverbandes. Aus dieser muss im Einzelnen hervorgehen, dass die über die Grundausstattung hinaus erstrebte Waffe einschließlich der zugehörigen Munition entweder vom Schützen benötigt wird, um **weitere,** bisher nicht erfasste **Schießdisziplinen** auszuüben, oder, dass sie nicht nur zum internen Schießen im Verein, sondern zum **wettkampfmäßigen Schießen** (vgl. BayVGH BayVBl. 2001, 689) über den Rahmen des Vereins hinaus erforderlich ist. Die Teilnahme an entsprechenden Wettkämpfen hat zur Voraussetzung, dass der Schütze besonders talentiert ist und schon vereinsintern außergewöhnliche Leistungen erbracht hat. Die zunächst ins Auge gefasste Regelung, dass bei dieser besonderen Bedürfnisprüfung die Art und weitere Verwendung der bereits besessenen Waffen zu berücksichtigen sei, hat der Gesetzgeber abgelehnt (Begr. BT-Drucks. 14/8886 S. 112). Das BVerwG hatte allerdings in einer mehrere Jahre vor dem Massaker von Erfurt (26. 4. 2002) getroffenen Entscheidung (GewA **1998,** 117, 118/119) darauf hingewiesen, dass unter Berücksichtigung des Ordnungsintern des Gesetzes, die Zahl der Waffen „im Volk" möglichst gering zu halten, stets zu prüfen sei, ob der Sportschütze sich vor dem Erwerb solcher neuen Waffen nicht zunächst von denjenigen alten Waffen zu trennen habe, die er nicht mehr benötige. Eine solche „Tauschregelung" ist jedoch nicht eingeführt worden, weil sie als „Schikane" hätte empfunden werden können; außerdem wäre dadurch die Ausübung der einzelnen Schießsportdisziplinen unzulässigerweise beeinflusst und gesteuert worden. In diesem Zusammenhang sei der Hinweis gestattet, dass nach § 11 Abs. 1 Satz 3 des „Ersten vorläufigen Entwurfs zu einer strukturellen Neuordnung des Waffenrechts" – Stand: 20. 5. 1997 – bei Sportschützen ein Bedürfnis idR für den Erwerb und Besitz von Einzellader- und Repetier-Langwaffen, von fünf halbautomatischen Langwaffen und von fünf Kurzwaffen anzuerkennen sein sollte.

Es war ursprünglich beabsichtigt, die Kriterien für die Leistungsschützen im Rahmen der Allgemeinen Verwaltungsvorschrift näher festzulegen (Begr. BT-Drucks. 14/7758 S. 63).

**4. Unbefristete Erwerbserlaubnis (Absatz 4).** Diese Regelung über die „Gelbe 6 WBK" (hierzu www.fwr.de/re_alte_gelbe_04-09) knüpft an § 28 Abs. 2 Satz 1 WaffG aF an. Nach dieser Vorschrift wurde Sportschützen eine unbefristete Erlaubnis erteilt, die allgemein zum zahlenmäßig unbegrenzten **Erwerb** (OVG Koblenz NVwZ-RR **1989,** 369) von Einzellader-Langwaffen (ohne Mehrschusseinrichtung; vgl. Nr. 32.2.1 WaffVwV aF; die Umarbeitung von Mehrladewaffen in Einzelladerwaffen regelte die „Richtlinie" des BMI–IS 5 – 681 201/12) berechtigte (VG Neustadt, Urteil vom 5. 10. 1994 – 3 K 3633/93 NW, mitgeteilt bei *Scholzen* DWJ **1995,** 752). Sportschützen konnten somit in einem vereinfachten Verfahren diejenigen Waffen erwerben, die seinerzeit am häufigsten zur Ausübung des regelrechten Schießsports benötigt wurden. Der Entwurf des WaffRNeuRegG hatte zunächst den Zusatz eingefügt, wonach Absatz 1 Satz 2 und 3 (Absatz 2 Satz 2 und 3 der endgültigen Fassung) beachtet werden müssten. Das bedeutete einmal, dass die Bescheinigung des Schießsportverbandes (Rdn. 2) zu Absatz 2 Satz 2 Nr. 2 (nicht zu Nr. 1; vgl. BT-Drucks.

§ 14 Abschn. 2. Umgang mit Waffen oder Munition

14/7758 S. 110 und 132) erforderlich wäre und dass zum anderen auch hier der vom Gesetz nicht gewünschten Anlegung von Waffensammlungen (Rdn. 3) entgegengewirkt werden sollte. Dieser Zusatz ist nicht Gesetz geworden (Begr. BT-Drucks. 14/8886 S. 112: Entlastung für Waffenbehörde und Schießsportverbände so dass die **Erwerbsbeschränkung** des Absatzes 2 Satz 3 (idR nur 2 Schusswaffen innerhalb von 6 Monaten) **hier nicht** gilt (VG Meiningen, Urteil vom 21. 3. 2006 – 2 K 1003/04 ME; VG Würzburg, Urteil vom 10. 3. 2005 – 5 K 04.1515; VG München, Urteil vom 4. 5. 2005 – M 7 K 04.995).

Welche Waffen – einschließlich Munition – von Sportschützen im einzelnen auf diese gesetzliche Erwerbserlaubnis hin angeschafft werden dürfen, ist in Satz 1 aufgezählt: Einzellader-Langwaffen (Anlage 1 A 1 U 1 Nr. 2.5 iVm. Nr. 2.6) mit glatten und gezogenen Läufen, Repetier- Langwaffen (Anlage 1 A 1 U 1 Nr. 2.4 iVm. 2.6; hierzu BVerwG NVwZ-RR **2000**, 20 nach WaffG aF) mit gezogenen Läufen sowie einläufige Einzellader-Kurzwaffen für Patronenmunition und von mehrschüssigen Kurz- und Langwaffen mit Zündhütchenzündung (Perkussionswaffen). Die Begründung (aaO) führt hierzu aus: Repetier-Langwaffen mit gezogenen Läufen – nicht jedoch die keine gezogenen Läufe aufweisenden Pumpguns – könnten in Zukunft (die Rechtslage war bisher umstritten) auf „Gelber" WBK „erworben werden; sie seien kriminalistisch gesehen nicht besonders gefährlich, andererseits aber bei Sportschützen weit verbreitet. Diese Beurteilung treffe auch zu für die in Zukunft gleichfalls auf „Gelber WBK" erwerbbaren einläufigen Einzellader-Kurzwaffen für Patronenmunition sowie mehrschüssige Kurz- und Langwaffen mit Zündhütchenzündung, sog. Perkussionswaffen (vgl. *Schulz* DWJ **2004**, Heft 9, 88). Ein konkretes Bedürfnis zum Erwerb wird hier nicht gefordert (**aA** *K/P* Rdn. 344 f.; wie hier *A/B* Rdn. 25).

Zu beachten ist, dass nach § 4 Abs. 4 Satz 1 nach drei Jahren das Fortbestehen des Bedürfnisses amtlicherseits überprüft wird und somit die strengen Anforderungen (zB hinsichtlich regelmäßiger Sportausübung) weiter erfüllt sein müssen. Auf § 8 Rdn. 16 wird hingewiesen. Vgl. auch § 15 Abs. 1 Nr. 7 Buchst. b. Zum Munitionstransport durch Sportschützen wird auf § 13 Rdn. 10 verwiesen (gilt entsprechend).

**7** **5. Eintragungsfrist (Absatz 4 Satz 2).** Ähnlich wie in § 13 Abs. 3 Satz 2 bei Jägern ist hier eine **Zweiwochenfrist** festgesetzt worden, binnen welcher die Eintragung der auf Grund der unbefristeten Erlaubnis erworbenen Waffen in die WBK zu beantragen ist (LG Meiningen [Rdn. 6]); die erste Waffe auf der Gelben WBK muss binnen eines Jahres eingetragen sein (§ 10 Abs. 1 Satz 3). Kurzwaffen sind in die Regel-WBK einzutragen (*Ostgathe* S. 39). Die Verletzung dieser Pflicht, die, wie nunmehr ausdrücklich zum Ausdruck gekommen ist, den Erwerber trifft, ist in § 53 Abs. 1 Nr. 7 bußgeldbewehrt (näher § 13 Rdn. 8 a ff.).

**7 a** **5 a.** Das **Verbringen** und die **Mitnahme** von Sportwaffen regeln § 32 WaffG und § 30 AWAffV.

**8** **6. Nicht berücksichtigter Änderungswunsch des Bundesrates** (BT-Drucks. 14/7758 S. 110 und 132). Er hatte vorgeschlagen, folgenden weiteren Absatz anzufügen: „Bei begründeten Zweifeln an der inhaltlichen Richtigkeit einer Bescheinigung im Sinne von Absatz 1 Satz 2 oder Absatz 2 und in ähnlichen Fällen ist die zuständige Behörde hieran nicht gebunden." Die BReg. lehnte diesen Vorschlag zu Recht ab mit folgender Begründung: „Die vorgesehene ergänzende Bestimmung ist entbehrlich. Sie verkennt bereits, dass es bei begründeten Zweifeln an der inhaltlichen Richtigkeit vorzulegender Bescheinigungen an der erforderlichen Glaubhaftmachung des Bedürfnisses fehlt. Das Vorliegen des entsprechenden Bedürfnisses ist aber bereits auf Grund der Regelung des § 4 Abs. 1 Nr. 4 und § 8 WaffG umfassend durch die Waffenbehörden zu überprüfen".

**Schießsportverbände, schießsportliche Vereine**

**15** (1) Als Schießsportverband im Sinne dieses Gesetzes wird ein überörtlicher Zusammenschluss schießsportlicher Vereine anerkannt, der
1. wenigstens in jedem Land, in dem seine Sportschützen ansässig sind, in schießsportlichen Vereinen organisiert ist,
2. mindestens 10 000 Sportschützen, die mit Schusswaffen schießen, als Mitglieder insgesamt in seinen Vereinen hat,
3. den Schießsport als Breitensport und Leistungssport betreibt,
4. a) auf eine sachgerechte Ausbildung in den schießsportlichen Vereinen und
   b) zur Förderung des Nachwuchses auf die Durchführung eines altersgerechten Schießsports für Kinder oder Jugendliche in diesen Vereinen
   hinwirkt,
5. regelmäßig überregionale Wettbewerbe organisiert oder daran teilnimmt,
6. den sportlichen Betrieb in den Vereinen auf der Grundlage einer genehmigten Schießsportordnung organisiert und
7. im Rahmen eines festgelegten Verfahrens die ihm angehörenden schießsportlichen Vereine verpflichtet und regelmäßig darauf überprüft, dass diese
   a) die ihnen nach diesem Gesetz oder auf Grund dieses Gesetzes obliegenden Pflichten erfüllen,
   b) einen Nachweis über die Häufigkeit der schießsportlichen Aktivitäten jedes ihrer Mitglieder während der ersten drei Jahre, nachdem diesem erstmalig eine Waffenbesitzkarte als Sportschütze erteilt wurde, führen und
   c) über eigene Schießstätten für die nach der Schießsportordnung betriebenen Disziplinen verfügen oder geregelte Nutzungsmöglichkeiten für derartige Schießstätten nachweisen.

(2) Von den Voraussetzungen des Absatzes 1 Nr. 1, 2 oder 4 Buchstabe b kann abgewichen werden, wenn die besondere Eigenart des Verbandes dies erfordert, öffentliche Interessen nicht entgegenstehen und der Verband die Gewähr dafür bietet, die sonstigen Anforderungen nach Absatz 1 an die geordnete Ausübung des Schießsports zu erfüllen. Eine Abweichung von dem Erfordernis nach Absatz 1 Nr. 2 ist unter Beachtung des Satzes 1 nur bei Verbänden zulässig, die mindestens 2000 Sportschützen, die mit Schusswaffen schießen, als Mitglieder in ihren Vereinen haben.

(3) Die Anerkennung nach Absatz 1 erfolgt durch das Bundesverwaltungsamt im Benehmen mit den nach § 48 Abs. 1 zuständigen Behörden des Landes, in dem der Schießsportverband seinen Sitz hat, und, soweit nicht der Schießsportverband nur auf dem Gebiet dieses

## § 15 Abschn. 2. Umgang mit Waffen oder Munition

Landes tätig ist, im Benehmen mit den nach § 48 Abs. 1 zuständigen Behörden der übrigen Länder.

(4) **Die zuständige Behörde hat das Recht, jederzeit den Nachweis über das Vorliegen der Voraussetzungen für die Anerkennung zu verlangen. Die Anerkennung kann zurückgenommen werden, wenn die Voraussetzungen nach Absatz 1 für ihre Erteilung nicht vorgelegen haben; sie ist zurückzunehmen, wenn die Voraussetzungen weiterhin nicht vorliegen. Die Anerkennung ist zu widerrufen, wenn eine der Voraussetzungen für ihre Erteilung nachträglich entfallen ist. Anerkennung, Rücknahme und Widerruf sind im Bundesanzeiger zu veröffentlichen. Vom Zeitpunkt der Unanfechtbarkeit der Aufhebung der Anerkennung an sind die Bescheinigungen des betreffenden Verbandes nach § 14 Abs. 2 und 3 nicht mehr als geeignete Mittel zur Glaubhaftmachung anzuerkennen. Sofern der Grund für die Aufhebung der Anerkennung Zweifel an der inhaltlichen Richtigkeit von Bescheinigungen aufkommen lässt, können die Behörden bereits ab der Einleitung der Anhörung von der Anerkennung der Bescheinigungen absehen. Die Anerkennungsbehörde unterrichtet die nach Absatz 3 an der Anerkennung beteiligten Stellen von der Einleitung und dem Abschluss des Verfahrens zur Aufhebung der Anerkennung.**

(5) **Der schießsportliche Verein ist verpflichtet, der zuständigen Behörde Sportschützen, die Inhaber einer Waffenbesitzkarte sind und die aus ihrem Verein ausgeschieden sind, unverzüglich zu benennen.**

(6) **Sportliches Schießen liegt dann vor, wenn nach festen Regeln einer genehmigten Sportordnung geschossen wird. Schießübungen des kampfmäßigen Schießens, insbesondere die Verwendung von Zielen oder Scheiben, die Menschen darstellen oder symbolisieren, sind im Schießsport nicht zulässig.**

(7) **Das Bundesverwaltungsamt entscheidet über die Genehmigung der Teile der Sportordnungen der Schießsportverbände, die für die Ausführung dieses Gesetzes und der auf seiner Grundlage erlassenen Rechtsverordnungen erheblich sind. Das Bundesministerium des Innern wird ermächtigt, durch Rechtsverordnung mit Zustimmung des Bundesrates zur Abwehr von Gefahren für die öffentliche Sicherheit oder Ordnung unter Berücksichtigung der berechtigten Interessen des Schießsports**

1. **Vorschriften über die Anforderungen und die Inhalte der Sportordnungen zum sportlichen Schießen zu erlassen und insbesondere zu bestimmen, dass vom Schießsport bestimmte Schusswaffen wegen ihrer Konstruktion, ihrer Handhabung oder ihrer Wirkungsweise ganz oder teilweise ausgeschlossen sind, sowie**
2. **einen Ausschuss zu bilden, in den neben Vertretern der beteiligten Bundes- und Landesbehörden auch Vertreter des Sports zu berufen sind und der das Bundesverwaltungsamt in Fragen der Anerkennung eines Schießsportverbandes und der Genehmigung der Schießsportordnung eines solchen Verbandes unter Berücksichtigung waffentechnischer Fragen berät.**

## Schießsportverbände; schießsportliche Vereine § 15

**1. Zweck der Regelung.** Die Vorschrift ist ohne Vorbild im bisherigen Waffen- 1
recht. Ihre Entstehung verdankt sie der Erfahrungstatsache, dass die **Privilegierungen** für Sportschützen in großem Maße **missbraucht** worden sind, indem kleine und kleinste Vereine und „Verbände" gegründet worden sind mit dem einzigen Ziel, ihren Mitgliedern erleichterten Zugang zu Schusswaffen zu verschaffen. Anders als bei Jägern (§ 13) ist der Zugang zum Bereich Sportschützen nicht von der Ablegung einer Prüfung unter staatlicher Aufsicht abhängig. Es konnte zudem festgestellt werden, dass die ausgestellten Bescheinigungen teilweise nicht den an sie zu stellenden Anforderungen entsprachen. Diesem Übelstand will das Gesetz entschieden begegnen. Die Initiative hierzu hat ihren Ursprung nicht erst in den Ereignissen von Erfurt (26. 4. 2002); die Gesetzesänderung war vielmehr schon lange zuvor Bestandteil der Reformbestrebungen (vgl. Beschluss des Bundesrates vom 25. 2. 2000 – BR-Drucks. 764/99). Die Sonderregelung für Sportschützen (jetzt § 14) steht und fällt mit der uneingeschränkten Rechtstreue und Verlässlichkeit von Schießsportverbänden sowie deren Bereitschaft und Fähigkeit zur Aufsicht über ihre Mitgliedsvereine. Es muss gewährleistet sein, dass tatsächlich nur ernsthafte Sportschützen den Besitz von Schusswaffen erlangen und mit ihren Waffen sachgemäß und sorgsam umgehen. Die Neuregelung muss daher festgelegen, dass ein Schießsportverband bestimmte Anforderungen hinsichtlich seiner Organisationsstruktur, Mitgliederzahl und sportlichen Betätigung erfüllen muss, um als Schießsportverband anerkannt zu werden. Nur deren Mitgliedern soll der Erwerb von Schusswaffen und Munition unter den Bedingungen des § 14 gestattet werden. Mit diesem Mindestmaß an Ordnungsstruktur soll es einerseits ermöglicht werden, Gruppierungen zu erkennen, bei denen der Schießsport nur **Vorwand** für Waffenbeschaffung ist, andererseits soll es einen bundesweit einheitlichen Vollzug des Waffenrechts garantieren und schließlich die Verbände des Schießsports stärken, um mit weniger Staat den Vollzug des Waffenrechts zu sichern. Die Neuregelung ist aus verfassungsrechtlichen Gründen nicht zu beanstanden (BVerfG vom 1. 4. 2003 – 1 BvR 539/03 – NJW **2003**, 3046 = GewA **2003**, 241 = NVwZ **2003**, 855). Hierzu auch *Sachs* JuS **2003**, 1226.

**2. Anforderungen an das Vorliegen eines „Schießsportverbandes" (Absatz 1).** 2
Die **Schwelle** zur Anerkennung eines solchen wird vom Gesetz ausgesprochen **hoch** gelegt (vgl. aber die Ausnahmemöglichkeit nach Absatz 2). Es muss sich naturgemäß um mehrere Schießsportvereine handeln, die sich auf überörtlicher Ebene zusammengeschlossen haben und die einzelnen Anforderungen der Nrn. 1 bis 7 Buchst. c erfüllen (eingehend *Heller/Soschinka* S. 103 ff.). Nach Nr. 1 ist die Organisation in schießsportlichen Vereinen wenigstens in jedem Bundesland erforderlich, in dem „seine" (d.h. die des Verbandes) Sportschützen ansässig sind. Nr. 2 verlangt zur Bildung eines „Verbandes" ein Minimum von zehntausend in Vereinen organisierten Sportschützen, die mit Schusswaffen schießen. Nr. 3 fordert, dass der Zusammenschluss von Vereinen sich dem sportlichen Schießen verschrieben hat, und zwar sowohl als Breitensport, also nicht nur für einige wenige ausgewählte Schützen, als auch als Leistungssport mit der Teilnahme an entsprechenden Wettkämpfen; aus der Formulierung „betreibt" ist herzuleiten, dass die Widmung zum Schießsport nicht nur Programm bleiben darf, sondern durch aktive Betätigungen verwirklicht werden muss. Hierzu gehört nach Nr. 4 Buchst. a das „Hinwirken" auf die Gewährleistung einer sachgerechten Ausbildung für die Vereinsmitglieder sowie nach Buchst. b in gleicher Weise auf die Nachwuchsarbeit in den Vereinen unter Berücksichtigung der besonderen Erfordernisse kind- und jugendgerechter Ausbildung zum sportlichen Schießen. Nach Nr. 5 wird ein solcher Verband auch dadurch charakterisiert, dass er

§ 15  Abschn. 2. Umgang mit Waffen oder Munition

überregionale schießsportliche Wettbewerbe entweder selbst organisiert oder doch wenigstens (mit seinen Vereinen) daran teilnimmt. Erforderlich ist nach Nr. 6 weiter, dass eine Schießsportordnung (§ 5 AWaffV) erlassen und in den Vereinen umgesetzt wird. Schließlich verlangt Nr. 7 in drei Varianten organisatorisches Hineinwirken in die angeschlossenen Vereine (mit Recht krit. aus Sicht der Praxis *Heller/Soschinka* S. 113 f.), damit diese ihre waffenrechtlichen Pflichten erfüllen (Buchst. a), einen (schriftlichen oder computermäßig vollzogenen) Nachweis über jedes Mitglied hinsichtlich der Häufigkeit seiner schießsportlichen Aktivitäten in den ersten drei (im Entwurf zunächst vorgesehen: sechs) Jahren nach Erhalt einer Sportschützen-WBK führen (Buchst. b); dies soll der Behörde ermöglichen, eine Feststellung darüber zu treffen, ob der Sportschütze sich tatsächlich regelmäßig schießsportlich betätigt hat, insbesondere, welche Übungen der Schütze absolviert und welche Disziplinen er geschossen hat, wobei nicht entscheidend ist, wieviel Munition der Sportschütze verbraucht hat. Letztlich ist darauf hinzuwirken, dass für die betreffenden aktuellen Schießsportdisziplinen entweder geeignete vereinseigene Schießstätten vorgehalten werden oder jedenfalls dem Verband nachgewiesen wird, dass geregelte Nutzungsmöglichkeiten bezüglich fremder Schießstätten zur Verfügung stehen. Gelingt dem Verband nicht, die ihm angeschlossenen Vereine zu einer entsprechenden Organisation zu veranlassen, wird ihm die Anerkennung mit den daraus resultierenden Konsequenzen auch für die Mitglieder versagt oder entzogen werden müssen; es ist beabsichtigt, die vorgenannten Anforderungen an einen Schießsportverband und die Zulassung von Ausnahmen hiervon im Rahmen der Allgemeinen Verwaltungsvorschrift näher zu konkretisieren (Begr. RegE BT-Drucks. 14/7758 S. 64).

**3** 3. **Abweichungen in den Anforderungen (Absatz 2).** Diese Bestimmung sieht vor, dass von den strengen Voraussetzungen zur Anerkennung eines Schießsportverbandes (Rdn. 2) in einzelnen Punkten im **Einzelfall** im Wege einer Ermessensentscheidung (BVerfG vom 1. 4. 2003 – 1 BvR 539/03 = GewA **2003**, 541; vgl. Rdn. 1 aE) abgesehen werden kann. Diese Ausnahmen betreffen allerdings nur die im Gesetz genannten Anforderungen, nämlich diejenigen nach Absatz 1 Nr. 1, 2 und 4 Buchst. b; alle anderen Erfordernisse sind nicht disponibel. Das Abweichen von den Regelanforderungen ist aber wiederum an strenge Voraussetzungen geknüpft: a) die „besondere Eigenart" des Verbandes muss dies nicht nur als wünschenswert, sondern als notwendig erscheinen lassen („erfordert"). Des Weiteren dürfen b) öffentliche Interessen nicht entgegenstehen. Hier sind die Erwägungen zu berücksichtigen, die zur Anhebung der „Schwellenwerte" für die Bejahung eines „Schießsportverbandes" geführt haben (Rdn. 1). Die Zubilligung von allzu vielen Ausnahmen könnte die gesamte Neuregelung aus den Angeln heben. Schließlich ist c) zu prüfen, ob der Verband nach Einschätzung der Behörde bei Zubilligung dieser Erleichterungen die Gewähr dafür bietet, dass jedenfalls die übrigen – nicht abdingbaren – Kriterien des Absatzes 1 (Rdn. 2) erfüllt werden. **Abdingbar** sind zum einen die in Absatz 1 Nr. 1 angesprochenen Organisationsstrukturen, ferner nach der dortigen Nr. 2 die Mindestanzahl der aktiven Sportschützen, wobei in diesem Fall in Absatz 2 Satz 2 eine absolute Mindestgrenze von zweitausend festgelegt worden ist, und schließlich nach Nr. 4 Buchst. b die Anforderungen an die Nachwuchsförderung, wobei hier vom Verband an sich nur ein „Hinwirken" erwartet wird, von dem aber nach dem Gesetzeswortlaut Befreiung erteilt werden kann.

**4** 4. **Anerkennung und Anerkennungsbehörde (Absatz 3).** Die Prüfung, ob die Voraussetzungen für die Annahme eines Schießsportverbandes (Absatz 1; Rdn. 2) vorliegen, und ggf. die Anerkennung dieses Status durch entsprechenden **Verwal-**

tungsakt obliegt nicht, wie ursprünglich geplant, der zuständigen **Landesbehörde** (§ 48 Abs. 1) am Sitz des Verbandes, sondern dem **Bundesverwaltungsamt** (vgl. www.bundesverwaltungsamt.de), allerdings im Benehmen mit dieser Landesbehörde. Das ist das Ergebnis der Einschaltung des Vermittlungsausschusses (BR-Drucks. 524/02 Anhang S. 3). Wenn sich das Betätigungsfeld des Verbandes nicht über die jeweilige Landesgrenze hinweg erstreckt, hat es damit sein Bewenden. Ist dies aber nicht der Fall, so hat die Entscheidung des Bundesverwaltungsamtes im Benehmen mit den zuständigen Behörden der ebenfalls tangierten Länder zu ergehen. (Absatz 3 letzter Halbsatz). Der Bundesrat hatte vorgeschlagen (BT-Drucks. 14/7758 S. 110), Absatz 3 wie folgt zu fassen: „Die Anerkennung nach Absatz 1 oder 2 erfolgt durch das Bundesministerium des Innern im Benehmen mit den obersten Landesbehörden", da nur die Anerkennung durch eine Bundesbehörde eine bundeseinheitliche Praxis gewährleiste; dies gelte auch, wenn ein Verband zunächst nur auf dem Gebiet eines Landes tätig werde, da nicht auszuschließen sei, dass er seine Aktivitäten auf andere Länder ausdehnen werde. Die BReg. (aaO S. 132) lehnte den Vorschlag zu Recht ab mit folgender Begründung: „Weder das Bundesministerium des Innern, das qua gubernativer Funktion nur für Aufgaben von grundsätzlicher politischer Bedeutung zuständig ist, noch eine diesem Ministerium nachgeordnete Behörde verfügen über die erforderlichen Informationsbestände, um die im Zusammenhang mit einem Anerkennungsverfahren nach § 15 Abs. 3 WaffG stehende Prüfung zur Anerkennung von Schießsportverbänden durchführen zu können. Bei den im Rahmen eines solchen Verfahrens zu beachtenden Prüfpunkten des § 15 Abs. 1 und 2 WaffG handelt es sich um Tatsachen, die primär – insbesondere auch auf Grund weiterer Bestimmungen des Gesetzes – nur den für den Vollzug des Waffengesetzes zuständigen Ländern gerade durch diesen Vollzug zugänglich sind und nur durch diese kontrolliert werden können. Eine Verlagerung der bloßen Entscheidungskompetenz in einem solchen Anerkennungsverfahren auf das Bundesministerium des Innern in Abhängigkeit von den Angaben der Behörden der Länder aber wäre in hohem Maße bedenklich, dies zumal da die Entscheidung über Fragen, die bei der Erteilung waffenrechtlicher Erlaubnisse im Zusammenhang mit nicht anerkannten Verbänden und deren Vereine[n] bestehen, weiterhin in der Zuständigkeit der Behörden der Länder verblieben". Der Vermittlungsausschuss ist dieser Argumentation indessen nicht gefolgt und hat für die Gesetz gewordene Einschaltung des Bundesverwaltungsamtes plädiert. Als erster wurde der Bund der Militär- und Polizeischützen (BdMP) am 6. 10. 2003 vom Bundesverwaltungsamt als „Schießsportverband" nach neuem Recht zugelassen unter Genehmigung der bisherigen Sportordnung. Es folgte am 7. 11. 2003 die Anerkennung des Deutschen Schützenbundes (DSB; vgl. www.schuetzenbund. de). Weiter anerkannt: DSU, BDS, Reservistenverband (dieser: 18. 10. 2004).

**5. Verfahrensrechtliche Sondervorschriften (Absatz 4).** Die Vorschrift erscheint unter dem Gesichtspunkt der – im Übrigen vom WaffRNeuRegG abgelehnten – Überreglementierung problematisch. Im einzelnen: **Nachweise** (Satz 1) über das Vorliegen der Anerkennungsvoraussetzungen des Absatzes 1 kann die zuständige Behörde zu jeder Zeit verlangen. Wer der Adressat dieses Verlangens ist, wird im Gesetz nicht gesagt. Nach den Umständen kann sich diese Aufforderung nur an die für den Verband verantwortlich zeichnenden Personen richten. Für den Fall des Nichtbringens derartiger Nachweise ist eine Bußgelddrohung nicht vorgesehen. Sie erscheint in diesem Falle auch entbehrlich, da die Behörde in solchen Fällen über das Mittel der Nichtanerkennung des Verbandes verfügt. Fakultative **Rücknahme** der Anerkennung (Satz 2) ist für den Fall vorgesehen, dass die Erteilungsvoraus-

**§ 15** Abschn. 2. Umgang mit Waffen oder Munition

setzungen bei Erlass des Anerkennungsverwaltungsaktes nicht vorgelegen haben; obligatorische Rücknahme hat zu erfolgen, wenn sie weiterhin nicht vorliegen. Der obligatorische **Widerruf** (Satz 3) hat zu erfolgen, wenn auch nur eine der Erteilungsvoraussetzungen nachträglich entfallen ist. Nach Satz 4 sind sowohl der Anerkennungsakt als auch die Aufhebungsakte Rücknahme und Widerruf im Bundesanzeiger zu veröffentlichen. Satz 5 regelt folgerichtig, dass nach dem unanfechtbar gewordenen Aufhebungsakt die vom Verband erteilten Bescheinigungen (§ 14 Abs. 1 und 2) „nichts mehr wert" sind, also von diesem Zeitpunkt ab keine privilegierende Wirkung mehr entfalten können; bestehende waffenrechtliche Erlaubnisse werden wohl nicht erfasst (*A/B* Rdn. 43). Nach Satz 6 können die Behörden sogar schon vorher im laufenden Aufhebungsverfahren (ab der Einleitung der Anhörung) den Bescheinigungen des Verbandes die Wirkung versagen, sofern der geltend gemachte Aufhebungsgrund Zweifel an der inhaltlichen Richtigkeit der erteilten Bescheinigungen entstehen lässt. Schließlich ist in Satz 7 vorgesehen, dass Nachricht von der Einleitung und dem Ergebnis des Aufhebungsverfahren hinsichtlich der Verbandsanerkennung an die Behörden ergehen muss, die nach Absatz 3 letzter Halbsatz in das Anerkennungsverfahren eingeschaltet sind.

**6** **6. Benennungspflicht des Schießsportvereins (Absatz 5).** Diese neue Pflicht, die den oder die Verantwortlichen des Vereins trifft, soll sicherstellen, dass die zuständige Behörde unverzüglich erfährt, wenn ein Sportschütze, der Inhaber einer WBK (für Sportschützen nach § 14 mit den dadurch eröffneten Privilegierungen) ist, aus dem Verein ausgeschieden ist. Eine Bußgelddrohung hat das Gesetz an die Verletzung dieser Pflicht nicht geknüpft. Die zunächst vorgesehen gewesene Einführung der erweiterten Pflicht, bereits zu melden, wenn ein Vereinsmitglied nicht mehr am aktiven Schießsport teilnimmt, ist nach Anhörung des Innenausschusses fallen gelassen worden; hier ist den Schießsportverbänden und -vereinen nachgegeben worden, die sich im Hinblick auf die hierdurch erforderlich werdende stetige Kontrolle der Schießaktivitäten ihrer Mitglieder überfordert gefühlt haben (Begr. BT-Drucks. 14/8886 S. 112).

**7** **7. Begriffsbestimmung für „Sportliches Schießen" (Absatz 6).** Über den ursprünglichen Entwurf hinaus war auf Grund der Anhörung des Innenausschusses „zur Abgrenzung von anderen schießsportlichen Aktivitäten" eine Definition des Sportlichen Schießens für erforderlich gehalten worden. Festgelegt wird, dass es zum Wesen des Sportschießens gehört, dass – im Gegensatz zu militärischem oder ähnlichem Schießen – nicht auf Ziele geschossen wird, die in irgendeiner Weise Menschen darstellen oder symbolisieren. Außerdem ist die Ausübung des sportlichen Schießens eingehend in einer „Sportordnung" (§ 5 AWaffV) reglementiert. Seine jetzige Fassung hat Absatz 6 durch den entsprechenden Vorschlag des Vermittlungsausschusses erhalten, Hierbei ist klargestellt worden, dass sämtliche Schießübungen des **kampfmäßigen** Schießens – als Beispiel wird die Verwendung „menschlicher" Ziele aufgeführt – **nicht zulässig** sind (§ 7 AWaffV; vgl. aber § 22 Abs. 1 Satz 2 AWaffV).

**8** **8. Weitere organisatorische Maßnahmen im Sportschützenbereich (Absatz 7).** Die Vorschrift ist ebenfalls ein Produkt der Einschaltung des Vermittlungsausschusses. Dieser hat offensichtlich das starke Bedürfnis gehabt, den Bereich „Sportliches Schießen" nach den Ereignissen von Erfurt an starke Regeln zu binden. Danach soll das bereits für die Anerkennung von Schießsportverbänden zuständige **Bundesverwaltungsamt** (Rdn. 4) darüber hinaus die waffenrechtlich bedeutsamen Teile der jeweiligen Sportordnungen (vgl. Abs. 1 Nr. 6) überprüfen und ggf. genehmigen; die Genehmigungsbedürftigkeit derartiger Sportordnungen ist allerdings nicht generell ausgesprochen worden. Gleichzeitig wurde das BMI durch ins Einzel-

Erwerb von Schusswaffen u. Munition durch Brauchtumsschützen **§ 16**

ne gehende Regelungen ermächtigt, den gesamten Sportschützenbereich durch eine entsprechende **Verordnung** (Absatz 7 Satz 2) näher zu ordnen, u. a. durch Bildung eines beratenden Fachausschusses (Absatz 7 Satz 2 Nr. 2). Auch insoweit hat das BVerfG keinen Verfassungsverstoß festgestellt (Beschluss vom 1. 4. 2003 – 1 BvR 539/03 – NVwZ **2003**, 855 = GewA **2003**, 241). Die Durchführungsbestimmungen finden sich in den §§ 5 bis 8 AWaffV. Vgl. aber § 6 AWaffV Rdn. 4. Paintball-, Gotcha- und Laserspiele sind dem Bereich des sportlichen Schießens **nicht** unterzuordnen (§ 1 Rdn. 3 a; *L/F/L* Rdn. 91 ff.).

**Erwerb und Besitz von Schusswaffen und Munition durch Brauchtumsschützen, Führen von Waffen und Schießen zur Brauchtumspflege**

**16** (1) **Ein Bedürfnis für den Erwerb und Besitz von Einzellader-Langwaffen und bis zu drei Repetier-Langwaffen sowie der dafür bestimmten Munition wird bei Mitgliedern einer zur Brauchtumspflege Waffen tragenden Vereinigung (Brauchtumsschützen) anerkannt, wenn sie durch eine Bescheinigung der Brauchtumsschützenvereinigung glaubhaft machen, dass sie diese Waffen zur Pflege des Brauchtums benötigen.**

(2) **Für Veranstaltungen, bei denen es Brauch ist, aus besonderem Anlass Waffen zu tragen, kann für die Dauer von fünf Jahren die Ausnahmebewilligung zum Führen von in Absatz 1 Satz 1 genannten Schusswaffen sowie von sonstigen zur Brauchtumspflege benötigten Waffen im Sinne des § 1 Abs. 2 Nr. 2 einem verantwortlichen Leiter der Brauchtumsschützenvereinigung unter den Voraussetzungen des § 42 Abs. 2 erteilt werden, wenn gewährleistet ist, dass die erforderliche Sorgfalt beachtet wird.**

(3) **Die Erlaubnis zum Schießen mit den in Absatz 1 Satz 1 genannten Schusswaffen außerhalb von Schießstätten mit Kartuschenmunition bei Veranstaltungen nach Absatz 2 kann für die Dauer von fünf Jahren einem verantwortlichen Leiter der Brauchtumsschützenvereinigung erteilt werden. Sie ist zu versagen, wenn**

1. **in dessen Person eine Voraussetzung nach § 4 Abs. 1 Nr. 1 bis 4 nicht vorliegt,**
2. **die Beachtung der erforderlichen Sorgfalt nicht gewährleistet ist,**
3. **Gefahren oder erhebliche Nachteile für Einzelne oder die Allgemeinheit zu befürchten sind und nicht durch Auflagen verhindert werden können oder**
4. **kein Haftpflichtversicherungsschutz gemäß § 4 Abs. 1 Nr. 5 nachgewiesen ist.**

**Die Erlaubnis nach Satz 1 kann mit der Ausnahmebewilligung nach Absatz 2 verbunden werden.**

(4) **Brauchtumsschützen dürfen in den Fällen der Absätze 2 und 3 oder bei Vorliegen einer Ausnahmebewilligung nach § 42 Abs. 2 die Schusswaffen ohne Erlaubnis führen und damit schießen. Sie dürfen die zur Pflege des Brauchtums benötigten Schusswaffen auch im Zusammenhang mit Veranstaltungen, bei denen es Brauch ist, aus be-**

## § 16 Abschn. 2. Umgang mit Waffen oder Munition

sonderem Anlass Waffen zu tragen, für die eine Erlaubnis nach Absatz 2 oder nach § 42 Abs. 2 erteilt wurde, ohne Erlaubnis führen.

**1** **1. Zweck der Regelung.** Neben dem „Jäger-Paragrafen" (§ 13) und dem „Sportschützen-Paragrafen" (§ 14 iVm. § 15) hat das WaffRNeuRegG auch die bisher in § 27 Abs. 3 Nr. 3, § 28 Abs. 4 Nr. 5 und § 32 Abs. 1 Nr. 2 WaffG aF an verstreuten Stellen zu findenden Vorschriften über Brauchtumsschützen in einer einzigen Bestimmung als weitere Sonderregelung zusammengefasst („Brauchtumsschützen-Paragraf"), obwohl dieser Personenkreis zahlenmäßig weit hinter den Jägern und Sportschützen zurückbleibt. Zudem war bisher unklar, ob Brauchtumsschützen waffenrechtlich als Sportschützen zu behandeln waren. Hier wird nunmehr eine deutliche Abgrenzung dahingehend vorgenommen, dass sie **nicht** zu jenen zählen. Vgl. auch die in § 47 Rdn. 2 genannte VO.

**2** **2. „Brauchtumsschützen" (Absatz 1).** Nach der gesetzlichen Begriffsbestimmung handelt es sich dabei um „Mitglieder einer zur Brauchtumspflege Waffen tragenden Vereinigung". Derartige Vereinigungen sind nicht in allen Teilen Deutschlands vertreten. Es handelt sich zB um die bayerischen Gebirgsschützenkompanien, ferner Schützengilden und ähnliche Schützenvereinigungen. Auch hier ist eine gewisse Organisation erforderlich, nämlich die Bindung der betreffenden Personen innerhalb einer solchen Vereinigung zur Brauchtumspflege, bei der es traditionsgemäß Brauch ist, bei bestimmten Anlässen Waffen zu tragen. Leider ist im Absatz 1 nicht verankert worden, dass sich dieses Waffentragen immer nur auf fest bestimmte besondere Anlässe beschränken muss (vgl. Absatz 2); der Wortlaut ließe auch ständiges Waffentragen zu.

**3** **3. Bedürfnis; Bescheinigung der Schützenvereinigung (Absatz 1 letzter Halbsatz).** Das Gesetz lehnt sich an die Konstruktion des § 14 Abs. 1 und 2 an, wo ebenfalls eine Bescheinigung (dort des Verbandes) zur Glaubhaftmachung eines entsprechenden Bedürfnisses für den **Erwerb und Besitz** der erstrebten Schusswaffen erforderlich ist. Aus der Bescheinigung einer spezifischen Brauchtumsschützenvereinigung muss klar hervorgehen, dass die erstrebten Waffen „zur Pflege des Brauchtums" im Rahmen der Vereinigung benötigt werden. Gleichzeitig legt die Bestimmung klar fest, dass hierfür nur gewisse Arten von Schusswaffen in Frage kommen, und zwar Einzellader-Langwaffen ohne Begrenzung sowie Repetier-Langwaffen in der Höchstzahl von drei Exemplaren einschließlich der für beide Arten bestimmten Munition. Handböller fallen nicht unter die Privilegierung, weil sie keine Langwaffen sind (*L/F/L* Rdn. 14); Standböller werden nur noch beschussrechtlich (§ 2 Abs. 3 BeschG) erfasst. „Die Zubilligung auch von Repetier-Langwaffen an Brauchtumsschützen trägt dem Umstand Rechnung, dass diese sich nach Aussage der Verbände der Brauchtumsschützen, die von Ländern, in denen das Brauchtumsschützentum verankert ist, bestätigt werden, besonders gut zum Salutschießen eignen und von Brauchtumsschützen auch für schießsportliche Betätigungen verwendet werden. Allerdings wird sowohl auf die entsprechende Anwendung der für Sportschützen geltenden Regelungen des § 14 Abs. 1 Satz 2 Nr. 1 (Mitgliedschaft und regelmäßiges Betreiben in einer Vereinigung seit mindestens einem Jahr) und des § 14 Abs. 1 Satz 3 (Erwerbsstreckungsgebot) verzichtet" (Begr. RegE BT-Drucks. 14/7758 S. 65). Erwerbs- und Besitzerlaubnis berechtigen naturgemäß nur zum Innehaben der Waffen „im stillen Kämmerlein", während der Brauchtumsschütze die Waffe vornehmlich in der Öffentlichkeit tragen will, bei Aufzügen und ähnlichen Veranstaltungen. Hier ist die Regelung über das „Führen" der Waffe maßgebend (vgl. hierzu Absatz 2 und 4).

Erwerb von Schusswaffen u. Munition durch Brauchtumsschützen  § 16

**4. Ausnahmebewilligung zum Führen (Absatz 2). a)** Die Bestimmung ist aus 4
§ 39 Abs. 3 WaffG aF – verändert – übernommen worden. Das Besondere an der
früheren Regelung war, dass die Ausnahmen nicht für Einzelpersonen, sondern für
**Vereinigungen** bewilligt wurden. Nach der damaligen Entwurfs-Begr. (BT-Drucks.
VI/2678 S. 33), berücksichtigte die Vorschrift, „dass in manchen Gegenden Angehörige von Vereinigungen traditionsgemäß bei wiederkehrenden Anlässen (zB bei
feierlichen Umzügen) Waffen tragen. Zur Vermeidung von Verwaltungsaufwand
erscheint es vertretbar, solchen Vereinigungen Ausnahmen von dem Verbot des Absatzes 1 für bestimmte, wiederkehrende Anlässe zu gewähren". Weder der damalige
Gesetzgeber noch der heutige beabsichtigte eine Einschränkung althergebrachten
Brauchtums, eine Tendenz, die bei der Erteilung von Ausnahmebewilligungen, die
sich im Übrigen regelmäßig auf alle Teilnehmer der betreffenden Veranstaltung und,
falls der Bescheid der Verwaltungsbehörde dies zum Ausdruck bringt, auf den Hin-
und Rückweg zum Veranstaltungsort erstrecken, zu berücksichtigen sein wird. Ist
der Hin- und Rückweg nicht von der Erlaubnis umfasst, gelten die Regeln über den
Waffentransport (§ 12 Abs. 3 Nr. 2; dort. Rdn. 23 ff.). Die Neufassung berücksichtigt demgegenüber, dass die Erlaubnis wegen des Prinzips der Höchstpersönlichkeit
waffenrechtlicher Erlaubnisse zum „Führen" nicht für die Vereinigung, sondern auf
einen verantwortlichen Leiter (dies muss nicht der Vorsitzende der Vereinigung
sein) auszustellen ist (Begr. aaO; vgl. aber die abweichende Regelung betr. einer
WBK für Schießsportvereine in § 10 Abs. 2 Satz 2). Zu beachten ist, dass die Ausnahmebewilligungen neuen Rechts zu Recht für **„Veranstaltungen"**, nicht mehr für
Vereinigungen erteilt werden.

**b) Zugelassene Waffen** iSv. Absatz 2 sind einmal die in Absatz 1 genannten 5
Schusswaffen, also Einzellader-Langwaffen oder Repetier- Langwaffen, zum anderen „sonstige zur Brauchtumspflege benötigte Waffen" nach § 1 Abs. 2 Nr. 2. Hierbei handelt es sich insbesondere um Hieb- und Stoßwaffen, aber auch um weitere
Waffen aus dieser Kategorie, allerdings nur insoweit, als sie traditionsgemäß im
Rahmen der Brauchtumspflege verwendet werden, also Degen, Dolche, Bajonette
und Ähnliches, aber auch Pulverböller zum Salutschießen, die dem BeschG unterliegen (vgl. § 2 Abs. 3 BeschG; *Heller/Soschinka* S. 121).

**c) Adressat** der Ausnahmewilligung ist ein **verantwortlicher Leiter** der 6
Brauchtumsvereinigung (vgl. Rdn. 4 aE). Durch die Verweisung auf § 42 Abs. 2 soll
ausgedrückt werden, dass dieser zuverlässig iSv. § 5 und persönlich geeignet iSv.
§ 6 sein muss, dass er den Nachweis zu führen hat, dass die Waffen für die Brauchtumsveranstaltung benötigt werden und dass die Prüfung aller Umstände für die Behörde zu dem Ergebnis führt, eine Gefahr für die öffentliche Sicherheit oder Ordnung sei nicht zu befürchten. Nach Absatz 2 aE hängt die Erteilung der Ausnahmebewilligung schließlich davon ab, dass die zuständige Behörde zu der Überzeugung
gelangt, dass die bei derartigen Aktivitäten mit ungefährlichen Aktivitäten erforderliche Sorgfalt
beachtet werden wird. Dies kann zB daraus geschlossen werden, dass in der Vergangenheit ähnliche Veranstaltungen ohne Beanstandungen abgelaufen sind.

**d) Befristung.** Das Gesetz sieht – wie bisher – eine zeitliche Beschränkung der 7
Ausnahmebewilligung auf höchstens **fünf Jahre** vor. Nach Ablauf einer solchen
Zeit erscheint es angebracht, die zugrunde liegenden Tatsachen erneut einer Prüfung
zu unterziehen.

**5. Erlaubnisfreies Führen (Absatz 3 früherer Fassung).** Die auf Anregung des 8
Bundesrats nach Anhörung des Innenausschusses eingefügte Bestimmung sollte
klarstellen, dass bei Vorliegen einer der beiden erwähnten Erlaubnisse (Absatz 2

197

**§ 16** Abschn. 2. Umgang mit Waffen oder Munition

oder § 42 Abs. 2) die an der jeweiligen Veranstaltung teilnehmenden Brauchtumsschützen ihre einschlägigen Schusswaffen führen dürfen, ohne hierzu einen Waffenscheins zu benötigen. Die Vorschrift ist – erstmalig in der BR-Drucks. 355/02 – im Gesetzgebungsverfahren „verschwunden". Ihr Inhalt wurde in Absatz 4 nF aufgenommen, ohne dass dies in den Materialien erwähnt wäre.

**9**  **6. Erlaubnis zum Schießen (Absatz 3 nF). a)** Ebenfalls auf die Höchstdauer von fünf Jahren kann nach **Satz 1** für Brauchtumsveranstaltungen (Absatz 2; Rdn. 4) eine Erlaubnis zum **Schießen** außerhalb von Schießstätten mit den für Brauchtumsschützen zugelassenen Schusswaffen (Absatz 1; Rdn. 3) unter Beschränkung auf Kartuschenmunition (Anlage 1 A 1 U 3 Nr. 1.2) erteilt werden. Dies beinhaltet eine weitere Ausnahme zusätzlich zu den in § 12 Abs. 4 Satz 2 genannten. Bezüglich des Adressaten dieser Bewilligung gilt das Rdn. 6 Gesagte. Die Regelung entspricht bisherigem Recht (§ 45 Abs. 4 WaffG aF). Zwar wurde hier von einer Dauererlaubnis für „Vereinigungen" gesprochen; in Nr. 45.3 WaffVwV aF war aber bereits darauf hingewiesen, dass die Erlaubnis dem verantwortlichen Leiter der Veranstaltung auszustellen ist. Als Anwendungsfälle wurden genannt: Schießen von Salven oder von Salut anlässlich von Prozessionen oder Beerdigungen. Vorbild der Regelung war seinerzeit Art. 40 Abs. 3 Satz 2 BayLStVG. Nach *Kääb/Rösch* in ihrer Kommentierung hierzu (Rdn. 31 zu Art. 40) trägt die Sonderregelung der seit alters her insbesondere im bayerischen Oberland bestehenden Sitte Rechnung, dass bestimmte Vereinigungen (zB die Gebirgsschützenkompanien, Krieger- und Veteranenvereine) bei bestimmten Anlässen (Neujahr, Fronleichnamsprozession, Hochzeit oder Begräbnis von Angehörigen der Vereinigungen u. ä.) Salut oder Salven schießen. Die Erteilung einer Einzelerlaubnis an jeden der teilnehmenden Schützen würde einen erheblichen Verwaltungsaufwand erfordern, der entbehrlich erscheint, da die in solchen Vereinigungen herrschende Disziplin gewährleistet, dass nur unter Beachtung der erforderlichen Sicherheitsvorkehrungen (zB mit steil hochgehobenem Gewehr und nur auf Kommando) geschossen wird. „Die Erlaubnis darf der Vereinigung, (die nicht notwendig ein rechtsfähiger Verein zu sein braucht), auf höchstens fünf Jahre und nur stets widerruflich erteilt werden; die Vereinigung muss ihrer Organisation und ihrer Zusammensetzung nach die Gewähr dafür bieten, dass die erforderliche Sorgfalt beim Schießen von den beteiligten Mitgliedern beachtet wird". Geschossen werden durfte auch damals nur mit Kartuschenmunition.

**10**  **b) Zwingende Versagungsgründe** für eine solche Schießerlaubnis enthält **Satz 2**. Hierzu wird zunächst (Nr. 1) auf die in § 4 Abs. 1 Nr. 1 bis 4 positiv formulierten Erteilungsvoraussetzungen Bezug genommen: Alterserfordernis, Zuverlässigkeit, persönliche Eignung, Sachkunde und Bedürfnis. Fehlt auch nur eine von diesen beim verantwortlichen Leiter der Brauchtumsschützenvereinigung, so muss die Ausnahmebewilligung versagt werden. Das Gleiche gilt nach Nr. 2, wenn nicht sicher ist, dass bei dem Schießen während der Veranstaltung die erforderliche Sorgfalt angewendet wird, was bei Schützen ohne einschlägige Erfahrung der Fall sein kann. Nr. 3 schließt an Nr. 2 an: mangelnde Sorgfalt kann zu Gefahren oder auch nur erheblichen Nachteilen für andere führen; hier hat allerdings vor dem Ausspruch der Versagung im Hinblick auf das Übermaßverbot die behördliche Prüfung zu erfolgen, ob solchen in Betracht kommenden negativen Auswirkungen nicht dadurch hinreichend begegnet werden kann, dass der Bewilligung entsprechende drittschützende Auflagen beigegeben werden. Schließlich wird hier die Bewilligung als Schießerlaubnis auch noch davon abhängig gemacht, dass ein ausreichender Haftpflichtversicherungsschutz iSv. § 4 Abs. 1 Nr. 5 nachgewiesen wird (§ 4 Rdn. 8). Hinsichtlich

Erwerb von Schusswaffen durch Munitionssammler **§ 17**

der genannten einzelnen Erteilungsvoraussetzungen wird auf die Erläuterungen zu diesen in den §§ 5 bis 8 verwiesen.

c) Einen **fakultativen** Versagungsgrund führte Absatz 3 **Satz 3** des ursprünglichen Entwurfs auf: Durch die Verweisung auf § 4 Abs. 2, der „unberührt" bleiben soll, sollte die Schießerlaubnis einem verantwortlichen Leiter der Brauchtumsschützenvereinigung auch dann versagt werden können, wenn er seinen gewöhnlichen Aufenthalt nicht seit mindestens fünf Jahren im Inland hatte (vgl. § 4 Rdn. 9). Auf Anregung des Bundesrats ist dieser Verweisungssatz aber als überflüssig gestrichen worden, so dass er nicht Gesetz geworden ist. 11

d) Zur **Erleichterung** des **Verwaltungsverfahrens** wird in **Satz 3** jetziger Fassung die Möglichkeit eingeräumt, das Verfahren mit dem Ziel Ausnahmebewilligung zum Führen der Waffen (Absatz 2) mit demjenigen, das die Erlaubnis zum Schießen anstrebt (Absatz 3 Satz 1), miteinander zu verbinden und über beides einheitlich zu entscheiden. 12

**7. Freistellung von Waffenschein und Schießerlaubnis (Absatz 4).** Diese erst gegen Ende des Gesetzgebungsverfahrens eingefügte Bestimmung stellt auf Anregung des Bundesrats klar, dass Brauchtumsschützen bei ihren Brauchtumsveranstaltungen **im Rahmen des jeweiligen Veranstaltungszwecks** von allen Erlaubniserfordernissen für das Führen ihrer einschlägigen Waffen und das brauchtumsmäßige Schießen mit ihnen freigestellt sind (Begr. BT-Drucks. 14/8886 S. 113). Sie hat insoweit auch den Inhalt des ursprünglich vorgesehenen Absatzes 3 (Rdn. 8) in sich aufgenommen. Hinsichtlich der „Mitnahme" innerhalb der EU wird auf § 32 Abs. 3 Nr. 3 verwiesen. 13

**Erwerb und Besitz von Schusswaffen oder Munition durch Waffen- oder Munitionssammler**

**17** (1) **Ein Bedürfnis zum Erwerb und Besitz von Schusswaffen oder Munition wird bei Personen anerkannt, die glaubhaft machen, dass sie Schusswaffen oder Munition für eine kulturhistorisch bedeutsame Sammlung (Waffensammler, Munitionssammler) benötigen; kulturhistorisch bedeutsam ist auch eine wissenschaftlich-technische Sammlung.**

(2) **Die Erlaubnis zum Erwerb von Schusswaffen oder Munition wird in der Regel unbefristet erteilt. Sie kann mit der Auflage verbunden werden, der Behörde in bestimmten Zeitabständen eine Aufstellung über den Bestand an Schusswaffen vorzulegen.**

(3) **Die Erlaubnis zum Erwerb und Besitz von Schusswaffen oder Munition wird auch einem Erben, Vermächtnisnehmer oder durch Auflage Begünstigten (Erwerber infolge eines Erbfalls) erteilt, der eine vorhandene Sammlung des Erblassers im Sinne des Absatzes 1 fortführt.**

**1. Entstehungsgeschichte.** In der Reihe der Spezialregelungen hinsichtlich des waffenrechtlichen Bedürfnisses für bestimmte Personengruppen hat das WaffRNeuRegG auch einen **„Sammler-Paragraphen"** geschaffen (zur Abgrenzung gegenüber § 18 vgl. *Scholzen* DWJ **2005**, Heft 8, 80). Absatz 1 entspricht im Wesentlichen § 32 Abs. 1 Nr. 4 WaffG aF. Während Erlaubnisse zum **Erwerb und Besitz** von Waffen sonst in der Regel die entsprechenden Erlaubnisse für Munition einschließen, ist dies in den Fällen des § 17 nicht der Fall. Ein Waffensammler kann aber auch gleichzei- 1

§ 17　　　　　　　　Abschn. 2. Umgang mit Waffen oder Munition

tig eine Erlaubnis zum Munitionserwerb erhalten. Das Sammeln von Waffen oder Munition kann sich – wie schon nach früherem Recht – aus dem **Beruf** oder der **fachlichen Ausbildung** ergeben oder **kulturhistorischen Zwecken** dienen (Begr. BT-Drucks. 14/7758 S. 65); die beiden erstgenannten Fälle ergeben sich allerdings nicht aus dem Gesetzestext, der nur von der kulturhistorisch bedeutsamen Sammlung spricht. Dieser Begriff ist, um Auslegungsprobleme aus dem Weg zu räumen, im Laufe des Gesetzgebungsverfahren gesetzlich dahin geklärt worden, dass **auch** eine **wissenschaftlich-technische Sammlung** das Prädikat „kulturhistorisch bedeutsam" erhalten kann (Absatz 1 letzter Halbsatz). Ein Bedürfnis konnte aber schon nach Nr. 32.4 WaffVwV aF vorliegen, wenn das Sammeln von Waffen mit dem Beruf oder der fachlichen Ausbildung des Antragstellers, der zB Büchsenmacher ist, in Zusammenhang steht oder sich auf Erinnerungsstücke bezieht. Wie die oben zitierte Gesetzesbegründung ergibt, will das Waffenrechtsneuregelungsgesetz an diesem Rechtszustand festhalten. Absatz 2 enthält die Regelungen aus den § 28 Abs. 2 Satz 2 und 4 sowie § 28 Abs. 7 Satz 2 WaffG aF. Abweichend von § 28 Abs. 2 Satz 4 WaffG aF liegt die zeitliche Bestimmung zur Vorlage einer Aufstellung über den Waffenbestand im pflichtgemäßen Ermessen der Behörde. Die Auflagenermächtigung verfolgt präventive Zwecke; die Erteilung einer Auflage setzt nicht das Vorliegen einer konkreten Gefahrensituation voraus (Begr. aaO). Ebenfalls erst später angefügt wurde dem Entwurf der Absatz 3, der eine „spezielle Erbenregelung" enthält (Begr. BT-Drucks. 14/8886 S. 113).

**2**　**2. Waffen- oder Munitionssammler (Absatz 1).** Nach dem damaligen ABer. (zu BT-Drucks. VI/3566 S. 7) liegt bei Waffensammlern „nur dann ein Bedürfnis für den Erwerb vor, wenn der Antragsteller für die Waffenentwicklung wissenschaftlich oder technisch tätig ist oder eine kulturhistorisch bedeutsame, gegen unbefugten Zugriff genügend gesicherte Sammlung anlegen oder erweitern will. Sollen dagegen Schusswaffen nur als Dekorationsstücke erworben werden, so besteht dafür kein Bedürfnis' (vgl. auch BVerwG NVwZ-RR **1989,** 76; *Meyer* GewA **1998,** 89, 96). Für solche Fälle sind Sammler auf sog. Zier- und Sammlerwaffen zu verweisen (§ 3 der 1. WaffV aF). Das Merkmal der **Sammlung** ist nicht bereits durch das bloße Anhäufen von Waffen oder Munition erfüllt. Auch reicht ein unbestimmtes, nur globales Sammlungsziel nicht aus (BVerwG aaO). Erforderlich ist eine bestimmte Thematisierung und entsprechende Systematisierung, die aus den Einzelstücken ein geordnetes Ganzes entstehen lässt (*Meyer* GewA **1998,** 89, 96). Eine gesonderte Sachkundeprüfung für Sammler, die Jäger sind, ist nicht zu fordern (BVerwG DVBl. **2003,** 880 = NVwZ-RR **2003,** 432, insoweit in Bestätigung von OVG Koblenz DÖV **2002,** 496 [L.]; hierzu *Scholzen* DWJ **2002,** Heft 1, 90). Ob eine solche **„Sammlerbefähigung"** vorliegt, ist nach umfassender Ermittlung des Sachverhalts, auch in subjektiver Hinsicht, zu entscheiden (BVerwG aaO; OVG Koblenz vom 25. 3. 2004 – 12 A 11889/03 = AS RP-SL **31,** 262).

**3**　Das Gesetz in seiner durch das Waffenrechtsneuregelungsgesetz geschaffenen Form nennt nur das Bedürfnis für die Anlegung oder Erweiterung von **kulturhistorisch bedeutsamen** Waffen- oder Munitionssammlungen (hierzu BVerwG NVwZ-RR **1994,** 210; NJW **1986,** 2066, 2067 = DVBl. **1985,** 1315; DÖV **1987,** 926 [L]; NJW **1985,** 1657; VG Karlsruhe GewA **1989,** 38; OVG Koblenz DVBl. **1979,** 731; OVG Lüneburg VerwRspr. **1978,** 607); *Hinze* DWJ **1991,** 1512; *Scholzen* DWJ **1993,** 100 zu OVG Koblenz 2 A 11245/91). Eine Ansammlung zahlreicher moderner Waffen (hierzu *Scholzen* DWJ **1995,** 394) entspricht diesen Anforderungen nicht. Die nach bisherigem Recht zweite Voraussetzung, dass die Sammlung hinreichend durch

# Erwerb von Schusswaffen durch Munitionssammler § 17

zweckentsprechende Vorkehrungen, zB Alarmanlagen, gegen unbefugten Zugriff (Diebstahl) geschützt ist (vgl. hierzu ausführlich Nr. 32.4.1 bis 4.5 WaffVwV aF) führt das Gesetz nicht mehr auf (vgl. aber § 36 nF). Kulturhistorische Bedeutung kommt einer Sammlung zu, wenn sie über eine „geschichtlich-kulturelle Aussagekraft" verfügt, sie also einen nicht nur geringfügigen Beitrag zur Dokumentation menschlichen Schaffens enthält (BVerwG, Urteil vom 10. 7. 1984 – 1 C 49.82 = DÖV **1984**, 981; *Meyer* GewA **1998**, 89, 96). Die erforderliche Thematisierung und Systematisierung des Sammlungsgutes muss bewirken, dass dadurch die zusammengetragenen Gegenstände als Sammlung gekennzeichnet werden (BVerwG *Buchholz* 402.5 WaffG Nr. 48 e S. 15). Aus dem Merkmal der kulturhistorischen Bedeutsamkeit einer Sammlung könnte hergeleitet werden, dass eine Zusammenfassung modernster Waffen auszuscheiden hat. Das trifft indessen nicht zu, wie der Gesetzgeber durch die Einfügung des letzten Halbsatzes in Absatz 1 zu erkennen gegeben hat. Das Erfordernis einer geschichtlich-kulturellen Aussagekraft schließt also nicht aus, dass auch solche Waffen Teil einer kulturhistorisch bedeutsamen Sammlung sein können, zB unter entwicklungsgeschichtlichen Gesichtspunkten. Der Begriff der kulturhistorisch bedeutsamen Sammlung ist nach allem nicht unter Ausklammerung der Zeitgeschichte auf ausschließlich historische Waffen beschränkt (BVerwG, Beschluss vom 15. 10. 1993 – 1 B 92.92 = GewA **1994**, 124). Wenn die Verwaltungsbehörde einem Waffensammler erlaubt, einen ganz bestimmten Typ einer Waffe zu sammeln, können hierunter bei einer technisch-wissenschaftlichen Ausrichtung der Sammlung oder bei einer Sammlung unter kulturhistorischen Aspekten auch solche Waffen als Sammlerstücke fallen, die nicht im Ursprungsland der Waffe gefertigt oder im von der Erlaubnis bestimmten Zeitraum tatsächlich verwendet wurden (BayObLG vom 19. 12. 2003 – 4 St RR 149/03 zu § 28 WaffG aF – BayOblGSt. **2003**, 148).

**3. Unbefristete Erwerbserlaubnis (Absatz 2 Satz 1).** „In der Regel" wird diese 4 Erlaubnis (rote WBK) ohne Befristung ausgestellt (wie nach § 28 Abs. 2 Satz 2 WaffG aF). Dem Charakter des Sammelns entspricht es, dass für die Hinzufügung neuer Objekte Gelegenheit geschaffen ist. Ein „Führen" derartiger Waffen ist ohne entsprechende Erlaubnis in dem Ausnahmefall des § 12 Abs. 3 Nr. 2 denkbar (*Ostgathe* S. 40).

**4. Fakultative Auflage (Absatz 2 Satz 2).** Während nach bisherigem Recht der Er- 5 laubnis zwingend die Auflage beigegeben werden musste (§ 28 Abs. 2 Satz 4 WaffG aF), der Behörde mindestens einmal jährlich ein Bestandsverzeichnis vorzulegen, begnügt sich die Neuregelung damit, eine solche Auflage als möglich zu bezeichnen. Um einer missbräuchlichen Ausnutzung der Erlaubnis zu begegnen, wird eine derartige Nebenbestimmung auch weiterhin als sinnvoll anzusehen sein. Aus der Gesetzesbegründung (Rdn. 1 aE) könnte entnommen werden, dass lediglich die zeitliche Bestimmung zur Vorlage des Bestandsverzeichnisses dem pflichtgemäßen Ermessen der Behörde überlassen wird; der Wortlaut der Bestimmung spricht aber eindeutig dafür, dass nicht nur das „Wie" der Auflage, sondern auch das „Ob" erfasst ist.

**5. Bedürfnis bei Fortführung der Sammlung eines Erblassers (Absatz 3).** Erst 6 nach Anhörung des Innenausschusses ist diese Sonderregelung der Vorschrift angefügt worden. Sie betrifft den Fall dass eine Person eine kulturhistorisch bedeutsame **Sammlung** „geerbt" hat, wobei auch der Erwerb im Vermächtniswege oder durch Erfüllung einer entsprechenden Auflage durch den Erben erfasst ist. Voraussetzung ist, dass dem Erblasser eine Sammler-WBK erteilt worden war (*K/P* Rdn. 383). Zum Streitwert bei Erteilung einer solchen WBK: OVG Bremen, Beschluss vom 8. 7. 2003 – 1 S 229/03. Wenn dieser Erwerber kraft Erbfalls die ererbte Sammlung nicht

§ 18 Abschn. 2. Umgang mit Waffen oder Munition

veräußern, sondern als solche fortführen will, wird ihm ebenfalls die Sammler-WBK in Bezug auf das Behaltendürfen der Sammlungsgegenstände erteilt. Nach der Gesetzesbegründung ist er ein „Sammler sui generis", der einen eigenen Status hat. Er braucht der Sammlung keine weiteren Sammlungsstücke hinzuzufügen („passiver Sammler"; auch der Erhalt des Bestandes ist ein „Fortführen" (Begr. BT-Drucks. 14/8886 S. 113). Die Begründung (aaO) betont außerdem, dass die vorliegende Privilegierung nicht mit dem Erbenprivileg des § 20 gekoppelt ist und deshalb von dessen zeitlichem „Auslaufen" nach Art. 19 Nr. 2 WaffRNeuRegG nicht erfasst wird; das beim Erbenprivileg in Rede stehende Blockiersystem habe zudem hier auszuscheiden, da die Sammlerwaffen im Originalzustand erhalten bleiben müssten.

### Erwerb und Besitz von Schusswaffen oder Munition durch Waffen- oder Munitionssachverständige

**18** (1) **Ein Bedürfnis zum Erwerb und Besitz von Schusswaffen oder Munition wird bei Personen anerkannt, die glaubhaft machen, dass sie Schusswaffen oder Munition für wissenschaftliche oder technische Zwecke, zur Erprobung, Begutachtung, Untersuchung oder zu einem ähnlichen Zweck (Waffen-, Munitionssachverständige) benötigen.**

(2) **Die Erlaubnis zum Erwerb von Schusswaffen oder Munition wird in der Regel**
**1. für Schusswaffen oder Munition jeder Art und**
**2. unbefristet**
**erteilt. Sie kann mit der Auflage verbunden werden, der Behörde in bestimmten Zeitabständen eine Aufstellung über den Bestand an Schusswaffen vorzulegen. Auf den Inhaber einer Waffenbesitzkarte für Schusswaffen jeder Art findet im Fall des Erwerbs einer Schusswaffe § 10 Abs. 1 Satz 4 keine Anwendung, wenn der Besitz nicht länger als drei Monate ausgeübt wird.**

1 **1. Entstehungsgeschichte.** Als weitere, die Basisvorschrift über das Bedürfnis (§ 8) ergänzende Regelung ist vorliegend der **„Sachverständigen-Paragraf"** geschaffen worden. Er ist gegenüber dem „Sammler-Paragrafen" (§ 17) für notwendig erachtet worden, weil die zugrunde liegende Interessenlage eine andere ist, es sich bei den Waffen- und Munitionssachverständigen nicht um Waffen- oder Munitionssammler im eigentlichen Sinne handelt (Begr. RegE BT-Drucks. 14/7758 S. 65). Im Wesentlichen wird bisheriges Recht übernommen (Absatz 1: § 28 Abs. 2 WaffG aF; Absatz 2: § 28 Abs. 2 Satz 2 und Abs. 7 Satz 2 WaffG aF).

2 **2. Bedürfnis bei Waffen- und Munitionssachverständigen (Absatz 1).** Diese müssen zur Erlangung einer Erwerbs- und Besitzerlaubnis glaubhaft machen, dass ihr Bedarf an Schusswaffen oder Munition sich aus den im einzelnen genannten Zwecken herleitet. Als **Varianten** führt das Gesetz auf: Für die **„wissenschaftliche"** Alternative kommen insbesondere Personen in Betracht, die sich wissenschaftlich in einem Laboratorium, zB für experimentelle Waffengeschichte, etwa Technikgeschichte der Feuerwaffe, oder unter kulturhistorischen Gesichtspunkten mit Schusswaffen beschäftigen und für ihre Arbeit über eine größere Anzahl von Schusswaffen verfügen müssen. Eine wissenschaftliche Tätigkeit kann sich dabei auf durch Publikationen nachgewiesene innerballistische oder außenballistische Untersuchungen,

Erwerb und Besitz von Schusswaffen und Munition § 19

auf die Entwicklung konstruktiver Neuerungen usw. beziehen. Zu **technischen Zwecken** werden Waffen oder Munition benötigt von Personen, die haupt- oder nebenberuflich mit der Beurteilung und Weiterentwicklung von Schusswaffen befasst sind und zur Ausübung ihrer Tätigkeit ebenfalls über eine größere Anzahl von Waffen verfügen müssen. Eine technische Tätigkeit liegt zB vor, wenn die mechanischen Abläufe und insbesondere deren Änderungen und Weiterentwicklungen untersucht oder vorangetrieben werden sollen.

Hierunter fallen weiter Personen, denen Schusswaffen zur **Erprobung, Begutachtung, Untersuchung** oder für ähnliche Zwecke überlassen werden. Sammler- und Sachverständigenkreise werden sich nicht selten überschneiden. In Betracht kommen solche Waffensachverständige, denen etwa von der Polizei, der Staatsanwaltschaft oder dem Strafgericht die Tatwaffe zur Untersuchung und Begutachtung übergeben wird, ferner Schießsachverständige, die feststellen sollen, ob eine in einem Betrieb hergestellte Schusswaffe den gesetzlichen Anforderungen voraussichtlich genügt, ferner die Inhaber von entsprechenden Waffenlaboratorien usw. 3

**3. Varianten der Erwerbserlaubnis (Absatz 2 Satz 1).** Solchen Spezialisten (Rdn. 2 und 3) kann ausnahmsweise die WBK **unbefristet** und für Schusswaffen und Munition **jeder** Art erteilt werden oder, wenn sie auf die Untersuchung bestimmter Schusswaffen spezialisiert sind, für bestimmte Arten von Schusswaffen, zB Handfeuerwaffen. 4

**4. Fakultative Auflage (Absatz 2 Satz 2).** Die Gesetzesbegründung führt hierzu aus: „Auch für Sachverständige wird in Satz 2 eine Verpflichtung zur Vorlage einer Aufstellung über den Bestand an Schusswaffen vorgesehen. Ebenso wie bei Waffen- und Munitionssammlern liegt die zeitliche Bestimmung zur Vorlage einer Aufstellung über den Waffenbestand im pflichtgemäßen Ermessen der Behörde. Die Auflagenermächtigung verfolgt auch hier präventive Zwecke; die Erteilung einer Auflage setzt nicht das Vorliegen einer konkreten Gefahrensituation voraus". Die Regelung über die Vorlage eines Bestandsverzeichnisses entspricht § 17 Abs. 2 Satz 2. Auf die dortige Rdn. 5 kann verwiesen werden. 5

**5. Eintragung in die WBK (Absatz 2 Satz 3).** Durch diese Vorschrift wird der Inhaber einer (roten) Sachverständigen-WBK für Waffen jeder Art (Rdn. 4) für bestimmte Fälle von der an sich vorgeschriebenen fristgebundenen Eintragung der erworbenen und in seinem Besitz befindlichen Schusswaffe in die WBK befreit. Das trifft zu, wenn er sie nicht länger als drei Monate besessen hat, wie das bei Sachverständigen häufig der Fall sein wird, die sich nur vorübergehend mit der Schusswaffe befassen. Diese Frist, die auch bisher schon vorgesehen war (§ 28 Abs. 7 Satz 2 WaffG aF), wird im allgemeinen für die Erstellung des Gutachtens ausreichen. Vgl. hierzu auch OLG Koblenz NStZ **2001**, 208, wonach in einem solchen Fall die Frist zur Anmeldung drei Monate und zwei Wochen beträgt. 6

## Erwerb und Besitz von Schusswaffen und Munition, Führen von Schusswaffen durch gefährdete Personen

**19** (1) **Ein Bedürfnis zum Erwerb und Besitz einer Schusswaffe und der dafür bestimmten Munition wird bei einer Person anerkannt, die glaubhaft macht,**

**1. wesentlich mehr als die Allgemeinheit durch Angriffe auf Leib oder Leben gefährdet zu sein und**

## § 19 Abschn. 2. Umgang mit Waffen oder Munition

**2. dass der Erwerb der Schusswaffe und der Munition geeignet und erforderlich ist, diese Gefährdung zu mindern.**

**(2) Ein Bedürfnis zum Führen einer Schusswaffe wird anerkannt, wenn glaubhaft gemacht ist, dass die Voraussetzungen nach Absatz 1 auch außerhalb der eigenen Wohnung, Geschäftsräume oder des eigenen befriedeten Besitztums vorliegen.**

**1** **1. Allgemeines.** Die Vorschrift fasst im Wesentlichen die bewährten Vorschriften des § 32 Abs. 1 Nr. 3 und des § 35 WaffG aF zusammen (Begr. RegE BT-Drucks. 14/7758 S. 65). Sie stellt eine weitere Ergänzung zu den Grundnormen der Bedürfnisfrage (§ 4 Abs. 1 Nr. 4; § 8) dar, und zwar für die Personengruppe der „gefährdeten Personen". Besser wäre gewesen, schon in der Überschrift der Bestimmung auf die **„besondere"** Gefährdung abzustellen, da eine nur allgemeine Gefährdung, der praktisch jedermann unterliegt, hier nicht maßgebend sein kann und daher von vornherein als Kriterium ausscheidet. Schon § 32 Abs. 1 Nr. 3 WaffG aF erkannte ein Bedürfnis in diesem Zusammenhang nur an, wenn glaubhaft gemacht war, dass eine Person „wesentlich mehr als die Allgemeinheit durch Angriffe auf Leib oder Leben gefährdet" war (Nachweise bei *Meyer* GewA **2001,** 89, 93). Dementsprechend hieß es in Nr. 32.3.2 WaffVwV aF, dass die Person „überdurchschnittlich" gefährdet sein müsse. Dass das Waffenrechtsneuregelungsgesetz hier keine Änderung bezweckte, ergibt sich aus der oben wiedergegebenen Begründung, die bewährten Vorschriften sollten erhalten bleiben, und dem Text der Neufassung, nach der – wie bisher – die betreffende Person „wesentlich mehr als die Allgemeinheit" gefährdet erscheinen müsse. Man kann diese Spezialregelung im Anschluss an vorhergehenden Vorschriften als den **„Personenschutz-Paragraphen"** bezeichnen. Als ergänzende Vorschrift ist § 28 zu beachten, der das waffenrechtliche Bedürfnis hinsichtlich des privaten Bewachungsgewerbe zum Gegenstand hat.

**2** **2. Bedürfnis zum Erwerb und Besitz von Schusswaffen und Munition (Absatz 1).** Während Absatz 2 sich mit dem Führen von Waffen (Waffenschein) beschäftigt, geht es hier um die Erwerbs- und Besitzerlaubnis (WBK). Gegenüber der zunächst vorgesehen gewesenen Fassung (Schusswaffen oder Munition) ist nach den Beratungen im Innenausschuss die jetzige Formulierung gewählt worden, mit der zum Ausdruck gebracht werden soll, dass in der Regel das Bedürfnis lediglich für eine einzige Schusswaffe und nur für die gerade hierfür bestimmte Munition anerkannt wird (Begr. BT-Drucks. 14/8886 S. 113). Wie nach bewährtem bisherigen Recht erfordert die Anerkennung eines Bedürfnisses in den hier maßgeblichen Fällen, dass zwei unterschiedliche Voraussetzungen glaubhaft gemacht werden: a) die besondere Gefährdung der Person (Nr. 1) und b) das Geeignetsein und die Notwendigkeit der erstrebten Bewaffnung – hier: Besitz im häuslichen Bereich (Absatz 1) – zur Minderung dieser Gefährdung (Nr. 2); denn eine erkennbare Wirkungslosigkeit der Ausstattung mit Waffen und Munition hinsichtlich der drohenden Gefahren kann ein Bedürfnis nicht begründen. Ein Bedürfnis kann andererseits auch vorliegen, wenn Angriffe auf andere Rechtsgüter als Leib und Leben zu befürchten sind (BVerwG NJW **1975,** 2258, 2259). Diese Fälle sind allerdings in § 19 nicht erfasst, sondern nach allgemeinen Bedürfnisregeln zu entscheiden (§§ 4, 8).

**3** **a)** Ob eine solche **überdurchschnittliche Gefährdung** (Absatz 1 Nr. 1) gegeben ist, bestimmt sich nach den Umständen des Einzelfalles. Bei der gebotenen Abwägung zwischen den persönlichen Interessen des Antragstellers an der Verbesserung seiner Sicherheit durch den Besitz einer Schusswaffe einerseits und andererseits dem öffentlichen Interesse daran, dass möglichst wenig Waffen unter die Bevölkerung kommen, ist – wie bisher – stets ein „strenger Maßstab" anzulegen (Begr. RegE BT-Drucks. 14/7758 S. 65). Wird ein Bedürfnis für Waffenbesitz geltend gemacht, so bedarf es einer Interessenabwägung zwischen der Anerkennung der Notwehr als legitimem menschlichem Verhalten – „Recht braucht dem Unrecht nicht zu weichen" – und den Gefahren, die eine zu weitgehende Bewaffnung für die Allgemeinheit zur Folge haben würde. Welche der miteinander kollidierenden Interessen höher zu bewerten sind, kann davon abhängen, ob der Antragsteller die Schusswaffe nur innerhalb oder auch außerhalb des eigenen häuslichen Bereichs zur Verfügung haben will. Daraus ergibt sich eine graduelle **Abstufung** der Bedürfnisprüfung je nachdem, ob es sich um die Erteilung einer **WBK** (Absatz 1) oder die Bewilligung eines **Waffenscheins** (Absatz 2) handelt.

**b) Die Entwicklung der Rechtsprechung.** Da es sich stets um Entscheidungen 4 im **Einzelfall** handelt (Rdn. 3), hat sich im Laufe der Jahrzehnte eine nahezu unüberschaubare **Kasuistik** ergeben, die nicht immer streng zwischen dem Bedürfnis zum Besitz (WBK) und demjenigen zum Führen (Waffenschein) unterschieden hat. In der Tat ist die Frage, ob eine Gefahrenlage für Leib oder gar für das Leben (Verletzungs- oder Tötungsgefahr) gegeben ist, primär und meist unabhängig von der Frage, auf welche Weise man ihr am effektivsten begegnet.

Die Formulierung dieser in der Praxis besonders wichtigen Regelung über das 5 Bedürfnis bei besonderer Gefährdung (Absatz 1 Nr. 1; zuvor § 32 Abs. 1 Nr. 3 WaffG aF) stimmt **waffenrechtsgeschichtlich** betrachtet weitgehend mit den von der Rechtsprechung der Oberverwaltungsgerichte (Verwaltungsgerichtshöfe) zu § 15 Abs. 1 RWaffG bei Auslegung des Bedürfnisbegriffs erarbeiteten Rechtsgrundsätzen überein. Hiernach war ein Bedürfnis für die Erteilung eines Waffenscheins (die WBK gab es noch nicht) dann anzuerkennen, wenn bei dem Antragsteller besondere Umstände vorlagen, die ihn von der Allgemeinheit unterschieden und als besonders gefährdet erscheinen ließen. Dabei musste es sich um Umstände handeln, die berücksichtigenswert waren, also nicht auf einer Laune, Liebhaberei oder Überängstlichkeit, sondern auf einem wirtschaftlichen, persönlichen oder anderweit begründeten Interesse beruhten. Zur Begründung dieser besonderen Umstände genügte nicht eine abstrakte Gefahr; die gefahrbringenden Umstände mussten vielmehr im Einzelfall realisiert sein. Außerdem musste der Erwerb bzw. der Gebrauch der munitionierten Schusswaffe geeignet sein, die Gefährdung des Antragstellers wenigstens herabzusetzen, was die Neuregelung nunmehr gesondert in der Nr. 2 von Absatz 1 aufführt. Diese Rechtsprechungsgrundsätze sind seinerzeit in das WaffG aF übernommen worden. Das BVerwG hat nach seiner grundlegenden Entscheidung aus dem Jahre 1975 (BVerwGE **49**, 1) später hinsichtlich einer beantragten WBK deutlich gemacht, dass ein Bedürfnis auch aus einem berücksichtigenswerten wirtschaftlichen Interesse hergeleitet werden könne (GewA **1993**, 325); der Betrieb einer Fachschule für Personenschutz könne ein derartiges wirtschaftliches Interesse begründen. Diesen Fall hat der Gesetzgeber des WaffRNeuRegG nunmehr ebenfalls ausdrücklich mit erwähnt (§ 8 Nr. 1). Er ist aber nicht Gegenstand der vorliegenden Regelung (vgl. Rdn. 2 aE).

Schon zuvor hatte das BVerwG Gelegenheit, in grundlegenden Entscheidungen 6 (hierzu eingehend *Meyer* GewA **1998**, 89, 94 ff.) vom 24. 6. 1975 (1 C 25 und 30.73, 2 und 45.74 und 6.75 – NJW **1975**, 2258 und **1976**, 638 sowie MDR **1975**, 1047, DVBl. **1975**, 890) zur Frage des Vorliegens eines Bedürfnisses für besonders gefährdete Personen Stellung zu nehmen, wobei das Vorliegen eines besonderen Schutzbedürfnisses (vgl. dazu *Hinze* DJW **1976**, 1046 und DÖV **1976**, 159) bei Taxifahrern, Geschäftsreisenden, einem Landarzt, einem Amtsanwalt (MDR **1975**, 1047),

## § 19 Abschn. 2. Umgang mit Waffen oder Munition

einem Apotheker (Rauschgiftdiebstahl) – E vom 24. 6. 1975 – 1 C 2.74 – DVBl. **1975,** 890) zu überprüfen war. Wie das BVerwG NJW **1975,** 2258, 2259 ausführte, stellte das WaffG 1972 – was wegen der unveränderten Fassung auch für das WaffG 1976 galt – an den Nachweis eines Bedürfnisses für Schusswaffen zu Verteidigungszwecken die gleichen Anforderungen wie das RWaffG 1938. Hiernach durfte die Erlaubnis zum Führen von Schusswaffen durch Privatpersonen nur unter engen Voraussetzungen erteilt werden (so auch VGH Mannheim BaWüVerwPr. **1996,** 209; BayVGHBayVBl. **1994,** 732; **1985,** 370, 371). Nach der Konzeption des WaffG – auch in seiner neuen Fassung – darf die Erteilung der Erlaubnis, insbesondere für das „Führen" von Schusswaffen, nicht die Regel sein, sondern sie muss eine Ausnahme bleiben.

**7**  Nach Nr. 32. 3. 5. 2 WaffVwV aF soll eine **besondere Gefährdung** insbesondere vorliegen bei Personen, für die im Zusammenhang mit ihrer **Berufsausübung** in erhöhtem Maße die Gefahr von Überfällen besteht, zB bei Angestellten von Geldinstituten und Geldtransportinstituten, Lohngeldfahrern, Angestellten von Bewachungsunternehmen bei besonders gefährdeten Objekten, Personen, die besonders begehrenswerte Güter befördern, wie zB Schusswaffen, Munition oder Betäubungsmittel, und die deshalb bevorzugtes Ziel geplanter verbrecherischer Überfälle sind. Aber auch hier sind die Umstände des Einzelfalles entscheidend, so dass bei mangelndem Nachweis von Gefährdungssituationen in den zurückliegenden Jahren ein Bedürfnis verneint werden kann (VGH Mannheim BaWüVerwPr. **1996,** 209, 210 betr. den nebenberuflichen Betriebsleiter einer Waffenhandlung ohne Geschäftslokal, der Waffen und Schmuck transportiert). In derartigen Fällen kann es angezeigt sein, die Stellungnahme des Bundeskriminalamtes, des jeweiligen Landeskriminalamtes (*Meyer* GewA **1998,** 89, 95 mwN in Fn. 102) oder der zuständigen Landespolizeibehörde einzuholen (VGH Mannheim aaO). Wird von diesen Stellen aufgrund der von ihnen gemachten Erfahrungen eine solche überdurchschnittliche Gefährdung nicht bejaht, so kann dem Antrag nicht stattgegeben werden. So musste einem in Süddeutschland tätigen Gebrauchtfahrzeughändler, der im Umherreisen Märkte besucht und aufgekaufte Kraftfahrzeuge jeweils bar bezahlt, ungeachtet der von ihm mitgeführten hohen Geldbeträge ein Waffenschein versagt werden (OVG Koblenz GewA **2000,** 194 = AS RP-SL **28,** 111), nachdem das Verwaltungsgericht zunächst gegenteilig entschieden hatte.

Der Gefährdungsunterschied gegenüber der Allgemeinheit muss in jedem Falle auf Umständen beruhen, die waffenrechtlich berücksichtigungswürdig sind. Das war zB nicht gegeben bei einem Bergsteiger, der sich in seiner Freizeit dem Bergsteigen in Extremlagen widmet und dieses selbstgeschaffene Risiko durch das Mitführen einer großkalibrigen Signalpistole mindern wollte (OVG Koblenz GewA **1997,** 372, 373; vgl. aber die neue Regelung in § 12 Abs. 3 Nr. 3). Die Zugehörigkeit zu einer bestimmten Berufsgruppe, die nach allgemeiner Lebenserfahrung wesentlich mehr als die Allgemeinheit gefährdet ist, muss zwar berücksichtigt werden, ist aber nicht allein ausschlaggebend (VGH Mannheim BaWüVerwPr. **1996,** 209, 210); es gelten keine allgemeinen berufsspezifischen Gefährdungsmaßstäbe (BVerwG, Beschluss vom 22. 9. 1993 – 1 B 153.92; *Meyer* GewA **1998,** 89, 95). Das gilt auch für Transportunternehmer, die Waffen befördern (VG Düsseldorf NWVBl. **2001,** 367).

**8**  Nach der bisherigen vielfältigen **Rechtsprechung** ist ein Bedürfnis zB **anerkannt** worden vom OVG Lüneburg (BM **1967,** 160) für den Fall einer Gastwirtin, welche die Tageseinnahmen über Nacht zu Hause aufbewahrte (vgl. aber OVG Lüneburg GewA **1978,** 277), und vom OVG Münster (BM **1966,** 220) für den Kraftfahrer einer größeren Firma, der Lohngelder über eine Entfernung von 45 km zu einer

Erwerb und Besitz von Schusswaffen und Munition § 19

auswärtigen Betriebsstätte zu transportieren hatte (anders BayVGH DÖV **1976**, 719 [LS]) und für Begleiter eines Geldtransports einer Bank (BayVGH VerwRspr. **1973**, 844); **abgelehnt** für Mitinhaber eines Straßenbauunternehmens, der Lohngelder von ca. 30 000,– DM ausfährt (OVG Koblenz VerwRspr. **1973**, 613; desgleichen bei einem Baubediensteten und freien Architekten (BVerwG NJW **1980**, 1588). Richtungweisende Ausführungen finden sich auch in einer Entscheidung, die einen häufig auf Reisen befindlichen Juwelier betraf (BVerwG DVBl. **1980**, 1044 = GewA **1980**, 348 – 1 C 38/77), insbesondere zur überdurchschnittlichen Gefährdung, wofür mit Recht auf eine „lebensgerechte Betrachtung" abgestellt wird. Danach kann bei einem reisenden Kunstgoldschmied ein Bedürfnis bejaht werden (VGH Mannheim GewA **1989**, 245 = NVwZ-RR **1990**, 73), ebenso bei einem reisenden Edelsteinhändler (VG Koblenz GewA **1989**, 242).

Ein Bedürfnis ist **verneint** worden bei dem Leiter des Technischen Kundendienstes einer großen, im Waffen- und Munitionshandel tätigen Firma, der nur gelegentlich und unregelmäßig – durchschnittlich ein- bis zweimal monatlich – bei Außendienstfahrten Waffen und Munition befördert (BayVGH GewA **1994**, 245, das ihn in erster Linie auf die Möglichkeit eines Waffenscheins für das Unternehmen nach § 35 Abs. 3 WaffG aF verweist). Ebenfalls verneint vom VGH Mannheim (BaWüVerwPr. **1996**, 209, 210) bei dem nebenberuflichen Betriebsleiter einer Waffenhandlung ohne Geschäftslokal, der Waffen und Schmuck transportiert. Verneint worden ist auch das Bedürfnis zum Führen eines Revolvers bei einem Privatdetektiv (OVG Brandenburg NJ **2002**, 442). 9

Das OVG Hamburg wiederum hat in einem Urteil vom 27. 11. 1970 (OVG Bf I 25/70) das Bedürfnis bei einem **Arzt** wegen dessen stärkerer Gefährdung bei nächtlichen Besuchen von Kranken bejaht (aA VG Neustadt a. d. W. GewA **1989**, 241), zumal er den Weg hierbei nicht bestimmen könne: Fingierten Besuchsaufforderungen könne der Arzt aus menschlichen Gründen nicht ausweichen; die Herbeiführung von Polizeischutz würde die ärztliche Hilfe verzögern. Eine besondere Gefahr sei auch im Hinblick auf die mitgeführten Rezeptblöcke, an denen ein spezielles Interesse von Rauschgiftsüchtigen bestehe, anzuerkennen. Das OVG Hamburg führt im Zusammenhang mit der Bejahung der Bedürfnisfrage wörtlich aus: „Ist ein besonderes Bedürfnis des Bewerbers anzuerkennen, sich oder sein Eigentum durch eine scharfe Faustfeuerwaffe zu schützen, kann es nicht mehr im Ermessen der Behörde liegen, ob sie ihm die gesetzlich vorgesehene Schutzmöglichkeit zubilligen will." Dagegen hat der VGH München das Bedürfnis zum Führen einer Faustfeuerwaffe und auch die Ausstellung einer WBK hierfür bei einem Nachtlokalbesitzer verneint (Urt. v. 19. 1. 1976 BayVBl. **1976**, 345); desgl. für den Besitzer einer Tankstelle, in die mehrfach eingebrochen worden war; Alternative: Alarmanlage (GewA **1988**, 139); ebenso ablehnend hinsichtlich eines Waffenscheins für einen Rechtsanwalt als Grundstücksverwalter und Übermittler von Geld und Wertgegenständen (GewA **1990**, 110) oder als Strafverteidiger (BayVGH BayVBl. **1994**, 732), einem Taxifahrer (BayVBl. **1985**, 370, 371) und einem Bewachungsunternehmer (GewA **1989**, 37), der keine besonders gefährdeten Personen und Objekte bewacht; hier gilt jetzt die Sonderregelung des § 28. Auch der VGH Mannheim versagte einem Rechtsanwalt den Waffenschein (NJW **1992**, 2308). Zum Fall eines Juwelenhändlers, der seine Kollektion auf Messen anbietet vgl. OVG Koblenz GewA **1978**, 398, für Pelzhändler (Bedürfnis verneint) OVG Koblenz AS **13**, 327. Der VGH Kassel hat für den Betreiber einer Lottoannahmestelle das Bedürfnis verneint (DÖV **1977**, 644), desgl. für einen Waffengraveur (GewA **1986**, 175) und mit Urt. v. 2. 12. 1975 (NJW **1976**, 1990) einem verantwortlichen Luftfahrzeugführer die Ausstellung eines Waf- 10

## § 19 Abschn. 2. Umgang mit Waffen oder Munition

fenscheins verweigert und ihn auf die Erteilung einer Bescheinigung gem. § 35 Abs. 5 WaffG 1972 (§ 6 Abs. 2 WaffG 1976) verwiesen. Vgl. auch VG Minden DÖV **1991,** 1078 zur Erteilung eines Waffenscheins an einen „spezialisierten" Waffenhändler.

**11** Zu beachten ist, dass uU auch die besondere **Wohnlage** in einer abgelegenen Gegend (hierzu VGH Kassel GewA **1987,** 176) oder einem Wochenendhaus oder einem Wohnwagen ein erhöhtes Schutzbedürfnis begründen kann. Eine einsame Wohnlage allein begründet aber noch kein Bedürfnis (VG Münster NWVBl. **1991,** 71.

**12** Da der einzelne Antragsteller nach **objektiven Maßstäben** überdurchschnittlich gefährdet sein muss (VGH Mannheim BaWüVerwPr. **1996,** 209; BayVGH BayVBl. **1994,** 732), begründet ein Gefühl allgemeiner Unsicherheit oder eine allgemeine Besorgnis in Anbetracht zunehmender Kriminalität noch kein Bedürfnis für Waffenbesitz.

**13** **b) Geeignetheit und Erforderlichkeit (Absatz 1 Nr. 2).** Ein Bedürfnis ist – im Einklang mit dem bisherigen Recht – nicht anzuerkennen, wenn nach den Umständen des einzelnen Falles die Waffe (einschließlich der zugehörigen Munition) zur Minderung der Gefährdung nicht geeignet oder nicht erforderlich ist (BayVGH BayVBl. **1994,** 732; *Meyer* GewA **1998,** 89, 96 mwN). **Geeignet** ist sie, wenn durch sie in einer für die Verhältnisse des Antragstellers typischen Verteidigungssituation eine erfolgreiche Abwehr zu erwarten ist. Das soll nach *Meyer* (aaO) möglicherweise entfallen, wenn ein etwaiger Angriff so überraschend käme, dass der Betroffene zu einer wirksamen Verteidigung außerstande wäre (OVG Münster, Beschluss vom 16. 3. 2005 – 20 A 2164/04; ähnlich *A/B* Rdn. 11 für Angriffe „aus dem Hinterhalt"); eine solche Prognose zu stellen, erscheint indessen nicht verantwortbar. Abgestellt wird ausdrücklich auf die Geeignetheit des Erwerbs (und anschließenden Besitzes) der Waffe oder der Munition, nicht auf die körperliche Geeignetheit des Antragstellers; diese wird in § 6 erfasst. Waffe und Munition sind nicht **erforderlich,** wenn die Gefährdung sich auf andere zumutbare Weise verhindern lässt, zB durch bauliche Maßnahmen. Ein Bedürfnis zum Führen einer Schusswaffe wegen überdurchschnittlicher Gefährdung durch Angriffe auf Leib oder Leben besteht nicht, wenn das Führen einer Schusswaffe zur Minderung der Gefährdung nicht erforderlich ist, weil Änderungen im Verhalten des Betroffenen sowie andere Schutzvorkehrungen durch Dritte zumutbar und geboten sind (OVG Koblenz NVwZ-RR **2005,** 326). In Betracht kommt auch das Halten von Wachhunden (BVerwG NuR **1988,** 384; *A/B* Rdn. 13). Für den Erwerb von Munition durch einen Hühner züchtenden Landwirt („Aussiedlerhof") hat das BVerwG (NuR **1988,** 384) ein Bedürfnis verneint; bauliche Maßnahmen und das Halten von Wachhunden reichten aus.

Ob auch eine abweichende Gestaltung der Lebensverhältnisse vom Antragsteller gefordert werden kann (*Meyer* aaO), erscheint zweifelhaft. Grundsätzlich ist eine Person nicht gehalten, ihre Lebensgewohnheiten, geschäftlichen Gepflogenheiten und betriebsbedingten Geschäftsbedürfnisse zu ändern, um das an sich bestehende Bedürfnis in Wegfall zu bringen.

**14** Schließlich ist bei der Bedürfnisfrage im Rahmen der Erforderlichkeit auch die **Verteidigungsfähigkeit** des Bewerbers zu berücksichtigen. So wird ein an Jahren älterer Antragsteller im allgemeinen nicht mehr in der Lage sein, sich ebenso gut wie ein jüngerer Bewerber körperlich zu verteidigen, weil ihm hierfür Reaktionsschnelligkeit, Behändigkeit und auch die erforderliche physische Kraft fehlen (*Wilhelm* DÖV **1966,** 329, 332). Es ist also bei der Beantwortung der Bedürfnisfrage auch der Grundsatz der Relativität zu beachten und hierbei stets von der Person des Antragstellers und seinen individuellen Lebensverhältnissen auszugehen.

### 3. Bedürfnis zum „Führen" der Waffe bei besonderer Gefährdung (Absatz 2).
Wer mit einer Schusswaffe außerhalb der eigenen Wohnung, Geschäftsräume oder des eigenen befriedeten Besitztums (Anlage 1 A 2 Nr. 4) umgehen, sie „führen" will (§ 1 Rdn. 46), stellt auf Grund dessen eine gewisse latente Gefahr für unbeteiligte Dritte dar. „Im Hinblick auf die besondere Gefährlichkeit des Führens von Schusswaffen im öffentlichen Bereich ist hier ein besonders strenger Maßstab bei der Prüfung dieses Bedürfnisses anzulegen" (Begr. RegE BT-Drucks. 14/7758 S. 66). Die Regelung war zuvor in § 35 WaffG aF enthalten. Das Waffenrechtsneuregelungsgesetz löst das Problem in der vorliegenden Bestimmung so, dass es für das Bedürfnis zum Führen auf die Regelung des Absatzes 1 über das Bedürfnis zum Erwerb und Besitz der Schusswaffe voll verweist und zusätzlich nur die Glaubhaftmachung verlangt, dass diese Voraussetzungen beim Antragsteller auch außerhalb seines häuslichen Bereichs (Wohnung usw.) vorliegen. Er muss hierzu durch Tatsachen belegen, dass die für ihn – im Vergleich zur Allgemeinheit – bestehende **überdurchschnittliche** Gefährdung ihm nicht nur in seinem häuslichen Bereich droht, sondern auch oder gerade in besonderem Maße dann, wenn er diesen Bereich verlässt und **am öffentlichen Leben teilnimmt**. Das wird in einer Vielzahl der Fälle zu bejahen sein, vor allem bei allen Gefährdeten, die beruflich auf Reisen gehen müssen. Auf die Rdn. 6 ff. wird bezüglich entschiedener Einzelfälle verwiesen. Eine wichtige Rolle spielt weiter die Frage, ob das Führen einer Schusswaffe in der Öffentlichkeit im Einzelfall tatsächlich **geeignet und erforderlich** erscheint, das drohende Gefahrenpotential zu mindern (Rdn. 13). Um bei zu erwartenden gegenwärtigen rechtswidrigen Angriffen gegen die körperliche Integrität nicht die Rolle des wehrlosen Opfers spielen zu müssen und um das im Strafgesetzbuch verankerte Notwehrrecht nicht aus den Angeln zu heben, muss das **Recht auf Selbstverteidigung** in geeigneten Fällen auch mit der Anerkennung eines Bedürfnis für das Führen einer Schusswaffe gestärkt werden. Häufig wird auch schon die Kenntnis des einen Überfall Planenden, dass das ins Auge gefasste Opfer eine geladene Schusswaffe bei sich trägt, ihn von der Ausführung der Tat abhalten können. Auch in diesem Sinne kann das Führen einer Schusswaffe zum Personenschutz geeignet und erforderlich sein.

## Erwerb und Besitz von Schusswaffen durch Erwerber infolge eines Erbfalls

**§ 20** Der Erbe hat binnen eines Monats nach der Annahme der Erbschaft oder dem Ablauf der für die Ausschlagung der Erbschaft vorgeschriebenen Frist die Ausstellung einer Waffenbesitzkarte für die zum Nachlass gehörenden erlaubnispflichtigen Schusswaffen oder ihre Eintragung in eine bereits ausgestellte Waffenbesitzkarte zu beantragen; für den Vermächtnisnehmer oder durch Auflage Begünstigten beginnt diese Frist mit dem Erwerb der Schusswaffen. Dem Erwerber infolge eines Erbfalls ist die gemäß Satz 1 beantragte Erlaubnis abweichend von § 4 Abs. 1 zu erteilen, wenn der Erblasser berechtigter Besitzer war und der Antragsteller zuverlässig und persönlich geeignet ist.

### 1. Allgemeines.
Die Vorschrift ist der **„Erben-Paragraph"**, die Sonderregelung für die Personen, die infolge eines Erbfalls (Nachweise bei *Meyer* GewA **2001**, 89, 91 f.) in den Besitz einer erlaubnispflichtigen **Schusswaffe** gekommen sind (Munition wird von der privilegierenden Regelung nicht erfasst [Begr. BT-Drucks. 14/

**§ 20** Abschn. 2. Umgang mit Waffen oder Munition

7758 S. 33; ein ausdrücklicher Ausschluss wurde insoweit für entbehrlich gehalten]). Ursprünglich war hier nur der **Erbe** als Gesamtrechtsnachfolger erwähnt. Nach den Beratungen im Innenausschuss hat man die Regelung dahin erweitert, dass nunmehr auch **Vermächtnisnehmer** und solche Personen erfasst sind, die auf Grund der Erfüllung einer sie begünstigenden letztwilligen **Auflage** in den Besitz einer Schusswaffe gelangt sind (*Braun* ZEV **2003**, 105; vgl. zum alten Recht auch *Mühlbauer* BWVBl. **2002**, 515). Alle drei Gruppen werden jetzt unter dem neu geschaffenen Oberbegriff **„Erwerber infolge eines Erbfalls"** zusammengefasst (Begr. BT-Drucks. 14/8886 S. 113). Mit dem Waffenbesitz durch Erben befasst sich auch *Vahle* DVP **2000,** 174. Rechtsfragen beim Tod eines **Jägers** behandelt *Frank* ZEV **2005,** 475.

2 **2. Erbenprivileg (Satz 2).** Alle drei Untergruppen (Rdn. 1) profitieren von dem – befristeten (Art. 19 Nr. 2 WaffRNeuRegG – **Erbenprivileg,** das zuvor nur dem eigentlichen Erben zustand. In Bezug auf dieses ändert die Neuregelung im wesentlichen am bisherigen Recht nichts, fasst es nur – bisher an verschiedenen Stellen des Gesetzes geregelt – sinnvollerweise zu einer Bestimmung zusammen. Die Privilegierung des Erben wird vom Waffenrechtsneuregelungsgesetz zunächst beibehalten (Rdn. 9), allerdings **befristet** nach Artikel 19 Nr. 2. Falls bis zum Ablauf der Frist kein wirksames technisches Sicherungssystem (Blockiersystem) von der Waffenindustrie auf den Markt gebracht worden ist, lässt sich die Privilegierung des Erben nach Auffassung des Gesetzgebers nicht länger vertreten (Begr. aaO). Vgl. auch *Braun* ZEV **2003,** 105, 106/107.

Die Regelung über ererbte Waffen hat von der zivilrechtlichen Vorgabe im BGB auszugehen, wonach mit dem Erbfall eo ipso das gesamte Vermögen auf den Erben übergeht („Erwerb von Todes wegen" § 1922 BGB; BGHR WaffG § 53 Abs. 3 Tatsächliche Gewalt 1). Unter **Erwerb „von Todes wegen"** wird nur der Erwerb durch **Erbfolge** verstanden, und zwar entweder derjenige auf Grund gesetzlicher Erbfolge oder der gemäß letztwilliger Verfügung (Testament, Erbvertrag), bei dem der Erbe gem. §§ 1922, 857 BGB **unmittelbar** in die Rechtsposition des Erblassers eintritt. Dagegen fällt nach Zivilrecht, das hierfür bisher maßgebend gewesen ist, hierunter nicht der Erwerb auf Grund eines Vermächtnisses (OVG Hamburg GewA **1997,** 338, 340), da dieses dem Vermächtnisnehmer lediglich einen obligatorischen Anspruch gegen den Erben gewährt, den dieser nur gegen Vorlage der Waffenbesitzkarte zu erfüllen brauchte (§ 2174 BGB); abw. *Scholzen* DWJ **1995,** 1770 unter Hinweis auf das Urteil des VG Koblenz vom 20. 7. 1995 – 143 E – 2 K 170/95; aA auch *Mühlbauer* BWVBl. **2002,** 515 unter Hinweis auf zwei Verwaltungsgerichtsentscheidungen. Wird die dem Erben zunächst erteilte WBK später widerrufen, so entfällt bei einem Neuantrag dieses Erbenprivileg (OVG Hamburg aaO).

3 **3. Anzeigepflicht. a)** Für den Erwerb von Schusswaffen im Wege der Erbfolge hatte das SchWaffG 1928 in § 14 eine besondere Bestimmung getroffen und darin eine **Anzeigepflicht** vorgeschrieben, deren Einhaltung sich jedoch praktisch nicht kontrollieren ließ (*Hoche* RWaffG § 11 Anm. 3 d). Das RWaffG 1938 nahm den Waffenerwerb von Todes wegen überhaupt von der Waffenerwerbscheinpflicht aus. Das WaffG 1972 kehrte weitgehend zum Rechtszustand während der Geltung des SchWaffG zurück, indem es in § 43 wiederum eine Waffen- (und Munitions-)anzeigepflicht, allerdings nur für den Nachlassverwalter einführte. Den Erben traf hingegen keine Anzeigepflicht mehr. Er wurde durch § 28 Abs. 5 Satz 1 iVm. Absatz 5 Satz 2 WaffG aF lediglich verpflichtet, binnen eines Monats die Ausstellung einer WBK zu beantragen (vgl. BayObLG NStZ-RR **1996,** 184; OVG Hamburg GewA **1997,** 338 = DVBl. **1996,** 1449 [LS]; VG Darmstadt (vgl. Rdn. 5) vom 4. 6. 2004 –

Erwerb u. Besitz v. Schusswaffen d. Erwerber infolge e. Erbfalls **§ 20**

5 E 1824/00). Diese durfte nur versagt werden, wenn der Antragsteller die erforderliche Zuverlässigkeit nicht besaß (§ 30 Abs. 1 Satz 2 WaffG aF); der sonst gebotene Nachweis eines Bedürfnisses entfiel. Das hatte zur Folge, dass die Zahl der legalen Schusswaffenbesitzer kraft Erbschaft sich der Zahl nähert, die sich für Sportschützen und Jäger zusammen ergibt (Begr. RegE BT-Drucks. 14/7758 S. 66).

**b) Die Neuregelung** hat in § 37 Abs. 1 Satz 1 Nr. 1 eine **unverzüglich** zu erfüllende **Anzeigepflicht** für jeden aufgestellt, der auf Grund eines Erbfalls erlaubnispflichtige Waffen oder derartige Munition in Obhut nimmt (vgl. § 37 Rdn. 1). Die Verletzung der Pflicht stellt nach § 53 Abs. 1 Nr. 5 eine Ordnungswidrigkeit dar. Diese Neuerung erscheint dringend erforderlich, um nicht die behördliche Kontrolle über die sich ständig vermehrende Flut von im Erbschaftswege anfallenden Schusswaffen nebst Munition völlig zu verlieren. Vgl. auch § 40 Abs. 5 für verbotene Gegenstände iSv. Anlage 2 A 1. **4**

**4. Weitere Pflichten des Erben (Satz 1).** Beibehalten worden ist die Pflicht des Erben, den Erwerb der ererbten Schusswaffe, der „auf die Dauer angelegt ist", der Behörde innerhalb eines Monats zwecks Verlautbarung in einer WBK zur Kenntnis zu bringen. Erfasst sind alle „zum Nachlass gehörenden erlaubnispflichtigen Schusswaffen", auch insoweit, als sie sich nicht schon in der tatsächlichen Gewalt des Erben befinden (Begr. BT-Drucks. 14/8886 S. 113). Die Monatsfrist zur nachträglichen Beantragung einer WBK läuft erst ab Annahme der Erbschaft (hierzu VG Darmstadt vom 4. 6. 2004 – 5 E 1824/00 zum WaffG aF = JagdRE XVII Nr. 145) oder mit Ablauf der für die Ausschlagung vorgeschriebenen Sechswochenfrist (§ 1944 BGB). Die Nichtbeachtung der Frist ist nach § 53 Abs. 1 Nr. 7 (§ 55 Abs. 1 Nr. 15 aF) bußgeldbewehrt (lex specialis); die unerlaubte Ausübung der tatsächlichen Gewalt über die Schusswaffe in der Zeit nach Ablauf der Frist wird also nicht als Straftat geahndet (auch früher nicht nach § 53 WaffG aF; BGH, Beschluss vom 28. 8. 2003 – 4 StR 247/03; BGH NStZ **1993,** 192; BayObLG NStZ-RR **1996,** 184, 185; **aA** *L/F/L* Rdn. 25: Strafbarkeit; ebenso *A/B* Rdn. 10 f. für den Fall des „unzulässigen" Erben). Auffälligerweise ist die fristgebundene Pflicht zur Einholung einer WBK nach wie vor nur für den Erben selbst statuiert. Vermächtnisnehmer und durch Auflage Begünstigte werden nur insoweit erwähnt, als für sie ein abweichender Fristbeginn festgelegt wird. Da die Verpflichtung zur Antragstellung bei diesen beiden Personengruppen nicht ausdrücklich bestimmt ist, kann die Bußgelddrohung insoweit nicht anknüpfen; hier wird eine Ergänzung der Vorschrift erfolgen müssen. **5**

**5. Besonderheiten bei der Ausstellung der WBK (Satz 2). a) Erblasser als berechtigter Besitzer.** Das Gesetz in seiner neuen Fassung spricht ausdrücklich davon, dass die Erlaubnis nur erteilt wird, wenn die Schusswaffe von einem **Berechtigten** „ererbt" worden ist. Das ist zur Klarstellung der Rechtslage zu begrüßen. Zuvor war nur die Rede davon, dass „von Todes wegen" erworben wird. Nach allgemeinen zivilrechtlichen Grundsätzen kann aber auf den Erben ein Gegenstand immer nur in der Rechtsposition übergehen, die er im Zeitpunkt des Erbfalls innehatte; es gibt keinen gutgläubigen Erwerb von Todes wegen. Entsprechendes gilt im Waffenrecht. Das bedeutet, dass ein unberechtigter Waffenbesitz des Erblassers durch den Erbfall nicht „geheilt" werden kann (BVerwG NVwZ-RR **1999,** 577). Das **„Erbenprivileg"** kommt also für ererbten unrechtmäßigen Schusswaffenbesitz nicht in Frage (*Braun* ZEV **2003,** 105, 106). Ein Fall der Nichtberechtigung kann auch vorliegen, wenn hinsichtlich der Waffe der Anmeldepflicht nach den §§ 59 b oder 59 c WaffG aF (betr. die neuen Bundesländer) nicht nachgekommen worden war. Hatte der Erblasser lediglich eine **ausländische** waffenrechtliche Befugnis, so steht **6**

**§ 20** Abschn. 2. Umgang mit Waffen oder Munition

dem Erben das Privileg **nicht** zu (VG Berlin Beschluss vom 17. 12. 2003 – 1 A 151/00; **aA** *K/P* Rdn. 401). Des weiteren muss aus Gründen der öffentlichen Sicherheit bedacht werden, dass nach Zivilrecht jeder, d. h. selbst eine minderjährige, vorbestrafte und keinerlei waffenrechtliche Voraussetzungen erfüllende Person Erbe von Schusswaffen werden und das durch Erbfall erworbene zivilrechtliche Eigentum an Schusswaffen in vollem Umfang auf Dauer behalten kann. Im Gegensatz zur zivilrechtlichen Rechtslage ist aber nach Waffenrecht aus guten Gründen der Besitz von erlaubnispflichtigen Schusswaffen nur gestattet, wenn dafür alle waffenrechtlichen Voraussetzungen – Volljährigkeit, Zuverlässigkeit, persönliche Eignung, waffenrechtliche Sachkunde und Bedürfnis – glaubhaft gemacht sind. Der jetzige **Kompromiss** hinsichtlich der Privilegierung des Erben und der diesen gleichgestellten Personen (Rdn. 1), wonach in Fällen der vorliegenden Art nur die Zuverlässigkeit und die persönliche Eignung geprüft werden, wird nach Auffassung des Gesetzgebers nur beibehalten werden können, falls bis zum Ablauf der Fünfjahresfrist des Art. 19 Nr. 2 Waffenrechtsneuregelungsgesetz ein wirksames Blockiersystem von der Waffenindustrie auf den Markt gebracht ist (Begr. RegE BT-Drucks. 14/7758 S. 66).

7   **b) Prüfungsumfang.** Bei der Ausstellung der WBK sind nach Satz 2 (aE) nur die **Zuverlässigkeit** (§ 5) des Antragstellers (auch des Vermächtnisnehmers und des durch Auflage Begünstigten [Rdn. 1], wenn er einen solchen Antrag stellt) und seine **persönliche Eignung** (§ 6) zu prüfen. Auf die Erläuterungen zu diesen Vorschriften wird verwiesen. Das bedeutet, dass im Rahmen der persönlichen Eignung nach § 6 Abs. 1 auch zu berücksichtigen ist, ob der antragstellende Erbe **volljährig** ist; einem Minderjährigen darf danach keine Erben-WBK ausgestellt werden (aA *K/P* Rdn. 402). An dieser Gesetzeslage hat die BReg. trotz einer Gegeninitiative des Bundesrats (Begr. RegE BT-Drucks. 14/7758 S. 111/112) festgehalten (aaO S. 133). Der Bundesrat hatte vorgeschlagen, im Falle der Minderjährigkeit eines Erben die Waffenbesitzkarte bis zum Eintritt der Volljährigkeit befristet auf den Sorgeberechtigten ausstellen zu lassen, um dem Erben das Erbenprivileg zu erhalten. Demgegenüber machte die BReg. geltend: „Nach der neu eingefügten Erlaubnisvoraussetzung der vollen Geschäftsfähigkeit (§ 4 Abs. 1 Nr. 2 i. V. in. § 6 Abs. 1 Nr. 1) für die Erteilung einer waffenrechtlichen Erlaubnis ist es nicht mehr möglich – wie nach derzeitiger Rechtslage – eine waffenrechtliche Erlaubnis auf einen minderjährigen Erben auszustellen. Wird die Erlaubnis vom Erben nach Erreichen der Volljährigkeit beantragt, kann sich der Erbe nicht mehr auf das Erbenprivileg berufen und erhält die Erlaubnis nur noch bei Vorliegen sämtlicher Erlaubnisvoraussetzungen". Die BReg. wies weiter darauf hin, dass der waffenrechtliche Erwerbsgrund als Erbe erheblich bevorzugt sei gegenüber dem Erwerb z. B. als Sportschütze, Jäger oder gefährdeter Person, die die hohen Voraussetzungen (Sachkunde, Bedürfnis) erfüllen müssten. Darüber hinaus auch noch von der Erlaubnisvoraussetzung der persönlichen Eignung im Sinne des § 6 Abs. 1 Satz 1 Nr. 3 WaffG bei dem Erwerbsgrund durch Erbfall in der Weise abzusehen, dass an Stelle eines wegen Minderjährigkeit persönlich ungeeigneten Erben die Waffenbesitzkarte befristet bis zum Eintritt der Volljährigkeit auf den Sorgeberechtigten ausgestellt werden könne, sei nicht zu rechtfertigen. Im Übrigen sei darauf hinzuweisen, dass der großzügige Erwerb von erlaubnispflichtigen Schusswaffen im Wege des Erbrechts nur noch befristet gelten werde (vgl. Artikel 19 Nr. 2 WaffRNeuRegG) und auch von daher eine Erweiterung des Erbenprivilegs nicht angezeigt erscheine.

Gewerbsmäßige Waffenherstellung, Waffenhandel § 21

### Unterabschnitt 4. Besondere Erlaubnistatbestände für Waffenherstellung, Waffenhandel, Schießstätten, Bewachungsunternehmer

**Gewerbsmäßige Waffenherstellung, Waffenhandel**

**21** (1) Die Erlaubnis zur gewerbsmäßig oder selbstständig im Rahmen einer wirtschaftlichen Unternehmung betriebenen Herstellung, Bearbeitung oder Instandsetzung von Schusswaffen oder Munition wird durch eine Waffenherstellungserlaubnis, die Erlaubnis zum entsprechend betriebenen Handel mit Schusswaffen oder Munition durch eine Waffenhandelserlaubnis erteilt. Sie kann auf bestimmte Schusswaffen- und Munitionsarten beschränkt werden.

(2) Die Waffenherstellungserlaubnis nach Absatz 1 Satz 1 schließt für Schusswaffen oder Munition, auf die sich die Erlaubnis erstreckt, die Erlaubnis zum vorläufigen oder endgültigen Überlassen an Inhaber einer Waffenherstellungs- oder Waffenhandelserlaubnis sowie zum Erwerb für Zwecke der Waffenherstellung ein. Bei in die Handwerksrolle eingetragenen Büchsenmachern schließt die Waffenherstellungserlaubnis die Erlaubnis zum Waffenhandel ein.

(3) Die Erlaubnis ist zu versagen, wenn
1. der Antragsteller oder eine der mit der Leitung des Betriebs, einer Zweigniederlassung oder einer unselbstständigen Zweigstelle beauftragten Personen die erforderliche Zuverlässigkeit (§ 5) oder persönliche Eignung (§ 6) nicht besitzt,
2. der Antragsteller die für die erlaubnispflichtige Tätigkeit bei handwerksmäßiger Betriebsweise erforderlichen Voraussetzungen nach der Handwerksordnung nicht erfüllt, soweit eine Erlaubnis zu einer entsprechenden Waffenherstellung beantragt wird,
3. eine der in Nummer 1 bezeichneten Personen nicht die erforderliche Fachkunde nachweist, soweit eine Erlaubnis zum Waffenhandel beantragt wird; dies gilt nicht, wenn der Antragsteller weder den Betrieb, eine Zweigniederlassung noch eine unselbstständige Zweigstelle selbst leitet.

(4) Die Erlaubnis kann versagt werden, wenn der Antragsteller
1. nicht Deutscher im Sinne des Artikels 116 des Grundgesetzes ist oder
2. weder seinen gewöhnlichen Aufenthalt noch eine gewerbliche Niederlassung im Geltungsbereich dieses Gesetzes hat.

(5) Die Erlaubnis erlischt, wenn der Erlaubnisinhaber die Tätigkeit nicht innerhalb eines Jahres nach Erteilung der Erlaubnis begonnen oder ein Jahr lang nicht ausgeübt hat. Die Fristen können aus besonderen Gründen verlängert werden.

(6) Der Inhaber einer Erlaubnis nach Absatz 1 hat die Aufnahme und Einstellung des Betriebs sowie die Eröffnung und Schließung einer Zweigniederlassung oder einer unselbstständigen Zweigstelle innerhalb von zwei Wochen der zuständigen Behörde anzuzeigen. In

**§ 21**      Abschn. 2. Umgang mit Waffen oder Munition

der Anzeige über die Aufnahme oder die Eröffnung hat er die mit der Leitung des Betriebs oder einer Zweigniederlassung beauftragten Personen anzugeben. Er soll diese Personen vorher hierüber unterrichten. Die Einstellung oder das Ausscheiden einer mit der Leitung des Betriebes oder einer Zweigniederlassung beauftragten Person oder bei juristischen Personen den Wechsel einer durch Gesetz, Satzung oder Gesellschaftsvertrag zur Vertretung berufenen Person hat der Erlaubnisinhaber unverzüglich der zuständigen Behörde anzuzeigen.

(7) **Die zuständige Behörde unterrichtet das Bundeskriminalamt, die Landeskriminalämter und das Bundesamt für Wirtschaft und Ausfuhrkontrolle über das Erlöschen einer Erlaubnis nach Absatz 5 Satz 1 und über die Rücknahme oder den Widerruf einer Erlaubnis nach Absatz 1.**

**1**    **1. Allgemeines.** Die Vorschrift entspricht im wesentlichen dem bisher geltenden Recht (§§ 7, 8, 10 und 11 WaffG aF). Sie war auch im Gesetzgebungsverfahren nicht Gegenstand von nennenswerten Änderungsvorschlägen. Das neue WaffG hält, ebenso wie seine Vorgänger, an der **Erlaubnispflicht** für die (gewerbsmäßige) Waffenherstellung und den Waffenhandel fest. Denn das Waffengewerbe muss im Hinblick auf die Gefahren, die aus seiner Ausübung für die öffentliche Sicherheit entstehen können, einer staatlichen Kontrolle unterliegen, die gewährleistet, dass der Zugang zu diesem Gewerbe nur zuverlässigen Personen offen steht (BT-Drucks. V/528 S. 18). Die erteilte Erlaubnis befreit von dem bestehenden präventiven Verbot (vgl. *Verf.* in Festschrift für Salger [1994] S. 167). Die Erteilung der Waffenhandelserlaubnis wurde außerdem schon in den früheren Waffengesetzen von dem Erfordernis der Fachkunde abhängig gemacht (Absatz 3 Nr. 3; § 22; § 8 Abs. 2 Satz 1 WaffG aF), die sich im Hinblick auf die Gefährlichkeit der Produkte und die Notwendigkeit sachkundiger Beratung des interessierten Käuferpublikums als erforderlich erweist. Auch das neue WaffG regelt im Gegensatz zum RWaffG, das hierfür zwei Vorschriften in zwei getrennten Gesetzesabschnitten vorsah (einerseits Abschnitt II §§ 3–6, andererseits Abschnitt III §§ 7–10) die Erlaubnispflicht für die gewerbsmäßige Waffenherstellung und den Waffenhandel in einer **einzigen** Bestimmung. Durch die Paragraphenüberschrift („gewerbsmäßige Waffenherstellung") ist klargestellt, dass die **nichtgewerbsmäßige** Waffenherstellung nicht erfasst ist; diese ist in § 26 (§ 41 WaffG aF) besonders geregelt. Zu beachten ist, dass nach § 58 Abs. 3 auf beim Inkrafttreten des Gesetzes noch **laufende Anträge** auf Erteilung einer Waffenherstellungs- oder Waffenhandelserlaubnis (§ 7 WaffG aF) das **neue Recht** – § 21 – anzuwenden ist.

Inwieweit die Erlaubnisvorschriften auf Angehörige von Mitgliedstaaten der EG **keine** Anwendung finden, ergab die 2. WaffV v. 13. 12. 1976 (BGBl. I 3387). Vgl. jetzt §§ 26 f. AWaffV.

**2**    **2. Gewerbsmäßigkeit (Absatz 1).** Der – personengebundenen – Waffenherstellungs- oder Waffenhandelskonzession bedarf nur, wer diese Tätigkeit **gewerbsmäßig** (a) oder **selbständig** im Rahmen einer **wirtschaftlichen Unternehmung** ausüben will (b). Der Gebrauch des Wortes „will" deutet auf die Absicht des Waffenherstellers bzw. Waffenhändlers hin und besagt, dass die Erlaubnis **vor** der Betriebsaufnahme beantragt sein und bereits vorliegen muss.

**3**    **a) Gewerbsmäßig** ist jede **selbständige**, für eine **gewisse Dauer** mit der Absicht auf Gewinnerzielung ausgeübte, erlaubte Tätigkeit mit Ausnahme der Urproduktion,

## Gewerbsmäßige Waffenherstellung, Waffenhandel § 21

der künstlerischen und wissenschaftlichen Tätigkeit und der Dienste höherer Art (BVerwG GewA **1993**, 196, 197; GewA **1976**, 293; *Ambs* in *Erbs/Kohlhaas* § 1 GewO Anm. 2; *Kahl* in *Landmann/Rohmer*, GewO Einl. Rdn. 32; *Tettinger/Wank* GewO 7. Aufl. § 1 Rdn. 8 ff.; vgl. auch BayObLG wistra **1989**, 227). Der Gewerbsmäßigkeit steht nicht entgegen, dass sich das Handelsgewerbe ansonsten auf andere Gegenstände bezieht (BGH, Urteil vom 9. 3. 1994 – 3 StR 723/93 = BGHSt. **40**, 94 = NJW **1994**, 2102 = NStZ **1994**, 345, 346). Die Vorschriften der GewO sind ergänzend heranzuziehen. Das Bundes-Immissionsschutzgesetz kann maßgebend sein, wenn das Gewerbe in „genehmigungsbedürftigen Anlagen" (§ 4 BImSchG, § 1 der 4. BImSchV) ausgeübt wird (näher *L/F/L* Rdn. 180 ff.). Die unselbständigen Angestellten und Arbeiter im Waffenherstellungsbetrieb oder Waffenhandelsgeschäft bedürfen keiner Erlaubnis (vgl. § 12 Abs. 1 Nr. 3 Buchst. a). Soll die Waffenherstellung handwerksmäßig betrieben werden, sind auch die Vorschriften der Handwerksordnung (HwO) zu beachten (BVerwG Buchholz 402.5 WaffG Nr. 77). Kaufen und Verkaufen unter Sammlern fällt nicht unter den Begriff der Gewerbsmäßigkeit (*Scholzen* DWJ **1999**, 1398).

**b)** Außerdem bedarf der waffenrechtlichen Erlaubnis nach Absatz 1 Satz 1, wer **4 im Rahmen einer wirtschaftlichen Unternehmung selbständig** Waffenherstellung oder Waffenhandel betreiben will (Nr. 7.1 WaffVwV aF). Hier braucht das Erfordernis der Gewerbsmäßigkeit nicht vorzuliegen (zB bei Genossenschaften, Vereinen), wohl aber muss dasjenige der **Selbständigkeit** gegeben sein. Selbständig ist, wer nach außen in eigener Verantwortung auftritt und (oder) nach innen die Leitung des Betriebes innehat (*Tettinger/Wank* aaO § 14 Rdn. 6). Dem selbständig Handelnden stehen im Rahmen der Gewerbeordnung die Stellvertreter gegenüber. Die Ausübung des Gewerbes durch einen Stellvertreter (§ 45 GewO) ist zulässig, sofern er den Anforderungen genügt, die für das Waffengewerbe vorgeschrieben sind (*Apel* DDB S. 63). „Im Rahmen einer wirtschaftlichen Unternehmung" handelt derjenige noch nicht, der lediglich eine Tätigkeit wirtschaftlicher Art ausübt. Der Begriff der „wirtschaftlichen Unternehmung" ist vielmehr gewerberechtlich zu verstehen als Umschreibung einer abgrenzbaren, persönliche und gegenständliche Mittel zusammenfassenden Leistungseinheit, mit der Wirtschaftsgüter erzeugt werden oder wirtschaftliche Leistungen erbracht werden, wenn hierdurch eine Teilnahme am Wirtschaftsverkehr stattfindet (BGH, Urteil vom 20. 2. 1979 – 1 StR 670/78). Das ist zweifelhaft bei dem Leiter eines Forschungsinstituts, das auch die „Empfehlung unterschiedlicher Produkte an Interessenten weitergab" (BGH aaO). Personenvereinigungen, die wissenschaftliche, künstlerische, religiöse oder ähnliche Zwecke verfolgen, sind nicht erfasst.

Zu beachten ist, dass das Gesetz diese **Erlaubnispflicht** nur für die Produktion **5** von und den Handel mit **Schusswaffen** (Begriff: Rdn. 3 a ff. zu § 1) und **Munition** (Anlage 1 A 1 U 3 Nr. Nr. 1) vorschreibt. Sofern nur Hieb- oder Stoßwaffen (§ 1 Rdn. 21 ff.) hergestellt werden sollen oder mit ihnen Handel getrieben werden soll, ist die vorliegende Bestimmung nicht einschlägig. Die Kriegswaffen (§ 57) unterfallen § 2 Abs. 1 KWKG als Sonderregelung. Die **nicht** gewerbsmäßige Waffenherstellung ist in § 26 geregelt. Im übrigen unterliegt der Erlaubnispflicht nicht nur das stehende Gewerbe, sondern auch das Reisegewerbe und der Marktverkehr, insofern sie selbständig (oben Rdn. 4) betrieben werden und nicht nach § 35 Abs. 3 (§ 38 WaffG aF) verboten sind. Soweit Erlaubnispflichten nach anderen Gesetzen, zB gem. § 1 HwO, dem Sprengstoffgesetz (§ 7; bzgl. pyrotechnischer Munition vgl. § 7 Abs. 2 Satz 2; zur Erlaubniskonkurrenz auch § 27 Abs. 1 a SprengG) oder dem Bundes-Immissionsschutzgesetz vom 15. 3. 1974 (BGBl. I 721 mit Änd.) bestehen oder

## § 21 Abschn. 2. Umgang mit Waffen oder Munition

erforderlich sind, bleiben sie unberührt. Nach dem aufgehobenen § 16 GewO erteilte Genehmigungen gelten als Genehmigungen nach dem BImSchG fort (§ 67 Abs. 1 BImSchG).

**6** Inhaber der Erlaubnis können sowohl natürliche als auch juristische Personen sein. Bei Personengesellschaften (OHG, KG) wird die Erlaubnis den geschäftsführenden Gesellschaftern erteilt (vgl. Nr. 7.3 WaffVwV aF). BGB-Gesellschaften oder Erbengemeinschaften können dagegen als solche nicht Inhaber der Erlaubnis werden (*A/B* Rdn. 9).

**7** **3. Nr. 1: Herstellen, Bearbeiten, Instandsetzen** (vgl. dazu *Hinze* GewA **1973,** 7 und BM **1981,** 268). Die Waffenherstellung war nach früherer Terminologie der Oberbegriff, der die Unterbegriffe des Waffenherstellens im engeren Sinne, des Bearbeitens und des Instandsetzens mitumfasste. Das WaffG nF verzichtet ausdrücklich auf einen Oberbegriff des Herstellens (Anlage 1 A 2 Nr. 8.1 und 8.2). Unter Waffenherstellung ist in gleicher Weise die industrielle wie die handwerksmäßige Fertigung von Schusswaffen und Munition zu verstehen, solange sie noch gewerbsmäßig geschieht.

**8** a) Da „**Herstellen**" aber Tatbestandsmerkmal von Strafvorschriften ist, bedarf der Begriff weiterhin der Erläuterung. Auf § 1 Rdn. 56 ff. kann hierzu verwiesen werden. Die Herstellung von pyrotechnischer Munition bedarf der Zulassung durch die BAM (§§ 10, 20 Abs. 3 Satz 2 BeschG).

**9** b) Das **Bearbeiten** setzt einen bereits vorhandenen Gegenstand voraus und bezeichnet jede Art von dessen körperlicher Behandlung Auf § 1 Rdn. 58 f. wird Bezug genommen

**10** c) Das **Instandsetzen** erscheint als eine **Unterart des Bearbeitens.** Bearbeitet wird hierbei eine bereits vorhandene, beschädigte oder zum bestimmungsgemäßen Zwecke, dem Schießen, unbrauchbar gewordene Schusswaffe. Wegen weiterer Einzelheiten vgl. § 1 Rdn. 60. Alle genannten Tätigkeiten unterfallen dem Erfordernis der **Waffenherstellungserlaubnis.**

**11** **4. Die Waffenhandelserlaubnis** (Absatz 1 Satz 1 zweite Variante) ist vonnöten für **alle Vertriebsformen des Handels** (BGH, Urteil vom 9. 3. 1994 – 3 StR 723/93 = BGHSt. **40,** 94 = NJW **1994,** 2102 = NStZ **1994,** 345). Erfasst wird der Einzelhandel einschließlich des Versandhandels und ebenso der Groß- und der Außenhandel. Auch hier kann auf die Erläuterungen zu § 1 Rdn. 61 ff. verwiesen werden.

**12** **5. Beschränkung der Waffenherstellungs- oder Waffenhandelserlaubnis (Absatz 1 Satz 2).** Das Gesetz betont ausdrücklich, dass – trotz des missverständlichen Wortlauts – beide Erlaubnisse in der Weise beschränkt werden können, dass sie sich jeweils nur auf **einzelne Arten** von Schusswaffen oder Munition erstrecken. Diese Regelung war bisher in § 10 Abs. 1 Satz 1 WaffG aF enthalten. Das kann zum einen auf Antrag ausgesprochen werden, zum anderen aber auch aus Gründen der öffentlichen Sicherheit angeordnet werden; nur den letztgenannten Fall meint die Bestimmung.

**13** **6. Umfang der Herstellungserlaubnis (Absatz 2).** Der mit der entsprechenden Erlaubnis versehene Waffenhersteller ist im Rahmen dieser Gestattung befugt, die von ihm hergestellten Gegenstände erlaubnisfrei an einen anderen nach Absatz 1 konzessionierten Waffenhersteller oder Waffenhändler (vorläufig oder auch endgültig) zu überlassen. Das letztgenannte Privileg gilt jedoch nur für die Abgabe im **Großhandel.** Wer von ihm hergestellte Schusswaffen (Munition) an den „Letztverbraucher" (Detailkunden) überlassen will, muss für **diese** Handelstätigkeit die vom Hersteller sonst nicht verlangte Fachkunde (arg. § 9 Abs. 2 WaffG aF) nachweisen,

Gewerbsmäßige Waffenherstellung, Waffenhandel § 21

weil er den Käufer beim Waffenverkauf „fachkundig in der Handhabung und sachgerechten Verwendung der Waffe beraten" soll (BT-Drucks. V/2623 S. 23), er bedarf also hierfür einer zusätzlichen Waffenhandelserlaubnis, ausgenommen Büchsenmacher (Absatz 2 Satz 2). Bei diesen Fachleuten (vgl. die Anlage A Nr. 22 zur HwO nF: „zulassungspflichtiges" Handwerk; BüchsenmachermeisterVO vom 1. 10. 1981 (BGBl. I 1117), die in die Handwerksrolle eingetragen sind, kann die Fachkunde im Waffengewerbe ohne weiteres unterstellt werden. Deshalb schließt bei ihnen auch – wie bisher – die auch für sie erforderliche Herstellungserlaubnis die Waffenhandelserlaubnis generell und grundsätzlich ein. Wiederum entsprechend bisherigem Recht ist der Erwerb von Schusswaffenteilen, die vom Hersteller zu gebrauchsfertigen Schusswaffen zusammengesetzt werden sollen, von der Herstellungserlaubnis gedeckt, da es sich insoweit lediglich um die Beschaffung notwendiger Vorerzeugnisse für die Herstellertätigkeit handelt. Das ist auch in der neu gefassten Vorschrift (Absatz 2 Satz 1 aE) ausdrücklich bestimmt. Auch der Erwerb fertiger Waffen oder Munition kann hierunter fallen, die der Hersteller anschafft, um zu prüfen, was die Konkurrenz hervorgebracht hat (*L/F/L* Rdn. 71). Durch die bloße Anstellung eines Büchsenmachers können industrielle Hersteller aber nicht die Handelserlaubnis umgehen; entsprechendes gilt umgekehrt für Waffenhändler bzgl. der Herstellungserlaubnis (*K/P* Rdn. 407).

Die Vorschrift entspricht § 8 Abs. 1 und 2 WaffG aF. Es wurde jedoch eine Ergänzung erforderlich, da das WaffG nF die persönliche Eignung (§ 6) aus dem Regelungsbereich der Zuverlässigkeit (§ 5) herausgenommen und verselbständigt hat. Aus diesem Grunde musste dies in Nr. 1 entsprechend berücksichtigt werden. Eine sachliche Änderung liegt hierin nicht. Die Regelung ist ihrem materiellen Inhalt nach seinerzeit aus dem BWaffG 1968 unverändert in das WaffG 1972 übernommen worden. Im Gegensatz zu § 3 RWaffG zählte schon die Vorgängervorschrift (§ 8 WaffG aF) nicht positiv die Voraussetzungen auf, die bei Erteilung der Erlaubnis vorliegen müssen, sondern normierte nur **negativ** die obligatorischen (und fakultativen) Versagungsgründe. Abweichend von § 3 Abs. 4 RWaffG verlangte auch das WaffG 1972 in Übereinstimmung mit dem BWaffG 1968 nicht mehr den Nachweis der Fachkunde beim Waffenhersteller, weil die Überwachung durch die Prüfung der hergestellten Gegenstände gewährleistet ist.

**14**

**8. Wesen der Erlaubnis.** Sie ist als „Kontrollerlaubnis" (vgl. *Verf.* in Festschr. für Salger [1994] S. 167) ein **begünstigender Verwaltungsakt** und die konstitutive Voraussetzung für den Beginn und die Durchführung des legalen Waffengewerbes in seinen verschiedenen Ausübungsarten. Nach der Gesetzesformulierung handelt es sich um eine Personal- und keine Realkonzession, deren Erteilung in dem an bestimmten Tatsachen gebundenen pflichtgemäßen Ermessen der zuständigen Behörde steht. Der Spielraum des behördlichen Ermessens wird jedoch zwingend durch die Versagungsgründe nach Absatz 3, fakultativ durch die in Absatz 4 aufgeführten Gründe eingeschränkt. Bei deren Nichtvorliegen ist die Erlaubnis zu erteilen; insoweit besteht also ein **Rechtsanspruch** auf Erteilung der Erlaubnis (*L/F/L* Rdn. 51). Jedoch entfällt ein solcher Anspruch mangels rechtlichen Interesses, wenn der Antragsteller das Gewerbe, für das er die Erlaubnis beantragt hat, ersichtlich nicht betreiben will. Ein solcher Fall kann (vgl. Nr. 8.2 WaffVwV aF) insbesondere gegeben sein, wenn der Antragsteller nicht über die für die Ausübung des Gewerbes erforderlichen Betriebs- oder Geschäftsräume verfügt.

**15**

**9. Zuverlässigkeit und persönliche Eignung (Absatz 3 Nr. 1).** Sie müssen sowohl beim Waffenhersteller als auch beim Waffenhändler gegeben sein. Die Zuver-

**16**

lässigkeit kann beispielsweise fehlen, wenn der Antragsteller selbst zwar zuverlässig erscheint, sein am Geschäftsbetrieb beteiligter Ehepartner aber unzuverlässig ist und ein von diesem unabhängiges Betreiben des Waffengewerbes nicht gewährleistet ist (VGH Kassel GewA **1980**, 36; hinsichtlich des Einflusses der ehelichen Lebensgemeinschaft in derartigen Fragen vgl. auch BVerwG NJW **1979**, 1564 zu § 4 Abs. 2 WaffG aF).

Das Vorliegen der erforderlichen Zuverlässigkeit und persönlichen Eignung (§ 6) sind die einzigen Vorbedingungen für die Erteilung der Waffen**herstellungs**erlaubnis. Eine **Bedürfnisprüfung** findet in Ermangelung einer dahingehenden gesetzlichen Bestimmung aus verfassungsrechtlichen Gründen (vgl. BVerfGE **7**, 377) **nicht** statt. Das Gesetz verlangt lediglich, dass der Bewerber je nach seinem Antrag die für die Waffenherstellung oder für den Waffenhandel erforderliche Zuverlässigkeit und persönliche Eignung aufweist. Die für den Waffenhandel erforderliche Zuverlässigkeit besitzt nicht, wer nach seiner Persönlichkeit, wie sie in dem Gesamtbild seines Verhaltens zum Ausdruck kommt, diese Gewähr nicht bietet (BVerwGE **65**, 1). Die anzustellende Prognose verlangt nicht den Nachweis, der Antragsteller werde mit an Sicherheit grenzender Wahrscheinlichkeit mit Waffen und Munition nicht sorgsam umgehen. Es **genügt** insoweit vielmehr, dass bei verständiger Würdigung aller Umstände eine gewisse **Wahrscheinlichkeit** für eine nicht ordnungsgemäße Ausübung des Gewerbes besteht; an die Beurteilung der Zuverlässigkeit durch die Jagdbehörde ist die Erlaubnisbehörde nicht gebunden (vgl. BVerwG NVwZ-RR **1995**, 143 = DVBl. **1995**, 356 = GewA **1995**, 73 = BayVBl. **1995**, 249). Auch die mit der Leitung des Betriebes, einer Zweigniederlassung oder einer unselbständigen Zweigstelle beauftragten Personen müssen die erforderliche Zuverlässigkeit und persönliche Eignung besitzen. Gerade im Bereich des Waffengewerbes kommt dem Begriff der Zweigniederlassung (vgl. zu dessen Erklärung § 13 ff. HGB und *Landmann/Rohmer* Rdn. 29 zu § 14 GewO) besondere Bedeutung zu, weil der Waffenherstellungsbetrieb häufig aus Sicherheitsgründen von der Munitionsherstellungsstätte getrennt liegen wird. Die Leiter unselbständiger Zweigstellen wurden 1976 in die Zuverlässigkeitsprüfung und die Fachkundenachweispflicht einbezogen im Hinblick darauf, dass Filialen von Großbetrieben, insbesondere Warenhäusern, immer häufiger in der Form unselbständiger Zweigstellen betrieben werden. Bei dieser Betriebsform konnte jedoch nach bis dahin geltendem Recht der Zweck des Fachkundenachweises, eine fachliche Beratung des Kunden sicherzustellen, nicht voll erreicht werden (ABer. BT-Drucks. 7/4407 S. 5). Bei juristischen Personen sind Antragsteller die zu ihrer Vertretung berufenen Personen. Im übrigen wird zur Erläuterung des Zuverlässigkeitsbegriffs und des Begriffs der persönlichen Eignung auf die Anmerkungen zu § 5 bzw. § 6 verwiesen. Wertvolle Aufschlüsse sind in diesem Zusammenhang neben dem BZR auch dem **Gewerbezentralregister** zu entnehmen.

**17** **10. Handwerksmäßige Waffenherstellung (Absatz 3 Nr. 2).** Für diesen Kreis der Antragsteller (zur Abgrenzung gegenüber der industriellen Fertigung: BVerwG GewA **2003**, 79) ist zwingend erforderlich, dass sie alle Voraussetzungen mitbringen, die nach den Bestimmungen der Handwerksordnung (HwO; zuletzt geänd. durch Art. 3 b des Gesetzes vom 6. 9. 2005 [BGBl. I 2725]) von ihnen verlangt werden. Besteht hier ein Defizit, so muss die waffenrechtliche Erlaubnis versagt werden (BVerwG, Beschluss vom 4. 4. 1997 – 1 B 258/96 = Buchholz 402.5 WaffG Nr. 77). Vgl. auch das 3. ÄndG zur HwO vom 24. 12. 2003 (BGBl. I 2934, 2952).

**18** **11. Fachkundenachweis beim Antrag auf Erlaubnis zum Waffenhandel (Absatz 3 Nr. 3).** Auf das Erfordernis der Fachkunde (fr. § 3 Abs. 4 RWaffG) hat der

Gewerbsmäßige Waffenherstellung, Waffenhandel **§ 21**

Gesetzgeber beim **Hersteller** von Waffen und Munition verzichtet. Denn dieser unterliegt auf Grund der Bestimmungen über die Beschussprüfung nach dem Beschussgesetz (früher §§ 16 ff. WaffG aF) einer „mittelbaren Kontrolle seiner fachlichen Eignung, da er verpflichtet ist, die hergestellten Waffen einer Qualitäts- und Sicherheitsprüfung durch das Beschussamt" unterziehen zu lassen (BT-Drucks. V/528 S. 23). Sofern der Antragsteller Büchsenmacher von Beruf ist, muss er seine fachliche Eignung ohnehin nach den Vorschriften der Handwerksordnung nachweisen. Angehende **Waffenhändler** können diese Voraussetzungen nicht vorweisen. Sie und die in Absatz 3 Nr. 1 im einzelnen genannten weiteren Personen sind daher zum Nachweis ihrer Fachkunde (§ 22) verpflichtet, es sei denn, der Antragsteller ist weder selbst der Leiter des Hauptbetriebes noch einer Zweigniederlassung noch einer unselbständigen Zweigstelle des Betriebes. Unselbständige Hilfskräfte im Waffenhandelsgewerbe, zB Verkäufer, aber auch Auszubildende, Magazinarbeiter, Botengänger u. a. bedürfen weder der Erlaubnis noch müssen sie sonst den Fachkundenachweis führen. Vgl. auch § 27 AWaffV für den EU-Bereich.

**12. Fakultative Versagung der Erlaubnis (Absatz 4).** Die beiden aufgeführten **19** Versagungsgründe (hierzu § 26 AWaffV) gelten in gleicher Weise für die Waffenherstellungs- wie für die Waffenhandelserlaubnis. Das Fehlen der deutschen Staatsangehörigkeit oder eines festen Wohnsitzes im Reichsgebiet waren nach § 3 Abs. 2 RWaffG sogar **obligatorische** Versagungsgründe. Sie sind im WaffG in fakultative („kann") umgewandelt worden. Der Gesetzgeber hat sich nach der amtl. Begr. (BT-Drucks. V/2623 S. 23) für eine Beibehaltung dieser Gründe „im Hinblick auf die Gefahren für die öffentliche Sicherheit und Ordnung, die von einem unseriösen Waffenherstellungs- und Waffenhandelsgewerbe ausgehen können", entschieden. Ein Verstoß gegen die Bestimmungen des EWG-Vertrages liegt nicht vor; dessen Art. 56 rechtfertigt Beschränkungen aus Gründen der öffentlichen Ordnung und Sicherheit. Erleichterungen für Angehörige der EG-Staaten ergeben sich aus § 26 AWaffV; zuvor § 1 2. WaffV aF.

**a) Deutscher** iS von Art. 116 GG ist einmal, wer die deutsche Staatsangehörig- **20** keit besitzt (vgl. hierzu das Staatsangehörigkeitsgesetz, ursprünglich vom 22. 7. 1913 – RGBl. 583 – BGBl. III/FNA 102-1), ferner, wer als Flüchtling oder Vertriebener deutscher Volkszugehörigkeit oder als dessen Ehegatte oder Abkömmling im Gebiete des Deutschen Reiches nach dem Stand vom 31. 12. 1937 Aufnahme gefunden hat. Wegen der wieder Eingebürgerten vgl. Art. 116 Abs. 2 GG. Auf Ausländer, die Angehörige eines Mitgliedsstaats der EG sind, ist Nr. 1 nicht anzuwenden. Dasselbe gilt für Gesellschaften, die ihren satzungsmäßigen Sitz und ihre Hauptverwaltung innerhalb der Gemeinschaft haben (§§ 1, 3 der 2. WaffV vom 13. 12. 1976 BGBl. I 3387). Nach § 1 Abs. 4 dieser VO finden die Privilegierungsvorschriften jedoch **keine** Anwendung, soweit dies zur Beseitigung einer Störung der öffentlichen Sicherheit oder Ordnung oder zur Abwehr einer insoweit bevorstehenden Gefahr im **Einzelfall** erforderlich ist. Zur Fortgeltung dieser VO vgl. Rdn. 21.

**b) Fehlende „Inlandsbindung" (Absatz 4 Nr. 2). aa)** Ähnlich wie § 4 Abs. 2 **21** WaffG nF knüpft die Vorschrift an die §§ 8 Abs. 3 Nr. 2 und 30 Abs. 3 Nr. 2 WaffG aF an, wonach die Waffengewerbeerlaubnis des § 7 WaffG aF bzw. der Waffenbesitzkarte oder der Munitionserwerbschein versagt werden konnten, wenn die in den Vorschriften im einzelnen näher aufgeführte **„Inlandsbindung"** fehlte. Nach Absatz 4 Nr. 2 fehlt sie erst, wenn weder eine persönliche Bindung in Gestalt des gewöhnlichen Aufenthalts des Antragstellers noch eine gegenständliche Bindung in Gestalt einer gewerblichen Niederlassung festgestellt werden kann. Liegt eines von beiden vor, so greift der Versagungsgrund nicht. **Räumlicher Geltungsbereich** des WaffG ist der Geltungsbereich des Grundgesetzes. Das Erfordernis eines „gewöhnlichen Aufenthalts" in der Bundesrepublik ist durch die Erwägung gerechtfertigt, dass die persönlichen Verhältnisse von Antragstellern, die sich überwiegend im Ausland aufhalten haben, schwer zu überprüfen sind (vgl. auch Begr. BT-Drucks. VI/2678 S. 31), insbesondere hinsichtlich etwaiger strafrechtlicher Vorbelastungen. Für Angehörige der EG-Staaten galt die 2. WaffV aF über die Anwendung der Vorschriften des WaffG auf diesen Personenkreis; die VO galt nach Art. 19 Nr. 3 Buchst. b WaffRNeuRegG bis zum Erlass einer sie ablösenden neuen VO nach dem WaffG nF vorerst weiter; vgl. jetzt § 26 AWaffV m. Anm. **Gewöhnlicher Aufenthalt** ist der räumliche Lebensmittelpunkt einer natürlichen Person (§ 4 Rdn. 9). Auf den Wohnsitz (§ 7 BGB; hierzu RGZ **67,** 193) wird nicht mehr abgestellt.

22 **bb) Gewerbliche Niederlassung** s. § 42 Abs. 2 GewO. Sie ist hiernach nur vorhanden, wenn der (Waffen-)Gewerbetreibende einen zum dauernden Gebrauch eingerichteten, ständig oder in regelmäßiger Wiederkehr von ihm benutzten Raum für den Betrieb seines Gewerbes besitzt (OVG Münster GewA **2004,** 32, 34). Wegen der Erläuterung der einzelnen Voraussetzungen des Niederlassungsbegriffs vgl. die Kommentare zur GewO, besonders *Landmann/Rohmer, Ambs* in Erbs/Kohlhaas, Strafrechtliche Nebengesetze und *Tettinger/Wank* 7. Aufl. zu den §§ 42, 55 GewO. Hinsichtlich juristischer Personen ist der im Gesellschaftsvertrag oder Statut bestimmte Sitz maßgebend. Bei Angehörigen der EG-Mitgliedsstaaten ist von dem Versagungsgrund gem. der 2. WaffV vom 13. 12. 1976 (BGBl. I 3387) nur in beschränktem Umfang Gebrauch zu machen. Vgl. jetzt § 26 Abs. 3 AWaffV.

23 **13. Erlöschen der Erlaubnis (Absatz 5 Satz 1).** Die Vorschrift ist aus § 9 Abs. 1 BWaffG 1968 in § 10 Abs. 3 WaffG aF übernommen worden. Nichtbeginn oder Nichtausübung des Waffengewerbes haben unter den in der Bestimmung angegebenen Voraussetzungen das ex nunc eintretende **Erlöschen** der Erlaubnis **kraft Gesetzes** zur Folge, ohne dass es eines dahingehenden Verwaltungsaktes bedürfte. Zweck der Bestimmung ist, der Beschaffung sog. **Vorratserlaubnisse,** deren Ausnutzung zuweilen auf Jahre hinaus ungewiss ist, entgegenzutreten. „Wer die Erlaubnis für die Waffenherstellung oder den Waffenhandel erhalten hat, soll auch alsbald mit dem Betrieb beginnen, wenn nicht wichtige Gegengründe vorliegen" (BT-Drucks. V/528 S. 24). Bei der Nichtausübung des Gewerbes muss es sich um eine totale Stilllegung des Betriebs handeln; eine Teilstilllegung genügt nicht. Außerdem erlischt die Erlaubnis unbeschadet des § 46 GewO wegen ihres persönlichen Charakters mit dem Tod der natürlichen oder mit dem Erlöschen der juristischen Person, der sie erteilt worden ist. Der Zeitraum des zum Erlöschen führenden **Passivstatus** ist wie bisher auf jeweils ein Jahr bemessen worden, wobei Satz 2 die Möglichkeit der Fristverlängerung aus „besonderen" Gründen beibehalten hat. Hier sind im Einzelfall außergewöhnliche Umstände als rechtfertigend anzuerkennen. Vgl. allgemein zur Problematik *Baumann* GewA **2004,** 448.

24 **14. Anzeigepflichten (Absatz 6). a)** Diese Bestimmung hat die entsprechenden Pflichten aus § 11 WaffG aF und § 26 der 1. WaffV aF übernommen. Die gegenüber den §§ 4 Abs. 3 RWaffG, 12 DVO RWaffG wesentlich ausgedehnte Anzeigepflicht soll der nach Landesrecht zuständigen Behörde eine **Überwachung** der konzessionierten Betriebe ermöglichen. Nur wenn diese Behörde über die Veränderungen in den Waffengewerbebetrieben ständig auf dem Laufenden gehalten wird, kann sie die ihr obliegenden Pflichten erfüllen. Die Anzeigepflicht soll also die Beachtung des WaffG sicherstellen. Die weitgehend steuerlichen Zwecken dienende **Anmeldepflicht**

Fachkunde § 22

gem. § 14 GewO (hierzu BVerwG NVwZ **2004**, 103) bleibt selbständig daneben bestehen. Sie wird nicht etwa durch die Erfüllung der Anzeigepflicht gegenstandslos (BT-Drucks. V/2623 S. 25 zu § 11 WaffG aF). Die Zuständigkeit der Behörde, der die Anzeige zu erstatten ist, bestimmt sich nach Landesrecht.

**b) Umfang der Anzeigepflicht.** Es sind nach Absatz 6 **Satz 1** nicht nur der Beginn und die Einstellung, sondern auch die Eröffnung und Schließung eines Filialbetriebes der zuständigen Behörde anzuzeigen. Die Verlegung des Betriebes in den Bezirk einer anderen Erlaubnisbehörde ist (vgl. Nr. 11.1 WaffVwV aF) als Betriebseinstellung und Aufnahme eines neuen Betriebes anzusehen; die Betriebseinstellung ist der für den bisherigen Betriebsort zuständigen Behörde anzuzeigen. Im Vergleich mit dem inhaltlich sonst gleichlautenden § 10 Abs. 1 BWaffG 1968 ist die Anzeigepflicht auch auf die Eröffnung und Schließung einer unselbständigen Zweigstelle ausgedehnt worden. Von einer solchen unselbständigen Zweigstelle wird nur gesprochen werden können, wenn von ihr aus unmittelbare Geschäftsbeziehungen zu Dritten, insbesondere Kunden, unterhalten werden (BT-Drucks. VI/2678 S. 27), womit auf die „kaufmännische Selbständigkeit" abgestellt wird. Spätestens binnen **zwei Wochen** nach der ersten Betriebshandlung ist die vorgeschriebene Anzeige zu erstatten. In welcher Form die Anzeige erfolgt, schreibt das Gesetz nicht vor. 25

**c) Inhalt der Anzeige.** In der Eröffnungsanzeige sind, ebenfalls binnen zwei Wochen, auch die **Namen** der Betriebsleiter bzw. der mit der Leitung der Zweigniederlassung beauftragten Personen anzugeben. Hierdurch soll der Erlaubnisbehörde eine Kontrolle ermöglicht werden, ob die gem. den Absätzen 1 bis 4 hinsichtlich ihrer Zuverlässigkeit, persönlichen Eignung und Fachkunde überprüften Personen auch tatsächlich die Funktion eines Betriebs- oder Filialleiters ausüben. Aus dem gleichen Grunde muss auch das Ausscheiden und die Einstellung von Betriebs- und Filialleitern der zuständigen Behörde angezeigt werden, und zwar, wie Satz 4 vorschreibt, unverzüglich, dh. nach § 121 Abs. 1 Satz 1 BGB ohne schuldhaftes Zögern. Eine entsprechende Verpflichtung besteht, wenn sich bei einer juristischen Person die für die Verantwortlichkeit bedeutsamen Vertretungsverhältnisse geändert haben. Mit Satz 3 ist eine Sollvorschrift eingefügt worden, wonach bei den auf Satz 2 beruhenden Anzeigen die betroffenen Personen in leitender Position vor der Absendung der Anzeige an die Behörde von ihrer Benennung als verantwortliche Person unterrichtet werden sollen. 26

**15. Behördliche Unterrichtungspflicht (Absatz 7).** Zur Begründung dieser neuen Pflicht wird geltend gemacht: „In der Vergangenheit ist es trotz Entzugs der Waffenherstellungs- oder -handelserlaubnis wiederholt zur Fortführung dieser gewerbsmäßigen Tätigkeit gekommen. Mit der Unterrichtungspflicht sollen vor allem unzulässige Ein- und Ausfuhren aufgedeckt oder verhindert werden". Um derartigen Missständen zu begegnen erscheint die Bestimmung sinnvoll und geeignet. Ergänzend ist die Mitteilungspflicht nach § 10 Abs. 2 Nr. 1 BZRG zu beachten. 27

**Fachkunde**

**22** (1) **Die Fachkunde ist durch eine Prüfung vor der zuständigen Behörde nachzuweisen. Die Fachkunde braucht nicht nachzuweisen, wer**

**1. die Voraussetzungen für die Eintragung eines Büchsenmacherbetriebes in die Handwerksrolle erfüllt,**

**§ 22** Abschn. 2. Umgang mit Waffen oder Munition

2. mindestens drei Jahre als Vollzeitkraft im Handel mit Schusswaffen und Munition berufstätig gewesen ist, sofern die Tätigkeit ihrer Art nach geeignet war, die erforderliche Fachkunde zu vermitteln.

(2) **Das Bundesministerium des Innern wird ermächtigt. durch Rechtsverordnung mit Zustimmung des Bundesrates Vorschriften über**

1. **die notwendigen Anforderungen an die waffentechnischen und waffenrechtlichen Kenntnisse, auch beschränkt auf bestimmte Waffen- und Munitionsarten (Fachkunde),**
2. **die Prüfung und das Prüfungsverfahren einschließlich der Errichtung von Prüfungsausschüssen,**
3. **die Anforderungen an Art, Umfang und Nachweis der beruflichen Tätigkeit nach Absatz 1 Satz 2 Nr. 2**

**zu erlassen.**

1   **1. Allgemeines.** Die Vorschrift entspricht § 9 WaffG aF. Die Vorschrift aus § 9 Abs. 2 Nr. 2 WaffG aF über den Erwerb der Fachkunde durch Tätigkeit im Waffenhandel sollte zunächst nicht übernommen werden, weil es in der Praxis zu Auslegungsproblemen gekommen war. Auch bezweifelte man die Gleichwertigkeit dieser Tätigkeit mit der Ausübung der Büchsenmachertätigkeit. Nach der Einschaltung des Innenausschusses wurde jedoch auch diese Regelung in das neue Gesetz eingestellt.

Die Vorschriften über den Nachweis der nur für den Waffen**handel** erforderlichen **Fachkunde** waren durch § 7 BWaffG 1968 und den damit wörtlich übereinstimmenden § 9 WaffG 1972 im Vergleich zu dem vorher maßgebenden § 11 DVO RWaffG grundlegend umgestaltet worden. Vgl. jetzt §§ 15, 16 AWaffV.

2   **2. Grundsatz der Fachkundeprüfung (Absatz 1 Satz 1).** Der Nachweis (hierzu BVerwG NVwZ-RR **2000,** 782) ist nach wie vor grundsätzlich durch eine Prüfung vor der nach Landesrecht zuständigen Behörde zu erbringen (Satz 1). Die Fachkunde muss (nach dem zunächst weiter anzuwendenden § 12 der 1. WaffV aF) wenigstens ausreichende Kenntnisse der waffenrechtlichen Vorschriften, insbesondere über den Handel mit Schusswaffen sowie über den Erwerb und das Führen derselben umfassen (vgl. die Broschüre „Waffenhandel" des DIHK [2003]), ferner entsprechende technische Kenntnisse über Art, Konstruktion und Handhabung der gebräuchlichen Schusswaffen (bei Beantragung einer Waffenhandelserlaubnis) und über die Behandlung der gebräuchlichen Munition und ihre Verwendung in den dazu gehörigen Schusswaffen (bei Beantragung einer Munitionshandelserlaubnis). Bewerber um eine inhaltlich eingeschränkte Erlaubnis brauchen (gem. § 12 Abs. 2 Nr. 2 der 1. WaffV aF) nur Kenntnisse über solche Schusswaffen und Munition nachzuweisen, auf die sich die beantragte Erlaubnis beziehen soll. Für Ausländer, die Angehörige eines Mitgliedstaates der EG sind, galten die besonderen Vorschriften in § 2 der 2. WaffV vom 13. 12. 1976 (BGBl. I 3387; vgl. Art. 19 Nr. 3 Buchst. b WaffRNeuRegG. Jetzt gilt insoweit § 27 AWaffV.

3   **3. Entfallen des Fachkundenachweises (Absatz 1 Satz 2). a)** Dies betrifft einmal Personen, die die Voraussetzungen für die Eintragung als **Büchsenmacher** in die Handwerksrolle erfüllen (Nr. 1). Hierfür kommen nur unselbständige Büchsenmacher in Frage, denen die Leitung des Betriebes oder einer Zweigniederlassung oder einer unselbständigen Zweigstelle in einem Waffenhandelsgeschäft übertragen werden soll. Hinsichtlich der selbständigen Büchsenmacher greift Absatz 2 Satz 2 des § 21 Platz. Die Voraussetzungen für die Eintragung als Büchsenmacher in die Handwerksrolle erfüllt nach § 7 Abs. 1 oder Abs. 3 HwO, wer die Meisterprüfung im

Büchsenmacherhandwerk bestanden hat oder wer eine Ausnahmebewilligung gem. §§ 8 oder 9 HwO für das Büchsenmacherhandwerk besitzt (vgl. Nr. 9.2 WaffVwV aF). Zu beachten sind die Änderungen der HwO durch das 3. ÄndG vom 24. 12. 2003 (BGBl. I 2934, 2952) und durch Art. 2 und 2a des Gesetzes vom 23. 3. 2005 (BGBl. I 931, 952). Vgl. auch § 21 Rdn. 17.

**b)** Der zweite Fall der Befreiung vom Fachkundenachweis betrifft Personen, die – als Vollzeitkraft – wenigstens **3 Jahre im Waffenhandel** mit einer Fachkunde vermittelnden Tätigkeit beschäftigt waren (Satz 2 Nr. 2). Der Betreffende wird allerdings wenigstens eine Tätigkeit als **Verkäufer** in einem Waffenhandelsgeschäft ausgeübt haben müssen. Eine Beschäftigung in einem Einzelhandelsgeschäft, das neben Schusswaffen auch andere Waren, zB Eisen- und Haushaltswaren oder Jagdzubehör, führt, genügt nur dann zum Nachweis der Fachkunde, wenn der Bewerber (Antragsteller) in nicht unerheblichem Umfang auch als Verkäufer von Schusswaffen oder Munition tätig gewesen ist (Nr. 9.3 WaffVwV aF; *Scholzen* DWJ **1998**, 776). Hier ist durch den Zusatz „als Vollzeitkraft" die gebotene Konkretisierung erfolgt. Eine Beschäftigung nur mit Botendiensten oder Hilfsarbeiten nichttechnischer Art reicht, wie die Begründung (BT-Drucks. V/2623 S. 24) zutreffend bemerkt, nicht aus. Durch höchstrichterliche Entscheidung ist geklärt, dass die geforderte Tätigkeit in einem Umfang ausgeübt worden sein muss, der einer dreijährigen berufspraktischen Ausbildung gleichkommt; eine nur nebenberufliche Tätigkeit in weniger als der Hälfte der üblichen Wochenarbeitszeit erfüllt diese Voraussetzung nicht (BVerwG NVwZ-RR **2000**, 782 = GewA **2000**, 432; hierzu *Meyer* GewA **2001**, 89, 90; *Scholzen* DWJ **2001**, Heft 1, 60).

**4. Verordnungsermächtigungen (Absatz 2).** Die auf das BMI umgestellte Ermächtigung ist in der Vergangenheit wiederholt inhaltlich geändert worden. Hiermit wurde eine Typisierung des Fachkundenachweises und damit des Inhalts der Erlaubnisse bezweckt. „Die rechtliche Normierung bestimmter Waffen- und Munitionsarten und die Verwendung einheitlicher Bezeichnungen soll die derzeit sehr unterschiedliche Verwaltungspraxis vereinheitlichen sowie Anträge auf Erweiterung der Erlaubnisse und Zweifel über den Inhalt und Umfang der Berechtigungen auf ein Mindestmaß beschränken (ABer. BT-Drucks. 7/4407 S. 5). Nach der Neufassung kann im Verordnungswege auch die Gleichwertigkeit beruflicher Tätigkeiten als Voraussetzung für das Entfallen des Fachkundenachweises geregelt werden (Begr. BT-Drucks. 14/8886 S. 114). Die Ermächtigungen sind am 17. 10. 2002, dem Tag nach der Verkündung des WaffRNeuRegG, in Kraft getreten (Art. 19 Nr. 1 WaffRNeuRegG). Solange noch keine auf Absatz 2 nF gestützte VO erlassen worden war, fanden sich die entsprechenden Fachkunde- und Prüfungsvorschriften in Abschn. IV des 1. WaffV vom 24. 5. 1976 (BGBl. I 1285 mit späteren Änderungen; §§ 12, 13. Vgl. jetzt §§ 15, 16 und 27 AWaffV.

## Waffenbücher

**23** (1) **Wer gewerbsmäßig Schusswaffen herstellt, hat ein Waffenherstellungsbuch zu führen, aus dem die Art und Menge der Schusswaffen sowie ihr Verbleib hervorgehen. Satz 1 ist nicht anzuwenden auf Schusswaffen, deren Bauart nach den §§ 7 und 8 des Beschussgesetzes zugelassen ist oder die der Anzeigepflicht nach § 9 des Beschussgesetzes unterliegen, sowie auf wesentliche Teile von Schusswaffen.**

**§ 23** Abschn. 2. Umgang mit Waffen oder Munition

(2) **Wer gewerbsmäßig Schusswaffen erwirbt, vertreibt oder anderen überlässt, hat ein Waffenhandelsbuch zu führen, aus dem die Art und Menge der Schusswaffen, ihre Herkunft und ihr Verbleib hervorgehen. Satz 1 ist nicht anzuwenden auf**
1. **Schusswaffen im Sinne des Absatzes 1 Satz 2, die vom Hersteller oder demjenigen, der die Schusswaffen in den Geltungsbereich dieses Gesetzes verbracht hat, mit dem auf Grund einer Rechtsverordnung nach § 25 Abs. 1 Nr. 1 Buchstabe c bestimmten Kennzeichen versehen sind,**
2. **Schusswaffen, über die in demselben Betrieb ein Waffenherstellungsbuch nach Absatz 1 zu führen ist,**
3. **wesentliche Teile von Schusswaffen.**

1   1. **Entstehungsgeschichte.** Nach § 12 Abs. 1 WaffG aF hatte der Hersteller von Waffen ein **Waffenherstellungsbuch** zu führen. Das Bearbeiten und Instandsetzen von Schusswaffen fiel nicht hierunter. Diese Regelung hat der Gesetzgeber in der vorliegenden Vorschrift übernommen. Im Waffenhandel war ein **Waffenhandelsbuch** zu führen. Auch insoweit wird bisheriges Recht fortgeführt (Absatz 2 Satz 1). Dagegen verzichtet die Neuregelung auf die Vorschriften über das Munitionshandelsbuch (§ 12 Abs. 3 WaffG aF) und die Definition der Bewegungsenergie (§ 12 Abs. 4 aF). Zur Begründung (BT-Drucks. 14/7758 S. 67): „Das im Jahre 1972 eingeführte Munitionshandelsbuch hat die an seine Einführung geknüpften Erwartungen nicht erfüllt. Nach den kriminalpolizeilichen Erfahrungen sind seit Bestehen des Gesetzes keine Fälle bekannt geworden, in denen Straftaten mit Hilfe des Munitionshandelsbuches aufgeklärt worden sind. In das Munitionshandelsbuch wurden bisher neben den Angaben über den Hersteller der Name des Erwerbers und dessen Erwerbsberechtigung eingetragen. Mit seiner Hilfe kann jedoch die Herkunft der Patronen nicht ermittelt werden. Eine Kennzeichnung jeder einzelnen Patrone mit einer Herstellungsnummer ist aus technischen Gründen nicht möglich". Die nunmehr weggelassene Definition der Bewegungsenergie soll in die allgemeinen Verwaltungsvorschriften übernommen werden.

2   Aus rechtsstaatlichen Gründen befinden sich die Vorschriften über die Buchführungspflicht nicht mehr, wie früher, in der Durchführungsverordnung (vgl. die §§ 15–18 DVO RWaffG), sondern im Gesetz selbst. Gegenüber dem einschlägigen § 12 BWaffG 1968 ist die Buchführungspflicht bereits im WaffG 1972 auf Luft- und Gasdruckwaffen ausgedehnt worden, bei denen die Bewegungsenergie der Geschosse mehr als 7,5 J beträgt, sowie auf die Zimmerstutzen, die alle bisher in § 12 Abs. 1 Nr. 2 BWaffG von der Buchführungspflicht generell freigestellt waren, infolge Wegfalls der früheren Nr. 2 aber dann der Buchführungspflicht unterworfen wurden, „da auch diese Waffen, wenn bei ihnen die Bewegungsenergie der Geschosse mehr als 7,5 J beträgt, nicht ungefährlich sind" (EntwBegr. BT-Drucks. VI/2678 S. 27). Der Buchführungspflicht unterlagen auch Handfeuerwaffen mit einer Länge von nicht mehr als 60 cm, deren Geschossen eine Bewegungsenergie von weniger als 7,5 J erteilt wird und deren Bauart nicht nach § 22 WaffG aF zugelassen war. Die Buchführungspflicht ist insoweit eine Folge der Einbeziehung dieser nach kriminalpolizeilichen Erkenntnissen nicht ganz ungefährlichen Kurzwaffen in die WBK-Pflicht (ABer. BT-Drucks. 7/4407 S. 6). Nach kriminalpolizeilichen Feststellungen waren nämlich in der Zeit vom 1. 1. 1974 bis 31. 3. 1975 mit diesen sog. 4 mm-Waffen 190 Straftaten begangen und hierbei in einer größeren Zahl von Fällen den Betroffenen ernsthafte Verletzungen mit diesen Waffen zugefügt worden (ABer.

# Waffenbücher § 23

aaO). Die wichtigste Änderung gegenüber dem davor bestehenden Rechtszustand stellte jedoch die Einführung der Verpflichtung zur Führung eines Munitionshandelsbuches dar, die jetzt wieder entfallen ist.

**2. Zweck der Regelung.** Die Führung der in dieser Bestimmung vorgeschriebenen Waffenbücher dient sowohl **kriminalpolizeilichen** als auch **gewerbepolizeilichen** Zwecken (OVG Bautzen NVwZ-RR 1997, 411). Für die kriminalpolizeiliche Praxis sind die betreffenden Bücher in vielen Fällen, bei denen eine Schusswaffe am Tatort gefunden wurde, Ausgangspunkt bei der Aufklärung von Straftaten, insbesondere für die kriminalpolizeilichen Untersuchungen und Nachforschungen; „darüber hinaus verlangen Gründe der gewerbepolizeilichen Überwachung des Waffenherstellungs- und Waffenhandelsgewerbes spezielle Aufzeichnungen über die Herkunft und den Verbleib von Schusswaffen" (Begr. BT-Drucks. V/528 S. 26).  3

Die Bestimmung setzt nur **rechtsgrundsätzlich** die Buchführungspflicht fest. Die Art und Weise der Buchführung, die Ausgestaltung der Bücher, ihre Aufbewahrung usw. sind im einzelnen im Verordnungswege zu regeln (vgl. bis zu der Neuregelung §§ 14 bis 16 und § 18 der 1. WaffV aF; jetzt §§ 17 bis 20 AWaffV).

**3. Waffenherstellungsbuch. a)** Es wurde in § 15 DVO RWaffG wohl zutreffender als „Waffenbuch" bezeichnet. Das Herstellungsbuch hatte nach § 15 dieser DVO nur über den **Verbleib** der hergestellten Schusswaffen Aufschluss zu geben. Nunmehr ist jedoch ausdrücklich hervorgehoben, dass aus dem Herstellungsbuch auch **Art und Menge** der im Betrieb **hergestellten** Schusswaffen hervorgehen müssen. Das war auch schon bisher anerkannt, da nur dann der Umfang des Betriebes aus dem Herstellungsbuch ersichtlich ist. Bearbeitungen und Instandsetzungen sind nicht eintragungspflichtig, wie schon der Wortlaut der Vorschrift ergibt.  4

**b) Ausnahmen (Absatz 1 Satz 2).** Von der Buchführungspflicht freigestellt sind die Hersteller harmloserer Schusswaffen. Es handelt sich hierbei um drei Gruppen von Gegenständen: aa) Schusswaffen, deren Bauart nach den §§ 7 und 8 BeschussG (§ 22 WaffG aF) zugelassen ist, bb) Schusswaffen, die der Anzeigepflicht nach § 9 BeschG unterliegen und cc) wesentliche Teile von Schusswaffen. Auf die Erläuterungen zu den genannten Bestimmungen des BeschG wird verwiesen. Die **„wesentlichen Teile"** von Schusswaffen sind in der Anlage 1 A 1 U 1 Nr. 1.3 bis 1.3.5 aufgelistet.  5

**4. Waffenhandelsbuch. a) Absatz 2 Satz 1** wiederholt im wesentlichen die Definition des Waffenhandels unter Beschränkung auf die Modalitäten des Erwerbens, Vertreibens und Überlassens (§ 1 Rdn. 61 ff.). Wegen der Gewerbsmäßigkeit vgl. Rdn. 3 zu § 21. Aus dem Waffenhandelsbuch müssen nicht nur Art und Menge der erworbenen und überlassenen Schusswaffen, sondern aus kriminalpolizeilichen Gründen auch ihre Herkunft (Lieferfirma) und besonders ihr Verbleib ersichtlich sein. Auch Kommissionsware ist erfasst (*L/F/L* Rdn. 21). Die Führung eines besonderen Waffenhandelsbuches für das gewerbsmäßige **Vermitteln** des Erwerbs oder des Überlassens von Faustfeuerwaffen (früher § 17 DVO RWaffG) war schon im WaffG aF nicht mehr vorgeschrieben (vgl. dazu auch den Ausschussbericht zu BT-Drucks. VI/3566 S. 4).  6

**b) Ausnahmen (Absatz 2 Satz 2).** Nicht eintragungsbedürftig sind  7
**aa)** nach Nr. 1 **gekennzeichnete** Schusswaffen (vgl. § 13 Abs. 2 WaffG aF). Es handelt sich dabei im wesentlichen um die bereits in Rdn. 5 erwähnten harmloseren Schusswaffen, bei denen die Bewegungsenergie der Geschosse nicht mehr als 7,5 J beträgt. Da die Feststellung, ob die Grenze der Bewegungsenergie eingehalten worden ist, eine waffentechnische Prüfung erfordern würde, die dem Waffenhändler bil-

225

**§ 24** Abschn. 2. Umgang mit Waffen oder Munition

ligerweise nicht zugemutet werden kann, hat der Gesetzgeber vorgeschrieben, dass auf diesen Schusswaffen vom Hersteller oder Einführer ein entsprechendes Kennzeichen anzubringen ist, das sich bis zum Erlass einer Rechtsverordnung nach § 25 Abs. 1 Nr. 1 Buchst. c) aus der Anlage 1 zur 1. WaffV aF ergibt und insoweit an die Stelle der in § 13 Abs. 1 Nr. 3 WaffG aF vorgeschriebenen fortlaufenden Nummer tritt; denn „wer Waffenhandel betreibt, muss sich davon überzeugen, dass die Schusswaffen vorschriftsmäßig gekennzeichnet sind, wenn er sie gewerbsmäßig anderen überlassen will" (Begr. BT-Drucks. VI/2678 S. 27). Es handelt sich hierbei um ein Fünfeck mit eingestanztem lat. F (Nr. 1 der genannten Anlage 1).

8   **bb)** Nicht eintragungsbedürftig sind auch Schusswaffen, für die in demselben Betrieb schon ein **Waffenherstellungsbuch** nach Absatz 1 (Rdn. 4) zu führen ist. Dies setzt den engen räumlichen Zusammenhang beider Betriebsteile voraus, der eine gleichzeitige Kontrolle ermöglicht.

9   **cc) Wesentliche Teile von Schusswaffen (Nr. 3)** Vgl. hierzu Rdn. 5 aE. In Bezug auf diese hatte der Bundesrat angeregt, die Buchführungspflicht im Waffenhandel auf sie zu erstrecken mit folgender Begründung: Die Freistellung wesentlicher Teile von Schusswaffen von der Buchführungspflicht im Waffenhandel entspricht zwar dem bisher geltenden Recht, es erscheint jedoch – um bestehende Missbrauchsfälle auszuschließen – notwendig, die Buchführungspflicht auch auf wesentliche Teile von Schusswaffen zu erstrecken. In der Vergangenheit ist es vorgekommen, dass Waffenhändler komplette Schusswaffen zerlegt haben, so dass sie aus dem Waffenhandelsbuch ausgetragen werden konnten. Da die einzelnen wesentlichen Teile nicht mehr buchführungspflichtig waren, bestand keine Kontrollmöglichkeit mehr, ob diese Teile tatsächlich nur Berechtigten überlassen worden sind. Es liegen jedoch Erkenntnisse vor, dass angeblich zerlegte Waffen komplett – teilweise in anderer Zusammenstellung – als Deliktswaffen wieder „aufgetaucht" sind. Eine Überprüfung des Händlers ist kaum möglich. Die BReg. versprach (BT-Drucks. 14/7758 S. 133), den Vorschlag zu prüfen, da sie die sicherheitspolitischen Bedenken an sich teilte. Zu einer entsprechenden Gesetzesänderung kam es jedoch nicht.

10   **5. Munitionshandelsbuch.** Ein solches ist nach dem WaffG nF nicht mehr zu führen. Die Gründe hierfür sind in Rdn. 1 dargelegt.

11   **6. Zuwiderhandlung.** Wer die Waffenbücher entgegen § 23 Abs. 1 oder 2 überhaupt nicht oder unrichtig oder unvollständig führt, macht sich einer **Ordnungswidrigkeit** schuldig (§ 53 Abs. 1 Nr. 8). Vgl. auch § 34 Nr. 13 bis 16 AWaffV.

### Kennzeichnungspflicht, Markenanzeigepflicht

**24** (1) **Wer gewerbsmäßig Schusswaffen herstellt oder in den Geltungsbereich dieses Gesetzes verbringt, hat unverzüglich auf einem wesentlichen Teil der Waffe deutlich sichtbar und dauerhaft folgende Angaben anzubringen:**
1. **den Namen, die Firma oder eine eingetragene Marke eines Waffenherstellers oder -händlers, der im Geltungsbereich dieses Gesetzes eine gewerbliche Niederlassung hat,**
2. **die Bezeichnung der Munition oder, wenn keine Munition verwendet wird, die Bezeichnung der Geschosse,**
3. **eine fortlaufende Nummer.**

**Auf Schusswaffen im Sinne des § 23 Abs. 1 Satz 2 ist Satz 1 Nr. 3 nicht anzuwenden.**

## § 24 Kennzeichnungspflicht, Markenanzeigepflicht

(2) Schusswaffen, deren Geschossen eine Bewegungsenergie von nicht mehr als 7,5 Joule erteilt wird, müssen eine Typenbezeichnung sowie das Kennzeichen nach Anlage 1 Abbildung 1 zur Ersten Verordnung zum Waffengesetz vom 24. Mai 1976 (BGBl. I S. 1285) in der zum Zeitpunkt des Inkrafttretens dieses Gesetzes geltenden Fassung oder ein durch Rechtsverordnung nach § 25 Abs. 1 Nr. 1 Buchstabe c bestimmtes Zeichen tragen.

(3) Wer gewerbsmäßig Munition herstellt oder in den Geltungsbereich dieses Gesetzes verbringt, hat unverzüglich auf der kleinsten Verpackungseinheit Zeichen anzubringen, die den Hersteller, die Fertigungsserie (Fertigungszeichen), die Zulassung und die Bezeichnung der Munition erkennen lassen; das Herstellerzeichen und die Bezeichnung der Munition sind auch auf der Hülse anzubringen. Munition, die wiedergeladen wird, ist außerdem mit einem besonderen Kennzeichen zu versehen. Als Hersteller gilt auch derjenige, unter dessen Namen, Firma oder Marke die Munition vertrieben oder anderen überlassen wird und der die Verantwortung dafür übernimmt, dass die Munition den Vorschriften dieses Gesetzes entspricht.

(4) Wer Waffenhandel betreibt, darf Schusswaffen oder Munition anderen gewerbsmäßig nur überlassen, wenn er festgestellt hat, dass die Schusswaffen gemäß Absatz 1 gekennzeichnet sind, oder wenn er auf Grund von Stichproben überzeugt ist, dass die Munition nach Absatz 3 mit dem Herstellerzeichen gekennzeichnet ist.

(5) Wer gewerbsmäßig Schusswaffen, Munition oder Geschosse für Schussapparate herstellt, Munition wiederlädt oder im Geltungsbereich dieses Gesetzes mit diesen Gegenständen Handel treibt und eine Marke für diese Gegenstände benutzen will, hat dies der Physikalisch-Technischen Bundesanstalt unter Vorlage der Marke vorher schriftlich anzuzeigen. Verbringer, die die Marke eines Herstellers aus einem anderen Staat benutzen wollen, haben diese Marke anzuzeigen.

(6) Absatz 3 Satz 3 und Absatz 4 gelten nicht, sofern es sich um Munition handelt, die Teil einer Sammlung (§ 17 Abs. 1) oder für eine solche bestimmt ist.

**1. Allgemeines.** Die Vorschrift entspricht in weiten Teilen dem § 13 WaffG aF. 1
Folgende Änderungen sind jedoch zu beachten: Die Regelung des § 13 Abs. 5 WaffG aF, die sich mit der Kennzeichnung durch staatliche Stellen befasste, wurde aus dem Gesetz in zu erlassende Verwaltungsvorschrift verbannt. Der Begriff „Einfuhr" wurde durch das allgemeinere „Verbringen" ersetzt. Schließlich ist für die Entgegennahme von Anzeigen nach Absatz 5 nicht mehr das Bundeskriminalamt (BKA), sondern die Physikalisch-Technische Bundesanstalt (PTB) zuständig. Absatz 6 ist erst im Laufe des Gesetzgebungsverfahrens eingefügt worden, um den Vertrieb von typischer Sammlermunition zu begünstigen (Begr. BT-Drucks. 14/8886 S. 114).

Der **Zweck** der Vorschrift ist, ähnlich wie derjenige der Buchführungspflicht gem. § 23, ein **kriminalpolizeilicher**. „Wenn auf der Schusswaffe das Herstellungszeichen und die Bezeichnung der Munition bzw. der Geschosse, bei den unbedingt gefährlichen Schusswaffen auch die laufende Nummer angegeben werden, wird die Identifizierung einer Waffe als Tatwaffe ermöglicht oder zumindest erleichtert"

## § 24 Abschn. 2. Umgang mit Waffen oder Munition

(Begr. BT-Drucks. V/528 S. 27). Vgl. auch § 21 AWaffV mit Erläuterungen. Kriegsschusswaffen unterfallen ausschließlich dem KWKG.

**2** 2. **Kennzeichnungsgrundsatz.** Die Kennzeichnungspflicht für Schusswaffen nach **Absatz 1 Satz 1** trifft den **gewerbsmäßigen** Schusswaffenhersteller und den gewerbsmäßigen Importeur, der die Waffen in das Inland „verbringt" oder „verbringen" lässt (§ 1 Rdn. 54). Als Hersteller wird, wie schon früher nach § 19 Abs. 1 DVO RWaffG, auch derjenige anzusehen sein, der in seinem Betrieb gewerbsmäßig Schusswaffen aus Teilen zusammensetzt, die in anderen (in- oder ausländischen) Betrieben gefertigt und von dort von ihm bezogen worden sind. Die Kennzeichnung ist auf einem **wesentlichen** Teil der Schusswaffe, also dem Lauf, Verschluss, Patronenlager (s. dazu Anlage 1 A 1 U 1 Nr. 1.3.1 bis 1.3.5) vorzunehmen, und zwar deutlich sichtbar und dauerhaft. Die Kennzeichnung hat, wie ausdrücklich im Gesetz bestimmt wird, **unverzüglich** zu geschehen, d.h. ohne schuldhaftes Zögern (§ 121 Abs. 1 Satz 1 BGB), mithin durch den Hersteller unmittelbar nach der Herstellung der Waffe, bei importierten Waffen unmittelbar nach dem „Verbringen" zum Händler im Inland.

**3** a) Zur **Kennzeichnung** ist nach Absatz 1 Satz 1 Nr. 1 der bürgerliche Name (§ 12 BGB), die Firma (§ 17 Abs. 1 HGB) **oder** die eingetragene **Marke** (vgl. Markengesetz = Art. 1 des Markenrechtsreformgesetzes vom 25. 10. 1994 (BGBl. I 3082), ber. 27. 1. 1995 (BGBl. I 156), iVm. der Bek. vom 24. 4. 1996 (BGBl. I 682); Markengesetz geändert durch das Markenrechtsänderungsgesetz 1996 vom 19.7. 1996 (BGBl. I 1014) und weitere Änderungen – BGBl. III/FNA 423-5-2; zuletzt durch § 20 Abs. 5 des Gesetzes vom 3. 7. 2004 – UWG – (BGBl. I 1414) und Art. 2 des Gesetzes vom 9. 12. 2004 (BGBl. I 3232); bis 31. 12. 1994: das eingetragene **Warenzeichen** (vgl. insoweit das frühere Warenzeichenges. idF vom 2. 1. 1968 – BGBl. I 29 – zuletzt geändert durch Ges. vom 23. 4. 1992 – BGBl. I 938) eines Herstellers oder Händlers anzubringen, der innerhalb der Bundesrepublik Deutschland eine gewerbliche Niederlassung (Rdn. 22 zu § 21) hat und dementsprechend von den Verwaltungsbehörden und den Gerichten eines Bundeslandes bei Pflichtwidrigkeiten oder Zuwiderhandlungen zur Verantwortung gezogen werden kann. Es ist nur **eine** der drei Angaben notwendig.

**4** b) Um die spätere Identifizierung der Schusswaffe zu erleichtern und zum Schutz des Benutzers gegen die Verwendung ungeeigneter Munition ist gem. Absatz 1 Satz 1 Nr. 2 auf einem wesentlichen Teil der Waffe (Rdn. 2) auch die **Bezeichnung der Munition** oder, wenn Munition iS von Anlage 1 A 1 U 3 Nr. 1 (§ 2 Abs. 1 WaffG aF) nicht verwendet wird, die Bezeichnung (Kaliber) der für die Schusswaffe bestimmten Geschosse (Anlage 1 A 1 U 3 Nr. 3) anzubringen.

**5** c) Wie bisher ist schließlich nach Nr. 3 auch noch eine **fortlaufende** (Herstellungs-)**Nummer** auf einem wesentlichen Teil der Schusswaffe, soweit nicht die Ausnahme gem. Absatz 1 Satz 2 (Rdn. 6) Platz greift, anzubringen, die in Verbindung mit dem Hersteller- oder Händlerzeichen die Identifizierung der Tatwaffe erleichtern soll. Bei importierten Waffen genügt die ausländische Herstellungsnummer.

**6** 3. **Ausnahmen (Absatz 1 Satz 2).** Die Schusswaffen, bei denen die Bewegungsenergie der Geschosse nicht mehr als 7,5 J beträgt, sind nach § 23 Abs. 1 Satz 2 bereits von der Buchführungspflicht freigestellt. Auf diesen harmloseren Schusswaffen braucht eine fortlaufende Herstellungsnummer nicht angebracht zu werden. Andererseits müssen sie nach **Absatz 2** ein besonderes Kennzeichen (§ 19 der 1. WaffV aF) nach der Anlage 1 Nr. 1 zur 1. WaffV („F" im Fünfeck) sowie eine Typenbezeichnung (Modell) tragen.

Kennzeichnungspflicht, Markenanzeigepflicht                               § 24

**4. Kennzeichnung der Munition.** Diese Verpflichtung (**Absatz 3 Satz 1**) stellte 7
seinerzeit gegenüber dem RWaffG eine Neuerung dar. Die Munitionskennzeichnung
(auf Hülse und Verpackung) dient in erster Linie dem Interesse des Schützen, der
vor der Verwendung falscher Munition und deren meist schwerwiegenden Folgen
bewahrt werden soll. Nach der Begr. (BT-Drucks. V/2623 S. 27) dient das Muniti-
onsherstellerzeichen daneben auch der Feststellung, wer die Verantwortung für die
Munition trägt. Dass darauf abgestellt wird, dass die Munition den Vorschriften
„dieses Gesetzes" entspricht, ist nach der Ausgliederung des Beschussrechts nicht
recht einzusehen, da die Vorschriften über die Zulassung von Munition sich nunmehr im Beschussgesetz (§ 11) befinden. Vgl. auch § 22 Abs. 6 BeschG. Ausführlich *L/F/L* Rdn. 28 ff.

**5. Wiedergeladene Munition.** Wer gewerbsmäßig „abgeschossene" Hülsen, ins- 8
besondere Patronenhülsen, wiederlädt, gilt nach Anlage 1 A 2 Nr. 8.1 als Hersteller.
Er muss nach **Absatz 3 Satz 2** auf der Hülse sein Herstellerzeichen anbringen, es sei
denn, dass der Wiederladende selbst der Hersteller der Originalhülse ist. Denn dann
muss er nach Absatz 3 Satz 1 ohnehin schon sein Herstellerzeichen auf der Hülse
angebracht haben, so dass eine nochmalige Kennzeichnung mit dem Herstellerzeichen überflüssig ist. Eingehende Vorschriften über die geforderte „besondere" Kennzeichnung der wiedergeladenen Munition finden sich in § 20 Abs. 3 der 3. WaffV
aF; diese Verordnung ist nach § 22 Abs. 6 BeschG bis zum Erlass einer „Beschussverordnung" weiter „sinngemäß" anzuwenden.

**6. Munitionskennzeichnung durch den Waffenhändler. Absatz 3 Satz 3** ent- 9
spricht § 13 Abs. 3 WaffG aF. Dieser ist seinerzeit auf Beschluss des Innenausschusses in das BWaffG 1968 eingefügt worden, der damit einem aus Kreisen der
Waffenwirtschaft geäußerten Wunsch entsprach. Die Bestimmung gestattet dem
Waffen- bzw. Munitionshändler, die Munition auf Grund einer Fiktion anstelle mit
dem Namen des Herstellers mit seinem eigenen (Händler-)Namen, seiner Firma oder
seiner Marke zu kennzeichnen, vorausgesetzt, dass er die Verantwortung dafür übernimmt, dass die Munition den gesetzlichen Vorschriften entspricht. „Der Zweck der
Kennzeichnung mit dem Herstellerzeichen, dem Schützen bei Unfällen den Rück-
griff auf den Hersteller zu ermöglichen, wird bei der Anbringung des Händlerzei-
chens nicht wesentlich beeinträchtigt, da der Händler in aller Regel in der Lage sein
wird, den Hersteller, von dem er die Munition bezogen hat, festzustellen" (Ausschussber. BT-Drucks. V/2623 S. 6).

**7. Prüfungspflicht (Absatz 4).** Der Waffenhändler (§ 21 Rdn. 11) darf Schuss- 10
waffen und (oder) Munition gewerbsmäßig anderen nur überlassen, nachdem er die
Feststellung getroffen hat, dass die Schusswaffen vorschriftsmäßig gekennzeichnet
sind (oben Rdn. 2 ff.). Bei der Munition braucht der Waffenhändler die Prüfung auf
vorschriftsmäßige Kennzeichnung iS v. Absatz 3 (oben Rdn. 7) nur **stichprobenweise** vorzunehmen. Fehlt ein solches Kennzeichen, so muss er von dem Verkauf
Abstand nehmen. Im Falle der Zuwiderhandlung verwirklicht er den Tatbestand einer Ordnungswidrigkeit nach § 53 Abs. 1 Nr. 10 WaffG nF. Bei dem Einzelfall un-
entgeltlicher, nicht in den Rahmen des Geschäfts fallender Abgabe von Waffen oder
Munition entfällt die Prüfpflicht und damit auch eine Ahndung im Unterlassungsfall.

**8. Ausnahmen.** Ausnahmen für staatliche Stellen werden nicht mehr im WaffG 11
nF, sondern in Verwaltungsvorschriften geregelt werden (Begr. BT-Drucks. 14/7758
S. 67; vgl. Rdn. 1). Ähnliches gilt für die in § 14 WaffG aF enthalten gewesenen. Sie
sollen im Verordnungswege auf Grund der Ermächtigungen in § 25 flexibler als bisher gestaltet werden können (Begr. aaO).

**§ 25** Abschn. 2. Umgang mit Waffen oder Munition

**12** **9. Anzeige der geplanten Verwendung von „Marken".** Nach **Absatz 5 Satz 1** haben die in der Vorschrift im einzelnen genannten Waffengewerbetreibenden der Physikalisch-Technischen Bundesanstalt (PTB) in Form einer schriftlichen Anzeige unter Beifügung des in Aussicht genommenen Markenzeichens mitzuteilen, wenn sie bei der Herstellung oder dem Handel eine bestimmte Marke (Rdn. 3) verwenden wollen. Die Anzeige muss in jedem Falle vor der ersten Verwendung der Marke erfolgen. **Satz 2** enthält eine Sonderregelung für Importeure, die beabsichtigen, die Marke eines ausländischen Herstellers zu gebrauchen. Das ist zulässig, muss aber ebenfalls vorweg der PTB angezeigt werden. Diese Anzeigepflicht stellt damit ein weiteres Mosaik in dem Überwachungssystem auf diesem sicherheitsempfindlichen Sektor dar.

**13** **10. Zuwiderhandlung.** Nichtkennzeichnen oder unvorschriftsmäßiges Kennzeichnen von Schusswaffen oder Munition entgegen Absatz 1, Absatz 2 oder Absatz 3 Satz 1 und 2 ist nach § 53 Abs. 1 Nr. 9 ebenso ordnungswidrig wie das gewerbsmäßige Überlassen an andere von Schusswaffen oder Munition entgegen Absatz 4 (§ 53 Abs. 1 Nr. 10 WaffG nF). Der Verstoß gegen die Anzeigepflicht des Absatzes 5 ist in § 53 Abs. Nr. 5 unter Bußgelddrohung gestellt. In der Übergangszeit bis zum Wirksamwerden der in Vorbereitung befindlichen **Beschussverordnung** können über § 22 Abs. 6 auch Verstöße gegen § 31 Nr. 4 der 3. WaffV in Betracht kommen.

### Ermächtigungen und Anordnungen

**25** (1) **Das Bundesministerium des Innern wird ermächtigt, durch Rechtsverordnung mit Zustimmung des Bundesrates zur Durchführung der §§ 23 und 24**
**1. Vorschriften zu erlassen über**
   **a) Inhalt und Führung des Waffenherstellungs- und Waffenhandelsbuches,**
   **b) Aufbewahrung und Vorlage des Waffenherstellungs- und Waffenhandelsbuches,**
   **c) eine besondere Kennzeichnung bestimmter Waffen- und Munitionsarten sowie über die Art, Form und Aufbringung dieser Kennzeichnung,**
**2. zu bestimmen,**
   **a) auf welchen wesentlichen Teilen der Schusswaffe die Kennzeichen anzubringen sind und wie die Schusswaffen nach einem Austausch, einer Veränderung oder einer Umarbeitung wesentlicher Teile zu kennzeichnen sind,**
   **b) dass bestimmte Waffen- und Munitionsarten von der in § 24 vorgeschriebenen Kennzeichnung ganz oder teilweise befreit sind.**

(2) **Ist eine kennzeichnungspflichtige Schusswaffe nicht mit einer fortlaufenden Nummer (§ 24 Abs. 1 Satz 1 Nr. 3) gekennzeichnet, so kann die zuständige Behörde – auch nachträglich – anordnen, dass der Besitzer ein bestimmtes Kennzeichen anbringen lässt.**

**1** **1. Verordnungsermächtigungen.** Diese Vorschrift enthält (Begr. BT-Drucks. 14/ 7758 S. 67) im Wesentlichen die Ermächtigungen und Anordnungen des bisherigen

Nichtgewerbsmäßige Waffenherstellung **§ 26**

§ 15 des Waffengesetzes. Außerdem sind die Ausnahmen von der Kennzeichnungspflicht nach dem bisherigen § 14 des Waffengesetzes im Interesse einer flexiblen Anpassung an technische und sonstige Entwicklungen aus dem Gesetz gestrichen, und für diese Materie ist ebenfalls die Möglichkeit der Regelung durch Rechtsverordnung geschaffen worden. Die Ermächtigungen sind am 17. 10. 2002, dem Tag nach der Verkündung des WaffRNeuRegG, in Kraft getreten (Art. 19 Nr. 1 WaffR-NeuRegG).

**2. Untergesetzliches Regelwerk.** Erlassen worden ist die **Allgemeine Waffengesetz-Verordnung (AWaffV)** vom 27. 10. 2003 (BGBl. I 2123). Den Bereich des § 23 WaffG regeln deren §§ 17 bis 20; zu § 24 WaffG ist § 21 AWaffV ergangen. 2

## Nichtgewerbsmäßige Waffenherstellung

**26** **(1) Die Erlaubnis zur nichtgewerbsmäßigen Herstellung, Bearbeitung oder Instandsetzung von Schusswaffen wird durch einen Erlaubnisschein erteilt. Sie schließt den Erwerb von zu diesen Tätigkeiten benötigten wesentlichen Teilen von Schusswaffen sowie den Besitz dieser Gegenstände ein.**

**(2) Die Erlaubnis ist auf höchstens drei Jahre zu befristen und auf eine bestimmte Zahl und Art von Schusswaffen und wesentlichen Teilen zu beschränken. Personen, denen Schusswaffen zur Erprobung, Begutachtung, Untersuchung oder für ähnliche Zwecke, die insbesondere eine Bearbeitung oder Instandsetzung erforderlich machen können, überlassen werden, kann die Erlaubnis nach Absatz 1 ohne Beschränkung auf eine bestimmte Zahl und Art von Schusswaffen und wesentlichen Teilen erteilt werden.**

**1. Entstehungsgeschichte.** Die amtliche Begründung zu § 41 WaffG 1972 (BT-Drucks. VI/2678 S. 34) begründet die Aufnahme der Vorgängerbestimmung wie folgt: „Nach dem RWG war das nichtgewerbliche Herstellen, Bearbeiten und Instandsetzen von Schusswaffen – mit Ausnahme der ‚verbotenen' Schusswaffen nach § 25 Abs. 1 RWG – erlaubnisfrei." Nach früher geltendem Recht durfte daher jedermann Schusswaffen, die keine Kriegswaffen waren, herstellen, bearbeiten und instandsetzen, wenn er dies nicht gewerbsmäßig tat. Dies war mit dem Sicherheitsbedürfnis der Öffentlichkeit indessen nicht mehr vereinbar. Denn „seit geraumer Zeit sind zum Basteln bestimmte Werkzeuge weit verbreitet, mit denen auch die für Schusswaffen verwendeten Metalllegierungen leichter und besser als mit dem früher üblichen Bastlerwerkzeug bearbeitet werden können. Ferner sind Schreckschuss- und Gaswaffen oft so gebaut, dass sie mit einfachem Werkzeug zu scharfen Waffen umgearbeitet werden können. Es werden deshalb nicht selten Schreckschuss- oder Gaswaffen festgestellt, die in scharfe Waffen umgearbeitet worden sind. Eine Ausdehnung der Erlaubnispflicht auf die nichtgewerbliche Herstellung von **Munition** erschien dem Gesetzgeber dagegen **nicht** erforderlich, da der Inhaber eines Sprengstofferlaubnisscheines die benötigten Treibladungsstoffe erhalte. Im Übrigen könnten auch in der sprengstoffrechtlichen Erlaubnis die zur Verhütung von Gefahren erforderlichen Auflagen festgelegt werden." 1

Bei der Gesetzesnovellierung 1976 ist die Bestimmung im wesentlichen unverändert geblieben. Lediglich in Absatz 2 wurde ein neuer Satz 2 eingefügt, der unter dieser Bezeichnung auch nach der Neufassung den Bedürfnissen der Waffenexperten Rechnung trägt (s. dazu Rdn. 5).

## § 26 Abschn. 2. Umgang mit Waffen oder Munition

**1a** Die **neue** Vorschrift lehnt sich im Wesentlichen an § 41 WaffG aF an. Mit dem Ziel der Verwaltungsvereinfachung wird aber die Erlaubnis neuen Rechts sinnvollerweise erstreckt auf den Erwerb und Besitz **wesentlicher Teile**, die zur Herstellung, Bearbeitung oder Instandsetzung der mit entsprechendem **Erlaubnisschein** im Besitz des Betreffenden befindlichen Schusswaffe benötigt werden. Soweit früher in § 41 Abs. 2 Satz 3 und 4 WaffG verwaltungsrechtliche Fragen behandelt waren, ist dieser Regelungsbereich in § 9 WaffG nF aufgegangen. Für das nichtgewerbsmäßige Wiederladen von Patronenhülsen ist danach kein Erlaubnisschein erforderlich (VG Hannover – 10 A 6817/03).

**2** **2. Nichtgewerbsmäßige Waffenherstellung usw. (Absatz 1 Satz 1)** ist die **nicht** mit der Absicht dauernder Gewinnerzielung – wie etwa beim Waffengewerbe (§ 21 Abs. 1) – betriebene einschlägige Tätigkeit, zB von Personen, die aus Gefälligkeit für Schützen- oder Jagdkameraden Instandsetzungsarbeiten an deren Schusswaffen ausführen. Von der Erlaubnispflicht für das Herstellen in diesem Rahmen ist nach Anlage 2 A 2 U 2 Nr. 6.1 nur die Munition freigestellt. Zum Begriff der erlaubnispflichtigen Schusswaffen wird auf Anlage 2 A 2 U 1 Satz 1 iVm. Anlage 1 A 1 U 1 Nr. 1 bis 3; § 1 Rdn. 3b ff., zu Herstellen, Bearbeiten, Instandsetzen auf Rdn. 56 bis 60 zu § 1 WaffG verwiesen; vgl. auch Nr. 41. 1–3 WaffVwV aF. Alle diese Tätigkeiten bedürfen, auch wenn sie nicht gewerbsmäßig ausgeübt werden sollen, der vorherigen **Erlaubnis** der nach Landesrecht zuständigen Behörde. „Dieser Regelung kommt, anders als im gewerblichen Bereich, im wesentlichen eine **Verbotsfunktion** zu" (Begr. BT-Drucks. VI/2678 S. 34).

**3** **3. Erteilungsvoraussetzungen.** Bei der Erlaubniserteilung sind die obligatorischen Versagungsgründe des § 4 Abs. 1 WaffG nF (Alterserfordernis, Zuverlässigkeit, persönliche Eignung, Sachkunde und besonderes Bedürfnis) zu berücksichtigen. Auf die Erläuterungen zu den §§ 4 bis 8 WaffG wird verwiesen. Auch der fakultative Versagungsgrund gem. § 4 Abs. 2 (mindestens 5-jähriger gewöhnlicher Aufenthalt in der Bundesrepublik Deutschland) ist zu beachten (vgl. § 4 Rdn. 9).

**4** **4. Befristung und Beschränkung der Erlaubnis.** Die Fassung von **Absatz 2 Satz 1** ergibt den **Ausnahmecharakter** der Erlaubnis. Die Entwurfsbegründung (BT-Drucks. VI/2678 S. 34) meint sogar, dass die Erteilung der Erlaubnis nur in besonderen Ausnahmefällen in Betracht kommen wird, „beispielsweise für Personen, die nicht gewerbsmäßig Forschungen auf waffentechnischem Gebiet betreiben. Diesem Ausnahmecharakter der Erlaubnis wird nur eine befristete sowie inhaltlich und nach dem Umfang beschränkte Erlaubnis gerecht".

Die Zeitdauer ist nach wie vor auf höchstens 3 Jahre beschränkt. Geringere Fristsetzungen sind zulässig. Die Erlaubnis ist ferner inhaltlich auf eine bestimmte Art und Zahl von Schusswaffen, zB Jagd- oder Sportwaffen, und – nach neuer Fassung – von (benötigten) wesentlichen Teilen (Anlage 1 A 1 U 1 Nr. 1.3.1 bis 1.3.5) **obligatorisch** zu beschränken. Wegen inhaltlicher Beschränkungen vgl. § 9; als Auflage kommen Kennzeichnungs- und Anzeigepflichten in Betracht (*K/P* Rdn. 430).

**5** **5. Waffensachverständige. Absatz 2 Satz 2** ist bei der Gesetzesänderung i.J. 1976 in die Vorgängerbestimmung § 41 WaffG aF eingefügt worden (s. Rdn. 1). Die in Absatz 2 Satz 1 getroffene Bestimmung, wonach die Erlaubnis für das Bearbeiten oder Instandsetzen auf eine bestimmte Zahl und Art von Schusswaffen zu beschränken ist, wird, wie der ABer. (BT-Drucks. 7/4407 S. 9) ausführt, den Bedürfnissen von Personen, die im Zusammenhang mit der Erprobung und Untersuchung von Schusswaffen diese ggf. bearbeiten oder instandsetzen wollen, nicht hinreichend gerecht, weshalb durch die Einfügung von Satz 2 die Möglichkeit geschaffen worden ist, diesem Personenkreis die Erlaubnis zur Bearbeitung und Instandsetzung für Schusswaffen **aller** Art zu erteilen; nach der Neufassung kann sich die Erlaubnis dementsprechend auch auf alle Arten von wesentlichen Teilen von Schusswaffen erstrecken. Die **Befristung** auf drei Jahre ist auch in diesen Fällen **nicht abdingbar**.

**6. Ahndung.** § 52 Abs. 3 Nr. 3 (Straftat, gem. § 52 Abs. 4 auch bei fahrlässiger Begehung) ist das Herstellen, Bearbeiten oder Instandsetzen von Schusswaffen ohne Erlaubnis. Werden dem § 51 oder § 52 Abs. 1 unterfallende Waffen hergestellt, so tritt Strafbarkeit nach diesen – schärferen – Normen ein. Bei der Beschaffung von Treibladungspulver kann auch ein Verstoß gegen § 27 SprengG in Betracht kommen, sanktioniert in dem §§ 40 bis 42 SprengG. Es sind hierbei die landesrechtlichen Freistellungsverordnungen zu beachten, die sich allerdings regelmäßig nur auf das Bearbeiten und Instandsetzen dienstlich überlassener Schusswaffen beziehen.

## Schießstätten, Schießen durch Minderjährige auf Schießstätten

**§ 27** (1) Wer eine ortsfeste oder ortsveränderliche Anlage, die ausschließlich oder neben anderen Zwecken dem Schießsport oder sonstigen Schießübungen mit Schusswaffen, der Erprobung von Schusswaffen oder dem Schießen mit Schusswaffen zur Belustigung dient (Schießstätte), betreiben oder in ihrer Beschaffenheit oder in der Art ihrer Benutzung wesentlich ändern will, bedarf der Erlaubnis der zuständigen Behörde. Die Erlaubnis darf nur erteilt werden, wenn der Antragsteller die erforderliche Zuverlässigkeit (§ 5) und persönliche Eignung (§ 6) besitzt und eine Versicherung gegen Haftpflicht in Höhe von mindestens 1 Million Euro – pauschal für Personen- und Sachschäden – sowie gegen Unfall in Höhe von mindestens 10 000 Euro für den Todesfall und mindestens 100 000 Euro für den Invaliditätsfall bei einem im Geltungsbereich dieses Gesetzes zum Geschäftsbetrieb befugten Versicherungsunternehmen nachweist. § 10 Abs. 2 Satz 2 bis 5 gilt entsprechend. Abweichend von Satz 2 richtet sich die Haftpflichtversicherung für Schießgeschäfte, die der Schaustellerhaftpflichtverordnung unterliegen, nach § 1 Abs. 2 Nr. 2 dieser Verordnung. Bei ortsveränderlichen Schießstätten ist eine einmalige Erlaubnis vor der erstmaligen Aufstellung ausreichend. Der Inhaber einer Erlaubnis nach Satz 5 hat Aufnahme und Beendigung des Betriebs der Schießstätte der örtlich zuständigen Behörde zwei Wochen vorher schriftlich anzuzeigen.

(2) Absatz 1 Satz 1 ist nicht anzuwenden auf Schießstätten, bei denen in geschlossenen Räumen ausschließlich zur Erprobung von Schusswaffen oder Munition durch Waffen- oder Munitionshersteller, durch Waffen- oder Munitionssachverständige oder durch wissenschaftliche Einrichtungen geschossen wird. Der Betreiber hat die Aufnahme und Beendigung des Betriebs der Schießstätte der zuständigen Behörde zwei Wochen vorher schriftlich anzuzeigen.

(3) Unter Obhut verantwortlicher und zur Kinder- und Jugendarbeit für das Schießen geeigneter Aufsichtspersonen darf
1. Kindern, die das zwölfte Lebensjahr vollendet haben und noch nicht 14 Jahre alt sind, das Schießen in Schießstätten mit Druckluft-,

## § 27 Abschn. 2. Umgang mit Waffen oder Munition

Federdruckwaffen und Waffen, bei denen zum Antrieb der Geschosse kalte Treibgase verwendet werden (Anlage 2 Abschnitt 2 Unterabschnitt 2 Nr. 1.1 und 1.2),
2. Jugendlichen, die das 14. Lebensjahr vollendet haben und noch nicht 16 Jahre alt sind, auch das Schießen mit sonstigen Schusswaffen gestattet werden, wenn der Sorgeberechtigte schriftlich sein Einverständnis erklärt hat oder beim Schießen anwesend ist. Die verantwortlichen Aufsichtspersonen haben die schriftlichen Einverständniserklärungen der Sorgeberechtigten vor der Aufnahme des Schießens entgegenzunehmen und während des Schießens aufzubewahren. Sie sind der zuständigen Behörde oder deren Beauftragten auf Verlangen zur Prüfung auszuhändigen. Die verantwortliche Aufsichtsperson hat die Geeignetheit zur Kinder- und Jugendarbeit glaubhaft zu machen. Der in Satz 1 genannten besonderen Obhut bedarf es nicht beim Schießen durch Jugendliche mit Waffen nach Anlage 2 Abschnitt 2 Unterabschnitt 2 Nr. 1.1 und 1.2 und nicht beim Schießen mit sonstigen Schusswaffen durch Jugendliche, die das 16. Lebensjahr vollendet haben.

(4) Die zuständige Behörde kann einem Kind zur Förderung des Leistungssports eine Ausnahme von dem Mindestalter des Absatzes 3 Satz 1 bewilligen. Diese soll bewilligt werden, wenn durch eine ärztliche Bescheinigung die geistige und körperliche Eignung und durch eine Bescheinigung des Vereins die schießsportliche Begabung glaubhaft gemacht sind.

(5) Personen in der Ausbildung zum Jäger dürfen in der Ausbildung ohne Erlaubnis mit Jagdwaffen schießen, wenn sie das 14. Lebensjahr vollendet haben und der Sorgeberechtigte und der Ausbildungsleiter ihr Einverständnis in einer von beiden unterzeichneten Berechtigungsbescheinigung erklärt haben. Die Person hat in der Ausbildung die Berechtigungsbescheinigung mit sich zu führen.

(6) An ortsveränderlichen Schießstätten, die dem Schießen zur Belustigung dienen, darf von einer verantwortlichen Aufsichtsperson Minderjährigen das Schießen mit Druckluft-, Federdruckwaffen und Waffen, bei denen zum Antrieb der Geschosse kalte Treibgase verwendet werden (Anlage 2 Abschnitt 2 Unterabschnitt 2 Nr. 1.1 und 1.2), gestattet werden. Bei Kindern hat der Betreiber sicherzustellen, dass die verantwortliche Aufsichtsperson in jedem Fall nur einen Schützen bedient.

(7) Das kampfmäßige Schießen auf Schießstätten ist nicht zulässig. Das Bundesministerium des Innern wird ermächtigt, durch Rechtsverordnung mit Zustimmung des Bundesrates zur Abwehr von Gefahren für die öffentliche Sicherheit oder Ordnung sowie von sonstigen Gefahren oder erheblichen Nachteilen für die Benutzer einer Schießstätte, die Bewohner des Grundstücks, die Nachbarschaft oder die Allgemeinheit

1. die Benutzung von Schießstätten einschließlich der Aufsicht über das Schießen und der Anforderungen an das Aufsichtspersonal und

Schießstätten, Schießen durch Minderjährige auf Schießstätten § 27

dessen besondere Ausbildung für die Kinder- und Jugendarbeit zu regeln,
2. Vorschriften über den Umfang der Verpflichtungen zu erlassen, die bei Lehrgängen zur Ausbildung in der Verteidigung mit Schusswaffen und bei Schießübungen dieser Art einzuhalten sind; darin kann bestimmt werden,
   a) dass die Durchführung dieser Veranstaltungen einer Anzeige bedarf,
   b) dass und in welcher Weise der Veranstalter die Einstellung und das Ausscheiden der verantwortlichen Aufsichtsperson und der Ausbilder anzuzeigen hat,
   c) dass nur Personen an den Veranstaltungen teilnehmen dürfen, die aus Gründen persönlicher Gefährdung, aus dienstlichen oder beruflichen Gründen zum Besitz oder zum Führen von Schusswaffen einer Erlaubnis bedürfen,
   d) dass und in welcher Weise der Veranstalter Aufzeichnungen zu führen, aufzubewahren und der zuständigen Behörde vorzulegen hat,
   e) dass die zuständige Behörde die Veranstaltungen untersagen darf, wenn der Veranstalter, die verantwortliche Aufsichtsperson oder ein Ausbilder die erforderliche Zuverlässigkeit, die persönliche Eignung oder Sachkunde nicht oder nicht mehr besitzt.

**1. Entstehungsgeschichte.** Nach der Begründung des Gesetzentwurfs (BT-Drucks. 14/7758 S. 67) ist die Vorschrift „ohne Vorläufer im früheren Waffenrecht des Reiches und des Bundes". Hierbei handelt es sich um ein wörtliches Zitat aus *Steindorf* Waffenrecht 7. Aufl. § 44 WaffG Rdn. 1. Die Äußerung bezog sich allerdings auf § 44 WaffG aF, auf den dies auch zutraf. Für den neu gestalteten § 27 kann das natürlich nicht mehr gesagt werden, da er zB hinsichtlich der Schießstättenbetriebserlaubnis in wesentlichen Punkten der Regelung in § 44 WaffG aF entspricht. Die neuen Absätze 1 und 2 regeln jetzt die rechtlichen Voraussetzungen für das Betreiben von Schießstätten. Die Absätze 3 bis 6 treffen Sonderregelungen für das Schießen durch Minderjährige auf Schießstätten; diese sind im Laufe des Gesetzgebungsverfahrens bis hinein in den Vermittlungsausschuss wiederholt abgeändert worden (BR-Drucks. 524/02 Anlage S. 4/5). Absatz 7 Satz 2 schafft die erforderlichen rechtlichen Voraussetzungen für den Erlass des untergesetzlichen Regelwerks (vgl. dazu §§ 9 bis 12 AWaffV).

**1a. Gesetzeszweck.** Die Vorschrift wird gerechtfertigt durch die besonderen Gefahren, die der Betrieb einer Schießstätte für die Bewohner des betr. Grundstücks, die Nachbarschaft und die Allgemeinheit, hauptsächlich durch die Lärmbelästigung (VG Schwerin GewA **1997**, 341), aber auch durch etwaige Abpraller, mit sich bringt. Sinn und Zweck des Absatzes 1 ist der Schutz der körperlichen Unversehrtheit (Art. 2 Abs. 2 GG) der Nachbarn einer Schießstätte (VG Schwerin aaO; zu zivilrechtlichen Unterlassungsansprüchen von Anwohnern vgl. LG Hanau GewA **1989**, 66). Hinzu kommt, dass für den vorübergehenden Erwerb von Schusswaffen und der dazugehörigen Munition und ihren Verbrauch auf Schießstätten, also für das **Schießen** daselbst, gem. § 12 Abs. 4 Satz 1 (§§ 28 Abs. 4 Nr. 6, 29 Abs. 2 Nr. 3 WaffG aF) **keine** besondere **Erlaubnis** notwendig ist (zum Transport der Waffe zur Schießstätte – entladen – vgl. VG Minden NVwZ-RR **2001**, 515). Auch die sich hieraus möglicherweise ergebenden Gefahren machen es erforderlich, in einem Erlaubnis-

1

1a

## § 27 Abschn. 2. Umgang mit Waffen oder Munition

verfahren die persönlichen und sachlichen Voraussetzungen für den Betrieb der Schießstätte zu prüfen (Entwurfsbegr. BT-Drucks. VI/2678 S. 35). Bei der Abänderung des WaffG i. J. 1976 wurde die bis dahin für die Landesregierungen vorgesehene Ermächtigung auf den BMI übertragen.

**2** 2. **Schießstätte.** Der Begriff wird in Absatz 1 Satz 1 definiert. Diese Begriffsbestimmung ist wörtlich aus § 44 Abs. 4 WaffG aF übernommen worden (vgl. auch §§ 9 bis 12 AWaffV). Er umfasst auch **Schießstände**, aber im übrigen nicht alle Orte, an denen befugt geschossen wird, sondern (nach der Begr. S. 35) nur **Einrichtungen**, die für den **Zweck** des Schießens **besonders**, vor allem mit Blenden zum Abfangen fehlgehender oder abprallender Geschosse, **hergerichtet** sind. Solche Einrichtungen sind nicht immer ortsfest, sondern zum Teil dazu bestimmt, nur für kürzere Zeit im Freien (fliegende Bauten) oder in Räumen aufgestellt zu werden. Schießstätten können nicht nur dem Schießsport oder Schießübungen, zB für berufliche Zwecke (Jäger), sondern auch wissenschaftlichen und technischen Zwecken oder sogar der Belustigung (Schießbuden und Schießgeschäfte) dienen. „Sonstige Schießübungen" sind zB polizeiliche Schießübungen oder Übungsschießen der Strafvollzugsbeamten zur Erhaltung ihrer Schießfertigkeit. Zum Probeschießen gehört insbesondere auch das Anschießen der Waffe auf dem Schießstand zwecks Festellung des Trefferbildes (vgl. § 45 Abs. 6 Nr. 5 WaffG aF) oder zur Unterrichtung des Kunden des Waffenhändlers, der eine Waffe erwerben will. Erfasst sind nur einschlägige Anlagen, auf denen mit **Schusswaffen** (§ 1 Rdn. 3 b ff.) geschossen wird. „Es besteht kein Bedürfnis, die Errichtung und den Betrieb von Anlagen, auf denen zum Beispiel mit Armbrüsten oder mit Pfeil und Bogen geschossen wird, bundesrechtlich zu regeln" (amtl. Begr. BT-Drucks. 7/2379 S. 23). Elektronische Schießsimulatoren sind nicht erfasst (*L/F/L* Rdn. 22). Auch Spielstätten für das Paintball- (oder Gotscha-)Spiel sind keine „Schießstätten", obwohl es sich bei den verwendeten Farbmarkierungswaffen um „Schusswaffen" handelt, bei denen Geschosse (Gelatinefarbkugeln) mit Druckluft durch einen Lauf getrieben werden; es fehlen alle sonstigen Erfordernisse einer Anlage zum sportlichen Schießen (BayVGH BayVBl. **2001,** 689). Zur Problematik **„Laserdrome"** wird auf BVerwGE **115,** 189 = NVwZ **2002,** 589 und die auf Vorlage des BVerwG ergangene Entscheidung des EuGH NVwZ **2004,** 1471 verwiesen (vgl. auch § 1 Rdn. 3 aE).

**3** 3. **Erlaubnisbedürftige Tätigkeiten.** Der Erlaubnis bedarf zum einen das **Betreiben** einer solchen Schießstätte. Eine Schießstätte betreibt, wer sie **in eigener Verantwortung führt.** Daneben ist aber auch, da viele Schießstätten von alters her betrieben werden, die **wesentliche Veränderung,** und zwar sowohl ihrer Beschaffenheit als auch ihrer Benutzungsart, gestattungsbedürftig. Eine wesentliche Änderung der Beschaffenheit liegt etwa vor bei einer räumlichen Ausdehnung, zB der Einrichtung weiterer Schießstände oder Schießbahnen. Eine wesentliche Änderung der Benutzungsart ist gegeben, wenn mit anderen Schusswaffen als ursprünglich vorgesehen geschossen werden soll, zB auf einem Schießstand für Langwaffen mit Faustfeuerwaffen oder auf einem Schießstand für Druckluftwaffen mit Kleinkaliberwaffen. Handelt es sich dagegen nur um Umgestaltungen, die weder das interne noch das externe Schutzbedürfnis in irgend einer Weise tangieren, fehlt der Änderung die „Wesentlichkeit".

**4** 4. **Erteilungsvoraussetzungen.** Die Erlaubnis darf nur erteilt werden, wenn der Antragsteller sowohl **zuverlässig** (§ 5) als auch **persönlich geeignet** (§ 6) ist. Daneben kann die Erlaubnis im Rahmen der waffenrechtlichen Anforderungen versagt werden oder mit Auflagen versehen werden (§ 9). Die ursprünglich nur als Auflage vorgesehen gewesene **Haftpflichtversicherung** ist nach Anhörung des Innenausschusses zur Erteilungsvoraussetzung hochgestuft und ausführlich geregelt worden (Absatz 1 Satz 2). Unterfällt der Betreiber einer Schießstätte der Schaustellerhaftpflichtverordnung, so richtet sich die Haftung nach dieser Verordnung (§ 1 Abs. 2 Nr. 2 VO). Eine Erleichterung gilt nach Absatz 1 Satz 5 für **ortsveränderliche** Schießstätten: Bei diesen ist die Einholung der Erlaubnis vor der erstmaligen Aufstellung ausreichend. Der Betreiber hat jedoch jeden Betrieb der Anlage, und zwar sowohl Beginn als auch Ende des Betriebs, zwei Wochen im Voraus der Behörde, in deren Bezirk die Schießstätte betrieben werden soll, anzuzeigen. Damit wird dieser ermöglicht, durch entsprechende Auflagen einen sicheren Betrieb der mobilen Schießstätte zu gewährleisten (Begr. BT-Drucks. 14/7758 S. 68). Als solche kommen insbesondere Auflagen über die Beschaffenheit, Abnahme, Benutzung und regelmäßige Prüfung der Anlage in Betracht.

Die vorgeschriebene Erlaubnis erteilt die landesrechtlich zuständige Behörde nach ihrem pflichtgemäßen Ermessen. Soweit außerdem das Erfordernis einer baurechtlichen Genehmigung besteht, bleibt dieses unberührt (BayObLG BayVBl. **1972,** 473); entsprechendes gilt für eine immissionsschutzrechtliche Genehmigung (VG Schwerin GewA **1997,** 341; vgl. hierzu auch *Franke* DVP **2004,** 326 und *Kuschicke* Immissionsschutz **1998,** 11). Nach Nr. 27.1.5 WaffVwV sollen derartige Erlaubnisse nicht **vor** etwa erforderlichen Genehmigungen oder Anordnungen nach bau- oder immissionsschutzrechtlichen Vorschriften erteilt werden; die waffenrechtliche Erlaubnis ist aber nicht von einer vorherigen Genehmigung nach dem BImSchG abhängig (VG Schwerin GewA **1997,** 341). Die Gesetzesbegründung (BT-Drucks. 14/7758 S. 68) führt hierzu ergänzend aus: „Schießstände für Handfeuerwaffen, ausgenommen solche in geschlossenen Räumen, und Schießplätze sind genehmigungsbedürftige Anlagen im Sinne des Bundes-Immissionsschutzgesetzes. Der Schutz gegen schädliche Umwelteinwirkungen, insbesondere der erforderliche Lärmschutz, wird im Rahmen dieser Vorschriften gewährleistet. Bei immissionsschutzrechtlich nicht genehmigungsbedürftigen Schießstätten in geschlossenen Räumen kann der Schutz gegen schädliche Umwelteinwirkungen im Rahmen der erforderlichen Baugenehmigung sichergestellt werden, die nach den allgemeinen landesrechtlichen Bauvorschriften auch Änderungen der Nutzung von Gebäuden, etwa lärmrelevante Nutzungsänderungen, umfasst".

**5. Erlaubniserteilung an juristische Personen (Absatz 1 Satz 3).** Durch die gesetzestechnisch unauffällige Verweisung in Satz 3: „§ 10 Abs. 2 Satz 2 bis 5 gilt entsprechend" wird auch hier – wie bei einem schießsportlichen Verein – die neuartige Möglichkeit eröffnet, die Erlaubnis zum Betreiben einer Schießstätte einer juristischen Person (zB einem schießsportlichen Verein) zu erteilen (Begr. BT-Drucks. 14/8886 S. 114). Auch hier ist zu beachten, dass gewährleistet sein muss, dass immer eine verantwortliche natürliche Person für die Behörde „greifbar" sein muss (vgl. § 10 Rdn. 4).

**6. Freistellung vom Erlaubniszwang (Absatz 2).** Es gibt Anlagen, auf denen ebenfalls ein Schießbetrieb stattfindet, die aber durch ihre Abschirmung nach außen und den Ausschluss jeder Öffentlichkeit für die Nachbarschaft und die Allgemeinheit im Vergleich mit sonstigen Schießstätten weit weniger gefahrenträchtig sind. Solche Anlagen, die der Erprobung von Schusswaffen oder Munition durch Waffen- oder Munitionshersteller, Waffen- oder Munitionssachverständige oder durch wissenschaftliche Einrichtungen dienen, will das Gesetz privilegieren. Dazu wird überzeugend ausgeführt (BT-Drucks. 14/7758 S. 68): „Hersteller von Schusswaffen und

Munition unterziehen ihre Produkte im Verlaufe des Fertigungsprozesses häufig verschiedenen Prüfungen auf Funktion und Haltbarkeit. In diesen Fällen wird auf kurze Distanz in ein Medium geschossen, ohne dass dabei eine Schießstätte wie beim sportlichen oder jagdlichen Schießen benutzt wird. Ähnliche Erfordernisse bestehen bei wissenschaftlichen Einrichtungen. Für die Erprobung bei der Waffen- oder Munitionsherstellung gelten einschlägige Unfallverhütungsvorschriften, die gewährleisten, dass die erforderlichen Sicherheitsvorkehrungen zum Schutze der Arbeitnehmer getroffen werden. Um etwaigen sicherheitlichen Bedenken Rechnung zu tragen, sieht der Entwurf eine Anzeigepflicht des Betreibers an die zuständige Behörde vor (Satz 2). Hierdurch erhalten die Behörden Kenntnis von den Räumen, in denen die Schießanlage betrieben wird; etwa erforderliche Anordnungen können nach § 9 des Entwurfs getroffen werden. Die Aufnahme und die Beendigung des Betriebs sind in diesen Fällen der zuständigen Behörde zwei Wochen vorher anzuzeigen".

**7**   **7. Beaufsichtigtes Schießen seitens Minderjähriger (Absatz 3; § 10 AWaffV). a) Kinder** (bis zur Vollendung des 14. Lebensjahres [Anlage 1 A 2 Nr. 10]). Sie dürfen nach Satz 1 Nr. 1 auf Schießstätten (Rdn. 2) – abweichend nach Absatz 6 an Schießbuden. – unter genau festgelegten Voraussetzungen schießen: aa) Vollendung des 12. Lebensjahres (die Herabsetzung auf 10 Jahre ist fallen gelassen worden), bb) Schießen nur mit verhältnismäßig harmlosen Schusswaffen, wie sie in Anlage 2 A 2 U 2 Nr. 1.1 und 1.2 umschrieben werden. Es handelt sich hierbei um Druckluft-, Federdruck- und Waffen, bei denen zum Antrieb nicht heiße Gase (wie bei „Feuerwaffen" nach Anlage 1 A 1 U 1 Nr. 2), sondern kalte Treibgase (früher $CO_2$-Waffen genannt) verwendet werden (§ 2 Rdn. 33 und 33 a). Hierunter fallen zB die weit verbreiteten „Luftgewehre". Armbrüste fallen nach verbreiteter Meinung nicht unter die Regelung; hier können Ausnahmen nur nach § 3 Abs. 3 bewilligt werden (*K/P* Rdn. 366). Vgl. aber § 2 Rdn. 41. cc) unter Obhut einer verantwortlichen und für die Kinder- und Jugendarbeit für das Schießen geeigneten Aufsichtsperson. Diese Formulierung ist im Vermittlungsausschuss erarbeitet worden (BR-Drucks. 524/02 Anlage S. 4). Vorher war als ausreichend angesehen worden die Gestattung durch eine „verantwortliche Aufsichtsperson" der Schießstätte. Der Betreiber der Schießstätte ist, wie sich incidenter ergibt, verpflichtet, für die vorgeschriebene Beaufsichtigung des Schießens Minderjähriger stets eine oder mehrere derartige verantwortliche Aufsichtspersonen bereitzustellen (§ 10 Abs. 1 AWaffV; vgl. aber auch § 10 Abs. 3, 5 und 6 AWaffV). Diese müssen nach der Gesetz gewordenen Neufassung eine besondere Eignung zur Kinder- und Jugendarbeit auf dem Gebiet des Schießens aufweisen; die verantwortliche Aufsichtsperson hat ihre Geeignetheit für diese Tätigkeit durch entsprechende Nachweise glaubhaft zu machen (Absatz 1 Satz 4; § 10 Abs. 2 AWaffV). Wem gegenüber dies zu erfolgen hat, sagt das Gesetz nicht. Daraus ist zu ersehen, dass die Beratungen im Vermittlungsausschuss unter Zeitdruck standen. Es ist davon auszugehen, dass Adressat dieser Nachweise die zuständige Waffenbehörde ist (so jedenfalls die Entwurfsbegründung BT-Drucks. 14/7758 S. 68 und § 10 Abs. 2 AWaffV). Bußgeldbewehrt ist die Verletzung der Pflicht nicht. Da von einem entsprechenden Verlangen der Behörde nicht die Rede ist, müsste die Glaubhaftmachung ohne Aufforderung erfolgen. Aus dem Wort „Obhut" ist zu folgern, dass eine ständige Betreuung des Minderjährigen erforderlich ist, der quasi während der gesamten Schießtätigkeit „nicht aus den Augen gelassen" werden darf. dd) Die Gestattung des „behüteten" Schießens darf wiederum nur erfolgen, wenn entweder der Sorgeberechtigte des Minderjährigen selbst anwesend ist und damit

# Schießstätten, Schießen durch Minderjährige auf Schießstätten § 27

sein Einverständnis kundtut oder aber, bei Abwesenheit, dieses Einverständnis vorher schriftlich erteilt hat, so dass es der verantwortlichen Person vor Beginn des Schießens vorliegt; diese hat die Erklärung dann „während des Schießens" aufzubewahren (Absatz 3 Satz 3). Die früher vorgesehen gewesene Regelung, nach der die Erklärung vor der erstmaligen Aufnahme des Schießens ausgehändigt und dann drei Jahre aufbewahrt werden sollte, ist fallen gelassen worden. Durch dieselbe Vorschrift (Absatz 3 Satz 3) ist weiter bestimmt worden, dass die Erklärung des Sorgeberechtigten jeweils den Vertretern der zuständigen Behörde auf deren Verlangen zur Überprüfung nicht nur vorzuzeigen, sondern auch auszuhändigen ist; die Nichtherausgabe ist, wie weitere Verpflichtungen aus § 27, bußgeldbewehrt (§ 53 Abs. 1 Nr. 13).

**b) Jugendliche bis zu 15 Jahren (Absatz 3 Satz 1 Nr. 2).** Nach Absatz 3 Satz 1 **8** gilt die vorbeschriebene Regelung entsprechend. Allerdings bestehen hier einige Besonderheiten: Jugendlichen im Alter von 14 und 15 Jahren darf auf der Schießstätte, wenn die übrigen genannten Voraussetzungen vorliegen, das Schießen auch mit „sonstigen" Schusswaffen, also mit Schusswaffen jeder Art gestattet werden (Anlage 1 A 1 U 1 Nr. 1.1 bis 1.2.2). Diese Erweiterung war zunächst im Gesetzentwurf nicht vorgesehen. Sie ist nach der Anhörung im Innenausschuss zusätzlich aufgenommen und vom Vermittlungsausschuss nicht beanstandet worden. Auch hier muss aber die Benutzung der Waffen von demjenigen, der die Sorge für die Person des Minderjährigen innehat, in einer der beiden in Rdn. 7 genannten Formen „abgesegnet" sein. Aus der Obhutspflicht des „behüteten" Schießens ist schließlich bei den hier in Betracht kommenden Jugendlichen herausgenommen worden das Schießen mit den in Absatz 3 Satz 1 Nr. 1 genannten harmloseren Schusswaffen (Rdn. 7), die umständlicherweise mit ihrer komplizierten Zitierweise hier nochmals aufgeführt werden.

**c) Jugendliche über 16 Jahren (Absatz 3 Satz 5 letzter Halbsatz).** Nach der im **9** Vermittlungsausschuss erarbeiteten Fassung ist in dieser Bestimmung klargestellt worden, dass die Jugendlichen im Alter von 16 und 17 Jahren auf Schießstätten mit Schusswaffen aller Art schießen dürfen, ohne der für die übrigen Minderjährigen ab 12 Jahren geltenden besonderen Obhutspflicht zu unterstehen. Damit entfällt für sie auch das Erfordernis des Einverständnisses des Sorgerechtsberechtigten, weil dies in Satz 1 als Bestandteil des besonderen Obhut genannt ist. Die generelle Aufsichtspflicht des Betreibers über den Schießbetrieb bleibt selbstverständlich bestehen (Begr. BT-Drucks. 14/8886 S. 114). Eine tabellarische Übersicht betr. das Schießen mit bestimmten Waffen durch Minderjährige findet sich bei *VISIER* S. 27.

**8. Schießsportliche Sonderregelung für Kinder (Absatz 4; § 10 Abs. 5 und 6** **10** **AWaffV).** Diese Ausnahmeregelung zur Förderung des Leistungssports war bereits in den ersten Entwürfen vorgesehen. Da die Regelung nur Kinder betrifft, ist hier von Absatz 3 Satz 1 nur die Nr. 1 angesprochen. Danach kann einem Kind unter 12 Jahren das Schießen auf Schießstätten, wie es für ältere Kinder eröffnet ist, auch schon früher gestattet werden. Nach der Sollvorschrift des Absatzes 4 Satz 2 ist eine solche Ausnahmeregelung angebracht, wenn zwei Voraussetzungen erfüllt sind: zum einen muss das Kind sowohl auf Grund seiner geistigen als auch seiner körperlichen Entwicklung so weit gereift sein, dass es zum Betreiben des Schießsports geeignet erscheint. Zum anderen muss bei dem Kind eine (besondere) schießsportliche Begabung festzustellen sein, was durch eine entsprechende Bescheinigung des Vereins zu belegen ist. Wie der Verein eine solche Bescheinigung auszustellen vermag, wenn das Kind – wenn es gesetzestreu zugeht – noch keine Schusswaffe hat benutzen dür-

### § 27 Abschn. 2. Umgang mit Waffen oder Munition

fen, ist nicht recht erkennbar. Hier ist an Erfahrungen aus dem „Lichtschießen" zu denken (*L/F/L* Rdn. 89). Dass die Ausnahmebewilligung nur auf Antrag des Sorgeberechtigten oder mit dessen Einverständnis erteilt werden kann, wird im Gesetz nicht ausdrücklich gesagt, entspricht aber zivilrechtlichen Anforderungen.

**11**   **9. Schießen in der Ausbildung zum Jäger (Absatz 5).** Obwohl das in dieser Vorschrift nicht erwähnt wird, kann es im vorliegenden Schießstätten-Paragraphen nur um das Schießen in Schießstätten gehen. Hier dürfen Personen, die sich in der Jägerausbildung befinden (§ 13 Rdn. 16), mindestens 14 Jahre alt sind und sowohl der Sorgeberechtigte als auch der Ausbildungsleiter ihr Einverständnis in schriftlicher Form erteilt haben, ohne Schießerlaubnis mit Jagdwaffen (§ 13 Rdn. 5) schießen. Diese Bestimmung erscheint im vorliegenden Zusammenhang ein wenig als „Fremdkörper"; ihre Aufnahme in den „Jäger-Paragraphen § 13 wäre vielleicht einleuchtender gewesen. Da die Regelung das Schießen „in der Ausbildung" betrifft, ist damit klargestellt, dass das Schießen nur zu Ausbildungszwecken gestattet ist (§ 13 Rdn. 16). Die in der Jägerausbildung befindliche Person hat sich nach Absatz 5 Satz 2 durch Mitführen der Berechtigungsbescheinigung die Möglichkeit zu schaffen, sich entsprechend, zB gegenüber der Schießstättenaufsicht, auszuweisen.

**12**   **10. Schießen an Schießbuden (Absatz 6; § 10 Abs. 7 AWaffV).** Ortsveränderliche Schießstätten, die dem Schießen zur Belustigung dienen, werden im Volksmund als „Schießbuden" bezeichnet. Sie finden sich traditionell auf fast jedem Volksfest. Hier wollte der Gesetzgeber keine Änderungen herbeiführen. Er hat aber auch hier der Aufsichtspflicht große Bedeutung beigemessen. Das verantwortliche Aufsichtspersonal ist berufen, das Schießen Minderjähriger jeweils zu gestatten. Minderjährige (entgegen dem früheren Entwurf ohne Altersbegrenzung nach unten auf 12 Jahre) dürfen dabei nur mit den bereits in Absatz 3 Satz 1 Nr. 1 angesprochenen harmloseren Schusswaffen (Rdn. 7) schießen. Handelt es sich bei dem Schützen um ein Kind (bis zu 13 Jahren), ist neuerdings durch Absatz 6 Satz 2 als besondere Sicherungsmaßnahme eingebaut worden, dass dieses Kind speziell von einer nur für es zuständigen Aufsichtsperson am Schießstand bedient und damit betreut wird; damit soll die „nötige Intensität der Aussicht" gewährleistet werden. Die Verletzung dieser Pflicht stellt eine Ordnungswidrigkeit dar (§ 53 Abs. 1 Nr. 12).

**13**   **11. Verbot des kampfmäßigen Schießens auf Schießstätten (Absatz 7 Satz 1).** Dieses Verbot ist auf Grund der Beratungen im Vermittlungsausschuss als „Fremdkörper" eingefügt worden in eine Bestimmung, die im übrigen Verordnungsermächtigungen enthält. Dies hängt vermutlich mit den Ereignissen von Erfurt (26. 4. 2002) zusammen. Es ist in den Materialien zum WaffRNeuRegG zuvor nicht aufgetaucht oder erwogen worden. Es bezieht sich anscheinend auf die in § 44 Abs. 3 Nr. 2 im Rahmen einer Verordnungsermächtigung erwähnte und in den §§ 38 ff. der 1. WaffV geregelte Ausbildung in der kampfmäßigen Verteidigung mit Schusswaffen. Hier sollte einer neuerlichen Verordnung diesen Inhalts offensichtlich der Riegel vorgeschoben werden; nur so erklärt sich die Aufnahme in den Absatz 7. Vgl. auch § 9 Abs. 1 Satz 1 AWaffV.

**14**   **12. Ermächtigungen zu untergesetzlichem Regelwerk (Absatz 7 Satz 2).** Die Ermächtigung zu Nr. 1 ist im Vermittlungsausschuss neu formuliert worden und gestattet nunmehr Regelungen im Verordnungswege über die Benutzung von Schießstätten, die Aufsicht über das Schießen, die Anforderungen an das Aufsichtspersonal sowie dessen besondere Ausbildung für die jetzt im einzelnen im Gesetz skizzierte Kinder- und Jugendarbeit auf Schießstätten (vgl. §§ 9 bis 12 AWaffV). Sonstige Änderungen im Katalog der Verordnungsermächtigungen sind nicht erfolgt. Auf

Erwerb, Besitz und Führen von Schusswaffen und Munition § 28

Nr. 2 fußen die §§ 22 bis 25 AWaffV. Der Bundesrat hatte angeregt, eine solche auch zum Erlass von Vorschriften über die Beschaffenheit, die Abnahme und regelmäßige Prüfung von Schießstätten zu erlassen. Die Bundesregierung lehnte den Vorschlag ab [vgl. aber § 12 AWaffV] mit folgender Begründung: „Der Vorschlag widerspricht dem vom Regierungsentwurf verfolgten Konzept, das Waffengesetz künftig auf Vorschriften mit sicherheitsrechtlichem Bezug zu beschränken und es von Vorschriften mit anderem rechtlichen Gehalt, hier dem Bauordnungsrecht, zu entlasten. In diesen Fragen fehlt zudem dem Bundesministerium des Innern als Adressat der Verordnungsermächtigung die erforderliche Fachkompetenz. Der Regierungsentwurf verzichtet auch, ohne dass dies der Bundesrat beanstandet, auf Regelungen zum Immissionsschutz, die das geltende Recht noch enthält. Im Übrigen finden sich bereits de lege lata im Baurecht der Länder Regelungen zu Schießstätten, so zum Beispiel hinsichtlich so genannter Schießgeschäfte die Richtlinie über den Bau und Betrieb Fliegender Bauten in Berlin (Anlage 1 der Ausführungsbestimmungen über die baurechtliche Behandlung Fliegender Bauten vom 1. August 2001/ ABl. 3868) und Brandenburg (Richtlinie über den Bau und Betrieb Fliegender Bauten idF der Bek. vom 21. Juli 1998/ABl. S. 748)". Die Ermächtigungen sind am 17. 10. 2002, dem Tag nach der Verkündung des WaffRNeuRegG, in Kraft getreten (Art. 19 Nr. 1 WaffRNeuRegG). Die auf Absatz 7 Satz 2 gestützte Verordnung ist die **Allgemeine Waffengesetz-Verordnung (AWaffV)**, die diesen Bereich in den §§ 9 bis 12 regelt (vgl. die Erläuterungen hierzu).

**13. Zuwiderhandlung.** Ordnungswidrig ist der Verstoß gegen die Anzeigepflicht 15 in Absatz 1 Satz 6 nach **§ 53 Abs. 1 Nr. 5**. Nach **Nr. 11** des § 53 Abs. 1 handelt ordnungswidrig, wer entgegen Absatz 1 Satz 1 eine Schießstätte ohne Erlaubnis betreibt oder wesentlich ändert. Weiterhin sind die Verstöße gegen Absatz 3 Satz 1 und Absatz 4 Satz 1 sowie Absatz 6 Satz 2 in **Nr. 12** bußgeldbewehrt. **Nr. 13** erfasst denjenigen, der entgegen Absatz 3 Satz 2 Unterlagen nicht aufbewahrt oder entgegen Absatz 3 Satz 3 diese nicht herausgibt. **Nr. 14** bedroht denjenigen mit Bußgeld, der entgegen Absatz 5 Satz 2 eine Bescheinigung nicht mitführt. Vgl. auch § 34 Nrn. 2 bis 11 AWaffV.

## Erwerb, Besitz und Führen von Schusswaffen und Munition durch Bewachungsunternehmer und ihr Bewachungspersonal

**28** (1) **Ein Bedürfnis zum Erwerb, Besitz und Führen von Schusswaffen wird bei einem Bewachungsunternehmer (§ 34a der Gewerbeordnung) anerkannt, wenn er glaubhaft macht, dass Bewachungsaufträge wahrgenommen werden oder werden sollen, die aus Gründen der Sicherung einer gefährdeten Person im Sinne des § 19 oder eines gefährdeten Objektes Schusswaffen erfordern. Satz 1 gilt entsprechend für Wachdienste als Teil wirtschaftlicher Unternehmungen. Ein nach den Sätzen 1 und 2 glaubhaft gemachtes Bedürfnis umfasst auch den Erwerb und Besitz der für die dort genannten Schusswaffen bestimmten Munition.**

(2) **Die Schusswaffe darf nur bei der tatsächlichen Durchführung eines konkreten Auftrages nach Absatz 1 geführt werden. Der Unternehmer hat dies auch bei seinem Bewachungspersonal in geeigneter Weise sicherzustellen.**

## § 28 Abschn. 2. Umgang mit Waffen oder Munition

(3) **Wachpersonen, die auf Grund eines Arbeitsverhältnisses Schusswaffen des Erlaubnisinhabers nach dessen Weisung besitzen oder führen sollen, sind der zuständigen Behörde zur Prüfung zu benennen; der Unternehmer soll die betreffende Wachperson in geeigneter Weise vorher über die Benennung unter Hinweis auf die Erforderlichkeit der Speicherung und Verarbeitung personenbezogener Daten bei der Behörde unterrichten. Die Überlassung von Schusswaffen oder Munition darf erst erfolgen, wenn die zuständige Behörde zugestimmt hat. Die Zustimmung ist zu versagen, wenn die Wachperson nicht die Voraussetzungen des § 4 Abs. 1 Nr. 1 bis 3 erfüllt oder die Haftpflichtversicherung des Bewachungsunternehmers das Risiko des Umgangs mit Schusswaffen durch die Wachpersonen nicht umfasst.**

(4) **In einen Waffenschein nach § 10 Abs. 4 kann auch der Zusatz aufgenommen werden, dass die in Absatz 3 bezeichneten Personen die ihnen überlassenen Waffen nach Weisung des Erlaubnisinhabers führen dürfen.**

**1** **1. Allgemeines.** Die Bestimmung (hierzu *Scholzen* DWJ **2006,** Heft 4, 84; *Schönleiter* GewA **2003,** 1, 6 f.), die an sich in die Reihe der Spezialvorschriften für besondere Personengruppen gehört, aber hinter derjenigen über die Schießstätten eingereiht wurde, ist ohne direktes Vorbild im bisherigen Recht. Lediglich in § 35 Abs. 3 WaffG aF war eine Regelung vorgesehen, die den Waffenschein in bestimmten Fällen auf weisungsgebundene Arbeitnehmer des Erlaubnisinhabers erstreckte (vgl. BVerwGE **110,** 1 = NVwZ **2000,** 442). Die zunehmende Bedeutung des **privaten Bewachungsgewerbes** (*Brauser-Jung/Lange* GewA **2003,** 224; *Storch,* Private Sicherheitsdienste und Waffenrecht [2001]; *Stober/Olschok,* Handbuch des Sicherheitsgewerberechts [2004]) mit den Zielrichtungen Personenschutz und Objektschutz, vor allem bei der Begleitung von Geld- und Werttransporten, hat den Gesetzgeber veranlasst, diesem – wie den Jägern (§ 13) und Sportschützen (§§ 14, 15) – zur Regelung des hiermit verbundenen Umgangs mit Schusswaffen eine eigene Vorschrift zu widmen. Zwar wird das private Bewachungsgewerbe schon durch andere Rechtsvorschriften reglementiert, wie § 34 a GewO idF des Art. 1 des Gesetzes zur Änderung des Bewachungsgewerberechts vom 23. 7. 2002 (BGBl. I 2724) sowie die Verordnung über das Bewachungsgewerbe (Bewachungsverordnung – BewachV – BGBl III/FNA 7104-7) vom 7. 12. 1995 (BGBl. I 1602), geänd. durch Art. 2 Nr. 9 des genannten Gesetzes vom 23. 7. 2002. Der durch dieses Gesetz neu gefasste § 34 a Abs. 6 ist – ebenso wie die zugehörige Bußgeldvorschrift § 144 Abs. 2 Nr. 5 GewO – durch Art. 9 WaffRNeuRegG mit Wirkung vom 1. 4. 2003 aufgehoben worden, weil der Regelungsgehalt von den vorliegenden Absätzen 2 und 3 übernommen worden ist; die zugehörige Strafvorschrift ist § 52 Abs. 3 Nr. 5 und 6. Die **BewachV** ist unter dem 10. 7. 2003 (BGBl. I 1378) neu bekanntgemacht worden, zuletzt geänd. durch Art. 84 des Gesetzes vom 21. 6. 2005 (BGBl. I 1818). Vgl. auch die AVwV zu § 34 a GewO und zu BewachV für Schleswig-Holstein vom 14. 5. 2003 (ABl. 332). Eine Änderung der BewachV erfolgte durch Art. 5 Nr. 4 des Gesetzes vom 23. 3. 2005 (BGBl. I 931, 965) und Art. 84 des Gesetzes vom 21. 6. 2005 (BGBl. I 1818). Der Bewachungsunternehmer ist nach § 13 Abs. 1 Satz 1 BewachV als Gewerbetreibender für die sichere Aufbewahrung der Schusswaffen und der Munition verantwortlich. Er hat auch für die ordnungsgemäße Rückgabe der Schusswaffen und Munition nach Beendigung des Wachdienstes zu sorgen (§ 13 Abs. 1 Satz 2 BewachV nF). Insoweit bedarf diese Regelung keiner waffenrechtlichen Ergänzung.

Erwerb, Besitz und Führen von Schusswaffen und Munition § 28

**2. Bewachungsunternehmer.** Zu dessen Begriffsbestimmung bezieht sich das 2
WaffG auf § 34a GewO, der durch Gesetz vom 23. 7. 2002 aktualisiert worden ist
(Rdn. 1). Absatz 1 Satz 1 bis 4 dieser Vorschrift hat folgenden Inhalt: *(1) Wer gewerbsmäßig Leben oder Eigentum fremder Personen bewachen will (Bewachungsgewerbe), bedarf der Erlaubnis der zuständigen Behörde. Die Erlaubnis kann mit Auflagen verbunden werden, soweit dies zum Schutze der Allgemeinheit oder der Auftraggeber erforderlich ist; unter denselben Voraussetzungen ist auch die nachträgliche Aufnahme, Änderung und Ergänzung von Auflagen zulässig. Die Erlaubnis ist zu versagen, wenn 1. Tatsachen die Annahme rechtfertigen, dass der Antragsteller die für den Gewerbebetrieb erforderliche Zuverlässigkeit nicht besitzt, 2. er die für den Gewerbebetrieb erforderlichen Mittel oder entsprechende Sicherheiten nicht nachweist oder 3. der Antragsteller nicht durch eine Bescheinigung einer Industrie- und Handelskammer nachweist, dass er über die für die Ausübung des Gewerbes notwendigen rechtlichen Vorschriften unterrichtet worden ist und mit ihnen vertraut ist. Der Gewerbetreibende darf mit der Durchführung von Bewachungsaufgaben nur Personen beschäftigen, die die Voraussetzungen nach Satz 3 Nr. 1 und 3 erfüllen.*

**3. Bedürfnis zum Erwerb, Besitz und Führen von Schusswaffen (Absatz 1** 3
**Satz 1).** Wie bei den anderen Personengruppen, denen eine Sonderregelung zuteil geworden ist (Jäger usw.), wird in der Spezialvorschrift von den Erteilungsvoraussetzungen des § 4 Abs. 1, die stets für das Erlangen einer Erlaubnis gegeben sein müssen, nur das Bedürfnis angesprochen. Dieses wird bei einem privaten Bewachungsunternehmer dann anerkannt, wenn er nachweist, dass ihm derart riskante **Bewachungsaufträge** bereits erteilt sind oder doch erteilt werden sollen, dass sie – zum Personen- oder Objektschutz – (den Einsatz von) Schusswaffen erfordern. Das Glaubhaftmachen der Vorliegens solcher Aufträge dürfte dem Antragsteller keine Schwierigkeiten bereiten, da hier in aller Regel schriftliche Abmachungen zugrunde liegen, die zum Nachweis der Behörde vorgelegt werden können. Diese hat dann darüber zu entscheiden, ob es zu deren Durchführung des Einsatzes von Schusswaffen bedarf oder ob andere Sicherungsmaßnahmen ausreichend erscheinen; hierbei sind die Grundsätze zu beachten, die nach § 19 für gefährdete Personen gelten (dort. Rdn. 3 ff.). Da die Bewachungsaufträge in der Mehrzahl der Fälle ein Mitsichführen der Schusswaffe außerhalb des häuslichen Bereichs erforderlich machen werden, erstreckt sich die Anerkennung des Bedürfnisses insoweit auf das „Führen" (§ 1 Rdn. 46) der Waffen. Zum Bedürfnis hinsichtlich der zugehörigen Munition vgl. Absatz 1 Satz 3.

**4. Entsprechende Anwendung auf „Wachdienste" als Teil wirtschaftlicher** 4
**Unternehmungen (Absatz 1 Satz 2).** Häufig verfügen große Unternehmen über eigene Wachdienste zum Personen- und Objektschutz. Auf sie soll Satz 1 entsprechend angewendet werden. Das bedeutet, dass auch hier das in Satz 1 angesprochene Bedürfnis zu bejahen ist, wenn ein unternehmens(werks-)bezogener Sicherungszweck den Einsatz von Schusswaffen erfordert. Die Vorlage von Bewachungsaufträgen, wie sie einem Bewachungsunternehmer erteilt werden, können naturgemäß nicht verlangt werden; hier werden unternehmensinterne Weisungen ausreichen, die allerdings ebenfalls glaubhaft gemacht sein müssen.

**5. Bedürfnis zum Erwerb und Besitz von Munition (Absatz 1 Satz 3).** Dass 5
sich das auf Grund der Sätze 1 und 2 anzuerkennende Bedürfnis in Bezug auf Schusswaffen auch auf die zugehörige Munition erstreckt, hat der Gesetzgeber nach Durchlaufen der Beratungen im Innenausschuss ausdrücklich – wie in vergleichba-

## § 28 Abschn. 2. Umgang mit Waffen oder Munition

ren Vorschriften (zB § 19 Abs. 1) – in den Gesetzeswortlaut aufgenommen (Begr. BT-Drucks. 14/8886 S. 114).

**6**  **6. Beschränkungen hinsichtlich des „Führens" der Schusswaffen (Absatz 2).** Da das Mitsichführen von Schusswaffen in der Öffentlichkeit stets als gefahrenträchtig anzusehen ist, hat der Gesetzgeber auch hier eine Regelung getroffen, die diese Gefahren auf ein Minimum beschränken soll. Die Schusswaffe darf danach nur bei der tatsächlichen Durchführung eines konkreten Bewachungsauftrags „geführt" werden (*Schönleiter* GewA **2003,** 1, 6), weder vorher noch nachher. Im Einzelfall kann hier zweifelhaft sein, was schon – oder noch – zu einer solchen Auftragsdurchführung gehört. Hier muss sich die Beurteilung an dem konkreten Sicherungszweck im Einzelfall orientieren. Durch die Zitierung des Absatzes 1 in Absatz 2 Satz 1 soll gleichzeitig sichergestellt werden, dass Schusswaffen nur geführt werden dürfen, wenn die Sicherung einer gefährdeten Person oder eines gefährdeten Objekts nur mit Schusswaffen wirksam erfolgen kann. Bei Aufträgen, die Schusswaffen aus Gründen der Sicherung nicht erfordern, dürfen also keine Wachpersonen mit Schusswaffen außerhalb des eigenen befriedeten Besitztums eingesetzt werden (Begr. BT-Drucks. 14/7758 S. 69). Dass hier nur der „Auftrag" angesprochen ist und in Satz 2 nur der „Unternehmer", mit dem der Bewachungsunternehmer des Absatzes 1 Satz 1 gemeint ist, liegt daran, dass Satz 3 des Absatzes 1 erst nachträglich angefügt worden ist. Durch die Anordnung der entsprechenden Anwendung von Satz 1 in Satz 2 ist aber auch der Grundsatz der Erforderlichkeit des Einsatzes der Schusswaffe mit erfasst, so dass der dieses Prinzip ausfüllende Absatz 2 auch für die Wachdienste (Rdn. 3) gilt. Satz 2 des Absatzes 2 statuiert zusätzlich eine Pflicht des Unternehmers, durch Einwirkung auf sein Bewachungspersonal zu gewährleisten, dass das Waffenführen nur in dem vorgeschriebenen engen Rahmen stattfindet. Als geeignete Maßnahmen kommen hier Schulungen oder schriftliche Anweisungen, die ggf. den Nachweis der Einwirkung auf das Personal beweisen können, oder ähnliche Verhaltensweisen in Betracht. Die genannte Unternehmerpflicht ist nicht bußgeldbewehrt.

**7**  **7. Weisungsgebundene Wachpersonen; behördliche Zustimmung (Absatz 3).** Diese Bestimmung regelt einen Sonderfall, nämlich den Besitz und das Führen von Schusswaffen, die dem Arbeitgeber als Erlaubnisinhaber gehören, durch angestellte, weisungsgebundene „Wachpersonen". Nach allgemeinen Regeln müssten diese ebenfalls über eigene waffenrechtliche Erlaubnisse verfügen. In ähnlichen Fällen hatte bereits § 35 Abs. 3 WaffG aF eine privilegierende Vorschrift gebracht, den Waffenschein für Unternehmen. Hierbei handelte es sich um eine 1972 neu eingeführte Art des Waffenscheins (vgl. hierzu BayVGH GewA **1994,** 245), die von der Entwurfsbegr. (BT-Drucks. VI/2678 S. 32) seinerzeit wie folgt gerechtfertigt wurde: „Vor allem Geldinstitute und Wach- und Schließgesellschaften versehen zum Teil ihre Arbeitnehmer mit Schusswaffen, die Eigentum des Instituts oder der Gesellschaft bleiben und die die Arbeitnehmer nur nach Weisung des Arbeitgebers verwenden dürfen" Dem Sicherheitsinteresse wurde dadurch genügt, dass der Erlaubnisinhaber diejenigen Arbeitnehmer, für die der Waffenschein gelten sollte, der Erlaubnisbehörde vorher benannte. Diese bußgeldbewehrte Anzeigepflicht sollte der Erlaubnisbehörde die Überprüfung der betreffenden Arbeitnehmer auf ihre Zuverlässigkeit (einschließlich der persönlichen Eignung) und der Sachkunde ermöglichen (vgl. Nr. 35.3.1 ff. WaffVwV aF).

**8**  Auch die **Neuregelung** hat die Anzeigepflicht beibehalten (Absatz 3 Satz 1 1. Halbsatz); sie allerdings nicht mehr bußgeldbewehrt. Danach sind die Wachpersonen, die Schusswaffen ihres Arbeitgebers besitzen oder führen sollen, vor jeder Auf-

Verbringen von Waffen in den Geltungsbereich des Gesetzes § 29

nahme einer solchen Tätigkeit der Behörde „zur Prüfung" zu benennen, wobei die betroffenen Personen aus Datenschutzgründen hierüber informiert werden sollen (Absatz 3 Satz 1 2. Halbsatz). Durch diese Regelung soll sichergestellt werden, dass die Wachpersonen ebenfalls zuverlässig, persönlich geeignet und sachkundig sein müssen, um Schusswaffen besitzen oder führen zu dürfen; die Absicherung über eine Haftpflichtversicherung obliegt dem Erlaubnisinhaber (Begr. BT-Drucks. 14/ 7758 S. 69). Vor Überlassung von Schusswaffen oder Munition an die Wachpersonen zur Ausübung der Bewachungstätigkeit muss die **Zustimmung** der Waffenbehörde vorliegen (Absatz 3 Satz 2); an welche Voraussetzungen diese Zustimmung gebunden ist, bestimmt Satz 4 unter Bezugnahme auf die Erteilungsvoraussetzungen des § 4 Abs. 1 Nr. 1 bis 3 (vgl. die Erläuterungen hierzu und zu den §§ 5 bis 7).

**8. Erleichterung der Kontrollmöglichkeit (Absatz 4).** In Anlehnung an § 35 Abs. 3 WaffG aF (vgl. Rdn. 6) sieht die Bestimmung vor, dass in einen von der Behörde ausgestellten Waffenschein (§ 10 Abs. 4) durch einen entsprechenden Zusatz verlautbart werden kann, welche weisungsgebundenen Wachpersonen (Absatz 3 Satz 1) im einzelnen (anonyme Benennung scheidet aus) berechtigt sind, die ihnen überlassenen Waffen weisungsgemäß zu führen. Diese Regelung macht eigene Waffenscheine für jede Wachperson entbehrlich. 9

**9. Nicht berücksichtigte Änderungsvorschläge.** Der Bundesrat hatte angeregt, auch der Eigengefährdung des Bewachungspersonals Rechnung zu tragen (BT-Drucks. 14/7758 S. 113). Auch daraus könne sich ein waffenrechtliches Bedürfnis ergeben. Die Bundesregierung lehnte den Vorschlag (aaO S. 134) in seiner vom Bundesrat vorgeschlagenen Formulierung ab, zumal da die einsatztaktische Durchführung der Aufträge keineswegs zwingend voraussetze, dass die Personen, welche die Bewachung konkret vornehmen, selbst erheblich gefährdet würden. Es sei primär auf ein abgeleitetes Bedürfnis aus der Gefährdung der gemäß Bewachungsauftrag zu bewachenden Person oder des Objekts abzustellen. 10

**10. Zuwiderhandlung.** Der Verstoß gegen Absatz 2 Satz 1 und derjenige gegen Absatz 3 Satz 2 ist jeweils Straftat nach § 52 Abs. 3 Nr. 5 bzw. Nr. 6. 11

**Unterabschnitt 5. Verbringen und Mitnahme von Waffen oder Munition in den, durch den und aus dem Geltungsbereich des Gesetzes**

**Verbringen von Waffen oder Munition in den Geltungsbereich des Gesetzes**

**§ 29** (1) **Die Erlaubnis zum Verbringen von Schusswaffen oder Munition nach Anlage 1 Abschnitt 3 (Kategorien A bis D) und sonstiger Waffen oder Munition, deren Erwerb und Besitz der Erlaubnis bedürfen, in den Geltungsbereich des Gesetzes kann erteilt werden, wenn**
1. **der Empfänger zum Erwerb oder Besitz dieser Waffen oder Munition berechtigt ist und**
2. **der sichere Transport durch einen zum Erwerb oder Besitz dieser Waffen oder Munition Berechtigten gewährleistet ist.**

(2) **Sollen Schusswaffen oder Munition nach Anlage 1 Abschnitt 3 (Kategorien A bis D) aus einem anderen Mitgliedstaat der Europäi-**

## § 29 Abschn. 2. Umgang mit Waffen oder Munition

schen Union (Mitgliedstaat) in den Geltungsbereich des Gesetzes verbracht werden, wird die Erlaubnis nach Absatz 1 als Zustimmung zu der Erlaubnis des anderen Mitgliedstaates für das betreffende Verbringen erteilt.

1   **1. Entstehungsgeschichte.** Die Bestimmung (vgl. ausfüllend: §§ 29 bis 32 AWaffV) wird, wie die übrigen Vorschriften des Unterabschnitts 5, nur verständlich, wenn man von der Tatsache ausgeht, dass der Gesetzgeber des WaffG hier in beträchtlichem Maße **EU-Vorgaben** zu berücksichtigen hat (hierzu *Kropac* DWJ **2002,** Heft 6, 82; *Ostgathe* S. 45 ff. [tabellenartige Übersicht S. 76 ff.]; *Ullrich* DWJ **2004,** Heft 5 S. 92 und Kriminalistik **2004,** 472; *Doerenkamp* Die Pirsch **2002,** Heft 18; *Heller/Soschinka* S. 45 ff.). Dabei handelt es sich einmal um Art. 11 der **„Waffenrichtlinie"** (Richtlinie 91/477/EWG des Rates über die Kontrolle des Erwerbs und Besitzes von Waffen vom 18. 6. 1991 – ABl. EG Nr. L 256 S. 51 vom 13. 9. 1991, abgedr. im Kommentar unter **Nr. 12 b**; eine Novellierung ist in Vorbereitung). Zum anderen ist hinsichtlich der Munition hier einschlägig Art. 10 der Richtlinie 93/15/EWG – **Explosivstoffrichtlinie** – vom 5. 4. 1993 (ABl. EG Nr. L 121 S. 20; dort abgedr. unter **Nr. 12 c**). Nach den Maßgaben der Richtlinien ist das „Verbringen" (§ 1 Abs. 3 iVm. Anlage 1 A 2 Nr. 5; § 1 Rdn. 54) bestimmter Waffen und Munition innerhalb des Binnenraums der EU von einer **Erlaubnis** abhängig gemacht worden. Das hat seinen Grund in dem Wegfall der Personen- und sonstigen Sicherheitskontrollen an den früheren Staatsgrenzen innerhalb der EU. Der erlaubnispflichtige Verbringungsvorgang ist jeweils mit dem Grenzübertritt abgeschlossen; danach gelten andere waffenrechtliche Tatbestände (*Ostgathe* S. 52). Über die unter den Regelungsbereich der Richtlinien fallenden Gegenstände hinaus werden von der vorliegenden Vorschrift auch diejenigen Waffen (Munition) erfasst, mit denen der Umgang allein auf Grund innerstaatlicher Regelung, ohne Beeinflussung durch EG-Richtlinien, erlaubnisbedürftig ist (Absatz 1 1. Halbsatz).

2   Die Bestimmung hat auf Grund der Beanstandungen durch den Bundesrat (BT-Drucks. 14/7758 S. 113) und der Beratungen im Innenausschuss eine begrüßenswert klare **Neufassung** erhalten. Aus dem zuvor geplanten monströsen Gebilde mit vier Absätzen ist eine übersichtliche Vorschrift mit zwei Absätzen geworden, die abschließend das „Verbringen" (§ 1 Rdn. 54) von Waffen und Munition in den Geltungsbereich des WaffG regelt, und zwar sowohl aus EU-Staaten wie aus „Drittstaaten". Nach der Begründung (BT-Drucks. 14/8886 S. 115) orientiert sie sich an § 27 Abs. 1 WaffG aF und § 9 a Abs. 2 der 1. WaffV aF. Der erstgenannte Bezug leuchtet nicht auf Anhieb ein, kannte doch das bisher geltende Gesetz insoweit (§ 27 aF) **keine Erlaubnis** zur „Einfuhr", während nunmehr nach Absatz 1 eine Erlaubnis zum Verbringen ins Inland erforderlich ist. Der Ausdruck „Verbringen", so sprachlich unschön er ist, hat sich inzwischen so fest eingebürgert, dass man ihn – nolens volens – akzeptieren muss.

3   § 27 WaffG aF war bei der Änderung des WaffG 1976 umgestaltet worden. Während der Gesetzgeber ursprünglich die Auffassung vertrat, dass die „Einfuhr" von Schusswaffen und Munition über die Zollgrenze derselben Kontrolle wie der Erwerb und die Überlassung dieser Gegenstände im Inland bedürfe, da andernfalls der Umgehung des Gesetzes Tür und Tor geöffnet wäre und deshalb für die Einfuhr eine **besondere Erlaubnis** verlangte, sah die endgültige Fassung des § 27 aus Gründen der Verwaltungsvereinfachung den **Wegfall** der besonderen Erlaubnispflicht für die Einfuhr von Schusswaffen und Munition vor. Die Begründung (BT-Drucks. 7/2379 S. 18) führte seinerzeit zur Rechtfertigung dieser Neuregelung folgendes aus: „Bei

## Verbringen von Waffen in den Geltungsbereich des Gesetzes § 29

den unter Zeitdruck durchgeführten Beratungen des Waffengesetzes sind die Auswirkungen, die sich aus der Einführung der Waffenbesitzkarte auf § 27 Waffengesetz ergeben, nicht ausreichend berücksichtigt worden. Da die Einfuhrbeschränkungen nach § 27 für Schusswaffen und Munition gelten, für deren Erwerb beziehungsweise Besitz eine Erlaubnis nach den §§ 28, 29 erforderlich ist, kann bei der Einfuhr auf diese Berechtigungen zurückgegriffen und auf eine besondere Einfuhrerlaubnis verzichtet werden. Die vorgesehene Regelung bedeutet für die Vollzugsbehörde eine wesentliche Vereinfachung und befreit den Einführer von der Einholung einer zusätzlichen Erlaubnis. Der Einführer wird lediglich verpflichtet, seine Berechtigung zum Erwerb und zur Ausübung der tatsächlichen Gewalt den Überwachungsbehörden nachzuweisen".

Demgegenüber kehrt die **Neuregelung** zu dem Erfordernis der **Erlaubnis** für das Verbringen ins Inland zurück. Das ist zum einen ein Ausgleich für den Wegfall der Grenzkontrollen innerhalb der EU und zum anderen erforderlich, um den illegalen Transfer von Schusswaffen und Munition ins Inland, vor allem zu kriminellen Zwecken, zu bekämpfen (Begr. BT-Drucks. 14/7758 S. 70). Diese Erlaubnis ergänzt (Grundsatz der doppelten Erlaubnis) für die Fälle des Art. 11 Absatz 4 erster Unterabsatz der Waffenrichtlinie die Verbringungserlaubnis des anderen Mitgliedstaates (Versenderstaates) und, da in Deutschland alle der in Frage stehenden Schusswaffen und die entsprechende Munition erlaubnispflichtig sind, bedürfen sie auch dieser doppelten Erlaubnis (Begr. aaO). Für der der genannten Richtlinie nicht unterfallenden Waffen (Munition) ist nur die Erlaubnis der inländischen Behörde notwendig. Zu beachten ist, dass die Verbringungserlaubnis nur den kleinen Ausschnitt des Grenzübertritts abdeckt; sie reicht nicht etwa bis zum Zielort, an dem die Gegenstände verbleiben sollen. Für den Umgang mit Waffen oder Munition im Inland nach dem Verbringungsvorgang (Überschreiten der Grenze) sind die allgemeinen Waffenerlaubnisse für Erwerb, Besitz oder Führen erforderlich (Begr. aaO). Mit der Einfuhr von Waffen im Postverkehr befasst sich *Zimmermann* BDZ **2005**, F 87–F 95. Zum Import von Waffen aus der Schweiz vgl. die Zusammenstellung in DWJ **2004**, Heft 1, 91.

**2. Erfasste Waffen und Munition (Absatz 1 Halbsatz 1).** Zwei Gruppen von Waffen (Munition) sind gemeint: **a)** solche nach Anlage 1 Abschnitt 3 (Kategorien A bis D). Alle in diesem nach Vorgaben der Waffenrichtlinie formulierten Abschnitt aufgeführten Waffen und die hierin genannte Munition sind ausnahmslos Gegenstand der vorliegenden Regelung über das Verbringen ins Inland; **b)** Hinzu kommen alle (sonstigen) Schusswaffen (Munition), deren Erwerb und Besitz nach inländischem Recht der Erlaubnis bedarf, soweit sie nicht schon aus gemeinschaftsrechtlichen Gründen in den genannten Abschnitt 3 aufgenommen worden sind. Bei dieser zweiten Gruppe ist auf § 2 Abs. 2 und die Anlage 2 Abschnitt 2 Unterabschnitt 1 (§ 2 Rdn. 32 ff.) zu verweisen. Hierunter fallen zB Druckluft- und Federdruckwaffen sowie Kaltgaswaffen, deren Geschossen eine Bewegungsenergie von mehr als 7,5 J erteilt wird, SRS-Waffen ohne PTB-Zeichen, wesentliche Teile von Schusswaffen sowie Stoßdämpfer (*Gade* S. 130).

**3. Erteilungsvoraussetzungen (Absatz 1 Halbsatz 2).** Das Gesetz stellt für die Erteilung der Verbringungserlaubnis **zwei Erfordernisse** auf, die kumulativ vorhanden sein müssen: zum einen muss (Nr. 1) der Empfänger der Waffe (Munition), an den die Gegenstände nach dem Grenzübertritt (Verbringen) gelangen sollen, zum Erwerb oder Besitz **berechtigt** sein, also zB bereits eine inländische Erlaubnis zum Erwerb oder zum Besitz dieser Gegenstände in Händen haben, wobei dieser Empfänger mit dem Verbringer identisch sein kann (Begr. BT-Drucks. 14/7758 S. 70; BT-Drucks. 14/8886 S. 115). Zum anderen (Nr. 2) muss die **sichere Beförderung** (die Sicherheit des Transports) zu diesem Empfänger durch einen seinerseits zum Erwerb oder Besitz Berechtigten garantiert sein. Diese Berechtigung kann sich zB für den gewerblichen Beförderer aus § 12 Abs. 1 Nr. 2 ergeben (dort. Rdn. 8). Durch diese Erfordernisse wird die deutsche Behörde in die Lage versetzt, die Umstände der Verbringung – auch bezüglich der beteiligten Personen – unter Sicherheitsaspekten zu prüfen (Begr. BT-Drucks. 14/7758 S. 70).

7 **4. Sonderregelung für von EG-Richtlinien erfasste Gegenstände (Absatz 2).** Waffen, die hinsichtlich ihrer Verbringung dem Art. 11 der Waffenrichtlinie unterfallen, und Munition, die bezüglich ihrer Verbringung dem Art. 10 der Explosivstoffrichtlinie (Rdn. 1) unterliegt (Anlage 1 Abschnitt 3 [Kategorien A bis D]), benötigen bereits nach den Erfordernissen des **Gemeinschaftsrechts** eine **Verbringungserlaubnis**. Werden derartige Gegenstände aus einem Staat innerhalb des EG-Binnenraums in die BRepD verbracht, so ist nicht etwa die inländische Verbringungserlaubnis entbehrlich; es gilt vielmehr der **Grundsatz der doppelten Genehmigung** (Begr. BT-Drucks. 14/8886 S. 115). Durch Absatz 2 wird klargestellt, dass die in solchen Fällen erteilte Gestattung in der Form der **„Zustimmung"** zu der von dem anderen EG-Staat erteilten Verbringungserlaubnis ergeht (§ 29 Abs. 2 AWaffV; *Ullrich* Kriminalistik **2004**, 472, 473). An den sachlichen Erlaubnisvoraussetzungen ändert sich dadurch indessen nichts.

## Verbringen von Waffen oder Munition durch den Geltungsbereich des Gesetzes

**30** (1) **Die Erlaubnis zum Verbringen von Waffen oder Munition im Sinne des § 29 Abs. 1 durch den Geltungsbereich des Gesetzes kann erteilt werden, wenn der sichere Transport durch einen zum Erwerb oder Besitz dieser Waffen oder Munition Berechtigten gewährleistet ist. § 29 Abs. 2 gilt entsprechend.**

(2) **Sollen Schusswaffen oder Munition nach Anlage 1 Abschnitt 3 (Kategorien A bis D) aus einem Staat, der nicht Mitgliedstaat der Europäischen Union ist (Drittstaat), durch den Geltungsbereich des Gesetzes in einen Mitgliedstaat verbracht werden, so bedarf die Erlaubnis zu dem Verbringen nach Absatz 1 auch, soweit die Zustimmung des anderen Mitgliedstaates erforderlich ist, dessen vorheriger Zustimmung.**

1 **1. Entstehungsgeschichte.** Auch diese Vorschrift hat im Laufe des Gesetzgebungsverfahrens eine völlig neue Fassung erhalten, nachdem der Bundesrat (BT-Drucks. 14/7758 S. 113) eine „grundlegende Überarbeitung" des gesamten Unterabschnitts 5 (§§ 29 ff.) gefordert hatte vgl. § 29 Rdn. 2). Die Vorschrift regelt nunmehr abschließend und eigenständig die Voraussetzungen der **Erlaubnis** für das **Verbringens** von Waffen und Munition aus EU- oder aus Drittstaaten **durch** Deutschland in einen anderen Mitgliedstaat oder in einen anderen Drittstaat (Begr. BT-Drucks. 14/8886 S. 115), früher unter dem Begriff „Durchfuhr" behandelt (Vorauflage § 27 WaffG Rdn. 5). Vgl. § 29 AWaffV.

2 **2. Gegenstand der Regelung (Absatz 1 Satz 1).** Ihr unterfallen „Waffen oder Munition im Sinne des § 29 Abs. 1". Hierzu kann auf § 29 Rdn. 5 verwiesen werden.

Verbringen von Waffen aus dem Geltungsbereich des Gesetzes  § 31

Bei dem Verbringen **durch** den Geltungsbereich des Gesetzes handelt es sich um einen reinen Transportvorgang (§ 1 Rdn. 54), der seinen Abschluss nicht im Inland findet.

**3. Erteilungsvoraussetzungen (Absatz 1 Satz 1 Halbsatz 2).** Da die Gegenstände nicht von einer Person im Inland erworben oder besessen werden sollen, spielt die waffenrechtliche Berechtigung des Empfängers keine Rolle. Diese ist lediglich erforderlich für den Transporteur. Weiter wird auch hier – wie in § 29 Abs. 1 Nr. 2 – zur Erlaubniserteilung gefordert, dass die Sicherheit des Transports garantiert ist. Auf § 29 Rdn. 6 wird Bezug genommen. 3

**4. Erlaubnis in Form der „Zustimmung" (Absatz 1 Satz 2).** Das Gesetz verweist hier auf § 29 Abs. 2, der entsprechend anzuwenden ist. Das bedeutet, dass auch bei der Durchfuhr die inländische Erlaubnis in Gestalt der „Zustimmung" erteilt wird, wenn bereits die Erlaubnis eines anderen EU-Mitgliedstaates für das Verbringen vorliegt (§ 29 Rdn. 7). 4

**5. „Durchfuhr" aus einem Drittstaat mit dem Ziel EU-Staat (Absatz 2).** Bei den von den EU-Richtlinien erfassten Gegenständen, wie sie in der vorliegenden Bestimmung umschrieben werden (vgl. § 29 Rdn. 7), liegt, wenn sie nicht aus einem EU-Mitgliedstaat, sondern aus einem Drittstaat verbracht werden, noch keine Verbringungserlaubnis vor. Hier hat die deutsche Behörde primär über die Gestattung des Verbringens, zunächst in und anschließend durch die Bundesrepublik, zu befinden. Ist der „Zielstaat" ein EU-Mitgliedstaat, dessen Interessen damit berührt sind, so wirkt sich der Einfluss des Gemeinschaftsrechts hier auf Grund von Art. 15 Abs. 1 der Waffenrichtlinie (§ 29 Rdn. 1) in der Weise aus, dass auch der EU-Zielstaat seine – vorherige – Zustimmung erklären muss, so dass auch hier eine doppelte Genehmigung erforderlich wird. Eine solche zusätzliche Gestattung entfällt nur, falls der Zielstaat nach seinem Recht eine Zustimmung in derartigen Fällen nicht vorsieht. Der genannte Art. 15 Abs. 1 der Waffenrichtlinie verpflichtet die Mitgliedstaaten zur Einhaltung des für die Durchfuhr die Richtlinie vorgeschriebenen Verfahren für das Verbringen von Schusswaffen und Munition im Binnenraum der EU auch für die Fälle, in denen solche Gegenstände über die Außengrenzen in den Binnenraum befördert werden (Begr. BT-Drucks. 14/8886 S. 115). 5

**Verbringen von Waffen oder Munition aus dem Geltungsbereich des Gesetzes in andere Mitgliedstaaten der Europäischen Union**

**31** (1) **Die Erlaubnis zum Verbringen von Schusswaffen oder Munition nach Anlage 1 Abschnitt 3 (Kategorien A bis D) aus dem Geltungsbereich des Gesetzes in einen anderen Mitgliedstaat kann erteilt werden, wenn die nach dem Recht des anderen Mitgliedstaates erforderliche vorherige Zustimmung vorliegt und der sichere Transport durch einen zum Erwerb oder Besitz dieser Waffen oder Munition Berechtigten gewährleistet ist.**

(2) **Gewerbsmäßigen Waffenherstellern oder -händlern (§ 21) kann allgemein die Erlaubnis nach Absatz 1 zum Verbringen aus dem Geltungsbereich des Gesetzes zu Waffenhändlern in anderen Mitgliedstaaten für die Dauer von bis zu drei Jahren erteilt werden. Die Erlaubnis kann auf bestimmte Arten von Schusswaffen oder Munition beschränkt werden. Der Inhaber einer Erlaubnis nach Satz 1 hat ein Verbringen dem Bundeskriminalamt vorher schriftlich anzuzeigen.**

## § 31 Abschn. 2. Umgang mit Waffen oder Munition

**1** **1. Entstehungsgeschichte.** Wie alle Vorschriften des Unterabschnitts 5 (§§ 29 ff.) ist auch diese Bestimmung im Laufe des Gesetzgebungsverfahrens völlig neu formuliert worden (vgl. § 30 Rdn. 1). Sie enthält nunmehr abschließend die Voraussetzungen für die Erteilung der Erlaubnis zum Verbringen der von den beiden Richtlinien (§ 29 Rdn. 1) erfassten Waffen bzw. Munition aus der BRepD in einen anderen EU-Mitgliedstaat und nimmt dabei die Regelung in § 9 a Abs. 1 und 3 der 1. WaffV aF auf (das Verbringen in einem **Drittstaat** ist hier **nicht** erfasst; vgl. Anlage 2 A 2 UA 2 Nr. 8). Vgl. jetzt § 29 AWaffV.

**2** **2. Erfasste Gegenstände.** Auch hier geht es um die jetzt in Anlage 1 Abschnitt 3 zusammengefassten Waffen und die dort aufgeführte Munition, auf die sich der Regelungsgehalt der beiden EU-Richtlinien (§ 29 Rdn. 1) erstreckt. Die Erlaubnisfreiheit hinsichtlich anderer Waffen wird allerdings in Anlage 2 A 2 U 2 Nr. 8 (versehentlich?) nicht erwähnt.

**3** **3. Erteilungsvoraussetzungen (Absatz 1).** Da es sich um Verhaltensweisen geht, die sich innerhalb des Binnenraums der EU abspielen, greifen hier die Regelungen der genannten EU-Richtlinien durch. In Umsetzung von Art. 11 Abs. 4 der Waffenrichtlinie und Art. 10 Abs. 4 der Explosivstoffrichtlinie, wonach die Erteilung der Erlaubnis zum Verbringen in einen anderen Mitgliedstaat dessen zuvor zu erteilender **Zustimmung** bedarf, bringt Absatz 1 eine entsprechende Regelung. Wie zu verfahren ist, wenn der Transport **durch** weitere Mitgliedstaaten erfolgt, ist nicht geregelt (vgl. *K/P* Rdn. 534). Hier ist an entsprechende Mitteilungspflichten zu denken. Als weitere Voraussetzung ist auch hier die Gewährleistung des **sicheren Transports** durch einen waffenrechtlich Berechtigten vorgesehen (vgl. hierzu § 29 Rdn. 6). Wie in den Fällen der §§ 29, 30 und 32 ist durch die Wortwahl, dass die Erlaubnis erteilt werden „kann", zum Ausdruck gebracht, dass kein einklagbarer Rechtsanspruch auf Erteilung besteht.

**4** **4. Erleichterungen für Waffengewerbetreibende und -händler (Absatz 2).** Auch bei dieser Bestimmung, die sich im bisherigen Recht bereits in § 9 a Abs. 3 der 1. WaffV aF findet, geht es um die Umsetzung von Richtlinien: sowohl Art. 11 Abs. 3 der Waffenrichtlinie (§ 29 Rdn. 1) als auch Art. 10 Abs. 3 der Explosivstoffrichtlinie sehen ein **erleichtertes Verfahren** für das Verbringen seitens gewerbsmäßiger Waffenhersteller und Waffenhändler iSv. § 21 vor. Diesen Personengruppen kann eine **allgemeine**, auf drei Jahre zu befristende **Erlaubnis** erteilt werden, Waffen (Munition) der den Richtlinien unterfallenden Art aus dem Inland zu Waffenhändlern in anderen Mitgliedstaaten der EU zu verbringen. Der noch in § 9 a Abs. 3 der 1. WaffV enthalten gewesene Zusatz, dass eine solche Erlaubnis „auf Antrag" gewährt werden kann, ist fallen gelassen worden, da eine andersartige Erteilung offensichtlich nicht in Betracht kommt. Diese allgemeine Erlaubnis kann allumfassend sein; die Beschränkung auf bestimmte Arten von Schusswaffen oder Munition ist aber – auf Antrag oder von Amts wegen – möglich (Absatz 2 Satz 2). Zum Zwecke der Überwachung dieser ohne behördliche Einzelgestattung ablaufenden Tätigkeit bringt **Satz 3** die Verpflichtung des Inhabers einer solchen allgemeinen Erlaubnis, ein geplantes Verbringen (jedes) dem Bundeskriminalamt (BKA) **vorher** schriftlich anzuzeigen (§ 31 Abs. 1 AWaffV). Eine Frist hierfür wird nicht festgelegt. Nach dem Sinn der Regelung muss die in Kenntnis gesetzte Behörde (BKA) aber jedenfalls die Möglichkeit haben, gegen die Ausführung des geplanten Verbringens einzuschreiten, so dass eine Unterrichtung unmittelbar vor der Ausführung des Verbringens nicht ausreichen dürfte. Die Verletzung der Anzeigepflicht, auch das nicht rechtzeitige Anzeigen, ist in § 53 Abs. 1 Nr. 5 bußgeldbewehrt. Wäre es dem Ge-

Europäischer Feuerwaffenpass § 32

setzgeber nur darum gegangen, dass das Verbringen überhaupt dem BKA zur Kenntnis gebracht wird, hätte er auf das Wort „vorher" verzichtet.

**Mitnahme von Waffen oder Munition in den, durch den oder aus dem Geltungsbereich des Gesetzes, Europäischer Feuerwaffenpass**

**32** (1) Die Erlaubnis zur Mitnahme von Schusswaffen oder Munition nach Anlage 1 Abschnitt 3 (Kategorien A bis D) und sonstiger Waffen oder Munition, deren Erwerb und Besitz der Erlaubnis bedürfen, in den oder durch den Geltungsbereich des Gesetzes kann erteilt werden, wenn die Voraussetzungen des § 4 Abs. 1 Nr. 1 bis 4 vorliegen. Die Erlaubnis kann für die Dauer von bis zu einem Jahr für einen oder für mehrere Mitnahmevorgänge erteilt werden und kann mehrfach um jeweils ein Jahr verlängert werden. Für Personen aus einem Drittstaat gilt bei der Mitnahme von Schusswaffen oder Munition nach Anlage 1 Abschnitt 3 (Kategorien A bis D) durch den Geltungsbereich des Gesetzes in einen anderen Mitgliedstaat § 30 Abs. 2 entsprechend.

(2) Eine Erlaubnis nach Absatz 1 darf Personen, die ihren gewöhnlichen Aufenthalt in einem anderen Mitgliedstaat haben und Schusswaffen nach Anlage 1 Abschnitt 3 (Kategorien A bis D) und die dafür bestimmte Munition nach Absatz 1 mitnehmen wollen, nur erteilt werden, wenn sie Inhaber eines durch diesen Mitgliedstaat ausgestellten Europäischen Feuerwaffenpasses sind und die Waffen in den Europäischen Feuerwaffenpass eingetragen sind.

(3) Einer Erlaubnis nach Absatz 1 bedarf es unter den Voraussetzungen des Absatzes 2 nicht für

1. Jäger, die bis zu drei Langwaffen nach Anlage 1 Abschnitt 3 der Kategorien C und D und die dafür bestimmte Munition im Sinne des § 13 Abs. 1 Nr. 2, Abs. 5 zum Zweck der Jagd,
2. Sportschützen, die bis zu sechs Schusswaffen nach Anlage 1 Abschnitt 3 der Kategorien B. C oder D und die dafür bestimmte Munition zum Zweck des Schießsports,
3. Brauchtumsschützen, die bis zu drei Einzellader- oder Repetier-Langwaffen nach Anlage 1 Abschnitt 3 Kategorien C und D und die dafür bestimmte Munition zur Teilnahme an einer Brauchtumsveranstaltung

mitnehmen, sofern sie den Grund der Mitnahme nachweisen können.

(4) Zu den in Absatz 3 Nr. 1 bis 3 beschriebenen Zwecken kann für die dort jeweils genannten Waffen und Munition Personen, die ihren gewöhnlichen Aufenthalt in einem Drittstaat haben, abweichend von Absatz 1 eine Erlaubnis erteilt werden, es sei denn, dass Tatsachen die Annahme rechtfertigen, dass die Voraussetzungen des § 4 Abs. 1 Nr. 2 nicht vorliegen.

(5) Einer Erlaubnis zur Mitnahme von Waffen oder Munition in den oder durch den Geltungsbereich des Gesetzes bedarf es nicht

1. für Waffen oder Munition, die durch Inhaber einer Erlaubnis zum Erwerb oder Besitz für diese Waffen oder Munition mitgenommen werden, oder

**§ 32** Abschn. 2. Umgang mit Waffen oder Munition

**2. für Signalwaffen und die dafür bestimmte Munition. die aus Gründen der Sicherheit an Bord von Schiffen mitgeführt werden.**

**(6) Personen, die ihren gewöhnlichen Aufenthalt im Geltungsbereich des Gesetzes haben und Schusswaffen oder Munition nach Anlage 1 Abschnitt 3 (Kategorien A bis D) in einen anderen Mitgliedstaat mitnehmen wollen, wird ein Europäischer Feuerwaffenpass ausgestellt. wenn sie zum Besitz der Waffen, die in den Europäischen Feuerwaffenpass eingetragen werden sollen, berechtigt sind.**

1  **1. Zielsetzung.** Die im Gesetzgebungsverfahren völlig neu formulierte Bestimmung (ausfüllend § 30 AWaffV) regelt abschließend die Fälle der **Mitnahme** (§ 1 Abs. 3 iVm. Anlage 1 A 2 Nr. 6) von Waffen und Munition aus EU- oder aus Drittstaaten nach und durch das Inland (Begr. BT-Drucks. 14/8886 S. 115). Nach der Überschrift der Vorschrift ist aber auch die Mitnahme **aus** Deutschland erfasst (vgl. Absatz 6). Auf § 12 Abs. 1 Nr. 6, Abs. 2 Nr. 3 wird hingewiesen.

2  **2. Der Begriff „Mitnahme".** Der Umgangsform der „Mitnahme" (hierzu *Doerenkamp* Die Pirsch **2002,** Heft 18) ist erst im Laufe des Gesetzgebungsverfahrens eine **eigenständige Bedeutung** zuerkannt worden. Das hat dazu geführt, dass sie nachträglich in die Definitionen der Umgangsformen (Anlage 1 A 2) als **Nr. 6** aufgenommen worden ist. Danach nimmt eine Waffe (oder Munition) in diesem Sinne jemand mit, wer sie vorübergehend auf einer Reise **ohne Aufgabe des Besitzes** (der vorübergehende Transport als Luftgepäck ist unschädlich, vgl. *Ullrich* Kriminalistik **2004,** 472/473) zur Verwendung über die Grenze in den, durch den oder aus dem Geltungsbereich des Gesetzes bringt. Von dem „Verbringen" (§ 1 Rdn. 54) unterscheidet sich die Mitnahme (§ 1 Rdn. 54 a) in zwei Punkten. Während die **Mitnahme** den Charakter des **Vorübergehenden** aufweist, ist das **Verbringen** auf **Dauer** (zum „dortigen Verbleib") ausgerichtet. Zum anderen verläuft die **Mitnahme** jeweils in der Weise, dass **kein Besitzwechsel** bezweckt oder vorgenommen wird, während beim **Verbringen** auf Grund der Definition ein **Besitzwechsel** zumindest angestrebt wird. Schließlich ist es ein Charakteristikum der Mitnahme, dass diese Art der Beförderung „zum Zwecke der Verwendung" (zB bei Jagdreisen) geschieht (Begr. BT-Drucks. 14/8886 S. 115). Im Gegensatz zum „Verbringen", das in den hier einschlägigen EU-Richtlinien (§ 29 Rdn. 1) ausführlich geregelt wird, enthalten diese zum Problem der Mitnahme nur die Empfehlung, das Mitnehmen von Waffen über die Grenzen grundsätzlich zu verbieten, wobei Ausnahmen für Jäger und Sportschützen ermöglicht werden könnten (Präambel zur Richtlinie, letzte Absätze). Vgl. die ausführliche und anschauliche Darstellung von *Ullrich* DWJ **2004,** Heft 5, S. 92; ebenfalls in Kriminalistik **2004,** 472, 474.

3  **3. Mitnahme als erlaubnispflichtige Umgangsform (Absatz 1 Satz 1).** Die Bestimmung legt fest, dass auch die grenzüberschreitende „Mitnahme" (Rdn. 2) von Schusswaffen und Munition **grundsätzlich** der **Erlaubnis** bedarf (Ausnahmen in den Absätzen 3 und 5). Das gilt für die Mitnahme vom Ausland **in** die BRepD und **durch** diese hindurch; nur hierauf bezieht sich die Regelung.

4  **4. Erfasste Gegenstände.** Der Kreis der Waffen (Munition), der dieser Regelung des Absatzes 1 unterfällt, entspricht demjenigen, der bereits in § 29 Abs. 1 umschrieben worden ist. Auf die dortige Rdn. 5 wird verwiesen.

5  **5. Erteilungsvoraussetzungen.** Sie entsprechen hier voll den Anforderungen des § 4 Abs. 1 Nr. 1 bis 4. Das bedeutet, dass der Antragsteller volljährig, zuverlässig (§ 5), persönlich geeignet (§ 6) und sachkundig sein muss und außerdem noch ein

Europäischer Feuerwaffenpass § 32

waffenrechtliches Bedürfnis erforderlich ist. Das sind für ein immer nur vorübergehendes Verhalten (Rdn. 2) hohe Anforderungen.

**6. Modalitäten der Mitnahmeerlaubnis (Absatz 1 Satz 2).** Die Erlaubnis ist 6
nicht in jedem Fall eine Einzelerlaubnis. Sie kann auch von vornherein für mehrere
verschiedene Mitnahmevorgänge erteilt werden, soweit diese schon – wenigstens in
Umrissen – konkretisiert sind. Die Höchstdauer für eine erste Erlaubnis ist auf ein
Jahr begrenzt; es bestehen aber „mehrfache" Verlängerungsmöglichkeiten um jeweils ein weiteres Jahr. Aus dieser Formulierung ist zu entnehmen, dass mit einer
großzügigen Handhabung zu rechnen ist.

**7. Auswirkungen der EG-Richtlinien (Absatz 1 Satz 3).** Die beiden einschlägi- 7
gen Richtlinien (§ 29 Rdn. 1) wirken sich nicht nur bei den einzelnen Verbringungsvorgängen aus, sondern auch hier im Bereich der „Mitnahme". Werden die unter
diese Richtlinien fallenden Waffen (Munition) von jemandem, der aus einem Drittstaat kommt, mit dem Endziel der Mitnahme in einen Mitgliedstaat der EU durch
das Inland nur durchbefördert, so ist mit Rücksicht auf den Zielstaat zusätzlich zu
der deutschen Mitnahmeerlaubnis die vorherige Zustimmung des Zielstaates vonnöten, soweit nach dessen Recht eine solche Zustimmung erforderlich ist. Das ist
durch die Verweisung auf § 30 Abs. 2 geregelt (vgl. § 30 Rdn. 5).

**8. Weitere Auswirkungen der Waffenrichtlinie (Absatz 2).** Diese Vorschrift 8
basiert auf Art. 12 Abs. 1 der Waffenrichtlinie (§ 29 Rdn. 1). Als Äquivalent für den
Wegfall der Sicherheitskontrollen an den Binnengrenzen innerhalb der EU ist für
Reisen innerhalb der EU unter Mitnahme von Waffen, die von der Regelung in der
Waffenrichtlinie erfasst werden, der **Europäische Feuerwaffenpass** eingeführt worden. Die deutsche Mitnahmeerlaubnis darf in solchen EU-internen Mitnahmefällen
nur erteilt werden, wenn ein solcher Pass auf den Antragsteller in dessen Heimat-Mitgliedstaat ausgestellt worden ist und die mitzunehmenden Waffen darin vermerkt
sind. Abweichend von ähnlichen Regelungen ist hier nicht diejenige Munition als
Mitnahmegegenstand angesprochen, die in der Anlage 1 Abschnitt 3 aufgeführt ist;
erwähnt sind nur die in der Anlage 1 Abschnitt 3 aufgezählten Schusswaffen. Bezüglich der Munition wird hier „die dafür bestimmte Munition" als Mitnahmeobjekt
genannt; diese ist mit der in der Anlage 1 Abschnitt 3 bezeichneten nicht identisch.

**9. Ein- und Durchreise ohne Erlaubnis (Absatz 3).** Auch bei der Schaffung dieser 9
Bestimmung hat die Waffenrichtlinie Pate gestanden: Art. 12 Abs. 2 eröffnet für Inhaber des **Europäischen Feuerwaffenpasses** die Möglichkeit der Mitnahme von waffenrechtlichen Gegenständen innerhalb von EU-Mitgliedstaaten, ohne dass hierfür eine
Erlaubnis nach Absatz 1 eingeholt werden müsste. Von dieser Ausnahmeregelung werden drei Personengruppen erfasst, die auch schon in den §§ 13 bis 16 jeweils einer Sonderregelung unterworfen worden sind: Jäger, Sportschützen und Brauchtumsschützen
(*Ostgathe* S. 55). Die Begriffe sind nicht streng nach den §§ 13, 14 oder 16 zu verstehen, sondern nach dem jeweiligen **Zweck der Reise** (*K/P* Rdn. 559). Das Erfordernis
der **Gegenseitigkeit** bei der Gewährung solcher Erleichterungen (bisher § 9c Abs. 2
Satz 1 der 1. WaffV aF), also die Prüfung, ob andere Mitgliedstaaten in Deutschland
ansässigen Angehörigen dieser Gruppen vergleichbare Vergünstigungen gewähren, ist
**fallen gelassen** worden (Begr. BT-Drucks. 14/8886 S. 116).

**a) Nachweisbare Mitnahme zum Zwecke der Jagd (Absatz 3 Nr. 1).** Zum Be- 10
griff „Jäger" wird auf § 13 Rdn. 3 verwiesen. Jäger dürfen unter den Voraussetzungen des Absatzes 2 bis zu drei Langwaffen nach Anlage 1 A 3 aus den Kategorien C
und D (Nrn. 3.1 bis 4.1) nebst zugehöriger Jagdmunition (§ 13 Rdn. 5 und 10) erlaubnisfrei mitnehmen.

**§ 32** Abschn. 2. Umgang mit Waffen oder Munition

**11** **b) Nachweisbarer Sportschützenbedarf (Absatz 3 Nr. 2).** Zum Begriff des Sportschützen vgl. § 14 Rdn. 2 a. Für diese Gruppe ist das Kontingent von bisher drei auf sechs Waffen nebst Munition erhöht worden, um den „Anforderungen des modernen Schießsports zu genügen" (Begr. BT-Drucks. 14/8886 S. 116). Bei Sportschützen sind Waffen nach der Anlage 1 A 3 Nr. 2.1 bis 4.1 gestattet. Sportschützen aus anderen Mitgliedstaaten der EU können also, ausgestattet mit dem Europäischen Feuerwaffenpass, zum Zwecke des Schießsports unter Mitführen von sechs der beschriebenen Waffen nebst Munition erlaubnisfrei in die Bundesrepublik einreisen oder durch diese durchreisen.

**12** **c) Nachweisbare Teilnahme an Brauchtumsveranstaltungen (Absatz 3 Nr. 3).** Brauchtumsschützen (§ 16 Rdn. 2) sind ebenfalls privilegiert. Sie dürfen erlaubnisfrei bis zu drei Einzellader- oder Repetier-Langwaffen der Kategorien C und D (Anlage 1 A 3 Nrn. 3.1 bis 4.1) zum Zwecke der Teilnahme an Veranstaltungen zur Pflege des Brauchtums bei sich haben, wenn sie mit ausgefülltem Feuerwaffenpass nach Deutschland einreisen und vorübergehend hier bleiben oder nur auf der Durchreise sind.

Der erforderliche **Nachweis** hinsichtlich des Grundes der „Mitnahme" (Absatz 3 aE). kann zB durch Vorlage einer entsprechenden **Einladung** zur Jagd, zum Schießwettkampf oder zur Brauchtumsveranstaltung geführt werden.

**13** **10. Privilegierung von Einzelpersonen aus Drittstaaten (Absatz 4).** Diese Vorschrift eröffnet die Möglichkeit für Jäger, Sportschützen und Brauchtumsschützen, die nicht in einem EU-Mitgliedstaat, sondern in einem „Drittstaat" leben (zum gewöhnlichen Aufenthalt: § 4 Rdn. 9), im Einzelfall unter erleichterten Bedingungen in den Besitz der Mitnahmeerlaubnis nach Absatz 1 zu gelangen. Voraussetzung ist zum einen die Zugehörigkeit der mitzunehmenden Waffen zu den zugelassenen Kategorien und zum anderen die Einhaltung der jeweiligen Zweckbindung der Mitnahme, wie sie in Absatz 3 Nr. 1 bis 3 umschrieben ist. Die Erlaubnis darf in derartigen Fällen indessen nicht erteilt werden, wenn die Zuverlässigkeit (§ 5) und/oder die persönliche Eignung (§ 6) fehlen.

**14** **11. Entbehrlichkeit der Erlaubnis (Absatz 5).** Zwei Fälle nennt das Gesetz, in denen eine Mitnahmeerlaubnis für die (Wieder-)Einreise ins Inland oder die Durchreise nicht gefordert wird: a) für die Mitnahme von Waffen (Munition), für die der Mitnehmende eine waffenrechtliche Erlaubnis – welcher Art, wird nicht näher ausgeführt (strittig bei Jahresjagdschein, vgl. *Ullrich* Kriminalistik **2004,** 472, 475 – besitzt (Nr. 1) und b) für die Mitnahme von (erlaubnisbedürftigen) Signalwaffen nebst Munition an Bord von Schiffen aus Gründen der Sicherheit (Nr. 2).

**15** **12. Mitnahme von bestimmten Waffen aus Deutschland in einen anderen EU-Mitgliedstaat (Absatz 6).** Die Waffenrichtlinie erfasst auch den Fall, dass eine im Inland ansässige Person unter die Richtlinie fallende Waffen (Munition) in einen anderen Mitgliedstaat mitnehmen will. Hierfür ist – ähnlich wie im Falle des Absatzes 2 – der Europäische Feuerwaffenpass erforderlich (hierzu § 33 Abs. 1 AWaffV). Das gilt unabhängig von der im Grundsatz erforderlichen Zustimmung des anderen Mitgliedstaates nach dessen Recht (Begr. BT-Drucks. 14/8886 S. 116). In diesen Pass werden die mitzunehmenden Waffen eingetragen, vorausgesetzt, der Betreffende verfügt über eine inländische Besitzerlaubnis (WBK). Das Verbringen aus dem Inland in einen **Drittstaat** wird in diesem Zusammenhang nicht geregelt; es ist erlaubnisfrei (Anlage 2 A 2 U 2 Nr. 8). Über Verfahrensprobleme beim Vollzug der bisherigen einschlägigen Vorschriften berichten *K/P* Rdn. 567 ff.

## § 33 Anmelde- und Nachweispflicht

**Anmelde- und Nachweispflicht bei Verbringen oder Mitnahme von Waffen oder Munition in den oder durch den Geltungsbereich des Gesetzes**

**33** (1) **Waffen oder Munition im Sinne des § 29 Abs. 1 hat derjenige, der sie aus einem Drittstaat in den oder durch den Geltungsbereich dieses Gesetzes verbringen oder mitnehmen will, bei der nach Absatz 3 zuständigen Überwachungsbehörde beim Verbringen oder bei der Mitnahme anzumelden und auf Verlangen vorzuführen und die Berechtigung zum Verbringen oder zur Mitnahme nachzuweisen. Auf Verlangen sind diese Nachweise den Überwachungsbehörden zur Prüfung auszuhändigen.**

(2) **Die nach Absatz 3 zuständigen Überwachungsbehörden können Beförderungsmittel und -behälter sowie deren Lade- und Verpackungsmittel anhalten, um zu prüfen, ob die für das Verbringen oder die Mitnahme in den Geltungsbereich dieses Gesetzes geltenden Bestimmungen eingehalten sind.**

(3) **Das Bundesministerium der Finanzen bestimmt die Zolldienststellen, das Bundesministerium des Innern bestimmt die Behörden der Bundespolizei, die bei der Überwachung des Verbringens und der Mitnahme von Waffen oder Munition mitwirken. Soweit der grenzpolizeiliche Einzeldienst von Kräften der Länder wahrgenommen wird (§ 2 Abs. 1 und 3 des Bundespolizeigesetzes), wirken diese bei der Überwachung mit.**

**1. Zielsetzung.** Die neu gestaltete Vorschrift fasst die wesentlichen Pflichten zusammen, die „im Falle des Verbringens und der Mitnahme von Schusswaffen über eine Außengrenze zu einem Drittstaat nach Deutschland bestehen" (Begr. BT-Drucks. 14/8886 S. 116). Eine Erweiterung kann im Verordnungswege nach § 47 erfolgen. In Absatz 3 ist anstelle des Bundesgrenzschutzes die **Bundespolizei** gesetzt worden (Art. 34 des Gesetzes vom 21. 6. 2005 (BGBl. I 1818). Von Bedeutung sind die hierzu ergangenen Verordnungen: **BPolZollV** vom 24. 6. 2005 (BGBl. I 1867) und die **BPolZV** vom 28. 6. 2005 (BGBl. I 1870).

**2. Erfasste Gegenstände.** Absatz 1 bezieht die Pflichten auf Waffen und Munition im Sinne des § 29 Abs. 1. Das sind zum einen die der Waffenrichtlinie unterfallenden Waffen (Munition) und zum anderen die übrigen erlaubnisbedürftigen Waffen (Munition) Auf § 29 Rdn. 5 wird Bezug genommen.

**3. Pflichtenauslösende Tätigkeiten.** Die in der Vorschrift aufgestellten Pflichten knüpfen an **Verbringungen** und **Mitnahmen** der in Rdn. 2 genannten Gegenstände **aus einem Drittstaat** nach Deutschland an. Wer solche Tätigkeiten ausführen will, hat beim Verbringen oder bei der Mitnahme, also beim Grenzübertritt nach Deutschland, seiner Anmeldepflicht zu genügen. Wer von einer Jagdreise aus der Schweiz wieder einreist, erfüllt nach den gesetzlichen Definitionen weder den Tatbestand des Verbringens noch den der Mitnahme. Adressat der Anmeldung ist die nach Absatz 3 für zuständig erklärte Überwachungsbehörde. Auf Verlangen dieser Behörde hat der Einreisende ggf. die Gegenstände „vorzuführen" und die Berechtigung zum Verbringen oder zur Mitnahme ins Inland nachzuweisen. Auf weiteres Verlangen hin hat auch eine Aushändigung dieser Nachweise an die Überwachungspersonen zu erfolgen, um diesen eine nähere Prüfung zu ermöglichen. Dieser Pflichtenkatalog entspricht in etwa dem des § 27 Abs. 4 bis 6 WaffG aF.

§ 34  Abschn. 2. Umgang mit Waffen oder Munition

**4**  **4. Befugnisse der Überwachungsbehörden (Absatz 2).** § 27 Abs. 5 WaffG aF gestattete der Überwachungsbehörde bereits nach Art einer im Hinblick auf die konkreten, waffenrechtlichen Verhältnisse modifizierten **Zollbeschau** das Anhalten und die Überprüfung der eingeführten Schusswaffen und der Munition einschließlich der Beförderungsmittel und Behälter. Diesen Katalog der möglichen Überwachungstätigkeiten hat die jetzige Bestimmung noch präzisiert und zusätzlich deren Zweck herausgestellt.

**5**  **5. Überwachungsbehörden (Absatz 3).** Die Bestimmung entspricht inhaltlich § 27 Abs. 6 WaffG aF, der die Überwachung bei der „Einfuhr" regelte. Bei der Änderung des WaffG 1976 ist die Beteiligung der Polizei der Länder bei der Grenzüberwachung berücksichtigt worden, wie sie im Bundesgrenzschutzgesetz festgelegt war. Nach § 2 Abs. 1, 3 und 4 dieses Gesetzes oblag dem BGS der grenzpolizeiliche Schutz des Bundesgebiets insoweit nicht, als ein Land im Einvernehmen mit dem Bund Aufgaben des grenzpolizeilichen Einzeldienstes mit eigenen Kräften wahrnahm. Die Bestimmung hat besonders für die Bayerische Grenzpolizei Bedeutung. Vgl. auch § 32 Abs. 3 AWaffV.

**5a**  Die Auslegung des **Satzes 1** von Absatz 3 ist umstritten. Während eine Meinung aus dem Zusammenhang der Regelung mit den Absätzen 1 und 2 herleitet, für die **Zuständigkeit** der **Bundespolizei** sei jeweils ein Bezug zu einem Drittstaat (Nicht-EU-Staat) erforderlich, die Bundespolizei dürfe also nur die Verbringung und Mitnahme kontrollieren, soweit diese einen Drittstaatsbezug aufweise, beruft sich die Gegenmeinung auf den Wortlaut von Absatz 3 Satz 1, der eine solche Einschränkung nicht enthalte und auch sonst keinen direkten Bezug zu den Absätzen 1 und 2 herstelle. Die Problematik ist von einem „Insider" ausführlich dargelegt und im Sinne der letztgenannten Ansicht überzeugend begründet worden (*Gade* S. 137 ff., 140). Danach ist Satz 1 als eine Aufgabenzuweisung für die Überwachung **aller** in den §§ 29 bis 33 genannten Verbringens- und Mitnahmevorschriften zu verstehen, auch wenn sie keinen Drittstaatsbezug aufweisen. Für die Bundespolizei ist danach generell die Mitwirkung bei der Überwachung des Verbringens und der Mitnahme eine ihrer gesetzlichen Aufgaben nach § 1 Abs. 2 BPolG (*L/F/L* Rdn. 8 f., 9). Aus den Materialien ist zudem nichts dafür zu entnehmen, dass die bis zum WaffRNeuRegG bestehende Rechtslage (§ 27 Abs. 6 Satz 1 WaffG aF: jegliches Verbringen) geändert werden sollte. Zu Kontrollen im Binnenraum des Schengen-Übereinkommens vgl. *Gade* S 141 ff.; auch VG Düsseldorf NVwZ **2006**, 241.

**6**  **6. Zuwiderhandlung.** Der Verstoß gegen die Anmelde- oder Vorführpflicht ist in § 53 Abs. 1 Nr. 15 bußgeldbewehrt.

### Unterabschnitt 6. Obhutspflichten, Anzeige-, Hinweis- und Nachweispflichten

**Überlassen von Waffen oder Munition, Prüfung der Erwerbsberechtigung, Anzeigepflicht**

**34**  (1) **Waffen oder Munition dürfen nur berechtigten Personen überlassen werden. Die Berechtigung muss offensichtlich sein oder nachgewiesen werden. Werden sie zur gewerbsmäßigen Beförderung überlassen, müssen die ordnungsgemäße Beförderung sichergestellt und Vorkehrungen gegen ein Abhandenkommen getroffen sein. Munition darf gewerbsmäßig nur in verschlossenen Packungen über-**

### § 34 Überlassen von Waffen oder Munition, Anzeigepflicht

lassen werden; dies gilt nicht im Fall des Überlassens auf Schießstätten gemäß § 12 Abs. 2 Nr. 2 oder soweit einzelne Stücke von Munitionssammlern erworben werden. Wer Waffen oder Munition einem anderen lediglich zur gewerbsmäßigen Beförderung (§ 12 Abs. 1 Nr. 2, Abs. 2 Nr. 1) an einen Dritten übergibt, überlässt sie dem Dritten.

(2) Der Inhaber einer Erlaubnis nach § 21 Abs. 1 Satz 1, der einem anderen auf Grund einer Erlaubnis nach § 10 Abs. 1 eine Schusswaffe überlässt, hat in die Waffenbesitzkarte unverzüglich Herstellerzeichen oder Marke und – wenn gegeben – die Herstellungsnummer der Waffe, ferner den Tag des Überlassens und die Bezeichnung und den Sitz des Betriebs dauerhaft einzutragen und das Überlassen binnen zwei Wochen der zuständigen Behörde schriftlich anzuzeigen. Überlässt sonst jemand einem anderen eine Schusswaffe, zu deren Erwerb es einer Erlaubnis bedarf, so hat er dies binnen zwei Wochen der zuständigen Behörde schriftlich anzuzeigen und ihr, sofern ihm eine Waffenbesitzkarte oder ein Europäischer Feuerwaffenpass erteilt worden ist, diese zur Berichtigung vorzulegen; dies gilt nicht in den Fällen des § 12 Abs. 1. In der Anzeige nach den Sätzen 1 und 2 sind anzugeben Name, Vorname, Geburtsdatum, Geburtsort und Wohnanschrift des Erwerbers sowie Art und Gültigkeitsdauer der Erwerbs- und Besitzberechtigung. Bei Nachweis der Erwerbs- und Besitzerlaubnis durch eine Waffenbesitzkarte sind darüber hinaus deren Nummer und ausstellende Behörde anzugeben. Bei Überlassung an einen Erlaubnisinhaber nach § 21 Abs. 1 Satz 1 sind in der Anzeige lediglich der Name der Firma und die Anschrift der Niederlassung anzugeben.

(3) Die Absätze 1 und 2 gelten nicht für denjenigen, der Schusswaffen oder Munition einem anderen, der sie außerhalb des Geltungsbereichs des Gesetzes erwirbt, insbesondere im Versandwege unter eigenem Namen überlässt. Die Vorschriften des § 31 bleiben unberührt.

(4) Wer Personen, die ihren gewöhnlichen Aufenthalt in einem anderen Mitgliedstaat der Europäischen Union haben, eine Schusswaffe nach Anlage 1 Abschnitt 3 (Kategorien B und C) oder Munition für eine solche überlässt, hat dies unverzüglich dem Bundeskriminalamt schriftlich anzuzeigen; dies gilt nicht in den Fällen des § 12 Abs. 1 Nr. 1 und 5.

(5) Wer erlaubnispflichtige Feuerwaffen nach Anlage 1 Abschnitt 1 Unterabschnitt 1 Nr. 2, ausgenommen Einzellader-Langwaffen mit nur glattem Lauf oder glatten Läufen, und deren wesentliche Teile, Schalldämpfer und tragbare Gegenstände nach Anlage 1 Abschnitt 1 Unterabschnitt 1 Nr. 1.2.1 einem anderen, der seinen gewöhnlichen Aufenthalt in einem Mitgliedstaat des Übereinkommens vom 28. Juni 1978 über die Kontrolle des Erwerbs und Besitzes von Schusswaffen durch Einzelpersonen (BGBl. I 1980 S. 953) hat, überlässt, dorthin versendet oder ohne Wechsel des Besitzers endgültig dorthin verbringt, hat dies unverzüglich dem Bundeskriminalamt schriftlich anzuzeigen. Dies gilt nicht

1. für das Überlassen und Versenden der in Satz 1 bezeichneten Gegenstände an staatliche Stellen in einem dieser Staaten und in den

## § 34 Abschn. 2. Umgang mit Waffen oder Munition

**Fällen, in denen Unternehmen Schusswaffen zur Durchführung von Kooperationsvereinbarungen zwischen Staaten oder staatlichen Stellen überlassen werden, sofern durch Vorlage einer Bescheinigung von Behörden des Empfangsstaates nachgewiesen wird, dass diesen Behörden der Erwerb bekannt ist, oder**
**2. soweit Anzeigepflichten nach Absatz 4 oder nach § 31 Abs. 2 Satz 3 bestehen.**

**(6) Das Bundesministerium des Innern wird ermächtigt, durch Rechtsverordnung mit Zustimmung des Bundesrates zur Abwehr von Gefahren für Leben und Gesundheit von Menschen zu bestimmen, dass in den in den Absätzen 2, 4 und 5 bezeichneten Anzeigen weitere Angaben zu machen oder den Anzeigen weitere Unterlagen beizufügen sind.**

1  **1. Entstehungsgeschichte.** Die sehr umfangreiche Vorschrift hat den Regelungsgehalt des § 34 WaffG aF sowie der §§ 28 Abs. 1, 28b Abs. 2 der 1. WaffV aF übernommen. Von der Absicht in den früheren Gesetzentwürfen der Bundesregierung (zB BT-Drucks. 11/1556 vom 18. 12. 1987), die Vorschrift dadurch zu entlasten, dass man Teile im Verordnungswege regelte, ist der Gesetzgeber letztendlich abgerückt, um die enorme Bedeutung der hier zu treffenden Regelungen nicht abzuschwächen. Das hier geregelte „Überlassen" von Waffen oder Munition gehört nach § 1 Abs. 3 iVm. Anlage 1 A 2 Nr. 3 (§ 1 Rdn. 43) zwar zu den Formen des „Umgangs" mit diesen Gegenständen. Bei der Auflistung der erlaubnispflichtigen Waffen in Anlage 2 A U 1 wird diese Umgangsform des Überlassens aber ausdrücklich von dieser Regelung ausgenommen; sie soll sich nach der hier zu erläuternden Vorschrift richten.

2  **2. Grundsatz des Überlassens nur an waffenrechtlich Berechtigte (Absatz 1 Satz 1).** Diese Regelung ist aus dem Absatz 1 Satz 1 des früheren § 34 übernommen worden, wobei allerdings nunmehr nicht mehr allein auf Schusswaffen abgestellt wird, sondern Waffen allgemein erfasst sind. Die Vorschrift drückt an sich nur eine **juristische Selbstverständlichkeit** aus. Denn derjenige, an den Waffen oder Munition überlassen werden, erlangt damit die tatsächliche Gewalt über sie, womit ein Erwerbsvorgang vorliegt. Ist dieser Erwerb der Erlaubnispflicht unterworfen, so muss er über eine entsprechende Erlaubnis verfügen oder von dieser durch eine Ausnahmeregelung (vgl. § 12) befreit sein, um als Berechtigter zu fungieren. Berechtigungen können sich aus folgenden Vorschriften ergeben: §§ 10 Abs. 2 oder 3, 13 Abs. 3, 40 Abs. 3, 55 Abs. 2. In jedem Fall ist das **Alterserfordernis** (18 Jahre) gem. § 2 Abs. 1 (§ 33 WaffG aF) zu beachten.

Das Überlassen einer nicht erlaubnispflichtigen Waffe oder solcher Munition an einen Nichtberechtigten (zB nicht Volljährigen) entgegen Absatz 1 Satz 1 ist in § 53 Abs. 1 Nr. 16 bußgeldbewehrt. Bei erlaubnispflichtigen Gegenständen tritt Strafbarkeit ein (§ 52 Abs. 1 Nr. 2a [bei beabsichtigtem Überlassen], Abs. 3 Nr. 7, Abs. 4).

3  **3. Anforderungen an die Berechtigung des Erwerbenden (Absatz 1 Satz 2).** Das Recht zum Erwerb kann klar zutage liegen („offensichtlich" sein). Ist dies nicht der Fall, ist es nachweisbedürftig. Auch hier wird an bisheriges Recht angeknüpft (§ 34 Abs. 2 Satz 1 WaffG aF). Fälle der Offensichtlichkeit werden besonders bei bundes- oder landesrechtlicher Freistellung auf Grund von Freistellungsverordnungen gegeben sein, wenn dem Überlassenden der dienstliche Charakter des Erwerbs bekannt ist. Der Nachweis der Berechtigung ist vom **Erwerber** durch Vorlage der im Waffenrecht vorgesehenen Erlaubnisurkunden (WBK, Munitionserwerbsschein, Jagdschein o. ä.) zu

## Überlassen von Waffen oder Munition, Anzeigepflicht § 34

führen, wobei die entsprechende Bescheinigung der betr. Bundes- oder Landeszentralbehörde mit einer in einer landesrechtlichen Freistellungs-VO für zuständig erklärten Stelle gleichgestellt wird. Die WBK und die anderen angeführten Erlaubnisse sind dem Überlassenden nur vorzulegen, damit er die Erwerbsberechtigung des Inhabers überprüfen und gegebenenfalls die in Absatz 2 Satz 1 vorgeschriebenen Eintragungen vornehmen kann. Danach ist besonders die WBK dem Inhaber zurückzugeben, denn sie muss ja bei diesem zum Nachweis der Besitzberechtigung für die Waffe verbleiben. Anders verhält es sich lediglich mit dem Ausnahmebescheid gem. § 3 Abs. 3 (Befreiung vom Alterserfordernis) und den angeführten Bescheinigungen der Dienststellen. Diese sind dem Überlassenden auszuhändigen und von ihm als Beleg zu den Waffenbüchern zu nehmen (vgl. § 34 Abs. 6 Satz 1 WaffG aF).

**4. Überlassen zur gewerbsmäßigen Beförderung (Absatz 1 Satz 3 und 5).** In 4 diesem Bereich sind zwei verschiedene Regelungen zu beachten. Zum einen wird durch Satz 5 klargestellt, dass beim Überlassen an einen Transporteur lediglich zur – vorübergehenden – gewerbsmäßigen Beförderung der Waffen (Munition) an eine dritte Person diese der Erwerber ist, so dass auch dessen Berechtigung abzustellen ist. Das folgt aus § 12 Abs. 1 Nr. 2 iVm. Abs. 2 Nr. 1 WaffG nF (§ 12 Rdn. 8 und 16) und entspricht bisherigem Recht. Zum anderen ist der Überlassende in solchen Fällen über die Prüfung der Berechtigung hinaus noch zu besonderer Sorgfalt im Hinblick auf den vorzunehmenden Transport verpflichtet: zum einen muss die ordnungsgemäße Durchführung des Transports sichergestellt sein. Das wird nur der Fall sein, wenn ein anerkannt zuverlässiger Beförderer ausgewählt worden ist, der auch über geeignete Transportfahrzeuge verfügt. Hiermit zusammen hängt die zweite Anforderung, nach der ausreichende Vorkehrungen gegen Diebstahl getroffen sein müssen. Das kann durch entsprechende Ausstattung der Fahrzeuge sichergestellt sein und/oder durch geeignetes Bewachungspersonal. Die Verletzung dieser Pflichten ist allerdings mit keiner Sanktion verbunden.

**5. Besonderheiten beim Überlassen von Munition (Absatz 1 Satz 4).** Munition 5 darf im gewerbsmäßigen Verkehr grundsätzlich nur in verschlossenen Packungen verkauft werden. Das entspricht § 34 Abs. 1 Satz 3 WaffG aF. Die Vorschrift ist seinerzeit erst während der Ausschussberatungen in das WaffG 1972 eingefügt worden. Die Bestimmung entsprach in etwa der früheren Regelung in Art. 18 der DVO zu dem BeschussG vom 8. 7. 1939 (RGBl. I 1244). Da Munition, insbesondere Patronenmunition, sich im allgemeinen wegen Platzmangels technisch nicht auf jeder einzelnen Patrone kennzeichnen lässt, hat das Gesetz (§ 24 Abs. 3; früher in § 13 Abs. 3 Satz 1 WaffG aF) die Kennzeichnung auf der kleinsten Verpackungseinheit angeordnet. Im Hinblick darauf schreibt Satz 4 vor, dass Munition **gewerbsmäßig** nur in solchen **verschlossenen** Verpackungen überlassen werden darf, da nur auf diese Weise eine wirksame Kontrolle der Berechtigung zum Erwerb von Munition und über den Verkauf nur zugelassener Munition mit Verantwortlichkeit des Herstellers oder Einführers praktisch durchführbar ist (ABer., zu BT-Drucks. VI/3566 S. 7). Zwei sinnvolle Ausnahmen stellt das Gesetz bereit: Überlassen auf Schießstätten nach § 12 Abs. 2 Nr. 2 (§ 12 Rdn. 18); hier soll gerade nur so viel Munition abgegeben werden, wie zum sofortigen Verbrauch erforderlich ist, und zum anderen beim Überlassen einzelner Munitionsstücke an Munitionssammler iSv. § 17, wobei hier nach der Formulierung nicht auf das hier einschlägige Überlassen, sondern auf die „Kehrseite", den Erwerb, abgestellt wird.

**6. Überlassen im Waffengewerbe und Waffenhandel (Absatz 2 Satz 1).** Diese 6 Regelung ist aus § 34 Abs. 3 Satz 1 WaffG aF hierher übernommen worden. Sie legt

**§ 34** Abschn. 2. Umgang mit Waffen oder Munition

die – unverzüglich (§ 121 Abs. 1 Satz 1 BGB) zu erfüllenden – Pflichten des Überlassenden fest, in den meisten Fällen des Waffenhändlers (§ 21 Abs. 1 Satz 1). Welche Eintragungen er in die Waffenbesitzkarte (WBK) des Erwerbers vorzunehmen hat, wird im einzelnen aufgeführt: Herstellerzeichen oder Marke (früher: Warenzeichen) und ggf. die Herstellungsnummer der Waffe, die naturgemäß zu ihrer Identifizierung von besonderer Wichtigkeit ist. Erforderlich sind weiter der Tag des Überlassens sowie Bezeichnung des Betriebs und dessen Sitz. Dass derartige Eintragungen so ausgeführt werden müssen, dass sie „dauerhaft" sind, wird besonders gesagt, ergibt sich aber bereits aus dem Urkundencharakter der WBK. Gegen Ende des Gesetzgebungsverfahrens ist auch insoweit eine **Anzeigepflicht** eingeführt worden. Hiervon erfasst sind auch Überlassungen von Gegenständen nach Anlage 2 A 2 U 2 Nr. 2 (*K/P* Rdn. 660). Die Anzeige hat schriftlich binnen zwei Wochen zu erfolgen. Der Verstoß gegen diese Pflicht ist nach jetzigem Recht nicht bußgeldbewehrt.

**7** **7. Nichtgewerbliches Überlassen (Absatz 2 Satz 2).** Die privaten Überlasser erlaubnispflichtiger Schusswaffen sind neben der Prüfung der Erwerbsberechtigung des Erwerbers (Absatz 1 Satz 1) gehalten, binnen zwei Wochen das Überlassen der landesrechtlich zuständigen Behörde schriftlich **anzuzeigen**. Sofern er Papiere über die Waffe (WBK, Europäischer Feuerwaffenpass) in seinem Besitz hat, muss er sie zum Zwecke der Berichtigung dieser Behörde **vorlegen**. Ob die Vorlegung auch innerhalb der Zweiwochenfrist erfolgen muss, ist der Bestimmung nicht mit der gebotenen Deutlichkeit zu entnehmen. Aus der Tatsache aber, dass auch die nicht rechtzeitige Vorlage der Papiere in § 53 Abs. 1 Nr. 7 unter Bußgelddrohung gestellt worden ist, kann entnommen werden, dass der Gesetzgeber jedenfalls auch die Vorlegungspflicht innerhalb der Zweiwochenfrist erfüllt sehen wollte.

**8** Eine **Ausnahme** von der Anzeige- und Vorlagepflicht gilt für die Fälle des § 12 Abs. 1 (Satz 2 letzter Halbsatz). Das ist insofern nicht leicht einzusehen, da es im vorliegenden Zusammenhang um Pflichten des Überlassenden geht, § 12 Abs. 1 jedoch den Erwerb und Besitz betrifft. Beabsichtigt ist wohl die Freistellung des Überlassenden von der an sich bestehenden Anzeige- und Vorlagepflicht, wenn – wie in den Fällen der genannten Art – auf der Gegenseite der Erwerb wegen des überwiegend vorübergehenden Charakters keiner WBK-Pflicht unterliegt.

**9** Satz 3 legt den **Inhalt** der zu erstattenden **Anzeige** fest. Der Überlassende muss die Waffenbehörde in die Lage versetzen, das weitere Schicksal der überlassenen Waffe zu verfolgen. Hierzu sind die genauen Personalien des Erwerbers ebenso wichtig wie die Angaben über das waffenrechtliche Erwerbspapier. Handelt es sich hierbei um eine WBK, so gehört zu den Angaben auch deren Nummer und die ausstellende Behörde. Erleichterungen für gewerbsmäßige Waffenhersteller und Waffenhändler in Bezug auf die Anzeige bringt schließlich Satz 4; beim Überlassen an diese konzessionierten Fachleute braucht nur der Name der Firma und die Anschrift der Niederlassung angegeben zu werden.

**10** **8. Ausnahmen bei Überlassen an Erwerber außerhalb Deutschlands (Absatz 3).** Von sämtlichen Pflichten der Absätze 1 und 2 werden Überlassende freigestellt, wenn der durch das Überlassen bewirkte Erwerb nicht im Inland stattfindet. Als Beispiel nennt das Gesetz das Überlassen „im Versandwege unter eigenem Namen". Hier wird inländische Sicherheitsinteressen nicht ernsthaft berührt. Zum Ausland in diesem Sinne gehören auch exterritoriale Gebiete (BayVGH BayVBl. **1994,** 404, 405). Die Vorgängerbestimmung § 34 Abs. 4 WaffG aF verpflichtete bereits den Überlasser, die Waffe oder die Munition unter eigenem Namen abzugeben oder zu versenden. Durch diese Regelung sollte nach dem ABer. (BT-Drucks. 7/4407 S. 8)

260

Überlassen von Waffen oder Munition, Anzeigepflicht § 34

verhindert werden, dass die Freistellung vom Nachweis der Erwerbsberechtigung, insbesondere bei einer Abgabe im Versandwege, missbräuchlich umgangen wird. Ein Gegenstand wird auch außerhalb der BRep. Deutschland erworben, wenn der Gegenstand einem anderen zur gewerbsmäßigen Beförderung oder der Post oder der Deutschen Bahn zur Beförderung aus dem Bundesgebiet übergeben wird (früher § 34 Abs. 4 iVm. Abs. 5 aF).

Für das „innergemeinschaftliche" Überlassen (EU) galten ab 1. 1. 1995 die besonderen Vorschriften des Abschnitts II der 1. WaffV aF (§§ 9 ff.) sowie § 28 b Abs. 2 und § 28 c 1. WaffV aF. An dem Regime der EG-Richtlinien (§ 29 Rdn. 1) kommt auch die Neufassung nicht vorbei. Dieses bewirkt auch hier, dass derartige Waffen-(Munitions-)Bewegungen innerhalb der EU kontrolliert sein müssen. Das bedeutet, dass bei „Überlassungen" in den EU-Raum die Vorschriften des § 31 beachtet werden müssen einschließlich der dort in Absatz 2 vorgesehenen Erleichterungen für Waffenhändler und gewerbsmäßige Waffenhersteller. Auf die Erläuterungen zu § 31 wird verwiesen. **11**

**9. Überlassen bestimmter Waffen (Munition) innerhalb der EU (Absatz 4).** **12**
Erfasst sind hier von den Waffen oder der Munition, die unter den Anwendungsbereich der EG-Richtlinien fallen (§ 29 Rdn. 1) nur die in den Kategorien B und C des Abschnitts 3 der Anlage 1 aufgeführten (Nrn. 2.1 bis 3.4). Wer als Inländer einem Erwerber in einem anderen Mitgliedstaat der EU eine hierunter gehörende Waffe (Munition) überlässt, bedarf zwar nicht der vorher einzuholenden Erlaubnis, er muss diesen Vorgang aber „unverzüglich", also ohne schuldhaftes Zögern (§ 121 Abs. 1 Satz 1 BGB) dem Bundeskriminalamt (BKA) schriftlich anzeigen (vgl. § 31 Abs. 2 AWaffV). Über den Inhalt einer solchen Anzeige sagt das Gesetz nichts. Hier ist die Regelung in Absatz 2 Satz 3 (Rdn. 9) entsprechend heranzuziehen, denn der Sinn der Vorschrift ist auch hier, der Behörde die Identität des Erwerbers eindeutig zur Kenntnis zu bringen.

**Ausnahmen** gelten insoweit für die Fälle des § 12 Abs. 1 Nr. 1 und 5. Hierhin **13** gehören der nur vorübergehende Erwerb einer unter die Regelung fallenden Schusswaffe unter waffenrechtlich Berechtigten (§ 12 Rdn. 3 ff.) und der vorübergehende Erwerb einer Schusswaffe zum Schießen auf einer Schießstätte (§ 12 Rdn. 15). Für die Einbeziehung auch von § 12 Abs. 1 Nr. 3 Buchst. a) und b) und Nr. 4 Buchst. a sprechen aus *K/P* Rdn. 664 aus.

**10. Anzeigepflicht auf Grund des Übereinkommens vom 28. 6. 1978 (Absatz 5).** **14** Nicht nur die bereits mehrfach genannten EG-Richtlinien (§ 29 Rdn. 1), sondern auch das Übereinkommen vom 28. 6. 1978 über die Kontrolle des Erwerbs und Besitzes von Schusswaffen durch Einzelpersonen (BGBl. 1980 II 953; im Kommentar abgedr. unter **Nr. 12a**) verpflichtet den Gesetzgeber eines Vertragsstaates, wie es die BRepD ist (das Gesetz spricht missverständlicherweise von einem „Mitgliedstaat"), zu Überwachungsmaßnahmen, die Gegenstand des Übereinkommens sind. So muss danach zB beim Überlassen bestimmter Gegenstände innerhalb des Hoheitsgebietes der Vertragsstaaten unverzüglich (Rdn. 12) eine schriftliche Anzeige des Vorgangs an das BKA erfolgen (vgl. § 31 Abs. 3 AWaffV). Diese Regelung ist nicht neu. Sie ist als § 28 der 1. WaffV aF 1976 in die VO eingefügt worden. Mit der Vorschrift wurde einer Resolution der Generalversammlung der IKPO – Interpol – auf ihrer Sitzung vom 19. bis 26. 9. 1972 entsprochen, durch welche die Mitgliedstaaten ersucht wurden, die erforderlichen Maßnahmen zu treffen, damit Informationen über den Erwerb von Schusswaffen und Munition durch Ausländer und Personen, die ihren gewöhnlichen Aufenthalt (§ 4 Rdn. 9) im Ausland haben,

## § 34 Abschn. 2. Umgang mit Waffen oder Munition

zwischen den Mitgliedstaaten ausgetauscht werden können. Durch die 2. ÄndVO war Absatz 1 umgestaltet worden nach Maßgabe internationaler Verpflichtungen (BR-Drucks. 544/86 S. 24). Um das BKA in die Lage zu versetzen, die zentralen Stellen des Heimatstaates des Erwerbers zu informieren, verpflichtet das Gesetz im Anschluss an § 28 Abs. 1 der 1. WaffV den Waffenhändler und andere „Überlasser", das Überlassen von im einzelnen spezifizierten Gegenständen an den genannten Personenkreis dem BKA schriftlich mitzuteilen (vgl. zur Anzeigepflicht *Berger* DWJ **1990,** 1014; kritisch – aus datenschutzrechtlichen Gründen – *Riegel* DVBl. **1980,** 397, 402). Vgl. auch § 32 Abs. 2 Nr. 3 und 4 AWaffV.

Neben dem „Überlassen" sind noch der Versand und das endgültige Verbringen (ohne Wechsel des Besitzers) in einen Vertragsstaat anzeigepflichtig. Die Anzeigepflicht erstreckt sich auf diese drei Arten des Umgangs und die im einzelnen benannten Gegenstände: „Feuerwaffen" nach Anlage 1 A 1 U 1 Nr. 2.1 bis 2.9 (mit Ausnahme der auch unter Nr. 2.5 fallenden Einzellader-Langwaffen mit ausschließlich glattem Lauf oder nur glatten Läufen) einschließlich deren „wesentliche Teile" (Anlage 1 A 1 U 1 Nr. 1.3.1 bis 1.3.5 und Nr. 3.1 bis 3.7), ferner Schalldämpfer (Nr. 1.3.6) und schließlich tragbare Gegenstände nach Anlage 1 A 1 U 1 Nr. 1.2.1), wie sie in § 1 Rdn. 16 ff. aufgeführt sind. Die Aufzählung im Gesetz ist nicht ganz eindeutig, weil sprachlich auch die Möglichkeit bestehen würde, die Schalldämpfer und tragbaren Gegenstände ebenfalls unter die ausgenommen Gegenstände zu fassen. Da aber hinter der Bezeichnung 1.2.1 kein Komma gesetzt ist, das die Aufzählung der ausgenommen Gegenstände abschließen müsste, ist nur die hier vertretene Auslegung angebracht.

**15** **Ausnahmen** von der Anzeigepflicht enthält Absatz 5 Satz 2 in seinen Nrn. 1 und 2. Nach **Nr. 1** sind von den drei Varianten des Umgangs (Rdn. 14) hier nur das Überlassen und Versenden angesprochen. Verbringungen zu staatlichen Stellen eines fremden Staates und an Unternehmen der genannten Art waren auch schon bisher in der gleichen Weise und im selben Umfang von der Anzeigepflicht ausgenommen (§ 28 Abs. 1 Satz 2 Nr. 1 [und 2] der 1. WaffV). Entsprechendes gilt für die Nr. 2 der genannten Bestimmung, die ebenfalls ihrem sachlichen Gehalt nach in Absatz 5 Satz 2 Nr. 2 wiederkehrt. Allerdings ist in dieser Vorschrift die Umgestaltung des Unterabschnitts 5 nicht voll berücksichtigt worden. Zwar ist die frühere Zitierung des § 29 Abs. 3 Satz 2 im Vermittlungsausschuss geändert worden, da § 29 in der Neufassung nur zwei Absätze hat. Richtigerweise musste nunmehr auf § 31 Abs. 2 **Satz 3** verwiesen werden, um das gewünschte Ziel, Doppelanzeigen an das BKA zu vermeiden, zu erreichen; versehentlich wurde aber zunächst auf Satz 2 Bezug genommen. Dieses Versehen ist dann aber in der endgültigen Fassung beseitigt worden. Im Gegensatz zu der Regelung in der 1. WaffV verzichtet das Gesetz richtigerweise auf die Festlegung der Einzelheiten hinsichtlich des Inhalts der Anzeige. Dies wird der auf Grund von Absatz 6 zu erlassenden Verordnung überlassen.

**16** **11. Ermächtigungen zum Erlass untergesetzlichen Regelwerks (Absatz 6).** Die Gegenstände, die im Verordnungswege geregelt werden dürfen, legt das Gesetz in zulässiger Weise ausreichend bestimmt fest. Die Ermächtigungen sind am 17. 10. 2002, dem Tag nach der Verkündung des WaffRNeuRegG, in Kraft getreten (Art. 19 Nr. 1 WaffRNeuRegG). Vgl. §§ 31 f. AWaffV.

**17** **12. Zuwiderhandlung.** Vgl. Rdn. 2 aE.

## Werbung, Hinweispflichten, Handelsverbote § 35

**Werbung, Hinweispflichten, Handelsverbote**

**35** (1) Wer Waffen oder Munition zum Kauf oder Tausch in Anzeigen oder Werbeschriften anbietet, hat bei den nachstehenden Waffenarten auf das Erfordernis der Erwerbsberechtigung jeweils wie folgt hinzuweisen:
1. bei erlaubnispflichtigen Schusswaffen und erlaubnispflichtiger Munition: Abgabe nur an Inhaber einer Erwerbserlaubnis,
2. bei nicht erlaubnispflichtigen Schusswaffen und nicht erlaubnispflichtiger Munition sowie sonstigen Waffen: Abgabe nur an Personen mit vollendetem 18. Lebensjahr,
3. bei verbotenen Waffen: Abgabe nur an Inhaber einer Ausnahmegenehmigung,

sowie seinen Namen, seine Anschrift und gegebenenfalls seine eingetragene Marke bekannt zu geben. Anzeigen und Werbeschriften nach Satz 1 dürfen nur veröffentlicht werden, wenn sie den Namen und die Anschrift des Anbieters sowie die von ihm je nach Waffenart mitzuteilenden Hinweise enthalten. Satz 2 gilt nicht für die Bekanntgabe der Personalien des nicht gewerblichen Anbieters, wenn dieser der Bekanntgabe widerspricht. Derjenige, der die Anzeige oder Werbeschrift veröffentlicht, ist im Fall des Satzes 3 gegenüber der zuständigen Behörde verpflichtet, die Urkunden über den Geschäftsvorgang ein Jahr lang aufzubewahren und dieser auf Verlangen Einsicht zu gewähren.

(2) Dürfen Schusswaffen nur mit Erlaubnis geführt oder darf mit ihnen nur mit Erlaubnis geschossen werden, so hat der Inhaber einer Erlaubnis nach § 21 Abs. 1 bei ihrem Überlassen im Einzelhandel den Erwerber auf das Erfordernis des Waffenscheins oder der Schießerlaubnis hinzuweisen. Beim Überlassen von Schreckschuss-, Reizstoff- oder Signalwaffen im Sinne des § 10 Abs. 4 Satz 4 hat der Inhaber einer Erlaubnis nach § 21 Abs. 1 überdies auf die Strafbarkeit des Führens ohne Erlaubnis (Kleiner Waffenschein) hinzuweisen und die Erfüllung dieser sowie der Hinweispflicht nach Satz 1 zu protokollieren.

(3) Der Vertrieb und das Überlassen von Schusswaffen, Munition, Hieb- oder Stoßwaffen ist verboten:
1. im Reisegewerbe, ausgenommen in den Fällen des § 55b Abs. 1 der Gewerbeordnung,
2. auf festgesetzten Veranstaltungen im Sinne des Titels IV der Gewerbeordnung (Messen, Ausstellungen, Märkte), ausgenommen die Entgegennahme von Bestellungen auf Messen und Ausstellungen,
3. auf Volksfesten, Schützenfesten, Märkten, Sammlertreffen oder ähnlichen öffentlichen Veranstaltungen, ausgenommen das Überlassen der benötigten Schusswaffen oder Munition in einer Schießstätte sowie von Munition, die Teil einer Sammlung (§ 17 Abs. 1) oder für eine solche bestimmt ist.

Die zuständige Behörde kann Ausnahmen von den Verboten für ihren Bezirk zulassen, wenn öffentliche Interessen nicht entgegenstellen.

# § 35 Abschn. 2. Umgang mit Waffen oder Munition

**1** **I. Entstehungsgeschichte.** Die Vorschrift vereint die bisher in § 34 Abs. 7 und 8 WaffG aF enthalten gewesenen Hinweispflichten und Regelungen zur Werbung mit den in § 38 WaffG aF geregelt gewesenen Handelsverboten in einer Bestimmung, allerdings mit zT einschneidenden Änderungen, auf die jeweils bei der Behandlung der einzelnen Regelungen eingegangen wird.

**2** **II. Werbung. 1. Pflichten des Anbieters bei der Werbung für Waffen(Munitions-)verkauf oder -tausch (Absatz 1 Satz 1).** Der Anbieter hat – abhängig von der jeweilig zu überlassenden Waffen- oder Munitionsart – ganz bestimmte, im Gesetz festgelegte **Hinweise** zu erteilen, wenn er in Anzeigen oder Werbeschriften für sein Angebot Reklame macht. Dabei fasst das Gesetz auch die Ausnahmebewilligung („Ausnahmegenehmigung") durch das BKA nach § 40 Abs. 4 im einleitenden Satz als „Erwerbsberechtigung" auf. Die Hinweise haben im Einzelnen zu lauten: a) bei erlaubnispflichtigen Schusswaffen oder solcher Munition: „Abgabe nur an Inhaber einer Erwerbserlaubnis"; bei nicht erlaubnispflichtigen Schusswaffen oder solcher Munition sowie sonstigen Waffen: „Abgabe nur an Personen mit vollendetem achtzehnte[n] Lebensjahr"; bei verbotenen Waffen: „Abgabe nur an Inhaber einer Ausnahmegenehmigung". Gleichzeitig ist erforderlich, dass der Anbieter in den Anzeigen oder Werbeschriften seinen Namen, seine Anschrift und ggf. seine eingetragene Marke bekannt gibt (offenlegt). Die Hinweispflicht ist erst bei der Änderung des WaffG 1976 dem damaligen § 34 WaffG als Absatz 8 angefügt worden. Nach der amtl. Begr. (BT-Drucks. 7/2379 S. 21/22) war die Einführung der darin statuierten Verpflichtung notwendig, um gegen die auf dem Gebiet der Werbung auftretenden Missstände wirksamer als bisher vorgehen zu können. „In Anzeigen und Werbeschriften werden Schusswaffen oder Munition häufig zum Kauf oder Tausch angeboten, ohne dass hierbei Namen und Anschrift des Inserenten angegeben werden und auf das Erfordernis einer Erwerbserlaubnis hingewiesen wird. Vielfach werden sogar erlaubnispflichtige Schusswaffen als erlaubnisfrei angeboten." Die in der Neufassung in Bezug auf „freie" und verbotene Waffen erweiterte Hinweispflicht gilt in gleicher Weise für den Waffenhandel wie für private Einzelpersonen, die etwa in (einschlägigen) Zeitschriften (Zeitungen) waffenbesitzkartenpflichtige Schusswaffen bzw. erwerbscheinpflichtige Munition hierfür zum Verkauf (Überlassen) anbieten. Beide müssen in den betr. Anzeigen oder Werbeschriften ihre volle Adresse angeben. Chiffreanzeigen sind dementsprechend verboten. Anzeigen, die den **Ankauf** betreffen, sind **nicht** erfasst. Verstöße wurden nach bisherigem Recht nach § 55 Abs. 1 Nr. 20 als Ordnungswidrigkeiten geahndet; der verantwortliche Redakteur und der Anzeigenschriftleiter, die ein solches anonymes Inserat in ihre Zeitung (Zeitschrift) aufnahmen, konnten als Beteiligte an der Ordnungswidrigkeit (§ 14 OWiG) zur Verantwortung gezogen werden. Die Neufassung lässt auffälligerweise eine Bußgeldbewehrung (versehentlich?) vermissen.

**3** **2. Pflichten der Verantwortlichen des Publikationsorgans (Absatz 1 Satz 2).** Hierzu heißt es in der Entwurfsbegründung (BT-Drucks. 14/7758 S. 73): Zum anderen sollen auch Personen, die Angebote für Schusswaffen oder Munition in Anzeigen oder Werbeschriften veröffentlichen, verpflichtet werden, auf die Mitveröffentlichung der dort bezeichneten Hinweise hinzuwirken (Satz 2). Die bisherige Regelung hat sich insoweit als lückenhaft erwiesen, insbesondere konnte die Verpflichtung des bisherigen § 34 Abs. 8 des Waffengesetzes gegen im Ausland ansässige Firmen nicht durchgesetzt werden. Die in Art. 5 des Grundgesetzes garantierte Pressefreiheit gilt auch für den Anzeigenteil von Druckwerken (vgl. BVerfGE **21**, 278 ff.); die Pressefreiheit findet allerdings ihre Schranken in den Vorschriften der

# Werbung, Hinweispflichten, Handelsverbote § 35

allgemeinen Gesetze. Die Presse ist danach verpflichtet, Druckwerke von strafbarem Inhalt freizuhalten und Druckwerke strafbaren Inhalts nicht zu verbreiten. Nach der vorgesehenen Ergänzung hat daher das Publikationsorgan – vorwiegend Fachverlage – eine Prüfung der Anzeigen vorzunehmen, ob diese die in Absatz 1 Satz 1 geforderten Angaben enthalten. Das Publikationsorgan hat dabei lediglich zu prüfen, ob der Anbieter seine Personalien angegeben hat und ob die Anzeige einen der für die jeweilige Waffenart vorgeschriebenen Hinweise enthält. Eine Prüfung der Anzeigen darauf, ob die Hinweise sachlich richtig oder bei Angeboten für mehrere Waffenkategorien richtig zugeordnet sind, wird von dem Publikationsorgan nicht gefordert". Auch diese neue Pflicht ist nicht bußgeldbewehrt; die Fassung hätte hierzu auch geändert werden müssen, da sie keinen Adressaten der Pflicht benennt.

Der nicht gewerbliche Anbieter kann aus Datenschutzgründen gegen die Offenlegung seiner Personalien ein Veto einlegen (Absatz 1 Satz 3). **4**

Macht der nichtgewerbliche Anbieter von seinem Vetorecht Gebrauch (Rdn. 4), so verpflichtet Absatz 1 Satz 4 die für die anonyme Veröffentlichung (Chiffre-Anzeige) Verantwortlichen des Publikationsorgans, die Urkunden über diesen Geschäftsvorgang ein Jahr lang aufzubewahren und der Behörde auf deren Verlangen die Einsicht in diese Geschäftsunterlagen zu gestatten. „Damit soll den Besorgnissen privater Waffenbesitzer Rechnung getragen werden, die in der öffentlichen Bekanntgabe ihrer Personalien in Verbindung mit dem Verkaufsangebot einen sie gefährdenden Hinweis auf lohnende Diebstahlobjekte für potenzielle Straftäter erblicken. Da selbst mit der Neuregelung der sicheren Aufbewahrung in § 36 die Anforderungen an die sichere Aufbewahrung beim privaten Waffenbesitzer geringer bleiben als bei einem gewerblichen Berechtigten, war dem Rechnung zu tragen. Die Kontrollmöglichkeiten der Behörden werden dadurch in keiner Weise eingeschränkt und dem illegalen Waffenhandel kein Vorschub geleistet" (Begr. BT-Drucks. 14/ 7758 S. 73). Presserechtliche Bedenken gegen die Namensnennung gegenüber der Behörde bestehen nicht, da nur der Anzeigenteil betroffen ist (Begr. aaO). Derjenige, der nicht aufbewahrt sowie derjenige, der Einsicht in sie – nach einem entsprechenden behördlichen Verlangen – nicht, nicht vollständig oder nicht rechtzeitig gewährt, begeht nach § 53 Abs. 1 Nr. 17 eine Ordnungswidrigkeit. **5**

**III. Hinweis- und Protokollierungspflichten. 1. Hinweispflichten des Waffenhändlers (Absatz 2). a)** Beim Erfordernis eines **Waffenscheins.** Beim Verkauf im Einzelhandel mit anschließendem Überlassen einer Schusswaffe, deren „Führen" einen Waffenschein (§ 10 Abs. 4 Satz 1) erfordert, muss der Waffenhändler (auch der Büchsenmacher [§ 21 Abs. 2 Satz 2]) nach Satz 1 den Erwerber beim Überlassen der Waffe darauf hinweisen, dass er sie ohne Waffenschein zB außerhalb des eigenen häuslichen Bereichs nicht bei sich tragen darf. Diese Hinweispflicht war zuvor in § 34 Abs. 7 WaffG aF geregelt und entsprach insoweit mit sachlich nicht ins Gewicht fallenden Änderungen dem § 20 Abs. 2 BWaffG 1968. Die Bestimmung macht dem Inhaber einer Erlaubnis nach § 21 Abs. 1 (zuvor § 7 WaffG aF), und zwar vor allem dem Waffenhändler – Waffenhersteller dürfen im Detailhandel Schusswaffen ohne Handelserlaubnis, wie § 21 Abs. 2 Satz 1 ergibt, an den Letztverbraucher nicht überlassen –, ausdrücklich zur Pflicht, auf das Erlaubniserfordernis hinzuweisen. Die Aufnahme einer solchen Hinweispflicht in das Gesetz hatte sich schon bei Erlass des BWaffG 1968 als notwendig erwiesen, weil sich beim Waffenverkauf in der Vergangenheit häufig erhebliche Missstände gezeigt hatten. Beim Überlassen von erlaubnispflichtigen Schusswaffen war nämlich vielfach, um das Zustandekommen des Geschäfts nicht zu gefährden, besonders Heranwachsenden vom Händler geflis- **6**

## § 35 Abschn. 2. Umgang mit Waffen oder Munition

sentlich verschwiegen worden, dass das Führen der zu erwerbenden Schusswaffe außerhalb des eigenen befriedeten Besitztums nur mit Waffenschein statthaft ist. Die Hinweispflicht gilt weder beim Überlassen von Hieb- oder Stoßwaffen noch beim Munitionsverkauf. Der Hinweis ist, wie die Worte „im Einzelhandel" ergeben, auch nicht bei Abschlüssen im Großhandel erforderlich, sondern nur bei einem Verkauf an den Letztverbraucher. Im Gegensatz zu den Hinweispflichten nach Absatz 1 Satz 1 ist hier bei einem konzessionierten Waffenverkäufer kein bestimmter Wortlaut vorgegeben. Der Hinweis wird aber die einzelnen Modalitäten des Führens sowie die Ausnahmen hierzu umfassen müssen; denn es ist keineswegs jedem bekannt, dass bestimmte Schusswaffen zwar im Erwerb und Besitz erlaubnisfrei gestellt sind, das Führen jedoch einer Erlaubnis bedarf. Auch die drohenden Sanktionen sollten Bestandteil des Hinweises sein, wie es nunmehr bei den Waffen, für die zum Führen der „Kleine Waffenschein" benötigt wird, in Satz 2 vorgeschrieben worden ist. Die Hinweispflicht gilt nur für durch den Einzelhandel neu in Verkehr gebrachte Waffen; Altbesitz und nichtgewerbliches Überlassen sind nicht erfasst (*Heller/Soschinka* S. 143).

**7** **b)** Eine entsprechende Hinweispflicht besteht nach Satz 1 nunmehr auch hinsichtlich des Erfordernisses einer **Schießerlaubnis** (§ 10 Abs. 5). Das Gesetz will damit Missbräuchen begegnen, „die sich vor allem zum Jahreswechsel auf Grund missverständlicher Verkaufsanzeigen im Waffenhandel von Silvesterfeuerwerk und Signalwaffen im Sinne der Anlage 2 Abschnitt 2 Unterabschnitt 2 Nr. 1.3 ereigneten. Nahezu niemand, der erlaubnisfreie Signalwaffen und deren insbesondere pyrotechnische Munition zum Jahreswechsel erwirbt, ist sich bewusst, dass er damit nicht ohne Erlaubnis schießen darf, auch nicht auf seinem befriedeten Besitztum (Begr. BT-Drucks. 14/7758 S. 73). Der Hinweis hat sich auch auf die im Falle der Zuwiderhandlung drohende Sanktion (Ordnungswidrigkeit nach § 53 Abs. 1 Nr. 3) zu erstrecken.

**8** **c)** Nach den Beratungen im Innenausschuss ist dem konzessionierten Waffenverkäufer (§ 21 Abs. 1) nunmehr – nach Einführung des „Kleinen Waffenscheins" – zusätzlich aufgegeben worden, beim Überlassen der unter diese Neuregelung fallenden **Schreckschuss-, Reizstoff- und Signalwaffen** (§ 10 Abs. 4 Satz 4) auf die **Strafbarkeit** des **Führens** dieser Waffen, ohne im Besitz dieser Erlaubnis zu sein, hinzuweisen. Nach den Materialien (BT-Drucks. 14/8886 S. 116) ist hierbei berücksichtigt worden, dass die von diesen Waffen ausgehende Gefahr nicht erst beim Führen der Waffen akut wird, sondern bereits beim Erwerb. Im Hinblick darauf war zu Beginn des Gesetzgebungsverfahrens sogar erwogen worden, eine Registrierungs- oder Meldepflicht für solche Waffen einzuführen, was aber wegen übermäßigen Verwaltungsaufwandes von den Ländern abgelehnt worden ist. Mit dem Hinweis auf eine mögliche Strafbarkeit soll der „Abschreckungseffekt" in Bezug auf das Führen solcher Waffen ohne den „Kleinen Waffenschein" verstärkt werden (Begr. aaO).

Die Strafbarkeit ist in § 52 Abs. 3 Nr. 2 Buchst. a geregelt (Begr. aaO), was im Hinblick auf den Bestimmtheitsgrundsatz etwas klarer hätte zum Ausdruck kommen müssen. Denn wer in den umfangreichen Strafvorschriften nach derjenigen sucht, die sich mit den in Anlage 2 Abschnitt 2 Unterabschnitt 2 Nr. 1.3 aufgeführten Schreckschuss-, Reizstoff- und Signalwaffen und dem Führen dieser Waffen befasst (Erfordernis des „Kleinen Waffenscheins"; vgl. Anlage 2 A 2 U 3 Nr. 2.1), wird sie auf diese Art nicht finden. Die Strafbestimmung des § 52 regelt vielmehr alle Verstöße gegen die Erlaubnispflicht in diesen und ähnlichen Fällen über die „Schaltstelle" Anlage 2 Abschnitt 2 Unterabschnitt 1 Satz 1, wo die generelle Erlaubnispflicht verankert worden ist. Das kann der Normadressat allerdings nicht ohne weiteres erkennen.

**2. Protokollierungspflicht.** Nach der Neuregelung ist darüber hinaus zum Nachweis der Erfüllung all dieser Hinweispflichten zu a) und b) bei allen Verkaufsvorgängen unter der Geltung des WaffG nF die Aufnahme eines entsprechenden **Protokolls** notwendig. Die Einzelheiten hierzu sollen in den Allgemeinen Verwaltungsvorschriften geregelt werden. Die dem Erwerber bewusst gemachte **Erfassung seiner Person** soll die Abschreckung gegenüber einem Führen ohne Erlaubnis verstärken (Begr. BT-Drucks. 14/8886 S. 116). Die Belastung der Verkäufer mit diesen Maßnahmen wird vom Gesetzgeber als akzeptabel eingestuft, zumal da auch auf ihrer Seite ein Interesse daran bestehen sollte, die Erfüllung ihrer Pflichten beweisen zu können (Begr. aaO). Mit Recht weist die Begründung schließlich darauf hin, dass durch die Möglichkeit der Einsichtnahme in die Protokolle auch die Verfolgung von mit derartigen Waffen begangenen Straftaten erleichtert werden könne. Sowohl die Verletzung der Hinweispflichten als auch die der Protokollierungspflicht stellen Ordnungswidrigkeiten dar (§ 53 Abs. 1 Nr. 18).

**IV. Handelsverbote (Absatz 3 Satz 1). 1. Allgemeines.** Die Vorschrift ist im wesentlichen aus § 38 WaffG hervorgegangen. Bestimmungen gleichen Inhalts waren schon in den §§ 6 Nr. 1, 7 SchWaffG enthalten. Sie bezweckten und bezwecken noch heute im Interesse der öffentlichen Sicherheit und Ordnung, dass unzuverlässige Bevölkerungsteile möglichst wenig angereizt werden, sich mit Waffen und Munition zu versehen. Außerdem soll die Vorschrift überhaupt dem Ankauf von Waffen und Munition außerhalb fester Verkaufsstellen entgegenwirken. Die genannte Vorgängervorschrift (§ 38 aF), die materiell im wesentlichen mit § 19 BWaffG 1968 übereinstimmte, fasste, ebenso wie diese, die früheren Verbotsnormen der §§ 8, 9 RWaffG in einer einzigen Vorschrift zusammen. Da unter den Begriff der Munition auch die pyrotechnische Munition (Anlage 1 A 1 U 3 Nr. 1.4) fällt, bezieht sich die Verbotsnorm auch hierauf. Das RWaffG untersagte in § 8, ebenso wie das SchWaffG in § 6 Abs. 1 Nr. 1, die Erteilung der Waffenhandelserlaubnis an Trödler. Nach § 19 BWaffG 1968 war der Vertrieb und das Überlassen von Schusswaffen, Munition und von Hieb- oder Stoßwaffen im Trödelhandel verboten. Den Begriff „Trödelhandel" verwendet die maßgebende Gewerbeordnung nicht mehr. Der früher einschlägig gewesene § 35 Abs. 2 GewO ist aufgehoben worden; an seine Stelle ist der Begriff des **„Handels mit Gebrauchtwaren"** getreten (vgl. § 38 Satz 1 Nr. 1 GewO). Die Textierung des WaffG (§ 38 aF) trug der Änderung der Gewerbeordnung Rechnung, indem sie den „Trödelhandel" nicht mehr erwähnte. Das WaffG aF verbot den Gebrauchtwarenhandel mit Waffen und Munition nicht mehr ausdrücklich, da ein solches Verbot im Hinblick auf die strengen waffenrechtlichen Bestimmungen als entbehrlich angesehen wurde (Begr. BT-Drucks. VI/2678 S. 33). Der Handel mit gebrauchten Waffen ist trotz Wegfalls der früheren Nr. 1 von § 19 Abs. 1 BWaffG 1968 nach wie vor untersagt, weil für einen solchen Handel ohnehin keine Handelserlaubnis erteilt würde. Der Waffenhändler, der im Rahmen seines Gewerbebetriebs gelegentlich oder nebenbei schon vorher benutzte, etwa von ihm in Zahlung genommene Waffen weiterveräußert, fällt nicht unter die Regelung. Es handelt sich bei dem Verbot um ein **repressives** Verbot mit Befreiungsvorbehalt (VG Potsdam vom 12. 10. 2004 – 3 L 1029/04; *Berger* JA **2005,** 377; zum früheren Recht: OVG Münster NWVBl. **2003,** 147; vgl. auch vor § 51 Rdn. 3 ff.).

**2. Erfasste Gegenstände.** Unter die Regelung fallen – ohne Differenzierung – alle Schusswaffen, Munition und Hieb- oder Stoßwaffen. a) Der Begriff der **Schusswaffen** ist in § 1 Abs. 2 Nr. 1 WaffG nF aufgeführt. Zur Kommentierung wird auf § 1 Rdn. 3 b ff. verwiesen. b) Der Begriff **Munition** ist durch die Verweisung in § 1

## § 35  Abschn. 2. Umgang mit Waffen oder Munition

Abs. 4 in Anlage 1 A 1 U 3 Nr. 1 durch Beispiele umrissen. c) **Hieb- oder Stoßwaffen** führt das Gesetz in § 1 Abs. 2 Nr. 2 Buchst. a beispielhaft auf; hierzu ist weiter die Anlage 1 A 1 U 2 Nr. 1 heranzuziehen (näher § 1 Rdn. 21 ff.).

**12**   3. **Verbotene Formen des „Umgangs"** (§ 1 Abs. 3). Unter das Verbot fallen zwei Umgangsformen: der **Vertrieb,** und zwar alle Vertriebsformen des Handels (§ 1 Rdn. 61 ff. und § 21 Rdn. 11), und das **Überlassen,** also die Übertragung der tatsächlichen Gewalt auf einen Erwerber (§ 1 Rdn. 43; § 34).

**13**   4. **Verbotene Modalitäten des Vertriebs und Überlassens (Absatz 3 Satz 1 Nr. 1 bis 3).** Die **Neufassung** der Vorschrift will nach der Entwurfsbegründung (BT-Drucks. 14/7758 S. 73) nunmehr **„alle gewerblichen und privaten Veranstaltungen"** unter das Waffenhandelsverbot fallen lassen: „Hierzu gehören nach Satz 1 gewerbliche Flohmärkte (Nr. 1) ebenso wie nichtgewerbliche Flohmärkte (Nr. 3) oder Sammlertreffen. Der Waffenhandel und der sonstige Umgang bleiben möglich im Wege behördlicher Ausnahmen (Satz 2). Von dem Verbot nicht erfasst ist das Überlassen von Schusswaffen oder Munition (Satz 1 Nr. 3) zum Schießen auf einer Schießstätte". Für Sammler wurde allerdings im Laufe des Gesetzgebungsverfahrens (Begr. BT-Drucks. 14/8886 S. 116) eine Ausnahme eingeführt (Satz 1 Nr. 3 letzter Halbsatz).

**14**   a) **Reisegewerbe (Nr. 1).** Dieser Begriff ist an die Stelle des früher verwendeten „Gewerbebetriebes im Umherziehen" getreten (vgl. die §§ 55 ff. GewO). Auf dieses Reisegewerbe (vgl. die Änderungen zum Reisegewerbe durch Art. 1 Nr. 15 des Gesetzes von 24. 8. 2002 (BGBl. I 3412) bezieht sich das Verbot, und zwar, soweit eine Reisegewerbekarte erforderlich ist (§ 55 Abs. 2 GewO) oder die Voraussetzungen des §§ 55a Abs. 1 Nr. 1 oder 3 GewO vorliegen und ein Vertrieb oder Überlassen an den Letztverbraucher in Betracht kommt. Einer Reisegewerbekarte bedarf nach dem hier in Betracht kommenden § 55 Abs. 1 GewO, wer in eigener Person außerhalb der Räume seiner gewerblichen Niederlassung oder ohne eine solche zu haben ohne vorhergehende Bestellung Waren feilbietet oder Warenbestellungen aufsucht (vertreibt) oder ankauft (vgl. bzgl. der Einzelheiten *Ambs* in *Erbs/Kohlhaas* zu § 55 GewO). Die bloße **Werbung** für Waffen im Umherziehen ist jedoch gestattet (*Hinze* BM **1969**, 31 f.; vgl. auch BayObLG GewA **1978**, 337). In § 55a GewO sind einige reisegewerbekartenfreie Tätigkeiten des Reisegewerbes aufgezählt, von denen diejenigen nach Nr. 1 (Warenfeilbieten gelegentlich der Veranstaltung von Messen u. ä.) und Nr. 3 (Warenfeilbieten in bestimmten Gemeinden mit bis zu 10 000 Einwohnern) ebenfalls nicht zum Vertrieb von Schusswaffen, Munition oder von Hieb- oder Stoßwaffen benutzt werden dürfen.

**15**   Eine **Ausnahme** besteht nach Absatz 3 Satz 1 Nr. 1 für die Fälle des § 55b Abs. 1 GewO. Hier handelt es sich darum, dass der Reisegewerbebetreibende eine andere Person nicht als Privatperson, sondern im Rahmen des von jener unterhaltenen **Geschäftsbetriebs** aufsucht. Dabei ist der Begriff Geschäftsbetrieb weiter zu verstehen als der des Gewerbebetriebs, so dass auch freie Berufe und sogar Behörden hierunter fallen (*Ambs* aaO § 55b Rdn. 1). Auszuscheiden als Objekt des Aufsuchens haben lediglich reine Privathaushalte. Neben dem selbständigen Reisegewerbetreibenden erfasst die Regelung der GewO auch dessen Handlungsreisende und andere Personen, die im Auftrag und im Namen eines Gewerbetreibenden tätig werden.

**16**   b) **Messen, Ausstellungen, Märkte (Absatz 3 Satz 1 Nr. 2).** Warum das Gesetz hier nicht diese verständliche Formulierung verwendet, sondern – wohl im Hinblick auf § 69 GewO – in erster Linie von „Festgesetzten Veranstaltungen im Sinne des Titels IV der Gewerbeordnung" spricht, ist unerfindlich, lautet doch die Überschrift dieses Titels IV der GewO: „Messen, Ausstellungen, Märkte". § 38 Abs. 1 Nr. 2 WaffG aF sprach von „Marktverkehr mit Ausnahme der Mustermessen". Hierzu ist entschieden worden, dass ein von einer Privatperson veranstalteter, nicht nach § 69 GewO festgesetzter „Flohmarkt" nach dem WaffG aF kein Marktverkehr war und deshalb nicht unter die entsprechende Strafdrohung fiel (BayObLG MDR **1993,** 1233 = GewA **1993,** 417 = OLGSt. § 38 WaffG Nr. 1). Als Märkte kommen – wie nach bisherigem Recht – in erster Linie Jahrmärkte (§ 68 Abs. 2 GewO) in Frage, nicht dagegen Wochenmärkte, weil Waffen nicht zu den Gegenständen des Wochenmarktverkehrs iS von § 67 Abs. 1 GewO gehören, der vor allem rohe Naturerzeugnisse und frische Lebensmittel umfasst. Dagegen dürfen an sich auf Jahrmärkten außer den Gegenständen des Wochenmarktverkehrs gem. § 68 Abs. 2 GewO Waren aller Art feilgeboten werden, jedoch im Hinblick auf die vorliegende Regelung in Nr. 2 weder Waffen noch Munition. Messen (§ 64 GewO) und Ausstellungen (§ 65 GewO) entsprechen den früher genannten Mustermessen. Diese fallen, wie schon früher nach § 9 Abs. 1 Nr. 2 RWaffG und § 19 Abs. 1 Nr. 3 BWaffG 1968 nicht unter das Verbot. Es handelt sich bei derartigen Messen (§ 64 Abs. 1 GewO) um für den Großhandel bestimmte Märkte, bei denen nicht über den Ladentisch mit Ware aus einem bereitgehaltenen Warenlager gehandelt wird, sondern bei denen nur Proben (Muster) vorgeführt und hiernach Bestellungen und Aufträge von (Waffen-)Gewerbetreibenden, gewerblichen Wiederverkäufern, gewerblichen Verbrauchern oder Großabnehmern entgegengenommen werden, zB Waffenbörsen. Eine als „Waffenbörds" bezeichnete Veranstaltung kann aber auch ein „Spezialmarkt" iSv. § 68 Abs. 1 GewO sein (VG Potsdam vom 12. 10. 2004 – 3 L 1029/04; vgl. auch OVG Münster NWVBl. **2003,** 147 und *Berger* JA **2005,** 377). Findet dagegen ein Barverkauf an Letztverbraucher statt (§ 64 Abs. 2 GewO), so wird diese Form des Vertriebs vom Verbot erfasst. Entsprechendes gilt für den Verkauf an Letztverbraucher auf Ausstellungen.

Die **Ausnahme** von der Verbotsregelung in Nr. 2 ist also ausschließlich für die **Entgegennahme von Bestellungen** auf Messen und Ausstellungen gewährt, nicht für Verkäufe an private Kunden. Solche Geschäfte unterfallen stets der Verbotsregelung. **17**

**c) Öffentliche Veranstaltungen (Absatz 3 Satz 1 Nr. 3).** Die Vorgängervorschrift § 38 Abs. 1 Nr. 3 WaffG aF sprach von Volksfesten, Schützenfesten und ähnlichen Veranstaltungen. Demgegenüber hat die Neufassung einen Oberbegriff „Öffentliche Veranstaltungen" eingeführt und zusätzlich zu den bisher erwähnten Beispielen noch „Märkte" und Sammlertreffen aufgeführt, wobei bei letzteren „in letzter Minute" noch eine Abschwächung erfolgt ist (Nr. 3 letzter Halbsatz). **Volksfeste** sind nach BGHZ **19,** 235. 237 = NJW **1956,** 379 Feste, die von allen Bevölkerungsschichten ohne Ansehung der Person, des Standes oder Vermögens auf Grund einer längeren Tradition gefeiert werden, und zwar so, dass dem Sinngehalt des Festes entsprechend das Volk als Träger der Veranstaltung erscheint. Nunmehr definiert auch die GewO in § 60b Abs. 1 den Begriff des Volksfestes. Hiernach ist ein Volksfest eine im allgemeinen regelmäßig wiederkehrende, zeitlich begrenzte Veranstaltung, auf der eine Vielzahl von Anbietern Schaustellungen, Musikaufführungen, unterhaltende Vorstellungen oder sonstige Lustbarkeiten iS d. § 55 Abs. 1 Nr. 2 GewO darbietet und Waren feilbietet, die üblicherweise auf Veranstaltungen dieser Art angeboten werden. Volksfeste sind in der Regel auch die **Schützenfeste**, ferner Karnevals- und Kirchweihveranstaltungen und als „ähnliche Veranstaltungen" iS der Nr. 3 auch Feste kulturhistorischer Prägung. Bezüglich der Erweiterung auf Märkte, zu denen jetzt auch private „Flohmärkte" zählen, und auf Sammlertreffen wird auf Rdn. 13 verwiesen. **18**

Wie schon bisher gem. § 9 Abs. 2 RWaffG, § 19 Abs. 2 BWaffG 1968 und § 38 Abs. 1 Nr. 3 WaffG aF gilt eine **Ausnahme** für das Überlassen der bei den erwähn- **19**

**§ 36** Abschn. 2. Umgang mit Waffen oder Munition

ten Volks- und Schützenfesten auf den **Schießstätten** (§ 27; § 44 WaffG aF) benötigten **Munition.** Die Neufassung erweitert die Regelung sinnvollerweise auf die Überlassung der zum dortigen Schießen bestimmten **Waffen.** Die Ausnahmebestimmung gilt, wie ausdrücklich bestimmt ist, nicht nur für Schützenfeste, sondern auch für Volksfeste und ähnliche Veranstaltungen, also im ganzen Rahmen der Nr. 3, soweit Schießstätten vorhanden sind. Eine weitere Ausnahme ist der Nr. 3 nach den Beratungen im Innenausschuss angefügt worden. Danach ist von der Verbotsregelung jetzt auch das Vertreiben und Überlassen von Munitionsstücken befreit, die bereits Gegenstand einer Munitionssammlung (§ 17 Abs. 1) ist oder dazu bestimmt ist (Nr. 3 letzter Halbsatz). Nach der Begründung hierzu (BT-Drucks. 14/8886 S. 116) sollen Treffen von Munitionssammlern freigestellt werden, auf denen – ohne Gefahr für die öffentliche Sicherheit und Ordnung – beispielsweise Munition getauscht wird.

**20** **5. Ausnahmen im Einzelfall (Absatz 3 Satz 2).** In Abweichung von der früheren Regelung in den §§ 8, 9 RWaffG kann – wie bisher nach § 38 Abs. 2 WaffG aF (hierzu OVG Münster NWVBl. **2003,** 147) – die nach Landesrecht zuständige Behörde, das wird meist die Kreisverwaltungsbehörde sein, für ihren **Bezirk,** also den Land- oder Stadtkreis, Ausnahmen von den Verboten nach Absatz 3 Satz 1 (Rdn. 13 ff.) zulassen. Von dieser Möglichkeit sollte im Sicherheitsinteresse nur sparsam Gebrauch gemacht werden (OVG Bautzen vom 25. 6. 2002 – 3 BS 237/02, abgedr. bei *L/F/L* unter E 1.75; VG Potsdam vom 12. 10. 2004 – 3 L 1029/04, auch zur Frage einer einstweiligen Anordnung in derartigen Fällen. Das ist nunmehr – im Gegensatz zu § 19 Abs. 3 BWaffG 1968, nach dem schon ein „besonderer Anlass" für die Ausnahmebewilligung genügte – ausdrücklich insofern im Gesetz selbst bestimmt, als eine Ausnahme von den Verboten nur dann zugelassen werden darf, wenn **öffentliche Interessen** nicht entgegenstehen (lehrreich hierzu *Berger* JA 2005, 377). Die bloße gewerberechtliche Erlaubnis, Gebrauchs- und Ausrüstungsgegenstände, die aus US- oder Bundeswehrbeständen stammen, feilzubieten, stellt keine derartige Ausnahmegenehmigung zum ambulanten Verkauf von Waffen dar.

**21** **6. Zuwiderhandlung.** Strafbar ist das Vertreiben und Überlassen entgegen der Verbotsregelung des Absatzes 3 Satz 1 (§ 52 Abs. 1 Nr. 3). Von den Pflichten in Absatz 1 ist bußgeldbewehrt nur der Verstoß gegen Satz 4 hinsichtlich der Aufbewahrung und Einsichtgewährung (§ 53 Abs. 1 Nr. 17). Wer entgegen Absatz 2 gebotene Hinweise nicht gibt oder wer die Erfüllung dieser Pflichten nicht oder nicht ordnungsgemäß protokolliert, handelt ordnungswidrig nach Nr. 18 der genannten Bußgeldvorschrift.

### Aufbewahrung von Waffen oder Munition

**36** (1) **Wer Waffen oder Munition besitzt, hat die erforderlichen Vorkehrungen zu treffen, um zu verhindern, dass diese Gegenstände abhanden kommen oder Dritte sie unbefugt an sich nehmen. Schusswaffen dürfen nur getrennt von Munition aufbewahrt werden, sofern nicht die Aufbewahrung in einem Sicherheitsbehältnis erfolgt, das mindestens der Norm DIN/EN 1143-1 Widerstandsgrad 0 (Stand Mai 1997)[1] oder einer Norm mit gleichem Schutzniveau eines anderen**

---

[1] **Amtl. Anm.:** Herausgegeben im Beuth-Verlag GmbH, Berlin und Köln.

Aufbewahrung von Waffen oder Munition **§ 36**

Mitgliedstaates des Übereinkommens über den Europäischen Wirtschaftsraum (EWR-Mitgliedstaat) entspricht.

(2) Schusswaffen, deren Erwerb nicht von der Erlaubnispflicht freigestellt ist, und verbotene Waffen sind mindestens in einem der Norm DIN/EN 1143-1 Widerstandsgrad 0 (Stand Mai 1997) entsprechenden oder gleichwertigen Behältnis aufzubewahren; als gleichwertig gilt insbesondere ein Behältnis der Sicherheitsstufe B nach VDMA[1,2] 24992 (Stand Mai 1995). Für bis zu zehn Langwaffen gilt die sichere Aufbewahrung auch in einem Behältnis als gewährleistet, das der Sicherheitsstufe A nach VDMA 24992 (Stand Mai 1995) oder einer Norm mit gleichem Schutzniveau eines anderen EWR-Mitgliedstaates entspricht. Vergleichbar gesicherte Räume sind als gleichwertig anzusehen.

(3) Wer Schusswaffen, Munition oder verbotene Waffen besitzt, hat der zuständigen Behörde die zur sicheren Aufbewahrung getroffenen Maßnahmen auf Verlangen nachzuweisen. Bestehen begründete Zweifel an einer sicheren Aufbewahrung, kann die Behörde vom Besitzer verlangen, dass dieser ihr zur Überprüfung der sicheren Aufbewahrung Zutritt zum Ort der Aufbewahrung gewährt. Wohnräume dürfen gegen den Willen des Inhabers nur zur Verhütung dringender Gefahren für die öffentliche Sicherheit betreten werden; das Grundrecht der Unverletzlichkeit der Wohnung (Artikel 13 des Grundgesetzes) wird insoweit eingeschränkt.

(4) Entspricht die bisherige Aufbewahrung von Waffen oder Munition, deren Erwerb und Besitz ihrer Art nach der Erlaubnis bedarf, nicht den in diesem Gesetz oder in einer Rechtsverordnung nach Absatz 5 festgelegten Anforderungen, so hat der Besitzer bis zum 31. August 2003 die ergänzenden Vorkehrungen zur Gewährleistung einer diesen Anforderungen entsprechenden Aufbewahrung vorzunehmen. Dies ist gegenüber der zuständigen Behörde innerhalb der Frist des Satzes 1 anzuzeigen und nachzuweisen.

(5) Das Bundesministerium des Innern wird ermächtigt, nach Anhörung der beteiligten Kreise durch Rechtsverordnung mit Zustimmung des Bundesrates unter Berücksichtigung des Standes der Technik, der Art und Zahl der Waffen oder Munition und der Örtlichkeit von den Anforderungen an die Aufbewahrung abzusehen oder zusätzliche Anforderungen festzulegen. Dabei können auch Anforderungen an technische Sicherungssysteme zur Verhinderung einer unberechtigten Nutzung von Schusswaffen festgelegt werden.

(6) Ist im Einzelfall, insbesondere wegen der Art und Zahl der aufzubewahrenden Waffen oder Munition oder wegen des Ortes der Aufbewahrung, ein höherer Sicherheitsstandard erforderlich, hat die zuständige Behörde die notwendigen Ergänzungen anzuordnen und zu deren Umsetzung eine angemessene Frist zu setzen.

**1. Entstehungsgeschichte.** Die Vorschrift ist eine **Zentralvorschrift** des Waffenrechts. Schon immer bestand die Gefahr, dass Schusswaffen und Munition – durch

---

[1] **Amtl. Anm.:** Verband Deutscher Maschinen- und Anlagenbau e. V.
[2] **Amtl. Anm.:** Herausgegeben im Beuth-Verlag GmbH, Berlin und Köln.

# § 36 Abschn. 2. Umgang mit Waffen oder Munition

Diebstahl oder sonstiges Abhandenkommen – in den Besitz unzuverlässiger Personen geraten und von diesen – häufig mit tragischen Folgen – missbraucht werden. Die Vorsorge hiergegen und dementsprechend eine hinreichende Sicherung gegen Verlust im Bereich dessen, der erlaubterweise im Besitz dieser gefahrenträchtigen Gegenstände ist, muss daher ein besonderes Anliegen des Gesetzgebers sein. So finden sich – angepasst an die jeweiligen Zeitumstände – in der Entwicklung des Waffenrechts verschiedene Ansätze zur Lösung des Problems. Im Vordergrund standen bei früheren Regelungen zB die Sicherungsmaßnahmen beim Ausstellen von Faustfeuerwaffen in Schaufenstern und Auslagen (§ 16 Abs. 2 BWaffG 1968). Die Vorgängervorschrift der jetzigen Vorschrift (§ 42 WaffG aF) entsprach in ihrem Satz 1 dem § 16 Abs. 1 BWaffG 1968. Eine Bestimmung des Inhalts wie der genannte Absatz 2 wurde in spätere Gesetze nicht übernommen, da eine solche Ausstellungsweise, wie das Wort „verhindern" ergibt, nicht den Erfordernissen der Sicherung entsprach. Das Gesetz wollte aber auch in seiner geänderten Fassung „die Gefahr von Ladendiebstählen weiter verringern" (Begr. BT-Drucks. VI/2678 S. 34). Einen gewissen Anhaltspunkt für die Anforderungen an eine sichere Aufbewahrung von Schusswaffen gab seinerzeit – mutatis mutandis – § 9 Abs. 3 der Apothekenbetriebsordnung aF, auf den auch die Entwurfsbegründung (aaO) verwies. Hiernach waren Stoffe und Zubereitungen, die nach dem Opiumgesetz (jetzt Betäubungsmittelgesetz [§ 15] vom 28. 7. 1981 – BGBl. I 681 mit späteren Änderungen) der Bezugscheinpflicht unterlagen, in einem besonderen **Schrank** unter Verschluss aufzubewahren und durch eine geeignete Einrichtung gegen Diebstahl zu schützen. Der Schrank war so anzubringen, dass er vom Publikum nicht eingesehen werden konnte. Diese Regelung hat § 15 BtMG nicht übernommen. Bei der Gesetzesänderungen von 1976, 1978 und 1980 wurde § 42 aF jeweils der veränderten Rechtslage angepasst.

**2** Dem Gesetzgeber des **Waffenrechtsneuregelungsgesetzes** erschien die hergebrachte Regelung unzureichend. In diesem Zusammenhang wurde geltend gemacht: „Nach bisherigem Recht beschränkte sich das Waffengesetz (§ 42) darauf, Personen, die die tatsächliche Gewalt über Schusswaffen oder Munition ausüben, dazu zu verpflichten, die erforderlichen Vorkehrungen zu treffen, um zu verhindern, dass Dritte Schusswaffen oder Munition unbefugt an sich nehmen. Dazu konnte die Behörde die erforderlichen Maßnahmen anordnen. Nicht geregelt war die sichere Aufbewahrung anderer Waffen und welche Anforderungen an eine sichere Aufbewahrung von Schusswaffen zu richten sind. Wie eine Reihe von Einzelfällen zeigt, zuletzt u. a. in Bad Reichenhall, Metten, Brannenburg und Plütscheid, wo Schüler oder junge Erwachsene mit Waffen ihrer Väter auf Lehrer oder andere Personen schossen oder schießen wollten, reichen die bisherigen Bestimmungen zur sicheren Aufbewahrung von Schusswaffen oder Munition nicht aus. Es ist daher für einen einheitlichen und effizienten Vollzug notwendig, die materiellen Anforderungen an die Aufbewahrung in verbindlicher Form zu regeln. Auf dieser Grundlage sollen dann die Waffenrechtsbehörden gegenüber allen Waffenbesitzern verbindlich festlegen, welche Maßnahmen zur sicheren Aufbewahrung zu treffen sind" (Begr. BT-Drucks. 14/7758 S. 73). Die ausfüllende Regelung findet sich in den **§§ 13 und 14 AWaffV** (s. die Erläuterungen hierzu).

**3** **2. Sicherung gegen Abhandenkommen und unbefugte Benutzung durch Dritte (Absatz 1 Satz 1).** Die neugefasste Bestimmung (hierzu ausführlich *Doerenkamp/Syskowski*, Die Pirsch **2002**, Heft 14 oder www.pirsch.de) bezieht nicht nur – wie bisher – Schusswaffen in die Regelung ein, sondern – neben der Munition – **alle**

## Aufbewahrung von Waffen oder Munition § 36

**Waffen** (zB Hieb- und Stoßwaffen, Reizstoffsprüh- und Elektroschockgeräte (*Weerth* Kriminalistik **2003,** 39, 41; *VISIER* S. 23). Hierbei knüpft sie einheitlich an die Tatsache des Besitzes an und führt so den Absatz 1, der die Pflicht zu sorgfältiger Aufbewahrung durch Waffenhersteller und Waffenhändler regelte, und Absatz 2 des § 42 WaffG aF, der den sonstigen Besitz erfasste, in einer Vorschrift zusammen. Welche Maßnahmen diese Personen gegen das Abhandenkommen oder Wegnehmen von Schusswaffen oder Munition zu treffen haben, hängt von den **Umständen des Einzelfalles** ab. Leitlinien geben die weiteren Bestimmungen der vorliegenden Vorschrift sowie Nr. 42 WaffVwV aF mit zahlreichen Beispielen. Ist im Einzelfall wegen der besonderen Umstände ein höherer Sicherheitsstandard erforderlich als der vom Besitzer eingehaltene, so ist die Behörde verpflichtet, diesen durch entsprechende Anordnungen durchzusetzen. Das ist in dem neugestalteten Absatz 6 vorgeschrieben, dessen Regelungsgehalt zuvor in § 42 Abs. 2 WaffG aF enthalten war.

In jedem Falle wird beispielsweise zu verlangen sein, dass ein Waffenhändler erlaubnispflichtige Schusswaffen oder Munition, wenn sie nicht gerade zur Kundenbedienung benötigt werden, nicht unbeaufsichtigt im Laden liegen lassen darf, sondern in den dafür bestimmten Ladenfächern aufbewahren muss. Dass die Aufbewahrungsbehältnisse während der Geschäftszeiten verschlossen zu halten sind, wird billigerweise wohl nicht verlangt werden können. Es dürfte aber keine Überspannung der Sorgfaltspflicht bedeuten, wenn dem Waffengewerbetreibenden zugemutet wird, Schubladen oder Kästen, in denen er erlaubnispflichtige Schusswaffen aufhebt, während der Ladenschlusszeiten zur zusätzlichen Sicherheit verschlossen zu halten. Dass Schaufenster und Eingangstüren außerdem während der Ladenschlusszeiten entsprechend gegen Einbruch zu sichern sind, am besten durch Vorlage von Eisen- oder Scherengittern oder Eisenjalousien, sollte außer Zweifel stehen. Nur so kann der Gefahr von Waffen- und Munitionsdiebstählen begegnet werden, wie sie in der Vergangenheit so häufig vorgekommen sind. Insgesamt gesehen müssen die billigerweise zu verlangenden Sicherheitsmaßnahmen aber auch im rechten Verhältnis zu dem Zweck, Diebstähle zu verhüten, stehen (Stromfelder - Fensterscheiben- und Türstromkreise – sowie Metalltüren mit Alarmanlage). Außerdem ist in jedem Falle die Bewachung des Waffengewerbebetriebes durch eine Wach- und Schließgesellschaft angebracht. Nähere technische Einzelheiten sind den weiteren Vorschriften der vorliegenden Bestimmung sowie denen der nach Absatz 5 zu erlassenden Verordnung zu entnehmen.

Aus der **Rechtsprechung:** Eine Waffe darf nicht so wenig sorgfältig verwahrt **4** werden, dass unbefugten Personen der Zugriff auf sie ermöglicht wird (BVerwG DÖV **1983,** 591; NVwZ-RR **1994,** 442). Das trifft zB zu, wenn bei einem Sportschützen Waffen und Munition im ganzen Haus „frei zugänglich" umherliegen (VG Karlsruhe vom 21. 7. 1999 – 10 K 59/99). Die Verwahrung einer schussbereiten Waffe im verschlossenen Kofferraum eines auf einem fremden Grundstück abgestellten Kraftfahrzeugs entspricht nicht den Anforderungen an die Sicherung gegen Abhandenkommen (VG Minden NVwZ-RR **2001,** 515 = GewA **2001,** 295. Das unverschlossene Handschuhfach eines unbewacht abgestellten verschlossenen Pkw ist kein den Anforderungen entsprechender Aufbewahrungsort (OLG Düsseldorf, Beschluss v. 6. 5. 1976 – 2 Ss OWi 539/76). Die Tatsache, dass eine Person sich zweimal innerhalb eines Jahres unbefugt die Pistole des legitimen Besitzers „aneignen" konnte, macht allein schon deutlich, dass die Waffe nicht ordnungsgemäß aufbewahrt war (OVG Lüneburg vom 2. 7. 1987 – 14 A 45/86 = Jagdrechtliche Entscheidungen XVII Nr. 84). Ein Verstoß gegen diese Pflichten kann den Widerruf der Erlaubnis mit veranlassen (BayVGH GewA **1988,** 339).

# § 36 Abschn. 2. Umgang mit Waffen oder Munition

**5**  **3. Getrennte Aufbewahrung von Schusswaffen und Munition (Absatz 1 Satz 2).** Mit dieser wichtigen Bestimmung, die derjenigen über die fehlende Schussbereitschaft beim Waffentransport entspricht (12 Rdn. 24), wird dem Umstand Rechnung getragen, dass die latente Gefährlichkeit der Schusswaffe jeweils erst dadurch zu einer akuten Gefahr wird, dass auf Grund der Munitionierung eine sofortige Schadensverursachung ermöglicht wird. Wird die Waffe, etwa vom gewaltbereiten Einbrecher, ohne Munition vorgefunden, so kann die Phase bis zum eventuellen späteren Auffinden von Munition für den Überfallenen unter Umständen lebensrettend sein. „Mit der Verpflichtung zur getrennten Aufbewahrung von Schusswaffen und Munition – zB in einem gesondert abschließbaren Fach im Waffenschrank – soll die rasche Entwendung von Schusswaffen und Munition zum alsbaldigen Missbrauch erschwert werden" (Begr. BT-Drucks. 14/7758 S. 74). Die Vorschrift gilt für **alle** Schusswaffen, also auch für Schreckschuss-, Reizstoff- und Signalwaffen (*A/B* Rdn. 12, 17).

**6**  Als **Ausnahme** von dem (Rdn. 5) aufgezeigten Grundsatz kann eine **gemeinsame** Aufbewahrung von Schusswaffen und Munition dann erfolgen, wenn sie in einem anerkannten **„Sicherheitsbehältnis"** stattfindet, das mindestens der Norm DIN/EN 1143-1 Widerstandsgrad 0 (Stand Mai 1997) entspricht; diese Norm garantiert einen deutlich verbesserten Einbruchsschutz. Die schriftlich niedergelegten Normen können bundesweit in Normenauslagestellen des Deutschen Instituts für Normung e. V. und in großen Bibliotheken eingesehen werden. Sie sind auch beim Beuth-Verlag, Berlin und Köln, zu beziehen. Im Laufe des Gesetzgebungsverfahrens wies die EU-Kommission im Hinblick auf den für die Regelung vorgesehenen Wortlaut nicht ohne Grund darauf hin, dass – zur Vermeidung von Wettbewerbsbeschränkungen – auch gleichwertige Normen anderer Mitgliedstaaten des Übereinkommens über den Europäischen Wirtschaftsraum Anerkennung finden müssten. Diesem Hinweis ist die BReg. gefolgt und hat dem Absatz 1 Satz 2 den jetzt Gesetz gewordenen Halbsatz angefügt. Entsprechendes ist beim Absatz 2 erforderlich geworden. Entscheidend ist hierbei darauf abzustellen, dass die ausländischen Norm – zumindest – das **gleiche Schutzniveau** wie die angeführte inländische aufweist. Nach einem Hinweis bei *Kräußlich* DWJ **2002** Heft 9 S. 68 hat sich der in Deutschland für die Tresorprüfung zuständige Verband VdS dafür entschieden, die Tresore nach der Norm DIN/EN 1143-1 nicht mit Widerstandsgrad „0" zu kennzeichnen, sondern mit „N" (für Null). Käufer sollten sich zur Vermeidung von Missverständnissen bei einer etwaigen Kontrolle bescheinigen lassen, dass die Kennzeichnungen identischen Inhalt haben.

**7**  **4. Erlaubnispflichtige und verbotene Schusswaffen (Absatz 2 Satz 1; § 13 Abs. 1 AWaffV).** Schusswaffen, bei denen der Umgang mit ihnen wegen des mit ihnen verbundenen Risikos in irgendeiner Form von einer behördlichen Erlaubnis abhängig gemacht worden ist, sind in § 2 Abs. 2 iVm. der Anlage 2 Abschnitt 2 Unterabschnitt 1 Satz 1 benannt (§ 2 Rdn. 3). Von diesen erfasst das Gesetz nur diejenigen, deren **Erwerb nicht** von der Erlaubnispflicht **freigestellt** worden ist. Freigestellt sind die in Anlage 2 Abschnitt 2 Unterabschnitt 2 sowie in Abschnitt 3 aufgeführten Schusswaffen (§ 2 Rdn. 33 bis 43 und 69 ff.). Die **verbotenen** Waffen sind Gegenstand der Anlage 2 Abschnitt 1 (hierzu § 2 Abs. 3; § 2 Rdn. 4 ff.). Für die private Aufbewahrung, die nur auf Grund einer Ausnahmegenehmigung nach § 40 Abs. 4 Satz 1 denkbar ist, gilt das in Rdn. 6 genannte Schutzniveau in gleicher Weise. Als gleichwertig gegenüber einem die DIN-Norm erfüllenden Behältnis wird beispielhaft („insbesondere") ein Behältnis der Sicherheitsstufe B nach VDMA

## Aufbewahrung von Waffen oder Munition § 36

24 992 (Stand Mai 1995) genannt. Dabei handelt es sich um Normfestsetzungen durch den Verband Deutscher Maschinen- und Anlagenbau e. V. Die Gleichstellung erstreckt sich allerdings nicht auf die Ausnahme von der getrennten Aufbewahrung der Munition nach Absatz 1 (Begr. BT-Drucks. 14/7758 S. 74). Diese Normgebung (VDMA) ist allerdings aus gemeinschaftsrechtlichen Gründen zum 31. 12. 2002 ausgelaufen; danach sind nur noch die DIN/EN-Normen maßgebend (Begr. BT-Drucks. 14/8886 S. 116). Für die Norm VDMA 24 992, die damit ausläuft, findet in der Folgezeit keine normgerechte Herstellung und damit auch keine Kontrolle auf Übereinstimmung mit dem Baumuster (normgerechtes Urprodukt) mehr statt. Trotzdem sollen nach dieser Norm hergestellte Stahlschränke auch in der Zeit nach dem 31. 12. 2002 Verwendung finden dürfen (Rdn. 8).

**5. Erleichterungen bei Langwaffen.** Das Gesetz bringt für diese Waffen (Anlage 1 A 1 U 1 Nr. 2.6) in **Absatz 2 Satz 2** Privilegierungen. Solche, sowohl Einzellader-, Repetier- als auch automatische Langwaffen (der BR hatte – vergeblich – die Beschränkung auf Einzellader-Langwaffen angestrebt [BT-Drucks. 14/7758 S. 113, 134]) dürfen, limitiert auf eine Stückzahl von zehn, auch in Zukunft in einem Behältnis nach Sicherheitsstufe A nach VDMA 24 992 (Stand Mai 1995) aufbewahrt werden (Rdn. 7 aE), das insoweit als den Sicherheitsanforderungen genügend anerkannt wird (Begr. BT-Drucks. 14/8886 S. 116/117). Auch hier kann statt dessen ein Behältnis aus einem anderen EWR-Mitgliedstaat verwendet werden, das das gleiche Schutzniveau gewährleistet. Vgl. auch § 13 Abs. 2 AWaffV.   8

**6. Gleichstellung von Räumen mit Behältnissen (Absatz 2 Satz 3).** Gegen Ende   9
der Beratungen zum Gesetz ist dem Absatz 2 noch Satz 3 angefügt worden: „Vergleichbar gesicherte Räume sind als gleichwertig anzusehen". Dieser Satz ist auf Anhieb nicht ohne weiteres verständlich. Es geht um folgendes: Bei den zur sicheren Aufbewahrung vorgeschriebenen Stahlschränken sind die verwahrten Objekte naturgemäß den Blicken entzogen. Es gibt aber bestimmte Kreise, die aus anerkennenswerten Gründen auf die Betrachtung der verwahrten Gegenstände Wert legen. Zu nennen sind hier zB Museen oder auch Sammler. Um ihnen entgegen zu kommen, hat das Gesetz eine Lösung gefunden, die ihnen und den Sicherheitsinteressen der Allgemeinheit gerecht werden soll: Wenn der Raum, in dem die Ausstellungsstücke aufbewahrt werden, vergleichbar gut gesichert ist wie die ansonsten vorgeschriebenen Behältnisse, dann soll auch dies ausreichen. Der Sicherheitsstandard muss aber in jeder Beziehung gleichwertig sein. So muss nicht nur der Diebstahlsfall verhindert werden, sondern auch – etwa bei privaten Sammlern – der unberechtigte Zugriff von Seiten der Hausgenossen; im Hinblick darauf müssen die Waffen auch dann weggeschlossen werden, wenn das Privathaus mit einer Alarmanlage ausgerüstet ist (Begr. BT-Drucks. 14/8886 S. 117).

**7. Kontrollbefugnisse der Behörde (Absatz 3).** Die Gewährleistung einer ord-  10
nungsgemäßen Aufbewahrung ist erst dann gegeben, wenn sie von der Behörde hinreichend überwacht werden kann (hierzu *Scholzen* DWJ **2003**, Heft 6, 96; *Kräußlich* DWJ **2002** Heft 9, 66). Hierzu sieht Absatz 3 verschiedene Möglichkeiten vor. Nach Satz 1 steht ihr zunächst das Recht zu, von den Besitzern, die Schusswaffen, Munition oder verbotene Waffen verwahren, **Nachweise** über die sichere Aufbewahrung zu **verlangen**. Die Verletzung einer derartigen – vollziehbaren – Anordnung ist in § 53 Abs. 1 Nr. 4 bußgeldbewehrt. Es ist also nicht so geregelt, dass die Besitzer von sich aus ohne Aufforderung der Behörde mitteilen müssten, wie sie die Gegenstände gesichert haben.

Des weiteren ist den Beauftragten der Behörde ein **Zutrittsrecht** eingeräumt. Bei aufgetretenen Zweifeln an der sicheren Aufbewahrung sollen die Beamten sich an

## § 36 Abschn. 2. Umgang mit Waffen oder Munition

Ort und Stelle über die getroffenen Sicherungsmaßnahmen informieren dürfen. Hier ist allerdings eine bußgeldrechtliche Absicherung nicht erfolgt. Wie bei vergleichbaren Regelungen (§ 52 Abs. 2 Satz 1 und 2 BImSchG; hierzu *Hansmann* in *Landmann/ Rohmer* UmwR I § 52 Rdn. 66 f.) ist auch hier im Hinblick auf den grundrechtlich geschützten Wohnbereich der Eingriff nur zur Verhütung dringender Gefahren für die öffentliche Sicherheit gestattet (Absatz 3 Satz 3; BVerfGE **32**, 54).

**11**   **8. Nachrüstungspflicht (Absatz 4).** Das Gesetz verlangt, dass der in der Neuregelung verankerte Sicherheitsstandard für alle Besitzer von Waffen und Munition als verbindlich eingehalten wird. Entspricht bei Waffen oder Munition, deren Erwerb und Besitz ihrer Art nach erlaubnisbedürftig sind, die bisher praktizierte Aufbewahrung nicht diesen Anforderungen, so hat es nicht etwa damit sein Bewenden, sondern es muss innerhalb fest bestimmter Zeit auf das vorgeschriebene Sicherheitsniveau nachgerüstet werden, wie es das Gesetz oder § 13 AWaffV vorschreibt. Als Frist ist die Zeit bis zum 31. 8. 2003 bestimmt worden. Innerhalb dieser Frist ist nicht nur die Angleichung selbst vorzunehmen, sondern auch der Behörde „Vollzugsmeldung" zu erstatten, und zwar in der Form der Anzeige, aber auch bereits durch Vorlage von Nachweisen. Die Verletzung der Anzeigepflicht ist in § 53 Abs. 1 Nr. 5 bußgeldbewehrt; die der Nachweispflicht ist nicht besonders erwähnt, fällt aber unter die Modalität der Anzeigeerstattung „nicht in der vorgeschriebenen Weise" (vgl. Begr. BT-Drucks. 14/7758 S. 115: Verletzung der Anzeige- und Nachweispflicht ist bußgeldbewehrt).

**12**   **9. Ermächtigung zum Erlass von untergesetzlichem Regelwerk (Absatz 5).** Hierzu kann auf die Gesetzesbegründung verwiesen werden: „Ob der vorgeschriebene Sicherheitsstandard ausreichend ist oder Art und Zahl der Waffen oder der Ort der Aufbewahrung eine erhöhte oder abgesenkte Sicherung erfordern, regelt das Gesetz nicht, sondern überlässt dies der Festlegung im Einzelfall vor Ort. Bei einer höheren Waffenanzahl kommt einem gesicherten Aufbewahrungsraum gegenüber einem Behältnis eine größere Bedeutung zu. Die Festlegung detaillierter Sicherheitsstandards für jede Art und Zahl von Waffen sprengt zum einen den Rahmen des Gesetzes, zum anderen birgt sie die Gefahr, dass durch eine detaillierte Regelung Besonderheiten im Einzelfall nicht angemessen gewürdigt werden können. Daher wird dem Verordnungsgeber die Möglichkeit gegeben, zum Zwecke einer bundeseinheitlich weitgehend gleichen Ausfüllung des gesetzlichen Rahmens detailliertere Bestimmungen für die sichere Aufbewahrung zu erlassen". Die Ermächtigungen sind am 17. 10. 2002, dem Tag nach der Verkündung des WaffRNeuRegG, in Kraft getreten (Art. 19 Nr. 1 WaffRNeuRegG). Auf die §§ 13 und 14 AWaffV wird verwiesen.

Die im Satz 2 erwähnten technischen Sicherheitssysteme sind Geräte iS des Geräte- und Produktsicherheitsgesetzes – GPSG – vom 6. 1. 2004 (BGBl. I 2, 219), zuletzt geänd. durch Art. 3 Abs. 33 des Gesetzes vom 7. 7. 2005 (BGBl. I 1970).

**13**   **10. Anordnung eines erhöhten Sicherheitsstandards im Einzelfall (Absatz 6).** Auf behördliche Anordnungen im Einzelfall zur Gewährleistung des erforderlichen Sicherheitsniveaus kann auch bei einem Gesamtkonzept nicht verzichtet werden (OVG Weimar, Beschluss vom 10. 3. 2006 – 3 EO 946/05). Entsprechende Anordnungen waren bisher nach § 42 Abs. 2 WaffG aF möglich. Die zuständigen Behörden dürfen von der eingeräumten Ermächtigung immer nur unter Beachtung des Zwecks der Vorschrift (Sicherung vor Abhandenkommen) und des Grundsatzes der Verhältnismäßigkeit Gebrauch machen (amtl. Begr. zum § 42 Abs. 2 aF BT-Drucks. 7/2379 S. 22). Bei den behördlichen Anordnungen handelt es sich um **Verwaltungsakte,** die

Anzeigepflichten **§ 37**

von den Betroffenen nach den Vorschriften der VwGO angefochten werden können. Ins Gewicht fallende Mängel hatte eine Überprüfung der Aufbewahrung von Waffen und Munition in den Ländern im Jahre 1980 nicht ergeben (BT-Drucks. 9/2375).

**11. Zuwiderhandlung.** Die Bestimmung ist in vielfältiger Hinsicht in § 53 Abs. 1 **14** bußgeldrechtlich abgesichert. Verstoß gegen eine vollziehbare Anordnung nach Absatz 3 Satz 1 oder Absatz 6: Nr. 4; gegen die Anzeigepflicht des Absatz 4 Satz 2: Nr. 5; Aufbewahrung einer Schusswaffe entgegen Absatz 1 Satz 2 oder Absatz 2: Nr. 19; Verstoß gegen einen bestimmten Tatbestand der erlassenen Rechtsverordnung nach Absatz 5: Nr. 23. Hierzu wird auf § 34 Nr. 12 AWaffV verwiesen (vgl. die Erläuterungen hierzu). Bei Vereinswaffen treffen die Pflichten den Vorstand des Vereins.

**Anzeigepflichten**

**37** (1) **Wer Waffen oder Munition, deren Erwerb der Erlaubnis bedarf,**
1. **beim Tode eines Waffenbesitzers, als Finder oder in ähnlicher Weise,**
2. **als Insolvenzverwalter, Zwangsverwalter, Gerichtsvollzieher oder in ähnlicher Weise**

**in Besitz nimmt, hat dies der zuständigen Behörde unverzüglich anzuzeigen. Die zuständige Behörde kann die Waffen und die Munition sicherstellen oder anordnen, dass sie binnen angemessener Frist unbrauchbar gemacht oder einem Berechtigten überlassen werden und dies der zuständigen Behörde nachgewiesen wird. Nach fruchtlosem Ablauf der Frist kann die zuständige Behörde die Waffen oder Munition einziehen. Ein Erlös aus der Verwertung steht dem nach bürgerlichem Recht bisher Berechtigten zu.**

(2) **Sind jemandem Waffen oder Munition, deren Erwerb der Erlaubnis bedarf, oder Erlaubnisurkunden abhanden gekommen, so hat er dies der zuständigen Behörde unverzüglich anzuzeigen und, soweit noch vorhanden, die Waffenbesitzkarte und den Europäischen Feuerwaffenpass zur Berichtigung vorzulegen. Die örtliche Behörde unterrichtet zum Zweck polizeilicher Ermittlungen die örtliche Polizeidienststelle über das Abhandenkommen.**

(3) **Wird eine Schusswaffe, zu deren Erwerb es einer Erlaubnis bedarf, oder eine verbotene Schusswaffe nach Anlage 2 Abschnitt 1 Nr. 1.2 nach den Anforderungen der Anlage 1 Abschnitt 1 Unterabschnitt 1 Nr. 1.4 unbrauchbar gemacht oder zerstört, so hat der Besitzer dies der zuständigen Behörde binnen zwei Wochen schriftlich anzuzeigen und ihr auf Verlangen den Gegenstand vorzulegen. Dabei hat er seine Personalien sowie Art, Kaliber, Herstellerzeichen oder Marke und – sofern vorhanden – die Herstellernummer der Schusswaffe anzugeben.**

**1. Allgemeines.** Die Vorschrift übernimmt in Absatz 1 Teile des § 43 WaffG aF, **1** in Absatz 2 solche des § 28a Abs. 1 der 1. WaffV aF. § 43 aF hatte sein Vorbild in etwa in § 14 SchWaffG 1928, der eine Anzeigepflicht für Schusswaffen- und Munitionserwerb von Todes wegen statuierte, die das WaffG 1972 in der ursprünglichen

# § 37  Abschn. 2. Umgang mit Waffen oder Munition

Fassung der Vorschrift unter Ausdehnung auf den Finder übernahm. Beide Verpflichtungen wurden bei der WaffG-Novellierung 1976 in Wegfall gebracht. Die amtl. Begr. (BT-Drucks. 7/2379 S. 22) bemerkte zur Rechtfertigung der Streichung folgendes: Auf eine besondere Anzeige des Erwerbs von Schusswaffen im Wege der Erbfolge oder durch Fund kann verzichtet werden. Der Erbe ist (nach § 28 Abs. 5 WaffG aF) ohnehin verpflichtet, die Erteilung einer WBK für die ererbte Waffe zu beantragen. Auch der Finder einer Schusswaffe ist nach den Vorschriften des BGB verpflichtet, den Fund der Fundbehörde anzuzeigen. Durch verwaltungsinterne Maßnahmen kann sichergestellt werden, dass die für die Durchführung des WaffG zuständige Behörde von der Fundanzeige Kenntnis erhält.

Die Vorschrift hat also prinzipiell schon einmal existiert, und zwar als § 43 Abs. 1 WaffG 1972, der eine unverzügliche Anzeigepflicht für den Schusswaffen- und Munitionserwerb von Todes wegen, für den Finder und für Amtspersonen wie den Konkursverwalter statuierte. Die Wiedereinführung wird wie folgt begründet (BT-Drucks. 14/7758 S. 75): „Angesichts der heutigen, vielfältigen Formen von Partnerbeziehungen, aber auch der vielen Single-Haushalte kann im Falle des Todes eines Waffenbesitzers nicht mehr zugewartet werden, bis der Erbe festgestellt worden ist und dieser dann – mit Annahme der Erbschaft bzw. mit Ablauf der für die Ausschlagung vorgeschriebenen Frist – binnen eines Monats die Ausstellung einer Waffenbesitzkarte beantragt oder aber die Schusswaffe einem Berechtigten überlässt (§ 28 Abs. 5 des bisherigen Waffengesetzes und § 20 Abs. 2 des Entwurfs). Nach solch einem häufig sehr langen Zeitraum musste vielfach ein beträchtlicher ‚Schwund' an Schusswaffen im Nachlass des Erblassers festgestellt werden. Dies kann aus Sicherheitsinteressen nicht länger hingenommen werden, so dass künftig jedermann, der beim Tode eines Waffenbesitzers Waffen oder Munition, deren Erwerb ihrer Art nach der Erlaubnis bedarf, in Obhut nimmt, dies unverzüglich der zuständigen Behörde anzuzeigen hat (vgl. im Übrigen § 12 Abs. 6 Satz 1 Nr. 1 des Kriegswaffenkontrollgesetzes)". Die Beschränkung auf **Schusswaffen** ist weggefallen.

2  **2. Anzeigepflicht bei Waffen- und Munitionserwerb (Absatz 1 Satz 1).** Anzeigepflichten sind im waffenrechtlichen Überwachungssystem eine wirksame Ergänzung in den Bereichen, in denen eine Erlaubnispflicht für einzelne Vorgänge nicht besteht, die aber dennoch zum Zwecke der Aufrechterhaltung der öffentlichen Sicherheit zur Kenntnis der Waffenbehörde gelangen müssen. Die hier festgelegte Anzeigepflicht erstreckt sich nur auf Waffen und Munition, deren Erwerb (ihrer Art nach) erlaubnispflichtig ist (Anlage 2 A 2 U 1 Satz 1) und wird ausgelöst durch den Akt der **Inbesitznahme** der Gegenstände. Die bei der Gesetzesnovellierung 1976 hinter „Erwerb" eingefügten Worte „ihrer Art nach" hatte die Neufassung zwar nicht übernommen; sie sind aber zu ergänzen, wie die Begründung des Gesetzentwurfs erkennen lässt (Rdn. 1 aE). Mit dem Zusatz sollte entsprechend einem damaligen Vorschlag des Bundesrats (BT-Drucks. 7/2379 S. 27) klargestellt werden, dass es, soweit auf die Erlaubnispflicht abgestellt wird, nicht auf persönliche Befreiungsgründe ankommt. Im einzelnen besteht eine Anzeigepflicht beim Erwerb erlaubnispflichtiger Schusswaffen und entsprechender Munition (vgl. auch Nr. 28.1 und 2, 29.2 WaffVwV aF):

3  **a) beim Tode eines Waffenbesitzers (Absatz 1 Satz 1 Nr. 1 erste Variante).** Für den Erwerb von Schusswaffen im Wege der Erbfolge hatte schon das SchWaffG 1928 in § 14 eine besondere Bestimmung getroffen und darin eine Anzeigepflicht vorgeschrieben, deren Einhaltung sich jedoch praktisch nicht kontrollieren ließ (*Hoche* RWaffG § 11 Anm. 3 d). Das RWaffG 1938 nahm den Waffenerwerb von

Anzeigepflichten **§ 37**

Todes wegen überhaupt von der Waffenerwerbscheinpflicht aus. Das WaffG 1972 kehrte weitgehend zum Rechtszustand während der Geltung des SchWaffG zurück, indem es in § 43 wiederum eine Waffen- (und Munitions-)anzeigepflicht, allerdings nur für den Nachlassverwalter, einführte. Den Erben traf hingegen keine Anzeigepflicht mehr. Er wurde durch § 28 Abs. 5 Satz 1 iVm. Absatz 5 Satz 2 WaffG aF lediglich verpflichtet, binnen eines Monats die Ausstellung einer WBK zu beantragen (vgl. BayObLG NStZ-RR **1996**, 184; OVG Hamburg GewA **1997**, 338 = DVBl. **1996**, 1449 [LS]). Diese WBK durfte nur versagt werden, wenn der Antragsteller die erforderliche Zuverlässigkeit nicht besaß (§ 30 Abs. 1 Satz 2 WaffG aF); der sonst gebotene Nachweis eines Bedürfnisses entfiel. Das hatte zur Folge, dass die Zahl der legalen Schusswaffenbesitzer kraft Erbschaft sich der Zahl nähert, die sich für Sportschützen und Jäger zusammen ergibt (Begr. RegE BT-Drucks. 14/7758 S. 66).

Die **Neuregelung** stellt nunmehr eine unverzüglich zu erfüllende Anzeigepflicht 4 für **jeden** auf, der auf Grund eines Erbfalls in irgend einer Art und Weise erlaubnispflichtige Waffen oder derartige Munition in **Besitz** (Obhut) nimmt. Hierunter fallen zB auch die sonstigen Erwerber infolge des Erbfalls (§ 20 Rdn. 1) sowie der Nachlassverwalter (§§ 1984, 1985 BGB), der bei den Amtspersonen der nachfolgenden Nr. 2 – im Gegensatz zu früheren ähnlichen Regelungen – nicht mehr aufgeführt ist. Die Verletzung der Pflicht stellt nach § 53 Abs. 1 Nr. 5 eine Ordnungswidrigkeit dar. Diese Neuerung ist zu begrüßen. Sie erscheint dringend erforderlich, um nicht die behördliche Kontrolle insbesondere über die sich ständig vermehrende Flut von im Erbschaftswege anfallenden Schusswaffen nebst Munition völlig zu verlieren;

**b) beim Fund oder ähnlichem Besitzerwerb (Nr. 1 zweite Variante).** Der Finder 5 einer erlaubnispflichtigen Schusswaffe oder solcher Munition ist nach zivilrechtlichen Vorschriften (§ 965 BGB) verpflichtet, den Fund der Fundbehörde anzuzeigen. Dies wurde nach bisherigem Recht als ausreichend erachtet. Die Neuregelung hat auch hier zu Recht insoweit eine waffenrechtliche Anzeigepflicht eingeführt, um die Überwachung zu erleichtern. Auf Rdn. 4 wird Bezug genommen. Wird der Verlierer ermittelt und verzichtet er auf die Rückgabe, so wird der Finder dadurch nicht zum berechtigten Besitzer; die Behörde hat Anspruch auf Herausgabe (*Heller/Soschinka* S. 152). Eine vom Gesetz erfasste ähnliche Form des Besitzerwerbs ist zB die Aneignung einer herrenlosen Sache (§ 958 Abs. 1 BGB). Praktisch wird hier allenfalls die Aneignung einer nach § 959 BGB herrenlos gewordenen, etwa vom Eigentümer weggeworfenen Schusswaffe in Betracht kommen; vgl. auch *Scholzen* DWJ **2005**, Heft 7, S. 90;

**c) bei Inbesitznahme auf Grund amtlicher Tätigkeit (Nr. 2)** zB durch den In- 6 solvenzverwalter (§ 80 Abs. 1 InsO; vgl. *Kübler/Prütting* [Hrsg.] § 80 InsO Rdn. 20), den Zwangsverwalter (§§ 150 Abs. 2 ZVG); der Nachlassverwalter (§§ 1984, 1985 BGB) ist hier nicht mehr zu nennen, da er unter Nr. 1 (Rdn. 4) fällt. Diese Amtspersonen sind nach den angeführten Bestimmungen zur Inbesitznahme des zur Insolvenzmasse gehörigen Schuldnervermögens oder des Grundstücks berechtigt und verpflichtet. Entsprechendes gilt für den Tätigkeitsbereich des Gerichtsvollziehers. Auch der Vormund hat im allgemeinen, wie sich aus den §§ 1793, 1890 BGB ergibt, das Mündelvermögen in Besitz zu nehmen, womit ein Schusswaffenbesitzerwerb verbunden sein kann. Gem. § 1915 BGB finden die für die Vormundschaft geltenden Vorschriften auch auf die verschiedenen Arten der Pflegschaft, insbesondere diejenigen nach den §§ 1909 und 1911 BGB, Anwendung. Durch das Betreuungsgesetz (BtG) vom 12. 9. 1990 (BGBl. I 2002) ist mit Wirkung vom 1. 1. 1992 an die Stelle der Vormundschaft über Volljährige (§§ 1896–1908 BGB aF) sowie der Gebrechlichkeitspflegschaft (§§ 1910 und 1920a BGB aF) das einheitliche Rechtsinstitut der „Betreuung" durch den Betreuer getreten.

§ 37 Abschn. 2. Umgang mit Waffen oder Munition

In allen diesen Fällen ist die **Anzeige,** für die eine Form nicht vorgeschrieben ist, **unverzüglich,** d. h. gem. § 121 Abs. 1 Satz 1 BGB ohne schuldhaftes Zögern, der landesrechtlich zuständigen Behörde zu erstatten.

7   3. **Mögliche Reaktionen der Behörde auf die Anzeige (Absatz 1 Satz 2 bis 4).**
a) **Sicherstellung.** Auf die Anzeigeerstattung hin kann die Behörde die im Besitz des Anzeigenden befindlichen Gegenstände sicherstellen. Die Sicherstellung ist eine **vorübergehende** Maßnahme, die durch die Gefährlichkeit des verbotenen Gegenstandes gerechtfertigt wird. Die Gegenstände verbleiben dabei zunächst im Gewahrsam der landesrechtlich zuständigen Behörde (*Meyer* GewA **1998,** 89, 98 zur Sicherstellung beim Waffenverbot), unbeschadet der zivilrechtlichen Verfügungsbefugnis des Eigentümers hierüber.

8   b) Anordnung der **Unbrauchbarmachung.** Um die Verursachung von Schäden durch die angezeigte Waffe (Munition) zu verhindern, kann – als Alternative („oder") – auch angeordnet werden, dass sie unbrauchbar zu machen ist. Das Unbrauchbarmachen war nach bisherigem Recht in § 37 Abs. 4 Nr. 1 WaffG aF als Möglichkeit für den Erben eines verbotenen Gegenstandes vorgesehen, der Wirksamkeit eines Verbots zu entgehen. Die **Anordnung** des Unbrauchbarmachens (vgl. §§ 40 Abs. 5 und 46 Abs. 2) war in § 48 Abs. 2 WaffG aF für den Fall vorgesehen, dass die Erlaubnis zum Besitz eines Gegenstandes weggefallen war. Die Anordnung ergeht dahin, dass der Besitzer binnen angemessener, im Verwaltungsakt festzusetzender Frist den unbefugt in seinem Besitz befindlichen Gegenstand unbrauchbar macht, und zwar dergestalt, dass er nicht mehr mit allgemein gebräuchlichem Werkzeug (vgl. § 1 Rdn. 14a) zu dem Zweck, für den er bestimmt ist, idR also zum Schießen, gebrauchsfertig gemacht werden kann (OVG Bautzen NVwZ-RR **1997,** 411, 413 zu § 48 WaffG aF). Nicht genügen dürfte also die Entfernung und Ablieferung des Schlagbolzens der Schusswaffe, da sich ein anderer bei gebräuchlichen Schusswaffen jederzeit besorgen und wieder einsetzen lässt; ausreichend dürfte dagegen sein das Zulöten der Laufmündung oder die Vornahme der anderen in der Anlage 1 A 1 U 1 Nr. 1.4 als erforderlich aufgeführten Veränderungen.

9   c) **Überlassen an einen Berechtigten.** Gegenstand der Anordnung kann auch sein, anstelle der Unbrauchbarmachung den betr. Gegenstand, zB die Schusswaffe, einem „Berechtigten", idR dem Inhaber einer WBK, zu überlassen. Das bietet sich in Fällen an, in denen beim Besitzer die Erteilung einer eigenen Berechtigung zum Erwerb und Besitz nicht ausgeschlossen ist; der Begriff „Überlassen" umfasst nämlich nicht nur das Veräußern, sondern auch das Verwahrenlassen oder Hinterlegen (OVG Hamburg GewA **1997,** 338, 339 zu § 48 WaffG aF). Die Anordnung, die Waffe „durch einen Waffenhändler" unbrauchbar machen zu lassen oder an einen Berechtigten zu „übereignen", ist rechtswidrig (BVerwG DVBl. **1990,** 699 = GewA **1990,** 78). Eine Waffe kann auch in einer Weise unbrauchbar gemacht werden, die keine nach § 21 Abs. 1 erlaubnispflichtige Bearbeitung darstellt (BVerwG, Urteil vom 24. 4. 1990 – I C 40/89 = DÖV **1991,** 342 [LS]). Die Androhung der Ersatzvornahme ist in diesem Zusammenhang nicht zulässig (OVG Bautzen NVwZ-RR **1997,** 411, 414).

10   4. **Nachweis über die Erfüllung der Anordnung (Absatz 1 Satz 2 letzter Halbsatz).** Innerhalb der gesetzten **Frist** hat der Adressat des anordnenden Verwaltungsakts der anordnenden Behörde gegenüber den Nachweis der Unbrauchbarmachung zu führen, im allgemeinen durch Vorlage des Gegenstandes zwecks Feststellung der Unbrauchbarkeit, oder den Nachweis des Überlassens an einen waffenrechtlich Berechtigten durch Vorlage einer Erwerbsbescheinigung des neuen Inhabers der tatsächlichen Gewalt.

Anzeigepflichten § 37

**5. Einziehung (Absatz 1 Satz 3).** Sie ist der Behörde gestattet, wenn die dem 11
Betreffenden gesetzte Frist „fruchtlos" verstrichen ist, also der Nachweis über entweder die Unbrauchbarmachung oder das Überlassen an einen Dritten (Rdn. 8 bis 10) nicht fristgerecht bei der Behörde eingegangen ist. Die Einziehung richtet sich nach dem einschlägigen Landesverwaltungsrecht. Die Gegenstände werden am besten durch die Behörde nach sachverständiger Schätzung des Verkehrswertes öffentlich versteigert oder bei Undurchführbarkeit einer Versteigerung freihändig, zB an einen Waffenhändler, verkauft. Eine strafgerichtliche Einziehung (§ 54; § 56 WaffG aF) kommt naturgemäß nur in Betracht, wenn gegen den Zuwiderhandelnden ein Strafverfahren durchgeführt wird. Dass der Nettoerlös aus der Verwertung des Gegenstandes durch die Verwaltung dem bis dahin nach bürgerlichem Recht Berechtigten, idR also dem Eigentümer, zukommen soll, steht im Gegensatz zu der Regelung in den §§ 74 e, 74 f StGB, die eine Entschädigung für Dritte vorsehen.

**6. Anzeigepflicht bei Abhandenkommen (Absatz 2 Satz 1).** Da die Zahl der 12
gestohlenen oder sonst abhanden kommenden Schusswaffen (Munition) außerordentlich hoch ist, hatte der Gesetzgeber auch schon nach bisherigem Recht eine Anzeigepflicht vorgeschrieben. Sie sollte es erleichtern, „Waffendiebe schnell zu überführen und es ermöglichen, einen Überblick über gestohlene Schusswaffen und Munition zu erhalten" (Begr. BT-Drucks. VI/2678 S. 34). Ausgelöst wird diese Anzeigepflicht durch das Abhandenkommen entweder von **Waffen** oder **Munition,** deren Erwerb erlaubnisbedürftig ist (Rdn. 2) oder durch den Verlust von **Erlaubnisurkunden.** Beide Arten des Verlustes sind unter sicherheitsrelevantem Blickwinkel gleich risikobehaftet, so dass schnellstmögliche Information der Waffenbehörde angezeigt ist. Dies wird denn auch gefordert („unverzüglich" entspr. § 121 Abs. 1 Satz 1 BGB). Der Begriff des Abhandenkommens ist dem Zivilrecht entnommen (§ 935 Abs. 1 BGB). Abhanden gekommen ist eine Schusswaffe (Munition), wenn der Inhaber der tatsächlichen Gewalt (Besitzer) ohne seinen Willen oder sein willentliches Zutun den Besitz hieran verloren hat (RGZ **101,** 225), zB durch Zwang (Raub), Diebstahl, Unachtsamkeit (Verlust), höhere Gewalt, Fortgabe durch einen Geschäftsunfähigen (Kind) usw. (*Palandt/Bassenge* BGB 65. Aufl. Rdn. 2 f. zu § 935). Die Regelung über die Erlaubnisurkunden entstammt § 43 Abs. 2 Satz 1 Nr. 4 WaffG aF (zuvor § 10 Abs. 2 1. Halbsatz BWaffG 1968). Diese Anzeigepflicht soll nach der Begr. des BWaffG (BT-Drucks. V/2623 S. 25) sicherstellen, dass verloren gegangene Erlaubnisurkunden nicht auf Grund des Rechtsscheines im Verkehr missbraucht werden. Es ist nicht nur der Verlust der Originalurkunde anzuzeigen, sondern auch derjenige einer Ausfertigung derselben. Ausfertigung ist die amtliche Abschrift einer bei den Akten verbleibenden Urkunde, die im Verkehr die Urschrift ersetzen soll (BGH VersR **1994,** 1496; *Hartmann* in *Baumbach/Lauterbach/Albers/ Hartmann* ZPO 64. Aufl., Rdn. 5 zu § 170). Das betreffende Schriftstück trägt die Überschrift „Ausfertigung" und einen sog. Ausfertigungsvermerk. Der Verlust nur beglaubigter Abschriften braucht nicht angezeigt zu werden.

Damit die noch vorhandenen Erlaubnisurkunden nach dem angezeigten Abhandenkommen auf den neusten Stand gebracht werden können, müssen auch diese der Behörde zur „Berichtigung" vorgelegt werden. Auch hier wird durch die Formulierung des Gesetzestextes nicht klar, ob auch die Vorlagepflicht „unverzüglich" zu erfüllen ist. Da insoweit jedoch keine Bußgeldbewehrung erfolgt ist, ist die Frage nicht so brisant.

**7. Informationspflicht der Waffenbehörde gegenüber der örtlichen Polizei** 13
**(Absatz 2 Satz 2).** Der Sinn dieser Regelung wird in der Vorschrift selbst angespro-

**§ 37**  Abschn. 2. Umgang mit Waffen oder Munition

chen: es sollen schnellstmöglich polizeiliche Ermittlungen über den Verbleib der in Verlust geratenen Gegenstände eingeleitet werden, um durch deren Missbrauch drohenden Schaden abzuwenden. Im Laufe des Gesetzgebungsverfahrens ist es als Adressat der Information anstelle der „zuständigen" Polizeidienststelle die „örtliche" gesetzt worden, offensichtlich, um den Informationsfluss noch mehr zu beschleunigen.

14  **8. Anzeigepflicht bei Unbrauchbarmachen oder Zerstörung (Absatz 3).** Diese Pflicht entstammt 28 a Abs. 1 Satz 1 der 1. WaffV. Sie ist in das Gesetz übernommen worden, um ihr mehr Wertigkeit zu verleihen (Begr. BT-Drucks. 14/7758 S. 75). Sie soll eine wirksame Kontrolle in den Fällen ermöglichen, in denen das Fehlen von Schusswaffen bisher damit erklärt worden ist, sie seien unbrauchbar gemacht oder vernichtet worden, was häufig nicht zu widerlegen war. Die Inhaber einer Waffenbesitzkarte sind nunmehr verpflichtet, in diesen Fällen der Behörde von dem Schicksal der Waffe Mitteilung zu machen, und zwar auch dann, wenn die Waffe durch bestimmte Einwirkungen unbrauchbar geworden ist. Anzeigebedürftig ist das Unbrauchbarmachen (hierzu Anlage 1 A 1 U 1 Nr. 1.4) bzw. die Zerstörung von erlaubnispflichtigen Schusswaffen (Rdn. 2) und von verbotenen Schusswaffen nach Anlage 2 A 1 Nr. 1.2. Das sind die Schusswaffen der Nr. 1.2.1 bis 1.2.3; da hier im Gesetz (Absatz 3 Satz 1) ausdrücklich nur Schusswaffen genannt sind, scheidet das Zubehör nach Nr. 1.2.4 aus. Erfasst sind demnach Vollautomatische Waffen, Pumpguns (§ 2 Rdn. 6), Verdeckte Waffen (§ 2 Rdn. 7) und „Wildererwaffen" (§ 2 Rdn. 8). Die in der bisher geltenden Regelung vorgesehen gewesene Anzeigefrist von einem Monat ist auf Betreiben des Bundesrats (BT-Drucks. 14/7758 S. 115) – auch zum Zwecke der Vereinheitlichung waffenrechtlicher Fristen – auf zwei Wochen verkürzt worden. Die Anzeige hat schriftlich zu erfolgen. Die Behörde kann zu Kontrollzwecken verlangen, dass ihr die – laut Anzeige – unbrauchbar gemachte oder zerstörte Schusswaffe vorgelegt wird. Nach dem Wortlaut ist wiederum nicht eindeutig, ob auch die Vorlegung innerhalb der Zweiwochenfrist zu erfolgen hat. Das ist hier zu verneinen. Vielmehr ist die Vorlegungspflicht von einem dahin gehenden behördlichen Verlangen abhängig; in ihm kann eine eigene, gesonderte Frist bestimmt werden. Weiter unklar ist die Formulierung in Absatz 3 Satz 2. Dessen erstes Wort „Dabei" könnte sich sowohl auf die Anzeige als auch auf das verlangte Vorlegen beziehen. Nach dem Sinn und Zweck müssen die erwähnten präzisen Angaben aber bereits in der Anzeige erfolgen, zumal da nicht in jedem Falle ein Vorlegungsverlangen ergehen wird, die Daten aber der Behörde stets mitgeteilt sein müssen.

15  **9. Zuwiderhandlung.** Bußgeldbewehrt nach § 53 Abs. 1 sind die folgenden Verhaltensweisen: Verstoß gegen eine vollziehbare Anordnung nach Absatz 1 Satz 2 (Nr. 4) sowie Verstöße gegen die Anzeigepflichten nach Absatz 1 Satz1, Absatz 2 Satz 1 oder Absatz 3 Satz 1 (Nr. 5). Ob der Finder sich bei Nichtanzeige darüber hinaus wegen unerlaubten Waffenbesitzes **strafbar** macht, ist umstritten (dafür *K/P* Rdn. 837: „nach Ablauf der Anzeigefrist"; die Anzeige ist jedoch „unverzüglich" zu erstatten). Vgl. auch § 2 Rdn. 5 a zur Sanktionierung als OWi oder als Straftat. Da der Katalog des § 52 keinen einschlägigen „bestimmten" Tatbestand enthält, ist allenfalls eine Ahndung als Fundunterschlagung (§ 246 StGB) möglich.

**Ausweispflichten**

## 38 Wer eine Waffe führt, muss

1. seinen Personalausweis oder Pass und
   a) wenn es einer Erlaubnis zum Erwerb bedarf, die Waffenbesitzkarte oder, wenn es einer Erlaubnis zum Führen bedarf, den Waffenschein,
   b) im Fall des Verbringens oder der Mitnahme einer Waffe oder von Munition im Sinne von § 29 Abs. 1 aus einem Drittstaat gemäß § 29 Abs. 1, § 30 Abs. 1 oder § 32 Abs. 1 den Erlaubnisschein, im Fall der Mitnahme auf Grund einer Erlaubnis nach § 32 Abs. 4 auch den Beleg für den Grund der Mitnahme,
   c) im Fall des Verbringens einer Schusswaffe nach Anlage 1 Abschnitt 3 (Kategorien A bis D) gemäß § 29 Abs. 1 oder § 30 Abs. 1 aus einem anderen Mitgliedstaat den Erlaubnisschein dieses Staates oder eine Bescheinigung, die auf diesen Erlaubnisschein Bezug nimmt,
   d) im Fall der Mitnahme einer Schusswaffe nach Anlage 1 Abschnitt 3 (Kategorien A bis D) aus einem anderen Mitgliedstaat gemäß § 32 Abs. 1 bis 3 den Europäischen Feuerwaffenpass und im Fall des § 32 Abs. 3 zusätzlich einen Beleg für den Grund der Mitnahme,
   e) im Fall der vorübergehenden Berechtigung zum Erwerb oder zum Führen auf Grund des § 12 Abs. 1 Nr. 1 und 2 oder § 28 Abs. 4 einen Beleg, aus dem der Name des Überlassers, des Besitzberechtigten und das Datum der Überlassung hervorgeht, oder
   f) im Fall des Schießens mit einer Schießerlaubnis nach § 10 Abs. 5 diese, und
2. in den Fällen des § 13 Abs. 6 den Jagdschein

mit sich führen und Polizeibeamten oder sonst zur Personenkontrolle Befugten auf Verlangen zur Prüfung aushändigen. In den Fällen des § 13 Abs. 3 und § 14 Abs. 4 Satz 2 genügt an Stelle der Waffenbesitzkarte ein schriftlicher Nachweis darüber, dass die Antragsfrist noch nicht verstrichen oder ein Antrag gestellt worden ist. Satz 1 gilt nicht in Fällen des § 12 Abs. 3 Nr. 1.

**1. Entstehungsgeschichte.** Diese Vorschrift übernimmt zum einen den Regelungsgehalt des § 35 Abs. 5 WaffG aF; zum anderen den der §§ 9b Abs. 2 Satz 3 und 9c Abs. 3 der 1. WaffV aF. Letztere Vorschriften wurden dabei teilweise konkretisiert. Schon nach § 14 Abs. 1 Satz 1 RWaffG musste, wer Schusswaffen „führte", den Waffenschein bei sich tragen, und zwar – ähnlich wie der Autofahrer den Führerschein – körperlich bei sich haben. Es genügte jedoch, wenn der Waffenschein jederzeit leicht erreichbar war, zB bei einem Spaziergang sich in dem in der Nähe geparkten Kraftfahrzeug befand (BayObLGSt. **1966,** 152, 154 = OLGSt. § 14 RWaffG S. 5); bei einer Entfernung von 100 bis 200 m zum Kraftfahrzeug ist eine Überprüfung der Legitimation ohne nennenswerten Zeitaufwand und ohne Beeinträchtigung des polizeilichen Kontrollzwecks möglich (OLGSt. aaO S. 7). Zusätzlich hatte das WaffG aF eingeführt, dass der Waffenführende noch ein **Legitima-**

## § 38 Abschn. 2. Umgang mit Waffen oder Munition

**tionspapier** mit sich führen musste. Die Entwurfsbegründung (BT-Drucks. VI/2678 S. 32) bemerkt hierzu: „Da Waffenscheine zur Verwaltungsvereinfachung künftig ohne Lichtbild ausgestellt werden sollen, ist es erforderlich, dass neben dem Waffenschein auch ein mit einem Lichtbild versehenes amtliches Personalpapier mitgeführt wird. Abweichend von der grundsätzlichen Regelung in § 5 Abs. 1 [später: § 6 Abs. 1 WaffG] haben auch Bedienstete des Bundes oder eines Landes, die dienstliche Schusswaffen führen, ihre Befugnis durch den Dienstausweis oder eine gleichartige Bescheinigung nachzuweisen". Auf die zusätzliche Ausweispflicht (§ 42 Abs. 3) desjenigen, der eine Ausnahmebewilligung nach § 42 Abs. 2 besitzt, wird hingewiesen.

2  2. **„Führen" einer Waffe als Auslöser der Ausweispflicht.** Die Vorschrift beschäftigt sich mit Pflichten, die mit der Umgangsform (§ 1 Abs. 3) des „Führens" zusammenhängen (hierzu § 1 Rdn. 46; Ausnahme: Satz 3 der hier maßgeblichen Vorschrift). Andere Umgangsformen sind nicht tangiert. Als Objekt des Führens wird generell „eine Waffe" genannt; § 35 Abs. 5 Satz 1 WaffG aF beschränkte sich auf das Führen einer Schusswaffe. Die **Neuregelung** erfasst demgegenüber **alle** Waffen. Die Begründung zu § 10 Abs. 4 bringt das eindeutig zum Ausdruck. Danach gilt die Bestimmung über das „Führen" „nunmehr grundsätzlich nicht nur für Schusswaffen" (BT-Drucks. 14/7758 S. 58). Das bedeutet, dass das Führen auch anderer Gegenstände, sofern sie nur unter den Begriff der „Waffe" fallen (§ 1 Abs. 2; dort. Rdn. 3 ff.), die Ausweispflicht auslöst. In den unter Nr. 1 genannten Fällen muss der Waffenführende den Personalausweis (§ 1 Gesetz über Personalausweise vom 19. 12. 1950 [BGBl. I 807], zuletzt geänd. durch Art. 25a des Gesetzes vom 3. 12. 2001 [BGBl. I 3306]) oder Pass (§ 1 PassG vom 19. 4. 1986 [BGBl. I 537], zuletzt geänd. durch Art. 25 des Gesetzes vom 3. 12. 2001 [BGBl. I 3306]), im Falle der Nr. 2 den Jagdschein beim Führen der Waffe „bei sich tragen", um den hier Verwirrung stiftenden Begriff des Mitführens zu vermeiden. In allen Fällen ist es also unabdingbar, dass derjenige, der eine Waffe führt, ein mit einem Lichtbild des Inhabers versehenes Legitimationspapier bei sich trägt. Die Konkretisierung, welche Urkunden **zusätzlich** mitzuführen sind, erfolgt in den einzelnen Varianten der Nr. 1 (a bis f).

3  3. **Umfang der Ausweispflicht (Satz 1).** Die angeführten Personalpapiere hat der Inhaber nicht nur bei sich zu tragen, es genügt auch nicht ihr bloßes Vorzeigen, die Papiere müssen vielmehr dem Kontrollorgan zu Kontrollzwecken für die benötigte Zeit auf Verlangen zur Einsicht überlassen werden (Aushändigung zur Prüfung). Neben den Polizeibeamten sind zB auch die Beamten des Bundesgrenzschutzes und der Bundeszollverwaltung zur Ausweiskontrolle befugt.

Eine Sonderregelung (Satz 1 Nr. 2) betrifft den Fall des § 13 Abs. 6 (hierzu § 13 Rdn. 14). Hier reicht das Mitführen des **Jagdscheins** aus; Personalausweis oder Pass brauchen nicht vorgezeigt zu werden.

4  4. **Erfordernis zusätzlicher Urkunden (Satz 1 Nr. 1).** In den sechs Fällen der Nr. 1 (Buchst. a bis f) hat der Waffenführende außer dem Legitimationspapier (Rdn. 2) folgende weiteren Urkunden bei sich zu tragen:

**a)** Ist der Erwerb der geführten Waffe von einer Erlaubnis abhängig, muss zusätzlich die **Waffenbesitzkarte** (WBK) mitgeführt werden. Ist der Erwerb der Waffe im Einzelfall nicht von einer Erlaubnis abhängig, muss der **Waffenschein** mitgeführt werden, falls ein solcher zum Führen der Waffe erforderlich ist. Durch die gegenüber der ursprünglich vorgesehen gewesenen Fassung geänderte Formulierung des Gesetzes soll die Tatsache berücksichtigt werden, dass es in Ausnahmefällen (zB

# Ausweispflichten § 38

§ 12 Abs. 1; dort. Rdn. 3 bis 15 a) keiner Erlaubnis zum Erwerb einer Waffe, die an
sich ihrer Art nach erlaubnispflichtig ist, bedarf und deshalb auch das Mitführen
einer WBK entbehrlich ist (Begr. BT-Drucks. 14/8886 S. 117).

**b)** In den Fällen des Verbringens oder der Mitnahme sind ebenfalls zusätzliche 5
Urkunden mitzuführen. Handelt es sich um den Fall des Verbringens oder der Mitnahme von Waffen oder Munition im Sinne von § 29 Abs. 1 (dort. Rdn. 5) aus einem Drittstaat gem. § 29 Abs. 1 (Verbringen nach Art einer „Einfuhr"), § 30 Abs. 1
(Verbringen nach Art eine „Durchfuhr") oder § 32 Abs. 1 (Mitnahme in das, durch
das oder aus dem Inland), so ist der **Erlaubnisschein** mitzuführen. Handelt es sich
um den Fall der „Mitnahme" auf Grund einer Erlaubnis nach § 32 Abs. 4 (§ 32
Rdn. 13), so muss der Betreffende auch den **„Beleg für den Grund der Mitnahme"**
bei sich tragen. Das bedeutet, dass er einen Grund für die Mitnahme iSv. § 32 Abs. 3
Nr. 1 bis 3 (Jagd, Schießsport, Brauchtum) nachweisbar, etwa durch Vorlage einer
Einladung (§ 32 Rdn. 12 aE) geltend machen muss.

**c)** Bei Schusswaffen nach Anlage 1 Abschnitt 3 (Kategorien A bis D [also alle 6
Kategorien]; hierzu § 29 Rdn. 5 unter Buchst. a) sind in zwei Fällen des Verbringens, nämlich nach § 29 Abs. 1 (Verbringen nach Art einer „Einfuhr") oder nach
§ 30 Abs. 1 (Verbringen nach Art einer „Durchfuhr") aus einem anderen Mitgliedstaat der EU, jeweils der **Erlaubnisschein** dieses Staates **oder eine Bescheinigung**,
die auf diesen Erlaubnisschein Bezug nimmt, mitzuführen. Eine derartige Bescheinigung ist in den zitierten Bestimmungen (§§ 29 und 30) als Ersatz für den Erlaubnisschein allerdings nicht erwähnt.

**d)** Bei der gleichen Art Schusswaffen, wie unter c) (Rdn. 6) beschrieben, ist im 7
Falle der Mitnahme gem. § 32 Abs. 1 bis 3 der erforderliche **Europäische Feuerwaffenpass** (§ 32 Rdn. 8) mitzuführen. Im Falle des § 32 Abs. 3 ist außerdem noch
ein **Beleg** für den Grund der Mitnahme (wie bei Buchst. b – Rdn. 5) vorzuweisen,
also zB eine Einladung zur Jagd, Schießwettkampf oder Brauchtumsfest.

**e)** Ein entsprechender Beleg ist auch mitzuführen in den Fällen des § 12 Abs. 1 8
Nr. 1 und 2, wo es jeweils um vorübergehende Berechtigungen zum Erwerb und
Besitz geht (§ 12 Rdn. 2 bis 18), und des § 28 Abs. 4 (hierzu dort. Rdn. 8). In den
zitierten Absätzen des § 12 ist allerdings das „Führen" nicht geregelt (hierüber be-
findet § 12 Abs. 3), so dass die Berechtigung zum Führen insoweit nicht wirksam in
Bezug genommen worden ist; das „Führen" betrifft deshalb nur den Fall des § 28
Abs. 4. Letzterer ist auf Anregung des Bundesrats eingefügt worden auf Grund folgender Erwägungen: „In § 28 Abs. 4 wird die Möglichkeit eingeräumt, dass der
Waffenschein, ohne dass deren Personalien aufgenommen werden, auch für die in
§ 28 Abs. 3 bezeichneten Personen gelten kann. Um vor Ort eine Kontrolle dieses
Personenkreises zu ermöglichen, wird mit der eingefügten Ergänzung das Bewachungspersonal verpflichtet, neben dem Waffenschein eine ‚Waffentrageerlaub-
nis[se]' mitzuführen".

Welchen Inhalt der Beleg aufweisen muss, führt das Gesetz auf: Name des Überlassenden, des zum Besitz Berechtigten sowie das Datum des Überlassens; mit der
Angabe dieser Daten ist eine ordnungsgemäße Überwachung gewährleistet.

**f)** Schließlich ist zusätzlich zu Pass oder Personalausweis im Falle der Erteilung 9
einer Erlaubnis zum Schießen nach § 10 Abs. 5 die „Schießerlaubnis" mitzuführen
und ggf. den Kontrollpersonen zur Prüfung auszuhändigen.

**5. Privilegierungen (Satz 2).** Eine Erleichterung besteht im Falle des § 13 Abs. 3 10
für **Jäger.** Sie können sich auch vor Erteilung einer WBK oder Eintragung in diese
durch eine schriftliche Erklärung legitimieren, aus der hervorgeht, dass ein Antrag

**§ 39** Abschn. 2. Umgang mit Waffen oder Munition

nach § 13 Abs. 3 Satz 2 gestellt worden ist oder dass die entsprechende Antragsfrist noch nicht verstrichen ist. Entsprechendes ist den **Sportschützen** eingeräumt (§ 14 Abs. 3 Satz 2; dort. Rdn. 7).

**11**  **6. Ausnahme (Satz 3).** Nicht erfasst von dieser gesamten Regelung des Satzes 1 wird das gestattete Waffenführen in fremden Räumlichkeiten (§ 12 Abs. 3 Nr. 1). Auf Rdn. 20 zu § 12 wird verwiesen. Hier kann wegen des fehlenden Außenbezugs auf Ausweispflichten verzichtet werden. Sie gelten aber hinsichtlich des Hin- und Rückweges zu einer solchen Örtlichkeit.

### Auskunfts- und Vorzeigepflicht, Nachschau

**39** **(1) Wer Waffenherstellung, Waffenhandel oder eine Schießstätte betreibt, eine Schießstätte benutzt oder in ihr die Aufsicht führt, ein Bewachungsunternehmen betreibt, Veranstaltungen zur Ausbildung im Verteidigungsschießen durchführt oder sonst den Besitz über Waffen oder Munition ausübt, hat der zuständigen Behörde auf Verlangen oder, sofern dieses Gesetz einen Zeitpunkt vorschreibt, zu diesem Zeitpunkt die für die Durchführung dieses Gesetzes erforderlichen Auskünfte zu erteilen; eine entsprechende Pflicht gilt ferner für Personen, gegenüber denen ein Verbot nach § 41 Abs. 1 oder 2 ausgesprochen wurde. Sie können die Auskunft auf solche Fragen verweigern, deren Beantwortung sie selbst oder einen der in § 383 Abs. 1 Nr. 1 bis 3 der Zivilprozessordnung bezeichneten Angehörigen der Gefahr strafrechtlicher Verfolgung oder eines Verfahrens nach dem Gesetz über Ordnungswidrigkeiten aussetzen würde. Darüber hinaus hat der Inhaber der Erlaubnis die Einhaltung von Auflagen nachzuweisen.**

**(2) Betreibt der Auskunftspflichtige Waffenherstellung, Waffenhandel, eine Schießstätte oder ein Bewachungsunternehmen, so sind die von der zuständigen Behörde mit der Überwachung des Betriebs beauftragten Personen berechtigt, Betriebsgrundstücke und Geschäftsräume während der Betriebs- und Arbeitszeit zu betreten, um dort Prüfungen und Besichtigungen vorzunehmen, Proben zu entnehmen und Einsicht in die geschäftlichen Unterlagen zu nehmen; zur Abwehr dringender Gefahren für die öffentliche Sicherheit oder Ordnung dürfen diese Arbeitsstätten auch außerhalb dieser Zeit sowie die Wohnräume des Auskunftspflichtigen gegen dessen Willen besichtigt werden. Das Grundrecht der Unverletzlichkeit der Wohnung (Artikel 13 des Grundgesetzes) wird insoweit eingeschränkt.**

**(3) Aus begründetem Anlass kann die zuständige Behörde anordnen, dass der Besitzer von**

**1. Waffen oder Munition, deren Erwerb der Erlaubnis bedarf, oder**
**2. in Anlage 2 Abschnitt 1 bezeichneten verbotenen Waffen**

**ihr diese sowie Erlaubnisscheine oder Ausnahmebescheinigungen binnen angemessener, von ihr zu bestimmender Frist zur Prüfung vorlegt.**

**1**  **1. Entstehungsgeschichte.** Die Vorschrift hat ihr Vorbild in § 46 WaffG aF. Sie wurde in den wesentlichen Zügen übernommen. Ihr Anwendungsbereich ist aller-

## Auskunfts- und Vorzeigepflicht, Nachschau § 39

dings beträchtlich erweitert worden. „Die Änderungen der Absätze 1 und 2 beziehen auch die Waffenherstellung, den Waffenhandel, Schießstätten und die Bewachungsunternehmen, soweit sie erlaubnisfrei betrieben werden dürfen, in die Auskunftspflicht und die Vorschriften über die Nachschau mit ein. Diese Erstreckung ist im Interesse einer Überwachung auch dieser Tätigkeiten geboten. Im Übrigen sind die Änderungen konkretisierender Natur (Begr. BT-Drucks. 14/7758 S. 75). Soweit die „Ausnahmebewilligung" nicht mehr wie zuvor in der Bestimmung aufgeführt ist, bedeutet dies keine Änderung; diese ist als bloße Unterform der Erlaubnis mit erfasst. Vorschriften des gleichen Inhalts sind in zahlreichen anderen Nebengesetzen enthalten (vgl. § 14 Abs. 3 Nr. 1 KWKG, § 40 KrW-/AbfG, § 21 WHG, § 52 BImSchG und § 31 SprengG). Hiernach sind die zur Überwachung der ordnungsgemäßen Durchführung des Gesetzes erforderlichen **Auskünfte** zu erteilen. Gegenüber der früher einschlägigen Vorschrift in § 17 BWaffG 1968 ist der persönliche Anwendungsbereich schon in § 46 WaffG aF erweitert und die Überwachung auch auf den außergewerblichen Bereich ausgedehnt worden. Bei der Gesetzesänderung von 1976 ist im Interesse der Klarstellung die Verpflichtung zur Erteilung von Auskünften und zur Duldung der Nachschau auch den Veranstaltern von Lehrgängen im Verteidigungsschießen (§ 44 WaffG aF) und Personen, die in einer Schießstätte die Aufsicht führen oder die eine Schießstätte benutzen, auferlegt worden, um eine wirksame behördliche Kontrolle zu ermöglichen. Die Befugnis der Kontrollorgane, zur Abwehr dringender Gefahren auch die Wohnräume betreten zu dürfen, wurde ausdrücklich im Gesetz bestätigt. Ebenso wurde eine Bestimmung über die Vorzeigepflicht (§ 46 Absatz 3 WaffG aF) in das Gesetz aufgenommen.

Auskünfte, die einer allgemeinen **Ausforschung** dienen und die nicht mit der Einhaltung der waffenrechtlichen Vorschriften durch den Auskunftspflichtigen in Zusammenhang stehen, dürfen nicht verlangt werden (vgl. Nr. 46.1 letzter Satz WaffVwV aF). Insgesamt gesehen, haben sich die Auskünfte auf alle Vorfälle zu erstrecken, die unter die Vorschriften des WaffG und der Waffenverordnungen fallen und damit der waffengesetzlichen Kontrolle unterliegen.

**2. Persönlicher Anwendungsbereich (Absatz 1 Satz 1).** Die Auskunftspflicht 2 trifft auf Grund einer – keine Lücken duldenden – Generalklausel **alle**, die den **Besitz** (§ 1 Rdn. 42 ff.) über **Waffen** oder **Munition** ausüben. Beispielhaft werden einige bedeutsame Personengruppen aufgezählt: gewerbsmäßige Waffenhersteller (§ 21 Abs. 1 Satz 1; dort. Rdn. 7 ff.), Waffenhändler (§ 21 Abs. 1 Satz 1; dort. Rdn. 11), Betreiber, Benutzer und Aufsichtspersonen einer Schießstätte (§ 27), Betreiber eines Bewachungsunternehmens (§ 28) und Veranstalter von Lehrgängen im Verteidigungsschießen (§ 27 Abs. 7 Satz 2 Nr. 2). Auch den Inhaber von Ausnahmebewilligungen (zB nach § 40 Abs. 4; §§ 33 Abs. 2, 37 Abs. 3, 38 Abs. 2, 39 Abs. 2 und 3 WaffG aF). Als Auskunftspflichtige besonders genannt sind im letzten Halbsatz von Absatz 1 Satz 1 noch die Personen, denen gegenüber im Einzelfall ein behördliches Verbot nach § 41 Abs. 1 oder 2 (s. dort) ausgesprochen worden ist.

**3. Der materielle Inhalt der Auskunft.** Die im WaffG vorgesehenen Pflichten 3 müssen, wenn ihre Einhaltung sichergestellt werden soll, von den zuständigen Behörden überwacht werden können. Hierbei ist – wie Nr. 46. 1 WaffVwV aF festlegte – durch Stichproben zB festzustellen, ob der Waffengewerbetreibende die ihm nach dem WaffG und den Durchführungsbestimmungen hierzu obliegenden Pflichten erfüllt. **Auskunft** iS von Absatz 1 Satz 1 bedeutet die Beantwortung von im Einzelfall gestellten Fragen, nicht aber eine allgemeine, fortlaufende Benachrichtigung über Geschäftsvorfälle, es sei denn, das Gesetz schreibe eine solche oder eine zeit-

**§ 39** Abschn. 2. Umgang mit Waffen oder Munition

lich bestimmte Auskunftserteilung vor. Die Pflicht, Auskunft zu erteilen, umfasst auch die Verpflichtung, Abschriften, Auszüge oder Zusammenstellungen vorzulegen, wobei sich die Auskünfte auf alle waffengesetzlich bedeutsamen Vorgänge zu erstrecken haben, soweit sie der Kontrolle nach diesem Gesetz und seinen Verordnungen unterliegen. Eine Form für die Erteilung der Auskunft ist gesetzlich nicht vorgeschrieben; bei schriftlicher Anfrage der zuständigen Behörde erscheint eine schriftliche Beantwortung angebracht.

Zum möglichen Inhalt der Auskunft gehört bei Inhabern einer waffenrechtlichen Erlaubnis nach der ausdrücklichen Regelung in Absatz 1 **Satz 3** der **Nachweis** darüber, dass ihm im Zusammenhang mit der Erlaubnis erteilte **Auflagen** (§ 9 Rdn. 7 f.) eingehalten worden sind. Der Vorschlag des Bundesrats, in diesem Zusammenhang statt des Nachweises die Glaubhaftmachung genügen zu lassen, ist von der BReg. zu Recht abgelehnt worden, da es sich hier bei der Überwachungstätigkeit um strikt einzuhaltende Verhaltensweisen handele (BT-Drucks. 14/7758 S. 115, 135). Das Auskunftsrecht darf nicht zu Ermittlung strafbarer Handlungen Dritter ausgeübt werden (*A/B* Rdn. 4 unter Hinweis auf BVerwG VerwRspr. **1972**, 243).

4   **4. Auskunftsverweigerungsrecht (Absatz 1 Satz 2).** Die Einräumung eines solchen Rechts findet sich auch den vergleichbaren Regelungen, zB in § 14 Abs. 6 KWKG. Es entspricht einem rechtsstaatlichen Grundsatz (nemo tenetur se ipsum accusare), dass niemand gezwungen sein soll, sich selbst (oder seine nahen Angehörigen) zu belasten. Dementsprechend räumt Satz 2 den zur Auskunft verpflichteten Personen (Rdn. 2) ein Auskunftsverweigerungsrecht ein. Die Formulierung ist aus § 384 Nr. 2 ZPO übernommen worden, wonach die Auskunft verweigert werden kann über solche Fragen, deren Beantwortung den Zeugen selbst oder einen seiner in § 383 Abs. 1 Nrn. 1 bis 3 ZPO bezeichneten Angehörigen der Gefahr aussetzen würde, wegen einer Straftat oder einer Ordnungswidrigkeit verfolgt zu werden. Dem entspricht die in Satz 2 gewählte Formulierung. Es genügt zur Auskunftsverweigerung nicht nur die Gefahr strafgerichtlicher Verfolgung nach dem StGB oder sonstigen Strafbestimmungen der Nebengesetze, sondern auch die einer Ahndung nach dem Gesetz über Ordnungswidrigkeiten, wobei wiederum alle möglicherweise in Betracht kommenden Bußgeldverfahren in Betracht zu ziehen sind und nicht nur Tatbestände, die nach dem WaffG (§ 53) als Ordnungswidrigkeiten zu ahnden sind. Auch die entfernte Möglichkeit einer Verfolgung ist ausreichend, dagegen nicht ein lediglich ehrengerichtliches oder disziplinarisches Verfahren. Der Auskunftsverpflichtete braucht sich, wenn bei Beantwortung der betreffenden Frage die geschilderte Gefahr besteht, überhaupt nicht zu äußern; er braucht auch seine Weigerung nicht glaubhaft zu machen, denn darin könnte uU schon eine Preisgabe dessen liegen, das er verschweigen darf. Auch wenn der Auskunftsverpflichtete nicht selbst, sondern nur die in § 383 Abs. 1 Nrn. 1 bis 3 ZPO angeführten Personen durch die Beantwortung der betreffenden Fragen der bezeichneten Gefahr ausgesetzt würden, kann der Verpflichtete die Erstattung der Auskunft verweigern. Außerdem dürfte der Befragte auch das Recht haben, die Vorlage von geschäftlichen Unterlagen zu verweigern, durch die er bzw. die miterfassten Personen belastet werden könnten.

5   **5. Nachschau (Absatz 2 Satz 1).** Die Pflicht zur Duldung der herkömmlicherweise unter dem Sammelbegriff „Nachschau" zusammengefassten behördlichen Überwachungsmaßnahmen trifft nach **Absatz 2 Satz 1** in erster Linie die Inhaber von **Betrieben**, die der Überwachung unterliegen. Sie sind abschließend aufgeführt: gewerbsmäßige Waffenhersteller, Waffenhändler, Betreiber von Schießstätten und Bewachungsunternehmer (vgl. Rdn. 2). Gemäß Nr. 46.5 WaffVwV aF sollten für

Auskunfts- und Vorzeigepflicht, Nachschau § 39

den nichtgewerblichen Bereich (§ 41 WaffG aF) die Nrn. 46.1 und 3 WaffVwV aF über die Pflicht zur Auskunftserteilung und Prüfung entsprechend gelten. Das Gesetz enthält jedoch weder in § 26 noch in der vorliegenden Bestimmung einen Hinweis hierauf. Nicht erwähnt ist weiter im Gegensatz zum bisherigen Recht die Gruppe der Auskunftspflichtigen, die die Waffenherstellung oder den Waffenhandel ohne Erlaubnis zulässig betreiben. Nach dem damaligen Ausschussbericht (zu BT-Drucks. VI/3566 S. 8) sollte auch die Nachschau in Betrieben, die zulässigerweise zur Waffenherstellung oder zum Waffenhandel keiner Erlaubnis bedürfen, zB in Antiquitätengeschäften, ermöglicht werden. Das Fehlen einer entsprechenden Vorschrift im BWaffG 1968 hatte sich bei der Überwachung als nachteilig herausgestellt. Die entsprechende Ergänzung sollte diese Lücke im WaffG aF schließen. Dagegen kommen für die Auskunftspflicht und Nachschau auch Waffengewerbebetriebe in Betracht, die Hieb- oder Stoßwaffen herstellen oder mit ihnen handeln.

**6. Umfang der Nachschau.** Die von den nach Landesrecht zuständigen Behörden, meist den Kreisverwaltungsbehörden bzw. den von ihnen beauftragten Personen, vorzunehmenden Prüfungen lassen sich nur durchführen, wenn den berechtigten Personen auch das **Betreten** der **Betriebsgrundstücke und Geschäftsräume** des Auskunftspflichtigen erlaubt ist. Das Gesetz gestattet den Beauftragten der zuständigen Behörden deshalb, ähnlich wie den Gewerbeaufsichtsbeamten in § 139 b Abs. 1 Satz 2 GewO, das Betreten der in Frage kommenden Anlagen. Die betreffenden Amtspersonen müssen sich durch die Vorlage eines Ausweises legitimieren. Sie sind, da ihnen keine polizeilichen Befugnisse zustehen, nicht berechtigt, das Betreten der Räume bei Verweigerung des Zutritts zu erzwingen, sondern insoweit auf polizeiliche Hilfe angewiesen. Nach der gesetzlichen Regelung hat dies im **Normalfall** während der Betriebs- und Arbeitszeit zu geschehen. 6

Anders ist es bei Vorliegen der Voraussetzungen des Absatzes 2 Satz 1 Halbsatz 2: Zur **Abwehr dringender Gefahren** für die öffentliche Sicherheit oder Ordnung dürfen die Überwachungspersonen zum einen die Betriebsgrundstücke und Geschäftsräume auch außerhalb der Geschäfts- oder Arbeitszeiten betreten und ihre Kontrolltätigkeit entfalten. Zum anderen darf in diesem Ernstfall auch eine „Besichtigung" der grundrechtlich gesicherten privaten Wohnsphäre (Art. 13 GG) des Auskunftspflichtigen gegen dessen Willen vorgenommen werden. Absatz 2 Satz 2 enthält die in diesen Fällen erforderliche Verlautbarung des Eingriffs in Grundrechte. Im Gegensatz zur Regelung vor dem Inkrafttreten des WaffG 1972 gestattet das Gesetz auch in der Neufassung ausdrücklich auch das Betreten der Wohnräume des Auskunftspflichtigen, allerdings nicht zum Zwecke der bloßen Kontrollerleichterung. Es müssen also konkrete Verdachtsgründe für eine Nichtbeachtung des WaffG gegeben sein, und zwar durch einen nach den §§ 51 oder 52 WaffG **strafbaren** Verstoß. Bei Verwirklichung bloßer Ordnungswidrigkeitstatbestände (§ 53 WaffG) dürfte die Abwehr dringender Gefahren für die öffentliche Sicherheit oder Ordnung nicht in Betracht kommen. Zu Wohnungsdurchsuchungen s. auch BVerfG NJW **2005,** 1637 und 1640 sowie Kriminalistik **2005,** 477. 7

Für die **Abgrenzung** von **Geschäftsräumen** gegenüber **Wohnräumen** gilt folgendes: Für Geschäftsräume ist typisch, dass sie auf einen Kontakt nach außen hin angelegt sind. Es sind insbesondere Räume, zu denen ein größerer Personenkreis, zB Mitarbeiter, Kunden sowie Behördenbeauftragte, während der üblichen Geschäftszeiten Zugang hat. Zu den Betriebsräumen zählen unter anderem Produktionseinrichtungen einschließlich der dazu gehörenden Nebeneinrichtungen, Lagerhallen, Bunker, Garagen sowie sonstige umschlossene Räumlichkeiten (*Lechelt* in GK-BImSchG 8

§ 52 Rdn. 115). Der Begriff des Wohnraums umfasst demgegenüber nur solche Räumlichkeiten, die dem eigentlichen Wohnen dienen und für die ein stärkeres Bedürfnis nach Fernhaltung von Störungen des privaten Lebens anzuerkennen ist. Wohnräume sind daher nur die eigentlichen Aufenthalts- und Schlafräume einschließlich der sie umgebenden Zugänge (*Mösbauer* NVwZ **1985**, 457, 460). Werden Betriebs- oder Geschäftsräume zugleich auch zu Wohnzwecken genutzt, wie dies bei kleineren Handwerksbetrieben gelegentlich der Fall ist, so genießen sie den umfassenderen Schutz des Wohnraums (BVerfGE **32**, 54, 75). Das Gleiche gilt, wenn der Zutritt zu Betriebs- und Geschäftsräumen nur über (private) Wohnräume möglich ist (BVerfG NJW **1987**, 2499).

**9** Wann eine **dringende Gefahr** für die öffentliche Sicherheit oder Ordnung vorliegt, die es abzuwehren gilt, kann nur von Fall zu Fall entschieden werden. Mit dem Begriff der „dringenden" Gefahr ist eine qualitativ gesteigerte Gefahr gemeint (*Jarass* BImSchG 5. Aufl. § 52 Rdn. 19), die schon in allernächster Zeit einen Schadenseintritt für ein wichtiges Rechtsgut befürchten lässt; zur Abwehr bloßer Belästigungen oder drohender Vermögensschäden ist der Eingriff in die private Wohnsphäre nie erlaubt (*Hansmann* in *Landmann/Rohmer* UmwR I § 52 BImSchG Rdn. 67). Die zeitliche Nähe eines drohenden schädigenden Ereignisses, das seinem Ausmaß nach aber nur gering einzuschätzen ist, macht allein eine Gefahr noch nicht zu einer dringenden (*Jarass* aaO). Im Gegensatz zu anderen Regelungen (zB § 52 Abs. 2 Satz 1 BImSchG) wird hier nicht von der Verhütung dringender Gefahren gesprochen, sondern von deren **Abwehr.** Das setzt für die Rechtfertigung des Eingriffs voraus, dass die Gefahr nicht erst in Zukunft drohen darf, sondern bereits ein konkretes Stadium erreicht haben muss. Die öffentliche Sicherheit ist zB in Gefahr, wenn das Leben oder die Gesundheit zumindest eines einzelnen Menschen bedroht oder die Rechtsordnung insgesamt tangiert ist; mit der Aufrechterhaltung der öffentlichen Ordnung sollen die Voraussetzungen für ein geordnetes Gemeinschaftsleben geschützt werden (*Lechelt* aaO [Rdn. 6] Rdn. 117). Ob auch der erstrebte Zugriff auf für die Überwachungstätigkeit unabdingbar erforderliche, im Wohnbereich vermutete **Unterlagen** den Eingriff in diesen rechtfertigen kann, ist umstritten, muss aber wohl bejaht werden (*Lechelt* aaO Rdn. 119). Zum strafprozessualen Begriff „Gefahr im Verzuge" vgl. BVerfG StV **2004**, 633 (Beschluss vom 12. 2. 2004 – 2 BvR 1687/02: kein Ermessen).

**10** Gestattet sind nach dem Betreten zunächst **Prüfungen** und **Besichtigungen,** um die Einhaltung der waffenrechtlichen Bestimmungen zu kontrollieren. Unter Prüfungen versteht man von Sachkenntnis getragene Untersuchungen der tatsächlichen Verhältnisse im Wege des Augenscheins. Weiter ist die **Probenentnahme** zulässig. Das Recht, solche Proben – unentgeltlich – zu entnehmen, ist für eine wirksame Überwachung der Betriebe unerlässlich. Denn die Feststellung eines Verstoßes gegen die waffengesetzlichen Vorschriften wird an Ort und Stelle in den Betrieben selbst häufig nicht möglich sein. Die beanstandeten Schusswaffen oder die Munition müssen deshalb in solchen Fällen einer sachverständigen Stelle zur Untersuchung vorgelegt werden können.

**11** Das Recht zur **Einsicht** in die **geschäftlichen Unterlagen** steht den Kontrollpersonen zB zu, wenn die nach Absatz 1 erteilten Auskünfte nicht für die Durchführung der Kontrolle ausreichen oder gar der Verdacht unrichtiger Angaben besteht, worüber allein die Überwachungsbehörde zu befinden hat; sie kann die Vorlage der geschäftlichen Unterlagen (Fabrikationslisten, Lieferbücher, Zeichnungen usw.) verlangen. Das Einsichtsrecht darf, ebenso wie die anderen der Behörde eingeräumten Befugnisse, nur zum Zwecke der Überprüfung der Zuverlässigkeit des Erlaubnisin-

Auskunfts- und Vorzeigepflicht, Nachschau § 39

habers bzw. der Einhaltung der waffengesetzlichen Bestimmungen durch ihn, nicht aber zur Ermittlung strafbarer Handlungen dritter Personen, die sich etwa aus den Waffenbüchern ergeben können, ausgeübt werden. Fraglich könnte sein, wo dieses Recht zur Einsicht in die Unterlagen auszuüben ist. Nach dem Wortlaut des Gesetzes bezieht sich das die Aufzählung der zulässigen Behördenmaßnahmen einleitende „dort" (Betriebsgrundstücke und Geschäftsräume) auch auf die Durchführung der Einsicht in die Unterlagen. Es fehlt hier eine dem § 14 Abs. 5 der 1. WaffV aF entsprechende Vorschrift. Danach sind die Waffenbücher mit den Belegen den Beauftragten der Überwachungsbehörde auf Verlangen vorzulegen, also für die zur Prüfung notwendige Zeit zu überlassen, damit die Behörde die Bücher und Belege in ihren Amtsräumen prüfen und miteinander vergleichen kann. Hierzu ist in § 14 Abs. 5 der 1. WaffV aF ausdrücklich bestimmt, dass die Vorlage der Waffenbücher **auch** in den **Diensträumen** der Behörde verlangt werden kann, wofür auch die Übersendung der Bücher genügen dürfte. Durch die Anordnung der weiteren – entsprechenden – Anwendung der 1. WaffV (Art. 19 Nr. 3 WaffRNeuRegG) kann demnach auch diese Vorschrift aus dem untergesetzlichen waffenrechtlichen Regelwerk, soweit es um die Einsicht in **Waffenbücher** (§ 23 WaffG nF) geht, entsprechend herangezogen werden. Da die Waffenbücher ständig im Betrieb gebraucht werden, sollte die Behörde die Prüfung der Bücher, speziell in ihren Diensträumen, soweit wie möglich beschleunigen und sie nach Durchsicht dem Vorlegenden unverzüglich wieder zurückgeben. Das Einsichtsrecht schließt üblicherweise auch das Recht ein, sich **Abschriften** anfertigen zu dürfen. Dagegen kann der Einsichtsberechtigte nicht verlangen, dass der zur Gewährung der Einsicht Verpflichtete für ihn Abschriften anfertigt; das ist nur auf freiwilliger Basis erreichbar.

Umstritten ist, ob die Grundstücke und Räume von den Beauftragten **jederzeit** 12 betreten werden dürfen, wie in § 139b Abs. 4 GewO ausdrücklich gestattet. Obwohl ein diesbezüglicher Hinweis im Gesetz fehlt, ist die Frage zu bejahen. Einen Hinweis hierzu gibt die Entstehungsgeschichte der Bestimmung: Einem Antrag der Waffenwirtschaft, die Ausübung der Befugnisse der Überwachungsbehörden zur gewerbepolizeilichen Nachschau auf die üblichen Geschäftszeiten zu beschränken, hat der Gesetzgeber seinerzeit nicht entsprochen, und zwar nach dem Ausschussbericht z. BWaffG 1968 (BT-Drucks. V/2623 S. 7) mit folgender Begründung: „Eine ausdrückliche Beschränkung auf die üblichen Geschäftszeiten wird den tatsächlichen Verhältnissen häufig nicht gerecht. Es kann auch im Interesse des Gewerbetreibenden liegen, die Prüfungen und Besichtigungen außerhalb der Geschäftszeiten vorzunehmen, so zB bei einem Waffenhändler, der Wert darauf legt, dass die Prüfungen nicht während der Verkaufszeiten durchgeführt werden". Jedoch darf die Ausübung der Nachschau nicht willkürlich erfolgen, sondern unter Berücksichtigung der Grundrechte des Betroffenen (BVerfGE **32**, 76, 77).

**7. Überprüfungsanordnungen im Einzelfall; Vorzeigepflicht (Absatz 3). a)** Zur 13 Rechtfertigung der durch § 46 Abs. 3 WaffG aF eingeführten Vorzeigepflicht führt die Entwurfsbegründung (BT-Drucks. VI/2678 S. 36) folgendes aus: „Absatz 3 ergänzt die Auskunft und die Nachschau um eine Vorzeigepflicht. Dem Bestreben der für die öffentliche Sicherheit verantwortlichen Stellen, unbefugten Waffenerwerb zu verhüten und unbefugt erworbener Waffen habhaft zu werden, waren bisher vor allem daher nach dem RWG enge Grenzen gesetzt, weil die Inhaber von Waffenscheinen und Jahresjagdscheinen über einen langen Zeitraum Schusswaffen aller Arten in unbeschränkter Zahl erwerben konnten und weil auch die an Hand der Waffenhandelsbücher gewonnene Kenntnis, dass jemand mit Hilfe des Jahresjagdscheines oder

## § 39 Abschn. 2. Umgang mit Waffen oder Munition

Waffenscheines eine größere Anzahl scharfer Faustfeuerwaffen erworben hatte, nicht dazu berechtigte, durch Nachschau nachzuprüfen, ob er diese Waffen noch besitzt oder an Unbefugte weiterveräußert hat. Die strafprozessualen Befugnisse reichen für solche im Interesse der öffentlichen Sicherheit unerlässlich erscheinenden Nachprüfungen oft nicht aus. Die zuständige Behörde soll von ihrer Befugnis nur aus begründetem Anlass Gebrauch machen. Ein solcher Anlass ist beispielsweise dann gegeben, wenn sich bei der Prüfung der Waffenhandelsbücher herausstellt, dass eine das Bedürfnis offensichtlich übersteigende Zahl scharfer Faustfeuerwaffen erworben worden ist".

**14** b) **Erfasste Gegenstände.** Die Anordnung kann gegenüber den **Besitzern** folgender Waffen oder Munition ergehen: nach Nr. 1 bezüglich (ihrer Art nach) erlaubnisbedürftiger Schusswaffen und Munition (Anlage 2 A 2 U 1 Satz 1), nach Nr. 2 hinsichtlich verbotener Waffen (Anlage 2 A 1), wobei hier immer wieder darauf hingewiesen sei, dass in diesem Abschnitt 1 der Anlage 2 – entgegen der Überschrift und dem Zitat in Absatz 3 – nicht nur Waffen als verboten aufgeführt sind, sondern auch andere Gegenstände (§ 2 Rdn. 4). Außerdem kann – zur Überprüfung – die Vorlegung von Erlaubnisscheinen und Ausnahmebescheinigungen angeordnet werden (Absatz 3 Halbsatz 2). Dies bedurfte besonderer Erwähnung, da sich der waffenrechtliche Besitzbegriff nicht auf Urkunden erstreckt (Begr. BT-Drucks. 14/7758 S. 75)

**15** c) **Begründeter Anlass.** Vgl. hierzu die Begründung Rdn. 13 aE. Die Anordnung gem. Absatz 3 wird von der nach Landesrecht zuständigen Behörde erlassen; sie stellt sich rechtlich als **Verwaltungsakt** dar, der nach den Bestimmungen der VwGO (§§ 68, 42) angefochten werden kann. Betroffener des Verwaltungsakts nach Nr. 1 ist der **Besitzer** als Inhaber der tatsächlichen Gewalt über die Schusswaffe (Munition) bzw. (Nr. 2) des verbotenen Gegenstandes. Des Erlasses eines Verwaltungsakts gem. Absatz 3 bedarf es nur, wenn der Betroffene die in der Bestimmung aufgeführten Gegenstände nicht freiwillig vorlegt. In diesem Fall kann die Behörde bei begründetem Anlass im Einzelfall unter Festsetzung einer angemessenen Frist, die nach Lage der Dinge nicht besonders lang sein muss, anordnen, dass der Betroffene den nach der Sachlage in Betracht kommenden Gegenstand zur Prüfung vorlegt. Hierfür bedarf es nicht des Vorliegens einer konkreten Gefahr, sondern nur bestimmter Anhaltspunkte für ein waffengesetzwidriges Verhalten des Betroffenen, zB dass er seinerzeit erwerbscheinfrei über § 12 Nr. 7 RWaffG erworbene Faustfeuerwaffen anderen Personen unerlaubt überlassen hat, dass er verbotene Gegenstände besitzt, dass er als Waffengewerbetreibender erlaubnispflichtige Schusswaffen erlaubnisfrei veräußert hat oder dass er erlaubnispflichtige Schusswaffen unberechtigt ins Inland verbracht hat.

**16** d) **Vorlegungspflicht.** Die in Absatz 3 angeführten Gegenstände sind dem Kontrollorgan (ggf. nach Vollziehbarkeit des Verwaltungsakts) **lediglich** zur Prüfung **vorzulegen,** nicht auszuhändigen, da das Gesetz im Gegensatz zu ähnlich lautenden Bestimmungen nicht das Wort „Aushändigen" verwendet. Wird die Aushändigung für erforderlich gehalten, so kann diese nur dann erzwungen werden, wenn der Verdacht einer Straftat oder Ordnungswidrigkeit besteht, nach StPO (§§ 94ff., ggf. über § 46 Abs. 1 OWiG). Die Anordnung des Vorlegens kann dagegen mit Mitteln des Verwaltungszwanges durchgesetzt werden.

**17** Das **Vorzeigen** („Vorlegen") geschieht entweder in den eigenen Räumen des Betroffenen, wohin sich das Kontrollorgan begeben hat, oder in den Räumen der Behörde. Das Vorzeigen erfolgt zum Zwecke der Prüfung, wobei es sich nicht um eine Zustandsprüfung des Gegenstandes nach Art der vom TÜV vorzunehmenden han-

Verbotene Waffen **§ 40**

delt. Vielmehr hat sich der Beauftragte der Behörde lediglich davon zu überzeugen, ob die erlaubnispflichtigen Waffen sich noch vollzählig im Besitz des Betroffenen befinden, ob der Betroffene tatsächlich einen verbotenen Gegenstand besitzt, ob es sich bei der unberechtigt aus dem Ausland verbrachten Schusswaffe um eine Waffe handelt, die der Erlaubnispflicht nach dem WaffG unterliegt usw. Ob die vorgelegten und überprüften Schusswaffen, die Munition oder die Gegenstände sicherzustellen oder zu beschlagnahmen sind, richtet sich bei Verdacht einer Straftat oder Ordnungswidrigkeit nach den Vorschriften der StPO (§§ 94 ff., § 46 Abs. 1 OWiG). Wegen der Rückgabe der Urkunden über zurückgenommene Erlaubnisse vgl. § 46 Abs. 1 WaffG nF. Es bedarf keiner besonderen Hervorhebung, dass eine Anordnung gem. Absatz 3 nicht hinsichtlich **dienstlich** überlassener Schusswaffen (§ 55) ergehen kann.

**8. Zuwiderhandlung.** § 55 Abs. 1 Nr. 4 stellt den Verstoß gegen eine nach Absatz 3 ergangene vollziehbare Anordnung unter Bußgelddrohung; ordnungswidrig handelt nach § 53 Abs. 1 Nr. 21 weiter, wer entgegen Absatz 1 Satz 1 die Auskunftspflicht verletzt. **18**

## Unterabschnitt 7. Verbote

### Vorbemerkung

Der Unterabschnitt 7 des WaffG nF enthält wie der VII. Gesetzesabschnitt des WaffG aF die waffengesetzlichen Verbote. § 40 nF bringt nicht mehr wie § 37 aF eine umfangreiche Zusammenstellung der Gegenstände (Waffen, Vorrichtungen und Munition), deren Herstellung, Erwerb, Überlassen und Einfuhr usw. verboten sind. Die Liste der verbotenen Gegenstände (entgegen der Überschrift „Verbotene Waffen" nicht nur Waffen) findet sich jetzt in der Anlage 2 Abschnitt 1. Das Verbot des Waffenhandels im Reisegewerbe (vgl. die Änderungen zum Reisegewerbe durch Art. 1 Nr. 15 des Gesetzes vom 24. 8. 2002 (BGBl. I 3412), Marktverkehr und auf Volksfesten (§ 38 aF) ist außerhalb des vorliegenden Unterabschnitts bereits in § 35 Abs. 3 nF geregelt. Nachträglich war in das WaffG aF eingefügt worden das Verbot des Waffenführens bei öffentlichen Veranstaltungen (§ 39 aF); dies kehrt in § 42 nF wieder. Die frühere abschließende Bestimmung des VII. Abschnitts über „Verbote im Einzelfall" (§ 40 aF) findet sich jetzt in § 41 nF.

### Verbotene Waffen

**40** **(1) Das Verbot des Umgangs umfasst auch das Verbot, zur Herstellung der in Anlage 2 Abschnitt 1 Nr. 1.3.4 bezeichneten Gegenstände anzuleiten oder aufzufordern.**

**(2) Das Verbot des Umgangs mit Waffen oder Munition ist nicht anzuwenden, soweit jemand auf Grund eines gerichtlichen oder behördlichen Auftrags tätig wird.**

**(3) Inhaber einer jagdrechtlichen Erlaubnis und Angehörige von Leder oder Pelz verarbeitenden Berufen dürfen abweichend von § 2 Abs. 3 Umgang mit Faustmessern nach Anlage 2 Abschnitt 1 Nr. 1.4.2 haben, sofern sie diese Messer zur Ausübung ihrer Tätigkeit benötigen.**

## § 40  Abschn. 2. Umgang mit Waffen oder Munition

(4) **Das Bundeskriminalamt kann auf Antrag von den Verboten der Anlage 2 Abschnitt 1 allgemein oder für den Einzelfall Ausnahmen zulassen, wenn die Interessen des Antragstellers auf Grund besonderer Umstände das öffentliche Interesse an der Durchsetzung des Verbots überwiegen. Dies kann insbesondere angenommen werden, wenn die in der Anlage 2 Abschnitt 1 bezeichneten Waffen oder Munition zum Verbringen aus dem Geltungsbereich dieses Gesetzes, für wissenschaftliche oder Forschungszwecke oder zur Erweiterung einer kulturhistorisch bedeutsamen Sammlung bestimmt sind und eine erhebliche Gefahr für die öffentliche Sicherheit nicht zu befürchten ist.**

(5) **Wer eine in Anlage 2 Abschnitt 1 bezeichnete Waffe als Erbe, Finder oder in ähnlicher Weise in Besitz nimmt, hat dies der zuständigen Behörde unverzüglich anzuzeigen. Die zuständige Behörde kann die Waffen oder Munition sicherstellen oder anordnen, dass innerhalb einer angemessenen Frist die Waffen oder Munition unbrauchbar gemacht, von Verbotsmerkmalen befreit oder einem nach diesem Gesetz Berechtigten überlassen werden, oder dass der Erwerber einen Antrag nach Absatz 4 stellt. Das Verbot des Umgangs mit Waffen oder Munition wird nicht wirksam, solange die Frist läuft oder eine ablehnende Entscheidung nach Absatz 4 dem Antragsteller noch nicht bekannt gegeben worden ist.**

1  **1. Allgemeines.** Die Überschrift der Bestimmung „Verbotene Waffen" führt zunächst in die Irre. Denn die hier vorliegende Vorschrift enthält nicht etwa eine Begriffsbestimmung oder eine Aufzählung der verbotenen Gegenstände, sondern befasst sich in den Absätzen 1 bis 4 mit Ausnahmen von Verboten, die anderenorts ausgesprochen worden sind: Nach der neuen Systematik des Gesetzes findet man die Zusammenstellung der verbotenen Gegenstände in der zu § 2 Abs. 3 WaffG nF ergangenen Anlage 2, genannt „Waffenliste", und zwar im Abschnitt 1 mit der Überschrift „Verbotene Waffen". Es wäre an sich zu erwarten gewesen, dass die vorliegende Bestimmung zur Klarstellung gegenüber der allumfassenden Paragraphenüberschrift auf diese Aufzählung in der Waffenliste Abschnitt 1 verweist. Statt dessen muss zur Darstellung der verbotenen Gegenstände auf die Erläuterungen zu § 2 (iVm. der Waffenliste Abschnitt 1), und zwar die Rdn. 4 ff., verwiesen werden. Im Rahmen der hier zu kommentierenden Vorschrift ist nur auf die konkrete Regelungsmaterie einzugehen.

2  **2. Ergänzendes Verbot bezüglich „Molotow-Cocktails" (Absatz 1).** Anstelle einer grundlegenden Norm zum Bereich der verbotenen Waffen, die man an sich erwarten würde, enthält diese Einzelvorschrift eine in die Waffenliste nicht aufgenommene Regelung, die aber bereits nach bisherigem Recht in der Verbotsmaterie ihrem wesentlichen Inhalt nach enthalten war (§ 37 Abs. 1 Satz 3). Die Begründung (BT-Drucks. 14/8886 S. 117) erklärt denn auch hierzu nur, dass die Bestimmung der „Erhaltung des geltenden Rechtszustandes" diene. Das grundlegende Verbot der „Molotow-Cocktails ergibt sich aus § 2 Abs. 3 iVm. Anlage 2 A 1 Nr. 1.3.4 (§ 2 Rdn. 14). Ergänzend hierzu bestimmt nun Absatz 1, dass hier im Einzelfall eine weitere, bisher nicht geregelte Form des „Umgangs" (§ 1 Abs. 3) mit Waffen vom Verbot erfasst sein soll, nämlich das **Anleiten** oder **Auffordern** zur **Herstellung** von Molotow-Cocktails. Zur Begründung des ergänzenden Verbots wurde seinerzeit ausgeführt: „Das Verbot der sogenannten Molotow-Cocktails ist relativ unwirksam, solange ungestrafte Anleitungen zu ihrer Herstellung verbreitet werden dürfen und

Verbotene Waffen **§ 40**

jedermann ungestraft zu ihrer Herstellung auffordern darf. Dies geschieht vornehmlich im politisch-kriminellen Raum in erheblichem Umfang. Es müssen daher auch diese Tatbestände in das Verbot einbezogen werden. Das gleiche gilt für den Vertrieb von Bestandteilen, die zur Herstellung von Molotow-Cocktails bestimmt sind" (ABer. zu BT-Drucks. VI/3566 S. 7). Der Vertrieb von Bestandteilen zur Herstellung dieser Gegenstände, nach § 37 Abs. 1 Satz 3 WaffG aF noch Bestandteil der Verbotsregelung, ist vorliegend in Absatz 1 nicht übernommen worden, ohne dass hierfür ein Grund angegeben worden wäre. Möglicherweise geht man davon aus, diese Fälle unter dem Gesichtspunkt der Beihilfe zu dem (sonstigen) Umgang mit diesen Gegenständen ausreichend erfassen zu können. Der Verstoß gegen Absatz 1 ist nach § 52 Abs. 1 Nr. 4 als Straftat eingereiht worden. Zu den Begriffen „Anleiten" und „Auffordern" zur Herstellung wird auf die Erläuterungen zu dieser Strafvorschrift verwiesen. Vgl. auch BayObLG NJW **1998**, 1087 und *Derksen* NJW **1998**, 3760.

**3. Ausnahme vom Umgangsverbot bei gerichtlichem oder behördlichem Tätigwerden (Absatz 2).** Die Regelung stimmt mit § 37 Abs. 2 Nr. 2 WaffG aF überein. Die Ausnahme betrifft vor allem Sachverständige und waffen- oder munitionstechnische Laboratorien, die sich zu Begutachtungs- oder Prüfzwecken mit verbotenen Gegenständen beschäftigen müssen. **3**

**4. Freistellung vom Umgangsverbot mit „Faustmessern" (Absatz 3).** Zum Begriff der „Faustmesser" wird auf § 1 Rdn. 27 und § 2 Rdn. 20 verwiesen. An der letztgenannten Stelle sind auch die Gründe aufgeführt, die im Laufe des Gesetzgebungsverfahrens zu dieser Freistellung geführt haben. Zusätzlich wird darauf hingewiesen (BT-Drucks. 14/8886 S. 117), dass die von den in der Vorschrift genannten Personengruppen (Jägern, leder- und pelzverarbeitende Berufe) benutzten Faustmesser „typische Arbeitsgeräte" zum Lösen des tierischen Fells vom Körper seien, die sich sowohl durch ihre Form als auch durch ihre übliche Verwendung deutlich von den verbotenen Messern unterschieden. Bei Jägern wird eine jagdrechtliche Erlaubnis (§ 13 Rdn. 3) verlangt, ohne zwischen den einzelnen möglichen Arten zu unterscheiden. Angehörige von leder- oder pelzverarbeitenden Berufen sind alle, die in diesem Bereich beruflich in der Form des Lösens tierischer Felle vom Tierkörper tätig werden, einschließlich der Auszubildenden. Nicht erwähnt sind andere Berufe, die eine ähnliche Tätigkeit ausüben, zB in Schlachthöfen oder auch in Abdeckereien. **4**

Die Freistellung ist keine generelle, sondern sachlich beschränkt auf die jeweilige Ausübung der Tätigkeit, für die die betreffenden Personen diese Messer benötigen.

**5. Ausnahmegenehmigung durch das Bundeskriminalamt (BKA) nach Absatz 4.** Bereits § 37 Abs. 3 Satz 1 WaffG aF sah eine entsprechende Regelung vor. Der ursprüngliche Gesetzentwurf wollte dagegen die Ausnahmegenehmigung durch die „zuständige Behörde" erteilen lassen (Absatz 3 des Entwurfs), worüber es im Gesetzgebungsverfahren zu einem längeren Disput zwischen dem Bundesrat und der BReg. als Urheberin des Entwurfs kam. Die BReg. führte hierbei ins Feld (BT-Drucks. 14/7758 S. 76): „Die Neufassung des Absatzes 3 berücksichtigt die einschlägige verwaltungsgerichtliche Rechtsprechung zu dieser Vorschrift. Danach handelt es sich beim bisherigen § 37 Abs. 1 des Waffengesetzes um ein repressives Verbot, das die Herstellung, den Vertrieb, den Besitz etc. prinzipiell verhindern soll und von dem Ausnahmen nur in atypischen Fällen zugelassen werden können, in denen auf Grund besonderer Umstände öffentliche Interessen der Ausübung tatsächlicher Gewalt über verbotene Gegenstände nicht entgegenstehen (vgl. BVerwG, Ur- **5**

§ 40 Abschn. 2. Umgang mit Waffen oder Munition

teil vom 6. Dezember 1978, NJW 1979 S. 1563). Die zuständige Behörde – nicht mehr das Bundeskriminalamt – hat in jedem Fall zu prüfen, ob die Interessen des Antragstellers die öffentlichen Interessen überwiegen. Dabei werden in dem neu gefassten Absatz 3 Satz 2 neben dem Verbringen aus dem Geltungsbereich des Gesetzes die Bestimmung der Gegenstände zu wissenschaftlichen oder Forschungszwecken oder zur Erweiterung einer kulturhistorisch bedeutsamen Sammlung besonders genannt. Ausnahmebewilligungen nach Absatz 3 können künftig nicht mehr durch das Bundeskriminalamt erteilt werden, weil das Interesse nach bundeseinheitlicher Handhabung keinen Kompetenztitel für den Bund hergibt (*Löwer* in Recht der Jugend und des Bildungswesens 1997, S. 226, 227 f.). Geboten und ausreichend ist in diesen Fällen vielmehr eine Selbstkoordinierung der Länder in Abstimmung mit dem Bund auf der Grundlage der Koordinations- und Kooperationspflichten der Länder. Vor allem ist eine Entscheidung durch eine Behörde am Ort des Antragstellers kraft größerer Sachnähe vorzuziehen". Demgegenüber trat der BR für die Zuständigkeit des BKA ein und wies auf folgendes hin (aaO S. 115): „Hiermit soll eine unterschiedliche Genehmigungspraxis in den Ländern verhindert werden. Dieses kann nur erreicht werden, wenn, wie bisher, das Bundeskriminalamt die erforderlichen Entscheidungen trifft. Denn bei der Beurteilung eines Gegenstandes im Sinne des § 40 ist hoher waffentechnischer Sachverstand erforderlich, der bei den Sachbearbeitern der Waffenbehörden nicht erwartet werden kann, da entsprechendes Fachwissen in einer Verwaltungsausbildung nicht vermittelt wird und auch nicht vermittelt werden kann". Das lehnte die BReg. (aaO S. 135/136) ab mit der Begründung. es gehe hier nicht in erster Linie um die waffentechnische Bewertung, sondern um die Beurteilung des Interesses des Antragstellers, mit einem an sich verbotenen Gegenstand Umgang zu haben. Außerdem sei für die hier maßgeblich von persönlichen Umständen abhängige Einzelfallentscheidung Ortsnähe von Vorteil, da es, wie sich aus den genannten Abwägungspolen ergebe, um die konkreten Interessen des Antragstellers gehe. Nach den Beratungen im Innenausschuss entschied man sich schließlich für die Zuständigkeit des BKA (BT-Drucks. 14/8886 S. 43).

**6** Die Ausnahmevorschrift entspricht derjenigen des § 37 Abs. 3 WaffG aF, deren Vorgängerbestimmungen wiederum § 25 Abs. 2 RWaffG und § 18 Abs. 4 BWaffG 1968 waren. Voraussetzung der Ausnahmebewilligung, die nunmehr wieder (vgl. Rdn. 5) im Interesse der bundeseinheitlichen Handhabung durch das **Bundeskriminalamt** (BKA) in Wiesbaden erteilt wird, sollte ursprünglich die Gewähr sein, dass die betr. Waffen und sonstigen Gegenstände im Inland nicht abgesetzt werden; denn dann dürften öffentliche Interessen, insbesondere der deutschen Jagd, der Erteilung eines Dispenses nicht entgegenstehen. Die Befreiung sollte u. a. in der BRepD hergestellte, leicht zerlegbare Schusswaffen betreffen, die vor dem 2. Weltkrieg in nicht unbeträchtlicher Menge in das Ausland ausgeführt wurden. Nach der Begr. zum BWaffG 1968 (BT-Drucks. V/2623 S. 30) sollte auch die Herstellung von Totschlägern und Schlagringen für polizeiliche Zwecke gestattet werden können. Hier konnte es aber schon im Hinblick auf § 37 Abs. 2 WaffG aF zweifelhaft sein, ob eine Ausnahmebewilligung überhaupt notwendig war, weil die Polizei schon kraft Gesetzes (jetzt § 55 Abs. 1; § 37 Abs. 2 aF) vom Erwerbsverbot für solche Gegenstände befreit ist. Deshalb kam höchstens eine Befreiung der Herstellerfirma vom Produktionsverbot in Betracht.

**7** Die Erlaubnis kann dem **Antragsteller** – wie bisher – **allgemein** oder für den **Einzelfall** nach pflichtgemäßem Ermessen erteilt werden. Dass der Ausnahmebewilligung, auch nachträglich, wie früher ausdrücklich bestimmt war, Auflagen im öffentlichen Interesse, insbesondere zur Abwehr von Gefahren für Leben und Ge-

# Verbotene Waffen § 40

sundheit von Menschen, beigefügt werden können, ergibt sich aus der allgemeinen Vorschrift des § 9 Abs. 2. Bedingungen, gerichtet auf Abänderung der Waffe, sind nicht zulässig (**aA** *A/B* Rdn. 7), da Ausnahmegenehmigungen grundsätzlich bedingungsfeindlich sind. Durch die Ausnahmegenehmigung wird nur eine Ausnahme von dem Verbot des § 2 Abs. 3 iVm. der Waffenliste Anlage 2 Abschnitt 1 zugelassen, Vorschriften, die weitere Erlaubnisse vorsehen, bleiben unberührt. Es müssen demnach auch die allgemeinen Erteilungsvoraussetzungen für waffenrechtliche Erlaubnisse vorliegen (*K/P* Rdn. 630). Antragsteller ist nicht der Abnehmer bzw. der ausländische Kunde, sondern immer der inländische Hersteller oder Händler. Gegen die Ablehnung der Ausnahmebewilligung kann der Antragsteller die Rechtsbehelfe nach der VwGO (§ 68, 42; Widerspruch und bei Zurückweisung Anfechtungsklage) erheben. Richtlinien für die Erteilung von Ausnahmegenehmigungen gab die WaffVwV aF in Nr. 37.3.1 bis 5.

§ 37 Abs. 3 aF gab dem BKA eine Entscheidungsfunktion über Ausnahmen nur **8** dann, wenn eine Waffe usw. tatsächlich verboten war; der vorausgehende Entscheidungsprozess, ob eine Waffe unter die Verbote gem. § 37 Abs. 1 aF einzuordnen war, fiel in die Entscheidungsbefugnis der hierzu berufenen Behörde (Landratsamt, Oberbürgermeister) und bei Anfechtung von deren Entscheidung in die Entscheidungszuständigkeit des Verwaltungsgerichts. Der vom BKA herausgegebenen Liste der nach § 37 WaffG aF verbotenen Schusswaffen und Gegenstände kam lediglich eine erläuternde Aufgabe zu. Sie sollte Entscheidungshilfe sein; die Aufnahme in sie hatte keine konstitutive Bedeutung iS einer Bindung der zuständigen Verwaltungsbehörden hieran. Die Einräumung einer derartigen konstitutiven Wirkung hätte einer gesetzlichen Legitimation bedurft, an der es jedoch im WaffG aF fehlte.

Hier hat das WaffG nF eine entscheidende **Änderung** gebracht. Nach der zu- **9** nächst äußerst umstritten gewesenen Einfügung des § 2 Abs. 5 in seiner endgültigen Fassung ist nunmehr das **Bundeskriminalamt** (BKA) auch die **entscheidende Stelle für die Qualifikation der waffenrechtlichen Gegenstände**. Das ergibt sich leider nicht aus § 2 Abs. 5 Satz 1, wo nur von der Entscheidung durch die zuständige Behörde die Rede ist; dies ist in anderem Zusammenhang stets die landesrechtliche Waffenbehörde. Nur für eingeweihte Gesetzesanwender ist der maßgebliche **§ 48 Abs. 3** aufzuspüren, der diese Zuständigkeit tatsächlich aufzeigt. Auf § 2 Rdn. 72 wird im übrigen verwiesen. Für „**Pumpguns**" (Anlage 2 A 1 Nr. 1.2.1) werden nach einer Absprache zwischen MdI und BKA Ausnahmegenehmigungen **nicht** erteilt. Zu „Anscheinswaffen" vgl. § 2 Rdn. 28.

Das **BKA** hat eine **Interessenbewertung** vorzunehmen. Nach gesetzlicher Rege- **10** lung darf die Ausnahmegenehmigung nur erteilt werden, wenn die **Interessen des Antragstellers** „auf Grund besonderer Umstände" **überwiegen** gegenüber dem öffentlichen Interesse, dem gesetzlichen Verbot auch in diesem Falle die Wirksamkeit zu erhalten. Das Gesetz gibt in Absatz 4 Satz 2 selbst einige Beispiele für eine gerechtfertigte Ausnahme. Das ist einmal dann der Fall, wenn die verbotenen Gegenstände nicht im Inland verbleiben, sondern ins Ausland verbracht (exportiert) werden sollen. Entsprechendes gilt, wenn diese Gegenstände für wissenschaftliche Zwecke oder Forschungsvorhaben eingesetzt werden sollen; auch hier besteht eine gewisse Garantie dafür, dass sie in diesen abgeschirmten Bereichen verbleiben und nicht zu einer allgemeinen Gefahr werden. Schließlich erwähnt die Bestimmung noch als privilegierten Zweck, dass die verbotenen Gegenstände in eine bestehende kulturhistorisch bedeutsame Sammlung (§ 17 Abs. 1) eingereiht werden sollen. Die Anerkennung aller dieser Ausnahmetatbestände setzt letztlich voraus, dass in jedem einzelnen Fall keine erhebliche Gefahr für die öffentliche Sicherheit zu befürchten ist.

§ 40   Abschn. 2. Umgang mit Waffen oder Munition

Kann dies nicht ausgeschlossen werden, ist die Ausnahmegenehmigung zu versagen. Wann eine zu tolerierende (einfache) Gefahr droht und unter welchen Umständen sie in eine nicht mehr hinnehmbare erhebliche Gefahr übergeht, kann nur unter Abwägung aller Umstände des Einzelfalls entschieden werden. Im Falle des Exports der Gegenstände wird es stets an einer erheblichen Gefährdung (inländischer) öffentlicher Interessen fehlen. Im übrigen wird es von der – überprüfbaren – persönlichen Zuverlässigkeit der Forscher oder Sammler abhängen, ob derartige massive Gefahren mit der Überantwortung der Gegenstände an sie verbunden sind.

**11** **6. Die Ausnahmegenehmigung im Spiegel der Rechtsprechung.** Das BVerwG (NJW **1979**, 1563 = MDR **1979**, 698 = DÖV **1979**, 565) hat am Fall des Inhabers einer Detektei, der beantragt hatte, entgegen dem Verbot nach § 37 Abs. 1 Satz 1 Nr. 6 WaffG aF Schlagringe und Stahlruten besitzen zu dürfen, folgende Grundsätze entwickelt: Bei dem Verbot nach § 37 Abs. 1 Satz 1 WaffG (aF) handele es sich um ein repressives Verbot mit Befreiungsvorbehalt (vgl. Vorbem. vor § 51 Rdn. 3 und *Verf.* in Festschrift für Salger (1994) S. 167), bei dem erkennbar mit einer Genehmigung idR nicht gerechnet werden könne (vgl. hierzu BVerfGE **38**, 348, 367 = NJW **1975**, 727). Die im Gesetz zugelassenen Ausnahmen seien nur in **atypischen Einzelfällen** zulässig, in denen die Ausübung der tatsächlichen Gewalt über die verbotenen Gegenstände ausnahmsweise dem öffentlichen Interesse nicht widerspreche (so auch VGH Kassel, Urteil vom 1. 9. 1982 – V OE 8/81). Das Legalbeispiel „Ausfuhr" bringe zum Ausdruck, dass Ausnahmebewilligungen, die einen Verbleib der Gegenstände im Inland zur Folge haben würden, generell unerwünscht seien.

**12** **7. Nichtwirksamwerden des Verbots (Absatz 5). a)** Beim **Erben.** Dieser erwirbt den betr. verbotenen Gegenstand zivilrechtlich mit dem Todesfall gem. § 1922 BGB kraft Gesetzes. Wenn er auf Grund des Erbfalls in den unmittelbaren Besitz (Ausübung der tatsächlichen Gewalt) der möglicherweise beim Erbfall im Besitz eines Dritten befindlichen Waffe gelangt, hat er dies der zuständigen Behörde unverzüglich (§ 121 Abs. 1 Satz 1 BGB) **anzuzeigen.** Dieser steht das Recht auf **Sicherstellung** (vgl. § 37 Rdn. 7) der verbotenen Waffen oder Munition zu. Die Möglichkeit der Einziehung wird – abweichend von § 37 Abs. 5 WaffG aF – nicht erwähnt (vgl. aber § 46 Abs. 5). Die Behörde kann aber auch statt der Sicherstellung eine mit der Setzung einer angemessenen Frist verknüpfte **Anordnung** mit **vier** verschiedenen möglichen **Inhalten** erlassen: a) Unbrauchbarmachen (§ 37 Rdn. 8) der Waffe (Munition); b) Entfernung (soweit möglich) derjenigen Merkmale an dem Gegenstand, die das Verbot begründen; c) Überlassen an einen waffenrechtlich Berechtigten (§ 37 Rdn. 9) oder, falls der Besitzer die Waffe (Munition) behalten möchte: d) Beantragung einer Ausnahmegenehmigung nach Absatz 4. Solange die dem Besitzer gesetzte Frist läuft oder eine ablehnende Entscheidung über den Antrag dem Besitzer noch nicht bekannt gegeben worden ist, gilt das Verbot des Umgangs (§ 1 Abs. 3) mit der Waffe (Munition) als ausgesetzt; es tritt mit Bekanntgabe des negativen Ausgangs des Antragsverfahrens wieder in Kraft.

**13** **b)** Der **Finder** (vgl. § 37 Rdn. 5) wird vom Gesetz nach der Neuregelung dem Erben (Rdn. 12) gleich behandelt. Auch ihn trifft die Anzeigepflicht. Auch in seinem Fall hat die Behörde die Wahl zwischen Sicherstellung und Erlass der vier möglichen Anordnungen (Rdn. 12). Dem Eigentümer, der über keine Ausnahmebewilligung gem. Absatz 4 verfügt, darf der Finder den Gegenstand keinesfalls zurückgeben, da er sich durch das Überlassen an einen Nichtberechtigten strafbar machen würde.

**14** **c) Sonstige Inbesitznahme (Absatz 5, dritte Variante).** Die Rechtslage, wie sie Rdn. 12 und 13 geschildert worden ist, trifft auch auf den zu, der eine verbotene

# Waffenverbote für den Einzelfall § 41

sammenhang ausschließlich um den Ausspruch eines Waffenverbots im Einzelfall. Deshalb ist die **Person** des Betreffenden der Ausgangspunkt für alle Überlegungen (zum Adressatenkreis: *Humberg* VR **2004**, 8). Weist sie Eigenschaften auf, die ihn als Waffen(Munitions-)besitzer für die übrige Bevölkerung als gefährlich erscheinen lassen, so muss zur Verhütung derartiger Gefahren mit einem Verbot eingegriffen werden. Als Alternative führt Nr. 1 auf, dass ein Waffenverbot sich auch zur Kontrolle des Umgangs (§ 1 Abs. 3) mit diesen Gegenständen als notwendig erweisen könne. Das kann dann der Fall sein, wenn (weiterer) unkontrollierter Umgang im Hinblick auf den Waffeninhaber zu Gefahrensituationen führen kann. Nach bisherigem Recht wurde demgegenüber in § 40 Abs. 1 WaffG aF darauf abgestellt, ob die Annahme gerechtfertigt war, dass die Gegenstände „missbräuchlich verwendet" werden. Obwohl die Neufassung diese Formulierung nicht mehr verwendet, bestehen in der Sache keine solchen Abweichungen, als dass die hierzu ergangene Rechtsprechung nicht mehr herangezogen werden könnte. Denn die jetzt angesprochene Erforderlichkeit der Kontrolle über den Umgang setzt voraus, dass nicht kontrollierter Umgang den Umständen nach zu einem risikobehafteten Missbrauch des Waffen(Munitions)besitzes führen würde. Voraussetzung ist danach die auf Tatsachen gegründete konkrete Befürchtung voraussichtlich missbräuchlicher Verwendung (BVerwG AgrR **1995**, 251; VGH Mannheim NJW **1994**, 956) der Schusswaffen (Munition), zB illegaler Waffenhandel (BayVGH BayVBl. **1984**, 304). Waffenüberlassen an Nichtberechtigte (ausführlich BVerwG NJW **1979**, 1564 = DVBl. **1979**, 725, 726; BayVGH BayVBl. **1994**, 404). Bei den betr. Personen muss auf Grund ihres bisherigen Verhaltens (oder wegen körperlicher oder geistiger Mängel, zB Geisteskrankheit, -schwäche oder hochgradige Sehfehler oder starke Sehbehinderung trotz optischer Hilfsmittel in Verbindung mit Überängstlichkeit; hierzu unten unter Nr. 2) zu befürchten sein, dass die genannten Gegenstände – schuldhaft oder schuldlos – so verwendet werden, dass andere dadurch zu Schaden kommen (BVerwG NJW **1984**, 1192; AgrR **1995**, 251; VG Gera ThürVBl. **2003**, 61, 62 = NuR **2003**, 576). Auch die Besorgnis missbräuchlicher Verwendung der Gegenstände durch Dritte kann zu einem Verbot gegenüber dem bisherigen Inhaber der tatsächlichen Gewalt führen, wenn dieser nicht willens oder nicht in der Lage ist, seine Waffen vor dem Zugriff Dritter zu bewahren (EntwBegr. BT-Drucks. VI/2678 S. 33, 34; BVerwG DVBl. **1979**, 725, 726). Als Anhaltspunkt für die Beurteilung der Gefahrenlage, die von der betreffenden Person als Waffen(Munitions-)besitzer ausgeht, kann auch der Katalog der Zuverlässigkeitskriterien des § 5 (zB § 5 Abs. 2 Nr. 4) herangezogen werden. Anhaltspunkte ergeben sich auch heute noch aus Nr. 40.2 WaffVwV aF. Danach sind Anordnungen eines Waffenverbots im Einzelfall insbesondere dann gerechtfertigt, wenn aus einer begangenen Tat auf eine rohe oder gewalttätige Gesinnung oder eine Schwäche des Täters zu schließen ist, sich zu Gewalttaten hinreißen zu lassen, oder wenn der Täter eine schwere Straftat mit Hilfe oder unter Mitführen von Waffen oder Sprengstoff begangen hat, besonders leichtfertig mit Waffen umgegangen ist, Waffen an Nichtberechtigte überlassen oder erlaubnisfreie Waffen zu erlaubnispflichtigen umgebaut hat, schließlich auch, wenn der Betroffene Straftaten begangen hat, die – wie Einbruchsdiebstähle oder Raub – nicht selten unter Mitführung oder Anwendung von Waffen begangen zu werden pflegen. Solche Anordnungen setzen eine Verurteilung des Betroffenen wegen der Tat nicht voraus.

**bb) Fehlende persönliche Eignung und/oder Zuverlässigkeit (Nr. 2).** Ein Waffenbesitzverbot ist auch dann gerechtfertigt, wenn in der Person des (künftigen) Waffen(Munitions-)besitzers die in dieser Bestimmung im einzelnen genannten Mängel – durch entsprechende Tatsachen belegt – festzustellen sind (vgl. BVerwG NJW

5

**1984,** 1192; OVG Weimar, Beschluss vom 10. 3. 2006 – 3 EO 945/05). Hierzu kann hinsichtlich der persönlichen Eignung auf § 6 Rdn. 3 ff., bezüglich der Zuverlässigkeit auf § 5 Rdn. 2 ff. verwiesen werden. Für diesen Fall zeigt das Gesetz allerdings in Absatz 1 Satz 2 eine Möglichkeit auf, wie der wegen mangelnder persönlicher Eignung (nicht auch bei Unzuverlässigkeit) vom (auch erst drohenden) Verbot Betroffene den Gegenbeweis führen kann: Er ist von Amts wegen darauf hinzuweisen, dass er gegenüber der abweichenden behördlichen Annahme durch Vorlage von bestimmten ärztlichen oder fachpsychologischen Begutachtungen (§ 6 Rdn. 2 und 10) die jeweils bei ihm als fehlend beanstandete geistige und/oder körperliche Eignung nachweisen kann, allerdings auf seine Kosten (Bezugnahme auf § 6 Abs. 2).

**6** **d) Wirkungen des Verbotes.** Das Waffenbesitzverbot wird als Ermessensentscheidung (BayVGH BayVBl. **1994,** 404) durch anfechtbaren **Verwaltungsakt** der nach Landesrecht zuständigen Behörde erlassen. Es richtet sich immer nur gegen eine **Einzelperson** und nicht gegen Gruppen von Personen (etwa gegen „alle Landfahrer"). Seine Geltung erstreckt sich auf das ganze Bundesgebiet. Das Verbot kann befristet oder unbefristet erlassen werden; der Erlass eines unbefristeten Verbots wird die Regel sein (vgl. BVerwG NVwZ-RR **1994,** 442), weil es sich bei den körperlichen oder geistigen Mängeln, die wohl überwiegend zu dem Verbot führen, im allgemeinen um Dauerdefekte handeln wird. Nur wenn mit einiger Sicherheit vorauszusehen ist, dass der Betroffene sich zB endgültig von seiner negativen Grundhaltung abwenden wird oder dass etwa der Sohn, der dem Vater die Waffen zu missbräuchlicher Verwendung wegzunehmen pflegte, demnächst für immer an einen anderen, entfernten Wohnort umzieht, wird der Erlass eines befristeten Verbots in Frage kommen.

**7** Die Anordnung verbietet nicht nur den Besitz der Waffen (Munition), die Ausübung der tatsächlichen Gewalt über sie, sondern schließt idR auch das Verbot ein, diese Gegenstände zu erwerben, worauf in der Anordnung hingewiesen werden muss. Das Waffenverbot als Präventionsmaßnahme setzt nämlich nicht voraus, dass der Betroffene die tatsächliche Gewalt über Waffen oder Munition bereits ausübt (vgl. Nr. 40.1 WaffVwV aF, BayVGH BayVBl. **1984,** 304). Die Folgen des Besitzverbots richteten sich nach bisherigem Recht ausschließlich nach § 40 Abs. 2 WaffG aF; § 48 Abs. 2 aF war insoweit nicht heranzuziehen (BVerwG NJW **1984,** 1192, 1193). Durch die Neuregelung ist die in § 40 Abs. 2 WaffG aF enthaltene gewesene Vorschrift durch die allgemeine Bestimmung des § 46 ersetzt worden (Begr. BT-Drucks. 14/7758 S. 77). Auch die Aufhebung eines Waffenbesitzverbotes ist eine Ermessensentscheidung (VG Sigmaringen vom 13. 6. 2001 – 5 K 2256/00).

**8** **3. Besitzverbot bezüglich erlaubnispflichtiger Waffen oder Munition (Absatz 2).** Das bisherige Recht kannte die Trennung, wie sie jetzt durch die Absätze 1 und 2 vorgenommen worden ist, noch nicht; sie handelte deshalb in § 40 Abs. 1 WaffG aF das Waffenverbot für beide Kategorien von Waffen einheitlich ab. Die Entwurfsbegründung führt zu Absatz 2 u. a. aus: Die bisherigen waffenrechtlichen Vorschriften böten keine rechtliche Handhabe, bei einem rechtmäßigen Waffenbesitzer, der auf Grund bestimmter Anhaltspunkte eine Gefahr für die Allgemeinheit darstelle, die in seinem Besitz befindlichen Schusswaffen umgehend sicherzustellen; das allgemeine Polizeirecht biete insoweit nur einen unvollkommenen Ersatz. Diese Lücke solle geschlossen werden. In Verbindung mit dem Verbot könne die Behörde die in seinem Besitz befindlichen Waffen und Munition sowie die ihm erteilten Erlaubnispapiere vorläufig sicherstellen (§ 46 Abs. 4 Satz 1 Nr. 1).

Logischerweise ist in Absatz 2 nicht von einem Erwerbsverbot die Rede, weil hier bei dem Erwerb jeweils die Erlaubniskriterien der §§ 4 Abs. 1 und 2 erfüllt sein

Verbot des Führens von Waffen bei öffentlichen Veranstaltungen § 42

müssen und das hierzu gehörige Verfahren zu durchlaufen ist. Der Behörde, die die Anordnung eines Waffen(Munitions-)verbots erwägt, steht also in den Fällen des Absatzes 2 eine Person gegenüber, die bereits im Besitz einer erlaubnispflichtigen Waffe (Munition) ist. Das bedeutet allerdings nicht in jedem Fall, dass bei ihm zu einem früheren Zeitpunkt die Erteilungsvoraussetzungen für eine Erlaubnis vorgelegen haben müssten. In den Besitz solcher Gegenstände kann jemand auch ohne rechtmäßigen Erwerb gelangt sein; er ist auch in diesem Fall ein unter die Vorschrift fallender Besitzer eines Gegenstandes, dessen Erwerb der Erlaubnis bedarf. Zum Begriff der erlaubnispflichtigen Waffen (Munition) wird auf § 2 Abs. 2 iVm. Anlage 2 A 2 U 1 Satz 1 Bezug genommen. Inwieweit hier auch verbotene Waffen, die auf Grund einer Ausnahmebewilligung im Besitz sind, gemeint sein sollen (so Begr. BT-Drucks. 14/7758 S. 77), ist dem Wortlaut der Bestimmung nicht zu entnehmen.

Nach Absatz 2 kann jemandem der (weitere) Besitz nur untersagt werden, wenn – wie bei Absatz 1 Satz 1 Nr. 1 – durch den fortdauernden Besitz eine nicht hinnehmbare Gefahrensituation entstehen würde. Auf Rdn. 4 wird insoweit Bezug genommen. Für die Fälle, die denen des Absatzes 1 Satz 1 Nr. 2 entsprechen (Mängel bei der persönlichen Eignung und/oder der Zuverlässigkeit), ist nach dem Willen des Gesetzgebers das Rücknahme- und Widerrufsverfahren als das „passende Instrument" vorgesehen (Begr. aaO). **9**

**4. Informationspflicht der Waffenbehörde (Absatz 3).** Um eine effektive Überwachung derart gefährlicher oder unzuverlässiger Personen zu gewährleisten, wird angeordnet, dass über den Erlass eines Waffenbesitzverbotes (nach Absatz 1 wie nach Absatz 2; das Waffenerwerbsverbot des Absatzes 1 wird nicht genannt) die „örtliche" Polizeidienststelle zu unterrichten ist. Welche Dienststelle damit gemeint ist, ergibt sich nicht eindeutig. Es kann diejenige am Sitz der Waffenbehörde sein, aber auch diejenige am Wohnort des Verbotsadressaten, was sinnvoller wäre. Hierfür scheint auch die Entwurfsbegründung zu sprechen: „Die Benachrichtigung über den Erlass eines Waffenbesitzverbotes setzt die örtliche Polizeidienststelle in die Lage, darauf zu achten, dass etwaige Verstöße gegen das Waffenbesitzverbot unterbunden werden; hierzu ist die Waffenrechtsbehörde aus personellen Gründen und auch häufig wegen ihrer Ortsferne nicht in der Lage". Auch nach bisherigem Recht war die Mitteilungspflicht im hier verstandenen Sinne geregelt: Die Erlaubnisbehörde teilte nach Nr. 40.4 WaffVwV aF Anordnungen oder sonstige Maßnahmen nach § 40 aF der für den gewöhnlichen Aufenthaltsort (§ 4 Rdn. 9) des Betroffenen zuständigen örtlichen Polizeidienststelle, aber auch dem LKA und, sofern die Entscheidung rechtskräftig geworden war, dem Bundeszentralregister (§ 10 Abs. 1 Nr. 5 Buchst. a BZRG) mit. Die Polizei ihrerseits hatte Waffenverbote bei der Erlaubnisbehörde anzuregen, sofern ihr entsprechende Anhaltspunkte für den Erlass eines Waffenbesitzverbots bekannt wurden (Nr. 40.4 WaffVwV aF). **10**

**5. Zuwiderhandlung.** Der Verstoß gegen eine vollziehbare Anordnung nach Absatz 1 Satz 1 oder nach Absatz 2 ist Straftat nach § 52 Abs. 3 Nr. 8. **11**

## Verbot des Führens von Waffen bei öffentlichen Veranstaltungen

**§ 42** (1) **Wer an öffentlichen Vergnügungen, Volksfesten, Sportveranstaltungen, Messen, Ausstellungen, Märkten oder ähnlichen öffentlichen Veranstaltungen teilnimmt, darf keine Waffen im Sinne des § 1 Abs. 2 führen.**

## § 42   Abschn. 2. Umgang mit Waffen oder Munition

(2) **Die zuständige Behörde kann allgemein oder für den Einzelfall Ausnahmen von Absatz 1 zulassen, wenn**

1. **der Antragsteller die erforderliche Zuverlässigkeit (§ 5) und persönliche Eignung (§ 6) besitzt,**
2. **der Antragsteller nachgewiesen hat, dass er auf Waffen bei der öffentlichen Veranstaltung nicht verzichten kann, und**
3. **eine Gefahr für die öffentliche Sicherheit oder Ordnung nicht zu besorgen ist.**

(3) Unbeschadet des § 38 muss der nach Absatz 2 Berechtigte auch den Ausnahmebescheid mit sich führen und auf Verlangen zur Prüfung aushändigen.

(4) **Die Absätze 1 bis 3 sind nicht anzuwenden**
1. **auf die Mitwirkenden an Theateraufführungen und diesen gleich zu achtenden Vorführungen, wenn zu diesem Zweck ungeladene oder mit Kartuschenmunition geladene Schusswaffen oder Waffen im Sinne des § 1 Abs. 2 Nr. 2 geführt werden,**
2. **auf das Schießen in Schießstätten (§ 27),**
3. **soweit eine Schießerlaubnis nach § 10 Abs. 5 vorliegt,**
4. **auf das gewerbliche Ausstellen der in Absatz 1 genannten Waffen auf Messen und Ausstellungen.**

1   **1. Allgemeines.** § 39 WaffG aF ist hier inhaltlich übernommen worden. Nach Art. 8 Satz 1 GG haben alle Deutschen das Recht, sich ohne Anmeldung und Erlaubnis friedlich und **ohne Waffen** zu versammeln. In Ergänzung zu dieser Verfassungsbestimmung schreibt § 2 Abs. 3 Satz 1 Versammlungsgesetz (idF d. Bek. v. 15. 11. 1978 – BGBl. I 1789, geändert durch G vom 11. 8. 1999 – BGBl. I 1818 und Art. 1 des Gesetzes vom 24. 3. 2005 (BGBl. I 969); vgl. *Niethammer* BayVBl. **1990**, 513) vor, dass niemand auf dem Wege zu und bei öffentlichen Versammlungen (hierzu VGH Mannheim NVwZ-RR **1995**, 271) oder Aufzügen Waffen bei sich tragen darf, es sei denn, dass er zum Erscheinen mit Waffen behördlich ermächtigt ist. Der aus § 3 Waffenmissbrauchsgesetz vom 28. 3. 1931 (RGBl. I 77) hervorgegangene § 2 Abs. 3 Versammlungsgesetz, betrifft jedoch nur **öffentliche Versammlungen** (vgl. BayObLGSt. **1994**, 242 = NStZ **1994**, 497 = NVwZ-RR **1995**, 202 = DÖV **1995**, 337) **und Aufzüge** iS von § 1 Abs. 1, 14ff. Versammlungsgesetz. Bei anderen, insbesondere nicht politischen Zwecken dienenden **öffentlichen Veranstaltungen** (hierzu eingehend BGHSt. **37**, 330), greift das Verbot des Versammlungsgesetzes nicht Platz (vgl. aber § 17a Versammlungsgesetz nF). Es gilt insbesondere nicht für „Zusammenkünfte zum Zwecke des Vergnügens, des Kunstgenusses, der wirtschaftlichen Werbung (Märkte) oder ähnliche öffentliche Veranstaltungen" (Begr. BT-Drucks. VI/2678 S. 33). Der Gesetzgeber hat jedoch auch für solche Gelegenheiten ein Waffenführungsverbot als notwendig angesehen und in § 39 WaffG aF aufgenommen; denn „für ein solches Verbot spricht auch, dass der Übergang von einer bloßen Menschenansammlung zur Versammlung rasch erfolgen kann" (aaO). Durch das Gesetz zur Änderung des Versammlungsgesetzes vom 25. 9. 1978 (BGBl. I 1571) wurden die einschlägigen Bestimmungen des WaffG aF mit denen des Versammlungsgesetzes koordiniert. § 2 Abs. 3 Satz 1 Versammlungsgesetz untersagt nun nicht nur die Mitführung von Waffen, sondern auch die von sonstigen Gegenständen, die ihrer Art nach zur Verletzung von Personen oder zur Beschädigung von Sachen, wie Bolzenschneider oder Krähenfüße, geeignet und bestimmt sind, sofern

Verbot des Führens von Waffen bei öffentlichen Veranstaltungen **§ 42**

nicht eine behördliche Ermächtigung vorliegt. In Übereinstimmung hiermit sind die versammlungsgesetzlichen Verbotsbestimmungen in den §§ 5 und 13 Versammlungsgesetz auch auf das Mitführen der vorstehend beschriebenen „sonstigen Gegenstände" erstreckt worden. Diese Gegenstände dürfen auch die vom Leiter (§ 9 VersG) eingesetzten Ordner nicht bei sich haben. Dementsprechend sind auch die Sanktionsvorschriften in den §§ 24, 27 Versammlungsgesetz auf das Mitführen solcher sonstigen Gegenstände bzw. ihre Verwendung durch in diesem Sinne bewaffnete Ordner ausgedehnt worden. Zu den umfangreichen Änderungen durch das G von 9. 6. 1989 (BGBl. I 1059) vgl. *Kunert/Bernsmann* NStZ **1989**, 449, 452 ff. Zum Begriff des „als Schutzwaffe geeigneten Gegenstandes" nach §§ 17a, 27 Abs. 2 Nr. 1 Versammlungsgesetz vgl. OLG Hamm NStZ-RR **1998**, 87. Der Gesetzgeber stellt in der Begründung zum vorliegenden Gesetz eindeutig klar, dass zu den hier maßgeblichen „Veranstaltungen" Versammlungen im Sinne des Versammlungsgesetzes nicht gehören; für diese sieht das Versammlungsgesetz einschlägige Bestimmungen vor.

**2. Verbot des Führens von Waffen (Absatz 1).** Zum Begriff des „Führens" von 2 Waffen wird auf § 1 Rdn. 46 verwiesen. Die Neuregelung erweitert den Anwendungsbereich gegenüber der bisherigen Begrenzung auf Schusswaffen, Hieb- und Stoßwaffen dahingehend, dass nunmehr **alle** Gegenstände, die **Waffen** im Sinne des Waffengesetzes sind (§ 1 Abs. 2), vom Verbot erfasst sind.

**3. Umfang des Verbots.** Verboten ist das Waffenführen bei „**öffentlichen Ver-** 3 **anstaltungen**". Die bisher maßgebende Vorschrift (§ 39 WaffG aF) sprach von Teilnahme an „öffentlichen Veranstaltungen, insbesondere an Volksfesten und öffentlichen Vergnügungen". Daraus ergab sich, dass die Aufzählung nur beispielhaft („insbesondere") war. Die Neufassung wollte dies etwas mehr konkretisieren, indem sie nun „öffentliche Vergnügungen, Volksfeste, Sportveranstaltungen, Messen, Ausstellungen, Märkte" aufzählt, aber dann, weil eine solche Aufzählung nie abschließend sein könnte, auch „ähnliche" öffentliche Veranstaltungen einbeziet. Hierzu gehören also Schützenfeste, Kirchweihveranstaltungen (Kirmes), Karnevalveranstaltungen einschließlich der traditionellen Umzüge und ähnliche Feste. Märkte und Messen, bei denen es bisher zweifelhaft war, sind nunmehr ausdrücklich erwähnt (hierzu § 35 Rdn. 18). In § 35 Abs. 3 Satz 1 sind ferner Ausstellungen (Nr. 2) und Sammlertreffen (Nr. 3) genannt. Wahlversammlungen sind zwar nicht aufgeführt, auf sie dürfte sich das Verbot aber ebenfalls erstrecken. Dass die Veranstaltungen „unter freiem Himmel" stattfinden, ist nicht erforderlich. Das Merkmal „öffentlich" ist hier nicht nur als Gegensatz zu „privat" aufzufassen; private Veranstaltungen, zu denen der Zutritt nur einem ausgewählten Personenkreis gestattet ist, haben in jedem Falle auszuscheiden. Die Rechtsprechung des BGH (BGHSt. **37**, 330, 331 f. = NJW **1991**, 2715 = NStZ **1991**, 340) hat aber dem Begriff der „öffentlichen Veranstaltung" weitere Konturen verliehen. An einem Beispiel des Waffenführens innerhalb einer öffentlichen Spielhalle hat er ausgeführt: Der Begriff der öffentlichen Veranstaltung liege im Grenzbereich der Versammlung einerseits und der bloßen zufälligen Menschenansammlung andererseits. Eine „Veranstaltung" hebe sich ab von alltäglichen Vorgängen, Ereignissen und ständig zur Benutzung vorhandenen Einrichtungen und Lokalitäten. Öffentliche Veranstaltungen im Sinne des § 39 Abs. 1 WaffG (aF) seien demnach zeitlich eingegrenzte, aus dem Alltag herausgehobene Ereignisse, welche nicht nach der Zahl der anwesenden Personen, sondern nach ihrem außeralltäglichen Charakter und jeweils spezifischen Zweck vom bloßen gemeinsamen Verweilen an einem Ort abgegrenzt und in der Regel jedermann zugänglich seien, auf einer be-

## § 42   Abschn. 2. Umgang mit Waffen oder Munition

sonderen Veranlassung beruhen und regelmäßig ein Ablaufprogramm hätten. Nach Ansicht des Gesetzgebers träten bei solchen besonderen, **außeralltäglichen Ereignissen** durch das Führen von Waffen Gefährdungen der öffentlichen Sicherheit und Ordnung auf, welche über die normalen, vom Waffenführen in der Öffentlichkeit ausgehenden Gefahren hinaus reichten. Eine örtliche und zeitliche Begrenztheit des einem bestimmten Zweck dienenden Ereignisses sei erforderlich, um den Begriff der „Veranstaltung" nicht uferlos auszudehnen. Dauerhafte Vergnügungen etwa, welche, wie Vergnügungsparks, Tiergärten etc., den Charakter besonderer Ereignisse verloren hätten und zu festen Dauereinrichtungen sowohl in örtlicher wie in zeitlicher Hinsicht geworden seien, fielen daher nicht unter den hier maßgeblichen Begriff der Veranstaltung; andererseits seien etwa Volksfeste oder Sportveranstaltungen, solange sie sich innerhalb eines eingegrenzten Rahmens hielten, auch dann erfasst, wenn ihre zeitliche Dauer sich über mehrere Tage oder Wochen erstrecke und die Teilnehmer oder Besucher vielfach wechselten. Bei Gast- und Unterhaltungsstätten sei zu unterscheiden. Der normale Betrieb einer derartigen Lokalität sei keine Veranstaltung. Dagegen könnten hierunter Tanzveranstaltungen fallen, welche als besonderes, herausgehobenes Ereignis in einer Gaststätte stattfänden, nicht aber der normale Betrieb einer Diskothek. Dort wiederum könnten „Veranstaltungen" stattfinden, wenn es sich um besonders veranlasste, zeitlich abgegrenzte Ereignisse handelte, zB den Auftritt von „live" spielenden Musikern oder eine „Miss-Wahl". Auf die Anzahl der jeweils anwesenden Personen komme es hierbei nicht an; das Gesetz knüpfe nicht an die Personenzahl von Menschenansammlungen, sondern an die spezifische Stimmung bei außeralltäglichen Ereignissen an, welche Gefahren für die öffentliche Sicherheit und Ordnung in sich berge. Eine Spielhalle sei, wie jede Gaststätte, lediglich „schlicht" öffentlich.

4    „Teilnehmen" ist mit Erscheinen, Anwesendsein gleichzusetzen und gehört wesensmäßig zum Begriff der Veranstaltung (BGH aaO); eine besondere Aktivität ist darüber hinaus für die „Teilnahme" nicht wesensnotwendig. Darauf, ob die Zutrittsbedingungen, falls solche bestehen, erfüllt sind, kommt es nicht an.

5    **4. Ausnahmefälle (Absatz 2).** Ausnahmebewilligungen kann die Behörde sowohl im Einzelfall (BVerwG GewA **1984**, 245) als auch „allgemein" erteilen. Mit der letztgenannten, bisher nicht vorgesehen gewesenen Möglichkeit einer Allgemeinverfügung wird den Anforderungen der Verwaltungspraxis Rechnung getragen, die stets bedauert hatte, dass nicht von vornherein auch schon für mehrere gleichartige Veranstaltungen und eine größere Anzahl von Teilnehmern eine Regelung getroffen werden konnte (Begr. BT-Drucks. 14/7758 S. 77). Der Erlass einer Ausnahmebewilligung ist in jedem Fall an drei Voraussetzungen geknüpft:

6    **a)** Der Antragsteller muss sowohl **zuverlässig** iSv. § 5 sein als auch über die erforderliche **persönliche Eignung** nach § 6 verfügen (Absatz 2 Nr. 1). Auf die Anmerkungen zu diesen Vorschriften kann hier verwiesen werden. Da es sich nicht um eine „Erlaubnis" im technischen Sinne handelt, konnte eine einfache Verweisung auf die Erteilungsvoraussetzungen des § 4 Abs 1 nicht erfolgen. Es ist von besonderer Bedeutung für die Sicherheit, dass gerade hinsichtlich der Ausnahmebewilligung („Ausnahmebescheids" nach Absatz 3) für das Waffenführen bei solchen öffentlichen Veranstaltungen besondere Anforderung an die Charakterfestigkeit und das Verantwortungsbewusstsein des Betreffenden zu stellen sind.

7    **b) Unverzichtbarkeit des Waffenführens** (Nr. 2). Dass dies der Fall ist, muss der Antragsteller zur Überzeugung der Behörde nachweisen. Nach dem bisherigen Gesetzeswortlaut war ein entsprechendes „Bedürfnis" vonnöten. Hierzu wurde aber

**Verbot des Führens von Waffen bei öffentlichen Veranstaltungen § 42**

in der Rechtspraxis schon nicht der an sich hierfür maßgebliche § 32 WaffG aF herangezogen, weil diese Bestimmung auf den hier gegebenen Sachverhalt nicht „passte", die Notwendigkeitsvoraussetzung auch meist nicht gegeben war. Maßgebend sollte vielmehr die traditionsgemäße Üblichkeit sein, die bei historischen Umzügen, Aufmärschen u. a. regelmäßig gegeben ist (Vorauflage § 39 WaffG Rdn. 3). Dem ist der Gesetzgeber bei der Neuregelung gefolgt. Mit ihr soll verdeutlicht werden, dass es „um eine im Kontext der jeweiligen Veranstaltung liegende Unverzichtbarkeit, die beispielsweise bei historischen Umzügen aus dem Gesichtspunkt der traditionsgemäßen Üblichkeit folgen kann", geht (Begr. BT-Drucks. 14/7758 S. 77). Diese Form der Unverzichtbarkeit ist hier gemeint, nicht etwa die Notwendigkeit, sich selbst durch Bewaffnung auch bei öffentlichen Veranstaltungen zu schützen, was auch das Waffenführen uU unverzichtbar machen könnte.

**c) Nichtbeeinträchtigung der öffentlichen Sicherheit oder Ordnung** (Nr. 3). 8
Inwieweit Gefahren für die öffentliche Sicherheit oder Ordnung (Nr. 3) entstehen können (= polizeiliche Generalklausel), lässt sich nur nach dem Einzelfall beurteilen, Gefahren für die öffentliche Sicherheit und Ordnung bestehen (vgl. Nr. 39.1 Satz 2 WaffVwV aF) besonders dann, wenn nach der Art der Veranstaltung oder nach sonstigen Umständen andere das Führen von Waffen als Drohung missdeuten könnten oder wenn zu befürchten ist, dass die mitgeführten Waffen in der Veranstaltung abhanden kommen oder dass sich Teilnehmer der Veranstaltung unfriedlich verhalten werden. Das Entstehen von Gefahren für die öffentliche Sicherheit und Ordnung muss auszuschließen sein (BVerwG GewA **1984**, 245). Für Veranstaltungen, bei denen alkoholische Getränke ausgeschenkt werden und in denen es erfahrungsgemäß zu unbedachten Handlungen kommt, dürfen Ausnahmeerlaubnisse überhaupt nicht erteilt werden. Dass Polizeibeamte, die dienstlich an einer Veranstaltung iS von Absatz 1 (Rdn. 3) „teilnehmen", zB einen Umzug begleiten, bewaffnet sein dürfen, bedarf keiner besonderen Hervorhebung, ist übrigens auch in den meisten landesrechtlichen Freistellungsverordnungen vorgesehen. Bei einem Detektiv ist die Ausnahmegenehmigung (zur Teilnahme an öffentlichen Veranstaltungen aller Art) in Anwendung von Nr. 3 versagt worden (BVerwG aaO).

**5. Erweiterung der Ausweispflicht (Absatz 3).** Die Ausweispflicht ist an sich 9 zusammenfassend in § 38 geregelt (vgl. dort. Anm.). Zusätzlich wird im vorliegenden Sonderfall für jeden Inhaber der Ausnahmebewilligung nach Absatz 2 angeordnet, dass er außer den sonst erforderlichen Papieren auch den ihm erteilten Ausnahmebescheid bei sich haben muss, um ihn den Kontrollpersonen auf deren Verlangen zur Prüfung aushändigen zu können. Da der Ausnahmebescheid regelmäßig kein Lichtbild enthält, muss der Berechtigte daneben ein mit Lichtbild versehenes Legitimationspapier (Personalausweis, Pass) mit sich führen, damit er sich gegenüber den Kontrollorganen (Polizeibeamten, nicht uniformierten Beamten der Ordnungsämter) ausweisen kann.

**6. Generelle Ausnahmen vom Verbot des Absatzes 1** (Absatz 4). Die hier ge- 10
nannten Fälle Nr. 1 bis 3 entsprechen bisherigem Recht (§ 39 Abs. 6 aF). Soweit § 12 das Führen oder Schießen bei öffentlichen Veranstaltungen **ohne Erlaubnis** zulässt, ist die vorliegende Bestimmung unanwendbar (*A/B* Rdn. 14; zweifelnd, aber im Ergebnis für Freistellung *K/P* Rdn. 652). **a) Theateraufführungen** (Nr. 1); diesen gleichzuachtende Vorführungen sind Film- und Fernsehaufnahmen (vgl. § 12 Abs. 4 Satz 2 Nr. 3 Buchst. a; § 12 Rdn. 40). Die Gesetzesbegründung führt hierzu aus: „Nummer 1 enthält gegenüber der Freistellung von der Schießerlaubnispflicht nach § 12 Abs. 4 Satz 2 Nr. 2 Buchstabe a deswegen einen eigenen spezifischen Re-

## § 43 Abschnitt 3. Sonstige waffenrechtliche Vorschriften

gelungscharakter, weil er das Führen ungeladener Schusswaffen sowie das Führen von Waffen, die keine Schusswaffen sind, nämlich solche nach § 1 Abs. 2 Nr. 2 des Entwurfs, umfasst" (BT-Drucks. 14/7758 S. 77). Für die genannten künstlerischen Veranstaltungen gilt eine Freistellung vom Verbot, vorausgesetzt, dass von den Mitwirkenden zum Aufführungszweck nur ungeladene oder mit Kartuschenmunition (Anlage 1 A I U 3 Nr. 1.2) geladene Schusswaffen oder Waffen nach § 1 Abs. 1 Abs. 2 Nr. 2 (§ 1 Rdn. 20 ff.) verwendet werden.

**11** b) Für das **Schießen** in gem. § 27 WaffG genehmigten **Schießstätten** gilt nach Nr. 2 das Verbot ebenfalls nicht, auch wenn es bei öffentlichen Veranstaltungen, zB Schützenfesten, geschieht. Verbandsschießen und Wettbewerbsschießen mit bestimmter Teilnehmerzahl sind keine öffentlichen Veranstaltungen.

**12** c) Für **Inhaber einer Schießerlaubnis** gem. § 10 Abs. 5 WaffG (§ 10 Rdn. 13) gilt das Verbot ebenfalls nicht (Nr. 3), jedoch nur, soweit diese Erlaubnis reicht. Für das Schießen mit Schusswaffen außerhalb von Schießstätten wird die Behörde in aller Regel wohl die Auflage vorsehen, dass von der Erlaubnis (§ 10 Abs. 5 WaffG) nicht bei öffentlichen Veranstaltungen iS von Absatz 1 Gebrauch gemacht werden darf. An Ausnahmen wäre höchstens zu denken bei Kunstschützen, die bei öffentlichen Veranstaltungen ihre Schießkunst unter Beweis stellen wollen. Für das **Böllerschießen** bei Brauchtumsveranstaltungen ist § 16 Abs. 2 die Spezialnorm (*A/B* Rdn. 14).

**13** d) **Gewerbliches Ausstellen** auf **Messen** und **Ausstellungen** (Nr. 4). Zu Messen und Ausstellungen vgl. § 35 Rdn. 16. Die Einbeziehung dieser Veranstaltungen hätte an sich zur Konsequenz, dass durch das Verbot auch Tätigkeiten erfasst werden, die vom Gesetzeszweck nicht umfasst sind, zB das An- und Abreise zu gewerblichen Ausstellungen durch Waffenhändler und das Ausstellen der Gegenstände dortselbst. Hier ist die gebotene Freistellung zu begrüßen. Zu den unter die Regelung fallenden Waffen vgl. Rdn. 2.

**14** 7. **Zuwiderhandlung.** Waffenführen entgegen Absatz 1 ist Straftat nach § 52 Abs. 3 Nr. 9.

## Abschnitt 3. Sonstige waffenrechtliche Vorschriften

### Erhebung und Übermittlung personenbezogener Daten

**43** (1) **Die für die Ausführung dieses Gesetzes zuständigen Behörden dürfen personenbezogene Daten auch ohne Mitwirkung des Betroffenen in den Fällen des § 5 Abs. 5 und des § 6 Abs. 1 Satz 3 und 4 erheben. Sonstige Rechtsvorschriften des Bundes- oder Landesrechts, die eine Erhebung ohne Mitwirkung des Betroffenen vorsehen oder zwingend voraussetzen, bleiben unberührt.**

(2) **Öffentliche Stellen im Geltungsbereich dieses Gesetzes sind auf Ersuchen der zuständigen Behörde verpflichtet, dieser im Rahmen datenschutzrechtlicher Übermittlungsbefugnisse personenbezogene Daten zu übermitteln, soweit die Daten nicht wegen überwiegender öffentlicher Interessen geheim gehalten werden müssen.**

Diese Spezialvorschrift für den **Datenschutz** ist im Entwurf (BT-Drucks. 14/7758 S. 78) – erschöpfend – wie folgt begründet worden (vgl. auch *Heller/Soschinka* S. 174):

Erhebung und Übermittlung personenbezogener Daten § 43

„Die datenschutzrechtliche Regelung beschränkt sich darauf, punktuell solche Aspekte zu regeln, die Besonderheiten gegenüber dem allgemeinen Datenschutzrecht aufweisen bzw. in diesem angelegte Gestaltungsspielräume ausschöpfen.
Zu Absatz 1:
Satz 1 stellt eine Regelung im Sinne des § 4 Abs. 2 Satz 2 Nr. 1 des Bundesdatenschutzgesetzes (BDSG) vom 20. Dezember 1990 (BGBl. 1 S. 2854, 2955), das zuletzt durch Artikel 1 des Gesetzes vom 16. 5. 2001 (BGBl. 1 S. 898) geändert worden ist, oder vergleichbarer Rechtsvorschriften der Datenschutzgesetze der Länder dar. Er beschränkt sich auf den Aspekt der Nichterforderlichkeit der Mitwirkung des Betroffenen und führt diesbezüglich die Vorschriften des Entwurfs auf, die den Waffenbehörden bei der Zuverlässigkeits- und Eignungsprüfung ausdrücklich Datenerhebungen bei den dort bezeichneten inländischen öffentlichen Stellen aufgeben. Satz 2 stellt klar, dass es sich bei Satz 1 nicht um eine abschließende Regelung betreffend den Gesichtspunkt der Nichterforderlichkeit von Mitwirkungshandlungen des Betroffenen handelt. Es gibt Erhebungen, die nicht ausdrücklich im Entwurf aufgegeben werden, die aber vom Entwurf vorausgesetzt werden und die datenschutzrechtlich beispielsweise in Erhebungsbefugnissen von oder in Übermittlungsverpflichtungen oder -befugnissen an die Waffenbehörden nach bundes- oder landesrechtlichen Vorschriften abgesichert sind. So wird die Frage der Mitgliedschaft in einem verbotenen Verein oder einer für verfassungswidrig erklärten Partei oder die Verfolgung verfassungsfeindlicher Bestrebungen regelmäßig nicht über die Anfrage bei der örtlichen Polizeidienststelle geklärt werden können. Zur Aufklärung des Vorliegens einer Suchtkrankheit wird sich die Waffenbehörde gegebenenfalls auch an Sozial- oder Gesundheitsbehörden wenden. Hier ist auf spezialgesetzliche Normen etwa der Verfassungsschutzgesetze des Bundes oder der Länder oder des Sozialgesetzbuchs (SGB) oder auf sonstige Normen des bereichsspezifischen oder des allgemeinen Datenschutzrechts zurückzugreifen. Die Vorschrift des Absatzes 1 ist erforderlich, um deutlich und bundeseinheitlich klarzustellen, dass es in den genannten Fällen der Mitwirkung des Betroffenen nicht bedarf. Andernfalls würden die Datenschutzgesetze der Länder zur Anwendung kommen, die unterschiedliche Anforderungen an das Erfordernis der Mitwirkung des Betroffenen stellen.
Hervorzuheben ist, dass im Übrigen, also außerhalb des Anwendungsbereichs dieser Vorschrift, der allgemeine datenschutzrechtliche Grundsatz der Erhebung personenbezogener Daten beim Betroffenen unberührt bleibt. Sonstige Aspekte der Erhebung und Verarbeitung personenbezogener Daten werden von Absatz 1 dieser Vorschrift ohnehin nicht geregelt.
Zu Absatz 2:
Diese Bestimmung statuiert eine Auskunftspflicht von um Auskunft ersuchten inländischen öffentlichen Stellen und verstärkt damit bestehende Übermittlungsbefugnisse zu einer Auskunftspflicht. Der Ausdruck „im Rahmen" soll sichert die Kompatibilität mit korrespondierenden Übermittlungsvorschriften, zB nach dem Bundeszentralregistergesetz. Die Regelung führt als begrenzendes Element öffentliche Geheimhaltungsinteressen an. Diese Einschränkung bezieht sich deshalb ausschließlich auf öffentliche Geheimhaltungsinteressen, weil private Interessen bereits in den datenschutzrechtlichen Übermittlungsbefugnissen aufgefangen sind. Die Bestimmung ist erforderlich, weil zum einen die Regelungen der Amtshilfe dort nicht greifen, wo die Auskunftserteilung zu den eigenen Aufgaben der ersuchten Behörde gehört (das ist zB der Fall bei den Auskünften des Bundeszentralregisters an die Waffenbehörden), und zum anderen bei Fehlen einer Regelung im Waffengesetz je nach Paarung der Auskunft ersuchenden und Auskunft erteilenden Behörde sich die

**§ 44**   Abschnitt 3. Sonstige waffenrechtliche Vorschriften

Amtshilfe einfachrechtlich nach §§ 4 ff. des Verwaltungsverfahrensgesetzes des Bundes oder den die Amtshilfe betreffenden Regelungen des Verwaltungsverfahrensrechts der Länder richten würde.

Verzichtet wird, etwa in Anlehnung an das Ausländergesetz, auf die ausdrückliche Regelung einer Pflicht zu Spontanmitteilungen, also Mitteilungen ohne Auskunftsersuchen auf Initiative der an die Waffenbehörde übermittelnden Stelle. Dies deshalb, weil die Eigenschaft einer Person, Antragsteller in waffenrechtlichen Verfahren oder Umgang Habender mit Waffen zu sein, nicht evident oder allgemein bekannt ist. Nichtsdestoweniger bestehen aus allgemein datenschutzrechtlichen Gründen Befugnisse zu Spontanmitteilungen an die Waffenbehörde, die in den Fällen relevant werden, in denen der Übermittelnde weiß, dass der Betroffene Waffenbesitzer ist oder zu werden im Begriffe ist".

### Übermittlung an und von Meldebehörden

**44** (1) **Die für die Erteilung einer waffenrechtlichen Erlaubnis zuständige Behörde teilt der für den Antragsteller zuständigen Meldebehörde die erstmalige Erteilung einer Erlaubnis mit. Sie unterrichtet ferner diese Behörde, wenn eine Person über keine waffenrechtlichen Erlaubnisse mehr verfügt.**

(2) **Die Meldebehörden teilen den Waffenerlaubnisbehörden Namensänderungen, Wegzug und Tod der Einwohner mit, für die das Vorliegen einer waffenrechtlichen Erlaubnis gespeichert ist.**

1   **1. Entstehungsgeschichte.** Die Vorschrift war im bisherigen Waffenrecht und auch noch nicht im Regierungsentwurf enthalten. Sie verdankt ihre Entstehung einer dankenswerten Initiative des Bundesrats, der hiermit ein bisher zu verzeichnen gewesenes **Vollzugshindernis** aus dem Wege räumen wollte. Zur Begründung wurde geltend gemacht (BT-Drucks. 14/8886 S. 117; 14/7758 S. 116): Die Waffenbehörden erführen oft erst bei einer Regelüberprüfung von Erlaubnisvoraussetzungen von dem Wegzug oder dem Tod eines Erlaubnisinhabers. Gerade im Todesfall habe dies häufig zur Folge, dass aus Unkenntnis, Leichtsinn oder Vorsatz Waffen verschwänden. Eine zeitnahe Information der Waffenbehörden über die wichtigen Tatsachen des Wohnorts oder des Todes eines Erlaubnisinhabers sei aber nur über das Melderegister zu gewährleisten. Dieses müsse allerdings zuvor über die Erteilung einer waffenrechtlichen Erlaubnis an eine Person informiert sein; es würden indessen weder die Art der Erlaubnis noch Anzahl oder Typ der von der Erlaubnis erfassten Waffen übermittelt. Nach den Beratungen im Innenausschuss wurde die Bestimmung in der vorgeschlagenen Form, allerdings nicht mehr unter der bis dahin bestehenden Bezeichnung § 43a, sondern als § 44, in das Waffengesetz eingereiht. Das bewirkte notgedrungen eine Änderung der Bezeichnungen aller folgenden Vorschriften, weil der Gesetzgeber in ein neu geschaffenes Gesetz keine Zwischenparagraphen wie § 43a aufnehmen wollte.

2   **2. Mitteilungspflicht der Waffenbehörde (Absatz 1).** Diese Verpflichtung ist primär, setzt sie doch erst die Meldebehörde davon in Kenntnis, dass einem Einwohner eine waffenrechtliche Erlaubnis erteilt worden ist (Satz 1). Für die Erteilung einer WBK an einen Schießsportverein gilt die Bestimmung entsprechend in dem Sinne, dass sie sich auf die „verantwortliche Person" (§ 10 Abs. 2 Satz 3) bezieht (*A/B* Rdn. 5). Als „actus contrarius" ist naturgemäß auch eine entsprechende Mit-

teilung erforderlich, wenn diese Person über die Erlaubnis nicht mehr verfügt (Satz 2). Durch Folgeänderungen im Melderechtsrahmengesetz ist sichergestellt, dass die Daten vorschriftsmäßig gespeichert werden (Art. 5 WaffRNeuRegG). Vgl. auch das 3. ÄndG zum MRRG vom 27. 5. 2003 (BGBl. I 742) und die Änderungen durch Art. 2 des Gesetzes vom 21. 4. 2005 (BGBl. I 1073), Art. 12 des Gesetzes vom 21. 6. 2005 (BGBl. I 1818) und Art. 4 Abs. 6 des Gesetzes vom 22. 9. 2005 (BGBl. I 2809).

**3. Mitteilungspflicht der Meldebehörde (Absatz 2).** Sie wird durch drei verschiedene melderechtlich bedeutsame Vorfälle ausgelöst: a) Änderung des Namens des Erlaubnisinhabers. Hierdurch soll der Waffenbehörde ihre Kontrollfunktion erhalten bleiben, auch wenn der Erlaubnisinhaber unter dem der Waffenbehörde allein bekannten Namen nicht mehr erreichbar ist. Ohne eine solche Kenntnis von der Änderung würde zB die in § 4 Abs. 3 vorgeschriebene Regelüberprüfung auf Schwierigkeiten stoßen. b) Ähnliche Schwierigkeiten hinsichtlich der Überwachung wären ohne die vorliegende Regelung bei einem Umzug des Erlaubnisinhabers an einen anderen Ort zu erwarten. c) Schließlich ist von Bedeutung für die Waffenbehörde, vom Tode des Erlaubnisinhabers alsbald in Kenntnis gesetzt zu werden. In diesem Fall kann, wie die Erfahrung gelehrt hat (vgl. die Gesetzesbegründung Rdn. 1), die Überwachung des Waffenbesitzes der Kontrollbehörde in besonderem Maße entgleiten. Insgesamt gesehen ist diese Neuerung zu begrüßen, weil sie einen wichtigen, bisher fehlenden Baustein im waffenrechtlichen Überwachungssystem ergänzt hat.

**4. Zuwiderhandlung.** Die Verpflichtungen des Absatzes 1 und 2 sind jeweils von Amtsträgern zu erfüllen, so dass sich an ihre Nichterfüllung keine Bußgelddrohung knüpft. Hier ist allenfalls an disziplinarische Maßnahmen zu denken.

## Rücknahme und Widerruf

**45** (1) **Eine Erlaubnis nach diesem Gesetz ist zurückzunehmen, wenn nachträglich bekannt wird, dass die Erlaubnis hätte versagt werden müssen.**

(2) **Eine Erlaubnis nach diesem Gesetz ist zu widerrufen, wenn nachträglich Tatsachen eintreten, die zur Versagung hätten führen müssen. Eine Erlaubnis nach diesem Gesetz kann auch widerrufen werden, wenn inhaltliche Beschränkungen nicht beachtet werden.**

(3) **Bei einer Erlaubnis kann abweichend von Absatz 2 Satz 1 im Fall eines vorübergehenden Wegfalls des Bedürfnisses, aus besonderen Gründen auch in Fällen des endgültigen Wegfalls des Bedürfnisses, von einem Widerruf abgesehen werden. Satz 1 gilt nicht, sofern es sich um eine Erlaubnis zum Führen einer Waffe handelt.**

(4) **Verweigert ein Betroffener im Fall der Überprüfung des weiteren Vorliegens von in diesem Gesetz oder in einer auf Grund dieses Gesetzes erlassenen Rechtsverordnung vorgeschriebenen Tatbestandsvoraussetzungen, bei deren Wegfall ein Grund zur Rücknahme oder zum Widerruf einer Erlaubnis oder Ausnahmebewilligung gegeben wäre, seine Mitwirkung, so kann die Behörde deren Wegfall vermuten. Der Betroffene ist hierauf hinzuweisen.**

**1. Entstehungsgeschichte.** Bestimmungen über die Rücknahme und den Widerruf der Erlaubnis (hierzu krit. *Hinze* GewA **1987**, 51; *Scholzen* DJW **1998**, 946; zu

## § 45 Abschnitt 3. Sonstige waffenrechtliche Vorschriften

den Rechtsbehelfen *Scholzen* DWJ **1991**, 343) waren im BWaffG 1968 an drei verschiedenen Stellen (§§ 9, 10 Abs. 2, 28 Abs. 2 und 3) vorgesehen. Sie sind im WaffG aF dann aus gesetzestechnischen Gründen in einer einzigen Vorschrift (§ 47 aF) zusammengefasst worden, und zwar auch im Hinblick auf das seinerzeit in Vorbereitung befindliche Verwaltungsverfahrensgesetz (Begr. BT-Drucks. VI/2678 S. 36), das unter dem Datum vom 25. 5. 1976 (BGBl. I 1253) verkündet worden und am 1. 1. 1977 in Kraft getreten ist. Dieses Bundesgesetz (VwVfG) und die Verwaltungsverfahrensgesetze der Länder gelten für die Fälle der obligatorischen Rücknahme und des obligatorischen Widerrufs indessen nicht, da das WaffG insoweit eine abschließende Sonderregelung enthält (§ 1 Abs. 2 Satz 1 VwVfG). Aus diesem Grunde war auch die Jahresfrist für den Widerruf (§ 49 Abs. 2 Satz 2 iVm. § 48 Abs. 4 VwVfG) schon im Rahmen des § 47 WaffG aF nicht maßgebend (BVerwG DVBl. **1996**, 1439, 1441 = GewA **1997**, 69; VGH Mannheim NVwZ-RR **1997**, 414; *Meyer* GewA **1998**, 89, 96 ff.). Hierfür sprach auch der durch Gesetz vom 18. 2. 1986 (BGBl. I 265) in § 47 aF eingefügte Absatz 2 Satz 2, der nur für den fakultativen Widerruf die Anwendung des VwVfG vorsah (BVerwG aaO). Die Vorschrift galt gem. § 6 Abs. 3 WaffG aF auch für tragbare Kriegswaffen iS des KWKG.

**2** Die jetzige Vorschrift nimmt die Regelung des § 47 WaffG aF auf. Wie schon diese ist auch die vorliegende gegenüber der allgemeinen verwaltungsverfahrensrechtlichen in den §§ 48, 49 VwVfG nicht entbehrlich, bringt sie doch im Gegensatz zu dieser, die die Rücknahme und den Widerruf jeweils in das **Ermessen** der Verwaltungsbehörde stellt, eine **Pflicht** zur Beseitigung der Erlaubnisse. Wegen der sicherheitspolizeilichen Zielsetzung des Waffengesetzes muss die Rücknahme oder der Widerruf bei mangelnder Zuverlässigkeit, persönlicher Eignung oder Sachkunde zum Schutz der Allgemeinheit zwingend vorgeschrieben werden (Begr. BT-Drucks. 14/7758 S. 79). Das gilt grundsätzlich auch beim Wegfall des Bedürfnisses, denn die Erteilungsvoraussetzungen für eine waffenrechtliche Erlaubnis entsprechen den „Fortdauervoraussetzungen" (vgl. OVG Berlin NVwZ-RR **2000**, 431 f.), wie sich auch aus Artikel 87 Abs. 1 des Schengener Durchführungsübereinkommens vom 19. 6. 1990 (BGBl. II 1993 S. 1013 ff.) ergebe, der den Vertragsstaaten vorschreibe, waffenrechtliche Erlaubnisse bei Wegfall des Bedürfnisses zu widerrufen. In aller Regel ist in Fällen dieser Art auch der **sofortige Vollzug** anzuordnen (vgl. OVG Lüneburg NVwZ-RR **2005**, 110 [betr. Jagdschein], veröff. auch RdL **2004**, 231; allgemein zum sofortigen Vollzug BVerfG NJW **2003**, 3618; VGH Kassel NVwZ-RR **2004**, 32; VG Neustadt/Weinstraße vom 14. 3. 2005 – 4 L 371/05.NW.; BayVGH BayVBl. **2003**, 595). Vgl. aber den Ausnahmefall bei § 5 Rdn. 7. Ein nur auf gesetzliche Änderung der Erteilungsvoraussetzungen gestützter Widerruf ist grundsätzlich nicht zulässig (*A/B* § 58 Rdn. 4; Nr. 45.2 EWaffVwV) außer, wenn das Gesetz eine Berücksichtigung vorsieht (zB § 58 Abs. 9). Vgl. näher § 5 Rdn. 7 a, auch § 13 Rdn. 7 ff. Für Berücksichtigung nur von nach dem 1. 4. 2003 eingetretenen Tatsachen *K/P* Rdn. 898.

**3** Die Rechtsprechung hat hierzu entschieden, dass ein Waffenbesitzverbot nach § 40 Abs. 1 aF (jetzt § 41) in eine Rücknahme oder einen Widerruf umgedeutet werden kann (BayVGH BayVBl. **1984**, 304); ein solches Verbot zwinge auch zum Widerruf (BGH NJW **1984**, 1192, 1193; vgl. auch VGH Mannheim NJW **1994**, 956).

**4** **2. Rücknahme (obligatorisch);** vgl. Rdn. 1 zur Anwendbarkeit des VwVfG. Schon § 47 Abs. 1 aF erfasste sämtliche Erlaubnisse nach dem WaffG aF. Durch die Verweisung in § 7 a der 1. WaffV aF galten die §§ 47 und 48 aF ab 1. 1. 1995 auch für die im II. Abschnitt der 1. WaffV aF (§§ 9 bis 9 d nF) genannten Erlaubnisse,

Rücknahme und Widerruf § 45

Einwilligungen und den „Europäischen Feuerwaffenpass", darüber hinaus auch für weitere derartige behördliche Gestattungen der 1. WaffV aF. Diese generelle Geltung ist bei der Neuregelung beibehalten worden: Der Begriff „Erlaubnis" umfasst danach **alle Erlaubnistatbestände** des Gesetzes, also auch Zustimmungen oder Ausnahmebewilligungen und -bescheide (Begr. BT-Drucks. 14/7758 S. 79).

Die Rücknahme beseitigt als „actus contrarius" den seinerzeit erlassenen Verwaltungsakt, der sich nachträglich als fehlerhaft herausgestellt hat, wobei die Rücknahme idR mit Wirkung für die Vergangenheit („ex tunc") verfügt wird. Die Jahresfrist des § 48 Abs. 4 Satz 1 VwVfG ist nicht zu beachten, soweit die Behörde zur Rücknahme verpflichtet ist (BVerwG DVBl. **1996,** 1439, 1441 = GewA **1997,** 69; BayVGH BayVBl. **1987,** 727). Da die Rücknahmemöglichkeit im Gesetz ausdrücklich angeordnet bzw. zugelassen wird (vgl. § 48 Abs. 1 Satz 2 VwVfG), ist sie statthaft (*Forsthoff*, Lehrbuch des Verwaltungsrechts, 10. Aufl. S. 262). Die Rücknahme geschieht durch anfechtbaren Verwaltungsakt der für die Erlaubniserteilung zuständigen Behörde. Sie hat zu erfolgen, wenn nachträglich bekannt wird, dass bei der Erteilung gegen zwingendes Recht verstoßen worden ist; auf die Art des Entscheidungsfehlers – Tatsachen- oder Rechtsirrtum oder bewusste Fehlentscheidung – kommt es nicht an (BVerwGE 71, 248, 250 = NJW **1986,** 2066; *Meyer* GewA **1998,** 89, 96). So ist Rücknahme geboten, wenn ein Bedürfnis nicht vorlag (BVerwG aaO), die Sachkunde nicht in der gesetzlich vorgeschriebenen Weise nachgewiesen war (VG Meiningen ThürVBl. **2001,** 286) oder der obligatorische Versagungsgrund der Unzuverlässigkeit (§ 5 Abs. 1) oder der mangelnden persönlichen Eignung (§ 6) von Anfang an gegeben war, zB wegen Vorliegens einschlägiger Vorstrafen, die im Strafregisterauszug versehentlich nicht oder noch nicht verzeichnet waren, oder bei der Behörde erst später bekannt gewordener hauptamtlicher Tätigkeit als Offizier des MfS der früheren DDR (Sächs. OVG GewA **1994,** 195; krit. hierzu [Einzelfall entscheidend] BVerwG SächsVBl. **1995,** 184 in seinem Kostenbeschluss nach Erledigung der Hauptsache; ähnlich OVG Greifswald SächsVBl. **1995,** 187 in Bezug auf die Erteilung eines Jahresjagdscheines). Gegebenenfalls ist ein „Widerruf" in eine Rücknahme oder umgekehrt umzudeuten (BVerwG NVwZ-RR **1995,** 525 = GewA **1995,** 343, 346; BayVGH BayVBl. **1985,** 370, 371) Bei Waffenhändlern führt auch die unzutreffende Annahme der Fachkunde (§ 21 Abs. 3 Nr. 3; § 22; § 8 Abs. 2 Satz 1 WaffG aF) obligatorisch zur Rücknahme der Handelskonzession. Auch hier genügt es, wenn nachträglich bekannt wird, dass einer der Versagungsgründe bei der Erlaubniserteilung vorgelegen hat. Zu den einzelnen – hier als fehlend festzustellenden – Erteilungsvoraussetzungen wird auf die Erläuterungen zu den §§ 5 bis 8, 21 Abs. 3 Nr. 3 iVm. 22 verwiesen. Zur Berücksichtigung ausländischer (hier: englischer) Verurteilungen vgl. *Kühling* Jura **2005,** 198.

**3. Fakultative Erlaubnisrücknahme.** Dieses Institut sieht das WaffG seit dem Wegfall des Satzes 2 von § 47 Abs. 1 WaffG aF (G v. 18. 2. 1986 – BGBl. I 265) nicht mehr als speziell waffenrechtliches Instrument vor. Vgl. aber § 48 VwVfG und Rdn. 1. Zu insoweit bestehenden Fristen äußert sich das BVerwG NVwZ **1996,** 1217.

**4. Widerruf im allgemeinen (Absatz 2).** Die Erlaubnis kann nicht, wie die Genehmigung nach dem KWKG vom 20. 4. 1961 (BGBl. I 444) § 7 Abs. 1, jederzeit frei, sondern nur bei Vorliegen der in Satz 1 oder 2 angeführten Voraussetzungen widerrufen werden (vgl. *Scheffer* GewA **2005,** 278), wobei das Gesetz, ähnlich wie früher bei Absatz 1 (Rdn. 5), auch jetzt zwischen dem **obligatorischen** Widerruf nach Absatz 2 Satz 1 und Absatz 3 Satz 2 und dem **fakultativen** nach Absatz 2 Satz 2, Ab-

5

6

7

**§ 45** Abschnitt 3. Sonstige waffenrechtliche Vorschriften

satz 3 Satz 1 unterscheidet. Grundsätzlich kann ein begünstigender Verwaltungsakt, wie die Erlaubnis nach § 21 WaffG, nur widerrufen werden, wenn ein Gesetz, wie vorliegend § 45 Abs. 2 (iVm. § 49 Abs. 2 Nr. 1 VwVfG), die Beseitigung ausdrücklich zulässt. In diesem Falle kann der Widerruf von der konzessionierenden Behörde durch verwaltungsgerichtlich anfechtbaren Verwaltungsakt mit Wirkung ex nunc ausgesprochen und die Erlaubnis damit in Wegfall gebracht werden.

8 Von der Widerrufsverfügung können die gleichen **Erlaubnisse** erfasst werden wie von der Rücknahme (Rdn. 4). Früher setzte zB der Widerruf einer WBK wegen Unzuverlässigkeit bei einem Jagdscheininhaber voraus, dass zuvor sein Jagdschein für ungültig erklärt und eingezogen wurde (OVG Hamburg NVwZ-RR **1993**, 27; vgl. hierzu jetzt OVG Lüneburg NVwZ-RR **2005**, 110). Nach dem zwischenzeitlich unterschiedlich ausgestaltet gewesenen Zuverlässigkeitsanforderungen im Jagdrecht und im Waffenrecht (BVerwG NVwZ-RR **1995**, 525 = GewA **1995**, 343; vgl. *Schenke*, Der Widerruf einer waffenrechtlichen Erlaubnis gegenüber dem Inhaber eines Jagdscheins, GewA **2000**, 136) war indessen im Waffenrecht eine eigene Zuverlässigkeitsprüfung vonnöten, soweit die jagdrechtlichen hinter den waffenrechtlichen Voraussetzungen in ihrer Strenge zurückblieben (VGH Mannheim BaWüVerwPr. **1996**, 208). So konnte im Waffenrecht früher bereits eine strafgerichtliche Verurteilung zu einer Geldstrafe von 30 Tagessätzen wegen unerlaubten Führens einer Schusswaffe die Regelvermutung der Unzuverlässigkeit (§ 5 Abs. 2 Nr. 1 Buchst. e WaffG aF) auslösen, während im Jagdrecht (§ 17 Abs. 4 Nr. 1 Buchst. d BJagdG) der Schwellenwert 60 Tagessätze betrug (VGH Mannheim aaO). Durch Art. 15 Nr. 1 Buchst. a WaffR-NeuRegR (Änderung des BJagdG) ist nunmehr eine Angleichung erfolgt.

9 Die **obligatorischen Widerrufsgründe** sind die gleichen, die zur Rücknahme der Erlaubnisse (Zulassungen) zwingen (Rdn. 5). Der Hauptwiderrufsgrund wird allerdings der nachträglich eintretende Wegfall der persönlichen Eignung (§ 6) oder der – früher diese mit umfassenden – Zuverlässigkeit (§ 5 WaffG) sein (*Meyer* GewA **1998**, 89, 96 f.), zB durch spätere Bestrafung (BVerwG GewA **1995**, 344; NVwZ-RR **1992**, 480; DVBl. **1985**, 1311; NJW **1984**, 1194; VGH Mannheim GewA **1991**, 119; OVG Koblenz RdL **1989**, 183; BayVGH GewA **1988**, 339; VG Gera Thür-VBl. **2003**, 61, 62 = NuR **2003**, 576; VG Chemnitz, Beschluss vom 3. 6. 2005 – 3 K 449/05; VG Münster vom 20. 8. 2001 – 1 K 2141/00 = PStR **2001**, 263 [L.]); die von einem Unzuverlässigen ausgehende Gefahr wird nicht dadurch ausgeräumt, dass dieser die Waffen während des Widerrufsverfahrens seiner (besitzberechtigten) Tochter in Verwahrung gibt (BayVGH BayVBl. **2003**, 595). Auch die durch strafgerichtliches Urteil erfolgte Verwarnung mit Strafvorbehalt nach § 59 StGB wegen unerlaubten Umgangs mit – zT verbotener – Munition stellte eine Verurteilung iSv. § 5 Abs. 2 Nr. 1 WaffG aF dar und konnte damit Grundlage der Regelvermutung für die waffenrechtliche Unzuverlässigkeit und den Widerruf einer Waffenbesitzkarte sein (VGH Mannheim NVwZ-RR **1997**, 414; zw.). Missbräuchlicher und leichtfertiger Umgang eines Sportschützen mit einer Schusswaffe durch Schießen auf eine verschlossene Zimmertür, hinter der sich der eigene Sohn befand, führt zum Widerruf der WBK (BayVGH BayVBl. **2002**, 673; hierzu *Scholzen* DWJ **2001**, Heft 1, 92). Entsprechendes gilt, wenn ein WBK-Inhaber mit einem Luftgewehr in eine Party-Gesellschaft in der Nachbarschaft schießt, so dass eine Glühbirne zerstört wird (VG Potsdam, Beschluss vom 14. 7. 2003 – 3 L 586/03. Vgl. auch OVG Berlin NVwZ-RR **2000**, 431 zum Wegfall des Bedürfnisses. Die nachträgliche Verschärfung der Gesetzeslage ist keine „Tatsache" iSv. Absatz 2 Satz 1 (VG Regensburg, Beschluss vom 16. 7. 2003 – 7 S 03.1019 = JagdRE V Nr. 208; VG Sigmaringen vom 31. 1. 2005 – 2 K 978/04). Vgl. zu allem § 5 Rdn. 7 ff.

Rücknahme und Widerruf § 45

Mehrere kleinere Sorgfaltsverstöße können zusammengenommen die Annahme
der Unzuverlässigkeit begründen. Die Tatsache, dass eine fremde Person sich zweimal innerhalb eines Jahres unbefugt die Pistole des legitimen Besitzers „aneignen"
konnte, macht allein schon deutlich, dass die Waffe nicht ordnungsgemäß aufbewahrt war (OVG Lüneburg vom 2. 7. 1987 – 14 A 45/86 = Jagdrechtliche Entscheidungen XVII Nr. 84). Die Verwahrung einer schussbereiten Waffe im verschlossenen Kofferraum eines auf einem fremden Grundstück abgestellten Kraftfahrzeugs
entspricht nicht den Anforderungen an die Sicherung gegen ein Abhandenkommen;
zudem darf der Inhaber einer WBK (Sportschütze) die Waffe grundsätzlich nur in
entladenem Zustand zur Schießstätte transportieren (VG Minden NVwZ-RR **2001**,
515 = GewA **2001**, 295). Zum Wegfall des Bedürfnisses vgl. OVG Berlin NVwZ-
RR **2000**, 431 und die Nachweise bei *Meyer* GewA **2001**, 89, 93 f.

Das Verbot, im Bundeszentralregister getilgte oder zu tilgende strafgerichtliche
Verurteilungen zu verwerten (§ 51 Abs. 1 BZRG), gilt grundsätzlich auch für den
Widerruf von Waffenbesitzkarten (BVerwG DVBl. **1996**, 1439 = GewA **1997**, 69).
Außerdem kommen als Widerrufsgründe in Betracht: Hinwendung zur Trunksucht
oder zum Genuss von Betäubungsmitteln, unsachgemäßer Umgang mit der Waffe in
betrunkenem Zustand in einem Lokal (BayVGH BayVBl. **1985**, 371), unerlaubtes
Überlassen der Waffe an Nichtberechtigte (BayVGH BayVBl. **1994**, 404), illegaler
Waffenhandel (BayVGH BayVBl. **1984**, 304, 305) oder Verletzung der waffenrechtlichen Buchführungspflichten bei einem Waffenhändler (OVG Bautzen NVwZ-
RR **1997**, 411). Ein Entfallen der Fachkunde ist dagegen bei natürlichen Personen
kaum denkbar; anders ein nachträglicher Wegfall der körperlichen Eignung, etwa
durch beträchtliche Rückgang der Sehschärfe, bei Erlaubnissen wie WBK oder
Waffenschein. Ein erst nach der Verwaltungsentscheidung rechtskräftig werdendes
Strafurteil kann nicht herangezogen werden (VG Hamburg GewA **1988**, 306).

In aller Regel wird ein **Sofortvollzug** des Widerrufs (§ 80 Abs. 2 Nr. 4, Abs. 3
Satz 1 VwGO) angebracht sein (OVG Bautzen NVwZ-RR **1997**, 411; BayVGH
BayVBl. **2003**, 595; OVG Lüneburg NVwZ-RR **2005**, 110 [betr. Jagdschein]; Bay-
VGH GewA **1988**, 339). Zur – eingeschränkten – Verwertbarkeit lange zurückliegender Umstände vgl. VGH Kassel, Urteil vom 24. 7. 1997, mitgeteilt von *Scholzen*
DWJ **1998**, 946.

Bei der gerichtlichen Beurteilung der Rechtmäßigkeit des Widerrufs einer waf- 10
fenrechtlichen Erlaubnis wegen Unzuverlässigkeit (zB nach § 5 Abs. 2 S. 1 Nr. 1
WaffG aF) ist auch bei einer lange zurückliegenden Straftat des Betroffenen nicht
auf den Zeitpunkt der letzten berufungsgerichtlichen Verhandlung, sondern auf den
des Erlasses des Widerspruchsbescheides abzustellen (BVerwG, Beschluss vom
24. 6. 1992 – 1 B 105.92; *Buchholz* 402.5 WaffG Nr. 65 = GewA **1992**, 359). Bei
einer Mehrzahl widerrufener Waffenbesitzkarten und der davon betroffenen Waffen
ist außerdem nach dem BVerwG (Beschluss vom 30. 4. 1992 – 1 B 64.92) im gerichtlichen Verfahren eine deutlich höhere Streitwertfestsetzung über dem Auffangwert gerechtfertigt (im konkreten Fall: 12 000.– DM).

**5. Fakultativer Widerruf bei Nichtbeachtung von inhaltlichen Beschränkun-** 11
**gen (Absatz 2 Satz 2).** Missachtung inhaltlicher Beschränkungen (vgl. § 9 Rdn. 3 f.;
§ 10 Abs. 1 Satz 2 WaffG aF) liegt zB vor, wenn ein Gewerbetreibender, der nur die
Erlaubnis zur Munitionsherstellung hat, dazu übergeht, andere Munitionsarten als
diejenigen, auf welche die Erlaubnis lautet, oder gar Schusswaffen herzustellen, oder
ein nur für die Herstellung von Langwaffen konzessionierter Fabrikant richtet eine
Fabrikationsanlage für Kurzwaffen ein. Im übrigen kommt daneben ein fakultativer

## § 45 Abschnitt 3. Sonstige waffenrechtliche Vorschriften

Widerruf nach den Bestimmungen des VwVfG in Betracht (BVerwG DVBl. **1996**, 1439, 1441 = GewA **1997,** 69).

**12**   **6. Ausnahme bei (vorübergehendem oder endgültigem) Wegfall des Bedürfnisses (Absatz 3).** Diese neu eingefügte Vorschrift will Erfordernissen Rechnung tragen, die sich im Verwaltungsvollzug ergeben haben. Die Begründung (BT-Drucks. 14/7758 S. 79) führt hierzu aus: „Schon nach der Regelung des bisherigen § 47 Abs. 2 Satz 1 des Waffengesetzes war auch bei Wegfall des Bedürfnisses der Widerruf der Erlaubnis zwingend vorgeschrieben. Die Vorschrift führte teilweise zu schwer vermittelbaren Härten und wurde deshalb vielfach nicht strikt angewendet. Absatz 3 schafft nunmehr die Möglichkeit, flexibel zu reagieren: Satz 1, 1. Alternative lässt nunmehr bei einem nur **vorübergehenden** [Hervorhebung vom *Verf.*] Wegfall des ursprünglichen Bedürfnisses zu, dass die zuständige Behörde von einem Widerruf der Erlaubnis absieht. Vorübergehend ist der Wegfall eines Bedürfnisses, wenn das Wiederaufleben des der Erlaubnis zu Grunde liegenden Bedürfnisses in naher Zukunft zu erwarten ist. Dies ist etwa gegeben, wenn ein Sportschütze oder ein Jäger einen einjährigen Auslandsaufenthalt z. B. aus beruflichen Gründen antritt. Anhaltspunkt für das zu erwartende Wiederaufleben des Bedürfnisses kann etwa das Fortsetzen der Mitgliedschaft in einem Sportschützenverein sein.

Satz 1, 2. Alternative eröffnet die Möglichkeit, auch bei einem **endgültigen** [Hervorhebung vom *Verf.*] Wegfall des Bedürfnisses von einem Widerruf aus diesem Grund absehen zu können, wenn ein besonderer Grund hierfür vorliegt. Hat ein Jäger, Sportschütze, Waffen- oder Munitionssammler gewissermaßen sein Leben lang die Jagd, den Schießsport oder das Sammeln ausgeübt, so wird in der Regel auch bei altersbedingter dauernder Unmöglichkeit des aktiven Umgangs mit Waffen und Munition von einem Widerruf der Erlaubnis abzusehen sein". Für eine „großzügige" Anwendung dieser Bestimmung *Scheffer* GewA 2005, 278.

**13**   **7. Unterausnahme zu Absatz 3 Satz 1.** Satz 2 des Absatzes 3 stellt demgegenüber klar, dass das ausnahmsweise mögliche Absehen vom Widerruf der Erlaubnis gem. Satz 1 **nicht** für eine Erlaubnis gilt, die zum **Führen** einer Waffe (Waffenschein) berechtigt. Hier verbleibt es bei der Regelung des Absatzes 2: zwingender Widerruf der Erlaubnis" (Begr. aaO). Eine derart risikobehaftete Verhaltensweise, wie es das Waffenführen „in der Öffentlichkeit" darstellt, soll auf jeden Fall gestoppt werden, sobald kein anerkennenswertes Bedürfnis hierfür mehr vorliegt.

**14**   **8. Vermuteter Wegfall von Erteilungsvoraussetzungen mangels Mitwirkung des Erlaubnisinhabers (Absatz 4).** Diese neu angefügte Vorschrift will den Verwaltungsvollzug erleichtern. Sie geht von dem Grundsatz aus, dass zur Erlangung eines begünstigenden Verwaltungsaktes, wie sie eine waffenrechtliche Erlaubnis darstellt, der Antragsteller selbst eine Reihe von Nachweisen zu erbringen hat, die weitgehend seine Mitwirkung erfordern. Erbringt er sie nicht, so wird sein Antrag idR scheitern. Hat er eine solche Erlaubnis erteilt bekommen und geht es um spätere Überprüfungen dahingehend, ob die Erteilungsvoraussetzungen noch bestehen (zB nach § 4 Abs. 3 und 4), so ist die Interessenlage bei dem Erlaubnisinhaber völlig anders als bei der Beantragung; um seine Erlaubnis zu behalten, wird er alles daran setzen, für ihn negativ auslaufende Überprüfungen nach Möglichkeit zu sabotieren, indem er seine Mitwirkung verweigert. Hier will die Bestimmung einen Riegel vorschieben, indem sie die Verweigerung der Mitwirkung in der Weise würdigt, dass die Behörde nunmehr die Möglichkeit erhält, einen für den sich sperrenden Erlaubnisinhaber negativen Ausgang der Überprüfung zu vermuten. Es handelt sich um eine „Kannvorschrift". Da der Betroffene nach Absatz 4 Satz 2 (entsprechend § 4

Weitere Maßnahmen § 46

Abs. 3 Satz 2 Bundesdatenschutzgesetz) auf diese Möglichkeit hingewiesen werden muss, wird ihm jedoch die Chance eröffnet, entweder das Entstehen einer solchen Vermutung zu verhindern oder aber die bereits entstandene nunmehr durch seine Mitwirkung zu widerlegen. Es handelt sich also nicht um eine unwiderlegbare Vermutung oder eine Unterstellung (Fiktion).

**9. Zuwiderhandlung.** Ist der Verwaltungsakt, durch den die Rücknahme oder der Widerruf ausgesprochen worden sind, bestandskräftig geworden, und setzt der frühere Erlaubnisinhaber sein zuvor gestattetes Verhalten ungeachtet dessen fort, so liegt jeweils ein Handeln (Besitzen, Führen, Schießen o. ä.) **ohne Erlaubnis** vor, was die Strafbarkeit nach den einzelnen einschlägigen Tatbeständen des § 52 Abs. 1 oder 3 zur Folge hat.

**Weitere Maßnahmen**

**46** (1) Werden Erlaubnisse nach diesem Gesetz zurückgenommen oder widerrufen, so hat der Inhaber alle Ausfertigungen der Erlaubnisurkunde der zuständigen Behörde unverzüglich zurückzugeben. Das Gleiche gilt, wenn die Erlaubnis erloschen ist.

(2) Hat jemand auf Grund einer Erlaubnis, die zurückgenommen, widerrufen oder erloschen ist, Waffen oder Munition erworben oder befugt besessen, und besitzt er sie noch, so kann die zuständige Behörde anordnen, dass er binnen angemessener Frist die Waffen oder Munition dauerhaft unbrauchbar macht oder einem Berechtigten überlässt und den Nachweis darüber gegenüber der Behörde führt. Nach fruchtlosem Ablauf der Frist kann die zuständige Behörde die Waffen oder Munition sicherstellen.

(3) Besitzt jemand ohne die erforderliche Erlaubnis oder entgegen einem vollziehbaren Verbot nach § 41 Abs. 1 oder 2 eine Waffe oder Munition, so kann die zuständige Behörde anordnen, dass er binnen angemessener Frist
1. die Waffe oder Munition dauerhaft unbrauchbar macht oder einem Berechtigten überlässt oder
2. im Fall einer verbotenen Waffe oder Munition die Verbotsmerkmale beseitigt und
3. den Nachweis darüber gegenüber der Behörde führt.
Nach fruchtlosem Ablauf der Frist kann die zuständige Behörde die Waffe oder Munition sicherstellen.

(4) Die zuständige Behörde kann Erlaubnisurkunden sowie die in den Absätzen 2 und 3 bezeichneten Waffen oder Munition sofort sicherstellen
1. in Fällen eines vollziehbaren Verbots nach § 41 Abs. 1 oder 2 oder
2. soweit Tatsachen die Annahme rechtfertigen, dass die Waffen oder Munition missbräuchlich verwendet oder von einem Nichtberechtigen erworben werden sollen.
Zu diesem Zweck sind die Beauftragten der zuständigen Behörde berechtigt, die Wohnung des Betroffenen zu betreten und diese nach Urkunden, Waffen oder Munition zu durchsuchen; Durchsuchungen

## § 46 Abschnitt 3. Sonstige waffenrechtliche Vorschriften

dürfen nur durch den Richter, bei Gefahr im Verzug auch durch die zuständige Behörde angeordnet werden; das Grundrecht der Unverletzlichkeit der Wohnung (Artikel 13 des Grundgesetzes) wird insoweit eingeschränkt. Widerspruch und Anfechtungsklage haben keine aufschiebende Wirkung.

(5) Sofern der bisherige Inhaber nicht innerhalb eines Monats nach Sicherstellung einen empfangsbereiten Berechtigten benennt oder im Fall der Sicherstellung verbotener Waffen oder Munition nicht in dieser Frist eine Ausnahmezulassung nach § 40 Abs. 4 beantragt, kann die zuständige Behörde die sichergestellten Waffen oder Munition einziehen und verwerten. Dieselben Befugnisse besitzt die zuständige Behörde im Fall der unanfechtbaren Versagung einer für verbotene Waffen oder Munition vor oder rechtzeitig nach der Sicherstellung beantragten Ausnahmezulassung nach § 40 Abs. 4. Der Erlös aus einer Verwertung der Waffen oder Munition steht nach Abzug der Kosten der Sicherstellung, Verwahrung und Verwertung dem nach bürgerlichem Recht bisher Berechtigten zu.

**1** 1. **Entstehungsgeschichte.** Die Vorschrift enthält Elemente der §§ 37 Abs. 5, § 40 Abs. 2 und § 48 Abs. 1 und Abs. 2 WaffG aF und fügt sie zu einer einheitlichen Regelung zusammen. Auffälligerweise nennt die Begründung (BT-Drucks. 14/7758 S. 80) den § 48 Abs. 1 nicht als Vorgängervorschrift, obwohl Absatz 1 unverkennbar diesen Ursprung hat. Demgegenüber heißt es in der zitierten Begründung: „Der bisherige § 48 Abs. 1 des Waffengesetzes kann im Hinblick auf § 52 des Verwaltungsverfahrensgesetzes gestrichen werden. Im Übrigen ist auch § 52 Satz 3 des Verwaltungsverfahrensgesetzes im Waffenrecht (Rückverlangen von als ungültig gekennzeichneten Urkunden) anzuwenden. Der Pflicht zu Rücknahme und Widerruf nach § 45 entspricht die Aufgabe der Behörde, wieder einen rechtmäßigen Zustand herzustellen; insofern ist die Ermessensentscheidung (vgl. Absatz 2) nicht isoliert zu sehen (BVerwG Buchholz 402.5 WaffG Nr. 80).

**2** 2. **Rückgabe von gegenstandslos gewordenen Erlaubnisurkunden (Absatz 1).** Die Vorschrift übernimmt den sachlichen Gehalt des § 48 Abs. 1 WaffG aF. Diese Bestimmung war im Jahre 1976 dahin erweitert worden, dass auch das Erlöschen der Erlaubnis die Rückgabepflicht auslöst. „Die Verpflichtung zur Rückgabe der Erlaubnisurkunde muss auch bestehen, wenn die Geltungsdauer der WBK abgelaufen ist. Ferner muss die zuständige Behörde Anordnungen nach § 48 Abs. 2 treffen können, wenn die Gültigkeit der WBK erloschen ist" (amtl. Begr. BT-Drucks. 7/2379 S. 23). Die Rückgabepflicht soll verhindern, dass mit ungültig gewordenen Erlaubnissen, insbesondere Waffenbesitzkarten und Ausnahmebescheiden, Missbrauch getrieben wird (Begr. BT-Drucks. VI/2678 S. 36). Wegen der erfassten Erlaubnisse vgl. Rdn. 4 zu § 45, wegen Rücknahme und Widerruf Rdn. 5 ff. zu § 45. Die betr. Urkunden sind der nach Landesrecht zuständigen Behörde unverzüglich, d. h. gem. § 121 Abs. 1 Satz 1 BGB ohne schuldhaftes Zögern, zurückzugeben (OVG Koblenz RdL **1989,** 183, 185; *Meyer* GewA **1998,** 89, 97). Eine entsprechende Verpflichtung, allerdings ohne das Erfordernis der Unverzüglichkeit, enthielt bereits § 10 Abs. 2 (2. Halbsatz) BWaffG 1968. Es sind sämtliche Ausfertigungen der Erlaubnisurkunde zurückzugeben (OVG Bautzen NVwZ-RR **1997,** 411). Ausfertigungen sind amtliche Abschriften eines amtlichen Schriftstücks, die im Verkehr die Urschrift (Urkunde) ersetzen sollen und die einen sog. Ausfertigungsvermerk („für den Gleichlaut der Ausfertigung mit der Urschrift") tragen (vgl. zum Begriff der Ausfertigung Rdn. 12

# Weitere Maßnahmen § 46

zu § 37). Solche Ausfertigungen pflegen im allgemeinen allerdings nur bei gewerblichen Erlaubnis- und Zulassungsurkunden hergestellt zu werden und nicht bei Erlaubnissen gem. § 10 (§§ 28, 29, 35 WaffG aF). Fälle des Erlöschens der Erlaubnis sind zB § 21 Abs. 5, Waffenbesitzkarten, deren Geltungsdauer abgelaufen ist oder die sich infolge einer anderweitigen Befristung (Pensionierung eines Bankboten) erledigt haben. Zum Sofortvollzug einer entsprechenden behördlichen Anordnung zur Herausgabe der WBK äußert sich eingehend VG Meiningen ThürVBl. **2001,** 286).

**3. Unberechtigt gewordener Besitz von Waffen oder Munition (Absatz 2 Satz 1).** Auch dieser Vorschrift liegen die drei Arten des Wegfalls der Erlaubnis zugrunde: Rücknahme, Widerruf oder Erlöschen (Rdn. 2). Geregelt wird hier der Fall, dass der Betreffende auf Grund der vorher bestehenden Erlaubnis Waffen oder Munition in Besitz genommen hat (Nachweise bei *Meyer* GewA **2001,** 89, 94 f.) und dieser Besitz nunmehr seine Berechtigung verloren hat. Es stellt eine Selbstverständlichkeit dar, dass dieser Zustand nicht aufrechterhalten werden darf, die zuständige Behörde vielmehr sofort gefahrenabwendende Maßnahmen ergreifen muss. Nach der Entwurfsbegr. zu § 48 aF (BT-Drucks. VI/2678 S. 36) soll die Bestimmung gewährleisten, „dass Rücknahme oder Widerruf einer Erlaubnis nicht wirkungslos bleiben, wenn der Inhaber der Erlaubnis oder der Ausnahmebewilligung von diesen durch Erwerb eines Gegenstandes bereits Gebrauch gemacht hat". Die Bestimmung betrifft nach ihrem Wortlaut und der Entwurfsbegründung in gleicher Weise gewerbliche wie nichtgewerbliche Erlaubnisse (OVG Hamburg GewA **1997,** 338 f.; OVG Koblenz RdL **1989,** 183, 185). In Frage kommen Waffengewerbetreibende, die nach Widerruf oder Rücknahme der Erlaubnis noch von ihnen hergestellte oder erworbene Produkte (Schusswaffen, Munition) in ihrem Besitz haben (OVG Bautzen NVwZ-RR **1997,** 411), ferner Inhaber einer WBK, die zB auf Grund dieser Erlaubnis eine Pistole erworben oder eine Langwaffe besessen (BVerwG DVBl. **1985,** 1311, 1314 ff.; OVG Hamburg GewA **1997,** 338) haben, zu deren Besitz sie nach dem Widerruf der WBK nicht mehr berechtigt sind. In all diesen Fällen soll die nach Landesrecht zuständige Behörde befugt sein, durch anfechtbaren Verwaltungsakt anzuordnen, „dass der Inhaber des Gegenstandes seine waffenrechtlich nicht mehr legitimierte Sachherrschaft so beendet, dass kein Unbefugter sie erwirbt (Begr. S. 36) bzw. die Ausübung der tatsächlichen Gewalt über die auf Grund der Erlaubnis erworbenen Gegenstände aufgibt" (Nr. 48.1 WaffVwV aF).

**4. Mögliche Maßnahmen der Behörde (Absatz 2 Satz 1 und 2).** Zwei verschiedene Alternativen kann die Behörde dem Betroffenen zur **Auswahl** stellen, deren Befolgung der Betroffene jeweils der Behörde gegenüber nachzuweisen hat (vgl. § 37 Rdn. 10): a) Dauerhaftes **Unbrauchbarmachen.** Hierzu kann auf § 37 Rdn. 8 verwiesen werden, obwohl dort der Zusatz „dauerhaft" nicht gebraucht wird; ein nur vorübergehendes Unbrauchbarmachen würde im übrigen dem Wesen dieser Maßnahme widersprechen. Die Anordnung ergeht dahin, dass der Besitzer, dh. derjenige, in dessen WBK die Waffe eingetragen ist (BayVGH BayVBl. **1994,** 404, 405), binnen angemessener, im Verwaltungsakt festzusetzender Frist die nunmehr unbefugt besessenen Gegenstände unbrauchbar macht, und zwar dergestalt, dass der Gegenstand nicht mehr mit allgemein gebräuchlichem Werkzeug (vgl. § 1 Rdn. 14 a) zu dem Zweck, für den er bestimmt ist, idR also zum Schießen, gebrauchsfertig gemacht werden kann (OVG Bautzen NVwZ-RR **1997,** 411, 413). Nicht genügen dürfte also die Entfernung und Ablieferung des Schlagbolzens der Schusswaffe, da sich ein anderer bei gebräuchlichen Schusswaffen jederzeit besorgen und wieder einsetzen

## § 46 Abschnitt 3. Sonstige waffenrechtliche Vorschriften

lässt; ausreichend dürfte dagegen sein das Zulöten der Laufmündung oder die Vornahme der anderen in der Anlage 1 A 1 U 1 Nr. 1.4 (§ 3 der 1. WaffV aF) angegebenen Veränderungen. Die Anordnung, die Waffe „durch einen Waffenhändler" unbrauchbar machen zu lassen", ist rechtswidrig (BVerwG DVBl. **1990**, 699 = GewA **1990**, 78). Eine Waffe kann auch in einer Weise unbrauchbar gemacht werden, die keine nach § 21 Abs. 1 (§ 7 Abs. 1 WaffG aF) erlaubnispflichtige Bearbeitung darstellt (BVerwG, Urteil vom 24. 4. 1990 – I C 40/89 = DÖV **1991**, 342 [LS]). Die Androhung der Ersatzvornahme ist in diesem Zusammenhang nicht zulässig (OVG Bautzen NVwZ-RR **1997**, 411, 414). Das Unbrauchbarmachen wird vor allem in Betracht kommen, wenn der Betroffene die Gegenstände unbedingt behalten möchte.

**5** b) Alternativ kann die **Überlassung** der nunmehr unberechtigt im Besitz gehaltenen Gegenstände an einen **berechtigten Dritten** erfolgen (hierzu § 37 Rdn. 9). Auch für diese Anordnung ist das Setzen einer angemessenen Frist vorgesehen. Die Angemessenheit wird sich jeweils nach den Umständen des Einzelfalls zu richten haben. Das bietet sich in Fällen an, in denen nach dem Widerruf der WBK ein Anspruch auf Neuerteilung in Betracht kommt; der Begriff „Überlassen" umfasst nämlich nicht nur das Veräußern, sondern auch das Verwahrenlassen oder Hinterlegen (OVG Hamburg GewA **1997**, 338, 339). Im Hinblick darauf ist die Anordnung, den betreffenden Gegenstand an einen Berechtigten zu „übereignen", rechtswidrig (BVerwG DVBl. **1990**, 699 = GewA **1990**, 78).

**6** Eine solche behördliche Anordnung nach Absatz 2 Satz 1 darf auch dann ergehen, wenn der Betroffene zwischenzeitlich einen Anspruch auf Neuerteilung einer Waffenbesitzkarte hat (OVG Hamburg GewA **1997**, 338, 339). Denn die Ausübung der tatsächlichen Gewalt über den in Rede stehenden Gegenstand wird erst durch die positive Entscheidung über einen neuen Antrag (WBK) legal (OVG Hamburg aaO).

**7** **Wahrt** der Betroffene die ihm gesetzte **Frist nicht,** führt er also weder den Nachweis der Unbrauchbarmachung, im allgemeinen durch Vorlage des Gegenstandes zwecks Feststellung der Unbrauchbarkeit, noch den des Überlassens an einen Berechtigten, etwa durch Vorlage einer WBK des Erwerbers, so kann die Behörde, um den ungesetzlichen Zustand zu beseitigen, die betreffenden Gegenstände nach Absatz 2 Satz 2 **sicherstellen** (hierzu § 37 Rdn. 7).

**8** **5. Sonstiger ungesetzlicher Waffen- oder Munitionsbesitz (Absatz 3).** Hier wird im Gesetz nur darauf abgestellt, ob der Waffen- oder Munitionsbesitz a) ohne die erforderliche Erlaubnis oder b) entgegen einem vollziehbaren Verbot nach § 41 Abs. 1 oder 2 ausgeübt wird. Zu a) muss es sich, wenn „ohne die erforderliche Erlaubnis" Besitz ausgeübt werden soll, um der Erlaubnis zugängliche, erlaubnispflichtige Waffen oder Munition handeln (§ 2 Abs. 2). Hierunter fallen verbotene Gegenstände nicht (vgl. Anlage 2 Abschnitt 1: Verbotene Waffen, Abschnitt 2: Erlaubnispflichtige Waffen). Mit verbotenen Waffen ist jeder Umgang untersagt (§ 2 Abs. 3); für sie kann eine Erlaubnis nicht erteilt werden, allenfalls eine Ausnahmegenehmigung nach § 40 Abs. 4. Aber auch im Falle b) sind verbotene Waffen nicht erfasst: § 41 Abs. 1 handelt von nicht erlaubnispflichtigen Gegenständen, Absatz 2 von erlaubnispflichtigen; verbotene sind auch hier nicht erwähnt. Im Hinblick auf diese vom Gesetz durchgängig eingehaltene Terminologie ist nicht verständlich, wenn es in der Begründung zu Absatz 3 (BT-Drucks. 14/7758 S. 80) heißt: „Zusätzlich erfasst Absatz 3 verbotene Waffen oder Munition; hier ist die Beseitigung der Verbotsmerkmale möglicher zusätzlicher oder alternativer Inhalt einer Anordnung". Einen Sinn macht diese Aussage nur, wenn man den Terminus „Erlaubnis" hier ausnahmsweise als Oberbegriff für alle waffenrechtlichen Gestattungen auffasst. Dies

# Weitere Maßnahmen § 46

hätte aber klarer zum Ausdruck kommen müssen. Zum Waffenverbot „im Einzelfall" wird auf die Anmerkungen zu § 41 (Rdn. 2 ff.) verwiesen. **Vollziehbar** ist ein durch Verwaltungsakt ausgesprochenes Verbot, wenn der Verwaltungsakt nicht mehr angefochten werden kann oder wenn er nach § 80 Abs. 2 Nr. 4 VwGO für sofort vollziehbar erklärt worden ist oder einem Rechtsmittel gegen den Verwaltungsakt keine aufschiebende Wirkung zukommt.

**6. Mögliche Maßnahmen der Behörde (Absatz 3 Satz 1 Nr. 1 bis 3).** Bei ungesetzlichem Waffen- oder Munitionsbesitz (Rdn. 8) kann die Behörde – jeweils unter Setzung einer angemessenen Frist – folgende Anordnungen treffen, a) dass der Besitzende gem. Nr. 1 die Waffe (Munition) entweder dauerhaft unbrauchbar macht oder machen lässt (hierzu Rdn. 4) oder einem Berechtigten überlässt (Rdn. 5); b) – im Falle einer verbotenen (hierzu Rdn. 8) Waffe oder Munition – dass er gem. Nr. 2 die „Verbotsmerkmale" beseitigt (oder beseitigen lässt); hierbei handelt es sich um die typischen Merkmale bei der Waffe oder Munition, die das über sie verhängte Verbot begründen und ausmachen; c) dass er den Nachweis darüber führt, dass er eine der genannten Varianten tatsächlich erfüllt hat (Rdn. 7). Mögliche Reaktion der Behörde auf die Nichterfüllung der Nachweispflicht ist auch hier – wie bei Absatz 2 – die **Sicherstellung** (Rdn. 7 aE) der zu Unrecht im Besitz befindlichen Gegenstände (Absatz 3 Satz 2).

**7. Dringlichkeitsmaßnahmen der Behörde (Absatz 4 Satz 1 und 2). a) Sofortige Sicherstellung** der Erlaubnisurkunden im Falle des Absatzes 1 sowie von Waffen und Munition in den Fällen der Absätze 2 und 3 – ohne das für den Normalfall vorgesehene Fristsetzungsverfahren – gestattet Absatz 4 Satz 1 in zwei Fällen: aa) wenn ein vollziehbares (Rdn. 9 aE) Waffen(Munitions-)verbot „im Einzelfall" nach § 41 Abs. 1 oder 2 (§ 41 Rdn. 2 ff.) erlassen worden ist (Satz 1 Nr. 1). Eine solche begleitende Sicherungsmaßnahme wird im Regelfall angebracht sein; bb) wenn die Gefahr missbräuchlicher Verwendung oder des Überlassens an Nichtberechtigte gegeben ist (Satz 1 Nr. 2). Auch diese – durch Tatsachen erhärtete – Besorgnis (hierzu § 41 Rdn. 4) rechtfertigt die Eilmaßnahme. Die Gegenstände in derartigen Fällen im Besitz der unzuverlässigen Person zu belassen, wäre aus Gründen der öffentlichen Sicherheit nicht vertretbar.

**b) Durchsuchung der Wohnung (Absatz 4 Satz 2).** Das Recht, die Wohnung des Betroffenen zu betreten und zu durchsuchen ist streng zweckgebunden (VG Sigmaringen, Beschluss vom 24. 2. 2005 – 7 K 301/05): beides darf nur mit dem Ziel der sofortigen Sicherstellung (Rdn. 10) von zu Unrecht zurückgehaltenen Erlaubnisurkunden oder unberechtigt iSv. Absatz 2 oder 3 im Besitz befindlichen Gegenständen (Waffen oder Munition) erfolgen. Derartige Durchsuchungen müssen im Normalfall von dem zuständigen Richter angeordnet werden; lediglich bei „Gefahr im Verzug" (hierzu *Meyer-Goßner* StPO 48. Aufl. § 98 Rdn. 6 mwN) besteht eine Anordnungsbefugnis auch der zuständigen Waffenbehörde. Wie bei vergleichbaren Regelungen wird auch hier die darin liegende Einschränkung des Grundrechts der Unverletzlichkeit der Wohnung (Art. 13 GG) verlautbart. Neben diesem Durchsuchungsrecht kann es noch ein Beschlagnahmerecht nach Strafverfahrensrecht geben, falls gegen den Waffen(Munitions)besitzer ein Strafverfahren betrieben wird.

**8. Verwaltungsverfahrensrechtliche Dringlichkeitsmaßnahme (Absatz 4 Satz 3).** Zur völligen Absicherung der getroffenen Sofortmaßnahmen wird zusätzlich gesetzlich festgelegt, dass in diesen Fällen Widerspruch und Anfechtungsklage in Bezug auf den erlassenen Verwaltungsakt der sofortigen Sicherstellung keine aufschiebende Wirkung haben.

## § 47 Abschnitt 3. Sonstige waffenrechtliche Vorschriften

**13**  **9. Einziehung und Verwertung (Absatz 5).** Diese im Gesetzgebungsverfahren umstritten gewesene Regelung lehnt sich in ihrer Gesetz gewordenen Fassung an das bisherige Recht an (§§ 37 Abs. 5, 40 Abs. 2, 48 Abs. 2 Satz 2). Im Gegensatz zu dem ursprünglichen Entwurf wird damit klargestellt, dass die Einziehung und Verwertung sichergestellter Gegenstände nicht vom Bestehen einer Gefahr für die öffentliche Sicherheit und Ordnung abhängig ist (Begr. BT-Drucks. 14/8886 S. 117). Es soll der Möglichkeit begegnet werden, dass – mangels Mitwirkung des Betroffenen – die sichergestellten Gegenstände auf unabsehbare Zeit aufbewahrt werden müssen (Begr. aaO S. 118). Zu diesem Zweck ordnet **Satz 1** an, dass die Einziehung und Verwertung einen Monat nach der Sicherstellung beginnen kann, sofern nicht der Betroffene innerhalb dieser Frist einen Berechtigten benennt, der bereit ist, den sichergestellten Gegenstand zu übernehmen, oder – bei verbotenen Waffen – der Betroffene einen Antrag an das BKA auf Bewilligung einer Ausnahme von dem Verbot (§ 40 Abs. 4) stellt. **Satz 2** erweitert dieses Recht auf Einziehung und Verwertung für den Fall, dass der bereits vor der Sicherstellung oder rechtzeitig danach gestellte Antrag auf Ausnahmebewilligung nach § 40 Abs. 4 für verbotene Gegenstände unanfechtbar abgelehnt worden ist; auch in diesem Fall kann zur Einziehung und Verwertung übergegangen werden. Neben diesen Anordnungen scheidet (wie bisher nach denen auf Grund von § 48 Abs. 2 Satz 2 und 3 WaffG aF) Verwaltungszwang (Zwangsgeld) aus (BVerwG DVBl. **1985,** 1311, 1315; OVG Bautzen NVwZ-RR **1997,** 411, 414; BayVGH GewA **1988,** 339/340; *Meyer* GewA **1998,** 89, 97). Die Gegenstände werden am besten durch die Behörde nach sachverständiger Schätzung des Verkehrswertes öffentlich versteigert oder bei Undurchführbarkeit der Versteigerung freihändig, zB an einen Waffenhändler, verkauft.

Durch **Satz 3** wird schließlich festgelegt, dass der Nettoerlös aus der Verwertung nicht etwa dem Staat anheim fällt, sondern dem zuletzt nach Zivilrecht Berechtigten auszuzahlen ist.

**14**  **10. Zuwiderhandlung.** Ordnungswidrig handelt nach § 53 Abs. 1 Nr. 4, wer einer vollziehbaren Anordnung nach Absatz 2 Satz 1 oder Absatz 3 Satz 1 zuwiderhandelt. Unter Bußgelddrohung gestellt war im Entwurf in § 53 Abs. 1 Nr. 22 ferner die Nicht- oder nicht rechtzeitige Rückgabe „einer Aufzeichnung oder Erlaubnisurkunde" entgegen Absatz 1. Aufzeichnungen waren indessen in Absatz 1 nicht aufgeführt; möglicherweise sollten Ausfertigungen erfasst werden. Das ist in der endgültigen Fassung bereinigt worden, wonach es jetzt heißt „Ausfertigung der" Erlaubnisurkunde.

### Verordnungen zur Erfüllung internationaler Vereinbarungen oder zur Angleichung an Gemeinschaftsrecht

**47** Das Bundesministerium des Innern wird ermächtigt, mit Zustimmung des Bundesrates zur Erfüllung von Verpflichtungen aus internationalen Vereinbarungen oder zur Erfüllung bindender Beschlüsse der Europäischen Union, die Sachbereiche dieses Gesetzes betreffen, Rechtsverordnungen zu erlassen, die insbesondere

1. Anforderungen an das Überlassen und Verbringen von Waffen oder Munition an Personen, die ihren gewöhnlichen Aufenthalt außerhalb des Geltungsbereichs des Gesetzes haben, festlegen und
2. das Verbringen und die vorübergehende Mitnahme von Waffen oder Munition in den Geltungsbereich des Gesetzes sowie

Sachliche Zuständigkeit § 48

3. **die zu den Nummern 1 und 2 erforderlichen Bescheinigungen, Mitteilungspflichten und behördlichen Maßnahmen regeln.**

**1. Allgemeines.** Die Bestimmung ist aus § 6 Abs. 5 WaffG aF hervorgegangen. **1**
Durch diese Ermächtigung sollte der BMI in die Lage versetzt werden, etwaigen Verpflichtungen der Bundesrepublik Deutschland aus zwischenstaatlichen Vereinbarungen oder aus bindenden Beschlüssen der Europäischen Gemeinschaften Rechnung zu tragen. Die Ermächtigungen sind am 17. 10. 2002, dem Tag nach der Verkündung des WaffRNeuRegG, in Kraft getreten (Art. 19 Nr. 1 WaffRNeuRegG).

**2. Untergesetzliches Regelwerk.** Die ausfüllenden Regelungen sind in den §§ 28 **2**
bis 30 AWaffV enthalten; auf die dortige Darstellung wird verwiesen. Vgl. auch die VO vom 5. 1. 2004 (BGBl. II 63), in Kraft ab 1. 7. 2004, zum deutsch-österreichischen Abkommen vom 28. 6. 2002. Eine Fortschreibung der bindenden Beschlüsse zum Waffenrecht auf der Ebene der EU ist zu erwarten (Begr. BT-Drucks. 14/7758 S. 80).

## Sachliche Zuständigkeit

**48** (1) **Die Landesregierungen oder die von ihnen durch Rechtsverordnung bestimmten Stellen können durch Rechtsverordnung die für die Ausführung dieses Gesetzes zuständigen Behörden bestimmen, soweit nicht Bundesbehörden zuständig sind.**

(2) **Das Bundesverwaltungsamt ist die zuständige Behörde für**

1. **ausländische Diplomaten, Konsularbeamte und gleichgestellte sonstige bevorrechtigte ausländische Personen,**
2. **ausländische Angehörige der in der Bundesrepublik Deutschland stationierten ausländischen Streitkräfte sowie deren Ehegatten und unterhaltsberechtigte Kinder,**
3. **Personen, die zum Schutze ausländischer Luftfahrzeuge und Seeschiffe eingesetzt sind,**
4. **Deutsche im Sinne des Artikels 116 des Grundgesetzes, die ihren gewöhnlichen Aufenthalt außerhalb des Geltungsbereichs dieses Gesetzes haben.**

(3) **Zuständig für die Entscheidungen nach § 2 Abs. 5 ist das Bundeskriminalamt.**

**1. Allgemeines.** Die Vorschrift hat ihre Wurzeln in den §§ 6 Abs. 1 Satz 3 und 4, **1**
Abs. 2 und 50 WaffG aF. Sie eröffnet den Bundesländern die Möglichkeit, die sachliche Zuständigkeit für die Ausführung des Gesetzes umfassend selbst zu gestalten, soweit das WaffG nicht bereits eine sachliche Zuständigkeit von Landesbehörden festgelegt hat und soweit nicht eine Bundesbehörde zuständig ist. Die Rechtsform, in der die Länder die sachliche Zuständigkeit regeln, bleibt ihnen überlassen. Die Ermächtigungen sind am 17. 10. 2002, dem Tag nach der Verkündung des WaffRNeuRegG, in Kraft getreten (Art. 19 Nr. 1 WaffRNeuRegG).

**2. Bestimmung der zuständigen Behörden.** Die Vorschrift trägt in **Absatz 1** **2**
dem in den Art. 83, 84 Abs. 1 GG niedergelegten Grundsatz Rechnung, wonach die Länder die Bundesgesetze grundsätzlich als eigene Angelegenheit ausführen und hierbei die Einrichtung der Behörden und das Verwaltungsverfahren regeln (vgl. auch *Heller/Soschinka* S. 172). Soweit die Landesbehörden Erlaubnisse nach dem

**§ 48** Abschnitt 3. Sonstige waffenrechtliche Vorschriften

WaffG erteilen, zB nach § 10 (WBK, Waffenschein; §§ 28, 35 WaffG aF), haben diese Verwaltungsakte Geltung im ganzen Bundesgebiet. Zwar ist nach der Entscheidung des BVerfG vom 15. 3. 1960 (2 BvR 1/57 – BVerfGE **11**, 6) ein Land „in seiner Verwaltungshoheit grundsätzlich auf sein eigenes Gebiet beschränkt. Es liegt aber im Wesen des landeseigenen Vollzugs von Bundesgesetzen, dass der zum Vollzug eines Bundesgesetzes ergangene Verwaltungsakt eines Landes grundsätzlich im ganzen Bundesgebiet Geltung hat". Die Festlegung der sachlichen Zuständigkeit kann durch Rechtsverordnung der einzelnen Bundeslandes erfolgen, wodurch ein aufwändiges Gesetzgebungsverfahren erspart wird (Begr. BT-Drucks. 14/8886 S. 118); Bundeszuständigkeiten haben Präferenz.

**3** **3. Zuständigkeit des Bundesverwaltungsamtes (Absatz 2).** Nach der Entwurfsbegründung zum WaffG aF (BT-Drucks. VI/2678 S. 36) war es auf Grund bisheriger Erfahrungen zweckmäßig und geboten, die Erteilung waffenrechtlicher Erlaubnisse und Ausnahmebewilligungen in den in § 50 Abs. 2 WaffG aF genannten Fällen einer Bundesbehörde, nämlich dem Bundesverwaltungsamt (BVA), vorzubehalten. Die Rechtsgrundlage für eine solche Abweichung vom Grundsatz, dass die Länder die Bundesgesetze als eigene Angelegenheiten ausführen (Art. 84 Abs. 1 GG und vorst. Rdn. 1), findet sich in Art. 84 Abs. 1 GG selbst, wonach mit Zustimmung des Bundesrates erlassene Bundesgesetze etwas anderes bestimmen können. Die Ausnahme ist hier von der Sache her geboten. Es handelt sich um vier abschließend geregelte Fallkonstellationen:

**4** Unter **Nr. 1** dürften als bevorrechtigte ausländische Personen auch ausländische Berufskonsuln fallen, nicht dagegen Honorarkonsuln deutscher Staatsangehörigkeit. Begleitpersonen, denen der Schutz ausländischer Staatsgäste anvertraut ist, werden jetzt von § 56 Satz 1 Nr. 3 erfasst.

**5** **Nr. 2** ist neu eingefügt worden. Hiermit wird nach der Gesetzesbegründung (BT-Drucks. 14/7758 S. 81) die notwendige Regelung getroffen, um der seit dem 1. 1. 2001 bestehenden uneingeschränkten Geltung des deutschen Waffenrechts für alle ausländischen Angehörigen der in Deutschland stationierten Streitkräfte Rechnung zu tragen. Der hier erfasste Personenkreis orientiert sich an den Bestimmungen des NATO-Truppenstatuts sowie dem früheren Abkommen zwischen der Regierung der Bundesrepublik Deutschland und der Regierung der Vereinigten Staaten von Amerika über den Erwerb und Besitz von privateigenen Waffen durch Personal der Streitkräfte der Vereinigten Staaten in der Bundesrepublik Deutschland vom 29. 11. 1984 und erstreckt sich auch auf solche Personen, die Mitglieder von Streitkräften, jedoch Staatsangehörige aus Nicht-NATO-Staaten sind. Damit wird dem Wunsch des US-Hauptquartiers in Europa und der Länder nach einer zentralen Bundesstelle für die Erteilung waffenrechtlicher Erlaubnisse an diesen Personenkreis entsprochen. Ob die fehlende Ortsnähe des BVA den hauptsächlich im südwestdeutschen Raum stationierten Militärangehörigen und die für einen langen Zeitraum notwendig bleibende massive Unterstützung seitens der Waffenbehörden zu Gunsten des BVA (zB bei der Abnahme der Sachkundeprüfungen) die gewünschte Vereinfachung der waffenrechtlichen Verfahren ergeben wird, wird die Praxis erweisen (Begr. aaO). Erfasst sind außer den Streitkräfteangehörigen auch deren Ehegatten und unterhaltsberechtigte Kinder.

**6** **Nr. 3** entspricht bisherigem Recht (§ 50 Abs. 2 Nr. 2 WaffG aF). Auch hier spricht die Auslandsberührung für die Zuständigkeit einer Bundesbehörde.

**7** **Nr. 4** war als § 50 Abs. 2 Nr. 4 bereits Bestandteil des bisherigen Rechts. Die Erstreckung der Zuständigkeit des Bundesverwaltungsamts auf deutsche Staatsange-

Örtliche Zuständigkeit **§ 49**

hörige, die ihren gewöhnlichen Aufenthalt (§ 4 Rdn. 9) nicht im Bundesgebiet haben, soll nach der amtl. Begr. (BT-Drucks. 7/2379 S. 23) eine einheitliche Behandlung der gestellten Anträge gewährleisten und zugleich der Verwaltungsvereinfachung dienen.

**4. Zuständigkeit des BKA (Absatz 3).** Diese Vorschrift wurde erst im Laufe des 8 Gesetzgebungsverfahrens im Zusammenhang mit der Einfügung des Absatzes 5 des § 2 dem § 48 angefügt. Die Einzelheiten sind in § 2 Rdn. 75 aufgezeigt.

**Örtliche Zuständigkeit**

**49** (1) **Die Vorschriften der Verwaltungsverfahrensgesetze über die örtliche Zuständigkeit gelten mit der Maßgabe, dass örtlich zuständig ist**

**1. für einen Antragsteller oder Erlaubnisinhaber, der keinen gewöhnlichen Aufenthalt im Geltungsbereich dieses Gesetzes hat,**
   **a) die Behörde, in deren Bezirk er sich aufhält oder aufhalten will, oder,**
   **b) soweit sich ein solcher Aufenthaltswille nicht ermitteln lässt, die Behörde, in deren Bezirk der Grenzübertritt erfolgt,**
**2. für Antragsteller oder Inhaber einer Erlaubnis nach § 21 Abs. 1 sowie Bewachungsunternehmer die Behörde, in deren Bezirk sich die gewerbliche Hauptniederlassung befindet oder errichtet werden soll.**

(2) **Abweichend von Absatz 1 ist örtlich zuständig für**

**1. Schießerlaubnisse nach § 10 Abs. 5 die Behörde, in deren Bezirk geschossen werden soll, soweit nicht die Länder nach § 48 Abs. 1 eine abweichende Regelung getroffen haben,**
**2. Erlaubnisse nach § 27 Abs. 1 sowie für Maßnahmen auf Grund einer Rechtsverordnung nach § 27 Abs. 7 bei ortsfesten Schießstätten die Behörde, in deren Bezirk die ortsfeste Schießstätte betrieben wird oder betrieben oder geändert werden soll,**
**3. a) Erlaubnisse nach § 27 Abs. 1 sowie für Maßnahmen auf Grund einer Rechtsverordnung nach § 27 Abs. 7 bei ortsveränderlichen Schießstätten die Behörde, in deren Bezirk der Betreiber seinen gewöhnlichen Aufenthalt hat,**
   **b) Auflagen bei den in Buchstabe a genannten Schießstätten die Behörde, in deren Bezirk die Schießstätte aufgestellt werden soll,**
**4. Ausnahmebewilligungen nach § 35 Abs. 3 Satz 2 die Behörde, in deren Bezirk die Tätigkeit ausgeübt werden soll,**
**5. Ausnahmebewilligungen nach § 42 Abs. 2 die Behörde, in deren Bezirk die Veranstaltung stattfinden soll.**
**6. die Sicherstellung nach § 46 Abs. 2 Satz 2, Abs. 3 Satz 2 und Abs. 4 Satz 1 auch die Behörde, in deren Bezirk sich der Gegenstand befindet.**

**1. Allgemeines.** Auch das Verfahren vor den Waffenbehörden ist im Grunde ein 1 Verwaltungsverfahren, so dass die gesetzliche Regelung dieses Verfahrens auch für das waffenrechtliche Verfahren maßgeblich ist. Die vorliegende Bestimmung bringt das in ihrem einleitenden Satz zum Ausdruck. Das gilt prinzipiell auch für die Fest-

## § 49  Abschnitt 3. Sonstige waffenrechtliche Vorschriften

legung der örtlichen Zuständigkeit, die in § 3 VwVfG und den entsprechenden Landesgesetzen erfolgt ist. § 3 Abs. 4 VwVfG stellt beispielsweise eine Zuständigkeit für unaufschiebbare Maßnahmen bei Gefahr im Verzuge (§ 46 Rdn. 11) für die Behörde auf, in deren Bezirk der Anlass für die Amtshandlung hervortritt. Die Verwaltungsverfahrensgesetze der einzelnen **Bundesländer** regeln die Zuständigkeit im Allgemeinen (*A/B* Rdn. 1). Mit der Frage des Widerspruchsbescheids durch eine örtlich unzuständige Behörde befasst sich das OVG Hamburg NVwZ-RR **1999**, 633; hierzu *Vahle* DVP **2000,** 175. Dennoch hat der Gesetzgeber einige **Sonderregelungen** der örtlichen Zuständigkeit für notwendig erachtet, die im Einzelnen aufgeführt werden (vgl. auch die Übersicht bei *Heller/Soschinka* S. 173 f.).

**2**  2. **Antragsteller ohne gewöhnlichen Aufenthalt im Inland (Absatz 1 Nr. 1).** Für diese Fälle stellt das Gesetz zunächst eine Zuständigkeit der Behörde bereit, in der sich der Antragsteller (Erlaubnisinhaber) im Inland tatsächlich aufhält (Buchst. a erste Variante). Steht die Wahl eines Aufenthaltsorts im Inland noch bevor, so soll maßgebend sein, wohin er sich begeben **will** (Buchst. a zweite Variante). Lässt sich indessen ein solcher Wille bei dem Betreffenden nicht ermitteln, so wird die Behörde für zuständig erklärt, in deren Bezirk der Grenzübertritt stattfand (Buchst. b). Bei den nicht mehr kontrollierten Grenzübertritten innerhalb der EU ist auch hier ein Nachweis kaum möglich. Vgl. auch § 4 Rdn. 9.

**3**  3. **Gewerbetreibende (Absatz 1 Nr. 2).** Nr. 2 knüpft an den tatsächlichen oder – hilfsweise – geplanten Ort der gewerblichen **Hauptniederlassung** des Unternehmers an und weicht damit in gewisser Weise von der generellen Regelung des § 3 Abs. 1 Nr. 2 VwVfG ab. Die Vorschrift erfasst nur Waffengewerbetreibende, Waffenhändler (beide in § 21 Abs. 1 geregelt) sowie Bewachungsunternehmer iSv. § 28. Maßgebend ist der Sitz der Hauptniederlassung (= Hauptgeschäft, Hauptbetrieb, von dem aus die Verwaltung des Gesamtbetriebes geführt wird), nicht etwa der Ort der Zweigniederlassung oder gar einzelner Zweigbetriebe. Durch diese Konzentration der örtlichen Zuständigkeit am Sitz des Hauptbetriebs wird eine einheitliche Entscheidung gewährleistet.

**4**  4. **Ausnahmen von den Zuständigkeiten nach Absatz 1 (Absatz 2).** Folgende Einzelfälle erfahren, zumeist unter Fortschreibung bisherigen Rechts, eine spezielle Regelung:

**a)** für die Erteilung von Schießerlaubnissen (§ 10 Abs. 5) ist die Behörde zur Entscheidung berufen, in deren Bezirk geschossen werden soll (Nr. 1). Unteraus nahme wiederum: abweichende landesrechtliche Regelung auf Grund von § 48 Abs. 1 (dort. Rdn. 2);

**b)** für Erlaubnisse und Maßnahmen im Zusammenhang mit einer **ortsfesten** Schießstätte ist die Behörde zuständig, in deren Bezirk sich diese Schießstätte befindet (Nr. 2);

**c)** für Erlaubnisse und Maßnahmen im Zusammenhang mit einer **ortsveränderlichen** Schießstätte ist die Behörde zuständig, in deren Bezirk der Betreiber dieser Schießstätte seinen gewöhnlichen Aufenthalt hat (Nr. 3 Buchst. a); dies dient der Konzentration waffenrechtlicher Erlaubnisse bei einer zuständigen Behörde. Den örtlichen waffenrechtlichen Erfordernissen wird durch die Zuständigkeit der Waffenbehörde des Bezirks, in dem diese Schießstätte aufgestellt werden soll, für die Erteilung von Auflagen Rechnung getragen (Begr. BT-Drucks. 14/7758 S. 81).

**d)** für die Festsetzung von Auflagen für **ortsveränderliche** Schießstätten ist die Behörde zuständig, in deren Bezirk die „wandernde" Schießstätte aufgestellt werden soll (Nr. 3 Buchst. b);

Kosten § 50

e) für die Gewährung einer Ausnahmebewilligung nach § 35 Abs. 3 Satz 2 (Befreiung von Handelsverboten) ist die Behörde berufen, in deren Bezirk die Handelstätigkeit ausgeübt werden soll (Nr. 4);
f) für die Bewilligung einer Ausnahme nach § 42 Abs. 2 (vom Verbot des Waffenführens bei öffentlichen Veranstaltungen) ist die Behörde zuständig, in deren Bezirk die Veranstaltung stattfinden soll (Nr. 5);
g) für die Sicherstellung nach § 46 Abs. 2 Satz 2, Abs. 3 Satz 2 und Abs. 4 Satz 1 (unberechtigter Waffen- oder Munitionsbesitz) ist nach Nr. 6 auch die Behörde zuständig, in deren Bezirk sich der sicherzustellende Gegenstand befindet (forum rei sitae).

## Kosten

**50** (1) **Für Amtshandlungen, Prüfungen und Untersuchungen nach diesem Gesetz und nach den auf diesem Gesetz beruhenden Rechtsvorschriften werden Kosten (Gebühren und Auslagen) erhoben. Das Verwaltungskostengesetz findet Anwendung.**

(2) **Das Bundesministerium des Innern wird ermächtigt, durch Rechtsverordnung mit Zustimmung des Bundesrates die gebührenpflichtigen Tatbestände näher zu bestimmen und dabei feste Sätze oder Rahmensätze vorzusehen. Die Gebührensätze sind so zu bemessen, dass der mit den Amtshandlungen, Prüfungen oder Untersuchungen verbundene Personal- und Sachaufwand gedeckt wird; bei begünstigenden Amtshandlungen kann daneben die Bedeutung, der wirtschaftliche Wert oder der sonstige Nutzen für den Gebührenschuldner angemessen berücksichtigt werden.**

(3) **In der Rechtsverordnung nach Absatz 2 kann bestimmt werden, dass die für die Prüfung oder Untersuchung zulässige Gebühr auch erhoben werden darf, wenn die Prüfung oder Untersuchung ohne Verschulden der prüfenden oder untersuchenden Stelle und ohne ausreichende Entschuldigung des Bewerbers oder Antragstellers am festgesetzten Termin nicht stattfinden konnte oder abgebrochen werden musste. In der Rechtsverordnung können ferner die Kostenbefreiung, die Kostengläubigerschaft, die Kostenschuldnerschaft, der Umfang der zu erstattenden Auslagen und die Kostenerhebung abweichend von den Vorschriften des Verwaltungskostengesetzes geregelt werden.**

1. **Frühere Regelungen.** Bereits das RWaffG enthielt in § 16 sowie in § 29 der DVO Gebührenbestimmungen. Das BWaffG 1968 brachte nur am Rande in § 25 Nr. 4 eine Ermächtigung für die nähere Bestimmung der Gebühren und Auslagen für die Beschussprüfung. Auf Grund dieser Ermächtigung bestimmten die §§ 29 und 44 DVO BWaffG über die für die Beschussprüfung und im Bauartzulassungsverfahren zu erhebenden Gebühren und Auslagen.

2. Die **jetzige** konkretisierte **Regelung** in § 49 entspricht den Kostenbestimmungen in neueren Bundesgesetzen und den in der Entscheidung des BVerfG vom 11. 10. 1966 (BVerfGE **20**, 257, 268) festgelegten Grundsätzen. Danach sind Tendenz und Ausmaß einer Delegation gem. Art. 80 Abs. 1 Satz 2 GG vom Gesetzgeber selbst so weit zu bestimmen, dass „der mögliche Inhalt der zu erlassenden Verordnung voraussehbar ist" (aaO S. 269). Die Ermächtigung musste in das WaffG aufge-

**Vor § 51** Abschn. 4. Straf- und Bußgeldvorschriften

nommen werden, weil mit der Durchführung des Gesetzes auch nichtstaatliche Stellen, insbesondere Industrie- und Handelskammern, beauftragt werden müssen" (Begr. BT-Drucks. VI/2678 S. 36). Die Ermächtigungen sind am 17. 10. 2002, dem Tag nach der Verkündung des WaffRNeuRegG, in Kraft getreten (Art. 19 Nr. 1 WaffRNeuRegG).

**3** 3. Von der Ermächtigung gem. § 49 hat der BMI in der 4. WaffV vom 19. 7. 1976 (BGBl. I 1810) Gebrauch gemacht, der als Anlage auch ein eingehendes Gebührenverzeichnis beigegeben ist. Die VO heißt jetzt **„Kostenverordnung zum Waffengesetz" (WaffKostV);** vgl. Einleitung Rdn. 19 unter d). Sie ist bis zum Erlass neuer Kostenverordnungen zum Waffen- und Beschussgesetz zunächst weiter entsprechend anzuwenden (Art. 19 Nr. 3 Buchst. c WaffRNeuRegG für das Waffengesetz; § 22 Abs. 7 für das Beschussgesetz). Zur Gebührenerhebung beim Überlassen mehrerer Waffen (mehrere Gebühren) vgl. BVerwG NVwZ-RR **2005,** 592. Zur Erhebung von Gebühren für die Regelüberprüfung (§ 4 Abs. 3) vgl. OVG Koblenz NVwZ **2004,** 656; abl. hierzu *Würster* DWJ **2004,** Heft 8, 86. Zu Gebührenfragen während der Übergangszeit äußert sich *Scholzen* DWJ **2004,** Heft 10, 90, der sich (DWJ **2005,** Heft 8, 92) auch krit. zu dem oben genannten Urteil des BVerwG äußert.

## Abschnitt 4. Straf- und Bußgeldvorschriften

### Vorbemerkungen

**1** 1. **Allgemeines.** Abschnitt 4 bringt in den §§ 51 bis 54, ähnlich wie Abschnitt IX WaffG aF in den §§ 52a bis 56 und früher Abschnitt VII des BWaffG 1968 in den §§ 36 bis 39, die für die Durchsetzung des WaffG erforderlichen **Sanktionsbestimmungen,** und zwar in jeweils zahlenmäßig stark „angereicherten" Katalogen die Strafvorschriften in den §§ 51 und 52, die Bußgeldvorschriften in § 53 (zur Reform des Sanktionenrechts vgl. den Gesetzentwurf BT-Drucks. 14/9358 vom 11. 6. 2002). Die Sanktionsvorschriften insgesamt haben *Heller/Soschinka* S. 189 ff. und *Ostgathe* S. 59 ff. in die Form übersichtlicher graphischer Darstellungen gebracht. Daneben ist in § 54 die Vorschrift über Einziehung und Erweiterten Verfall enthalten. Durch Art. 1 Nr. 5 des WaffRÄG v. 31. 5. 1978 (BGBl. I 641) wurde in § 52a WaffG aF eine eigenständige Vorschrift betreffend voll- und halbautomatische Selbstladewaffen eingefügt. Zur Strafandrohung äußerte sich kritisch *Hinze* DWJ **1980,** 1666. Sie ist ihrem Inhalt nach – nach heftigen Diskussionen – in Gestalt des § 51 zT in das WaffG nF übernommen worden.

**2** 2. **Die Tatbestände des deutschen Waffenstrafrechts.** Die Straftatbestände des Waffenrechts knüpfen sämtlich an **verwaltungsrechtliche Vorgaben** an. Auszugehen ist von der Tatsache, dass der Gesetzgeber des Verwaltungsrechts die Notwendigkeit erkannt hat, gefahrenträchtige menschliche Verhaltensweisen „zum gemeinen Besten" einer behördlichen Kontrolle zu unterwerfen. In welchen Fällen er dies für notwendig erachtet und wie er die Kontrolle – unter Beachtung des Übermaßverbotes – im Einzelnen ausgestaltet, ist eine rechtspolitische Frage, die sehr unterschiedlich beantwortet werden kann. Nach der Begründung zum Entwurf des WaffG aF (BR-Drucks. 658/70 S. 17) wird die Regelung von dem Grundsatz beherrscht, die persönliche Freiheit des Einzelnen nicht mehr einzuschränken, als aus vorrangigen Gründen des allgemeinen Wohls – hier der öffentlichen Sicherheit – erforderlich ist. Bei der Einführung der generellen Erlaubnispflicht war für den Gesetzgeber rich-

## Vorbemerkungen Vor § 51

tungweisend, dass erfahrungsgemäß in Staaten, in denen jedermann Schusswaffen in beliebiger Zahl befugt erwerben kann, mit Schusswaffen begangene Straftaten besonders zahlreich sind und nicht wenige „Schusswaffentäter" erst nach dem Erwerb der Waffe den Entschluss gefasst haben, sie als „deliktisches Hilfsmittel" zu verwenden; statistische Erhebungen in den damaligen Ländern der Bundesrepublik hatten ergeben, dass nur bei 17% der Schusswaffendelikte illegaler Erwerb vorlag (BR-Drucks. aaO S. 19/20). Diese Statistik hatte sich in der Folgezeit ganz entscheidend zugunsten des legalen Waffenbesitzes verschoben (*Schulz* DWJ **1994**, 1306, 1307 im Anschluss an *Dobler,* Schusswaffen und Schusswaffenkriminalität in der Bundesrepublik Deutschland – ohne Berücksichtigung der neuen Länder). Die tragischen Ereignisse von Erfurt (26. 4. 2002), wo ein Sportschütze mit Hilfe seines legalen Waffenbesitzes ein grausiges Blutbad anrichtete, hat die Diskussion über diese Frage aber wieder aufleben lassen.

Je nach Gefährlichkeit des in Aussicht genommenen zu kontrollierenden menschlichen Verhaltens wird vom Verwaltungsrecht ein **„repressives"** Verbot für notwendig erachtet, das nur die Möglichkeit offen lässt, es in besonders liegenden Fällen mittels einer **Ausnahmebewilligung** zu durchbrechen (zB § 35 Abs. 3 [hierzu *Berger* JA **2005**, 377]; § 40 Abs. 4 WaffG nF), oder aber – in weniger gefahrenträchtigen Bereichen – ein **„präventives"** Verbot mit **Befreiungsvorbehalt** durch eine **„Kontrollerlaubnis"** (grundlegend *Rengier* ZStW **101** [1989] 874 ff.; vgl. auch *Gromitsaris* DÖV **1997**, 401, der eine Annäherung beider Formen festzustellen glaubt und bevorzugt, bei der Kontrollerlaubnis darauf abzustellen, dass auf sie ein Rechtsanspruch besteht; während im übrigen pflichtgemäßes Ermessen entscheidend ist; *ders.* auch VerwArch. **1997**, 52 zur Genehmigung). Eine Gesamtschau aller maßgeblichen Umstände (gesetzlicher Zweck, konkreter Lebensbereich, bereichsspezifische Belange, grundrechtliche Mittel- und Zwecknormierungen) muss im Zweifelsfall darüber entscheiden, welche Rechtsnatur der von Staats wegen verordneten Beschränkung der Verhaltensweise des Einzelnen zukommt (*Gromitsaris* DÖV **1997**, 401, 408). Da es sich bei den behördlichen Gestattungen um **Verwaltungsakte** handelt, die auf die Straftatbestände in diesem Zusammenhang „ausstrahlen", ist dieser verwaltungsrechtliche Bezug jeweils auch für die Bestimmung der Rechtsnatur des Straftatbestandes von Bedeutung, wenn auch die verwaltungsrechtliche Einordnung für das Strafrecht nicht unmittelbar präjudiziell ist.

Wie allgemein bei der Auslegung von Vorschriften ist auch hier der **Sinn und Zweck der Norm** zu ermitteln (vgl. BVerfG NJW **1975**, 727). Falls von der beabsichtigten Tätigkeit des Rechtsunterworfenen nur abstrakte, latente Gefahren drohen, die bei Erfüllung bestimmter Voraussetzungen seitens des Antragstellers als beherrschbar erscheinen, kann ihm bei Erfüllung dieser Voraussetzungen „grünes Licht" für sein Vorhaben gegeben werden, wie das beispielsweise bei der Erteilung der Fahrerlaubnis geschieht. Die Gefahr, die der ausgebildete und geprüfte Kraftfahrer nunmehr für die übrigen Teilnehmer am öffentlichen Straßenverkehr heraufbeschwört, ist durch das erfolgreiche Durchlaufen des Zulassungsverfahrens minimalisiert und dadurch für die Allgemeinheit hinnehmbar geworden. Das Fehlen der behördlichen Gestattung ist in diesen Fällen im Straftatbestand „negatives Tatbestandsmerkmal"; der Tatbestand des § 21 Abs. 1 Nr. 1 StVG bezieht seinen Unrechtsgehalt im Wesentlichen aus der Tatsache, dass ohne Fahrerlaubnis gehandelt wird.

Ganz anders liegt es bei denjenigen Verboten, bei denen der Gesetzgeber das Ziel verfolgt, die betreffende Betätigung des Einzelnen nach Möglichkeit völlig zu unterbinden. Hier droht zumeist die konkrete Gefahr einer Rechtsgutsverletzung oder diese selbst tritt infolge der Tätigkeit bereits ein. Wer mit Schadstoffen befrachtete Abwässer in ein Gewässer einleitet, führt eine Gewässerverunreinigung unmittelbar herbei. Eine solche muss im öffentlichen Interesse aber in jedem Falle vermieden werden. Hier kann allenfalls ausnahmsweise eine Abwägung der Interessen des Einleiters gegen die Interessen der Allgemeinheit im Einzelfall die Genehmigung des schädigenden Verhaltens rechtfertigen (*Brauer*, Die strafrechtliche Behandlung genehmigungsfähigen, aber nicht genehmigten Verhaltens [1988] S. 47 ff.).

**6** Nach dem Grundsatz der Einheit der Rechtsordnung muss das Strafrecht die verwaltungsrechtlichen Vorgaben in Form der erlassenen Verwaltungsakte (Verbote oder Gestattungen) respektieren. Hier hat sich das „Monsterwort" **Verwaltungsaktsakzessorietät** inzwischen so breit gemacht, dass es wohl vergeblich erscheint, es durch einen sympathischeren Begriff ersetzen zu wollen.

Es fragt sich nun, ob die einzelnen verschiedenartigen Gestattungsarten des Verwaltungsrechts sich auch auf die strafrechtlichen Tatbestände, in die sie als Komponenten eingebaut sind, derart auswirken, dass auch insoweit unterschiedliche Grundsätze zu gelten haben.

**7** Für die strafrechtliche Untersuchung muss hierbei allerdings immer vom **konkreten gesetzlichen Unrechtstatbestand** ausgegangen werden, der die Funktion hat, alle Merkmale des jeweiligen Delikts umschreibend festzulegen. Während für die ebenfalls von verwaltungsrechtlichen Vorgaben geprägten Tatbestände des Umweltstrafrechts inzwischen eine kaum noch zu übersehende Flut von Veröffentlichungen vorliegt (Nachweisungen bei *Steindorf* in Festschrift für Salger [1994] S. 167, 172; *ders.* auch LK[11] vor § 324 Rdn. 22 ff.), fehlt es im waffenrechtlichen Schrifttum völlig an Äußerungen hierzu.

**8** **a) Der Verbrechenstatbestand des § 51** (§ 52 a WaffG aF). Er knüpft an die in § 2 Abs. 3 iVm. der Anlage 2 Abschnitt (A) 1 aufgestellten waffenrechtlichen Verbote an, und zwar an die besonders gravierenden nach Anlage 2 A 1 Nr. 1.2.1. Danach ist jeder waffenrechtliche „Umgang" – in den einzelnen in § 1 Abs. 3 beschriebenen Formen – mit Vollautomaten iSv. Anlage 1 A 1 U 1 Nr. 2.3 sowie mit denjenigen Vorderschaftsrepetierflinten, bei denen die Hinterschaft durch einen Pistolengriff ersetzt ist („Pumpguns") grundsätzlich verboten (zu deren Gefährlichkeit schon BGH, Beschluss vom 11. 3. 1998 – 3 StR 43/98 = NStZ **1998**, 369). Halbautomatische Selbstladewaffen sind nicht mehr erfasst (anders noch § 52 a Abs. 1 Nr. 2 WaffG aF). Vollautomatische Selbstladewaffen sind in der Anlage 1 A 1 U 1 Nr. 2.3 charakterisiert. Sie sind u. a. so beschaffen, dass aus ihnen bei Betätigung des Abzugs nicht nur jeweils ein Schuss, sondern Feuerstöße oder Dauerfeuer ausgelöst werden können. Derartige Waffen stellen wegen ihrer schnellen Schussfolge in der Hand von Gewalttätigen oder Leichtsinnigen eine besondere Gefahr für die öffentliche Sicherheit dar. Wer die tatsächliche Gewalt über solche Gegenstände in einer der vom Gesetz aufgeführten Formen ausübt, erfüllt den strafrechtlichen Tatbestand. Das **umschriebene Verhalten** birgt als solches bei einer Wertung unter dem Gesichtspunkt der Gefahrenabwehr bereits **ein derartiges Gefährdungspotential** in sich, dass es als **ahndungswürdiges Unrecht** eingestuft werden muss.

**9** Die Verwirklichung des Tatbestandes indiziert nach allgemeinen Grundsätzen auch hier die Rechtswidrigkeit des Verhaltens. Aus § 40 Abs. 4 ergibt sich, dass das **Bundeskriminalamt** von diesen Verboten **Ausnahmen** zulassen kann, wenn die Interessen des Antragstellers die öffentlichen Interessen ausnahmsweise überwiegen. Nach dieser Gesetzeskonstruktion sind die genannten Verbote als typische **repressive** Verbote einzuordnen, von denen nur die Erteilung einer Ausnahmebewilligung befreien kann. Aus dem Wortlaut des § 40 Abs. 4 ist bereits ersichtlich, dass hier nur

Vorbemerkungen  Vor § 51

auf Grund einer Interessenabwägung dem grundsätzlich missbilligten Verhalten die Verbotswidrigkeit genommen werden kann. Dies aber ist auch für das Strafrecht als Vorgabe bedeutsam. Das Entfallen der Rechtswidrigkeit im Einzelfall auf Grund einer Abwägung der widerstreitenden Interessen ist geradezu bezeichnend für das Vorliegen eines Rechtfertigungsgrundes, hier in Gestalt der behördlichen Ausnahmebewilligung.

**b)** In § 52 Abs. 1 Satz 1 sind die unterschiedlichsten waffenrechtlichen Strafbestimmungen zusammengefasst: **10**

**aa)** Absatz 1 Nr. 1 bezieht sich zum einen auf die in Anlage 2 A 1 Nr. 1.1 und zum anderen auf die in Nr. 1.3.4 genannten Schusswaffen oder Gegenstände. Nach Nr. 1.1 handelt es sich dabei um „Waffen, mit Ausnahme halbautomatischer tragbarer Schusswaffen, die in der Anlage zum Gesetz über die Kontrolle von Kriegswaffen (Kriegswaffenliste) in der Fassung der Bekanntmachung vom 22. November 1990 (BGBl. I S. 2506) oder deren Änderungen aufgeführt sind, nach Verlust der Kriegswaffeneigenschaft". Während die übrigen verbotenen Waffen – mit Ausnahme der Kategorie der Messer und der Wurfsterne – schon bisher in den Verbotsregelungen der §§ 37 Abs. 1 WaffG aF, 8 Abs. 1 der 1. WaffV aF und 17 Abs. 2 der 3. WaffV aF enthalten waren, werden hiermit neu einbezogen sämtliche aus der Kriegswaffenliste „entlassene" Waffen, ausgenommen halbautomatische Handfeuerwaffen (zur Charakterisierung solcher Waffen: Anlage 1 A 1 U 1 Nr. 2.3). Das bedeutet, dass in der Kriegswaffenliste enthalten gewesene Waffen, die durch VO der BReg. aus der Liste gestrichen worden sind, danach automatisch der Liste der verbotenen Waffen nach dem WaffG nF zuzuordnen sind, es sei denn, es handele sich um tragbare Halbautomaten, für die bis zur Änderung durch Art. 3 Nr. 7 Buchst. a WaffRNeuRegG eine Sonderregelung (Fußnote zu Nr. 29 der Kriegswaffenliste) bestand. Die Gesetzesformulierung ist etwas unklar, da man zunächst nicht erkennt, worauf sich der Relativsatz („die ...") bezieht. Außerdem können Waffen „nach Verlust der Kriegswaffeneigenschaft" nicht mehr in der Kriegswaffenliste „aufgeführt" sein; denn diese Eigenschaft geht allein dadurch verloren, dass die Waffe durch Verordnung aus der Kriegswaffenliste (Anlage zu § 1 Abs. 1 KWKG) gestrichen wird (§ 1 KWKG Rdn. 1). Vgl. auch § 57 Abs. 2 Satz 1 WaffG nF.

Zum anderen bezieht sich der Straftatbestand auf die Nr. 1.3.4: Gegenstände, bei denen leicht entflammbare Stoffe so verteilt und entzündet werden, dass schlagartig ein Brand entstehen kann. Gemeint sind die sog. **Molotow-Cocktails.** Nach Anlage 1 A 1 U 2 Nr. 1.2.5 sind hier tragbare Gegenstände erfasst, bei denen leicht entflammbare Stoffe so verteilt und entzündet werden, dass schlagartig ein Brand entstehen kann. Es handelt sich hierbei meist um mit Benzin, Benzin-Ölgemisch oder anderen leicht brennbaren Flüssigkeiten gefüllte Glasflaschen, die entweder nach dem Wurf beim Auftreten auf einen heißen Gegenstand (zB Panzermotor) zersplittern, wobei der dadurch freigewordene Brennstoff sich an der Temperatur des getroffenen Gegenstandes (Motor) entzündet, ohne dass es einer besonderen Zündvorrichtung bedarf, oder mit einer Zündvorrichtung (Lunte o. ä.) versehen sind und angezündet als Brandsätze vorwiegend zum Inbrandsetzen von Gebäuden verwendet werden (vgl. BGH NJW **1994,** 808). Da nach der früheren amtl. Begr. zum WaffG aF (BT-Drucks. VI/2678 S. 33) in zunehmendem Maße Anschläge auf Gebäude mit solchen Gegenständen verübt worden sind, hat der Gesetzgeber 1972 zu Recht ihre Aufnahme auch in den Verbotskatalog des § 37 WaffG aF (Abs. 1 Satz 1 Nr. 7) für erforderlich gehalten. Das Verbot gilt auch nach dem aktuellen Katalog der Anlage 2 A 1 Nr. 1.3.4 weiter. Land- oder forstwirtschaftliche Geräte werden jedoch entsprechend deren Zweckbestimmung nicht erfasst. Das früher in § 37 Abs. 1 Satz 3 **10a**

WaffG aF enthaltene Verbot, zur Herstellung solcher Gegenstände anzuleiten, ergänzt gem. § 40 Abs. 1 WaffG nF auch heute die Verbotsregelung; untersagt ist danach neben der Anleitung auch das Auffordern zur Herstellung derartiger Gegenstände. Vgl. § 2 Rdn. 14.

**10b** Die **Bewertung** dieser beiden Varianten des Straftatbestandes ergibt, dass auch hier ein repressives Verbot zugrunde liegt, das nur im Wege der Ausnahmegenehmigung nach § 40 Abs. 4 ausgeräumt werden kann. Die rechtsdogmatische Folge aus der gesetzlichen Regelung ist, dass auch hier das Ausüben der tatsächlichen Gewalt über derartige Gegenstände und die übrigen in der Vorschrift genannten Formen des Umgangs mit ihnen bereits den Unrechtstatbestand ausfüllen, und eine Ausnahmebewilligung allenfalls der rechtswidrigen Tat einen Rechtfertigungsgrund entgegensetzen könnte.

**11** bb) Absatz 1 Nr. 2. Hier werden Straftatbestände aufgeführt, deren kennzeichnendes Merkmal das Handeln „**ohne Erlaubnis**" ist. Daraus ist bereits zu ersehen, dass es sich bei den zugrunde liegenden Verhaltensweisen um solche handelt, die an sich unter bestimmten Voraussetzungen einer behördlichen Erlaubnis zugänglich, also nicht generell mit einem Verbot belegt sind. Bei dem Tatbestand zu Buchst. a) geht es um den Erwerb erlaubnispflichtiger Schusswaffen oder derartiger Munition mit dem von vornherein bestehenden Plan, diese Gegenstände unter Verstoß gegen § 34 Abs. 1 Satz 1 an einen Nichtberechtigten zu überlassen. Der Tatbestand entspricht § 53 Abs. 1 Satz 1 Nr. 3 WaffG aF.

**12** Erteilt werden darf die Erlaubnis nur, wenn die Voraussetzungen des § 4 Abs. 1 vorliegen, der Antragsteller also zB zuverlässig und persönlich geeignet ist (§§ 5 und 6 WaffG). Daraus wird zu Recht gefolgert, dass es sich insoweit lediglich um ein **präventives** Verbot mit Erlaubnisvorbehalt handelt, die Erlaubnis also eine bloße „Kontrollerlaubnis" darstellt. Erst das **Fehlen der behördlichen Erlaubnis** drückt diesen Verhaltensweisen den Stempel des Unrechtmäßigen auf, so dass dieses „negative Tatbestandsmerkmal" jeweils zur Komplettierung des Unrechtstatbestandes hinzukommen muss. Handeln mit Erlaubnis ist daher nicht tatbestandsmäßig.

**13** cc) Entsprechendes gilt für den Tatbestand des § 52 Abs. 1 Nr. 2 Buchst. b. Hier sind der Besitz und das Führen von erlaubnisbedürftigen halbautomatischen Kurzwaffen unter Strafdrohung gestellt, sofern es jeweils „ohne Erlaubnis" geschieht. Liegt eine WBK für den Besitz oder ein Waffenschein für das Führen vor, ist der Tatbestand nicht verwirklicht. Die Bestimmung entspricht § 53 Absatz 1 Satz 1 **Nr. 3a** in seinen beiden Varianten a) und b).

**14** dd) § 52 Abs. 1 Nr. 2 Buchst. c bedroht den mit Strafe, der mit erlaubnispflichtigen Waffen oder solcher Munition innerhalb seines Waffengewerbes oder Waffenhandels in bestimmter Weise umgeht, ohne die Konzession nach § 21 Abs. 1 hierfür zu besitzen. Das entspricht § 53 Abs. 1 Satz 1 Nr. 1 WaffG aF. Auch hier enthält der Tatbestand die Worte: „ohne Erlaubnis". Dies stellt wiederum ein – nicht zwingendes – Indiz dafür dar, dass die behördliche Gestattung eher ein negatives Tatbestandsmerkmal als einen Rechtfertigungsgrund darstellt (*Rengier* ZStW **101** [1989] 874, 879): Auch hier ergibt die gesetzessystematische Auslegung, dass kein generelles repressives Verbot und dementsprechend kein aus sich heraus unrechtsdefinierender Tatbestand wie insbesondere bei Verstößen gegen die Verbotsregelung des Abschnitts 1 der Anlage 2 (§ 37 Abs. 1 Satz 1 WaffG aF) vorliegt. In der Entwurfsbegründung zum Waffengesetz 1972 heißt es, das Waffengewerbe müsse im Hinblick auf die Gefahren, die aus seiner Ausübung für die öffentliche Sicherheit entstehen können, einer staatlichen Kontrolle unterliegen, die gewährleistet, dass der Zugang zu diesem Gewerbe nur zuverlässigen Personen offen steht. Allerdings wür-

Vorbemerkungen  **Vor § 51**

de die ungehinderte Ausübung des Waffengewerbes durch jedermann eine erhebliche Gefahr für die öffentliche Sicherheit darstellen, was näherer Begründung nicht bedarf. Ein Staat, dem auch die Sicherheit seiner Bürger anvertraut ist, muss auf eine solche Gefahr angemessen reagieren. In den parlamentarischen Demokratien wird diese Reaktion entsprechend der Zusammensetzung der jeweiligen Parlamente unterschiedlich ausfallen, so dass beispielsweise in den Staaten der USA in Bezug auf den Besitz von Waffen verhältnismäßig großzügig verfahren wird (vgl. hierzu aber *Schulz* DWJ **1994,** 1306). In der Europäischen Union bestehen dagegen weitreichende Gemeinsamkeiten, die sich auch – hinsichtlich des Erwerbs und Besitzes von Waffen – in der Richtlinie des Rates vom 18. 6. 1991 (91/477 EWG – ABl. EG Nr. L 256/51 v. 13. 9. 1991) niedergeschlagen haben (abgedruckt unter **Nr. 12 b** des Kommentars).

Zwar könnte man dahin argumentieren, dass Schusswaffen schon an sich so gefahrenträchtig sind, dass nur ein striktes Verbot in Betracht kommen könne. Auf der anderen Seite toleriert der Staat Betätigungen, bei denen die Verwendung von Waffen – wenn auch unter Einhaltung bestimmter Bedingungen – unumgänglich ist, beispielsweise bei Jägern oder Sportschützen. Für diese erlaubten Tätigkeiten muss es auch – erlaubte – Beschaffungsmöglichkeiten geben. Waffenherstellung und Handel mit Waffen sind also nicht dem Grunde nach bereits so beschaffen, dass sie von Amts wegen unter allen Umständen als sozialschädlich verboten werden müssten. Vielmehr erscheint es zur Wahrung der öffentlichen Sicherheit als ausreichend, wenn die Ausübung des Waffengewerbes nur geprüften und auserwählten Personen gestattet wird, weil sich bereits hierdurch die an sich vorhandene Gefahr als beherrschbar erweist.  **14a**

Für das Strafrecht hat dies zur Folge, dass die gewerbsmäßige Herstellung von Waffen und die Ausübung des Waffenhandels nicht schon als solche einen als Unrecht zu qualifizierenden Tatbestand bilden, sondern erst das Handeln ohne Erlaubnis den Tatbestand komplettiert.  **15**

**ee)** § 52 Abs. 1 Nr. 2 Buchst. d will den Regelungen über das erlaubnisbedürftige Verbringen oder die entsprechende Mitnahme von Schusswaffen oder Munition in das Inland oder durch dieses strafrechtlich absichern. Die Vorschrift hat ihr Vorbild in § 53 Abs. 1 Satz 1 Nr. 2 WaffG aF. Strafbares Unrecht wird auch hier erst dann verwirklicht, wenn dies jeweils ohne Erlaubnis geschieht.  **16**

**ff)** Anders ist die Rechtslage wiederum dem Tatbestand des § 52 Abs. 1 Nr. 3. Er entspricht § 53 Abs. 1 Satz 1 Nr. 6 sowie Absatz 3 Nr. 4 WaffG aF. Diese Vorschriften sollten das in § 38 Abs. 1 WaffG aF enthalten gewesene Verbot, Schusswaffen oder Munition im Reisegewerbe, im Marktverkehr, auf Volksfesten, Schützenfesten oder ähnlichen Veranstaltungen zu vertreiben oder anderen zu überlassen, sichern. Die Neufassung bezieht sich in entsprechender Weise auf das jetzt maßgebliche Verbot des § 35 Abs. 3. Während das verwaltungsrechtliche Verbot früher weiter ging und sich auch auf Hieb- und Stoßwaffen erstreckte, beschränkte sich die strafrechtliche Norm in Absatz 1 aF zunächst auf Schusswaffen und Munition, für deren Erwerb im Gesetz eine Erlaubnis vorgesehen war; die übrigen Verbote, die weniger gefährliche Waffen betreffen, waren durch Absatz 3 Nr. 4 geschützt.  **17**

Die Neufassung in § 35 Abs. 3 und § 52 Abs. 1 Nr. 3 fasst nunmehr beide Regelungen zusammen. Aus § 35 Abs. 3 Satz 2 ergibt sich, dass vom Gesetzgeber keine bloße Kontrollerlaubnis vorgesehen worden ist, sondern ein strenges **Verbot,** von dem die zuständige Behörde lediglich dann eine begrenzte – **Ausnahme** zulassen darf, „wenn öffentliche Interessen nicht entgegenstehen". Das ist aber wiederum der typische Fall des Verbots, bei dem der Verstoß derartige – hier auf Grund der Um-  **17a** stände weitgehend unkontrollierbare – Gefahren in sich birgt, dass er bereits für sich genommen tatbestandsausfüllend wirkt.

**18**  gg) Entsprechendes gilt für die den vorgenannten Tatbestand des Absatzes 1 Nr. 1 ergänzende Vorschrift des § 52 Abs. 1 Nr. 4. Mit ihr werden auch bereits gewisse im Vorfeld der Herstellung von „Molotow-Cocktails" vorgenommene Handlungen, wie das Erteilen von Anleitungen oder Auffordern zur Herstellung (§ 40 Abs. 1), erfasst. Die Erteilung einer Ausnahmebewilligung seitens des BKA nach § 40 Abs. 4 wird hier auszuscheiden haben.

**19**  c) § 52 Abs. 3 (§ 53 Abs. 3 aF). Die in dieser Vorschrift zusammengefassten Strafbestimmungen sind vom Gesetzgeber mit einer gegenüber den Tatbeständen des Absatzes 1 geringeren Strafdrohung versehen worden. Es fragt sich, ob auch sie sich in die beiden bisher aufgezeigten Deliktsgruppen einordnen lassen.

**20**  aa) Nr. 1 – mit einer Fülle von Einzelvorschriften – stellt in Ergänzung zu Absatz 1 Nr. 1 wiederum den Umgang mit Gegenständen unter Strafe, die nach § 2 Abs. 3 iVm. der Anlage 2 Abschnitt 1 mit einem **Verbot** belegt worden sind.

**21**  bb) Dagegen entsprechen die Tatbestände der Nrn. 2 bis 4 schon dem Wortlaut nach den bei den Ausführungen zu Absatz 1 aufgezeigten Tatbeständen, die ihren Unrechtsgehalt erst dadurch erhalten, dass „ohne Erlaubnis" gehandelt worden ist.

**22**  cc) Die im Gesetzgebungsverfahren neu eingefügten Nr. 5 und 6 sind ebenfalls unter die Rubrik der Handlungsweisen „ohne Erlaubnis" einzureihen. Bei Nr. 5 ergibt sich das daraus, dass die Erlaubnis zum Führen kraft gesetzlicher Bestimmung in § 28 Abs. 2 Satz 1 inhaltlich beschränkt worden ist auf die tatsächliche Durchführung des konkreten Auftrags. Hält der Betreffende sich an diese Begrenzung nicht, handelt er außerhalb des ihm gestatteten Rahmens. Bei Nr. 6 liegt der Verstoß darin, dass ohne „Zustimmung" der Behörde eine Schusswaffe oder Munition überlassen wird. Dass die Zustimmung nur eine andere Erlaubnisform darstellt, braucht nicht weiter begründet zu werden.

**23**  dd) Nr. 7 stellt den Verstoß gegen § 34 Abs. 1 Satz 1 unter Strafdrohung. Erlaubnispflichtige Schusswaffen oder solche Munition dürfen von dem – berechtigten – Besitzer nur erwerbsberechtigten und damit auf ihre Zuverlässigkeit überprüften Abnehmern überlassen werden, damit der „Kreislauf der Zuverlässigkeit", der den Umgang mit Waffen und Munition beherrscht, nicht durchbrochen wird. Zum gesetzlichen Tatbestand gehört auch hier, dass eine behördliche Erlaubnis zum Erwerb nicht erteilt worden ist. Die Besonderheit liegt lediglich darin, dass nicht der Überlassende selbst der behördlichen Erlaubnis bedarf, sondern der Erwerber. Ist diesem der Erwerb gestattet, handelt der Überlassende nicht tatbestandsmäßig.

**24**  ee) Einen Sonderfall regelt Nr. 8. Bestraft wird hiernach, wer „einer vollziehbaren Anordnung nach § 41 Abs. 1 Satz 1 oder Abs. 2 zuwiderhandelt". Die Strafvorschrift knüpft damit an einen vollziehbaren Verwaltungsakt an, nämlich ein behördliches Waffen-(Munitions-)besitzverbot für den Einzelfall. Hier zeigt sich die Abhängigkeit der Strafvorschrift von den Vorgaben des Verwaltungsrechts in besonders deutlicher Form. Im Umweltstrafrecht spricht man in Bezug auf Fallgestaltungen dieser Art von „Verwaltungsaktsakzessorietät". Die damit zusammenhängenden Fragen sind inzwischen bis in die jüngste Zeit hinein in einer Fülle von Veröffentlichungen – zum großen Teil kontrovers – behandelt worden; auf sie kann hier nur hingewiesen werden (Nachweise bei *Steindorf* in Festschrift für Salger [1994] S. 167, 178; *ders.* LK 11. Aufl. vor § 324 Rdn. 22 ff.). In der Praxis haben derartige Probleme – soweit ersichtlich – bisher keine Rolle gespielt.

**24 a**  Das Besitzverbot des § 41 Abs. 1 oder 2 stellt einen den Adressaten „belastenden" Verwaltungsakt dar, durch den ihm offengelegt wird, was die Behörde in seinem

Vorbemerkungen  **Vor § 51**

Fall für rechtens erachtet (vgl. § 35 VwVfG). Zur Erfüllung des Tatbestandes ist weiter erforderlich, dass der Verwaltungsakt „vollziehbar" ist. Diese Voraussetzung ist nicht erst gegeben, wenn er bestandskräftig, sondern bereits dann, wenn er dem Betroffenen gegenüber verwaltungsrechtlich durchsetzbar ist. Das ist der Fall, wenn sich die sofortige Vollziehbarkeit aus dem Gesetz ergibt (§ 80 Abs. 2 Nr. 1 bis 3 VwGO) oder ausdrücklich schriftlich angeordnet worden ist (§ 80 Abs. 2 Nr. 4 VwGO).

Für die rechtliche Einordnung gilt, dass hier trotz der Formulierung in § 41, der **25** Erwerb oder der Besitz werde „untersagt", kein Verbot im Sinne der Ausführungen zu § 51 vorliegt. Es handelt sich nicht um den Umgang mit verbotenen Gegenständen, der prinzipiell untersagt werden soll, sondern um an sich im Wege der Kontrollerlaubnis gestattungsfähige Handlungsweisen, bei denen aber die persönliche Unzuverlässigkeit des Waffen-(Munitions-)besitzers zum Schutz öffentlicher Interessen eine Art polizeirechtlicher Gefahrenabwehrmaßnahme notwendig erscheinen lässt. Ist die Untersagungsverfügung vollziehbar ergangen, so besitzt der Adressat fortan unerlaubt, was die Strafbarkeit auslöst. Möglicherweise ist eine ihm zuvor erteilte waffenrechtliche Berechtigung noch nicht nach den §§ 45, 46 zurückgenommen oder widerrufen worden, so dass er noch nicht unter den Kreis derjenigen fällt, die „ohne die erforderliche Erlaubnis" besitzen.

**gg)** Nr. 10 betrifft den Sonderfall einer unter bestimmten Voraussetzungen „aus- **26** laufenden" Gestattung, so dass, wenn dieser Fall eintritt, wiederum „ohne Erlaubnis" gehandelt wird.

**d) Weitere Fälle** behördlicher Gestattung im Waffenrecht. Die Erteilung von Er- **27** laubnissen sieht das Waffengesetz noch in anderen Fällen vor, nämlich zum **Betreiben einer Schießstätte** (§ 27 Abs. 1 Satz 1) und zum **Schießen außerhalb von Schießstätten** (§ 10 Abs. 5; § 45 Abs. 1 WaffG aF). Diese Vorschriften sollen hier ebenso außer Betracht bleiben wie die Bestimmungen über die behördliche **„Zulassung"** von Handfeuerwaffen und Munition, die jetzt im neuen Beschussgesetz enthalten sind (zuvor: §§ 16 ff. WaffG aF). Als Sanktionen sieht das Gesetz – entsprechend ihrer Einstufung als **Ordnungswidrigkeiten** (§ 53) – nur Geldbußen vor.

**e) Die Verwirklichung des Tatbestandes der Waffendelikte. aa)** Wie bereits **28** ausgeführt, ist bei den im Waffengesetz im Einzelnen aufgestellten strikten Verboten (Verstößen gegen die §§ 2 Abs. 3 iVm. Anlage 2 Abschnitt 1; 35 Abs. 3, 42) die Konstruktion des Delikts so beschaffen, dass der Tatbestand bereits mit der Zuwiderhandlung gegen das Verbot verwirklicht ist. Auf eine behördliche Gestattung kommt es auf der Tatbestandsebene nicht an; sie könnte allenfalls – in Gestalt einer Ausnahmebewilligung – im Einzelfall die Rechtswidrigkeit ausräumen.

**bb)** Dagegen ist bei den übrigen Tatbeständen zur Erfüllung des Tatbestandes er- **29** forderlich, dass zu den sonstigen Tatbestandsmerkmalen unrechtskennzeichnend das Fehlen der (an sich möglichen) behördlichen Gestattung oder – bei § 52 Abs. 3 Nr. 8 – die vollziehbare behördliche Untersagungsverfügung hinzukommt. In beiden Fällen erhalten die Tathandlungen (zB der Besitz) ihren spezifischen Unrechtsgehalt erst dadurch, dass sie ohne die gesetzlich vorgeschriebene verwaltungsbehördliche Gestattung vorgenommen worden sind. Im ersten Falle ist die nach behördlicher Vorkontrolle ergehende Erlaubnis gar nicht erst eingeholt worden, im zweiten Falle wird das behördliche Veto in Bezug auf den Besitz des Gegenstandes missachtet.

Beim Fehlen der Erlaubnis ist es sowohl aus logischen als auch aus sprachlichen Gründen etwas schwierig einsichtig zu machen, dass zur Komplettierung eines Ganzen – hier des Tatbestandes – das Fehlen eines Umstandes erforderlich sein soll. Man spricht hier von „negativen Tatbestandsmerkmalen".

# Vor § 51

Abschn. 4. Straf- und Bußgeldvorschriften

30 **cc) Ein Handeln „ohne Erlaubnis"** kommt in folgenden Fällen in Betracht:

31 Keine Probleme sollte der Fall bereiten, dass eine **Erlaubnis weder beantragt noch erteilt** worden ist. Zwar wird in diesem Zusammenhang immer wieder das Phantom der „Genehmigungsfähigkeit" beschworen. Es dürfte sich aber als überzeugende Meinung durchgesetzt haben, dass es bei tatsächlich fehlendem behördlichen Gestattungsakt nicht auf die Frage ankommen kann, ob die Voraussetzungen der Erlaubnis zur Tatzeit an sich möglicherweise vorgelegen haben.

32 Ähnlich verhält es sich mit einem weiteren Gebilde, das immer wieder das Schrifttum beschäftigt: die **Duldung**, die teilweise auch als „aktive" Duldung Beachtung erheischt. Wenn ein aufgrund seiner Gefährlichkeit an sich verbotenes Verhalten behördlicherseits nur dann hingenommen werden kann, wenn in einem Kontrollverfahren alle Umstände überprüft worden sind und der positive Abschluss dieser Prüfung nach außen in Form der Erteilung einer schriftlichen Erlaubnis auch dokumentiert worden ist, dann ist es im Hinblick auf den Sinn und Zweck der Regelung sicherheitspolitisch ein Unding, dem ein Behördenverhalten gleichzusetzen, das – aus welchen Gründen auch immer – einen solchen **Verwaltungsakt** eben **nicht erlassen** hat. Die Vertreter der Ansicht, dass es eine „genehmigungsgleiche Duldung" geben könnte, fordern denn auch einen „Duldungsakt", der alle Kriterien der materiellen und formalen staatlichen Kontrollfunktion erfüllt. Das ist dann aber keine bloße Duldung mehr, sondern die Genehmigung durch schlüssiges Handeln; ein solches kann natürlich nur Wirkung entfalten, falls die Behörde zu einer solchen Art „informellen" Verwaltungshandelns im Einzelfall ermächtigt ist. Im Waffenrecht sind Fälle dieser Art bisher nicht bekannt geworden. Es ist auch besonders im Waffenstrafrecht an klaren Anknüpfungsmerkmalen für die Begründung und den Ausschluss der Strafbarkeit festzuhalten. Für letzteres sind von Amts wegen Dokumente vorgesehen, in denen sich die Erteilung der Erlaubnis widerspiegelt, insbesondere die Waffenbesitzkarte und der Waffenschein.

33 **Die „nichtige" Erlaubnis.** Nach einhelliger Auffassung liegt ein „Fehlen" der Erlaubnis auch dann vor, wenn die Verwaltungsbehörde zwar einen entsprechenden gestattenden Verwaltungsakt erlassen hat, dieser aber an so **schweren Mängeln** im Sinne des § 44 VwVfG leidet, dass er als nichtig anzusehen ist. Ein nichtiger Verwaltungsakt ist aber nach allgemeiner und zutreffender Meinung von niemandem zu beachten.

34 Die **verwaltungsrechtlich wirksame**, aber **„rechtswidrige"** Erlaubnis. Ist der Verwaltungsakt „Erlaubniserteilung" nach verwaltungsrechtlichen Regeln wirksam ergangen, so entfaltet er „Tatbestandswirkung" in der Weise, dass auch der Strafrichter von dem Vorliegen einer Erlaubnis auszugehen hat, selbst wenn der Verwaltungsakt nach materiellem Verwaltungsrecht rechtswidrig sein sollte. Für den Fall, dass der Adressat selbst auf die materielle Richtigkeit der wirksamen Erlaubnis vertraut, ergeben sich insofern keine Probleme, als hier allgemein davon ausgegangen wird, dass der Betreffende – und sei es letztlich aus subjektiven Gründen – ohne Strafe bleiben muss.

35 Welche Wirkung entfaltet aber eine solche wirksame Erlaubnis in der Hand dessen, der um die materielle Rechtswidrigkeit weiß, oder in Fällen, in denen die Erlaubnis gar erschlichen, abgenötigt oder durch Bestechung erwirkt worden ist? Derartige Mängel sind in aller Regel nicht so offensichtlich, dass sie zur Nichtigkeit des Verwaltungsakts führen, wie sich auch aus § 48 Abs. 2 Satz 3 Nr. 1 VwVfG entnehmen lässt. Hier schlägt nun die große Stunde der **„Rechtsmissbrauchslehre"**. Zu Recht ist jedoch von namhaften Autoren herausgearbeitet worden, dass diese Rechtsfigur im Strafrecht „hochgradig fragwürdig" ist, soweit sie auf der **Tatbe-**

Vorbemerkungen  **Vor § 51**

standsebene zur Begründung oder Ausweitung der Strafbarkeit herangezogen wird; sie verstößt nämlich insoweit gegen Art. 103 Abs. 2 GG. Aus dem Verwaltungsrecht ergibt sich eindeutig, dass auch in diesen Rechtsmissbrauchsfällen dem ergangenen Verwaltungsakt nicht die Wirksamkeit abzusprechen ist, so dass bei der Prüfung des Straftatbestandes dahingehend, ob eine Erlaubnis vorliegt, von der Existenz einer solchen auszugehen ist, wodurch in Fällen der vorliegenden Art der Tatbestand entfällt. Es ist zuzugeben, dass eine solche Rechtsfolge dem „Rechtsgefühl" widersprechen könnte. Die Anwendung der Rechtsmissbrauchslehre hätte demgegenüber zur Folge, dass der Betreffende sich auf die ergangene Erlaubnis nicht berufen dürfte, dem Verwaltungsakt somit die Gestattungswirkung letztlich aberkannt würde, wodurch plötzlich ohne positive gesetzliche Regelung ein Straftatbestand als verwirklicht angesehen werden müsste, der zuvor wegen der Existenz einer wirksamen Erlaubnis nicht erfüllt war. Das aber stünde in Widerspruch zu dem Verfassungsgebot des Art. 103 Abs. 2 GG.

Als ein gangbarer Weg zur Lösung solcher Fälle würde sich unter völliger Respektierung des Teilrechtsgebiets Verwaltungsrecht anbieten, den wirksamen, aber fehlerhaften Verwaltungsakt **nach Verwaltungsrecht „entsorgen"** zu lassen, also durch Rücknahme oder Widerruf, notfalls im Verfahren vor den Verwaltungsgerichten. Zugegebenermaßen würde dies im Normalfall erst nach Ablauf einer erheblichen Zeitspanne effektiv werden. In der Zwischenzeit würde die existente Erlaubnis Wirkung entfalten in der Weise, dass kein Handeln „ohne Erlaubnis" vorläge. Das ergäbe sich aber aus der Berücksichtigung der verwaltungsrechtlichen Vorgaben. Bei der Kompliziertheit der meisten verwaltungsrechtlichen Problemstellungen bestände auch die Gefahr, dass der Strafrichter nicht alle auf jenem Spezialgebiet zu beachtenden Gesichtspunkte in seine nach strafrechtlichen Regeln ergehende Entscheidung einbezieht und sich damit in Widerspruch zur „Primärrechtsordnung" (*Frisch,* Verwaltungsakzessorietät und Tatbestandsverständnis im Umweltstrafrecht [1993] S. 116f.) setzt; denn was diese zugesteht, unterliegt nicht der Disposition des Strafrechts. 36

Die klarste Lösung, die der Gesetzgeber des Außenwirtschaftsgesetzes mit dem später eingefügten Absatz 8 des § 34 gefunden hat, ist inzwischen durch Schaffung des § 330d Nr. 5 StGB (vgl. *Wimmer* JZ **1993,** 67, 73) zu einer allgemeinen Lösung einiger der umstrittensten Fragen der Abhängigkeit des Strafrechts von den Vorgaben des Verwaltungsrechts ausgebaut worden (vgl. *Tröndle/Fischer* StGB 53. Aufl. § 330d Rdn. 13). 37

Mit Art. 1 Nr. 15 des „Einunddreißigsten Strafrechtsänderungsgesetzes – Zweites Gesetz zur Bekämpfung der Umweltkriminalität – (31. StrÄndG – 2. UKG)" vom 27. 6. 1994 (BGBl. I 1440) ist dem § 330d StGB eine Nr. 5 mit folgendem Wortlaut angefügt worden: „ein Handeln ohne Genehmigung, Planfeststellung oder sonstige Zulassung ist auch ein Handeln auf Grund einer durch Drohung, Bestechung oder Kollusion erwirkten oder durch unrichtige oder unvollständige Angaben erschlichenen Genehmigung, Planfeststellung oder sonstigen Zulassung". Tatsächlich bedarf es angesichts des Meinungschaos auf diesem Gebiet einer klaren Lösung: nicht nur durch unrichtige oder unvollständige Angaben erschlichene behördliche Gestattungen (wie in der Spezialregelung des § 34 Abs. 8 AWG), sondern auch solche Erlaubnisse, die durch arglistige Täuschung, Drohung oder Bestechung erwirkt worden sind (§ 48 Abs. 2 Satz 3 Nr. 1 VwVfG), ebenso wie durch kollusives Zusammenwirken mit der Behörde erlangte, dürfen im Rahmen eines Straftatbestandes weder auf der Tatbestands- noch auf der Rechtfertigungsebene zugunsten desjenigen, der sich auf eine solche Gestattung beruft, Wirkungen entfalten. 38

**Vor § 51**  Abschn. 4. Straf- und Bußgeldvorschriften

**39** Darüber hinaus ist aber mit *Wimmer* (aaO) darauf aufmerksam zu machen, dass es nicht mit einzelnen gesetzlichen Sonderregelungen getan sein kann. Die „kopflastige" Beschäftigung mit diesen Problemen im Umweltstrafrecht darf nicht den Blick darauf verstellen, dass es sich in Wirklichkeit um Fragen handelt, die bei allen Straftatbeständen auftauchen, die verwaltungsrechtliche Vorgaben enthalten. Es wäre deshalb vonnöten, in den Allgemeinen Teil des Strafgesetzbuchs eine umfassende Regelung dieser Fragen einzustellen und es nicht bei gesetzgeberischem „Stückwerk" zu belassen, selbst wenn durch einen solchen „Federstrich" letztlich vieles stolze Schriftwerk zu „Makulatur" würde. Ob diese neu zu schaffende Vorschrift ihren Platz im Zusammenhang mit den Begriffsbestimmungen des § 11 StGB finden sollte, wie *Wimmer* (aaO) und *Paeffgen* (Stree/Wessels – Festschrift S. 587, 610) vorschlagen, ist demgegenüber eine Frage von zweitrangiger Bedeutung.

**40** **f) Die Rechtfertigung** bei Waffendelikten durch waffenrechtliche Gestattungen. Sie kommt nur in Betracht bei den Straftatbeständen, die auf ein absolutes Verbot aufbauen, also bei den in den §§ 51 und 52 aufgeführten Bestimmungen, die an die genannten Verbote anknüpfen (Rdn. 8, 10b). Wenn für diese grundsätzlich verbotenen Verhaltensweisen im Einzelfall nach Vornahme der gebotenen Interessenabwägung eine Ausnahmebewilligung erteilt worden ist, lässt diese die Rechtswidrigkeit der Tat entfallen. Da es sich bei dieser Art behördlicher Gestattung – wie bei der Erlaubnis – um einen Verwaltungsakt handelt, gelten für ihn die Rechtsausführungen zur Erlaubnis entsprechend. Für die Wirksamkeit des rechtswidrigen Verwaltungsakts gelten allerdings an sich nicht die Einschränkungen, die aus dem Gesichtspunkt des Art. 103 Abs. 2 GG gegen die „Rechtsmissbrauchslehre" hergeleitet werden, da hier Fragen der unzulässigen Erweiterung des Straftatbestandes nicht angesprochen werden. *Rengier* (ZStW **101** [1989] 874, 888 f.) hat aber auf diesem bisher wenig behandelten Gebiet überzeugend dargelegt, dass insoweit eine konsequente „Gleichstellung" der tatbestandsausschließenden und der rechtfertigenden Genehmigung „unter dem Dach des Art. 103 Abs. 2 GG" angezeigt ist, da die verwaltungsrechtlichen Wirksamkeitsvoraussetzungen bei „rechtsmissbräuchlich" erwirkten Genehmigungen völlig unabhängig davon sind, ob das Genehmigungserfordernis präventiven (tatbestandsausschließenden) oder repressiven (rechtfertigenden) Charakter hat.

**41** **g) Irrtumsfragen.** Bei der tatbestandsausschließenden Erlaubnis sind folgende Fehlvorstellungen denkbar (vgl. Heuchemer, Der Erlaubnistatbestandsirrtum, 2005):

**aa)** Der Täter geht bei **erteilter Erlaubnis** irrig davon aus, er handele ohne die erforderliche Erlaubnis. Hier stellt er sich das Vorliegen eines negativen Tatbestandsmerkmals vor, bei dessen Vorliegen der objektive Tatbestand erfüllt wäre. Die Folge ist Strafbarkeit wegen (untauglichen) Versuchs. Der Versuch ist allerdings nur bei § 51 (Verbrechen) und den Tatbeständen des § 52 Abs. 1 unter Strafe gestellt (§ 52 Abs. 2).

**42** **bb)** Von größerer praktischer Bedeutung sind demgegenüber die Fälle, in denen tatsächlich **keine rechtswirksame Erlaubnis** erteilt ist. Hier sind eine Fülle von Fehlvorstellungen denkbar:

Verhältnismäßig unproblematisch ist der Fall, dass der Täter **glaubt, er sei im Besitz** einer wirksamen Erlaubnis. Hier geht er davon aus, dass er die staatlichen Kontrollrechte nicht missachtet. Der Irrtum in diesem Falle – tatbestandsausschließende Erlaubnis – ist immer Tatbestandsirrtum (§ 16 Abs. 1 Satz 1 StGB).

In der Begründung zu den einzelnen Vorschriften des Referentenentwurfs eines Gesetzes über Ordnungswidrigkeiten (1965) hieß es bereits: „In den Tatbeständen des Nebenstrafrechts einschließlich der Ordnungswidrigkeiten sind zudem die Umstände, welche die Handlung als unrechtmäßig kennzeichnen, vielfach zu Tatbestandsmerkmalen erhoben (zB ‚ohne die erforderliche Erlaubnis', ‚ohne die vorgeschriebene Genehmigung'), so dass der Irrtum über solche Umstände ohnehin als **Tatbestandsirrtum,** nicht als Verbotsirrtum zu behandeln ist" (bei *Meyer* JuS **1983,** 513, 514).

Von besonderer Wichtigkeit sind die Fälle fehlender Erlaubnis, in denen der **43** Betreffende meint, einer **Erlaubnis nicht zu bedürfen.** Er weiß hierbei natürlich, dass er nicht im Besitz einer Erlaubnis ist. Man könnte nun daran denken, dass mit dem Vorliegen dieses Wissens, „ohne Erlaubnis" zu handeln, bereits der Vorsatz zu bejahen und die Fehlvorstellung nach den Grundsätzen des Verbotsirrtums zu behandeln ist. Denn auf den ersten Anschein sieht es so aus, als läge ein Irrtum über das Verbotensein der Tätigkeit vor. Diese Betrachtungsweise würde aber der Tatbestandsstruktur in diesen Fällen nicht gerecht. Der Tatbestand des Handelns „ohne Erlaubnis" erhält – wie bereits ausgeführt – bei den hier zu behandelnden Fällen der bloßen **Kontrollerlaubnis** durch das Fehlen der behördlichen Gestattung erst seinen unrechtskonstituierenden Inhalt; erst dadurch wird er zum gesetzlich umschriebenen Unrechtstypus (vgl. BGH NStZ-RR **2003,** 55). Das kann nicht ohne Auswirkungen bleiben auf die Frage, worauf sich Wissen und Wollen des Vorsatztäters beziehen müssen. Bezeichnenderweise formuliert das Gesetz in § 16 Abs. 1 Satz 1 StGB: „Wer bei Begehung der Tat einen Umstand nicht kennt, der zum gesetzlichen Tatbestand gehört, handelt nicht vorsätzlich". Zum gesetzlichen Tatbestand gehört hier nicht nur, dass ohne Erlaubnis gehandelt wird, sondern ohne die „erforderliche" Erlaubnis. Zu Recht heißt es bei *Lackner/Kühl* § 325 StGB Rdn. 16), aus der das Unrecht mitbegründenden Kontrollfunktion des Verwaltungsverfahrens folge, dass der Vorsatz nicht nur die der Verwaltungswidrigkeit zugrunde liegenden Umstände, sondern auch diese selbst umfassen muss; der Irrtum über das Erfordernis der Erlaubnis sei daher **Tatbestandsirrtum.**

**cc)** Die **Abgrenzung** zwischen **Tatbestandsirrtum** (§ 16 Abs. 1 Satz 1 StGB) **44** und **Verbotsirrtum** (§ 17 Satz 1 StGB) gehört nun aber seit jeher zu den umstrittensten Fragen der Rechtswissenschaft überhaupt; allein die Darlegung des Streitstandes würde die Grenzen dieses Kurzkommentars sprengen. Gegenüber den vielfältigen Meinungen im Schrifttum neigt die **Rechtsprechung** ganz eindeutig dazu, beim Irrtum über das Genehmigungserfordernis Verbotsirrtum anzunehmen (vgl. die Nachweise bei *Rengier* KK-OWiG § 11 Rdn. 41). Der Bundesgerichtshof (NStZ **1993,** 594 m. abl. Anm. *Puppe*; aA auch *Holthausen/Hucko* NStZ **1998,** 193, 200 f.) hat zum Genehmigungserfordernis nach dem Kriegswaffenkontrollgesetz (KWKG) darauf hingewiesen, dass es in derartigen Fällen differenzierender Betrachtung – je nach Fassung des betreffenden gesetzlichen Tatbestandes – bedarf, um die Frage zu entscheiden, ob Tatumstands- oder Verbotsirrtum vorliegt. Für die Genehmigungspflicht nach dem KWKG hat er entschieden, dass der Umgang mit Kriegswaffen aufgrund seiner besonderen Gefährlichkeit bereits schweres Unrecht – Verbrechenstatbestand – darstelle, das allenfalls durch Erteilung einer behördlichen Genehmigung im Wege der Rechtfertigung ausgeräumt werden könne (ähnlich für § 34 Abs. 4 AWG BGH NStZ-RR **2003,** 55). Dem liegt die Auffassung zugrunde, dass es sich bei den Verboten des Kriegswaffenkontrollgesetzes um **repressive** Verbote mit Befreiungsvorbehalt handelt (str., vgl. *Holthausen* DVBl. **1994,** 1375; *Gusy* GA **1994,** 550). Solche kennt das Waffengesetz aber – wie ausgeführt – nur in den bereits genannten Fällen.

Bei den präventiven Verboten, von denen die Kontrollerlaubnis befreien kann, **45** muss der Täter, um vorsätzlich zu handeln, wissen, dass für seine Tätigkeit eine behördliche Erlaubnis vonnöten ist. Irrt er insoweit, so fehlt es gegenüber dem **objektiven Tatbild** in diesem Teilbereich an dem **kongruenten subjektiven Spiegelbild**, so dass der Vorsatz nicht – wie es nötig wäre – für alle Tatumstände bejaht werden kann. Gegebenenfalls kann fahrlässige Begehungsweise in Betracht kommen. Es zeigt sich indessen, dass die Frage, ob die Fehlvorstellung des Täters ein Tatumstandsirrtum oder ein Verbotsirrtum ist, ein Problem ist, das auf der Ebene des Subjektiven, der Irrtumsebene, einer gesonderten Lösung gar nicht mehr zugänglich ist. Der Irrtum ist vielmehr der „Sklave" der Tatbestandsstruktur. Er steht in völliger Abhängigkeit von dieser. Ist der Tatbestand so beschaffen, dass das Fehlen der erforderlichen Erlaubnis als Merkmal in ihn integriert ist, so ist damit bereits entschieden, dass der Irrtum hierüber, und zwar auch in der Form des Irrtums über die „Erforderlichkeit", nur ein Tatumstandsirrtum sein kann. Es ist nicht denkbar, dass ein Merkmal als Teil des objektiven Straftatbestandes einzuordnen ist, die Fehlvorstellung hierüber aber keinen Irrtum über einen Tatumstand nach § 16 Abs. 1 Satz 1 StGB darstellen könnte. Insoweit besteht völlige Abhängigkeit.

**46** Das bedeutet, dass die Frage des in Betracht kommenden Irrtums bereits **auf der Ebene des objektiven Tatbestandes entschieden** wird, und zwar bindend und endgültig. Dessen Struktur, die sich erforderlichenfalls erst durch am Sinn und Zweck der Norm orientierte Auslegung ermitteln lässt, ist maßgebend auch für die Entscheidung, ob Tatumstands- oder Verbotsirrtum vorliegt. Gestützt wird diese Auffassung u. a. durch die – bereits oben (Rdn. 42) angesprochene – amtliche Begründung zum Ordnungswidrigkeitengesetz, in der eindeutig dargelegt wird, dass in den Tatbeständen des Nebenstrafrechts vielfach Umstände, welche die Handlung als unrechtmäßig kennzeichnen, wie beispielsweise „ohne die erforderliche Erlaubnis", zu Tatbestandsmerkmalen erhoben sind, so dass „der Irrtum über solche Umstände ohnehin als Tatbestandsirrtum, nicht als Verbotsirrtum, zu behandeln ist".

**47** **dd)** Eine andere Frage, auf die hier nur kurz eingegangen werden soll, ist die, inwieweit in der **strafgerichtlichen Praxis** der Behauptung des Beschuldigten, von dem Erfordernis der Erlaubniserteilung nicht gewusst zu haben, zu folgen ist. Man beobachtet immer wieder, dass Strafgerichte ihrer Entscheidung ohne weiteres die **Einlassung** des Beschuldigten zugrunde legen, ohne diese einer Überprüfung unterzogen zu haben. Sie wird dann von vornherein als „nicht widerlegbar" bezeichnet, obwohl sie oft „den Stempel der Unwahrheit auf der Stirn trägt". Der 4. Strafsenat des Bundesgerichtshofs hat in einer Fülle von Entscheidungen zum Ausdruck gebracht (zB BGHSt. **34**, 29, 34 betr. Alkoholkonsum des Täters), dass die Angaben der Beschuldigten einer kritischen Überprüfung zu unterziehen sind und kein Zwang besteht, ihnen zu folgen, wenn sie sich beispielsweise als unglaubhaft darstellen. So hat derselbe Senat auch in seinem Urteil zur Einfuhr von Kriegswaffen (NStZ **1993**, 594) darauf hingewiesen, dass eine Reihe von Indizien dafür sprächen, dem Tätern sei – entgegen ihrer Einlassung – die Genehmigungsbedürftigkeit ihres Handelns bekannt gewesen, was in der erneuten Hauptverhandlung zu überprüfen wäre. Vgl. auch BGH, Urteil vom 12. 4. 1994 – 1 StR 155/94 betr. Alkoholkonsum.

**48** **ee)** Einer **Sonderbehandlung** bedarf wiederum der Straftatbestand des **§ 52 Abs. 3 Nr. 8**. Hier wird im Gesetz darauf abgestellt, dass der Täter „einer vollziehbaren Anordnung ... zuwiderhandelt". Der Verstoß gegen die durch Verwaltungsakt erlassene Entscheidung ist erkennbar zum Bestandteil der gesetzlichen Tatbestandes erklärt worden. Das hat zur Folge, dass sowohl der Irrtum darüber, dass die Anordnung gegen ihn erlassen worden ist, als auch derjenige über ihre Vollziehbarkeit jeweils einen Tatumstandsirrtum darstellen. Das ist für die vergleichbare Fragestellung in den §§ 325, 327 StGB allgemein anerkannt (*Lackner/Kühl* aaO Rdn. 16).

Vorbemerkungen  **Vor § 51**

**ff)** Ergibt sich aus der **Struktur des Straftatbestandes** dagegen, dass bereits bei 49 Vornahme bestimmter verbotener Handlungen – **ohne** dass es auf das Fehlen einer **behördlichen Gestattung** ankommt – ein **vollständiger Unrechtstypus** vorliegt, wie das bei den strikten Verboten der Fall ist, so kann ein „echter" Tatumstandsirrtum nie dadurch entstehen, dass der Täter irrig die Erteilung einer Ausnahmebewilligung annimmt oder eine solche für nicht erforderlich hält; denn diese ist nicht Merkmal des gesetzlichen Tatbestandes. Für die rechtliche Einordnung dieser Fehlvorstellungen bleibt nur die zweite Alternative übrig, der **Verbotsirrtum**. Lediglich für den Fall, dass der Täter die tatsächlichen Voraussetzungen der Erteilung einer Ausnahmebewilligung verkannt hat, sich also einen Sachverhalt vorstellt, bei dessen Vorliegen sein Tun gerechtfertigt wäre, käme ein „Erlaubnistatbestandsirrtum" in Betracht: Geht der Täter irrig davon aus, ihm sei eine wirksame Ausnahmebewilligung erteilt worden, so kann er nach den Grundsätzen der „eingeschränkten Schuldtheorie" (vgl. zB BGHSt. **31,** 264, 286f.) nicht wegen vorsätzlicher Tatbegehung bestraft werden.

In den für den Verbotsirrtum verbleibenden Fällen der rechtfertigenden behördlichen Gestattung stellt sich dann die Frage der Vermeidbarkeit des Irrtums.

**h) Täterqualität. Täter** des Handelns ohne die erforderliche Erlaubnis ist sicher 50 derjenige, der verwaltungsrechtlich der Erlaubnis bedarf. Es fragt sich aber, ob auch andere Personen als Täter von Waffendelikten der hier untersuchten Art in Betracht kommen. Nach der Regelung des Waffengesetzes bedürfen beispielsweise Personen nach § 12 Abs. 1 Nr. 3 Buchst. a keiner eigenen Erwerbs- oder Besitzerlaubnis. Wenn ein solcher Weisungsgebundener eine Waffe – ohne behördliche Erlaubnis – dann jedoch in der Öffentlichkeit eigenmächtig „führt" (§ 1 Rdn. 46), so ist er selbstverständlich Täter des Waffenführens. Betätigt er sich allerdings im Waffengewerbe seines Geschäftsherrn, der seinen Betrieb ohne die erforderliche Erlaubnis führt, so ist Täter insoweit nur der Geschäftsherr.

Die Frage ist für den Bereich des Außenwirtschaftsgesetzes (AWG) zur Entschei- 51 dung des Bundesgerichtshofs gestellt worden. Dieser hat entschieden (NJW **1992**, 3114), dass die Ausfuhr ohne Genehmigung nach diesem Gesetz kein Sonderdelikt in dem Sinne ist, dass Täter nur der „Ausführer" sein könne, also derjenige, der nach Verwaltungsrecht zur Einholung der Genehmigung verpfichtet sei; die Abgrenzung zwischen Täterschaft und Teilnahme richte sich vielmehr nach den allgemeinen Grundsätzen der §§ 25 ff. StGB. Hiergegen ist *Holthausen* (NStZ **1993**, 568) vehement zu Felde gezogen (vgl. auch *Holthausen/Hucko* NStZ-RR **1998**, 193, 201 f.), indem er aus dem Aufbau des Kriegswaffenkontrollgesetzes auch für das AWG abzuleiten versucht hat, dass es sich in beiden Gesetzen um Sonderdelikte handelt. Demgegenüber ist der Argumentation des 1. Strafsenates zu folgen. Entscheidend ist allein, ob der Handelnde den Unrechtstatbestand in seinen Elementen verwirklicht, und sei es auch nur im Zusammenwirken mit anderen im Sinne von § 25 Abs. 1 oder 2 StGB. Handelt er hierbei ohne die erforderliche behördliche Gestattung, so erfüllt er den Tatbestand – bei im übrigen gegebenen Voraussetzungen – schon dann, wenn objektiv die Erlaubnis nicht vorliegt, und zwar unabhängig davon, wessen Pflicht es gewesen wäre, eine solche einzuholen. Auch dieser Handelnde missachtet die staatliche Kontrollfunktion, indem er sie bewusst umgeht. Sein Verhalten erscheint in gleicher Weise strafwürdig wie dasjenige dessen, der nach dem zugrunde liegenden besonderen Verwaltungsrecht zur Einholung der Erlaubnis aufgerufen war, so dass auch aus allgemeinen Erwägungen heraus kein Grund dafür ersichtlich ist, ihn unter Einräumung zwingender Strafmilderung (§ 27 Abs. 2 Satz 2 StGB) als bloßen Gehilfen besser zu stellen.

# § 51

Abschn. 4. Straf- und Bußgeldvorschriften

**Strafvorschriften**

**51** (1) **Mit Freiheitsstrafe von einem Jahr bis zu fünf Jahren wird bestraft, wer entgegen § 2 Abs. 1 oder 3, jeweils in Verbindung mit Anlage 2 Abschnitt 1 Nr. 1.2.1, eine dort genannte Schusswaffe erwirbt, besitzt, überlässt, führt, verbringt, mitnimmt, herstellt, bearbeitet, instand setzt oder damit Handel treibt.**

(2) **In besonders schweren Fällen ist die Strafe Freiheitsstrafe von einem Jahr bis zu zehn Jahren. Ein besonders schwerer Fall liegt in der Regel vor, wenn der Täter gewerbsmäßig oder als Mitglied einer Bande, die sich zur fortgesetzten Begehung solcher Straftaten verbunden hat, unter Mitwirkung eines anderen Bandenmitgliedes handelt.**

(3) **In minder schweren Fällen ist die Strafe Freiheitsstrafe bis zu drei Jahren oder Geldstrafe.**

(4) **Handelt der Täter fahrlässig, so ist die Strafe Freiheitsstrafe bis zu zwei Jahren oder Geldstrafe.**

**1** **1. Entstehungsgeschichte.** Eine vergleichbare Bestimmung war mit § 52a WaffG aF im bisherigen Waffenrecht enthalten. Diese Vorschrift war im RegEntw. des WaffGÄG 1978 (BT-Drucks. 8/977) noch nicht in dieser Form vorgesehen gewesen. Sie ging auf einen Vorschlag des BRats in dessen Stellungnahme zum RegEntw. (Anlage 2 aaO S. 6) zurück, dem BReg. und BT zugestimmt haben. Während der Ausschussberatung wurde die ursprünglich nur als Abänderung von § 53 vorgesehene Bestimmung verselbständigt und als eigene Vorschrift – § 52a – in das WaffG eingefügt, wobei gleichzeitig für Absatz 2 die später Gesetz gewordene Formulierung gefunden wurde. Vgl. auch die ausführlichen Vorbemerkungen vor § 51 Rdn. 2 ff.

**2** Mit § 52a aF war eine verschärfte Strafandrohung für den Umgang mit vollautomatischen Selbstladewaffen sowie mit halbautomatischen Selbstladewaffen, die den Anschein einer vollautomatischen Selbstladewaffe hervorrufen, geschaffen worden. Veranlassung für diese Gesetzesinitiative waren die mit Schusswaffen begangenen Terroranschläge auf exponierte Persönlichkeiten des öffentlichen Lebens. „Die zunehmende Verwendung von vollautomatischen Selbstladewaffen, insbesondere zu kriminellen Zwecken bei Anschlägen auf Leib und Leben, erfordert eine spürbare Anhebung der Mindeststrafe" (Begr. BT-Drucks. 8/977 S. 5).

**3** Nach der Begründung des Gesetzentwurfs zum WaffRNeuRegG (BT-Drucks. 14/7758 S. 81/82) wollte man diese Gesetzesänderung rückgängig machen. Hierzu wurde geltend gemacht: „Adressaten der Vorschrift sind jedoch nach der grundsätzlichen Trennung des Waffengesetzes vom Kriegswaffenkontrollgesetz (vgl. § 55 Abs. 1 Satz 1 des Entwurfs; [jetzt: § 57]) nur noch Personen, die die Waffen bereits vor Inkrafttreten des Gesetzes besessen haben. Auf Tatbestände des unerlaubten Umgangs mit Kriegsschusswaffen, die nach Inkrafttreten dieses Gesetzes eintreten, findet dagegen die Strafvorschrift des § 22a des Kriegswaffenkontrollgesetzes Anwendung. Die Vorschrift wäre deshalb im Wesentlichen noch anwendbar auf Personen, die ihren Waffenbesitz nach den Vorschriften der Änderungsgesetze von 1973 und 1976 nicht angemeldet haben, zB Waffensammler, sowie – für die Zeit nach Inkrafttreten dieses Gesetzes – auf den unerlaubten Umgang mit automatischen Schusswaffen, die keine Kriegsschusswaffen sind. Bezogen auf diesen Personenkreis und die genannten Waffenarten führt die Vorschrift im Hinblick auf die Min-

## Strafvorschriften § 51

deststrafe von einem Jahr zu unangemessenen Ergebnissen. Selbst bei Zubilligung eines minder schweren Falles (Absatz 6) bleibt die Tat ein Verbrechen (§ 12 des Strafgesetzbuchs (StGB); das Verfahren kann nicht nach § 153 der Strafprozessordnung eingestellt werden. Um diese unangemessenen Ergebnisse zu mildern, ist eine Herabsetzung der Mindeststrafe auf sechs Monate vorgesehen. Da infolge dessen der Strafrahmen der Strafvorschrift des bisherigen § 53 des Waffengesetzes entspricht, ist eine Aufhebung des bisherigen § 52 a unter gleichzeitiger Einstellung der dort erfassten Tatbestände in § 50 des Entwurfs vorgenommen worden. Mit dieser Einbeziehung der Tatbestände des bisher geltenden § 52 a des Waffengesetzes ist gleichzeitig eine gesetzestechnische Vereinfachung erfolgt mit dem Ziel, die Tatbestände deutlicher abzugrenzen, Unausgewogenheiten zu beseitigen sowie die Vorschrift insgesamt übersichtlicher zu gestalten."

Demgegenüber setzte sich im Gesetzgebungsverfahren der Bundesrat (BT-Drucks. 14/7758 S. 118) stark für eine Beibehaltung des bisherigen Verbrechenstatbestandes zumindest für vollautomatische Selbstladewaffen ein: Die vollständige Streichung des Verbrechenstatbestandes des § 52 a WaffG aF sei nicht hinnehmbar. Die Streichung würde zur Folge haben, dass die bisher in § 52 a Abs. 1 Nr. 1 WaffG aF geregelten Fälle betreffend vollautomatische Selbstladewaffen nach dem Vergehenstatbestand des § 50 Abs. 1 Nr. 1 zu ahnden wären. Außer dem damit verbundenen negativen Signalwirkung würde dies zur Konsequenz haben, dass die zahlreichen an die Kennzeichnung einer Tat als Verbrechen anknüpfenden Regelungen (insbesondere § 30 StGB) nicht anwendbar wären, da die Wahl eines Strafzumessungsgrundes den Deliktscharakter unverändert lasse. Die Erwartung eines eingeschränkten Anwendungsbereiches rechtfertigt eine Herabstufung des betreffenden Straftatbestandes vom Verbrechen zum Vergehen nicht, zumal da auch „zivile" vollautomatische Selbstladewaffen erfasst wären. 4

Diesen Einwänden beugte sich die BReg. schließlich (BT-Drucks. aaO S. 137). Es wurde der § 51 neu formuliert; in dieser Vorschrift wird die bisherige Rechtslage des § 52 a Abs. 1 Nr. 1, Abs. 2 bis 4 WaffG aF „fortgeschrieben" (Begr. BT-Drucks. 14/8886 S. 118). Es ist insgesamt zu begrüßen, dass die Neuregelung insoweit nur unwesentlich hinter der bisher bestehenden Gesetzeslage zurückbleibt. Allerdings ist die jetzt gewählte Formulierung der Strafbestimmung „blutleer" ausgefallen und genügt den Anforderungen an einen „bestimmten" Straftatbestand nur bedingt (vgl. Rdn. 11, 13). Der Gesetzgeber muss nämlich die Strafbarkeitsvoraussetzungen um so präziser bestimmen, je schwerer die angedrohte Strafe ist (BVerfGE **41,** 314, 320; **75,** 329, 341; *Gribbohm* LK[11] § 1 Rdn. 47, 48). Durch Art. 1 Nr. 1 Buchst. a des Gesetzes vom 22. 12. 2003 (BGBl. I 2836) sind Straftaten nach den Absätzen 1 bis 3 der vorliegenden Bestimmung in den Katalog der Straftaten nach § 129 a Abs. 2 Nr. 5 StGB aufgenommen worden. Demgegenüber hat das BVerfG in seinem Urteil zum „Großen Lauschangriff" (vom 3. 3. 2004 – 1 BvR 2378/98 = NJW **2004,** 999 die Tat nach Absatz 1 als „allenfalls dem mittleren Kriminalitätsbereich zugeordnet" eingestuft, ebenso wie § 52 Abs. 1 Nr. 1, 2 Buchst. c und d sowie Abs. 6. 5

**2. Tatobjekt.** Von Absatz 1 erfasst werden nur noch die jetzt so bezeichneten **„Vollautomaten",** wie sie in der Anlage 2 A 1 Nr. 1.2.1 (unter Verweisung auf Anlage 1 A 1 U 1 Nr. 2.3) umschrieben sind. Hierunter fallen jetzt auch in Halbautomaten umgeänderte frühere Vollautomaten, die mit allgemein gebräuchlichen Werkzeugen (§ 1 Rdn. 14) in Vollautomaten „zurückgeändert" werden können (Anlage 1 A 1 U 1 Nr. 2.3 Satz 3). Die zuvor miterfassten halbautomatischen Selbstladewaffen mit Kriegswaffenanschein sind aus der Regelung herausgenommen worden. Zusätz- 6

**§ 51**  Abschn. 4. Straf- und Bußgeldvorschriften

lich sind der Bestimmung aber im Laufe des Gesetzgebungsverfahrens bestimmte **„Pumpguns"** unterstellt worden, indem in die genannte Nr. 1.2.1 der Anlage 2 A 1 eingefügt wurde „oder Vorderschaftsrepetierflinten, bei denen der Hinterschaft durch einen Pistolengriff ersetzt ist". Diese Waffenart hat inzwischen durch ihre vielfältige Verwendung in kriminellen Kreisen eine traurige Berühmtheit erlangt. Dieses Verbot ist bereits am 17. 10. 2002, dem Tag nach der Verkündung des WaffRNeuRegG, in Kraft getreten (Art. 19 Nr. 1 Satz 1 WaffRNeuRegG; vgl. § 52 Rdn. 100). Wegen der Charakterisierung der vollautomatischen Schusswaffen wird auf § 2 Rdn. 6 und 6 b verwiesen.

7   Hierunter fielen nach bisherigem Recht auch **Kriegswaffen** iS v. § 1 Abs. 1 KWKG und Nr. 29 Buchst. b und c der Kriegswaffenliste. Auf diese (zB Maschinenpistolen) fand nach § 6 Abs. 3 WaffG aF § 52 a aF Anwendung (BGH NJW **1996,** 1483 = NStZ **1996,** 553 m. Anm. *Siller;* BGH, Urteile vom 22. 8. 1996 – 4 StR 280/96 und vom 22. 6. 1995 – 5 StR 249/95 [S. 11]; Beschlüsse vom 13. 3. 1996 – 3 StR 41/96 und vom 9. 8. 1989 – 2 StR 326/89). Hier hat sich die **Rechtslage geändert.** Nach § 57 Abs. 1 Satz 1 findet das **WaffG nF auf Kriegswaffen keine Anwendung** mehr; die in der Bestimmung enthaltenen Übergangsvorschriften sind zu beachten. Erfasst werden aber nach wie vor auch „zivile" vollautomatische Selbstladewaffen, wie vollautomatische Pistolen (*Apel* Erg.-Bd. S. 12). Die Feststellung, es handele sich um eine „mit 4 Schuss Munition geladene, vollautomatische Selbstladepistole, altes Modell Walther, 7,65 mm" hat der BGH nicht als ausreichend zur Tatbestandserfüllung erachtet (Beschluss vom 9. 5. 1996 – 1 StR 256/ 96; danach wurde als gerichtskundig angesehen, dass die Fa. Walther eine Waffe des bezeichneten Kalibers niemals als Automaten iSv. § 37 WaffG aF hergestellt hat).

8   **Munition** ist nach dem klaren Wortlaut der Bestimmung **nicht** erfasst. Bisher galt Folgendes: War die Munition selbst in der Kriegswaffenliste (Anlage zum KWKG Teil B Abschnitt VIII Nr. 50) erfasst, richtete sich zB die unerlaubte Einfuhr nicht nach dem Waffengesetz, sondern nach § 22 a KWKG (BGH NJW **1996,** 1483 = NStZ **1996,** 553 m. abl. Anm. *Siller,* der die verschiedenen Auslegungsvarianten und Wertungswidersprüche im Einzelnen aufzeigt). Der Einfuhrtatbestand (§ 27 WaffG aF) war nämlich nicht in den § 6 Abs. 3 Halbsatz 2 WaffG aF aufgezählten Ausnahmetatbeständen nicht enthalten, so dass es bei der Regel des § 6 Abs. 3 Halbsatz 1 WaffG aF zu verbleiben hatte, wonach auf Kriegswaffen das Waffengesetz nicht anzuwenden ist (§ 6 Abs. 3 Halbes. 2 WaffG aF als sog. ergänzende Sonderregelung statt „verdrängender" Sonderregelung). Es ist zu begrüßen, dass der Gesetzgeber die Anwendungsgebiete des Waffengesetzes und des KWKG nunmehr sauber voneinander abgetrennt hat (§ 57). War die Munitionsart für diese Waffen indessen – was möglich ist – als solche nicht in der Kriegswaffenliste aufgeführt, so richtete sich der unerlaubte Erwerb (Besitz wurde nicht sanktioniert) nach den §§ 29 Abs. 1 Satz 1, 53 Abs. 3 Nr. 1 a WaffG aF (BGH, Beschluss vom 13. 3. 1996 – 3 StR 41/96).

9   **Wesentliche Teile** solcher Schusswaffen fallen ebenfalls unter die Regelung. Das ergibt sich allgemein aus der Anlage 1 A 1 U 1 Nr. 1.3 Satz 1. Danach haben wesentliche Teile einer Waffe das gleiche rechtliche Schicksal wie die Waffe selbst, für die sie bestimmt sind (BGH NJW **2001,** 384 betr. Griffstücke; BGHR WaffG § 6 Gewehrverschlüsse 1). Das gilt auch für sog. **Bausätze** (BGH NJW **2001,** 384; OLG Hamm NStZ-RR **2002,** 147, 148 mwN). Allein auf die Funktionsfähigkeit der einzelnen Teile kommt es an, nicht darauf, ob alle Bestandteile einer Schusswaffe vorhanden sind (so allerdings OLG Stuttgart, Urteil v. 6. 7. 1981 – 3 Ss 220/81 – NStZ **1982,** 33; ihm folgend BayObLGSt. **1990,** 12, 14 = NStE § 37 WaffG Nr. 4, vgl. auch *Berger* DWJ **1991,** 680, 682).

Strafvorschriften **§ 51**

**3. Tatbestandsmäßige Handlungsformen.** Ihr Katalog entspricht sämtlichen Formen des „Umgangs" (§ 1 Abs. 3) mit Ausnahme des „Schießens" mit diesen Waffen, das auch in § 52a WaffG aF nicht genannt, aber über den Passus „sonst die tatsächliche Gewalt über sie ausübt" dort ebenfalls erfasst war. Mangels Erwähnung ist dies bei der gegenwärtigen Fassung nicht möglich. Zu den einzelnen **Tatmodalitäten** (vgl. Anlage 1 A 2 Nr. 1 bis 6 sowie 8 und 9) wird zur Vermeidung von Wiederholungen wie folgt verwiesen: Erwerb (§ 1 Rdn. 33ff.), Besitz (§ 1 Rdn. 42), Überlassen (§ 1 Rdn. 43), Führen (§ 1 Rdn. 46), Verbringen (§ 1 Rdn. 54), Mitnahme (§ 32 Rdn. 2), Herstellen (§ 1 Rdn. 56f.), Bearbeiten (§ 1 Rdn. 58f.), Instandsetzen (§ 1 Rdn. 60). Handeltreiben (Anlage 1 A 2 Nr. 9) erfasst alle Vertriebsformen des Handels (BGHSt. **40,** 94 = NJW **1994,** 2102). Soweit der Begriff des **„Handeltreibens"** iS des WaffG in das Betäubungsmittelstrafrecht übernommen werden soll (so BGH in seiner Anfrage NStZ **2004,** 105 – 3 StR 61/02, 243/02 und dem Vorlagebeschluss StV **2005,** 258), erscheint dies wegen der Unterschiedlichkeit des Gewerbetreibens nicht angezeigt (vgl. hierzu BGH NStZ **2004,** 105; *Weber* NStZ **2004,** 66; *Roxin* StV **2003,** 619). Der Große Senat für Strafsachen ist der Rechtsauffassung in der Anfrage zu Recht **nicht** gefolgt (NJW **2005,** 3790 = StV **2006,** 171; hierzu *Weber* StV **2006,** 139).

Nach der Fassung der Strafbestimmung werden **zwei unterschiedliche Tatbestands"stränge"** aufgebaut: zum einen derjenige, der auf der Formulierung „entgegen § 2 Abs. 1" basiert, und zum anderen derjenige, der auf „entgegen § 2 Abs. 3" fußt. Beide wollen erkennbar als Alternativen verstanden werden („oder"). Jeder von ihnen bezieht sich für sich („jeweils") auf die Anlage 2 Abschnitt 1 Nr. 1.2.1. Es fragt sich, wie diese sehr ungewöhnliche Tatbestandsstruktur aufzufassen ist. An sich sollte ein Verbrechenstatbestand, der ungewöhnlich hohes kriminelles Unrecht unter Strafe stellt, so abgefasst sein, dass solche Unklarheiten nicht auftreten. Nach dem jetzigen Wortlaut bedeutet der erste Tatbestandsstrang, dass unter Strafdrohung derjenige steht, der als Minderjähriger mit den genannten verbotenen Gegenständen in der umschriebenen Weise umgeht („entgegen § 2 Abs. 1" und Bezugnahme auf die Anlage 2). Der zweite Tatbestandsstrang („entgegen § 2 Abs. 3" und Bezugnahme auf die Anlage 2) erfasst – ohne Berücksichtigung ihres Alters – alle Personen, die entgegen dem Verbot des § 2 Abs. 3 Umgang (§ 1 Abs. 3) mit den beiden hier maßgeblichen Kategorien verbotener Gegenstände haben. Im Hinblick darauf ist anzunehmen, dass die auf Minderjährige bezogene Regelung eine Spezialvorschrift (lex specialis) gegenüber der anderen ist und alle Verhaltensweisen erfasst, sofern sie nur von einem noch nicht Volljährigen begangen werden. Diese Minderjährigenregelung könnte damit aber auch eine Art Qualifikationsvorschrift darstellen, die als besonderes, zusätzliches Unrechtsmoment die Tatsache wertet, dass eine noch nicht volljährige und damit nach Waffenrecht als unwiderlegbar noch nicht charakterfest genug eingestufte Person mit diesem brisanten Material umgeht. In allen anderen Fällen der Tatbestandserfüllung durch Volljährige käme danach die zweite Alternative („oder") zur Anwendung. Da die Materialien den Gesetzesanwender hier völlig im Stich lassen, muss er sich eine eigene Version erarbeiten. Welcher tiefere Sinn hinter dieser Aufteilung stecken könnte, ist allerdings nicht zu erkennen; denn die Strafvorschrift könnte auch ohne die Zitierung des § 2 Abs. 1 die zu erfassenden Tatbilder voll abdecken. Im Übrigen kann der aufgezeigte größere Unrechtsgehalt der Tat Minderjähriger immer nur im Rahmen der Anwendung von Jugendstrafrecht berücksichtigt werden.

Aus der bisherigen **Rechtsprechung** zu einzelnen Tatvarianten: zB Einfuhr (jetzt: „Verbringen") BGH NJW **1996,** 1483 = NStZ **1996,** 553 m. Anm. *Siller;* BayOb-

## § 51 Abschn. 4. Straf- und Bußgeldvorschriften

LGSt. **1997**, 59, 61; Durchfuhr BayObLG NStZ-RR **2001**, 281; Herstellen BayObLGSt. aaO S. 59, 60). „Führen" ist jetzt besonders erwähnt, fiel aber auch schon bisher als besonders intensive Form der Ausübung der tatsächlichen Gewalt ebenfalls unter die Vorschrift (BGH, Beschluss vom 17. 2. 2004 – 1 StR 33/04; BGH NStZ **1985**, 221; Beschluss v. 15. 10. 1980 – 3 StR 342/80); einen Fall der Beihilfe zum Führen behandelt der BGH in seinem Urteil vom 31. 7. 2003 – 5 StR 251/03 = NStZ **2004**, 44. Auch weiterhin gilt, dass nicht tatbestandsmäßig handelt, wer nach gesetzlicher Bestimmung von dem Verbot nicht erfasst wird oder befreit worden ist (jetzt § 40 Abs. 4). Eine Anmeldung nach § 59 Abs. 2 früherer Fassung reichte dagegen nicht (aA *Apel* Erg.-Bd. S. 13); hier war § 58 aF einschlägig (vgl. BVerwG DVBl. **1979**, 728, 729). Täter der Einfuhr (jetzt: des Verbringens in den Geltungsbereich des Gesetzes), nicht nur Gehilfe, ist auch der uneigennützige Fahrer, der Schusswaffen in seinem Pkw über die Grenze ins Inland verbringt (BGH, Urteil vom 21. 12. 1994 – 2 StR 455/94). Wird die Waffe in zerlegtem Zustand eingeführt, so kann dies den Tatbestand der Einfuhr einer verbotenen Waffe erfüllen. falls die Waffe ohne weiteres wieder in einen funktionsfähigen Zustand versetzt werden kann (BayObLGSt. **1997**, 59). Zur Zurechnung der Bewaffnung eines Mittäters auf die anderen bei Betäubungsmitteldelikten wird auf BGH – Großer Senat für Strafsachen – BGHSt. **48**, 189 = NJW **2003**, 1541 = NStZ **2003**, 435) verwiesen (unmittelbarer Zugriff nicht erforderlich; Aufgabe von BGH StV **1997**, 638).

**13**   **4. Qualifizierung und Bezeichnung.** Die Tat ist ein **Verbrechen** (§ 12 Abs. 1 StGB), dessen Versuch strafbar ist (§ 23 Abs. 1 StGB). Die Verjährungsfrist für die Strafverfolgung beträgt 5 Jahre (§ 78 Abs. 3 Nr. 4 StGB). Leider ist es dem Gesetzgeber nicht gelungen, diesen Verbrechenstatbestand praxisgerecht zu formulieren. Während nach § 52a aF bei einer Verurteilung die Urteilsformel allgemein verständlich zB lauten konnte: „wegen Herstellens einer vollautomatischen Selbstladewaffe", müsste nach jetziger Rechtslage formuliert werden: „wegen Herstellens einer Schusswaffe entgegen § 2 Abs. 3 in Verbindung mit Anlage 2 Abschnitt 1 Nr. 1.2.1", wobei dort wieder weiter auf die Anlage 1 A 1 U 1 Nr. 2.3 verwiesen wird. Hierdurch wird weder der schwere Unrechtsgehalt verdeutlicht noch den gesetzlichen Anforderungen des § 260 Abs. 4 StPO genügt. Nach dieser Vorschrift soll die Urteilsformel die „rechtliche Bezeichnung" der Tat angeben (Satz 1), ggf. die gesetzliche Überschrift verwenden (Satz 2). Das muss hier („Strafvorschriften") ausscheiden. Nach den Erläuterungswerken zu § 260 StPO (zB *Meyer-Goßner*[48]) ist in solchen Fällen auf die „übliche Bezeichnung" zurückzugreifen. Auch insoweit ist hier keine Lösung ersichtlich. Erforderlich ist in jedem Falle, dass die Tat mit einer **„anschaulichen und verständlichen Wortbezeichnung"** so genau wie möglich bezeichnet wird (BGHR WaffG § 53 Abs. 3 Munition 1; BGH vom 10. 8. 2004 – 4 StR 212/04; vom 6. 9. 2000 – 3 StR 226/00; *Meyer-Goßner* aaO Rdn. 23 mwN). Das ist hier nach den gesetzlichen Vorgaben nur schwer möglich. Nur notfalls sollen die Paragraphen der verletzten Bestimmungen genannt werden (LR-*Gollwitzer* § 260 Rdn. 55), die ansonsten in die – zusätzliche und nicht mit der Urteilsformel zu verkündende – Liste der angewendeten Vorschriften (§ 260 Abs. 5 StPO) gehört. Statt des „Paragraphen- und Verweisungssalats", den die Vorschrift anbietet („nicht sehr glückliche und nur schwer lesbare Verweisungstechnik" [*A/B* Rdn. 3]) und der in anderen Vorschriften noch unübersichtlicher ausfällt, weil in der Strafvorschrift zB jeweils auf die Anlage 2 Abschnitt 2 Unterabschnitt 1 Satz 1 verwiesen wird (etwa in § 52 Abs. 1 Nr. 2 Buchst. a), muss man hier zur Zurhilfegreifen, um eine letztlich in das Ermessen des Gerichts gestellte (§ 260 Abs. 4 Satz 5 StPO) einleuchten-

Strafvorschriften § 51

de, den Anforderungen der Praxis gerecht werdende Formulierung zu finden. Wenn man bei der Tatvariante des Herstellens dieser Waffen bleibt, könnte der Urteilsausspruch zB lauten: „wegen Herstellens einer verbotenen vollautomatischen Schusswaffe" oder „wegen unerlaubten Herstellens einer vollautomatischen Schusswaffe". Beide Formen haben eine gewisse Berechtigung. Im ersten Fall wird – objektbezogen – darauf abgestellt, dass der Gegenstand in der Liste der verbotenen Waffen (Anlage 2 Abschnitt 1) aufgeführt ist. Im zweiten Fall bezieht man sich – tätigkeitsbezogen – auf § 2 Abs. 3, wonach jeder „Umgang" (§ 1 Abs. 3) mit Waffen der Verbotsliste untersagt ist. Auch die Tatmodalität, die auf die „Pumpguns" bezogen ist, könnte durch Erwähnung der „verbotenen Vorderschaftsrepetierflinte" anschaulich gekennzeichnet werden.

**5. Besonders schwere Fälle** (hierzu *Calliess* NJW **1998**, 929; *Eisele*, Die Regelbeispielsmethode im Strafrecht [2004]). Die Einordnung als **„Qualifikation"** durch das BVerfG in seinem Urteil zum „Großen Lauschangriff" (vom 3. 3. 2004 – 1 BvR 2378/98 u. a.) BVerfGE **109**, 279 = NJW **2004**, 999 ist zumindest missverständlich; ebenso die Umsetzung durch Art. 1 Nr. 1 § 100c Abs. 2 Nr. 7: „besonders schwerer Fall einer Straftat nach § 51 Abs. 1 in Verbindung mit Absatz 2". Hier beträgt die Frist für die Verjährung der Strafverfolgung gem. § 78 Abs. 4 StGB ebenfalls 5 Jahre. Als besonders schwerer Fall wird die **gewerbsmäßige** Begehung angesehen. Gewerbsmäßig handelt, wem es nach Absatz 2 Satz 2 darauf ankommt, sich aus wiederholter Begehung eine fortlaufende Haupt- oder auch nur Nebeneinnahmequelle von einiger Dauer und einigem Umfang zu schaffen (BGH StV **2003**, 81 [verneint]; NStZ **2005**, 230; **1988**, 133; NStZ **1994**, 193: Absetzen alter Maschinenpistolen, um „Geld für den kroatischen Freiheitskampf" zu erlangen; Beschluss v. 21. 12. 1993 – 1 StR 782/93 betr. Diebstahl), ohne dass er daraus ein „kriminelles Gewerbe" zu machen braucht (BGH, Urteil vom 11. 10. 1994 – 1 StR 522/94; *Lackner/Kühl* Rdn. 20 vor § 52). Liegen die Voraussetzungen der Gewerbsmäßigkeit vor, so kann bereits die erste Tat gewerbsmäßig begangen werden (BGHSt. **1**, 383; BGH NStZ **1995**, 85; BGH vom 9. 7. 1998 – 4 StR 250/98; Urteil vom 24. 5. 2000 – 3 StR 38/00). Die gewerbsmäßige Begehung muss sich auf Waffen der in Absatz 1 genannten Art beziehen (BGH, Beschluss vom 17. 4. 1997 – 4 StR 121/97; LG Hagen, Urteil vom 27. 7. 1992 – 41 KLs 91 Js 443/91; bestätigt durch Beschl. des BGH vom 19. 11. 1992 – 4 StR 543/92). Gewerbsmäßigkeit als strafschärfendes persönliches Merkmal (§ 28 Abs. 2 StGB) muss auch beim Gehilfen vorliegen, um eine derartige Strafbarkeit zu ermöglichen (BGH, Beschluss vom 27. 8. 1993 – 2 StR 394/93 = StV **1994**, 17; BGHR StGB § 260 gewerbsmäßig 2). Zur Anordnung des Verfalls nach altem, bis zum 6. 3. 1992 geltenden und neuem Recht vgl. BGH, Urteil vom 17. 4. 1996 – 2 StR 635/95 [zum BtMG]. Die Funktionsfähigkeit einer Waffe darf nicht straferschwerend berücksichtigt werden (BayObLGSt. **2001**, 147 = NStZ-RR **2002**, 89).

Auch die **bandenmäßige** Begehung stuft der Gesetzgeber regelmäßig als besonders schweren Fall ein. Der Begriff der Bande setzt nach der neusten Rechtsprechung des Großen Senats für Strafsachen des BGH (BGHSt. **46**, 321 = NJW **2001**, 2266 = NStZ **2001**, 421; hierzu *Rissing-van Saan* Geilen-Festschr. S. 131; *Martin* JuS **2003**, 824; *Toepel* ZStW **2003**, 60; vgl. auch § 19 KWKG Rdn. 9; *Leipold/ Schmidt* NJW-Spezial **2005**, 423) den Zusammenschluss von **mindestens drei Personen** voraus, die sich mit dem Willen verbunden haben, künftig für eine gewisse Dauer mehrere selbstständige, im Einzelnen noch ungewisse Straftaten des im Gesetz genannten Deliktstyps zu begehen (BGH NStZ **2005**, 230; NJW **2005**, 2629; hierzu Anm. *Vahle* Kriminalistik **2006**, 176; NStZ **2002**, 376 zum BtMG; zum Ban-

14

15

## § 51 Abschn. 4. Straf- und Bußgeldvorschriften

denbegriff in den verschiedenen Gesetzen eingehend *Müller, Kai*, GA **2002**, 318; zu Waffendelikten S. 331). Mitglied einer Bande kann auch sein, wer nach der **maßgeblichen Bandenabrede** nur Aufgaben zu erfüllen hat, die sich bei wertender Betrachtung als Gehilfentätigkeit darstellen (BGH JR **2002**, 337 m. Anm. *Erb;* StV **2002**, 191 m. Anm. *Toepel* StV **2002**, 540). Die bisherige Rechtsprechung des BGH zum Bandenbegriff ist zT überholt. Er hatte auf dem Gebiet des Betäubungsmittelstrafrechts dem Bandenbegriff zuvor Konturen verliehen (hierzu BGH NStZ-RR **1997,** 375 und 376; Urteile vom 11. 10. 1994 – 1 StR 522/94 und 19. 5. 1992 – 1 StR 162/92 [zu § 30 Abs. 1 Nr. 1 BtMG]; BGH, Urteile vom 15. 6. 1994 – 2 StR 127/94 und 2 StR 157/94 [zu § 30a Abs. 1 BtMG bei Ablehnung einer fortgesetzten Tat entspr. BGH NJW **1994,** 1663]; BGH, Beschluss vom 13. 7. 1994 – 3 StR 138/94 [zu §§ 30a, 30 Abs. 1 Nr. 2 BtMG]; *Nadler* NStZ **1985,** 162). Danach kann die Frage der bandenmäßigen Begehung jeweils nur anhand der Umstände des Einzelfalls beantwortet werden. Als gewichtigstes Anzeichen für das Vorliegen einer „Bande" hat das Vorliegen einer deliktischen Vereinbarung zu gelten, der Bandenabrede (BGHSt. **50,** 160 = NJW **2005,** 2629). Der Rückschluss allein aus einer Form der bandenmäßigen Ausführung von Straftaten reicht nicht aus. Verfolgt jeder Beteiligte nur seine eigenen Interessen bei Fehlen gemeinsamer übergeordneter Ziele, so ist nur „normales" mittäterschaftliches Zusammenwirken anzunehmen (BGH NStZ-RR **1997,** 375, 376 (4. Senat) sowie 376 (1. Senat). Die Formulierung der Vorschrift stimmt mit § 244 Abs. 1 Nr. 2 StGB nF (Bandendiebstahl) überein. Zur Erläuterung wird deshalb auf die eingeführten Kommentare zum StGB verwiesen. Auch „Waffenbesitz" ist bandenmäßig begehbar, zB wenn eine Vereinigung ein Waffenlager zur Belieferung von Straftätern unterhält. Die Strafvorschrift betr. bandenmäßiges Handeltreiben mit Betäubungsmitteln (§ 30a Abs. 1 BtMG) ist festgestelltermaßen verfassungsgemäß (BVerfG NStZ-RR **1997,** 377). Auch bei der bandenmäßigen Begehung einer Straftat kann sich in Anwendung der allgemeinen Abgrenzungsgrundsätze ergeben, dass ein Beteiligter nur als Gehilfe, nicht als Mittäter einzustufen ist (BGH NStZ **2002,** 376 zum BtMG). Zu der Mischform der gewerbsmäßigen Hehlerei als Mitglied einer Bande vgl. BGH NStZ **2005,** 567.

Ein **unbenannter besonders schwerer Fall** kann aufgrund einer Gesamtwürdigung bejaht werden; er scheidet aber regelmäßig aus bei Vorliegen gewichtiger Milderungsgründe (BGH, Urteil vom 16. 6. 1998 – 1 StR 206/98). Die Indizwirkung von Regelbeispielen kann durch andere Strafzumessungsfaktoren derart entkräftet werden, dass der Normalstrafrahmen anzuwenden ist (BGH wistra **2003,** 297).

**16**  **6. Minder schwere Fälle (Absatz 3).** Trotz des geringeren Strafrahmens (Geldstrafe ist vorgesehen: vgl. auch BGH, Urteil vom 30. 5. 1995 – 1 StR 221/95) bleibt die Tat ein Verbrechen (§ 12 Abs. 3 StGB) mit gleicher Frist von 5 Jahren für die Strafverfolgungsverjährung wie für Straftaten nach Absatz 1 (vgl. Rdn. 7). Die Nichterörterung des Vorliegens minder schwerer Fälle im Urteil ist ausnahmsweise dann nicht rechtsfehlerhaft, wenn deren Annahme wegen der Vielzahl der Waffendelikte und der vom Angeklagten aufgewendeten kriminellen Energie fern lag (BGH, Beschluss vom 8. 4. 1997 – 1 StR 606/96, in NStZ 1997, 552 insoweit nicht abgedruckt). Die Entscheidung, ob ein minder schwerer Fall vorliegt, erfordert eine – für jeden Tatbeteiligten eigenständige (BGH StV **2003,** 284 – **Gesamtbetrachtung,** bei der alle Umstände heranzuziehen und zu würdigen sind, die für die Wertung der Tat und des Täters in Betracht kommen, gleichgültig, ob sie der Tat selbst innewohnen, die begleiten, ihr vorausgehen oder nachfolgen (BGH, st. Rspr.; zB BGHSt. **26,** 97, 98; Beschluss vom 10. 11. 2004 – 5 StR 403/04; vom 1. 6. 2005 – 2 StR 144/05).

Eine lange Zeitspanne (9 Jahre) zwischen Begehung der Taten und ihrer Aburteilung ist ein wesentlicher Strafmilderungsgrund, ohne dass es dabei auf die Dauer des Strafverfahrens ankommt (BGH, st. Rspr.; zB BGHR StGB § 46 Abs. 2 – Verfahrensverzögerung 13). Die Annahme eines minder schweren Falles bei Vorliegen eines Regelbeispiels für besonders schwere Fälle bedarf schuldmindernder Umstände von ganz außergewöhnlichem Ausmaß (BGH NStZ **2000**, 541; **1999**, 615), selbst wenn ein „vertypter" Milderungsgrund gegeben ist. Zur Berücksichtigung übermäßig langer Verfahrensdauer vgl. BVerfG NJW **2003**, 2225 und 2228 sowie BGH wistra **2006**, 226; **2004**, 57.

**7. Fahrlässige Begehung (Absatz 4).** Wie in § 52 Abs. 4 ist hierfür ein niedrigerer Strafrahmen festgesetzt. Fahrlässige Begehung konnte nach bisherigem Recht in Betracht kommen, wenn verkannt worden war, dass ein Waffenumbau der Waffe Kriegswaffenanschein verliehen hatte (BayObLGSt. **1997**, 59). Die Frist für die Strafverfolgungsverjährung beträgt hier nur 3 Jahre (§ 78 Abs. 3 Nr. 5 StGB). Zum Begriff der Fahrlässigkeit wird auf die Kommentare zu § 15 StGB verwiesen, zB *Tröndle/Fischer*[53] Rdn. 12 ff. **17**

**8. Tateinheitliches Zusammentreffen** (§ 52 StGB) ist möglich mit Tatbeständen des § 52 WaffG, wenn der Täter auch mit anderen als vollautomatischen Waffen unerlaubt umgegangen ist. Der gleichzeitige Besitz mehrerer Schusswaffen in Form der Ausübung der tatsächlichen Gewalt stellt stets nur **eine** Tat dar (BGH NStZ **2001**, 101; BayObLGSt. **1997**, 59, 62), auch wenn er nicht unter dieselbe Strafbestimmung fällt (BGH NStZ **2000**, 150). Waffenführen kann mit einem solchen gleichzeitigen Besitz (BGH aaO) sowie einer Vielzahl von Körperverletzungs-, Eigentums- und sonstigen Delikten ideell konkurrieren. Vgl. auch § 52 Rdn. 90. **18**

**9. Verfahrensrechtliches.** Zur Aufklärung illegaler Waffengeschäfte werden häufig Verdeckte Ermittler (vgl. § 110a StPO) oder auch V-Leute oder Lockspitzel (vgl. *Meyer-Goßner* StPO 48. Aufl. § 110a Rdn. 4; § 163 Rdn. 34a) eingesetzt (zusammenfassend *van Gemmeren,* NJW-Sonderheft für Gerhard Schäfer **2002**, 28). Das ist grundsätzlich nicht zu beanstanden (BVerfGE **57**, 250, 284 = NJW **1981**, 1719, 1724). Der Staat darf aber grundsätzlich unbescholtene Bürger nicht zur Begehung von Straftaten verleiten (BVerfG, Beschluss v. 11. 9. 1980 – 2 BvR 995/80; BGHSt. **45**, 321). Vgl. zu diesen Fragen auch BGH, Urteil v. 21. 10. 1980 – 1 StR 477/80 (insoweit in NStZ 1981, 104 nicht abgedruckt); BGH MDR **1980**, 681; *Franzheim* NJW **1979**, 2014; BVerfG NJW **1985**, 1767; **1987**, 1874; BGHSt. **32**, 115, 121 ff. und 345 ff.; BGH NStZ **1986**, 162; BGHR StPO vor § 1 Verfahrenshindernis – Tatprovokation 1 = StV **1988**, 295; *Krey* u. a. Rechtsprobleme des strafprozessualen Einsatzes verdeckter Ermittler, BKA-Forschungsreihe – Sonderband – (1993). Strafmildernd ist zu berücksichtigen, dass der Täter die Verstöße gegen das WaffG auf Drängen eines V-Mannes der Polizei begangen hat (BGH NStZ **1999**, 501) und er dabei so überwacht wurde, dass eine Gefährdung der Allgemeinheit weitgehend ausgeschlossen war (BGH NStZ **1988**, 133). **19**

**10. Überleitungsrecht.** Hierzu wird auf § 52 Rdn. 100 verwiesen. Zu beachten ist, dass nicht alle Waffen, die von § 52a WaffG aF erfasst waren, auch unter die vorliegende Nachfolgevorschrift fallen, zB nicht Halbautomaten (oben Rdn. 6). Nach § 52a WaffG aF kam neben dem Ausüben der tatsächlichen Gewalt über die vollautomatische Waffe kein „Führen" derselben in Betracht (BGH, Beschluss vom 17. 2. 2004 – 1 StR 33/04). Vor dem 1. 4. 2003 begangene Verstöße gegen § 52a Abs. 1 Nr. 1 WaffG aF iVm. § 6 Abs. 3 WaffG aF sind idR nach altem Recht abzuurteilen, da das neue Recht insoweit nicht milder ist (BGH, Beschluss vom 6. 4. **20**

## § 52 Abschn. 4. Straf- und Bußgeldvorschriften

2004 – 3 StR 29/04 = NStZ-RR **2005**, 259). Wer sich nach altem Recht nach § 52 a Abs. 1 Nr. 1 StGB aF wegen Verkaufsverhandlungen über eine tragbare Kriegswaffe (§ 6 Abs. 3 Halbs. 2 StGB aF) neben des Besitzes auch des **Vertriebs** derselben strafbar gemacht hat, kann nach neuem Recht im Hinblick auf § 57 Abs. 1 WaffG nF nur noch nach § 22 a Abs. 1 Nr. 6 KWKG wegen unerlaubter Ausübung der tatsächlichen Gewalt über eine Kriegswaffe belangt werden, da das maßgebende Kriegswaffenrecht den Tatbestand des Vertriebs nicht kennt. Zwar weisen beide Strafbestimmungen den gleichen Strafrahmen auf. Da das neue Recht aber für den Angeklagten insgesamt zu einer günstigeren Situation geführt hat, ist er entsprechend § 2 Abs. 3 StGB ausschließlich wegen unerlaubten Besitzes einer Kriegswaffe zu bestrafen (BayObLGSt. **2003**, 148).

### Strafvorschriften

**52** (1) **Mit Freiheitsstrafe von sechs Monaten bis zu fünf Jahren wird bestraft, wer**

1. entgegen § 2 Abs. 1 oder 3, jeweils in Verbindung mit Anlage 2 Abschnitt 1 Nr. 1.1 oder 1.3.4, eine dort genannte Schusswaffe oder einen dort genannten Gegenstand erwirbt, besitzt, überlässt, führt, verbringt, mitnimmt, herstellt, bearbeitet, instand setzt oder damit Handel treibt,
2. ohne Erlaubnis nach
   a) § 2 Abs. 2 in Verbindung mit Anlage 2 Abschnitt 2 Unterabschnitt 1 Satz 1 eine Schusswaffe oder Munition erwirbt, um sie entgegen § 34 Abs. 1 Satz 1 einem Nichtberechtigten zu überlassen,
   b) § 2 Abs. 2 in Verbindung mit Anlage 2 Abschnitt 2 Unterabschnitt 1 Satz 1, eine halbautomatische Kurzwaffe erwirbt, besitzt oder führt,
   c) § 2 Abs. 2 in Verbindung mit Anlage 2 Abschnitt 2 Unterabschnitt 1 Satz 1 in Verbindung mit § 21 Abs. 1 Satz 1 eine Schusswaffe oder Munition herstellt, bearbeitet, instand setzt oder damit Handel treibt,
   d) § 2 Abs. 2 in Verbindung mit Anlage 2 Abschnitt 2 Unterabschnitt 1 Satz 1 in Verbindung mit § 29 Abs. 1, § 30 Abs. 1 Satz 1 oder § 32 Abs. 1 Satz 1 eine Schusswaffe oder Munition in den oder durch den Geltungsbereich dieses Gesetzes verbringt oder mitnimmt,
3. entgegen § 35 Abs. 3 Satz 1 eine Schusswaffe, Munition oder eine Hieb- oder Stoßwaffe im Reisegewerbe oder auf einer dort genannten Veranstaltung vertreibt oder anderen überlässt oder
4. entgegen § 40 Abs. 1 zur Herstellung eines dort genannten Gegenstandes anleitet oder auffordert.

(2) **Der Versuch ist strafbar.**

(3) **Mit Freiheitsstrafe bis zu drei Jahren oder mit Geldstrafe wird bestraft, wer**

1. entgegen § 2 Abs. 1 oder 3, jeweils in Verbindung mit Anlage 2 Abschnitt 1 Nr. 1.2.2 bis 1.2.4, 1.3.1 bis 1.3.3, 1.3.5, 1.3.7, 1.3.8, 1.4.1 Satz 1, 1.4.2 bis 1.4.4 oder 1.5.3 bis 1.5.5, einen dort genann-

Strafvorschriften § 52

ten Gegenstand erwirbt, besitzt, überlässt, führt, verbringt, mitnimmt, herstellt, bearbeitet, instand setzt oder damit Handel treibt,
2. ohne Erlaubnis nach § 2 Abs. 2 in Verbindung mit Anlage 2 Abschnitt 2 Unterabschnitt 1 Satz 1
   a) eine Schusswaffe erwirbt, besitzt, führt, oder
   b) Munition erwirbt oder besitzt,
   wenn die Tat nicht in Absatz 1 Nr. 2 Buchstabe a oder b mit Strafe bedroht ist,
3. ohne Erlaubnis nach § 2 Abs. 2 in Verbindung mit Anlage 2 Abschnitt 2 Unterabschnitt 1 Satz 1 in Verbindung mit § 26 Abs. 1 Satz 1 eine Schusswaffe herstellt, bearbeitet oder instand setzt,
4. ohne Erlaubnis nach § 2 Abs. 2 in Verbindung mit Anlage 2 Abschnitt 2 Unterabschnitt 1 Satz 1 in Verbindung mit § 31 Abs. 1 eine dort genannte Schusswaffe oder Munition in einen anderen Mitgliedstaat verbringt,
5. entgegen § 28 Abs. 2 Satz 1 eine Schusswaffe führt,
6. entgegen § 28 Abs. 3 Satz 2 eine Schusswaffe oder Munition überlässt,
7. entgegen § 34 Abs. 1 Satz 1 eine erlaubnispflichtige Schusswaffe oder erlaubnispflichtige Munition einem Nichtberechtigten überlässt,
8. einer vollziehbaren Anordnung nach § 41 Abs. 1 Satz 1 oder Abs. 2 zuwiderhandelt,
9. entgegen § 42 Abs. 1 eine Waffe führt oder
10. entgegen § 57 Abs. 5 Satz 1 den Besitz über eine Schusswaffe oder Munition ausübt.

(4) Handelt der Täter in den Fällen des Absatzes 1 Nr. 1, 2 Buchstabe b, c oder d oder Nr. 3 oder des Absatzes 3 fahrlässig, so ist die Strafe bei den bezeichneten Taten nach Absatz 1 Freiheitsstrafe bis zu zwei Jahren oder Geldstrafe, bei Taten nach Absatz 3 Freiheitsstrafe bis zu einem Jahr oder Geldstrafe.

(5) In besonders schweren Fällen des Absatzes 1 Nr. 1 ist die Strafe Freiheitsstrafe von einem Jahr bis zu zehn Jahren. Ein besonders schwerer Fall liegt in der Regel vor, wenn der Täter gewerbsmäßig oder als Mitglied einer Bande, die sich zur fortgesetzten Begehung solcher Straftaten verbunden hat, unter Mitwirkung eines anderen Bandenmitgliedes handelt.

(6) In minder schweren Fällen des Absatzes 1 ist die Strafe Freiheitsstrafe bis zu drei Jahren oder Geldstrafe.

**1. Entstehungsgeschichte.** Der ursprüngliche Gesetzesentwurf (BT-Drucks. 14/ 7758 S. 81/82) wollte den früheren Verbrechenstatbestand des § 52a (jetzt § 51) aufheben und unter Herabstufung zum Vergehenstatbestand in die dann verbleibende einzige Strafvorschrift integrieren. Davon ist man indessen letztlich abgekommen; die Gründe sind in § 51 Rdn. 1 ff. dargelegt. So stellt sich die vorliegende Strafvorschrift als Katalog von zahlreichen Vergehenstatbeständen dar, die im Wesentlichen auf § 53 aF aufbauen. Mit den im Gesetzgebungsverfahren erfolgten Erweiterungen handelt es sich insgesamt um ein ziemlich monströses Gebilde, was

1

## § 52 Abschn. 4. Straf- und Bußgeldvorschriften

aber durch den Umfang der Materie bedingt ist. Nach wie vor wird entsprechend dem Unrechtsgehalt zwischen Tatbeständen mit einer schärferen Strafandrohung (Absatz 1) und solchen mit herabgeminderten Sanktionen (Absatz 3) unterschieden.

Die in § 53 WaffG aF geregelt gewesenen Tatbestände waren im Wesentlichen unverändert aus § 36 BWaffG 1968 übernommen worden. Darüber hinaus enthielt diese Strafvorschrift Tatbestände, wie sie bereits nach § 26 RWaffG unter Strafe gestellt waren. Der obere Strafrahmen wurde im WaffG aF „zum Schutze der Bürger" auf fünf Jahre Freiheitsstrafe erhöht; ferner ist bei den in Absatz 1 angeführten Gesetzesverstößen schon damals wegen deren besonders gefährlichen Auswirkungen für die öffentliche Sicherheit und „aus Gründen größtmöglicher Prävention" (BT-Drucks. VI/3566 S. 8) eine Mindestfreiheitsstrafe von 6 Monaten vorgesehen worden. Bei der WaffG-Änderung 1978 sind der Erwerb, der Besitz und das Führen halbautomatischer Selbstladekurzwaffen in einer neu eingefügten Nummer 3 unter die schärfere Strafandrohung von Absatz 1 gestellt worden. Vgl. jetzt Absatz 1 Nr. 2 Buchst. b.

Es wird sowohl die vorsätzliche als auch, abgesehen von Absatz 1 Nr. 2 Buchst. a (nur vorsätzlich begehbar), die fahrlässige Zuwiderhandlung (Absatz 4) verfolgt, letztere ist allerdings unter geringere Strafandrohung gestellt. Der **Versuch** des vorsätzlichen Vergehens wird nur in den Fällen des Absatzes 1 bestraft (§ 23 Abs. 1 StGB). Die Frist für die **Verjährung** der Strafverfolgung beträgt 5 Jahre (§ 78 Abs. 3 Nr. 4 StGB). Zur Gewichtung der Tatbestände durch das BVerfG vgl. § 51 Rdn. 5 aE.

**2** **II. Die Tatbestände des Absatzes 1. 1. Frühere Kriegswaffen (a) und „Molotow-Cocktails" (b) gem. (Nr. 1).** Nr. 1 bezieht sich zum einen auf die in Anlage 2 A 1 Nr. 1.1 und zum anderen auf die in Nr. 1.3.4 genannten Schusswaffen oder Gegenstände. Auch baut der Gesetzgeber, wie in § 51, zwei verschiedene Tatbestands„-stränge" auf die sich zum einen auf den Verstoß gegen § 2 Abs. 1 und zum anderen auf die Zuwiderhandlung gegen § 2 Abs. 3 stützen. Um Wiederholungen zu vermeiden wird auf § 51 Rdn. 11 verwiesen. Krit. *Heghmanns* NJW **2003,** 3373, 3374: für den Normadressaten „schlicht unverständlich".

**3** **a)** Nach Nr. 1.1 handelt es sich dabei um „Waffen (§ 1 Abs. 2), mit Ausnahme halbautomatischer tragbarer Schusswaffen, die in der Anlage zum Gesetz über die Kontrolle von **Kriegswaffen** (Kriegswaffenliste) in der Fassung der Bekanntmachung vom 22. November 1990 (BGBl. I S. 2506) oder deren Änderungen aufgeführt sind, nach Verlust der Kriegswaffeneigenschaft". Während die übrigen verbotenen Waffen – mit Ausnahme der Kategorie der Messer und der Wurfsterne – schon bisher in den Verbotsregelungen der §§ 37 Abs. 1 WaffG aF, 8 Abs. 1 der 1. WaffV aF und 17 Abs. 2 der 3. WaffV aF enthalten waren, werden hiermit neu einbezogen sämtliche aus der Kriegswaffenliste „entlassene" Waffen, ausgenommen halbautomatische Handfeuerwaffen (zur Charakterisierung solcher Waffen: Anlage 1 A 1 U 1 Nr. 2.3). Das bedeutet, dass in der Kriegswaffenliste enthalten gewesene Waffen, die durch VO der BReg. aus der Liste gestrichen worden sind, danach automatisch der Liste der verbotenen Waffen nach dem WaffG nF zuzuordnen sind, es sei denn, es handele sich um tragbare Halbautomaten, für die auch vor der Änderung durch Art. 3 Nr. 7 Buchst. a WaffRNeuRegG eine Sonderregelung (Fußnote zu Nr. 29 Buchst. d der Kriegswaffenliste) bestand. Die Gesetzesformulierung ist etwas unklar, da man zunächst nicht erkennt, ob sich der Relativsatz („die …") auf die Kriegswaffen allgemein oder die zuletzt erwähnten Halbautomaten bezieht; die erstgenannte Variante ist aber offensichtlich gemeint, obwohl nach allgemeinen sprach-

## Strafvorschriften § 52

lichen Regeln der Bezug zum letztgenannten Substantiv („Schusswaffen") angezeigt gewesen wäre. Außerdem ist die Formulierung missverständlich gewählt: Waffen können „nach Verlust der Kriegswaffeneigenschaft" nicht mehr in der Kriegswaffenliste „aufgeführt" sein; denn diese Eigenschaft geht allein dadurch verloren, dass die Waffe durch Verordnung aus der Kriegswaffenliste (Anlage zu § 1 Abs. 1 KWKG) gestrichen wird (§ 1 KWKG Rdn. 1). Klar ist aber, was gemeint ist: Waffen, die vor dem Verlust ihrer Kriegswaffeneigenschaft (durch Änderung der Kriegswaffenliste) in der Kriegswaffenliste aufgeführt waren. Vgl. auch § 57 Abs. 2 Satz 1 WaffG nF. Die Auffassung (*A/B* Rdn. 2), bei den hier gemeinten Waffen handele es sich um solche Kriegswaffen, die „durch Beseitigung bestimmter Merkmale" ihre Kriegswaffeneigenschaft verloren hätten, wird nicht geteilt. Selbst unbrauchbar gemachte Kriegswaffen verlieren nicht ihre Eigenschaft als Kriegswaffe (vgl. § 13 a KWKG und die hierzu ergangene VO vom 1. 7. 2004 [BGBl. I 1448]). Abzulehnen ist auch die Ansicht (*L/F/L* § 1 WaffG Rdn. 27), die hier maßgebliche Nr. 1.1 erfasse nur solche tragbaren Kriegsschusswaffen, für die über § 6 Abs. 3 WaffG aF eine WBK erteilt worden sei. Vom „Verlieren" der Kriegswaffeneigenschaft spricht das Gesetz (zB § 57 Abs. 2 Satz 1) im Zusammenhang mit der Änderung der Kriegswaffenliste (KWL). Vgl. auch § 2 Rdn. 5 a.

**b)** Zum anderen bezieht sich der Straftatbestand auf die Nr. 1.3.4: Gegenstände, **4** bei denen leicht entflammbare Stoffe so verteilt und entzündet werden, dass schlagartig ein Brand entstehen kann. Gemeint sind die sog. **Molotow-Cocktails.** Nach Anlage 1 A 1 U 2 Nr. 1.2.5 sind hier tragbare Gegenstände erfasst, bei denen leicht entflammbare Stoffe so verteilt und entzündet werden, dass schlagartig ein Brand entstehen kann. Es handelt sich hierbei meist um mit Benzin, Benzin-Ölgemisch oder anderen leicht brennbaren Flüssigkeiten gefüllte Glasflaschen, die entweder nach dem Wurf beim Auftreten auf einen heißen Gegenstand (zB Panzermotor) zersplittern, wobei der dadurch freigewordene Brennstoff sich an der Temperatur des getroffenen Gegenstandes (Motor) entzündet, ohne dass es einer besonderen Zündvorrichtung bedarf, oder mit einer Zündvorrichtung (Lunte o. ä.) versehen sind und angezündet als Brandsätze vorwiegend zum Inbrandsetzen von Gebäuden verwendet werden (vgl. BGH NJW **1994,** 808). Da nach der früheren amtl. Begr. zum WaffG aF (BT-Drucks. VI/2678 S. 33) in zunehmendem Maße Anschläge auf Gebäude mit solchen Gegenständen verübt worden waren, hatte der Gesetzgeber 1972 zu Recht ihre Aufnahme auch in den Verbotskatalog des § 37 WaffG aF (Abs. 1 Satz 1 Nr. 7) für erforderlich gehalten. Dieses Verbot gilt auch nach dem aktuellen Katalog der Anlage 2 A 1 Nr. 1.3.4 weiter. Land- oder forstwirtschaftliche Geräte werden jedoch entsprechend deren Zweckbestimmung nicht erfasst. Die Strafvorschrift hat somit § 53 Abs. 1 Satz 1 Nr. 4 WaffG aF fortgeführt, die Sanktionsvorschrift für § 37 Abs. 1 Satz 1 Nr. 7 WaffG aF (hierzu BGH NStZ **1998,** 362 [Abgrenzung zur Beihilfe]; BGH, Urteile vom 1. 11. 1994 – 5 StR 276/94 [S. 9] und vom 6. 7. 1993 – 1 StR 260/93, auch zur Abgrenzung gegenüber der Brandstiftung nach § 306 StGB und zur Tateinheit mit § 223 StGB). Zur Tateinheit zwischen § 53 Abs. 1 Satz 1 Nr. 4 WaffG aF und versuchter schwerer Brandstiftung vgl. BGH NStZ **1998,** 362, mit vollendeter schwerer Brandstiftung BGH, Urteil vom 12. 4. 1994 – 1 StR 155/94.

Zu den einzelnen **Tatmodalitäten** (vgl. Anlage 1 A 2 Nr. 1 bis 6 sowie 8 und **4a** 9) wird zur Vermeidung von Wiederholungen wie folgt verwiesen: Erwerb (§ 1 Rdn. 33 ff.), Besitz (§ 1 Rdn. 42), Überlassen (§ 1 Rdn. 43), Führen (§ 1 Rdn. 46), Verbringen (§ 1 Rdn. 54), Mitnahme (§ 32 Rdn. 2), Herstellen (§ 1 Rdn. 56 f.), Bearbeiten (§ 1 Rdn. 58 f.), Instandsetzen (§ 1 Rdn. 60). Handeltreiben (Anlage 1 A 2 Nr. 9) erfasst alle Vertriebsformen des Handels (BGHSt. **40,** 94 = NJW **1994,** 2102).

## § 52 Abschn. 4. Straf- und Bußgeldvorschriften

Die Vermittlertätigkeit hinsichtlich der Herstellung oder des Erwerbs von Molotow-Cocktails ist nicht strafbar. Vertreiben und Überlassen von Bestandteilen zur Herstellung solcher Gegenstände ist im Gegensatz zum früheren Recht (§ 53 Abs. 1 Satz 1 Nr. 5 aF) nicht mehr gesondert unter Strafe gestellt; hier kommt jetzt allenfalls Bestrafung wegen Beihilfe in Betracht. Das früher in § 37 Abs. 1 Satz 3 WaffG aF enthalten gewesene Verbot, zur Herstellung solcher Gegenstände anzuleiten, ergänzt gem. § 40 Abs. 1 WaffG nF, strafrechtlich abgesichert durch Absatz 1 Nr. 4, auch heute die Verbotsregelung; untersagt ist danach neben der Anleitung auch das Auffordern zur Herstellung derartiger Gegenstände. Vgl. im Übrigen § 2 Rdn. 14.

**5** **2. Die Tatbestände der Nr. 2.** Sie sind alle vier dadurch gekennzeichnet, dass ein Handeln **„ohne Erlaubnis"** unter Strafdrohung gestellt ist. Vgl. hierzu Vorbem. vor § 51 Rdn. 11 ff. Das Fehlen der Erlaubnis gehört zum gesetzlichen Tatbestand und muss deshalb vom Vorsatz des Täters umfasst sein (näher: Vorbemerkungen vor § 51 und *Verf.* in Festschrift für Salger (1994) S. 167, 184), seine Fehlvorstellung, eine Erlaubnis sei vorhanden, begründet einen vorsatzausschließenden Irrtum über Tatumstände nach § 16 Abs. 1 StGB; ebenso die falsche Annahme, eine Erlaubnis für die ausgeübte Tätigkeit sei nicht erforderlich (vgl. BayObLGSt. **2001**, 26 = NStZ **2001**, 491 [L]; OLG Düsseldorf StraFo **1998**, 169, 170 [zur GewO]); Unvermeidbarkeit eines Verbotsirrtums wird hier bei der bestehenden Informationspflicht und der von Fachverbänden dargebotenen Informationsmöglichkeit regelmäßig auszuschließen sein (vgl. aber BayObLG GewA **1989**, 301). Zu all diesen Fragen wird auf die Vorbemerkungen vor § 51 (Rdn. 41 ff.) verwiesen. Der Verstoß gegen eine der Erlaubnis gleichzeitig oder nachträglich (§ 9 Abs. 2) beigefügte Auflage macht das Handeln noch nicht zu einem solchen ohne Erlaubnis; eine derartige Zuwiderhandlung stellt nach § 53 Abs. 1 Nr. 4 eine Ordnungswidrigkeit dar.

**6** Die einzelnen Straftatbestände sind im Urteilstenor jeweils genau zu bezeichnen. Unzureichend ist zB: „wegen Verstoßes gegen das Waffengesetz" (BGHSt. **50**, 105 = StV **2005**, 330; BGH NStZ **2004**, 263; BGHR WaffG § 53 Abs. 1 Nr. 3 a Führen 1; BGH, Urteil vom 17. 2. 1993 – 2 StR 486/92; BGH, Beschluss vom 14. 9. 1989 – 4 StR 461/89; *Meyer-Goßner* NStZ **1988**, 529, 530). „Besitz" war nach früherem Recht – im Gegensatz zum jetzigen Recht – eine unzureichende Bezeichnung; korrekt war seinerzeit: Ausübung der tatsächlichen Gewalt (BGH, Beschluss vom 26. 7. 1994 – 5 StR 401/94). Es ist jeweils eine **anschauliche und verständliche Bezeichnung** zu wählen; die Angabe der verletzten Gesetzesbestimmungen gehört nicht in den Tenor, sondern in die Liste der angewendeten Vorschriften (BGH, Beschluss vom 21. 9. 1993 – 4 StR 436/93).

**7** **a) Der Erwerbstatbestand der Nr. 2 Buchst. a).** Bei diesem geht es um den Erwerb (§ 1 Rdn. 33 ff.) erlaubnispflichtiger Schusswaffen (Rdn. 6 f.) oder derartiger Munition mit dem von vornherein bestehenden Plan, diese Gegenstände unter Verstoß gegen § 34 Abs. 1 Satz 1 an einen Nichtberechtigten zu überlassen. Der Tatbestand entspricht damit § 53 Abs. 1 Satz 1 Nr. 3 WaffG aF (vgl. BGHSt. **29**, 184 = NJW **1980**, 1475). Die geplante Weitergabe muss gegen § 34 Abs. 1 Satz 1 verstoßen, so dass Fälle, die unter die Ausnahmeregelung des § 34 Abs. 4 WaffG aF) einzuordnen sind, nicht erfasst werden (zum WaffG aF: BGH NStZ **1988**, 133). Darauf, in welcher Rechtsform die Weitergabe geschehen soll, ferner, ob sie als entgeltlich oder unentgeltlich vorgesehen ist, kommt es für die Verwirklichung des Straftatbestandes nicht an. Diese Tatvariante ist nur vorsätzlich (mit dolus directus) begehbar, so dass sie auch in Absatz 4 unter den Fahrlässigkeitstaten nicht mit aufgeführt ist. Der Tatbestand ist unter die Delikte mit „überschießender Innen-

Strafvorschriften § 52

tendenz" (BGHSt. **32**, 236, 242/243; **46,** 292, 295) einzuordnen. Dem subjektiven Unrechtsmerkmal, „um ... Nichtberechtigten zu überlassen" braucht kein objektives Pendant zu entsprechen, um den Tatbestand zu erfüllen. In der Praxis wird die Feststellung dieses subjektiven Merkmals häufig an Beweisschwierigkeiten scheitern. Die Voraussetzungen dieser Bestimmung erfüllt zB der Dieb, der bereits bei der Wegnahme der Schusswaffe oder der Munition die Absicht hat, diese Gegenstände später zu verkaufen (vgl. BGHSt. **29**, 184 = NJW **1980,** 1475). Außer der tateinheitlich begangenen Diebstahlstat (§§ 242, 243 Abs. 1 Satz 2 Nr. 7, möglicherweise § 244 Abs. Nr. 1 Buchst. a StGB) kann sich der Täter in weiterer Tateinheit beim Abtransport des Diebsguts des verbotenen Waffenführens schuldig machen (bei halbautomatischen Kurzwaffen nach Absatz 1 Nr. 2 Buchst. b; im Übrigen nach Absatz 3 Nr. 1; bisher § 53 Abs. 3 Nr. 1 b aF). Die Waffenvergehen sind gegenüber dem Diebstahl keine mitbestraften Nachtaten; sie dienen zwar der Verwertung, verletzen aber ein neues Rechtsgut, die öffentliche Sicherheit (BGH aaO S. 186 bzw. S. 1476). Die Strafvorschrift betrifft im Übrigen nur den **Erwerber,** während der unberechtigt Überlassende nach Absatz 3 Nr. 7 strafrechtlich zur Verantwortung gezogen wird und derjenige, der ohne die erforderliche Erlaubnis Schusswaffen oder Munition für sich selbst ohne Weitergabevorsatz erwirbt, sich nach Absatz 1 Nr. 2 Buchst. b (bei halbautomatische Kurzwaffen) oder Absatz 3 Nr. 2 Buchst. a strafbar macht.

Das Erfordernis, dass es sich um **„erlaubnispflichtige"** Schusswaffen oder Mu- **8** nition handelt, wird im Gesetz so umschrieben, dass die Erlaubnispflicht sich aus **§ 2 Abs. 2 iVm. Anlage 2 A 2 U 1 Satz 1** ergeben muss. Dort wiederum ist festgelegt, dass Erlaubnispflicht besteht für den Umgang (§ 1 Abs. 3; § 1 Rdn. 30 ff.) – mit Ausnahme des Überlassens, die Ausnahme von der Erlaubnispflicht – für eine **Waffe iSv. § 1 Abs. 2 Nr. 1 iVm. Anlage 1 A 1 U 1 Nr. 1 bis 4** nebst zugehöriger **Munition**, falls nicht in Anlage 2 A 2 U 2 Freistellungen erfolgt sind. Das ist, selbst wenn man als Erleichterung die hier durchgängig verwendeten Abkürzungen „A" für Abschnitt und „U" für das lange Wort Unterabschnitt wählt, eine komplizierte Begriffsbestimmung, wo doch der Gesetzgeber des neuen Gesetzes dafür angetreten ist, alles so viel einfacher und transparenter zu gestalten. Um herauszufinden, welche Schusswaffen nun tatsächlich hier erfasst sind, stößt man im Katalog der für maßgeblich erklärten Anlage 1 A 1 U 1 Nr. 1 bis 4 auf eine Fülle von aufgeführten Gegenständen. Aus dieser umfangreichen Aufstellung entfallen für die Anwendung des Tatbestandes nur die Gegenstände, die nicht **„Schusswaffen"** (einschließlich „wesentlichen Teilen") oder hierzu bestimmte **Munition** sind, denn nur diese werden vom Wortlaut des hier zu erläuternden Straftatbestandes erfasst. Der Begriff der Schusswaffen, basierend auf § 1 Abs. 2 Nr. 1 iVm. Anlage 1 A 1 U 1, ist zu § 1 Rdn. 3 a bis 19 erläutert. Zur Erlaubnispflicht vgl. Rdn. 5.

Soweit einige dieser zu den Schusswaffen zählenden Gegenstände **„verbotene** **9** **Waffen"** iS der Anlage 2 A 1 sind (diejenigen nach Anlage 2 A 1 Nr. 1.2.2 und 1.2.3), sind sie dem Erlaubnisverfahren nicht zugänglich; mit ihnen ist jeder Umgang untersagt (§ 2 Abs. 3), wovon nur eine Ausnahmebewilligung nach § 40 Abs. 4 befreien kann. Der Umgang mit verbotenen Waffen ist aber an mehreren verschiedenen Stellen der Strafvorschriften unter Strafe gestellt (zB § 51 und in Absatz 1 Nr. 1 der vorliegenden Strafbestimmung). Die genannten verbotenen Schusswaffen (Anlage 2 A 1 Nr. 1.2.2 und 1.2.3) werden – als nicht zu den erlaubnispflichtigen zählend – erst von der (weniger harten) Strafdrohung in Absatz 3 Nr. 1 erfasst.

**b) Erwerb, Besitz und Führen halbautomatischer Kurzwaffen (Absatz 1 Nr. 2** **10** **Buchst. b).** Diese Strafbestimmung entspricht § 53 Abs. 1 Satz 1 Nr. 3a Buchstabe a und b WaffG aF. Sie ist bei der Gesetzesänderung 1978 auf Vorschlag des BRates

## § 52 Abschn. 4. Straf- und Bußgeldvorschriften

(BT-Drucks. 8/977 Anl. 2 Nr. 1 Buchst. b) in das Gesetz eingefügt worden. Hiernach wurde der unerlaubte Erwerb und die unerlaubte Ausübung der tatsächlichen Gewalt (heute: Besitz) sowie das unerlaubte Führen (BayObLGSt. **1979**, 144) von **halb**automatischen Selbstlade**kurz**waffen (ohne Kriegswaffenanschein; diejenigen mit solchem waren von § 52 a aF erfasst) wegen der damit verbundenen größeren Gefährlichkeit der schärferen Strafdrohung des Absatzes 1 unterworfen. Zu den halbautomatischen Selbstladekurzwaffen zählten nach früherer – umstrittener – Auffassung auch die Revolver in der Ausführung „double action" (BGHSt. **32**, 300; BGH, Urteil vom 20. 8. 1997 – 2 StR 175/97 betr. Smith & Wesson Kal. 38 Spezial), nicht jedoch diejenigen nach dem „single-action"-Prinzip (BGH, Beschluss vom 5. 6. 1996 – 5 StR 192/96). Hier hat sich die **Rechtslage geklärt.** Im Laufe des Gesetzgebungsverfahrens wurde – gegenüber der anderslautenden BGH-Rechtsprechung – zur Klarstellung folgendes eingefügt: Double-Action-Revolver sind keine halbautomatischen Schusswaffen. Beim Double-Action-Revolver wird bei Betätigung des Abzugs durch den Schützen die Trommel weitergedreht, so dass das nächste Lager mit einer neuen Patrone vor den Lauf und den Schlagbolzen zu liegen kommt, und gleichzeitig die Feder gespannt. Beim weiteren Durchziehen des Abzugs schnellt der Hahn nach vorn und löst den Schuss aus (Anlage 1 A 1 U 1 Nr. 2.3).

**11** „**Halbautomaten**", wie sie jetzt genannt werden, sind Schusswaffen, die nach Abgabe eines Schusses selbsttätig erneut schussbereit werden und bei denen aus demselben Lauf durch einmalige Betätigung des Abzuges oder einer anderen Schussauslösevorrichtung jeweils nur ein Schuss abgegeben werden kann (Anlage 1 aaO). Stets ist erforderlich, dass in den Feststellungen des Urteils die Art und der Zustand der Waffe genau beschrieben werden. Weist die Waffe Mängel in der Funktionstüchtigkeit auf, so sind auch diese im einzelnen darzulegen; denn es könnte die Funktion als Halbautomat betroffen sein, so dass nur eine Bestrafung nach dem milderen Absatz 3 gerechtfertigt wäre (so zum früheren Recht BGH, Beschluss vom 29. 8. 1995 – 1 StR 486/95). Das Führen von SRS-Waffen ohne Kleinen Waffenschein wird von Absatz 3 Nr. 2 Buchst. a erfasst (*K/P* Rdn. 843).

**12** Der Begriff der „**Kurz**"**waffe** wurde – ohne entsprechende Grundlage im WaffG aF – bereits in der neueren Rspr. des BGH verwendet (Urteile vom 20. 8. 1997 – 2 StR 175/97 und vom 26. 8. 1993 – 4 StR 326/93; insoweit nicht abgedruckt in BGHR WaffG § 53 III Konkurrenzen 3; jetzt üblich: BGH, Beschluss vom 28. 3. 2006 – 4 StR 596/05), um die doch umständliche Formulierung „mit einer Länge von nicht mehr als 60 cm" zu vermeiden (anders noch Beschluss des 1. Strafsenats vom 6. 5. 1997 – 1 StR 129/97 entgegen dem Beschluss desselben Senats vom 13. 3. 1997 – 1 StR 800/96, in NStZ **1997**, 446 insoweit nicht abgedruckt). Auch hier hat das WaffG nF Klarheit gebracht: Langwaffen sind nach Anlage 1 A 1 U 1 Nr. 2.6 Schusswaffen, deren Lauf und Verschluss in geschlossener Stellung insgesamt länger als 30 cm sind und deren kürzeste bestimmungsgemäß verwendbare Gesamtlänge 60 cm überschreitet; **Kurzwaffen** sind alle anderen Schusswaffen.

**13** War nach bisherigem Recht die **rechtliche Einordnung** streitig, musste die Frage durch ein Sachverständigengutachten geklärt werden, es sei denn, das Gericht verfügte selbst über die ausreichende Sachkunde, was wiederum im Urteil darzulegen war (BGH, Beschluss vom 26. 7. 1995 – 3 StR 694/93). Für derartige Zweifelsfälle hat das Gesetz jetzt als entscheidende Stelle das BKA vorgesehen (§ 2 Abs. 5 iVm. § 48 Abs. 3).

**14** Für die drei möglichen **Tatmodalitäten** Erwerb (§ 1 Rdn. 33 ff.), Besitz (§ 1 Rdn. 42 ff.) und Führen (§ 1 Rdn. 46) gilt nichts Besonderes. Täterschaftlicher Erwerb liegt auch dann vor, wenn die tatsächliche Gewalt über die Waffe nur für einen

Strafvorschriften  § 52

kurzen Zeitraum ausgeübt wird (BGH, Urteil vom 17. 8. 1993 – 1 StR 266/93 = BGHR StGB § 25 I Begehung, eigenhändige 3; in Abgrenzung zur Beihilfe). Die Tatsache, dass der Täter die Waffe lediglich in der Schreibtischschublade seiner Wohnung aufbewahrt, erfüllt den Tatbestand des Besitzes (Ausübens der tatsächlichen Gewalt); denn nicht nur eine **Tat** im Sinne einer „willensgetragenen Körperbewegung", sondern auch das Aufrechterhalten eines verbotenen Zustandes, etwa des Besitzes an gefährlichen Gegenständen, wie sie Schusswaffen darstellen, kann der Gesetzgeber ohne Verfassungsverstoß unter Strafe stellen (BVerfG NJW **1995,** 248). Eine Strafbarkeit wegen Führens einer Waffe oder auch nur wegen Besitzes hat auszuscheiden, wenn die Betreffenden selbst keine Möglichkeit hatten, jederzeit auf die Waffe zuzugreifen. Eine Zurechnung der Ausübung der tatsächlichen Gewalt eines anderen Tatbeteiligten nach § 25 Abs. 2 StGB findet nicht statt (BGH NStZ **1997,** 604, 605). Die bloße Beteiligung an der Verabredung, Waffen zur Verwendung bei einem geplanten Überfall zu besorgen, reicht demgemäß für eine Mittäterschaft bei dem Delikt des unerlaubten Führens einer Schusswaffe nicht aus (BGH aaO). Führen und Besitz einer halbautomatischen Kurzwaffe stehen untereinander in Tateinheit; daneben kann weitere Tateinheit mit versuchter Freiheitsberaubung, versuchter Nötigung und vorsätzlicher Körperverletzung bestehen (BGH, Beschluss vom 20. 12. 2005 – 3 StR 406/05). **Versuchter** Erwerb einer halbautomatischen Kurzwaffe kann mit **versuchtem** Führen und dem Versuch der Beteiligung am Mord in Tateinheit stehen (BGH, Beschluss vom 7. 2. 2006 – 5 StR 597/05). Einen Fall der Beihilfe zum Führen behandelt der BGH NStZ **2004,** 44.

Zum Waffenerwerb durch **Erben** vgl. § 20 (§ 28 Abs. 4 Nr. 1 WaffG aF). Wahrt **15** der Erbe die Monatsfrist des § 20 Satz 1 zur Eintragung der gelben Waffe nicht, so übt er danach unerlaubt die tatsächliche Gewalt über sie aus. Die Sanktion hierfür findet sich in § 53 Abs. 1 Nr. 7 WaffG nF als lex specialis (Ordnungswidrigkeit), nicht in den Strafbestimmungen (zum früheren Recht BGH, Beschluss vom 28. 8. 2003 – 4 StR 247/03; NStZ **1993,** 192; BayObLG NStZ-RR **1996,** 184, 185).

**c) Unerlaubte Ausübung von Waffengewerbe und Waffenhandel (Nr. 2** **16** **Buchst. c).** Die Vorschrift übernimmt die bisherige Regelung in § 53 Abs. 1 Satz 1 Nr. 1 Buchst. a und b. Es sind nur die gewerbsmäßige (§ 21 Rdn. 2 f.) ungenehmigte bzw. selbständige im Rahmen einer wirtschaftlichen Unternehmung (§ 21 Rdn. 4) unerlaubt ausgeübte Waffenherstellung und der entsprechende Waffenhandel nach dieser Bestimmung strafbar (BGH NStZ **1994,** 39). Der BGH spricht von „Handeltreiben" (Beschluss vom 28. 3. 2006 – 4 StR 596/05); hier auch zu Fragen der Tateinheit mit Erwerb und Besitz. Tatobjekte sind erlaubnispflichtige (Rdn. 6) Schusswaffen oder Munition (§ 21 Rdn. 5). Der gelegentliche An- und Verkauf durch Privatpersonen wird hiervon nicht erfasst; er richtet sich nach den allgemeinen Vorschriften über „Erwerb" (Absatz 3 Nr. 1) oder „Überlassen an Nichtberechtigte" (Absatz 3 Nr. 7). Wer zB aus Gefälligkeit für einen Freund eine Schusswaffe instandsetzt, macht sich nur nach Absatz 3 Nr. 1 strafbar. Zu beachten ist, dass nicht nur die von Anfang an ungenehmigte Waffenherstellung (der unerlaubte Waffenhandel) strafbar ist, sondern auch die Fortsetzung oder Wiederaufnahme dieser Tätigkeit nach Erlöschen, Rücknahme oder Widerruf der Erlaubnis gem. § 45 WaffG. Die Begr. des BWaffG 1968 (BT-Drucks. V/528 S. 37) wies ferner zutreffend darauf hin, dass der Straftatbestand nach § 53 Abs. 1 Satz 1 Nr. 1 Buchst. a WaffG aF auch dann verwirklicht war, wenn der Täter, der infolge inhaltlicher Beschränkung der Konzession gem. § 10 WaffG aF (jetzt: § 9 Abs. 1) nur eine Erlaubnis zur Herstellung bestimmter Waffen besaß, Waffen herstellte, deren Produktion nicht von der Erlaubnis gedeckt war, wie etwa ein Schreckschusswaffenhersteller scharfe Kurzwaffen.

## § 52 Abschn. 4. Straf- und Bußgeldvorschriften

**17** Im Übrigen wird zur Auslegung der Vorschrift, insbesondere der einzelnen Handlungsmodalitäten, auf die Anm. zu § 21 WaffG und Anlage 1 A 2 Nr. 8.1, 8.2 und 9 sowie Rdn. 4 a verwiesen. Die Vertriebsform „Aufsuchen von Bestellungen" umfasst jede Tätigkeit bei allen Vertriebsformen des Waffenhandels, die darauf abzielt, von einem anderen einen festen Auftrag zur künftigen Lieferung bestimmter Schusswaffen oder Munition zu erhalten (BGHSt. **40**, 94 = NJW **1994**, 2102 = NStZ **1994**, 345). Die Erlaubnispflicht des § 21 Abs. 1 (§ 7 Abs. 2 WaffG aF) erfasst jegliche im Inland entfaltete Waffenhandelstätigkeit ohne Rücksicht darauf, ob sich die betr. Waffen oder die Munition im Inland oder im Ausland befinden. So fällt hierunter auch ein vom Inland aus vorgenommenes Telefax-Preisangebot über die Lieferung von in Russland befindlichen russischen Pistolen nebst Munition in den Empfängerstaat Türkei oder Griechenland (BGH NJW **1996**, 735 = NStZ **1996**, 286); mit Recht hat das Gericht hierzu die Meinung vertreten, dass die nachträgliche Einfügung des § 4 a in das KWKG nicht dafür spricht, dass bei sonstigen Schusswaffen der Auslandshandel nicht erfasst sein sollte. Dagegen ist das bloße „Sicherbieten" zur Entfaltung einer Vermittlungstätigkeit noch kein Vermitteln iSv. Handeltreiben (zum früheren Recht BGH, Urteil v. 20. 2. 1979 – 1 StR 670/78). Zu der Tatbestandsvariante „Vermitteln des Überlassens" vgl. BGHSt. **28**, 291 = NJW **1979**, 2113. Versuchtes Vermitteln des Erwerbs oder des Überlassens einer Schusswaffe liegt jedenfalls dann noch nicht vor, wenn es darum geht, zunächst einmal einen potentiellen Käufer zu finden und sich überdies die Waffe im Ausland befindet und vor einem Besitzwechsel erst noch eingeführt werden muss (BGH NStZ **1994**, 92).

**18** Der **Schuldspruch** lautet in den Fällen des Herstellens, Bearbeitens und Instandsetzens: „wegen unerlaubter Waffenherstellung", im Übrigen: „wegen unerlaubten Waffenhandels" (zum bisherigen Recht: BGHR WaffG § 53 Abs. 1 Konkurrenzen 5 [nicht: wegen unerlaubten Ankaufens und Vertreibens von Schusswaffen]; BGH, Urteil v. 3. 3. 1977 – 2 StR 390/76). Die für den in Bezug genommenen § 21 erforderliche „Gewerbsmäßigkeit" (§ 21 Rdn. 2 f.) kennzeichnet die generell verstärkte Gemeingefährlichkeit des unerlaubten Waffenhandels. Das kann dazu führen, hierin ein tatbezogenes persönliches Merkmal zu sehen, auf das § 28 StGB keine Anwendung findet (BGH, Beschluss vom 21. 3. 1995 – 5 StR 71/95).

**19** d) **Unerlaubtes Verbringen oder unerlaubte Mitnahme von Waffen oder Munition in das Inland oder durch das Inland (Nr. 2 Buchst. d).** Die Bestimmung ist die Strafbewehrung für die im Gesetzgebungsverfahren neu formulierten Vorschriften des Unterabschnitts 5 des Gesetzes, der die Berührungen mit dem Ausland regelt. Zu den hier maßgeblichen Vorgaben durch die Europäische Union (EU) wird auf § 21 Rdn. 1 verwiesen. Die durch diese Vorgaben veranlassten Erlaubniserfordernisse sind im Unterabschnitt 5 im Einzelnen umgesetzt worden und bestimmen somit den Umfang der jeweiligen Tatbestände der vorliegenden Strafbestimmung. Im Einzelnen sind zu unterscheiden:

**20** **aa)** Der „Einfuhr"tatbestand (Verstoß gegen § 29 Abs. 1). Das „Verbringen" (§ 1 Rdn. 54) bestimmter Schusswaffen und Munition in das Inland ist erlaubnispflichtig. Das ist in § 29 Abs. 1 zwar nicht klar zum Ausdruck gekommen, weil dort nur die Erteilungsvoraussetzungen aufgezählt werden. Es wird aber durch den Eingangssatz, durch den wie bei den anderen Varianten der Nr. 2 die allgemeine Erlaubnisbedürftigkeit umschrieben wird (vgl. Rdn. 8). Für den Straftatbestand interessiert nur diese Frage der Erlaubnispflicht und die Feststellung, dass eine Erlaubnis nicht erteilt worden ist; die Voraussetzungen für ihre Erteilung sind in diesem Zusammenhang unerheblich. Für welche Waffen und Munition das „Verbringen" in das Inland der Erlaubnis bedarf, regelt § 29 Abs. 1 im Eingangssatz dahin, dass es

## Strafvorschriften § 52

zum einen die von den EU-Vorgaben erfassten der Anlage 1 A 3 (Kategorien A bis D) sind und zum anderen alle sonstigen erlaubnisbedürftigen (§ 29 Rdn. 5 und oben Rdn. 8). Ist die erforderliche Erlaubnis nicht erteilt, fällt jedes Verbringen eines von der Regelung erfassten Gegenstandes in das Inland unter den Tatbestand.

**bb)** Der „Durchfuhr"tatbestand (Verstoß gegen § 30 Abs. 1 Satz 1). Parallel zu 21 dem unter aa) geregelten Verbringen **in** das Bundesgebiet wird hier das Verbringen (§ 1 Rdn. 54) **durch** das Bundesgebiet erfasst. Auch insoweit besteht eine Erlaubnispflicht in Bezug auf die in § 29 Abs. 1 aufgeführten Waffen. Die Ausführungen hierzu (Rdn. 20) gelten entsprechend. An sich ist bei der „Durchfuhr" stets notwendigerweise eine Einfuhr gegeben (vgl. zum früheren Recht BGH, Beschluss vom 20. 8. 1996 – 1 StR 463/96, teilweise abgedr. MDR **1997,** 80).

**cc)** Der „Mitnahme"tatbestand (Verstoß gegen § 32 Abs. 1 Satz 1). Zu diesem erst 22 im Laufe des Gesetzgebungsverfahrens als eigenständig eingeführten Begriff und seine Abgrenzung zum Verbringen wird auf § 32 Rdn. 2 verwiesen. Erfasst sind hier dieselben Arten von Waffen und Munition wie zu aa) und bb) genannt. Die Bestimmung regelt von den drei Formen der Mitnahme des § 32 nur diejenige in das Inland und diejenige durch das Inland; die der „Ausfuhr" ähnliche Form „aus dem Geltungsbereich des Gesetzes" (§ 32 Abs. 6) ist nicht gemeint, da nur § 32 Abs. 1 Satz 1 zitiert wird und auch die Tatbestandsbeschreibung sie nicht erwähnt.

**3. Verstoß gegen Handelsverbote (Nr. 3).** Die Vorschrift bewehrt das Vertreiben 23 und Überlassen von Schusswaffen, Munition oder Hieb- und Stoßwaffen im Reisegewerbe oder auf Messen, Ausstellungen, Märkten, Volksfesten, Schützenfesten oder ähnlichen Veranstaltungen. Im bisherigen Waffengesetz war dies einerseits für erlaubnispflichtige Waffen und Munition in § 53 Abs. 1 Satz 1 Nr. 6 (vgl. hierzu Nrn. 28.2 und 3 und 29.2 WaffVwV aF) mit der schärferen Strafdrohung und für nicht erlaubnispflichtige Waffen sowie Hieb- und Stoßwaffen in § 53 Abs. 3 Nr. 4 mit der geringeren Strafandrohung geregelt. Für Hieb- und Stoßwaffen und Waffen, für deren Erwerb es keiner Erlaubnis bedarf, wurde bei der Neuregelung die „Strafbewehrung angepasst" (Begr. BT-Drucks. 14/7758 S. 82). Das bedeutet, dass sie gegenüber dem bisherigen Recht hinsichtlich der nicht erlaubnispflichtigen Waffen und der Hieb- und Stoßwaffen auf das höhere Niveau angehoben worden ist. Zur Festlegung der unter die Handelsverbote fallenden Waffen (Munition) wird auf § 35 Rdn. 11 Bezug genommen. Ein Gummiknüppel ist eine Hiebwaffe (BGH vom 23. 5. 2001 – 3 StR 62/01 = StV **2002,** 80).

**Zwei Tatvarianten** sind unter Strafe gestellt: der **Vertrieb,** also alle Vertriebs- 24 formen des Handels (Anlage 1 A 2 Nr. 9; § 1 Rdn. 61 ff.; § 21 Rdn. 11; zum Aufsuchen von Bestellungen s. BGHSt. **40,** 94) und das **Überlassen** (Anlage 1 A 2 Nr. 3; § 1 Rdn. 43; § 34 Rdn. 1). Bezüglich der Einzelheiten der durch Strafbewehrung gesicherten Handelsverbote wird auf § 35 Abs. 3 (dort. Rdn. 13 ff.) verwiesen. Ein von einer Privatperson veranstalteter „Flohmarkt" (vgl. jetzt § 35 Rdn. 13) war nach früherem Recht kein Marktverkehr iSv § 38 Abs. 1 Nr. 2 WaffG aF (BayObLG GewA **1993,** 417).

Die Verwirklichung des objektiven Tatbestandes indiziert nach allgemeinen 25 Grundsätzen die **Rechtswidrigkeit** der Tat. Diese kann aber im Einzelfall der Tat genommen werden, wenn eine Ausnahmebewilligung nach § 35 Abs. 3 Satz 2 (dort. Rdn. 20) erteilt worden ist (aA *A/B* Rdn. 8: Entfallen der Tatbestandsmäßigkeit). Vgl. zu diesen Fragen auch die Vorbemerkungen vor § 51 Rdn. 17, 17a und 40.

**4. Anleitung oder Aufforderung zur Herstellung von „Molotow-Cocktails"** 26 **(Nr. 4).** Hier geht es um einen Verstoß gegen § 40 Abs. 1. Zum Tatobjekt „Molo-

## § 52 Abschn. 4. Straf- und Bußgeldvorschriften

tow-Cocktail" wird auf Rdn. 4, zu den Einzelheiten des Verbots auf § 40 Rdn. 2 verwiesen. **„Anleitungen"** sind unterweisende Darlegungen, die konkrete Kenntnisse darüber vermitteln, wie eine bestimmte Straftat begangen werden kann. Unter diesen Begriff fallen alle Ausführungen schriftlicher oder mündlicher Art, die insbesondere durch Hinweise technischer Natur (zB über die Herstellung von Molotow-Cocktails, Bomben und sonstigen Sprengsätzen, die Handhabung von Waffen etc.) Möglichkeiten zur Begehung strafbarer Handlungen aufzeigen (*von Bubnoff* in LK[11] § 130a Rdn. 9 f.). In einem Fall, in dem der Betreffende aus dem Internet eine Datei, die ein Handbuch mit einer Anleitung u. a. von Molotow-Cocktails enthielt, heruntergeladen und sie via Mailbox einem beschränkten Nutzerkreis zugänglich gemacht hatte, verneinte das BayObLG – im Gegensatz zu beiden Vorinstanzen – die Strafbarkeit (NJW **1998,** 1087); zustimmend *Derksen* NJW **1998,** 3760.

**„Aufforderung"** iS von Nr. 4 ist gegenüber der Anleitung eine – unterhalb der Schwelle zur Anstiftung bleibende – etwas stärker dosierte Äußerung, die erkennbar vom Adressaten ein Tun oder Unterlassen verlangt (BGHSt. **28,** 312, 314; **32,** 310, 313; RGSt. **63,** 170, 173; *von Bubnoff* LK[11] § 111 Rdn. 8; *Kühl* in *Lackner/Kühl* § 111 Rdn. 3; jeweils mwN), hier die Herstellung von Molotow-Cocktails. Erfolgt sie öffentlich in einer Versammlung, zB von rechts- oder linksradikalen Kräften oder durch Verbreitung von Schriften, durch Lautsprecher usw., kann Idealkonkurrenz mit § 111 Abs. 1 StGB vorliegen (aA *von Bubnoff* aaO Rdn. 35: Waffenstraftat ist lex specialis).

27 **III. Strafbarkeit des Versuchs (Absatz 2).** In § 36 BWaffG 1968 war noch keine Strafbarkeit für den Versuch eines waffengesetzlichen Vergehens vorgesehen gewesen. Die Strafbarkeit auch des Versuchs, die dann aber bereits nach § 53 Abs. 2 WaffG aF bestand, musste im Hinblick auf § 23 Abs. 1 StGB ausdrücklich im Gesetz bestimmt werden. Sie gilt nach wie vor **nur** für Vergehen nach **Absatz 1,** nicht für solche, die in Absatz 3 aufgeführt sind. Zu einem Versuch nach § 53 Absatz 1 Satz 1 Nr. 4 WaffG aF: BGH NStZ **1998,** 362). Für die rechtliche Einordnung des Versuchs gelten die allgemeinen Grundsätze, so dass auf die Erläuterungswerke zu den §§ 22 und 23 StGB verwiesen werden kann. Waffenrechtsbezogene höchstrichterliche Rechtsprechung zum Versuch liegt – soweit ersichtlich – bisher nicht vor.

28 **IV. Die Straftatbestände des Absatzes 3.** In diesem Katalog sind insgesamt zehn Deliktstypen der unterschiedlichsten Art aufgeführt, die alle mit geringerer Strafe bedroht sind als im Absatz 1 festgelegt, weil das durch sie verwirklichte Unrecht als weniger gravierend eingestuft wird gegenüber den in Absatz 1 genannten. Diese abgestufte Strafdrohung und ein großer Teil der Tatbestände entstammen dem Absatz 3 des § 53 WaffG aF.

**1. Verstoß gegen weniger schwer wiegende Verbote der Anlage 2 Abschnitt 1 (Nr. 1).** Während der Verstoß gegen einige gravierende Waffenverbote die Strafbarkeit nach § 51 oder dem vorliegenden Absatz 1 auslöst (Absatz 1 Nr. 1, 3 und 4), wird er bei anderen unter die mildere Strafandrohung des Absatzes 3 Nr. 1 gestellt. Zu der Bedeutung der Formulierung „entgegen § 2 Abs. 1 oder 3" wird auf § 51 Rdn. 11 Bezug genommen. Die Vorschrift war zuvor in § 53 Abs. 3 Nr. 3 WaffG aF enthalten. Mit Recht kritisch zur Tatbestandsgestaltung *Heghmanns* NJW **2003,** 3373, 3374: „für den Normadressaten schlicht unverständlich".

**a)** Im Einzelnen handelt es sich um folgende **Gegenstände** nach der Liste „Verbotene Waffen" (Anlage 2 Abschnitt 1):

29 aa) Nr. 1.2.2

Schusswaffen, die ihrer Form nach geeignet sind, einen anderen Gegenstand vorzutäuschen oder die mit Gegenständen des täglichen Gebrauchs verkleidet

## Strafvorschriften § 52

sind (zB Koppelschlosspistolen, Schießkugelschreiber, Stockgewehre, Taschenlampenpistolen). Auf § 2 Rdn. 7 wird verwiesen.

bb) Nr. 1.2.3 **30**
Schusswaffen, die über den für Jagd- und Sportzwecke allgemein üblichen Umfang hinaus zusammengeklappt, zusammengeschoben, verkürzt oder schnell zerlegt werden können. Auf § 2 Rdn. 8 wird Bezug genommen.

cc) Nr. 1.2.4.1 **31**
(Für Schusswaffen bestimmte) Vorrichtungen, die das Ziel beleuchten (z.B. Zielscheinwerfer) oder markieren (z.B. Laser oder Zielpunktprojektoren). Hierzu kann auf § 2 Rdn. 9 verwiesen werden.

dd) Nr. 1.2.4.2 **32**
**Nachtsichtgeräte** und **Nachtzielgeräte** mit Montagevorrichtung für Schusswaffen sowie Nachtsichtvorsätze und Nachtsichtaufsätze für Zielhilfsmittel (z.B. Zielfernrohre), sofern die Gegenstände einen Bildwandler oder eine elektronische Verstärkung besitzen. Hierzu § 2 Rdn. 10.

ee) Nr. 1.3.1 **33**
Hieb- oder Stoßwaffen, die ihrer Form nach geeignet sind, einen anderen Gegenstand vorzutäuschen, oder die mit Gegenständen des täglichen Gebrauchs verkleidet sind. Vgl. § 2 Rdn. 11.

ff) Nr. 1.3.2 **34**
**Stahlruten, Totschläger** oder **Schlagringe.**
Auf § 2 Rdn. 12 wird verwiesen.

gg) Nr. 1.3.3 **35**
**Wurfsterne.** Das sind sternförmige Scheiben, die nach ihrer Beschaffenheit und Handhabung zum Wurf auf ein Ziel bestimmt und geeignet sind, die Gesundheit zu beschädigen. Auf § 2 Rdn. 13 wird verwiesen.

hh) Nr. 1.3.5 **36**
Gegenstände mit Reiz- oder anderen Wirkstoffen, es sei denn, dass die Stoffe als gesundheitlich unbedenklich amtlich zugelassen sind und die Gegenstände in der Reichweite und Sprühdauer begrenzt sind und zum Nachweis der gesundheitlichen Unbedenklichkeit, der Reichweiten- und der Sprühdauerbegrenzung ein amtliches Prüfzeichen tragen (vgl. § 1 Rdn. 23c und § 2 Rdn. 15). Verstöße dieser Art waren zuvor nur bußgeldbewehrt (§ 55 Abs. 1 Nr. 22 Buchst. a; *Heghmanns* NJW **2003,** 3373, 3376).

ii) Nr. 1.3.7 **37**
**Präzisionsschleudern** nach Anlage 1 Abschnitt 1 Unterabschnitt 2 Nr. 1.3 sowie Armstützen und vergleichbare Vorrichtungen für die vorbezeichneten Gegenstände. Vgl. § 1 Rdn. 23h und § 2 Rdn. 17.

jj) Nr. 1.3.8 **38**
Gegenstände, die nach ihrer Beschaffenheit und Handhabung dazu bestimmt sind, durch Drosseln die Gesundheit zu schädigen (zB Nun-Chakus). Vgl. § 1 Rdn. 23g und § 2 Rdn. 18. Die Geräte müssen zur Gesundheitsschädigung bestimmt sein, das Geeignetsein hierzu reicht nicht (BGH StV **2002,** 183 = StraFo **2002,** 15 = BGHR (1.) WaffV § 8 Abs. 1 Nr. 3 Würgehölzer 1).

kk) Nr. 1.4.1. Satz 1 **39**
Spring- und Fallmesser nach Anlage 1 Abschnitt Unterabschnitt 2 Nr. 2.1.1 und 2.1.2. **Springmesser** sind dadurch gekennzeichnet, dass ihre Klingen auf Knopf- oder Hebeldruck hervorschnellen und hierdurch festgestellt werden können (§ 1 Rdn. 5). **Fallmesser** sind solche Messerarten, deren Klingen beim

**§ 52** Abschn. 4. Straf- und Bußgeldvorschriften

Lösen einer Sperrvorrichtung durch ihre Schwerkraft oder durch eine Schleuderbewegung aus dem Griff hervorschnellen und selbsttätig oder beim Loslassen der Sperrvorrichtung festgestellt werden (§ 1 Rdn. 26). Zu beachten ist die **Ausnahmeregelung** in Nr. 1.4.1 Satz 2 für Messer dieser Art mit bestimmten weniger gefährlichen Eigenschaften.

**40** ll) Nr. 1.4.2
**Faustmesser** (feststehende Messer mit einem quer zur Klinge verlaufenden Griff, die bestimmungsgemäß in der geschlossenen Faust geführt oder eingesetzt werden). Vgl. § 1 Rdn. 27 und § 2 Rdn. 20. Zu beachten ist hier die **Ausnahmeregelung** in § 40 Abs. 3 (dort. Rdn. 4).

**41** mm) Nr. 1.4.3
**Faltmesser** mit zweigeteilten, schwenkbaren Griffen (**Butterflymesser**). Hierzu § 1 Rdn. 28.

**42** nn) Nr. 1.4.4
**Tierabwehrgeräte.** Nachträglich eingefügt wurde in diesem Zusammenhang die Nr. 1.4.4. Zu den verbotenen Gegenständen zählen nunmehr auch solche, die bestimmungsgemäß unter Ausnutzung einer anderen als mechanischen Energie **Tieren** Verletzungen beibringen (zB Elektroimpulsgeräte), sofern sie nicht als gesundheitlich unbedenklich amtlich zugelassen sind und ein amtliches Prüfzeichen tragen zum Nachweis der gesundheitlichen Unbedenklichkeit oder bestimmungsgemäß in der Tierhaltung Verwendung finden. Mit diesem Verbot soll eine Umgehung des Verbots aus Nr. 1.3.6 (§ 2 Rdn. 16) verhindert werden (Begr. BT-Drucks. 14/8886 S. 119). Vgl. § 1 Rdn 29 a und § 2 Rdn. 21 a. Das Verbot nach Nr. 1.3.6 wird allerdings vom Katalog des Absatzes 3 Nr. 1 nicht umfasst; vgl. aber § 53 Abs. 1 Nr. 2.

**43** oo) Nr. 1.5.3
Patronenmunition für Schusswaffen mit gezogenen Läufen, deren Geschosse im Durchmesser kleiner sind als die Felddurchmesser der dazu gehörigen Schusswaffen und die mit einer Treib- und Führungshülse umgeben sind, die sich nach Verlassen des Laufes vom Geschoss trennt. Auf § 2 Rdn. 24 wird Bezug genommen.

**44** pp) Nr. 1.5.4
Patronenmunition mit Geschossen, die einen Lichtspur-, Brand- oder Sprengsatz oder einen Hartkern (Kernhärte größer 400 HB 30 – Brinellhärte – oder 421 HV 10 – Vickershärte –) enthalten, ausgenommen pyrotechnische Munition, die bestimmungsgemäß zur Signalgebung bei der Gefahrenabwehr dient. Vgl. § 2 Rdn. 25.

**45** qq) Nr. 1.5.5
Knallkartuschen, Reiz- und sonstige Wirkstoffmunition nach Tabelle 5 der Maßtafeln nach § 1 Abs. 3 Satz 3 der Dritten Verordnung zum Waffengesetz in der Fassung der Bekanntmachung vom 2. September 1991 (BGBl. I S. 3073), die zuletzt durch die Zweite Verordnung zur Änderung von waffenrechtlichen Verordnungen vom 24. Januar 2000 (BGBl. I S. 38) geändert wurde, in der jeweils geltenden Fassung (Maßtafeln), bei deren Verschießen in Entfernungen von mehr als 1,5 m vor der Mündung Verletzungen durch feste Bestandteile hervorgerufen werden können, ausgenommen Kartuschenmunition der Kaliber 16 und 12 mit einer Hülsenlänge von nicht mehr als 47 oder 49 mm. Vgl. hierzu § 2 Rdn. 26.

**46** b) **Die unter Strafdrohung gestellten Handlungsweisen.** Aus dem Bereich der möglichen Formen des Umgangs (§ 1 Abs. 3; dort. Rdn. 30 ff.; Anlage 1 A 2 Nr. 1

Strafvorschriften § 52

bis 9) sind bis auf das Schießen alle erfasst. Um Wiederholungen zu vermeiden, wird auf § 51 Rdn. 10 verwiesen.

c) Die Verwirklichung des objektiven Tatbestandes indiziert nach allgemeinen 47 Grundsätzen die **Rechtswidrigkeit** der Tat. Diese kann der Tat aber im Einzelfall genommen werden, wenn eine Ausnahmebewilligung nach § 40 Abs. 4 erteilt worden ist. Vgl. zu diesen Fragen auch die Vorbemerkungen vor § 51 Rdn. 40.

**2. Der subsidiäre Tatbestand des Absatz 3 Nr. 2.** Hier werden Taten genannt, 48 die ihrer äußeren Gestalt nach Handlungsformen gleichen, die bereits in einem der Tatbestände des Absatzes 1 Nr. 2 Buchst. a oder b aufgeführt sind, von diesen aber nicht erfasst werden. Das wird durch die Subsidiaritätsklausel des letzten Halbsatzes der hier maßgeblichen Nr. 2 zum Ausdruck gebracht.

**a) Tatobjekte** sind **erlaubnispflichtige** Schusswaffen oder ebensolche Munition. 49 Hierzu kann auf Rdn. 8 verwiesen werden. Von diesen Gegenständen sind entsprechend der Subsidiaritätsklausel nur die halbautomatischen Kurzwaffen (Rdn. 10 ff.) ausgenommen, weil diesbezüglich die Strafbarkeit bereits durch den Tatbestand des Absatzes 1 Nr. 2 Buchst. b erfasst ist.

**b) Tatbestandsmäßige Handlungen** sind hier wie in Absatz 1 Satz 1 das **Erwerben** 50 und **Besitzen** (hinsichtlich von Schusswaffen oder Munition [BGH StV **2005,** 330]) und das **Führen** von Schusswaffen (so aufgeteilt nach der vorliegenden Nr. 2 Buchst. a und b). In der Gesetzesbegründung heißt es: Der Erwerb von Munition ohne Erlaubnis war bisher nicht unter Strafe gestellt; dies war aus sicherheitspolitischen Gründen nicht aufrecht zu erhalten (BT-Drucks. 14/7758 S. 82). Hier dürfte es sich um ein Versehen handeln, denn er unerlaubte Munitionserwerb war in § 53 Abs. 3 Nr. 1 Buchst. a unter Strafdrohung gestellt. Dagegen war der Besitz von Munition nicht erfasst (BGH NStZ **2000,** 483; 494; Beschluss vom 21. 9. 1993 – 4 StR 436/93 = BGHR WaffG § 53 Abs. 3 Munition 1; *Heghmanns* NJW **2003,** 3373, 3375).

Zur Erläuterung der einzelnen Handlungsformen wird auf Rdn. 14 Bezug genommen. Erfasst ist hier zB das neuerdings unter Strafe gestellte „**Führen**" einer Schreckschuss-, Reizstoff- oder Signalwaffe ohne den hierfür erforderlichen „**Kleinen Waffenschein**" (§ 10 Rdn. 12 ff.; *Heghmanns* NJW **2003,** 3373, 3375). Zum Merkmal „ohne Erlaubnis" vgl. Rdn. 5. Auf Grund der **Subsidiaritätsklausel** scheiden hier alle Fälle des „Erwerbs" aus, bei denen schon beim Erwerb der direkte Vorsatz bestand, den Gegenstand entgegen § 34 Abs. 1 Satz 1 an einen Nichtberechtigten zu überlassen (Absatz 1 Nr. 2 Buchst. a; Rdn. 7).

**3. Unerlaubte nichtgewerbsmäßige Waffenherstellung (Absatz 3 Nr. 3).** Die 51 Vorschrift entspricht § 53 Abs. 3 Nr. 1 Buchst. c WaffG aF. Zur Darstellung des Handlungsunrechts in diesen Fällen (Herstellen, Bearbeiten, Instandsetzen) wird auf § 26 Rdn. 2 f. verwiesen. Zum Merkmal „ohne Erlaubnis" vgl. Rdn. 5.

**4. Unerlaubtes Verbringen von bestimmten Schusswaffen oder Munition in** 52 **einen anderen EU-Mitgliedstaat (Absatz 3 Nr. 4).** Diese Tätigkeit des Verbringens (§ 1 Rdn. 54) ist entsprechend den maßgeblichen EU-Richtlinien unter Erlaubnisvorbehalt gestellt. In dem zugrunde liegenden § 31 Abs. 1 sind nur Schusswaffen oder Munition erfasst, die in der Anlage 1 A 3 aufgeführt sind. Da es sich um alle dort genannten Gegenstände handelt, ist der Zusatz „(Kategorien A bis D)" entbehrlich. Auf § 19 Rdn. 1 iVm. § 31 Rdn. 2 wird Bezug genommen.

**5. Eingeschränkte Waffenführungsbefugnis bei Bewachungsaufträgen (Ab-** 53 **satz 3 Nr. 5).** Dieser neu eingefügte Straftatbestand will, wie derjenige nach Nr. 6, die Einhaltung der von Bewachungsunternehmen zu beachtenden Vorschriften si-

**§ 52**  Abschn. 4. Straf- und Bußgeldvorschriften

cherstellen. Hier geht es um die Bestimmung des § 28 Abs. 2 Satz 1, nach der die Schusswaffe jeweils „nur bei der tatsächlichen Durchführung" eines konkreten Bewachungsauftrags geführt werden darf (hierzu § 28 Rdn. 5). Hierbei handelt es sich der Sache nach um eine „inhaltliche Beschränkung", die hier nicht im Rahmen der Erlaubniserteilung ausgesprochen worden ist (vgl. § 9 Abs. 1), sondern kraft Gesetzes besteht. Jedes nicht von dieser Bestimmung gedeckte Waffenführen geschieht damit letztlich „ohne Erlaubnis" (vor § 51 Rdn. 22). Im Hinblick darauf erscheint die auf Anregung des Bundesrats nach Anhörung des Innenausschusses neu aufgenommene Sanktionierung gerechtfertigt (vgl. Begr. BT-Drucks. 14/8886 S. 118).

**54** **6. Überlassen von Schusswaffen oder Munition an Bewachungspersonal ohne vorherige Zustimmung der Waffenbehörde (Abs. 3 Nr. 6).** Auch dieser Tatbestand ist – wie die Nr. 5 (Rdn. 53) – auf Vorschlag des Bundesrats (BT-Drucks. 14/7758 S. 118) neu eingefügt worden. Nach § 28 Abs. 3 Satz 1 hat der Bewachungsunternehmer sein Personal, soweit es Schusswaffen besitzen oder führen soll, der Waffenbehörde namhaft zu machen, damit eine entsprechende Prüfung dieser Personen erfolgen kann. Solange das Einverständnis der Behörde mit diesen Personen nicht erklärt ist, darf der Unternehmer ihnen weder Schusswaffen noch Munition aushändigen. Tathandlung ist ein „Überlassen" (§ 1 Rdn. 43). Es handelt sich nach allem um ein Delikt, dass nur vom Bewachungsunternehmer selbst oder von den von ihm beauftragten Personen begangen werden kann. Wenn der Unternehmer unerlaubt einen Waffenhändler mit dem Überlassen beauftragt, kann – je nach dessen Kenntnisstand – mittelbare Täterschaft des Unternehmers oder Mittäterschaft in Betracht kommen. Letzteres scheitert nicht etwa daran, dass allein der Unternehmer Antragsteller bezüglich der Zustimmung ist (vgl. vor § 51 Rdn. 50f.).

**55** **7. Überlassen von erlaubnispflichtigen Gegenständen an Nichtberechtigte (Absatz 3 Nr. 7).** Die Vorschrift war bereits als § 53 Abs. 3 Nr. 2 WaffG aF Bestandteil des Waffenrechts. Zur Erlaubnispflicht bei Schusswaffen und Munition vgl. Rdn. 8, zum „Überlassen" (§ 1 Rdn. 43) an Nichtberechtigte wird auf § 34 Rdn. 2ff. verwiesen. Die Strafbestimmung richtet sich nur gegen den gewerblichen oder nichtgewerblichen **Überlasser** (BayOblG GewA **1989**, 301). Sie stellt das Gegenstück zu Absatz 1 Nr. 2 Buchst. a (§ 53 Abs. 1 Satz 1 Nr. 3 WaffG aF) und Absatz 3 Nr. 2 Buchst. a (§ 53 Abs. 3 Nr. 1a WaffG aF) dar, die sich gegen den Erwerber ohne Erlaubnis richten (zum früheren Recht: BayObLG NJW **1977**, 1737). Von einem Nichtberechtigten kann nicht gesprochen werden, soweit die Ausnahmeregelung des § 34 Abs. 3 (Absatz 4 aF) greift (zum WaffG aF: BGH NStZ **1988**, 133).

**56** **8. Strafbarer Verstoß gegen eine vollziehbare Anordnung nach § 41 (Absatz 3 Nr. 8).** Auch dieser Tatbestand war als § 53 Abs. 3 Nr. 6 bereits im WaffG aF enthalten. Zum Verstoß gem. § 41 Abs. 1 Satz 1 wird auf § 41 Rdn. 3ff., zu demjenigen gem. § 41 Abs. 2 auf § 41 Rdn. 8f. verwiesen. Strafbar ist nur, wer einem **vollziehbaren** Verbot zuwiderhandelt, also einem solchen, das rechtskräftig geworden oder gem. § 80 Abs. 2 Nr. 4 VwGO für sofort vollziehbar erklärt worden ist (Rdn. 57). Diese Anordnung bleibt bis zur Aussetzung der Vollziehbarkeitsverfügung gem. § 80 Abs. 5 VwGO wirksam. Vgl. auch die Vorbemerkungen vor § 51 (Rdn. 24) und die Ausführungen des *Verf.* in der Salger-Festschrift (Rdn. 21) S. 178. Die Strafvorschrift knüpft damit an einen vollziehbaren Verwaltungsakt an, nämlich ein behördliches Waffen-(Munitions-)besitzverbot für den Einzelfall. Hier zeigt sich die Abhängigkeit der Strafvorschrift von den Vorgaben des Verwaltungsrechts in besonders deutlicher Form. Im Umweltstrafrecht spricht man in Bezug auf Fallgestaltungen dieser Art von „Verwaltungsaktsakzessorietät". Die damit zusammenhän-

Strafvorschriften § 52

genden Fragen sind inzwischen bis in die jüngste Zeit hinein in einer Fülle von Veröffentlichungen – zum großen Teil kontrovers – behandelt worden; auf sie kann hier nur verwiesen werden (Nachweise bei *Steindorf* in Festschrift für Salger [1994] S. 167, 178; *ders.* LK 11. Aufl. vor § 324 Rdn. 22 ff.). In der Praxis haben derartige Probleme – soweit ersichtlich – bisher keine Rolle gespielt.

Das Besitzverbot des § 41 Abs. 1 Satz 1 oder Abs. 2 stellt einen den Adressaten 57 „belastenden" Verwaltungsakt dar, durch den ihm offen gelegt wird, was die Behörde in seinem Fall für rechtens erachtet (vgl. § 35 VwVfG). Zur Erfüllung des Tatbestandes ist weiter erforderlich, dass der Verwaltungsakt „vollziehbar" ist. Diese Voraussetzung ist nicht erst gegeben, wenn er bestandskräftig, sondern bereits dann, wenn er dem Betroffenen gegenüber verwaltungsrechtlich durchsetzbar ist. Das ist der Fall, wenn sich die sofortige Vollziehbarkeit aus dem Gesetz ergibt (§ 80 Abs. 2 Nr. 1 bis 3 VwGO) oder ausdrücklich schriftlich angeordnet worden ist (§ 80 Abs. 2 Nr. 4 VwGO). Für die rechtliche Einordnung gilt, dass hier trotz der Formulierung in § 41, der Erwerb oder Besitz werde „untersagt", kein Verbot im Sinne der Ausführungen zu § 51 vorliegt (vor § 51 Rdn. 8 f.). Es handelt sich hier nicht um den Umgang mit verbotenen Gegenständen, der prinzipiell untersagt werden soll, sondern um an sich im Wege der Kontrollerlaubnis gestattungsfähige Handlungsweisen, bei denen aber die persönliche Unzuverlässigkeit des Waffen-(Munitions-)besitzers zum Schutz öffentlicher Interessen eine Art polizeirechtlicher Gefahrenabwehrmaßnahme als notwendig erscheinen lässt. Ist die Untersagungsverfügung vollziehbar ergangen, so besitzt der Adressat fortan unerlaubt, was die Strafbarkeit auslöst. Möglicherweise ist eine ihm zuvor erteilte waffenrechtliche Berechtigung noch nicht nach den §§ 45, 46 zurückgenommen oder widerrufen worden, so dass er noch nicht unter den Kreis derjenigen fällt, die „ohne Erlaubnis" besitzen.

**9. Unerlaubtes Waffenführen bei öffentlichen Veranstaltungen.** Hierzu wird 58 auf § 42 Rdn. 2 ff. und BGH NJW **1991,** 2715 Bezug genommen. Die Bestimmung (zuvor § 53 Abs. 3 Nr. 5 WaffG aF) basiert auf einer ausgesprochenen **Verbotsregelung.** Nach § 42 Abs. 1 besteht ein striktes Verbot, bei öffentlichen Veranstaltungen Waffen zu führen (bisher: § 39 Abs. 1 WaffG aF). Nach § 42 Abs. 2 kann die zuständige Behörde für den Einzelfall oder – nach neuem Recht – durch Allgemeinverfügung – unter den im Gesetz aufgeführten Voraussetzungen Ausnahmen zulassen. Liegen Ausnahmebewilligungen nach § 42 Abs. 2 (§ 39 Abs. 2 oder 3 WaffG aF) vor, ist die Tat nicht rechtswidrig (vgl. *Verf.* in Festschrift für Salger [1994] S. 167, 183). Vgl. auch § 27 VersammlungsG, der wegen geringerer Strafdrohung zurücktritt, aber bereits Vorbereitungshandlungen (in seinem Satz 2) erfasst (vgl. auch OLG Hamm StraFo **1998,** 282).

**10. Unerlaubter Besitz von ehemaligen Kriegswaffen (Absatz 3 Nr. 10).** Diese 59 Bestimmung ist ohne Vorbild im bisherigen Waffenrecht. Die Regelung war neu aufzunehmen, da mit der Entlassung aus der Kriegswaffenliste das Kriegswaffenkontrollgesetz keine Anwendung mehr findet, die Waffe jedoch – möglicherweise – berechtigt erworben worden war (Begr. BT-Drucks. 14/7758 S. 83). Die Berechtigung zum Besitz hat keinen Bestand, wenn die in § 57 Abs. 5 aufgeführten Umstände eintreten; auf die Erläuterungen hierzu wird Bezug genommen.

**V. Innerer Tatbestand.** Die Strafdrohung nach Absatz 1 und 3 greift nur bei vor- 60 sätzlicher Begehung Platz, soweit nicht in Absatz 4 auch eine Bestrafung wegen fahrlässigen Verstoßes vorgesehen ist. Sind beide Schuldformen möglich, so muss an sich im Entscheidungstenor jeweils zum Ausdruck kommen, ob vorsätzliche oder fahrlässige Begehungsweise vorliegt (vgl. BGH, Beschluss vom 8. 9. 1983 – 1 StR

554/83; *Meyer-Goßner* NStZ **1988**, 529, 530). Die neuere höchstrichterliche Rspr. verzichtet bei Vorsatztaten allerdings auf diese Kennzeichnung und fordert sie nur für den fahrlässigen Verstoß.

**Vorsatz** ist das bewusste und gewollte Verwirklichen aller Tatbestandsmerkmale trotz Vorstellung vom Gegebensein aller vergangenen und gegenwärtigen sowie vom Eintreten aller künftigen Tatbestandsmerkmale (RGSt. **70**, 258). **Bedingter Vorsatz genügt** zur Bestrafung mit Ausnahme des Tatbestandes von Absatz 1 Nr. 2 Buchst. a. Eine Bestrafung kann nur erfolgen, wenn der volle objektive und subjektive Tatbestand erfüllt ist. Diese Voraussetzung ist nicht gegeben, wenn infolge Irrtums des Täters über Tatumstände der Vorsatz ausgeschlossen ist. Hält jemand zB ein Infrarot-Nachtzielgerät für ein beleuchtetes Zielfernrohr, so kann Tatumstandsirrtum vorliegen (vgl. BGH, Beschluss vom 19. 9. 1993 – 1 StR 411/93 S. 5; insoweit NStZ **1994**, 92 nicht abgedruckt). Zu einem Irrtum über die Durchschlagskraft einer umgebauten Kurzwaffe vgl. BGH Urteil vom 28. 10. 1992 – 3 StR 314/92.

**61** Das Merkmal **„ohne die erforderliche Erlaubnis"** gehört als wesentlicher, das Unwerturteil über das Verhalten erst schaffender Umstand zum gesetzlichen **Tatbestand;** ohne dieses Merkmal liegt ein gesetzlich umschriebener Unrechtstypus nicht vor (Vorbemerkung Rdn. 2 ff. vor § 51 und *Verf.* in Festschrift für Salger [1994] S. 167, 173 ff.). Eine gleichliegende Frage taucht bei § 327 StGB („ohne die erforderliche Genehmigung") auf (*Steindorf* LK[11] § 327 Rdn. 27). Dementsprechend ist die Fehlvorstellung, eine Erlaubnis sei erteilt, ein vorsatzausschließender Irrtum nach § 16 Abs. 1 Satz 1 StGB, der gegebenenfalls aber nach Satz 2 dieser Bestimmung eine Bestrafung wegen Fahrlässigkeit eröffnet.

Meint der Täter, eine Erlaubnis sei nicht erforderlich, so liegt ebenfalls ein **Tatumstandsirrtum** (vgl. BGH NStZ **2003**, 55; Vorbem. vor § 51 Rdn. 41 ff., 43), kein **Verbotsirrtum** (Subsumtionsirrtum) vor (so aber OLG Karlsruhe NJW **1992**, 1057; *Herzberg* GA **1993**, 439), der den Vorsatz bestehen ließe, bei Unvermeidbarkeit aber zum Wegfall der Schuld, bei Vermeidbarkeit zu fakultativer Strafmilderung führen würde. **Verbotsirrtum** (Subsumtionsirrtum) ist dagegen gegeben, wenn der Täter die Waffe (Munition), mit der er in den vom Gesetz erfassten Formen umgegangen ist, trotz Kenntnis der Beschaffenheit im Einzelnen waffenrechtlich falsch einordnet (BayObLG GewA **1989**, 301). Insoweit gilt entsprechend, was in Rechtsprechung und Schrifttum zB zum Verkennen des Begriffs einer „Urkunde" (§ 267 StGB) erarbeitet worden ist (vgl. *Gribbohm* LK[11] § 267 Rdn. 251). In gleicher Weise liegt Subsumtions-(= Verbots-)irrtum vor, wenn der Täter sich – bei vollem Orientiertsein über die tatsächlichen Tatumstände – irrtümliche Vorstellungen über die Begriffe „Bearbeiten", „Herstellen", „Führen" usw. macht. Entsprechendes gilt in dem Fall, in dem der Inhaber einer österreichischen Landesjagdkarte glaubt, für die Einfuhr/Durchfuhr nach/durch Deutschland sei keine weitere waffenrechtliche Erlaubnis erforderlich (BayObLGSt. **2001**, 37 = NStZ-RR **2001**, 281, 282).

Unvermeidbarkeit des Verbotsirrtums wird bei der bestehenden (BGHSt. **2**, 194; **4**, 236, 242 f.) Erkundigungspflicht und der – zB bei Fachverbänden – bestehenden Erkundigungsmöglichkeit (vgl. BayObLG NStZ-RR **2002**, 252, 253 zum OWiG) nur in umstrittenen Grenzfällen angenommen werden können (bejahend BayObLG GewA **1989**, 301; vgl. auch BayObLGSt. **1976**, 173, 178 und OLG Koblenz OLGSt. § 53 WaffG S. 1, 4).

**62** Zur **Notwehr** (Rechtsprechungsübersicht bei *Erb* NStZ **2004**, 369) bei Schusswaffengebrauch s. BGH NStZ **2005**, 31 (durch Polizeibeamten); **1999**, 347; Beschlüsse vom 23. 7. 1998 – 4 StR 261/98 und vom 27. 8. 1997 – 2 StR 421/97. Hierin kommt zum Ausdruck, dass die Verwendung der Schusswaffe in Notwehr gerechtfertigt ist,

Strafvorschriften **§ 52**

auch wenn sie ohne Erlaubnis geführt wird. Hierbei ist aber zu beachten, dass in dem Dauerdelikt Besitz oder Führen der Waffe eine **Zäsur** eintritt, wenn die Waffe aufgrund eines neuen Entschlusses gegenüber dem Waffendelikt einer „gefährlichen Verwendung" zugeführt wird (BGH NStZ-RR **1999**, 8, 9). Es liegen dann – im Anschluss an BGHSt. **36**, 151, 154 – mehrere Taten vor (BGH NStZ **1999**, 347); gerechtfertigt ist nur das Waffendelikt, das mit dem eigentlichen Notwehrakt tateinheitlich zusammenfällt; fehlt diesem die „Erforderlichkeit", so steht das Körperverletzungsdelikt mit dem Dauerdelikt des Waffenführens in Tateinheit (BGH, Urteil vom 25. 8. 2005 – 5 StR 255/05). Entsprechendes gilt für den Fall der **Nothilfe** (BGH NJW **2001**, 3200 = NStZ **2001**, 591 m. Anm. *Otto* = JR **2002**, 246 m. Anm. *Seelmann*). Vgl. ferner Beschlüsse vom 11. 7. 1996 – 1 StR 285/96 und vom 15. 11. 1994 – 3 StR 393/94 (auch zu Irrtumsfragen und zu § 33 StGB); BGH StV **1991**, 63; NJW **1991**, 503; NJW **1986**, 2716 = NStZ **1986**, 357; BGHR StGB § 32 Abs. 2 Erforderlichkeit 1; Urteil vom 21. 2. 1990 – 2 StR 527/89; Beschluss v. 26. 7. 1978 – 3 StR 224/78; zur Notwehrüberschreitung BGH, Urteil v. 3. 2. 1993 – 3 StR 356/92 = BGHSt. **39**, 133; v. 12. 5. 1981 – 5 StR 109/81 NStZ **1981**, 299; zur Putativnotwehr BGH NStZ-RR **2005**, 45 sowie *Requejo* JA **2005**, 114. Soweit in diesen Entscheidungen noch Rechtsauffassungen vertreten worden sind, die mit der eingangs dargelegten nicht übereinstimmen, sind sie als aufgegeben zu behandeln (BGH NStZ **1999**, 347). Eine Tötung in Notwehr ist nicht rechtswidrig und kann jemandem auch in anderem Zusammenhang nicht strafschärfend vorgehalten werden (BGH NStZ **2002**, 313). Einen Sonderfall behandelt BGH NJW **2001**, 1075. Zwar kann ein und dieselbe Tat nicht gleichzeitig rechtmäßig und rechtswidrig sein; wegen eines fortwirkenden rechtswidrigen Vorverhaltens ist jemand aber auch dann der fahrlässigen Tötung schuldig, wenn er später den zum Tode führenden Schuss in Notwehr abgegeben hat. Notwehr gegenüber rechtmäßiger Notwehr ist begrifflich ausgeschlossen (BGH, Beschluss vom 25. 6. 2002 – 1 StR 188/02).

Zur Frage des entschuldigenden **Notstands** (§ 35 StGB) bei Waffengebrauch gegenüber einem Eindringling vgl. BGH NJW **1979**, 2053 mit insoweit abl. Ausführungen von *Hruschka* NJW **1980**, 21, 23.

**VI. Fahrlässige Tatbegehung (Absatz 4).** Die Vorschrift hat ihr Vorbild in 63 § 53 Abs. 4 WaffG aF. Abweichend von § 26 RWaffG, der für beide Schuldformen gleiche Strafe androhte, sieht Absatz 4 für den nur fahrlässig handelnden Täter eine mildere Strafdrohung vor. Fahrlässige Verstöße gegen das WaffG werden besonders in der ersten Zeit nach Inkrafttreten eines neuen Gesetzes im Hinblick auf die Kompliziertheit der Materie häufiger vorkommen. Entsprechendes gilt für Irrtumsfragen.

**Fahrlässig** handelt, wer die Sorgfalt außer Acht lässt, zu der er nach den Umständen und seinen persönlichen Verhältnissen verpflichtet und fähig ist, und wer deshalb die Tatbestandsverwirklichung nicht erkennt (sog. unbewusste Fahrlässigkeit; RGSt. **61**, 318, 320; § 18 Abs. 1 StGB E 1962) oder zwar die Möglichkeit der Tatbestandsverwirklichung erkennt, mit ihr aber nicht einverstanden ist und auf ihren Nichteintritt vertraut (sog. bewusste Fahrlässigkeit). Dem Täter muss der doppelte Vorwurf gemacht werden können, er habe pflichtwidrig gehandelt und er habe den Erfolg voraussehen können. Mindestens fahrlässig handeln zB Waffenhersteller, die sich überhaupt nicht über die gegebenen Vorschriften unterrichten und infolgedessen nicht wissen, welche Pflichten sie im einzelnen treffen. Auch „Waffenführen" kann fahrlässig begangen werden (vgl. BGH, Urteil vom 19. 7. 1994 – 1 StR 362/94). Für die fahrlässige Zuwiderhandlung wird, wie bereits ausgeführt, eine erheblich gerin-

## § 52 Abschn. 4. Straf- und Bußgeldvorschriften

gere Strafe angedroht als für die vorsätzlich begangene; sie bleibt aber ein Vergehen und damit kriminelles Unrecht.

Zu beachten ist, dass die Straftaten nach Absatz 1 Nr. 2 Buchst. a und Nr. 4 nur vorsätzlich begangen werden können. Sie sind dementsprechend in dem Katalog von Absatz 4 nicht mit angeführt. Es unterliegen der schärferen Strafdrohung des Absatzes 4 auch hier die (fahrlässigen) Verstöße gegen die Tatbestände des Absatzes 1 (Freiheitsstrafe bis zu zwei Jahren oder Geldstrafe); bei allen Fahrlässigkeitsdelikten nach Absatz 3 beträgt der Strafrahmen Freiheitsstrafe bis zu einem Jahr oder Geldstrafe.

**64** VII. **Besonders schwere Fälle (Absatz 5).** Die Annahme eines besonders schweren Falles ist nur in Bezug auf das Delikt des Absatzes 1 Nr. 1 möglich (nur insoweit ist die Vorschrift auch in § 100c Abs. 2 Nr. 7 StPO aufgeführt [Art. 1 Nr. 1 des Gesetzes vom 24. 6. 2005 – BGBl. I 1841]); in allen anderen Fällen muss es bei der Normalstrafdrohung bleiben, es sei denn es läge ein minder schwerer Fall iSv. Absatz 6 vor. Die erhöhte Strafdrohung (Freiheitsstrafe von einem bis zu zehn Jahren, ohne dass die Tat dadurch zum Verbrechen würde [§ 12 Abs. 3 StGB]), ist demnach nur möglich bei dem Tatbestand, der sich auf die aus der Kriegswaffenliste gestrichenen Kriegswaffen (Rdn. 3) oder auf „Molotow-Cocktails" (Rdn. 4) bezieht. Die in Absatz 5 Satz 2 aufgeführten beiden **Regelbeispiele** der Gewerbsmäßigkeit und der bandenmäßigen Handlungsweise gleichen denen, die § 51 Abs. 2 Satz 2 vorsieht; auf die Rdn. 14 bzw. 15 zu § 51 kann insoweit verwiesen werden. Nach höchstrichterlicher Rspr. kann die indizielle Bedeutung eines Regelbeispiels durch andere Strafzumessungsfaktoren ausgeglichen werden mit der Folge, dass auf den Normalstrafrahmen zurückzugreifen ist (BGH NStZ **1987,** 222). Die Annahme eines minder schweren Falles bei Vorliegen eines Regelbeispiels kommt allerdings nur in ganz ungewöhnlichen Ausnahmefällen in Betracht (BGH vom 29. 11. 2001 – 5 StR 393/01 = DuD **2003,** 243).

**65** VIII. **Minder schwere Fälle des Absatzes 1.** Für sie gilt nach **Absatz 6** eine mildere Strafdrohung; es ist insbesondere nicht das sonstige Mindestmaß von 6 Monaten Freiheitsstrafe (Absatz 1) vorgeschrieben. Das Höchstmaß der Freiheitsstrafe beträgt „nur" 3 Jahre. Ferner kann von vornherein auf Geldstrafe erkannt werden. Wann ein minder schwerer Fall vorliegt, lässt sich nur nach den Umständen des Einzelfalls entscheiden (BGH, Urteil vom 25. 8. 2005 – 5 StR 255/05). Der auch nur kurzzeitige Besitz einer großkalibrigen Waffe einschließlich Munition spricht nicht für einen minder schweren Fall (BGH NStZ 2006, 331). Es handelt sich hierbei um eine allgemeine Qualifizierung. Der Strafrichter entscheidet, ob der gegebene Fall der Wertungsgruppe nach Absatz 6 zuzuweisen ist, weil das gesamte Tatbild, einschließlich aller subjektiven Momente und der Täterpersönlichkeit, vom Durchschnitt der erfahrungsgemäß gewöhnlich vorkommenden Fälle (positiv) in einem Maße abweicht, dass die Anwendung des milderen Strafrahmens ausreichend erscheint (§ 51 Rdn. 16; *Tröndle/Fischer* Rdn. 42 zu § 46 mwN). Bei der Abwägung, ob ein minder schwerer Fall vorliegt, muss der Tatrichter idR auch eine gleichzeitig angeordnete Einziehung berücksichtigen und dies in den Urteilsgründen erkennen lassen (OLG Celle, Beschluss vom 2. 4. 1997 – 1 Ss 350/96 = JZ **1998,** 11 [L.]). Wegen der rechtlichen Qualifizierung der minder schweren Fälle vgl. im Übrigen § 12 Abs. 3 StGB.

**66** IX. **Strafbemessung.** Der **Strafrahmen** weist eine erhebliche Variationsbreite auf, die bei Absatz 1 von Freiheitsstrafe bis zu 5 Jahren, bei Absatz 6 bis zu 10 Jahren, bis zur nach Absatz 3, 4 und 6 möglichen Geldstrafe reicht. Das Gesetz

Strafvorschriften **§ 52**

trägt damit dem Umstand Rechnung, dass im Einzelfall die Verstöße gegen die Gesetzesvorschriften verschieden, und zwar je nach der Sachlage und den Folgen, leichteren oder schwereren Charakter haben können. Je mehr sich jedoch die im Einzelfall verhängte Strafe dem unteren oder oberen Rand des zur Verfügung stehenden tatrichterlichen Spielraums nähert, um so höher sind die Anforderungen, die an eine umfassende Abwägung und eine erschöpfende Würdigung der maßgeblichen strafzuschwerenden und strafmildernden Umstände zu stellen sind (vgl. BGHR StGB § 46 Abs. 1 Begründung 15, Beurteilungsrahmen 7; BGH NStZ-RR **2005**, 168). Zu den strafrechtlichen Sanktionen vgl. die so überschriebene Schrift von *Streng*, 2. Aufl. 2002.

**a) Vorsätzliche Begehung.** Kann ein Delikt sowohl vorsätzlich als auch fahrlässig begangen werden, so ist die jeweils festgestellte Schuldform in der Urteilsformel aufzunehmen (BGH, Beschluss vom 8. 6. 1995 – 4 StR 189/95 [betr. § 316 StGB]). Die höchstrichterliche Rechtsprechung weicht hiervon indessen zunehmend ab und verzichtet bei vorsätzlicher Begehungsweise auf den Zusatz (vgl. BGH NStZ **1992**, 546). Der Regelstrafrahmen nach Absatz 1 beträgt 6 Monate (Mindestmaß) bis zu 5 Jahren Freiheitsstrafe, bei minder schweren Fällen (Absatz 6) einen Monat bis zu drei Jahren Freiheitsstrafe – dieser Strafrahmen entspricht dem in § 26 Abs. 1 RWaffG früher bestehenden – oder Geldstrafe. Dieser Strafrahmen für die minder schweren Fälle des Absatzes 1 gilt auch für sämtliche nach Absatz 3 strafbaren Vorsatztaten. Das Mindestmaß der Geldstrafe beträgt 5, das Höchstmaß 360 volle Tagessätze (§ 40 Abs. 1 StGB). Bei Verstößen nach Absatz 1 kann, soweit nicht ein minder schwerer Fall (Rdn. 65) vorliegt, nur auf Freiheitsstrafe erkannt werden. In minder schweren Fällen (Absatz 6) und bei vorsätzlichen Zuwiderhandlungen nach Absatz 3 kann Freiheitsstrafe oder Geldstrafe ausgesprochen werden. **67**

**b) Fahrlässige Begehung.** Hier liegt der Strafrahmen der Freiheitsstrafe bei Vergehen, die nach Absatz 1 Nrn. 1, 2 Buchst. b, c oder d, 3 strafbar sind (Nr. 2 Buchst. a entfällt hier, weil diese Straftat nur vorsätzlich begangen werden kann), zwischen einem Monat und zwei Jahren, dagegen bei Taten, strafbar nach Absatz 3 nur bis zu einem Jahr (wie nach § 36 Abs. 3 BWaffG 1968). Es kann in beiden Fällen auch ausschließlich Geldstrafe verhängt werden. **68**

**c) Einzelheiten zur Rechtsfolgenbemessung.** Ein Verstoß gegen § 46 Abs. 3 StGB (hierzu BGH NStZ **2006**, 96) liegt vor, wenn zu Lasten des Angeklagten die „Art" der Waffen, die die Strafbarkeit erst begründet, erneut verwertet wird (BGH, Beschluss vom 21. 2. 1991 – 4 StR 58/91; OLG Koblenz OLGSt. § 6 WaffG S. 1, 5); desgleichen, wenn strafschärfend verwertet wird, dass der Angeklagte schon bewaffnet zum Tatort gegangen ist, wenn er insoweit wegen Waffenführens bereits verurteilt worden ist (BGH StV **1991**, 63). Die frühere berufliche Stellung (Stabsfeldwebel bei der Bundeswehr) darf bei einem Waffendelikt nicht in der Weise schulderhöhend berücksichtigt werden, dass von ihm „erhöhte Verantwortung" gefordert war (BGH, Beschluss vom 12. 12. 1997 – 3 StR 383/97); desgleichen nicht die Tatsache, dass die Behörde ihm durch die Gewährung einer Vielzahl von waffenrechtlichen Erlaubnissen großes Vertrauen entgegengebracht hatte (BGH aaO). Dagegen können die Zahl der verbotswidrig besessenen Waffen und die Dauer des verbotenen Besitzes Faktoren der Strafbemessung sein (OLG Koblenz aaO § 53 S. 23). Die allgemeine Gefährlichkeit der Waffen ist kein Straferschwerungsgrund (BGH, Beschluss vom 1. 6. 2005 – 2 StR 144/05; StV **1998**, 658). Es stellt einen Denkfehler dar, aus der Tatsache, dass der Täter die illegal erworbenen Waffen versteckt hält, auf politische Motive zu schließen und das Motiv des Waffensammelns zu verneinen (BGH, Beschluss vom 20. 7. 1983 – 3 StR 258/83. Die Funktionsbe- **69**

# § 52 Abschn. 4. Straf- und Bußgeldvorschriften

reitschaft einer Schusswaffe darf nicht straferschwerend gewertet werden (Bay-ObLGSt. **2001,** 147 = NStZ-RR **2002,** 89, 90 f.). Zu den Befugnissen des **Revisionsgerichts** auf dem Rechtsfolgensektor wird auf die ab 1. 9. 2004 geltende **Neuregelung** in § 354 Abs. 1 a und 1 b StPO hingewiesen (hierzu BGH NStZ **2005,** 284; **2006,** 96; *Peglau* JR **2005,** 143; *Maier/Paul* NStZ **2006,** 82; BGH NStZ-RR **2006,** 44 [LS] = Beschluss vom 25. 10. 2005 – 1 StR 320/05.

Wird ein Angeklagter wegen Vollrausches verurteilt, so kann der Umstand, dass er am Tage vor der Tat zugegebenermaßen unerlaubt eine Schusswaffe erwarb, bei der Strafzumessung berücksichtigt werden, notfalls nach Hinweis gem. § 265 Abs. 4 StPO bei vorangegangener vorläufiger Einstellung durch die StA (BGH NStZ-RR **2001,** 15). Die Verurteilung wegen Vollrausches rechtfertigt indes noch nicht die **Einziehung** der Waffe, die er zur Begehung der im Rausch begangenen Tat benutzt hat; die Einziehung ist in solchen Fällen aber statthaft, wenn die Voraussetzungen des § 74 Abs. 3 iVm. Abs. 2 Nr. 2 StGB vorliegen (BGHSt. **31,** 80, 81; BGH, Urteil vom 11. 9. 1995 – 4 StR 314/95). Enthält ein Urteil keinerlei Feststellungen, die eine Einziehungsanordnung rechtfertigen könnten, so hat diese keinen Bestand (BGH, Beschluss vom 30. 8. 1995 – 3 StR 313/95). Eingezogene Gegenstände sind durch Aufzählung in der Urteilsformel oder einer besonderen Anlage hierzu so genau zu bezeichnen, dass die Vollstreckung ohne weiteres möglich ist (BGH, Beschluss vom 1. 6. 1995 – 1 StR 183/95). Die mit der Anordnung des erweiterten **Verfalls** verbundene Vermögenseinbuße ist in der Regel kein Strafmilderungsgrund (BGH, Urteil vom 1. 3. 1995 – 2 StR 691/94). Zu Fragen des **Verfalls** grundlegend BGHSt. **47,** 260, 265; **47,** 369 = NJW **2002,** 3339 = NStZ **2003,** 37 („Bruttoprinzip"). Vgl. auch *Kiethe/Hohmann* NStZ **2003,** 505.

Der **Entzug der Fahrerlaubnis** kommt bei einem Verstoß gegen das Waffengesetz nur in Betracht, wenn zum Zeitpunkt der Hauptverhandlung vom Täter weitere Zuwiderhandlungen gegen seine Pflichten als Kraftfahrer zu erwarten sind, also gerade aus der Belassung der Fahrerlaubnis Gefahren für die Allgemeinheit erwachsen; die Tatsache, dass der Täter in seinem Kraftfahrzeug eine Maschinenpistole transportiert hat, reicht allein nicht aus (BGH bei Tolksdorf DAR **1995,** 185).

**70** **X. Zusammentreffen. 1. Waffendelikte untereinander.** Rechtsprechung zum WaffG neuer Fassung liegt bisher in nennenswertem Umfang nicht vor (vgl. aber BGH, Beschlüsse vom 28. 3. 2006 – 4 StR 596/05 und vom 24. 4. 2006 – 2 StR 497/05). Da die Strafvorschriften aber im Wesentlichen übernommen worden sind, kann zu großen Teilen auf die bisherigen Erkenntnisse und Äußerungen im Schrifttum zurückgegriffen werden.

Für die einzelnen unerlaubten Betätigungsformen (vgl. *Meyer-Goßner* NStZ **1986,** 49, 52 f. m. weit. Nachw.) gilt Folgendes: unerlaubte Waffenherstellung (Absatz 1 Nr. 2 Buchst. c; § 53 Abs. 1 Satz 1 Nr. 1 a WaffG aF), Waffenhandel (Absatz 1 Nr. 2 Buchst. c; § 53 Abs. 1 Satz 1 Nr. 1 b aF) und Waffenbesitz (§ 51, § 52 Abs. 1 Nr. 1, 2 Buchst. b, Abs. 3 Nr. 1, 2 und 10; § 53 Abs. 1 Satz 1 Nr. 3 a – ggf. § 52 a –; § 53 Abs. 3 Nr. 1 a WaffG aF) begründen jeweils einen eigenen Vorwurf des Ungehorsams gegenüber den Anforderungen des Rechts; jeder dieser Tatbestände umschreibt die Reichweite einer eigenständigen waffenrechtlichen Erlaubnis. Deshalb ist das Unrecht bei gleichzeitiger Verwirklichung der Tatbestände nur voll zu erfassen, wenn alle drei Varianten im Schuldspruch im Wege der **Tateinheit** berücksichtigt werden (BGH, Urt. v. 3. 3. 1977 – 2 StR 390/76 S. 16/17; Beschluss vom 15. 9. 1992 – 4 StR 403/92). Gemeinsame **Aufbewahrung** von Waffen iSv. § 51 (§ 52 a WaffG aF) und § 52 (§ 53 Abs. 1 Satz 1 Nr. 3 a Buchst. a WaffG aF) begründet

## Strafvorschriften § 52

ebenfalls **Tateinheit** (BGH, Beschluss vom 31. 8. 1993 – 1 StR 509/93; NStZ **1984,** 171; Beschluss v. 15. 10. 1980 – 3 StR 342/80). Wenn der Besitz einer Pistole aber mit keinem Handlungsteil von Fällen des Waffenhandels zusammentrifft, vermag die „bloße Gleichzeitigkeit" Tateinheit nicht zu begründen (BGH, Beschluss vom 29. 11. 2005 – 3 StR 367/05 unter Hinweis auf *Rissing-van Saan* LK[11] § 52 Rdn. 8).

Gleichzeitiger **Besitz** von mehreren Waffen (auch von Waffen und Kriegswaffen [BGH, Beschluss vom 8. 6. 2004 – 4 StR 150/04 = NStZ-RR **2004,** 294 (LS)]) führt ebenfalls zur **Tateinheit** (BGH NStZ **2001,** 101; **2000,** 150; StV **1999,** 645; BGH vom 17. 5. 2001 – 4 StR 141/01; BGH, Urteil v. 16. 6. 1998 – 1 StR 206/98; Beschlüsse vom 28. 8. 1997 – 1 StR 266/97 und vom 27. 9. 1996 – 2 StR 297/96); BayObLG NStZ-RR **2002,** 89, 90; die Tat kann auch ein Dauerdelikt sein (BGH, Urteil vom 22. 6. 1995 – 5 StR 249/95; Beschluss v. 31. 8. 1993 – 1 StR 509/93; vom 13. 7. 1994 – 2 StR 298/94; Urteil vom 29. 7. 1992 – 2 StR 170/92; Beschluss vom 4. 9. 1992 – 4 StR 401/92 m. w. N.; Urteil vom 31. 7. 1980 – 4 StR 340/80; BayObLG aaO). Tateinheit liegt auch vor, wenn es sich um Waffen unterschiedlicher waffenrechtlicher Einordnung handelt (BGH NStZ-RR **2003,** 124; NStZ **1997,** 446; NStZ-RR **1997,** 260; BGHR WaffG § 53 Abs. 3 Konkurrenzen 4; BGH, Beschlüsse vom 29. 10. 1996 – 1 StR 310/96 und vom 18. 8. 1995 – 2 StR 346/95; BayObLGSt. **2001,** 147 = NStZ-RR **2002,** 89), zB auch bei Waffen einerseits und nach dem Waffengesetz verbotenen Gegenständen andererseits (BGH, Beschluss vom 7. 5. 1997 – 3 StR 105/97) bei einer Maschinenpistole und zwei Handgranaten (BGH vom 7. 2. 2001 – 3 StR 579/00) oder bei einer Handgranate (§ 22 a Abs. 1 Nr. 6 b KWKG) und einer Selbstladepistole (§ 51 oder § 52 Abs. 1 Nr. 2 Buchst. b; § 53 Abs. 1 Satz 1 Nr. 3 a WaffG aF): BGH, Beschluss vom 26. 2. 1997 – 2 StR 597/96; vgl. auch *Meyer-Goßner* NStZ **1986,** 49, 52 mwN; ebenso BGH, Beschluss vom 5. 8. 1993 – 4 StR 439/93; NStZ **1985,** 514; BGHR WaffG § 53 Abs. 3 Konkurrenzen 1 und 2; Beschluss vom 23. 7. 1991 – 1 StR 191/91; Beschlüsse vom 21. 2. 1989 – 1 StR 697/88 und vom 14. 3. 1989 – 5 StR 71/89; abw. BayObLG NStE § 28 WaffG Nr. 3: Tateinheit, falls verschiedene waffenrechtliche Vorschriften verletzt sind. Verschiedene Verstöße gegen das WaffG werden durch die andauernde Ausübung der tatsächlichen Gewalt über die Waffen zu **einer** Tat (§ 52 Abs. 1 StGB) verbunden (BGH NStZ **1984,** 171 mwN; Beschlüsse vom 21. 8. 1985 – 4 StR 410/85; vom 9. 8. 1989 – 2 StR 326/89; vom 1. 7. 1992 – 2 StR 271/92; vom 28. 3. 1990 – 2 StR 22/90; BayObLG NStZ-RR **2001,** 281, 282). Nach **neuem Recht,** nach dem auch der **Besitz** (nicht nur – wie bisher – der Erwerb) von **Munition** strafbar ist, besteht **Tateinheit** auch bei gleichzeitigem unerlaubtem Besitz von Waffe und Munition (AG Bremen, Urteil vom 25. 5. 2004 – 84 a Ds 140 Js 36161/03 [bei juris]).

Der sich an die unerlaubte **Einfuhr** anschließende Besitz und die Einfuhr selbst **71** stehen in **Tateinheit** (BGH NStZ **1984,** 171; Beschluss vom 15. 12. 1998 – 1 StR 621/98); kein Zurücktreten des „Besitzes" gegenüber der Einfuhr aus Gründen der Gesetzeskonkurrenz (Subsidiarität); vgl. auch BGH, Beschluss vom 21. 2. 1989 – 1 StR 697/88. Die gleichzeitige Einfuhr mehrerer Waffen stellt nur **eine** Tat dar; für die Anzahl der Einfuhrdelikte ist demnach nicht die Anzahl der eingeführten Waffen, sondern die der Einfuhrfahrten maßgebend (BGH NJW **1996,** 1483 = NStZ **1996,** 553 m. Anm. *Siller*).

**Überlassen** der Waffe an einen anderen steht in **Tateinheit** mit der vorangegange- **72** nen Ausübung der tatsächlichen Gewalt (BGH NStZ **2000,** 541; BGHR WaffG § 53 Abs. 1 Konkurrenzen 1 = StV **1995,** 587 [L.]; BGH, Beschlüsse vom 14. 5. 1996 – 4 StR 189/96; vom 7. 12. 1984 – 2 StR 741/84; vom 25. 10. 1988 – 4 StR 495/88; vom 22. 12. 1992 – 1 StR 856/92 mwN). **Tatmehrheit** zwischen Überlassen und Ausüben

## § 52 Abschn. 4. Straf- und Bußgeldvorschriften

der tatsächlichen Gewalt liegt indessen vor, wenn die Waffe später nach dem Überlassen von dem Erwerber aufgrund eines neuen Entschlusses zurückerworben und dann der eigenen Waffensammlung zugefügt wird (BGH, Beschluss vom 12. 12. 1997 – 3 StR 383/97). Vorheriger Erwerb und Überlassen an einen anderen werden allerdings durch die andauernde Ausübung der tatsächlichen Gewalt zur Tateinheit verbunden (BGH NStZ **1999,** 513; Beschluss vom 13. 8. 1985 – 4 StR 410/85).

**73** Einmaliges **Führen** der Waffe bei andauerndem Besitz ist **eine Tat** bei Waffen nach § 51 (§ 52 a WaffG aF; hier fehlte früher ein eigenständiges Delikt für das Führen, das aber als besonders intensives Ausüben der tatsächlichen Gewalt ebenfalls erfasst war (BGH, Beschluss v. 15. 10. 1980 – 3 StR 342/80). **Führen** (§ 1 Rdn. 46; § 4 Abs. 4 WaffG aF) ist eine besonders gefährliche Manifestation des Willens zum Waffenbesitz (BGHSt. **36,** 151). Mit dem Besitz steht das Führen regelmäßig in Tateinheit (BGHSt. **29,** 184, 186; **31,** 29, 30; BGH NStZ **1984,** 171, 172; **1985,** 221). Gleichzeitiges unerlaubtes Führen von mehreren Schusswaffen – auch verschiedener Art – bewirkt Tateinheit (BGH NStZ **1984,** 171; Beschluss vom 3. 8. 1984 – 2 StR 207/84; Beschluss vom 22. 9. 1988 – 2 StR 487/88).

**74** **Erwerb** und **Führen** können dagegen, wenn sie zeitlich auseinanderfallen und das Führen auf einem neuen Willensentschluss beruht, selbstständige Taten sein (BGH aaO; Beschluss vom 5. 8. 2005 – 2 StR 195/05; vom 30. 6. 1982 – 3 StR 44/82; vom 8. 3. 1983 – 5 StR 27/83). Im Anschluss daran hat der 4. Senat des Bundesgerichtshofs eine Wende in der Beurteilung der Konkurrenzfrage mit seinem Urteil vom 16. 3. 1989 – 4 StR 60/89 eingeleitet (BGHSt. **36,** 151 = NJW **1989,** 1810 = NStZ **1989,** 540 = MDR **1989,** 653 = JZ **1989,** 804 = DAR **1989,** 270 = wistra **1989,** 273 = VRS **77,** 124). Im Zusammenhang mit der Frage, ob durch die rechtskräftige Verurteilung wegen unerlaubten Besitzes und Führens einer Schusswaffe die Strafklage wegen eines mit dieser Waffe durchgeführten **Verbrechens** verbraucht ist, hat das Gericht im Wege einer materiell-rechtlichen Lösung – im Anschluss an *Puppe* (JR **1986,** 205) – im entschiedenen Fall eine **Aufspaltung** des Dauerdelikts (Ausübung der tatsächlichen Gewalt, Führen) vorgenommen, soweit während des andauernden Besitzes der Waffe ein – **neuer** – **Entschluss** zur Begehung eines Verbrechens mit dieser Waffe gefasst worden ist oder zum Führen derselben. Dieser neue, auf intensiveres kriminelles Verhalten als bisher gerichtete Willensentschluss bewirkt, dass hinsichtlich der neuen Tat eine materiell-rechtlich selbständige Handlung (§ 53 Abs. 1 StGB) angenommen werden muss, die in aller Regel dann auch eine andere Tat iSv. § 264 StPO darstellt. Das Dauerdelikt **vor** der neuen Tat und **nach** dieser ist wiederum selbständig zu beurteilen; die neue Tat selbst steht in Tateinheit mit dem Dauerdelikt (so schon Urteil des BGH vom 10. 2. 1977 – 4 StR 623/76). Es spricht alles dafür, dass sich diese Rechtsprechung durchsetzt (im Wesentlichen zustimmend *Peters* JR **1993,** 265; vgl. auch BGH, Urteil vom 22. 6. 1995 – 5 StR 249/95 mwN; Beschlüsse vom 7. 2. 1995 – 5 StR 728/94, 29. 3. 1994 – 4 StR 108/94 [= JZ **1995,** 168 m. krit. Anm. *Erb*] und vom 19. 1. 1994 – 5 StR 716/93). Jedenfalls wird die bisherige Annahme, dass die andauernde Ausübung der tatsächlichen Gewalt über eine Waffe praktisch in fast allen Fällen die Straftaten zu einer Handlung (§ 52 Abs. 1 StGB) zusammenfasst, nicht aufrechtzuerhalten sein. Vgl. auch BGH, Beschluss vom 31. 10. 1989 – 1 StR 563/89 zum Dauerdelikt des Fahrens ohne Fahrerlaubnis im Verhältnis zu mehreren Diebstahlshandlungen.

**75** Es ist umstritten, wie das Verhältnis der Straftaten des unerlaubten **Erwerbs** (= Erlangens der tatsächlichen Gewalt) zu der des **Ausübens der tatsächlichen Gewalt** (jetzt: Besitz) zu beurteilen ist. Der **Bundesgerichtshof** geht – ohne nähere

Strafvorschriften **§ 52**

Begründung – von **Tateinheit** zwischen Erwerb und Besitz (sowie Führen) aus (BGHSt. **29,** 184, 186; NStZ **1984,** 171; Urteil vom 23. 11. 1993 – 1 StR 660/93; Beschlüsse vom 15. 6. 1982 – 1 StR 264/82, vom 22. 11. 1984 – 1 StR 517/84 und vom 26. 2. 1985 – 1 StR 62/85. Auch in anderen Fällen kommt er überwiegend – mit Ausnahme des 4. Strafsenats (Urteil vom 20. 7. 1995 – 4 StR 112/95 = BGHR WaffG § 53 Abs. 1 Konkurrenzen 2) zur Tateinheit zwischen Erwerb und Besitz (BGH, Beschlüsse vom 12. 12. 1997 – 3 StR 383/97 [jedenfalls bei gleichzeitigem Ausüben der tatsächlichen Gewalt in einem „Waffenlager" von zusätzlich 868 erlaubt besessenen Waffen bis zur Sicherstellung] und vom 6. 5. 1997 – 1 StR 129/97 mwN [auch bei zeitweiliger Zufügung zu einem „Waffenlager", solange auch nur eine Waffe als „Bindeglied" vorhanden bleibt]; Urteil vom 23. 11. 1993 – 1 StR 660/93; Beschlüsse vom 5. 8. 1993 – 4 StR 439/93 und vom 26. 2. 1985 – 1 StR 62/85; vom 22. 11. 1984 – 1 StR 517/84 und BGH NStZ **1984,** 171; **1997,** 446) Ebenso OLG Celle OLGSt. WaffG § 53 Nr. 1; OLG Hamm NJW **1979,** 117, 118; *Willms* LM WaffG 1976 Nr. 3.

Nach anderer Ansicht besteht zwischen Erwerb und Besitz **Gesetzeskonkurrenz** **76** in der Form, dass der Erwerb durch den Besitz im Wege der **Konsumtion** verdrängt werde (vgl. RG JW **1933,** 439 zur früheren Rechtslage nach § 20 Abs. 1 SchusswaffenG; BayObLG MDR **1974,** 336). Richtigerweise wird man umgekehrt zu der Auffassung gelangen müssen, dass die Strafbarkeit des Besitzes einer Waffe von derjenigen für deren vorangegangenen Erwerb als mitabgegolten verdrängt wird. Sofern ein Erwerbstatbestand nicht nachweisbar ist, tritt allerdings Strafbarkeit wegen Besitzes ein. Das ist aber dann keine Frage der Konkurrenz, da in diesem Falle ein Zusammentreffen von Straftatbeständen gar nicht vorliegt.

Die Entscheidung über die Konkurrenzfrage kann nicht ohne Berücksichtigung **77** der **Entstehungsgeschichte** der einschlägigen Strafbestimmungen beantwortet werden. Bis zum Erlass des Waffengesetzes vom 19. 9. 1972 (BGBl. I 1797 [WaffG 1972]) bestand in Bezug auf Waffen „grundsätzliche Besitzfreiheit" (*Hoche,* Schusswaffengesetz, 3. Aufl. S. 16, 81). Unter Strafe gestellt war der Besitz von Schusswaffen nur insoweit, als es sich um ausdrücklich im Gesetz geregelte **Besitzverbote** handelte, wobei ein solcher verbotener Waffenbesitz einer behördlichen Erlaubnis nicht zugänglich war. Das betraf im Wesentlichen den Besitz durch im Gesetz im Einzelnen aufgeführte unzuverlässige Personen, denen eine Erlaubnis nicht erteilt werden durfte (§§ 16, 17 Schusswaffengesetz 1928 [SchWaffG]), sowie den Besitz von für besonders gefährlich erachteten Waffen (Wilddiebsgewehre u. a. nach § 24 SchWaffG).

Das **Reichswaffengesetz** (RWaffG) vom 18. 3. 1938 (RGBl. I 265) hielt an dieser Regelung fest (*Hoche,* Waffengesetz, 2. Aufl. S. 109) mit der Besonderheit, dass es nunmehr bei dem Kreis der unzuverlässigen Personen zum Entstehen eines Besitzverbotes des Erlasses einer besonderen Anordnung durch die Kreispolizeibehörde bedurfte (§ 23 Abs. 1 RWaffG). Abgesehen davon bestand weiterhin Besitzfreiheit (*Hoche* aaO). Verstöße gegen die gesetzlichen oder behördlichen Besitzverbote waren unter Strafe gestellt (§ 25 Abs. 1 SchWaffG; § 26 Abs. 1 RWaffG), und zwar in der pauschalen Weise, dass strafbar war, wer „den Bestimmungen dieses Gesetzes zuwider" besaß. Was den „Erwerb" von – nicht unter ein Besitzverbot fallenden – Waffen anbetraf, so durfte er nach beiden Gesetzen nur gegen Aushändigung eines behördlich ausgestellten Erwerbscheins erfolgen (§ 10 Abs. 1 SchWaffG; § 11 Abs. 1 RWaffG), wobei erlaubnispflichtig nach dem Reichswaffengesetz nur noch „Faustfeuerwaffen" (Revolver und Pistolen) waren.

Bei dieser Gesetzeslage wurden für das Zusammentreffen von unerlaubtem Erwerb mit einem Verstoß gegen ein Besitzverbot unterschiedliche Auffassungen ver-

## § 52 Abschn. 4. Straf- und Bußgeldvorschriften

treten. Nach der Rechtsprechung des Reichsgerichts wurde die Strafandrohung gegen den verbotenen Waffenerwerb durch die gegen den verbotenen Waffenbesitz „aufgezehrt" (RG GA **77**, 113; HRR **1932** Nr. 2232 = JW **1933**, 439; HRR **1933**, 1398). Ihm folgte *Schneidewin* (*Stengleins* Strafrechtliche Nebengesetze, 5. Aufl. Bd. II § 25 WaffG Anm. 7a), indem er darauf hinwies, dass die den Besitz ermöglichende verbotene Erwerbshandlung so sehr als regelmäßig notwendige Durchgangshandlung erscheine, dass Konsumtion anzunehmen sei; *Hoche* (Schusswaffengesetz 3. Aufl. S. 174) trat dagegen für die Annahme von Tatmehrheit ein.

**78** Nach **geltendem Recht** ist die Rechtslage wie folgt: Die Besitzverbote des Schusswaffengesetzes und des Reichswaffengesetzes sind über das WaffG aF in das geltende Waffengesetz übernommen worden. Soweit es die nicht erlaubnisfähigen, verbotenen Waffen anbetrifft, war die Nachfolgevorschrift § 37 Abs. 1 WaffG („Verbotene Gegenstände") und ist jetzt die Waffenliste Anlage 2 Abschnitt 1 („Verbotene Waffen"). Das behördliche Waffenverbot im Einzelfall findet sich in § 41 (§ 40 Abs. 1 WaffG aF). Die hiermit korrespondierenden Strafvorschriften waren §§ 52a Abs. 1, 53 Abs. 1 Satz 1 Nr. 4 und 5; Abs. 3 Nr. 3 WaffG aF hinsichtlich § 37 Abs. 1 WaffG aF und § 53 Abs. 3 Nr. 6 WaffG aF betr. den Verstoß gegen den Verwaltungsakt „Besitzverbot" (vgl. Rdn. 2ff. vor § 51); nach dem jetzigen Recht entsprechen dem die §§ 51, 52 Abs. 1 Nr. 1 und Abs. 3 Nr. 1.

**79** Auf einer völlig **anderen Rechtsgrundlage** bauen die Strafvorschriften auf, die ein Handeln „ohne Erlaubnis" sanktionieren. Hier kommt kein Besitzverbot zum Tragen; es handelt sich vielmehr um an sich erlaubnisfähige, der Erteilung einer Erlaubnis generell zugängliche Verhaltensweisen. Die Notwendigkeit, eine behördliche Erlaubnis auch zur Ausübung der tatsächlichen Gewalt über eine Waffe (Besitz) einzuholen, ergab sich erst aufgrund der Neufassung des Waffenrechts durch das Waffengesetz 1972. Der Gesetzgeber des Schusswaffengesetzes und des Reichswaffengesetzes hatte von einer Strafdrohung für den bloßen Besitz jeweils vor allem deshalb abgesehen, weil er die vom Waffenbesitz ausgehende Gefahr als gering einschätzte und überdies der Auffassung war, dass eine Überwachung des Waffenbesitzes schwierig sei (Begründung RT-Drucks. 1924/1928 Nr. 4105 S. 7). Auch der Entwurf des Waffengesetzes 1972 wollte hieran festhalten. Der Innenausschuss des Deutschen Bundestages ließ sich bei der Beratung des Entwurfs dann jedoch davon leiten, dass viele Schusswaffendelikte mit Waffen begangen würden, die ursprünglich nicht zur Begehung von Straftaten erworben worden seien, und ein weit verbreiteter Besitz von Schusswaffen stets die Gefahr eines Missbrauchs in sich berge (Bericht des Innenausschusses zu BT-Drucks. VI/3566 S. 2). Dieser erheblichen Gefährlichkeit des Waffenbesitzes hat der Gesetzgeber dadurch Rechnung getragen, dass er die Erlaubnis zum Erwerb von Schusswaffen und zur Ausübung der tatsächlichen Gewalt über sie (Besitz) von der Erteilung eines einheitlichen behördlichen Dokuments, der Waffenbesitzkarte (§ 10 Abs. 1 Satz 1; § 28 Abs. 1 Satz 1 WaffG aF) abhängig gemacht hat (vgl. BGH NStZ **1984**, 171).

Nach § 52 Abs. 1 Nr. 2 Buchst. b (§ 53 Abs. 1 Satz 1 Nr. 3a Buchst. a) WaffG aF) macht sich strafbar, wer „ohne Erlaubnis" eine dort näher beschriebene Waffe zB erwirbt oder besitzt Damit wird zum Ausdruck gebracht, dass zur Auslegung des Tatbestandes auf die verwaltungsrechtliche Regelung zurückzugreifen ist („Verwaltungsaktsakzessorietät"; vgl. vor § 51 Rdn. 2ff.). Nach § 10 Abs. 1 Satz 1 (§ 28 Abs. 1 Satz 1 WaffG aF) bedarf der behördlichen Erlaubnis in Gestalt einer Waffenbesitzkarte, wer Schusswaffen erwerben und besitzen will. Aus dieser Formulierung könnte man bereits den Schluss ziehen, dass hier nicht zwei verschiedene, selbständig zu beurteilende Varianten gegeben sind. Wäre dies der Fall, hätte man erwarten

## Strafvorschriften § 52

können, dass beide Varianten im Gesetz mit „oder" verbunden worden wären. Die Nachrangigkeit der Tatbestandsvariante Besitz ergibt sich aus Folgendem: Das Waffengesetz versteht in Anlage 1 A 2 Nr. 1 (§ 4 Abs. 1 WaffG aF) unter Erwerben einer Waffe die Erlangung der tatsächlichen Gewalt über sie. Dieses Erlangen ist vom Gesetz aber nicht als kurzzeitiges, vorübergehendes Innehaben ausgestattet worden, das alsbald endet. Das Erlangen der tatsächlichen Gewalt ist vielmehr gleichzeitig der notwendige Beginn des – durch keinerlei Befristung begrenzten – Besitzes. Ein Erlangen der tatsächlichen Gewalt ohne deren anschließende Ausübung ist schlechterdings nicht denkbar. Der Fall, dass jemand nach dem Erwerb die tatsächliche Gewalt sofort wieder aufgibt, ist rein theoretischer Natur und kann deshalb vernachlässigt werden. Dementsprechend berechtigt die behördliche Erlaubnis zum Erwerb einer Schusswaffe zum anschließenden unbegrenzten Besitz; die Jahresfrist des § 10 Abs. 1 Satz 3 (§ 28 Abs. 1 Satz 3 WaffG aF) betrifft nur den Fall, dass von der behördlich im voraus erteilten Erwerbserlaubnis nicht binnen eines Jahres Gebrauch gemacht worden ist. Hat jemand aufgrund einer zum Erwerb berechtigenden Waffenbesitzkarte tatsächlich erworben, so benötigt er zum anschließenden Besitz nicht etwa einer weiteren behördlichen Erlaubnis. Hat er aber ohne Erlaubnis erworben, so liegt darin sein Gesetzesverstoß; er ist wegen unerlaubten Erwerbs zu bestrafen.

In dem mit dem unerlaubten Erwerb gleichzeitig beginnenden unerlaubten Besitz **80** liegt **keine neue Auflehnung** gegen das zugrunde liegende Waffenverwaltungsrecht, weil der Betreffende nicht nochmals „ohne Erlaubnis" handelt. Der gegen ihn zu erhebende Vorwurf beschränkt sich darauf, die Erwerbserlaubnis nicht eingeholt zu haben. Dem entspricht die frühere Gesetzesbegründung (zu BT-Drucks. VI/3566 S. 2), wonach die Berechtigung zum Erwerb und zur Ausübung der tatsächlichen Gewalt über eine Waffe an ein einheitliches Dokument, die – neugeschaffene – Waffenbesitzkarte, geknüpft worden ist. Wörtlich heißt es: „Dadurch wird der illegale Waffenbesitz zum Dauerdelikt, so dass sich niemand, der ohne im Besitz eines solchen Dokumentes zu sein, über Schusswaffen verfügt, damit herausreden kann, er habe die Waffen vor langer Zeit zwar illegal erworben, jedoch sei es inzwischen Verjährung eingetreten". Wenn auch durch diese Formulierung der „Waffenbesitz" in den Mittelpunkt gerückt worden ist, so lässt sich doch aus dieser Motivation des Gesetzgebers erkennen, dass es ihm im Wesentlichen darum gegangen ist, Strafbarkeitslücken zu schließen, die infolge eines nicht nachweisbaren Erwerbs der Waffe auftreten.

Der sich nach allgemeinem Sprachgebrauch ergebende Wortsinn des Begriffs **81** „**Erwerben**" könnte der hier vertretenen Auffassung entgegenstehen; deutet er doch möglicherweise auf ein nur kurzzeitiges, vorübergehendes Geschehen hin. Auszugehen ist aber von der gesetzlichen Definition in Anlage 1 A 2 Nr. 1 (§ 4 Abs. 1 WaffG aF), wonach der Erwerb der Waffe die anschließende Ausübung der tatsächlichen Gewalt (Besitz) gleichsam automatisch mit sich bringt. Der Vorwurf unerlaubten Erwerbs beschränkt sich nicht darauf, die Waffe für ein Durchgangsstadium kurzfristig erlangt zu haben, um dann sofort anschließend in ein neues Stadium, das der Ausübung der tatsächlichen Gewalt (Besitz), überzugehen. Wäre dies der Fall, müsste man den Erwerb jeweils als bloße regelmäßige Vorstufe zur Ausübung der tatsächlichen Gewalt auffassen mit der Folge, dass er von dem Unrechtsgehalt der Ausübung der tatsächlichen Gewalt konsumiert würde.

Die Bestimmungen des Waffenstrafrechts (§§ 51, 52; §§ 52a, 53 WaffG aF) las- **82** sen durchgängig erkennen, dass in erster Linie auf konkret umschriebene besondere Unrechtstatbestände abzustellen ist, wie es auch dem Bestimmtheitsgebot des

## § 52 Abschn. 4. Straf- und Bußgeldvorschriften

Art. 103 Abs. 2 GG entspricht. Das Ausüben der tatsächlichen Gewalt über einen Gegenstand (Besitz) ist danach, auch wo es im Gesetz nicht ausdrücklich geregelt ist, nur subsidiär unter Strafe gestellt; Nach dem Willen des Gesetzgebers (BT-Drucks. aaO) sollte durch Bereitstellen eines „Auffangtatbestandes" vermieden werden, dass eine Bestrafung wegen unerlaubten Erwerbs unterbleiben müsse, weil er in rechtsverjährter Zeit erfolgt ist. Hier sollte auf jeden Fall eine Bestrafung wegen unerlaubter Ausübung der tatsächlichen Gewalt über die Waffe möglich sein.

Damit verlagert sich indessen der Schwerpunkt des verwirklichten Unrechts nicht vom Erwerb auf den Besitz. Hauptvorwurf bleibt, die primäre Pflicht, vor Erwerb der Waffe eine behördliche Erlaubnis einzuholen, verletzt zu haben. Dem entspricht die psychologische Bewertung des Verhaltens: die eigentliche Hemmschwelle zum unrechten Tun ist beim Erwerb zu überwinden. Im Übrigen ergibt sich diese Einordnung aus den rechtlichen Vorgaben des dem Waffenstrafrecht zugrunde liegenden Waffenverwaltungsrechts, das insoweit eine Bindungswirkung ausübt. Das Strafrecht ist hier nur dazu geschaffen, der verwaltungsrechtlichen Regelung „Flankenschutz" zu gewähren. Es kann daher nicht unter Strafe stehen, was keine erneute Auflehnung gegen die zu schützenden verwaltungsrechtlichen Vorschriften darstellt. Hätte der Betreffende die Erwerbserlaubnis eingeholt, so benötigte er keine weitere Erlaubnis für die Ausübung der tatsächlichen Gewalt (Besitz).

**83** Diese Grundsätze erfassen sowohl den abgeleiteten Erwerb infolge Überlassens seitens eines Dritten als auch den originären Erwerb (durch Diebstahl, Erbgang oder Fund, wobei das Gesetz für die beiden letzteren Vorgänge Sonderregelungen bereitstellt (§§ 20, 37 Abs. 1 Satz 1; § 28 Abs. 4 Nr. 1 und 2, Abs. 5 WaffG aF).

**84** Unter Heranziehung der allgemeinen Grundsätze des Strafrechts ergibt sich Folgendes: **Gesetzeskonkurrenz** liegt vor, wenn der Unrechtsgehalt einer Handlung durch einen von mehreren dem Wortlaut nach anwendbaren Straftatbeständen erschöpfend erfasst wird (BGHSt. **25**, 373; **31**, 380; BGH NJW **1963**, 1413). Maßgebend für die Beurteilung sind die Rechtsgüter, gegen die sich der Angriff des Täters richtet, und die Tatbestände, die das Gesetz zu ihrem Schutz aufstellt (BGHSt. **11**, 15, 17; **28**, 11, 15; **31**, 380). Die Verletzung des durch den einen Straftatbestand geschützten Rechtsguts muss eine – wenn nicht notwendige, so doch regelmäßige – Erscheinungsform der Verwirklichung des anderen Tatbestandes sein (BGHSt. **11**, 15, 17; **25**, 373; **31**, 380, 381).

Diese Voraussetzungen sind beim Zusammentreffen von Erwerb und Besitz erfüllt. Der Unrechtsgehalt der Tat wird durch die Anwendung der einen Tatbestandsvariante (unerlaubter Erwerb) bereits erschöpfend erfasst. Das war bereits im früheren Waffenstrafrecht (SchWaffG, RWaffG) der Fall. Strafbar war, wer ohne Aushändigung des erforderlichen Erwerbsscheins eine Waffe erwarb. Damit hatte es sein Bewenden. Der unerlaubte Besitz wurde nur in den Fällen geahndet, in denen der Erwerbsvorgang einer behördlichen Erlaubnis überhaupt nicht zugänglich war, ein Erwerbschein damit nicht eingeholt werden konnte. Gesetzeskonkurrenz müsste allerdings ausscheiden und Tateinheit anzunehmen sein, wenn in dem an den Erwerb anschließenden Besitz eine zusätzliche Auflehnung gegen die Rechtsordnung, eine Verwirklichung zusätzlichen Unrechts, läge. Das wäre indessen nur dann der Fall, wenn den unerlaubten Erwerber eine Rechtspflicht treffen würde, sich sogleich nach dem Erwerb der weiteren Ausübung der tatsächlichen Gewalt zu enthalten. Dies ist aber nach dem Dargelegten nicht der Fall. Der Vorwurf gegen jemanden, der im Besitz einer Waffe betroffen wird, hat denn auch in erster Linie die Zielrichtung festzustellen, seit wann er sie besitzt. Damit wird aber maßgeblich auf den Erwerbszeitpunkt abgestellt. Ist dieser feststellbar, erstreckt sich der Vorwurf illegalen Ver-

## Strafvorschriften § 52

haltens auf die gesamte Zeit vom Erwerb bis zur Aufdeckung der Tat. Nur wenn der Erwerbszeitpunkt nicht festgestellt werden kann, muss der Vorwurf gegen den Beschuldigten darauf beschränkt werden, im Zeitpunkt des Antreffens mit der Waffe (Personenkontrolle, Durchsuchung) die tatsächliche Gewalt über sie ausgeübt zu haben. Das wäre aber in jedem Falle ein Minus gegenüber dem zuvor geschilderten strafrechtlich relevanten Verhalten. Nach allem stellt sich das mit dem unerlaubten Erwerb beginnende Ausüben der tatsächlichen Gewalt als eine Art Verwertungshandlung dar, die nach den Grundsätzen der Gesetzeskonkurrenz als durch die Bestrafung wegen unerlaubten Erwerbs mitabgegolten anzusehen ist. Nur wenn der Erwerbsakt nicht nachweisbar ist, tritt Strafbarkeit wegen des nunmehr allein zu erhebenden Vorwurfs der unerlaubten Ausübung der tatsächlichen Gewalt über die Waffe ein.

Dagegen steht das **„Führen"** der Waffe (Anlage 1 A 2 Nr. Nr. 4; § 4 Abs. 4 WaffG aF) stets in Tateinheit mit dem Erwerb (st. Rspr.; Rdn. 73 f.). Das rechtfertigt sich daraus, dass „Führen" eine besonders gefährliche Variante der Ausübung der tatsächlichen Gewalt darstellt, nämlich diejenige, über die Waffe nicht nur im eigenen befriedeten Besitztum, sondern außerhalb dessen die tatsächliche Gewalt ausgeübt zu haben. **85**

In Bezug auf **Munition** stellte sich die Rechtsfrage nach früherem Recht nicht, da der Besitz, die Ausübung der tatsächlichen Gewalt über Munition, vom Gesetz nicht neben dem Erwerb derselben einer gesonderten Strafdrohung unterstellt worden war (vgl. § 53 Abs. 1 Satz 1 Nr. 3, Abs. 3 Nr. 1 a 2. Alternative WaffG aF; BGHR WaffG § 53 Abs. 3 Munition 1; BGH NStZ **2000,** 494). Hier hat sich die Rechtslage geändert, indem nunmehr auch der unerlaubte Besitz von Munition unter Strafe gestellt worden ist (zB § 52 Abs. 1 Nr. 2 Buchst. a, c und d). Das hat zur Folge, dass sich das Konkurrenzproblem bei Erwerb und Besitz von Munition nunmehr in der gleichen Weise stellt und auch entsprechend demjenigen bei Waffen zu lösen ist. **86**

Eine sachgerechte Einordnung muss daher insgesamt von den besonderen waffenrechtlichen Erfordernissen ausgehen. Die Strafbestimmungen des WaffG dienen dazu, dem verwaltungsrechtlichen Sicherheitssystem Nachdruck zu verleihen, das gewährleisten will, dass die vom Waffenrecht erfassten Gegenstände nur in zuverlässige Hände geraten und dass auch bei Weitergabe der Kreislauf der Zuverlässigkeit eingehalten wird. Die Frage der Strafbarkeit kann deshalb nicht unabhängig vom Erlaubnissystem des WaffG beurteilt werden. Soweit Erlaubnisse nicht erforderlich sind oder Verbote nicht bestehen, ist ein Eingreifen des strafrechtlichen „Flankenschutzes" fehl am Platze. Das bedeutet aber auch, dass eine Bestrafung nur insoweit erfolgen kann, als im konkreten Fall Erlaubniserfordernisse umgangen oder Verbote übertreten worden sind. Hat somit jemand ohne die erforderliche Erlaubnis erworben, so liegt hierin sein Verstoß. Hätte er die Erlaubnis eingeholt, wäre sein anschließender Besitz ein erlaubtes Tun. Er wäre nicht verpflichtet gewesen, eine erneute Erlaubnis zum Besitz zu beantragen. Aus diesem Grunde kann auch die Strafdrohung nicht zusätzlich eine Auflehnung gegen ein solches Verbot erfassen. In der Rechtsprechung zu den Eigentumsdelikten (BGHSt. **14,** 38, 43) ist anerkannt, dass man sich zB eine einmal zugeeignete Sache nicht durch weitere Aneignungsakte nochmals zueignen kann. Ähnliche Überlegungen müssen hier Platz greifen. Daraus folgt, dass der Besitztatbestand nur dann anstelle (Subsidiarität) des Erwerbstatbestandes anwendbar ist, wenn dieser nicht nachweisbar ist. Das entspricht auch der Zielrichtung des Gesetzgebers, der den Besitztatbestand als erlaubnispflichtig im Wesentlichen deshalb eingeführt hat, um – aus Gründen der öffentlichen Sicherheit – dem Einwand begegnen zu können, der – unerlaubte – Erwerb liege so **87** lange zurück, dass insoweit Verjährung eingetreten sei (BT-Drucks. VI/3566 S. 2); eine Verfahrenseinstellung wegen Verfolgungsverjährung des Erwerbsakts gehört immer wieder zur Praxis des Bundesgerichtshofs (zB Beschluss vom 6. 5. 1997 – 1 StR 129/97).

**88** Der Unrechtsgehalt einer Tat, die **Besitz** und **Führen** der Waffe umfasst, kann demgegenüber nur durch Annahme von Idealkonkurrenz erfasst werden (BGH NStZ **1984**, 171; **1985**, 221; BGH, Beschluss vom 29. 3. 1994 – 4 StR 108/94). Für beide Betätigungsfelder sind waffenrechtlich gesonderte Erlaubnisse vonnöten (§ 10 Abs. 1 Satz 1 bzw. Abs. 4; §§ 28, 35 WaffG aF). Gegen beide Regelungen wird in diesem Fall verstoßen. Es geht deshalb nicht an, den Besitz als vom Führen im Wege der Spezialität verdrängt anzusehen (so allerdings OLG Braunschweig GA **1978**, 245 = OLGSt. § 53 WaffG S. 17, 18). Zur Tateinheit mit § 16 KWKG aF (jetzt § 22a KWKG) vgl. BGH, Urteil v. 20. 1. 1981 – 5 StR 657/80 – GA **1981**, 382 [LS].

**89** b) **Waffendelikte mit anderen Straftaten.** Hier hatten die Anhebung der Strafdrohungen und die Schaffung des Verbrechenstatbestandes des § 52a (vgl. jetzt: § 51) WaffG zur Folge, dass die Waffendelikte nicht mehr wie bisher vielfach – auch aus Gründen der Kompliziertheit der waffenrechtlichen Regelung – üblich, als unwesentliche Nebenstraftaten mit der Einstellung des Verfahrens oder der Beschränkung der Verfolgung (§§ 154, 154a StPO) ausgeschieden werden können; hierfür werden nur noch Waffengesetzverstöße von untergeordneter Bedeutung in Betracht kommen.

**90** Soweit Delikte des StGB das **Führen von Waffen** im gesetzlichen **Tatbestand** aufweisen (zB § 250 Abs. 1 Nr. 1; hierzu BVerfG NStZ **1995**, 76; jetzt: § 250 Abs. 1 Nr. 1 Buchst. a nF), tritt ganz allgemein **keine Verdrängung des Waffendelikts** ein (vgl. BGH, Beschluss vom 8. 2. 1995 – 5 StR 5/95 unter Berufung auf BGHR WaffG § 53 Abs. 3 Konkurrenzen 1, 3). Die Tatsache, dass die strafrechtliche Waffenrechtsordnung den Schutz der öffentlichen Sicherheit in einem „umfassenderen Sinn" als die jeweiligen Strafbestimmungen des StGB im Auge haben (BGHSt. **29**, 184 = NJW **1980**, 1475 = MDR **1980**, 418), führt dazu, dass regelmäßig nur eine Übereinanderprojektion beider Verstöße ein vollständiges Unrechtsbild vermittelt, so dass **Tateinheit** anzunehmen ist. Das gilt auch für den Tatbestand des bewaffneten Handeltreibens mit Betäubungsmitteln nach § 30a Abs. 2 Nr. 2 BtMG (BGH NJW **1999**, 3206; hierzu krit. *Hecker* NStZ **2000**, 208; JR **1998**, 254 m. Anm. *Zaczyk;* BGH, Urteil vom 19. 8. 1997 – 1 StR 327/97). Zu diesem Tatbestand, insbesondere zur Frage des Mitführens der Waffe durch einen Mittäter (Zurechnung gem. § 25 Abs. 2 StGB) vgl. Großer Senat für Strafsachen des BGH BGHSt. **48**, 189 = NJW **2003**, 1541 = NStZ **2003**, 435 m. Anm. *Altenhain.*

**Tateinheit** liegt auch vor bei **Tötungsdelikten,** wenn in dem zur Verursachung des Todes führenden Waffengebrauch zugleich unerlaubtes **Führen** der Waffe liegt (BGHR StGB § 52 Abs. 1 Klammerwirkung 6; BGH, Urteil v. 15. 10. 2003 – 2 StR 300/03; v. 17. 12. 1980 – 2 StR 616/80; Beschluss vom 23. 11. 2005 – 2 StR 319/05 (Pumpgun); *Jähnke* in LK[11] § 212 Rdn. 44), oder – weil die Tat in den eigenen Geschäftsräumen ausgeführt wird – kein Waffenführen, sondern nur ein unerlaubtes Ausüben der tatsächlichen Gewalt (Besitz) über die Waffe (BGH, Urteil vom 20. 8. 1997 – 2 StR 175/97). Tateinheit mit Mord und Raub mit Todesfolge kann bezüglich des Erwerbs einer Waffe gegeben sein, wenn der Täter eine Schusswaffe aus dem Besitz des Ermordeten mitnimmt (BGH, Beschluss vom 12. 12. 2001 – 5 StR 539/01). Tateinheit ist weiter anzunehmen, wenn der Täter bereits bei Beginn des Waffenbesitzes den Willen hatte, die Waffe zur Tötung zu benutzen (BGH NStZ **1992**,

Strafvorschriften § 52

276; RGSt. **59**, 359; HRR **1941**, 945; *Tröndle/Fischer*[53] StGB § 211 Rdn. 15). Wenn die erwähnte von vornherein gegebene Willensrichtung nicht vorliegt, besteht zwischen Waffendelikt und anderem Delikt **Tatmehrheit** (*Jähnke* aaO; *Tröndle/Fischer* aaO). Der während des andauernden Waffendelikts (Besitz = Ausübung der tatsächlichen Gewalt) gefasste **neue Willensentschluss**, mit der Waffe ein Verbrechen zu begehen oder eine sonst gegenüber dem gleichförmigen Dauerdelikt intensivere kriminelle Handlung, bewirkt, dass diese neue, sich vom Dauerdelikt deutlich abhebende Tat eine selbstständige Handlung (§ 53 Abs. 1 StGB) darstellt (BGHSt. **36**, 151; vgl. näher oben Rdn. 74).

Das Dauerdelikt des „Führens" kann das Vergehen des Erwerbs der Waffe und das Verbrechen des **Totschlagsversuchs** nicht zu einer rechtlichen Handlungseinheit verbinden (BGH, Beschluss vom 25. 7. 1978 – 3 StR 224/78). Bedenklich dagegen BGHR WaffG § 53 Abs. 1 Konkurrenzen 4: Das unerlaubte Führen zweier Schusswaffen verbindet die beiden Taten des Mordes in Tateinheit mit fahrlässiger Körperverletzung und der Nötigung zu einer Tat nach § 52 StGB (BGH, Beschluss vom 3. 4. 1996 – 3 StR 101/96).

Das Zusammentreffen mit **anderen Tatbeständen** des StGB und der Nebengesetze ist entsprechend zu beurteilen. Der Dieb, der Waffen vorfindet und abtransportiert, um sie Dritten zu überlassen, verstößt in Tateinheit gegen §§ 242, 243 Abs. 1 Satz 2 Nr. 7 (neu), § 244 Abs. 1 Nr. 1 oder 2 StGB und die entsprechenden Waffenstraftatbestände (BGHSt. **29**, 184 = NJW **1980**, 1475), wobei die Neuregelung in § 51 (§ 52a WaffG aF) stets zu beachten ist. Die Waffendelikte sind nicht etwa mitbestrafte Nachtaten des Diebstahls (BGH aaO). Eine Wegnahme der polizeilichen Dienstwaffe, um sich die Flucht zu ermöglichen, soll nicht unbedingt von Zueignungsabsicht getragen sein (LG Zweibrücken NStZ-RR **1999**, 327 [zw.]). 91

Für tateinheitliches Zusammentreffen kommen hier die oben (Rdn. 90) im Zusammenhang mit den Tötungsdelikten im einzelnen aufgeführten Bestimmungen des WaffG in Betracht; sonstige Verstöße werden regelmäßig mangels Vorliegens des Merkmals „durch dieselbe Handlung" (§ 52 StGB) in **Tatmehrheit** begangen sein (vgl. *Tröndle/Fischer* aaO § 244 Rdn. 21). Tatmehrheit ist jedenfalls anzunehmen zwischen der Verabredung zu einem Verbrechen der schweren räuberischen Erpressung und der Ausübung der tatsächlichen Gewalt über Schusswaffen, wenn diese Waffen in keinem Zusammenhang mit dem verabredeten Verbrechen stehen (BGH NStZ **1997**, 604, 605); bei Zusammenhang: Tateinheit (BGH NStZ **1998**, 354). Tatmehrheit ist auch angenommen worden in einem Fall, in dem der Täter die Waffe nach jahrelanger bloßer Verwahrung in seiner Wohnung eines Tages zum Schießen auf ein fremdes Wohnhaus benutzte (BGH, Beschluss vom 2. 2. 1996 – 5 StR 9/96 = BGHR WaffG § 53 Abs. 1 Konkurrenzen 3). Der 5. Strafsenat hat in der Sache 5 StR 717/97 durch Beschluss vom 27. 5. 1998 entschieden, dass bei einem einheitlichen Vollrausch zwei Rauschtaten, nämlich Erwerb einer Waffe und Besitz einer Waffe einerseits und Führen derselben Waffe andererseits vorliegen können (NStZ-RR **1999**, 8 = BGHR WaffG § 53 Abs. 1 Konkurrenzen 7). Tatmehrheit liegt auch vor, wenn der Täter Diebstähle aus Kraftfahrzeugen begeht, während er gleichzeitig zu Hause ein verbotenes Springmesser aufbewahrt (BGH NStZ **2000**, 641).

Im Wesentlichen kommen weiter folgende Tatbestände in Frage: §§ 86 Abs. 1 Nr. 4, 86a Abs. 1 Nr. 2 StGB (BGH, Beschluss vom 20. 1. 1995 – 3 StR 585/94); § 113 Abs. 2 Nr. 1 StGB (BGH, Urteil v. 18. 7. 1978 – 5 StR 340/78 S. 4); § 125a Nr. 1 StGB; weiter (jeweils Bestimmungen des StGB): § 127, § 129 (BGH NJW **1980**, 2718; dazu *Werle* S. 2671), § 223a (Tateinheit mit Herstellen eines „Molotow-Cocktails" nach §§ 37 Abs. 1 Satz 1 Nr. 7, 53 Abs. 3 Nr. 4 WaffG aF): BGH, 92

## § 52 Abschn. 4. Straf- und Bußgeldvorschriften

Urteil vom 6. 7. 1993 – 1 StR 260/93; Tateinheit mit **Waffenführen**: § 223 a (BGH, Urteil vom 25. 8. 2005 – 5 StR 255/05; §§ 224 Abs. 1 Nr. 4 (Versuch), 315 b (BGH, Urteil vom 22. 12. 2005 – 4 StR 347/05); BayObLGSt. **1975**, 89, 90), § 244 (s. o.), § 250 Abs. 1 Nr. 1 und 2 (BGH, Beschluss vom 12. 1. 1993 – 1 StR 836/92; hierzu gilt das zu § 244 oben Ausgeführte entsprechend), § 292 Abs. 2, § 306 Nr. 3 (versuchte schwere Brandstiftung in Tateinheit mit Verwenden von Brandsätzen iSv. §§ 37 Abs. 1 Satz 1 Nr. 7, 53 Abs. 1 Satz 1 Nr. 4 WaffG aF): BGH, Urteil v. 15. 2. 1994 – 5 StR 747/93); § 316 (BGH, Urteil v. 13. 3. 1975 – 4 StR 50/75: Das Dauerdelikt Trunkenheitsfahrt und das unerlaubte Mitführen einer Schusswaffe hierbei stellen schon von der unterschiedlichen Tätigkeitsart her nicht „dieselbe Handlung" dar, so dass Tatmehrheit gegeben ist); § 316 c Abs. 1 und 2, Abs. 3 (vgl. *König* in LK[11] § 316 c Rdn. 53; *Tröndle/Fischer* aaO Rdn. 14 zu § 316 c [Tateinheit]); außerdem §§ 24, 27 nF VersammlG und § 60 Abs. 1 Nr. 5 LuftVG.

**93** Weitere Beispiele aus der bisherigen **Rspr.: Tateinheit** ist angenommen worden, soweit mit der Waffe Straftaten begangen worden sind: zwischen versuchtem Totschlag, versuchter gefährlicher Körperverletzung sowie fahrlässiger Körperverletzung und Waffenführen (BGH NJW **1989**, 3230); zwischen versuchtem Mord und Waffenführen (BGH, Beschluss v. 19. 1. 1994 – 5 StR 716/93); zwischen (versuchtem) Totschlag und Waffendelikt (BGH, Beschlüsse vom 6. 9. 1988 – 1 StR 364/88; 26. 2. 1985 – 1 StR 19/85; 8. 3. 1983 – 5 StR 27/83; OLG Hamm JR **1986**, 203); zwischen Diebstahl mit Waffen (§ 244 Abs. 1 Nr. 1 StGB) und Führen einer kurzen halbautomatischen Selbstladewaffe (§ 53 Abs. 1 Satz 1 Nr. 3 a Buchst. b WaffG aF: vgl. BGHSt. **29**, 184, 185); bei geplantem Überfall zwischen Herstellen der Waffe, Erprobung und schwerer räuberischer Erpressung (BGH NStZ **1992**, 276; zwischen schwerem räuberischem Diebstahl und Führen einer Kurzwaffe (BGH, Urteil vom 1. 10. 1991 – 5 StR 431/91); zwischen Beihilfe zur räuberischen Erpressung und Waffendelikt (BGH, Beschluss vom 7. 12. 1984 – 2 StR 741/84); Beihilfe zur schweren räuberischen Erpressung und dem Besitz einer Maschinenpistole, die dem späteren Täter überlassen wird (BGH, Urteil vom 21. 12. 1988 – 2 StR 508/88); zwischen Waffendelikt und gefährlicher Körperverletzung (BGH NStZ-RR **2004**, 140; BGH, Urteil vom 24. 4. 1985 – 3 StR 45/85 = NStZ **1985**, 414); zwischen Waffendelikt einerseits und Betrug in Tateinheit mit § 132 a StGB, wenn ein Heiratsschwindler als bewaffneter – falscher – Kriminalbeamter Gelder erschwindelt (BGH, Beschluss vom 21. 2. 1985 – 2 StR 52/85); zwischen unerlaubtem Führen einer Schusswaffe und (versuchtem) Diebstahl mit Waffen und Nötigung in Tateinheit mit (gefährlicher) Körperverletzung (zB zum Zwecke der Freigabe des Fluchtweges), falls zwischen der Dauerstraftat (nach dem WaffG) und wenigstens einer der an sich selbständigen Straftaten bei konkreter Gewichtung (BGHSt. **33**, 4, 7) annähernd Wertgleichheit besteht (BGH NStZ **1989**, 20 mwN). Einer solchen **„Klammerwirkung"** steht nicht entgegen, dass das Dauerdelikt nach § 154, 154 a StPO aus dem Verfahren ausgeschieden worden ist (BGH, Beschluss vom 21. 2. 1989 – 1 StR 697/88; StV **1983**, 457).

**94** Eine solche „Klammerwirkung" entfaltet auch das Dauerdelikt des Führens einer halbautomatischen Selbstladewaffe (jetzt § 52 Abs. 1 Nr. 2 Buchst. b; § 53 Abs. 1 Satz 1 Nr. 3 a Buchst. b WaffG aF) gegenüber zwei mit der Waffe kurz nacheinander begangenen Vergehen der gefährlichen Körperverletzung (§ 223 a StGB), da dieses Waffendelikt vom Gesetzgeber nicht geringer bewertet wird (vgl. Strafdrohung); es liegt Tateinheit vor (BGH, Beschluss vom 31. 5. 1989 – 3 StR 99/89; vgl. auch Beschluss vom 16. 4. 1993 – 3 StR 14/93). Anders ist es (keine „Klammerwirkung"), wenn eine solche strafrechtliche Geringerbewertung durch den Gesetzgeber vorliegt,

Strafvorschriften § 52

wie beim Führen einer weniger gefährlichen Waffe (§ 53 Abs. 3 Nr. 1 Buchst. b: Höchststrafe 3 Jahre), und Totschlagversuch sowie gefährliche Körperverletzung konkurrieren (BGHR StGB § 52 Abs. 1 Klammerwirkung 4; BGH, Urteil vom 16. 8. 1983 – 1 StR 486/83 mit umfangreichen Nachw.; bei „konkreter Gewichtung" zwischen Führen einer Kurzwaffe (und deren Besitz als Dauerdelikt) und zwei zeitlich auseinanderfallenden Tötungsversuchen (BGH, Urteil vom 22. 10. 1992 – 1 StR 532/92; zur Frage der „Klammerwirkung" vgl. ferner BGH, Beschluss vom 8. 6. 2004 – 4 StR 150/04 = NStZ-RR **2004,** 294 [LS]; BGH NStZ **1982,** 391, 512, 513; BGHSt. **33,** 4, 6; **31,** 29; BGH, Urteil vom 31. 3. 1982 – 2 StR 641/81; Beschlüsse vom 4. 5. 1984 – 2 StR 218/84; vom 17. 10. 1984 – 2 StR 591/84; vom 7. 12. 1984 – 2 StR 741/84; vom 30. 11. 1988 – 3 StR 376/88).

**Tateinheit** besteht weiter zwischen dem Waffenführen und Betäubungsmitteldelikten (BGH NStZ **2001,** 101; Beschluss vom 23. 8. 2002 – 2 StR 291/02), wenn zB bei der Einfuhr von Haschisch aus den Niederlanden Waffe und Rauschgift im Pkw versteckt sind (BGH NStZ **1982,** 512; **1989,** 38; hier auch zum Strafklageverbrauch (Rdn. 96) bei rechtskräftiger Aburteilung des Waffendelikts; hierzu ferner BGH NStZ **1984,** 171, 172 und BGHSt. **36,** 151); der gleichzeitige Transport der Waffen und des Rauschgifts im Kofferraum eines Pkw führt idR, wenn zwischen beiden ein funktioneller Zusammenhang besteht (nicht bei bloßer Gleichzeitigkeit) zur Tateinheit (BGH, Beschluss vom 25. 4. 1994 – 5 StR 189/94); Tateinheit auch zwischen unerlaubtem Handeltreiben mit Betäubungsmitteln und Erwerb, Besitz, Führen (BGH, Urteil vom 28. 10. 1997 – 1 StR 501/97; Beschluss vom 26. 8. 1993 – 4 StR 326/93) sowie unerlaubtem Überlassen einer Kurzwaffe an einen Nichtberechtigten (BGH, Beschlüsse 16. 9. 1997 – 1 StR 472/97 – und vom 4. 5. 1993 – 1 StR 203/93). Der Tatbestand des unerlaubten bewaffneten Handeltreibens mit Betäubungsmitteln in nicht geringer Menge (§ 30 a Abs. 2 Nr. 2 BtMG) setzt nicht mehr voraus, dass der Täter die Schusswaffe mit sich führt, also selbst in der Weise gebrauchsbereit bei sich hat, dass er sich ihrer jederzeit bedienen kann (so aber noch BGH, Beschluss vom 16. 9. 1997 – 1 StR 472/97; BGH StV **1997,** 189); eine Zurechnung über § 25 Abs. 2 StGB fand nicht statt (BGH, Urteil vom 14. 1. 1997 – 1 StR 580/96 = StV **1997,** 189). Mit dieser Rspr. hat der BGH gebrochen (Großer Senat für Strafsachen vom 4. 2. 2003 – BGHSt. **48,** 189 = NJW **2003,** 1541). Vgl. Rdn. 90. Hat der Täter Betäubungsmittel und Schusswaffe zugleich zu seiner Verfügung, etwa in seiner Wohnung beim Portionieren, so ist der Tatbestand erfüllt (BGH NStZ **1997,** 344). Da dieses Betäubungsmitteldelikt auch von demjenigen begangen werden kann, der die Waffe erlaubt besitzt, muss das unerlaubte Waffenführen tateinheitlich berücksichtigt werden (für Tateinheit mit den Verstößen gegen das Waffengesetz auch BGH, Beschluss vom 16. 9. 1997 – 1 StR 472/97; BGH StV **1997,** 189; BGH, Urteil vom 20. 9. 1996 – 2 StR 300/96). **Tateinheit** besteht ebenfalls zwischen mitgliedschaftlicher Beteiligung an einer terroristischen Vereinigung und verschiedenartigen Waffendelikten (BGHR WaffG § 53 Abs. 3 Konkurrenzen 1). Auch beim Zusammentreffen von Waffendelikten mit Sprengstoffdelikten kann Tateinheit vorliegen (BGH, Beschluss vom 21. 2. 1989 – 1 StR 687/88). Ein „Beisichführen" der Waffe beim Raub (§ 250 Abs. 1 Nr. 1) liegt nicht vor, wenn sich die Waffe lediglich auf der Fahrt zum Tatort und bei der Flucht (nach fehlgeschlagenem Versuch ohne Beute) im Pkw des Täters befindet (BGH JZ **1983,** 216 mit zust. Anm. *Hruschka*). Wohl aber liegt in solchen Fällen ein „Führen" der Waffe (§ 1 Rdn. 46; § 4 Abs. 4 WaffG aF) vor, nämlich Ausübung der tatsächlichen Gewalt außerhalb der häuslichen Privatsphäre. Die Verabredung eines schweren Raubes dauert bis zur geplanten Durchführung der Tat an. Das Mitführen einer Schusswaffe am Tage der verabredeten Tat bewirkt Tateinheit

**§ 52** Abschn. 4. Straf- und Bußgeldvorschriften

zwischen Verabredung des Überfalls und Waffenführen iSv. natürlicher Handlungseinheit (BGH, Beschluss v. 4. 1. 1994 – 1 StR 785/93).

**96** Die Auseinandersetzungen um den **Verbrauch der Strafklage** bei rechtskräftiger Verurteilung wegen des (Dauer-)Waffendelikts hatten zwar durch die Entscheidung BGHSt. **36,** 151 ihren vorläufigen Abschluss gefunden (vgl. auch BGH, Beschluss v. 19. 1. 1994 – 5 StR 716/93). Die im Ergebnis übereinstimmenden Meinungen (**kein Strafklageverbrauch**) stützten sich aber auf unterschiedliche Begründungen (OLG Hamm NStZ **1986,** 278 = JR **1986,** 203 m. zust. Anm. *Neuhaus;* NStZ **1987,** 138; vgl. auch *Kröpil* DRiZ **1986,** 448). Tateinheit, aber Anknüpfung an die Grundsätze von BGHSt. **29,** 288; abl. hierzu mit Recht *Grünwald* StV **1986,** 243 und *Puppe* JR **1986,** 205. Das OLG Zweibrücken (NJW **1986,** 2841 = MDR **1986,** 692) ging von Tatmehrheit aus (abl. *Mitsch* NStZ **1987,** 457). Zu erwähnen ist auch der beachtenswerte Lösungsvorschlag von *Krauth* Kleinknecht-FS (1985) S. 215. Weiteres Schrifttum: *Mitsch* MDR **1988,** 1005 und *Neuhaus* MDR **1988,** 1012, 1017; **1989,** 213, 215 ff. Dagegen verbraucht die Verurteilung wegen unerlaubten Erwerbs und Besitzes einer Schusswaffe die Strafklage wegen eines Betäubungsmitteldelikts dann, wenn der Angeklagte bei den Betäubungsmittelgeschäften die Waffe mit sich geführt hat (LG Freiburg StV **1991,** 16; vgl. auch Rdn. 94).

Die Kontroverse ist jedoch, auch im Betäubungsmittelrecht (BGH, Beschlüsse vom 19. 3. 1997 – 2 StR 520/96, vom 15. 5. 1997 – 5 ARs 18/97 und vom 7. 5. 1997 – 1 ARs 8/97), neu entflammt. Der 1. Strafsenat des Bundesgerichtshofs hat in seinem Beschluss vom 13. 3. 1997 – 1 StR 800/96 (NStZ **1997,** 446) Strafklageverbrauch bis zum Tage der Verurteilung hinsichtlich einer illegal angelegten umfangreichen Waffensammlung angenommen, weil der Waffenbesitzer wegen Besitzes von zweien dieser Waffen rechtskräftig verurteilt worden war; die weiteren Waffen wurden erst später bei ihm entdeckt.

Der 5. Strafsenat hatte in der Sache 5 StR 717/97 (NStZ-RR **1999,** 8) zu entscheiden, ob zwischen dem Erwerb einer Waffe und der Ausübung der tatsächlichen Gewalt über sie einerseits und der weiter im Vollrausch beabsichtigten weiteren schwerwiegenden Tat mit derselben Waffe andererseits wegen Vorliegens einer Zäsur Tatmehrheit besteht. In Anlehnung an die Grundsätze von BGHSt. **36,** 151 hat der Senat das Vorliegen zweier Rauschtaten innerhalb eines einheitlichen Vollrausches angenommen (BGHR WaffG § 53 Abs. 1 Konkurrenzen 7).

Mit einem Fall des (bejahten) Strafklageverbrauchs beim Aufeinandertreffen von Waffendelikten und Menschenhandel befasst sich das OLG Braunschweig StraFo **1997,** 16. Kein Strafklageverbrauch liegt indessen vor, wenn die angeklagte Tat völlig von der im Urteil festgestellten abweicht; die Identität der angeklagten mit der die Grundlage der Verurteilung bildenden Tat ist stets sorgfältig zu prüfen (BGH NStZ **2002,** 328).

**97** Das **Revisionsgericht** hat keine geeignete Entscheidungsgrundlage, wenn das angefochtene Urteil unzulässige Bezugnahmen auf externe Schriftstücke, zB Zeitschriften, enthält (OLG Hamm NStZ-RR **2002,** 147, 148). Andererseits bedürfen selbstverständliche und „auf der Hand liegende" Umstände, für deren Gegenteil nichts spricht, keiner ausdrücklichen Erörterung (zB das Fehlen einer waffenrechtlichen Erlaubnis beim geständigen Angeklagten (BGH NStZ 2006, 331). Es entscheidet grundsätzlich selbstständig und abschließend darüber, ob Tateinheit oder Tatmehrheit anzunehmen ist (BayObLG NStZ-RR **2002,** 89, 90; auch zur Berufungsbeschränkung). Selbst wenn der Tatrichter mehrere selbstständige Handlungen (§ 53 Abs. 1 StGB) angenommen und teils verurteilt, teils freigesprochen hat, kann das Revisionsgericht Tateinheit annehmen. Das gesamte Tatgeschehen ist nämlich Gegenstand der

Strafvorschriften § 52

Nachprüfung auch, wenn nur der Angeklagte Rechtsmittel eingelegt hat. Weder ein „Vorrang der Teilrechtskraft" noch das Verbot der Schlechterstellung stehen dem entgegen (BGHSt. **21**, 256; BGH NStZ **1984**, 566). Zur Frage von Tateinheit oder Tatmehrheit bei Zusammentreffen von Vollrausch (§ 323 a StGB) mit Waffen- oder Sprengstoffbesitz vgl. BGH, Beschluss vom 25. 9. 1991 – 2 StR 399/91; teilweise abw. BGH, Beschluss vom 29. 3. 1983 – 5 StR 135/83 („Tatmehrheit"). Tatmehrheit ist jedenfalls anzunehmen zwischen der Verabredung zu einem Verbrechen der schweren räuberischen Erpressung und der Ausübung der tatsächlichen Gewalt über Schusswaffen, wenn diese Waffen in keinem Zusammenhang mit dem verabredeten Verbrechen stehen (BGH NStZ **1997**, 604, 605).

Die **„Konkurrenzkorrektur"** (Tateinheit statt Tatmehrheit oder umgekehrt) bedeutet indessen in aller Regel **keine Verringerung** des verwirklichten **Tatunrechts** (BGH NStZ **2000**, 150; **1996**, 383, 384; **1984**, 262 mwN; Beschlüsse vom 6. 5. 1997 – 1 StR 129/97, vom 26. 2. 1997 – 2 StR 597/96, vom 29. 10. 1996 – 1 StR 310/96, vom 20. 8. 1996 – 4 StR 309/96, vom 4. 9. 1992 – 4 StR 401/92 und vom 22. 9. 1988 – 2 StR 487/88). Diese Rspr. ist vom BVerfG nicht beanstandet worden (Beschluss vom 1. 3. 2004 – 2 BvR 2251/03 = BVerfGK **3**, 20). Entsprechendes gilt, wenn der Verstoß sich nicht als Vergehen gegen § 52 (§ 53 Abs. 1 Satz 1 WaffG aF), sondern als Verbrechen nach § 22 a KWKG herausstellt (BGH NJW **1996**, 1483, 1484). Ist bei einem versuchten Verbrechen der tateinheitlich verwirklichte Verstoß gegen das WaffG zunächst nach § 154 a StPO ausgeschieden worden, so wird sich dessen Wiedereinbeziehung empfehlen, falls der Versuch wegen Annahme strafbefreienden Rücktritts entfällt (BGH, Beschluss v. 22. 12. 1993 – 2 StR 664/93). Vgl. hierzu auch *Kalf* NStZ **1997**, 66 und als Entgegnung *Basdorf* NStZ **1997**, 423. 98

c) **Straftaten und Ordnungswidrigkeiten.** Diese Konkurrenzfragen sind in § 21 OWiG geregelt. Auf die eingeführten Erläuterungswerke Karlsruher Kommentar zum OWiG, 3. Auflage, *Rebmann/Roth/Herrmann* und *Göhler* wird insoweit verwiesen. 99

**XI. Übergangsregelung.** Wegen der verschiedenen Rechtsänderungen im Waffenrecht ist stets genau zu prüfen, welche Bestimmungen zur jeweiligen **Tatzeit** gegolten haben. Auf § 2 StGB und die Erläuterungswerke hierzu kann verwiesen werden. Eine Rückwirkung neu eingeführter (zB § 52 Abs. 3 Nr. 5 und 6 WaffG nF) oder verschärfter Strafbestimmungen kommt selbstverständlich nie in Betracht. Welches Recht (altes oder neues) jeweils „milder" (§ 2 Abs. 3 StGB) ist, muss unter Berücksichtigung der Gesamtheit der Strafnachteile ermittelt werden (BayObLG vom 19. 12. 2003 – 4 St RR 149/03 = BayObLSt. **2003**, 148; OLG Koblenz OLGSt. § 53 WaffG S. 1, 5). Das galt auch für das Verhältnis zu den Bestimmungen der früheren **DDR** (BGHSt. **38**, 18, 20; **39**, 1, 3; 168, 173). 100

Die Strafvorschriften des WaffG nF sind sämtlich ab 1. 4. 2003 in Kraft (Art. 19 Nr. 1 Satz 2 WaffRNeuRegG). Bis dahin sind die Vorschriften des WaffG aF maßgebend. Das Verbot der Pumpguns ist zwar bereits am 17. 10. 2002 wirksam geworden; eine Bestrafung für den unerlaubten Umgang ist aber erst ab 1. 4. 2003 möglich, da sich die Strafvorschrift des WaffG aF hinsichtlich verbotener Gegenstände (§ 53 Abs. 1 Satz 1 Nr. 4 und 5; Abs. 3 Nr. 3) eindeutig nur auf § 37 WaffG aF bezieht. Das Verbot kann deshalb vor dem 1. 4. 2003 nur im außerstrafrechtlichen Bereich Wirkung entfalten.

Soweit die Strafbarkeit durch die Neuregelung entfällt (Anscheinswaffen nach § 37 Abs. 1 Satz 1 Nr. 1 Buchst. e sowie hinsichtlich der Nrn. 10 und 11 WaffG aF) ist jeweils die Neuregelung anzuwenden, denn der Wegfall der Strafbarkeit durch

## § 53
### Abschn. 4. Straf- und Bußgeldvorschriften

späteres Gesetz ist der Extremfall des milderen Gesetzes (vgl. BayObLG vom 19. 12. 2003 – 4 St RR 149/03 [zum KWKG]). Falls in der Zeit bis zum Außerkrafttreten des WaffG aF noch Strafverfahren in Bezug auf diese auslaufenden Verbote eingeleitet worden sind, sind diese der Einstellung zuzuführen.

Im Übrigen wird regelmäßig das zur **Tatzeit** geltende Recht anzuwenden sein (§ 2 Abs. 1 StGB), da der Gesetzgeber insgesamt nicht hinter dem früheren Rechtszustand zurückbleiben wollte, was er zB durch die zunächst nicht vorgesehen gewesene Aufrechterhaltung des Verbrechenstatbestandes (§ 51 nF; § 52a aF) dokumentierte.

### Bußgeldvorschriften

**53** (1) **Ordnungswidrig handelt, wer vorsätzlich oder fahrlässig**

1. **entgegen § 2 Abs. 1 eine nicht erlaubnispflichtige Waffe oder nicht erlaubnispflichtige Munition erwirbt oder besitzt,**
2. **entgegen § 2 Abs. 1 oder 3, jeweils in Verbindung mit Anlage 2 Abschnitt 1 Nr. 1.3.6, einen dort genannten Gegenstand erwirbt, besitzt, überlässt, führt, verbringt, mitnimmt, herstellt, bearbeitet, instandsetzt oder damit Handel treibt,**
3. **ohne Erlaubnis nach § 2 Abs. 2 in Verbindung mit Abs. 4, dieser in Verbindung mit Anlage 2 Abschnitt 2 Unterabschnitt 1 Satz 1, mit einer Schusswaffe schießt,**
4. **einer vollziehbaren Auflage nach § 9 Abs. 2 Satz 1, § 10 Abs. 2 Satz 3, § 17 Abs. 2 Satz 2 oder § 18 Abs. 2 Satz 2 oder einer vollziehbaren Anordnung nach § 9 Abs. 3, § 36 Abs. 3 Satz 1 oder Abs. 6, § 37 Abs. 1 Satz 2, § 39 Abs. 3, § 40 Abs. 5 Satz 2 oder § 46 Abs. 2 Satz 1 oder Abs. 3 Satz 1 zuwiderhandelt,**
5. **entgegen § 10 Abs. 1 Satz 4, § 21 Abs. 6 Satz 1 und 4, § 24 Abs. 5, § 27 Abs. 1 Satz 6, Abs. 2 Satz 2, § 31 Abs. 2 Satz 3, § 34 Abs. 2 Satz 2, Abs. 4 oder Abs. 5 Satz 1, § 36 Abs. 4 Satz 2, § 37 Abs. 1 Satz 1, Abs. 2 Satz 1 oder Abs. 3 Satz 1 oder § 40 Abs. 5 Satz 1 eine Anzeige nicht, nicht richtig, nicht vollständig, nicht in der vorgeschriebenen Weise oder nicht rechtzeitig erstattet,**
6. **entgegen § 10 Abs. 2 Satz 4 eine Mitteilung nicht, nicht richtig, nicht vollständig oder nicht rechtzeitig macht,**
7. **entgegen § 13 Abs. 3 Satz 2, § 14 Abs. 4 Satz 2 oder § 20 Satz 1 die Ausstellung einer Waffenbesitzkarte oder die Eintragung der Waffe in eine bereits erteilte Waffenbesitzkarte nicht beantragt oder entgegen § 10 Abs. 1 Satz 4 oder § 34 Abs. 2 Satz 2 die Waffenbesitzkarte oder den Europäischen Feuerwaffenpass nicht oder nicht rechtzeitig vorlegt,**
8. **entgegen § 23 Abs. 1 Satz 1 oder Abs. 2 Satz 1, jeweils auch in Verbindung mit einer Rechtsverordnung nach § 25 Abs. 1 Nr. 1 Buchstabe a, das Waffenherstellungs- oder Waffenhandelsbuch nicht, nicht richtig oder nicht vollständig führt,**
9. **entgegen § 24 Abs. 1, auch in Verbindung mit einer Rechtsverordnung nach § 25 Abs. 1 Nr. 1 Buchstabe c oder Nr. 2 Buchstabe a, oder § 24 Abs. 2 oder 3 Satz 1 und 2, auch in Verbindung mit**

Bußgeldvorschriften  § 53

einer Rechtsverordnung nach § 25 Abs. 1 Buchstabe c, eine Angabe, ein Zeichen oder die Bezeichnung der Munition auf der Schusswaffe nicht, nicht richtig, nicht vollständig, nicht in der vorgeschriebenen Weise oder nicht rechtzeitig anbringt oder Munition nicht, nicht richtig, nicht vollständig, nicht in der vorgeschriebenen Weise oder nicht rechtzeitig mit einem besonderen Kennzeichen versieht,

10. entgegen § 24 Abs. 4 eine Schusswaffe oder Munition anderen gewerbsmäßig überlässt,
11. ohne Erlaubnis nach § 27 Abs. 1 Satz 1 eine Schießstätte betreibt oder ihre Beschaffenheit oder die Art ihrer Benutzung wesentlich ändert,
12. entgegen § 27 Abs. 3 Satz 1 Nr. 1 und 2 einem Kind oder Jugendlichen das Schießen gestattet oder entgegen § 27 Abs. 6 Satz 2 nicht sicherstellt, dass die Aufsichtsperson nur einen Schützen bedient,
13. entgegen § 27 Abs. 3 Satz 2 Unterlagen nicht aufbewahrt oder entgegen § 27 Abs. 3 Satz 3 diese nicht herausgibt,
14. entgegen § 27 Abs. 5 Satz 2 eine Bescheinigung nicht mitführt,
15. entgegen § 33 Abs. 1 Satz 1 eine Schusswaffe oder Munition nicht anmeldet oder nicht oder nicht rechtzeitig vorführt,
16. entgegen § 34 Abs. 1 Satz 1 eine nicht erlaubnispflichtige Waffe oder nicht erlaubnispflichtige Munition einem Nichtberechtigten überlässt,
17. entgegen § 35 Abs. 1 Satz 4 die Urkunden nicht aufbewahrt oder nicht, nicht vollständig oder nicht rechtzeitig Einsicht gewährt,
18. entgegen § 35 Abs. 2 einen Hinweis nicht, nicht richtig, nicht vollständig oder nicht rechtzeitig gibt oder die Erfüllung einer dort genannten Pflicht nicht, nicht richtig, nicht vollständig oder nicht rechtzeitig protokolliert,
19. entgegen § 36 Abs. 1 Satz 2 oder Abs. 2 eine Schusswaffe aufbewahrt,
20. entgegen § 38 Satz 1 eine dort genannte Urkunde nicht mit sich führt oder nicht oder nicht rechtzeitig aushändigt,
21. entgegen § 39 Abs. 1 Satz 1 eine Auskunft nicht, nicht richtig, nicht vollständig oder nicht rechtzeitig erteilt,
22. entgegen § 46 Abs. 1 Satz 1, auch in Verbindung mit Satz 2, eine Ausfertigung der Erlaubnisurkunde nicht oder nicht rechtzeitig zurückgibt oder
23. einer Rechtsverordnung nach § 15 Abs. 7 Satz 2, § 25 Abs. 1 Nr. 1 Buchstabe b, § 27 Abs. 7, § 36 Abs. 5 oder § 47 oder einer vollziehbaren Anordnung auf Grund einer solchen Rechtsverordnung zuwiderhandelt, soweit die Rechtsverordnung für einen bestimmten Tatbestand auf diese Bußgeldvorschrift verweist.

(2) Die Ordnungswidrigkeit kann mit einer Geldbuße bis zu zehntausend Euro geahndet werden.

(3) Verwaltungsbehörde im Sinne des § 36 Abs. 1 Nr. 1 des Gesetzes über Ordnungswidrigkeiten ist, soweit dieses Gesetz von der Physikalisch-Technischen Bundesanstalt, dem Bundesverwaltungsamt oder

## § 53 Abschn. 4. Straf- und Bußgeldvorschriften

dem Bundeskriminalamt ausgeführt wird, die für die Erteilung von Erlaubnissen nach § 21 Abs. 1 zuständige Behörde.

**1** **I. Allgemeines.** Der Katalog der **Ordnungswidrigkeitstatbestände** war bisher in § 55 WaffG aF enthalten. Er ist „aus Gründen der Übersichtlichkeit" völlig neu gefasst worden. Abweichungen gegenüber der bisherigen Fassung, haben ihre Ursache in entsprechenden Änderungen der zugrunde liegenden verwaltungsrechtlichen Vorschriften (Begr. BT-Drucks. 14/7758 S. 83). Bei den in § 53 angeführten Tatbeständen handelt es sich im Allgemeinen (krit. *A/B* Rdn. 2) um typisches **Verwaltungsunrecht,** dessen Ahndung mit Kriminalstrafe unangemessen wäre. Rechtsvorschriften werden nach allgemeiner Erfahrung bedauerlicherweise nur hinreichend beachtet, wenn bei ihrer Verletzung Nachteile drohen (*Koch* NVwZ **1998,** 1155, 1157). Es wird allerdings in erster Linie Aufgabe der Verwaltungsbehörde sein, durch geeignete Maßnahmen (§ 9 Abs. 1 VwVfG) den Regelungen des Gesetzes zum Durchbruch zu verhelfen. Der Gesetzgeber hat die betreffenden Verstöße als **Ordnungswidrigkeiten** eingestuft, sie allerdings im Hinblick auf die Bedeutung des Waffenrechts für die Allgemeinheit mit einer Geldbuße bedroht, deren Höchstmaß 10000 Euro beträgt, das Regelhöchstmaß in § 17 Abs. 1 OWiG von 1000 Euro also erheblich übersteigt. Dennoch bleibt die Sanktionierungsmöglichkeit vergleichsweise gering gegenüber 50000 Euro beispielsweise im Beschussrecht (§ 21 Abs. 2 BeschG) und Umweltschutzrecht (zB § 62 Abs. 2 BImSchG). Gegenüber der entsprechenden Vorschrift des früheren BWaffG 1968 (§ 38) war der Katalog der mit Bußgeld bedrohten Handlungen entsprechend dem größeren Geltungsbereich des WaffG erheblich erweitert worden, wobei der frühere Ordnungswidrigkeitenkatalog in der des § 55 WaffG aF eingearbeitet und der neuen verwaltungsrechtlichen Regelung angepasst wurde. Dasselbe geschah schon früher bei der Gesetzesnovellierung 1976 und 1978. Bei der Neufassung durch das WaffRNeuRegG ist die Anzahl der Tatbestände von 28 auf 23 reduziert worden. Nach § 53 Abs. 2 „kann" die jeweilige Ordnungswidrigkeit mit einer Geldbuße geahndet werden. Das deutet auf das hier das Verfahren beherrschende **Opportunitätsprinzip** hin (*Ekkenga* BB **1993,** 945, 947). Nach § 47 Abs. 1 Satz 1 OWiG liegt die Verfolgung im pflichtgemäßen Ermessen der zuständigen Behörde; sie kann das bei ihr anhängige Verfahren nach Satz 2 dieser Bestimmung auch wieder einstellen. Zuständig sind die Landesbehörden.

**2** **II. Die Tatbestände des Absatzes 1.** Im Gegensatz zu § 27 Abs. 1 Nr. 2 RWaffG, der die Zuwiderhandlungen gegen die zur Durchführung oder Ergänzung des RWaffG erlassenen Rechtsvorschriften pauschal unter Übertretungsstrafdrohung stellte, werden, rechtsstaatlichen Grundsätzen entsprechend, der der Ahndung als Ordnungswidrigkeiten unterliegenden Zuwiderhandlungen jetzt im Einzelnen tatbestandsmäßig angeführt. Es handelt sich um folgende Gesetzesverletzungen:

**3** **1. Erwerb nicht erlaubnispflichtiger Waffen oder solcher Munition durch Minderjährige (Nr. 1).** Die Vorschrift war im bisherigen Recht in § 55 Abs. 1 Nr. 16 enthalten. Keiner der gefährlichen Gegenstände, die das Gesetz als Waffen oder Munition qualifiziert, darf in die Hände Minderjähriger geraten (§ 2 Abs. 1). Für verbotene (Anlage 2 A 1) und erlaubnisbedürftige Gegenstände ist dies in den Strafvorschriften (§§ 51 und 52) geregelt. Um welche Gegenstände es sich bei erlaubnisfreien handelt, ist der „Waffenliste" Anlage 2 zum Gesetz zu entnehmen. Darin sind in A 2 U 2 Nr. 1.1 bis 1.12 die Gegenstände aufgeführt, die an sich von volljährigen Personen erlaubnisfrei erworben werden können. Auch für sie gilt indessen das Alterserfordernis des § 2 Abs. 1. Vom Alterserfordernis nicht erfasst wird dagegen der

# Bußgeldvorschriften § 53

Erwerb von nach Anlage 2 A 3 U 2 „vom Gesetz ausgenommenen Waffen"; ihr Erwerb fällt nicht unter die vorliegende Bußgeldvorschrift. Täter der Ordnungswidrigkeit kann nach allem nur ein Minderjähriger im Alter von 14 bis 17 Jahren sein (§ 12 Abs. 1 Satz 1 OWiG). Die zuständige Verwaltungsbehörde darf nur eine Geldbuße festsetzen oder auf Nebenfolgen erkennen; die Anordnung erzieherischer Maßnahmen ist ihr und auch dem Richter im Bußgeldverfahren verwehrt (KK-OWiG³/*Rengier* § 12 Rdn. 12; *Göhler*¹⁴ § 12 Rdn. 8; vor § 59 Rdn. 164). Zum Begriff des Erwerbs wird auf § 1 Rdn. 33 ff. verwiesen. Neben dem Erwerb ist jetzt auch der Besitz (§ 1 Rdn. 42) unter Bußgelddrohung gestellt worden. Zum Verhältnis beider Tatvarianten zueinander vgl. § 52 Rdn. 75 ff.

**2. Unerlaubter Umgang mit verbotenen Gegenständen iSv. Nr. 1.3.6 der Anlage 2 A 1 (Nr. 2).** Es handelt sich bei den Tatobjekten um Elektroimpulsgeräte u. ä. (vgl. § 2 Rdn. 16). Von diesen sind nicht erfasst die amtlich als nicht gesundheitsschädlich zugelassenen Geräte mit Prüfzeichen. Durch die Heranziehung sowohl von § 2 Abs. 1 als auch von § 2 Abs. 3 im Tatbestand werden auch hier zwei verschiedene Tatbestands„stränge" aufgebaut (§ 51 Rdn. 11), die zum einen die Zuwiderhandlung seitens eines Minderjährigen betreffen (und als solche bereits von Nr. 1 erfasst ist [*A/B* Rdn. 6]) und zum anderen auf die allgemeine Verbotsregelung zurückgreifen. Als Tatmodalitäten kommen – bis auf das Schießen – alle in § 1 Abs. 3 genannten Umgangsformen als tatbestandsmäßig in Betracht (vgl. § 51 Rdn. 10). Zu beachten ist die Allgemeine Ausnahmebewilligung des BKA, vorerst gültig bis 31. 12. 2006 (vgl. § 1 Rdn. 23 a). 4

**3. Unerlaubtes Schießen (Nr. 3).** Die Regelung war bisher in § 55 Abs. 1 Nr. 25 WaffG aF enthalten. Erfasst ist nur das Schießen mit erlaubnisbedürftigen Schusswaffen. Das folgt aus der umständlichen Verweisung auf die Anlage 2 A 2 U 1 Satz 1. Hierzu wird auf § 52 Rdn. 8 Bezug genommen. Für die Berechtigung zum Schießen kann nach § 10 Abs. 5 eine „Schießerlaubnis" erteilt werden; Freistellungen finden sich in § 12 Abs. 4. Zu dem Merkmal „ohne Erlaubnis" vgl. § 52 Rdn. 5. Auch ein an einem Feldweg ausgeführtes „Tontaubenschießen" fällt unter die Vorschrift (OLG Köln NStE § 45 WaffG [aF] Nr. 1). 5

**4. Verstöße gegen vollziehbare Auflagen oder Anordnungen (Nr. 4). a) vollziehbare Auflagen.** Zu denken ist an Auflagen, die im Zusammenhang mit der Erlaubniserteilung für die Waffenherstellung, den Waffenhandel, mit der Erteilung der Waffenbesitzkarte oder des Waffenscheins, mit Ausnahmebewilligungen, der Erlaubniserteilung für die nichtgewerbsmäßige Schusswaffenherstellung (§ 26; § 41 Abs. 2 Satz 2 WaffG aF), für die Schießstättenerlaubnis (§ 27 WaffG) oder die Schießerlaubnis nach § 10 Abs. 5 festgesetzt worden sind (vgl. allgemein die Anm. zu den vorstehend angeführten Bestimmungen des WaffG) Es wird nicht nur die vollkommene Nichtbeachtung der Auflagen, sondern auch ihre nicht rechtzeitige oder nur unvollständige Erfüllung geahndet; denn auch in diesen Fällen liegt eine Zuwiderhandlung gegen die Auflage vor. Es bedarf keiner Hervorhebung, dass bei unvollständiger oder gar nur nicht rechtzeitiger Auflagenerfüllung im Allgemeinen eine geringere Geldbuße festzusetzen sein wird als bei vollkommener Nichtbeachtung. Im Falle der bloßen Unpünktlichkeit wird die Verwaltungsbehörde häufig von § 56 OWiG (Verwarnung mit Verwarnungsgeld) Gebrauch machen können. Auch kann das Verfahren zufolge des das Ordnungswidrigkeitenrecht beherrschenden **Opportunitätsprinzip** gem. § 47 Abs. 1 OWiG eingestellt werden. 6

Dagegen wird die Nichtbeachtung der nach § 9 Abs. 1 zulässigen **inhaltlichen Beschränkungen** der Erlaubnis als – insoweit vorliegendes – Handeln ohne Erlaub-

## § 53 Abschn. 4. Straf- und Bußgeldvorschriften

nis behandelt. Ist die Erlaubnis nur **befristet,** d.h. nur bis zu einem bestimmten Zeitpunkt erteilt worden, so macht sich ebenfalls des Handelns ohne Erlaubnis schuldig, wer **nach** Fristablauf erlaubnispflichtige Handlungen vornimmt. Der die Auflagen enthaltende Verwaltungsakt muss **vollziehbar,** d.h. unanfechtbar (bestandskräftig) geworden oder für sofort vollziehbar (§ 80 Abs. 2 Nr. 4 VwGO sowie die einschlägigen Ländervorschriften) erklärt worden sein. Ist dies nicht der Fall, so ist der Ordnungswidrigkeitstatbestand gem. Nr. 4 nicht erfüllt.

**7**   Der Verstoß gegen folgende **Auflagen** ist erfasst: aa) § 9 Abs. 2 Satz 1. Hier geht es nur um die mit der Erlaubnis gleichzeitig verbundenen Auflagen, da Satz 2 (nachträgliche Auflagen) von § 9 Abs. 2 nicht mit zitiert ist. Auf § 9 Rdn. 7 wird verwiesen. bb) § 10 Abs. 2 Satz 3. Hier wird die **Pflicht** zur Benennung einer verantwortlichen Person bußgeldrechtlich abgesichert. Auf § 10 Rdn. 10a wird Bezug genommen. cc) § 17 Abs. 2 Satz 2. Hier geht es um die Auflage, der Behörde in von dieser bestimmten Zeitabständen ein Bestandsverzeichnis über die Sammlung vorzulegen. Hierzu kann auf § 17 Rdn. 5 verwiesen werden. dd) § 18 Abs. 2 Satz 2. Die hier mögliche Auflage entspricht derjenigen zu cc), betrifft hier aber nicht die Sammler, sondern die Waffen- oder Munitionssachverständigen (vgl. § 18 Rdn. 5).

**8**   b) **Zuwiderhandlung gegen vollziehbare Anordnungen.** Diese waren zuvor in § 55 Abs. 1 Nr. 2 WaffG aF geregelt. Wegen der Vollziehbarkeit s. Rdn. 6 aE. Es kommen Anordnungen in Betracht nach: aa) § 9 Abs. 3. Sie betreffen Personen, die im Waffengewerbe, im Waffenhandel und als Schießstättenbetreiber tätig sein dürfen, ohne einer Erlaubnis zu bedürfen. Da eine behördliche Vorprüfung hier nicht stattfindet, muss die Behörde trotzdem die Möglichkeit haben, zur Abwehr von Gefahren (§ 9 Abs. 1) eingreifen zu können. Auf § 9 Rdn. 9 wird Bezug genommen. bb) § 36 Abs. 3 Satz 1. Die Nachweispflicht über sichere Aufbewahrung muss die Behörde zunächst aufrufen. Auf § 36 Rdn. 10 wird Bezug genommen. cc) § 36 Abs. 6. Hier werden zusätzliche behördliche Anordnungen hinsichtlich der Aufbewahrung von Waffen oder Munition bußgeldrechtlich abgesichert (§ 36 Rdn. 13). dd) § 37 Abs. 1 Satz 2. Anordnungen können hier das Unbrauchbarmachen oder das Überlassen an Berechtigte sowie den Nachweis darüber zum Inhalt haben (§ 37 Rdn. 8 bis 10). ee) § 39 Abs. 3. Diese Anordnungen betreffen die Vorlagepflicht, die der Behörde die Prüfung ermöglichen soll. Auf § 39 Rdn. 13ff. wird verwiesen. ff) § 40 Abs. 5 Satz 2. Die nach dieser Vorschrift möglichen Anordnungen ähneln denen zu dd). Zusätzlich kann die Beseitigung der Merkmale verlangt werden, die das Verbot ausmachen, sowie die Antragstellung nach Absatz 4 (nicht: Absatz 3). Auf § 40 Rdn. 12 wird Bezug genommen. gg) § 46 Abs. 2 Satz 1. Hier geht es um Maßnahmen gegen Waffen- oder Munitionsbesitzer, die kein Besitzrecht mehr haben. Näheres findet sich bei § 46 Rdn. 4ff. hh) § 46 Abs. 3 Satz 1. Auch nach dieser Vorschrift kann die Behörde Sicherungsanordnungen treffen gegenüber Personen, die unberechtigt Besitz ausüben. Die Einzelheiten hierzu sind zu § 46 Rdn. 8ff. geschildert.

**9**   **5. Verstoß gegen Anzeigepflichten (Nr. 5).** In insgesamt neun Gesetzesvorschriften sind Verpflichtungen aufgestellt, bestimmte Anzeigen zu erstatten, in manchen dieser Vorschriften sogar mehrfach. Die Bestimmung bewehrt das Nichterstatten, nicht richtige, nicht vollständige, nicht in der vorgeschriebenen Weise oder nicht rechtzeitige Erstatten von Anzeigen. Unvollständig ist eine Anzeige nur, wenn in ihr die nach dem WaffG verlangten Angaben wenigstens teilweise fehlen. Soweit die Anzeigen unverzüglich zu erstatten sind, kann der Anzeigeverpflichtete nur zur Verantwortung gezogen werden, wenn er die Anzeigeerstattung schuldhaft (vorsätz-

Bußgeldvorschriften **§ 53**

lich oder fahrlässig) verzögert hat. Eine solche Feststellung wird immer nur nach
Würdigung der Umstände des Einzelfalles getroffen werden können. Schriftform der
Anzeige ist zB in § 10 Abs. 1 Satz 4 (§ 28 Abs. 7 WaffG aF) vorgeschrieben. Die
Regelungen waren bisher in § 43 Abs. 1 Nr. 5 der 1. WaffV aF enthalten; zur besseren Übersichtlichkeit wurden sie in das Gesetz aufgenommen (Begr. BT-Drucks.
14/7758 S. 83).

**Einzelfälle: a)** § 10 Abs. 1 Satz 4. Damit die WBK immer den aktuellen Stand
wiedergeben kann, müssen Veränderungen der Waffenbehörde schnellstmöglich gemeldet werden, so zB der Erwerb von einem Überlassenden. Die Einzelheiten ergeben sich aus der zitierten Vorschrift (hierzu § 10 Rdn. 8). **b)** § 21 Abs. 6 Satz 1 und
4. Diese Anzeigepflichten betreffen den Waffengewerbetreibenden und den Waffenhändler. Diese müssen zum einen innerhalb von zwei Wochen die in der zitierten
Bestimmung genannten, ihren Betrieb betreffenden Mitteilungen machen (Satz 1)
und zum anderen (Satz 4) unverzüglich den Wechsel der verantwortlichen Personen
im Betrieb anzeigen. Auf § 21 Rdn. 24 f. wird im Übrigen verwiesen. **c)** § 24 Abs. 5.
Hier geht um die Pflicht, die beabsichtigte Benutzung von bestimmten Marken der
Physikalisch-Technischen Bundesanstalt (PTB) mitzuteilen, und zwar eine inländische (Satz 1) oder eine solche aus einem anderen Staat (Satz 2). Auf § 24 Rdn. 12
wird Bezug genommen. **d)** § 27 Abs. 1 Satz 6. Hier lag zunächst ein Redaktionsversehen vor, weil auf Satz 5 verwiesen wurde. Die gemeinte Anzeigepflicht ergibt sich
erst aus Satz 6, was in der endgültigen Fassung richtiggestellt worden ist. Nach dieser Vorschrift muss der Inhaber einer Erlaubnis zum Aufstellen einer ortsveränderlichen Schießstätte im voraus bestimmte schriftliche Anzeigen an die Behörde erstatten. Weitere Einzelheiten hierüber finden sich in § 27 Rdn. 4. **e)** § 27 Abs. 2 Satz 2.
Hier hat der Betreiber einer nicht genehmigungsbedürftigen Schießstätte iSv. § 27
Abs. 2 Satz 1 der Behörde durch entsprechende Anzeige Kenntnis von der Aufnahme und Beendigung des Betriebs zu geben (§ 27 Rdn. 6). **f)** § 31 Abs. 2 Satz 3. Diese Anzeigepflicht betrifft das Verbringen von Waffen oder Munition aus dem Inland
in einen EU-Mitgliedstaat durch den Inhaber einer allgemeinen Erlaubnis iSv. § 31
Abs. 2 Satz 1. Hier ist vorherige schriftliche Anzeige jedes Verbringens an das BKA
erforderlich (§ 31 Rdn. 4). **g)** § 34 Abs. 2 Satz 2. Diese bußgeldbewehrte Anzeigepflicht trifft alle Personen, die nicht Waffengewerbe oder -handel betreiben (diese
müssen zwar nach der Änderung im Gesetzgebungsverfahren auch anzeigen [§ 34
Satz 1 aE], der Verstoß ist jedoch nicht sanktioniert), wenn sie jemandem eine erlaubnispflichtige Schusswaffe überlassen. Die Einzelheiten ergeben sich aus dem
Gesetz und § 34 Rdn. 7; in Rdn. 8 sind die Ausnahmen erwähnt. **h)** § 34 Abs. 4. Diese Bestimmung fordert wiederum eine schriftliche Anzeige an das BKA für den Fall
des Überlassens bestimmter Schusswaffen oder Munition innerhalb der EU. Auf
§ 34 Rdn. 12 f sowie Rdn. 13 (Ausnahmen) wird verwiesen. **i)** § 34 Abs. 5 Satz 1.
Hier ist eine entsprechende Anzeigepflicht für einen Sonderfall mit Auslandsberührung aufgestellt. Adressat der schriftlich zu erstattenden Anzeige ist auch in diesem
Fall das BKA. Zu den Einzelheiten § 34 Rdn. 14 f. **j)** § 36 Abs. 4 Satz 2. Diese Anzeigepflicht betrifft die kraft Gesetzes vorzunehmende Nachrüstung von Aufbewahrungsstätten. Hier ist die erfolgte fristgerechte Vornahme der erforderlichen ergänzenden Sicherheitsvorkehrungen anzuzeigen (und nachzuweisen). Auf § 36 Rdn. 11
wird verwiesen. **k)** § 37 Abs. 1 Satz 1. Unverzüglich anzuzeigen ist von den in § 37
Abs. 1 Satz Nr. 1 und 2 genannten Personen die Inbesitznahme von erlaubnispflichtigen Waffen und ebensolcher Munition (§ 37 Rdn. 2 ff.). **l)** § 37 Abs. 2 Satz 1. Diese Anzeige wird erforderlich bei Abhandenkommen von erlaubnispflichtigen Waffen (Munition) sowie von Erlaubnisurkunden; sie ist unverzüglich – ohne schuld-

## § 53 Abschn. 4. Straf- und Bußgeldvorschriften

haftes Zögern (§ 121 Abs. 1 Satz 1 BGB – zu erstatten (vgl. § 37 Rdn. 12). m) § 37 Abs. 3 Satz 1. Diese Pflicht soll sicherstellen, dass die Behörde auch über die Tatsache der Unbrauchbarmachung oder Zerstörung einer erlaubnispflichtigen Schusswaffe informiert wird. Die Anzeige muss binnen zweier Wochen schriftlich erfolgen. Vgl. § 37 Rdn. 14. n) § 40 Abs. 5 Satz 1. Hier geht es um die Inbesitznahme verbotener Gegenstände durch bestimmte Personen, die dies anzuzeigen haben. Auf § 40 Rdn. 12 ff. wird Bezug genommen.

**11**  **6. Verstoß gegen die Mitteilungspflicht bei personellen Änderungen in schießsportlichen Vereinen (Nr. 6).** Hier erhält die Verpflichtung des Vereins, der Behörde unverzüglich (§ 121 Abs. 1 Satz 1 BGB) die in § 10 Abs. 2 Satz 4 verlangten Mitteilungen zu machen (§ 10 Rdn. 10a), bußgeldrechtlichen „Flankenschutz". Ordnungswidrig handelt, wer diese Mitteilungspflicht in einer der unter Bußgelddrohung gestellten Modalitäten verletzt, also überhaupt nicht mitteilt, aber auch nicht richtig mitteilt (falsch informiert), unvollständig oder zu spät mitteilt. Das nicht rechtzeitige Mitteilen hat sich an der Forderung zu orientieren, dass die Anzeige unverzüglich zu erfolgen hat.

**12**  **7. a) Unterlassen des Antrags auf Ausstellung oder Korrektur einer WBK. (Nr. 7 erste Alternative).** Ein ordnungsgemäßes Funktionieren des waffenrechtlichen Überwachungssystems setzt voraus, dass die Waffenbehörde jeweils hinsichtlich der waffenrechtlichen Gegebenheiten rechtzeitig und vollständig ins Bild gesetzt wird und damit in der Lage ist, in den waffenrechtlichen Ausweispapieren den neusten Stand zu dokumentieren. Hierzu will die vorliegende Bestimmung beitragen. Verstöße gegen folgende Vorschriften sind bußgeldbewehrt: aa) § 13 Abs. 3 Satz 2. In diesem Falle vollzieht sich ein Waffenerwerb für **Jäger** mit Jahresjagdschein, ohne dass dieser der vorherigen Erlaubnis der Behörde bedarf (§ 13 Abs. 3 Satz 1) und ohne dass diese davon Kenntnis erlangt. Hier hilft das Gesetz diesem Mangel an Information dadurch ab, dass der Erwerber binnen zweier Wochen der Behörde Mitteilung vom Erwerb macht, indem er beantragt, dass diese entweder eine WBK ausstellt oder eine bereits vorhandene WBK entsprechend ergänzt. Unterlässt der Erwerber diesen Antrag, so erfüllt er den Bußgeldtatbestand. bb) § 14 Abs. 4 Satz 2. Eine ähnliche Antragspflicht und -frist besteht für **Sportschützen,** die auf Grund einer unbefristeten Erlaubnis nach § 14 Abs. 4 Satz 1 die dort genannten Waffen erwerben. Auch hier muss die Behörde nach einem solchen konkreten Erwerbsakt (ohne vorherige Kenntnis der Behörde, weil außerhalb der WBK) in die Lage versetzt werden, die – hier bereits vorhandene – WBK zu vervollständigen. Auf § 14 Rdn. 6 f. wird Bezug genommen. cc) § 20 Satz 1. Auch im Falle des Erwerbs durch Erbschaft vollzieht sich der Erwerb ohne Kenntnis der Behörde, so dass sie nachträglich informiert werden muss. Der **Erbe** hat deshalb binnen eines Monats nach Annahme der Erbschaft oder Ablauf der Ausschlagungsfrist alle zum Nachlass gehörenden erlaubnispflichtigen Schusswaffen der Behörde zum Zwecke der Aufnahme in eine neue oder bereits bestehende WBK zu melden. Die übrigen Erwerber auf Grund eines Erbfalls, nämlich Vermächtnisnehmer oder durch entsprechende Auflage Begünstigte, sind daneben bußgeldrechtlich nicht in korrekter Weise als zur Antragstellung Verpflichtete erfasst, da nur davon die Rede ist, dass der **Erbe** zu beantragen hat; auffälligerweise wird dann aber doch von einer Frist für diese anderen Erwerber gesprochen (vgl. § 20 Rdn. 7). Es kann also nach geltendem Recht nur die Pflichtverletzung durch den Erben selbst verfolgt werden. Dieser hat allerdings alle ererbten erlaubnispflichtigen Schusswaffen anzugeben (§ 20 Satz 1), so dass auch diejenigen davon erfasst werden, die der Erbe nach dem Erbfall an einen Vermächt-

Bußgeldvorschriften § 53

nisnehmer oder durch Auflage Begünstigten herausgibt. Vgl. auch § 20 Rdn. 5. Da die Zweiwochenfrist von der jeweils zitierten Vorschrift mit erfasst ist, wird auch der verspätete Antrag sanktioniert.

**b) Nichtvorlage der WBK oder des Europäischen Feuerwaffenpasses (Nr. 7 zweite Alternative).** Die Vorschrift stellt das Nicht- oder nicht rechtzeitige **Vorlegen** der Waffenbesitzkarte oder des Europäischen Feuerwaffenpasses erstmalig unter Bußgelddrohung; eine Verpflichtung hierzu ergibt sich aus Art. 16 der Waffenrichtlinie 91/477/EWG (§ 29 Rdn. 1). aa) § 10 Abs. 1 Satz 4. In diesem Falle ist die Anzeigepflicht nach Nr. 5 (hierzu oben Rdn. 10 unter a) kraft Gesetzes mit einer Vorlagepflicht hinsichtlich der WBK kombiniert. Ordnungswidrig handelt also auch derjenige, der zwar den Erwerb anzeigt, es aber unterlässt, die **WBK** zur Eintragung des Erwerbs vorzulegen. Für beide Handlungen ist eine Zweiwochenfrist festgesetzt. Mit einer Sanktion bedroht ist nicht nur Unterlassen der Vorlage, sondern auch die verspätete. Auf § 10 Rdn. 8 wird Bezug genommen. bb) § 34 Abs. 2 Satz 2. Nach dieser Vorschrift gilt eine Vorlagepflicht hinsichtlich der **WBK oder** des **Europäischen Feuerwaffenpasses,** wenn jemand erlaubnispflichtige Schusswaffen einem anderen überlässt. Die Verletzung der hiermit kombinierten Anzeigepflicht wird nach Nr. 5 geahndet (Rdn. 10 unter g; auch § 34 Rdn. 7 und – bezüglich der Ausnahmen – dort. Rdn. 8). Hinsichtlich der beiden möglichen Tatmodalitäten wird auf die vorangegangenen Ausführungen zu d) verwiesen.

**8. Verstoß gegen die Pflichten zur Führung der Waffenbücher (Nr. 8).** Gemeint sind das **Waffenherstellungsbuch** (§ 23 Abs. 1 Satz 1) und das **Waffenhandelsbuch** (§ 23 Abs. 2 Satz 1). Dieser OWi-Tatbestand war zuvor in § 55 Abs. 1 Nr. 4 WaffG aF enthalten und erfasste dabei auch noch das in Wegfall gekommene (§ 23 Rdn. 14) Munitionshandelsbuch. Die Führung der Waffenbücher war im bisherigen Recht sehr ausführlich geregelt, nicht nur in § 12 WaffG aF, sondern auch in den §§ 14 bis 18 und 43 Abs. 1 Nr. 1 der 1. WaffV aF in Verbindung mit § 55 Abs. 1 Nr. 28 Buchst. b sowie § 55 Abs. 1 Nr. 17 und 18 WaffG aF. Nicht nur das vollständige Unterlassen der Buchführung, sondern auch die unrichtige und unvollständige Buchführung verwirklicht den Tatbestand einer Ordnungswidrigkeit gem. Nr. 8. Unrichtige Buchführung liegt vor, wenn der Buchführungspflichtige falsche Eintragungen in den Büchern vornimmt, unvollständige Buchführung, wenn er die Eintragungen teilweise unterlässt. Demgegenüber regeln die §§ 14 bis 18 der 1. WaffV aF, die nach Art. 19 Nr. 3 Buchst. a WaffRNeuRegG bis zum Erlass einer neuen Waffenverordnung weiter entsprechend anzuwenden ist, mehr die **technische** Seite der Buchführung. Beide Vorschriftengruppen (Nr. 8 und diejenigen der Waffenverordnung, künftig nach § 25 Abs. 1 Nr. 1 Buchst. a) schließen einander daher nicht aus. Vielmehr kann und wird nicht selten, etwa bei unvollständiger Buchführung, tateinheitliches Zusammentreffen (§ 19 OWiG) gegeben sein, ebenso wie der Fall der Tatmehrheit (§ 20 OWiG) denkbar ist. Zum Buchführungsrecht vgl. auch Nr. 12 WaffVwV aF. Zu den Einzelheiten der Buchführungspflicht wird auf die Anmerkungen zu § 23 verwiesen (dort. Rdn. 3 ff.).

**9. Verstöße gegen die Kennzeichnungspflicht (Nr. 9).** Die Vorschrift bewehrt das Nichtanbringen, nicht rechtzeitige, nicht vollständige, nicht in der vorgeschriebenen Weise vorgenommene Anbringen von Kennzeichen auf Schusswaffen oder Munition. Dies war bisher in § 55 Abs. 1 Nr. 5 WaffG aF geregelt. Normadressaten sind gewerbsmäßige Hersteller oder Importeure („Verbringer" ins Inland), und zwar sowohl in Ansehung von Schusswaffen (§ 23 Abs. 1 und 2; dort. Rdn. 3 ff.) als auch von Munition (§ 23 Abs. 3; dort. Rdn. 7 ff.). Nicht nur das vollständige Unterlassen

## § 53 Abschn. 4. Straf- und Bußgeldvorschriften

der Kennzeichnung, sondern auch eine den Bestimmungen des WaffG und der hierzu erlassenen RechtsVO nicht entsprechende, vorschriftswidrige Kennzeichnung wird verfolgt. Außerdem steht unter Sanktionsdrohung das verspätete Anbringen (gefordert ist „unverzügliches") Anbringen der Kennzeichnung, und zwar sowohl bei Waffen als auch bei Munition. Die Nichtbeachtung der in den §§ 19 bis 23 der 1. WaffV aF enthaltenen Einzelvorschriften, die (abgesehen von § 19) zusätzlich die Munitionskennzeichnung regeln, wurde über § 55 Abs. 1 Nr. 28 Buchst. b WaffG aF in Verbindung mit § 43 Abs. 1 Nr. 2 der 1. WaffV aF geahndet. Wegen des Verhältnisses beider Gruppen von Bestimmungen zueinander vgl. vorstehende Rdn. 14, desgl. zur Fortgeltung der 1. WaffV aF.

**16** **10. Gewerbsmäßiges Überlassen von Schusswaffen oder Munition ohne Kennzeichnungsprüfung (Nr. 10).** Vgl. § 24 Abs. 4 und dort. Rdn. 10. Die gesetzliche Formulierung des Tatbestandes ist nur in Zusammenhang mit § 24 Abs. 4 WaffG zu verstehen. Nach dieser Bestimmung darf der Waffenhändler, an den sich die Vorschrift in erster Linie richtet (s. jedoch § 21 Abs. 2), Schusswaffen und Munition (gewerbsmäßig) anderen nur überlassen, nachdem er festgestellt hat, dass die Schusswaffen vorschriftsmäßig gekennzeichnet sind oder – bei Munition – wenn er auf Grund von Stichproben überzeugt ist, dass die Munition vorschriftsmäßig mit dem Herstellerzeichen versehen ist. Diese Prüfung ist, wie sich aus dem Zusammenhang mit § 24 Abs. 4 WaffG und der ratio legis ergibt, spätestens vor Überlassen der Gegenstände an den Letztverbraucher vorzunehmen. Ordnungswidrig beim Überlassen von Munition handelt jemand demnach, wenn er sich nicht zuvor anhand von Stichproben die Überzeugung verschafft hat, dass eine ordnungsgemäße Kennzeichnung vorliegt.

**17** **11. Unerlaubtes Betreiben oder wesentliches Ändern einer Schießstätte (Nr. 11).** Zur erforderlichen Erlaubnis zum Betrieb einer Schießstätte vgl. § 27 Abs. 1 Satz 1 und Rdn. 2 ff. Dieser OWi-Tatbestand war im früheren Recht in § 55 Abs. 1 Nr. 24 WaffG aF enthalten. Die Bußgeldbestimmung gleicht in ihrem Aufbau einer typischen Strafbestimmung aus dem Umweltstrafrecht (zB § 327), in der sowohl das Betreiben ohne Erlaubnis (Genehmigung) als auch das wesentliche Ändern der Beschaffenheit der Anlage und ihres „Betriebs" als sanktionsbedürftig angesehen werden (hier: § 27 Rdn. 3). Vgl. auch *Verf.* in LK[11] § 327 StGB Rdn. 9, 10 und 15 sowie – zum wesentlichen Ändern – die Kommentare zu §§ 15 und 16 BImSchG, zB *Landmann/Rohmer,* UmwR I, bearb. von *Hansmann* bzw. *Sellner.*

**18** **12. Aufsichtspflichtverletzung beim Schießen Minderjähriger in Schießstätten (Nr. 12).** Diese ist in zweierlei Form bußgeldbewehrt. **a)** unzulässiges Gestatten des Schießens Minderjähriger. Dieses wiederum ist in zwei Varianten erfasst, und zwar als Verstoß gegen § 27 Abs. 3 Satz 1 Nr. 1 und 2. In diesem Fall sind eine Reihe von Verstößen möglich. Zum einen kann das Einverständnis des Sorgeberechtigten, das entweder schriftlich erklärt oder durch dessen persönliche Anwesenheit beim Schießen zum Ausdruck gebracht wird, fehlen. Es kann weiter vorkommen, dass die Altersgrenzen des Gesetzes bei der Gestattung nicht eingehalten werden oder/und den Minderjährigen erlaubt wird, mit anderen als den für die einzelnen Altersstufen zugelassenen Schusswaffen zu schießen. Es kann schließlich auch der Fall sein, dass die im Eingangssatz für erforderlich erklärten Obhutspersonen nicht anwesend sind, oder zwar da sind, aber ihre Aufsicht nicht ordnungsgemäß ausüben oder dass sie nicht die für Obhutspersonen dieser Art vorgeschriebene Qualifikation aufweisen. In all diesen Fällen wird „entgegen § 27 Abs. 3 Satz 1" gehandelt. Auf § 27 Rdn. 7 ff. wird verwiesen.

## Bußgeldvorschriften § 53

**b) § 27 Abs. 6 Satz 2.** Diese im Laufe des Gesetzgebungsverfahrens zusätzlich **19** eingefügte Verpflichtung betrifft den Betrieb von „Schießbuden" (§ 27 Rdn. 12). Hier muss der Betreiber sicherstellen, dass bei dem Schießen mit den in Satz 1 dieser Bestimmung allein zugelassenen Schusswaffen für den Fall, dass ein noch nicht vierzehn Jahre altes Kind schießen will, speziell für diesen Schießvorgang eine eigene Aufsichtsperson bereitgestellt wird, die ihre Aufmerksamkeit ausschließlich diesem Kind und seinem Verhalten widmet. Geschieht dies nicht, so handelt (allein) der Betreiber der Schießbude ordnungswidrig.

**13. Aufbewahrung und Aushändigung von Einverständniserklärungen 20 (Nr. 13).** Die Vorschrift will die behördliche Kontrolltätigkeit bezüglich des Schießens Minderjähriger auf Schießstätten erleichtern. In § 27 Abs. 3 Satz 2 ist hierzu angeordnet worden, dass die schriftlichen Einverständniserklärungen der Sorgeberechtigten (§ 27 Abs. 3 Satz 1) während des Schießens des betreffenden Minderjährigen aufzubewahren sind (§ 27 Rdn. 7). Normadressat ist hier nicht der Betreiber der Schießstätte, sondern die zuständige Aufsichtsperson. Nach Satz 3 dieser Bestimmung hat darüber hinaus eine Aushändigung an die Vertreter der zuständigen Behörde zu erfolgen, wenn es von diesen verlangt wird. Hierbei bedeutet Aushändigen nicht nur ein flüchtiges Vorzeigen, sondern ein „In-die-Hand-Geben", so dass eine intensive Überprüfung möglich ist. Verweigert eine Aufsichtsperson dies, so begeht sie eine Ordnungswidrigkeit.

**14. Nichtmitführen der Berechtigungsbescheinigung bei Auszubildenden im 21 Jagdwesen (Nr. 14).** Auch hier soll die behördliche Überwachungstätigkeit unterstützt werden. Die hier erfassten Jugendlichen dürfen „in der Ausbildung" (§ 27 Rdn. 11) mit Jagdwaffen (§ 13 Rdn. 5) schießen. Wenn sie bei der Kontrolle mit solchen angetroffen werden, müssen sie die Berechtigungsbescheinigung, versehen mit den beiden erforderlichen Unterschriften, dabei haben. Nach der ratio legis müssen sie den Überwachungspersonen jedenfalls zur Einsicht vorgelegt werden; denn nur auf diese Weise kann geprüft werden, ob es sich um das vorgeschriebene Papier handelt.

**15. Anmelde- und Vorführpflicht bei Verbringen oder Mitnahme von Waffen 22 oder Munition aus einem Drittstaat ins Inland (Nr. 15).** Eine solche Regelung war zuvor in § 55 Abs. 1 Nr. 14 WaffG aF enthalten. Zur Frage, welche Gegenstände erfasst sind, wird auf § 29 Rdn. 5 Bezug genommen. Nur der „Import" oder die „Durchfuhr" aus einem Nicht-EU-Staat kommend ist gemeint. Die Begriffe „Verbringen" und „Mitnahme" sind u. a. in § 32 Rdn. 2 erläutert. Wird bei diesen beiden Tätigkeiten die Grenze zum Inland erreicht, löst dies die Anmeldepflicht in Bezug auf die unter die Regelung fallenden, mitgeführten Gegenstände aus (§ 33 Rdn. 3). Es ist klar, dass die Überwachungsbehörde hier mit der Grenzbehörde weitgehend identisch sein muss; genaue Angaben hierüber enthält § 33 Abs. 3 (dort. Rdn. 5). Falls diese Überwachungsbehörde das verlangt, hat der Einreisende das Mitgebrachte „vorzuführen", damit eine Überprüfung erfolgen kann. Ordnungswidrig ist das Nichtanmelden und das Verweigern des Vorführens, darüber hinaus das verspätete Vorführen.

**16. Überlassen an Nichtberechtigte bei nicht erlaubnispflichtigen Waffen 23 oder solcher Munition (Nr. 16).** Ebenfalls in Nr. 16, bisher in § 55 Abs. 1 WaffG aF, war eine entsprechende Bestimmung enthalten. Wenn bezüglich des Erwerbs dieser Gegenstände im Gesetz keine Erlaubnispflichten aufgestellt worden sind, sie also an sich frei erwerbbar sind, wird es sich bei dem Nichtberechtigten, an den sie nicht überlassen werden dürfen, idR um Minderjährige handeln, denn diese dürfen

**§ 53** Abschn. 4. Straf- und Bußgeldvorschriften

nach § 2 Abs. 1 weder mit Waffen noch mit Munition Umgang (§ 1 Abs. 3) haben (§ 34 Rdn. 2). Es ist aber auch an § 41 Abs. 1 Satz 1 zu denken, wonach ein behördliches Erwerbsverbot im Einzelfall – speziell bezüglich nicht erlaubnispflichtiger Waffen oder Munition – ausgesprochen worden sein kann. Das Überlassen würde auch in diesem Falle an einen Nichtberechtigten erfolgen.

**24**  **17. Nichtaufbewahren von Urkunden und Verweigerung der Einsichtnahme in diese bei Chiffre-Anzeigen (Nr. 17).** Hierzu wird auf die eingehende gesetzliche Regelung in § 35 Abs. 1 Satz 4 (dort. Rdn. 5) Bezug genommen. Normadressat ist der „Veröffentlichende". In diesen Fällen beträgt die Aufbewahrungsfrist, die bußgeldrechtlich maßgebend ist, ein Jahr. Parallel hierzu verläuft die Verpflichtung, Einsicht in diese aufbewahrten Unterlagen zu gewähren. Ordnungswidrig handelt, wer die Geschäftsvorgänge nicht oder nicht ein Jahr lang aufbewahrt oder das Einsichtsrecht der Behörde dadurch sabotiert, dass er keine oder nur unvollständig Einsicht gewährt oder auf das Verlangen der Behörde nach Einsichtnahme diese erst verspätet gewährt.

**25**  **18. Verstöße gegen die Hinweis- oder Protokollierungspflicht des Waffenhändlers (Nr. 18).** Alle Verstöße gegen § 35 Abs. 2 sind wegen ihrer Bedeutung zu Ordnungswidrigkeiten erklärt worden. Normadressat ist der Waffenhändler (Inhaber einer Erlaubnis nach § 21 Abs. 1; s. dort. Anm.). Zu den einzelnen Hinweis- und Protokollierungspflichten wird auf § 35 Rdn. 6 bis 9) verwiesen. Ordnungswidrig handelt, wer einen oder einen dieser Hinweise nicht, nicht richtig, nicht vollständig oder nicht rechtzeitig („beim Überlassen" erforderlich) gibt. Hinsichtlich der Protokollierung der Erfüllung dieser Hinweispflichten ist bußgeldbewehrt das Unterlassen der Protokollierung sowie das falsche, unvollständige oder nicht rechtzeitige Protokollieren; dieses wird – wie die Hinweise – beim Überlassen an den Erwerber gefordert.

**26**  **19. Verstöße gegen die Aufbewahrungsvorschriften des § 36 Nr. 19).** Diese Regelung war bisher in § 55 Abs. 1 Nr. 23 WaffG aF bußgeldbewehrt. Zwei Tatbestände sind gegeben; der Verstoß gegen: a) § 36 Abs. 1 Satz 2. Hier wird das gemeinsame Aufbewahren von Schusswaffen und Munition für den Fall sanktioniert, dass keine der im Gesetz aufgeführten besonderen Sicherheitsbehältnisse vorhanden sind. Auf die ins Einzelne gehenden technischen Vorschriften wird verwiesen (vgl. § 36 Rdn. 5 und 6). b) § 36 Abs. 2. Für die in dieser Bestimmung genannten Schusswaffen sind die genau beschriebenen technischen Bedingungen einzuhalten (§ 36 Rdn. 7 und die Erleichterungen für Langwaffen Rdn. 8). Die Aufbewahrung unter Vernachlässigung dieser Aufbewahrungsanforderungen stellt jeweils eine einzige Ordnungswidrigkeit dar, auch soweit gleichzeitig mehrere Waffen verwahrt werden; bei unterschiedlichen Kategorien von Waffen kann Tateinheit angenommen werden. Über § 57 Abs. 1 Satz 2 ist Nr. 19 auch auf die dort genannten tragbaren Schusswaffen anzuwenden. Vgl. auch die §§ 13 und 14 AWaffV mit Erläuterungen.

**27**  **20. Nichtmitführen oder Nichtaushändigen von Urkunden beim Waffenführen (Nr. 20).** Eine entsprechende Regelung war bisher in § 55 Abs. 1 Nr. 21 WaffG aF enthalten. § 38 regelt im Einzelnen, welche Urkunden außer einem Personalausweis oder Pass **beim Waffenführen mitgeführt** werden müssen: a) WBK oder/und Waffenschein (§ 38 Rdn. 4); b) Erlaubnisschein und ggf. „Beleg für den Grund der Mitnahme" (§ 38 Rdn. 5); c) Erlaubnisschein oder eine Bescheinigung, die auf diesen Erlaubnisschein Bezug nimmt (§ 38 Rdn. 6); d) Europäischer Feuerwaffenpass (§ 32 Rdn. 8) und im Falle des § 32 Abs. 3 außerdem noch ein Beleg für den Grund der Mitnahme (wie bei Buchst. b – § 38 Rdn. 5) vorzuweisen, also zB eine Einladung zur

Bußgeldvorschriften § 53

Jagd, Schießwettkampf oder Brauchtumsfest (§ 38 Rdn. 7); e) Ein Beleg ist auch mitzuführen in den Fällen des § 12 Abs. 1 Nrn. 1 und 2, wo es jeweils um vorübergehende Berechtigungen zum Erwerb und Besitz geht (§ 12 Rdn. 2 bis 18), und des § 28 Abs. 4 (dort. Rdn. 8). In den zitierten Absätzen des § 12 ist allerdings das „Führen" nicht geregelt (hierüber befindet § 12 Abs. 3), so dass die Berechtigung zum Führen insoweit nicht wirksam in Bezug genommen worden ist; das „Führen" betrifft deshalb nur den Fall des § 28 Abs. 4. (§ 38 Rdn. 8); f) „Schießerlaubnis" (§ 38 Rdn. 9). Über Erleichterungen und Ausnahmen hierzu vgl. § 38 Rdn. 10 und 11.

Die Pflicht zum Sichausweisen umfasst die Verpflichtung, die Papiere dem jeweiligen Kontrollorgan auf dessen Verlangen **zur Prüfung auszuhändigen.** Die Verstöße gegen beide Varianten sind bußgeldbewehrt. Auch das nicht rechtzeitige Aushändigen ist erfasst.

**21. Verletzung der Auskunftspflicht des § 39 Abs. 1 Satz 1 (Nr. 21).** Diese Regelungen waren – nach der missverständlichen Entwurfsbegründung – bisher – verstreut – in § 55 Abs. 1 Nrn. 17, 18 und 26 des WaffG aF und § 43 Abs. 1 Nr. 1 und Nr. 12 der 1. WaffV aF enthalten. Auskünfte zu erteilen haben alle Personen, die den Besitz an Waffen oder Munition ausüben (§ 39 Rdn. 2). Zum Inhalt des Auskunftsverlangens wird auf § 39 Rdn. 3 verwiesen, zum Auskunftsverweigerungsrecht auf die dort. Rdn. 4. Auch hier sind vier Tatmodalitäten möglich: Verweigerung der Auskunft, falsche Auskunftserteilung, unvollständige Erteilung und am behördlichen Verlangen zu messende oder, falls feste Termine bestehen, verspätete Auskunftserteilung.

28

**22. Verletzung der Pflicht zur Urkundenrückgabe (Nr. 22).** Die Nichtrückgabe von Erlaubnisurkunden war bisher in § 55 Abs. 1 Nr. 27 WaffG aF geregelt. Es handelt sich um den Verstoß gegen § 46 Abs. 1 Satz 1 und 2. In jedem Fall, in dem erteilte Erlaubnisse durch unanfechtbar gewordenen behördlichen Akt rückgängig gemacht worden oder kraft gesetzlicher Bestimmung erloschen sind, müssen die Erlaubnisurkunden (in allen im Umlauf befindlichen Ausfertigungen) zur Verhinderung von Missbrauch so schnell wie möglich „aus dem Verkehr gezogen" werden. Der bisherige Erlaubnisinhaber hat sie deshalb schleunigst („unverzüglich" nach § 121 Abs. 1 Satz 1 BGB) der Behörde zurückzugeben; wegen der Verfolgung als Ordnungswidrigkeit kann Zwangsgeld eingesetzt werden (*A/B* Rdn. 30). Als „Flankenschutz" zur Erfüllung dieser Pflicht dient der vorliegende OWi-Tatbestand. Dass hierin im Entwurf auch „Aufzeichnungen" als zurückzugeben aufgeführt waren, ging ins Leere (§ 46 Rdn. 14). Hier kann gegen die Bestimmung in zweierlei Weise verstoßen werden: zum einen durch Unterlassen der Rückgabe und zum anderen durch nicht rechtzeitige Rückgabe, gemessen an der Forderung „unverzüglich".

29

**23. Verstoß gegen Ordnungswidrigkeitstatbestände in untergesetzlichem Regelwerk (Nr. 23).** Eine solche Regelung entspricht traditioneller Gesetzgebungstechnik (vgl. § 55 Abs. 1 Nr. 28 WaffG aF). Es handelte sich hierbei bisher um die § 43 der 1. WaffV und § 31 der 3. WaffV. Die neue Vorschrift bewehrt den Verstoß gegen Tatbestände der zukünftigen Rechtsverordnungen nach § 25 Abs. 1 Nr. 1 Buchstabe b, § 27 Abs. 7, § 36 Abs. 5 Satz 2 und § 47 sowie gegen auf ihrer Grundlage ergangene vollziehbare Anordnungen, wenn die Rechtsverordnungen eine entsprechende Rückverweisungsklausel enthalten. Hierdurch wird die im Hinblick auf Art. 103 Abs. 2 GG (BVerfGE **14,** 245, 252) erforderliche hinreichend konkretisierte Gesetzesgrundlage zur Ahndung von Verstößen gegen die Durchführungsverordnungen geschaffen. Wie in § 55 Abs. 1 Nr. 28 WaffG aF vorgesehen gewesen, nahmen die angeführten Bußgeldvorschriften (§§ 43 und 31 der 1. bzw. 3. WaffV aF)

30

## § 53 Abschn. 4. Straf- und Bußgeldvorschriften

ausdrücklich auf Absatz 1 Nr. 28 Buchst. b von § 55 WaffG aF Bezug, so dass sich die in den §§ 43 und 31 der 1. bzw. 3. WaffV aF unter Bußgelddrohung gestellten Tatbestände letztlich als **Verstöße gegen das WaffG selbst** darstellten. Eine entsprechende Klausel enthält auch die Bußgeldbestimmung (§ 34) der neuen **Allgemeinen Waffengesetz-Verordnung (AWaffV)** vom 27. 10. 2003 (BGBl. I 2123).

**31** **III. Täterschaft. 1. Täter** (Beteiligter nach § 14 Abs. 1 OWiG; die strafrechtlichen Ausformungen des Gehilfen oder Anstifters kennt das OWiG als solche nicht) dieser Ordnungswidrigkeiten können **nur natürliche Personen** sein (*Rengier* in KK-OWiG[3] vor § 8 Rdn. 4; jetzt auch deutlich *Göhler*[14] vor § 1 OWiG Rdn. 31; aA *Tiedemann* NJW **1988**, 1169, 1172)), nicht jedoch juristische Personen oder Personenverbände. Soweit das OWiG Geldbußen auch gegen diese zulässt, handelt es sich um **Nebenfolgen** der Tat eines Menschen (BayObLG NJW **1972**, 1772; *Göhler* aaO; aA *Rogall* KK-OWiG[2] § 30 Rdn. 10). Von großer praktischer Bedeutung ist in diesem Zusammenhang § 30 OWiG, der die Festsetzung einer Geldbuße als Nebenfolge (Absatz 1) und als selbstständige Maßnahme (Absatz 4) gegen andere als natürliche Personen zulässt (vgl. hinsichtlich von Taten des „faktischen" Geschäftsführers *Eidam* StraFo **2003**, 299; zusammenfassend zu § 30 Abs. 4 OWiG *ders.* wistra **2003**, 447. Eine juristische Person ist im Bußgeldverfahren demnach nicht „Betroffene", sondern „Nebenbeteiligte" (*Göhler* aaO vor § 87 Rdn. 2 und 8).

**32** **2. Handeln für einen anderen.** Die Verantwortlichkeit für ordnungswidriges Verhalten kann sich auch aus der Anwendung des **§ 9 OWiG** ergeben (*Rogall* in KK-OWiG[2] zu § 9). Die strafrechtliche Verantwortlichkeit von Personen in Unternehmen der industriellen Produktion ist im Schrifttum vielfach erörtert worden (*Schmidt-Salzer* NJW **1996**, 1 ff.; *Deutschler/Körner* wistra **1996**, 292 und 327; *Schall*, Probleme der Zurechnung von Umweltdelikten in Betrieben, in: Deutsche Wiedervereinigung, Die Rechtseinheit, Arbeitskreis Strafrecht, Bd. III Unternehmenskriminalität [1996] S. 99; *Kuhlen* WiVerw. **1991**, 181, 231 ff und JZ **1994**, 1142, 1144 f; *Meier* NJW **1992**, 3193, 3194 f; *Eidam* Unternehmen und Strafe [1993] sowie „Straftäter Unternehmen" [1997]; *Hirsch* ZStW **107** [1995], 285; *Ehrhardt* Unternehmensdelinquenz und Unternehmensstrafe; *Heine* Die strafrechtliche Verantwortlichkeit von Unternehmen [1995]; *Ransiek* Unternehmensstrafrecht [1996]). Bei juristischen Personen sind als Täter in erster Linie diejenigen natürlichen Personen anzusehen, die in ihrer Eigenschaft als Alleininhaber oder ressortmäßig als Mitglied des Vertretungsorgans für den hier einschlägigen Bereich zuständig sind (zum Gewässerrecht: *Odersky* Tröndle-Festschrift S. 291, 295; zur – eingeschränkten – Verantwortlichkeit des kaufmännischen Vorstandes oder Geschäftsführers in Bezug auf technische Vorgänge ausführlich *Schlüchter* Salger-Festschrift S. 139). Es ist insgesamt eine „unternehmensbezogene Sichtweise" (*Kuhlen* WiVerw. **1991**, 181, 243 ff, 247 ff) geboten. Wird der Normadressat durch mehrere Organe vertreten, ist die interne Zuständigkeit des vertretungsberechtigten Organs beachtlich (OLG Düsseldorf GewA **2002**, 389 zu § 15 Abs. 1 BImSchG).

**33** Die Verantwortung trifft grundsätzlich denjenigen, dem die **innerbetriebliche Entscheidungsbefugnis** für den hier angesprochenen Sektor zusteht (*Schmidt-Salzer* NJW **1996**, 3 zum Verhältnis Arbeitsteilung und Verantwortung; *Rudolphi* Lackner-Festschrift S. 863, 867). Mit Recht wird im Wasserrecht hierbei auf die im Wasserhaushaltsgesetz vorgesehene „entscheidende Stelle" (§ 21 e) abgestellt (*Bickel* ZfW **1979**, 139, 148; *Wernicke* ZfW **1972**, 149, 156 f). Für die Grundentscheidungen ist bei einem Großunternehmen der Vorstandsvorsitzende verantwortlich (*Ebenroth/Willburger* BB **1991**, 1941), der entsprechende Beschlüsse des Vorstandes herbeizuführen hat (StA beim LG Frankfurt/M. NuR **1982,** 115). Bei dem Aufspüren der verantwortlichen Stelle, das nicht immer leicht sein wird, sind die **Pflichten- und Funktionsübertragungen,** die in dem Unternehmen im Einzelnen vorgenommen worden sind, zu beachten (LG Bad Kreuznach NVwZ-RR **1993,** 403 zur Übertragung auf einen Vertragspartner; hierzu weiter ergangen OLG Koblenz NJW **1994,** 1887; vgl. ferner *Schmidt-Salzer* NJW **1996,** 1 ff, 5). Maßgebend ist hierbei allerdings nicht die Aktenlage, sondern die „tatsächliche Betrachtungsweise" (zum Strafrecht: BGHSt. **39,** 381, 385; *Bruns* GA **1982,** 1, 19 und JR **1984,** 133). Für die straf- und bußgeldrechtliche Beurteilung steht im Vordergrund, wer tatsächlich handelt (in diesem Sinne BGHSt. **11,** 102; **31,** 118). Diejenige Person, die eigenverantwortlich tatsächlich zu bestimmen hat, welche Maßnahmen zu treffen sind, hat auch dafür einzustehen, wenn es infolge der getroffenen Maßnahmen oder ihres Unterbleibens zu einer Zuwiderhandlung kommt (*Schmidt-Salzer* NJW **1996,** 1, 4). Wenn eine **Delegation** der entsprechenden Funktionen auf nachgeordnete Personen vorgenommen worden ist, so ist dies zu beachten (hierzu BGH, Urteil vom 1. 7. 1997 – 1 StR 244/97). Ob hierbei moderne Schlagwörter, wie „Top-down-Methode" oder – für den umgekehrten Fall – „Bottom-up-Methode (*Franzheim* Umweltstrafrecht S. 117 ff.) hilfreich sein können, erscheint fraglich. Der Übertragende wird jedenfalls nicht völlig von seiner Haftung befreit; sie bleibt bei mangelnder Auswahl oder ungenügender Kontrolle des Untergeordneten bestehen (*Schmidt-Salzer* NJW **1996,** 1, 3; näher *Schünemann* LK[11] § 14 StGB Rdn. 14, 19 ff., 65 f.). Der Unternehmensinhaber bleibt daneben weiter verantwortlich (OLG Hamm wistra **2003,** 469; vgl. auch die Begr. zu § 11 b AbfG BT-Drucks. 7/2593 S. 7). Er hat in jedem Falle die Oberaufsicht darüber zu erfüllen, dass die übertragenen Pflichten erfüllt werden. Als eigenverantwortliche Funktionsträger kommen Betriebsleiter, selbstständige Abteilungsleiter in Betracht. Es ist stets eine **Kongruenz** von innerbetrieblicher Entscheidungsmacht und Verantwortung zu fordern (*Schmidt-Salzer* NJW **1996,** 1 ff.). Das Einstehenmüssen für die Erfüllung der ihm übertragenen Pflichten reicht jeweils nur so weit wie der konkrete tatsächliche und rechtliche Einflussbereich des Untergebenen (*Sanden* wistra **1995,** 283, 284 f., vor allem zur Frage der Organisationsstruktur aufgrund des Öko-Audit-Systems). Überschreitet der Untergebene seine Befugnisse bewusst und handelt er eigenmächtig, so ist er in diesem Falle auch allein in diesem Rahmen straf- und auch bußgeldrechtlich verantwortlich; den Geschäftsherrn kann eine Fahrlässigkeitshaftung treffen (*Schünemann* LK[11] § 14 StGB Rdn. 66).

**3. Verletzung der Aufsichtspflicht in Unternehmen.** Schließlich ist auch das **34** Vorliegen einer Ordnungswidrigkeit nach § 130 OWiG zu untersuchen (hierzu eingehend *Rogall* in KK-OWiG[3]; *Göhler*[14]), wenn die dort aufgeführten Personen in leitender Stellung vorsätzlich oder fahrlässig die erforderliche Aufsicht haben vermissen lassen, die der Begehung von Straftaten oder Ordnungswidrigkeiten hätte entgegenwirken können. Zu den Einzelheiten wird auf OLG Jena wistra **2006,** 157 (zum Abfallrecht); BayObLGSt. **2001,** 107 = NJW **2002,** 766 = wistra **2001,** 478 sowie die Erläuterungswerke zum OWiG (KK-OWiG[3], *Rebmann/Roth/Herrmann, Göhler*[14]*, Bohnert, Lemke, Mitsch*[2]) verwiesen.

**IV. Innere Tatseite. 1.** Als **Schuldformen** sieht das Gesetz sowohl Vorsatz als **35** auch Fahrlässigkeit vor. Besonderheiten bestehen insoweit nicht.

**a)** Das Vorliegen des **Vorsatzes** ist nach den allgemeinen Grundsätzen zu prüfen; bedingter Vorsatz genügt. Die Wissenskomponente des Vorsatzes ist erfüllt, wenn der Täter über alle tatsächlichen Umstände richtig und vollständig **informiert** ist. Ihm muss bekannt sein oder er muss es für möglich halten, dass es sich um die im

## § 53　Abschn. 4. Straf- und Bußgeldvorschriften

Einzelfall angesprochene Kategorie von Waffe oder Munition handelt, wobei nicht gefordert werden kann, dass er eine zutreffende rechtliche Vorstellung von den Gegenständen hat. Kennen muss er allerdings die tatsächlichen Umstände, durch die das spezifische Unrecht seiner Tat bestimmt wird (zu § 326 StGB: *Schittenhelm* GA **1983**, 310, 315). Jedes Informationsdefizit in Bezug auf die tatsächlichen Umstände führt zur Annahme eines Irrtums nach § 11 Abs. 1 Satz 1 OWiG. Hierbei sind allerdings die Regeln über den Irrtum über Tatbestandsalternativen zu beachten *(Schroeder* LK[11] § 16 Rdn. 3 sowie GA **1979,** 321 ff.).

**36** **b)** Für die Feststellung der objektiven und subjektiven Elemente der **Fahrlässigkeit** gelten die allgemeinen Grundsätze *(Schroeder* aaO § 16 Rdn. 116ff). Maßstab für die erforderliche Sorgfalt ist das Verhalten eines sorgfältigen und verantwortungsbewussten Herstellers, Händlers oder sonstigen Besitzers solcher risikobehafteten Gegenstände in der konkreten Situation. Allgemein gilt, dass ein Gewerbetreibender sich über betriebseinschlägige Vorschriften informieren muss (OLG Stuttgart OLGSt. § 4 AbfG S. 1 ff). Zu denken ist auch daran, dass der Täter mit der Erfüllung seiner Pflichten einen anderen beauftragt hat. Hier muss er Erkundigungen einziehen, ob der Beauftragte tatsächlich hierzu in der Lage ist und über die erforderlichen rechtlichen Befugnisse verfügt; unterlässt er dies, handelt er fahrlässig (für das Strafrecht: BGHSt. **40**, 84 = NJW **1994**, 1745 = StV **1995**, 135 m. krit. Anm. *Michalke;* hierzu ferner: *Hecker* Umweltstrafrecht: das Risiko des Entsorgungspflichtigen bei der Beauftragung ungeeigneter Dritter, MDR **1995**, 757; *Krieger* Sorgfaltspflichten des Abfallbesitzers bei der Entsorgung durch Dritte, DB **1996,** 613).

**37** **2. Beachtlichkeit von Fehlvorstellungen.** Tatumstandsirrtum (§ 11 Abs. 1 Satz 1 OWiG) liegt vor, wenn über folgendes beim Täter Fehlvorstellungen vorliegen: **a)** Tatsächliche Umstände, die im Einzelnen der Wertung Waffe oder Munition in der jeweiligen Ausformung zugrunde liegen; eine fehlerhafte rechtliche Einordnung ist Subsumtionsirrtum (zum Umweltrecht: OLG Braunschweig ZfW **1991**, 52, 63; *Rengier* Umweltstrafrecht S. 25), der nach den Regeln des Verbotsirrtums zu beurteilen ist. **b)** Die tatsächlichen Eigenschaften des betreffenden Gegenstandes (Parallelwertung in der Laiensphäre reicht). Eine unbeachtliche Fehlvorstellung liegt vor, wenn die vom Täter fälschlich angenommene und die von ihm tatsächlich verwirklichte Tatbestandsmodalität in ihrer Unrechtsqualität vergleichbar sind. Dies werden in der Regel die verschiedenen Begehungsformen eines Tatbestandes des Ordnungswidrigkeitenkatalogs jeweils untereinander sein.

Hinsichtlich der Vermeidbarkeit eines Verbotsirrtums (vgl. BayObLG NStZ-RR **2002**, 252, 253) gelten die allgemeinen Grundsätze. Auch auf dem vorliegenden Rechtsgebiet ist zu fordern, dass der am Rechtsverkehr Beteiligte sich über die von ihm zu beachtenden Regelungen vergewissert und notfalls Erkundigungen bei zuverlässigen Stellen einholt (großzügig: BayObLG wistra **2000**, 117 [abhängig von der Betriebsgröße]). Vgl. auch Rdn. 41 ff. vor § 51.

**38** **3. Der Versuch** ist **nicht** bußgeldbewehrt (vgl. § 13 Abs. 2 OWiG).

**39** **V. Die Bußgelddrohung (Absatz 2).** Die Vorschrift entspricht dem § 55 Abs. 3 WaffG aF. Der seit 1972 unverändert gewesene Bußgeldrahmen (10 000 DM) wurde auf 10 000 Euro erhöht, um eine angemessene Sanktionierung auch bei Verstößen mit erheblichen wirtschaftlichen Vorteilen zu ermöglichen (Begr. BT-Drucks. 14/ 7758 S. 84). Diese Begründung ist nicht sehr überzeugend, weil der Entzug wirtschaftlicher Vorteile bei der Festsetzung der Geldbuße stets zu berücksichtigen ist (§ 17 Abs. 4 Satz 1 OWiG und *Verf.* hierzu in KK-OWiG[2] § 17 Rdn. 116ff., *Mitsch* in KK-OWiG[3] § 17 Rdn. 111ff. sowie *Göhler*[14] § 17 Rdn. 37ff.). Das Höchstmaß

Einziehung und erweiterter Verfall § 54

der Geldbuße ist damit abweichend von § 17 Abs. 1 OWiG (1000 €) im Hinblick auf die Bedeutung der Verstöße gegen das WaffG und die damit verbundenen Gefahren für die Allgemeinheit auf das Zehnfache dessen festgesetzt worden; bei fahrlässigem Handeln beträgt das Höchstmaß gem. § 17 Abs. 2 OWiG 5000 Euro. Die Mindestgeldbuße beträgt 5 Euro (§ 17 Abs. 1 OWiG). Zu Sanktionen eingehend *Schall/Schreibauer* wistra **1996**, 440, auch zu Einziehung und Verfall.

Die vorliegende Bestimmung sieht bedauerlicherweise **keine** am Unrechtsgehalt 40 der einzelnen Verstöße orientierte **abgestufte Bußgelddrohung** vor, obwohl die unter 23 Nummern aufgeführten Tatbestände sehr unterschiedlich gestaltet sind. Den konkreten Rahmen, von dem bei der Geldbußenbemessung ausgegangen worden ist, hat der Bußgeldrichter in seinen Urteils- oder Beschlussgründen offen zulegen, da andernfalls das Rechtsbeschwerdegericht nicht nachprüfen kann, ob der Tatrichter von einem zutreffenden Rahmen ausgegangen ist; es kann dann in diesen Fällen nicht ausgeschlossen werden, dass das Gericht die vom Gesetzgeber vorgenommene generelle Vorbewertung des Tatunrechts missachtet hat.

Für die **Bemessung der Geldbuße** im Einzelfall (hierzu ausführlich *Verf.* in KK- 41 OWiG$^2$ zu § 17) gelten die allgemeinen Regeln (§ 17 Abs. 3 OWiG). Zur Berücksichtigung des „wirtschaftlichen Vorteils" der Tat vgl. BayObLG wistra **2003**, 470. Die Bundesländer haben auf einer Reihe von Rechtsgebieten **Bußgeldkataloge** eingeführt. Das ist auf dem Gebiet des Waffenrechts bisher nicht geschehen. In echten Bagatellfällen ist von der Verfolgung abzusehen oder das Verfahren einzustellen; für die Verwaltung ist bei Vorliegen der Voraussetzungen auch die Erledigung durch Verwarnung (§ 56 OWiG) von Bedeutung.

Ferner wird bei Unternehmen die Festsetzung von Geldbußen nach §§ 30, 130 OWiG (OLG Jena wistra **2006**, 157) sowie allgemein die Anordnung des Verfalls (§ 54; § 29 a OWiG [hierzu LG Stuttgart NStZ-RR **2003**, 121]) zu erwägen sein. Der vom Normalfall abweichende Bußgeldrahmen des § 30 Abs. 2 Satz 1 OWiG ist zu beachten. Auf die eingeführten Erläuterungswerke zum OWiG wird verwiesen.

**VI. Zuständige Verwaltungsbehörde (Absatz 3).** Nach § 36 Abs. 1 Nr. 1 OWiG 42 ist für den Erlass des Bußgeldbescheides (§ 65 OWiG) bei Ordnungswidrigkeiten gem. § 53 WaffG die Behörde sachlich zuständig, die das verletzte Gesetz bestimmt. Aus Gründen der Zweckmäßigkeit und der Verwaltungsvereinfachung ist nach der früheren Begr. (BT-Drucks. VI/2678 S. 37) die Verfolgung von Ordnungswidrigkeiten den zuständigen Landesbehörden auch in dem Bereich übertragen worden, in dem die Physikalisch-Technische Bundesanstalt und die Bundeskriminalamt zuständig sind. Eine Zuständigkeit des Bundeskriminalamts ergibt sich nach § 2 Abs. 5 iVm. § 48 Abs. 3 und bei der Zulassung von Ausnahmen, die bei der Verfolgung von einschlägigen Verstößen zu berücksichtigen sind, aus § 40 Abs. 4; eine solche der Physikalisch-Technische Bundesanstalt aus § 24 Abs. 5.

**VII. Verfolgungsverjährung** tritt nach 2 Jahren ein (§ 31 Abs. 2 Nr. 2 OWiG). 43

**Einziehung und erweiterter Verfall**

**54** (1) Ist eine Straftat nach den §§ 51, 52 Abs. 1, 2 oder 3 Nr. 1, 2 oder 3 oder Abs. 5 begangen worden, so werden Gegenstände,
1. auf die sich diese Straftat bezieht oder
2. die durch sie hervorgebracht oder zu ihrer Begehung oder Vorbereitung gebraucht worden oder bestimmt gewesen sind,
**eingezogen.**

## § 54
Abschn. 4. Straf- und Bußgeldvorschriften

(2) Ist eine sonstige Straftat nach § 52 oder eine Ordnungswidrigkeit nach § 53 begangen worden, so können in Absatz 1 bezeichnete Gegenstände eingezogen werden.

(3) § 74a des Strafgesetzbuches und § 23 des Gesetzes über Ordnungswidrigkeiten sind anzuwenden. In den Fällen der §§ 51, 52 Abs. 1 oder 3 Nr. 1 bis 3 ist § 73d des Strafgesetzbuches anzuwenden, wenn der Täter gewerbsmäßig oder als Mitglied einer Bande handelt, die sich zur fortgesetzten Begehung solcher Straftaten verbunden hat.

(4) Als Maßnahme im Sinne des § 74b Abs. 2 Satz 2 des Strafgesetzbuches kommt auch die Anweisung in Betracht, binnen einer angemessenen Frist eine Entscheidung der zuständigen Behörde über die Erteilung einer Erlaubnis nach § 10 vorzulegen oder die Gegenstände einem Berechtigten zu überlassen.

**1**   **1. Entstehungsgeschichte.** Die Vorschrift entspricht § 56 Abs. 2 bis 4 WaffG aF. Wegen der Gefahren, die durch die Nichtbeachtung der Vorschriften des WaffG und der Durchführungsverordnungen hierzu für die Allgemeinheit entstehen können, sah das Gesetz schon bisher, wie früher (§ 26 Abs. 2 RWaffG, § 39 BWaffG 1968), die Möglichkeit der **Einziehung** vor, und zwar in einer einheitlichen Vorschrift in gleicher Weise bei der Begehung von Straftaten (§§ 52a, 53 WaffG aF) wie von Ordnungswidrigkeiten (§ 55 WaffG aF). Wegen der zunächst vorgesehen gewesenen Aufgabe der Unterteilung in Verbrechen und Vergehen in § 50 des ursprünglichen Entwurfs (§ 51 Rdn. 1) war die Einziehung insgesamt nur als fakultative, also in das pflichtgemäße Ermessen gestellte, geplant. Nach eingehenden Beratungen kam der Gesetzgeber aber zu dem Schluss, dass auf obligatorische Anordnung der Einziehung bei gewichtigen Straftaten nicht verzichtet werden könne (Begr. BT-Drucks. 14/8886 S. 118).

**2**   **2. Allgemeines** (hierzu *Peglau* JA **2005,** 640). Die Anordnung der Einziehung rechtfertigt sich aus der Besorgnis, dass durch den weiteren Besitz eine Gefahr für die öffentliche Sicherheit entstehen kann, die in den Fällen des § 56 Abs. 1 WaffG aF (obligatorische Einziehung) qua Gesetz als gegeben unterstellt wurde. Die Einziehung ist auch nach neuem Recht gem. **Absatz 1 obligatorisch,** nach Absatz 2 dagegen fakultativ. In jedem Falle ist der Grundsatz der **Verhältnismäßigkeit** zu beachten (§§ 74b Abs. 1 StGB, 24 OWiG BayObLG NStZ-RR **2001,** 281, 282; NStE § 28 WaffG Nr. 3 und OLG Hamm NJW **1978,** 1018 [LS]). Das hat der Bundesgerichtshof ausdrücklich auch für den Fall der obligatorischen Einziehung des Abs. 1 entschieden (Beschluss v. 17. 12. 1980 – 3 StR 361/80 NStZ **1981,** 104): Es waren insgesamt 70 Waffen und Waffenteile bei einem Sammler eingezogen worden, ohne dass der Tatrichter zum – beträchtlichen – Wert Feststellungen getroffen gehabt hätte. Dass das Gesetz die Einziehung zwingend vorschreibe, genüge zur Begründung der Einziehungsentscheidung nicht. Zum einen sei der Richter auch bei gesetzlich gebotenen Maßnahmen verpflichtet, das dem Rechtsstaatsprinzip zugehörige Übermaßverbot zu beachten, „wenngleich es in diesem Rahmen nur ganz ausnahmsweise wird verletzt werden können"; es hätte aber nach Auffassung des Bundesgerichtshofs geprüft werden müssen, ob der Zweck der Einziehung nicht durch weniger einschneidende Maßnahmen hätte erreicht werden können, wie sie § 74b Abs. 2 StGB – bei Vorbehalt der Einziehung – ermögliche. Diese Bestimmung gelte auch für die Fälle der gesetzlich vorgeschriebenen Einziehung; § 56 Abs. 4 WaffG [aF] weise darauf hin, dass hierbei an die Auflage zu denken sei, den betr. Gegen-

Einziehung und erweiterter Verfall § 54

stand einem Berechtigten zu überlassen, wobei für den Eigentümer ein gewisser Erlös erzielbar wäre. Vgl. auch BGHSt. **23**, 267, 269 und *Schmidt* LK[11] § 74b Rdn. 2 mwN.

**Die materiellen Voraussetzungen der Einziehung.** Sie sind bei Begehung einer 3 Straftat (§§ 51, 52 WaffG) in den §§ 74 – zB „Sicherungseinziehung" nach § 74 Abs. 2 Nr. 2 und Abs. 3 –, 74a StGB, bei Begehung einer Ordnungswidrigkeit (§ 53 WaffG) in den §§ 22, 23 OWiG geregelt. Die nach § 22 Abs. 1 OWiG erforderliche besondere gesetzliche Einziehungsvorschrift stellt der § 54 Abs. 2 WaffG nF dar. Wird eine Pistole bei der Tat nur mitgeführt, ohne dass festgestellt ist, dass sie zur Tat benutzt wurde oder bestimmt gewesen ist, so kann ihre Einziehung nicht angeordnet werden (BGH vom 15. 5. 2001 – 3 StR 153/01). In strafverfahrensrechtlicher Hinsicht sind die §§ 430 ff. StPO heranzuziehen.

Außerdem kommt die Anordnung des **Verfalls** (§ 73 StGB) eines erlangten Vermögensvorteils in Betracht (BGH, Beschluss vom 23. 9. 1988 – 2 StR 460/88 betr. KWKG und vom 13. 12. 1988 – 5 StR 394–395/87 betr. § 53 Abs. 1 Satz 1 Nr. 3a Buchst. a WaffG aF); zur Abgrenzung gegenüber der Einziehung: BGH NStZ-RR **2003**, 57; vgl. auch *Nack* GA **2003**, 879 zur BGH-Rspr. betr. Verfall; an aus einem illegalen Waffengeschäft erhaltenen Geldmitteln kann der Veräußerer kein Eigentum erlangen, so dass sie nicht dem Verfall unterliegen (BGH NStZ **2004**, 554); unter den besonderen Voraussetzungen des **Absatzes 3 Satz 2** auch der „**Erweiterte Verfall**" (§ 73d StGB nF). Dieses Institut ist verfassungsgemäß (BVerfG NJW **2004**, 2073). Auf die Erläuterungen zu dieser – umstrittenen – Vorschrift in den Kommentaren zum Strafgesetzbuch wird verwiesen (zB *Schmidt* in LK[11] Rdn. 17 ff. und 37); auch auf den Beschluss des BGH vom 22. 11. 1994 – 4 StR 516/94 zur Frage der verfassungskonformen Auslegung dieser Bestimmung (BGHSt. **40**, 371 = NJW **1995**, 470; aufrechterhalten BGH NStZ **1998**, 362 [LS]). Die mit der Anordnung des erweiterten Verfalls verbundene Vermögenseinbuße ist in der Regel kein Strafmilderungsgrund (BGH NJW **1995**, 297), da sie nur einen unrechtmäßig erlangten Vermögenszuwachs abschöpfen will (BGH NStZ **2001**, 531; **2000**, 137). Auch ein in Spanien gelegenes Grundstück kann dem erweiterten Verfall unterliegen (BGH NStZ **2000**, 483).

**2. Obligatorische und fakultative Einziehung.** Durch das WaffRÄG 1978 war 4 § 56 WaffG aF anders gefasst worden dergestalt, dass bei den in seinem Absatz 1 angeführten strafbaren Handlungen, insbesondere denjenigen gem. § 52a Abs. 1 und 2 WaffG aF und bei bestimmten Tatbeständen des § 53 (vgl. BGH, Urteil vom 18. 10. 1989 – 2 StR 338/89), „bei denen durch den weiteren Besitz eine Gefahr für die öffentliche Sicherheit zu besorgen ist" (ABer. BT-Drucks. 8/1614 S. 15), die Einziehung **zwingend** vorgeschrieben wurde, während sie bei den anderen Straftatbeständen des § 53 WaffG aF und bei den Ordnungswidrigkeiten (§ 55 aF), wie zuvor, fakultativ, also in das pflichtgemäße Ermessen des Gerichts gestellt wurde. Zur Begründung der Gesetzesänderung führte der o. a. ABer. Folgendes aus: „Das geltende Recht stellt die Einziehung von Schusswaffen und Munition bei Begehen einer Straftat nach dem Waffengesetz in das pflichtgemäße Ermessen des Gerichts. Nach den bei der Anwendung des § 56 [aF] gesammelten Erfahrungen machen die Gerichte von dieser Möglichkeit nur sehr zurückhaltend Gebrauch, obwohl eine Einziehung wegen der Gefährlichkeit in den meisten Fällen geboten wäre. Sofern eine Einziehung vom Gericht nicht angeordnet wird, scheuen die Verwaltungsbehörden vielfach davor zurück, ihrerseits die Einziehung auszusprechen, auch wenn die Entscheidung des Gerichts für sie nicht verbindlich ist."

## § 54 Abschn. 4. Straf- und Bußgeldvorschriften

**5** **3. Einziehungsobjekte** sind Gegenstände, und zwar nicht nur Sachen (wie Waffen jeder Art, insbesondere Schusswaffen, Munition, Geschosse, Vorrichtungen), sondern auch Rechte an Sachen (zB Eigentumsanteile). Eine Kreditkarte kann indessen nicht nach § 74 Abs. 2 Nr. 1 StGB eingezogen werden, da der Inhaber der Karte nicht deren Eigentümer ist, vielmehr das ausstellende Unternehmen (BGH, Beschluss vom 8. 2. 1995 – 2 StR 739/94). Eingezogene Gegenstände sind durch Aufzählung in der Urteilsformel oder einer besonderen Anlage hierzu so genau zu bezeichnen, dass die Vollstreckung ohne weiteres möglich ist (BGH, Beschluss vom 9. 7. 2004 – 2 StR 150/04; BGHR StGB § 74 Abs. 1 Urteilsformel 1). Der Einziehung unterliegen

**6** **a)** Gegenstände, auf die sich diese Straftat (nach § 51 und den genannten Ausformungen des § 52) oder diese Ordnungswidrigkeit (§ 53) bezieht (Absatz 1 Nr. 1 iVm. Absatz 2): Der einzuziehende Gegenstand muss **Objekt** der Zuwiderhandlung gewesen sein. Das ist zB eine Schusswaffe, die ohne Erlaubnis in Besitz gehalten wird oder an einen Nichterwerbsberechtigten überlassen worden ist ("Beziehungsgegenstände" vgl. *Schmidt* in LK[11] § 74 Rdn. 61 f.; *Tröndle/Fischer* StGB[53] § 74 Rdn. 10 und 19).

**7** **b)** Außerdem ist nach Absatz 1 Nr. 2, analog zu § 74 Abs. 1 StGB, die Einziehung der producta et instrumenta sceleris zugelassen, d. h. die Einziehung der durch die Tat hervorgebrachten oder zur Vorbereitung oder Begehung der Tat bestimmten oder gebrauchten (Revolver: BGH NStZ-RR **2002,** 332) Gegenstände, also der **Tatwerkzeuge**. Durch die Tat hervorgebracht sind u. a. unerlaubt hergestellte Waffen, aufgebohrte Schreckschusswaffen und dgl.; Tatwerkzeuge sind zB die Feile oder der Bohrer, die zur Umarbeitung der Schreckschusswaffe in eine scharfe Waffe durch Beseitigung der Sperre verwendet wurden oder hierfür vorgesehen waren. Erfasst werden auch der Pkw, der dem illegalen Waffentransport gedient hat (vgl. *Schmidt* aaO Rdn. 17 mwN; anders im Falle der nicht gezielten, nur gelegentlichen Benutzung: BGH NStZ-RR **2002,** 332, 333), sowie Magazine und Pistolenfutterale, falls sie zur Ausübung des Waffenhandels und zur pfleglichen Behandlung der Waffen benötigt werden (BGH, Urteil v. 3. 3. 1977 – 2 StR 390/76 S. 15), sowie das beim Lieferanten angezahlte, zum Erwerb der Waffen bestimmte Geld (BGH, Beschluss vom 13. 12. 1988 – BGHR StGB § 74 Abs. 1 Tatmittel 3). Dass der einzuziehende Gegenstand die in § 74 Abs. 1 StGB beschriebene Beziehung zur Tat hat, muss positiv festgestellt sein; es reicht nicht aus, dass er „mit hoher Wahrscheinlichkeit" zur Begehung der Tat gebraucht worden ist (BGH, Beschluss vom 30. 7. 1991 – 1 StR 440/91) oder derartige Feststellungen ganz fehlen (BGH, Beschluss vom 20. 6. 1990 – 3 StR 13/90). Auf eine genaue Bezeichnung der Einziehungsobjekte ist zu achten (BGH, Beschluss v. 15. 11. 1979 – 4 StR 598/79). Soweit die Einziehung Ermessensentscheidung ist, muss sie im Einzelnen begründet werden (OLG Koblenz OLGSt. § 6 WaffG S. 1).

**8** **4. Erweiterte Einziehungsmöglichkeit (Absatz 3 Satz 1).** Gem. §§ 74 Abs. 2 Nr. 1 StGB und 22 Abs. 2 Nr. 1 OWiG ist die Einziehung grundsätzlich nur zulässig, wenn die einzuziehenden Gegenstände zur Zeit der Entscheidung dem **Vorsatztäter** oder Teilnehmer (vgl. hierzu § 14 OWiG: „Beteiligter") **gehören** oder als Rechtsinhaber zustehen. Die für anwendbar erklärten, wörtlich miteinander übereinstimmenden §§ 74a StGB, 23 OWiG gestatten die Einziehung auch **gegenüber dritten Personen,** die in **leichtfertiger** Weise an der Tat oder deren Vorbereitung in der im Gesetz beschriebenen Weise **beteiligt** waren (a) **oder** die einzuziehenden Gegenstände in Kenntnis der Einziehungsumstände **in verwerflicher Weise erworben** haben (b).

Einziehung und erweiterter Verfall § 54

a) **Vorsätzliche oder wenigstens leichtfertige Mitwirkung an der Tat.** Die 9
Leichtfertigkeit entspricht in etwa der groben Fahrlässigkeit des § 276 BGB (RGSt.
**71,** 176; OLG Karlsruhe NJW **1974,** 709). Bloße Nachlässigkeit genügt nicht. Vgl.
*Tröndle/Fischer*[53] § 15 Rdn. 20.

b) **Verwerflicher Erwerb der Einziehungsgegenstände.** Hier reicht nicht ein- 10
mal grobe Fahrlässigkeit aus, sondern es muss ein **hehlerähnliches Verhalten** hinzutreten, und zwar muss die positive Kenntnis (Kennenmüssen genügt nicht) von
den Einziehungsumständen vorhanden gewesen sein („engere Auslegung" vgl.
*Schönke/Schröder/Eser* § 74a Rdn. 10; abw. *Schmidt* LK[11] § 74a Rdn. 18f. mwN).
Verwerflich handelt, wer in gesteigertem Maße gegen die guten Sitten oder die Verkehrsübung verstößt (*Tröndle/Fischer* aaO § 240 Rdn. 23).

**5. Einziehung des Wertersatzes.** Hat der Täter oder Teilnehmer an der Strafsa- 11
che den Einziehungsgegenstand vor Erlass der Einziehungsentscheidung bereits
verwertet, namentlich veräußert, so ist die Einziehung des Wertersatzes, d. h. eines
Geldbetrages, der dem Wert des Einziehungsgegenstandes entspricht, zulässig
(§ 74c StGB, § 25 OWiG, jeweils Abs. 1) Zum Begriff des „Vereitelns" in § 74c
StGB vgl. BGH NStZ **1992,** 81.

Mit der Rechtskraft der Einziehungsentscheidung geht das Eigentum an dem Einziehungsgegenstand auf den Staat über (§ 74e StGB, § 26 OWiG, jeweils Abs. 1).

**6. Maßnahmen (Absatz 4).** Die Vorschrift entspricht § 56 Abs. 4 WaffG aF, der 12
durch das WaffRÄG 1978 eingefügt worden war. Hiernach kann das Gericht „im
Falle der zwingend vorgeschriebenen Einziehung" (so die Begr., aber auch sonst
nach § 74b Abs. 2 StGB) anordnen, dass diese vorbehalten bleibt, und eine weniger
einschneidende Maßnahme treffen, wenn der Zweck der Einziehung auch durch sie
erreicht werden kann (vgl. BGH, Beschluss v. 17. 12. 1980 – 3 StR 361/80 – NStZ
**1981,** 104). Absatz 4 nimmt ausdrücklich Bezug auf § 74b Abs. 2 Nr. 2 StGB; hier
geht es allerdings nur um die Änderung der betr. Gegenstände. Als waffenrechtliche
Alternative nennt das Gesetz aber auch die Anweisung, den Gegenstand binnen einer gesetzten Frist einem Berechtigten zu überlassen (vgl. zB § 40 Abs. 5 Satz 2).
Schließlich kommt auch die Anweisung in Betracht, binnen einer vom Gericht festzusetzenden Frist eine Entscheidung über die Erteilung einer Erlaubnis nach § 10
(§§ 28 oder 29 WaffG aF) vorzulegen. „Das Gericht wird sich in einem solchen Fall
nachweisen lassen, ob dem Antrag des Täters von der zuständigen Behörde stattgegeben worden ist oder nicht. Durch dieses Verfahren wird sichergestellt, dass der
Täter nicht weiterhin unkontrolliert illegal im Besitz der Waffen verbleibt" (ABer.
BT-Drucks. 8/1614 S. 16).

**7. Verfahren.** Wie bisher kann die Einziehung auch **selbständig** im **objektiven** 13
**Verfahren** angeordnet werden, wenn aus **tatsächlichen** Gründen keine bestimmte
Person verfolgt oder verurteilt werden kann. Nach § 76a StGB, § 27 OWiG ist die
selbständige Anordnung der Einziehung auch statthaft, wenn der Verurteilung einer
bestimmten Person ein **rechtliches** Hindernis entgegensteht, zB die Verjährung der
Strafverfolgung. Hat ein vertretungsberechtigtes Organ einer juristischen Person
oder ein vertretungsberechtigter Gesellschafter einer Personenhandelsgesellschaft
eine strafbare Handlung begangen, die ihm gegenüber die Einziehung zulassen würde, so wird seine Handlung dem Vertretenen zugerechnet; die Einziehung kann also
auch gegenüber der juristischen Person oder Personenhandelsgesellschaft ausgesprochen werden (§ 75 StGB, § 29 OWiG).

Zur Auslegung der §§ 74 bis 76a StGB, 22 bis 29 OWiG wird im Übrigen auf die
gebräuchlichen Erläuterungsbücher zum StGB und zum OWiG verwiesen.

## § 54 Abschn. 4. Straf- und Bußgeldvorschriften

Eine Beschränkung des Rechtsmittels innerhalb des Strafausspruchs auf die Frage der Einziehung ist zulässig, wenn die Einziehung Sicherungscharakter aufweist (*Meyer-Goßner* StPO 48. Aufl. § 318 Rdn. 22 mwN), nicht jedoch, wenn sie Nebenstrafcharakter hat (BGH NStZ **1993**, 400). Auch der Ausspruch über den erweiterten Verfall kann separat angefochten werden (BGH vom 9. 5. 2001 – 3 StR 541/00 = NStZ **2001,** 531). Wird ein Angeklagter wegen Vollrausches verurteilt, so rechtfertigt dies noch nicht die **Einziehung** der Waffe, die er zur Begehung der im Rausch begangenen Tat benutzt hat; die Einziehung ist in solchen Fällen aber statthaft, wenn die Voraussetzungen des § 74 Abs. 3 iVm. Abs. 2 Nr. 2 StGB vorliegen (BGHSt. **31,** 80, 81; BGH NStZ-RR **1996,** 100). Enthält ein Urteil keinerlei Feststellungen, die eine Einziehungsanordnung rechtfertigen könnten, so hat diese keinen Bestand (BGH, Beschluss vom 30. 8. 1995 – 3 StR 313/95).

**14** Das **Verschlechterungsverbot** des § 358 Abs. 2 StPO gilt auch hier, zB nach Zurückverweisung durch das Revisionsgericht (BGH bei *Miebach/Kusch* NStZ **1991,** 122; Beschluss vom 15. 5. 1990 – 1 StR 182/90; Beschluss vom 13. 12. 1988 – 5 StR 394–395/87 betr. Verfall). Erweist sich indessen eine Verfallsanordnung in der Revisionsinstanz als in der ergangenen Form nicht gerechtfertigt, so kann ohne Verstoß gegen das Verschlechterungsverbot auf Einziehung des Geldbetrages erkannt werden, falls die Voraussetzungen hierfür im Einzelnen gegeben sind (BGH, Beschluss vom 8. 2. 1995 – 2 StR 739/94 [zum BtMG] = WiB **1995,** 524 = BGHR StGB § 74 Abs. 2 Nr. 1 Eigentümer 1 und 2). Die zwingend vorgeschriebene, aber unterbliebene Einziehung kann das Revisionsgericht auf eine zuungunsten des Angeklagten eingelegte Revision der Staatsanwaltschaft nachholen (BGH, Urteil vom 18. 10. 1989 – 2 StR 338/89), nicht jedoch bei alleiniger Revision des Angeklagten (BGH vom 7. 2. 2001 – 3 StR 579/00).

**15** **8. Erweiterter Verfall (Absatz 3 Satz 2).** Er kann nur bei den genannten schwerwiegenden Straftaten angeordnet werden: dem Verbrechen nach § 51 sowie den Vorsatztaten des § 52 Abs. 1 und Abs. 3 Nr. 1 bis 3. Auf Rdn. 3 wird Bezug genommen. Zu den Voraussetzungen der Gewerbsmäßigkeit und der „Bande" wird auf § 51 Rdn. 14 und 15 verwiesen. Die höchstrichterliche Rspr. hat an dem Erfordernis der verfassungskonformen Auslegung des § 73 d StGB (Rdn. 3) festgehalten (BGH [3. Strafsenat] NStZ **2001,** 531; NStZ **1998,** 382; NStZ-RR **1998,** 297). Dementsprechend ist das Institut auch als verfassungsgemäß anerkannt worden (BVerfG NJW **2004,** 2073). Vgl. auch BGH, Urteil vom 7. 7. 2004 – 1 StR 115/04 S. 5 ff. Zur Frage der Berechnung des im Wege des erweiterten Verfalls abzuschöpfenden Betrages vgl. BGH vom 9. 5. 2001 – 3 StR 541/00 = NStZ **2001,** 531. Auch ein in Spanien belegenes Grundstück kann dem erweiterten Verfall unterliegen (BGH vom 3. 5. 2000 – 1 StR 125/00 = NStZ **2000,** 494). Zur Anwendung des Bruttoprinzips bei der Anordnung des Verfalls nach § 73 Abs. 1 und 3 StGB vgl. BGHSt. **47,** 369 = BGH NJW **2002,** 3339 = JR **2003,** 335 m. Anm. *Best* und Urteil vom 12. 8. 2003 – 1 StR 127/03 – S. 5 f. Hat der Angeklagte als illegaler Waffenverkäufer von dem verdeckt ermittelnden Beamten registrierte Geldscheine als Kaufpreis erhalten, so unterliegen diese nicht dem Verfall, da das Waffengeschäft insgesamt nichtig war und Eigentum nicht übergehen konnte (BGH NStZ **2004,** 554).

Ausnahmen für oberste Bundes- und Landesbehörde **§ 55**

## Abschnitt 5. Ausnahmen von der Anwendung des Gesetzes

**Ausnahmen für oberste Bundes- und Landesbehörden, Bundeswehr, Polizei und Zollverwaltung, erheblich gefährdete Hoheitsträger sowie Bedienstete anderer Staaten**

**§ 55** (1) Dieses Gesetz ist, wenn es nicht ausdrücklich etwas anderes bestimmt, nicht anzuwenden auf
1. die obersten Bundes- und Landesbehörden und die Deutsche Bundesbank,
2. die Bundeswehr und die in der Bundesrepublik Deutschland stationierten ausländischen Streitkräfte,
3. die Polizeien des Bundes und der Länder,
4. die Zollverwaltung

und deren Bedienstete, soweit sie dienstlich tätig werden. Bei Polizeibediensteten und bei Bediensteten der Zollverwaltung mit Vollzugsaufgaben gilt dies, soweit sie durch Dienstvorschriften hierzu ermächtigt sind, auch für den Besitz über dienstlich zugelassene Waffen oder Munition und für das Führen dieser Waffen außerhalb des Dienstes.

(2) Personen, die wegen der von ihnen wahrzunehmenden hoheitlichen Aufgaben des Bundes oder eines Landes erheblich gefährdet sind, wird an Stelle einer Waffenbesitzkarte, eines Waffenscheins oder einer Ausnahmebewilligung nach § 42 Abs. 2 eine Bescheinigung über die Berechtigung zum Erwerb und Besitz von Waffen oder Munition sowie eine Bescheinigung zum Führen dieser Waffen erteilt. Die Bescheinigung ist auf die voraussichtliche Dauer der Gefährdung zu befristen. Die Bescheinigung erteilt für Hoheitsträger des Bundes das Bundesministerium des Innern oder eine von ihm bestimmte Stelle.

(3) Dieses Gesetz ist nicht anzuwenden auf Bedienstete anderer Staaten, die dienstlich mit Waffen oder Munition ausgestattet sind, wenn die Bediensteten im Rahmen einer zwischenstaatlichen Vereinbarung oder auf Grund einer Anforderung oder einer allgemein oder für den Einzelfall erteilten Zustimmung einer zuständigen inländischen Behörde oder Dienststelle im Geltungsbereich dieses Gesetzes tätig werden und die zwischenstaatliche Vereinbarung, die Anforderung oder die Zustimmung nicht etwas anderes bestimmt.

(4) Auf Waffen oder Munition, die für die in Absatz 1 Satz 1 bezeichneten Stellen in den Geltungsbereich dieses Gesetzes verbracht oder hergestellt und ihnen überlassen werden, ist § 40 nicht anzuwenden.

(5) Die Bundesregierung kann durch Rechtsverordnung, die nicht der Zustimmung des Bundesrates bedarf, eine dem Absatz 1 Satz 1 entsprechende Regelung für sonstige Behörden und Dienststellen des Bundes treffen. Die Bundesregierung kann die Befugnis nach Satz 1 durch Rechtsverordnung, die nicht der Zustimmung des Bundesrates bedarf, auf eine andere Bundesbehörde übertragen.

(6) Die Landesregierungen können durch Rechtsverordnung eine dem Absatz 5 Satz 1 entsprechende Regelung für sonstige Behörden

## § 55 Abschn. 5. Ausnahmen von der Anwendung des Gesetzes

**und Dienststellen des Landes treffen. Die Landesregierungen können die Befugnis nach Satz 1 durch Rechtsverordnung auf andere Landesbehörden übertragen.**

1   **1. Allgemeines.** Die Vorschrift entspricht weitgehend dem § 6 Abs. 1 WaffG aF (zu dessen wechselvoller Entwicklung vgl. Vorauflage § 6 WaffG Rdn. 1) sowie den verschiedenen Ausnahmeregelungen für die Bundeswehr, den Bundesgrenzschutz (jetzt: **Bundespolizei** [Gesetz vom 21. 6. 2005 – BGBl. I 1818]) und die Bundeszollverwaltung. In materieller Hinsicht sind folgende Änderungen vorgenommen worden (Begr. BT-Drucks. 14/7758 S. 85 zu § 53 des Entwurfs): Absatz 1 Nr. 3 bezieht auch die **Polizeien der Länder** in die Ausnahmeregelung mit ein. Diese Regelung entspricht im Wesentlichen den in den zurzeit geltenden Durchführungsverordnungen der Länder zugelassenen Freistellungen. Der Begriff der Beamten wurde durch den der Bediensteten ersetzt, da das Waffengesetz nicht die Organisation der Vollzugsaufgaben regelt. Die Freistellung wurde von Schusswaffen auf alle Waffen erstreckt, da zur dienstlichen Ausstattung auch Waffen gehören, die keine Schusswaffen sind.

2   **2. Nichtanwendbarkeit des WaffG (Absatz 1 Satz 1).** Die generelle, nicht mehr wie früher in Einzelbestimmungen (vgl. zB § 12 RWaffG) verfügte Nichtanwendbarkeit des WaffG ist auf die **obersten Bundes- und Landesbehörden,** also die Zentralinstanzen (Ministerien), und deren Bedienstete beschränkt, soweit diese **dienstlich** tätig werden; Entsprechendes gilt für die Bediensteten der Deutschen Bundesbank. Durch die Einfügung des Zusatzes über die dienstliche Tätigkeit soll zudem erreicht werden, dass die in **privatem** Eigentum der Bediensteten stehenden Schusswaffen, die u.a. auch dienstlichen Zwecken dienen, nicht generell von den Vorschriften des WaffG freigestellt werden (BT-Drucks. 7/2379 S. 15). Die betr. Privilegierung ergibt sich aus dem Gesetz selbst und bedarf keiner weiteren Verfügung. Soweit Freistellungsverordnungen erlassen werden, dienen sie im Wesentlichen der Klarstellung und Umschreibung des privilegierten Personenkreises. Die Nichtanwendbarkeit des WaffG gilt **nicht** für den **privaten** Bereich der öffentlichen Bediensteten (vgl. BayObLGSt. **2001,** 26), dagegen ist auch der fiskalische dem dienstlichen Bereich hinzuzurechnen.

3   Durch das Änderungsgesetz v. 4. 3. 1976 (BGBl. I 417) war der Katalog der privilegierten Stellen und Behörden um die **Bundeswehr** und die **Bundesbank** erweitert worden. „Die Freistellung der Deutschen Bundesbank rechtfertigt sich aus der ihr gesetzlich übertragenen öffentlichen Aufgabe und der Tatsache, dass der Erwerb und das Führen von Schusswaffen zum Schutz ihrer Einrichtungen und der ihr anvertrauten Gelder und Wertsachen durch eigene Bedienstete erforderlich ist. Nach § 29 Abs. 1 des Bundesbankgesetzes haben zwar der Zentralbankrat und das Direktorium die Stellung von obersten Bundesbehörden, nicht aber die der Landeszentralbanken. Die Deutsche Bundesbank einschließlich der Landeszentralbanken ist eine einheitliche bundesunmittelbare juristische Person des öffentlichen Rechts" (BT-Drucks. 7/2379 S. 15), sie wurde deshalb in waffenrechtlicher Sicht gleichbehandelt.

4   Da die **Bundeswehr** im Gegensatz zum Bundesverteidigungsministerium keine oberste Bundesbehörde ist, musste die Herausnahme der Bundeswehr aus dem Anwendungsbereich des WaffG ausdrücklich hervorgehoben werden. Soldaten sind schon von der Natur der Sache her zur Ausübung der tatsächlichen Gewalt über Schusswaffen berechtigt und fallen deshalb nicht in den Anwendungsbereich des WaffG. Aber auch andere – zivile – Bedienstete der Bundeswehr werden von der Freistellung erfasst (BT-Drucks. aaO). Gleichgelagert sind die Verhältnisse bei den in der BRepD stationierten ausländischen Streitkräfte, so dass auch hier eine Frei-

Ausnahmen für oberste Bundes- und Landesbehörde § 55

stellung am Platze ist. Neben den Polizeien des Bundes sind nunmehr auch die Polizeien der Länder ausdrücklich aufgeführt (Rdn. 1). Schließlich wird auch noch die Zollverwaltung en bloc genannt.

Bei den **Polizeivollzugsbeamten** und **Zollbeamten** mit Polizeivollzugsaufgaben 5 kann ein dienstliches Interesse daran bestehen, auch **außerhalb des Dienstes** eine Waffe zu führen, um sich erforderlichenfalls in den Dienst versetzen zu können. Absatz 1 Satz 2 trägt dieser Besonderheit des Polizeivollzugsdienstes Rechnung, indem er den jeweiligen Dienstherrn ermächtigt, Polizeivollzugsbeamte durch Dienstvorschrift von den waffenrechtlichen Vorschriften freizustellen. Die Beschränkung der Regelung auf Schusswaffen ist entfallen (*Ostgathe* S. 10). Ein Polizeivollzugsbeamter hat indessen grundsätzlich keinen Anspruch, statt der Dienstwaffe seinen eigenen Revolver zu führen (OVG Lüneburg OVGE **32**, 357). Einen Regressfall infolge grob fahrlässigen Hantierens mit der Dienstwaffe behandelt das OVG Koblenz NVwZ-RR **2005**, 556.

**3. Freistellung wegen Wahrnehmung hoheitlicher Aufgaben (Absatz 2).** Hier 6 wird die Regelung aus § 6 Abs. 2 WaffG aF übernommen. In Abweichung vom früheren § 35 Abs. 5 WaffG 1972, der aufgehoben wurde und an dessen Stelle Absatz 2 des § 6 WaffG aF trat, ermöglichte diese Gesetzesfassung auch eine Freistellung des hier angesprochenen Personenkreises von den Vorschriften über die WBK. Nach einer Ergänzung während der Ausschussberatung wurde beschlossen, dass die Bescheinigung nach Absatz 2 neben der WBK und dem Waffenschein auch die Ausnahmebewilligung gem. § 39 Abs. 2 Ges. (Mitführen von Schusswaffen bei öffentlichen Veranstaltungen) ersetzt, um zu vermeiden, dass Personen, die wegen der von ihnen wahrzunehmenden hoheitlichen Aufgaben persönlich erheblich gefährdet sind, im Einzelfall hierfür eine Ausnahmebewilligung bei der örtlich zuständigen Landesbehörde einholen müssen. Hieran knüpft die Neufassung an, indem sie für diese Personen dienstliche Bescheinigungen anstelle von WBK, Waffenschein und Ausnahmebewilligung nach (jetzt) § 42 Abs. 2 einführt. Absatz 2 war und ist Spezialvorschrift gegenüber §§ 10 und 19 (§ 35 WaffG aF); Gefährdungssituationen aus diesem dienstlichen Bereich rechtfertigen nicht die Erteilung eines „normalen" Waffenscheins (BVerwG MDR **1980**, 784, 785 = NJW **1980**, 1588). Eine Freistellung von den Vorschriften über den Munitionserwerbschein scheidet aus, da die behördliche Bescheinigung, ebenso wie die WBK, nach neuem Recht auch zum Erwerb von Munition berechtigt (§ 10 Abs. 3 Satz 1; § 29 Abs. 2 Nr. 1 WaffG aF).

Die entspr. Bescheinigung ist nach Absatz 2 Satz 2 auf die voraussichtliche Dauer 7 der Gefährdung zu **befristen**. Denn eine persönliche Gefährdung muss bei dem Personenkreis nach Absatz 2 häufig nach Ablauf eines gewissen Zeitraums nicht mehr vorliegen, zB nach Versetzung oder Ausscheiden aus einer bestimmten (besonders gefährdeten) Amts- oder Dienststelle (ABer. BT-Drucks. 7/4407 S. 4). Hinsichtlich der privat angeschafften Waffen gelten dann die allgemeinen Vorschriften (§ 10 iVm. § 4 Abs. 1 und 2; §§ 28, 35 WaffG aF).

**4. Ausländische „Bewacher" im Inland (Absatz 3).** Diese Regelung ist aus § 6 8 Abs. 2b WaffG aF hervorgegangen. Durch Art. 4 des Gesetzes vom 15. 7. 1993 zu dem Schengener Übereinkommen vom 19. 6. 1990 (BGBl. 1993 II 1010, 1011) war dieser Absatz 2b seinerzeit eingefügt worden. Er enthielt die in dieser Vorschrift im einzelnen aufgeführten **Freistellungen** von den Regelungen der Abschnitte II bis VIII des Waffengesetzes (aF) im Zuge **internationaler Zusammenarbeit**. Die Bestimmung trat am 1. 9. 1993 in Kraft (Bek. vom 20. 4. 1994 – BGBl. II 631). Ihr kommt in Zukunft international eine erhebliche Bedeutung zu.

## § 56 Abschn. 5. Ausnahmen von der Anwendung des Gesetzes

**9** **5. Ausnahmen von der Verbotsregelung des § 40 (Absatz 4).** Diese Regelung entspricht § 37 Abs. 2 Nr. 1 WaffG aF. Auch bisher schon waren die in Absatz 1 Satz 1 aufgeführten Dienststellen, zu denen jetzt auch die Polizeien der Bundesländer zählen, von den Verbotsvorschriften des § 37 WaffG aF ausgenommen. Erfasst sind verbotene Waffen und verbotene Munition (vgl. hierzu die Waffenliste Anlage 2 Abschnitt 1), die eigens für diese Stellen importiert oder aber für sie im Inland hergestellt und ihnen anschließend überlassen werden. Die Globalverweisung auf § 40 ist missverständlich, da in dieser Bestimmung auch Ausnahmen geregelt werden (Absätze 2 und 3).

**10** **6. Untergesetzliches Regelwerk des Bundes (Absatz 5).** Die Verordnungsermächtigung gilt zunächst für die Bundesregierung; diese kann aber durch Rechtsverordnung, ohne Zustimmung des Bundesrats, an eine andere Bundesbehörde delegieren. Immer geht es hier um Angelegenheiten des Bundes. Die Ermächtigungen sind am 17. 10. 2002, dem Tag nach der Verkündung des WaffRNeuRegG, in Kraft getreten (Art. 19 Nr. 1 WaffRNeuRegG).

**11** **7. Untergesetzliches Regelwerk der Länder (Absatz 6).** Auch sie können den personellen Anwendungsbereich des Waffengesetzes für ihren Bereich variieren, wobei ebenfalls die Delegation gestattet ist. Die Ermächtigung gilt an sich nur für die Landesregierungen. Diese können jedoch ihre Ermächtigung zum Erlass einer Freistellungs-RechtsVO auf die obersten Landesbehörden (Ministerien) übertragen. Diese bestimmen dann, inwieweit die Vorschriften des WaffG auf ihre nachgeordneten Dienststellen und deren dienstlich tätig werdende Behördenangehörige keine Anwendung finden. Die Angehörigen der Länderministerien selbst fallen bereits unter Absatz 1 Satz 1 Nr. 1. Nach der früheren Entwurfsbegründung (BT-Drucks. 7/2379 S. 15) können nicht nur Dienststellen der Länderverwaltungen, sondern auch Dienststellen der Gemeinden und Gemeindeverbände von waffenrechtlichen Vorschriften freigestellt werden. Die Ermächtigungen sind am 17. 10. 2002, dem Tag nach der Verkündung des WaffRNeuRegG, in Kraft getreten (Art. 19 Nr. 1 WaffRNeuRegG).

### Sondervorschriften für Staatsgäste und andere Besucher

## 56 Auf

1. **Staatsgäste aus anderen Staaten,**
2. **sonstige erheblich gefährdete Personen des öffentlichen Lebens aus anderen Staaten, die sich besuchsweise im Geltungsbereich dieses Gesetzes aufhalten, und**
3. **Personen aus anderen Staaten, denen der Schutz der in den Nummern 1 und 2 genannten Personen obliegt,**

**ist § 10 und Abschnitt 2 Unterabschnitt 5 nicht anzuwenden, wenn ihnen das Bundesverwaltungsamt oder, soweit es sich um Gäste des Bundes handelt, die nach § 48 Abs. 1 zuständige Behörde hierüber eine Bescheinigung erteilt hat. Die Bescheinigung, zu deren Wirksamkeit es der Bekanntgabe an den Betroffenen nicht bedarf, ist zu erteilen, wenn dies im öffentlichen Interesse, insbesondere zur Wahrung der zwischenstaatlichen Gepflogenheiten bei solchen Besuchen, geboten ist. Es muss gewährleistet sein, dass in den Geltungsbereich dieses**

Kriegswaffen                                                    § 57

Gesetzes verbrachte oder dort erworbene Schusswaffen oder Munition nach Beendigung des Besuches aus dem Geltungsbereich dieses Gesetzes verbracht oder einem Berechtigten überlassen werden. Sofern das Bundesverwaltungsamt in den Fällen des Satzes 1 nicht rechtzeitig tätig werden kann, entscheidet über die Erteilung der Bescheinigung die nach § 48 Abs. 1 zuständige Behörde. Das Bundesverwaltungsamt ist über die getroffene Entscheidung zu unterrichten.

**1. Allgemeines.** Die Sonderregelung für ausländische Staatsgäste und deren Bewacher ist im Wesentlichen unverändert aus § 6 Abs. 2a WaffG aF übernommen worden; allerdings fehlt die bisherige Freistellung hinsichtlich § 42 (früher § 39). Diese Bestimmung war durch das 2. ÄndG v. 14. 7. 1980 (BGBl. I 956) auf Betreiben des Bundesrates (BT-Drucks. 8/3661 Anlage 2 S. 23) eingefügt worden. Mit den „internationalen Gepflogenheiten" bei derartigen Besuchen erschien es unvereinbar, diesen Personenkreis für die Zeit des Aufenthalts in der BRepD den Vorschriften des Waffenrechts zu unterwerfen. Die Lösung über eine Ersatzbescheinigung wurde verworfen. Statt dessen wurde – auch zur Verwaltungsvereinfachung – eine begrenzte Freistellung auf dem Wege einer Bescheinigung des Bundesverwaltungsamtes oder der nach § 48 Abs. 1 (§ 50 Abs. 1 WaffG aF) zuständigen Behörde gewählt.   1

**2. „Personen des öffentlichen Lebens".** Das sind (EBegr. aaO) insbesondere Repräsentanten eines anderen Staates sowie sonstige Persönlichkeiten aus dem Bereich der Regierung, des Parlaments, der Verwaltung, der Justiz und anderen Bereichen. Der Erteilung einer solchen Bescheinigung hat eine strenge Prüfung vorauszugehen, ob die Freistellung im öffentlichen Interesse geboten ist; die Erteilung von Auflagen ist möglich (Gegenäußerung der BReg. aaO S. 26). Das Bundesverwaltungsamt ist in dem Verfahren der Erteilung in jedem Fall zu beteiligen (Satz 6). Zu dieser seinerzeit neuen Regelung vgl. auch *Apel* GewA **1981,** 177.   2

Zur Begründung des Gesetzentwurfs wird weiter ausgeführt: „Die Bekanntgabe der behördlichen Entscheidung an den Adressaten kann im Einzelfall entfallen. In der Regel wird sie jedoch erfolgen, weil der Adressat seinen privilegierten Status nur durch den Bescheid nachweisen kann. Wird die nach § 47 Abs. 1 des Entwurfs [jetzt: § 48 Abs. 1] zuständige Behörde statt des Bundesverwaltungsamtes tätig, handelt es sich regelmäßig um eine Eilentscheidung, bei der das Einvernehmen nicht vorab herbeigeführt werden kann. In diesem Fall ist jedoch die nachträgliche Unterrichtung des Bundesverwaltungsamtes geboten".   3

**Kriegswaffen**

**57** (1) **Dieses Gesetz gilt nicht für Kriegswaffen im Sinne des Gesetzes über die Kontrolle von Kriegswaffen. Auf tragbare Schusswaffen, für die eine Waffenbesitzkarte nach § 59 Abs. 4 Satz 2 des Waffengesetzes in der vor dem 1. Juli 1976 geltenden Fassung erteilt worden ist, sind unbeschadet der Vorschriften des Gesetzes über die Kontrolle von Kriegswaffen § 4 Abs. 3, § 45 Abs. 1 und 2 sowie die §§ 36 und 53 Abs. 1 Nr. 19 anzuwenden. Auf Verstöße gegen § 59 Abs. 2 des Waffengesetzes in der vor dem 1. Juli 1976 geltenden Fassung und gegen § 58 Abs. 1 des Waffengesetzes in der vor dem 1. April 2003 geltenden Fassung ist § 52 Abs. 3 Nr. 1 anzuwenden. Zuständige Behörde für Maßnahmen nach Satz 2 ist das Bundesamt für Wirtschaft und Ausfuhrkontrolle.**

§ 57 Abschn. 5. Ausnahmen von der Anwendung des Gesetzes

(2) **Wird die Anlage zu dem Gesetz über die Kontrolle von Kriegswaffen (Kriegswaffenliste) geändert und verlieren deshalb tragbare Schusswaffen ihre Eigenschaft als Kriegswaffen, so hat derjenige, der seine Befugnis zum Besitz solcher Waffen durch eine Genehmigung oder Bestätigung der zuständigen Behörde nachweisen kann, diese Genehmigung oder Bestätigung der nach § 48 Abs. 1 zuständigen Behörde vorzulegen; diese stellt eine Waffenbesitzkarte aus oder ändert eine bereits erteilte Waffenbesitzkarte, wenn kein Versagungsgrund im Sinne des Absatzes 4 vorliegt. Die übrigen Besitzer solcher Waffen können innerhalb einer Frist von sechs Monaten nach Inkrafttreten der Änderung der Kriegswaffenliste bei der nach § 48 Abs. 1 zuständigen Behörde die Ausstellung einer Waffenbesitzkarte beantragen, sofern nicht der Besitz der Waffen nach § 59 Abs. 2 des Waffengesetzes in der vor dem 1. Juli 1976 geltenden Fassung anzumelden oder ein Antrag nach § 58 Abs. 1 des Waffengesetzes in der vor dem 1. April 2003 geltenden Fassung zu stellen war und der Besitzer die Anmeldung oder den Antrag unterlassen hat.**

(3) **Wird die Anlage zu dem Gesetz über die Kontrolle von Kriegswaffen (Kriegswaffenliste) geändert und verliert deshalb Munition für tragbare Kriegswaffen ihre Eigenschaft als Kriegswaffe, so hat derjenige, der bei Inkrafttreten der Änderung der Kriegswaffenliste den Besitz über sie ausübt, innerhalb einer Frist von sechs Monaten einen Antrag auf Erteilung einer Erlaubnis nach § 10 Abs. 3 bei der nach § 48 Abs. 1 zuständigen Behörde zu stellen, es sei denn, dass er bereits eine Berechtigung zum Besitz dieser Munition besitzt.**

(4) **Die Waffenbesitzkarte nach Absatz 2 und die Erlaubnis zum Munitionsbesitz nach Absatz 3 dürfen nur versagt werden, wenn Tatsachen die Annahme rechtfertigen, dass der Antragsteller nicht die erforderliche Zuverlässigkeit oder persönliche Eignung besitzt.**

(5) **Wird der Antrag nach Absatz 2 Satz 2 oder Absatz 3 nicht gestellt oder wird die Waffenbesitzkarte oder die Erlaubnis unanfechtbar versagt, so darf der Besitz über die Schusswaffen oder die Munition nach Ablauf der Antragsfrist oder nach der Versagung nicht mehr ausgeübt werden. § 46 Abs. 2 findet entsprechend Anwendung.**

1   **1. Entstehungsgeschichte.** Die Kriegswaffenregelung im Waffengesetz hat ihre Vorläufer in § 4 Abs. 4 BWaffG 1968 und § 6 Abs. 3 WaffG aF. Dem Grundsatz nach ist der Anwendungsbereich des WaffG auf **zivile** Waffen beschränkt. Das WaffG ist deshalb im Allgemeinen nicht anzuwenden auf Waffen, die unter das Gesetz über die Kontrolle von Kriegswaffen (KWKG) vom 20. 4. 1961 (BGBl. I 444), zuletzt geändert durch Art. 3 WaffRNeuRegG; Anlage zum Gesetz [Kriegswaffenliste] ebenfalls zuletzt geändert durch Art. 3 Nr. 7 WaffRNeuRegG; abgedruckt unter Nr. 10 des Kommentars) fallen, wie etwa automatische Schnellfeuergewehre, Maschinenpistolen, Maschinengewehre (Nr. 29 der Kriegswaffenliste). Denn bei dem KWKG handelt es sich um ein **Spezialgesetz**, das die kriegswaffenrechtliche Materie ausschließlich und besonders regelt (vgl. aber BGH NStZ **1981**, 104 Nr. 12). Soweit wesentliche Teile von Kriegswaffen jedoch nicht in der Kriegswaffenliste aufgeführt waren, fielen sie unter das WaffG, wenn sie zugleich auch wesentliche Teile von Schusswaffen waren (§ 3 Abs. 2 Nr. 1 WaffG aF; wegen der Aneignung

Kriegswaffen § 57

von Kriegsgerät aus dem 2. Weltkrieg vgl. BGH NJW **1953,** 1271). Weil das KWKG das Schießen mit Kriegswaffen und das Führen solcher Waffen nicht regelte, sollten jedoch die Vorschriften des Waffengesetzes über das Schießen und das Führen von Schusswaffen und die sich darauf beziehenden Begriffsbestimmungen, Zuständigkeits-, Verfahrens-, Straf- und Bußgeldvorschriften auch auf solche Schusswaffen und Munition Anwendung finden, die unter das KWKG fallen (Begr. BT-Drucks. VI/2678 S. 26). Über den bereits in § 6 Abs. 2 WaffG 1972 angeführten Katalog der auch auf Kriegswaffen anwendbaren Bestimmungen des WaffG hinaus sind durch das WaffGÄndG vom 4. 3. 1976 (BGBl. I 417) auch die §§ 45, 46 WaffG aF (Schießen in der Öffentlichkeit, Nachschau) für anwendbar erklärt worden, weil solche einschlägigen Vorschriften im KWKG fehlten, ferner gem. Beschluss des BT-Innenausschusses auch § 37 Abs. 1 und 2 WaffG aF, um diese verbotenen Waffen, soweit sie sich auf den privaten Bereich beziehen, gegenüber den „zivilen" Schusswaffen nicht besser zu stellen. Für diese Waffen, ausgenommen Altbesitz nach § 58 Abs. 1 Ges. (*Apel* DDB S. 59), durften keine Ausnahmegenehmigungen nach § 37 Abs. 3 WaffG aF mehr erteilt werden. Insoweit unterliegen diese Waffen, wie bisher, der Regelung des KWKG (BT-Drucks. 7/4407 S. 4/5).

Die Regelung in § 6 Abs. 3 WaffG aF (zusammenfassend *Holthausen/Hucko* **2** NStZ-RR **1998,** 193, 202 f.) hatte zur Folge, dass beispielsweise Maschinenpistolen, die an sich Kriegswaffen sind und damit unter das KWKG fallen, als tragbare Schusswaffen der Regelung über das Überlassen und den Vertrieb automatischer Selbstladewaffen nach den §§ 37 Abs. 1, Abs. 2, 52 a Abs. 1 WaffG unterfielen (BGH, Urteil v. 22. 8. 1996 – 4 StR 280/96; Beschluss v. 8. 8. 1994 – 1 StR 278/94); § 22 a (§ 16 aF) KWKG trat daneben zurück, denn insoweit ist das WaffG lex specialis (BGH, Urteil v. 21. 10. 1980 – 1 StR 477/80 – NStZ **1981,** 104). Das galt auch für wesentliche Teile iS von § 3 WaffG aF (Griffstücke von Maschinenpistolen: BGH NJW **2001,** 384; Verschlüsse: BGH NStZ **2000,** 150; OLG Stuttgart, Urteil v. 6. 7. 1981 – 3 Ss 220/81 – NStZ **1982,** 33). Es war eine zT heftig geführte Kontroverse um § 6 Abs. 3 WaffG aF zu verzeichnen (vgl. OLG Schleswig NStZ **1983,** 271 m. zutreffender abl. Anm. *Richter* sowie die eingehenden und mit Recht differenzierenden Ausführungen von *Holthausen* (NStZ **1982,** 363). Der Bundesgerichtshof vertrat in st. Rspr. – ohne nähere Begründung – die Auffassung, dass für tragbare **Schusswaffen** die Vorschriften des WaffG lex specialis sind, soweit die Bestimmungen beider Gesetze konkurrieren (BGH NStZ **1981,** 104; StV **1984,** 75 [L]; Beschluss v. 21. 8. 1985 – 4 StR 410/85; Beschluss vom 9. 8. 1989 – 2 StR 326/89; soweit in dem Beschluss vom 23. 3. 1982 – 5 StR 744/81 eine abweichende Ansicht vertreten worden ist, wurde diese aufgegeben (BGH, Beschluss vom 15. 11. 1983 – 5 StR 795/83 = StV **1984,** 75 [L]).

Dagegen wurde durch § 6 Abs. 3 WaffG aF die Regelung des KWKG **nicht** verdrängt, soweit es sich um **Munition** mit Kriegswaffeneigenschaft handelt, zB Patronen mit Hartkerngeschossen für das halbautomatische US-Militärgewehr „Garand" (BGH, Beschluss vom 8. 4. 1997 – 1 StR 606/97 – NStZ **1997,** 552 m. krit. Anm. *Runkel* [im Anschluss an BGHR WaffG § 52 a Abs. 1 Konkurrenzen 3 und 4; OLG Karlsruhe NStZ **1992,** 242 m. Anm. *Holthausen*]). Bei der Munition war grundsätzlich zu unterscheiden: a) War die Munition selbst in der Kriegswaffenliste (Anlage zum KWKG Teil B Abschnitt VIII Nr. 50) erfasst, richtete sich die unerlaubte Einfuhr nicht nach dem Waffengesetz, sondern nach § 22 a KWKG (BGH NJW **1996,** 1483 = NStZ **1996,** 553 m. abl. Anm. *Siller,* der die verschiedenen Auslegungsvarianten und Wertungswidersprüche im Einzelnen aufzeigt). Der Einfuhrtatbestand (§ 27 WaffG aF) war nämlich in den in § 6 Abs. 3 Halbsatz 2 WaffG aF aufgezähl-

**§ 57** Abschn. 5. Ausnahmen von der Anwendung des Gesetzes

ten Ausnahmetatbeständen nicht enthalten, so dass es insoweit bei der Regel des § 6 Abs. 3 Halbsatz 1 zu verbleiben hatte, wonach auf Kriegswaffen das Waffengesetz nicht anzuwenden ist (§ 6 Abs. 3 Halbs. 2 WaffG aF als sog. ergänzende Sonderregelung statt „verdrängender" Sonderregelung). b) War die Munitionsart für diese Waffen indessen – was möglich war – als solche nicht in der Kriegswaffenliste aufgeführt, so richtete sich der unerlaubte Erwerb (Besitz wird nicht sanktioniert) nach den §§ 29 Abs. 1 Satz 1, 53 Abs. 3 Nr. 1a WaffG aF (BGH, Beschluss vom 13. 3. 1996 – 3 StR 41/96).

**3** Diese unübersichtliche „Gemengelage" war unbefriedigend. Der frühere RegE eines 3. WaffGÄndG (BR-Drucks. 375/87) und weitere Entwürfe sahen dementsprechend eine scharfe Trennung beider Rechtsgebiete vor. So hatte sich auch der Entwurf eines Waffenrechtsneuregelungsgesetzes dankenswerterweise eine „präzisere Abgrenzung" zwischen WaffG und KWKG vorgenommen. Es war an der Zeit, dass der Gesetzgeber die insgesamt missratene Vorschrift des § 6 Abs. 3 WaffG aF aufhob und die Anwendungsgebiete des Waffengesetzes und des KWKG sauber voneinander abtrennte.

**4** **2. Die Abgrenzung von Waffengesetz und KWKG (Absatz 1 Satz 1).** Auf dem Papier war diese an sich schon durch § 6 Abs. 3 1. Halbsatz WaffG aF vollzogen; denn der lautete: „Auf Kriegswaffen im Sinne des Gesetzes über die Kontrolle von Kriegswaffen ist dieses Gesetz nicht anzuwenden". Die „Misere" begann erst mit dem zweiten Halbsatz. So kann die Begründung zur Neufassung des WaffG auch mit Recht sagen (BT-Drucks. 14/7758 S. 85), dass Satz 1 des neuen Absatzes 1 der Regelung im 1. Halbsatz des bisherigen § 6 Abs. 3 des Waffengesetzes entspricht. Hinzugefügt wird: „Er ist notwendig, da auch militärische Handfeuerwaffen tragbare Schusswaffen im Sinne des Waffengesetzes sind. Ohne eine abgrenzende Vorschrift würden daher die Bestimmungen des Waffengesetzes auch auf militärische Handfeuerwaffen, die bereits unter das Kriegswaffenkontrollgesetz fallen, Anwendung finden".

**5** Eine ganz **saubere Trennung** lässt sich indessen **für die Vergangenheit nicht** vollziehen. Die Begründung des Entwurfs (aaO) führt hierzu aus: „Notwendig ist eine Erstreckung von Vorschriften des Waffenrechts gegenständlich nur noch auf Kriegsschusswaffen, die nach dem Waffengesetz 1972 legalisiert worden sind und bei denen die erforderlichen Prüf- und Überwachungsmaßnahmen nicht nach dem Kriegswaffenkontrollgesetz getroffen werden können. Insoweit muss es daher auch weiterhin bei der Regelung bleiben, dass für die periodische Überprüfung der Zuverlässigkeit und das Aufbewahren der Waffen die Vorschriften des Waffengesetzes maßgebend sind". Es handelt sich hierbei um die §§ 4 Abs. 3, 36 und § 45 Abs. 1 und 2. In diesem Rahmen wird das Bundesamtes für Wirtschaft und Ausfuhrkontrolle (BAFA) für zuständig erklärt (Absatz 1 Satz 4), das als Überwachungsbehörde in Bezug auf die nach § 59 des Waffengesetzes 1972 registrierten Kriegsschusswaffen bereits tätig ist. Dieses soll sowohl für Anordnungen gemäß § 36 Abs. 3 als auch für Maßnahmen nach § 4 Abs. 3 und § 45 Abs. 1 und 2 zuständig sein. Die Klausel „unbeschadet der Vorschriften des Gesetzes über die Kontrolle von Kriegswaffen" in Absatz 1 Satz 2 bedeutet, dass die Registrierung und Legalisierung der Schusswaffen nach dem Waffengesetz 1972 keine Freistellung von den Genehmigungstatbeständen des Kriegswaffenkontrollgesetzes bedeutet, also der Inhaber einer solchen Waffe zB zur Überlassung an einen anderen oder zu ihrer Beförderung einer Genehmigung nach dem Kriegswaffenkontrollgesetz bedarf (Begr. aaO). Eine zulässige **Umgestaltung** von Kriegswaffen **in Zivilwaffen** durch bestimmte Änderungen gibt

# Kriegswaffen § 57

es nicht mehr; es gilt der Grundsatz: „Einmal Kriegswaffe – immer Kriegswaffe" (*VISIER* S. 24). Für die damaligen Vorschriften entsprechend in Zivilwaffen umgeänderte Waffen gilt aber Bestandsschutz; sie sind als zivile Waffen zu behandeln (*VISIER* aaO). Auch unbrauchbar gemachte Kriegswaffen behalten ihren Status (§ 13a KWKG). Die endgültige Fassung hat ein Redaktionsversehen bereinigt, indem richtigerweise auf § 53 Abs. 1 Nr. 19 als der zu § 36 gehörigen Bußgeldvorschrift verwiesen wird.

Für die **Strafbarkeit** gilt Folgendes: Auf Zuwiderhandlungen von Personen, die 6 ihre Schusswaffen nach dem Waffengesetz 1972 und dem Waffengesetz 1976 nicht angemeldet oder einen Antrag auf Erteilung einer Ausnahmegenehmigung (§ 37 Abs. 3 WaffG aF) nicht gestellt haben, sind die Strafvorschriften des Waffengesetzes weiterhin anwendbar. Soweit es sich hierbei um Straftaten in Bezug auf Kriegswaffen handelt, die dem Verbrechenstatbestand des § 52a Abs. 1 Nr. 1 WaffG aF unterfielen, soll aber nicht etwa der neue Verbrechenstatbestand des § 51 angewendet werden, auch nicht § 52 Abs. 1 mit seiner höheren Strafdrohung, sondern § 52 Abs. 3 Nr. 1 mit der geringeren Strafandrohung.

**3. Aus der Kriegswaffenliste „entlassene" Kriegswaffen (Absatz 2).** Das Re- 7 gime des Kriegswaffenkontrollgesetzes (KWKG; abgedruckt unter Nr. K 189 d. Slg.). endet in dem Moment, in dem durch Änderung der Kriegswaffenliste, die durch VO der Bundesregierung geschieht, ein Gegenstand aus der Liste entfernt wird und damit automatisch seine Kriegswaffeneigenschaft verliert. Es handelt sich aber naturgemäß weiter um Waffen iS des Waffengesetzes (§ 1 Abs. 2). Die Waffenliste spricht diesen Vorgang in der Anlage 2 A 1 Nr. 1.1 an, indem sie derart aus der Kriegswaffenliste gestrichene Waffen sofort in die Liste der verbotenen Waffen nach dem WaffG einreiht. Die Regelung betrifft nur funktionsfähige Kriegswaffen. Einer Regelung für nicht mehr funktionsfähige Kriegswaffen bedarf es nach Ansicht des Gesetzgebers nicht: Sie verlieren ihren Status als Kriegswaffe durch Einzelentscheidung und den Status als Schusswaffe ausschließlich durch Unbrauchbarmachung (Begr. BT-Drucks. 14/7758 S. 87). Unter der nunmehr akut gewordenen Herrschaft des WaffG sind im Wesentlichen zwei Gruppen von Fällen zu unterscheiden:

**a)** Bisheriger **befugter** Besitz tragbarer Schusswaffen (Absatz 2 Satz 1). Es kann 8 sein, dass der Besitz der Kriegswaffe, solange sie zu diesen zählte, legitim war: Einmal kann es sich um Waffen handeln, die nach den Überleitungsvorschriften der Waffengesetze von 1972 oder 1976 legalisiert worden sind, oder für die ausnahmsweise eine Erwerbsgenehmigung nach den Vorschriften des Kriegswaffenkontrollgesetzes erteilt worden ist oder die von Erben, Findern oder ähnlichen Personen nach den Vorschriften des Kriegswaffenkontrollgesetzes (§ 12 Abs. 6, § 26a) angezeigt worden sind (Begr. BT-Drucks. 14/7758 S. 86). Das kann das zivile Waffenrechtsregime nicht ignorieren. Der Fall wird so gelöst, dass dieser befugte Besitzer seine Besitzberechtigung (Genehmigung oder behördliche Bestätigung) nunmehr der zivilen Waffenbehörde gegenüber durch Vorlage der entsprechenden Urkunden nachweist. Diese stellt nunmehr praktisch den Besitz auf zivile Verhältnisse um, indem sie prüft, ob ein Versagungsgrund nach Absatz 4 gegeben ist, ob nämlich tatsächlich Umstände die Annahme rechtfertigen, dass beim Antragsteller persönliche Mängel bezüglich der Zuverlässigkeit oder der persönlichen Eignung vorliegen. Ist dies nicht der Fall, stellt die Behörde eine WBK aus oder ändert eine bereits bestehende entsprechend ab. Damit ist die Umstellung auf normales Waffenrecht vollzogen. Handelt es sich um eine verbotene Waffe, ist zusätzlich noch die Ausnahmegenehmigung des BKA nach § 40 Abs. 4 erforderlich (Begr. BT-Drucks. 14/7758 S. 86).

## § 57 Abschn. 5. Ausnahmen von der Anwendung des Gesetzes

**9** **b) Bisheriger unbefugter** Besitz (Absatz 2 Satz 2). Wer eine Kriegswaffe, die jetzt aus der Liste gestrichen wird, im Besitz hat, bezüglich der er die Anmeldung nach § 59 Abs. 2 WaffG 1972 (vgl. hierzu BVerwG NVwZ-RR **1999**, 577 = DVBl. **1999**, 1225 betr. den Erben) oder den Antrag nach § 58 Abs. 1 WaffG 1976 unterlassen hat, hat nach neuem Recht keine Möglichkeit mehr, diesen Besitz zu legitimieren. Diese Waffenbesitzer haben sich durch Unterlassen der Anzeige strafbar gemacht. Die Gewährung einer erneuten Antragsmöglichkeit liefe auf eine nochmalige Amnestie hinaus, die nicht Ziel der Regelung ist; für diese Fallgestaltungen – dabei handelt es sich um die überwiegende Anzahl der Fälle dieser Gruppe – soll es bei dem bisherigen Rechtszustand verbleiben (Begr. aaO). Das Gleiche gilt danach auch für Schusswaffen, die nach den § 12 Abs. 6, § 26a des Kriegswaffenkontrollgesetzes hätten angezeigt werden müssen (Fälle des originären Erwerbs durch Erwerb von Todes wegen, durch Fund oder auf ähnliche Weise).

**10** **c) Legitimierungsmöglichkeit** im Sonderfall. Besitzt jemand sonst ohne bisherige Besitzberechtigung eine Kriegswaffe, hat er aber die genannte Anmeldefrist oder die erwähnte Antragsfrist nicht versäumt, weil er zB nicht von dieser Regelung erfasst wurde, und wird die Waffe nunmehr aus der Liste gestrichen, so kann er binnen einer Halbjahresfrist danach die Ausstellung einer WBK beantragen. Auch hier hat nach Absatz 4 eine Prüfung der Zuverlässigkeit und persönlichen Eignung zu erfolgen, aber auch nur diese. Die sonstigen Erteilungsvoraussetzungen des § 4 Abs. 1 und 2 werden bei dieser Gelegenheit nicht untersucht. Wer unter diese Variante fällt, kann den Materialien entnommen werden (Begr. BT-Drucks. 14/7758 S. 87): „Nach den Überleitungsvorschriften des Waffengesetzes von 1972 waren nur diejenigen Kriegswaffen anzumelden, die unter Verstoß gegen Genehmigungspflichten nach dem Kriegswaffenkontrollgesetz erworben worden waren, d. h. diese Überleitungsregelung erfasste nicht Kriegswaffen, über die die tatsächliche Gewalt bereits vor dem Inkrafttreten des Kriegswaffenkontrollgesetzes (1. Juni 1961) erlangt worden war. Die Überleitungsvorschriften des Waffengesetzes von 1976 haben diese den Altbesitz betreffende Lücke für diejenigen Kriegswaffen, die verbotene Gegenstände im Sinne der Anlage 2 Abschnitt 1 Nr. 1 sind, geschlossen. Für den aus der Zeit vor dem Inkrafttreten des Kriegswaffenkontrollgesetzes erlangten Altbesitz an halbautomatischen Kriegsschusswaffen, die nicht als so genannte Anscheinswaffen verbotene Gegenstände im Sinne des bisherigen § 37 Abs. 1 Satz 1 Nr. 1 Buchstabe e des Waffengesetzes waren (schlichte Halbautomaten), blieb es dagegen bei dem früheren Rechtszustand. Ob der Gesetzgeber die – lediglich den Altbesitz solcher schlichter Halbautomaten betreffende – Lücke durch die Anmeldepflicht des § 26a des Kriegswaffenkontrollgesetzes schließen wollte, ist für die Besitzer solcher Altwaffen nicht zweifelsfrei erkennbar gewesen. Zwar erfasst § 26a des Kriegswaffenkontrollgesetzes seinem Wortlaut nach einschränkungslos alle Kriegswaffen, also auch die vor Inkrafttreten des Kriegswaffenkontrollgesetzes erlangten Waffen. Andererseits wird in der Begründung zu § 26a KWKG (BT-Drucksache 8/1614 S. 18, Sp. 2) ausgeführt: ‚... Selbstverständlich werden durch die Übergangsvorschrift nicht die dem Waffengesetz (§ 6 Abs. 3) unterstellten tragbaren Schusswaffen, die Kriegswaffen sind, betroffen.' Die Altbesitzer solcher Schusswaffen konnten demgemäß die Regelung auch dahin verstehen, dass auch nach Einfügung des § 26a des Kriegswaffenkontrollgesetzes sich für schlichte Halbautomaten am bisherigen Rechtszustand nichts geändert habe. Dies um so mehr, als die mit dem Waffenrechtsänderungsgesetz vom 31. Mai 1978 eingeführte Auffangstrafvorschrift für den unbefugten Besitz von Kriegswaffen (§ 16 Abs. 1 Nr. 6 des Kriegswaffenkontrollgesetzes), die unter anderem an die Anzeigepflicht nach § 26a des Kriegswaffenkontrollgesetzes an-

# Kriegswaffen § 57

knüpft, ausdrücklich nur subsidiäre Geltung gegenüber den Strafvorschriften des Waffengesetzes beansprucht. Um nunmehr auch für diesen nicht ganz zweifelsfreien Restbereich eine behördliche Erfassung und zugleich eine Legalisierung zu erreichen, wird aus Anlass der Streichung solcher Waffen aus der Kriegswaffenliste den Waffenbesitzern die Möglichkeit eingeräumt, binnen sechs Monaten nach Inkrafttreten der Änderung der Kriegswaffenliste die Legalisierung dieser Waffen durch Ausstellung einer Waffenbesitzkarte zu beantragen".

**4. Verlust der Kriegswaffeneigenschaft bei Munition für tragbare Kriegswaffen (Absatz 3).** Auch bei dieser Art Munition kann der Fall eintreten, dass sie ihre Eigenschaft als Kriegswaffe verliert, weil insoweit in der Kriegswaffenliste (KWL) eine Streichung erfolgt (vgl. KWL Nr. 50). Hier sind zwei Fallgestaltungen zu unterscheiden: **11**

**a)** Bisheriger befugter Besitz (Absatz 3 letzter Halbsatz). Es besteht die Möglichkeit, dass der Besitzer dieser Art Munition im Zeitpunkt der Entlassung der Munition aus der Kriegswaffenliste eine behördliche Berechtigung zum Besitz innehat. Nach der gesetzlichen Neuregelung scheint es dann damit sein Bewenden zu haben; die zivile Waffenbehörde würde keine Kenntnis von dem Munitionsbesitz erhalten. Hier greift aber die im Gesetzgebungsverfahren nachträglich eingefügte Regelung des § 58 Abs. 1 Satz 3 ff. ein, wonach eine befristete Anmeldung der Munition bei der zuständigen Waffenbehörde zu erfolgen hat.

**b)** In allen anderen Fällen besteht eine Halbjahresfrist ab „Freigabe" der Munition aus der KWL zur Beantragung einer Erlaubnis „nach § 10 Abs. 3". Falls ausnahmsweise eine WBK für die zu der Munition gehörige Schusswaffe ausgestellt ist, wird in diese ein entsprechender die Munition legitimierender Eintrag vollzogen (§ 10 Abs. 3 Satz 1); im Übrigen wird ein Munitionserwerbsschein (§ 10 Abs. 3 Satz 2) erteilt. Auch hier wird nach Absatz 4 – wie in den Fällen des Absatzes 2 – vor der Erteilung nur geprüft, ob auf Tatsachen gegründete Bedenken gegen die Zuverlässigkeit (§ 5) oder die persönliche Eignung (§ 6) bestehen. **12**

**5. Eingeschränkte behördliche Versagungsbefugnis (Absatz 4).** Aus Gründen der „Besitzstandswahrung" (Begr. BT-Drucks. 14/7758 S. 86) wird bei der Erteilung der Erlaubnisse nach Absatz 2 und 3 keine Bedürfnisprüfung vorgeschrieben. Die behördliche Prüfung hat sich allein darauf zu konzentrieren, ob Bedenken, die eine hinreichende Tatsachengrundlage aufweisen, gegen die Zuverlässigkeit (§ 5) oder die persönliche Eignung (§ 6) des jeweiligen Besitzers bestehen. **13**

**6. Rechtsfolgen bei nicht beantragter oder versagter Erlaubnis (Absatz 5).** Die Regelung betrifft das Unterlassen eines Antrags nach Absatz 2 Satz 2 oder Absatz 3 sowie die unanfechtbar gewordene Ablehnung des Antrags. In beiden Fällen darf der **Besitz** über die betreffenden Gegenstände (Waffen bzw. Munition) **nicht mehr ausgeübt** werden (Satz 1), und zwar beim Unterlassen des Antrags ab Ablauf der Halbjahresfrist zur Antragstellung, bei Versagung der Erlaubnis ab dem Zeitpunkt, zu dem dieser Verwaltungsakt unanfechtbar geworden ist. **14**

Durch die Bezugnahme auf § 46 Abs. 2 (in Satz 2) wird bewirkt, dass die Behörde, nachdem sich der Besitz als unberechtigt herausgestellt hat, alle **Maßnahmen** ergreifen kann, die § 46 Abs. 2 für den Fall des Wegfalls einer Erlaubnis vorsieht. Unter Fristsetzung kann sie das Unbrauchbarmachen oder das Überlassen an einen Berechtigten und die Nachweisführung hierüber anordnen; bei fruchtlosem Ablauf der Frist ist Sicherstellung möglich (§ 46 Rdn. 4 bis 7). **15**

**7. Zuwiderhandlung.** Verstöße gegen das Besitzverbot sind nach § 52 Abs. 3 Nr. 10 strafbar. **16**

## Abschnitt 6. Übergangsvorschriften, Verwaltungsvorschriften

### Altbesitz

**58** (1) Soweit nicht nachfolgend Abweichendes bestimmt wird, gelten Erlaubnisse im Sinne des Waffengesetzes in der Fassung der Bekanntmachung vom 8. März 1976 (BGBl. I S. 432), zuletzt geändert durch das Gesetz vom 21. November 1996 (BGBl. I S. 1779), fort. Erlaubnisse zum Erwerb von Munition berechtigen auch zu deren Besitz. Hat jemand berechtigt Munition vor dem Inkrafttreten dieses Gesetzes erworben, für die auf Grund dieses Gesetzes eine Erlaubnis erforderlich ist, und übt er über diese bei Inkrafttreten dieses Gesetzes noch den Besitz aus, so hat er diese Munition bis 31. August 2003 der zuständigen Behörde schriftlich anzumelden. Die Anmeldung muss die Personalien des Besitzers sowie die Munitionsarten enthalten. Die nachgewiesene fristgerechte Anmeldung gilt als Erlaubnis zum Besitz.

(2) Eine auf Grund des Waffengesetzes in der Fassung der Bekanntmachung vom 8. März 1976 (BGBl. I S. 432) erteilte waffenrechtliche Erlaubnis für Kriegsschusswaffen tritt am ersten Tag des sechsten auf das Inkrafttreten dieses Gesetzes folgenden Monats außer Kraft.

(3) Ist über einen vor Inkrafttreten dieses Gesetzes gestellten Antrag auf Erteilung einer Erlaubnis nach § 7 des Waffengesetzes in der Fassung der Bekanntmachung vom 8. März 1976 (BGBl. I S. 432) noch nicht entschieden worden, findet für die Entscheidung über den Antrag § 21 dieses Gesetzes Anwendung.

(4) Bescheinigungen nach § 6 Abs. 2 des Waffengesetzes in der Fassung der Bekanntmachung vom 8. März 1976 (BGBl. I S. 432) gelten im bisherigen Umfang als Bescheinigungen nach § 55 Abs. 2 dieses Gesetzes.

(5) Ausnahmebewilligungen nach § 37 Abs. 3 und § 57 Abs. 7 des Waffengesetzes in der Fassung der Bekanntmachung vom 8. März 1976 (BGBl. I S. 432) gelten in dem bisherigen Umfang als Ausnahmebewilligungen nach § 40 Abs. 4 dieses Gesetzes.

(6) Die nach § 40 Abs. 1 des Waffengesetzes in der Fassung der Bekanntmachung vom 8. März 1976 (BGBl. I S. 432) ausgesprochenen Verbote gelten in dem bisherigen Umfang als Verbote nach § 41 dieses Gesetzes.

(7) Hat jemand am 1. April 2003 eine bislang nicht einem Verbot nach § 37 Abs. 1 des Waffengesetzes in der Fassung der Bekanntmachung vom 8. März 1976 (BGBl. I S. 432) unterliegende Waffe im Sinne der Anlage 2 Abschnitt 1 dieses Gesetzes besessen, so wird das Verbot nicht wirksam, wenn er bis zum 31. August 2003 diese Waffe unbrauchbar macht, einem Berechtigten überlässt oder einen Antrag nach § 40 Abs. 4 dieses Gesetzes stellt. § 46 Abs. 3 Satz 2 und Abs. 5 findet entsprechend Anwendung.

(8) Wer eine bei Inkrafttreten dieses Gesetzes unerlaubt besessene Waffe bis zum Ende des fünften auf das Inkrafttreten folgenden Monats unbrauchbar macht, einem Berechtigten überlässt oder der zuständigen Behörde oder einer Polizeidienststelle übergibt, wird nicht

Altbesitz § 58

wegen unerlaubten Erwerbs, unerlaubten Besitzes oder unerlaubten Verbringens bestraft. Satz 1 gilt nicht, wenn

1. vor der Unbrauchbarmachung, Überlassung oder Übergabe dem bisherigen Besitzer der Waffe die Einleitung des Straf- oder Bußgeldverfahrens wegen der Tat bekannt gegeben worden ist oder
2. der Verstoß im Zeitpunkt der Unbrauchbarmachung, Überlassung oder Übergabe ganz oder zum Teil bereits entdeckt war und der bisherige Besitzer dies wusste oder bei verständiger Würdigung der Sachlage damit rechnen musste.

(9) Besitzt eine Person, die noch nicht das 25. Lebensjahr vollendet hat, am 1. April 2003 mit einer Erlaubnis auf Grund des Waffengesetzes in der Fassung der Bekanntmachung vom 8. März 1976 (BGBl. I S. 432) eine Schusswaffe, so hat sie binnen eines Jahres auf eigene Kosten der zuständigen Behörde ein amts- oder fachärztliches oder fachpsychologisches Zeugnis über die geistige Eignung nach § 6 Abs. 3 vorzulegen. Satz 1 gilt nicht für den Erwerb und Besitz von Schusswaffen im Sinne von § 14 Abs. 1 Satz 2 und in den Fällen des § 13 Abs. 2 Satz 1.

**1. Zweck der Vorschrift.** Sie enthält die durch die Neufassung notwendigen Übergangsbestimmungen einschließlich der Fortgeltung von Munitionserwerbserlaubnissen auch für den Besitz und einer eingeschränkten Amnestieregelung (Absatz 8). Das Außerkrafttreten waffenrechtlicher Erlaubnisse für Kriegsschusswaffen musste angeordnet werden, weil für diese das Waffengesetz künftig nicht mehr gilt; zur Bestandsschutzwahrung werden entsprechende Ergänzungen kriegswaffenrechtlicher Erlaubnisse erfolgen (Begr. BT-Drucks. 14/7758 S. 87). 1

**2. Grundsatz: Fortgeltung waffenrechtlicher Erlaubnisse nach dem WaffG aF** (**Absatz 1 Satz 1**). Als Überleitungsbestimmung wird zunächst klargestellt, dass unter dem Regime des WaffG aF erteilte Erlaubnisse (Alterlaubnisse) weiter Bestand haben, sofern sich nicht aus den weiteren Regelungen der Vorschrift Abweichendes ergibt. So können auf eine „alte" gelbe WBK weiterhin Einzellader-Langwaffen in beliebiger Menge erworben werden (vgl. Erlass MdI BW vom 24. 3. 2004; www.fwr.de); die Tatsache, dass auf der WBK keine „freien Felder" mehr zur Eintragung zur Verfügung stehen, ist unschädlich (vgl. § 14 Rdn. 3). Abgesehen von der Sonderregelung in Absatz 9 kann ein Widerruf erteilter Erlaubnisse nicht auf inzwischen geänderte Erteilungsvoraussetzungen gestützt werden (A/B Rdn. 4; § 5 Rdn. 7 a). 2

**3. Alterlaubnisse zum Erwerb von Munition (Satz 2).** Das bisherige Waffenrecht kannte in Bezug auf Munition nur die **Erwerbserlaubnis** (§ 29 Abs. 1 WaffG aF). Der **Besitz** von Munition war **nicht** unter Erlaubnispflicht gestellt. Das ist durch die Neufassung geändert worden (§§ 1 Abs. 3, 2 Abs. 2 iVm. § 10 Abs. 3; vgl. aber die Ausnahmeregelung in § 12 Abs. 2). Durch die vorliegende Bestimmung wird die Berechtigung zum Erwerb von Munition generell auch auf den Besitz dieser Munition erstreckt; damit kann aus dem Fehlen einer – nach neuem Recht erforderlichen – Besitzerlaubnis nichts Nachteiliges für den Besitzer hergeleitet werden. Eine Legitimation ist darin nicht zu erblicken, da der Besitz nach altem Recht nicht unerlaubt war. 3

**4. Anmeldepflicht für berechtigt erworbene erlaubnispflichtige Munition** (**Satz 3 bis 5**). Die Begründung (BT-Drucks. 14/8886 S. 118) bezeichnet diese Regelung als „Konsequenz der Einführung einer Erlaubnispflicht auch für den Besitz von Munition". Es muss auf jeden Fall verhindert werden, dass Munitionsbesitz oh- 4

## § 58 Abschn. 6. Übergangsvorschriften, Verwaltungsvorschriften

ne Kenntnis der Behörde stattfindet (vgl. § 57 Rdn. 11). Durch die Anmeldepflicht binnen einer Frist von vier Monaten ab Inkrafttreten des WaffG nF sollte dies nach dem Entwurf des Gesetzes erreicht werden. Die Einzelheiten der schriftlich zu erstattenden Anzeige ergeben sich aus Satz 4. Wird die Anzeige ordnungsgemäß vorgenommen, so gilt diese dann – im Wege der Fiktion – als Besitzerlaubnis für die angemeldeten Gegenstände. Ein Muster für die Meldung kann beim Forum Waffenrecht (www.fwr.de) „heruntergeladen" werden. Meldepflichtig ist Munition nur, wenn sie vor dem 1. 1. 1973 oder ohne Erwerbsberechtigung erworben worden ist. Gemeldet werden muss nur die Munitions**art**. Illegal im Besitz befindliche Munition ist nicht privilegiert.

5   **5. Waffenrechtliche Alterlaubnisse für Kriegsschusswaffen (Absatz 2).** Solche haben im Hinblick auf die strenge Trennung von Waffenrecht und Kriegswaffenrecht (§ 57 Rdn. 4 ff.) keine „Daseinsberechtigung" mehr. Sie verlieren nach einer Übergangszeit von sechs Monaten ab Inkrafttreten des WaffG nF ihre Wirksamkeit. Zur Bestandsschutzwahrung hat der Gesetzgeber entsprechende Regelungen im Kriegswaffenrecht (KWKG) vorgesehen (Begr. BT-Drucks. 14/7758 S. 87).

6   **6. Umstellung auf neues Recht für laufende Antragsverfahren (Absatz 3).** Diese Überleitungsbestimmung betrifft nur Anträge auf Erteilung einer Waffenherstellungs- oder Waffenhandelserlaubnis. Hierfür war bisher § 7 WaffG aF maßgebend. Die Antragsverfahren sollen aber nicht nach dieser Vorschrift zu Ende abgewickelt werden, sondern unter Zugrundelegen neuen Rechts (§ 21). Auf die Anmerkungen zu dieser Vorschrift wird verwiesen.

7   **7. Weitergeltung von Bescheinigungen nach § 6 Abs. 2 (Absatz 4).** In diesen Fällen erfolgt der Übergang auf das neue Recht in der Weise, dass die „Altbescheinigungen" im bisherigen Umfang weiter gelten als Bescheinigungen nach § 55 Abs. 2. Näheres hierzu zu § 55.

8   **8. Fortgeltung von Ausnahmebewilligungen (Absatz 5).** Diese Regelung hat ihren Vorläufer in § 57 Abs. 7 WaffG aF, der bereits frühere Ausnahmebewilligungen auf solche nach § 37 Abs. 3 WaffG aF umstellte. Die nochmalige Erwähnung des § 57 Abs. 7 erscheint daher entbehrlich. Auch die früheren Ausnahmen bewilligte bereits das BKA, das auch für die neuen Bewilligungen nach § 40 Abs. 4 zuständig ist. Eine Fortgeltung der „Altgenehmigungen" im bewilligten Umfang erscheint sinnvoll. Soweit sich diese Bewilligungen auf sog. Anscheinswaffen (§ 2 Rdn. 28 f.) bezogen, sind sie gegenstandslos geworden.

9   **9. Aufrechterhaltung von „Waffenverboten im Einzelfall" (Absatz 6).** Da auch hier keine ins Gewicht fallende Änderung des sachlichen Rechts erfolgt ist, können „Altverbote" im ausgesprochenen Umfang als Verbote iSv. § 41 WaffG nF Bestand haben.

10   **10. „Neuverbote" (Absatz 7).** Diese Vorschrift regelt den Fall, dass jemand bei Inkrafttreten des WaffG nF eine Waffe im Besitz hat, die bisher nicht verboten war, nach der Neuregelung in der Waffenliste Anlage 2 Abschnitt 1 aber nunmehr unter die „Verbotenen Waffen" fällt. Hier lässt das Gesetz das Verbot unter bestimmten Umständen nicht wirksam werden. Das soll eintreten, wenn der Besitzer die Waffe binnen vier Monaten nach Inkrafttreten des WaffG nF entweder unbrauchbar macht, einem Berechtigten überlässt (hierzu die Anm. zu § 46 Abs. 2) oder einen Antrag auf Ausnahmegenehmigung beim BKA nach § 40 Abs. 4 stellt. Nach fruchtlosem Ablauf der Frist kann die Behörde die Waffe sicherstellen (Bezugnahme auf § 46 Abs. 3 Satz 2). Wegen weiter möglicher behördlicher Schritte (Verweisung auf § 46 Abs. 5) wird auf § 46 Rdn. 13 Bezug genommen.

Altbesitz § 58

**11. Beschränkte Amnestieregelung (Absatz 8 Satz 1). a)** Wer im Zeitpunkt 11
des Inkrafttretens des WaffG nF unerlaubt eine Waffe (für analoge Anwendung auf
illegalen Munitionsbesitz: A/B Rdn. 17) besitzt (das Gesetz spricht von einer „besessenen" Waffe), kann sich auf vier verschiedene Arten **Straffreiheit** (nur wegen –
jeweils unerlaubten – Erwerbs, Besitzes oder Verbringens) verdienen, wenn er nämlich diese Waffe binnen der in der Bestimmung festgesetzten Frist entweder unbrauchbar macht, einem Berechtigten überlässt oder der zuständigen Waffenbehörde
oder irgendeiner Polizeidienststelle übergibt. Der Bundesrat (BT-Drucks. 14/7758
S. 119) machte hierzu folgende Bedenken geltend: „Die vorgesehene körperliche
Übergabe von Waffen an die zuständigen Behörden ist aus tatsächlichen und rechtlichen Gründen problematisch (kostenträchtige Einrichtung ausreichend gesicherter
Räume für die Aufbewahrung, eigentumsrechtliche Fragen, fehlende Folgeregelungen zur Verwertung und Entschädigung). Das angestrebte Ziel, dem Waffenbesitzer
die Möglichkeit einzuräumen, sich der Waffe straffrei zu entledigen, lässt sich auch
ohne die verwaltungsaufwändige Einbindung der zuständigen Behörde erreichen. Es
erscheint ohne Sicherheitsbeeinträchtigung ausreichend, dem Betroffenen die straflose Möglichkeit der Überlassung der Waffe an einen Berechtigen oder der Unbrauchbarmachung der Waffe einzuräumen". Diese Einwände haben die BReg. nicht
überzeugt; sie verwies auf die Möglichkeit, hier in den Allgemeinen␣␣VerwaltungsVorschriften eine Regelung zu treffen (aaO S. 137). Wer die Waffe selbst legal erwerben möchte, muss den Umweg über einen „Berechtigten" (Waffenhändler, Büchsenmacher) gehen. Absatz 8 Satz 1 billigt dem Waffenbesitzer nicht etwa eine echte
Übergangsfrist zu, in der der Besitz vorübergehend legitimiert wäre. Die Vorschrift
regelt vielmehr lediglich einen – zeitlich nur begrenzt anwendbaren – **persönlichen
Strafaufhebungsgrund**, der die grundsätzliche Strafbarkeit des unerlaubten Waffenbesitzes nicht tangiert. Die **„Übergabe"** iS dieser Bestimmung verlangt in Anlehnung
an eine strafbefreiende Selbstanzeige iSv. § 371 AO, dass der Besitzer eine gewisse
**Tätigkeit** entfaltet, um der Polizei den Zugriff auf die illegal besessene Waffe zu ermöglichen und dass er wesentlich dazu beiträgt, den illegalen Zustand zu beenden
(OLG Hamm NStZ-RR 2005, 121; hierzu krit. *Scholzen* DWJ 2005, Heft 2, S. 88).

**b) Ausnahmen** zur Amnestieregelung (Absatz 8 Satz 2). aa) Die Straffreiheit 12
kann derjenige nicht mehr erreichen, dem die Einleitung eines Straf- oder Bußgeldverfahrens wegen dieser Tat (unerlaubter Waffenbesitz) bekanntgegeben worden ist,
bevor er von den ihm eröffneten Schritten zur Erlangung von Straffreiheit (Rdn. 11)
Gebrauch gemacht hat. Eine derartige Bekanntgabe ist zB als Maßnahme zur Unterbrechung der Verfolgungsverjährung vorgesehen (vgl. *Göhler*[14] § 33 Rdn. 16 mwN).
bb) Straffreiheit kann auch derjenige nicht mehr erlangen, dessen Tat im Zeitpunkt
dieser genannten Schritte bereits ganz oder teilweise „entdeckt" war und der Besitzer entweder hiervon positive Kenntnis hatte oder – bei Nichtkenntnis – bei verständiger Würdigung der Sachlage damit hätte rechnen müssen. Zur „Entdeckung" einer
Tat kann nicht auf die Ausführungen zur Unfreiwilligkeit eines Rücktritts verwiesen
werden (zB *Tröndle/Fischer*[53] § 24 Rdn. 6b). Erforderlich ist vielmehr eine „dienstliche" Entdeckung durch Ermittlungsorgane (KK-OWiG[3]-*Lampe* § 37 Rdn. 5; *Göhler* aaO § 37 Rdn. 3). Entdeckt ist die Tat, wenn es auf Grund konkreter Anhaltspunkte für die Begehung einer Straftat angezeigt erscheint, dem begründet erscheinenden Verdacht nachzugehen (*Göhler* aaO). In subjektiver Hinsicht schadet neben
der Kenntnis auch das Kennenmüssen, die fahrlässige Unkenntnis. Hier wird man
indessen einen höheren Grad von Fahrlässigkeit in Gestalt der groben Fahrlässigkeit
fordern müssen. Jemand, der „bei verständiger Würdigung der Sachlage damit rechnen musste", ist danach doch wohl nur eine Person, der sich nach den Umständen

**§ 59** Abschn. 6. Übergangsvorschriften, Verwaltungsvorschriften

des Einzelfalles das Entdecktsein der Tat auf Grund bestimmter an ihn gelangter Hinweise aufdrängen musste.

**13** **12. Übergangsvorschrift für Waffenbesitzer unter 25 Jahren (Absatz 9).** Die Vorschrift wurde erst im Vermittlungsverfahren eingeführt und beruht – wie der maßgebliche § 6 Abs. 3 – auf den Vorfällen von Erfurt. Sie ist sachlich ohne Beispiel im bisherigen Waffenrecht. Die Heraufsetzung der Altersgrenze durch § 6 Abs. 3 hat zur Folge, dass bei Inkrafttreten des Gesetzes (1. 4. 2003) Personen im Alter von 18 bis 24 Jahren anzutreffen waren, die nach bisherigem Recht aufgrund einer wirksamen waffenrechtlichen Erlaubnis eine Schusswaffe erworben und nunmehr im Besitz hatten, was mit dem geänderten Recht nicht mehr im Einklang steht. Für diese Fälle musste eine Regelung gefunden werden. Sie konnte einmal so aussehen, dass man diesen Erlaubnissen allgemein Bestandsschutz zubilligt (Absatz 1). Dies wurde indessen im Hinblick auf die Ereignisse von Erfurt nicht für vertretbar erachtet. Auf der anderen Seite war ein nach neuer Rechtslage in diesen Fällen unumgänglicher sofortiger Widerruf dieser Erlaubnisse nicht gewollt. Die Kompromisslösung des Gesetzes sieht nun vor, dass die Widerrufsverpflichtung für ein Jahr ausgesetzt wird mit der Chance für den Erlaubnisinhaber, durch Beibringung entsprechender medizinischer Unterlagen seine aufgrund des mangelnden Lebensalters als zweifelhaft geltende geistige Eignung unter Beweis zu stellen. Diese Regelung weicht damit von dem Grundsatz der Unwiderrufbarkeit von Gestattungen auf Grund geänderter Rechtslage ab (*A/B* Rdn. 19). Für den Fall, dass zum Stichtag nur erst eine Erwerbsberechtigung ohne Ausübung der tatsächlichen Gewalt bestand, gilt Absatz 9 Satz 1 nicht.

**14** Wie das auf Kosten des jungen Waffenbesitzers einzuholende Gutachten im einzelnen beschaffen sein muss, richtet sich nach den zu § 6 Abs. 3 dargestellten Grundsätzen. Zusätzlich ist auf die Erläuterungen zu der entsprechend anwendbaren ausfüllenden Regelung in § 4 AWaffV verwiesen.

**15** Die fristgerechte Vorlage eines – positiven – ärztlichen Zeugnisses führt dazu, dass der Waffenbesitzer auch weiterhin als rechtmäßig anerkannt ist. Vollendet der Waffenbesitzer während der laufenden Jahresfrist das 25. Lebensjahr, so wird mit diesem Datum kraft Gesetzes die geistige Eignung unterstellt; das Fristsetzungsverfahren ist gegenstandslos. Falls auch die übrigen Erteilungsvoraussetzungen fortbestehen, besteht kein Grund für ein behördliches Einschreiten. Nutzt jedoch der Waffenbesitzer innerhalb Jahresfrist die ihm eröffnete Möglichkeit nicht, so führt dies zwar nicht zum automatischen Wegfall der Erlaubnis, aber zur Einleitung eines Widerrufsverfahrens, da eine der Erteilungsvoraussetzungen nach geltendem Recht fehlt.

**16** Die Ausnahmeregelung des Satzes 2 hat ihre Parallele in § 6 Abs. 3 Satz 2, der wiederum auf § 14 Abs. 1 Satz 2 verweist. Mit ihr werden die jungen Besitzer der in dieser Bestimmung genannten Waffen in der Weise privilegiert, dass eine Überprüfung der geistigen Eignung entfällt. Voraussetzung ist, dass die Waffen zum sportlichen Schießen zugelassen wurden und dafür auch eingesetzt werden sollen (*A/B* Rdn. 22). „Jäger" iSv. § 13 Abs. 1 sind grundsätzlich freigestellt (Absatz 9 Satz 2 zweite Alt. iVm. § 6 Abs. 3 Satz 2).

### Verwaltungsvorschriften

**59** Das Bundesministerium des Innern erlässt allgemeine Verwaltungsvorschriften über den Erwerb und das Führen von Schusswaffen durch Behörden und Bedienstete seines Geschäftsbe-

Waffengesetz **Anlage 1**

reichs sowie über das Führen von Schusswaffen durch erheblich gefährdete Hoheitsträger im Sinne von § 55 Abs. 2; die anderen obersten Bundesbehörden und die Deutsche Bundesbank erlassen die Verwaltungsvorschriften für ihren Geschäftsbereich im Einvernehmen mit dem Bundesministerium des Innern.

Diese Vorschrift entspricht § 51 Abs. 2 WaffG aF. Der bisherige Absatz 1 dieser Bestimmung konnte in dieser Form nicht übernommen werden: Nach der Rechtsprechung des Bundesverfassungsgerichts (BVerfGE **100,** 249 = NVwZ **1999,** 977) kann eine Allgemeine Verwaltungsvorschrift nur durch die **Bundesregierung** als Kollegialorgan erlassen werden (*Ostgathe* S. 8); dies einfachgesetzlich zu regeln besteht kein Bedarf, weil sich diese Befugnis unmittelbar aus Art. 84 Abs. 2 des Grundgesetzes ergibt. Eine neue WaffVwV ist in Vorbereitung; über die entsprechende Anwendung der alten WaffVwV ist – soweit ersichtlich – nichts bestimmt. Soweit Verwaltungsvorschriften unmittelbare Außenwirkung gegenüber Dritten haben, sind sie bekannt zu machen (BVerfG NVwZ **2005,** 602).

Anlage 1 (zu § 1 Abs. 4) Begriffsbestimmungen

## Abschnitt 1. Waffen- und munitionstechnische Begriffe, Einstufung von Gegenständen

### Unterabschnitt 1. Schusswaffen

1. Schusswaffen im Sinne des § 1 Abs. 2 Nr. 1
    1.1 Schusswaffen
    Schusswaffen sind Gegenstände, die zum Angriff oder zur Verteidigung, zur Signalgebung, zur Jagd, zur Distanzinjektion, zur Markierung, zum Sport oder zum Spiel bestimmt sind und bei denen Geschosse durch einen Lauf getrieben werden.
    1.2 Gleichgestellte Gegenstände
    Den Schusswaffen stehen gleich tragbare Gegenstände,
    1.2.1 die zum Abschießen von Munition für die in Nummer 1.1 genannten Zwecke bestimmt sind,
    1.2.2 bei denen bestimmungsgemäß feste Körper gezielt verschossen werden, deren Antriebsenergie durch Muskelkraft eingebracht und durch eine Sperrvorrichtung gespeichert werden kann (zB Armbrüste).
    1.3 Wesentliche Teile von Schusswaffen, Schalldämpfer
    Wesentliche Teile von Schusswaffen und Schalldämpfer stehen, soweit in diesem Gesetz nichts anderes bestimmt ist, den Schusswaffen gleich, für die sie bestimmt sind. Dies gilt auch dann, wenn sie mit anderen Gegenständen verbunden sind und die Gebrauchsfähigkeit als Waffenteil nicht beeinträchtigt ist oder mit allgemein gebräuchlichen Werkzeugen wieder hergestellt werden kann.
    Wesentliche Teile sind
    1.3.1 der Lauf oder Gaslauf, der Verschluss sowie das Patronen- oder Kartuschenlager, wenn diese nicht bereits Bestandteil des Laufes sind; der Lauf ist ein aus einem ausreichend festen Werkstoff bestehender rohrförmiger Gegenstand, der Geschossen, die hindurchgetrieben werden, ein gewisses Maß an Führung gibt; der Gaslauf ist ein Lauf, der aus-

# Anlage 1

schließlich der Ableitung der Verbrennungsgase dient; der Verschluss ist das unmittelbar das Patronen- oder Kartuschenlager oder den Lauf abschließende Teil;

1.3.2 bei Schusswaffen, bei denen zum Antrieb ein entzündbares flüssiges oder gasförmiges Gemisch verwendet wird, auch die Verbrennungskammer und die Einrichtung zur Erzeugung des Gemisches;

1.3.3 bei Schusswaffen mit anderem Antrieb auch die Antriebsvorrichtung, sofern sie fest mit der Schusswaffe verbunden ist;

1.3.4 bei Kurzwaffen auch das Griffstück oder sonstige Waffenteile, soweit sie für die Aufnahme des Auslösemechanismus bestimmt sind;

1.3.5 als wesentliche Teile gelten auch vorgearbeitete wesentliche Teile von Schusswaffen sowie Teile/Reststücke von Läufen und Laufrohlingen, wenn sie mit allgemein gebräuchlichen Werkzeugen fertiggestellt werden können;

1.3.6 Schalldämpfer sind Vorrichtungen, die der wesentlichen Dämpfung des Mündungsknalls dienen und für Schusswaffen bestimmt sind.

1.4 Unbrauchbar gemachte Schusswaffen

Die für Schusswaffen geltenden Vorschriften sind auf unbrauchbar gemachte Schusswaffen und auf aus Schusswaffen hergestellte Gegenstände anzuwenden, wenn

1.4.1 das Patronenlager nicht dauerhaft so verändert ist, dass weder Munition noch Treibladungen geladen werden können,

1.4.2 der Verschluss nicht dauerhaft funktionsunfähig gemacht worden ist,

1.4.3 in Griffstücken oder anderen wesentlichen Waffenteilen für Handfeuer-Kurzwaffen der Auslösemechanismus nicht dauerhaft funktionsunfähig gemacht worden ist,

1.4.4 bei Kurzwaffen der Lauf nicht auf seiner ganzen Länge, im Patronenlager beginnend,
– bis zur Laufmündung einen durchgehenden Längsschlitz von mindestens 4 mm Breite oder
– im Abstand von jeweils 3 cm, mindestens jedoch 3 kalibergroße Bohrungen oder
– andere gleichwertige Laufveränderungen

aufweist,

1.4.5 bei Langwaffen der Lauf in dem dem Patronenlager zugekehrten Drittel nicht
– mindestens 6 kalibergroße Bohrungen oder
– andere gleichwertige Laufveränderungen

aufweist und vor diesen in Richtung der Laufmündung mit einem kalibergroßen gehärteten Stahlstift dauerhaft verschlossen ist,

1.4.6 dauerhaft unbrauchbar gemacht ist eine Schusswaffe dann, wenn mit allgemein gebräuchlichen Werkzeugen die Schussfähigkeit der Waffe oder der wesentlichen Teile nicht wieder hergestellt werden kann.

1.5 Nachbildungen von Schusswaffen

Die für Schusswaffen geltenden Vorschriften sind auf Nachbildungen von Schusswaffen anzuwenden, wenn diese Gegenstände mit allgemein gebräuchlichen Werkzeugen so umgebaut oder verändert werden können, dass aus ihnen Munition, Ladungen oder Geschosse verschossen werden können. Nachbildungen sind nicht als Schusswaffen hergestellte Gegenstände, die die äußere Form einer Schusswaffe haben und aus denen nicht geschossen werden kann.

Waffengesetz **Anlage 1**

2. Feuerwaffen sind die nachfolgend genannten Waffen, bei denen zum Antrieb der Geschosse heiße Gase verwendet werden:
   2.1 Schusswaffen nach Nummer 1.1,
   2.2 Gegenstände nach Nummer 1.2.1.
   2.3 Automatische Schusswaffen; dies sind Schusswaffen, die nach Abgabe eines Schusses selbsttätig erneut schussbereit werden und bei denen aus demselben Lauf durch einmalige Betätigung des Abzuges oder einer anderen Schussauslösevorrichtung mehrere Schüsse abgegeben werden können (Vollautomaten) oder durch einmalige Betätigung des Abzuges oder einer anderen Schussauslösevorrichtung jeweils nur ein Schuss abgegeben werden kann (Halbautomaten). Als automatische Schusswaffen gelten auch Schusswaffen, die mit allgemein gebräuchlichen Werkzeugen in automatische Schusswaffen geändert werden können. Als Vollautomaten gelten auch in Halbautomaten geänderte Vollautomaten, die mit den in Satz 2 genannten Hilfsmitteln wieder in Vollautomaten zurückgeändert werden können. Double-Action-Revolver sind keine halbautomatischen Schusswaffen. Beim Double-Action-Revolver wird bei Betätigung des Abzuges durch den Schützen die Trommel weitergedreht, so dass das nächste Lager mit einer neuen Patrone vor den Lauf und den Schlagbolzen zu liegen kommt, und gleichzeitig die Feder gespannt. Beim weiteren Durchziehen des Abzuges schnellt der Hahn nach vorn und löst den Schuss aus.
   2.4 Repetierwaffen; dies sind Schusswaffen, bei denen nach Abgabe eines Schusses über einen von Hand zu betätigenden Mechanismus Munition aus einem Magazin in das Patronenlager nachgeladen wird.
   2.5 Einzelladerwaffen; dies sind Schusswaffen ohne Magazin mit einem oder mehreren Läufen, die vor jedem Schuss aus demselben Lauf von Hand geladen werden.
   2.6 Langwaffen; dies sind Schusswaffen, deren Lauf und Verschluss in geschlossener Stellung insgesamt länger als 30 cm sind und deren kürzeste bestimmungsgemäß verwendbare Gesamtlänge 60 cm überschreitet; Kurzwaffen sind alle anderen Schusswaffen.
   2.7 Schreckschusswaffen; dies sind Schusswaffen mit einem Kartuschenlager, die zum Abschießen von Kartuschenmunition bestimmt sind.
   2.8 Reizstoffwaffen; dies sind Schusswaffen mit einem Patronen- oder Kartuschenlager, die zum Verschießen von Reiz- oder anderen Wirkstoffen bestimmt sind.
   2.9 Signalwaffen; dies sind Schusswaffen mit einem Patronen- oder Kartuschenlager, die zum Verschießen von pyrotechnischer Munition bestimmt sind.

3. Weitere Begriffe zu den wesentlichen Teilen
   3.1 Austauschläufe sind Läufe für ein bestimmtes Waffenmodell oder -system, die ohne Nacharbeit ausgetauscht werden können.
   3.2 Wechselläufe sind Läufe, die für eine bestimmte Waffe zum Austausch des vorhandenen Laufes vorgefertigt sind und die noch eingepasst werden müssen.
   3.3 Einsteckläufe sind Läufe ohne eigenen Verschluss, die in die Läufe von Waffen größeren Kalibers eingesteckt werden können.
   3.4 Wechseltrommeln sind Trommeln für ein bestimmtes Revolvermodell, die ohne Nacharbeit gewechselt werden können.
   3.5 Wechselsysteme sind Wechselläufe einschließlich des für sie bestimmten Verschlusses.

# Anlage 1

3.6 Einstecksysteme sind Einsteckläufe einschließlich des für sie bestimmten Verschlusses.

3.7 Einsätze sind Teile, die den Innenmaßen des Patronenlagers der Schusswaffe angepasst und zum Verschießen von Munition kleinerer Abmessungen bestimmt sind.

4. Sonstige Teile von Schusswaffen

   4.1 Vorrichtungen, die das Ziel beleuchten (z. B. Zielscheinwerfer) oder markieren (z. B. Laser oder Zielpunktprojektoren),

   4.2 Nachtsichtgeräte und Nachtzielgeräte mit Montagevorrichtungen für Schusswaffen sowie Nachtsichtvorsätze und Nachtsichtaufsätze für Zielhilfsmittel (z. B. Zielfernrohre), sofern die Gegenstände einen Bildwandler oder eine elektronische Verstärkung besitzen.

5. Reizstoffe sind Stoffe, die bei ihrer bestimmungsgemäßen Anwendung auf den Menschen eine belästigende Wirkung durch Haut- und Schleimhautreizung, insbesondere durch einen Augenreiz ausüben und resorptiv nicht giftig wirken.

### Unterabschnitt 2. Tragbare Gegenstände

1. Tragbare Gegenstände nach § 1 Abs. 2 Nr. 2 Buchstabe a sind insbesondere

   1.1 Hieb- und Stoßwaffen (Gegenstände, die ihrem Wesen nach dazu bestimmt sind, unter unmittelbarer Ausnutzung der Muskelkraft durch Hieb, Stoß, Stich, Schlag oder Wurf Verletzungen beizubringen),

   1.2 Gegenstände,

      1.2.1 die unter Ausnutzung einer anderen als mechanischen Energie Verletzungen beibringen (z. B. Elektroimpulsgeräte),

      1.2.2 aus denen Reizstoffe versprüht oder ausgestoßen werden, die eine Reichweite bis zu 2 m haben (Reizstoffsprühgeräte),

      1.2.3 bei denen in einer Entfernung von mehr als 2 m bei Menschen

         a) eine angriffsunfähig machende Wirkung durch ein gezieltes Versprühen oder Ausstoßen von Reiz- oder anderen Wirkstoffen oder

         b) eine gesundheitsschädliche Wirkung durch eine andere als kinetische Energie, insbesondere durch ein gezieltes Ausstrahlen einer elektromagnetischen Strahlung

      hervorgerufen werden kann,

      1.2.4 bei denen gasförmige, flüssige oder feste Stoffe den Gegenstand gezielt und brennend mit einer Flamme von mehr als 20 cm Länge verlassen,

      1.2.5 bei denen leicht entflammbare Stoffe so verteilt und entzündet werden, dass schlagartig ein Brand entstehen kann,

      1.2.6 die nach ihrer Beschaffenheit und Handhabung dazu bestimmt sind, durch Drosseln die Gesundheit zu schädigen,

   1.3 Schleudern, die zur Erreichung einer höchstmöglichen Bewegungsenergie eine Armstütze oder eine vergleichbare Vorrichtung besitzen oder für eine solche Vorrichtung eingerichtet sind (Präzisionsschleudern) sowie Armstützen und vergleichbare Vorrichtungen für die vorbezeichneten Gegenstände.

2. Tragbare Gegenstände im Sinne des § 1 Abs. 2 Nr. 2 Buchstabe b sind

   2.1 Messer,

      2.1.1 deren Klingen auf Knopf- oder Hebeldruck hervorschnellen und hierdurch festgestellt werden können (Springmesser),

      2.1.2 deren Klingen beim Lösen einer Sperrvorrichtung durch ihre Schwerkraft oder durch eine Schleuderbewegung aus dem Griff hervorschnel-

Waffengesetz **Anlage 1**

       len und selbsttätig oder beim Loslassen der Sperrvorrichtung festgestellt werden (Fallmesser),
    2.1.3 mit einem quer zur feststehenden Klinge verlaufenden Griff, die bestimmungsgemäß in der geschlossenen Faust geführt oder eingesetzt werden (Faustmesser),
    2.1.4 Faltmesser mit zweigeteilten, schwenkbaren Griffen (Butterflymesser),
  2.2 Gegenstände,
    2.2.1 die bestimmungsgemäß unter Ausnutzung einer anderen als mechanischen Energie Tieren Verletzungen beibringen (z. B. Elektroimpulsgeräte), mit Ausnahme der ihrer Bestimmung entsprechend im Bereich der Tierhaltung Verwendung findenden Gegenstände.

### Unterabschnitt 3. Munition und Geschosse

1. Munition ist zum Verschießen aus Schusswaffen bestimmte
  1.1 Patronenmunition (Hülsen mit Treibladungen, die ein Geschoss enthalten, und Geschosse mit Eigenantrieb),
  1.2 Kartuschenmunition (Hülsen mit Treibladungen, die ein Geschoss nicht enthalten),
  1.3 hülsenlose Munition (Treibladung mit oder ohne Geschoss, wobei die Treibladung eine den Innenabmessungen einer Schusswaffe oder eines Gegenstandes nach Unterabschnitt 1 Nr. 1.2 angepasste Form hat),
  1.4 pyrotechnische Munition (Munition, in der explosionsgefährliche Stoffe oder Stoffgemische – pyrotechnische Sätze, Schwarzpulver – enthalten sind, die einen Licht-, Schall-, Rauch- oder ähnlichen Effekt erzeugen und keine zweckbestimmte Durchschlagskraft im Ziel entfalten); hierzu gehört
    1.4.1 pyrotechnische Patronenmunition,
    1.4.2 unpatronierte pyrotechnische Munition,
    1.4.3 mit der Antriebsvorrichtung fest verbundene pyrotechnische Munition.
2. Treibladungen sind die Hauptenergieträger, die als vorgefertigte Ladung oder in loser Form in Waffen nach Unterabschnitt 1 Nr. 1.1 oder Gegenstände nach Unterabschnitt 1 Nr. 1.2.1 eingegeben werden und
– zum Antrieb von Geschossen oder Wirkstoffen oder
– zur Erzeugung von Schall- oder Lichtimpulsen
bestimmt sind.
3. Geschosse im Sinne dieses Gesetzes sind als Waffen oder für Schusswaffen bestimmte
  3.1 feste Körper,
  3.2 gasförmige, flüssige oder feste Stoffe in Umhüllungen.

### Abschnitt 2. Waffenrechtliche Begriffe

Im Sinne dieses Gesetzes

1. erwirbt eine Waffe oder Munition, wer die tatsächliche Gewalt darüber erlangt,
2. besitzt eine Waffe oder Munition, wer die tatsächliche Gewalt darüber ausübt,
3. überlässt eine Waffe oder Munition, wer die tatsächliche Gewalt darüber einem anderen einräumt,
4. führt eine Waffe, wer die tatsächliche Gewalt darüber außerhalb der eigenen Wohnung, Geschäftsräume oder des eigenen befriedeten Besitztums ausübt,

# Anlage 1

Waffengesetz

5. verbringt eine Waffe oder Munition, wer diese Waffe oder Munition über die Grenze zum dortigen Verbleib oder mit dem Ziel des Besitzwechsels in den, durch den oder aus dem Geltungsbereich des Gesetzes zu einer anderen Person oder zu sich selbst transportieren lässt oder selbst transportiert,
6. nimmt eine Waffe oder Munition mit, wer diese Waffe oder Munition vorübergehend auf einer Reise ohne Aufgabe des Besitzes zur Verwendung über die Grenze in den, durch den oder aus dem Geltungsbereich des Gesetzes bringt,
7. schießt, wer mit einer Schusswaffe Geschosse durch einen Lauf verschießt, Kartuschenmunition abschießt, mit Patronen- oder Kartuschenmunition Reiz- oder andere Wirkstoffe verschießt oder pyrotechnische Munition verschießt,
8.
   8.1 gilt als Herstellen von Munition auch das gewerbsmäßige Wiederladen von Hülsen,
   8.2 wird eine Schusswaffe insbesondere bearbeitet oder instand gesetzt, wenn sie verkürzt, in der Schussfolge verändert oder so geändert wird, dass andere Munition oder Geschosse anderer Kaliber aus ihr verschossen werden können, oder wenn wesentliche Teile, zu deren Einpassung eine Nacharbeit erforderlich ist, ausgetauscht werden; eine Schusswaffe wird weder bearbeitet noch instand gesetzt, wenn lediglich geringfügige Änderungen, insbesondere am Schaft oder an der Zieleinrichtung, vorgenommen werden,
9. treibt Waffenhandel, wer gewerbsmäßig oder selbstständig im Rahmen einer wirtschaftlichen Unternehmung Schusswaffen oder Munition ankauft, feilhält, Bestellungen entgegennimmt oder aufsucht, anderen überlässt oder den Erwerb, den Vertrieb oder das Überlassen vermittelt,
10. sind Kinder Personen, die noch nicht vierzehn Jahre alt sind,
11. sind Jugendliche Personen, die vierzehn, aber noch nicht achtzehn Jahre alt sind.

## Abschnitt 3. Einteilung der Schusswaffen oder Munition in die Kategorien A bis D nach der Waffenrichtlinie

1. Kategorie A
   1.1 Kriegsschusswaffen der Nummern 29 und 30 der Kriegswaffenliste (Anlage zu § 1 Abs. 1 des Gesetzes über die Kontrolle von Kriegswaffen),
   1.2 vollautomatische Schusswaffen,
   1.3 als anderer Gegenstand getarnte Schusswaffen,
   1.4 Pistolen- und Revolvermunition mit Expansivgeschossen sowie Geschosse für diese Munition mit Ausnahme solcher für Jagd- und Sportwaffen von Personen, die zur Benutzung dieser Waffen befugt sind.
2. Kategorie B
   2.1 halbautomatische Kurz-Schusswaffen und kurze Repetier-Schusswaffen,
   2.2 kurze Einzellader-Schusswaffen für Munition mit Zentralfeuerzündung,
   2.3 kurze Einzellader-Schusswaffen für Munition mit Randfeuerzündung mit einer Gesamtlänge von weniger als 28 cm,
   2.4 halbautomatische Lang-Schusswaffen, deren Magazin und Patronenlager mehr als drei Patronen aufnehmen kann,
   2.5 halbautomatische Lang-Schusswaffen, deren Magazin und Patronenlager nicht mehr als drei Patronen aufnehmen kann und deren Magazin auswech-

Waffengesetz **Anlage 2**

   selbar ist oder bei denen nicht sichergestellt ist, dass sie mit allgemein gebräuchlichen Werkzeugen nicht zu Waffen, deren Magazin und Patronenlager mehr als drei Patronen aufnehmen kann, umgebaut werden können,
   2.6 lange Repetier-Schusswaffen und halbautomatische Schusswaffen mit glattem Lauf, deren Lauf nicht länger als 60 cm ist,
   2.7 zivile halbautomatische Schusswaffen, die wie vollautomatische Kriegswaffen aussehen.
3. Kategorie C
   3.1 andere lange Repetier-Schusswaffen als die unter Nummer 2.6 genannten,
   3.2 lange Einzellader-Schusswaffen mit gezogenem Lauf/gezogenen Läufen,
   3.3 andere halbautomatische Lang-Schusswaffen als die unter Nummer 2.4 bis 2.7 genannten,
   3.4 kurze Einzellader-Schusswaffen für Munition mit Randfeuerzündung, ab einer Gesamtlänge von 28 cm.
4. Kategorie D
   4.1 Lange Einzellader-Schusswaffen mit glattem Lauf/glatten Läufen.

**Anlage 2 (zu § 2 Abs. 2 bis 4) Waffenliste**

## Abschnitt 1. Verbotene Waffen

Der Umgang mit folgenden Waffen und Munition ist verboten:
1.1 Waffen (§ 1 Abs. 2), mit Ausnahme halbautomatischer tragbarer Schusswaffen, die in der Anlage zum Gesetz über die Kontrolle von Kriegswaffen (Kriegswaffenliste) in der Fassung der Bekanntmachung vom 22. November 1990 (BGBl. I S. 2506) oder deren Änderungen aufgeführt sind, nach Verlust der Kriegswaffeneigenschaft;
1.2 Schusswaffen im Sinne des § 1 Abs. 2 Nr. 1 nach Nummer 1.2.1 bis 1.2.3 und deren Zubehör nach Nr. 1.2.4, die
   1.2.1 Vollautomaten im Sinne der Anlage 1 Abschnitt 1 Unterabschnitt 1 Nr. 2.3 oder Vorderschaftrepetierflinten, bei denen der Hinterschaft durch einen Pistolengriff ersetzt ist, sind;[1]
   1.2.2 ihrer Form nach geeignet sind, einen anderen Gegenstand vor-zutäuschen oder die mit Gegenständen des täglichen Gebrauchs verkleidet sind (zB Koppelschlosspistolen, Schießkugelschreiber, Stockgewehre, Taschenlampenpistolen);
   1.2.3 über den für Jagd- und Sportzwecke allgemein üblichen Umfang hinaus zusammengeklappt, zusammengeschoben, verkürzt oder schnell zerlegt werden können;
   1.2.4 für Schusswaffen bestimmte
      1.2.4.1 Vorrichtungen sind, die das Ziel beleuchten (z.B. Zielscheinwerfer) oder markieren (z.B. Laser oder Zielpunktprojektoren);
      1.2.4.2 Nachtsichtgeräte und Nachtzielgeräte mit Montagevorrichtung für Schusswaffen sowie Nachtsichtvorsätze und Nachtsichtaufsätze für Zielhilfsmittel (z.B. Zielfernrohre) sind, sofern die Gegen-

---

[1] Das die Vorderschaftrepetierflinten betreffende Verbot ist **mWv. 17. 10. 2002** in Kraft getreten (Art. 19 Nr. 1 WaffRNeuRegG v. 11. 10. 2002 (BGBl. I S. 3970)).

# Anlage 2  Waffengesetz

       stände einen Bildwandler oder eine elektronische Verstärkung besitzen;

1.3 Tragbare Gegenstände im Sinne des § 1 Abs. 2 Nr. 2 Buchstabe a nach Nummer 1.3.1 bis 1.3.8

    1.3.1 Hieb- oder Stoßwaffen, die ihrer Form nach geeignet sind, einen anderen Gegenstand vorzutäuschen, oder die mit Gegenständen des täglichen Gebrauchs verkleidet sind;

    1.3.2 Stahlruten, Totschläger oder Schlagringe;

    1.3.3 sternförmige Scheiben, die nach ihrer Beschaffenheit und Handhabung zum Wurf auf ein Ziel bestimmt und geeignet sind, die Gesundheit zu beschädigen (Wurfsterne);

    1.3.4 Gegenstände, bei denen leicht entflammbare Stoffe so verteilt und entzündet werden, dass schlagartig ein Brand entstehen kann;

    1.3.5 Gegenstände mit Reiz- oder anderen Wirkstoffen, es sei denn, dass die Stoffe als gesundheitlich unbedenklich amtlich zugelassen sind und die Gegenstände
- in der Reichweite und Sprühdauer begrenzt sind und
- zum Nachweis der gesundheitlichen Unbedenklichkeit, der Reichweiten- und der Sprühdauerbegrenzung ein amtliches Prüfzeichen tragen;

    1.3.6 Gegenstände, die unter Ausnutzung einer anderen als mechanischen Energie Verletzungen beibringen (z. B. Elektroimpulsgeräte), sofern sie nicht als gesundheitlich unbedenklich amtlich zugelassen sind und ein amtliches Prüfzeichen tragen zum Nachweis der gesundheitlichen Unbedenklichkeit;

    1.3.7 Präzisionsschleudern nach Anlage 1 Abschnitt 1 Unterabschnitt 2 Nr. 1.3 sowie Armstützen und vergleichbare Vorrichtungen für die vorbezeichneten Gegenstände;

    1.3.8 Gegenstände, die nach ihrer Beschaffenheit und Handhabung dazu bestimmt sind, durch Drosseln die Gesundheit zu schädigen (z. B. Nun-Chakus);

1.4 Tragbare Gegenstände im Sinne des § 1 Abs. 2 Nr. 2 Buchstabe b nach Nummer 1.4.1 bis 1.4.4

    1.4.1 Spring- und Fallmesser nach Anlage 1 Abschnitt 1 Unterabschnitt 2 Nr. 2.1.1 und 2.1.2. Hiervon ausgenommen sind Springmesser, wenn die Klinge seitlich aus dem Griff herausspringt und der aus dem Griff herausragende Teil der Klinge
- höchstens 8,5 cm lang ist,
- in der Mitte mindestens eine Breite von 20 vom Hundert ihrer Länge aufweist,
- nicht zweiseitig geschliffen ist und
- einen durchgehenden Rücken hat, der sich zur Schneide hin verjüngt;

    1.4.2 feststehende Messer mit einem quer zur Klinge verlaufenden Griff, die bestimmungsgemäß in der geschlossenen Faust geführt oder eingesetzt werden (Faustmesser);

    1.4.3 Faltmesser mit zweigeteilten, schwenkbaren Griffen (Butterflymesser);

    1.4.4 Gegenstände, die unter Ausnutzung einer anderen als mechanischen Energie Tieren Verletzungen beibringen (z. B. Elektroimpulsgeräte), sofern sie nicht als gesundheitlich unbedenklich amtlich zugelassen sind und ein amtliches Prüfzeichen tragen zum Nachweis der gesundheitlichen Unbedenklichkeit oder bestimmungsgemäß in der Tierhaltung Verwendung finden;

Waffengesetz **Anlage 2**

1.5 Munition und Geschosse nach Nummer 1.5.1 bis 1.5.6
- 1.5.1 Geschosse mit Betäubungsstoffen, die zu Angriffs- oder Verteidigungszwecken bestimmt sind;
- 1.5.2 Geschosse oder Kartuschenmunition mit Reizstoffen, die zu Angriffs- oder Verteidigungszwecken bestimmt sind ohne amtliches Prüfzeichen zum Nachweis der gesundheitlichen Unbedenklichkeit;
- 1.5.3 Patronenmunition für Schusswaffen mit gezogenen Läufen, deren Geschosse im Durchmesser kleiner sind als die Felddurchmesser der dazu gehörigen Schusswaffen und die mit einer Treib- und Führungshülse umgeben sind, die sich nach Verlassen des Laufes vom Geschoss trennt;
- 1.5.4 Patronenmunition mit Geschossen, die einen Leuchtspur-, Brand- oder Sprengsatz oder einen Hartkern (mindestens 400 HB 30 – Brinellhärte – bzw. 421 HV – Vickershärte –) enthalten, ausgenommen pyrotechnische Munition, die bestimmungsgemäß zur Signalgebung bei der Gefahrenabwehr dient;
- 1.5.5 Knallkartuschen, Reiz- und sonstige Wirkstoffmunition nach Tabelle 5 der Maßtafeln nach § 1 Abs. 3 Satz 3 der Dritten Verordnung zum Waffengesetz in der Fassung der Bekanntmachung vom 2. September 1991 (BGBl. I S. 1872), die zuletzt durch die Zweite Verordnung zur Änderung von waffenrechtlichen Verordnungen vom 24. Januar 2000 (BGBl. I S. 38) geändert wurde, in der jeweils geltenden Fassung (Maßtafeln), bei deren Verschießen in Entfernungen von mehr als 1,5 m vor der Mündung Verletzungen durch feste Bestandteile hervorgerufen werden können, ausgenommen Kartuschenmunition der Kaliber 16 und 12 mit einer Hülsenlänge von nicht mehr als 47 oder 49 mm;
- 1.5.6 Kleinschrotmunition, die in Lagern nach Tabelle 5 der Maßtafeln mit einem Durchmesser ($P_1$) bis 12,5 mm geladen werden kann.

## Abschnitt 2. Erlaubnispflichtige Waffen

### Unterabschnitt 1. Erlaubnispflicht

Der Umgang, ausgenommen das Überlassen, mit Waffen im Sinne des § 1 Abs. 2 Nr. 1 (Anlage 1 Abschnitt 1 Unterabschnitt 1 Nummer 1 bis 4) und der dafür bestimmten Munition bedarf der Erlaubnis, soweit solche Waffen oder Munition nicht nach Unterabschnitt 2 für die dort bezeichneten Arten des Umgangs von der Erlaubnispflicht freigestellt sind. In Unterabschnitt 3 sind die Schusswaffen oder Munition aufgeführt, bei denen die Erlaubnis unter erleichterten Voraussetzungen erteilt wird.

### Unterabschnitt 2. Erlaubnisfreie Arten des Umgangs

1. Erlaubnisfreier Erwerb und Besitz
- 1.1 Druckluft-, Federdruckwaffen und Waffen, bei denen zum Antrieb der Geschosse kalte Treibgase Verwendung finden, wenn den Geschossen eine Bewegungsenergie von nicht mehr als 7,5 Joule erteilt wird und die das Kennzeichen nach Anlage 1 Abbildung 1 zur Ersten Verordnung zum Waffengesetz vom 24. Mai 1976 (BGBl. I S. 1285) in der zum Zeitpunkt des Inkrafttretens dieses Gesetzes geltenden Fassung oder ein durch Rechtsverordnung nach § 25 Abs. 1 Nr. 1 Buchstabe c bestimmtes Zeichen tragen;

# Anlage 2  Waffengesetz

1.2 Druckluft-, Federdruckwaffen und Waffen, bei denen zum Antrieb der Geschosse kalte Treibgase Verwendung finden, die vor dem 1. Januar 1970 oder in dem in Artikel 3 des Einigungsvertrages genannten Gebiet vor dem 2. April 1991 hergestellt und entsprechend den zu diesem Zeitpunkt geltenden Bestimmungen in den Handel gebracht worden sind;
1.3 Schreckschuss-, Reizstoff- und Signalwaffen, die der zugelassenen Bauart nach § 8 des Beschussgesetzes entsprechen und das Zulassungszeichen nach Anlage 1 Abbildung 2 zur Ersten Verordnung zum Waffengesetz vom 24. Mai 1976 (BGBl. I S. 1285) in der zum Zeitpunkt des Inkrafttretens dieses Gesetzes geltenden Fassung oder ein durch Rechtsverordnung nach § 25 Abs. 1 Nr. 1 Buchstabe c bestimmtes Zeichen tragen;
1.4 Munition für die in Nr. 1.3 bezeichneten Schusswaffen;
1.5 veränderte Langwaffen, die für Zier- oder Sammlerzwecke, zu Theateraufführungen, Film- oder Fernsehaufnahmen bestimmt sind, wenn sie die nachstehenden Anforderungen erfüllen:
   – das Patronenlager muss dauerhaft so verändert sein, dass keine Patronen- oder pyrotechnische Munition geladen werden kann,
   – der Lauf muss in dem dem Patronenlager zugekehrten Drittel mindestens sechs kalibergroße, nach vorn gerichtete unverdeckte Bohrungen oder andere gleichwertige Laufveränderungen aufweisen und vor diesen in Richtung der Laufmündung mit einem kalibergroßen gehärteten Stahlstift dauerhaft verschlossen sein,
   – der Lauf muss mit dem Gehäuse fest verbunden sein, sofern es sich um Waffen handelt, bei denen der Lauf ohne Anwendung von Werkzeugen ausgetauscht werden kann, und
   die Änderungen müssen so vorgenommen sein, dass sie nicht mit allgemein gebräuchlichen Werkzeugen rückgängig gemacht und die Gegenstände nicht so geändert werden können, dass aus ihnen Geschosse, Patronen- oder pyrotechnische Munition verschossen werden können;
1.6 Schusswaffen, die vor dem 1. April 1976 entsprechend den Anforderungen des § 3 der Ersten Verordnung zum Waffengesetz vom 19. Dezember 1972 (BGBl. I S. 2522) verändert worden sind;
1.7 einläufige Einzelladerwaffen mit Zündhütchenzündung (Perkussionswaffen), deren Modell vor dem 1. Januar 1871 entwickelt worden ist;
1.8 Schusswaffen mit Lunten- oder Funkenzündung, deren Modell vor dem 1. Januar 1871 entwickelt worden ist;
1.9 Schusswaffen mit Zündnadelzündung, deren Modell vor dem 1. Januar 1871 entwickelt worden ist;
1.10 Armbrüste;
1.11 Kartuschenmunition für die nach Nummer 1.5 abgeänderten Schusswaffen sowie für Schussapparate nach § 7 des Beschussgesetzes;
1.12 pyrotechnische Munition, die das Zulassungszeichen nach Anlage II Abbildung 5 zur Dritten Verordnung zum Waffengesetz in der Fassung der Bekanntmachung vom 2. September 1991 (BGBl. I S. 1872) mit der Klassenbezeichnung PM I trägt.

2. Erlaubnisfreier Erwerb und Besitz durch Inhaber einer Waffenbesitzkarte
   2.1 Wechsel- und Austauschläufe gleichen oder geringeren Kalibers einschließlich der für diese Läufe erforderlichen auswechselbaren Verschlüsse (Wechselsysteme);

Waffengesetz **Anlage 2**

2.2 Wechseltrommeln, aus denen nur Munition verschossen werden kann, bei der gegenüber der für die Waffe bestimmten Munition Geschossdurchmesser und höchstzulässiger Gebrauchsgasdruck gleich oder geringer sind (Maßtafeln);

2.3 Einsteckläufe und dazugehörige Verschlüsse (Einstecksysteme) sowie Einsätze, die dazu bestimmt sind, Munition mit kleinerer Abmessung zu verschießen, und die keine Einsteckläufe sind;
für Schusswaffen, die bereits in der Waffenbesitzkarte des Inhabers einer Erlaubnis eingetragen sind.

3. Erlaubnisfreies Führen

   3.1 Schusswaffen mit Lunten- oder Funkenzündung, deren Modell vor dem 1. Januar 1871 entwickelt worden ist;

   3.2 Armbrüste;

   3.3 Schusswaffen nach Abschnitt 3 Unterabschnitt 2, die als getreue Nachahmungen im Sinne der vorgenannten Nummern nicht vom Waffengesetz ausgenommen sind.

4. Erlaubnisfreier Handel und erlaubnisfreie Herstellung

   4.1 Schusswaffen mit Lunten- oder Funkenzündung, deren Modell vor dem 1. Januar 1871 entwickelt worden ist;

   4.2 Armbrüste.

5. Erlaubnisfreier Handel

   5.1 Einläufige Einzelladerwaffen mit Zündhütchenzündung (Perkussionswaffen), deren Modell vor dem 1. Januar 1871 entwickelt worden ist;

   5.2 Schusswaffen mit Zündnadelzündung, deren Modell vor dem 1. Januar 1871 entwickelt worden ist.

6. Erlaubnisfreie nichtgewerbsmäßige Herstellung

   6.1 Munition.

7. Erlaubnisfreies Verbringen und erlaubnisfreie Mitnahme in den, durch den oder aus dem Geltungsbereich des Gesetzes

   7.1 Druckluft-, Federdruckwaffen und Waffen, bei denen zum Antrieb der Geschosse kalte Treibgase Verwendung finden, sofern sie den Voraussetzungen der Nummer 1.1, 1.2 oder 1.3 entsprechen;

   7.2 Schreckschuss-, Reizstoff- und Signalwaffen, die der zugelassenen Bauart nach § 8 des Beschussgesetzes entsprechen und das Zulassungszeichen nach Anlage 1 Abbildung 2 zur Ersten Verordnung zum Waffengesetz vom 24. Mai 1976 (BGBl. I S. 1285) in der zum Zeitpunkt des Inkrafttretens dieses Gesetzes geltenden Fassung oder ein durch Rechtsverordnung nach § 25 Abs. 1 Nr. 1 Buchstabe c bestimmtes Zeichen tragen;

   7.3 veränderte Langwaffen, die für Zier- oder Sammlerzwecke, zu Theateraufführungen, Film- oder Fernsehaufnahmen bestimmt sind, wenn sie die Anforderungen der Nummer 1.5 erfüllen;

   7.4 Schusswaffen, die vor dem 1. April 1976 entsprechend den Anforderungen des § 3 der Ersten Verordnung zum Waffengesetz vom 19. Dezember 1972 (BGBl. I S. 2522) verändert worden sind;

   7.5 Munition für die in Nummer 7.2 bezeichneten Waffen;

   7.6 einläufige Einzelladerwaffen mit Zündhütchenzündung (Perkussionswaffen), deren Modell vor dem 1. Januar 1871 entwickelt worden ist;

   7.7 Schusswaffen mit Lunten- oder Funkenzündung, deren Modell vor dem 1. Januar 1871 entwickelt worden ist;

# Anlage 2
Waffengesetz

    7.8 Armbrüste;
    7.9 pyrotechnische Munition, die das Zulassungszeichen nach Anlage II Abbildung 5 zur Dritten Verordnung zum Waffengesetz in der Fassung der Bekanntmachung vom 2. September 1991 (BGBl. I S. 1872) mit der Klassenbezeichnung PM I trägt.
  8. Erlaubnisfreies Verbringen und erlaubnisfreie Mitnahme aus dem Geltungsbereich des Gesetzes in einen Staat, der nicht Mitgliedstaat der Europäischen Union ist
    Sämtliche Waffen im Sinne des § 1 Abs. 2.

### Unterabschnitt 3. Entbehrlichkeit einzelner Erlaubnisvoraussetzungen

1. Erwerb und Besitz ohne Bedürfnisnachweis (§ 4 Abs. 1 Nr. 4)
   1.1 Feuerwaffen, deren Geschossen eine Bewegungsenergie von nicht mehr als 7,5 Joule erteilt wird und die das Kennzeichen nach Anlage 1 Abbildung 1 der Ersten Verordnung zum Waffengesetz vom 24. Mai 1976 (BGBl. I S. 1285) in der zum Zeitpunkt des In-Kraft-Tretens dieses Gesetzes geltenden Fassung oder ein durch Rechtsverordnung nach § 25 Abs. 1 Nr. 1 Buchstabe c bestimmtes Zeichen tragen;
   1.2 für Waffen nach Nr. 1.1 bestimmte Munition.
2. Führen ohne Sachkunde-, Bedürfnis- und Haftpflichtversicherungsnachweis (§ 4 Abs. 1 Nr. 3 bis 5) – Kleiner Waffenschein
   2.1 Schreckschuss-, Reizstoff- und Signalwaffen nach Unterabschnitt 2 Nr. 1.3.

## Abschnitt 3. Vom Gesetz ganz oder teilweise ausgenommene Waffen

### Unterabschnitt 1. Vom Gesetz mit Ausnahme von § 2 Abs. 1 und § 41 ausgenommene Waffen

Unterwassersportgeräte, bei denen zum Antrieb der Geschosse keine Munition verwendet wird (Harpunengeräte).

### Unterabschnitt 2. Vom Gesetz ausgenommene Waffen

1. Schusswaffen (Anlage 1 Abschnitt 1 Unterabschnitt 1 Nr. 1.1), die zum Spiel bestimmt sind, wenn aus ihnen nur Geschosse verschossen werden können, denen eine Bewegungsenergie von nicht mehr als 0,08 Joule (J) erteilt wird, es sei denn,
   – sie können mit allgemein gebräuchlichen Werkzeugen so geändert werden, dass die Bewegungsenergie der Geschosse über 0,08 Joule steigt oder
   – sie sind getreue Nachahmungen von Schusswaffen im Sinne der Anlage 1 Abschnitt 1 Unterabschnitt 1 Nr. 1.1, deren Erwerb der Erlaubnis bedarf.
2. Schusswaffen und tragbare Gegenstände im Sinne von Anlage 1 Abschnitt 1 Unterabschnitt 1 Nr. 1.2.2, bei denen feste Körper durch Muskelkraft angetrieben werden, es sei denn
   – deren durch Muskelkraft eingebrachte Antriebsenergie kann durch eine Sperrvorrichtung gespeichert werden (z. B. Druckluft- und Federdruckwaffen, Armbrüste) oder
   – sie sind getreue Nachahmungen von Schusswaffen im Sinne der Anlage 1 Abschnitt 1 Unterabschnitt 1 Nr. 1.1, deren Erwerb der Erlaubnis bedarf.

# Waffengesetz — Anlage 2

3. In Anlage 1 Abschnitt 1 Unterabschnitt 1 Nr. 1.1 oder 1.2.1 bezeichnete Gegenstände, die zum Spiel bestimmt sind, wenn mit ihnen nur Zündblättchen, -bänder, -ringe (Amorces) oder Knallkorken abgeschossen werden können, es sei denn,
   - sie können mit allgemein gebräuchlichen Werkzeugen in eine Schusswaffe oder einen anderen, einer Schusswaffe gleichstehenden Gegenstand umgearbeitet werden oder
   - sie sind getreue Nachahmungen von Schusswaffen im Sinne der Anlage 1 Abschnitt 1 Unterabschnitt 1 Nr. 1.1, deren Erwerb der Erlaubnis bedarf.
4. Schusswaffen, die vor dem 1. April 2003 entsprechend den Anforderungen der Anlage 1 Abschnitt 1 Unterabschnitt 1 Nr. 1.4 in der bis zu diesem Zeitpunkt geltenden Fassung unbrauchbar gemacht worden sind.

# 2. Allgemeine Waffengesetz-Verordnung (AWaffV)[1]

Vom 27. 10. 2003 (BGBl. I 2123)
geändert durch § 43 BeschussV vom 13. 7. 2006 (BGBl. I S. 1474)

**BGBl. III/FNA 7133-4-1**

Auf Grund des § 6 Abs. 4, § 7 Abs. 2, § 15 Abs. 7 Satz 2, § 22 Abs. 2, § 25 Abs. 1, § 27 Abs. 7 Satz 2, § 34 Abs. 6, § 36 Abs. 5 und § 47 des Waffengesetzes vom 11. Oktober 2002 (BGBl. I S. 3970, 4592, 2003 I S. 1957, jeweils auch in Verbindung mit Artikel 17 des Gesetzes vom 11. Oktober 2002 (BGBl. I S. 3970, 4013), verordnet das Bundesministerium des Innern:

## Inhaltsübersicht

### Abschnitt 1. Nachweis der Sachkunde §§

| | |
|---|---|
| Umfang der Sachkunde | 1 |
| Prüfung | 2 |
| Anderweitiger Nachweis der Sachkunde | 3 |

### Abschnitt 2. Nachweis der persönlichen Eignung

| | |
|---|---|
| Gutachten über die persönliche Eignung | 4 |

### Abschnitt 3. Schießsportordnungen; Ausschluss von Schusswaffen; Fachbeirat

| | |
|---|---|
| Schießsportordnungen | 5 |
| Vom Schießsport ausgeschlossene Schusswaffen | 6 |
| Unzulässige Schießübungen im Schießsport | 7 |
| Beirat für schießsportliche Fragen | 8 |

### Abschnitt 4. Benutzung von Schießstätten

| | |
|---|---|
| Zulässige Schießübungen auf Schießstätten | 9 |
| Aufsichtspersonen; Obhut über das Schießen durch Kinder und Jugendliche | 10 |
| Aufsicht | 11 |
| Überprüfung der Schießstätten | 12 |

### Abschnitt 5. Aufbewahrung von Waffen und Munition

| | |
|---|---|
| Aufbewahrung von Waffen oder Munition | 13 |
| Aufbewahrung von Waffen oder Munition in Schützenhäusern, auf Schießstätten oder im gewerblichen Bereich | 14 |

---

[1] Die Verpflichtungen aus der Richtlinie 98/34/EG des Europäischen Parlaments und des Rates vom 22. Juni 1998 über ein Informationsverfahren auf dem Gebiet der Normen und technischen Vorschriften und der Vorschriften für die Dienste der Informationsgesellschaft (ABl. EG Nr. L 204 S. 37), geändert durch die Richtlinie 98/48/EG des Europäischen Parlaments und des Rates vom 20. Juli 1998 (ABl. EG Nr. L 217 S. 18), sind beachtet worden. Die VO ist nach ihrem § 36 Satz 1 am 1. 12. 2003 in Kraft getreten.

# AWaffV

*Vorbemerkung*

**Abschnitt 6. Vorschriften für das Waffengewerbe** §§

*Unterabschnitt 1. Fachkunde*

Umfang der Fachkunde .................................................................. 15
Prüfung .......................................................................................... 16

*Unterabschnitt 2. Waffenherstellungs- und Waffenhandelsbücher*

Grundsätze der Buchführungspflicht ............................................ 17
Führung der Waffenbücher in gebundener Form ......................... 18
Führung der Waffenbücher in Karteiform .................................... 19
Führung der Waffenbücher in elektronischer Form ..................... 20

*Unterabschnitt 3. Kennzeichnung von Waffen*

Kennzeichnung von Schusswaffen ............................................... 21

**Abschnitt 7. Ausbildung in der Verteidigung mit Schusswaffen**

Lehrgänge und Schießübungen ..................................................... 22
Zulassung zum Lehrgang .............................................................. 23
Verzeichnisse ................................................................................ 24
Untersagung von Lehrgängen oder Lehrgangsteilen; Abberufung von Aufsichtspersonen oder Ausbildern ....................... 25

**Abschnitt 8. Vorschriften mit Bezug zur Europäischen Union und zu Drittstaaten**

*Unterabschnitt 1. Anwendung des Gesetzes auf Bürger der Europäischen Union*

Allgemeine Bestimmungen ........................................................... 26
Besondere Bestimmungen zur Fachkunde ................................... 27

*Unterabschnitt 2. Erwerb von Waffen und Munition in anderen Mitgliedstaaten; Verbringen und Mitnahme*

Erlaubnisse für den Erwerb von Waffen und Munition in einem anderen Mitgliedstaat ...................................................... 28
Erlaubnisse zum Verbringen von Waffen und Munition ............ 29
Erlaubnisse für die Mitnahme von Waffen und Munition nach oder durch Deutschland ............................................................ 30
Anzeigen ....................................................................................... 31
Mitteilungen der Behörden .......................................................... 32
Europäischer Feuerwaffenpass .................................................... 33

**Abschnitt 9. Ordnungswidrigkeiten und Schlussvorschriften**

Ordnungswidrigkeiten .................................................................. 34
*(außer Kraft)* ................................................................................ 35
Inkrafttreten, Außerkrafttreten ..................................................... 36

Umfang der Sachkunde **§ 1 AWaffV**

**Vorbemerkung**

Die **Allgemeine Waffengesetz-Verordnung (AWaffV)** vollzieht (Begr. BR-Drucks. 415/03 S. 33) „nach der Neuregelung des Waffenrechts auf der Ebene des Parlamentsgesetzes nunmehr auf der Ebene der Rechtsverordnung in weiten Bereichen die Ablösung des alten Rechts. Die AWaffV nimmt zum einen Regelungsgegenstände der bisherigen Ersten und Zweiten Verordnung zum Waffengesetz, soweit diese nicht bereits in das Gesetz selbst übernommen worden sind, auf und löst diese bisherigen Verordnungen insoweit ab. So finden sich von der bisherigen Ersten Verordnung zum Waffengesetz die Nachfolgeregelungen des Abschnitts II nunmehr in Abschnitt 8 Unterabschnitt 2 der AWaffV, des Abschnitts IV in Abschnitt 6 Unterabschnitt 1, des Abschnitts V in Abschnitt 6 Unterabschrift 2, des Abschnitts VII großenteils in Abschnitt 8 Unterabschnitt 2, des Abschnitts VIII in Abschnitt 1, des Abschnitts IX in Abschnitt 4 und des Abschnitts X in Abschnitt 7. Die bisherige Zweite Verordnung zum Waffengesetz erhält ihre Nachfolgeregelungen in Abschnitt 8 Unterabschnitt 1 der AWaffV. Aus dem Abschnitt VI der bisherigen Ersten Verordnung zum Waffengesetz wird lediglich für § 20 eine Nachfolgeregelung in der AWaffV (dort Abschnitt 6 Unterabschnitt 3 § 21) getroffen. Die sonstigen Bestimmungen werden, da in ihnen der Schwerpunkt in der Verwendersicherheit liegt, in der Beschussverordnung geregelt werden. Dasselbe gilt für den gesamten Abschnitt III der bisherigen Ersten Verordnung zum Waffengesetz. Dem trägt auch die Fortgeltungsregelung des § 35 AWaffV Rechnung. Keinen Vorläufer im bisherigen Waffenrecht haben... die Abschnitte 2 (Nachweis der persönlichen Eignung, 3 (Schießsportordnungen; Ausschluss von Schusswaffen; Fachbeirat) und 5 (Aufbewahrung von Waffen und Munition). Hinsichtlich der Abschnitte 2 und 3 beruht dies darauf, dass im neuen Waffengesetz hierzu völlig neue Ermächtigungsgrundlagen, großenteils erst im Vermittlungsverfahren, geschaffen wurden. Die Aufbewahrung (Abschnitt 5) war nach dem alten Waffenrecht nur sehr fragmentarisch bundesrechtlich geregelt. Das neue Waffengesetz trifft hierzu bereits auf Ebene des Gesetzes (§ 36) differenzierte Regelungen, die auf dem Verordnungswege teilweise noch weiterpräzisiert bzw. ergänzt werden".

Eine synoptische Gegenüberstellung des alten und neuen Verordnungsrechts findet sich bei *L/F/L* Einleitung Rdn. 45. Einführungen in die VO finden sich bei *Braun* NVwZ **2004,** 828 und VBlBW **2004,** 292, eine Kommentierung bei *Apel/Bushart* Bd. 3.

**Materialien:** BR-Drucks. 415/03; 415/1/03; 415/03 (Beschluss).

## Abschnitt 1. Nachweis der Sachkunde

**Umfang der Sachkunde**

**1** (1) **Die in der Prüfung nach § 7 Abs. 1 des Waffengesetzes nachzuweisende Sachkunde umfasst ausreichende Kenntnisse**
1. **über die beim Umgang mit Waffen und Munition zu beachtenden Rechtsvorschriften des Waffenrechts, des Beschussrechts sowie der Notwehr und des Notstands,**
2. **auf waffentechnischem Gebiet über Schusswaffen (Langwaffen, Kurzwaffen und Munition) hinsichtlich Funktionsweise, sowie In-**

# AWaffV § 1 Abschnitt 1. Nachweis der Sachkunde

nen- und Außenballistik, Reichweite und Wirkungsweise des Geschosses, bei verbotenen Gegenständen, die keine Schusswaffen sind, über die Funktions- und Wirkungsweise sowie die Reichweite,
3. **über die sichere Handhabung von Waffen oder Munition einschließlich ausreichender Fertigkeiten im Schießen mit Schusswaffen.**

(2) **Die nach Absatz 1 nachzuweisenden Kenntnisse über Waffen und Munition brauchen nur für die beantragte Waffen- und Munitionsart und nur für den mit dem Bedürfnis geltend gemachten und den damit im Zusammenhang stehenden Zweck nachgewiesen werden.**

(3) **Wird eine Erlaubnis nach § 26 des Waffengesetzes beantragt, so umfasst die nachzuweisende Sachkunde außer waffentechnischen Kenntnissen auch Werkstoff-, Fertigungs- und Ballistikkenntnisse.**

1   1. **Entstehungsgeschichte.** Die Vorschrift gründet sich auf § 7 Abs. 2 WaffG. Sie entspricht in Teilen § 29 der 1. WaffV aF, der wiederum nahezu unverändert aus § 8 der früheren 2. WaffV 1972 hervorgegangen war. Der Sachkundenachweis hat ausschließlich die Zielrichtung konkreter **Gefahrenvorbeugung** (BVerwG NVwZ-RR **2003**, 432 = DVBl. **2003**, 880). Im Vorfeld der Regelung war umstritten, ob – wie bisher – von der Zulassung geringerer Sachkenntnisse abgesehen werden sollte, wie sie zuvor nach § 29 Abs. 2 der 1. WaffV aF möglich war; nach dieser Bestimmung brauchten die Kenntnisse nur für die Schusswaffen- und Munitionsart nachgewiesen zu werden, für die die Erlaubnis beantragt wurde. Diese Erleichterung wollte die Neuregelung zunächst nicht übernehmen. Es wurde vielmehr „mangels Bedarfs, Praktikabilität und eindeutiger Ermächtigungsgrundlage" der Nachweis einer **umfassenden, einheitlichen Sachkunde** verlangt, wie es in der Praxis der Sportschützenverbände schon bisher gehandhabt worden war. In der Endfassung ist der Verordnungsgeber indessen mit Recht wieder zum bisher geltenden Rechtszustand einer **„differenzierten Sachkunde"** zurückgekehrt, weil eine umfassende Sachkunde bei einer Vielzahl von Berechtigten nicht erforderlich sei; auch würde diese Forderung nach einer allumfassenden Sachkunde zB zu einer Ausbildung an Waffen führen, obwohl für den Umgang mit ihnen ein Bedürfnis nicht gegeben sei. In der Tat läge in diesem Falle eine Überregulierung vor, die von den Sicherheitsinteressen des Waffenrechts nicht gedeckt gewesen wäre (vgl. BVerwG NVwZ-RR **2003**, 432). In Übereinstimmung damit hat die neue AWaffV auf Grund der Ermächtigung in § 22 Abs. 2 Nr. 1 WaffG in § 15 Abs. 2 Nr. 2 AWaffV – entsprechend der Regelung bei der Sachkunde – auch für den Nachweis der **Fach**kunde eine solche Erleichterung beibehalten.

2   2. **Regelungsumfang.** Die Vorschrift regelt den Umfang der zu fordernden **Sachkunde.** Diese umfasst waffen-, beschussrechtliche und sonstige rechtliche Kenntnisse (Absatz 1 Nr. 1), waffentechnische (Absatz 1 Nr. 2) und außer – theoretischen – Kenntnissen in der Handhabung von Schusswaffen neuerdings auch – praktische – Fertigkeiten im Schießen (Absatz 1 Nr. 3), wie sie bisher bereits im Rahmen der Jägerprüfung verlangt werden. In Nr. 1 sind nicht nur Schusswaffen und Munition erfasst, sondern alle Waffen, so dass auch bezüglich der mit Ausnahmegenehmigung des BKA innegehaltenen verbotenen Waffen (§ 40 Abs. 4 WaffG) Kenntnisse gefordert werden (vgl. Nr. 2), soweit eine Erlaubnispflicht besteht. Die Begriffe Notwehr und Notstand entsprechen denen des Strafgesetzbuchs (§§ 32–35 StGB). Der Nachweis der Sachkunde beschränkt sich (Rdn. 1) auf die Gegenstände, für die eine Er-

Prüfung **§ 2 AWaffV**

laubnis beantragt wird (weit auszulegen [*A/B* Rdn. 10]), und orientiert sich weiter an dem mit dem Bedürfnis geltend gemachten Zweck (Absatz 2 aE). Dem Bedürfnis kommt bei der Festlegung des Sachkunderahmens entscheidende Bedeutung zu (Begr. BR-Drucks. 415/03 S. 36). Insbesondere bei Sammlern (Nr. 17.6.1.4 EWaff-VwV) wird einerseits der Nachweis von Schießfertigkeiten nur im Ausnahmefall notwendig sein (vgl. Nr. 7.2 EWaffVwV). Dagegen kann sich aus einem Bedürfnis zB für eine technische Sammlung die Notwendigkeit einer über die Waffenart hinausgehenden Sachkunde ergeben (Begr. aaO). Mit Recht weist die Begr. weiter darauf hin, dass aus der generellen Beschränkung der Sachkunde die gesteigerte Pflicht des Überlassers einer Waffe resultiert, den Erwerber entsprechend sorgfältig über den Umgang mit der Waffe zu informieren.

**3. Sondervorschrift für den nichtgewerblichen Bereich.** Für die Erteilung einer Erlaubnis zur **nichtgewerblichen** Herstellung, Bearbeitung oder Instandsetzung von Schusswaffen (§ 26 WaffG) sind – wie bisher – weiter gehende Kenntnisse nachzuweisen (**Absatz 3**), nämlich auch solche in der Werkstoffkunde sowie nach der Endfassung der VO auch Fertigungs- und Ballistikkenntnisse. 3

**4. Übergangsregelung.** In einem weiteren Absatz des Entwurfs war vorgesehen gewesen, dass die vor Erlass der AWaffV nach bisherigem Recht erteilten Nachweise über die Sachkunde ihre Geltung behalten, allerdings nur in dem bisherigen – möglicherweise beschränkten – Umfang. Diese Regelung hat die VO – wohl als entbehrlich – nicht übernommen. 4

## Prüfung

**2** (1) **Die zuständige Behörde bildet für die Abnahme der Prüfung Prüfungsausschüsse.**

(2) **Ein Prüfungsausschuss besteht aus dem Vorsitzenden und zwei Beisitzern. Die Mitglieder müssen sachkundig sein. Nicht mehr als ein Mitglied des Ausschusses darf in der Waffenherstellung oder im Waffenhandel tätig sein.**

(3) **Die Prüfung besteht aus einem theoretischen und einem praktischen Teil, der den Nachweis der ausreichenden Fertigkeiten nach § 1 Abs. 1 Nr. 3 einschließt. Über das Ergebnis und den wesentlichen Inhalt der Prüfung ist eine Niederschrift anzufertigen, die vom Vorsitzenden des Prüfungsausschusses zu unterzeichnen ist.**

(4) **Über das Prüfungsergebnis ist dem Bewerber ein Zeugnis zu erteilen, das Art und Umfang der erworbenen Sachkunde erkennen lassen muss und vom Vorsitzenden des Prüfungsausschusses zu unterzeichnen ist.**

(5) **Eine Prüfung kann bei Nichtbestehen auch mehrmals wiederholt werden. Der Prüfungsausschuss kann bestimmen, dass die Prüfung erst nach Ablauf einer bestimmten Frist wiederholt werden darf.**

**1. Entstehungsgeschichte.** Die auf § 7 Abs. 2 WaffG gestützte Vorschrift geht auf § 30 der 1. WaffV aF zurück, der wiederum auf die Vorschriften über die **Fachkunde** für den Waffenhandel (§ 13 Abs. 3 Satz 2, Absätze 4 und 5 der 1. WaffV aF) verwies. Diese Regelungen wurden wortwörtlich übernommen. Die Vorschriften für den Waffenhandel sind jetzt in den §§ 15 und 16 AWaffV enthalten. 1

**A WaffV § 3** Abschnitt 1. Nachweis der Sachkunde

**2** **2. Einzelheiten zur Prüfung.** Die Prüfung ist vor einem **staatlichen** Prüfungsausschuss, der aus drei Personen besteht, abzulegen. Die nähere Zusammensetzung dieses Ausschusses wird in **Absatz 2** in den Grundzügen geregelt. Die entsprechende frühere Regelung war ab 1. 1. 1987 dahin ergänzt worden, dass auch Beisitzer aus dem Herstellungsbereich herangezogen werden konnten. Dass die Prüfung mündlich abzulegen ist (vgl. die Regelung betr. Fachkunde in § 13 Abs. 3 Satz 1 der 1. WaffV aF), wird nicht ausdrücklich bestimmt. Dies ergibt sich aber aus der Tatsache, dass über den wesentlichen Inhalt der Prüfung eine Niederschrift zu fertigen ist (Absatz 3 Satz 2). Wird mit der Erlaubnis eine Verwendung der Waffe nicht erstrebt, was zB bei einem Sammler der Fall sein kann, entfällt der Nachweis der Schießfertigkeit (Begr. BR-Drucks. 415/03 S. 37). Während beim Ablegen einer umfassenden Sachkundeprüfung das Zeugnis jeweils umfassende Sachkunde nachweist, ist es nach dem geltenden Recht bei beschränktem Sachkundenachweis erforderlich, dass das Zeugnis sich über den tatsächlichen Umfang der nachgewiesenen Sachkunde auslässt (Abs. 4). Die Bestimmung der weiteren Einzelheiten obliegt den Ländern, die in den Durchführungsverordnungen zum WaffG aF die seinerzeit notwendigen Vorschriften, inhaltlich vielfach übereinstimmend, getroffen hatten. Den anderweitigen Nachweis der Sachkunde regelt § 3 Abs. 1, die staatliche Anerkennung von Lehrgängen zur Vermittlung der Sachkunde § 3 Abs. 2 bis 4.

**3** **3. Wiederholung der Prüfung.** Eine dem **Absatz 5** entsprechende Regelung ist bei der Neufassung der 1. WaffV 1976 in das Waffenrecht eingefügt worden. Sie legalisierte die bereits zuvor geübte Praxis der Prüfungsausschüsse, wonach eine nicht bestandene Prüfung notfalls mehrmals wiederholt werden konnte. Diese Vorschrift wurde genau so in das neue Recht übernommen wie die Befugnis des Prüfungsausschusses, für die Wiederholung der Prüfung eine Sperrfrist zu bestimmen. Dadurch wird sichergestellt, dass sich der Bewerber für die neue Prüfung ausreichend vorbereiten kann. Die Wiederholung muss nicht vor demselben Ausschuss erfolgen.

### Anderweitiger Nachweis der Sachkunde

**3** (1) **Die Sachkunde gilt insbesondere als nachgewiesen, wenn der Antragsteller**

1. a) **die Jägerprüfung oder eine ihr gleichgestellte Prüfung bestanden hat oder durch eine Bescheinigung eines Ausbildungsleiters für das Schießwesen nachweist, dass er die erforderlichen Kenntnisse durch Teilnahme an einem Lehrgang für die Ablegung der Jägerprüfung erworben hat,**
   b) **die Gesellenprüfung für das Büchsenmacherhandwerk bestanden hat oder**
2. a) **seine Fachkunde nach § 22 Abs. 1 Satz 1 des Waffengesetzes nachgewiesen hat,**
   b) **mindestens drei Jahre als Vollzeitkraft im Handel mit Schusswaffen und Munition tätig gewesen ist oder**
   c) **die nach § 7 des Waffengesetzes nachzuweisenden Kenntnisse auf Grund einer anderweitigen, insbesondere behördlichen oder staatlich anerkannten Ausbildung oder als Sportschütze eines anerkannten Schießsportverbandes erworben und durch eine**

Anderweitiger Nachweis der Sachkunde § 3 A WaffV

Bescheinigung der Behörde, des Ausbildungsträgers oder Schießsportverbandes nachgewiesen hat,

sofern die Tätigkeit nach Nummer 2 Buchstabe b oder Ausbildung nach Nummer 2 Buchstabe c ihrer Art nach geeignet war, die für den Umgang mit der beantragten Waffe oder Munition erforderliche Sachkunde zu vermitteln.

(2) Die staatliche Anerkennung von Lehrgängen zur Vermittlung der Sachkunde im Umgang mit Waffen und Munition erfolgt durch die zuständige Behörde; sie gilt für den gesamten Geltungsbereich des Waffengesetzes.

(3) Lehrgänge dürfen nur anerkannt werden, wenn in einem theoretischem Teil die in § 1 Abs. 1 Nr. 1 und 2 bezeichneten Kenntnisse und in einem praktischen Teil ausreichende Fertigkeiten in der Handhabung von Waffen und im Schießen mit Schusswaffen im Sinne des § 1 Abs. 1 Nr. 3 vermittelt werden; § 1 Abs. 2 bleibt unberührt. Außerdem dürfen Lehrgänge nur anerkannt werden, wenn

1. der Antragsteller die erforderliche Zuverlässigkeit und persönliche Eignung für die Durchführung des Lehrgangs besitzt,
2. die fachliche Leitung des Lehrgangs und die von dem Lehrgangsträger beauftragten Lehrkräfte die ordnungsgemäße Durchführung der Ausbildung gewährleisten,
3. die Dauer des Lehrgangs eine ordnungsgemäße Vermittlung der erforderlichen Kenntnisse und Fertigkeiten gewährleistet und
4. der Antragsteller mit den erforderlichen Lehrmitteln ausgestattet ist und über einen geeigneten Unterrichtsraum verfügt.

(4) Der Lehrgang ist mit einer theoretischen und einer praktischen Prüfung abzuschließen. Sie ist vor einem Prüfungsausschuss abzulegen, der von dem Lehrgangsträger gebildet wird. Im Übrigen gilt § 2 entsprechend mit der Maßgabe, dass der Lehrgangsträger verpflichtet ist,

1. die Durchführung der Prüfung und die Namen der Prüfungsteilnehmer der für den Ort der Lehrgangsveranstaltung zuständigen Behörde zwei Wochen vor dem Tag der Prüfung anzuzeigen und
2. einem Vertreter der Behörde die Teilnahme an der Prüfung zu gestatten. Im Falle seiner Teilnahme hat der Vertreter der Behörde die Stellung eines weiteren Beisitzers im Prüfungsausschuss; bei Stimmengleichheit gibt die Stimme des Vorsitzenden den Ausschlag.

(5) Schießsportliche Vereine, die einem nach § 15 Abs. 3 des Waffengesetzes anerkannten Schießsportverband angehören, können Sachkundeprüfungen für ihre Mitglieder abnehmen. Absatz 2, 2. Halbsatz und die Absätze 3 und 4 finden hierfür entsprechende Anwendung. Zur Durchführung der Prüfung bilden die schießsportlichen Vereine eigene Prüfungsausschüsse.

**1. Entstehungsgeschichte.** Die ebenfalls auf § 7 Abs. 2 WaffG gestützte Vorschrift entspricht in Absatz 1 nahezu wörtlich § 32 Abs. 1 der 1. WaffV aF.

**2. Absatz 1** regelt weitere Formen des Nachweises der Sachkunde und stellt durch den neuen Zusatz „insbesondere" klar, dass die vorgenommene Aufzählung nur bei-

**A WaffV § 3** Abschnitt 1. Nachweis der Sachkunde

spielhaft ist. Neben der Jägerprüfung (hierzu BVerwG NVwZ-RR **2003**, 432 = DVBl. **2003**, 880) sind auch gleichgestellte Prüfungen erfasst. Eine derartige Gleichstellung ist durch die Jägerprüfungsordnungen der Länder zB für die Diplomprüfung im Rahmen des Studiums der Forstwissenschaft oder die bestandene Prüfung im Fach Jagd und Fischerei an Fachhochschulen für Forstwirtschaft gegeben (Begr. BR-Drucks. 415/03 S. 37). Der in Nr. 1 Buchst. a bei der Novellierung 1976 aufgenommene Zusatz betr. Teilnahme an einem Lehrgang für die Ablegung der Jägerprüfung eröffnet Jungjägern die Möglichkeit, ihre Sachkunde durch erfolgreiche Teilnahme an einem Lehrgang zur Vorbereitung auf die Jägerprüfung nachzuweisen. Diese Regelung entspricht nach der VO-Begr. (BR-Drucks. 74/76 S. 68) „einem in der Vergangenheit hervorgetretenen Bedürfnis". Auch Sportschützen eines anerkannten Schießsportverbandes (§§ 14, 15) brauchen die Sachkunde nicht nachzuweisen, sofern sie diese bei der Ausübung des Schießsports bereits erworben haben, was durch entsprechende Beweismittel zu belegen ist (Absatz 1 Nr. 2 Buchst. c; vgl. Nr. 31.2 WaffVwV aF). Entsprechendes gilt für die Tätigkeiten des Absatzes 1 Nr. 2 b und die Ausbildung nach Nr. 2 c (Nr. 7.5 EWaffVwV); in Bezug auf letztere ist die Regelung dahin konkretisiert worden, dass auch die Sachkundevermittlung durch berufsständische Verbände oder schulische Einrichtungen, bei denen waffenrechtliche Sachkunde Bestandteil einer berufsorientierten Ausbildung ist, erfasst sind. Die Bescheinigung der Anstellungsbehörde bei dienstlich im Umgang mit Schusswaffen ausgebildeten öffentlichen Bediensteten, des Ausbildungsträgers oder des Schießsportverbandes bei sonstigen Antragstellern ermöglicht der Behörde die Feststellung des Umfangs der vermittelten Sachkunde (Begr. BR-Drucks. 415/03 S. 37).

Die Einschränkungen durch den „sofern..."-Satz erfassen nach dem Wortlaut nur die Nr. 2 und damit ersichtlich nur die **„Tätigkeiten"** der Nr. 2 b sowie die in Nr. 2 c genannte **„Ausbildung"**. Dagegen werden die durch bestandene Prüfungen nachgewiesene Sachkunde (Absatz 1 Nr. 1 a [Jägerprüfung], Nr. 1 b [Gesellenprüfung im Büchsenmacherhandwerk] und Absatz 1 Nr. 2 a (Fachkundeprüfung nach § 22 Abs. 1 Satz 1 WaffG) und die Betätigung als Sportschütze nicht erfasst. Das ergibt die gesetzessystematische Auslegung (vgl. OVG Münster, Urteil vom 25. 7. 1991- 20 A 1292/90).

**3** 3. Der bei der Neufassung der 1. WaffV 1976 angefügte **frühere Absatz 2** trug dem Umstand Rechnung, dass bei der Durchführung der Sachkundeprüfung Personen mit einer technischen Ausbildung an bestimmten Feuerwaffen, zB Angehörige der Bundeswehr, oft nicht über die erforderlichen waffenrechtlichen Kenntnisse verfügen. Bei dem genannten Personenkreis konnten mithin lediglich die waffentechnischen Kenntnisse als ausreichend nachgewiesen anerkannt werden. Der frühere Absatz 2 eröffnete für diese Fälle die Möglichkeit, die Sachkundeprüfung auf die waffenrechtlichen Kenntnisse zu beschränken. Diese Vorschrift hat die endgültige Fassung der vorliegenden VO nicht übernommen, während sie im ersten Entwurf noch enthalten war. Grund hierfür war u. a. die Schwierigkeit, zwischen waffenrechtlichen und waffentechnischen Fragen eine klare Abgrenzung zu finden. Vgl. aber die Privilegierung in Nr. 7.3 EWaffVwV.

**4** 4. **Lehrgänge zur Vermittlung der Sachkunde.** Die neu geschaffenen Absätze 2 (nF) bis 4 befassen sich eingehend mit den Anforderungen, die an Lehrgänge zur Vermittlung der Sachkunde zu stellen sind. In Absatz 2 wird beiläufig bestimmt, dass sie der **staatlichen Anerkennung** bedürfen. Gleichzeitig wird eine bundesweite Erstreckung der einmal ausgesprochenen Anerkennung festgelegt. Der Empfehlung der Ausschüsse, hier eine Zuständigkeit des Bundesverwaltungsamtes zu begründen, (BR-Drucks. 415/1/03 S. 1) ist nicht gefolgt worden. Die Voraussetzungen für eine staatliche Anerkennung regelt ausführlich Absatz 3, der zudem klarstellt, dass die Erleichterungen des § 1 Abs. 2 auch hier gelten, so dass auch Lehrgänge anerkannt werden können, die nur für Teilbereiche Sachkunde vermitteln (zB hinsichtlich des Umgangs mit Narkosewaffen zur Wildbetäubung; so BR-Drucks. 415/03 [Beschluss] S. 1). Absatz 4 regelt Einzelheiten über die Gestaltung des Lehrgangsabschlusses. Die Teilnahme eines Behördenvertreters an der Prüfung ist nicht obligatorisch; er kann aber auf die erforderliche Anzeige des Prüfungstermins hin an der Prüfung mit Prüferfunktion teilnehmen; Voraussetzung hierfür ist allerdings, dass er selbst sachkundig iSv. § 2 Abs. 2 Satz 2 ist (*A/B* Rdn. 21).

**5. Sachkundeprüfungen durch Schießsportvereine.** Diese sind, wenn sie einem staatlich anerkannten Schießsportverband (§ 15 WaffG) angehören, als zuverlässig genug anzusehen, für ihre Mitglieder Sachkundeprüfungen anzunehmen. Sie profitieren damit von den strengen Anforderungen, die an die Verbände und ihre Anerkennung gestellt werden. Bei der staatlichen Anerkennung von Schießsportverbänden durch das Bundesverwaltungsamt wird stets auch deren Betätigung auf dem Gebiet der schießsportlichen Ausbildung geprüft. Im Hinblick darauf erscheint eine zusätzliche Anerkennung der Verbandsausbildungsgänge hinsichtlich der Sachkundevermittlung nicht geboten; zu regeln sind nur das Prüfungsverfahren und die Beteiligung der Behörde (Begr. BR-Drucks. 415/03 S. 37). In der Sache müssen auch hier die Anforderungen nach den Absätzen 3 und 4 beachtet werden (BR-Drucks. 415/03 [Beschluss] S. 1).

## Abschnitt 2. Nachweis der persönlichen Eignung

**Gutachten über die persönliche Eignung**

**4** **(1) Derjenige,**
1. **dem gegenüber die zuständige Behörde die Vorlage eines amts- oder fachärztlichen oder fachpsychologischen Gutachtens angeordnet hat, weil begründete Zweifel an von ihm beigebrachten Bescheinigungen oder durch Tatsachen begründete Bedenken bestehen, dass er**
   a) **geschäftsunfähig oder in seiner Geschäftsfähigkeit beschränkt ist,**
   b) **abhängig von Alkohol oder anderen berauschenden Mitteln, psychisch krank oder debil ist,**
   c) **auf Grund in seiner Person liegender Umstände mit Waffen oder Munition nicht vorsichtig oder sachgemäß umgehen oder diese Gegenstände nicht sorgfältig verwahren kann oder dass die konkrete Gefahr einer Fremd- oder Selbstgefährdung besteht, oder**
2. **der zur Vorlage eines Gutachtens über die geistige Eignung verpflichtet ist, weil er noch nicht das 25. Lebensjahr vollendet hat und eine erlaubnispflichtige Schusswaffe, ausgenommen Schusswaffen der in § 14 Abs. 1 Satz 2 des Waffengesetzes genannten Art, erwerben und besitzen will,**

**AWaffV § 4**  Abschnitt 2. Nachweis der persönlichen Eignung

hat auf eigene Kosten mit der Begutachtung einen sachkundigen Gutachter zu beauftragen.

(2) Die Begutachtung in den Fällen des Absatzes 1 soll von Gutachtern folgender Fachrichtungen durchgeführt werden:
1. Amtsärzten,
2. Fachärzten der Fachrichtungen Psychiatrie, Psychiatrie und Psychotherapie, Psychiatrie und Neurologie, Nervenheilkunde, Kinder- und Jugendpsychiatrie oder Kinder- und Jugendpsychiatrie und -psychotherapie;
3. Psychotherapeuten, die nach dem Psychotherapeutengesetz approbiert sind,
4. Fachärzten für Psychotherapeutische Medizin oder
5. Fachpsychologen der Fachrichtungen Rechtspsychologie, Verkehrspsychologie oder klinische Psychologie.

Das Vorliegen der Sachkunde auf dem betreffenden Gebiet beurteilt sich nach berufsständischen Regeln.

(3) In den Fällen des Absatzes 1 Nr. 1 teilt die Behörde dem Betroffenen unter Darlegung der Gründe für die Zweifel oder der die Bedenken begründenden Tatsachen hinsichtlich seiner persönlichen Eignung mit, dass er sich innerhalb einer von ihr festgelegten Frist auf seine Kosten der Untersuchung zu unterziehen und ein Gutachten beizubringen hat. Der Betroffene hat die Behörde darüber zu unterrichten, wen er mit der Untersuchung beauftragt hat. Die Behörde übersendet zur Durchführung der Untersuchung auf Verlangen des Gutachters bei Vorliegen der Einwilligung des Betroffenen die zur Begutachtung erforderlichen ihr vorliegenden Unterlagen. Der Gutachter ist verpflichtet, sich mit der Erstattung des Gutachtens von den Unterlagen zu entlasten, indem er sie der Behörde übergibt oder vernichtet.

(4) Zwischen dem Gutachter und dem Betroffenen darf in den letzten fünf Jahren kein Behandlungsverhältnis bestanden haben. Der Gutachter hat in dem Gutachten zu versichern, dass der Betroffene in dem vorgenannten Zeitraum nicht in einem derartigen Behandlungsverhältnis stand oder jetzt steht. Die Sätze 1 und 2 schließen eine Konsultation des in den genannten Zeiträumen behandelnden Haus- oder Facharztes durch den Gutachter nicht aus.

(5) Der Gutachter hat sich über den Betroffenen einen persönlichen Eindruck zu verschaffen. Das Gutachten muss darüber Auskunft geben, ob der Betroffene persönlich ungeeignet ist, mit Waffen oder Munition umzugehen; die bei der Erstellung des Gutachtens angewandte Methode muss angegeben werden. In den Fällen des Absatzes 1 Nr. 2 ist in der Regel ausreichend ein Gutachten auf Grund anerkannter Testverfahren über die Frage, ob der Betroffene infolge fehlender Reife geistig ungeeignet ist für den Umgang mit den dort aufgeführten Schusswaffen. Kann allein auf Grund des Tests nicht ausgeschlossen werden, dass der Betroffene geistig ungeeignet ist, ist mit einer weitergehenden Untersuchung nach dem jeweiligen Stand der Wissenschaft vorzugehen.

Gutachten über die persönliche Eignung  **§ 4 AWaffV**

(6) **Weigert sich in den Fällen des Absatzes 1 Nr. 1 der Betroffene, sich untersuchen zu lassen, oder bringt er der zuständigen Behörde das von ihr geforderte Gutachten aus von ihm zu vertretenden Gründen nicht fristgerecht bei, darf die Behörde bei ihrer Entscheidung auf die Nichteignung des Betroffenen schließen. Der Betroffene ist hierauf bei der Anordnung nach Absatz 1 Nr. 1 in Verbindung mit Absatz 3 Satz 1 hinzuweisen.**

(7) **Dienstwaffenträger können an Stelle des in § 6 Abs. 3 des Waffengesetzes genannten Zeugnisses eine Bescheinigung ihrer Dienstbehörde vorlegen, dass eine Begutachtung ihrer geistigen Eignung durch einen sachkundigen Gutachter bereits stattgefunden hat und dass sie uneingeschränkt zum Umgang mit Dienstwaffen berechtigt sind.**

**1. Entstehungsgeschichte.** Die Bestimmung ist auf § 6 Abs. 4 WaffG gestützt. 1
Sie ist ohne Vorbild im bisherigen Waffenrecht. Das ist der Grund, warum sie sich an Regelungen aus einem anderen Bereich anlehnt, in dem es ebenfalls der Prüfung der persönlichen Eignung vor Erteilung einer Erlaubnis geht, nämlich der Fahrerlaubnis für die Teilnahme am öffentlichen Straßenverkehr. Auf diesem Gebiet besteht seit einiger Zeit eine Regelung, die nunmehr entsprechend herangezogen wird: § 11 der Verordnung über die Zulassung von Personen zum Straßenverkehr (Fahrerlaubnis-Verordnung – FeV) vom 18. 8. 1998 (BGBl. I 2214), zuletzt geänd. durch Art. 8a der VO vom 25. 4. 2006 (BGBl. I 988). Die Bestimmung ist in ihrer endgültigen Fassung so formuliert worden, dass in den Vordergrund die Verpflichtung des jeweiligen Antragstellers gestellt worden ist, nach freier Wahl auf eigene Kosten einen spezifischen Gutachter zu beauftragen, wenn eine entsprechende behördliche Anordnung an ihn ergangen ist. Sie ist auch in den Fällen der Übergangsregelung nach § 58 Abs. 9 Satz 1 sinngemäß anzuwenden. Absatz 2 ist erst nach den abschließenden Beratungen des Bundesrats eingefügt worden. Hiermit soll bereits in dem Verordnungstext selbst, nicht erst in der Begründung hierzu, der Kreis der in Betracht kommenden Sachverständigen festgelegt werden (BR-Drucks. 415/03 [Beschluss] S. 2).

**2. Anwendungsbereich.** Aus der Ermächtigungsgrundlage in § 6 Abs. 4 WaffG, 2
die sich durch die Verweisung auf § 6 Abs. 2 WaffG auch auf die körperliche Eignung bezieht, nahm der frühere Entwurf für die vorliegende Bestimmung zunächst nur den Bereich der **geistigen (mentalen) Eignung** heraus. Später wurde die Regelung ausgeweitet auf den Nachweis der **persönlichen Eignung**; entsprechend wurden auch die Überschriften geändert. Ein Gutachten wird zum einen erforderlich, wenn Tatsachen bekannt sind, die Bedenken gegen die persönliche Eignung begründen (§ 6 Abs. 2 Variante 1 WaffG). Diesen Fall regelt Absatz 1 Nr. 1 und spezifiziert ihn durch Aufzählung von Beispielen. In dem Entwurf der Verordnung nicht genannt war zunächst der darüber hinaus in § 6 Abs. 2 (2. Variante) erwähnte Fall, dass „begründete Zweifel an vom Antragsteller beigebrachten Bescheinigungen" bestehen. Aber auch derartige Fälle erfasst die Verordnung jetzt ausdrücklich, denn auch insoweit sind der Behörde Tatsachen bekannt, die an der persönlichen Eignung zweifeln lassen, wobei die Zweifel durch die vorgelegten Bescheinigungen nicht ausgeräumt sind und deshalb fortbestehen.

Der in Absatz 1 Nr. 2 gesondert aufgeführte Fall betrifft die Neuregelung des § 6 Abs. 3 Satz 1 WaffG, wonach Personen unter 25 Jahren bei der erstmaligen Beantragung einer Erlaubnis zum Erwerb und Besitz einer Schusswaffe (mit Ausnahme der in § 6 Abs. 3 Satz 2 iVm. § 14 Abs. 1 Satz 2 WaffG und § 13 Abs. 2 Satz 1

## AWaffV § 4   Abschnitt 2. Nachweis der persönlichen Eignung

WaffG genannten Fälle) ihre geistige Eignung durch Vorlage entsprechender gutachterlicher Äußerungen zu belegen haben.

In Anlehnung an die Unterscheidung in § 6 Abs. 1 Nr. 1 bis 3 WaffG differenziert auch Absatz 1 Nr. 1 AWaffV zwischen Mängeln in der Geschäftsfähigkeit (a), Suchterkrankungen, die wiederum auf den übermäßigen Genuss von Alkohol, Drogen oder Medikamenten zurückgehen können, und psychischen Erkrankungen (b) und, den in § 6 Abs. 1 Satz 1 Nr. 3 WaffG festgelegten Kriterien (c). Solche persönlichen Umstände, die zunächst als „weitere Auffälligkeiten" im Entwurf bezeichnet worden waren, sind zB: hohes Aggressionspotential, hohe Risikobereitschaft oder „niedrige Stressbewältigung". Während sich das Aggressionspotential und die Risikobereitschaft noch einigermaßen aus bisherigen Verhalten des Antragstellers herleiten lassen, bestehen für die Feststellung von Anhaltspunkten für niedrige Stressbewältigung wenig greifbare Kriterien.

**3**   **a) Mängel in der Geschäftsfähigkeit.** Die behördliche Anordnung zur Gutachtenvorlage (Absatz 1) kann einmal darauf gründen, dass Tatsachen für die Geschäftsunfähigkeit oder auch nur beschränkte Geschäftsfähigkeit des Antragstellers sprechen. **Absolut fehlende persönliche Eignung** wird nach § 6 Absatz 1 Satz 1 WaffG angenommen bei Vorliegen von Geschäftsunfähigkeit (hierzu *Habermeyer/ Saß* MedR **2003**, 543). Gegenüber der bisherigen Regelung in § 5 Abs. 2 Nr. 3 und 4 WaffG aF sieht der Gesetzgeber des WaffRNeuRegG in diesen Fällen nicht nur vor, dem Antragsteller lediglich „in der Regel" die persönliche Eignung abzusprechen, sondern statuiert statt dessen eine unwiderlegbare Vermutung der mangelnden Eignung, wenn Tatsachen die Annahme rechtfertigen, dass die Voraussetzungen einer der Nummern 1 bis 3 vorliegen. Dies hatte der BR im Gesetzgebungsverfahren beanstandet (BT-Drucks. 14/7758 S. 106) und die Wiederherstellung des früheren Rechtszustandes angeregt. Die BReg. (aaO S. 129) hat dem aber nur in bezug auf die beschränkte Geschäftsfähigkeit, die zuvor in der Nr. 1 von § 6 Abs. 1 Satz 1 WaffG ebenfalls enthalten war, zugestimmt (§ 6 Abs. 1 Satz 2 WaffG. In Bezug auf die Erforderlichkeit eines Gutachtens werden beide Fälle der mangelnden Geschäftsfähigkeit durch den vorliegenden Absatz 1 Nr. 1 Buchst. a gleichgestellt. Bei Geschäftsunfähigkeit wird § 5 Abs. 2 Nr. 3 WaffG aF aufgegriffen. Notwendig ist, dass Geschäftsunfähigkeit iS des § 104 BGB vorliegt.

**4**   **Beschränkte Geschäftsfähigkeit.** Ihr Vorliegen hat zur Folge, dass diese Personen „in der Regel" die erforderliche persönliche Eignung nicht aufweisen (§ 6 Abs. 1 Satz 2 WaffG). Hier bedarf es also der Einzelfallprüfung. Der Hauptfall der in der Geschäftsfähigkeit beschränkten Personen sind an sich die Minderjährigen (§ 106 BGB). Hier wird es aber bereits am Alterserfordernis (§ 4 Abs. 1 Nr. 1) fehlen (Nr. 6.1 EWaffVwV). Soweit das Gesetz indessen Minderjährigen den Umgang mit Waffen oder Munition erlaubt, sind diese Vorschriften jeweils als lex specialis anzusehen (Begr. BT-Drucks. 14/8886 S. 110).

**5**   **b) Psychisch stark beeinträchtigte Personen.** Die frühere Fassung (§ 5 Abs. 2 Nr. 4 WaffG aF) sprach in diesem Zusammenhang von Geisteskranken, Geistesschwachen und Trunksüchtigen. Diese waren früher in § 15 Abs. 2 Nr. 2 RWaffG nur erfasst, soweit sie deshalb entmündigt waren. Hierauf kam es schon für § 5 Abs. 2 Nr. 4 WaffG aF nicht mehr an; entscheidend war lediglich, ob der Antragsteller tatsächlich geisteskrank, geistesschwach, rauschmittelsüchtig oder trunksüchtig war (ebenso Nr. 5.2 Abs. 4 WaffVwV aF). Geisteskrankheit ist gegeben, wenn die Störung der Geistestätigkeit so hochgradig ist, dass die Fähigkeit vernünftiger Willensbildung ausgeschlossen ist (vgl. *Palandt/Heinrichs* BGB 65. Aufl., § 104 Rdn. 3 ff.). In diesen Fällen wird in aller Regel Geschäftsunfähigkeit vorliegen

Gutachten über die persönliche Eignung § 4 AWaffV

(oben Rdn. 3) Geistesschwäche ist nicht mit Schwachsinn gleichzustellen. Sie ist vielmehr anzunehmen, wenn die Fähigkeit zu vernünftiger Willensbildung der eines Minderjährigen über 7 Jahren entspricht (*Palandt* aaO). Trunksucht ist ein Hang zu übermäßigem Genuss alkoholischer Getränke, dem zu widerstehen der Betroffene nicht mehr die Kraft hat (BVerwGE **97**, 245 = GewA **1995**, 343, 344; RG SeuffA **68**, 116). Gelegentlicher starker oder häufiger Genuss geistiger Getränke genügt nicht, auch nicht ohne weiteres mehrfache Verurteilungen wegen alkoholbedingter Delikte, die eine „Neigung" des Betreffenden zum Alkoholkonsum erkennen lassen (BVerwG aaO). Ein unüberwindlicher Hang zum Genuss von Rauschgiften (= Betäubungsmitteln iSd. Betäubungsmittelgesetzes – FNA 2121–6–24) ist der Trunksucht gleichzuachten. Das ergibt sich schon aus der gleichwertigen Anführung im Gesetz (ähnlich *Palandt* aaO unter Berufung auf das österr. Recht; aM LG Münster NJW **1968**, 1165 mit Zitaten). Es bedarf keiner besonderen Hervorhebung, dass die in Absatz 1 Nr. 1 Buchst. b erwähnten Personengruppen besonders zu leichtfertigem oder missbräuchlichem Umgang mit Schusswaffen neigen werden, weshalb ihnen solche auch nicht anvertraut werden können.

Der Gesetzgeber des **WaffRNeuRegG** hat die zugrunde liegende Bestimmung **6** (§ 6 Abs. 1 Satz 1 Nr. 2 WaffG) dem modernen Sprachgebrauch angepasst. Alkoholabhängigkeit ist an die Stelle von „Trunksucht" getreten, die Abhängigkeit von (anderen) berauschenden Mitteln ist für Rauschmittelsucht eingesetzt worden (vgl. zu beiden *Hanack* in LK 11. Aufl. § 64 Rdn. 38 ff.). Zu **psychischen Erkrankungen** kann auf die Anlage 4 zur Fahrerlaubnis-Verordnung (FeV) zurückgegriffen werden. Unter Nr. 7 dieser Anlage werden genannt: Psychische (geistige) Störungen: Organische Psychosen, chronische hirnorganische Psychosyndrome, schwere Altersdemenz und schwere Persönlichkeitsveränderungen durch pathologische Alterungsprozesse, schwere Intelligenzstörungen/geistige Behinderung, affektive Psychosen, schizophrene Psychosen. Zu **Suchterkrankungen** führt die genannte Anlage 4 folgendes auf: Missbrauch von Alkohol, Betäubungsmitteln und anderen psychoaktiv wirkenden Stoffen sowie Arzneimitteln bis hin zur Vergiftung.

**c) Unverschuldete Unfähigkeit zum sorgfältigen Umgang mit Waffen oder Munition.** Diese im Anschluss an § 6 Abs. 1 Satz 1 Nr. 3 WaffG neu gestaltete Bestimmung hat ihre verschuldensabhängige Parallele in § 5 Abs. 1 Nr. 2 WaffG nF (vgl. die Anm. hierzu). Die Gefahr, die für die öffentliche Sicherheit aus dem unsachgemäßen Gebrauch von Waffen oder Munition ausgeht, ist unabhängig davon, ob der Handelnde sie schuldhaft (vorwerfbar) oder ohne Verschulden (nicht vorwerfbar) herbeiführt. Deshalb ist auch in den letztgenannten Fällen zu Recht von absolutem Fehlen persönlicher Eignung auszugehen. In der Person liegende Umstände, die befürchten lassen, dass mit Waffen oder Munition nicht sachgerecht umgegangen wird, nennt die VO in Absatz 1 Nr. 1 Buchst. c. Durch bisheriges Verhalten bekannt gewordene Unbeherrschtheit im Umgang mit Familienangehörigen oder Dritten (körperliche Misshandlung o. ä.; Verwicklung in Wirtshausschlägereien; Unfähigkeit zu verbaler Streitbereinigung), hohe Risikobereitschaft (Neigung zu riskantem, unüberlegtem Tun im Verhältnis zu Mitmenschen [nicht jedoch hinsichtlich Geldanlagen]), mangelnde Fähigkeit, Stresssituationen situationsgerecht abzubauen; hierzu gehört die Unfähigkeit, den vorhandenen Stress zu erkennen und Strategien zu seiner Bewältigung zu entwickeln. Personen, die dafür bekannt sind, dass sie bei der geringsten Stresssituation „ausrasten", oder sonstige „hitzige Gemüter" sind aus Gründen der allgemeinen Sicherheit tunlichst vom Umgang mit derart gefährlichen Gegenständen wie Waffen und Munition fernzuhalten. In allen genannten Fällen kann die fachärztliche oder fachpsychologische gutachterliche Äußerung Klarheit bringen. **7**

**AWaffV § 4**  Abschnitt 2. Nachweis der persönlichen Eignung

**8**  Ein Fall missbräuchlichen Umgangs ist auch gegeben, wenn – wie in Buchst. c jetzt zusätzlich umschrieben – die konkrete Gefahr einer **Fremd- oder Selbstgefährdung** besteht; gerade letzteres wird bei nicht vorwerfbaren in der Person liegenden psychischen Mängeln häufig festzustellen sein. Die konkrete Gefahr setzt im Gegensatz zur rein abstrakten eine gewisse Wahrscheinlichkeit des Schadenseintritts voraus (vgl. die Rspr. und das Schrifttum zu Fällen der „konkreten Gefahr" in den §§ 315c, 330 Abs. 2 Nr. 1 StGB).

**9**  3. **Einzelheiten zur Erstellung des Gutachtens.** Diese werden in den **Absätzen 3 bis 7** eingehend dargelegt (ergänzend WaffVwV zu § 6 WaffG). Auch hier ist die Anlehnung an § 11 Abs. 2 (und Anlage 15) FeV nicht zu verkennen. Der Antragsteller hat als Auftraggeber und Kostenträger das Gutachten **beizubringen** (Absatz 1). Nach der Begründung zum VO-Entwurf (Begr. BR-Drucks. 415/03 S. 38/39) kommen als Gutachter – einheitlich für die Fälle des Absatzes 1 Nr. 1 und 2 – in Betracht (vgl. jetzt auch den in letzter Minute formulierten Absatz 2 [im Entwurf: Absatz 1 a]):

„**Amtsärzte;** dabei ist das Gesundheitsamt als Behörde anzusehen, welches regelmäßig entweder selbst über einen sozial-psychiatrischen Dienst verfügt oder in eigener Regie einen geeigneten Gutachter aus dem Kreis der Amtsärzte einschließlich Forensiker oder der niedergelassenen Gutachter einschaltet.

**Fachärzte** folgender Fachrichtungen: Psychiatrie, Psychiatrie und Psychotherapie, Psychiatrie und Neurologie, Nervenheilkunde, Kinder- und Jugendpsychiatrie, Kinder- und Jugendpsychiatrie und -psychotherapie.

**Psychotherapeuten,** die nach dem Psychotherapeutengesetz approbiert sind, sowie Fachärzte für Psychotherapeutische Medizin,

**Fachpsychologen** der Fachrichtungen Rechtspsychologie, Verkehrspsychologie und klinische Psychologie.

Das Vorliegen der Sachkunde auf dem betreffenden Gebiet beurteilt sich nach berufsständischen Regeln; sie beinhaltet die Erfahrung des einzuschaltenden Gutachters in der Erstellung von Gutachten. Es empfiehlt sich, dass die Behörde – gegebenenfalls mit Einschaltung des Gesundheitsamtes – die Empfehlung der Berufskammern/Berufsverbände einholt,
– welche konkreten Personen als Gutachter in Frage kommen, wenn der Betroffene die Behörde um Rat bittet, oder
– ob die Sachkunde eines vom Betroffenen benannten Gutachters bestätigt werden kann".

Eine Vorschlagsliste betr. Gutachter kann im Internet unter www.bdmp.de abgerufen werden: Die Problematik besteht darin, dass diese Gutachter idR im Waffenrecht nicht ausgebildet sind.

Aufgrund der abschließenden Beratungen im **Bundesrat** vom 11.7.2003 ist diese Entwurfsbegründung, soweit sie die zur Erstellung von Gutachten „tauglichen" Sachverständigen betrifft, als **Absatz 1a** in den Verordnungstext übernommen worden.

Zu unterscheiden sind die Fälle des Absatzes 1 **Nr. 1** von denen der **Nr. 2.** Nach Absatz 3 Satz 1, der sich – wie der gesamte Absatz 3 – ausschließlich auf Absatz 1 Nr. 1 bezieht, hat die Behörde dem Betroffenen die Gründe darzulegen, aus denen heraus sie die **Beibringung** eines Gutachtens über seine persönliche Eignung für erforderlich erachtet, und ihm eine Frist zur Beibringung des Gutachtens zu setzen. Gleichzeitig ist der Betroffene – sinnvollerweise – darauf hinzuweisen, dass bei nicht ordnungsgemäßer Beibringung des Gutachtens auf seine persönliche Nichteignung geschlossen werden könne (Absatz 6 Satz 2). Aus Absatz 3 Satz 1 ergibt sich

Gutachten über die persönliche Eignung **§ 4 AWaffV**

der wesentliche Inhalt des Tenors und der Begründung des die Gutachtenbeibringung anordnenden Verwaltungsaktes. Die Begründung hat in substanziierter und für den Gutachter, der diesen Verwaltungsakt als Grundlage und -richtung seiner Begutachtung nimmt, nachvollziehbarer Weise die Zweifel oder die Bedenken begründenden Tatsachen darzulegen, wobei es nicht genügt, Rechtsbegriffe wie Geschäftsunfähigkeit oder beschränkte Geschäftsfähigkeit ohne tatsächliche Unterfütterung zu verwenden. Obwohl die in Betracht kommenden Gutachter jetzt in einer Bestimmung der VO selbst (wie zB § 6 früherer Fassung des Entwurfs) aufgezählt werden, empfiehlt es sich, den Betroffenen – notfalls in einem Beiblatt – auf die zur Auswahl stehenden Gutachtergruppen hinzuweisen, um die Zurückweisung nicht anzuerkennender Gutachten von vornherein zu vermeiden.

Der zweite Schritt auf dem Wege zum Gutachten erfordert ein Tätigwerden des Betroffenen: er hat – nach Durchführung der Beauftragung – der anordnenden Behörde mitzuteilen, welchen Gutachter er beauftragt hat; zunächst hatte der VO-Entwurf vorgesehen, dass die Behörde ihrerseits die zur Auswahl stehenden Gutachter festlegt. Die Unterrichtungspflicht über die Auftragserteilung gegenüber der Behörde soll zB sicherstellen, dass der Betroffene nicht ohne Kenntnis der Behörde so lange auf Suche nach einem Gutachter geht, bis er einen ihm willfährigen gefunden hat („Gutachter-Shopping").

In einem – vom Gutachter einzuleitenden – dritten Schritt übersendet die Behörde dem Untersuchenden auf dessen Verlangen und, wie nachträglich in die Bestimmung aufgenommen worden ist, bei Einwilligung des zu Untersuchenden die bei der Behörde angefallenen vollständigen Unterlagen (Absatz 3 Satz 3), falls der Gutachter aus der behördlichen Anordnung keine genügende Unterrichtung entnehmen kann. Weigert sich der Betroffene gegenüber dem – von ihm beauftragten – Gutachter, hinsichtlich von angefallenen Unterlagen die Befreiung des Behandelnden von der ärztlichen Schweigepflicht zu erteilen, so wird sich die Erstellung eines dem Betroffenen günstigen Gutachtens verbieten (Begr. BR-Drucks. 415/03 S. 39). Der ebenfalls erst gegen Ende der Arbeiten an der VO eingefügte Satz 4 des Absatzes 3, wonach der Gutachter verpflichtet wird, sich mit der Erstattung des Gutachtens „von den Unterlagen zu entlasten", scheint ein Fall der Überregulierung zu sein.

**4. Behandlungsverbot.** Im Gegensatz zur Regelung in der in␣der Rdn. 1 aufgeführten **10**
FeV (Sollvorschrift) wird in Absatz 4 Satz 1 und 2 strikt vorgeschrieben, dass der Gutachter in den letzten 5 Jahren nicht behandelnder Arzt des Antragstellers gewesen sein darf, was der Gutachter zu versichern hat; eine Konsultation des behandelnden Arztes durch den Gutachter ist indessen sinnvollerweise nicht untersagt (Absatz 4 Satz 3). Die Durchführung der Konsultation hängt auch hier von der Erfüllung der Mitwirkungsobliegenheit des Betroffenen (Entbindung von der Schweigepflicht) ab. Das „Hausarztverbot" soll nach der VO-Begründung (Begr. BR-Drucks. 415/03 S. 40) die Neutralität des Gutachters sicherstellen und der Gefahr von Gefälligkeitsbescheinigungen entgegenwirken.

**Weitere Einzelheiten zur Gutachtenerstellung.** Für alle Fälle des Absatzes 1 **11**
enthält **Absatz 5** entsprechende Regelungen. In Satz 1 wird angeordnet, dass ein reines Aktengutachten auf jeden Fall auszuscheiden hat; der Gutachter muss sich vielmehr einen persönlichen Eindruck vom Betroffenen verschaffen. In seinem Gutachten hat der Untersuchende sich eindeutig dazu zu äußern, ob der Betroffene **persönlich ungeeignet** (iS einer Negativprognose) ist zum Umgang mit Waffen oder Munition; gleichzeitig hat er offen zu legen, auf welchem methodischen Weg er zu seiner Erkenntnis gelangt ist. Für die Nachvollziehbarkeit des Ergebnisses der Be-

gutachtung durch die zuständige Waffenbehörde ist es grundsätzlich erforderlich, dass – allgemeinverständlich und in groben Zügen das gutachterliche Vorgehen offen legend – die Untersuchungsmethode aufgezeigt wird, nicht jedoch, um es behördlicherseits zu überprüfen. Diese Offenlegung dient vielmehr letztlich der etwaigen gerichtlichen Nachprüfbarkeit im Streitfall. Allerdings ist es zunächst die Waffenbehörde, die die rechtlich relevante Entscheidung über das Vorliegen der Eignung zu treffen hat. Insoweit muss es auch ihr möglich gemacht werden, jedenfalls in groben Zügen iS einer „Parallelwertung in der Laiensphäre" und gegebenenfalls mit Hilfe weiterer Rückfragen beim Gutachter den Weg zum Ergebnis des Gutachters nachzuvollziehen (Begr. BR-Drucks. 415/03 S. 40).

**12** Eine **Erleichterung** der Gutachtenerstellung ist für die Fälle des **Absatzes 1 Nr. 2** (Gutachten für Antragsteller im Alter unter 25 Jahren) vorgesehen: hier wird zunächst als ausreichend erachtet, wenn die geistige Eignung auf Grund anerkannter Testverfahren geprüft wird; nur dann, wenn auf diesem Wege kein eindeutiges Ergebnis ermittelt werden kann, hat eine regelgerechte Untersuchung und Begutachtung stattzufinden (Absatz 4 Satz 4). Aus der Begr. (BR-Drucks. 415/03 S. 40): Dieses zweistufige Verfahren betreffend Gutachten bei unter 25-jährigen (Fall des § 6 Abs. 3 WaffG) besteht zunächst in der Durchführung und Auswertung von anerkannten Testverfahren, wobei es hier darauf ankommt, eine Aussage über geistige Mängel, bezogen auf den Umgang mit großkalibrigen Schusswaffen, zu treffen. Dabei ist geistige Reife als geistig-seelischer Entwicklungszustand zu verstehen, der sowohl emotionale als auch intellektuelle Komponenten enthält, aber von einer charakterlichen Beurteilung abzugrenzen ist. Entscheidend ist, dass in diesen Fällen kein tatsächlich zutage getretenes oder unterstelltes auffälliges Verhalten, sondern das bloße Altersstadium den Anlass der Begutachtung gibt. Bei Ablegen eines Tests in der ersten Stufe, bei dem es sich regelmäßig um ein standardisiertes Verfahren handeln wird, genügt zur Erfüllung der Verpflichtung des Satzes 2, 2. Halbsatz die Angabe des Testverfahrens mit seiner gebräuchlichen Bezeichnung. In diesem Zusammenhang ist darauf hinzuweisen, dass in Österreich mehrjährige Erfahrungen vorliegen; dort wird mit standardisierten Tests im Antwort-Wahl-Verfahren gearbeitet, wobei das dortige Waffenrecht einen Kostenansatz von 2500 österreichischen Schillingen (ca. 180 Euro) vorsieht. Die Spitzenorganisationen und Berufsfachverbände der Psychologen und Psychiater halten für die erste Stufe einen Kostenansatz von 150 Euro zuzüglich Sachkosten (Kopien, Versand- oder Materialkosten) für realistisch und angemessen (Begr. aaO). Stellt sich bei dieser Begutachtung ein nicht altersbedingter Mangel heraus, so ist ein neues, auf Absatz 1 Nr. 1 gestütztes Verfahren erforderlich (*A/B* Rdn. 15).

**13** **5. Entbehrlichkeit eines Gutachtens.** Dies sollte nach Absatz 5 der **früheren** Fassung des VO-Entwurfs in Betracht kommen – wie schon beim Vorbild § 11 Abs. 7 FeV – bei zur Überzeugung der Behörde **feststehender Nichteignung** des Antragstellers; hier wäre die Einholung eines Gutachtens fehl am Platze. Einen zweiten Fall der Entbehrlichkeit eines Gutachtens hatte auch die vorliegende VO nicht übernehmen wollen: danach brauchte ein neues Gutachten dann nicht eingeholt zu werden, wenn über den Antragsteller bereits in einem staatlichen oder staatlich anerkannten Verfahren ein in seinem Stellenwert gleichwertiges Gutachten erstattet worden war. Hier sollte dem Betroffenen die Widerlegung eines früheren Gutachtens nicht von vornherein abgeschnitten werden. Die Endfassung hat jedoch über die Entbehrlichkeit eines Gutachtens in bestimmten Fällen überhaupt keine Regelung getroffen.

Gutachten über die persönliche Eignung  § **4 AWaffV**

**6. Folgen der Nichtbeibringung.** Die Weigerung, sich untersuchen zu lassen, be- 14
rechtigt – wie die nicht fristgerechte Vorlage des dem Antragsteller aufgegebenen
Gutachtens – die Behörde nach **Absatz 6** zu dem Schluss auf die geistige Nichteignung und damit zur Ablehnung des Antrags (VG Osnabrück, Urteil vom 6. 4. 2006 –
3 A 173/04), falls der Betroffene durch einen entsprechenden Hinweis auf diese
mögliche Folge hingewiesen (Absatz 6 Satz 2) worden war. Diese Möglichkeit besteht allerdings – im Gegensatz zu einem früheren Entwurf – nur in den Fällen des
Absatzes 1 Nr. 1, nicht in denen der Nr. 2. Eine ähnliche Regelung bei mangelnder
Mitwirkung des Betreffenden enthält § 45 Abs. 4 Satz 1 WaffG. Aus der VO-Begr.
(BR-Drucks. 415/03 S. 41): Die Bestimmung stellt sicher, dass säumiges Verhalten
des Betroffenen bei der Beibringung des Gutachtens zu seinen Lasten geht; nicht zu
seinen Lasten gehen Verzögerungen, die sich aus dem Verantwortungsbereich des
Gutachters oder der Behörde (etwa bei der Bereitstellung und Übersendung der vollständigen Unterlagen) ergeben. Eine Erstreckung dieser Vorschrift auf die Fälle des
§ 6 Abs. 3 des Waffengesetzes ist überflüssig, weil die Nichtvorlage des Gutachtens
in diesem Fall ohne Weiteres die Versagung der beantragten Erlaubnis zur Folge hat.

**7. Sonderregelung für „Dienstwaffenträger" (Absatz 7).** Diese neue Bestim- 15
mung mit ihrem „Amtsbonus" für Dienstwaffenträger trifft nach der VO-Begr. (BR-
Drucks. 415/03 S. 41) eine besondere Regelung über die Vorlage und Anerkennung:
Bestimmten dienstliche Bescheinigungen, aus denen zugleich erkennbar wird, dass
sie das Ergebnis von Auswahl- und Testverfahren mit vergleichbarer Zielsetzung
durch entsprechend qualifiziertes Personal im Amtsbereich sind und insoweit auf
vergleichbaren Gutachten beruhen, werden als Ersatzbescheinigungen akzeptiert. Die
Regelung trägt der Tatsache Rechnung, dass es zu einem schwer erträglichen Wertungswiderspruch führen würde, einerseits unter 25-jährigen Personen den uneingeschränkten Umgang mit Dienstwaffen (die Waffen gerade im Sinne des § 6 Abs. 3
des Waffengesetzes sind) zu gestatten, andererseits für den Privatbesitz von der
Vorlage eines privaten Gutachtens über die geistige Eignung abhängig zu machen.
Denn der Dienstherr muss sicherstellen, dass er nur solchen Personen den uneingeschränkten Umgang mit Dienstwaffen gestattet, bei denen er sich in geeigneter Weise von ihrer hinreichenden Reife hierfür vergewissert hat. Die Regelung betrifft in
erster Linie Polizisten, die im Rahmen des „uneingeschränkten Umgangs" die Waffen auch im privaten Bereich tragen (vgl. § 55 Abs. 1 Satz 2 WaffG), **nicht** dagegen
– wegen des anderweitigen Aufgabenbereichs – **Soldaten** (Begr. BR-Drucks. 415/03
S. 41). **Nicht** in die VO übernommen wurde der Vorschlag der Ausschüsse (BR-
Drucks. 415/1/03 S. 3), Absatz 7 (im Entwurf: Absatz 6) wie folgt zu formulieren:
*„(6) Dienstwaffenträger können anstelle des in § 6 Abs. 3 des Waffengesetzes ge-
nannten Zeugnisses eine Bescheinigung ihrer Dienststelle vorlegen, aus der sich die
Berechtigung zum uneingeschränkten Umgang mit Dienstwaffen ergibt".* Die vorgeschlagene Bestimmung sollte klarstellen, dass es keiner zusätzlichen Bescheinigung
hinsichtlich einer gesondert durchgeführten Begutachtung der geistigen Eignung von
Dienstwaffenträgern bedarf.

# Abschnitt 3. Schießsportordnungen; Ausschluss von Schusswaffen; Fachbeirat

**Schießsportordnungen**

**5** (1) Die Genehmigung einer Sportordnung für das Schießen mit Schusswaffen setzt insbesondere voraus, dass das Schießen nur auf zugelassenen Schießstätten veranstaltet wird und

1. jeder Schütze den Regeln der Sportordnung unterworfen ist,
2. ausreichende Sicherheitsbestimmungen für das Schießen festgelegt und dabei insbesondere Regelungen zu den erforderlichen verantwortlichen Aufsichtspersonen (§ 10) getroffen sind,
3. mit nicht vom Schießsport ausgeschlossenen Waffen (§ 6) durchgeführt wird,
4. nicht im Schießsport unzulässige Schießübungen (§ 7) durchgeführt werden,
5. jede einzelne Schießdisziplin beschrieben und die für sie zugelassenen Waffen nach Art, Kaliber, Lauflänge und Visierung bezeichnet sind, wobei bei einzelnen Schießdisziplinen auch ausdrücklich festgelegt werden kann, dass nur einzelne oder auch keine speziellen Vorgaben (freie Klassen) erfolgen, und
6. zur Ausübung der jeweiligen Schießdisziplinen zugelassene Schießstätten zur regelmäßigen Nutzung verfügbar sind.

(2) Dem Antrag auf Genehmigung einer Schießsportordnung sind die zur Prüfung des Vorliegens der Voraussetzungen wesentlichen Regelungen und Angaben, insbesondere auch die Beschreibung des Ablaufs der einzelnen Schießdisziplinen, beizufügen. Die Genehmigung von Änderungen der Schießsportordnung, insbesondere von der Neuaufnahme von Schießdisziplinen, ist vor Aufnahme des jeweiligen Schießbetriebs nach den geänderten Regeln einzuholen. Der Wegfall oder der Ersatz der regelmäßigen Nutzungsmöglichkeit von nach Absatz 1 Nr. 6 angegebenen Schießstätten ist unverzüglich anzuzeigen.

(3) Im Einzelfall kann ein Verband oder ein ihm angegliederter Teilverband zur Erprobung neuer Schießübungen Abweichungen von den Schießdisziplinen der genehmigten Schießsportordnung zulassen. Zulassungen nach Satz 1 sind auf höchstens ein Jahr zu befristen und müssen die Art der Abweichung von der genehmigten Schießsportordnung bezeichnen; sie sind dem Bundesverwaltungsamt vor Beginn der Erprobungsphase anzuzeigen. Das Bundesverwaltungsamt kann zur Abwehr von Gefahren für die öffentliche Sicherheit oder Ordnung Zulassungen nach Satz 1 untersagen oder Anordnungen treffen.

(4) Für das sportliche Schießen im Training und im Einzelfall für Schießsportveranstaltungen können Schießsportordnungen Abweichungen von den in ihr festgelegten Schießdisziplinen zulassen.

**1** **1. Allgemeines.** Die Vorschrift hat ihre Gesetzesgrundlage in § 15 Abs. 7 Satz 2 Nr. 1 WaffG. Sie war in der ersten Fassung des Entwurfs nur als Überschrift vorhanden, da zu jener Zeit noch eine Reihe von Anhörungen der Verbände liefen. Sie ist auch bis zu ihrer Endfassung mehrfach geändert worden.

**2. Mindestanforderungen an Schießsportordnungen.** Diese werden in **Absatz 1** beispielhaft, nicht abschließend, festgelegt. Durch die Verweisung in Nr. 3 und 4 auf die nachfolgenden §§ 6 und 7 werden auch die dort aufgeführten waffen- bzw. schießübungsbezogenen Ausschlüsse in den Katalog der Anforderungen einbezogen. Sinn der Regelungen über die Genehmigung von Schießsportordnungen ist, Schießsport außerhalb genehmigter Schießsportordnungen grundsätzlich zu unterbinden. Das gilt sowohl für den in Verbänden und Vereinen organisierten Schießsport als auch für Schießsporttreibende, die keinem Verband oder Verein angehören; diese sollen in keiner Weise besser gestellt werden. Ergänzend ist § 9 heranzuziehen, der das Schießen auf Schießstätten regelt. Die Regelungsbefugnis beschränkt sich nach der VO-Begr. nicht auf Schusswaffen, deren Erwerb und Besitz erlaubnispflichtig ist, denn § 15 Abs. 1 Nr. 4 und 6 WaffG schreibe auch Schießsportordnungen für Kinder und Jugendliche vor. Die VO-Begr. (BR-Drucks. 415/03 S. 42) führt weiter aus: Schießsportdisziplinen in Schießsportordnungen der Verbände sollen nur genehmigt werden, wenn für jede beantragte Schießdisziplin grundsätzlich die tatsächliche Ausübung auf entsprechend zugelassenen Schießstätten für den Verband gewährleistet ist; eine Auflistung aller durch den Verband genutzten Schießstätten ist in diesem Zusammenhang aber nicht erforderlich. Die Zulässigkeit der Schießdisziplin kann für den gesamten Zuständigkeitsbereich des Verbandes gelten, die Frage des Bedürfnisses für hierzu notwendige Waffen der einzelnen Sportschützen hängt dagegen vom regionalen Vorhandensein einer entsprechenden Schießstätte zur regelmäßigen Ausübung dieser Schießsportdisziplin ab. Vgl. auch Nr. 15 EWaffVwV.

**3. Information des Bundesverwaltungsamts als Genehmigungsbehörde.** Durch die Regelungen des Absatzes 2 wird gewährleistet, dass die zuständige Genehmigungsbehörde (§ 15 Abs. 7 WaffG) über alle für ihre Entscheidung erforderlichen Umstände in Kenntnis gesetzt wird. Das betrifft sowohl erstmalige Anträge auf Genehmigung als auch Änderungsvorhaben sowie den Wegfall von Schießstätten.

**4. Verfahren zur Entwicklung neuer Schießsportdisziplinen.** Um solche zu ermöglichen, sieht **Absatz 3** ein verbandsautonomes Zulassungsverfahren vor, das allerdings bereits vor Beginn der Erprobungsphase dem Bundesverwaltungsamt in prüffähiger Form zu unterbreiten ist. Dieses kann dann das jeweils zu befristende Erprobungsverfahren durch Gewährenlassen hinnehmen oder aber erforderlichenfalls aus Gründen der Gefahrenabwehr die Zulassung untersagen oder gefahrabwendende Anordnungen treffen. Die frühere VO-Begr. führte weiter aus: Einer besonderen Regelung für das Ein- und Probeschießen von Waffen, zB im Zusammenhang mit dem Erwerb oder erlaubten Veränderungen wie der Visierung oder der Abzugseinrichtung, bedarf es nicht, da dies dem sportlichen Schießen immanent und daher als zulässig anzusehen ist.

**5. Ausnahmen.** Für das Trainingsschießen und für einzelne Schießsportveranstaltungen können die Schießsportordnungen nach **Absatz 4** Abweichungen von den an sich in ihnen festgelegten Schießdisziplinen vorsehen. Danach sind nach wie vor regional und örtlich sehr unterschiedliche, aber dennoch weit verbreitete Schießsportveranstaltungen im Einzelfall möglich, bei denen ausnahmsweise in Abweichung von den Disziplinen der festgelegten Sportordnungen zB auf andere Ziele (Ehrenscheiben, Luftballons), auf andere Entfernungen oder mit anderer Visiereinrichtung geschossen wird. Nach der Empfehlung der Ausschüsse (BR-Drucks. 415/

# AWaffV § 6
Abschnitt 3. Schießsportordnungen

1/03 S. 4) sollten die Erleichterungen für das Schießen im Training – dem „Kernbestandteil des sportlichen Schießens überhaupt" auf ein Minimum zurückgeführt werden, um die Realisierung der in der betreffenden Sportordnung festgelegten Schießdisziplinen auch im Trainingsbetrieb zu gewährleisten. Dem ist in der Endfassung der VO nicht gefolgt worden.

5   **5. Zuwiderhandlung.** In einem früheren Entwurf war vorgesehen gewesen, dass ordnungswidrig handelt [nach § 34 Nr. 1], wer entgegen Absatz 2 Satz 2 ohne Vorliegen der Änderungsgenehmigung den Schießbetrieb aufnimmt oder gegen die Anzeigepflicht des Absatzes 2 Satz 3 verstößt. Diese Sanktion ist indessen in die Endfassung der VO **nicht** übernommen worden.

## Vom Schießsport ausgeschlossene Schusswaffen

**6** **(1) Vom sportlichen Schießen sind ausgeschlossen:**
1. **Kurzwaffen mit einer Lauflänge von weniger als 7,62 Zentimeter (drei Zoll) Länge;**
2. **halbautomatische Schusswaffen, die ihrer äußeren Form nach den Anschein einer vollautomatischen Kriegswaffe hervorrufen, die Kriegswaffe im Sinne des Gesetzes über die Kontrolle von Kriegswaffen ist, wenn**
   a) **die Lauflänge weniger als 42 Zentimeter beträgt,**
   b) **das Magazin sich hinter der Abzugseinheit befindet (so genannte Bul-Pup-Waffen) oder**
   c) **die Hülsenlänge der verwendeten Munition bei Langwaffen weniger als 40 Millimeter beträgt;**
3. **halbautomatische Langwaffen mit einem Magazin, das eine Kapazität von mehr als zehn Patronen hat.**

**(2) Das Verbot des Schießsports mit Schusswaffen und Munition im Sinne der Anlage 2 Abschnitt 1 des Waffengesetzes bleibt unberührt.**

**(3) Das Bundesverwaltungsamt kann auf Antrag eines anerkannten Schießsportverbandes Ausnahmen von den Verboten des Absatzes 1 zulassen, insbesondere wenn es sich um in national oder international bedeutenden Schießsportwettkämpfen verwendete Schusswaffen handelt.**

1   **1. Allgemeines.** Die Vorschrift ist eine der am meisten umstrittenen des neuen Waffenrechts, weil hier die erklärten Ziele des WaffRNeuRegG, den Schutz der Allgemeinheit zu verstärken und weiterhin so wenig Waffen wie möglich in Privatbesitz zu sehen, mit den Interessen der Sportschützen an einer möglichst umfassenden Ausübung des Schießsports hart aufeinander treffen. Die Bestimmung stützt sich auf die Ermächtigung in § 15 Abs. 7 Satz 2 Nr. 1 WaffG. Danach ist das Bundesministerium des Innern u. a. ermächtigt, durch Rechtsverordnung mit Zustimmung des Bundesrates zur Abwehr von Gefahren für die öffentliche Sicherheit oder Ordnung unter Berücksichtigung der berechtigten Interessen des Schießsports zu regeln, dass vom Schießsport bestimmte Schusswaffen wegen ihrer Konstruktion, ihrer Handhabung oder Wirkungsweise ganz oder teilweise ausgeschlossen sind. Diese Ermächtigung erstreckt sich nur auf den Schießsport, nicht auf das jagdliche Schießen.

Vom Schießsport ausgeschlossene Schusswaffen  **§ 6 AWaffV**

Durch die vorliegende Bestimmung soll der Schießsport im Grundsatz auf „Sportwaffen" **beschränkt** werden. In der Begr. wird ausgeführt (BR-Drucks. 415/03 S. 43): In der Vergangenheit hat eine häufig nicht ausreichend vorhandene waffentechnische und schießsportliche Sachkenntnis von Waffenbehörden einerseits, ein sehr großzügiges Verständnis des Grundsatzes der Autonomie des Sports andererseits dazu geführt, dass heute im Schießsport Schießdisziplinen offenbar nahezu für alle Schusswaffen angeboten werden, sofern es sich nicht um verbotene Schusswaffen handelt. Für die Beschränkung ist auch der Umstand in dies Feld geführt worden, dass Verteidigungswaffen in der Regel wegen ihrer geringeren Präzision gegenüber Sportwaffen weniger geeignet zum Schießsport sind, so dass auch unter diesem Gesichtspunkt das Bedürfnis des einzelnen Sportschützen an der Ausübung des Schießsports mit allen (nicht verbotenen) Schusswaffen gegenüber den Belangen der Allgemeinheit in vertretbarem Umfang zurückzutreten hat. Unter Abwägung des Interesses der Allgemeinheit an einer Limitierung des Erwerbs und des Besitzes insoweit erlaubnispflichtiger Schusswaffen einerseits und des Interesses des Einzelnen an der Ausübung des Hobbys „Schießsport" andererseits wird daher der Schießsport gewissen Beschränkungen unterworfen.

**2. Vom Schießsport ausgeschlossene Gegenstände (Absatz 1).** Es handelt sich 2 bei den nicht zum Schießsport zugelassenen Waffen (vgl. den Anhang zu § 6) um drei verschiedene Kategorien (Nr. 1 bis 3), die ansonsten im Waffenrecht als solche keine eigenständige Bedeutung haben. Auf die – begrenzte – Ausnahmemöglichkeit in Absatz 3 wird hingewiesen. Der ursprünglich vorgesehen gewesene Ausschluss aller Jagdwaffen (mit Ausnahme von Einzellader-Langwaffen mit glattem Lauf (glatten Läufen) ist in der Endfassung fallen gelassen worden. Vgl. auch § 7 Abs. 3. Wer bei Inkrafttreten der VO (1. 12. 2003) derartige Waffen berechtigt besaß, kann sich – zunächst – auf den Bestandsschutz des § 58 Abs. 1 Satz 1 WaffG berufen; spätere periodische Überprüfungen können aber den Wegfall des Bedürfnisses bewirken (vgl. *L/F/L* Einleitung vor § 1 WaffG Rdn. 40).

**a) Kurzwaffen** mit einer Lauflänge von weniger als 7,62 cm (drei Zoll) Länge 3 (Nr. 1). Der zunächst unter Berufung auf Nr. 1.1.2 WaffVwV aF vorgesehen gewesene Zusatz: „Die Länge des Laufs bemisst sich nach der Länge der Geschossführung ohne Patronenlager" ist in die Endfassung nicht übernommen worden, da er zu „Irritationen" führen würde (zu BR-Drucks. 415/03 Nr. 2). Grund für die Beschränkung ist einmal die durch die kurze Lauflänge verringerte Präzision und damit die verminderte Eignung für das sportliche Schießen. In der Hauptsache beruht die Beschränkung aber auf den Überlegungen, dass diese Waffen wegen ihrer geringen Länge leicht verdeckt getragen werden können und zudem einen hohen Tragekomfort aufweisen; die darin begründete überraschende, effektive und rasche Einsetzbarkeit bedinge eine besonders hohe Missbrauchsgefahr (Begr. BR-Drucks. 415/03 S. 43). In der früheren Fassung der Bestimmung war auf folgendes abgestellt worden: *Angriffs- oder Verteidigungswaffen, die bei einer militärischen Einheit, einer Polizei oder sonstigen Einrichtung mit Sicherheitsaufgaben eingeführt waren oder sind* (in diesem Sinne noch *Gerhards* 790. Sitzung des BR S. 278). Mit Recht hatte die Kritik, etwa des „Forums Waffenrecht", hiergegen eingewendet, dass dies kein sinnvolles Abgrenzungskriterium darstelle, da irgendwann in früheren Zeiten fast alle in Betracht kommenden Waffen einmal derart verwendet worden sein. Auch hätte zB die Entschließung einer Polizei, eine bestimmte Schusswaffe neu einzuführen, zur Folge haben können, dass fortan das bis dahin zulässige sportliche Schießen mit dieser Waffe „von heut' auf morgen" nicht mehr gestattet gewesen wäre.

**A WaffV § 6** Abschnitt 3. Schießsportordnungen

Mit der jetzigen Anknüpfung an die Lauflänge legt die VO dagegen zur Abgrenzung ein objektives Konstruktionsmerkmal zugrunde, wie es in der VO-Ermächtigung gefordert wird.

**4** **b) Bestimmte halbautomatische Schusswaffen (Nr. 2).** Diese (vgl. auch Nr. 3) müssen zum einen ihrer äußeren Form nach den Anschein einer vollautomatischen Kriegswaffe hervorrufen, die Kriegswaffe im Sinne des Gesetzes über die Kontrolle von Kriegswaffen ist (mit Recht krit. im Hinblick auf die [unzureichende] Ermächtigungsgrundlage in § 15 Abs. 7 Satz 2 Nr. 1 WaffG: *L/F/L* Einleitung Rdn. 38), und zusätzlich wenigstens eines der folgenden Merkmale aufweisen: die Lauflänge beträgt weniger als 42 cm, das Magazin befindet sich hinter der Abzugseinheit (so genannte Bul-Pup-Waffen) oder die Hülsenlänge der verwendeten Munition bei Langwaffen beträgt weniger als 40 mm. Hierzu bemerkt die Begründung (BR-Drucks. 415/03 S. 43): „Der Verzicht auf den neuen Waffengesetzes auf ein Verbot von Anscheins-Kriegswaffen" [vgl. hierzu § 2 WaffG Rdn. 28 f.] „könnte zu der aus Sicherheitsgründen unerwünschten Reaktion des Marktes führen, im Schießsport verwendete Schusswaffen optisch wie Kriegswaffen zu gestalten; die Drohwirkung derartiger Waffen sowie das Eskalationsrisiko in polizeilichen Einsatzlagen bei Missbrauchsfällen sind erhöht, andererseits sind berechtigte Belange des Schießsports allenfalls dann mit Blick auf eine zulässige Verwendung solcher Schusswaffen gegeben, wenn solche Schusswaffen für den Schießsport tatsächlich geeignet sind. Vor diesem Hintergrund wird mit der Regelung der Nr. 2 eine Abgrenzung anhand technischer Kriterien vorgenommen, die sich an der genannten Trennlinie orientiert. Eine Beschränkung des Ausschlusses durch § 6 AWaffV erscheint insofern auf halbautomatische Kurz- und Langwaffen ausreichend und zweckmäßig. Nach aktuellem Recht gelten Einzellader- und Repetierwaffen grundsätzlich nicht mehr als Kriegswaffen und selbst bei den voll- oder halbautomatischen Schusswaffen ist die Kriegswaffeneigenschaft entfallen, wenn deren Modell vor dem 2. September 1945 bei einer militärischen Streitkraft eingeführt worden ist. Die Verwendung von Einzellader- oder Repetierwaffen, die den Anschein einer vollautomatischen Kriegswaffe erwecken, für Zwecke des sportlichen Schießens erscheint – auch im Hinblick auf ihre geringere Gefährlichkeit gegenüber den halbautomatischen Waffen – tolerierbar" (Begründung BR-Drucks. 415/03 S. 43).

**5**   **aa) Kriegswaffenanschein.** Grundvoraussetzung ist das Vorliegen eines Halbautomaten iSv. Anlage 1 A 1 U 1 Nr. 2.3 zum WaffG. Hinzu kommen muss der äußere Anschein einer vollautomatischen Kriegswaffe. Dies ist **verneint** worden bzgl. der Selbstladebüchsen „Super Varmint" und „Super Match" durch **Feststellungsbescheid** des **BKA** vom 12. 10. 2005 (abgedr. im Kommentar unter **Nr. 14 I**). Die Formulierung der VO greift eine Regelung auf, die in § 37 Abs. 1 Satz 1 Nr. Nr. 1 Buchst. e WaffG aF enthalten war. Diese Vorschrift stellt wie die VO auf einen Vergleich mit solchen Schusswaffen ab, die Vollautomaten, also zur Abgabe von Feuerstößen oder Dauerfeuer bei einmaliger Betätigung des Abzugs geeignet sind (OLG Hamm NStE § 53 WaffG Nr. 1), und darüber hinaus Kriegswaffen iS des KWKG darstellen. Diese sind in der Kriegswaffenliste (KWL) unter Nr. 29 Buchst. a aufgeführt, also insbesondere Maschinenpistolen, Maschinengewehre und Schnellfeuergewehre (Sturmgewehre). Unter die Beschränkung fallen demnach halbautomatische Schusswaffen, die in ihrer äußeren Form einer vollautomatischen Kriegswaffe überwiegend nachgebildet sind oder in sonstiger Weise den Anschein einer solchen Waffe hervorrufen (vgl. Nr. 37.2.4 Satz 1 WaffVwV aF; BayObLGSt. **1997**, 59, 60), nicht jedoch solche, die nur das äußere Erscheinungsbild eines militärischen Einzelladers oder einer halbautomatischen militärischen Schuss-

Vom Schießsport ausgeschlossene Schusswaffen  § 6 AWaffV

waffe aufweisen. Die einzelnen Merkmale derartiger Kriegswaffen waren in der Nr. 37.2.4 WaffVwV aF aufgeführt. Diese Aufzählung kann auch heute noch herangezogen werden:
a) herausstehendes langes Magazin – Trommelmagazin
b) Feuerdämpfer – Mündungsbremse – Stabilisator,
c) Kühlrippen oder andere der Kühlung dienende Vorrichtungen,
d) pistolenartiger, mit dem Abzug bzw. mit dem Vorderschaft kombinierter Griff,
e) Aufstützvorrichtung,
f) Schulterstütze, teilweise kipp- oder schiebbar.

Unerheblich ist nach wie vor dabei, ob die vorerwähnten Vorrichtungen nur als Attrappe an der Waffe angebracht sind. Entscheidend ist entsprechend dem Wortlaut der VO der durch die erwähnten Merkmale bewirkte **Gesamteindruck** (BVerwG NJW **1979**, 729), wobei allerdings schon das Vorhandensein eines der angeführten Merkmale ausreichen kann. Erfasst sind: Das Selbstladegewehr HK 41 (BVerwG DVBl. **1979**, 729; VGH Kassel, Urteil vom 1. 9. 1982 – V OE 8/81). Vgl. auch *Scholzen* DWJ **1993**, 270 zu aus militärischen Selbstladewaffen abgeleiteten Halbautomaten für Sportschützen: WUM 1, SAR 4800 Sporter, HK SR 9, PE 90, L 1 A 1). Unter die Vorschrift fällt auch das halbautomatische Selbstladegewehr Ruger Mini 14, Kaliber 223 Remington, falls ihm ein Mündungsaufsatz zugefügt worden ist, so dass es wie eine vollautomatische Kriegswaffe des Typs Ruger Mini – 14/20 GB infantry rifle oder auch des Typs Ruger AC-556 selective fire weapon aussieht (BayObLGSt. **1997**, 59 = StraFo **1998**, 64). Dagegen ist das Selbstladegewehr „Speger" (Kaliber 7,62 × 39) nicht erfasst (VG Würzburg bei *Busch/Lindner* DWJ **1996**, 794; str.). Maßgebend dafür, ob der Anschein einer vollautomatischen Kriegswaffe hervorgerufen wird, ist die Einschätzung des – mit dieser Waffe möglicherweise bedrohten – Laien, nicht die des Waffenfachmannes (Berufungsentscheidung des bayerischen VGH vom 30. 4. 1997 [bei *Lindner* DWJ **1997**, 1402]).

**bb)** Weitere alternative Erfordernisse (Absatz 1 Nr. 2 Buchst. a bis c). Wird **6** das Vorliegen eines Halbautomaten mit dem äußeren Anschein einer vollautomatischen Kriegswaffe bejaht (Rdn. 5), so ist die Waffe als Sportwaffe nur ausgeschlossen, wenn die **Lauflänge weniger als 42 cm** beträgt (Buchst. a). Die Begründung verweist darauf, dass beim „ernsthaften" Schießen mit Selbstladelangwaffen nur Waffen Verwendung finden, deren Lauflänge standardmäßig mindestens 42cm erreicht; die über kürzere Läufe verfügenden Kurz- oder Kompaktausführungen seien zum sportlichen Schießen nur wenig oder gar nicht geeignet (BR-Drucks. 415/03 S. 44).

Wird diese Länge des Laufes erreicht oder übertroffen, so ist ein solcher Halbautomat mit Kriegswaffenschein als Sportwaffe zulässig, falls das **Magazin sich nicht hinter der Abzugseinheit** befindet (Buchst. b). Derartige Waffen werden als **„Bul-Pup-Waffen"** bezeichnet. Sie haben eine extrem geringe Gesamtlänge. Sie finden beim Schießsport keine sinnvolle Verwendung. Insbesondere ist ihr Abzugswiderstand bauartbedingt zum sportlichen Schießen zu hoch (Begr. aaO). Stehen der Zulässigkeit diese beiden Eigenschaften der Waffe selbst nicht entgegen, so kann ein letzter Grund die Unzulässigkeit der Schusswaffe für den Schießsport ergeben, der nicht in der Waffe selbst begründet ist, sondern in der zur Verwendung kommenden Munition seinen Grund hat. Bei **Langwaffen** (Anlage 1 A 1 U 1 Nr. 2.6 zum WaffG) muss die Hülsenlänge der benutzten Munition mindestens 40 mm betragen (Buchst. c), um nicht unter das Verbot zu fallen. Die Begründung stellt indessen nicht unmittelbar auf die Munition ab, sondern erklärt: „Unter dieses Verbot fällen insbesondere alle Abkömmlinge von Maschinenpistolen. Gerade die Nichtverwen-

**A WaffV § 6**  Abschnitt 3. Schießsportordnungen

dung von Maschinenpistolenabkömmlingen beim sportlichen Schießen ist unstrittig" (Begr. aaO).

**7**  **c)** Nach der früheren Fassung der Vorschrift waren schließlich (nach Absatz 1 Nr. 3) für den Schießsport nicht zugelassen **Magazine** für halbautomatische Langwaffen (Anlage 1 A 1 U 1 Nr. 2.3 und 2.6), die für mehr als 10 Patronen ausgelegt sind. Der Grund hierfür war in folgendem gesehen worden: Beim sportlichen Schießen mit Selbstladelangwaffen gilt als allgemeine Serienhöchstgrenze die Abgabe von 10 Schuss. Zugleich spielt gerade die Magazingröße beim äußeren Erscheinungsbild als Anscheinswaffe die entscheidende Rolle (Rdn. 5). Magazine mit einer Kapazität von mindestens 20 bis 30 Schuss werden dagegen im militärischen Bereich verwendet; deshalb führt die Beschränkung auf 10 Schuss-Magazine zu einer deutlichen Abgrenzung schon beim äußeren Anschein. Aufgrund der abschließenden Beratung im Bundesrat vom 11. 7. 2003 ist diese Vorschrift umformuliert worden, so dass nach Nr. 3 jetziger Fassung nicht primär auf die Magazine abgestellt wird, sondern auf die Waffe, so dass der Wortlaut nunmehr zu Recht besagt, dass vom sportlichen Schießen nicht bestimmte Magazine ausgeschlossen sind, sondern halbautomatische Langwaffen mit derartigen Magazinen; nur insoweit ist die Vorschrift auch von der Ermächtigung des § 15 Abs. 7 Satz 2 Nr. 1 WaffG („Schusswaffen") gedeckt (BR-Drucks. 415/03 [Beschluss] S. 3).

Die vorgenommene Begrenzung hat zur Folge, dass die Schießsportverbände ihre Sportordnungen (§ 5) entsprechend ausrichten müssen (Begr. aaO). Andere Halbautomaten in .223 und .308 sind nicht erfasst (*VISIER* S. 20). Vgl. auch die als Anhang zu der vorliegenden Bestimmung abgedruckte „Information" des BKA über Feststellungsbescheide.

**8**  **3. Verbotene Waffen und verbotene Munition (Absatz 2).** Diese Bestimmung spricht eine Selbstverständlichkeit aus, dass nämlich die vom WaffG in der Anlage 2 Abschnitt 1 mit einem generellen Verbot belegten Gegenstände – wenig treffend nur als „Verbotene Waffen" bezeichnet, obwohl zB auch Munition erfasst ist – im Schießsport keine Verwendung finden dürfen; der Bestimmung wird denn auch eine lediglich klarstellende Funktion zugewiesen (Begr. aaO).

**9**  **4. Ausnahmen in Einzelfällen.** Ihre Bewilligung setzt einen entsprechenden Antrag eines anerkannten **Schießsportverbandes** (§ 15 WaffG) voraus. Bewilligungsbehörde ist das **Bundesverwaltungsamt.** Ausnahmen können nur die Beschränkungen des Absatzes 1 betreffen; die generellen Verbote des Absatzes 2 sind nicht abdingbar. Als Beispiel für mögliche Ausnahmen nennt die VO an sich nach Absatz 1 nicht zugelassene Schusswaffen, wenn diese jedoch in national oder international bedeutenden Schießsportwettkämpfen Verwendung finden; das wird nur selten bejaht werden können. Dem BDMP wurde am 24. 6. 2004 die Ausnahme bewilligt, kurzläufige „Off Duty"-Modelle, die international fest im Wettkampfprogramm verankert sind, einzusetzen.

Aus der Begründung: Mit dem prinzipiellen Ausschluss bestimmter Waffen nach Absatz 1 vom Schießsport soll ein unkontrollierter Erwerb praktisch aller (nicht verbotenen) Schusswaffen zum Zwecke des Schießsports verhindert werden. Dies schließt aber nicht aus, dass verbandsbezogen durch das Bundesverwaltungsamt unter Beteiligung des Fachbeirats einzelne Arten derartiger Waffen unter sorgfältiger Abwägung ihrer Schießsporttauglichkeit und ihrer Verwendung im nationalen oder internationalen Schießsport einerseits, der Belange der öffentlichen Sicherheit andererseits zum Schießsport zugelassen werden können (BR-Drucks. 415/03 S. 44).

**10**  **5. Zuwiderhandlung.** Die Vorschrift ist nicht bußgeldbewehrt.

## Anhang zu § 6
### Information des Bundeskriminalamtes über Feststellungsbescheide

Das BKA hat den BDMP e. V. über die bisher erteilten Feststellungsbescheide für Schusswaffen von bestimmten Firmen in Kenntnis gesetzt.

Die entsprechende u. a. Zusammenstellung ist unter dem Aspekt des Bezuges auf die Zulassung zum sportlichen Schießen gemäß § 6 AWaffV und der verbandsinternen Zulassung auf die Sportordnung des BDMP e. V. zu betrachten.

1. SLG „SAR Europa Sport", Kal. .222 -+ .223 Rem. der Fa. Schwaben Arms Rottweil (Bescheid vom 6. 8. 03)
2. SLG „SIG-Kempf SG 550 Zivil Match", Kal. .223 Rem. der Fa. Hiendlmayer, Eggenfelden (Bescheid vom 11. 8. 03)
3. SLG „Springfield National Match. Kal. .308 Win. der Fa. Hofmann, Mellrichstadt (Bescheid vom 16. 9. 03)
4. SLG „OA UG"[1], Kal. .223 Rem. der Fa. Oberlandarms, Habach (Bescheid vom 18. 9. 03)
5. SL-Pistolenkarabiner „USC", Kal. 9 mm Para/.45 ACP der Fa. Heckler & Koch (Bescheid vom 9. 10. 03)
6. SLG „Springfield MlA Typ Loaded", Kal. .308 Win., der Fa. Hofmann, Mellrichstadt (Bescheid vom 10. 10. 03)
7. SLG „OA 15", Kal. .223 Rem. der Fa. Oberlandarms, Habach (Bescheid vom 15. 10. 03)
8. SLG „SAR Sportmatch, Mod. 41", Kal. .243 -+ .308 Win. der Fa. Schwaben Arms Rottweil (Bescheid vom 24. 10. 03)

## Unzulässige Schießübungen im Schießsport

**7** (1) Im Schießsport sind die Durchführung von Schießübungen in der Verteidigung mit Schusswaffen (§ 22) und solche Schießübungen und Wettbewerbe verboten, bei denen
1. das Schießen aus Deckungen heraus erfolgt,
2. nach der Abgabe des ersten Schusses Hindernisse überwunden werden,
3. das Schießen im deutlich erkennbaren Laufen erfolgt,
4. das schnelle Reagieren auf plötzlich und überraschend auftauchende, sich bewegende Ziele gefordert wird,
   a) ausgenommen das Schießen auf Wurf- und auf laufende Scheiben,
   b) es sei denn, das Schießen erfolgt entsprechend einer vom Bundesverwaltungsamt genehmigten Sportordnung,
5. das Überkreuzziehen von mehr als einer Waffe (Cross Draw) gefordert wird,

---

[1] Vom Bundeskriminalamt wurden bisher für 8 (vorgenannte) Schusswaffen, die zur Prüfung iSd. § 2 Abs. 5 WaffG **vorgelegt worden sind,** nach eingehender Prüfung „Feststellungsbescheide" für die jeweiligen Firmen erteilt. In diesen Bescheiden wird u. a. festgestellt, dass diese Schusswaffen **keine** Kriegswaffen sind (in Abstimmung mit dem BMWA, Ref.: V B 3) und zur Verwendung im Rahmen des Schießsports benutzt werden dürfen (**alle außer Nr. 4, die zur Verwendung beim Schießsport ausgeschlossen wurde**).

# AWaffV § 7  Abschnitt 3. Schießsportordnungen

6. Schüsse ohne genaues Anvisieren des Ziels (Deutschüsse) abgegeben werden, ausgenommen das Schießen auf Wurfscheiben, oder
7. der Ablauf der Schießübung dem Schützen vor ihrer Absolvierung nicht auf Grund zuvor festgelegter Regeln bekannt ist.

**Die Veranstaltung der in Satz 1 genannten Schießübungen und die Teilnahme als Sportschütze an diesen sind verboten.**

(2) **Das Verbot von Schießübungen des kampfmäßigen Schießens (§ 15 Abs. 6 Satz 2 des Waffengesetzes) und mit verbotenen oder vom Schießsport ausgeschlossenen Schusswaffen oder Teilen von Schusswaffen (§ 6), soweit nicht eine Ausnahme nach § 6 Abs. 3 erteilt ist, bleibt unberührt.**

(3) **Die Ausbildung und das Training im jagdlichen Schießen einschließlich jagdlicher Schießwettkämpfe werden durch die vorstehenden Regelungen nicht beschränkt.**

**1**  **1. Allgemeines.** Die neu geschaffene Bestimmung stützt sich auf § 15 Abs. 7 Satz 2 Nr. 1 WaffG. Ihre Einführung wird wie folgt begründet: „Mit der Regelung sollen neben den bereits bestehenden Verboten des § 15 Abs. 6 Satz 2 des Waffengesetzes Disziplinen vom Schießsport ausgeschlossen werden, die in besonderem Maße über den Zweck der zielsicheren Abgabe eines Schusses und des Treffens eines vorbestimmten Ziels hinaus die Übung mit sachfremden Elementen anreichern, die ihren Hintergrund nur in der Übung des Umgangs mit Schusswaffen zu Verteidigungszwecken oder gar zum kampfmäßigen Schießen haben können. Die Übung solcher Fertigkeiten ist von den berechtigten Interessen des Schießsports nicht mehr gedeckt. Der Biathlonsport erfährt durch die Bestimmungen keine Einschränkung. Ebenfalls nicht ausgeschlossen werden durch die Bestimmung des Absatzes 1 Satz 1 Nr. 4 auch Disziplinen wie die „Olympische Schnellfeuerpistole (OSP)" oder die „Sportpistole – Kleinkaliber", da die Zielscheiben nicht „plötzlich und überraschend" gedreht werden" (BR-Drucks. 415/03 S. 44/45). Zur Klarstellung ist in die Endfassung von Nr. 4 eingefügt worden, dass keine Bedenken gegen Handlungsweisen bestehen, die ordnungsgemäß vom Bundesverwaltungsamt im Rahmen einer Sportordnung genehmigt worden sind. Durch diese Regelung soll die Beibehaltung von bestehenden und die Entwicklung von künftigen Sportdisziplinen (Standardpistole, Sportpistole, Großkaliber, Sportrevolver, usw.) ermöglicht werden. Die Schaffung dieser Möglichkeit ist im Interesse der Sportschützenverbände (BR-Drucks. 415/03 [Beschluss] S. 3).

Nicht ausgeschlossen wird danach durch Absatzes 1 Nr. 3 der Biathlon. Dort steht im Vordergrund die läuferische Leistung; ohne läuferisches Erreichen des Ziels erfolgt keine Bewertung. Das Verfehlen des Ziels mit der Schusswaffe schließt eine erfolgreiche Teilnahme nicht aus.

**2**  **2. Die Verbote im Einzelnen.** Sie werden im VO-Text hinreichend umschrieben. Verboten sind danach alle Schießübungen, die von § 22 Abs. 1 erfasst werden, ferner Schießübungen, die eines der in Absatz 1 Satz 1 genannten Merkmale aufweisen; in Bezug auf letzteres sind auch Wettbewerbe untersagt. In Absatz 1 Satz 1 Nr. 3 ist der Wortlaut in der Endfassung dahin geändert worden, dass es nicht mehr heißt: „das Schießen im deutlich erkennbaren Laufen *gefordert wird*", sondern **„erfolgt"**, da auf die tatsächliche Ausübung abzustellen sei (Begr. BR-Drucks. 415/03 [Beschluss] S. 3). Die Veranstaltung derart verbotener Schießübungen und die Teilnahme an solchen als Sportschütze sind untersagt (Absatz 1 Satz 2).

Beirat für schießsportliche Fragen § 8 AWaffV

**3. Weitere Verbote.** Diese werden in **Absatz 2** klarstellend und ergänzend aufgeführt. Zum „kampfmäßigen" Schießen wird auf Nr. 15.6 EWaffVwV verwiesen. 3

**4. Jagdliches Schießen (Absatz 3).** Diese Vorschrift ist dem Paragraphen erst in der Endphase der Entstehungsgeschichte angefügt worden. Danach bleibt der Gesamtbereich des jagdlichen Schießens „auf Grund der ihm eigenen Notwendigkeiten" von diesen beschränkenden Regelungen ausgenommen (Begr. BR-Drucks. 415/03 S. 45). Auch hier hat sich – wie schon bei der Gesetzgebung – der starke Einfluss der Jägerschaft bemerkbar gemacht. Wettbewerbe mit „offenem Teilnehmerkreis", also auch Nichtjägern zugängliche, sind nicht privilegiert (*A/B* Rdn. 7). 4

**5. Zuwiderhandlung.** Die Veranstaltung von und die Teilnahme an **Schießübungen** der nach Absatz 1 Satz 2 verbotenen Art ist in § 34 Nr. 1 bußgeldbewehrt; die **Wettbewerbe** werden dort nicht erwähnt (§ 34 Rdn. 2). 5

## Beirat für schießsportliche Fragen

**8** (1) **Beim Bundesministerium des Innern wird ein Beirat für schießsportliche Fragen (Fachbeirat) gebildet. Den Vorsitz führt ein Vertreter des Bundesministeriums des Innern. An den Sitzungen des Fachbeirates nehmen Vertreter des Bundesverwaltungsamtes teil.**

(2) **Der Fachbeirat setzt sich aus dem Vorsitzenden und aus folgenden ständigen Mitgliedern zusammen:**
1. **Je einem Vertreter jedes Landes,**
2. **je einem Vertreter des Deutschen Sportbundes und des Nationalen Olympischen Komitees,**
3. **je einem Vertreter der anerkannten Schießsportverbände,**
4. **einem Vertreter der Deutschen Versuchs- und Prüf-Anstalt für Jagd- und Sportwaffen e. V.**

(3) **Die Mitglieder des Fachbeirates sollen auf schießsportlichem Gebiet sachverständig und erfahren sein.**

(4) **Das Bundesministerium des Innern kann Vertreter weiterer Bundes- und Landesbehörden sowie weitere Sachverständige insbesondere auf schießsportlichem oder waffentechnischem Gebiet zur Beratung hinzuziehen. In den Fällen, in denen der Fachbeirat über die Genehmigung der Schießsportordnung eines nicht anerkannten Schießsportverbandes beraten soll, lädt das Bundesministerium des Innern auch einen Vertreter dieses Verbandes ein.**

(5) **Das Bundesministerium des Innern beruft**
1. **die Vertreter jedes Landes einschließlich deren Stellvertreter auf Vorschlag des Landes;**
2. **die Vertreter der in Absatz 2 Nr. 2, 3 und 4 bezeichneten Verbände und Organisationen nach Anhörung der Vorstände dieser Verbände.**

(6) **Die Mitglieder des Fachbeirates üben ihre Tätigkeit ehrenamtlich aus, sofern sie keine Behörde vertreten.**

**1. Allgemeines.** Die Bestimmung gründet sich auf § 15 Abs. 7 Satz 2 Nr. 2 WaffG, wo allerdings zur Bildung eines „Ausschusses" ermächtigt wird, der berät; hieraus 1

**AWaffV § 9**  Abschnitt 4. Benutzung von Schießstätten

ist nunmehr ein Beirat (Fachbeirat) geworden. Die Vorschrift ähnelt § 30 der 3. WaffV aF über die Bildung eines Beschussrats; eine Neuauflage dieser Bestimmung wird, gestützt auf § 15 BeschG, in der neuen Beschussverordnung erscheinen. Wie in vergleichbaren Regelungen soll der gebündelte Sachverstand des Gremiums der Rechtsetzung und Entscheidung im Einzelfall nutzbar gemacht werden. Beschließende, entscheidende Funktion kommt dem Beirat nicht zu. Die VO verzichtet bewusst darauf, die Interna des Fachbeirats zu reglementieren, um die nötige Flexibilität zu wahren (Begr. BR-Drucks. 415/03 S. 45).

2 **2. Anwendungsfälle.** Im Waffengesetz ist das dem BMI unterstehende **Bundesverwaltungsamt** mit der Anerkennung von Schießsportverbänden und der Genehmigung der Sportordnungen der Schießsportverbände im konkreten Einzelfall unter Hinzuziehung eines Fachbeirats von Vertretern des Bundes und der Länder sowie des Sports betraut worden (vgl. § 15 Abs. 3 und Abs. 7 Satz 1 WaffG). Nach der VO-Begr. handelt es sich um eine völlig neue, zentrale Aufgabe des Bundes aus dem Bereich der öffentlichen Sportverwaltung, die an sich grundsätzlich von den Ländern ausgeübt wird. Vor diesem Hintergrund ist es für den Bund unerlässlich, für diese wichtige Aufgabe Lösungen auf möglichst breiter Basis unter Einbeziehung der für den Schießsport zuständigen Länder und der (Schieß-) Sportverbände vorzubereiten (Begr. BR-Drucks. 415/03 S. 45). Soll über die Anerkennung eines Schießsportverbandes beraten werden, ist nach Absatz 4 Satz 2 vom BMI auch ein Vertreter dieses Verbandes hinzu zu laden; hierfür spricht schon der Grundsatz des rechtlichen Gehörs.

Der Fachbeirat besteht auf der geschäftsführenden Seite aus dem Vorsitz (Bundesministerium des Innern) und auf der beratenden Seite aus den genannten, namentlich persönlich bestellten (Absatz 5) in Abs. 2 Nr. 1 bis 4 aufgeführten Vertretern aus dem Behörden-, Verbände- und Expertenbereich. Auf der beratenden Seite nehmen an den Sitzungen des Fachbeirates Vertreter des Bundesverwaltungsamtes teil. Nach Absatz 4 kann das BMI weitere Personen, sei es regelmäßig oder im Einzelfall, hinzuziehen, um die Ausschöpfung des jeweiligen Sachverstands zu optimieren. Dabei können neben rein schießsportlichen Fragestellungen auch waffentechnische oder übergreifende Fragen (beispielsweise an der Schnittlinie von Schießsport und jagdlichem Übungs- oder Wettkampfschießen) auftreten. Hier kann es sich insbesondere empfehlen, Vertreter des Waffengewerbes oder des Deutschen Jagdschutz-Verbandes hinzuzuziehen (Begr. BR-Drucks. 415/03 S. 46).

Für die nichtbehördlichen Mitglieder des Fachbeirats, also die ständigen Mitglieder nach Absatz 2 wie die sonst Hinzugezogenen nach Absatz 4, ist die Betätigung in diesem Gremium ehrenamtlich (Absatz 6).

## Abschnitt 4. Benutzung von Schießstätten

### Zulässige Schießübungen auf Schießstätten

**9** (1) **Auf einer Schießstätte ist unter Beachtung des Verbots des kampfmäßigen Schießens (§ 27 Abs. 7 Satz 1 des Waffengesetzes) das Schießen mit Schusswaffen und Munition auf der Grundlage der für die Schießstätte erteilten Erlaubnis (§ 27 Abs. 1 Satz 1 des Waffengesetzes) nur zulässig, wenn**

**1. die Person, die zu schießen beabsichtigt, die Berechtigung zum Erwerb und Besitz von Schusswaffen nachweisen kann und das**

| Zulässige Schießübungen auf Schießstätten | **§ 9 AWaffV** |

Schießen mit Schusswaffen dieser Art innerhalb des der Berechtigung zugrunde liegenden Bedürfnisses erfolgt,

2. geschossen wird
   a) auf der Grundlage einer genehmigten Schießsportordnung,
   b) im Rahmen von Lehrgängen oder Schießübungen in der Verteidigung mit Schusswaffen (§ 22),
   c) zur Erlangung der Sachkunde (§ 1 Abs. 1 Nr. 3) oder
   d) in der jagdlichen Ausbildung, oder
3. es sich nicht um Schusswaffen und Munition nach § 6 Abs. 1 handelt.

In den Fällen des Satzes 1 Nr. 1, Nr. 2 Buchstabe c und Nr. 3 gilt § 7 Abs. 1 und 3 entsprechend; beim Schießen nach Satz 1 Nr. 2 Buchstabe a bleibt § 7 unberührt. Der Betreiber der Schießstätte hat die Einhaltung der Voraussetzungen nach den Sätzen 1 und 2 zu überwachen.

(2) Die zuständige Behörde kann dem Betreiber einer Schießstätte oder im Einzelfall dem Benutzer Ausnahmen von den Beschränkungen des Absatzes 1 gestatten, soweit Belange der öffentlichen Sicherheit und Ordnung nicht entgegenstehen.

(3) Absatz 1 gilt nicht für Behörden oder Dienststellen und deren Bedienstete, die nach § 55 Abs. 1 des Waffengesetzes oder auf Grund einer nach § 55 Abs. 5 oder 6 des Waffengesetzes erlassenen Rechtsverordnung von der Anwendung des Waffengesetzes ausgenommen sind.

**1. Allgemeines.** Die Vorschrift beruht auf der Ermächtigung in § 27 Abs. 7 Satz 2 **1** Nr. 1 WaffG. Sie legt den Rahmen fest, innerhalb dessen auf erlaubnispflichtigen Schießstätten (§ 27 Abs. 1 Satz 1 WaffG; Nr. 27 WaffVwV) geschossen werden darf. Die Regelung gilt für alle Arten von Schusswaffen und Munition. Das Spielfeld eines **Paintball-(Gotcha-)Spiels** ist **keine** „Schießstätte" (VGH München BayVBl. **2001**, 689; vgl. auch NdsFG EFG **1998**, 1667). Im Einzelfall wird auf der Grundlage der vorliegenden Bestimmung durch die Waffenbehörde zu entscheiden sein, wie weit der Inhalt einer Erlaubnis reichen soll. Einem Totalverbot unterliegt das „kampfmäßige" Schießen (§ 27 Abs. 7 Satz 1 WaffG; Nr. 15.6 EWaffVwV).

**2. Voraussetzungen zulässigen Schießbetriebs.** Diese werden in Absatz 1 Satz 1 **2** im einzelnen festgelegt. Dessen Nr. 1 will sicherstellen, dass Inhaber waffenrechtlicher Besitzerlaubnisse im Rahmen des dem Besitz zugrunde liegenden Bedürfnisses (also nicht mit einer Sammler-WBK nach § 17 Abs. 1 WaffG) den Gebrauch ihrer Schusswaffen oder solcher gleicher Art auf Schießstätten üben bzw. solche Schusswaffen testen können. Zu denken ist hier insbesondere an Inhaber waffenrechtlicher Besitzerlaubnisse als gefährdete Personen, Büchsenmacher oder Jäger, die zum jagdlichen Übungsschießen mit eigener Waffe die Schießstätte benutzen möchten (Begr. BR-Drucks. 415/03 S. 46). Nr. 2 erlaubt das im Rahmen des geltenden Waffenrechts zulässige sportliche Schießen, die zur Erlangung der Sachkunde erforderlichen Übungen, die jagdliche Ausbildung und die Ausbildung bzw. Übung der Verteidigung mit Schusswaffen. Nr. 3 behandelt die Fälle, in denen auf kommerziell betriebenen Schießstätten außerhalb der in Nummern 1 und 2 genannten Sachverhalte das Schießen zulässig ist. Zu denken ist hier etwa an Personen in der Ausbildung zum Jäger, die noch keine eigene Schusswaffe besitzen können, oder aber Personen, die zur Belustigung auf ortsfesten oder ortsveränderlichen Schießanlagen

**AWaffV § 10** Abschnitt 4. Benutzung von Schießstätten

schießen möchten. Zur Verhinderung einer Aushöhlung der Bestimmungen der Verordnung über das sportliche Schießen ist die Regelung zunächst auf die dort zulässigen Schusswaffen begrenzt worden (Begr. BR-Drucks. 415/03 S. 47). Durch die etwas unklare Regelung in Absatz 1 Satz 2 soll klargestellt werden, dass Übungen im Sinne des § 7 nur in den Fällen gestattet werden, in denen diese im Rahmen von Ausbildungen erforderlich sind (zB nicht zur Erlangung der Sachkunde, was durch die Einfügung der Nr. 2 Buchst. c erreicht werden sollte [BR-Drucks. 415/03 [Beschluss] S. 3]); durch die Verweisung auch auf § 7 Abs. 3 bleibt die dort vorgenommene Freistellung des Trainings im jagdlichen Schießen unberührt (Begr. BR-Drucks. 415/03 S. 47).

**3**  **3. Überwachungspflicht des Betreibers.** Durch Absatz 1 Satz 3 wird festgelegt, dass der Betreiber der Schießstätte dafür verantwortlich ist, dass der Schießbetrieb iSv. Absatz 1 Satz 1 und 2 ordnungsgemäß verläuft. Ihn trifft insoweit eine Überwachungspflicht, die in § 34 Nr. 3 bußgeldbewehrt ist. Ordnungswidrig handelt nach § 34 Nr. 2 ferner, wer entgegen Absatz 1 Satz 1 auf einer Schießstätte schießt.

**4**  **4. Ausnahmeregelungen (Absatz 2).** Solche gibt es einmal zu Gunsten des Betreibers in allgemeiner Form und zum anderen im Einzelfall zu Gunsten des Benutzers der Schießstätte. Befreiung kann von allen Beschränkungen des Absatzes 1 erteilt werden. Voraussetzung für jede Art von Ausnahme war nach der früheren Fassung der VO, dass „besondere Gründe" auf Seiten des die Ausnahme Erstrebenden vorlagen, und zum anderen die positive Prognose, dass die Belange der öffentlichen Sicherheit und Ordnung auch im Falle der Gewährung der Ausnahme gewahrt bleiben. Die Endfassung stellt nur noch darauf ab, dass Belange der öffentlichen Sicherheit und Ordnung nicht entgegenstehen dürfen. Damit kann die Behörde insgesamt flexibel reagieren. Von dem Verbot des „kampfmäßigen" Schießens nach § 27 Abs. 7 Satz 1 WaffG kann nicht befreit werden.

**5**  **5. Sonderregelung für bestimmte Behörden und deren Bedienstete (Absatz 3).** Die in dieser Bestimmung im einzelnen genannten Amtsträger sind von der Anwendung des Waffengesetzes ausgenommen. Für sie gilt deshalb auch das untergesetzliche Regelwerk des vorliegenden Absatzes 1 nicht. Die Regelung berücksichtigt, dass Behörden und deren Bedienstete auch private bzw. öffentliche Schießstände nutzen können müssen (Begr. BR-Drucks. 415/03 S. 47).

**6**  **6. Zuwiderhandlung.** Vgl. Rdn. 3.

### Aufsichtspersonen; Obhut über das Schießen durch Kinder und Jugendliche

**10** (1) **Der Inhaber der Erlaubnis für die Schießstätte (Erlaubnisinhaber) hat unter Berücksichtigung der Erfordernisse eines sicheren Schießbetriebs eine oder mehrere verantwortliche Aufsichtspersonen für das Schießen zu bestellen, soweit er nicht selbst die Aufsicht wahrnimmt oder eine schießsportliche oder jagdliche Vereinigung oder ein Veranstalter im Sinne des § 22 durch eigene verantwortliche Aufsichtspersonen die Aufsicht übernimmt. Der Erlaubnisinhaber kann selbst die Aufsicht wahrnehmen, wenn er die erforderliche Sachkunde nachgewiesen hat und, sofern es die Obhut über das Schießen durch Kinder und Jugendliche betrifft, die Eignung zur Kinder- und Jugendarbeit besitzt. Aufsichtspersonen müssen das**

18. Lebensjahr vollendet haben. Der Schießbetrieb darf nicht aufgenommen oder fortgesetzt werden, solange keine ausreichende Anzahl von verantwortlichen Aufsichtspersonen die Aufsicht wahrnimmt. Die zuständige Behörde kann gegenüber dem Erlaubnisinhaber die Zahl der nach Satz 1 erforderlichen Aufsichtspersonen festlegen.

(2) Der Erlaubnisinhaber hat der zuständigen Behörde die Personalien der verantwortlichen Aufsichtspersonen zwei Wochen vor der Übernahme der Aufsicht schriftlich anzuzeigen; beauftragt eine schießsportliche oder jagdliche Vereinigung die verantwortliche Aufsichtsperson, so obliegt diese Anzeige der Aufsichtsperson selbst. Der Anzeige sind Nachweise beizufügen, aus denen hervorgeht, dass die Aufsichtsperson die erforderliche Sachkunde und, sofern es die Obhut über das Schießen durch Kinder und Jugendliche betrifft, auch die Eignung zur Kinder- und Jugendarbeit besitzt. Der Erlaubnisinhaber hat das Ausscheiden der angezeigten Aufsichtsperson und die Bestellung einer neuen Aufsichtsperson der zuständigen Behörde unverzüglich anzuzeigen.

(3) Bei der Beauftragung der verantwortlichen Aufsichtsperson durch einen schießsportlichen Verein eines anerkannten Schießsportverbandes genügt an Stelle der Anzeige nach Absatz 2 Satz 1 eine Registrierung der Aufsichtsperson bei dem Verein. Dieser hat bei der Registrierung das Vorliegen der Voraussetzungen der erforderlichen Sachkunde und, sofern es die Obhut über das Schießen durch Kinder und Jugendliche betrifft, auch der Eignung zur Kinder- und Jugendarbeit zu überprüfen und zu vermerken. Der Aufsichtsperson ist durch den Verein hierüber ein Nachweisdokument auszustellen. Die Aufsichtsperson hat dieses Dokument während der Wahrnehmung der Aufsicht mitzuführen und zur Kontrolle Befugten auf Verlangen zur Prüfung auszuhändigen. Für eine Überprüfung nach Satz 4 hat der Verein auf Verlangen Einblick in die Registrierung der Aufsichtsperson zu gewähren. Die Sätze 1 bis 5 gelten entsprechend bei der von einer jagdlichen Vereinigung beauftragten verantwortlichen Aufsichtsperson mit der Maßgabe, dass während der Ausübung der Aufsicht ein gültiger Jagdschein nach § 15 Abs. 1 Satz 1 des Bundesjagdgesetzes mitzuführen ist.

(4) Ergeben sich Anhaltspunkte für die begründete Annahme, dass die verantwortliche Aufsichtsperson die erforderliche Zuverlässigkeit, persönliche Eignung oder Sachkunde oder, sofern es die Obhut über das Schießen durch Kinder und Jugendliche betrifft, die Eignung zur Kinder- und Jugendarbeit nicht besitzt, so hat die zuständige Behörde dem Erlaubnisinhaber gegenüber die Ausübung der Aufsicht durch die Aufsichtsperson zu untersagen.

(5) Die Obhut über das Schießen durch Kinder und Jugendliche ist durch eine hierfür qualifizierte und auf der Schießstätte anwesende Aufsichtsperson auszuüben, die

1. für die Schießausbildung der Kinder oder Jugendlichen leitend verantwortlich ist und
2. berechtigt ist, jederzeit der Aufsicht beim Schützen Weisungen zu erteilen oder die Aufsicht beim Schützen selbst zu übernehmen.

**AWaffV § 10**  Abschnitt 4. Benutzung von Schießstätten

(6) **Die Qualifizierung zur Aufsichtsperson oder zur Eignung zur Kinder- und Jugendarbeit kann durch die Jagdverbände oder die anerkannten Schießsportverbände erfolgen; bei Schießsportverbänden sind die Qualifizierungsrichtlinien Bestandteil des Anerkennungsverfahrens nach § 15 des Waffengesetzes.**

(7) **Die Absätze 1 bis 6 gelten nicht für ortsveränderliche Schießstätten im Sinne von § 27 Abs. 6 des Waffengesetzes.**

1  **1. Allgemeines.** Die Vorschrift baut auf der Ermächtigungsgrundlage des § 27 Abs. 7 Satz 2 Nr. 1 WaffG auf. Sie entspricht bisherigem Recht (§ 34 der 1. WaffV aF) mit der Ergänzung, dass bei der Aufsicht über das Schießen Minderjähriger die Aufsichtsperson eine spezielle Eignung für die Kinder- und Jugendarbeit mitbringen muss. Wie allgemein im neuen Waffenrecht ist auch hier neben das Erfordernis der Zuverlässigkeit desjenige der persönlichen Eignung getreten (vgl. §§ 5 und 6 WaffG).

2  **2. Aufsichtspersonen.** Die Zahl der nach Absatz 1 zu bestellenden verantwortlichen Aufsichtspersonen beurteilt sich danach, ob eine oder mehrere Personen erforderlich sind, um die Sicherheit des Schießbetriebs zu gewährleisten; sie müssen mindestens 18 Jahre alt sein (Absatz 1 Satz 3). Ist auch das Schießen Minderjähriger zu beaufsichtigen, muss die hierfür eingeteilte Aufsichtsperson, möglicherweise der Erlaubnisinhaber selbst in dieser Funktion, über eine besondere Eignung für die Kinder- und Jugendarbeit verfügen (vgl. Absatz 4 und 5). Der Schießbetrieb darf nicht beginnen oder fortgesetzt werden, solange keine ausreichende Anzahl von verantwortlichen Aufsichtspersonen bestellt ist und diese ihre Arbeit aufgenommen haben (Absatz 1 Satz 4).

3  **3. Anzeigen.** Nach **Absatz 2** hat der Erlaubnisinhaber der landesrechtlich zuständigen Behörde die Personalien der verantwortlichen Aufsichtspersonen anzuzeigen. Hat eine schießsportliche oder jagdliche Vereinigung oder ein Veranstalter iSv. § 22, wie nach Absatz 1 Satz 1 (2. Alternative) zulässig, zeitweise oder auf Dauer die Aufsicht durch eigene verantwortliche Aufsichtspersonen übernommen, so trifft die Anzeigeverpflichtung an die betr. Aufsichtsperson selbst. Der Anzeige beizufügen sind Belege darüber, dass die Aufsichtspersonen die erforderliche Sachkunde, persönliche Eignung und ggf. die spezielle Eignung zur Kinder- und Jugendarbeit besitzen. Hierfür sind Zeugnisse über bisherige einschlägige Tätigkeiten oder aber auch Nachweise über eine entsprechende Ausbildung vorzulegen. Näheres wird im Rahmen der Qualifizierungsrichtlinien (Absatz 5) bestimmt werden. Da die Behörde jeweils über den gegenwärtigen Bestand an Aufsichtspersonen informiert sein muss, hat der Erlaubnisinhaber diese Meldungen bei einem Wechsel jeweils zu aktualisieren.

4  **4. Sonderregelung für Schießsportvereine (Absatz 3).** Wird die verantwortliche Aufsichtsperson von einem Schießsportverein bestellt, der in vorgeschriebener Weise einem Schießsportverband (§ 15 WaffG) angehört, so tritt eine Verwaltungsvereinfachung ein. Anstelle der sonst erforderlichen Anzeige genügt es, wenn eine Registrierung der Aufsichtsperson bei diesem Verein erfolgt. Die Einzelheiten führt die Bestimmung in ausführlicher Weise auf. Durch Satz 6 wird die Sonderregelung auch auf jagdliche Vereinigungen erstreckt. Die Bestimmung berücksichtigt die besonderen Gegebenheiten bei schießsportlichen oder jagdlichen Vereinigungen, die häufig die Aufsicht durch ehrenamtlich tätige Personen ausführen lassen müssen, wobei die Aufsicht nicht in gleichem Umfang wie etwa auf kommerziell betriebenen Schieß-

Aufsichtspersonen § 10 AWaffV

stätten vorausplanend und konstant organisiert werden kann (Begr. BR-Drucks. 415/ 03 S. 47).

**5. Behördliches Betätigungsverbot.** Erfährt die Behörde davon, dass bezüglich der bestellten Aufsichtsperson Mängel hinsichtlich der Zuverlässigkeit, persönlichen Eignung, Sachkunde oder speziellen Eignung zur Kinder- und Jugendarbeit bei der Beaufsichtigung Minderjähriger zutage getreten sind, so **muss** sie die (weitere) Tätigkeit der betreffenden Person als Aufsichtsorgan untersagen (Absatz 3); die ursprüngliche Fassung des VO-Entwurfs hatte hier – wie auch die früher einschlägige Vorschrift § 34 Abs. 3 der 1. WaffV aF – eine bloße Kannvorschrift vorgesehen.

**6. Obhut über das Schießen durch Minderjährige.** Einzelheiten hierüber regeln die Absätze 5 und 6, wobei in Absatz 6 zwischen Jagdverbänden und Schießsportverbänden unterschieden wird; bei letzteren sind die noch zu erlassenden Qualifizierungsrichtlinien als Bestandteil der Schießsportordnung zu beachten. Vgl. auch die Erläuterungen zu § 27 WaffG und Nr. 27 WaffVwV. Aus der VO-Begr.: Absatz 5 regelt, dass die Obhut nicht unbedingt mit der – unmittelbaren – Aufsicht beim Schützen gleichzusetzen ist. Entscheidend ist, dass eine derart qualifizierte Aufsichtsperson vor Ort ist, die die altersgemäße Heranführung der Kinder und Jugendlichen an das Schießen beobachtet und die gegebenenfalls auch insbesondere bei der Lösung von Krisen- oder Pannenfällen während des Schießbetriebs in altersgerechter Weise eingreifen kann. Die unmittelbare Aufsicht bei jedem Schützen, der Kind oder Jugendlicher ist, würde insbesondere kleine Vereine überfordern, eine entsprechende Anzahl qualifizierter Aufsichtspersonen bereitzustellen, bzw. den Schießbetrieb faktisch lahm legen.

**7. Übertragung der Qualifizierung für Aufsichtspersonen auf Verbände.** Eine solche wird durch Absatz 6 vorgenommen. Bei Schießsportverbänden sind die Qualifizierungsrichtlinien Bestandteil des Anerkennungsverfahrens (vgl. auch § 15 Abs. 1 Nr. 4 des Waffengesetzes).

**8. Herausnahme der ortsveränderlichen Schießstätten.** Diese werden nach Absatz 7 von der Regelung der Absätze 1 bis 6 nicht erfasst. Zum Begriff der ortsveränderlichen Schießstätten wird auf § 27 WaffG Rdn. 12 verwiesen. Aus der Begr.: Die Regelung nimmt ortsveränderliche Schießstätten, die dem Schießen zur Belustigung mit Druckluft-, Federdruckwaffen und Waffen, bei denen zum Antrieb der Geschosse kalte Treibgase verwendet werden, dienen (Schießbuden auf Jahrmärkten usw.) und die bislang nicht dem Waffenrecht unterlagen, von den Vorschriften des § 10 Abs. 1 bis 6 aus. Hiervon unberührt bleiben Anforderungen nach anderweitigen Vorschriften wie beispielsweise dem Gewerberecht. Darüber hinaus enthält § 27 Abs. 6 des Waffengesetzes selbst eine Spezialregelung zur Aufsicht von Kindern (BR-Drucks. 415/03 S. 48).

**9. Zuwiderhandlung.** Die Bestimmung ist nach § 34 Nrn. 4 bis 7 in vierfacher Weise bußgeldbewehrt. Nach Nr. 4 handelt ordnungswidrig, wer entgegen Absatz 1 Satz 4 den Schießbetrieb aufnimmt oder fortsetzt. Verstöße gegen die Anzeigepflichten des Absatzes 2 Satz 1 oder 3 erfüllen den Tatbestand der Sanktionsnorm der Nr. 5. Verstöße gegen die Pflicht zum Mitführen oder Aushändigen der Dokumente entgegen Absatz 3 Satz 4 werden von Nr. 6 erfasst. Schließlich steht unter Bußgelddrohung, wer entgegen Absatz 3 Satz 5 nicht oder nicht rechtzeitig Einblick in die Registrierung der Aufsichtspersonen gewährt.

# AWaffV § 11

Abschnitt 4. Benutzung von Schießstätten

**Aufsicht**

**11** (1) **Die verantwortlichen Aufsichtspersonen haben das Schießen in der Schießstätte ständig zu beaufsichtigen, insbesondere dafür zu sorgen, dass die in der Schießstätte Anwesenden durch ihr Verhalten keine vermeidbaren Gefahren verursachen, und zu beachten, dass die Bestimmungen des § 27 Abs. 3 oder 6 des Waffengesetzes eingehalten werden. Sie haben, wenn dies zur Verhütung oder Beseitigung von Gefahren erforderlich ist, das Schießen oder den Aufenthalt in der Schießstätte zu untersagen.**

(2) **Die Benutzer der Schießstätten haben die Anordnungen der verantwortlichen Aufsichtspersonen nach Absatz 1 zu befolgen.**

(3) **Eine zur Aufsichtsführung befähigte Person darf schießen, ohne selbst beaufsichtigt zu werden, wenn sichergestellt ist, dass sie sich allein auf dem Schießstand befindet.**

1  **1. Allgemeines.** Die auf § 27 Abs. 7 Satz 2 Nr. 1 WaffG gestützte Vorschrift entspricht in ihren Absätzen 1 und 2 in wesentlichen Zügen dem § 35 der 1. WaffV aF.

2  **2. Pflichten der Aufsichtspersonen.** Die Bestimmung umschreibt in Absatz 1 die wesentlichen Pflichten der verantwortlichen Aufsichtspersonen. Besondere Aufsichtspflichten bezüglich der Arbeit mit Minderjährigen (§ 27 Abs. 3 und 4 WaffG) sind neu eingefügt worden. Die im Entwurf der vorliegenden Vorschrift zunächst in Bezug genommene Regelung über die Verwendung nur zugelassener Waffen und Munition und die getrennte Aufbewahrung von Waffen einerseits und Munition und Geschossen andererseits (§ 11 Abs. 1 und 2 des Entwurfs) ist – abweichend von der Vorgängervorschrift – fallen gelassen worden. Die Aufsichtspersonen sind der Behörde gegenüber unmittelbar verantwortlich. Bei Pflichtverletzungen kann die Behörde mit verwaltungsrechtlichen Mitteln gegen sie vorgehen oder sie mit einer Geldbuße belegen (§ 34 Nr. 8 der VO). Gegenüber der früheren Fassung ist nunmehr eingefügt worden, dass Untersagungsanordnungen nicht nur zur Verhütung, sondern auch zur Beseitigung von (bereits eingetretenen) Gefahren ergehen können.

3  **3. Pflichten der Schießstättenbenutzer.** Der seinerzeit auf Beschluss des Bundesrats in die Bestimmung (§ 35 der 1. WaffV aF) eingefügte Absatz 2 statuiert ein bußgeldbewehrtes Gebot für Schießstättenbenutzer, die Anordnungen der verantwortlichen Aufsichtsperson zu befolgen (§ 34 Nr. 10 der VO).

4  **4. Unbeaufsichtigtes Schießen (Absatz 3).** Diese Sonderregelung war im früheren Entwurf noch nicht vorgesehen. Zur Begründung ihrer Einfügung wird folgendes geltend gemacht: „Absatz 3 trägt einem praktischen Bedürfnis Rechnung. Beispiele hierfür sind Büchsenmacher beim Einschießen von Waffen, Kaderschützen beim Schießtraining oder Schießausbilder bei der Funktionsprüfung einer Waffe. Allerdings ist zu verlangen, dass die allein ohne Aufsicht Schießenden selbst die Qualifizierung als Aufsicht haben. Nur auf diese Weise ist gewährleistet, dass sie ohne (Selbst-)Gefährdung etwa im Falle der Funktionsstörung einer Waffe sach- und situationsgerecht reagieren. Es reicht in diesem Zusammenhang aus, dass der Ausschluss der Anwesenheit einer weiteren Person nur für dem benutzten Schießstand selbst sichergestellt werden muss, sich aber nicht auf räumlich abgetrennte weitere Bereiche (zB Vereinsheim, weitere abgetrennte Schießstände etc.) bezieht" (Begr. BR-Drucks. 415/03 S. 48). Zunächst war vorgesehen gewesen zu verlangen, dass der Betreffende sich allein auf der „Schießstätte" aufhalten musste.

Überprüfung der Schießstätten                                    **§ 12 AWaffV**

**5. Zuwiderhandlung.** Ordnungswidrig handelt, wer a) entgegen Absatz 1 Satz 1    5
das Schießen nicht beaufsichtigt (§ 34 Nr. 8), b) entgegen Absatz 1 Satz 2 das
Schießen oder den Aufenthalt in der Schießstätte nicht untersagt (§ 34 Nr. 9) sowie
c) entgegen Absatz 2 eine Anordnung nicht befolgt (§ 34 Nr. 10).

## Überprüfung der Schießstätten

**12** (1) **Schießstätten sind vor ihrer ersten Inbetriebnahme hinsichtlich der sicherheitstechnischen Anforderungen zu überprüfen. In regelmäßigen Abständen von mindestens vier Jahren sind sie von der zuständigen Behörde zu überprüfen, wenn auf ihnen mit erlaubnispflichtigen Schusswaffen geschossen wird. Ist das Schießen auf einer Schießstätte nur mit erlaubnisfreien Schusswaffen zulässig, so ist eine Überprüfung mindestens alle sechs Jahre erforderlich. Falls Zweifel an dem ordnungsgemäßen Zustand oder den erforderlichen schießtechnischen Einrichtungen bestehen, kann die zuständige Behörde die Schießstätte in sicherheitstechnischer Hinsicht überprüfen oder von dem Erlaubnisinhaber die Vorlage eines Gutachtens eines anerkannten Schießstandsachverständigen verlangen. Die Kosten hierfür sind von dem Erlaubnisinhaber zu tragen.**

(2) **Werden bei der Überprüfung Mängel festgestellt, die eine Gefährdung der Benutzer der Schießstätte oder Dritter befürchten lassen, kann die zuständige Behörde die weitere Benutzung der Schießstätte bis zur Beseitigung der Mängel untersagen. Der weitere Betrieb oder die Benutzung der Schießstätte ist im Falle der Untersagung nach Satz 1 verboten.**

**1. Allgemeines.** Auch diese den Schießstättenbetrieb betreffende Regelung fußt     1
auf § 27 Abs. 7 Satz 2 Nr. 1 WaffG. Ihr Inhalt entspricht im Wesentlichen bisherigem Recht (§ 37 der 1. WaffV aF).

**2. Überprüfung der Schießstätten.** Neu in der VO ist, dass bereits **vor der ers-**    2
**ten Inbetriebnahme** eine Überprüfung stattzufinden hat (vgl. aber schon Nr. 44.3.1
WaffVwV aF). Absatz 1, der nach den abschließenden Beratungen im Bundesrat
eine neue Fassung erhalten hat, begründet für die zuständige Behörde die Verpflichtung, alle genehmigten Schießstätten in regelmäßigen Abständen zu überprüfen (Regelüberprüfungen). In die endgültige Fassung wurde eine Differenzierung (BR-Drucks. 415/03 [Beschluss] S. 5) aufgenommen zwischen denjenigen Schießstätten, in denen mit erlaubnispflichtigen Schusswaffen geschossen wird und solchen, in denen dies nur mit erlaubnisfreien geschieht. Letztere sind mindestens alle sechs Jahre zu überprüfen, erstere mindestens alle vier Jahre. Absatz 1 Satz 4 gibt der landesrechtlich zuständigen Behörde die Befugnis, eine Sonderprüfung der Schießstätte vorzunehmen oder vom Erlaubnisinhaber die Vorlage des Gutachtens eines anerkannten Schießstandsachverständigen (statt „amtlich anerkannten Sachverständigen": BR-Drucks. 415/03 [Beschluss] S. 5) über die sicherheitstechnische Unbedenklichkeit zu verlangen, sofern Zweifel am ordnungsmäßigen Zustand der Schießstätte oder ihrer schießtechnischen Einrichtungen bestehen. Zur Klarstellung ist jetzt angefügt worden, dass die Kosten für diese Maßnahmen vom Erlaubnisinhaber zu tragen sind.

**3. Untersagung der Schießstättenbenutzung.** Absatz 2 räumt der Behörde die    3
Befugnis ein, durch anfechtbaren Verwaltungsakt die Benutzung der Schießstätte bis
zur Beseitigung der Mängel zu untersagen, sofern durch die weitere Benutzung eine

**AWaffV § 13** Abschn. 5. Aufbewahrung von Waffen und Munition

Gefährdung ihrer Benutzer oder dritter Personen zu befürchten ist. Absatz 2 ermächtigt jedoch nur zur Anordnung einer einstweiligen Untersagung; die betr. Anordnung ist aufzuheben, sobald die Mängel beseitigt sind. Zur Anknüpfung an eine Bußgelddrohung formuliert Absatz 2 Satz 2 eine entsprechende Verbotsnorm.

**4** **4. Zuwiderhandlung.** Die Vorschrift in Absatz 1 ist der Natur der Sache nach nicht bußgeldbewehrt. Einen Ordnungswidrigkeitstatbestand bildet der Verstoß gegen das in Absatz 2 Satz 2 enthaltene Verbot, von dem erfasst wird, wer entgegen Absatz 2 Satz 2 eine Schießstätte betreibt oder benutzt.

## Abschnitt 5. Aufbewahrung von Waffen und Munition

### Aufbewahrung von Waffen oder Munition

**13** (1) **In einem Sicherheitsbehältnis, das der Norm DIN/EN 1143–1 Widerstandsgrad 0 (Stand: Mai 1997)**[1] **oder einer Norm mit gleichem Schutzniveau eines anderen Mitgliedstaates des Übereinkommens über den Europäischen Wirtschaftsraum (EWR-Mitgliedstaat) oder der Sicherheitsstufe B nach VDMA 24992**[2, 3] **(Stand: Mai 1995) entspricht, dürfen nicht mehr als zehn Kurzwaffen (Anlage 1 Abschnitt 1 Unterabschnitt 1 Nr. 2.6, 3. Halbsatz zum Waffengesetz), zu deren Erwerb und Besitz es einer Erlaubnis bedarf, oder zehn nach Anlage 2 Abschnitt 1 Nr. 1.1 bis 1.2.3 zum Waffengesetz verbotene Waffen aufbewahrt werden; unterschreitet das Gewicht des Behältnisses 200 Kilogramm oder liegt die Verankerung gegen Abriss unter einem vergleichbaren Gewicht, so verringert sich die Höchstzahl der aufzubewahrenden Waffen auf fünf. Wird die in Satz 1 genannte Anzahl überschritten, so darf die Aufbewahrung nur in einem Sicherheitsbehältnis, das mindestens der Norm DIN/EN 1143–1 Widerstandsgrad I (Stand: Mai 1997) oder einer Norm mit gleichem Schutzniveau eines anderen EWR-Mitgliedstaates entspricht, oder in einer entsprechenden Mehrzahl von Sicherheitsbehältnissen nach Satz 1 erfolgen.**

(2) **Werden mehr als zehn Langwaffen (Anlage 1 Abschnitt 1 Unterabschnitt 1 Nr. 2.6, 1. und 2. Halbsatz zum Waffengesetz), zu deren Erwerb und Besitz es einer Erlaubnis bedarf, aufbewahrt, so darf die Aufbewahrung nur in einem Sicherheitsbehältnis, das mindestens einer der in Absatz 1 Satz 1 genannten Normen entspricht, oder in einer entsprechenden Mehrzahl von Sicherheitsbehältnissen nach § 36 Abs. 2 Satz 2 des Waffengesetzes erfolgen.**

(3) **Munition, deren Erwerb nicht von der Erlaubnispflicht freigestellt ist, darf nur in einem Stahlblechbehältnis ohne Klassifizierung mit Schwenkriegelschloss oder einer gleichwertigen Verschlussvorrichtung oder in einem gleichwertigen Behältnis aufbewahrt werden.**

(4) **Werden Langwaffen, zu deren Erwerb und Besitz es einer Erlaubnis bedarf, in einem Sicherheitsbehältnis, das der Sicherheitsstufe**

---

[1] **Amtl. Anm.:** Herausgegeben im Beuth-Verlag GmbH, Berlin und Köln.
[2] **Amtl. Anm.:** Verband Deutscher Maschinen- und Anlagenbau e. V.
[3] **Amtl. Anm.:** Herausgegeben im Beuth-Verlag GmbH, Berlin und Köln.

## Aufbewahrung von Waffen oder Munition § 13 A WaffV

A nach VDMA 24992 (Stand: Mai 1995) entspricht, aufbewahrt, so ist es für die Aufbewahrung von bis zu fünf Kurzwaffen, zu deren Erwerb und Besitz es einer Erlaubnis bedarf, und der Munition für die Lang- und Kurzwaffen ausreichend, wenn sie in einem Innenfach erfolgt, das den Sicherheitsanforderungen nach Absatz 1 Satz 1 entspricht; in diesem Fall dürfen die Kurzwaffen und die Munition innerhalb des Innenfaches zusammen aufbewahrt werden. Im Falle der Aufbewahrung von Schusswaffen in einem Sicherheitsbehältnis der Sicherheitsstufe A oder B nach VDMA 24992 ist es für die Aufbewahrung der dazugehörigen Munition ausreichend, wenn sie in einem Innenfach aus Stahlblech ohne Klassifizierung mit Schwenkriegelschloss oder einer gleichwertigen Verschlussvorrichtung erfolgt; nicht zu den dort aufbewahrten Waffen gehörige Munition darf zusammen aufbewahrt werden.

(5) **Die zuständige Behörde kann eine andere gleichwertige Aufbewahrung der Waffen zulassen.** Insbesondere kann von Sicherheitsbehältnissen im Sinne des § 36 Abs. 1 und 2 des Waffengesetzes oder im Sinne der Absätze 1 bis 3 abgesehen werden, wenn die Waffen und die Munition in einem Waffenraum aufbewahrt werden, der dem Stand der Technik entspricht.

(6) **In einem nicht dauernd bewohnten Gebäude dürfen nur bis zu drei Langwaffen, zu deren Erwerb und Besitz es einer Erlaubnis bedarf, aufbewahrt werden. Die Aufbewahrung darf nur in einem mindestens der Norm DIN/EN 1143–1 Widerstandsgrad I entsprechenden Sicherheitsbehältnis erfolgen. Die zuständige Behörde kann Abweichungen in Bezug auf die Art oder Anzahl der aufbewahrten Waffen oder das Sicherheitsbehältnis auf Antrag zulassen; in diesen Fällen soll die kriminalpolizeiliche Beratungsstelle beteiligt werden.**

(7) **Die zuständige Behörde kann auf Antrag bei einer Waffen- oder Munitionssammlung unter Berücksichtigung der Art und der Anzahl der Waffen oder der Munition und ihrer Gefährlichkeit für die öffentliche Sicherheit und Ordnung von den Vorgaben der Absätze 1 bis 6 insbesondere unter dem Gesichtspunkt der Sichtbarkeit zu Ausstellungszwecken abweichen und dabei geringere oder höhere Anforderungen an die Aufbewahrung stellen; bei Sammlungen von Waffen, deren Modell vor dem 1. Januar 1871 entwickelt worden ist, und bei Munitionssammlungen soll sie geringere Anforderungen stellen. Dem Antrag ist ein Aufbewahrungskonzept beizugeben. Die kriminalpolizeiliche Beratungsstelle soll beteiligt werden.**

(8) **Die zuständige Behörde kann auf Antrag von Anforderungen an die Sicherheitsbehältnisse nach § 36 Abs. 1 und 2 des Waffengesetzes oder nach den Absätzen 1 bis 3 oder an einen Waffenraum nach Absatz 5 Satz 2 absehen, wenn ihre Einhaltung unter Berücksichtigung der Art und der Anzahl der Waffen und der Munition und ihrer Gefährlichkeit für die öffentliche Sicherheit und Ordnung eine besondere Härte darstellen würde. In diesem Fall hat sie die niedrigeren Anforderungen festzusetzen.**

(9) **Bestehen begründete Zweifel, dass Normen anderer EWR-Mitgliedstaaten im Schutzniveau den in § 36 Abs. 1 und 2 des Waffenge-**

## AWaffV § 13 Abschn. 5. Aufbewahrung von Waffen und Munition

setzes oder in den Absätzen 1 bis 4 genannten Normen gleichwertig sind, kann die Behörde vom Verpflichteten die Vorlage einer Stellungnahme insbesondere des Deutschen Instituts für Normung verlangen.

(10) **Die gemeinschaftliche Aufbewahrung von Waffen oder Munition durch berechtigte Personen, die in einer häuslichen Gemeinschaft leben, ist zulässig.**

(11) **Bei der vorübergehenden Aufbewahrung von Waffen im Sinne des Absatzes 1 Satz 1 oder des Absatzes 2 oder von Munition außerhalb der Wohnung, insbesondere im Zusammenhang mit der Jagd oder dem sportlichen Schießen, hat der Verpflichtete die Waffen oder Munition unter angemessener Aufsicht aufzubewahren oder durch sonstige erforderliche Vorkehrungen gegen Abhandenkommen oder unbefugte Ansichnahme zu sichern, wenn die Aufbewahrung gemäß den Anforderungen der Absätze 1 bis 4 nicht möglich ist.**

1   **1. Allgemeines.** Erlaubnisfreie Schusswaffen und sonstige Waffen (zB Hieb- und Stoßwaffen) sind wie bisher so aufzubewahren, dass sie gegen Abhandenkommen – also auch die Wegnahme durch Unbefugte – gesichert sind. Bei Waffen, die nach Vollendung des 18. Lebensjahres jedermann frei erwerben kann, ist dafür Sorge zu tragen, dass sie nicht in die Hände Unbefugter, also Minderjähriger, geraten können. Das bedeutet, dass an die Waffenaufbewahrung höhere Anforderungen zu stellen sind (zumindest abgeschlossener Schrank), wenn sich Kinder oder Jugendliche im Haushalt befinden. Zu den Anforderungen vgl. auch *von Pückler* und *Fischer*, abrufbar unter www.wildundhund.de. Eine tabellarische Übersicht findet sich bei *Braun* NVwZ **2004**, 828, 830 sowie in der Anlage zu dieser Vorschrift.

Für **erlaubnisbedürftige** oder unter ein **Verbot** fallende Waffen gilt folgendes: Die gegenüber der ursprünglich vorgesehen gewesenen Bestimmung aufgespaltene Vorschrift (jetzt: §§ 13 und 14), sollte in § 13 zunächst nur noch für den **privaten Bereich** gelten; dieses in der früheren Überschrift deklarierte Vorhaben ist nach den Beratungen im Bundesrat nicht aufrechterhalten worden, so dass die Beschränkung mit diesem „Federstrich" entfallen ist; die Vorschrift gilt demnach auch für den gewerblichen Bereich (BR-Drucks. 415/03 [Beschluss] S. 5). Die Vorschrift stützt sich – wie § 14 – auf § 36 Abs. 5 WaffG. Sie hat in dieser Form kein direktes Vorbild im bisherigen Recht (vgl. § 36 WaffG Rdn 1 und 2). Die 1. WaffV aF enthielt lediglich in § 25 eine Regelung über die gewerbsmäßige Aufbewahrung von Munition. Die Begründung des Verordnungsgebers zum ursprünglichen Entwurf wies auf folgendes hin: Mit der steigenden Zahl der Waffen wird der Aufbewahrungsort zum begehrten Objekt für Straftäter. Ist ein Diebstahl oder Raub erfolgreich, steigt die Zahl der in die Illegalität gelangenden Waffen. Die Aufbewahrung in einem unbewohnten Gebäude erleichtert die unberechtigte Wegnahme. Dem kann nur durch erhebliche zusätzliche technische Sicherungen begegnet werden. Eine generelle Untersagung der Aufbewahrung in unbewohnten oder nur zeitweise bewohnten Räumlichkeiten wäre nicht sachgerecht, da bei gewerblichen Unternehmen sowie Vereinigungen die Notwendigkeit der Aufbewahrung außerhalb einer Wohnung oder eines ständig besetzten Geschäftsraumes besteht.

Sofort nach Bekanntwerden der in Aussicht genommenen verschärften Regelungen erhob sich in den betroffenen Kreisen erheblicher Protest. Es wurde zB darauf hingewiesen, dass ein nach der Vorschrift geforderter Tresor zwischen 350 und 650 kg wiege und legaler Waffenbesitz zukünftig nur noch für Erdgeschoss- oder

Kellerbewohner in Betracht komme. Hinsichtlich der zunächst für besondere Fälle als erforderlich angesehenen Alarmanlage iVm. einer ganztägig besetzten Alarmzentrale wurde u. a. der Kostenaufwand kritisiert; insgesamt werde über die im WaffG nF verankerten Sicherungsanforderungen beträchtlich hinaus gegangen. Die Endfassung hat denn auch die Regelung beträchtlich abgeschwächt. In die Endfassung der VO ist aufgenommen worden, dass es sich sowohl bei Waffen als auch bei Munition um solche Gegenstände handeln muss, deren Erwerb und Besitz **erlaubnisbedürftig** ist; bei verbotenen Gegenständen gilt insoweit das Erfordernis der Ausnahmegenehmigung nach § 40 Abs. 4 WaffG.

**2. Kurzwaffen und bestimmte verbotene Waffen. Absatz 1** nimmt die Regelung des § 36 Abs. 2 Satz 1 und 2 WaffG auf und konkretisiert sie. Satz 1 legt den Aufbewahrungsstandard für bis zu zehn (zunächst: fünf) Kurzwaffen (Definition als Abgrenzung zu Langwaffen: Anlage 1 A 1 U 1 Nr. 2.6 zum WaffG) sowie bis zu zehn (zuvor ebenfalls fünf) verbotene Waffen fest. Die Stückzahl zehn wurde bewusst „in Parallelität" zu der Zehnerregelung bei den Langwaffen (§ 36 Abs. 2 Satz 2 WaffG) gewählt (Begr. BR-Drucks. 415/03 S. 49). Von den zumeist mit einer Ausnahmegenehmigung nach § 40 Abs. 4 WaffG im Besitz befindlichen verbotenen Waffen sind die aus der Kriegswaffenliste entlassenen vollautomatischen Waffen, die Vollautomaten, die Pumpguns, bei denen der Hinterschaft durch einen Pistolengriff ersetzt ist, die verdeckten Waffen und die übermäßig verkürzbaren (Wilddiebs- und Attentatswaffen) erfasst (vgl. hierzu § 2 WaffG Rdn. 5 bis 8). Ihre Aufbewahrung erfordert die in der VO im einzelnen umschriebenen Sicherheitsbehältnisse. Näheres hierzu findet sich auf der Internet-Seite des Polizeipräsidiums Duisburg oder des Forums Waffenrecht (www.fwr.de). Für die in Absatz 1 Satz 1 angesprochene Sicherheitsstufe DIN/EN 1143–1 Widerstandsgrad 0 wird danach folgendes gefordert: mehrwandige, armierte Konstruktion mit 60 mm starken Wänden, Türstärke 100 mm, Türblatt massiv 6 mm SM-Stahl, außen liegende Scharniere (Öffnung um 180° möglich), Tür bietet keine Möglichkeit zum Aufhebeln, gepanzertes Zentralriegelwerk mit dreiseitig schließenden Riegelbolzen, abschließbares Innenfach für Munition, Verankerungsbuchse für eine Bodenbefestigung. Die in Absatz 1 Satz 1 gleichfalls aufgeführte Sicherheitsstufe Sicherheitsstufe B nach Norm VDMA 24 992 muss folgende Merkmale aufweisen: doppelwandige Kompaktbauweise mit 60 mm starken Wänden, Türstärke 100 mm, Türblatt massiv 6 mm SM-Stahl, innenliegende Scharniere, Tür bietet keine Möglichkeit zum Aufhebeln, gepanzertes Zentralriegelwerk mit dreiseitig schließenden Riegelbolzen, Verankerungsbuchse für eine Bodenbefestigung. [Die in Absatz 4 genannte Sicherheitsstufe A nach Norm VDMA 24 992 ist wie folgt gekennzeichnet: einwandig, dreiseitige Verriegelung und Sicherheits-Doppelbartschloss.]

Sollen mehr als die jeweils zulässige Anzahl Waffen verwahrt werden, sind entweder die für jeweils zehn Waffen vorgeschriebenen Sicherheitsbehältnisse in der benötigten Menge zu verwenden (Kumulation), oder es muss ein Übergang zu dem höheren Sicherheitsstandard erfolgen, wie er in Absatz 1 Satz 2 festgelegt worden ist (DIN-EN 1143–1 Widerstandsgrad I). Eine absolute Höchstgrenze in Bezug auf zu verwahrende Waffen wird nicht festgesetzt. Derartige Waffen dürfen in einem unbewohnten oder nicht dauernd bewohnten privaten Gebäude überhaupt nicht aufbewahrt werden (Absatz 6). Auch für diese Fälle gilt – die Wohnung eines Waffenbesitzers allerdings nicht als unbewohnt, wenn er nur vorübergehend von ihr abwesend ist. Unterschreitet das Gewicht oder der Abrissschutz durch eine entsprechende Verankerung 200 kg, so beträgt die Obergrenze eine Stückzahl von lediglich fünf; diese

**AWaffV § 13** Abschn. 5. Aufbewahrung von Waffen und Munition

letztere Obergrenze entspricht den auf der Grundlage des bisherigen Rechts gegebenen Empfehlungen (Begr. BR-Drucks. 415/03 S. 49).

**3** **3. Langwaffen (Absatz 2).** Derartige Waffen sind Schusswaffen, deren Lauf und Verschluss in geschlossener Stellung insgesamt länger als 30 cm sind und deren kürzeste bestimmungsgemäß verwendbare Gesamtlänge 60 cm überschreitet (Anlage 1 A 1 U 1 Nr. 2.6 zum WaffG). Für sie gilt die gesetzliche Regelung in § 36 Abs. 2 Satz 2 WaffG, wonach für bis zu zehn dieser Waffen ein Sicherheitsbehältnis der Sicherheitsstufe A nach VDMA 24 992 (Stand Mai 1995) ausreicht. Sind mehr als zehn Langwaffen aufzubewahren, so ist für jeweils zehn weitere Langwaffen ein weiteres dieser Sicherheitsbehältnisse zu verwenden (Kumulation) oder aber für die Aufbewahrung in einem einzigen Behältnis auf die höhere Sicherheitsstufe, wie sie in Absatz 1 Satz 1 festgelegt ist, überzugehen.

**4** **4. Munition (Absatz 3).** Der erste Entwurf der VO hatte für die Regelung der Munitionsaufbewahrung noch einen eigenen Paragraphen vorgesehen gehabt. Handelt es sich um Munition, deren Erwerb von jeder Erlaubnispflicht freigestellt worden ist, so bestehen keine besonderen Sicherheitsanforderungen. Erlaubnispflichtige Munition ist, wenn sie isoliert verwahrt werden soll, in einem Stahlblechschrank **ohne Klassifizierung** mit Schwenkriegelschloss oder einer gleichwertigen Verschlussvorrichtung aufzubewahren. Das Schwenkriegelschloss hat sich in der Sicherheitstechnik bei Türen als zuverlässig weitgehend durchgesetzt.

**5** **5. Gemischte Aufbewahrung (Absatz 4).** In dem für bis zu zehn Langwaffen zugelassenen Sicherheitsbehältnis (§ 36 Abs. 2 Satz 2 WaffG; Rdn. 3) der Sicherheitsstufe A nach Norm VDMA 24 992 (einwandig, dreiseitige Verriegelung und Sicherheits-Doppelbartschloss) können zusätzlich bis zu fünf Kurzwaffen sowie die Munition für Kurz- und Langwaffen aufbewahrt werden, wenn diese Schränke – meist als „Jägerschränke" bezeichnet – mit einem **Innenfach** versehen sind, das dem höheren Sicherheitsstandard des Absatzes 1 Satz 1 (B) entspricht; insofern bestehen auch gegen Zusammenverwahrung von Waffen und Munition (vgl. § 36 Abs. 1 Satz 2 WaffG) keine Bedenken, da zwei Hindernisse überwunden werden müssten, um einerseits an die Langwaffen, andererseits an die Kurzwaffen und die Munition zu gelangen (Begr. BR-Drucks. 415/03 S. 49). Einen weiteren Fall der Zusammenverwahrung bringt Satz 2 Halbs. 1. Hiernach kann zusätzlich zu Waffen, die zulässigerweise in einem Sicherheitsbehältnis der Sicherheitsstufe A oder B nach VDMA 24 992 verwahrt werden, die diesen Waffen **zugehörige** Munition aufbewahrt werden, sofern dies in einem Innenfach aus Stahlblech – ohne Klassifizierung – mit Schwenkriegelschloss oder einer gleichwertigen Verschlussvorrichtung erfolgt. Aus der Begründung: Damit und im Zusammenhang mit der Regelung des 2. Halbsatzes wird deutlich, dass die Gleichstellungsnorm des § 36 Abs. 2 Satz 1, 2. HS des Waffengesetzes nicht ohne Weiteres auf dessen Absatz 1 erstreckt werden kann; dies ist deshalb geboten, weil Schränke des Widerstandsgrades 0 gegenüber B-Schränken einen objektiv deutlich höheren Qualitäts- und Sicherheitsstandard aufweisen und überdies in wesentlich höherem Maß sichergestellt ist, dass eine der Kennzeichnung entsprechende Normkonformität vorliegt. Zugleich wäre es aber widersinnig, für ein innerhalb eines B-Schrankes eingebautes Verwahrgelass für Munition einen höheren Standard zu verlangen als für die isolierte Aufbewahrung von Munition in einem extra Behältnis (BR-Drucks. 415/03 S. 49/50).

Einen dritten Fall der Zusammenverwahrung erlaubt schließlich Satz 2 Halbs. 2: hier wird die in der Praxis verbreitete **„Über-Kreuz-Aufbewahrung"** für zulässig erklärt, also die – unter Sicherheitsaspekten noch hinzunehmende – Zusammenaufbewahrung von Waffen mit nicht zu diesen Waffen passender Munition.

Aufbewahrung von Waffen oder Munition § 13 AWaffV

**6. Zulassung abweichender gleichwertiger Aufbewahrung (Absatz 5).** Nach 6
Satz 1 dieser Bestimmung ist es der zuständigen Behörde gestattet, auf Antrag oder
von Amts wegen eine anderweitige Aufbewahrung zuzulassen, sofern sie der gesetzlich oder durch die VO vorgeschriebenen **gleichwertig** ist. Als Beispielsfall wird
in Satz 2 ein entsprechend gesicherter **Waffenraum** (§ 36 Abs. 2 Satz 3 WaffG)
genannt. Während in der zunächst vorgesehen gewesenen Fassung davon die Rede
war, ein solcher Waffenraum müsse in seiner Ausstattung der Norm DIN/EN 1143
entsprechen, in Massivbauart oder aus vorgefertigten Bauteilen (oder einer Kombination dieser Elemente) gebaut sein und dürfe keine Fenster aufweisen, begnügt sich
die Endfassung mit der Formulierung, der Raum müsse dem „Stand der Technik"
entsprechen. Dieser lehnt sich nach den Vorstellungen des Verordnungsgebers an
diejenigen technischen Vorschriften an, nach denen „Handwaffen" bei den Sicherheitsbehörden, beispielsweise bei der Bundeswehr in nicht gesicherten Bereich
(dort: Baufachliche Richtlinien), verwahrt werden (Begr. BR-Drucks. 415/03 S. 50).
Einzelheiten sollen nicht in der WaffVwV, sondern im Wege von Richtlinien durch
ein „Merkblatt" geregelt werden (krit. *Scholzen* DWJ **2005**, Heft 1, 94).

**7. Sonderregelung für nicht dauernd bewohnte Gebäude (Absatz 6).** Unter die 7
nicht dauernd bewohnten Gebäude fällt nicht die Wohnung eines Waffenbesitzers,
der nur vorübergehend (zB Urlaub, Lehrgang) von ihr abwesend ist. Abgrenzungskriterium ist der Maßstab der **Sozialadäquanz**. Wer das Gebäude lediglich zur Erledigung von Besorgungen oder Besuchen, aber auch zur Verbringung des Jahresurlaubs, allein lässt, fällt nicht unter die Regelung. Auch die Wohnungen von Pendlern, die sich einen Teil der Woche am Arbeitsort, den anderen am Hauptwohnsitz
aufhalten, werden, jedenfalls in aller Regel, als bewohntes Gebäude einzustufen
sein; ebenfalls bewohnte Gebäude in diesem Sinne sind dem Publikumsverkehr zugängliche Museen (Begr. BR-Drucks. 415/03 S. 50). Gedacht ist hier an Jagdhütten,
Wochenend- oder Ferienhäuser oder -wohnungen u. ä. Derartige Gebäude werden
regelmäßig gering frequentiert, befinden sich meist im Außenbereich und sind in
aller Regel weniger massiv gebaut als typische Wohnhäuser, so dass ein erhöhter
Schutz erforderlich ist. Aus diesem Grunde werden die Aufbewahrungsmöglichkeiten stark beschränkt. Gestattet werden sollte zunächst grundsätzlich nur die Aufbewahrung von Einzellader-Langwaffen (Anlage 1 A 1 U 1 Nr. 2. 5 und 2.6 zum WaffG) in
einer Menge bis zu drei Exemplaren. Die Endfassung hat die Regelung auf sämtliche –
erlaubnispflichtigen – Langwaffen (Rdn. 3) erstreckt. Diese müssen dort in einem
Sicherheitsbehältnis nach der Norm DIN EN 1143–1 Widerstandsgrad 1 verwahrt
werden, also zwei Sicherheitsstufen höher als sonst für Langwaffen vorgeschrieben
(vgl. Absatz 1 Satz 2). Von der Munition spricht die Bestimmung nicht. Aus der
Gesamtregelung des § 36 Abs. 1 Satz 2 WaffG ist aber zu entnehmen, dass in derartig stark gesicherten Behältnissen auch die Munition verwahrt werden darf. Dagegen
wird die allgemeine Regelung des Absatzes 3 hier im Rahmen der vorliegenden
Sonderbestimmung nicht anwendbar sein.

**8. Ausnahmen. Absatz 6 Satz 3** gestattet die Zubilligung derartiger Ausnahmen 8
auf entsprechenden **Antrag** sowohl in Bezug auf die Art als auch die Anzahl der
Waffen und das Sicherheitsbehältnis. Die Zulässigkeit von Ausnahmen wird immer
von den Umständen des **Einzelfalls** abhängen. Hierzu zählen die Lage und Frequentiertheit sowie die sonstige Beschaffenheit des Gebäudes (baulicher Einbruchsschutz, eventuell vorhandene Einbruchsmeldeanlagen oder Bewegungsmelder), Entdeckungswahrscheinlichkeit eines Entwendungsversuchs und Erreichbarkeit von
Polizeikräften (Begr. BR-Drucks. 415/03 S. 50). Vorgesehen war zunächst für diese

**AWaffV § 13** Abschn. 5. Aufbewahrung von Waffen und Munition

Fälle die **obligatorische** Anhörung der auf Fragen dieser Art spezialisierten **kriminalpolizeilichen Beratungsstelle;** die Endfassung hat hieraus eine **Sollvorschrift** gemacht.

9 9. **Sonderregelung für Waffen- und Munitionssammlungen (Absatz 7).** Ebenfalls auf **Antrag,** dem nach Satz 2 ein „**Aufbewahrungskonzept**" beizufügen **ist** (zuvor: beigefügt werden soll), kann die Aufbewahrung in derartigen Institutionen, meist in Schränken oder Vitrinen, von der Behörde – tunlichst (aber nicht zwingend) nach Anhörung der kriminalpolizeilichen Beratungsstelle – abweichend geregelt werden, wobei auch strengere Anforderungen zulässig sind: Eine Sammlung antiker Waffen wird „milder" zu beurteilen sein, eine solche modernster Feuerwaffen schärfer. Auch ist entscheidend, ob sich die Sammlung im Wohnhaus oder beispielsweise einem Museum befindet. Während bei der Wohnung die „passive" Sicherung im Vordergrund stehen wird, kommt im Museum – ähnlich wie im gewerblichen Bereich (§ 14) – eine stärkere Akzentuierung des aktiven Schutzes in Betracht (Begr. BR-Drucks. 415/03 S. 49). Maßgebend sind immer die konkreten Umstände des **Einzelfalls.** Bei Waffenräumen können die Vorschriften für Verwahrräume der Bundeswehr als Anhalt dienen (*VISIER* S. 32).

10 10. **Abweichung in Härtefällen (Absatz 8).** Wiederum die konkreten Umstände des Einzelfalls können bei sachgerechter Abwägung aller in Betracht kommenden – meist gegenläufigen – Interessen dazu führen, dass die Einhaltung der strikten Aufbewahrungsvorschriften für den Betroffenen eine **besondere** (zunächst vorgesehen gewesen: „unverhältnismäßige") **Härte** bedeuten würde. Dies wird allerdings nicht von Amts wegen berücksichtigt, sondern bedarf eines **Antrags** des Betroffenen. Hier ist das verfassungsmäßig gesicherte **Übermaßverbot** angesprochen. Befreit werden kann nach dem Wortlaut der Bestimmung nur von der Verwendung an sich vorgeschriebener Sicherheitsbehältnisse. Als Beispiel nennt der VO-Begr. (BR-Drucks. 415/03 S. 51) den Fall des Besitzers einer einzigen, eventuell – wie etwa bei der Biathlon-Waffe – sehr speziell auf den Verwendungszweck ausgelegten Kleinkaliber-Langwaffe; hier würde es eine derartige Härte bedeuten, zwingend die Anschaffung eines A-Schrankes zu verlangen. Die Privilegierung hinsichtlich des Behältnisses ist in diesen Fällen zugleich obligatorisch mit der eindeutigen Festlegung der neuen, niedrigeren Anforderungen zu verbinden (Satz 2).

11 11. **Gleichwertigkeit ausländischer Normen (Absatz 9).** Aus europarechtlicher Sicht zur Vermeidung von Wettbewerbsverzerrungen war es erforderlich, auch die Normen anderer EWR-Mitgliedstaaten anzuerkennen, soweit sie den inländischen in ihrem Schutzniveau gleichwertig sind (§ 36 Abs. 1 und 2 WaffG). Ob diese Gleichwertigkeit gegeben ist, muss ggf. durch Anrufung einer sachverständigen Institution, etwa des Deutschen Instituts für Normung oder auch zertifizierter Firmen der Sicherheitstechnik oder der kriminalpolizeilichen Beratungsstelle (so Begr. BR-Drucks. 415/03 S. 51) geklärt werden. Diese Klärung erfolgt jedoch nicht von Amts wegen. Vielmehr kann die Behörde – allerdings nur bei begründeten Zweifeln – dem zur Aufbewahrung Verpflichteten aufgeben, im Rahmen seiner Darlegungslast – auf seine Kosten – eine solche Stellungnahme einzuholen und der Behörde zur Kenntnis zu bringen.

12 12. **Gemeinschaftliche Aufbewahrung innerhalb einer Hausgemeinschaft (Absatz 10).** Zur Begründung dieser neuartigen Vorschrift wird ausgeführt: „Einem Bedürfnis der Praxis entsprechend, regelt Absatz 10, dass die gemeinschaftliche Aufbewahrung durch berechtigte Personen, die in einer häuslichen Gemeinschaft leben, zulässig ist. Dabei wird es sich in den meisten Fällen um nahe Familienangehörige

Aufbewahrung von Waffen oder Munition  **§ 13 AWaffV**

handeln. Es ist aus Gründen der öffentlichen Sicherheit in den meisten Fällen sogar vorzugswürdig, dass ein auswärts studierendes Kind, das am Ort des Familienheims beispielsweise der Jagd oder dem Schießsport nachgeht, seine Waffen und Munition dort anstatt in der „Studentenbude" aufbewahrt; die häusliche Gemeinschaft gilt auch dann noch als vorhanden, wenn ein naher Angehöriger, wenn auch in gewissen Abständen, regelmäßig das Familienheim aufsucht und eine jederzeitige Zutrittsmöglichkeit hat" (Begr. BR-Drucks. 415/03 S. 51). Ohne diese Neuregelung, die eine gemeinsame WBK nicht voraussetzt, hätte jeder nur auf die Waffen zugreifen dürfen, die auf ihn in seiner WBK eingetragen sind. Auch ein Zweitschlüssel darf nur in die Hände von Berechtigten gelangen.

**13. Vorübergehende Aufbewahrung (Absatz 11).** Die Regelung erfasst die vorübergehende Aufbewahrung der in Absatz 1 Satz 1 und Absatz 2 genannten Waffen (Rdn. 2 und 3) sowie von Munition außerhalb der eigenen Wohnung, etwa während eines Hotelaufenthalts, am Ort der Jagd- oder Sportausübung oder in Jagd- oder Wettkampfpausen (Begr. BR-Drucks. 415/03 S. 51). In diesen Fällen hat zumindest eine Verwahrung unter angemessener Aufsicht stattzufinden. Vom Waffenbesitzer wird in diesem Falle eine den Umständen des Einzelfalls angepasste sichere Aufbewahrung, die die Waffen nicht „aus den Augen" lässt, verlangt (aktiver Entwendungs- oder Missbrauchsschutz). Aber auch passiver Schutz ist zulässig, zB durch die Aufbewahrung der Schusswaffe in einem (sie der Sicht entziehenden) Transportbehältnis, die Entfernung eines wesentlichen Teils und/oder die Anbringung einer Abzugsverriegelung (vgl. die Generalklausel des § 36 Abs. 1 Satz 1 WaffG). Durch die Wörter „angemessen" und „erforderlich" bringt die VO zum Ausdruck, „dass es um ein Maß des Schutzes geht, der insbesondere der Dauer der vorübergehenden Aufbewahrung und der Art und Menge der aufzubewahrenden Gegenstände Rechnung zu tragen hat" (Begr. BR-Drucks. 415/03 S. 51). Die im Entwurf zunächst vorgesehene Ausnahme ist in dieser Form nicht übernommen worden. Danach durften die Waffen nur unter zwei Voraussetzungen vom Waffenbesitzer unbeaufsichtigt gelassen werden: es musste zum einen ein wesentlicher – das Schießen mit der Waffe ermöglichender – Bestandteil der Waffe entfernt werden, wobei dieses Teil seinerseits der strengen Aufsicht bedurfte, und zum anderen durfte diese Art der Verwahrung stets nur „kurzfristig" erfolgen, also nur eine kurze Zeit andauern; ständiges Aufbewahren in dieser Form blieb untersagt.

**14. Zuwiderhandlung.** Ordnungswidrig handelt nach § 34 Nr. 12, wer entgegen Absatz 1, 2, 3 oder 6 Satz 1 oder 2 Waffen oder Munition aufbewahrt. Damit sind alle Varianten erfasst.

**Anlage zu § 13 AWaffV**

**Aufbewahrung im privaten Bereich (§ 36 WaffG; § 13 AWaffV)**

Es stehen 8 Aufbewahrungsalternativen bereit (IT = Innentresor):

| **Sicherheitsstufe A** nach VDMA 24992 | bis 10 Langwaffen | keine Munition |
|---|---|---|
| **Sicherheitsstufe A** nach VDMA 24992 **mit IT aus Stahlblech** ohne Klassifizierung | bis 10 Langwaffen | im IT: Munition |

| | | |
|---|---|---|
| **Sicherheitsstufe A** nach VDMA 24992 **mit IT nach Klassifizierung B** („Jägerschrank") | bis 10 Langwaffen | im IT (B): bis 5 Kurzwaffen; Munition für Lang- und Kurzwaffen |
| **Sicherheitsstufe B** nach VDMA 24992 | mehr als 10 Langwaffen + bis zu 5 Kurzwaffen (bei Schrankgewicht/ Verankerung über 200 kg: bis 10 Kurzwaffen) | keine Munition |
| **Sicherheitsstufe B** nach VDMA 24992 **mit IT aus Stahlblech** ohne Klassifizierung | mehr als 10 Langwaffen + bis zu 5 Kurzwaffen (bei Schrankgewicht/ Verankerung über 200 kg: bis 10 Kurzwaffen) | im IT: Munition |
| Sicherheitsbehältnis **Widerstandsgrad 0** nach DIN/EN 1143-1 | mehr als 10 Langwaffen + bis zu 5 Kurzwaffen (bei Schrankgewicht/ Verankerung über 200 kg: bis 10 Kurzwaffen) | + Munition |
| Sicherheitsbehältnis **Widerstandsgrad 1** nach DIN/EN 1143- | mehr als 10 Langwaffen + mehr als 10 Kurzwaffen | + Munition |
| **Stahlblechschrank** ohne Klassifizierung mit Schwenkriegelschloss oder gleichwertiges Behältnis | | nur Munition |

**Aufbewahrung von Waffen oder Munition in Schützenhäusern, auf Schießstätten oder im gewerblichen Bereich**

**14** Die zuständige Behörde kann auf Antrag eines Betreibers eines Schützenhauses, einer Schießstätte oder eines Waffengewerbes Abweichungen von den Anforderungen des § 13 Abs. 1 bis 5 und 6 Satz 1 und 2 zulassen, wenn ihr ein geeignetes Aufbewahrungskonzept vorgelegt wird. Sie hat bei ihrer Entscheidung neben der für die Aufbewahrung vorgesehenen Art und der Anzahl der Waffen oder der Munition und des Grades der von ihnen ausgehenden Gefahr für die öffentliche Sicherheit und Ordnung die Belegenheit und Frequentiertheit der Aufbewahrungsstätte besonders zu berücksichtigen. Die kriminalpolizeiliche Beratungsstelle soll beteiligt werden.

Aufbewahrung von Waffen oder Munition **§ 14 AWaffV**

1. **Allgemeines.** Auch diese Bestimmung fußt auf der Ermächtigung des § 36 Abs. 5 WaffG. Im Gegensatz zu dem früheren Entwurf der VO hat die endgültige Fassung die Aufbewahrungsvorschriften aufgeteilt in die grundlegende Vorschrift in § 13 und die Sondervorschriften für Schützenhäuser, Schießstätten und die gesamte gewerbliche Sphäre (§ 14). Die ursprüngliche Beschränkung des § 13 auf den rein privaten Bereich ist entfallen (BR-Drucks. 415/03 [Beschluss] S. 5). Die vorliegende Vorschrift verweist incidenter weitgehend auf die Bestimmungen des § 13, wobei sie nur von möglichen behördlicherseits angeordneten Abweichungen von jenen spricht. Die ursprünglich vorgesehene Formulierung, wonach für den hier zu erörternden noch sicherheitsempfindlicheren Bereich der Sicherheitsstandard des (früher auf den privaten Bereich beschränkten) § 13) generell als **Mindeststandard** definiert wurde (Absatz 1 Satz 1 früherer Fassung), findet sich in der VO **nicht** mehr. Die frühere Fassung war damit begründet worden, dass jedermann an diesen Orten (Schützenhäuser u. ä.) mit dem Vorhandensein von Schusswaffen und Munition rechnen könne, wohingegen es sich bei Privaten regelmäßig um „Zufallsfunde" etwa eines Einbrechers handeln würde. 1

Zur Einführung des **neuen Sicherheitskonzepts** der VO, das von einer strikten Gleichstellung mit dem früheren „privaten" Bereich des § 13 absah und die Eigenständigkeit beider Bereiche betonte, wurde ausgeführt (Begr. BR-Drucks. 415/03 S. 51/52): „Satz 1 sieht für Schützenhäuser, auf Schießstätten und im gewerblichen Bereich, die somit allesamt vom in § 13 geregelten privaten Bereich abgegrenzt werden, ein Antragsverfahren mit Vorlage eines Aufbewahrungskonzepts vor für den Fall, dass – was im Waffengewerbe regelmäßig, bei Schützenhäusern und Schießstätten nicht selten der Fall sein dürfte – die einzelfallbezogene Modifikation der konkreten Anforderungen, wie sie im privaten Bereich gelten, beabsichtigt ist. Hiermit wird verdeutlicht, dass es im Rahmen dieses Verfahrens nicht um eine völlige Gleichheit im Verhältnis zu den konkreten Anforderungen geht, wie sie im privaten Bereich gelten; dieser gibt allerdings für den im Ergebnis zu erzielenden Entwendungsschutz einen Mindestanhalt vor. So ergibt es beispielsweise keinen Sinn, in einem baulich und durch Einbruchsmeldeanlagen oder Bewegungsmelder oder sonstigen „aktiven" Entwendungsschutz gesicherten Waffengeschäft zusätzlich zu diesen Sicherungen zu verlangen, dass die Waffen nach Geschäftsschluss in entsprechende Sicherheitsbehältnisse umgepackt und dort verschlossen werden. Auch soll der bei Schützenhäusern bereits geübten Praxis Rechnung getragen werden, beispielsweise anstelle von VDMA-Schränken vormalige Bankschließanlagen u. ä. zu verwenden. Die Regelung bezieht auch die Fälle ein, bei denen die Aufbewahrung in einem nicht dauernd bewohnten Gebäude stattfindet. Dabei findet die Vorlage und Anerkennung des Aufbewahrungskonzepts im Rahmen der Erteilung der waffenrechtlichen Erlaubnis etwa nach § 21 Abs. 1 oder nach § 27 Abs. 1 Satz 1 des Waffengesetzes, gegebenenfalls auch der behördlichen Kontrolle der sicheren Aufbewahrung, also außerhalb eines eigenständigen darauf bezogenen Verwaltungsverfahrens, statt". Diese Einschränkung des § 13 auf den privaten Bereich ist aufgrund der abschließenden Beratungen im Bundesrat am 11. 7. 2003 fallengelassen worden, so dass auch im Rahmen der vorliegenden Bestimmung **grundsätzlich die Anforderungen des § 13** gelten, soweit sie nicht durch behördliche Anordnungen – wie häufig praktiziert – abgewandelt worden sind. Vgl. ergänzend Nr. 36 WaffVwV. 2

2. **Aufbewahrungskonzept.** Wie schon bei den Waffen- und Munitionssammlungen (§ 13 Abs. 7 Satz 2 letzter Halbs.) wird auch im hier zu behandelnden Bereich auf eine vom Betreiber vorzunehmende, der Behörde vorzulegende und ins Einzelne 3

**AWaffV § 15** Abschnitt 6. Vorschriften für das Waffengewerbe

gehende **Planung** der Aufbewahrung („Aufbewahrungskonzept") abgestellt, falls von den strengen Aufbewahrungsvorschriften des Waffengesetzes und der VO (vgl. § 13 Abs. 1 bis 5, Abs. 6 Satz 1 und 2) abgewichen werden soll. Gefordert wird ab, dass dieses Konzept „geeignet" erscheint (BR-Drucks. 415/03 [Beschluss] S. 5). Dieses vom Betreiber erstellte Aufbewahrungskonzept unterliegt der intensiven **Überprüfung** durch die Behörde dahin, ob es von ihr anerkannt werden kann. In Satz 2 wird im einzelnen dargelegt, welche Kriterien im konkreten Einzelfall bei der Prüfung des Antrags auf Genehmigung von Abweichungen in der Verwahrung von Waffen oder Munition besonders zu berücksichtigen sind. Sie sind mit dem vorgelegten Aufbewahrungskonzept in Einklang zu bringen. Auf die rechtsähnliche Gestaltung des § 13 Abs. 6 Satz 3 wird hingewiesen. Den Fall, dass das Aufbewahrungskonzept vor den Augen der Behörde „keine Gnade" findet, behandelt die VO nicht. Hier werden zunächst Änderungen eingefordert werden müssen; notfalls behördliche Anordnungen entspr. § 36 Abs. 6 WaffG ergehen.

Das Aufbewahrungskonzept spielt bei der jetzigen Rechtslage eine beherrschende Rolle. Auch im vorliegenden Fall soll die kriminalpolizeiliche Beratungsstelle eingeschaltet werden, um die Erfahrungen der Praxis mit verwerten zu können.

**4** 3. **Härtefallregelung.** Eine solche war nach der ursprünglichen Fassung des Entwurfs vorgesehen (entspr. Anwendung von § 13 Abs. 8), allerdings nur in Bezug auf Schützenhäuser und Schießstätten, nicht dagegen für den gewerblichen Bereich; nach der früheren VO-Begr. sollte sie zB dann zum Tragen, kommen, wenn dort beispielsweise nur wenige Kleinkaliber-Vereinswaffen gelagert wurden. Durch die Neufassung, die generell abweichende behördliche Anordnungen zulässt, ist diese Regelung gegenstandslos geworden.

**5** 4. **Zuwiderhandlung.** Die Vorschrift ist als solche in § 34 nicht bußgeldbewehrt. Da § 13 jedoch nicht mehr ausdrücklich auf den privaten Bereich beschränkt worden ist, können dessen Sanktionen auch hier angewendet werden (§ 13 Rdn. 14). Für den Fall der Nichteinhaltung der individuell behördlich angeordneten, vom Gesetz möglicherweise abweichenden Aufbewahrungsvorschriften ist eine bußgeldrechtliche Sanktionsmöglichkeit nicht vorgesehen. Allerdings ist immer zu prüfen, ob sich das Aufbewahren vom Schusswaffen nicht als ein Verstoß gegen das Gesetz selbst darstellt; denn in § 53 Abs. 1 Nr. 19 WaffG steht unter Bußgelddrohung, wer entgegen § 36 Abs. 1 Satz 2 oder Abs. 2 eine Schusswaffe aufbewahrt.

# Abschnitt 6. Vorschriften für das Waffengewerbe

## Unterabschnitt 1. Fachkunde

**Umfang der Fachkunde**

**15** (1) **Die in der Prüfung nach § 22 Abs. 1 Satz 1 des Waffengesetzes nachzuweisende Fachkunde umfasst ausreichende Kenntnisse**

**1. der Vorschriften über den Handel mit Schusswaffen und Munition, den Erwerb und das Führen von Schusswaffen sowie der Grundzüge der sonstigen waffenrechtlichen und der beschussrechtlichen Vorschriften,**

Prüfung § 16 AWaffV

**2. über Art, Konstruktion und Handhabung der gebräuchlichen Schusswaffen, wenn die Erlaubnis für den Handel mit Schusswaffen beantragt ist und**
**3. über die Behandlung der gebräuchlichen Munition und ihre Verwendung in der dazugehörigen Schusswaffe, wenn die Erlaubnis für den Handel mit Munition beantragt ist.**

**(2) Der Antragsteller hat in der Prüfung nach Absatz 1 Kenntnisse nachzuweisen über**
**1. Schusswaffen und Munition aller Art, wenn eine umfassende Waffenhandelserlaubnis beantragt ist,**
**2. die in der Anlage 1 Abschnitt 1 Unterabschnitt 1 und 3 zum Waffengesetz aufgeführten Schusswaffen- oder Munitionsarten, für die die Erlaubnis zum Handel beantragt ist.**

**1. Allgemeines.** Die Vorschrift gründet sich auf § 22 Abs. 2 Nr. 1 WaffG. Sie nimmt 1
den Inhalt von § 12 der 1. WaffV aF auf. „Allerdings ist im Hinblick auf § 21 Abs. 5 des Waffengesetzes darauf hinzuweisen, dass bei Erlaubniserteilung der Fachkundenachweis nicht älter als ein Jahr sein darf. Nur so ist sichergestellt, dass eine dem Stand der Technik entsprechende Fachkunde bei Aufnahme der erlaubnispflichtigen Tätigkeit auch tatsächlich vorhanden ist" (Begr. BR-Drucks. 415/03 S. 52).

**2. Prüfungsumfang.** In der Prüfung (§ 22 Abs. 1 Satz 1 WaffG) hat der Bewer- 2
ber um eine Waffenhandelskonzession (§ 21 Abs. 1 Satz 1 Variante 2 WaffG) seine Fachkunde durch ausreichende Kenntnisse auf waffen- und beschussrechtlichem und waffentechnischem Gebiet nachzuweisen. Hierdurch soll sichergestellt werden, dass der Verkäufer von Waffen und Munition die Käufer dieser Gegenstände über die Wirkungsweise der Waffen und der zugehörigen Munition, ihre Handhabung sowie über die von ihnen zu beachtenden Rechtsvorschriften hinreichend informieren kann. In Absatz 2 wird festgelegt, dass der Fachkundenachweis je nach der beantragten Erlaubnis entweder umfassend für Waffen und Munition aller Art oder beschränkt nur für bestimmte Waffen- und Munitionsarten zu erbringen ist. Die Waffen- und Munitionsarten sind in Anlage 1 Abschnitt 1 Unterabschnitt 1 und 3 zum WaffG aufgeführt; weitere Unterteilungen der Waffen- und Munitionsarten sind im Rahmen der Fachkundeprüfung nicht zulässig. § 1 Abs. 2 der VO betr. die Sachkunde kann als Anhaltspunkt herangezogen werden; auch dort wird – nach zwischenzeitlichem anderen Vorhaben – keine allumfassende Sachkunde gefordert.

**3. Entfallene Übergangsregelung.** Im Entwurf war in dessen Absatz 3 bestimmt, 3
dass die bis zum Erlass der vorstehenden Verordnung nach bisherigem Recht erteilten Fachkundenachweise in dem aus ihnen hervorgehenden Umfang weiter ihre Gültigkeit haben. Das ist nicht übernommen worden. Allerdings darf nach dem Grundgedanken des § 21 Abs. 5 WaffG der Fachkundenachweis bei Erlaubniserteilung nicht älter als ein Jahr sein (Rdn. 1).

**Prüfung**

**16** **(1) Die zuständige Behörde bildet für die Abnahme der Prüfung staatliche Prüfungsausschüsse. Die Geschäftsführung kann auf die örtliche Industrie- und Handelskammer übertragen werden. Es können gemeinsame Prüfungsausschüsse für die Bezirke mehrerer Behörden gebildet werden.**

**AWaffV § 17** Abschnitt 6. Vorschriften für das Waffengewerbe

(2) **Der Prüfungsausschuss besteht aus dem Vorsitzenden und zwei Beisitzern. Die Mitglieder des Prüfungsausschusses müssen in dem Prüfungsgebiet sachkundig sein. Der Vorsitzende darf nicht im Waffenhandel tätig sein. Als Beisitzer sollen ein selbstständiger Waffenhändler und ein Angestellter im Waffenhandel oder, wenn ein solcher nicht zur Verfügung steht, ein Angestellter in der Waffenherstellung bestellt werden.**

(3) **Die Prüfung ist mündlich abzulegen.**

(4) **Für die Erteilung eines Zeugnisses, die Anfertigung einer Niederschrift und die Wiederholung der Prüfung gilt § 2 Abs. 3 Satz 2 und Abs. 4 und 5 entsprechend.**

1 1. **Allgemeines.** Die Rechtsgrundlage für den Erlass dieser Vorschrift ist § 22 Abs. 2 Nr. 2 WaffG. Inhaltlich wird § 13 der 1. WaffV aF übernommen.

2 2. **Einzelheiten zur Prüfung.** Sie ist vor einem staatlichen Prüfungsausschuss, der aus drei Personen besteht, abzulegen. Die nähere Zusammensetzung regelt Absatz 2. Vorsitzender darf niemals ein Konkurrent des Bewerbers sein. Nach einer entsprechenden Änderung der früheren VO im Jahre 1987 können auch Beisitzer aus dem Herstellungsbereich herangezogen werden. Die Bestimmung der weiteren Einzelheiten obliegt den Ländern, die in den Durchführungsverordnungen zum WaffG aF die notwendigen Vorschriften, inhaltlich vielfach übereinstimmend, getroffen haben bzw. solche zum WaffG nF zu treffen haben werden. Im Gegensatz zu der Regelung bei der Sachkundeprüfung (§ 2) wird in Absatz 3 ausdrücklich bestimmt, dass eine **mündliche** Prüfung stattzufinden hat. Um unnötige Wiederholungen zu vermeiden, werden in Absatz 4 die im einzelnen aufgeführten Vorschriften über die Sachkundeprüfung für entspr. anwendbar erklärt. Damit wird zB auch bei der Fachkundeprüfung die bei der Neufassung der 1. WaffV 1976 eingefügte Regelung übernommen, dass eine nicht bestandene Prüfung notfalls mehrmals wiederholt werden kann. Dabei wird dem Prüfungsausschuss die Befugnis eingeräumt, für die Wiederholung der Prüfung eine Sperrfrist zu bestimmen. Dadurch wird sichergestellt, dass sich der Bewerber für die neue Prüfung ausreichend vorbereiten kann. Die Wiederholung braucht nicht vor demselben Ausschuss zu erfolgen. Mit den Konsequenzen eines Rücktritts von der Prüfung befasst sich der VGH Mannheim DVBl **2003,** 341 (betr. ärztliche Vorprüfung).

**Unterabschnitt 2. Waffenherstellungs- und Waffenhandelsbücher**

**Grundsätze der Buchführungspflicht**

**17** (1) **Das Waffenherstellungs- und das Waffenhandelsbuch sind in gebundener Form oder in Karteiform oder mit Hilfe der elektronischen Datenverarbeitung im Betrieb oder in dem Betriebsteil, in dem die Schusswaffen hergestellt oder vertrieben werden, zu führen und, gegen Abhandenkommen, Datenverlust und unberechtigten Zugriff gesichert, aufzubewahren.**

(2) **Wird das Buch in gebundener Form geführt, so sind die Seiten laufend zu nummerieren; die Zahl der Seiten ist auf dem Titelblatt anzugeben. Wird das Buch in Karteiform geführt, so sind die Karteiblätter der zuständigen Behörde zur Abstempelung der Blätter und zur Bestätigung ihrer Gesamtzahl vorzulegen.**

Grundsätze der Buchführungspflicht **§ 17 A WaffV**

(3) **Alle Eintragungen in das Buch sind unverzüglich in dauerhafter Form und in deutscher Sprache vorzunehmen; § 239 Abs. 3 des Handelsgesetzbuches gilt entsprechend. Sofern eine Eintragung nicht gemacht werden kann, ist dies unter Angabe der Gründe zu vermerken.**

(4) **Die Bücher sind zum 31. Dezember jeden zweiten Jahres sowie beim Wechsel des Betriebsinhabers oder bei der Einstellung des Betriebs mit Datum und Unterschrift so abzuschließen, dass nachträglich Eintragungen nicht mehr vorgenommen werden können. Der beim Abschluss der Bücher verbliebene Bestand ist vorzutragen, bevor neue Eintragungen vorgenommen werden. Ein Buch, das nicht mehr verwendet wird, ist unter Angabe des Datums abzuschließen.**

(5) **Die Bücher mit den Belegen sind auf Verlangen der zuständigen Behörde auch in deren Diensträumen oder den Beauftragten der Behörde vorzulegen.**

(6) **Der zur Buchführung Verpflichtete hat das Buch mit den Belegen im Betrieb oder in dem Betriebsteil, in dem die Schusswaffen hergestellt oder vertrieben werden, bis zum Ablauf von zehn Jahren, von dem Tage der letzten Eintragung an gerechnet, aufzubewahren. Will er das Buch nach Ablauf der in Satz 1 genannten Frist nicht weiter aufbewahren, so hat er es der zuständigen Behörde zur Aufbewahrung zu übergeben. Gibt der zur Buchführung Verpflichtete das Gewerbe auf, so hat er das Buch seinem Nachfolger zu übergeben oder der zuständigen Behörde zur Aufbewahrung auszuhändigen.**

**1. Allgemeines.** Die Bestimmung ist auf § 25 Abs. 1 Nr. 1 Buchstabe a und b 1
WaffG gestützt. Sie übernimmt den Inhalt des § 14 der 1. WaffV aF mit der Einschränkung, dass die Regelungen über das Munitionshandelsbuch, das nach neuem Recht nicht mehr geführt zu werden braucht, entfallen. Wegen der Gründe für die Buchführungspflicht s. Rdn. 3 zu § 23 WaffG. Die Buchführung ist gegenüber früheren Regelungen (zB in den §§ 15 ff. DVO RWaffG) insofern umfassender gestaltet, als sie nicht mehr, wie damals, nur auf Kurzwaffen (Faustfeuerwaffen), sondern auf alle Schusswaffen erstreckt, vorbehaltlich gewisser in § 23 Abs. 1 Satz 2 WaffG normierter Ausnahmen. In Abweichung von § 6 DVO BWaffG 68 dürfen die Bücher auch in Form der Speicherung auf Datenträgern geführt werden. Damit wird der Entwicklung in der modernen Buchungstechnik Rechnung getragen. Absatz 1 stellt weiterhin klar, dass die Bücher im Betrieb oder in dem Betriebsteil geführt werden müssen, in dem die Schusswaffen oder die Munition hergestellt oder vertrieben werden. Bei Filialbetrieben hat dies zur Folge, dass die Bücher in den Zweigstellen geführt werden müssen. Diese Regelung ist im Interesse einer wirksamen Überwachung erforderlich. Bei der Buchführung mit Hilfe der elektronischen Datenverarbeitung (Computern) ist es ausreichend, wenn die Speicherung der aufzeichnungspflichtigen Vorgänge und deren Ausdruck in Klarschrift in einer EDV-Anlage erfolgt, die im Hauptbetrieb aufgestellt ist. Im Überwachungsinteresse muss jedoch sichergestellt sein, dass die erfassten Daten jederzeit an die Zweigstelle übermittelt werden können. Die Aufbewahrung der ausgedruckten Karteiblätter und der Belege hat auch im Falle der Buchführung mit Hilfe der Datenverarbeitung in der Zweigstelle, in der die Waffen oder die Munition vertrieben werden, zu erfolgen (Begr. zur früheren VO BR-Drucks. 581/72 S. 14).

**AWaffV § 17**  Abschnitt 6. Vorschriften für das Waffengewerbe

**2** **2. Einzelheiten der Buchführung.** Die Bestimmung enthält in den Absätzen 1 bis 6 die näheren Vorschriften über die Führung der Waffenbücher (ergänzend: Nr. 23 WaffVwV). Sowohl das Waffenherstellungs- als auch das Waffenhandelsbuch können in gebundener Form, in Karteiform oder in Form einer Speicherung auf Datenträgern, die jetzt bei allen größeren Betrieben üblich ist, geführt werden. Neu eingefügt wurde in Absatz 1 die Verpflichtung zur Datensicherung, zum Schutz vor Abhandenkommen sowie zur diebstahlssicheren Aufbewahrung (letzter Halbsatz).

Die Seiten des gebundenen Buches sind fortlaufend zu nummerieren. Die Seitenzahl selbst ist auf dem Titelblatt zu vermerken. Eine behördliche Bestätigung der Seitenzahl vor der Ingebrauchnahme der Bücher nebst Abstempelung ist bei der gebundenen Form nicht mehr vorgeschrieben, bei der Karteiform aber nach wie vor nötig, „da wegen der Möglichkeit eines Austausches der einzelnen Karteiblätter eine Manipulation des Buchführungspflichtigen sonst kaum feststellbar wäre" (Begr. der DVO BWaffG 68 BR-Drucks. 520/68 S. 12).

Der im Text in Bezug genommene § 239 Abs. 3 HGB lautet:

*„Eine Eintragung oder eine Aufzeichnung darf nicht in einer Weise verändert werden, dass der ursprüngliche Inhalt nicht mehr feststellbar ist. Auch solche Veränderungen dürfen nicht vorgenommen werden, deren Beschaffenheit es ungewiss lässt, ob sie ursprünglich oder erst später gemacht worden sind."*

Bei der Führung der Bücher in elektronischer Form ist § 20 VO zu beachten.

**3** **3. Abschluss der Bücher.** Sie sind nach Absatz 4 zum 31. 12. jeden zweiten Jahres abzuschließen. Der Abschluss ist unmittelbar nach der letzten Eintragung so vorzunehmen, dass nachträgliche Eintragungen nicht mehr möglich sind, und mit dem Datum und der Unterschrift des Buchführungspflichtigen zu versehen. Der verbliebene Bestand ist vorzutragen, bevor neue Eintragungen vorgenommen werden.

**4** **4. Vorlagepflicht (Absatz 5).** Sie ist seinerzeit auf Verlangen des Bundesrates in die Vorgänger-Bestimmung aufgenommen worden. Sie erstreckt sich auch auf die Belege. Ob zu den Belegen iS von Absatz 5 und 6 auch die Ein- und Ausgangsrechnungen gehören, ist zweifelhaft. Soweit Bescheinigungen der vorgesetzten Dienststelle oder eine WBK nicht vorgelegt worden sind, werden die betr. Rechnungen aufzubewahren und vorzulegen sein, da sich erst aus ihnen die Person des Überlassenden oder des Erwerbers, das Datum des Eingangs und Abgangs sowie die Art und Zahl der Waffen ergeben. Die Befugnis der zuständigen Behörde, sich die Waffenbücher vorlegen zu lassen und in dieselben Einsicht zu nehmen, ist auf die **Überwachungsfunktion** beschränkt, insbesondere dahingehend, ob der Waffengewerbetreibende die für den von ihm ausgeübten Gewerbebetrieb erforderliche Zuverlässigkeit und persönliche Eignung iS von §§ 5 und 6 WaffG besitzt. Dagegen ist die Überwachungsbehörde nicht befugt, ohne richterliche Anordnung zwecks Feststellung strafbarer Handlungen dritter Personen die Vorlage der Waffenbücher zu verlangen (BVerwGE **37,** 283 = DÖV **1971,** 462 = GewA **1971,** 153 für das Gewerbe des Pfandleihers).

Die Vorlage der Waffenbücher kann nicht nur in den Geschäftsräumen des Buchführungspflichtigen, sondern, wie seinerzeit zur „Klarstellung" ausdrücklich bestimmt worden ist, auch in den Diensträumen der Behörde verlangt werden (vgl. auch OVG Münster GewA **1976,** 133 mit Anm. *Hinze*). Für den Waffengewerbetreibenden sollte allerdings auch hier die Möglichkeit gegeben sein, bei der Überprüfung, die sich in der Hauptsache auf die Ordnungsgemäßheit der Buchführung erstreckt, zugegen zu sein. Auch ist seitens der Behörde für sorgfältige Aufbewahrung der Waffenbücher (Sicherung gegen Abhandenkommen) und die Möglichkeit baldi-

Führung der Waffenbücher in gebundener Form  § 18 AWaffV

ger Rückgabe der Bücher, die ja laufend im Betrieb gebraucht werden, Sorge zu tragen.

**5. Aufbewahrungspflicht.** Die Pflicht zu längerer Aufbewahrung der Waffenbücher (Absatz 6: 10 Jahre) ist im kriminalpolizeilichen Interesse vorgeschrieben worden. Sie erstreckt sich nach der ausdrücklichen Bestimmung in Satz 1 auch auf die Belege, soweit solche zu den Waffenbüchern zu nehmen sind. Die jetzige Fassung hat den Rechtszustand, der nach Ablauf der 10 Jahre besteht, geändert. Nunmehr hat der zur Buchführung Verpflichtete, der selbst nicht weiter aufbewahren will, der Behörde das Buch nicht nur – wie bisher – anzubieten, sondern zu übergeben.

**6. Zuwiderhandlung.** Die inhaltlich oder formell nicht gehörige Führung der Waffenbücher ist ordnungswidrig nach § 53 Abs. 1 Nr. 8 WaffG. Ihre Nichtvorlage oder Verstöße gegen die Aufbewahrungs- und Übergabepflichten werden als Ordnungswidrigkeiten gem. § 34 Nr. 13 bis 16 in Verbindung mit § 53 Abs. 1 Nr. 23 WaffG geahndet.

### Führung der Waffenbücher in gebundener Form

**18** (1) **Wird das Waffenherstellungsbuch in gebundener Form geführt, so ist es nach folgendem Muster zu führen:**

| Linke Seite: | Rechte Seite: |
|---|---|
| 1. Laufende Nummer der Eintragung | 4. Datum des Abgangs oder der Kenntnis des Verlustes |
| 2. Datum der Fertigstellung | 5. Name und Anschrift des Empfängers oder Art des Verlustes |
| 3. Herstellungsnummer | 6. Sofern die Schusswaffe nicht einem Erwerber nach § 21 Abs. 1 des Waffengesetzes überlassen wird, die Bezeichnung der Erwerbsberechtigung unter Angabe der ausstellenden Behörde und des Ausstellungsdatums |
| | 7. Sofern die Schusswaffe einem Erwerber nach § 34 Abs. 5 Satz 1 des Waffengesetzes überlassen oder an ihn versandt wird, Bezeichnung und Datum der Bestätigung der Anzeige durch das Bundeskriminalamt. |

Für jeden Waffentyp ist ein besonderes Blatt anzulegen, auf dem der Waffentyp und der Name, die Firma oder die Marke, die auf den Waffen angebracht sind, zu vermerken sind.

(2) **Wird das Waffenhandelsbuch in gebundener Form geführt, so ist es nach folgendem Muster zu führen:**

# AWaffV § 18   Abschnitt 6. Vorschriften für das Waffengewerbe

**Linke Seite:**
1. Laufende Nummer der Eintragung
2. Datum des Eingangs
3. Waffentyp
4. Name, Firma oder Marke, die auf der Waffe
5. Herstellungsnummer
6. Name und Anschrift des Überlassers

**Rechte Seite:**
7. Datum des Abgangs oder der Kenntnis des Verlustes
8. Name und Anschrift des Empfängers oder Art des Verlustes
9. Sofern die Schusswaffe nicht einem Erwerber nach § 21 Abs. 1 des Waffengesetzes überlassen wird, die Bezeichnung der Erwerbsberechtigung unter Angabe der ausstellenden Behörde und des Ausstellungsdatums
10. Sofern die Schusswaffe einem Erwerber nach § 34 Abs. 5 Satz 1 des Waffengesetzes überlassen oder an ihn versandt wird, Bezeichnung und Datum der Bestätigung der Anzeige durch das Bundeskriminalamt.

(3) **Die Eintragungen nach den Absätzen 1 und 2 sind für jede Waffe gesondert vorzunehmen. Eine Waffe gilt im Sinne des Absatzes 1 Satz 1 Nr. 2 als fertiggestellt,**

1. **sobald sie nach § 3 des Beschussgesetzes geprüft worden ist,**
2. **wenn die Waffe nicht der amtlichen Beschussprüfung unterliegt, sobald sie zum Verkauf vorrätig gehalten wird.**

(4) **Von der Eintragung des Namens und der Anschrift des Überlassers nach Absatz 2 Nr. 6 kann abgesehen werden bei Schusswaffen, deren Modell vor dem 1. Januar 1871 entwickelt worden ist,**

1. **mit Zündnadelzündung,**
2. **mit Zündhütchenzündung (Perkussionswaffen), soweit es sich um einläufige Einzelladerwaffen handelt,**
3. **mit Lunten- oder Funkenzündung.**

1 **Allgemeines.** Die auf § 25 Abs. 1 Nr. 1 Buchst. a WaffG gestützte Bestimmung entspricht § 15 der 1. WaffV aF. Sie regelt die Führung der Waffenbücher in gebundener Form. Bei der Führung dieser Bücher ist das vorgeschriebene Muster einzuhalten. Die 1. ÄndVO 1978 hatte zur wirksameren Kontrolle in die Vorgängervorschrift in Absatz 1 Satz 1 die Nr. 7 und in Absatz 2 die Nr. 10 neu eingefügt.

2 **Ausnahmen für alte Waffen. Absatz 4** geht ursprünglich auf eine Änderung aus dem Jahre 1987 zurück; der Verkäufer derartiger Waffen, die aus sicherheitspolizeilichen Gründen nicht von erheblicher Bedeutung sind, darf danach anonym bleiben. Nach der ursprünglich vorgesehen gewesenen Fassung sollte dies für (alle) Schusswaffen gelten, die vor dem 1.1.1871 **hergestellt** worden sind, also auch solche, die weiterhin der Erlaubnispflicht unterliegen, wie zB mehrschüssige Revolver oder mehrläufige Einzelladerwaffen. Aufgrund der abschließenden Beratungen im Bundesrat (BR-Drucks. 415/03 [Beschluss] S. 5) wurde die jetzige Formulierung ge-

Führung der Waffenbücher in Karteiform  **§ 19 AWaffV**

wählt (entsprechend in § 19 Abs. 4), womit auf die Entwicklung des Modells abgestellt und so die Regelung in Anlage 2 zum WaffG Abschnitt 2 Unterabschnitt 1 Nr. 1.7 bis 1. 9 übernommen worden ist.

## Führung der Waffenbücher in Karteiform

**19** (1) Wird das Waffenherstellungsbuch oder das Waffenhandelsbuch in Karteiform geführt, so können die Eintragungen für mehrere Waffen desselben Typs (Waffenposten) nach Absatz 2 oder 3 zusammengefasst werden. Auf einer Karteikarte darf nur ein Waffenposten nach Absatz 2 Nr. 1 oder Absatz 3 Nr. 1 eingetragen werden. Neueingänge dürfen auf demselben Karteiblatt erst eingetragen werden, wenn der eingetragene Waffenposten vollständig abgebucht ist. Abgänge sind mit den Angaben nach Absatz 2 Nr. 2 oder Absatz 3 Nr. 2 gesondert einzutragen. Für jeden Waffentyp ist ein besonderes Blatt anzulegen, auf dem der Waffentyp und der Name, die Firma oder die Marke, die auf der Waffe angebracht sind, zu vermerken sind.

(2) Das Waffenherstellungsbuch ist nach folgendem Muster zu führen:
1. **Bei der Eintragung der Fertigstellung:**
   a) **Datum der Fertigstellung**
   b) **Stückzahl**
   c) **Herstellungsnummern**
2. **bei der Eintragung von Abgängen:**
   a) **laufende Nummer der Eintragung**
   b) **Datum des Abgangs oder der Kenntnis des Verlustes**
   c) **Stückzahl**
   d) **Herstellungsnummern**
   e) **Name und Anschrift des Empfängers oder Art des Verlustes**
   f) **sofern die Schusswaffe nicht einem Erwerber nach § 21 Abs. 1 des Waffengesetzes überlassen wird, die Bezeichnung der Erwerbsberechtigung unter Angabe der ausstellenden Behörde und des Ausstellungsdatums**
   g) **sofern die Schusswaffe einem Erwerber nach § 34 Abs. 5 Satz 1 des Waffengesetzes überlassen oder an ihn versandt wird, Bezeichnung und Datum der Bestätigung der Anzeige durch das Bundeskriminalamt.**

(3) **Das Waffenhandelsbuch ist nach folgendem Muster zu führen:**
1. **Bei der Eintragung des Eingangs:**
   a) **Datum des Eingangs**
   b) **Stückzahl**
   c) **Herstellungsnummern**
   d) **Name und Anschrift des Überlassers**
2. **bei der Eintragung von Abgängen:**
   a) **laufende Nummer der Eintragung**
   b) **Datum des Abgangs oder der Kenntnis des Verlustes**
   c) **Stückzahl**
   d) **Herstellungsnummern**

**AWaffV § 20** Abschnitt 6. Vorschriften für das Waffengewerbe

e) Name und Anschrift des Empfängers oder Art des Verlustes
f) sofern die Schusswaffe nicht einem Erwerber nach § 21 Abs. 1 des Waffengesetzes überlassen wird, die Bezeichnung der Erwerbsberechtigung unter Angabe der ausstellenden Behörde und des Ausstellungsdatums
g) sofern die Schusswaffe einem Erwerber nach § 34 Abs. 5 Satz 1 des Waffengesetzes überlassen oder an ihn versandt wird, Bezeichnung und Datum der Bestätigung der Anzeige durch das Bundeskriminalamt.

(4) Von der Eintragung des Namens und der Anschrift des Überlassers nach Absatz 3 Nr. 1 Buchstabe d kann abgesehen werden bei Schusswaffen, deren Modell vor dem 1. Januar 1871 entwickelt worden ist,
1. mit Zündnadelzündung
2. mit Zündhütchenzündung (Perkussionswaffen), soweit es sich um einläufige Einzelladerwaffen handelt,
3. mit Lunten- oder Funkenzündung.

(5) § 17 Abs. 3, 5 und 6 ist auf die Eintragungen in den Karteiblättern sowie auf die Vorlage und Aufbewahrung der Karteiblätter und der Belege entsprechend anzuwenden.

**1** Die ebenfalls auf § 25 Abs. 1 Nr. 1 Buchst. a WaffG basierende Vorschrift nimmt den Inhalt des § 16 der 1. WaffV aF auf. Sie bestimmt über das System der Sammeleintragung, das der VO-Geber bei der Führung der Waffenbücher in Karteiform zugelassen hat. Im Interesse einer besseren Übersichtlichkeit darf allerdings auch hier, ähnlich wie gem. § 18 Abs. 1 Satz 2 VO, auf jeder Karteikarte nur ein Waffentyp eingetragen werden. Durch die 1. ÄndVO 1978 ist die übernommene Vorgängerbestimmung in ähnlicher Weise wie diejenige des § 18 aktualisiert worden (vgl. die Anm. zu § 18, auch zur jetzigen Fassung des Absatzes 4 [Rdn. 2]). Absatz 5 bringt die entsprechende Anwendung der Aufzeichnungs-, Vorlage- und Aufbewahrungsvorschriften des § 17; diese Verweisung führt auch zur entsprechenden Bußgeldbewehrung in § 34 Nr. 13 bis 16.

### Führung der Waffenbücher in elektronischer Form

**§ 20** (1) Wird das Waffenherstellungs- oder das Waffenhandelsbuch in elektronischer Form geführt, so müssen die gespeicherten Datensätze (aufzeichnungspflichtigen Vorgänge) die nach § 19 geforderten Angaben enthalten. Die Datensätze sind unverzüglich zu speichern; sie sind fortlaufend zu nummerieren. Die Bestimmungen des Bundesdatenschutzgesetzes sind zu beachten.

(2) Die gespeicherten Datensätze sind nach Ablauf eines jeden Monats in Klarschrift auszudrucken. Der Ausdruck ist nach Maßgabe des § 19 in Karteiform vorzunehmen. Der Name des Überlassers, des Erwerbers und die Erwerbsberechtigung können auch in verschlüsselter Form ausgedruckt werden. In diesem Fall ist dem Ausdruck ein Verzeichnis beizugeben, das eine unmittelbare Entschlüsselung der bezeichneten Daten ermöglicht. Die Bestände sind auf den nächsten Monat vorzutragen.

Führung der Waffenbücher in elektronischer Form  § 20 AWaffV

(3) § 17 Abs. 3, 5 und 6 ist auf die Eintragungen in den Karteiblättern sowie auf die Vorlage und Aufbewahrung der Karteiblätter und der Belege entsprechend anzuwenden. Der Ausdruck der nach dem letzten Monatsabschluss gespeicherten Datensätze ist auf Verlangen der zuständigen Behörde auch in deren Diensträumen oder den Beauftragten der Behörde auch während des laufenden Monats jederzeit vorzulegen.

(4) Die zuständige Behörde kann Ausnahmen von Absatz 2 Satz 1 und 5 zulassen, wenn der Gesamtbestand an Waffen zu Beginn eines jeden Jahres und die Zu- und Abgänge monatlich in Klarschrift ausgedruckt werden und sichergestellt ist, dass die während des Jahres gespeicherten Daten auf Verlangen der zuständigen Behörde jederzeit in Klarschrift ausgedruckt werden können.

**1. Allgemeines.** Ermächtigungsgrundlage ist § 25 Abs. 1 Nr. 1 Buchst. a WaffG. Wie in den vorangehenden Bestimmungen über die technischen Einzelheiten der Waffenbuchführung wird auch hier kein neues Recht geschaffen, sondern das bisherige übernommen (§ 18 der 1. WaffV aF). 1

**2. Einsatz von elektronischer Datenverarbeitung.** Vorliegend geht es um die Details bezüglich der Führung der Waffenbücher mit Hilfe der **EDV**. Diese steckte seinerzeit noch in den „Kinderschuhen". Entsprechend antiquiert mutet uns heute die Begründung zur 1. WaffV 1972 (BR-Drucks. 581/72) an, wenn sie bemerkt (S. 14a): „Die Entwicklung der modernen Organisationsformen im kaufmännischen Rechnungswesen hat dazu geführt, dass bei der Führung der Handelsbücher auch Anlagen der elektronischen Datenverarbeitung eingesetzt werden. Diese Anlagen, über die eine Anzahl von Waffenherstellern und Waffenhändlern bereits verfügt, sollen im Interesse einer rationalen Buchführung auch bei der Führung der Waffen- und Munitionsbücher verwendet werden dürfen. Der Einsatz dieser Anlagen ist im Rahmen der steuerlichen Buchführung von der Finanzverwaltung ebenfalls zugelassen. An die elektronisch geführten Dateien dieser Art sind hinsichtlich der zu erfassenden Vorgänge die gleichen Anforderungen zu stellen wie an die Führung der Bücher in Karteiform. Dabei sind die für die Führung der Handelsbücher geltenden Grundsätze der Klarheit und Übersichtlichkeit einzuhalten, so dass die vorgeschriebenen Regelprüfungen und die Prüfungen aus besonderem Anlass ohne Erschwerung durchgeführt werden können. Diesem Zweck dient insbesondere die Verpflichtung, die gespeicherten Datensätze jeweils nach Ablauf eines Monats in Klarschrift karteimäßig auszudrucken (Absatz 2). Da bei den älteren EDV-Anlagen die Speicherungskapazität noch beschränkt war, sollte zugelassen werden, dass der Name des Überlassers, des Empfängers und die Erwerbsberechtigung auch in verschlüsselter Form ausgedruckt werden können (Absatz 2 Satz 3). Abgesehen hiervon muss im kriminalpolizeilichen Interesse die Möglichkeit bestehen, auch während eines laufenden Monats den karteimäßigen Ausdruck der Datensätze vornehmen zu können (Absatz 3 Satz 2). Die Gefahr der Manipulation an den gespeicherten Datensätzen ist bei elektronischer Dateiführung nicht größer als bei der konventionellen Buchführung. Die Verpflichtung zur laufenden Nummerierung der Datensätze und zum monatlichen Ausdruck der Karteiblätter erschwert dem Buchführungspflichtigen die Unterdrückung einzelner aufzeichnungspflichtiger Vorgänge. Allerdings ist von einer ordnungsgemäßen Buchführung auch in diesem Fall zu verlangen, dass die Verbindung mit den Belegen sichergestellt ist. Die Vorschriften über die Form der Eintragungen, die Vorlage und die Aufbewahrung der Bücher beziehen sich bei dieser 2

**AWaffV § 21**  Abschnitt 6. Vorschriften für das Waffengewerbe

Art der Buchführung auf die ausgedruckten Karteiblätter und die Belege (Absatz 3 Satz 1)". Nach den Empfehlungen der Ausschüsse (BR-Drucks. 415/1/03 S. 9/10) hätten hinsichtlich der Buchführung in elektronischer Form noch Vorschriften über die Sicherung gegen die besonderen Anfälligkeiten dieses Medium aufgenommen werden sollen; diese Initiative blieb jedoch ohne Erfolg.

**3**   **3. Ausnahmen.** Die ÄndVO 1978 hat seinerzeit bezüglich der Vorgängervorschrift mit **Absatz 4** der Behörde die Möglichkeit eröffnet, Betrieben mit EDV-Anlagen in geeigneten Fällen Erleichterungen der bezeichneten Art zu gewähren.

**4**   **4. Zuwiderhandlung:** Durch die Verweisung in Absatz 3 Satz 1 werden auch hier, wie in § 19, die Aufzeichnungs-, Vorlage- und Aufbewahrungsvorschriften des § 17 für entsprechend anwendbar erklärt; diese Verweisung führt auch zur entsprechenden Bußgeldbewehrung in § 34 Nr. 13 bis 16.

### Unterabschnitt 3. Kennzeichnung von Waffen

**Kennzeichnung von Schusswaffen**

**21** (1) **Wird die Kennzeichnung nach § 24 Abs. 1 Satz 1 Nr. 1 des Waffengesetzes auf mehreren wesentlichen Teilen angebracht, so müssen die Angaben auf denselben Hersteller oder Händler hinweisen.**

(2) **Bei Schusswaffen mit glatten Läufen sind auf jedem glatten Lauf der Laufdurchmesser, der 23 Zentimeter ± 1 Zentimeter vom Stoßboden gemessen wird, und die Lagerlänge anzubringen. Schusswaffen, bei denen der Lauf oder die Trommel ohne Anwendung von Hilfsmitteln ausgetauscht werden kann, sind auf dem Verschluss nach § 24 Abs. 1 Satz 1 Nr. 1 und 3 des Waffengesetzes zu kennzeichnen. Auf dem Lauf und der Trommel sind Angaben über den Hersteller und die Bezeichnung der Munition (§ 24 Abs. 1 Satz 1 Nr. 1 und 2 des Waffengesetzes) anzubringen.**

(3) **Wer eine Schusswaffe gewerbsmäßig verändert oder wesentliche Teile einer Schusswaffe nach Anlage 1 Abschnitt 1 Unterabschnitt 1 Nr. 1.3 zum Waffengesetz gewerbsmäßig austauscht und dabei die Angaben über den Hersteller (§ 24 Abs. 1 Satz 1 Nr. 1 des Waffengesetzes) entfernt, hat seinen Namen, seine Firma oder seine Marke auf der Schusswaffe anzubringen. Auf der Schusswaffe und den ausgetauschten Teilen darf keine Kennzeichnung angebracht sein, die auf verschiedene Hersteller oder Händler hinweist.**

(4) **Wer gewerbsmäßig Schusswaffen**
1. **so verkürzt, dass die Länge nicht mehr als 60 Zentimeter beträgt,**
2. **in ihrer Schussfolge verändert,**
3. **mit einer Bewegungsenergie der Geschosse von nicht mehr als 7,5 Joule in Schusswaffen mit einer höheren Bewegungsenergie der Geschosse umarbeitet,**
4. **mit einer Bewegungsenergie der Geschosse von mehr als 7,5 Joule in Schusswaffen mit einer geringeren Bewegungsenergie der Geschosse umarbeitet,**

Kennzeichnung von Schusswaffen  **§ 21 A WaffV**

**5.** mit einer Bewegungsenergie der Geschosse von weniger als 0,08 Joule in Schusswaffen mit einer höheren Bewegungsenergie der Geschosse umarbeitet oder
**6.** in Waffen nach Anlage 2 Abschnitt 2 Unterabschnitt 2 Nr. 1.5 zum Waffengesetz oder in Gegenstände nach Anlage 1 Abschnitt 1 Unterabschnitt 1 Nr. 1.4 zum Waffengesetz abändert,

hat seinen Namen, seine Firma oder seine Marke auch dann auf der Schusswaffe dauerhaft anzubringen, wenn er die Angaben über den Hersteller (§ 24 Abs. 1 Satz 1 Nr. 1 des Waffengesetzes) nicht entfernt. Haben die Veränderungen nach Satz 1 Nr. 1 bis 3 oder 5 zur Folge, dass die Bewegungsenergie der Geschosse 7,5 Joule überschreitet, so ist auf der Schusswaffe auch die Herstellungsnummer (§ 24 Abs. 1 Satz 1 Nr. 3 des Waffengesetzes) anzubringen und das Kennzeichen nach § 24 Abs. 2 des Waffengesetzes zu entfernen. Neben der auf Grund der Änderung angebrachten Kennzeichnung ist dauerhaft der Buchstabe „U" anzubringen.

**1. Allgemeines.** Die auf § 25 Abs. 1 Nr. 1 Buchst. c und § 25 Abs. 1 Nr. 2 **1** Buchst. a WaffG gestützte Vorschrift entspricht § 20 der 1. WaffV aF. Nicht mehr geregelt ist die Kennzeichnung von Schussapparaten (zuvor § 20 Absatz 2 Satz 4 der 1. WaffV aF), da diese Geräte nicht mehr als Schusswaffen behandelt werden. Vgl. ergänzend Nr. 10.10 und Nr. 24 WaffVwV.

**2. Eindeutige Kennzeichnung.** Gem. § 24 Abs. 1 Satz 1 WaffG ist die Kenn- **2** zeichnung wenigstens auf einem „wesentlichen Teil" der Schusswaffe anzubringen. Üblicherweise wird jedoch bei zerlegbaren Waffen, insbesondere Jagdwaffen, das Hersteller- und Händlerzeichen nicht nur auf dem Lauf, sondern auch auf dem Verschluss angebracht. In solchen Fällen mehrfacher Kennzeichnung müssen, um die kriminalpolizeilichen Nachforschungen nicht zu erschweren, die Angaben auf den verschiedenen Waffenteilen auf denselben Hersteller oder Händler hinweisen.

**3. Schusswaffen mit glatten Läufen.** Durch § 32 Abs. 1 der 3. WaffV vom **3** 20. 12. 1980 (BGBl. I 2344) ist in die Vorgängervorschrift (§ 20 der 1. WaffV aF) Absatz 2 Satz 1 eingefügt worden. Danach sind die Läufe dieser Waffen mit der Lagerlänge und mit dem Durchmesser der Laufbohrung zu kennzeichnen. Diese Ergänzung erfüllte seinerzeit eine Verpflichtung der BRepD aus einem Beschluss der „CIP" aus dem Jahre 1976 (BR-Drucks. 554/80 S. 105), der Ständigen Internationalen Kommission für die Prüfung von Handfeuerwaffen.

**4. Austauschläufe, Wechseltrommeln.** Bei Schusswaffen mit Austauschläufen **4** oder Wechseltrommeln muss im kriminalpolizeilichen Interesse die Kennzeichnung nach § 24 Abs. 1 Satz 1 Nr. 1 (Name, Firma, Marke) und Nr. 3 WaffG (fortlaufende Nummer) auf dem Verschluss angebracht werden, da bei der Anbringung auf den Originalteilen nach deren Austausch die Kennzeichnung fehlen würde. Angaben über den Hersteller und die Bezeichnung der zu verwendenden Munition sind jeweils auf dem Lauf bzw. der Trommel anzubringen (§ 24 Abs. 1 Satz 1 Nr. 1 und 2 WaffG). Über die frühere Fassung des damals einschlägigen § 10 DVO BWaffG 1968 hinausgehend ist die für die Austauschläufe geltende Sonderregelung auf austauschbare Trommeln (von Revolvern) erstreckt worden; im kriminalpolizeilichen Interesse ist damit bis heute vorgeschrieben, dass auch solche Trommeln das Herstellerzeichen und die Bezeichnung der Munition, die aus der Trommel verschossen werden kann, tragen müssen.

491

**5** **5. Schussapparate.** Durch den früheren Satz 4 des Absatzes 2 wurden auch die Hersteller und Einführer von Schussapparaten verpflichtet, die vorgeschriebene Kennzeichnung nicht auf denjenigen Teilen des Geräts anzubringen, die üblicherweise ausgetauscht werden, da die bisherige Regelung sich insoweit als lückenhaft erwiesen hatte, wie die Begr. der 1. WaffV 1972 (BR-Drucks. 581/72) S. 15 konstatierte. Hier ist nach der Neuregelung das **Beschussrecht** einschlägig (vgl. Rdn. 1).

**6** **6. Veränderung von Schusswaffen.** Absatz 3 betrifft nur die **gewerbsmäßig** vorgenommenen Veränderungen einer Schusswaffe und die Auswechslung **wesentlicher Teile** derselben, wie sie an der angegebenen Stelle der Anlage 1 zum WaffG aufgeführt sind (A 1 U 1 Nr. 1.3: zB Lauf, Verschluss, Patronenlager). Soweit hierbei, etwa bei der Montage eines Zielfernrohrs oder bei dem Austausch eines Laufes, die Angaben über den Hersteller gem. § 24 Abs. 1 Satz 1 Nr. 1 WaffG (Name, Firma, Marke) beseitigt oder entfernt worden sind, hat der die Arbeit ausführende Waffengewerbetreibende (Büchsenmacher) die auf ihn hinweisenden Herstellerangaben iS von § 24 Abs. 1 Satz 1 Nr. 1 WaffG auf der veränderten Schusswaffe anzugeben. Auf eindeutige Kennzeichnung ist auch hier (vgl. Rdn. 2) zu achten.

**7** **7. Kennzeichnungspflicht bei weiteren gewerbsmäßig ausgeführten Veränderungen.** Absatz 4 ist seinerzeit beim Erlass des WaffG 1972 der Vorgängervorschrift angefügt worden. Die Bestimmung verpflichtet vor allem Büchsenmacher, die Schusswaffen, wie in Nrn 6 angegeben, verändern, auf diesen die auf sich hinweisenden Angaben anzubringen. Die Vorschrift verfolgt in erster Linie einen ordnungsrechtlichen Zweck; die Kennzeichnung soll klarstellen, wer für die Veränderung einer Waffe verantwortlich ist. Von der Kennzeichnung werden nur Veränderungen erfasst, die eine andere rechtliche Einstufung der Waffe zur Folge haben (fr. Begr. S. 16).

**8** **8. Zuwiderhandlung.** Verstöße gegen die Kennzeichnungspflicht sind nach § 53 Abs. 1 Nr. 9 WaffG als Ordnungswidrigkeiten verfolgbar. Die VO selbst enthält insoweit keinen Bußgeldtatbestand.

## Abschnitt 7. Ausbildung in der Verteidigung mit Schusswaffen

### Lehrgänge und Schießübungen

**22** (1) **In Lehrgängen zur Ausbildung in der Verteidigung mit Schusswaffen oder bei Schießübungen dieser Art sind unter Beachtung des Verbots des kampfmäßigen Schießens (§ 27 Abs. 7 Satz 1 des Waffengesetzes) Schießübungen und insbesondere die Verwendung solcher Hindernisse und Übungseinbauten nicht zulässig, die der Übung über den Zweck der Verteidigung der eigenen Person oder Dritter hinaus einen polizeieinsatzmäßigen oder militärischen Charakter verleihen. Die Verwendung von Zielen oder Scheiben, die Menschen darstellen oder symbolisieren, ist gestattet. Die Veranstaltung der in Satz 1 genannten Schießübungen und die Teilnahme als Schütze an diesen Schießübungen sind verboten.**

(2) **Wer Lehrgänge zur Ausbildung in der Verteidigung mit Schusswaffen oder Schießübungen dieser Art veranstalten will, hat die beabsichtigte Tätigkeit und den Ort, an dem die Veranstaltung**

Lehrgänge und Schießübungen § 22 AWaffV

stattfinden soll, zwei Wochen vorher der zuständigen Behörde schriftlich anzuzeigen. **Auf Verlangen der zuständigen Behörde ist ein Lehrgangsplan oder Übungsprogramm vorzulegen, aus dem die zu vermittelnden Kenntnisse und die Art der beabsichtigten Schießübungen erkennbar sind. Die Beendigung der Lehrgänge oder Schießübungen ist der zuständigen Behörde innerhalb von zwei Wochen ebenfalls anzuzeigen. Der Betreiber der Schießstätte darf die Durchführung von Veranstaltungen der genannten Art nur zulassen, wenn der Veranstalter ihm gegenüber schriftlich erklärt hat, dass die nach Satz 1 erforderliche Anzeige erfolgt ist.**

(3) **In der Anzeige über die Aufnahme der Lehrgänge oder Schießübungen hat der Veranstalter die Personalien der volljährigen verantwortlichen Aufsichtsperson und der Ausbilder anzugeben. § 10 Abs. 2 Satz 2 ist entsprechend anzuwenden. Die spätere Einstellung oder das Ausscheiden der genannten Personen hat der Veranstalter der zuständigen Behörde unverzüglich anzuzeigen.**

(4) **Auf die Verpflichtung des Veranstalters zur Bestellung einer verantwortlichen Aufsichtsperson und von Ausbildern ist § 10 Abs. 1 entsprechend anzuwenden.**

**1. Allgemeines.** Die Ermächtigung zum Erlass dieser Vorschrift wird aus § 27 Abs. 7 Satz 2 WaffG hergeleitet. Aus der VO-Begr.: „Lehrgänge und Schießübungen zur Verteidigung sollen die Berechtigten (gefährdete Personen, Bewachungspersonal) unter möglichst praxisnahen Bedingungen im Gebrauch der Waffe, insbesondere für Fälle der Notwehr und der Nothilfe, trainieren. Allerdings verbietet § 27 Abs. 7 Satz 1 WaffG schon grundsätzlich das kampfmäßige Schießen, und es soll in diesem Zusammenhang im Wege einer Negativ-Abgrenzung durch Satz 1 konkretisiert werden, dass Übungen, die nicht mehr auf die (reaktive) Abwehr unmittelbar bevorstehender oder gegenwärtiger Angriffe auf die eigene Person oder Dritte ausgerichtet sind, also nicht der Verteidigung dienen, bei Lehrgängen oder Schießübungen der genannten Art nicht geübt werden dürfen. Ausgenommen werden muss von diesem Verbot die Verwendung so genannter Mannscheiben (Satz 2), da im Rahmen der genannten Lehrgänge bzw. Übungen gerade gelernt werden muss, einen Gegner mit dem möglichst mildesten Mittel durch gezielten Schuss etwa auf einen Arm oder Fuß bei Schonung Unbeteiligter angriffs- oder fluchtunfähig zu machen. Satz 3 stellt die Bewehrungsfähigkeit bezüglich unzulässiger Schießübungen her" (BR-Drucks. 415/03 S. 53). Absatz 1 bringt eine Aufzählung der unzulässigen Schießübungen. Die Absätze 2 bis 4 entsprechen den bisherigen Absätzen 1 bis 4 des § 38 der 1. WaffV aF. 1

**2. Abgrenzung zum kampfmäßigen Schießen.** Absatz 1 bringt eine Abgrenzung des zulässigen Verteidigungsschießen gegenüber dem unzulässigen (vgl. zB § 27 Abs. 7 Satz 1 WaffG) kampfmäßigen Schießen. Schießübungen, die letzterem zugeordnet werden, führt die Bestimmung im einzelnen auf (vgl. ausführlich Nr. 15.6 EWaffVwV). Zu der in Absatz 1 Satz 2 nunmehr für zulässig erachteten Verwendung von „Mannscheiben" wird auf die Begr. in Rdn. 1 verwiesen. 2

**3. Veranstaltungs- und Teilnahmeverbot.** Absatz 1 Satz 3 enthält ein solches absolutes **Verbot** hinsichtlich der in Satz 1 genannten Schießübungen. Einem bestimmten Personenkreis werden demgegenüber die zur Ausbildung in der Verteidigung mit Schusswaffen notwendigen Übungselemente zugestanden (§ 23). 3

## AWaffV § 23 Abschn. 7. Ausbildung i. d. Verteidigung m. SchWaff

**4**  **4. Anzeigepflicht.** Eine solche – keine Genehmigungspflicht – besteht für die geplante Abhaltung von Lehrgängen zur Ausbildung in der Verteidigung mit Schusswaffen und von Schießübungen dieser Art (Absatz 2). Derartige Schießübungen dienen dazu, die Teilnehmer unter möglichst praxisnahen Bedingungen im Gebrauch der Waffe, insbesondere für Notwehrfälle, zu trainieren. Ob eine anzeigepflichtige Veranstaltung vorliegt, beurteilt sich nach dem erwähnten Zweck der Ausbildung. Schießübungen in sportlichen Disziplinen (zB Präzisions- und Schnellschießen) fallen nicht unter die Anzeigepflicht. In die Endfasssung der VO aufgenommen wurde die Befugnis der Behörde, vom Veranstalter zuvor ein Lehrgangsprogramm einzufordern, aus dem hervorgeht, was sich bei diesem Lehrgang im einzelnen „abspielen" wird. Neben der geplanten Veranstaltung ist auch das Ende jeweils anzuzeigen (Absatz 2 Satz 3). Die Anzeigefrist beträgt jeweils zwei Wochen.

**5**  **5. Weiterer Inhalt der Anzeige.** Aus der Tatsache, dass die Personalien der verantwortlichen Aufsichtsperson der Behörde mitzuteilen sind, ergibt sich bereits incidenter, was anschließend durch Absatz 4 klargestellt wird, dass mindestens eine solche volljährige Aufsichtsperson bestellt werden muss, es sei denn, der Veranstalter übernimmt selbst die Aufsicht (§ 10 Abs. 1 analog). Darüber hinaus muss die Behörde über die persönlichen Verhältnisse der Ausbilder hinreichend informiert werden. Die entsprechende Anwendung von § 10 Abs. 2 Satz 2 der VO besagt, dass den Anzeigen jeweils Nachweise über die Kompetenz der bestellten Personen beizufügen sind. Durch die Regelung in Absatz 3 Satz 3 schließlich soll – wie in vergleichbaren Fällen – gewährleistet werden, dass die Behörde bei Veränderungen jeweils schnellstmöglich über den neusten Stand der Dinge im Bereich der Aufsicht und Ausbildung unterrichtet wird.

**6**  **6. Pflichten des Betreibers der Schießstätte (Absatz 2 Satz 3).** Er darf nach neuem Recht die Durchführung eines Lehrgangs oder von Schießübungen der hier maßgeblichen Art erst gestatten, wenn ihm der Veranstalter schriftlich erklärt hat, dass er die nach Absatz 2 Satz 1 erforderliche Anzeige an die Behörde rechtzeitig erstattet hat.

**7**  **7. Zuwiderhandlung.** Ordnungswidrig handelt nach § 34 Nr. 1, wer entgegen Absatz 1 Satz 3 Schießübungen veranstaltet oder an ihnen teilnimmt. Wer entgegen Absatz 2 Satz 1 oder 3 oder Absatz 3 Satz 3 eine Anzeige nicht, nicht richtig, nicht vollständig, nicht in der vorgeschriebenen Weise oder nicht rechtzeitig erstattet, handelt ordnungswidrig nach § 34 Nr. 5. Bußgeldbewehrt ist nach § 34 Nr. 17 ferner der Verstoß gegen Absatz 2 Satz 2, nämlich die Nichtvorlage oder die nicht rechtzeitige Vorlage des Lehrgangsplans oder des Übungsprogramms. Schließlich handelt nach § 34 Nr. 18, wer entgegen Absatz 2 Satz 4 als Betreiber einer Schießstätte die Durchführung von Lehrgang oder Übungsschießen zulässt, ohne dass ihm die ordnungsgemäße Anzeigeerstattung schriftlich versichert worden ist.

### Zulassung zum Lehrgang

**23** (1) **Zur Teilnahme an den Lehrgängen oder Schießübungen im Sinne des § 22 dürfen nur Personen zugelassen werden,**
1. **die auf Grund eines Waffenscheins oder einer Bescheinigung nach § 55 Abs. 2 des Waffengesetzes zum Führen einer Schusswaffe berechtigt sind oder**

Verzeichnisse § 24 AWaffV

2. denen ein in § 55 Abs. 1 des Waffengesetzes bezeichneter Dienstherr die dienstlichen Gründe zum Führen einer Schusswaffe bescheinigt hat oder denen von der zuständigen Behörde eine Bescheinigung nach Absatz 2 erteilt worden ist.

**Die verantwortliche Aufsichtsperson hat sich vor der Aufnahme des Schießbetriebs vom Vorliegen der in Satz 1 genannten Erfordernisse zu überzeugen.**

(2) **Die zuständige Behörde kann Inhabern einer für Kurzwaffen ausgestellten Waffenbesitzkarte und Inhabern eines Jagdscheins, die im Sinne des § 19 des Waffengesetzes persönlich gefährdet sind, die Teilnahme an Lehrgängen oder Schießübungen der in § 22 genannten Art gestatten.**

1. **Allgemeines.** Die Ermächtigungsgrundlage für die Vorschrift ist § 27 Abs. 7 Satz 2 Nr. 2 Buchst. c) WaffG. Ihr Vorbild ist § 39 der 1. WaffV aF. Zweck der Vorschrift ist es, die Teilnahme an Schießlehrgängen oder Schießübungen in der Verteidigung mit Schusswaffen tunlichst auf einen bestimmten Personenkreis zu beschränken, weil Personen, die in dieser Art des Schießens ausgebildet sind, gegenüber Personen, die diese Schießtechnik nicht beherrschen, bei etwaigen Auseinandersetzungen im Vorteil sind (frühere VO-Begr. S. 73 zum „Combat-Schießen"). Nach heutiger Anschauung hat die Beschränkung vor allem den Sinn, diese Ausbildung auf Personen zu beschränken, die als außergewöhnlich zuverlässig zu gelten haben, aber besonderen Gefährdungen ausgesetzt sind. **1**

2. **Berechtigung zur Teilnahme.** Gem. Absatz 1 darf der Veranstalter zu den Schießlehrgängen oder Schießübungen nur Personen zulassen, die ihre Berechtigung zur Teilnahme durch einen Waffenschein, eine Bescheinigung nach § 55 Abs. 1 oder 2 oder durch eine Bescheinigung nach dem vorliegenden Absatz 2 nachweisen. Die bestellte Aufsichtsperson muss sich persönlich davon überzeugen, dass die Voraussetzungen des Absatzes 1 Satz 1 für die Teilnahme vorliegen (Absatz 1 Satz 2). Diese Pflicht ist bußgeldbewehrt. **2**

3. **Behördliches Zulassungsverfahren.** Nur für den in Absatz 2 genannten Personenkreis ist ein besonderes behördliches Prüfungsverfahren als Voraussetzung der Zulassung vorgesehen. Die Behörde kann im Rahmen dieses Verfahrens Inhabern einer über eine Kurzwaffe ausgestellten WBK und Jagdscheininhabern wegen persönlicher Gefährdung (vgl. § 19 WaffG) die Teilnahme an einem Schießlehrgang oder Schießübungen gestatten. **3**

4. **Zuwiderhandlung.** Ordnungswidrig handelt nach § 34 Nr. 19, wer sich als verantwortliche Aufsichtsperson entgegen Absatz 1 Satz 2 vom Vorliegen der dort genannten Erfordernisse nicht oder nicht rechtzeitig überzeugt. **4**

## Verzeichnisse

**24** (1) **Der Veranstalter hat ein Verzeichnis der verantwortlichen Aufsichtspersonen, der Ausbilder und der Teilnehmer gemäß Absatz 2 zu führen.**

(2) **Aus dem Verzeichnis müssen folgende Angaben über die in Absatz 1 genannten Personen hervorgehen:**

**AWaffV § 25** Abschn. 7. Ausbildung i. d. Verteidigung m. SchWaff

1. Vor- und Familiennamen, Geburtsdatum und -ort, Wohnort und Anschrift;
2. Nummer, Ausstellungsdatum und ausstellende Behörde des Waffenscheins, der Bescheinigung nach § 55 Abs. 2 des Waffengesetzes oder der Bescheinigung des Dienstherrn nach § 23 Abs. 1 Satz 1 Nr. 2 oder der Ausnahmeerlaubnis nach § 23 Abs. 2;
3. in welchem Zeitraum (Monat und Jahr) sie als Aufsichtsperson oder als Ausbilder tätig waren oder an einer Veranstaltung teilgenommen haben.

(3) **Das Verzeichnis ist vom Veranstalter auf Verlangen der zuständigen Behörde auch in deren Diensträumen oder den Beauftragten der Behörde vorzulegen.**

(4) **Der Veranstalter hat das Verzeichnis bis zum Ablauf von fünf Jahren, vom Tage der letzten Eintragung an gerechnet, sicher aufzubewahren. Gibt der Veranstalter die Durchführung des Verteidigungsschießens auf, so hat er das Verzeichnis seinem Nachfolger zu übergeben oder der zuständigen Behörde zur Aufbewahrung auszuhändigen.**

**1** 1. **Allgemeines.** Die Vorschrift hat ihre gesetzliche Grundlage in § 27 Abs. 7 Satz 2 Nr. 2 Buchst. d WaffG. Sie entspricht § 40 der 1. WaffV aF. Sie enthält wie bisher Vorschriften über die Verzeichnisführung bei Abhaltung von Lehrgängen im Verteidigungsschießen. Das hiernach zu führende Verzeichnis dient der gewerberechtlichen Kontrolle des Veranstalters und soll in Einzelfällen etwa notwendige kriminalpolizeiliche Nachforschungen ermöglichen oder erleichtern. Die Pflicht zur Vorlage des Verzeichnisses (Absatz 3) stimmt mit derjenigen nach § 17 Abs. 5 VO (Vorlage der Waffenbücher) überein. Mit der Führung des Verzeichnisses kann der Veranstalter auch eine andere Person beauftragen (Begr. zur früheren Fassung BR-Drucks. 74/76 S. 75).

**2** 2. **Zuwiderhandlung.** Ordnungswidrig handelt nach § 34 Nr. 20, wer als Veranstalter entgegen Absatz 1 ein Verzeichnis nicht, nicht richtig, nicht vollständig oder nicht in der vorgeschriebenen Weise führt. Bußgeldbewehrt ist zum anderen nach § 34 Nr. 21 der Verstoß gegen die Aufbewahrungspflicht des Absatzes 4 Satz 1, und zwar in der Form des Nichtaufbewahrens und des nicht lang genug (5 Jahre) Aufbewahrens des Verzeichnisses. Wer entgegen Absatz 3 das Verzeichnis nicht vorlegt oder entgegen Absatz 4 Satz 2 das Verzeichnis weder seinem Nachfolger übergibt noch der Behörde aushändigt, macht sich nach der Endfassung der Vorschrift nicht mehr einer Ordnungswidrigkeit schuldig..

**Untersagung von Lehrgängen oder Lehrgangsteilen; Abberufung von Aufsichtspersonen oder Ausbildern**

**25** (1) **Die zuständige Behörde kann Veranstaltungen im Sinne des § 22 untersagen, wenn Tatsachen die Annahme rechtfertigen, dass der Veranstalter, die verantwortliche Aufsichtsperson oder ein Ausbilder die erforderliche Zuverlässigkeit, persönliche Eignung oder Sachkunde nicht oder nicht mehr besitzt. Ergeben sich bei einer verantwortlichen Aufsichtsperson oder einem Ausbilder Anhaltspunkte für die begründete Annahme des Vorliegens von Tatsachen nach Satz 1,**

Untersagung von Lehrgängen oder Lehrgangsteilen **§ 25 AWaffV**

**so hat die zuständige Behörde vom Veranstalter die Abberufung dieser Person zu verlangen.**

**(2) Der Veranstalter hat auf Verlangen der zuständigen Behörde die Durchführung einzelner Lehrgänge oder Schießübungen einstweilen einzustellen. Die Behörde kann die einstweilige Einstellung verlangen, solange der Veranstalter**
1. **eine verantwortliche Aufsichtsperson oder die unter Berücksichtigung der Erfordernisse eines sicheren Schießbetriebs erforderliche Anzahl von Ausbildern nicht bestellt hat oder**
2. **dem Verlangen der Behörde, eine verantwortliche Aufsichtsperson oder einen Ausbilder wegen fehlender Zuverlässigkeit, persönlicher Eignung oder Sachkunde von seiner Tätigkeit abzuberufen, nicht nachkommt.**

**1. Allgemeines.** Die Vorschrift basiert auf § 27 Abs. 7 Satz 2 Nr. 2 Buchst. e 1 WaffG. Sie hat den Inhalt von § 41 der 1. WaffV aF in sich aufgenommen. Sie unterscheidet zwischen der totalen Einstellung (Untersagung) von Veranstaltungen iSv. § 22 der VO auf Dauer (Absatz 1) und dem Verlangen nach einstweiliger Einstellung (Absatz 2).

**2. Untersagung auf Dauer. Absatz 1** ermächtigt die landesrechtlich zuständige 2 Behörde, durch anfechtbaren Verwaltungsakt die Veranstaltung insgesamt und auf Dauer zu untersagen. „Die Anwendung der Vorschrift setzt voraus, dass bei einer der genannten Personen eine der geforderten persönlichen Eigenschaften von vornherein fehlt oder später weggefallen ist. Bei der Inanspruchnahme der Ermächtigung ist im Übrigen der Grundsatz der Verhältnismäßigkeit der Mittel zu beachten. Eine endgültige Untersagung wird idR erst in Betracht kommen, wenn einstweilige Maßnahmen nach Absatz 2 getroffen worden und erfolglos geblieben sind" (frühere VO-Begr. BR-Drucks. 74/76 S. 75).

**3. Obligatorisches Abberufungsverlangen.** Nach dem erst in der Endphase der 3 Bestimmung angefügten Satz 2 des Absatzes 1 muss die Behörde vom Veranstalter die Abberufung einer verantwortlichen Aufsichtsperson oder eines Ausbilders verlangen, wenn in deren Person Mängel betr. Zuverlässigkeit, persönlicher Eignung oder Sachkunde in nachprüfbarer Weise zutage treten. „Zur Klarstellung wurde in Absatz 1 Satz 2 in Parallele zu § 10 Abs. 4 die – neben die Ermessensausübung nach Satz 1 tretende – ausdrückliche Handlungsverpflichtung der zuständigen Behörde zu einem verwaltungsförmlichen Vorgehen gegenüber dem Veranstalter aufgegeben" (Begr. BR-Drucks. 415/03 S. 54)..

**4. Einstweilige Einstellung (Absatz 2).** Sie betrifft nur die vorübergehende Ein- 4 stellung einzelner Lehrgänge oder von Schießübungen. Sie geschieht ebenfalls durch anfechtbaren Verwaltungsakt der landesrechtlich zuständigen Behörde, die auf diese Weise indirekt die Befolgung der Verpflichtungen nach § 22 Abs. 2 bis 4 der VO erzwingen kann. Satz 2 bestimmt abschließend über die Einstellungsgründe. Da das Wort „insbesondere" fehlt, kann die Einstellung nach Absatz 2 Satz 1 nicht aus anderen Gründen, etwa wegen hartnäckiger Nichtbefolgung von § 23 der VO oder aus Gründen des allgemeinen Polizeirechts, verfügt werden.

**5. Zuwiderhandlung.** Ordnungswidrig handelt nach § 34 Nr. 22, wer einer An- 5 ordnung nach Absatz 2 Satz 1 (betr. einstweilige Einstellung von Lehrgängen oder Schießübungen) nicht oder nicht rechtzeitig nachkommt. Das entgegen behördlichem Verlangen nicht vorgenommene Abberufen der Aufsichts- oder Ausbildungsperson ist nicht bußgeldbewehrt. Auch bezüglich der Nichtbeachtung des Dauerverbots gem. Absatz 1 besteht keine Sanktionsvorschrift.

## Abschnitt 8. Vorschriften mit Bezug zur Europäischen Union und zu Drittstaaten

### Unterabschnitt 1. Anwendung des Gesetzes auf Bürger der Europäischen Union

#### Allgemeine Bestimmungen

**26** (1) **Auf Staatsangehörige eines Mitgliedstaates der Europäischen Union (Mitgliedstaat) ist § 21 Abs. 4 Nr. 1 des Waffengesetzes nicht anzuwenden.**

(2) **Auf Staatsangehörige eines Mitgliedstaates, die in einem anderen Mitgliedstaat ihren gewöhnlichen Aufenthalt haben, ist § 21 Abs. 4 Nr. 2 des Waffengesetzes nicht anzuwenden, soweit die Erlaubnis darauf beschränkt wird,**

1. **Bestellungen auf Waffen oder Munition bei Inhabern einer Waffenherstellungs- oder Waffenhandelserlaubnis aufzusuchen und diesen den Erwerb, den Vertrieb oder das Überlassen solcher Gegenstände zu vermitteln und**
2. **den Besitz nur über solche Waffen oder Munition auszuüben, die als Muster, als Proben oder als Teile einer Sammlung mitgeführt werden.**

(3) **Absatz 2 ist entsprechend anzuwenden auf Gesellschaften, die nach den Rechtsvorschriften eines Mitgliedstaates gegründet sind und ihren satzungsmäßigen Sitz, ihre Hauptverwaltung oder ihre Hauptniederlassung innerhalb der Europäischen Union haben. Soweit diese Gesellschaften nur ihren satzungsmäßigen Sitz, jedoch weder ihre Hauptverwaltung noch ihre Hauptniederlassung innerhalb der Europäischen Union haben, gilt Satz 1 nur, wenn ihre Tätigkeit in tatsächlicher und dauerhafter Verbindung mit der Wirtschaft eines Mitgliedstaates steht.**

(4) **Die Vorschriften der Absätze 1 bis 3 zugunsten von Staatsangehörigen eines Mitgliedstaates sind nicht anzuwenden, soweit dies zur Beseitigung einer Störung der öffentlichen Sicherheit oder Ordnung oder zur Abwehr einer bevorstehenden Gefahr für die öffentliche Sicherheit oder Ordnung im Einzelfall erforderlich ist.**

(5) **Auf Staatsangehörige eines Mitgliedstaates ist § 4 Abs. 2 des Waffengesetzes nicht anzuwenden, soweit sie im Geltungsbereich des Waffengesetzes ihren gewöhnlichen Aufenthalt haben und eine selbstständige oder unselbstständige Tätigkeit ausüben, die den Erwerb, den Besitz oder das Führen einer Waffe oder von Munition erfordert.**

**1** 1. **Allgemeines.** Die Vorschrift ist gestützt auf § 47 WaffG. Sie übernimmt die Regelungen der §§ 1 und 3 der bisherigen Zweiten Verordnung zum Waffengesetz (2. WaffV aF). Vgl. weiter zum EU-Bezug § 11 WaffG und Nr. 11 WaffVwV.

Allgemeine Bestimmungen  **§ 26 A WaffV**

**2. Wegfall des Erfordernisses der deutschen Staatsangehörigkeit (§ 21 Abs. 4 Nr. 1 WaffG).** Absatz 1 stellt die Angehörigen eines EU-Mitgliedstaates deutschen Staatsangehörigen insofern gleich, als er bestimmt, dass bei Bewerbern um die Zulassung zum Waffenherstellungs- oder zum Waffenhandelsgewerbe (§ 21 WaffG) die Erlaubnis nicht wegen Fehlens der deutschen Staatsangehörigkeit versagt werden darf.

**3. Weitere Befreiungen.** Nach Absatz 2 entfällt unter bestimmten Voraussetzungen der Versagungsgrund der fehlenden Inlandsbindung (gewöhnlicher Aufenthaltsort oder gewerbliche Niederlassung im Bundesgebiet [§ 21 Abs. 4 Nr. 2 WaffG]). Ist der Antragsteller Staatsangehöriger eines EU-Mitgliedstaates und hat er in einem anderen Mitgliedstaat der EU seinen gewöhnlichen Aufenthalt, so ist der Versagungsgrund fehlender Inlandsbindung (§ 21 Abs. 4 Nr. 2 WaffG) nicht heranzuziehen, wenn die beiden Voraussetzungen der Nrn. 1 und 2 des Absatzes 2 in Gestalt einer insoweit beschränkten Erlaubnis erfüllt sind: a) Es wird eine beschränkte Erlaubnis nur zum Aufsuchen von Bestellungen im Waffenhandel oder Waffengewerbe und zum Vermitteln des Erwerbs, des Vertriebs oder des Überlassens von Waffen oder Munition in diesen Kreisen erteilt und zusätzlich b) muss die Erlaubnisbeschränkung den Inhalt haben, dass der Erlaubnisinhaber den Besitz ausschließlich über mitgeführte Muster oder Proben von Waffen und Munition oder mitgeführte Teile von Waffen- oder Munitionssammlungen ausüben darf. „Die Beschränkung auf den Vertrieb bei inländischen Waffenherstellern und Waffenhändlern entspricht dem Vertriebsverbot gem. § 38 Abs. 1 Nr. 2 WaffG [aF; jetzt: § 35 Abs. 3 Satz 1 Nr. 2] und stellt außerdem sicher, dass Schusswaffen oder Munition vor Weitergabe an den „Endverbraucher" einer Kontrolle durch die zuständigen Behörden unterliegen" (fr. VO-Begr. BR-Drucks. 572/76 S. 6/7). Nach der gleichen VO-Begr. bezieht sich Absatz 2 auch auf deutsche Staatsangehörige, die ihren gewöhnlichen Aufenthalt oder ihre gewerbliche Niederlassung in einem der anderen Mitgliedstaaten der EWG (jetzt: EU) haben.

**4. Gesellschaften.** Absatz 3 enthält eine dem Absatz 2 entsprechende Regelung für Gesellschaften mit Sitz innerhalb der EU. Die VO bestimmt ausdrücklich, dass hierfür nicht der formelle Sitz, sondern nach der gebotenen „faktischen Betrachtungsweise" die tatsächliche, auf Dauer angelegte Bindung an einen Mitgliedstaat maßgebend ist.

**5. Ausnahmen im Einzelfall.** Absatz 4 eröffnet die Möglichkeit, die Liberalisierung gem. den vorst. Absätzen aus Gründen des allgemeinen Polizeirechts, wenn notwendig, einzuschränken.

**6. Im Inland wohnende Angehörige eines ausländischen Mitgliedstaates.** Der Versagungsgrund der fehlenden Inlandsbindung des § 4 Abs. 2 WaffG ist nicht anzuwenden auf ausländische Staatsangehörige, die einem Mitgliedstaat der EU angehören und im Inland ihren gewöhnlichen Aufenthalt haben, sofern sie im Inland eine Tätigkeit ausüben, die den Erwerb, den Besitz oder das Führen einer Schusswaffe erfordert. Insoweit ist § 3 der 2. WaffV aF übernommen worden. Mit dieser Vorschrift wurde seinerzeit dem Art. 52 des EWG-Vertrages über das Niederlassungsrecht Rechnung getragen. Hiernach wird nicht nur eine Gleichbehandlung der Ausländer mit Staatsangehörigkeit in einem Mitgliedstaat der EWG (EU) bei Zugang zum Waffenherstellungs- und Waffenhandelsgewerbe verlangt, sondern auch die volle Gleichstellung bei der Ausübung von selbstständigen oder abhängigen Tätigkeiten, die den Erwerb, den Besitz oder das Führen einer Schusswaffe „oder von Munition" (bezüglich von Munition scheidet das „Führen" aus) erfordern. Die Gleich-

## Besondere Bestimmungen zur Fachkunde

**27** (1) Der Nachweis der Fachkunde für den Waffenhandel im Sinne des § 22 des Waffengesetzes ist für einen Staatsangehörigen eines Mitgliedstaates als erbracht anzusehen, wenn er in einem anderen Mitgliedstaat im Handel mit Waffen und Munition wie folgt tätig war:
1. drei Jahre ununterbrochen als Selbstständiger oder in leitender Stellung,
2. zwei Jahre ununterbrochen als Selbstständiger oder in leitender Stellung, wenn er für die betreffende Tätigkeit eine vorherige Ausbildung nachweisen kann, die durch ein staatlich anerkanntes Zeugnis bestätigt oder von einer zuständigen Berufsinstitution als vollwertig anerkannt ist,
3. zwei Jahre ununterbrochen als Selbstständiger oder in leitender Stellung sowie außerdem drei Jahre als Unselbstständiger oder
4. drei Jahre ununterbrochen als Unselbstständiger, wenn er für den betreffenden Beruf eine vorherige Ausbildung nachweisen kann, die durch ein staatlich anerkanntes Zeugnis bestätigt oder von einer zuständigen Berufsinstitution als vollwertig anerkannt ist.

(2) In den in Absatz 1 Nr. 1 und 3 genannten Fällen darf die Tätigkeit als Selbstständiger oder in leitender Stellung höchstens zehn Jahre vor dem Zeitpunkt der Antragstellung beendet worden sein.

(3) Als ausreichender Nachweis ist auch anzusehen, wenn der Antragsteller die dreijährige Tätigkeit nach Absatz 1 Nr. 1 nicht ununterbrochen ausgeübt hat, die Ausübung jedoch nicht mehr als zwei Jahre vor dem Zeitpunkt der Antragstellung beendet worden ist.

(4) Eine Tätigkeit in leitender Stellung im Sinne des Absatzes 1 übt aus, wer in einem industriellen oder kaufmännischen Betrieb des entsprechenden Berufszweigs tätig war
1. als Leiter des Unternehmens oder einer Zweigniederlassung,
2. als Stellvertreter des Unternehmers oder des Leiters des Unternehmens, wenn mit dieser Stellung eine Verantwortung verbunden ist, die der des vertretenen Unternehmers oder Leiters entspricht, oder
3. in leitender Stellung mit kaufmännischen Aufgaben und mit der Verantwortung für mindestens eine Abteilung des Unternehmens.

(5) Der Nachweis, dass die Voraussetzungen der Absätze 1 bis 4 erfüllt sind, ist vom Antragsteller durch eine Bescheinigung der zuständigen Stelle des Herkunftslandes zu erbringen.

1 **1. Allgemeines.** Gesetzliche Grundlage sind § 22 Abs. 2 Nr. 2 und 3 und § 47 WaffG. Vorbild ist die Regelung in § 2 der 2. WaffV aF.

2 **2. Fachkunde für den Waffenhandel.** Die Vorschrift lässt bei Staatsangehörigen eines EU-Staates als ausreichenden Nachweis der Fachkunde für den Waffenhandel

Erwerb von Waffen § 28 AWaffV

anstelle der in § 22 Abs. 1 Nr. 2 WaffG vorgesehenen praktischen Tätigkeit bei einem deutschen Waffenhändler eine entsprechende Tätigkeit des Bewerbers in seinem Heimatstaat genügen (vgl. Nr. 22.4 WaffVwV). Die Regelung entspricht nach der fr. VO-Begr. (BR-Drucks. 572/76 S. 7) den Art. 4 und 6 der Richtlinie des Rates der Europäischen Gemeinschaften vom 15. 10. 1968 über die Einzelheiten der Übergangsmaßnahmen auf dem Gebiet der selbständigen Tätigkeit des Einzelhandels (ABl. EG Nr. L 260/6) und berücksichtigt auch Art. 2 der Richtlinie über die Einzelheiten der Übergangsmaßnahmen auf dem Gebiet der Tätigkeiten des Großhandels und der Vermittlungstätigkeiten in Handel, Industrie und Handwerk (ABl. EG 857/64).

**3. Regelungsbereich.** Die einzelnen Voraussetzungen sind ausführlich aufgezählt. 3
Die Bestimmung gilt nicht für Waffen**hersteller**, da das WaffG insoweit keinen besonderen Nachweis der Fachkunde verlangt.

### Unterabschnitt 2. Erwerb von Waffen und Munition in anderen Mitgliedstaaten; Verbringen und Mitnahme

**Erlaubnisse für den Erwerb von Waffen und Munition in einem anderen Mitgliedstaat**

**28** Eine Erlaubnis nach § 11 Abs. 2 des Waffengesetzes wird als Zustimmung durch einen Erlaubnisschein der zuständigen Behörde erteilt. Für die Erteilung hat der Antragsteller folgende Angaben zu machen:
1. über seine Person:
 Vor- und Familienname, Geburtsdatum und -ort, Anschriften sowie Nummer, Ausstellungsdatum und ausstellende Behörde des Passes oder des Personalausweises;
2. über die Waffe:
 bei Schusswaffen Anzahl, Art, Kaliber und Kategorie nach Anlage 1 Abschnitt 3 zum Waffengesetz und gegebenenfalls CIP-Beschusszeichen; bei sonstigen Waffen Anzahl und Art der Waffen;
3. über die Munition:
 Anzahl, Art, Kaliber und gegebenenfalls CIP-Prüfzeichen.

Die Vorschrift ist gestützt auf **§ 47 WaffG.** Aus der Begründung des Verord- 1
nungsgebers (BR-Drucks. 415/03 S. 54): In Ausfüllung des Artikels 7 Abs. 1 Satz 2 der Richtlinie 91/477/EWG übernimmt sie die Regelung des § 9 Abs. 1 Satz 2 der 1. WaffV aF. Die Bestimmungen des § 9 Abs. 1 und 3 der 1. WaffV aF sind nunmehr im Wesentlichen in das Gesetz übernommen worden (§ 11 Abs. 1 Satz 2 und Abs. 2 WaffG). Vgl. ergänzend Nr. 11 WaffVwV.

Die Vorgängervorschrift ist seinerzeit durch Art. 1 Nr. 2 der „Verordnung zur Änderung von waffenrechtlichen Verordnungen" vom 20. 10. 1994 (BGBl. I 3073) in die 1. WaffV aF eingefügt worden. Sie bezweckte die Umsetzung der Waffenrichtlinie der EG 91/477/EWG vom 18. 6. 1991 und – teilweise – der Sprengstoffrichtlinie 93/15/EWG des Rates vom 5. 4. 1993 zur Harmonisierung der Bestimmungen über das Inverkehrbringen und die Kontrolle von Explosivstoffen für zivile Zwecke (ABl. EG Nr. L 121 S. 20), beide im Kommentar abgedruckt unter **Nr. 12 b** bzw. **12 c.** Diese Regelung trat an die Stelle der inzwischen weggefallenen Kontrollen des Waffen- und Munitionsbesitzes an den früheren innergemeinschaftlichen Grenzen und schaffte ein EG-einheitliches Verfahren, um weiterhin eine gewisse Kontrollmöglichkeit über so brisante Gegenstände wie Waffen und Munition auch innerhalb der Gemeinschaft zu behalten.

### Erlaubnisse zum Verbringen von Waffen und Munition

**29** (1) Eine Erlaubnis oder Zustimmung nach den §§ 29 bis 31 des Waffengesetzes wird durch einen Erlaubnisschein der zuständigen Behörde erteilt.

(2) Für die Erteilung einer Zustimmung nach § 29 Abs. 2 und § 30 Abs. 1 Satz 2 des Waffengesetzes hat der Antragsteller folgende Angaben zu machen:
1. über die Person des Überlassers und des Erwerbers oder desjenigen, der die Waffen oder Munition ohne Besitzwechsel in einen anderen Mitgliedstaat verbringt:
Vor- und Familienname, Geburtsdatum und -ort, Wohnort und Anschrift, bei Firmen auch Telefon- oder Telefaxnummer, sowie Nummer, Ausstellungsdatum und ausstellende Behörde des Passes oder des Personalausweises und die Angabe, ob es sich um einen Waffenhändler oder um eine Privatperson handelt;
2. über die Waffen:
bei Schusswaffen Anzahl und Art der Waffen, Kategorie nach der Anlage 1 Abschnitt 3 zum Waffengesetz, Firma oder eingetragenes Markenzeichen des Herstellers, Modellbezeichnung, Kaliber, Herstellungsnummer und gegebenenfalls CIP-Beschusszeichen; bei sonstigen Waffen Anzahl und Art der Waffen;
3. über die Munition:
Anzahl und Art der Munition, Kategorie nach der Richtlinie 93/15/EWG des Rates vom 5. April 1993 zur Harmonisierung der Bestimmungen über das Inverkehrbringen und die Kontrolle von Explosivstoffen für zivile Zwecke (ABl. EG Nr. L 121 S. 20), Firma oder eingetragenes Markenzeichen des Herstellers, Kaliber und gegebenenfalls CIP-Munitionsprüfzeichen;
4. über die Lieferanschrift:
genaue Angabe des Ortes, an den die Waffen oder die Munition versandt oder transportiert werden.

Die Angaben nach Satz 1 sind auch für die Erteilung einer Erlaubnis zum Verbringen aus einem Drittstaat nach § 29 Abs. 1 oder § 30 Abs. 1 Satz 1 des Waffengesetzes erforderlich; in diesen Fällen muss der Erlaubnisschein alle in Satz 1 genannten Angaben enthalten.

(3) Wird gewerbsmäßigen Waffenherstellern oder -händlern (§ 21 des Waffengesetzes) die Zustimmung nach § 29 Abs. 2 des Waffengesetzes allgemein zum Verbringen von Waffen und Munition von einem gewerbsmäßigen Waffenhersteller oder -händler, der Inhaber einer allgemeinen Erlaubnis des anderen Mitgliedstaats zum Verbringen von Waffen und Munition nach Artikel 11 Abs. 3 der Richtlinie 91/477/EWG des Rates vom 18. Juni 1991 über die Kontrolle des Er-

werbs und des Besitzes von Waffen (ABl. EG Nr. L 256 S. 51) ist, befristet erteilt, so kann bei Schusswaffen auf die Angaben des Kalibers und der Herstellungsnummer verzichtet werden. Auf die in Satz 1 genannten Angaben kann auch bei der Erteilung einer Erlaubnis zum Verbringen aus einem Drittstaat zwischen gewerbsmäßigen Waffenherstellern oder -händlern nach § 29 Abs. 1 oder § 30 Abs. 1 des Waffengesetzes verzichtet werden, wenn besondere Gründe hierfür glaubhaft gemacht werden. Im Falle des Satzes 2 müssen die genannten Angaben den nach § 33 Abs. 3 des Waffengesetzes zuständigen Überwachungsbehörden bei dem Verbringen mitgeteilt werden.

(4) Für die Erteilung einer Erlaubnis nach § 31 Abs. 1 des Waffengesetzes hat der Antragsteller neben den in Absatz 2 Satz 1 genannten Angaben über die Versendung der Waffen oder der Munition das Beförderungsmittel, den Tag der Absendung und den voraussichtlichen Ankunftstag mitzuteilen.

(5) Für die Erteilung einer Erlaubnis nach § 31 Abs. 2 des Waffengesetzes hat der Antragsteller Angaben über Name und Anschrift der Firma, Telefon- oder Telefaxnummer, Vor- und Familienname, Geburtsort und -datum des Inhabers der Erlaubnis nach § 21 Abs. 1 des Waffengesetzes, Empfängermitgliedstaat und Art der Waffen und Munition zu machen. Bei dem Transport der Schusswaffen oder der Munition innerhalb der Europäischen Union zu einem Waffenhändler in einem anderen Mitgliedstaat durch einen oder im Auftrag eines Inhabers der Erlaubnis nach § 31 Abs. 2 des Waffengesetzes kann an Stelle des Erlaubnisscheins nach Absatz 1 eine Erklärung mitgeführt werden, die auf diesen Erlaubnisschein verweist. Die Erklärung muss auf dem hierfür vorgesehenen amtlichen Vordruck erfolgen und folgende Angaben enthalten:

1. die Bezeichnung des Versender- und des Empfängermitgliedstaates, der Durchgangsländer, der Beförderungsart und des Beförderers;
2. über den Versender, den Erklärungspflichtigen und den Empfänger:
   Name und Anschrift der Firma, Telefon- oder Telefaxnummer;
3. über die Erlaubnis nach § 31 Abs. 2 des Waffengesetzes:
   Ausstellungsdatum und -nummer, ausstellende Behörde und Geltungsdauer;
4. über die vorherige Zustimmung des anderen Mitgliedstaates oder die Freistellung von der vorherigen Zustimmung:
   Ausstellungsdatum und ausstellende Behörde, Angabe der Waffen; ein Doppel der vorherigen Zustimmung oder der Freistellung ist der Erklärung beizufügen;
5. über die Waffen:
   bei Schusswaffen Anzahl und Art der Waffen, Kategorie nach der Anlage 1 Abschnitt 3
   des Waffengesetzes, Firma oder eingetragenes Markenzeichen des Herstellers, Modellbezeichnung, Kaliber, Herstellungsnummer und gegebenenfalls CIP-Beschusszeichen; bei sonstigen Waffen Anzahl und Art der Waffen;

**6. über die Munition:**
**Anzahl und Art der Munition, Kategorie nach der Richtlinie 93/15/EWG des Rates vom 5. April 1993 zur Harmonisierung der Bestimmungen über das Inverkehrbringen und die Kontrolle von Explosivstoffen für zivile Zwecke (ABl. EG Nr. L 121 S. 20), Firma oder eingetragenes Markenzeichen des Herstellers, Kaliber und gegebenenfalls CIP-Munitionsprüfzeichen;**
**7. über die Lieferanschrift:**
**genaue Angabe des Ortes, an den die Waffen oder die Munition versandt oder transportiert werden.**

Die Vorschrift (vgl. hierzu *Ullrich* Kriminalistik **2004**, 472 und DWJ **2004**, Heft 5, S. 92 sowie Nr. 29 bis 31 WaffVwV) ist gestützt auf **§ 47 WaffG**, insbesondere dessen Nr. 3. Sie dient der Umsetzung des Art. 11 Abs. 1 bis 3 sowie des Art. 15 Abs. 1 Satz 1 der Richtlinie 91/477/EWG (Waffenrichtlinie). Vorbild sind folgende Bestimmungen der 1. WaffV aF: **Absatz 1** entspricht § 9b Abs. 1. **Absatz 2** übernimmt den Regelungsgehalt des § 9b Abs. 2 Satz 2. Aufgrund von Absatz 1 Satz 2 gelten die Regelungen auch für ein Verbringen aus **Drittstaaten.** Hierfür bedurfte es im früheren Waffenrecht keiner eigenständigen Erlaubnis (BR-Drucks. 415/03 S. 54/55); entsprechende Angaben mussten seinerzeit allerdings gegenüber den Überwachungsbehörden an der Grenze gemacht werden (§ 27 Abs. 4 WaffG aF).

Durch die Regelungen des **Absatzes 3** wird (Begr. BR-Drucks. 415/03 S. 55) „für gewerbsmäßige Waffenhersteller oder -händler ein erleichtertes Verfahren für das Verbringen von Waffen und Munition von Waffenherstellern oder -händlern in anderen Mitgliedstaaten oder in Drittstaaten zur Verfügung gestellt. Bezieht sich die Erlaubnis als Zustimmung auf eine Verbringungserlaubnis des anderen Mitgliedstaats, so wird das nach Satz 1 aufgezeigte Verfahren nur dann zur Anwendung kommen, wenn die allgemeine Verbringungserlaubnis des anderen Mitgliedstaats nach Art. 11 Abs. 3 der Richtlinie 91/477/EWG nachgewiesenen ist und somit vom Vorliegen regelmäßiger, ggf. auch befristeter Geschäftsbeziehungen ausgegangen werden kann. Die Mitteilung der zunächst entbehrlichen Angaben bei dem Verbringensvorgang selbst ist durch die Verpflichtung gemäß Art. 11 Abs. 3 und Art. 13 der Richtlinie 91/477/EWG zur Anzeige und Übermittlung aller erforderlicher Angaben sichergestellt. Bei dem Verbringen aus Drittstaaten (Absatz 3 Satz 2) erfolgt die Kenntniserlangung und Weitergabe dieser Angaben im Rahmen der Kontrolle durch die nach § 33 Abs. 3 des Waffengesetzes zuständigen Überwachungsbehörden (Absatz 3 Satz 3 in Verbindung mit § 32 Abs. 3); die vollständigen Angaben, die sich aus Absatz 2 der Vorschrift ergeben, sind hier in jedem Fall zu leisten, auch wenn die Waren zollrechtlich noch nicht abgefertigt sind. Eine Erlaubniserteilung im Sinne des Absatzes 3 Satz 2 wird aber nur in den Fällen in Betracht kommen, in denen zB durch die Vorlage entsprechender längerfristiger Verträge und Bestellungen laufende Geschäftsbeziehungen zwischen einem Waffenhersteller oder -händler in Deutschland und einem solchen in dem Drittstaat nachgewiesen sind. Für die Weitergabe der Angaben nach Satz 3 durch die Überwachungsbehörden gilt § 32 Abs. 3. Im bisherigen Waffenrecht, nach dem noch keine eigenständige Erlaubnis für das Verbringen aus Drittstaaten vorgesehen war, war gemäß § 27 Abs. 4 WaffG aF in Verbindung mit Nr. 27.5 und Anlage 9 der Allgemeinen Verwaltungsvorschrift zum Waffengesetz ein ähnliches Verfahren vorgesehen". Wie die Formulierung des Gesetzes mit dem „Klammerzitat": „§ 21 des Gesetzes" ergibt, sind über die zitierte Begründung hinaus auch die „wirtschaftlichen Unternehmungen" erfasst.

Erlaubnisse zur Mitnahme § 30 AWaffV

Absatz 4 entspricht § 9 b Abs. 2 Satz 1 der 1. WaffV aF, **Absatz 5** dem dortigen § 9 b Abs. 3 und 4. In Absatz 5 Satz 3 sind diejenigen Angaben aufgeführt, die früher aus Anlage 4 zur 1. WaffV aF ersichtlich waren.

Nicht alle einschlägigen Bestimmungen der 1. WaffV aF finden sich in der AWaffV wieder. Die Bestimmungen der § 9 a und 9 b Abs. 2 Satz 3 der 1. WaffV aF sind im Wesentlichen in das WaffG übernommen worden: §§ 29 bis 31 und § 38 Satz 1 Nr. 1 Buchstabe c WaffG.

## Erlaubnisse für die Mitnahme von Waffen und Munition nach oder durch Deutschland

**30** (1) **Eine Erlaubnis nach § 32 Abs. 1 Satz 1 des Waffengesetzes wird durch einen Erlaubnisschein der zuständigen Behörde erteilt. Für die Erteilung der Erlaubnis nach Satz 1 hat der Antragsteller folgende Angaben zu machen:**
1. **über seine Person:**
   **Vor- und Familienname, Geburtsdatum und -ort, Wohnort und Anschrift, bei Firmen auch Telefon- oder Telefaxnummer, sowie Nummer, Ausstellungsdatum und ausstellende Behörde des Passes oder des Personalausweises;**
2. **über die Waffen:**
   **bei Schusswaffen Anzahl und Art der Waffen, Kategorie nach der Anlage 1 Abschnitt 3 zum Waffengesetz, Firma oder eingetragenes Markenzeichen des Herstellers, Modellbezeichnung, Kaliber, Herstellungsnummer und gegebenenfalls CIP-Beschusszeichen; bei sonstigen Waffen Anzahl und Art der Waffen;**
3. **über die Munition:**
   **Anzahl und Art der Munition, Kategorie nach der Richtlinie 93/15/EWG des Rates vom 5. April 1993 zur Harmonisierung der Bestimmungen über das Inverkehrbringen und die Kontrolle von Explosivstoffen für zivile Zwecke (ABl. EG Nr. L 121 S. 20), Firma oder eingetragenes Markenzeichen des Herstellers, Kaliber und gegebenenfalls CIP-Munitionsprüfzeichen;**
4. **über den Grund der Mitnahme:**
   **genaue Angabe des Ortes, zu dem die Waffen oder die Munition mitgenommen werden sollen, und der Zweck der Mitnahme.**

**Der Erlaubnisschein für die Mitnahme von Waffen oder Munition aus einem Drittstaat muss alle in Satz 2 genannten Angaben enthalten.**

(2) **Bei der Erteilung einer Erlaubnis nach § 32 Abs. 1 Satz 1 des Waffengesetzes kann die Sachkunde auch als nachgewiesen angesehen werden, wenn eine ausreichende Kenntnis der geforderten Inhalte durch einen Beleg des Staates, in dem die Person ihren gewöhnlichen Aufenthalt hat, glaubhaft gemacht wird.**

(3) **Bei der Erteilung einer Erlaubnis nach § 32 Abs. 4 des Waffengesetzes kann die zuständige Behörde auf einzelne der in Absatz 1 Satz 2 Nr. 2 und 3 aufgeführten Angaben verzichten, wenn diese nicht rechtzeitig gemacht werden können. Die Angaben sind der zuständigen Behörde unverzüglich nachzureichen und bei der Einreise den**

**AWaffV § 30**  Abschn. 8. Vorschr. zur Europäischen Union

nach § 33 Abs. 3 des Waffengesetzes zuständigen Überwachungsbehörden mitzuteilen.

(4) **Die zuständige Behörde kann in besonderen Fällen gestatten, dass Antragstellungen für die Erteilung einer Erlaubnis nach § 32 Abs. 4 des Waffengesetzes durch mehrere Personen gemeinsam auf dem hierfür vorgesehenen amtlichen Vordruck erfolgen. Im Falle des Satzes 1 sind für die Antragsteller jeweils die Angaben nach Absatz 1 Satz 2 Nr. 1 und 4 vollständig zu machen, die Angaben nach Absatz 1 Satz 2 Nr. 2 und 3, soweit die Behörde hierauf nicht verzichtet hat.**

1  1. **Allgemeines.** Die Vorschrift (vgl. hierzu *Ullrich* DWJ **2004**, Heft 5 S. 92) ist gestützt auf § 47 **WaffG**, insbesondere dessen Nrn. 2 und 3, hinsichtlich Absatz 2 auch auf § 7 Abs. 2 WaffG. Aus der VO-Begr. (BR-Drucks. 415/03 S. 55): Absatz 1 erfolgt in Ausfüllung des Artikels 12 Abs. 1 und auch des Artikels 15 Abs. 1 der Richtlinie 91/477/EWG, soweit die Mitnahme aus Drittstaaten in den Geltungsbereich des WaffG betroffen ist. Eine entsprechende Regelung war im bisherigen Waffenrecht nur im Ansatz in § 9c der bisherigen 1. WaffV hinsichtlich der Mitnahme von Schusswaffen und Munition aus anderen Mitgliedstaaten nach Deutschland vorhanden. Nachdem nunmehr gemäß § 32 Abs. 1 WaffG – von den Ausnahmefällen des § 32 Abs. 3 bis 5 WaffG abgesehen – durchgehend Erlaubnisse für die Mitnahme von Waffen und Munition auch aus Drittstaaten vorgesehen sind, erscheint wie in den Fällen der Erlaubnisse für ein „Verbringen" die Präzisierung der Form der Erlaubniserteilung sowie der Angaben, die der Antragsteller hierzu zu machen hat, sinnvoll. Vgl. ergänzend Nr. 32 WaffVwV.

2  2. **Absatz 2** ist in den Fällen von Bedeutung, in denen Personen nicht bereits durch § 32 Abs. 3 des Waffengesetzes von einer Erlaubnispflicht freigestellt sind oder die Erteilung der Erlaubnis nach § 32 Abs. 4 des Waffengesetzes an geringere Voraussetzungen geknüpft ist. Durch die Regelung wird klargestellt, dass bei der Erteilung einer Erlaubnis zur Mitnahme von Schusswaffen oder Munition durch Personen aus anderen EU-Staaten oder aus Drittstaaten an die grundsätzlich erforderliche Sachkunde im Sinne von § 4 Abs. 1 Nr. 3 und § 7 Abs. 1 WaffG nicht zwingend die gleichen **formalen** Anforderungen zu stellen sind, wie dies nach § 7 WaffG in Verbindung mit den Bestimmungen des Abschnitts 1 dieser Verordnung sonst vorgesehen ist. Hier ist ein amtlicher Beleg des jeweiligen Aufenthaltsstaates über das Vorhandensein der erforderlichen Sachkenntnisse als ausreichend erachtet worden.

3  3. **Erleichterungen für Sonderfälle.** In den Absätzen 3 und 4 soll (Begr. BR-Drucks. 415/03 S. 56) für die Fälle, in denen etwa im Vorfeld von schießsportlichen Großveranstaltungen die Vorbereitung für die Verbände und letztlich auch für die zuständigen Waffenbehörden mit großem Aufwand verbunden ist und flexibel vorgenommen werden muss, die Möglichkeit zu einer **vereinfachten Erlaubniserteilung** geschaffen werden. Die nach **Absatz 4** zugelassene **gemeinschaftliche Antragstellung,** die zu einem – von § 10 Abs. 2 Satz 1 nicht gedeckten – gemeinschaftlichen Erlaubnisschein führen könnte, ermöglicht außerdem, die Gebühren im Vergleich zu einer Einzel-Antragstellung zu ermäßigen. Für die Weitergabe der Angaben nach Absatz 3 Satz 2 durch die Überwachungsbehörden gilt § 32 Abs. 3.

4  4. **Sonderregelung betr. Österreich.** Besondere Regelungen für die Mitnahme von Waffen und Munition nach Deutschland bestehen nach dem Abkommen zwischen der Bundesrepublik Deutschland und der Republik Österreich über die gegenseitige Anerkennung von Dokumenten für die Mitnahme von Schusswaffen und

Anzeigen **§ 31 AWaffV**

Munition durch Angehörige traditioneller Schützenvereinigungen und Sportschützen vom 28. 6. 2002, in Kraft gesetzt durch VO vom 5. 1. 2004, beide Dokumente im Kommentar abgedruckt unter **Nr. 12 f.**

**Anzeigen**

**31** (1) **Eine Anzeige nach § 31 Abs. 2 Satz 3 des Waffengesetzes an das Bundeskriminalamt ist mit dem hierfür vorgesehenen amtlichen Vordruck in zweifacher Ausfertigung zu erstatten. Die Anzeige muss die in § 29 Abs. 5 Satz 3 genannten Angaben enthalten. Das Bundeskriminalamt bestätigt dem Anzeigenden den Eingang auf dem Doppel der Anzeige.**

(2) Eine Anzeige nach § 34 Abs. 4, erster Halbsatz des Waffengesetzes an das Bundeskriminalamt ist mit dem hierfür vorgesehenen amtlichen Vordruck zu erstatten und muss folgende Angaben enthalten:
1. über die Person des Überlassers:
 Vor- und Familiennamen oder Firma, Wohnort oder Firmenanschrift, bei Firmen auch Telefon- oder Telefaxnummer, Datum der Überlassung;
2. über die Person des Erwerbers:
 Vor- und Familiennamen, Geburtsdatum und -ort, Anschriften in Mitgliedstaaten sowie Nummer, Ausstellungsdatum und ausstellende Behörde des Passes oder des Personalausweises;
3. über die Waffen oder die Munition:
 die Angaben nach § 29 Abs. 2 Satz 1 Nr. 2 und 3.

(3) Eine Anzeige nach § 34 Abs. 5 Satz 1 des Waffengesetzes an das Bundeskriminalamt ist mit dem hierfür vorgesehenen amtlichen Vordruck in zweifacher Ausfertigung zu erstatten und muss folgende Angaben enthalten:
1. über die Person des Erwerbers oder denjenigen, der eine Schusswaffe zum dortigen Verbleib in einen anderen Mitgliedsstaat verbringt:
 Vor- und Familiennamen, Geburtsdatum und -ort, Wohnort und Anschrift, Beruf sowie Nummer, Ausstellungsdatum und ausstellende Behörde des Passes oder des Personalausweises, ferner Nummer, Ausstellungsdatum und ausstellende Behörde der Waffenerwerbsberechtigung;
2. über die Schusswaffe:
 Art der Waffe, Name, Firma oder eingetragene Marke des Herstellers, Modellbezeichnung, Kaliber und Herstellungsnummer;
3. über den Versender:
 Name und Anschrift des auf dem Versandstück angegebenen Versenders.

**Beim Erwerb durch gewerbliche Unternehmen sind die Angaben nach Satz 1 Nr. 1 über den Inhaber des Unternehmens, bei juristischen Personen über eine zur Vertretung des Unternehmens befugte Person mitzuteilen und deren Pass oder Personalausweis vorzulegen. Bei laufenden Geschäftsbeziehungen entfällt die wiederholte Vorlage des**

**AWaffV § 32**   Abschn. 8. Vorschr. zur Europäischen Union

Passes oder des Personalausweises, es sei denn, dass der Inhaber des Unternehmens gewechselt hat oder bei juristischen Personen zur Vertretung des Unternehmens eine andere Person bestellt worden ist. Wird die Schusswaffe oder die Munition einer Person überlassen, die sie außerhalb des Geltungsbereichs des Waffengesetzes, insbesondere im Versandwege erwerben will, so ist die Angabe der Erwerbsberechtigung nach Satz 1 Nr. 1 nicht erforderlich, ferner genügt an Stelle des Passes oder des Personalausweises eine amtliche Beglaubigung dieser Urkunden. Das Bundeskriminalamt bestätigt dem Anzeigenden den Eingang auf dem Doppel der Anzeige.

1   **1. Allgemeines.** Auch diese ausführlich gestaltete Vorschrift ist gestützt auf § 47 WaffG, insbesondere dessen Nr. 3. Aus der Begründung: Sie erfolgt für **Absatz 1** in Ausfüllung des Artikels 11 Abs. 2 und 3 und des Artikels 13 Abs. 1 und 2 der Richtlinie 91/477/EWG. **Absatz 2** liegen die Artikel 7 Abs. 2, 8 Abs. 2 und 13 Abs. 2 dieser Richtlinie zu Grunde. **Absatz 3** erfüllt die Erfordernisse nach dem Übereinkommen des Europarats vom 28. 6. 1978 über die Kontrolle des Erwerbs und Besitzes von Schusswaffen durch Einzelpersonen. Folgende Vorschriften der 1. WaffV aF waren Vorbild: Absatz 1 entspricht im Wesentlichen § 28 c Abs. 1 und 2, Absatz 2 übernimmt den Regelungsgehalt des § 28 b Abs. 2 Satz 2 und Absatz 3 entspricht § 28 Abs. 2 und 3.

Die Bestimmungen der §§ 28 Abs. 1, 28 b Abs. 2 Satz 1 und 28 c Abs. 1 der 1. WaffV aF sind im Wesentlichen in das Waffengesetz übernommen worden (vgl. §§ 31 Abs. 2 Satz 2 und 34 Abs. 4 und 5 WaffG).

Die in Absatz 1 bis 3 genannten Vordrucke entsprechen grundsätzlich denen, die in der Anlage zur 1. WaffV aF hierfür vorgesehen sind; sie sollen künftig zusammen mit anderen Vordrucken in der Allgemeinen Verwaltungsvorschrift redaktionell angepasst werden (Begr. BR-Drucks. 415/03 S. 56/57).

**Mitteilungen der Behörden**

**32** (1) **Die zuständige Behörde übermittelt dem Bundeskriminalamt die Angaben nach § 29 Abs. 4 durch ein Doppel des Erlaubnisscheins.**

(2) **Das Bundeskriminalamt**

1. **übermittelt dem anderen Mitgliedstaat die Angaben nach § 31 Abs. 1 Satz 2 und Abs. 2 und die nach Absatz 1 erhaltenen Angaben;**
2. **übermittelt die von anderen Mitgliedstaaten in den Fällen des § 29 Abs. 1 und des § 30 Abs. 1 des Waffengesetzes erhaltenen Angaben sowie die von anderen Mitgliedstaaten erhaltenen Angaben über das Überlassen von Waffen nach Anlage 1 Abschnitt 3 Nr. 1 bis 3 (Kategorien A bis C) zum Waffengesetz oder von Munition an Personen und den Besitz von solchen Waffen oder Munition durch Personen, die jeweils ihren gewöhnlichen Aufenthalt im Geltungsbereich des Waffengesetzes haben, an die zuständige Behörde;**
3. **übermittelt die von anderen Vertragsstaaten des Übereinkommens vom 28. Juni 1978 über die Kontrolle des Erwerbs und Besitzes von Schusswaffen durch Einzelpersonen (BGBl. 1980 II S. 953) erhalte-**

Europäischer Feuerwaffenpass **§ 33 AWaffV**

nen Mitteilungen über das Verbringen oder das Überlassen der in § 34 Abs. 5 Satz 1 des Waffengesetzes genannten Schusswaffen erhaltenen Angaben an die zuständige Behörde;
4. soll den Erwerb von Schusswaffen und Munition durch die in § 34 Abs. 5 Satz 1 des Waffengesetzes genannten Personen der zuständigen zentralen Behörde des Heimat- oder Herkunftsstaates des Erwerbers mitteilen, sofern Gegenseitigkeit gewährleistet ist; die Mitteilung soll die Angaben nach § 31 Abs. 3 Satz 1 Nr. 1 und 2 enthalten.

(3) Die nach § 33 Abs. 3 des Waffengesetzes zuständigen Überwachungsbehörden übermitteln den zuständigen Behörden die nach § 29 Abs. 3 Satz 3 und nach § 30 Abs. 3 Satz 2 mitgeteilten Angaben.

Die Vorschrift ist ebenfalls auf § 47 WaffG, insbesondere dessen Nr. 3, gestützt. **1**
Es handelt sich nicht um eine völlige Neuschöpfung; es werden vielmehr Regelungen der 1. WaffV aF übernommen: Absatz 1 entspricht § 28c Abs. 3 Satz 1, Absatz 2 Nr. 1 dem § 28b Abs. 2 Satz 3 und dem § 28c Abs. 3 Satz 2, Nr. 2 den §§ 28b Abs. 3 und 28c Abs. 4; Absatz 2 Nr. 4 schließlich dem § 28 Abs. 4. Diese Vorschriften sind seinerzeit entstanden in Umsetzung europäischer Vorgaben: Absatz 1 und Absatz 2 Nr. 1 und 2 erfolgten in Ausfüllung des Art. 13 der Richtlinie 91/477/EWG (Waffenrichtlinie), Absatz 2 Nr. 3 und 4 haben das Übereinkommen des Europarats vom 28. 6. 1978 über die Kontrolle des Erwerbs und Besitzes von Schusswaffen durch Einzelpersonen zur Grundlage. Lediglich Absatz 2 Nr. 3 hat kein Vorbild in der 1. WaffV aF.

Insgesamt sind die bisherigen Regelungen in der 1. WaffV aF aktualisiert worden mit dem Ergebnis, dass § 28 b Abs. 1 entfallen und in § 28 b Abs. 3 die Differenzierung zwischen Satz 1 und 2 (jetzt vorliegender Absatz 2 Nr. 2) beseitigt wurde. Absatz 3 ergänzt die Regelungen in § 29 Abs. 3 Satz 2 und in § 30 Abs. 3 Satz 2 (Begr. BR-Drucks. 415/03 S. 57).

### Europäischer Feuerwaffenpass

**33** (1) **Die Geltungsdauer des Europäischen Feuerwaffenpasses nach § 32 Abs. 6 des Waffengesetzes beträgt fünf Jahre; soweit bei Jägern oder Sportschützen in ihm nur Einzellader-Langwaffen mit glattem Lauf oder mit glatten Läufen eingetragen sind, beträgt sie zehn Jahre. Die Geltungsdauer kann zweimal um jeweils fünf Jahre verlängert werden. § 9 Abs. 1 und 2 und § 37 Abs. 2 des Waffengesetzes gelten entsprechend.**

(2) **Der Antragsteller hat die Angaben nach § 30 Abs. 1 Satz 2 Nr. 1 bis 3 zu machen. Er hat ein Lichtbild aus neuerer Zeit in der Größe von mindestens 45 Millimeter x 35 Millimeter im Hochformat ohne Rand abzugeben. Das Lichtbild muss das Gesicht im Ausmaß von mindestens 20 Millimeter darstellen und den Antragsteller zweifelsfrei erkennen lassen. Der Hintergrund muss heller sein als die Gesichtspartie.**

Die Vorschrift hat ihre gesetzliche Grundlage in § 47 WaffG, insbesondere dessen Nrn. 2 und 3. Die Absätze 1 und 2 entsprechen § 9d Abs. 2 Satz 2 bis 4 und Abs. 3 der 1. WaffV aF. Diese dienten seinerzeit der Umsetzung von Art. 1 Abs. 4 **1**

**AWaffV § 34** Abschn. 9. Ordnungswidrigkeiten u. Schlussvorschr.

Satz 1 bis 4 der Richtlinie 91/477/EWG (Waffenrichtlinie). Die in einem Absatz 3 früherer Fassung enthalten gewesene Regelung war im Waffenrecht neu; sie diente der Umsetzung von Art. 8 Abs. 3 und 12 Abs. 2 Satz 2 der Waffenrechtsrichtlinie. In die endgültige Fassung wurde dieser geplant gewesene Absatz 3 nicht übernommen.

Auch im vorliegenden Regelungsbereich wurden einige Vorschriften der 1. WaffV als so wichtig empfunden, dass sie ihrem wesentlichen Inhalt nach in das Waffengesetz selbst übernommen wurden. Es handelt sich um die §§ 9 c sowie 9 d Abs. 1 und Abs. 2 Satz 1 (vgl. jetzt §§ 32 Abs. 1, 2, 3 und 6 sowie 38 Satz 1 Nr. 1 d WaffG).

## Abschnitt 9. Ordnungswidrigkeiten und Schlussvorschriften

### Ordnungswidrigkeiten

**34** Ordnungswidrig im Sinne des § 53 Abs. 1 Nr. 23 des Waffengesetzes handelt, wer vorsätzlich oder fahrlässig

1. entgegen § 7 Abs. 1 Satz 2 oder § 22 Abs. 1 Satz 3 eine Schießübung veranstaltet oder an ihr teilnimmt,
2. entgegen § 9 Abs. 1 Satz 1 auf einer Schießstätte schießt,
3. entgegen § 9 Abs. 1 Satz 3 die Einhaltung der dort genannten Voraussetzungen nicht überwacht,
4. entgegen § 10 Abs. 1 Satz 4 den Schießbetrieb aufnimmt oder fortsetzt,
5. entgegen § 10 Abs. 2 Satz 1 oder 3 oder § 22 Abs. 2 Satz 1 oder 3 oder Abs. 3 Satz 3 eine Anzeige nicht, nicht richtig, nicht vollständig, nicht in der vorgeschriebenen Weise oder nicht rechtzeitig erstattet,
6. entgegen § 10 Abs. 3 Satz 4 das dort genannte Dokument nicht mitführt oder nicht oder nicht rechtzeitig aushändigt,
7. entgegen § 10 Abs. 3 Satz 5 Einblick nicht oder nicht rechtzeitig gewährt,
8. entgegen § 11 Abs. 1 Satz 1 das Schießen nicht beaufsichtigt,
9. entgegen § 11 Abs. 1 Satz 2 das Schießen oder den Aufenthalt in der Schießstätte nicht untersagt,
10. entgegen § 11 Abs. 2 eine Anordnung nicht befolgt,
11. entgegen § 12 Abs. 2 Satz 2 eine Schießstätte betreibt oder benutzt,
12. entgegen § 13 Abs. 1, 2, 3 oder 6 Satz 1 oder 2 Waffen oder Munition aufbewahrt,
13. entgegen § 17 Abs. 5, auch in Verbindung mit § 19 Abs. 5 oder § 20 Abs. 3 Satz 1, oder § 24 Abs. 3 das Buch, ein Karteiblatt oder das Verzeichnis nicht oder nicht rechtzeitig vorlegt,
14. entgegen § 17 Abs. 6 Satz 1, auch in Verbindung mit § 19 Abs. 5 oder § 20 Abs. 3 Satz 1, das Buch oder ein Karteiblatt nicht oder nicht mindestens zehn Jahre aufbewahrt,
15. entgegen § 17 Abs. 6 Satz 2, auch in Verbindung mit § 19 Abs. 5 oder § 20 Abs. 3 Satz 1, das Buch oder ein Karteiblatt nicht oder nicht rechtzeitig übergibt,

Ordnungswidrigkeiten **§ 34 AWaffV**

16. entgegen § 17 Abs. 6 Satz 3, auch in Verbindung mit § 19 Abs. 5 oder § 20 Abs. 3 Satz 1, oder § 24 Abs. 4 Satz 2 das Buch, ein Karteiblatt oder das Verzeichnis nicht oder nicht rechtzeitig übergibt und nicht oder nicht rechtzeitig aushändigt,
17. entgegen § 22 Abs. 2 Satz 2 den Lehrgangsplan oder das Übungsprogramm nicht oder nicht rechtzeitig vorlegt,
18. entgegen § 22 Abs. 2 Satz 4 die Durchführung einer Veranstaltung zulässt,
19. entgegen § 23 Abs. 1 Satz 2 sich vom Vorliegen der dort genannten Erfordernisse nicht oder nicht rechtzeitig überzeugt,
20. entgegen § 24 Abs. 1 ein Verzeichnis nicht, nicht richtig, nicht vollständig oder nicht in der vorgeschriebenen Weise führt,
21. entgegen § 24 Abs. 4 Satz 1 das Verzeichnis nicht oder nicht mindestens fünf Jahre aufbewahrt oder
22. entgegen § 25 Abs. 2 Satz 1 die Durchführung eines Lehrgangs oder einer Schießübung nicht oder nicht rechtzeitig einstellt.

**I. Allgemeines.** Die Regelungen füllen § 53 Abs. 1 Nr. 23 WaffG aus. Es handelt 1
sich bei den Ordnungswidrigkeiten um blankettausfüllende Sanktionsnormen. Die in § 53 Abs. 1 Nr. 23 WaffG bezeichneten Verordnungsermächtigungen umfassen auch die Abgrenzungen des erlaubten sportlichen Schießens vom auf Schießstätten verbotenen kampfmäßigen Schießen. Infolge der Bezugnahme auf § 53 Abs. 1 Nr. 23 WaffG stellen sich die in der Bestimmung aufgeführten Zuwiderhandlungen gegen die Vorschriften der AWaffV als Verstöße gegen das WaffG selbst dar. Es wird deshalb in erster Linie auf die Erläuterungen zu § 53 WaffG verwiesen. Wegen der Anwendbarkeit des § 53 WaffG gilt auch das dort in Absatz 2 festgesetzte Höchstmaß der Geldbuße (10 000 Euro). Für die Verwirklichung des subjektiven Tatbestandes nach § 34 VO genügt auch Fahrlässigkeit (vgl. Rdn. 36 zu § 53 WaffG).

**II. Die einzelnen Bußgeldtatbestände. Nr. 1.** Dieser Ordnungswidrigkeitstatbe- 2
stand bezieht sich sowohl auf **§ 7 Abs. 1 Satz 2** als auch auf **§ 22 Abs. 1 Satz 3**.
**a)** Nach § 7 Abs. 1 Satz 2 ist die Veranstaltung der in § 7 Abs. 1 Satz 1 im Einzelnen aufgeführten **Schießübungen** und die Teilnahme als Sportschütze an diesen **verboten**. Auffällig ist, dass in der zugrunde liegenden Verbotsmaterie des § 7 Abs. 1 Satz 1 auch entsprechende **Wettbewerbe** unter das Verbot gestellt sind. Die Bußgeldvorschrift erwähnt diese jedoch nicht, so dass die Veranstaltung von derartigen verbotenen Wettbewerben und die Teilnahme an solchen nicht unmittelbar als Ordnungswidrigkeit geahndet werden kann. Wettbewerbe dieser Art werden aber in aller Regel mit – verbotenen – Schießübungen verknüpft sein, so dass auf diesem Umweg eine Sanktionierung möglich erscheint. Die einzelnen verbotenen Elemente der Schießübungen werden in den Nrn. 1 bis 7 umschrieben, so dass auf eine weitere Erläuterung verzichtet werden kann. Ordnungswidrig handelt einmal der **Veranstalter** der verbotenen Schießübungen, also der, der für die Abhaltung der Schießübungen an diesem Ort verantwortlich zeichnet. Dabei gehört zum Wesen des Veranstaltens nicht nur die Planung und Organisation, sondern auch die Durchführung des Vorhabens (KK-OWiG[2]-*Rengier* § 14 Rdn. 73; *Göhler*[13] § 14 Rdn. 10d). Zum anderen steht unter Bußgelddrohung jeder **Teilnehmer** an der verbotenen Schießübung. Aus dem Wortlaut der hier zu behandelnden Nr. 1 des Katalogs von Ordnungswidrigkeiten könnte entnommen werden, dass jedermann als Täter in Betracht kommt. Der Tatbestand fordert aber, dass die Teilnahme „entgegen § 7 Abs. 1 Satz 2" erfolgt. Nach dieser Bestimmung ist aber nur untersagt, „als Sportschütze" an den

**AWaffV § 34** Abschn. 9. Ordnungswidrigkeiten u. Schlussvorschr.

verbotenen Schießübungen teilzunehmen. Das führt zu der Einschränkung, dass tauglicher Täter hier nur ein **„Sportschütze"** sein kann. Wem diese Eigenschaft zukommt, ist in den §§ 14 und 15 WaffG festgelegt. Da in Bußgeldsachen – wie im Strafrecht – die Tatbestände stets streng nach ihrem Wortlaut auszulegen sind, bleibt für die Auslegung keine andere Wahl.

**3**  b) Von Nr. 1 erfasst wird als zweite Alternative derjenige, der **entgegen § 22 Abs. 1 Satz 3** eine Schießübung veranstaltet oder an ihr teilnimmt. Auch hier liegt ein **Verbot** zugrunde: In Lehrgängen zur Ausbildung in der Verteidigung mit Schusswaffen oder bei Schießübungen dieser Art sind unter Beachtung des Verbots des kampfmäßigen Schießens (§ 27 Abs. 7 Satz 1 WaffG) Schießübungen und insbesondere die Verwendung solcher Hindernisse und Übungseinbauten **nicht** zulässig, die der Übung über den Zweck der Verteidigung der eigenen Person oder Dritter hinaus einen **polizeieinsatzmäßigen** oder **militärischen** Charakter verleihen; die Verwendung von Zielen oder Scheiben, die Menschen darstellen oder symbolisieren („Mannscheiben"), ist allerdings gestattet § 22 Abs. 1 Satz 2). Das Verbot umfasst auch hier die **Veranstaltung** der in § 22 Abs. 1 Satz 1 genannten Schießübungen und die **Teilnahme** „als Schütze" an diesen (Rdn. 2). Da hier das allgemeine Wort „Schütze" verwendet worden ist, wird damit eine Eingrenzung auf Sportschützen wie in der ersten Alternative nicht vorgenommen, so dass jeder, der derartige Schießübungen vornimmt, Schütze und damit Täter sein kann.

**4**  **Nr. 2.** Hiernach handelt ordnungswidrig, wer **„entgegen § 9 Abs. 1 Satz 1"** auf einer Schießstätte schießt. Täter ist hier allein der **Schütze**, nicht der Betreiber der Schießstätte; dieser wird von Nr. 3 erfasst. Zum Begriff der Schießstätte wird auf § 27 WaffG Rdn. 2 verwiesen. Zulässiges „Schießen mit Schusswaffen und Munition" liegt nur vor, wenn die Bedingungen des § 9 Abs. 1 Satz 1 erfüllt sind. Zunächst ist grundsätzlich vom absoluten Verbot des kampfmäßigen Schießens (§ 27 Abs. 7 Satz 1 WaffG) auszugehen. Grundlage für alles Tätigwerden ist die dem Betreiber für die Schießstätte erteilte Erlaubnis (§ 27 Abs. 1 Satz 1 WaffG). Zu den Anforderungen an die Zulässigkeit des Schießens gehört, dass der Schütze eine Berechtigung zum Erwerb und Besitz von Schusswaffen nachweisen kann und das Schießen mit Schusswaffen dieser Art innerhalb des der Berechtigung zugrunde liegenden Bedürfnisses erfolgt (§ 9 Abs. 1 Satz 1 Nr. 1). Weiter ist alternativ erforderlich, dass das Schießen reglementiert auf der Grundlage einer genehmigten Schießsportordnung (§ 5), im Rahmen von Lehrgängen oder Schießübungen in der Verteidigung mit Schusswaffen (§ 22), zur Erlangung der Sachkunde (§ 1 Abs. 1 Nr. 3) oder in der jagdlichen Ausbildung erfolgt (§ 9 Abs. 1 Satz 1 Nr. 2 Buchst. a bis d). Schließlich darf es sich nicht um Schusswaffen und (oder?) Munition nach § 6 Abs. 1 (§ 6 Rdn. 2 ff.) handeln (§ 9 Abs. 1 Satz 1 Nr. 3). Fehlt auch nur eine der Voraussetzungen jeweils der Nrn. 1 bis 3 von § 9 Abs. 1 Satz 1, so stellt sich das Schießen als unzulässig dar; es löst die vorliegend erörterte Sanktion aus.

**5**  **Nr. 3.** Hier soll der Vorschrift des **§ 9 Abs. 1 Satz 3** Nachdruck verliehen werden. Danach hat der **Betreiber** der Schießstätte die Einhaltung der Voraussetzungen nach § 9 Abs. 1 Satz 1 und 2 zu überwachen. Wer Betreiber der Schießstätte ist, kann anhand der Erlaubnisurkunde festgestellt werden. Es ist seine Pflicht zu kontrollieren, dass auf seiner Schießstätte sämtliche Erfordernisse zulässigen Schießens eingehalten werden. Über den mitzitierten Satz 2 des § 9 Abs. 1 werden für die im einzelnen aufgeführten Fälle auch die Verbote des § 7 in das Anforderungsspektrum hereingezogen. Worin die Tathandlung des **„Nichtüberwachens"** zu erblicken ist, kann nicht zweifelhaft sein. Es handelt bei dem Verstoß gegen die Überwachungspflichten um ein **Unterlassungsdelikt.** Da die Einhaltung der Voraussetzungen insgesamt

Ordnungswidrigkeiten § 34 AWaffV

zur Pflicht gehört, kann durch eine teilweise Kontrolle der Tatbestand nicht ausgeschlossen werden, so dass ordnungswidrig nicht nur der handelt, der überhaupt keine Kontrollfunktion ausübt, sondern auch schon derjenige, der nur sporadisch oder lückenhaft überwacht, da er auf diese unzureichende Weise die Einhaltung der Vorschriften nicht gewährleisten kann.

**Nr. 4.** Der Verstoß gegen diese Bestimmung besteht für den **Betreiber** einer Schießstätte (Erlaubnisinhaber) darin, dass er entgegen **§ 10 Abs. 1 Satz 4** bereits vor der Bestellung und Amtsaufnahme der erforderlichen verantwortlichen Aufsichtspersonen (entsprechend § 10 Abs. 1 Satz 1 bis 3) den Schießbetrieb aufnimmt oder fortsetzt. Über die Anzahl der erforderlichen Aufsichtspersonen bestimmt zunächst, falls behördliche Festlegungen nicht vorgenommen worden sind, der Betreiber. Zuerst müssen die Aufsichtspersonen ihre Aufgabe tatsächlich wahrnehmen, dann erst darf das Schießen beginnen. Die Variante des „Fortsetzens" des Schießbetriebs kommt in Betracht, wenn der Schießbetrieb, aus welchem Grunde auch immer, unter Wegfall der verantwortlichen Aufsichtsperson(en) unterbrochen war. Er darf erst wieder anlaufen, wenn für eine der Vorschrift genügende Aufsicht gesorgt ist. 6

**Nr. 5.** Um Verletzungen der **Anzeigepflicht** geht es hier. Die Pflichten sind zum einen in § 10, zum anderen in § 22 normiert. 7

**a)** In Bezug auf **§ 10** sind wiederum zwei verschiedene Fälle zu unterscheiden:

**aa)** Verletzung der Anzeigepflicht des **§ 10 Abs. 2 Satz 1**. **Normadressaten** sind sowohl der **Betreiber** der Schießstätte (Erlaubnisinhaber) als auch die von einer schießsportlichen (vgl. hierzu aber die Sonderregelung in § 10 Abs. 3 Satz 1 bis 5) oder jagdlichen Vereinigung (hierzu ebenfalls die Sonderregelung in § 10 Abs. 3 Satz 6) beauftragte verantwortliche **Aufsichtsperson** selbst. Anzuzeigen gegenüber der zuständigen Behörde sind die Personalien der verantwortlichen Aufsichtspersonen, also im Falle der genannten Beauftragung durch Vereinigungen die eigenen Personalien der Aufsichtsperson. Die Erstattung dieser schriftlichen Anzeige ist an eine Zweiwochenfrist gebunden, die vor der Übernahme der Aufsicht liegen muss. Ordnungswidrig handelt in derartigen Fällen derjenige, der überhaupt keine Anzeige erstattet, wer sie nicht richtig erstattet (falsche Angaben), nicht vollständig (Fehlen von Angaben), nicht in der vorgeschriebenen Weise (etwa nur mündlich) oder nicht rechtzeitig (Nichteinhaltung der Zweiwochenfrist).

**bb)** Eine weitere Anzeigepflicht wird von der vorliegenden Bußgeldvorschrift erfasst, nämlich diejenige nach **§ 10 Abs. 2 Satz 3**. Danach hat der **Erlaubnisinhaber** (alleiniger Normadressat) das Ausscheiden der angezeigten Aufsichtsperson und die Bestellung einer neuen Aufsichtsperson der zuständigen Behörde unverzüglich anzuzeigen. Es könnte zweifelhaft sein, ob der Erlaubnisinhaber nur das Ausscheiden der von ihm selbst angezeigten Aufsichtspersonen zu melden hat, sondern aller, also auch der von den Vereinigungen Beauftragten, die an sich für die Bestellung eine eigene Anzeigeverpflichtung haben. Nach dem Sinn der Regelung sollte sich seine Meldepflicht auf das Ausscheiden sämtlicher auf seiner Schießstätte amtierenden verantwortlichen Aufsichtspersonen erstrecken; der Wortlaut lässt eine solche Auslegung indessen nicht zu, da danach nur das Ausscheiden der angezeigten Aufsichtsperson – nicht -person*en* – zu melden ist. Die Varianten des Tatbestands entsprechen denen zu aa), wobei sich im vorliegenden Falle allerdings das nicht rechtzeitige Anzeigen an dem Erfordernis „unverzüglich" – ohne schuldhaftes Zögern nach § 121 Abs. 1 Satz 1 BGB – zu orientieren hat.

**b)** Bei den Verstößen gegen die Anzeigepflichten des **§ 22** handelt es sich um folgende: 8

**aa)** Nach § 22 Abs. 2 Satz 1 hat derjenige, der Lehrgänge zur Ausbildung in der Verteidigung mit Schusswaffen oder Schießübungen dieser Art veranstalten will, die beabsichtigte Tätigkeit und den Ort, an dem die Veranstaltung stattfinden soll, zwei Wochen vorher der zuständigen Behörde schriftlich anzuzeigen. Auch hier wird Schriftlichkeit und die Einhaltung einer Zweiwochenfrist hier vor Beginn des Lehrgangs, gefordert. Anzeigepflichtig sind sowohl geplante Lehrgänge als auch beabsichtigte Schießübung der in § 22 Abs. 1 genannten Art. Als Inhalt der Anzeige wird gefordert, dass der Ort des geplanten Geschehens benannt wird und dass die „beabsichtigte Tätigkeit" angezeigt wird. Hierzu wird es nicht genügen irgendwelche pauschalen Angaben zu machen; vielmehr sind der Ausbildungslehrgang oder die Schießübungen so genau zu umreißen, dass die zuständige Behörde in die Lage versetzt wird, über die Zulässigkeit der Vorhaben zu befinden; allerdings kann sie Nach § 22 Abs. 2 Satz 2 in solchen Fällen noch „nachhaken".

**bb)** Nach § 22 Abs. 2 Satz 3 ist auch die Beendigung der Lehrgänge oder Schießübungen der zuständigen Behörde innerhalb von zwei Wochen anzuzeigen. Zwar wird hier die Schriftform nicht ausdrücklich gefordert, sie ergibt sich aber aus der Formulierung, wonach die Beendigung „ebenfalls" anzuzeigen ist. Alle Varianten des Tatbestands, wie sie Rdn. 7 aufgeführt worden sind, können auch hier verwirklicht werden.

**cc)** Nach § 22 Abs. 3 Satz 3 hat der Veranstalter, nachdem er in der Anzeige über die Aufnahme der Lehrgänge oder Schießübungen die Personalien der volljährigen verantwortlichen Aufsichtsperson und der Ausbilder angegeben hatte, auch die spätere Einstellung oder das Ausscheiden der genannten Personen der zuständigen Behörde unverzüglich anzuzeigen. Die Verletzung dieser Anzeigepflicht kann ebenfalls in allen im Tatbestand aufgeführten Formen erfolgen (vgl. Rdn. 7).

**9** Nr. 6 stellt das Nichtmitführen, das Nichtaushändigen und das nicht rechtzeitige Aushändigen des in § 10 Abs. 3 Satz 4 genannten **„Dokuments"** unter Bußgelddrohung. Was es mit diesem Dokument auf sich hat, erschließt sich erst bei der Lektüre des gesamten Absatzes 3 des § 10. Bei der Beauftragung der zuständigen Aufsichtsperson durch einen schießsportlichen Verein eines anerkannten Schießsportverbandes genügt an Stelle der Anzeige nach Absatz 2 Satz 1 (der verantwortlichen Aufsichtspersonen an die Behörde) eine **Registrierung** der Aufsichtsperson bei dem **Verein**. Dieser hat bei der Registrierung das Vorliegen der Voraussetzungen der erforderlichen Sachkunde und, sofern es die Obhut über das Schießen durch Kinder und Jugendliche betrifft, auch der Eignung zur Kinder- und Jugendarbeit zu überprüfen und zu vermerken. Der Aufsichtsperson ist durch den Verein hierüber ein **Nachweisdokument** auszustellen. Dieses Dokument hat die Aufsichtsperson während der Wahrnehmung der Aufsicht **mitzuführen** und zur Kontrolle Befugten auf Verlangen zur Prüfung **auszuhändigen**. Der Verstoß gegen diese Pflichten bildet den Tatbestand der vorliegenden Nr. 6, wobei neben dem Nichtaushändigen auch das **nicht rechtzeitige** Aushändigen des Dokuments an die Kontrollperson als Ordnungswidrigkeit eingeordnet ist. Da hier keine Frist besteht, kann ein solches nur in Betracht kommen, wenn die Aushändigung des Dokuments entgegen dem Verlangen der Kontrollperson nicht sofort, sondern erst verspätet erfolgt.

**10** Nr. 7. Als letzter Ordnungswidrigkeitstatbestand, der auf § 10 zurückgeht, ist das entgegen **Absatz 3 Satz 5** dieser Bestimmung vorgenommene Verweigern oder verspätete Gewähren des „Einblicks". Zugrunde liegt die Regelung, dass der **Verein** im Falle der Registrierung der Aufsichtspersonen nach § 10 Abs. 3 Satz 1 und 2 (anstelle der sonst erforderlichen Anzeige an die Behörde) für eine Überprüfung der Behörde auf Verlangen **Einblick in die Registrierung** der Aufsichtsperson zu ge-

Ordnungswidrigkeiten **§ 34 AWaffV**

währen hat. Normadressat ist der verantwortliche Vorstand des Vereins, also die Personen, die diesem Vorstand angehören. Wird ein solcher Einblick nicht oder erst verspätet gegenüber dem behördlichen Verlangen zugestanden, ist der Tatbestand erfüllt.

**Nr. 8** ist die erste von drei Bußgeldtatbeständen, die ihre Grundlage in § 11 haben. Hier handelt ordnungswidrig, wer entgegen **§ 11 Abs. 1 Satz 1** das Schießen nicht beaufsichtigt. Nach dieser Vorschrift haben die verantwortlichen Aufsichtspersonen das Schießen in der Schießstätte ständig zu beaufsichtigen, insbesondere dafür zu sorgen, dass die in der Schießstätte Anwesenden durch ihr Verhalten keine vermeidbaren Gefahren verursachen, und zu beachten, dass die Bestimmungen des § 27 Abs. 3 oder 6 des Waffengesetzes eingehalten werden. **Normadressaten** sind die für die Schießstätte bestellten verantwortlichen **Aufsichtspersonen** (§ 10 Abs. 1). Gefordert wird von ihnen ununterbrochene („ständige") Aufsicht über das Geschehen dort. Beispielhaft wird hervorgehoben, dass sie hierbei besonderes Augenmerk darauf haben müssen, dass die auf der Schießstätte befindlichen Personen – zwischen Schützen und sonstigen Anwesenden wird nicht unterschieden – keine vermeidbaren Gefahren verursachen, erst recht keinen Schaden anrichten, sondern einem solchen schon im Vorfeld entgegentreten. Außerdem wird ihnen zur Pflicht gemacht, dass § 27 Abs. 3 und 6 WaffG (s. Anm. dort) beachtet werden, die den Schutz Minderjähriger bezwecken. Ordnungswidrig handelt, wer unter Verstoß gegen die genannten Pflichten „nicht beaufsichtigt". Häufig wird ein solcher Mangel an Aufsicht erst dann zutage treten, wenn Gefahren oder gar Schäden festzustellen sind. Aber auch dann, wenn ein kontrollierender Behördenvertreter klar erkennt, dass die verantwortliche Aufsichtsperson sich um ihre Pflichten nicht kümmert, kann die Überführung wegen eines solchen Verstoßes erfolgen.

**Nr. 9** regelt den Fall, dass eine **verantwortliche Aufsichtsperson** iSv. § 10 Abs. 1 (Normadressat) entgegen der Verpflichtung aus § 11 Abs. 1 Satz 2 nicht einschreitet, obwohl dies zur Gefahrenverhütung oder – bei bereits eingetretener Gefahr – zu deren Beseitigung dringend geboten gewesen wäre. Den Aufsichtspersonen ist für diese Fälle die Befugnis eingeräumt, gegenüber auf der Schießstätte anwesenden Personen entweder das Schießen oder gar den Aufenthalt in der Schießstätte insgesamt zu untersagen. Wer bei drohenden oder eingetretenen Gefahren von derartigen erforderlich gewordenen Maßnahmen absieht, untätig bleibt und den Gefahren weiter freien Lauf lässt, begeht eine Ordnungswidrigkeit.

**Nr. 10.** Schließlich ist aus der Vorschrift des § 11 noch der Verstoß gegen dessen **Absatz 2** bußgeldbewehrt. Diese Bestimmung sagt ganz lapidar, dass die **Benutzer** der Schießstätten (Normadressaten) die **Anordnungen** der **verantwortlichen Aufsichtspersonen** nach Absatz 1 **zu befolgen** haben. Dies kann nicht nur Untersagungsanordnungen nach Absatz 1 Satz 2 betreffen, sondern auch alle sonstigen Anordnungen, die in Ausübung der gebotenen Aufsicht zur Aufrechterhaltung der Sicherheit in der Schießstätte seitens der für diese verantwortlichen Personen getroffen werden. Wer eine solche Anordnung, die an ihn ergangen ist, negiert, begeht im hier maßgeblichen Sinne eine Ordnungswidrigkeit.

**Nr. 11** will der Regelung des **§ 12 Abs. 2 Satz 2** bußgeldrechtlich Nachdruck verleihen. Werden bei der Überprüfung einer Schießstätte Mängel festgestellt, die eine Gefährdung der Benutzer der Schießstätte oder Dritter befürchten lassen, kann die zuständige Behörde die weitere Benutzung der Schießstätte bis zur Beseitigung der Mängel untersagen (§ 12 Abs. 2 Satz 1). Der weitere Betrieb oder die Benutzung der Schießstätte ist im Falle der Untersagung nach Satz 1 verboten (Satz 2 dieser Bestimmung). Dieses Verbot sichert die vorliegende Bestimmung, indem sie unter

**AWaffV § 34** Abschn. 9. Ordnungswidrigkeiten u. Schlussvorschr.

Bußgelddrohung denjenigen stellt, der ungeachtet dessen a) entweder als **Erlaubnisinhaber** (Normadressat) die Schießstätte weiter **betreibt** oder b) als **Schütze** (Normadressat) die Schießstätte weiter **benutzt**.

**15** Nr. 12 ist trotz ihres harmlos erscheinenden Wortlauts von immenser Bedeutung, sichert sie doch die wichtigen **Aufbewahrungsvorschriften** des § 13 bußgeldrechtlich ab. Hier geht es nicht nur – wie zunächst vorgesehen (§ 14 Rdn. 1) – um die vorschriftsmäßige **Aufbewahrung** von Waffen und Munition „im privaten Bereich". Die Bestimmung sagt lediglich, dass ordnungswidrig handelt, wer entgegen § 13 Abs. 1, 2, 3 oder 6 Satz 1 oder 2 Waffen oder Munition aufbewahrt.

Es sind damit eine ganze Reihe von Verstößen möglich. Zur Darstellung der im einzelnen geltenden Pflichten wird auf die Erläuterungen zu § 13 verwiesen.

**a)** entgegen § **13 Abs. 1** handelt, wer die Aufbewahrungsvorschriften für **Kurzwaffen** und die dort genannten **verbotenen Waffen** missachtet. Auf § 13 Rdn. 2 wird verwiesen. Jedes nicht behördlich genehmigte Abweichen von den Sicherheitserfordernissen stellt eine Ordnungswidrigkeit dar. Diese kann zB darin erblickt werden, dass das Aufbewahrungsbehältnis nicht den vorgeschriebenen Standard aufweist oder dass mehr als die zulässige Anzahl von Waffen in ihm verwahrt werden (etwa beim Unterschreiten des Gewichts iSv. § 13 Abs. 1 Satz 1 letzter Halbs.).

**b)** Gegen § **13 Abs. 2** verstößt, wer die speziellen Aufbewahrungsvorschriften für **Langwaffen** nicht befolgt (§ 13 Rdn. 3).

**c)** Der Verstoß gegen die Verwahrungsvorschriften für **Munition** (§ 13 Abs. 3; dort. Rdn. 4) ist gleichfalls unter Bußgelddrohung gestellt.

**d)** Schließlich handelt ordnungswidrig, wer die strengen speziellen Aufbewahrungsvorschriften hinsichtlich **nicht dauernd bewohnter Gebäude** (§ 13 Abs. 6 Satz 1 und 2; dort. Rdn. 7) nicht einhält.

**16** Nr. 13 bis 16 sanktionieren Verstöße gegen **Buchführungsvorschriften**, die sich im einzelnen in den §§ 17, 19, 20 und 24 der VO finden.

Nr. 13 bezieht sich auf die **Vorlagepflicht** hinsichtlich von Büchern, Karteiblättern und Verzeichnissen. Ordnungswidrig ist der Verstoß gegen § **17 Abs. 5**. Die hier angesprochene **Vorlagepflicht** bezüglich der **Bücher und Belege** (letztere sind durch die Verweisung auf § 17 Abs. 5 ebenfalls erfasst) hat die Besonderheit, dass der Verpflichtung zunächst ein entsprechendes **Vorlegungsverlangen** der Behörde vorausgehen muss. Liegt ein solches vor, kann der Verstoß in der Nichtvorlage, in der verspäteten Vorlage, aber auch in der Weigerung liegen, sie in den Diensträumen der Behörde oder den Behördenbeauftragten sonst vorzulegen. Diese Vorlegungsverpflichtung wird durch die Verweisungsregelungen in § 19 Abs. 5 (Karteiform), § 20 Abs. 3 (elektronische Form) zusätzlich unter Bußgelddrohung gestellt. Die Verweisung auf § 24 Abs. 3 betrifft das dort maßgebende „Verzeichnis" der an Lehrgängen und Schießübungen beteiligten Personen.

**17** Nr. 14 soll die Verpflichtungen hinsichtlich der **Aufbewahrung** von Büchern und Karteiblättern sichern. Der Verstoß gegen § **17 Abs. 6 Satz 1** betrifft die Aufbewahrung des zu führenden Buches, über die Verweisungsregelung werden, wie in Nr. 16, auch die übrigen Buchführungsformen (§§ 19 Abs. 5, 20 Abs. 3 Satz 1) einbezogen. Ordnungswidrig handelt derjenige, der die aufzubewahrenden Gegenstände nicht aufbewahrt, aber auch derjenige, der die Aufbewahrung zunächst angefangen hat, sie aber vor Ablauf der vorgeschriebenen 10 Jahre aufgegeben hat.

**18** Nr. 15 ist die Sanktionsvorschrift bei Verletzung der **Übergabepflicht**, wie sie in § **17 Abs. 6 Satz 2** für die Bücher statuiert und wie sie über die §§ 19 Abs. 5 und 20 Abs. 3 Satz 1 auf die übrigen Buchführungsvarianten übertragen worden ist. Hiernach hat der Buchführungsverpflichtete das Buch, wenn er es nach Ablauf der

Ordnungswidrigkeiten § 34 AWaffV

Zehnjahresfrist nicht weiter aufbewahren möchte, der zuständigen Behörde zur Aufbewahrung zu übergeben. Geschieht dies überhaupt nicht oder erst verspätet, so macht er sich einer Ordnungswidrigkeit schuldig.

**Nr. 16** schließt die Bewehrung der Buchführungsvorschriften ab. Hier geht es darum, dass der zur Buchführung Verpflichtete nach Aufgabe seines Gewerbes verpflichtet ist, das Buch (Karteiblatt, Verzeichnis) seinem **Nachfolger zu übergeben** oder der zuständigen **Behörde zur Aufbewahrung auszuhändigen**. Diese Pflichten ergeben sich aus § 17 Abs. 6 Satz 3; sie werden aber über die §§ 19 Abs. 5, 20 Abs. 3 Satz 1 und § 24 Abs. 4 Satz 2 – wie bei den Nrn. zuvor – auf die anderen Buchführungsarten und das Verzeichnis nach § 24 erstreckt. Tatbestandsmäßig ist hinsichtlich der **Übergabepflicht** wie der **Aushändigungspflicht** sowohl das Unterlassen als auch die verspätete Vornahme der gebotenen Handlungen. 19

**Nr. 17** hat die Aufgabe, bei den Lehrgängen und Schießübungen des § 22 sicherzustellen, dass der Behörde der Lehrgangsplan oder das Übungsprogramm (§ 22 Abs. 2 Satz 2) so rechtzeitig zur Kenntnis gelangt, dass sie über die Zulässigkeit des Vorhabens befinden können. Unterlässt der **Veranstalter** (Normadressat) diese Angaben, obwohl er von der Behörde hierzu **aufgefordert** worden war, so begeht er eine Ordnungswidrigkeit. Der Fall, dass zwar Angaben zum Vorhaben gemacht werden, diese aber unzureichend sind, ist nicht erfasst. Die ebenfalls sanktionierte nicht rechtzeitige Vorlage kommt nur dann in Betracht, wenn das Verlangen der Behörde mit eine Fristsetzung verknüpft worden war; die Frist des § 22 Abs. 2 Satz 1 gilt hier nach dem Wortlaut nicht. 20

**Nr. 18.** Hiernach handelt ordnungswidrig, wer als **Betreiber** der Schießstätte entgegen § 22 Abs. 2 Satz 4 die Durchführung von Lehrgängen oder Schießübungen iSv. § 22 Abs. 1 Satz 1 zulässt, ohne dass ihm zuvor die erforderliche schriftliche Erklärung des Veranstalters darüber vorliegt, dass er die in diesen Fällen notwendige vorherige schriftliche Anzeige an die Behörde (§ 22 Abs. 2 Satz 1) ordnungsgemäß erstattet hat. 21

**Nr. 19** hat die „verantwortliche Aufsichtsperson" zum Normadressaten, die zur Aufsicht über Lehrgänge und Schießübungen nach § 22 bestellt ist. Diese muss sich nach § 23 Abs. 1 Satz 2 vor Aufnahme des Schießbetriebs durch geeignete Maßnahmen davon überzeugen, dass nur iSv. § 23 Abs. 1 Satz 1 Nr. 1 und 2 zugelassene Personen teilnehmen. Unterlässt er dies überhaupt oder überzeugt er sich erst nach Aufnahme des Schießbetriebs, so begeht er die vorliegende Ordnungswidrigkeit. Die ursprüngliche Fassung lautete lediglich: wer entgegen § 23 Abs. 1 Satz 2 als verantwortliche Aufsichtsperson „sich nicht überzeugt". Hier fehlte im Tatbestand, wovon der Betreffende sich zu überzeugen hatte. Ein Blick in diese Vorschrift ergab aber bereits, dass der Normadressat sich „vom Vorliegen der in Satz 1 genannten Erfordernisse" zu überzeugen hatte. Die Endfassung hat dies bereinigt, so dass unter dem Gesichtswinkel des Bestimmtheitsgebots keine Bedenken mehr bestehen. 22

**Nr. 20** will die Vorschriften über das nach § 24 zu führende **Verzeichnis** durch Bußgeldbewehrung in ihrer Durchsetzbarkeit stärken. Der **Veranstalter** von Lehrgängen und Schießübungen iSv. § 22 hat über diese brisanten Veranstaltungen Aufzeichnungen zu führen (§ 24 Abs. 1) und sie nach den Absätzen 3 und 4 in ähnlicher Art, wie sie für Waffenbücher vorgeschrieben ist, offenzulegen und aufzubewahren. In das Verzeichnis müssen vom Veranstalter die verantwortlichen Aufsichtspersonen, die Ausbilder aber auch alle Teilnehmer aufgenommen werden. Wird das Verzeichnis überhaupt nicht geführt oder fehlen in dieser Hinsicht Angaben, liegt eine Ordnungswidrigkeit vor, da nicht nur das Unterlassen als solches, sondern auch die Varianten des nicht richtig, nicht vollständig oder nicht in der vorgeschriebenen Weise Buchführens erfasst sind. 23

**AWaffV § 36** Abschn. 9. Ordnungswidrigkeiten u. Schlussvorschr.

24 **Nr. 21.** Auch diese Sanktionsvorschrift hat die Behandlung des Verzeichnisses (Rdn. 23) zum Gegenstand. Hier ist bußgeldbewehrt sowohl das Unterlassen der Aufbewahrung des Verzeichnisses überhaupt als auch die nicht mindestens die vorgeschriebenen 5 Jahre andauernde Aufbewahrung.

25 **Nr. 22** schließt den Katalog der OWi-Tatbestände ab. Auch hier geht es um die Sanktionierung der Verletzung von Pflichten die mit den Vorhaben des § 22 zusammenhängen. Nach § 25 Abs. 2 Satz 1 muss der **Veranstalter** auf entsprechendes **behördliches,** auf § 25 Abs. 2 Satz 2 gestütztes **Verlangen** hin die Durchführung **einzelner** Lehrgänge oder Schießübungen **einstweilen einstellen.** Zu den Gründen der behördlichen Maßnahme wird auf § 25 Rdn. 4 Bezug genommen. Werden die Mängel nachträglich behoben, ist die einstweilige Einstellung aufzuheben. Tatbestandsmäßig handelt bereits, wer dem Einstellungsverlangen verspätet nachkommt, erst recht, wer die behördliche Einstellungsverfügung gänzlich negiert. Eine spätere Aufhebung der einstweiligen Einstellung beseitigt eine bereits vollendete Missachtung ihrer Wirkungen nicht. Die Untersagungsverfügung nach § 25 Abs. 1 wird nicht erwähnt.

**III. Täterschaft. Täter** der Ordnungswidrigkeiten ist der jeweilige **Normadressat,** dem durch die VO die entsprechende Verpflichtung auferlegt worden ist. Er ergibt sich in aller Regel eindeutig aus der Fassung der einzelnen Bestimmungen. In größeren Betrieben (Geschäften, Unternehmen) wird ein normwidriges Verhalten des Inhabers selbst nicht immer nachgewiesen werden können. Hier trifft die Verantwortung nach dem WaffG und seinen Verordnungen in erster Linie anstelle des Inhabers regelmäßig den Betriebsleiter oder den mit der Erfüllung der Pflichten nach dem WaffG und den Durchführungsverordnungen Beauftragten oder das vertretungsberechtigte Organ (§ 9 OWiG). Eine Verantwortlichkeit des unmittelbar handelnden Untergebenen, wird daneben nur ausnahmsweise bei Vorliegen eigenmächtigen Vorgehens und eines eigenen Verschuldens in Betracht kommen. Im Übrigen kann auf die Ausführungen zu **§ 53 WaffG** Bezug genommen werden.

### Anwendung des bisherigen Rechts

**35** *Die Vorschriften der Abschnitte III und VI mit Ausnahme des § 20 sowie § 43 Abs. 1 Nr. 2, 3 und 4 der Ersten Verordnung zum Waffengesetz in der Fassung der Bekanntmachung vom 10. März 1987 (BGBl. I S. 777), zuletzt geändert durch Artikel 10 des Gesetzes vom 11. Oktober 2002 (BGBl. I S. 3970), sind weiterhin anzuwenden.*

Die Vorschrift ist gemäß § 43 Beschussverordnung vom 13. 7. 2006 (BGBl. I S. 1474) mit Wirkung vom 14. Juli 2006 außer Kraft getreten.

### Inkrafttreten, Außerkrafttreten

**36** Diese Verordnung tritt am 1. Dezember 2003 in Kraft. Gleichzeitig treten die Erste Verordnung zum Waffengesetz in der Fassung der Bekanntmachung vom 10. März 1987 (BGBl. 1 S. 777), zuletzt geändert durch Artikel 10 des Gesetzes vom 11. Oktober 2002 (BGBl. I S. 3970), sowie die Zweite Verordnung zum Waffengesetz vom 13. Dezember 1976 (BGBl. I S. 3387) außer Kraft.

Inkrafttreten, Außerkrafttreten **§ 36 AWaffV**

Nach den Empfehlungen der Ausschüsse (BR-Drucks. 415/1/03 S. 11/12) hätte die Vorschrift folgenden Wortlaut erhalten sollen:

„*Die Vorschriften des Abschnitts 5 über die Aufbewahrung von Waffen und Munition treten mit Wirkung vom 1. April 2003 in Kraft, soweit sie für Besitzer von Waffen und Munition gegenüber § 36 Abs. 1 und 2 des Waffengesetzes günstigere Regelungen treffen. Im Übrigen tritt* diese Verordnung am [einsetzen: erster Tag des zweiten auf die Verkündung folgenden Monats] in Kraft; gleichzeitig treten die Erste Verordnung zum Waffengesetz in der Fassung der Bekanntmachung vom 10. März 1987 (BGBl. I S. 777), zuletzt geändert durch Artikel 10 des Gesetzes zur Neuregelung des Waffenrechts vom 11. Oktober 2002 (BGBl. I S. 3970), sowie die Zweite Verordnung zum Waffengesetz vom 13. Dezember 1976 (BGBl. I S. 3387) außer Kraft".

Zur Begründung wurde geltend gemacht: „§ 36 Abs. 4 des Waffengesetzes setzt die Wirksamkeit einer Rechtsverordnung nach § 36 Abs. 5 des Waffengesetzes vor dem Ende der in § 36 Abs. 4 des Waffengesetzes genannten Übergangsfrist (31. August 2003) voraus. Da bis dahin eine entsprechende Rechtsverordnung nicht erlassen werden kann, ist es im Interesse der Rechtssicherheit für die Betroffenen und des Vertrauensschutzes geboten, günstigere Aufbewahrungsvorschriften der Verordnung zeitgleich mit dem Inkrafttreten des Waffengesetzes rückwirkend zum 1. April 2003 in Kraft zu setzen. Hierbei ist zu berücksichtigen, dass geringere Anforderungen an die Aufbewahrung bereits im Vorgriff auf die Verordnung durch die vorläufigen Vollzugshinweise des Bundesministeriums des Innern zugelassen wurden. Die Änderung dient der Verwaltungsvereinfachung und entlastet vielfach die Betroffenen (vor allem Jäger) von der Verpflichtung, wegen einer relativ kurzen Zeitspanne, innerhalb derer die Aufbewahrung vorübergehend objektiv den Aufbewahrungsanforderungen des Waffengesetzes nicht entsprach, gegenüber der Waffenrechtsbehörde eine Anzeige nach § 36 Abs. 4 Satz 2 des Waffengesetzes erstatten zu müssen; vielfach werden sie den mit der Anzeige vorzulegenden Nachweis einer nunmehr ordnungsgemäßen Aufbewahrung (zB Kaufbeleg über einen neuen Waffenschrank) in diesen Fällen nicht oder nur sehr schwer führen können, weil beispielsweise ein Erwerb eines neuen Waffenschrankes gar nicht erfolgte. Ferner werden durch die beantragte Änderung unnötige Bußgeldverfahren wegen Nichtbeachtung der Anzeige- und Nachweispflicht des § 36 Abs. 4 Satz 2 des Waffengesetzes (vgl. Ordnungswidrigkeitstatbestand des § 53 Abs. 1 Nr. 5 des Waffengesetzes) vermieden.

In der abschließenden Beratung des Bundesrats hat dieser Vorschlag das Gremium nicht überzeugt; er ist jedenfalls nicht Bestandteil der Schlussentscheidung geworden (vgl. BR-Drucks. 415/03 [Beschluss]).

Die Vorschrift über das Außerkrafttreten der 1. WaffV (Satz 2) hätte den Zusatz erhalten müssen: „vorbehaltlich der in § 35 enthaltenen Regelung".

# 3. Kostenverordnung zum Waffengesetz (WaffKostV)

IdF der Neubekanntmachung vom 20. 4. 1990 (BGBl. I S. 780), zuletzt geändert durch die 4. VO zur Änderung der Kostenverordnung zum Waffengesetz (WaffKostVÄndV4) vom 14. 3. 1997 (BGBl. I S. 480) und Art. 2 der 2. ÄndVO vom 10. 1. 2000 (BGBl. I 38)

BGBl. III/FNA 7133-3-2-5

## Vorbemerkung

Die vorliegende Kostenverordnung zum Waffengesetz (WaffKostV) hat, wie auch ihr Vorspruch zeigt, ihre Ermächtigungsgrundlage im WaffG **aF**. Dieses Gesetz ist zwar mit Wirkung vom 1. 4. 2003 aufgehoben worden (Art. 19 Nr. 1 Satz 3 WaffRNeuRegG). In der Überleitungsbestimmung Art. 19 Nr. 3 Buchst. c WaffRNeuRegG ist aber bestimmt worden, dass die Kostenverordnung bis zum Inkrafttreten einer auf das WaffG nF gestützten Verordnung weiterhin entsprechend anzuwenden ist. Eine ähnliche Regelung („sinngemäße" Anwendung) findet sich in § 22 Abs. 7 Beschussgesetz für den Bereich dieses Gesetzes, der aus dem WaffG aF ausgegliedert worden ist. Die angegebenen Beträge sind noch DM Beträge.

Auf Grund des § 49 Abs. 2 und 3 des Waffengesetzes in der Fassung der Bekanntmachung vom 8. März 1976 (Bundesgesetzbl. I S. 432) in Verbindung mit dem 2. Abschnitt des Verwaltungskostengesetzes vom 23. Juni 1970 (Bundesgesetzbl. I S. 821) wird mit Zustimmung des Bundesrates verordnet:

**§ 1.** Die Gebühren für Amtshandlungen, Prüfungen und Untersuchungen nach dem Waffengesetz (Gesetz) und nach den auf dem Gesetz beruhenden Rechtsvorschriften bestimmen sich nach dem Gebührenverzeichnis der Anlage, sofern die Gebühr nicht gemäß § 2 nach dem Verwaltungsaufwand berechnet wird.

**§ 2.** (1) Die Gebühr ist nach dem Verwaltungsaufwand zu berechnen

1. für die im Zulassungsverfahren erforderliche Prüfung,
2. für die Prüfung bei der Entscheidung über Ausnahmen nach § 21 Abs. 6, § 22 Abs. 4, § 23 Abs. 4, § 25 Abs. 5 und § 37 Abs. 3 des Gesetzes,
3. für die Prüfung von Reizstoffgeschossen, Reizstoffsprühgeräten und von den dafür verwendeten Reizstoffen (§ 10 der Ersten Verordnung zum Waffengesetz in der Fassung der Bekanntmachung vom 10. März 1987 – BGBl. I S. 777 – in der jeweils geltenden Fassung),
4. für die Beschußprüfung
   a) bei Handfeuerwaffen, Einsteckläufen und Austauschläufen, bei denen zum Antrieb des Geschosses ein entzündbares flüssiges oder gasförmiges Gemisch verwendet wird,

b) bei nicht der Beschußpflicht unterliegenden Gegenständen, soweit in Abschnitt II Nr. 19 der Anlage keine feste Gebühr vorgeschrieben ist,
c) wenn die Behörde einen über den üblichen Umfang der Prüfung erforderlichen Mehraufwand benötigt oder bei Schußwaffen, deren Patronenlager- oder Laufinnenabmessungen nicht in den Maßtafeln (BAnz. Nr. 52a vom 15. März 1991) enthalten sind,
d) bei Böllern und Modellkanonen,
5. für die Prüfung von Schußapparaten und Einstockläufen nach § 14a und § 14b Abs. 1 der Dritten Verordnung zum Waffengesetz vom 20. Dezember 1980 (BGBl. I S. 2344) in der jeweils geltenden Fassung und für die behördliche Kontrolle von Munition nach § 25 Abs. 3 und § 26 Abs. 1 jener Verordnung.

(2) Werden Prüfungen außerhalb der Behörde durchgeführt, so sind Gebühren nach dem Verwaltungsaufwand auch für
1. Reisezeiten,
2. Wartezeiten, die vom Kostenschuldner zu vertreten sind,

zu berechnen, soweit die Zeiten innerhalb der üblichen Arbeitszeit liegen oder von der Behörde besonders abgegolten werden.

(3) Bei der Berechnung der Gebühr nach dem Verwaltungsaufwand sind als Stundensätze zugrunde zu legen
1. bei der Tätigkeit von Einrichtungen des Bundes die für die jeweils in Anspruch genommene Einrichtung durch Gesetz oder auf Grund eines Gesetzes festgelegten Stundensätze,
2. bei der Tätigkeit von Einrichtungen eines Landes die für diese Tätigkeit durch Gesetz oder auf Grund eines Gesetzes eigens festgelegten Stundensätze,
3. bei der Tätigkeit sonstiger Einrichtungen die für diese Tätigkeit durch Landesgesetz oder auf Grund eines Landesgesetzes eigens festgelegten Stundensätze.

Sind für die Tätigkeit dieser Einrichtungen nicht eigens Stundensätze durch Gesetz oder auf Grund eines Gesetzes festgelegt, sind die Stundensätze des § 3 Abs. 1 der Kostenordnung für Nutzleistungen der Physikalisch-Technischen Bundesanstalt vom 17. Dezember 1970 (BGBl. I S. 1745) in der jeweils geltenden Fassung zugrunde zu legen.

**§ 3.** (1) Bei der Beschußprüfung nach Abschnitt II Nr. 28 der Anlage ist die halbe Gebühr zu erheben, wenn ein Prüfgegenstand
1. nicht funktionssicher oder
2. nicht maßhaltig ist

und eine Prüfung der Haltbarkeit nicht stattgefunden hat. Errechnet sich die Gebühr aus mehreren Staffelsätzen, so ist die Gebühr aus dem niedrigsten Staffelsatz zugrunde zu legen.

(2) Eine Gebühr nach Abschnitt II Nr. 28 der Anlage ist nicht zu erheben, wenn der Prüfgegenstand
1. ohne Prüfung zurückgegeben wird,
2. nicht die vorgeschriebene Kennzeichnung trägt oder

Kostenverordnung zum Waffengesetz **WaffKostV 3**

3. der Beanspruchung, der er bei der Verwendung der zugelassenen Munition ausgesetzt würde, offenbar nicht standhalten wird.

(3) Wird die Beschußprüfung in den Räumen des Antragstellers vorgenommen und stellt der Antragsteller die für die Prüfung erforderlichen Hilfskräfte und technischen Prüfmittel zur Verfügung, so ermäßigt sich die Gebühr nach Abschnitt II Nr. 28 der Anlage um 30 vom Hundert.

(4) Werden in den Räumen der Behörde mehr als 300 Kurz- oder Langwaffen des gleichen Typs und derselben Waffengruppe gleichzeitig zur Prüfung vorgelegt, so ermäßigt sich die Gebühr nach Abschnitt II Nr. 28 der Anlage um 15 vom Hundert.

**§ 4.** Die Gebühr für die Abnahme der Prüfung nach §§ 9, 31 oder 44 Abs. 1 des Gesetzes wird auch erhoben, wenn die Prüfung ohne Verschulden der Prüfbehörde und ohne ausreichende Entschuldigung des Bewerbers am festgesetzten Termin nicht stattfinden konnte oder abgebrochen werden mußte.

**§ 5.** (1) Für die Erhebung von Auslagen gilt § 10 des Verwaltungskostengesetzes; die in § 10 Abs. 1 Nr. 1 des Verwaltungskostengesetzes bezeichneten Auslagen werden jedoch nicht gesondert erhoben.

(2) Als Auslagen sind vom Antragsteller außerdem zu erstatten
1. beim Versand die Kosten der Zustellung, der Verpackungsmittel und der Rücksendung,
2. bei der Prüfung von Gegenständen, die der Zulassungsbehörde aus dem Ausland zugesandt werden, die aufgewendeten Eingangsabgaben und die mit ihnen im Zusammenhang stehenden Gebühren,
3. die Kosten der von der Behörde aufgewendeten Beschußmittel und die Kosten für das Ein- und Auspacken der Prüfgegenstände,
4. bei der Zulassung nach den §§ 21 bis 23 des Gesetzes die Kosten der von der Behörde aufgewendeten Prüfmittel,
5. bei der Prüfung nach § 10 der 1. WaffV die Kosten der benötigten Versuchstiere und der für diese während der Versuchs- und Nachbeobachtungszeit erforderlichen Futtermittel.

**§ 6.** (1) Folgende Amtshandlungen sind gebührenfrei:
1. Ausstellung einer Bescheinigung nach § 6 Abs. 2 oder 2 a des Gesetzes,
2. Zulassung von Ausnahmen nach § 37 Abs. 3 des Gesetzes, soweit der Gebührenschuldner die tatsächliche Gewalt über den Gegenstand am 1. März 1976 bereits ausgeübt hat,
3. Ausstellung von behördlichen Bescheinigungen nach § 58 Abs. 2 Satz 2 des Gesetzes,
4. Amtshandlungen in Bezug auf Schußwaffen und Munition, die in dienstlichem Interesse von einem öffentlichen Bediensteten verwendet werden.

(2) Bei Entscheidungen nach Abschnitt II Nr. 1 bis 27 der Anlage zugunsten ausländischer Diplomaten und bevorrechtigter Personen sowie zugunsten von Begleitpersonen ausländischer Staatsgäste (§ 50 Abs. 2 Nr. 1, 2 und 4 des Gesetzes) ist der Gebührenschuldner von der Zahlung

# 3. WaffKostV

*Kostenverordnung zum Waffengesetz*

der Gebühren befreit, wenn der betreffende Staat die Gegenseitigkeit gewährleistet.

**§ 7.** Das Bundeskriminalamt kann das Fraunhofer-Institut für Umweltchemie und Ökotoxikologie ermächtigen, die Gebühren und Auslagen für die nach § 10 der 1. WaffV durchzuführenden Prüfungen einzuziehen.

**§ 8.** Diese Verordnung tritt am Tage nach der Verkündung in Kraft.[1] Gleichzeitig treten Abschnitt VIII und Anlage IV der Dritten Verordnung zum Waffengesetz vom 10. Mai 1973 (Bundesgesetzbl. I S. 373) außer Kraft.

## Anlage

### Gebührenverzeichnis

| | DM | |
|---|---|---|
| Abschnitt I: Rahmengebühren | von | bis |
| 1. Erlaubnis zur Herstellung, Bearbeitung oder Instandsetzung von Schußwaffen oder Munition (§ 7 Abs. 1 Nr. 1 WaffG) | 200,– | 5000,– |
| 2. Erlaubnis zum Handel mit Schußwaffen oder Munition (§ 7 Abs. 1 Nr. 2 WaffG) | 200,– | 5000,– |
| 3. Bewilligung von Fristverlängerungen nach § 10 Abs. 3 Satz 2 WaffG | ¼ der nach Nummer 1 oder 2 festgesetzten Beträge, höchstens 1000,– | |
| 4. a) Zulassung von Schußwaffen, Einstecklaufen und pyrotechnischer Munition (§§ 21 bis 23 (WaffG) | 150,– | 1000,– |
| b) Wesentliche Änderung einer Zulassung und nachträgliche Erteilung einer Auflage für eine Zulassung nach Buchstabe a | bis zu 750,– | |
| 5. Erlaubnis zum nichtgewerbsmäßigen Herstellen, Bearbeiten oder Instandsetzen von Schußwaffen (§ 41 Abs. 1 WaffG) | 150,– | 1000,– |
| 6. Erlaubnis zum Betrieb oder zur wesentlichen Änderung einer Schießstätte einschließlich der Abnahmeprüfung (§ 44 Abs. 1 WaffG) | 200,– | 1000,– |
| 7. Erlaubnis zum Schießen außerhalb von Schießstätten (§ 45 Abs. 1 WaffG) | 50,– | 300,– |
| 8. Zulassung von Ausnahmen | | |
| a) von dem Erfordernis der Bauartzulassung für Handfeuerwaffen, Schußapparate und Einsteckläufe nach § 21 Abs. 6 WaffG | 70,– | 750,– |
| b) von dem Erfordernis der Bauartzulassung für Schreckschuß-, Reizstoff- und Signalwaffen nach § 22 Abs. 4 WaffG | 70,– | 750,– |

---

[1] Die VO ist am 20. 7. 1976 verkündet worden.

Kostenverordnung zum Waffengesetz **WaffKostV 3**

| | DM | |
|---|---|---|
| c) von dem Erfordernis der Bauartzulassung für pyrotechnische Munition nach § 23 Abs. 4 WaffG | 100,– | 750,– |
| d) von dem Erfordernis der Typenprüfung für Patronen- und Kartuschenmunition oder für Treibladungen für Handfeuerwaffen nach § 25 Abs. 5 WaffG | 50,– | 625,– |
| e) von den Verboten des § 37 Abs. 1 WaffG und des § 8 der 1. WaffV nach § 37 Abs. 3 WaffG für die gewerbsmäßige Waffenherstellung | 50,– | 4000,– |
| f) von den sonstigen Verboten des § 37 Abs. 1 WaffG und des § 8 der 1. WaffV nach § 37 Abs. 3 WaffG | 50,– | 1000,– |
| g) von den Handelsverboten des § 38 Abs. 1 WaffG nach § 38 Abs. 2 WaffG | 100,– | 500,– |
| h) von dem Verbot des Führens von Schußwaffen bei öffentlichen Veranstaltungen nach § 39 Abs. 2 und 3 WaffG | 60,– | 250,– |
| 9. Anordnung nach § 25 Abs. 2 Satz 4 der 1. WaffV | 100,– | 250,– |
| 10. Genehmigung nach § 25 Abs. 3 der 1. WaffV | 100,– | 250,– |
| 11. Abnahme der Prüfung nach § 9 WaffG | 200,– | 500,– |
| 12. Abnahme der Prüfung nach § 31 WaffG | 100,– | 400,– |
| 13. Regel- und Sonderprüfungen nach § 37 Abs. 1 der 1. WaffV | 100,– | 500,– |
| 14. Anordnung nach § 15 Abs. 2 oder § 40 Abs. 1 WaffG | 100,– | 700,– |
| 15. Anordnung nach § 10 Abs. 2, § 42 Abs. 2, § 46 Abs. 3 oder § 48 Abs. 2 WaffG | 100,– | 250,– |
| 16. Sicherstellung eines Gegenstandes nach § 37 Abs. 5 Satz 1 oder § 40 Abs. 2 WaffG | 100,– | 200,– |
| 17. Einziehung eines Gegenstandes nach § 37 Abs. 5 Satz 2 oder § 40 Abs. 2 WaffG | 100,– | 150,– |
| 18. Untersagung nach § 41 der 1. WaffV oder § 14b Abs. 1 Satz 2 der 3. WaffV und Anordnung nach § 26 Abs. 1 Satz 2 oder Abs. 3 Satz 2 der 3. WaffV | 100,– | 150,– |

Abschnitt II: Feste Gebühren | DM
---|---
1. Ausstellung einer Waffenbesitzkarte (§ 28 Abs. 1 WaffG) | 110,–
2. Ausstellung einer Waffenbesitzkarte für Sportschützen (§ 28 Abs. 2 Satz 1 WaffG) | 110,–
3. Ausstellung einer Waffenbesitzkarte für Waffensachverständige (§ 28 Abs. 2 Satz 2 WaffG) | 170,–
4. Ausstellung einer Waffenbesitzkarte für Waffensammler (§ 28 Abs. 2 Satz 2 WaffG) | 400,–
5. Umschreibung der Waffenbesitzkarte nach einer Änderung des Sammelthemas bei Waffensammlern (§ 28 Abs. 2 Satz 2 WaffG) | 150,–
6. Ausstellung einer Waffenbesitzkarte in den Fällen des § 32 Abs. 2 WaffG | 80,–
7. Ausstellung einer Waffenbesitzkarte in den Fällen des § 28 Abs. 5 Satz 1 WaffG | 50,–

# 3. WaffKostV

Kostenverordnung zum Waffengesetz

|  |  | DM |
|---|---|---|
| 8. | Ausstellung einer gemeinsamen Waffenbesitzkarte (§ 28 Abs. 6 WaffG) | Zuschlag von 50,– zu den Gebühren nach den Nummern 1 bis 7 |
| 9. | Ausstellung oder Umschreibung einer Waffenbesitzkarte über vereinseigene Schußwaffen beim Übergang der Aufsicht über die Schußwaffen auf ein Vereinsmitglied, das bereits eine waffenrechtliche Erlaubnis besitzt | 30,– |
| 10. | Eintragung in eine bereits ausgestellte Waffenbesitzkarte | |
| | a) einer Berechtigung zum Erwerb einer oder mehrerer Waffen | Gebühr in Höhe der Gebühr für die jeweilige Waffenbesitzkarte |
| | b) der Berechtigung zur Ausübung der tatsächlichen Gewalt über eine oder mehrere Waffen nach § 28 Abs. 5 Satz 1 WaffG | 35,– |
| 11. | Eintragung | |
| | a) einer Waffe in die Waffenbesitzkarte nach § 28 Abs. 7 WaffG, soweit die Eintragung nicht bei der Ausstellung der Waffenbesitzkarte oder bei der Eintragung einer weiteren Erwerbsberechtigung in eine Waffenbesitzkarte vorgenommen wird | 25,– |
| | b) des Überlassens einer Waffe in der Waffenbesitzkarte | 25,– |
| | c) des Erwerbs eines Wechsel- oder Austauschlaufes oder einer Wechseltrommel in die Waffenbesitzkarte nach § 4 Abs. 1 der 1. WaffV | 25,– |
| 12. | Eintragung der Berechtigung zum Munitionserwerb und Ausstellung eines Munitionserwerbscheines in Form eines solchen Vermerks in der Waffenbesitzkarte (§ 29 Abs. 4 WaffG) | 50,– |
| 13. | Ausstellung eines Munitionserwerbscheines (§ 29 Abs. 1 WaffG) | 60,– |
| 14. | Ausstellung eines Waffenscheines (§ 35 Abs. 1 WaffG) | 200,– |
| 15. | Verlängerung der Geltungsdauer des Waffenscheines (§ 35 Abs. 1 Satz 4 WaffG) | 150,– |
| 16. | Ausstellung eines Waffenscheines in den Fällen des § 35 Abs. 3 WaffG | 400,– |
| 17. | Verlängerung der Geltungsdauer eines Waffenscheines in den Fällen des § 35 Abs. 3 WaffG | 250,– |
| 18. | Ausstellung einer Ersatzausfertigung für eine in Verlust geratene waffenrechtliche Erlaubnis | Gebühr in Höhe der Gebühr für die jeweilige waffenrechtliche Erlaubnis |

Kostenverordnung zum Waffengesetz **WaffKostV 3**

| | | DM |
|---|---|---|
| 19. | Einwilligung zum Erwerb von erlaubnispflichtigen Schußwaffen oder erlaubnispflichtiger Munition in einem anderen Mitgliedstaat der Europäischen Gemeinschaften durch Personen mit gewöhnlichem Aufenthalt im Geltungsbereich des Gesetzes (§ 9 Abs. 2 der 1. WaffV) | 20,– |
| 20. | Erlaubnis zum Verbringen oder Verbringenlassen von erlaubnispflichtigen Schußwaffen oder erlaubnispflichtiger Munition in einen anderen Mitgliedstaat der Europäischen Gemeinschaften (§ 9a Abs. 1 der 1. WaffV) | 20,– |
| 21. | Einwilligung zum Verbringen oder Verbringenlassen von erlaubnispflichtigen Schußwaffen oder erlaubnispflichtiger Munition aus einem anderen Mitgliedstaat der Europäischen Gemeinschaften (§ 9a Abs. 2 der 1. WaffV) | 20,– |
| 22. | Erlaubnis zum Verbringen oder Verbringenlassen von erlaubnispflichtigen Schußwaffen oder erlaubnispflichtiger Munition zu Waffenherstellern/Waffenhändlern in einem anderen Mitgliedstaat der Europäischen Gemeinschaften durch Inhaber einer Erlaubnis nach § 7 WaffG (§ 9a Abs. 3 der 1. WaffV) | 125,– |
| 23. | Einwilligung zum Mitbringen von erlaubnispflichtigen Schußwaffen und dafür bestimmter Munition in den Geltungsbereich des Gesetzes bei Besuchen durch den Inhaber eines von einem Mitgliedstaat der Europäischen Gemeinschaften ausgestellten Europäischen Feuerwaffenpasses (§ 9c Abs. 1 der 1. WaffV) | 20,– |
| 24. | Ausstellung eines Europäischen Feuerwaffenpasses (§ 9d Abs. 2 der 1. WaffV) | 80,– |
| 25. | Verlängerung der Geltungsdauer eines Europäischen Feuerwaffenpasses (§ 9d Abs. 2 der 1. WaffV) | 20,– |
| 26. | Verlängerung der Geltungsdauer der Einzelgenehmigung im Feld 4 des Europäischen Feuerwaffenpasses (§ 9d Abs. 2 der 1. WaffV) | 20,– |
| 27. | Änderung von sonstigen Eintragungen im Europäischen Feuerwaffenpaß (§ 9d Abs. 2 der 1. WaffV) | 20,– |
| 28. | Beschußgebühren (§ 16 WaffG) | |
| 28.1 | Kurzwaffen | DM/Lauf |
| 1.1 | Pistolen gleichen Typs[1] | |
| 1.1.1 | Pistolen für patronierte Munition | |
| 1.1.1.1 | für die 1. bis einschließlich der 5. Waffe | 22,– |
| 1.1.1.2 | für die 6. bis einschließlich der 150. Waffe | 5,50 |
| 1.1.1.3 | bei Vorlage von mehr als 150 Waffen | 5,50 |

---

[1] **Amtl. Anm.:** Pistolen gleichen Typs sind Pistolen der jeweiligen Waffengruppe mit der gleichen Anzahl von Läufen.

# 3. WaffKostV

Kostenverordnung zum Waffengesetz

| | | DM/Lauf |
|---|---|---|
| 1.1.2 | Pistolen für Schreckschuß-, Reizstoff- und Signalmunition | |
| 1.1.2.1 | für die 1. bis einschließlich der 5. Waffe | 10,– |
| 1.1.2.2 | für die 6. bis einschließlich der 150. Waffe | 3,40 |
| 1.1.2.3 | bei Vorlage von mehr als 150 Waffen | 3,40 |
| 1.1.3 | Pistolen für nichtpatroniertes Schwarzpulver | |
| 1.1.3.1 | für die 1. bis einschließlich der 5. Waffe | 46,– |
| 1.1.3.2 | für die 6. bis einschließlich der 150. Waffe | 16,– |
| 1.1.3.3 | bei Vorlage von mehr als 150 Waffen | 16,– |
| 1.1.4 | Austauschläufe und wesentliche Waffenteile für Pistolen | |
| 1.1.4.1 | Austauschläufe werden wie Waffen nach den Nummern 1.1.1.1 bis 1.1.3.3 berechnet. | |
| 1.1.4.2 | Sonstige Waffenteile werden wie einläufige Waffen nach den Nummern 1.1.1.1 bis 1.1.3.3 berechnet. | |
| 1.1.4.3 | Für Austauschläufe und Waffenteile, die zum Beschuß in Waffen ein- bzw. ausgebaut werden müssen, wird der zusätzlich erforderliche Mehraufwand berechnet. | |
| 1.2 | Revolver gleichen Typs[1] | |
| 1.2.1 | Revolver für patronierte Munition | |
| 1.2.1.1 | für die 1. bis einschließlich der 5. Waffe | 18,– |
| 1.2.1.2 | für die 6. bis einschließlich der 150. Waffe | 5,50 |
| 1.2.1.3 | bei Vorlage von mehr als 150 Waffen | 5,50 |
| 1.2.2 | Revolver für Schreckschuß-, Reizstoff- und Signalmunition | |
| 1.2.2.1 | für die 1. bis einschließlich der 5. Waffe | 15,– |
| 1.2.2.2 | für die 6. bis einschließlich der 150. Waffe | 4,– |
| 1.2.2.3 | bei Vorlage von mehr als 150 Waffen | 4,– |
| 1.2.3 | Revolver für nichtpatroniertes Schwarzpulver | |
| 1.2.3.1 | für die 1. bis einschließlich der 5. Waffe | 54,– |
| 1.2.3.2 | für die 6. bis einschließlich der 150. Waffe | 16,– |
| 1.2.3.3 | bei Vorlage von mehr als 150 Waffen | 16,– |
| 1.2.4 | Austauschläufe und Wechseltrommeln für Revolver | |
| 1.2.4.1 | Austauschläufe und Wechseltrommeln werden wie Waffen nach den Nummern 1.2.1.1 bis 1.2.3.3 berechnet. | |
| 1.2.4.2 | Für Austauschläufe und Wechseltrommeln, die zum Beschuß in Waffen ein- bzw. ausgebaut werden müssen, wird der zusätzlich benötigte Mehraufwand berechnet. | |
| 28.2 | Langwaffen | |
| 2.1 | Büchsen und Flinten gleichen Typs[2] | |

---

[1] **Amtl. Anm.:** Revolver gleichen Typs sind ein- oder mehrschüssige Revolver der gleichen Waffengruppe.

[2] **Amtl. Anm.:** Büchsen und Flinten gleichen Typs sind Büchsen und Flinten der jeweiligen Waffengruppe mit der gleichen Anzahl von Läufen.

Kostenverordnung zum Waffengesetz  **WaffKostV 3**

|  |  | DM/Lauf |
|---|---|---|
| 2.1.1 | Büchsen und Flinten für patronierte Munition mit Zentralfeuerzündung | |
| 2.1.1.1 | für die 1. bis einschließlich der 5. Waffe | 19,– |
| 2.1.1.2 | für die 6. bis einschließlich der 150. Waffe | 8,80 |
| 2.1.1.3 | bei Vorlage von mehr als 150 Waffen | 8,80 |
| 2.2.1 | Büchsen und Flinten für patronierte Munition mit Randfeuerzündung | |
| 2.2.1.1 | für die 1. bis einschließlich der 5. Waffe | 16,– |
| 2.2.1.2 | für die 6. bis einschließlich der 150. Waffe | 5,50 |
| 2.2.1.3 | bei Vorlage von mehr als 150 Waffen | 5,50 |
|  | Bei Kombinationen der Zündungsarten nach den Nummern 2.1.1 und 2.2.1 in einer Waffe sind die Gebühren nach Nummer 2.1.1 zu berechnen. | |
| 2.3.1 | Büchsen und Flinten für nichtpatroniertes Schwarzpulver | |
| 2.3.1.1 | für die 1. bis einschließlich der 5. Waffe | 46,– |
| 2.3.1.2 | für die 6. bis einschließlich der 150. Waffe | 16,– |
| 2.3.1.3 | bei Vorlage von mehr als 150 Waffen | 16,– |
| 2.4 | Einsteckläufe, Austauschläufe und wesentliche Waffenteile für Büchsen und Flinten | |
| 2.4.1 | Einsteckläufe und Austauschläufe werden wie Waffen nach den Nummern 2.1.1.1 bis 2.3.1.3 berechnet. | |
| 2.4.2 | Sonstige Waffenteile werden wie einläufige Waffen nach den Nummern 2.1.1.1 bis 2.3.1.3 berechnet. | |
| 2.4.3 | Für Einsteckläufe und Waffenteile, die zum Beschuß ein- bzw. ausgebaut werden müssen, wird der zusätzlich benötigte Mehraufwand berechnet. | |
| 28.3 | Zulassung von Munition (§ 25 WaffG) | DM/Los |
| 3.1 | Zulassungsprüfung | |
| 3.1.1 | bis zu einer Losgröße von 1000 Stück | 150,– |
| 3.1.2 | bei Losgrößen von 1001 bis 3000 Stück | 450,– |
| 3.1.3 | bei Losgrößen von 3001 bis 35 000 Stück | 690,– |
| 3.1.4 | bei Losgrößen von 35 001 bis 150 000 Stück | 950,– |
| 3.1.5 | bei Losgrößen über 150 000 Stück | 1000,– |
| 3.2 | Fabrikationskontrolle | |
| 3.2.1 | bis zu einer Losgröße von 35 000 Stück | 420,– |
| 3.2.2 | bei Losgrößen von 35 001 bis 150 000 Stück | 540,– |
| 3.2.3 | bei Losgrößen von 150 001 bis 500 000 Stück | 600,– |
| 3.2.4 | bei Losgrößen von 500 001 bis 1 500 000 Stück | 720,– |
| 29. | Ausstellung einer Bescheinigung in den Fällen des § 27 Abs. 3 Nr. 1 oder Abs. 3 zweiter Halbsatz WaffG | 25,– |
| 30. | Ausstellung einer Bescheinigung über die Berechtigung nach § 7 für die Fälle des § 27 Abs. 4 Satz 2 WaffG | 25,– |
| 31. | Abstempeln der Karteiblätter (§ 14 Abs. 2 Satz 2 der 1. WaffV pro angefangene 50 Stück | 25,– |

# 3. WaffKostV — Kostenverordnung zum Waffengesetz

| | | DM |
|---|---|---|
| 32. | Ausstellung einer beschußtechnischen Bescheinigung (§ 8 Abs. 1 der 3. WaffV) | 25,– |
| 33. | Ausstellung einer Bescheinigung über die Nichtdurchführung der Beschußprüfung (§ 8 Abs. 2 der 3. WaffV) | 25,– |
| 34. | Zulassung von Ausnahmen in anderen als in Abschnitt I Nr. 8 bezeichneten Fällen, insbesondere nach § 33 Abs. 2 WaffG, § 36 Abs. 3, § 39 Abs. 2 der 1. WaffV | 30,– |

| | | DM von | bis |
|---|---|---|---|
| Abschnitt III: Gebühren in sonstigen Fällen | | | |
| 1. | Amtshandlungen, insbesondere Prüfungen und Untersuchungen, die im Interesse oder auf Veranlassung des Gebührenschuldners vorgenommen werden und nicht in Abschnitt I oder II aufgeführt sind | 50,– | 1000,– |
| 2. | Widerruf oder Rücknahme einer Amtshandlung, zu der der Berechtigte Anlaß gegeben hat | Gebühr bis zu 75 vom Hundert des Betrages, der als Gebühr für die Vornahme der widerrufenen oder zurückgenommenen Amtshandlung vorgesehen ist oder zu erheben wäre | |
| 3. | Ablehnungen aus anderen als Unzuständigkeitsgründen oder bei Zurücknahme von Anträgen auf Vornahme von Amtshandlungen nach Beginn der sachlichen Bearbeitung, jedoch vor deren Beendigung | Gebühr bis zu 75 vom Hundert des Betrages, der als Gebühr für die beantragte Amtshandlung vorgesehen ist | |
| 4. | Teilweise oder vollständig erfolglose Widerspruchsverfahren | Gebühr bis zu der Gebühr für die beantragte oder angefochtene Amtshandlung, mindestens jedoch 50,–, soweit nicht für die Amtshandlung eine niedrigere Gebühr vorgesehen ist. Dies gilt nicht, wenn der Widerspruch nur deshalb keinen Erfolg hat, weil die Verletzung einer Verfahrens- oder Formvor- | |

| | | |
|---|---|---|
| 5. | Bei Rücknahme eines Widerspruches nach Beginn der sachlichen Bearbeitung, jedoch vor deren Beendigung | schrift nach § 45 des Verwaltungsverfahrensgesetzes unbeachtlich ist<br>Gebühr bis zu 75 vom Hundert der Gebühr eines erfolglosen Widerspruchsverfahrens |
| 6. | Zurückweisung oder bei Rücknahme eines Widerspruches gegen eine Kostenentscheidung in einem waffenrechtlichen Verfahren | Gebühr bis zu 10 vom Hundert des streitigen Betrages. |

# 4. Allgemeine Verwaltungsvorschrift zum Waffengesetz (WaffVwV)

*zZ unbesetzt (vgl. Vorwort)*

# 5. Gesetz über die Prüfung und Zulassung von Feuerwaffen, Böllern, Geräten, bei denen zum Antrieb Munition verwendet wird, sowie von Munition und sonstigen Waffen (Beschussgesetz – BeschG)[1]

Vom 11. 10. 2002 (BGBl. I 3970), geänd. durch Art. 1a des Gesetzes vom 27. 5. 2003 (BGBl. I 742) und Art. 116 der 8. Zuständigkeitsanpassungsverordnung vom 25. 11. 2003 (BGBl. I 2304)

**BGBl. III/FNA 7144-2**

## Inhaltsübersicht

### Abschnitt 1. Allgemeine Bestimmungen §§

Zweck, Anwendungsbereich ..................................................... 1
Beschusstechnische Begriffe ..................................................... 2

### Abschnitt 2. Prüfung und Zulassung

Beschusspflicht für Feuerwaffen und Böller ............................. 3
Ausnahmen von der Beschusspflicht ........................................ 4
Beschussprüfung ....................................................................... 5
Prüfzeichen ............................................................................... 6
Zulassung von Schussapparaten, Einsteckläufen und nicht der Beschusspflicht unterliegenden Feuerwaffen, Systemprüfungen von Schussapparaten und der in ihnen zu verwendenden Kartuschenmunition ................................................................... 7
Zulassung von Schreckschuss-, Reizstoff- und Signalwaffen ..... 8
Anzeige, Prüfung, Zulassung von sonstigen Waffen und Kartuschenmunition mit Reizstoffen ................................................. 9
Zulassung von pyrotechnischer Munition ................................. 10
Zulassung sonstiger Munition ................................................... 11
Überlassen und Verwenden beschuss- oder zulassungspflichtiger Gegenstände ........................................................................ 12
Ausnahmen in Einzelfällen ....................................................... 13
Ermächtigungen ........................................................................ 14

### Abschnitt 3. Sonstige beschussrechtliche Vorschriften

Beschussrat ............................................................................... 15
Kosten ....................................................................................... 16
Auskunftspflichten und besondere behördliche Befugnisse im Rahmen der Überwachung ........................................................ 17
Inhaltliche Beschränkungen, Nebenbestimmungen und Anordnungen ....................................................................................... 18

---

[1] Verkündet als Art. 2 des G zur Neuregelung des Waffenrechts (WaffRNeuRegG) vom 11. 10. 2002 (BGBl. I 3970), ber. 19. 12. 2002 (BGBl. I 4592) und 19. 9. 2003 (BGBl. I 1957).

# 5 BeschG  Beschussgesetz

|  | §§ |
|---|---|
| Rücknahme und Widerruf | 19 |
| Zuständigkeiten | 20 |
| Bußgeldvorschriften | 21 |

**Abschnitt 4. Übergangsvorschriften**

| | |
|---|---|
| Übergangsvorschriften | 22 |

## Vorbemerkung

**1** Ein **Hauptanliegen** des Waffenrechtsneuregelungsgesetzes (abgedruckt unter **Nr. 11**) war es, das **Beschusswesen** aus dem Waffengesetz auszugliedern und in einem **eigenen Beschussgesetz** zu regeln. Hierbei verwies man darauf, dass in allen anderen Staaten, die – wie Deutschland – Vertragsstaat des Internationalen Übereinkommens über die gegenseitige Anerkennung der Beschusszeichen für Handfeuerwaffen vom 1. 7. 1969 (abgedruckt unter **Nr. 12 g**) sind, eine solche Trennung bestehe. Nicht erwähnt wurde in diesem Zusammenhang allerdings, dass auch das deutsche Waffenrecht vor dem Erlass des BWaffG 1968 eine solche Aufspaltung kannte (näher zur geschichtlichen Entwicklung *Frieß* in *L/F/L* zu A 4.1.1; zitiert: *Frieß;* Einleitung Rd. 1 ff.). Das erste deutsche Beschussgesetz trat bereits am 1. 1. 1891 in Kraft (vgl. § 4 Abs. 1 Nr. 3 Buchst. b und Anm. hierzu). Bis zum Erlass des BWaffG 1968 galt das **Gesetz über die Prüfung von Handfeuerwaffen und Patronen vom 7. 6. 1939** (RGBl. I 1241), das **„Beschussgesetz"**. Es war eine der Aufgaben des Bundesgesetzgebers im Jahre 1968, dieses Gesetz der neuen technischen Entwicklung und den geänderten staats- und verfassungsrechtlichen Verhältnissen anzupassen. Das führte aber seinerzeit darüber hinaus zu einer abweichenden Platzierung, nämlich der Übernahme des Beschussrechts in den damaligen V. Abschnitt des BWaffG 1968. Das WaffG 1972 behielt diese Regelung bei, an der auch bei der Novellierung des Gesetzes iJ 1976 keine wesentlichen Änderungen vorgenommen wurden. Wie schon das BWaffG 1968 hielt auch das WaffG aF in den §§ 16 bis 19 am Grundsatz des Einzelbeschusses fest und ersetzte ihn lediglich bei den harmloseren Schusswaffen, insbesondere den Schreckschuss-, Reizstoff- und Signalwaffen, durch das Prinzip der Bauartzulassung (§§ 21/22 WaffG aF). Vorschriften für die Zulassung von Munition (§§ 23, 25 WaffG aF) bildeten den Schluss des damals maßgeblichen III. Gesetzesabschnittes, der in den §§ 20, 26 noch Ermächtigungen für den BMI zum Erlass von Rechtsverordnungen für die Beschussprüfung und Bauartzulassung enthielt, von denen der BMI in der 3. WaffV aF Gebrauch machte. Der Abschnitt wurde dann durch das 2. WaffGÄndG v. 14. 7. 1980 (BGBl. I 1956) weitgehend umgestaltet.

**2** Maßgeblicher inhaltlicher Grund für die künftige – erneute – Trennung von Waffenrecht und Beschussrecht ist die **unterschiedliche Zweckrichtung** beider Gesetze: Beim Waffengesetz geht es in erster Linie um die Regelung des Umgangs mit Waffen unter dem Gesichtspunkt der öffentlichen Sicherheit und damit vorwiegend um Verhaltensweisen von Menschen; dagegen regelt das Beschussgesetz vor allem die Beschaffenheit von Gegenständen, nämlich die Prüfung und Zulassung insbesondere von Feuerwaffen, Böllern, Schussapparaten und Munition sowie von bestimmten sonstigen Waffen im Interesse der Sicherheit für den Verwender und Dritte (Begr. BT-Drucks. 14/7758 S. 92). Daraus ergeben sich auch sachliche Differenzierungen hinsichtlich von Begriffsbestimmungen, zB hinsichtlich „wesent-

Zweck, Anwendungsbereich **§ 1 BeschG 5**

licher" Teile iS des WaffG einerseits und „höchstbeanspruchter" Teile iS des BeschG. Die Entflechtung beider Bereiche wird es nach Ansicht des Gesetzgebers außerdem in Zukunft erleichtern, für Deutschland verbindliche internationale oder europäische Rechtsakte im Beschussrecht umzusetzen, so vor allem die von der Ständigen Internationalen Kommission zur Prüfung von Handfeuerwaffen (CIP) getroffenen Beschlüsse oder Beschlüsse der Europäischen Union auf dem Gebiet der Produktsicherheit. Der etwas umständliche reguläre Titel des Gesetzes: „Gesetz über die Prüfung und Zulassung von Feuerwaffen, Böllern, Geräten, bei denen zum Antrieb Munition verwendet wird, sowie von Munition und sonstigen Waffen (Beschussgesetz – BeschG)" beruht auf folgenden Erwägungen: „Beschuss oder Zulassung von Schusswaffen betrifft zwar in erster Linie Handfeuerwaffen, d.h. tragbare Schusswaffen, die dazu bestimmt sind, von einer Person zum Schießen verwendet zu werden (Pistole, Revolver, Gewehr; Büchse oder Flinte für die Jagd). Darüber hinaus werden aber auch – und zwar schon nach dem bisherigen, im Waffengesetz und den auf ihm beruhenden Verordnungen integrierten Beschussrecht – Modellkanonen zum sportlichen Schießen beschussrechtlich geprüft. Insofern ist die Präzisierung durch Ausdehnung des Begriffs auf ‚Feuerwaffen' geboten. Außerdem werden vom Beschussgesetz künftig weitere Waffen wie z.B. Druckluftwaffen, Reizstoffsprühgeräte oder Elektroimpulsgeräte (so genannte Elektroschockgeräte) erfasst (§ 1 Abs. 1 Nr. 3 in Verbindung mit § 9), da die Vergangenheit gezeigt hat, dass das bisherige Anzeigeverfahren (vgl. vor allem § 26 der Ersten Verordnung zum Waffengesetz) allein keine ausreichende Verwendersicherheit gewährleisten konnte". Nähere Regelungen enthält die auf die §§ 14 und 15 gestützte **„Allgemeine Verordnung zum Beschussgesetz** (Beschussverordnung – BeschussV) vom 13. 7. 2006 (BGBl. I 1494), abgedruckt unter **Nr. 6.**

## Abschnitt 1. Allgemeine Bestimmungen

**Zweck, Anwendungsbereich**

**1** **(1) Dieses Gesetz regelt die Prüfung und Zulassung von**
1. **Feuerwaffen, Böllern, Geräten, bei denen zum Antrieb Munition oder hülsenlose Treibladungen verwendet werden, einschließlich deren höchstbeanspruchten Teilen,**
2. **Munition und**
3. **sonstigen Waffen**
**zum Schutz der Benutzer und Dritter bei bestimmungsgemäßer Verwendung.**

(2) **Dieses Gesetz ist nicht anzuwenden auf**
1. **Feuerwaffen, die zum Verschießen von Munition bestimmt sind, bei der die Ladung nicht schwerer als 15 mg ist,**
2. **veränderte Schusswaffen nach Anlage 1 Abschnitt 1 Unterabschnitt 1 Nr. 1.4 des Waffengesetzes vom [einsetzen: Tag der Verkündung] in der jeweils geltenden Fassung.**
3. **die Lagerung der in Absatz 1 bezeichneten Gegenstände in verschlossenen Zolllagern oder in Freizonen.**

# 5 BeschG § 1 — Beschussgesetz

(3) **Der Bauartzulassung unterliegen**
1. **nicht tragbare Selbstschussgeräte,**
2. **bei anderen nicht tragbaren Geräten, in denen zum Antrieb in Hülsen untergebrachte Treibladungen verwendet werden und die für technische Zwecke bestimmt sind, nur die Auslösevorrichtungen und die Teile des Gerätes, die dem Druck der Pulvergase unmittelbar ausgesetzt sind.**

**Geräte nach Satz 1 Nr. 2 können außerdem der Einzelbeschussprüfung unterzogen werden.**

(4) **Auf Feuerwaffen, Böller, Geräte, Munition und sonstige Waffen im Sinne des Absatzes 1, die für**
1. **die obersten Bundes- und Landesbehörden und die Deutsche Bundesbank,**
2. **die Bundeswehr und die in der Bundesrepublik Deutschland stationierten ausländischen Streitkräfte,**
3. **die Polizeien des Bundes und der Länder,**
4. **die Zollverwaltung**

**in den Geltungsbereich dieses Gesetzes verbracht oder hergestellt und ihnen oder ihren Bediensteten im Rahmen ihrer dienstlichen Tätigkeit jeweils überlassen werden, sind, soweit nicht ausdrücklich etwas anderes bestimmt ist, die Vorschriften über die Prüfung und Zulassung nach diesem Gesetz nicht anzuwenden.**

(5) **Die Bundesregierung kann durch Rechtsverordnung, die nicht der Zustimmung des Bundesrates bedarf, eine dem Absatz 4 entsprechende Regelung für sonstige Behörden und Dienststellen des Bundes einschließlich deren Bediensteter im Rahmen ihrer dienstlichen Tätigkeit treffen. Die Bundesregierung kann die Befugnis nach Satz 1 durch Rechtsverordnung, die nicht der Zustimmung des Bundesrates bedarf, auf eine andere Bundesbehörde übertragen.**

(6) **Die Landesregierungen können durch Rechtsverordnung eine dem Absatz 4 entsprechende Regelung für sonstige Behörden und Dienststellen des Landes einschließlich deren Bediensteter im Rahmen ihrer dienstlichen Tätigkeit treffen. Die Landesregierungen können die Befugnis nach Satz 1 durch Rechtsverordnung auf andere Landesbehörden übertragen.**

**1. Entstehungsgeschichte.** Die Vorschrift enthält Elemente des § 16 WaffG aF, der in seinen Absätzen 1 und 2 dem § 21 BWaffG 1968, in Absatz 3 dem § 29 Abs. 1 jenes Gesetzes entsprach. Der Inhalt des jetzigen Absatzes 2 (Nichtanwendung des Beschussgesetzes) wurde bisher in § 2 Abs. 3 (betreffend Nummer 1) und § 3 Abs. 1 Satz 2 Nr. 1 bis 3 der 1. WaffV aF (betreffend Nummer 2) geregelt. Nummer 3 übernimmt die bisherigen Regelungen aus § 27 Abs. 2 Nr. 1 und § 6 Abs. 3 WaffG aF. Die Formulierung in Absatz 2 Nr. 3 trägt dem Zollkodex und der auf ihm beruhenden Terminologie Rechnung (Begr. BT-Drucks. 14/7758 S. 92). Die Notwendigkeit der Absätze 4 bis 6 war zunächst übersehen worden. Diese Regelung wurde dem Gesetz im Wege der „Nachbesserung" durch Art. 1a des Dritten Gesetzes zur Änderung des Melderechtsrahmengesetzes vom 27. 5. 2003 (BGBl. I 742) angefügt (vgl. Beschlussempfehlung und Bericht des Innenausschusses BT-Drucks. 15/822 S. 3 und 5).

Zweck, Anwendungsbereich **§ 1 BeschG 5**

**2. Zielrichtung des Gesetzes (Absatz 1).** Der Konzeption heutiger Gesetze entsprechend formuliert die Bestimmung zu Beginn den Zweck des Gesetzes. Es geht um die Prüfung und ggf. die Zulassung von risikobehafteten Gegenständen zum Schutz sowohl derjenigen, die damit umgehen als auch derjenigen die als außenstehende Dritte hiermit in Kontakt kommen. Maßstab für die Überprüfung derartiger Gegenstände ist die „bestimmungsgemäße Verwendung"; Gefahren und Schäden durch missbräuchliche Verwendung sind nicht immer von vornherein zu erfassen und auszuschließen. Wer also eine Schusswaffe in einem konzessionierten Waffenhandelsgeschäft erwirbt, muss die Gewähr dafür haben, dass bei der Verwendung der auf der Waffe gem. § 24 Abs. 1 Satz 1 Nr. 2 (§ 13 Abs. 3 Satz 1 WaffG aF) angegebenen Munition die Schusswaffe der Beanspruchung standhält und für ihn bei bestimmungs- und ordnungsgemäßer Verwendung des Gegenstandes keinerlei Gefahr für Leib oder Leben besteht.

**3. Erfasste Gegenstände (Absatz 1 Nr. 1 bis 3).** Die Vorschrift umfasst Munition und alle Geräte, bei deren bestimmungsgemäßem Gebrauch Munition verwendet wird. Die gesonderte Erwähnung von „sonstigen Waffen" ist allerdings missverständlich (unten Rdn. 9). Einsteck- und Austauschläufe, die zuvor in § 16 Abs. 1 WaffG aF gesondert aufgeführt waren, unterfallen den höchstbeanspruchten Teilen der Geräte, die nunmehr generell erfasst sind (Nr. 1 aE; § 2 Abs. 2 Nr. 1 Buchst. c und a). **Kriegswaffen** unterliegen nicht mehr besonderen Ausnahmeregelungen außer denen des § 4 Abs. 1 Nr. 3 Buchstabe d. Dort sind alle Waffen, die für die Bundeswehr, in Deutschland stationierte Alliierte Streitkräfte, den Zoll, die Polizeien der Länder und des Bundes hergestellt oder ihnen überlassen werden, von der Beschusspflicht ausgenommen. Hierunter fallen auch alle Kriegswaffen dieser Einrichtungen. Eine allgemeine Befreiung von Kriegsschusswaffen von der Beschusspflicht ist nicht vorgesehen, wäre auch nicht gerechtfertigt (Begr. BT-Drucks. 14/7758 S. 93). Im Einzelnen gilt Folgendes:

**a) Feuerwaffen** werden eigens für das Beschussgesetz in § 2 Abs. 1 Nr. 1 und 2 definiert, so dass diese Begriffsbestimmung derjenigen in der Anlage 1 A 1 U 1 Nr. 2 zum Waffengesetz vorgeht (§ 2 Abs. 6 letzter Halbsatz). Das Beschussgesetz (BeschG) versteht hierunter zwei Kategorien: aa) Schusswaffen, bei denen ein **Geschoss** mittels heißer Gase durch einen Lauf getrieben wird (§ 2 Abs. 1 Nr. 1). Geschosse sind im BeschG nicht eigens definiert, so dass auf die Anlage 1 A 1 U 3 Nr. 3 zum WaffG zurückgegriffen werden muss. Danach sind Geschosse iS des WaffG (als Waffen oder) für Schusswaffen bestimmte feste Körper oder gasförmige, flüssige oder feste Stoffe in Umhüllungen. Ein solches Geschoss muss durch einen Lauf getrieben werden, wobei zum Antrieb heiße Gase verwendet werden müssen. Nicht hierunter fallen weniger gefahrenträchtige Geräte, bei denen das Geschoss durch andere Energien, zB Kaltgas, Federdruck oder Luftdruck, angetrieben wird (hierzu § 9 Abs. 2). bb) Ebenfalls unter die Feuerwaffen eingereiht sind die Munitionsabschussgeräte des § 2 Abs. 1 Nr. 2, bei denen Munition (Anlage 1 A 1 U 3 Nr. 1 zum WaffG) oder hülsenlose Treibladungen (aaO Nr. 1.3 und Nr. 2) abgeschossen, aber **kein Geschoss** durch den Lauf getrieben wird. Hierunter fallen Schreckschuss-, Reizstoff- und Signalwaffen sowie die in § 2 Abs. 2 Nr. 4 umschriebenen Schussapparate (Begr. BT-Drucks. 14/7758 S. 93), nicht aber Böller (vgl. § 2 Abs. 3 Satz 1).

**b) Böller.** Es handelt sich dabei um Geräte, in denen verdämmte Ladungen oder Kartuschen oder ein Gasgemisch gezündet werden und die zum Salutschießen bestimmt sind. Sie wurden, über das Beschussgesetz von 1939 hinausgehend, im

# 5 BeschG § 1                                         Beschussgesetz

BWaffG 1968 im Hinblick auf die große Anzahl von Unfällen, die sich bei ihrer Verwendung ereignet hatten, in die Beschusspflicht einbezogen (vgl. jetzt §§ 1 Abs. 1, 2 Abs. 1 BeschussV und Anlage I Nr. 2.2 und 2.3 zur BeschussV sowie § 5 Abs. 3). Handböller zum Abschießen von Kartuschenmunition waren Handfeuerwaffen iS von § 1 Abs. 4 WaffG aF (Nr. 16.2 WaffVwV aF). Diese Böller wurden erstmalig in § 21 BWaffG 1968 erwähnt.

Das neue Beschussgesetz definiert sie in § 2 Abs. 3. Sie werden auch negativ abgegrenzt in der Weise, dass es keine Feuerwaffen (Rdn. 4) oder Geräte zum Abschießen von Munition sein dürfen. Im übrigen erfolgt die Charakterisierung dahingehend, dass sie ausschließlich zur Erzeugung des Schussknalls bestimmt sind (zB zum „Böllerschießen" bei Brauchtumsveranstaltungen). Nach § 2 Abs. 3 Satz 2 fallen hierunter auch nichttragbare Geräte, die zum Abschuss von Munition „nach einer Rechtsverordnung nach § 14 Abs. 1 Nr. 1" bestimmt sind. Eine solche VO ist die BeschussV (abgedruckt unter **Nr. 6**); vgl. zuvor die Tabelle 5 der Bekanntmachung der Maßtafeln für Handfeuerwaffen und Munition vom 10. 1. 2000 (BAnz. Nr. 38 a vom 24. 2. 2000). Es handelt sich um Knallkartuschenmunition, Platz- und Knallpatronen sowie Reiz- und Wirkstoffmunition. Besonders erwähnt wird neuerdings in § 2 Abs. 3 Satz 2 die Unterart der „Gasböller" (§ 3 Abs. 1 Satz 2 sowie Anlage I Nr. 2.3 zur BeschussV), bei denen die Erzeugung des Schussknalls durch die Explosion bestimmter Gase bewirkt wird, weil bei ihnen sowohl ein Einzelbeschuss als auch eine Bauartzulassung (§ 3 Abs. 1 Satz 2) in Betracht kommen kann (Begr. BT-Drucks. 14/7758 S. 93).

6   c) **Munitionsabschussgeräte.** Das Gesetz spricht von „Geräten, bei denen zum Antrieb Munition oder hülsenlose Treibladungen verwendet werden". Insoweit ähnelt diese Begriffsbestimmung derjenigen der zweiten Unterart der Feuerwaffen in § 2 Abs. 1 Nr. 2; bei jenen wird allerdings das Vorhandensein eines Laufes vorausgesetzt („bei denen kein Geschoss durch den Lauf getrieben wird"). Was bei den hier angesprochenen Geräten angetrieben werden soll („zum Antrieb"), sagt das Gesetz nicht; jedenfalls ist der Formulierung zu entnehmen, dass das Abschießen der Munition oder Treibladungen kein Selbstzweck sein soll und darf. In der Liste der Definitionen in § 2 stößt man hierbei auf die **„Schussapparate"** (§ 2 Absatz 4), bei denen tatsächlich zum Antrieb Munition verwendet wird und die gewerblichen oder technischen Zwecken dienen. Sie sind aus dem Regelungsbereich des WaffG mit der Neuregelung ganz ausgeschieden (Begr. BT-Drucks. 14/7758 S. 93). Vgl. jetzt § 7 und §§ 11, 13, 24 und 25 BeschussV sowie Anlage I Nr. 3 hierzu. Sie unterliegen grundsätzlich der Bauartzulassung. Zum Begriff des Schussapparates gehört, dass zum Antrieb Munition verwendet wird. Hierbei ist zwischen Apparaten zu unterscheiden, mit denen feste Körper (Bolzen) verschossen werden, und solchen, bei denen der feste Körper durch die Munition nur angetrieben wird, ohne sich von dem Schussapparat „zu trennen". Dagegen sind Schussapparate nicht dazu bestimmt, dass bei ihnen im Handel zugelassene scharfe Munition, und zwar Patronenmunition mit massiven Geschossen, im Kartuschenlager gezündet und aus ihnen verschossen werden kann. Bei derart eingerichteten Schussapparaten ist deshalb die Zulassung der Bauart zu versagen (§ 7 Abs. 4 Nr. 1; § 21 Abs. 4 Nr. 1 WaffG aF). Entsprechendes gilt (§ 7 Abs. 4 Nr. 2; § 21 Abs. 4 Nr. 2 WaffG aF), wenn bei der ordnungsmäßigen Verwendung des Schussapparates der Benutzer oder andere Arbeitnehmer mehr als unvermeidbar gefährdet werden, der Apparat mithin praktisch gefährlich ist. Darüber hinaus reicht es aus, dass er – etwa wegen der Lärmerzeugung – in vermeidbarer Weise belästigend auf den geschützten Personenkreis einwirken würde. Dieser

Zweck, Anwendungsbereich **§ 1 BeschG 5**

Grund rechtfertigt schon für sich allein die Versagung der Bauartzulassung. Diese Schussapparate sind jedenfalls hier einzuordnen. Im Übrigen sind hier alle sonstigen Geräte erfasst, auf die die gesetzliche Umschreibung passt und die nicht Feuerwaffen, Böller oder Schussapparate sind.

**d) Höchstbeanspruchte Teile.** Den in den vorausgehenden Anmerkungen angesprochenen Feuerwaffen, Böllern und (sonstigen) Munitionsabschussgeräten werden durch den letzten Halbsatz von Absatz 1 Nr. 1 gleichgestellt die in § 2 Abs. 2 näher definierten „höchstbeanspruchten" Teile dieser Geräte. Zur näheren Darstellung dieser Kategorie wird auf die Erläuterungen zu dieser Bestimmung verwiesen. Näheres regeln §§ 1 Abs. 1, 3 Abs. 2, 5 Abs. 1 und 2 BeschussV sowie Anlage I Nr. 1 hierzu. 7

**e) Munition.** Diese wird durch Absatz 1 Nr. 2 en bloc der Prüfung und Zulassung unterworfen, soweit das Gesetz nicht Ausnahmen (zB § 13) zulässt. Die zunächst vorgesehen gewesene eigene Begriffsbestimmung für Munition („Munition im Sinne dieses Gesetzes ist die in Anlage 1 Abschnitt 1 Unterabschnitt 3 zum Waffengesetz in seiner jeweils geltenden Fassung genannte Munition, Treibladungen und Geschosse") ist im Laufe des Gesetzgebungsverfahrens (Begr. BT-Drucks. 14/8886 S. 120) mit Recht fallengelassen worden im Hinblick auf die generelle Verweisung auf das WaffG in § 2 Absatz 6 (§ 2 Absatz 7 des Entwurfs); auf die Auflistung in der Anlage 1 A 1 U 3 zum WaffG sowie die Anlage III zur BeschussV wird Bezug genommen. 8

**f) Sonstige Waffen (Absatz 1 Nr. 3).** Was hierunter zu verstehen ist, kann dem Gesetz nicht entnommen werden. Nach dem Sprachgebrauch des WaffG und des BeschG fallen hierunter alle „Waffen" iS von § 1 Abs. 2 WaffG mit Ausnahme der in der vorliegenden Bestimmung (§ 1 Absatz 1) unter Nr. 1 genannten. Ganz sicher ist indes, dass zB Hieb- und Stoßwaffen nicht vom Beschussgesetz erfasst werden. Hier muss auf die Begründung des Gesetzes zurückgegriffen werden, die in diesem Zusammenhang darauf hinweist, dass die Vorschrift alle Geräte umfasst, bei denen bestimmungsgemäßem Gebrauch Munition verwendet wird. Das wird im Gesetz gesondert allerdings nur in Bezug auf Nr. 1 ausgedrückt, muss aber wohl „nach dem Gesamtzusammenhang" der gesetzlichen Regelung, einer Formulierung des BGH bei der Auslegung von Urteilsgründen, auch für Nr. 3 gelten. Vgl. Vorbem. Rdn. 2 sowie die Anlage I zur BeschussV Nr. 6. 9

**4. Ausnahmen (Absatz 2).** Von der gesetzlichen Regelung ausgenommen sind **a)** Feuerwaffen (Rdn. 4), die lediglich zum Verschießen von Munition bestimmt sind, bei der die Ladung höchstens 15 mg wiegt (Nr. 1). Diese Regelung wurde aus § 2 Abs. 3 der 1. WaffV aF übernommen. Der Verzicht auf die Prüfung und Zulassung ist dadurch gerechtfertigt, dass beim Verschießen von Munition mit einem solchen Ladungsgewicht gefährliche Wirkungen beim Menschen nicht erzielt werden können. 10

**b)** Auch die Regelung über die Herausnahme „veränderter" Schusswaffen, für deren Umschreibung jetzt auf die Anlage 1 A 1 U 1 Nr. 1.4 zum WaffG verwiesen wird, entspricht bisherigem Recht (§ 3 Abs. 1 Satz 2 Nr. 1 bis 3 der 1. WaffV aF). Diese Vorschrift war weitgehend dem § 3 der 1. WaffV 1972 nachgebildet worden. Die vorgeschriebenen Änderungen des Patronenlagers und des Laufs waren bei der Neufassung der VO 1976 unter Berücksichtigung der zwischenzeitlichen Erfahrungen verschärft worden. Die jetzige Nr. 1.4.1 ist in ihrem Wortlaut durch die 1. Änd-VO 1978 erweitert worden („verändert" statt zuvor „verschlossen"), da es technisch möglich ist, das Patronenlager auch durch andere Maßnahmen als Verschließen so 11

541

# 5 BeschG § 1

Beschussgesetz

zu verändern, dass keine Patronen- oder pyrotechnische Munition, um deren Ausschluss es damals ging, geladen werden kann (BR-Drucks. 423/78 S. 9). Im Einzelnen beruht die Fassung bezüglich der Veränderungen des Laufes (Nr. 1.4.4 und 1.4.5) auf einem damaligen Vorschlag des Bundesrats, der sich in seiner Stellungnahme zur BR-Drucks. 75/76 S. 6 auf den Standpunkt gestellt hat, auch andere Laufveränderungen zuzulassen, soweit sie gleichwertig sind.

Im Gegensatz zu der bisherigen Regelung ergibt sich aus der Bezugnahme auf die Anlage 1 A 1 U 1 Nr. 1.4, dass auch die Möglichkeit ausgeschlossen sein muss, aus den veränderten Schusswaffen Kartuschenmunition abzufeuern. Die Erfordernisse an die Dauerhaftigkeit (früher: Unveränderlichkeit) mussten bei der früheren Neufassung der VO verschärft werden, da nach der VO-Begr. (BR-Drucks. 74/76 S. 49) die Erfahrungen bei der Anwendung der früheren Vorschrift gezeigt hatten, dass die vom BKA festgelegten Anforderungen von den Betrieben beim späteren Vertrieb der Waffen nicht immer eingehalten wurden, so dass es möglich war, die Waffen mit allgemein gebräuchlichen Werkzeugen ohne besondere Schwierigkeiten wieder in den Originalzustand zurückzuversetzen. Diesem Missbrauch wurde durch die Neuformulierung, wie sie noch heute maßgeblich ist, entgegengetreten. Zu dem Begriff „allgemein gebräuchliche Werkzeuge" vgl. § 1 WaffG Rdn. 14 a.

12 c) Lagerung in verschlossenen Zolllagern oder in Freizonen (Nr. 3). Eine weitere Ausnahme betrifft die Lagerung der erfassten Gegenstände (Rdn. 3 bis 9) an bestimmten Orten. Bei verschlossenen Zolllagern handelt es sich um in aller Regel privat betriebene Zolllager. Der Begriff „verschlossen" besagt, dass hier das „Zwei-Schlüssel-Prinzip" herrscht, also ein Zugang nur bei Entriegelung auch mit einem öffentlichen Schlüssel möglich ist. Auf diese Weise werden Bestandsveränderungen nicht nur buchmäßig, sondern auch tatsächlich zollamtlich überwacht (s Begr. BT-Drucks. 14/7758 S. 94). Die Bestimmung lehnt sich an § 27 Abs. 2 Nr. 1 WaffG aF an. Darin waren (von den Einfuhrbestimmungen) ausgenommen u. a. die Lagerung in Zollniederlagen, Zollverschlusslagern oder in Freihäfen. Vom Sinn der Regelung her handelt es sich um Gegenstände, die nicht in den freien inländischen Warenverkehr gelangen.

13 **5. Bauartzulassung (Absatz 3).** Hierbei handelt es sich um eine weitere Art der Prüfung und Zulassung neben dem Einzelbeschuss. Dem früheren Beschussrecht war das Rechtsinstitut der Bauartzulassung unbekannt. Die Regelung ist erstmalig im BWaffG 1968 eingeführt worden, „weil die Sicherheit des Benutzers dieser Waffentypen bereits durch die Prüfung der entsprechenden Baumuster auf die Haltbarkeit, Handhabungssicherheit und Maßhaltigkeit ... gewährleistet werden kann und die mit dem Einzelbeschuss verbundene Belastung der Hersteller und Einführer, aber auch der Prüfbehörden demgemäß nicht gerechtfertigt ist" (Begr. BT-Drucks. V/528 S. 33). Das WaffG 1972 hat diese Regelung mit geringfügigen Abweichungen übernommen. Sie ist auch bei der Abänderung des WaffG 1976 beibehalten worden.

14 Die Bauartzulassung nach den §§ 7 und 8 (§§ 21 bis 23 WaffG aF) enthält eine im Verhältnis zur amtlichen Prüfung durch Einzelbeschuss (§§ 3 bis 6; §§ 16 bis 20 WaffG aF) selbständige und abschließende Regelung. Für die Gegenstände, die den Bestimmungen über die Bauartzulassung unterliegen, kam der Einzelbeschuss früher auch nicht hilfsweise, und zwar schon deshalb nicht in Betracht, weil die der Bauartzulassung vorangehende Prüfung des Baumusters auf Haltbarkeit, Handhabungssicherheit und Maßhaltigkeit in ihren Anforderungen im wesentlichen der Beschussprüfung entspricht. Auf Grund der Ermächtigung in § 20 Abs. 1 Nr. 4 WaffG aF war

Zweck, Anwendungsbereich **§ 1 BeschG 5**

aber im Jahre 1991 die 3. WaffV aF dahingehend geändert worden, dass in deren § 4a Abs. 1 die Möglichkeit einer freiwilligen Beschussprüfung vorgesehen wurde, wie sie für bestimmte Gerätschaften in Absatz 3 Satz 2 nunmehr eröffnet ist. In Ausführung eines Beschlusses der CIP über die Prüfung bestimmter Handfeuerwaffen und tragbarer Schussapparate (abgedr. in BT-Drucks. 8/3661 S. 11) wurden die entsprechenden Vorschriften durch das 2. ÄndG 1980 zur Erreichung der Rechtsvereinheitlichung innerhalb der Mitgliedstaaten der EG geändert; die innerstaatlichen Bestimmungen entsprachen zuvor schon im Wesentlichen diesen Regelungen.

Absatz 3 nimmt – wie bisher § 5 Abs. 3 der 1. WaffV aF – nicht tragbare Selbstschussgeräte (Nr. 1) und andere nicht tragbare Geräte, in denen zum Antrieb (der Geschosse) in Hülsen untergebrachte Treibladungen für technische Zwecke (Nr. 2) verwendet werden, zwar von der Einzelbeschussprüfung aus, unterwirft sie aber den Bestimmungen über die Bauartzulassung. „Auf die Einzelbeschussprüfung kann bei diesen Geräten verzichtet werden, da die Haltbarkeit auf Grund der Konstruktion und des verwendeten Materials – wie bei den tragbaren Schussapparaten – gewährleistet werden kann. Außerdem wird durch die Bauartprüfung wirksamer als bei der Einzelbeschussprüfung sichergestellt, dass der Benutzer und andere Personen bei der Handhabung ausreichend geschützt sind" (Begr. BR-Drucks. 581/72 S. 12). Absatz 3 unterscheidet hinsichtlich des Umfangs der Bauartzulassung zwischen zwei Gerätegruppen: a) nicht tragbare Selbstschussgeräte (Nr. 1); diese unterliegen im vollen Umfang der Bauartzulassung (Begr. BT-Drucks. 14/8886 S. 120); b) andere nicht tragbare Geräte für technische Zwecke, in denen zum Antrieb in Hülsen untergebrachte Treibladungen verwendet werden (Nr. 2); sie unterliegen der Bauartzulassung nur hinsichtlich der Auslösevorrichtung und der Teile des Geräts, die dem Druck der Pulvergase unmittelbar ausgesetzt sind. Zu den Geräten nach Absatz 3 Nr. 2 gehören insbesondere nicht tragbare Kabelschießer, Industriekanonen und Verformungsmaschinen (Begr. aaO); vgl. auch § 11 ff. BeschussV und Nr. 3 der Anlage I hierzu. **15**

**6. Möglicher Einzelbeschuss (Absatz 3 Satz 2).** Satz 2 eröffnet die Möglichkeit, **16** in bestimmten Fällen, in denen es als unzureichend erscheint, für die in Satz 1 Nr. 2 bezeichneten technischen Schussapparate es bei der einzelfallbezogenen Bauartzulassung bewenden zu lassen, das gesamte Gerät zusätzlich durch Einzelbeschuss zu testen (Begr. BT-Drucks. 14/7758 S. 93). Vgl. auch Rdn. 14.

**7. Ausnahmen für Behörden (Absatz 4).** Diese nachträglich eingefügte (Rdn. 1) **17** Regelung **befreit** die im Einzelnen genannten Behörden und ihre Bediensteten von den Vorschriften über die Prüfung und Zulassung. Zur Begründung wird (BT-Drucks. 15/822 S. 5) folgendes ausgeführt: Die Ausnahmebestimmung betreffend die Prüfung und Zulassung nach dem Beschussgesetz ist – über das bisher nur punktuell für den eigentlichen Beschuss für Feuerwaffen und Böller nach § 4 sowie die Bauartprüfung für pyrotechnische Munition nach § 10 Abs. 4 hinaus – auf **sämtliche Dienstwaffen** im weiteren Sinn und Dienstmunition und sämtliche Formen der beschussrechtlichen Prüfung, also etwa auch auf die Typenprüfung und -zulassung für sonstige Munition im Sinne des § 11, zu erstrecken. Dies entspricht der Rechtslage nach § 6 Abs. 1 Satz 1 WaffG aF, in dem der Beschuss mitgeregelt war. Eine sinngleiche Regelung findet sich in § 55 Abs. 1 WaffG nF. In Parallelität zu dieser Bestimmung werden nicht nur die Bereiche selbst, die ausgenommen werden, sondern auch deren Bedienstete im Rahmen ihrer dienstlichen Tätigkeit ausdrücklich aufgeführt. Dies dient der Klarstellung, dass im Rahmen des dienstlichen Umgangs für die Bediensteten die an potenziell jedermann gerichtete Regelung des § 12 Abs. 1 Beschussgesetz keine Anwendung findet. Vgl. auch BT-Drucks. 15/536.

# 5 BeschG § 2   Beschussgesetz

**18**  **8. Ermächtigung an die BReg. (Absatz 5).** Auch diese Regelung ist im Wege der „Nachbesserung" (Rdn. 1) angefügt worden, um nicht hinter dem bisherigen Rechtszustand (§ 6 Abs. 1 Satz 3 WaffG aF) zurück zu bleiben. In Parallele zu § 55 Abs. 5 WaffG nF sieht die Vorschrift eine Ermächtigung an die Bundesregierung vor, für sonstige Behörden und Dienststellen des Bundes eine entsprechende Ausnahme zu regeln (Erstreckungsermächtigung). Satz 2 enthält eine Subdelegationsbefugnis, von der aber nicht Gebrauch gemacht wird (BT-Drucks. 15/822 S. 5).

**19**  **9. Ermächtigung an die Landesregierungen.** **Absatz 6** eröffnet den Regierungen der Bundesländer – wie bisher § 6 Abs. 1 Satz 4 WaffG aF und parallel zu § 55 Abs. 6 WaffG nF – eine entsprechende „Erstreckungsermächtigung" (Rdn. 18) mit der Befugnis zur Weitergabe der Delegationsbefugnis (Subdelegation).

## Beschusstechnische Begriffe

**2** (1) Feuerwaffen im Sinne dieses Gesetzes sind
1. Schusswaffen, bei denen ein Geschoss mittels heißer Gase durch den Lauf getrieben wird, oder
2. Geräte zum Abschießen von Munition oder hülsenlosen Treibladungen, bei denen kein Geschoss durch den Lauf getrieben wird.

(2) **Höchstbeanspruchte Teile im Sinne dieses Gesetzes sind die Teile, die dem Gasdruck ausgesetzt sind. Dies sind insbesondere**
1. der Lauf; dabei sind
   a) Austauschläufe Läufe für ein bestimmtes Waffenmodell oder -system, die ohne Nacharbeit ausgetauscht werden können,
   b) Wechselläufe Läufe, die für eine bestimmte Waffe zum Austausch des vorhandenen Laufs vorgefertigt sind und die noch eingepasst werden müssen,
   c) Einsteckläufe Läufe ohne eigenen Verschluss, die in die Läufe von Waffen größeren Kalibers eingesteckt werden können;
2. der Verschluss als das unmittelbar das Patronen- oder Kartuschenlager oder den Lauf abschließende Teil;
3. das Patronen- oder Kartuschenlager, wenn dieses nicht bereits Bestandteil des Laufs ist;
4. bei Schusswaffen und Geräten nach § 1 Abs. 3, bei denen zum Antrieb ein entzündbares flüssiges oder gasförmiges Gemisch verwendet wird, die Verbrennungskammer und die Einrichtung zur Erzeugung des Gemisches;
5. bei Schusswaffen mit anderem Antrieb und Geräten nach § 1 Abs. 3 die Antriebsvorrichtung, sofern sie fest mit der Schusswaffe oder dem Gerät verbunden ist;
6. bei Kurzwaffen das Griffstück oder sonstige Waffenteile, soweit sie für die Aufnahme des Auslösemechanismus bestimmt sind;
7. Trommeln für ein bestimmtes Revolvermodell, die ohne Nacharbeit gewechselt werden können (Wechseltrommeln).

(3) **Böller im Sinne dieses Gesetzes sind Geräte, die ausschließlich zur Erzeugung des Schussknalls bestimmt sind und die keine Feuerwaffen oder Geräte zum Abschießen von Munition sind.** Böller sind

auch nichttragbare Geräte für Munition nach einer Rechtsverordnung nach § 14 Abs. 1 Nr. 1.[1] **Gasböller sind Böller, bei denen die Erzeugung des Schussknalls durch die Explosion bestimmter Gase bewirkt wird.**

(4) **Schussapparate im Sinne dieses Gesetzes sind tragbare Geräte, die für gewerbliche oder technische Zwecke bestimmt sind und bei denen zum Antrieb Munition verwendet wird.**

(5) **Weißfertig im Sinne dieses Gesetzes sind Gegenstände, wenn alle materialschwächenden oder -verändernden Arbeiten, ausgenommen die üblichen Gravurarbeiten, beendet sind.**

(6) **Soweit dieses Gesetz waffentechnische oder waffenrechtliche Begriffe verwendet, sind die Begriffsbestimmungen des Waffengesetzes in seiner jeweils geltenden Fassung maßgeblich, soweit sie nicht in diesem Gesetz abweichend definiert werden.**

**1. Allgemeines.** Eine eigenständige Bestimmung über beschusstechnische Begriffe im BeschG ist durch die Trennung von Waffenrecht und Beschussrecht (Vorbem. Rdn. 1) erforderlich geworden. Die Vorschrift orientiert sich angeblich an Anlage 1 Abschnitt 2 zum Beschussgesetz (Begr. BT-Drucks. 14/7758 S. 93), verwendet aber auch Begriffe des Abschnitts 1 der Anlage 1 (zB Lauf in Nr. 1.3.1). Die Definitionen weichen teilweise von den bisher im Beschussrecht (§§ 16 ff. WaffG aF) verwendeten ab, zB in Bezug auf die bisher maßgeblichen „Handfeuerwaffen". Beschuss und Zulassung von Schusswaffen betreffen zwar in erster Linie diese Handfeuerwaffen, d.h. tragbare Schusswaffen, die dazu bestimmt sind, von einer Person zum Schießen verwendet zu werden (Pistole, Revolver, Gewehr; Büchse oder Flinte für die Jagd). Da aber auch weitere Schusswaffen dem Beschussrecht unterliegen (Vorbem. Rdn. 2), war eine Ausdehnung des Begriffs auf „Feuerwaffen" unumgänglich. 1

**2. Feuerwaffen (Absatz 1).** Der Begriff wird vom Gesetz bereits in § 1 Abs. 1 Nr. 1 verwendet, bevor er in der vorliegenden Bestimmung definiert wird. Auf § 1 Rdn. 4 wird verwiesen. 2

**3. Höchstbeanspruchte Teile (Absatz 2).** Auch dieser Begriff wird vom Gesetz bereits in § 1 Abs. 1 Nr. 1 benutzt, erfährt aber erst hier seine Umschreibung. Im Laufe des Gesetzgebungsverfahrens ist die ursprünglich im Entwurf vorgesehen gewesene Formulierung, die nur eine Aufzählung der in Betracht kommenden Teile brachte, um den kennzeichnenden Zusatz erweitert worden, dass es sich um die Teile handelt, die (jeweils) dem Gasdruck ausgesetzt sind. Gleichzeitig wurde die ursprünglich als abschließend gemeinte Aufzählung – ansonsten unverändert – in eine beispielhafte („insbesondere") umgewandelt, die die praktisch wichtigsten Fälle hervorheben soll; daneben ist aber zB auch die „Hülse am Verschluss des Repetierers" erfasst (Begr. BT-Drucks. 14/8886 S. 120). 3

**a) Lauf.** Wie bei der Aufzählung der „wesentlichen" Teile in Anlage 1 A 1 U 1 Nr. 1.3.1 zum WaffG (§ 3 Abs. 2 Nr. 1 WaffG aF) wird an erster Stelle der als bedeutsam angesehenen Waffenteile der **Lauf** genannt. Der Lauf ist nach der Begriffsbestimmung in der genannten Anlage 1 ein aus einem ausreichend festen Werkstoff bestehender rohrförmiger Gegenstand, der Geschossen, die aus ihm heraus oder hin- 4

---

[1] **Amtl. Anm.:** Tabelle 5 der Maßtafeln, veröffentlicht im Bundesanzeiger Nr. 38a vom 24. Februar 2000.

durchgetrieben werden, ein gewisses Maß an Führung gibt; der Gaslauf ist ein Lauf, der ausschließlich der Ableitung der Verbrennungsgase dient. Da das BeschG keine eigene Definition des Laufes enthält, ist diese auch vorliegend maßgeblich (Absatz 6). Als Unterarten des Laufes, der in allen Versionen ein Teil ist, der dem Gasdruck unmittelbar ausgesetzt ist, führt das Gesetz hier auf:

**5**   **aa) Austauschläufe.** Zu deren Charakterisierung verweist das Gesetz nicht einfach, wie es angebracht wäre, auf die gleichlautende Beschreibung in der Anlage 1 A 1 U 1 Nr. 3.1 zum WaffG, sondern formuliert hier mit gleichem Wortlaut neu, so dass man eine Abweichung vermutet, die allerdings nicht vorliegt. Bei den Austauschläufen handelt es sich um Läufe, die bei bestimmten, hierfür eingerichteten Handfeuerwaffen mittels einfachen Handgriffs, ohne weitere Bearbeitung und ohne Verwendung eines Werkzeugs, ausgetauscht werden können. Austauschläufe werden in aller Regel vom Schützen ohne Inanspruchnahme der Dienste eines Waffengewerbetreibenden, also nicht gewerbsmäßig, ausgetauscht. Eine Gefährdung des Schützen entsteht hierdurch nicht. Denn die präzise Konstruktion der Handfeuerwaffen und ihrer Läufe schließt eine Gefährdung des Benutzers durch den bloßen Laufwechsel aus (frühere Ausschussbegr. BT-Drucks. V/2623 S. 8). Deshalb ist bei der Ausschussberatung des BWaffG 1968 auf Beschluss des Innenausschusses von einer Verpflichtung zu erneutem Beschuss der ganzen Waffe nach einem Laufwechsel unter Verwendung eines Austauschlaufes abgesehen worden.

**6**   **bb) Wechselläufe.** Hier gilt das zu den Austauschläufen Gesagte (Rdn. 5) entsprechend. Die Formulierung entspricht der waffenrechtlichen in der Anlage 1 A 1 U 1 Nr. 3.2. Vgl. auch § 2 Rdn. 44. Wechselläufe sind dadurch gekennzeichnet, dass sie zwar für eine bestimmte Waffe hergerichtet sind, aber noch eingepasst werden müssen.

**7**   **cc) Einsteckläufe.** Auch hier wird keine eigene Begriffsbestimmung vorgenommen, sondern die waffenrechtliche in der Anlage 1 A 1 U 1 Nr. 3.3 zum WaffG übernommen.

**8**   **b) Verschluss (Nr. 2).** Die Umschreibung entspricht auch hier wörtlich derjenigen in der Anlage 1 A 1 U 1 Nr. 1.3.1. Der **Verschluss** verriegelt den Lauf von hinten und bewirkt, dass die Pulvergase nach vorn, der Laufmündung zu, ausgestoßen werden.

**9**   **c) Patronen- oder Kartuschenlager (Nr. 3).** Es fällt nur dann nicht als solches unter die höchstbeanspruchten Teile, wenn es bereits Bestandteil des Laufes ist (Nr. 1; Rdn. 4) und somit mit erfasst ist. Diese Regelung geht zurück auf das BWaffG 1968. Sofern es, wie beim Revolver, Bestandteil des Laufs ist, greift die Regelung verständlicherweise nicht.

**10**   **d) Verbrennungskammern und Einrichtung zur Erzeugung des entzündbaren Gemisches (Nr. 4).** Diese Gegenstände waren bereits als „wesentliche" Teile in § 3 Abs. 2 Nr. 2 WaffG aF aufgeführt und zählen auch jetzt hierzu (Anlage 1 A 1 U 1 Nr. 1.3.2 zum WaffG). Hinzugekommen sind Geräte nach § 1 Abs. 3 (§ 1 Rdn. 15) mit entsprechendem Antrieb.

**11**   **e) Antriebsvorrichtungen (Nr. 5).** Hier handelt es sich um Antriebsvorrichtungen für Schusswaffen, die nicht Feuerwaffen iS des Gesetzes sind, also nicht heiße Gase zum Antrieb verwenden, sondern etwa komprimierte Luft wie die Druckluftwaffen, Federdruck wie die Federdruckwaffen oder Kaltgas wie die $CO_2$-Waffen, deren Geschosse durch hochgespannte, durch ein Ventil abströmende Gase angetrieben werden. Auch hier sind die Geräte nach § 1 Abs. 3 (§ 1 Rdn. 15) hinzugenom-

Beschusspflicht für Feuerwaffen und Böller  **§ 3 BeschG 5**

men worden. Voraussetzung der Anwendbarkeit der Nr. 5 ist, dass die betr. Antriebsvorrichtung fest mit der Schusswaffe oder dem Gerät verbunden ist.

**f) Griffstücke u. ä. bei Kurzwaffen (Nr. 6).** Griffstücke und sonstige für die 12 Aufnahme des Auslösemechanismus (bestehend aus Abzug, Hahn, Schlagbolzen u. a.) bestimmte Waffenteile (jetzt Anlage 1 A 1 U 1 Nr. 1.3.4 zum WaffG) wurden in den Katalog der „wesentlichen" Teile (§ 3 Abs. 2 WaffG aF) erst durch das WaffRÄG 1978 Art. 1 Nr. 1 aufgenommen. Sie werden nicht erfasst, wenn sie dauerhaft funktionsunfähig sind (Anlage 1 A 1 U 1 Nr. 1.4.3 zum WaffG. Zum Begriff der „Kurzwaffe" wird auf Anlage 1 A 1 U 1 Nr. 2.6 zum WaffG und § 52 WaffG Rdn. 12 verwiesen.

**g) Wechseltrommeln (Nr. 6).** Hier ist ebenfalls die Definition aus der Anlage 1 13 zum WaffG (A 1 U 1 Nr. 3.4) übernommen worden. Die „normale" Revolvertrommel ist im Gegensatz zu § 3 Abs. 1 DVO RWaffG nicht mehr als wesentlicher Schusswaffenteil ausdrücklich angeführt.

**4. Böller (Absatz 3).** Da diese bereits in § 1 Abs. 1 Nr. 1 Gegenstand der Rege- 14 lung sind, wird auf § 1 Rdn. 5 Bezug genommen.

**5. Schussapparate (Absatz 4).** Hierzu kann auf § 1 Rdn. 6 sowie die Erläuterun- 15 gen zu § 7 verwiesen werden.

**6. „Weißfertig" (Absatz 5).** Mit dieser Definition wird diejenige aus § 2 Abs. 1 16 Satz 4 der 3. WaffV aF übernommen. Wie schon nach früherem Recht (§ 22 DVO BWaffG 1968) wird für die Beschussprüfung nicht gefordert, dass der Prüfgegenstand verkaufsfertig vollständig fertiggestellt ist. Es genügt, dass er „weißfertig" und gebrauchsfertig zusammengesetzt ist. Eine Waffe ist, wie ausdrücklich bestimmt wird, weißfertig, wenn alle (zB durch Wärmebehandlung) materialschwächenden oder -verändernden Arbeiten am Lauf einschließlich des Patronen- oder Kartuschenlagers sowie am Verschluss abgeschlossen sind, ausgenommen die üblichen Gravuren. Nach dieser Formulierung sind nur solche Gravuren als zulässig anzusehen, die die Haltbarkeit der Waffe nicht beeinträchtigen. Arbeiten, die lediglich die Materialoberfläche gestalten, wie Polieren, Brünieren, Anbringen von Intarsien, können noch ausstehen (vgl. § 3 Abs. 1 Satz 3 und Abs. 3 BeschussV).

**7. Verhältnis der Definitionen des WaffG zu denen des BeschG (Absatz 6).** 17 Diese Bestimmung ist im Laufe des Gesetzgebungsverfahrens dahingehend geändert worden, dass nunmehr klar ist, dass bei unterschiedlichen Begriffsbestimmungen in beiden Gesetzen für die Anwendung des Beschussgesetzes stets die in diesem Gesetz enthaltenen Definitionen Vorrang haben.

## Abschnitt 2. Prüfung und Zulassung

**Beschusspflicht für Feuerwaffen und Böller**

**3** (1) **Wer Feuerwaffen, Böller sowie höchstbeanspruchte Teile, die ohne Nacharbeit ausgetauscht werden können, herstellt oder in den Geltungsbereich dieses Gesetzes verbringt, hat sie, bevor er sie in den Verkehr bringt, durch Beschuss amtlich prüfen zu lassen. Satz 1 gilt nicht für Gasböller, die gemäß § 7 Abs. 1 Satz 1 in ihrer Bauart und Bezeichnung zugelassen sind. Wird eine Feuerwaffe aus bereits geprüften höchstbeanspruchten Teilen zusammengesetzt, so gilt Satz 1**

# 5 BeschG § 3 Beschussgesetz

entsprechend, wenn einzelne Teile zu ihrer Einpassung der Nacharbeit bedürfen oder nicht mit dem für diese Waffe vorgeschriebenen Beschussgasdruck beschossen sind.

(2) Wer an einer Feuerwaffe oder einem Böller, die nach Absatz 1 geprüft sind, ein höchstbeanspruchtes Teil austauscht, verändert oder instand setzt, hat den Gegenstand erneut durch Beschuss amtlich prüfen zu lassen. Dies gilt nicht für Feuerwaffen, deren höchstbeanspruchte Teile ohne Nacharbeit lediglich ausgetauscht worden sind, sofern alle höchstbeanspruchten Teile mit dem für diese Waffen vorgeschriebenen Beschussgasdruck beschossen worden sind.

1  **1. Allgemeines.** Wer eine Schusswaffe in einem konzessionierten Waffenhandelsgeschäft erwirbt, muss die Gewähr dafür haben, dass bei der Verwendung der auf der Waffe gem. § 23 Abs. 1 Satz 1 Nr. 2 (§ 13 Abs. 3 Satz 1 WaffG aF) angegebenen Munition die Schusswaffe der Beanspruchung standhält und für ihn bei bestimmungs- und ordnungsgemäßer Verwendung des Gegenstandes keinerlei Gefahr für Leib oder Leben besteht. Es ist deshalb erforderlich, dass bestimmte Gegenstände (Feuerwaffen, Böller) sowie deren Munition geprüft werden.

2  **2. Entstehungsgeschichte.** Die Bestimmung hat Elemente des § 16 Abs. 1 und 2 WaffG aF sowie des § 4 Abs. 1 der 3. WaffV aF übernommen. Die waffengesetzliche Regelung entstammte wiederum den §§ 21 und 29 BWaffG 1968. Die Neufassung hatte darüber hinaus den Beschluss der Ständigen Internationalen Kommission für die Prüfung von Handfeuerwaffen (CIP) vom Juni 1989 umzusetzen, wodurch sich einige Änderungen gegenüber dem bisherigen Recht ergaben. Die Begründung des Entwurfs (BT-Drucks. 14/7758 S. 93/94) äußert sich hierzu wie folgt: „Neben den im bisherigen § 16 Abs. 1 des Waffengesetzes erwähnten Einsteck- oder Austauschläufen werden in zunehmendem Maße auch andere austauschbare Teile, insbesondere für Jagd- und Sportwaffen, gefertigt. Hierzu gehören austauschbare Verschlussvorrichtungen und so genannte Austauschsysteme. Diese bestehen in der Regel aus Lauf, Verschluss und Patronenlager und bilden eine Einheit. Es erscheint folgerichtig, auch diese austauschbaren Teile hinsichtlich der Beschusspflicht entsprechend dem CIP-Beschluss wie die Austauschläufe zu behandeln. Überdies ist es notwendig, bei der Abgrenzung des Bestehens oder Nichtbestehens einer Pflicht zum Beschuss einer aus bereits geprüften höchstbeanspruchten Teilen zusammengesetzten Waffe gemäß Absatz 1 Satz 3 darauf abzustellen, ob zu ihrer Einpassung in die Schusswaffe eine Nacharbeit durch einen Fachmann erforderlich ist. Die Bestimmung des bisherigen § 16 Abs. 1 Satz 2 des Waffengesetzes, die auf die Verwendung von Hilfsmitteln (zB Schraubendreher) abstellt, ist kein präzises Abgrenzungskriterium und hat sich als wenig praktikabel erwiesen. Im Hinblick auf die vergleichbare Sachlage bei den Austauschläufen müssen daher die anderen austauschbaren Teile einer gesonderten Beschussprüfung unterworfen werden, wenn die Teile zur Einpassung einer Nacharbeit bedürfen, insbesondere unter Anwendung von Werkzeugen eingepasst werden müssen".

3  **3. Erfasste Gegenstände (Absatz 1 Satz 1).** Entgegen der Überschrift („Beschusspflicht für Feuerwaffen und Böller") erfasst die Regelung über die **Beschusspflicht** (durch Einzelbeschuss) neben diesen auch die „höchstbeanspruchten Teile", soweit sie ohne Nacharbeit ausgetauscht werden können. Zum Begriff der Feuerwaffen wird auf § 1 Rdn. 4, zu dem der Böller auf § 1 Rdn. 5 verwiesen, wobei die Sonderregelung für die in Satz 2 genannten Gasböller zu beachten ist. Im Hinblick auf

Beschusspflicht für Feuerwaffen und Böller  **§ 3 BeschG 5**

die große Anzahl von Unfällen, die sich bei ihrer Verwendung ereignet hatten, wurden seinerzeit über das Beschussgesetz von 1939 hinaus auch die Böller in die Beschusspflicht einbezogen. Was unter höchstbeanspruchten Teilen (§ 2 Abs. 2) zu verstehen ist, wird zu § 2 Rdn. 3 bis 13 erläutert. Ein Austausch „ohne Nacharbeit" ist dann gegeben, wenn der Austausch vollzogen werden kann, ohne dass hierfür ein Werkzeug eingesetzt oder gar ein waffentechnischer Fachmann hinzugezogen werden muss (vgl. die amtl. Begründung in Rdn. 1 aE).

**4. Kreis der verpflichteten Personen.** In erster Linie ist für die Beschussprüfung 4 gestellungspflichtig, wer die bezeichneten Waffen, Waffenteile und Geräte hergestellt hat, ohne dass dabei (im Gegensatz zu § 21 Abs. 1 BWaffG 1968) Gewerbsmäßigkeit iS v. § 21 Abs. 1 (§ 7 Abs. 1 WaffG aF). vorzuliegen braucht. Zum „Herstellen" wird auf § 1 WaffG Rdn. 56 ff. Bezug genommen. Zur vorgeschriebenen amtlichen Prüfung hat die in Rdn. 3 angegebenen Gegenstände weiterhin zu gestellen, wer sie, ebenfalls ohne dass hierbei Gewerbsmäßigkeit vorzuliegen braucht, in das Bundesgebiet „verbringt" (einführt). Eine Pflicht zur Beschussprüfung für den Importeur entfällt jedoch bei Importwaffen mit anerkanntem Beschusszeichen (§ 4 Abs. 2; § 17 Abs. 2 WaffG aF).

**5. Zeitpunkt der Erfüllung der Beschusspflicht.** In Satz 1 wird zudem aus- 5 drücklich festgelegt, dass keiner der erfassten hergestellten oder importierten Gegenstände in den Verkehr gebracht werden darf, bevor die amtliche Beschussprüfung (durch die nach § 20 Abs. 2 zuständige Behörde) erfolgt ist.

**6. Ausnahme für Gasböller (Satz 2).** Bei den in § 2 Abs. 3 Satz 3 genannten 6 Gasböllern (dort. Rdn. 5 aE), bei denen die Erzeugung des Schussknalls durch die Explosion bestimmter Gase bewirkt wird, kommt sowohl ein Einzelbeschuss als auch eine Bauartzulassung in Betracht (Begr. BT-Drucks. 14/7758 S. 93). Sind sie nach § 7 Abs. 1 Satz 1 der Bauart und der Bezeichnung nach amtlich zugelassen, so entfällt die Verpflichtung zur Vornahme des Einzelbeschusses.

**7. Zusammengesetzte Feuerwaffen (Satz 3).** Ein Sonderfall wird hier behandelt, 7 nämlich derjenige, dass aus bereits durch Einzelbeschuss amtlich geprüften „höchstbeanspruchten Teilen" (§ 2 Abs. 2) eine Feuerwaffe zusammengesetzt werden soll. Hier entsteht die Verpflichtung zum Einzelbeschuss dieser zusammengesetzten Waffe in zwei Fällen, und zwar zum einen, wenn „einzelne Teile" zu ihrer Einpassung der Nacharbeit bedürfen, wobei nicht mehrere derartiger Teile gegeben sein müssen, sondern ein einziges solches Einzelteil ausreicht. Zur „Nacharbeit" vgl. Rdn. 3 aE. Zum anderen ist Einzelbeschuss erforderlich, wenn „einzelne Teile" nicht mit dem für die zusammengesetzte Waffe vorgeschriebenen Beschussgasdruck (vgl. § 3 Abs. 2 Satz 2 BeschussV) beschossen worden sind; auch hier muss es nach dem Sinn der Regelung ausreichen, wenn dies auch nur für ein einziges dieser Teile zutrifft.

**8. Erneuter Beschuss (Absatz 2).** Eine Verpflichtung zu erneutem Beschuss be- 8 stand nach § 16 Abs. 2 Satz 1 WaffG aF beim Austausch, der Instandsetzung oder der Veränderung wesentlicher Teile iS von § 3 Abs. 2 Nr. 1 WaffG aF, also des Laufes, des Verschlusses oder des Patronen- bzw. Kartuschenlagers einer Handfeuerwaffe, eines Einstecklaufes oder eines Böllers, wobei es nicht darauf ankam, ob die betr. Veränderungen gewerbsmäßig erfolgt waren oder nicht. In all diesen Fällen war die Waffe zwecks nochmaliger Beschussprüfung vorzulegen. Beim Austausch nicht wesentlicher Teile bestand eine solche Verpflichtung nicht.

Nach der **Neuregelung** in Absatz 2 Satz 1 ist ein erneuter Beschuss erforderlich, 9 wenn entweder an einer durch Einzelbeschuss bereits geprüften Feuerwaffe (§ 1

Rdn. 4) oder einem solchen Böller (§ 1 Rdn. 5) nachträglich eines der „höchstbeanspruchten" Teile (§ 2 Abs. 2 mit Anm.) nicht in seinem ursprünglichen, überprüften Zustand belassen wird, sei es, dass es nach Beschädigung instandgesetzt, sonst verändert oder gar ausgetauscht wird. Die Begründung führt hierzu aus: „Durch die Ergänzung des Absatzes 2 sollen hinsichtlich des Austauschs, der Veränderung oder Instandsetzung einer bereits geprüften Feuerwaffe oder eines Böllers alle höchstbeanspruchten Teile und damit insbesondere auch Griffstücke für Kurzwaffen (Pistolen und Revolver) in den Instandsetzungsbeschuss einbezogen werden. Das Griffstück einer Selbstladewaffe hat erheblichen Einfluss auf die Haltbarkeit und Funktionssicherheit der gesamten Waffe. Wird nachträglich ein fehlerhaftes Griffstück in die Waffe eingesetzt oder nicht fachgerecht eingepasst, kann hierdurch die Sicherheit des Schützen gefährdet werden. Die Notwendigkeit der beabsichtigten Regelung wird dadurch bestätigt, dass sich in einer Reihe von Fällen die Griffstücke bei der Beschussprüfung als nicht haltbar erwiesen haben.

**10** Hinsichtlich des **Austausches** enthält Absatz 2 Satz 2 jedoch eine **Ausnahme:** Ist dieser Austausch höchstbeanspruchter Teile technisch ohne „Nacharbeit" (Rdn. 3 aE) durchführbar und trifft es zu, dass alle verwendeten höchstbeanspruchten Teile mit dem für die zusammengesetzte Waffe vorgeschriebenen Beschussgasdruck (Rdn. 7) geprüft (beschossen) worden sind, so entfällt die Notwendigkeit des erneuten Beschusses, da auch ohne diese die Funktionssicherheit der Waffe gewährleistet erscheint. Für Austauschläufe galt schon bisher eine ähnliche Regelung nach § 16 Abs. 2 Satz 2 WaffG aF. Solche werden in aller Regel vom Schützen ohne Inanspruchnahme der Dienste eines Waffengewerbetreibenden, also nicht gewerbsmäßig, ausgetauscht. Eine Gefährdung des Schützen entsteht hierdurch nicht. Denn die präzise Konstruktion der Feuerwaffen und ihrer Läufe schließt eine Gefährdung des Benutzers durch den bloßen Laufwechsel aus (frühere Ausschussbegr. BT-Drucks. V/2623 S. 8). Deshalb war schon bei der Ausschussberatung des BWaffG 1968 auf Beschluss des Innenausschusses von einer Verpflichtung zu erneutem Beschuss der ganzen Waffe nach einem Laufwechsel unter Verwendung eines Austauschlaufes abgesehen worden.

## Ausnahmen von der Beschusspflicht

**4** (1) **Von der Beschusspflicht sind ausgenommen:**
1. **Feuerwaffen und deren höchstbeanspruchte Teile, deren Bauart nach § 7 der Zulassung bedarf,**
2. **Schusswaffen mit einem Patronen- oder Kartuschenlager mit einem Durchmesser kleiner als 6 Millimeter und einer Länge kleiner als 7 Millimeter sowie zum einmaligen Gebrauch bestimmte höchstbeanspruchte Teile von Schusswaffen nach § 2 Abs. 2 Satz 2 Nr. 1, soweit die Bauart nach § 7 oder § 8 der Zulassung bedarf,**
3. **Feuerwaffen, die**
   a) **zu Prüf-, Mess- oder Forschungszwecken von wissenschaftlichen Einrichtungen und Behörden, Waffen- oder Munitionsherstellern bestimmt sind,**
   b) **vor dem 1. Januar 1891 hergestellt und nicht verändert worden sind,**

c) aa) **vorübergehend nach § 32 Abs. 1 Satz 1 des Waffengesetzes oder**
bb) **zur Lagerung in einem verschlossenen Zolllager**
**in den Geltungsbereich dieses Gesetzes verbracht oder mitgenommen werden oder**
d) **für die in § 1 Abs. 4, auch in Verbindung mit Abs. 5 oder 6 genannten Behörden in den Geltungsbereich dieses Gesetzes verbracht oder hergestellt und ihnen oder ihren Bediensteten im Rahmen ihrer dienstlichen Tätigkeit jeweils überlassen werden, soweit eine diesem Gesetz entsprechende Beschussprüfung durch die jeweils zuständige Stelle sichergestellt ist,**
4. **höchstbeanspruchte Teile von im Fertigungsprozess befindlichen Feuerwaffen nach § 3 Abs. 1 sowie vorgearbeitete höchstbeanspruchte Teile und Laufrohlinge.**

(2) **Eine Beschusspflicht nach § 3 besteht nicht für Feuerwaffen und höchstbeanspruchte Teile, die das Beschusszeichen eines Staates tragen, mit dem die gegenseitige Anerkennung der Beschusszeichen vereinbart ist.**

**I. Allgemeines.** Die Bestimmung hat ihre Vorläufer in § 17 und § 3 Abs. 3 WaffG aF. Bereits in § 17 WaffG aF war ein Katalog derjenigen Gegenstände enthalten, die von der Verpflichtung zur Prüfung durch Einzelbeschuss ausgenommen waren. Hierauf baut die Aufzählung in Absatz 1 auf. Aus der Fassung der Nrn. 1 und 2 dieses Absatzes ist zu entnehmen, dass die durch das Gesetz vorgenommene Unterstellung von Gegenständen unter die Zulassung der Bauart nach (§§ 7 und 8) jeweils vorgeht und die Einzelbeschussprüfung entbehrlich macht. 1

**II. Die Ausnahmen im Einzelnen. 1. Der Bauartzulassung (§ 7) unterliegende Feuerwaffen einschließlich ihrer höchstbeanspruchten Teile (Absatz 1 Nr. 1).** Was man unter Feuerwaffen (§ 2 Abs. 1) und höchstbeanspruchten Teilen (§ 2 Abs. 2) zu verstehen hat, ist in § 1 Rdn. 4 bzw. § 2 Rdn. 3 ff. erläutert. Ein Blick in den zitierten § 7 zeigt, dass nach § 7 Abs. 1 Satz 2 folgende Feuerwaffen ihrer Bauart und Bezeichnung nach amtlich zugelassen werden können und damit von der Beschusspflicht ausgenommen sind: a) Feuerwaffen mit einem Patronen- oder Kartuschenlager bis zu 5 mm Durchmesser und bis zu 15 mm Länge oder mit einem Patronen- oder Kartuschenlager kleiner als 6 mm Durchmesser und kleiner als 7 mm Länge, bei denen dem Geschoss eine Bewegungsenergie von nicht mehr als 7,5 Joule erteilt wird, oder b) Feuerwaffen zum einmaligen Abschießen von Munition oder eines festen oder flüssigen Treibmittels. Von der Beschusspflicht freigestellt sind generell deren höchstbeanspruchte Teile iS von § 2 Abs. 2. 2

**a)** Aus Feuerwaffen mit einem Patronen- oder Kartuschenlager bis zu 5 mm Durchmesser und bis zu 15 mm Länge, zB Zimmerstutzen (bisher § 21 Abs. 1 Satz 1 Nr. 1 WaffG aF), und aus Feuerwaffen mit einem solchen kleiner als 6 mm Durchmesser und kleiner als 7 mm Länge zum Verschießen von Munition mit begrenztem (7,5 J) Gasdruck (ähnlich bisher § 21 Abs. 1 Satz 1 Nr. 2 WaffG aF) wird, wie die Begr. des BWaffG (BT-Drucks. V/528 S. 33) schon feststellte, Munition verfeuert, deren Zündsatz zugleich Treibsatz ist, was zwischenzeitlich im Gesetzeswortlaut zum Ausdruck kam (2. WaffGÄndG 1980). „Da die Masse des Zündsatzes und damit die Gasmenge gering ist, fällt der beim Schuss entstehende Gasdruck so schnell ab, dass die dem Baumuster entsprechende Handfeuerwaffe der Druckbelastung un- 3 bedingt gewachsen ist" (BT-Drucks. aaO). Bei der Abänderung des WaffG iJ 1976 ist die Länge des Patronenlagers wieder auf 6 mm (von zuvor 8 mm) herabgesetzt worden. Der im WaffG 1972 vorgenommenen Einführung der Bauartzulassung für Schusswaffen mit einem Patronenlagerdurchmesser von 6 mm und einer Patronenlagerlänge von 8 mm lag seinerzeit „die Erwägung zugrunde, dass diese Waffen durch die aus ihnen zu verschießende Munition wegen des Druckverlaufs nur kurzfristig beansprucht werden". Inzwischen war jedoch Munition mit gleichen Abmessungen – insbesondere aus Frankreich – in den Verkehr gelangt, die die Waffen wesentlich stärker beanspruchte. Bei dieser Munition wird der Zündsatz vom Treibsatz getrennt geladen und bewirkt einen wesentlich anderen Druckverlauf als bei herkömmlicher Munition dieses Kalibers. Um die Haltbarkeit dieser Waffen wirksam überprüfen zu können, wurden sie wieder der Einzelbeschussprüfung unterworfen.

4 **b)** Bei Feuerwaffen, die – wie nach § 21 Abs. 1 Satz 1 Nr. 3 WaffG aF – zum nur einmaligen Abschießen von Munition oder eines festen oder flüssigen Treibmittels bestimmt sind (zB Handraketen im Seenotrettungsdienst), kommt ein Einzelbeschuss schon deshalb nicht in Betracht, weil die Waffe nach dem Beschuss nicht mehr zu verwenden wäre.

5 **2. Schusswaffen bestimmter Art sowie Läufe zum Einmalgebrauch, die der Bauartprüfung unterworfen sind (Nr. 2).** Hier scheinen sich Ungenauigkeiten eingeschlichen zu haben. Zum einen wird hier plötzlich der waffenrechtliche Begriff der „Schusswaffe" verwendet, während die nach der Begründung als Vorbild benutzte Vorschrift § 17 Abs. 1 Satz 1 WaffG aF schon von Handfeuerwaffen sprach und das BeschG fast durchgehend von Feuerwaffen spricht. Zudem sind die Waffen mit den angegebenen Maßen des Patronen- oder Kartuschenlagers bereits mit der in Nr. 1 erfolgten Verweisung auf § 7 erfasst (Rdn. 3), dort allerdings mit der – hier fehlenden – Begrenzung auf 7,5 Joule.

6 Wichtig erscheint hier nur die im 2. Halbsatz vorgenommene Erweiterung auf gewisse zum einmaligen Gebrauch bestimmte Gegenstände (Läufe), die einen verhältnismäßig seltenen Sonderfall regeln soll. Hierzu heißt es in der Entwurfsbegründung: „Der Zulassungsbehörde Physikalisch-Technische Bundesanstalt (PTB) sind Signalgeräte zur Zulassung vorgelegt worden, bei denen ein wesentlicher druckbeanspruchter Teil zum einmaligen Gebrauch bestimmt ist, der jedoch wegen der Abmessungen der Antriebskartuschen nicht von der Beschusspflicht befreit ist. Eine Einzelbeschussprüfung dieser Waffenteile wäre wenig sinnvoll, weil diese Teile nur für ein einmaliges Abfeuern haltbar sind. Andererseits erscheint eine Prüfung dieser Teile auf Haltbarkeit und Funktionssicherheit zum Schutz des Schützen geboten. Im Hinblick auf die Zweckbestimmung dieser Waffenteile (einmaliger Gebrauch) und mit Rücksicht darauf, dass die in diesen Waffen verwendete Munition einen nur geringen Gasdruck entwickelt, erscheint es sinnvoll, sie in die Bauartprüfung nach § 7 einzubeziehen. Hinsichtlich der übrigen Waffenteile, die für eine mehrfache Verwendung bestimmt sind, zB des Griffstücks, verbleibt es bei der Einzelbeschussprüfung. Die vorgesehenen Ergänzungen des § 4 Abs. 1 Nr. 2 und des § 8 Abs. 3 dienen diesem Zweck". Hier ist wiederum auffällig, dass in § 8 Abs. 3 auf § 2 Abs. 2 Nr. 1 bis 3 verwiesen wird, während vorliegend hinsichtlich des einmaligen Gebrauchs nur auf § 2 Abs. 2 Nr. 1 Bezug genommen wird, wo nur von Läufen die Rede ist.

7 **3. Weitere Freistellungen (Nr. 3).** Hier werden an sich zu trennende Bereiche zusammengefasst. Für den Begriff Feuerwaffen wird auf § 1 Rdn. 4 verwiesen. **a) Feuerwaffen zu wissenschaftlichen Zwecken.** Die Vorschrift ist gegenüber der

Ausnahmen von der Beschusspflicht  **§ 4 BeschG 5**

bisher diesen Bereich regelnden (§ 17 Abs. 1 Nr. 2 Buchst. a WaffG aF) etwas umformuliert worden. Sie erstreckt sich auf „Waffen für Forschungszwecke, die in wissenschaftlichen Einrichtungen verwendet werden" (Begr. BT-Drucks. 14/7758 S. 94). Soweit Feuerwaffen von wissenschaftlichen Einrichtungen, Behörden oder Waffen- und Munitionsherstellern zu den angegebenen Zwecken verwendet werden, sind sie von der Beschusspflicht ausgenommen worden, weil das Ausmaß ihrer experimentellen Beanspruchung nicht von vornherein feststeht und die mit den Versuchen befassten Laboratorien über die erforderlichen schießtechnischen Erfahrungen verfügen dürften (frühere Begr. BT-Drucks. V/528 S. 32).

**b) Alte Feuerwaffen (Nr. 3 Buchst. b).** Diese Vorschrift entspricht wörtlich § 17 **8** Abs. 1 Nr. 2 Buchst. c WaffG aF. Sie sind von der Beschusspflicht ebenfalls befreit worden. Der angegebene Termin, der 1. 1. 1891, war der Zeitpunkt des Inkrafttretens des ersten deutschen Beschussgesetzes. Soweit Handfeuerwaffen **vor** diesem Termin hergestellt und nicht verändert worden sind, hat der Gesetzgeber wegen der geringen Zahl solcher noch in Verkehr befindlichen Handfeuerwaffen es nicht für notwendig erachtet, sie noch nachträglich der Beschusspflicht zu unterwerfen.

**c) Vorübergehende oder unter Zollverschluss erfolgte „Einfuhr" (Nr. 3** **9** **Buchst. c).** Nach dem Sprachgebrauch des WaffG und des BeschG wird vom „Verbringen" (§ 1 WaffG Rdn. 54) ins Inland gesprochen. Korrekterweise ist jedoch im Falle aa) die „Mitnahme" (§ 1 WaffG Rdn. 54 a) gemeint, was in der endgültigen Fassung des Gesetzes berücksichtigt worden ist. Eine Sonderregelung für Jagd- und Sportwaffen enthielt bereits § 17 Abs. 1 Nr. 2 Buchst d WaffG aF, da die Freistellung von Waffen, die (ausländische) Jäger oder Sportschützen vorübergehend einführten und alsbald wieder ausführten, von der amtlichen Prüfung einem praktischen Bedürfnis (EntwBegr. BT-Drucks. VI/2678 S. 27) entsprach. Die Neuregelung (unter aa) nimmt wie bisher Schusswaffen, die Jäger, Sport- oder Brauchtumsschützen vorübergehend in den Geltungsbereich des Gesetzes mitbringen, von der Beschusspflicht aus. Dies ist aus Sicherheitsaspekten unbedenklich (Begr. BT-Drucks. 14/7758 S. 94). Durch die grundlegenden Änderungen des Unterabschnitts 5 des WaffG sind allerdings die ursprünglichen Bestimmungen des Entwurfs stark abgeändert worden, so dass die vorliegende Verweisung auf die §§ 30 und 33 WaffG nF, die für den ursprünglichen Entwurf korrekt war, nicht mehr aktuell ist. Jäger, Sportschützen und Brauchtumsschützen werden nunmehr in § 32 Abs. 3 WaffG nF behandelt, wo nicht das Verbringen, sondern die „Mitnahme" geregelt wird (zu diesen Begriffen vgl. § 32 WaffG Rdn. 2). so dass nunmehr auf § 32 Rdn. 10 ff. zu verweisen ist.

Zusätzlich werden (unter bb) Feuerwaffen von der Beschusspflicht ausgenommen, **10** die zum Zwecke der Lagerung, d. h. vom Lebenssachverhalt her der Durchfuhr in ein verschlossenes Zolllager verbracht werden. Die Vorschrift ergänzt insoweit § 1 Abs. 2 Nr. 3: Es würde keinen Sinn ergeben, die Lagerung selbst vom Anwendungsbereich des Beschussgesetzes auszunehmen, für das Verbringen an den Ort der Lagerung jedoch eine Beschusspflicht vorzusehen (Begr. aaO). Zu verschlossenen Zolllagern vgl. § 1 Rdn. 12.

**d) Selbst prüfenden Behörden überlassene Feuerwaffen (Nr. 3 Buchst. d).** Die **11** Bestimmung entspricht im Wesentlichen § 17 Abs. 1 Nr. 2 Buchst. b WaffG aF, ist aber auf weitere Stellen ausgedehnt worden. Die zunächst maßgebliche Gesetzesfassung ist auf Grund der Einfügung der Absätze 4 bis 6 in § 1 BeschG durch Art. 1 a des Gesetzes vom 27. 5. 2003 (BGBl. I 742) redaktionell geändert worden. Zur Begründung wird auf Folgendes hingewiesen (Bericht BT-Drucks. 15/822 S. 5): Im

Fall des Beschusses ist es – im Unterschied zu anderen beschussrechtlichen Prüf- und Zulassungsverfahren wie der Bauartzulassung – aus Gründen der Verwendersicherheit angebracht, im Beschussgesetz verbindlich vorzuschreiben, dass auch im Dienstwaffenbereich eine entsprechende Beschussprüfung stattzufinden hat, die in eigener Regie der jeweils zuständigen Stelle durchgeführt und veranlasst wird. Einer entsprechenden Regelung in den §§ 9 bis 11 bedarf es für Dienstgegenstände nicht; hier kann es der jeweils zuständigen Stelle überlassen werden, in welchen Verfahren sie die Verwendersicherheit der Gegenstände sicherstellt. In der Praxis lassen etwa die Polizeien der Länder diese Prüfungen für Dienstwaffen durch das Beschaffungsamt des Bundesministeriums des Innern oder durch das Bundesamt für Wehrtechnik und Beschaffung vornehmen; diese bringen übrigens ihre Prüfzeichen gemäß § 6 Abs. 2 auf. Diese Regelung entspricht bisherigem Recht (§ 19 Abs. 2 WaffG aF und § 7 Abs. 1 Satz 2 der 3. WaffV aF). Die Polizeibehörden der Gemeinden sind nicht erfasst; hierfür ist das Landesrecht zuständig.

**12**  **4. Unfertige höchstbeanspruchte Teile (Nr. 4).** Zum Begriff der „höchstbeanspruchten Teile" (§ 2 Abs. 2) vgl. 2 Rdn. 3 ff. Da fertige höchstbeanspruchte Teile von Schusswaffen der Beschusspflicht unterliegen (§ 3 Abs. 1), will der Gesetzgeber eine Ausnahme hiervon insoweit zulassen, „als sich die Teile, zu deren Einpassung eine Nacharbeit nicht erforderlich ist, noch im Fertigungsprozess befinden. Hierunter fallen sowohl die Zusammensetzung der Waffe im Herstellungsbetrieb als auch die Zulieferung von Teilen an einen anderen Herstellungsbetrieb. Auf Grund der Gleichstellungsregelung nach § 3 Abs. 1 könnte ferner die Auffassung vertreten werden, dass auch vorgearbeitete höchstbeanspruchte Teile sowie Laufrohlinge der Beschusspflicht unterliegen. Diese Konsequenz ist nicht gewollt. Der Beschuss dieser noch unfertigen Teile würde in der Praxis zu erheblichen technischen Schwierigkeiten führen und wäre auch sicherheitstechnisch bedenklich. Die Nummer 4 nimmt daher die vorgearbeiteten Teile ausdrücklich von der Beschusspflicht aus" (Begr. BT-Drucks. 14/7758 S. 94). Eine ähnliche Regelung sah § 3 Abs. 3 WaffG aF für die damals maßgebenden „wesentlichen" Teile vor. Wesentliche Teile von Schusswaffen werden nach der Begründung zum BWaffG 1968 (S. 21) zum Teil in einem Zustand abgegeben, der es notwendig macht, zur Fertigstellung dieser Teile besondere Maschinen (Drehbänke, Fräsmaschinen, Schleifmaschinen u. a.) einzusetzen. Sofern noch eine solche maschinenmäßige Bearbeitung nötig war, wurden die betreffenden Teile fertigen Schusswaffen nicht gleichgestellt, wie zB Laufrohlinge (vgl. OLG Koblenz, Urteil vom 17. 3. 1977 – 1 Ss 63/77 und Nr. 3.1 WaffVwV aF). Nur wenn die vorgearbeiteten wesentlichen Teile ohne maschinelle Vorrichtungen mit allgemein gebräuchlichen Werkzeugen (Begriff § 1 WaffG Rdn. 14 a) von jedermann fertiggestellt und zu einer gebrauchsfähigen Schusswaffe zusammengesetzt werden können, also etwa „weißfertig" (jetzt: § 2 Abs. 5; § 2 Abs. 1 Satz 3 der 3. WaffV aF) waren, wurden sie den Bestimmungen für fertige wesentliche Teile unterworfen derart, dass für sie die Vorschriften des WaffG galten. Zur Beurteilung nicht weißfertiger Läufe vgl. *Hinze* BM **1979**, 156.

**13**  **5. Anerkennung ausländischer Beschusszeichen (Absatz 2).** Das Entfallen der Beschusspflicht bei gegenseitiger Anerkennung der Beschusszeichen ausländischer Staaten entspricht § 17 Abs. 2 WaffG aF. Hier soll die durch ein anerkanntes Beschusszeichen nachgewiesene amtliche Prüfung der Waffe oder des höchstbeanspruchten Teils im Ursprungs(Herstellungs-)land diejenige nach inländischem Recht ersetzen. Die gegenseitige Anerkennung der Beschusszeichen ist zB mit folgenden Staaten vereinbart worden: Belgien, Chile, Frankreich, Italien, früheres

Beschussprüfung **§ 5 BeschG 5**

Jugoslawien, Österreich, Spanien, frühere Tschechoslowakei, Ungarn und Großbritannien (vgl. das Übereinkommen über die gegenseitige Anerkennung der Beschusszeichen für Handfeuerwaffen vom 1. 7. 1969 – BGBl. 1971 II 990). Als Tag, an dem das betreffende Übereinkommen nach seinem Art. VI für die BRep. Deutschland in Kraft getreten ist, ist im BGBl. 1971 II 1276 der 10. 10. 1971 bezeichnet worden.

**6. Untergesetzliches Regelwerk (Absätze 3 und 4 früherer Fassung). Absatz 3** 14
enthielt in Satz 1 die erforderliche Ermächtigung der BReg. dafür, durch Rechtsverordnung ohne Zustimmung des BR weitere Behörden und Stellen von der Beschusspflicht als „Selbstprüfer" auszunehmen; sie durfte durch RechtsVO auch weiter delegieren (Satz 2). Eine entsprechende Ermächtigung für die Landesregierungen sah **Absatz 4** vor. Beide Ermächtigungen waren am 17. 10. 2002, dem Tag nach der Verkündung des WaffRNeuRegG, in Kraft getreten (Art. 19 Nr. 1 WaffRNeuRegG). Durch **Art. 1a** des Gesetzes vom **27. 5. 2003** (BGBl. I 742) sind beide Absätze – als gegenstandslos – **aufgehoben** worden, weil sie in der gleichzeitig erfolgten Einfügung der **Absätze 5 und 6** in den **§ 1 BeschG** aufgegangen sind.


## Beschussprüfung

**5** (1) **Bei dem Beschuss von Feuerwaffen ist zu prüfen, ob**
1. **die höchstbeanspruchten Teile der Feuerwaffe der Beanspruchung standhalten, der sie bei der Verwendung der zugelassenen Munition oder der festgelegten Ladung ausgesetzt werden (Haltbarkeit),**
2. **die Verschlusseinrichtung, die Sicherung und die Zündeinrichtung sowie bei halbautomatischen Schusswaffen der Lademechanismus einwandfrei arbeiten und die Waffe sicher geladen, geschlossen und abgefeuert werden kann (Funktionssicherheit),**
3. **die Abmessungen des Patronen- und Kartuschenlagers, der Verschlussabstand, die Maße des Obergangs, der Feld- und Zugdurchmesser oder des Laufquerschnitts bei gezogenen Läufen und der Laufinnendurchmesser bei glatten Läufen den Nenngrößen einer nach § 14 Abs. 1 Nr. 1 erlassenen Rechtsverordnung entsprechen (Maßhaltigkeit) und**
4. **die nach § 24 Abs. 1 und 2 des Waffengesetzes vom 11. Oktober 2002 (BGBl. I 3970) oder die auf Grund einer Rechtsverordnung nach § 25 Abs. 1 des Waffengesetzes vorgeschriebene Kennzeichnung auf der Waffe angebracht ist.**

(2) **Auf Antrag ist der Beschuss von Schusswaffen mit glatten Läufen mit einem erhöhten Gasdruck (verstärkter Beschuss) oder mit Stahlschrotmunition vorzunehmen.**

(3) **Bei dem Beschuss von Böllern ist zu prüfen, ob**
1. **die höchstbeanspruchten Teile der Beanspruchung standhalten, der sie bei der Verwendung der vorgeschriebenen Ladung ausgesetzt werden (Haltbarkeit),**
2. **die Verschlusseinrichtung und die Abzugseinrichtung einwandfrei arbeiten und der Böller sicher geladen, geschlossen und abgefeuert werden kann (Funktionssicherheit),**

# 5 BeschG § 5

Beschussgesetz

3. die **Rohrinnendurchmesser, Länge und Durchmesser des Kartuschenlagers, der Zündkanaldurchmesser** den Bestimmungen einer nach § 14 Abs. 1 Nr. 1 erlassenen Rechtsverordnung entsprechen **(Maßhaltigkeit)**,
4. die durch eine Rechtsverordnung nach § 14 Abs. 1 Nr. 3 des Gesetzes vorgeschriebene Kennzeichnung auf dem Böller angebracht ist.

**1** **1. Allgemeines.** Die Vorschrift entspricht mit geringen Änderungen § 18 WaffG aF. Die Begründung der Neuregelung (BT-Drucks. 14/7758 S. 94/95) stellt klar, dass der Beschuss seiner Natur nach eine Überlastprüfung ist, ihm also nicht die jeweils zugelassene Munition (Gebrauchsmunition) zu Grunde liegt, sondern spezielle „Beschussmunition" mit dem jeweils vorgeschriebenen Beschussgasdruck (vgl. Anlage I Nrn. 1 bis 4 zur BeschussV, insbesondere Nr. 1.2). Die Bestimmung gibt, wie die übernommene Vorgängervorschrift (§ 18 WaffG aF), die fast wörtlich mit § 23 BWaffG 1968 übereinstimmte und auch bei der Novellierung des WaffG iJ 1976 unverändert geblieben war, Vorschriften für den **Einzelbeschuss** (Gegensatz: Die Bauartzulassung nach §§ 7, 8; §§ 21 bis 23 WaffG aF) und unterscheidet zwischen dem **gewöhnlichen** Beschuss nach Absatz 1 und dem **verstärkten** Beschuss gem. Absatz 2. Durch den gewöhnlichen Einzelbeschuss soll sichergestellt werden, dass der Schütze vor Verletzungen bewahrt wird, die durch Mängel der Feuerwaffe entstehen können. Die Beschussprüfung erstreckt sich dementsprechend auf die **Haltbarkeit** (Absatz 1 Nr. 1), die **Funktionssicherheit** (bisher: „Handhabungssicherheit") nach Absatz 1 Nr. 2 und die **Maßhaltigkeit** (Absatz 1 Nr. 3). Daneben ist eine **Kennzeichnungsprüfung** vorzunehmen (Absatz 1 Nr. 4). Ausführungsvorschriften für die Einzelbeschussprüfung fanden sich in den §§ 1 bis 4 b, über das Verfahren hierbei in den §§ 5 bis 8 der 3. WaffV aF, die nach § 22 Abs. 6 bis zum Erlass einer auf das BeschG gestützten Beschussverordnung weiter sinngemäß anzuwenden war. Vgl. jetzt § 1 bis 10 BeschussV.

Die Durchführung der Beschussprüfung obliegt den nach § 20 Abs. 1 und 2 zuständigen Behörden, bisher den Beschussämtern (vgl. § 20 Rdn. 1 f.).

**2** **2. Prüfungsumfang bei Feuerwaffen (Absatz 1). a) Haltbarkeit (Nr. 1).** Zum Begriff „Feuerwaffen" vgl. § 1 Rdn. 4. Es handelt sich hierbei um eine **Materialprüfung,** durch die festgestellt werden soll, ob die höchstbeanspruchten Teile (§ 2 Abs. 2) der Feuerwaffe der Beanspruchung beim Verfeuern der für die Waffe bestimmten Munition standhalten. Die Neuregelung hat außer der Munition auch die „festgelegte Ladung" einbezogen, „da aus Vorderladern oder Modellkanonen nicht mit konfektionierter Munition geschossen wird, d. h. die Munition wird individuell hergestellt" (Begr. BT-Drucks. 14/7758 S. 95). Zur Beschussprüfung wird eine **besondere Beschussmunition** (Beschussladung) verwendet. Die Einzelheiten ergeben sich aus der Anlage I zur 3. WaffV aF, die nach § 22 Abs. 6 bis zum Erlass einer auf das BeschG gestützten Beschussverordnung weiter sinngemäß anzuwenden war, jetzt aus der Anlage I zur BeschussV Nr. 1.2. Nach Nr. 1.3 der Anlage I hat sich die Haltbarkeitsprüfung insbesondere darauf zu erstrecken, ob Dehnungen, Risse oder Brüche an dem Lauf, dem Patronen- oder Kartuschenlager oder dem Verschluss eingetreten sind, ferner, ob bei mehrläufigen Handfeuerwaffen, zB Drillingen, die Laufverbindungen festgeblieben sind. Die im Rahmen der Vorprüfung bisher vorgeschriebene „Sichtprüfung" (§ 1 Abs. 3 Satz 2 der 3. WaffV aF) auf Fehler im Material und in der Materialstärke, auf Schweißfehler an „wesentlichen" Teilen sowie auf Lauf- und Lagerverformungen wird im Gesetz nicht erwähnt; sie ist aber weiterhin

Beschussprüfung **§ 5 BeschG 5**

im Rahmen der Prüfung der Funktionssicherheit erfasst (vgl. § 1 Abs. 3 Satz 1 Nr. 2 und Satz 2 BeschussV).

**b) Funktionssicherheit (Nr. 2).** Diesen Begriff hat die Neuregelung anstelle der 3 bisher gebräuchlichen „Handhabungssicherheit" eingeführt (vgl. aber schon § 1 Abs. 3 Satz 1 Nr. 2 der 3. WaffV aF). Hierdurch werden die innerstaatlichen Beschussvorschriften dem Sprachgebrauch bereits gefasster Beschlüsse der Ständigen Internationalen Kommission zur Prüfung von Handfeuerwaffen (CIP; vgl. hierzu § 4 Rdn. 13 aE) angepasst; eine wesentliche inhaltliche Änderung der Beschusspflicht tritt hierdurch nicht ein (Begr. BT-Drucks. 14/7758 S. 95). Während in der bisher einschlägigen Bestimmung (§ 18 Abs. 1 Nr. 2 WaffG aF) zum Prüfungsumfang nur gesagt wurde, „ob der Benutzer ‚die Waffe' ohne Gefahr laden, schließen und abfeuern kann", werden nunmehr zusätzlich die zu prüfenden Teile ausdrücklich aufgeführt, um „fehlerhafte Interpretationen zu verhindern" (Begr. aaO). Wenn in der Begründung die Vorschrift auch auf die entsprechenden Teile eines Böllers bezogen wird, so ist dies nicht recht verständlich, da Absatz 1 nur den Beschuss von Feuerwaffen betrifft (vgl. Absatz 3). Bei der Feststellung der Funktionssicherheit ist besonders zu prüfen, ob die Patrone leicht eingeführt und die Patronenhülse nach dem Schuss einwandfrei herausgezogen werden kann, die Schlagbolzen oder Schlagstifte sich leicht in ihren Führungen bewegen, die Sicherungen einwandfrei arbeiten, bei Selbstladewaffen der Lademechanismus einwandfrei und bei Revolvern die Drehvorrichtung sicher arbeitet.

**c) Maßhaltigkeit (Nr. 3).** Diese wird durch „Lehren" und andere dem Stand der 4 Mess- und allgemeinen Waffentechnik entsprechende Verfahren (Abtastgeräte, Abgussverfahren) vor dem Beschuss geprüft (vgl. § 1 Abs. 3 Satz 1 Nr. 3 und Satz 3 BeschussV). Maßhaltigkeit ist gegeben, wenn die Maße der Munition und die Innenmaße der Feuerwaffe entsprechend aufeinander abgestimmt sind; denn nur dann kann die rechte Schusspräzision erreicht werden.

**d) Kennzeichnungsprüfung (Nr. 4).** Im Rahmen der Vorprüfung wird auch kon- 5 trolliert, ob an der vorgelegten Feuerwaffe die durch § 24 Abs. 1 und 2 WaffG bzw. § 21 AWaffV vorgeschriebenen Kennzeichen (Hersteller- oder Händlername, Firma oder eingetragene Marke, fortlaufende Nummer, Munitions- bzw. Geschossbezeichnung) angebracht sind. Vgl. auch § 1 Abs. 3 Satz 1 Nr. 1 BeschussV. Vgl. jetzt § 1 Abs. 3 Nr. 1 BeschussV und Anlage I Nr. 1.1.1 hierzu.

**e) Rückgabezeichen.** Feuerwaffen, die **nicht** den Anforderungen zu Nrn. 1–4 ent- 6 sprechen, sind mit dem Rückgabezeichen zu versehen und dem Antragsteller nach § 6 Abs. 1 Satz 2 zurückzugeben (§§ 4, 9 Abs. 5 BeschussV).

**3. Verstärkter Beschuss oder Beschuss mit Stahlschrotmunition (Absatz 2).** 7 Verstärkter Beschuss wird nur auf Antrag mit **erhöhtem** Gasdruck durchgeführt. Ein solcher verstärkter Beschuss kommt dann in Betracht, wenn aus einer **Schusswaffe mit glatten Läufen** Munition verschossen werden soll, deren Gasdruck über dem höchstzulässigen normalen Gasdruck liegt (Begr. BT-Drucks. V/528 S. 33). Zusätzlich ist zum Ausdruck gebracht worden, dass die genannte Art von Schusswaffen auf Antrag auch mit Stahlschrotmunition geprüft werden kann. Vgl. auch Nr. 1.2.4 der Anlage I zur BeschussV.

**4. Prüfung von Böllern (Absatz 3).** Während aufgrund der Regelung in § 16 8 Abs. 1 WaffG aF (Hand-)Feuerwaffen und Böller „in einem Atemzug" genannt wurden und somit gleichen Regelungen unterworfen waren, widmet die Neuregelung den Böllern (§ 1 Rdn. 5) einen eigenen Absatz. Auch hier umfasst die Prüfung

# 5 BeschG § 6

die vier Bereiche Haltbarkeit (Nr. 1), Funktionssicherheit (Nr. 2), Maßhaltigkeit (Nr. 3) und Kennzeichnung (Nr. 4), wie sie für Feuerwaffen gelten (Rdn. 2 bis 5). Die Besonderheiten gegenüber der für Feuerwaffen geltenden Regelung sind jeweils aufgeführt; sie ergeben sich aus der Eigenart dieser Geräte.

## Prüfzeichen

**6** (1) **Feuerwaffen, Böller und deren höchstbeanspruchte Teile sind mit dem amtlichen Beschusszeichen zu versehen, wenn sie mindestens weißfertig sind und die Beschussprüfung keine Beanstandung ergeben hat. Andernfalls sind sie mit dem amtlichen Rückgabezeichen zu versehen. Höchstbeanspruchte Teile, die nicht mehr instand gesetzt werden können, sind als unbrauchbar zu kennzeichnen.**

(2) **In den Fällen des § 4 Abs. 1 Nr. 3 Buchstabe d sind die Gegenstände mit einem Prüfzeichen der jeweils zuständigen Stelle zu versehen.**

1  **1. Allgemeines.** Die Vorschrift entspricht § 19 WaffG aF. Die der amtlichen Beschussprüfung unterliegenden Gegenstände (Feuerwaffen, Böller und deren höchstbeanspruchte Teile, vgl. § 3 Rdn. 3; Ausnahmen in § 4) werden von der nach § 20 Abs. 1 und 2 zuständigen Behörde (bisher dem Beschussamt) mit dem amtlichen **Beschusszeichen** (wie bisher: Bundesadler, Anl. II Abbildung 1 BeschussV und deren § 9) auf einem höchstbeanspruchten Teil der Waffe oder dem Einzelteil selbst versehen, sofern die Waffen, Geräte oder Teile wenigstens weißfertig (§ 2 Abs. 6) sind und die amtliche Prüfung keinerlei Beanstandungen im Hinblick auf die Gewährleistungen nach § 5 (§ 18 Abs. 1 Nrn. 1–4 WaffG aF) ergeben hat. Nach § 2 Abs. 5 BeschG sind Gegenstände weißfertig, wenn alle materialschwächenden und -verändernden Arbeiten, ausgenommen die üblichen Gravurarbeiten, beendet sind; bei Feuerwaffen und Böllern müssen außerdem der Lauf, das Patronen- oder Kartuschenlager, der Verschluss und der Schaft gebrauchsfertig zusammengesetzt sein. Als Schaft gilt auch eine Aufnahmevorrichtung, die gestattet, die Handfeuerwaffen zu prüfen.

2  **2. Ausgestaltung des Beschusszeichens.** Die Festlegung, welche Zeichen verwandt werden, wird in der Anlage II zur **Beschussverordnung** getroffen. Nach bisherigem Recht, das bis dahin sinngemäß weiter galt (§ 22 Abs. 6) ergab sie sich aus § 7 Abs. 1 Satz 1, Abs. 2 der 3. WaffV aF, die des **Rückgabezeichens** (liegendes Andreaskreuz) aus § 7 Abs. 5 derselben VO. Nicht mehr reparaturfähige höchstbeanspruchte Teile sind vor der Rückgabe ebenfalls als **unbrauchbar** mit einem „X" zu kennzeichnen (§ 9 Abs. 5 Satz 2 BeschussV). Eine Unbrauchbarmachung solcher mangelhaften Waffenteile durch das Beschussamt selbst vor der Rückgabe, wie sie § 5 Abs. 3 BeschussG früherer Fassung zuließ, ist nicht mehr vorgesehen.

Wegen der gegenseitigen Anerkennung der Beschusszeichen für Handfeuerwaffen vgl. das entsprechende Übereinkommen vom 1. 7. 1969 (BGBl. 1971 II 990) und § 4 Rdn. 13.

3  **3. Besondere Prüfzeichen (Absatz 2).** Diese Regelung ist seinerzeit (§ 19 Abs. 2 WaffG aF) nachträglich in das WaffG eingefügt und von dem WaffG nF übernommen worden. Hiernach sind auch die Feuerwaffen, die für die Bundeswehr, den Bundesgrenzschutz (jetzt: Bundespolizei), die Bundeszollverwaltung die Polizeien der Länder oder die sonst dort Erwähnten hergestellt und ihnen überlassen werden,

Zulassung von Schussapparaten § 7 BeschG 5

mit einem Prüfzeichen der jeweils zuständigen Stelle zu versehen (vgl. § 4 Abs. 1 Nr. 3 Buchst. d; § 9 Abs. 1 Satz 2 BeschussV). Dadurch entfällt ein erneuter Beschuss, wenn die Waffen nach der Aussonderung bei den privilegierten Stellen im freien Handel verkauft werden sollen (Begr. BT-Drucks. VI/2678 S. 28).

**Zulassung von Schussapparaten, Einsteckläufen und nicht der Beschusspflicht unterliegenden Feuerwaffen, Systemprüfungen von Schussapparaten und der in ihnen zu verwendenden Kartuschenmunition**

**7** (1) **Schussapparate, Zusatzgeräte für diese Apparate, Gasböller, Einsätze für Munition mit kleinerer Abmessung sowie Einsteckläufe ohne eigenen Verschluss für Munition mit dem zulässigen höchsten Gebrauchsgasdruck dürfen als serienmäßig hergestellte Stücke nur dann in den Geltungsbereich dieses Gesetzes verbracht oder gewerbsmäßig hergestellt werden, wenn sie ihrer Bauart und Bezeichnung nach von der zuständigen Stelle zugelassen sind. Gleiches gilt für Feuerwaffen**

1. **mit einem Patronen- oder Kartuschenlager bis zu 5 Millimeter Durchmesser und bis zu 15 Millimeter Länge oder mit einem Patronen- oder Kartuschenlager kleiner als 6 Millimeter Durchmesser und kleiner als 7 Millimeter Länge, bei denen dem Geschoss eine Bewegungsenergie von nicht mehr als 7,5 Joule (J) erteilt wird, oder**
2. **zum einmaligen Abschießen von Munition oder eines festen oder flüssigen Treibmittels.**

**Bei Schussapparaten, die für die Verwendung magazinierter Kartuschen bestimmt sind und in denen der Gasdruck auf einen Kolben als Geräteteil wirkt, gehört zur Bauartzulassung auch eine Systemprüfung, durch die die Eignung der zu verwendenden Kartuschenmunition im Gerät festgelegt wird. Kartuschenmunition zur Verwendung in Geräten nach Satz 3 ist einer Systemprüfung zu unterziehen.**

(2) Absatz 1 gilt nicht für Schussapparate, Einsteckläufe und Feuerwaffen, die ein anerkanntes Prüfzeichen eines Staates tragen, mit dem die gegenseitige Anerkennung der Prüfzeichen vereinbart ist.

(3) **Die Zulassung ist zu versagen, wenn**

1. **die Bauart nicht haltbar, nicht funktionssicher oder nicht maßhaltig ist oder**
2. **es sich um eine Schusswaffe nach Absatz 1 Satz 2 Nr. 1 handelt, die mit allgemein gebräuchlichen Werkzeugen so verändert werden kann, dass die Bewegungsenergie auf mehr als 7,5 Joule (J) erhöht wird.**

(4) **Die Zulassung der Bauart eines Schussapparates ist zu versagen, wenn**

1. **aus ihm zugelassene Patronenmunition verschossen werden kann,**
2. **er so beschaffen ist, dass Personen, die sich bei der Verwendung des Schussapparates in seinem Gefahrenbereich befinden, bei ordnungsgemäßer Verwendung mehr als unvermeidbar gefährdet oder belästigt werden,**

# 5 BeschG § 7  Beschussgesetz

3. mit ihm entgegen seiner Bestimmung in den freien Raum gezielt geschossen werden kann oder
4. der Antragsteller nicht nachweist, dass er über die für die Durchführung von Wiederholungsprüfungen erforderlichen Einrichtungen verfügt.

**1** **1. Allgemeines.** Dem früheren Beschussrecht war das Rechtsinstitut der Bauartzulassung unbekannt. Die Regelung ist erstmalig im BWaffG 1968 eingeführt worden, „weil die Sicherheit des Benutzers dieser Waffentypen bereits durch die Prüfung der entsprechenden Baumuster auf die Haltbarkeit, Handhabungssicherheit und Maßhaltigkeit ... gewährleistet werden kann und die mit dem Einzelbeschuss verbundene Belastung der Hersteller und Einführer, aber auch der Prüfbehörden demgemäß nicht gerechtfertigt ist" (Begr. BT-Drucks. V/528 S. 33). Das WaffG 1972 hat diese Regelung mit geringfügigen Abweichungen übernommen. Sie ist auch bei der Abänderung des WaffG 1976 beibehalten worden. Die Vorschrift entspricht im Wesentlichen der bisherigen Regelung in § 21 WaffG aF. Es wird aber kein spezieller höchstzulässiger Gasdruck für die Waffen mehr angegeben. Die Höhe des Gasdruckes ist in Zukunft abhängig von den in der CIP (§ 4 Rdn. 13) vereinbarten Werten; sie wird zukünftig ausschließlich in der Beschussverordnung geregelt (Begr. BT-Drucks. 14/7758 S. 95). Vgl. die Anlage I Nr. 1 zu dieser VO.

**2** **2. Bauartzulassung.** Die Bestimmungen über diese (vgl. auch §§ 11 bis 21 BeschussV) enthalten eine im Verhältnis zur amtlichen Prüfung durch Einzelbeschuss **selbständige und abschließende Regelung.** Für die Gegenstände, die den Bestimmungen über die Bauartzulassung unterlagen, kam der Einzelbeschuss früher auch nicht hilfsweise, und zwar schon deshalb nicht in Betracht, weil die der Bauartzulassung vorangehende Prüfung des Baumusters auf Haltbarkeit, Handhabungssicherheit und Maßhaltigkeit, wie § 7 Abs. 3 Nr. 1 ergibt, in ihren Anforderungen im Wesentlichen der Beschussprüfung entspricht. Auf Grund der Ermächtigung in § 20 Abs. 1 Nr. 4 WaffG aF ist aber im Jahre 1991 die 3. WaffV dahingehend geändert worden, dass in deren § 4a Abs. 1 die Möglichkeit einer **freiwilligen** Beschussprüfung vorgesehen wurde. In Ausführung eines Beschlusses der CIP (vgl. § 4 Rdn. 13) über die Prüfung bestimmter Handfeuerwaffen und tragbarer Schussapparate (abgedr. in BT-Drucks. 8/3661 S. 11) ist die Vorschrift durch das 2. ÄndG 1980 zur Erreichung der Rechtsvereinheitlichung innerhalb der Mitgliedstaaten der EG geändert worden; die innerstaatlichen Bestimmungen entsprachen zuvor aber schon im Wesentlichen diesen Regelungen.

**3** **3. Erfasste Gegenstände (Absatz 1).** Die früher an erster Stelle genannten (Hand-)Feuerwaffen werden jetzt erst in Satz 2 aufgeführt. Die im bisher geltenden Recht gewählte Reihenfolge der Prüfobjekte stand nämlich im völligen Gegensatz zu ihrer Bedeutung in der Praxis; dies hatte in der Vergangenheit gelegentlich zu Missverständnissen geführt (Begr. BT-Drucks. 14/7758 S. 95).

**4** **a) Schussapparate und Zusatzgeräte hierfür.** Schussapparate werden in § 2 Abs. 4 – übereinstimmend mit § 1 Abs. 6 WaffG aF – dahin definiert (vgl. § 1 Rdn. 6), dass es sich um tragbare Geräte handelt, bei denen zum Antrieb Munition verwendet wird und die speziell gewerblichen oder technischen Zwecken dienen. Derartige Schussapparate unterliegen – wie bisher – der **Bauartzulassung** durch die Physikalisch-Technische Bundesanstalt in Braunschweig (§ 20 Abs. 3 Satz 2). Schussapparate dienen als Hilfsmittel bei gewerblichen oder technischen Arbeiten. Nach der Begr. des Regierungsentwurfs eines BWaffG (BT-Drucks. V/528 S. 20)

*Zulassung von Schussapparaten* **§ 7 BeschG 5**

sind in der Vergangenheit Schussapparate entwickelt worden, mit denen „sehr wirkungsvoll in den freien Raum geschossen" werden kann. Sie wurden deshalb den Schusswaffen gleichgestellt und damit den Vorschriften des WaffG unterworfen, sofern sie „tragbar" sind. Tragbar sind Geräte, die nach ihrer Beschaffenheit dazu bestimmt sind, üblicherweise von **einer** Person getragen und bei der Schussauslösung in der Hand gehalten zu werden, wobei die Tragbarkeit nicht dadurch ausgeschlossen wird, dass das Gerät mit einer aufklappbaren Stütze versehen ist, um das Zielen zu erleichtern. Nicht tragbare Geräte sind zB Selbstschussgeräte zur Bekämpfung oder Vertreibung von Tieren, etwa in Weinbergen.

Ausnahmsweise können solche Geräte auch über einen Lauf verfügen, wie bei- 5
spielsweise Bolzensetzwerkzeuge. Sie werden dadurch aber nicht zu Schusswaffen im engeren Sinne, weil sie nicht den für den Waffenbegriff typischen Zwecken zu dienen bestimmt sind (§ 1 WaffG Rdn. 3), sondern gewerblichen oder technischen (vgl. Nr. 3 der Anlage I zur BeschussV).

Miterfasst von der Neuregelung werden jetzt auch die zu Schussapparaten gehörigen **Zusatzgeräte**.

**b) Gasböller.** Sie werden in § 2 Abs. 3 Satz 3 dahin definiert, dass es sich um 6
Böller (§ 2 Abs. 3 Satz 1 und 2) handelt, bei denen die Erzeugung des Schussknalls durch die Explosion bestimmter Gase bewirkt wird (§ 1 Rdn. 5 aE). Vgl. auch Anlage 1 zur BeschussV Nr. 2.3.

**c) Einsätze für Munition mit kleinerer Abmessung.** Sie werden nach Nr. 3.1, 7
3.4.1 der Anlage I zur BeschussV nach den gleichen Maßstäben geprüft wie die Waffen selbst. **Einsätze** (Adapter) sind gesetzestechnisch nicht mehr – wie früher – den Einsteckläufen gleichgestellt, sondern haben eine eigenständige Erwähnung gefunden (schon in § 21 Abs. 2 Nr. 2 WaffG aF). Derartige Einsätze, die dazu bestimmt sind, Munition mit kleinerer Abmessung zu verschießen, sind bei der Novellierung 1976 einbezogen worden, um der technischen Entwicklung Rechnung zu tragen. Es waren nämlich Einsätze für Schusswaffen ohne Lauf entwickelt worden, „die die äußere Form der Originalmunition für diese Schusswaffen haben und die ein Patronenlager für die Aufnahme einer kleineren Patrone enthalten. Mit Hilfe der Einsätze kann aus derselben Waffe Munition mit einer kleineren Abmessung und einer schwächeren Ladung verschossen werden. Diese Munition wird für Übungs- und jagdliche Zwecke verwendet. Die genannten Einsätze werden durch den Gasdruck dieser Munition wesentlich geringer als durch Originalmunition beansprucht. Es reicht deshalb aus, ... diese Einsätze wie die Einsteckläufe einer Bauartzulassung zu unterwerfen" (BT-Drucks. 7/4407 S. 6).

**d) Einsteckläufe ohne eigenen Verschluss.** Sofern diese für Munition mit dem 8
zulässigen höchsten Gebrauchsgasdruck bestimmt sind, unterliegen sie der Bauartprüfung. Zur Begriffsbestimmung der Einsteckläufe wird auf § 2 Abs. 2 Nr. 1 Buchst. c (und Erläuterungen hierzu) verwiesen. Ihre Prüfung erfolgt nach den gleichen Grundsätzen wie die der Einsätze (Rdn. 7). Ursprünglich waren nur bestimmte Einsteckläufe vom Einzelbeschuss freigestellt. Durch das 2. ÄndG 1980 (BGBl. I 956) ist die Regelung geändert worden. Der Bauartzulassung unterliegen danach alle Einsteckläufe ohne eigenen Verschluss für Munition mit einem zulässigen höchsten Gebrauchsgasdruck (vgl. § 11 Abs. 1 Satz 1 BeschussV mit Nr. 3.4.1 der Anlage I zur BeschussV).

**e) Feuerwaffen bestimmter Art (Absatz 1 Satz 2). aa)** Mit festgelegten Ausma- 9
ßen des Patronen- oder Kartuschenlagers (Nr. 1 erste Variante) und begrenzter Bewegungsenergie (Nr. 1 zweite Variante). Hierzu kann auf § 4 Rdn. 2 und 3 verwie-

**5 BeschG § 7**  Beschussgesetz

sen werden; cc) Zum einmaligen Abschießen vorgesehene Feuerwaffen (Nr. 2). Hierzu wird auf § 4 Rdn. 4 Bezug genommen.

**10** **4. Systemprüfung (Absatz 1 Satz 3 und 4).** Diese Regelung dient der Umsetzung internationaler Vereinbarungen (Begr. BT-Drucks. 14/7758 S. 95). Sie ist danach erforderlich für Schussapparate (Rdn. 4) bestimmter Bauart zur Verwendung magazinierter Kartuschen, in denen der Gasdruck auf einen Kolben als Geräteteil wirkt. Hier soll das gesamte System einschließlich der Kartuschen auf die wechselseitige Eignung und seine Funktionssicherheit geprüft und einer einheitlichen Bauartzulassung unterworfen sein (§ 11 Abs. 1 Satz 2 BeschussV).

**11** **5. Zulassung der Bauart und der Bezeichnung nach (Satz 1).** Die Physikalisch-Technische Bundesanstalt hat nicht nur die Bauart nach entsprechender Prüfung, sondern auch die **Bezeichnung** der in § 7 Abs. 1 (§ 21 WaffG aF) angeführten Waffen und Geräte zuzulassen (§ 12 BeschussV). „Dadurch soll erreicht werden, dass zugelassene Waffen unter einer Bezeichnung in den Verkehr kommen, die eine eindeutige Unterscheidung von anderen Modellen ermöglicht" (frühere Begr. BT-Drucks. VI/2678 S. 28).

**12** **6. Verbotene Tätigkeiten (Satz 1).** Untersagt ist die **gewerbsmäßige Herstellung** (§ 21 Abs. 1 WaffG) im Inland und auch das **Verbringen** (die Einfuhr) **serienmäßig** im Ausland hergestellter Gegenstände **ins Inland**, ohne dass die entsprechende Zulassung des Gegenstandes durch die Physikalisch-Technische Bundesanstalt erfolgt ist. Bei der Abänderung des WaffG 1976 ist die Bauartzulassung auf serienmäßig gefertigte Gegenstände beschränkt worden. Nach dem ABer. BT-Drucks. 7/4407 S. 6 ist es nicht gerechtfertigt, auf individuelle Bestellung gefertigte und eingeführte Einzelstücke dem aufwendigen Zulassungsverfahren zu unterwerfen. Bei diesen Gegenständen reicht es aus, sie der Einzelbeschussprüfung zu unterziehen. Im übrigen sind sie nur „verkehrsfähig", wenn ihre Bauart nach Prüfung eines Baumusters von der Physikalisch-Technischen Bundesanstalt durch Ausstellung eines Zulassungsbescheides (Verwaltungsakt) entspr. § 19 BeschussV zugelassen worden ist. Zuwiderhandlungen werden gem. § 21 Abs. 1 Nr. 2 (§ 55 Abs. 1 Nr. 9 WaffG aF) als Ordnungswidrigkeiten geahndet

**13** **7. Entbehrlichkeit der Bauartprüfung und -zulassung (Absatz 2).** Bei Schussapparaten (Rdn. 4), Einsteckläufen (Rdn. 8) und Feuerwaffen (Rdn. 9) braucht keine inländische Überprüfung vorgenommen zu werden, wenn diese ein anerkanntes Prüfzeichen eines Staates aufweisen, mit dem die gegenseitige Anerkennung der Prüfzeichen vereinbart ist. Die Regelung entspricht für die Prüfzeichen derjenigen des § 4 Abs. 2 hinsichtlich der Beschusszeichen (§ 4 Abs. 13). Nach § 13 BeschussV ist in derartigen Fällen aber eine deutsche Betriebsanleitung beizufügen.

**14** **8. Versagung der Zulassung (Absatz 3).** Die Versagungsgründe entsprechen denen in § 21 Abs. 3 WaffG aF. Die Zulassung ist danach **obligatorisch** zu versagen, wenn das Baumuster sich bei der Prüfung, die in ihren Anforderungen denen des Einzelbeschusses entspricht, als nicht haltbar, nicht funktionssicher oder als nicht maßhaltig erweist (Nr. 1). Wegen der Erklärung dieser Begriffe vgl. die Anm. zu § 5.

**15** **Nr. 2,** die bei der Gesetzesabänderung iJ 1976 neu gefasst wurde, soll dem Umstand Rechnung tragen, dass verschiedene Waffenherstellerbetriebe unter Ausnutzung der im früheren Absatz 3 gegebenen Vorschrift Waffen auf den Markt gebracht haben, bei denen das Patronen- oder Kartuschenlager Abmessungen besitzt, die denen der Handfeuerwaffen nach Absatz 1 Satz 2 Nr. 1 (§ 21 Abs. 1 Nr. 1 oder 2

Zulassung von Schussapparaten **§ 7 BeschG 5**

WaffG aF) entsprechen. Hierbei handelt es sich um Neuanfertigungen oder um alte Waffen, in die Einbausätze eingebaut werden. Die Besonderheit dieser Schusswaffen besteht darin, dass bei ihnen, sei es durch die Beschaffenheit (Energie) der Munition oder durch konstruktive Maßnahmen erreicht wird, dass die Bewegungsenergie der Geschosse den Wert von 7,5 J nicht übersteigt. Damit wurde erreicht, dass diese Schusswaffen von den Bestimmungen über die Erforderlichkeit der Waffenbesitzkarte ausgenommen waren. Es muss verhindert werden, dass durch Umänderung von Neuanfertigungen oder durch Entfernung der Einbausätze bei alten Waffen die Bewegungsenergie der Geschosse mit allgemein gebräuchlichen Werkzeugen (§ 1 WaffG Rdn. 14 a) auf mehr als 7,5 J erhöht werden kann. Deshalb bestimmte schon § 21 Abs. 3 Nr. 2 WaffG aF, dass die Zulassung der betr. „Waffen versagt werden kann, wenn die vorbezeichneten Manipulationen nicht durch konstruktive Maßnahmen ausgeschlossen sind" (amtl. Begr. BT-Drucks. 7/2379 S. 17).

**9. Versagung der Zulassung bei Schussapparaten (Absatz 4).** Schussapparate 16 unterliegen grundsätzlich ebenfalls der Bauartzulassung. Daneben bedarf es wegen der Gefährlichkeit dieser Geräte einer speziellen Regelung, die in Absatz 4 Nrn. 1 bis 4 (vgl. auch Nr. 3.5.1 ff. der Prüfvorschriften Anlage I zur BeschussV) in der Form **zusätzlicher obligatorischer Versagungsgründe** normiert ist, die für sich allein, ohne dass die Versagungsgründe des Absatzes 3 vorzuliegen brauchen, die Verweigerung der Bauartzulassung fordern. Vgl. auch § 11 Abs. 1 BeschussV.

**a)** Zum Begriff des Schussapparates (vgl. Rdn. 4) gehört, dass zum Antrieb Mu- 17 nition verwendet wird. Hierbei ist zwischen Apparaten zu unterscheiden, bei denen feste Körper (Bolzen) verschossen werden, und solchen, bei denen der feste Körper durch die Munition nur angetrieben wird, ohne sich von dem Schussapparat „zu trennen". Dagegen sind Schussapparate nicht dazu bestimmt, dass bei ihnen im Handel zugelassene scharfe Munition, und zwar Patronenmunition mit massiven Geschossen im Kartuschenlager gezündet und aus ihnen verschossen werden kann. Bei derart eingerichteten Schussapparaten ist deshalb nach **Absatz 4 Nr. 1** die Zulassung der Bauart zu versagen.

**b)** Die Bauartzulassung ist nach **Absatz 4 Nr. 2** auch zu verweigern, wenn bei der 18 ordnungsmäßigen Verwendung des Schussapparates der Benutzer oder andere Arbeitnehmer mehr als unvermeidbar gefährdet werden, der Apparat mithin praktisch gefährlich ist. Darüber hinaus reicht es aus, dass er – etwa wegen der Lärmerzeugung – in vermeidbarer Weise belästigend auf den geschützten Personenkreis einwirken würde. Dieser Grund rechtfertigt, ebenso wie derjenige nach Nr. 1, schon für sich allein die Versagung der Bauartzulassung.

**c)** Die Einführung der **Nr. 3 des Absatzes 4** hat den Hintergrund, dass die Mög- 19 lichkeit der Abgabe eines gezielten Schusses in den freien Raum als Versagungsgrund aus Gründen der Klarheit besonders zu nennen ist (Begr. BT-Drucks. 14/7758 S. 95).

**d)** Der Versagungsgrund nach **Absatz 4 Nr. 4** ist im Hinblick auf die berufsge- 20 nossenschaftlichen Vorschriften über die Verwendung von Schussapparaten während der Ausschussberatung 1972 in das WaffG eingefügt worden. Er war im BWaffG 1968 noch nicht enthalten. In diesen Vorschriften der Berufsgenossenschaften „ist festgelegt, dass die Geräte nach Bedarf, jedoch mindestens alle zwei Jahre, einer Werksprüfung unterzogen werden müssen. Nach den Feststellungen der Berufsgenossenschaften kommen die Benutzer der Geräte dieser Verpflichtung in vielen Fällen nicht nach. Ferner ist festgestellt worden, dass ausländische Hersteller

# 5 BeschG § 8

Beschussgesetz

in der Bundesrepublik vielfach nicht über die erforderlichen Einrichtungen zur Durchführung der Wiederholungs-Werksprüfung verfügen. Die Zulassung von Schussapparaten soll deshalb von dem Nachweis abhängig gemacht werden, dass der Antragsteller über solche Einrichtungen verfügt" (zu BT-Drucks. VI/3566 S. 5). Wegen der Wiederholungsprüfungen für Schussapparate im Einzelnen s. die §§ 24 f. BeschussV.

### Zulassung von Schreckschuss-, Reizstoff- und Signalwaffen

**8** (1) Schusswaffen mit einem Patronen- oder Kartuschenlager bis 12,5 Millimeter Durchmesser und tragbare Geräte nach § 2 Abs. 1 Nr. 2 ohne Patronen- oder Kartuschenlager, die zum

1. Abschießen von Kartuschenmunition,
2. Verschießen von Reiz- oder anderen Wirkstoffen oder
3. Verschießen von pyrotechnischer Munition

bestimmt sind, sowie Zusatzgeräte zu diesen Waffen zum Verschießen pyrotechnischer Geschosse dürfen nur dann in den Geltungsbereich dieses Gesetzes verbracht oder gewerbsmäßig hergestellt werden, wenn sie ihrer Bauart und Bezeichnung nach von der zuständigen Stelle zugelassen sind.

(2) Die Zulassung ist zu versagen, wenn

1. Patronenmunition in den freien Raum abgeschossen werden kann und die Geschosse mehr als 7,5 Joule (J) erreichen,
2. vorgeladene Geschosse verschossen werden können und ihnen eine Bewegungsenergie von mehr als 7,5 Joule (J) erteilt wird,
3. der Gaslauf der Waffe einen Innendurchmesser von weniger als 7 Millimeter hat,
4. mit der Waffe nach Umarbeitung mit allgemein gebräuchlichen Werkzeugen die in Nummer 1 oder 2 bezeichnete Wirkung erreicht werden kann,
5. die Waffe oder das Zusatzgerät den technischen Anforderungen an die Bauart nicht entspricht oder
6. den Anforderungen einer Rechtsverordnung nach § 14 Abs. 3 entsprechende Patronenmunition nach den Maßtafeln in die Kartuschenlager geladen und darin abgefeuert werden kann.

(3) Hat die Schusswaffe ein Patronen- oder Kartuschenlager mit einem Durchmesser kleiner als 6 Millimeter und einer Länge kleiner als 7 Millimeter, so ist die Zulassung der Bauart ferner zu versagen, wenn die Bauart nicht haltbar, nicht funktionssicher oder nicht maßhaltig ist. Das Gleiche gilt für höchstbeanspruchte Teile von Handfeuerwaffen nach § 2 Abs. 2 Satz 2 Nr. 1 bis 3, die zum einmaligen Gebrauch bestimmt sind.

1  **1. Allgemeines.** Das Ziel der **Bauart-Zulassungsprüfung** gem. § 8 (entsprechend § 22 WaffG aF) besteht, wie schon nach der Begr. des BWaffG 1968 – BT-Drucks. V/528 S. 34, in erster Linie darin zu verhindern, dass, wie zur Zeit der Geltung des RWaffG, Schreckschuss-, Reizstoff- und Signalwaffen auf den Markt kommen, aus denen scharfe Munition verfeuert werden kann oder die mit allgemein gebräuch-

Zul. v. Schreckschuss-, Reizstoff- und Signalwaffen  § 8 BeschG 5

lichen Werkzeugen (§ 1 WaffG Rdn. 14 a) in scharfe Waffen umgearbeitet werden können. Dementsprechend wird durch praktische Erprobung (Nr. 4 der Prüfvorschriften – Anlage I der 3. WaffV aF) geprüft, ob mit der betreffenden Schusswaffe (Baumuster) zugelassene scharfe Munition verschossen oder ob vorgeladenen Geschossen eine Bewegungsenergie von mehr als 7,5 J erteilt werden kann. Die Rücknahme und der Widerruf der Bauartzulassung richtet sich nach den allgemeinen Vorschriften (§§ 45, 46; §§ 47, 48 WaffG aF).

**2. Bisher erfasste Schusswaffen.** Die Vorschrift betrifft nicht mehr, wie § 27 **2** Abs. 1 BWaffG 1968, nur Kurzwaffen, einen Begriff, den das WaffG 1972 nicht mehr verwendet hatte, sondern grundsätzlich Schusswaffen jeder Art, also auch Langwaffen (Anlage 1 zum WaffG A 1 U 1 Nr. 2.6), „da sich auch bei diesen Waffen ein Bedürfnis für eine Bauartprüfung ergeben hat" (BT-Drucks. VI/2678 S. 28). Wie der Gesetzestext ergibt, fallen unter Absatz 1 **Schusswaffen** mit einem Patronen- oder Kartuschenlager bis zu 12,5 mm (bisher: 12 mm) Durchmesser (sowie neuerdings **tragbare Geräte nach § 2 Abs. 1 Nr. 2 ohne** Patronen- oder Kartuschenlager [Rdn. 3]), die entweder

a) zum Abschießen von Kartuschenmunition (Anlage 1 zum WaffG A 1 U 3 Nr. 1.2; Knallkartuschen; früher Platzpatronen genannt) oder
b) zum Verschießen von Reiz- oder anderen Wirkstoffen oder
c) zum Verschießen von pyrotechnischer Munition (§ 10; Anlage 1 zum WaffG A 1 U 3 Nr. 1.4)

bestimmt sind sowie nach der Neuregelung außerdem **„Zusatzgeräte"** zu diesen Waffen zum Verschießen „pyrotechnischer Geschosse" [Rdn. 4]. Die Schusswaffen zu a) werden als **„Schreckschusswaffen"** definiert (Anlage 1 zum WaffG A 1 U 1 Nr. 2.7), die zu b) als **„Reizstoffwaffen"** (aaO Nr. 2.8) und die Schusswaffen zu c) als **„Signalwaffen"** (aaO Nr. 2.9), wie auch die Überschrift der Vorschrift ausweist. Nach neuem Sprachgebrauch werden sie auch zusammenfassend als SRS-Waffen bezeichnet.

**3. Neu erfasste Geräte.** Die bisher erfassten Schusswaffen sind durch das Waf- **3** fenrechtsneuregelungsgesetz um zwei Gattungen erweitert worden. Es handelt sich um **a) tragbare Geräte nach § 2 Abs. 1 Nr. 2 ohne** Patronen- oder Kartuschenlager. Hierzu führt die Begründung des Entwurfs (BT-Drucks. 14/7758 S. 95) aus: „Die Waffenindustrie hat in der Vergangenheit Signalgeräte zum Verschießen von Signalpatronen im Kaliber von mehr als 12 mm entwickelt, die kein Patronen- oder Kartuschenlager besitzen. Diese Geräte sind zurzeit nicht zulassungspflichtig und – als Folge fehlender beschussrechtlicher Prüfung – nicht von der Waffenbesitzkartenpflicht ausgenommen. Die mit dieser Vorschrift bewirkte Herausnahme aus der Waffenbesitzkartenpflicht ist unbedenklich, da die Geräte in einem Zulassungsverfahren auf Veränderbarkeit zu überprüfen sind. Die mechanische Wirkung der Geschosse ist nur mit einem erheblichen Aufwand größer zu machen als die der Geschosse, die aus nach § 22 des bisherigen Waffengesetzes zugelassenen Waffen verschossen werden. Das Gerät kann außerdem nur mit einem erheblichen Aufwand in eine scharfe Schusswaffe umgeändert werden. Die Ergänzung des Absatzes 1 bezieht deshalb diese Geräte in die Zulassungspflicht ein".

**b) Zusatzgeräte zu den bisher genannten Waffen zum Verschießen pyrotech-** **4** **nischer Geschosse.** Dies wird wie folgt begründet (aaO): „Die Einbeziehung der zweiten Gerätegruppe – der Zusatzgeräte – in die Zulassungspflicht hat sich aus Sicherheitsgründen als notwendig erwiesen. Von der Industrie werden Geräte in den

# 5 BeschG § 8

Verkehr gebracht, die es ermöglichen, insbesondere aus Schreckschuss- oder Reizstoffwaffen pyrotechnische Geschosse zu verschießen und diese damit erst zu einer Signalwaffe zu machen. Es handelt sich dabei zB um die so genannten Zusatzläufe (Abschussbecher) oder um Mehrladevorrichtungen. Die Zusatzläufe wurden bisher, da sie immer nur für ein bestimmtes Waffenmodell gefertigt wurden, als zu diesem gehörig betrachtet und in der Anlage der entsprechenden Zulassung aufgeführt und beschrieben, ohne dass die Anbringung des Zulassungszeichens verlangt wurde. Es werden jedoch auch Mehrladeeinrichtungen für pyrotechnische Geschosse mit Leuchtsatz gefertigt, deren Verwendung nicht an eine bestimmte Waffe gebunden ist. Durch solche Vorrichtungen kann die Funktionssicherheit der Waffen in unzulässiger Weise beeinträchtigt werden. Es ist deshalb gerechtfertigt, diese Zusatzgeräte ebenfalls einer behördlichen Prüfung zu unterziehen. Auch einfache Schießbecher können Zusatzgeräte im Sinne dieser Vorschrift sein. In § 22 Abs. 4 ist aus Gründen des Vertrauensschutzes eine Übergangsvorschrift für bereits am Markt befindliche Geräte vorgesehen".

**5** **4. Verbotene Tätigkeiten (Absatz 1).** Untersagt ist die **gewerbsmäßige Herstellung** (§ 21 Abs. 1 WaffG) im Inland und auch das **Verbringen** (die Einfuhr) im Ausland hergestellter Gegenstände **ins Inland**, ohne dass die entsprechende Zulassung des Gegenstandes durch die Physikalisch-Technische Bundesanstalt erfolgt ist. Sie geschieht durch Ausstellung eines Zulassungsbescheides (Verwaltungsakt) entspr. § 19 BeschussV. Zuwiderhandlungen werden gem. § 21 Abs. 1 Nr. 2 (§ 55 Abs. 1 Nr. 10 WaffG aF) als Ordnungswidrigkeiten geahndet.

**6** **5. Versagung der Zulassung (Absatz 2).** Das Gesetz führt hier sechs (bisher vier) verschiedene Gründe auf, die zwingend zur Versagung der Zulassung für den Gegenstand führen. **a)** Mögliches Abschießen von Patronenmunition mit einer Geschossenergie von über 7,5 Joule (**Nr. 1**). Ergibt sich bei der im Wege des Einzelbeschusses vorgenommenen Prüfung durch Verschießen von Patronenmunition aus einem Baumuster der betreffenden Waffe, dass den Geschossen eine kinetische Energie von mehr als 7,5 Joule erteilt wird, so kann eine Zulassung nicht erfolgen. Die entsprechenden technischen Anforderungen ergeben sich aus Nr. 4 der Anlage I zur BeschussV iVm. § 11 Abs. 2 BeschussV. Die Formulierung des Abschießens „in den freien Raum" ist neu. Ist ein solches konstruktionsbedingt nicht möglich, sind die Bedingungen der Vorschrift nicht vollständig erfüllt.

**7** **b)** In gleicher Weise ist die Zulassung zu versagen (**Nr. 2**), wenn das **Geschoss** nicht in die Patrone integriert ist (wie bei Buchst. a), aber **„vorgeladen"** werden kann und die 7,5 Joule-Grenze der Geschossenergie überschritten wird.

**8** **c) Zu kleiner Gaslauf (Nr. 3).** Die hier einschlägigen Waffen haben in der Regel keinen Lauf, weil der Führungsteil nicht zwei Kaliberlängen entspricht, sondern nur einen „Gaslauf" (Anlage 1 zum WaffG A 1 U 1 Nr. 1.3.1). Gaslauf ist danach ein Lauf, der ausschließlich der Ableitung der Verbrennungsgase dient. Demgegenüber wird er vorliegend anders aufgefasst: „Dieser Begriff wird nur für Waffenteile verwandt, die die Position und das Aussehen eines Laufes haben, aber weder den Geschossdurchgang noch das Abströmen der Verbrennungsgase erlauben" (Begr. BT-Drucks. 14/7758 S. 96). Dieses Waffenteil muss einen Innendurchmesser von mindestens 7 mm haben, um die Zulassung zu erreichen. Mit dieser 1976 eingefügten Bestimmung sind die Zulassungsbedingungen für die Schreckschuss-, Reizstoff- und Signalwaffen in der Richtung verschärft worden, dass aus ihnen nur Geschosse mit einem Mindestdurchmesser von 7 mm verschossen werden können. „Da nicht ausgeschlossen werden kann, dass solche Waffen in Waffen zum Verschießen scharfer

## Zul. v. Schreckschuss-, Reizstoff- und Signalwaffen § 8 BeschG 5

Munition verändert werden können, wird durch die Festlegung eines Mindestdurchmessers von 7 mm verhindert, dass die Geschosse eine Bewegungsenergie von 7,5 J übersteigen. Die Geschosse mit einem solchen Durchmesser und einer solchen Bewegungsenergie können die menschliche Haut nicht mehr durchschlagen" (ABer. BT-Drucks. 7/4407 S. 6/7).

**d) Möglichkeit der Umarbeitung (Nr. 4).** Besteht hinsichtlich des zur Prüfung vorgelegten Baumusters die Möglichkeit der Umarbeitung mit allgemein gebräuchlichen Werkzeugen (§ 1 WaffG Rdn. 14 a) in eine scharfe Waffe, die den Voraussetzungen der Nr. 1 oder 2 entspricht (Bewegungsenergie von mehr als 7,5 Joule), so kann eine Zulassung nicht erfolgen. Der Versagungsgrund nach Nr. 4 will dementsprechend die Umgestaltung zur Bauartzulassung heranstehender Waffen in scharfe Waffen tunlichst verhindern oder wenigstens erschweren. Vgl. auch Nr. 4.4 der Anlage I zur BeschussV. 9

**e) Nichterfüllen der technischen Anforderungen an die Bauart (Nr. 5).** Welche technischen Anforderungen an die Bauart der in Frage kommenden Schusswaffen (oder Geräte) zu stellen sind, damit die Zulassung erfolgen kann, ist für Waffen in Nr. 4 der Anlage I zur BeschussV bestimmt. Es handelt sich hierbei um Mindestanforderungen, die, wie zB das Versetzen der Achsen oder der Einbau von wirksamen Sperren, das Verschießen von scharfer Munition verhindern sollen. Die eingebauten Sicherungen bzw. Sperren müssen allerdings so fest mit der Schusswaffe verbunden sein, dass sie nicht mit allgemein gebräuchlichen Werkzeugen (§ 1 WaffG Rdn. 14 a) beseitigt werden können. Bei Schusswaffen, die den technischen Anforderungen nach Nr. 4 nicht genügen, ist naturgemäß die Bauartzulassung zu versagen. 10

**f) Abfeuerungsmöglichkeit für reguläre Patronenmunition (Nr. 6).** Diese Regelung war bisher in der Anlage I zur 3. WaffV aF geregelt (Nr. 4.3.2). Nach Ansicht des Gesetzgebers muss eine so wesentliche Regelung aus Gründen der Klarheit für die Adressaten im Gesetz selbst aufgeführt werden. Die entsprechende Munition ist in den im Bundesanzeiger veröffentlichten **Maßtafeln** erfasst (BT-Drucks. 14/7758 S. 96). 11

**6. Weiterer Versagungsgrund (Absatz 3).** Die Vorschrift (gegenüber bisher § 22 Abs. 3 WaffG aF leicht abgewandelt) schafft einen zusätzlichen Versagungsgrund **a)** für Schusswaffen (**Satz 1**) mit einem Patronen- oder Kartuschenlager kleiner als 6 mm Durchmesser und weniger als 7 mm (zuvor 6 mm) Länge, die nach § 4 Abs. 1 Nr. 2 von der Verpflichtung zum Einzelbeschuss freigestellt sind. Während bei den Schusswaffen mit größeren Abmessungen des Lagers Haltbarkeit, Funktionssicherheit und Maßhaltigkeit im Wege des Beschusses geprüft werden (§ 5 Abs. 1), muss in den hier geregelten Fällen eine entsprechende Prüfung in diejenige zur Bauartzulassung einbezogen werden (vgl. Anlage I Nr. 4.1 zur BeschussV). Soweit die genannten Maße nicht eingehalten werden, besteht neben der Zulassung der Bauart die Beschusspflicht nach § 5. Wegen der Erklärung der Begriffe Funktionssicherheit, Haltbarkeit usw. vgl. die Anm. zu § 5 (Rdn. 2 ff.). 12

**b)** Die zu a) geschilderte Regelung wird durch **Satz 2** erstreckt auf die in der Bestimmung genannten höchstbeanspruchten Teile von Handfeuerwaffen, die zum einmaligen Gebrauch bestimmt sind. Insofern korrespondiert die Vorschrift mit § 4 Abs. 1 Nr. 2 zweite Variante mit dem Unterschied, dass dort nur die Läufe (Nr. 1) erfasst sind, während vorliegend von § 2 Abs. 2 Satz 2 die Nrn. 1 bis 3 aufgeführt sind (vgl. § 4 Rdn. 6). Auch hier muss also im Rahmen der Bauartprüfung auch die Funktionssicherheit, die Haltbarkeit und die Maßhaltigkeit kontrolliert werden. 13

**5 BeschG § 9**  Beschussgesetz

**Anzeige, Prüfung, Zulassung von sonstigen Waffen und Kartuschenmunition mit Reizstoffen**

**9** (1) Wer

1. **Schusswaffen nach Anlage 2 Abschnitt 2 Unterabschnitt 2 Nr. 1.5 zum Waffengesetz,**
2. **unbrauchbar gemachte Schusswaffen oder aus Schusswaffen hergestellte Gegenstände**

eines bestimmten Modells gewerbsmäßig erstmals herstellen oder in den Geltungsbereich dieses Gesetzes verbringen will, hat dies der zuständigen Stelle zwei Monate vorher schriftlich anzuzeigen und den Gegenstand zur Prüfung und Zulassung einzureichen. Soweit es sich nicht um Einzelstücke handelt, ist der Stelle ein Muster und eine Abbildung, eine Beschreibung der Handhabung und der Konstruktion sowie der verwendeten Stoffe oder der zur Änderung nach Anlage 2 Abschnitt 2 Unterabschnitt 2 Nr. 1.5 zum Waffengesetz benutzten Werkstoffe unter Angabe der Arbeitstechnik in deutscher Sprache zu überlassen. Die Stelle unterrichtet die Physikalisch-Technische Bundesanstalt schriftlich vom Ergebnis der Prüfung.

(2) Wer

1. **Schusswaffen, die weder einer Prüfung nach § 3 noch einer Bauartzulassung nach § 7 noch der Prüfung und Zulassung nach Absatz 1 unterliegen,**
2. **Gegenstände nach Anlage 1 Abschnitt 1 Unterabschnitt 2 Nr. 1.2.1 und 2.2.1 zum Waffengesetz,**
3. **Gegenstände nach Anlage 1 Abschnitt 1 Unterabschnitt 2 Nr. 1.2.2 zum Waffengesetz oder**
4. **Kartuschenmunition mit Reizstoffen**

eines bestimmten Modells gewerbsmäßig erstmals herstellen oder in den Geltungsbereich dieses Gesetzes verbringen will, hat dies der zuständigen Stelle zwei Monate vorher schriftlich anzuzeigen. Der Anzeige sind beizufügen ein Muster, eine Beschreibung der Handhabung und der Konstruktion. Die verwendeten Inhaltsstoffe sind zu benennen.

(3) **Der Anzeige nach Absatz 2 Satz 1 Nr. 1 bis 3 ist darüber hinaus eine Erklärung des Herstellers oder seines Bevollmächtigten in der Europäischen Union beizufügen,**

1. **ob und wie der Anwender die Leistung der Waffe verändern kann,**
2. **dass es sich im Falle des Absatzes 2 Satz 1 Nr. 2 und 3 um einen Gegenstand handelt, bei dessen Verwendung keine Gefahren für das Leben zu erwarten sind.**

(4) **Die zuständige Stelle kann für Gegenstände nach Anlage 1 Abschnitt 1 Unterabschnitt 2 Nr. 1.2.1, 1.2.2 und 2.2.1 zum Waffengesetz, für die in § 14 Abs. 4 und 6 bezeichneten Gegenstände sowie für Geschosse, Kartuschenmunition, Stoffe und sonstige Gegenstände mit Reizstoffen die erforderlichen Maßnahmen anordnen, um sicherzu-**

stellen, dass diese Gegenstände nicht abweichend von dem geprüften Muster oder entgegen den festgelegten Anforderungen vertrieben oder anderen überlassen werden. Sie kann die nach Absatz 3 gemachten Angaben prüfen oder mit der Prüfung oder Teilprüfung andere Fachinstitute beauftragen.

(5) **Werden die in Absätzen 1 und 2 bezeichneten Geräte durch eine staatliche Stelle ihrer Bauart nach zugelassen und umfasst die Bauartzulassung die vorgeschriebenen Prüfungen, tritt die Bauartzulassung an Stelle dieser Prüfungen.**

**I. Allgemeines.** Die Vorschrift ist ohne direktes Vorbild im bisherigen Recht. 1
Durch sie wird den Überwachungsmöglichkeiten durch Einzelbeschuss und Bauartzulassung ein speziell gestaltetes **Anzeigeverfahren** hinzugefügt, das die zuständige Behörde in die Lage versetzen soll, vor der Einfuhr eines Gegenstandes oder dessen gewerbsmäßiger Herstellung im Inland an Hand eines Modells oder Musters sowie der üblichen Konstruktionszeichnungen zu prüfen, ob der Gegenstand mit den Anforderungen des Beschussrechts übereinstimmt. Die Entwurfsbegründung (BT-Drucks. 14/7758 S. 96) sagt hierzu: „Bisher brauchten diese Waffen keiner Behörde zur Prüfung vorgelegt zu werden. Für die meisten Besitzer solcher Waffen ist nicht erkennbar, ob ihre Waffe den gesetzlichen Bestimmungen gemäß verändert oder unbrauchbar gemacht worden ist. Aus Gründen der Rechtssicherheit muss geprüft werden, ob die gesetzlichen Bestimmungen bei Veränderung oder Unbrauchbarmachung der Waffe eingehalten worden sind. Die vorgeschriebenen Prüfungen dienen in erster Linie der Vermeidung krimineller Nutzung und damit der inneren Sicherheit. Die Prüfung trägt daneben auch zur Verbesserung der Verwendersicherheit bei. Ob die Prüfung durch eine staatliche Stelle oder eine private Einrichtung als beliehener Unternehmer erfolgt, fällt in die Entscheidungskompetenz der Länder. Auf Grund vorhandener Prüfeinrichtungen und der aus der Prüfung von Feuerwaffen gewonnenen Erfahrung wäre eine Beauftragung der Beschussämter sachgerecht". Über Anträge nach Absatz 1 und 5 entscheidet die nach Landesrecht zuständige Stelle (§ 19 Abs. 1 Satz 2 BeschussV).

**II. Anzeigeverfahren nach Absatz 1** 2

**1. Erfasste Gegenstände (Absatz 1 Satz 1).** Das Anzeigeverfahren betrifft
**a) Schusswaffen nach Anlage 2 A 2 U 2 Nr. 1.5 zum WaffG** (Nr. 1). Dabei handelt es sich um veränderte Langwaffen, die für **Zier- oder Sammlerzwecke, zu Theateraufführungen, Film- oder Fernsehaufnahmen** bestimmt sind, wenn sie die dort im einzelnen aufgeführten Anforderungen erfüllen. Diese Änderungen müssen so vorgenommen sein, dass sie nicht mit allgemein gebräuchlichen Werkzeugen rückgängig gemacht und die Gegenstände nicht so geändert werden können, dass aus ihnen Geschosse, Patronen- oder pyrotechnische Munition verschossen werden können (§ 1 WaffG Rdn. 36). Die Einzelheiten regelt die Anlage I zur BeschussV Nr. 6.1.1 und 6.2.

**b) Unbrauchbar gemachte Schusswaffen (Nr. 2 erste Variante).** Hierfür müs- 3
sen präzise die hierfür geltenden Vorschriften technischer Art eingehalten worden sein. Welche Waffenbeschaffenheit der Annahme der Unbrauchbarkeit im Einzelnen entgegensteht, ist in der Anlage 1 A 1 U 1 Nr. 1.4 bis 1.4.6 zum WaffG aufgeführt (§ 2 Rdn. 73). Vgl. auch Rdn. 7. Weitere Einzelheiten sind der Anlage I Nr. 6.3. zur BeschussV zu entnehmen.

# 5 BeschG § 9
Beschussgesetz

**4**  c) **Aus Schusswaffen hergestellte Gegenstände (Nr. 2 zweite Variante).** Hier müssen eine oder mehrere Schusswaffen als Material für ein neues Produkt gedient haben, wobei ohne Anzeige und Prüfung offen bleiben könnte, ob die hierbei verwendeten Schusswaffen noch aktivierbar sind. Vgl. Rdn. 1. Für sie gelten nach Nr. 6.3.6 die Regelungen zu Rdn. 3 entsprechend.

**5**  2. **Entstehen der Anzeigepflicht.** Zur Anzeige verpflichtet ist eine Person, die ein bestimmtes Modell eines der erfassten Gegenstände (Rdn. 2 bis 4) entweder gewerbsmäßig erstmals herstellen oder ins Inland verbringen (importieren) will, d. h. dieses vorhat (plant). Um der zuständigen Behörde (vgl. Rdn. 1 aE) den erforderlichen Prüfungszeitraum einzuräumen, ist angeordnet, dass die schriftlich zu erstattende Anzeige und (gleichzeitige [nach dem Gesetzeswortlaut nicht eindeutig]) Vorlage des Gegenstandes (oder der nach Satz 2 erforderlichen Unterlagen) zwei Monate vor der geplanten Realisierung des Vorhabens durch den Anzeigenden zu erfolgen hat.

**6**  3. **Unterrichtung der PTB (Absatz 1 Satz 3).** Die zur Entgegennahme der Anzeige und Prüfung zuständige Behörde (Rdn. 1 aE) unterrichtet die Physikalisch-Technische Bundesanstalt (PTB) nicht schon von der Anzeige, sondern erst nach der durchgeführten Prüfung schriftlich von deren Ergebnis. Die bisherigen Zuständigkeiten des Bundeskriminalamtes nach § 15 Abs. 2 WaffG aF und § 26 der 1. WaffV aF sind durch das Waffenrechtsneuregelungsgesetz auf die Physikalisch-Technische Bundesanstalt übertragen worden (§ 20 Abs. 3). Diese Aufgaben waren nach Ansicht des Gesetzgebers gegenüber der eigentlichen Aufgabenstellung des Bundeskriminalamtes ein Fremdkörper; die Physikalisch-Technische Bundesanstalt ist hierfür geeigneter (Begr. BT-Drucks. 14/7758 S. 96).

**7**  **III. Anzeigeverfahren nach Absatz 2**

1. **Erfasste Gegenstände (Absatz 2 Satz 1). a) Bisher nach Waffenrecht nicht zu prüfende Schusswaffen (Nr. 1).** Hierbei geht es um Schusswaffen, die weder als Feuerwaffen nach § 3 dem Einzelbeschuss unterliegen, noch der Bauartprüfung (§ 7) unterfallen noch von der Neuregelung des Absatzes 1 erfasst werden. Hierher gehören die **Druckluft-, Federdruckwaffen und Waffen, bei denen zum Antrieb der Geschosse kalte Treibgase Verwendung finden ($CO_2$-Waffen).** Hierfür galt bisher § 26 Abs. 1 Satz 1 Nr. 1 der 1. WaffV aF. Diese Vorschrift war 1972 neu in die VO eingefügt worden. Die hierin vorgeschriebene **Anzeige** sollte dem damals zuständigen Bundeskriminalamt (BKA) eine Prüfung ermöglichen, ob bei dem beabsichtigten Vertrieb der Waffen und sonstigen Gegenstände die waffenrechtlichen Vorschriften eingehalten werden. Das BKA sollte insbesondere prüfen, ob die angezeigten Waffen und Gegenstände unter ein Verbot fielen, ob Veränderungen ordnungsgemäß vorgenommen worden waren und ob die Einstufung der Waffe mit der Kennzeichnung übereinstimmte, zB bei Schusswaffen mit einer Bewegungsenergie der Geschosse von nicht mehr als 7,5 J (Begr. BR-Drucks. 581/72 S. 18). Bei der Novellierung der 1. WaffV 1976 war die Anzeigepflicht abweichend vom zuvor geltenden Recht (§ 20 der 1. WaffV 1972) auf den Zeitpunkt der Einfuhr vorverlegt worden, um so zu verhindern, dass Waffen und sonstige Gegenstände, die den vorgeschriebenen Anforderungen nicht entsprachen, eingeführt wurden. Die Anzeigepflicht war ferner über das bisherige Recht hinaus auf unbrauchbar gemachte Schusswaffen und aus Schusswaffen hergestellte Gegenstände iSv. § 7 Abs. 1 der 1. WaffV aF erstreckt worden (vgl. jetzt Absatz 1 Satz 1 Nr. 2; Rdn. 3 und 4), um dem BKA eine Prüfung zu ermöglichen, ob die betr. Gegenstände gem. den Anforderungen von § 7 Abs. 1 der 1. WaffV aF verändert worden waren. In § 26 Abs. 2

Anzeige, Prüfung, Zulassung **§ 9 BeschG 5**

Nr. 2 der 1. WaffV aF war zusätzlich vorgeschrieben worden, dass dem BKA auch eine Beschreibung der zur Änderung benutzten Werkstoffe unter Angabe der Arbeitstechnik mitzuteilen war, um das BKA zu einer effektiven Prüfung in die Lage zu versetzen. Die Anzeigepflicht nach § 26 hat sich jedoch als unzureichend erwiesen, so dass sie durch eine Herstellererklärung ergänzt werden soll. Außerdem soll bei begründetem Anlass eine Prüfung der eingesandten Gegenstände durch die Physikalisch-Technische Bundesanstalt ermöglicht werden; in der Vergangenheit waren nämlich Druckluftwaffen auf den Markt gelangt, bei denen ohne besondere Schwierigkeiten durch Verstellung vorhandener Schrauben die Steigerung der Mündungsenergie über die erlaubten 7,5 Joule hinaus erreichbar war. Das nunmehr eingeführte Verfahren entspricht den Anforderungen der Richtlinie 98/37/EG des Europäischen Parlaments und des Rates vom 22. 6. 1998 – Maschinenrichtlinie – (vgl. auch Absatz 3 Nr. 1).

**2. Elektroimpulsgeräte und Tierabwehrgeräte (Nr. 2).** Hier werden so genannte Elektroschockgeräte und – nach einer Ergänzung im Laufe des Gesetzgebungsverfahrens – auch Tierabwehrgeräte (Anlage 1 A 1 U 2 Nr. 2.2.1 zum Waffengesetz; § 1 WaffG Rdn. 29 a) einer Anzeigepflicht unterworfen. „Wer diese Geräte herstellt oder einführt, muss zukünftig auch die Erklärung abgeben, dass diese Geräte nicht tödlich wirken (Absatz 3 Nr. 3 [jetzt: Nr. 2]). Die Wirkungsweise dieser Geräte beruht auf der Abgabe von gespeicherter elektrischer Energie, die durch einen Auslösungsmechanismus freigesetzt wird. Bei Berührung des Gerätes werden sehr schmerzhafte elektrische Schläge versetzt. Es ist aus Sicherheitsgründen zusätzlich notwendig, dass der Hersteller oder Einführer solcher Geräte durch eigene Prüfung sicherstellt, dass sie bei der Anwendung nicht tödlich wirken" (Begr. BT-Drucks. 14/7758 S. 96). Zu den Einzelheiten wird auf § 15 Abs. 5 BeschussV und die Anlage V hierzu verwiesen. **8**

**3. Reizstoffsprühgeräte (Nr. 3).** Vgl. hierzu § 1 WaffG Rdn. 23 b sowie § 15 Abs. 1 bis 4 BeschussV und Anlage IV hierzu. **9**

**4. Kartuschenmunition mit Reizstoffen (Nr. 4).** Diese Munition ist in der Anlage 2 A 1 Nr. 1.5.2 des WaffG unter der Rubrik „Verbotene Waffen" aufgeführt. Dort heißt es „Geschosse oder Kartuschenmunition mit Reizstoffen, die zu Angriffs- oder Verteidigungszwecken bestimmt sind ohne amtliches Prüfzeichen zum Nachweis der gesundheitlichen Unbedenklichkeit". Diese Gegenstände sind – im Gegensatz etwa zu den Geschossen unter Nr. 1.5.1 (§ 2 WaffG Rdn. 22) – nicht absolut verboten, sondern, wie schon nach § 37 Abs. 1 Satz 1 Nr. 9 WaffG aF, nur dann, wenn sie nicht den festgelegten Anforderungen entsprechen (§ 15 Abs. 1 BeschussV und Anlage IV Nr. 2 hierzu); tragen sie das amtliche Prüfzeichen, so greift das Verbot nicht ein. **10**

**5. Entstehen der Anzeigepflicht.** Hierzu kann auf Rdn. 5 verwiesen werden. Aus der in Absatz 2 Satz 2 gebrauchten Formulierung ist für den vorliegenden Fall klar zu ersehen, dass die erforderlichen Unterlagen gleichzeitig mit der Anzeige vorzulegen sind. Nach Satz 3 hat zusätzlich – soweit dies in Betracht kommt (zB bei Nr. 4) – eine Benennung der verwendeten Inhaltsstoffe zu erfolgen. **11**

**IV. Herstellererklärung (Absatz 3)** **12**

**1. Allgemeines.** Sie kommt als Zusatz nur für bestimmte Anzeigen in Betracht, nämlich für die Fälle des Absatzes 2 Satz 1 Nr. 1 bis 3 (Rdn. 7 bis 9). Zu diesem neu eingeführten Erfordernis heißt es in der Entwurfsbegründung (BT-Drucks. 14/7758 S. 96): „Die Erfahrungen mit § 26 der bisher maßgebenden Ersten Verordnung zum

Waffengesetz zeigen jedoch, dass die bislang bestehende Anzeigepflicht unzureichend ist und durch eine Herstellererklärung ergänzt werden muss" und weiter: „Nach den Bestimmungen des Gerätesicherheitsrechts, das die Maschinenrichtlinie umsetzt, ist für die entsprechenden Geräte, die keine Feuerwaffen sind, keine Bauartprüfung vorgeschrieben. Es reicht vielmehr die Herstellererklärung, dass es sich um ein sicheres Produkt handelt. Eine Bauartprüfung obligatorisch vorzuschreiben, ist nach dem Recht der Europäischen Union nicht zulässig". Zur Abgabe der Herstellererklärung ist der Hersteller oder – bei ausländischen Herstellern – dessen Bevollmächtigter in der EU verpflichtet.

**13** **2. Inhalt der Herstellererklärung (Absatz 3 Satz 1 Nr. 1 und 2). a)** Der Erklärungspflichtige hat Ausführungen dazu zu machen, ob derjenige, der die „Waffe" anwendet, deren Leistung „verändern" kann, wobei nach dem Sinn der Regelung nur eine Steigerung der Leistung interessiert. Trifft dies zu, hat er weiter darzulegen, auf welche Weise der Anwender dies erreichen kann **(Nr. 1).** Es kommen hierfür nur Gegenstände in Betracht, die dem Begriff „Waffe" (§ 1 Abs. 2 WaffG) unterfallen und die nach ihrer Beschaffenheit für eine Manipulation der Leistung in Betracht kommen.

**14** **b)** Bei Elektroimpulsgeräten, Tierabwehrgeräten (Rdn. 8) und bei Reizstoffsprühgeräten (Rdn. 9) ist zusätzlich in der Herstellererklärung anzugeben, dass bei der Verwendung dieser Gegenstände keine „Gefahren für das Leben" zu erwarten sind **(Nr. 2).** Nach der Intention des Gesetzgebers (Rdn. 1) ist dabei nicht nur an die das Beschussrecht beherrschende Verwendersicherheit gedacht, sondern in erster Linie an die Gefahren derer, die als Außenstehende mit den Geräten in Kontakt, der kein unmittelbarer sein muss, kommen. Nach dem Wortlaut der Bestimmung ist an sich nur die spezielle Lebensgefahr angesprochen. Nach der ratio legis ist aber auch zu erklären, dass eine Gefahr der Verursachung massiver, dauerhafter Körperschäden ausgeschlossen ist.

**15** **3. Überprüfung der Herstellererklärung (Absatz 4 Satz 2).** Die zuständige Behörde, nach § 20 Abs. 3 Satz 1 die Physikalisch-Technische Bundesanstalt (PTB), muss die Herstellererklärung nicht ungeprüft akzeptieren. Sie kann vielmehr die vom Hersteller gemachten Angaben selbst überprüfen oder ganz oder zum Teil durch andere Fachinstitute überprüfen lassen.

**16** **V. Anordnungen der Physikalisch-Technische Bundesanstalt (PTB) nach Absatz 4 Satz 1.** Hierzu führt die Begründung (BT-Drucks. 14/7758 S. 96) aus: „Hier wird die Möglichkeit von Anordnungen zur Sicherstellung und damit zur zwangsweisen Durchsetzbarkeit der Muster- und Anforderungskonformität der Gegenstände eröffnet". Die einzelnen Gegenstände, bezüglich derer Maßnahmen getroffen werden können, sind in Satz 1 „verschlüsselt" aufgeführt. Die Entschlüsselung ergibt, dass es sich um folgende handelt: Elektroimpulsgeräte (Rdn. 8), Reizstoffsprühgeräte (Rdn. 9), Tierabwehrgeräte (Rdn. 8). Weiter erfasst sind Gegenstände, die zukünftig im Verordnungswege nach 14 Abs. 4 und 6 einbezogen werden sowie – jeweils mit Reizstoffen versehene – Geschosse, Kartuschenmunition, Stoffe und sonstige Gegenstände. Ziel dieser Anordnungen ist zu gewährleisten, dass keine Gegenstände auf den Markt kommen, die mit den Vorschriften des Waffen- und Beschussrechts nicht in Einklang stehen.

**17** **VI. Vorrang der Bauartprüfung (Absatz 5).** Die Anzeige- und Prüfverfahren nach den Absätzen 1 und 2 kommen nicht zum Zuge, sofern die hier jeweils erfassten Gegenstände von einer staatlichen Stelle der Bauart nach geprüft und zugelassen worden sind und diese Prüfung und Zulassung sich auch ihrem Umfang nach auf die Bereiche erstreckt hat, die in den Absätzen 1 und 2 als zu untersuchende angegeben sind.

## Zulassung von pyrotechnischer Munition

**10** (1) **Pyrotechnische Munition einschließlich der mit ihr fest verbundenen Antriebsvorrichtung darf nur dann in den Geltungsbereich dieses Gesetzes verbracht oder gewerbsmäßig hergestellt werden, wenn sie ihrer Beschaffenheit, Zusammensetzung und Bezeichnung nach von der zuständigen Behörde zugelassen ist.**

(2) Bei pyrotechnischer Munition, die nach Absatz 1 zugelassen ist, sind neben der gesetzlich vorgeschriebenen Kennzeichnung die Verwendungshinweise anzubringen. Soweit sich die Verwendungshinweise auf der einzelnen Munition nicht anbringen lassen, sind sie auf der kleinsten Verpackungseinheit anzubringen.

(3) **Die Zulassung ist zu versagen,**
1. soweit der Schutz von Leben, Gesundheit oder Sachgütern des Benutzers oder Dritter bei bestimmungsgemäßer Verwendung nicht gewährleistet ist,
2. wenn die Munition den Anforderungen an die Zusammensetzung, Beschaffenheit, Maße, den höchsten Gebrauchsgasdruck und die Bezeichnung gemäß einer nach § 14 Abs. 2 Satz 1 Nr. 1 erlassenen Rechtsverordnung nicht entspricht,
3. soweit die Munition in ihrer Wirkungsweise, Brauchbarkeit und Beständigkeit dem jeweiligen Stand der Technik nicht entspricht,
4. wenn der Antragsteller auf Grund seiner betrieblichen Ausstattung oder wegen eines unzureichenden Qualitätssicherungssystems nicht in der Lage ist, dafür zu sorgen, dass die nachgefertigte Munition in ihrer Zusammensetzung und Beschaffenheit nach dem zugelassenen Muster hergestellt wird.

**1. Allgemeines.** Die Vorschrift basiert auf § 23 WaffG aF. Dieser war als dem § 4 **1** SprengG 1969 nachgebildete Bestimmung in das WaffG 1972 aufgenommen worden. Das Gesetz unterwirft pyrotechnische Munition (Begriff: Anlage 1 zum WaffG A 1 U 3 Nr. 1.4; § 2 Abs. 1 Nr. 3 WaffG aF) einschließlich der mit ihr fest verbundenen Antriebsvorrichtung (aaO Nr. 1.4.3) der **Bauartzulassung** durch die **Bundesanstalt für Materialforschung und -prüfung** (§ 20 Abs. 3 Satz 2), „da hierdurch die Einhaltung der technischen Anforderungen besser gewährleistet wird" (BT-Drucks. VI/2678 S. 28). Bei der seinerzeitigen Abfassung der Vorschrift (1972) war der Gesetzgeber von der Annahme ausgegangen, dass es sich bei der in Frage kommenden Munition um Spezialgeschosse handele, die von der Hülse getrennt geladen werden. Nach der amtl. Begr. (BT-Drucks. 7/2379 S. 17) haben sich jedoch die bei der Zulassungsbehörde eingegangenen Zulassungsanträge auch auf Raketen- und Patronenmunition bezogen, bei denen das pyrotechnische Geschoss mit der Treibladung fest verbunden ist, ferner auf solche Geschosse mit einem pyrotechnischen Effekt, die zusammen mit ihrer Antriebsladung in einer Hülse untergebracht sind. Die nunmehrige Formulierung des Gesetzestextes „einschließlich der mit ihr fest verbundenen Antriebsvorrichtung" stellt klar, dass auch diese Geschossgruppen der

# 5 BeschG § 10

Zulassungspflicht unterliegen. Denn die Beschaffenheit und Wirkungsweise dieser Geschosse rechtfertigt keine unterschiedliche Behandlung gegenüber den getrennt geladenen pyrotechnischen Geschossen.

**2** 2. **Bundesanstalt für Materialforschung und -prüfung.** Sie ist nach § 20 Abs. 3 Satz 2 zuständig. Sie setzt, ähnlich wie die Physikalisch-Technische Bundesanstalt, auch die **Bezeichnung** fest. Ins einzelne gehende Vorschriften über die **Beschaffenheit** und **Zusammensetzung** der Raketenmunition und der Geschosse mit pyrotechnischer Wirkung (= pyrotechnische Munition) enthalten § 14 BeschussV und die „Technischen Anforderungen" in Nr. 5 der Anlage I zur BeschussV.

**3** 3. **Untersagte Verhaltensweisen.** Nicht zugelassene Munition dieser Art darf weder ins Inland verbracht (importiert) noch im Inland gewerbsmäßig hergestellt (hierzu § 21 Abs. 1 WaffG) werden. Vgl. auch § 14 BeschussV.

**4** 4. **Verwendungshinweise (Absatz 2).** Diese sind zur Abwehr von Gefahren dringend erforderlich. Immer wieder kann man Presseberichte lesen, das unvorsichtiger Umgang mit pyrotechnischen Gegenständen zu schweren Verletzungen geführt hat. Deshalb ist möglichst auf der einzelnen Munition die Warnung vor den mit der Anwendung verbundenen Gefahren anzubringen (Satz 1). Nur wenn das aus technischen Gründen nicht durchführbar ist, ist die kleinste Verpackungseinheit mit den entsprechenden Hinweisen zu versehen. Die Regelung hat nach der Begr. (BT-Drucks. 14/7758 S. 97) folgenden Hintergrund: Der Verwender von pyrotechnischer Munition muss sich für eine bestimmungsgemäße Verwendung an die im Zulassungsbescheid festgelegten Verwendungshinweise halten, um eine ungefährliche Handhabung zu erreichen. Hierfür muss jeder Gegenstand entsprechend gekennzeichnet werden. Entsprechende Regelungen finden sich im Sprengstoffgesetz und in dessen ergänzenden Verordnungen.

**5** 5. **Versagung der Zulassung (Absatz 3).** Die Versagungsgründe sind **obligatorisch,** vorbehaltlich von Ausnahmebewilligungen im Einzelfall gem. § 13. Die aus § 23 Abs. 2 WaffG aF übernommene Formulierung stimmt, abgesehen von der Natur der Sache nach gebotenen Modifikationen, weitgehend mit § 5 Abs. 2 SprengG idF vom 10. 9. 2002 (BGBl. I 3518) überein.

**6** a) **Nr. 1** bringt den **Zweck** der Zulassung, Gewährleistung des Schutzes des Benutzers und Dritter, zum Ausdruck, wobei das Hauptgewicht auf die **bestimmungsgemäße Verwendung** zu legen ist, auf die allein abzustellen ist. Denn durch die Zulassung kann nicht allen Gefahren beim Umgang und Verkehr mit den hier maßgeblichen Gegenständen schlechthin begegnet werden.

**7** b) Ob die pyrotechnische Munition den in **Nr. 2** angesprochenen Erfordernissen entspricht, ergibt sich aus den Vorschriften der Nr. 5 der Anlage I zur BeschussV. Nach der Neuregelung wird nur noch auf den höchsten Gebrauchsgasdruck abgestellt. Die Begründung des Entwurfs führt hierzu aus: „Der früher auf Ebene der gesetzlichen Regelung vorgesehenen Unterscheidung von normalem oder überhöhtem Gebrauchsgasdruck bedarf es nicht. Die jetzige Formulierung befindet sich im Einklang mit der darauf bezogenen Verordnungsermächtigung in § 14 Abs. 2 Satz 1 Nr. 1 Buchstabe c".

**8** c) Durch den in **Nr. 3** normierten Versagungsgrund soll insbesondere verhindert werden, dass Gegenstände in Verkehr gebracht werden, die in ihrer Beschaffenheit nicht den Sicherheitsstandard aufweisen, den sie nach dem Entwicklungsstand (vgl. § 3 Abs. 6 BImSchG und den Anhang zum BImSchG, wonach Stand der Technik [iS dieses Gesetzes] der **Entwicklungsstand fortschrittlicher Verfahren,** Einrichtun-

Zulassung sonstiger Munition  §**11 BeschG 5**

gen oder Betriebsweisen ist, der durch praktische Erfahrungen gesichert erscheint. Der Begriff ist damit strenger als der der „allgemein anerkannten Regeln der Technik".

**d)** Der Versagungsgrund der **Nr. 4** beruht nach der Entwurfsbegründung (BT-Drucks. 14/7758 S. 97) auf folgenden Erwägungen: Qualitätssicherung ist Aufgabe des Herstellers. Der Zulassungsbehörde muss jedoch die Möglichkeit eröffnet werden, eine Zulassung zu widerrufen, wenn der Hersteller aus den genannten, in seiner Sphäre liegenden Gründen nicht in der Lage ist, Produkte mit gleich bleibender Qualität herzustellen und damit die Bedingungen der Zulassung zu erfüllen. Bestehen diese Gründe von Anfang an, ist die Zulassung von vornherein zu versagen. 9

**6. Ausnahmen für die Bundeswehr usw. (früherer Absatz 4).** Die Sonderregelung enthielt die übliche Freistellung der Bundeswehr, der Bundeszollverwaltung und der Polizeien des Bundes und der Länder. Sie entsprach mit einer Änderung bisherigem Recht (§ 23 Abs. 3 WaffG aF). Da das BKA als Polizei des Bundes pyrotechnische Munition verwendet, wurde über den bisher genannten Bundesgrenzschutz hinaus unter Einbeziehung des BKA von den „Polizeien des Bundes" gesprochen (Begr. BT-Drucks. 14/8886 S. 120). Durch **Art. 1 a des Gesetzes vom 27. 5. 2003 (BGBl. I 742)** ist Absatz 4 – als gegenstandslos – **aufgehoben** worden, weil die Regelung in der gleichzeitig erfolgten Einfügung der **Absätze 5 und 6** in den § 1 BeschG aufgegangen ist. 10

**7. Zuwiderhandlung.** Der Verstoß gegen die Verbote des Absatzes 1 (Rdn. 3) ist Ordnungswidrigkeit nach § 21 Abs. 1 Nr. 2. 11

## Zulassung sonstiger Munition

**11** (1) **Munition im Sinne der Anlage 1 Abschnitt 1 Unterabschnitt 3 Nr. 1. 1 bis 1.3 zum Waffengesetz darf gewerbsmäßig nur vertrieben oder anderen überlassen werden, wenn sie ihrem Typ und ihrer Bezeichnung nach von der zuständigen Behörde zugelassen ist.**

(2) **Absatz 1 gilt nicht für**
1. **Munition aus Staaten, mit denen die gegenseitige Anerkennung der Prüfzeichen vereinbart ist und deren kleinste Verpackungseinheit ein Prüfzeichen eines dieser Staaten trägt,**
2. **Munition, die für wissenschaftliche Einrichtungen, Behörden, Waffen- oder Munitionshersteller, als Teil einer Munitionssammlung (§ 17 Abs. 1 des Waffengesetzes) oder für eine solche bestimmt oder in geringer Menge für gewerbliche Einführer von Munition, Händler oder behördlich anerkannte Sachverständige zu Prüf-, Mess- oder Forschungszwecken hergestellt oder ihnen zu diesem Zweck überlassen wird.**

(3) **Die Zulassung ist zu versagen, wenn**
1. **der Antragsteller oder ein von ihm beauftragtes Fachinstitut nicht die zur Ermittlung der Maße, des Gebrauchsgasdrucks oder der Vergleichswerte erforderlichen Geräte besitzt,**
2. **der Antragsteller oder ein von ihm beauftragtes Fachinstitut nicht über das zur Bedienung der Prüfgeräte erforderliche Fachpersonal verfügt oder**

# 5 BeschG § 11

**3. die Prüfung der Munition ergibt, dass ihre Maße, ihr Gasdruck, die in ihr enthaltenen Reiz- oder Wirkstoffe und ihre Bezeichnung nicht den Anforderungen einer Rechtsverordnung nach § 14 Abs. 3 entsprechen.**

**Die Zulassung wird nach Satz 1 Nr. 1 und 2 nicht versagt, wenn der Antragsteller die Überwachung der Herstellung der zuständigen Behörde übertragen hat.**

**1** **1. Allgemeines.** Die Vorschrift entspricht im Wesentlichen § 25 WaffG aF. Dieser war durch das Zweite Gesetz zur Änderung des Waffengesetzes vom 14. 7. 1980 (BGBl. I 956) völlig neu gestaltet worden. Die Notwendigkeit hierzu war auf Grund internationaler Verpflichtungen entstanden. Die BRepD ist als Vertragsstaat des Übereinkommens über die gegenseitige Anerkennung der Beschusszeichen für Handfeuerwaffen vom 1. 7. 1969 (BGBl. 1971 II 990) an den Beschluss der Ständigen Internationalen Kommission für die Prüfung von Handfeuerwaffen (CIP) gebunden, der – abweichend vom in der BRepD zuvor geltenden Recht – Bedingungen festgelegt hat, „unter denen die in den Handel kommende Munition zu prüfen ist, um jede Gewähr für die Sicherheit zu bieten" (BT-Drucks. 8/3661 S. 16). Eine solche **Typenprüfung** ergänzt nunmehr das System der Bauartprüfungen in den §§ 7, 8 und 10. Die in den Handel kommende Munition wird im Interesse der Sicherheit des Benutzers verschiedenartigen Prüfungen unterworfen: Typenprüfung und -zulassung, Fabrikationskontrollen des Produzenten oder des Importeurs selbst und zusätzlichen behördlichen „Inspektions"-kontrollen. Erfasst werden nicht nur neu zu entwickelnde, sondern auch bereits im Verkehr befindliche Munitionstypen (BT-Drucks. aaO S. 7). Nach der früheren Regelung war eine „Zulassung" der Munition nur in der Weise vorgesehen, dass sie den Bestimmungen der damaligen 3. WaffV und ihren Anlagen entsprechen musste. Zu Ausnahmen wird auf § 37 BeschussV verwiesen.

**2** **2. Munitionsprüfung.** Diese soll Gefahren infolge technischer Mängel vom Benutzer von Schussgeräten abwenden. Als ein grundlegendes Mittel hierzu ist die optimale Angleichung von Schussgerät und verwendeter Munition anzusehen. Die Zulassungsprüfung sollte ursprünglich der PTB, der Physikalisch-Technischen Bundesanstalt mit Sitz in Braunschweig, übertragen werden, um eine bundeseinheitliche Typenprüfung zu gewährleisten (BT-Drucks. 8/3661 S. 8). Zuständig sind jetzt jedoch die Landesbehörden (§ 20 Abs. 2). Die geprüfte Munition erhält ein **Prüfzeichen**, das international von den übrigen Vertragsstaaten (Rdn. 1) anerkannt wird. Die Einzelheiten regeln die §§ 26 bis 36 BeschussV und die Anlage III hierzu.

**3** **3. Erfasste Munitionsarten.** Die Vorschrift bezieht sich auf die Anlage 1 zum WaffG A 1 U 3 Nr. 1.1 bis 1.3, was nicht gerade zum Verständnis der Bestimmung beiträgt. Ein Blick in die zitierte Anlage bringt zum Vorschein, dass es sich um zum Verschießen aus Schusswaffen bestimmte Patronenmunition (Nr. 1.1), Kartuschenmunition (Nr. 1.2) und hülsenlose Munition (Nr. 1.3) handelt; letztere ist nach der Entwurfsbegründung (BT-Drucks. 14/7758 S. 97) erst bei der Neuregelung durch das Waffenrechtsneuregelungsgesetz hinzugefügt worden. Das trifft letztlich zu. Zwar waren auch schon nach bisherigem Recht Treibladungen einbezogen, nämlich hülsenlose Treibladungen, die den Innenmaßen einer Schusswaffe entsprechen und zum Antrieb von Geschossen bestimmt sind (§ 2 Abs. 2 WaffG aF). Die Bestimmung (§ 25 aF) galt jedoch zunächst nach ihrem Wortlaut nicht für Munition schlechthin, sondern nur für Patronen- und Kartuschenmunition. Um dennoch sicherzustellen, dass die Vorschrift auch auf Treibladungen anzuwenden ist, mussten

Zulassung sonstiger Munition **§ 11 BeschG 5**

die Treibladungen in § 25 aF ausdrücklich genannt werden. Aus der Begründung hierzu: „Festlegung der Abmessungen, des Gasdrucks und der Bezeichnung ist bei den genannten Treibladungen wie bei herkömmlicher Munition erforderlich, um den Benutzer und Dritte gegen Gefahren zu schützen, die aus der Verwendung nicht geeigneter Munition entstehen können" (BT-Drucks. aaO). Durch § 29 Abs. 1 Satz 1 Nr. 1 der 3. WaffV aF waren diese Treibladungen aber ab 1. 1. 1981 von der Zulassung nach § 25 WaffG sowie den Fabrikationskontrollen und den behördlichen periodischen Kontrollen freigestellt worden, was jetzt widerrufen worden ist. Das im ursprünglichen Entwurf zusätzlich aufgeführte Treibladungspulver (Anlage 1 zum WaffG A 1 U 3 Nr. 2) ist gestrichen worden, da dieses dem Sprengstoffrecht unterliegt (Begr. BT-Drucks. 14/8886 S. 121).

**4. Untersagte Verhaltensweisen (Absatz 1).** Ursprünglich waren nur Herstellung 4 und Einfuhr verboten. Bei der Änderung der Bestimmung anlässlich der Novellierung im Jahre 1976 wurde daneben auch das gewerbsmäßige Vertreiben und Überlassen in das Verbot einbezogen, das nunmehr noch allein erfasst ist.

**5. Generelle Ausnahmen (Absatz 2). a)** Die in Nr. 1 enthaltene Freistellung ent- 5 spricht § 25 Abs. 4 Nr. 1 WaffG aF. Diese mit dem 2. ÄndG 1980 neu eingefügte Ausnahme berücksichtigt die inzwischen erfolgte **internationale Rechtsvereinheitlichung,** die eine nochmalige Prüfung überflüssig erscheinen lässt.

**b) Wissenschaftliche Einrichtungen usw.** (vgl. die ähnliche Regelung in § 4 6 Abs. 1 Nr. 3 Buchst. a). Nach der (früheren) Entwurfsbegründung verfügen die mit den Versuchen über das Ausmaß der experimentellen Beanspruchung von Feuerwaffen befassten Laboratorien selbst über die erforderlichen beschusstechnischen Kenntnisse und Erfahrungen, so dass es nicht erforderlich ist, die für diese Stellen hergestellte und ihnen überlassene Munition noch der Zulassung zu unterwerfen. Die Freistellung ist allerdings, wie ausdrücklich hervorzuheben ist, auf die zu Prüf-, Mess- oder Forschungszwecken hergestellte oder zu diesem Zweck überlassene Munition beschränkt. Das Waffenrechtsneuregelungsgesetz hat diese Regelung in mehrfacher Weise erweitert. Zum einen sind in die Ausnahmeregelungen gewerbliche Einführer von Munition, Händler und behördlich anerkannte Sachverständige einbezogen worden, soweit es sich um Munition in geringer Menge handelt; diese benötigen die Munition auch für die genannten Zwecke (Begr. BT-Drucks. 14/7758 S. 97). Schließlich ist gegen Ende des Gesetzgebungsverfahrens auch noch der Passus über die Munitionssammlungen (§ 17 Abs. 1 WaffG) in die Ausnahmeregelung aufgenommen worden. Bei den von Munitionssammlern zu erwerbenden Stücken handelt es sich häufig um Munition, die zB wegen ihres Herstellungsdatums keiner Zulassung unterliegen kann. Sie sind aber, manchmal als komplette Sammlungen, im Handel, so dass es der Freistellung bedarf (Begr. BT-Drucks. 14/8886 S. 121).

**6. Versagung der Zulassung (Absatz 3 Satz 1).** Zwingende Versagungsgründe 7 sind in den Nrn. 1 bis 3 aufgeführt (vgl. § 25 Abs. 2 Satz 1 Nr. 1 bis 3 WaffG aF). Die Zulassungsprüfung (hierzu § 29 BeschussV) erstreckt sich nach **Satz 2** (so schon § 25 Abs. 2 Satz 2 WaffG aF) nicht darauf, ob die Kontrolleinrichtungen und das zugehörige Personal vorhanden sind, wenn die Überwachung der Herstellung bereits behördlicherseits erfolgt. Für die Prüfung der Munition und die hierbei zugrunde zu legenden Maßstäbe gelten die §§ 26 ff., insbesondere 28 ff. BeschussV und die Anlage III hierzu; bis zu deren Inkrafttreten war auf die §§ 19 ff. der 3. WaffV aF zurückzugreifen, die gem. § 22 Abs. 6 bis zum Erlass der Beschussverordnung weiter „sinngemäß" anzuwenden waren.

# 5 BeschG § 12

8   **7. Zuwiderhandlung.** Gewerbsmäßiges Vertreiben oder Überlassen von nicht zugelassener Munition an andere ist ordnungswidrig nach § 21 Abs. 1 Nr. 5.

## Überlassen und Verwenden beschuss- oder zulassungspflichtiger Gegenstände

**12** (1) **Feuerwaffen, Böller und höchstbeanspruchte Teile, die nach § 3 der Beschusspflicht unterliegen, dürfen anderen nur überlassen oder zum Schießen nur verwendet werden, wenn sie das amtliche Beschusszeichen tragen. Dies gilt nicht für das Überlassen dieser Gegenstände, wenn die zuständige Behörde bescheinigt, dass die amtliche Prüfung nicht durchgeführt werden kann.**

(2) **Schusswaffen, Geräte, Einsätze, Einsteckläufe und Munition, die nach §§ 7 bis 11 der Prüfung oder der Zulassung unterliegen, dürfen gewerbsmäßig anderen nur überlassen werden, wenn sie das vorgeschriebene Prüf- oder Zulassungszeichen tragen und, im Falle des § 10 Abs. 2, die Verwendungshinweise angebracht sind.**

1   **1. Allgemeines.** Die Vorschrift ist ohne direktes Vorbild im bisherigen Recht. Sie hat zwei verschiedene „Wurzeln": zum einen § 16 Abs. 3 WaffG aF (der weitgehend dem § 29 Abs. 1 BWaffG 1968 entsprach) für Absatz 1 (Beschusspflicht), zum anderen für Schusswaffen usw., die der Bauartzulassung (§§ 7, 8 und 10) unterliegen, § 24 WaffG aF für Absatz 2. Die Bestimmung in Absatz 1 soll sicherstellen, dass einzelbeschusspflichtige Waffen amtlich geprüft sind (§ 5), bevor sie in den Verkehr gelangen. Zum „Überlassen" vgl. § 1 WaffG Rdn. 43, wobei es, wie auch sonst im Rahmen der Vorschrift nicht darauf ankommt, ob das Überlassen gewerbsmäßig (wie meist) oder (ausnahmsweise) nicht gewerbsmäßig geschieht. Über die Bestimmungen des früheren Beschussrechts und auch über § 29 Abs. 1 BWaffG 1968 hinausgehend schrieb schon § 16 Abs. 3 Satz 1 WaffG aF im Interesse des Schützen auch vor, dass die Feuerwaffen usw. auch zum **Schießen** nur verwendet werden dürfen, wenn sie das amtl. Beschusszeichen tragen. Damit ergibt sich für alle zu Jagd-, Sport- oder anderen Zwecken verwendeten Schusswaffen eine lückenlose Beschusskontrolle. Das Beschusszeichen enthält nach § 9 Abs. 1 und 2 der BeschussV den in der Anlage II hierzu dargestellten Bundesadler. Aus der Begründung zur Neufassung der Vorschrift: „Durch sie soll verhindert werden, dass nicht geprüfte Waffen in Verkehr kommen oder aus ihnen geschossen wird. Das Überlassen war getrennt in den bisherigen § 16 Abs. 3 und § 24 des Waffengesetzes geregelt. Aus systematischen Gründen und zur besseren Übersicht wurden die Regelungen zusammengeführt. Die Neufassung berücksichtigt die Einbeziehung der durch § 3 des Entwurfs der Beschusspflicht neu unterworfenen Gegenstände. Die Ergänzung des Absatzes 2 um den Aspekt der Prüfung trägt der Einführung dieses Instituts in § 9 Rechnung" (Begr. BT-Drucks. 14/7758 S. 97).

2   **2. Erfasste Gegenstände (Absatz 1 Satz 1).** Es sind diejenigen, die nach § 3 der Verpflichtung zum Einzelbeschuss unterliegen. Auf § 3 Rdn. 3 wird Bezug genommen. Zusätzlich ist jeweils zu prüfen, ob im Einzelfall eine Ausnahme von der Beschusspflicht (§ 4) gegeben ist.

3   **3. Untersagte Tätigkeiten (Absatz 1 Satz 1).** Das Gesetz nennt das Überlassen an andere (§ 1 WaffG Rdn. 43; § 34 WaffG und Anm. hierzu) und die Verwendung zum Schießen; zu letzterem erübrigt sich eine Erläuterung.

Ausnahmen in Einzelfällen **§ 13 BeschG 5**

**4. Ausnahmsweises Überlassen ohne Beschusszeichen (Absatz 1 Satz 2).** Die 4
bisher hierzu geltende Bestimmung (§ 16 Abs. 3 Satz 2 WaffG aF), war bei der Abänderung des WaffG iJ 1976 angefügt worden. Sie stimmte im wesentlichen mit § 8 Abs. 2 der 3. WaffV aF überein. Hierdurch werden insbesondere **historische** Waffen, bei denen eine Beschussprüfung ohne Beschädigung oder Zerstörung der Waffe nicht durchgeführt werden kann bzw. die nicht beschossen werden können, von dem Verbot, sie ohne Beschusszeichen anderen zu überlassen, freigestellt, wenn die zuständige Behörde (Beschussamt) eine entsprechende Bescheinigung (§ 10 Abs. 2 BeschussV) erteilt.

**5. Erfordernis des Prüf- oder Zulassungszeichens (Absatz 2).** Dieses Zeichen 5
ist jeweils die Bescheinigung dafür, dass der der Bauartzulasssung, sonstigen Zulassung oder Prüfung unterliegende Gegenstand (§§ 7 bis 11) nach Durchlaufen der amtlichen Prüfung nicht zu beanstanden ist. Die Vorschrift entspricht § 24 WaffG aF. Zusätzlich ist nach der Neuregelung durch das Waffenrechtsneuregelungsgesetz im Falle des § 10 Abs. 2 bei pyrotechnischer Munition noch der angebrachte Verwendungshinweis erforderlich. Wie schon § 24 WaffG aF, der wiederum auf § 29 Abs. 2 BWaffG 1968 zurück ging, soll die Vorschrift sicherstellen, dass nur solche im Gesetzestext angeführten Gegenstände in den Verkehr gebracht werden, die das vorgeschriebene Zulassungszeichen tragen. Wegen Gewerbsmäßigkeit, die – im Gegensatz zu Absatz 1 – hier erforderlich ist, s. § 21 WaffG Rdn. 2 f., wegen Überlassens § 34 WaffG und § 1 WaffG Rdn. 43. Nach § 20 BeschussV hat die Zulassungsbehörde (Bundesanstalt) dem Zulassungsinhaber die Verwendung eines Zulassungszeichens vorzuschreiben, dessen Form sich aus der Anlage II Abb. 5, 6 oder 7 zur BeschussV ergibt und das außerdem eine Kennnummer enthält. Gem. § 20 Abs. 3 BeschussV ist das Zulassungszeichen in dauerhafter Form deutlich sichtbar auf jedem nachgebauten Stück anzubringen. Einen Sonderfall bildet die Prüfung und Zulassung nach § 9 Abs. 1 (vgl. die dort. Anm.).

**6. Zuwiderhandlung.** Der Verstoß sowohl gegen Absatz 1 als auch derjenige ge- 6
gen Absatz 2 ist Ordnungswidrigkeit nach § 21 Abs. 1 Nr. 6.

## Ausnahmen in Einzelfällen

**13** Die für die Zulassung jeweils zuständige Behörde kann im Einzelfall Ausnahmen von dem Erfordernis der Prüfung und Zulassung nach § 7 Abs. 1, § 8 Abs. 1, § 9 Abs. 1, § 10 Abs. 1 oder § 11 Abs. 1 bewilligen oder Abweichungen von den Versagungsgründen des § 7 Abs. 3 oder 4, des § 8 Abs. 2 oder 3, des § 10 Abs. 3 Nr. 2 bis 4 oder des § 11 Abs. 3 Satz 1 Nr. 3 zulassen, wenn öffentliche Interessen nicht entgegenstehen.

**1. Allgemeines.** Das Waffenrechtsneuregelungsgesetz hat die bisher in mehreren 1
verschiedenen Vorschriften geregelten Fälle der Ausnahmebewilligung im Einzelfall (§§ 21 Abs. 6, 22 Abs. 4, 23 Abs. 4, § 25 Abs. 5 WaffG aF) in einer Vorschrift zusammengefasst und zusätzlich die in § 9 genannten Geräte einbezogen. Durch die Nichterwähnung von § 10 Abs. 3 Nr. 1 wird zum Ausdruck gebracht, dass die Sicherheit von Leib, Leben oder Sachgütern des Benutzers und von Dritten nicht disponibel ist. „Im Interesse der Vereinheitlichung ist dabei auf die beispielhafte Aufführung des Verbringens aus dem Geltungsbereich des Gesetzes im bishe-

# 5 BeschG § 13

Beschussgesetz

rigen § 22 Abs. 4 des Waffengesetzes verzichtet worden; eine materielle Änderung tritt hierdurch nicht ein" (Begr. BT-Drucks. 14/7758 S. 97). Die Vorschriften über die Beschusspflicht enthalten neben § 4 keine Regelung über Ausnahmen im Einzelfall.

**2**    **2. Bewilligungszuständigkeit.** Während die materiell-rechtliche Regelung vereinheitlicht worden ist, bestehen hinsichtlich der Zuständigkeit für die Bewilligung von Ausnahmen im Einzelfall naturgemäß die Unterschiede fort. In Abweichung von der Regelung in § 26 Abs. 5 BWaffG 1968 war schon nach § 21 Abs. 6 WaffG aF die Zulassung von Ausnahmen, die nicht generell, sondern immer nur im Einzelfall durch Verwaltungsakt bewilligt werden durften, nicht mehr der nach Landesrecht zuständigen Behörde, sondern der Physikalisch-Technischen Bundesanstalt in Braunschweig überlassen worden, um eine einheitliche Handhabung bei der Bewilligung von Ausnahmen zu gewährleisten (BT-Drucks. VI/2678 S. 28). Während der Ausschussberatung wurde der Bundesanstalt auch die Befugnis eingeräumt, von den Versagungsgründen nach § 21 Abs. 3 oder Abs. 4 WaffG aF (jetzt: § 7 Abs. 3 und 4 BeschG) Abweichungen bei nicht entgegenstehenden öffentlichen Interessen zuzulassen. Nach dem Ausschussbericht (zu BT-Drucks. VI/3566 S. 5) war die betreffende Ergänzung erforderlich, „weil in Einzelfällen damit gerechnet werden muss, dass neu entwickelte Geräte auf den Markt kommen, die in bezug auf die Gefährdung des Schützen oder der Umgebung dem Sinne nach den im Gesetz geforderten Voraussetzungen entsprechen, bei denen aber die Konstruktion so beschaffen ist, dass einer der im Gesetz festgelegten Versagungsgründe vorliegt." Abweichungen konnten insbesondere hinsichtlich der Vorschriften über die Handhabungssicherheit (jetzt: Funktionssicherheit) notwendig werden. Zur Bewilligung von Ausnahmen sind – quasi spiegelbildlich – jeweils die Stellen berufen, die für die Zulassung oder Prüfung selbst zuständig sind. Klarheit in diesem Punkt erreicht man durch einen Blick in § 20 Abs. 2 und 3. Danach sind nach § 20 Abs. 2 für die Beschussprüfung, die Zulassung von Munition, für Kontrollen, Anordnungen und Untersagungen für Munition die Landesbehörden (20 Absatz 1) zuständig, bei der ein Gegenstand zur Beschussprüfung vorgelegt wird oder bei der eine Zulassung oder Kontrolle beantragt wird. Für die Zulassung der in den §§ 7 und 8 und die Prüfung der in § 9 Abs. 2 und 4 bezeichneten Schusswaffen und technischen Gegenstände ist die Physikalisch-Technische Bundesanstalt (PTB), für die Prüfung und Zulassung der in § 10 bezeichneten pyrotechnischen Munition ist die Bundesanstalt für Materialforschung und -prüfung (BAM) zuständig (§ 20 Abs. 2). Vgl. ferner § 19 Abs. 1 BeschussV hinsichtlich der Anträge nach § 9 Abs. 1 und 5.

**3**    **3. Ausnahmebewilligungen.** Bewilligungsmaßstab ist allein die **Wahrung öffentlicher Interessen.** Stehen diese bei Abwägung aller Interessen und Umstände des Einzelfalls der Gewährung einer Ausnahme nicht entgegen, kann durch Verwaltungsakt eine Ausnahmebewilligung erteilt werden (vgl. auch § 40 Abs. 4 Satz 2 WaffG zu Ausnahmebewilligungen durch das BKA). Die Bewilligung von Ausnahmen kam zB bei Waffen nach § 22 WaffG aF (§ 8 BeschG) in Betracht, bei denen Geschosse vor Patronenmunition oder vorgeladene Geschosse zwar die Schusswaffe verlassen können, bei denen aber ihrer Konstruktion nach sichergestellt ist, dass nur ganz bestimmte Geschosse verschossen werden können, wenn durch Vergleichsmessungen erwiesen ist, dass die Energie der auftreffenden Geschosse oder Geschossteile nicht höher liegt als bei einem Einzelgeschoss mit einem Durchmesser von 7 mm und einer Bewegungsenergie von 7,5 J, in einer Entfernung von 1 m von der Mündung gemessen (vgl. Nr. 22.2 WaffVwV aF).

Ermächtigungen **§ 14 BeschG 5**

**Ermächtigungen**

**14** (1) **Das Bundesministerium des Innern wird ermächtigt, zur Durchführung der §§ 3, 5 und 6 durch Rechtsverordnung mit Zustimmung des Bundesrates Vorschriften zu erlassen über**

1. die Maße für das Patronen- und Kartuschenlager, den Übergang, die Feld- und Zugdurchmesser oder den Laufquerschnitt, den Laufinnendurchmesser und den Verschlussabstand (Maßtafeln), höchstzulässige Gebrauchsgasdrücke, Höchst- und Mindestenergien sowie die Bezeichnung der Munition und Treibladungen,
2. die Art und Durchführung der Beschussprüfung, die Gegenstände und Messmethoden sowie das Verfahren für diese Prüfung,
3. die Art, Form und Aufbringung der Prüfzeichen,
4. die Einführung einer freiwilligen Beschussprüfung für Feuerwaffen,
5. die Einbeziehung weiterer Teile von Feuerwaffen in die Beschussprüfung.

(2) Das Bundesministerium des Innern wird ermächtigt, durch Rechtsverordnung mit Zustimmung des Bundesrates zur Durchführung der §§ 7 bis 11

1. zu bestimmen, welche technischen Anforderungen
   a) an die Bauart einer Feuerwaffe oder eines Einstecklaufes nach § 7 Abs. 1 oder § 8 Abs. 2 und 3,
   b) an einen Gegenstand nach § 9 Abs. 1 und 2,
   c) an die Zusammensetzung, Beschaffenheit, die Maße und den höchsten Gebrauchsgasdruck von pyrotechnischer Munition nach § 10 Abs. 1 und 3 Nr. 2 und
   d) an die Beschaffenheit der Prüfgeräte für Patronen- und Kartuschenmunition und Treibladungen nach § 11 Abs. 1
   sowie welche Anforderungen an die Bezeichnung dieser Gegenstände zu stellen sind,
2. die Art und Durchführung der Zulassungsprüfungen und das Verfahren für die Prüfung und Zulassung zu regeln,
3. vorzuschreiben
   a) periodische Kontrollen für Munition nach § 11 Abs. 1,
   b) Kontrollen für Schussapparate und Einsteckläufe
   sowie das Verfahren für diese Kontrollen zu regeln,
4. weitere Feuerwaffen oder Einsteckläufe in die Bauartprüfung und -zulassung einzubeziehen,
5. Vorschriften zu erlassen über
   a) die Verpflichtung zur Aufbringung eines Zulassungszeichens sowie dessen Art und Form,
   b) die Verpflichtung von Personen, die Munition im Sinne von § 11 Abs. 1 herstellen oder in den Geltungsbereich dieses Gesetzes verbringen, zur Durchführung von Fabrikationskontrollen,
   c) Inhalt, Führung, Aufbewahrung und Vorlage von Aufzeichnungen über die in Buchstabe b genannten Kontrollen,

# 5 BeschG § 14

Beschussgesetz

d) die Anordnung einer Kontrolle und die Untersagung des weiteren Vertriebs von
   aa) zugelassener Munition nach § 11 Abs. 1 durch die zuständige Behörde und
   bb) zugelassenen Feuerwaffen, Schussapparaten, Einstecksläufen und Einsätzen durch die Physikalisch-Technische Bundesanstalt,
   wenn diese Gegenstände nicht den vorgeschriebenen Anforderungen entsprechen,
e) Ausnahmen von der Zulassung, der Fabrikationskontrolle und der periodischen Kontrolle von Treibladungen nach § 11 Abs. 1, wiedergeladener Munition, Beschussmunition und von Munitionstypen, die für besondere Zwecke oder bestimmte Empfänger hergestellt oder in den Geltungsbereich dieses Gesetzes verbracht werden,
f) Anforderungen an den Vertrieb und das Überlassen der in Buchstabe e bezeichneten Munition,
g) die Durchführung von Wiederholungsprüfungen für Schussapparate und Böller, die Unterhaltung von Einrichtungen zur Durchführung dieser Prüfungen, die Aufbringung eines Prüfzeichens und dessen Art und Form sowie die Beifügung einer von der Physikalisch-Technischen Bundesanstalt gebilligten Betriebsanleitung.

Soweit die Rechtsverordnung Schussapparate betrifft, ergeht sie im Einvernehmen mit dem Bundesministerium für Wirtschaft und Arbeit.

(3) Das Bundesministerium des Innern wird ermächtigt, durch Rechtsverordnung mit Zustimmung des Bundesrates zur Abwehr von Gefahren für Leben oder Gesundheit von Menschen die zulässigen höchsten normalen und überhöhten Gebrauchsgasdrücke, die Mindestgasdrücke, die Höchst- und Mindestenergien und die Bezeichnung der Munition und der Treibladungen nach § 11 Abs. 1 festzulegen. Munition, die auf Grund ihrer Beschaffenheit eine schwere gesundheitliche Schädigung herbeiführt, die über die mit der üblichen mechanischen Wirkung verbundene Schädigung hinausgeht, sowie Reiz- und Wirkstoffe, die anhaltende gesundheitliche Schäden verursachen, dürfen nicht zugelassen werden.

(4) Das Bundesministerium des Innern wird ermächtigt, durch Rechtsverordnung mit Zustimmung des Bundesrates zur Abwehr von Gefahren für Leben oder Gesundheit von Menschen vorzuschreiben, dass bei der Verbringung in den Geltungsbereich dieses Gesetzes oder bei der Herstellung von

1. Schusswaffen,
2. Gegenständen, die aus wesentlichen Teilen von Schusswaffen hergestellt werden, oder
3. Munition

Anzeigen zu erstatten und den Anzeigen bestimmte Unterlagen oder Muster der bezeichneten Gegenstände beizufügen sind.

Ermächtigungen **§ 14 BeschG 5**

(5) Das Bundesministerium des Innern wird ermächtigt, durch Rechtsverordnung mit Zustimmung des Bundesrates zur Abwehr von Gefahren für Leben oder Gesundheit von Menschen vorzuschreiben, dass

1. Munition und Geschosse in bestimmter Weise zu verpacken und zu lagern sind und
2. deren Bestandteile oder Ausgangsstoffe nur unter bestimmten Voraussetzungen vertrieben und anderen überlassen werden dürfen.

(6) Das Bundesministerium des Innern wird ermächtigt, durch Rechtsverordnung mit Zustimmung des Bundesrates zur Abwehr von Gefahren für Leben oder Gesundheit des Menschen Vorschriften über

1. Gegenstände im Sinne von Anlage 1 Abschnitt 1 Unterabschnitt 2 Nr. 1.2.1, 1.2.2 und 2.2.1 zum Waffengesetz und über die Beschaffenheit und die Kennzeichnung von Geschossen, Kartuschenmunition oder sonstigen Gegenständen mit Reizstoffen und
2. die Zusammensetzung und höchstzulässige Menge von Reizstoffen im Sinne von Anlage 1 Abschnitt 1 Unterabschnitt 2 Nr. 1.2.2 zum Waffengesetz

zu erlassen und die für die Prüfung zuständige Stelle zu bestimmen.

**1. Allgemeines.** Die Vorschrift fasst die beschussrechtlichen Ermächtigungen 1
zum Erlass von Rechtsverordnungen der §§ 20, 25 Abs. 3 und § 26 WaffG aF zur besseren Übersicht und leichteren Lesbarkeit des Gesetzes an einer Stelle zusammen (Begr. BT-Drucks. 14/7758 S. 97). Dadurch ist ein monströses Paragraphengebilde entstanden, das durch den Erlass des untergesetzlichen Regelwerks in Gestalt der **Beschussverordnung** vom 13. 7. 2006 (BGBl. I 1474) mit Leben erfüllt worden ist. Die Ermächtigungen sind am 17. 10. 2002, dem Tag nach der Verkündung des WaffRNeuRegG, in Kraft getreten (Art. 19 Nr. 1 WaffRNeuRegG).

**2. Ermächtigungen.** Aus der Entwurfsbegründung (aaO S. 97/98): „Die Verord- 2
nungsermächtigungen sind notwendig, um zeitnah auf die technische Entwicklung bei Schusswaffen und Munition reagieren zu können. Die Maßtafeln nach Absatz 1 Nr. 1 unterliegen einer fortwährenden Veränderung. Sie werden daher in regelmäßigen Abständen überarbeitet und in ihrer Neufassung im Bundesanzeiger veröffentlicht. Es ist geplant, anstelle der Dritten Verordnung zum Waffengesetz eine Beschussverordnung zu erlassen. In ihr und in den dazu gehörigen Anlagen werden die technischen Einzelheiten der Beschussprüfung und das Verwaltungsverfahren geregelt werden."[*]

Gegenüber dem bisherigen Recht sieht die Vorschrift im Wesentlichen folgende 3
Änderungen vor: § 26 Abs. 1 Satz 1 Nr. 5 Buchstabe e der alten Fassung des Waffengesetzes wurde gestrichen. Die Kleinmengenregelung war nicht CIP-konform. Sie ist bereits durch die Zweite Verordnung zur Änderung waffenrechtlicher Verordnungen vom 10. Januar 2000 (BGBl. 1 S. 38) in der Dritten Verordnung zum Waffengesetz gestrichen worden (vgl. § 29 Abs. 1) und wurde nicht mehr angewandt. Ergänzend zu einzelnen Bestimmungen folgende Erläuterungen:

**Zu Absatz 2:** 4
Hier wurden zur besseren Lesbarkeit und damit zur Verdeutlichung des Regelungsprogramms im Einzelnen die im bisherigen Recht sehr komprimierten Regelungen

---

[*] Vgl. die „Allgemeine Verordnung zum Beschussgesetz (BeschussV) vom 13. 7. 2006 (BGBl. I 1474), abgedruckt unter **Nr. 6**.

# 5 BeschG § 14

durch Untergliederung aufgelockert. Die Ermächtigungen in Satz 1 Nr. 1 und 2 wurden auf die in § 9 erfassten Geräte, die weder dem Einzelbeschuss noch der Bauartzulassung unterliegen, erstreckt. Satz 1 Nr. 3 Buchstabe b, Nr. 5 Buchstabe d und e in Verbindung mit § 20 Abs. 3 sieht die Zuständigkeit der Physikalisch-Technischen Bundesanstalt für periodische Kontrollen von zugelassenen Feuerwaffen, Schussapparaten, Einsteckläufen und Einsätzen vor, da sie bereits für die Zulassung dieser Gegenstände zuständig ist. Da nur fünf Bundesländer über eigene Beschussämter verfügen, könnten die in anderen Bundesländern ansässigen Hersteller und Importeure bei einer nicht zentralisierten Lösung nicht ohne Weiteres zur Durchführung von Wiederholungsprüfungen verpflichtet werden; hierzu bedürfte es vielmehr eines besonderen Abkommens zwischen den Ländern. Außerdem ist es von der Sache her geboten, die Prüfungen von der Stelle vornehmen zu lassen, die auch die Zulassung ausgesprochen haben. Um den Verwaltungsaufwand bei der Physikalisch-Technischen Bundesanstalt möglichst gering zu halten, sollen die Hersteller und Importeure verpflichtet werden, Prüfstücke in der erforderlichen Anzahl bei der Behörde einzureichen.

**5** **Zu Absatz 4:**
Die Vorschrift wurde aus § 15 Abs. 1 Nr. 6 des bisherigen Waffengesetzes übernommen. Anzeigepflichten für Nachbildungen von Schusswaffen sind nicht mehr vorgesehen.

**Zu Absatz 5:**
Die Vorschrift bildet die Rechtsgrundlage zum Erlass für Vorschriften zur Lagerung von Munition und deren Ausgangsstoffen wie z. B. Schwarzpulver.

**Zu Absatz 6:**
Die Regelung war bisher enthalten in § 6 Abs. 4 Nr. 4 des Waffengesetzes. Für Elektroschockgeräte wird die Überprüfungsmöglichkeit durch die zuständige Behörde neu eingeführt. Hiermit wird eine Regelungslücke des bisherigen Waffenrechts geschlossen. Aus Gründen der Verwendersicherheit ist dies unumgänglich".

**6** Von den Ermächtigungsgrundlagen ist in der Allgemeinen Verordnung zum BeschussG – BeschussV – (abgedruckt unter **Nr. 6**) wie folgt Gebrauch gemacht worden:

Es beruhen auf:

| | | | | |
|---|---|---|---|---|
| Absatz 1 | Nr. 1 | | | § 26 (jeweils BeschussV) |
| | Nr. 2 | | | §§ 1 bis 8 und 10 |
| | Nr. 3 | | | §§ 9 und 33 |
| | Nr. 4 | | | § 6 |
| | Nr. 5 | | | § 1 |
| Absatz 2 | Satz 1 | Nr. 1 | Buchst. a und b | § 11 |
| | | | Buchst. c | § 14 |
| | | | letzter Halbs. | § 12 |
| | | Nr. 2 | | §§ 18, 19, 21, 29 bis 31, 32, 36 |
| | | Nr. 5 | Buchst. a | §§ 17 und 20 |
| | | | Buchst. b | § 34 |
| | | | Buchst. d | §§ 23, 31, 33 und 35 |
| | | | Buchst. e | § 37 |
| | | | Buchst. g | §§ 13, 22, 24 und 25 |
| Absatz 3 | | | | § 27 |
| Absatz 5 | Nr. 1 | | | §§ 38 bis 40 |
| Absatz 6 | Nr. 1 | | | § 16 |
| | Nr. 2 | | | § 15 |

## Abschnitt 3. Sonstige beschussrechtliche Vorschriften

### Beschussrat

**15** Das Bundesministerium des Innern wird ermächtigt, durch Rechtsverordnung mit Zustimmung des Bundesrates einen Ausschuss (Beschussrat) zu bilden, der es in technischen Fragen berät. In den Ausschuss sind neben den Vertretern der beteiligten Bundes- und Landesbehörden Vertreter von Fachinstituten und Normungsstellen, sowie Vertreter der Wirtschaft nach Anhörung der Spitzenorganisationen der beteiligten Wirtschaftskreise und Vertreter sonstiger fachkundiger Verbände, die keine wirtschaftlichen Interessen verfolgen, zu berufen.

**Beschussrat.** Die Vorschrift ist aus § 26 Abs. 3 WaffG aF hervorgegangen. Ein solcher Beschussrat war schon auf Grund von § 19 Abs. 2 des BeschG 1939 gebildet worden. Seine Einrichtung hat sich als zweckmäßig erwiesen, da bei der Durchführung von Waffengesetzen und Beschussgesetzen zahlreiche **technische** Fragen auftreten, bei deren Beurteilung der Sachverstand von Vertretern der Länder (der Beschussämter), der technischen Fachinstitute, der Normungsstellen, der Berufsgenossenschaften und der Waffengewerbetreibenden nutzbar gemacht werden sollte. Die Zusammensetzung des Beschussrates und die Berufung seiner Mitglieder regelt § 41 BeschussV. Nach Satz 2 sind in den Ausschuss auch Vertreter sonstiger fachkundiger Verbände, die keine wirtschaftlichen Interessen verfolgen, zu berufen. Die Begründung führt hierzu aus (BT-Drucks. 14/8886 S. 121), dass hiermit zB die ECRA (European Cartridge Research Association) mit ihrer deutschsprachigen Sektion „Patronensammler-Vereinigung e. V.) gemeint ist. Dies ist indessen nicht realisiert worden. Die Ermächtigungen sind am 17. 10. 2002, dem Tag nach der Verkündung des WaffRNeuRegG, in Kraft getreten (Art. 19 Nr. 1 WaffRNeuRegG). Auf ihnen beruht § 41 BeschussV.

### Kosten

**16** (1) Für Amtshandlungen, Prüfungen und Untersuchungen nach diesem Gesetz und nach den auf diesem Gesetz beruhenden Rechtsvorschriften werden Kosten (Gebühren und Auslagen) erhoben. Das Verwaltungskostengesetz vom 23. Juni 1970 (BGBl. I S. 821), zuletzt geändert durch Artikel 4 des Gesetzes vom 5. Oktober 1994 (BGBl. I S. 2911), findet in der jeweils geltenden Fassung Anwendung.

(2) Das Bundesministerium des Innern wird ermächtigt, durch Rechtsverordnung mit Zustimmung des Bundesrates die gebührenpflichtigen Tatbestände näher zu bestimmen und dabei feste Sätze oder Rahmensätze vorzusehen. Die Gebührensätze sind so zu bemessen, dass der mit der Amtshandlung, Prüfung oder Untersuchung verbundene Personal- und Sachaufwand gedeckt wird; bei begünstigenden Amtshandlungen kann daneben die Bedeutung, der wirtschaftliche Wert oder der sonstige Nutzen für den Gebührenschuldner angemessen berücksichtigt werden.

# 5 BeschG § 17

Beschussgesetz

(3) **In der Rechtsverordnung nach Absatz 2 kann bestimmt werden, dass die für die Prüfung oder Untersuchung zulässige Gebühr auch erhoben werden darf, wenn die Prüfung oder Untersuchung ohne Verschulden der prüfenden oder untersuchenden Stelle und ohne ausreichende Entschuldigung des Antragstellers am festgesetzten Termin nicht stattfinden konnte oder abgebrochen werden musste. In der Rechtsverordnung können ferner die Kostenbefreiung, die Kostengläubigerschaft, die Kostenschuldnerschaft, der Umfang der zu erstattenden Auslagen und die Kostenerhebung abweichend von den Vorschriften des Verwaltungskostengesetzes geregelt werden.**

Die Ausgliederung des Beschussrechts aus dem WaffG hat auch zur Folge, dass die waffenrechtliche Bestimmung über Kosten in § 50 WaffG nF und die Kostenverordnung zum WaffG nicht für das Beschussgesetz gelten können. Es wird insoweit eine eigene „**Kostenverordnung zum Beschussgesetz**" ergehen. Die Ermächtigungen sind am 17. 10. 2002, dem Tag nach der Verkündung des WaffRNeuRegG, in Kraft getreten (Art. 19 Nr. 1 WaffRNeuRegG). Für die Zeit bis zu deren Inkrafttreten ist nach § 22 Abs. 7 die Kostenverordnung zum Waffengesetz idF der Bek. vom 20. 4. 1990 (BGBl. I 780), zuletzt geändert durch VO vom 10. 1. 2000 (BGBl. I 38), „sinngemäß" anzuwenden. Nach der Begründung des Gesetzentwurfs (BT-Drucks. 14/7758 S. 98) ist eine Änderung dieser Gebühren zur Zeit nicht vorgesehen.

**Auskunftspflichten und besondere behördliche Befugnisse im Rahmen der Überwachung**

**17** (1) **Wer mit Gegenständen im Sinne dieses Gesetzes umgeht, insbesondere die Herstellung und den Vertrieb von diesen Gegenständen betreibt, hat der zuständigen Behörde auf Verlangen die für die Überwachung erforderlichen Auskünfte zu erteilen. Auskunftspflichtige Personen können die Auskunft auf solche Fragen verweigern, deren Beantwortung sie selbst oder einen ihrer in § 383 Abs. 1 Nr. 1 bis 3 der Zivilprozessordnung bezeichneten Angehörigen der Gefahr der Verfolgung wegen einer Straftat oder einer Ordnungswidrigkeit aussetzen würde.**

(2) **Die mit der Überwachung beauftragten Personen sind befugt,**
1. **zu den Betriebs- und Geschäftszeiten die der Herstellung oder dem Vertrieb dieser Gegenstände dienenden Grundstücke, Betriebsanlagen und Geschäftsräume zu betreten und zu besichtigen,**
2. **alle zur Erfüllung ihrer Aufgaben erforderlichen Prüfungen einschließlich der Entnahme von Proben durchzuführen,**
3. **die zur Erfüllung ihrer Aufgaben erforderlichen Unterlagen einzusehen und hieraus Ablichtungen oder Abschriften zu fertigen.**

**Zur Verhütung dringender Gefahren für die öffentliche Sicherheit und Ordnung können Maßnahmen nach Satz 1 auch in Wohnräumen und zu jeder Tages- und Nachtzeit getroffen werden. Der Betreiber ist verpflichtet, Maßnahmen nach Satz 1 Nr. 1 und 2 und nach Satz 2 zu dulden, die mit der Überwachung beauftragten Personen zu unter-**

Auskunftspflichten  **§ 17 BeschG 5**

stützen, soweit dies zur Erfüllung ihrer Aufgaben erforderlich ist, sowie die erforderlichen Geschäftsunterlagen auf Verlangen vorzulegen. **Das Grundrecht der Unverletzlichkeit der Wohnung (Artikel 13 des Grundgesetzes) wird insoweit eingeschränkt.**

(3) **Aus begründetem Anlass kann die zuständige Behörde anordnen, dass der Inhaber der tatsächlichen Gewalt über einen diesem Gesetz unterliegenden Gegenstand ihr diesen binnen angemessener, von ihr zu bestimmender Frist zur Prüfung vorzeigt.**

**1. Allgemeines.** Das Waffenrechtsneuregelungsgesetz, das die **Vereinfachung** 1 des Waffenrechts „auf seine Fahnen geschrieben" hat, muss infolge der Ausgliederung des Beschussrechts aus dem WaffG außer beim Kostenrecht (§ 16) auch bei den Überwachungsvorschriften vorher nicht erforderliche **Doppelregelungen** in Kauf nehmen. So entspricht die vorliegende Vorschrift – mutatis mutandis – inhaltlich weitestgehend dem § 39 WaffG nF, so dass auf die Erläuterungen zu dieser Vorschrift Bezug genommen werden kann. Lediglich bei den Mitwirkungspflichten des Betroffenen bei der Überwachung ist die beschussrechtliche Regelung, vor allem im Blick auf die Bußgeldbewehrung einzelner Verhaltensweisen, etwas präziser ausgefallen (Duldungspflicht in Absatz 2 Satz 3 im Hinblick auf § 21 Abs. 1 Nr. 8).

**2. Entstehungsgeschichte.** Die Vorschrift hat – wie § 39 WaffG – ihr Vorbild in 2 § 46 WaffG aF. Sie wurde in den wesentlichen Zügen übernommen. Vorschriften des gleichen Inhalts sind in zahlreichen anderen Nebengesetzen enthalten (vgl. § 14 Abs. 3 Nr. 1 KWKG, § 40 KrW-/AbfG, § 21 WHG, § 52 BImSchG und § 31 SprengG). Hiernach sind die zur Überwachung der ordnungsgemäßen Durchführung des Gesetzes erforderlichen **Auskünfte** zu erteilen. Gegenüber der früher einschlägigen Vorschrift in § 17 BWaffG 1968 ist der persönliche Anwendungsbereich schon in § 46 WaffG aF erweitert und die Überwachung auch auf den außergewerblichen Bereich ausgedehnt worden. Die Befugnis der Kontrollorgane, zur Abwehr oder – wie hier präventiv – zur „Verhütung" dringender Gefahren auch die Wohnräume betreten zu dürfen, wurde ausdrücklich im Gesetz bestätigt. Ebenso wurde eine Bestimmung über die Vorzeigepflicht (§ 46 Absatz 3 WaffG aF) in das Gesetz aufgenommen (Absatz 3).

Auskünfte, die einer allgemeinen **Ausforschung** dienen und die nicht mit der Einhaltung der beschuss- oder waffenrechtlichen Vorschriften durch den Auskunftspflichtigen in Zusammenhang stehen, dürfen nicht verlangt werden (vgl. Nr. 46.1 letzter Satz WaffVwV aF). Insgesamt gesehen haben sich die Auskünfte auf alle Vorfälle zu erstrecken, die unter die Vorschriften des Beschussgesetzes und dessen untergesetzliches Regelwerk (BeschussV) – für die Übergangszeit auch der beiden in § 22 Abs. 6 und 7 genannten Waffenverordnungen – fallen und damit der gesetzlichen Kontrolle unterliegen.

**3. Persönlicher Anwendungsbereich (Absatz 1 Satz 1).** Die Auskunftspflicht 3 trifft auf Grund einer – keine Lücken duldenden – Generalklausel **alle**, die mit irgendwelchen Gegenständen iS des BeschG **umgehen** (§ 1 Abs. 3 WaffG; § 1 WaffG Rdn. Rdn. 30 ff.).) Beispielhaft werden einige bedeutsame Personengruppen aufgezählt: gewerbsmäßige Waffenhersteller (§ 1 WaffG Rdn. 56; § 21 Abs. 1 Satz 1 WaffG; dort. Rdn. 7 ff.), Waffenhändler (§ 1 WaffG Rdn. 61 ff.; § 21 Abs. 1 Satz 1 WaffG; dort. Rdn. 11).

**4. Der materielle Inhalt der Auskunft.** Die im BeschG vorgesehenen Pflichten 4 müssen, wenn ihre Einhaltung sichergestellt werden soll, von den zuständigen Be-

**5 BeschG § 17**  Beschussgesetz

hörden überwacht werden können. **Auskunft** iS von Absatz 1 Satz 1 bedeutet die Beantwortung von im Einzelfall gestellten Fragen, nicht aber eine allgemeine, fortlaufende Benachrichtigung über Geschäftsvorfälle, es sei denn, das Gesetz schreibe eine solche oder eine zeitlich bestimmte Auskunftserteilung vor. Die Pflicht, Auskunft zu erteilen, umfasst auch die Verpflichtung, Abschriften, Auszüge oder Zusammenstellungen vorzulegen, wobei sich die Auskünfte auf alle beschussrechtlich bedeutsamen Vorgänge zu erstrecken haben, soweit sie der Kontrolle nach diesem Gesetz und seinen Verordnungen unterliegen. Eine Form für die Erteilung der Auskunft ist gesetzlich nicht vorgeschrieben; bei schriftlicher Anfrage der zuständigen Behörde erscheint eine schriftliche Beantwortung angebracht.

5  5. **Auskunftsverweigerungsrecht (Absatz 1 Satz 2).** Die Einräumung eines solchen Rechts findet sich auch den vergleichbaren Regelungen, zB in § 39 Abs. 1 Satz 2 WaffG oder § 14 Abs. 6 KWKG. Es entspricht einem rechtsstaatlichen Grundsatz (nemo tenetur se ipsum accusare), dass niemand gezwungen sein soll, sich selbst oder seine nahen Angehörigen zu belasten. Dementsprechend räumt Satz 2 den zur Auskunft verpflichteten Personen (Rdn. 3) ein Auskunftsverweigerungsrecht ein. Die Formulierung ist aus § 384 Nr. 2 ZPO übernommen worden, wonach die Auskunft verweigert werden kann über solche Fragen, deren Beantwortung den Zeugen selbst oder einen seiner in § 383 Abs. 1 Nrn. 1 bis 3 ZPO bezeichneten Angehörigen der Gefahr aussetzen würde, wegen einer Straftat oder einer Ordnungswidrigkeit verfolgt zu werden. Es genügt zur Auskunftsverweigerung nicht nur die Gefahr strafgerichtlicher Verfolgung nach dem StGB oder Strafbestimmungen der Nebengesetze, sondern auch die einer Ahndung nach dem Gesetz über Ordnungswidrigkeiten, wobei wiederum alle möglicherweise in Betracht kommenden Bußgeldverfahren in Betracht zu ziehen sind und nicht nur Tatbestände, die nach dem BeschG (§ 21) oder dem WaffG (§ 53) als Ordnungswidrigkeiten zu ahnden sind. Auch die entfernte Möglichkeit einer Verfolgung ist ausreichend, dagegen nicht ein lediglich ehrengerichtliches oder disziplinarisches Verfahren. Der zur Auskunftserteilung Herangezogene braucht sich, wenn bei Beantwortung der betreffenden Frage die geschilderte Gefahr besteht, überhaupt nicht zu äußern; er braucht auch seine Weigerung nicht glaubhaft zu machen, denn darin könnte uU schon eine Preisgabe dessen liegen, das er verschweigen darf. Auch wenn der Betreffende nicht selbst, sondern nur die in § 383 Abs. 1 Nrn. 1 bis 3 ZPO angeführten Personen durch die Beantwortung der betreffenden Fragen der bezeichneten Gefahr ausgesetzt würden, kann der Verpflichtete die Erstattung der Auskunft verweigern. Außerdem dürfte der Befragte auch das Recht haben, die Vorlage von geschäftlichen Unterlagen zu verweigern, durch die er bzw. die miterfassten Personen belastet werden könnten.

6  6. **Nachschau (Absatz 2 Satz 1).** Die Pflicht zur Duldung der herkömmlicherweise unter dem Sammelbegriff „Nachschau" zusammengefassten behördlichen Überwachungsmaßnahmen trifft nach **Absatz 2 Satz 1 Nr. 1** in erster Linie die Inhaber von **Betrieben,** die der Überwachung unterliegen. Sie sind abschließend aufgeführt: Hersteller und Händler. Gemäß Nr. 46.5 WaffVwV aF sollten für den nichtgewerblichen Bereich (§ 41 WaffG aF) die Nrn. 46.1 und 3 WaffVwV aF über die Pflicht zur Auskunftserteilung und Prüfung entsprechend gelten. Das Gesetz enthält jedoch – wie auch bei § 26 WaffG – keinen Hinweis hierauf, schränkt aber auch den Herstellerbegriff nicht auf gewerbsmäßiges Handeln ein, so dass auch nicht gewerbsmäßiges Herstellen erfasst ist.

7  7. **Umfang der Nachschau.** Die von den nach Landesrecht zuständigen Behörden (§ 20 Abs. 1 und 2) bzw. den von ihnen beauftragten Personen vorzunehmenden

Prüfungen lassen sich nur durchführen, wenn den berechtigten Personen auch das **Betreten** der **Betriebsgrundstücke, Betriebsanlagen und Geschäftsräume** des Auskunftspflichtigen erlaubt ist. Das Gesetz gestattet den Beauftragten der zuständigen Behörden deshalb, ähnlich wie den Gewerbeaufsichtsbeamten in § 139 b Abs. 1 Satz 2 GewO, das Betreten und Besichtigen der in Frage kommenden Anlagen. Die betreffenden Amtspersonen müssen sich durch die Vorlage eines Ausweises legitimieren. Sie sind, da ihnen keine polizeilichen Befugnisse zustehen, nicht berechtigt, das Betreten der Räume bei Verweigerung des Zutritts zu erzwingen, sondern insoweit auf polizeiliche Hilfe angewiesen. Nach der gesetzlichen Regelung hat dies im **Normalfall** während der Betriebs- und Arbeitszeit zu geschehen.

Anders ist es bei Vorliegen der Voraussetzungen des Absatz 2 Satz 2: Zur **Verhütung dringender Gefahren** für die öffentliche Sicherheit „und" Ordnung dürfen die Überwachungspersonen zum einen die Betriebsgrundstücke und Geschäftsräume auch außerhalb der Geschäfts- oder Arbeitszeiten betreten und ihre Kontrolltätigkeit entfalten. Zum anderen darf in diesem Ernstfall auch eine Nachschau in der grundrechtlich gesicherten privaten Wohnsphäre (Art. 13 GG) des Auskunftspflichtigen gegen dessen Willen vorgenommen werden. Absatz 2 Satz 4 enthält die in diesen Fällen erforderliche Verlautbarung des Eingriffs in Grundrechte. Im Gegensatz zur Regelung vor dem Inkrafttreten des WaffG 1972 gestattet das Gesetz auch in der Neufassung ausdrücklich auch das Betreten der Wohnräume des Auskunftspflichtigen, allerdings nicht zum Zwecke der bloßen Kontrollerleichterung. Es müssen vielmehr konkrete Verdachtsgründe für eine massive Nichtbeachtung des Beschussrechts gegeben sein; bei Verwirklichung bloßer Ordnungswidrigkeitstatbestände (§ 21) dürfte die Abwehr dringender Gefahren für die öffentliche Sicherheit und Ordnung kaum jemals in Betracht kommen. 8

Für die **Abgrenzung** von **Geschäftsräumen** gegenüber **Wohnräumen** gilt folgendes: Für Geschäftsräume ist typisch, dass sie auf einen Kontakt nach außen hin angelegt sind. Es sind insbesondere Räume, zu denen ein größerer Personenkreis, zB Mitarbeiter, Kunden sowie Behördenbeauftragte, während der üblichen Geschäftszeiten Zugang hat. Zu den Betriebsräumen zählen unter anderem Produktionseinrichtungen einschließlich der dazu gehörenden Nebeneinrichtungen, Lagerhallen, Bunker, Garagen sowie sonstige umschlossene Räumlichkeiten (*Lechelt* in GK-BImSchG § 52 Rdn. 115). Der Begriff des Wohnraums umfasst demgegenüber nur solche Räumlichkeiten, die dem eigentlichen Wohnen dienen und für die ein stärkeres Bedürfnis nach Fernhaltung von Störungen des privaten Lebens anzuerkennen ist. Wohnräume sind daher nur die eigentlichen Aufenthalts- und Schlafräume einschließlich der sie umgebenden Zugänge (*Mösbauer* NVwZ **1985**, 457 (460). Werden Betriebs- oder Geschäftsräume zugleich auch zu Wohnzwecken genutzt, wie dies bei kleineren Handwerksbetrieben gelegentlich der Fall ist, so genießen sie den umfassenderen Schutz des Wohnraums (BVerfGE **32**, 54, 75). Das Gleiche gilt, wenn der Zutritt zu Betriebs- und Geschäftsräumen nur über (private) Wohnräume möglich ist (BVerfG NJW **1987**, 2499). 9

Wann eine **dringende Gefahr** für die öffentliche Sicherheit und Ordnung vorliegt, die es abzuwehren gilt, kann nur von Fall zu Fall entschieden werden. Mit dem Begriff der „dringenden" Gefahr ist eine qualitativ gesteigerte Gefahr gemeint (*Jarass* BImSchG 6. Aufl. § 52 Rdn. 29), die schon in allernächster Zeit einen Schadenseintritt für ein wichtiges Rechtsgut befürchten lässt; zur Abwehr bloßer Belästigungen oder drohender Vermögensschäden ist der Eingriff in die private Wohnsphäre nie erlaubt (*Hansmann* in *Landmann/Rohmer* UmwR I § 52 BImSchG Rdn. 67). Die zeitliche Nähe eines drohenden schädigenden Ereignisses, das seinem Ausmaß 10 nach aber nur gering einzuschätzen ist, macht allein eine Gefahr noch nicht zu einer dringenden (*Jarass* aaO). Wie in anderen Regelungen (zB § 52 Abs. 2 Satz 1 BImSchG) wird hier von der **Verhütung** dringender Gefahren gesprochen, nicht von deren Abwehr (so aber § 39 WaffG; vgl. dort Rdn. 9). Das setzt für die Rechtfertigung des Eingriffs voraus, dass die Gefahr noch nicht ein konkretes Stadium erreicht haben muss. Die öffentliche Sicherheit ist zB in Gefahr, wenn das Leben oder die Gesundheit zumindest eines einzelnen Menschen bedroht oder die Rechtsordnung insgesamt tangiert ist; mit der Aufrechterhaltung der öffentlichen Ordnung sollen die Voraussetzungen für ein geordnetes Gemeinschaftsleben geschützt werden (*Lechelt* aaO [Rdn. 9] Rdn. 117). Ob auch der erstrebte Zugriff auf für die Überwachungstätigkeit unabdingbar erforderliche, im Wohnbereich vermutete Unterlagen den Eingriff in diesen rechtfertigen kann, ist umstritten, muss aber wohl bejaht werden (*Lechelt* aaO Rdn. 119).

**11** Gestattet sind nach dem Betreten zunächst **Prüfungen** und **Besichtigungen,** um die Einhaltung der beschussrechtlichen Bestimmungen zu kontrollieren (Absatz 1 Satz 1 Nr. 1 bis 3). Unter Prüfungen versteht man von Sachkenntnis getragene Untersuchungen der tatsächlichen Verhältnisse im Wege des Augenscheins. Weiter ist die **Probenentnahme** zulässig. Das Recht, solche Proben – unentgeltlich – zu entnehmen, ist für eine wirksame Überwachung der Betriebe unerlässlich. Denn die Feststellung eines Verstoßes gegen die gesetzlichen Vorschriften wird an Ort und Stelle in den Betrieben selbst häufig nicht möglich sein. Die beanstandeten Gegenstände müssen deshalb in solchen Fällen einer sachverständigen Stelle zur Untersuchung vorgelegt werden können.

**12** Das Recht zur **Einsicht** in die **geschäftlichen Unterlagen** (Absatz 1 Satz 1 Nr. 3) steht den Kontrollpersonen zB zu, wenn die erteilten Auskünfte nicht für die Durchführung der Kontrolle ausreichen oder gar der Verdacht unrichtiger Angaben besteht, worüber allein die Überwachungsbehörde zu befinden hat. In diesen Fällen kann sie die Vorlage der geschäftlichen Unterlagen (Fabrikationslisten, Lieferbücher, Zeichnungen usw.) verlangen. Das Einsichtsrecht darf, ebenso wie die anderen der Behörde eingeräumten Befugnisse, nur zum Zwecke der Überprüfung der Zuverlässigkeit des Herstellers oder Händlers bzw. der Einhaltung der beschussrechtlichen Bestimmungen durch ihn, nicht aber zur Ermittlung strafbarer Handlungen dritter Personen, die sich etwa aus den Unterlagen ergeben können, ausgeübt werden. Das Einsichtsrecht schließt üblicherweise auch das Recht ein, sich Abschriften anfertigen zu dürfen (so jetzt ausdrücklich Absatz 1 Satz 1 Nr. 3). Dagegen kann der Einsichtsberechtigte nicht verlangen, dass der zur Gewährung der Einsicht Verpflichtete für ihn Abschriften anfertigt; das ist nur auf freiwilliger Basis erreichbar.

**13** **8. Duldungs- und Mitwirkungspflichten (Absatz 2 Satz 3).** Spiegelbildlich zu den behördlichen Rechten werden nach der Neuregelung durch das Waffenrechtsneuregelungsgesetz die Pflichten des der Nachschau Unterliegenden aufgezählt, um eine Grundlage für die Bußgeldbewehrung zu schaffen (Rdn. 1 aE).

**14** **9. Überprüfungsanordnungen im Einzelfall; Vorzeigepflicht (Absatz 3). a)** Zur Rechtfertigung der durch § 46 Abs. 3 WaffG aF in erster Linie in Bezug auf Waffen eingeführten Vorzeigepflicht führte die Entwurfsbegründung (BT-Drucks. VI/2678 S. 36) Folgendes aus: „Absatz 3 ergänzt die Auskunft und die Nachschau um eine Vorzeigepflicht. Dem Bestreben der für die öffentliche Sicherheit verantwortlichen Stellen, unbefugten Waffenerwerb zu verhüten und unbefugt erworbener Waffen habhaft zu werden, waren bisher vor allem daher nach dem RWG enge Grenzen gesetzt, weil die Inhaber von Waffenscheinen und Jahresjagdscheinen über

Auskunftspflichten  **§ 17 BeschG 5**

einen langen Zeitraum Schusswaffen aller Arten in unbeschränkter Zahl erwerben konnten und weil auch die an Hand der Waffenhandelsbücher gewonnene Kenntnis, dass jemand mit Hilfe des Jahresjagdscheines oder Waffenscheines eine größere Anzahl scharfer Faustfeuerwaffen erworben hatte, nicht dazu berechtigte, durch Nachschau nachzuprüfen, ob er diese Waffen noch besitzt oder an Unbefugte weiterveräußert hat. Die strafprozessualen Befugnisse reichen für solche im Interesse der öffentlichen Sicherheit unerlässlich erscheinenden Nachprüfungen oft nicht aus. Die zuständige Behörde soll von ihrer Befugnis nur aus begründetem Anlass Gebrauch machen. Ein solcher Anlass ist beispielsweise dann gegeben, wenn sich bei der Prüfung der Waffenhandelsbücher herausstellt, dass eine das Bedürfnis offensichtlich übersteigende Zahl scharfer Faustfeuerwaffen erworben worden ist". Diese Erwägungen gelten sinngemäß auch – wie nach bisherigem Recht – hinsichtlich der dem Beschussgesetz unterliegenden Gegenstände.

**b) Erfasste Gegenstände.** Die Anordnung kann gegenüber dem **Besitzer** eines **15** jeden Gegenstandes getroffen werden, der den Regelungen des Beschussgesetzes unterliegt (§ 1 Abs. 1).

**c) Begründeter Anlass.** Vgl. hierzu die Begründung Rdn. 14 aE. Die Anordnung **16** gem. Absatz 3 wird von der nach Landesrecht zuständigen Behörde erlassen; sie stellt sich rechtlich als **Verwaltungsakt** dar, der nach den Bestimmungen der VwGO (§§ 68, 42) angefochten werden kann. Betroffener des Verwaltungsakts nach Nr. 1 ist der **Besitzer** als Inhaber der tatsächlichen Gewalt über den Gegenstand. Des Erlasses eines Verwaltungsakts gem. Absatz 3 bedarf es nur, wenn der Betroffene die in der Bestimmung aufgeführten Gegenstände nicht freiwillig vorlegt. In diesem Fall kann die Behörde bei begründetem Anlass im Einzelfall unter Festsetzung einer angemessenen Frist, die nach Lage der Dinge nicht besonders lang sein muss, anordnen, dass der Betroffene den nach der Sachlage in Betracht kommenden Gegenstand zur Prüfung vorlegt. Hierfür bedarf es nicht des Vorliegens einer konkreten Gefahr, sondern nur bestimmter Anhaltspunkte für ein gesetzwidriges Verhalten des Betroffenen, zB dass er nicht zugelassene Gegenstände besitzt.

**d) Vorzeigepflicht.** Die in Absatz 3 angeführten Gegenstände sind dem Kontroll- **17** organ (ggf. nach Vollziehbarkeit des Verwaltungsakts) **lediglich** zur Prüfung **vorzuzeigen**, nicht auszuhändigen, da das Gesetz im Gegensatz zu ähnlich lautenden Bestimmungen nicht das Wort „Aushändigen" verwendet. Wird die Aushändigung für erforderlich gehalten, so kann diese nur dann erzwungen werden, wenn der Verdacht einer Straftat oder Ordnungswidrigkeit besteht, nach der StPO (§§ 94 ff., ggf. über § 46 Abs. 1 OWiG). Die Anordnung des Vorzeigens kann dagegen mit Mitteln des Verwaltungszwanges durchgesetzt werden.

Das **Vorzeigen** geschieht entweder in den eigenen Räumen des Betroffenen, wo- **18** hin sich das Kontrollorgan begeben hat, oder in den Räumen der Behörde. Das Vorzeigen erfolgt zum Zwecke der Prüfung, wobei es sich nicht um eine Zustandsprüfung des Gegenstandes nach Art der vom TÜV vorzunehmenden handelt. Vielmehr hat sich der Beauftragte der Behörde lediglich davon zu überzeugen, ob der Gegenstand den beschussrechtlichen Vorschriften entspricht. Ob die vorgezeigten und überprüften Gegenstände sicherzustellen oder zu beschlagnahmen sind, richtet sich bei Verdacht einer Straftat oder Ordnungswidrigkeit nach den Vorschriften der StPO (§§ 94 ff., § 46 Abs. 1 OWiG).

**10. Zuwiderhandlung.** § 21 Abs. 1 Nr. 9 stellt den Verstoß gegen eine nach Ab- **19** satz 3 ergangene vollziehbare Anordnung unter Bußgelddrohung; ordnungswidrig handelt nach § 21 Abs. 1 Nr. 7 und 8, wer entgegen Absatz 1 Satz 1 die Auskunftspflicht verletzt bzw. entgegen Absatz 2 Satz 3 seine Duldungs- oder Mitwirkungspflicht verletzt.

### Inhaltliche Beschränkungen, Nebenbestimmungen und Anordnungen

**18** (1) Zulassungen und andere Erlaubnisse nach diesem Gesetz können inhaltlich beschränkt werden, um Leben oder Gesundheit von Menschen gegen die aus dem Umgang mit Gegenständen im Sinne dieses Gesetzes entstehenden Gefahren zu schützen. Zu den in Satz 1 genannten Zwecken können Zulassungen und andere Erlaubnisse befristet oder mit Auflagen verbunden werden; die Auflagen können nachträglich aufgenommen, geändert und ergänzt werden.

(2) Die zuständige Behörde kann im Einzelfall die Anordnungen treffen, die zur Beseitigung festgestellter oder zur Verhütung künftiger Verstöße gegen dieses Gesetz oder gegen die auf Grund dieses Gesetzes erlassenen Rechtsverordnungen notwendig sind. Sie kann insbesondere die weitere Herstellung und den Vertrieb von Gegenständen im Sinne dieses Gesetzes ganz oder teilweise untersagen, wenn

1. **eine erforderliche Zulassung oder andere Erlaubnis nicht vorliegt oder die hergestellten Gegenstände nicht der Zulassung oder anderen Erlaubnis entsprechen,**
2. **ein Grund zur Rücknahme oder zum Widerruf einer Zulassung nach den Verwaltungsverfahrensgesetzen gegeben ist,**
3. **gegen Nebenbestimmungen oder Auflagen nach Absatz 1 verstoßen wird oder**
4. **diese Gegenstände Gefahren für Leib oder Gesundheit des Benutzers oder Dritter hervorrufen.**

1  1. **Allgemeines.** Die durch Art. 2 des Waffenrechtsneuregelungsgesetzes neugestaltete Bestimmung ist eine **verwaltungsrechtliche Zentralvorschrift** für das beschussrechtliche Gestattungsverfahren. Sie zentralisiert – wie § 9 WaffG nF – die Vorschriften über Nebenbestimmungen und behördliche Anordnungen in einer einzigen Vorschrift.

2  2. **Inhaltliche Beschränkungen (Absatz 1 Satz 1).** Nach dieser Vorschrift können beschussrechtliche Zulassungen und sonstige Erlaubnisse zum Schutz vor Gefahren für das menschliche Leben oder die Gesundheit, die aus dem Umgang (§ 1 Abs. 3 WaffG) mit den dem Beschussrecht unterliegenden Gegenständen (§ 1 Abs. 1) entstehen, mit inhaltlichen Beschränkungen versehen werden. In derartigen Fällen kann nach dem Grundsatz der Verhältnismäßigkeit die beantragte Zulassung oder Erlaubnis nicht versagt werden, sie kann aber auch zum Schutz der genannten Rechtsgüter nicht unbeschränkt erteilt werden. Als inhaltliche Beschränkung kommt u. a. die Begrenzung der Zulassung auf eine bestimmte Stückzahl in Betracht. Diese in Absatz 1 getroffene Kompromisslösung entspricht dem bisher geltenden Recht (§ 21 Abs. 5 WaffG aF).

3  Inhaltliche Beschränkungen können **auf Antrag** oder **von Amts wegen** festgesetzt werden. Sie können sich auf die Ausübung des Herstellungsgewerbes in sachlicher, örtlicher oder auch persönlicher Hinsicht beziehen. Die Behörde ist zB, wie schon nach § 7 DVO RWaffG, berechtigt, die Herstellungserlaubnis auf bestimmte Gegenstände zu beschränken, wenn dies aus Sicherheitsgründen angezeigt ist.

Wenn, wie nicht selten, der Bewerber selbst einen solchen Antrag stellt, fällt dies allerdings nicht unter den Begriff der inhaltlichen Beschränkungen, denn dem Antrag wird voll entsprochen. Als inhaltliche Beschränkung kommt u. a. die Begrenzung der Zulassung auf eine bestimmte Stückzahl in Betracht. Darüber, ob zur Abwehr solcher Gefahren inhaltliche Beschränkungen notwendig sind, entscheidet die zuständige Behörde unter Abwägung der jeweils berührten Interessen nach pflichtgemäßem Ermessen. Zweifelhaft ist, ob für die Beschränkung der Gestattung eine abstrakte oder eine unmittelbare (konkrete) Gefahr gegeben sein muss. Eine abstrakte Gefahr, die von der konkreten Situation völlig absieht, reicht jedenfalls nicht aus. Andererseits muss auch nicht die zeitlich unmittelbar bevorstehende Gefahr iS des allgemeinen Polizeirechts vorliegen. Es genügt, wenn nach den Umständen des **Einzelfalls** eine **generelle potentielle Gefahr** für die genannten Rechtsgüter gegeben ist.

**3. Befristungen und Auflagen (Absatz 1 Satz 2).** Derartige Nebenbestimmungen 4 waren auch nach bisher geltendem Recht (§ 21 Abs. 5 WaffG aF) vorgesehen. Die vorliegende beschussrechtliche Ausformung des § 36 Abs. 2 VwVfG bringt zum einen das Erfordernis, dass die zu treffenden Nebenbestimmungen an dem Ziel der Gefahrenabwehr (Absatz 1 Satz 1; Rdn. 2 und 3) ausgerichtet sein müssen und zum anderen die Erleichterung für den Gesetzesanwender, dass Auflagen nachträglich – zu Zwecken der genannten Gefahrenabwehr – an veränderte Umstände angepasst werden dürfen, ohne Rücksicht darauf, ob in den Zulassungs- oder Erlaubnisbescheid ein solcher Vorbehalt aufgenommen worden war. Auflagen und Befristungen können alsbald bei Erlass des jeweiligen Verwaltungsaktes oder auch nachträglich festgesetzt werden. Zur isolierten Anfechtbarkeit vgl. *Sproll* NJW **2002**, 3221.

**a) Befristungen.** Bei Vorliegen eines entsprechenden Grundes kann die zeitlich 5 begrenzte Geltung der Zulassung oder Erlaubnis zur Abwehr der in Satz 1 genannten Gefahren angeordnet werden. Das Mittel der Befristung erfasst auch den Fall, dass von vornherein feststeht, dass die Zulassungsvoraussetzungen in Zukunft zu einem bestimmten voraussehbaren Zeitpunkt entfallen werden.

**b) Auflagen.** Die Auflage ist eine erzwingbare hoheitliche Anordnung, die selb- 6 ständig zum Hauptinhalt des Verwaltungsakts hinzutritt und die dem Begünstigten ein bestimmtes Tun, Dulden oder Unterlassen vorschreibt, ihm mithin eine besondere Verpflichtung auferlegt (§ 36 Abs. 2 Nrn. 4 u. 5 VwVfG). Als Auflage im Bereich des Beschuss- und Waffengesetzes wird etwa die Nebenbestimmung, bestimmte Vorgänge der Behörde zu melden (vgl. Nr. 10.4 WaffVwV aF), anzusehen sein. Dem Erlaubnisinhaber kann aufgegeben werden, schadhaft werdende Teile seiner Anlage rechtzeitig zu erneuern (Auflage gleichbleibender Beschaffenheit). Die Auflagen müssen stets bestimmt abgefasst und dem Einzelfall angepasst sein.

**c) Nachträgliche Auflagen.** Nur Auflagen, nicht inhaltliche Beschränkungen 7 oder Befristungen, können nach Absatz 1 Satz 2 Halbsatz 2 auch nach Erteilung der Erlaubnis festgesetzt werden, wenn das Interesse der Allgemeinheit, insbesondere die Abwehr von Gefahren für Leib oder gar Leben, eine nachträgliche Anordnung notwendig erscheinen lässt. Da infolge der fortschreitenden waffen- und beschusstechnischen Entwicklung weitere zusätzliche Auflagen erforderlich werden können, ist die rechtliche Zulässigkeit zur Festsetzung nachträglicher Auflagen ausdrücklich im Gesetz hervorgehoben worden. Eine solche nachträgliche Auflagenfestsetzung kann auch notwendig werden, wenn sich herausstellt, dass die ursprünglich mit dem Verwaltungsakt der Zulassung oder Erlaubnis verbundenen Auflagen nicht ausreichend gewesen sind. Das Instrument der nachträglichen Auflage, orientiert am Verhältnismäßigkeitsgrundsatz, ermöglicht die Erreichung des aktuellen Sicherheitsstandards zum Zwecke des Schutzes gegen Gefahren für das Leben oder die Gesundheit von Menschen.

**8** **4. Behördliche Anordnungen (Absatz 2)** Die Vorschrift entspricht § 9 Abs. 3 WaffG, der im Wesentlichen auf § 10 Abs. 2 WaffG aF zurückgeht. Die Anordnungsbefugnis („kann") ermöglicht es den zuständigen Behörden im Einzelfall, sowohl zur Beseitigung bereits vorliegender als auch präventiv in Bezug auf künftige Verstöße tätig zu werden (Satz 1). Beispielhaft werden in Satz 2 totale oder partielle Herstellungs- oder Vertriebsverbote bezüglich der Gegenstände, die dem Beschussrecht unterliegen (§ 1 Abs. 1), genannt, wobei das Herstellungsverbot die „weitere" Herstellung, also die Fortsetzung einer bereits angelaufenen Herstellung betrifft. Diese Verbote können nach pflichtgemäßem Ermessen erlassen werden, falls eine der in Satz 2 Nr. 1 bis 4 aufgeführten Voraussetzungen erfüllt ist. Im Einzelnen geht es dabei um Folgendes:

**9** a) **Mängel der Zulassung (Erlaubnis) oder der Konformität (Nr. 1).** Die Eingriffsmöglichkeit besteht zum einen dann, wenn festgestellt wird, dass hinsichtlich der hergestellten oder vertriebenen Gegenstände überhaupt keine behördliche Gestattung erteilt ist. Sie besteht aber auch in dem Fall, dass eine solche Gestattung zwar vorliegt, die hergestellten Gegenstände aber mit den behördlich zugelassenen nicht konform sind, also zB der zugelassenen Bauart nicht entsprechen. In beiden Fällen liegt ein Verstoß gegen Beschussrecht vor, dem behördlicherseits durch entsprechende Maßnahmen begegnet werden kann.

**10** b) Die zuständige Behörde kann mit den genannten Verboten auch dann reagieren, wenn hinsichtlich der Zulassung ein verwaltungsrechtlicher Grund für deren Beseitigung (Rücknahme oder Widerruf) „nach den Verwaltungsverfahrensgesetzen" vorliegt. Gemeint sind das VwVfG des Bundes vom idF vom 23. 1. 2003 (BGBl. I 102), geänd. durch Art. 4 Abs. 8 des Gesetzes vom 5. 5. 2004 (BGBl. I 718), und dasjenige des betreffenden Bundeslandes. Auffälligerweise wird nicht auf die einschlägige Bestimmung des hier maßgeblichen Beschussgesetzes (§ 19) Bezug genommen, so dass Rücknahme und Widerruf nur nach Maßgabe der allgemeinen Bestimmungen berücksichtigt werden können. Zu Rücknahme und Widerruf wird auf die Erläuterungen zu § 19 verwiesen.

**11** c) Herstellungs- und Vertriebsverbote kann auch ein Verhalten des Zulassungs-(Erlaubnis-)inhabers auslösen, das darin liegt, dass er gegen „Nebenbestimmungen oder Auflagen" (Rdn. 4 bis 7), die ihm auf Grund von Absatz 1 erteilt worden waren, verstößt.

**12** d) Den wichtigsten Grund führt das Gesetz als letzten auf. Während die Beschränkungen und Nebenbestimmungen (Absatz 1) den behördlichen Gestattungen vorbeugend beigegeben werden, um Leibes- und Lebensgefahren im Zusammenhang mit der Verwendung der dem Gesetz unterfallenden Gegenstände zu verhüten, ist hier Voraussetzung, dass die konkret angetroffenen Gegenstände tatsächlich Gefahren für Leib oder Gesundheit des Benutzers oder anderer Personen verursachen. Bei der Formulierung ist offensichtlich ein Versehen passiert: während die Vorschrift in Absatz 1 Satz 1 „Leben oder Gesundheit von Menschen" als Rechtsgüter aufführt, wird hier von „Gefahren für Leib oder Gesundheit" gesprochen. Bei wortgetreuer Auslegung wäre die Lebensgefahr – im Gegensatz zu Absatz 1 Satz 1 – nicht erfasst. Denn die Gefahr für den Leib betrifft – ebenfalls – nur die Gesundheit, wie sich aus der sonst im Strafrecht gebräuchlichen Umschreibung „Gefahr für Leib

Rücknahme und Widerruf  **§ 19 BeschG 5**

oder Leben" ergibt. Da aber die Gefahr für den Leib in ihrer massivsten Ausformung auch das Leben bedroht, liegt eine sachliche Abweichung nicht vor.

**5. Zuwiderhandlung.** Der Verstoß gegen eine vollziehbare Auflage nach Absatz 1 ist Ordnungswidrigkeit nach § 21 Abs. 1 Nr. 10; dagegen ist der Verstoß gegen Anordnungen nach Absatz 2 (versehentlich?) nicht sanktionsbewehrt, obwohl die Begründung des Entwurfs (BT-Drucks. 14/7758 S. 98) vom Gegenteil ausgeht. 13

## Rücknahme und Widerruf

**19** (1) **Eine Zulassung oder andere Erlaubnis ist zurückzunehmen, wenn nachträglich bekannt wird, dass sie hätte versagt werden müssen.**

(2) **Eine Zulassung oder andere Erlaubnis ist zu widerrufen, wenn nachträglich Tatsachen eintreten, die zu ihrer Versagung hätten führen müssen. Eine Zulassung oder Erlaubnis kann auch widerrufen werden, wenn inhaltliche Beschränkungen nicht beachtet werden.**

(3) **Eine Zulassung kann ferner widerrufen werden, wenn der Zulassungsinhaber**
1. **pyrotechnische Munition abweichend von der in der Zulassung festgelegten Zusammensetzung oder Beschaffenheit gewerbsmäßig herstellt, in den Geltungsbereich des Gesetzes verbringt, vertreibt, anderen überlässt oder verwendet,**
2. **die zugelassene pyrotechnische Munition nicht mehr gewerbsmäßig herstellt oder die auf Grund der Zulassung hergestellten oder in den Geltungsbereich des Gesetzes verbrachten Munitionssorten nicht mehr vertreibt, anderen überlässt oder verwendet.**

**1. Entstehungsgeschichte.** Bestimmungen über die Rücknahme und den Widerruf einer Erlaubnis waren im WaffG aF in § 47 aF zusammengefasst worden, und zwar auch im Hinblick auf das seinerzeit in Vorbereitung befindliche Verwaltungsverfahrensgesetz (Begr. BT-Drucks. VI/2678 S. 36), das unter dem Datum vom 25. 5. 1976 (BGBl. I 1253) verkündet worden und am 1. 1. 1977 in Kraft getreten ist. Dieses Bundesgesetz (VwVfG) und die Verwaltungsverfahrensgesetze der Länder gelten für die Fälle der obligatorischen Rücknahme und des obligatorischen Widerrufs indessen nicht, da das Beschussgesetz insoweit eine abschließende Sonderregelung enthält (§ 1 Abs. 2 Satz 1 VwVfG). Aus diesem Grunde war auch die Jahresfrist für den Widerruf (§ 49 Abs. 2 Satz 2 iVm. § 48 Abs. 4 VwVfG) schon im Rahmen des § 47 WaffG aF nicht maßgebend (BVerwG DVBl. **1996**, 1439, 1441 = GewA **1997**, 69; VGH Mannheim NVwZ-RR **1997**, 414; *Meyer* GewA **1998**, 89, 96 ff.). Hierfür sprach auch der durch Gesetz vom 18. 2. 1986 (BGBl. I 265) in § 47 WaffG aF eingefügte Absatz 2 Satz 2, der nur für den fakultativen Widerruf die Anwendung des VwVfG vorsah (BVerwG aaO). 1

Die jetzige Vorschrift nimmt – wie § 45 WaffG nF – die Regelung des § 47 WaffG aF auf. Wie schon diese ist auch die vorliegende gegenüber den allgemeinen verwaltungsverfahrensrechtlichen in den §§ 48, 49 VwVfG nicht entbehrlich, bringt sie doch im Gegensatz zu dieser, die die Rücknahme und den Widerruf jeweils in das **Ermessen** der Verwaltungsbehörde stellt, eine **Pflicht** zur Beseitigung der Zulassungen oder Erlaubnisse. Wegen der sicherheitspolizeilichen Zielsetzung auch des 2

# 5 BeschG § 19 Beschussgesetz

Beschussgesetzes muss die Rücknahme oder der Widerruf bei Vorliegen gravierender Gründe zum Schutz des Verwenders und Dritter zwingend vorgeschrieben werden.

**3** **2. Rücknahme (obligatorisch);** vgl. Rdn. 1 zur Anwendbarkeit des VwVfG. Die Rücknahme beseitigt als „actus contrarius" den seinerzeit erlassenen Verwaltungsakt, der sich nachträglich als fehlerhaft herausgestellt hat, wobei die Rücknahme idR mit Wirkung für die Vergangenheit („ex tunc") verfügt wird. Die für das Waffenrecht erarbeiteten Grundsätze gelten hier entsprechend: Die Jahresfrist des § 48 Abs. 4 Satz 1 VwVfG ist nicht zu beachten, soweit die Behörde zur Rücknahme verpflichtet ist (BVerwG DVBl. **1996,** 1439, 1441 = GewA **1997,** 69; BayVGH BayVBl. **1987,** 727). Da die Rücknahmemöglichkeit im Gesetz ausdrücklich angeordnet bzw. zugelassen wird (vgl. § 48 Abs. 1 Satz 2 VwVfG), ist sie statthaft. Die Rücknahme geschieht durch anfechtbaren Verwaltungsakt der für die Zulassungs-(Erlaubnis-)erteilung zuständigen Behörde. Sie hat zu erfolgen, wenn nachträglich bekannt wird, dass bei der Erteilung gegen zwingendes Recht verstoßen worden ist; auf die Art des Entscheidungsfehlers – Tatsachen- oder Rechtsirrtum oder bewusste Fehlentscheidung – kommt es nicht an (BVerwG NJW **1986,** 2066; *Meyer* GewA **1998,** 89, 96). Gegebenenfalls ist ein „Widerruf" in eine Rücknahme oder umgekehrt umzudeuten (BVerwG NVwZ-RR **1995,** 525 = GewA **1995,** 343, 346; BayVGH BayVBl. **1985,** 370, 371). Auch hier genügt es, wenn nachträglich bekannt wird, dass einer der Versagungsgründe bei der Erlaubniserteilung vorgelegen hat. Zu den einzelnen – hier als fehlend festzustellenden – Erteilungsvoraussetzungen wird auf die Erläuterungen zu den §§ 7 Abs. 3 und 4, 8 Abs. 2, 10 Abs. 3 und 11 Abs. 3 verwiesen.

**4** **3. Fakultative Erlaubnisrücknahme.** Dieses Institut sieht das BeschG – wie das WaffG seit dem Wegfall des Satzes 2 von § 47 Abs. 1 WaffG aF (G v. 18. 2. 1986 – BGBl. I 265) – nicht mehr als speziell beschussrechtliches Instrument vor. Vgl. aber § 48 VwVfG und Rdn. 1. Zu insoweit bestehenden Fristen äußert sich das BVerwG NVwZ **1996,** 1217.

**5** **4. Widerruf im allgemeinen (Absatz 2).** Eine beschussrechtliche Zulassung oder Erlaubnis kann nicht, wie die Genehmigung nach dem KWKG vom 20. 4. 1961 (BGBl. I 444) § 7 Abs. 1, jederzeit frei, sondern nur bei Vorliegen der in Absatz 2 oder 3 angeführten Voraussetzungen widerrufen werden, wobei das Gesetz zwischen dem **obligatorischen** Widerruf nach Absatz 2 Satz 1 und Absatz 3 Satz 2 und dem **fakultativen** nach Absatz 2 Satz 2 und Absatz 3 Nr. 1 und 2 unterscheidet. Grundsätzlich kann ein begünstigender Verwaltungsakt, wie die Zulassung oder Erlaubnis, nur widerrufen werden, wenn ein Gesetz, wie vorliegend § 19 Abs. 2 und 3 (iVm. § 49 Abs. 2 Nr. 1 VwVfG), die Beseitigung ausdrücklich zulässt. In diesem Falle kann der Widerruf von der bewilligenden Behörde durch verwaltungsgerichtlich anfechtbaren Verwaltungsakt mit Wirkung ex nunc ausgesprochen und die Zulassung (Erlaubnis) damit in Wegfall gebracht werden

**6** Die **obligatorischen Widerrufsgründe** sind die gleichen, die zur Rücknahme der Erlaubnisse (Zulassungen) zwingen (Rdn. 3).

**7** **5. Fakultativer Widerruf bei Nichtbeachtung von inhaltlichen Beschränkungen (Absatz 2 Satz 2).** Missachtung inhaltlicher Beschränkungen (vgl. § 18 Rdn. 2 f.) liegt zB vor, wenn ein Gewerbetreibender, der nur die Erlaubnis zur Munitionsherstellung hat, dazu übergeht, andere Munitionsarten als diejenigen, auf welche die Erlaubnis lautet, oder gar andere beschussrechtlich erfasste Gegenstände herzustellen. Im Übrigen kommt daneben ein fakultativer Widerruf nach den Bestimmungen des VwVfG in Betracht (BVerwG DVBl. **1996,** 1439, 1441 = GewA **1997,** 69).

Zuständigkeiten  § 20 BeschG 5

**6. Fakultativer Widerruf bei Zulassung pyrotechnischer Munition (Absatz 3).** 8
Diese Regelung ist in Anlehnung an § 34 Abs. 4 Nr. 1 und 2 des Sprengstoffgesetzes gestaltet worden. Der Widerruf kommt in zwei Fällen in Betracht. **a)** Der Zulassungsinhaber hat die Rezeptur oder die Beschaffenheit der pyrotechnischen Munition (vgl. § 10 Abs. 3 Nr. 2) abweichend vom Zulassungsbescheid gestaltet und diese veränderte Munition gewerbsmäßig hergestellt (§ 21 WaffG; § 1 WaffG Rdn. 56), importiert, handelsmäßig vertrieben (§ 1 WaffG Rdn. 61; § 21 WaffG), anderen überlassen (§ 1 WaffG Rdn. 43; § 34 WaffG) oder (selbst) verwendet (Nr. 1).

**b)** Der zweite Fall (Nr. 2) kommt in Betracht, wenn der Zulassungsinhaber die py- 9
rotechnische Munition, für die er die Zulassung besitzt, nicht mehr gewerbsmäßig, sondern allenfalls privat herstellt oder die der Zulassung entsprechende Munition nach ihrer Herstellung oder ihrem Import nicht mehr handelsmäßig vertreibt, anderen überlässt oder (selbst) verwendet; in diesen Fällen besteht keine Rechtfertigung für das Fortbestehen des Zulassungsbescheides.

**7. Zuwiderhandlung.** Ist der Verwaltungsakt, durch den die Rücknahme oder der 10
Widerruf ausgesprochen worden sind, bestandskräftig geworden, und setzt der frühere Zulassungsinhaber sein Verhalten ungeachtet dessen fort, so liegt jeweils ein Handeln **ohne Zulassung** entgegen § 10 Abs. 1 vor (Ordnungswidrigkeit nach § 21 Abs. 1 Nr. 2).

## Zuständigkeiten

**20** (1) Die Landesregierungen oder die von ihnen durch Rechtsverordnung bestimmten Stellen können durch Rechtsverordnung die für die Ausführung dieses Gesetzes zuständigen Behörden bestimmen, soweit nicht Bundesbehörden zuständig sind.

(2) Zuständig für die Beschussprüfung, die Zulassung von Munition, für Kontrollen, Anordnungen und Untersagungen für Munition ist jede Behörde nach Absatz 1, bei der ein Gegenstand zur Beschussprüfung vorgelegt wird oder bei der eine Zulassung oder Kontrolle beantragt wird. Die periodische Kontrolle der Munition ist bei der Behörde zu beantragen, welche die Zulassung erteilt hat.

(3) Zuständig für die Zulassung der in den §§ 7 und 8 und die Prüfung der in § 9 Abs. 4 bezeichneten Schusswaffen und technischen Gegenstände ist die Physikalisch-Technische Bundesanstalt; ihr gegenüber sind auch die Anzeigen nach § 9 Abs. 2 zu machen. Für die Prüfung und Zulassung der in § 10 bezeichneten pyrotechnischen Munition ist die Bundesanstalt für Materialforschung und -prüfung zuständig.

(4) Die Physikalisch-Technische Bundesanstalt führt eine Liste der Prüfungen und Zulassungen, die folgende Angaben enthalten soll:
1. die Bezeichnung des Prüfgegenstandes,
2. die Art der Prüfung,
3. das vergebene Prüf- oder Zulassungszeichen und
4. die prüfende oder zulassende Stelle.

Soweit andere Stellen als die Physikalisch-Technische Bundesanstalt für die Prüfung oder Zulassung nach den §§ 7 bis 11 zuständig sind,

# 5 BeschG § 20 Beschussgesetz

haben diese die hierfür erforderlichen Meldungen über die durchgeführten Prüfungen und Zulassungen an die Physikalisch-Technische Bundesanstalt zu machen. Die Liste ist bei der Physikalisch-Technischen Bundesanstalt während der Dienststunden auszulegen. Auf Verlangen eines Dritten ist diesem gegen Kostenerstattung eine Abschrift oder Vervielfältigung zu überlassen.

1   **1. Allgemeines.** In dieser Vorschrift wird die unterschiedliche sachliche Zuständigkeit geregelt. Da für das Beschusswesen nicht jedes Bundesland eigene zuständige Behörden hat – es gibt nur sieben Beschussämter bundesweit –, wird auf eine besondere Festlegung der örtlichen Zuständigkeit verzichtet, so dass jedes Beschussamt als örtlich zuständige Behörde zu betrachten ist (Begr. BT-Drucks. 14/7758 S. 99). Die Formulierung des Absatzes 1 geht zurück auf einen Vorschlag des Bundesrats (aaO S. 125/126), der zur Begründung seiner Initiative darauf hinwies, dass eine landesrechtliche Regelung durch Gesetz zu umständlich sei; statt dessen wurde eine an die Landesregierungen gerichtete Verordnungsermächtigung geschaffen, von der die Länder bei Bedarf Gebrauch machen können, ohne aber hierzu verpflichtet zu sein. Damit sind die Länder gemäß Artikel 80 Abs. 4 GG wahlweise auch zu einer Regelung durch Gesetz befugt. Die Ermächtigung ist am 17. 10. 2002, dem Tag nach der Verkündung des WaffRNeuRegG, in Kraft getreten (Art. 19 Nr. 1 WaffRNeuRegG).

2   **2. Zuständigkeit der in Absatz 1 benannten Behörden (Beschussämter).** Diese Behörden sind für die im einzelnen in Absatz 2 aufgeführten Tätigkeiten zuständig: die Beschussprüfung (§ 5), die Zulassung von Munition (§ 11), für Kontrollen, Anordnungen und Untersagungen für Munition, wenn und sobald sie von dem jeweiligen Antragsteller in Anspruch genommen werden (vgl. auch Rdn. 1). Die besondere Zuständigkeitsregelung in Satz 2 trägt den in der Vergangenheit gemachten Erfahrungen Rechnung, die gezeigt haben, dass es sinnvoll ist, periodische Kontrollen von Munition durch die Behörde durchführen zu lassen, bei der die erstmalige Zulassung erfolgt ist (Begr. BT-Drucks. 14/7758 S. 99).

3   **3. Zuständigkeit der Physikalisch-Technischen Bundesanstalt (Absatz 3 Satz 1).** Sie, die PTB, ist – wie bisher – zuständig für Zulassungen der Bauart nach (§§ 7 und 8) sowie für die Prüfung der in § 9 Abs. 2 und 4 benannten Schusswaffen und technischen Gegenstände (§ 9 Rdn. 16); sie ist auch der Adressat für die nach § 9 Abs. 2 erforderlichen Anzeigen. Vgl. auch § 19 Abs. 1 BeschussV. Über Anträge, nach § 9 Abs. 1 und 5 entscheidet die nach Landesrecht zuständige Stelle (§ 19 Abs. 1 Satz 2 BeschussV).

4   **4. Zuständigkeit der Bundesanstalt für Materialforschung und -prüfung (Absatz 3 Satz 2).** Sie, die BMA, prüft – wie bisher (§ 23 WaffG aF) – die pyrotechnische Munition (§ 10) und erteilt ggf. die Zulassung.

5   **5. Die Physikalisch-Technische Bundesanstalt als Zentralstelle (Absatz 4).** Nach der Entwurfsbegründung nimmt Absatz 4 die bisherige Regelung in § 14 Abs. 2 der 3. WaffV auf und erweitert sie auf alle Prüfungen und Zulassungen (BT-Drucks. 14/7758 S. 99). Die PTB führt die in Satz 1 umschriebene **Liste** mit den erforderlichen Angaben (Nrn. 1 bis 4). Sofern die PTB Prüfungen nicht selbst durchführt, haben die sonstigen nach den §§ 7 bis 11 zuständigen Prüf- und Zulassungsstellen ihr jeweils Meldung zu erstatten, so dass eine vollständige zentrale Liste zu erwarten ist. Diese steht bei der PTB während der Dienststunden zur Einsicht offen. Auf Antrag sind von der PTB – kostenpflichtig – Abschriften oder Fotokopien zu

Bußgeldvorschriften  § 21 BeschG 5

erhalten. Damit werden die Prüfungen und Zulassungen von zZ sieben Beschussämtern, der PTB und der BAM an einer Stelle gesammelt und für Wirtschaft und Behörden leichter abrufbar. Gegenüber der Bekanntmachung im Bundesanzeiger steht zeitnah zudem immer der gesamte Datenbestand zur Auskunftserteilung zur Verfügung (Begr. BT-Drucks. 14/7758 S. 99).

**Bußgeldvorschriften**

**21** (1) Ordnungswidrig handelt, wer vorsätzlich oder fahrlässig
1. **entgegen § 3 Abs. 1 Satz 1, auch in Verbindung mit Satz 3, oder Abs. 2 Satz 1, jeweils auch in Verbindung mit einer Rechtsverordnung nach § 14 Abs. 1 Nr. 5, einen dort genannten Gegenstand nicht oder nicht rechtzeitig durch Beschuss amtlich prüfen lässt,**
2. **entgegen § 7 Abs. 1 Satz 1, auch in Verbindung mit Satz 2, oder § 8 Abs. 1, jeweils auch in Verbindung mit einer Rechtsverordnung nach § 14 Abs. 2 Satz 1 Nr. 4, oder entgegen § 10 Abs. 1 einen dort genannten Gegenstand in den Geltungsbereich dieses Gesetzes verbringt oder gewerbsmäßig herstellt,**
3. **entgegen § 9 Abs. 1 oder Abs. 2 Satz 1 eine Anzeige nicht, nicht richtig, nicht vollständig, nicht in der vorgeschriebenen Weise oder nicht rechtzeitig erstattet,**
4. **entgegen § 10 Abs. 2 Satz 1 Verwendungshinweise nicht oder nicht richtig anbringt,**
5. **entgegen § 11 Abs. 1 die dort genannte Munition anderen überlässt oder gewerbsmäßig vertreibt,**
6. **entgegen § 12 Abs. 1 Satz 1 einen dort genannten Gegenstand oder einen Einstecklauf anderen überlässt oder entgegen § 12 Abs. 2 einen dort genannten Gegenstand gewerbsmäßig anderen überlässt,**
7. **entgegen § 17 Abs. 1 Satz 1 eine Auskunft nicht, nicht richtig, nicht vollständig oder nicht rechtzeitig erteilt,**
8. **entgegen § 17 Abs. 2 Satz 3 eine dort genannte Maßnahme nicht duldet, eine dort genannte Person nicht unterstützt oder eine Geschäftsunterlage nicht oder nicht rechtzeitig vorlegt,**
9. **einer vollziehbaren Anordnung nach § 17 Abs. 3 zuwiderhandelt,**
10. **einer vollziehbaren Auflage nach § 18 Abs. 1 zuwiderhandelt, wenn diese nicht bereits nach einer anderen Vorschrift bewehrt ist, oder**
11. **einer Rechtsverordnung nach**
    a) **§ 14 Abs. 2 Satz 1 Nr. 3 oder 5 Buchstabe a, b, d, f oder g oder**
    b) **§ 14 Abs. 2 Satz 1 Nr. 5 Buchstabe c**
    **oder einer auf Grund einer Rechtsverordnung erlassenen vollziehbaren Anordnung zuwiderhandelt, soweit die Rechtsverordnung für einen bestimmten Tatbestand auf diese Bußgeldvorschrift verweist.**

(2) Die Ordnungswidrigkeit kann in den Fällen des Absatzes 1 Nr. 3, 4, 7, 8, 9 oder 11 Buchstabe b mit einer Geldbuße bis zu zwanzigtausend Euro, in den übrigen Fällen mit einer Geldbuße bis zu fünfzigtausend Euro geahndet werden.

# 5 BeschG § 21

(3) **Verwaltungsbehörde im Sinne des § 36 Abs. 1 Nr. 1 des Gesetzes über Ordnungswidrigkeiten ist die nach § 48 Abs. 1 des Waffengesetzes zuständige Behörde.**

**1** I. Allgemeines. Bei den in § 21 angeführten Tatbeständen handelt es sich im allgemeinen um typisches **Verwaltungsunrecht**, dessen Ahndung mit Kriminalstrafe unangemessen wäre. Der Gesetzgeber hat deshalb die betreffenden Verstöße als **Ordnungswidrigkeiten** eingestuft, sie allerdings im Hinblick auf die Bedeutung des Beschuss- und Waffenrechts für die Allgemeinheit mit einer empfindlichen Geldbuße bedroht, deren Höchstmaß für vorsätzliche Begehungsweise nach der Neuregelung durch das Waffenrechtsneuregelungsgesetz statt 10 000 DM nunmehr 50 000 Euro beträgt, das Regelhöchstmaß in § 17 Abs. 1 OWiG also erheblich übersteigt. Damit ist es den Bußgelddrohungen im Umweltschutzrecht (zB § 62 Abs. 2 BImSchG) angeglichen worden. Auffälligerweise beträgt die Höchstbuße für Ordnungswidrigkeiten im Waffenrecht nach § 53 Abs. 2 nur 10 000 Euro. Näher Rdn. 20.

Infolge der Ausgliederung des Beschussrechts aus dem Waffengesetz durch das Waffenrechtsneuregelungsgesetz sind die das Beschusswesen betreffenden Ordnungswidrigkeiten aus dem früheren Katalog in § 55 WaffG aF in einen neuen, eigenständigen Katalog übernommen worden. Bei dieser Gelegenheit sind die Tatbestände teils an die inzwischen eingetretene Entwicklung angepasst, teils als Folge der Gesetzesänderungen erweitert worden. Nach wie vor steht sowohl die vorsätzliche als auch die fahrlässige Begehungsweise unter Bußgelddrohung, Letztere allerdings nach § 17 Abs. 2 OWiG nur mit der Hälfte der Höchstbuße für Vorsatztaten.

**2** II. Die Tatbestände des Absatzes 1. Im Gegensatz zu § 27 Abs. 1 Nr. 2 RWaffG, der die Zuwiderhandlungen gegen die zur Durchführung oder Ergänzung des RWaffG erlassenen Rechtsvorschriften **pauschal** unter Übertretungsstrafdrohung stellte, werden, rechtsstaatlichen Grundsätzen entsprechend, die der Ahndung als Ordnungswidrigkeiten unterliegenden Zuwiderhandlungen jetzt im **Einzelnen** angeführt. Es handelt sich um folgende Gesetzesverletzungen:

**3** 1. **Verstoß gegen die Beschusspflicht (Nr. 1).** Welche Gegenstände der Beschusspflicht unterliegen, ist in § 3 Abs. 1 Satz 1 und 3 sowie Abs. 2 Satz 1 aufgeführt. Zu Feuerwaffen, Böllern und höchstbeanspruchten Teilen sowie zusammengesetzten Waffen und erneutem Beschuss wird auf § 3 Rdn. 3, 7 und 9 verwiesen. Der Gesetzgeber hat die Bestimmung „offen" gestaltet, um weitere Verpflichtungen und entsprechende Verstöße zu erfassen, die in einer Rechtsverordnung, die sich auf die Ermächtigung in § 14 Abs. 1 Nr. 5 stützt, enthalten sind (vgl. § 42 BeschussV). Ordnungswidrig ist das Unterlassen der Vorführung des Gegenstandes zur amtlichen Beschussprüfung sowie das verspätete Gestellen. Letzteres war in der bisher geltenden Vorschrift (§ 55 Abs. 1 Nr. 7 WaffG aF) noch nicht enthalten. Wann eine nicht rechtzeitige Beschussprüfung anzunehmen ist, ergibt sich aus § 3 Abs. 1 Satz 1. Sie ist gegeben, wenn damit begonnen wird, den durch Beschuss zu prüfenden Gegenstand (nach Herstellung oder Import) in Verkehr zu bringen, also anderen zu überlassen.

**4** 2. **Verstoß gegen die Verpflichtung zur Bauartzulassung (Nr. 2).** Während in Nr. 1 das Unterlassen oder verspätete Durchführen der amtlichen Beschussprüfung sanktioniert worden ist und nicht das Inverkehrbringen ohne Beschusszeichen, wird vorliegend nicht das Unterlassen der Bauartprüfung als solcher, sondern das Importieren serienmäßig hergestellter Stücke oder das gewerbsmäßige Herstellen von nicht der Bauart nach zugelassener Gegenstände unter Bußgelddrohung gestellt. Das

Bußgeldvorschriften  § 21 BeschG 5

bedeutet, dass ein solcher Verstoß bereits beim Verbringen der Stücke ins Inland und auch schon beim Abschluss des Herstellungsprozesses und somit vor jedem Inverkehrbringen vorliegt. Unter die Regelung fallen eine ganze Reihe von Gegenständen. Nach § 7 Abs. 1 Satz 1 sind es Schussapparate und deren Zusatzgeräte, Gasböller, Einsätze für Munition mit kleinerer Abmessung sowie die näher umschriebenen Einsteckläufe. Auf § 7 Rdn. 4 bis 8 wird verwiesen. Weiter sind die in § 7 Abs. 1 Satz 2 genannten Feuerwaffen erfasst (§ 3 Rdn. 9). Nach dem ferner zitierten § 8 Abs. 1 handelt es sich um Schreckschuss-, Reizstoff- und Signalwaffen einschließlich der genannten Zusatzgeräte (§ 8 Rdn. 2 bis 4). Diese Regelung hat der Gesetzgeber erweiterungsfähig gestaltet, indem er sie für weitere Fälle, die in einer noch zu erlassenden Rechtsverordnung nach § 14 Abs. 2 Satz 1 Nr. 4 enthalten sein werden, offen gehalten hat (vgl. § 42 BeschussV). Schließlich ist hier noch einbezogen die pyrotechnische Munition einschließlich der mit ihr fest verbundenen Antriebsvorrichtung (§ 10 Abs. 1; hierzu dort. Rdn. 1 ff.).

Alle diese Gegenstände bedürfen der amtlichen Zulassung, zum einen der Bauart nach (§§ 7 und 8), zum anderen der Beschaffenheit und Zusammensetzung nach (§ 10 Abs. 1; dort. Rdn. 2). Ordnungswidrig handelt, wer einen solchen Gegenstand, der seiner Art oder Beschaffenheit nach nicht amtlich zugelassen ist, a) vom Ausland in das Inland „verbringt", also importiert (§ 1 WaffG Rdn. 54; § 32 WaffG Rdn. 2) oder gewerbsmäßig (§ 21 WaffG Rdn. 7 ff.) herstellt.

**3. Verstoß gegen die Anzeigepflichten des § 9 (Nr. 3).** Diese sind durch das 5 Waffenrechtsneuregelungsgesetz neu in das Gesetz aufgenommen worden (§ 9 Rdn. 1). Unter Bußgelddrohung stehen zwei Varianten: a) der Verstoß gegen § 9 Abs. 1 Satz 1 (§ 9 Rdn. 2 bis 5) und b) die Zuwiderhandlung gegen § 9 Abs. 2 Satz 1 (hierzu § 9 Rdn. 7 bis 11). Wie in Ordnungswidrigkeitstatbeständen dieser Art üblich (vgl. § 53 WaffG Rdn. 9), wird die Verletzung der Anzeigepflicht jeweils in allen praktisch in Betracht kommenden Fällen sanktioniert: vom gänzlichen Unterlassen der Anzeige über die falsche, unvollständige und diejenige, die nicht in der vorgeschriebenen Weise erfolgt, bis zur verspäteten Anzeige (hierzu § 9 Rdn. 5).

**4. Nicht- oder Falschanbringen der Verwendungshinweise nach § 10 Abs. 2** 6 **Satz 1 (Nr. 4).** Dieser Tatbestand wurde erst gegen Ende des Gesetzgebungsverfahrens auf Betreiben des Bundesrats eingefügt (Begr. BT-Drucks. 14/8886 S. 121). Er betrifft die pyrotechnische Munition, die zusätzlich zur gesetzlich vorgeschriebenen Kennzeichnung noch mit Verwendungshinweisen zu versehen ist, um aus ihr entstehende Schäden zu minimalisieren (§ 10 Rdn. 4). Um dieser Regelung Nachdruck zu verschaffen, ist eine Sanktionierung in der Tat unerlässlich. Zwei Formen des Verstoßes sind hier tatbestandsmäßig: zum einen das Unterlassen der Anbringung, zum anderen aber auch das nicht richtige Anbringen, zB nicht auf der einzelnen Munition, obwohl dies technisch möglich ist, oder nicht auf der kleinsten Verpackungseinheit, sondern erst auf einer größeren.

**5. Verstoß gegen das Verbot des Überlassens oder Vertreibens von Munition** 7 **nach § 11 Abs. 1 (Nr. 5).** Dieser Tatbestand ähnelt denen der Nrn. 1 und 2; im Gegensatz zu jenen wird hier aber nicht die missachtete Beschussprüfung oder Bauartprüfung unter Bußgelddrohung gestellt, sondern die Verletzung der **Munitionsprüfungspflicht** des § 11 Abs. 1, die allerdings erst akut wird, wenn die nicht geprüfte Munition anderen überlassen (§ 1 WaffG Rdn. 43; § 34 WaffG) oder gewerbsmäßig (§ 21 WaffG Rdn. 3) – handelsmäßig – vertrieben (§ 1 WaffG Rdn. 61) wird. Welche Arten von Munition von dem Verbot erfasst werden, ist in § 11 Rdn. 3 beschrieben. Zur Munitionsprüfung wird auf die §§ 26 ff. BeschussV verwiesen.

# 5 BeschG § 21    Beschussgesetz

**8**  **6. Verstoß gegen das Verbot des Überlassens amtlich nicht geprüfter Gegenstände nach § 12 (Nr. 6).** Diese Bestimmung enthält zwei verschiedene Bußgeldtatbestände: **a)** Die erste Zuwiderhandlung (vgl. § 12 Abs. 1 Satz 1) besteht darin, dass jemand der Beschusspflicht unterliegende Feuerwaffen (§ 1 Rdn. 4), Böller (§ 1 Rdn. 5) oder höchstbeanspruchte Teile (§ 2 Rdn. 3 bis 13; § 3 Rdn. 3) oder – besonders genannt – Einsteckläufe (§ 2 Rdn. 7), ohne dass diese Gegenstände jeweils das amtliche Prüfzeichen (§ 6) tragen, einem anderen überlässt (§ 1 WaffG Rdn. 43; § 34 WaffG), ohne dass dies gewerbsmäßig erfolgen müsste (wie etwa bei der zweiten Variante in Rdn. 9). Zu prüfen ist stets, um die Verpflichtung zum Beschuss bejahen zu können, ob keine der Ausnahmen nach § 4 vorliegt; eine Ausnahme im Einzelfall nach § 13 kommt bei der Beschusspflicht nicht in Betracht. Im Gegensatz zum bisherigen Recht (§ 55 Abs. 1 Nr. 8 WaffG aF) ist die in § 12 Abs. 1 Satz 1 enthaltene zweite Variante, nämlich dass jemand die gleichen Objekte ungeprüft zum Schießen verwendet, nicht mehr bußgeldbewehrt.

**9**  **b)** Nur **gewerbsmäßiges** (§ 21 WaffG Rdn. 3) Überlassen ist tatbestandsmäßig, wenn die in § 12 Abs. 2 im einzelnen genannten Gegenstände einem anderen überlassen (hierzu Rdn. 8) werden, ohne dass sie das vorgeschriebene amtliche Prüf- oder Zulassungszeichen aufweisen zum Beweis, dass ihr Typus jeweils amtlich „freigegeben" worden ist. Auf § 12 Rdn. 5 wird Bezug genommen.

**10**  **7. Verletzung der Auskunftspflicht (Nr. 7).** Auskünfte zu erteilen haben alle Personen, die irgendwie Umgang mit Gegenständen iS des BeschG haben (§ 17 Rdn. 3). Zum Inhalt des Auskunftsverlangens wird auf § 17 Rdn. 4 verwiesen, zum Auskunftsverweigerungsrecht auf die dort. Rdn. 5. Vier Tatmodalitäten sind möglich: Verweigerung der Auskunft, falsche Auskunftserteilung, unvollständige Erteilung und – am behördlichen Verlangen zu messende oder falls feste Termine bestehen – verspätete Auskunftserteilung.

**11**  **8. Verletzung der Nachschaupflicht (Nr. 8).** Um der Regelung über die „Nachschau" Nachdruck zu verleihen, sind drei verschiedene Verstöße bußgeldbewehrt, wie sie in § 17 Abs. 2 Satz 3 zusammenfassend formuliert worden sind. a) Nichtdulden einer behördlichen Maßnahme, wie sie § 17 Abs. 2 Satz 1 Nr. 1 und 2 sowie Satz 2 vorsehen (§ 17 Rdn. 6 ff.). b) Unterlassen der Unterstützung der erforderlichen behördlichen Maßnahmen (§ 17 Rdn. 13) und c) Unterlassen der Vorlage von Geschäftsunterlagen oder verspätete Vorlage (§ 17 Rdn. 12).

**12**  **9. Verstoß gegen eine vollziehbare Anordnung nach § 17 Abs. 3 (Nr. 9).** Hierzu wird auf § 17 Rdn. 14 ff. verwiesen. Zur Vollziehbarkeit vgl. § 53 WaffG Rdn. 6. Die Vorschrift dient in erster Linie der Sicherung der Vorzeigepflicht (§ 17 Rdn. 17 f.).

**13**  **10. Verstoß gegen eine vollziehbare Auflage nach § 18 Abs. 1 (Nr. 10).** Auflagen werden nur in § 18 Abs. 1 Satz 2 erwähnt. Die Bezugnahme auf den ganzen Absatz 1 des § 18 rechtfertigt sich aber aus dem Grund, dass in Satz 1 die Gefahren aufgeführt sind, zu deren Verhinderung derartige Auflagen erlassen werden können (hierzu § 18 Rdn. 6 f.). Auch nachträgliche Auflagen sind erfasst, sofern sie nur vollziehbar sind (Rdn. 12). Nach den Prinzipien des modernen Ordnungswidrigkeitsrechts wurde die repressive Bewehrung primär präventiver Anordnungen nach § 9 Abs. 4 Satz 1, für deren Durchsetzung ohnehin der Verwaltungszwang zur Verfügung steht, nicht in den Katalog der Ordnungswidrigkeiten aufgenommen (Begr. BT-Drucks. 14/7758 S. 99).

Die Zuwiderhandlung ist nicht nur in der vollkommenen Nichtbeachtung der Auflagen zu erblicken, sondern auch in der nicht rechtzeitigen oder nur unvollständige Erfüllung. Es bedarf keiner besonderen Hervorhebung, dass bei unvollständiger oder gar nur nicht rechtzeitiger Auflagenerfüllung im allgemeinen eine geringere Geldbuße festzusetzen sein wird als bei vollkommener Nichtbeachtung. Im Falle der bloßen Unpünktlichkeit wird die Verwaltungsbehörde häufig von § 56 OWiG (Verwarnung mit Verwarnungsgeld) Gebrauch machen können. Auch kann das Verfahren zufolge des das Ordnungswidrigkeitenrecht beherrschenden Opportunitätsprinzip gem. § 47 Abs. 1 OWiG eingestellt werden. Der die Auflagen enthaltende Verwaltungsakt muss vollziehbar, d. h. unanfechtbar (rechtskräftig) geworden oder für sofort vollziehbar (§ 80 Abs. 2 Nr. 4 VwGO) erklärt worden sein. Ist dies nicht der Fall, so ist der Ordnungswidrigkeitstatbestand nicht erfüllt.

**11. Verstoß gegen einen Bußgeldtatbestand in einer Rechtsverordnung und gegen auf eine solche gestützte vollziehbare Anordnungen (Nr. 11).** Die einzelnen Ermächtigungsgrundlagen werden in Nr. 11 aufgeführt. Derartige Rechtsverordnungen lagen bis zum Erlass der BeschussV noch nicht vor. Für die Übergangszeit bestimmte § 22 Abs. 6, dass die 3. WaffV aF bis zu deren Erlass „sinngemäß" weiter galt. Das bezog sich auch auf § 31 der 3. WaffV aF. Durch Nr. 11 wird die im Hinblick auf Art. 103 Abs. 2 GG (BVerfGE **14,** 245, 252) erforderliche hinreichend konkretisierte Gesetzesgrundlage zur Ahndung von Verstößen gegen die Verordnung geschaffen. Wie in Nr. 11 vorgesehen, müssen die Bußgeldvorschriften – wie in § 42 BeschussV geschehen – ausdrücklich auf Absatz 1 Nr. 11 von § 21 Bezug nehmen, so dass sich die in der Verordnung unter Bußgelddrohung gestellten Tatbestände letztlich als Verstöße gegen das Beschussgesetz selbst darstellen. Aus der Begründung: Rechtsverordnungen mit Rückverweisungsklausel wurden nur vorgesehen, wo es Sinn ergibt, da dort zusätzliche Verhaltensregeln vorgegeben werden. Im Übrigen erfolgt die Einbeziehung so genannter ausdehnender Rechtsverordnungen durch die Ausdehnungsklausel, wie sie sich in Nr. 1 und 2 findet (BT-Drucks. 14/7758 S. 99/100).

**III. Täterschaft** 15

**1. Täter** (Beteiligter nach § 14 Abs. 1 OWiG; die strafrechtlichen Ausformungen des Gehilfen und Anstifters kennt das OWiG als solche nicht) dieser Ordnungswidrigkeiten können **nur natürliche Personen** sein (*Rengier* in KK-OWiG[3] vor § 8 Rdn. 4; jetzt auch deutlich *Göhler*[14] vor § 1 OWiG Rdn. 31; aA *Tiedemann* NJW **1988,** 1169, 1172)), nicht jedoch juristische Personen oder Personenverbände. Soweit das OWiG Geldbußen auch gegen diese zulässt, handelt es sich um **Nebenfolgen** der Tat eines Menschen (BayObLG NJW **1972,** 1772; *Göhler* aaO; aA *Rogall* KK-OWiG[3] § 30 Rdn. 10). Von großer praktischer Bedeutung ist in diesem Zusammenhang § 30 OWiG, der die Festsetzung einer Geldbuße als Nebenfolge (Absatz 1) und als selbständige Maßnahme (Absatz 4) gegen andere als natürliche Personen zulässt. Eine juristische Person ist im Bußgeldverfahren demnach nicht „Betroffene", sondern „Nebenbeteiligte" (*Göhler* aaO vor § 87 Rdn. 2 und 8). Zum Handeln für einen anderen (§ 9 OWiG) und weitere Fragen der Täterschaft wird auf § 53 WaffG Rdn. 32 ff. verwiesen.

**IV. Innere Tatseite** 16

**1. Als Schuldformen** sieht das Gesetz sowohl Vorsatz als auch Fahrlässigkeit vor. Besonderheiten bestehen insoweit nicht.

a) Das Vorliegen des **Vorsatzes** ist nach den allgemeinen Grundsätzen zu prüfen; bedingter Vorsatz genügt. Die Wissenskomponente des Vorsatzes ist erfüllt, wenn der Täter über alle tatsächlichen Umstände richtig und vollständig **informiert** ist. Ihm muss bekannt sein oder er muss es für möglich halten, dass es sich um die im Einzelfall angesprochene Kategorie von Waffe, Gerät oder Munition handelt, wobei nicht gefordert werden kann, dass er eine zutreffende rechtliche Vorstellung von den Gegenständen hat. Kennen muss er allerdings die tatsächlichen Umstände, durch die das spezifische Unrecht seiner Tat bestimmt wird (zu § 326 StGB: *Schittenhelm* GA **1983,** 310, 315). Jedes Informationsdefizit in bezug auf die tatsächlichen Umstände führt zur Annahme eines Irrtums nach § 11 Abs. 1 Satz 1 OWiG. Hierbei sind allerdings die Regeln über den Irrtum über Tatbestandsalternativen zu beachten *(Schroeder* LK[11] § 16 Rdn. 3 sowie GA **1979,** 321 ff.).

**17** b) Für die Feststellung der objektiven und subjektiven Elemente der **Fahrlässigkeit** gelten ebenfalls die allgemeinen Grundsätze *(Schroeder* aaO § 16 Rdn. 116 ff). Maßstab für die erforderliche Sorgfalt ist das Verhalten eines sorgfältigen und verantwortungsbewussten Herstellers, Händlers oder sonstigen Besitzers solcher risikobehafteten Gegenstände in der konkreten Situation. Allgemein gilt, dass ein Gewerbetreibender sich über betriebseinschlägige Vorschriften informieren muss (OLG Stuttgart OLGSt. § 4 AbfG S. 1 ff.). Zu denken ist auch daran, dass der Täter mit der Erfüllung seiner Pflichten einen anderen beauftragt hat. Hier muss er Erkundigungen einziehen, ob der Beauftragte tatsächlich hierzu in der Lage ist und über die erforderlichen rechtlichen Befugnisse verfügt; unterlässt er dies, handelt er fahrlässig (für das Strafrecht: BGHSt. **40,** 84 = NJW **1994,** 1745 = StV **1995,** 135 m. krit. Anm. *Michalke;* hierzu ferner: *Hecker* Umweltstrafrecht: Das Risiko des Entsorgungspflichtigen bei der Beauftragung ungeeigneter Dritter, MDR **1995,** 757; *Krieger* Sorgfaltspflichten des Abfallbesitzers bei der Entsorgung durch Dritte, DB **1996,** 613).

**18** 2. **Beachtlichkeit von Fehlvorstellungen.** Tatumstandsirrtum (§ 11 Abs. 1 Satz 1 OWiG) liegt vor, wenn über folgendes beim Täter Fehlvorstellungen vorliegen: **a)** Tatsächliche Umstände, die im einzelnen der Wertung Waffe oder Munition in der jeweiligen Ausformung zugrunde liegen; eine fehlerhafte rechtliche Einordnung ist Subsumtionsirrtum (zum Umweltrecht: OLG Braunschweig ZfW **1991,** 52, 63; *Rengier* Umweltstrafrecht S. 25), der nach den Regeln des Verbotsirrtums zu beurteilen ist. **b)** Die tatsächlichen Eigenschaften des betreffenden Gegenstandes (Parallelwertung in der Laiensphäre reicht). Eine unbeachtliche Fehlvorstellung liegt vor, wenn die vom Täter fälschlich angenommene und die von ihm tatsächlich verwirklichte Tatbestandsmodalität in ihrer Unrechtsqualität vergleichbar sind. Dies werden in der Regel die verschiedenen Begehungsformen eines Tatbestandes des Ordnungswidrigkeitenkatalogs jeweils untereinander sein. Hinsichtlich der Vermeidbarkeit derartiger Irrtümer gelten die allgemeinen Grundsätze. Auch auf dem vorliegenden Rechtsgebiet ist zu fordern, dass der am Rechtsverkehr Beteiligte sich über die von ihm zu beachtenden Regelungen vergewissert und notfalls Erkundigungen bei zuverlässigen Stellen einholt (großzügig: BayObLG wistra **2000,** 117 [abhängig von der Betriebsgröße]).

**19** 3. Der **Versuch** ist **nicht** bußgeldbewehrt (vgl. § 13 Abs. 2 OWiG).

**20** V. **Die Bußgelddrohung (Absatz 2).** Die Vorschrift entspricht dem § 55 Abs. 3 WaffG aF. Der seit 1972 unverändert gewesene Bußgeldrahmen (10 000 DM) wurde bezüglich der als gravierend eingestuften Tatbestände hier – im Gegensatz zu § 53 Abs. 2 WaffG nF – drastisch auf 50 000 Euro erhöht, um eine angemessene Sanktionierung auch bei Verstößen durch Gewerbetreibende zu ermöglichen (Begr. BT-Drucks. 14/7758 S. 100). Die Mindestgeldbuße beträgt 5 Euro (§ 17 Abs. 1 OWiG). Zu Sanktionen eingehend *Schall/Schreibauer* wistra **1996,** 440. Die vorliegende Bestimmung sieht sinnvollerweise – wiederum anders als § 53 Abs. 2 WaffG nF – eine am Unrechtsgehalt der einzelnen Verstöße orientierte **abgestufte Bußgelddrohung** vor, da die unter den 11 Nummern aufgeführten Tatbestände sehr unterschiedlich gestaltet sind. So beträgt die Höchstgeldbuße bei den Nrn. 3, 4, 7 bis 9 sowie Nr. 11

Übergangsvorschriften **§ 22 BeschG 5**

Buchst. b 20 000 Euro, im übrigen 50 000 Euro. Nach § 17 Abs. 2 OWiG halbiert sich dieser Betrag bei fahrlässigen Verstößen. Den konkreten Rahmen, von dem bei der Geldbußenbemessung ausgegangen worden ist, hat der Bußgeldrichter in seinen Urteils- oder Beschlussgründen offenzulegen, da andernfalls das Rechtsbeschwerdegericht nicht nachprüfen kann, ob der Tatrichter von einem zutreffenden Rahmen ausgegangen ist; es kann dann in diesen Fällen nicht ausgeschlossen werden, dass das Gericht die vom Gesetzgeber vorgenommene generelle Vorbewertung des Tatunrechts missachtet hat.

Für die **Bemessung der Geldbuße** im Einzelfall (hierzu ausführlich *Verf.* in KK-OWiG[2] zu § 17; fortführend *Mitsch* KK-OWiG[3]) gelten die allgemeinen Regeln (§ 17 Abs. 3 OWiG). Eine Möglichkeit, den durch die Zuwiderhandlung erlangten „wirtschaftlichen Vorteil" durch Erhöhung der Geldbuße abzuschöpfen, bietet § 17 Abs. 4 OWiG (vgl. *Verf.* in KK-OWiG zu dieser Vorschrift). Die Bundesländer haben auf einer Reihe von Rechtsgebieten **Bußgeldkataloge** eingeführt. Das ist auf dem Gebiet des Waffenrechts, in das das Beschussrecht bisher „eingebettet" war, bisher nicht geschehen. In echten Bagatellfällen ist von der Verfolgung abzusehen oder das Verfahren einzustellen; für die Verwaltung ist bei Vorliegen der Voraussetzungen auch die Erledigung durch Verwarnung (§ 56 OWiG) von Bedeutung. 21

Ferner wird bei Unternehmen die Festsetzung von Geldbußen nach §§ 30, 130 OWiG zu erwägen sein. Der vom Normalfall abweichende Bußgeldrahmen des § 30 Abs. 2 Satz 1 OWiG ist zu beachten. Auf die eingeführten Erläuterungswerke zum OWiG wird verwiesen.

**VI. Zuständige Verwaltungsbehörde (Absatz 3).** Nach § 36 Abs. 1 Nr. 1 OWiG ist für den Erlass des Bußgeldbescheides (§ 65 OWiG) bei Ordnungswidrigkeiten die Behörde sachlich zuständig, die das verletzte Gesetz bestimmt. Das ist hier in der Weise erfolgt, dass die nach **§ 48 Abs. 1 WaffG nF** zuständige Behörde auch vorliegend für Ordnungswidrigkeiten nach dem BeschG zuständig ist. Bereits zuvor war aus Gründen der Zweckmäßigkeit und der Verwaltungsvereinfachung nach der früheren Begr. (BT-Drucks. VI/2678 S. 37) die Verfolgung von Ordnungswidrigkeiten den zuständigen Landesbehörden auch in den Bereichen übertragen worden, in dem sich an sich andere Behörden, zB die Physikalisch-Technische Bundesanstalt, zur Entscheidung in der Sache berufen waren. Das will der der Gesetzgeber des Waffenrechtsneuregelungsgesetz beibehalten: „Weder die auf Grund ihrer technischen Fachkompetenz für die eigentlichen beschussrechtlichen Prüfungen zuständigen Bundesbehörden Physikalisch-Technische Bundesanstalt, Bundesanstalt für Materialforschung und -prüfung und Bundeskriminalamt noch die Beschussämter sollen mit der Durchführung von Ordnungswidrigkeitsverfahren belastet werden. Vielmehr bietet es sich insoweit weiterhin an, die für Herstellung und Handel zuständigen Waffenbehörden mit dieser Aufgabe befasst zu lassen" (Begr. BT-Drucks. 14/7758 S. 100). 22

**VII. Verfolgungsverjährung** tritt nach 3 Jahren ein (§ 31 Abs. 2 Nr. 1 OWiG). 23

## Abschnitt. 4. Übergangsvorschriften

Übergangsvorschriften

**22** (1) **Eine vor Inkrafttreten dieses Gesetzes erteilte Zulassung im Sinne der §§ 7 bis 11 gilt im bisherigen Umfang als Zulassung nach diesem Gesetz.**

# 5 BeschG § 22

(2) **Ein vor Inkrafttreten dieses Gesetzes erteiltes oder anerkanntes Prüfzeichen gilt als Prüfzeichen im Sinne dieses Gesetzes.**

(3) **Munition, die der Anlage III zur Dritten Verordnung zum Waffengesetz vom 22. Dezember 1976 (BGBl. I S. 3770) entspricht und die ihrer Art nach am 1. Januar 1981 im Geltungsbereich des Gesetzes hergestellt oder vertrieben wurde, darf ohne Zulassung seit dem 1. Januar 1984 nicht mehr vertrieben und anderen überlassen werden. Munition nach Satz 1, die sich am 1. Januar 1981 im Geltungsbereich des Gesetzes bereits im Handel befand, darf seit dem 1. Januar 1986 nicht mehr vertrieben und anderen überlassen werden. Auf der bezeichneten Munition und ihrer Verpackung darf das auf Grund einer Rechtsverordnung nach § 14 Abs. 2 Satz 1 Nr. 5 Buchstabe a vorgeschriebene Zulassungszeichen nicht angebracht werden.**

(4) **§ 8 Abs. 1 findet auf Zusatzgeräte zu diesen Waffen zum Verschießen pyrotechnischer Geschosse nach dem 30. Juni 2004 Anwendung.**

(5) **Der Umgang mit im Verkehr befindlichen Gegenständen, die durch dieses Gesetz erstmals einer Prüfpflicht unterworfen werden, ist längstens bis zum 31. Dezember 2003 ohne das vorgeschriebene Prüfzeichen zulässig.**

(6) **Bis zum Inkrafttreten einer Verordnung zu diesem Gesetz findet die Dritte Verordnung zum Waffengesetz in der Fassung der Bekanntmachung vom 2. September 1991 (BGBl. I S. 1872), zuletzt geändert durch die Verordnung vom 10. Januar 2000 (BGBl. I S. 38), sinngemäß Anwendung.**

(7) **Bis zum Inkrafttreten einer Kostenverordnung zu diesem Gesetz findet die Kostenverordnung zum Waffengesetz in der Fassung der Bekanntmachung vom 20. April 1990 (BGBl. I S. 780), zuletzt geändert durch Verordnung vom 10. Januar 2000 (BGBl. I S. 38), sinngemäß Anwendung.**

**1** **1. Fortgelten von Zulassungen und Prüfzeichen (Absatz 1 und 2).** Aus Gründen der Rechtssicherheit hält der Gesetzgeber bereits bestehende Erlaubnisse und Prüfzeichen aufrecht (Begr. BT-Drucks. 14/7758 S. 100).

**2** **2. Sondervorschrift für alte Munition (Absatz 3).** Die im Einzelnen präzise umschriebenen Munitionsarten nach der Anlage III zur früheren Fassung der 3. WaffV unterliegen den im Einzelnen bestimmten Vertriebs- und Überlassungsverboten. Sie können ein Zulassungszeichen nach der Beschussverordnung, gestützt auf § 14 Abs. 2 Satz 1 Nr. 5 Buchst. a BeschG, nicht erhalten.

**3** **3. Übergangsfrist für Zusatzgeräte iS von § 8 Abs. 1 Satz 1 (Absatz 4).** Vgl. hierzu § 8 Rdn. 4. Diese Ausnahmevorschrift ist nach Ansicht des Gesetzgebers für die Hersteller derartiger Zusatzgeräte notwendig, um Zulassungen für bereits auf dem Markt befindliche Geräte beantragen und erhalten zu können (BT-Drucks. 14/7758 S. 100).

**4** **4. Befristet erlaubter Umgang mit Gegenständen ohne Prüfzeichen (Absatz 5).** Diese Regelung schafft den Übergang für Gegenstände, die durch das neue Beschussgesetz erstmalig der Prüfpflicht unterworfen werden. Mit der Regelung wird sichergestellt, dass in Privatbesitz befindliche Gegenstände nachträglich zu prüfen sind und der Besitzer die für den Besitz ungeprüfter Gegenstände erforderlichen Erlaubnisse beantragen kann (Begr. aaO).

**5. Fortgelten von Verordnungen zum WaffG aF (Absätze 6 und 7).** Diese Bestimmungen waren, vor allem Absatz 6, von enormer Bedeutung für die Praxis in der Übergangszeit. Sie regeln die vorübergehende Weitergeltung und sinngemäße Anwendung der Dritten Verordnung zum Waffengesetz und der Kostenverordnung zum Waffengesetz bis zum Erlass der Beschussverordnung und einer eigenen Kostenverordnung (Begr. aaO). Im Gegensatz zu der Überleitungsvorschrift für die übrigen Waffenverordnungen in Art. 19 Nr. 3 WaffRNeuRegG, in der von „entsprechender" Anwendung die Rede ist, war vorliegend nur „sinngemäße" Anwendung vorgesehen. Hinsichtlich des Beschusswesens hat die Übergangsregelung durch die am 19. 7. 2006 in Kraft getretene **„Allgemeine Verordnung zum Beschussgesetz (Beschussverordnung – BeschussV)"** vom 13. 7. 2006 (BGBl. I 1474) ein Ende gefunden.

# 6. Allgemeine Verordnung zum Beschussgesetz[1] (Beschussverordnung – BeschussV)

Vom 13. 7. 2006 (BGBl. I 1474)

BGBl. III/FNA: 7144-2-1

Auf Grund der §§ 14 und 15 des Beschussgesetzes vom 11. Oktober 2002 (BGBl. I S. 3970, 4003), von denen § 14 Abs. 2 Satz 2 durch Artikel 116 der Verordnung vom 25. November 2003 (BGBl. I S. 2304) geändert worden ist, des § 25 Abs. 1 Nr. 1 Buchstabe c und des § 36 Abs. 5 des Waffengesetzes vom 11. Oktober 2002 (BGBl. I S. 3970, 4592, 2003 I S. 1957) in Verbindung mit § 1 des Zuständigkeitsanpassungsgesetzes vom 16. August 2002 (BGBl. I S. 3165) und dem Organisationserlass vom 22. November 2005 (BGBl. I S. 3197) verordnet das Bundesministerium des Innern, soweit Schussapparate betroffen sind, im Einvernehmen mit dem Bundesministerium für Arbeit und Soziales und in Bezug auf § 36 Abs. 5 des Waffengesetzes nach Anhörung der beteiligten Kreise:

## Inhaltsübersicht

### Abschnitt 1.
**Beschussprüfung von Schusswaffen und Böllern** §§

| | |
|---|---|
| Prüfverfahren | 1 |
| Prüfung von Schwarzpulverwaffen und Böllern | 2 |
| Mindestzustand des Prüfgegenstandes | 3 |
| Zurückweisung vom Beschuss | 4 |
| Instandsetzungsbeschuss | 5 |
| Wiederholungsbeschuss und freiwillige Beschussprüfung | 6 |

### Abschnitt 2. Verfahren der Beschussprüfung

| | |
|---|---|
| Antragsverfahren | 7 |
| Überlassung von Prüfhilfsmitteln | 8 |
| Aufbringen der Prüfzeichen | 9 |
| Bescheinigung über das Beschussverfahren | 10 |

### Abschnitt 3. Bauartzulassung für besondere Schusswaffen und besondere Munition

| | |
|---|---|
| Bauartzulassung für besondere Schusswaffen, pyrotechnische Munition und Schussapparate | 11 |
| Modellbezeichnung bei Bauartzulassungen | 12 |
| Inverkehrbringen von Schussapparaten aus Staaten, mit denen die gegenseitige Anerkennung der Prüfzeichen vereinbart ist | 13 |
| Beschaffenheit pyrotechnischer Munition | 14 |

---

[1] Amtl. Anm.: Die Verpflichtungen aus der Richtlinie 98/34/EG des Europäischen Parlaments und des Rates vom 22. Juni 1998 über ein Informationsverfahren auf dem Gebiet der Normen und technischen Vorschriften und der Vorschriften für die Dienste der Informationsgesellschaft (ABl. EG Nr. L 204 S. 37), geändert durch die Richtlinie 98/48/EG des Europäischen Parlaments und des Rates vom 20. Juli 1998 (ABl. EG Nr. L 217 S. 18), sind beachtet worden.

# 6 Beschuss V

Beschussverordnung

§§

Anforderungen an Reizstoffgeschosse, Reizstoffsprühgeräte und Reizstoffe sowie an Elektroimpulsgeräte ............ 15
Kennzeichnung der Verpackung von Reizstoffgeschossen und Reizstoffsprühgeräten ............ 16
Abweichungen vom Kennzeichnungsgrundsatz bei besonderen Munitionsarten ............ 17

### Abschnitt 4. Verfahren bei der Bauartzulassung

Antragsverfahren ............ 18
Zuständigkeit und Zulassungsbescheid ............ 19
Zulassungszeichen ............ 20
Bekanntmachungen ............ 21

### Abschnitt 5. Periodische Fabrikationskontrolle, Einzelfallprüfung, Wiederholungsprüfung

Periodische Fabrikationskontrollen für Schussapparate und Einsteckläufe ............ 22
Überprüfung im Einzelfall ............ 23
Wiederholungsprüfung betriebener Schussapparate ............ 24
Prüfzeichen bei Wiederholungsprüfungen ............ 25

### Abschnitt 6. Festlegung der Maße und Energiewerte für Feuerwaffen (Maßtafeln), Einsteck- und Austauschläufe sowie für Munition

Zulässige und nicht zulässige Munition ............ 26
Abweichungen von den Maßtafeln ............ 27

### Abschnitt 7. Zulassung von Munition

Begriffsbestimmungen ............ 28
Zulassung und Prüfung von Patronen- und Kartuschenmunition ............ 29
Antragsverfahren ............ 30
Prüfmethoden ............ 31
Form der Zulassung ............ 32
Fabrikationskontrolle ............ 33
Behördliche Kontrollen ............ 34
Überprüfung im Einzelfall ............ 35
Bekanntmachung ............ 36
Ausnahmen ............ 37

### Abschnitt 8. Verpackung, Kennzeichnung und Lagerung von Munition

Verpackung von Munition ............ 38
Kennzeichnung der Verpackungen und Munition ............ 39
Lagerung von Munition ............ 40

### Abschnitt 9. Beschussrat

Beschussrat ............ 41

### Abschnitt 10. Ordnungswidrigkeiten und Schlussvorschriften

Ordnungswidrigkeiten ............ 42
Inkrafttreten, Außerkrafttreten ............ 43

## Vorbemerkung

**1. Eigenständiges Beschussrecht.** Die Allgemeine Verordnung zum Beschussgesetz (BeschussV) vollendet die **Trennung** des **Beschussrechts** vom **Waffenrecht,** wie sie durch das Gesetz zur Neuregelung des Waffenrechts (WaffRNeuRegG) vom 11. 10. 2002 (BGBl. I 3970; ber. 4592 und 2003 I 1597) auf Gesetzesebene durchgeführt worden ist, auf der Verordnungsebene. Grund hierfür war eine Entlastung des Waffengesetzes von den technischen Vorschriften für Waffen und Munition, die ausschließlich ihre Zulassung aus Sicht der **Verwendersicherheit** (Produktsicherheit) betreffen. Grund für die Aufspaltung war die **unterschiedliche Zweckrichtung** beider Regelungen. Während das Waffengesetz den Umgang mit Waffen unter dem Gesichtspunkt der öffentlichen Sicherheit und Ordnung regelt, richten sich die Vorschriften des Beschussgesetzes auf den sicheren Umgang dieser Waffen seitens des Verwenders. 1

Diese Trennung von Waffen- und Beschussrecht besteht auch in allen anderen Staaten, die – wie Deutschland – Vertragsstaat des Internationalen Übereinkommens über die gegenseitige Anerkennung der Beschusszeichen für Handfeuerwaffen vom 1. 7. 1969 sind (abgedruckt unter **Nr. 12 g**). Im Hinblick darauf können in Zukunft Beschlüsse, die auf Grund des genannten Übereinkommens von der Ständigen Internationalen Kommission zur Prüfung von Handfeuerwaffen (CIP = „Commission Internationale Permanente pour l'epreuve des armes à feu portatives" mit dem Sitz in Liege [Belgien]) getroffen werden, leichter in deutsches Recht übergeleitet werden (Begr. BR-Drucks. 164/06 S. 95).

Die Aufspaltung der Regelungen in zwei verschiedene Gesetze und deren untergesetzliches Regelwerk hat bezüglich des Beschusswesens naturgemäß nicht zur Folge, dass alle früheren Bestimmungen, vor allem im technischen Bereich, nunmehr keine Gültigkeit mehr zu beanspruchen hätten. Im Gegenteil: im Gewand der Beschussverordnung neuen Rechts kehrt im Wesentlichen der **Inhalt** der **Dritten Verordnung zum Waffengesetz (3. WaffV aF)** wieder, teilweise auch der 1. WaffV aF. Zusätzlich werden durch die BeschussV die seit der letzten Änderung der 3. WaffV aF gefassten Beschlüsse der CIP in innerstaatliches Recht umgesetzt. 2

**2. Änderungen gegenüber der bisherigen Regelung.** Eine **wesentliche Änderung** gegenüber der 3. WaffV aF ist, dass die im Beschussgesetz eingeführte unterschiedliche Begrifflichkeit in Abgrenzung zum Waffenrecht folgerichtig auch in die vorliegende Verordnung übernommen worden ist: Während im Waffenrecht der Begriff der „wesentlichen" Teile verwandt wird (Waffengesetz Anlage 1 A 1 U 1 Nr. 1.3), also solcher Teile, die für die Verwendung einer Schusswaffe von Bedeutung sind und mit denen der Umgang aus sicherheitspolizeilichen Gründen geregelt werden muss, spricht das Beschussgesetz von „höchstbeanspruchten" Teilen (§ 2 Abs. 2 BeschG). Für die Prüfung der Verwendersicherheit ist allein entscheidend, ob die Teile, die dem Gasdruck unmittelbar ausgesetzt sind, der Belastung standhalten; ob es sich hierbei um ein wesentliches Teil iS des WaffG handelt, mit dem der Umgang aus sicherheitspolizeilicher Sicht geregelt werden muss, ist nicht entscheidend. 3

Eine **zweite wesentliche Änderung** liegt in der Regelung betr. die Prüfung von Druckluftwaffen, Reizstoffsprühgeräten und Elektroimpulsgeräten („Elektroschockgeräte"), die in § 9 BeschG aufgenommen worden ist. In diesem Zusammenhang wurden aus der 1. WaffV aF die Vorschriften über die Kennzeichnung von Druckluftwaffen und die Vorschriften über Reizstoffgeschosse, Reizstoffsprühgeräte und

# 6 Beschuss V

die dafür verwendeten Reizstoffe sowie Vorschriften über Kennzeichnung, Verpackung und Lagerung von Munition übernommen.

**Neu aufgenommen** in § 9 BeschG wurde die Prüfpflicht für Schusswaffen für Zier-, Sammler- oder Aufführungszwecke und für unbrauchbar gemachte Schusswaffen. Die Unbrauchbarmachung von Schusswaffen wurde zuvor behördlich nicht kontrolliert. Für die meisten Besitzer dieser Waffen war nicht erkennbar, ob ihre Waffe den gesetzlichen Anforderungen entsprach. Diese Überprüfung dient aber in erster Linie der Vermeidung krimineller Nutzung und damit der inneren Sicherheit. Daraus ergibt sich, dass diese Bestimmungen eher ins Waffengesetz gehören.

4   **3. Inhalt und Entwicklung der Regelung.** Die im wesentlichen in die Beschuss-Verordnung **übernommene 3. WaffV aF** enthielt bereits die erforderlichen Vorschriften über die Prüfung von Schusswaffen und Munition und die Bauartzulassung. Mit diesen Vorschriften zusammengefasst ist die Bestimmung über die Errichtung eines Beschussrates (§ 41). Die Vorschriften über die Gebührenerhebung durch die zuständigen Behörden finden sich für die Zeit bis zum Erlass einer KostenVO zum BeschG nach § 22 Abs. 7 BeschG in der 4. WaffV aF (WaffKostV) idF vom 20. 4. 1990 (BGBl. I 780), zuletzt geändert durch die 4. VO zur Änderung der WaffKostV vom 14. 3. 1997 (BGBl. I 480) und Art. 2 der 2. ÄndVO vom 10. 1. 2000 (BGBl. I 38).

Soweit in den Erläuterungen auf die Begründung zur ursprünglichen Fassung der 3. WaffV aF Bezug genommen wird, ist die BR-Drucks. 612/76 gemeint. Diese VO wurde unter dem 20. 12. 1980 neu gefasst. Diese Änderungen waren erforderlich geworden, um zwei Beschlüssen der Ständigen Internationalen Kommission für die Prüfung von Handfeuerwaffen (CIP), die auf dem **Übereinkommen über die gegenseitige Anerkennung der Prüfzeichen für Handfeuerwaffen** vom 1. 7. 1969 (BGBl. 1971 II 990; abgedruckt unter **Nr. 12 g**) beruhen, nachzukommen. Dieses Übereinkommen ist für die BRepD seit dem 10. 10. 1971 in Kraft (BGBl. II 1276). Der erste Beschluss betraf die Prüfung bestimmter **Handfeuerwaffen** und tragbarer **Schussapparate**, der zweite die Prüfung der in den Handel kommenden **Munition** (vgl. BT-Drucks. 8/3661). Während der erste Beschluss in seinen Grundzügen im seinerzeit geltenden Recht (§ 21 WaffG aF und 3. WaffV früherer Fassung) bereits verwirklicht war und die Neuregelung 1980 lediglich Abweichungen in der Klassifizierung der Schussapparate, hinsichtlich des Umfangs der Prüfungen und hinsichtlich der Durchführung einer Wiederholungsprüfung enthielt, brachte die Umsetzung des zweiten Beschlusses über die Prüfung der Munition in nationales Recht die Verpflichtung, die in den Handel kommende Munition im Interesse der Sicherheit des Benutzers einer Typenprüfung und Typenzulassung, eigenen Fabrikationskontrollen des Produzenten oder Importeurs sowie periodischen behördlichen Kontrollen zu unterziehen (BR-Drucks. 554/80). Vgl. *Apel* GewA **1981,** 177.

5   Nach Erlass der VO (1980) fasste die CIP (Rdn. 1) eine Reihe weiterer Beschlüsse. Um diese in das innerstaatliche Recht umzusetzen und darüber hinaus die Bestimmungen der VO an die technische und wirtschaftliche Entwicklung anzupassen, erging seinerzeit unter dem 18. 4. 1991 die **„Erste Verordnung zur Änderung der Dritten Verordnung zum Waffengesetz (WaffV 3 ÄndV 1)"** (BGBl. I 918). Sie trat nach ihrem Art. 5 am **1. 7. 1991** in Kraft. Die geänderte VO wurde unter dem 2. 9. 1991 neu bekannt gemacht (BGBl. I 1872). Die Änderungen waren teilweise so einschneidend, dass die Abschnitte I und II völlig neu gefasst werden mussten. Sie brachten in einigen Punkten zusätzliche Verpflichtungen für die deutschen Waffen- und Munitionshersteller (Begr. BR-Drucks. 810/90 S. 92). Die Neuerungen bezogen

sich insbesondere auf Folgendes: Erstreckung der Beschusspflicht auf **„wesentliche Teile"** nach § 3 Abs. 2 Nr. 1 WaffG aF, sofern sie „ohne Nacharbeit ausgetauscht" werden können (§ 1 Abs. 1 3. WaffV aF); Einteilung des Beschussverfahrens in mehrere **Prüfabschnitte** (Vorprüfung, Beschuss, Nachprüfung) sowie Begründung einer Beschusspflicht für **Schwarzpulverwaffen** (§ 4 b der 3. WaffV aF).

Während weitere Änderungen durch Art. 2 der VO vom 20. 10. 1994 (BGBl. I 3073, 3079) nur geringfügig waren, wurden durch Art. 1 der 2. VO zur Änderung waffenrechtlicher Verordnungen vom 10. 1. 2000 (BGBl. I 38) wesentliche Teile der VO umgestaltet, um weitere Beschlüsse der CIP in innerstaatliches Recht umzusetzen (Verwendung von Stahlschrot, Aufhebung der Kleinmengenregelung). Die Begr. zu dieser Änderung findet sich in der BR-Drucks. 486/99.

Wichtig ist die **„Bekanntmachung der Maßtafeln für Handfeuerwaffen und Munition"** vom **10. 1. 2000** (BAnz. Nr. 38 a vom 24. 2. 2000), die weiter in Geltung ist, aber ergänzt werden soll. Durch sie wurde die frühere Bekanntmachung vom 20. 2. 1991 (BAnz. Nr. 52 a vom 15. 3. 1991) ersetzt.

## Abschnitt 1. Beschussprüfung von Schusswaffen und Böllern

**Prüfverfahren**

**1** (1) **Feuerwaffen, Böller sowie höchstbeanspruchte Teile nach § 2 Abs. 2 des Beschussgesetzes (Gesetzes), die ohne Nacharbeit ausgetauscht werden können (Prüfgegenstände), sind nach den §§ 3 bis 6 und der Anlage I Nr. 1 und 2 amtlich zu prüfen.**

(2) **Die amtliche Prüfung (Beschussprüfung) nach § 5 des Gesetzes besteht aus der Vorprüfung, dem Beschuss und der Nachprüfung.**

(3) **Die Vorprüfung umfasst**

1. **die Prüfung der Kennzeichnung nach § 24 Abs. 1 des Waffengesetzes und nach § 21 der Allgemeinen Waffengesetz-Verordnung,**
2. **die Prüfung der Funktionssicherheit und die Sichtprüfung,**
3. **die Prüfung der Maßhaltigkeit,**
4. **die Beschaffenheitsprüfung bei Gegenständen, die auf Grund einer Zulassung oder Bewilligung nach §§ 8 und 9 des Gesetzes hergestellt oder in den Geltungsbereich des Gesetzes verbracht wurden.**

**Die Sichtprüfung besteht aus der Prüfung aller höchstbeanspruchten Teile auf Materialfehler, auf Ver- und Bearbeitungsmängel, die die Haltbarkeit beeinträchtigen können, sowie aus der Prüfung auf Lauf- und Lagerverformungen. Die Maßhaltigkeitsprüfung besteht aus der Prüfung der Maße nach Anlage I Nr. 1.1.3 in Verbindung mit den durch die Bekanntmachung des Bundesministeriums des Innern im Bundesanzeiger vom 10. Januar 2000 (BAnz. Nr. 38 a vom 24. Februar 2000) veröffentlichten Maßtafeln in der jeweils geltenden Fassung. Neu zugelassene Munition nach § 27 Abs. 1 steht der in den Maßtafeln aufgeführten gleich. In der Beschaffenheitsprüfung überzeugt sich die zuständige Behörde durch Sichtkontrollen davon, ob die Prüfgegenstände die im Zulassungsbescheid festgelegten Merkmale aufweisen.**

# 6 BeschussV § 1 Beschussverordnung

(4) **Der Beschuss ist nach Maßgabe der Prüfvorschriften der Anlage I Nr. 1 und 2 vorzunehmen.**

(5) **Bei der Nachprüfung sind die Prüfgegenstände erneut auf Funktionssicherheit, Maßhaltigkeit und Mängel in der Haltbarkeit zu prüfen sowie einer Sichtprüfung nach Absatz 3 Satz 2 zu unterziehen.**

1 **1. Allgemeines.** Die ausführlich gestaltete Vorschrift entspricht § 1 der 3. WaffV aF. Sie enthält für die **Behörden**, die die Beschussprüfung durchführen, die Verpflichtung, sich bei der Prüfung an die in Anlage I Nr. 1 und 2 festgelegten Anforderungen zu halten. Die geprüften Gegenstände sind auf Funktionssicherheit, Haltbarkeit und Maßhaltigkeit zu prüfen. In Ausführung des Beschlusses XVII-11 der CIP (vgl. Vorbem. Rdn. 4) wurde die Beschusspflicht auf bestimmte höchstbeanspruchte Teile ausgedehnt. Eine solche Erweiterung der Beschusspflicht wäre seinerzeit an sich nur zulässig gewesen durch Änderung des § 16 WaffG aF. Stattdessen koppelte sich § 1 Absatz 1 der 3. WaffV aF völlig vom zugrunde liegenden Gesetz ab und ordnete der VO insoweit gesetzvertretende Funktion zu. Zu diesem verfassungsrechtlich bedenklichen Vorgehen äußerte sich die VO-Begr. seinerzeit nicht. Die Neuregelung hat in § 2 Abs. 2 BeschG nunmehr eine hinreichende gesetzliche Grundlage geschaffen.

2 **2. Prüfgegenstände.** Für alle der Beschusspflicht unterliegenden Gegenstände verwendet **Absatz 1** nach wie vor den Oberbegriff „Prüfgegenstände". Hierzu zählen Feuerwaffen (§ 2 Abs. 1 BeschG), Böller (§ 2 Abs. 3 BeschG) und diejenigen „höchstbeanspruchten Teile" (§ 2 Abs. 2 BeschG), die ohne Nacharbeit ausgetauscht werden können.

3 **3. Höchstbeanspruchte Teile.** Dies sind nach der Begriffsbestimmung in § 2 Abs. 2 Satz 1 BeschG die Teile, **die dem Gasdruck ausgesetzt** sind. Beispielhaft werden in Satz 2 dieser Bestimmung die wichtigsten dieser Teile aufgeführt: der Lauf, der Verschluss sowie das Patronen- oder Kartuschenlager, das nicht bereits Teil des Laufes ist (§ 2 Abs. 2 Satz 2 Nr. 3 BeschG). Diese Teile werden indessen nach wie vor der Beschusspflicht nur insoweit unterstellt, als sie als Einzelstücke in fertigem Zustand an den Benutzer geliefert werden (Begr. zur Änderung der 3. WaffV BR-Drucks. 810/90 S. 94).

4 **4. Prüfverfahren.** Die Absätze 2 bis 5 regeln die (1991) eingeführte Aufteilung des Prüfverfahrens in 3 Abschnitte: die **„Vorprüfung"** (Absatz 3), die bereits umfassend prüft, den **Beschuss** selbst (Absatz 4) und die **„Nachprüfung"** (Absatz 5) nach Durchführung des Beschusses. Diese Regelung war durch Art. 5–5.1 des Beschlusses XVII–11 der CIP (vgl. Vorbem. Rdn. 4) notwendig geworden. Der Inhalt der Prüfung entspricht im Wesentlichen den Anforderungen des § 5 Abs. 1 BeschG. Von dieser Prüfung erfasst werden u. a. die zuverlässige Funktion des Lademechanismus von halbautomatischen Waffen, der Verschlusseinrichtung, des Schlosses, der Sicherung und der Spann- und Schlageinrichtung (damalige Begr. BR-Drucks. 810/90 S. 94).

5 **5. Maßhaltigkeit.** Die Maße der Läufe und Lager von Handfeuerwaffen werden weitgehend von der CIP (vgl. Vorbem. Rdn. 4) festgelegt. Sie sind entsprechend der technischen Entwicklung häufigen Änderungen unterworfen. Um den Verfahrensgang dieser Änderungen zu beschleunigen, wird – wie bisher – die Aufstellung der – im Bundesanzeiger zu veröffentlichenden – **Maßtafeln** auf das Bundesministerium des Innern übertragen. Die letzte Neufassung der Maßtafeln datiert vom 10. 1. 2000 (Absatz 3 Satz 3). Absatz 3 Satz 4 bringt – neu – eine Regelung für neu zugelassene

Prüfung von Schwarzpulverwaffen u. Böllern  § 2 Beschuss V 6

Munition, die nach § 27 Abs. 1 geprüft worden ist; sie wird der in den Maßtafeln aufgeführten Munition gleichgestellt.

6. **Sanktion.** Die Vorschrift ist ihrer Fassung nach, die sich an die zuständige Behörde wendet, nicht bußgeldbewehrt. 6

**Prüfung von Schwarzpulverwaffen und Böllern**

**2** (1) Auf die Prüfung von Vorderladerwaffen sowie Hinterladerwaffen, die für die ausschließliche Verwendung von nichtpatroniertem Schwarzpulver oder dem Schwarzpulver in der Wirkung ähnlichen Treibladungsmitteln bestimmt sind (Schwarzpulverwaffen), sowie Böller sind die §§ 1, 3 bis 6 entsprechend anzuwenden. Es gelten folgende Besonderheiten:
1. Bei Schwarzpulverwaffen und Handböllern kann die Beschussprüfung an weißfertigen Läufen mit fertigem Verschluss und Zündkanal vorgenommen werden. Bei Schwarzpulverwaffen darf der Zündkanal an der engsten Stelle im Durchmesser nicht größer als 1 Millimeter, bei Böllern und Modellkanonen nicht größer als 2 Millimeter sein. Für Böller – mit Ausnahme der Handböller – kann die zuständige Behörde in begründeten Fällen Ausnahmen von der Durchmesserbegrenzung bewilligen.
2. Sofern die Böller Schildzapfenbohrungen aufweisen, dürfen diese nicht bis in die Rohrseele durchgehen; das gilt auch dann, wenn diese eingeschraubt, eingeschweißt, eingepresst oder eingelötet sind. Böller, deren Rohrende stumpf aufgeschweißt ist, werden nicht geprüft.
3. Die Vorprüfung bei Böllern umfasst auch die Prüfung der Kennzeichnung mit der größten zulässigen Masse in Gramm des in den Prüfgegenständen zu verwendenden Böllerpulvers mit den Kennbuchstaben SP und der größten zulässigen Masse der Vorlage in Gramm.
4. Die Prüfung der Maßhaltigkeit (§ 1 Abs. 3 Satz 1 Nr. 3 in Verbindung mit Satz 3) beschränkt sich auf die Ermittlung des Lauf- oder Rohrinnendurchmessers und auf die Prüfung, ob der Zündkanal den in Nummer 1 vorgeschriebenen höchstzulässigen Durchmesser nicht überschreitet.
5. Die Prüfung der Funktionssicherheit (§ 1 Abs. 3 Satz 1 Nr. 2) umfasst die Kontrolle des Zündkanals, die Geeignetheit und Sicherheit von Zündvorrichtungen und Zündbohrlochbohrungen und Zündkanälen, bei Revolvern die freie Drehbarkeit und die einwandfreie Arretierung der Trommel und das richtige Eintreten des Hahns in die Sicherungs- und Spannraste, bei Böllern auch die Ladefähigkeit der Kartuschen und die Abfeuerungsvorrichtung.

(2) Der Beschuss ist nach den Bestimmungen der Anlage I Nr. 2 durchzuführen. Auf Schwarzpulverwaffen ist in diesem Fall die größte zulässige Masse Pulver in Gramm des in der Schwarzpulverwaffe zu verwendenden Schwarzpulvers mit dem Kennbuchstaben SP und die größte zulässige Masse des Geschosses in Gramm aufzubringen. Die

# 6 BeschussV § 3

Prüfung von Schwarzpulverwaffen und Böllern kann auf Antrag mit einer anderen Ladung als in den Tabellen der Anlage I Nr. 2 aufgeführt vorgenommen werden.

(3) Bei der Prüfung von Böllern sind folgende Auflagen in die Böller-Beschussbescheinigung über die Prüfung aufzunehmen:
1. Die minimale Pulverladung eines Böllers muss so bemessen sein, dass eine sichere Zündung grundsätzlich gewährleistet ist.
2. Eine Zündung durch die Rohrmündung ist nicht erlaubt. Die Zündung muss bei Auslösung des Zündmechanismus sofort erfolgen. Die geprüfte und zulässige Zündungsart ist in die Böller-Beschussbescheinigung aufzunehmen.
3. Als Vorlage in einem Böller dürfen nur Materialien verwendet werden, die zu keiner Überschreitung der zulässigen Masse der Vorlage entsprechend der Ladetabellen führen. Die Einbringung der Vorlage darf darüber hinaus keine Belastungserhöhung des Böllers verursachen. Zulässig sind Kork und sehr leichte, weiche und nicht brennbare Materialien.

1 **1. Allgemeines.** Die Vorschrift entspricht § 4 b der 3. WaffV aF. Durch sie wurde seinerzeit der CIP-Beschluss XIX-7 über die Prüfung von **„Schwarzpulverwaffen"** in innerstaatliches Recht umgesetzt. Dieser Begriff, der nach wie vor (in Absatz 1 Satz 1) definiert wird, war dem zuvor geltenden Recht nicht bekannt; auf Waffen dieser Art wurden die Vorschriften über Hinterladerwaffen sinngemäß angewendet. Ebenfalls aus Sicherheitsgründen (Begr. BR-Drucks. 810/90 S. 98) wurden die seinerzeit neu eingeführten Vorschriften auf die – nationaler Gesetzgebung unterliegenden – **Böller** erstreckt. Die Herstellung von Böllern unterliegt nämlich im Gegensatz zur sonstigen Waffenherstellung keiner Genehmigungspflicht oder sonstigen staatlichen Kontrolle. Es ist aus Gründen der Verwendersicherheit daher notwendig, Böller, die bei öffentlichen Veranstaltungen benutzt werden, vor ihrer Verwendung einer Kontrolle zu unterziehen.

2 **2. Besonderheiten der Prüfung.** Die Prüfung der Schwarzpulverwaffen und der Böller erfordert eine spezielle Regelung, wie sie in Absatz 1 Satz 2 Nr. 1 bis 5 enthalten und ausführlich dargestellt ist.

3 **3. Durchführung der Prüfung. Absatz 2** enthält Vorschriften über die Durchführung der Prüfung in diesen Fällen. Die Verwendung einer anderen (früher: „schwächeren") Ladung (Absatz 2 Satz 2) kann bei Schwarzpulverwaffen antragsgemäß erfolgen, wenn dies im Hinblick auf die Beschaffenheit des Materials angezeigt ist.

4 **4. Sonderregelung für Böller (Absatz 3).** Über Nr. 2.2 der Anlage I hinaus legt Absatz 3 bestimmte **Auflagen** fest, die jeder Prüfbescheinigung beigegeben werden müssen.

## Mindestzustand des Prüfgegenstandes

**3** (1) **Die Beschussprüfung ist an gebrauchsfertigen Prüfgegenständen durchzuführen. Bei Mehrladewaffen gehört zur gebrauchsfertigen Waffe auch die Mehrladeeinrichtung. Die Beschussprüfung kann auch an weißfertigen Waffen und weißfertigen Teilen vorgenommen werden.**

Mindestzustand des Prüfgegenstandes **§ 3 Beschuss V 6**

(2) **Bei der Prüfung höchstbeanspruchter Teile entfällt die Prüfung der Funktionssicherheit, sofern das Teil für eine serienmäßig gefertigte Waffe bestimmt ist. Eine aus bereits beschossenen höchstbeanspruchten Teilen zusammengesetzte Feuerwaffe ist zu beschießen, wenn Nacharbeiten an diesen Teilen erfolgt sind oder wenn nicht alle diese Teile mit dem für diese Waffen vorgeschriebenen Beschussgasdruck beschossen worden sind. Werden höchstbeanspruchte Teile als Einzelteile zur Prüfung vorgelegt, erfolgt diese in einer minimal tolerierten Referenzwaffe. Zur Identifizierung ist vom Antragsteller auf jedem höchstbeanspruchten Teil eine Nummer anzubringen.**

(3) **Nicht mindestens weißfertige Prüfgegenstände sind dem Antragsteller ohne Prüfung zurückzugeben.**

(4) **Feuerwaffen und Läufe, aus denen Munition verschossen wird, sind dem Antragsteller auch dann ohne Prüfung zurückzugeben, wenn die Munition nicht in den Maßtafeln aufgeführt ist. Dies gilt nicht, wenn**

1. **eine Waffe für Munition, die nach § 11 Abs. 2 Nr. 2 des Gesetzes keiner Zulassung bedarf oder auf Grund einer Ausnahmebewilligung nach § 13 des Gesetzes oder von der Behörde eines Staates zugelassen ist, mit dem die gegenseitige Anerkennung der Prüfzeichen vereinbart ist, oder**
2. **eine Waffe zur Beschussprüfung vorgelegt wird, deren Abmessungen noch nicht in den Maßtafeln enthalten sind; in diesen Fällen kann die Prüfung auf Grund der vom Antragsteller gelieferten Waffen- und Munitionsdaten vorgenommen werden.**

**1. Allgemeines.** Die Vorschrift entspricht § 2 der 3. WaffV aF. Sie stellt klar, dass nur Gegenstände im mindestens weißfertigen Zustand (Absatz 3) der Beschussprüfung unterzogen werden können. Der Begriff „weißfertig" wird in § 2 Abs. 5 BeschG erläutert (vgl. unten Rdn. 2). Das bedeutet, dass nach der Durchführung des Beschusses an den höchstbeanspruchten Teilen nur noch Verschönerungsarbeiten wie Gravieren, Polieren und Einlegearbeiten durchgeführt werden können. Nicht mindestens weißfertige Produkte sind hingegen von der Beschussprüfung auszunehmen. Die der Klarstellung dienende Bestimmung in Absatz 1 Satz 2 über die Mehrladeeinrichtung war in der ursprünglichen Fassung noch nicht enthalten. 1

**2. Beschaffenheit der Prüfgegenstände.** Wie schon nach § 22 DVO BWaffG 1968 wird für die Beschussprüfung nicht gefordert, dass der Prüfgegenstand verkaufsfertig vollständig fertig gestellt ist. Es genügt, dass er „weißfertig" (Absatz 1 Satz 3) und gebrauchsfertig zusammengesetzt ist. Eine Waffe ist, wie nunmehr nicht mehr ausdrücklich in der vorliegenden Bestimmung (früher: Absatz 1 Satz 4), sondern im Beschussgesetz (§ 2 Abs. 5) bestimmt wird, **weißfertig**, wenn alle (zB durch Wärmebehandlung) materialschwächenden oder -verändernden Arbeiten am Lauf einschließlich des Patronen- oder Kartuschenlagers sowie am Verschluss abgeschlossen sind, ausgenommen die üblichen Gravuren. Nach dieser Formulierung sind nur solche Gravuren als zulässig anzusehen, die die Haltbarkeit der Waffe nicht beeinträchtigen. Arbeiten, die lediglich die Materialoberfläche gestalten, wie Polieren, Brünieren, Anbringen von Intarsien, können dagegen noch ausstehen. Als Konsequenz aus Absatz 1 Satz 3 bestimmt **Absatz 3**, dass nicht mindestens weißfertige Gegenstände zur Prüfung nicht angenommen werden; sie sind ungeprüft zurück zu geben. 2

617

## 6 BeschussV § 4 — Beschussverordnung

**3** 3. **Besondere Fälle. Absatz 2** regelt Einzelheiten hinsichtlich des seit 1. 7. 1991 erforderlichen Beschusses höchstbeanspruchter Teile (zuvor: „wesentlicher" Teile). a) Aus dem Prüfungsumfang entfällt nach Satz 1 die Prüfung der Funktionssicherheit (§ 5 Abs. 1 Nr. 2 BeschG), wenn das Teil für eine serienmäßig gefertigte Waffe bestimmt ist; in diesem Fall wird davon ausgegangen, dass die Waffe ordnungsgemäß funktionieren wird. b) Für den Sonderfall (Absatz 2 Satz 2), dass alle zur Waffe gehörigen höchstbeanspruchten Teile bereits als solche beschossen worden sind (§ 3 Abs. 1 Satz 3 BeschG), entfällt an sich ein Beschuss der aus ihnen zusammengebauten Waffe; ein solcher ist jedoch dann erforderlich, wenn auch nur an einem dieser zuvor beschossenen Teile Nacharbeiten durchgeführt worden sind. **Nacharbeit** ist jede Arbeit an dem Teil selbst, die seine Haltbarkeit verschlechtern kann und folglich eine erneute Prüfung erfordern würde (frühere Begr. BR-Drucks. 810/90 S. 95). Vorgeschrieben ist er auch, wenn bei dem früheren Beschuss der Teile nicht alle dem für die zusammengesetzte Waffe festgesetzten Beschussgasdruck unterworfen waren (Satz 2 zweite Alternative). Die Sätze 3 und 4 regeln Einzelheiten des Beschusses höchstbeanspruchter Teile.

**4** 4. **Rückgabe von Feuerwaffen und Läufen ohne Prüfung.** Ergibt ein Blick in die Maßtafeln (§ 1 Rdn. 5), dass die aus den genannten Waffen zu verschießende Munition nicht darin verzeichnet ist, so sind die Gegenstände in aller Regel (Absatz 4 Satz 1) ungeprüft zurückzugeben. Es gelten nach Satz 2 von Absatz 4 jedoch **zwei Ausnahmen**, die aus entsprechenden Beschlüssen des CIP (vgl. Vorbem. Rdn. 4) resultieren. Da Beschussprüfungen nicht nur vom Hersteller beantragt werden, ist der früher gebrauchte Ausdruck „Hersteller" durch „Antragsteller" ersetzt worden. Gleichzeitig ist die früher verwendete Formulierung „Maße" durch „Waffen- und Munitionsdaten" ersetzt worden, wodurch auch der als wesentlich einzustufende „Gasdruck" erfasst wird (frühere Begr. BR-Drucks. 486/99 S. 31). Die Ausnahmen im Einzelnen: Keine Rückgabe ohne Prüfung erfolgt nach Absatz 4 Satz 2 Nr. 1 zum einen, wenn die Munition in den Fällen des § 11 Abs. 2 Nr. 2 BeschG nicht der Zulassung bedarf (§ 11 BeschG Rdn. 6) und des Weiteren, wenn bezüglich der Munition eine Ausnahmebewilligung nach § 13 BeschG erteilt worden ist. Außerdem ist nicht ohne Prüfung zurückzugeben, wenn eine ausländische Zulassung der Munition von einem Staat erteilt worden ist, der Vertragsstaat des Übereinkommens über die gegenseitige Anerkennung der Prüfzeichen für Handfeuerwaffen (Vorbem. Rdn. 4) ist; schließlich erfolgt nach Absatz 4 Satz 2 Nr. 2 keine Rückgabe der Feuerwaffe oder des Laufes, wenn deren Abmessungen noch nicht in den Maßtafeln (§ 1 Rdn. 5) enthalten sind; in diesem Fall wird – wie bisher – eine Prüfung anhand der vom Antragsteller genannten Waffen- und Munitionsdaten für möglich erklärt.

### Zurückweisung vom Beschuss

**4** Die Prüfgegenstände sind zurückzuweisen und dem Antragsteller nach Aufbringung des Rückgabezeichens entsprechend § 9 Abs. 5 zurückzugeben, wenn

1. **bei der Vorprüfung festgestellt wird, dass eine der in Anlage I Nr. 1.1 genannten Anforderungen nicht erfüllt ist,**
2. **sie durch den Beschuss erkennbar beschädigt wurden oder**
3. **bei der Nachprüfung gemäß § 1 Abs. 5 unter Berücksichtigung von Anlage I Nr. 1.3 Mängel festgestellt werden.**

Instandsetzungsbeschuss **§ 5 Beschuss V 6**

**1. Allgemeines.** Die Vorschrift entspricht im Wesentlichen § 3 der 3. WaffV aF. Sie stellt klar, dass Gegenstände, die den Prüfkriterien der Vorprüfung (Anlage I Nr. 1.1) nicht entsprechen, dem Antragsteller zurückzugeben sind. Auch diese erhalten nach neuem Recht das Rückgabezeichen. Gegenstände, die bei der Prüfung durch Beschuss beschädigt wurden oder bei der „Nachprüfung" (Anlage I Nr. 1.3) erkennbare Mängel aufweisen, mussten schon nach § 3 Abs. 2 Satz 1 3. WaffV aF mit einem Rückgabezeichen versehen werden.

**2.** Die ausdrückliche Ausnahme für historische Waffen (§ 3 Abs. 2 Satz 2 der 3. WaffV aF) ist in der Bestimmung nicht mehr enthalten. Zu beachten ist aber die Ausnahmevorschrift des § 4 Abs. 1 Nr. 3 Buchst. b BeschG, wonach Feuerwaffen, die vor dem 1. 1. 1891 hergestellt und seither nicht verändert worden sind, von der Beschusspflicht freigestellt sind. Vgl. auch § 10 Abs. 2.

**Instandsetzungsbeschuss**

**5** (1) **Eine erneute amtliche Prüfung nach § 5 Abs. 1 des Gesetzes ist vorzunehmen, wenn**

**1. ein höchstbeanspruchtes Teil nach § 2 Abs. 2 Nr. 1 bis 3 des Gesetzes ausgetauscht und dabei eine Nacharbeit vorgenommen worden ist oder**

**2. an einem höchstbeanspruchten Teil eines Prüfgegenstandes**
   **a) die Maße nach Anlage I Nr. 1.1.3 verändert oder**
   **b) materialschwächende oder -verändernde Arbeiten vorgenommen worden sind.**

**Satz 1 gilt nicht für Feuerwaffen, deren höchstbeanspruchte Teile ohne Nacharbeit lediglich ausgetauscht worden sind, sofern alle höchstbeanspruchten Teile mit dem für diese Waffen vorgeschriebenen Beschussgasdruck beschossen worden sind.**

**(2) Ergibt sich anlässlich der Prüfung nach Absatz 1 einer der in Anlage I Nr. 1.1 oder 1.3 angeführten Mängel, ist § 4 entsprechend anzuwenden.**

**1. Allgemeines.** Der „Instandsetzungsbeschuss" war bisher in § 4 der 3. WaffV aF geregelt. In § 16 Abs. 2 Satz 1 WaffG aF war bestimmt, dass derjenige, der an einer amtlich geprüften Handfeuerwaffe, einem solchen Einsteckauf oder einem solchen Böller einen „wesentlichen Teil" austauscht, verändert oder instandsetzt, den Gegenstand erneut amtlich prüfen lassen muss, es sei denn (§ 16 Abs. 2 Satz 2 WaffG aF), es handele sich um eine Handfeuerwaffe, deren Lauf ohne Anwendung von Hilfsmitteln ausgetauscht worden ist. Austauschläufe werden in aller Regel vom Schützen ohne Inanspruchnahme der Dienste eines Waffengewerbetreibenden, also nicht gewerbsmäßig, ausgetauscht. Eine Gefährdung des Schützen entsteht hierdurch nicht. Denn die präzise Konstruktion der Handfeuerwaffen und ihrer Läufe schließt eine Gefährdung des Benutzers durch den bloßen Laufwechsel aus (Ausschussbegr. BT-Drucks. V/2623 S. 8). Deshalb ist bei der Ausschussberatung des BWaffG 1968 auf Beschluss des Innenausschusses von einer Verpflichtung zu erneutem Beschuss der ganzen Waffe nach einem Laufwechsel unter Verwendung eines Austauschlaufes abgesehen worden. In allen anderen Fällen war die Waffe an sich zwecks nochmaliger Beschussprüfung vorzulegen. Beim Austausch nicht wesentlicher Teile bestand eine solche Verpflichtung nicht. Schon damals war der Ausdruck „Instandsetzungsbeschuss", den § 4 Abs. 1 Satz 1 der 3. WaffV aF verwendete, nur für einen Teil der in der Bestimmung erfassten Verhaltensweisen zutreffend. Die zuletzt geltende Fassung der 3. WaffV aF aus dem Jahre 1991 entsprach Art. 11 des CIP-Beschusses XVII-11 (vgl. Vorbem. Rdn. 4). Als Neuerung brachte sie seinerzeit, dass der Instandsetzungsbeschuss auch dann erforderlich wurde, wenn ein **Griffstück** für eine Kurzwaffe ausgetauscht und dabei eine Nacharbeit vorgenommen worden war; dieses Teil ist dem Gasdruck mittelbar ausgesetzt und deshalb für die Sicherheit der Waffe wichtig (Begr. BR-Drucks. 810/90 S. 97).

**2** **2. Neuregelung.** Sie sieht den nur teilweise angebrachten Begriff des Instandsetzungsbeschusses (Rdn. 1 aE) sogar als Überschrift vor und übernimmt materiell die Regelungen des § 4 der 3. WaffV aF. Nach der VO-Begründung (BR-Drucks. 164/06 S. 97) regelt die Vorschrift den Instandsetzungsbeschuss **nach vorgenommenen Arbeiten an der Waffe;** dies beziehe auch den Austausch und Nacharbeiten an einem Griffstück der Waffe ein, wenn es sich um eine „Handfeuer-Kurzwaffe" handele, einen Begriff, den das Gesetz sonst nicht kennt. Die Erfassung der Griffstücke ist selbstverständlich, da diese dem Gasdruck mittelbar ausgesetzt sind (§ 2 Abs. 2 Nr. 6 BeschG). Zu Recht macht die Begründung deutlich, dass die Sicherheit des Schützen erheblich gefährdet sein kann, wenn nachträglich ein fehlerhaftes Griffstück in die Waffe eingesetzt oder dieses nicht fachgerecht eingepasst wird. Die vorliegende Bestimmung geht nach jetzigem Recht auf § 3 Abs. 2 BeschG zurück, der bereits entsprechende Regelungen enthält, die hier zT nur wiederholt werden. Nach Absatz 1 Satz 1 der vorliegenden Bestimmung ist in den hierin aufgeführten Fällen eine erneute amtliche Prüfung erforderlich. Das leuchtet ein, weil nach Durchführung von Nacharbeiten oder Veränderung der Maße das bisherige Prüfungsergebnis nicht mehr entscheidend sein kann. Satz 2 ist demgegenüber nicht recht verständlich, bestimmt er doch, dass ein erneuter Beschuss nicht erforderlich ist, wenn zum Austausch keine Nacharbeiten notwendig waren, was aber nach Satz 1 Nr. 1 gerade die Voraussetzung ist. Satz 2 könnte demnach allenfalls für Absatz 1 Satz 1 Nr. 2 von Bedeutung sein, da insoweit nicht ausdrücklich auf die Vornahme von „Nacharbeiten" abgestellt wird; die Analyse der in Nr. 2 Buchst. a und b aufgeführten Modalitäten ergibt indessen, dass hier ebenfalls von nachträglich an dem Gegenstand ausgeführten Arbeiten die Rede ist, also auch von „Nacharbeiten" im weiteren Sinne. Da also die Prämisse in Absatz 1 Satz 2, dass ohne Nacharbeit ausgetauscht worden ist, für keinen Fall des Absatz 1 Satz 1 zutrifft, geht auch der mit „sofern" eingeleitete zweite Halbsatz des Absatz 1 Satz 2 ins Leere. Der Grundsatz ist nach allem § 3 Abs. 2 Satz 2 BeschG), dass bei Auswechselung eines höchstbeanspruchten Teils an einer bereits geprüften Handfeuerwaffe diese nur dann nicht noch einmal beschossen werden muss, wenn das Teil ohne jede Nacharbeit eingefügt worden ist und **alle** höchstbeanspruchten Teile (§ 2 Abs. 2 BeschG) mit dem für die Waffe vorgeschriebenen Beschussgasdruck beschossen worden sind. Das bringt Absatz 1 Satz 2 der vorliegenden Bestimmung in Übereinstimmung mit § 3 Abs. 2 Satz 2 BeschG zum Ausdruck. Auch für diese Regelung war die Gewährleistung der Sicherheit des Schützen maßgebend. Die Sicherheit des Schützen ist auch ausschlaggebend gewesen für die Voraussetzung der Ausnahmeregelung in Abs. 1 Satz 2, dass der erforderliche Gasdruck eingehalten worden sein muss.

**3** **3. Mängelfeststellung beim erneuten Beschuss.** Die Regelung des Absatzes 2, wonach beim Instandsetzungsbeschuss festgestellte Mängel zu den gleichen Folgerungen führen wie solche, die beim Erstbeschuss festgestellt worden sind, ist an sich

## Wiederholungsbeschuss und freiwillige Beschussprüfung

**6** (1) **Böller sind vor Ablauf von fünf Jahren einer Wiederholungsprüfung zu unterziehen.**

(2) **Prüfgegenstände, die bereits ein Beschusszeichen tragen, sind auf Antrag einer freiwilligen Beschussprüfung zu unterziehen. Satz 1 gilt auch für Gegenstände der bezeichneten Art, die nicht der Beschusspflicht unterliegen. Eine freiwillige Beschussprüfung kann auch an einem Gegenstand nach Satz 1 durchgeführt werden, der von der Behörde eines Staates, mit dem die gegenseitige Anerkennung der Prüfzeichen vereinbart ist, geprüft worden ist und der nach dieser Prüfung keine Bearbeitung nach § 4 erfahren hat. Auf die Vornahme dieser Prüfung sind § 5 des Gesetzes sowie die §§ 1 bis 5 anzuwenden.**

(3) **Haben die Prüfgegenstände nach den Absätzen 1 und 2 die Beschussprüfung bestanden, so sind die Prüfzeichen nach § 9 Abs. 1 bis 4 anzubringen.**

(4) **Haben die Prüfgegenstände nach den Absätzen 1 und 2 die Beschussprüfung endgültig nicht bestanden, so ist auf ihnen das in § 9 Abs. 5 bezeichnete Rückgabezeichen anzubringen.**

1. **Allgemeines.** Die Vorschrift hat ihre gesetzliche Grundlage in § 14 Abs. 1 Nr. 2 und 4 BeschG. Sie entspricht in den Absätzen 2 bis 4 der bisherigen Regelung in § 4 a der 3. WaffV aF. Absatz 1 ist neu hinzugekommen.

2. **Sonderregelung für Böller.** Böller (§ 3 Abs. 3 BeschG) sind nach **Absatz 1** jeweils vor Ablauf von 5 Jahren erneut zu prüfen ohne Rücksicht darauf, ob an ihnen inzwischen Veränderungen vorgenommen worden sind (so aber nach § 16 Abs. 2 Satz 1 WaffG aF). Das hat seinen Grund offensichtlich in der Art der Beanspruchung. Vgl. auch die ähnliche Regelung für Schussapparate in § 24.

3. **Freiwilliger Beschuss (Absatz 2).** Die Bestimmung erlaubt es einem Waffenbesitzer, seine Waffe einem **freiwilligen** Beschuss zu unterwerfen. Dass die Waffen bereits ein Beschusszeichen tragen oder der Beschusspflicht nicht unterliegen, ist also kein Ablehnungsgrund für die Behörde. Der Waffenbesitzer kann sich über die Sicherheit seiner Waffe Gewissheit verschaffen, wenn er im Zweifel darüber ist, ob sie noch haltbar und funktionssicher ist (Begr. BR-Drucks. 810/90 S. 97). Die Vorschrift erlaubt es auch, Gegenstände, die nicht der Pflicht zu einem Einzelbeschuss unterliegen, für Zwecke des Exports einer Prüfung zu unterziehen; einige Staaten fordern nämlich für Gegenstände, die in Deutschland nur der Bauartzulassung unterliegen, einen Einzelbeschuss.

4. **Ausländisches Prüfzeichen.** Absatz 2 Satz 3 regelt den Fall, dass eine Waffe von dem Beschussamt eines anderen Mitgliedstaates der CIP (vgl. Vorbem. Rdn. 4) beschossen worden ist und keinen nachträglichen Änderungen unterworfen war.

5. **Beschusszeichen oder Rückgabezeichen.** Die Absätze 3 und 4 bestimmen darüber, wie beim Erreichen (Absatz 3) oder Nichterreichen des Prüfzeichens (Absatz 4) technisch zu verfahren ist. Diese Regelung entspricht bisherigem Recht; sie geht auf Art. 14 des CIP-Beschlusses XVII-11 zurück.

## Abschnitt 2. Verfahren der Beschussprüfung

**Antragsverfahren**

**§ 7** (1) Die Beschussprüfung ist in schriftlicher oder elektronischer Form zu beantragen; die zuständige Behörde kann in begründeten Fällen Ausnahmen zulassen. Der Antrag kann die Prüfung mehrerer Gegenstände umfassen. Er muss folgende Angaben und Unterlagen enthalten:

1. den Namen und die Anschrift des Antragstellers,
2. die Bezeichnung des Prüfgegenstandes sowie die laufende Nummer und, soweit es sich um Gegenstände nach § 1 Abs. 3 Satz 1 Nr. 4 handelt, die zugehörigen Bescheide,
3. die Bezeichnung der zugehörigen Munition oder die Angabe der Masse und der Art des Pulvers der stärksten Gebrauchsladung oder die Zusammensetzung des entzündbaren flüssigen oder gasförmigen Gemisches sowie Art und Masse der Vorlage,
4. die Angabe, ob ein höchstbeanspruchtes Teil ausgetauscht, instand gesetzt oder verändert worden ist,
5. bei Feuerwaffen mit glatten Läufen die Angabe, ob ein verstärkter Beschuss oder die Prüfung zur Verwendung von Stahlschrotmunition mit verstärkter Ladung beantragt wird,
6. bei Feuerwaffen mit Polygonläufen die Angabe, ob die Prüfung für die Verwendung von Munition mit Massivgeschoss aus Tombak oder einem ähnlichen Werkstoff beantragt wird,
7. bei Böllern auch den Rohrinnendurchmesser in Millimeter; außerdem ist dem erstmaligen Antrag eine Skizze mit Maß- und Werkstoffangaben beizufügen,
8. bei Böllern die Ladungsstärke, wenn sie geringer sein soll als nach den Tabellen der Anlage I Nr. 2, und
9. bei Schwarzpulverwaffen die Ladungsstärke, wenn sie von den in der Anlage 1 Nr. 2 aufgeführten Bestimmungen abweicht.

(2) Der Antragsteller hat, wenn er für Dritte tätig wird, in dem Antrag eine Vollmacht vorzulegen, den Namen und die Anschrift seines Auftraggebers anzugeben,

1. wenn er seinen eigenen Namen, seine Firma oder seine eingetragene Marke nach § 21 Abs. 3 der Allgemeinen Waffengesetz-Verordnung auf den Prüfgegenstand angebracht hat,
2. wenn der Prüfgegenstand nicht die vorgeschriebene Kennzeichnung nach § 24 Abs. 1 Satz 1 Nr. 1 des Waffengesetzes trägt oder
3. wenn er die Beschussprüfung im Auftrag einer Person vornehmen lässt, die den Prüfgegenstand in den Geltungsbereich des Gesetzes verbracht hat.

(3) Prüfgegenstände, die nach § 4 Satz 1 oder § 5 Abs. 2 mit dem Rückgabezeichen versehen worden sind, können nur bei derselben Behörde erneut zur Beschussprüfung vorgelegt werden, es sei denn, dass diese der Vorlage bei einer anderen Behörde zustimmt.

Antragsverfahren **§ 7 BeschussV 6**

**1. Allgemeines.** Die Bestimmung ist aus § 5 der 3. WaffV aF übernommen worden, die wiederum weitgehend mit § 5 der 3. WaffV 1973 übereinstimmte. In Absatz 1 Satz 1 ist die Verpflichtung, die Waffe dem Beschussamt „unverzüglich" zur Prüfung vorzulegen, gestrichen worden, da der Eintritt dieser Verpflichtung in vielen Fällen zeitlich nicht genau bestimmt werden kann. Vom Erfordernis der **Schriftform** (§ 126 BGB) oder – neuerdings möglich – der elektronischen Form kann in begründeten Fällen eine **Ausnahme** zugelassen werden. Die Zulassung eines gemeinsamen Antrags für mehrere Gegenstände desselben Typs ist beibehalten worden. Schließlich ist die frühere Sollvorschrift für die Antragserfordernisse wieder in eine Mussvorschrift rückumgewandelt worden. Die zwischenzeitliche Einführung als Sollvorschrift war wie folgt begründet worden: Den Beschussämtern würden häufig unvollständige Anträge auf Prüfung von Waffen vorgelegt, die von ihnen nachträglich ergänzt werden müssten. „Die Beschussämter können solche Anträge ohne Mitwirkung des Antragstellers, insbesondere in technischer Hinsicht, ergänzen. Es wäre nicht gerechtfertigt, solche Anträge aus formalen Gründen zurückzuweisen". Nach neuem Recht gilt wieder die strengere Regelung. 1

**2. Antragserfordernisse.** Der Antrag auf Beschussprüfung ist schriftlich (§ 126 BGB) oder in elektronischer Form (wobei verständlicherweise auf die Vorlage in zweifacher Ausfertigung insgesamt verzichtet worden ist) bei der nach Landesrecht zuständigen Behörde, im allgemeinen beim Beschussamt, in Nordrhein-Westfalen früher beim Eichamt in Köln (§ 2 VO v. 29. 6. 1976 – GVNW 243), zu stellen. Da neben Angaben auch Unterlagen vorzulegen sein können, ist der Verordnungstext gegenüber seiner ursprünglichen Fassung entsprechend ergänzt worden. Eine Frist für die Antragstellung ist, ausgenommen diejenige für Wiederholungsprüfungen (§ 6 Absatz 1; § 24 VO nebst Anm.), nicht vorgeschrieben. Davon abgesehen werden Fälle ungewöhnlicher Verzögerung der Beschussprüfung von Handfeuerwaffen die Ausnahme bilden, weil die Waffengewerbetreibenden schon aus wirtschaftlichen Gründen, um die Waffen in den Verkehr bringen zu können, also im eigenen Interesse, die Durchführung der Beschussprüfung alsbald nach Eintritt der Weißfertigkeit (§ 2 Abs. 5 BeschG; § 3 Abs. 1 und 3 VO) beantragen werden. Bei den in Absatz 1 Nr. 5 erwähnten Handfeuerwaffen mit glatten Läufen handelt es sich um Flinten; ein Beschuss mit überhöhtem Gasdruck ist nach den Erfahrungen der Beschusspraxis nur bei Waffen mit glatten Läufen, nicht mit gezogenen, üblich. Die zunehmende Verwendung von **Stahlschrot** anstelle von Bleischrot (Begr. BR-Drucks. 486/99 S. 30) hat Änderungen der Beschussvorschriften erforderlich gemacht; so hat auch hier der Antragsteller nach Nr. 5 anzugeben, ob er einen Beschuss zur Verwendung von Stahlschrotmunition mit verstärkter Ladung wünscht. Die Nrn. 7 und 8 gehen auf die ÄndVO 1991 zur 3. WaffV aF hinsichtlich der Böller zurück. Nr. 6 reagierte seinerzeit auf die Aufhebung des Beschlusses der CIP betr. den Beschuss von Polygon-Läufen. Nr. 9 ist nachträglich angefügt worden. 2

**3. Antragstellung in fremdem Auftrag (Absatz 2).** Die zusätzliche Angabe des Auftraggebers bezüglich der zu prüfenden Schusswaffe ist in den Fällen erforderlich, in denen infolge des Fehlens der Kennzeichnung oder aus ähnlichen Gründen die Identität der Waffe nicht mehr einwandfrei festgestellt werden kann. Zu Recht wird jetzt auch die Vorlage einer entsprechenden **Vollmacht** gefordert. 3

**4. Erneute Prüfung bei Vorhandensein eines Rückgabezeichens.** Ist eine Waffe mit einem Rückgabezeichen (§ 6 Abs. 1 Satz 2 BeschG; § 4 Satz 1, 5 Abs. 2 VO) versehen und damit als nicht (mehr) funktionssicher gekennzeichnet worden, so muss sie nach **Absatz 3** bei einer erneuten Prüfung wieder demselben Beschussamt 4

# 6 BeschussV § 8 Beschussverordnung

vorgelegt werden, um nach Möglichkeit zu verhindern, dass eine andere Beschussbehörde, der die Waffe vorgelegt wird, über die vorhandenen, gegebenenfalls nicht erkennbaren Mängel getäuscht wird (Begr. BR-Drucks. 10/73 S. 5). Seit der ÄndVO 1991 zur 3. WaffV aF ist mit Zustimmung des ersten Amts auch die Vorlage bei einem anderen Beschussamt zulässig.

### Überlassung von Prüfhilfsmitteln

**8** **(1) Wird in Feuerwaffen und sonstigen Prüfgegenständen Munition oder eine Ladung verwendet, die von der zuständigen Behörde nicht beschafft werden kann, so kann diese vom Antragsteller die Überlassung von Gebrauchsmunition, bei Böllern von Kartuschen, Hülsen und Zündmitteln verlangen.**

**(2) Zur Prüfung der Austauschläufe kann die zuständige Behörde vom Antragsteller die Überlassung der zugehörigen Waffe oder eines geeigneten Verschlusses verlangen. Einsteckläufe sind in der zugehörigen Waffe zu beschießen; wenn diese nicht vorgelegt werden kann, ist eine Bescheinigung nach § 12 Abs. 1 Satz 2 des Gesetzes auszustellen mit der Auflage, dass der Beschuss vor dem bestimmungsgemäßen Gebrauch des Einsteckplaufes vorzunehmen ist. Die Bescheinigung kann mehrere gleichartige Prüfgegenstände umfassen. Satz 2 gilt auch für Einsteckläufe nach § 2 Abs. 2 Satz 2 Nr. 1 Buchstabe c des Gesetzes.**

**(3) Liegt ein Antrag nach § 6 vor, so kann die zuständige Behörde vom Antragsteller die Überlassung der für die Prüfung erforderlichen Hilfsmittel verlangen.**

**(4) Für die Prüfung eines Gasböllers ist vom Antragsteller der zuständigen Behörde eine Bescheinigung der Physikalisch-Technischen Bundesanstalt darüber vorzulegen, dass das Gerät den technischen Anforderungen nach Anlage I Nr. 2.3.2 bis 2.3.5 entspricht.**

1    **1. Allgemeines.** Die Vorschrift entspricht im Wesentlichen § 6 der 3. WaffV in der zuletzt geltenden Fassung, die wiederum weitgehend auf § 26 DVO BWaffG 1968 und § 6 der 3. WaffV 1973 zurückging. Bei den in **Absatz 1** angesprochenen Schusswaffen handelt es sich nach der fr. Begr. (S. 5) um Schusswaffen, deren Munition zwar in der Anlage III aF aufgeführt war, die jedoch von dem Beschussamt nicht (mehr) beschafft werden kann und für die der Antragsteller daher die für die Prüfung erforderliche Munition zur Verfügung stellen muss. In Frage kommt ferner Munition, für die eine Ausnahmegenehmigung gem. § 13 BeschG (§ 25 Abs. 5 WaffG aF und § 2 Abs. 4 Nr. 1 der 3. WaffV aF) erteilt worden ist. Die Einbeziehung der Gasböller (Absatz 4) war durch die Novelle 1991 zur 3. WaffV aF erfolgt.

2    **2. Austausch- und Einsteckläufe.** Ebenso kann die Prüfbehörde für die **Laufprüfung** der in **Absatz 2** aufgeführten Art (sonst Absatz 1) die Überlassung einer passenden Handfeuerwaffe oder eines geeigneten Verschlusses beanspruchen, wenn entsprechende Gegenstände beim Beschussamt nicht zur Verfügung stehen; denn die Beschussbehörde kann nicht für alle Lauftypen entsprechende Handfeuerwaffen und Verschlüsse bereithalten. Der frühere Absatz 2 Satz 2 der Vorgängervorschrift (§ 6 der 3. WaffV aF) über die Privilegierung der zum Export bestimmten Läufe ist entfallen; er war durch die ÄndVO 1991 eingefügt worden. Im Hinblick auf die massive Kritik an dieser Regelung durch andere Staaten war sie durch § 6 Absatz 2

Aufbringen der Prüfzeichen　　　　　　　**§ 9 BeschussV 6**

Satz 4 der 3. WaffV in der zuletzt geltenden Fassung hinsichtlich der Einsteckläufe aufgehoben worden.

**3. Freiwilliger Beschuss.** Aus den gleichen Gründen kann nach **Absatz 3** auch die Überlassung von Hilfsmitteln beim freiwilligen Beschuss gem. § 6 Abs. 2 VO (§ 6 Abs. 1, der mit zitiert ist, scheidet aus) verlangt werden. Es bedarf keiner besonderen Hervorhebung, dass die überlassenen Waffen, Bestandteile derselben und sonstigen Hilfsmittel, soweit sie nicht bei der Prüfung verbraucht worden sind, dem Antragsteller nach Gebrauch wieder zurückzugeben sind.

**4. Gasböller.** Diese werden in § 2 Abs. Abs. 3 Satz 3 BeschG definiert. Bei ihnen besteht die Sonderregelung, dass das Beschussamt vom Antragsteller verlangen kann, ihm eine Bescheinigung der Physikalisch-Technischen Bundesanstalt (PTB) darüber vorzulegen, dass das Gerät mit den Anforderungen an solche Geräte nach Anlage I Nr. 2.3.2 bis 2.3.5 übereinstimmt.

3

4

## Aufbringen der Prüfzeichen

**9** **(1) Die Prüfgegenstände sind mit dem amtlichen Beschusszeichen nach Anlage II zu versehen. In den Fällen des § 4 Abs. 1 Nr. 3 Buchstabe d des Gesetzes ist das Prüfzeichen der jeweils zuständigen Stelle auf die Prüfgegenstände aufzubringen. Beschuss- und Prüfzeichen müssen deutlich sichtbar und dauerhaft aufgebracht werden.**

**(2) Das Beschusszeichen nach Absatz 1 besteht aus dem Bundesadler nach Anlage II Abbildung 1 mit den jeweiligen Kennbuchstaben.**

**(3) Das Beschusszeichen ist auf jedem höchstbeanspruchten Teil entsprechend § 2 Abs. 2 des Gesetzes aufzubringen. Als weitere Prüfzeichen sind aufzubringen:**

**1. das Ortszeichen nach Anlage II Abbildung 3 auf einem höchstbeanspruchten Teil,**
**2. das Zeichen für die Stahlschrotprüfung nach Anlage II Abbildung 2 auf jedem Lauf zum Verschießen von Stahlschrotmunition mit verstärkter Ladung und**
**3. das Jahreszeichen auf einem höchstbeanspruchten Teil. Das Jahreszeichen besteht aus den beiden letzten Ziffern der Jahreszahl, denen die Monatszahl angefügt werden kann. Auf Antrag können die beiden Ziffern der Jahreszahl durch die Buchstaben A = 0, B = 1, C = 2, D = 3, E = 4, F = 5, G = 6, H = 7, I oder J = 8, K = 9 verschlüsselt werden.**

**(4) Jedes geprüfte höchstbeanspruchte Teil, das einzeln zur Prüfung vorgelegt wird, ist mit dem Beschusszeichen, dem Ortszeichen und dem Jahreszeichen zu versehen.**

**(5) Das Rückgabezeichen besteht aus dem Ortszeichen und dem Jahreszeichen; vorhandene Prüfzeichen sind durch ein „X" auf oder neben dem Prüfzeichen zu entwerten. Sind höchstbeanspruchte Teile unbrauchbar, so sind sie ebenfalls mit einem „X" zu kennzeichnen.**

Die Vorschrift regelt das Aufbringen der Prüfzeichen auf dem Prüfgegenstand. Sie entspricht im Wesentlichen § 7 der 3. WaffV aF. Dieser war durch die Änderungsverordnungen 1991 und 2000 zur Klarstellung neu gefasst worden. Mit ihm

1

# 6 Beschuss V § 10   Beschussverordnung

wurden zwei CIP-Beschlüsse (vgl. Vorbem. Rdn. 4) in innerstaatliches Recht umgesetzt. Die Einzelheiten, auch in Bezug auf die Zeichen, ergeben sich aus der Anlage II. Das Jahreszeichen und das Ortszeichen brauchen nur auf einem höchstbeanspruchten Teil angebracht zu werden, der allerdings nicht dem Austausch unterliegen darf.

Bisher war zu Absatz 3 Satz 2 Nr. 3 abweichend geregelt, dass die Ziffern 0 bis 9 durch die Buchstaben A bis K dargestellt werden können. Wegen der Verwechslungsgefahr der Buchstaben I und J wurden die Zuordnungen geändert.

### Bescheinigung über das Beschussverfahren

**10** **(1) Die zuständige Behörde hat eine beschusstechnische Bescheinigung auszustellen**
1. **auf Antrag,**
2. **nach einer Beschussprüfung gemäß § 3 Abs. 4 Satz 2 Nr. 2 oder an Waffen nach § 7 Abs. 1 Satz 3 Nr. 6 oder**
3. **nach einer erstmaligen Prüfung und jeder weiteren Wiederholungsprüfung von Böllern.**

**(2) Bei Feuerwaffen, die der Beschusspflicht unterliegen oder die historische Waffen sind, kann die zuständige Behörde auf Antrag eine Bescheinigung darüber ausstellen, dass eine Prüfung nicht oder nur unter der Gefahr einer Beschädigung oder Zerstörung der Waffe durchgeführt werden kann. Die Bescheinigung muss den Hinweis enthalten, dass die Waffe zum Schießen nicht mehr verwendet werden darf.**

**(3) Für Prüfgegenstände, die die Beschussprüfung nicht bestanden haben, ist dem Antragsteller ein schriftlicher Prüfhinweis auszustellen,**
1. **aus dem die Daten des Prüfgegenstandes, der Grund der Zurückweisung und das Datum des Beschusses hervorgehen und**
2. **der die Forderung enthält, dass der Prüfgegenstand zum Schießen nicht mehr verwendet werden darf.**

**(4) Sind höchstbeanspruchte Teile nach § 9 Abs. 5 Satz 2 als unbrauchbar gekennzeichnet worden, so stellt die zuständige Behörde auf Antrag eine Bescheinigung im Sinne des Absatzes 3 aus.**

1   **1. Allgemeines.** Die Bestimmung entspricht § 8 der 3. WaffV aF. Die beschusstechnische Bescheinigung wurde ursprünglich auf Antrag von der nach Landesrecht zuständigen Behörde, idR dem Beschussamt, ausgestellt. Die Erteilung solcher Bescheinigungen kam besonders nach Durchführung eines Instandsetzungs- oder Veränderungsbeschusses (§ 4; § 16 Abs. 2 WaffG aF) oder eines freiwilligen Beschusses gem. § 5 (§ 4a der 3. WaffV aF) in Betracht. Nach Absatz 1 Nr. 2 ist auch in den dort genannten Fällen eine Bescheinigung zu erteilen; diese Regelung beruht auf der 2. ÄndVO 2000 zur 3. WaffV aF. Die Vorschrift steht den Regelungen der CIP nicht entgegen (Begr. BR-Drucks. 164/06 S. 99).

2   **2. Negativbescheinigung.** Bei Schusswaffen, für die keine Munition mehr erhältlich ist, kann eine Beschussprüfung nicht vorgenommen werden. Bei historischen Waffen besteht die Gefahr, dass sie durch die Beschussprüfung beschädigt oder zerstört werden. Diesem Umstand trägt Absatz 2 Rechnung. Hiernach kann die Behörde

Bauartzulassung für bes. Schusswaffen  **§ 11 Beschuss V 6**

in diesen Fällen eine Bescheinigung darüber ausstellen, dass eine Beschussprüfung nicht oder nur bei Gefahr der Zerstörung der Waffe durchgeführt werden kann. Die Ausstellung einer solchen Bescheinigung ist jedoch nur bei Feuerwaffen möglich, die der Beschusspflicht unterliegen oder die historische Waffen sind. Seit der ÄndVO 1991 zur 3. WaffV aF muss auch der Hinweis enthalten sein, dass mit dieser Waffe nicht mehr geschossen werden darf.

**3. Prüfhinweis.** Der jetzige **Absatz 3** erfasst alle „durchgefallenen" Prüfgegenstände. Für sie erhält der Antragsteller einen begründeten negativen „Prüfhinweis", verbunden mit dem Verbot, mit dem nicht prüffähigen Gegenstand zu schießen. 3

**4. Unbrauchbare Teile.** Der 1991 in die Vorgängervorschrift eingefügte Absatz 3 4 des § 8 der 3. WaffV aF ermächtigte die Beschussämter, auf Antrag auch eine Bescheinigung über unbrauchbare höchstbeanspruchte Teile auszustellen. Die Bestimmung ist in der jetzigen Fassung **Absatz 4**.

## Abschnitt 3. Bauartzulassung und Zulassung für besondere Schusswaffen und besondere Munition

**Bauartzulassung für besondere Schusswaffen, pyrotechnische Munition und Schussapparate**

**11** (1) **Die nach § 7 des Gesetzes der Zulassung unterliegenden Schussapparate, Einstecklaufe ohne eigenen Verschluss für Munition mit einem zulässigen höchsten Gebrauchsgasdruck bis 2100 bar und nicht der Beschusspflicht unterliegenden Feuerwaffen müssen den in Anlage I Nr. 3 bezeichneten technischen Anforderungen entsprechen. Schussapparate, die Bolzensetzwerkzeuge nach § 7 des Gesetzes sind, müssen, wenn sie einen Kolben enthalten und wenn sie zur Verwendung magazinierter Kartuschen bestimmt sind, außer der Geräteprüfung einer Prüfung des Systems aus Gerät, Kolben und Kartuschen unterzogen werden. Die Systemkomponenten werden vom Antragsteller festgelegt. Zu einem bereits zugelassenen System kann von dem Zulassungsinhaber oder einem Dritten auch die Zulassung anderer Kartuschen beantragt werden. Für die Anforderungen an die Maßhaltigkeit gilt Anlage I Nr. 1.1.3 entsprechend. Die Prüfmodalitäten für Geräte nach Satz 2 werden im Einzelnen durch die Prüfregel der Physikalisch-Technischen Bundesanstalt „Haltbarkeits- und Systemprüfung von Bolzensetzwerkzeugen" in der jeweils gültigen Fassung beschrieben.**

(2) **Schusswaffen und sonstige Gegenstände nach § 8 des Gesetzes, Schusswaffen nach § 9 Abs. 1 des Gesetzes sowie pyrotechnische Munition nach § 10 des Gesetzes müssen den in der Anlage I Nr. 4, 5 und 6 bezeichneten technischen Anforderungen entsprechen.**

(3) **Die Zulassungsbehörde kann im Einzelfall von einzelnen Anforderungen der Anlage I Ausnahmen zulassen, wenn**

1. **im Falle der Zulassung nach § 7, 8 oder 10 des Gesetzes die Sicherheit des Benutzers oder Dritter in anderer Weise gesichert ist,**

627

# 6 BeschussV § 11

Beschussverordnung

2. im Falle der Zulassung nach § 9 des Gesetzes die Schusswaffen keine größere Gefahr hervorrufen als diejenigen, die die Anforderungen der Anlage I Nr. 4 erfüllen.

(4) **Die Zulassungsbehörde kann im Einzelfall über die Anlage I hinausgehende Anforderungen stellen, wenn der Schutz von Leben und Gesundheit des Benutzers oder Dritter dies erfordert.**

(5) **Nach den Anforderungen der Anlage I Nr. 5.2.1 und 5.2.2 wird pyrotechnische Munition entsprechend ihrer Gefährlichkeit in die Klassen PM I und PM II eingeteilt.**

(6) **Für Schusswaffen, die nach § 9 Abs. 2 Nr. 1 des Gesetzes in Verbindung mit Anlage 2 Abschnitt 2 Unterabschnitt 2 Nr. 1.2 des Waffengesetzes anzuzeigen sind und deren Geschossen eine Bewegungsenergie von höchstens 7,5 Joule erteilt wird, ist eine Messung der Bewegungsenergie nach Anlage VI durchzuführen. Die Messung kann bei einem Beschussamt beantragt werden oder durch den Antragsteller mit einer kalibrierten Geschossgeschwindigkeitsmessanlage selbst durchgeführt werden. Es sind der Physikalisch-Technischen Bundesanstalt fünf Messprotokolle und ein Hinterlegungsmuster, das aus der Serie der Prüfgegenstände ausgewählt werden muss, einzureichen. Die Physikalisch-Technische Bundesanstalt bestätigt die Anzeige und nach bestandener Prüfung die Berechtigung zum Aufbringen des Kennzeichens nach Anlage II Abbildung 10. Soweit es sich um Einzelstücke handelt, das heißt sofern nicht mehr als drei Stücke eines bestimmten Modells hergestellt oder in den Geltungsbereich des Gesetzes verbracht werden, die nicht das Kennzeichen nach Anlage II Abbildung 10 tragen, können von einem Beschussamt auf Antrag mit diesem Kennzeichen versehen werden. Dabei müssen die Beschussämter das Ortszeichen nach Anlage II Abbildung 3 zusätzlich auf der Schusswaffe anbringen.**

1 1. **Allgemeines.** Die Vorschrift entspricht weitgehend § 9 der 3. WaffV aF. Dieser verpflichtete in seinem durch die 2. ÄndVO vom 10. 1. 2000 (Vorbem. Rdn. 3) umgestalteten **Absatz 1** die Zulassungsbehörde, die der Bauartzulassung unterliegenden Gegenstände gemäß den Vorschriften der Anlage I (Abschnitte 3, 4 und 5; jetzt: Abschnitt 3, 4, 5 und 6) der VO zu prüfen und dabei die hierfür festgesetzten technischen Anforderungen zugrunde zu legen. Besonders genannt werden Schussapparate (vor allem Bolzensetzwerkzeuge), Einstreckläufe ohne eigenen Verschluss (Absatz 1) und weitere Gegenstände (Absatz 2). Die Anweisung an die Zulassungsbehörde erstreckt sich auch auf die pyrotechnische Munition (Begriff: Anlage 1 zum WaffG A 1 U 3 Nr. 1.4; § 2 Abs. 1 Nr. 3 WaffG aF), für welche die Bauartzulassung erst in § 23 WaffG 1972 eingeführt worden ist. Seit der ÄndVO 1991 enthielt die Vorgängerbestimmung keine Vorschriften über die Prüfung der Gegenstände mehr; diese sollten nach dem Willen des Verordnungsgebers in Verwaltungserlassen an die beiden Bundesanstalten (PTB; BAM) ergehen (Begr. BR-Drucks. 810/90 S. 101). Die geänderte Fassung brachte die Umsetzung eines Beschlusses der CIP (Vorbem. Rdn. 4) zur Einführung der **„Systemprüfung"**. Für Bolzensetzgeräte werden die Prüfmodalitäten durch eine Richtlinie der Physikalisch-Technischen Bundesanstalt (PTB) bestimmt (vgl. Absatz 1 Satz 6). Durch eine solche Bezugnahme auf Richtlinien ist eine flexible Handhabung gewährleistet.

Modellbezeichnung bei Bauartzulassungen § 12 Beschuss V 6

**2. Ausnahmen. Absatz 3** ermächtigt die Zulassungsbehörde, von einzelnen Anforderungen der Anlage I im **Einzelfall** Ausnahmen zu bewilligen. Die Vorschrift trägt damit der technischen Fortentwicklung Rechnung. Sie gestattet „ein Abweichen von den Regelanforderungen der Anlage I, wenn der mit diesen Anforderungen verfolgte Zweck durch gleichwertige sicherheitstechnische Vorkehrungen erreicht werden kann. Ein Abweichen von den Regelanforderungen kann in Betracht kommen, wenn die Geschosse bei Verlassen der Schusswaffe zwar eine höhere Bewegungsenergie als 7,5 J haben, aber sofort in kleine Teile zerfallen, oder wenn die Geschosse wegen ihrer großen Querschnitte, der Form oder der Beschaffenheit des Werkstoffes keine größere Wirkung als ein Geschoss mit einem Durchmesser von 4,5 mm und einer Bewegungsenergie von 7,5 J erwarten lassen" (Begr. der 3. WaffV 1973 BR-Drucks. 10/73 S. 7/8). 2

**3. Verschärfungen.** Gem. **Absatz 4** können andererseits auch über die Anlage I hinausgehende Anforderungen zum Schutz von Leben und Gesundheit der Benutzer oder von Dritten gestellt werden, „wenn beispielsweise höhere Anforderungen auf Grund von sicherheitstechnischen Erkenntnissen erforderlich und auch sicherheitstechnisch zu verwirklichen sind". 3

**4. Pyrotechnische Munition. Absatz 5** enthält eine **Klasseneinteilung** für pyrotechnische Munition. Die Vorschrift, die § 9 Abs. 4 der 3. WaffV aF entspricht, berücksichtigt die durch das WaffG-Änderungsgesetz 1976 eingeführte Terminologie und teilt die pyrotechnische Munition nur noch in 2 Klassen ein. Welcher Klasse die betr. Gegenstände zuzuordnen sind, bestimmt sich nach ihrer Gefährlichkeit gem. den Anforderungen der Prüfvorschriften Nr. 5.2.1 und 5.2.2 (Anlage I). „Wichtigstes Kriterium ist hierbei das Gewicht der Treibladung und des pyrotechnischen Satzes bzw. das Gewicht des pyrotechnischen Satzes allein." 4

**5. Sonderregelung für Schusswaffen nach Anlage 2 A 2 U 2 Nr. 1.2 zum WaffG (Absatz 6).** Von dieser Regelung werden die Druckluft-, Federdruck- und Kaltgaswaffen nach **Nr. 1.1** (mit der bereits vorhandenen Kennzeichnung F im Fünfeck = Anlage II Abbildung 10 zur BeschV) **nicht** erfasst. Für die Waffen nach Nr. 1.2 ist ein besonderes Kontrollverfahren durch die PTB vorgesehen, um sicherzustellen, dass die höchstzulässige Bewegungsenergie der Geschosse eingehalten ist; in diesem Falle darf auch hier das Kennzeichen nach Anlage II Abbildung 10 zur Beschuss V angebracht werden. 5

## Modellbezeichnung bei Bauartzulassungen

**12** **Die der Zulassung unterliegenden Gegenstände dürfen keine Modellbezeichnung haben, die zur Irreführung geeignet ist oder eine Verwechslung mit Waffen oder Munition anderer Beschaffenheit hervorrufen kann. Die Vorschriften des Markenrechts bleiben unberührt.**

Die 1973 als § 10 in die 3. WaffV aF eingefügte Bestimmung verpflichtet die Zulassungsbehörde, bei der Zulassung auch auf die Bezeichnung der zulassungspflichtigen Gegenstände in der Richtung zu achten, dass irreführende oder verwechslungsfähige Bezeichnungen vermieden werden. Die Vorschrift verfolgt nach der Begr. der 3. WaffV 1973 S. 8 den Zweck, Unfallgefahren infolge von Verwechslungen oder eine Täuschung des Käufers durch eine irreführende Bezeichnung zu vermeiden. Der Vorbehalt bezüglich des Markenrechts ist durch die 2. ÄndVO vom 10. 1. 2000 (Vorbem. Rdn. 5) in die Vorgängervorschrift eingefügt worden. 1

# 6 BeschussV §§ 13, 14         Beschussverordnung

**Inverkehrbringen von Schussapparaten aus Staaten, mit denen die gegenseitige Anerkennung der Prüfzeichen vereinbart ist**

**13** Wer Schussapparate, die von der Stelle eines Staates zugelassen sind, mit dem die gegenseitige Anerkennung der Prüfzeichen vereinbart ist, in den Geltungsbereich des Gesetzes verbringt, darf diese nur unter Beifügung einer von der Physikalisch-Technischen Bundesanstalt inhaltlich gebilligten Betriebsanleitung in deutscher Sprache in Verkehr bringen. Der Physikalisch-Technischen Bundesanstalt ist zur Prüfung der Betriebsanleitung auch ein zugelassener, serienmäßig gefertigter Schussapparat zur Verfügung zu stellen. § 18 Abs. 2 Nr. 4 und Abs. 4 gilt entsprechend.

1    **1. Allgemeines.** Die durch die ÄndVO 1991 als § 10 b der 3. WaffV aF geschaffene Vorschrift dient dem **Arbeitsschutz**. Der Importeur von Schussapparaten, die in einem anderen Staat zugelassen worden sind, mit dem aber die gegenseitige Anerkennung der Prüfzeichen vereinbart worden ist (vgl. Vorbem. Rdn. 4), muss vor der Überlassung an Dritte (jetzt: Inverkehrbringen) dafür sorgen, dass dem Gerät jeweils eine deutschsprachige **Betriebsanleitung** beigefügt ist, die von der PTB vorher „abgesegnet" worden ist; diese sorgt dafür, dass die für eine **sichere Verwendung** erforderlichen Hinweise erteilt werden. Satz 2 stellt sicher, dass der PTB ein Gerät zur sachgerechten Prüfung zur Verfügung steht.

2    **2. Sanktion.** Die Bestimmung war zuvor auffälligerweise nicht bußgeldbewehrt (vgl. Vorauf. § 10 b der 3. WaffV aF Rdn. 2). Die Zuwiderhandlung stellt nunmehr einen Bußgeldtatbestand nach § 42 Abs. 1 Nr. 1 dar.

**Beschaffenheit pyrotechnischer Munition**

**14** (1) Wer pyrotechnische Munition herstellt oder in den Geltungsbereich des Gesetzes verbringt, darf diese anderen nur überlassen, wenn ihre Sätze

1. mechanisch oder chemisch nicht verunreinigt sind,
2. keine saure Reaktion zeigen, es sei denn, dass die Funktionssicherheit oder die Lagerbeständigkeit nicht beeinträchtigt wird,
3. folgende Ausgangsstoffe nicht enthalten:
   a) Schwefel mit freier Säure oder mit mehr als 0,1 Prozent unverbrennlichen Bestandteilen,
   b) Schwefelblüte,
   c) weißen (gelben) Phosphor,
   d) Kaliumchlorat mit mehr als 0,15 Prozent Bromatgehalt.

(2) Der Hersteller pyrotechnischer Munition und derjenige, der pyrotechnische Munition in den Geltungsbereich des Gesetzes verbringt, haben sich auf Grund einer Analyse des Herstellers der Ausgangsstoffe oder eines anerkannten Sachverständigen davon zu überzeugen, dass bei den Ausgangsstoffen die Voraussetzungen nach Absatz 1 vorliegen. Die Nachweise über die Prüfung sind drei Jahre lang aufzubewahren.

Anforderungen an Reizstoffgeschosse  **§ 15 Beschuss V 6**

**1. Allgemeines.** Die durch die ÄndVO 1991 neu in die 3. WaffV aF eingefügte, 1
nunmehr übernommene Vorschrift zieht die Konsequenz aus der Tatsache, dass im
Rahmen eines amtlichen Zulassungsverfahrens die Anforderungen an die Beschaffenheit pyrotechnischer Munition (Begriff: Anlage 1 zum WaffG A 1 U 3 Nr. 1.4;
§ 2 Abs. 1 Nr. 3 WaffG aF) nur „mit besonderem Aufwand" geprüft werden können.
Sie überträgt daher die Verantwortung hierfür auf den Hersteller oder Importeur
(Begr. BR-Drucks. 810/90 S. 101).

**2. Zweck der Bestimmung.** Die Vorschrift will eine unbeabsichtigte Umsetzung 2
der pyrotechnischen Sätze verhindern, sei es beim Transport und der Lagerung, sei
es beim späteren Gebrauch. Die Anforderungen an die Zusammensetzung und Beschaffenheit werden in Absatz 1 im Einzelnen aufgezählt.

**3. Normadressaten.** **Hersteller** oder **Importeur** haben sich – vor der Überlas- 3
sung der Gegenstände an Dritte – zu vergewissern, dass die verwendeten Ausgangsstoffe den Anforderungen genügen; hierfür ist in jedem Fall eine **Analyse** vonnöten
(Absatz 2 Satz 1), die schriftlich fixiert sein muss und der dreijährigen Aufbewahrungspflicht (Absatz 2 Satz 2) unterliegt.

**4. Sanktion.** Ordnungswidrig sollte nach dem ursprünglichen Entwurf handeln, 4
wer **a)** sich entgegen Absatz 2 Satz 1 nicht über das Vorliegen der Voraussetzungen
des Absatzes 1 vergewissert und **b)** wer gegen die Aufbewahrungspflicht des Absatzes 2 Satz 2 verstößt. Die endgültige Fassung enthält keinen derartigen Tatbestand.

## Anforderungen an Reizstoffgeschosse, Reizstoffsprühgeräte und Reizstoffe sowie an Elektroimpulsgeräte

**15** (1) **Kartuschenmunition mit Reizstoffen und Geräte, aus denen zu Angriffs- oder Verteidigungszwecken Reizstoffe versprüht oder ausgestoßen werden, müssen hinsichtlich ihrer Beschaffenheit den Anforderungen der Anlage IV Nr. 2 und die darin verwendeten Reizstoffe hinsichtlich ihrer Reizwirkung und zulässigen Menge den Anforderungen der Anlage IV Nr. 3 und 4 entsprechen sowie nach § 16 gekennzeichnet sein.**

(2) **Die Vorschriften über den Verkehr mit Giften, Arzneimitteln und Betäubungsmitteln sowie des Lebensmittelrechts bleiben unberührt.**

(3) **Für die Prüfung der Anforderungen nach Anlage IV ist die Physikalisch-Technische Bundesanstalt zuständig. Die Physikalisch-Technische Bundesanstalt kann mit der Durchführung von Teilen der Prüfung auf Kosten des Antragstellers andere Fachinstitute beauftragen.**

(4) **Die Prüfung ist nach Methoden und Verfahren durchzuführen, die dem jeweiligen Stand der Wissenschaft und Technik entsprechen.**

(5) **Die Anforderungen an Elektroimpulsgeräte sind in Anlage V geregelt. Die Physikalisch-Technische Bundesanstalt prüft nach den anerkannten Methoden der Messtechnik an dem übersandten Muster, ob die in Anlage V festgelegten Grenzwerte eingehalten werden. Wenn die Grenzwerte eingehalten werden, wird der Antragsteller darüber unterrichtet, dass er das Prüfzeichen nach Anlage II Abbildung 12 auf die Elektroimpulsgeräte aufbringen darf. Ohne dieses Prüfzeichen**

# 6 Beschuss V § 16

dürfen keine Elektroimpulsgeräte überlassen werden. **Die Physikalisch-Technische Bundesanstalt kann mit der Durchführung von Teilen der Prüfung auf Kosten des Antragstellers andere Fachinstitute beauftragen.**

1 **1. Allgemeines.** Die Vorschrift legt fest, dass die erfassten Gegenstände den in der Anlage IV Nrn. 2, 3 und 4 bzw. V festgelegten Anforderungen entsprechen müssen. Sie wurde aus § 10 der 1. WaffV aF übernommen. Die danach vorzunehmenden Prüfungen können nach gegenwärtiger Rechtslage aus Gründen des Tierschutzes nicht durchgeführt werden (Begr. BR-Drucks. 164/06 S. 100/101). Die Vorschrift enthält in Absatz 1 eine Ausnahmeregelung vom grundsätzlichen Verbot des § 2 Abs. 3 WaffG iVm. Anlage 2 A 1 Nr. 1.3.5 zum WaffG für Gegenstände mit Reiz- und anderen Wirkstoffen, die zu Angriffs- und Verteidigungszwecken bestimmt sind, sofern sie den Anforderungen der Anlage V Nr. 2 bis 4 nicht entsprechen und amtlich nicht zugelassen sind. Die Notwendigkeit der Beachtung des § 16 (§ 11 der 1. WaffV aF) über die Kennzeichnung ist seinerzeit durch die 2. ÄndVO ausdrücklich in den Wortlaut der Bestimmung aufgenommen worden. Die Anforderungen an die Reizstoffgeschosse und an die Beschaffenheit der Reizstoffsprühgeräte sowie an die Zusammensetzung und höchstzulässige Menge der hierbei verwendeten Reizstoffe sind im Einzelnen in der Anlage IV festgelegt. Nur wenn diese Gegenstände diesen Anforderungen entsprechen, greift das Verbot nicht Platz.

2 **2. Anwendbarkeit anderer Gesetze.** Die Regelung des **Absatzes 2** entspricht dem § 5 der 2. WaffV 1972. Bei den Vorschriften über den Verkehr mit Giften kann es sich um die unterschiedlichsten Gesetze handeln, zB § 56 Abs. 1 Nr. 1 Buchst. b GewO, Chemikaliengesetz, Gefahrstoffverordnung, Pflanzenschutzgesetz u. a.; im Übrigen sind das Arzneimittelgesetz und das Betäubungsmittelgesetz angesprochen.

3 **3. Prüfungsinstitut.** Für die Prüfung der Anforderungen nach Anlage IV ist die Physikalisch-Technische Bundesanstalt für zuständig erklärt worden; zuvor war es das Institut für Aerobiologie der Fraunhofer-Gesellschaft. Der PTB ist das Recht zur teilweisen Delegierung der Prüfung an andere Fachinstitute eingeräumt worden. Neu ist aufgenommen worden, dass dies auf Kosten des Antragstellers geht.

4 **4. Prüfungsmaßstab.** Absatz 4 besagt etwas an sich Selbstverständliches und entspricht in seiner Berufung auf den jeweiligen Stand von Wissenschaft und Technik beispielsweise dem § 3 Abs. 6 BImSchG.

5 **5. Elektroimpulsgeräte (Absatz 5).** Diese Vorschrift ist neu aufgenommen worden. Sie regelt die Anforderungen an derartige Geräte, wenn sie dem Verbot des § 2 Abs. 3 iVm. Anlage 2 A 1 Nr. 1.3.6 nicht unterfallen sollen. Die einzelnen Kriterien sind in der neuen Anlage V aufgeführt. Zuständig ist wiederum die PTB (mit einer Delegationsmöglichkeit).

6 **6. Sanktion.** Ordnungswidrig sollte nach dem Entwurf nach § 42 Nr. 3 handeln, wer entgegen Absatz 5 Satz 4 Elektroimpulsgeräte ohne Prüfzeichen anderen überlässt. Ein solcher Tatbestand ist nicht in die Endfassung übernommen worden.

## Kennzeichnung der Verpackung von Reizstoffgeschossen und Reizstoffsprühgeräten

**16** (1) **Auf der kleinsten Verpackungseinheit von Reizstoffgeschossen sind außer der Kennzeichnung nach § 24 Abs. 3 des Waffengesetzes folgende Angaben anzubringen:**

Kennz. d. Verpackung v. Reizstoffgeschossen **§ 16 Beschuss V 6**

1. die Aufschrift „Reizstoff",
2. die gebräuchliche wissenschaftliche Bezeichnung des Reizstoffes,
3. die Masse des in einem Geschoss enthaltenen Reizstoffes,
4. der Zeitpunkt (Jahr und Monat), bis zu dem der Reizstoff versprüht oder die Geschosse verschossen werden dürfen, und
5. die Aufschrift „In Entfernungen unter 1 m Gefahr gesundheitlicher Schädigungen!".

(2) Geräte, aus denen Reizstoffe versprüht oder ausgestoßen werden, sind mit dem Namen oder einer eingetragenen Marke des Herstellers, einer Produktbezeichnung und entsprechend Absatz 1 Nr. 1, 2, 4 und 5 sowie mit der Angabe des Inhalts und der Konzentration der Reizstofflösung zu kennzeichnen. Geräte mit auswechselbaren Reizstoffbehältern sind entsprechend Absatz 1 Nr. 1 und 5, die auswechselbaren Reizstoffbehälter selbst nach Satz 1 zu kennzeichnen. Kartuschenmunition mit Reizstoffen ist auf dem Hülsenboden mit der Kurzbezeichnung des in der Kartusche enthaltenen Reizstoffes zu kennzeichnen. Soweit sich die Kennzeichnung auf dem Hülsenboden wegen der geringen Größe der Munition oder aus sonstigen technischen Gründen nicht anbringen lässt, ist folgende Farbkennzeichnung am Hülsenmund anzubringen:
Blau – Reizstoffmunition mit CN,
Gelb – Reizstoffmunition mit CS,
Rot – sonstige Reizstoffmunition.

(3) Jeder kleinsten Verpackungseinheit von Reizstoffgeschossen und jedem Sprühgerät nach Absatz 2 ist eine Gebrauchsanweisung beizufügen, in der die Methoden sachgerechter Anwendung und die Gefahren einer missbräuchlichen Benutzung zu beschreiben sind.

1. **Allgemeines.** Die Bestimmung stimmt mit § 11 der 1. WaffV aF überein.  1

2. **Reizstoffgeschosse.** Für diese schreibt die Vorschrift in Absatz 1 die Kennzeichnung auf der kleinsten Verpackungseinheit, die Geschosse mit Reizstoffen enthält, vor. Wegen der Gefahren bei der Verwendung von Geschossen mit Reizstoffen wird außer der Kennzeichnung nach § 24 Abs. 3 WaffG eine besondere Kennzeichnung auf der Verpackung durch die Aufschrift „Reizstoff" vorgeschrieben. Weiter sind angeordnet Angaben über die gebräuchliche wissenschaftliche Bezeichnung des Reizstoffs und das Gewicht der einzelnen Füllung, ferner über den Zeitpunkt, bis zu dem die Reizstoffe verschossen werden dürfen sowie über die Mindestschussentfernung von 1 m (Nrn. 1 bis 5). Der Verwendungszeitpunkt ist wichtig, da die Reizstoffe, wie Untersuchungen ergeben haben, nach einer längeren Lagerzeit (ca. 3 Jahre) häufig Klumpen oder Kristalle bilden. Die Angabe des Verwendungszeitraumes dient mithin dem Schutz des Verwenders und etwaiger Kontaktpersonen; sie soll den Verwender darauf hinweisen, dass bei einer späteren Ingebrauchnahme die Wirksamkeit und Ungefährlichkeit nicht mehr sichergestellt sind. Ferner kann das Schießen aus kürzester Entfernung (Nr. 5) erhebliche Verletzungen hervorrufen. Durch die vorgeschriebenen Kennzeichnungen wird insgesamt der Benutzer auf die für ihn mit der Verwendung verbundenen Gefahren hingewiesen.  2

2. **Reizstoffsprühgeräte, Reizstoffbehälter und Kartuschenmunition mit Reizstoffen.** Sie unterliegen nach **Absatz 2** sinngemäß den gleichen Kennzeichnungsvorschriften wie die Geschosse nach Absatz 1. Anstelle der Angabe nach Absatz 1 Nr. 3  2

# 6 Beschuss V § 17

ist jedoch auf den Sprühgeräten die Angabe des Volumens und der Konzentration der Reizstofflösung anzubringen. Werden für die Sprühgeräte auswechselbare Reizstoffbehälter verwendet, so sind auch diese nach Satz 2 in gleicher Weise zu kennzeichnen. Seit 1987 ist auch eine Hersteller- sowie eine Produktbezeichnung bei Geräten und Behältern vonnöten. Satz 3 und 4 des Absatzes 2 dienen ebenfalls einer wirksameren Überwachung (Begr. zur früheren Bestimmung BR-Drucks. 544/86 S. 20).

3   **3. Gebrauchsanweisung.** Die durch **Absatz 3** vorgeschriebene Beigabe einer Gebrauchsanweisung soll die Kenntnis über die sachgerechte Handhabung und den Umgang mit Reizstoffgeschossen bzw. Reizstoffsprühgeräten erleichtern, um die Gefahren missbräuchlicher Anwendung möglichst zu verhindern.

4   **4. Sanktion.** § 42 VO enthielt in der ursprünglichen Fassung in seiner Nr. 4 einen entsprechenden Unrechtstatbestand. Ordnungswidrig handelte danach, wer entgegen Absatz 1 und 2 verpackte Reizstoffmunition und Reizstoffsprühgeräte ohne die vorgeschriebene Kennzeichnung überlässt oder nach Absatz 3 die Gebrauchsanweisung nicht beifügt. Von der Aufnahme eines derartigen Tatbestandes ist abgesehen worden. Vgl. aber § 17 Rdn. 5.

## Abweichungen vom Kennzeichnungsgrundsatz bei besonderen Munitionsarten

**17** (1) **Auf pyrotechnischer Munition der Klasse PM II ist außer der Kennzeichnung nach § 24 Abs. 3 des Waffengesetzes die Jahreszahl der Herstellung und die Verbrauchsdauer anzubringen. Lässt sich bei pyrotechnischer Munition der Klassen PM I und PM II die Kennzeichnung auf der Hülse oder dem Geschoss wegen deren geringer Größe oder aus sonstigen technischen Gründen nicht anbringen, genügt die Kennzeichnung der kleinsten Verpackungseinheit. Auf dieser ist ferner das Bruttogewicht der Verpackungseinheit anzugeben.**

(2) **Munition, bei der der Zündsatz im Rand des Hülsenbodens untergebracht ist (Randfeuermunition), ist auf dem Hülsenboden nur mit dem Herstellerzeichen zu kennzeichnen. Bei Kartuschenmunition für Schussapparate mit einem eingebuchteten oder gewölbten Boden, bei der der Zündsatz weder in einem besonderen Zündhütchen im Hülsenboden (Zentralfeuermunition) noch im Rand des Hülsenbodens untergebracht ist und bei der der Zünd- und Treibsatz nicht schwerer als 0,5 Gramm ist, braucht die Hülse nicht nach § 24 Abs. 3 des Waffengesetzes gekennzeichnet zu sein. Schreckschussmunition mit gebördeltem Hülsenmund ist auf der Abdeckung mit grüner Farbe zu kennzeichnen.**

(3) **Bei Randfeuermunition und bei Kartuschenmunition für Schussapparate genügt es, das Fertigungszeichen anstatt auf der kleinsten Verpackungseinheit auf einer besonderen Einlage in der kleinsten Verpackungseinheit anzubringen. Bei Treibladungen nach Anlage 1 Abschnitt 1 Unterabschnitt 3 Nr. 2 des Waffengesetzes für Schussapparate braucht die Kennzeichnung nach § 24 Abs. 3 des Waffengesetzes nur auf der magazinierten Verpackung angebracht werden.**

Abweichungen v. Kennzeichnungsgrundsatz **§ 17 Beschuss V 6**

(4) **Bei Kartuschenmunition für Schussapparate ist auf der kleinsten Verpackungseinheit ein deutlicher Hinweis auf die Art des Gerätes und den Stärkegrad der Ladung anzubringen.** Der Stärkegrad der Ladung ist durch folgende Farben zu kennzeichnen:

| | |
|---|---|
| Ladungsstufe 1 weiß oder braun | schwächste Ladung |
| Ladungsstufe 2 grün | schwache Ladung |
| Ladungsstufe 3 gelb | mittlere Ladung |
| Ladungsstute 4 blau | starke Ladung |
| Ladungsstufe 5 rot | sehr starke Ladung |
| Ladungsstufe 6 schwarz | stärkste Ladung. |

**Die Farbkennzeichnung ist auch auf dem Hülsenboden der Kartusche oder auf der Kartuschen- oder Zündsatzabdeckung anzubringen.**

(5) **Auf festen Körpern, die zum Verschießen aus Schussapparaten bestimmt sind (Bolzen), ist das der Physikalisch-Technischen Bundesanstalt angezeigte Herstellerkennzeichen anzubringen; werden Führungs- oder Halterungsstücke verwendet, die auch nach dem Schuss noch mit dem Geschoss verbunden bleiben, genügt die Angabe des Herstellerkennzeichens auf einem dieser Teile. Die kleinste Verpackungseinheit der Bolzen ist nach § 24 Abs. 3 des Waffengesetzes sowie außerdem mit der Typenbezeichnung zu kennzeichnen.**

**1. Allgemeines.** Die Vorschrift ist aus § 23 der 1. WaffV aF übernommen worden.   1

**2. Abweichungen vom Kennzeichnungsgrundsatz des § 24 Abs. 3 WaffG.** Gem.   2
Absatz 1 Satz 2 genügt bei pyrotechnischer Munition (Begriff: Anlage 1 zum WaffG A 1 U 3 Nr. 1.4; § 2 Abs. 1 Nr. 3 WaffG aF) von geringer Größe uU die Anbringung der Kennzeichnung auf der kleinsten Verpackungseinheit. Die Kennzeichnung der pyrotechnischen Munition ist seinerzeit mit der 2. ÄndVO zur 3. WaffV aF den Bestimmungen der 1. SprengV angeglichen worden. Bei Randfeuermunition (Absatz 2 S. 1) genügt die Anbringung nur des Herstellerzeichens, und zwar aus technischen Gründen, weil wegen der geringen Ausmaße die volle Kennzeichnung nicht auf dem Hülsenboden angebracht werden kann (Begr. der DVO BWaffG 68 S. 16).

Bei der in Absatz 2 Satz 2 erwähnten **Kartuschenmunition** mit geringem Zünd-   3
oder Treibsatz für Schussapparate mit einem eingebuchteten oder gewölbten Boden verzichtet der VO-Geber ebenfalls aus technischen Gründen vollkommen auf eine Kennzeichnung der Hülse. Seit 1987 ist die in Absatz 2 Satz 3 näher bezeichnete Art von Schreckschussmunition mit grüner Farbe zu kennzeichnen, damit Verwechslungen, insbesondere mit Reizstoff-Munition, vermieden werden (BR-Drucks. 544/86 S. 23).

**3. Besondere Kennzeichnung der Kartuschenmunition für Schussapparate**   4
**und der Bolzen.** Hier ist nach **Absatz 4** zusätzlich zu den sonst vorgeschriebenen Angaben auf der kleinsten Verpackungseinheit noch ein deutlicher Hinweis auf die Art des Gerätes (Bolzensetzwerkzeug, Blitzkerber u. a.) und den Stärkegrad der Ladung, letzter farbmäßig, anzubringen. Die Farbe ist außerdem noch auf dem Hülsenboden der Kartusche, deren Abdeckung oder der Zündsatzabdeckung anzubringen. In **Absatz 4 Satz 2** ist zusätzlich zu der früheren Regelung „Weiß" als Farbkennzeichnung für die schwächste Ladung von Kartuschenmunition für Schussapparate vorgeschrieben worden. Dies entsprach der Praxis in den meisten europäischen Ländern (Begr. der 1. WaffV 72 BR-Drucks. 581/72 S. 16). **Absatz 5** trifft eine Sonderregelung für die aus Schussapparaten zu verschießenden festen Körper (Bolzen); auch insoweit ist die bisherige Bestimmung übernommen worden (§ 23 Abs. 5 der 1. WaffV aF).

**4. Ahndung.** Zuwiderhandlungen gegen die „Kennzeichnungsvorschriften" sind bußgeldbewehrt (§ 53 Abs. 1 Nr. 9 WaffG).

## Abschnitt 4. Verfahren bei der Bauartzulassung

Antragsverfahren

**§ 18** (1) Die Bauartzulassung ist in schriftlicher oder elektronischer Form zu beantragen. Der Antragsteller hat in dem Antrag anzugeben:
1. seinen Namen oder seine Firma und seine Anschrift, bei der Verbringung in den Geltungsbereich des Gesetzes den Namen oder die Firma und die Anschrift dessen, der die Gegenstände verbringt,
2. die angezeigte Marke, die auf dem Gegenstand angebracht werden soll,
3. die Modellbezeichnung der Schusswaffe oder des Einstecklaufs oder die Bezeichnung der pyrotechnischen Munition, wobei für Schusswaffen neben einer vorrangigen weitere Modellbezeichnungen verwendet werden dürfen, wenn sie der zulassenden Behörde, auch nach der Erteilung der Zulassung, angezeigt wurden,
4. im Falle der Zulassung nach § 10 des Gesetzes auch die Herstellungsstätte.

(2) Der Antragsteller hat dem Antrag beizufügen
1. bei der Zulassung nach
   a) den §§ 7, 8 und 9 Abs. 1 des Gesetzes ein oder zwei Baumuster des Gegenstandes, der für die Systemprüfung benötigten Geräteteile und der dazugehörigen Munition oder Geschosse,
   b) § 10 des Gesetzes eine ausreichende Stückzahl der pyrotechnischen Munition,
2. eine nach den Regeln der Technik gefertigte Schnittzeichnung, die alle für die Zulassung wichtigen Angaben über die Maße und Werkstoffe enthält, eine Ansichtszeichnung gleicher Qualität, ersatzweise eine Fotografie, jeweils in dreifacher Ausfertigung, und eine Betriebsanleitung in deutscher Sprache, soweit sie den Gegenständen beim Vertrieb beigegeben wird,
3. bei Bolzensetzwerkzeugen mit Kolben und magazinierten Kartuschen zur Durchführung der Systemprüfung die Angaben darüber, durch welche Teile das System bestimmt sein soll, sowie deren technische Daten,
4. bei Schusswaffen, Schussapparaten oder Einstuckläufen, die zum Verschießen von nach § 11 Abs. 1 des Gesetzes zugelassener Munition bestimmt sind, die für die Prüfung erforderliche Munition und
5. bei Schussapparaten, die im Geltungsbereich des Gesetzes verwendet werden sollen, außerdem eine Erklärung, aus der hervorgeht, an welchem Ort oder an welchen Orten er die für die Durchführung von Wiederholungsprüfungen erforderlichen Einrichtungen unterhält oder wen er mit der Durchführung dieser Prüfung beauftragt hat.

Antragsverfahren § 18 Beschuss V 6

(3) **Der Antragsteller hat der Zulassungsbehörde auf Verlangen**
**1. das in Absatz 2 Nr. 1 Buchstabe a bezeichnete Baumuster oder an dessen Stelle einen serienmäßig gefertigten Gegenstand des zugelassenen Modells und, im Falle der Zulassung pyrotechnischer Munition, auch eine serienmäßig gefertigte Schusswaffe zum Verschießen dieser Munition zu überlassen und**
**2. Teilzeichnungen des Modells einzureichen.**

(4) **Bei Anträgen auf Zulassung von Schussapparaten und anderen nicht tragbaren Geräten, in denen zum Antrieb in Hülsen untergebrachte Treibladungen verwendet werden und die für technische Zwecke bestimmt sind, soll die Physikalisch-Technische Bundesanstalt die Berufsgenossenschaftliche Zentrale für Sicherheit und Gesundheit des Hauptverbandes der gewerblichen Berufsgenossenschaften anhören; bestehen Zweifel, ob der Prüfgegenstand den Anforderungen an den Werkstoff und die Festigkeit entspricht, ist die Bundesanstalt für Materialforschung und -prüfung zu beteiligen. Bei anderen nicht tragbaren Geräten, in denen zum Antrieb in Hülsen untergebrachte Treibladungen verwendet werden und die für technische Zwecke bestimmt sind, unterliegen der Bauartzulassung nur die Auslösevorrichtung und die Teile des Gerätes, die dem Druck der Pulvergase unmittelbar ausgesetzt sind.**

(5) **Bei nicht tragbaren Geräten, in denen zum Antrieb in Hülsen untergebrachte Treibladungen verwendet werden und die für technische Zwecke bestimmt sind, die ortsfest eingebaut werden, entfällt die Vorlage eines Baumusters nach Absatz 2 Nr. 1 Buchstabe a. Die Physikalisch-Technische Bundesanstalt kann im Benehmen mit der Berufsgenossenschaftlichen Zentrale für Sicherheit und Gesundheit des Hauptverbandes der gewerblichen Berufsgenossenschaften Prüfungen am Betriebsort vornehmen.**

**1. Allgemeines.** Die Bestimmung, die § 11 der 3. WaffV aF entspricht, enthält die erforderlichen **Verfahrensvorschriften** für die Zulassung. Sie ist 1976 in ihrem Absatz 1 dahin ergänzt worden, dass der Antragsteller verpflichtet wurde, im Falle der Einfuhr in seinem Zulassungsantrag auch den Namen und die Anschrift dessen, der die Gegenstände einführt, anzugeben; dem allgemeinen Sprachgebrauch folgend, ist das „Verbringen" an die Stelle des Einführens getreten. Diese Angaben sind nach der VO-Begr. (S. 24) aus Gründen der Überwachung, insbesondere im Hinblick auf die Kennzeichnungspflicht, für die Zulassungsbehörde erforderlich. Ferner hat der Antragsteller eine angezeigte (zuvor: „eingetragene") „Marke" (früher: Warenzeichen), die beim Vertrieb der Gegenstände verwendet werden soll, in dem Zulassungsantrag anzugeben. Für die Einführung dieser Verpflichtung waren ebenfalls Gründe der Überwachung maßgebend. Die Benutzung anderer Bezeichnungen ist nach der Novelle des Jahres 2000 zur 3. WaffV aF (Vorbem. Rdn. 5) gestattet, bedarf aber der **Anzeige** (Begr. BR-Drucks. 486/99 S. 34).

**2. Beizufügende Gegenstände.** Nach Absatz 2 Nr. 1 Buchst. a hat der Antragsteller dem Antrag **ein** (die CIP [Vorbem. Rdn. 4] verlangt an sich zwei [Begr. BR-Drucks. 486/99 S. 34]) oder zwei **Baumuster** (Prüfmuster) des zur Zulassung anstehenden Gegenstandes und die zugehörige Munition beizufügen, das der Bundesanstalt „zur Prüfung, ob ein nachgebautes Gerät dem zugelassenen Muster entspricht, sowie zur Beantwortung von Rückfragen, insbesondere bei Unfällen", zum Verbleib zu überlassen ist. Handelt es sich um die Zulassung von pyrotechnischer Munition, so hat der Antragsteller gem. Absatz 2 Nr. 1 Buchst. b eine ausreichende Stückzahl solcher Gegenstände vorzulegen. Ist die Prüfung an einem „Handmuster" erfolgt, so gestattet Absatz 3 Nr. 1 den Austausch des Prüfmusters gegen ein serienmäßig gefertigtes Gerät. Absatz 2 Nr. 5 verpflichtet die Firmen, der Zulassungsbehörde eine **Erklärung** darüber vorzulegen, an welchen Orten sie die für die Durchführung einer Wiederholungsprüfung erforderlichen Einrichtungen unterhält oder wen sie mit der Prüfung beauftragt hat. Grund hierfür ist der CIP-Beschluss XV-8. Mit diesem Beschluss wurde eine Zulassungspflicht für Schussapparate für das Gebiet der Mitgliedstaaten der CIP eingeführt mit der Folge, dass bei der PTB auch Zulassungsanträge von Firmen gestellt werden, die diese Geräte in den anderen Mitgliedsstaaten der CIP verwenden wollen. Bei dieser Sachlage ist es notwendig, die Verpflichtung auf Geräte zu beschränken, die im Geltungsbereich des Gesetzes verwendet werden sollen. Bei der Zulassung gem. § 10 BeschG ist zur Durchführung von Schießversuchen auch die Überlassung einer serienmäßig gefertigten Schusswaffe, die zum Abschießen der zulassungspflichtigen Munition bestimmt ist, auf Verlangen vorzunehmen (Absatz 3 Nr. 1 Variante 2).

**3** 3. **Anhörung weiterer Stellen.** Die in Absatz 4 durch Sondervorschrift als Sollvorschrift angeordnete gutachterliche Anhörung der **Berufsgenossenschaftlichen Zentrale für Sicherheit und Gesundheit** des Hauptverbandes der gewerblichen Berufsgenossenschaften im Zulassungsverfahren von Schussapparaten soll die langjährigen Erfahrungen nutzbar machen, welche die Berufsgenossenschaften beim Einsatz und der Prüfung von Schussapparaten gesammelt haben (Begr. der DVO BWaffG 1968 S. 30). Demselben Zweck dient die in Absatz 4 Satz 1 Halbsatz 2 aufgenommene Vorschrift, wonach die Zulassungsbehörde bei der Zulassung von Schussapparaten und den in der Vorschrift näher bezeichneten Geräten die Bundesanstalt für Materialforschung und -prüfung (BAM) zu beteiligen hat, wenn Zweifel hinsichtlich Material- und Festigkeitsfragen bestehen (Mussvorschrift).

**4** 4. **Ausnahmen.** Nach Absatz 4 Satz 2 unterliegen bei den dort umschriebenen nicht tragbaren Geräten der Bauartzulassung nur die Auslösevorrichtung und die dem Gasdruck unmittelbar ausgesetzten Teile. Nach Absatz 5 braucht sinnvollerweise ein Baumuster nicht vorgelegt zu werden, wenn es sich um nicht tragbare Geräte der hierin beschriebenen Art handelt, die ortsfest eingebaut werden sollen. In derartigen Fällen kann eine Überprüfung an Ort und Stelle erfolgen.

### Zuständigkeit und Zulassungsbescheid

**19** (1) **Über Anträge nach den §§ 7, 8 und 9 Absätze 2 und 4 des Gesetzes entscheidet die Physikalisch-Technische Bundesanstalt. Über Anträge nach § 9 Absätze 1 und 5 des Gesetzes entscheidet die nach Landesrecht zuständige Stelle, über Anträge nach § 10 des Gesetzes die Bundesanstalt für Materialforschung und -prüfung durch schriftlichen Bescheid.**

(2) **Der Zulassungsbescheid hat Angaben zu enthalten über**
1. **den Namen und die Anschrift des Antragstellers,**
2. **die Art und Modellbezeichnung der Schusswaffe, des Schussapparates, des Einstecklaufes, der Schreckschuss-, Reizstoff- oder Signalwaffe und bei pyrotechnischer Munition deren Bezeichnung,**

## § 19 Beschuss V 6

3. die wesentlichen Merkmale der Bauart
    a) der zugelassenen Schusswaffe, des Schussapparates, des Einstecklaufes, der Schreckschuss-, Reizstoff- oder Signalwaffe sowie die wesentlichen Merkmale und die Bezeichnung der daraus zu verschießenden Gebrauchsmunition,
    b) der zugelassenen pyrotechnischen Munition,
4. die Geltungsdauer der Zulassung und
5. das Zulassungszeichen nach § 20 Abs. 2.

(3) Nebenbestimmungen und inhaltliche Beschränkungen der Zulassung, welche die Verwendung der zugelassenen Waffen, Schussapparate, Einsteckläufe und Munition betreffen, sind vom Verwender zu beachten. Die Zulassung ist mit der Auflage zu verbinden, einen Auszug des Zulassungsbescheides den Verwendern auszuhändigen, soweit darin die Verwendung betreffende Nebenbestimmungen und inhaltliche Beschränkungen enthalten sind. Die Bauartzulassung nach Maßgabe des § 9 Abs. 5 des Gesetzes kann auch mit der Auflage verbunden werden, den zugelassenen Gegenständen sicherheitstechnische Hinweise und eine von der Zulassungsbehörde gebilligte und bestätigte Betriebsanleitung beizufügen und die zugelassenen Gegenstände einer Einzelbeschussprüfung nach § 5 des Gesetzes zu unterziehen. Dies gilt auch für andere nicht tragbare Geräte, in denen zum Antrieb in Hülsen untergebrachte Treibladungen verwendet werden und die für technische Zwecke bestimmt sind.

**1. Sachliche Zuständigkeit.** Die Vorschrift, die § 12 der 3. WaffV aF übernommen hat, regelt in ihrem Absatz 1 die sachliche Zuständigkeit zur Entscheidung über die gestellten Bauartzulassungsanträge, die durch schriftlichen Verwaltungsakt geschieht. Wie bisher ist die Zuständigkeit zwischen der PTB und der BAM aufgeteilt: Über Anträge nach den §§ 7, 8 und 9 Abs. 2 und 4 BeschG entscheidet die Physikalisch-Technische Bundesanstalt, über solche nach § 10 die Bundesanstalt für Materialforschung und -prüfung.

**2. Inhalt des Bescheides.** Absatz 2 zählt die Mindestanforderungen auf, die an den Inhalt des Zulassungsbescheids gestellt werden müssen. Eine genaue Festlegung des Inhalts des zu erteilenden Zulassungsbescheids ist zweckmäßig, um zwischen den Beteiligten klarzustellen, auf welche Gegenstände sich die Zulassung bezieht und welchen Umfang sie hat (Nrn. 2 und 3). „Der Inhalt und der Umfang der Zulassung können ferner zu einem späteren Zeitpunkt von Interesse sein, wenn Zweifel auftreten, ob die auf Grund der Zulassung hergestellten Gegenstände dem zugelassenen Muster entsprechen" (Begr. der DVO BWaffG 1968 S. 30). Seit der VO 1980 ist eine Ergänzung der Angaben im Zulassungsbescheid vorgeschrieben (betr. Absatz 2 Nr. 3): in ihm sollen nunmehr auch die wesentlichen Merkmale und die Bezeichnung der aus der Waffe zu verschießenden Gebrauchsmunition deklariert werden (Änderung zwecks Erfüllung internationaler Verpflichtungen). Die frühere Nr. 4 von Absatz 2 des § 12 der 3. WaffV aF ist durch die 2. ÄndVO (Vorbem. Rdn. 5) in die Nrn. 4 und 5 aufgespalten worden. Wegen des Zulassungszeichens s. den nachfolgenden § 20.

**3. Nebenbestimmungen.** Absatz 3 der Vorgängervorschrift ist seinerzeit durch die ÄndVO 1991 (vgl. Vorbem. Rdn. 5) umgestaltet worden. Um etwaigen Unfallgefahren zu begegnen, wird vorgeschrieben, dass der Zulassungsinhaber dazu zu verpflichten ist, verwendungsbezogene, sicherheitsrelevante Nebenbestimmungen an den Verwender weiterzugeben. Absatz 3 Satz 2 weist „die Zulassungsbehörde ausdrücklich darauf hin, die Frage der Erteilung von Auflagen mit dem in dieser Vorschrift bezeichneten Inhalt zu prüfen. Das Bedürfnis für die Beifügung sicherheitstechnischer Hinweise oder einer Gebrauchsanweisung kann sich besonders bei der Verwendung von Schussapparaten sowie bei der Verwendung von pyrotechnischer Munition ergeben" (Begr. S. 9).

### Zulassungszeichen

**20** **(1) Die Zulassungsbehörde hat dem Zulassungsinhaber die Verwendung eines Zulassungszeichens vorzuschreiben.**

**(2) Das Zulassungszeichen setzt sich aus dem in der Anlage II Abbildung 5 bis 7 oder 10 bis 12 jeweils vorgesehenen Zeichen und einer Kennnummer zusammen. Die Kennnummer besteht aus einer fortlaufenden Nummer. Bei pyrotechnischer Munition gehört zum Zulassungszeichen außerdem die Klassenbezeichnung „PM I" oder „PM II".**

**(3) Der Zulassungsinhaber hat dauerhaft und deutlich sichtbar auf jedem nachgebauten Stück und bei pyrotechnischer Munition auf jeder kleinsten Verpackungseinheit das vorgeschriebene Zulassungszeichen anzubringen. Das Zulassungszeichen darf nicht auf einem Teil angebracht werden, das üblicherweise zum Austausch bestimmt ist. Soweit sich das Zulassungszeichen auf der pyrotechnischen Munition wegen deren geringen Größe oder aus sonstigen technischen Gründen nicht anbringen lässt, genügt die Anbringung auf der kleinsten Verpackungseinheit.**

1   1. **Allgemeines.** Die Zulassungsbehörde erteilt dem Zulassungsinhaber nach genehmigter Bauartzulassung ein **Zulassungszeichen,** das gem. Absatz 3 auf jedem nachgebauten Stück des Typs anzubringen ist und das erkennen lässt, ob es sich um eine Zulassung gem. § 7, § 8, oder § 10 BeschG handelt (vgl. Anlage II Abb. 5, 6, 7 zur VO). Das Zulassungszeichen enthält außerdem eine **Kennnummer,** die aus einer fortlaufenden Nummer besteht und die den Überwachungsbehörden erforderlichenfalls eine Identifizierung der Schusswaffe ermöglichen soll. Die der Bauartzulassung gem. §§ 7 bis 11 BeschG unterliegenden Gegenstände dürfen nach § 12 Abs. 2 BeschG **gewerbsmäßig anderen ohne** das vorgeschriebene **Zulassungszeichen nicht überlassen** werden; andernfalls ist der Tatbestand einer Ordnungswidrigkeit gem. § 21 Abs. 1 Nr. 6 BeschG erfüllt.

2   2. **Zulassungszeichen.** Das Zulassungszeichen unterscheidet sich von dem Beschusszeichen auch insofern, als dies gem. § 6 Abs. 1 BeschG vom Beschussamt auf der Waffe angebracht wird, während das Zulassungszeichen, wie infolge der Prüfung nur an einem Baumuster nicht anders möglich, vom Zulassungsinhaber anzubringen ist. An ihn richtet sich das in § 12 Abs. 2 BeschG enthaltene, vorstehende erwähnte Gebot, bauartzulassungspflichtige Gegenstände nicht ohne Zulassungszeichen gewerbsmäßig anderen zu überlassen. Die Art der Anbringung des Zulassungszeichens regelt Absatz 3 eingehend. Für pyrotechnische Munition genügt äußerstenfalls die Anbringung des Zulassungszeichens auf der kleinsten Verpackungseinheit. Im Gegensatz zu § 24 Abs. 1 Satz 1 WaffG ist allerdings nicht vorgeschrieben, dass

Bekanntmachungen  § 21 BeschussV 6

das Zulassungszeichen auf einem wesentlichen Teil jedes nachgebauten Stücks anzubringen ist, sondern nur, dass es nicht auf üblicherweise zum Austausch bestimmten Teilen angebracht werden darf.

**3. Sanktion.** Verstöße gegen die Anbringungspflichten des Absatzes 3 werden gem. § 42 Abs. 1 Nr. 2 und 3 VO geahndet (Ordnungswidrigkeit). **3**

**Bekanntmachungen**

**21** (1) Die Zulassung der Bauart der in den §§ 7, 8 und 9 Abs. 5 des Gesetzes bezeichneten Gegenstände, ihre Änderung, Berichtigung, Rücknahme und ihr Widerruf werden im Bundesanzeiger und im Amts- und Mitteilungsblatt der Physikalisch-Technischen Bundesanstalt bekannt gemacht. Die Bekanntmachung soll die in § 19 Abs. 2 Nr. 1, 2 und 4 bezeichneten Angaben, die Kennnummer nach § 20 Abs. 2 Satz 1 und die Bezeichnung der zugehörigen Gebrauchsmunition enthalten.

(2) Bei Zulassungen nach § 10 des Gesetzes hat die Bundesanstalt für Materialforschung und -prüfung eine Liste der erteilten Zulassungen für pyrotechnische Munition zu führen und diese auf dem neuesten Stand zu halten. Die Liste soll die folgenden Angaben enthalten:

1. das vollständige Zulassungszeichen,
2. die Bezeichnung der pyrotechnischen Munition,
3. Name und Anschrift des Zulassungsinhabers,
4. Beschränkungen, Befristungen und Auflagen, insbesondere die von der Bundesanstalt für Materialforschung und -prüfung festgelegten Verwendungshinweise in Code-Nummern. Die Bedeutung der Code-Nummern wird im Vorspann der Liste erläutert.

Die Liste ist bei der Bundesanstalt für Materialforschung und -prüfung während der Dienststunden auszulegen. Auf Verlangen eines Dritten ist diesem gegen Kostenerstattung eine Abschrift oder Vervielfältigung zu überlassen.

(3) Die Physikalisch-Technische Bundesanstalt hat dem Ständigen Büro der Ständigen Internationalen Kommission für die Prüfung der Handfeuerwaffen Mitteilung zu machen über

1. Anordnungen nach § 23 Abs. 2 Satz 2,
2. die Erteilung, die Rücknahme oder den Widerruf einer Zulassung von Schussapparaten nach den §§ 7 und 8 des Gesetzes. Die Mitteilung über die Erteilung besteht aus einer Kopie des Zulassungsbescheides.

**1. Bekanntmachungen.** Die Vorschrift entspricht im Wesentlichen § 14 der **1** 3. WaffV aF. Durch die vorgeschriebenen **Veröffentlichungen** werden sowohl die interessierten Betriebe als auch die Behörden über die Zulassung und deren etwaige Rücknahme oder deren Widerruf unterrichtet. Bei der Änderung der VO 1976 ist zusätzlich bestimmt worden, dass auch eine Änderung oder Berichtigung der Zulassung durch die **PTB** in den genannten **amtlichen Mitteilungsblättern** zu veröffentlichen ist. Denn die Kenntnis solcher nachträglichen Änderungen der Zulassung ist

# 6 Beschuss V § 22  Beschussverordnung

nach der VO-Begründung (S. 25) im Interesse einer wirksamen Überwachung ebenfalls geboten. Absatz 2 Satz 3 und 4 bringt ein ursprünglich nicht vorgesehen gewesenes „Einsichtsrecht" gegenüber der **BAM** bezüglich der von ihr hinsichtlich der in ihren Bereich fallenden Zulassungen zu führenden **Liste**. Die Veröffentlichungspflicht entspricht dem Standard innerhalb der Mitgliedstaaten der CIP.

**2**  2. **Mitteilungspflicht.** Die VO 1980 hat in § 14 der 3. WaffV aF die jetzt in **Absatz 3** aufgestellte Mitteilungspflicht eingeführt. Diese ist durch die Novelle v. 10. 1. 2000 (Vorbem. Rdn. 5) aus Gründen der Verwaltungsvereinfachung auf die genannten Punkte eingeschränkt worden. Kraft internationaler Vereinbarung werden die Zulassungszeichen in den Unterzeichnerstaaten des Übereinkommens (Vorbem. Rdn. 4) gegenseitig anerkannt. Die Unterrichtung erfolgt über das „Ständige Büro" als Zentralstelle.

## Abschnitt 5. Periodische Fabrikationskontrolle, Einzelfallprüfung, Wiederholungsprüfung

**Periodische Fabrikationskontrollen für Schussapparate und Einstecklaufe**

**22** **Schussapparate und Einstecklaufe, deren Bauart von der Physikalisch-Technischen Bundesanstalt zugelassen ist, sind in Abständen von höchstens zwei Jahren an fünf Gegenständen jeder Bauart durch die Physikalisch-Technische Bundesanstalt zu prüfen. Für die Prüfung sind die Vorschriften der Anlage I Nr. 3.1 bis 3.4 maßgebend. Der Zulassungsinhaber hat der Physikalisch-Technischen Bundesanstalt die fünf Prüfgegenstände nach Satz 1 spätestens zwei Jahre nach der Zulassung und dann im Abstand von zwei Jahren aus der laufenden Produktion oder, wenn dies nicht möglich ist, aus dem Lagerbestand vorzulegen.**

**1**  1. **Periodische Kontrollen.** In Erfüllung der Verpflichtung aus Art. 6 des Beschlusses der Ständigen Internationalen Kommission zur Prüfung von Handfeuerwaffen (CIP) über die Prüfung bestimmter Handfeuerwaffen und tragbarer Schussapparate (vgl. BT-Drucks. 8/3661 S. 8) hatte die 3. WaffV 1980 mit der eingefügten Vorschrift § 14 a aus Gründen der **Überwachung** eine im Abstand von höchstens 2 Jahren vorzunehmende stichprobenweise Prüfung an 5 Gegenständen der zugelassenen Bauart „durch die **Zulassungsbehörde** oder die von ihr beauftragte Behörde" eingeführt. Die Beschussämter sollten dadurch kontrollieren, ob die nachgefertigten Gegenstände noch der zugelassenen Bauart entsprechen. Ob die Bestimmung wirklich aus Sicherheitsgründen auf Dauer bestehen bleiben muss, sollten die Erfahrungen mit der Vorschrift zeigen (BR-Drucks. 554/80 S. 95). Vgl. auch *Apel* GewA **1981**, 177, 185. Die Novelle 1991 hat insoweit keine Änderung gebracht, desgl. nicht diejenige vom 10. 1. 2000 (Vorbem. Rdn. 5). Sie hat aber durch Satz 3 die Vorschrift um die Festlegung einer bis dahin fehlenden **Vorlegungspflicht** ergänzt. Diese war allerdings nicht bußgeldbewehrt.

**2**  2. **Neuregelung.** Die zum Beschussgesetz ergangene VO hat diese Vorschrift (§ 14 a der 3. WaffV aF), wie vorliegend ersichtlich, in der Sache unverändert übernommen, um weiterhin einen gleichbleibender Qualitätsstandard zu sichern. Zustän-

Wiederholungspr. betr. Schussapparate **§§ 23, 24 BeschussV 6**

dig ist jetzt allerdings die PTB. Der Verstoß gegen die Vorlegungspflicht des Absatzes 3 ist jetzt in § 42 Abs. 1 Nr. 4 bußgeldbewehrt.

## Überprüfung im Einzelfall

**23** (1) **Rechtfertigen Tatsachen die Annahme, dass Prüfgegenstände nach den §§ 7 und 8 des Gesetzes, deren Bauart von der Physikalisch-Technischen Bundesanstalt zugelassen worden ist, in ihren wesentlichen Merkmalen nicht den Vorschriften der Anlage I Nr. 3 oder 4 oder der Zulassung entsprechen, nimmt die Physikalisch-Technische Bundesanstalt eine Prüfung vor. Können dabei festgestellte Mängel nicht unmittelbar behoben werden, kann diese dem Zulassungsinhaber untersagen, weitere Gegenstände dieser Bauart zu vertreiben und anderen zu überlassen.**

(2) **Werden der Physikalisch-Technischen Bundesanstalt Mängel nach Absatz 1 bei Prüfgegenständen nach § 7 des Gesetzes bekannt, deren Bauart von der Behörde eines Staates zugelassen worden ist, mit dem die gegenseitige Anerkennung der Zulassungszeichen vereinbart ist, unterrichtet sie diese Behörde. Die Physikalisch-Technische Bundesanstalt kann den weiteren Vertrieb untersagen, wenn diese Gegenstände Gefahren für Leben und Gesundheit des Benutzers oder Dritter hervorrufen.**

**1. Allgemeines.** Die Vorschrift entspricht § 14 b der 3. WaffV aF. Die Einführung dieser Bestimmung durch die 3. WaffV 1980 war durch Art. 7 des CIP-Beschlusses (Rdn. 1 zu § 22 VO) erforderlich geworden. Bei begründetem Verdacht, dass zugelassene Gegenstände der genannten Art den Zulassungsrahmen nicht einhalten, kann die **Physikalisch-Technische Bundesanstalt** (zuvor: die Überwachungsbehörde) im Einzelfall nachprüfen, Mängelbeseitigung aufgeben und, falls diese Maßnahme die Gefahr nicht ausräumt, die beanstandeten Gegenstände mit einem Vertriebsverbot belegen. **1**

**2. Mängel bei Auslandszulassung.** Ergeben sich **Mängel** der genannten Art bei Gegenständen, die ihrer Bauart nach von der Behörde eines anderen Vertragsstaates (Vorbem. Rdn. 4) zugelassen worden sind, beschränkt sich die Behördentätigkeit der PTB im Normalfall auf die Unterrichtung dieser Behörde. Damit die inländische Behörde aber in diesen Fällen nicht sehenden Auges konkrete Leibes- und Lebensgefahren zum Nachteil von Benutzern oder Dritten hinnehmen muss, ist ihr auch in diesen Fällen ausnahmsweise eingeräumt, ein Vertriebsverbot zu erlassen. **2**

## Wiederholungsprüfung betriebener Schussapparate

**24** (1) **Der Betreiber eines Schussapparates oder eines nicht tragbaren Gerätes, in dem zum Antrieb in Hülsen untergebrachte Treibladungen verwendet werden und das für technische Zwecke bestimmt ist, hat das Gerät dem Hersteller oder dessen Beauftragten jeweils nach zwei Jahren, bei wesentlichen Funktionsmängeln unverzüglich vorzulegen. Satz 1 gilt nicht für Leinenwurfgeräte, die auf Seeschiffen verwendet werden, und nicht für Industriekanonen.**

# 6 Beschuss V § 24

Beschussverordnung

(2) **Die Frist bis zur ersten Wiederholungsprüfung nach Absatz 1 beginnt**

1. **bei Bolzensetzwerkzeugen, Press- und Kerbgeräten mit der Auslieferung des Gerätes an den Betreiber oder Händler,**
2. **bei anderen Schussapparaten mit der Auslieferung des Gerätes an den Betreiber.**

**Der Fristbeginn ist nachzuweisen im Falle von Satz 1 Nr. 1 durch eine vom Hersteller auf dem Gerät anzubringende Plakette, im Falle von Satz 1 Nr. 2 durch eine Bescheinigung, die der Hersteller oder Händler dem Schussapparat beim Überlassen an den Betreiber beizufügen hat.**

(3) **Der Hersteller oder sein Beauftragter hat zu prüfen, ob ein Gerät nach Absatz 1 funktionssicher (Anlage I) ist und ob es dem Baumuster entspricht. Bei aus einem anderen Staat eingeführten Schussapparaten, die ein anerkanntes Prüfzeichen tragen, gilt als Beauftragter des Herstellers der Verbringer, der im Geltungsbereich des Gesetzes eine Niederlassung besitzt.**

1   1. **Übernommenes Recht.** Die Bestimmung entspricht § 15 der 3. WaffV aF. **Schussapparate** unterliegen gem. § 7 BeschG der Bauartprüfung und Zulassung. Nach der früheren Begr. (BR-Drucks. 10/73 S. 10) handelt es sich bei den Schussapparaten „um Werkzeuge, die im allgemeinen einer starken Abnutzung ausgesetzt sind. Sie müssen deshalb bei einer wesentlichen Beeinträchtigung ihrer Funktionsfähigkeit oder in bestimmten Zeitabständen daraufhin geprüft werden, ob sie noch handhabungssicher sind und ob die nachgebauten Geräte dem Baumuster entsprechen. Die Durchführung von Wiederholungsprüfungen war bisher in den Richtlinien der gewerblichen Berufsgenossenschaften geregelt. Diese Regelung hat sich als wenig wirksam und hinsichtlich der Einführung von Schussapparaten auch als lückenhaft erwiesen". Die für die Durchführung der Wiederholungsprüfungen erforderlichen Vorschriften sind deshalb 1973 in die 3. WaffV übernommen worden. Die Prüfung obliegt dem **Hersteller** oder seinem Beauftragten (Absatz 3). Von welchem Zeitpunkt ab die in Absatz 1 vorgeschriebene Zweijahresfrist für die regelmäßigen Wiederholungsprüfungen läuft, ist in Absatz 2 bestimmt. Bei wesentlichen Funktionsmängeln ist das betr. Gerät unverzüglich (§ 121 Abs. 1 Satz 1 BGB) zur Prüfung vorzulegen. Der 1976 neu eingefügte Satz 2 von Absatz 1 nimmt als Ausnahmeregelung von der Verpflichtung gem. Satz 1 **Leinenwurfgeräte**, die auf Seeschiffen verwendet werden, aus. „Von einer Prüfung dieser Geräte kann hier abgesehen werden, da sie einer sicherheitsmäßigen Überwachung durch die Seeberufsgenossenschaft unterliegen" (VO-Begr. S. 25). Die Neufassung 1980 hat darüber hinaus auch **Industriekanonen** von der Wiederholungsprüfung ausgenommen. Hierbei handelt es sich um „auf einem Gestell montierte Schussapparate, mit denen Geschosse zum Lockern oder Lösen festhaftender Massen in Industrieöfen oder zum Aufschießen der Anstichlöcher in Metallschmelzöfen abgefeuert werden" (BR-Drucks. 554/80 S. 96).

2   Dagegen wurden mit derselben Änderung „nicht tragbare Geräte nach § 5 Abs. 3 Nr. 2 der 1. WaffV", insbesondere **Kabelschussgeräte**, der Wiederholungsprüfung unterworfen, weil sie nach Funktionsweise und Abnutzungsanfälligkeit den tragbaren Schussapparaten gleichkommen. Die 2. ÄndVO vom 10. 1. 2000 (Vorbem. Rdn. 5) hat die Privilegierung von „Gasböllern" (Absatz 4 aF) ab 1. 2. 2000 entfal-

Zulässige u. nicht zulässige Munition  §§ 25, 26 Beschuss V 6

len lassen, da dies aus Sicherheitsgründen nicht mehr vertretbar erschien (Begr. BR-Drucks. 486/99 S. 36). Die Überprüfung ist von dem Hersteller der Schussapparate durchzuführen. Bei Böllern ist diese Wiederholungsprüfung nur alle fünf Jahre bei der dafür zuständigen Behörde durchzuführen. Dies hat sich in der Praxis als ausreichend erwiesen.

**2. Sanktion.** Der Verstoß gegen die Vorlegungspflicht (Abs. 1 Satz 1) ist in § 42 Abs. 1 Nr. 4 bußgeldbewehrt.   3

## Prüfzeichen bei Wiederholungsprüfungen

**25** (1) Hat die Prüfung eines Gerätes nach § 24 Abs. 1 keine Beanstandungen ergeben, so hat die prüfende Stelle das Prüfzeichen anzubringen.

(2) **Das Prüfzeichen für Geräte nach § 24 Abs. 1 muss dem Muster der Anlage II Abbildung 8 entsprechen. Es ist auf dem Lauf oder dem Gehäuse dauerhaft so anzubringen, dass die Zahl des Quartals, in dem das Gerät geprüft wurde, zur Laufmündung zeigt. Wird das Prüfzeichen in Form einer Plakette angebracht, so muss diese in Schwarzdruck auf silbrigem Grund ausgeführt sein.**

(3) **Über die Prüfung des Gerätes nach § 24 Abs. 1 hat der Hersteller oder sein Beauftragter dem Betreiber eine Prüfbescheinigung auszustellen, aus der das Ergebnis und das Datum der Prüfung, die prüfende Stelle und der Name des mit der Prüfung Beauftragten hervorgehen.**

Die Bestimmung, die § 16 der 3. WaffV aF entspricht, enthält die näheren Vorschriften über die bei Wiederholungsprüfungen vorzunehmende Anbringung des **Prüfzeichens** (Absatz 1), das Prüfzeichen selbst (Absatz 2) und über die Prüfbescheinigung (Absatz 3). Die Hersteller von Schussapparaten und – bei Böllern – die Behörde werden verpflichtet, auf diesen Geräten ein Prüfzeichen anzubringen, sofern das Gerät die Prüfung bestanden hat. Dieses Prüfzeichen kann unmittelbar in das Gerät eingeschlagen oder bei Schussapparaten in Form einer Plakette angebracht werden. Bei Böllern ist zum Nachweis der Wiederholungsprüfung kein Prüfzeichen nach Absatz 2, sondern das für den Einzelbeschuss vorgeschriebene Jahreszeichen anzubringen. Die näheren Einzelheiten ergeben sich aus Absatz 2; wegen der Prüfplakette ist auch die Anlage II Abb. 8 zu vergleichen.   1

## Abschnitt 6. Festlegung der Maße und Energiewerte für Feuerwaffen (Maßtafeln), Einsteck- und Austauschläufe sowie für Munition

### Zulässige und nicht zulässige Munition

**26** (1) In den Maßtafeln werden festgelegt
1. **die Maße für die Patronen- oder Kartuschenlager und für die Übergänge, bei glatten Läufen die Innendurchmesser und bei gezogenen Läufen die Feld- und Zugdurchmesser, erforderlichenfalls auch die Laufquerschnitte von Feuerwaffen, Einstecktäufen und**

## 6 BeschussV § 26

Austauschläufen sowie die Verschlussabstände von Feuerwaffen (Maßtafeln – § 14 Abs. 1 Nr. 1 des Gesetzes),
2. die zulässigen Höchst- und Mindestmaße, die zulässigen höchsten Gebrauchsgasdrücke, bei Schrotmunition auch für die verstärkte Ladung, oder die Höchst- und Mindestenergien, außerdem bei Stahlschrotmunition die höchstzulässigen Mündungsgeschwindigkeiten, Mündungsimpulse und Durchmesser der Schrote, und die Bezeichnung der Munition und der Treibladungen nach Anlage 1 Abschnitt 1 Unterabschnitt 3 Nr. 1 und 2 des Waffengesetzes (§ 14 Abs. 3 des Gesetzes),
3. die zulässigen Höchstmaße, die Höchst- und Mindestgasdrücke oder -energien und die Bezeichnung der pyrotechnischen Munition (§ 14 Abs. 1 Nr. 1 des Gesetzes).

(2) Ist die Hülse einer Munition ummantelt, so gelten die in den Maßtafeln festgelegten Maße nur für die Hülse.

(3) Nicht zulässig sind
1. Munition nach Anlage 2 Abschnitt 1 Nr. 1.5.1 bis 1.5.6 des Waffengesetzes,
2. Schrotpatronen mit Schroten mit einer Vickershärte HV 1 von über 110 an der Oberfläche oder von über 100 im Inneren,
3. Stahlschrotpatronen ohne geeignete Ummantelung der Schrotladung und
4. Revolver- und Pistolenpatronen mit Geschossen, die überwiegend oder vollständig aus hartem Material – Brinellhärte größer als 25 HB 5/62, 5/30 – bestehen.

**1** 1. **Zweck der Bestimmung.** Die Vorschrift, die § 17 der 3. WaffV aF entspricht (früher § 45 DVO BWaffG 1968), soll sicherstellen, dass aus Feuerwaffen nur **zugelassene** Munition verschossen wird. Die Festlegung der Maße (Nr. 1) bildet außerdem die Grundlage für die Maßhaltigkeitsprüfung (§ 5 Abs. 1 Nr. 3 BeschG). Die Festlegung der Gasdrücke (Nr. 2), nunmehr unter Berücksichtigung von Stahlschrotmunition, ermöglicht die Ermittlung des vorgeschriebenen Beschussgasdruckes (Begr. der DVO BWaffG 68, S. 32). Die Festlegung ist damit die Grundlage für die Ermittlung des vorgeschriebenen Beschussgasdruckes oder Energiewertes. Bei der Herstellung von Munition sind die in Anlage III vorgeschriebenen Gasdrücke oder Energiewerte nicht absolut einzuhalten. Der Gasdruck der Munition ist von zahlreichen Faktoren, zB chemische Zusammensetzung des Pulvers, Wassergehalt, Temperatur, beeinflusst. Deswegen werden durch die Maßtafeln Höchst- und Mindestenergien vorgegeben. Die 1976 in die Vorgängervorschrift eingefügte Nr. 3 von Absatz 1 bestimmt, dass auch die Mindestgasdrücke für pyrotechnische Munition festgelegt werden. Die Mindestgasdrücke müssen bei pyrotechnischer Munition eingehalten werden, damit die Geschosse eine Steighöhe erreichen, die verhindert, dass sie noch brennend auf dem Boden auftreffen. Die Änderung des Jahres 1980 hat in Nr. 2 zum Ausdruck gebracht, dass auch die **Mindest**maße und -energien festgelegt sind. Die ÄndVO 1991 hat die Verweisung auf die **Maßtafeln** vorgenommen.

**2** 2. **Ummantelte Hülsen.** Der mit der VO 1980 eingefügte **Absatz 2** (früher Absatz 3) stellt klar, dass eine etwaige Ummantelung der Hülse bei der Festlegung der Maße außer Betracht bleibt.

Abweichungen von den Maßtafeln § 27 Beschuss V 6

**3. Unzulässige Munition. Absatz 3,** der früher inhaltlich in der Anlage III Nr. 8 a 3
und 8 b enthalten war, ist 1976 aus Gründen der Übersichtlichkeit und der Heraushebung in die VO übernommen worden. Die Neufassung 1980 hatte Nr. 1 geändert. Die Erfahrung hatte gezeigt, dass der vom Verordnungsgeber verfolgte Zweck, das Inverkehrbringen von besonders gefährlicher Pistolen- und Revolvermunition zu verhindern, mit der geltenden Fassung insoweit nicht erreicht werden konnte, als das Verbot nur den Geschoss**kern** erfasste und die Gefährlichkeit nicht berücksichtigte, die sich aus dem harten Material des Geschoss**mantels** ergibt. Die Neuregelung mit der Bezugnahme auf die Nr. 1.5.4 der Anlage 2 A 1 zum WaffG erwähnt nur noch den „Hartkern" (mindestens 400 HB 30 – Brinellhärte – bzw. 421 HV – Vickershärte –. Neu in die Bestimmung aufgenommen worden ist **Nr. 4** mit einer Erweiterung hinsichtlich der Unzulässigkeit von Munition. Hier ist zweifelhaft, ob die angegebene Ermächtigungsgrundlage (§ 14 Abs. 1 Nr. 1 BeschG) wirklich trägt. Nicht erfasst ist pyrotechnische Munition für Abschussbecher von Schreckschusswaffen, für Notsignalgeräte oder Signalwaffen Kaliber 4 oder für Flinten (Begr. BR-Drucks. 486/99 S. 36).

## Abweichungen von den Maßtafeln

**27** (1) **Anstelle der in den Maßtafeln für Munition festgelegten Bezeichnung darf eine andere Bezeichnung zugelassen werden, wenn sie eindeutig ist und sich von Bezeichnungen anderer zugelassener Munition hinreichend unterscheidet. Die Physikalisch-Technische Bundesanstalt veröffentlicht die Bezeichnungen nach Satz 1 jeweils in ihrem Amts- und Mitteilungsblatt. Im Falle von pyrotechnischer Munition nach § 10 des Gesetzes erfolgt die Veröffentlichung durch die Bundesanstalt für Materialforschung und -prüfung in der Liste gemäß § 21 Absatz 2.**

(2) **Lässt sich die Bezeichnung auf der Munition wegen deren geringer Größe nicht anbringen, so genügt die Angabe des Kalibers mit einer Kurzbezeichnung, die die Munition eindeutig charakterisiert. Ist die Angabe der Hülsenlänge vorgeschrieben, muss auch diese angebracht werden.**

(3) **Neue, noch nicht in den Maßtafeln aufgeführte Munition darf bei übereinstimmenden oder ähnlichen Abmessungen im Vergleich zu bereits zugelassener Munition nicht zugelassen werden, wenn**
1. **sie einen höheren Gasdruck entwickelt und aus Waffen für zugelassene Munition mit einem niedrigeren Gasdruck verschossen werden kann oder**
2. **bereits zugelassene Munition mit höherem Gasdruck aus Waffen für die neue Munition mit einem niedrigeren Gasdruck verschossen werden kann.**

(4) **Die zuständige Behörde kann in Ausnahmefällen zulassen, dass von den normalen Feld- und Zugprofilen abgewichen wird, wenn sichergestellt ist, dass die Abweichung zu keiner Überschreitung des Gebrauchsgasdruckes führt und dass beim Beschuss mit Beschussmunition ein Überdruck von 30 Prozent in jedem Fall erreicht wird.**

# 6 BeschussV § 27  Beschussverordnung

(5) Die zuständige Behörde kann bei der Prüfung von Prüfgegenständen auf Antrag eine Abweichung von den Maßen der Maßtafeln zulassen, wenn sie zu Versuchs- oder Erprobungszwecken bestimmt sind. In diesen Fällen wird ein Beschusszeichen nicht angebracht. In den Fällen des Satzes 1 hat die zuständige Behörde auf Antrag eine Bescheinigung darüber auszustellen, dass die Prüfgegenstände haltbar und funktionssicher sind, dass deren Maße von den Maßen der Maßtafeln abweichen und dass diese Gegenstände zu Versuchs- oder Erprobungszwecken bestimmt sind. Aus der Bescheinigung müssen die Abweichungen von den Maßen nach Anlage I Nr. 1.1.3 hervorgehen.

1  **1. Bezeichnungen von Munition.** Die festgelegte Munitionsbezeichnung ergibt sich aus den Maßtafeln. **Absatz 1** gestattet unter bestimmten Voraussetzungen eine hiervon abweichende Bezeichnung, die besonders für Munition ausländischer Herkunft praktisch wird. Die Bezeichnung muss unterscheidungskräftig sein. Absatz 1 ist durch die ÄndVO 1991 in Ausführung des CIP-Beschlusses XIX-9 präzisiert und durch die ÄndVO v. 10. 1. 2000 (Vorbem. Rdn. 5) neu gefasst worden. Satz 3 nF enthält nunmehr eine eigene Vorschrift bezüglich pyrotechnischer Munition.

2  **2. Kurzbezeichnung.** Eine solche lässt **Absatz 2** zu, wenn die vollständige, an sich vorgeschriebene Bezeichnung aus technischen Gründen nicht angebracht werden kann. Wenn selbst die Kurzbezeichnung, etwa bei Randfeuerpatronen und Kartuschen für Schussapparate, nicht angebracht werden kann, begnügte sich die Vorschrift bisher mit der Aufbringung des Herstellerzeichens oder verzichtete sogar ganz auf die Kennzeichnung (Verweisung auf § 23 Abs. 2 der 1. WaffV aF). Diese Verweisung ist entfallen.

3  **3. Neue Munition. Absatz 3** ist durch Art. 1 Nr. 20 Buchst. b) der 2. ÄndVO vom 10. 1. 2000 (Vorbem. Rdn. 5) eingefügt worden. Er dient der Umsetzung eines CIP-Beschlusses (Vorbem. Rdn. 4). Der von der CIP verwendete Text wurde allerdings nicht wortgleich übernommen. In der Begr. (BR-Drucks. 486/99 S. 37) heißt es hierzu: „Es war gemeint, dass bei bereits zugelassener Munition mit Lager $L_1$, Patrone $P_1$, und Gasdruck $p_1$ keine Munition mit $L_2$, $P_2$ und $p_2$ neu zugelassen werden darf, sofern $p_2 \cdot p_1$ und $P_2$ in $L_1$ passt und abgefeuert werden kann oder umgekehrt: $p_1 \cdot p_2$ und $P_1$ passt in $L_2$ und kann dort abgefeuert werden."

4  **4. Ausnahmen. Absatz 4** ermächtigt die Beschussämter, **Abweichungen** von den normalen Feld- und Zugprofilen innerhalb bestimmter Grenzen zuzulassen. Er berücksichtigt hiermit die insbesondere in der Fertigungstechnik eingetretene Entwicklung (Polygonzüge) und die aufgrund ballistischer Gegebenheiten auftretenden Druckverhältnisse bei Läufen mit nicht normalem Querschnitt. „Eine Abweichung von normalen Feld- und Zugprofilen gefährdet die Sicherheit der Waffe nicht, wenn gewährleistet ist, dass die Abweichung zu keiner Überschreitung des Gebrauchsgasdruckes führt und dass beim Beschuss mit Beschussmunition ein Überdruck von 30 v. H. erreicht wird" (VO-Begr. BR-Drucks. 612/76 S. 27).

5  **5. Versuchs- und Erprobungsgegenstände.** Der 1991 eingefügte **Absatz 5** (zuvor Absatz 4), entspricht § 8 Abs. 2 und 3 der 3. WaffV früherer Fassung. Es handelt sich um Waffen oder sonstige Gegenstände, die nicht in den allgemeinen Verkehr gelangen.

Begriffsbestimmungen **§ 28 Beschuss V 6**

## Abschnitt 7. Zulassung von Munition

### Vorbemerkung

Der dem jetzigen Abschnitt 7 entsprechende Abschnitt VII ist der 3. WaffV 1980 **1**
seinerzeit neu eingefügt worden. Er brachte die Umsetzung des Beschlusses der CIP
(vgl. Vorbem. Rdn. 4) über die **Prüfung der Munition** in nationales Recht im Zusammenwirken mit dem gleichzeitig ebenfalls neu gestalteten § 25 WaffG aF. Erklärter
Zweck der Regelung war es, den Benutzer von Schusswaffen und Schussapparaten vor
Gefahren zu bewahren, die aus technischen Mängeln entstehen könnten. Ein ordnungsgemäßes Funktionieren hat u. a. zur Voraussetzung, dass Geräte und Munition
optimal aufeinander abgestimmt sind. Die Zulassungsprüfung für Munition erstreckt
sich darauf, ob der Antragsteller oder ein von ihm beauftragtes Fachinstitut die zur Ermittlung des Maßes, des Gebrauchsgasdrucks oder der Vergleichswerte erforderlichen
Geräte besitzt, über das erforderliche Fachpersonal verfügt und ob die Munition den
vorgeschriebenen Abmessungen und höchstzulässigen Gasdrücken entspricht (BR-Drucks. 537/79 S. 8). Zuständig hierfür sind die Landesbehörden (vgl. *Apel* GewA
**1981,** 177, 181). Die neuen Vorschriften erfassen neue Munitionstypen genau so wie
die bereits im Verkehr befindlichen (BR-Drucks. 554/80 S. 98).

Der Prüfung des Gasdrucks wird besondere Bedeutung zugemessen. Bis ins Einzelne gehende Prüf- und Messvorschriften (Anlage III) sorgen dafür, dass zuverlässig und einheitlich gemessen wird. Von der Prüfung mit umfasst wird schließlich
auch, ob die vorgeschriebene Kennzeichnung eingehalten und ob die Funktionssicherheit gewährleistet ist.

Der Abschnitt regelt die Typenprüfung und -zulassung, die Fabrikationskontrolle
durch Produzenten oder Importeure sowie die Vornahme von behördlichen Kontrollen.

**Pyrotechnische** Munition wird **nicht** von dieser Regelung erfasst (BR-Drucks.
554/80 S. 105).

### Begriffsbestimmungen

**28** (1) **Der Typ einer Patronen- oder Kartuschenmunition wird bestimmt durch die in den Maßtafeln festgelegte Bezeichnung oder durch eine zugelassene Bezeichnung nach § 27 Abs. 1 Satz 1.**

(2) **Das Los einer Patronen- oder Kartuschenmunition ist**

1. **die Gesamtheit einer Munition desselben Typs, die von demselben Hersteller in einer Serie gefertigt wird, ohne Änderung wesentlicher Komponenten,**
2. **bei Munition aus Staaten, mit denen die gegenseitige Anerkennung der Prüfzeichen nicht vereinbart ist, die Gesamtheit der Munition, die von demselben Verbringer in einer Lieferung in den Geltungsbereich des Gesetzes verbracht werden soll, wenn sie die Merkmale nach Nummer 1 aufweist.**

Die Vorschrift bringt die Definitionen der im Abschnitt 7 verwendeten Begriffe **1**
„Typ" (Absatz 1) und „Los" (Absatz 2) einer Munition. Erfasst sind nur Patronen-
und Kartuschenmunition.

# 6 BeschussV §§ 29, 30 — Beschussverordnung

**Zulassung und Prüfung von Patronen- und Kartuschenmunition**

**29** Die Zulassungsprüfung nach § 11 des Gesetzes umfasst die Prüfung
1. der vorgesehenen Bezeichnung der Munition,
2. der vorgeschriebenen Kennzeichnung auf der kleinsten Verpackungseinheit,
3. der vorgeschriebenen Kennzeichnung auf jeder Patrone oder Kartusche,
4. der Maßhaltigkeit,
5. des Gasdruckes oder an dessen Stelle im Falle fehlender Vorgabe oder erheblicher messtechnischer Schwierigkeiten der entsprechenden Vergleichswerte,
6. des Aufbaus der Patronen, der Geschwindigkeit und des Impulses der Schrote bei Stahlschrotpatronen,
7. der Funktionssicherheit.

**1**   **1. Regelungsgehalt.** Die Vorschrift übernimmt den Inhalt von § 19 der 3. WaffV aF. Entsprechend Art. 2 des CIP-Beschlusses (Vorbem. Rdn. 4) legt sie den Umfang der Prüfung fest. Das Nähere findet sich in der Anlage III, insbesondere Nr. 2, 4 und 5. Ziel der Prüfung ist zu erreichen, dass nur handhabungssichere Munition in den Verkehr gelangt (BR-Drucks. 554/80 S. 98). Näher zu der Regelung *Apel* GewA **1981**, 177, 181 ff. Die ÄndVO vom 10. 1. 2000 (Vorbem. Rdn. 5) hat den früheren Absatz 1 Nr. 1 von § 19 der 3. WaffV aF neu geschaffen, weil der Munitionsbezeichnung in Bezug auf die Identifizierung eine besondere Bedeutung zukommt. Die gleichzeitig eingefügte Nr. 6 resultiert aus der Einbeziehung von Stahlschrotmunition.

**Antragsverfahren**

**30** (1) Der Antrag hat Angaben zu enthalten über
1. Name, Firma oder Marke und Anschrift des Herstellers oder desjenigen, dessen Name, Firma oder Marke auf der Munition angebracht ist und der die Verantwortung für die Munition übernimmt; im Falle der Verbringung aus Staaten, mit denen die gegenseitige Anerkennung der Prüfzeichen nicht vereinbart ist, sind Name, Firma oder Marke und Anschrift des Verbringers anzugeben,
2. Typenbezeichnung der Munition,
3. Herstellungsstätte, es sei denn, der Antragsteller ist ein Verbringer nach Nummer 1,
4. Prüfstätte für die Fabrikationskontrollen, es sei denn, diese werden der zuständigen Behörde übertragen und
5. Losgröße und Losnummer.

(2) Dem Antrag sind beizufügen
1. Zeichnungen mit Maßangaben für Patrone, Patronenlager und Lauf,

Prüfmethoden                                            § 31 BeschussV 6

2. **Angaben über den zulässigen Höchstwert des Gebrauchsgasdruckes,**
3. **ein der Anlage III entsprechender Messlauf für den Patronentyp und**
4. **Patronenprüflehren.**

**Satz 1 gilt nicht für die Zulassung eines Munitionstyps, der bereits in den Maßtafeln aufgeführt ist.**

(3) **Die Zulassungsbehörde kann vom Antragsteller die Vorlage von 3000 Stück Patronen oder Kartuschen zur wahllosen Probennahme verlangen.**

**1. Allgemeines.** Die Vorschrift basiert auf § 22 der 3. WaffV aF. Die Mindestvoraussetzungen für den Antrag auf Zulassung neu entwickelter Munition enthalten die Absätze 1 und 2. Nach Absatz 2 Satz 2 ist für in der Anlage III zur Verordnung bereits aufgeführte Munitionstypen ein vereinfachtes Prüfverfahren vorgesehen, bei dem auf die Vorlage der Unterlagen nach Absatz 2 Satz 1 verzichtet werden kann. 1

**2. Probennahme.** Nach Absatz 3 iVm. Nr. 1.2 der Anlage III zur VO kann die Zulassungsbehörde aus einem „Los" von 3000 Stück vorzulegender Munition auswählen. 2

**Prüfmethoden**

**31** (1) **Prüfungen nach § 29 Nr. 4, 5 und 6 und die der statistischen Grenzwerte werden nach den anerkannten Methoden der Messtechnik vorgenommen, wie sie in den Vorschriften der Anlage III und in weiteren Einzelheiten in den jeweils gültigen und einschlägigen Prüf- und Messrichtlinien der Physikalisch-Technischen Bundesanstalt niedergelegt sind.**

(2) **Die Messung des Gasdrucks wird mittels mechanisch-elektrischen Wandlers vorgenommen. Sofern in den Maßtafeln für das betreffende Kaliber ein zulässiger Höchstwert des Gebrauchsgasdruckes nur für die Messung mittels Kupferstauchkörperverfahren veröffentlicht ist, soll nach diesem Verfahren gemessen werden. Die Verwendung anderer Messverfahren ist zulässig, sofern sie sich zur Messung schnell veränderlicher Drücke eignen und Vergleiche mit den in Satz 1 genannten Verfahren vorliegen, die eine Umrechnung gestatten.**

(3) **Die Funktionssicherheit der Munition ist nach den Vorschriften der Anlage III zu prüfen.**

(4) **Wird die Zulassung eines Munitionstyps beantragt, der noch nicht in den Maßtafeln aufgeführt ist, sind der Prüfung die Angaben des Antragstellers über den Gasdruck und die Maße der Patrone, des Lagers und gegebenenfalls des Laufes zugrunde zu legen. Die zuständige Behörde hat in diesem Fall der Physikalisch-Technischen Bundesanstalt zur Weiterleitung an das Ständige Büro der Ständigen Internationalen Kommission für die Prüfung der Handfeuerwaffen gleichzeitig mit der Typenzulassung (§ 36) den für die Munition zulässigen Höchstwert des Gasdruckes, den gemessenen mittleren höchsten Gasdruck und die zugelassenen Maße zu übermitteln.**

# 6 Beschuss V § 32

**1. Allgemeines.** Die Bestimmung übernimmt § 21 der 3. WaffV aF, der Art. 5 bis 7 des CIP-Beschlusses XX-2 (Vorbem. Rdn. 4) in nationales Recht umgesetzt hat. Die technischen Einzelheiten sind der Anlage III zur VO zu entnehmen.

**2. Spätere Änderungen.** Solche des Absatzes 2 der Vorgängervorschrift durch die ÄndVO 1991 berücksichtigten neuere Messverfahren bei der Gasdruckmessung und Beschlüsse der CIP, die in innerstaatliches Recht umgesetzt wurden. Entsprechendes gilt für die Änderungen durch die ÄndVO v. 10. 1. 2000 (Vorbem. Rdn. 5). Der später eingefügte Absatz 4 gibt der Behörde Verhaltensmaßregeln hinsichtlich der Zulassung von Munition, die noch nicht in den Maßtafeln aufgeführt ist. Er entspricht ebenfalls dem CIP-Beschluss.

### Form der Zulassung

**32** (1) **Die Zulassung ist dem Hersteller oder demjenigen, dessen Name, Firma oder Marke auf der Munition angegeben ist, schriftlich zu erteilen. Für Munition, die aus Staaten eingeführt wird, mit denen die gegenseitige Anerkennung der Prüfzeichen nicht vereinbart ist, kann die Zulassung auf Antrag einem Verbringer erteilt werden, der im Geltungsbereich des Gesetzes eine gewerbliche Niederlassung hat.**

(2) **Der Zulassungsbescheid hat Angaben zu enthalten über**

1. **den Namen und die Anschrift des Antragstellers,**
2. **Typ und Bezeichnung der Munition und Name oder Marke, die auf der Munition angebracht sind,**
3. **den zulässigen höchsten Gebrauchsgasdruck, die zulässigen Maße der Patrone oder Kartusche und des Lagers bei Munition, deren Munitionstyp neu zugelassen wird,**
4. **das in Anlage II Abbildung 4 vorgeschriebene Prüfzeichen,**
5. **den Vorbehalt der endgültigen Zustimmung durch die CIP, falls die Munition noch nicht in die Maßtafeln der CIP aufgenommen ist, und**
6. **die Berechtigung zur Durchführung der Fabrikationskontrolle mit Angabe der Prüfstätte.**

**1. Adressat.** Den Empfänger des Zulassungsbescheides legt **Absatz 1** fest. Die Zulassung soll grundsätzlich demjenigen erteilt werden, der für den Vertrieb der Munition verantwortlich ist (Hersteller selbst oder Händler, der den Vertrieb übernommen hat). Bei Import aus „Drittstaaten" (vgl. Vorbem. Rdn. 4) können die in dem vorliegenden Abschnitt 7 geregelten Prüfungen nur praktiziert werden, wenn eine inländische Betriebsstätte vorhanden ist. Satz 2 beschränkt deshalb die Zulassung insoweit auf Antragsteller, die im Geltungsbereich des Gesetzes eine gewerbliche Niederlassung haben.

**2. Inhalt des Zulassungsbescheides.** Diesen legt **Absatz 2** fest. Die vorgeschriebenen Einzelmerkmale sind zur Individualisierung des Munitions**typs** erforderlich. Der Typ wird durch die Bezeichnung, die in den Maßtabellen für Patronen als „Kaliberbezeichnung" angegeben ist, oder durch die Handelsbezeichnung definiert (Technischer Anhang zum CIP-Beschluss BT-Drucks. 8/3661 S. 20). Genauer jetzt § 28 Abs. 1 VO.

Fabrikationskontrolle § 33 Beschuss V 6

**Fabrikationskontrolle**

**33** (1) Der Zulassungsinhaber ist verpflichtet, alle Munitionslose Fabrikationskontrollen nach Anlage III zu unterziehen, bevor sie in Verkehr gebracht werden. Er kann diese Kontrollen einer zuständigen Behörde oder einem Fachinstitut übertragen, dessen Messeinrichtungen in angemessenen Abständen nach Anlage III Nr. 1.1 von der zuständigen Behörde überprüft werden. § 32 Abs. 1 gilt entsprechend.

(2) Der Zulassungsinhaber hat über die durchgeführten Fabrikationskontrollen Aufzeichnungen nach Satz 2 und Absatz 3 zu machen. Die Aufzeichnungen sind in gebundener Form, in Karteiform oder mit Hilfe der automatischen Datenverarbeitung (ADV) im Betrieb oder in dem Betriebsteil, in dem die Munition hergestellt oder vertrieben wird, zu führen.

(3) Aus den Aufzeichnungen müssen folgende Angaben hervorgehen:
1. Munitionstyp, Losgröße und Fertigungszeichen des Loses,
2. Art des Pulvers, Art und Masse der Geschosse, Zündungstyp,
3. die ermittelten Gasdrücke,
4. Art und Zahl der festgestellten Mängel
    a) bei der Maß- und Sichtprüfung,
    b) bei der Funktionsprüfung.

(4) Bei Munition, von der der Zulassungsinhaber höchstens 3000 Stück im Jahr herstellt, sind von ihm binnen zwei Wochen nach Fertigung Aufzeichnungen nach Absatz 3 Nr. 1 und 2 zu machen. Die Zulassungsbehörde kann weitere Kontrollen im Sinne von Absatz 1 und Absatz 3 Nr. 3 und 4 sowie von § 34 festlegen. Begrenzungen der Stückzahl oder zeitliche Befristungen sind zulässig.

(5) Der Zulassungsinhaber hat der zuständigen Behörde die Aufzeichnungen nach Absatz 2 oder Absatz 4 auf Verlangen vorzulegen.

(6) Die Aufzeichnungen sind bis zur übernächsten behördlichen Kontrolle, mindestens jedoch fünf Jahre aufzubewahren.

**1. Fabrikationskontrollen.** Die Vorschrift ist aus § 24 der 3. WaffV aF übernommen worden. Betriebsinterne, eigenverantwortliche Fabrikationskontrollen nach den näheren Vorschriften der Anlage III zur VO schreibt Absatz 1 vor. Stichprobenartig soll geprüft werden, ob die gefertigten Stücke dem zugelassenen Muster entsprechen. Die Bestimmung sieht vor, dass der Inhaber einer Zulassung selbst Fabrikationskontrollen vornimmt, aber auch die Möglichkeit hat, hiermit die zuständige Behörde oder hierfür ein Fachinstitut zu beauftragen. Die unterschiedlichen Formen der Fabrikationskontrollen haben sich in der Praxis bewährt. Absatz 4 bringt eine Erleichterung in Bezug auf die Herstellung von Kleinmengen.

**2. Aufzeichnungspflicht.** Damit der Nachweis über die Durchführung der Fabrikationskontrollen geführt und deren Ergebnis überprüft werden kann, sind eine gewerbepolizeilichen Zwecken dienende **Aufzeichnungspflicht** (Absatz 2), **Vorlagepflicht** an die kontrollierende Behörde – auch in deren Diensträumen (Absatz 5) – und **Aufbewahrungspflicht** über die Zeit von 5 Jahren (Absatz 6), wie in

# 6 Beschuss V § 34

vergleichbaren Regelungen (vgl. auch *Apel* GewA **1981,** 177, 182) festgelegt worden.

**3** **3. Sanktion.** Nach § 42 Abs. 2 Nr. 1 bis 3 handelt ordnungswidrig, wer Aufzeichnungen entgegen Absatz 2 Satz 1 oder Absatz 4 Satz 1 nicht, nicht richtig, nicht vollständig, nicht in der vorgeschriebenen Weise oder nicht rechtzeitig macht (Nr. 1), dem behördlichen Vorlegungsverlangen nicht nachkommt (entgegen Absatz 5 – Nr. 2) und entgegen Absatz 6 nicht oder nicht lange genug aufbewahrt (Nr. 3).

## Behördliche Kontrollen

**34** (1) **Der Zulassungsinhaber hat mindestens alle drei Jahre die Durchführung einer behördlichen Kontrolle bei der Zulassungsbehörde zu beantragen. Verbringer aus Staaten, mit denen eine gegenseitige Anerkennung der Prüfzeichen nicht vereinbart ist, haben die Durchführung dieser Kontrollen mindestens einmal jährlich zu beantragen, wenn sie nicht für jedes Los eine Fabrikationskontrolle durchführen oder durchführen lassen. Die Frist nach den Sätzen 1 und 2 beginnt mit dem auf die Zulassung folgenden Kalenderjahr.**

(2) **Wird Munition aus Staaten verbracht, mit denen eine gegenseitige Anerkennung der Prüfzeichen nicht vereinbart ist, hat der Verbringer eine Bescheinigung des Herstellers vorzulegen, aus der hervorgeht, dass dieser Fabrikationskontrollen durchführt, die den in der Anlage III vorgeschriebenen gleichwertig sind. Diese Bescheinigung muss jedes Jahr erneuert werden. Der Verbringer hat ferner auf Verlangen der Behörde das Protokoll über das Los, das Gegenstand der behördlichen Kontrolle ist, vorzulegen. Die Sätze 1 bis 3 gelten nicht, wenn vom Hersteller für jedes Los eine Fabrikationskontrolle durchgeführt und diese durch eine Zulassungsbehörde überwacht wird.**

(3) **Bei der behördlichen Kontrolle sind die in Anlage III festgelegten Prüfungen vorzunehmen.**

(4) **Wird bei der behördlichen Kontrolle festgestellt, dass die Munition oder die Messgeräte den Vorschriften der Maßtafeln oder der Anlage III oder der Zulassung nicht entsprechen, setzt die zuständige Behörde eine angemessene Frist zur Beseitigung der Mängel.**

**1** **1. Gewährleistung des Sicherheitsstandards.** Die Vorschrift – aus § 25 der 3. WaffV aF übernommen – bringt die Umsetzung von Art. 8.2 des CIP-Beschlusses (Vorbem. Rdn. 4) in innerstaatliches Recht. Danach müssen regelmäßig behördliche „Inspektionskontrollen" durchgeführt werden. Werden hierbei Mängel aufgedeckt, ist nach Absatz 4 deren – fristgerechte – Beseitigung aufzugeben. Ausführlich hierzu *Apel* GewA **1981,** 177, 182. Nach einem ausgeklügelten System soll sichergestellt werden, dass bei Munition aus sog. CIP-Staaten einerseits und Drittstaaten andererseits ein **gleichwertiger Sicherheitsstandard** besteht (BR-Drucks. 554/80 S. 101).

**2** **2. Sanktion.** Wer entgegen Absatz 1 Satz 1 oder 2 als Zulassungsinhaber oder Verbringer die Durchführung einer behördlichen Kontrolle nicht oder nicht rechtzeitig beantragt, handelt ordnungswidrig nach § 42 Abs. 1 Nr. 5.

Bekanntmachung §§ 35, 36 BeschussV 6

## Überprüfung im Einzelfall

**35** (1) **Rechtfertigen Tatsachen die Annahme, dass Munition, deren Typ von der zuständigen Behörde zugelassen ist, oder gewerbsmäßig wiedergeladene Munition den Vorschriften der Maßtafeln oder der Anlage III oder der Zulassung nicht entspricht, nimmt diese eine Kontrolle vor. Können dabei festgestellte Fehler nicht unmittelbar behoben werden, kann die zuständige Behörde den weiteren Vertrieb der beanstandeten Munition untersagen.**

(2) **Werden der zuständigen Behörde Mängel nach Absatz 1 bei Munition bekannt, deren Typ von der Behörde eines Staates zugelassen ist, mit dem die gegenseitige Anerkennung der Prüfzeichen vereinbart ist, unterrichtet sie diese Behörde. Die zuständige Behörde kann den weiteren Vertrieb untersagen, wenn die Munition Gefahren für Leben und Gesundheit des Benutzers oder Dritter hervorruft. Sie trifft die erforderlichen Sicherheitsmaßnahmen.**

**1. Allgemeines.** Die Vorschrift, die im Wesentlichen § 26 der 3. WaffV aF entspricht, bringt auch bei Munition die behördliche Verpflichtung, bei begründetem Verdacht des Auftretens unzulässiger Stücke eine ad hoc-Überprüfung vorzunehmen. Einbezogen ist auch wiedergeladene Munition, sofern das Wiederladen gewerbsmäßig erfolgt ist. 1

**2.** Absatz 2 entspricht im Wesentlichen der Regelung des § 23 Abs. 2 VO, auf die verwiesen werden kann. 2

## Bekanntmachung

**36** (1) **Die Zulassung nach § 11 des Gesetzes, ihre Änderung, Rücknahme und ihr Widerruf werden im Amts- und Mitteilungsblatt der Physikalisch-Technischen Bundesanstalt bekannt gemacht. Die Bekanntmachung soll die in § 32 Abs. 2 Nr. 1 bis 3 bezeichneten Angaben enthalten.**

(2) **Die Physikalisch-Technische Bundesanstalt hat dem Ständigen Büro der Ständigen Internationalen Kommission für die Prüfung der Handfeuerwaffen Mitteilung zu machen über**
**1. andere zugelassene Bezeichnungen nach § 27 Abs. 1,**
**2. die Erteilung, die Rücknahme oder den Widerruf einer Zulassung,**
**3. Anordnungen nach § 35 Abs. 2.**

Die Vorschrift regelt die Bekanntmachung der Zulassungen und die Form der Benachrichtigung an das Ständige Büro der CIP. Die nach § 27 Abs. 1 VO von der PTB veröffentlichte zugelassene Bezeichnung ist gleichfalls unter die Mitteilungspflicht gestellt worden (Absatz 2 Nr. 1). In Verfolgung der **Rechtsangleichung** zwischen den Vertragsstaaten (Vorbem. Rdn. 4) sind dem Ständigen Büro der CIP als einer Zentralstelle **Mitteilungen** zu machen, die auch international von Bedeutung sind. Da die Zulassungen und Bezeichnungen in den Mitgliedstaaten anerkannt werden, müssen diese auch vollständig und aktuell informiert sein. 1

# 6 Beschuss V § 37

Beschussverordnung

**Ausnahmen**

**37** (1) Der Zulassung nach § 11 Abs. 1 des Gesetzes sowie der Fabrikationskontrolle und der periodischen behördlichen Kontrolle unterliegen nicht
1. Treibladungen nach § 11 Abs. 1 des Gesetzes,
2. nicht gewerbsmäßig wiedergeladene Munition,
3. Beschussmunition, die von der zuständigen Behörde geladen und verwendet wird oder durch einen Hersteller der zuständigen Behörde überlassen wird,
4. Munition, die nicht mehr serienmäßig hergestellt wird und ausschließlich in kleinen Mengen zum Sammeln bestimmt ist.

Beschussmunition ist jedoch der Fabrikationskontrolle zu unterziehen. Munition nach Satz 1 kann auf Antrag einer losbezogenen Zulassungsprüfung unterzogen werden und darf das Prüfzeichen nach Anlage II Abbildung 4 nur nach bestandener Zulassungsprüfung tragen.

(2) Patronen- und Kartuschenmunition nach Absatz 1 Satz 1 Nr. 3 und 4 muss den Anforderungen nach § 29 entsprechen.

1  **1. Allgemeines.** Der Abschnitt 7 schließt, indem er die **Ausnahmen** von seinen Regelungen zusammenstellt; hier wird § 29 der 3. WaffV aF übernommen. Die Freistellung beruht bei den einzelnen Munitionsarten auf unterschiedlichen, unten jeweils genannten Erwägungen.

2  **2. Treibladungen.** Weitgehend, d. h. von Zulassung, Fabrikationskontrolle und periodischer behördlicher Kontrolle sind einmal freigestellt die **Treibladungen** nach § 11 Abs. 1 BeschG. Sie nimmt die Verordnung aus, weil bei ihnen die vorgesehenen Prüfungen aus technischen Gründen nicht möglich sind (BR-Drucks. 554/80 S. 104). Das folgt aus ihrer Natur als nicht in Hülsen untergebrachten Treibladungen (Absatz 1 Satz 1 Nr. 1). Die Verweisung auf § 11 Abs. 1 des Gesetzes ist ungenau, weil dort von einer ganzen Reihe von Munitionstypen die Rede ist. Gemeint ist die dort u. a. in Bezug genommene Nr. 1.3 der Anlage 1 A 1 U 3 zum Waffengesetz („hülsenlose Munition).

3  **3. Wiedergeladene Munition.** In gleich umfassender Weise wird nach Absatz 1 Satz 1 Nr. 2 wiedergeladene Munition, sofern das Wiederladen **nicht gewerbsmäßig** vorgenommen worden ist, freigestellt. Hier geht der Verordnungsgeber davon aus, dass die Durchführung der Prüfungen (und ihr erreichbares Ziel) zu dem hierdurch entstehenden Aufwand in „keinem vertretbaren wirtschaftlichen Verhältnis" (BR-Drucks. aaO) stehe. Diese freigestellte Munition braucht nach dem Wortlaut der Bestimmung – entgegen der damaligen Begründung BR-Drucks. 554/80 S. 104 – auch in materieller Hinsicht die sonst gestellten Anforderungen (§ 29 VO) nicht zu erfüllen, da die Nr. 2 in der diesbezüglichen Bestimmung (Absatz 2 der vorliegenden Vorschrift) nicht aufgeführt ist.

4  **4. Beschussmunition.** Grund für die Freistellung nach Absatz 1 Satz 1 Nr. 3 ist, dass die von den Prüfstellen verwendete Beschussmunition von diesen im Rahmen der Beschussprüfung zwangsläufig einer Kontrolle unterzogen wird; Typenprüfung und gesonderte behördliche Kontrolle erscheinen im Hinblick darauf als entbehrlich. Es ist daher ausreichend, sie lediglich einer Fabrikationskontrolle zu unterwerfen. Nach Absatz 2 muss aber diese freigestellte Patronen- und Kartuschenmunition in

Verpackung von Munition  § 38 BeschussV 6

materieller Hinsicht die sonst geforderten Anforderungen (§ 29) erfüllen, muss also ordnungsgemäß gekennzeichnet, maßhaltig und funktionssicher sein; auch darf sie den zulässigen Gasdruck nicht überschreiten.

**5. Munition in kleinen Mengen.** Die diesbezügliche Privilegierung durch die frühere Nr. 4 ist ab 1. 4. 2000 entfallen (Begr. BR-Drucks. 486/99 S. 41).

**6. Sammlermunition.** Munition, die nur noch zum Sammeln bestimmt ist, muss keine Sicherheitsanforderungen erfüllen und kann damit von der Prüfpflicht ausgenommen werden. Die Freistellung dieser Munition, „die nicht mehr serienmäßig hergestellt wird und ausschließlich in kleinen Mengen zum Sammeln bestimmt ist" (Absatz 1 Satz 1 Nr. 4), liegt darin begründet, dass es sich um alte, nicht in Anlage III zur VO aufgeführte, vielfach die Voraussetzungen des § 19 aF [jetzt: § 29] nicht erfüllende Munition handelt, die zum Schießen nicht mehr verwendet wird und deshalb Sicherheitsprobleme nicht aufwirft (Begr. BR-Drucks. 164/06 S. 107).

**7. Pyrotechnische Munition.** Der Vollständigkeit halber sei erwähnt, dass auch **pyrotechnische** Munition nach § 10 BeschG **nicht** der Zulassungspflicht nach diesem 7. Abschnitt der VO unterliegt.

**8. Prüfzeichen.** Das Prüfzeichen nach Anlage II Abbildung 4 der VO darf die freigestellte Munition erst nach beantragter und bestandener Prüfung tragen. Das ist in Absatz 1 Satz 3 ausdrücklich festgelegt.

## Abschnitt 8. Verpackung, Kennzeichnung und Lagerung von Munition

**Verpackung von Munition**

**38** (1) **Wer Munition gewerbsmäßig herstellt oder einführt, hat die Gegenstände in der Verpackung so anzuordnen und zu verteilen, dass weder durch Reibung noch durch Erschütterung, Stoß oder Flammenzündung eine Explosion des gesamten Inhalts der Verpackung herbeigeführt werden kann.**

(2) **Kartuschenmunition für Schussapparate, bei denen die festen Körper den Schussapparat verlassen, muss so verpackt sein, dass die Munition in der kleinsten Verpackungseinheit vor Feuchtigkeit geschützt wird. Dies gilt nicht für Munition, deren Hülse so verschlossen ist, dass auch in unverpacktem Zustand keine Feuchtigkeit eindringen kann. Die in § 17 Abs. 5 bezeichneten Geschosse müssen in Behältern verpackt sein.**

(3) **Treibladungen nach Anlage 1 Abschnitt 1 Unterabschnitt 3 Nr. 2 des Waffengesetzes für Schussapparate sind in magazinierter Form zu verpacken.**

**1. Verpackung.** Die in **Absatz 1** getroffene Verpackungsanordnung, die aus § 24 der 1. WaffV entnommen worden ist, soll verhüten, dass durch Erschütterungen, denen die Munition besonders beim **Transport** erfahrungsgemäß ausgesetzt ist, eine **Zündung des gesamten Inhalts der Verpackungseinheit** oder gar des ganzen betreffenden Munitionstransports erfolgt, u. a. dann, wenn Gegenstände auf Zündhütchen von Zentralfeuermunition oder auf den Rand der Randfeuermunition aufschlagen und dadurch die Zündung auslösen.

# 6 Beschuss V § 39

**2** 2. **Feuchtigkeitsschutz.** Bei Bolzensetzwerkzeugen und ähnlichen Schussapparaten besteht eine besondere Gefährdung der Benutzer und der Umgebung, wenn falsche Ladungen oder verdorbene Munition verwendet wird. Die in **Absatz 2 Satz 1** gegebene Verpackungsvorschrift soll verhüten, dass die Munition für diese Geräte durch unsachgemäße Lagerung verändert wird. Satz 2 trägt dem Umstand Rechnung, dass die Munitionsindustrie seit einiger Zeit eine Randfeuermunition entwickelt hat, bei der auch in unverpacktem Zustand keine Feuchtigkeit eindringen kann (Begr. BR-Drucks. 498/70 S. 6). Bolzen müssen in besonderen Behältern verpackt sein **(Satz 3)**.

**3** 3. **Magazinierte Verpackungsart.** Durch diese in **Absatz 3** vorgeschriebene Art der Verpackung soll zum einen der bei der Abgabe einzelner Kartuschen häufig eintretende Verlust verhindert werden; in erster Linie soll aber Unfällen entgegengewirkt werden (BR-Drucks. 581/72 S. 16).

### Kennzeichnung der Verpackungen und Munition

**39** (1) Außer der Kennzeichnung nach § 24 Abs. 3 des Waffengesetzes müssen auf der kleinsten Verpackungseinheit angebracht werden

1. **die Anzahl der Patronen oder Kartuschen,**
2. **bei Munition nach § 11 Abs. 1 des Gesetzes das Prüfzeichen nach Anlage II Abbildung 4 in einwandfrei erkennbarer Ausführung,**
3. **bei Beschussmunition deutlich lesbar die Aufschrift: „Achtung! Beschussmunition!",**
4. **bei Schrotmunition die Werkstoffangabe für die Schrote, sofern es sich nicht um Blei handelt,**
5. **bei Stahlschrotmunition die Aufschrift: „Achtung, erhöhte Gefahr von Abprallern! Vermeiden Sie auf harte Oberflächen zu schießen",**
6. **bei Munition mit verstärkter Ladung der Hinweis, dass sie nur aus verstärkt beschossenen Waffen verschossen werden darf,**
7. **bei Stahlschrotmunition mit verstärkter Ladung zusätzlich der Hinweis, dass sie nur aus Läufen verschossen werden darf, die der Stahlschrotprüfung unterzogen und mit dem Prüfzeichen nach Anlage II Abbildung 2 für die Stahlschrotprüfung versehen sind,**
8. **bei Kartuschenmunition, die zum Verschießen von pyrotechnischer Munition geeignet ist, der Hinweis: „Geeignet zum Verschießen von pyrotechnischer Munition",**
9. **bei Stahlschrotmunition Kaliber 12 mit Schroten über 4 Millimeter Durchmesser der Hinweis, dass sie aus Läufen mit Würgebohrung nur verschossen werden darf, wenn die Durchmesserverengung 0,5 Millimeter nicht überschreitet,**
10. **bei magazinierter Kartuschenmunition für Bolzensetzwerkzeuge die Gerätemodelle mit ihrer Zulassungsnummer, in denen sie auf Grund einer durchgeführten Systemprüfung verwendet werden darf.**

(2) **Außer der Kennzeichnung nach § 24 Abs. 3 des Waffengesetzes ist auf Schrotpatronen der Durchmesser der Schrote sowie die Länge der Hülse anzubringen, sofern sie größer ist als**

Kennzeichnung d. Verpackungen u. Munition  § 39 Beschuss V 6

– 65 Millimeter bei den Kalibern 20 und größer,
– 63,5 Millimeter bei den Kalibern 24 und kleiner,
bei Stahlschrotpatronen außerdem der Werkstoff der Schrote, bei Schrotpatronen mit einem maximalen Gasdruck von 1050 bar (Patronen mit verstärkter Ladung) außerdem dieser Gasdruck auf der Hülse. Hinweise nach Absatz 1 Nr. 3 bis 9 müssen deutlich lesbar und, sofern die Munition zum Vertrieb im Geltungsbereich des Gesetzes bestimmt ist, in deutscher Sprache abgefasst sein. Ein Beipackzettel hierfür ist zulässig.

(3) Munition, die gewerbsmäßig wiedergeladen wird, muss auf der Hülse oder dem Zündhütchen sichtbar und dauerhaft mit einem Zeichen versehen werden, aus dem der Wiederlader zu erkennen ist. Bei Munition, die zur Ausfuhr bestimmt ist, muss das Zeichen des Wiederladers auf der Hülse angebracht werden. Bei einer Kennzeichnung auf der Hülse ist das Zeichen des Herstellers oder früheren Wiederladers ungültig zu machen. Wiedergeladene Munition darf nur in geschlossenen Packungen abgegeben werden, auf denen die Anschrift des Wiederladers und die Aufschrift „Wiedergeladene Munition" angebracht ist. Auf der kleinsten Verpackungseinheit wiedergeladener Patronenmunition ist außerdem die Masse und die Bezeichnung der Geschosse anzugeben. Die Sätze 1 bis 5 sind auf Munition, die nicht gewerbsmäßig wiedergeladen wird, entsprechend anzuwenden, sofern der Wiederlader die Munition einem Dritten überlässt, der nicht Mitglied der jagdlichen oder schießsportlichen Vereinigung ist, der der Wiederlader angehört.

(4) Beschusspatronen sind auf dem Bodenrand durch eine Riffelung oder, wenn dies nicht möglich ist, durch die deutlich lesbare Aufschrift „Beschussmunition" auf dem Hülsenmantel, Schrotpatronen außerdem durch die Angabe des Beschussgasdruckes zu kennzeichnen. Die Kennzeichnung als Beschussmunition erfolgt bei Kartuschen durch rosa Farbe und bei Randfeuerpatronen auf dem Boden oder dem Hülsenmantel oder der Geschossspitze durch rote Farbe.

(5) Die Kennzeichnungs- und Verpackungsvorschriften über die Beförderung gefährlicher Güter bleiben unberührt.

**1. Allgemeines.** Die Bestimmung entspricht § 20 der 3. WaffV aF, der durch die ÄndVO 1991 unter Berücksichtigung einschlägiger Beschlüsse der CIP (vgl. Vorbem. Rdn. 4) geschaffen worden war. Die Vorschrift fasst aber im Übrigen aus Gründen der „Transparenz und der Verwaltungsvereinfachung" die **Kennzeichnungsvorschriften** für Munition zusammen; diejenigen über die Beförderung gefährlicher Güter (und entsprechende Verpackungsvorschriften) bleiben daneben bestehen (Absatz 5). Absatz 1 Nr. 3 und die Absätze 3 und 4 waren inhaltlich unverändert aus § 22 der 1. WaffV früherer Fassung übernommen worden, der durch Art. 2 Nr. 1 der ÄndVO 1991 (BGBl. I 954) aufgehoben wurde. Die ÄndVO vom 10. 1. 2000 (Vorbem. Rdn. 5) hat weitere Beschlüsse der CIP, insbesondere zur **Stahlschrotmunition**, in innerdeutsches Recht umgesetzt (Absatz 1 Nr. 4 bis 9 [mit Ausnahme von Nr. 9 nF], Absätze 2 und 4). Einzelheiten hierzu finden sich in der früheren Begr. zur VO (BR-Drucks. 486/99).

**2. Wiedergeladene Munition. Absatz 3** ist seinerzeit aus § 22 Abs. 1 der 1. WaffV in § 20 der 3. WaffV aF übernommen worden. Diese Vorschrift war bei der Neufas-

1

2

# 6 Beschuss V § 40

sung der 1. WaffV 1976 umgestaltet worden. Hierbei wurde auf die zuvor in § 16 Abs. 1 der 1. WaffV 1972 festgesetzte Verpflichtung, jedes Wiederladen durch einen grünen Ring zu kennzeichnen, verzichtet; stattdessen wurden in den Sätzen 1 bis 4 andere Angaben vorgeschrieben, welche die Munition als wiedergeladene Munition kennzeichnen und auf ihre Eignung für die Verwendung in bestimmten Schusswaffen hinweisen. Die 2. ÄndVO war (ab 1. 1. 1987) wieder zur Farbkennzeichnung (blau) zurückgekehrt und gestaltete insgesamt die Technik der Kennzeichnung um. Auf die Angaben der Pulversorte und Pulvermasse wurde jedoch verzichtet (Satz 4 früherer Fassung).

Die spezielle Kennzeichnung wiedergeladener Munition soll den Verwender darauf aufmerksam machen, dass er keine Originalpatrone vor sich hat, sondern eine wiedergeladene, bei der eine „Veränderung des Werkstoffes des Hülsenmaterials und der Maße der Hülse eingetreten sein kann, und dass die Ladung (Art und Masse der Treibladung), das Geschoss (Form, Masse und Mantelmaterial) und vor allem die Befestigung des Geschosses in der Hülse nicht immer der Originalpatrone entsprechen" (Begr. der DVO BWaffG 68, S. 15/16).

Im Gegensatz zur früheren Regelung in § 16 Abs. 1 der 1. WaffV 1972, die nur für das **gewerbsmäßige** Wiederladen von Munition Geltung hatte, erstreckte bei der Novellierung der 1. WaffV 1976 neu angefügte Satz 7 (5 aF) von § 22 Abs. 1 die Verpflichtung zur Kennzeichnung auch auf das **private** Wiederladen von Munition, wenn die Munition vom Wiederlader an **andere**, in Absatz 3 Satz 6 der vorliegenden Bestimmung näher bezeichnete Personen abgegeben wird. Denn eine solche Kennzeichnung ist dann zum Schutze des Erwerbers notwendig.

**3** 3. **Beschussmunition (Absatz 4).** Hier muss jede dieser Spezialpatronen eine Kennzeichnung tragen, die den Schützen auf die Gefährlichkeit der Munition aufmerksam macht.

**4** 4. **Sanktion.** § 42 enthält keine Ahndungsmöglichkeit für den Verstoß gegen die Kennzeichnungsvorschriften des § 39. Es ist aber eine Ordnungswidrigkeit nach § 53 Abs. 1 Nr. 9 iVm. § 24 Abs. 3 WaffG in Betracht zu ziehen.

### Lagerung von Munition

**40** (1) **Wer gewerbsmäßig Munition oder Geschosse mit Reizstoffen vertreibt oder anderen überlässt, darf sie nur in der verschlossenen Originalverpackung des Herstellers verwahren. Geöffnete kleinste Verpackungseinheiten sind unverzüglich wieder zu verschließen.**

(2) **Pyrotechnische Munition mit einer Satzmasse, bestehend aus Treibladung und pyrotechnischem Satz, von mehr als 20 Gramm, darf in der kleinsten Verpackungseinheit im Verkaufsraum nur in einem Muster verwahrt werden.**

**1** 1. **Allgemeines.** Die Bestimmung ist aus § 25 der 1. WaffV aF übernommen worden. Vorschriften über die Aufbewahrung und Lagerung von Munition waren sowohl dem RWaffG als auch der DVO RWaffG unbekannt. Sie sind erstmalig in die DVO BWaffG 68 (dort § 15) aufgenommen worden. Sie sind erforderlich, weil gerade von pyrotechnischer Munition und von Raketenmunition erhebliche Brand- und Explosionsgefahren ausgehen, „insbesondere wenn sie außerhalb des Herstellungsbetriebs oder außerhalb von genehmigten Sprengstofflagern aufbewahr wer-

Beschussrat **§ 41 BeschussV 6**

den" (Begr. DVO BWaffG BR-Drucks. 520/68 S. 18). Die Bestimmung betrifft nur die **gewerbsmäßige** Aufbewahrung von Munition. Vgl. auch die 2. SprengV (S. 169 b Erbs/Kohlhaas).

**2. Mengenbegrenzung.** Abweichend von § 15 DVO BWaffG 68, aber in Übereinstimmung mit dem bisher geltenden Recht ist in einem Verkaufs- oder Nebenraum nur die Aufbewahrung von pyrotechnischer Munition, die eine Treibladung oder pyrotechnische Sätze von nicht mehr als 20 g enthält, zugelassen. 2

## Abschnitt 9. Beschussrat

**Beschussrat**

**41** (1) **Beim Bundesministerium des Innern wird ein Beschussrat gebildet. Den Vorsitz führt ein Vertreter des Bundesministeriums des Innern.**

(2) **Der Beschussrat setzt sich aus dem Vorsitzenden und folgenden Mitgliedern zusammen:**

1. **je einem Vertreter der für die Prüfung von Feuerwaffen und Munition nach Landesrecht zuständigen Behörden,**
2. **je einem Vertreter der Physikalisch-Technischen Bundesanstalt, der Bundesanstalt für Materialforschung und -prüfung und des Bundeskriminalamts und einer Einrichtung des Bundes, in der der Beschuss von Waffen für den Bereich der Polizeien des Bundes durchgeführt wird,**
3. **je einem Vertreter der Deutschen Versuchs- und Prüf-Anstalt für Jagd- und Sportwaffen e. V., des Deutschen Instituts für Normung und des Hauptverbandes der gewerblichen Berufsgenossenschaften,**
4. **je drei Vertretern der Hersteller von Schusswaffen und der Hersteller von Munition,**
5. **je einem Vertreter der Hersteller von Schussapparaten und der Importeure von Schusswaffen und Munition,**
6. **je einem Vertreter des Büchsenmacherhandwerks und der Waffenfachhändler.**

(3) **Die Mitglieder des Beschussrates müssen auf waffen- oder munitionstechnischem Gebiet sachverständig und erfahren sein. Das Bundesministerium des Innern kann zu den Sitzungen des Beschussrates Vertreter von Bundes- und Landesministerien sowie weitere Sachverständige hinzuziehen.**

(4) **Das Bundesministerium des Innern beruft**

1. **die Vertreter der zuständigen Landesbehörden auf Vorschlag des Landes,**
2. **die Vertreter der Physikalisch-Technischen Bundesanstalt, der Bundesanstalt für Materialforschung und -prüfung auf Vorschlag des Bundesministeriums für Wirtschaft und Technologie,**
3. **die Vertreter der in Absatz 2 Nr. 3 bezeichneten Stellen nach Anhörung der Vorstände dieser Stellen,**

# 6 BeschussV § 42

4. die Vertreter der in Absatz 2 Nr. 4, 5 und 6 bezeichneten Wirtschaftszweige nach Anhörung der jeweiligen Spitzenorganisationen.

(5) **Die Mitglieder des Beschussrates üben ihre Tätigkeit ehrenamtlich aus.**

1 Rechtsgrundlage der Bestimmung, die dem § 30 der 3. WaffV aF entspricht, ist die Ermächtigung in § 15 BeschG. Dem Beschussrat kommt keine beschließende Funktion zu, er hat nur beratende Stimme. Der Beschussrat soll den Sachverstand der in Absatz 3 angeführten Personen und Stellen bei der Beantwortung der im Zuge der Durchführung des Beschussgesetzes auftretenden technischen Fragen für die zuständige Zentralbehörde und die gesetzgebenden Körperschaften nutzbar machen. Er ist auch vor dem Erlass der vorliegenden Verordnung zu Rate gezogen worden.

## Abschnitt 10. Ordnungswidrigkeiten und Schlussvorschriften

### Ordnungswidrigkeiten

**42** Ordnungswidrig im Sinne des § 21 Abs. 1 Nr. 11 des Gesetzes handelt, wer vorsätzlich oder fahrlässig

1. **entgegen § 13 Satz 1 Schussapparate in Verkehr bringt,**
2. **entgegen § 20 Abs. 3 Satz 1 das Zulassungszeichen nicht, nicht richtig, nicht vollständig oder nicht rechtzeitig anbringt,**
3. **entgegen § 20 Abs. 3 Satz 2 das Zulassungszeichen anbringt,**
4. **entgegen § 22 Satz 3 oder § 24 Abs. 1 Satz 1 einen Prüfgegenstand oder ein dort bezeichnetes Gerät nicht oder nicht rechtzeitig vorlegt oder**
5. **entgegen § 34 Abs. 1 Satz 1 oder 2 die Durchführung einer behördlichen Kontrolle nicht oder nicht rechtzeitig beantragt.**

(2) **Ordnungswidrig im Sinne des § 21 Abs. 1 Nr. 11 Buchstabe b des Gesetzes handelt, wer vorsätzlich oder fahrlässig**

1. **entgegen § 33 Abs. 2 Satz 1 oder Abs. 4 Satz 1 eine Aufzeichnung nicht, nicht richtig, nicht vollständig, nicht in der vorgeschriebenen Weise oder nicht rechtzeitig macht,**
2. **entgegen § 33 Abs. 5 eine Aufzeichnung nicht oder nicht rechtzeitig vorlegt oder**
3. **entgegen § 33 Abs. 6 eine Aufzeichnung nicht oder nicht mindestens fünf Jahre aufbewahrt.**

### I. Allgemeines

1 Infolge der Bezugnahme auf § 21 Abs. 1 Nr. 11 Buchst. a und b BeschG stellen sich die Zuwiderhandlungen gegen die im Einzelnen aufgeführten Bestimmungen der Verordnung letztlich als Verstöße gegen das BeschG selbst dar. Es wird auf die Anm. zu § 21 BeschG, insbesondere Rdn. 14, verwiesen. Es gilt das in § 21 Abs. 2 BeschG festgelegte Höchstmaß der Geldbuße. Es beträgt bei vorsätzlichen Verstößen gegen einen Tatbestand des Absatzes 1 50 000 €; bei Fahrlässigkeit, die bei allen Tatbeständen als Begehungsform ausreicht, die Hälfte dieses Betrages (§ 17

Ordnungswidrigkeiten **§ 42 Beschuss V 6**

Abs. 2 OWiG; ausführlich *Verf.* in KK-OWiG[2] zu § 17, ihm folgend *Mitsch* KK-OWiG[3]). Bei den Verstößen nach **Absatz 2** beträgt die Höchstbuße für vorsätzliches Handeln 20 000 €, bei Fahrlässigkeit 10 000 €.

## II. Die Bußgeldtatbestände des Absatzes 1

**1. Unzulässiges Inverkehrbringen von Schussapparaten (Nr. 1).** Hier wird der Verstoß gegen § 13 Satz 1 geahndet. Tatobjekt sind **Schussapparate** (§ 2 Abs. 4 BeschG), die in einem ausländischen Staat beschusstechnisch zugelassen worden sind, mit dem die gegenseitige Anerkennung der Prüfzeichen vereinbart worden ist (Vorbem. Rdn. 4). Solche Geräte müssen, wenn sie ins Inland verbracht worden sind, mit einer von der PTB „abgesegneten" **Betriebsanleitung** in deutscher Sprache versehen sein, bevor sie im Inland „in Verkehr gebracht" werden. Damit wird der Tatsache Rechnung getragen, dass die Benutzung derartiger Schussapparate bei unsachgemäßer Anwendung zu schweren Schäden beim Anwender und Dritten führen kann. Durch die Regelung soll der Anwender in die Lage versetzt werden, vor Benutzung des Gerätes anhand der Betriebsanleitung dessen ordnungsgemäße Verwendung zu erlernen, was nicht gesichert wäre, wenn er eine nur fremdsprachige Anleitung hätte. Die zugrunde liegende Vorschrift § 13 Satz 1 ist im Verlauf der Arbeiten an der VO dahin geändert worden, dass dort statt des „Überlassens an andere" nunmehr das „Inverkehrbringen" untersagt wird. 2

**2. Nicht- oder Falschanbringung des Zulassungszeichens (Nr. 2 und 3).** Hier werden die Verstöße gegen § 20 Abs. 3, und zwar sowohl nach Satz 1 (Nr. 2) als auch nach Satz 2 (Nr. 3) geahndet. Jedes dem Baumuster nachgebaute Stück ist vom Inhaber der Zulassung mit dem ihm erteilten Zulassungszeichen zu versehen. Ordnungswidrig handelt, wer es überhaupt unterlässt, das Zeichen anzubringen, aber auch derjenige, der es nicht dauerhaft oder undeutlich (schlecht erkennbar) anbringt (Nr. 2). Wo es im Einzelfall anzubringen ist, wird in § 20 Abs. 3 ausführlich beschrieben. Auch wer gegen diese Modalitäten verstößt, insbesondere, wer das Zeichen auf einem dem Austausch unterliegenden Stück anbringt, handelt tatbestandsmäßig (Nr. 3). 3

**3. Unterlassene oder verspätete Vorlage zur Überprüfung (Nr. 4).** a) Periodische Bauartkontrollen hinsichtlich von zugelassenen Schussapparaten oder ebensolchen Einstecklaufen (§ 2 Abs. 1 Nr. Buchst. c BeschG) sieht § 22 Satz 3 vor. Ihrer Durchsetzung dient die Bußgeldbewehrung zum einen. Der **Zulassungsinhaber** bezüglich derartiger Gegenstände hat als Normadressat unaufgefordert nach Ablauf von jeweils **zwei** Jahren der zuständigen **Behörde** 5 Prüfgegenstände des zugelassenen Geräts aus der laufenden Produktion oder aus seinem Lagerbestand zur Kontrolle vorzulegen. Ordnungswidrig sind sowohl die Nichtvorlage als auch die nicht rechtzeitige Vorlage. 4

b) In derselben Bußgeldvorschrift ist geregelt, dass ordnungswidrig handelt, wer als **Betreiber** (Normadressat) eines Schussapparates (§ 2 Abs. 4 BeschG) oder eines für technische Zwecke bestimmten nicht tragbaren Gerätes, in dem zum Antrieb in Hülsen untergebrachte Treibladungen verwendet werden, das Gerät entgegen § 24 Abs. 1 Satz 1 nicht alle **zwei** Jahre dem **Hersteller** (oder dessen Beauftragten) zur Überprüfung vorlegt; bei wesentlichen Funktionsmängeln hat die Vorlage unabhängig von dieser Frist „unverzüglich" (ohne schuldhaftes Zögern [§ 121 Abs. 1 Satz 1 BGB]) zu erfolgen, so dass in diesen Fällen jede verzögerliche Vorlage tatbestandsmäßig ist. Für die Berechnung der Zweijahresfrist ist § 24 Abs. 2 VO zu beachten.

**5**  **4. Sabotierung der behördlichen Kontrolle (Nr. 5).** Zulassungsinhaber und Verbringer (Importeur) haben nach § 34 Abs. 1 Satz 1 und 2 mindestens alle 3 Jahre bei der Zulassungsbehörde eine **behördliche Kontrolle** zu **beantragen.** Für Importeure aus Staaten, die der Regelung über die gegenseitige Anerkennung der Prüfzeichen nicht unterfallen, ist eine Jahresfrist vorgeschrieben, es sei denn, es würden ordnungsgemäße Fabrikationskontrollen durchgeführt. Für die Fristberechnung ist § 34 Abs. 1 Satz 3 maßgebend. Tatbestandsmäßig handelt, wer den Antrag nicht oder nicht rechtzeitig stellt. Da für die Stellung des Antrags jeweils eine Frist gesetzt ist, ist auch der nach Ablauf der Frist gestellte Antrag ein nicht (fristgerecht) gestellter Antrag. In derartigen Fällen ist jedoch nach dem Opportunitätsprinzip zu prüfen, ob eine Verfolgung angebracht ist.

### III. Die Bußgeldtatbestände des Absatzes 2

**6**  **1. Verstoß gegen die Aufzeichnungspflicht (Nr. 1).** Alle Tatbestände des Absatzes 2 stellen Verstöße gegen § 33 dar; sie dienen der **Absicherung der Fabrikationskontrolle.** Normadressat ist in allen Fällen der Inhaber der Zulassung zur Herstellung oder Verbringung von Munition (§ 32 Abs. 1). Ordnungswidrig handelt, wer die in § 33 Abs. 2 Satz 1 bzw. Abs. 4 Satz 1 verankerten Aufzeichnungspflichten über durchgeführte Fabrikationskontrollen bzw. Aufzeichnungen bei Kleinmengen verletzt. Tatbestandsmäßig sind folgende Varianten: Nichtanfertigen, unrichtiges, unvollständiges, nicht formgerechtes oder nicht rechtzeitiges Anfertigen. Das Anfertigen an einem nicht zugelassenen Ort (§ 33 Abs. 2 Satz 2 aE) ist – entgegen ursprünglichem Vorhaben – richtigerweise nicht mehr unter Bußgelddrohung gestellt.

**7**  **2. Verstoß gegen die Vorlegungspflicht (Nr. 2).** Tatbestandsmäßig ist die Nichtvorlage der Aufzeichnungen nach § 33 Abs. 2 oder 4 entgegen § 33 Abs. 5. Dieser Tatbestand hat – wie viele ähnliche – die Besonderheit, dass die Vorlage nicht fristgebunden ohne Aufforderung zu erfolgen hat, sondern dass ein **behördliches Verlangen** die Vorlagepflicht aktiviert haben muss. Vom Eintreffen des Verlangens seitens der Behörde an wird man dem Adressaten eine angemessene Frist zur Erfüllung des Ersuchens einräumen müssen; ist eine solche bereits behördlicherseits festgesetzt worden, so wird sie ebenfalls unter dem Gesichtspunkt der Angemessenheit zu prüfen sein, bevor eine Ordnungswidrigkeit bejaht werden kann. Aus der Formulierung kann entnommen werden, dass die Behörde auch die Vorlage in ihren Diensträumen fordern darf.

**8**  **3. Verstoß gegen die Aufbewahrungspflicht (Nr. 3).** Nach § 33 Abs. 6 sind die Aufzeichnungen (zu Kontrollzwecken) bis zur übernächsten behördlichen Kontrolle, mindestens aber 5 Jahre lang aufzubewahren. Den Tatbestand verwirklicht, wer überhaupt nicht oder nicht lange genug aufbewahrt.

### IV. Täterschaft

**9**  **Täter** dieser Ordnungswidrigkeiten können jeweils nur natürliche Personen sein. Der Normadressat ergibt sich jeweils aus dem Tatbestand der Bußgeldvorschrift. In größeren Betrieben (Geschäften, Unternehmen) wird ein Verschulden des Inhabers selbst, wenn nicht gerade ein Fall des § 130 OWiG gegeben ist, nicht immer nachgewiesen werden können. Hier trifft die Verantwortung nach der VO in erster Linie regelmäßig anstelle des Inhabers den Betriebsleiter oder den mit der Erfüllung der Pflichten nach dem BeschG und den Verordnungen hierzu Beauftragten bzw. das vertretungsberechtigte Organ (§ 9 OWiG). Eine Verantwortlichkeit des unmittelbar Handelnden, etwa des Arbeiters, der das Zulassungszeichen anzubringen hat, wird daneben (§ 14 OWiG) nur ausnahmsweise bei Vorliegen eines eigenen Verschuldens in Betracht kommen. Auf die Erläuterungen zu den genannten Vorschriften in den Kommentaren zum OWiG, in erster Linie KK-OWiG[3], *Göhler*[14] und *Rebmann/ Roth/Herrmann,* sowie auf § 21 BeschG Rdn. 15 ff. wird verwiesen.

## Inkrafttreten, Außerkrafttreten

**43** Diese Verordnung tritt am Tag nach der Verkündung in Kraft. Gleichzeitig tritt die Dritte Verordnung zum Waffengesetz in der Fassung der Bekanntmachung vom 2. September 1991 (BGBl. I S. 1872), zuletzt geändert durch Artikel 283 der Verordnung vom 25. November 2003 (BGBl. I S. 2304), und § 35 der Allgemeinen Waffengesetz-Verordnung vom 27. Oktober 2003 (BGBl. I S. 2123) außer Kraft.

Ursprünglich war vorgesehen, das Inkrafttreten der VO an dasjenige des Beschussgesetzes zu koppeln. Das war nicht eindeutig. Nach Art. 19 Nr. 1 traten einige Vorschriften des BeschG, soweit sie Ermächtigungen zum Erlass von Rechtsverordnungen enthalten, bereits am 17. 10. 2002 in Kraft; gemeint war aber offensichtlich das allgemeine Inkrafttreten des Gesetzes, dass nach dem genannten Artikel am 1. 4. 2003 erfolgt. Der Erlass der VO verzögerte sich jedoch beträchtlich. In der Übergangszeit galt die 3. WaffV nach § 22 Abs. 6 BeschG „sinngemäß" weiter.

# 6 BeschussV  Beschussverordnung

Anlage I
Technische Anforderungen an und Prüfvorschriften für Feuerwaffen
und sonstige Gegenstände, die der Beschussprüfung nach § 5 des Gesetzes unterliegen,
und technische Anforderungen an Prüfgegenstände nach den §§ 7 bis 10 des Gesetzes

**Symbole und ihre Bedeutung**

| | |
|---|---|
| $V_i$ | Einzelwert der Geschwindigkeit |
| $n$ | Gesamtzahl der Messungen |
| $\overline{V_n}$ | Mittelwert der Geschwindigkeit bei n Messungen |
| $v_{e,n}$ | Obere Anteilsgrenze bei einseitiger Abgrenzung für 95 % der Grundgesamtheit mit einem Vertrauensniveau von 95 % bei n Messungen |
| $k_{2,n}$ | Anteilsfaktor für die Anteilsgrenze bei einseitiger Abgrenzung für 95 % der Grundgesamtheit bei einem Vertrauensniveau von 95 % |
| $s_n$ | Standardabweichung bei n Messungen |
| $m_k$ | Masse des Zwischenelementes (Kolben) |
| $m_p$ | Masse des Prüfbolzens |
| $E_{max}$ | Zulässiger Höchstwert der Energie der Gebrauchsmunition nach den Maßtafeln |
| $P_{max}$ | Zulässiger Höchstwert des Gasdruckes der Gebrauchsmunition nach den Maßtafeln |
| $\overline{E_n}$ | Mittelwert der Bewegungsenergie der Geschosse bei n Messungen |
| $\overline{E_{a,n}}$ | Mittelwert der Auftreffenergie |

Soweit in dieser Anlage Symbole für Abmessungen verwendet werden, wird bezüglich der Bedeutung auf die Bekanntmachung der Maßtafeln für Handfeuerwaffen und Munition verwiesen (Bundesanzeiger Nr. 38a vom 24. Februar 2000).

## 1 Beschussprüfung von Feuerwaffen und höchstbeanspruchten Teilen nach den §§ 5, 7 und 8 des Gesetzes

1.1 Im Zuge der Vorprüfung ist zu prüfen, ob

1.1.1 die Kennzeichnung nach § 24 des Waffengesetzes und nach § 21 der Allgemeinen Waffengesetz-Verordnung ordnungsgemäß auf dem Prüfgegenstand angebracht ist;

1.1.2 der Prüfgegenstand keine Materialfehler oder Bearbeitungsfehler aufweist, die die Funktionssicherheit und Haltbarkeit beeinträchtigen können;

1.1.3 folgende Mindest- und, soweit angegeben, Höchstmaße oder Toleranzen der Maßtafeln, unbeschadet der Regelung des § 3 Abs. 4, eingehalten sind:

1.1.3.1 bei Waffen mit gezogenen Läufen für Zentralfeuerpatronenmunition und bei Waffen für Kartuschenmunition $\varnothing P_1$, $L_3$, $\varnothing H_2$, $L_1/\varnothing P_2$ und $L_2/\varnothing H_1$, R bzw. E, $\varnothing G_1$, i, G, $\varnothing F$, $\varnothing Z$ und VA,

1.1.3.2 bei Langwaffen mit glatten Läufen für Zentralfeuerpatronenmunition $\varnothing D$, $\varnothing H$, T, ≮ $\alpha_1$, $\varnothing B$ und VA,

1.1.3.3 bei Waffen für Randfeuerpatronenmunition $\varnothing P_1$, $L_1$, $L_3$, $\varnothing H_2$, R, $\varnothing F$, $\varnothing Z$ und VA,

1.1.3.4 im Falle der Nummer 1.1.3.2 können die Waffen, die einen Laufdurchmesser B über dem zulässigen Höchstwert haben, zur Prüfung angenommen werden, wenn das Kaliber und die entsprechende Lagerlänge sowie der Laufdurchmesser oder das entsprechende Kaliber auf dem Lauf angebracht sind;

1.1.4 der Prüfgegenstand, der auf Grund einer Zulassung nach § 7 oder § 8 des Gesetzes gefertigt oder in den Geltungsbereich des Gesetzes verbracht wurde, in seinen wesentlichen Merkmalen, insbesondere den denjenigen, die für die Freistellung von ordnungsrechtlichen Vorschriften des Gesetzes entscheidend sind, dem zugehörigen Bescheid entspricht;

1.1.5 Revolver für Randfeuerpatronen in der Trommel Randeinsenkungen der Lager aufweisen;

1.1.6 der Prüfgegenstand keine Korrosionsschäden oder starke Verschmutzungen aufweist; bei gebrauchten Waffen können festgestellte Mängel unberücksichtigt bleiben, wenn der Beschuss mit der dreifachen der in Nummer 1.2 genannten Anzahl von Beschusspatronen vorgenommen wird.

1.2 Der Beschuss ist wie folgt vorzunehmen:

1.2.1 Die Haltbarkeit von Prüfgegenständen, die zum Verschießen von Munition bestimmt sind, ist mit Beschussmunition zu prüfen. Die Beschussmunition soll mit dem schwersten Geschoss der auf dem Markt befindlichen Gebrauchsmunition des entsprechenden Kalibers laboriert werden.

1.2.2 Die Haltbarkeit von Feuerwaffen, die zum Abschießen von Ladungen bestimmt sind, ist mit Beschussladungen zu prüfen.

1.2.3 Der Mittelwert des Gasdruckes der Beschussmunition muss den zulässigen Höchstwert des Gasdruckes der Gebrauchsmunition $P_{max}$ nach den Maßtafeln, der Mittelwert des Gasdruckes der Beschussladung oder des Prüfgemisches den zulässigen Höchstwert der Gebrauchsladung oder des Gebrauchsgemisches um mindestens 30 %, bei Langwaffen mit gezogenen Läufen 25 % sowie mindestens den Energiewert $E_{Beschuss}$ übersteigen. Ist anstelle des Gasdruckes die Bewegungsenergie der Geschosse zugrunde zu legen, so muss unter Verwendung eines gleichartigen Treibmittels der Mittelwert der Bewegungsenergie der Geschosse der Beschussmunition den zulässigen Höchstwert der Bewegungsenergie der Geschosse der Gebrauchsmunition $E_{max}$ nach den Maßtafeln, der Mittelwert der Bewegungsenergie der Beschussladung oder des Prüfgemisches den zulässigen Höchstwert der Gebrauchsladung oder des Gebrauchsgemisches um mindestens 10 % übersteigen. Kann mit der zur Verfügung stehenden Munition, der Ladung oder dem Gemisch die erforderliche Energie nicht erreicht werden, so ist unter Beibehaltung des Treibmittels ein Geschoss zu verwenden, dessen Masse um mindestens 10 % höher ist als die des Gebrauchsgeschosses. Bei Waffen mit glatten Läufen für Zentralfeuerpatronenmunition muss der Mittelwert des Gasdruckes der Beschussmunition 162 mm vor dem Stoßboden (Messstelle II) mindestens 500 bar erreichen.

1.2.4 Langwaffen mit glatten Läufen für Zentralfeuerpatronenmunition sind dem normalen oder dem verstärkten Beschuss zu unterziehen.

1.2.4.1 Dem normalen Beschuss unterliegen Waffen mit einer Nenntiefe des Patronenlagers kleiner als 73 mm, die für Munition bestimmt sind, deren zulässiger Höchstwert des Gasdruckes der Gebrauchspatrone $P_{max}$

– 740 bar für Kaliber 14 und größere Durchmesser,

– 780 bar für Kaliber zwischen 14 und 20 und

– 830 bar für Kaliber 20 und kleinere Durchmesser

beträgt.

1.2.4.2 Dem verstärkten Beschuss unterliegen Waffen für Munition, deren Gasdruck die in Nummer 1.2.4.1 genannten Werte, nicht aber 1 050 bar übersteigt, sowie Waffen mit einer Nenntiefe des Patronenlagers von 73 mm und größer.

1.2.4.3 Für Beschusspatronen mit Bleischroten sollen deren Durchmesser zwischen 2,5 bis 3 mm liegen; die Beschussladungen sind in der Masse wie folgt zu begrenzen:

| Kaliberangabe | Schrotmasse in g | |
|---|---|---|
| | min. | max. |
| 10 | 38 | 47 |
| 12 | 33 | 42 |
| 14 | 30 | 37 |
| 16 | 27 | 34 |
| 20 | 23 | 30 |
| 24 | 21 | 28 |
| 28 | 19 | 25 |
| 32 | 15 | 21 |
| .410 | 7 | 13 |
| 9 mm | 5 | 10 |

1.2.4.4 Der Beschuss ist in der Regel mit mindestens zwei Patronen vorzunehmen, deren Gasdruck sowohl den Anforderungen der Nummer 5.6.4 als auch der Nummer 5.6.5 der Anlage III genügt. Für den Fall, dass Patronen nicht verfügbar sind, deren Gasdruck beiden Anforderungen genügt, ist der Beschuss mit mindestens zwei Patronen, deren Gasdruck der Anforderung der Nummer 5.6.4 der Anlage III und einer Patrone, deren Gasdruck der Anforderung der Nummer 5.6.5 der Anlage III genügt, vorzunehmen. Für Patronen, die nur die Anforderung der Nummer 5.6.5 der Anlage III erfüllen, kann die Schrotladung größer als in Nummer 1.2.4.3 sein.

1.2.4.5 Läufe in den Kalibern 12 und 20 für Stahlschrotmunition mit verstärkter Ladung sind wie folgt zu beschießen:

– je Lauf mit drei Beschusspatronen mit Stahlschroten einer Härte nach Vickers HV 1 zwischen 80 und 110 und einem Durchmesser von 4,6 mm für Kaliber 12 und von 3,7 mm für Kaliber 20,

– mit einem Gasdruck von mindestens 1 370 bar an der ersten und mindestens 500 bar an der zweiten Messstelle,

– bei einem Impuls der Schrotgabe von mindestens 17,5 Ns bei Kaliber 12/76, 15 Ns bei Kaliber 12/70, 14,5 Ns bei Kaliber 20.

1.2.5 Der Beschuss sonstiger Waffen ist wie folgt vorzunehmen:

1.2.5.1 Bei Langwaffen, die für eine Gebrauchsmunition mit einem zulässigen Höchstwert des Gasdruckes $P_{max}$ nach den Maßtafeln von 1 800 bar oder mehr bestimmt sind, durch Beschuss mit mindestens zwei Beschusspatronen,

# 6 Beschuss V

Beschussverordnung

1.2.5.2 bei Langwaffen, die für eine Gebrauchsmunition mit einem zulässigen Höchstwert des Gasdruckes $P_{max}$ nach den Maßtafeln bis zu 1 800 bar bestimmt sind, durch Beschuss mit mindestens einer Beschusspatrone,

1.2.5.3 bei Pistolen, unabhängig vom Gasdruck der Gebrauchsmunition, durch Beschuss mit mindestens zwei Beschusspatronen,

1.2.5.4 bei Revolvern und bei Waffen, bei denen das Patronenlager vom Lauf getrennt ist, unabhängig vom Gasdruck der Gebrauchsmunition durch Beschuss mit mindestens einer Beschusspatrone in jedem Patronenlager, unbeschadet der Regelung in Nummer 1.2.5.1,

1.2.5.5 bei Waffen, für die nur die kinetische Energie des Geschosses der Gebrauchsmunition in den Maßtafeln angegeben ist, durch Beschuss mit mindestens zwei Beschusspatronen.

1.2.6 Werden beim Beschuss von Waffen für Kleinschrotmunition Funktionsstörungen festgestellt, so ist die Funktionssicherheit bei Waffen mit mehreren Lagern mit zwei derartigen Patronen je Lager zu prüfen. Die Waffen sind auf normale Funktion und Deformationen des Laufes zu untersuchen. Wenn der Lauf verstopft ist, wird er vollständig gereinigt und die Prüfung mit der doppelten Anzahl der in Satz 1 genannten Patronen wiederholt. Danach darf die Waffe keine Mängel aufweisen.

1.2.7 Der Beschuss von Waffen mit mehreren Läufen ist mit der in den Nummern 1.2.4.2 bis 1.2.5.5 vorgeschriebenen Anzahl von Beschusspatronen aus jedem Lauf vorzunehmen.

1.2.8 Höchstbeanspruchte Teile im Sinne des § 2 Abs. 2 des Gesetzes sind nach den Vorschriften, die für die Waffe gelten, für die sie bestimmt sind, zu beschießen. Einstecksläufe für Waffen zum Verschießen von Zentralfeuerpatronen sind in der Waffe zu prüfen, für die sie bestimmt sind.

1.3 Nach dem Beschuss sind die Prüfgegenstände auf Funktionssicherheit und Mängel in der Haltbarkeit zu prüfen. Bei Kipplaufwaffen ist vor dem Entladen der abgeschossenen Hülse festzustellen, ob die größte zulässige Spaltweite zwischen Lauf und Baskühle von 0,10 mm nicht überschritten ist. Außerdem ist zu überprüfen, ob keine Risse oder die Sicherheit der Waffe gefährdende Dehnungen am Lauf, am Patronen- oder Kartuschenlager am Verschluss eingetreten sind, bei mehrläufigen Waffen, ob die Laufverbindungen noch einwandfrei sind. Weist der Prüfgegenstand nach dem Beschuss Fehler auf oder ergeben sich Zweifel hinsichtlich der Haltbarkeit oder wird ein Mangel an einer abgeschossenen Beschusspatronenhülse festgestellt, so führt das Beschussamt über die vorgeschriebene Anzahl von Patronen hinaus zusätzliche Prüfungen mit Beschusspatronen durch. Wird ein Funktionsfehler vermutet, so sind für die Funktionsprüfung Gebrauchspatronen zu verwenden.

## 2 Beschussprüfung von Schwarzpulverwaffen und Böllern nach § 5 des Gesetzes

2.1 Schwarzpulverwaffen

2.1.1 Als Beschusspulver ist Schwarzpulver in folgender Zusammensetzung und mit folgender Kontrolle und Vorbehandlung zu verwenden:

- Feuchtegehalt max. 1,3 %,
- Dichte 1,70 g/cm³ bis 1,80 g/cm³,
- Körnung: 0,63 mm Rückstand max. 5 %,
- 0,20 mm Durchgang max. 5 %,
- Chemische Zusammensetzung:
  - Gehalt an Kaliumnitrat $(75 \pm 1{,}5)$ %,
  - Gehalt an Schwefel $(10 \pm 1)$ %,
  - Gehalt an Holzkohle $(15 \pm 1)$ %,
- Aschegehalt max. 0,8 %,
- Wasseraufnahme (12 Stunden) max. 1,8 %,
- Schüttdichte mind. 0,85 g/cm³.

2.1.2 Zum Vergleich und zur Kontrolle des Gasdruckes wird eine Schrotpatrone im Kaliber 16 unter Verwendung folgender Bestandteile geladen:

- Hülse: Papphülse mit einer Länge von 67,5 bis 70 mm, einer Bodenkappe aus Metall von 8 bis 20 mm Höhe sowie einer in den Boden der Hülse eingearbeiteten Einlage aus Pappe oder Plastik mit einer Stärke von ca. 0,6 mm und einer Höhe, die das Volumen des zu benutzenden Schwarzpulvers berücksichtigt,
- Zündung: Schrotpatronenzündung, dreiteilig, Durchmesser 6,15 bis 6,20 mm,
- Schwarzpulver nach Nummer 2.1.1: 3 g,
- Pfropfen: Fettfilzpfropfen mit einer Höhe von 10 bis 12 mm,
- Schrote: 33 g Schrote mit einem Durchmesser von 2,5 mm,
- Bördelung: rund mit Verschlussscheibe aus Pappe, Dicke 1,5 mm,
- Länge der geladenen Patrone: etwa 64 mm.

Anlage I  **BeschussV 6**

Vor der Ermittlung des Gasdruckes sind die Patronen mindestens 24 Stunden bei einer Temperatur von (21 ± 1) °C mit einer relativen Luftfeuchte von (60 ± 5) % zu lagern. Der Mittelwert des Gasdruckes von 10 dieser Patronen muss in einem entsprechenden Messlauf nach den Nummern 5.1.1 und 5.1.2 der Anlage III an der Messstelle I, gemessen mit einem Druckaufnehmer nach den Nummern 5.4.2 und 5.4.3 der Anlage III, $\overline{P_{10}}$ = (275 ± 25) bar betragen. Andernfalls ist das Pulver für den Beschuss zu verwerfen.

2.1.2.1 Vor dem Beschuss ist das Schwarzpulver unter den in Nummer 2.1.2 Satz 2 genannten Bedingungen zu lagern.

2.1.3 Ladetabelle für Schwarzpulverwaffen

Der Beschuss ist bei den nachstehenden Kalibern mit den folgenden Beschussladungen durchzuführen:

| Kaliber | zulässiger Gebrauchs- gasdruck Richtwert in bar | Gebrauchsladung – zulässige Höchstwerte – in g | | Beschussladung in g | |
|---|---|---|---|---|---|
| | | Pulver | Schrot bzw. Langgeschoss | Pulver | Schrot bzw. Langgeschoss |
| a) 10 | 750 | 6,5 | 36 | 13 | 65 |
| 12 | 750 | 6,5 | 36 | 13 | 65 |
| 14 | 750 | 6,5 | 36 | 13 | 65 |
| 16 | 800 | 5,5 | 32 | 12 | 60 |
| 20 | 850 | 5 | 25 | 10 | 55 |
| 24 | 850 | 5 | 25 | 10 | 55 |
| 28 | 850 | 4 | 22 | 9 | 40 |
| 32 | 850 | 4 | 22 | 9 | 40 |
| 36 | 850 | 3,5 | 17 | 8 | 30 |
| 9 mm | 850 | 3,5 | 17 | 8 | 30 |
| b) .31 | 1 200 | 2,5 | 6 | 6 | 10 |
| .36 | 1 200 | 3,5 | 8 | 7 | 12 |
| .41 | 1 200 | 5 | 12 | 8 | 16 |
| .44 | 1 400 | 6 | 15 | 9,5 | 19 |
| .45 | 1 400 | 6 | 16 | 10 | 19 |
| .50 | 1 400 | 8 | 20 | 13 | 24 |
| .54 | 1 400 | 9 | 28 | 14,5 | 28 |
| .58 | 1 400 | 10 | 31 | 16,5 | 31 |
| .69 | 1 400 | 12 | 40 | 20 | 45 |

Buchstabe a = Waffen mit glatten Läufen
Buchstabe b = Waffen mit gezogenen Läufen

2.1.4 Der Beschuss ist wie folgt durchzuführen:

Waffen mit glatten Läufen sind in der Regel mit Schrot, sofern sie jedoch für den Kugelschuss bestimmt sind, mit einem Langgeschoss, Waffen mit gezogenen Läufen grundsätzlich mit einem Langgeschoss zu laden. Nach Einfüllen der vorgeschriebenen Pulverladung wird ein Filzpfropfen von mindestens 20 mm Höhe auf das Pulver gesetzt. Anschließend werden Schrote mit einem Durchmesser zwischen 2,5 mm und 3 mm bzw. das Langgeschoss geladen. Im Falle der Schrotladung wird abschließend zur Fixierung der Schrote im Lauf ein Filzpfropfen von mindestens 10 mm Höhe gesetzt. Das Pulver darf beim Ladevorgang nicht gepresst werden.

2.1.5 Für die Pistolen mit einem oder mehreren Läufen, für die ein Beschuss nach Nummer 2.1.3 in Verbindung mit Nummer 2.1.2 nicht möglich ist, wird die Beschussladung unter Berücksichtigung der Länge des Laufes oder der Läufe nach der für diesen Waffentyp vorgesehenen maximalen Gebrauchsladung festgelegt. Das Pulver darf beim Ladevorgang nicht gepresst werden.

2.1.6 Für Revolver und Waffen, deren Pulverraum oder deren Ladehülse ohne Zündhütchen die Aufnahme der in Nummer 2.1.2 genannten Beschussladung nicht erlaubt, wird das Volumen des Pulverraumes durch die maximal mögliche Menge an Beschusspulver gefüllt. Das Geschoss wird eingeführt und bis zum glatten Abschließen eingedrückt.

2.1.7 Der Beschuss ist mit zwei Schüssen durchzuführen, bei Revolvern und Waffen, deren Lauf nicht mit dem Patronenlager verbunden ist, mit mindestens einem Schuss je Patronenlager.

# 6 Beschuss V

2.1.8 Ladetabelle für Modellkanonen zum sportlichen Schießen

Der Beschuss ist bei den nachstehenden Innendurchmessern mit folgenden Beschussladungen durchzuführen:

| Rohrinnen-durchmesser in mm | | Gebrauchsladung – zulässige Höchstwerte – in g | | Beschussladung in g | |
|---|---|---|---|---|---|
| min. | max. | Pulver | Geschoss | Pulver | Geschoss |
| 7 | 8,9 | 2,0 | 4,5 | 2,0 | 6,0 |
| 9 | 10,9 | 3,0 | 8,0 | 3,0 | 10,5 |
| 11 | 11,9 | 6,0 | 10,0 | 6,0 | 13,5 |
| 12 | 12,9 | 8,0 | 13,0 | 8,0 | 17,5 |
| 13 | 13,9 | 9,0 | 16,0 | 9,0 | 21,0 |
| 14 | 14,9 | 10,0 | 20,0 | 10,0 | 26,5 |
| 15 | 15,9 | 12,0 | 25,0 | 12,0 | 33,0 |
| 16 | 16,9 | 13,0 | 30,0 | 13,0 | 40,0 |
| 17 | 17,9 | 15,0 | 35,0 | 15,0 | 46,5 |
| 18 | 18,9 | 20,0 | 45,0 | 20,0 | 60,0 |
| 19 | 19,9 | 25,0 | 60,0 | 25,0 | 80,0 |
| 20 | 21,9 | 30,0 | 75,0 | 30,0 | 100,0 |
| 22 | 24,9 | 35,0 | 100,0 | 35,0 | 130,0 |
| 25 | 29,9 | 40,0 | 160,0 | 40,0 | 210,0 |
| 30 | 34,9 | 45,0 | 280,0 | 45,0 | 370,0 |
| 35 | 39,9 | 50,0 | 380,0 | 50,0 | 500,0 |
| 40 | 44,9 | 60,0 | 500,0 | 60,0 | 660,0 |
| 45 | 49,9 | 80,0 | 750,0 | 80,0 | 1 000,0 |
| 50 | 60,0 | 100,0 | 1 200,0 | 100,0 | 1 600,0 |

2.2 Böller für Schwarzpulver

2.2.1 Als Beschusspulver ist ein Schwarzpulver nach Nummer 2.1.1 zu verwenden.

2.2.2 Böller werden wie Schwarzpulverwaffen mit glatten Läufen beschossen. Die Haltbarkeit von Böllern, die zum Abschießen von Ladungen bestimmt sind, ist unter Zugrundelegung der in den Nummern 2.2.3 bis 2.2.7 vorgeschriebenen Ladedaten mit Beschussladungen zu prüfen.

Böller sind mit einem Schuss je Rohr zu beschießen. Weist der Böller nach dem Beschuss Fehler auf oder ergeben sich Zweifel hinsichtlich der Haltbarkeit, so kann das Beschussamt einen zusätzlichen Schuss abgeben. Das Beschussamt hat auf dem Böller eine fortlaufende Gerätenummer und sein Prüfzeichen anzubringen.

Ladetabellen für Böller:

2.2.3 Handböller (auch Schaftböller)

| Rohrinnen-durchmesser in mm | | Gebrauchsladung – zulässige Höchstwerte – in g | | Beschussladung in g | |
|---|---|---|---|---|---|
| min. | max. | Böllerpulver | Vorlage | Pulver | Schrot |
| 8 | 8,9 | 4,0 | 3,0 | 4,0 | 15,0 |
| 9 | 9,9 | 5,0 | 3,0 | 5,0 | 20,0 |
| 10 | 10,9 | 6,0 | 4,0 | 6,0 | 25,0 |
| 11 | 11,9 | 7,0 | 4,0 | 7,0 | 30,0 |
| 12 | 12,9 | 8,0 | 5,0 | 8,0 | 35,0 |
| 13 | 13,9 | 10,0 | 5,0 | 9,0 | 40,0 |
| 14 | 14,9 | 12,0 | 6,0 | 10,0 | 45,0 |
| 15 | 15,9 | 13,0 | 6,0 | 12,0 | 50,0 |
| 16 | 16,9 | 15,0 | 7,0 | 14,0 | 55,0 |
| 17 | 17,9 | 17,0 | 8,0 | 17,0 | 60,0 |
| 18 | 18,9 | 20,0 | 8,0 | 20,0 | 65,0 |
| 19 | 19,9 | 25,0 | 9,0 | 25,0 | 70,0 |
| 20 | 22,9 | 30,0 | 10,0 | 30,0 | 75,0 |
| 23 | 24,9 | 35,0 | 13,0 | 35,0 | 90,0 |
| 25 | 30,0 | 40,0 | 15,0 | 40,0 | 100,0 |

Anlage I  Beschuss V 6

### 2.2.4 Standböller

| Rohrinnen-durchmesser in mm | Gebrauchsladung – zulässige Höchstwerte – in g ||  Beschussladung in g ||
|---|---|---|---|---|
| | Böllerpulver | Vorlage | Pulver | Schrot |
| 15,0 | 20,0  | 10,0 | 25,0  | 100,0 |
| 23,0 | 40,0  | 15,0 | 40,0  | 190,0 |
| 25,0 | 50,0  | 18,0 | 50,0  | 220,0 |
| 30,0 | 60,0  | 20,0 | 60,0  | 300,0 |
| 35,0 | 80,0  | 20,0 | 80,0  | 400,0 |
| 40,0 | 100,0 | 25,0 | 100,0 | 500,0 |
| 45,0 | 120,0 | 25,0 | 120,0 | 630,0 |
| 50,0 | 150,0 | 30,0 | 150,0 | 750,0 |
| 60,0 | 200,0 | 30,0 | 200,0 | 850,0 |
| 70,0 | 260,0 | 35,0 | 260,0 | 950,0 |
| 80,0 | 330,0 | 35,0 | 330,0 | 1 100,0 |
| 90,0 | 400,0 | 40,0 | 400,0 | 1 200,0 |

### 2.2.5 Vorderlader – Böller – Kanonen

| Rohrinnen-durchmesser in mm || Gebrauchsladung – zulässige Höchstwerte – in g || Beschussladung in g ||
|---|---|---|---|---|---|
| min. | max. | Böllerpulver | Vorlage | Pulver | Schrot |
| 7   | 8,9   | 3,0   | 2,0  | 3,0   | 10,0 |
| 9   | 10,9  | 4,0   | 2,0  | 4,0   | 15,0 |
| 11  | 11,9  | 6,0   | 3,0  | 6,0   | 20,0 |
| 12  | 12,9  | 7,0   | 3,0  | 7,0   | 25,0 |
| 13  | 13,9  | 8,0   | 4,0  | 8,0   | 30,0 |
| 14  | 14,9  | 10,0  | 5,0  | 10,0  | 40,0 |
| 15  | 15,9  | 11,0  | 5,0  | 11,0  | 45,0 |
| 16  | 16,9  | 13,0  | 6,0  | 13,0  | 50,0 |
| 17  | 17,9  | 14,0  | 6,0  | 14,0  | 55,0 |
| 18  | 18,9  | 16,0  | 7,0  | 16,0  | 65,0 |
| 19  | 19,9  | 18,0  | 8,0  | 18,0  | 70,0 |
| 20  | 21,9  | 20,0  | 9,0  | 20,0  | 80,0 |
| 22  | 24,9  | 24,0  | 10,0 | 24,0  | 95,0 |
| 25  | 29,9  | 30,0  | 12,0 | 30,0  | 120,0 |
| 30  | 34,9  | 45,0  | 15,0 | 45,0  | 175,0 |
| 35  | 39,9  | 60,0  | 20,0 | 60,0  | 240,0 |
| 40  | 44,9  | 80,0  | 22,0 | 80,0  | 310,0 |
| 45  | 49,9  | 100,0 | 25,0 | 100,0 | 400,0 |
| 50  | 59,9  | 125,0 | 30,0 | 125,0 | 500,0 |
| 60  | 69,9  | 180,0 | 34,0 | 180,0 | 710,0 |
| 70  | 79,9  | 240,0 | 38,0 | 240,0 | 960,0 |
| 80  | 89,9  | 320,0 | 45,0 | 320,0 | 1 250,0 |
| 90  | 99,9  | 410,0 | 45,0 | 410,0 | 1 600,0 |
| 100 | 119,9 | 500,0 | 50,0 | 500,0 | 1 950,0 |
| 120 | 150,0 | 600,0 | 50,0 | 600,0 | 2 500,0 |

2.2.6 Salutkanonen mit Kartuschen

| Kartuschen Außendurchmesser in mm | Gebrauchsladung – zulässige Höchstwerte – in g | | Beschussladung in g | |
|---|---|---|---|---|
| | Böllerpulver | Vorlage | Pulver | Schrot |
| 18 | 5,0 | 5,0 | 5,0 | 50,0 |
| 23 | 15,0 | 8,0 | 15,0 | 70,0 |
| 26 | 20,0 | 10,0 | 20,0 | 90,0 |
| 30 | 30,0 | 12,0 | 30,0 | 120,0 |
| 40 | 40,0 | 18,0 | 40,0 | 200,0 |
| 46 | 60,0 | 22,0 | 60,0 | 280,0 |
| 50 | 80,0 | 24,0 | 80,0 | 330,0 |
| 57 | 100,0 | 26,0 | 110,0 | 430,0 |
| 64 | 150,0 | 30,0 | 150,0 | 550,0 |
| 75 | 350,0 | 30,0 | 350,0 | 750,0 |
| 81 | 350,0 | 30,0 | 350,0 | 750,0 |

2.2.7 Bei anderen Durchmessern sind die Ladedaten zwischen zwei angrenzenden Durchmessern linear zu interpolieren.

2.3 Gasböller

2.3.1 Gasböller sind mit Propan- oder Butangas oder anderen Alkanen zu betreiben. Sie müssen haltbar und funktionssicher sein und folgenden technischen Anforderungen genügen:

2.3.2 Der dem Explosionsdruck ausgesetzte Raum des Gasböllers muss nach den Technischen Regeln für Druckbehälter (TRB) rechnerisch für mindestens 10 bar ausgelegt sein. Es dürfen keine mechanischen Beschädigungen des Gerätes auftreten.

2.3.3 Das Gerät muss über eine Dosiereinrichtung verfügen, die nach Abgabe einer bestimmten Gasmenge automatisch abschaltet und im Fehlerfall die Gaszufuhr unterbricht.

2.3.4 Das Gerät muss über eine elektrische Zündung verfügen.

2.3.5 Die zum Betrieb des Gasböllers verwendeten Zufuhrvorrichtungen und deren Verbindungen müssen gasdicht sein und den Anforderungen der Technischen Regeln Flüssiggas 1988 entsprechen.

2.3.6 Die Anforderungen nach den Nummern 2.3.2 bis 2.3.5 werden nicht geprüft, wenn die Physikalisch-Technische Bundesanstalt den Gerätetyp geprüft und die Prüfung Beanstandungen nicht ergeben hat. Die Prüfung der zuständigen Behörde beschränkt sich in diesem Fall auf die Feststellung, ob der zur Prüfung eingereichte Böller nach seiner Beschaffenheit und Funktionsweise mit dem geprüften Typ übereinstimmt.

**3 Technische Anforderungen an Gegenstände nach § 7 des Gesetzes**

3.1 Feuerwaffen, Einsteckläufe, Einsätze und Schussapparate müssen im Sinne der Nummern 1.1 bis 1.3 haltbar, maßhaltig und funktionssicher sein.

3.2 Der Prüfgegenstand muss den beigefügten Unterlagen, insbesondere den eingereichten Zeichnungen entsprechen.

3.3

3.3.1 Die Abmessungen des Patronen- oder Kartuschenlagers und des Laufes müssen den in den Maßtafeln festgelegten Maßen entsprechen.

3.3.2 Sofern für Schussapparate in den Maßtafeln keine oder nicht alle Maße aufgeführt sind, müssen die Abmessungen den Angaben des Herstellers und den in den Maßtafeln festgelegten Maßen $L_1$, $L_2$, R, $ØR_1$, $ØP_1$, $ØP_2$, $ØH_1$ der vorgesehenen Munition entsprechen. Die Maße $L_3$ und $ØH_2$ können der Faltung der Kartusche angepasst sein.

3.4 Die Festigkeitseigenschaften der verwendeten Werkstoffe, insbesondere der am höchsten beanspruchten Teile, müssen den zu erwartenden Belastungen genügen. Der Beschuss ist wie folgt vorzunehmen:

3.4.1 Bei Feuerwaffen nach § 7 Abs. 1 Satz 2 Nr. 1 des Gesetzes, Einsteckläufen und Einsätzen mit Beschusspatronen, die den nach Nummer 1.2.3 in Verbindung mit den Maßtafeln vorgeschriebenen Gasdruck entwickeln, mit fünf Gebrauchspatronen hergestellt werden können, keine Beschusspatronen des Typs, der den höchsten Gasdruck entwickelt,

3.4.2 bei Feuerwaffen zum einmaligen Abschießen nach § 7 Abs. 1 Satz 2 Nr. 2 des Gesetzes durch Abschießen von fünf Geräten gleicher Bauart,

3.4.3 bei Schussapparaten mit zehn Beschusspatronen oder -kartuschen, die den nach Nummer 1.2.3 in Verbindung mit den Maßtafeln vorgeschriebenen Gasdruck entwickeln, oder, falls keine Beschussmunition

Anlage I  **Beschuss V 6**

hergestellt werden kann, mit zehn Gebrauchspatronen oder -kartuschen mit der stärksten Ladung, wenn gleichzeitig Maßnahmen zur Erreichung des Gasdruckes im Sinne der Nummer 1.2.3 getroffen werden,

3.4.4 bei der behördlichen Kontrolle nach § 22 mit zwei Patronen oder Kartuschen nach Nummer 3.4.1 bzw. Nummer 3.4.3.

3.4.5 Der Prüfgegenstand darf nach dem Beschuss an den am höchsten beanspruchten Teilen keine Dehnungen, Risse oder andere Fehler aufweisen. Es dürfen keine Risse an der Hülse auftreten, ausgenommen kleine Längsrisse am Hülsenmund. Außerdem darf der Schlagbolzen den Hülsenboden nicht perforieren. Dies gilt jedoch nicht für Schussapparate, bei denen die Hülse in den Verbrennungsraum ausgestoßen wird. Bei Feuerwaffen nach § 7 Abs. 1 Satz 2 Nr. 2 des Gesetzes sind funktionsbedingte Formveränderungen und Risse zulässig, soweit sie keine Gefahr für den Benutzer darstellen.

3.4.6 Für die behördliche Kontrolle nach § 22 sind die Prüfgegenstände wahllos aus der laufenden Produktion oder dem Lager zu entnehmen.

3.5

3.5.1 Feuerwaffen, Schussapparate, nicht tragbare Geräte, andere nicht tragbare Geräte, in denen zum Antrieb in Hülsen untergebrachte Treibladungen verwendet werden und die für technische Zwecke bestimmt sind, und in Feuerwaffen eingebaute Einstecklaufe und Einsätze müssen leicht zu laden und zu entladen sein. Hülsen abgeschossener Munition und Magazine, unabhängig von der Zahl abgefeuerter Patronen oder Kartuschen, müssen sich leicht und ohne Gefahr entfernen lassen.

Feuerwaffen, Schussapparate und nicht tragbare Geräte, andere nicht tragbare Geräte, in denen zum Antrieb in Hülsen untergebrachte Treibladungen verwendet werden und die für technische Zwecke bestimmt sind, dürfen weder beim Laden noch beim Entladen unbeabsichtigt auslösen. Einstecklaufe müssen so beschaffen sein, dass sie nach Einbau in für sie vorgesehene Waffen weder beim Laden noch beim Entladen zu unbeabsichtigtem Auslösen führen. Schussapparate und nicht tragbare Geräte, andere nicht tragbare Geräte, in denen zum Antrieb in Hülsen untergebrachte Treibladungen verwendet werden und die für technische Zwecke bestimmt sind, dürfen keinen Explosionsknall oder Rückstoß verursachen, der nach dem Stand der Technik vermieden werden kann. Schussapparate müssen außerdem bei der Auslösung ohne Verkrampfung zu halten sein.

Schussapparate müssen gegen ungewolltes Auslösen beim Zureichen, Anstoßen, Andrücken und Fallen ausreichend gesichert sein.

3.5.2 Schussapparate, die zum Verschießen fester Körper bestimmt sind – ausgenommen Leinenwurfgeräte –, werden nach der maximal erreichbaren Geschwindigkeit und Energie in die Klassen A und B eingeteilt. Als Geschwindigkeit gilt die mittlere Geschwindigkeit eines Prüfbolzens nach Durchdringen der dünnen Prüfplatte aus Aluminiumknetlegierung zwischen zwei 0,5 m und 1,5 m von der Mündung entfernten Punkten der Flugbahn. Klasse A umfasst

3.5.2.1 Schussapparate, bei denen der Mittelwert der Geschwindigkeit 100 m/s und die obere Anteilsgrenze bei einseitiger Abgrenzung für 95 % der Grundgesamtheit bei einem Vertrauensniveau von 95 % 110 m/s nicht überschreitet;

3.5.2.2 andere Schussapparate, bei denen der Mittelwert der Geschwindigkeit 100 m/s oder die obere Anteilsgrenze bei einseitiger Abgrenzung für 95 % der Grundgesamtheit bei einem Vertrauensniveau von 95 % 110 m/s überschreitet, jedoch der Mittelwert der Geschwindigkeit 160 m/s und die obere Anteilsgrenze bei einseitiger Abgrenzung 95 % der Grundgesamtheit bei einem Vertrauensniveau von 95 % 176 m/s nicht überschreitet und der Mittelwert der Auftreffenergie kleiner als 420 J ist.

3.5.2.3 Klasse B umfasst sonstige Schussapparate, die zum Verschließen fester Körper bestimmt sind.

3.5.2.4 Bei der Klassifizierung der Schussapparate ist die höchste Geschwindigkeit zugrunde zu legen, die sich mit handelsüblicher Munition und bestimmungsgemäßem Zubehör erreichen lässt. Dabei ist jeweils die stärkste Ladung aller Patronen oder Kartuschen zu berücksichtigen, die sich ohne Gewaltanwendung laden lassen. Sofern zu dem Schussapparat unterschiedliche Zwischenelemente (Kolben) gehören, muss auch das Zwischenelement zugrunde gelegt werden, mit dem sich auf Grund der innerballistischen Verhältnisse die höchste Geschwindigkeit ergibt.

3.5.3 Schussapparate, die zum Verschießen fester Körper bestimmt sind – ausgenommen Leinenwurfgeräte –,

3.5.3.1 dürfen ohne die missbräuchliche Anwendung von Hilfsmitteln oder Vornahme von Änderungen nicht in den freien Raum auszulösen sein,

3.5.3.2 dürfen mit Ausnahme der Schussapparate, die durch einen Schlag mit dem Hammer ausgelöst werden, nicht auszulösen sein, ohne dass sie vor Betätigung des Abzuges mit einer Kraft, die mindestens das 1,5fache ihres Gewichts, jedoch nicht weniger als 50 N beträgt, gegen die Arbeitsfläche gedrückt werden.

3.5.4 Schussapparate der Klasse A nach Nummer 3.5.2.2 dürfen nicht auszulösen sein, wenn die Laufachse und die Senkrechte zur Arbeitsfläche einen Winkel von mehr als 15° bilden.

3.5.5 Schussapparate der Klasse B dürfen nicht auszulösen sein, wenn die Laufachse und die Senkrechte zur Arbeitsfläche einen Winkel von mehr als 7° bilden.

# 6 Beschuss V

Beschussverordnung

3.5.6 Schussapparate der Klasse B, die zum Eintreiben eines festen Körpers in einen Werkstoff dienen, müssen mit einer Schutzkappe versehen sein, die den Benutzer gegen Rückpraller, Splitter oder sonstige sich ablösende feste Körper schützt. Dies gilt auch für Sonderschutzkappen. Der Mindestabstand zwischen Schutzkappenrand und Laufbohrungsachse muss bei zentrischer Einstellung mindestens 50 mm betragen.

3.5.7 Schussapparate, die dazu bestimmt sind, feste Körper anzutreiben, die sich nicht vom Schussapparat trennen, müssen mit einer Vorrichtung versehen sein, die den festen Körper zuverlässig abfängt. Diese Schussapparate müssen gegen ein ungewolltes Auslösen beim Fallen auf die Mündung aus einer Höhe von 1,50 m gesichert sein. Für Schussapparate, die durch einen getrennten Vorgang vor dem Auslösen von Hand gespannt werden, gilt dies sowohl in gespanntem als auch ungespanntem Zustand.

3.5.8 Sofern diese Schussapparate vor dem Ansetzen und Auslösen durch einen gesonderten Vorgang von Hand gespannt werden, brauchen sie nur in ungespanntem Zustand gegen ungewolltes Auslösen beim Zureichen und Anstoßen gesichert zu sein.

3.5.9 Aus nicht tragbaren Selbstschussgeräten, in denen zum Antrieb in Hülsen untergebrachte Treibladungen verwendet werden und die für technische Zwecke bestimmt sind, darf zugelassene Patronenmunition ohne missbräuchliche Vornahme von Änderungen nicht zu verschießen sein.

3.6 Aus Leinenwurfgeräten darf bei Verwendung zugelassener Treibsätze kein Feuerstrahl entstehen, der bei sachgemäßer Bedienung zu Brandverletzungen führen kann. Die Befestigungselemente für die Leine müssen im Gerät so geführt sein, dass sie bei sachgemäßer Bedienung nicht zu Handverletzungen des Benutzers führen können.

### 4 Technische Anforderungen an Schreckschuss-, Reizstoff- und Signalwaffen nach § 8 des Gesetzes

4.1 Schreckschuss-, Reizstoff- und Signalwaffen mit einem Durchmesser ($P_1$) des Kartuschenlagers kleiner als 6 mm, aus denen nur Kartuschen mit einer Länge ($L_6$) kleiner als 7 mm verschossen werden können, müssen haltbar, maßhaltig und funktionssicher sein.

4.2 An die Bauart der Schusswaffe sind folgende technische Anforderungen nach § 8 Abs. 2 Nr. 4 und 5 des Gesetzes zu stellen:

4.2.1 Über die gesamte Länge des dem Lauf entsprechenden Rohres, abgesehen von einer dem Innendurchmesser des Rohres entsprechenden Länge an der Mündung, müssen Sperren eingebaut sein, die mit allgemein gebräuchlichen Werkzeugen nicht zu entfernen sind.

4.2.2 In Kartuschenlager darf Patronenmunition nach den Maßtafeln weder zu laden noch abzufeuern sein. In Magazinen von Pistolen und in Trommelbohrungen von Revolvern darf keine handelsübliche Patronenmunition nach den Maßtafeln zu laden sein, die im Kartuschenlager gezündet werden kann. Entsprechend dürfen die Magazinschächte nur für Kartuschenmunition eingerichtete Magazine aufnehmen können.

4.2.3 Kartuschenlager und Rohr müssen mindestens 30° gegeneinander geneigt oder so gegeneinander versetzt sein, dass der Schlagbolzen zentrisch zum Rohr eingesetzte handelsübliche Munition mit einem größeren Durchmesser ($\varnothing H_2$) als 5 mm nicht zünden kann.

4.2.4 Bei Waffen nach Nummer 4.1 mit geneigtem Kartuschenlager kann auf den Einbau von Sperren verzichtet werden, sofern zu verschießende feste Körper keine höhere Energie als 7,5 J erreichen.

4.2.5 Bei Revolvern müssen die Ausströmungsöffnungen der Trommel gegenüber den Kartuschenlagern verengt und versetzt sein.

4.2.6 Bei Waffen mit versetzten Kartuschenlagern muss die Befestigung des Rohres bei dem Versuch, dieses zu entfernen, um einen zentrischen Lauf einschließlich Patronenlager einzusetzen, aufbrechen.

4.2.7 Bei Geräten und Zusatzteilen, die der Signalgebung mittels pyrotechnischer Munition dienen, darf das Geschoss über keine größere Länge als das 1,75fache seines Durchmessers oder das 1,2fache seiner Länge geführt werden. Der für den Antrieb erforderliche mittlere Mündungsgasdruck, gemessen direkt vor der Antriebseite der pyrotechnischen Munition, darf den kritischen Gasdruckwert von 50 bar nicht überschreiten. Ein aufgeschraubter Zusatzlauf (Schießbecher) für pyrotechnische Munition muss in Verbindung mit einer Waffe gewährleisten, dass pyrotechnische Munition ohne Eigenantrieb eine Anfangsgeschwindigkeit von mindestens 20 m/s erhält und die Zuordnung zur Waffe auf Grund entsprechender Kennzeichnung eindeutig ist.

4.3 Bei Schusswaffen, die aus mehreren Teilen bestehen und auseinander genommen werden können, muss sichergestellt sein, dass mit den einzelnen Teilen nicht geschossen werden kann.

4.4 Ein Versagungsgrund nach § 8 Abs. 2 Nr. 4 des Gesetzes ist nicht gegeben, wenn bei der Umarbeitung der Schusswaffe

4.4.1 mit gebräuchlichen Werkzeugen nur die Wirkung erreicht werden kann, dass zu verschießende feste Körper keine höhere Energie als 7,5 J erreichen,

4.4.2 die Waffe oder wesentliche Teile der Waffe auseinander fallen.

Anlage I    **Beschuss V 6**

## 5 Technische Anforderungen an pyrotechnische Munition nach § 10 des Gesetzes

**5.1** Die pyrotechnische Munition einschließlich der mit ihr verbundenen Antriebsvorrichtung muss folgenden Anforderungen entsprechen:

**5.1.1** Pyrotechnische Munition muss so beschaffen sein, dass sie bei bestimmungsgemäßer Verwendung handhabungssicher ist; ihre Sätze dürfen weder herausfallen noch sich ablösen.

**5.1.2** Pyrotechnische Munition muss gegen mechanische Beanspruchungen, denen sie üblicherweise beim Umgang oder bei der Beförderung ausgesetzt ist, durch die Art ihrer Verpackung gesichert sein.

**5.1.3** Der Satzinhalt pyrotechnischer Munition muss so beschaffen, angeordnet und verteilt sein, dass die üblicherweise beim Transport oder beim Umgang auftretenden Beanspruchungen bei ihr keine Gefahrenerhöhung hervorrufen.

**5.1.4** Die Zündvorrichtungen pyrotechnischer Munition müssen deutlich erkennbar und gegen unbeabsichtigtes Entzünden zuverlässig gesichert sein, insbesondere durch Schutzkappen oder gleichwertige Vorrichtungen oder durch die Art ihrer Verpackung.

**5.1.5** Die pyrotechnischen Sätze in pyrotechnischer Munition dürfen nicht selbstentzündlich sein; eine vierwöchige Lagerung bei + 55 °C und ≤ 20 % relativer Luftfeuchte (Klima 55/20 DIN 50015, Ausgabe August 1975) darf an den Sätzen und am Gegenstand keine Veränderungen hervorrufen, die eine Gefahrenerhöhung bedeuten. Enthält die pyrotechnische Munition verschiedene Sätze, so dürfen die Bestandteile dieser Sätze nicht in eine Reaktion untereinander treten können, die zur Selbstentzündung führt.

**5.1.6** Die pyrotechnischen Sätze in pyrotechnischer Munition dürfen folgende Stoffe nicht enthalten:

– Chlorate zusammen mit Metallen, Antimonsulfiden oder Kaliumhexacyanoferrat (II),
– Ammoniumsalze oder Amine zusammen mit Chloraten, außer in raucherzeugenden Gemischen, wenn durch deren Zusammensetzung eine hinreichende Beständigkeit gewährleistet ist.

**5.1.7** Enthält die pyrotechnische Munition mehrere zulässige Sätze, so sind diese so anzuordnen, dass keine Mischungen der in Nummer 5.1.6 genannten Art entstehen können.

**5.1.8** In den Sätzen der pyrotechnischen Munition, die Chlorate enthalten, darf der Anteil an Chloraten 70 % nicht übersteigen. In Leuchtsätzen auf Bariumchloratgrundlage sowie in Pfeifsätzen darf der Chloratanteil bis auf 80 % erhöht werden.

**5.1.9** Geschosse oder Geschossreste von senkrecht nach oben abgeschossener pyrotechnischer Munition dürfen nicht brennend oder glühend auf den Erdboden treten; sie sollen spätestens fünf Meter über dem Erdboden erloschen sein. Bei pyrotechnischen Geschossen ohne Eigenantrieb, die zum Verschießen aus dem Rohr oder aufgeschraubten Zusatzlauf (Schießbecher) von Schreckschuss- und Signalwaffen bestimmt sind, bezieht sich diese Anforderung auf eine Anfangsgeschwindigkeit von 20 m/s.

**5.1.10** Pyrotechnische Munition muss so beschaffen sein, dass sie einem Mindestgasdruck von 65 bar am Munitionsboden standhält.

**5.2** Klasseneinteilung von pyrotechnischer Munition in PM I oder PM II

**5.2.1** Pyrotechnische Munition ist der Klasse PM I zuzuordnen, wenn

**5.2.1.1** sie keinen Knallsatz enthält,

**5.2.1.2** die Masse ihrer pyrotechnischen Sätze und ihrer Treibladung zusammen nicht mehr als 10 g beträgt,

**5.2.1.3** ihre Steighöhe 100 m nicht überschreitet,

**5.2.1.4** sie auch bei einer unbeabsichtigten Zündung nicht in scharfkantige Wurfstücke zerlegt wird,

**5.2.1.5** sie durch Brand nicht zur Explosion gebracht werden kann und

**5.2.1.6** sie durch Schlag nicht zur Explosion gebracht werden kann.

**5.2.2** Sofern eine der Forderungen nach Nummer 5.2.1 nicht erfüllt wird, ist die pyrotechnische Munition der Klasse PM II zuzuordnen.

**5.3** Kaliberanforderungen an pyrotechnische Munition

**5.3.1** Der Durchmesser der pyrotechnischen Munition muss dem Durchmesser des Laufes oder Rohres der Schusswaffe, aus der diese verschossen werden soll, entsprechen.

**5.3.2** Bei Geschossen, die zum Verschießen aus dem Rohr oder aufgeschraubten Zusatzlauf (Schießbecher) von Schreckschuss-, Reizstoff- oder Signalwaffen bestimmt sind, muss der Durchmesser der Geschosse dem Innendurchmesser des dazugehörigen Rohres oder aufgeschraubten Zusatzlaufes (Schießbechers) entsprechen.

**5.4** Gasdruckanforderungen an pyrotechnische Munition

**5.4.1** Der Gasdruck muss bei pyrotechnischer Patronenmunition so bemessen sein, dass Fehlreaktionen im pyrotechnischen System des Geschosses ausgeschlossen sind.

**5.4.2** Der von der Patronenmunition entwickelte Gasdruck darf den zulässigen Maximaldruck nicht überschreiten.

# 6 BeschussV

## Beschussverordnung

**6 Technische Anforderungen an umgebaute und unbrauchbar gemachte Schusswaffen oder aus Schusswaffen hergestellte Gegenstände nach § 9 Abs. 1 Nr. 1 und 2 des Gesetzes**

**6.1 Definition**

6.1.1 Schusswaffen im Sinne von § 9 Abs. 1 Nr. 1 des Gesetzes in Verbindung mit Anlage 2 Abschnitt 2 Unterabschnitt 2 Nr. 1.5 des Waffengesetzes sind veränderte Langwaffen für Zier- oder Sammlerzwecke, zu Theateraufführungen, Film- oder Fernsehaufnahmen, die nur Kartuschenmunition verschießen können.

6.1.2 Unbrauchbar gemachte Schusswaffen oder aus Schusswaffen hergestellte Gegenstände im Sinne von § 9 Abs. 1 Nr. 2 in Verbindung mit Anlage 1 Abschnitt 1 Unterabschnitt 1 Nr. 1.4 des Waffengesetzes sind erlaubnispflichtige Waffen, die auf Dauer so abgeändert sind, dass sich weder Munition noch Treibladungen laden und verschießen lassen.

**6.2 Umbau-/Abänderungs- und Prüfvorschriften für Schusswaffen nach Nummer 6.1.1**

6.2.1 Schusswaffen sind so abzuändern oder auszuführen, dass

– das Patronenlager dauerhaft so verändert ist, damit sich außer Kartuschenmunition nach der Tabelle 5 der Maßtafeln keine sonstige Patronen-, pyrotechnische Munition oder Treibladungen laden und abfeuern lassen,

– der Lauf in dem dem Patronenlager zugekehrten Drittel mindestens sechs kalibergroße, nach vorn gerichtete unverdeckte Bohrungen oder andere gleichwertige Laufveränderungen aufweist und vor diesen in Richtung Laufmündung mit einem kalibergroßen gehärteten Stahlstift dauerhaft durch Verschweißen im Abstand des halben Kaliberdurchmessers vor der Mündung verschlossen ist, damit sich keine Geschosse vorladen lassen,

– der Lauf mit dem Gehäuse fest verbunden ist, sofern es sich um eine Waffe handelt, bei der der Lauf ohne Anwendung von Werkzeugen ausgetauscht werden kann.

6.2.2 Die Änderungen müssen so vorgenommen sein, dass sie nicht mit allgemein gebräuchlichen Werkzeugen rückgängig gemacht und die Gegenstände nicht so geändert werden können, dass aus ihnen Geschosse, Patronen- oder pyrotechnische Munition verschossen werden kann.

6.2.3 Dem schriftlichen Antrag zur Zulassung sind ein Muster sowie Zeichnungen, aus denen die Art und Weise der Umbaumaßnahme mit Angabe der verwendeten Materialien ersichtlich sind, beizufügen. Dieses Muster ist bei der zulassenden Stelle zu hinterlegen.

6.2.4 Der Antragsteller erhält einen Zulassungsbescheid für das geprüfte Waffenmodell mit der Auflage, das Zulassungszeichen nach Anlage II Abbildung 11 mit der erteilten Kennziffer auf jeder Waffe aufzubringen.

6.2.5 Sofern es sich um Einzelstücke handelt, ist bei jeder Waffe die Umbaumaßnahme entsprechend den Nummern 6.2.1 und 6.2.2 zu prüfen. Die jeweilige Kennziffer ist unterhalb des Kennzeichens nach Anlage II Abbildung 11 aufzubringen.

6.2.6 Außerdem sind umgebaute Schusswaffen einer Beschussprüfung nach § 3 des Gesetzes zu unterziehen, mit Ausnahme der Schusswaffen nach § 4 Abs. 1 Nr. 2.

**6.3 Unbrauchbar gemachte Schusswaffen oder aus Schusswaffen hergestellte Gegenstände nach Nummer 6.1.2**

6.3.1 Schusswaffen sind unbrauchbar, wenn

– das Patronenlager dauerhaft so verändert ist, dass weder Munition noch Treibladungen geladen werden können,

– der Verschluss dauerhaft funktionsunfähig gemacht worden ist,

– in Griffstücken oder anderen wesentlichen Waffenteilen für Handfeuer-Kurzwaffen der Auslösemechanismus dauerhaft funktionsunfähig gemacht worden ist,

– bei Kurzwaffen der Lauf auf seiner ganzen Länge, bei Pistolen im Patronenlager beginnend,

– bis zur Laufmündung einen durchgehenden Schlitz von mindestens 4 mm Breite oder

– im Abstand von jeweils 30 mm, mindestens jedoch drei kalibergroße Bohrungen oder

– andere gleichwertige Laufveränderungen

aufweist,

– bei Langwaffen der Lauf unmittelbar in dem dem Patronenlager zugekehrten Drittel

– mindestens sechs kalibergroße Bohrungen oder

– andere gleichwertige Laufveränderungen

aufweist und vor diesen in Richtung der Laufmündung mit einem kalibergroßen gehärteten Stahlstift verschweißt und dauerhaft verschlossen ist.

6.3.2 Schusswaffen oder deren wesentliche Teile sind dann dauerhaft unbrauchbar gemacht, wenn ihre Schussfähigkeit oder Funktion mit allgemein gebräuchlichen Werkzeugen nicht wieder hergestellt werden können.

# Anlage I

# Beschuss V 6

6.3.3 Dem schriftlichen Antrag zur Zulassung sind ein Muster sowie Zeichnungen, aus denen die Art und Weise der Unbrauchbarmachung mit Angabe der verwendeten Materialien ersichtlich ist, beizufügen. Dieses Muster ist bei der zulassenden Stelle zu hinterlegen.

6.3.4 Der Antragsteller erhält einen Zulassungsbescheid für das geprüfte Waffenmodell mit der Auflage, das Zulassungszeichen nach Anlage II Abbildung 11 mit der erteilten Kennziffer auf jeder Waffen aufzubringen.

6.3.5 Sofern es sich um Einzelstücke handelt, ist bei jeder Waffe die Umbaumaßnahme entsprechend den Nummern 6.3.1 und 6.3.2 zu prüfen. Die jeweilige Kennziffer ist unterhalb des Kennzeichens nach Anlage II Abbildung 11 aufzubringen.

6.3.6 Die Festlegungen der Nummern 6.3.1 bis 6.3.5 sind sinngemäß auch auf aus Schusswaffen hergestellte Gegenstände anzuwenden.

# 6 Beschuss V

Beschussverordnung

Anlage II
Beschusszeichen, Prüfzeichen

**Abbildung 1**

**Bundesadler mit Kennbuchstaben
(§ 9 Abs. 2)**

Beschuss

bei Feuerwaffen oder höchstbeanspruchten Teilen nach § 2 Abs. 2 des Gesetzes, die zum Verschießen von Munition mit Nitropulver bestimmt sind

N

---

Verstärkter Beschuss

bei Waffen mit glatten Läufen oder höchstbeanspruchten Teilen nach § 2 Abs. 2 des Gesetzes, die zum Verschießen von Munition mit überhöhtem Gasdruck bestimmt sind

V

---

Beschuss

bei Feuerwaffen oder höchstbeanspruchten Teilen nach § 2 Abs. 2 des Gesetzes, die zum Verschießen von Schwarzpulver bestimmt sind

SP

---

Beschuss

bei Feuerwaffen oder höchstbeanspruchten Teilen nach § 2 Abs. 2 des Gesetzes, bei denen zum Antrieb ein entzündbares flüssiges oder gasförmiges Gemisch oder eine Treibladung verwendet wird

L

---

Instandsetzungsbeschuss

bei Feuerwaffen oder höchstbeanspruchten Teilen nach § 2 Abs. 2 des Gesetzes, die nach § 3 Abs. 2 des Gesetzes erneut zu prüfen sind

J

---

Freiwilliger Beschuss

§ 6 Abs. 2

F

---

Beschuss

bei Böllern

B

Anlage II  **Beschuss V 6**

**Abbildung 2**

Prüfzeichen für Handfeuerwaffen zum Verschießen von Stahlschrotmunition mit verstärkter Ladung (§ 9 Abs. 3 Nr. 2)

---

**Abbildung 3**

**Ortszeichen der zuständigen Behörden**
(§ 9 Abs. 3 Nr. 1)

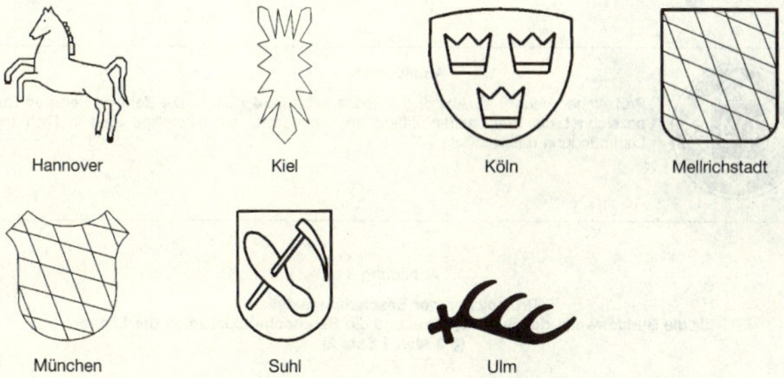

Hannover  Kiel  Köln  Mellrichstadt

München  Suhl  Ulm

---

**Abbildung 4**

**Prüfzeichen für Munition**
(§ 39 Abs. 1 Nr. 2)

   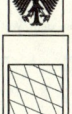 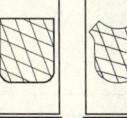     

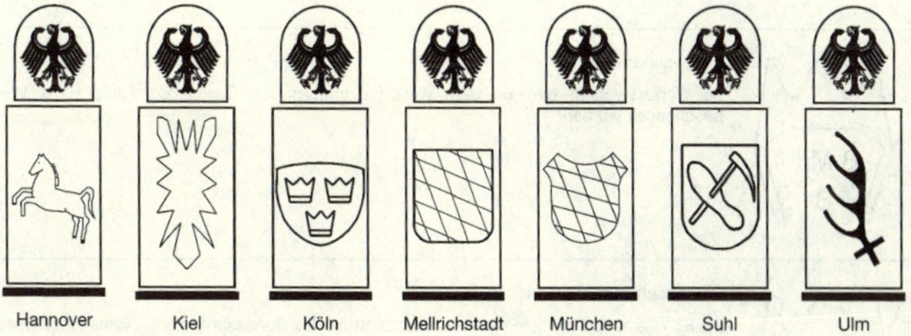

Hannover  Kiel  Köln  Mellrichstadt  München  Suhl  Ulm

---

**Abbildung 5**

Zulassungszeichen für Handfeuerwaffen, Schussapparate und Einstecklaufe nach § 7 des Gesetzes und für nicht tragbare Geräte nach § 24 Abs. 1

# 6 BeschussV    Beschussverordnung

**Abbildung 6**

Zulassungszeichen für bauartgeprüfte Schreckschuss-, Reizstoff- und Signalwaffen nach § 8 Abs. 1 des Gesetzes und Zusatzgeräte zu diesen Waffen zum Verschießen pyrotechnischer Geschosse

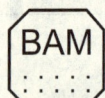

**Abbildung 7**

Zulassungszeichen für pyrotechnische Munition nach § 10 Abs. 1 des Gesetzes

**Abbildung 8**

Prüfzeichen nach § 25 Abs. 2 für Geräte nach § 24 Abs. 1. Die Zahl im kleineren Quadrat bezeichnet die zwei letzten Ziffern der Jahreszahl, die einstellige Zahl in Richtung der Laufmündung das Quartal.

**Abbildung 9**

**Prüfzeichen der Beschaffungsstellen
für die Bundeswehr, der Bundespolizei und die Bereitschaftspolizeien der Länder
(§ 9 Abs. 1 Satz 2)**

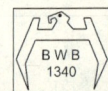

Beschuss

bei Schusswaffen, die vom Bundesamt für Wehrtechnik und Beschaffung beschossen wurden

Erstbeschuss

bei Schusswaffen, die von dem Werkstattzentrum des Bundespolizeipräsidiums West beschossen wurden

Instandsetzungsbeschuss

bei Schusswaffen, die von dem Werkstattzentrum des Bundespolizeipräsidiums West erneut beschossen wurden

Anlage II
# BeschussV 6

**Abbildung 10**

Kennzeichen für Schusswaffen, deren Geschossen eine Bewegungsenergie von nicht mehr als 7,5 J erteilt wird
(§ 7 Abs. 1 Satz 2 Nr. 1 und § 9 Abs. 2 Satz 1 Nr. 1 des Gesetzes)

---

**Abbildung 11**

Zulassungszeichen nach Bauartprüfungen gemäß § 9 Abs. 1 des Gesetzes

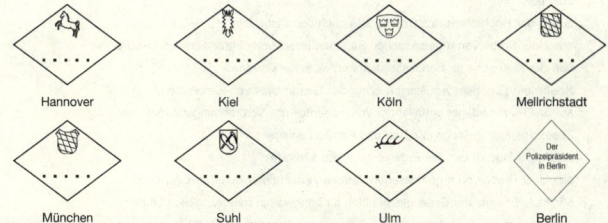

Bei Prüfungen von Einzelstücken wird die Kennziffer nicht innerhalb, sondern außerhalb direkt beim Kennzeichen von Abbildung 11 angebracht

---

**Abbildung 12**

Zulassungszeichen nach Bauartprüfungen gemäß § 9 Abs. 2 Nr. 2 bis 4 des Gesetzes

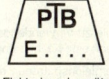

Elektroimpulsgeräte

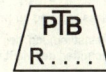

Reizstoffe

# 6 BeschussV

Beschussverordnung

## Anlage III
### Prüfvorschriften für Patronen- und Kartuschenmunition

**Symbole und ihre Bedeutung**

| | |
|---|---|
| $d_D$ | Durchmesser der Druckübertragungsfläche des Druckaufnehmers |
| $d_M$ | Durchmesser der Messbohrung |
| $d_L$ | Durchmesser des Laufes an der Stelle der Messbohrung |
| $d_S$ | Durchmesser des Druckübertragungsstempels |
| $G_1$ | Geschossdurchmesser am Hülsenmund |
| $L_3$ | Hülsenlänge nach den Maßtafeln |
| $L_c$ | Länge des Messlaufes mit Patronenlager |
| $s_M$ | Abstand der Messbohrung vom Stoßboden |
| $P_u$, $P_o$ | unterer oder oberer Grenzgasdruck für die Auswahl des Stauchzylinders und des Druckübertragungsstempels |
| $P_{max}$ | zulässiger Höchstwert des Gasdruckes nach den Maßtafeln |
| $\overline{P}_n$ | aus einer Probe von n gemessenen Patronen errechneter Mittelwert des Gasdruckes |
| $P_M$ | von der Kartusche für Schussapparate entwickelter Gasdruck |
| a/b | Koeffizient/Exponent zur Beschreibung des Gasdruckes von Kartuschen |
| $V^+_n$ | auf das Patronenlager entfallender Volumenanteil des Verbrennungsraumes |
| $V_a$ | Zusatzvolumen zwischen Kolben und Kartuschenlager |
| $E_{max}$ | zulässiger Höchstwert der Energie nach den Maßtafeln |
| $\overline{E}_n$ | aus einer Probe von n gemessenen Patronen errechneter Mittelwert der Energie |
| $E_{Beschuss}$ | Minimale Energie der Beschussmunition für Langwaffen mit gezogenen Läufen |
| $k_{1,n}$ | Anteilsfaktor für die Anteilsgrenze bei einseitiger Abgrenzung für 99 % der Grundgesamtheit bei einem Vertrauensniveau von 95 % |
| $k_{2,n}$ | Anteilsfaktor für die Anteilsgrenze bei einseitiger Abgrenzung von 95 % der Grundgesamtheit bei einem Vertrauensniveau von 95 % |
| $k_{3,n}$ | Anteilsfaktor für die Anteilsgrenze bei einseitiger Abgrenzung für 90 % der Grundgesamtheit bei einem Vertrauensniveau von 95 % |
| $S_n$ | Standardabweichung einer Probe von n gemessenen Patronen |

### 1 Zulassungsprüfung (Typenprüfung)

1.1 Bei der Zulassung sind zu prüfen
- die Übereinstimmung der Maße der für die Fabrikationskontrolle zu verwendenden Messgeräte mit den Vorschriften der Maßtafeln und Nummer 5 dieser Anlage, wenn eine Kalibrierung nicht möglich ist,
- die Richtigkeit der Gasdruckmesser unter Verwendung von Vergleichspatronen mit Hilfe von Standardmessläufen oder mit anderen gleichwertigen Verfahren,
- die Lehren und Geräte zur Prüfung der Munition auf Maßhaltigkeit,
- die Waffen, die zur Kontrolle der Funktionssicherheit bestimmt sind.

1.2 Für die Prüfung besteht das Los aus mindestens 3 000 Stück. Die Mindestgröße kann aus besonderen Gründen unterschritten werden. Die Prüfung für eine Munitionstype, von der weniger als 3 000 Stück hergestellt worden sind, ist jeweils an einer im gleichen Verhältnis zu dieser Zahl kleineren Anzahl von Munition vorzunehmen. Die Mindestzahl beträgt für die

1.2.1 Prüfung der Maßhaltigkeit und Sichtprüfung 20 Stück,

1.2.2 Gasdruckprüfung 10 Stück,

1.2.3 Prüfung der Funktionssicherheit 10 Stück.

1.3 Die Prüfung der Munition wird nach dem Verfahren der Fabrikationskontrolle (Nummer 2) und mit der doppelten Stückzahl vorgenommen.

1.4 Die Munition wird aus einem Los ausgewählt, dessen Laborierung für den vorgelegten Munitionstyp den höchsten Gasdruck erwarten lässt.

Anlage III  **Beschuss V 6**

1.5 Die erste Einfuhr eines Munitionstyps aus Staaten, mit denen die gegenseitige Anerkennung der Prüfzeichen nicht vereinbart ist, in den Geltungsbereich des Gesetzes wird der Prüfung nach Nummer 1.3 unterzogen.

1.6 Die Prüfung eines Munitionstyps nach den Nummern 1.3 und 1.4 kann wiederholt werden, wenn die erste Prüfung Beanstandungen ergeben hat und der Hersteller dies fordert.

## 2 Fabrikationskontrolle

2.1 Die Menge einer zugelassenen Munition, die der Fabrikationskontrolle zu unterziehen ist und ein Prüflos bildet, darf nicht überschreiten

- 500 000 Stück bei Zentralfeuermunition,
- 1 500 000 Stück bei Randfeuermunition.

2.2 Entnahme der Stichproben

2.2.1 Die Entnahme ist wahllos vorzunehmen. Die Stichproben müssen für das der Prüfung unterworfene Los repräsentativ sein.

2.3 Umfang der Stichproben:

| Prüfung | Losgröße | | | |
|---|---|---|---|---|
| | bis zu 35 000*) | 35 001 bis 150 000 | 150 001 bis 500 000 | 500 001 bis 1 500 000 |
| a) Prüfung der Maßhaltigkeit und Sichtprüfung | 125 | 200 | 315 | 500 |
| b) Gasdruckprüfung | 20 | 30 | 30 | 50 |
| c) Prüfung der Funktionssicherheit | 20 | 32 | 32 | 50 |
| d) Prüfung der Funktionssicherheit bei Kartuschenmunition für Schreckschuss-, Reizstoff- und Signalwaffen | 50 | | | |

*) Für kleinere Losgrößen bis zu 3 000 Stück sind die Stichprobenumfänge für die Buchstaben a, b und c nach Losgröße linear bis auf 20, 10 und 10 zu reduzieren.

Zur Gasdruckprüfung von Kartuschen für Schussapparate werden je Zusatzvolumen zwölf Kartuschen der stärksten Ladung als Stichprobe entnommen.

2.4 Die für die Fabrikationskontrollen vorgeschriebenen Stückzahlen können vermindert werden, wenn der Zulassungsinhaber über ein wirksames Qualitätssicherungssystem verfügt. Dieser hat der zuständigen Behörde einen Prüfplan einzureichen. Die zuständige Behörde genehmigt die Änderung der Stückzahlen, wenn durch das Qualitätssicherungssystem die Maßhaltigkeit, die Funktionssicherheit sowie die Einhaltung des vorgeschriebenen Gasdruckes oder des Energiewertes gewährleistet ist und die Sichtprüfung Beanstandungen nicht ergeben hat.

## 3 Behördliche Kontrolle

3.1 Die behördliche Kontrolle nach § 34 Abs. 1 wird nach folgendem Verfahren durchgeführt:

3.1.1 bei Herstellern

- Kontrollen der Prüfeinrichtungen nach dem Verfahren nach Nummer 1.1,
- Prüfung, ob Fabrikationskontrollen durchgeführt worden sind, auf Grund der Aufzeichnungen über die Ergebnisse dieser Kontrollen,
- Vornahme einer Prüfung nach dem Verfahren der Fabrikationskontrolle,

3.1.2 bei Verbringern

- Prüfung, ob die in § 34 Abs. 2 genannten Bescheinigungen vorliegen,
- Prüfung, ob beim Hersteller Fabrikationskontrollen durchgeführt worden sind, auf Grund von Prüfprotokollen des Herstellers,
- Vornahme einer Prüfung nach dem Verfahren der Fabrikationskontrolle für jeden eingeführten Munitionstyp.

## 4 Einzelprüfungen und zulässige Anzahl von Fehlern

4.1 Sichtprüfung

4.1.0 Die entnommene Munition ist auf folgende Merkmale und Fehler zu prüfen:

# 6 Beschuss V  Beschussverordnung

- die vorgeschriebene Kennzeichnung auf jeder Patrone,
- falsche Kaliberangabe,
- Längsrisse am Hülsenmund,
- Längs- und Querrisse,
- Brüche des Hülsenbodens.

Falsche oder fehlende Kaliberangabe, Längsrisse am Hülsenmund von mehr als 3 mm Länge, Längs- und Querrisse sowie Brüche des Hülsenbodens sind unzulässig.

Bei der vorgeschriebenen Kennzeichnung auf jeder Patrone sind keine Fehler sowie bei Längsrissen am Hülsenmund von bis zu 3 mm Länge sind in Abhängigkeit von der Losgröße in der in Nummer 2.3 genannten Reihenfolge die Fehlerzahlen 2, 3, 5 und 8 zulässig.

4.1.1 Die kleinste Verpackungseinheit der entnommenen Munition ist auf folgende Merkmale und Mängel zu prüfen:

- die nach § 24 Abs. 3 des Waffengesetzes und nach § 39 vorgeschriebene Kennzeichnung,
- Vermischung von Patronen verschiedenen Typs in derselben kleinsten Verpackungseinheit.

Fehler bei der Kaliberangabe, den Angaben nach § 16 Abs. 1 Nr. 1, 2, 4 und 5 und bei den Angaben nach § 29 Abs. 1 Nr. 4, 5 und 6 und Abs. 4 sowie die Vermischung von Patronen verschiedenen Typs sind nicht zulässig.

Bei der übrigen Kennzeichnung sind je nach Losgröße dieselben Mängelzahlen zulässig wie nach Nummer 4.1.1 Satz 3.

4.1.2 Wird festgestellt, dass die in den Nummern 4.1.1 und 4.1.2 zulässigen Fehler- und Mängelzahlen überschritten sind, wird das Los zur Nachbesserung zurückgegeben und kann zu einer späteren erneuten Prüfung vorgestellt werden.

4.2 Prüfung der Maßhaltigkeit

4.2.1 Bei der Prüfung der Maßhaltigkeit ist zu prüfen, ob

- die im technischen Anhang bezeichneten Patronenmaße den in den Maßtafeln angegebenen Werten einschließlich der Toleranzen für die Maximalpatrone für das Minimalpatronenlager oder im Falle des § 31 Abs. 4 den vom Hersteller angegebenen Werten entsprechen; die Prüfung kann mit Hilfe von Patronenprüflehren durchgeführt werden, wobei die Gesamtlänge $L_3$ von Kartuschen nach Tabelle 5 der Maßtafeln nach deren Verschießen aus einem Messlauf bestimmt wird,
- das Zündhütchen nicht über den Hülsenboden herausragt.

4.2.2 Werden Mängel festgestellt, wird das Los zur Nachbesserung zurückgegeben und kann zu einer späteren erneuten Prüfung vorgestellt werden.

4.3 Prüfung des Gasdruckes oder der Bewegungsenergie

4.3.1 Die Messungen und die Versuchsauswertung für Gasdruck und Energie sind nach Nummer 5 durchzuführen. Die Ergebnisse müssen die nach den Maßtafeln zulässigen Grenzwerte von Druck und Energien einhalten, soweit sie angegeben sind.

4.3.2 Die Gasdruckmessung ist unter normalen Versuchsbedingungen bei

- einer Temperatur von 21 °C ± 1 °C und
- einer relativen Luftfeuchte von 60 % ± 5 %

durchzuführen.

Unmittelbar vor der Gasdruckprüfung im Rahmen der Zulassungsprüfung ist die Munition diesen Versuchsbedingungen 24 Stunden lang auszusetzen. Die Fabrikationskontrolle kann unter Gebrauchsbedingungen durchgeführt werden. Im Zweifelsfall ist das Ergebnis der Prüfung mit klimatisierter Munition unter normalen Versuchsbedingungen zu wiederholen.

4.3.3 Wenn die errechnete obere Anteilsgrenze den zulässigen Höchstwert des Gasdruckes um nicht mehr als 25 % überschreitet, ist eine Wiederholungsprüfung mit der auf das Doppelte erweiterten Patronenzahl zulässig. Bei Kartuschen für Schussapparate ist die Wiederholungsprüfung mit zwölf Kartuschen durchzuführen.

Entspricht das Ergebnis der Wiederholungsprüfung nicht den Anforderungen, darf die Munition dieses Loses nicht vertrieben werden. Hiervon ausgenommen ist Munition nach § 27 Abs. 4 für Waffen mit glatten Läufen und Beschussmunition.

4.4 Prüfung der Funktionssicherheit

4.4.1 Die Prüfung der Funktionssicherheit im Rahmen der Zulassungsprüfung, der Fabrikationskontrolle und der behördlichen Kontrolle ist unter Verwendung eines Prüflaufes oder einer amtlich geprüften Waffe, deren Lagermaße den Maßen der Maßtafeln oder im Falle des § 31 Abs. 4 den vom Hersteller angegebenen Werten entsprechen, vorzunehmen. Für die Funktionssicherheitsprüfung der Patronen für Waffen mit glattem Lauf (glatten Läufen) wird eine Waffe verwendet, bei der die Maße des Lagers und des

Anlage III                                                                                                          **Beschuss V 6**

Verschlussabstandes Höchstmaße sind. Bei den Fabrikationskontrollen kann die Funktionssicherheit unter Verwendung einer Waffe geprüft werden, deren Maße von der zuständigen Behörde anerkannt wurden. Die Maße der Prüfläufe und der Waffen werden von der zuständigen Behörde aufgezeichnet.

4.4.2 Folgende Fehler dürfen nicht auftreten:
- Ausströmen von Gas nach hinten aus dem Verschluss auf Grund von Rissen im Hülsenboden,
- Steckenbleiben des Geschosses oder von Teilen desselben im Lauf,
- Bruch der Hülse, die ganz oder teilweise im Lager bleibt,
- Bersten des Hülsenbodens.

Werden diese Mängel festgestellt, ist das Los zurückzugeben und kann nach Nachbesserung zu einer späteren erneuten Prüfung vorgestellt werden. Bei Kartuschenmunition für Schreckschuss-, Reizstoff- und Signalwaffen darf höchstens einmal bei einer Probe von 50 Stück ein Versagen der Abdeckung oder des Verschlusses der Kartuschen im Lauf der Waffe stecken bleiben. Die Funktionsprüfung dieser Munition ist mit den in Abbildung 3 dargestellten Läufen durchzuführen.

## 5 Prüfung des Gasdruckes, Energiewertes, Mündungsimpulses und der Geschwindigkeit

5.1 Gasdruckmessung

5.1.1 Die Innenmaße des Messlaufes, die den Gasdruck beeinflussen, müssen mit den in den Maßtafeln aufgeführten Maßen innerhalb der in Tabelle 1 genannten Toleranzen übereinstimmen. Die Maßhaltigkeitsprüfung des Messlaufes wird mit Hilfe von Messsystemen durchgeführt, die direkten Zugang zu den zu messenden Werten ermöglichen. Der Verschlussabstand darf nicht größer als 0,1 mm sein. Die Länge des Messlaufes, die die kinetische Energie beeinflusst, soll mit dem in Tabelle 1 des Technischen Anhangs aufgeführten Maß innerhalb der genannten Toleranzen übereinstimmen.

5.1.2 Der Abstand der Achsen der Messbohrungen vom Stoßboden ist nach Tabelle 2 zu bemessen.

5.1.3 Die Messung des Gasdruckes von Patronenmunition ist gemäß der Vorschrift des § 31 Abs. 2 vorzunehmen.

5.1.4 Der Gasdruck von Kartuschenmunition – soweit für diese ein zulässiger Höchstwert $P_{max}$ in den Maßtafeln angegeben ist – und der Vergleichspatrone nach Nummer 2.1.1.2 der Anlage I ist mittels mechanisch-elektrischem Wandler zu messen.

5.2 Stauchapparat

5.2.1 Es sind die in Tabelle 3 angegebenen Kombinationen von Druckübertragungsstempel und Kupferstauchzylinder unter folgenden Bedingungen anzuwenden:

Gebrauchs- und Beschussmunition eines Munitionstyps sind mit der gleichen Kombination von Druckübertragungsstempel und Stauchzylinder zu messen, soweit die in Tabelle 3 Spalten 5 und 6 angegebenen Auswahlbereiche dies zulassen.

Erfüllen im Grenzfall zwei Kombinationen diese Anforderungen, so ist der Stauchzylinder mit den größeren Abmessungen zu wählen. In den Fällen, in denen die Auswahlbereiche unmittelbar aneinander anschließen, muss für die Gebrauchsmunition $P_u \leq P_{max} < P_o$, für die Beschussmunition $P_u \leq 1{,}3\, P_{max} < P_o$ sein. Für alle Munition, für die 240 bar $\leq P_{max} < 600$ bar beträgt, ist der Druckübertragungsstempel von 6,18 mm Durchmesser, in allen anderen Fällen der von 3,91 mm Durchmesser zu benutzen.

Für Munition, für die $P_{max} < 240$ bar ist, sind Stauchkegel 5 x 13 ohne Druckübertragsstempel zu verwenden.

5.2.2 Die in Tabelle 3 Spalten 1, 2 und 3 angegebenen Durchmesser und die Massen der Druckübertragungsstempel sowie deren minimale Ausgangsführungslängen sind einzuhalten.

Die Breite des Ringspaltes zwischen Druckübertragungsstempel und Stempelführungsbüchse darf 0,002 mm nicht unter- und 0,006 mm nicht überschreiten.

5.2.3 Der Durchmesser der Messbohrung, der sich vor oder unter der Stirnfläche des Druckübertragungsstempels befindet, darf von dessen Durchmesser $d_s$ um nicht mehr als 1,0 mm abweichen. Die Messbohrung darf in der Achse nicht länger als 3 mm sein. Sofern $d_s > 0{,}6\, d_L$ ist, soll sich der Durchmesser der Messbohrung an der Stirnfläche des Druckübertragungsstempels ansetzend konisch mit einem Winkel von 60° auf 3 mm Durchmesser verengen (Abbildung 1). Toleranzen der Durchmesser bis zu + 0,2 mm sind zulässig. Die Hülsen der Patronen- oder Kartuschenmunition müssen so mit Anbohrungen versehen werden, dass diese nach dem Laden möglichst konzentrisch zur Messbohrung sind. Der Durchmesser der Anbohrung ist bei Munition für Waffen mit glatten Läufen 3 mm, bei aller anderen Munition 2 mm. Die Messbohrungen sind mit Siliconpaste mit einer Konuspenetration zwischen 180 und 210 (DIN 51580, Ausgabe April 1989)*) und einer Dichte von 1 g/cm³ zu füllen.

---

*) Erschienen im Beuth-Verlag Berlin und Köln und beim Deutschen Patentamt in München archivmäßig gesichert niedergelegt.

# 6 Beschuss V  — Beschussverordnung

Die Resthöhe des Stauchkörpers ist bei einer zulässigen Abweichung von ± 0,005 mm mit einem Mikrometer, einer Messuhr oder einem Messtaster zu ermitteln und der zugehörige Druck der beigefügten Stauchtabelle oder -kurve zu entnehmen oder mittels einer entsprechenden Gleichung (Ausgleichspolynom) zu berechnen.

5.3 Mechanisch-elektrische Wandler für die Messung des Gasdruckes von Zentralfeuerpatronenmunition für Waffen mit glatten Läufen

5.3.1 In der Regel ist der Gasdruck der Patronen mittels piezo-elektrischer oder gleichwertiger Druckaufnehmer in tangentialer oder zurückgesetzter Einbauweise zu messen. Es können auch mechanisch-elektrische Wandler anderer Bauart verwendet werden, wenn zwischen deren Anzeige und der der vorgenannten ein eindeutiger Zusammenhang bekannt ist. In jedem Falle ist auf die Anzeige der vorgenannten Druckaufnehmer umzurechnen.

5.3.2 Der Durchmesser und die Tiefe der Messbohrungen sind abhängig von den Abmessungen des Aufnehmers und der Einbauart. Der Einbau ist gemäß Abbildung 2 vorzunehmen.

5.3.3 Die Anbohrung der Hülse ist nach den Abbildungen 2a und 2b vorzunehmen. Bei Verwendung geeigneter Aufnehmer in tangentialer Einbauweise kann auch ohne Anbohrung der Hülse gemessen werden, sofern die Höhe der Bodenkappe 22 mm nicht übersteigt (Abbildung 2c). Im Falle von Gebrauchspatronen mit Papphülse ist dann der gemessene Wert mit 1,05 zu multiplizieren.

5.3.4 Indirekte Messung des Gasdruckes an der Messstelle II ($s_M$ = (162 ± 0,5) mm). Die Messung des Gasdruckes an der Messstelle II erfolgt indirekt. Zu diesem Zweck wird die Zeit der des Durchgangs des Treibmittelbodens durch den Querschnitt an der Messstelle II registriert und der zur gleichen Zeit an der Messstelle I ($S_M$ siehe Tabelle 2) herrschende Druck gemessen. Die Registrierung des Durchgangs des Treibmittelbodens kann außer mit einem mechanisch-elektrischen Wandler auch mit einem anderen geeigneten Messfühler vorgenommen werden, z. B. mittels Fotodiode hinter einem Quarzglasfenster.

5.3.5 Eigenschaften der Aufnehmer:

| | |
|---|---|
| Mindestempfindlichkeit | 1,8 pC/bar |
| Messbereich | 0 bar bis max. 6 000 bar |
| Kalibrierbereich | 300 bar bis 1 800 bar |
| Eigenfrequenz | ≥ 100 kHz |
| Abweichung von der Linearität | ≤ 1 % des Endwertes. |

5.3.6 Wärmeschutz vor der Druckübertragungsfläche

Zur Vermeidung bzw. Minderung des Wärmeübergangs auf Membrane und Druckplatte ist bei Anbohrung der Hülse eine geeignete Scheibe aus wärmeisolierendem, flexiblem Werkstoff (z. B. PTFE) vor der Druckübertragungsfläche anzubringen. Tangential eingebaute Abnehmer sind zusätzlich vor Aufkleben eines die Patronenanbohrung überspannenden, dehnbaren Klebebandes auf die Patrone zu schützen (siehe Abbildung 2a).

5.3.7 Verstärker:

| | |
|---|---|
| Grenzfrequenz (– 3 dB) | ≥ 80 kHz |
| Abweichung von der Linearität | ≤ 0,1 % des Endwertes (Vollaussteuerung) |
| Ladungsverstärker: | |
| Eingangswiderstand | ≥ $10^{12}$ Ω. |

5.3.8 Elektrischer Filter

Bessel-Tiefpass mit einer Grenzfrequenz von 20 kHz (– 3 dB), N = 2 (– 12 dB/Oktave).

5.4 Mechanisch-elektrische Wandler für die Messung des Gasdruckes von Kartuschenmunition und der Vergleichspatrone nach Nummer 2.1.2 der Anlage I für Schwarzpulverwaffen und Böller

5.4.1 Der Gasdruck von Kartuschenmunition mit Metallhülsen ist mit Aufnehmern in zurückgesetzter Einbauweise zu messen (Abbildungen 5a und 5b in Verbindung mit Abbildung 2b). Dabei sind die Messbohrungen mit Siliconpaste nach Nummer 5.2.3 zu füllen. Soweit es sich um Kartuschenmunition für nach § 8 des Gesetzes zugelassene Schreckschuss-, Reizstoff- und Signalwaffen handelt, ist die Messung in Läufen nach den Abbildungen 3a und 3b ohne Vorladung eines Geschosses durchzuführen.

Der Gasdruck von Kartuschenmunition für Schussapparate ist unter Verwendung eines Messlaufes nach Abbildung 5a und eines Kolbens nach Abbildung 5b in Abhängigkeit vom Zusatzvolumen zu messen. Störende Eigenschwingungen des Messlaufes sind durch Wahl einer ausreichenden Wandstärke gering zu halten. Im Bereich des Stoßbodens ist für gute Abdichtung durch die konstruktiven Maßnahmen nach Abbildung 5a oder auf andere geeignete Weise zu sorgen.

# Anlage III

# Beschuss V 6

Ausreißerwerte werden durch Anwendung des Dixon-Tests eliminiert.

Der Auswertung wird die Abhängigkeit

$P_M = a \, (V^+_n + V_a)^b$

zugrunde gelegt.

5.4.2 Der Gasdruck von Kartuschenmunition mit Papp- oder Kunststoffhülsen von nicht unter 9 mm Durchmesser und der Vergleichspatrone für Schwarzpulverwaffen nach Nummer 2.1 der Anlage I ist mit Aufnehmern in zurückgesetzter oder in tangentialer Einbauweise mit Anbohrung der Hülse (Abbildungen 2a und 2b) zu messen.

5.4.3 Sofern als Treibmittel Schwarzpulver geladen ist oder Gasdrücke unter 1 000 bar zu erwarten sind, sind abweichend von Nummer 5.3.5 Aufnehmer mit folgenden Eigenschaften zu verwenden:

| | |
|---|---|
| Mindestempfindlichkeit | 2,0 pC/bar |
| Messbereich | 0 bar bis max. 2 500 bar |
| Kalibrierbereich | 100 bar bis 1 000 bar. |

5.4.4 Bei Kartuschenmunition ist ein Filter nach Nummer 5.3.8 zu verwenden. Abweichend hiervon beträgt die Grenzfrequenz des Tiefpassfilters bei Kartuschenmunition für nach § 8 des Gesetzes zugelassene Schreckschuss-, Reizstoff- und Signalwaffen 10 kHz.

5.5 Messung des Energiewertes

Anstelle des Gasdruckes oder neben dem Gasdruck ist die auf ein bestimmtes Geschoss übertragene Bewegungsenergie zu ermitteln, wenn in den Maßtafeln die Bewegungsenergie der Geschosse festgelegt ist.

5.5.1 Sofern es im gleichen Kaliber (Laufdurchmesser) eine entsprechende Patronenmunition gibt, sollen die gleichen Geschosse und Läufe verwendet werden. Sonst sind Flugbolzen und Prüfgeräte gemäß folgenden Abbildungen zu benutzen:

Abbildung 4 für Munition der Tabelle 5 der Maßtafeln, mit einem Flugbolzen von 4 g nur für $E_{max} \leq 100$ J,

Abbildung 5 für Munition nach Tabelle 6 der Maßtafeln.

5.5.2 Die Innenabmessungen der Läufe müssen ebenfalls innerhalb der in Tabelle 1 angegebenen Toleranzen mit den in den Maßtafeln aufgeführten Maßen übereinstimmen. Die Abmessungen der Läufe für Kartuschenmunition für Schussapparate müssen außerdem den in Abbildung 5 festgelegten Maßen entsprechen. Die Lauflängen nach Tabelle 1 sind einzuhalten.

5.5.3 Die Ermittlung der Bewegungsenergie erfolgt über eine Messung der Flugzeit zwischen zwei 0,5 m und 1,5 m vor der Mündung entfernten Punkten der Flugbahn (siehe Anlage VI).

5.6 Auswertung der Messungen

Die Auswertung der Messungen erfolgt nach den Regeln der statistischen Qualitätskontrolle. Der Umfang der Stichprobe bei der Feststellung von Mittelwerten und Anteilsgrenzen richtet sich nach Nummer 2.3.

Die genannten Faktoren zur Bestimmung der Anteilsgrenze sind Tabelle 4 zu entnehmen.

5.6.1 Die Anforderungen, dass bei Gebrauchsmunition für Waffen mit gezogenen Läufen der Gasdruckmittelwert nicht über und kein Einzelwert mehr als 15 % über dem nach den Maßtafeln zulässigen Höchstwert $P_{max}$ liegt, gelten als erfüllt, wenn

$\overline{P_n} \leq P_{max}$

und bei Zentralfeuermunition

$\overline{P_n} + k_{1,n} \cdot S_n \leq 1{,}15 \, P_{max}$

und bei Randfeuermunition

$\overline{P_n} + k_{2,n} \cdot S_n \leq 1{,}15 \, P_{max}$

ist.

5.6.2 Die Anforderungen, dass der Gasdruck bei Beschussmunition für Kurzwaffen mit gezogenen Läufen 30 % über dem zulässigen Höchstwert des Gebrauchsgasdruckes $P_{max}$ liegt und dass eine zu starke Überlastung der Waffe vermieden wird, gelten als erfüllt, wenn

$\overline{P_n} \geq 1{,}30 \, P_{max}$,

$\overline{P_n} - k_{3,n} \cdot S_n \geq 1{,}15 \, P_{max}$

und $P_n + k_{3,n} \cdot S_n \leq 1{,}50 \, P_{max}$

ist.

5.6.3 Die Anforderungen, dass der Gasdruck bei Beschussmunition für Langwaffen mit gezogenen Läufen 25 % über dem zulässigen Höchstwert des Gebrauchsgasdruckes $P_{max}$ liegt, gelten als erfüllt, wenn

$\overline{P_n} \geq 1{,}25 \, P_{max}$,

$\overline{P_n} - k_{3,n} \cdot S_n \geq 1{,}15 \, P_{max}$,

# 6 Beschuss V

$\overline{P_n} + k_{3,n} \cdot S_n \leq 1{,}40\ P_{max}$ und
$\overline{E_n} \geq E_{Beschuss}$
ist.

5.6.4 Die Anforderungen, dass der Gasdruck, bei Waffen mit glatten Läufen der Gasdruckmittelwert nicht über und kein Einzelwert mehr als 15 % über dem nach Nummer 1.2.4 der Anlage I nach den Maßtafeln zulässigen Höchstwert des Gebrauchsgasdruckes $P_{max}$ liegt, gelten als erfüllt, wenn

$\overline{P_n} \leq P_{max}$
$\overline{P_n} + k_{2,n} \cdot S_n \leq 1{,}15\ P_{max}$
ist.

5.6.5 Die Anforderungen, dass der Gasdruck bei Beschussmunition für die normale oder die verstärkte Beschussprüfung für Waffen mit glatten Läufen 30 % über dem gemäß Nummer 1.2.4 der Anlage I zulässigen Höchstwert des Gebrauchsgasdruckes $P_{max}$ liegt und dass eine zu starke Überlastung der Waffe vermieden wird, gelten als erfüllt, wenn

an der Messstelle I nach Tabelle 2

$\overline{P_n} \geq 1{,}30\ P_{max}$
und $\overline{P_n} - k_{3,n} \cdot S_n \geq 1{,}15\ P_{max}$
und $\overline{P_n} + k_{3,n} \cdot S_n \leq 1{,}70\ P_{max}$
und an der Messstelle II nach Tabelle 2

$\overline{P_n} + k_{3,n} \cdot S_n \leq 650\ bar$

ist, wobei für 1,15 $P_{max}$ und 1,30 $P_{max}$ jeweils die gerundeten Werte der Maßtafeln einzusetzen sind.

5.6.6 Die Anforderungen an die Beschusspatrone gemäß Nummer 1.2.3 der Anlage I, dass der Mittelwert des Gasdruckes an der Messstelle II mindestens 500 bar sein soll und dass eine zu starke Überbelastung der Waffe vermieden wird, gelten als erfüllt, wenn

$\overline{P_n} \geq 500\ bar$,
$\overline{P_n} - k_{3,n} \cdot S_n \geq 450\ bar$
und $\overline{P_n} + k_{3,n} \cdot S_n \leq 650\ bar$
und an der Messstelle I

$\overline{P_n} + k_{3,n} \cdot S_n \leq 1{,}70\ P_{max}$
ist.

5.6.7 Die Anforderungen, dass bei Kartuschengebrauchsmunition der Gasdruckmittelwert nicht über und kein Einzelwert mehr als 15 % über dem nach den Maßtafeln zulässigen Höchstwert $P_{max}$ liegt, gelten als erfüllt, wenn

$\overline{P_n} \leq P_{max}$
und $\overline{P_n} + k_{3,n} \cdot S_n \leq 1{,}15\ P_{max}$
ist.

5.6.8 Die Anforderungen, dass der Gasdruck bei Kartuschenbeschussmunition 30 % über dem zulässigen Höchstwert des Gebrauchsgasdruckes liegt und dass eine zu starke Überbelastung der Waffe vermieden wird, gelten als erfüllt, wenn

$\overline{P_n} \geq 1{,}30\ P_{max}$,
$\overline{P_n} - k_{3,n} \cdot S_n \geq 1{,}15\ P_{max}$,
und
$\overline{P_n} + k_{3,n} \cdot S_n \leq 1{,}7\ P_{max}$
ist.

5.6.9 Die Anforderungen, dass bei Gebrauchsmunition der Energiemittelwert nicht über und kein Einzelwert mehr als 7 % über dem nach den Maßtafeln zulässigen Höchstwert $E_{max}$ liegt, gelten als erfüllt, wenn

$\overline{E_n} \leq E_{max}$
und $\overline{E_n} + k_{3,n} \cdot S_n \leq 1{,}07\ E_{max}$
ist.

5.6.10 In Analogie zur Gasdruckmessung sind bei Beschussmunition die Anforderungen

$\overline{E_n} \geq 1{,}10\ E_{max}$,
$\overline{E_n} - k_{3,n} \cdot S_n \geq 1{,}07\ E_{max}$
und $\overline{E_n} + k_{3,n} \cdot S_n \leq 1{,}25\ E_{max}$
zu erfüllen.

Anlage III  **Beschuss V 6**

**Technischer Anhang zur Anlage III**

## 1 Unter dem Gesichtspunkt der Sicherheit zu prüfende Maße

1.1 Patronen für Waffen mit gezogenen Läufen, einschließlich Patronen für Pistolen und Revolver, Patronen mit Randfeuerzündung und Kartuschen für Schusswaffen und Bolzensetzgeräte:

a) $L_3$ = Gesamtlänge der Hülse (maximal)

   $L_6$ = Gesamtlänge der Kartuschenhülse vor dem Schuss

   $H_2$ = Durchmesser am Hülsenmund, bei Kartuschen am Ende des zylindrischen Teils (maximal)

   $G_1$ = Geschossdurchmesser am Hülsenmund (maximal)

   $P_1$ = Pulverraumdurchmesser vor dem Rand oder im Abstand E vom Hülsenboden bei Kleinschrotmunition

   R = Randstärke der Hülse bei Kleinschrotmunition.

   Diese Maße müssen kleiner oder gleich den in den Maßtafeln vorgeschriebenen Maximalmaßen sein. Die vorgegebenen Toleranzen sind einzuhalten.

b) Die Entfernung $L_3 + G$ ($L_3$: Gesamtlänge der Hülse, Patrone maximal, G: Abstand zwischen $H_2$ und F im Patronenlager) unter Berücksichtigung der Durchmesser von:

   F: Durchmesser der Laufbohrung – Felddurchmesser (Patronenlager minimal)

   $G_1$: Durchmesser am Anfang des Übergangs (Patronenlager minimal)

   $H_2$: Durchmesser im vorderen Teil des Patronenlagers (bei der Entfernung $L_3$) (Patronenlager minimal)

   und der Längen von:

   s: Entfernung von $H_2$ bis zum Ende des zylindrischen Teils beim Durchmesser $G_1$ (Patronenlager minimal)

   G: Länge der Entfernung von $H_2$ bis F (Patronenlager minimal) nach einer besonderen Prüfmethode.

   Die kontrollierte Entfernung muss kleiner oder darf höchstens gleich $L_3 + G$, wie vorstehend definiert, sein.

c) Maße, die den Verschlussabstand beeinflussen:

   1. Patronen ohne Rand mit Schulter:

      $L_1$: Länge von Hülsenboden bis Durchmesser $P_2$,  Toleranz: – 0,20 mm;

      $L_2$: Länge von Hülsenboden bis Durchmesser $H_1$ des Übergangs,  Toleranz: – 0,20 mm;

      $H_2$: Durchmesser am Hülsenmund in der Entfernung $L_3$,  Toleranz: – 0,20 mm.

   2. Patronen ohne Rand und Schulter:

      $L_3$: Gesamtlänge der Hülse,  Toleranz: – 0,25 mm.

   3. Patronen mit Rand:

      R: Dicke des Hülsenrandes,  Toleranz: – 0,25 mm.

   4. Patronen mit Magnum-Hülsenboden:

      E: Dicke des Hülsenbodens,  Toleranz: – 0,20 mm.

   5. Pistolenpatronen ohne Schulter:

      $L_3$: Gesamtlänge der Hülse,  Toleranz: – 0,25 mm.

   6. Revolverpatronen:

      R: Dicke des Hülsenrandes,  Toleranz: – 0,25 mm.

   7. Randfeuerpatronen:

      R: Dicke des Hülsenrandes,  Toleranz: – 0,18 mm.

   Diese Maße und Toleranzen, gemessen mit Hilfe einer geeigneten Methode, müssen denen der „Maßtafeln für Handfeuerwaffen und Munition" entsprechen und sind getrennt zu kontrollieren.

1.2 Bei Patronen für Waffen mit glatten Läufen gilt entsprechend

   d = Durchmesser der Bodenkappe der Hülse,

   t = Randstärke der Hülse.

   Diese Abmessungen und Toleranzen müssen den in den Maßtafeln vorgeschriebenen entsprechen.

# 6 Beschuss V

Beschussverordnung

## 2 Zur Bestimmung des Typs zu prüfende Maße

Patronen für Waffen mit gezogenen Läufen, einschließlich Patronen für Pistolen und Revolver, Patronen mit Randfeuerzündung und Kartuschen für Schusswaffen und Bolzensetzgeräte:

$L_1$: Länge von Hülsenboden bis Durchmesser $P_2$

$L_2$: Länge von Hülsenboden bis Durchmesser $H_1$ des Übergangs

$L_3$: Gesamtlänge der Hülse

$L_6$: bei Kartuschen deren Gesamtlänge vor dem Schuss

R: Dicke des Hülsenrandes

$R_1$: Randdurchmesser

E: Dicke des Hülsenbodens

$P_1$: Durchmesser der Hülse am Ende von Rille, Rand oder Gürtel

$P_2$: Durchmesser der Hülse in der Entfernung $L_1$

$H_1$: Durchmesser am Hülsenhals in der Entfernung $L_2$

$H_2$: Durchmesser am Hülsenmund in der Entfernung $L_3$

$G_1$: Geschoßdurchmesser am Hülsenmund.

Die Größe E ist maßgebend für die Festlegung der Position des Durchmessers $P_1$, ausgenommen bei Patronen mit „Magnum"-Hülsenboden, bei denen der Wert E streng eingehalten werden muss.

### 2.1 Patronen für Waffen mit glatten Läufen:

Die unter Nummer 1.2 angegebenen Maße und außerdem:

I = Gesamtlänge der Hülse vor dem Schuss.

Unter Berücksichtigung der Toleranzen müssen die gemessenen Maße innerhalb der Grenzen liegen, die in den Maßtafeln vorgeschrieben sind. Außerdem muss sich die Hülse leicht in ein minimales Patronenlager mit den in den Maßtafeln vorgeschriebenen Maßen einpassen.

Tabelle 1: Innenmaße der Messläufe

a) Innenmaß-Toleranzen für gezogene Läufe für Zentralfeuermunition (Büchs- und Kurzwaffenläufe)

Linearabmessungen

| Größenbezeichnung | F | Z | $L_3$ | $P_1$ | $P_2$ | $H_2$ | $G_1$ |
|---|---|---|---|---|---|---|---|
| Toleranz in mm | + 0,02 | + 0,03 | + 0,1 | + 0,03 | + 0,02 | + 0,02 | + 0,03 |

Übergangswinkel i

| Winkelbereich | i ≤ 12° | i > 12° |
|---|---|---|
| Toleranz | – 5/60 i | – 1° |

Eine positive Toleranz für i ist ebenfalls zulässig, solange folgende Ungleichung erfüllt ist:

$$\tan i_{ist} \leq \frac{G_{1\,ist} - F}{2G + G_1 - H_2} \quad \text{bei rein konischen Übergängen,}$$

$$\tan i_{ist} \leq \frac{G_{1\,ist} - F}{G_1 - F} \tan i \quad \text{bei zylindrisch-konischen Übergängen.}$$

Die mit $_{ist}$ indizierten Größen sind Mess-, die anderen sind Tabellenwerte aus den Maßtafeln.

b) Innenmaß-Toleranzen für glatte Läufe für Zentralfeuermunition (Flintenläufe)

Linearabmessungen

| Größenbezeichnung | $\varnothing B_{min}$ | $G_{min}$ | $\varnothing D_{min}$ | $H_{min}$ | $T_{min}$ | $L_{min}$ | i |
|---|---|---|---|---|---|---|---|
| Toleranz in mm | + 0,1 | + 0,05 | + 0,05 | + 0,05 | + 0,05 | + 2 | – 30' |

Der Übergangswinkel $i_{ist}$ mit i = 10° ± 30' festgelegt.

Anlage III                                                      **Beschuss V 6**

c) Toleranzen für gezogene Läufe für Randfeuerpatronen

Linearabmessungen

| Größenbezeichnung | F | Z | $L_3$ | $P_1$ | $H_2$ | R | $R_1$ |
|---|---|---|---|---|---|---|---|
| Toleranz in mm | + 0,02 | + 0,02 | + 0,1 | + 0,03 | + 0,02 | + 0,03 | + 0,05 |

Der Übergangswinkel i ist mit ± 20´ toleriert.

d) Toleranzen für glatte Läufe für Randfeuerpatronen

Linearabmessungen

| Größenbezeichnung | F = Z | $L_3$ | $P_1$ | $P_2$ | $H_2$ | $G_1$ |
|---|---|---|---|---|---|---|
| Toleranz in mm | + 0,02 | + 0,1 | + 0,05 | + 0,05 | + 0,05 | + 0,03 |

Übergangswinkel i

| Winkelbereich | i ≤ 12° | i > 12° |
|---|---|---|
| Toleranz | – 5/60 i | – 1° |

Der maximale Verschlussabstand für alle Messläufe beträgt 0,10 mm.

e) Toleranzen für Messläufe für Schreckschuss-, Reizstoff- und Signalkartuschen und Kleinschrotmunition

| Größenbezeichnung | F = Z | $L_3$ | $P_1$ | $H_2$ | R | $R_1$ | $G_1$ | i |
|---|---|---|---|---|---|---|---|---|
| Toleranz | $H_8$ | $H_{11}$ | $H_8$ | $H_8$ | $H_9$ | $H_{10}$ | $H_{11}$ | ± 20´ |

f) Lauflängen

| lfd. Nr. | Patronenart | Lauflänge $L_c$ in mm | Toleranz in mm |
|---|---|---|---|
| 1 | Pistolen- und Revolverpatronen | 150 | ± 10 |
| 2 | Kartuschenmunition für Schussapparate, die nur einen Zündsatz enthält | 200 | ± 2 |
| 3 | Randfeuerpatronen (wenn die Messung des Gasdruckes nicht möglich ist)<br><br>Für Waffen mit:<br>a) gezogenem Lauf<br>  aa) Felddurchmesser F: (4,05 ± 0,02) mm<br>      Zugdurchmesser Z: (4,30 ± 0,03) mm<br>  ab) Felddurchmesser F: (5,45 ± 0,02) mm<br>      Zugdurchmesser Z: (5,60 ± 0,03) mm<br>  Dralllänge u: 450 mm<br>  Breite der Züge b: (1,25 ± 0,10) mm<br>  Anzahl der Züge N: 6<br>b) glattem Lauf<br>  ba) F = (5,50 ± 0,03) mm<br>  bb) F = (8,38 ± 0,03) mm | 200 | ± 2 |
| 4 | Flobert-Schrotpatronen und Claybirding | 600 | ± 5 |
| 5 | Randfeuerpatronen | 600 | ± 10 |
| 6 | Zentralfeuerpatronen (ohne/mit Rand) | 600 | ± 10 |
| 7 | Munition für Langwaffen mit besonders hoher Leistung | 650 | ± 10 |
| 8 | Patronen mit Zentralfeuerzündung für Waffen mit glattem Lauf | 700 (zylindrischer Lauf ohne Choke) | ± 10 |

# 6 Beschuss V

Tabelle 2: **Abstand der Messbohrungen (Bohrungsachse) vom Stoßboden**

Für den Abstand der Messbohrungen gelten die nachstehenden Bestimmungen, soweit in den Maßtafeln der CIP (TDCC) hierfür keine anderen Werte angegeben sind.

a) Gezogene Läufe für Zentralfeuermunition für Langwaffen

| Bereich der Hülsenlänge $L_3$ | $L_3 < 30$ mm | $30$ mm $\leq L_3 \leq 40$ mm | $40$ mm $< L_3$ |
|---|---|---|---|
| Abstand $S_M$ | $7,5$ mm $\leq S_M \leq 0,75 \cdot L_3$ | $(17,5 \pm 1)$ mm | $(25 \pm 2)$ mm |

b) Gezogene Läufe für Zentralfeuermunition für Kurzwaffen (Pistolen und Revolver)

Die Lage der Messbohrung wird individuell für jede Pistolen- und Revolvermunition festgelegt. Die Festlegungen können den Maßtafeln der CIP (TDCC) entnommen werden.

c) Gezogene Läufe für Randfeuermunition $S_M = L_3 + (1,80 \pm 0,20)$ mm

d) Glatte Läufe

Für alle Hülsenlängen

– bei Messung mittels mechanisch-elektrischem Wandler

Messstelle I: $25$ mm $\leq S_M \leq 30$ mm für Kaliber 24 und größere Durchmesser

$S_M = (17 \pm 1)$ mm für kleinere Durchmesser

ausgenommen

$S_M = (12,5 - 0,5)$ mm für Kaliber .410 mit $L_{nom} \leq 51$ mm und Kaliber 9 mm

Messstelle II: $S_M = (162 \pm 0,5)$ mm für alle Kaliber

Tabelle 3: **Kombination von Druckübertragungsstempeln und Stauchzylindern**

| Stempel-durchmesser $d_s$ mit Toleranz | Stempel-masse $m_s$ | Minimale Ausgangs-führungslänge | Stauch-zylinder $d_c \times h_c$ | Auswahlbereich $P_u \leq P_{max}$ bzw. $1,3\, P_{max} < P_o$ bzw. $P_u \leq P_{max} \leq P_o$ und $P_u \leq 1,3\, P_{max} \leq P_o$ | | Messbereich | |
|---|---|---|---|---|---|---|---|
| in mm | in g | in mm | in mm | $P_u$ in bar | $P_o$ in bar | untere Grenze in bar | obere Grenze in bar |
| 1 | 2 | 3 | 4 | 5 | 6 | 7 | 8 |
| (5) | – | – | (5 x 13) | 40 | 240 | 20 | 300 |
| 6,18 – 0,004 | 3,2 ± 0,3 | 12 | 2 x 4 | 240 | 600 | 220 | 650 |
| 3,91 – 0,004 | 2,7 ± 0,2 | 14 | 2 x 4 | 600 | 1 350 | 550 | 1 500 |
| 3,91 – 0,004 | 2,7 ± 0,2 | 14 | 3 x 4,9 | 1 350 | 3 100 | 1 200 | 3 400 |
| 3,91 – 0,004 | 2,7 ± 0,2 | 14 | 4 x 6 | 2 350 | 4 700 | 2 200 | 5 200 |
| 3,91 – 0,004 | 2,7 ± 0,2 | 14 | 5 x 7 | 3 600 | 6 000 | 3 300 | 7 000 |

$d_c$ = Durchmesser des Stauchzylinders

$h_c$ = Höhe des Stauchzylinders

Erfüllen im Grenzfall zwei Kombinationen die Bedingungen, so ist der Stauchzylinder mit den größeren Abmessungen zu wählen.

Anlage III  **BeschussV 6**

Tabelle 4: Faktoren zur Berechnung der Anteilsgrenzen

| n | $k_{1,n}$ | $k_{2,n}$ | $k_{3,n}$ |
|---|---|---|---|
| 5 | 5,75 | 4,21 | 3,41 |
| 6 | 5,07 | 3,71 | 3,01 |
| 7 | 4,64 | 3,40 | 2,76 |
| 8 | 4,36 | 3,19 | 2,58 |
| 9 | 4,14 | 3,03 | 2,45 |
| 10 | 3,98 | 2,91 | 2,36 |
| 11 | 3,85 | 2,82 | 2,28 |
| 12 | 3,75 | 2,74 | 2,21 |
| 13 | 3,66 | 2,67 | 2,16 |
| 14 | 3,59 | 2,61 | 2,11 |
| 15 | 3,52 | 2,57 | 2,07 |
| 16 | 3,46 | 2,52 | 2,03 |
| 17 | 3,41 | 2,49 | 2,00 |
| 18 | 3,37 | 2,45 | 1,97 |
| 19 | 3,33 | 2,42 | 1,95 |
| 20 | 3,30 | 2,40 | 1,93 |
| 25 | 3,15 | 2,29 | 1,83 |
| 30 | 3,06 | 2,22 | 1,78 |
| 35 | 2,99 | 2,17 | 1,73 |
| 40 | 2,94 | 2,13 | 1,70 |
| 45 | 2,90 | 2,09 | 1,67 |
| 50 | 2,86 | 2,07 | 1,65 |
| 60 | 2,81 | 2,02 | 1,61 |
| 70 | 2,77 | 1,99 | 1,58 |
| 80 | 2,73 | 1,97 | 1,56 |
| 90 | 2,71 | 1,94 | 1,54 |
| 100 | 2,68 | 1,93 | 1,53 |

Toleranzfaktoren für n Messungen, um eine statistische Sicherheit von 95 % zu erhalten bei:

$k_{1,n}$  99 % der Fälle.
$k_{2,n}$  95 % der Fälle.
$k_{3,n}$  90 % der Fälle.

Zwischenwerte für andere Zahlen n gemessener Patronen (Umfang der Probe) sind linear zu interpolieren.

# 6 BeschussV

Beschussverordnung

**Druckübertragungsstempel und Indizierkanal bei kleinen Laufinnendurchmessern**

Abbildung 1:

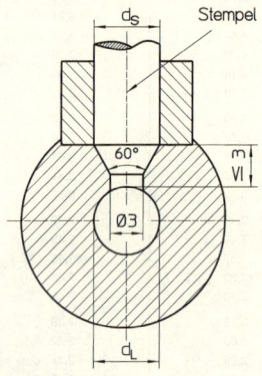

**Einbauweise von Druckaufnehmern (mechanisch-elektrischer Wandler) unterschiedlicher Bauart**

Abbildung 2a: Tangentialaufnehmer (Patronenhülse angebohrt)

$d_M$ gemäß Angabe des Herstellers

$d_H$ ≈ Durchmesser der Druckübertragungsfläche $d_D$

$\Delta h$ ≤ 0,25 mm

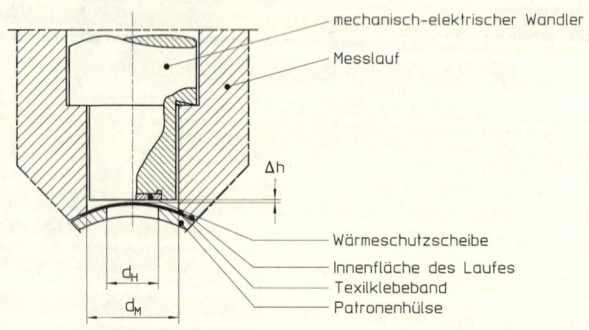

Anlage III  **BeschussV 6**

Abbildung 2b:  Membranaufnehmer zurückgesetzt

$d_M = 2{,}5^{+0,1}$ mm

$d_H = 3{,}0^{+0,1}$ mm bei Munition für Waffen mit glatten Läufen

$\phantom{d_H} = 2{,}0^{+0,1}$ mm bei aller anderen Munition

$h = 2{,}5^{+0,25}$ mm

$h_1$  gemäß Angabe des Herstellers

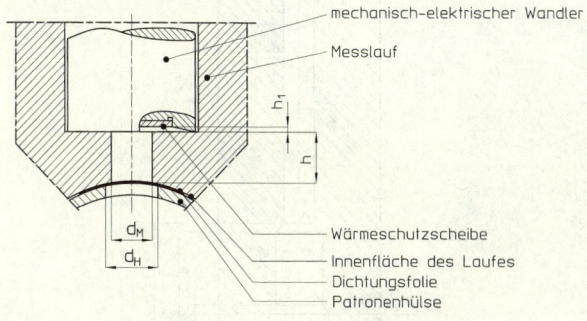

mechanisch-elektrischer Wandler
Messlauf
Wärmeschutzscheibe
Innenfläche des Laufes
Dichtungsfolie
Patronenhülse

Abbildung 2c:  Tangentialaufnehmer (Patronenhülse nicht angebohrt)

$d_M$ = gemäß Angabe des Herstellers

zulässige Abweichung von der Tangentialstellung

$\Delta h \leq 0{,}07$ mm

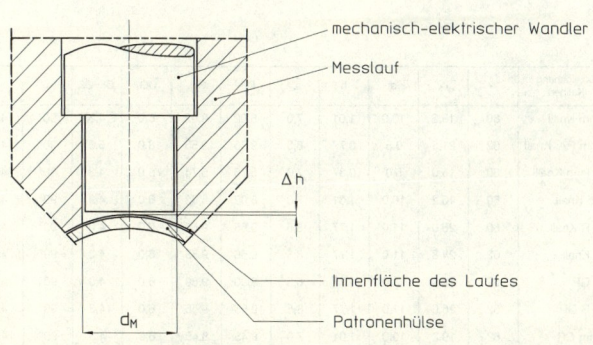

mechanisch-elektrischer Wandler
Messlauf
Innenfläche des Laufes
Patronenhülse

# 6 Beschuss V

Beschussverordnung

**Prüfläufe zur Funktionsprüfung und Gasdruckmessung an Kartuschenmunition (Platz- und Knallpatronen sowie Reiz- und Wirkstoffmunition) nach Tabelle 5 der Maßtafeln**

Abbildung 3a: Pistolen

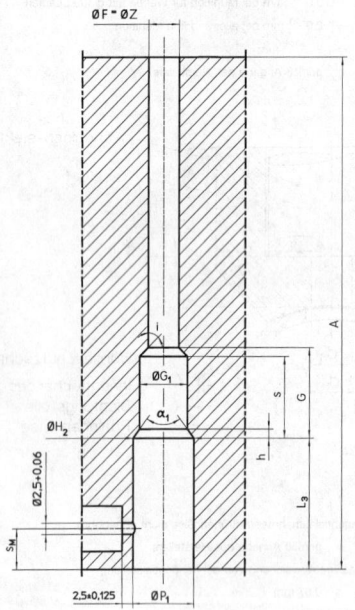

| Bezeichnung (Kaliber) | A | $L_3$ | s | h | $s_m$ | $ØP_1$ | $ØH_2$ | $ØG_1$ | $ØF=ØZ$ | $α_1$ | i |
|---|---|---|---|---|---|---|---|---|---|---|---|
| 8 mm Knall | 60 | 19,2 | 10,0 | 1,01 | 7,0 | 8,02 | 8,02 | 6,0 | 4,3 | 90° | 45° |
| 9 mm P.A. Knall | 62 | 21,5 | 3,5 | 0,77 | 8,5 | 9,55 | 9,55 | 8,0 | 5,6 | 90° | 45° |
| .22 lang Knall | 60 | 15,0 | 5,0 | 0,37 | 7,0 | 5,76 | 5,74 | 5,0 | 4,3 | 90° | 45° |
| .315 Knall | 60 | 16,2 | 10,0 | 1,01 | 7,0 | 8,02 | 8,02 | 6,0 | 4,3 | 90° | 45° |
| .35 R Knall | 60 | 26,0 | 11,0 | 1,77 | 8,5 | 9,55 | 9,55 | 6,0 | 4,3 | 90° | 45° |
| .35 Knall | 62 | 24,8 | 11,0 | 1,77 | 8,5 | 9,55 | 9,55 | 6,0 | 4,3 | 90° | 45° |
| .35 GR | 62 | 24,0 | 11,0 | 1,77 | 8,5 | 9,90 | 9,80 | 6,0 | 4,3 | 90° | 45° |
| .35 R GR | 62 | 26,0 | 11,0 | 1,77 | 8,5 | 9,55 | 9,55 | 6,0 | 4,3 | 90° | 45° |
| 8 mm GR | 62 | 19,2 | 10,0 | 1,01 | 7,0 | 8,45 | 8,45 | 6,0 | 4,3 | 90° | 45° |

Anlage III

# Beschuss V 6

Abbildung 3b: Revolver

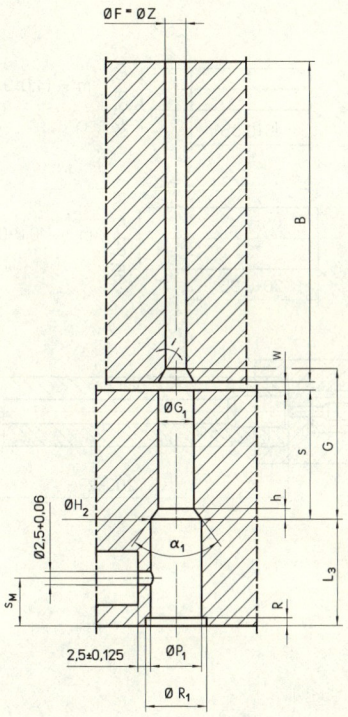

| Bezeichnung (Kaliber) | B | $L_3$ | s | h | $s_m$ | $ØP_1$ | $ØH_2$ | $ØG_1$ | $ØF=ØZ$ | $α_1$ | i | w |
|---|---|---|---|---|---|---|---|---|---|---|---|---|
| 9 mm oder .380 Knall | 50 | 17,5 | 16,5 | 1,30 | 7,5 | 9,60 | 9,60 | 7,0 | 3,0 | 90° | 45° | 1,5 |
| .320 kurz Knall | 50 | 16,0 | 13,0 | 0,50 | 7,5 | 8,10 | 8,10 | 7,0 | 3,0 | 90° | 45° | 1,5 |
| .45 Short Knall | 63 | 18,3 | 17,0 | 1,49 | 7,5 | 12,15 | 12,15 | 7,0 | 3,0 | 90° | 45° | 1,1 |

# 6 Beschuss V

Beschussverordnung

**Flugbolzen und Prüfgerät für Kartuschenmunition nach Tabelle 5 der Maßtafeln**
Abbildung 4:

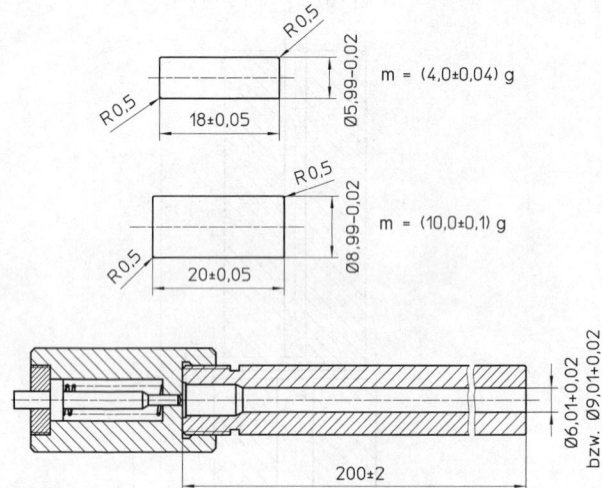

Anlage III

# Beschuss V 6

**Prüfgeräte und Flugbolzen für Kartuschenmunition für Schussapparate nach Tabelle 6 der Maßtafeln**
Abbildung 5a:

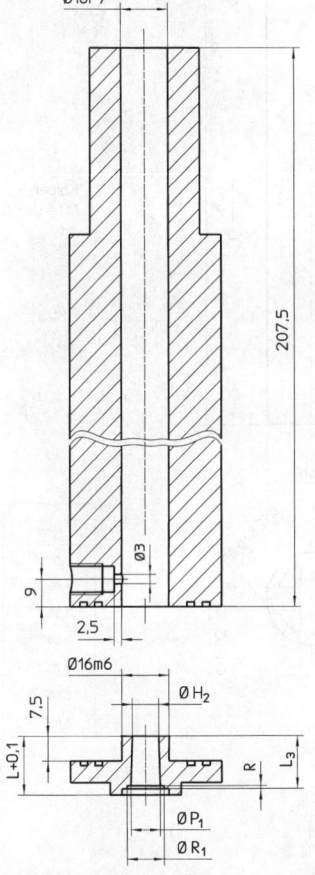

Wenn nach Tabelle 6 der Maßtafeln $ØP_1 = ØH_2$, kann bei Messläufen $ØP_1$ um $0,01 \cdot L_3$ vergrößert werden bei gleichzeitiger Verkleinerung von $ØH_2$ um denselben Betrag.

# 6 Beschuss V

Beschussverordnung

Abbildung 5b:

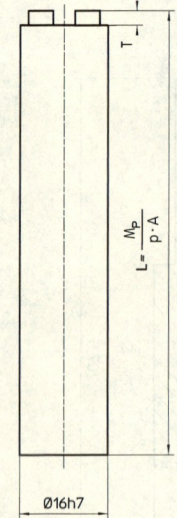

Kolben
$M_p = (80 \pm 0{,}5)$ g

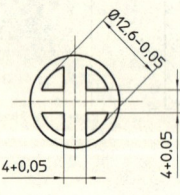

| T in mm | $V_a$ in cm³ |
|---|---|
| $0{,}50^{+0{,}01}$ | 0,08 |
| $1{,}00^{+0{,}02}$ | 0,16 |
| $1{,}56^{+0{,}05}$ | 0,25 |
| $2{,}50^{+0{,}05}$ | 0,40 |
| $3{,}70^{+0{,}05}$ | 0,60 |
| $5{,}00^{+0{,}05}$ | 0,80 |
| $6{,}88^{+0{,}05}$ | 1,10 |

Anlage IV  **Beschuss V 6**

Anlage IV
Anforderungen
an Reizstoffgeschosse, Reizstoffsprühgeräte
und die dafür verwendeten Reizstoffe

**1   Im Sinne dieser Anlage sind**

1.1 Reizstoffe,

Stoffe, die bei ihrer bestimmungsgemäßen Anwendung auf den Menschen eine belästigende Wirkung durch Haut- und Schleimhautreizung, insbesondere durch einen Augenreiz ausüben und resorbtiv nicht giftig wirken;

1.2 der $LCt_{50}$-Wert,

die Konzentration eines Reizstoffes, die nach einer Einwirkungszeit von einer Minute bei 50 % aller Versuchstiere eine tödliche Wirkung verursachen würde;

1.3 der $ICt_{50}$-Wert,

die Konzentration eines Reizstoffes, die nach einer Einwirkungszeit von einer Minute bei 50 % aller ungeschützten Betroffenen bewirkt, dass sie nicht mehr in der Lage sind, den Angriff fortzusetzen.

**2   Geschosse mit oder aus Reizstoffen und Geräte zum Versprühen oder Ausstoßen von Reizstoffen müssen so beschaffen sein, dass**

2.1 die Reizstoffe und etwaige Lösungsmittel beim Austritt aus dem Gerät nur gasförmig, als Aerosol oder in gelöster Form auftreten,

2.2 der Entladevorgang die Zeit von einer Sekunde nicht übersteigt, es sei denn, die Geräte enthalten nicht mehr Reizstoff als nach Halbsatz 2 oder 3 je Entladung zulässig ist; bei Anwendung in gasförmigem Zustand und als Aerosol darf höchstens eine Reizstoffmenge freigegeben werden, die nicht mehr als seinem vierfachen $ICt_{50}$-Wert in mg entspricht; bei der Anwendung in gelöster Form darf höchstens eine Reizstoffmenge freigegeben werden, die dem einfachen $ICt_{50}$-Wert in mg entspricht,

2.3 bei einer Anwendung im Freien der Reizstoff in einer Entfernung von mindestens 1,5 m noch wirksam ist,

2.4 die Trägermaterialien der Reizstoffe, die Behälter und die Verschlussmaterialien beim Verschießen oder Versprühen keine mechanischen Verletzungen verursachen.

**3   Der verwendete Reizstoff muss folgenden Anforderungen entsprechen: Der $ICt_{50}$-Wert des Reizstoffes darf**

3.1 $100\ mg \times min/m^3$ und

3.2 $\frac{1}{100}$ des $LCt_{50}$-Wertes

nicht überschreiten.

**4   Der in gelöster Form angewandte Reizstoff muss folgenden Anforderungen entsprechen:**

4.1 Die Konzentration des Reizstoffes darf 0,1 MOL pro Kilogramm Lösungsmittel nicht überschreiten,

4.2 die Reizwirkung der Reizstofflösung in der Anwendungskonzentration auf die Haut von Versuchstieren darf bei einer Wirkungszeit von fünf Minuten bei Raumtemperatur nicht blasenziehend oder gewebezerstörend wirken,

4.3 das Lösungsmittel oder das Lösungsmittelgemisch darf nicht giftig sein,

4.4 die Reizstofflösung darf bei – 10 °C nicht zur Bildung von Kristallen führen,

4.5 der gelöste Reizstoff muss in gasförmigem Zustand den Anforderungen der Nummer 3 entsprechen.

**5   Arsenverbindungen sind als Reizstoffe ausgeschlossen.**

**6   Bei den nachstehend genannten Reizstoffen in reiner Form gelten die Anforderungen nach Nummer 3 als erfüllt:**

1. Chloracetophenon (CN),
2. Ortho-Chlorbenzalmalondinitril (CS).

# 6 Beschuss V

Beschussverordnung

Anlage V

Grenzwerte für Elektroimpulsgeräte nach § 15 Abs. 5

**1 Dauer der Anwendung (Entladezeit) bis 4 s**

Stromstärke (Körperstrom) $I_{eff}$* ≤ 500 mA (Lastwiderstand 1 000 Ohm)
bei einer Impulsdauer t ≤ 0,1 ms und Impulsfrequenz ≤ 50/s

und

Spezifische Energie* ≤ 5 x 10$^{-3}$ A$^2$s

[* = $I^2_{eff}$ t ($I_{eff}$ = Körperstrom (Elektrodenstrom) Effektivwert)]

**2 Dauer der Anwendung (Entladezeit) bis 10 s**

Stromstärke (Körperstrom) $I_{eff}$* ≤ 300 mA (Lastwiderstand 1 000 Ohm)
bei einer Impulsdauer t ≤ 0,1 ms und Impulsfrequenz ≤ 50/s

und

Spezifische Energie* ≤ 5 x 10$^{-3}$ A$^2$s

[* = $I^2_{eff}$ t ($I_{eff}$ = Körperstrom (Elektrodenstrom) Effektivwert)]

**3 Dauer der Anwendung (Entladezeit) bis 100 s**

Stromstärke (Körperstrom) $I_{eff}$* ≤ 50 mA (Lastwiderstand 1 000 Ohm)
bei einer Impulsdauer t ≤ 0,1 ms und Impulsfrequenz ≤ 50/s

und

Spezifische Energie* ≤ 5 x 10$^{-3}$ A$^2$s

[* = $I^2_{eff}$ t ($I_{eff}$ = Körperstrom (Elektrodenstrom) Effektivwert)]

**4 Messschaltung zur Prüfung der Werte in den Nummern 1 bis 3**

Eine Messschaltung zur Ermittlung der Parameter von Elektroimpulsgeräten ist in Bild 1 dargestellt. Der Prüfling (Elektroimpulsgerät) wird an eine Funkenstrecke (z. B. Spitze-Spitze) angeschlossen, deren Schlagweite justierbar ist und die entsprechend den Elektrodenabständen des Elektroimpulsgerätes eingestellt wird. Die andere Seite der Funkenstrecke wird an einen hochspannungsfesten Widerstand (ca. 1 kOhm) angeschlossen, der als Hochspannungsteiler aufgebaut (Hochspannungswiderstand $R_{HV}$ und Niederspannungswiderstand $R_L$) sein kann. Der Gesamtwiderstand $R_{HV}$ + $R_L$ soll 1 kOhm betragen und das Teilungsverhältnis ($R_{HV}$ + $R_L$)/$R_L$ dem Eingangsspannungsbereich des verwendeten Digitalrekorders entsprechen, der an dem Niederspannungswiderstand angeschlossen wird.

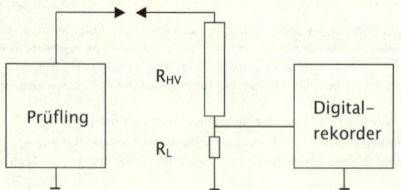

Bild 1: Messaufbau zur Bestimmung von Parametern von Elektroimpulsgeräten

**5 Parameter und deren Grenzwerte**

Die Grenzwerte für die im Folgenden aufgeführten Parameter sind der oben genannten Anlage V zu entnehmen.

5.1 Dauer der Anwendung (Entladezeit)

Das Musterelektroimpulsgerät liefert repetierende Impulse, d. h. es wird an den Elektroden eine exponentiell ansteigende Spannung erzeugt, die dann bei Erreichen einer dem Elektrodenabstand des Gerätes entsprechenden Durchschlagspannung die Funkenstrecke zündet und zusammenbricht. Dieser Vorgang wiederholt sich so lange bis die Dauer der Anwendung erreicht ist.

Anlage V    **Beschuss V 6**

5.2 Stromstärke (Körperstrom)

Das Elektroimpulsgerät wird über eine Funkenstrecke mit einem 1 kOhm Widerstand belastet. Die dann bei einem Durchschlag fließende elektrische effektive Stromstärke wird mit Körperstrom bezeichnet:

$$I_{eff} = \sqrt{\frac{1}{T} \cdot \int_0^T i^2 dt}, \text{ mit } T \text{ als Periodendauer der Impulsfolge.}$$

5.3 Impulsdauer

Die Dauer der Impulse (Dauer des Durchschlages) wird mit $t$ bezeichnet. Da keine Definition für die Bestimmung angegeben ist, wurde als Impulsdauer das Zeitintervall bestimmt, in dem jeweils die 10 % bzw. 50 % Werte bezogen auf den Maximalwert des Stromimpulses durchquert werden.

5.4 Impulsfrequenz

Die Impulsfrequenz $f$ errechnet sich gemäß Nummer 3.2 aus der Periodendauer $T$:

$$f = \frac{1}{T}.$$

5.5 Spezifische Energie

Die „spezifische Energie" wird in der oben genannten Anlage V mit

$$I_{eff}^2 \cdot t$$

bezeichnet. Es handelt sich hier nicht um eine Energie im physikalischen Sinn. Für die Berechnung dieser Größe ist laut Anlage V das Quadrat der effektiven Stromstärke multipliziert mit der Impulsdauer zu bestimmen. Sicherheitshalber wird bei den unten aufgeführten Messergebnissen auch der mögliche Kennwert

$$I_{eff}^2 \cdot T$$

angegeben, der im Zusammenhang mit dem Effektivwert der Stromstärke sinnvoll erscheint.

## 6 Messergebnisse

Abweichend von der Messschaltung nach Bild 1 wurde zur einleitenden Darstellung von Messergebnissen mit einem kapazitiven Hochspannungsteiler der zeitliche Verlauf der Spannung direkt an den Elektroden der Funkenstrecke ohne Belastung mit dem 1 kOhm Widerstand gemessen und in Bild 2 dargestellt.

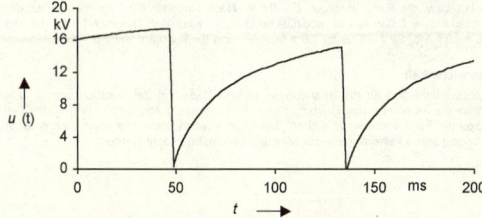

Bild 2: Zeitlicher Verlauf der Spannung an den Elektroden des Elektroimpulsgerätes

Aus dem Verlauf lässt sich die maximale Spannung von 17 kV und die Periodendauer von 86 ms bzw. die Impulsfrequenz von 11,6 Hz ablesen. Bei genügend langer Aufzeichnung ließe sich auch die Dauer der Anwendung (Entladezeit) ablesen. Bei dem hier untersuchten Muster ist eine Angabe der Dauer der Anwendung nicht sinnvoll, weil die Impulsfolge manuell durch Drücken einer Taste ausgelöst wurde und zeitlich nicht begrenzt war. Ebenfalls ohne Belastung mit dem Widerstand wurde die in Bild 3 dargestellte elektrische Stromstärke von maximal 345 A und einer Impulsdauer von 340 ns (10 % Durchgänge) bzw. 210 ns (50 % Durchgänge) mit Hilfe einer Rogowski-Spule gemessen.

# 6 Beschuss V

Beschussverordnung

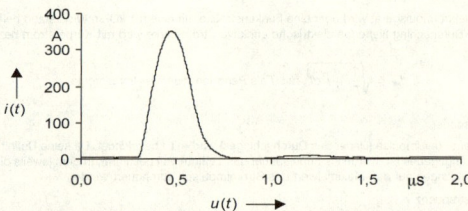

Bild 3: Elektrische Stromstärke beim Durchschlag ohne Belastungswiderstand

Mit der Schaltung nach Bild 1 kann der Spannungsverlauf an den Elektroden der Funkenstrecke nicht gemessen werden, sondern lediglich mit einem geeigneten Hochspannungstastkopf der Spannungsabfall über dem Belastungswiderstand bzw. der Spannungsverlauf an dem Widerstand $R_L$. Beide Verläufe sind proportional zu der durch den Belastungswiderstand fließenden elektrischen Stromstärke. Bild 4 zeigt den zeitlichen Verlauf dieser Stromstärke mit einem Maximalwert von 13 A und einer Dauer von 6 μs (10 % Durchgänge) bzw. 2 μs (50 % Durchgänge).

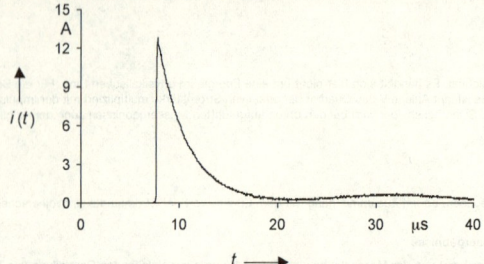

Bild 4: Elektrische Stromstärke durch den Belastungswiderstand

Durch Quadrierung und Integration erhält man einen Wert von $0{,}26 \cdot 10^{-3}$ A²s. Die Impulsfrequenz betrug ca. 5 Hz, bzw. die Periodendauer $T = 0{,}2$ s. Nach Nummer 3.2 folgt hieraus für den Effektivwert der Stromstärke $I_{eff} = 0{,}035$ A. Die „spezifische Energie" wird nach Nummer 3.5 für die Impulsdauer $t = 2$ μs zu $2{,}6 \cdot 10^{-9}$ A²s, für $t = 6$ μs zu $7{,}8 \cdot 10^{-9}$ A²s und für $T = 0{,}2$ s zu $0{,}26 \cdot 10^{-3}$ A²s berechnet.

## 7 Messunsicherheit

Die Messunsicherheit für die Spannungs-, Stromstärke- und Zeitmessung beträgt $u = 3$ % (k = 2). Da allerdings die Parameter des Mustergerätes insbesondere durch die Einstellung des Elektrodenabstandes der externen Funkenstrecke in weiten Bereichen streuen, kann hier ohne eine eindeutige Definition der Messbedingungen keine Angabe zur Messunsicherheit gemacht werden.

# Anlage VI

**Beschuss V 6**

Anlage VI
Ermittlung der Bewegungsenergie der Geschosse

Die Bewegungsenergie der Geschosse ist nach folgenden Grundsätzen zu prüfen:

1. Von einer wahllos aus einer Fertigung gegriffenen Waffe wird zunächst das arithmetische Mittel der aus zehn Einzelmessungen resultierenden Geschossenergie ($\bar{E}_{10}$) gebildet. Liegt $\bar{E}_{10}$ nicht über 5,0 J, so erübrigt sich die weitere Prüfung und es ist als gesichert anzusehen, dass die Bewegungsenergie bei diesem Waffenmodell nicht über 7,5 J liegt. Im anderen Fall sind vier weitere aus der Fertigungsserie entnommene Waffen zu prüfen. Liegt das Gesamtmittel $\bar{E}_{5 \cdot 10}$ nicht über 7,5 J und bei keiner der fünf geprüften Waffen die jeweilige obere Toleranzgrenze für 90 % der Grundgesamtheit mit einer statistischen Sicherheit von 95 % über 8,5 J ($\bar{E}_{10} + k_{3,10} \cdot s_{10} \leq 8,5$ J, $k_{3,10} = 2,32$), so gilt die Bewegungsenergie der Geschosse von 7,5 J bei diesem Waffenmodell als eingehalten. Bei nur einer gegenteiligen Feststellung wird das Gegenteil angenommen.

2. Wird die Prüfung der Bewegungsenergie der Geschosse von Amts wegen an einem Einzelstück durchgeführt, so gilt der Wert von 7,5 J als nicht überschritten, wenn der aus zehn Messungen resultierende Mittelwert $\bar{E}_{10}$ nicht über 8,0 J und die obere Toleranzgrenze für 90 % der Grundgesamtheit mit einer statistischen Sicherheit von 95 % nicht über 8,5 J liegt ($\bar{E}_{10} + k_{3,10} \cdot s_{10} \leq 8,5$ J).

3. Die Bewegungsenergie der Geschosse wird als halbes Produkt der Masse und des Quadrates der Geschossgeschwindigkeit errechnet. Die mittlere Geschossgeschwindigkeit zwischen zwei Punkten der Geschossbahn geht aus einer Messung der Flugzeit hervor. Gemessen wird die Flugzeit mit einer Lichtschrankenanlage, wobei sich die erste Lichtschranke 0,50 m und die zweite 1,50 m vor der Mündung befinden muss. Als Anzeigegerät ist ein elektronischer Zähler mit einer Zeitauflösung von mindestens $10 \times 10^{-6}$s zu verwenden. Durch Division der Messstrecke zwischen den zwei Punkten der Flugbahn (1,00 m) durch die gemessene Zeit wird die mittlere Geschwindigkeit errechnet.

# 7. Kostenverordnung zum Beschussgesetz

*zZ unbesetzt*

Vgl. Nr. 3 des Kommentars und § 22 Abs. 7 Beschussgesetz

# 8. Ausführungsgesetz zu Artikel 26 Abs. 2 des Grundgesetzes
## (Gesetz über die Kontrolle von Kriegswaffen)

idF der Bek. vom 22. 11. 1990 (BGBl. I 2506); geänd. durch Art. 3 des WaffRNeuRegG vom 11. 10. 2002 (BGBl. I 3970, ber. 4592 und 2003, 1597) sowie Art. 10 der 8. Zuständigkeitsanpassungsverordnung vom 25. 11. 2003 (BGBl. I 2304)

Anlage zum Gesetz (Kriegswaffenliste) zuletzt geändert durch Art. 3 Nr. 7 des WaffRNeuRegG vom 11. 10. 2002 (BGBl. I 3970, ber. 4592 und 2003, 1597)

**BGBl. III/FNA 190-1**

### Inhaltsübersicht

#### Erster Abschnitt. Genehmigungsvorschriften §§

| | |
|---|---|
| Begriffsbestimmung | 1 |
| Herstellung und Inverkehrbringen | 2 |
| Beförderung innerhalb des Bundesgebietes | 3 |
| Beförderung außerhalb des Bundesgebietes | 4 |
| Auslandsgeschäfte | 4a |
| Befreiungen | 5 |
| Versagung der Genehmigung | 6 |
| Widerruf der Genehmigung | 7 |
| Erteilung und Widerruf der Allgemeinen Genehmigung | 8 |
| Entschädigung im Falle des Widerrufs | 9 |
| Inhalt und Form der Genehmigung | 10 |
| Genehmigungsbehörden | 11 |

#### Zweiter Abschnitt. Überwachungs- und Ausnahmevorschriften

| | |
|---|---|
| Pflichten im Verkehr mit Kriegswaffen | 12 |
| Besondere Meldepflichten | 12a |
| Sicherstellung und Einziehung | 13 |
| Umgang mit unbrauchbar gemachten Kriegswaffen | 13a |
| Überwachungsbehörden | 14 |
| Bundeswehr und andere Organe | 15 |

#### Dritter Abschnitt. Besondere Vorschriften für Atomwaffen

| | |
|---|---|
| Nukleare Aufgaben im Nordatlantischen Bündnis | 16 |
| Verbot von Atomwaffen | 17 |

#### Vierter Abschnitt. Besondere Vorschriften für biologische und chemische Waffen sowie für Antipersonenminen

| | |
|---|---|
| Verbot von biologischen und chemischen Waffen | 18 |
| Verbot von Antipersonenminen | 18a |

#### Fünfter Abschnitt. Straf- und Bußgeldvorschriften

| | |
|---|---|
| Strafvorschriften gegen Atomwaffen | 19 |
| Strafvorschriften gegen biologische und chemische Waffen | 20 |

# 8 KWKG  Gesetz über die Kontrolle von Kriegswaffen

|  | §§ |
|---|---|
| Strafvorschriften gegen Antipersonenminen | 20 a |
| Taten außerhalb des Geltungsbereichs dieses Gesetzes | 21 |
| Ausnahmen | 22 |
| Sonstige Strafvorschriften | 22 a |
| Verletzung von Ordnungsvorschriften | 22 b |
| Verwaltungsbehörden | 23 |
| Einziehung und Erweiterter Verfall | 24 |
| *(weggefallen)* | 25 |

**Sechster Abschnitt. Übergangs- und Schlussvorschriften**

| | |
|---|---|
| Vor Inkrafttreten des Gesetzes erteilte Genehmigungen | 26 |
| Anzeige der Ausübung der tatsächlichen Gewalt | 26 a |
| Übergangsregelungen für das in Artikel 3 des Einigungsvertrages genannte Gebiet | 26 b |
| Zwischenstaatliche Verträge | 27 |
| *(Berlin-Klausel)* | 28 |
| (Inkrafttreten) | 29 |

**Anlage. Kriegswaffenliste**

**Anhang:**
1) **Dienstvorschrift des BMF: Verbote und Beschränkungen – KWKG**
2) **„Erläuterungen" zur Kriegswaffenliste des BMF (VSF VuB SV 02 08)**
3) **Mustergenehmigung nach KWKG**

## Vorbemerkungen

1   **1. Historische Entwicklung.** Die Materie des Kriegswaffenrechts wurde im Zusammenhang mit dem Versailler Friedensvertrag erstmalig im Kriegsgerätegesetz vom 22. 12. 1920 (RGBl. I 2167), im Abänderungsgesetz hierzu vom 26. 6. 1921 (RGBl. I 767), ferner im Kriegsgerätegesetz vom 27. 7. 1927 (RGBl. I 239) und nach der „Machtübernahme" unter Aufhebung der erwähnten Gesetze im Reichsgesetz über die „Ein- und Ausfuhr von Kriegsgerät" vom 6. 11. 1935 (RGBl. I 1337) geregelt.

2   In der Zeit nach dem Zusammenbruch von 1945 bis zur Wiedererlangung der deutschen Souveränität übten die Siegermächte die Kontrolle über den Besitz und die Herstellung von Kriegswaffen und Kriegsgerät aus. Die souverän gewordene Bundesrepublik Deutschland knüpfte in Art. 26 Abs. 2 Satz 1 ihres Grundgesetzes die Herstellung, die Beförderung und das Inverkehrbringen von Kriegswaffen an die Genehmigung der Bundesregierung. Das Nähere sollte gem. Art. 26 Abs. 2 Satz 2 GG durch Bundesgesetz geregelt werden. Der Erlass dieses Gesetzes ließ zwölf Jahre auf sich warten. In diesem Zeitraum unterlagen der Verkehr und Handel mit Kriegsgerät dem MilRegGes. Nr. 53 (Neufassung betr. Devisenwirtschaft und Kontrolle des Güterverkehrs) der fr. Amerikanischen Militärregierung, einem gleichnamigen Gesetz der fr. Britischen Militärregierung und der Verordnung Nr. 235 des fr. Französischen Hohen Kommissars. Diese Bestimmungen wurden später im Gesetz Nr. 33 der Alliierten Hohen Kommission vom 2. 8. 1950 (AHK ABl. 514) unter der

Vorbemerkung **KWKG 8**

Überschrift „Devisenbewirtschaftungsgesetz" zusammengefasst. Auf Grund von Ermächtigungen der früheren Besatzungsmächte wurden die ursprünglich strengen Vorschriften des Besatzungsrechts durch Runderlasse des Bundeswirtschaftsministers mehr und mehr gelockert. Für die Herstellung, das Inverkehrbringen, die Beförderung von Kriegswaffen und für Verpflichtungsgeschäfte in Ansehung von Kriegswaffen war ab 4. 12. 1957 maßgebend die **Bekanntmachung** des Bundeswirtschaftsministers **über das vorläufige Kriegswaffengenehmigungsverfahren nach Art. 26 Abs. 2 GG** vom 28. 11. 1957 (BAnz. Nr. 233) mit Änderungen. Den hiernach zu erteilenden Kriegswaffengenehmigungen wurde die in der Anlage 1 zum Runderlass Außenwirtschaft Nr. 89/1954, zuletzt idF des Runderlasses Außenwirtschaft Nr. 18/1960 (Beil. zum BAnz. Nr. 54 vom 18. 3. 1960) als Teil I A veröffentlichte **Kriegswaffenliste** zugrunde gelegt. Die Geltungsdauer der Bekanntmachung wurde auf die Zeit bis zum Inkrafttreten des in Vorbereitung befindlichen Ausführungsgesetzes zu Art. 26 Abs. 2 GG (KWKG) beschränkt, das als „Gesetz über die Kontrolle von Kriegswaffen" vom 20. 4. 1961 im BGBl. I 444 ff. verkündet wurde.

**2. Der parlamentarische Werdegang des Gesetzes.** Der Übergangscharakter der 3 verschiedenen Bekanntmachungen über das vorläufige Kriegswaffengenehmigungsverfahren und die in Art. 26 Abs. 2 Satz 2 GG enthaltene Weisung des Grundgesetzgebers, das Nähere durch Bundesgesetz zu regeln, bewirkten, dass sich das federführende Bundeswirtschaftsministerium nach Zunehmen des Kriegswaffenhandels im Jahre 1956 an intensiver mit der Materie beschäftigte. Im Jahre 1959 wurde in Erfüllung des mit Art. 26 Abs. 2 Satz 2 GG erteilten, zugleich die Gesetzgebungszuständigkeit des Bundes begründenden Auftrags abschließend der Entwurf eines Kriegswaffengesetzes von der Bundesregierung dem Bundesrat zur Stellungnahme zugeleitet (BR-Drucks. 329/59). Der Bundesrat nahm in seiner 211. Sitzung vom 13. 11. 1959 zum Gesetzentwurf Stellung. Mit einer amtlichen Begründung, der Stellungnahme des Bundesrats und einer Erwiderung der Bundesregierung hierauf wurde der Entwurf eines „Ausführungsgesetzes zu Art. 26 Abs. 2 GG" (Kriegswaffengesetz) am 3. 2. 1959 dem Präsidenten des Bundestages zugeleitet (BT-Drucks. III/1589). Der Bundestag überwies den Entwurf in seiner Plenarsitzung vom 10. 2. 1960 dem Wirtschaftsausschuss federführend und dem Rechtsausschuss zur Mitberatung. Nach eingehender Behandlung in beiden Ausschüssen leitete der Wirtschaftsausschuss die Vorlage zusammen mit einem schriftlichen Bericht des Berichterstatters, Abgeordneten Dr. Dahlgrün, und den beschlossenen Änderungen am 23. 1. 1961 dem Bundestagsplenum zur endgültigen Beschlussfassung zu (BT-Drucks. III/2433), das den Entwurf in seiner 144. Sitzung vom 3. 3. 1961 bei einer Enthaltung ohne Gegenstimmen annahm (Stenografische Berichte S. 8161 f.). Da es sich um ein Zustimmungsgesetz iS von Art. 84 Abs. 1, 87 Abs. 2 GG handelte, war noch der Bundesrat anzuhören (BR-Drucks. 81/61), der in seiner 229. Sitzung vom 3. 3. 1961 dem Gesetz die notwendige Zustimmung erteilte. Das Gesetz wurde als **„Ausführungsgesetz zu Art. 26 Abs. 2 des Grundgesetzes" (Gesetz über die Kontrolle von Kriegswaffen)** unter dem Datum vom 20. 4. 1961 ausgefertigt und im Bundesgesetzblatt vom 25. 4. 1961 Teil I S. 444 ff. verkündet. Es ist am 1. 6. 1961 in Kraft getreten.

**3. Spätere Änderungen des Gesetzes.** Durch Art. 7 EGOWiG vom 24. 5. 1968 4 (BGBl. I 503, 515) wurde § 18 Abs. 2 neu gefasst (Nr. 1), die §§ 19 bis 22 wurden aufgehoben (Nr. 2), in § 23 wurde der neuen Paragraphierung des OWiG Rechnung getragen (Nr. 3), die §§ 24 u. 25 schließlich wurden durch eine neue Einziehungsvorschrift ersetzt (Nr. 4). Mit Art. 35 EGStGB vom 2. 3. 1974 (BGBl. I 469) wurden

**8 KWKG**            Gesetz über die Kontrolle von Kriegswaffen

die Strafvorschriften in § 16 abgeändert, § 17 über den Geheimnisverrat aufgehoben und die Einziehungsvorschrift (§ 24) der neuen Rechtslage angepasst.

Die umfangreichsten Änderungen brachte das (1.) Gesetz zur Änderung des Waffenrechts vom 31. 5. 1978 (BGBl. I 641) in seinem Art. 2. Es wurden u. a. ein neuer § 4a über die Genehmigungspflicht von Auslandsvermittlungsgeschäften eingeführt, die Sicherstellungsvorschrift (§ 13) und die Strafvorschriften neu gefasst sowie in § 26a eine Anzeigepflicht neu aufgestellt.

Weitere einschneidende Änderungen brachten der **Einigungsvertrag** vom 31. 8. 1990, der in Anlage I Kapitel V Sachgebiet A Abschnitt II Nr. 2 (BGBl. II 889, 996) als Übergangsregelung für das Gebiet der ehem. DDR den § 26b einfügte, vor allem aber Art. 3 des **„Gesetzes zur Verbesserung der Überwachung des Außenwirtschaftsverkehrs und zum Verbot von Atomwaffen, biologischen und chemischen Waffen"** vom 5. 11. 1990 (BGBl. I 2428). Mit diesem Gesetz wurden aus gegebenem politischen Anlass (hinsichtlich der arabischen Welt) **neue Verbots- und Strafvorschriften** gegen die Herstellung der genannten Waffen geschaffen: zB uneingeschränktes strafbewehrtes Verbot der Herstellung im Inland sowie Erstreckung dieser Strafvorschrift auf Auslandstaten Deutscher (BT-Drucks. 11/4609 S. 6/7). Diese Änderungen führten zur Neufassung des Gesetzes vom 22. 11. 1990 (BGBl. I 2506).

Das Übereinkommen gegen **Antipersonenminen** war Anlass zur Gesetzesänderung vom 6. 7. 1998 (BGBl. I 1778). Die Gesetzesänderung durch Art. 6 des Gesetzes vom 21. 12. 2000 (BGBl. I 1956) war veranlasst durch die Zusammenlegung des Bundesamtes für Wirtschaft mit dem Bundesausfuhramt. Weitere Änderungen erfolgten durch Art. 20 der VO vom 29. 10. 2001 (BGBl. I 2785; 2002 I 2972), Art. 1 des Gesetzes vom 10. 11. 2001 (BGBl. I 2992) sowie durch Art. 3 des WaffRNeuRegG vom 11. 10. 2002 (BGBl. I 3970, ber. 4592 und 2003, 1597).

5    **4. Durchführungsverordnungen:**
a) **Erste Verordnung** zur Durchführung des Gesetzes über die Kontrolle von Kriegswaffen vom 1. 6. 1961 (BGBl. I 649), zuletzt geändert durch Art. 253 der 8. Zuständigkeitsanpassungsverordnung vom 25. 11. 2003 (BGBl. I 2304), abgedruckt unter **Nr. 8a;**
b) **Zweite Verordnung** zur Durchführung des Gesetzes über die Kontrolle von Kriegswaffen vom 1. 6. 1961 (BGBl. I 649), zuletzt geändert durch Art. 31 des Gesetzes vom 21. 12. 2000 (BGBl. I 1956), abgedruckt unter **Nr. 8b;**
c) **Dritte Verordnung** zur Durchführung des Gesetzes über die Kontrolle von Kriegswaffen vom 11. 7. 1969 (BGBl. I 841), zuletzt geändert durch Art. 254 der 8. Zuständigkeitsanpassungsverordnung vom 25. 11. 2003 (BGBl. I 2304); abgedruckt unter **Nr. 8c;**

Ferner ist eine **Verordnung über Allgemeine Genehmigungen** unter dem 30. 7. 1961 erlassen worden (BAnz. Nr. 150/61), abgedruckt unter **Nr. 8d,** geänd. durch VO vom 8. 1. 1998 (BGBl. I 59) und ergänzt durch **die Zweite Verordnung über eine Allgemeine Genehmigung** vom 29. 1. 1975 (BGBl. I 421), abgedruckt unter **Nr. 8e.**

Schließlich ist noch hinzuweisen auf die **„Verordnung über Meldepflichten bei der Einfuhr und Ausfuhr bestimmter Kriegswaffen (Kriegswaffenmeldeverordnung – KWMV)"** vom 24. 1. 1995 (BGBl. I 92), geändert und Bezeichnung neu gefasst in **„Verordnung über Meldepflichten für bestimmte Kriegswaffen (Kriegswaffenmeldeverordnung – KWMV)"** durch Verordnung vom 9. 6. 1999 (BGBl. I 1266), geänd. durch Art. 33 des Gesetzes vom 21. 12. 2000 (BGBl. I 1956), abgedruckt unter **Nr. 8f.**

Vorbemerkung **KWKG 8**

Nachträglich hinzugefügt wurde die **„Verordnung über den Umgang mit unbrauchbar gemachten Kriegswaffen"** vom 1. 7. 2004 (BGBl. I 1448), abgedruckt unter **Nr. 8 g.** Näheres bei § 13 a KWKG.

**5. Gliederung des Gesetzes.** Das Kriegswaffenkontrollgesetz gliedert sich in **6 Abschnitte.** Der erste Abschnitt (§§ 1 bis 11) gibt in § 1 die Begriffsbestimmung der Kriegswaffen und macht in den nachfolgenden Vorschriften im Anschluss an Art. 26 Abs. 2 Satz 1 GG das Herstellen, Inverkehrbringen und die Beförderung von Kriegswaffen von der Genehmigung bestimmter Bundesbehörden (§ 11) abhängig. Die §§ 6 bis 10 bestimmen über den Inhalt, die Versagung und den Widerruf der Genehmigung und die Entschädigung im letztangeführten Fall. Der zweite Gesetzesabschnitt (§§ 12–15) bringt eingehende Vorschriften über die Pflichten im Verkehr mit Kriegswaffen sowie Überwachungs- und Ausnahmevorschriften, während der dritte (§§ 16 und 17) besondere Vorschriften für Atomwaffen enthält. Der vierte Abschnitt befasst sich mit dem Verbot von biologischen und chemischen Waffen (§ 18) und dem Verbot von Antipersonenminen (§ 18 a). Im fünften Abschnitt finden sich die Straf- und Bußgeldvorschriften (§§ 19–24). Übergangs- und Schlussvorschriften bringt schließlich der sechste Abschnitt (§§ 26–29).

Dem Gesetz als **Anlage** angefügt ist weiterhin die ungemein bedeutsame **Kriegswaffenliste** (KWL), zuletzt geändert durch die 9. ÄndVO der BReg. vom 28. 2. 1998 (BGBl. I 385) und Art 3 Nr. 7 des WaffRNeuRegG vom 11. 10. 2002 (BGBl. I 3970, ber. 4592 und 2003, 1597).

**6. Das Verhältnis des Kriegswaffenkontrollgesetzes zum Außenwirtschaftsgesetz.** Vgl. BGHSt. **41**, 348 = NStZ **1996**, 137 = MDR **1996**, 514 = wistra **1996**, 145; hierzu Anm. von *Holthausen* NStZ **1996**, 284 und *Kreuzer* NStZ **1996**, 555; *Pottmeyer* Einleitung Rdn. 161 ff., *Hucko* BAnz Nr. 17 a vom 25. 1. 1991 und *Dahlhoff* NJW **1991**, 208. Im Verhältnis zum Außenwirtschaftsgesetz (AWG) vom 28. 4. 1961 (BGBl. I 481 mit zahlreichen Änderungen – BGBl. III 7400-1) stellt sich das KWKG als **Spezialgesetz** dar (vgl. die amtl. Begründung der Regierungsvorlage: Entwurf eines Außenwirtschaftsgesetzes – BR-Drucks. 191/59 S. 233 unter e); OLG München NStZ **1993**, 243). Das besagt aber nicht etwa, dass der Außenwirtschaftsverkehr mit Kriegswaffen (Ein- und Ausfuhr) den Bestimmungen des AWG nicht unterläge. Aus § 6 Abs. 4 KWKG in Verbindung mit § 1 Abs. 2 AWG ergibt sich vielmehr, dass die nach dem einen Gesetz erteilte Genehmigung nicht die nach dem anderen Gesetz vorgeschriebene ersetzt, dass vielmehr **beide Genehmigungen**, soweit sie überhaupt notwendig sind, **nebeneinander** vorliegen müssen (BGHSt. **41**, 348 [s. o.]; *Pietsch* Einf. Rdn. 35 ff., 38; *Holthausen* NJW **1991**, 203, 204; *Fuhrmann* in Erbs/Kohlhaas, Strafrechtl. Nebengesetze, AWG Vorbem. Rdn. 10); bei Verstoß gegen beide Genehmigungserfordernisse liegt Tateinheit vor (BGHSt. aaO). Darüber hinaus kann die Ein-, Aus- und Durchfuhr von Waffen, Munition und Kriegsgerät, etwa in ein bestimmtes Land, sogar durch eine von der Bundesregierung zu erlassende Rechtsverordnung gemäß § 2 AWG allgemein oder unter bestimmten Voraussetzungen nach § 7 AWG beschränkt, d. h. verboten oder von einer besonderen Genehmigung auf Grund des AWG abhängig gemacht werden (BGHSt. aaO). Derartige Beschränkungen sind in den §§ 5–6 a und 7 der Außenwirtschaftsverordnung idF der Bek. vom 22. 11. 1993 (BGBl. I 1934, 2493 mit zahlreichen späteren Änderungen – BGBl. III 7400–1–6). Hiernach ist die Ausfuhr von einer besonderen Ausfuhrgenehmigung abhängig, für deren Erteilung gemäß § 1 der Verordnung zur Regelung von Zuständigkeiten im Außenwirtschaftsverkehr vom 18. 7. 1977, zuletzt geändert durch Art. 42 des Gesetzes vom 21. 12. 2000 (BGBl. I 1956 – BGBl. III 7400-1-5)

# 8 KWKG  Gesetz über die Kontrolle von Kriegswaffen

und Art. 341 der VO vom 29. 10. 2001 (BGBl. I 2785), entweder das Bundesausfuhramt zuständig war oder das Bundesamt für Wirtschaft. Diese unterschiedliche Zuständigkeit ist entfallen aufgrund des Gesetzes über die Zusammenlegung beider Behörden (vom 21. 12. 2000 – BGBl. I 1956). Die Behörde heißt jetzt: **„Bundesamt für Wirtschaft und Ausfuhrkontrolle (BAFA)"** (Art. 6, 30 ff. des genannten Gesetzes). Zur ungenehmigten Ausfuhr vgl. BGH NJW **1999,** 2129 und **1992,** 3114; zum Verstoß gegen das Irak-Embargo BGH NStZ-RR **2004,** 342. Zum tateinheitlichen Zusammentreffen eines Verbrechens nach § 20 KWKG mit einem solchen nach § 34 Abs. 4 AWG iVm. §§ 69 g oder 691 AWV vgl. OLG Stuttgart NStZ **1997,** 188). Soweit die Ermächtigung des § 39 Abs. 1 und 2 AWG zur Überwachung des Postverkehrs und der Telekommunikation im Bereich der Straftatenverhütung sich auf Straftaten nach dem KWKG bezieht, ist auch diese Regelung verfassungswidrig und kann allenfalls noch bis zum 31. 12. 2004 hingenommen werden (BVerfG NJW **2004,** 2213).

**8**  **7. Das Verhältnis des Kriegswaffenkontrollgesetzes zum Waffengesetz. a)** zum WaffG aF (idF der Bek. v. 8. 3. 1976 [BGBl. I 432 mit späteren Änderungen – BGBl. III 7133-3]). Das WaffG aF diente in erster Linie sicherheitspolizeilichen Zwecken und regelte daneben die Berufsausübung im Waffenherstellungsgewerbe und im Waffenhandel. Demgegenüber bezweckt das KWKG die Ausführung von Art. 26 Abs. 2 GG. Das KWKG soll in erster Linie die Vorbereitung und Führung eines Angriffskrieges und darüber hinaus vorbeugend alle Handlungen verhindern, die geeignet sind und in der Absicht vorgenommen werden, das friedliche Zusammenleben der Völker zu stören (§ 1 Abs. 2). Daneben erfüllt das vorliegende Gesetz auch Zwecke der Rüstungskontrolle. Die mit den verschiedenen Gesetzen verfolgten Ziele stimmen also im Wesentlichen nicht miteinander überein. Deshalb bestimmte § 6 Abs. 3 Halbs. 2 WaffG aF, dass vom KWKG nur die §§ 4 Abs. 4 (Waffenführung), 35, 36 (Waffenschein und Versagung desselben), 37 Abs. 1 und 2 (verbotene Gegenstände), 39 (Verbot des Führens von Waffen bei öffentlichen Veranstaltungen), 42 (Sicherung gegen Abhandenkommen), 45 bis 52 (Schießen außerhalb von Schießstätten, Auskunftserteilung, Nachschau, Rücknahme und Widerruf des Waffenscheins, Folgen dieser Verwaltungsakte, Zuständigkeit) und die Abschnitte IX (§§ 52 a bis 56; Straf- und Bußgeldvorschriften; vgl. hierzu BGH NStZ **1981,** 104; BGH, Beschluss vom 21. 8. 1985 – 4 StR 410/85; ausführlich OLG Karlsruhe NJW **1992,** 1057 = NStZ **1992,** 242 m. Anm. *Holthausen* [abw. vom BGH]; OLG Schleswig NStZ **1983,** 271 m. abl. Anm. *Richter; Holthausen* NStZ **1982,** 363; *Pottmeyer* Einleitung Rdn. 81 ff.) und X (§§ 57 bis 62; Übergangs- und Schlussvorschriften) auf tragbare Kriegsschusswaffen und die dazugehörige Munition Anwendung fanden, wobei vor allem die Anmeldepflicht für Kriegswaffen gem. § 58 Abs. 2 WaffG von Bedeutung war. Wesentliche Teile von tragbaren Kriegsschusswaffen (zB Griffstücke von Maschinenpistolen) teilten das rechtliche Schicksal dieser Waffen (BGH NJW **2001,** 384).

Die Anordnung der Anwendbarkeit der angeführten Bestimmungen des WaffG auch auf Kriegswaffen war seinerzeit notwendig, weil das **KWKG** das **Schießen** mit Kriegswaffen und das **Führen** solcher Waffen **nicht** regelt (amtl. Begr. d. WaffG BT-Drucks. VI/2678 S. 26). Die Herstellung und das Inverkehrbringen von Kriegswaffen usw. unterlag dagegen auch nach altem Recht nicht der Erlaubnispflicht nach dem WaffG. Es gelten insoweit vielmehr ausschließlich die §§ 3 ff. KWKG, die in erster Linie auf die Regelung der tatsächlichen Verhältnisse im Bereich des Kriegswaffenwesens abgestellt sind. Zum Verhältnis der Regelungen bei-

Vorbemerkung **KWKG 8**

der Gesetze zueinander vgl. OLG Karlsruhe NJW **1992**, 1057 = NStZ **1992**, 242 m. Anm. *Holthausen;* ausführlich *Pottmeyer* aaO und *Holthausen/Hucko* NStZ-RR **1998**, 193, 202 f.; Ipsen Bernhard-Festschr. S. 1041.

**b) WaffG nF.** Bereits der RegE für ein 3. ÄndG zum WaffG (BT-Drucks. 1556) sowie die Reformgesetzgebungsinitiativen zum Waffenrecht sahen eine strengere **Trennung** der Anwendungsbereiche des WaffG und des KWKG vor, um diese **unbefriedigende, unübersichtliche „Gemengelage"** zu beseitigen (vgl. den Gesetzentwurf der BReg. zur Neuregelung des Waffenrechts [WaffRNeuRegG] vom 17. 8. 2001 (BR-Drucks. 596/01) in seinem Art. 1 § 55 und Art. 3). Dies wurde mit § **57 WaffG nF** verwirklicht (vgl. näher § 57 WaffG Rdn. 1 ff.). Auf dem Papier war diese Trennung an sich schon durch § 6 Abs. 3 erster Halbsatz WaffG aF vollzogen; denn dieser lautete: „Auf Kriegswaffen im Sinne des Gesetzes über die Kontrolle von Kriegswaffen ist dieses Gesetz nicht anzuwenden". Die „Misere" begann erst mit dem zweiten Halbsatz dieser Bestimmung. So kann die Begründung zur Neufassung des WaffG auch mit Recht sagen (BT-Drucks. 14/7758 S. 85), dass Satz 1 des neuen Absatzes 1 des jetzt einschlägigen § 57 WaffG der Regelung im 1. Halbsatz des bisherigen § 6 Abs. 3 des Waffengesetzes entspricht. Hinzugefügt wird: „Er ist notwendig, da auch militärische Handfeuerwaffen tragbare Schusswaffen im Sinne des Waffengesetzes sind. **Ohne** eine **abgrenzende Vorschrift** würden daher die Bestimmungen des **Waffengesetzes** auch auf **militärische Handfeuerwaffen,** die bereits unter das Kriegswaffenkontrollgesetz fallen, Anwendung finden." **8a**

Eine ganz saubere **Trennung** lässt sich indessen **für die Vergangenheit nicht** vollziehen. Die Begründung des Entwurfs (aaO) führt hierzu aus: „Notwendig ist eine Erstreckung von Vorschriften des Waffenrechts gegenständlich nur noch auf Kriegsschusswaffen, die nach dem Waffengesetz 1972 legalisiert worden sind und bei denen die erforderlichen Prüf- und Überwachungsmaßnahmen nicht nach dem Kriegswaffenkontrollgesetz getroffen werden können. Insoweit muss es daher auch weiterhin bei der Regelung bleiben, dass für die periodische Überprüfung der Zuverlässigkeit und das Aufbewahren der Waffen die Vorschriften des Waffengesetzes maßgebend sind." Es handelt sich hierbei um die §§ 4 Abs. 3, 36 und § 45 Abs. 1 und 2 WaffG nF. In diesem Rahmen wird das Bundesamtes für Wirtschaft und Ausfuhrkontrolle (BAFA) für zuständig erklärt (§ 57 Absatz 1 Satz 4), das als Überwachungsbehörde in Bezug auf die nach § 59 des Waffengesetzes 1972 registrierten Kriegsschusswaffen bereits tätig ist. Dieses soll sowohl für Anordnungen gemäß § 36 Abs. 3 WaffG nF als auch für Maßnahmen nach § 4 Abs. 3 und § 45 Abs. 1 und 2 WaffG nF zuständig sein. Die Klausel „unbeschadet der Vorschriften des Gesetzes über die Kontrolle von Kriegswaffen" in § 57 Absatz 1 Satz 2 WaffG bedeutet, dass die Registrierung und Legalisierung der Schusswaffen nach dem Waffengesetz 1972 keine Freistellung von den Genehmigungstatbeständen des Kriegswaffenkontrollgesetzes bedeutet, also der Inhaber einer solchen Waffe zB zur Überlassung an einen anderen oder zu ihrer Beförderung einer Genehmigung nach dem Kriegswaffenkontrollgesetz bedarf (Begr. aaO). Für die Strafbarkeit gilt Folgendes: Auf Zuwiderhandlungen von Personen, die ihre Schusswaffen nach dem Waffengesetz 1972 und dem Waffengesetz 1976 nicht angemeldet oder einen Antrag auf Erteilung einer Ausnahmegenehmigung (§ 37 Abs. 3 WaffG aF) nicht gestellt haben, sind die Strafvorschriften des Waffengesetzes aF weiterhin anwendbar. Soweit es sich hierbei um Straftaten in Bezug auf Kriegswaffen handelt, die dem Verbrechenstatbestand des § 52a Abs. 1 Nr. 1 WaffG aF unterfielen, soll aber nicht etwa der neue Verbrechenstatbestand des § 51 angewendet werden, auch nicht § 52 **8b**

# 8 KWKG  Gesetz über die Kontrolle von Kriegswaffen

Abs. 1 mit seiner höheren Strafdrohung, sondern § 52 Abs. 3 Nr. 1 mit der geringeren Strafandrohung.

**8 c**  **c) Aus der Kriegswaffenliste „entlassene" Kriegswaffen (§ 57 Absatz 2 WaffG nF).** Das Regime des Kriegswaffenkontrollgesetzes endet in dem Moment, in dem durch **Änderung** der **Kriegswaffenliste,** die durch VO der Bundesregierung geschieht (§ 1 Abs. 2 KWKG), ein Gegenstand aus der Liste entfernt wird und damit automatisch seine Kriegswaffeneigenschaft verliert. Es handelt sich aber naturgemäß weiter um Waffen iS des Waffengesetzes (dort. § 1 Abs. 2). Die Waffenliste spricht diesen Vorgang in der Anlage 2 A 1 Nr. 1.1 zum WaffG an, indem sie derart aus der Kriegswaffenliste gestrichene Waffen, mit Ausnahme halbautomatischer tragbarer Schusswaffen, sofort in die Liste der **verbotenen** Waffen nach dem WaffG einreiht. Die Regelung betrifft nur funktionsfähige Kriegswaffen. Einer Regelung für nicht mehr funktionsfähige Kriegswaffen bedurfte es nach Ansicht des Gesetzgebers nicht; sie verlieren ihren Status als Kriegswaffe durch Einzelentscheidung und den Status als Schusswaffe ausschließlich durch Unbrauchbarmachung (Begr. BT-Drucks. 14/7758 S. 87; vgl. auch § 13 a KWKG; *Kräußlich* DWJ **2004,** Heft 3, S. 98, 99). Zum Umgang mit unbrauchbar gemachten Kriegswaffen vgl. auch die Stellungnahme des BMWA (OAR *Pracejus*) vom 31. 3. 2003, abgedruckt im **Anhang b)** zu § 13 a KWKG.

**9**  **8. Schrifttum. a) Kommentare und Einzelschriften.** Wer tiefer in die Materie des Kriegswaffenrechts eindringen will, wird auf den ausführlichen Kommentar von *Pottmeyer* KWKG 2. Aufl. (1994) sowie *Hohmann/John* (Hrsg.), Ausfuhrrecht, 2002 (Bearbeiter: *Pietsch,* zitiert *Pietsch*) und *Bieneck* (Hrsg.), Handbuch des Außenwirtschaftsrechts und des Kriegswaffenkontrollrechts (1998), (Bearbeiter *Pathe,* zitiert *Pathe*), verwiesen. Außerdem hat *Hinze* das KWKG in seinem Kommentar z. Waffengesetz erläutert. Vgl. auch *Bebermeyer* (Hrsg.), Deutsche Ausfuhrkontrolle, 1992; *Brauer,* Die strafrechtliche Behandlung genehmigungsfähigen, aber nicht genehmigten Verhaltens (1988) S. 118 ff.; *Bundscherer,* Deutschland und das Chemiewaffenübereinkommen. Wirtschaftsverwaltungsrecht als Instrument der Rüstungskontrolle (1997), zugl. Diss. Greifswald 1997; *von Burchard,* Das Umgehungsgeschäft beim Waffenexport in Drittländer aus strafrechtlicher Sicht (1987); *Dörflinger u. a.* (Hrsg.) Handbuch des Waffenrechts in Wort und Bild (1987); *Epping,* Grundgesetz und KWKG (1993) [hierzu *Gusy* GA **1994,** 550]; *Gröger,* Die Vorverlegung des Strafrechtsschutzes im Exportkonrollrecht, 2001; *Hermsdörfer,* Zur Strafbarkeit des Umgangs mit Antipersonenminen nach dem Kriegswaffenkontrollgesetz, in: Wehrrecht und Friedenssicherung, 1999, S. 87 (Dau-Festschr.); *Hinder,* Der Ausfuhrverantwortliche im Außenwirtschafts- und Kriegswaffenkontrollrecht (1999); *Hucko,* Außenwirtschaftsrecht, Kriegswaffenkontrollrecht, 2001; *Langbein/Skalnik/Smolek,* Bioterror, 2002; *Medicus* in Das Deutsche Bundesrecht I A 15 S. 13 ff.; *Miller/Engelberg/Broad,* Virus: die lautlose Bedrohung; Biologische Waffen – die unsichtbare Front, 2002; *von Poser und Groß Naedlitz,* Die Genehmigungsentscheidung nach dem Kriegswaffenkontrollrecht, 1999; *Pottmeyer,* in *Wolfgang/Simonsen,* Außenwirtschaftsrecht (Loseblattausgabe); *Schäfer,* Bioterrorismus und biologische Waffen. Gefahrenpotential, Gefahrenabwehr, 2002.

**b) Abhandlungen:** *Achenbach* NStZ **1994,** 421; **1993,** 427 und 477, **1998,** 560, 561; **1999,** 549 (Rspr. zum Wirtschaftsrecht); *Barthelmeß* wistra **2001,** 14 (Strafbarkeit im Vorfeld des Fördertatbestandes des § 20 Abs. 1 Nr. 2 KWKG); *Bartholme* JA **1996,** 730 (Plutoniumtourismus); *Beschorner* ZVglRWiss. **1991,** 262 (Ausfuhrkontrolle bei Rüstungsgütern); *Bieneck* wistra **1994,** 173 (System des Außenwirtschaftsrechts); *ders.* wistra **2000,** 441 (Situation im Außenwirtschaftsrecht); *Braun/ Ferchland* Kriminalistik **1993,** 481 (Nuklearkriminalität); *Dahlhoff* NJW **1991,** 208 (§ 34 AWG nF); *Deinert,* Exportkontrolle militärisch relevanter Waren und Arbeitsrecht, ArbuR **2003,** 104, 135 und 168; *Donner/Fischer* UPR **1990,** 406 (Rüstungsaltlasten); *Ehlert* Bundeswehrverwaltung **1961,** 225 (KWKG und Versorgungstransporte der Bundeswehr); *Epping* DWiR **1991,** 276 (Exportfreiheit und Exportkontrolle); *ders.* RIW **1991,** 462 (Die Novellierungen im Bereich des Rüstungsexportrechts); *ders.* RIW **1996,** 453 (Novellierungsbedarf beim Kriegswaffenexportrecht?); *Fehn,* Kriegswaffendelikte, Kriminalistik **2004,** 635; *von dem Hagen* Hansa **1961,** 1231 (Schifffahrtsvorschriften des KWKG); *Hantke/Holthausen/Hucko* NVwZ **1997,** 1195 (Praktiker und neue Doktorarbeit); *Harder,* Außenwirtschaftsstrafrecht, in *Wabnitz/Janovsky,* Handbuch des Wirtschafts- und Steuerstrafrechts, 2004, S. 1467; *Hetzer* ZfZ **1995,** 34 (Geheimdienstliche Außenwirtschaftskontrolle?); *Hinze* DWJ **1980,** 936 (Kriegswaffen und -munition); *ders.* DWJ **1981,** 786 (KWKG); *ders.* BM **1987,** 9 (Änderung kriegswaffenrechtlicher Vorschriften); *ders.* DWJ **1988,** 640, 641 (Erbnachfolge); *ders.* DWJ **1988,** 1064 (Doppelanwendbarkeit von Strafvorschriften); *ders.* DWJ **1989,** 1668 (Änderungen im Erfassungsbereich des KWKG); *Holthausen* NStZ **1982,** 363 (Anwendungsbereich); *ders.* NStZ **1988,** 206 und 256 (Ausfuhr von Rüstungsgütern); *ders.* NJW **1991,** 203 (neue Strafbestimmungen); *ders.* NJW **1992,** 214 (§ 21 KWKG völkerrechtsgemäß); *ders.* NStZ **1992,** 268 (Entgegnung auf Pottmeyer NStZ **1992,** 57 betr. Auslandstaten); *ders.* NJW **1992,** 2113 (Begriff der A-B-C-Waffen); *ders.* NStZ **1993,** 568 (Täterschaft und Teilnahme bei Verstößen gegen Genehmigungspflichten des KWKG und AWG; zu BGH NJW **1992,** 3114); *ders.* JZ **1995,** 284 (Der Verfassungsauftrag des Art. 26 II GG und die Ausfuhr von Kriegswaffen); *ders.* wistra **1996,** 121 (Die Bausatztheorie im Kriegswaffenkontrollrecht); *ders.* wistra **1997,** 129 (Enumerative Listen im Kriegswaffenkontrollrecht und ihre „Umgehung"); *ders.* wistra **1998,** 209 (Zum Tatbestand des Entwickelns atomarer, biologischer und chemischer Waffen [§§ 18– 20 KWKG]; Erwiderung auf Muhler ZRP 1998, 4); *Holthausen/Hucko* NStZ-RR **1998,** 193 (Das KWKG in der Rechtsprechung); *dies.* NStZ-RR **1998,** 225 (Das AWG in der Rechtssprechung); *Ipsen* Bernhard-Festschr. (1995), 1041 (Kriegswaffenkontrolle und Auslandsgeschäft); *Kräußlich* DWJ **2004,** Heft 3, S. 98 (Halbautomaten als Kriegswaffen); *Kunert/Bernsmann* NStZ **1989,** 449, 451 (Neue Sicherheitsgesetze); *Langner* Forum Recht **1995,** 11 (Exportkontrollen für Dual-Use-Güter in Deutschland und Europa); *Lehmann* JR **2002,** 492 (§ 22 a I, III KWKG – notwendiger Verbrechenstatbestand?); *Lohberger* NStZ **1990,** 61 (Rspr. zu §§ 4 a, 16 Abs. 1 Nr. 7 [aF] KWKG); *Mätzke* NStZ **1999,** 541 (Ausfuhr sensitiver Güter in EU-Staaten); *Mattausch* NStZ **1994,** 462 (Nuklearkriminalität); *Michalke* StV **1993,** 262 (Strafrechtliche und verfahrensrechtliche Änderungen des AWG); *Monreal/Runte* GewA **2000,** 142 (Exportkontrollrecht); *Muhler,* wistra **1998,** 4 (Förder-Tatbestand – §§ 16–20 KWKG); *Oeter* ZRP **1992,** 49 (Neue Wege der Exportkontrolle der Rüstungsgüter); *Oswald* NStZ **1991,** 322 (Zur Novelle des KWKG); *Potrykus* Die Polizei **1964,** 369 (Zum KWKG); *Pottmeyer* NStZ **1992,** 57 (Strafbarkeit von Auslandstaten nach KWKG und AWG); *ders.* wistra **1996,** 121 (Bausatztheorie); *Pottmeyer* AW-Prax. **2003,** 333 („Gemeinsamer Standpunkt" der EU zur Waffenvermittlung); *Pottmeyer/Sinnwell* Der Ausfuhrverantwortliche nach AWG und KWKG); *Reuter* NJW **1995,** 2190 (Exportkontrolle bei Dual-Use-Gütern); *Runkel* Wehrtechnik 6/**1986** S. 58 (Zweifelsfragen bei der Beurteilung von Kriegswaffen); *ders.* Wehrtechnik 4/**1987** S. 71 (Transport von Kriegswaffen genehmigungspflichtig); *Scholzen* DWJ **1990,** 21 (Strafvorschriften); *ders.* DWJ **1992,** 1568 (Kriegswaffen-

# 8 KWKG  Gesetz über die Kontrolle von Kriegswaffen

teilesätze); *ders.* DWJ **1992,** 1752 (Kriegswaffen-Munition); *ders.* DWJ **1992,** 1968 (Laserzielgeräte); *ders.* DWJ **1998,** 1096 (Deko-Teilesätze); *Schünemann* in *Krekeler/Tiedemann/Ulsenheimer/Weinmann* (Hrsg.), Handwörterbuch des Wirtschafts- und Steuerstrafrechts (1985) Art. Kriegswaffenkontrollgesetz); *Sohm* NZWehrR **1994,** 99 (Strukturen des deutschen Rüstungsexportrechts); *Spranger,* Angriffskrieg durch Private? Zur Anwendbarkeit von Art. 26 Abs. 1 GG auf Individuen, NZ-WehrR **2005,** 68; *Tiedemann* in Festschrift für Spendel (1992) S. 591 (Zur Geschichte eines Straftatbestandes des ungenehmigten Rüstungsexports); *Thietz-Bartram* wistra **1993,** 201 (Ausfuhrbeschränkungen und ihre Strafsanktionen im Lichte des Gemeinschaftsrechts); *Wallaschek* Kriminalistik **1974,** 469 (Praktiken im internationalen Waffenschmuggel); *Wamers* Kriminalist **1994,** 338 (Illegaler Technologietransfer); *Weber* NJW **1979,** 1282 (Genehmigungspflicht nach dem KWKG); *Weise* BM **1989,** 203 (Kriegswaffen vor 100 Jahren).

10   Eine **Rechtsprechungsübersicht** findet sich im Internet unter http://www.jura.uos.de/prof/achenbach/wstr/nstz/KWKG.htm

11   **Weiterführende Hinweise** sind auch den Veröffentlichungen des **Bundesamts für Wirtschaft und Ausfuhrkontrolle (BAFA)** im **Internet** zu entnehmen (www.bafa.de). Es handelt sich u. a. um folgende (vgl. aber hinsichtlich der Fortgeltung den **Anhang b)** zu § 13 a):

1. **Verordnung (EG)** Nr. 1334/2000 des Rates vom 22. 6. 2000 über eine Gemeinschaftsregelung für die Kontrolle der Ausfuhr von Gütern und Technologien mit doppeltem Verwendungszweck **(Dual-Use-VO)**, ABl. EG Nr. L 159/1 vom 30. 6. 2000
2. **Politische Grundsätze** der Bundesregierung für den Export von Kriegswaffen und sonstigen Rüstungsgütern vom 19. 1. 2000 mit **Anlage** „Verhaltenskodex der Europäischen Union für Waffenausfuhren", vom Rat der EU angenommen am 8. 6. 1998
3. **Berichte der Bundesregierung.** Wichtige Informationen enthalten die **Rüstungsexportberichte 1999** (BT-Drucks. 14/4179), **2000** (BT-Drucks. 14/7657) sowie **2001** (BT-Drucks. 15/230).
4. **Ausfuhrliste** Teil I A (Liste für Waffen, Munition und Rüstungsmaterial)
5. **Richtlinie** des BMWi vom 21. 4. 1999 – V B 3–10 17 03 – über „Halbautomatische militärische Gewehre iS der Nummer 29 d der Kriegswaffenliste (KWL)"
6. **Richtlinie** des BMWi vom 21. 4. 1999 – V B 3–10 17 03 – über Kriterien für die Unbrauchbarmachung der Kriegswaffen der Nummer 29 a–c der Kriegswaffenliste (KWL) sowie der Rohre und Verschlüsse für diese Kriegswaffen (Nummern 34 und 35 KWL)
7. a) **Richtlinie** des BMWi vom 21. 4. 1999 – V B 3–10 17 03 – „über Anforderungen an tragbare Handfeuerwaffen für Theateraufführungen, Film- und Fernsehzwecke, die Kartuschenmunition verfeuern können;
   b) **Informationen zur Kriegswaffenkontrolle des Bundesamts für Wirtschaft und Ausfuhrkontrolle (BAFA)), zu finden im Internet unter www.bafa.de, abgedruckt als Anhang 2 zu § 2.**
8. **Richtlinie** des BMWi vom 26. 4. 1999 – V B 3–10 17 03 – über Unbrauchbarmachung (Demilitarisierung) und anderweitige Verwertung von Kriegswaffen (KW) der Nrn. 24 bis 28 und 33 der Kriegswaffenliste (KWL)
9. **Richtlinie** des BMWi vom 28. 4. 1999 – V B 3–10 17 03 – über „Demilitarisierung von Kriegsschiffen und schwimmenden Unterstützungsfahrzeugen

Begriffsbestimmung **§ 1 KWKG 8**

10. **Richtlinie** des BMWi vom 27. 4. 1999 – V B 3–10 17 03 über „Unbrauchbarmachung (Demilitarisierung) von großkalibrigen Rohrwaffen, Sprengkörperwurfanlagen und dazu gehörigen Rohren und Verschlüssen"
11. **Richtlinie** des BMWi vom 28. 4. 1999 – V B 3–10 17 03 über „Unbrauchbarmachung (Demilitarisierung) von Kampfflugzeugen und Kampfhubschraubern"
12. **Merkblatt** des BMWi vom 23. 1. 2001 – V B 3–10 17 02/3 – über „Überlassung, Erwerb und Beförderung von Kriegswaffen innerhalb des Bundesgebietes" (§§ 2 Abs. 2 und 3 in Verbindung mit 5 Abs. 2 und 3 KWKG, abgedruckt als Anhang 1 zu § 2
13. **Merkblatt** des BMVtg vom 19. 2. 2002 – Rü II 2 – Az 39–22–28/01 KWKG – über „Durchführung des Gesetzes über die Kontrolle von Kriegswaffen (KWKG). Nachweisführung bei der Beförderung von Kriegswaffen durch Eisenbahnen des öffentlichen Verkehrs"
14. **Merkblatt** der BAFA als Überwachungsbehörde – 223–R33 0501 (Stand: 2. 1. 2002) „Allgemeine Hinweise zur Kriegswaffenbuchführung".

## Erster Abschnitt. Genehmigungsvorschriften

**Begriffsbestimmung**

**1** (1) **Zur Kriegführung bestimmte Waffen im Sinne dieses Gesetzes (Kriegswaffen) sind die in der Anlage zu diesem Gesetz (Kriegswaffenliste) aufgeführten Gegenstände, Stoffe und Organismen.**

(2) **Die Bundesregierung wird ermächtigt, durch Rechtsverordnung mit Zustimmung des Bundesrates die Kriegswaffenliste entsprechend dem Stand der wissenschaftlichen, technischen und militärischen Erkenntnisse derart zu ändern und zu ergänzen, daß sie alle Gegenstände, Stoffe und Organismen enthält, die geeignet sind, allein, in Verbindung miteinander oder mit anderen Gegenständen, Stoffen oder Organismen Zerstörungen oder Schäden an Personen oder Sachen zu verursachen und als Mittel der Gewaltanwendung bei bewaffneten Auseinandersetzungen zwischen Staaten zu dienen.**

(3) **Für Atomwaffen im Sinne des § 17 Abs. 2, für biologische und chemische Waffen im Sinne der Kriegswaffenliste sowie für Antipersonenminen im Sinne von § 18a Abs. 2 gelten die besonderen Vorschriften des Dritten und Vierten Abschnitts sowie die Strafvorschriften der §§ 19 bis 21.**

1. **Das Gesetz verzichtet** aus praktischen Gründen auf eine **Definition** des Kriegswaffenbegriffes, mit dessen Auslegung im Einzelfall evtl. Schwierigkeiten verbunden wären. Es folgt demgegenüber der **enumerativen** Methode und bestimmt lediglich, dass die in der Anlage zum Gesetz, der sog. **Kriegswaffenliste**, aufgeführten **Gegenstände, Stoffe und Organismen** iSd. Gesetzes **Kriegswaffen** sind (für Patronen mit panzerbrechenden Hartkerngeschossen: BGH NStZ **1997**, 552 m. Anm. *Runkel*). Das hat den Vorzug, dass jedermann alsbald verlässlich feststellen kann, ob ein Gegenstand, Stoff oder Organismus im Einzelfall vom Gesetz als Kriegswaffe angesehen wird. Nach der Begründung des Regierungsentwurfs enthält

**8 KWKG § 1**  Gesetz über die Kontrolle von Kriegswaffen

die Kriegswaffenliste **alle,** aber auch **nur** solche Gegenstände, Stoffe und Organismen, die nach dem gegenwärtigen Stand der wissenschaftlichen, technischen und militärischen Erkenntnisse zur Kriegführung geeignet sind (vgl. BayObLG NJW **1971,** 1375 m. Anm. *Hinze*). Diese Gesetzestechnik ist **eindeutig.** Da das Gesetz in Absatz 1 auf den Gebrauch des Wortes „insbesondere" verzichtet hat, die **Aufzählung** bzw. Anführung in der Liste also **abschließend** ist, können Gegenstände usw., die in der Liste **nicht** verzeichnet sind, weil sie etwa dem Gesetzgeber nicht bekannt waren oder erst zwischenzeitlich entwickelt worden sind, nicht als Kriegswaffen behandelt werden mit allen sich aus diesem Gesetz ergebenden Folgen (vgl. *Holthausen* wistra **1997,** 129; *Pietsch* Rdn. 14). Dabei sind bei den „Biologischen Kampfmitteln" (A II Nr. 3 der Liste) einzelne nur gattungsmäßig bestimmt, so dass eine Ergänzung möglich erscheint (BR-Drucks. 423/89 S. 13). Es bleibt der Bundesregierung aber unbenommen, sich nach entsprechender Ergänzung der Kriegswaffenliste durch Rechtsverordnung nach Absatz 2 in den Kriegswaffenbegriff einzubeziehen. Auf demselben Wege, der Herausnahme aus der Liste, kann einem Objekt auch nur die Eigenschaft als Kriegswaffe wieder aberkannt werden (vgl. Anlage 2 zum WaffG Abschnitt 1 Nr. 1.1). Allein das Erfasstsein von der Liste ist entscheidend (BGH NStZ **1997,** 552 m. Anm. *Runkel;* OLG Karlsruhe NJW **1992,** 1057 = NStZ **1992,** 242 m. Anm. *Holthausen*); eine sachliche Prüfung ist nicht zulässig (BVerwG, Urteil v. 16. 9. 1980 – 1 C 1.77 = BVerwGE **61,** 24 = GewA **1981,** 387; *Fehn*, Kriminalistik **2004,** 635/6; aA *Hinze* DWJ **1981,** 786 und passim). Bei Auslegungsfragen ist auch die **Feststellungskompetenz** des **BKA** nach § 2 Abs. 5 WaffG zu beachten (vgl. die Feststellungsbescheide, die unter **Nr. 14 I** abgedruckt sind, zB unter Buchst. p).

**1a**  Umstritten ist die Kriegswaffeneigenschaft u. a. bei sog. **Bausätzen** (BGHSt. **41,** 348, 354 ff. = NStZ **1996,** 137 = MDR **1996,** 514 = wistra **1996,** 145; hierzu Anm. von *Holthausen* NStZ **1996,** 284 und *Kreuzer* NStZ **1996,** 555; ferner *Pottmeyer* wistra **1996,** 121; gegen ihn *Holthausen* wistra **1997,** 129). Hierbei handelt es sich um eine Sachgesamtheit von leicht zusammenfügbaren Teilen, die nach dem Zusammenbau eine Kriegswaffe iS der Kriegswaffenliste ergeben. Eine an Sinn und Zweck des KWKG orientierte Auslegung kann nur zu dem Ergebnis führen, dass eine solche gewollte künstliche Aufspaltung in Teile dem Gesamten nicht die Kriegswaffeneigenschaft nehmen kann (BGH NStZ **1985,** 367; OLG Düsseldorf NStZ **1987,** 565; OLG München NStZ **1993,** 243; *Holthausen/Hucko* NStZ-RR **1998,** 193; *Holthausen* NStZ **1988,** 208 und NStZ **1993,** 243; *Achenbach* NStZ **1994,** 423; *Pietsch* Rdn. 19 ff.; *Fehn* Kriminalistik **2004,** 635, 636; vgl. auch BVerwG NVwZ-RR **1999,** 117 = GewA **1998,** 476 betr. Bausätze von Nachbildungen vollautomatischer Kriegswaffen). Die Bedenken von *Pottmeyer* (§ 1 Rdn. 89 ff. mwN), eine solche Auslegung stelle eine unzulässige Analogie oder eine grundgesetzwidrige Rechtsfortbildung dar, vermögen nicht zu überzeugen (BGHSt. **41,** 348, 355 f.). Mit Recht weist *Holthausen* (NStZ **1993,** 243 f., NStZ **1996,** 284 und wistra **1997,** 129) darauf hin, dass *Pottmeyers* Forderung, in der KWL alle diejenigen Einzelteile zu erfassen (auch wistra **1996,** 121 ff.), die sich zu einer (Gesamt-)Kriegswaffe zusammenfügen lassen, technisch nicht durchführbar wäre, weil sich eine uferlose Liste ergäbe, die zudem viele auch beanstandungsfrei zivil zu nutzende Teile umfassen würde; auch würden der Umgehung des Gesetzes Tür und Tor geöffnet. In der Tat sind die Grenzen zulässiger und gebotener Interpretation des Begriffes „Kriegswaffe" nicht überschritten. Auch wer zB bei einem Möbeldiscounter einen Schrank kauft, der in Teilen geliefert wird und noch zusammengebaut werden muss, hat einen Schrank gekauft und nicht nur eine Anzahl Bretter und Verschraubungen, selbst wenn die einzelnen Teile nicht auf einmal transportiert werden (zust. *Holthausen* wistra **1997,** 129, 130). Um jedoch jede Unsicherheit auszuräumen, wäre eine gesetzliche Klarstellung zu begrüßen ähnlich der Art, wie sie *Holthausen* (aaO S. 244) vorgeschlagen hat: Kriegswaffen iS der KWL sind auch noch nicht zusammengebaute oder in Teile zerlegte Sachgesamtheiten, wenn sie ohne besondere Schwierigkeiten zu Kriegswaffen zusammengebaut werden können, selbst wenn noch unbedeutende, leicht zu beschaffende Teile fehlen (LG Rottweil bei *Holthausen/Hucko* aaO S. 194). In diesem Sinne begründet auch die Kriegswaffenmeldeverordnung (KWMV) vom 24. 1. 1995 (BGBl. I 92) in § 2 Abs. 2 eine Meldepflicht, wenn es sich um „nicht zusammengebaute oder zerlegte" Kriegswaffen handelt; werden Kriegswaffenteile nach und nach ein- oder ausgeführt, unterliegt die Gesamtwaffe der Meldepflicht, wenn das letzte Teil ein- oder ausgeführt wird. Mit der richtungweisenden Entscheidung des Bundesgerichtshofs (BGHSt. **41,** 348 = NStZ **1996,** 137 = MDR **1996,** 514 = wistra **1996,** 145; hierzu Anm. von *Holthausen* NStZ **1996,** 284 und *Kreuzer* NStZ **1996,** 555) dürfte auf diesem Rechtsgebiet eine gewisse Stabilität eingetreten sein (vgl. auch BayObLGSt. **1997,** 59, 61). Eine Klarstellung durch den Gesetzgeber wäre dennoch begrüßenswert (*Holthausen* wistra **1997,** 129, 134).

**1a. Absatz 3** ist durch Art. 3 Nr. 1 des Gesetzes vom 5. 11. 1990 eingefügt worden. Er stellt klar, dass für Atomwaffen nach § 17 Abs. 2, biologische und chemische Waffen ein **absolutes Verbot** besteht, so dass insoweit **Genehmigungen** nach dem KWKG **nicht** erteilt werden können (Begr. BT-Drucks. 11/4609 S. 8). Zu beachten ist hierbei jedoch die Einleitung der Kriegswaffenliste, die Folgendes bestimmt: 2

Von der Begriffsbestimmung der Waffen (hierzu eingehend *Holthausen* NJW **1992,** 2113) ausgenommen sind alle Vorrichtungen, Teile, Geräte, Einrichtungen, Substanzen und Organismen, die **zivilen Zwecken** oder der wissenschaftlichen, medizinischen oder industriellen **Forschung** auf den Gebieten der reinen und angewandten Wissenschaft dienen. Ausgenommen sind auch die Substanzen und Organismen der Nummern 3 und 5 des Teiles A, soweit sie zu Vorbeugungs-, Schutz- oder Nachweiszwecken dienen. Soweit ein Gegenstand unter diese Ausnahmeregelung fällt, liegt eine „Waffe" iS des Gesetzes nicht vor, so dass auch die Strafvorschriften insoweit nicht eingreifen (Begr. aaO).

Durch Art. 2 Nr. 2 des Gesetzes vom 6. 7. 1998 (BGBl. I 1778) sind den genannten Waffen die **Antipersonenminen** iSv. § 18a Abs. 2 gleichgestellt worden.

**2.** Die **Kriegswaffenliste – KWL –** (hierzu die „Erläuterungen" des BMFi, abgedruckt als Anhang 2 zur Kriegswaffenliste) besteht aus den Teilen **A** und **B.** 3

**A. Teil A** (vgl. hierzu *Holthausen* NJW **1992,** 2113) zählt diejenigen Kriegswaffen auf, auf deren Herstellung die Bundesrepublik Deutschland verzichtet hat. Dieser Teil ist durch die 6. und 9. VO zur Änderung der Kriegswaffenliste völlig umgestaltet und damit zeitgerecht formuliert worden (BR-Drucks. 423/89 S. 11 ff.; 1037/97 S. 8 ff.). Die vorerst letzte Änderung nach der 9. ÄndVO vom 26. 2. 1998 (BGBl. I 385) brachte Art. 3 Nr. 7 des WaffRNeuRegG vom 11. 10. 2002 (BGBl. I 3970; ber. 4592). Es handelt sich bei den Kriegswaffen um

### I. Atomwaffen (A I der Kriegswaffenliste) 4

a) Als Atomwaffe gilt jede Waffe, die Kernbrennstoffe oder radioaktive Isotope enthält oder eigens dazu bestimmt ist, solche aufzunehmen oder zu verwenden und welche – durch Explosion oder andere unkontrollierte Kernumwandlung des

**8 KWKG § 1**  Gesetz über die Kontrolle von Kriegswaffen

Kernbrennstoffes oder der radioaktiven Isotope – Massenzerstörung, Massenschäden oder Massenvergiftungen hervorrufen kann.

b) Als Atomwaffe gilt ferner jeder Teil, jede Vorrichtung, jede Baugruppe oder Substanz, welche eigens für eine unter (a) aufgeführte Waffe bestimmt oder für sie wesentlich ist (BGHSt. **38,** 205; *Holthausen/Hucko* NStZ-RR **1998,** 193, 195), sofern nicht nach dem **Atomgesetz** Genehmigungen erteilt sind.

c) Als Kernbrennstoffe gemäß der vorangehenden Definition gelten Plutonium, Uran 233, Uran 235 (einschließlich Uran 235, welches in Uran enthalten ist, das mit mehr als 2,1 Gewichtsprozent Uran 235 angereichert wurde; vgl. BGH, Urteil vom 28. 4. 1994 – 4 StR 65/94 S. 9 = NJW **1994,** 2161) sowie jede andere Substanz, welche geeignet ist, beträchtliche Mengen Atomenergie durch Kernspaltung oder -vereinigung oder andere Kernreaktionen der Substanz freizumachen. Die vorstehenden Substanzen werden als Kernbrennstoffe angesehen, einerlei in welchem chemischen oder physikalischen Zustand sie sich befinden.

Der Zusatz hinsichtlich der atomrechtlichen Genehmigung in der Kriegswaffenliste (A I Nr. 2) ist erst während der Schlussberatung angefügt worden. Er besagt, dass die Genehmigung nach dem Atomgesetz, das an sich nur die **friedliche** Verwendung der Kernenergie betrifft, eine solche nach dem KWKG ersetzt. Entsprechendes gilt für atomrechtliche Genehmigungen nach Verordnungen, die auf das AtomG zurückgehen (BR-Drucks. 423/89 S. 17/18).

**5**  **II. Biologische Waffen (A II der Kriegswaffenliste).** Die Kriegswaffenliste führt unter A II 3 die biologischen Kampfmittel im Einzelnen auf; hier hat die 9. ÄndVO aus Gründen der internationalen Verflechtung eine völlige Umgestaltung gebracht. Die Regelung ist nicht abschließend, um auch neu entwickelte Gegenstände erfassen zu können (vgl. Rdn. 1).

**6**  **III. Chemische Waffen (A III der Kriegswaffenliste).** Die Kriegswaffenliste stellt unter A III 5 die erfassten chemischen Kampfstoffe ihrer chemischen Formel nach dar und bezieht unter Nr. 6 zusätzlich Einrichtungen oder Geräte zur Verwendung [hierzu LG Stuttgart NStZ **1997,** 288, 289 f. m. Anm. *Holthausen* und *Kreuzer*] dieser Kampfmittel mit ein. Diese Regelung ist abschließend (BR-Drucks. 423/89 S. 13).

**7**  **B. Teil B der Kriegswaffenliste** zählt die **sonstigen Kriegswaffen auf.** Es handelt sich hierbei um:

**I. Flugkörper** nebst Bestandteilen und Zubehör (Startanlagen, Abfeuereinrichtungen, Triebwerke) nach den Nr. 7–12 der Kriegswaffenliste;

**II. Kampfflugzeuge und -hubschrauber sowie Teile,** soweit sie der Umschreibung in den Nr. 13–16 der Liste entsprechen;

**III. Kriegsschiffe** und Unterstützungsschiffe nach den Nr. 17–22 der Liste sowie Rümpfe hierzu (Nr. 23);

**8**  **IV. Kampffahrzeuge.** Hierunter fallen gepanzerte Kampffahrzeuge aller Art, deren Fahrgestelle, Türme für Kampfpanzer und besondere Spezialfahrzeuge, die eigens für den Einsatz von ABC-Waffen (Nr. 1–6 der Liste) entwickelt worden sind.

**9**  **V. Rohrwaffen.** Unter die Rohrwaffen fallen die Handfeuerwaffen (Nr. 29; vgl. hierzu die „Erläuterungen" Anhang 2 zur KWL Absätze 26 bis 30), also Gewehre, und zwar sowohl halbautomatische als auch vollautomatische Gewehre, Maschinenpistolen und Maschinengewehre, auch noch so kleinen Kalibers, wenn sie nur zur Kriegsführung bestimmt und geeignet sind. Auch ein funktionsfähiger **Lauf** für ein MG 34 stellt eine Kriegswaffe dar (Nr. 34 KWL; BayObLG vom 19. 12. 2003 – 4 St

Begriffsbestimmung **§ 1 KWKG 8**

RR 149/03). Bei den **vollautomatischen** Schusswaffen handelt es sich um Schusswaffen, bei denen nach dem ersten Schuss lediglich durch Betätigung des Abzugs weitere Schüsse aus **demselben** Lauf abgegeben werden können (Anlage 1 Abschnitt 1 Unterabschnitt 1 Nr. 2.3 zum WaffG). Bei den **halbautomatischen** Waffen (vgl. die näheren Einzelheiten in Abs. 28 und 29 der „Erläuterungen" zur KWL, abgedr. Anhang 2 zur KWL) muss vor jedem einzelnen Schuss der Abzug betätigt werden, während bei den vollautomatischen Waffen bei Betätigung des Abzugs Feuerstöße oder sogar Dauerfeuer abgegeben werden können. Nr. 29 KWL hat durch Art. 3 Nr. 7 WaffRNeuRegG verschiedene Änderungen erfahren, so dass hier jetzt erfasst werden:

a) Maschinengewehre, ausgenommen solche mit Wasserkühlung
b) Maschinenpistolen, ausgenommen solche, die als Modell vor dem 2. September 1945 bei einer militärischen Streitkraft eingeführt worden sind,
c) vollautomatische Gewehre, ausgenommen solche, die als Modell vor dem 2. September 1945 bei einer militärischen Streitkraft eingeführt worden sind,
d) halbautomatische Gewehre mit Ausnahme derjenigen, die als Modell vor dem 2. September 1945 bei einer militärischen Streitkraft eingeführt worden sind, und der Jagd- und Sportgewehre (vgl. *Kräußlich* DWJ **2004,** Heft 3, S. 98). Die MP 40 der Fa. Erma, die im Jahre 1940 bei der deutschen Wehrmacht eingeführt worden ist, hat zB nach der Änderung ihre Eigenschaft als Kriegswaffe verloren, fällt aber unter die verbotenen vollautomatischen Waffen (*Ostgathe* S. 19).

Für die dazugehörige Munition gilt Nr. 50, die ebenfalls durch das WaffRNeuRegG geändert worden ist (vgl. „Erläuterungen" Anhang 2 zur KWL Absatz 46). Danach ist Munition für die Waffen der Nr. 29 nur von der Anwendung des KWKG ausgenommen., wenn es sich um Patronenmunition mit Vollmantelweichkerngeschoss ohne jeden Zusatz handelt und Patronenmunition gleichen Kalibers für Jagd- oder Sportzwecke verwendet wird.[1] Für **Maschinengewehre** (Buchst. a) gilt die zeitliche Eingrenzung **nicht** (BayObLG vom 19. 12. 2003 – 4 St RR 149/03).

Wer ab 1. 4. 2003 aus **Kriegswaffen** der Nr. 29 KWL **Dekorationsstücke** machen will, muss beachten, dass in allen Fällen der Auslösemechanismus dauerhaft funktionsunfähig gemacht worden ist, ähnlich wie bei zu Dekorationswaffen umgewandelten Kurzwaffen. Die Beschussämter dürfen aus Kriegswaffen hergestellte Dekorationswaffen nur dann abnehmen, wenn sie vollständig, also einschließlich des Magazins, vorgelegt werden (ergänzendes Schreiben des BMWA zu dessen Schreiben vom 31. 3. 2003 – V B 3–10 17 01/02 – Pr, abgedruckt zu § 13a; Abs. 30 der „Erläuterungen" zur KWL, abgedr. Anhang 2 zur KWL).

**Jagd- und Sportwaffen** sind die zur Verwendung bei der Jagd auf jagdbare Tiere **10** bestimmten und hierbei oder beim Sport üblicherweise verwendeten Waffen (vgl. §§ 13 und 14 WaffG) sowie die Munition hierfür (so früher § 32 DVO RWaffG 1938). Ihr Herausnehmen aus der Kriegswaffenliste entspricht einer berechtigten Forderung der Waffenindustrie (vgl. *Scholzen* DWJ **1993,** 270). Sie ist auch nur folgerichtig, weil Jagd- und Sportwaffen gerade nicht für kriegerische Auseinanderset-

---

[1] Die früher zu Nr. 29 KWL gehörige Fußnote ist durch Art. 3 Nr. 7 Buchst. a gestrichen worden. Sie hatte folgenden Wortlaut: *Wassergekühlte Maschinengewehre (Buchstabe a), Maschinenpistolen, die als Modell vor dem 1. September 1939 bei einer militärischen Streitkraft eingeführt worden sind (Buchstabe b), vollautomatische und halbautomatische Gewehre, die als Modell vor dem 2. September 1945 bei einer militärischen Streitkraft eingeführt worden sind (Buchstabe c und d), werden erst an dem Tage aus der Kriegswaffenliste ausgenommen, an dem das Dritte Gesetz zur Änderung des Waffengesetzes gemäß dessen Artikel 5 Satz 1 in Kraft tritt. [Vgl. hierzu BGH NStZ **1997,** 552].*

**8 KWKG § 1**  Gesetz über die Kontrolle von Kriegswaffen

zungen bestimmt und geeignet sind (vgl. Abs. 30 der „Erläuterungen" zur KWL, abgedr. Anhang 2 zur KWL).

11 Mit Rücksicht darauf fielen in der Vergangenheit auch **aus Militärgewehren** oder **Militärkarabinern** mit einem Kaliber bis zu 9 mm **hergestellte Jagdwaffen** einschließlich der dazugehörigen Munition **nicht unter das KWKG,** sondern nur unter das Waffengesetz, ebenso wie die anderen vom KWKG freigestellten Schusswaffen. In der Praxis kann es Schwierigkeiten bereiten festzustellen, ob die in Frage kommende Jagdwaffe aus einer Militärwaffe umgearbeitet worden ist, weil manche Jagdbüchsen das gleiche Kaliber und das gleiche Patronenlager wie die Militärwaffen aufweisen. Da die Anforderungen, die Jäger und Schützen an die Ausführung und Gestaltung ihrer Waffen stellen, im Einzelfall sehr verschieden sind, ist es nicht möglich, allgemein leicht erkennbare äußerliche Merkmale (Schäftung, Visiereinrichtung, Stecher usw.) festzulegen, die eine Jagdwaffe von einer Militärwaffe unterscheiden (vgl. jetzt aber die Aufzählung von Kriterien in Abs. 30 der „Erläuterungen" zur KWL, abgedr. Anhang 2 zur KWL). Aus den Vorschriften des **Beschussgesetzes** vom 7. 6. 1939 (RGBl. I 1241) und des **Reichswaffengesetzes** 1938 lassen sich aber, soweit es sich um Altwaffen der fr. Deutschen Wehrmacht handelt, einige Vorschriften entnehmen, die nur für Jagd- und Sportwaffen gelten. Hiernach waren Handfeuerwaffen, die durch eine Wehrmacht oder in deren Auftrag hergestellt, verändert oder instandgesetzt waren und nur für deren Zwecke Verwendung fanden, von der Beschusspflicht ausgenommen. Daraus kann geschlossen werden, dass **Büchsen, die kein amtliches Beschusszeichen** tragen**, als Militärwaffen** anzusprechen sind. Ferner galten nur für Jagd- und Sportwaffen die Vorschriften über die Kennzeichnungspflicht nach den §§ 16, 19 WaffG aF, insbesondere diejenigen über die Angabe des Herstellers und des Kalibers bzw. der Patrone. Wenn eine aus Wehrmachtsbeständen stammende Waffe jagdlichen oder sportlichen Zwecken dienstbar gemacht werden soll, so muss dies auf alle Fälle über einen Büchsenmacher oder einen Waffenfabrikanten geschehen, da die Waffe nur der zum Beschuss vorlegen kann, der im Besitz einer Herstellungserlaubnis ist. Im Allgemeinen wird also das **Beschusszeichen** einen **Anhaltspunkt** dafür geben können, dass es sich um eine **Jagdwaffe** handelt. Nachdem durch die 3. VO z. Änderung der Kriegswaffenliste vom 28. 8. 1973 (BGBl. I 1050) die **militärischen Handrepetierer** aus der Kriegswaffenliste (zuvor Teil B Nr. 29 a) **gestrichen** worden sind, hat die vorst. behandelte Streitfrage viel an Bedeutung verloren. Bei Nr. 29 der Kriegswaffenliste idF vom 6. 10. 1986 (BGBl. I 1629) musste Art. 4 Abs. 2 der VO vom 3. 10. 1986 (BGBl. I 1625) beachtet werden, wonach das Streichen aus der Liste an das Inkrafttreten des 3. ÄndG zum WaffG gekoppelt war. Diese Fußnote ist durch Art. 3 Nr. 7 Buchst. a WaffRNeuRegR vom 11. 10. 2002 (BGBl. I 3970; ber. 4592 und 2003, 1597) gestrichen worden; gleichzeitig ist Nr. 29 geändert worden (s. o.).

12 **Faustfeuerwaffen** iS v. § 11 WaffG 1938, also Pistolen und Revolver, werden ebenfalls **nicht** als **Kriegswaffen** angesehen. Sie dienen nach den Erkenntnissen der modernen Kriegführung regelmäßig nur der **Selbstverteidigung.** Pistolen mit Reihenfeuer (vollautomatische Pistolen, wie zB Glock 18) sind keine Kriegswaffen, sondern verbotene Waffen nach Anlage 2 A 1 Nr. 1.2.1 (Abs. 27 der „Erläuterungen" zur KWL, abgedr. Anhang 2 zur KWL).

13 **VI. Leichte Panzerabwehrwaffen u. ä.;**

**VII. Torpedos, Minen, Bomben und eigenständige Munition** (wozu auch Handgranaten gehören, – Pos. 46;

Begriffsbestimmung **§ 1 KWKG 8**

**VIII. Sonstige Munition** (Nr. 49–55 der Liste; zu Nr. 50 vgl. BGH NStZ **1997**, 552);

**IX. Sonstige wesentliche Bestandteile** (Nr. 56–60);

**X. Dispenser** zur systematischen Verteilung um Submunition (Nr. 61 der Liste).

**C.** Die meist nur **Andenkenwert** besitzenden Vorladerwaffen, Hinterladergewehrmodelle bis zum Konstruktionsjahr 1870, Zimmerstutzen, Flobertgewehre und -pistolen mit oder ohne gezogenen Lauf, Betäubungswaffen sowie Selbstschussapparate fallen nicht unter das KWKG, sondern je nach ihrer Ausführung höchstens unter das WaffG (vgl. Anlage 2 Abschnitt 2 Unterabschnitt 2 Nr. 1 zum WaffG). Dasselbe gilt für sog. blanke Waffen (Hieb- oder Stoßwaffen iS von § 1 Abs. 2 Nr. 2 Buchst. a WaffG; § 1 Abs. 7 Satz 1 WaffG aF), wie Säbel, Degen, Bajonette und die Scheiden hierzu. Gummiknüppel, Totschläger, Schlagringe sowie Präzisionsschleudern und dergleichen sind nach Anlage 2 Abschnitt 1 Nr. 3 zum WaffG verbotene Gegenstände iS des Waffenrechts. Soweit ausnahmsweise Kriegswaffen **Sammlerwert** haben, war früher für ihren Erwerb eine Einzelgenehmigung der zuständigen Behörde (Bundeswirtschaftsministerium, Bundesamt für gewerbliche Wirtschaft) erforderlich (Schreiben des BMWi. v. 17. 3. 1966 – Gesch. Z IV B 5–10 1683). Nach dem durch das WaffRNeuRegG eingefügten § 13 a KWKG ist der Umgang mit unbrauchbar gemachten Kriegswaffen durch eine Verordnung näher geregelt worden; sie ist bei dieser Bestimmung abgedruckt. § 13 a Satz 2 KWKG definiert unbrauchbar gemachte Kriegswaffen wie folgt: Kriegswaffen, die durch technische Veränderungen endgültig die Fähigkeit zum bestimmungsgemäßen Einsatz verloren haben und nicht mit allgemein gebräuchlichen Werkzeugen (vgl. § 1 WaffG Rdn. 14) wieder funktionsfähig gemacht werden können. Bei waffenrechtlich verbotenen Gegenständen ist für Ausnahmebewilligungen nunmehr gem. § 40 Abs. 4 WaffG die Zuständigkeit des **BKA** in Wiesbaden gegeben. Sie war schon zuvor nach § 37 Abs. 3 WaffG aF vorhanden; derartige Ausnahmebewilligungen, die vor dem 31. 3. 2003 erteilt worden sind, gelten über den 1. 4. 2003 (Inkrafttreten des WaffG nF) hinaus weiter (§ 58 Abs. 5 WaffG nF).

Voraussetzung der **Kriegswaffeneigenschaft** ist danach stets, dass die betr. Waffen oder die Munition überhaupt noch **gebrauchsfähig** sind (vgl. *Richter* NStZ **1983**, 271). Kriegswaffen, die **dauernd** gebrauchs- oder funktionsunfähig sind (Rdn. 14; Abs. 6 der „Erläuterungen" zur KWL, abgedr. Anhang 2 zur KWL), unterliegen – bereits nach einer Entschließung des BMWi. vom 8. 8. 1968 (AZ IV B 4–10 17 02) – nicht den Bestimmungen des KWKG (BGH NStZ **1997**, 552 m. Anm. *Runkel;* BayObLGSt. **2003**, 148; OLG Karlsruhe NJW **1992**, 1057 = NStZ **1992**, 242 m. Anm. *Holthausen;* LG Hamburg MDR **1993**, 1003; *Pietsch* Rdn. 16 und 18). Jedoch bleiben vollautomatische Waffen selbst dann Kriegswaffen, wenn sie **vorübergehend** der Funktionsfähigkeit beraubt sind (vgl. BGH NStZ **1985**, 367 = NJW **1985**, 2096 [LS]; OLG Stuttgart NStZ **1982**, 33; *Pietsch* Rdn. 18). Das gilt auch für Maschinengewehre aus dem letzten Weltkrieg (OLG Celle v. 8. 1. 1973 – 2 Ss. 277/72, NdsRpfl. **1973**, 76). Hierbei ist Nr. 29 a Kriegswaffenliste nF zu beachten (Abs. 26 der „Erläuterungen" zur KWL, abgedr. Anhang 2 zur KWL). Hinsichtlich der Überprüfung der Funktionstüchtigkeit sind geeignete Sachverständige einzuschalten; auf die Dauer von Garantiezusagen des Munitionsherstellers oder auf Sicherheitsvorschriften der Streitkräfte über maximale Lagerzeiten für Munition ist nicht abzustellen (BGH NStZ **1997**, 552 m. krit. Anm. *Runkel*). Bei Bejahung der Funktionstüchtigkeit „in vollem Umfang" durch den Sachverständigen ist die zusätzliche Feststellung entbehrlich, dass die Munition jeweils beim Abfeuern den

Gasdruck entwickelt, der erforderlich ist, um in der Waffe die halbautomatische Funktion zu bewirken (aA *Runkel* aaO S. 553).

**16** Der Bundesminister für Wirtschaft hatte am 14. und 16. 2. 1979 **Merkblätter** betr. den Verlust der Kriegswaffeneigenschaft durch Unbrauchbarmachung und Umbau herausgegeben (AZ IV B 4–10 17 03), in denen die Voraussetzungen festgelegt wurden, bei deren Vorliegen automatische Gewehre die Kriegswaffeneigenschaft verlieren (krit. hierzu, auch unter Berufung auf OLG Celle, Beschluss vom 31. 7. 1997 – 2 Ss. 167/97: *Runkel* NStZ **1997,** 552, 553; vgl. auch *Scholzen* DWJ **1998,** 1096). Diese Merkblätter sind in der **Vorauflage** im **Anhang zu § 1** abgedruckt. Sie wurden später durch eine einschlägige „Richtlinie" ersetzt (**„Richtlinie"** des Bundesministeriums für Wirtschaft und Technologie vom 21. 4. 1999 – V B 3–10 17 03). Vgl. auch die Zusammenstellung der Richtlinien und Merkblätter Rdn. 11 vor § 1.

**17** Zu Rechtsprechung und Schrifttum zu diesen Fragen wird auf die Vorauflage (7.) Rdn. 17 zu § 1 verwiesen.

**18** D. **Pulver und Sprengstoffe** unterliegen nicht mehr den Vorschriften des KWKG (vgl. BGH, Urteil v. 3. 3. 1977 – 2 StR 390/76 S. 15; *Pietsch* Einführung Rdn. 39 ff.). Durch Art. 1 Nr. 18 der ÄnderungsVO zur Kriegswaffenliste vom 18. 7. 1968 (BGBl. I S. 842) sind die diesbezüglichen Nrn. 52 bis 63 gestrichen worden. Hierfür gelten (vgl. § 1 Abs. 4 Nr. 4 SprengG) die Bestimmungen des Gesetzes über explosionsgefährliche Stoffe (Sprengstoffgesetz – SprengG – BGBl. III 7134-2), jetzt idF vom 10. 9. 2002 (BGBl. I 3518), zuletzt geänd. durch Art. 12 WaffRNeuRegG. Auch das WaffG befasst sich im Gegensatz zum RWaffG 1938 (dort § 1 Abs. 2) nicht mehr mit Schießpulver.

**19** 3. **Zusammenfassung. Alle** in der **Kriegswaffenliste** angeführten **Gegenstände, Stoffe und Organismen** sind **Kriegswaffen** im Sinne des KWKG, soweit nicht in vorst. Anm. auf die Nichtanwendbarkeit des KWKG hingewiesen worden ist. Die Unterstellung unter den Kriegswaffenbegriff hat weitreichende Folgen insofern, als die Herstellung, das Inverkehrbringen und die Beförderung nach den §§ 2 ff. grundsätzlich **genehmigungspflichtig** sind und überwacht werden; die Kriegswaffen nach Teil A unterliegen darüber hinaus einem generellen **Verbot** (vgl. oben Rdn. 2).

Hervorzuheben ist in diesem Zusammenhang noch, dass die **Forschungstätigkeit** auf allen Gebieten der Kriegswaffenherstellung, und zwar auch im atomaren, chemischen und biologischen Bereich, keine Herstellung iS von § 2 ist und dementsprechend auch **ohne Genehmigung erlaubt** ist (ebenso der ABer. S. 3).

**20** 4. **Bedeutung des Absatzes 2.** Diese Vorschrift soll der **Bundesregierung** und **nur dieser,** mangels einer vorgesehenen Delegation gemäß Art. 80 Abs. 1 S. 4 GG nicht auch den einzelnen Bundesministerien, ermöglichen, die Kriegswaffenliste durch **Rechtsverordnung** mit Zustimmung des **Bundesrats** entsprechend dem neuesten Stand der wissenschaftlichen, technischen und militärischen Erkenntnisse derart zu ändern und zu ergänzen, dass sie auch wirklich alle zur Kriegsführung (= bewaffneten Auseinandersetzung zwischen Staaten) bestimmten Gegenstände, Stoffe und Organismen enthält. Die **Änderung** bedeutet einen Eingriff in den gegebenen Bestand der Kriegswaffenliste, die **Ergänzung** eine Vervollständigung derselben (vgl. BR-Drucks. 423/89 zur 6. ÄndVO). Gegen die Verfassungsgemäßheit dieser Ermächtigung bestehen keine Bedenken.

**21** 5. Zum (1990) neu geschaffenen **Absatz 3** vgl. Rdn. 2.

Vgl. zum Rechtszustand ab 1. 4. 2003 auch das Schreiben des BMWA vom 31. 3. 2003, abgedruckt als Anhang zu § 13a.

## Herstellung und Inverkehrbringen

**2** (1) **Wer Kriegswaffen herstellen will, bedarf der Genehmigung.**

(2) **Wer die tatsächliche Gewalt über Kriegswaffen von einem anderen erwerben oder einem anderen überlassen will, bedarf der Genehmigung.**[1]

**1.** Der 1. Senat des Bundesverwaltungsgericht hat (Urteil von 16. 9. 1980 – 1 C 1.77 = BVerwGE **61,** 24 = GewA **1981,** 387) zur Genehmigung folgende Grundsätze entwickelt: **1**

Nach dem erkennbaren Zweck des in Art. 26 Abs. 2 Satz 1 GG normierten **Verbots mit Genehmigungsvorbehalt** ist davon auszugehen, dass zur Kriegführung bestimmte Waffen grundsätzlich nicht in die Hand von Privatpersonen gehören und eine Genehmigung nach dem Kriegswaffenkontrollgesetz deshalb nur erteilt werden darf, wenn nach den gesamten Umständen des Einzelfalls entweder besondere öffentliche Interessen die Erteilung der Genehmigung fordern oder wenn besondere private Gründe für die Erteilung der Genehmigung sprechen und diese Genehmigung mit den durch das Verbot des Art. 26 Abs. 2 Satz 1 GG geschützten öffentlichen Belangen vereinbar ist. Über die Einzelheiten zur Genehmigung wird auf die §§ 5 ff. verwiesen.

**2.** Zu den **Begriffen** wird auf die Erläuterungen zu § 1 WaffG verwiesen (Herstellen Rdn. 56; Erwerben Rdn. 33; Überlassen Rdn. 43). Allerdings ist der **Erwerb** der tatsächlichen Gewalt im KWKG abweichend zu definieren: der **originäre** Erwerb (zB durch Fund, Aneignung, Diebstahl oder Erbschaft) wird **nicht** erfasst („von einem anderen"; vgl. *Pietsch* Rdn. 8 mwN). Für diese Fälle besteht in § 12 Abs. 6 Satz 1 Nr. 1 eine Anzeigepflicht. Zu beachten sind die generellen **Verbote** der §§ 17, 18 und 18 a). Vgl. auch das im Anschluss als Anhang abgedruckte **Merkblatt**. **2**

### Anhang 1
### Bundesministerium für Wirtschaft und *Technologie*

**Gesch.-Z.:** V B 3–10 17 02/3

### Merkblatt[2]

vom 23. 1. 2001

**Überlassung. Erwerb und Beförderung von Kriegswaffen innerhalb des Bundesgebietes (§§ 2 Abs. 2 und 3 in Verbindung mit 5 Abs. 2 und 3 Kriegswaffenkontrollgesetz (KWKG)**

1. Das Kriegswaffenkontrollgesetz (KWKG) stellt strenge formale und materielle Anforderungen an jeglichen Umgang mit Kriegswaffen. Sofern kein Befreiungs-

---

[1] Wegen eingehender Erläuterungen der §§ 2–15 vergl. die ausführlichen Kommentare von *Pottmeyer* (2. Aufl. 1994), *Pietsch* in Hohmann/John (Hrsg.), Ausfuhrrecht (2002), sowie von *Pathe* in *Bieneck* (Hrsg.), Handbuch des Außenwirtschaftsrechts und des Kriegswaffenkontrollrechts (1998).

[2] Dieses Merkblatt ersetzt das Merkblatt über die Kontrolle von Kriegswaffen innerhalb des Bundesgebietes vom 10. September 1998; abzurufen unter www.bafa.de.

# 8 KWKG § 2   Gesetz über die Kontrolle von Kriegswaffen

tatbestand im Sinne des §§ 5 und 15 KWKG vorliegt, bedarf grundsätzlich **jegliche Überlassung, Erwerb oder das Befördernlassen** von Kriegswaffen einer zuvor erteilten **Genehmigung** durch die zuständigen Behörden (insbesondere Bundesministerium für Wirtschaft und *Technology (BMWI)*[1] oder Bundesministerium der Verteidigung (BMVg)).

2. Bei der **Beförderung** von Kriegswaffen hat der Genehmigungsinhaber vor dem Überlassen der Kriegswaffen an den Beförderer/Frachtführer darauf zu achten, dass
   - Stückzahl und Ausführung der zu befördernden Kriegswaffen genehmigungskonform sind und
   - ausschließlich der in der jeweiligen Genehmigungsurkunde aufgeführte Beförderer/Frachtführer die Beförderung vornimmt.

   Darüber hinaus hat er darauf zu achten, dass die Beförderung umgehend vorgenommen wird und eine ordnungsgemäße, den Bestimmungen des § 12 Abs. 1 KWKG entsprechende Aufbewahrung während des Beförderungsvorganges gewährleistet ist.

   Die Überlassung an den Beförderer hat zeitnah zum tatsächlichen Beförderungstermin zu erfolgen. Es wird davon ausgegangen, dass eine Beförderung von Kriegswaffen ohne zeitlichen Verzug vorgenommen wird und innerhalb Deutschlands selbst in ungünstigen Fällen binnen 5 Werktagen abgeschlossen ist; die Dispositionen des Frachtführers sind darauf abzustellen.

   Sollten dennoch darüber hinausgehende unvorhergesehene Verzögerungen beim Transport auftreten, so ist die zuständige Genehmigungsbehörde (in der Regel *BMWi* oder BMVg) umgehend zu unterrichten. Falls diese Stellen nicht erreichbar sein sollten, kann hilfsweise das Bundesamt für Wirtschaft und Ausfuhrkontrolle (BAFA) – Referat 223 – im Hinblick auf die Überprüfung etwaiger (zusätzlicher) Genehmigungserfordernisse informiert werden.

   Werden evtl. notwendige Zwischenlagerungen vorgenommen oder sollen Beförderungen nicht durch einen in der Genehmigung genannten Frachtführer/Beförderer vorgenommen werden, sind hierfür Genehmigungen nach § 2 Abs. 2 KWKG, ggf. nach § 3 Abs. 1 oder § 3 Abs. 2 KWKG erforderlich.

   Entsprechende Anträge sind unverzüglich bei den zuständigen Genehmigungsbehörden zu stellen.

3. Während des Beförderungsvorganges hat der den Transport durchführende Beförderer (Frachtführer/Verfrachter) die erforderlichen Maßnahmen für die Sicherung der Kriegswaffen, insbesondere gegen Diebstahl oder die Verwendung durch Unbefugte zu treffen.

   VS-Transporte (VS-VERTRAULICH und höher) müssen von zwei Personen, die entsprechend dem Geheimhaltungsgrad des zu transportierenden VS-Materials VS-ermächtigt sind, begleitet werden. Eine dieser Personen kann der Fahrer sein. Das Transportfahrzeug darf während des Transports bei Aufenthalten nicht unbeaufsichtigt bleiben.

   Analoge Sicherungsmaßnahmen sind für erforderliche Zwischenlagerungen der Kriegswaffen zu treffen.

4. **Die Gesamtverantwortung** für eine genehmigungskonforme Abwicklung des vollständigen Beförderungsvorgangs **obliegt** aufgrund seiner Rechtsstellung als Genehmigungsinhaber im Sinne von § 3 Abs. 1 KWKG dem **Befördernlasser.**

---

[1] Ab der 15. Legislaturperiode: Bundesministerium für Wirtschaft und Arbeit (BMWA).

Herstellung und Inverkehrbringen **§ 2 KWKG 8**

Verstöße gegen diese Pflichten können zur Erfüllung von Straftatbeständen nach § 22a KWKG führen und möglicherweise die erforderliche Zuverlässigkeit im Sinne von § 6 Abs. 3 Nr. 3 KWKG in Frage stellen.

5. Für den Fall, dass Kriegswaffen in zu hoher Stückzahl, in falscher Ausführung, zu früh oder in einer anderen nicht von einer KWKG-Genehmigung abgedeckten Form angeliefert werden, sollte der Empfänger die betreffenden Kriegswaffen aus Gründen der öffentlichen Sicherheit und Ordnung entgegennehmen und sicherstellen. Die Annahme dieser Kriegswaffen stellt dann keinen ungenehmigten Erwerb im Sinne des KWKG dar, wenn die zuständigen Genehmigungsbehörden (in der Regel *BMWi* oder BMVg) unverzüglich über den Vorfall informiert werden, so dass die entsprechenden genehmigungsrechtlichen Maßnahmen eingeleitet werden können. Dabei wird davon ausgegangen, dass eine Meldung spätestens am nächsten auf die Annahme der Kriegswaffen folgenden Werktag erfolgt. Hilfsweise kann bei Unerreichbarkeit der Genehmigungsbehörden auch eine Meldung an das BAFA – Referat 223 – gehen.

Die Meldung kann zunächst telefonisch oder per Fax erfolgen. Bei einer telefonischen Meldung ist diese schriftlich nachzuholen.

Die genannten Umstände der Annahme und Sicherstellung der Kriegswaffen sind zu dokumentieren.

Unterbleibt die oben beschriebene Meldung, so kann die Annahme eine Straftat nach § 22a KWKG darstellen. In diesem Fall sind die o. g. Behörden gehalten, den Sachverhalt zur Verfolgung an die jeweils zuständige Staatsanwaltschaft abzugeben.

6. Anschriften der o. g. Behörden zur Abgabe von Meldungen:

   1. Bundesministerium für Wirtschaft und *Technologie*[1]
      Referat V B 3
      Villemombler Straße 76
      53123 Bonn
      Telefon: 02 28/6 15-0 (Zentrale
      Nebenstellen: 39 91, 34 46, 23 13, 37 50, 34 84
      Telefax: 02 28/6 15-22 68
   2. Bundesministerium der Verteidigung
      Referat Rü II 2
      Fontainengraben 150
      53123 Bonn
      Telefon: 02 28/12–0 (Zentrale)
      Nebenstellen: 49 67, 43 05
      Telefax: 02 28/12–14 93
   3. Bundesamt für Wirtschaft und Ausfuhrkontrolle
      Referat 223
      Frankfurter Straße 29–35
      65760 Eschborn
      Telefon: 0 61 96/9 08–0 (Zentrale)
      Nebenstellen: 3 88, 5 09, 6 15, 5 88, 4 22
      Telefax: 0 61 96/9 08–8 88

---

[1] Ab der 15. Legislaturperiode des Bundestags: Bundesministerium für Wirtschaft und Arbeit.

**8 KWKG § 3** Gesetz über die Kontrolle von Kriegswaffen

### Anhang 2

**Informationen zur Kriegswaffenkontrolle** des Bundesamts für Wirtschaft und Ausfuhrkontrolle (BAFA), zu finden im Internet unter www.bafa.de:

Das Bundesministerium für Wirtschaft und Arbeit (BMWA) hat folgende Regularien festgelegt, die von Verleihfirmen einzuhalten sind, die genehmigten Umgang mit als Film-/Theaterwaffen umgebauten Kriegswaffen haben:

1. Jede Beförderung von Kriegswaffen sowie jeder Erwerb und jede Überlassung der tatsächlichen Gewalt über Kriegswaffen darf nur nach vorher erteilter Genehmigung erfolgen;
2. eine Beförderung von Kriegswaffen kann nur von arbeitsvertraglich fest an das jeweilige Unternehmen gebundenem Personal vorgenommen werden (keine freien Mitarbeiter!); andernfalls handelt es sich um einen Verstoß gegen die Bestimmungen des KWKG (§ 2 Abs. 2, § 3 Abs. 1 und 2);
3. dem Bundesamt für Wirtschaft und Ausfuhrkontrolle (BAFA) sind sämtliche Mitarbeiter zu benennen. die unter den in Ziffer 2 beschriebenen Personenkreis fallen; ein Personalwechsel ist dem BAFA unverzüglich mitzuteilen.

Außerdem weist das BMWA darauf hin, dass Verstöße von Mitarbeitern gegen Bestimmungen des KWKG unmittelbar vom Firmeninhaber/Geschäftsführer zu verantworten sind und bei groben Verstößen, die insbesondere auf fehlende Zuverlässigkeit schließen lassen, KWKG-Genehmigungen verweigert oder bestehende zurückgezogen werden können.

### Beförderung innerhalb des Bundesgebietes

**3** **(1) Wer Kriegswaffen im Bundesgebiet außerhalb eines abgeschlossenen Geländes befördern lassen will, bedarf der Genehmigung.**

**(2) Der Genehmigung bedarf ferner, wer Kriegswaffen, die er hergestellt oder über die er die tatsächliche Gewalt erworben hat, im Bundesgebiet außerhalb eines abgeschlossenen Geländes selbst befördern will.**

**(3) Kriegswaffen dürfen nur eingeführt, ausgeführt, durch das Bundesgebiet durchgeführt oder sonst in das Bundesgebiet oder aus dem Bundesgebiet verbracht werden, wenn die hierzu erforderliche Beförderung im Sinne des Absatzes 1 oder 2 genehmigt ist.**

**(4) Für die Beförderung von Kriegswaffen, die außerhalb des Bundesgebietes ein- und ausgeladen werden und unter Zollüberwachung ohne Wechsel des Frachtführers oder im Schiffsverkehr über Freihäfen ohne Lagerung durch das Bundesgebiet durchgeführt werden, kann auch – unbeschadet der Regelung des § 27 – eine Allgemeine Genehmigung erteilt werden.**

1    **1.** Verpflichtet zur Einholung der Genehmigung ist der **Auftraggeber** der **Fremdbeförderung** (Absatz 1); der die Beförderung in dessen Auftrag Ausführende bedarf keiner Genehmigung (Dienstvorschrift Anhang 1 zur KWL Abs. 6; *Pietsch* Rdn. 3 mwN). Nach Absatz 2 ist die **Selbstbeförderung** genehmigungspflichtig, und zwar auch diejenige durch angestellte Fahrer (Abs. 6 Dienstvorschrift aaO). Zur Abgren-

zung von Einfuhr und Durchfuhr (Absatz 3) vgl. BGH NStZ **1993**, 594; OLG Düsseldorf StV **1993**, 478; zur Vollendung der Einfuhr BGH StV **1983**, 242 (zum BtMG).

**2.** Ob es sich bei **Absatz 3** um einen **echten „Ausfuhrtatbestand"** oder lediglich 2 einen „Beförderungstatbestand für das Inland" handelt, ist nach wie vor sehr **umstritten.** Nach den Ausführungen von *Epping* (RIW **1996,** 453) könnte man das Vorliegen eines echten Ausfuhrtatbestandes bezweifeln; demgegenüber sind indessen die einen Ausfuhrtatbestand bejahenden eingehenden Ausführungen von *Pietsch* (Rdn. 10 bis 22 mwN) überzeugend. Vgl. auch § 22a Rdn. 6. Auf das zu § 2 abgedruckte Merkblatt des BMWi (jetzt: BMWA) wird hingewiesen.

### Beförderung außerhalb des Bundesgebietes

**4** (1) **Wer Kriegswaffen, die außerhalb des Bundesgebietes ein- und ausgeladen und durch das Bundesgebiet nicht durchgeführt werden, mit Seeschiffen, die die Bundesflagge führen, oder mit Luftfahrzeugen, die in die Luftfahrzeugrolle der Bundesrepublik eingetragen sind, befördern will, bedarf der Genehmigung.**

(2) **Für die Beförderung von Kriegswaffen im Sinne des Absatzes 1 in und nach bestimmten Gebieten kann auch eine Allgemeine Genehmigung erteilt werden.**

Die Kriegswaffentransporte müssen vollständig außerhalb des Bundesgebiets stattfinden (*Pietsch* Rdn. 2).

### Auslandsgeschäfte

**4a** (1) **Wer einen Vertrag über den Erwerb oder das Überlassen von Kriegswaffen, die sich außerhalb des Bundesgebietes befinden, vermitteln oder die Gelegenheit zum Abschluß eines solchen Vertrags nachweisen will, bedarf der Genehmigung.**

(2) **Einer Genehmigung bedarf auch, wer einen Vertrag über das Überlassen von Kriegswaffen, die sich außerhalb des Bundesgebietes befinden, abschließen will.**

(3) **Die Absätze 1 und 2 sind nicht anzuwenden, wenn die Kriegswaffen in Ausführung des Vertrags in das Bundesgebiet eingeführt oder durchgeführt werden sollen.**

Die Verfassungsgemäßheit der Bestimmung ist vom BVerfG in einem nicht veröffentlichten Beschluss (vom 12. 2. 1979 – 1 BvR 840/78) bejaht worden. Auf § 22a Rdn. 9 sowie *Weber* NJW **1979,** 1282, BGH NStZ **1983,** 172 mit Anm. *Holthausen* und Anm. *Nadler* NStZ **1983,** 510; ferner OLG Köln OLGSt. § 4a KWKG S. 1; BayObLG NStZ **1990,** 85 m. Anm. *Oswald* NStZ **1991,** 46; OLG Stuttgart wistra **1992,** 75; *Pathe* § 45 Rdn. 34; *Pottmeyer* Rdn. 4 und in *Bebermeyer* S. 39 wird verwiesen. Eine ausschließlich **im Ausland** vorgenommene Vermittlung von Verträgen über außerhalb der BRepD befindliche Kriegswaffen bedarf keiner Genehmigung deutscher Behörden (OLG Stuttgart aaO S. 76; eingehend *Pietsch* Rdn. 20ff. mwN). Nach einem Gesetzentwurf des Bundesrats vom 13. 5. 1998 (BT-Drucks. 13/10714) sollten die Kontrollmöglichkeiten für die Genehmigungsbehörde bei Auslandsgeschäften über Kriegswaffen durch Änderung der §§ 4a und 22a, 22b KWKG erweitert werden; eine Gesetzesänderung ist insoweit jedoch nicht erfolgt. Zum „Gemeinsamen Standpunkt" der EU hinsichtlich der Waffenvermittlung vgl. *Pottmeyer* AW-Prax. **2003,** 333.

## Befreiungen

**5** (1) **Einer Genehmigung nach den §§ 2 bis 4a bedarf nicht, wer unter der Aufsicht oder als Beschäftigter eines anderen tätig wird. In diesen Fällen bedarf nur der andere der Genehmigung nach den §§ 2 bis 4a.**

(2) **Wer Kriegswaffen auf Grund einer Genehmigung nach § 3 Abs. 1 befördert, bedarf für den Erwerb der tatsächlichen Gewalt über diese Kriegswaffen von dem Absender und die Überlassung der tatsächlichen Gewalt an den in der Genehmigungsurkunde genannten Empfänger keiner Genehmigung nach § 2 Abs. 2.**

(3) **Einer Genehmigung nach § 2 Abs. 2 bedarf ferner nicht, wer die tatsächliche Gewalt über Kriegswaffen**

1. **demjenigen, der Kriegswaffen auf Grund einer Genehmigung nach § 3 Abs. 1 befördert, überlassen oder von ihm erwerben will, sofern der Absender und der Empfänger in der Genehmigungsurkunde genannt sind,**
2. **der Bundeswehr, dem Beschaffungsamt des Bundesministeriums des Innern, der Zollverwaltung, einer für die Aufrechterhaltung der öffentlichen Sicherheit zuständigen Behörde oder Dienststelle oder einer Behörde des Strafvollzugs überlassen oder von diesen zur Instandsetzung oder zur Beförderung erwerben will.**

Auf das zu § 2 Rdn. 3 abgedruckte Merkblatt wird auch insoweit verwiesen.

Keine Befreiung nach Absatz 3 Nr. 2 besteht für das Bundesamt für Verfassungsschutz, den Bundesnachrichtendienst (BND) sowie den Militärischen Abschirmdienst (MAD), weil insoweit keine polizeilichen Befugnisse eingeräumt sind (*Pietsch* Rdn. 7 mwN). Vgl. auch die **Genehmigungsfiktion** in § 27 (hierzu ausführlich Abs. 7 Dienstvorschrift Anhang 1 zur KWL).

## Versagung der Genehmigung

**6** (1) **Auf die Erteilung einer Genehmigung besteht kein Anspruch.**

(2) **Die Genehmigung kann insbesondere versagt werden, wenn**

1. **Grund zu der Annahme besteht, daß ihre Erteilung dem Interesse der Bundesrepublik an der Aufrechterhaltung guter Beziehungen zu anderen Ländern zuwiderlaufen würde,**
2. **a) der Antragsteller, sein gesetzlicher Vertreter, bei juristischen Personen das vertretungsberechtigte Organ oder ein Mitglied eines solchen Organs, bei Personenhandelsgesellschaften ein ver-**

Widerruf der Genehmigung **§ 7 KWKG 8**

tretungsberechtigter Gesellschafter, sowie der Leiter eines Betriebes oder eines Betriebsteiles des Antragstellers,
b) derjenige, der Kriegswaffen befördert,
c) derjenige, der die tatsächliche Gewalt über Kriegswaffen dem Beförderer überläßt oder von ihm erwirbt,

nicht Deutscher im Sinne des Artikels 116 des Grundgesetzes ist oder den Wohnsitz oder gewöhnlichen Aufenthalt außerhalb des Bundesgebietes hat,

3. eine im Zusammenhang mit der genehmigungsbedürftigen Handlung nach anderen Vorschriften erforderliche Genehmigung nicht nachgewiesen wird.

(3) **Die Genehmigung ist zu versagen, wenn**

1. **die Gefahr besteht, dass die Kriegswaffen bei einer friedenstörenden Handlung, insbesondere bei einem Angriffskrieg, verwendet werden,**
2. **Grund zu der Annahme besteht, daß die Erteilung der Genehmigung völkerrechtliche Verpflichtungen der Bundesrepublik verletzen oder deren Erfüllung gefährden würde,**
3. **Grund zu der Annahme besteht, dass eine der in Absatz 2 Nr. 2 genannten Personen die für die beabsichtigte Handlung erforderliche Zuverlässigkeit nicht besitzt.**

(4) **Andere Vorschriften, nach denen für die in den §§ 2 bis 4a genannten Handlungen eine Genehmigung erforderlich ist, bleiben unberührt.**

Während im WaffG bei Erfüllung der gesetzlichen Voraussetzungen ein Rechtsanspruch auf Erteilung einer Erlaubnis besteht (vgl. § 4 WaffG Rdn. 2), wird ein solcher hier im Hinblick auf die auf diesem Gebiet bestehenden Gefahren versagt. Die Erteilung der Genehmigung steht im **pflichtgemäßen Ermessen** der Behörde, das zB durch die „Politischen Grundsätze" der BReg. (vgl. Rdn. 11 vor § 1 unter Nr. 2) Konturen erhält. Zu beachten ist auch die ausgedehnte Möglichkeit zum Widerruf in § 7 Abs. 1.

Auf die ausführlichen Darlegungen von *Pietsch* zu der Vorschrift wird Bezug genommen. Zu Rechtsfragen der Genehmigung wird u. a. auf *von Poser und Naedlitz*, Diss. Freiburg 1998, verwiesen.

### Widerruf der Genehmigung

**7** (1) Die Genehmigung kann jederzeit widerrufen werden.

(2) **Die Genehmigung ist zu widerrufen, wenn einer der in § 6 Abs. 3 genannten Versagungsgründe nachträglich offenbar geworden oder eingetreten ist, es sei denn, dass der Grund innerhalb einer zu bestimmenden Frist beseitigt wird.**

(3) **Wird die Genehmigung widerrufen, so trifft die Genehmigungsbehörde Anordnungen über den Verbleib oder die Verwertung der Kriegswaffen. Sie kann insbesondere anordnen, die Kriegswaffen innerhalb angemessener Frist unbrauchbar zu machen oder einem zu**

ihrem Erwerb Berechtigten zu überlassen und dies der Überwachungsbehörde nachzuweisen. Nach fruchtlosem Ablauf der Frist können die Kriegswaffen sichergestellt und eingezogen werden. § 13 Abs. 3 gilt entsprechend.

Die Regelung weist Ähnlichkeiten mit der waffenrechtlichen in den §§ 45 und 46 auf. Allerdings ist die Möglichkeit zum jederzeitigen Widerruf wegen der besonderen Gefahrenlage im Kriegswaffenbereich nur hier zulässig.

### Erteilung und Widerruf der Allgemeinen Genehmigung

**8** (1) Die Allgemeine Genehmigung im Sinne des § 3 Abs. 4 und des § 4 Abs. 2 wird durch Rechtsverordnung erteilt.

(2) Die Allgemeine Genehmigung kann durch Rechtsverordnung ganz oder teilweise widerrufen werden, insbesondere wenn Grund zu der Annahme besteht, dass die allgemein genehmigten Beförderungen dem Interesse der Bundesrepublik an der Aufrechterhaltung guter Beziehungen zu anderen Ländern zuwiderlaufen würden.

(3) Die Allgemeine Genehmigung ist durch Rechtsverordnung ganz oder teilweise zu widerrufen, wenn

1. die Gefahr besteht, dass die auf Grund der Allgemeinen Genehmigung beförderten Kriegswaffen bei einer friedenstörenden Handlung, insbesondere bei einem Angriffskrieg, verwendet werden,
2. Grund zu der Annahme besteht, dass durch die allgemein genehmigten Beförderungen völkerrechtliche Verpflichtungen der Bundesrepublik verletzt würden oder deren Erfüllung gefährdet würde.

(4) Rechtsverordnungen nach den Absätzen 1 bis 3 werden von der Bundesregierung erlassen; sie bedürfen nicht der Zustimmung des Bundesrates.

Vgl. die unter Nr. 8d und 8e abgedruckten Verordnungen über Allgemeine Genehmigungen sowie Abs. 4, 9 und 16 der Dienstvorschrift Anhang 1 zur KWL.

### Entschädigung im Falle des Widerrufs

**9** (1) Wird eine Genehmigung nach den §§ 2, 3 Abs. 1 oder 2, § 4 Abs. 1 oder § 4a ganz oder teilweise widerrufen, so ist ihr Inhaber vom Bund angemessen in Geld zu entschädigen. Die Entschädigung bemißt sich nach den vom Genehmigungsinhaber nachgewiesenen zweckentsprechenden Aufwendungen. Anderweitige, den Grundsätzen einer ordnungsmäßigen Wirtschaftsführung entsprechende Verwertungsmöglichkeiten sind zu berücksichtigen. Wegen der Höhe der Entschädigung steht im Streitfalle der Rechtsweg vor den ordentlichen Gerichten offen.

(2) Der Anspruch auf eine Geldentschädigung entfällt, wenn der Inhaber der Genehmigung oder die für ihn auf Grund der Genehmigung tätigen Personen durch ihr schuldhaftes Verhalten Anlass zum Widerruf der Genehmigung gegeben haben, insbesondere wenn

1. diese Personen gegen die Vorschriften dieses Gesetzes, gegen die auf Grund dieses Gesetzes ergangenen Rechtsverordnungen oder gegen Anordnungen der Genehmigungs- oder Überwachungsbehörde erheblich oder wiederholt verstoßen haben,
2. die Genehmigung auf Grund des § 7 Abs. 2 in Verbindung mit § 6 Abs. 3 Nr. 3 widerrufen worden ist.

**Inhalt und Form der Genehmigung**

**10** (1) **Die Genehmigung kann inhaltlich beschränkt, befristet und mit Auflagen verbunden werden.**

(2) **Nachträgliche Befristungen und Auflagen sind jederzeit zulässig. § 9 gilt entsprechend.**

(3) Die Genehmigung bedarf der Schriftform; sie muß Angaben über Art und Menge der Kriegswaffen enthalten. Die Genehmigung zur Herstellung der in Teil B der Kriegswaffenliste genannten Kriegswaffen kann ohne Beschränkung auf eine bestimmte Menge, die Genehmigung zur Beförderung von Kriegswaffen kann ohne Beschränkung auf eine bestimmte Art und Menge erteilt werden.

Vgl. die Absätze 6 bis 16 der Dienstvorschrift Anhang 1 zur KWL sowie zu den Absätzen 1 und 2 die Anmerkungen zu § 9 Abs. 1 und 2 WaffG. Auf Absatz 2 kann auch die nachträgliche Auflage gestützt werden, zum Zwecke des Umbaus in Filmwaffen eingeführte Kriegsschusswaffen einem Beschussamt zur Beschussprüfung vorzulegen (VG Berlin NJW **2004**, 627).

**Genehmigungsbehörden**

**11** (1) **Für die Erteilung und den Widerruf einer Genehmigung ist die Bundesregierung zuständig.**

(2) **Die Bundesregierung wird ermächtigt, durch Rechtsverordnung, die der Zustimmung des Bundesrates nicht bedarf, die Befugnis zur Erteilung und zum Widerruf der Genehmigung in den Fällen der §§ 2, 3 Abs. 1 und 2 und des § 4a**

1. **für den Bereich der Bundeswehr auf das Bundesministerium der Verteidigung,**
2. **für den Bereich der Zollverwaltung auf das Bundesministerium der Finanzen,**
3. **für den Bereich der für die Aufrechterhaltung der öffentlichen Sicherheit zuständigen Behörden oder Dienststellen sowie der Behörden des Strafvollzugs auf das Bundesministerium des Innern,**
4. **für alle übrigen Bereiche auf das Bundesministerium für Wirtschaft und Arbeit zu übertragen.**

**8 KWKG § 12** Gesetz über die Kontrolle von Kriegswaffen

(3) **Die Befugnis zur Erteilung und zum Widerruf der Genehmigung in den Fällen des § 4 Abs. 1 kann durch Rechtsverordnung, die der Zustimmung des Bundesrates nicht bedarf, auf das Bundesministerium für Verkehr, Bau- und Wohnungswesen übertragen werden, das diese Befugnis im Einvernehmen mit dem Auswärtigen Amt ausübt.**

(4) **Die Bundesregierung wird ferner ermächtigt, durch Rechtsverordnung mit Zustimmung des Bundesrates die erforderlichen Vorschriften zur näheren Regelung des Genehmigungsverfahrens zu erlassen.**

(5) **Das Bundesamt für Verfassungsschutz kann bei der Prüfung der Zuverlässigkeit gemäß § 6 Abs. 3 Nr. 3 herangezogen werden.**

Nach § 2 der 1. DVO (abgedruckt unter **Nr. 8a**) sind die dem BMWi nach § 14 Abs. 1 Nr. 1 zustehenden Überwachungsbefugnisse dem Bundesamt für Wirtschaft und Ausfuhrkontrolle (BAFA) übertragen worden.

## Zweiter Abschnitt. Überwachungs- und Ausnahmevorschriften

**Pflichten im Verkehr mit Kriegswaffen**

**12** (1) **Wer eine nach diesem Gesetz genehmigungsbedürftige Handlung vornimmt, hat die erforderlichen Maßnahmen zu treffen,**

1. **um zu verhindern, daß die Kriegswaffen abhanden kommen oder unbefugt verwendet werden,**
2. **um zu gewährleisten, daß die gesetzlichen Vorschriften und behördlichen Anordnungen zum Schutze von geheimhaltungsbedürftigen Gegenständen, Tatsachen, Erkenntnissen oder Mitteilungen beachtet werden.**

(2) **Wer Kriegswaffen herstellt, befördern läßt oder selbst befördert oder die tatsächliche Gewalt über Kriegswaffen von einem anderen erwirbt oder einem anderen überläßt, hat ein Kriegswaffenbuch zu führen, um den Verbleib der Kriegswaffen nachzuweisen. Dies gilt nicht in den Fällen des § 5 Abs. 1 und 2 sowie für Beförderungen in den Fällen des § 5 Abs. 3 Nr. 2.**

(3) **Wer Kriegswaffen befördern lassen will, hat bei der Übergabe zur Beförderung eine Ausfertigung der Genehmigungsurkunde zu übergeben.**

(4) **Wer eine Beförderung von Kriegswaffen ausführt, hat eine Ausfertigung der Genehmigungsurkunde mitzuführen, den zuständigen Behörden oder Dienststellen, insbesondere den Eingangs- und Ausgangszollstellen, unaufgefordert vorzuzeigen und auf Verlangen zur Prüfung auszuhändigen.**

(5) **Wer berechtigt ist, über Kriegswaffen zu verfügen, hat der zuständigen Überwachungsbehörde den Bestand an Kriegswaffen sowie dessen Veränderungen unter Angabe der dazu erteilten Genehmigun-**

gen innerhalb der durch Rechtsvorschrift oder durch Anordnung der zuständigen Überwachungsbehörde bestimmten Fristen zu melden.

(6) Wer

1. als Erwerber von Todes wegen, Finder oder in ähnlicher Weise die tatsächliche Gewalt über Kriegswaffen erlangt,
2. als Insolvenzverwalter, Zwangsverwalter oder in ähnlicher Weise die tatsächliche Gewalt über Kriegswaffen erlangt,
3. die tatsächliche Gewalt über Kriegswaffen verliert,
4. Kenntnis vom Verbleib einer Kriegswaffe erlangt, über die niemand die tatsächliche Gewalt ausübt,

hat dies der zuständigen Überwachungsbehörde oder einer für die Aufrechterhaltung der öffentlichen Sicherheit zuständigen Behörde oder Dienststelle unverzüglich anzuzeigen. Im Falle der Nummer 1 hat der Erwerber der tatsächlichen Gewalt über die Kriegswaffen innerhalb einer von der Überwachungsbehörde zu bestimmenden Frist die Kriegswaffen unbrauchbar zu machen oder einem zu ihrem Erwerb Berechtigten zu überlassen und dies der Überwachungsbehörde nachzuweisen. Die Überwachungsbehörde kann auf Antrag Ausnahmen von Satz 2 zulassen, wenn ein öffentliches Interesse besteht. Die Ausnahmen können befristet und mit Bedingungen und Auflagen verbunden werden. Nachträgliche Befristungen und Auflagen sind jederzeit zulässig.

(7) Die Bundesregierung wird ermächtigt, durch Rechtsverordnung mit Zustimmung des Bundesrates

1. die erforderlichen Vorschriften zur Durchführung der Absätze 1 bis 6 zu erlassen,
2. geringe Mengen an Kriegswaffen und geringfügige Bestandsveränderungen von der Buchführungs-, Melde- und Anzeigepflicht (Absatz 2, 5 und 6) auszunehmen, soweit hierdurch öffentliche Interessen nicht gefährdet werden,
3. eine Kennzeichnung für Kriegswaffen vorzuschreiben, die den Hersteller oder Einführer ersichtlich macht.

### Besondere Meldepflichten

**12a** (1) Die Bundesregierung wird ermächtigt, durch Rechtsverordnung mit Zustimmung des Bundesrates, anzuordnen, dass dem Bundesamt für Wirtschaft und Ausfuhrkontrolle (BAFA) die Einfuhr und Ausfuhr von Kriegswaffen des Teils B der Kriegswaffenliste zu melden ist, soweit die Bundesregierung diese Daten benötigt, um internationale Vereinbarungen über die Übermittlung von Angaben über die Einfuhr und Ausfuhr von Kriegswaffen zu erfüllen. Das Bundesamt für Wirtschaft und Ausfuhrkontrolle (BAFA) darf die auf Grund einer Rechtsverordnung nach Satz 1 erhobenen Daten zu den in Satz 1 genannten Zwecken mit anderen bei ihm gespeicherten Daten abgleichen.

(2) Die auf Grund einer Rechtsverordnung nach Absatz 1 erhobenen Daten können zusammengefaßt ohne Nennung von Empfängern

# 8 KWKG §§ 13, 13a Gesetz ü. die Kontrolle von Kriegswaffen

und Lieferanten zu den in Absatz 1 genannten Zwecken an internationale Organisationen oder zur Unterrichtung des Deutschen Bundestages übermittelt oder veröffentlicht werden. Das gilt auch dann, wenn die Daten in Einzelfällen den betroffenen Unternehmen zugeordnet werden können, sofern das Interesse an der Übermittlung oder Veröffentlichung das Interesse des betroffenen Unternehmens an der Geheimhaltung erheblich überwiegt.

(3) Art und Umfang der Meldepflicht sind auf das Maß zu begrenzen, das notwendig ist, um den in Absatz 1 angegebenen Zweck zu erreichen.

Die Bestimmung ist durch Art. 2 des Gesetzes vom 9. 8. 1994 (BGBl. I 2068, 2069) mit Wirkung vom 17. 8. 1994 eingefügt worden. Die aufgrund der Ermächtigung ergangene **KriegswaffenmeldeVO** ist unter **Nr. 8f** abgedruckt.

### Sicherstellung und Einziehung

**13** (1) Die Überwachungsbehörden und die für die Aufrechterhaltung der öffentlichen Sicherheit zuständigen Behörden oder Dienststellen können Kriegswaffen sicherstellen,

1. wenn Tatsachen die Annahme rechtfertigen, dass der Inhaber der tatsächlichen Gewalt nicht die erforderliche Zuverlässigkeit besitzt, insbesondere die Kriegswaffen an einen Nichtberechtigten weitergeben oder sie unbefugt verwenden wird, oder
2. wenn dies erforderlich ist, um Staatsgeheimnisse zu schützen.

(2) Die Überwachungsbehörden können die sichergestellten Kriegswaffen einziehen, wenn dies zur Abwehr einer Gefahr für die öffentliche Sicherheit oder Ordnung erforderlich ist und weniger einschneidende Maßnahmen nicht ausreichen.

(3) Werden Kriegswaffen eingezogen, so geht mit der Unanfechtbarkeit der Einziehungsverfügung das Eigentum an ihnen auf den Staat über. Rechte Dritter an den Kriegswaffen erlöschen. Der Eigentümer oder ein dinglich Berechtigter wird vom Bund unter Berücksichtigung des Verkehrswerts angemessen in Geld entschädigt. Eine Entschädigung wird nicht gewährt, wenn der Eigentümer oder dinglich Berechtigte wenigstens leichtfertig dazu beigetragen hat, daß die Gefahr für die öffentliche Sicherheit oder Ordnung entstanden ist. In diesem Falle kann eine Entschädigung gewährt werden, soweit es eine unbillige Härte wäre, sie zu versagen.

(4) Bei Gefahr im Verzuge kann auch die Bundeswehr unter den in Absatz 1 genannten Voraussetzungen Kriegswaffen sicherstellen.

### Umgang mit unbrauchbar gemachten Kriegswaffen

**13a** Der Umgang mit unbrauchbar gemachten Kriegswaffen kann durch Rechtsverordnung des Bundesministeriums für Wirtschaft und Arbeit, die der Zustimmung des Bundesrates nicht bedarf, beschränkt werden; insbesondere kann der Umgang verboten oder unter Genehmigungsvorbehalt gestellt werden. Unbrauchbar gemachte Kriegswaffen sind Kriegswaffen, die durch technische Veränderungen endgültig die Fähigkeit zum bestimmungsgemäßen Einsatz verloren haben und nicht mit allgemein gebräuchlichen Werkzeugen wieder funktionsfähig gemacht werden können. Einzelheiten können in der in Satz 1 genannten Rechtsverordnung geregelt werden.

## Anhang zu § 13a:
### a) Verordnung über den Umgang mit unbrauchbar gemachten Kriegswaffen

vom 1. 7. 2004 (BGBl. I 1448)

BGBl. III/FNA 190-1-6

Auf Grund des § 13a des Gesetzes über die Kontrolle von Kriegswaffen in der Fassung der Bekanntmachung vom 22. November 1990 (BGBl. I S. 2506), der durch Artikel 10 des Gesetzes vorn 25. November 2003 (BGBl. I S. 2304) geändert worden ist, und auf Grund des § 36 Abs. 3 des Gesetzes über Ordnungswidrigkeiten in der Fassung der Bekanntmachung vom 19. Februar 1987 (BGBl. I S. 602) verordnet das Bundesministerium für Wirtschaft und Arbeit:

**§ 1. Gegenstand der Verordnung, Begriffsbestimmungen.** (1) Diese Verordnung regelt den Umgang mit Kriegswaffen des Teils B der Anlage zum Gesetz über die Kontrolle von Kriegswaffen (Kriegswaffenliste), die unbrauchbar gemacht wurden.

(2) Umgang mit einer unbrauchbar gemachten Kriegswaffe hat, wer diese erwirbt, besitzt, überlässt, führt, verbringt, mitnimmt, herstellt, bearbeitet oder damit Handel treibt.

(3) Offen führt eine Kriegswaffe der Nummer 29, 30, 37 oder 46 der Kriegswaffenliste, die unbrauchbar gemacht wurde, wer diese für Dritte erkennbar führt.

(4) Im Übrigen gelten die Begriffsbestimmungen des Abschnitts 2 der Anlage 1 zum Waffengesetz in der jeweils geltenden Fassung entsprechend.

**§ 2. Verbote.** (1) Kindern und Jugendlichen ist der Umgang mit unbrauchbar gemachten Kriegswaffen verboten.

(2) Es ist verboten, unbrauchbar gemachte Kriegswaffen, die, bevor sie unbrauchbar gemacht wurden, Kriegswaffen nach Nummer 29, 30, 37 oder 46 der Kriegswaffenliste waren, offen zu führen. Dies gilt nicht für die Verwendung bei Film- oder Fernsehaufnahmen oder Theateraufführungen.

(3) Das Bundesamt für Wirtschaft und Ausfuhrkontrolle (BAFA) kann für den Einzelfall Ausnahmen von den Verboten nach den Absätzen 1 und 2 genehmigen, wenn besondere Gründe vorliegen und öffentliche Interessen nicht entgegenstehen.

**§ 3. Bußgeldvorschrift.** (1) Ordnungswidrig im Sinne des § 22b Abs. 1 Nr. 3a des Gesetzes über die Kontrolle von Kriegswaffen handelt, wer vorsätzlich oder fahrlässig entgegen § 2 Abs. 1 oder Abs. 2 mit unbrauchbar gemachten Kriegswaffen umgeht.

## 8 KWKG § 13a  Gesetz über die Kontrolle von Kriegswaffen

(2) Die Zuständigkeit für die Verfolgung und Ahndung von Ordnungswidrigkeiten nach § 3 wird auf das Bundesamt für Wirtschaft und Ausfuhrkontrolle (BAFA) übertragen.

**§ 4. Inkrafttreten.** Diese Verordnung tritt am Tage nach der Verkündung[1] in Kraft.

Aus der (nichtamtlichen) **Begründung:**

Die Verordnung erkennt einerseits das legitime Interesse von Sammlern von unbrauchbar gemachten und daher objektiv ungefährlichen ehemaligen Kriegswaffen an. Andererseits musste berücksichtigt werden, dass bestimmten, auch unbrauchbar gemachten Kriegswaffen noch immer ein Drohpotential innewohnt, da jedenfalls für den Laien die Funktionsunfähigkeit der unbrauchbar gemachten Kriegswaffen nicht sofort erkennbar ist.

Durch die Regelungen soll insbesondere verhindert werden, dass durch das demonstrative Zurschaustellen von Gegenständen, die wie funktionsfähige Kriegswaffen aussehen, einer Drohung Nachdruck verliehen wird. Bestimmte Arten des Umgangs mit solchen unbrauchbar gemachten Kriegswaffen sind daher verboten. Erwägungen des Jugendschutzes waren maßgeblich für das grundsätzliche Verbot des Umgangs mit unbrauchbar gemachten Kriegswaffen jeglicher Art durch Kinder und Jugendliche.

### B. Im Einzelnen

**§ 1.** Abs. 1 regelt den Anwendungsbereich der Verordnung.

Abs. 2 definiert den Begriff des Umgangs und verwendet dabei die einschlägigen Begriffe des Waffenrechts.

Abs. 3 enthält eine eigenständige Definition des Begriffs des offenen Führens einer unbrauchbar gemachten Kriegswaffe, da es keine entsprechende Definition im Waffenrecht gibt. Diese spezifische Art des Führens einer unbrauchbar gemachten Kriegswaffe muss in der Verordnung geregelt werden, da hierdurch die von dieser noch ausgehende Drohwirkung missbräuchlich eingesetzt werden kann.

Abs. 4 verweist ausdrücklich auf die entsprechende Geltung der einschlägigen Bestimmungen des Waffenrechts für die Begriffsbestimmungen.

**§ 2.** Abs. 1 beschränkt den Umgang mit unbrauchbar gemachten Kriegswaffen aus Jugendschutzgründen auf Erwachsene. Dieses grundsätzliche Verbot ist umfassend, beschränkt sich daher nicht auf bestimmte Kategorien von unbrauchbar gemachten Kriegswaffen wie den in Absatz 2 genannten Gegenständen.

Abs. 2 verbietet das offene Führen von bestimmten unbrauchbar gemachten tragbaren Kriegswaffen außerhalb der eigenen Wohnung, Geschäftsräume oder des eigenen befriedeten Besitztums. Das Verbot des offenen Führens ist von der Erkenntnis geleitet, dass derartigen Gegenständen noch ein Drohpotential innewohnt, welches missbraucht werden kann (zB bei Raubüberfällen). Erfasst werden dabei nicht nur die vor ihrer Unbrauchbarmachung von Nr. 29 der Kriegswaffenliste erfassten Handfeuerwaffen, die nach dem alten Recht zu den verbotenen Gegenständen zählten; das Verbot des offenen Führens erstreckt sich auch auf die unbrauchbar gemachten Kriegswaffen, die in gebrauchsfähigem Zustand Kriegswaffen der Nummern 30, 37 und 46 der Kriegswaffenliste darstellen. Von den dort aufgeführten Granatwaffen, Panzerabwehrwaffen und Handgranaten kann ebenso wie von Hand-

---

[1] Die Verkündung erfolgte am 9. 7. 2004, so dass die VO am 10. 7. 2004 in Kraft getreten ist.

Umgang m. unbrauchbar gemachten Kriegswaf. **§ 13a KWKG 8**

feuerwaffen auch in einem unbrauchbar gemachten Zustand eine Drohwirkung ausgehen, wenn sie offen geführt werden.

Abs. 3 ermöglicht dem Bundesamt für Wirtschaft und Ausfuhrkontrolle (BAFA) als zuständiger Behörde unter bestimmten Voraussetzungen die Erteilung von Ausnahmegenehmigungen für den in Absätzen 1 und 2 mit Verboten belegten Umgang mit unbrauchbar gemachten Kriegswaffen. Ausnahmen sind danach möglich, wenn davon ausgegangen werden kann, dass die Gründe für die Beschränkung des Umgangs in der Verordnung im Einzelfall nicht vorliegen. Vom grundsätzlichen Verbot des Umgangs von Kindern und Jugendlichen mit unbrauchbar gemachten Kriegswaffen dürften etwa für Film- und Fernsehaufnahmen sowie Theateraufführungen Befreiungen in Betracht kommen.

**§ 3.** § 3 enthält eine Bußgeldvorschrift für Verstöße gegen ein Verbot des § 2 der Verordnung und weist dem Bundesamt für Wirtschaft und Ausfuhrkontrolle (BAFA) die Zuständigkeit für die Ahndung von Ordnungswidrigkeiten zu.

**§ 4.** Die Vorschrift regelt das Inkrafttreten.

### b) Schreiben des BMWA vom 31. 3. 2003 – V B 3–10 17 01/2

*(Auszug)*

(ergänzt durch undatiertes Schreiben des BMWA – V B 3–10 17 01/02 – Pr. mit sachlich folgendem Inhalt: Wer ab 1. 4. 2003 aus **Kriegswaffen** der Nr. 29 KWL **Dekorationsstücke** machen will, muss beachten, dass in allen Fällen der Auslösemechanismus dauerhaft funktionsunfähig gemacht worden ist, ähnlich wie es bei zu Dekorationswaffen umgewandelten Kurzwaffen erforderlich ist. Die Beschussämter dürfen aus Kriegswaffen hergestellte Dekorationswaffen nur dann abnehmen, wenn sie **vollständig,** also einschließlich des Magazins, vorgelegt werden).

#### Umgang mit unbrauchbar gemachten Kriegswaffen

Die bisherigen Verbote nach § 37 Abs. 1 [Satz 1] Nr. 1 Buchstabe e) und Nr. 11 WaffG (alt) sind zum 1. April 2003 entfallen („Anscheinskriegswaffen"). Die vom Bundeskriminalamt nach § 37 Abs. 3 WaffG (alt) bis zum 31. März 2003 erteilten Ausnahmeerlaubnisse bleiben weiterhin gültig.[1]

Die Richtlinien BMWi V B 3–10 17 03 – vom 21. April 1999 über
- Kriterien für die Unbrauchbarmachung der Kriegswaffen der Nr. 29 a–c der Kriegswaffenliste (KWL), der Rohre und Verschlüsse für diese Kriegswaffen (Nummern 34 und 35 KWL)
- Halbautomatische militärische Gewehre i. S. der Nummer 29 d der Kriegswaffenliste
- Anforderungen an tragbare Handfeuerwaffen für Theateraufführungen, Film- und Fernsehzwecke, die Kartuschenmunition verfeuern können

sind mit Wirkung vom 1. April 2003 nicht mehr anzuwenden. Sie werden neu gefasst.

Das Bundesministerium für Wirtschaft und Arbeit (BMWA) wird voraussichtlich von der Verordnungsermächtigung des § 13 a KWKG über den Umgang mit unbrauchbar gemachten Kriegswaffen Gebrauch machen. Diese Verordnung dürfte im Laufe des Jahres veröffentlicht werden.[2]

---

[1] § 58 Abs. 5 WaffG.
[2] Geschehen durch VO vom 1. 7. 2004 (BGBl. I 1448), abgedr. zu § 13 a.

# 8 KWKG § 13a  Gesetz über die Kontrolle von Kriegswaffen

Die Unbrauchbarmachung einer Kriegswaffe bei gleichzeitiger Herstellung als Dekorationswaffe setzt stets einen schriftlichen Antrag beim BMWA voraus. Übergangsweise können in dringenden Fällen Einzelgenehmigungen im Vorgriff auf die neue VO und die neue Richtlinie erteilt werden.

Im Grundsatz müssen künftig alle Kriegswaffen der Nr. 29 KWL unbrauchbar gemacht werden, wobei im Kern die bisherigen Anforderungen an die Unbrauchbarmachung von vollautomatischen Kriegswaffen der Nr. 29 KWL bestehen bleiben.

Hinzu kommt, dass eine Kriegswaffe nur als Dekorationswaffe (Dekowaffe) durch Personen/Firmen unbrauchbar gemacht werden kann, die im Besitz einer gewerblichen Waffenherstellungserlaubnis sind.

Das Firmenzeichen muss immer sichtbar auf der Waffe „eingeschlagen" werden.

Alle Hauptteile der künftigen Dekowaffen, nämlich
– Rohr
– Verschlussträger
– Verschlusskopf
– Griffstück und
– Waffengehäuse

müssen mit einer einheitlichen (Waffen-)Nummer versehen werden.

Besteht eine Kriegswaffe aus „Ersatzteilen" mit verschiedenen Waffennummern, so muss eine bereits vorhandene sichtbare Nummer auf allen Hauptteilen angebracht werden. Die vorhandenen anderen Nummern sind mit einem „X" auszuschlagen.

Eine als Dekowaffe unbrauchbar gemachte Kriegswaffe der Nr. 29 KWL ist ausnahmslos einem deutschen Beschussamt zur amtlichen Kontrolle vorzulegen. Dies ist jedoch erst dann möglich, wenn
– die Kriegswaffe von dem Genehmigungsinhaber einer gewerblichen Herstellungserlaubnis unbrauchbar gemacht worden ist (Nr. 11 der bisherigen Richtlinie über Kriterien für die Unbrauchbarmachung der Kriegswaffen der Nr. 29 a–c KWL),
– die Hauptteile der Kriegswaffe mit einer einheitlichen (Waffen-)Nummer versehen sind, und
– das Firmenzeichen sichtbar „eingeschlagen" worden ist.

Das Beschussamt kann Nacharbeiten/Verbesserungen verlangen oder auf Kosten des Vorführers selbst durchführen. Die Dekowaffe erhält ein amtliches „Abnahmezeichen" durch das Beschussamt; es fertigt außerdem eine schriftliche Abnahmebescheinigung aus.

Bei der **Einfuhr** von Kriegswaffen, die bereits im Ausland entsprechend den o. g. Voraussetzungen zu Dekowaffen umgebaut wurden, ist das Firmenlogo des Einführers sichtbar und dauerhaft anzubringen (Der Einführer haftet in diesem Fall für die ordnungsgemäße Unbrauchbarmachung der Kriegswaffe in eine Dekowaffe).

Der Einführer muss die Dekowaffe unverzüglich einem deutschen Beschussamt zur Prüfung vorlegen. Erst mit dieser Abnahme wird das zuständige Zollamt die eingeführte Ware endgültig zum freien Verkehr abfertigen.

Im Übrigen wird darauf hingewiesen, dass ab dem 1. April 2003 sogenannte „Teilesätze" von einem lizensierten Waffenhersteller in „Dekowaffen" umgebaut werden können. Diese Dekowaffen müssen dem vorgenannten neuen Verfahren für die Unbrauchbarmachung von Kriegswaffen der Nr. 29 KWL entsprechen.

### Zukünftige Regelungen für halbautomatische Gewehre

Halbautomatische Gewehre, soweit es sich nicht um Kriegswaffen der Nr. 29 d) handelt, die nach 1. September 1945 bei einer militärischen Streitkraft eingeführt worden sind, können unabhängig von ihrem Aussehen als Waffen im Sinne des neuen WaffG zugelassen werden.

Im Gegenzug hierzu ist es ab 1. April 2003 grundsätzlich nicht mehr möglich, halbautomatische militärische Gewehre in sogenannte „zivile Schusswaffen" umzubauen.[1] Ebenso wie bisher schon bei vollautomatischen Kriegswaffen können **Rohre und Verschlüsse** von halbautomatischen militärischen Kriegswaffen der Nr. 29 d) KWL bei der Herstellung von neuen halbautomatischen Sport- oder Jagdwaffen nicht verwendet werden; sie sind ausnahmslos unbrauchbar zu machen.

Als Folge davon kann auch die Einfuhr von „zivilen Schusswaffen", hergestellt aus Kriegswaffen der Nr. 29 d) KWL gemäß Richtlinie ab 1. April 2003 nicht mehr zugelassen werden.

Das BMWA wird zusammen mit dem BMF einen entsprechenden Erlass erstellen, der in die Vorschriftensammlung der Bundesfinanzverwaltung unter VSF SV 0208 aufgenommen und allen Zolldienststellen zur Verfügung gestellt wird. Dieser Erlass wird auch die Zollbehandlung der „Dekowaffen" regeln.

### Filmwaffen

Ausschließlich für den gewerblichen Gebrauch dürfen Kriegswaffen der Nr. 29 KWL in Waffen für Theateraufführungen, Film- und Fernsehzwecke,[2] die Kartuschenmunition verfeuern können, umgebaut werden (so genannte „Filmwaffen"). Diese Arbeiten dürfen zukünftig nur von einem Inhaber einer gewerblichen Waffenherstellungserlaubnis durchgeführt werden. Das Firmenlogo muss dauerhaft und sichtbar auf der „Filmwaffe" angebracht werden. Die Waffennummer ist wie bei den Dekowaffen auf den Hauptteilen „einzuschlagen". Die bisherige Munitionsbezeichnung muss „ausge-ixt" bzw. so sichtbar angebracht werden, dass der ausschließlich zugelassene Verschuss mit Platzpatronen (zB „nur für Platzpatronen 9 mm Luger" oder „9 mm × 19 Platz") erkennbar wird.

Vor der ersten (gewerblichen) Verwendung muss die „Filmwaffe" einem deutschen Beschussamt zur Abnahme vorgelegt werden.

Das Beschussamt prüft die Haltbarkeit, die Funktionssicherheit der „Filmwaffe" sowie die Maßhaltigkeit, soweit es das Patronenlager betrifft. Mit den zur Verwendung als Filmwaffe vorgesehenen Platzpatronen müssen entsprechende Funktionsbeschüsse durchgeführt werden. Für die Funktion „Dauerfeuer" sind mindestens 10 Platzpatronen zu verwenden. Die „Filmwaffe" erhält ein amtliches Funktionsbeschusszeichen.

In der Beschussbescheinigung bestätigt das Beschussamt gleichzeitig die ordnungsgemäße Durchführung der Umbauarbeiten im Sinne der bisherigen Richtlinie BMWi V B 3–10 17 03 – vom 21. April 1999 bzw. der zukünftig geltenden Regelung.

### Überwachungsbehörden

**14** (1) **Für die Überwachung der nach diesem Gesetz genehmigungsbedürftigen Handlungen und der Einhaltung der in § 12 genannten Pflichten ist**

1. **in den Fällen der §§ 2 und 3 Abs. 1 und 2 sowie des § 4a das Bundesministerium für Wirtschaft und Arbeit und**
2. **in den Fällen des § 4 das Bundesministerium für Verkehr, Bau- und Wohnungswesen zuständig.**

---

[1] Vgl. *Kräußlich* DWJ 2004, Heft 3, S. 98, 99.
[2] Vgl. auch § 2 Abs. 2 Satz 2 der VO vom 1. 7. 2004 (BGBl. I 1448), abgedr. zu § 13 a.

**8 KWKG § 15** Gesetz über die Kontrolle von Kriegswaffen

(2) Für die Überwachung der Einfuhr, Ausfuhr und Durchfuhr sowie des sonstigen Verbringens von Kriegswaffen in das Bundesgebiet oder aus dem Bundesgebiet (§ 3 Abs. 3 und 4) sind das Bundesministerium der Finanzen und die von ihm bestimmten Zolldienststellen zuständig.

(3) Die Überwachungsbehörden (Absatz 1 und 2) können zur Erfüllung ihrer Aufgaben, insbesondere zur Überwachung der Bestände an Kriegswaffen und deren Veränderungen,

1. die erforderlichen Auskünfte verlangen,
2. Betriebsaufzeichnungen und sonstige Unterlagen einsehen und prüfen,
3. Besichtigungen vornehmen.

(4) Die von den Überwachungsbehörden beauftragten Personen dürfen Räume und Grundstücke betreten, soweit es ihr Auftrag erfordert. Das Grundrecht des Artikels 13 auf Unverletzlichkeit der Wohnung wird insoweit eingeschränkt.

(5) Wer einer Genehmigung nach den §§ 2 bis 4a bedarf, ist verpflichtet, die erforderlichen Auskünfte zu erteilen, die Betriebsaufzeichnungen und sonstige Unterlagen zur Einsicht und Prüfung vorzulegen und das Betreten von Räumen und Grundstücken zu dulden. Das gleiche gilt für Personen, denen die in § 12 genannten Pflichten obliegen.

(6) Der zur Erteilung einer Auskunft Verpflichtete kann die Auskunft auf solche Fragen verweigern, deren Beantwortung ihn selbst oder einen der in § 383 Abs. 1 Nr. 1 bis 3 der Zivilprozeßordnung bezeichneten Angehörigen der Gefahr strafgerichtlicher Verfolgung oder eines Verfahrens nach dem Gesetz über Ordnungswidrigkeiten aussetzen würde.

(7) Die Bundesregierung wird ermächtigt, durch Rechtsverordnung mit Zustimmung des Bundesrates die erforderlichen Vorschriften zur Durchführung der nach Absatz 3 zulässigen Überwachungsmaßnahmen zu erlassen und das Verfahren der Überwachungsbehörden zu regeln.

(8) Das Bundesministerium für Wirtschaft und Arbeit wird ermächtigt, durch Rechtsverordnung, die der Zustimmung des Bundesrates nicht bedarf, die ihm nach Absatz 1 zustehenden Überwachungsbefugnisse auf das Bundesamt für Wirtschaft und Ausfuhrkontrolle (BAFA) zu übertragen.

Vgl. § 3 der 1. DVO (abgedruckt unter **Nr. 8a**).

**Bundeswehr und andere Organe**

**15** (1) Die §§ 2 bis 4a und 12 gelten nicht für die Bundeswehr, die Polizeien des Bundes und die Zollverwaltung.

(2) Die übrigen für die Aufrechterhaltung der öffentlichen Sicherheit zuständigen Behörden oder Dienststellen, das Beschaffungsamt

des Bundesministeriums des Innern, die Beschussämter sowie die Behörden des Strafvollzugs bedürfen keiner Genehmigung
1. für den Erwerb der tatsächlichen Gewalt über Kriegswaffen,
2. für die Überlassung der tatsächlichen Gewalt über Kriegswaffen an einen anderen zur Instandsetzung nach Beschuss oder zur Beförderung und
3. für die Beförderung von Kriegswaffen in den Fällen des § 3 Abs. 2.

§ 12 findet insoweit keine Anwendung.

(3) § 4a gilt nicht für Behörden oder Dienststellen im Rahmen ihrer amtlichen Tätigkeit.

**1.** Vgl. Abs. 8 der Dienstvorschrift Anhang 1 zur KWL. 1
Der BGH hatte sich mit der Abgrenzung der **dienstlichen Tätigkeit** eines Soldaten iSv. Absatz 1 zu Privathandlungen eines Soldaten zu befassen (BGHSt. **48**, 213 = BGHR KWKG § 15 Abs. 1 Anwendungsbereich 1 = AWPrax. **2003**, 349 = NJW **2003**, 2036 [LS]) Er hat hierzu folgende Grundsätze aufgestellt: **Dienstlich** ist jede Tätigkeit eines Bundeswehrsoldaten, die zu seinem allgemeinen Aufgabenbereich gehört oder damit in unmittelbarem Zusammenhang steht, nach objektiven Gesichtspunkten äußerlich als Diensthandlung erscheint und von dem Willen getragen ist, dienstliche Aufgaben zu erfüllen. Eine den allgemeinen Vorschriften unterfallenden **Privathandlung** eines Soldaten liegt namentlich dann vor, wenn die Handlung in keinem Zusammenhang mit dienstlichen Aufgaben steht oder wenn sie nicht auf die – wenngleich unter Umständen vorschriftswidrige – Erfüllung der dem Soldaten nach dienstlicher Stellung und allgemeiner Zuständigkeit obliegenden Pflichten oder die Erreichung dienstlicher Zwecke gerichtet ist, sondern allein privaten Zwecken dient. Nur „bei Gelegenheit" dienstlicher Tätigkeit vollzogene Privathandlungen führen nicht zur Freistellung nach Absatz 1. In dem zu entscheidenden Fall der vorschriftswidrigen Beförderung u.a. von Kriegswaffen zu militärischen Ausbildungszwecken vom Kosovo nach Deutschland hat der BGH – in weiter Auslegung des Begriffs der dienstlichen Tätigkeit – die Annahme einer rein privaten Handlung mit Recht abgelehnt. Das Verfahren endete schließlich mit Freispruch der Soldaten.

## Dritter Abschnitt. Besondere Vorschriften für Atomwaffen

### Nukleare Aufgaben im Nordatlantischen Bündnis

**16** Die Vorschriften dieses Abschnitts und die Strafvorschriften der §§ 19 und 21 gelten, um Vorbereitung und Durchführung der nuklearen Mitwirkung im Rahmen des Nordatlantikvertrages vom 4. April 1949 oder für einen Mitgliedstaat zu gewährleisten, nur für Atomwaffen, die nicht der Verfügungsgewalt von Mitgliedstaaten dieses Vertrages unterstehen oder die nicht im Auftrag solcher Staaten entwickelt oder hergestellt werden.

**1.** Während durch das Gesetz vom 5. 11. 1990 (BGBl. I 2428) in Art. 3 biologische und chemische Waffen generell geächtet und unter ein uneingeschränktes Verdikt gestellt worden sind, verbot sich eine Gleichbehandlung der Atomwaffen, weil sich wegen der deutschen Teilhabe im Rahmen des Nordatlantikvertrages vom 4. 4. 1949 (idF vom 17. 10. 1951 – BGBl. 1955 II 289) für die Partner dieses Vertra-

**8 KWKG § 17** Gesetz über die Kontrolle von Kriegswaffen

ges Aufgaben ergeben, um Vorbereitung und Durchführung der nuklearen Mitwirkung im Rahmen der Bündnisstrategie zu gewährleisten (Begr. BT-Drucks. 11/4609 S. 7 und 8). Die Vorschrift will deshalb klarstellen, dass das Verbot und dementsprechend die Strafvorschriften für Handlungen **nicht** gelten, die sich auf den Bereich des **Verteidigungsbündnisses der NATO** beziehen (aaO S. 8). Die westlichen Nuklearmächte handeln deshalb nicht gesetzwidrig, wenn sie im aufgezeigten Rahmen mit Atomwaffen umgehen. Im Übrigen jedoch findet das Gesetz auch auf Atomwaffen Anwendung (vgl. § 17 Abs. 1).

2  **2.** Die Vorschrift ist ihrer Fassung als Ausnahmevorschrift entsprechend nicht mit einer Sanktionsregelung verknüpft.

### Verbot von Atomwaffen

**17** (1) Unbeschadet des § 16 ist es verboten,
1. **Atomwaffen zu entwickeln, herzustellen, mit ihnen Handel zu treiben, von einem anderen zu erwerben oder einem anderen zu überlassen, einzuführen, auszuführen, durch das Bundesgebiet durchzuführen oder sonst in das Bundesgebiet oder aus dem Bundesgebiet zu verbringen oder sonst die tatsächliche Gewalt über sie auszuüben,**
1 a. **einen anderen zu einer in Nummer 1 bezeichneten Handlung zu verleiten oder**
2. **eine in Nummer 1 bezeichnete Handlung zu fördern.**

(2) Atomwaffen im Sinne des Absatzes 1 sind
1. **Waffen aller Art, die Kernbrennstoffe oder radioaktive Isotope enthalten oder eigens dazu bestimmt sind, solche aufzunehmen oder zu verwenden, und Massenzerstörungen, Massenschäden oder Massenvergiftungen hervorrufen können**
2. **Teile, Vorrichtungen, Baugruppen oder Substanzen, die eigens für eine in Nummer 1 genannte Waffe bestimmt sind.**

**Für die Begriffsbestimmung der Atomwaffen gelten außerdem Satz 2 der Einleitung und Abschnitt I Buchstabe c der Anlage II zum Protokoll Nr. III des revidierten Brüsseler Vertrages vom 23. Oktober 1954.**

1  **1.** Die (1990) neu geschaffene Vorschrift (**Absatz 1**) verbietet – unter Berücksichtigung der Ausnahmeregelung des § 16 – jeglichen Umgang mit Atomwaffen (A I der Kriegswaffenliste), als **Täter** ebenso wie als **„Anstifter"** oder **„Gehilfe"** (vgl. § 19 Rdn. 4 f.). Der zunehmende **„Nuklearterrorismus"** wirkt sich inzwischen zu einer ernsten Bedrohung aus (vgl. Antwort der BReg. vom 5. 9. 1994 – BT-Drucks. 12/8441).

2  **2.** Die **Definition** des Begriffs „Atomwaffe" (hierzu *Holthausen* NJW **1991**, 203, 205) weicht von der im A I Nr. 2 der Kriegswaffenliste (KWL) enthaltenen ab. Er wird hier (in § 17) „enger gefasst", „um nicht auch im Hinblick auf das Verbot des Förderns erlaubte zivile Tätigkeiten zu erfassen." Deshalb wird hier der Bereich der Teile, Vorrichtungen, Baugruppen oder Substanzen, „die für sie wesentlich sind, sofern nicht nach dem Atomgesetz ... Genehmigungen erteilt sind", herausgenommen; **insoweit** sind die bisherigen **Genehmigungsvorschriften** des Gesetzes

Verbot von Antipersonenminen  §§ 18, 18a KWKG 8

(KWKG) anzuwenden (BGHSt. **38**, 205; Begr. BT-Drucks. 11/4609 S. 9). Erforderlich ist nach Absatz 2 Satz 1 Nr. 2, dass die Gegenstände „eigens" für eine Atomwaffe „bestimmt" („*expressly designed*") sind (vgl. BGH, Urteil vom 28. 4. 1994 – 4 StR 65/94 S. 9). Hierüber entscheidet nicht die subjektive Zweckbestimmung des Herstellers, maßgebend sind vielmehr objektive Gesichtspunkte: die Gegenstände müssen aufgrund ihrer Beschaffenheit nur für Atomwaffen konstruiert und verwendbar sein (*Pathe* § 40 Rdn. 23; *Pietsch* Rdn. 17 Fn. 61). Aus **Absatz 2 Satz 2** ergibt sich, dass die Eigenschaft als Kriegswaffe auch dann zu verneinen ist, wenn die Voraussetzungen der Ausnahmebestimmungen nach dem WEU-Vertrag, wie sie eingangs der KWL inhaltlich wiedergegeben werden, erfüllt sind (Begr. aaO S. 8).

**3. Zuwiderhandlung:** Die Strafvorschrift enthält § 19 nF.   3

# Vierter Abschnitt. Besondere Vorschriften für biologische und chemische Waffen sowie für Antipersonenminen

## Verbot von biologischen und chemischen Waffen

## 18 Es ist verboten,

1. biologische oder chemische Waffen zu entwickeln, herzustellen, mit ihnen Handel zu treiben, von einem anderen zu erwerben oder einem anderen zu überlassen, einzuführen, auszuführen, durch das Bundesgebiet durchzuführen oder sonst in das Bundesgebiet oder aus dem Bundesgebiet zu verbringen oder sonst die tatsächliche Gewalt über sie auszuüben oder
1a. einen anderen zu einer in Nummer 1 bezeichneten Handlung zu verleiten oder
2. eine in Nummer 1 bezeichnete Handlung zu fördern.

**1.** Die Bestimmung enthält das **allgemeine Verbot,** als Täter, „Anstifter" oder   1
„Gehilfe" (§ 19 Rdn. 4 f.) mit biologischen (A II Nr. 3 und 4 der KWL) oder chemischen Waffen (A III Nr. 5 und 6 der Kriegswaffenliste) in irgendeiner der im Einzelnen aufgeführten Formen umzugehen. Eine Genehmigungsmöglichkeit entfällt. Das entsprechende Verbot – eingeschränkt durch § 16 – für Atomwaffen enthält § 17.

**2. Strafvorschrift:** § 20.   2

## Verbot von Antipersonenminen

## 18a (1) Es ist verboten,

1. Antipersonenminen einzusetzen, zu entwickeln, herzustellen, mit ihnen Handel zu treiben, von einem anderen zu erwerben oder einem anderen zu überlassen, einzuführen, auszuführen, durch das Bundesgebiet durchzuführen oder sonst in das Bundesgebiet oder aus dem Bundesgebiet zu verbringen oder sonst die tatsächliche Gewalt über sie auszuüben, insbesondere sie zu transportieren, zu lagern oder zurückzubehalten,

# 8 KWKG § 18a  Gesetz über die Kontrolle von Kriegswaffen

2. einen anderen zu einer in Nummer 1 bezeichneten Handlung zu verleiten oder
3. eine in Nummer 1 bezeichnete Handlung zu fördern.

(2) Für **Antipersonenminen** gilt die Begriffsbestimmung des Artikels 2 des Übereinkommens über das Verbot des Einsatzes, der Lagerung, der Herstellung und der Weitergabe von Antipersonenminen und über deren Vernichtung vom 3. Dezember 1997.

(3) Absatz 1 gilt nicht für Handlungen, die nach den Bestimmungen des in Absatz 2 genannten Übereinkommens zulässig sind.

**1** 1. Die Vorschrift ist durch Art. 2 Nr. 4 des Ausführungsgesetzes vom 6. 7. 1998 (BGBl. I 1778) zum Übereinkommen über das Verbot des Einsatzes, der Lagerung, der Herstellung und der Weitergabe von **Antipersonenminen** und über deren Vernichtung vom 3. 12. 1997 eingefügt worden (Materialien: Gesetzentwurf der BReg. BT-Drucks. 13/10116; Bericht des 3. Ausschusses BT-Drucks. 13/10691). Das Übereinkommen (BGBl. 1998 II 778, 779) verbietet in Art. 1 den Einsatz, die Herstellung, den Erwerb, die Lagerung, das Zurückbehalten, die unmittelbare oder mittelbare Weitergabe von Antipersonenminen sowie jegliche hierauf bezogene unterstützende Handlung. Art. 7 und 8 des Übereinkommens verpflichten die Vertragsstaaten zur Mitwirkung bei der Schaffung von „Transparenz" und der Verifikation, Art. 9 verpflichtet zur innerstaatlichen Durchführung der Verbotsbestimmungen des Art. 1.

Das hierzu ergangene **Ausführungsgesetz** dient der Umsetzung dieser Verpflichtungen. Art. 1 bezweckt die Umsetzung der Maßnahmen zur Schaffung von „Transparenz" (Art. 7 des Übereinkommens) und des in Art. 8 statuierten Verifikationssystems. Art. 2 enthält vor allem die strafrechtlichen Vorschriften im Rahmen der innerstaatlichen Umsetzung des in Art. 1 des Übereinkommens enthaltenen umfassenden Verbots. Mit der Aufnahme eines neuen strafbewehrten Verbotstatbestandes in das KWKG (§ 20a) ist für alle nach dem Übereinkommen im In- und Ausland untersagten Tätigkeiten eine einheitliche Sanktion geschaffen worden, die auch der Abschreckung dient. In der Formulierung lehnt sich die neue gesetzliche Regelung an die bereits für atomare, biologische und chemische Waffen bestehende an (Bericht BT-Drucks. 13/10691, S. 1/2).

**2** 2. **Antipersonenmine** ist nach **Absatz 2** und der Definition in Art. 2 Nr. 3 des „Protokolls über das Verbot oder die Beschränkung des Einsatzes von Minen, Sprengfallen und anderen Vorrichtungen in der am 3. 5. 1996 geänderten Fassung (Protokoll II in der am 3. 5. 1996 geänderten Fassung)" eine Mine, „die (in erster Linie) dazu bestimmt ist, durch die Gegenwart, Nähe oder Berührung einer Person zur Explosion gebracht zu werden, und die eine oder mehrere Personen kampfunfähig macht, verletzt oder tötet". **Nicht** erfasst werden von dem Übereinkommen Minen, die dazu bestimmt sind, durch die Gegenwart, Nähe oder Berührung nicht einer Person, sondern eines Fahrzeugs zur Detonation gebracht zu werden, und die mit einer Aufhebsperre ausgestattet sind. Eine Aufhebsperre ist nach Art. 2 Abs. 3 des Übereinkommens eine Vorrichtung, die eine Mine schützen soll und Teil der Mine, mit ihr verbunden, an ihr befestigt oder unter ihr angebracht ist und die bei dem Versuch, sich an der Mine zu schaffen zu machen oder sie anderweitig gezielt zu stören, aktiviert wird.

**3** 3. Die **verbotenen Tätigkeiten** entsprechen im Wesentlichen denen der §§ 17 Abs. 1, 18, so dass auf die Erläuterungen zu diesen Vorschriften, vor allem aber zu

Vorbemerkung

den zugehörigen Strafvorschriften (§§ 19 und 20) verwiesen werden kann. Oberbegriff ist auch hier das Ausüben der tatsächlichen Gewalt über die Mine („Besitz" nach Anlage 1 Abschnitt 1 Nr. 2 zum WaffG). Als besonders intensive Tätigkeit ist an den Beginn der Tatmodalitäten das „Einsetzen" der Mine gesetzt worden, also ihre verheerende, in der Regel heimtückisch vorgenommene Verwendung. Durch die weite Formulierung ist praktisch jeder Umgang mit der Mine erfasst (vgl. *Hermsdörfer* S. 87 ff.), und zwar schon in der Produktionsstätte oder im Lager eines Munitionsdepots (BR-Drucks. 34/98 S. 27).

**4.** Zur Tatbestandsverwirklichung durch „Verleiten" und „Fördern" wird auf § 19 Rdn. 4 und 5 Bezug genommen. **4**

**5. Absatz 3** drückt eine Selbstverständlichkeit aus. Es versteht sich von selbst, dass in einem Ausführungsgesetz zu einem Übereinkommen nicht Handlungen erfasst werden können, die im Übereinkommen selbst als zulässig behandelt werden. Es handelt sich hierbei zB um Tätigkeiten im Zusammenhang mit der Minenräumung. **5**

## Fünfter Abschnitt. Straf- und Bußgeldvorschriften

### Vorbemerkung

Die **Straf- und Bußgeldvorschriften** des Gesetzes (hierzu *Fehn* in *Achenbach/ Ransiek*, Handbuch Wirtschaftsstrafrecht, 2004) sind aus rechtsstaatlichen Gründen im Vergleich zum sonstigen Umfang des Gesetzes außerordentlich **umfassend und konkret** gestaltet, die leichteren Zuwiderhandlungen ohne kriminellen Unrechtsgehalt – der Tendenz der neuen Bundesgesetzgebung entsprechend und zur Entlastung der Gerichte – als Ordnungswidrigkeiten normiert worden. Am Anfang stand bis zum 1. 11. 1990 die **grundlegende Strafbestimmung des § 16,** die **Verbrechenscharakter** hatte (§ 12 Abs. 1 StGB). Das Gegenstück dazu bildete der **§ 18** mit seinem **Katalog** der verschiedenen **Ordnungswidrigkeiten.** Die früheren §§ 19 bis 21 über die Verantwortlichkeit der vertretungsberechtigten Organe von juristischen Personen und der vertretungsberechtigten Gesellschafter von Personenhandelsgesellschaften (§ 19), der Aufsichtspflichtigen (§ 20) und über die Festsetzung einer Geldbuße gegen juristische Personen und Personenhandelsgesellschaften, ferner § 22 über die Verjährungsfrist sind durch Art. 7 EGOWiG aufgehoben worden, da das Strafgesetzbuch in § 14 und das OWiG in den §§ 9, 29, 30 nunmehr die entsprechenden Vorschriften enthalten. § 23 bestimmte und bestimmt auch gegenwärtig die nach dem OWiG zum Erlass von Bußgeldbescheiden zuständigen Verwaltungsbehörden. Die abschließende Vorschrift des Dritten Abschnitts betraf die Einziehung (§ 24). **1**

Die **Sanktionsvorschriften** sind durch Art. 3 des Gesetzes vom 5. 11. 1990 (BGBl. I 2428) **völlig umgestaltet** worden (hierzu *Holthausen* NJW **1991,** 203; *Pottmeyer* § 19 Rdn. 1). § 19 enthält eine Strafvorschrift gegen den Umgang mit Atomwaffen, § 20 eine solche bezüglich biologischer und chemischer Waffen mit einer Mindeststrafe für den „Normalfall" von 2 Jahren. Auf Taten außerhalb des Geltungsbereiches des Gesetzes (des Bundesgebiets) erstreckt § 21 in den dort genannten Fällen die Strafbarkeit. Ausnahmen führt § 22 auf. Schließlich enthält § 22 a „sonstige" Strafvorschriften (§ 16 aF), bevor in § 22 b ein Katalog von Bußgeldtatbeständen aufgestellt wird (§ 18 aF). Die beibehaltene Einziehungsvorschrift § 24 schließt den 5. Abschnitt ab. Sie ist durch Art. 10 des Verbrechensbekämp- **2**

# 8 KWKG § 19   Gesetz über die Kontrolle von Kriegswaffen

fungsgesetzes vom 28. 10. 1994 (BGBl. I 3186, 3193) um die Regelungen über den „Erweiterten Verfall" ergänzt worden. Die wichtigsten Straftatbestände der §§ 19 bis 22a sind durch Art. 1 Nr. 1 Buchst. d) des Gesetzes vom 22. 12. 2003 (BGBl. I 2836) in den Katalog der Straftaten des neu gefassten § 129a Abs. 2 Nr. 4 StGB aufgenommen worden.

**Strafvorschriften gegen Atomwaffen**

**19** (1) Mit Freiheitsstrafe von einem Jahr bis zu fünf Jahren wird bestraft, wer

1. Atomwaffen im Sinne des § 17 Abs. 2 entwickelt, herstellt, mit ihnen Handel treibt, von einem anderen erwirbt oder einem anderen überläßt, einführt, ausführt, durch das Bundesgebiet durchführt oder sonst in das Bundesgebiet oder aus dem Bundesgebiet verbringt oder sonst die tatsächliche Gewalt über sie ausübt,
1 a. einen anderen zu einer in Nummer 1 bezeichneten Handlung verleitet oder
2. eine in Nummer 1 bezeichnete Handlung fördert.

(2) Mit Freiheitsstrafe nicht unter zwei Jahren wird bestraft, wer

1. eine in Absatz 1 bezeichnete Handlung gewerbsmäßig oder als Mitglied einer Bande, die sich zur fortgesetzten Begehung solcher Straftaten verbunden hat, unter Mitwirkung eines anderen Bandenmitglieds begeht oder
2. durch eine in Absatz 1 bezeichnete Handlung
   a) die Sicherheit der Bundesrepublik Deutschland,
   b) das friedliche Zusammenleben der Völker oder
   c) die auswärtigen Beziehungen der Bundesrepublik Deutschland erheblich

gefährdet.

(3) In minder schweren Fällen

1. des Absatzes 1 ist die Strafe Freiheitsstrafe bis zu drei Jahren oder Geldstrafe und
2. des Absatzes 2 Freiheitsstrafe von drei Monaten bis zu fünf Jahren.

(4) Handelt der Täter in den Fällen des Absatzes 1 Nr. 1 fahrlässig oder in den Fällen des Absatzes 1 Nr. 1a oder 2 leichtfertig, so ist die Strafe Freiheitsstrafe bis zu zwei Jahren oder Geldstrafe.

(5) Wer in den Fällen

1. des Absatzes 2 Nr. 2 die Gefahr fahrlässig verursacht oder
2. des Absatzes 2 Nr. 2 in Verbindung mit Absatz 1 Nr. 1 fahrlässig oder in Verbindung mit Absatz 1 Nr. 1a oder 2 leichtfertig handelt und die Gefahr fahrlässig verursacht,

wird mit Freiheitsstrafe bis zu drei Jahren oder mit Geldstrafe bestraft.

(6) Die Absätze 1 bis 5 gelten nicht für eine Handlung, die

1. zur Vernichtung von Atomwaffen durch die dafür zuständigen Stellen oder

Strafvorschriften gegen Atomwaffen **§ 19 KWKG 8**

**2. zum Schutz gegen Wirkungen von Atomwaffen oder zur Abwehr dieser Wirkungen geeignet und bestimmt ist.**

**1.** Die Vorschrift ist durch das „Gesetz zur Verbesserung der Überwachung des Außenwirtschaftsverkehrs und zum Verbot von Atomwaffen, biologischen und chemischen Waffen" vom 5. 11. 1990 (BGBl. I 2428) neu geschaffen worden. Sie dient der Verhinderung der Beteiligung Deutscher an der Errichtung von Anlagen zur Herstellung von Atomwaffen (Begr. BT-Drucks. 11/4609 S. 6/7; Bericht BT-Drucks. 11/7221). Sie ist im Laufe des Gesetzgebungsverfahrens in einigen Punkten umgestaltet worden. Sie enthält in Absatz 1 einen Grundtatbestand, in Absatz 2 einen Qualifikationstatbestand. Vgl. auch *Fehn* Kriminalistik **2004**, 635, 639.

**2.** Der Begriff der **„Atomwaffen"** ist in § 17 Abs. 2 definiert (vgl. dort Rdn. 2).

**3.** Das Gesetz führt in **Absatz 1 Nr. 1** eine Fülle von Verhaltensweisen auf, die jeweils den Tatbestand erfüllen (eingehend hierzu *Pietsch* § 17 KWKG Rdn. 2ff.). Sie alle sind Erscheinungsformen der **Ausübung der „tatsächlichen Gewalt"** über die Atomwaffe (vgl. hierzu § 1 WaffG Rdn. 33, 42). Die Vorschrift stellt dies ausdrücklich klar. Die Tathandlungen entsprechen im Wesentlichen denen des § 22a Abs. 1 (§ 16 aF). Auf die Erläuterungen hierzu kann insoweit verwiesen werden. Nicht übernommen wurde das Befördern (§ 16 Abs. 1 Nr. 3 und 5 aF) sowie „Vermittlung, Nachweis oder Abschluss eines Vertrages" (§ 16 Abs. 1 Nr. 7 aF). Diese Varianten werden nach Auffassung des Gesetzgebers (BT-Drucks. 11/4609 S. 9) erfasst von dem Merkmal des „sonstigen Ausübens der tatsächlichen Gewalt" oder durch das „Fördern" (Absatz 1 Nr. 2), aber auch durch das „Verleiten", das zur Klarstellung erst später in die Bestimmung aufgenommen worden ist (vgl. Bericht BT-Drucks. 11/7221 S. 11). Neu ist in der Vorschrift das „Handeltreiben" (hierzu *Holthausen* NJW **1991**, 203, 204), das sich an § 29 Abs. 1 Nr. 1 BtMG anlehnt und dort trotz seiner „Weite" durch die Rechtsprechung klare Konturen erhalten hat. Der Gesetzgeber wollte mit der Einfügung dieses Merkmals die „bisherigen inlandsbezogenen Tathandlungen des Einführens und Ausführens namentlich im Hinblick auf verbotene Tätigkeiten im Ausland (vgl. § 21 neu) ergänzen" (BT-Drucks. 11/4609 S. 9).

Die Tathandlung des **„Entwickelns"** (hierzu überzeugend – ohne Beschränkung auf Neu-Entwicklungen – OLG Düsseldorf NStZ **2000**, 378 mit Anm. *Pietsch* NStZ **2001**, 234; *Pietsch* § 17 Rdn. 2ff.; *Fehn* aaO und *Holthausen* wistra **1998**, 209; aA LG Stuttgart NStZ **1997**, 288 [bestätigt durch OLG Stuttgart NStZ-RR **1998**, 63], *Pathe* § 45 Rdn. 21 und *Muhler* ZRP **1998**, 4) wurde aus Art. 2 des Gesetzes vom 21. 2. 1983 (BGBl. II 132) zu dem B-Waffenübereinkommen vom 10. 4. 1972 übernommen.

**4. Absatz 1 Nr. 1a** war im ursprünglichen Entwurf noch nicht enthalten. Auf Anregung des Bundesrates ist die Vorschrift zur Klarstellung eingefügt worden. Der ursprüngliche Gesetzentwurf ging davon aus, dass das Merkmal „Fördern" ausreiche, „Teilnahmehandlungen umfassend zu verbieten und unter Strafe zu stellen" (BT-Drucks. 11/4609 S. 9). Da dies „rechtlich zweifelhaft" sein konnte, wurde ausdrücklich auch das **„Verleiten"** (vgl. *Pietsch* § 17 Rdn. 12) in den Tatbestand aufgenommen (Bericht BT-Drucks. 11/7221 S. 11). Erfasst sind damit sämtliche „Anstiftungshandlungen" (Ber. aaO). Warum die Vorschrift nicht die eigentliche Anstiftungshandlung „Bestimmen" zur Tat (§ 26 StGB) übernommen hat, bleibt zunächst unklar. Die Materialien ergeben zu dieser Frage nichts. Man wird im Hin-

**8 KWKG § 19** Gesetz über die Kontrolle von Kriegswaffen

blick darauf, dass ausdrückliche „Anstiftungshandlungen" einbezogen werden sollten, die Grundsätze des § 26 StGB auch zur Auslegung des Begriffs „Verleiten" heranzuziehen haben. Die Übernahme des Anstiftungsbegriffs als solchen verbietet sich indessen, weil nach Absatz 4 und Absatz 5 Nr. 2 auch „leichtfertiges" Verleiten bestraft wird. Verleiten kann auch vorliegen, wenn der zu Verleitende gutgläubig ist (*Pietsch* § 17 Rdn. 12). Das Verleiten muss mindestens mit bedingtem Vorsatz vorgenommen werden. Es kann nicht ursächlich werden, wenn der Betreffende bereits von sich aus fest zur Tatausführung entschlossen ist.

5   **5.** Das **„Fördern"** (**Absatz 1 Nr. 2**) bezieht sich – wie das „Verleiten" (Rdn. 4) – nur auf die Tathandlungen des Absatzes 1 Nr. 1, so dass ein Fördern des Verleitens nicht ausreicht, sofern nicht gleichzeitig eine Variante der in Nr. 1 umschriebenen Handlungen gefördert worden ist. Nach dem ursprünglichen Entwurf des Gesetzes (vgl. Rdn. 4) sollte die Tätigkeit des Förderns allumfassend im Sinne einer Teilnahme verstanden werden. Nachdem im endgültigen Gesetz aber die „Anstiftung" in Gestalt des „Verleitens" separat geregelt worden ist, bleibt für das Fördern nur noch der Bereich der Beihilfe iS von § 27 Abs. 1 StGB. Auf die hierzu entwickelten Grundsätze in den Erläuterungswerken zum StGB kann verwiesen werden. Auch hier liegt indessen **keine echte Beihilfe** vor, da zB das Fördern auch „leichtfertig", also (– grob –) fahrlässig, begangen werden kann (Absatz 4, Absatz 5 Nr. 2). Eingehend zum Begriff des Förderns: *Barthelmeß* wistra **2001**, 14; *Holthausen* NJW **1991**, 203; *Pietsch* § 17 Rdn. 13 ff. Nach den allgemeinen Grundsätzen über die Strafwürdigkeit einer Beihilfehandlung muss aber die Haupttat zumindest das Stadium des Versuchs erreicht haben (LG Stuttgart NStZ **1997**, 288, 290; zustimmend OLG Stuttgart NStZ-RR **1998**, 63); die Förderung einer lediglich in Aussicht genommenen Tat als vollendetes Delikt zu bestrafen, widerspräche dem Schuldprinzip und dem Übermaßverbot (so auch OLG Stuttgart NStZ **1997**, 288 zu § 69a Abs. 2 Nr. 3 AWV; aA *Barthelmeß* wistra **2001**, 14 mit beachtlichen Gründen, auch zur Anwendung von § 30 StGB). Was nicht Fördern der „Verwendung" ist (LG Stuttgart NStZ **1997**, 288, 290), kann jedoch Fördern der „Entwicklung" von C-Waffen sein, da „Entwicklung" nicht nur originäre Neuentwicklung, sondern auch Nach-Entwicklung sein kann (so mit Recht *Holthausen* NStZ **1997**, 290; aA *Kreuzer* aaO S. 292). Vgl. zusammenfassend *Holthausen/Hucko* NStZ-RR **1998**, 193, 198 ff.; *Pietsch* aaO). Mit der vorliegenden Tatbestandsstruktur können sämtliche Teilnahmehandlungen Deutscher an Haupttaten von Ausländern im Ausland, auch wenn die Taten dort nicht unter Strafe gestellt sind, strafrechtlich erfasst werden (Begr. BT-Drucks. 11/3995 S. 26). Unter den Tatbestand fallen auch Unterstützungshandlungen, die nur **mittelbar** dem Umgang mit Massenvernichtungswaffen fördern, wie Lieferung von Anlagen oder Einrichtungsgegenständen, die mit dem eigentlichen Produktionsprozess nichts zu tun haben (*Pietsch* § 17 Rdn. 16 mwN), sowie die Schulung von Technikern (BGH, Beschluss vom 22. 2. 2005 – 3 BJs 24/04-4 (11) geh. = BGHR KWKG § 19 Entwickeln 1; auch zum Versuch des Förderns). Allerdings wurde die Lieferung von Dichtringen für Hydraulikzylinder in einem Kernkraftwerk nicht als mittelbares Fördern eingestuft (LG Würzburg ZfZ **1998**, 101 m. Anm. *Ricke*, vom BayObLG in seinem Urteil vom 11. 11. 1997 – 4 St RR 155/97 nicht beanstandet).

6   **6.** Die Tathandlung nach dem Grundtatbestand des Absatzes 1 ist – wie schon bisher nach § 16 Abs. 1 aF – als **Verbrechen** (§ 12 Abs. 1 StGB) mit einer Mindeststrafe von einem Jahr eingestuft, in der Höhe der Strafdrohung (wie bisher) auf 5 Jahre begrenzt; der **Versuch** eines Verbrechens ist immer unter Strafe gestellt

Strafvorschriften gegen Atomwaffen **§ 19 KWKG 8**

(§ 23 Abs. 1 StGB). Zu beachten ist, dass es – im Gegensatz zu der Regelung über die Beihilfe in § 27 Abs. 2 Satz 2 StGB – beim Tatbestand des **„Förderns"** nach Absatz 1 Nr. 2 **keine obligatorische Strafmilderung** gibt.

**7.** Einen **Qualifikationstatbestand** gegenüber Absatz 1 enthält **Absatz 2**, der in der Strafdrohung stark angehoben worden ist (2 bis 15 Jahre). Hiermit sollte das besondere Unrecht gegenüber den „normalen" Verstößen gegen das KWKG betont werden (BR-Drucks. 396/1/90). Die Erhöhung der Mindeststrafe auf 2 Jahre, die bereits im Regierungsentwurf vorgesehen war, wurde nach zwischenzeitlicher Herabsetzung auf ein Jahr auf Empfehlung des Rechtsausschusses (aaO) schließlich Gesetz. Vgl. auch die Einordnung in § 100c Abs. 2 Nr. 5 StPO nF durch Gesetz vom 24. 6. 2005 (BGBl. I 1841). 7

**8.** Die erhöhte Strafdrohung wird nach **Absatz 2 Nr. 1** einmal ausgelöst, wenn der Täter nach Absatz 1 – eigentlicher Täter, „Verleitender" oder „Förderer" – **gewerbsmäßig** handelt. Zur Auslegung dieses Merkmals kann auf die Erläuterungen zu § 22a Abs. 2 Satz 2, ferner auf § 51 WaffG Rdn. 14 sowie zu § 260 StGB oder § 29 Abs. 3 Satz 2 Nr. 1 BtMG in den eingeführten Kommentaren verwiesen werden. 8

**9.** Entsprechendes gilt für das Qualifikationsmerkmal der **bandenmäßigen** Begehung (**Absatz 2 Nr. 1 zweite Variante**). Vgl. hierzu Rdn. 15 zu § 51 WaffG, auch zum Wandel der BGH-Rspr.). Da das Gesetz in der Sache wörtlich die Formulierung der §§ 244 Abs. 1 Nr. 2, 250 Abs. 1 Nr. 2 StGB übernimmt, wird im Übrigen auf die Erläuterungen zu diesen Vorschriften Bezug genommen. Zu beachten ist die geänderte Rspr. zum Begriff der „Bande": Nach der Entscheidung des Großen Senats für Strafsachen des BGH vom 22. 3. 2001 (GSSt. 1/00 = BGHSt. **46**, 321 = NJW **2001**, 2266) sind hierfür zB mindestens **drei** Mitglieder erforderlich, die sich mit dem Willen verbunden haben, künftig für eine gewisse Dauer mehrere selbstständige, im Einzelnen noch ungewisse Straftaten des im Gesetz genannten Deliktstyps zu begehen; ein gefestigter Bandenwille oder ein Tätigwerden in einem übergeordneten Bandeninteresse ist nicht [mehr] erforderlich. Diese neue Rspr. ist vielfach kommentiert worden (*Erb* NStZ **2001**, 561; *Ellbogen* wistra **2002**, 8; *Altenhain* Jura **2001**, 836; *Martin* JuS **2001**, 925; *Joerden* JuS **2002**, 329; *Vahle* Kriminalistik **2001**, 401). Im Anschluss hieran hat der 4. Strafsenat des BGH (BGHSt. **47**, 214 = NJW **2002**, 1662) entschieden, dass Mitglied einer Bande auch derjenige sein kann, dem nach der **Bandenabrede** – eine solche kann sogar stillschweigend getroffen sein (BGH NStZ **2002**, 375) – nur Aufgaben zufallen, die sich bei wertender Betrachtung als **Gehilfentätigkeit** darstellen. Auch diese Entscheidung ist mehrfach besprochen worden (*Erb* JR **2002**, 338; *Toepel* StV **2002**, 540; *Gaede* StV **2003**, 78; *Rath* GA **2003**, 823). Derselbe Senat hat weiter klargestellt, dass auch bei Bandentaten die allgemeinen Teilnahme- und Zurechnungsregeln gelten (NStZ **2003**, 32 = StV **2003**, 76; **2002**, 375); ein Tätigwerden im Interesse der Bande setze immer einen konkreten Bezug zu einer Straftat voraus. 9

**10.** Nach **Absatz 2 Nr. 2** ist als Qualifikationstatbestand ein **konkretes Gefährdungsdelikt** geschaffen worden, nachdem ursprünglich ein Verletzungsdelikt („Beeinträchtigung", „Störung") im Entwurf vorgesehen gewesen war. Der Bericht des Ausschusses für Wirtschaft (BT-Drucks. 11/7221 S. 11) spricht unzutreffenderweise davon, anstelle eines „Erfolgsdelikts" sei der Gefährdungstatbestand getreten; auch das konkrete Gefährdungsdelikt zählt indessen zu den Erfolgsdelikten (*Tröndle/Fischer*[53] vor § 13 Rdn. 13a). Voraussetzung für die Strafschärfung ist, dass der Vorsatztäter des Absatzes 1 (Täter, Verleitender, Förderer) durch sein Verhalten ursächlich für den Eintritt einer konkreten Gefahr für (mindestens) eines der 10 drei genannten Schutzobjekte (a bis c) geworden ist. Diese Merkmale sind aus § 34 Abs. 1 Außenwirtschaftsgesetz (AWG) aF (jetzt: Absatz 2) entnommen; die Vorschrift ist durch Art. 1 des Gesetzes vom 28. 3. 2006 (BGBl. I 574) umgestaltet worden. Dieser Straftatbestand ist indessen durch das 5. ÄndG zum AWG vom 20. 7. 1990 (BGBl. I 1457) in ein **abstrakt-konkretes Gefährdungsdelikt** (abw. *Dahlhoff* NJW **1991**, 208; krit. *Michalke* StV **1993**, 262, 263) umgestaltet worden (BGH NJW **1999**, 2129; *Fuhrmann* in Erbs/Kohlhaas § 34 AWG Rdn. 15), in dessen Absatz 2 Nr. 1 nurmehr die **äußere** Sicherheit der BRepD erwähnt wird. Für den vorliegenden Tatbestand gilt diese Begrenzung nicht, so dass die Gefährdung auch der inneren Sicherheit ausreicht. Zur Auslegung des Merkmals ist § 92 Abs. 3 Nr. 2 StGB heranzuziehen. In dieser Vorschrift werden als Bestrebungen gegen die Sicherheit der BRepD solche Bestrebungen angesehen, deren Träger darauf hinarbeiten, die **äußere oder innere Sicherheit** der BRepD zu beeinträchtigen. Nach der Rechtsprechung wird darunter deren **Fähigkeit** verstanden, sich **nach außen und innen gegen Störungen zur Wehr zu setzen** (BGHSt. **28**, 316). Wird diese Fähigkeit durch Tathandlungen des Absatzes 1 **konkret** in Gefahr gebracht, so ist der Tatbestand des Absatzes 2 erfüllt. Zur weiteren Auslegung wird auf BGHSt. **28**, 312 und BGH NStZ **1988**, 215 sowie auf die Erläuterungen zu § 92 Abs. 3 Nr. 2 StGB bei *Laufhütte* in LK[11] § 92 Rdn. 6 sowie auf die Ausführungen von *Dahlhoff* aaO verwiesen.

11    11. Eine konkrete Gefahr für das **„friedliche Zusammenleben der Völker"** (Absatz 2 Nr. 2 b) liegt vor (vgl. BGHSt. **41**, 348, 352), wenn eine kriegerische Aktion gegen ein anderes Land droht, die weder als Verteidigungshandlung noch als gemeinsame Aktion der Völkergemeinschaft (UN) rechtlich abgesichert ist (vgl. auch *Dahlhoff* aaO S. 209). Nach Art. 26 Abs. 1 Satz 1 und 2 GG sind Handlungen, die geeignet sind und in der Absicht vorgenommen werden, das friedliche Zusammenleben der Völker zu stören, insbesondere die Führung eines **Angriffskrieges** vorzubereiten, unter Strafe zu stellen. Die Erfahrung hat gezeigt, dass gerade die Lieferung von Kriegswaffen in Krisengebiete die Gefahr in sich birgt, den Frieden in diesen Gebieten ernsthaft zu stören. Entsprechendes gilt für die Lieferung von Anlagen, die im Zusammenhang mit der Konstruktion von Atomwaffen stehen (*Pietsch* Rdn. 8). Die Feststellung einer konkreten Gefahr vor dem Eintritt einer tatsächlichen Störung wird nicht einfach zu treffen sein.

Solange die friedensfeindlichen Aktionen sich jeweils nur innerstaatlich auswirken, ist das Zusammenleben „der Völker" nicht tangiert.

12    12. Bei der konkreten Gefahr für die **„auswärtigen Beziehungen der BRepD"** ist zusätzlich – wie in § 34 Abs. 2 Nr. 3 AWG (hierzu *Fuhrmann* aaO Rdn. 18) – erforderlich, dass diese Beziehungen als Schutzobjekt **„erheblich"** gefährdet werden (Absatz 2 Nr. 2c). Ziel der Beziehungen zu auswärtigen Staaten oder Staatengemeinschaften ist es, ein möglichst harmonisches Zusammenleben zu erreichen, selbst wenn andere Staaten untereinander (oder auch einzelne Staaten innerstaatlich) Differenzen haben. Hier können gerade durch Kriegswaffengeschäfte mit der einen oder anderen Seite leicht Zwistigkeiten oder Verwicklungen mit anderen Staaten entstehen. Durch die Fassung des Gesetzes wird erreicht, dass leichte Verstimmungen oder Klimaverschlechterungen nicht ausreichen. Es muss sich um tiefgreifende Beeinträchtigungen der Beziehungen handeln (vgl. BVerfG NJW **1993**, 1909, 1910), wobei es allerdings ausreicht, dass dies in Bezug auf einen einzigen Staat geschieht. Die verbotswidrige Lieferung von Atomwaffen unter deutscher Beteiligung ins Ausland birgt stets eine erhebliche Gefährdung in dem hier maßgeblichen Sinne in sich (*Pottmeyer* Rdn. 5; *Pietsch* Rdn. 9). Soweit wesentliche Teile vom Begriff der

Atomwaffe ausgenommen sind (vgl. § 17 Rdn. 2), greift strafrechtlich § 22a (Abs. 1 Nr. 6 Buchst. a) ein (*Pietsch* Rdn. 9). Vgl. auch die Materialien zum AWG BT-Drucks. III/1285 (amtl. Begr.) und III/2386 (schriftl. Ausschussbericht). Eingehend hierzu *Dahlhoff* NJW **1991,** 208, 210).

**13.** Während der ursprüngliche Gesetzentwurf (BT-Drucks. 11/4609) noch vorsah, dass die in Absatz 2 Nr. 2 genannten Schutzobjekte „beeinträchtigt" oder „gestört" worden sein mussten, lässt das Gesetz eine **„Gefährdung"** ausreichen. Der Ausschussbericht (BT-Drucks. 11/7221 S. 11) lässt deutlich erkennen, dass nicht an ein „abstraktes" oder „potentielles" Gefährdungsdelikt (vgl. hierzu *Tröndle/Fischer*[52] vor § 13 Rdn. 13a) gedacht worden ist, sondern – schon im Hinblick auf die Strafdrohung – an ein **„konkretes" Gefährdungsdelikt.** Diese Rechtsfigur ist weit verbreitet. Die mit ihr zusammenhängenden Rechtsfragen sind im Wesentlichen geklärt. Es kann deshalb auf die Erläuterungen zu vergleichbaren Vorschriften verwiesen werden (§§ 315, 315c; zB *König* in LK[11] § 315 Rdn. 52ff.). Entscheidend für das Vorliegen einer konkreten Gefahr ist immer das Entstandensein einer ganz konkret riskanten Situation für das Schutzgut, in der zu besorgen ist, dass das Risiko jederzeit in einen Schaden umschlägt (vgl. BGH VRS **44,** 422, 423).

**14. Absatz 3** bringt für die Vorsatztaten der Absätze 1 und 2 jeweils abgestufte Strafrahmen für **minder schwere Fälle.** Nach Nr. 1 ist hinsichtlich der Taten nach Absatz 1 Freiheitsstrafe von einem Monat bis zu 3 Jahren oder sogar Geldstrafe vorgesehen (wie bisher bei § 16 Abs. 3 aF), bezüglich des Qualifikationstatbestandes nach Absatz 2 Freiheitsstrafe mit dem erhöhten Mindestmaß von 3 Monaten, im Höchstmaß bis zu 5 Jahren. Ob ein minder schwerer Fall vorliegt, entscheidet sich danach, ob nach tatrichterlicher Gesamtwürdigung das Tatbild – einschließlich aller subjektiven Momente und der Täterpersönlichkeit – vom Durchschnitt der erfahrungsgemäß gewöhnlich vorkommenden Fälle in einem Maße abweicht, dass die Anwendung des niedrigeren Strafrahmens geboten erscheint (st. Rspr. vgl. zB BGH NStZ **1984,** 413; VRS **72,** 277; *Tröndle/Fischer*[52] § 46 Rdn. 41f.). Gegenwärtig formuliert der BGH wie folgt: Die Entscheidung, ob ein minder schwerer Fall vorliegt, erfordert eine Gesamtbetrachtung, bei der alle Umstände heranzuziehen und zu würdigen sind, die für die Wertung der Tat und des Täters in Betracht kommen, gleichgültig, ob sie der Tat selbst innewohnen, sie begleiten, ihr vorausgehen oder nachfolgen. Dabei sind alle wesentlichen entlastenden und belastenden Umstände gegeneinander abzuwägen. Erst nach dem Gesamteindruck kann entschieden werden, ob der außerordentliche Strafrahmen anzuwenden ist (BGH NStZ-RR **2002,** 329; NStZ **2000,** 254). Geringfügige Mengen an Atomwaffen rechtfertigen nicht die Annahme eines minder schwereren Falles (Pietsch Rdn. 10 mwN aus der unveröffentlichten Rspr.). Dagegen können die Hervorrufung des Tatentschlusses oder die Ermutigung zur Tat durch Staatsbedienstete die Tat und den Täter in einem milderen Licht erscheinen lassen.

**15.** Auch die **fahrlässige** Begehungsweise ist – stark abgestuft – unter Strafe gestellt. Während nach der ersten Variante des **Absatzes 4** in Bezug auf einen Verstoß gegen Absatz 1 Nr. 1 (Täterschaft) jede Fahrlässigkeit (hierzu gelten die allgemeinen Grundsätze; vgl. auch § 22a Rdn. 12) ausreicht, ist fahrlässiges Verleiten und Fördern (Absatz 1 Nr. 1a und Nr. 2) nur für den Fall strafbar, dass es **„leichtfertig"** geschieht (vgl. zu diesem einengenden Merkmal *Schroeder* LK[11] § 16 Rdn. 208ff.; *Tröndle/Fischer*[52] § 15 Rdn. 20). Der Strafrahmen ist auffälligerweise für beide Verhaltensweisen gleich gewählt worden. Die Beschränkung auf Leichtfertigkeit in den genannten Fällen wird zu Recht auf den „weiten Tatbestand des Förderns und des Verleitens" zurückgeführt. Eine weitere Einschränkung der Strafbarkeit sah der Ausschussbericht (BT-Drucks. 11/7221) in der Form vor, dass leichtfertiges Fördern nur dann strafbar sein sollte, „wenn es sich nicht nur um einen unerheblichen Tatbeitrag" handelte. Es war weiter vorgesehen klarzustellen, dass die Verbreitung von Kenntnissen in Wissenschaft und Forschung unter bestimmten Voraussetzungen als unerheblich in diesem Sinne gelte. Beiden Vorhaben ist der Bundesrat durch Anrufen des Vermittlungsausschusses entgegengetreten (BR-Drucks. 396/90 [Beschluss]). Danach sollte das leichtfertige Fördern – zur Vermeidung von Strafbarkeitslücken – uneingeschränkt strafbar sein; der Begriff der „Leichtfertigkeit" sei bereits so eng, dass nicht jede „an sich gutgläubige Tätigkeit" im Bereich ziviler Forschung die Gefahr strafrechtlicher Verfolgung in sich berge (im Gegensatz zum Ausschussbericht BT-Drucks. 11/7221 S. 12). Die Herausnahme der Verbreitung von Kenntnissen in Wissenschaft und Forschung hätte nach Ansicht des Bundesrates zur ungerechtfertigten Privilegierung bestimmter Berufsgruppen geführt. Auf Grund der dem Anliegen des Bundesrates folgenden Beschlussempfehlung des Vermittlungsausschusses (BT-Drucks. 11/7848 = BR-Drucks. 626/90) ist es zur endgültigen Gesetzesfassung – ohne die genannten Eingrenzungen – gekommen.

Die Strafe des Absatzes 4 ist Freiheitsstrafe von einem Monat bis zu 2 Jahren oder Geldstrafe.

**16** 16. Die Regelung in **Absatz 5 Nr. 1** lehnt sich an bewährte Vorbilder in der Gestaltung von **Vorsatz-Fahrlässigkeits-Kombinationen** bei konkreten Gefährdungsdelikten an (zB § 315c Abs. 3 StGB). Der Täter muss die Tathandlung des Absatzes 2 Nr. 2 (Absatz 2 Nr. 2 ist insgesamt nur vorsätzlich begehbar) vorsätzlich begehen, lediglich hinsichtlich der Verursachung der konkreten Gefahr ist Fahrlässigkeit erforderlich und ausreichend. Die Tat bleibt **Vorsatztat** (§ 11 Abs. 2 StGB). Die herabgesetzte Strafdrohung gegenüber Absatz 1 ist offensichtlich verfehlt (*Weidemann* GA **1992**, 483 f.; *Oswald* NStZ **1991**, 322; *Otto* ZStW **105** (1993), 566 und 570). **Nr. 2** sieht dagegen den reinen Fahrlässigkeitstatbestand vor, der allerdings hier einer eigentümlichen Formulierung bedarf, weil in den Fällen des Absatzes 1 Nr. 1 a und 2 nicht jede Fahrlässigkeit zur Strafbarkeit führt, sondern nur leichtfertige Begehungsweise (vgl. Rdn. 15). Die Strafandrohung für beide Varianten ist – wie auch bei § 315c Abs. 3 StGB – gleich, hier: Freiheitsstrafe von einem Monat bis zu 3 Jahren oder Geldstrafe.

**17** 17. Die **Ausnahmebestimmung** in **Absatz 6,** die in § 20 Abs. 4 eine Parallele hat, will zwei Handlungsweisen aus dem Tatbestand herausnehmen: Einmal (**Nr. 1**) handelt es sich um mögliche Altwaffen aus dem 2. Weltkrieg, die von den dafür zuständigen Stellen der Vernichtung zugeführt werden. Zum anderen (**Nr. 2**) sollen Verhaltensweisen nicht erfasst werden, durch die Schutzmaßnahmen gegen Atomwaffen erforscht und erprobt werden. Die Bestimmung ist in erster Linie im Blick auf biologische und chemische Waffen gestaltet worden. Aus diesem Grunde findet sich auch die Begründung der Bestimmung im Entwurf bei § 20 (BT-Drucks. 11/4609 S. 10).

**18** 18. Die Bestimmung ist Spezialvorschrift gegenüber § 22a (§ 16 aF), wie sich auch aus der Überschrift zu § 22a ergibt („Sonstige" Strafvorschriften). Für Tatzeiten bis einschließlich 10. 11. 1990 fand § 16 aF Anwendung (§ 2 Abs. 1 und 3 StGB). Lediglich soweit Verhaltensweisen nach Absatz 1 Nr. 1 a oder 2 in Betracht kommen, die nach der Neuregelung nur als „leichtfertig" begangene strafbar sind, erweist sich die neue Fassung als milder insofern, als bei der Begehungsweise durch „einfache" Fahrlässigkeit die Tat – im Gegensatz zu § 16 Abs. 4 aF – nicht mehr strafbar ist (§ 2 Abs. 3 StGB). Der Wortlaut des § 16 aF entspricht § 22a.

Strafvorschriften gegen biolog. u. chem. Waffen  **§ 20 KWKG 8**

**19. Verjährung** der Verfolgung: bei Absatz 1: 5 Jahre; bei Absatz 2 und 3: 20 Jahre; Absatz 4 und 5: 5 Jahre (§ 78 Abs. 3 Nr. 2 und 4 StGB).

**20. Zusammentreffen.** Die Konkurrenzfragen richten sich nach den allgemeinen Grundsätzen. § 22 a tritt hinter der Spezialvorschrift des § 19 zurück, soweit dieselben Gegenstände betroffen sind; im Übrigen ist Tateinheit möglich. Verletzungsdelikte neben dem konkreten Gefährdungsdelikt des Absatzes 2 Nr. 2 stehen in Tateinheit hierzu. Diese besteht auch bei gleichzeitigem Ausüben der tatsächlichen Gewalt über Kriegswaffen verschiedener Einstufung (A-B-C-Waffen; „sonstige" Kriegswaffen). Vgl. auch § 22 a Rdn. 20 ff.

## Strafvorschriften gegen biologische und chemische Waffen

**20** (1) **Mit Freiheitsstrafe nicht unter zwei Jahren wird bestraft, wer**

1. **biologische oder chemische Waffen entwickelt, herstellt, mit ihnen Handel treibt, von einem anderen erwirbt oder einem anderen überläßt, einführt, ausführt, durch das Bundesgebiet durchführt oder sonst in das Bundesgebiet oder aus dem Bundesgebiet verbringt oder sonst die tatsächliche Gewalt über sie ausübt,**
1 a. **einen anderen zu einer in Nummer 1 bezeichneten Handlung verleitet oder**
2. **eine in Nummer 1 bezeichnete Handlung fördert.**

(2) **In minder schweren Fällen ist die Strafe Freiheitsstrafe von drei Monaten bis zu fünf Jahren.**

(3) **Handelt der Täter in den Fällen des Absatzes 1 Nr. 1 fahrlässig oder in den Fällen des Absatzes 1 Nr. 1 a oder 2 leichtfertig, so ist die Strafe Freiheitsstrafe bis zu drei Jahren oder Geldstrafe.**

(4) **Die Absätze 1 bis 3 gelten nicht für eine Handlung, die**

1. **zur Vernichtung von chemischen Waffen durch die dafür zuständigen Stellen oder**
2. **zum Schutz gegen Wirkungen von biologischen oder chemischen Waffen oder zur Abwehr dieser Wirkungen**

**geeignet und bestimmt ist.**

**1.** Die Bestimmung ist durch die Novelle 1990 (Gesetz vom 5. 11. 1990 – BGBl. I 2428; Art. 3) eingefügt worden. Sie regelt die Strafbarkeit in Bezug auf den mit einem **Totalverbot** (§ 18) belegten Umgang mit **biologischen oder chemischen** Waffen. Diese sind in der **Kriegswaffenliste** unter A II Nr. 3 und 4 bzw. A III Nr. 5 und 6 (abgedruckt hinter § 27) definiert (vgl. hierzu § 1 Rdn. 2, 5 und 6). In ihrem Aufbau entspricht sie in **Absatz 1** dem § 19 Abs. 1. Zur Erläuterung der einzelnen Tatmodalitäten kann deshalb auf die Anmerkungen zu dieser Bestimmung verwiesen werden. Zum Tatbestand des „Förderns" vgl. OLG Düsseldorf NStZ **2000**, 378; *Barthelmeß* wistra **2001**, 14. Im Gegensatz zu § 19 hat der Gesetzgeber hier auf einen Qualifikationstatbestand (§ 19 Abs. 2) verzichtet und bereits den „normalen" Tatbestand mit der erhöhten Strafdrohung (2 bis 15 Jahre Freiheitsstrafe) versehen (vgl. auch die entsprechende Aufnahme in § 100c Abs. 2 Nr. 5 StPO nF durch das Gesetz vom 24. 6. 2005 – BGBl. I 1841). Dies ist erst nach Anrufung des Vermittlungsausschusses geschehen und geht auf den Wunsch des Bundesrats zurück (vgl.

**8 KWKG § 20a**   Gesetz über die Kontrolle von Kriegswaffen

BR-Drucks. 396/90 – Beschluss), der damit der Regelung im ursprünglichen RegE (BT-Drucks. 11/4609 S. 4) Geltung verschaffen wollte. Mit Recht macht die Begründung (BR-Drucks. 396/90 – Beschluss – S. 5) hierfür geltend, dass eine Mindeststrafe von nur einem Jahr der „besonderen Gefährlichkeit" biologischer und chemischer Waffen nicht gerecht würde; die Zielsetzung des Gesetzes, die Beteiligung Deutscher an der Errichtung von Anlagen zur Herstellung derartiger Waffen zu verhindern, könne auf diese Weise nicht erfüllt werden. Die Lieferung einer Einrichtung zur Errichtung einer Giftgasanlage ist nur dann eine „Förderung" der Herstellung chemischer Waffen, wenn es zur Herstellung tatsächlich kommt; fehlt es hieran, liegt nur ein Versuch vor (OLG Düsseldorf NStZ-RR **1998**, 153). Vgl. auch *Holthausen/Hucko* NStZ-RR **1998**, 193, 198. Vgl. auch das Ausführungsgesetz zum Chemiewaffenübereinkommen vom 2. 8. 1994 (BGBl. I 1954), zuletzt geänd. durch Art. 7 der 8. Zuständigkeitsanpassungsverordnung vom 25. 11. 2003 (BGBl. I 2304), abgedruckt unter **Nr. 8h**, mit seinen gegenüber § 20 **subsidiären** Strafvorschriften in § 16 und § 17.

2   2. Alle Verstöße gegen Tatbestandsvarianten des **Absatzes 1** sind nur **vorsätzlich** begehbar (vgl. aber Absatz 3). Auf § 19 Rdn. 3 ff. wird verwiesen.

3   3. Nach **Absatz 2** ist ein ermäßigter Strafrahmen für **minder schwere Fälle** vorgesehen (3 Monate bis 5 Jahre Freiheitsstrafe), der dem des Qualifikationstatbestandes in § 19 Abs. 3 Nr. 2 entspricht. Vgl. hierzu § 19 Rdn. 14.

4   4. Die **fahrlässige** Begehungsweise **(Absatz 3)** ist entsprechend § 19 Abs. 4 gestaltet worden, wobei die Höchststrafe hier auf 3 Jahre angehoben worden ist. Zur Erläuterung der einzelnen Merkmale kann auf § 19 Rdn. 15 verwiesen werden.

5   5. Auch hier – wie in § 19 Abs. 6 – ist eine **Ausnahmebestimmung (Absatz 4)** eingefügt worden (vgl. hierzu § 19 Rdn. 17).

6   6. Hinsichtlich des **Übergangsrechts** wird auf § 19 Rdn. 18 Bezug genommen.

7   7. Die Verfolgung der Taten **verjährt** wie folgt: nach Absatz 1 und 2 in 20 Jahren, nach Absatz 3 in 5 Jahren (§ 78 Abs. 3 Nr. 2 und 4 StGB).

8   8. **Zusammentreffen.** § 20 ist gegenüber § 22a Spezialvorschrift. Vgl. auch § 19 Rdn. 20. Eine Vielzahl von – zu einer Bewertungseinheit zusammenzufassenden – Zulieferungshandlungen kann den Tatbestand nach Absatz 1 Nr. 1 und 2 erfüllen in Tateinheit (abw. *Pietsch* Rdn. 18: § 20 ist lex specialis gegenüber § 34 AWG) mit einem Verbrechen nach § 34 Abs. 4 AWG iVm. § 69g Abs. 1 Nr. 2 und 3 bzw. § 69l Abs. 1 Nr. 1 und 2 AWV (OLG Stuttgart NStZ **1997**, 288). Vgl. auch Rdn. 1 aE und *Pietsch* Rdn. 17 f. hinsichtlich der subsidiär anwendbaren §§ 16, 17 CWÜAG, auch iVm. § 13 der AusführungsVO zum Chemiewaffenübereinkommen (CWÜV) vom 20. 11. 1996 (BGBl. I 1794), zuletzt geändert durch die 2. ÄndVO vom 16. 5. 2001 (BGBl. I 888); abgedruckt unter **Nr. 8i**.

**Strafvorschriften gegen Antipersonenminen**

**20a** (1) **Mit Freiheitsstrafe von einem Jahr bis zu fünf Jahren wird bestraft, wer**

1. **entgegen § 18a Antipersonenminen einsetzt, entwickelt, herstellt, mit ihnen Handel treibt, von einem anderen erwirbt oder einem anderen überläßt, einführt, ausführt, durch das Bundesgebiet durchführt oder sonst in das Bundesgebiet oder aus dem Bundes-**

Strafvorschriften gegen Antipersonenminen § 20a KWKG 8

gebiet verbringt oder sonst die tatsächliche Gewalt über sie ausübt, insbesondere sie transportiert, lagert oder zurückbehält,
2. einen anderen zu einer in Nummer 1 bezeichneten Handlung verleitet oder
3. eine in Nummer 1 bezeichnete Handlung fördert.

(2) In besonders schweren Fällen ist die Strafe Freiheitsstrafe nicht unter einem Jahr. Ein besonders schwerer Fall liegt in der Regel vor, wenn
1. der Täter in den Fällen des Absatzes 1 gewerbsmäßig handelt oder
2. sich die Handlung nach Absatz 1 auf eine große Zahl von Antipersonenminen bezieht.

(3) In minder schweren Fällen des Absatzes 1 ist die Strafe Freiheitsstrafe von drei Monaten bis zu drei Jahren.

(4) Handelt der Täter in den Fällen des Absatzes 1 Nr. 1 fahrlässig oder in den Fällen des Absatzes 1 Nr. 2 oder 3 leichtfertig, so ist die Strafe Freiheitsstrafe bis zu drei Jahren oder Geldstrafe.

**1.** Die Vorschrift ist durch Art. 2 Nr. 5 des Ausführungsgesetzes vom 6. 7. 1998 **1** (BGBl. I 1778) zum Übereinkommen über das Verbot des Einsatzes, der Lagerung, der Herstellung und der Weitergabe von **Antipersonenminen** (hierzu *Hermsdörfer* S. 87 ff.) und über deren Vernichtung vom 3. 12. 1997 eingefügt worden (Materialien: Gesetzentwurf der BReg. BT-Drucks. 13/10 116; Bericht des 3. Ausschusses BT-Drucks. 13/10691). Es ist die Sanktionsvorschrift zu dem ebenfalls neugeschaffenen § 18 a (vgl. Erläuterungen zu dieser Vorschrift) und ist nach Art. 3 Abs. 1 Ausführungsgesetz in Kraft ab 10. 7. 1998. Das Übereinkommen ist zusammen mit dem entsprechenden Zustimmungsgesetz („Gesetz zum Übereinkommen über das Verbot des Einsatzes, der Lagerung, der Herstellung und der Weitergabe von Antipersonenminen und über deren Vernichtung" vom 30. 4. 1998 – BGBl. II 778) und dem Ausführungsgesetz vom 6. 7. 1998 (BGBl. I 1778) Rechtsgrundlage für die Strafvorschrift. Mit der Aufnahme dieses neuen strafbewehrten Verbotstatbestandes in das KWKG ist für alle nach dem Übereinkommen im In- und Ausland untersagten Tätigkeiten eine einheitliche Sanktion geschaffen worden, die auch der Abschreckung dienen soll (vgl. auch *Fehn* Kriminalistik **2004**, 635, 641). In der Formulierung lehnt sich die neue gesetzliche Regelung an die bereits für atomare, biologische und chemische Waffen bestehenden Deliktsumschreibungen an (Bericht BT-Drucks. 13/10691 S. 1/2).

**2. Antipersonenmine** ist nach **Absatz 2** iVm. Art. 2 Abs. 1 Satz 1 des genannten **2** Übereinkommens (ähnlich wie in der Definition des Art. 2 Nr. 3 des „Protokolls über das Verbot oder die Beschränkung des Einsatzes von Minen, Sprengfallen und anderen Vorrichtungen in der am 3. 5. 1996 geänderten Fassung [Protokoll II in der am 3. 5. 1996 geänderten Fassung]") eine Mine, „die dazu bestimmt ist, durch die Gegenwart, Nähe oder Berührung einer Person zur Explosion gebracht zu werden, und die eine oder mehrere Personen kampfunfähig macht, verletzt oder tötet". In Satz 2 des Art. 2 Abs. 1 des Übereinkommens wird klargestellt, dass Minen dann nicht als Antipersonenminen betrachtet werden, wenn sie dazu bestimmt sind, nicht durch die Gegenwart, Nähe oder Berührung einer Person, sondern eines Kraftfahrzeugs zur Detonation gebracht zu werden und mit „Aufhebesperren" ausgestattet sind. Nach Art. 2 Abs. 3 des Übereinkommens handelt es sich hierbei um Vorrichtungen, die eine Mine schützen sollen und Teil der Mine, mit ihr verbunden, an ihr

**8 KWKG § 20a**  Gesetz über die Kontrolle von Kriegswaffen

befestigt oder unter ihr angebracht ist und die bei dem Versuch, sich an der Mine zu schaffen zu machen oder sie anderweitig gezielt zu stören, aktiviert wird.

**3** 3. Die in den einzelnen Tatbestandsvarianten umschriebenen **verbotenen Tätigkeiten** entsprechen im Wesentlichen denen der §§ 17 Abs. 1, 18, so dass auf die Erläuterungen zu diesen Vorschriften und insbesondere den zugehörigen Strafvorschriften (§§ 19 und 20) verwiesen werden kann. Oberbegriff ist auch hier das **Ausüben der tatsächlichen Gewalt** über die Mine (vgl. § 1 WaffG Rdn. 33, 42). Als besonders intensive Tätigkeit ist an den Beginn der Tatmodalitäten – entsprechend der Überschrift des Übereinkommens – das **„Einsetzen"** der Mine gesetzt worden, also ihre verheerende, in der Regel heimtückisch vorgenommene, schadenstiftende Verwendung. Durch die weite Formulierung ist praktisch **jeder Umgang** mit der Mine erfasst. Auf § 19 Rdn. 3 wird verwiesen. Abweichend von § 19 Abs. 1 Nr. 1 werden besonders herausgestellt: Transportieren, Lagern und Zurückbehalten. Da jegliche „Weitergabe" unter das Verbot gestellt worden ist, bezieht sich das Zurückbehalten auf die in der Überschrift des Übereinkommens besonders genannte Verpflichtung zur Vernichtung.

**4** 4. Zur Tatbestandsverwirklichung durch „Verleiten" (Absatz 1 Nr. 2) und „Fördern" (Absatz 1 Nr. 3) wird auf § 19 Rdn. 4 und 5 Bezug genommen.

**5** 5. Im Gegensatz zum Qualifikationstatbestand des § 19 Abs. 2 hat der Gesetzgeber hier in **Absatz 2** für **besonders schwere Fälle** auf die bewährte Regelbeispieltechnik (§ 51 WaffG Rdn. 14 f.; auch zu „unbenannten" besonders schweren Fällen) zurückgegriffen und für diese einen Strafrahmen von einem bis zu 15 Jahren festgelegt. Als umschriebene besonders schwere Fälle – jeweils nur des Absatzes 1 – stellt das Gesetz heraus:

a) gewerbsmäßiges Handeln (vgl. § 19 Rdn. 8; § 51 WaffG Rdn. 14),
b) verbotener Umgang mit einer „ großen Zahl" (krit. im Hinblick auf das Bestimmtheitsgebot *Pottmeyer* AWPrax. **1999**, 45, 46; für Verfassungsgemäßheit mit Recht *Pietsch* Rdn. 4) von Antipersonenminen. Was hierunter zu verstehen ist, wird genau so umstritten sein wie die Formulierung „Gesundheitsschädigung einer großen Zahl von Menschen" in § 330 Satz 2 Nr. 2 StGB in der bis zum 6. StRG gültigen Fassung (*Steindorf*, Umwelt-Strafrecht 2. Aufl. 1997 § 330 Rdn. 6 [jetzt: § 330 Abs. 2 Nr. 1]). Im Hinblick auf die Gefährlichkeit bereits einer einzigen Mine wird man in Anlehnung an die genannte Strafvorschrift des StGB bereits bei einer Anzahl von zwanzig Minen von einer „großen Zahl" sprechen müssen (so für § 330 Abs. 2 Nr. 1 auch *Tröndle/Fischer*[52] § 330 Rdn. 7). Als Anhaltspunkt kann auch dienen, dass der BGH zu § 306b StGB entschieden hat, 14 Personen seien jedenfalls „eine große Zahl" von Menschen (BGHSt. **44**, 175 = NJW **1999**, 2999 = JR **1999**, 210 m. Anm. *Ingelfinger*).

**6** 6. **Absatz 3** sieht den gesetzlichen Strafrahmen für minder schwere Fälle vor (3 Monaten bis zu 3 Jahren Freiheitsstrafe). Dieser weicht von dem in § 19 Abs. 3 Nr. 1 vorgesehenen insoweit nach oben ab, als er eine dreimonatige Mindeststrafe verlangt. Zu minder schweren Fällen vgl. im Übrigen § 19 Rdn. 14 sowie § 51 WaffG Rdn. 16.

**7** 7. Ähnlich wie in § 19 Abs. 5 Nr. 2 wird vorliegend in **Absatz 4** bei der Festlegung eines Strafrahmens von Freiheitsstrafe bis zu drei Jahren oder Geldstrafe für Formen der fahrlässigen Begehung differenziert: Während bei der Verwirklichung einer Tatbestandsvariante der Nr. 1 von Absatz 1 einfache Fahrlässigkeit zur Strafbarkeit ausreicht, müssen das „Verleiten" oder „Fördern" nach den Nrn. 2 und 3 des

Taten außerh. d. Geltungsbereichs dieses Gesetzes **§ 21 KWKG 8**

Absatzes 1 jeweils leichtfertig begangen sein. Zum Begriff der Leichtfertigkeit wird auf § 19 Rdn. 15 verwiesen.

## Taten außerhalb des Geltungsbereichs dieses Gesetzes

**21** **§ 19 Abs. 2 Nr. 2, Abs. 3 Nr. 2, Abs. 5 und 6, § 20 sowie § 20a gelten unabhängig vom Recht des Tatorts auch für Taten, die außerhalb des Geltungsbereichs dieser Vorschriften begangen werden, wenn der Täter Deutscher ist.**

1. Mit dieser Bestimmung sollte die nach zuvor (bis 10. 11. 1990) geltendem Recht vorhandene „empfindlichste Strafbarkeitslücke" (BT-Drucks. 11/4609 S. 7) geschlossen werden. § 16 KWKG aF erfasste **nicht** die im **Ausland** begangenen Taten, weil die in dieser Bestimmung für den Fall der Zuwiderhandlung strafbewehrten Genehmigungstatbestände nur für das Bundesgebiet galten (RegE aaO). Außerdem fiel unter die Bestimmung nur derjenige, der einer Genehmigung bedurfte, in der Regel also lediglich der Produzent selbst. Alle ihm nachgeordneten Personen, von leitenden Angestellten bis zum Arbeiter, schieden als Täter aus (arg. e § 5 Abs. 1); sie konnten allenfalls als Gehilfen verfolgt werden. Die jetzigen Strafvorschriften (§§ 19 ff.) richten sich gegen alle Personen, die die im Gesetz im Einzelnen aufgeführten Verhaltensweisen verwirklichen (vgl. *Holthausen* (NJW **1991,** 203, 206). Um darüber hinaus keine Strafbarkeitslücken bei dem Ziel, die Beteiligung Deutscher an derartigen Taten zu verhindern, aufkommen zu lassen, ist die Strafbarkeit auf einzelne – entgegen dem RegE nicht alle – besonders gravierende Straftaten nach § 19 (Abs. 2 Nr. 2, Abs. 3 Nr. 2, Abs. 5 und 6) betr. Atomwaffen sowie auf alle Straftaten nach § 20 betr. biologische und chemische Kriegswaffen ab 10. 7. 1998 alle Taten nach § 20a erstreckt worden, die von **Deutschen** (bis 9. 7. 1998 unter den weiteren Voraussetzungen von Nr. 1 oder Nr. 2 aF) im **Ausland** begangen werden. Ohne dass ein Tatort im Inland (§ 9 StGB) vorliegen oder eine Strafbarkeit am Tatort selbst gegeben sein müsste, macht sich ein Deutscher strafbar, wenn er sich an der Entwicklung oder Herstellung von A-B-C-Waffen im Ausland beteiligt (bei Atomwaffen begrenzt durch die eingeschränkte Verweisung). Kritisch zu dieser Neuregelung *Pottmeyer* §§ 19 bis 22 Rdn. 20 ff. und NStZ **1992,** 57; gegen ihn mit zutreffenden Erwägungen *Holthausen/Hucko* NStZ-RR **1998,** 193, 200, *Holthausen* NStZ **1992,** 268 und *Otto* ZStW **105** (1993), 566 f.

2. **Deutsche** iS dieser Vorschrift sind deutsche Staatsangehörige, die sich zur Zeit der Auslandstat „in erkennbarer Weise der Bundesrepublik Deutschland zuordnen oder ihr zuzuordnen sind" (RegE BT-Drucks. 11/4609 S. 10). Dies nahm das Gesetz einmal an, wenn der Täter Inhaber eines Personalausweises oder eines Reisepasses der BRepD war (Nr. 1) oder zum anderen, wenn er ausweispflichtig gewesen wäre, falls er eine Wohnung im Inland hätte (Nr. 2); hierunter fielen Personen, die ihre Wohnung im Bundesgebiet hatten (ohne im Besitz eines deutschen Personaldokuments zu sein) oder aber Personen, die zwar unter Beibehaltung der deutschen Staatsangehörigkeit (ohne deutschen Ausweis) ihren ständigen Wohnsitz im Ausland hatten, bei Wohnsitznahme in der BRepD aber ausweispflichtig wären (§ 1 Gesetz über Personalausweise idF vom 21. 4. 1986 – BGBl. I 548, zuletzt geänd. durch Art. 4 Abs. 2 des Gesetzes vom 25. 3. 2002 (BGBl. I 1186). Die ab 10. 7. 1998 geltende Fassung stellt, wie zB § 7 Abs. 2 Nr. 1 StGB, nur noch darauf ab, ob der Täter „Deutscher" (iS des inländischen Staatsangehörigkeitsrechts) ist. Für die Verfas-

# 8 KWKG §§ 22, 22a Gesetz ü. die Kontrolle von Kriegswaffen

sungsgemäßheit der Regelung überzeugend *Pietsch* Rdn. 2 ff.; aA *Pottmeyer* §§ 19–22 Rdn. 20 ff. und NStZ **1992**, 57.

### Ausnahmen

**22** Die §§ 18, 20 und 21 gelten nicht für eine auf chemische Waffen bezogene dienstliche Handlung

1. **des Mitglieds oder der zivilen Arbeitskraft einer Truppe oder eines zivilen Gefolges im Sinne des Abkommens zwischen den Parteien des Nordatlantikvertrages über die Rechtsstellung ihrer Truppen vom 19. Juni 1951 oder**
2. **eines Deutschen in Stäben oder Einrichtungen, die auf Grund des Nordatlantikvertrages vom 4. April 1949 gebildet worden sind.**

1 **1.** Die Ausnahmevorschrift nimmt in **Nr. 1** solche Handlungen mit **chemischen Kriegswaffen** aus der Strafbarkeit heraus, die ihre Grundlage im geltenden Völkerrecht haben. Nach dem Vertrag vom 23. 10. 1954 über den Aufenthalt ausländischer Streitkräfte in der BRepD (BGBl. 1955 II 253) sind die Vertragspartner grundsätzlich berechtigt, im Inland C-Waffen zu stationieren. Dies ist vom Bundesverfassungsgericht (NJW **1988**, 1651) anerkannt worden (vgl. auch BT-Drucks. 11/4609 S. 11). Diese völkerrechtliche Lage hindert den Gesetzgeber, Strafvorschriften zu schaffen, die sich gegen den Umgang der verbündeten Truppen mit C-Waffen richten (vgl. RegE BT-Drucks. aaO). Ausgenommen aus der Strafdrohung sind auch die deutschen zivilen Arbeitskräfte bei den Streitkräften (Art. IX Abs. 4 NATO-Truppenstatut). Nach **Nr. 2** gilt die Ausnahme auch für Deutsche (Soldaten und Beamte), die in NATO-Einrichtungen tätig werden.

2 **2.** Die **biologischen** Waffen sind bewusst nicht einbezogen worden, da sie nach dem Übereinkommen vom 10. 4. 1972 vollständig und weltweit **geächtet** sind (RegE aaO).

### Sonstige Strafvorschriften

**22a** (1) **Mit Freiheitsstrafe von einem Jahr bis zu fünf Jahren wird bestraft, wer**
1. **Kriegswaffen ohne Genehmigung nach § 2 Abs. 1 herstellt,**
2. **die tatsächliche Gewalt über Kriegswaffen ohne Genehmigung nach § 2 Abs. 2 von einem anderen erwirbt oder einem anderen überläßt,**
3. **im Bundesgebiet außerhalb eines abgeschlossenen Geländes Kriegswaffen ohne Genehmigung nach § 3 Abs. 1 oder 2 befördern läßt oder selbst befördert,**
4. **Kriegswaffen einführt, ausführt, durch das Bundesgebiet durchführt oder sonst in das Bundesgebiet oder aus dem Bundesgebiet verbringt, ohne daß die hierzu erforderliche Beförderung genehmigt ist,**
5. **mit Seeschiffen, welche die Bundesflagge führen, oder mit Luftfahrzeugen, die in die Luftfahrzeugrolle der Bundesrepublik Deutschland eingetragen sind, absichtlich oder wissentlich Kriegs-**

Sonstige Strafvorschriften **§ 22a KWKG 8**

waffen ohne Genehmigung nach § 4 befördert, die außerhalb des Bundesgebietes ein- und ausgeladen und durch das Bundesgebiet nicht durchgeführt werden,
6. über Kriegswaffen sonst die tatsächliche Gewalt ausübt, ohne daß
   a) der Erwerb der tatsächlichen Gewalt auf einer Genehmigung nach diesem Gesetz beruht oder
   b) eine Anzeige nach § 12 Abs. 6 Nr. 1 oder § 26a erstattet worden ist, oder
7. einen Vertrag über den Erwerb oder das Überlassen ohne Genehmigung nach § 4a Abs. 1 vermittelt oder eine Gelegenheit hierzu nachweist oder einen Vertrag ohne Genehmigung nach § 4a Abs. 2 abschließt.

(2) In besonders schweren Fällen ist die Strafe Freiheitsstrafe von einem Jahr bis zu zehn Jahren. Ein besonders schwerer Fall liegt in der Regel vor, wenn der Täter in den Fällen des Absatzes 1 Nr. 1 bis 4, 6 oder 7 gewerbsmäßig oder als Mitglied einer Bande, die sich zur fortgesetzten Begehung solcher Straftaten verbunden hat, unter Mitwirkung eines anderen Bandenmitglieds handelt.

(3) In minder schweren Fällen ist die Strafe Freiheitsstrafe bis zu drei Jahren oder Geldstrafe.

(4) Wer fahrlässig eine in Absatz 1 Nr. 1 bis 4, 6 oder 7 bezeichnete Handlung begeht, wird mit Freiheitsstrafe bis zu zwei Jahren oder mit Geldstrafe bestraft.

(5) Nach Absatz 1 Nr. 3 oder 4 wird nicht bestraft, wer Kriegswaffen, die er in das Bundesgebiet eingeführt oder sonst verbracht hat, freiwillig und unverzüglich einer Überwachungsbehörde, der Bundeswehr oder einer für die Aufrechterhaltung der öffentlichen Sicherheit zuständigen Behörde oder Dienststelle abliefert. Gelangen die Kriegswaffen ohne Zutun desjenigen, der sie in das Bundesgebiet eingeführt oder sonst verbracht hat, in die tatsächliche Gewalt einer der in Satz 1 genannten Behörden oder Dienststellen, so genügt sein freiwilliges und ernsthaftes Bemühen, die Kriegswaffen abzuliefern.

**1. Allgemeines.** Die Vorschrift (hierzu *Fehn* Kriminalistik **2004**, 635, 636) ist **1** durch das WaffRÄG 1978 weitgehend umgestaltet und seinerzeit in Übereinstimmung mit § 52a Abs. 2 bis 4 WaffG aF gebracht worden. Durch Art. 3 Nr. 5 des Gesetzes vom 5. 11. 1990 (BGBl. I 2428) erhielt sie – statt § 16 (aF) – die Bezeichnung „§ 22a", blieb aber inhaltlich unverändert. Sie gilt jetzt nur noch für die „sonstigen" Kriegswaffen, die von den §§ 19 und 20 nicht erfasst werden. Durch Art. 3 Nr. 5 WaffRNeuRegG ist die Bestimmung an das neue Recht angepasst worden, indem in Absatz 1 Nr. 6 Buchst. b der Zusatz „soweit nicht auf tragbare Schusswaffen nach § 6 Abs. 3 des Waffengesetzes [aF] dessen Vorschriften anzuwenden sind", gestrichen wurde.

Zur Täterschaft beim Handeln ohne Genehmigung vgl. Vorbem. vor § 51 WaffG Rdn. 51 sowie *Pottmeyer* Rdn. 145 ff.

Nach § 22a wird **sowohl** die **vorsätzliche** als auch die **fahrlässige Zuwiderhandlung** als **kriminelles Unrecht** bestraft, und zwar in den Fällen der Absätze 1 bis 3 als Verbrechen, an dem Mittäterschaft (§ 25 Abs. 2 StGB), Anstiftung (§ 26 StGB) und Beihilfe (§ 27 StGB) möglich sind. Auch der Versuch dieses Verbrechens wird bestraft (§ 23 Abs. 1 StGB). Die Frist für die Verjährung der Strafverfolgung beträgt jeweils 5 Jahre (§ 78 Abs. 3 Nr. 4 StGB). Absatz 5 enthält einen **persönlichen Strafaufhebungsgrund,** der einer besonderen Situation Rechnung trägt.

2 **2. Die einzelnen objektiven Tatbestände.** Für die Erfüllung eines objektiven Tatbestandes nach Absatz 1 ist einmal erforderlich, dass die vorgenommene Handlung Kriegswaffen iS von § 1 Abs. 1 (iVm. der als Anlage zu dieser Bestimmung aufgestellten „Kriegswaffenliste") betrifft und ferner, dass sie nach den §§ 2, 3 Abs. 1, 2 oder den §§ 4, 4a genehmigungspflichtig ist. Hierbei sind die Freistellungen vom Genehmigungszwang zu beachten (§§ 5, 15). Bei Kriegswaffen, die tragbare Schusswaffen sind, war bis zum Inkrafttreten des WaffRNeuRegG (1. 4. 2003) stets § 6 Abs. 3 WaffG aF zu prüfen (BGH NStZ-RR **1997,** 1 betr. Maschinenpistolen).

3 a) Bei **Absatz 1 Nr. 1 (Herstellung)** können, falls es sich um eine „Wiederherstellung" handelt, Zweifelsfragen hinsichtlich der Genehmigungspflicht auftreten. So kann es mitunter fraglich sein, ob eine genehmigungspflichtige Wiederherstellung oder eine nicht genehmigungspflichtige Reparatur vorliegt. Wer von ihm als Dekorationswaffen gekaufte Maschinenpistolen, die derartige Mängel aufwiesen, dass sie in ihrem ursprünglichen Zustand nicht mehr als Kriegswaffen angesehen werden konnten, wieder funktionsfähig macht, bessert nicht nur (genehmigungsfrei) aus, sondern stellt her (BGH, Urteil v. 21. 10. 1980 – 1 StR 477/80 S. 5). Für Tatzeiten ab 1. 7. 1976 bis 31. 3. 2003 galt nach § 6 Abs. 3 WaffG aF hinsichtlich von tragbaren Kriegswaffen die Sonderregelung der §§ 37 Abs. 1 und 2, 52a Abs. 1 WaffG (BGH aaO S. 4). Selbst wenn es sich um eine genehmigungspflichtige Wiederherstellung handelt, können berechtigte Zweifel des Herstellers, wenn sie als **Tatumstandsirrtum** zu werten sind, eine Freisprechung des Angeklagten aus subjektiven Gründen rechtfertigen (vgl. aber § 16 Abs. 1 Satz 2 StGB). Ähnliches gilt, wenn Zweifel bestehen, ob die Grenzen der an sich genehmigungsfreien Forschungstätigkeit (s. § 1 Rdn. 19) überschritten sind. Wegen des Herstellungsbegriffs vgl. im Übrigen Rdn. 56 f. zu § 1 WaffG). Umstritten ist, ob von Herstellen erst dann gesprochen werden kann, wenn das herzustellende Werk vollendet ist wie von *Pietsch* (Rdn. 3) vertreten wird. Diese Auffassung überzeugt indessen nicht. Dem Hinweis auf den Charakter als Erfolgsdelikt muss entgegengehalten werden, dass auch eine Teilfertigung von Beginn an einen gewissen Erfolg darstellt. Auch das Genehmigungsbedürfnis für das Herstellen greift bereits vor Beginn der Fertigung ein (§ 2 Abs. 1: Wer Kriegswaffen herstellen will ...). *Pietsch* selbst räumt ein, dass man eine von der seinen abweichende Meinung vertreten könne, wenn man „den streng präventiven Charakter von Art. 26 Abs. 2 GG iVm. dem KWKG in den Vordergrund" stelle. Dies aber ist nach dem Gesamtzusammenhang der gesetzlichen Regelung dringend geboten. Eine gewissen Parallele findet sich im Immissionsschutzrecht, wo unter „Errichten" einer genehmigungsbedürftigen Anlage (§ 62 Abs. 1 Nr. 1 BImSchG) auch nicht erst die Vollendung der Anlage verstanden wird (*Weber* in GK-BImSchG § 62 Rdn. 38 mwN; *Steindorf* in Erbs/Kohlhaas I 50 § 62 Rdn. 11: Dauervorgang mit zunehmendem Herstellungseffekt). Bei einem Subsumtionsirrtum ist § 17 StGB zu beachten. Das Merkmal „ohne Genehmigung" gehört hier **nicht** zum Unrechtstatbestand (vgl. Rdn. 13, Vorbem. vor § 51 WaffG Rdn. 4 ff., 40 und *Steindorf* in Festschrift für Salger [1994] S. 167; aA *Pottmeyer* Rdn. 88; diff. Rdn. 94; *Holthausen/Hucko* NStZ-RR **1998,** 193, 200 f.). Die „Genehmigungsfähigkeit" steht der Strafbarkeit nicht entgegen (hM; *Pottmeyer* Rdn. 16 mwN; aA *Otto* ZStW **105** [1993], 567).

Sonstige Strafvorschriften **§ 22a KWKG 8**

**b)** Bei dem Tatbestand der **Nr. 2** spielen die Befreiungen nach den §§ 5 Abs. 2 **4**
und 3, 15 eine besondere Rolle. Da nur der Erwerb der tatsächlichen Gewalt – auch
der nur vorübergehende (KG Potsdam, Beschluss vom 24. 1. 2005 – 3 L 979/04) –
von einem anderen gem. § 2 Abs. 2 der Genehmigung bedarf, macht sich der **Finder**
einer Kriegswaffe, der diese behält, iS von Absatz 1 Nr. 2 nicht strafbar (vgl. aber
Rdn. 8b; anders nach altem Recht, falls über § 6 Abs. 3 WaffG aF dieses Gesetz zur
Anwendung kam: OLG Schleswig NStZ **1983,** 271 mit abl. Anm. *Richter*), wohl
aber, wenn er die unverzüglich zu erstattende Anzeige (§ 12 Abs. 6 Nr. 1) unterlässt,
einer Ordnungswidrigkeit schuldig gem. § 22b Abs. 1 Nr. 3. **Verantwortlich** ist der
Finder hingegen, wenn er die von ihm originär erworbene tatsächliche Gewalt über
die gefundene Kriegswaffe einem anderen überlässt, weil er **hierfür** einer Genehmigung nach § 2 Abs. 2 bedarf. **Überlassen** (§ 1 WaffG Rdn. 43) setzt voraus, dass der
Täter die tatsächliche Gewalt über den Gegenstand (den unmittelbaren Besitz) zuvor
selbst ausgeübt hat. Das bloße **Vermitteln** des Überlassens reicht zur Annahme
einer täterschaftlichen Begehung nicht aus (BGH BGHSt. **28,** 294 = NJW **1979,**
2113). „**Vertreiben**" von Maschinenpistolen war erst für Tatzeiten ab 1. 7. 1976
nach § 6 Abs. 3 WaffG aF strafrechtlich erfasst (BGH aaO). Das **Vermitteln des
Überlassens** ist bei Kriegswaffen nur – und zwar erst ab 1. 7. 1978 – strafbar, falls
sich die Kriegswaffen im **Ausland** befinden (Absatz 1 Nr. 7). Hinsichtlich von im
Inland befindlichen ist ein täterschaftliches Vermitteln des Überlassens bisher nicht
erfasst; insoweit reicht nach Ansicht des Gesetzgebers die Strafbarkeit der Teilnahmeformen (Anstiftung, Beihilfe) zum Tatbestand des Überlassens aus (BGH aaO
unter Berufung auf die BT-Drucks. 8/1614 S. 16).

**c) Nr. 3** betrifft die Genehmigungstatbestände des § 3 Abs. 1 und Abs. 2. Hier- **5**
nach hat im Falle des § 3 Abs. 1 nicht der **Beförderer** selbst um die Genehmigung
nachzusuchen, sondern der Auftraggeber bzw. Hersteller oder Erwerber. Im Rahmen
von § 3 Abs. 2 können Zweifel im Zusammenhang mit dem Begriff des „**abgeschlossenen Geländes**" auftreten. Beschäftigte, etwa die Fahrer des Herstellers, die
die Beförderung ausführen, machen sich nach Absatz 1 als Täter nicht strafbar (§ 5
Abs. 1; abweichend nach den §§ 19 und 20 bei A-B-C-Waffen). Anders der Beförderer, der Kriegswaffen zum Transport im Bundesgebiet **außerhalb** eines abgeschlossenen Geländes übernimmt, ohne sich die Genehmigungsurkunde vorweisen
und übergeben zu lassen (arg. § 5 Abs. 2, Abs. 3 Nr. 1). Bei den nach § 3 Abs. 1
Verantwortlichen wird eine Bestrafung nur in Frage kommen, wenn sie in irgendeiner Form Kenntnis vom Beförderungsvorgang gehabt oder wenigstens infolge von
Fahrlässigkeit keine Kenntnis gehabt haben. Für eigenmächtige Beförderungen untergeordneter Organe haftet der Auftraggeber strafrechtlich nicht. Eine jedermann
zugängliche Feldmark ist kein abgeschlossenes Gelände (BGH, Urteil v. 20. 1. 1981
– 5 StR 657/80; LS: GA **1981,** 382).

**d) Nr. 4** erfasst den Genehmigungstatbestand des § 3 Abs. 3 (zu dessen umstritte- **6**
nem Charakter vgl. dort. Anm.). Unter Bundesgebiet ist das **Hoheitsgebiet** der
BRepD, „alte" und „neue" Bundesländer, zu verstehen (*Pottmeyer* § 3 Rdn. 20ff.).
Mit dem „**Verbringen**" (§ 1 WaffG Rdn. 54) von Kriegswaffen in das oder aus
dem Bundesgebiet wollte das Gesetz ursprünglich das ungenehmigte Überschreiten
der damaligen deutschen Binnengrenze, der Demarkationslinie zur ehem. DDR, in
die Strafbarkeit mit einbeziehen; inzwischen ist der Begriff, so unschön er ist,
allgemein gebräuchlich. Vgl. auch BGH NStZ **1993,** 594 (m. Anm. *Puppe*); BayObLG NStZ-RR **1997,** 134 = StraFo. **1997,** 217 [Handgranaten mit Stahlkugelfüllung]; OLG Düsseldorf wistra **1993;** 195 und NStZ **1987,** 565; LG Düsseldorf

NStZ **1988**, 231; *Pottmeyer* § 3 Rdn. 119 ff., *Holthausen/Hucko* NStZ-RR **1998**, 193, 196 ff. und *Holthausen* NStZ **1988**, 206 und 256 zur Problematik des „vorgetäuschten Ausfuhrzieles" und der „Endverbleibsklausel". Nach den Darlegungen von *Epping* (RIW **1996**, 453) sollte bis zu einer entsprechenden Gesetzesänderung des KWKG die Genehmigung der Ausfuhr nur über das AWG zu erfolgen haben; § 3 Abs. 3 sei nur für inländische Transportvorgänge mit dem Ziel der Ausfuhr relevant. Diese Auffassung ist jedoch nicht geeignet, die grundlegenden Ausführungen von *Holthausen* (JZ **1995**, 284 und *Holthausen/Hucko* aaO S. 197) zu widerlegen, wonach der Verfassungsauftrag des Art. 26 Abs. 2 GG die Ausfuhr zumindest unter dem rechtlichen Aspekt des „Inverkehrbringens" mitumfasst (vgl. das „Vorläufige Kriegswaffengenehmigungsverfahren nach Art. 26 II Grundgesetz" [Bek. des BMWi. vom 28. 11. 1957 – BAnz. Nr. 233 vom 4. 12. 1957], wonach die Ausfuhr als Unterfall des „Inverkehrbringens" geregelt war [*Holthausen* JZ **1995**, 284, 285]). Beide Autoren fordern aber letztlich zu Recht, der Gesetzgeber möge dem entstandenen Wirrwarr auf dem in der Praxis so wichtigen Rechtsgebiet alsbald ein Ende setzen. Ob eine mehr kabarettistische Satire aus der Feder von Ministerialräten der Sache dienlich ist (*Hantke/Holthausen/Hucko* NVwZ **1997**, 1195) muss wohl bezweifelt werden. Zur versuchten „Einfuhr" *Fehn* Kriminalistik **2004**, 635, 637.

7 **e) Nr. 5** enthält die Strafsanktion für Zuwiderhandlungen gegen § 4 (vgl. BGH, Urteil vom 20. 1. 1981 – 4 StR 657/80). Die Beförderung von „sonstigen" Kriegswaffen mit ausländischen Seeschiffen oder Luftfahrzeugen außerhalb des Bundesgebietes ist weder genehmigungspflichtig noch strafbar, auch wenn sie im Auftrag von Deutschen durchgeführt wird. Nr. 5 aF wird von Nr. 3 erfasst.

Das Gesetz beschränkt die Strafdrohung wegen der besonderen Verhältnisse bei der Beförderung in den Fällen des § 4 (durch deutsche Seeschiffe und Luftfahrzeuge) auf die **„wissentlich"** begangenen Verstöße gegen die Genehmigungspflicht nach dieser Bestimmung. Die amtliche Begründung führt hierzu (BR-Drucks. 329/59 S. 24) Folgendes aus: „Der Beförderer hat regelmäßig keine Möglichkeit und keine Handhabe, die Ladung daraufhin zu untersuchen und zu prüfen, ob es sich um Kriegswaffen handelt oder nicht. Er muss sich vielmehr auf die Angaben verlassen, die der Absender in den Frachtpapieren über die Ladung macht. Selbst wenn er im Einzelfall mit der Möglichkeit rechnen müsste, dass die übernommene Ladung entgegen der Deklarierung Kriegswaffen enthält, wäre es eine Überforderung, ihm eine Nachprüfungspflicht aufzuerlegen und ihn wegen eines mit Eventualvorsatz begangenen Verstoßes zu bestrafen". Aus diesen Sätzen der Begründung ergibt sich, dass der Gesetzgeber durch die Verwendung des Wortes **„wissentlich"** in Übereinstimmung mit der Praxis in anderen Fällen lediglich den **bedingten Vorsatz** (dolus eventualis) hat **ausschließen** wollen (*Tröndle/Fischer*[52] § 15 Rdn. 7; vgl. auch *Schroeder* in LK[11] § 16 Rdn. 81 ff.), also jene Vorsatzart, bei welcher der Täter die Verwirklichung des Straftatbestandes für möglich hält, aber auch für diesen Fall billigend in Kauf nimmt.

Die Neufassung durch Art. 35 Nr. 1 Buchst. c des EGStGB vom 2. 3. 1974 (BGBl. I 469) stellte klar, dass solch wissentliches Handeln nicht hinsichtlich sämtlicher Tatbestandsmerkmale, sondern nur in bezug auf die Beförderung von Kriegswaffen gegeben sein muss. Außerdem ist durch dieselbe Neufassung auch **absichtliches** Handeln unter Strafdrohung gestellt worden, „da auch solche Fälle daneben denkbar und beide Begehungsformen gleich strafwürdig sind" (amtl. Begr. d. EGStGB-Entw. BT-Drucks. 7/550 S. 362). Auch dieses absichtliche Handeln ist iS

Sonstige Strafvorschriften **§ 22a KWKG 8**

eines direkten Vorsatzes zu verstehen (*Schroeder* aaO Rdn. 76 ff., 81; *Schönke/Schröder/Cramer*[26] § 15 Rdn. 84).

**f) Nr. 6** enthält einen **Auffangtatbestand**, der erst durch das WaffRÄG 1978 eingefügt worden ist. Das gilt in erster Linie für Buchst. a, während Buchst. b das **Ausüben der tatsächlichen Gewalt** über Kriegswaffen unter Strafdrohung stellt, bei denen die Anzeigepflichten gem. § 12 Abs. 6 Nr. 1 und § 26 a verletzt worden sind. Mit der Bestimmung sollten Lücken in der Strafdrohung geschlossen werden, die dadurch vorhanden waren, dass unzuverlässige Personen unkontrolliert im Besitz von Kriegswaffen waren, sei es, dass sie diese von Todes wegen erworben oder gefunden hatten, sei es, dass der ungenehmigte Erwerbsvorgang nicht mehr festgestellt oder nicht mehr – wegen Eintritts der Verfolgungsverjährung – verfolgt werden konnte. Die letztgenannte Lücke ist dadurch geschlossen worden, dass eine „eigenständige Strafvorschrift für das unbefugte Ausüben des Besitzes über Kriegswaffen" geschaffen worden ist, nämlich Absatz 1 Nr. 6 **Buchst. a**. Diese Strafdrohung knüpft – im Gegensatz zu den übrigen Nummern des Absatzes 1 – nicht an einen – missachteten – konkreten Genehmigungstatbestand an (BayObLG NZV **1990**, 364). Zur Annahme von Mittäterschaft ist eine ausreichende Zugriffsmöglichkeit jedes Beteiligten auf die Kriegswaffe (gemeinsames Transportieren einer Handgranate im Pkw) erforderlich; Täter ist nicht nur derjenige, der die ihm nach dem Transport übergebene Waffe tatsächlich anwendet (BGH NStZ-RR **1997**, 283). Der Urteilsausspruch: „wegen Verstoßes gegen das Kriegswaffenkontrollgesetz" ist zu beanstanden; er ist zB zu ersetzen durch: „wegen unerlaubter Ausübung der tatsächlichen Gewalt über eine Kriegswaffe" (hier: Handgranate). Vgl. BGH vom 8. 6. 2004 – 4 StR 150/04 = NStZ-RR **2004**, 294 [LS].

Der Tatbestand kann auch fahrlässig begangen werden. Allerdings liegt ein derartiger Sorgfaltsverstoß noch nicht dann vor, wenn eine Frau, für ihren Ehemann für seine Frau, die einen genehmigten Waffenhandel betreibt, Munitionskisten verwahrt, ohne dass Anzeichen dafür bestünden, dass sich darin dem KWKG unterliegende Gegenstände befinden (BayObLGSt. **2000**, 129 = NStZ-RR **2001**, 56 [LS]). Zu beachten war auch hier bis 31. 3. 2003 (1. 4. 2003: Inkrafttreten des WaffRNeuRegG) der **Vorrang** der Regelung in § 6 Abs. 3 WaffG aF (BGH NStZ **1981**, 104) für die dort erfassten Gegenstände (vgl. OLG Karlsruhe NJW **1992**, 1057 m. Anm. *Holthausen* NStZ **1992**, 243). Das brachte der Wortlaut der Bestimmung auch bis zur Änderung durch Art. 3 Nr. 5 WaffRNeuRegG zum Ausdruck. **8a**

**Nr. 6 Buchst. b** ist der Straftatbestand für das Ausüben der tatsächlichen Gewalt über Kriegswaffen, die entgegen den Anzeigepflichten des § 12 Abs. 6 Nr. 1 und § 26 a KWKG **nicht angemeldet** worden sind (BT-Drucks. 8/1614 S. 18). § 26 a ist durch Anlage I Kapitel V Sachgebiet A Abschnitt II Nr. 2 des Einigungsvertrages vom 31. 8. 1990 (BGBl. II 889, 996) völlig umgestaltet worden. Er ist jetzt eine Übergangsvorschrift für das Gebiet der ehem. DDR mit einer neu geschaffenen Anzeigefrist. **8b**

**g)** Die 1978 eingefügte **Nr. 7** bringt die Strafvorschrift für Zuwiderhandlungen gegen die bei der Gesetzesänderung 1978 neu geschaffene Genehmigungsvorschrift für **Auslandskriegswaffengeschäfte** (§ 4 a; vgl. dort. Anm.). Mit ihr sind die in der Praxis aufgetretenen Lücken im Überwachungssystem des Gesetzes geschlossen worden (BT-Drucks. 8/1614 S. 16). Während sich bei im Inland befindlichen oder hierhin verbrachten Kriegswaffen durch die Anknüpfung des Genehmigungserfordernisses an die tatsächliche Gewalt ein bewährtes, lückenloses Kontrollinstrumentarium im Gesetz fand, versagte die Regelung bei der Vermittlung von Geschäften **9**

**8 KWKG § 22a**   Gesetz über die Kontrolle von Kriegswaffen

über Kriegswaffen, die sich im Ausland befinden. Erfasst ist nach der Neuregelung auch das vom Bundesgebiet aus betriebene Vermitteln von Verträgen über das Überlassen oder den Erwerb von Kriegswaffen, die sich im Ausland befinden (vgl. BGH NStZ **1994,** 92; BGHR KWKG § 22a I Vertragsabschluss 1). Vollendet ist dieses Delikt erst, wenn es zum Vertragsabschluss gekommen ist (BGH NStZ **1983,** 172 m. Anm. *Holthausen* und Anm. *Nadler* aaO S. 510). Dagegen ist es für die Annahme einer vollendeten Tat unerheblich, ob der bindend abgeschlossene Vertrag tatsächlich auch durch die Lieferung der Waffen erfüllt worden ist; hat der Tatrichter ungeachtet dessen nur auf „Beihilfe" erkannt, so stellt es in einem solchen Fall keinen Rechtsfehler dar, dass der „vertypte" Milderungsgrund der Beihilfe nicht auch in Bezug auf die Annahme eines minder schweren Falles erörtert worden ist (BGH, Beschluss vom 21. 2. 1996 – 3 StR 374/95). Zur Abgrenzung von Versuch (hierzu *Fehn* Kriminalistik **2004,** 635, 638) und Vorbereitungshandlung: BGH NStZ **1994,** 92; BGH BGHR KWKG § 16 I Nr. 7 Versuch 2; BGH NStZ **1988,** 507 = NJW **1988,** 3109; BayObLG NJW **1991,** 855 m. Anm. *Oswald* NStZ **1991,** 46; *Achenbach* NStZ **1994,** 423; zusammenfassend: *Holthausen/Hucko* NStZ-RR **1998,** 193, 197 und *Lohberger* NStZ **1990,** 61. Vgl. auch BGH wistra **1990,** 196). Um auch **Eigengeschäfte** als Umgehungsgeschäfte des Vermittelns miteinzubeziehen, wurde die Genehmigungspflicht nach § 4a Abs. 2 KWKG eingeführt. Die Durchsetzung beider Neuregelungen wird durch die Sanktionsvorschrift Absatz 1 Nr. 7 gefördert (hierzu AG Bergisch Gladbach NStZ **1982,** 515 m. zutr. abl. Anm. *Holthausen;* vgl. auch Rdn. 4).

§ 4a ist mit dem Grundgesetz vereinbar (BVerfGE **25,** 269, 285; **78,** 374, 381 f.; BVerfG NJW **1993,** 1909, 1910; 1911; BGH NStZ 1994, 135).

**9a**   Mit Recht weist *Oswald* (NStZ **1991,** 46) darauf hin, dass im Vorstadium des Versuches eine mögliche Strafbarkeit nach **§ 30 StGB** (insbesondere in der Form der Verabredung zu einem Verbrechen) zu prüfen ist; die Verneinung eines Versuches führt also in diesen Fällen nicht notwendigerweise zur Straflosigkeit (*Pietsch* Rdn. 21).

**9b**   Stets ist die Regelung des § 4a Abs. 3 zu beachten, wonach gemäß § 4a nicht belangt werden kann (iVm. § 22a Abs. 1 Nr. 7), wer die Kriegswaffen in die BRepD einführen will (BGH NStZ **1994,** 92; OLG Düsseldorf NJW **1993,** 2253 = wistra **1993,** 195 = StV **1993,** 478).

Kritisch äußert sich *Weber* NJW **1979,** 1282.

**10**   **2a. Zuwiderhandlungen** gegen die in der **2. DVO** enthaltenen Bestimmungen hinsichtlich der Anträge auf Erteilung der Genehmigung nach den §§ 2 bis 4a des Gesetzes (§§ 1 bis 5a der 2. DVO) und über die Antragsform (§ 6) sowie die gleichzeitige Antragstellung (§ 7) werden als solche nicht verfolgt. Das gilt uneingeschränkt für Zuwiderhandlungen gegen die §§ 6 und 7 der 2. DVO. Dagegen können unrichtige Angaben im Antrag auf Erteilung einer Genehmigung, insbesondere hinsichtlich der Bezeichnung und der Stückzahl, zur Folge haben, dass, etwa bei zu geringer Stückzahlangabe, eine Genehmigung als nicht erteilt gilt und bei antragswidriger Ausführung des Geschäfts der Tatbestand eines Verbrechens nach § 22a Abs. 1 verwirklicht ist.

**11**   **3.** Der Text der bei der Gesetzesnovellierung 1978 neu eingefügten **Absätze 2 und 3** (besonders schwere und minder schwere Fälle) stimmt, abgesehen von den in Bezug genommenen Tatbeständen, mit § 51 Abs. 2 und 3 WaffG (§ 52a Abs. 2 und 3 WaffG aF) überein, so dass zu ihrer Erläuterung auf die Rdn. 14 bis 16 zu § 51 WaffG) verwiesen werden kann (vgl. auch § 20a Rdn. 5 f.). Der „besonders schwere Fall" nach Absatz 1 iVm. Absatz 2 ist in § 100c Abs. 2 Nr. 5 StPO aufgenommen worden (Gesetz vom 24. 6. 2005 – BGBl. I 1841 zum „Lauschangriff"). Die Straf-

Sonstige Strafvorschriften **§ 22a KWKG 8**

schärfung gem. Absatz 2 greift auch bei den Straftaten nach Absatz 1 Nr. 5 (vorst. Rdn. 7) Platz, obwohl hier Regelfälle nicht aufgeführt sind. Zur Bestrafung der Bandenkriminalität nach früherer Rspr. vgl. BGH NStZ **1995**, 85 und *Katholnigg* ZRP **1984**, 173; nach neuerer Rspr. § 19 Rdn. 9; § 51 WaffG Rdn. 15; eine Bande setzt mindestens drei Personen als Mitglieder voraus (BGHSt. **46**, 321 = NJW **2001**, 2266). Eine terroristische Vereinigung (§ 129 a StGB) stellt nicht ohne weiteres eine „Bande" zur Begehung „solcher" Straftaten (§ 22a KWKG) dar (OLG Koblenz, Urteil v. 23. 1. 1985 – 1 StE 5/84).

**4. Fahrlässigkeit (Absatz 4).** Die Taten nach Absatz 1 Nr. 1 bis 4, 6 oder 7 (s. oben Rdn. 2ff.), nicht auch die nach Nr. 5 (s. oben Rdn. 7), werden auch verfolgt, wenn sie nur fahrlässig begangen worden sind. Nach allg. M. handelt (unbewusst) fahrlässig, wer die Sorgfalt, zu der er nach den Umständen und nach seinen persönlichen Fähigkeiten und Kenntnissen verpflichtet und imstande ist, außer Acht lässt und infolgedessen den Erfolg nicht voraussieht; bewusst fahrlässig, wer die Möglichkeit der Tatbestandsverwirklichung erkennt, zwar nicht mit ihr einverstanden ist, aber trotzdem handelt (vgl. *Tröndle/Fischer*[52] § 15 Rdn. 13). Dem Täter muss also der **doppelte** Vorwurf gemacht werden können, er habe **pflichtwidrig** gehandelt **und er habe den Erfolg voraussehen können.** Zu Irrtumsfragen vgl. § 52 WaffG Rdn. 61 sowie die Darstellung der Waffenrechtstatbestände vor § 51 WaffG; die Ausführungen über die „Erlaubnis" gelten für die Genehmigung entsprechend. Für die nur fahrlässige Zuwiderhandlung wird naturgemäß eine erheblich geringere Strafe angedroht als für die vorsätzlich begangene; sie ist aber als Vergehen kriminelles Unrecht. Zu einem Fall, in dem Fahrlässigkeit verneint worden ist, vgl. BayObLGSt. **2000**, 129 = NStZ-RR **2001**, 56 [LS]. **12**

**5. Subjektiver Tatbestand.** Die Strafdrohung nach den **Absätzen 1 bis 3** tritt nur bei **vorsätzlicher** Begehung ein. Das war früher ausdrücklich im Gesetz bestimmt. Bei der Neufassung des § 16 aF durch Art. 35 EGStGB ist das Wort „vorsätzlich" im Gesetzestext gestrichen worden, da gem. § 15 StGB nF grundsätzlich nur vorsätzliches Handeln strafbar ist, wenn nicht, wie hier gem. Absatz 4, das Gesetz fahrlässiges Handeln ausdrücklich mit Strafe bedroht. **Vorsatz** ist das bewusste und gewollte Verwirklichen aller Tatbestandsmerkmale trotz Vorstellung vom Gegebensein aller vergangenen, gegenwärtigen sowie vom Eintreten aller künftigen Tatbestandsmerkmale (RGSt. **70**, 258). **Bedingter Vorsatz** genügt zur Bestrafung nach Absatz 1 Nrn. 1 bis 4, 6 u. 7, dagegen nicht für Absatz 1 Nr. 5 (s. oben Rdn. 7). Eine Bestrafung kann nur erfolgen, wenn der volle objektive und subjektive Tatbestand erfüllt ist. Diese Voraussetzung ist nicht gegeben, wenn etwa infolge Irrtums (hierzu *Fehn* Kriminalistik **2004**, 635, 638) des Täters über Tatumstände der Vorsatz ausgeschlossen ist (§ 16 Abs. 1 S. 1 StGB). Vgl. Vorbem. vor § 51 WaffG Rdn. 41 ff. **13**

Vom Tatumstandsirrtum ist der **Subsumtionsirrtum** zu unterscheiden. Er ist gegeben, wenn der Täter zwar den Sachverhalt kennt, ihn aber irrtümlich nicht richtig der vom Strafgesetz dafür gewählten Bezeichnung unterordnet (§ 17 StGB). Macht der Täter sich hierbei unrichtige Vorstellungen über die Interpretation der in Frage kommenden Strafrechtsnorm, zB über den Begriff des Beförderlassens oder des abgeschlossenen Geländes, so ist er nicht entschuldigt, wenn die Fehlvorstellung vermeidbar war (vgl. § 53 WaffG Rdn. 61). Zur Unvermeidbarkeit äußert sich OLG Bremen NStZ **1981**, 265; vgl. auch OLG Karlsruhe NJW **1992**, 1057, 1059 sowie die Ausführungen zu den Tatbeständen des Waffenstrafrechts vor § 51 WaffG. Vgl. auch Rdn. 3. **13a**

**6. Persönlicher Strafaufhebungsgrund (Absatz 5).** Er gilt nur (für Erstreckung auf weitere Fälle *Fehn* aaO) in den Fällen des Absatzes 1 Nr. 3 (s. oben Rdn. 5) **14**

**8 KWKG § 22a** Gesetz über die Kontrolle von Kriegswaffen

und 4 (s. oben Rdn. 6). Durch die Bestimmung soll nach der amtl. Begründung (BR-Drucks. 329/59 S. 24) derjenige geschützt werden, der mit Kriegswaffen in die Bundesrepublik flüchtet, also zB früher der Volkspolizist der ehem. DDR, der sich mit voller Bewaffnung, etwa seiner Maschinenpistole und mit Handgranaten oder mit seinem Schnellfeuergewehr, in die Bundesrepublik begibt und damit die genannten Kriegswaffen in diese verbringt. Unter Absatz 5 fällt auch der Lufttransport von Kriegswaffen von einem ausländischen Flughafen aus mit einem ausländischen Luftfahrzeug, das etwa infolge Navigationsfehlers oder Motorschadens in der Bundesrepublik landen muss und Kriegswaffen an Bord hat. Hier kann der deutsche Auftraggeber sich ebenfalls auf Absatz 5 berufen.

Voraussetzung der Strafaufhebung ist, dass die in das Bundesgebiet eingeführten oder verbrachten Kriegswaffen **unverzüglich,** d. h. wenn auch nicht sofort, so doch ohne schuldhaftes Zögern (§ 121 Abs. 1 Satz 1 BGB), und **freiwillig** bei einer Überwachungsbehörde iS von § 14 Abs. 1 und 2, der Bundeswehr oder einer für die Aufrechterhaltung der öffentlichen Sicherheit zuständigen Behörde oder Dienststelle (Bundesgrenzschutz, Polizeibehörde des Bundes, der Länder oder der Gemeinden, nicht Strafvollzugsbehörde) abgeliefert, d. h. iS von § 2 Abs. 2 in die tatsächliche Gewalt dieser Behörden verbracht werden. **Freiwillig** muss die Ablieferung der Kriegswaffen geschehen, d. h. der Täter darf zu der Ablieferung nicht durch Umstände veranlasst worden sein, die von seinem Willen unabhängig waren (analog § 24 StGB). Freiwillig handelt zB nicht, wer die von ihm eingeführten Kriegswaffen erst auf Drohung mit einer Anzeige hin abliefert.

15 Absatz 5 Satz 2 trägt der **besonderen Situation** Rechnung, wenn der Träger einer Kriegswaffe vor deren beabsichtigter Ablieferung festgenommen oder ihm die Kriegswaffe von der Behörde abgenommen wird. Es wurde zB der oben erwähnte Volkspolizist auf dem Wege zur nächsten Polizeidienststelle von einer Streife des Bundesgrenzschutzes festgenommen. Hier wird das freiwillige und ernsthafte Ablieferungsbemühen der tatsächlichen Ablieferung gleichgestellt (amtl. Begründung S. 24). Wer in einem solchen Fall alsbald seine Kriegswaffe abgibt und nichts verheimlicht, bleibt straflos. Wer dagegen eine von ihm mitgebrachte Kriegswaffe, zB eine Eierhandgranate, zu verbergen sucht, kann sich selbstverständlich auf Satz 2 nicht berufen. Es wird auf die Erläuterungswerke zu ähnlich konstruierten Bestimmungen, wie § 320 Abs. 4 StGB verwiesen.

16 **7. Der Strafrahmen** weist eine **außerordentliche Variationsbreite** auf, die von der empfindlichen Freiheitsstrafe bis zur Geldstrafe reicht. Das Gesetz trägt damit dem Umstand Rechnung, dass im Einzelfall die Verstöße gegen die Genehmigungsvorschriften verschiedenen, und zwar je nach der Sachlage und den Folgen leichteren oder schwereren Charakter haben können. Dabei ist die strafhöhende Berücksichtigung der besonderen Gefährlichkeit der in Rede stehenden Kriegswaffe (zB Handgranate mit Stahlkugelfüllung zur Erhöhung der Splitterwirkung) kein Verstoß gegen § 46 Abs. 3 StGB; bei vorsätzlicher Begehung müssen allerdings die Umstände, die diese Gefährlichkeit begründen, vom Vorsatz umfasst sein (BayObLG NStZ-RR **1997,** 134 = StraFo. **1997,** 217). Die gesetzlich vorgegebenen Strafrahmen sind unabdingbare Richtschnur; Strafen unter einem Jahr sind bei Verbrechenstatbeständen unzulässig, wenn gleichzeitig das Vorliegen minder schwerer Fälle verneint worden ist (BGH NStZ-RR **1997,** 1).

17 **a) Vorsätzliche Begehung:** Freiheitsstrafe von einem Jahr bis 5 bzw. 10 Jahren in „besonders schweren Fällen". Das Mindestmaß der Geldstrafe in den Fällen der Absätze 3 und 4 beträgt 5, das Höchstmaß 360 volle Tagessätze (§ 40 Abs. 1 StGB), bei

Sonstige Strafvorschriften **§ 22a KWKG 8**

Gesamtstrafe 720 Tagessätze (§ 54 Abs. 2 StGB). Es kann hier auf Freiheitsstrafe oder auch, je nach dem Grad des Verschuldens, ausschließlich auf Geldstrafe erkannt werden. Geldstrafe neben Freiheitsstrafe kann nur unter den Voraussetzungen des § 41 StGB (Bereicherung usw.) ausgesprochen werden.

**b) Fahrlässige Begehung:** Hier liegt der Freiheitsstrafrahmen zwischen einem 18 Monat und 2 Jahren. Im Übrigen gilt das Gleiche wie zu a).

**c) Verjährungsfrist** (a und b): Fünf Jahre (§ 78 Abs. 3 Nr. 4 StGB). 19

**8. Zusammentreffen.** Soweit durch dieselbe Handlung (§ 52 StGB) begangen, 20 können Verstöße gegen die einzelnen Genehmigungsvorschriften in Absatz 1 Nr. 1 bis 5 und 7 ideell konkurrieren; jede dieser Strafvorschriften regelt ihren eigenen Schutzbereich. Absatz 1 **Nr. 6** ist demgegenüber („sonst die tatsächliche Gewalt ausübt" und „soweit nicht …") in doppelter Weise **subsidiär;** nach dem Willen des Gesetzgebers dient er dazu, aufgetretene Strafbarkeitslücken zu schließen (BT-Drucks. 8/1614 S. 14). Zu beachten war bis 31. 3. 2003 stets die Regelung des § 6 Abs. 3 WaffG aF (ab 1. 7. 1976). Soweit danach das WaffG aF anzuwenden war, war dieses lex specialis (BGHR KWKG § 16 Konkurrenzen 2; BGH NStZ **1981,** 104). Steht fest oder ist nicht auszuschließen, dass der Betreffende die **tatsächliche Gewalt** über mehrere Kriegswaffen oder Kriegswaffen und zivile Schusswaffen **gleichzeitig** ausgeübt hat, so ist **Tateinheit** anzunehmen (BGH NStZ **1997,** 446 [mit entsprechenden Folgerungen für den Verbrauch der Strafklage]; Beschluss vom 23. 9. 1997 – 1 StR 516/96). Wird zunächst mit einer entsicherten Handgranate (Kriegswaffe) gedroht und diese dann zwischen zwei Mülltonnen so abgelegt, dass sie Stunden später bei Berührung herunterfällt und explodiert, so „verklammert" das Verbrechen nach § 22a alle Delikte zur Tateinheit (BGH, Beschluss vom 5. 5. 1997 – 4 StR 173/97). Treffen die Ausführungshandlungen verschiedener Tatbestände nicht unmittelbar zusammen und sind rechtlich selbstständig, so wird Tateinheit dadurch hergestellt, dass sie sich jeweils mit der durchgehenden Ausführungshandlung eines dritten (Dauer-)Delikts (hier: unbefugte Ausübung der tatsächlichen Gewalt über eine Handgranate nach § 22a Abs. 1 Nr. 6 KWGK) überschneiden. Dem steht nicht entgegen, dass das tateinheitlich begangene Dauerdelikt voll abgeurteilt wird (BGH, Beschluss vom 8. 6. 2004 – 4 StR 150/04 = NStZ-RR **2004,** 294 [LS]).

Tateinheitliche Begehung ist auch bei der ungenehmigten Einfuhr mit den §§ 370, 21 373 AO denkbar; hier gelten ähnliche Überlegungen wie im Verhältnis von Betäubungsmittelstraftaten zu Steuerstraftaten. Bei ungenehmigter Ausfuhr ist Tateinheit mit § 34 AWG möglich (OLG Düsseldorf NStZ **1987,** 565, 566; *Holthausen* NStZ **1988,** 256, 261).

Soweit bis 31. 3. 2003 **tragbare** Kriegsschusswaffen zu Tötungs- oder Verlet- 22 zungshandlungen verwendet worden sind, kommt über § 6 Abs. 3 WaffG aF dieses Gesetz zur Anwendung. Falls **nicht tragbare** Kriegswaffen zu solchen Handlungen gebraucht werden, liegt Tateinheit mit den entsprechenden Verbrechen nach dem KWKG vor; ab 1. 4. 2003 auch bezüglich tragbarer Kriegsschusswaffen. Zu Notstandsfragen in diesem Zusammenhang vgl. *Peters* GA **1981,** 445. Vgl. auch § 19 Rdn. 20. Zu beachten ist auch eine mögliche Tateinheit von Verstößen gegen Absatz 1 Nr. 6 Buchst. a mit §§ 242, 243 Abs. 1 Satz 2 Nr. 7 StGB.

**9. Anmeldepflichten.** Gem. § 59 Abs. 2 des am 1. 1. 1973 in Kraft getretenen 23 WaffG vom 19. 9. 1972 (BGBl. I 1797) bestand eine Anmeldepflicht für ungenehmigt erworbene oder eingeführte tragbare Kriegswaffen, deren Nichtbeachtung u. a. den Straftatbestand des § 53 Abs. 3 Nr. 7 WaffG 1972 erfüllte. Eine hiermit überein-

**8 KWKG § 22a**  Gesetz über die Kontrolle von Kriegswaffen

stimmende Anmeldepflicht für Kriegswaffen (bis zum 30. 6. 1976) bestand nach § 58 Abs. 2 WaffG v. 8. 3. 1976 (BGBl. I 433). Strafvorschrift bei Nichtanmeldung: § 53 Abs. 3 Nr. 7 WaffG 1976, gegebenenfalls nach § 53 Abs. 1 Satz 1 Nr. 7 WaffG aF. Die Anmeldpflicht betraf automatische Selbstladewaffen und Schusswaffen mit dem Anschein vollautomatischer Kriegswaffen, die unbrauchbar zu machen waren. Gem. § 58 Abs. 3 WaffG 1976 war es verboten, selbst solche unbrauchbar gemachten Kriegswaffen oder Schusswaffen mit dem Anschein vollautomatischer Kriegswaffen, besonders MP, **außerhalb** der Wohnung oder des befriedeten Besitztums zu führen. Sanktion: § 55 Abs. 1 Nr. 22 Buchst. c (Ordnungswidrigkeit). Vgl. auch § 26 a.

**24**   **10. Rechtslage nach dem Inkrafttreten des WaffRNeuRegG.** Nach § 57 Abs. 1 Satz 3 WaffG ist auf Zuwiderhandlungen von Personen gegen § 59 Abs. 2 WaffG 1972 und § 58 Abs. WaffG 1976, die also ihre Kriegsschusswaffen nach dem Waffengesetz 1972 und dem Waffengesetz 1976 **nicht angemeldet** und auch einen Antrag auf Erteilung einer Ausnahmegenehmigung (§ 37 Abs. 3 WaffG aF) nicht gestellt haben, die Strafvorschriften des § 52 Abs. 3 Nr. 1 WaffG anzuwenden. Soweit es sich hierbei um Straftaten in Bezug auf Kriegswaffen handelt, die dem Verbrechenstatbestand des § 52 a Abs. 1 Nr. 1 WaffG aF unterfielen, soll also nicht der neue Verbrechenstatbestand des § 51 WaffG angewendet werden, auch nicht § 52 Abs. 1 WaffG mit seiner höheren Strafdrohung, sondern § 52 Abs. 3 Nr. 1 WaffG mit der geringeren Strafandrohung. Hat jemand vor dem 1. 4. 2003 gegen ein **Vertriebsverbot** für eine tragbare Kriegsschusswaffe verstoßen und sich nach altem Recht gemäß §§ 52 a Abs. 1 Nr. 1 WaffG aF (iVm. § 37 Abs. 1 Satz 1 Nr. 1 Buchst. d) strafbar gemacht, so entfällt bei Aburteilung nach dem genannten Stichtag gem. § 2 Abs. 3 StGB diese Bestrafung, da nach der vorliegenden Bestimmung (§ 22 a) der Vertrieb einer Kriegswaffe in Form eines normalen Verkaufsangebots nicht strafbar ist (BayObLG vom 19. 12. 2003 – 4 St RR 149/03).

**25**   Eine ganz saubere Trennung von WaffG und KWKG lässt sich für die Vergangenheit nicht vollziehen. Die Begründung des Entwurfs des WaffRNeuRegG (BT-Drucks. 14/7758 S. 85) führt hierzu aus: „Notwendig ist eine Erstreckung von Vorschriften des Waffenrechts gegenständlich nur noch auf Kriegsschusswaffen, die nach dem Waffengesetz 1972 legalisiert worden sind und bei denen die erforderlichen Prüf- und Überwachungsmaßnahmen nicht nach dem Kriegswaffenkontrollgesetz getroffen werden können. Insoweit muss es daher auch weiterhin bei der Regelung bleiben, dass für die periodische Überprüfung der Zuverlässigkeit und das Aufbewahren der Waffen die Vorschriften des Waffengesetzes maßgebend sind". Es handelt sich hierbei um die §§ 4 Abs. 3, 36 und § 45 Abs. 1 und 2 WaffG nF. In diesem Rahmen wird das Bundesamtes für Wirtschaft und Ausfuhrkontrolle für zuständig erklärt (§ 57 Absatz 1 Satz 4 WaffG nF), das als Überwachungsbehörde in Bezug auf die nach § 59 des Waffengesetzes 1972 registrierten Kriegsschusswaffen bereits tätig ist. Dieses soll sowohl für Anordnungen gemäß § 36 Abs. 3 WaffG als auch für Maßnahmen nach § 4 Abs. 3 und § 45 Abs. 1 und 2 WaffG zuständig sein. Die Klausel „unbeschadet der Vorschriften des Gesetzes über die Kontrolle von Kriegswaffen" in § 57 Absatz 1 Satz 2 WaffG bedeutet, dass die Registrierung und Legalisierung der Schusswaffen nach dem Waffengesetz 1972 keine Freistellung von den Genehmigungstatbeständen des Kriegswaffenkontrollgesetzes beinhaltet, also der Inhaber einer solchen Waffe zB zur Überlassung an einen anderen oder zu ihrer Beförderung einer Genehmigung nach dem Kriegswaffenkontrollgesetz bedarf (Begr. aaO).

**Verletzung von Ordnungsvorschriften**

**22b** (1) Ordnungswidrig handelt, wer vorsätzlich oder fahrlässig
1. eine Auflage nach § 10 Abs. 1 nicht, nicht vollständig oder nicht rechtzeitig erfüllt,
2. das Kriegswaffenbuch nach § 12 Abs. 2 nicht, unrichtig oder nicht vollständig führt,
3. Meldungen nach § 12 Abs. 5 oder Anzeigen nach § 12 Abs. 6 nicht, unrichtig, nicht vollständig oder nicht rechtzeitig erstattet oder eine Auflage nach § 12 Abs. 6 Satz 4 oder 5 nicht erfüllt,
3a. einer nach § 12a Abs. 1 oder § 13a erlassenen Rechtsverordnung zuwiderhandelt, soweit sie für einen bestimmten Tatbestand auf diese Bußgeldvorschrift verweist,
4. Auskünfte nach § 14 Abs. 5 nicht, unrichtig, nicht vollständig oder nicht rechtzeitig erteilt,
5. Betriebsaufzeichnungen und sonstige Unterlagen entgegen § 14 Abs. 5 nicht, nicht vollständig oder nicht rechtzeitig vorlegt,
6. der Pflicht nach § 14 Abs. 5 zur Duldung des Betretens von Räumen und Grundstücken zuwiderhandelt.

(2) Die Ordnungswidrigkeit kann mit einer Geldbuße bis zu fünftausend Euro geahndet werden.

(3) Ordnungswidrig handelt ferner, wer vorsätzlich oder fahrlässig entgegen § 12 Abs. 3 bei der Übergabe zur Beförderung von Kriegswaffen eine Ausfertigung der Genehmigungsurkunde nicht übergibt oder entgegen § 12 Abs. 4 bei der Beförderung eine Ausfertigung der Genehmigungsurkunde nicht mitführt. Die Ordnungswidrigkeit kann mit einer Geldbuße bis zu fünfhundert Euro geahndet werden.

**1. Allgemeines.** Die Vorschrift enthält als Gegenstück zu § 22a, der die Verstöße 1 gegen die nach den §§ 2 bis 4a begründeten Genehmigungspflichten als kriminelles Unrecht behandelt, die **leichteren Zuwiderhandlungen** gegen Auflagen im Genehmigungsverfahren nach § 10 und gegen die im Interesse der Überwachung nach den §§ 12, 14 auferlegten Pflichten (vgl. die ähnliche Regelung in den §§ 51, 52 WaffG einerseits und 53 WaffG andererseits). Ihre unrichtige, nicht rechtzeitige oder unvollständige Erfüllung konnte, weil sie den vom Gesetz verfolgten Zweck gefährdet, nicht ungeahndet bleiben, andererseits handelt es sich bei den aufgeführten Verstößen um **typisches Verwaltungsunrecht**, dessen Ahndung durch kriminelle Strafe unangemessen wäre und die das Gesetz deshalb als Ordnungswidrigkeiten eingestuft hat (amtl. Begründung BR-Drucks. 329/59 S. 25). Entsprechend dem geringeren Unrechtsgehalt der Verstöße gegen § 12 Abs. 3, 4 über die Mitgabe- und Mitnahmepflicht hinsichtlich der Genehmigungsurkunde sind hierfür in Absatz 3 Satz 2 niedrigere Geldbußen als für die in Absatz 1 angeführten Zuwiderhandlungen angedroht.

**2. Die einzelnen Ordnungswidrigkeitstatbestände des Absatzes 1 in objekti-** 2
**ver Hinsicht. a) Nr. 1.** Wegen der **Auflagen** vgl. § 10 Abs. 1 und 2. Es muss sich um Auflagen im rechtstechnischen Sinn, also um erzwingbare, hoheitliche Anordnungen handeln, die selbstständig zum Hauptinhalt des Verwaltungsaktes (Genehmi-

gung) hinzutreten und die dem Begünstigten im Interesse der Allgemeinheit ein bestimmtes Tun, Dulden oder Unterlassen vorschreiben (vgl. § 36 Abs. 2 Nr. 4 VwVfG). Sie müssen hinreichend bestimmt sein (BVerwG NVwZ **1990,** 855). Die Nichtbeachtung einer dem Verwaltungsakt beigefügten internen Bedingung oder Außerachtlassung inhaltlicher Beschränkungen desselben löst ein Vorgehen nach § 22 b Abs. 1 Nr. 1 nicht aus; insoweit liegt ungenehmigtes Handeln (§ 22 a) vor. **Geahndet wird** nicht nur die Nichterfüllung, sondern **auch die nicht vollständige oder nicht rechtzeitige Erfüllung (Schlechterfüllung),** also auch die Überschreitung der für die Befolgung der Auflage gesetzten Frist. Im Allgemeinen wird allerdings bei nur unvollständiger oder verspäteter Fristerfüllung eine geringere Geldbuße verwirkt sein, weil der Verpflichtete hier wenigstens seinen Willen zur Beachtung des behördlichen Gebots gezeigt hat, während er bei vorsätzlicher Nichterfüllung dieses vollständig und massiv missachtet hat. Die Auflage muss vollziehbar sein (vgl. § 53 WaffG Rdn. 6).

**3** b) **Nr. 2.** Wegen des **Kriegswaffenbuches** vgl. § 12 Abs. 2. Hier wird auch die unrichtige Buchführung, also die bewusste Falschführung, unter Bußgeldandrohung gestellt, während der Tatbestand der nicht rechtzeitigen Beachtung in Wegfall gebracht ist. Gemessen am Unrechtswillen wird die bewusste Falschführung idR die Festsetzung einer höheren Geldbuße rechtfertigen als die vielleicht nur fahrlässige vollständige Unterlassung der Führung des Kriegswaffenbuches, während die fehlerhafte (= fahrlässig unrichtige) Führung des Kriegswaffenbuches als der am wenigsten weitgehende Verstoß erscheint. Wie das Kriegswaffenbuch zu führen ist, wird im Einzelnen in § 9 der 2. DVO vorgeschrieben. Wer diese Vorschrift nicht beachtet und das Kriegswaffenbuch abweichend hiervon führt, setzt sich der Ahndung wegen unrichtiger oder unvollständiger Buchführung aus, sowohl vorsätzliche oder fahrlässige Falschführung oder schuldhaft unvollständige Führung des Kriegswaffenbuches gegeben ist. Zu beachten ist das 16-seitige **Merkblatt** „Hinweise zur Kriegswaffenbuchführung" der BAFA – 223-R 33 0501 (Stand: 2. 1. 2002), das im Internet unter www.bafa.de zu finden ist.

**4** c) **Nr. 3:** § 12 Abs. 5 betrifft die Pflicht zur **Meldung** der Kriegswaffenbestände, die gemäß § 10 Abs. 1 der 2. DVO erstmals bis zum 31. 7. 1961 fällig war und später jeweils zu den „Meldestichtagen" am 31. 3. und 30. 9. eines jeden Jahres zu geschehen hat. Nr. 3 ist bei der Gesetzesänderung 1978 auf die Sanktionierung der Neufassung von § 12 Abs. 6 Ges. ausgedehnt worden. Hierbei handelt es sich um die **Anzeigepflicht** des Erben, Vermächtnisnehmers, des Konkurs- (ab 1. 1. 1999: Insolvenz-) und Zwangsverwalters, des Verlierers und des Finders von Kriegswaffen, der **unverzüglich** (§ 121 Abs. 1 Satz 1 BGB) Genüge zu leisten ist. Geahndet wird neben der Nichterstattung der Anzeige auch die unrichtige und unvollständige Erfüllung der Melde- und Anzeigepflicht, zB durch Angabe geringerer Kriegswaffenbestände als vorhanden. Außerdem ist auch die nicht rechtzeitige Meldung und Anzeigeerstattung unter Bußgeldandrohung gestellt, also die Nichteinhaltung der oben angegebenen Termine und die schuldhafte Verzögerung der Anzeige. Beim Finden von Kriegswaffen wird eine Ahndung häufig nicht erfolgen können, weil es sich oft um strafunmündige Personen handeln wird oder weil dem volljährigen Finder die Anzeigepflicht bei der Sicherheitsbehörde nicht bekannt war und er nach seinem Intelligenz- und Bildungsgrad die Unkenntnis auch bei entsprechender und zumutbarer Anspannung der Geisteskräfte nicht vermeiden konnte (§ 11 Abs. 2 OWiG).

**4a** Nr. 3a ist durch Gesetz vom 9. 8. 1994 (BGBl. I 2068, 2069) eingefügt worden. Erlassen ist die **Kriegswaffenmeldeverordnung,** abgedruckt unter **Nr. 8f.** Durch

Verletzung von Ordnungsvorschriften **§ 22b KWKG 8**

Art. 3 Nr. 6 WaffRNeuRegG ist die Bestimmung dahin erweitert worden, dass auch eine auf den gleichzeitig neu eingefügten § 13 a gestützte Rechtsverordnung erfasst ist.

**d)** Die **Nrn. 4 bis 6** sollen die Einhaltung der in § 14 Abs. 5 begründeten Verpflichtungen sicherstellen. Die Vorschrift ist nach den einzelnen Begehungsformen konkretisiert. Bei Nr. 4 ist das Auskunftsverweigerungsrecht nach § 14 Abs. 6 zu beachten. Wegen nicht rechtzeitiger Auskunftserteilung oder Vorlage der Aufzeichnungen (Nr. 5) kann eine Ahndung nur erfolgen, wenn das Auskunfts- oder Vorlegungsverlangen eine **Fristsetzung** enthalten hat. Eine solche entspricht allerdings der Verwaltungspraxis. Bei Nr. 6 wird nur die Verweigerung des Betretens geahndet (vgl. die ähnliche Bestimmung in § 147 Abs. 3 Nr. 2 GewO). Dessen ungeachtet kann der Zutritt ohne Rücksicht auf ein etwa anhängiges Bußgeldverfahren mit polizeilicher Hilfe erzwungen werden. Der Tatbestand der Nr. 6 ist schon bei bloßer ernsthafter Weigerung erfüllt. Dass der zum Betreten Berechtigte den Pflichtigen mehrfach, etwa dreimal, um die Gestattung des Zutritts ersucht hat, ist ebenso wenig nötig wie eine Widerstandshandlung des Verfügungsberechtigten. Letztere kann im Gegenteil eine zusätzliche Strafbarkeit, etwa nach § 113 StGB, auslösen.

**3.** Zwei **weitere Ordnungswidrigkeitstatbestände** enthält **Absatz 3 Satz 1.** Es 6 handelt sich hierbei um Verstöße gegen die durch § 12 Abs. 3 begründete Pflicht des Auftraggebers, seinen Leuten oder dem Beförderer eine Ausfertigung der Genehmigungsurkunde vor Ausführung des Transportes zu übergeben, und die Pflicht des Beförderers, die ihm übergebene Urkunde mitzuführen. Es werden nur die Zuwiderhandlungen gegen diese beiden Verpflichtungen geahndet. Dagegen ist das weiter nach § 12 Abs. 4 bestehende Gebot an den Beförderer, die mitgeführte Genehmigungsurkunde unaufgefordert den zuständigen Behörden bzw. deren Beauftragten vorzuzeigen und ihnen auf Verlangen zur Prüfung auszuhändigen, nicht bußgeldbewehrt. Händigt der Auftraggeber entgegen § 12 Abs. 3 an Stelle der Ausfertigung nur eine einfache oder beglaubigte Abschrift der Genehmigungsurkunde aus, so kann er an sich nach § 22 b Abs. 3 Satz 1 zur Verantwortung gezogen werden. Die Verwaltungsbehörde sollte allerdings in einem solchen Fall, wenn die Abschrift richtig und vollständig war, im Allgemeinen nach § 47 Abs. 1 Satz 1 OWiG (**Opportunitätsprinzip**) von der Festsetzung einer Geldbuße absehen und es bei einer Verwarnung mit oder ohne Verwarnungsgeld (§ 56 Abs. 1 OWiG) bewenden lassen.

**4.** Der **subjektive Tatbestand** setzt in beiden Fällen (Absatz 1 und 3 Satz 1) **vorsätzliche** oder wenigstens **fahrlässige Begehung** voraus. Wegen der Begriffe Vorsatz und Fahrlässigkeit vgl. Rdn. 12 und 13 zu § 22 a. Zum Verbotsirrtum im OWi-Recht vgl. *Meyer* JuS **1983,** 513. Dass auch fahrlässige Zuwiderhandlungen als Ordnungswidrigkeiten verfolgt werden können, musste im Hinblick auf § 10 OWiG ausdrücklich im Gesetz bestimmt werden.

**5. Bußgeldrahmen.** Nach § 17 Abs. 1 OWiG nF beträgt die Höhe der Geldbuße 8 wenigstens 5 Euro und, sofern durch Gesetz nicht anderes bestimmt ist, höchstens 1000 Euro. Dieser **Regelbußgeldrahmen** gilt hinsichtlich der Obergrenze **nicht** für die Ordnungswidrigkeiten nach dem **KWKG.** Hier ist die Höchstgrenze der Geldbuße für die in **Absatz 1** aufgelisteten Verstöße mit Rücksicht darauf, dass es sich bei den Betroffenen überwiegend um zahlungskräftige Persönlichkeiten oder Unternehmen handelt, ganz erheblich überschritten worden. Sie beträgt **5000 Euro.** Die Geldbuße ist nicht mehr, wie früher, nach dem Grad des Verschuldens der Höhe nach gestaffelt. Jedoch kann gem. § 17 Abs. 2 OWiG, wenn das Gesetz, wie das KWKG, für vorsätzliches und fahrlässiges Handeln Geldbuße androht, ohne im Höchstmaß zu unterscheiden, **fahrlässiges** Handeln im Höchstmaß immer nur mit der **Hälfte** des angedrohten Höchstbetrages der Geldbuße, im vorliegenden Fall also mit höchstens 2500 Euro, geahndet werden. Bei den in Absatz 3 Satz 1 (oben Rdn. 6) angesprochenen harmloseren Ordnungswidrigkeiten fand dagegen stets der Regelbußgeldrahmen gem. § 17 Abs. 1 OWiG aF Anwendung. Die Höchstgrenzen für das Bußgeld betrugen dementsprechend hier bei vorsätzlicher Zuwiderhandlung 1000 DM, bei fahrlässiger gem. § 17 Abs. 2 OWiG 500 DM (vgl. *Steindorf* in KK-OWiG[2] zu § 17, noch zu DM-Beträgen). Die Euro-Beträge belaufen sich auf **500 bzw. 250 Euro.**

9  Sind **mehrere Geldbußen** verwirkt, so wird **jede gesondert** festgesetzt (§ 20 OWiG). Die Frist für die Verfolgungsverjährung beträgt gem. § 31 Abs. 2 Nr. 2 OWiG 2 Jahre bei Taten nach Absatz 1, 6 Monate für Taten nach Absatz 3 Satz 1; die Frist für die Verjährung der Vollstreckung der Geldbuße richtet sich nach der Höhe der festgesetzten Geldbuße (§ 34 Abs. 1 OWiG). Wegen der Jugendlichen vgl. § 12 OWiG. Heranwachsende werden im Bußgeldverfahren entgegen § 105 JGG wie Erwachsene behandelt (*Bohnert* OWiG § 12 Rdn. 11).

10  6. **Ob** und **wie** die in § 22b aufgezählten Ordnungswidrigkeitstatbestände **geahndet** werden, steht im **pflichtgemäßen Ermessen** der für den Erlass des Bußgeldbescheides zuständigen Verwaltungsbehörde (§ 35 OWiG). Da das OWiG vom Grundsatz der **Opportunität** (Zweckmäßigkeit) beherrscht wird (§ 47 OWiG), kann die Verwaltungsbehörde, sofern kein öffentliches Interesse an der Verfolgung besteht, gänzlich davon absehen, die Tat nach dem OWiG zu ahnden und stattdessen mit den Mitteln des Verwaltungszwangs (Ersatzvornahme, unmittelbarer Zwang, Zwangsgeld) vorgehen oder sich bei geringfügigem Verschulden mit einer Verwarnung mit oder ohne Verwarnungsgeld (Höhe 5 bis 35 Euro, § 56 OWiG nF) begnügen. Dass ein solches Verfahren zulässig ist, ergibt einwandfrei die Verwendung des Wortes „kann" im Gesetzestext.

11  Wegen weiterer Einzelheiten des Verfahrens nach dem Ordnungswidrigkeitengesetz vgl. die Kommentare von *Göhler*[13] OWiG, *Rebmann/Roth/Herrmann* und KK-OWiG[2], *Lemke*, *Mitsch* und *Bohnert*.

### Verwaltungsbehörden

**23 Das Bundesministerium für Wirtschaft und Arbeit, das Bundesministerium für Verkehr, Bau- und Wohnungswesen und das Bundesministerium der Finanzen sind, soweit sie nach § 14 Abs. 1 und 2 für die Überwachung zuständig sind, zugleich Verwaltungsbehörde im Sinne des § 36 Abs. 1 Nr. 1 des Gesetzes über Ordnungswidrigkeiten. § 36 Abs. 3 des Gesetzes über Ordnungswidrigkeiten gilt entsprechend.**

1  1. Das OWiG geht vom **Regelfall** der Durchführung des Gesetzes durch die **Länder** aus (Art. 83 GG). Dadurch wird jedoch eine Zuständigkeit von Bundesbehörden auf den Fachgebieten nicht ausgeschlossen, auf denen, wie im Bereich des KWKG, eine **eigene** Bundesverwaltung besteht. Allerdings kann eine solche Zuständigkeit von Bundesbehörden nur durch eine ausdrückliche **bundesgesetzliche** Vorschrift

Einziehung und Erweiterter Verfall  § 24 KWKG 8

geschaffen werden, wie sie **Satz 1** darstellt. Da Verstöße gegen die Genehmigungs- und Ordnungsvorschriften des Gesetzes in erster Linie zur Kenntnis der Überwachungsbehörden gelangen, sind diese Behörden auch mit der Verfolgung und Ahndung der Ordnungswidrigkeiten nach dem KWKG betraut worden (amtl. Begründung BR-Drucks. 329/59 S. 26).

**2.** Als **Überwachungsbehörden** und dementsprechend auch als Verwaltungsbehörde iS von § 36 Abs. 1 Nr. 1 OWiG kommen nach § 14 Abs. 1, 2 je nach ihren dort angegebenen Zuständigkeitsgebieten das Bundesministerium für Wirtschaft und Arbeit (jetzige Bezeichnung), Verkehr, Bau- und Wohnungswesen oder Finanzen in Betracht. Mit der unter **Nr. 8c** abgedruckten **3. VO** zur **Durchführung** des KWKG vom 11. 7. 1969 (BGBl. I 1841), zuletzt geändert durch Art. 254 der 8. Zuständigkeitsanpassungsverordnung vom 25. 11. 2003 (BGBl. I 2304), haben die betr. Ministerien ihre Zuständigkeiten zur Verfolgung und Ahndung von Ordnungswidrigkeiten delegiert, und zwar der damalige BMWi. auf das Bundesamt für Wirtschaft und Ausfuhrkontrolle (BAFA), der BMFi. auf die örtlich zuständigen Hauptzollämter. 2

**3.** Aufgrund der Anwendbarkeit von § 36 Abs. 3 OWiG **(Satz 2)** können die für die Ahndung der Ordnungswidrigkeiten nach dem KWKG gem. § 36 Abs. 1 Nr. 2 Buchst. b zuständigen, im Gesetzestext in Satz 1 angeführten Bundesministerien durch Rechtsverordnung, die **nicht** der Zustimmung des Bundesrates bedarf, ihre Zuständigkeiten auf andere Behörden oder Stellen übertragen. Hierfür werden nach Lage der Sache die Überwachungsbehörden in Betracht kommen (s. insoweit vorst. Rdn. 2). 3

**Einziehung und Erweiterter Verfall**

**24** (1) **Kriegswaffen, auf die sich eine Straftat nach §§ 19, 20, 21 oder 22a bezieht, können zugunsten des Bundes eingezogen werden; § 74a des Strafgesetzbuches ist anzuwenden. Sie werden auch ohne die Voraussetzungen des § 74 Abs. 2 des Strafgesetzbuches eingezogen, wenn das Wohl der Bundesrepublik Deutschland es erfordert; dies gilt auch dann, wenn der Täter ohne Schuld gehandelt hat.**

(2) **Die Entschädigungspflicht nach § 74f des Strafgesetzbuches trifft den Bund.**

(3) **In den Fällen des § 19 Abs. 1 und 2, Abs. 2 Nr. 2 auch in Verbindung mit § 21, des § 20 Abs. 1, auch in Verbindung mit § 21, und des § 22a Abs. 1 ist § 73d des Strafgesetzbuches anzuwenden, wenn der Täter gewerbsmäßig oder als Mitglied einer Bande handelt, die sich zur fortgesetzten Begehung solcher Straftaten verbunden hat.**

**1. Allgemeines.** Das KWKG regelte früher die Einziehung in § 24 und die Entschädigung im Falle der Einziehung in § 25. Beide Bestimmungen sind gem. Art. 7 Nr. 4 EGOWiG vom 24. 5. 1968 (BGBl. I 503, 515) durch den jetzigen § 24 ersetzt worden. Eine Notwendigkeit für eine besondere Bestimmung über die Entschädigung im Falle der Einziehung (bisher § 25) bestand nicht mehr, nachdem das Einziehungsrecht einschließlich der Entschädigung Dritter ausführlich in den durch Art. 1 des EGOWiG neu gefassten §§ 40, 40a, 40b, 40c, 41a u. b und 42 StGB, jetzt §§ 74a, 74b, 74c, 74d, 74f, 76a StGB ff. geregelt worden ist. Dementspre- 1

**8 KWKG § 24**  Gesetz über die Kontrolle von Kriegswaffen

chend wird zur Erläuterung der in § 24 aufgeführten Bestimmungen des StGB (§§ 74, 74a, 74f StGB) in erster Linie auf die gebräuchlichen Erläuterungsbücher zum StGB verwiesen.

2  2. **Einziehung.** Absatz 1 ist von der Abänderung des KWKG durch das EGOWiG (Art. 7) nicht betroffen worden. Die **Notwendigkeit für** eine **besondere Einziehungsbestimmung** ergibt sich daraus, dass nach § 74 StGB Gegenstände nur eingezogen werden können, die durch eine vorsätzliche strafbare Handlung hervorgebracht oder die zur Begehung oder Vorbereitung einer solchen strafbaren Handlung gebraucht oder bestimmt sind oder waren und die dem **Täter** oder einem Teilnehmer **gehören.** Im Bereich des KWKG ist dagegen die **Kriegswaffe selbst Objekt der Tat.** Ähnlich wie im Waffenrecht ist im Hinblick auf die Gefahren, die durch Kriegswaffen entstehen können, die sich in den Händen Unbefugter befinden, die Möglichkeit der Einziehung **erweitert** zugelassen worden. Es genügt, dass sich eine der in Absatz 1 Satz 1 angeführten strafbaren Handlungen (s. Anm. dazu) auf die Kriegswaffe bezieht, deren Einziehung in Frage steht, sei es, dass es sich um ungenehmigte Herstellung, Überlassung, Beförderung, Aus-, Durch- oder Einfuhr oder den Erwerb der tatsächlichen Gewalt an, von oder betreffend Kriegswaffen handelt. Ist diese Frage zu bejahen, so ist die Einziehung nach dem pflichtgemäßen Ermessen des Gerichts zulässig ohne Rücksicht darauf, ob die Kriegswaffe dem Täter (Angeklagten) gehört. Nur muss es sich um eine **Straftat** iS von §§ 19, 20, 21 oder 22a handeln. Die Verwirklichung eines bloßen Ordnungswidrigkeitentatbestandes rechtfertigt die Einziehung nach § 24 nicht.

3  3. Die **Einziehung ist nicht zwingend** vorgeschrieben (vgl. aber § 54 Abs. 1 WaffG), sondern in das **Ermessen** des Gerichts **gestellt.** Ob das Gericht die Einziehung ausspricht, bestimmt sich nach dem Einzelfall. Als Anhaltspunkt kann § 49 Abs. 3 AtomG in seiner ursprünglichen Fassung v. 23. 12. 1959 (BGBl. I 814) dienen, der die Einziehung zwingend vorschrieb, wenn der **Schutz der Allgemeinheit** mit Rücksicht auf die Art der Gegenstände, zB Kernbrennstoffe, oder auf die Besorgnis, dass sie der Begehung weiterer mit Strafe bedrohter Handlungen dienen, die Einziehung erfordert (vgl. jetzt § 74 Abs. 2 Nr. 2 StGB). Es wird also im Wesentlichen auf die **Gefährlichkeit der Gegenstände** (Stoffe, Organismen: vgl. § 1 Abs. 1), daneben aber auch auf die **Schwere** der abzuurteilenden **Straftat,** deren materiellen Unrechtsgehalt und den verbrecherischen Willen des Täters, ankommen. In diesem Zusammenhang ist zu beachten, dass der **Tatbestand einer strafbaren Handlung im vollen Umfang,** also in objektiver und subjektiver Hinsicht, **erfüllt** sein muss. Fehlt es auch nur am subjektiven Tatbestand, so ist der Angeklagte freizusprechen und die Einziehung in keiner Form Rdn. 9f. **Auf genaue Bezeichnung der Einziehungsobjekte in der Endentscheidung ist zu achten.**

4  **Die Einziehung** wird im **Urteil** angeordnet. Gemäß § 74e Abs. 1 StGB erwirbt der Bund, zu dessen Gunsten die Einziehung hier **ausnahmsweise** ausgesprochen wird, das **Eigentum an** den eingezogenen **Kriegswaffen** mit der **Rechtskraft der Einziehungsentscheidung.**

5  4. **Drittbeteiligte.** Grundsätzlich können Gegenstände, auf die sich eine Straftat nach dem KWKG bezieht, nur eingezogen werden, wenn sie zZ der Einziehung dem Täter oder Teilnehmer gehören (§ 74 Abs. 2 Nr. 1 StGB). Gerade bei Kriegswaffen, die Objekte einer Straftat waren, wird allerdings nicht selten § 74 Abs. 2 Nr. 2 StGB Platz greifen, wonach eine Einziehung **ohne** Rücksicht auf die Eigentumsverhältnisse angeordnet werden kann, wenn die betr. Gegenstände nach ihrer Art und den Umständen die **Allgemeinheit gefährden** und die Gefahr besteht, dass sie der Begehung

Einziehung und Erweiterter Verfall  **§ 24 KWKG 8**

strafbarer Handlungen dienen werden. Soweit diese Voraussetzung nicht gegeben ist, lässt das Gesetz infolge der Anwendbarkeit von § 74 a StGB die Einziehung dem Nichteigentümer gegenüber auch zu, wenn er vorsätzlich oder leichtfertig dazu beigetragen hat, dass die Kriegswaffen Mittel oder Gegenstand der Straftat oder ihrer Vorbereitung waren (Nr. 1) oder wenn der Dritte die Kriegswaffen **in Kenntnis** der einziehungsbegründenden Umstände in **verwerflicher** Weise erworben hatte (Nr. 2). Es handelt sich hier um die gleichen Voraussetzungen, welche die Gewährung einer Entschädigung an Dritte nach § 74 f Abs. 2 StGB ausschließen.

**a) Vorsätzliche oder wenigstens leichtfertige Mitwirkung an der Tat:** Die 6 Leichtfertigkeit entspricht ungefähr der groben Fahrlässigkeit des § 276 BGB (RGSt. **71,** 176). Der Dritte muss also seine Sorgfaltspflichten im Umgang mit Kriegswaffen (§ 12 Abs. 1) oder die ihm selbst bezüglich der Kriegswaffen treffenden Pflichten **gröblich** vernachlässigt haben. Bloße **Nachlässigkeit** genügt **nicht.**

**b)** Beim Erwerb von Kriegswaffen ist für die Zulässigkeit der Einziehung Dritten 7 gegenüber erforderlich, dass der Erwerb der Kriegswaffen in **verwerflicher** Weise vorgenommen worden ist. Hier schließt nicht einmal grobe Fahrlässigkeit die Entschädigung aus, sondern es muss ein hehlerähnliches Verhältnis hinzutreten, und zwar die positive Kenntnis – Kennenmüssen genügt nicht – von den Einziehungsumständen, dh. von der Tat, vorhanden sein.

**Verwerflich** handelt, wer in gesteigertem Maße gegen die guten Sitten oder die 8 Verkehrsübung verstößt. Im Hinblick darauf kann, wie auch die amtliche Begründung (S. 26) erkennen lässt, die Einziehung einem Dritten gegenüber nur angeordnet werden, wenn er **genau** gewusst hat, dass die Kriegswaffen, die er erworben hat, entgegen den Bestimmungen des KWKG gehandhabt worden sind und ihre Einziehung gedroht hat.

**5. Erweiterte Einziehungsmöglichkeit (Absatz 1 Satz 2).** § 74 Abs. 2 StGB 9 lässt, wie bereits (Rdn. 5) erwähnt, die Einziehung nur zu, wenn die einzuziehenden Gegenstände zur Zeit der Entscheidung dem Täter oder Teilnehmer gehören oder zustehen (§ 74 Abs. 2 Nr. 1) oder, **ohne** Rücksicht auf das Eigentum, wenn die Gegenstände ihrer Art nach und nach den Umständen die Allgemeinheit gefährden oder wenn die Gefahr besteht, dass sie der Begehung strafbarer Handlungen dienen (§ 74 Abs. 2 Nr. 2). § 24 Abs. 1 Satz 2 gestattet nun darüber hinaus die Einziehung **ohne Rücksicht auf die Eigentumsverhältnisse** an den betr. Gegenständen auch dann, wenn **das Wohl der Bundesrepublik Deutschland die Einziehung erfordert,** also notwendig erscheinen lässt. Es ist hierbei an Fälle zu denken, in denen die Kriegswaffen zur Benutzung bei einem bewaffneten Aufstand bestimmt sind, der auf die Beseitigung der verfassungsmäßigen Ordnung der Bundesrepublik gerichtet ist, oder zur Austragung von Zwistigkeiten zwischen politischen Parteien (Gruppen) oder zum Einsatz gegen einen benachbarten Staat dienen sollen.

In allen diesen Fällen ist die Einziehung auch **gegenüber gutgläubigen Dritten** 10 statthaft, also auch gegenüber Personen, bei denen die Voraussetzungen von § 74 a StGB (oben Rdn. 5) **nicht** vorliegen. Denn das Wohl der Bundesrepublik geht in Fällen von Zuwiderhandlungen gegen das KWKG den privaten Interessen gegen dieser Personen vor. Einzige Einziehungsvoraussetzung ist im Falle der Anwendbarkeit von Absatz 1 Satz 2 das Vorliegen einer rechtswidrigen Tat iS d. KWKG. Nach dem durch Art. 35 Nr. 3 Buchst. b EGStGB abgeänderten „Wenn"-Satz ist die Einziehung aus Gründen des Wohles der BRep. Deutschland, übereinstimmend mit § 74 Abs. 3 StGB, selbst dann zulässig, wenn der Täter subjektiv ohne Schuld gehandelt hat.

**8 KWKG § 24**   Gesetz über die Kontrolle von Kriegswaffen

11   **6. Entschädigung des Dritten (Absatz 2).** Dritte im Sinne von § 74f Abs. 1 StGB, deren Gegenstände nach § 24 Abs. 1 Satz 2 eingezogen werden, werden angemessen aus der Staatskasse **in Geld** entschädigt, und zwar unter Berücksichtigung des **Verkehrswertes** der eingezogenen Objekte. Da nach Absatz 1 Satz 1 die Einziehung zugunsten des **Bundes** angeordnet wird, ist es nur folgerichtig, wenn Absatz 2 bestimmt, dass die Entschädigungspflicht nicht etwa das Land, dessen Gericht die Einziehung verfügt hat, sondern den **Bund** trifft.

Davon abgesehen ist aus der Verweisung auf § 74f StGB zu entnehmen, dass eine Entschädigung nach § 74a StGB bei bösgläubigem und verwerflichem Erwerb oder dann nicht gewährt wird, wenn der Dritte wenigstens leichtfertig dazu beigetragen hat, dass die einzuziehenden Sachen Gegenstand der Tat oder ihrer Vorbereitung gewesen sind. Die Formulierung in § 74f Abs. 2 Nr. 1 u. 2 StGB stimmt weitgehend mit derjenigen von § 74a Nr. 1 und 2 StGB, auf den § 24 Abs. 1 Satz 1 verweist, überein, so dass zur Erläuterung von § 74f Abs. 2 Nr. 1 u. 2 StGB auf die vorst. Rdn. 5 verwiesen werden kann.

12   § 74f Abs. 2 Nr. 3 StGB schließt eine Entschädigung **weiterhin** aus, wenn ein solcher Ausschluss nach den einziehungsbegründenden Umständen auf Grund **außerstrafrechtlicher** Rechtsvorschriften zulässig wäre (vgl. auch die gleichlautende Bestimmung § 28 Abs. 2 Nr. 3 OWiG). Insoweit kommen insbesondere die Polizeigesetze der Länder in Betracht, die auch gegenüber dem nur objektiven Störer die Sicherstellung und sogar die Verwertung von störenden Sachen gestatten, wenn die hierdurch drohende Gefahr nicht anders beseitigt werden kann (vgl. *Göhler*[13] § 28 OWiG Rdn. 15ff.: *Mitsch* in KK-OWiG[2] § 28 Rdn. 14ff.).

12a   Durch Art. 10 des Verbrechensbekämpfungsgesetzes vom 28. 10. 1994 (BGBl. I 3186, 3193) ist Satz 2 von Absatz 3 neu eingefügt worden („Erweiterter Verfall" nach § 73d StGB). Auf BGH, Beschluss vom 10. 2. 1998 – 4 StR 4/98 = NStZ **1998**, 362 [LS], sowie die Erläuterungen zu § 54 WaffG sowie zu § 73d StGB in den Kommentaren zum StGB wird verwiesen. Das BVerfG hat diese Regelung nicht beanstandet (NJW **2004**, 2073).

13   Bei der Einziehung ist der **Verhältnismäßigkeitsgrundsatz** (vgl. BGH NStZ **1981**, 104) zu beachten. Die Einziehung darf daher nicht angeordnet werden, wenn sie zur Bedeutung der Tat außer Verhältnis steht.

14   Wie früher kann die Einziehung auch **selbständig** im objektiven Verfahren angeordnet werden, wenn aus **tatsächlichen** Gründen keine bestimmte Person verfolgt oder verurteilt werden kann. Nach § 76a Abs. 2 StGB ist im Gegensatz zur früheren Regelung eine selbstständige Anordnung der Einziehung auch statthaft, wenn der Verurteilung einer bestimmten Person ein **rechtliches** Hindernis entgegensteht, zB die Verjährung der Strafverfolgung (vgl. § 76a Abs. 2 Nr. 1 nF). Das Einziehungsverfahren ist in den §§ 430ff. StPO geregelt.

Hat ein vertretungsberechtigtes Organ einer juristischen Person oder ein vertretungsberechtigter Gesellschafter einer Personenhandelsgesellschaft eine strafbare Handlung begangen, die ihm gegenüber die Einziehung zulassen würde, so wird seine Handlung dem Vertretenen zugerechnet; die Einziehung kann also auch gegenüber der juristischen Person oder Personenhandelsgesellschaft ausgesprochen werden (§ 75 StGB).

15   Ist nur eine **Ordnungswidrigkeit** Gegenstand des Verfahrens, so richtet sich die Zulässigkeit der Einziehung und der Entschädigung nach den §§ 22 bis 29 OWiG. Hiernach kann die Einziehung als **Nebenfolge** nur angeordnet werden, soweit sie das verletzte Gesetz, hier das KWKG, **ausdrücklich** zulässt (§ 22 Abs. 1 OWiG). Da § 24 KWKG die Einziehung nur bei Verwirklichung einer **Straftat** gestattet, ist

Anzeige d. Ausübung d. tatsächl. Gewalt  §§ 25–26a KWKG  8

für eine Einziehung bei Vorliegen nur eines Ordnungswidrigkeitstatbestandes (§ 22b) **kein** Raum.

**7. Die Einziehungsvorschrift** des § 24 wird ergänzt durch die in § 13 Abs. 2 und 3 gegebenen Bestimmungen, welche die Befugnisse der Sicherstellungsbehörden um ein Einziehungsrecht erweitert haben, das die Einziehungsregelung in § 40 WaffG aF für tragbare Schuss- bzw. Kriegswaffen entbehrlich gemacht hat. Auch die Einziehung nach § 13 Abs. 2 KWKG darf nur das **letzte Mittel** sein. Es ist daher vorgeschrieben, dass von der Einziehung nur Gebrauch gemacht werden darf, wenn weniger einschneidende Maßnahmen, zB die Anordnung des Unbrauchbarmachens oder des Überlassens an einen Berechtigten, nicht ausreichen. Für die eingezogenen Waffen ist auch hier grundsätzlich **Entschädigung** zu leisten. Die Entschädigungsregelung in § 13 Abs. 3 lehnt sich eng an die Vorschrift des § 74f StGB über die gerichtliche Einziehung an (s. vorst. Rdn. 11 ff.). „Durch die Erweiterung der Vorschrift des § 13 können nunmehr auch die Fälle des Besitzes von Kriegswaffen sachgerecht geregelt werden, in denen bisher keine Zuverlässigkeitsprüfung stattfand, wie zum Beispiel bei Erben oder Findern, die den Erwerb der tatsächlichen Gewalt den Behörden angezeigt haben" (ABer. BT-Drucks. 8/1614 S. 18).

**16**

**25** *(§ 25 regelte die Entschädigung im Falle der Einziehung. Er ist durch Art. 7 Nr. 4 EGOWiG aufgehoben worden; vgl. § 24 Rdn. 1).*

## Sechster Abschnitt. Übergangs- und Schlußvorschriften

### Vor Inkrafttreten des Gesetzes erteilte Genehmigungen

**26** Genehmigungen, die im vorläufigen Genehmigungsverfahren auf Grund des Artikels 26 Abs. 2 des Grundgesetzes erteilt worden sind, gelten als nach diesem Gesetz erteilt.

Es handelt sich um die auf Grund der Bekanntmachung des Bundesministers für Wirtschaft über das **vorläufige** Kriegswaffengenehmigungsverfahren nach Art. 26 Abs. 2 GG vom 28. 11. 1957 (BAnz. Nr. 233 vom 4. 12. 1957) erteilten Genehmigungen, die möglicherweise noch nicht abgelaufen bzw. erledigt sind.

**1**

### Anzeige der Ausübung der tatsächlichen Gewalt

**26a** **Wer am Tage des Wirksamwerdens des Beitritts in dem in Artikel 3 des Einigungsvertrages genannten Gebiet die tatsächliche Gewalt über Kriegswaffen ausübt, die er zuvor erlangt hat, hat dies dem Bundesamt für Wirtschaft und Ausfuhrkontrolle (BAFA) unter Angabe von Waffenart, Stückzahl, Waffennummer oder sonstiger Kennzeichnung binnen zwei Monaten nach dem Wirksamwerden des Beitritts anzuzeigen, sofern er nicht von dem Genehmigungserfordernis für den Erwerb der tatsächlichen Gewalt freigestellt oder nach § 26b angewiesen ist. Nach Ablauf dieser Frist darf die tatsächliche Gewalt über anmeldepflichtige, jedoch nicht angemeldete Kriegswaffen nicht mehr ausgeübt werden.**

**8 KWKG § 26b**  Gesetz über die Kontrolle von Kriegswaffen

1  1. Die Vorschrift hat durch Anlage I Kapitel V Sachgebiet A Abschnitt II Nr. 2 des Einigungsvertrages vom 31. 8. 1990 (BGBl. II 889, 996) eine neue Fassung erhalten. Sie eröffnete für das **Gebiet der ehem. DDR** eine ab 3. 10. 1990 laufende zweimonatige **Anzeigefrist.**

2  2. Der **Besitz** anzeigepflichtiger Kriegswaffen nach Versäumung der Anmeldefrist ist nach § 22a Abs. 1 Nr. 6b nF = (§ 16 Abs. 1 Nr. 6b aF) **strafbar.** Diese Vorschrift hat nach der Neufassung des § 26a (Rdn. 1) ab 3. 10. 1990 einen völlig veränderten Regelungsgehalt. Zu § 26a aF vgl. den folgenden Kursivdruck.

*§ 26a. Anzeige der Ausübung der tatsächlichen Gewalt. Wer die tatsächliche Gewalt über Kriegswaffen ausübt, die er vor dem Inkrafttreten des Gesetzes zur Änderung des Waffenrechts erlangte, ohne dass es hierzu einer Genehmigung bedurfte, hat dies der Überwachungsbehörde bis zum 31. Dezember 1978 anzuzeigen. Die Anzeigepflicht gilt nicht in den Fällen des § 12 Abs. 6 Nr. 2; sie entfällt im Übrigen, soweit eine Anzeige nach bisherigem Recht erstattet ist.*

Diese Bestimmung war durch das ÄndG 1978 eingefügt worden. Sie ist mit Wirkung vom 3. 10. 1990 durch § 26a nF abgelöst worden.

## Übergangsregelungen für das in Artikel 3 des Einigungsvertrages genannte Gebiet

**26b** (1) Eine vor dem Tage des Wirksamwerdens des Beitritts in dem in Artikel 3 des Einigungsvertrages genannten Gebiet begonnene oder in Aussicht genommene und nicht aufschiebbare Handlung, die nach diesem Gesetz der Genehmigung bedarf, kann vorläufig genehmigt werden. In diesen Fällen ist die erforderliche Genehmigung binnen eines Monats nach Erteilung der vorläufigen Genehmigung zu beantragen. Wird die Genehmigung versagt, so kann dem Antragsteller in entsprechender Anwendung des § 9 eine angemessene Entschädigung gewährt werden, wenn es auch im Hinblick auf ein schutzwürdiges Vertrauen auf die bisherige Rechtslage eine unbillige Härte wäre, die Entschädigung zu versagen.

(2) Für völkerrechtliche Vereinbarungen der Deutschen Demokratischen Republik, soweit sie die Lieferung oder die Instandhaltung von Kriegswaffen zum Gegenstand haben, gilt abweichend von § 27 folgendes:

1. Soweit vor dem Tage des Wirksamwerdens des Beitritts staatliche Aufträge zur Herstellung oder zur Ausfuhr in oder zur Einfuhr aus Mitgliedstaaten des Warschauer Vertrages für das Jahr 1990 angewiesen sind, gelten die zur Durchführung dieser Anweisungen erforderlichen, nach § 2 oder § 3 genehmigungsbedürftigen Handlungen als genehmigt.
2. Bei Anweisungen im Sinne der Nummer 1 in bezug auf Staaten, die nicht Mitgliedstaaten des Warschauer Vertrages sind, können genehmigungsbedürftige, aber unaufschiebbare Handlungen vorläufig genehmigt werden; Absatz 1 Satz 2 und 3 gilt entsprechend.

(3) Für den Fall, daß die Deutsche Demokratische Republik ein Gesetz zur Inkraftsetzung dieses Gesetzes erläßt, wird das Bundesministerium für Wirtschaft und Arbeit ermächtigt, durch Rechtsverord-

nung ohne Zustimmung des Bundesrates die Maßgaben der Absätze 1 und 2 und des § 26a so zu ändern, daß deren Ziele unter Berücksichtigung der neuen Rechtslage erreicht werden.

**1.** Die Bestimmung regelt den **Übergang** des Rechts der BRepD auf das **Gebiet der ehem. DDR** (Einigungsvertrag vom 31. 8. 1990 – BGBl. II 889, 996) zum 3. 10. 1990. Sie führt das dem Gesetz sonst nicht bekannte Rechtsinstitut der „vorläufigen" Genehmigung ein, um für die Übergangszeit zu befriedigenden Regelungen zu gelangen. Zu Einzelheiten vgl. *Pottmeyer* Rdn. 1–5. Sie ist nicht zu verwechseln mit den Genehmigungen im vorläufigen Verfahren nach § 26. In der früheren **DDR** gab es – soweit ersichtlich – **keine** kriegswaffenkontrollrechtlichen **Vorschriften** (*Pottmeyer* Einl. Rdn. 44). Absatz 3 ist gegenstandslos geworden.

**2.** Die Vorschrift ist ihrer Fassung gemäß nicht sanktionsbewehrt.

### Zwischenstaatliche Verträge

**27** Verpflichtungen der Bundesrepublik auf Grund zwischenstaatlicher Verträge bleiben unberührt. Insoweit gelten die nach Artikel 26 Abs. 2 des Grundgesetzes und die nach diesem Gesetz erforderlichen Genehmigungen als erteilt.

### Berlin-Klausel

**28** *(gegenstandslos)*

**29** *(Inkrafttreten)*[1]

Das Gesetz in der novellierten Form ist am 11. 11. 1990 in Kraft getreten (Art. 7 des Gesetzes vom 5. 11. 1990 – BGBl. I 2428, 2431).

### Anlage (zu § 1 Abs. 1)
### Kriegswaffenliste

In der Fassung der Bekanntmachung vom 22. 11. 1990 (BGBl. I 2506), zuletzt geändert durch Art. 3 Nr. 7 des WaffRNeuRegG vom 11. 10. 2002 (BGBl. I 3970; geänd. 4592 und 2003, 1957).

#### Teil A
**Kriegswaffen, auf deren Herstellung die Bundesrepublik Deutschland verzichtet hat (Atomwaffen, biologische und chemische Waffen)**

Von der Begriffsbestimmung der Waffen ausgenommen sind alle Vorrichtungen, Teile, Geräte, Einrichtungen, Substanzen und Organismen, die zivilen Zwecken oder der wissenschaftlichen, medizinischen oder industriellen Forschung auf den Gebie-

---

[1] Das Gesetz wurde am 25. 4. 1961 verkündet.

ten der reinen und angewandten Wissenschaft dienen. Ausgenommen sind auch die Substanzen und Organismen der Nummern 3 und 5, soweit sie zu Vorbeugungs-, Schutz- oder Nachweiszwecken dienen.[1]

## I. Atomwaffen

1. Waffen aller Art, die Kernbrennstoffe oder radioaktive Isotope enthalten oder eigens dazu bestimmt sind, solche aufzunehmen oder zu verwenden, und Massenzerstörungen, Massenschäden oder Massenvergiftungen hervorrufen können
2. Teile, Vorrichtungen, Baugruppen oder Substanzen, die eigens für eine in Nummer 1 genannte Waffe bestimmt sind oder die für sie wesentlich sind, soweit keine atomrechtlichen Genehmigungen erteilt sind

Begriffsbestimmung:
Als Kernbrennstoff gilt Plutonium, Uran 233, Uran 235 (einschließlich Uran 235, welches in Uran enthalten ist, das mit mehr als 2,1 Gewichtsprozent Uran 235 angereichert wurde) sowie jede andere Substanz, welche geeignet ist, beträchtliche Mengen Atomenergie durch Kernspaltung oder -vereinigung oder eine andere Kernreaktion der Substanz freizumachen. Die vorstehenden Substanzen werden als Kernbrennstoff angesehen, einerlei in welchem chemischen oder physikalischen Zustand sie sich befinden.

## II. Biologische Waffen

3. Biologische Kampfmittel
   a) schädliche Insekten und deren toxische Produkte;
   b) biologische Agenzien (Mikroorganismen, Viren, Pilze sowie Toxine); insbesondere:
   3.1 human- und tierpathogene Erreger sowie Toxine
      a) Viren wie folgt:
         1. Chikungunya-Virus,
         2. Haemorrhagisches Kongo-Krim-Fieber-Virus,
         3. Dengue-Fiebervirus,
         4. Eastern Equine Enzephalitis-Virus,
         5. Ebola-Virus,
         6. Hantaan-Virus,
         7. Junin-Virus,

---

[1] Für die unter Nummer 3 Buchstabe b genannten biologischen Agenzien sind im Falle ihrer zivilen Verwendung die Ausfuhrbeschränkungen auf Grund
– der Verordnung (EG) Nr. 3381/94 des Rates vom 19. Dezember 1994 über eine Gemeinschaftsregelung der Ausfuhrkontrolle von Gütern mit doppeltem Verwendungszweck (ABl. EG Nr. L 367 S. 1) in Verbindung mit dem Beschluss des Rates vom 19. Dezember 1994 über die vom Rat gemäß Artikel J.3 des Vertrages über die Europäische Union angenommene gemeinsame Aktion zur Ausfuhrkontrolle von Gütern mit doppeltem Verwendungszweck (ABl. EG Nr. L 367 S. 8) sowie
– der Regelungen der Außenwirtschaftsverordnung, insbesondere der §§ 5 und 7 Abs. 4,
zu beachten. Vgl. auch *Holthausen/Hucko* NStZ-RR **1998,** 193, 196.
Für Ricin und Saxitoxin (Nummer 3.1 Buchstabe d und Nummer 4 und 5) gelten zusätzlich die Beschränkungen, Meldepflichten und Inspektionsvorschriften des Ausführungsgesetzes zum Chemiewaffenübereinkommen vom 2. August 1994 (BGBl. I S. 1954) und der Ausführungsverordnung zum Chemiewaffenübereinkommen vom 20. November 1996 (BGBl. I S. 1794), abgedruckt unter Nr. 8 h und 8 i; die AusführungsVO ist durch die 2. ÄndVO vom 16. 5. 2001 (BGBl. I 888) geändert worden.

Anlage **Anl. KWKG 8**

      8. Lassa-Virus,
      9. Lymphozytäre Choriomeningitis-Virus,
    10. Machupo-Virus,
    11. Marburg-Virus
    12. Affenpockenvirus,
    13. Rift-Valley-Fieber-Virus,
    14. Zeckenenzephalitis-Virus (Virus der russischen Frühjahr-/Sommerenzephalitis),
    15. Variola-Virus,
    16. Venezuelan Equine Enzephalitis-Virus
    17. Western Equine Enzephalitis-Virus
    18. Whitepox-Virus
    19. Gelbfieber-Virus,
    20. Japan-B-Enzephalitis-Virus;
  b) Rickettsiae wie folgt:
      1. Coxiella burnetii
      2. Bartonella quintana (Rochalimaea quintana, Rickettsia quintana),
      3. Rickettsia prowazekii,
      4. Rickettsia rickettsii;
  c) Bakterien wie folgt:
      1. Bacillus anthracis,
      2. Brucella abortus,
      3. Brucella melitensis,
      4. Brucella suis,
      5. Chlamydia psittaci,
      6. Clostridium botulinum,
      7. Francisella tularensis,
      8. Burkholderia mallei (Pseudomonas mallei),
      9. Burkholderia pseudomallei (Pseudomonas pseudomallei),
    10. Salmonella typhi,
    11. Shigella dysenteriae,
    12. Vibrio cholerae,
    13. Yersinia pestis,
  d) Toxine wie folgt:
      1. Clostridium-botulinum-Toxine,
      2. Clostridium-perfringens-Toxine,
      3. Conotoxin,
      4. Ricin,
      5. Saxitoxin,
      6. Shiga-Toxin,
      7. Staphylococcus-aureus-Toxine,
      8. Tetrodotoxin,
      9. Verotoxin,
    10. Microcystin (Cyanoginosin);
3.2 tierpathogene Erreger
  a) Viren wie folgt:
      1. Afrikanisches Schweinepest-Virus,
      2. Aviäre Influenza Viren wie folgt:
          a) uncharakterisiert oder

# 8 KWKG Anl.
Gesetz über die Kontrolle von Kriegswaffen

b) Viren mit hoher Pathogenität gemäß Richtlinie 92/40/EWG des Rates vom 19. Juni 1992 mit Gemeinschaftsmaßnahmen zur Bekämpfung der Geflügelpest (ABl. EG Nr. L 167 S. 1) wie folgt:
    aa) Typ-A-Viren mit einem IVPI (intravenöser Pathogenitätsindex) in 6 Wochen alten Hühnern größer als 1,2 oder
    bb) Typ-A-Viren vom Subtyp H5 oder H7, für welche die Nukleotid-Sequenzierung an der Spaltstelle für Hämagglutinin multiple basische Aminosäuren aufweist,
3. Bluetongue-Virus,
4. Maul- und Klauenseuche-Virus,
5. Ziegenpockenvirus,
6. Aujeszky-Virus,
7. Schweinepest-Virus (Hog cholera-Virus),
8. Lyssa-Virus,
9. Newcastle-Virus,
10. Virus der Pest der kleinen Wiederkäuer,
11. Schweine-Entero-Virus vom Typ 9 (Virus der vesikulären Schweinekrankheit),
12. Rinderpest-Virus,
13. Schafpocken-Virus,
14. Teschen-Virus,
15. Vesikuläre Stomatitis-Virus;

b) Bakterien wie folgt:
Mycoplasma mycoides;

3.3 pflanzenpathogene Erreger
  a) Bakterien wie folgt:
    1. Xanthomonas albilineans,
    2. Xanthomonas campestries pv. citri einschließlich darauf zurückzuführen der Stämme wie Xanthomonas campestris pv. citri Typen A, B, C, D, E oder anders klassifizierte wie Xanthomonas citri, Xanthomonas campestris pv. aurantifolia oder Xanthomonas pv. campestris pv. citromelo;
  b) Pilze wie folgt:
    1. Colletotrichum coffeanum var. virulans (Colletotrichum kahawae),
    2. Cochliobolus miyabeanus (Helminthosporium oryzae),
    3. Micricyclus ulei (syn. Dothidella ulei),
    4. Puccina graminis (syn. Puccina graminis f. sp. tritici),
    5. Puccina striiformis (syn. Puccina glumarum),
    6. Magnaporthe grisea (Pyricularia grisea/Pyricularia oryzae);

3.4 genetisch modifizierte Mikroorganismen wie folgt:
  a) genetisch modifizierte Mikroorganismen oder genetische Elemente, die Nukleinsäuresequenzen enthalten, welche mit der Pathogenität der in Unternummer 3.1 Buchstabe a, b oder c oder Unternummer 3.2 oder 3.3 genannten Organismen assoziiert sind,
  b) genetisch modifizierte Mikroorganismen oder genetische Elemente, die eine Nukleinsäuresequenz-Kodierung für eines der in Unternummer 3.1 Buchstabe d genannten Toxine enthalten.

4. Einrichtungen oder Geräte, die eigens dazu bestimmt sind, die in Nummer 3 genannten biologischen Kampfmittel für militärische Zwecke zu verwenden,

Anlage **Anl. KWKG 8**

sowie Teile oder Baugruppen, die eigens zur Verwendung in einer solchen Waffe bestimmt sind.

## III. Chemische Waffen

### 5. A. Toxische Chemikalien
(Registriernummer nach Chemical Abstracts Service; CAS-Nummer)
a) O-Alkyl ($\leq c_{10}$ einschließlich Cycloalkyl)-alkyl-(Me, Et, n-Pr oder i-Pr)-phosphonofluoride, zum Beispiel:
Sarin:
O-Isopropylmethylphosphonofluorid (107–44–8),
Soman:
O-Pinakolylmethylphosphonofluorid (96–64–0),
b) O-Alkyl ($\leq c_{10}$ einschließlich Cycloalkyl)-N, N-dialkyl (Me, Et, n-Pr oder i-Pr)-phosphoramidocyanide, zum Beispiel:
Tabun:
O-Ethyl-N, N-dimethylphosphoramidocyanid (77–81–6),
c) O-Alkyl (H oder $\leq c_{10}$ einschließlich Cycloalkyl)-S-2-dialkyl (Me, Et, n-Pr oder i-Pr)-aminoethylalkyl (Me, Et, n-Pr oder i-Pr)-phosphonothiolate sowie entsprechende alkylierte und protonierte Salze, zum Beispiel:
VX:
O-Ethyl-S-2-diisopropylaminoethylmethylphosphonothiolat (50 782–69–9),
d) Schwefelloste:
2-Chlorethylchlormethylsulfid (2625–76–5),
Senfgas:
Bis-(2-chlorethyl)-sulfid (505–60–2),
Bis-(2-chlorethylthio)-methan (63 869–13–6),
Sesqui-Yperit (Q):
1,2-Bis-(2-chlorethylthio)-ethan (3563–36–8),
1,3-Bis-(2-chlorethylthio)-n-propan (63 905–10–2),
1,4-Bis-(2-chlorethylthio)-n-butan (142 868–93–7),
1,5-Bis-(2-chlorethylthio)-n-pentan (142 868–94–8),
Bis-(2-chlorethylthiomethyl)-ether (63 918–90–1),
O-Lost:
Bis-(2-chlorethylthioethyl)-ether (63 918–89–8),
e) Lewisite:
Lewisit 1:
2-Chlorvinyldichlorarsin (541–25–3),
Lewisit 2:
Bis-(2-chlorvinyl)-chlor-arsin (40 334–69–8),
Lewisit 3:
Tris-(2-chlorvinyl)-arsin (40 334–70–1),
f) Stickstoffloste:
HN1:
Bis-(2-chlorethyl)-ethylamin (538–07–8),
HN2:
Bis-(2-chlorethyl)-methylamin (51–75–2),
HN3:
Tris-(2-chlorethyl)-amin (555–77–1),

g) BZ:
3-Chinuclidinylbenzilat (6581–06–2).

**B. Ausgangsstoffe**
a) Alkyl(Me, Et, n-Pr oder i-Pr)-phosphonsäuredifluoride,
zum Beispiel:
DF:
Methylphosphonsäuredifluorid (676–99–3),
b) O-Alkyl (H oder $\leq c_{10}$ einschließlich Cycloalkyl)-O-2-Dialkyl (Me, Et, n-Pr oder i-Pr)-aminoethylalkyl (Me, Et, n-Pr oder i-Pr)-phosphonite und entsprechende alkylierte und protonierte Salze, zum Beispiel:
QL:
O-Ethyl-O-2-diisopropylaminoethylmethylphosphonit (57 856–11–8),
c) Chlor-Sarin:
O-Isopropylmethylphosphonochlorid (1445–76–7),
d) Chlor-Soman:
O-Pinakolylmethylphosphonochlorid (7040–57–5).

6. Einrichtungen oder Geräte, die eigens dazu bestimmt sind, die in Nummer 5 genannten chemischen Kampfstoffe für militärische Zwecke zu verwenden sowie Teile oder Baugruppen, die eigens zur Verwendung in einer solchen Waffe bestimmt sind.

## Teil B

### Sonstige Kriegswaffen

#### I. Flugkörper

7. Lenkflugkörper
8. ungelenkte Flugkörper (Raketen)
9. sonstige Flugkörper
10. Abfeuereinrichtungen (Startanlagen und Startgeräte) für die Waffen der Nummern 7 und 9 einschließlich der tragbaren Abfeuereinrichtungen für Lenkflugkörper zur Panzer- und Fliegerabwehr
11. Abfeuereinrichtungen für die Waffen der Nummer 8 einschließlich der tragbaren Abfeuereinrichtungen sowie der Raketenwerfer
12. Triebwerke für die Waffen der Nummern 7 bis 9

#### II. Kampfflugzeuge und -hubschrauber

13. Kampfflugzeuge, wenn sie mindestens eines der folgenden Merkmale besitzen:
    1. integriertes Waffensystem, das insbesondere über Zielauffassung, Feuerleitung und entsprechende Schnittstellen zur Avionik verfügt,
    2. integrierte elektronische Kampfmittel,
    3. integriertes elektronisches Kampfführungssystem
14. Kampfhubschrauber, wenn sie mindestens eines der folgenden Merkmale besitzen:
    1. integriertes Waffensystem, das insbesondere über Zielauffassung, Feuerleitung und entsprechende Schnittstellen zur Avionik verfügt,
    2. integrierte elektronische Kampfmittel
    3. integriertes elektronisches Kampfführungssystem

Anlage **Anl. KWKG 8**

15. Zellen für die Waffen der Nummern 13 und 14
16. Strahl-, Propellerturbinen- und Raketentriebwerke für die Waffen der Nummer 13

### III. Kriegsschiffe und schwimmende Unterstützungsfahrzeuge

17. Kriegsschiffe einschließlich solcher, die für die Ausbildung verwendet werden
18. Unterseeboote
19. kleine Wasserfahrzeuge mit einer Geschwindigkeit von mehr als 30 Knoten, die mit Angriffswaffen ausgerüstet sind
20. Minenräumboote, Minenjagdboote, Minenleger, Sperrbrecher sowie sonstige Minenkampfboote
21. Landungsboote, Landungsschiffe
22. Tender, Munitionstransporter
23. Rümpfe für die Waffen der Nummern 17 bis 22

### IV. Kampffahrzeuge

24. Kampfpanzer
25. sonstige gepanzerte Kampffahrzeuge einschließlich der gepanzerten kampfunterstützenden Fahrzeuge
26. Spezialfahrzeuge aller Art, die ausschließlich für den Einsatz der Waffen der Nummern 1 bis 6 entwickelt sind
27. Fahrgestelle für die Waffen der Nummern 24 und 25
28. Türme für Kampfpanzer

### V. Rohrwaffen

29. a) Maschinengewehre, ausgenommen solche mit Wasserkühlung,
    b) Maschinenpistolen, ausgenommen solche, die als Modell vor dem 2. September 1945 bei einer militärischen Streitkraft eingeführt worden sind,
    c) vollautomatische Gewehre, ausgenommen solche, die als Modell vor dem 2. September 1945 bei einer militärischen Streitkraft eingeführt worden sind,
    d) halbautomatische Gewehre mit Ausnahme derjenigen, die als Modell vor dem 2. September 1945 bei einer militärischen Streitkraft eingeführt worden sind, und der Jagd- und Sportgewehre
30. Granatmaschinenwaffen, Granatgewehre, Granatpistolen
31. Kanonen, Haubitzen, Mörser jeder Art
32. Maschinenkanonen
33. gepanzerte Selbstfahrlafetten für die Waffen der Nummern 31 und 32
34. Rohre für die Waffen der Nummern 29, 31, und 32
35. Verschlüsse für die Waffen der Nummern 29, 31 und 32
36. Trommeln für Maschinenkanonen

### VI. Leichte Panzerabwehrwaffen, Flammenwerfer, Minenleg- und Minenwurfsysteme

37. rückstoßarme, ungelenkte, tragbare Panzerabwehrwaffen
38. Flammenwerfer
39. Minenleg- und Minenwurfsysteme für Landminen

## VII. Torpedos, Minen, Bomben, eigenständige Munition

40. Torpedos
41. Torpedos ohne Gefechtskopf (Sprengstoffteil)
42. Rumpftorpedos (Torpedos ohne Gefechtskopf – Sprengstoffteil – und ohne Zielsuchkopf)
43. Minen aller Art
44. Bomben aller Art einschließlich der Wasserbomben
45. Handflammpatronen
46. Handgranaten
47. Pioniersprengkörper, Hohl- und Haftladungen sowie sprengtechnische Minenräummittel
48. Sprengladungen für die Waffen der Nummer 43

## VIII. Sonstige Munition

49. Munition für die Waffen der Nummern 31 und 32
50. Munition für die Waffen der Nummer 29, ausgenommen Patronenmunition mit Vollmantelweichkerngeschoss, sofern
    1. das Geschoss keine Zusätze, insbesondere keinen Lichtspur-, Brand- oder Sprengsatz, enthält und
    2. Patronenmunition gleichen Kalibers für Jagd- oder Sportzwecke verwendet wird
51. Munition für die Waffen der Nummer 30
52. Munition für die Waffen der Nummern 37 und 39
53. Gewehrgranaten
54. Geschosse für die Waffen der Nummern 49 und 52
55. Treibladungen für die Waffen der Nummern 49 und 52

## IX. Sonstige wesentliche Bestandteile

56. Gefechtsköpfe für die Waffen der Nummern 7 bis 9 und 40
57. Zünder für die Waffen der Nummern 7 bis 9, 40, 43, 44, 46, 47, 49, 51 bis 53 und 59, ausgenommen Treibladungsanzünder
58. Zielsuchköpfe für die Waffen der Nummern 7, 9, 40, 44, 49, 59 und 60
59. Submunition für die Waffen der Nummern 7 bis 9, 44, 49 und 61
60. Submunition ohne Zünder für die Waffen der Nummern 7 bis 9, 44, 49 und 61

## X. Dispenser

61. Dispenser zur systematischen Verteilung von Submunition

## XI. Laserwaffen

62. Laserwaffen, besonders dafür konstruiert, dauerhafte Erblindung zu verursachen.

Anhang  Anh. KWKG 8

**Anhang**

(vgl. auch den Hinweis auf die Richtlinien und Merkblätter Rdn. 11 vor § 1 KWKG) sowie *Kräußlich* DWJ **2004**, Heft 3, S. 98.

## 1. Verbote und Beschränkungen – Kriegswaffen (SV 02 08)
## Dienstvorschrift SV 02 08 Nr. 10 – Kriegswaffen des BMFi

Vorschriftensammlung Bundes-Finanzverwaltung (VSF)
(III B 1 – SV 0208–3/03 vom 8. 12. 2003)
gültig ab 1. 1. 2004

### Inhalt

- (1) Allgemeines
- (2) Begriffsbestimmungen
- (3)–(4) Mitwirkung der Zollstellen
- (5) Verbot des Verbringens von ABC-Waffen und Antipersonenminen
- (6)–(16) Beschränkung des Verbringens von anderen Kriegswaffen (Genehmigungspflicht)
- (6) 1. Genehmigung des Bundesministeriums für Wirtschaft und Arbeit
- (7) 2. Genehmigungsfiktion auf Grund zwischenstaatlicher Verträge
- (8) 3. Befreiung von der Genehmigung
- (9) 4. Allgemeine Genehmigung
- (10) 5. Sonderfälle der schriftlichen Genehmigung
- (11) 6. Fernschriftliche Genehmigung
- (12), (13) Einfuhr von Kriegswaffen
- (14) Ausfuhr oder Verbringen von Kriegswaffen in eine Freizone
- (15) Durchfuhr von Kriegswaffen mit Einzelgenehmigung
- (16) Durchfuhr von Kriegswaffen mit allgemeiner Genehmigung
- (17) Maßnahmen bei Verstößen gegen das Verbot von ABC-Waffen und Antipersonenminen
- (18) Verfahren beim Fehlen der Genehmigung
- (19) Verfahren bei nachträglicher Vorlage der Genehmigung
- (20) Verfahren bei nachträglicher Nichterteilung der Genehmigung
- (21) Zuständigkeit der Hauptzollämter zur Verfolgung und Ahndung von Ordnungswidrigkeiten
- (22) Klärung von Zweifeln hinsichtlich der Kriegswaffeneigenschaft
- (23) Verfahren durch die Mobilen Kontrollgruppen

**KWKG** SV 02 08–1

(1) Zur Kriegsführung bestimmte Waffen (Kriegswaffen) i. S. d. KWKG sind die in der Kriegswaffenliste (KWL) aufgeführten Gegenstände, Stoffe und Organismen.

# 8 KWKG Anh. Gesetz über die Kontrolle von Kriegswaffen

**KWL** SV 02 08–2

Die KWL ist in Teil A (Kriegswaffen, auf deren Herstellung die Bundesrepublik Deutschland verzichtet hat) und Teil B (sonstige Kriegswaffen) unterteilt.

**Erläuterungen zur KWL** SV 08 02–3

Für die Beurteilung der Kriegswaffeneigenschaft sind die Erläuterungen zur KWL[1] zu beachten.

**Warenbewegungen**

(2) Einfuhr, Ausfuhr, Durchfuhr und sonstiges Verbringen i. S. d. KWKG sind, unabhängig vom zollrechtlichen Status der Kriegswaffen, jedes Verbringen in das, aus dem oder durch das Bundesgebiet (einschl. Freizonen des Kontrolltyps I) sowohl im Verkehr mit Drittländern als auch im innergemeinschaftlichen Warenverkehr.

**Mitwirkung der Zollbehörden**

(3) Nach § 14 Abs. 2 KWKG sind die Zollstellen für die Überwachung der Einfuhr, Ausfuhr und Durchfuhr oder des sonstigen Verbringens von Kriegswaffen zuständig.

**Zuständige Zollstellen** SV 02 08–5

(4) Bei der Einfuhr, Ausfuhr und Durchfuhr, mit Ausnahme des innergemeinschaftlichen Verbringens, sind Kriegswaffen, soweit sie nicht schon nach zollrechtlichen Regelungen zu gestellen sind, einer nach § 14 der 2. VO zum KWKG zuständigen deutschen Zollstelle zu gestellen oder vorzuführen. Für den Fall, dass die Beförderung allgemein genehmigt ist, entfällt die Gestellungs- und Vorführpflicht.

**Verbote und Beschränkungen**

**ABC-Waffen und Antipersonenminen** §§ 17, 18, 18 a KWKG

(5) Soweit es sich im Einzelfall nicht um Vorrichtungen, Teile, Geräte, Einrichtungen, Substanzen und Organismen i. S. der dem Teil A der KWL vorangestellten Zivilklausel und damit nicht um Kriegswaffen handelt, sind nach §§ 17 bis 22 KWKG u. a. die Einfuhr, Ausfuhr, Durchfuhr sowie das sonstige Verbringen von ABC-Waffen sowie von Antipersonenminen in das oder aus dem Bundesgebiet verboten.

**Genehmigungspflicht bei anderen Kriegeswaffen** SV 02 08–4

(6) Die Einfuhr, Ausfuhr, Durchfuhr sowie das sonstige Verbringen von anderen als in Absatz 5 genannten Kriegswaffen in das, aus dem oder durch das Bundesgebiet unterliegt der Genehmigungspflicht (§ 3 Abs. 3 i. V. m. Abs. 1 und 2 KWKG).

Derjenige, der die Kriegswaffen befördern lässt, bedarf dazu der Genehmigung, nicht der von diesem mit der Beförderung Beauftragte. Der Genehmigung bedarf ferner, wer Kriegswaffen, die er herstellt oder über die er die tatsächliche Gewalt – nicht erst auf Grund eines Beförderungsauftrages durch den Auftraggeber – erworben hat, selbst befördert.

Die Genehmigung wird, soweit für die Erteilung das Bundesministerium für Wirtschaft und Arbeit zuständig ist, in zwei Ausfertigungen (Blatt A für den Antragsteller, Blatt B zur Mitführung bei der Beförderung) erteilt. Die kriegswaffenkontrollrechtliche Genehmigung ersetzt jedoch nicht eine nach anderen Rechtsvorschriften erforderliche Genehmigung (zB nach dem Außenwirtschaftsrecht oder dem Ausführungsgesetz zum Chemiewaffenübereinkommen).

---

[1] Abgedruckt im Anschluss an diese Dienstvorschrift unter Nr. 2.

Anhang  **Anh. KWKG 8**

**Besonderheiten und Ausnahmen**

**a) Genehmigungsfiktion (§ 27 KWKG)**

(7) Im Rahmen von zwischenstaatlichen Verträgen gelten auf Grund des § 27 KWKG als genehmigt:

a) Die Durchfuhr von Kriegswaffen auf dem Rhein im Sinne des § 3 Abs. 4 KWKG mit Schiffen, die nicht in einem deutschen Schiffsregister eingetragen sind – Hinweis auf Artikel 1 und 7 der Revidierten Rheinschifffahrtsakte vom 17. Oktober 1968 (BGBl. 1969 II S. 597) –.

b) Die Beförderung von Kriegswaffen durch die Streitkräfte Belgiens, Dänemarks, Frankreichs, Großbritanniens und Nordirlands, Kanadas, Luxemburgs, der Niederlande sowie der Vereinigten Staaten von Amerika - Hinweis auf Artikel 1 des Vertrags über den Aufenthalt ausländischer Streitkräfte in der Bundesrepublik Deutschland vom 23. Oktober 1954 (BGBl. 1955 II S. 253) –.

c) Die Beförderung von Kriegswaffen durch die Streitkräfte anderer ausländischer Staaten, mit denen die Bundesregierung entsprechende Vereinbarungen geschlossen hat – Hinweis auf Artikel 1 und 4 des Streitkräfteaufenthaltsgesetzes vom 20. Juli 1995 (BGBl. 1995 BGBl. II S. 554) –.

d) Die Beförderung von Kriegswaffen, soweit die Bundesrepublik Deutschland aufgrund sonstiger zwischenstaatlicher Verträge hierzu verpflichtet ist, wie zB von ihr eingegangene Lieferverpflichtungen. In diesen Fällen enthält der zwischenstaatliche Vertrag in der Regel einen Passus mit folgendem Wortlaut: „Die nach dem KWKG erforderlichen Genehmigungen gelten nach § 27 KWKG als erteilt.".

**b) Befreiung von der Genehmigung**

(8) Keiner Genehmigung bedürfen nach § 15 Abs. 1 KWKG die Bundeswehr, die Zollverwaltung sowie die Polizeien des Bundes (Bundesgrenzschutz, Bundeskriminalamt). Lassen sie Kriegswaffen durch Dritte zur Einfuhr oder Ausfuhr befördern, bedarf auch dieser keiner kriegswaffen-kontrollrechtlichen Genehmigung, auch keiner solchen für den Erwerb der tatsächlichen Gewalt zum Zwecke der Beförderung oder deren Überlassung an den vorgesehenen Empfänger. In diesen Fällen weist in der Regel der Beförderungsauftrag den Auftraggeber nach. Der Nachweis kann jedoch auch auf andere Weise geführt werden; bei der Einfuhr genügt es zB, wenn der internationale Frachtbrief den Vermerk enthält: „Kriegswaffenbeförderung ab Grenze im Auftrag der Bundeswehr".

**c) Durchfuhr mit allgemeiner Genehmigung** SV 02 08–7 und –8

(9) Durch die Verordnungen über Allgemeine Genehmigungen nach dem KWKG wird die Durchfuhr von Kriegswaffen durch das Bundesgebiet unter den in den Verordnungen genannten Bedingungen und Voraussetzungen allgemein genehmigt. Hiervon wird auch der so genannte Kaiumschlag erfasst, sofern der Verfrachter nicht wechselt. Liegen die Bedingungen und Voraussetzungen der Allgemeinen Genehmigung nicht vor, ist die Durchfuhr einzelfallgenehmigungspflichtig. Das weitere Verfahren richtet sich nach den Absätzen 18 bis 21.

**d) Sonderfälle der schriftlichen Genehmigung** SFOR, KFOR, Partnership for Peace

(10) Nach Abstimmung zwischen den beteiligten Bundesministerien wird bei der Durchfuhr von Kriegswaffen durch das Bundesgebiet, wie zB im Rahmen von „SFOR" (internationale Streitkräfte für die Sicherung des Friedens im ehemaligen

**8 KWKG Anh.** Gesetz über die Kontrolle von Kriegswaffen

Jugoslawien), „KFOR" sowie „Partnership for Peace" (gemeinsame Übungen und andere Maßnahmen der NATO mit den Streitkräften osteuropäischer Staaten) abweichend von der generellen Regelung (vgl. insbesondere Absatz 15) folgendermaßen verfahren:
– Die Genehmigung nach § 3 Abs. 3 KWKG wird vom Bundesministerium für Wirtschaft und Arbeit lediglich mit dem Blatt A erteilt.
– Das Blatt A wird über das Bundesministerium der Verteidigung an das durchreisende Truppenkontingent weitergeleitet. Es ist während des Transports durch das Bundesgebiet, sowohl bei der Hin- wie auch bei der Rückreise mitzuführen.
– In eiligen Fällen wird das Bundesministerium für Wirtschaft und Arbeit das Blatt A per Telekopie versenden; es erhält dann ausnahmsweise auch in dieser Form Gültigkeit, was besonders vermerkt wird.

Es wird darauf hingewiesen, dass dieses vereinfachte Verfahren nur unter der Voraussetzung angewendet wird, dass die durchgeführten Kriegswaffen – mit Ausnahme von Verbrauchsgütern wie zB Munition – nach Beendigung der Maßnahme wieder in das Herkunftsland zurückverbracht werden.

**e) fernschriftliche Genehmigung**

(11) Wenn in Ausnahmefällen die Zeitspanne für das Übersenden der Genehmigung nach § 3 Abs. 3 KWKG zu kurz ist, kann die Genehmigung auch fernschriftlich oder per Telekopie erstellt werden. In diesem Fall ersetzt das Fernschreiben oder die Telekopie das Blatt B.

**Prüfung der Sendung a) Einfuhr**

(12) Wer Kriegswaffen unmittelbar aus einem Drittland oder in einem Versandverfahren über einen anderen Mitgliedstaat in das Bundesgebiet befördern lässt (im Postverkehr der Empfänger) oder selbst befördert, hat der zuständigen Zollstelle (siehe Absatz 4) das Blatt B unaufgefordert vorzulegen. Die Zollstelle prüft dieses auf Gültigkeit und Übereinstimmung mit den vorliegenden sonstigen Unterlagen sowie den gestellten bzw. vorgeführten Kriegswaffen. Ergeben sich keine Beanstandungen, so gibt sie das Blatt B dem Beförderer zurück. In der für den Erhalt einer zollrechtlichen Bestimmung der Kriegswaffen aus Drittländern vorgeschriebenen Zollmeldung bzw. im innergemeinschaftlichen Verkehr auf der Rechnung oder dem Lieferschein ist von der Zollstelle die Nummer der Genehmigung zu vermerken.

**b) IT-gestützte Zollmeldungen** Art. 77 Abs. 2 ZK

(13) Werden nach der Gestellung bei einer Grenzzollstelle bzw. bei einer Bestimmungsstelle im Bundesgebiet Kriegswaffen im Rahmen des IT-Verfahrens ATLAS zur Einfuhr abgefertigt, kann bei der Annahme der Zollanmeldung auf die Vorlage des Blattes B nicht verzichtet werden (siehe Verfahrensanweisung ATLAS).

**c) Ausfuhr oder Verbringen in eine Freizone**

(14) Wer Kriegswaffen aus dem Bundesgebiet, auch über einen anderen Mitgliedstaat, befördern lässt (im Postverkehr der Absender) oder selbst befördert, hat der Ausfuhrzollstelle das Blatt B unaufgefordert vorzulegen. Die Zollstelle verfährt sinngemäß wie im Falle der Einfuhr (Absatz 12).

**Durchfuhr mit Einzelgenehmigung**

(15) Wer Kriegswaffen durch das Bundesgebiet befördern lässt oder selbst befördert, hat, soweit die Durchfuhr nicht allgemein genehmigt ist, den zuständigen Zoll-

Anhang **Anh. KWKG 8**

stellen bzw. der zuständigen Zollstelle (siehe Absatz 4) das Blatt B unaufgefordert vorzulegen.

Es sind folgende Fälle zu unterscheiden:
a) **Beförderung aus einem Drittland durch das Bundesgebiet in ein weiteres Drittland**
   – Die Eingangszollstelle verfährt mit dem Blatt B wie im Falle der Einfuhr (Absatz 12). Die Kriegswaffen sind im externen Versandverfahren zu einer deutschen Ausgangszollstelle zu befördern. Diese beendet das Versandverfahren und überwacht, wenn sich keine Beanstandungen ergeben, die Wiederausfuhr aus dem Bundesgebiet.
   – Befinden sich die Kriegswaffen bereits in einem gemeinsamen Versandverfahren, vermerkt die Eingangszollstelle abweichend von Abs. 12 die Nummer der Genehmigung in der vorgelegten Versandanmeldung.
b) **Beförderung aus einem Drittland durch das Bundesgebiet in einen anderen Mitgliedstaat der Europäischen Union**
   – Die Eingangszollstelle verfährt mit dem Blatt B wie im Falle der Einfuhr (Absatz 12). Die Kriegswaffen sind im externen Versandverfahren zu einer Bestimmungsstelle in dem anderen Mitgliedstaat zu befördern.
   – Befinden sich die Kriegswaffen bereits in einem gemeinsamen Versandverfahren, vermerkt die Eingangszollstelle abweichend von Abs. 12 die Nummer der Genehmigung in der vorgelegten Versandanmeldung.
c) **Beförderung aus einem anderen Mitgliedstaat der Europäischen Union durch das Bundesgebiet in ein Drittlandin ein Drittland**
   – Die zuständige Zollstelle (in der Regel die Ausgangszollstelle im deutschen Teil des Zollgebiets der Gemeinschaft) verfährt mit dem Blatt B wie im Falle der Einfuhr (Absatz 12 Satz 2 und 3) und überwacht den körperlichen Ausgang der Kriegswaffen, unabhängig davon, ob sich die Kriegswaffen bereits in einem gemeinsamen Versandverfahren befinden.
d) **Beförderung aus einem anderen Mitgliedstaat der Europäischen Union durch das Bundesgebiet in einen weiteren Mitgliedstaat oder über einen anderen Mitgliedstaat in ein Drittland**
   – Die Einhaltung der kriegswaffenkontrollrechtlichen Vorschriften wird unabhängig davon, ob sich die Kriegswaffen in einem Versandverfahren befinden, ausschließlich durch die Mobilen Kontrollgruppen überwacht.

**Durchfuhr mit allgemeiner Genehmigung** SV 02 08–7 und –8

(16) Bei der Beförderung von Kriegswaffen mit allgemeiner Genehmigung führt der Beförderer keine Genehmigungsurkunde mit, so dass insoweit eine Kontrolle entfällt.

**Maßnahmen bei Verstößen gegen das Verbot von ABC-Waffen und Antipersonenminen** (Z 02 00 A 01 01)

(17) Bei Verdacht auf Verstöße gegen das Verbot der Einfuhr, Ausfuhr, Durchfuhr oder dem sonstigen Verbringen in das oder aus dem Bundesgebiet von in Absatz 5 genannten ABC-Waffen und Antipersonenminen, die sich im Rahmen der zollamtlichen Überwachung bzw. einer zollamtlichen Prüfung (Artikel 4 Nr. 13 und 14 ZK) ergeben, unterrichtet die Zollstelle unverzüglich das zuständige Zollfahndungsamt, das insoweit das Weitere veranlasst. Auf § 37 Außenwirtschaftsgesetz wird zusätzlich hingewiesen.

# 8 KWKG Anh. Gesetz über die Kontrolle von Kriegswaffen

**Verfahren**

**– beim Fehlen der Genehmigung**

(18) Stellt eine Zollstelle nach der Gestellung oder Vorführung von Kriegswaffen fest, dass eine erforderliche Genehmigung fehlt, so bleiben die Kriegswaffen in der vorübergehenden Verwahrung (Art. 50, 51 ZK). Die Zollstelle unterrichtet die zuständige Genehmigungsbehörde [Bundesministerium für Wirtschaft und Arbeit (jetzt wieder: „Wirtschaft und Technologie") Referat V B 3 –, 53107 Bonn (Tel. 01888/615–3991, Telefax: 01888/615–2268)] (§ 1 der 1. VO zum KWKG) unmittelbar.

**– bei nachträglicher Vorlage der Genehmigung**

(19) Erteilt die Genehmigungsbehörde nachträglich die Genehmigung zur Beförderung, fertigt die Zollstelle die Kriegswaffen ab.

(20) Wird die Genehmigung nachträglich nicht erteilt, stellt die Zollstelle die Kriegswaffen sicher und unterrichtet unverzüglich das zuständige Zollfahndungsamt. Ergibt sich bei den Vorermittlungen der Verdacht einer strafbaren Handlung im Sinne des § 22a KWKG oder einer Ordnungswidrigkeit im Sinne des § 22b KWKG, berichtet das Zollfahndungsamt unter Übersendung einer Durchschrift an das Bundesamt für Wirtschaft und Ausfuhrkontrolle (Referat 223, Postfach 5160, 65726 Eschborn, Telefax: 06196/908–800) dem Zollkriminalamt.

(SV 02 08–6)

(21) Auf § 23 KWKG und die 3. VO zum KWKG, wonach u. a. auch die Hauptzollämter für die Verfolgung und Ahndung entsprechender Ordnungswidrigkeiten zuständig sind, wird besonders hingewiesen.

**Klärung von Zweifeln**

(22) Hat die Zollstelle Zweifel, ob Waren Kriegswaffen im Sinne der KWL sind, setzt sie sich mit dem Bundesministerium für Wirtschaft und Arbeit (jetzt wieder: „Wirtschaft und Technologie") – Referat V B 3 –, 53107 Bonn, in Verbindung (Tel. 01888/615–3991, Telefax: 01888/615–2268). Eine Abschrift etwaigen Schriftverkehrs ist dem Bundesministerium der Finanzen – Referat III B 1 – (Telefax: 01888/682–2444) sowie der Oberfinanzdirektion zu übersenden.

## 2. Erläuterungen zur Kriegswaffenliste des BMF

(vgl. www.zoll.de; die halbfett gedruckten Nrn. beziehen sich auf
die Nrn. der KWL Teil B)

SV 02 08 Nr. 3
(III B 1 – SV 0208–3/03 vom 8. 12. 2003)
gültig ab 1. 1. 2004

**Allgemeines**

**Begriff Kriegswaffe**

(1) Die begriffliche Abgrenzung der Kriegswaffe gegenüber zivilen Gegenständen und historischen Waffen beruht auf § 1 Abs. 2 KWKG; es kommt auf die objektive Eignung als Mittel der Gewaltanwendung bei bewaffneten Auseinandersetzungen zwischen Staaten an, gemessen am Stand der wissenschaftlichen, technischen und militärischen Erkenntnisse.

Anhang **Anh. KWKG 8**

(2) In der Kriegswaffenliste (KWL) aufgeführte Gegenstände sind Kriegswaffen, sobald sie so weit fertig bearbeitet oder zusammengesetzt sind, dass sie ihrem Verwendungszweck entsprechend eingesetzt werden können (erster einsatzfähiger Prototyp).

(3) Die KWL erfasst grundsätzlich die vollständige Kriegswaffe, soweit nicht ausdrücklich oder erkennbar auch Bestandteile der Kontrolle unterworfen sind. Vollständigkeit verlangt bei komplexen Waffen (zB Kriegsschiffen) nicht das Vorhandensein aller typmäßig vorgesehenen Kampf- und Einsatzfähigkeiten; es genügt, wenn überhaupt schon ein militärischer Einsatz – ggf. nach leichter Herrichtung – möglich ist. Eine nur vorübergehende Unvollständigkeit hebt die Kriegswaffeneigenschaft selbst dann nicht auf, wenn die Waffe gebrauchsunfähig ist (zB während der Instandsetzung, ggf. auch nur von Teilen).

**Teile von Kriegswaffen**

(4) Die mit [für] ausgedrückte Zuordnung von Teilen zu anderen Waffen (zB in Teil B Abschnitt IV) ist ebenfalls als objektive Eignung zu verstehen.

(5) Teile, die nicht eindeutig in Funktion zu einer Kriegswaffe stehen (in der Regel bezogen auf konstruktive Merkmale), vielmehr ambivalent sind (d.h. gleichermaßen für Kriegswaffen und Nicht-Kriegswaffen verwendbar sind), werden wie folgt erfasst:
a) Handelt es sich um eine ursprüngliche Entwicklung als Kriegswaffe und ist deren Verwendung als Kriegswaffe noch üblich oder möglich, wird zunächst Kriegswaffeneigenschaft vermutet, bis durch objektive Umstände die dauernde Zuordnung zu einem für zivile Zwecke bestimmten Gegenstand nachgewiesen wird (zB durch spezielle Produktion für zivilen Abnehmer).
b) Handelt es sich dagegen um eine zivile Entwicklung oder um eine technisch-konstruktiv bedingte Ambivalenz (zB bei gewissen Schiffsrümpfen), beginnt die Behandlung als Kriegswaffe mit dem Zeitpunkt, in dem durch objektive Umstände die Zweckbestimmung als Kriegswaffe erkennbar wird (zB Auftragserteilung, Beginn spezifisch militärischen Innenausbaues, Anbringung von Zusatzvorrichtungen).

**Verlust der Kriegswaffeneigenschaft**

(6) Die Kriegswaffeneigenschaft geht verloren, sobald der Gegenstand als Kriegswaffe dauernd funktionsunfähig geworden ist. Dauernde Funktionsunfähigkeit liegt insbesondere dann vor, wenn die Wiederherstellung der Einsatzfähigkeit entweder unmöglich ist oder einen technischen und finanziellen Aufwand erfordert, der in keinem sinnvollen Verhältnis zum Wert einer funktionsfähigen Waffe steht (zB bei einem der Neuherstellung nahekommenden Aufwand).

(7) Die Kriegswaffeneigenschaft geht grundsätzlich nicht verloren, wenn die Kriegswaffe mit einem in der KWL nicht genannten Gegenstand derart verbunden worden ist, dass sie ihre wesentlichen Eigenschaften behalten hat.

**Klärung von Zweifeln**

(8) Bei Zweifeln über den Verlust der Kriegswaffeneigenschaft (zB bei Unbrauchbarmachung, Überalterung) bleibt der Gegenstand so lange Kriegswaffe, bis die Zweifel beseitigt worden sind.

**Einzelauslegungen zu den Positionen der Kriegswaffenliste** (KWL Nrn. 7 bis Nr. 9)

(9) Unter Flugkörper der Nrn. 7–9 KWL sind alle militärischen Flugkörper erfasst.

# 8 KWKG Anh. Gesetz über die Kontrolle von Kriegswaffen

(10) Zu den ungelenkten Flugkörpern der Nr. 8 KWL gehören auch Artillerieraketen.

(11) Zu den sonstigen Flugkörpern der Nr. 9 KWL gehören auch so genannte Kampfdrohnen, d. h. Drohnen mit Zerstörungswirkung. Folgende Teile von Kampfdrohnen werden jedoch gesondert als Kriegswaffen behandelt:
Gefechtsköpfe (Nr. 56 KWL);
Zünder (Nr. 57 KWL),
Zielsuchköpfe (Nr. 58 KWL),
Submunition (Nm. 59/60 KWL);
Abfeuereinrichtungen (Startanlagen und Startgeräte Nr. 10 KWL);
Aufklärungsdrohnen sind keine KW (Drohnen sind unbemannte Luftfahrzeuge).

**Nr. 10, 11** (12) Abfeuereinrichtungen der Nrn. 10 und 11 KWL sind die mechanischen Halte- und Richtvorrichtungen für Flugkörper einschließlich der elektronischen Ankoppelung, mit welcher die Start- und ggfs. Lenksignale in den Flugkörper eingeleitet werden. Nicht gemeint sind elektronische Einrichtungen, wie zB die für die Zielverfolgung und ggf. Lenkung erforderlichen Einrichtungen der Feuerleitung.

**Nr. 12** (13) Raketentriebwerke sind als Triebwerke für Flugkörper unter Nr. 12 KWL erfasst. Ihre einzelnen Komponenten sind keine Kriegswaffen. Voraussetzung für den Begriff Triebwerk als Kriegswaffe ist, dass der Treibstoff mit Umhüllung und Düse versehen sein muss, die den bestimmungsgemäßen Schub ermöglichen.

**Nrn. 13, 14** (14) Bei den Kampfflugzeugen der Nrn. 13 und 14 ist unter „Schnittstellen zur Avionik" die Gesamtheit der konzeptionellen, technischen und technologischen Maßnahmen zur Abstimmung der äußerst komplexen Wechselwirkungen und Zusammenhänge zwischen dem Leistungsbereich der Waffensysteme und ihrem Träger, dem Flugzeug oder Hubschrauber zu verstehen.

Bei den Schnittstellen handelt es sich nur zum geringen Teil um reale Vorrichtungen (hard-ware), überwiegend um konzeptionelle Maßnahmen (soft-ware). So müssen zB die für den effektiven Einsatz der Waffen erforderlichen Informationen über Fluglage und Position des Flugzeuges im Raum, ferner Geschwindigkeit, Flugbewegungen und Schwingungseigenschaften in die Feuerleitrechnung eingehen. Die Feuerleitung muss diesen Gegebenheiten angepasst werden.

Mittels integrierter elektronischer Kampfmittel kann zB die gegnerische Feuerleitung gestört und damit das gegnerische Waffensystem nicht wirksam werden.

Ein mit elektronischem Kampfführungssystem ausgestattetes Aufklärungsflugzeug verarbeitet die von ihm gesammelten Daten selbst und gibt sie in Form von Ziel- und Einsatzparametern unmittelbar an die Kampfmaschinen ab, in deren Zielauffassungs-, Feuerleit- und Waffensysteme diese Informationen eingespeist werden.

**Nr. 15** (15) Mit dem Begriff „Zellen für Kampfflugzeuge oder Kampfhubschrauber" der Nr. 15 KWL sind die kompletten Zellen für Kampfflugzeuge oder Kampfhubschrauber ohne Triebwerk und Bewaffnung, nicht aber einzelne Teile des Flugzeuges (zB Rumpf, Leitwerk, Flügel, Fahrgestell) gemeint.

**Nr. 16** (16) Unter der Nr. 16 KWL werden nur solche Triebwerke erfasst, die als Haupttriebwerke für Kampfflugzeuge dienen. Triebwerke ambivalenter Art sind Kriegswaffen. Sie verlieren diese Eigenschaft bei objektiv ausschließlich zivilem Einsatz, zB im Gasturbinenkraftwerk oder im Zivilflugzeug.

Anhang **Anh. KWKG 8**

**Nr. 17** (17) Kriegsschiffe der Nr. 17 KWL ist eine umfassende Position für alle Kriegsschiffe, die nicht im Einzelnen unter die nachfolgenden Nrn. fallen, zB evtl. auch Luftkissenwasserfahrzeuge oder Tragflügelboote für den militärischen Einsatz.

**Nr. 19** (18) Bei den kleinen Wasserfahrzeugen der Nr. 19 KWL gelten als untere Grenze der Angriffswaffen Maschinenkanonen (Kal. 20 mm und mehr).

**Nr. 20** (19) Boote der Nr. 20 KWL sind häufig schwer von Zivilschiffen abzugrenzen.
Kriterien sind u. a. besondere Sonarausrüstung, amagnetische Bauweise u. a.

**Nr. 22** (20) Tender der Nr. 22 KWL sind Schiffe, die von vornherein auf die Versorgung von Kriegsschiffen ausgelegt und eingerichtet sind. Munitionstransporter sind Schiffe, die durch Konstruktion und Sicherheitseinrichtungen für den Munitionstransport geeignet und bestimmt sind.

**Nr. 23** (21) Rümpfe von Kriegsschiffen der Nr. 23 KWL sind Kriegswaffen, wenn der Bauzustand „Stapellauf" (Baureife Umslippen) erreicht ist. Hiermit gemeint ist der schwimmfähige Schiffsrumpf/Schiffskörper, mit oder ohne Antriebsaggregaten. Einzelne so genannte Sektionen als Bestandteile von Rümpfen sind für sich allein genommen keine Kriegswaffen. Jedoch ist die Zusammenstellung derartiger einzelner Sektionen zu kompletten Rümpfen gleichwohl Kriegswaffe iS von Nr. 23 KWL, auch wenn sie noch nicht miteinander verbunden sind. Der Begriff „Bausatz" ist zu beachten.

**Nr. 25** (22) Für die Einstufung als gepanzertes Kampffahrzeug nach Nr. 25 KWL sind die drei Kriterien Geländegängigkeit, Panzerung (undurchlässig für Gewehrbeschuss bei Auftreffwinkel 90°) und Bewaffnung/Waffenaufnahmevorrichtung(en) in ihrer Interdependenz für den jeweiligen Fahrzeugtyp entscheidend. Das Vorhandensein oder Fehlen eines der Kriterien kann nie allein ausschlaggebend sein.

Es kommt somit nicht allein auf die Stärke/Art der Panzerung und die Waffenausstattung an. Eine stärkere Panzerung und die Ausrüstung zB mit geschützten Waffenanlagen (zB Rohrwaffen wie MG oder MK im Panzerturm oder im gepanzerten Bereich des Fahrzeuges) oder mit Raketenwerfern oder Flugkörperstartanlagen, sind aber ebenso wie die Fähigkeit zur Erfüllung kampfunterstützender Aufgaben in der Regel Indizien für die Kriegswaffeneigenschaft. Eine Verkleidung mit handelsüblichem Blech reicht zur Bejahung des Kriteriums „Panzerung" nicht aus. Zu gepanzerten Kampffahrzeugen gehören auch gepanzerte geländegängige Fahrzeuge mit Kampfunterstützungsfunktion (zB Führungs-, Funk-, Feuerleit-, Eloka- (Elektronische Kampfführung), Nachschub-, Brückenlege- und Minenräumpanzer sowie Bergepanzer).

Mannschaftstransportwagen (MTW) sind dann Kriegswaffen, wenn sie als gepanzerte Kampffahrzeuge einzustufen sind.

**Nr. 26** (23) Fahrzeuge der Nr. 26 KWL sind für den Einsatz von A-, B- oder C-Waffen bestimmt. Es sind unter Nr. 26 KWL auch Fahrzeuge ohne Eigenantrieb zu verstehen, die als Anhänger konstruiert von anderen Fahrzeugen gezogen werden müssen.

**Nr. 27** (24) Fahrgestelle der Nr. 27 KWL für Kampfpanzer (Nr. 24 KWL) und für gepanzerte Kampffahrzeuge (Nr. 25 KWL) bestehen aus Wanne und Laufwerk (Kette oder Rad) mit oder ohne Antriebsaggregaten.

**Nr. 28** (25). Türme für Kampfpanzer der Nr. 28 KWL aus Panzerstahl können gegossen oder geschweißt sein. Das Vorhandensein der kompletten Waffenanlage ist für die KW-Eigenschaft des KPz-Turms nicht maßgeblich.

# 8 KWKG Anh. Gesetz über die Kontrolle von Kriegswaffen

Unbearbeitete Rohlinge fallen nicht unter das KWKG, sie müssen mechanisch fertig, bearbeitet sein.

**Nr. 29 a)** (26) Luftgekühlte Maschinengewehre (MG) der Nr. 29 a) KWL sind vollautomatische Waffen mit einem Kaliber unter Kal. 20 mm (ab 20 mm Nr. 32 KWL). Wassergekühlte Maschinengewehre sind keine Kriegswaffen, sondern verbotene Waffen nach Anlage 2 WaffG.

(27) Bei vollautomatischen Kriegswaffen der Nr. 29 a–c) KWL können mit einer Betätigung des Abzugs entsprechend dem Munitionsvorrat an der Schusswaffe mehrere Schüsse aus demselben Rohr (Feuerstoß, Dauerfeuer) abgegeben werden.

**Nr. 29 b)** Maschinenpistolen der Nr. 29 b) KWL sind stets Kriegswaffen. Pistolen mit Reihenfeuer (vollautomatische Pistolen, wie zB Glock 18) sind keine Kriegswaffen. Sie fallen unter den Verbotstatbestand der Anlage 2 zum WaffG Textziffer 1. 2. 1.

**Nr. 29 c)** Vollautomatische Gewehre der Nr. 29 c) KWL sind stets Kriegswaffen; hiervon ausgenommen sind vollautomatische Gewehre im Kal. .22 1. f. B. oder mit Schrotpatronen.

**Nr. 29 d)** (28) Halbautomatische Gewehre der Nr. 29 d) KWL sind Selbstladeschusswaffen, bei denen nach dem ersten Schuss lediglich durch erneutes Betätigen des Abzuges weitere Einzelschüsse aus demselben Rohr abgegeben werden können. Eine Umstellvorrichtung für Dauerfeuer darf nicht vorhanden sein.

**Halbautomatische militärische Gewehre**

(29) Zu den halbautomatischen Gewehren der Nr. 29 d) KWL gehören insbesondere folgende Modelle sowie weitere, die bei militärischen Verbänden eingeführt sind:

Belgien
– Selbstladegewehr SAFN 49 8 mm × 57 IS und .30–06
– FN G 1, Kal. 7,62 mm × 51
– FN FAL, Kal. 7,62 mm × 51

Brasilien
– MD2 7,62 mm x 51 S. A. Rifle (baugleich mit Springfield SAR-48)

Volksrepublik China
– Norinco M 305, Kal. 7,62 mm × 51 (baugleich mit Springfield M 1 A)

CSSR
– Selbstladegewehr Modell 52 7,62 mm

Frankreich
– Selbstladegewehr M 1949 und 1949/56 (MAS) 7,5 mm

Großbritannien
– Selbstladegewehr L1Al, Kal. 7,62 mm × 51

Israel
– Selbstladegewehre Galil, Kal. 5,56 mm × 45 und 7,62 mm × 51

Österreich
– Selbstladegewehr Steyr AUG-P, Kal. 5,56 mm × 45

Schweiz
– Selbstladegewehr SK 46 Mod. 11 7,5 mm
– Stgw. SIG 57 PE, Kal. 7,5 mm

Anhang  **Anh. KWKG 8**

- Stgw. SIG 90 PE[1] (GP 90), Kal. 5,56 mm × 45 (nicht aber das Gewehr SIG-Kempf SG 550 Zivil-Match, Kal. .223 Rem. und das Gewehr SAR Europa Sport, Kal. .222 Rem. und .223 Rem.)

Frühere UdSSR
- Selbstladegewehr-Karabiner SKS Simonow 7,62 mm
- Dragunov, Kal. 7,62 mm × 54R

Deutschland
- Selbstladegewehr HK PSG 1
- Selbstladegewehr HK 91, Kal. 7,62 mm × 51
- Selbstladegewehr HK 93, Kal. 5,56 mm × 45

USA
- M 1 A 1 Kal. .308 Win.(nicht aber das SLG „Springfield M 1 A National Match" und das SLG „Springfield M 1 A Typ Loaded")
- Springfield SAR-48, Kal. 7,62 mm × 51

Andere halbautomatische Gewehre rechnen im Zweifel nicht zu den Kriegswaffen, wenn sie eines der folgenden Merkmale aufweisen:
- Vorhandensein von einem oder mehreren glatten oder mehreren gezogenen Läufen (Rohren) sowie Kombinationen von glatten und gezogenen Läufen,
- Eignung nur für Randfeuer- oder Schrotpatronen.

Bei der im Übrigen notwendigen Einzelfallprüfung ist insbesondere das Vorliegen mehrerer der folgenden Merkmale ein Indiz für die Kriegswaffeneigenschaft:
- Entwicklung für militärische Zwecke,
- Umstellbarkeit oder Umrüstbarkeit mittels allgemein gebräuchlicher Werkzeuge auf die Abgabe von Dauerfeuer/Feuerstößen,
- Handschutz mit Lüftungsöffnungen, Kühlrippen am Waffenrohr,
- Seitengewehr- oder Bajonettaufnahmevorrichtung,
- Mündungsfeuerdämpfer, Mündungsbremse, Gewehrgranataufnahmemöglichkeit,
- abklappbare oder einschiebbare Schulterstütze oder
- Wechselmöglichkeit für Magazine mit mehr als 10 Patronen.

**Jagd- und Sportgewehre**

(30) Als Kennzeichen für Jagd- und Sportgewehre, die in Nr. 29 d) KWL ausdrücklich als ausgenommen bezeichnet werden und zu denen alle Gewehre mit anderer Antriebsenergie als heiße Gase (Luft- und Federdruck sowie CO2) rechnen, zählen insbesondere:
- Glatter Lauf, so genannte Flinten für Schrotpatronen,
- Eignung für Randfeuer- oder Schrotpatronen,
- Kipplauf,
- Mehrläufigkeit,
- Abzug mit Stecher,
- Sportschäftung,
- Gravuren an Schaft oder System.

Im Übrigen fehlen in der Regel die Merkmale, die im Zweifel für ein halbautomatisches militärisches Gewehr sprechen.

Alle Kriegswaffen der Nr. 29 KWL sind seit dem 1. April 2003 im unbrauchbar gemachten Zustand grundsätzlich nur noch als „Dekorationswaffen" erhältlich. Bei einer Abnahme der unbrauchbar gemachten Kriegswaffen (Dekowaffen) durch ein

---

[1] Bestätigt durch Schreiben des BMWi vom 6. 3. 2006.

# 8 KWKG Anh. Gesetz über die Kontrolle von Kriegswaffen

deutsches Beschussamt kann unwiderlegbar davon ausgegangen werden, dass die Kriegswaffeneigenschaft der betreffenden Dekowaffen untergegangen ist.

**Nr. 30** (31) Granatwerfer der Nr. 39 (richtig: Nr. 30) KWL sind tragbare Mörser. Granatgewehre idR Anbaugeräte für Gewehre.

**Nr. 31** (32) Artilleriewaffen fallen auch dann unter Nr. 31 KWL, wenn sie vollständig einbaufähig, aber nur in Verbindung mit einem geeigneten Trägersystem einsatzfähig sind. Nach Einbau zB in ein selbstfahrendes Trägersystem geht ihre Kriegswaffeneigenschaft in diesem Trägersystem auf (zB im gepanzerten Kampffahrzeug Nr. 25 oder im Kriegsschiff Nm. 17–22 KWL).

**Nr. 32** (33) Unter Maschinenkanonen der Nr. 32 KWL sind vollautomatische Waffen mit hoher Kadenz ab Kal. 20 mm einschließlich erfasst.

**Nr. 33** (34) Gepanzerte Selbstfahrlafetten der Nr. 33 KWL sind bestimmt für Waffen der Nrn. 31 oder 32 KWL, deren Beweglichkeit hierdurch erhöht wird. Sie sind ohne die Waffen der Nrn. 31 oder 32 KWL Kriegswaffen nach Nr. 33 KWL. Das Gesamtsystem nach Komplettierung ist Kriegswaffe nach Nr. 31 oder 32 KWL.

**Nr. 34** (35) Rohre der Nr. 34 KWL sind Kriegswaffen, sobald sie so weit fertig bearbeitet sind, dass sie zum scharfen Schuss in der Kriegswaffe verwendet werden können, für die sie bestimmt sind. Die Veredelung des Rohrinnern (zB durch Nitrieren, Verchromen) ist nicht ausschlaggebend.

MG-Rohre sind auch ohne Verriegelungsstück Kriegswaffe der Nr. 34 KWL.

**Nr. 36** (36) Trommeln für Maschinenkanonen der Nr. 36 KWL können bei modernen Maschinenkanonen anstelle eines Verschlusses verwendet werden in Verbindung mit Patronenlagern, die dann im Waffenrohr nicht mehr enthalten sind.

**Nr. 37** (37) Zu den Panzerabwehrwaffen der Nr. 37 KWL gehören insbesondere Panzerfäuste.

**Nr. 39** (38) Minenleg- und Minenwurfsysteme für Seeminen sind keine Kriegswaffen.

Bangalore-Torpedos (Sprengrohre) dienen zum Räumen von Gassen in Hindernissen und Minenfeldern. Sie fallen ebenfalls unter Nr. 39 KWL.

**Nrn. 40 bis 42** (39) Torpedos iSd Nr. 40 KWL sind die vollständigen, für den Einsatz als Unterwasserwaffe bestimmten Kriegswaffen. Sie enthalten folgende wesentliche Bestandteile:
– Gefechtsköpfe/Sprengstoffteile (Nr. 56 KWL),
– Zünder (Nr. 57 KWL),
– Zielsuchköpfe (Nr. 58 KWL).

Aus den Gegebenheiten der Praxis hat sich die Einführung der in den Nrn. 41 und 42 KWL genannten teilausgerüsteten Torpedos ergeben.

**Nr. 43** (40) Minen aller Art der Nr. 43 KWL, die Sprengwirkung entfalten – auch Seeminen, deren Verlegeeinrichtungen keine KW sind – sind KW.

**Nr. 44** (41) Wasserbombenablaufeinrichtungen sind keine KW.

**Nr. 46** (42) Zu den Handgranaten der Nr. 46 KWL zählen auch solche, die unter Wasser sprengkräftig sind.

Gas-Handgranaten, die bei ihrem Einsatz (d.h. nach Zündung,) zB nur Nebel, Tränengas oder Rauch ohne Flammenwirkung entwickeln, sind nicht als Kriegswaffen anzusehen.

Anhang **Anh. KWKG 8**

**Nr. 47** (43) Die sprengtechnischen Minenräummittel der Nr. 47 KWL bringen Minen dadurch zur Detonation, indem die im Minenräummittel enthaltenen Sprengmittel detonieren. So wird zB die Sprengpäckchen enthaltende Minenräumschnur vor den vorrückenden Panzer geschleudert. Die Zündung der Sprengpäckchen lässt zugleich die (bereits ausgemachten oder vermuteten) Minen detonieren. Ähnlich funktioniert die mittels einer Rakete verschossene Minenräumleiter.

Sprengschnüre sind schnurartig angeordneter Sprengstoff, die auch als Bestandteile von Pioniersprengkörpern bzw. von sprengtechnischen Minenräummitteln keine Kriegswaffen sind.

Im Übrigen sind mechanische Minenräummittel keine KW.

Es fallen nicht unter die Genehmigungspflicht des KWKG:
a) alle Hohlladungen mit bis zu 40 g Sprengstoff;
b) solche Hohlladungen, die zwar über 40 g Sprengstoff besitzen, jedoch in der „Liste der zugelassenen Sprengstoffe, Zündmittel und des zugelassenen Sprengzubehörs" der Bundesanstalt für Materialforschung und -prüfung (BAM) aufgeführt sind.

**Nr. 48** (44) Unter Sprengladungen der Nr. 48 KWL sind Minen ohne Zünder gemeint.

**Nrn. 49 ff.** (45) Munition fällt nur dann unter Nr. 49 ff. KWL, wenn sie Zerstörung im Ziel hervorrufen kann. Keine Kriegswaffe sind daher: inerte Munition, Kartuschenmunition = Manövermunition (nicht zu verwechseln mit französischer Bezeichnung „cartouche" = Patrone im weitesten Sinne, auch scharfe Munition), Übungsmunition, Kurzbahngeschosse zur Funktionserprobung, Signalmunition für Gefechtsfeldbeleuchtung, Nebelmunition, Platzpatronen, Überdruck- und Beschusspatronen.

Übungsmunition mit pyrotechnischer Markierungsladung (Blitz/Rauch), Kurzbereich (KB) und Plastiktrainingsmunition sind keine Kriegswaffen, wenn ihnen eine sprengkräftige Ladung fehlt.

**Nr. 50** (46) Patronen der Nr. 50 KWL sind unabhängig vom Kaliber nur dann Kriegswaffen, wenn sie entweder
– einen Hartkern besitzen, d.h. die Kernhärte 400 HB (Brinellhärte) bzw. 421 HV 10 (Vickershärte) übersteigt oder
– die in Nr. 50 KWL genannten Zusätze (insbesondere einen Lichtspur-, Brand- oder Sprengsatz) enthalten.
Bei farbigen Geschossspitzen bedarf es im Zweifel einer Einzelfallprüfung.
Hinsichtlich der Abgrenzung der Weichkernpatronen zu Hartkernpatronen i.S. der Nr. 50 KWL gilt Folgendes:
– Nach Nr. 50 KWL sind Patronen, die nicht für Jagd- und Sportzwecke verwendet werden, stets Kriegswaffen iS des KWKG. Hiervon ausgenommen sind spezielle Patronen, die ausschließlich bei der Polizei verwendet werden.
– Patronen im Kaliber über .50 BMG (12,7 mm × 99) bis zu einem Kaliber unter 20 mm [siehe Nr. (26)] sind auch mit Weichkerngeschoss Kriegswaffen i.S. der Nr. 50 KWL. Hiervon ausgenommen sind speziell für die Jagd entwickelte und hergestellte Patronen.
– In Zweifelsfällen ist als Hartkerngeschoss (= Kriegswaffe) dasjenige anzusehen, dessen Kern-Härte 400 HB (Brinellhärte) bzw. 421 HV 10 (Vickershärte) übersteigt. Eine Geschosskernhärte unter den genannten Werten (entsprechend Vollmantelweichkern) begründet die Nicht-Kriegswaffeneigenschaft der Patronen, es sei denn, sie enthalten die in Nr. 50 KWL genannten Zusätze.

**8 KWKG Anh.**  Gesetz über die Kontrolle von Kriegswaffen

Als Prüfstellen kommen in Betracht:
- Materialprüfämter der Länder,
- Beschussämter,
- Landeskriminalämter.

**Nr. 55** (47) Mit Pulver gefüllte Kartuschbeutel fallen als Treibladungen unter Nr. 55 KWL, sofern sie für Gefechtsmunition (scharfe Munition) bestimmt sind.

**Nr. 56** (48) Unter Gefechtsköpfe der Nr. 56 KWL ist der Sprengstoffteil von Raketen und Torpedos gemeint.

**Nr. 57** (49) Unter Zünder der Nr. 57 KWL fallen nicht Booster, Detonatoren, Übertragungsladungen und Zündhütchen als Teile von Zündern.

Sprengkapseln sind dann Kriegswaffen (Zünder), wenn sie so vollständig sind, dass sie aus sich heraus die Zünderfunktion erfüllen können, d. h. die für die Einleitung des Zündvorganges erforderliche Energiequelle muss integriert sein (zB vorgespannte Feder, Kondensator, Piezoquarzanordnung).

Sprengkapseln als Teil einer bergtechnischen Sprenganordnung sind keine Kriegswaffen.

**Nr. 58** (50) Zielsuchköpfe der Nr. 58 KWL sind Elektro-optische oder elektronische Einrichtungen in Flugkörpern, Torpedos, Bomben oder Munition, die die Zielansteuerung – auch mit Hilfe von Bodenkontaktstellen – ermöglichen.

**Nr. 59, 60** (51) Submunition (Bomblets) der Nrn. 59 und 60 KWL für die Waffen der Nm. 7 bis 9, 44, 49 und 61 KWL bezeichnet die für Flächenfeuer entwickelten Munitionsarten. Submunition kann Teil der oben aufgeführten Kriegswaffen sein, die die Beförderung in das Zielgebiet ausführen.

**Nr. 61** (52) Dispenser zur systematischen Verteilung von Submunition der Nr. 61 KWL können am Trägerflugzeug fest montiert oder abwerfbar/absetzbar oder mittels Eigenantrieb in das Zielgebiet gelangen. Sie sind auch ohne Munitionsinhalt Kriegswaffen im Sinne von Nr. 61 KWL.

**Nr. 62** (53) Laserwaffen, besonders dafür konstruiert, dauerhafte Erblindung zu verursachen.

## 3. Mustergenehmigung

Bundesministerium  Telefon: (02 28) 6 15
für Wirtschaft  Fax: (02 28) 6 15–22 68
und Arbeit  53107 Bonn,

**Genehm.-Nr.: V B 3 – 000 103 –**

### Genehmigung nach dem Gesetz über die Kontrolle von Kriegswaffen vom 20. April 1961 (Bundesgesetzbl. I S. 444)

Blatt A (für den Antragsteller)

Hiermit genehmige ich nach dem Gesetz über die Kontrolle von Kriegswaffen der Firma X & Y GmbH, Gewehr-Straße 1, 12345 Knallstadt,
aufgrund des Antrages vom. Juli 2003
-5- Maschinenpistolen MP XX (KW-Liste Nr. 29 b)
von Knallstadt nach deutschen Flughäfen durch die Unternehmen ABC Transport GmbH, Bonn, Spedition XYZ GmbH, Berlin, 08/15 Cargo GmbH, Köln, als Fracht-

Anhang  **Anh. KWKG 8**

führer/Verfrachter befördern zu lassen oder selbst zu befördern und von deutschen Flughäfen nach Kanada durch die Fluggesellschaften Luftfracht AG, Aircargo AG, Deutsche Flugfracht als Frachtführer/Verfrachter
an Schmidt Inc., Kanada
zur Weiterleitung an Police Service, Kanada
befördern zu lassen
(§ 3 Abs. 1 des Gesetzes, außerdem § 3 Abs. 3 des Gesetzes bei Genehmigungen für Beförderungen zum Zwecke der Ausfuhr)
Bestandteil dieser Entscheidung ist die Angabe des Antragstellers, wonach die o. a. Kriegswaffen für den Endverbleib in Kanada bestimmt sind.

Diese Genehmigung – BMWA-Nr. – 000/03 – gilt bis zum. September 2004

Hinweise:
– Die beigefügten Ausfertigungen sind zur Mitführung bei der genehmigten Beförderung durch die in dieser Urkunde bezeichneten Beförderer (Blatt B) bestimmt.
– Aus dieser Genehmigung kann kein Anspruch auf Erteilung weiterer nach dem KWKG erforderlicher Genehmigungen jeglicher Art hergeleitet werden.
– Diese Genehmigung befreit nicht von sonstigen Vorschriften und Anordnungen (zB Außenwirtschaftsrecht, allgemeines Waffenrecht, Güterkraftverkehrsgesetz, Sprengstoffrecht, Geheimschutzbestimmungen, Gefahrgutvorschriften).
– **Die Beförderung der Kriegswaffe(n) darf nur durch den/die in dieser Genehmigung genannten Beförderer erfolgen (§ 3 Abs. 1 und 2 KWKG). Die Einschaltung eines Unterauftragnehmers ist ohne schriftliche Erweiterung dieser Genehmigung unzulässig.**
– Für die Beförderungen von Kriegswaffen im grenzüberschreitenden Verkehr gilt, dass Länder der Länderliste K (Anlage zur Außenwirtschaftsverordnung) während des Transportes nicht berührt werden dürfen.
– **Für Ausfuhren in Länder außerhalb des EU-Bereiches wird diese Genehmigung mit der Auflage erteilt**
– **in der Ausfuhranmeldung die KWKG-Genehmigungsnummer (zusätzlich zur Ausfuhrgenehmigungsnummer) im Feld 44 anzugeben,**
– **bei Ausfuhranmeldungen, deren „Statistischer Wert" auch Waren umfasst, die keine Kriegswaffen sind, den Ausfuhrwert der Kriegswaffen zusätzlich im Feld 44 aufzuführen.**

Im Auftrag
Beglaubigt
Verwaltungsangestellte

## 8a. Erste Verordnung zur Durchführung des Gesetzes über die Kontrolle von Kriegswaffen

Vom 1. 6. 1961 (BGBl. I 649), zuletzt geändert durch Art. 253 der
8. Zuständigkeitsanpassungsverordnung vom 25. 11. 2003 (BGBl. I 2304)
**BGBl. III/FNA 190-1-1**

Auf Grund des § 11 Abs. 2 und 3 des Gesetzes über die Kontrolle von Kriegswaffen vom 20. April 1961 (Bundesgesetzbl. I S. 444) wird von der Bundesregierung und auf Grund des § 14 Abs. 8 dieses Gesetzes wird vom Bundesminister für Wirtschaft
verordnet:

§ 1. (1) Die Befugnis zur Erteilung und zum Widerruf der Genehmigung in den Fällen der §§ 2, 3 Abs. 1 und 2 und des § 4 a des Gesetzes wird

1. für den Bereich der Bundeswehr auf das Bundesministerium für Verteidigung,
2. für den Bereich des Zollgrenzdienstes auf das Bundesministerium der Finanzen,
3. für den Bereich der für die Aufrechterhaltung der öffentlichen Sicherheit zuständigen Behörden oder Dienststellen sowie der Behörden des Strafvollzugs auf das Bundesministerium des Innern,
4. für alle übrigen Bereiche auf das Bundesministerium für Wirtschaft und Arbeit

übertragen.

(2) Die Befugnis zur Erteilung und zum Widerruf der Genehmigung in den Fällen des § 4 Abs. 1 des Gesetzes wird auf das Bundesministerium für Verkehr, Bau- und Wohnungswesen übertragen. Es übt seine Befugnis im Einvernehmen mit dem Auswärtigen Amt aus.

§ 2. Die dem Bundesministerium für Wirtschaft und Arbeit nach § 14 Abs. 1 Nr. 1 des Gesetzes zustehenden Überwachungsbefugnisse werden auf das Bundesamt für Wirtschaft und Ausfuhrkontrolle (BAFA) übertragen.

§ 3. Diese Verordnung tritt am Tage nach ihrer Verkündung in Kraft.[1]

---

[1] Die VO wurde am 3. 6. 1961 verkündet.

## 8b. Zweite Verordnung zur Durchführung des Gesetzes über die Kontrolle von Kriegswaffen

Vom 1. 6. 1961 (BGBl. I 649), zuletzt geändert durch Art. 31 des Gesetzes vom 21. 12. 2000 (BGBl. I 1956)

**BGBl. III/FNA 190-1-2**

Auf Grund des § 11 Abs. 4, § 12 Abs. 7 und § 14 Abs. 7 des Gesetzes über die Kontrolle von Kriegswaffen vom 20. April 1961 (Bundesgesetzbl. I S. 444) verordnet die Bundesregierung mit Zustimmung des Bundesrates:

**§ 1. Antrag auf Erteilung einer Herstellungsgenehmigung.** (1) Der Antrag auf Erteilung einer Genehmigung zur Herstellung von Kriegswaffen muß folgende Angaben enthalten:

1. Name und Anschrift des Antragstellers
2. Name und Anschrift des Erwerbers
3. Name und Anschrift des Auftraggebers
4. Bezeichnung der Kriegswaffen
5. Nummer der Kriegswaffenliste
6. Stückzahl oder Gewicht
7. Zweck der Herstellung
8. Endverbleib der Kriegswaffen.

(2) Mit dem Antrag ist ferner anzugeben und auf Verlangen nachzuweisen,

1. ob die in § 6 Abs. 2 Nr. 2 des Gesetzes genannten Personen Deutsche im Sinne des Artikels 116 des Grundgesetzes sind und den Wohnsitz oder gewöhnlichen Aufenthalt im Bundesgebiet haben,
2. ob die im Zusammenhang mit der genehmigungsbedürftigen Handlung nach anderen Vorschriften erforderlichen Genehmigungen vorliegen,
3. welche Sicherheits- und Geheimschutzmaßnahmen im Sinne des § 12 Abs. 1 des Gesetzes getroffen oder beabsichtigt sind.

**§ 2. Antrag auf Erteilung einer Überlassungsgenehmigung.** (1) Der Antrag auf Erteilung einer Genehmigung zur Überlassung der tatsächlichen Gewalt über Kriegswaffen an einen anderen muss folgende Angaben enthalten:

1. Name und Anschrift des Antragstellers
2. Name und Anschrift desjenigen, dem der Antragsteller die tatsächliche Gewalt überlassen will (Erwerber)
3. Name und Anschrift des Herstellers
4. Bezeichnung der Kriegswaffen
5. Nummer der Kriegswaffenliste
6. Stückzahl oder Gewicht
7. Zweck der Überlassung.

(2) § 1 Abs. 2 gilt entsprechend.

## 8b DVO KWKG §§ 3–5   2. VO z. Durchführung d. KWKG

**§ 3. Antrag auf Erteilung einer Erwerbsgenehmigung.** (1) Der Antrag auf Erteilung einer Genehmigung zum Erwerb der tatsächlichen Gewalt über Kriegswaffen von einem anderen muß folgende Angaben enthalten:

1. Name und Anschrift des Antragstellers
2. Name und Anschrift desjenigen, von dem der Antragsteller die tatsächliche Gewalt erwerben will
3. Name und Anschrift des Auftraggebers
4. Name und Anschrift des Herstellers
5. Bezeichnung der Kriegswaffen
6. Nummer der Kriegswaffenliste
7. Stückzahl oder Gewicht
8. Zweck des Erwerbs
9. Endverbleib der Kriegswaffen.

(2) § 1 Abs. 2 gilt entsprechend.

**§ 4. Antrag auf Erteilung einer Genehmigung zur Beförderung innerhalb des Bundesgebietes.** (1) Der Antrag auf Erteilung einer Genehmigung zur Beförderung von Kriegswaffen innerhalb des Bundesgebietes (§ 3 Abs. 1 und 2 des Gesetzes) muß folgende Angaben enthalten:

1. Name und Anschrift des Antragstellers
2. Name und Anschrift des Absenders
3. Name und Anschrift des Empfängers
4. Bezeichnung der Kriegswaffen
5. Nummer der Kriegswaffenliste
6. Stückzahl oder Gewicht
7. Name und Anschrift des Beförderers
8. Zweck der Beförderung
9. Beförderungsmittel
10. Versand- und Zielort
11. Zeitraum der Beförderung.

(2) In den Fällen der Beförderung von Kriegswaffen zum Zwecke der Ausfuhr oder der Durchfuhr (§ 3 Abs. 3 des Gesetzes) muß der Antrag außerdem Angaben über den Endverbleib der Kriegswaffen enthalten. Die Angaben sind glaubhaft zu machen.

(3) § 1 Abs. 2 gilt entsprechend.

**§ 5. Antrag auf Erteilung einer Genehmigung zur Beförderung außerhalb des Bundesgebietes.** (1) Der Antrag auf Erteilung einer Genehmigung zur Beförderung von Kriegswaffen außerhalb des Bundesgebietes muß folgende Angaben enthalten:

1. Name und Anschrift des Antragstellers
2. Bezeichnung der Kriegswaffen
3. Nummer der Kriegswaffenliste
4. Stückzahl oder Gewicht
5. Endverbleib der Kriegswaffen oder Name und Anschrift des Empfängers
6. Beförderungsmittel
7. Versand- und Zielort

8. Fahrt- oder Flugstrecke
9. Zeitraum der Beförderung.

(2) § 1 Abs. 2 gilt entsprechend.

**§ 5a. Antrag auf Erteilung einer Genehmigung für Auslandsgeschäfte.**
(1) Der Antrag auf Erteilung einer Genehmigung für Auslandsgeschäfte muß folgende Angaben enthalten:

1. Name und Anschrift des Antragstellers,
2. Name und Anschrift derjenigen, zwischen denen der Vertrag über den Erwerb oder das Überlassen von Kriegswaffen geschlossen werden soll,
3. Bezeichnung der Kriegswaffen,
4. Nummer der Kriegswaffenliste,
5. Stückzahl oder Gewicht,
6. Bezeichnung des Landes, in dem sich die Kriegswaffen befinden.

(2) Wird eine Genehmigung nach § 4a Abs. 2 des Gesetzes beantragt, ist anstelle der in Absatz 1 Nr. 2 genannten Angaben Name und Anschrift desjenigen anzugeben, dem die Kriegswaffen überlassen werden sollen.

(3) Die Genehmigungsbehörde kann weitere Angaben verlangen, die für die Beurteilung des Antrags erforderlich sind. Dazu gehören insbesondere Angaben über

1. den voraussichtlichen Verwendungszweck,
2. das voraussichtliche Bestimmungsland,
3. den voraussichtlichen Endverbleib.

Unterlagen, die sich auf diese Angaben beziehen, hat der Antragsteller auf Verlangen vorzulegen.

(4) § 1 Abs. 2 gilt entsprechend.

**§ 6. Antragsform.** (1) Der Antrag auf Erteilung einer Genehmigung ist schriftlich zu stellen. Die Genehmigungsbehörde kann in Einzelfällen Ausnahmen zulassen.

(2) Ist mit der Durchführung eines Beschaffungs- oder Instandsetzungsauftrages, den ein in § 11 Abs. 2 Nr. 1, 2 und 3 des Gesetzes genanntes Bundesministerium oder eine ihm nachgeordnete Behörde vergibt, eine genehmigungsbedürftige Handlung verbunden, so gilt das schriftliche Angebot des Auftragnehmers als Antrag auf Erteilung der erforderlichen Genehmigung. Liegt kein schriftliches Angebot vor, so findet Satz 1 entsprechende Anwendung, wenn der Auftragnehmer den Auftrag schriftlich annimmt.

**§ 7. Gleichzeitige Antragstellung.** (1) Liegen die Voraussetzungen für den Wegfall der Überlassungs- und Erwerbsgenehmigung nicht vor, so sollen

a) in den Fällen der Beförderung von Kriegswaffen innerhalb des Bundesgebietes der Antrag des Absenders nach § 2 und der Antrag des Empfängers nach § 3,
b) in den Fällen der Beförderung von Kriegswaffen zum Zwecke der Einfuhr der Antrag des Empfängers nach § 3,

c) in den Fällen der Beförderung von Kriegswaffen zum Zwecke der Ausfuhr der Antrag des Absenders nach § 2

spätestens mit dem Antrag auf Genehmigung der Beförderung nach § 4 gestellt werden.

(2) In den Fällen der Überlassung und des Erwerbs der tatsächlichen Gewalt über Kriegswaffen sollen der Antrag desjenigen, der die tatsächliche Gewalt überlassen will, und der Antrag desjenigen, der die tatsächliche Gewalt erwerben will, gleichzeitig gestellt werden.

**§ 8. Dauergenehmigung.** (1) Die Genehmigung kann einem Antragsteller ohne Beschränkung auf die Vornahme einer einzelnen Handlung für eine bestimmte Zeitdauer erteilt werden (Dauergenehmigung), wenn es wegen der mehrfachen Wiederholung von Handlungen der gleichen Art zweckmäßig ist und öffentliche Interessen nicht gefährdet werden.

(2) Die Dauergenehmigung zur Herstellung der in Teil B der Kriegswaffenliste genannten Kriegswaffen kann ohne Beschränkung auf eine bestimmte Menge, die Dauergenehmigung zur Beförderung von Kriegswaffen kann ohne Beschränkung auf eine bestimmte Art und Menge erteilt werden. Andere Dauergenehmigungen können nur für eine bestimmte Art und Menge erteilt werden.

**§ 9. Führung und Inhalt des Kriegswaffenbuches.** (1) Wer zur Führung eines Kriegswaffenbuches verpflichtet ist, hat den Anfangsbestand (§ 10 Abs. 1), jede Bestandsveränderung und den Bestand an den Meldestichtagen (§ 10 Abs. 2) in das Kriegswaffenbuch einzutragen. Die Eintragungen sind unverzüglich vorzunehmen. In dem Buch darf nicht radiert und keine Eintragung unleserlich gemacht werden. Änderungen, deren Beschaffenheit es ungewiß läßt, ob sie bei der ursprünglichen Eintragung oder später gemacht worden sind, dürfen nicht vorgenommen werden.

(2) Für jeden Waffentyp ist ein besonderes Blatt mit der Nummer der Kriegswaffenliste anzulegen.

(3) Bei der Eintragung des Anfangsbestandes sind folgende Angaben zu machen:
1. Stückzahl oder Gewicht
2. Waffennummer
3. Nummer der Genehmigungsurkunde
4. Name und Anschrift des Herstellers.

(4) Bei der Eintragung der Bestandsveränderung sind folgende Angaben zu machen:
1. Laufende Nummer und Tag der Eintragung
2. Stückzahl oder Gewicht
3. Waffennummer
4. Nummer der Genehmigungsurkunde
5. Grund des Zugangs:
   a) Herstellung einschließlich Umbau und Wiedergewinnung
   b) Dauernder, vorübergehender oder genehmigungsfreier Erwerb
   c) Einfuhr

d) Lagerungswechsel
e) Sonstige Gründe
6. Grund des Abgangs:
a) Zerlegung oder Umbau
b) Dauernde, vorübergehende oder genehmigungsfreie Überlassung
c) Ausfuhr
d) Lagerungswechsel
e) Verschuß
f) Verlust
g) Sonstige Gründe
7. Name und Anschrift des Herstellers
8. Name und Anschrift desjenigen, der die tatsächliche Gewalt überlassen oder erworben hat
9. Beförderungsmittel
10. Tag des Zugangs oder Abgangs oder Tag der Beförderung
11. Name und Anschrift des Beförderers.

(5) Bei der Eintragung des Bestandes an den Meldestichtagen sind folgende Angaben zu machen:
1. Laufende Nummer und Tag der Eintragung
2. Stückzahl oder Gewicht
3. *(gestrichen)*

(6) An Stellen, die der Anlage des Buches nach zu beschreiben sind, dürfen keine leeren Zwischenräume gelassen werden. Sofern bei den Eintragungen einzelne Angaben nicht gemacht werden können, ist dies unter Angabe der Gründe zu vermerken.

(7) Wird das Kriegswaffenbuch mit Hilfe der automatischen Datenverarbeitung geführt, so sind die Datensätze mit den für das Kriegswaffenbuch erforderlichen Angaben unverzüglich zu speichern, fortlaufend zu numerieren und nach Ablauf eines jeden Monats in Klarschrift auszudrucken. Der Ausdruck ist in Karteiform vorzunehmen. Angaben ohne Zahlen dürfen verschlüsselt werden, wenn dem Ausdruck ein Verzeichnis zur Entschlüsselung beigegeben wird. Bestände sind auf den nächsten Monat vorzutragen. Das Bundesamt für Wirtschaft und Ausfuhrkontrolle (BAFA) ist berechtigt, abweichend von Satz 1 den Ausdruck der im laufenden Monat gespeicherten Angaben und die Vorlage der Klarschrift jederzeit zu verlangen.

(8) Werden zum Zwecke des Erwerbs der tatsächlichen Gewalt über Schußwaffen an Stelle von Genehmigungen nach § 2 Abs. 2 des Kriegswaffenkontrollgesetzes auf Grund zwischenstaatlicher Verträge Erlaubnisse oder Anmeldebescheinigungen der Behörden der Stationierungsstreitkräfte vorgelegt, so sind die Zweitschriften der Erlaubnisse oder der Anmeldebescheinigungen als Anlage zum Kriegswaffenbuch zu nehmen.

(9) Wer Kriegswaffen innerhalb des Bundesgebietes für einen anderen befördert oder Kriegswaffen außerhalb des Bundesgebietes mit deutschen Seeschiffen oder Luftfahrzeugen befördert oder im Geltungsbereich des Gesetzes keinen Wohnsitz und keine gewerbliche Niederlassung hat, ist nicht verpflichtet, ein Kriegswaffenbuch zu führen.

## 8b DVO KWKG §§ 10–14   2. VO z. Durchführ. d. KWKG

**§ 10. Meldung der Kriegswaffenbestände.** (1) Der am 1. Juni 1961 vorhandene Kriegswaffenbestand (Anfangsbestand) ist dem Bundesamt für Wirtschaft und Ausfuhrkontrolle (BAFA) nach Waffentypen getrennt und mit folgenden Angaben bis zum 31. Juli 1961 zu melden:
1. Stückzahl oder Gewicht
2. Nummer der Genehmigungsurkunde.

(2) Jede Bestandsveränderung und die am 31. März und 30. September eines jeden Jahres (Meldestichtage) vorhandenen Kriegswaffenbestände sind dem Bundesamt für Wirtschaft und Ausfuhrkontrolle (BAFA) nach Waffentypen getrennt und mit den in § 9 Abs. 4 und 5 vorgeschriebenen Angaben binnen zwei Wochen nach den Meldestichtagen zu melden. Dieser Meldepflicht genügt, wer eine Durchschrift oder Ablichtung der einzelnen Blätter des Kriegswaffenbuches übersendet oder gegebenenfalls mitteilt, daß seit dem letzten Meldestichtag keine Bestandsveränderung eingetreten ist.

(3) § 9 Abs. 9 gilt entsprechend.

**§ 11. Aufbewahrungsfristen.** (1) Der zur Führung eines Kriegswaffenbuches Verpflichtete hat das Kriegswaffenbuch so lange aufzubewahren, wie er die tatsächliche Gewalt über Kriegswaffen innehat, mindestens jedoch zehn Jahre vom Tage der zuletzt vorgenommenen Eintragung an gerechnet.

(2) Der Inhaber einer Genehmigung hat die Genehmigungsurkunde so lange aufzubewahren, wie er die tatsächliche Gewalt über die in der Urkunde genannten Kriegswaffen innehat, mindestens jedoch zehn Jahre vom Tage der Ausstellung an gerechnet.

**§ 12. Nicht ausgenutzte Genehmigung.** (1) Wird die genehmigte Handlung nicht oder nur teilweise ausgeführt, so hat der Inhaber der Genehmigung dies dem Bundesamt für Wirtschaft und Ausfuhrkontrolle (BAFA) spätestens zwei Wochen nach Ablauf einer in der Genehmigungsurkunde für die Ausführung der Handlung festgesetzten Frist mitzuteilen.

(2) Absatz 1 gilt nicht in den Fällen der Beförderung von Kriegswaffen außerhalb des Bundesgebietes mit deutschen Seeschiffen oder Luftfahrzeugen.

**§ 13. Kennzeichnungspflicht.** (1) Kriegswaffen, die im Bundesgebiet hergestellt, in das Bundesgebiet eingeführt oder sonst in das Bundesgebiet verbracht werden, müssen ein Zeichen des Herstellers oder des Einführers tragen. Das Zeichen ist an sichtbarer Stelle anzubringen und muß dauerhaft sein.

(2) Kriegswaffen, die im Bundesgebiet hergestellt, in das Bundesgebiet eingeführt oder sonst in das Bundesgebiet verbracht werden, ausgenommen Waffen der Nummern 9, 14, 15, 31, 40 bis 43 und 46 bis 50 der Kriegswaffenliste, sollen außerdem eine fortlaufende Herstellungsnummer tragen.

**§ 14. Gestellungs-, Anmelde- und Vorführungspflicht.** (1) Kriegswaffen sind, soweit sie nicht schon nach den Zollvorschriften zu gestellen sind, bei der Einfuhr, Ausfuhr und Durchfuhr den vom Bundesministerium der Finanzen bestimmten Zollstellen anzumelden.

(2) Beim sonstigen Verbringen von Kriegswaffen in das Bundesgebiet oder aus dem Bundesgebiet sind die Kriegswaffen den für die Überwachung dieses Verkehrs zuständigen Zolldienststellen vorzuführen.

**§ 15. Inkrafttreten.** Diese Verordnung tritt am Tage nach ihrer Verkündung in Kraft.[1]

---

[1] Die VO wurde am 3. 6. 1961 verkündet.

## 8c. Dritte Verordnung zur Durchführung des Gesetzes über die Kontrolle von Kriegswaffen

Vom 11. 7. 1969 (BGBl. I 841), zuletzt geändert durch Art. 254 der
8. Zuständigkeitsanpassungsverordnung vom 25. 11. 2003 (BGBl. I 2304)

**BGBl. III/FNA 190-1-4**

Auf Grund des § 23 des Gesetzes über die Kontrolle von Kriegswaffen vom 20. April 1961 (BGBl. I S. 444), geändert durch das Einführungsgesetz zum Gesetz über Ordnungswidrigkeiten vom 24. Mai 1968 (BGBl. I S. 503), in Verbindung mit § 36 Abs. 3 des Gesetzes über Ordnungswidrigkeiten vom 24. Mai 1968 (BGBl. I S. 481) wird verordnet:

**§ 1. [Zuständigkeitsübertragung]** (1) Die Zuständigkeit des Bundesministeriums für Wirtschaft und Arbeit zur Verfolgung und Ahndung von Ordnungswidrigkeiten nach dem Gesetz über die Kontrolle von Kriegswaffen wird dem Bundesamt für Wirtschaft und Ausfuhrkontrolle (BAFA) übertragen.

(2) Die Zuständigkeit des Bundesministeriums der Finanzen zur Verfolgung und Ahndung von Ordnungswidrigkeiten nach dem Gesetz über die Kontrolle von Kriegswaffen wird den örtlich zuständigen Hauptzollämtern übertragen.

**§ 2. [Inkrafttreten]** Diese Verordnung tritt am Tage nach ihrer Verkündung in Kraft.[1]

---

[1] Verkündet am 23. 7. 1969.

## 8d. Erste Verordnung über Allgemeine Genehmigungen nach dem Gesetz über die Kontrolle von Kriegswaffen

Vom 30. 7. 1961 (BAnz. Nr. 150 vom 8. 8. 1961), zuletzt geänd. durch Art. 1 der 1. ÄndVO vom 8. 1. 1998 (BGBl. I 59)

**(BGBl. III/FNA 190-1-3)**

Auf Grund des § 3 Abs. 4, § 4 Abs. 2 und § 8 Abs. 1 und 4 des Gesetzes über die Kontrolle von Kriegswaffen vom 20. April 1961 (BGBl. I S. 444) verordnet die Bundesregierung:

**§ 1. [Beförderung mit Eisenbahnen]** Die Beförderung von Kriegswaffen mit Eisenbahnen des öffentlichen Verkehrs wird allgemein genehmigt, soweit die Kriegswaffen außerhalb des Bundesgebietes eingeladen, unter zollamtlicher Überwachung ohne Wechsel des Frachtführers durch das Bundesgebiet durchgeführt und in Belgien, Dänemark, Frankreich, Griechenland, Großbritannien, Italien, Luxemburg, den Niederlanden, Norwegen, Österreich, Portugal, Schweden, der Schweiz, Spanien oder der Türkei ausgeladen werden.

**§ 2. [Beförderung mit Seeschiffen]** (1) Die Beförderung von Kriegswaffen mit Seeschiffen, die die Bundesflagge führen, wird allgemein genehmigt, soweit

a) die Kriegswaffen außerhalb des Bundesgebietes eingeladen, auf dem Seewege ein- und ausgehend ohne Wechsel des Verfrachters durch das Bundesgebiet durchgeführt werden und

b) die Seeschiffe im Bundesgebiet außer zur Abwendung unmittelbarer Gefahr für Besatzung, Schiff oder Ladung nur an Zollandungsplätzen oder in Freihäfen mit anderen Fahrzeugen oder mit dem Land in Verbindung treten und

c) die Kriegswaffen in einem der in § 1 genannten Staaten oder in Irland, Island, Kanada oder den Vereinigten Staaten von Amerika ausgeladen werden.

(2) Die Beförderung von Kriegswaffen mit Seeschiffen fremder Flagge wird allgemein genehmigt, soweit die Voraussetzungen des Absatzes 1 Buchstaben a und b vorliegen und die Kriegswaffen außerhalb des Bundesgebietes ausgeladen werden.

**§ 3. [Beförderung außerhalb des Bundesgebietes]** Die Beförderung von Kriegswaffen mit Seeschiffen, die die Bundesflagge führen, oder mit Luftfahrzeugen, die in die Luftfahrzeugrolle der Bundesrepublik eingetragen sind, wird allgemein genehmigt, soweit die Kriegswaffen außerhalb des Bundesgebietes eingeladen, durch das Bundesgebiet nicht durchgeführt und in einem der in §§ 1 oder 2 Abs. 1 Buchstabe c genannten Staaten ausgeladen werden.

**§ 3a.** Die Allgemeinen Genehmigungen nach den §§ 1 bis 3 gelten nicht für die Beförderung von Antipersonenminen.

**§ 4. [Inkrafttreten]** Diese Verordnung tritt am Tage nach ihrer Verkündung in Kraft.[1]

---

[1] Verkündet am 8. 8. 1961.

## 8e. Zweite Verordnung über eine Allgemeine Genehmigung nach dem Gesetz über die Kontrolle von Kriegswaffen

Vom 29. 1. 1975 (BGBl. I 421)

**(BGBl. III/FNA 190-1-3-2)**

Auf Grund des § 3 Abs. 4 und § 8 Abs. 1 und 4 des Gesetzes über die Kontrolle von Kriegswaffen vom 20. April 1961 (BGBl. I S. 444), zuletzt geändert durch Artikel 35 des Einführungsgesetzes zum Strafgesetzbuch vom 2. März 1974 (BGBl. I S. 469), verordnet die Bundesregierung:

**§ 1. [Kriegswaffen im Durchgangsverkehr]** Die Beförderung von Kriegswaffen im Durchgangsverkehr auf den Durchgangsstrecken nach dem deutsch-schweizerischen Abkommen vom 5. Februar 1958 über den Grenz- und Durchgangsverkehr (BGBl. 1960 II S. 2161 und 1971 II S. 1117) wird allgemein genehmigt, soweit Schweizerbürger die Kriegswaffen als Ordonnanzwaffen mitführen und das im II. Abschnitt des Abkommens vorgeschriebene Verfahren eingehalten wird.

**§ 2. [Inkrafttreten]** Diese Verordnung tritt am Tage nach ihrer Verkündung in Kraft.[1]

---

[1] Verkündet am 6. 2. 1975.

## 8f. Verordnung über Meldepflichten für bestimmte Kriegswaffen (Kriegswaffenmeldeverordnung – KWMV)

Vom 24. 1. 1995 (BGBl. I 92), Titel u. a. geänd. durch VO vom 9. 6. 1999 (BGBl. I 1266), zuletzt geändert durch Art. 33 des Gesetzes vom 21. 12. 2000 (BGBl. I 1956)

**BGBl. III/FNA 190-1-5**

*Vorspruch zur VO vom 24. 1. 1995 (früherer Titel: Verordnung über Meldepflichten bei der Einfuhr und Ausfuhr bestimmter Kriegswaffen):*

Auf Grund des § 12a Abs. 1 Satz 1 des Gesetzes über die Kontrolle von Kriegswaffen in der Fassung der Bekanntmachung vom 22. November 1990 (BGBl. I S. 2506), der durch Artikel 2 des Gesetzes vom 9. August 1994 (BGBl. I S. 2068) eingefügt worden ist, verordnet die Bundesregierung, und auf Grund des § 36 Abs. 3 des Gesetzes über Ordnungswidrigkeiten in der Fassung der Bekanntmachung vom 19. Februar 1987 (BGBl. I S. 602) verordnet das Bundesministerium für Wirtschaft:

Vorspruch zur ÄndVO vom 9. 6. 1999 (BGBl. I 1266):

Auf Grund des § 12a Abs. 1 Satz 1 des Gesetzes über die Kontrolle von Kriegswaffen in der Fassung der Bekanntmachung vom 22. November 1990 (BGBl. I S. 2506), der durch Artikel 2 des Gesetzes vom 9. August 1994 (BGBl. I S. 2068) eingefügt worden ist, und Artikel 1 § 7 des Ausführungsgesetzes vom 6. Juli 1998 (BGBl. I S. 1778) zum Übereinkommen über das Verbot des Einsatzes, der Lagerung, der Herstellung und der Weitergabe von Antipersonenminen und über deren Vernichtung vom 3. Dezember 1997, verordnet die Bundesregierung, und auf Grund des § 36 Abs. 3 des Gesetzes über Ordnungswidrigkeiten in der Fassung der Bekanntmachung vom 19. Februar 1987 (BGBl. I S. 602), zuletzt geändert durch Artikel 1 des Gesetzes vom 26. Januar 1998 (BGBl. I S. 156), in Verbindung mit Artikel 56 Abs. 1 des Zuständigkeitsanpassungs-Gesetzes vom 18. März 1975 (BGBl. I S. 705) und dem Organisationserlaß vom 27. Oktober 1998 (BGBl. I S. 3288) verordnet das Bundesministerium für Wirtschaft und *Technologie*:[1]

**§ 1. Allgemeine Meldepflichten.** (1) Unternehmen, die nach § 2 dieser Rechtsverordnung meldepflichtige Kriegswaffen gemäß § 3 Abs. 3 in Verbindung mit Abs. 1 oder 2 des Gesetzes über die Kontrolle von Kriegswaffen in das Bundesgebiet einführen oder aus dem Bundesgebiet ausführen, haben dem Bundesamt für Wirtschaft und Ausfuhrkontrolle (BAFA) schriftlich Anzahl, Kriegswaffennummer, Typenbezeichnung, Datum der Ein- oder Ausfuhr sowie bei der Einfuhr den Verwendungszweck und bei der Ausfuhr den Verwendungszweck und das Bestimmungsland zu melden.

---

[1] Ab 15. Legislaturperiode: Bundesministerium für Wirtschaft und Arbeit.

(2) Die Meldungen sind spätestens bis zum Ablauf der sechsten Woche eines Kalenderjahres für das vorangegangene Kalenderjahr, erstmals für das Jahr 1994, zu erstatten.

**§ 2. Meldepflichtige Kriegswaffen.** (1) Kriegswaffen der folgenden Kategorien unterliegen der Meldepflicht:

1. Kampfpanzer der Nummer 24 der Kriegswaffenliste mit einem Leergewicht von mindestens 16,5 metrische t und einer Panzerkanone mit einem Kaliber von mindestens 75 mm,
2. gepanzerte Kampffahrzeuge der Nummer 25 der Kriegswaffenliste, die entweder für den Transport einer Infanteriegruppe von mindestens 4 Soldaten oder mit einer Rohrwaffe von mindestens 12,5 mm Kaliber oder mit einer Abfeuereinrichtung für Flugkörper ausgerüstet sind,
3. Kanonen, Haubitzen, Mörser der Nummer 31 der Kriegswaffenliste sowie Mehrfachraketenwerfer der Nummern 10 und 11 der Kriegswaffenliste mit einem Kaliber von jeweils mindestens 100 mm,
4. Kampfflugzeuge der Nummer 13 der Kriegswaffenliste,
5. Kampfhubschrauber der Nummer 14 der Kriegswaffenliste,
6. Kriegsschiffe der Nummern 17 bis 22 der Kriegswaffenliste mit einer typenmäßigen Wasserverdrängung von mindestens 750 metrische t oder Ausrüstung mit Flugkörpern oder Torpedos von mindestens 25 km Reichweite,
7. Flugkörper der Nummern 7 bis 9 der Kriegswaffenliste mit einer Reichweite von mindestens 25 km, ausgenommen Boden-Luft-Flugkörper; Abfeuereinrichtungen der Nummern 10 und 11 der Kriegswaffenliste für solche Flugkörper.

(2) Der Meldepflicht unterliegen auch nicht zusammengebaute oder zerlegte Kriegswaffen nach Absatz 1. Werden Kriegswaffenteile nach und nach ein- oder ausgeführt, unterliegt die Gesamtwaffe der Meldepflicht, wenn das letzte Teil ein- oder ausgeführt wird.

**§ 3. Meldepflichten nach § 7 des Ausführungsgesetzes zum Übereinkommen über das Verbot des Einsatzes, der Lagerung, der Herstellung und der Weitergabe von Antipersonenminen und über deren Vernichtung vom 3. Dezember 1997.** (1) Unternehmen oder Privatpersonen, die Antipersonenminen im Sinne von Absatz 2 in ihrem Eigentum oder Besitz haben oder in sonstiger Weise die tatsächliche Gewalt über sie ausüben, haben dem Bundesamt für Wirtschaft und Ausfuhrkontrolle (BAFA) Meldungen abzugeben über

1. die Gesamtzahl aller gelagerten Antipersonenminen, aufgeschlüsselt nach Art und Menge und wenn möglich unter Angabe der Losnummern jeder Art von gelagerten Antipersonenminen,
2. die Art, Menge und nach Möglichkeit über die Losnummern aller für die Entwicklung von Verfahren zur Minensuche, Minenräumung und Minenvernichtung und die Ausbildung in diesen Verfahren zurückbehaltenen oder weitergegebenen oder zum Zweck der Vernichtung weitergegebenen Antipersonenminen,
3. den Stand der Programme zur Vernichtung von Antipersonenminen, einschließlich ausführlicher Methoden, die bei der Vernichtung nach

Artikel 4 des Übereinkommens über das Verbot des Einsatzes, der Lagerung, der Herstellung und der Weitergabe von Antipersonenminen und über deren Vernichtung vom 3. Dezember 1997 angewandt werden, die Lage aller Vernichtungsstätten und die zu beachtenden einschlägigen Sicherheits- und Umweltschutznormen,

4. die Art und Menge aller Antipersonenminen, die seit dem 1. März 1999 nach Artikel 4 des Übereinkommens über das Verbot des Einsatzes, der Lagerung, der Herstellung und der Weitergabe von Antipersonenminen und über deren Vernichtung vom 3. Dezember 1997 vernichtet worden sind, aufgeschlüsselt nach der Menge der einzelnen Arten und nach Möglichkeit unter Angabe der Losnummern der einzelnen Arten von Antipersonenminen,

5. die technischen Merkmale jeder hergestellten Art von Antipersonenminen, soweit sie bekannt sind, und die Weitergabe von Informationen, die geeignet sind, die Identifizierung und Räumung von Antipersonenminen zu erleichtern; dazu gehören zumindest die Abmessungen, die Zündvorrichtung, der Sprengstoff- und der Metallanteil, Farbfotos und sonstige Informationen, welche die Minenräumung erleichtern können.

(2) Für Antipersonenminen gilt die Begriffsbestimmung des Artikels 2 des Übereinkommens über das Verbot des Einsatzes, der Lagerung, der Herstellung und der Weitergabe von Antipersonenminen und über deren Vernichtung vom 3. Dezember 1997,

(3) Die Meldungen sind spätestens binnen 2 Wochen nach dem 31. März eines jeden Kalenderjahres für das vorangegangene Kalenderjahr, erstmals am 28. Juni 1999 abzugeben.

(4) § 2 Abs. 2 Satz 1 dieser Verordnung gilt entsprechend.

**§ 4. Ordnungswidrigkeiten.** Ordnungswidrig im Sinne des § 22b Abs. 1 Nr. 3a des Gesetzes über die Kontrolle von Kriegswaffen handelt, wer vorsätzlich oder fahrlässig entgegen § 1 eine Meldung nicht, nicht richtig, nicht vollständig oder nicht rechtzeitig erstattet.

**§ 5 Zuständigkeit des Bundesamtes für Wirtschaft und Ausfuhrkontrolle (BAFA).** Die Zuständigkeit für die Verfolgung und Ahndung von Ordnungswidrigkeiten nach § 4 wird auf das Bundesamt für Wirtschaft und Ausfuhrkontrolle (BAFA) übertragen.

**§ 6 Inkrafttreten.** Diese Verordnung tritt am Tage nach der Verkündung in Kraft.

[Die ursprüngliche VO ist am 28. 1. 1995, die ÄnderungsVO am 12. 6. 1999 in Kraft getreten]

## 8g. Verordnung über den Umgang mit unbrauchbar gemachten Kriegswaffen[1]

Vom 1. 7. 2004 (BGBl. I 1448)

**BGBl. III/FNA 190-1-6**

Auf Grund des § 13a des Gesetzes über die Kontrolle von Kriegswaffen in der Fassung der Bekanntmachung vom 22. November 1990 (BGBl. I S. 2506), der durch Artikel 10 des Gesetzes vom 25. November 2003 (BGBl. I S. 2304) geändert worden ist, und auf Grund des § 36 Abs. 3 des Gesetzes über Ordnungswidrigkeiten in der Fassung der Bekanntmachung vom 19. Februar 1987 (BGBl. I S. 602) verordnet das Bundesministerium für Wirtschaft und Arbeit:

**§ 1. Gegenstand der Verordnung, Begriffsbestimmungen.** (1) Diese Verordnung regelt den Umgang mit Kriegswaffen des Teils B der Anlage zum Gesetz über die Kontrolle von Kriegswaffen (Kriegswaffenliste), die unbrauchbar gemacht wurden.

(2) Umgang mit einer unbrauchbar gemachten Kriegswaffe hat, wer diese erwirbt, besitzt, überlässt, führt, verbringt, mitnimmt, herstellt, bearbeitet oder damit Handel treibt.

(3) Offen führt eine Kriegswaffe der Nummer 29, 30, 37 oder 46 der Kriegswaffenliste, die unbrauchbar gemacht wurde, wer diese für Dritte erkennbar führt.

(4) Im Übrigen gelten die Begriffsbestimmungen des Abschnitts 2 der Anlage 1 zum Waffengesetz in der jeweils geltenden Fassung entsprechend.

**§ 2. Verbote.** (1) Kindern und Jugendlichen ist der Umgang mit unbrauchbar gemachten Kriegswaffen verboten.

(2) Es ist verboten, unbrauchbar gemachte Kriegswaffen, die, bevor sie unbrauchbar gemacht wurden, Kriegswaffen nach Nummer 29, 30, 37 oder 46 der Kriegswaffenliste waren, offen zu führen. Dies gilt nicht für die Verwendung bei Film- oder Fernsehaufnahmen oder Theateraufführungen.

(3) Das Bundesamt für Wirtschaft und Ausfuhrkontrolle (BAFA) kann für den Einzelfall Ausnahmen von den Verboten nach den Absätzen 1 und 2 genehmigen, wenn besondere Gründe vorliegen und öffentliche Interessen nicht entgegenstehen.

**§ 3. Bußgeldvorschrift.** (1) Ordnungswidrig im Sinne des § 22b Abs. 1 Nr. 3a des Gesetzes über die Kontrolle von Kriegswaffen handelt, wer vorsätzlich oder fahrlässig entgegen § 2 Abs. 1 oder Abs. 2 mit unbrauchbar gemachten Kriegswaffen umgeht.

---

[1] Vgl. auch die (nicht amtliche) Begründung, abgedr. im Anhang a) zu § 13a KWKG.

# 8g KriegswUnbrVO § 4

(2) Die Zuständigkeit für die Verfolgung und Ahndung von Ordnungswidrigkeiten nach § 3 wird auf das Bundesamt für Wirtschaft und Ausfuhrkontrolle (BAFA) übertragen.

**§ 4. Inkrafttreten.** Diese Verordnung tritt am Tage nach der Verkündung[1] in Kraft.

---

[1] Die Verkündung erfolgte am 9. 7. 2004, so dass die VO am 10. 7. 2004 in Kraft getreten ist.

# 8h. Gesetz zu dem Übereinkommen vom 13. Januar 1993 über das Verbot der Entwicklung, Herstellung, Lagerung und des Einsatzes chemischer Waffen und über die Vernichtung solcher Waffen (Gesetz zum Chemiewaffenübereinkommen)

Vom 5. 7. 1994 (BGBl. II 806) iVm. der Bek. vom 4. 11. 1996 (BGBl. II 2618)

**BGBl. III/FNA 188-58**

Der Bundestag hat mit Zustimmung des Bundesrates das folgende Gesetz beschlossen:

**Art. 1.** Dem in Paris am 13. Januar 1993 von der Bundesrepublik Deutschland unterzeichneten Übereinkommen über das Verbot der Entwicklung, Herstellung, Lagerung und des Einsatzes chemischer Waffen und über die Vernichtung solcher Waffen wird zugestimmt. Das Übereinkommen wird nachstehend mit einer amtlichen deutschen Übersetzung veröffentlicht.

**Art. 2.** Die Bundesregierung wird ermächtigt, Modifikationen verwaltungsmäßiger oder technischer Art nach Artikel XV Abs. 4 des Übereinkommens durch Rechtsverordnung in Kraft zu setzen.

**Art. 3.** (1) Dieses Gesetz tritt am Tage nach seiner Verkündung in Kraft.

(2) Der Tag, an dem das Übereinkommen nach seinem Artikel XXI für die Bundesrepublik Deutschland in Kraft tritt, ist im Bundesgesetzblatt bekanntzugeben.[1]

## Übereinkommen über das Verbot der Entwicklung, Herstellung, Lagerung und des Einsatzes chemischer Waffen und über die Vernichtung solcher Waffen

*(Übersetzung)*

### Präambel

Die Vertragsstaaten dieses Übereinkommens –
entschlossen zu handeln, um wirksame Fortschritte in Richtung auf eine allgemeine und vollständige Abrüstung unter strenger und wirksamer internationaler Kontrolle, einschließlich des Verbots und der Beseitigung aller Arten von Massenvernichtungswaffen, zu erzielen,

---

[1] Das Übereinkommen ist am 29. 4. 1997 in Kraft getreten (Bek. v. 4. 11. 1996 – BGBl. II 2618).

in dem Wunsch, zur Verwirklichung der Ziele und Grundsätze der Charta der Vereinten Nationen beizutragen,

eingedenk dessen, dass die Generalversammlung der Vereinten Nationen wiederholt alle Maßnahmen verurteilt hat, die im Widerspruch stehen zu den Grundsätzen und Zielen des am 17. Juni 1925 in Genf unterzeichneten Protokolls über das Verbot der Verwendung von erstickenden, giftigen oder ähnlichen Gasen sowie von bakteriologischen Mitteln im Kriege (Genfer Protokoll von 1925),

in der Erkenntnis, dass das Übereinkommen die Grundsätze und Ziele des Genfer Protokolls von 1925 und des am 10. April 1972 in London, Moskau und Washington unterzeichneten Übereinkommens über das Verbot der Entwicklung, Herstellung und Lagerung bakteriologischer (biologischer) Waffen und von Toxinwaffen sowie über die Vernichtung solcher Waffen und die aufgrund dieser Übereinkünfte übernommenen Verpflichtungen bekräftigt,

eingedenk des in Artikel IX des Übereinkommens über das Verbot der Entwicklung, Herstellung und Lagerung bakteriologischer (biologischer) Waffen und von Toxinwaffen sowie über die Vernichtung solcher Waffen angegebenen Zieles,

entschlossen, im Interesse der gesamten Menschheit die Möglichkeit des Einsatzes chemischer Waffen durch die Anwendung dieses Übereinkommens vollständig auszuschließen und dadurch die mit dem Genfer Protokoll von 1925 eingegangenen Verpflichtungen zu ergänzen,

in Anerkennung des in einschlägigen Übereinkünften und diesbezüglichen Grundsätzen des Völkerrechts verankerten Verbots, Herbizide als Mittel der Kriegführung einzusetzen,

in der Erwägung, dass Fortschritte auf dem Gebiet der Chemie ausschließlich zum Wohl der Menschheit genutzt werden sollen,

in dem Wunsch, die Freiheit des Handels mit Chemikalien und die zwischenstaatliche Zusammenarbeit sowie den internationalen Austausch wissenschaftlicher und technischer Informationen über Tätigkeiten für nach diesem Übereinkommen nicht verbotene Zwecke zu fördern, um die wirtschaftliche und technologische Entwicklung aller Vertragsstaaten voranzutreiben,

überzeugt, dass ein vollständiges und wirksames Verbot der Entwicklung, der Herstellung, des Erwerbs, der Lagerung und des Einsatzes chemischer Waffen und die Vernichtung solcher Waffen einen notwendigen Schritt zur Erreichung dieser gemeinsamen Ziele darstellen –

sind wie folgt übereingekommen:

**Art. I. Allgemeine Verpflichtungen.** (1) Jeder Vertragsstaat verpflichtet sich, unter keinen Umständen jemals

a) chemische Waffen zu entwickeln, herzustellen, auf andere Weise zu erwerben, zu lagern oder zurückzubehalten oder chemische Waffen an irgend jemanden unmittelbar oder mittelbar weiterzugeben;
b) chemische Waffen einzusetzen;
c) militärische Vorbereitungen für den Einsatz chemischer Waffen zu treffen;
d) irgend jemanden in irgendeiner Weise zu unterstützen, zu ermutigen oder zu veranlassen, Tätigkeiten vorzunehmen, die einem Vertragsstaat aufgrund dieses Übereinkommens verboten sind.

(2) Jeder Vertragsstaat verpflichtet sich, die in seinem Eigentum oder Besitz oder an einem Ort unter seiner Hoheitsgewalt oder Kontrolle befindlichen chemischen Waffen nach Maßgabe dieses Übereinkommens zu vernichten.

(3) Jeder Vertragsstaat verpflichtet sich, die chemischen Waffen, die er im Hoheitsgebiet eines anderen Vertragsstaats zurückgelassen hat, nach Maßgabe dieses Übereinkommens zu vernichten.

(4) Jeder Vertragsstaat verpflichtet sich, alle in seinem Eigentum oder Besitz oder an einem Ort unter seiner Hoheitsgewalt oder Kontrolle befindlichen Einrichtungen zur Herstellung chemischer Waffen nach Maßgabe dieses Übereinkommens zu vernichten.

(5) Jeder Vertragsstaat verpflichtet sich, Mittel zur Bekämpfung von Unruhen nicht als Mittel der Kriegführung einzusetzen.

**Art. II. Begriffsbestimmungen und Kriterien.** Im Sinne dieses Übereinkommens haben die nachstehenden Ausdrücke folgende Bedeutung:

1. Der Ausdruck „chemische Waffen" bezeichnet folgende Gegenstände, zusammen oder für sich allein:
   a) toxische Chemikalien und ihre Vorprodukte, mit Ausnahme derjenigen, die für nach diesem Übereinkommen nicht verbotene Zwecke bestimmt sind, solange diese nach Art und Menge mit solchen Zwecken vereinbar sind;
   b) Munition oder Geräte, die eigens dazu entworfen sind, durch die toxischen Eigenschaften der unter Buchstabe a bezeichneten toxischen Chemikalien, welche infolge der Verwendung solcher Munition oder Geräte freigesetzt würden, den Tod oder sonstige Körperschäden herbeizuführen;
   c) jede Ausrüstung, die eigens dazu entworfen ist, im unmittelbaren Zusammenhang mit Munition oder Geräten verwendet zu werden, wie sie unter Buchstabe b bezeichnet sind.
2. „Toxische Chemikalie" bedeutet
   jede Chemikalie, die durch ihre chemische Wirkung auf die Lebensvorgänge den Tod, eine vorübergehende Handlungsunfähigkeit oder einen Dauerschaden bei Mensch oder Tier herbeiführen kann. Dazu gehören alle derartigen Chemikalien, ungeachtet ihrer Herkunft oder der Art ihrer Produktion und ungeachtet dessen, ob sie in Einrichtungen, in Munition oder anderswo produziert werden.
   (Für die Zwecke der Durchführung dieses Übereinkommens sind die toxischen Chemikalien, bei denen festgestellt wurde, dass auf sie Verifikationsmaßnahmen angewandt werden müssen, in den Listen im Anhang über Chemikalien genannt.)
3. „Vorprodukt" bedeutet
   eine chemische Reaktionskomponente, die auf irgendeiner Stufe bei jeder Art von Produktion einer toxischen Chemikalie beteiligt ist. Dazu gehört jede Schlüsselkomponente eines binären oder Mehrkomponentensystems.
   (Für die Zwecke der Durchführung dieses Übereinkommens sind die Vorprodukte, bei denen festgestellt wurde, dass auf sie Verifikationsmaßnahmen angewandt werden müssen, in den Listen im Anhang über Chemikalien genannt.)
4. „Schlüsselkomponente eines binären oder Mehrkomponentensystems (im folgenden als „Schlüsselkomponente" bezeichnet) bedeutet
   das Vorprodukt, das für die Bestimmung der toxischen Eigenschaften des Endprodukts maßgeblich verantwortlich ist und mit anderen Chemikalien im binären oder Mehrkomponentensystem schnell reagiert.
5. „Alte chemische Waffen" bedeutet
   a) vor 1925 hergestellte chemische Waffen oder

b) zwischen 1925 und 1946 hergestellte chemische Waffen, die in derart schlechtem Zustand sind, dass sie nicht mehr als chemische Waffen eingesetzt werden können.
6. „Zurückgelassene chemische Waffen" bedeutet
chemische Waffen, einschließlich alter chemischer Waffen, die nach dem 1. Januar 1925 von einem Staat im Hoheitsgebiet eines anderen Staates ohne dessen Zustimmung zurückgelassen worden sind.
7. „Mittel zur Bekämpfung von Unruhen" bedeutet
jede nicht in einer der Listen genannte Chemikalie, die beim Menschen spontan sensorische Irritationen oder handlungsunfähig machende Wirkungen hervorrufen kann, welche innerhalb kurzer Zeit nach Beendigung der Exposition verschwinden.
8. „Einrichtung zur Herstellung chemischer Waffen"
    a) bedeutet jede Ausrüstung – sowie jedes Gebäude, in dem eine solche Ausrüstung untergebracht ist –, die zu irgendeinem Zeitpunkt seit dem 1. Januar 1946 geplant, gebaut oder verwendet wurde
        i) als Teil jener Stufe der Produktion von Chemikalien („letzter Prozessschritt"), auf der während ihres Betriebs der Materialfluss Folgendes enthält:
            (1) eine in Liste 1 des Anhangs über Chemikalien genannte Chemikalie oder
            (2) eine andere Chemikalie, die bei mehr als einer Jahrestonne im Hoheitsgebiet oder an einem anderen Ort unter der Hoheitsgewalt oder Kontrolle eines Vertragsstaats für nach diesem Übereinkommen nicht verbotene Zwecke keine Verwendung findet, aber für Zwecke chemischer Waffen verwendet werden kann,
        oder
        ii) für das Füllen chemischer Waffen, darunter unter anderem das Abfüllen von in Liste 1 genannten Chemikalien in Munition, Geräte oder Lagerbehälter, das Abfüllen von Chemikalien in Behälter, die Komponenten von Binärmunition und entsprechenden Geräten sind, oder in chemische Tochtermunition, die Teil eines komplexen Munitionssystems oder entsprechender anderer Geräte ist, sowie das Einführen der Behälter und chemischen Tochtermunition in entsprechende Munition und Geräte;
    b) bedeutet nicht
        i) Einrichtungen, deren Produktionskapazität zur Synthese der unter Buchstabe a Ziffer i bezeichneten Chemikalien geringer ist als eine Tonne;
        ii) Einrichtungen, in denen eine unter Buchstabe a Ziffer i bezeichnete Chemikalie als unvermeidliches Nebenprodukt im Zuge von Tätigkeiten für nach diesem Übereinkommen nicht verbotene Zwecke produziert wird oder wurde, solange die Chemikalie nicht drei Prozent des Gesamtprodukts übersteigt und die Einrichtung der Meldung und Inspektion nach Maßgabe des Anhangs über Durchführung und Verifikation (im Folgenden als „Verifikationsanhang" bezeichnet) unterliegt;
        iii) die in Teil VI des Verifikationsanhangs vorgesehene einzige Kleinanlage zur Produktion von in Liste 1 genannten Chemikalien für nach diesem Übereinkommen nicht verbotene Zwecke.
9. „Nach diesem Übereinkommen nicht verbotene Zwecke" bedeutet
    a) industrielle, landwirtschaftliche, forschungsbezogene, medizinische, pharmazeutische oder sonstige friedliche Zwecke;

b) Schutzzwecke, das heißt solche Zwecke, die mit dem Schutz gegen toxische Chemikalien und dem Schutz gegen chemische Waffen unmittelbar im Zusammenhang stehen;
c) militärische Zwecke, die nicht mit dem Einsatz chemischer Waffen zusammenhängen und die nicht von den toxischen Eigenschaften der Chemikalien als Mittel der Kriegführung abhängen;
d) Zwecke der Aufrechterhaltung der öffentlichen Ordnung einschließlich der innerstaatlichen Bekämpfung von Unruhen.

10. „Produktionskapazität" bedeutet Folgendes:
Die Menge einer bestimmten Chemikalie, die jedes Jahr mit Hilfe eines tatsächlich angewandten oder, falls noch nicht in Betrieb, eines zur Anwendung vorgesehenen technischen Prozesses in der entsprechenden Einrichtung produziert werden könnte. Die Produktionskapazität ist mit der Nennkapazität auf dem Typenschild oder, ist die Nennkapazität nicht angegeben, mit der Auslegungskapazität gleichzusetzen. Die Nennkapazität auf dem Typenschild bedeutet die unter günstigsten Bedingungen erzielbare und durch einen oder mehrere Probeläufe nachgewiesene höchste Produktionsmenge der Produktionseinrichtung. Die Auslegungskapazität bedeutet die entsprechende theoretisch berechnete Produktionsmenge.

11. „Organisation" bedeutet die nach Artikel VIII errichtete Organisation für das Verbot chemischer Waffen.

12. Im Sinne des Artikels VI
a) bedeutet „Produktion" einer Chemikalie ihre Bildung durch chemische Reaktion;
b) bedeutet „Verarbeitung" einer Chemikalie einen physikalischen Prozess, wie zB Formulierung, Extraktion und Reinigung, in dem eine Chemikalie nicht in eine andere umgewandelt wird;
c) bedeutet „Verbrauch" einer Chemikalie ihre Umwandlung in eine andere Chemikalie mittels chemischer Reaktion.

**Art. III. Meldungen.** (1) Jeder Vertragsstaat gibt der Organisation spätestens 30 Tage, nachdem dieses Übereinkommen für ihn in Kraft getreten ist, eine Meldung ab, in der er

a) in Bezug auf chemische Waffen
  i) meldet, ob er Eigentümer oder Besitzer chemischer Waffen ist oder ob sich an irgendeinem Ort unter seiner Hoheitsgewalt oder Kontrolle chemische Waffen befinden;
  ii) nach Maßgabe des Teiles IV (A) Absätze 1 bis 3 des Verifikationsanhangs den genauen Standort, die Gesamtmenge und ein ausführliches Verzeichnis der in seinem Eigentum oder Besitz oder an irgendeinem Ort unter seiner Hoheitsgewalt oder Kontrolle befindlichen chemischen Waffen angibt, ausgenommen die unter Ziffer iii bezeichneten chemischen Waffen;
  iii) nach Maßgabe des Teiles IV (A) Absatz 4 des Verifikationsanhangs über alle in seinem Hoheitsgebiet an irgendeinem Ort unter der Hoheitsgewalt oder Kontrolle eines anderen Staates befindlichen chemischen Waffen berichtet, die im Eigentum oder Besitz eines anderen Staates sind;
  iv) meldet, ob er seit dem 1. Januar 1946 unmittelbar oder mittelbar chemische Waffen weitergegeben oder empfangen hat, und nach Maßgabe des Teiles IV (A) Absatz 5 des Verifikationsanhangs die Weitergabe oder den Empfang dieser Waffen angibt;

v) nach Maßgabe des Teiles IV (A) Absatz 6 des Verifikationsanhangs seinen allgemeinen Plan für die Vernichtung der in seinem Eigentum oder Besitz oder an irgendeinem Ort unter seiner Hoheitsgewalt oder Kontrolle befindlichen chemischen Waffen darlegt;
b) in Bezug auf alte chemische Waffen und zurückgelassene chemische Waffen
   i) meldet, ob sich in seinem Hoheitsgebiet alte chemische Waffen befinden, und nach Maßgabe des Teiles IV (B) Absatz 3 des Verifikationsanhangs alle verfügbaren Informationen beibringt;
   ii) meldet, ob sich in seinem Hoheitsgebiet zurückgelassene chemische Waffen befinden, und nach Maßgabe des Teiles IV (B) Absatz 8 des Verifikationsanhangs alle verfügbaren Informationen beibringt;
   iii) meldet, ob er chemische Waffen im Hoheitsgebiet anderer Staaten zurückgelassen hat, und nach Maßgabe des Teiles IV (B) Absatz 10 des Verifikationsanhangs alle verfügbaren Informationen beibringt;
c) in Bezug auf Einrichtungen zur Herstellung chemischer Waffen
   i) meldet, ob er Einrichtungen zur Herstellung chemischer Waffen in seinem Eigentum oder Besitz hat oder gehabt hat oder ob sich solche Einrichtungen an irgendeinem Ort unter seiner Hoheitsgewalt oder Kontrolle befinden oder zu irgendeinem Zeitpunkt seit dem 1. Januar 1946 befunden haben;
   ii) nach Maßgabe des Teiles V Absatz 1 des Verifikationsanhangs die Einrichtungen zur Herstellung chemischer Waffen angibt, die sich in seinem Eigentum oder Besitz oder an irgendeinem Ort unter seiner Hoheitsgewalt oder Kontrolle befinden oder zu irgendeinem Zeitpunkt seit dem 1. Januar 1946 befunden haben, ausgenommen die unter Ziffer iii bezeichneten Einrichtungen;
   iii) nach Maßgabe des Teiles V Absatz 2 des Verifikationsanhangs über alle Einrichtungen zur Herstellung chemischer Waffen in seinem Hoheitsgebiet berichtet, die im Eigentum oder Besitz eines anderen Staates sind oder gewesen sind oder die sich zu irgendeinem Zeitpunkt seit dem 1. Januar 1946 an irgendeinem Ort unter der Hoheitsgewalt oder Kontrolle eines anderen Staates befunden haben;
   iv) nach Maßgabe des Teiles V Absätze 3 bis 5 des Verifikationshangs meldet, ob er seit dem 1. Januar 1946 unmittelbar oder mittelbar Einrichtungen zur Herstellung chemischer Waffen weitergegeben oder empfangen hat, und die Weitergabe oder den Empfang dieser Einrichtungen angibt;
   v) nach Maßgabe des Teiles V Absatz 6 des Verifikationsanhangs seinen allgemeinen Plan für die Vernichtung der in seinem Eigentum oder Besitz oder an irgendeinem Ort unter seiner Hoheitsgewalt oder Kontrolle befindlichen Einrichtungen zur Herstellung chemischer Waffen darlegt;
   vi) nach Maßgabe des Teiles V Absatz 1 Ziffer i des Verifikationsanhangs Maßnahmen angibt, die zur Schließung von in seinem Eigentum oder Besitz oder an irgendeinem Ort unter seiner Hoheitsgewalt oder Kontrolle befindlichen Einrichtungen zur Herstellung chemischer Waffen zu treffen sind;
   vii) nach Maßgabe des Teiles V Absatz 7 des Verifikationsanhangs seinen allgemeinen Plan für jede zeitweilige Umstellung der in seinem Eigentum oder Besitz oder an irgendeinem Ort unter seiner Hoheitsgewalt oder Kontrolle befindlichen Einrichtungen zur Herstellung chemischer Waffen in Einrichtungen zur Vernichtung chemischer Waffen darlegt;
d) in Bezug auf sonstige Einrichtungen
   den genauen Standort, die Art und den allgemeinen Umfang der Tätigkeiten jeder in seinem Eigentum oder Besitz oder an irgendeinem Ort unter seiner Hoheitsge-

walt oder Kontrolle befindlichen Einrichtung oder jedes entsprechenden Unternehmens angibt, die seit dem 1. Januar 1946 hauptsächlich für die Entwicklung chemischer Waffen geplant, gebaut oder verwendet worden sind. Die Meldung bezieht sich auch auf Laboratorien und Erprobungsstellen;

e) in Bezug auf Mittel zur Bekämpfung von Unruhen die chemische Bezeichnung, die Strukturformel und – falls zugeordnet – die Registriernummer jeder Chemikalie nach Chemical Abstracts Service angibt, die er zur Bekämpfung von Unruhen besitzt. Diese Meldung wird spätestens 30 Tage, nachdem eine Veränderung stattgefunden hat, auf den neuesten Stand gebracht.

(2) Es steht einem Vertragsstaat frei, die Bestimmungen dieses Artikels und die entsprechenden Bestimmungen des Teiles IV des Verifikationsanhangs auf die vor dem 1. Januar 1977 in seinem Hoheitsgebiet vergrabenen und dort verbleibenden oder auf die vor dem 1. Januar 1985 ins Meer eingebrachten chemischen Waffen anzuwenden.

**Art. IV. Chemische Waffen.** (1) Dieser Artikel und die genauen Verfahren für seine Durchführung finden Anwendung auf alle im Eigentum oder Besitz eines Vertragsstaats oder an irgendeinem Ort unter seiner Hoheitsgewalt oder Kontrolle befindlichen chemischen Waffen, ausgenommen alte chemische Waffen und zurückgelassene chemische Waffen, auf die Teil IV (B) des Verifikationsanhangs Anwendung findet.

(2) Die genauen Verfahren für die Durchführung dieses Artikels sind im Verifikationsanhang dargelegt.

(3) Alle Orte, an denen die in Absatz 1 bezeichneten chemischen Waffen gelagert sind oder vernichtet werden, unterliegen der systematischen Verifikation durch Inspektion vor Ort und der Überwachung durch Instrumente vor Ort nach Maßgabe des Teiles IV (A) des Verifikationsanhangs.

(4) Jeder Vertragsstaat gewährt sofort nach Abgabe seiner Meldung gemäß Artikel III Absatz 1 Buchstabe a Zugang zu den in Absatz 1 bezeichneten chemischen Waffen zwecks systematischer Verifikation der Meldung durch Inspektion vor Ort. Danach darf ein Vertragsstaat keine dieser chemischen Waffen entfernen, es sei denn, er bringt sie zu einer Einrichtung zur Vernichtung chemischer Waffen. Er gewährt Zugang zu solchen chemischen Waffen zum Zweck der systematischen Verifikation vor Ort.

(5) Jeder Vertragsstaat gewährt Zugang zu den in seinem Eigentum oder Besitz oder an irgendeinem Ort unter seiner Hoheitsgewalt oder Kontrolle befindlichen Einrichtungen zur Vernichtung chemischer Waffen zwecks systematischer Verifikation durch Inspektion vor Ort und Überwachung durch Instrumente vor Ort.

(6) Jeder Vertragsstaat vernichtet alle in Absatz 1 bezeichneten chemischen Waffen nach Maßgabe des Verifikationsanhangs und in Übereinstimmung mit der vereinbarten Geschwindigkeit und Abfolge der Vernichtung (im Folgenden als „Reihenfolge der Vernichtung" bezeichnet). Die Vernichtung beginnt spätestens zwei Jahre, nachdem dieses Übereinkommen für ihn in Kraft getreten ist, und endet spätestens zehn Jahre nach Inkrafttreten des Übereinkommens. Ein Vertragsstaat wird jedoch nicht daran gehindert, die chemischen Waffen in kürzerer Zeit zu vernichten.

(7) Jeder Vertragsstaat

a) legt spätestens 60 Tage vor Beginn jedes jährlichen Vernichtungszeitraums nach Teil IV (A) Absatz 29 des Verifikationsanhangs ausführliche Pläne für die Ver-

nichtung der in Absatz 1 bezeichneten chemischen Waffen vor; die ausführlichen Pläne erfassen alle Bestände, die im Lauf des nächsten jährlichen Vernichtungszeitraums vernichtet werden sollen;
b) gibt jedes Jahr spätestens 60 Tage nach Ablauf jedes jährlichen Vernichtungszeitraums Meldungen ab über die Durchführung seiner Pläne zur Vernichtung der in Absatz 1 bezeichneten chemischen Waffen;
c) bestätigt spätestens 30 Tage nach Abschluss des Vernichtungsvorgangs, dass alle in Absatz 1 bezeichneten chemischen Waffen vernichtet worden sind.

(8) Ratifiziert ein Staat dieses Übereinkommen oder tritt er ihm nach dem in Absatz 6 festgelegten zehnjährigen Vernichtungszeitraum bei, so vernichtet er die in Absatz 1 bezeichneten chemischen Waffen so bald wie möglich. Für diesen Vertragsstaat legt der Exekutivrat die Reihenfolge der Vernichtung und die Verfahren für eine strenge Verifikation der Vernichtung fest.

(9) Chemische Waffen, die ein Vertragsstaat nach der Erstmeldung der chemischen Waffen entdeckt, werden nach Maßgabe des Teiles IV (A) des Verifikationsanhangs angegeben, sichergestellt und vernichtet.

(10) Jeder Vertragsstaat sorgt bei der Beförderung, Probenahme, Lagerung und Vernichtung chemischer Waffen vorrangig für die Sicherheit des Menschen und den Schutz der Umwelt. Jeder Vertragsstaat befördert chemische Waffen, entnimmt Proben von ihnen, lagert und vernichtet sie im Einklang mit seinen innerstaatlichen Sicherheits- und Emissionsnormen.

(11) Jeder Vertragsstaat, in dessen Hoheitsgebiet sich chemische Waffen im Eigentum oder Besitz eines anderen Staates oder an irgendeinem Ort unter der Hoheitsgewalt oder Kontrolle eines anderen Staates befinden, bemüht sich nach besten Kräften sicherzustellen, dass diese chemischen Waffen spätestens ein Jahr nach dem Zeitpunkt, zu dem das Übereinkommen für ihn in Kraft getreten ist, von seinem Hoheitsgebiet entfernt werden. Werden sie nicht innerhalb eines Jahres entfernt, so kann der Vertragsstaat die Organisation und andere Vertragsstaaten ersuchen, bei der Vernichtung dieser chemischen Waffen Hilfe zu leisten.

(12) Jeder Vertragsstaat verpflichtet sich, mit anderen Vertragsstaaten zusammenzuarbeiten, die auf zweiseitiger Grundlage oder über das Technische Sekretariat um Information oder Hilfe in Bezug auf Methoden und Verfahren für eine sichere und ordnungsgemäße Vernichtung chemischer Waffen ersuchen.

(13) Bei der Durchführung der Verifikationstätigkeiten nach diesem Artikel und Teil IV (A) des Verifikationsanhangs prüft die Organisation Maßnahmen, durch die vermieden wird, dass die Bestimmungen der zweiseitigen oder mehrseitigen Übereinkünfte zwischen den Vertragsstaaten über die Verifikation der Lagerung chemischer Waffen und ihrer Vernichtung doppelt erfüllt werden.

Zu diesem Zweck beschließt der Exekutivrat, die Verifikation auf Ergänzungen der aufgrund solcher zweiseitigen oder mehrseitigen Übereinkünfte durchgeführten Maßnahmen zu beschränken, falls er der Auffassung ist, dass
a) die Verifikationsbestimmungen einer solchen Übereinkunft mit den Verifikationsbestimmungen in diesem Artikel und in Teil IV (A) des Verifikationsanhangs übereinstimmen;
b) die Durchführung einer solchen Übereinkunft eine ausreichende Gewähr für die Einhaltung der einschlägigen Bestimmungen dieses Übereinkommens bietet;
c) die Vertragsparteien der zweiseitigen oder mehrseitigen Übereinkunft die Organisation uneingeschränkt über ihre Verifikationstätigkeiten auf dem laufenden halten.

Chemiewaffenübereinkommen  **Art. V CWÜ 8h**

(14) Fasst der Exekutivrat einen Beschluss nach Absatz 13, so hat die Organisation das Recht, die Durchführung der zweiseitigen oder mehrseitigen Übereinkunft zu überwachen.

(15) Die Absätze 13 und 14 lassen die Verpflichtung eines Vertragsstaats, Meldungen aufgrund des Artikels III, des vorliegenden Artikels und des Teiles IV (A) des Verifikationsanhangs abzugeben, unberührt.

(16) Jeder Vertragsstaat trägt die Kosten für die Vernichtung der chemischen Waffen, zu deren Vernichtung er verpflichtet ist. Er trägt ferner die Kosten für die Verifikation der Lagerung und Vernichtung dieser chemischen Waffen, sofern der Exekutivrat nichts anderes beschließt. Beschließt der Exekutivrat, die Verifikationsmaßnahmen der Organisation nach Absatz 13 zu beschränken, so werden die Kosten für die ergänzende Verifikation und Überwachung durch die Organisation, wie in Artikel VIII Absatz 7 festgelegt, nach dem Berechnungsschlüssel der Vereinten Nationen getragen.

(17) Es steht einem Vertragsstaat frei, die Bestimmungen dieses Artikels und die einschlägigen Bestimmungen des Teiles IV des Verifikationsanhangs auf die vor dem 1. Januar 1977 in seinem Hoheitsgebiet vergrabenen und dort verbleibenden oder auf die vor dem 1. Januar 1985 ins Meer eingebrachten chemischen Waffen anzuwenden.

**Art. V. Einrichtungen zur Herstellung chemischer Waffen.** (1) Dieser Artikel und die genauen Verfahren für seine Durchführung finden Anwendung auf sämtliche im Eigentum oder Besitz eines Vertragsstaats oder an irgendeinem Ort unter seiner Hoheitsgewalt oder Kontrolle befindlichen Einrichtungen zur Herstellung chemischer Waffen.

(2) Die genauen Verfahren für die Durchführung dieses Artikels sind im Verifikationsanhang festgelegt.

(3) Alle in Absatz 1 bezeichneten Einrichtungen zur Herstellung chemischer Waffen unterliegen der systematischen Verifikation durch Inspektion vor Ort und Überwachung durch Instrumente vor Ort nach Maßgabe des Teiles V des Verifikationsanhangs.

(4) Jeder Vertragsstaat stellt sogleich alle Tätigkeiten in den in Absatz 1 bezeichneten Einrichtungen zur Herstellung chemischer Waffen ein, soweit es sich nicht um Tätigkeiten handelt, die für die Schließung der Einrichtung erforderlich sind.

(5) Ein Vertragsstaat darf keine neue Einrichtung zur Herstellung chemischer Waffen bauen und keine vorhandene Einrichtung für den Zweck der Herstellung chemischer Waffen oder für eine andere nach diesem Übereinkommen verbotene Tätigkeit verändern.

(6) Jeder Vertragsstaat gewährt, nachdem er die Meldung nach Artikel III Absatz 1 Buchstabe c abgegeben hat, sofort Zugang zu den in Absatz 1 bezeichneten Einrichtungen zur Herstellung chemischer Waffen zwecks systematischer Verifikation der Meldung durch Inspektion vor Ort.

(7) Jeder Vertragsstaat

a) schließt spätestens 90 Tage, nachdem dieses Übereinkommen für ihn in Kraft getreten ist, alle in Absatz 1 bezeichneten Einrichtungen zur Herstellung chemischer Waffen nach Maßgabe des Teiles V des Verifikationsanhangs und gibt dies bekannt;

b) gewährt nach der Schließung Zugang zu den in Absatz 1 bezeichneten Einrichtungen zur Herstellung chemischer Waffen zwecks systematischer Verifikation durch Inspektion vor Ort und Überwachung durch Instrumente vor Ort, um zu gewährleisten, dass die Einrichtung geschlossen bleibt und später vernichtet wird.

(8) Jeder Vertragsstaat vernichtet alle in Absatz 1 bezeichneten Einrichtungen zur Herstellung chemischer Waffen und die damit zusammenhängenden Einrichtungen und Ausrüstungen nach Maßgabe des Verifikationsanhangs und in Übereinstimmung mit der vereinbarten Geschwindigkeit und Abfolge der Vernichtung (im Folgenden als „Reihenfolge der Vernichtung" bezeichnet). Die Vernichtung beginnt spätestens ein Jahr, nachdem dieses Übereinkommen für ihn in Kraft getreten ist, und endet spätestens zehn Jahre nach Inkrafttreten des Übereinkommens. Ein Vertragsstaat wird jedoch nicht daran gehindert, die Einrichtungen in kürzerer Zeit zu vernichten.

(9) Jeder Vertragsstaat

a) legt spätestens 180 Tage vor Beginn der Vernichtung der in Absatz 1 bezeichneten Einrichtungen zur Herstellung chemischer Waffen ausführliche Pläne für die Vernichtung jeder Einrichtung vor;

b) gibt jedes Jahr spätestens 90 Tage nach dem Ablauf jedes jährlichen Vernichtungszeitraums Meldungen ab über die Durchführung seiner Pläne zur Vernichtung aller in Absatz 1 bezeichneten Einrichtungen zur Herstellung chemischer Waffen;

c) bestätigt spätestens 30 Tage nach Abschluss des Vernichtungsvorgangs, dass alle in Absatz 1 bezeichneten Einrichtungen zur Herstellung chemischer Waffen vernichtet worden sind.

(10) Ratifiziert ein Staat dieses Übereinkommen oder tritt er ihm nach dem in Absatz 8 festgelegten zehnjährigen Vernichtungszeitraum bei, so vernichtet er die in Absatz 1 bezeichneten Einrichtungen zur Herstellung chemischer Waffen so bald wie möglich. Für diesen Vertragsstaat legt der Exekutivrat die Reihenfolge der Vernichtung und die Verfahren für eine strenge Verifikation der Vernichtung fest.

(11) Jeder Vertragsstaat sorgt bei der Vernichtung der Einrichtungen zur Herstellung chemischer Waffen vorrangig für die Sicherheit des Menschen und den Schutz der Umwelt. Jeder Vertragsstaat vernichtet die Einrichtungen zur Herstellung chemischer Waffen im Einklang mit seinen innerstaatlichen Sicherheits- und Emissionsnormen.

(12) Die in Absatz 1 bezeichneten Einrichtungen zur Herstellung chemischer Waffen können in Übereinstimmung mit Teil V Absätze 18 bis 25 des Verifikationsanhangs zeitweilig auf die Vernichtung chemischer Waffen umgestellt werden. Eine derart umgestellte Einrichtung muss vernichtet werden, sobald sie nicht mehr zur Vernichtung chemischer Waffen verwendet wird, in jedem Fall jedoch spätestens zehn Jahre nach Inkrafttreten dieses Übereinkommens.

(13) In Ausnahmefällen zwingender Notwendigkeit kann ein Vertragsstaat darum ersuchen, eine in Absatz 1 bezeichnete Einrichtung zur Herstellung chemischer Waffen für nach diesem Übereinkommen nicht verbotene Zwecke zu benutzen. Auf Empfehlung des Exekutivrats entscheidet die Konferenz der Vertragsstaaten, ob dem Ersuchen stattgegeben wird und legt die Bedingungen fest, unter denen die Genehmigung nach Maßgabe des Teiles V Abschnitt D des Verifikationsanhangs erteilt wird.

(14) Die Einrichtung zur Herstellung chemischer Waffen wird so umgestellt, dass sie später ebenso wenig in eine Einrichtung zur Herstellung chemischer Waffen zu-

rückverwandelt werden kann wie jede andere Einrichtung, die ohne Einbeziehung von in Liste 1 genannten Chemikalien für industrielle, landwirtschaftliche, forschungsbezogene, medizinische, pharmazeutische oder sonstige friedliche Zwecke genutzt wird.

(15) Alle umgestellten Einrichtungen unterliegen der systematischen Verifikation durch Inspektion vor Ort und Überwachung durch Instrumente vor Ort nach Maßgabe des Teiles V Abschnitt D des Verifikationsanhangs.

(16) Bei der Durchführung der Verifikationstätigkeiten nach diesem Artikel und Teil V des Verifikationsanhangs prüft die Organisation Maßnahmen, durch die vermieden wird, dass die Bestimmungen der zweiseitigen oder mehrseitigen Übereinkünfte zwischen den Vertragsstaaten über die Verifikation der Einrichtungen zur Herstellung chemischer Waffen und ihrer Vernichtung doppelt erfüllt werden.

Zu diesem Zweck beschließt der Exekutivrat, die Verifikation auf Ergänzungen der aufgrund solcher zweiseitigen oder mehrseitigen Übereinkünfte durchgeführten Maßnahmen zu beschränken, falls er der Auffassung ist, dass

a) die Verifikationsbestimmungen einer solchen Übereinkunft mit den Verifikationsbestimmungen in diesem Artikel und in Teil V des Verifikationsanhangs übereinstimmen;
b) die Durchführung der Übereinkunft eine ausreichende Gewähr für die Einhaltung der einschlägigen Bestimmungen dieses Übereinkommens bietet;
c) die Vertragsparteien der zweiseitigen oder mehrseitigen Übereinkunft die Organisation uneingeschränkt über ihre Verifikationstätigkeiten auf dem laufenden halten.

(17) Fasst der Exekutivrat einen Beschluss nach Absatz 16, so hat die Organisation das Recht, die Durchführung der zweiseitigen oder mehrseitigen Übereinkunft zu überwachen.

(18) Die Absätze 16 und 17 lassen die Verpflichtung eines Vertragsstaats, Meldungen aufgrund des Artikels III, des vorliegenden Artikels und des Teiles V des Verifikationsanhangs abzugeben, unberührt.

(19) Jeder Vertragsstaat trägt die Kosten für die Vernichtung der Einrichtungen zur Herstellung chemischer Waffen, zu deren Vernichtung er verpflichtet ist. Er trägt ferner die Kosten für die Verifikation aufgrund dieses Artikels, sofern der Exekutivrat nichts anderes beschließt. Beschließt der Exekutivrat, die Verifikationsmaßnahmen der Organisation nach Absatz 16 zu beschränken, so werden die Kosten für die ergänzende Verifikation und Überwachung durch die Organisation, wie in Artikel VIII Absatz 7 festgelegt, nach dem Berechnungsschlüssel der Vereinten Nationen getragen.

**Art. VI. Nach diesem Übereinkommen nicht verbotene Tätigkeiten.** (1) Vorbehaltlich dieses Übereinkommens hat jeder Vertragsstaat das Recht, toxische Chemikalien und ihre Vorprodukte für nach diesem Übereinkommen nicht verbotene Zwecke zu entwickeln, zu produzieren, anderweitig zu erwerben, zurückzubehalten, weiterzugeben und zu verwenden.

(2) Jeder Vertragsstaat trifft die notwendigen Maßnahmen, um sicherzustellen, dass toxische Chemikalien und ihre Vorprodukte in seinem Hoheitsgebiet oder an einem anderen Ort unter seiner Hoheitsgewalt oder Kontrolle nur für nach diesem Übereinkommen nicht verbotene Zwecke entwickelt, produziert, anderweitig erworben, zurückbehalten, weitergegeben oder verwendet werden. Zu diesem Zweck und

um zu überprüfen, ob die Tätigkeiten mit seinen Verpflichtungen aus dem Übereinkommen im Einklang sind, unterwirft jeder Vertragsstaat die in den Listen 1, 2 und 3 des Anhangs über Chemikalien genannten Chemikalien sowie Einrichtungen im Zusammenhang mit diesen Chemikalien und andere im Verifikationsanhang bezeichnete Einrichtungen, die sich in seinem Hoheitsgebiet oder an einem anderen Ort unter seiner Hoheitsgewalt oder Kontrolle befinden, den in dem Verifikationsanhang vorgesehenen Verifikationsmaßnahmen.

(3) Jeder Vertragsstaat unterwirft die in Liste 1 genannten Chemikalien (im Folgenden als „Chemikalien der Liste 1" bezeichnet) den in Teil VI des Verifikationsanhangs bezeichneten Verboten über die Produktion, den Erwerb, die Zurückbehaltung, die Weitergabe und die Verwendung. Er unterwirft die Chemikalien der Liste 1 und die in Teil VI des Verifikationsanhangs bezeichneten Einrichtungen einer systematischen Verifikation durch Inspektion vor Ort und Überwachung durch Instrumente vor Ort nach Maßgabe jenes Teiles des Verifikationsanhangs.

(4) Jeder Vertragsstaat unterwirft die in Liste 2 genannten Chemikalien (im Folgenden als „Chemikalien der Liste 2) bezeichnet) und die in Teil VI des Verifikationsanhangs bezeichneten Einrichtungen der Datenüberwachung und der Verifikation vor Ort nach Maßgabe jenes Teiles des Verifikationsanhangs.

(5) Jeder Vertragsstaat unterwirft die in Liste 3 genannten Chemikalien (im Folgenden als „Chemikalien der Liste 3" bezeichnet) und die in Teil VIII des Verifikationsanhangs bezeichneten Einrichtungen der Datenüberwachung und der Verifikation vor Ort nach Maßgabe jenes Teiles des Verifikationsanhangs.

(6) Jeder Vertragsstaat unterwirft die in Teil IX des Verifikationsanhangs bezeichneten Einrichtungen der Datenüberwachung und gegebenenfalls der Verifikation vor Ort nach Maßgabe jenes Teiles des Verifikationsanhangs, sofern die Konferenz der Vertragsstaaten nicht nach Teil IX Absatz 22 des Verifikationsanhangs etwas anderes beschließt.

(7) Jeder Vertragsstaat gibt spätestens 30 Tage, nachdem dieses Übereinkommen für ihn in Kraft getreten ist, eine Erstmeldung der betreffenden Chemikalien und Einrichtungen in Übereinstimmung mit dem Verifikationsanhang ab.

(8) Jeder Vertragsstaat gibt jährliche Meldungen über die betreffenden Chemikalien und Einrichtungen in Übereinstimmung mit dem Verifikationsanhang ab.

(9) Für die Zwecke der Verifikation vor Ort gewährt jeder Vertragsstaat, wie im Verifikationsanhang vorgeschrieben, den Inspektoren Zugang zu den Einrichtungen.

(10) Bei der Durchführung von Verifikationstätigkeiten vermeidet das Technische Sekretariat jede unangemessene Einmischung in die Tätigkeiten des Vertragsstaats auf chemischem Gebiet für nach diesem Übereinkommen nicht verbotene Zwecke und beachtet insbesondere die im Anhang über den Schutz vertraulicher Informationen (im Folgenden als „Vertraulichkeitsanhang" bezeichnet) festgelegten Bestimmungen.

(11) Dieser Artikel ist so anzuwenden, dass eine Behinderung der wirtschaftlichen oder technologischen Entwicklung der Vertragsstaaten und der internationalen Zusammenarbeit im Bereich der Tätigkeiten auf chemischem Gebiet für nach diesem Übereinkommen nicht verbotene Zwecke vermieden wird; hierzu zählt der internationale Austausch wissenschaftlicher und technischer Informationen und von Chemikalien und Ausrüstungen für die Produktion, Verarbeitung oder Verwendung von Chemikalien für nach diesem Übereinkommen nicht verbotene Zwecke.

## Art. VII. Innerstaatliche Durchführungsmaßnahmen

### Allgemeine Verpflichtungen

(1) Jeder Vertragsstaat trifft im Einklang mit seinen verfassungsrechtlichen Verfahren die notwendigen Maßnahmen, um seine Verpflichtungen aus diesem Übereinkommen zu erfüllen.
Insbesondere
a) verbietet er natürlichen und juristischen Personen, an irgendeinem Ort in seinem Hoheitsgebiet oder an einem anderen Ort unter seiner völkerrechtlich anerkannten Hoheitsgewalt Tätigkeiten vorzunehmen, die einem Vertragsstaat aufgrund dieses Übereinkommens verboten sind; hierzu gehört auch die Schaffung von Strafbestimmungen in Bezug auf solche Tätigkeiten;
b) lässt er an keinem Ort unter seiner Kontrolle Tätigkeiten zu, die einem Vertragsstaat aufgrund dieses Übereinkommens verboten sind;
c) erstreckt er im Einklang mit dem Völkerrecht die unter Buchstabe a geschaffenen Strafbestimmungen auf Tätigkeiten, die einem Vertragsstaat aufgrund dieses Übereinkommens verboten sind und von natürlichen Personen seiner Staatsangehörigkeit an irgendeinem Ort vorgenommen werden.

(2) Jeder Vertragsstaat arbeitet mit anderen Vertragsstaaten zusammen und gewährt in geeigneter Form rechtliche Hilfe, um die Erfüllung der Verpflichtungen nach Absatz 1 zu erleichtern.

(3) Jeder Vertragsstaat sorgt bei der Erfüllung seiner Verpflichtungen aus diesem Übereinkommen vorrangig für die Sicherheit des Menschen und den Schutz der Umwelt und arbeitet gegebenenfalls mit anderen Vertragsstaaten in dieser Hinsicht zusammen.

### Beziehungen zwischen dem Vertragsstaat und der Organisation

(4) Jeder Vertragsstaat bestimmt oder errichtet zur Erfüllung seiner Verpflichtungen aus diesem Übereinkommen eine nationale Behörde, die als innerstaatliche Anlaufstelle für die wirksame Verbindung zu der Organisation und anderen Vertragsstaaten dient. Jeder Vertragsstaat teilt der Organisation zu dem Zeitpunkt, zu dem das Übereinkommen für ihn in Kraft tritt, seine nationale Behörde mit.

(5) Jeder Vertragsstaat unterrichtet die Organisation über die zur Durchführung dieses Übereinkommens getroffenen Gesetzgebungs- und Verwaltungsmaßnahmen.

(6) Jeder Vertragsstaat behandelt Informationen und Daten, die er im Zusammenhang mit der Durchführung dieses Übereinkommens von der Organisation vertraulich erhält, vertraulich und mit besonderer Sorgfalt. Er behandelt solche Informationen und Daten ausschließlich im Zusammenhang mit seinen Rechten und Pflichten aus dem Übereinkommen und nach Maßgabe des Vertraulichkeitsanhangs.

(7) Jeder Vertragsstaat verpflichtet sich, mit der Organisation bei der Wahrnehmung ihrer sämtlichen Aufgaben zusammenzuarbeiten und insbesondere dem Technischen Sekretariat Hilfe zu leisten.

## Art. VIII. Die Organisation

### A. Allgemeine Bestimmungen

(1) Die Vertragsstaaten dieses Übereinkommens errichten hiermit die Organisation für das Verbot chemischer Waffen zur Verwirklichung von Ziel und Zweck des Übereinkommens, zur Gewährleistung der Durchführung seiner Bestimmungen,

einschließlich derjenigen über die internationale Verifikation der Einhaltung des Übereinkommens, und als Rahmen für die Konsultation und Zusammenarbeit zwischen den Vertragsstaaten.

(2) Alle Vertragsstaaten dieses Übereinkommens sind Mitglieder der Organisation. Einem Vertragsstaat darf seine Mitgliedschaft in der Organisation nicht entzogen werden.

(3) Die Organisation hat ihren Sitz in Den Haag, Königreich der Niederlande.

(4) Als Organe der Organisation werden hiermit die Konferenz der Vertragsstaaten, der Exekutivrat und das Technische Sekretariat geschaffen.

(5) Die Organisation führt ihre in diesem Übereinkommen vorgesehenen Verifikationstätigkeiten mit der größtmöglichen Zurückhaltung durch, ohne die fristgerechte und wirksame Erreichung ihrer Ziele zu gefährden. Sie fordert nur die Informationen und Daten an, die zur Erfüllung ihrer Verpflichtungen aus dem Übereinkommen erforderlich sind. Sie trifft alle Vorsichtsmaßnahmen zum Schutz der Vertraulichkeit von Informationen über zivile und militärische Tätigkeiten und Einrichtungen, von denen sie bei der Durchführung des Übereinkommens Kenntnis erhält, und beachtet insbesondere die Bestimmungen des Vertraulichkeitsanhangs.

(6) Bei der Durchführung ihrer Verifikationstätigkeiten prüft die Organisation Maßnahmen, mit denen sie aus den in Wissenschaft und Technik erzielten Fortschritten Nutzen ziehen kann.

(7) Die Kosten für die Tätigkeiten der Organisation werden von den Vertragsstaaten nach dem Berechnungsschlüssel der Vereinten Nationen getragen, der der unterschiedlichen Anzahl der Mitglieder in den Vereinten Nationen und dieser Organisation angepasst ist, vorbehaltlich der Artikel IV und V. Die finanziellen Beiträge der Vertragsstaaten an die Vorbereitungskommission werden in angemessener Weise von ihren Beiträgen zum ordentlichen Haushalt abgezogen. Der Haushalt der Organisation umfasst zwei getrennte Kapitel, einen für die Verwaltungs- und sonstigen Kosten und einen für die Verifikationskosten.

(8) Ein Mitglied der Organisation, das mit der Zahlung seiner finanziellen Beiträge an die Organisation im Rückstand ist, hat kein Stimmrecht in der Organisation, wenn die Höhe seiner Rückstände dem Betrag seiner Beiträge für die vorangegangenen vollen zwei Jahre entspricht oder diesen Betrag übersteigt. Die Konferenz der Vertragsstaaten kann diesem Mitglied trotzdem erlauben, sein Stimmrecht auszuüben, wenn sie sich davon überzeugt hat, dass das Zahlungsversäumnis auf Umstände zurückzuführen ist, auf die das Mitglied keinen Einfluss hat.

### B. Die Konferenz der Vertragsstaaten

#### Zusammensetzung, Verfahren und Beschlussfassung

(9) Die Konferenz der Vertragsstaaten (im Folgenden als „Konferenz" bezeichnet) besteht aus allen Mitgliedern dieser Organisation. Jedes Mitglied hat einen Vertreter in der Konferenz; er kann von Stellvertretern und Beratern begleitet werden.

(10) Die erste Tagung der Konferenz wird vom Verwahrer spätestens 30 Tage nach Inkrafttreten dieses Übereinkommens einberufen.

(11) Die Konferenz tritt zu ordentlichen Tagungen zusammen; diese finden jedes Jahr statt, sofern die Konferenz nichts anderes beschließt.

(12) Außerordentliche Tagungen der Konferenz werden einberufen
a) auf Beschluss der Konferenz;
b) auf Antrag des Exekutivrats;
c) auf Antrag eines Mitglieds, unterstützt von einem Drittel der Mitglieder, oder
d) zur Überprüfung der Wirkungsweise dieses Übereinkommens nach Absatz 22.

Die außerordentliche Tagung wird spätestens 30 Tage nach Eingang des Antrags beim Generaldirektor des Technischen Sekretariats einberufen, sofern in dem Antrag nichts anderes vorgesehen ist und es sich nicht um einen Fall nach Buchstabe d handelt.

(13) Die Konferenz wird auch in Übereinstimmung mit Artikel XV Absatz 2 als Änderungskonferenz einberufen.

(14) Die Tagungen der Konferenz finden am Sitz der Organisation statt, sofern die Konferenz nichts anderes beschließt.

(15) Die Konferenz gibt sich eine Geschäftsordnung. Zu Beginn jeder ordentlichen Tagung wählt sie ihren Vorsitzenden und sonstige erforderliche Amtsträger. Diese bleiben so lange im Amt, bis auf der nächsten ordentlichen Tagung ein neuer Vorsitzender und andere Amtsträger gewählt sind.

(16) Die Konferenz ist beschlussfähig, wenn die Mehrheit der Mitglieder der Organisation anwesend ist.

(17) Jedes Mitglied der Organisation hat in der Konferenz eine Stimme.

(18) Die Konferenz fasst ihre Beschlüsse über Verfahrensfragen mit der einfachen Mehrheit der anwesenden und abstimmenden Mitglieder. Beschlüsse über Sachfragen sollen soweit möglich durch Konsens gefasst werden. Kommt ein Konsens nicht zustande, wenn eine Frage zur Abstimmung gestellt wird, so vertagt der Vorsitzende die Abstimmung um 24 Stunden und bemüht sich während dieser Frist nach Kräften, das Zustandekommen eines Konsenses zu erleichtern; vor Ablauf dieser Frist erstattet er der Konferenz Bericht. Kommt nach Ablauf von 24 Stunden ein Konsens nicht zustande, so fasst die Konferenz den Beschluss mit Zweidrittelmehrheit der anwesenden und abstimmenden Mitglieder, sofern in diesem Übereinkommen nichts anderes vorgesehen ist. Ist strittig, ob es sich bei einer Frage um eine Sachfrage handelt, so wird die Frage als Sachfrage behandelt, sofern nicht die Konferenz mit der für Beschlüsse über Sachfragen erforderlichen Mehrheit etwas anderes beschließt.

**Befugnisse und Aufgaben**

(19) Die Konferenz ist das Hauptorgan der Organisation. Sie behandelt alle Fragen, Angelegenheiten oder Themen im Rahmen dieses Übereinkommens, einschließlich derjenigen im Zusammenhang mit den Befugnissen und Aufgaben des Exekutivrats und des Technischen Sekretariats. Sie kann zu allen Fragen, Angelegenheiten oder Themen, die das Übereinkommen betreffen und von einem Vertragsstaat aufgeworfen oder ihr vom Exekutivrat zur Kenntnis gebracht werden, Empfehlungen abgeben und Beschlüsse fassen.

(20) Die Konferenz der Vertragsstaaten wacht über die Durchführung dieses Übereinkommens und handelt im Interesse der Förderung seines Ziels und seines Zwecks. Die Konferenz überprüft die Einhaltung des Übereinkommens. Sie wacht ferner über die Tätigkeiten des Exekutivrats und des Technischen Sekretariats; sie kann beiden Organen für die Wahrnehmung ihrer Aufgaben Leitlinien im Einklang mit dem Übereinkommen erteilen.

# 8h CWÜ Art. VIII

(21) Die Konferenz

a) prüft und verabschiedet auf ihren ordentlichen Tagungen den Bericht, das Programm und den Haushalt der Organisation, die vom Exekutivrat vorgelegt werden, und prüft andere Berichte;
b) entscheidet über den Schlüssel für die von den Vertragsstaaten zu entrichtenden finanziellen Beiträge nach Absatz 7;
c) wählt die Mitglieder des Exekutivrats;
d) ernennt den Generaldirektor des Technischen Sekretariats (im Folgenden als „Generaldirektor" bezeichnet);
e) genehmigt die vom Exekutivrat vorgelegte Geschäftsordnung des Exekutivrats;
f) setzt die Nebenorgane ein, die sie zur Wahrnehmung ihrer Aufgaben in Übereinstimmung mit diesem Übereinkommen für notwendig hält;
g) fördert die internationale Zusammenarbeit zu friedlichen Zwecken im Bereich der Tätigkeiten auf chemischem Gebiet;
h) überprüft wissenschaftliche und technische Entwicklungen, die auf die Wirksamkeit dieses Übereinkommens Auswirkungen haben könnten, und weist in diesem Zusammenhang den Generaldirektor an, einen wissenschaftlichen Beirat einzusetzen, der es ihm in Wahrnehmung seiner Aufgaben ermöglicht, der Konferenz, dem Exekutivrat oder Vertragsstaaten auf wissenschaftlichen und technologischen Gebieten, die das Übereinkommen berühren, fachliche Beratung zu erteilen. Der wissenschaftliche Beirat setzt sich aus unabhängigen Fachleuten zusammen, die aufgrund der von der Konferenz angenommenen Aufgabenstellung ernannt werden;
i) prüft und genehmigt auf ihrer ersten Tagung die von der Vorbereitungskommission ausgearbeiteten Entwürfe von Vereinbarungen, Bestimmungen und Leitlinien;
j) gründet auf ihrer ersten Tagung den freiwilligen Hilfsfonds nach Artikel X;
k) trifft die erforderlichen Maßnahmen, um nach Artikel XII die Einhaltung dieses Übereinkommens zu gewährleisten und jede Lage zu bereinigen und zu beheben, die zu dem Übereinkommen im Widerspruch steht.

(22) Die Konferenz tritt spätestens ein Jahr nach Ablauf des fünften und des zehnten Jahres nach Inkrafttreten dieses Übereinkommens oder zu jedem anderen möglicherweise beschlossenen Zeitpunkt innerhalb dieses Zeitraums zu außerordentlichen Tagungen zusammen, um die Wirkungsweise des Übereinkommens zu überprüfen. Bei diesen Überprüfungen wird einschlägigen wissenschaftlichen und technologischen Entwicklungen Rechnung getragen. Danach werden zu demselben Zweck weitere Tagungen der Konferenz in Abständen von fünf Jahren einberufen, sofern nichts anderes beschlossen wird.

## C. Der Exekutivrat

### Zusammensetzung, Verfahren und Beschlussfassung

(23) Der Exekutivrat besteht aus 41 Mitgliedern. Jeder Vertragsstaat hat das Recht, nach dem Grundsatz der Rotation dem Exekutivrat anzugehören. Die Mitglieder des Exekutivrats werden von der Konferenz für eine Amtszeit von zwei Jahren gewählt. Um die wirksame Arbeitsweise dieses Übereinkommens zu gewährleisten, setzt sich der Exekutivrat unter besonderer Berücksichtigung einer gerechten geographischen Verteilung, der Bedeutung der chemischen Industrie sowie der politischen und Sicherheitsinteressen wie folgt zusammen:

a) neun Vertragsstaaten aus Afrika, die von den in dieser Region ansässigen Vertragsstaaten bestimmt werden. Es gilt als vereinbart, dass als Grundlage für diese

Bestimmung in der Regel drei von diesen neun Vertragsstaaten aufgrund international gemeldeter und veröffentlichter Daten die Vertragsstaaten mit der bedeutendsten nationalen chemischen Industrie in der Region sind; außerdem vereinbart die regionale Gruppe auch weitere regionale Faktoren, die für die Bestimmung dieser drei Mitglieder zu berücksichtigen sind;
b) neun Vertragsstaaten aus Asien, die von den in dieser Region ansässigen Vertragsstaaten bestimmt werden. Es gilt als vereinbart, dass als Grundlage für diese Bestimmung in der Regel vier von diesen neun Vertragsstaaten aufgrund international gemeldeter und veröffentlichter Daten die Vertragsstaaten mit der bedeutendsten nationalen chemischen Industrie in der Region sind; außerdem vereinbart die regionale Gruppe auch weitere regionale Faktoren, die für die Bestimmung dieser vier Mitglieder zu berücksichtigen sind;
c) fünf Vertragsstaaten aus Osteuropa, die von den in dieser Region ansässigen Vertragsstaaten bestimmt werden. Es gilt als vereinbart, dass als Grundlage für diese Bestimmung in der Regel einer von diesen fünf Vertragsstaaten aufgrund international gemeldeter und veröffentlichter Daten der Vertragsstaat mit der bedeutendsten nationalen chemischen Industrie in der Region ist; außerdem vereinbart die regionale Gruppe auch weitere regionale Faktoren, die für die Bestimmung dieses einen Mitglieds zu berücksichtigen sind;
d) sieben Vertragsstaaten aus Lateinamerika und der Karibik, die von den in dieser Region ansässigen Vertragsstaaten bestimmt werden. Es gilt als vereinbart, dass als Grundlage für diese Bestimmung in der Regel drei von diesen sieben Vertragsstaaten aufgrund international gemeldeter und veröffentlichter Daten die Vertragsstaaten mit der bedeutendsten nationalen chemischen Industrie in der Region sind; außerdem vereinbart die regionale Gruppe auch weitere regionale Faktoren, die für die Bestimmung dieser drei Mitglieder zu berücksichtigen sind;
e) zehn Vertragsstaaten aus der Gruppe der westeuropäischen und anderen Staaten, die von den in dieser Region ansässigen Vertragsstaaten bestimmt werden. Es gilt als vereinbart, dass als Grundlage für diese Bestimmung in der Regel fünf von diesen zehn Vertragsstaaten aufgrund international gemeldeter und veröffentlichter Daten die Vertragsstaaten mit der bedeutendsten nationalen chemischen Industrie in der Region sind; außerdem vereinbart die regionale Gruppe auch weitere regionale Faktoren, die für die Bestimmung dieser fünf Mitglieder zu berücksichtigen sind;
f) ein weiterer Vertragsstaat, der von den in den Regionen Afrika, Asien sowie Lateinamerika und der Karibik ansässigen Vertragsstaaten der Reihe nach bestimmt wird. Es gilt als vereinbart, dass als Grundlage für die Bestimmung dieses Mitglieds der Grundsatz der Rotation angewendet wird.

(24) Bei der ersten Wahl in den Exekutivrat werden 20 Mitglieder für eine Amtszeit von einem Jahr gewählt; hierbei ist das in Absatz 23 beschriebene Zahlenverhältnis zu beachten.

(25) Nach vollständiger Durchführung der Artikel IV und V kann die Konferenz auf Ersuchen der Mehrheit der Mitglieder des Exekutivrats dessen Zusammensetzung im Licht von Entwicklungen überprüfen, die sich auf die in Absatz 23 bezeichneten und die Zusammensetzung des Exekutivrats bestimmenden Grundsätze beziehen.

(26) Der Exekutivrat arbeitet seine Geschäftsordnung aus und legt sie der Konferenz zur Genehmigung vor.

(27) Der Exekutivrat wählt seinen Vorsitzenden aus den Reihen seiner Mitglieder.

(28) Der Exekutivrat tritt zu ordentlichen Tagungen zusammen. Zwischen den ordentlichen Tagungen tritt er so oft zusammen, wie dies zur Wahrnehmung seiner Befugnisse und Aufgaben notwendig ist.

(29) Jedes Mitglied des Exekutivrats hat eine Stimme. Sofern in diesem Übereinkommen nichts anderes festgelegt ist, fasst der Exekutivrat seine Beschlüsse über Sachfragen mit Zweidrittelmehrheit aller seiner Mitglieder. Beschlüsse über Verfahrensfragen fasst der Exekutivrat mit der einfachen Mehrheit aller seiner Mitglieder. Ist strittig, ob es sich bei einer Frage um eine Sachfrage handelt, so wird die Frage als Sachfrage behandelt, sofern der Exekutivrat nicht mit der für Beschlüsse über Sachfragen erforderlichen Mehrheit etwas anderes beschließt.

**Befugnisse und Aufgaben**

(30) Der Exekutivrat ist das ausführende Organ der Organisation. Er ist der Konferenz gegenüber verantwortlich. Der Exekutivrat nimmt die ihm durch dieses Übereinkommen übertragenen Befugnisse und Aufgaben sowie die Aufgaben wahr, die ihm von der Konferenz zugewiesen werden. Dabei handelt er nach Maßgabe der Empfehlungen, Beschlüsse und Leitlinien der Konferenz und wacht darüber, dass sie ordnungsgemäß und ohne Unterbrechung durchgeführt werden.

(31) Der Exekutivrat setzt sich für die wirksame Durchführung und Einhaltung dieses Übereinkommens ein. Er überwacht die Tätigkeiten des Technischen Sekretariats, arbeitet mit der zuständigen nationalen Behörde jedes einzelnen Vertragsstaats zusammen und erleichtert auf Ersuchen der Vertragsstaaten die Konsultationen und die Zusammenarbeit zwischen ihnen.

(32) Der Exekutivrat

a) prüft den Entwurf des Programms und des Haushalts der Organisation und legt ihn der Konferenz vor;
b) prüft den Entwurf des Berichts der Organisation über die Durchführung dieses Übereinkommens, den Bericht über die Ausübung seiner eigenen Tätigkeiten und etwaige Sonderberichte, die er für notwendig hält oder um welche die Konferenz ersucht, und legt dies alles der Konferenz vor;
c) trifft Vorkehrungen für die Tagungen der Konferenz; insbesondere arbeitet er die vorläufige Tagesordnung aus.

(33) Der Exekutivrat kann die Einberufung einer außerordentlichen Tagung der Konferenz beantragen.

(34) Der Exekutivrat

a) trifft im Namen der Organisation und vorbehaltlich der vorherigen Genehmigung durch die Konferenz Vereinbarungen oder Regelungen mit Staaten und internationalen Organisationen;
b) trifft im Namen der Organisation Vereinbarungen mit Vertragsstaaten im Zusammenhang mit Artikel X und überwacht den in Artikel X bezeichneten freiwilligen Fonds;
c) genehmigt die vom Technischen Sekretariat mit Vertragsstaaten ausgehandelten Vereinbarungen oder Regelungen über die Durchführung von Verifikationstätigkeiten.

(35) Der Exekutivrat prüft jede in seinen Zuständigkeitsbereich fallende Frage oder Angelegenheit, die dieses Übereinkommen und seine Durchführung betrifft, darunter Bedenken wegen der Einhaltung des Übereinkommens und der Fälle der

Nichteinhaltung; er unterrichtet gegebenenfalls die Vertragsstaaten und bringen die Frage oder Angelegenheit der Konferenz zur Kenntnis.

(36) Bei seiner Prüfung von Zweifeln oder Bedenken wegen der Einhaltung dieses Übereinkommens und der Fälle der Nichteinhaltung, darunter insbesondere des Missbrauch der in diesem Übereinkommen vorgesehenen Rechte, konsultiert der Exekutivrat die betroffenen Vertragsstaaten und ersucht gegebenenfalls den Vertragsstaat, Maßnahmen zu treffen, um die Lage innerhalb einer festgesetzten Frist zu bereinigen. Soweit der Exekutivrat weitere Schritte für erforderlich hält, trifft er unter anderem eine oder mehrere der folgenden Maßnahmen:

a) Er unterrichtet alle Vertragsstaaten über die Frage oder Angelegenheit;
b) er bringt die Frage oder Angelegenheit der Konferenz zur Kenntnis;
c) er erteilt der Konferenz Empfehlungen über Maßnahmen zur Bereinigung der Lage und zur Gewährleistung der Einhaltung.

In besonders schwerwiegenden und dringenden Fällen bringt der Exekutivrat die Frage oder Angelegenheit samt einschlägigen Informationen und Schlussfolgerungen unmittelbar der Generalversammlung oder dem Sicherheitsrat der Vereinten Nationen zur Kenntnis. Gleichzeitig unterrichtet er alle Vertragsstaaten über diesen Schritt.

**D. Das Technische Sekretariat**

(37) Das Technische Sekretariat unterstützt die Konferenz und den Exekutivrat bei der Wahrnehmung ihrer Aufgaben. Das Technische Sekretariat führt die in diesem Übereinkommen vorgesehenen Verifikationsmaßnahmen durch. Es nimmt die übrigen ihm durch das Übereinkommen übertragenen Aufgaben sowie die Aufgaben wahr, die ihm von der Konferenz und vom Exekutivrat zugewiesen werden.

(38) Das Technische Sekretariat

a) arbeitet den Entwurf des Programms und des Haushalts der Organisation aus und legt ihn dem Exekutivrat vor;
b) arbeitet den Entwurf des Berichts der Organisation über die Durchführung dieses Übereinkommens und weitere Berichte aus, welche die Konferenz oder der Exekutivrat anfordern, und legt sie dem Exekutivrat vor;
c) leistet der Konferenz, dem Exekutivrat und Nebenorganen verwaltungsmäßige und technische Hilfe;
d) richtet im Namen der Organisation Mitteilungen über Angelegenheiten bezüglich der Durchführung dieses Übereinkommens an die Vertragsstaaten und nimmt von diesen entsprechende Mitteilungen entgegen;
e) leistet den Vertragsstaaten bei der Durchführung dieses Übereinkommens technische Hilfe und nimmt technische Auswertungen vor, insbesondere der in den Listen genannten und der nicht genannten Chemikalien.

(39) Das Technische Sekretariat

a) handelt mit Vertragsstaaten Vereinbarungen oder Regelungen, die dem Exekutivrat zur Genehmigung vorgelegt werden, über die Durchführung von Verifikationstätigkeiten aus;
b) koordiniert spätestens 180 Tage nach Inkrafttreten dieses Übereinkommens die Errichtung und Unterhaltung ständiger Lager, die für Soforthilfemaßnahmen und humanitäre Hilfe seitens der Vertragsstaaten nach Artikel X Absatz 7 Buchstaben b und c bestimmt sind. Das Technische Sekretariat kann die gelagerten Gegenstände auf ihre Verwendbarkeit überprüfen. Die Konferenz prüft und geneh-

migt nach Absatz 21 Buchstabe i die Verzeichnisse der einzulagernden Gegenstände;

c) verwaltet den in Artikel X bezeichneten freiwilligen Fonds, sammelt die von den Vertragsstaaten abgegebenen Meldungen und trägt auf Verlangen die für die Zwecke des Artikels X geschlossenen zweiseitigen Vereinbarungen zwischen Vertragsstaaten oder zwischen einem Vertragsstaat und der Organisation in ein Verzeichnis ein.

(40) Das Technische Sekretariat unterrichtet den Exekutivrat über jedes Problem, das sich bei der Wahrnehmung seiner Aufgaben ergeben hat, einschließlich der Zweifel, Unklarheiten oder Unsicherheiten in Bezug auf die Einhaltung dieses Übereinkommens, die ihm bei der Durchführung seiner Verifikationstätigkeiten zur Kenntnis gelangt sind und die es durch seine Konsultationen mit dem betreffenden Vertragsstaat nicht hat ausräumen oder klären können.

(41) Das Technische Sekretariat besteht aus einem Generaldirektor, der dessen Leiter und höchster Verwaltungsbeamter ist, sowie aus Inspektoren und dem gegebenenfalls benötigten wissenschaftlichen, technischen und sonstigen Personal.

(42) Das Inspektorat ist Teil des Technischen Sekretariats; es untersteht der Aufsicht des Generaldirektors.

(43) Der Generaldirektor wird von der Konferenz auf Empfehlung des Exekutivrats für eine Amtszeit von vier Jahren ernannt, die einmal verlängert werden kann.

(44) Der Generaldirektor ist gegenüber der Konferenz und dem Exekutivrat für die Ernennung der Bediensteten sowie für die Organisation und die Arbeitsweise des Technischen Sekretariats verantwortlich. Bei der Einstellung des Personals und der Festsetzung der Dienstverhältnisse ist vorrangig der Notwendigkeit Rechnung zu tragen, dass ein Höchstmaß an Leistungsfähigkeit, fachlicher Eignung und Ehrenhaftigkeit gewährleistet ist. Nur Staatsangehörige der Vertragsstaaten dürfen als Inspektoren oder als sonstiges Fach- und Büropersonal tätig sein. Die Bedeutung einer Auswahl des Personals auf möglichst breiter geographischer Grundlage ist gebührend zu berücksichtigen. Bei der Einstellung ist von dem Grundsatz auszugehen, dass das Personal auf das Mindestmaß beschränkt bleibt, das für die ordnungsgemäße Wahrnehmung der Verantwortlichkeiten des Technischen Sekretariats erforderlich ist.

(45) Der Generaldirektor ist für die Organisation und die Arbeitsweise des in Absatz 21 Buchstabe h bezeichneten wissenschaftlichen Beirats verantwortlich. Der Generaldirektor ernennt in Absprache mit den Vertragsstaaten die Mitglieder des wissenschaftlichen Beirats, die diesem in persönlicher Eigenschaft angehören. Die Mitglieder des Beirats werden aufgrund ihres Fachwissens auf den für die Durchführung dieses Übereinkommens maßgeblichen besonderen Wissenschaftsgebieten ernannt. Der Generaldirektor kann auch gegebenenfalls in Absprache mit Mitgliedern des Beirats vorübergehend Arbeitsgruppen aus wissenschaftlichen Fachleuten einsetzen, damit sie Empfehlungen zu bestimmten Themen abgeben. In diesem Zusammenhang können die Vertragsstaaten dem Generaldirektor Listen von Fachleuten vorlegen.

(46) Der Generaldirektor, die Inspektoren und die sonstigen Mitglieder des Personals dürfen in Erfüllung ihrer Pflichten von einer Regierung oder von einer anderen Stelle außerhalb der Organisation Weisungen weder einholen noch entgegennehmen. Sie haben sich jeder Handlung zu enthalten, die ihrer Stellung als internationale, nur der Konferenz und dem Exekutivrat verantwortliche Bedienstete abträglich sein könnte.

(47) Jeder Vertragsstaat achtet den ausschließlich internationalen Charakter der Verantwortung des Generaldirektors, der Inspektoren oder der sonstigen Mitglieder des Personals und versucht nicht, sie bei der Wahrnehmung ihrer Aufgaben zu beeinflussen.

### E. Vorrechte und Immunitäten

(48) Die Organisation besitzt im Hoheitsgebiet oder an jedem anderen Ort unter der Hoheitsgewalt oder Kontrolle eines Vertragsstaats die für die Wahrnehmung ihrer Aufgaben erforderliche Rechts- und Geschäftsfähigkeit und genießt die dafür notwendigen Vorrechte und Immunitäten.

(49) Die Delegierten der Vertragsstaaten mit ihren Stellvertretern und Beratern, die in den Exekutivrat ernannten Vertreter mit ihren Stellvertretern und Beratern, der Generaldirektor und das Personal der Organisation genießen die für die unabhängige Wahrnehmung ihrer Aufgaben im Zusammenhang mit der Organisation erforderlichen Vorrechte und Immunitäten.

(50) Die Rechts- und Geschäftsfähigkeit, die Vorrechte und Immunitäten, auf die in diesem Artikel Bezug genommen wird, werden in Vereinbarungen zwischen der Organisation und den Vertragsstaaten sowie in Abkommen zwischen der Organisation und dem Staat, in dem sich der Sitz der Organisation befindet, festgelegt. Diese Vereinbarungen und Abkommen werden nach Absatz 21 Buchstabe i von der Konferenz geprüft und genehmigt.

(51) Unbeschadet der Absätze 48 und 49 genießen der Generaldirektor und das Personal des Technischen Sekretariats während der Durchführung von Verifikationstätigkeiten die in Teil II Abschnitt B des Verifikationsanhangs genannten Vorrechte und Immunitäten.

### Art. IX. Konsultationen, Zusammenarbeit und Tatsachenfeststellung.

(1) Die Vertragsstaaten konsultieren einander und arbeiten unmittelbar oder über die Organisation oder durch andere geeignete internationale Verfahren, einschließlich solcher im Rahmen der Vereinten Nationen und im Einklang mit deren Charta, in jeder Angelegenheit zusammen, die in Bezug auf Ziel und Zweck oder Durchführung dieses Übereinkommens aufgeworfen werden könnte.

(2) Unbeschadet des Rechts jedes Vertragsstaats, um eine Verdachtsinspektion zu ersuchen, sollen sich die Vertragsstaaten soweit möglich zunächst bemühen, durch Austausch von Informationen und durch Konsultationen untereinander jede Angelegenheit zu klären und zu bereinigen, die Zweifel über die Einhaltung dieses Übereinkommens hervorrufen kann oder wegen einer damit zusammenhängenden Angelegenheit, welche als zweifelhaft betrachtet werden kann, zu Bedenken Anlass gibt. Ein Vertragsstaat, der von einem anderen Vertragsstaat um Klarstellung einer Angelegenheit ersucht wird, welche nach Auffassung des ersuchenden Vertragsstaats zu Zweifeln oder Bedenken Anlass gibt, übermittelt dem ersuchenden Vertragsstaat so bald wie möglich, spätestens jedoch zehn Tage nach Eingang des Ersuchens, ausreichende Informationen zur Beantwortung der entstandenen Zweifel oder Bedenken sowie eine Erklärung darüber, wie die übermittelten Informationen die Angelegenheit bereinigen. Das Übereinkommen lässt das Recht von zwei oder mehr Vertragsstaaten unberührt, im gegenseitigen Einvernehmen Inspektionen oder andere Verfahren untereinander zu vereinbaren, um eine Angelegenheit zu klären und zu bereinigen, die Zweifel über die Einhaltung des Übereinkommens hervorrufen kann

oder wegen einer damit zusammenhängenden Angelegenheit, welche als zweifelhaft betrachtet werden kann, zu Bedenken Anlass gibt. Solche Vereinbarungen lassen die Rechte und Pflichten eines Vertragsstaats aus anderen Bestimmungen des Übereinkommens unberührt.

**Verfahren bei einem Ersuchen um Klarstellung**

(3) Ein Vertragsstaat hat das Recht, den Exekutivrat zu ersuchen, bei der Klarstellung einer Lage zu helfen, die als zweifelhaft betrachtet werden kann oder die zu Bedenken über die Einhaltung dieses Übereinkommens durch einen anderen Vertragsstaat Anlass gibt. Der Exekutivrat legt in seinem Besitz befindliche diesbezügliche geeignete Informationen vor.

(4) Ein Vertragsstaat hat das Recht, den Exekutivrat zu ersuchen, von einem anderen Vertragsstaat die Klarstellung einer Lage zu erwirken, die als zweifelhaft betrachtet werden kann oder die zu Bedenken über die Nichteinhaltung dieses Übereinkommens durch den Vertragsstaat Anlass gibt. In solchem Fall gilt Folgendes:

a) Der Exekutivrat leitet das Ersuchen um Klarstellung spätestens 24 Stunden nach dessen Eingang über den Generaldirektor an den betreffenden Vertragsstaat weiter;

b) der ersuchte Vertragsstaat legt dem Exekutivrat so bald wie möglich, spätestens jedoch zehn Tage nach Eingang des Ersuchens, die Klarstellung vor;

c) Der Exekutivrat nimmt von der Klarstellung Kenntnis und übermittelt sie dem ersuchenden Vertragsstaat spätestens 24 Stunden nach ihrem Eingang;

d) hält der ersuchende Vertragsstaat die Klarstellung für unzulänglich, so hat er das Recht, den Exekutivrat zu ersuchen, von dem ersuchten Vertragsstaat eine weitere Klarstellung zu erhalten;

e) für die Beschaffung einer weiteren nach Buchstabe d erbetenen Klarstellung kann der Exekutivrat den Generaldirektor auffordern, aus den Mitarbeitern des Technischen Sekretariats oder, ist geeignetes Personal im Technischen Sekretariat nicht verfügbar, von außerhalb eine Sachverständigengruppe zur Prüfung aller verfügbaren Informationen und Daten der die Bedenken hervorrufenden Lage einzusetzen. Die Sachverständigengruppe übermittelt dem Exekutivrat einen Sachbericht über ihre Feststellungen;

f) hält der ersuchende Vertragsstaat die nach den Buchstaben d und e erhaltene Klarstellung für unbefriedigend, so hat er das Recht, eine außerordentliche Tagung des Exekutivrats zu beantragen, an der betroffene Vertragsstaaten, die nicht Mitglieder des Exekutivrats sind, teilzunehmen berechtigt sind. Auf dieser außerordentlichen Tagung prüft der Exekutivrat die Angelegenheit; er kann jede Maßnahme empfehlen, die er zur Bereinigung der Lage für angebracht hält.

(5) Ein Vertragsstaat hat ferner das Recht, den Exekutivrat um Klarstellung einer Lage zu ersuchen, die als zweifelhaft betrachtet wird oder die zu Bedenken über die mögliche Nichteinhaltung dieses Übereinkommens durch den Vertragsstaat Anlass gibt. Der Exekutivrat entspricht dem Ersuchen, indem er angemessene Hilfe leistet.

(6) Der Exekutivrat unterrichtet die Vertragsstaaten über jedes nach diesem Artikel gestellte Ersuchen um Klarstellung.

(7) Werden die Zweifel oder Bedenken eines Vertragsstaats über eine mögliche Nichteinhaltung nicht innerhalb von 60 Tagen beseitigt, nachdem dem Exekutivrat das Ersuchen um Klarstellung vorgelegt wurde, oder ist dieser Vertragsstaat der Auffassung, dass seine Zweifel eine dringende Prüfung rechtfertigen, so ist er unbeschadet seines Rechts, um eine Verdachtsinspektion zu ersuchen, berechtigt, nach

Artikel VIII Abs. 12 Buchstabe c eine außerordentliche Tagung der Konferenz zu beantragen. Auf dieser außerordentlichen Tagung prüft die Konferenz die Angelegenheit; sie kann jede Maßnahme empfehlen, die sie zur Bereinigung der Lage für angebracht hält.

**Verfahren bei Verdachtsinspektionen**

(8) Jeder Vertragsstaat hat das Recht, um eine Verdachtsinspektion vor Ort jeder Einrichtung oder an jedem Standort im Hoheitsgebiet oder an einem anderen Ort unter der Hoheitsgewalt oder Kontrolle eines anderen Vertragsstaats ausschließlich zum Zweck der Klarstellung oder Lösung von Fragen über die mögliche Nichteinhaltung dieses Übereinkommens zu ersuchen und diese Inspektion unverzüglich nach Maßgabe des Verifikationsanhangs an irgendeinem Ort von einem Inspektionsteam durchführen zu lassen, das vom Generaldirektor bestellt wird.

(9) Jeder Vertragsstaat ist verpflichtet, dafür zu sorgen, dass das Inspektionsersuchen nicht den Rahmen dieses Übereinkommens überschreitet und dass mit dem Inspektionsersuchen alle sachdienlichen Informationen beigebracht werden, auf deren Grundlage Bedenken über eine mögliche Nichteinhaltung des Übereinkommens, wie im Verifikationsanhang festgelegt ist, entstanden sind. Jeder Vertragsstaat unterlässt unbegründete Inspektionsersuchen in dem Bemühen, Missbrauch zu vermeiden. Eine Verdachtsinspektion wird ausschließlich zu dem Zweck durchgeführt, Tatsachen über eine mögliche Nichteinhaltung festzustellen.

(10) Um die Einhaltung dieses Übereinkommens zu überprüfen, erlaubt jeder Vertragsstaat dem Technischen Sekretariat, die Verdachtsinspektion vor Ort nach Absatz 8 durchzuführen.

(11) Aufgrund eines Ersuchens um eine Verdachtsinspektion einer Einrichtung oder eines Standorts und nach den im Verifikationsanhang vorgesehenen Verfahren hat ein inspizierter Vertragsstaat

a) das Recht und die Verpflichtung, nach besten Kräften die Einhaltung dieses Übereinkommens darzulegen, und zu diesem Zweck das Inspektionsteam in die Lage zu versetzen, seinen Auftrag zu erfüllen;
b) die Verpflichtung, Zugang zum Inneren des im Ersuchen genannten Betriebsgeländes ausschließlich zu dem Zweck zu gewähren, Tatsachen in Bezug auf die Bedenken wegen einer möglichen Nichteinhaltung des Übereinkommens festzustellen;
c) das Recht, Maßnahmen zum Schutz sicherheitsempfindlicher Vorrichtungen zu treffen und zu verhindern, dass vertrauliche Informationen und Daten, die mit diesem Übereinkommen nicht im Zusammenhang stehen, preisgegeben werden.

(12) Für die Teilnahme eines Beobachters gilt Folgendes:

a) Der ersuchende Vertragsstaat darf, vorbehaltlich der Einwilligung des inspizierten Vertragsstaats, einen Vertreter entsenden, der Staatsangehöriger des ersuchenden Vertragsstaats oder eines dritten Vertragsstaats ist, um die Durchführung der Verdachtsinspektion zu beobachten.
b) Der inspizierte Vertragsstaat gewährt sodann dem Beobachter Zugang nach Maßgabe des Verifikationsanhangs.
c) Der inspizierte Vertragsstaat lässt in der Regel den vorgeschlagenen Beobachter zu; lehnt er ihn jedoch ab, so wird diese Tatsache im Schlussbericht festgehalten.

(13) Der ersuchende Vertragsstaat legt das Inspektionsersuchen um eine Verdachtsinspektion vor Ort dem Exekutivrat und gleichzeitig dem Generaldirektor zur sofortigen Erledigung vor.

(14) Der Generaldirektor vergewissert sich sofort, dass das Inspektionsersuchen die in Teil X Absatz 4 des Verifikationsanhangs genannten Voraussetzungen erfüllt; falls notwendig, hilft er dem ersuchenden Vertragsstaat, das Inspektionsersuchen entsprechend abzufassen. Sobald das Inspektionsersuchen die vorgegebenen Voraussetzungen erfüllt, beginnen die Vorbereitungen für die Verdachtsinspektion.

(15) Der Generaldirektor übermittelt dem inspizierten Vertragsstaat das Inspektionsersuchen spätestens 12 Stunden vor der geplanten Ankunft des Inspektionsteams am Punkt der Einreise.

(16) Nachdem der Exekutivrat das Inspektionsersuchen erhalten hat, nimmt er Kenntnis von den Handlungen des Generaldirektors bezüglich des Ersuchens und verfolgt die Angelegenheit während des gesamten Inspektionsverfahrens. Seine Ausführungen dürfen den Inspektionsvorgang jedoch nicht verzögern.

(17) Der Exekutivrat kann spätestens 12 Stunden, nachdem er das Inspektionsersuchen erhalten hat, mit Dreiviertelmehrheit aller seiner Mitglieder beschließen, dass die Inspektion nicht vorgenommen wird, wenn er der Auffassung ist, dass das Ersuchen nicht stichhaltig, sondern missbräuchlich ist oder, wie in Absatz 8 beschrieben, ganz eindeutig den Rahmen dieses Übereinkommens überschreitet. Weder der ersuchende noch der inspizierte Vertragsstaat nehmen an der Beschlussfassung teil. Fasst der Exekutivrat einen Beschluss gegen die Verdachtsinspektion, so werden die Vorbereitungen eingestellt und keine weiteren Handlungen bezüglich des Inspektionsersuchens vorgenommen; die betroffenen Vertragsstaaten werden entsprechend unterrichtet.

(18) Der Generaldirektor erteilt einen Inspektionsauftrag für die Durchführung der Verdachtsinspektion. Der Inspektionsauftrag ist das in praktische Anordnungen umgesetzte Inspektionsersuchen nach den Absätzen 8 und 9; er entspricht dem Inspektionsersuchen.

(19) Die Verdachtsinspektion erfolgt nach Maßgabe des Teiles X oder im Fall eines behaupteten Einsatzes nach Maßgabe des Teiles XI des Verifikationsanhangs. Das Inspektionsteam handelt nach dem Grundsatz, die Verdachtsinspektion mit der größtmöglichen Zurückhaltung durchzuführen, die der wirksamen und fristgerechten Erfüllung seines Auftrags entspricht.

(20) Der inspizierte Vertragsstaat hilft dem Inspektionsteam während der gesamten Verdachtsinspektion und erleichtert seine Aufgabe. Schlägt der inspizierte Vertragsstaat nach Teil X Abschnitt C des Verifikationsanhangs andere Regelungen, mit deren Hilfe die Einhaltung dieses Übereinkommens dargelegt werden kann, als den uneingeschränkten und umfassenden Zugang vor, so bemüht er sich nach besten Kräften durch Konsultationen mit dem Inspektionsteam um eine Einigung über die Modalitäten für die Tatsachenfeststellung mit dem Ziel darzulegen, dass er das Übereinkommen einhält.

(21) Der Schlussbericht enthält die festgestellten Tatsachen sowie eine Bewertung durch das Inspektionsteam von Umfang und Art des Zugangs und der Zusammenarbeit, die für die zufrieden stellende Durchführung der Verdachtsinspektion gewährt wurden. Der Generaldirektor übermittelt den Schlussbericht des Inspektionsteams umgehend dem ersuchenden Vertragsstaat, dem inspizierten Vertragsstaat, dem Exekutivrat und allen anderen Vertragsstaaten. Der Generaldirektor übermittelt ferner dem Exekutivrat sogleich die Bewertungen des ersuchenden und des inspizierten Vertragsstaat sowie die Auffassungen anderer Vertragsstaaten, die dem Generaldirektor für diesen Zweck zugeleitet werden können, und stellt sie dann allen anderen Vertragsstaaten zur Verfügung.

Chemiewaffenübereinkommen     **Art. X CWÜ 8h**

(22) Der Exekutivrat überprüft den Schlussbericht des Inspektionsteams, sobald er ihm vorliegt, im Einklang mit seinen Befugnissen und Aufgaben; er greift alle Bedenken auf, die sich auf folgende Fragen beziehen:

a) ob ein Fall der Nichteinhaltung vorlag;
b) ob das Ersuchen nicht den Rahmen des Übereinkommens überschritt;
c) ob das Recht, um eine Verdachtsinspektion zu ersuchen, missbraucht wurde.

(23) Gelangt der Exekutivrat im Einklang mit seinen Befugnissen und Aufgaben zu der Auffassung, dass im Hinblick auf Absatz 22 weitere Maßnahmen erforderlich sind, so ergreift er die geeigneten Maßnahmen, um die Lage zu bereinigen und um sicherzustellen, dass das Übereinkommen eingehalten wird; insbesondere erteilt er der Konferenz besondere Empfehlungen. Im Falle des Missbrauchs prüft der Exekutivrat die Frage, ob der ersuchende Vertragsstaat die finanziellen Lasten der Verdachtsinspektion mitzutragen hat.

(24) Der ersuchende Vertragsstaat und der inspizierte Vertragsstaat haben das Recht, sich am Überprüfungsverfahren zu beteiligen. Der Exekutivrat unterrichtet die Vertragsstaaten und die nächste Tagung der Konferenz von dem Ergebnis des Verfahrens.

(25) Hat der Exekutivrat der Konferenz besondere Empfehlungen erteilt, so prüft die Konferenz Maßnahmen nach Artikel XII.

**Art. X. Hilfeleistung und Schutz gegen chemische Waffen.** (1) Im Sinne dieses Artikels bedeutet „Hilfeleistung" die Koordinierung und die Gewährung von Schutz gegen chemische Waffen für die Vertragsstaaten; sie umfasst unter anderem Folgendes: Nachweisgeräte und Alarmsysteme, Schutzausrüstungen, Entgiftungsausrüstungen und Entgiftungsmittel, medizinische Gegenmittel und Behandlungen sowie Beratung über jede dieser Schutzmaßnahmen.

(2) Dieses Übereinkommen ist nicht so auszulegen, als beeinträchtige es das Recht eines Vertragsstaats, Mittel zum Schutz gegen chemische Waffen für nach diesem Übereinkommen nicht verbotene Zwecke zu erforschen, zu entwickeln, herzustellen, zu erwerben, weiterzugeben oder einzusetzen.

(3) Jeder Vertragsstaat verpflichtet sich, einen möglichst umfangreichen Austausch von Ausrüstung, Material sowie wissenschaftlichen und technischen Informationen über Mittel zum Schutz gegen chemische Waffen zu erleichtern, und er hat das Recht, sich daran zu beteiligen.

(4) Zur Erhöhung der Transparenz innerstaatlicher Programme im Zusammenhang mit Schutzmaßnahmen übermittelt jeder Vertragsstaat dem Technischen Sekretariat jedes Jahr Informationen über seine Programme in Übereinstimmung mit den von der Konferenz nach Artikel VIII Absatz 21 Buchstabe i zu prüfenden und zu genehmigenden Verfahren.

(5) Das Technische Sekretariat richtet spätestens 180 Tage nach Inkrafttreten dieses Übereinkommens eine Datenbank ein mit frei zugänglichen Informationen über verschiedene Mittel zum Schutz gegen chemische Waffen sowie mit den von den Vertragsstaaten beschafften Informationen und unterhält die Datenbank zur Benutzung durch jeden ersuchenden Vertragsstaat.

Das Technische Sekretariat holt auch im Rahmen der ihm zur Verfügung stehenden Mittel auf Ersuchen eines Vertragsstaats Sachverständigengutachten ein und hilft diesem Vertragsstaat, seine Programme zur Entwicklung und Verbesserung seiner Fähigkeit zum Schutz gegen chemische Waffen umzusetzen.

(6) Dieses Übereinkommen ist nicht so auszulegen, als beeinträchtige es das Recht der Vertragsstaaten, auf zweiseitiger Ebene Hilfe zu erbitten und zu leisten und mit anderen Vertragsstaaten Einzelabkommen über Hilfeleistung in Notfällen zu schließen.

(7) Jeder Vertragsstaat verpflichtet sich, über die Organisation Hilfe zu leisten; zu diesem Zweck kann er eine oder mehrere der folgenden Maßnahmen wählen:

a) Er beteiligt sich an dem freiwilligen Hilfsfonds, der von der Konferenz auf ihrer ersten Tagung gegründet wird;

b) er schließt nach Möglichkeit spätestens 180 Tage, nachdem dieses Übereinkommen für ihn in Kraft getreten ist, mit der Organisation Vereinbarungen über die auf Ersuchen zu leistende Hilfe;

c) er meldet spätestens 180 Tage, nachdem das Übereinkommen für ihn in Kraft getreten ist, die Art der Hilfe, die er zu leisten bereit ist, falls die Organisation dazu aufruft. Ist ein Vertragsstaat später nicht imstande, die in seiner Meldung angegebene Hilfe zu leisten, so bleibt er gleichwohl verpflichtet, nach Maßgabe dieses Absatzes Hilfe zu leisten.

(8) Jeder Vertragsstaat hat das Recht, Hilfe und Schutz gegen den Einsatz oder die Androhung des Einsatzes chemischer Waffen zu erbitten und vorbehaltlich der in den Absätzen 9, 10 und 11 dargelegten Verfahren zu erhalten, wenn er der Auffassung ist,

a) dass chemische Waffen gegen ihn eingesetzt worden sind;

b) dass Mittel zur Bekämpfung von Unruhen als Mittel der Kriegführung gegen ihn eingesetzt worden sind;

c) dass er durch Handlungen oder Tätigkeiten eines Staates bedroht wird, die für die Vertragsstaaten nach Artikel I verboten sind.

(9) Das Ersuchen, das durch sachdienliche Informationen begründet wird, ist beim Generaldirektor einzureichen; dieser übermittelt es sofort dem Exekutivrat und allen Vertragsstaaten. Der Generaldirektor leitet das Ersuchen sofort an die Vertragsstaaten weiter, die angeboten haben, nach Absatz 7 Buchstaben b und c gegenüber dem betroffenen Vertragsstaat spätestens 12 Stunden nach Eingang des Ersuchens Soforthilfemaßnahmen bei einem Einsatz von chemischen Waffen oder von Mitteln zur Bekämpfung von Unruhen als Mittel der Kriegführung beziehungsweise humanitäre Hilfe bei einer ernsthaften Bedrohung durch den Einsatz von chemischen Waffen oder von Mitteln zur Bekämpfung von Unruhen als Mittel der Kriegführung einzuleiten. Der Generaldirektor leitet spätestens 24 Stunden nach Eingang des Ersuchens eine Untersuchung ein, auf die sich die später zu ergreifenden weiteren Maßnahmen stützen sollen. Er schließt die Untersuchung innerhalb von 72 Stunden ab und leitet dem Exekutivrat einen Bericht zu. Ist für den Abschluss der Untersuchung mehr Zeit erforderlich, so wird innerhalb derselben Frist ein Zwischenbericht vorgelegt. Die für die Untersuchung benötigte zusätzliche Frist darf 72 Stunden nicht überschreiten. Sie kann jedoch durch ähnliche Fristen weiter verlängert werden. Am Ende jeder zusätzlichen Frist wird dem Exekutivrat ein Bericht vorgelegt. Die Untersuchung stellt gegebenenfalls und im Einklang mit dem Ersuchen und den beigefügten Informationen die mit dem Ersuchen zusammenhängenden maßgeblichen Tatsachen sowie die Art und den Umfang der erforderlichen zusätzlichen Hilfe und des benötigten Schutzes fest.

(10) Der Exekutivrat tritt spätestens 24 Stunden nach Eingang eines Untersuchungsberichts zur Erörterung der Lage zusammen; innerhalb der folgenden 24 Stunden beschließt er mit einfacher Mehrheit über die Frage, ob das Technische

Sekretariat angewiesen werden soll, zusätzliche Hilfe zu leisten. Das Technische Sekretariat übermittelt den Untersuchungsbericht und den vom Exekutivrat getroffenen Beschluss sofort allen Vertragsstaaten und einschlägigen internationalen Organisationen. Auf entsprechenden Beschluss des Exekutivrats leistet der Generaldirektor sofort Hilfe. Zu diesem Zweck kann der Generaldirektor mit dem ersuchenden Vertragsstaat, mit anderen Vertragsstaaten und mit einschlägigen internationalen Organisationen zusammenarbeiten. Die Vertragsstaaten bemühen sich nach besten Kräften, Hilfe zu leisten.

(11) Ergeben sich aus den aufgrund der laufenden Untersuchung zur Verfügung stehenden Informationen oder aus anderen zuverlässigen Quellen ausreichende Beweise dafür, dass der Einsatz chemischer Waffen Opfer gefordert hat und dass sofortiges Handeln unerlässlich ist, so unterrichtet der Generaldirektor die Vertragsstaaten und trifft sofortige Hilfsmaßnahmen, wobei er sich der Mittel bedient, die ihm von der Konferenz für derartige Notfälle zur Verfügung gestellt worden sind. Der Generaldirektor hält den Exekutivrat über die nach diesem Absatz getroffenen Maßnahmen auf dem Laufenden.

**Art. XI. Wirtschaftliche und technologische Entwicklung.** (1) Dieses Übereinkommen wird derart durchgeführt, dass eine Behinderung der wirtschaftlichen oder technologischen Entwicklung der Vertragsstaaten und der internationalen Zusammenarbeit im Bereich der Tätigkeiten auf chemischem Gebiet für nach diesem Übereinkommen nicht verbotene Zwecke vermieden wird; dazu zählt der internationale Austausch wissenschaftlicher und technischer Informationen sowie von Chemikalien und Ausrüstungen zur Produktion, zur Verarbeitung und zum Einsatz von Chemikalien für nach diesem Übereinkommen nicht verbotene Zwecke.

(2) Vorbehaltlich dieses Übereinkommens und unbeschadet der Grundsätze und anwendbaren Regeln des Völkerrechts gilt für die Vertragsstaaten Folgendes:

a) Sie haben das Recht, einzeln oder gemeinsam Chemikalien zu erforschen, zu entwickeln, zu produzieren, zu erwerben, zurückzuhalten, weiterzugeben und einzusetzen;
b) sie verpflichten sich, einen möglichst umfangreichen Austausch von Chemikalien, Ausrüstungen sowie wissenschaftlichen und technischen Informationen im Zusammenhang mit der Weiterentwicklung und Anwendung der Chemie für nach diesem Übereinkommen nicht verbotene Zwecke zu erleichtern, und sie haben das Recht, sich daran zu beteiligen;
c) sie behalten untereinander keine Beschränkungen bei, die mit den in diesem Übereinkommen übernommenen Verpflichtungen unvereinbar sind – auch nicht solche aus internationalen Übereinkünften –, welche den Handel mit wissenschaftlichen und technischen Kenntnissen beziehungsweise die Entwicklung und Förderung dieser Kenntnisse im Bereich der Chemie für industrielle, landwirtschaftliche, forschungsbezogene, medizinische, pharmazeutische oder sonstige friedliche Zwecke einschränken oder behindern würden;
d) sie benutzen dieses Übereinkommen nicht als Grundlage für die Anwendung anderer als in dem Übereinkommen vorgesehener oder erlaubter Maßnahmen und benutzen auch keine andere internationale Übereinkunft, um ein Ziel zu verfolgen, das mit diesem Übereinkommen unvereinbar ist;
e) sie verpflichten sich, ihre geltenden innerstaatlichen Rechtsvorschriften im Bereich des Handels mit Chemikalien zu überprüfen, um sie mit Ziel und Zweck dieses Übereinkommens in Einklang zu bringen.

**Art. XII. Maßnahmen zur Bereinigung einer Lage und zur Gewährleistung der Einhaltung dieses Übereinkommens, einschließlich Sanktionen.** (1) Die Konferenz trifft die in den Absätzen 2, 3 und 4 dargelegten notwendigen Maßnahmen, um die Einhaltung dieses Übereinkommens zu gewährleisten und jede Lage zu bereinigen und zu beheben, die zu dem Übereinkommen im Widerspruch steht. Bei der Prüfung der nach diesem Absatz zu ergreifenden Maßnahmen berücksichtigt die Konferenz alle vom Exekutivrat zu den Fragen vorgelegten Informationen und Empfehlungen.

(2) Ist ein Vertragsstaat vom Exekutivrat aufgefordert worden, Maßnahmen zur Bereinigung einer Lage zu treffen, die hinsichtlich der Einhaltung dieses Übereinkommens durch den Vertragsstaat Probleme aufwirft, und kommt er der Aufforderung innerhalb der festgesetzten Frist nicht nach, so kann die Konferenz unter anderem auf Empfehlung des Exekutivrats die Rechte und Vorrechte des Vertragsstaats aus dem Übereinkommen einschränken oder aussetzen, bis er die notwendigen Schritte unternimmt, um seinen Verpflichtungen aus dem Übereinkommen nachzukommen.

(3) Kann durch Tätigkeiten, die nach diesem Übereinkommen, insbesondere nach Artikel I, verboten sind, schwerer Schaden für Ziel und Zweck dieses Übereinkommens entstehen, so kann die Konferenz den Vertragsstaaten gemeinsame Maßnahmen im Einklang mit dem Völkerrecht empfehlen.

(4) In besonders schwer wiegenden Fällen bringt die Konferenz die Frage samt sachdienlichen Informationen und Schlussfolgerungen der Generalversammlung und dem Sicherheitsrat der Vereinten Nationen zur Kenntnis.

**Art. XIII. Beziehung zu anderen internationalen Übereinkünften.** Dieses Übereinkommen ist nicht so auszulegen, als beschränke oder verringere es in irgendeiner Weise die Verpflichtungen eines Staates aus dem am 17. Juni 1925 in Genf unterzeichneten Protokoll über das Verbot der Verwendung von erstickenden, giftigen oder ähnlichen Gasen sowie von bakteriologischen Mitteln im Kriege und aus dem am 10. April 1972 in London, Moskau und Washington unterzeichneten Übereinkommen über das Verbot der Entwicklung, Herstellung und Lagerung bakteriologischer (biologischer) Waffen und von Toxinwaffen sowie über die Vernichtung solcher Waffen.

**Art. XIV. Beilegung von Streitigkeiten.** (1) Streitigkeiten, die über die Anwendung oder Auslegung dieses Übereinkommens entstehen können, werden im Einklang mit den einschlägigen Bestimmungen des Übereinkommens und nach Maßgabe der Charta der Vereinten Nationen beigelegt.

(2) Entsteht zwischen zwei oder mehr Vertragsstaaten oder zwischen einem oder mehreren Vertragsstaaten und der Organisation eine Streitigkeit über die Auslegung oder Anwendung dieses Übereinkommens, so konsultieren die Parteien einander mit dem Ziel, eine umgehende Beilegung der Streitigkeit durch Verhandlung oder andere friedliche Mittel ihrer Wahl herbeizuführen, unter anderem durch Inanspruchnahme der geeigneten Organe des Übereinkommens sowie in gegenseitigem Einvernehmen durch Verweisung an den Internationalen Gerichtshof nach Maßgabe seines Status. Die beteiligten Vertragsstaaten halten den Exekutivrat über die getroffenen Maßnahmen auf dem laufenden.

(3) Der Exekutivrat kann zur Beilegung einer Streitigkeit durch die von ihm für zweckmäßig erachteten Mittel beitragen, indem er unter anderem seine guten

Dienste anbietet, die an der Streitigkeit beteiligten Vertragsstaaten auffordert, das Beilegungsverfahren ihrer Wahl in Gang zu setzen, und für jedes vereinbarte Verfahren eine Frist vorschlägt.

(4) Die Konferenz prüft Fragen im Zusammenhang mit Streitigkeiten, die von Vertragsstaaten aufgeworfen oder ihr durch den Exekutivrat zur Kenntnis gebracht werden. Soweit sie dies für notwendig hält, schafft sie nach Maßgabe des Artikels VIII Absatz 21 Buchstabe f Organe für die Beilegung dieser Streitigkeiten oder betraut vorhandene Organe mit dieser Aufgabe.

(5) Die Konferenz und der Exekutivrat werden unabhängig voneinander ermächtigt, den Internationalen Gerichtshof vorbehaltlich der Genehmigung durch die Generalversammlung der Vereinten Nationen um ein Gutachten zu einer Rechtsfrage zu ersuchen, die sich im Rahmen der Tätigkeiten der Organisation ergibt. Zwischen der Organisation und den Vereinten Nationen wird zu diesem Zweck im Einklang mit Artikel VIII Absatz 34 Buchstabe a eine Vereinbarung getroffen.

(6) Dieser Artikel lässt Artikel IX oder die Bestimmungen über Maßnahmen zur Bereinigung einer Lage und zur Gewährleistung der Einhaltung, einschließlich Sanktionen, unberührt.

**Art. XV. Änderungen.** (1) Jeder Vertragsstaat kann Änderungen dieses Übereinkommens vorschlagen. Jeder Vertragsstaat kann auch, wie in Absatz 4 festgelegt, Modifikationen der Anhänge des Übereinkommens vorschlagen. Die Vorschläge von Änderungen unterliegen den Verfahren in den Absätzen 2 und 3. Die in Absatz 4 bezeichneten Vorschläge von Modifikationen unterliegen den Verfahren in Absatz 5.

(2) Der Wortlaut eines Änderungsvorschlags wird dem Generaldirektor vorgelegt, der ihn an alle Vertragsstaaten und den Verwahrer weiterleitet. Der Änderungsvorschlag darf nur von einer Änderungskonferenz geprüft werden. Eine derartige Änderungskonferenz wird einberufen, wenn ein Drittel oder mehr der Vertragsstaaten dem Generaldirektor spätestens 30 Tage nach der Weiterleitung des Änderungsvorschlags notifizieren, dass sie eine weitere Prüfung des Vorschlags befürworten. Die Änderungskonferenz findet unmittelbar im Anschluss an eine ordentliche Tagung der Konferenz statt, sofern die ersuchenden Vertragsstaaten nicht eine frühere Sitzung beantragen. Eine Änderungskonferenz findet frühestens 60 Tage nach der Weiterleitung des Änderungsvorschlags statt.

(3) Änderungen treten für alle Vertragsstaaten 30 Tage nach Hinterlegung der Ratifikations- oder Annahmeurkunden durch alle unter Buchstabe b bezeichneten Vertragsstaaten in Kraft,

a) sobald sie auf der Änderungskonferenz durch Ja-Stimme der Mehrheit aller Vertragsstaaten ohne Nein-Stimme eines Vertragsstaats beschlossen worden sind und
b) sobald sie von allen Vertragsstaaten, die auf der Änderungskonferenz eine Ja-Stimme abgegeben haben, ratifiziert oder angenommen worden sind.

(4) Um die Durchführbarkeit und Wirksamkeit des Übereinkommens zu gewährleisten, werden die Bestimmungen in den Anhängen in Übereinstimmung mit Absatz 5 modifiziert, soweit sich die vorgeschlagenen Modifikationen nur auf Angelegenheiten verwaltungsmäßiger oder technischer Art beziehen. Auch alle Modifikationen des Anhangs über Chemikalien erfolgen in Übereinstimmung mit Absatz 5. Das Verfahren der Modifikation nach Absatz 5 findet keine Anwendung auf die Abschnitte A und C des Vertraulichkeitsanhangs, Teil X des Verifikationsan-

hangs und die Begriffsbestimmungen in Teil I des Verifikationsanhangs, die sich ausschließlich auf Verdachtsinspektionen beziehen.

(5) Die in Absatz 4 bezeichneten Vorschläge von Modifikationen unterliegen folgenden Verfahren:
a) Der Wortlaut der vorgeschlagenen Modifikationen wird dem Generaldirektor mit den notwendigen Informationen übermittelt. Jeder Vertragsstaat und der Generaldirektor können zur Prüfung des Vorschlags zusätzliche Informationen beibringen. Der Generaldirektor leitet diese Vorschläge und Informationen umgehend an alle Vertragsstaaten, den Exekutivrat und den Verwahrer weiter;
b) spätestens 60 Tage nach Eingang des Vorschlags wertet der Generaldirektor ihn aus, um seine möglichen Folgen für dieses Übereinkommen und dessen Durchführung festzustellen, und übermittelt allen Vertragsstaaten und dem Exekutivrat einschlägige Informationen;
c) der Exekutivrat prüft den Vorschlag anhand aller ihm verfügbaren Informationen, insbesondere die Frage, ob der Vorschlag die Voraussetzungen des Absatzes 4 erfüllt. Spätestens 90 Tage nach Eingang des Vorschlags notifiziert der Exekutivrat allen Vertragsstaaten seine Empfehlung mit entsprechenden Erklärungen zur Prüfung. Die Vertragsstaaten bestätigen den Eingang innerhalb von zehn Tagen;
d) empfiehlt der Exekutivrat allen Vertragsstaaten, den Vorschlag anzunehmen, so gilt er als genehmigt, wenn innerhalb von 90 Tagen nach Eingang der Empfehlung kein Vertragsstaat dagegen Einspruch erhebt. Empfiehlt der Exekutivrat, den Vorschlag abzulehnen, so gilt er als abgelehnt, wenn innerhalb von 90 Tagen nach Eingang der Empfehlung kein Vertragsstaat gegen die Ablehnung Einspruch erhebt;
e) findet eine Empfehlung des Exekutivrats nicht die nach Buchstabe d erforderliche Annahme, so entscheidet die Konferenz auf ihrer nächsten Tagung über den Vorschlag, einschließlich der Frage, ob er die Voraussetzungen des Absatzes 4 erfüllt, als Sachfrage;
f) Der Generaldirektor notifiziert allen Vertragsstaaten und dem Verwahrer jeden aufgrund dieses Absatzes gefassten Beschluss;
g) nach diesem Verfahren genehmigte Modifikationen treten für alle Vertragsstaaten 180 Tage nach dem Zeitpunkt in Kraft, zu dem der Generaldirektor ihre Genehmigung notifiziert hat, sofern nicht eine andere Frist vom Exekutivrat empfohlen oder von der Konferenz beschlossen wird.

**Art. XVI. Geltungsdauer und Rücktritt.** (1) Die Geltungsdauer dieses Übereinkommens ist unbegrenzt.

(2) Jeder Vertragsstaat hat in Ausübung seiner staatlichen Souveränität das Recht, von diesem Übereinkommen zurückzutreten, wenn er feststellt, daß außergewöhnliche, mit dem Gegenstand des Übereinkommens zusammenhängende Ereignisse die höchsten Interessen seines Landes gefährden. Er zeigt seinen Rücktritt allen anderen Vertragsstaaten, dem Exekutivrat, dem Verwahrer und dem Sicherheitsrat der Vereinten Nationen 90 Tage im Voraus an. Diese Anzeige enthält eine Darlegung der außergewöhnlichen Ereignisse, die nach Auffassung des Vertragsstaats seine höchsten Interessen gefährden.

(3) Der Rücktritt eines Vertragsstaats von diesem Übereinkommen lässt die Pflicht der Staaten, weiterhin die aufgrund einschlägiger Regeln des Völkerrechts, insbesondere des Genfer Protokolls von 1925, übernommenen Verpflichtungen zu erfüllen, unberührt.

**Art. XVII. Status der Anhänge.** Die Anhänge sind Bestandteil dieses Übereinkommens. Jede Bezugnahme auf das Übereinkommen schließt die Anhänge ein.

**Art. XVIII. Unterzeichnung.** Dieses Übereinkommen liegt vor seinem Inkrafttreten für alle Staaten zur Unterzeichnung auf.

**Art. XIX. Ratifikation.** Dieses Übereinkommen bedarf der Ratifikation durch die Unterzeichnerstaaten nach Maßgabe ihrer verfassungsrechtlichen Verfahren.

**Art. XX. Beitritt.** Jeder Staat, der dieses Übereinkommen nicht vor seinem Inkrafttreten unterzeichnet, kann ihm jederzeit danach beitreten.

**Art. XXI. Inkrafttreten.** (1) Dieses Übereinkommen tritt 180 Tage nach Hinterlegung der 65. Ratifikationsurkunde in Kraft, keinesfalls jedoch früher als vor Ablauf von zwei Jahren, nachdem es zur Unterzeichnung aufgelegt wurde.

(2) Für Staaten, deren Ratifikations- oder Beitrittsurkunden nach Inkrafttreten dieses Übereinkommens hinterlegt werden, tritt es am 30. Tag nach Hinterlegung ihrer Ratifikations- oder Beitrittsurkunde in Kraft.

**Art. XXII. Vorbehalte.** Vorbehalte zu den Artikeln dieses Übereinkommens sind nicht zulässig. Vorbehalte zu den Anhängen des Übereinkommens, die mit Ziel und Zweck des Übereinkommens unvereinbar sind, sind nicht zulässig.

**Art. XXIII. Verwahrer.** Der Generalsekretär der Vereinten Nationen wird hiermit zum Verwahrer dieses Übereinkommens bestimmt; er hat unter anderem folgende Aufgaben:

a) Er unterrichtet umgehend alle Unterzeichnerstaaten und alle beitretenden Staaten über den Zeitpunkt jeder Unterzeichnung, den Zeitpunkt jeder Hinterlegung einer Ratifikations- oder Beitrittsurkunde, den Zeitpunkt des Inkrafttretens dieses Übereinkommens und den Eingang sonstiger Mitteilungen;
b) er übermittelt den Regierungen aller Unterzeichnerstaaten und aller beitretenden Staaten gehörig beglaubigte Abschriften dieses Übereinkommens;
c) er registriert dieses Übereinkommen nach Artikel 102 der Charta der Vereinten Nationen.

**Art. XXIV. Verbindliche Wortlaute.** Dieses Übereinkommen, dessen arabischer, chinesischer, englischer, französischer, russischer und spanischer Wortlaut gleichermaßen verbindlich ist, wird beim Generalsekretär der Vereinten Nationen hinterlegt.

Zu Urkund dessen haben die hierzu gehörig befugten Unterzeichneten dieses Übereinkommen unterschrieben.

Geschehen zu Paris am 13. Januar 1993.

*Die Anhänge zum Übereinkommen sind nicht abgedruckt. Es wird hierzu auf BGBl. 1994 II 806, 849, 855 oder auf das Internet (www.auswaertiges-amt.de) verwiesen.*

## 8i. Ausführungsgesetz zu dem Übereinkommen vom 13. Januar 1993 über das Verbot der Entwicklung, Herstellung, Lagerung und des Einsatzes chemischer Waffen und über die Vernichtung solcher Waffen (Ausführungsgesetz zum Chemiewaffenübereinkommen – CWÜAG)[1]

Vom 2. 8. 1994 (BGBl. I 1954), zuletzt geänd. durch Art. 1 des Gesetzes vom 11. 10. 2004 (BGBl. I 2575)

**BGBl. III/FNA 188-59**

**§ 1. Begriffsbestimmungen.** Im Sinne dieses Gesetzes bedeuten:
1. Übereinkommen: das Übereinkommen vom 13. Januar 1993 über das Verbot der Entwicklung, Herstellung, Lagerung und des Einsatzes chemischer Waffen und über die Vernichtung solcher Waffen einschließlich der gemäß Artikel 2 des Gesetzes zum Chemiewaffenübereinkommen durch Rechtsverordnung in Kraft gesetzten Modifikationen;
2. erlaubte Zwecke:
    a) die in Artikel II Nr. 9 Buchstabe a bis c des Übereinkommens genannten Zwecke,
    b) der Einsatz von Mitteln zur Bekämpfung von Unruhen im Sinne von Artikel II Nr. 7 des Übereinkommens zur Aufrechterhaltung der öffentlichen Sicherheit und Ordnung
       – durch die Polizeien des Bundes und der Länder,
       – durch die Bundeswehr bei der Anwendung von Maßnahmen nach dem Gesetz über die Anwendung unmittelbaren Zwanges und die Ausübung besonderer Befugnisse durch Soldaten der Bundeswehr und verbündeter Streitkräfte sowie zivile Wachpersonen oder
       – durch die Bundeswehr bei Einsätzen im Rahmen eines Systems gegenseitiger kollektiver Sicherheit (Artikel 24 Abs. 2 des Grundgesetzes)
       sowie die Ausbildung zu einem solchen Einsatz und
    c) die Erfüllung internationaler Verpflichtungen zur Abrüstung oder Rüstungskontrolle;
3. Organisation: die nach Artikel VIII des Übereinkommens errichtete Organisation für das Verbot chemischer Waffen;
4. Vertragsstaat: Staat, der dem Übereinkommen beigetreten und in dem vom Auswärtigen Amt im Bundesanzeiger veröffentlichten Verzeichnis der Vertragsstaaten in der jeweils gültigen Fassung genannt ist;

---

[1] Zum Verzeichnis der Vertragsstaaten vgl. Bek. des Auswärtigen Amtes vom 19. 11. 2004 (BAnz. Nr. 229).

# 8i CWÜAG § 1 — Ausführungsgesetz

5. Produktion: die Bildung einer Chemikalie durch chemische Reaktion;
6. Verarbeitung: jeder physikalische Prozeß, in dem eine Chemikalie nicht in eine andere umgewandelt wird, insbesondere Formulierung, Extraktion und Reinigung;
7. Verbrauch: die Umwandlung einer Chemikalie in eine andere Chemikalie mittels chemischer Reaktion;
8. Einfuhr: das Verbringen von Chemikalien aus dem Ausland in das Inland;
9. Ausfuhr: das Verbringen von Chemikalien aus dem Inland in das Ausland;
10. Durchfuhr: die Beförderung von Chemikalien aus dem Ausland durch das Inland, ohne daß die Chemikalien in den freien Verkehr im Inland gelangen;
11. Einrichtung: die in den Nummern 12 bis 14 genannten Werke, Betriebe oder Anlagen, einschließlich der einzigen Kleinanlage im Sinne des Teils VI Abs. 8 des Anhangs 2[1] zum Übereinkommen;
12. Werk: die örtlich zusammengefaßte Gesamtheit von einem oder mehreren industriellen Betrieben mit allen ihren verschiedenen Verwaltungsebenen, die nur einer Leitung unterliegen und eine gemeinsame Infrastruktur haben;
13. Betrieb: ein weitgehend eigenständiger Bereich, ein entsprechender Bau oder ein entsprechendes Gebäude, in dem sich eine oder mehrere industrielle Anlagen mit Zusatz- und verbundenen Infrastruktureinrichtungen befinden;
14. Anlage: die für die industrielle Produktion, Verarbeitung oder den Verbrauch einer Chemikalie notwendigen Kombinationen von Ausrüstungen einschließlich der Behälter und der Behälterzusammenstellung;
15. Vereinbarung über Einrichtungen: Vereinbarung oder Regelung zwischen der Bundesregierung und der Organisation über Einzelheiten des Inspektionsverfahrens für bestimmte, der Verifikation nach Artikel VI des Übereinkommens unterliegende Einrichtungen;
16. Inspektionsgruppe: die von der Organisation mit der Durchführung einer bestimmten Inspektion beauftragte Gruppe von Inspektoren und Inspektionsassistenten;
17. Inspektionsauftrag: die der Inspektionsgruppe von der Organisation zur Durchführung einer bestimmten Inspektion erteilten Anordnungen;
18. Inspektionsstätte: jede Einrichtung oder jede Stätte, in der eine Inspektion nach Artikel VI oder IX des Übereinkommens oder eine Untersuchung nach Artikel X des Übereinkommens durchgeführt wird und die im endgültigen Inspektionsersuchen, im Inspektionsauftrag oder in einer Vereinbarung über die Einrichtung genau beschrieben ist;
19. Beobachter: Vertreter eines ersuchenden Vertragsstaates oder eines dritten Vertragsstaates des Übereinkommens, der beauftragt ist, an einer Inspektion nach Artikel IX des Übereinkommens teilzunehmen.

---

[1] Die Anhänge sind nicht abgedruckt (s. BGBl. 1994 II 806, 849, 855).

**§ 2. Beschränkungen.** (1) Die Bundesregierung regelt durch Rechtsverordnung ohne Zustimmung des Bundesrates die Beschränkungen, die zur Erfüllung der Verpflichtungen aus dem Übereinkommen erforderlich sind. Sie kann

1. a) die Einfuhr, Ausfuhr und Durchfuhr von im Einzelnen zu bezeichnenden Chemikalien, soweit der Verkehr mit Nichtvertragsstaaten betroffen ist,
   b) die Wiederausfuhr solcher Chemikalien in einen dritten Vertragsstaat,
   c) die Errichtung von Einrichtungen, die zur Produktion solcher Chemikalien bestimmt sind, und
   d) die Produktion, Verarbeitung, Veräußerung, den Verbrauch, Erwerb, das Überlassen solcher Chemikalien, das Handeltreiben damit und die sonstige Ausübung der tatsächlichen Gewalt über sie, soweit diese Handlungen von Deutschen in Nichtvertragsstaaten vorgenommen werden,
   verbieten,
2. den Betrieb von in Nummer 1 Buchstabe c genannten Einrichtungen sowie die Produktion von im Einzelnen zu bezeichnenden Chemikalien von einer Genehmigung abhängig machen, soweit die Errichtung oder Produktion nicht verboten ist, und
3. darüber hinaus die Einfuhr, Ausfuhr, Durchfuhr, Verarbeitung, Veräußerung, den Verbrauch, Erwerb und das Überlassen von im einzelnen zu bezeichnenden Chemikalien, das Handeltreiben damit, die sonstige Ausübung der tatsächlichen Gewalt über sie und die wesentliche Änderung genehmigter Einrichtungen von einer Genehmigung abhängig machen.

Die Verbote nach Satz 2 Nr. 1 Buchstabe a bis c können auch Handlungen Deutscher im Ausland erfassen. Beschränkungen, die sich aus anderen Vorschriften ergeben, bleiben unberührt.

(2) Die Genehmigung, die Ablehnung eines Antrags auf Erteilung einer Genehmigung, die Rücknahme und der Widerruf einer Genehmigung bedürfen der Schriftform.

(3) Durch Rechtsverordnung nach Absatz 1 können auch Vorschriften erlassen werden

1. über das Genehmigungsverfahren sowie
2. über Anmelde- und Vorführungspflichten für Chemikalien, deren Einfuhr, Ausfuhr oder Durchfuhr nach der auf Grund des Absatzes 1 erlassenen Rechtsverordnung einer Genehmigung bedarf.

**§ 3. Meldepflichten.** Die Bundesregierung regelt durch Rechtsverordnung ohne Zustimmung des Bundesrates Meldepflichten im Zusammenhang mit Tätigkeiten nach § 2 Abs. 1 Satz 2 sowie in bezug auf sonstige, in Artikel VI des Übereinkommens genannte Einrichtungen, soweit dies zur Erfüllung der Verpflichtungen aus dem Übereinkommen erforderlich ist. In der Rechtsverordnung können insbesondere Häufigkeit, Zeiträume, Inhalt und Form der Meldungen sowie die Art ihrer Übermittlung und die Fristen für die Übermittlung bestimmt werden.

## 8i CWÜAG §§ 4–6

Ausführungsgesetz

**§ 4. Sicherungspflichten.** Wer eine Tätigkeit ausübt, die nach einer auf Grund der §§ 2 und 3 erlassenen Rechtsverordnung Beschränkungen unterworfen oder meldepflichtig ist, hat die erforderlichen Maßnahmen zu treffen, um zu verhindern, daß die dort bezeichneten Chemikalien abhanden kommen oder unbefugt verwendet werden.

**§ 5. Zuständigkeiten.** (1) Das Bundesamt für Wirtschaft und Ausfuhrkontrolle (BAFA) ist für die Erteilung von Genehmigungen nach der auf Grund des § 2 Abs. 1 Satz 2 Nr. 2 und 3 erlassenen Rechtsverordnung sowie für die Erhebung, Verarbeitung und Überprüfung von Daten auf Grund dieses Gesetzes und der nach § 3 erlassenen Rechtsverordnung zuständig.

(2) Das Bundesministerium der Finanzen und die von ihm bestimmten Zollstellen wirken bei der Überwachung der Einfuhr, Ausfuhr und Durchfuhr der nach § 2 Abs. 1 Satz 2 Nr. 1 und 3 zu bezeichnenden Chemikalien mit. Bestehen Anhaltspunkte für einen Verstoß gegen Beschränkungen, die sich aus diesem Gesetz ergeben oder auf Grund dieses Gesetzes erlassen worden sind, unterrichten sie das Bundesamt für Wirtschaft und Ausfuhrkontrolle (BAFA). Sie können die Chemikalien sowie deren Beförderungs- und Verpackungsmittel auf Kosten und Gefahr des Verfügungsberechtigten zurückweisen oder bis zur Behebung der festgestellten Mängel oder bis zur Entscheidung der zuständigen Behörde sicherstellen.

**§ 6. Nutzung, Übermittlung und Geheimhaltung von Daten.** (1) Das Bundesamt für Wirtschaft und Ausfuhrkontrolle (BAFA) darf die ihm bei der Erfüllung seiner Aufgaben auf Grund dieses Gesetzes und der zu diesem erlassenen Rechtsverordnungen bekanntgewordenen Daten, einschließlich personenbezogener Daten, mit anderen bei ihm gespeicherten Daten abgleichen, soweit dies zur Erfüllung der Verpflichtungen aus dem Übereinkommen erforderlich ist.

(2) Das Bundesamt für Wirtschaft und Ausfuhrkontrolle (BAFA) übermittelt dem Auswärtigen Amt über das Bundesministerium für Wirtschaft und Arbeit die ihm bei der Erfüllung seiner Aufgaben auf Grund dieses Gesetzes und der zu diesem erlassenen Rechtsverordnungen bekanntgewordenen Daten, einschließlich personenbezogener Daten, in dem Umfang, wie dies zur Erfüllung der Verpflichtungen aus dem Übereinkommen erforderlich ist. Die in Satz 1 genannten Behörden dürfen diese Daten an andere Behörden übermitteln, soweit dies zu deren Überprüfung, zur Verfolgung der in den §§ 5 und 7 Abs. 1 des Außenwirtschaftsgesetzes angegebenen Zwecke oder zur Verfolgung von Straftaten nach diesem Gesetz, dem Außenwirtschaftsgesetz, dem Gesetz über die Kontrolle von Kriegswaffen oder von Straftaten von erheblicher Bedeutung erforderlich ist.

(3) Das Auswärtige Amt darf

1. die bei Anwendung dieses Gesetzes und der zu diesem erlassenen Rechtsverordnungen bekanntgewordenen Daten, einschließlich personenbezogener Daten, an die Organisation übermitteln, soweit dies zur Erfüllung der Verpflichtungen aus dem Übereinkommen erforderlich ist,

2. die von der Organisation mitgeteilten Daten, einschließlich personenbezogener Daten, an andere Behörden übermitteln, soweit dies erforderlich ist,
   a) um diesen im Rahmen ihrer Zuständigkeit die Bewertung der Einhaltung des Übereinkommens durch die Vertragsstaaten zu ermöglichen oder
   b) zur Verfolgung von Straftaten nach diesem Gesetz, dem Außenwirtschaftsgesetz, dem Gesetz über die Kontrolle von Kriegswaffen oder von Straftaten von erheblicher Bedeutung.

(4) Das Bundesamt für Wirtschaft und Ausfuhrkontrolle (BAFA) und die in den Absätzen 2 und 3 Nr. 2 genannten Behörden dürfen die übermittelten Daten nur für den Zweck verwenden, zu dem sie übermittelt worden sind. Eine Verwendung für andere Zwecke ist zulässig, soweit die Daten auch dafür hätten übermittelt werden dürfen. Die in Satz 1 genannten Behörden haben die im Übereinkommen enthaltenen Bestimmungen zum Schutz vertraulicher Daten einzuhalten.

**§ 7. Auskunftspflichten.** (1) Das Bundesamt für Wirtschaft und Ausfuhrkontrolle (BAFA) kann Auskünfte verlangen, soweit dies erforderlich ist, um die Einhaltung dieses Gesetzes und der auf Grund dieses Gesetzes erlassenen Rechtsverordnungen zu überwachen. Soweit es zu diesem Zweck erforderlich ist, kann es verlangen, daß ihm die geschäftlichen Unterlagen vorgelegt werden, und kann es Prüfungen bei den Auskunftspflichtigen vornehmen. Zur Vornahme der Prüfungen können Bedienstete des Bundesamtes für Wirtschaft und Ausfuhrkontrolle (BAFA) die Geschäftsräume und Betriebsanlagen der Auskunftspflichtigen während der üblichen Betriebs- und Geschäftszeiten betreten. Der Verpflichtete hat Prüfungen nach Satz 2 und das Betreten nach Satz 3 zu dulden.

(2) Auskunftspflichtig ist, wer einer Genehmigungs- oder Meldepflicht nach einer auf Grund der §§ 2 und 3 erlassenen Rechtsverordnung unterliegt.

(3) Der zur Erteilung einer Auskunft Verpflichtete kann die Auskunft auf solche Fragen verweigern, deren Beantwortung ihn selbst oder einen der in § 383 Abs. 1 Nr. 1 bis 3 der Zivilprozeßordnung bezeichneten Angehörigen der Gefahr strafgerichtlicher Verfolgung oder eines Verfahrens nach dem Gesetz über Ordnungswidrigkeiten aussetzen würde. Er ist über sein Recht zur Verweigerung der Auskunft zu belehren.

**§ 8. Duldung und Unterstützung von Inspektionen.** (1) Der Inhaber von Grundstücken oder Räumen, auf oder in denen sich nach einer auf Grund der §§ 2 und 3 erlassenen Rechtsverordnung genehmigungs- oder meldepflichtige Einrichtungen befinden (Verpflichteter), hat Inspektionen nach Artikel VI des Übereinkommens im Rahmen des Inspektionsauftrags nach Maßgabe des § 10 zu dulden und des § 11 zu unterstützen.

(2) Der Inhaber von Grundstücken oder Räumen jeder Art (Verpflichteter) hat Inspektionen nach Artikel IX des Übereinkommens und Untersuchungen nach Artikel X des Übereinkommens im Rahmen des Inspektionsauftrags nach Maßgabe des § 10 zu dulden und des § 11 zu unterstützen.

(3) Der Verpflichtete nach Absatz 1 oder 2 trägt die ihm aus der Durchführung der Inspektionen oder Untersuchungen entstehenden Kosten selbst, wenn sie nicht von der Organisation nach den Bestimmungen des Übereinkommens erstattet werden. Anträge auf Kostenerstattung sind beim Bundesamt für Wirtschaft und Ausfuhrkontrolle (BAFA) einzureichen, das diese prüft und über das Auswärtige Amt an die Organisation weiterleitet.

**§ 9. Begleitgruppe.** (1) Inspektionen nach den Artikeln VI und IX des Übereinkommens sowie Untersuchungen nach Artikel X des Übereinkommens finden nur in Anwesenheit einer Begleitgruppe statt, soweit die auf Grund des § 12 erlassene Rechtsverordnung nichts anderes bestimmt. Bei Inspektionen oder Untersuchungen im Geschäftsbereich des Bundesministeriums der Verteidigung wird die Begleitgruppe vom Zentrum für Verifikationsaufgaben der Bundeswehr, im übrigen vom Bundesamt für Wirtschaft und Ausfuhrkontrolle (BAFA) gestellt. Der Begleitgruppe können Vertreter anderer Bundesbehörden angehören.

(2) Der Leiter der Begleitgruppe hat sich auszuweisen. Er trifft die zur Durchführung der Inspektion oder Untersuchung erforderlichen Anordnungen, insbesondere solche zur Durchsetzung der in den §§ 10 und 11 genannten sowie der in der auf Grund des § 12 erlassenen Rechtsverordnung näher bestimmten Befugnisse und Mitwirkungspflichten. Widerspruch und Anfechtungsklage gegen Anordnungen nach Satz 2 haben keine aufschiebende Wirkung. Dem Auswärtigen Amt wird vor der Entscheidung über den Widerspruch Gelegenheit zur Äußerung gegeben.

(3) Die Begleitgruppe hat die schutzwürdigen Interessen des Verpflichteten sowie der sonst betroffenen Personen zu berücksichtigen, soweit dies nach den Umständen möglich ist. Dies gilt insbesondere in bezug auf Maßnahmen zum Schutz sicherheitsempfindlicher Einrichtungen oder vertraulicher Daten gemäß den im Übereinkommen genannten Bestimmungen.

(4) Der Leiter der Begleitgruppe übermittelt dem Auswärtigen Amt alle der Begleitgruppe im Verlauf einer Inspektion oder Untersuchung bekanntgewordenen Daten in dem Umfang, wie dies zur Überprüfung der auf Grund dieses Gesetzes oder der zu diesem erlassenen Rechtsverordnungen bekanntgewordenen Daten erforderlich ist. § 6 Abs. 4 gilt entsprechend.

**§ 10. Inspektionsbefugnisse.** (1) Soweit es zur Durchführung der Inspektionen nach Artikel VI und IX des Übereinkommens sowie von Untersuchungen nach Artikel X des Übereinkommens erforderlich ist, ist die Inspektionsgruppe befugt,

1. Grundstücke und Räume während der üblichen Betriebs- und Geschäftszeiten zu betreten und zu besichtigen, sofern die betroffenen Räume nicht dem Wohnen dienen,
2. die nach dem Übereinkommen zugelassene Ausrüstung zu benutzen,
3. Personal des Verpflichteten zu befragen,
4. Unterlagen, Akten und Aufzeichnungen einzusehen,
5. bei Einwilligung des Verpflichteten oder des Leiters der Begleitgruppe Proben zu entnehmen,

6. Proben innerhalb der Inspektionsstätte mit der zugelassenen Ausrüstung zu analysieren oder Proben zur Analyse in von der Organisation festgelegte Laboratorien der Inspektionsstätte weiterzugeben und
7. in den nach der auf Grund des § 2 Abs. 1 Satz 2 Nr. 2 erlassenen Rechtsverordnung genehmigungspflichtigen Einrichtungen Instrumente zur ständigen Überwachung dieser Einrichtungen zu betreiben sowie Behälter für Fotografien, Pläne und sonstige Informationen zu lagern.

(2) Soweit es zur Durchführung von Inspektionen nach Artikel IX des Übereinkommens und Untersuchungen nach Artikel X des Übereinkommens erforderlich ist, ist die Inspektionsgruppe über die in Absatz 1 genannten Rechte hinaus befugt,

1. Grundstücke und Räume auch außerhalb der üblichen Betriebs- und Geschäftszeiten sowie Wohnungen zur Verhütung dringender Gefahren für die öffentliche Sicherheit und Ordnung nach Anordnung des Leiters der Begleitgruppe zu betreten und zu besichtigen,
2. Grundstücke, Räume oder Wohnungen nach richterlicher Anordnung oder bei Gefahr im Verzug nach Anordnung des Leiters der Begleitgruppe zu durchsuchen, wenn Tatsachen die Annahme rechtfertigen, daß die Durchsuchung zur Auffindung von Beweismitteln für einen Verstoß gegen Artikel I, V oder VI des Übereinkommens führen wird,
3. von der Begleitgruppe Daten über alle Ausfahrbewegungen von der Inspektionsstätte zu erhalten und
4. die die Inspektionsstätte verlassenden Fahrzeuge zu überwachen und zu inspizieren, soweit es sich nicht um private Personenkraftwagen handelt.

Wird der Einsatz chemischer Waffen oder von Unruhebekämpfungsmitteln als Mittel der Kriegsführung behauptet, ist die Inspektionsgruppe ferner befugt,

1. Personen, die durch den behaupteten Einsatz betroffen sein können, auch ohne ihre Einwilligung nach Anordnung des Leiters der Begleitgruppe zu untersuchen, um festzustellen, ob sich Spuren eines Einsatzes chemischer Waffen an ihrem Körper befinden, sowie diese Personen und Augenzeugen des behaupteten Einsatzes zu befragen,
2. medizinisches Personal und andere Personen zu befragen, die die durch den behaupteten Einsatz betroffenen Personen behandelt haben oder sonst mit ihnen in Berührung gekommen sind,
3. Krankenblätter einzusehen und
4. bei der Autopsie von Leichen zugegen zu sein,

soweit dies zur Aufklärung des Sachverhalts erforderlich ist. Das Grundrecht der Unverletzlichkeit der Wohnung (Artikel 13 des Grundgesetzes) wird in den Fällen des Satzes 1 Nr. 1 und 2 eingeschränkt. Die richterliche Anordnung nach Satz 1 Nr. 2 ergeht durch das Landgericht, in dessen Bezirk die Durchsuchung erfolgen soll. Für das Verfahren gelten die Vorschriften des Gesetzes über die Angelegenheiten der freiwilligen Gerichtsbarkeit entsprechend.

(3) Eine Person, die nach Absatz 1 Nr. 3 oder Absatz 2 Satz 2 Nr. 1 oder 2 Fragen zu beantworten hat, kann die Auskunft auf solche Fragen verweigern, deren Beantwortung sie selbst oder einen der in § 383 Abs. 1

Nr. 1 bis 3 der Zivilprozeßordnung bezeichneten Angehörigen der Gefahr strafrichterlicher Verfolgung oder eines Verfahrens nach dem Gesetz über Ordnungswidrigkeiten aussetzen würde. Sie ist über das Recht zur Verweigerung der Auskunft zu belehren.

(4) Der Beobachter hat das Recht, die Inspektionsgruppe während der Inspektion zu begleiten, soweit es der Leiter der Begleitgruppe gestattet.

(5) Die Inspektionsgruppe und der Beobachter können die ihnen bei der Durchführung von Inspektionen oder Untersuchungen bekanntgewordenen Daten, einschließlich personenbezogener Daten, speichern, soweit dies zur Erfüllung ihrer Aufgaben nach dem Übereinkommen erforderlich ist.

**§ 11. Mitwirkungspflichten.** Der Verpflichtete hat die Inspektionsgruppe und die Begleitgruppe bei der Durchführung der in § 8 genannten Inspektionen und Untersuchungen zu unterstützen, soweit dies nach den Artikeln VI, IX oder X des Übereinkommens erforderlich ist. Er hat

1. auf Verlangen der zuständigen Behörde oder des Leiters der Begleitgruppe einen Inspektionsbeauftragten zu benennen, der befugt ist, alle zur Durchführung der Inspektion erforderlichen betriebsinternen Anweisungen zu geben und Entscheidungen im Namen des Verpflichteten gegenüber dem Leiter der Begleitgruppe und der Inspektionsgruppe zu treffen, und der für die Erfüllung der Duldungs- und Mitwirkungspflichten nach diesem Gesetz Sorge zu tragen hat,
2. die Inspektionsgruppe in bezug auf die Inspektionsstätte, die dort durchgeführten Tätigkeiten, die für die Inspektion notwendigen Sicherheitsmaßnahmen und die dazugehörige Verwaltung und Logistik einzuweisen,
3. der Inspektionsgruppe und der Begleitgruppe Fernmeldeeinrichtungen, Arbeitsräume mit elektrischen Anschlüssen und die erforderlichen Transportmittel innerhalb der Einrichtung zur Verfügung zu stellen, soweit es sich um eine der Verifikation nach Artikel VI des Übereinkommens unterliegende Einrichtung handelt,
4. die zur Erfüllung des Inspektionsauftrags notwendigen Arbeitsgänge in der Einrichtung zu verrichten,
5. auf Verlangen der Inspektionsgruppe dieser die Benutzung seiner Ausrüstung zu gestatten, soweit dies zur Durchführung der Inspektion geboten ist und Sicherheitsbedenken dem nicht entgegenstehen,
6. auf Verlangen der Inspektionsgruppe Proben zu entnehmen, bei der Probenahme durch die Inspektionsgruppe Hilfe zu leisten und Fotografien von Gegenständen oder Gebäuden innerhalb der Inspektionsstätte anzufertigen, wenn in bezug auf diese Gegenstände und Gebäude Zweifelsfragen während der Inspektion nicht klargestellt werden können,
7. auf Verlangen des Leiters der Begleitgruppe bei Inspektionen nach Artikel IX des Übereinkommens Daten über alle Ausfahrbewegungen von der Inspektionsstätte zu sammeln oder die Begleitgruppe hierbei zu unterstützen,
8. der Inspektionsgruppe durch Vorlage geeigneter Unterlagen oder auf sonstige Weise darzulegen, daß Teile und Gegenstände der Inspektions-

stätte, zu denen während der Inspektion oder Untersuchung kein Zugang gewährt wurde, nicht für nach dem Übereinkommen verbotene Zwecke verwendet wurden oder werden,
9. zur Überprüfung der vorläufigen Inspektionsermittlungen und Klärung von Zweifelsfragen beizutragen,
10. dem Bundesamt für Wirtschaft und Ausfuhrkontrolle (BAFA) unverzüglich mitzuteilen, wenn in § 10 Abs. 1 Nr. 7 genannte Instrumente oder Behälter beschädigt worden sind, und
11. dem Bundesamt für Wirtschaft und Ausfuhrkontrolle (BAFA) die für die Aushandlung, den Abschluß und die Einhaltung von Vereinbarungen über Einrichtungen erforderlichen Auskünfte zu erteilen.

In den Fällen des Satzes 2 Nr. 4 und 6 bis 11 kann er die Mitwirkung verweigern, wenn er sich hierdurch selbst oder einen der in § 383 Abs. 1 Nr. 1 bis 3 der Zivilprozeßordnung bezeichneten Angehörigen der Gefahr strafgerichtlicher Verfolgung oder eines Verfahrens nach dem Gesetz über die Ordnungswidrigkeiten aussetzen würde. Er ist über sein Recht zur Verweigerung der Mitwirkung zu belehren.

**§ 12. Durchführung von Inspektionen.** Die Bundesregierung kann durch Rechtsverordnung ohne Zustimmung des Bundesrates Einzelheiten der Befugnisse und Mitwirkungspflichten nach den §§ 10 und 11 sowie des Verwaltungsverfahrens zur Durchführung der in § 8 genannten Inspektionen und Untersuchungen regeln.

**§ 13. Vereinbarungen über Einrichtungen.** (1) Das Bundesamt für Wirtschaft und Ausfuhrkontrolle (BAFA) wird ermächtigt, Vereinbarungen über Einrichtungen mit der Organisation auszuhandeln und im Einvernehmen mit dem Bundesministerium für Wirtschaft und Arbeit und dem Auswärtigen Amt abzuschließen.

(2) Soweit die Bundesrepublik Deutschland nach dem Übereinkommen zum Abschluß einer Vereinbarung über eine Einrichtung verpflichtet ist, hört das Bundesamt für Wirtschaft und Ausfuhrkontrolle (BAFA) den Verpflichteten vor Aufnahme der Verhandlungen und Abschluß einer solchen Vereinbarung an. In allen übrigen Fällen holt es seine vorherige Zustimmung ein.

**§ 14. Haftung.** (1) Wird jemand durch ein Mitglied der Inspektionsgruppe geschädigt, haftet für diesen Schaden die Bundesrepublik Deutschland nach den Vorschriften und Grundsätzen des deutschen Rechts, die anwendbar wären, wenn der Schaden durch einen eigenen Bediensteten oder durch eine Handlung oder Unterlassung, für die die Bundesrepublik Deutschland verantwortlich ist, verursacht worden wäre. Satz 1 ist auf Schäden, die von einem Mitglied der Inspektionsgruppe außerhalb der Inspektionstätigkeit verursacht werden, sinngemäß anzuwenden.

(2) Ansprüche nach Absatz 1 sind in den Fällen des § 9 Abs. 1 Satz 2 erste Alternative bei den regional zuständigen Wehrbereichsverwaltungen, im übrigen beim Bundesamt für Wirtschaft und Ausfuhrkontrolle (BAFA) geltend zu machen. Zur Durchsetzung der Ansprüche ist der ordentliche Rechtsweg gegeben.

# 8i CWÜAG §§ 15, 16

**§ 15. Bußgeldvorschriften.** (1) Ordnungswidrig handelt, wer vorsätzlich oder fahrlässig

1. einer Rechtsverordnung
   a) nach § 2 Abs. 3 Nr. 2 oder
   b) nach § 3
   zuwiderhandelt, soweit sie für einen bestimmten Tatbestand auf diese Bußgeldvorschrift verweist,
2. unrichtige und unvollständige Angaben tatsächlicher Art macht oder benutzt, um für sich oder einen anderen eine Genehmigung zu erschleichen, die nach einer zur Durchführung dieses Gesetzes erlassenen Rechtsverordnung erforderlich ist,
3. entgegen § 7 Abs. 1 eine Auskunft nicht, nicht richtig, nicht vollständig oder nicht rechtzeitig erteilt, geschäftliche Unterlagen nicht, nicht vollständig oder nicht rechtzeitig vorlegt oder eine Prüfung oder das Betreten nicht duldet oder
4. bei einer Inspektion einer Duldungspflicht nach § 8 Abs. 1 oder 2 jeweils in Verbindung mit § 10 oder einer Mitwirkungspflicht nach § 11 Satz 2 zuwiderhandelt.

(2) Die Ordnungswidrigkeit kann in den Fällen des Absatzes 1 Nr. 2 mit einer Geldbuße bis zu *einhunderttausend Deutsche Mark,* in den übrigen Fällen mit einer Geldbuße bis zu *fünfzigtausend Deutsche Mark* geahndet werden.

(3) Verwaltungsbehörde im Sinne des § 36 Abs. 1 Nr. 1 des Gesetzes über Ordnungswidrigkeiten ist das Bundesamt für Wirtschaft und Ausfuhrkontrolle (BAFA).

Anm.: Die Umstellung des Absatzes 2 auf Euro ist offensichtlich übersehen worden. Die Eurobeträge müssten lauten: 50 000 bzw. 25 000 Euro.

**§ 16. Strafvorschriften.** (1) Mit Freiheitsstrafe bis zu fünf Jahren oder mit Geldstrafe wird bestraft, wer

1. eine in § 15 Abs. 1 Nr. 1 Buchstabe b, Nr. 3 oder 4 bezeichnete Handlung begeht, die geeignet ist, die auswärtigen Beziehungen der Bundesrepublik Deutschland erheblich zu gefährden,
2. einer Rechtsverordnung nach § 2 Abs. 1 Satz 2 Nr. 1 zuwiderhandelt, soweit sie für einen bestimmten Tatbestand auf diese Strafvorschrift verweist, oder
3. einer Rechtsverordnung nach § 2 Abs. 1 Satz 2 Nr. 2 zuwiderhandelt, soweit sie für einen bestimmten Tatbestand auf diese Strafvorschrift verweist,

wenn die Tat nicht nach § 20 des Gesetzes über die Kontrolle von Kriegswaffen mit Strafe bedroht ist.

(2) Mit Freiheitsstrafe bis zu drei Jahren oder mit Geldstrafe wird bestraft, wer einer Rechtsverordnung nach § 2 Abs. 1 Satz 2 Nr. 3 zuwiderhandelt, soweit sie für einen bestimmten Tatbestand auf diese Strafvorschrift verweist, wenn die Tat nicht nach § 20 des Gesetzes über die Kontrolle von Kriegswaffen mit Strafe bedroht ist.

(3) In besonders schweren Fällen des Absatzes 1 Nr. 2 und 3 ist die Strafe Freiheitsstrafe nicht unter zwei Jahren. Ein besonders schwerer Fall liegt in der Regel vor, wenn der Täter

1. die Gefahr eines schweren Nachteils für die auswärtigen Beziehungen der Bundesrepublik Deutschland herbeiführt oder
2. gewerbsmäßig oder als Mitglied einer Bande, die sich zur fortgesetzten Begehung solcher Straftaten verbunden hat, unter Mitwirkung eines anderen Bandenmitglieds handelt.

(4) Nach Absatz 1 Nr. 3 und Absatz 2 wird auch bestraft, wer auf Grund einer nach einer Rechtsverordnung nach § 2 Abs. 1 Satz 2 oder 3 erforderlichen Genehmigung handelt, wenn die Genehmigung durch Drohung, Bestechung oder Kollusion erwirkt oder durch unrichtige oder unvollständige Angaben erschlichen wurde.

(5) Der Versuch ist strafbar.

(6) Handelt der Täter fahrlässig, so ist die Strafe in den Fällen des Absatzes 1 Freiheitsstrafe bis zu zwei Jahren oder Geldstrafe, im Falle des Absatzes 2 Freiheitsstrafe bis zu einem Jahr oder Geldstrafe.

### § 17. Strafvorschriften gegen den Mißbrauch als chemische Waffen.

(1) Mit Freiheitsstrafe nicht unter zwei Jahren wird bestraft, wer

1. toxische Chemikalien, Munition, Geräte oder Ausrüstung im Sinne des Artikels II Nr. 1 Buchstabe b oder c oder Nr. 2 des Übereinkommens für andere als erlaubte Zwecke entwickelt, herstellt, mit ihnen Handel treibt, von einem anderen erwirbt oder einem anderen überläßt, einführt, ausführt, durchführt oder sonst die tatsächliche Gewalt über sie ausübt,
2. einen anderen zu einer in Nummer 1 bezeichneten Handlung verleitet oder
3. eine in Nummer 1 bezeichnete Handlung fördert,

wenn die Tat nicht nach § 20 des Gesetzes über die Kontrolle von Kriegswaffen mit Strafe bedroht ist.

(2) In minder schweren Fällen ist die Strafe Freiheitsstrafe von drei Monaten bis zu fünf Jahren.

(3) Handelt der Täter in den Fällen des Absatzes 1 leichtfertig, so ist die Strafe Freiheitsstrafe bis zu drei Jahren oder Geldstrafe.

### § 18. Auslandstaten Deutscher.
§ 16 Abs. 1 Nr. 2, Abs. 5 und § 17 gelten, unabhängig vom Recht des Tatorts, auch für Taten, die im Ausland begangen werden, wenn der Täter Deutscher ist.

### § 19. Einziehung.
(1) Ist eine Ordnungswidrigkeit nach § 15 oder eine Straftat nach den §§ 16 oder 17 begangen worden, so können

1. Gegenstände, auf die sich die Ordnungswidrigkeit oder die Straftat bezieht, und
2. Gegenstände, die zu ihrer Begehung oder Vorbereitung gebraucht worden oder bestimmt gewesen sind,

eingezogen werden.

(2) § 74a des Strafgesetzbuches und § 23 des Gesetzes über Ordnungswidrigkeiten sind anzuwenden.

(3) In Fällen des § 16 Abs. 1 und 5 und des § 17 Abs. 1, in den Fällen des § 16 Abs. 1 Nr. 2, Abs. 5 und § 17 Abs. 1 auch in Verbindung mit § 18, ist § 73d des Strafgesetzbuches anzuwenden, wenn der Täter gewerbsmäßig oder als Mitglied einer Bande handelt, die sich zur fortgesetzten Begehung solcher Straftaten verbunden hat.

**§ 20. Befugnisse der Zollbehörden.** (1) Die Staatsanwaltschaft und die Verwaltungsbehörde können bei Straftaten und Ordnungswidrigkeiten nach den §§ 15 bis 17 Ermittlungen (§ 161 Satz 1 der Strafprozeßordnung) auch durch die Hauptzollämter oder die Zollfahndungsämter vornehmen lassen.

(2) Die Hauptzollämter und die Zollfahndungsämter sowie deren Beamte haben auch ohne Ersuchen der Staatsanwaltschaft oder der Verwaltungsbehörde Straftaten und Ordnungswidrigkeiten der in Absatz 1 bezeichneten Art zu erforschen und zu verfolgen, wenn diese das Verbringen von Sachen betreffen. Dasselbe gilt, soweit Gefahr im Verzug ist. § 163 der Strafprozeßordnung und § 53 des Gesetzes über Ordnungswidrigkeiten bleiben unberührt.

(3) In den Fällen der Absätze 1 und 2 haben die Beamten der Hauptzollämter und der Zollfahndungsämter die Rechte und Pflichten der Polizeibeamten nach den Bestimmungen der Strafprozeßordnung und des Gesetzes über Ordnungswidrigkeiten. Sie sind insoweit Ermittlungspersonen der Staatsanwaltschaft.

(4) In diesen Fällen können die Hauptzollämter und Zollfahndungsämter sowie deren Beamte im Bußgeldverfahren Beschlagnahmen, Durchsuchungen, Untersuchungen und sonstige Maßnahmen nach den für Ermittlungspersonen der Staatsanwaltschaft geltenden Vorschriften der Strafprozeßordnung vornehmen; unter den Voraussetzungen des § 111l Abs. 2 Satz 2 der Strafprozeßordnung können auch die Hauptzollämter die Notveräußerung anordnen.

**§ 21. Inkrafttreten.** (1) Die §§ 1 bis 7, 12, 15 Abs. 1 Nr. 1 Buchstabe b und Nr. 3, Abs. 2 und 3, § 16 Abs. 1 Nr. 1, Abs. 5 und 6 und die §§ 19 und 20 treten einen Tag nach der gemäß Absatz 2 erfolgten Bekanntgabe in Kraft. Im übrigen tritt dieses Gesetz an dem Tage in Kraft, an dem das Übereinkommen nach seinem Artikel XXI in Kraft tritt.

(2) Der Tag des Inkrafttretens des Übereinkommens ist im Bundesgesetzblatt bekanntzugeben, sobald die Unterrichtung über den Zeitpunkt des Inkrafttretens durch den Generalsekretär der Vereinten Nationen nach Artikel XXIII des Übereinkommens erfolgt ist.

Tag des Inkrafttretens: 29. 4. 1997 (Bek. vom 4. 11. 1996 – BGBl. II 2618).

# 8k. Ausführungsverordnung zum Chemiewaffenübereinkommen (CWÜV)

Vom 20. 11. 1996 (BGBl. I 1794), geänd. durch Art. 1 der ÄndVO vom 14. 4. 2000 (BGBl. I 530), durch Art. 29 des Gesetzes vom 21. 12. 2000 (BGBl. I 1956) und Art. 1 der 2. ÄndVO vom 16. 5. 2001 (BGBl. I 888).

**BGBl. III/FNA 188-59-1**

Auf Grund des § 2 Abs. 1 und 3 und des § 3 des Ausführungsgesetzes zum Chemiewaffenübereinkommen vom 2. August 1994 (BGBl. I S. 1954) verordnet die Bundesregierung:

**§ 1. Verbote für Chemikalien der Liste 1.** Es ist verboten,

1. Chemikalien der in Anhang 1 zu dieser Verordnung aufgeführten Liste 1
   a) aus einem Nichtvertragsstaat einzuführen,
   b) in einen Nichtvertragsstaat auszuführen,
   c) in einen dritten Vertragsstaat auszuführen, wenn sie bereits aus einem anderen Vertragsstaat eingeführt worden sind,
   d) sie durchzuführen, wenn das Ursprungs-, Herkunfts-, Bestimmungs- oder ein weiteres Durchfuhrland ein Nichtvertragsstaat ist, oder
   e) entsprechende Handlungen nach den Buchstaben a bis d als Deutscher im Ausland vorzunehmen,
2. im Inland oder als Deutscher im Ausland Einrichtungen zu errichten, die zur Produktion von Chemikalien der Liste 1 bestimmt sind und deren Produktionskapazität für diese Chemikalien mindestens eine Tonne im Jahr beträgt,
3. als Deutscher in einem Nichtvertragsstaat Chemikalien der Liste 1 zu produzieren, zu verarbeiten, mit ihnen Handel zu treiben, sie zu veräußern, zu verbrauchen, zu erwerben, einem anderen zu überlassen oder sonst die tatsächliche Gewalt über sie auszuüben.

**§ 1 a. Verbote für Chemikalien der Liste 2.** Es ist verboten, Chemikalien der in Anhang 1 zu dieser Verordnung aufgeführten Liste 2

1. aus einem Nichtvertragsstaat einzuführen,
2. in einen Nichtvertragsstaat auszuführen oder
3. als Deutscher entsprechende Handlungen nach der Nummer 1 oder 2 im Ausland vorzunehmen.

**§ 2. Genehmigungsvorbehalte.** (1) Einer Genehmigung bedarf, wer

1. Einrichtungen, die zur Produktion von Chemikalien der Liste 1 bestimmt sind,
   a) errichtet,
   b) betreibt oder
   c) wesentlich ändert,

2. Chemikalien der Liste 1
   a) produziert,
   b) verarbeitet, mit ihnen Handel treibt, sie veräußert, verbraucht, erwirbt, einem anderen überläßt oder sonst die tatsächliche Gewalt über sie ausübt oder
   c) sie ein-, aus- oder durchführt,
3. Chemikalien der in Anhang 1 zu dieser Verordnung aufgeführten Liste 3 in einen Nichtvertragsstaat ausführt,

soweit die Handlung nicht bereits nach § 1 verboten ist.

(2) Eine Genehmigung nach Absatz 1 Nr. 1 sowie für Produktion, Verarbeitung und Verbrauch nach Absatz 1 Nr. 2 Buchstabe a und b ist nicht erforderlich, wenn die Produktion, die Verarbeitung oder der Verbrauch in einer Einrichtung nur medizinischen, pharmazeutischen oder Forschungszwecken dient und die Gesamtmenge weniger als 100 Gramm je Einrichtung im Jahr beträgt; in diesem Fall sind die jeweiligen Tätigkeiten der Genehmigungsbehörde bis zum 1. Februar eines Kalenderjahres für das abgelaufene Kalenderjahr anzuzeigen. Einer Genehmigung bedarf nicht, wer unter der Aufsicht oder als Beschäftigter eines anderen tätig wird; in diesen Fällen bedarf nur der andere der Genehmigung. Für die Beförderung von Chemikalien der Liste 1 bedarf es keiner Genehmigung nach Absatz 1 Nr. 2 Buchstabe b.

(3) Wer Chemikalien genehmigungspflichtig ein-, aus- oder durchführt, hat diese bei den in der Genehmigung festgelegten Zollbehörden unter Vorlage dieser Genehmigung anzumelden und auf Verlangen vorzuführen.

**§ 3. Erteilung der Genehmigung.** (1) Unbeschadet anderer Rechtsvorschriften ist die Genehmigung nach § 2 Abs. 1 zu erteilen, wenn sichergestellt ist, daß durch die Vornahme der genehmigungspflichtigen Handlung die Verpflichtungen der Bundesrepublik Deutschland aus dem Übereinkommen nicht verletzt werden.

(2) Die Erteilung der Genehmigung kann von sachlichen und persönlichen Voraussetzungen, insbesondere der Zuverlässigkeit des Antragstellers, abhängig gemacht werden.

(3) Eine Ausfuhrgenehmigung darf nur erteilt werden, wenn eine amtliche Bescheinigung des Bestimmungslandes vorgelegt wird, die Angaben über den Verwendungszweck, Art und Menge der Chemikalien, den Endempfänger sowie die Zusicherung des Endverbleibs im Bestimmungsland enthält.

(4) Die Genehmigung kann inhaltlich beschränkt, mit Nebenbestimmungen versehen und für übertragbar erklärt werden.

(5) Die Bestimmungen der Außenwirtschaftsverordnung über Antrag, Rückgabe und Aufbewahrung von Genehmigungsbescheiden finden entsprechende Anwendung.

**§ 4. Meldepflichten bei Produktion, Verarbeitung und Verbrauch.**
(1) Wer ein Werk betreibt,

1. das mehr als 200 Tonnen bestimmter organischer Chemikalien im Sinne von Teil I Nr. 4 des Anhangs 2 zum Übereinkommen im Jahr produziert,

2. in dem mindestens ein Betrieb mehr als 30 Tonnen einer PSF-Chemikalie im Sinne von Teil IX Abs. 1 Buchstabe b des Anhangs 2 zum Übereinkommen im Jahr produziert,
3. in dem mindestens ein Betrieb mehr als 30 Tonnen einer Chemikalie der Liste 3 im Jahr produziert oder im jeweils folgenden Kalenderjahr voraussichtlich produzieren wird,
4. in dem mindestens ein Betrieb mehr als ein Kilogramm einer Chemikalie der Liste 2 Nr. 3, 100 Kilogramm einer Chemikalie der Liste 2 Nr. 1 oder 2 oder eine Tonne einer Chemikalie der Liste 2 Nr. 4 bis 14 im Jahr produziert, verarbeitet oder verbraucht oder im jeweils folgenden Kalenderjahr voraussichtlich produzieren, verarbeiten oder verbrauchen wird oder
5. das mehr als 100 Gramm einer Chemikalie der Liste 1 im Jahr produziert oder im jeweils folgenden Kalenderjahr voraussichtlich produzieren wird,

ist zu Meldungen nach Maßgabe der §§ 5, 7 und 8 verpflichtet.

(2) Ausgenommen von der Meldepflicht nach Absatz 1 Nr. 1 und 2 ist, wer ein Werk betreibt, das in dem Bezugszeitraum ausschließlich die in Anhang 2 zu dieser Verordnung genannten Explosivstoffe oder Chemikalien produziert, die nur aus Kohlenstoff und Wasserstoff bestehen.

**§ 5. Meldearten und -angaben.** (1) Die Meldungen nach § 4 sind Neumeldungen für das laufende Kalenderjahr, Jahresabschlußmeldungen für das abgelaufene Kalenderjahr, Jahresvorausmeldungen für das folgende Kalenderjahr oder Änderungsmeldungen bei Abweichungen gegenüber der Neu- oder Jahresvorausmeldung. Jahresabschlußmeldungen sind abzugeben in allen Fällen des § 4 Abs. 1, Neu-, Jahresvoraus- und Änderungsmeldungen in den Fällen des § 4 Abs. 1 Nr. 3 bis 5.

(2) Die Meldung muß folgende Angaben über das Werk enthalten:

1. Name und Anschrift des Werkes,
2. Name des Betreibers,
3. im Falle des § 4 Abs. 1 Nr. 2 die Angabe, ob mindestens ein Betrieb mehr als 200 Tonnen einer PSF-Chemikalie produziert hat,
4. im Falle des § 4 Abs. 1 Nr. 3 die Angabe, ob das Werk mehr als 200 Tonnen einer nach Absatz 4 Nr. 3 meldepflichtigen Chemikalie der Liste 3 produziert hat oder voraussichtlich produzieren wird,
5. im Falle des § 4 Abs. 1 Nr. 4 die Angabe, ob mindestens ein Betrieb mehr als zehn Kilogramm einer Chemikalie der Liste 2 Nr. 3, eine Tonne einer Chemikalie der Liste 2 Nr. 1 oder 2 oder zehn Tonnen einer Chemikalie der Liste 2 Nr. 4 bis 14 produziert, verarbeitet oder verbraucht hat oder voraussichtlich produzieren, verarbeiten oder verbrauchen wird,
6. in den Fällen des § 4 Abs. 1 Nr. 3 und 4 die Anzahl aller Betriebe, die eine Meldepflicht auslösen, im Falle des § 4 Abs. 1 Nr. 1 die ungefähre, im Falle des § 4 Abs. 1 Nr. 2 die genaue Anzahl der Betriebe, welche die dort jeweils bezeichneten Chemikalien produziert haben,
7. in den Fällen des § 4 Abs. 1 Nr. 1 und 2 die hauptsächlichen Tätigkeiten des Werkes,

8. im Falle des § 4 Abs. 1 Nr. 5 über den gesamten Bereich, der für die Produktion einer Chemikalie der Liste 1 erheblich ist,
   a) für die Jahresvorausmeldung die voraussichtlichen Änderungen gegenüber der zuletzt vorgelegten technischen Beschreibung und die voraussichtlichen Änderungen des Bestimmungszwecks,
   b) für die Jahresabschlußmeldung die durchgeführten Änderungen gegenüber der zuletzt vorgelegten technischen Beschreibung und Änderungen des Bestimmungszwecks.

(3) Die Meldung muß folgende Angaben über jeden der in § 4 Abs. 1 Nr. 3 und 4 bezeichneten Betriebe enthalten:

1. Name und Standort innerhalb des Werkes einschließlich des Gebäudes oder Bauwerks,
2. Name des Betreibers,
3. hauptsächliche Tätigkeiten des Betriebes,
4. im Falle des § 4 Abs. 1 Nr. 4 zusätzlich
   a) nähere Einzelheiten zur Art des Betriebes im Sinne von Teil VII Abs. 7 Buchstabe d des Anhangs 2 zum Übereinkommen,
   b) die Produktionskapazität für jede Chemikalie der Liste 2, bei der jeweils der in § 4 Abs. 1 Nr. 4 genannte Schwellenwert überschritten oder voraussichtlich überschritten wird.

(4) Die Meldung muß folgende Angaben über die in § 4 Abs. 1 bezeichneten Chemikalien enthalten:

1. im Falle des § 4 Abs. 1 Nr. 1 die Gesamtmenge der von dem Werk produzierten bestimmten organischen Chemikalien in den Größenordnungen 200 bis unter 1000 Tonnen, 1000 bis 10000 Tonnen und über 10000 Tonnen,
2. im Falle des § 4 Abs. 1 Nr. 2 die Gesamtmenge der von jedem Betrieb produzierten PSF-Chemikalien in den Größenordnungen 30 bis unter 200 Tonnen, 200 bis unter 1000 Tonnen, 1000 bis 10000 Tonnen und über 10000 Tonnen,
3. im Falle des § 4 Abs. 1 Nr. 3 gesondert für jede Chemikalie der Liste 3, bei der jeweils der dort genannte Schwellenwert überschritten wird,
   a) die chemische Bezeichnung, den in der Einrichtung verwendeten gewöhnlichen oder handelsüblichen Namen, die Strukturformel und – falls zugeordnet – die CAS-Nummer,
   b) die Verwendungszwecke, zu denen die Chemikalie produziert wurde oder werden soll,
   c) die von dem Werk produzierte oder voraussichtlich produzierte Menge in den Größenordnungen 30 bis unter 200 Tonnen, 200 bis unter 1000 Tonnen, 1000 bis unter 10000 Tonnen, 10000 bis 100000 Tonnen und über 100000 Tonnen,
4. im Falle des § 4 Abs. 1 Nr. 4 gesondert für jede Chemikalie der Liste 2, bei der jeweils der dort genannte Schwellenwert überschritten wird,
   a) die chemische Bezeichnung, den in der Einrichtung verwendeten gewöhnlichen oder handelsüblichen Namen, die Strukturformel und – falls zugeordnet – die CAS-Nummer,
   b) die genauen Zwecke im Sinne von Teil VII Abs. 8 Buchstabe e des Anhangs 2 zum Übereinkommen, zu denen die Chemikalie produ-

ziert, verarbeitet und verbraucht wurde oder werden soll, unter genauer Angabe der Produktgruppen,
- c) für die Jahresabschlußmeldung die von dem Werk produzierte, verarbeitete, verbrauchte, ein- und ausgeführte Menge,
- d) für die Neu-, Jahresvoraus- und Änderungsmeldung die von dem Werk voraussichtlich produzierte, verarbeitete und verbrauchte Menge sowie die zu Produktion, Verarbeitung und Verbrauch voraussichtlich benötigten Zeiträume,

5. im Falle des § 4 Abs. 1 Nr. 5 gesondert für jede Chemikalie der Liste 1
   - a) die chemische Bezeichnung, Strukturformel und – falls zugeordnet – CAS-Nummer,
   - b) für die Jahresabschlußmeldung
     - aa) die produzierte und verbrauchte Menge sowie den Zweck des Verbrauchs,
     - bb) für jeden Fall des Überlassens der tatsächlichen Gewalt im Inland Menge, Zweck sowie Name und Anschrift des Empfängers,
     - cc) die höchste im Laufe eines Jahres sowie die am letzten Tag des Jahres gelagerte Menge,
     - dd) im Falle der Produktion für Schutzzwecke das angewandte Verfahren,
     - ee) die Menge, chemische Bezeichnung und – falls zugeordnet – CAS-Nummer jedes für die Produktion verwendeten Vorproduktes der Listen 1 bis 3,
   - c) für die Neu-, Jahresvoraus- und Änderungsmeldung die vom Werk voraussichtlich produzierte Menge, die zur Produktion voraussichtlich benötigten Zeiträume sowie den Zweck der Produktion.

## § 6. Meldepflichten bei Ein- und Ausfuhr. (1) Wer

1. mehr als eine Tonne einer Chemikalie der Liste 3, 100 Kilogramm einer Chemikalie der Liste 2 Nr. 4 bis 14, 10 Kilogramm einer Chemikalie der Liste 2 Nr. 1 oder 2 oder 100 Gramm einer Chemikalie der Liste 2 Nr. 3 im Jahr oder
2. Chemikalien der Liste 1

ein- oder ausführt, ist zu Meldungen nach Maßgabe des Absatzes 2 und der §§ 7 und 8 verpflichtet.

(2) Die Meldung muß für jede Chemikalie gesondert

1. die chemische Bezeichnung, den gewöhnlichen oder handelsüblichen Namen, die Strukturformel und – falls zugeordnet – die CAS-Nummer,
2. den Namen des Ein- oder Ausführers,
3. Angaben über die im abgelaufenen Kalenderjahr je Herkunfts- oder Bestimmungsland ein- oder ausgeführte Menge unter Angabe der beteiligten Länder,
4. für jeden Fall der Ein- oder Ausfuhr von Chemikalien der Liste 1 darüber hinaus Datum, Menge, Zweck sowie Namen und Anschrift des Lieferanten oder Empfängers

enthalten.

## 8k CWÜV §§ 7–10

**§ 7. Weitere Meldevorschriften.** (1) Die Jahresabschlußmeldungen und die Meldungen nach § 6 sind bis zum 1. Februar eines neuen Kalenderjahres zu erstatten.

(2) Die Jahresvorausmeldungen sind im Falle des § 4 Abs. 1 Nr. 5 bis zum 1. September, in den Fällen des § 4 Abs. 1 Nr. 3 und 4 bis zum 15. September eines Kalenderjahres, Neu- und Änderungsmeldungen spätestens 20 Tage vor Aufnahme der meldepflichtigen Tätigkeit zu erstatten.

(3) Bei den Meldungen nach den §§ 5 und 6 sind folgende Maßeinheiten zu verwenden:
1. bei Chemikalien der Liste 1 Gramm,
2. bei Chemikalien der Listen 2 und 3 Tonnen.

Dabei ist auf die dritte Stelle genau zu runden. Die Sätze 1 und 2 gelten nicht für die nach § 5 Abs. 4 Nr. 3 in Größenordnungen abzugebenden Meldungen.

**§ 8. Formvorschriften.** (1) Die Anträge auf Erteilung einer Genehmigung nach § 2 und die Meldungen nach den §§ 4 und 6 sind durch schriftliche Erklärung gegenüber dem Bundesamt für Wirtschaft und Ausfuhrkontrolle (BAFA) abzugeben.

(2) Das Bundesamt für Wirtschaft und Ausfuhrkontrolle (BAFA) kann durch Bekanntmachung im Bundesanzeiger die Verwendung bestimmter Vordrucke vorschreiben. Es kann gestatten, Meldungen in anderer Weise, insbesondere durch elektronischen Datenaustausch, abzugeben.

**§ 9. Ausnahmen für geringe Konzentrationen.** (1) Die §§ 1, 2, 4 und 6 finden keine Anwendung, wenn Chemikalien der Liste 1 einen Anteil von weniger als 1 vom Hundert einer Mischung bilden.

(2) § 1a findet keine Anwendung, wenn Chemikalien
1. der Liste 2 Nr. 1 bis 3 einen Anteil von 1 vom Hundert oder weniger oder
2. der Liste 2 Nr. 4 bis 14 einen Anteil von 10 vom Hundert oder weniger

einer Mischung bilden.

(3) Die §§ 2, 4 und 6 finden keine Anwendung, wenn Chemikalien der Listen 2 oder 3 einen Anteil von 30 vom Hundert oder weniger einer Mischung bilden.

(4) Die §§ 1a, 2 und 6 finden keine Anwendung, wenn Chemikalien der Listen 2 oder 3 in als Verbrauchsgüter bestimmten Waren enthalten sind, die
1. zum Verkauf im Einzelhandel verpackt und für den persönlichen Gebrauch bestimmt sind oder
2. zum einzelnen Gebrauch verpackt sind.

**§ 10. Besondere Meldevorschriften.** (1) Der Meldepflicht unterliegt ferner, wer ein Werk betreibt,
1. in dem mindestens ein Betrieb eine Chemikalie der Liste 3,
2. in dem mindestens ein Betrieb eine Chemikalie der Liste 2 oder
3. das eine Chemikalie der Liste 1

nach dem 1. Januar 1946 zur Verwendung für andere als die nach § 1 Nr. 2 des Ausführungsgesetzes zum Chemiewaffenübereinkommen erlaubten Zwecke produziert hat. Für die Kalenderjahre ab 1946 sind Meldungen innerhalb von sechs Monaten nach dem in § 15 Satz 2 bestimmten Zeitpunkt abzugeben.

(2) Die Meldung muß folgende Angaben enthalten:
1. über das Werk
   a) Angaben nach § 5 Abs. 2 Nr. 1 und 2,
   b) im Falle des Absatzes 1 Satz 1 Nr. 3 für den gesamten Bereich, der für die Produktion einer Chemikalie der Liste 1 zu dem dort genannten Zweck erheblich war, umfassende und genaue Informationen im Sinne von Teil V Abs. 1 des Anhangs 2 zum Übereinkommen über Standort, bauliche Anlagen, technische Ausrüstung und Verfahren, Produktionskapazität, Tätigkeiten sowie über bauliche und anlagentechnische Maßnahmen,
2. über den Betrieb
   a) in den Fällen des Absatzes 1 Satz 1 Nr. 1 und 2 Angaben nach § 5 Abs. 3 Nr. 1 bis 3,
   b) im Falle des Absatzes 1 Satz 1 Nr. 2 zusätzlich Angaben nach § 5 Abs. 3 Nr. 4,
3. gesondert über jede in Absatz 1 Satz 1 bezeichnete Chemikalie
   a) in den Fällen des Absatzes 1 Satz 1 Nr. 1 und 2 Angaben über die chemische Bezeichnung, den in der Einrichtung verwendeten gewöhnlichen oder handelsüblichen Namen, die Strukturformel und – falls zugeordnet – die CAS-Nummer, Anfang und Ende des jeweiligen Produktionszeitraums für den in Absatz 1 Satz 1 genannten Zweck, die Produktionsmenge je Produktionszeitraum, den Ort, an den die Chemikalie geliefert wurde, und – falls bekannt – das dort produzierte Endprodukt,
   b) im Falle des Absatzes 1 Satz 1 Nr. 3 umfassende und genaue Informationen sowie Angaben über Produktionszeiträume und -mengen im Sinne von Teil V Abs. 1 des Anhangs 2 zum Übereinkommen.

Im übrigen gelten § 7 Abs. 3 und § 8 entsprechend.

**§ 11. Bundeswehr und andere Organe.** Keiner Genehmigung nach § 2 bedürfen die Bundeswehr, die Polizeien des Bundes und die Zollbehörden sowie die übrigen für die Aufrechterhaltung der öffentlichen Sicherheit zuständigen Behörden und Dienststellen. Die Meldevorschriften dieser Verordnung gelten nicht für die Bundeswehr.

**§ 12. Ordnungswidrigkeiten.** Ordnungswidrig im Sinne des § 15 Abs. 1 Nr. 1 des Ausführungsgesetzes zum Chemiewaffenübereinkommen handelt, wer vorsätzlich oder fahrlässig

1. entgegen § 2 Abs. 2 Satz 1 eine Tätigkeit nicht, nicht richtig, nicht vollständig oder nicht rechtzeitig anzeigt,
2. entgegen den § 4 Abs. 1 und § 6 Abs. 1 eine Meldung nicht, nicht richtig, nicht vollständig oder nicht rechtzeitig macht oder
3. entgegen § 2 Abs. 3 Chemikalien nicht oder nicht ordnungsgemäß anmeldet oder vorführt.

**§ 13. Straftaten.** (1) Nach § 16 Abs. 1 Nr. 2 des Ausführungsgesetzes zum Chemiewaffenübereinkommen wird bestraft, wer

1. entgegen einem Verbot nach § 1 Nr. 1 Chemikalien der Liste 1 ein-, aus- oder durchführt oder als Deutscher entsprechende Handlungen im Ausland vornimmt,
2. entgegen einem Verbot nach § 1 Nr. 2 im Inland oder als Deutscher im Ausland eine Einrichtung errichtet,
2a. entgegen § 1a Nr. 1 oder 2 eine Chemikalie einführt oder ausführt oder als Deutscher entsprechende Handlungen im Ausland vornimmt,
3. ohne die nach § 2 Abs. 1 Nr. 1 Buchstabe a erforderliche Genehmigung eine Einrichtung errichtet oder
4. entgegen einem Verbot nach § 1 Nr. 3 als Deutscher in einem Nichtvertragsstaat Chemikalien der Liste 1 produziert, verarbeitet, mit ihnen Handel treibt, sie veräußert, verbraucht, erwirbt, einem anderen überläßt oder sonst die tatsächliche Gewalt über sie ausübt.

(2) Nach § 16 Abs. 1 Nr. 3 des Ausführungsgesetzes zum Chemiewaffenübereinkommen wird bestraft, wer

1. ohne die nach § 2 Abs. 1 Nr. 1 Buchstabe b erforderliche Genehmigung eine Einrichtung betreibt oder
2. ohne die nach § 2 Abs. 1 Nr. 2 Buchstabe a erforderliche Genehmigung Chemikalien der Liste 1 produziert.

(3) Nach § 16 Abs. 2 des Ausführungsgesetzes zum Chemiewaffenübereinkommen wird bestraft, wer

1. ohne die nach § 2 Abs. 1 Nr. 1 Buchstabe c erforderliche Genehmigung eine Einrichtung wesentlich ändert,
2. ohne die nach § 2 Abs. 1 Nr. 2 Buchstabe b und c erforderliche Genehmigung Chemikalien der Liste 1 verarbeitet, mit ihnen Handel treibt, sie veräußert, verbraucht, erwirbt, einem anderen überläßt, sonst die tatsächliche Gewalt über sie ausübt oder sie ein-, aus- oder durchführt oder
3. ohne die nach § 2 Abs. 1 Nr. 3 erforderliche Genehmigung Chemikalien der Liste 3 in einen Nichtvertragsstaat ausführt.

**§ 14.** *aufgehoben mit Wirkung vom 1. 6. 2001 durch die 2. ÄndVO vom 14. 4. 2001 (BGBl. I 888).*

*Übergangsvorschriften. (1) Wer zu dem in § 15 Satz 1 bestimmten Zeitpunkt die tatsächliche Gewalt über Chemikalien der Liste 1 ausübt, hat die nach § 2 Abs. 1 Nr. 2 Buchstabe b erforderliche Genehmigung innerhalb von drei Monaten nach diesem Zeitpunkt zu beantragen.*

*(2) Meldungen nach den §§ 4 und 6 hat erstmalig abzugeben, wer die Voraussetzungen*

*1. des § 4 Abs. 1 Nr. 4 in einem der drei Kalenderjahre,*
*2. der übrigen Bestimmungen des § 4 Abs. 1 oder des § 6 Abs. 1 im Kalenderjahr*

*vor Inkrafttreten des Übereinkommens erfüllt hat. Für die in Satz 1 genannten Kalenderjahre sind Meldungen bis zum 1. März 1997 abzugeben.*

**§ 15. Inkrafttreten.** Die §§ 1, 2 Abs. 1 Nr. 2 und 3, § 12 Nr. 3 und § 13 treten an dem Tage in Kraft, an dem das Übereinkommen nach seinem Artikel XXI in Kraft tritt und der gemäß § 21 Abs. 2 des Ausführungsgesetzes zum Chemiewaffenübereinkommen im Bundesgesetzblatt bekanntgegeben wird. Im Übrigen tritt diese Verordnung am Tage nach der Verkündung in Kraft.

*Hier **nicht** abgedruckt:*
Anhang 1: Chemikalienlisten 1 bis 3
Anhang 2: Explosivstoffe gemäß § 4 Abs. 2
s. hierzu BGBl. 1996 I 1799 ff.

# 9. Fünfte Verordnung zum Waffengesetz (5. WaffV)[1]

Vom 11. 8. 1976 (BGBl. I S. 2117), zuletzt geändert durch Art. 282 der
8. Zuständigkeitsanpassungsverordnung vom 25. 11. 2003 (BGBl. I 2304)

**BGBl. III/FNA 7133-3-2-6**

## Vorbemerkung

Die vorliegende 5. Verordnung zum Waffengesetz hat, wie auch ihr Vorspruch zeigt, ihre Ermächtigungsgrundlage im WaffG **aF**. Dieses Gesetz ist nun aber mit Wirkung vom 1. 4. 2003 aufgehoben worden (Art. 19 Nr. 1 Satz 3 WaffRNeuRegG). In den Überleitungsbestimmungen Art. 19 Nr. 3 WaffRNeuRegG und § 22 Abs. 6 und 7 Beschussgesetz ist zwar über die Fortgeltung der übrigen auf das WaffG aF gestützten Waffenverordnungen bestimmt worden, nicht aber über die vorliegende VO. Andererseits ist auch eine Aufhebung nicht erfolgt. Dementsprechend hat die 8. Zuständigkeitsanpassungsverordnung vom 25. 11. 2003 (BGBl. I 2304) in ihrem Art. 282 eine Änderung an der VO vorgenommen. Es ist demnach von der Fortgeltung der VO auszugehen, wobei sich die Frage aufwirft, wie eine VO nach Fortfall ihrer ursprünglichen Ermächtigungsgrundlage weiter bestehen kann. Das Problem ist bereits bei der Aufhebung des Abfallgesetzes (AbfG 1986) durch das KrW-/AbfG hinsichtlich der auf das alte Gesetz gestützten und noch nicht erneuerten Verordnungen aufgetreten. Gegen die vehemente Kritik von *Brandt* (*Jarass/Ruchay/Weidemann* KrW-/AbfG § 64 Rdn. 3) vertritt die herrschende Meinung im Anschluss an das BVerfG (BVerfGE **9**, 3, 12) die Auffassung, dass die einmal rechtsgültig zustande gekommene Norm durch den späteren Fortfall der Ermächtigungsgrundlage nicht „berührt" werde. Im Hinblick auf diese Rechtsprechung kann demnach auch hier nicht von der Ungültigkeit der vorliegenden Verordnung ausgegangen werden.

Text der VO:

Auf Grund des § 6 Abs. 1 Satz 3 des Waffengesetzes in der Fassung der Bekanntmachung vom 8. März 1976 (Bundesgesetzbl. I S. 432) verordnet die Bundesregierung:

**§ 1.** § 28 Abs. 1 und 8, § 29 Abs. 1, § 33 Abs. 1, § 35 Abs. 1 und 5, § 37 Abs. 1, § 39 Abs. 1, die §§ 41 bis 46, 58 und 59 des Waffengesetzes und die §§ 8, 33 bis 41 der Ersten Verordnung zum Waffengesetz vom 24. Mai 1976 (Bundesgesetzbl. I S. 1285) sind auf folgende Dienststellen und deren Bedienstete, soweit sie dienstlich tätig werden, nicht anzuwenden:

1. Die dem
   Bundesministerium des Innern,
   Bundesministerium der Justiz,

---

[1] Die VO regelt auf Grund der Ermächtigung in § 6 Abs. 1 Satz 3 WaffG aF bundeseinheitlich, welche Bestimmungen des WaffG auf Dienststellen des Bundes und deren dienstlich tätig werdende Bedienstete **keine** Anwendung finden. Die 5. WaffV ist am 15. 8. 1976 in Kraft getreten und ersetzt mit Wirkung von diesem Tage an die in § 2 Abs. 2 der VO angeführten bisherigen Verordnungen der verschiedenen Bundesministerien und die VO des Chefs des Bundeskanzleramts.

Bundesministerium der Finanzen,
Bundesministerium für Verbraucherschutz, Ernährung und Landwirtschaft,
Bundesministerium der Verteidigung,
nachgeordneten Dienststellen;
2. im Geschäftsbereich des Bundeskanzleramtes auf
den Bundesnachrichtendienst;
3. im Geschäftsbereich des Bundesministeriums für Wirtschaft und Arbeit (jetzt wieder: „Wirtschaft und Technologie") auf
das Bundesamt für Wirtschaft und Ausfuhrkontrolle (BAFA),
die Physikalisch-Technische Bundesanstalt,
die Bundesanstalt für Materialforschung und -prüfung;
4. im Geschäftsbereich des Bundesministeriums für Verkehr, Bau- und Wohnungswesen auf
die Dienststellen der Wasser- und Schiffahrtsverwaltung des Bundes,
die See-Berufsgenossenschaft, soweit sie Schiffssicherheitsaufgaben wahrnimmt,
die Behörden der Luftaufsicht des Bundes.

**§ 2.** (1) Diese Verordnung tritt am Tage nach der Verkündung in Kraft.

(2) Zum gleichen Zeitpunkt treten außer Kraft:
1. Verordnung des Bundesministers des Innern zum Waffengesetz vom 14. November 1972 (Bundesgesetzbl. I S. 2121),
2. Verordnung des Bundesministers für Verkehr zum Waffengesetz vom 19. Dezember 1972 (Bundesgesetzbl. I S. 2517),
3. Verordnung des Bundesministers für das Post- und Fernmeldewesen zum Waffengesetz vom 19. Dezember 1972 (Bundesgesetzbl. I S. 2518),
4. Verordnung des Bundesministers für Ernährung, Landwirtschaft und Forsten zum Waffengesetz vom 20. Dezember 1972 (Bundesgesetzbl. I S. 2521),
5. Verordnung des Bundesministers der Finanzen zum Waffengesetz vom 22. Dezember 1972 (Bundesgesetzbl. I S. 2554),
6. Verordnung des Chefs des Bundeskanzleramtes zum Waffengesetz vom 22. Januar 1973 (Bundesgesetzbl. I S. 25),
7. Verordnung des Bundesministers für Wirtschaft zum Waffengesetz vom 29. Januar 1973 (Bundesgesetzbl. I S. 45),
8. Verordnung des Bundesministers der Justiz zum Waffengesetz vom 5. April 1973 (Bundesgesetzbl. I S. 321).

## 10. Verordnung über die Zuständigkeit der Hauptzollämter zur Verfolgung und Ahndung bestimmter Ordnungswidrigkeiten nach dem Waffengesetz und dem Sprengstoffgesetz

Vom 1. 6. 1976 (BGBl. I 1616), zuletzt geändert durch Art. 8 des WaffRNeuRegG vom 11. 10. 2002 (BGBl. I 3970); dieses ber. 19. 9. 2003 (BGBl. I 1957)

**BGBl. III/FNA 454-1-1-4**

Aufgrund des § 36 Abs. 3 des Gesetzes über Ordnungswidrigkeiten in der Fassung der Bekanntmachung vom 2. Januar 1975 (BGBl. I S. 80, 520), geändert durch das Gesetz zur Änderung des Gerichtskostengesetzes, des Gesetzes über Kosten der Gerichtsvollzieher, der Bundesgebührenordnung für Rechtsanwälte und anderer Vorschriften vom 20. August 1975 (BGBl. I S. 2189), wird verordnet:

**§ 1.** Die Zuständigkeit zur Verfolgung und Ahndung von Ordnungswidrigkeiten nach § 53[1] Abs. 1 Nr. 15 des Waffengesetzes und nach § 41 Abs. 1 Nr. 5 des Sprengstoffgesetzes vom 13. September 1976 (BGBl. I S. 2737),[2] wird auf die Hauptzollämter übertragen, soweit § 33 Abs. 1 des Waffengesetzes und § 15 Abs. 3 des Sprengstoffgesetzes durch Behörden der Zollverwaltung ausgeführt werden.

**§ 2.** *gegenstandslos*

**§ 3.** Diese Verordnung tritt am 1. 7. 1976 in Kraft.

Vgl. auch die Verordnung über die Übertragung von Zuständigkeiten auf Hauptzollämter für den Bereich mehrerer Hauptzollämter (Hauptzollamtszuständigkeitsverordnung – HZAZuStV) vom 16. 7. 2002 (BGBl. I 2636), die aber Waffen oder Kriegswaffen nicht ausdrücklich erwähnt. Zu beachten sind auch die Zuständigkeiten des Zollkriminalamts und der Zollfahndungsdienststellen (vgl. G vom 16. 8. 2002 – BGBl. I 3202).

---

[1] Richtigerweise: statt § 51 jetzt § 53; die Änderung der Bezeichnung während der Gesetzgebungsarbeiten wurde hier offensichtlich zunächst nicht berücksichtigt. Vgl. aber die Änderung des Gesetzes vom 19. 9. 2003 (BGBl. I 1957).

[2] Das Sprengstoffgesetz gilt jetzt idF vom 10. 9. 2002 (BGBl. I 3518), geänd. durch Art. 12 des WaffRNeuRegG vom 11. 10. 2002 (BGBl. I 3970), Art. 113 der VO vom 25. 11. 2003 (BGBl. I 2304) und Art. 35 des Gesetzes vom 21. 6. 2005 (BGBl. I 1818).

## 11. Gesetz zur Neuregelung des Waffenrechts (Waffenrechtsneuregelungsgesetz – WaffRNeuRegG)

Vom 11. 10. 2002 (BGBl. I 3970), ber. [Änderungen zu Art. 1 §§ 36 und 58 sowie zu Art. 13] unter dem 19. 12. 2002 (BGBl. I 4592); ber. ferner 19. 9. 2003 (BGBl. I 1957)

**Auszug**

**Art. 1. Waffengesetz** *(abgedruckt unter Nr. 1)*

**Art. 2. Beschussgesetz** *(abgedruckt unter Nr. 5)*, geänd. durch Art. 1a des Gesetzes vom 27. 5. 2003 (BGBl. I 742) – bereits eingearbeitet)

**Art. 3. Änderung des Gesetzes über die Kontrolle von Kriegswaffen** *(abgedruckt unter Nr. 8* – bereits eingearbeitet)

**Art. 4. Änderung des Stasi-Unterlagen-Gesetzes** *(nicht abgedruckt)*

**Art. 5. Änderung des Melderechtsrahmengesetzes** *((nicht abgedruckt; dieses Gesetz wiederum geändert durch Art. 4 Abs. 6 des Gesetzes vom 22. 9. 2005 (BGBl. I 2809) des Gesetzes vom 27. 5. 2003 (BGBl. I 742)*

**Art. 6. Änderung der Strafprozessordnung** *(nicht abgedruckt)*

**Art. 7. Änderung des Produktsicherheitsgesetzes** *(nicht abgedruckt)*

**Art. 8. Änderung der Verordnung über die Zuständigkeit der Hauptzollämter zur Verfolgung und Ahndung bestimmter Ordnungswidrigkeiten nach dem Waffengesetz und dem Sprengstoffgesetz,** (abgedruckt unter Nr. 10 – bereits eingearbeitet)

**Art. 9. Änderung der Gewerbeordnung** *(nicht abgedruckt)*

**Art. 10. Änderung der Ersten Verordnung zum Waffengesetz** Die Erste Verordnung zum Waffengesetz in der Fassung der Bekanntmachung vom 10. März 1987 (BGBl. I S. 777), zuletzt geändert durch Artikel 32 des Gesetzes vom 25. Oktober 1994 (BGBl. I S. 3082), wird wie folgt geändert:
1. § 42a wird aufgehoben.
2. § 43 wird wie folgt geändert:
   a) In Absatz 1 wird die Bezeichnung „§ 55 Abs. 1 Nr. 28 Buchstabe b" geändert in „§ 53 Abs. 1 Nr. 23".
   b) Die Absätze 2 und 3 werden aufgehoben. Die 1. WaffV ist durch § 36 AWaffV aufgehoben worden.

# 11 WaffRNeuRegG Art. 11–19  WaffenrechtsneuregelG

**Art. 11. Änderung der Dritten Verordnung zum Waffengesetz** In § 31 der Dritten Verordnung zum Waffengesetz in der Fassung der Bekanntmachung vom 2. September 1991 (BGBl. I S. 1872), die zuletzt durch Artikel 337 der Verordnung vom 29. Oktober 2001 (BGBl. I S. 2785) geändert worden ist, wird die Bezeichnung „§ 55 Abs. 1 Nr. 28 Buchstabe b" geändert in „§ 21 Abs. 1 Nr. 11 in Verbindung mit § 22 Abs. 6 des Beschussgesetzes". Die Aufhebung der 3. WaffV aF erfolgte durch § 43 Satz 2 BeschussV (abgedruckt unter **Nr. 6**).

**Art. 12. Änderung des Sprengstoffgesetzes** *(nicht abgedruckt)*

**Art. 13. Änderung der der Ersten Verordnung zum Sprengstoffgesetz** *(nicht abgedruckt)*

**Art. 14. Änderung der Atomrechtlichen Zuverlässigkeitsüberprüfungs-Verordnung** *(nicht abgedruckt)*

**Art. 15. Änderung des Bundesjagdgesetzes** *(nicht abgedruckt)*

**Art. 16. Änderung der Außenwirtschaftsverordnung** *(nicht abgedruckt)*

**Art. 17. Rückkehr zum einheitlichen Verordnungsrang** *(nicht abgedruckt)*

**Art. 18. Änderung des Bundeszentralregistergesetzes** *(nicht abgedruckt)*

**Art. 19. Inkrafttreten, Außerkrafttreten, Fortgeltung von Vorschriften**

1. Die in Artikel 1 § 7 Abs. 2, § 22 Abs. 2, § 25 Abs. 1, § 27 Abs. 7 Satz 2, § 34 Abs. 6, § 36 Abs. 5, §§ 47, 48 Abs. 1, § 50 Abs. 2 und 3, § 55 Abs. 5 und 6, Artikel 2 § 4 Abs. 3 und 4, § 14, § 15 Satz 1, § 16 Abs. 2 Satz 1 und Abs. 3, § 20 Abs. 1 sowie in Artikel 3 Nr. 3 enthaltenen Verordnungsermächtigungen und das in Artikel 1 Anlage 2 Abschnitt 1 Nr. 1.2.1 festgesetzte Verbot von Vorderschaftsrepetierflinten, bei denen der Hinterschaft durch einen Pistolengriff ersetzt ist, treten am Tag nach der Verkündung in Kraft. Im Übrigen tritt dieses Gesetz am 1. April 2003 in Kraft. Gleichzeitig tritt das Waffengesetz in der Fassung der Bekanntmachung vom 8. März 1976 (BGBl. I S. 432), zuletzt geändert durch Artikel 9 des Gesetzes vom 14. Dezember 2001 (BGBl. I S. 3714), außer Kraft.
2. Artikel 1 § 20 Satz 2 tritt fünf Jahre nach Inkrafttreten dieses Gesetzes außer Kraft.
3. Bis zum Inkrafttreten von Verordnungen nach diesem Gesetz finden auf Grund der jeweils einschlägigen Ermächtigung weiterhin entsprechend Anwendung:
   a) die Erste Verordnung zum Waffengesetz in der Fassung der Bekanntmachung vom 10. März 1987 (BGBl. I S. 777), zuletzt geändert

durch Artikel 10 des Gesetzes vom 11. Oktober 2002 (BGBl. I S. 3970)[1]
b) die Zweite Verordnung zum Waffengesetz vom 13. Dezember 1976 (BGBl. I S. 3387),
c) die Kostenverordnung zum Waffengesetz in der Fassung der Bekanntmachung vom 20. April 1990 (BGBl. I S. 780), zuletzt geändert durch die Verordnung vom 10. Januar 2000 (BGBl. I S. 38).

---

[1] Zu beachten sind die §§ 35 und 36 der Allgemeinen Waffengesetz-Verordnung (AWaffV) vom 27. 10. 2003 (BGBl. I 2123):
§ 35
Anwendung des bisherigen Rechts.
Die Vorschriften der Abschnitte III und VI mit Ausnahme des § 20 sowie § 43 Abs. 1 Nr. 2, 3 und 4 der Ersten Verordnung zum Waffengesetz in der Fassung der Bekanntmachung vom 10. März 1987 (BGBl. I S. 777), zuletzt geändert durch Art. 10 des Gesetzes vom 11. Oktober 2002 (BGBl. I S 3970), sind weiterhin anzuwenden.

§ 36
Diese Verordnung tritt am 1. Dezember 2003 in Kraft. Gleichzeitig treten die Erste Verordnung zum Waffengesetz in der Fassung der Bekanntmachung vom 10. März 1987 (BGBl. I S. 777), zuletzt geändert durch Art. 10 des Gesetzes vom 11. Oktober 2002 (BGBl. I S 3970), sowie die Zweite Verordnung zum Waffengesetz vom 13. Dezember 1976 (BGBl. I S. 3387) außer Kraft.

# 12. Internationales und supranationales Waffen- und Beschussrecht

## a) Europäisches Übereinkommen über die Kontrolle des Erwerbs und des Besitzes von Schusswaffen durch Einzelpersonen

vom 28. 6. 1978 (BGBl. 1980 II 954)

**Präambel**

Die Mitgliedstaaten des Europarats, die dieses Übereinkommen unterzeichnen –
von der Erwägung geleitet, daß es das Ziel des Europarats ist, eine engere Verbindung zwischen seinen Mitgliedern herbeizuführen;
in der Erwägung, daß die wachsende Verwendung von Schußwaffen zu kriminellen Zwecken eine Bedrohung darstellt;
in dem Bewußtsein, daß solche Schußwaffen häufig im Ausland erworben werden;
in dem Bestreben, auf internationaler Ebene wirksame Methoden einzuführen, um den grenzüberschreitenden Verkehr von Schußwaffen zu kontrollieren;
im Bewußtsein der Notwendigkeit, Maßnahmen zu vermeiden, die den rechtmäßigen internationalen Handel behindern oder zu undurchführbaren oder allzu kostspieligen Grenzkontrollen führen können, die den modernen Zielen eines freien Güter- und Personenverkehrs widersprechen –

sind wie folgt übereingekommen:

### Kapitel I – Begriffs- und allgemeine Bestimmungen

**Artikel 1**

Im Sinne dieses Übereinkommens
a) hat der Ausdruck „Schußwaffe" die ihm in der Anlage I dieses Übereinkommens gegebene Bedeutung;
b) bezeichnet der Ausdruck „Person" auch eine juristische Person, die eine Niederlassung im Hoheitsgebiet einer Vertragspartei hat;
c) bezeichnet der Ausdruck „Waffenhändler" eine Person, deren Beruf oder Gewerbe ganz oder teilweise in der Herstellung, dem Verkauf, Kauf, Tausch oder Vermieten von Schußwaffen besteht;
d) bezieht sich der Ausdruck „ansässig" auf eine Person, die ihren gewöhnlichen Aufenthalt im Hoheitsgebiet einer Vertragspartei im Sinne der Vorschrift Nr. 9 der Anlage zur Entschließung (72) 1 des Ministerkomitees des Europarats hat.

## Artikel 2

Die Vertragsparteien verpflichten sich, einander durch die zuständigen Verwaltungsbehörden bei der Verfolgung des ungesetzlichen Schußwaffenhandels und bei der Suche und Auffindung von Schußwaffen zu unterstützen, die vom Hoheitsgebiet eines Staates in das Hoheitsgebiet eines anderen Staates verbracht werden.

## Artikel 3

Es steht jeder Vertragspartei frei, Gesetze und sonstige Vorschriften über Schußwaffen zu erlassen, sofern sie mit diesem Übereinkommen nicht unvereinbar sind.

## Artikel 4

Dieses Übereinkommen findet keine Anwendung auf Geschäfte mit Schußwaffen, bei denen alle Parteien Staaten sind oder für Staaten handeln.

## Kapitel II – Benachrichtigung über Geschäfte

## Artikel 5

(1) Wird eine Schußwaffe, die sich im Hoheitsgebiet einer Vertragspartei befindet, an eine im Hoheitsgebiet einer anderen Vertragspartei ansässige Person verkauft, übermittelt oder anderweitig überlassen, so benachrichtigt die erstgenannte Vertragspartei die andere Vertragspartei nach Maßgabe der Artikel 8 und 9.

(2) Zur Anwendung des Absatzes 1 trifft jede Vertragspartei die erforderlichen Maßnahmen, damit jede Person, die eine in ihrem Hoheitsgebiet befindliche Schußwaffe verkauft, übermittelt oder anderweitig überläßt, den zuständigen Behörden dieser Vertragspartei Auskünfte über das Geschäft erteilt.

## Artikel 6

Wird eine Schußwaffe, die sich im Hoheitsgebiet einer Vertragspartei befindet, endgültig und ohne Besitzwechsel in das Hoheitsgebiet einer anderen Vertragspartei verbracht, so benachrichtigt die erstgenannte Vertragspartei die andere Vertragspartei nach Maßgabe der Artikel 8 und 9.

## Artikel 7

Die in den Artikeln 5 und 6 erwähnten Benachrichtigungen werden auch den Vertragsparteien zugeleitet, durch deren Hoheitsgebiet eine Schußwaffe im Durchfuhrverkehr befördert wird, wenn der Staat, aus dem sie kommt, eine solche Unterrichtung für zweckdienlich hält.

## Artikel 8

(1) Die in den Artikeln 5, 6 und 7 erwähnten Benachrichtigungen erfolgen so schnell wie möglich. Die Vertragsparteien werden nach besten Kräften dafür sorgen, daß die Benachrichtigung dem betreffenden Ge-

schäft oder der betreffenden Übergabe vorausgeht; andernfalls muß sie so schnell wie möglich danach erfolgen.

(2) Die in den Artikeln 5, 6 und 7 erwähnten Benachrichtigungen müssen insbesondere folgende Angaben enthalten:
a) Namen, Nummer des Reisepasses oder Personalausweises und Anschrift der Person, der die betreffende Schußwaffe verkauft, übermittelt oder anderweitig überlassen wird, oder der Person, die eine Schußwaffe endgültig in das Hoheitsgebiet einer anderen Vertragspartei verbringt, ohne daß ein Besitzwechsel stattfindet;
b) Modell, Fabrikat und Merkmale der betreffenden Schußwaffe sowie ihre Nummer oder jedes andere Kennzeichen.

### Artikel 9

(1) Die in den Artikeln 5, 6 und 7 erwähnten Benachrichtigungen werden zwischen den nationalen Behörden vorgenommen, die von den Vertragsparteien bestimmt werden.

(2) Gegebenenfalls können die Benachrichtigungen über die Internationale Kriminalpolizei-Organisation (Interpol) gesandt werden.

(3) Jeder Staat bezeichnet bei der Hinterlegung seiner Ratifikations-, Annahme-, Genehmigungs- oder Beitrittsurkunde durch eine an den Generalsekretär des Europarats gerichtete Erklärung die Behörde, der die Benachrichtigungen zu übermitteln sind. Er notifiziert dem Generalsekretär des Europarats umgehend jede spätere Änderung der Bezeichnung dieser Behörden.

### Kapitel III – Doppelte Genehmigung

### Artikel 10

(1) Jede Vertragspartei trägt durch geeignete Maßnahmen dafür Sorge, daß keine in ihrem Hoheitsgebiet befindliche Schußwaffe einer Person verkauft, übermittelt oder anderweitig überlassen wird, die dort nicht ansässig ist und zuvor nicht die Genehmigung der zuständigen Behörden der genannten Vertragspartei erhalten hat.

(2) Diese Genehmigung wird nur erteilt, wenn sich die obengenannten zuständigen Behörden zuvor vergewissert haben, daß der Person von den zuständigen Behörden der Vertragspartei, in deren Hoheitsgebiet sie ansässig ist, eine Genehmigung bezüglich des betreffenden Geschäfts erteilt worden ist.

(3) Ergreift diese Person Besitz von einer Schußwaffe im Hoheitsgebiet einer Vertragspartei, in dem das Geschäft vollzogen wird, so wird die in Absatz 1 genannte Genehmigung nur unter den Bedingungen erteilt, unter denen eine Genehmigung für ein Geschäft erteilt wird, an dem Ansässige der betreffenden Vertragspartei beteiligt sind. Wird die Schußwaffe umgehend ausgeführt, so sind die in Absatz 1 genannten Behörden lediglich verpflichtet, sich zu vergewissern, daß die Behörden der Vertragspartei, in deren Hoheitsgebiet die Person ansässig ist, dieses Geschäft im besonderen oder derartige Geschäfte im allgemeinen genehmigt haben.

(4) Die in den Absätzen 1 und 2 genannten Genehmigungen können durch eine internationale Erlaubnis ersetzt werden.

## Artikel 11

Jeder Staat teilt bei der Hinterlegung seiner Ratifikations-, Annahme-, Genehmigungs- oder Beitrittsurkunde mit, welche seiner Behörden für die Erteilung der in Artikel 10 Absatz 2 genannten Genehmigungen zuständig ist. Er notifiziert dem Generalsekretär des Europarats umgehend jede spätere Änderung der Bezeichnung dieser Behörden.

## Kapitel IV – Schlußbestimmungen

## Artikel 12

(1) Dieses Übereinkommen liegt für die Mitgliedstaaten des Europarats zur Unterzeichnung auf. Es bedarf der Ratifikation, Annahme oder Genehmigung. Die Ratifikations-, Annahme- oder Genehmigungsurkunden werden beim Generalsekretär des Europarats hinterlegt.

(2) Das Übereinkommen tritt am ersten Tag des Monats in Kraft, der auf einen Zeitabschnitt von drei Monaten nach Hinterlegung der dritten Ratifikations-, Annahme- oder Genehmigungsurkunde folgt.

(3) Für jeden Unterzeichnerstaat, der das Übereinkommen später ratifiziert, annimmt oder genehmigt, tritt es am ersten Tag des Monats in Kraft, der auf einen Zeitabschnitt von drei Monaten nach Hinterlegung seiner Ratifikations-, Annahme- oder Genehmigungsurkunde folgt.

## Artikel 13

(1) Nach Inkrafttreten dieses Übereinkommens kann das Ministerkomitee des Europarats jeden Nichtmitgliedstaat einladen, dem Übereinkommen beizutreten. Der Beschluß über diese Einladung wird nach Maßgabe des Artikels 20 Buchstabe d der Satzung des Europarats gefaßt; er bedarf der einstimmigen Billigung der Mitgliedstaaten des Rates, die Vertragsparteien des Übereinkommens sind.

(2) Der Beitritt erfolgt durch Hinterlegung einer Beitrittsurkunde beim Generalsekretär des Europarats; die Urkunde wird drei Monate nach ihrer Hinterlegung wirksam.

## Artikel 14

(1) Jeder Staat kann bei der Unterzeichnung oder bei der Hinterlegung seiner Ratifikations-, Annahme-, Genehmigungs- oder Beitrittsurkunde einzelne oder mehrere Hoheitsgebiete bezeichnen, auf die dieses Übereinkommen Anwendung findet.

(2) Jeder Staat kann bei der Hinterlegung seiner Ratifikations-, Annahme-, Genehmigungs- oder Beitrittsurkunde oder jederzeit danach durch eine an den Generalsekretär des Europarats gerichtete Erklärung dieses Übereinkommen auf jedes weitere in der Erklärung bezeichnete Hoheitsgebiet erstrecken, dessen internationale Beziehungen er wahrnimmt oder für das er Vereinbarungen treffen kann.

(3) Jede nach Absatz 2 abgegebene Erklärung kann in bezug auf jedes darin genannte Hoheitsgebiet durch eine an den Generalsekretär gerichtete Notifikation zurückgenommen werden. Die Zurücknahme wird sechs Monate nach dem Eingang dieser Notifikation beim Generalsekretär wirksam.

## Artikel 15

(1) Jeder Staat kann bei der Unterzeichnung oder bei der Hinterlegung seiner Ratifikations-, Annahme-, Genehmigungs- oder Beitrittsurkunde erklären, daß er von einem oder mehreren der in der Anlage II dieses Übereinkommens vorgesehenen Vorbehalte Gebrauch macht.

(2) Jede Vertragspartei kann einen von ihr nach Absatz 1 gemachten Vorbehalt durch eine an den Generalsekretär des Europarats gerichtete Erklärung ganz oder teilweise zurücknehmen; die Erklärung wird mit ihrem Eingang wirksam.

(3) Eine Vertragspartei, die einen Vorbehalt nach Absatz 1 gemacht hat, kann nicht verlangen, daß eine andere Vertragspartei die Bestimmung anwendet, auf die sich der Vorbehalt bezieht; sie kann jedoch, wenn es sich um einen Teilvorbehalt oder einen bedingten Vorbehalt handelt, die Anwendung der betreffenden Bestimmung insoweit verlangen, wie sie selbst sie angenommen hat.

## Artikel 16

(1) Die Vertragsparteien können untereinander zwei- oder mehrseitige Übereinkünfte über Fragen, die in diesem Übereinkommen geregelt sind, nur zu dessen Ergänzung oder zur Erleichterung der Anwendung der darin enthaltenen Grundsätze schließen.

(2) Wenn jedoch zwei oder mehr Vertragsparteien ihre Beziehungen auf der Grundlage einheitlicher Rechtsvorschriften oder eines besonderen Systems geordnet haben oder ordnen, das ihnen weitergehende Verpflichtungen auferlegt, sind sie berechtigt, ungeachtet dieses Übereinkommens ihre wechselseitigen Beziehungen auf diesem Gebiet ausschließlich nach diesen Systemen zu regeln.

(3) Vertragsparteien, die auf Grund des Absatzes 2 in ihren wechselseitigen Beziehungen die Anwendung dieses Übereinkommens ausschließen, notifizieren dies dem Generalsekretär des Europarats.

## Artikel 17

(1) Der Europäische Ausschuß für Strafrechtsfragen des Europarats wird die Durchführung dieses Übereinkommens verfolgen; soweit erforderlich, erleichtert er die gütliche Behebung aller Schwierigkeiten, die sich aus der Durchführung des Übereinkommens ergeben könnten.

(2) Der Europäische Ausschuß für Strafrechtsfragen kann unter Berücksichtigung der technischen, sozialen und wirtschaftlichen Entwicklung Vorschläge zur Änderung oder Ergänzung dieses Übereinkommens, insbesondere zur Änderung des Inhalts der Anlage I, ausarbeiten und sie dem Ministerkomitee des Europarats unterbreiten.

## Artikel 18

(1) Im Kriegsfall oder unter anderen außergewöhnlichen Umständen kann jede Vertragspartei Regeln festlegen, die zeitweilig von den Bestimmungen dieses Übereinkommens abweichen und sofort wirksam werden. Sie notifiziert dem Generalsekretär des Europarats unverzüglich eine derartige Abweichung und ihre Beendigung.

(2) Jede Vertragspartei kann dieses Übereinkommen durch eine an den Generalsekretär des Europarats gerichtete Notifikation kündigen. Die Kündigung wird sechs Monate nach Eingang der Notifikation beim Generalsekretär wirksam.

## Artikel 19

Der Generalsekretär des Europarats notifiziert den Mitgliedstaaten des Rates und jedem Staat, der diesem Übereinkommen beigetreten ist,
a) jede Unterzeichnung;
b) jede Hinterlegung einer Ratifikations-, Annahme-, Genehmigungs- oder Beitrittsurkunde;
c) jeden Zeitpunkt des Inkrafttretens dieses Übereinkommens nach seinen Artikeln 12 und 13;
d) jede nach Artikel 9 Absatz 3 eingegangene Erklärung oder Notifikation;
e) jede nach Artikel 11 eingegangene Erklärung oder Notifikation;
f) jede nach Artikel 14 eingegangene Erklärung oder Notifikation;
g) jeden nach Artikel 15 Absatz 1 gemachten Vorbehalt;
h) jede Zurücknahme eines Vorbehalts nach Artikel 15 Absatz 2;
i) jede nach Artikel 16 Absatz 3 eingegangene Notifikation über einheitliche Rechtsvorschriften oder ein besonderes System;
j) jede nach Artikel 18 Absatz 1 eingegangene Notifikation und den Zeitpunkt, zu dem die Abweichung erfolgt oder endet;
k) jede nach Artikel 18 Absatz 2 eingegangene Notifikation und den Zeitpunkt, zu dem die Kündigung wirksam wird.

Zu Urkund dessen haben die hierzu gehörig befugten Unterzeichneten dieses Übereinkommen unterschrieben.

Geschehen zu Straßburg am 28. Juni 1978 in englischer und französischer Sprache, wobei jeder Wortlaut gleichermaßen verbindlich ist, in einer Urschrift, die im Archiv des Europarats hinterlegt wird. Der Generalsekretär des Europarats übermittelt allen Unterzeichnerstaaten und allen beitretenden Staaten beglaubigte Abschriften.

### Anlage I

A. Im Sinne dieses Übereinkommens bezeichnet der Ausdruck „Schußwaffe"
1. jeden Gegenstand, der i) so gebaut oder umgebaut ist, daß er als Waffe dient, mit der Schrot, eine Kugel oder ein anderes Geschoß oder ein schädlicher gasförmiger, flüssiger oder sonstiger Stoff mittels Treibladung, Gasdruck oder Luftdruck oder durch andere Treibmittel verschossen werden kann, und ii) einer der besonderen nachstehenden Beschreibungen entspricht, wobei vorausgesetzt wird, daß die Buchstaben a bis f und i nur Gegenstände mit Treibladung umfassen:
    a) automatische Waffen;
    b) halbautomatische kurze Waffen oder Repetierwaffen oder Einzellader;
    c) halbautomatische lange Waffen oder Repetierwaffen mit mindestens einem gezogenen Lauf;
    d) lange Einzellader mit mindestens einem gezogenen Lauf;
    e) halbautomatische lange Waffen oder Repetierwaffen mit nur glattem(n) Lauf (Läufen);

f) tragbare Raketenwerfer;
g) jede Waffe oder sonstige Vorrichtung, die so gebaut ist, daß sie durch Herausschleudern von Betäubungsstoffen, Giften oder Reizstoffen Leben oder Gesundheit von Menschen gefährdet;
h) Flammenwerfer zu Angriffs- oder Verteidigungszwecken;
i) lange Einzellader mit nur glattem(n) Lauf (Läufen);
j) lange Waffen mit Gasantrieb;
k) kurze Waffen mit Gasantrieb;
l) lange Waffen mit Luftdruckantrieb;
m) kurze Waffen mit Luftdruckantrieb;
n) Federdruckwaffen;

mit der Maßgabe, daß kein Gegenstand unter diese Nummer fällt, der an sich darunter fallen würde, jedoch

i. endgültig unbrauchbar gemacht wurde oder
ii. wegen seiner geringen Energie im Herkunftsstaat keiner Kontrolle unterliegt;
iii. zu Alarm-, Signal- und Rettungszwecken, für die Viehtötung, die Jagd oder das Harpunieren gebaut ist oder für industrielle oder technische Zwecke bestimmt ist, sofern er nur für die bestimmte Verwendung eingesetzt werden kann;
iv. wegen seines Alters im Herkunftsstaat keiner Kontrolle unterliegt;

2. den Antriebsmechanismus, das Lager, die Trommel oder den Lauf jedes Gegenstands, der unter Nummer 1 fällt;
3. jede Munition, die ausdrücklich dazu bestimmt ist, durch einen unter Nummer 1 Buchstaben a bis f, i, j, k oder n aufgeführten Gegenstand verschossen zu werden, und jede Substanz oder jeden Stoff, die ausdrücklich dazu bestimmt sind, durch eine unter Nummer 1 Buchstabe g aufgeführte Vorrichtung verschossen zu werden;
4. Scheinwerferteleskope oder Teleskope mit elektronischem Verstärker für Infrarotlicht oder Restlicht, sofern sie dazu bestimmt sind, auf einen unter Nummer 1 aufgeführten Gegenstand montiert zu werden;
5. einen Schalldämpfer, der dazu bestimmt ist, auf einen unter Nummer 1 aufgeführten Gegenstand montiert zu werden;
6. jede Granate, Bombe oder jedes andere Geschoß, das eine Spreng- oder Zündvorrichtung enthält.

B. Im Sinne dieser Anlage
a) bezeichnet der Ausdruck „automatische Waffe" eine Waffe, die Dauerfeuer schießen kann, wenn der Abzug nur einmal betätigt wird;
b) bezeichnet der Ausdruck „halbautomatische Waffe" eine Waffe, die ein Geschoß verschießt, wenn lediglich der Abzug betätigt wird;
c) bezeichnet der Ausdruck „Repetierwaffe" eine Waffe, bei der außer dem Abzug ein Mechanismus betätigt werden muß, wenn mit der Waffe geschossen werden soll;
d) bezeichnet der Ausdruck „Einzellader" eine Waffe, bei welcher der Lauf oder die Läufe vor jedem Schuß geladen werden müssen;
e) bezeichnet der Ausdruck „kurze Waffe" eine Waffe, deren Lauf nicht länger als 30 Zentimeter ist oder deren Gesamtlänge 60 Zentimeter nicht überschreitet;
f) bezeichnet der Ausdruck „lange Waffe" eine Waffe, deren Lauf länger als 30 Zentimeter ist und deren Gesamtlänge 60 Zentimeter überschreitet.

**Anlage II**

Jeder Staat kann erklären, daß er sich das Recht vorbehält,
a) Kapitel II dieses Übereinkommens nicht in bezug auf einen oder mehrere Gegenstände anzuwenden, die unter Nummer 1 Buchstaben i bis n oder unter Nummer 2, 3, 4, 5 oder 6 der Anlage I aufgeführt sind;
b) Kapitel III dieses Übereinkommens nicht anzuwenden;
c) Kapitel III dieses Übereinkommens nicht in bezug auf einen oder mehrere Gegenstände anzuwenden, die unter Nummer 1 Buchstaben i bis n oder unter Nummer 2, 3, 4, 5 oder 6 der Anlage I aufgeführt sind;
d) Kapitel III dieses Übereinkommens nicht auf Geschäfte zwischen Waffenhändlern anzuwenden, die in den Hoheitsgebieten von zwei Vertragsparteien ansässig sind.

## b) Richtlinie 91/477/EWG des Rates vom 18. 6. 1991 über die Kontrolle des Erwerbs und des Besitzes von Waffen [EU-Waffenrichtlinie]

ABl. EG Nr. L 256/91 vom 13. 9. 1991 S. 51,
ber. ABl. EG Nr. L 299 vom 30. 10. 1991 S. 50

DER RAT DER EUROPÄISCHEN GEMEINSCHAFTEN –

gestützt auf den Vertrag zur Gründung der Europäischen Wirtschaftsgemeinschaft, insbesondere auf Artikel 100 a,
auf Vorschlag der Kommission[1],
in Zusammenarbeit mit dem Europäischen Parlament[2],
nach Stellungnahme des Wirtschafts- und Sozialausschusses[3],
in Erwägung nachstehender Gründe:

In Artikel 8 a des Vertrages ist vorgesehen, daß der Binnenmarkt spätestens am 31. Dezember 1992 verwirklicht sein muß. Der Binnenmarkt umfaßt einen Raum ohne Binnengrenzen, in dem der freie Verkehr von Waren, Personen, Dienstleistungen und Kapital gemäß den Bestimmungen des Vertrages gewährleistet ist.

Der Europäische Rat hat sich auf seiner Tagung vom 25. und 26. Juni 1984 in Fontainebleau die Aufhebung aller Polizei- und Zollformalitäten an den innergemeinschaftlichen Grenzen ausdrücklich zum Ziel gesetzt.

Die vollständige Abschaffung der Kontrollen und Formalitäten an den innergemeinschaftlichen Grenzen setzt voraus, daß bestimmte grundsätzliche Bedingungen erfüllt sind. Die Kommission hat in ihrem Weißbuch „Die Vollendung des Binnenmarkts" ausgeführt, daß die Abschaffung der Personenkontrollen und der Sicherheitskontrollen der beförderten Gegenstände unter anderem eine Angleichung des Waffenrechts voraussetzt.

Die Aufhebung der Kontrollen des Waffenbesitzes an den innergemeinschaftlichen Grenzen erfordert eine wirksame Regelung, die innerhalb der Mitgliedstaaten die Kontrolle des Erwerbs und des Besitzes von Feuerwaffen sowie ihres Verbrin-

---

[1] **Amtl. Anm.:** ABl. Nr. C 235 vom 1. 9. 1987, S. 8 und ABl. Nr. C 299 vom 28. 11. 1989, S. 6.
[2] **Amtl. Anm.:** ABl. Nr. C 231 vom 17. 9. 1990, S. 69, und ABl. Nr. C 158 vom 17. 6. 1991, S. 89.
[3] **Amtl. Anm.:** ABl. Nr. C 35 vom 8. 2. 1988, S. 5.

EU-Waffenrichtlinie

# Int. WaffenR 12

gens in einen anderen Mitgliedstaat ermöglicht. Infolgedessen müssen die systematischen Kontrollen an den innergemeinschaftlichen Grenzen aufgehoben werden.

Diese Regelung wird unter den Mitgliedstaaten ein größeres gegenseitiges Vertrauen hinsichtlich der Gewährleistung der öffentlichen Sicherheit schaffen, sofern sie sich auf teilweise harmonisierte Rechtsvorschriften gründet. Hierfür sind Feuerwaffen in Kategorien einzuteilen, bei denen Erwerb und Besitz durch Privatpersonen entweder verboten oder aber erlaubnis- oder meldepflichtig sind.

Es empfiehlt sich, das Mitnehmen von Waffen beim Überschreiten der Grenze zwischen zwei Mitgliedstaaten grundsätzlich zu untersagen; Ausnahmen von diesem Verbot sollen nur dann zulässig sein, wenn es ein Verfahren gibt, aufgrund dessen die Mitgliedstaaten darüber unterrichtet sind, daß eine Feuerwaffe in ihr Gebiet eingeführt wird.

Für Jagd und Sportwettkämpfe erscheinen jedoch weniger strenge Vorschriften angezeigt, damit die Freizügigkeit nicht stärker als nötig behindert wird.

Diese Richtlinie läßt das Recht der Mitgliedstaaten, Maßnahmen zur Verhinderung des illegalen Waffenhandels zu treffen, unberührt –

HAT FOLGENDE RICHTLINIE ERLASSEN:

## Kapitel 1. Anwendungsbereich

**Art. 1.** (1) Im Sinne dieser Richtlinie gelten als „Waffen" und „Feuerwaffen" die in Anhang I definierten Gegenstände. Abschnitt II desselben Anhangs enthält eine Einteilung und Definition der Feuerwaffen.

(2) Im Sinne dieser Richtlinie gilt als „Waffenhändler" jede natürliche oder juristische Person, deren Beruf oder Gewerbe ganz oder teilweise darin besteht, daß sie Feuerwaffen herstellt, damit Handel treibt oder diese tauscht, vermietet, repariert oder umbaut.

(3) Im Sinne dieser Richtlinie gilt jeder als Ansässiger des Landes, das in der Anschrift erscheint, die in einem Wohnsitznachweis – z.B. dem Reisepaß oder dem Personalausweis – vermerkt ist, der bei einer Kontrolle des Waffenbesitzes oder beim Erwerb von Waffen den Behörden eines Mitgliedstaates oder einem Waffenhändler vorgelegt wird.

(4) Der Europäische Feuerwaffenpaß ist ein Dokument, das einer Person, die rechtmäßiger Inhaber oder Benutzer einer Feuerwaffe wird, auf Antrag von den Behörden der Mitgliedstaaten ausgestellt wird. Seine Gültigkeitsdauer beträgt höchstens fünf Jahre. Diese Gültigkeitsdauer kann verlängert werden. Sind in diesen Paß ausschließlich Feuerwaffen der Kategorie D eingetragen, so beträgt die Gültigkeitsdauer höchstens zehn Jahre. Der Feuerwaffenpaß enthält die in Anhang II vorgesehenen Angaben. Er ist ein personengebundenes Dokument, in dem die Feuerwaffe(n) eingetragen ist (sind), die sein Inhaber besitzt bzw. benutzt. Der Benutzer der Feuerwaffe muß den Waffenpaß stets mit sich führen. Änderungen des Besitzverhältnisses oder der Merkmale der Waffe sowie deren Verlust oder Entwendung werden im Waffenpaß vermerkt.

**Art. 2.** (1) Diese Richtlinie steht der Anwendung der einzelstaatlichen Bestimmungen über das Führen von Waffen, das Jagdrecht und über Sportschützenwettkämpfe nicht entgegen.

(2) Diese Richtlinie gilt nicht für den Erwerb und den Besitz von Waffen und Munition gemäß dem einzelstaatlichen Recht durch die Streitkräfte, die Polizei und die öffentlichen Dienste oder durch Waffensammler und mit Waffen befaßte kulturelle und historische Einrichtungen, die von dem Mitgliedstaat, in dessen Gebiet sie ansässig sind, als solche anerkannt sind. Sie gilt ebenso wenig für das gewerbliche Verbringen von Kriegswaffen und -munition.

**Art. 3.** Vorbehaltlich der Rechte, die den Ansässigen der Mitgliedstaaten nach Artikel 12 Absatz 2 zustehen, können die Mitgliedstaaten im Rahmen ihrer waffenrechtlichen Regelungen strengere Vorschriften erlassen, als in dieser Richtlinie vorgesehen.

## Kapitel 2. Harmonisierung des Feuerwaffenrechts

**Art. 4.** Jeder Mitgliedstaat macht die Ausübung der Tätigkeit des Waffenhändlers in seinem Gebiet zumindest bei den Waffen der Kategorien A und B von einer Zulassung abhängig, der zumindest eine Prüfung der persönlichen und beruflichen Zuverlässigkeit des Waffenhändlers zugrunde liegt. Bei juristischen Personen bezieht sich die Prüfung auf den Unternehmensleiter. Bei den Waffen der Kategorien C und D sehen die Mitgliedstaaten, in denen die Tätigkeit eines Waffenhändlers nicht von einer Zulassung abhängig ist, eine Meldepflicht vor.

Die Waffenhändler sind gehalten, ein Waffenbuch zu führen, in das alle Feuerwaffeneingänge und -ausgänge bei den Waffen der Kategorien A, B und C mit allen zur Identifikation der Waffe erforderlichen Angaben, insbesondere über das Modell, das Fabrikat, das Kaliber und die Herstellungsnummer sowie Name und Anschrift des Lieferers und des Erwerbers eingetragen werden. Die Mitgliedstaaten kontrollieren in regelmäßigen Zeitabständen, ob diese Verpflichtung von den Waffenhändlern eingehalten wird. Dieses Waffenbuch wird vom Waffenhändler über einen Zeitraum von fünf Jahren aufbewahrt, und zwar auch nach Einstellung des Waffenhandels.

**Art. 5.** Unbeschadet des Artikels 3 gestatteten die Mitgliedstaaten den Erwerb und den Besitz von Feuerwaffen der Kategorie B nur Personen, die dafür eine Rechtfertigung anführen können und außerdem

a) 18 Jahre alt sind, außer bei Vorliegen einer Sondergenehmigung für Jäger und Sportschützen;
b) sich selbst, die öffentliche Ordnung und die öffentliche Sicherheit aller Voraussicht nach nicht gefährden.

Unbeschadet des Artikels 3 gestatten die Mitgliedstaaten den Besitz von Feuerwaffen der Kategorien C und D nur Personen, welche die unter dem Buchstaben a) genannten Voraussetzungen erfüllen.

Die Mitgliedstaaten können die Genehmigung für den Besitz der Waffen entziehen, wenn eine der in Buchstabe b) genannten Voraussetzungen nicht mehr erfüllt ist.

Die Mitgliedstaaten dürfen den in ihrem Gebiet ansässigen Personen den Besitz einer in einem anderen Mitgliedstaat erworbenen Waffe nur dann verbieten, wenn sie den Erwerb der gleichen Waffe im eigenen Gebiet untersagen.

**Art. 6.** Die Mitgliedstaaten treffen alle erforderlichen Maßnahmen, um den Erwerb und den Besitz von Feuerwaffen und Munitionsarten der Kategorie A zu verbieten. Die zuständigen Behörden können in Sonderfällen Genehmigungen für die genannten Feuerwaffen und Munitionsarten erteilen, sofern die öffentliche Ordnung und Sicherheit dem nicht entgegenstehen.

**Art. 7.** (1) Eine Feuerwaffe der Kategorie B darf im Gebiet eines Mitgliedstaates nicht ohne dessen Genehmigung erworben werden.

Diese Genehmigung darf einer in einem anderen Mitgliedstaat ansässigen Person nicht ohne vorherige Zustimmung dieses Staates erteilt werden.

(2) Der Besitz einer Feuerwaffe der Kategorie B ist im Gebiet eines Mitgliedstaates nur mit dessen Genehmigung zulässig. Ist der Besitzer der Waffe in einem anderen Mitgliedstaat ansässig, so ist dieser zu unterrichten.

(3) Die Genehmigung des Erwerbs und des Besitzes einer Feuerwaffe der Kategorie B kann durch ein und dieselbe Verwaltungsentscheidung erfolgen.

**Art. 8.** (1) Der Besitz einer Feuerwaffe der Kategorie C ist nur zulässig, wenn der Besitzer ihn den Behörden des Mitgliedstaates gemeldet hat, in dem sich die Feuerwaffe befindet.

Die Mitgliedstaaten sehen vor, daß alle gegenwärtig in ihrem Gebiet befindlichen Feuerwaffen der Kategorie C innerhalb eines Jahres ab Inkrafttreten der einzelstaatlichen Vorschriften, die sie zur Umsetzung dieser Richtlinie erlassen, angemeldet werden müssen.

(2) Jeder Verkäufer, jeder Waffenhändler und jede Privatperson melden den Behörden des Mitgliedstaates jeden Verkauf oder jede Aushändigung einer Feuerwaffe der Kategorie C unter Angabe der Daten zur Identifizierung des Erwerbers und der Feuerwaffe. Ist der Erwerber in einem anderen Mitgliedstaat ansässig, so wird dieser von dem Mitgliedstaat, in dem der Erwerb stattgefunden hat, und von dem Erwerber selbst unterrichtet.

(3) Falls ein Mitgliedstaat Erwerb und Besitz einer Feuerwaffe der Kategorien B, C oder D in seinem Gebiet untersagt oder von einer Zulassung abhängig macht, so unterrichtet er die übrigen Mitgliedstaaten davon; diese bringen bei der Erteilung eines Europäischen Feuerwaffenpasses für eine solche Waffe im Hinblick auf Artikel 12 Absatz 2 einen ausdrücklichen Vermerk an.

**Art. 9.** (1) Eine Feuerwaffe der Kategorien A, B und C kann unter Beachtung der Anforderungen der Artikel 6, 7 und 8 einer Person ausgehändigt werden, auch wenn sie nicht in dem betreffenden Mitgliedstaaten ansässig ist, und zwar
- einem Erwerber, der die Genehmigung nach Artikel 11 erhalten hat, die Verbringung in sein Wohnsitzland selbst vorzunehmen;
- einem Erwerber, der eine schriftliche Erklärung, daß er sie in dem Erwerbsmitgliedstaat zu halten beabsichtigt, sowie eine Rechtfertigung

hierfür vorlegt, sofern er die dort geltenden gesetzlichen Voraussetzungen für den Waffenbesitz erfüllt.

(2) Die Mitgliedstaaten können nach von ihnen festzulegenden Modalitäten die vorübergehende Aushändigung von Feuerwaffen genehmigen.

**Art. 10.** Für den Erwerb und den Besitz von Munition gilt die gleiche Regelung wie für die Feuerwaffen, für die diese Munition geeignet ist.

### Kapitel 3. Formalitäten für den Verkehr mit Waffen in der Gemeinschaft

**Art. 11.** (1) Unbeschadet der Bestimmungen des Artikels 12 dürfen Feuerwaffen nur dann von einem Mitgliedstaat in einen anderen Mitgliedstaat verbracht werden, wenn das Verfahren der nachstehenden Absätze eingehalten wird. Diese Bestimmungen gelten auch im Falle der Verbringung von Feuerwaffen im Versandhandel.

(2) Bei der Verbringung von Feuerwaffen in einen anderen Mitgliedstaat teilt der Betreffende vor jeder Beförderung dem Mitgliedstaat, in dem sich diese Waffen befinden, folgendes mit:
– Name und Anschrift des Verkäufers oder Überlassers und des Käufers oder Erwerbers oder gegebenenfalls des Eigentümers;
– genaue Angabe des Ortes, an den diese Waffen versandt oder befördert werden;
– die Anzahl der Waffen, die Gegenstand des Versands oder der Beförderung sind;
– die zur Identifikation der Waffe erforderlichen Angaben sowie ferner die Angabe, daß die Feuerwaffen gemäß den Bestimmungen des Übereinkommens vom 1. Juli 1969 über die gegenseitige Anerkennung der Beschußzeichen für Handfeuerwaffen kontrolliert worden ist;
– das Beförderungsmittel;
– den Absendetag und den voraussichtlichen Ankunftstag.
Die unter den beiden letzten Gedankenstrichen genannten Angaben können unterbleiben, wenn die Verbringung zwischen Waffenhändlern erfolgt.

Der Mitgliedstaat prüft die Umstände, unter denen die Verbringung stattfindet, insbesondere nach Sicherheitsgesichtspunkten.

Genehmigt der Mitgliedstaat die betreffende Verbringung, so stellt er einen Erlaubnisschein aus, der alle in Unterabsatz 1 genannten Angaben enthält. Der Schein muß die Feuerwaffen bis zu ihrem Bestimmungsort begleiten; er ist auf Verlangen der Behörden der Mitgliedstaaten jederzeit vorzuzeigen.

(3) Außer bei Kriegswaffen, die nach Artikel 2 Absatz 2 vom Anwendungsbereich dieser Richtlinie ausgenommen sind, kann jeder Mitgliedstaat Waffenhändlern das Recht einräumen, ohne vorherige Genehmigung im Sinne des Absatzes 2 Feuerwaffen von seinem Gebiet zu einem in einem anderen Mitgliedstaat ansässigen Waffenhändler zu verbringen. Er stellt zu diesem Zweck eine Genehmigung aus, die eine Gültigkeitsdauer von höchstens drei Jahren hat und jederzeit durch eine mit Gründen versehene Entscheidung ausgesetzt oder aufgehoben werden kann. Ein Doku-

ment, das auf diese Genehmigung Bezug nimmt, muß die Feuerwaffen bis zu ihrem Bestimmungsort begleiten; es ist auf Verlangen der Behörden der Mitgliedstaaten vorzuweisen.

Die Waffenhändler teilen den Behörden des Abgangsmitgliedstaates und des Bestimmungsmitgliedstaates spätestens bei der Verbringung alle Auskünfte gemäß Absatz 2 Unterabsatz 1 mit.

(4) Jeder Mitgliedstaat leitet den anderen Mitgliedstaaten ein Verzeichnis der Feuerwaffen zu, bei denen die Genehmigung zur Verbringung in sein Gebiet nicht ohne seine Zustimmung erteilt werden darf.

Diese Feuerwaffenverzeichnisse werden den Waffenhändlern zugestellt, die im Rahmen des Verfahrens nach Absatz 3 eine Genehmigung zur zustimmungsfreien Verbringung der Feuerwaffen erhalten haben.

**Art. 12.** (1) Der Besitz einer Feuerwaffe während einer Reise durch zwei oder mehrere Mitgliedstaaten ist nur zulässig, wenn der Betreffende von allen diesen Mitgliedstaaten eine Genehmigung erhalten hat, es sei denn, das Verfahren nach Artikel 11 findet Anwendung.

Die Mitgliedstaaten können diese Genehmigung für eine verlängerbare Höchstdauer von einem Jahr für eine oder mehrere Reisen erteilen. Sie wird in den Europäischen Feuerwaffenpaß eingetragen, den der Reisende auf Verlangen der Behörden der Mitgliedstaaten vorzeigen muß.

(2) Abweichend von Absatz 1 können Jäger und Sportschützen, die durch zwei oder mehrere Mitgliedstaaten reisen, um an einer Jagd teilzunehmen oder ihrem Sport nachzugehen, ohne Zustimmung eine oder mehrere Feuerwaffen der Kategorien C oder D (Jäger) bzw. der Kategorien B, C oder D (Sportschützen) mitführen, sofern sie den für diese Waffe(n) ausgestellten Europäischen Feuerwaffenpaß besitzen und den Grund ihrer Reise nachweisen können, z.B. durch Vorlage einer Einladung.

Diese Ausnahmeregelung gilt nicht, wenn das Reiseziel ein Mitgliedstaat ist, der gemäß Artikel 8 Absatz 3 den Erwerb und den Besitz der betreffenden Waffe untersagt oder von einer Zulassung abhängig macht; in diesem Fall ist ein besonderer Vermerk in den Europäischen Feuerwaffenpaß einzutragen.

Im Rahmen des Berichts gemäß Artikel 17 prüft die Kommission im Benehmen mit den Mitgliedstaaten auch die Ergebnisse der Anwendung von Unterabsatz 2, insbesondere hinsichtlich seiner Auswirkungen auf die öffentliche Ordnung und die Sicherheit.

(3) Zwei oder mehrere Mitgliedstaaten können durch Abkommen über die gegenseitige Anerkennung einzelstaatlicher Dokumente eine flexiblere Regelung für den Verkehr mit Feuerwaffen in ihren Gebieten vorsehen.

**Art. 13.** (1) Jeder Mitgliedstaat übermittelt dem Bestimmungsmitgliedstaat alle ihm zur Verfügung stehenden zweckdienlichen Informationen über endgültige Feuerwaffenbeförderungen.

(2) Die Informationen, die die Mitgliedstaaten gemäß dem Verfahren nach Artikel 11 über die Verbringung von Feuerwaffen und nach Artikel 7 Absatz 2 sowie Artikel 8 Absatz 2 über Erwerb und Besitz dieser Waffen durch Nichtansässige erhalten, werden spätestens bei der Verbringung

dem Bestimmungsmitgliedstaat und gegebenenfalls spätestens bei der Verbringung den Durchfuhrmitgliedstaaten übermittelt.

(3) Die Mitgliedstaaten errichten zur Durchführung dieses Artikels bis zum 1. Januar 1993 Informationsnetze zum Nachrichtenaustausch. Sie benennen den übrigen Mitgliedstaaten und der Kommission die einzelstaatlichen Behörden, die damit beauftragt sind, die Informationen zu sammeln und weiterzugeben und die Formalitäten nach Artikel 11 Absatz 4 vorzunehmen.

**Art. 14.** Die Mitgliedstaaten erlassen die erforderlichen Vorschriften zum Verbot des Verbringens in ihr Gebiet
- einer Feuerwaffe außer in den Fällen nach den Artikeln 11 und 12 und vorbehaltlich der Einhaltung der dort vorgesehenen Bedingungen;
- einer anderen Waffe als einer Feuerwaffe, es sei denn, daß die innerstaatlichen Vorschriften des betreffenden Mitgliedstaates dies zulassen.

### Kapitel 4. Schlußbestimmungen

**Art. 15.** (1) Die Mitgliedstaaten verstärken die Kontrollen des Waffenbesitzes an den Außengrenzen der Gemeinschaft. Sie wachen insbesondere darüber, daß Reisende aus Drittländern, die sich in einen zweiten Mitgliedstaat begeben wollen, die Bestimmungen des Artikels 12 einhalten.

(2) Diese Richtlinie steht Kontrollen nicht entgegen, die von den Mitgliedstaaten oder dem Transportunternehmer beim Besteigen eines Verkehrsmittels durchgeführt werden.

(3) Die Mitgliedstaaten teilen der Kommission die Modalitäten mit, nach denen die in den Absätzen 1 und 2 genannten Kontrollen durchgeführt werden. Die Kommission trägt diese Angaben zusammen und stellt sie allen Mitgliedstaaten zur Verfügung.

(4) Die Mitgliedstaaten unterrichten die Kommission über die jeweiligen einzelstaatlichen Bestimmungen, einschließlich der Änderungen der Vorschriften für den Erwerb und den Besitz von Feuerwaffen, sofern die einzelstaatlichen Rechtsvorschriften strenger sind als die zu erlassenden Mindestvorschriften. Die Kommission übermittelt diese Angaben den anderen Mitgliedstaaten.

**Art. 16.** Jeder Mitgliedstaat legt die Sanktionen fest, die im Falle der Mißachtung der zur Durchführung dieser Richtlinie erlassenen Bestimmungen anzuwenden sind. Die Art der Sanktionen muß zur Einhaltung der Bestimmungen beitragen.

**Art. 17.** Binnen fünf Jahren ab dem Zeitpunkt für die Umsetzung dieser Richtlinie berichtet die Kommission dem Europäischen Parlament und dem Rat über die Lage, die sich aus deren Anwendung ergibt, und macht gegebenenfalls Vorschläge.

**Art. 18.** Die Mitgliedstaaten erlassen die erforderlichen Rechts- und Verwaltungsvorschriften, um dieser Richtlinie so rechtzeitig nachzukommen, daß die in dieser Richtlinie vorgesehenen Maßnahmen spätestens am

1. Januar 1993 zur Anwendung gelangen. Sie setzen die Kommission und die anderen Mitgliedstaaten unverzüglich von den ergriffenen Maßnahmen in Kenntnis.

Wenn die Mitgliedstaaten diese Vorschriften erlassen, nehmen diese Vorschriften selbst auf die vorliegende Richtlinie Bezug oder sie werden bei ihrer amtlichen Veröffentlichung von einer entsprechenden Bezugnahme begleitet. Die Einzelheiten dieser Bezugnahme regeln die Mitgliedstaaten.

**Art. 19.** Diese Richtlinie ist an die Mitgliedstaaten gerichtet.

## Anhang I

I. Im Sinne dieser Richtlinie gelten als „Waffen"
   – die unter Abschnitt II definierten „Feuerwaffen";
   – die „Nichtfeuerwaffen" im Sinne der einzelstaatlichen Rechtsvorschriften.
II. Im Sinne dieser Richtlinie gelten als „Feuerwaffen":
   A. Gegenstände, die unter eine der folgenden Kategorien fallen, mit Ausnahme der Gegenstände, die zwar der Definition entsprechen, jedoch aus den in Abschnitt III genannten Gründen davon ausgeschlossen sind.

### Kategorie A. Verbotene Feuerwaffen

1. Militärische Waffen und Abschußgeräte mit Sprengwirkung;
2. vollautomatische Feuerwaffen;
3. als anderer Gegenstand getarnte Feuerwaffen;
4. panzerbrechende Munition, Munition mit Spreng- und Brandsätzen sowie Geschosse für diese Munition;
5. Pistolen- und Revolvermunition mit Expansivgeschossen sowie Geschoße für diese Munition mit Ausnahme solcher für Jagd- und Sportwaffen von Personen, die zur Benutzung dieser Waffen befugt sind.

### Kategorie B. Genehmigungspflichtige Feuerwaffen

1. Halbautomatische Kurz-Feuerwaffen und kurze Repetier-Feuerwaffen;
2. kurze Einzellader-Feuerwaffen für Munition mit Zentralfeuerzündung;
3. kurze Einzellader-Feuerwaffen für Munition mit Randfeuerzündung mit einer Gesamtlänge von weniger als 28 cm;
4. halbautomatische Lang-Feuerwaffen, deren Magazin und Patronenlager mehr als drei Patronen aufnehmen kann;
5. halbautomatische Lang-Feuerwaffen, deren Magazin und Patronenlager nicht mehr als drei Patronen aufnehmen kann, deren Magazin auswechselbar ist oder bei denen nicht sichergestellt ist, daß sie mit allgemein gebräuchlichen Werkzeugen nicht zu Waffen, deren Magazin und Patronenlager mehr als drei Patronen aufnehmen kann, umgebaut werden können;
6. lange Repetier-Feuerwaffen und halbautomatische Feuerwaffen mit glattem Lauf, deren Lauf nicht länger als 60 cm ist;
7. zivile halbautomatische Feuerwaffen, die wie vollautomatische Kriegswaffen aussehen.

### Kategorie C. Meldepflichtige Feuerwaffen

1. Andere lange Repetier-Feuerwaffen als die, die unter Kategorie B Nummer 6 aufgeführt sind;
2. lange Einzellader-Feuerwaffen mit gezogenem Lauf/gezogenen Läufen;
3. andere halbautomatische Lang-Feuerwaffen als die, die unter Kategorie B Nummern 4 bis 7 aufgeführt sind;
4. kurze Einzellader-Feuerwaffen für Munition mit Randfeuerzündung, ab einer Gesamtlänge von 28 cm.

### Kategorie D. Sonstige Feuerwaffen

Lange Einzellader-Feuerwaffen mit glattem Lauf/glatten Läufen,
  B. die wesentlichen Teile dieser Feuerwaffen:
    Schließmechanismus, Patronenlager und Lauf der Feuerwaffen als getrennte Gegenstände fallen unter die Kategorie, in der die Feuerwaffe, zu der sie gehören sollen, eingestuft wurde.
III. Im Sinne dieses Anhangs sind nicht in die Definition der Feuerwaffen einbezogen Gegenstände, die der Definition zwar entsprechen, die jedoch
  a) mit technischen Verfahren, deren Wirksamkeit von einer amtlichen Stelle verbürgt wird oder die von einer solchen Stelle anerkannt sind, endgültig unbrauchbar gemacht wurden;
  b) zu Alarm-, Signal- und Rettungszwecken, zu Schlachtzwecken, für das Harpunieren gebaut oder für industrielle und technische Zwecke bestimmt sind, sofern sie nur für diese Verwendung eingesetzt werden können;
  c) als antike Waffen oder Reproduktionen davon gelten, sofern sie nicht unter die obigen Kategorien fallen und den einzelstaatlichen Rechtsvorschriften unterliegen.
Bis zur Koordinierung auf Gemeinschaftsebene dürfen die Mitgliedstaaten ihre jeweiligen einzelstaatlichen Rechtsvorschriften auf die in diesem Abschnitt aufgeführten Feuerwaffen anwenden.
IV. Im Sinne dieses Anhangs bezeichnet der Ausdruck
  a) „kurze Feuerwaffe" eine Feuerwaffe, deren Lauf nicht länger als 30 cm ist und deren Gesamtlänge 60 cm nicht überschreitet;
  b) „lange Feuerwaffe" alle Feuerwaffen, die keine kurzen Feuerwaffen sind;
  c) „vollautomatische Waffe" eine Feuerwaffe, die nach Abgabe eines Schusses selbsttätig erneut schußbereit wird und bei der durch einmalige Betätigung des Abzugs mehrere Schüsse abgegeben werden können;
  d) „halbautomatische Waffe" eine Feuerwaffe, die nach Abgabe eines Schusses erneut schußbereit wird und bei der durch einmalige Betätigung des Abzugs jeweils nur ein Schuß abgegeben werden kann;
  e) „Repetierwaffe" eine Feuerwaffe, bei der nach Abgabe eines Schusses über einen Mechanismus Munition aus einem Magazin von Hand in den Lauf nachgeladen wird;
  f) „Einzelladerwaffe" eine Feuerwaffe ohne Magazin, die vor jedem Schuß durch Einbringen der Munition in das Patronenlager oder eine Lademulde von Hand geladen wird;
  g) „panzerbrechende Munition" Munition für militärische Zwecke mit Hartkerngeschoß;

h) „Sprengsatzmunition" Munition für militärische Zwecke mit einem Geschoß, dessen Ladung beim Aufschlag explodiert;
i) „Brandsatzmunition" Munition für militärische Zwecke mit einem Geschoß, dessen Ladung aus einem chemischen Gemisch sich bei Luftkontakt oder beim Aufschlag entzündet.

### Anhang II. Europäischer Feuerwaffenpaß

Der Paß muß enthalten:
a) die Kenndaten über den Besitzer,
b) die Kenndaten über die Feuerwaffe(n) einschließlich der Kategorie im Sinne dieser Richtlinie,
c) die Geltungsdauer des Passes,
d) Platz für Angaben des Mitgliedstaates, der den Schein ausgestellt hat (Art der Genehmigungen, Bezugsangaben usw.),
e) Platz für Angaben der übrigen Mitgliedstaaten (Einfuhrgenehmigungen usw.),
f) folgenden Vermerk:
„Dieser Paß erlaubt Reisen mit einer darin genannten Waffe bzw. mehreren Waffen der Kategorien B, C oder D in einen anderen Mitgliedstaat nur, wenn die Behörden dieses Mitgliedstaates dafür die Erlaubnis bzw. jeweils eine Erlaubnis erteilt haben. Die jeweilige Erlaubnis kann in den Paß eingetragen werden.
Eine solche Erlaubnis ist jedoch grundsätzlich nicht erforderlich, wenn eine Reise mit einer Waffe der Kategorie C oder D zur Ausübung der Jagd oder mit einer Waffe der Kategorie B, C oder D zur Teilnahme an einem sportlichen Wettkampf unternommen wird; Voraussetzung ist, daß der Betreffende im Besitz des Waffenpasses ist und den Grund der Reise nachweisen kann."
Hat ein Mitgliedstaat den übrigen Mitgliedstaaten gemäß Artikel 8 Absatz 3 mitgeteilt, daß der Besitz bestimmter Feuerwaffen der Kategorien B, C oder D untersagt oder genehmigungspflichtig ist, so ist einer der folgenden Vermerke anzubringen:
„Es ist verboten, mit dieser Waffe ..... [Identifizierung] nach ..... [betreffende Mitgliedstaaten] zu reisen."
„Vor einer Reise nach ..... [betreffende Mitgliedstaaten] mit dieser Waffe [Identifizierung] ist eine Erlaubnis einzuholen."

### c) Richtlinie 93/15/EWG des Rates vom 5. 4. 1993 zur Harmonisierung der Bestimmungen über das Inverkehrbringen und die Kontrolle von Explosivstoffen für zivile Zwecke [Sprengstoffrichtlinie]

ABl. EG Nr. L 121 vom 15. 5. 1993 S. 20, ber. ABl. EG Nr. L 79 vom 7. 4. 1995 S. 34, geänd. durch ABl. EG Nr. L 284 vom 31. 10. 2003 S. 1 und ber. durch ABl. EG Nr. L 59 vom 1. 3. 2006 S. 43

DER RAT DER EUROPÄISCHEN GEMEINSCHAFTEN –
gestützt auf den Vertrag zur Gründung der Europäischen Wirtschaftsgemeinschaft, insbesondere auf Artikel 100a,
auf Vorschlag der Kommission[1],

---

[1] Amtl. Anm.: ABl. Nr. C 121 vom 13. 5. 1992, S. 19.

in Zusammenarbeit mit dem Europäischen Parlament[1],
nach Stellungnahme des Wirtschafts- und Sozialausschusses[2],
in Erwägung nachstehender Gründe:

In Artikel 8a des Vertrages ist vorgesehen, daß der Binnenmarkt spätestens am 31. Dezember 1992 verwirklicht sein muß. Der Binnenmarkt umfaßt einen Raum ohne Binnengrenzen, in dem der freie Verkehr von Waren, Personen, Dienstleistungen und Kapital gemäß den Bestimmungen des Vertrages gewährleistet ist.

Artikel 100a Absatz 3 des Vertrages schreibt vor, daß die Kommission in ihren Vorschlägen im Bereich der Sicherheit von einem hohen Schutzniveau ausgeht.

Der freie Verkehr von Waren setzt voraus, daß bestimmte grundsätzliche Bedingungen erfüllt sind. Insbesondere der freie Verkehr von EXPLOSIVSTOFFEN setzt eine Harmonisierung der Rechtsvorschriften über das Inverkehrbringen von EXPLOSIVSTOFFEN voraus.

EXPLOSIVSTOFFE für zivile Zwecke unterliegen umfassenden einzelstaatlichen Vorschriften, die vor allem die Sicherheitsanforderungen betreffen. Diese einzelstaatlichen Vorschriften schreiben insbesondere vor, daß Genehmigungen für das Inverkehrbringen nur dann erteilt werden, wenn die EXPLOSIVSTOFFE einer Reihe von Prüfungen unterzogen worden sind.

Eine Harmonisierung der Bedingungen für das Inverkehrbringen setzt voraus, daß die voneinander abweichenden einzelstaatlichen Vorschriften harmonisiert werden, um den freien Verkehr dieser Erzeugnisse zu gewährleisten, ohne daß die optimalen Schutzniveaus gesenkt werden.

Mit dieser Richtlinie sollen nur die grundlegenden Anforderungen festgelegt werden, die bei den Konformitätsprüfungen für EXPLOSIVSTOFFE erfüllt werden müssen. Um den Nachweis der Übereinstimmung mit den grundlegenden Anforderungen zu vereinfachen, sind harmonisierte Normen auf europäischer Ebene, die insbesondere die Prüfverfahren für EXPLOSIVSTOFFE betreffen, wünschenswert. Zum gegenwärtigen Zeitpunkt existieren solche Normen nicht.

Diese auf europäischer Ebene harmonisierten Normen werden von privaten Organisationen entwickelt und müssen nichtbindende Bestimmungen bleiben. Zu diesem Zweck ist das Europäische Komitee für Normung (CEN) als eine von zwei zuständigen Organisationen anerkannt worden, um die harmonisierten Normen im Einklang mit den am 13. November 1984 unterzeichneten allgemeinen Leitsätzen für die Zusammenarbeit zwischen der Kommission, CEN und CENELEC zu erlassen. Im Sinne dieser Richtlinie ist eine harmonisierte Norm eine technische Spezifikation, die vom CEN im Auftrag der Kommission entsprechend der Richtlinie 83/189/EWG des Rates vom 28. März 1983 über ein Informationsverfahren auf dem Gebiet der Normen und technischen Vorschriften[3] sowie im Einklang mit den obengenannten allgemeinen Leitsätzen erarbeitet wurde.

Mit dem Beschluß 90/683/EWG des Rates vom 13. Dezember 1990 über die in den technischen Harmonisierungsrichtlinien zu verwendenden Module für die verschiedenen Phasen der Konformitätsbewertungsverfahren[4] sind harmonisierte In-

---

[1] **Amtl. Anm.:** ABl. Nr. C 305 vom 23. 11. 1992, S. 128, und ABl. Nr. C 115 vom 26. 4. 1993.
[2] **Amtl. Anm.:** ABl. Nr. C 313 vom 30. 11. 1992, S. 13.
[3] **Amtl. Anm.:** ABl. Nr. L 109 vom 26. 4. 1983, S. 8. Richtlinie zuletzt geändert durch die Entscheidung 90/230/EWG der Kommission (ABl. Nr. L 128 vom 18. 5. 1990, S. 15).
[4] **Amtl. Anm.:** ABl. Nr. L 380 vom 31. 12. 1990, S. 13.

strumente für die Konformitätsbewertungsverfahren bereitgestellt worden. Die Anwendung dieser Module auf EXPLOSIVSTOFFE ermöglicht die Festlegung der Verantwortung der Hersteller und der mit der Durchführung dieser Konformitätsbewertungsverfahren beauftragten Stellen unter Berücksichtigung der Art der betreffenden EXPLOSIVSTOFFE.

Die Regelungen über die Sicherheit der Beförderung von EXPLOSIVSTOFFEN sind Gegenstand von internationalen Konventionen und Übereinkommen. Auf internationaler Ebene existieren „Empfehlungen" der Vereinten Nationen über die Beförderung gefährlicher Güter, zu denen auch EXPLOSIVSTOFFE gehören; diese Empfehlungen gehen über den gemeinschaftlichen Rahmen hinaus. Aus diesem Grund enthält diese Richtlinie keine Bestimmungen über die Beförderung.

Pyrotechnische Gegenstände erfordern geeignete Maßnahmen im Hinblick auf den Schutz der Verbraucher und die Sicherheit der Bevölkerung. Es ist vorgesehen, eine ergänzende Richtlinie zu diesem Thema zu erarbeiten.

Im Zusammenhang mit der Begriffsbestimmung der unter diese Richtlinie fallenden Erzeugnisse erscheint es geboten, die in den obengenannten Empfehlungen enthaltene Begriffsbestimmung für diese Erzeugnisse zu übernehmen.

Munition fällt ebenso in den Anwendungsbereich dieser Richtlinie, jedoch ausschließlich im Hinblick auf die Regelungen über die Verbringung und die damit zusammenhängenden Vorkehrungen. Bei Munition, die unter Bedingungen verbracht wird, die den Bedingungen für die Verbringung von Waffen entsprechen, sollte die Verbringung Bestimmungen unterliegen, die den für Waffen geltenden Bestimmungen entsprechen, die in der Richtlinie 91/477/EWG des Rates vom 18. Juni 1991 über die Kontrolle des Erwerbs und des Besitzes von Waffen[1] festgelegt sind.

Die Gesundheit und die Sicherheit von Arbeitnehmern, die EXPLOSIVSTOFFE herstellen oder verwenden, müssen ebenfalls gewährleistet sein. Derzeit befindet sich eine ergänzende Richtlinie zum Schutz der Gesundheit und der Sicherheit von Arbeitnehmern bei der Herstellung, Lagerung und Verwendung von EXPLOSIVSTOFFEN in Vorbereitung.

In Fällen, in denen der unrechtmäßige Besitz oder die unrechtmäßige Verwendung von EXPLOSIVSTOFFEN oder Munition, die unter diese Richtlinie fallen, eine ernste Gefahr oder schwere Beeinträchtigung für die öffentliche Sicherheit darstellt, sollte es den Mitgliedstaaten gestattet sein, unter bestimmten Bedingungen von dieser Richtlinie abzuweichen.

Es ist wichtig, Mechanismen zur Förderung der administrativen Zusammenarbeit bereitzustellen. Die zuständigen Stellen sollten in diesem Zusammenhang auf die Verordnung (EWG) Nr. 1468/81 des Rates vom 19. Mai 1981 betreffend die gegenseitige Unterstützung der Verwaltungsbehörden der Mitgliedstaaten und die Zusammenarbeit zwischen diesen Behörden und der Kommission, um die ordnungsgemäße Anwendung der Zoll- und Agrarregelung zu gewährleisten[2] zurückgreifen.

Diese Richtlinie berührt nicht die Befugnis der Mitgliedstaaten, Maßnahmen zur Verhinderung des illegalen Handels mit EXPLOSIVSTOFFEN und Munition zu ergreifen –

HAT FOLGENDE RICHTLINIE ERLASSEN:

---

[1] **Amtl. Anm.:** ABl. Nr. L 256 vom 13. 9. 1991.
[2] **Amtl. Anm.:** ABl. Nr. L 144 vom 2. 6. 1981, S. 1. Verordnung geändert durch die Verordnung (EWG) Nr. 945/87 (ABl. Nr. L 90 vom 2. 4. 1987, S. 4).

## Kapitel I. Allgemeine Bestimmungen

**Artikel 1**

(1) Diese Richtlinie gilt für EXPLOSIVSTOFFE gemäß der Begriffsbestimmung in Absatz 2.

(2) EXPLOSIVSTOFFE sind Stoffe und Gegenstände, die gemäß den „Empfehlungen der Vereinten Nationen über die Beförderung gefährlicher Güter" als solche betrachtet werden und in der in diesen Empfehlungen festgelegten Klasse 1 eingestuft sind.

(3) Diese Richtlinie gilt nicht
- für EXPLOSIVSTOFFE einschließlich Munition, die gemäß dem einzelstaatlichen Recht zur Verwendung durch die Streitkräfte oder die Polizei bestimmt sind;
- für pyrotechnische Gegenstände;
- für Munition, jedoch mit Ausnahme der Artikel 10, 11, 12, 13, 17, 18 und 19.

(4) Im Sinne dieser Richtlinie bedeutet:
- „Empfehlungen der Vereinten Nationen": die von dem Sachverständigenausschuß der Vereinten Nationen für die Beförderung gefährlicher Güter erarbeiteten Empfehlungen in der von dieser Organisation veröffentlichten Fassung (Orange-Book) mit den bis zur Annahme dieser Richtlinie beschlossenen Änderungen;
- „Betriebssicherheit": die Verhütung von Unfällen und, wenn dies nicht gelingt, die Begrenzung ihrer Folgen;
- „Sicherheit der rechtmäßigen Verwendung": die Verhütung einer die öffentliche Sicherheit oder Ordnung verletzenden mißbräuchlichen Verwendung;
- „Waffenhändler": jede natürliche oder juristische Person, deren berufliche Tätigkeit ganz oder teilweise in der Herstellung, dem Austausch, der Vermietung, der Reparatur oder der Umarbeitung von Feuerwaffen und Munition bzw. dem Handel damit besteht;
- „Genehmigung der Verbringung": die Entscheidung über die geplanten Verbringungen von EXPLOSIVSTOFFEN innerhalb der Gemeinschaft;
- „Unternehmen des EXPLOSIVSTOFFSEKTORS": jede juristische oder natürliche Person, die eine Erlaubnis oder Genehmigung für die Herstellung, die Lagerung, die Verwendung und die Verbringung von EXPLOSIVSTOFFEN bzw. den Handel damit besitzt;
- „Inverkehrbringen": jede entgeltliche oder unentgeltliche erstmalige Bereitstellung von unter diese Richtlinie fallenden EXPLOSIVSTOFFEN zum Zweck des Vertriebs und/oder der Verwendung dieser EXPLOSIVSTOFFE auf dem Gemeinschaftsmarkt;
- „Verbringung": jede tatsächliche Verbringung von EXPLOSIVSTOFFEN innerhalb des Gemeinschaftsgebiets unter Ausschluß der Verbringungen, die an ein und demselben Ort stattfinden.

(5) Diese Richtlinie hindert die Mitgliedstaaten nicht daran, bestimmte Stoffe, die nicht unter diese Richtlinie fallen, durch innerstaatliches Gesetz oder sonstige innerstaatliche Regelungen als EXPLOSIVSTOFFE einzustufen.

## Kapitel II. Harmonisierung der Rechtsvorschriften über EXPLOSIVSTOFFE

**Artikel 2**

(1) Die Mitgliedstaaten dürfen das Inverkehrbringen von EXPLOSIVSTOFFEN, die unter diese Richtlinie fallen und deren Anforderungen erfüllen, nicht untersagen, einschränken oder behindern.

(2) Die Mitgliedstaaten treffen die erforderlichen Maßnahmen, um sicherzustellen, daß die unter diese Richtlinie fallenden EXPLOSIVSTOFFE in der Gemeinschaft nur in Verkehr gebracht werden können, wenn sie allen Bestimmungen dieser Richtlinie entsprechen, mit der in Artikel 7 beschriebenen CE-Kennzeichnung versehen sind und einer Konformitätsbewertung in Übereinstimmung mit den in Anhang II genannten Verfahren unterzogen worden sind.

(3) Falls die unter diese Richtlinie fallenden EXPLOSIVSTOFFE auch unter andere Richtlinien fallen, die andere Aspekte behandeln und in denen die CE-Kennzeichnung vorgesehen ist, wird mit dieser Kennzeichnung angegeben, daß von der Konformität dieser EXPLOSIVSTOFFE mit den Bestimmungen dieser anderen für sie geltenden Richtlinien auszugehen ist.

**Artikel 3**

Die unter diese Richtlinie fallenden EXPLOSIVSTOFFE müssen die für sie geltenden grundlegenden Anforderungen an die Betriebssicherheit des Anhangs I erfüllen.

**Artikel 4**

(1) Die Mitgliedstaaten gehen davon aus, daß die unter diese Richtlinie fallenden EXPLOSIVSTOFFE die in Artikel 3 genannten grundlegenden Anforderungen an die Betriebssicherheit erfüllen, wenn sie den einschlägigen einzelstaatlichen Normen zur Umsetzung harmonisierter Normen entsprechen, deren Referenznummern im Amtsblatt der Europäischen Gemeinschaften veröffentlicht worden sind. Die Mitgliedstaaten veröffentlichen die Referenznummern der einzelstaatlichen Normen zur Umsetzung harmonisierter Normen.

(2) Die Kommission gibt in dem in Artikel 11 Absatz 2 der Richtlinie 83/189/EWG vorgesehenen Bericht an das Europäische Parlament und den Rat über die Anwendung der Richtlinie 83/189/EWG im einzelnen an, welche Arbeiten im Bereich der harmonisierten Normen durchgeführt wurden.

**Artikel 5**

Ist ein Mitgliedstaat oder die Kommission der Auffassung, daß die harmonisierten Normen nach Artikel 4 die grundlegenden Anforderungen nach Artikel 3 nicht vollständig erfüllen, so befaßt die Kommission oder der betreffende Mitgliedstaat unter Angabe der Gründe den mit der Richtlinie 83/189/EWG eingesetzten Ständigen Ausschuß. Der Ausschuß nimmt unverzüglich Stellung.

Nach Erhalt der Stellungnahme des Ausschußes teilt die Kommission den Mitgliedstaaten mit, welche Maßnahmen im Hinblick auf die Normen und deren Veröffentlichung nach Artikel 4 zu treffen sind.

### Artikel 6

(1) Die Verfahren zum Nachweis der Konformität von EXPLOSIVSTOFFEN umfassen

a) entweder die EG-Baumusterprüfung (Modul B) gemäß Anhang II Abschnitt 1 und nach Wahl des Herstellers:
- entweder die Konformität mit der Bauart (Modul C) gemäß Anhang II Abschnitt 2
- oder das Verfahren zur Qualitätssicherung Produktion (Modul D) gemäß Anhang II Abschnitt 3
- oder das Verfahren zur Qualitätssicherung Produkt (Modul E) gemäß Anhang II Abschnitt 4
- oder die Prüfung bei Produkten (Modul F) gemäß Anhang II Abschnitt 5;

b) oder die Einzelprüfung (Modul G) gemäß Anhang II Abschnitt 6.

(2) Die Mitgliedstaaten teilen der Kommission und den anderen Mitgliedstaaten mit, welche Stellen sie für die Durchführung der vorstehend beschriebenen Konformitätsbewertung bezeichnet haben, welche spezifischen Aufgaben diesen Stellen übertragen wurden und welche Kennummern ihnen bereits von der Kommission zugeteilt wurden.

Die Kommission veröffentlicht das Verzeichnis der benannten Stellen unter Angabe ihrer Kennummer und der ihnen übertragenen Aufgaben im *Amtsblatt der Europäischen Gemeinschaften*. Sie hält das Verzeichnis auf dem neuesten Stand.

Die Mitgliedstaaten wenden bei der Bewertung der zu benennenden Stellen die in Anhang III festgelegten Mindestkriterien an. Es wird davon ausgegangen, daß Stellen, die den in den einschlägigen harmonisierten Normen festgelegten Bewertungskriterien entsprechen, auch diese Mindestkriterien erfüllen.

Ein Mitgliedstaat, der eine Stelle benannt hat, muß diese Benennung zurückziehen, wenn er feststellt, daß diese Stelle die in Unterabsatz 2 genannten Kriterien nicht mehr erfüllt. Er setzt die übrigen Mitgliedstaaten und die Kommission unverzüglich davon in Kenntnis.

### Artikel 7

(1) Die CE-Konformitätskennzeichnung wird gut sichtbar, leserlich und dauerhaft auf den Explosivstoffen oder, falls dies nicht möglich ist, auf einem an den Explosivstoffen befestigten Kennzeichnungsschild oder, falls die beiden ersten Kennzeichnungsarten nicht anwendbar sind, auf der Verpackung angebracht.

(2) Es ist nicht zulässig, auf den EXPLOSIVSTOFFEN Zeichen oder Aufschriften anzubringen, die geeignet sind, Dritte über die Bedeutung und das Schriftbild der CE-Kennzeichnung irrezuführen. Jedes andere Zeichen darf auf den EXPLOSIVSTOFFEN angebracht werden, wenn es Sichtbarkeit und Lesbarkeit der CE-Kennzeichnung nicht beeinträchtigt.

(3) Unbeschadet der Bestimmungen des Artikels 8

a) ist bei der Feststellung durch einen Mitgliedstaat, daß die CE-Kennzeichnung unberechtigterweise angebracht wurde, der Hersteller, sein Bevollmächtigter oder gegebenenfalls der für das Inverkehrbringen des betreffenden Erzeugnisses auf dem Gemeinschaftsmarkt Verantwortliche verpflichtet, das Erzeugnis hinsichtlich der Bestimmungen über die Kennzeichnung wieder in Einklang mit den Konformitätsanforderungen zu bringen und den weiteren Verstoß unter den von diesem Mitgliedstaat festgelegten Bedingungen zu verhindern;
b) muß – falls die Nichtübereinstimmung weiterbesteht – der Mitgliedstaat alle geeigneten Maßnahmen ergreifen, um das Inverkehrbringen des betreffenden Produkts einzuschränken oder zu untersagen bzw. um zu gewährleisten, daß es nach dem Verfahren des Artikels 8 vom Markt zurückgezogen wird.

**Artikel 8**

(1) Stellt ein Mitgliedstaat fest, daß ein EXPLOSIVSTOFF mit CE-Konformitätskennzeichnung bei bestimmungsgemäßer Verwendung eine Gefahr im Hinblick auf die Betriebssicherheit darstellen kann, so trifft er alle geeigneten vorläufigen Maßnahmen, damit dieser EXPLOSIVSTOFF aus dem Verkehr gezogen und sein Inverkehrbringen sowie der freie Verkehr damit untersagt wird.

Der Mitgliedstaat unterrichtet die Kommission unverzüglich von dieser Maßnahme und gibt dabei an, warum er diese Entscheidung getroffen hat, und im besonderen, ob die Nichtkonformität zurückzuführen ist auf

– Nichteinhaltung der grundlegenden Anforderungen,
– unrichtige Anwendung der Normen oder
– Mängel der Normen.

(2) Die Kommission nimmt binnen kürzester Frist Konsultationen mit den Betroffenen auf. Stellt die Kommission daraufhin fest, daß die Maßnahme gerechtfertigt ist, so unterrichtet sie hiervon unverzüglich den Mitgliedstaat, der sie ergriffen hat, sowie die übrigen Mitgliedstaaten. Stellt die Kommission nach den Konsultationen fest, daß die Maßnahme nicht gerechtfertigt ist, so unterrichtet sie hiervon unverzüglich den Mitgliedstaat, der diese Maßnahme getroffen hat.

In dem besonderen Fall, daß die Maßnahme nach Absatz 1 mit einem Mangel der Normen begründet wird, befaßt die Kommission nach Anhörung der Betroffenen den mit der Richtlinie 83/189/EWG eingesetzten Ständigen Ausschuß binnen zwei Monaten, wenn der Mitgliedstaat, der die Maßnahmen ergriffen hat, diese beibehalten will, und leitet die Verfahren des Artikels 5 ein.

(3) Wurde ein nicht konformer EXPLOSIVSTOFF mit der CE-Kennzeichnung versehen, so trifft der zuständige Mitgliedstaat gegen den für diese Erklärung Verantwortlichen die gebotenen Maßnahmen und unterrichtet hiervon die Kommission und die übrigen Mitgliedstaaten.

## Kapitel III. Bestimmungen über die Kontrolle der Verbringung von EXPLOSIVSTOFFEN in der Gemeinschaft

### Artikel 9

(1) Die Verbringung von unter diese Richtlinie fallenden EXPLOSIVSTOFFEN darf nur nach dem Verfahren der nachstehenden Absätze erfolgen.

(2) Kontrollen aufgrund gemeinschaftlicher oder einzelstaatlicher Rechtsvorschriften bei der unter diesen Artikel fallenden Verbringung von EXPLOSIVSTOFFEN finden nicht mehr als Kontrollen an den Binnengrenzen, sondern nur noch im Rahmen der üblichen Kontrollen statt, die im gesamten Gebiet der Gemeinschaft ohne Diskriminierung durchgeführt werden.

(3) Zur Verbringung von EXPLOSIVSTOFFEN muß der Empfänger eine Genehmigung von der zuständigen Behörde des Bestimmungsortes erhalten. Die zuständige Behörde überprüft, ob der Empfänger zum Erwerb von EXPLOSIVSTOFFEN rechtlich befugt ist und ob er über die erforderlichen Erlaubnisse oder Genehmigungen verfügt. Die Durchfuhr von EXPLOSIVSTOFFEN durch das Hoheitsgebiet eines oder mehrerer Mitgliedstaaten ist deren zuständigen Behörden durch den für die Verbringung Verantwortlichen zu melden; die Durchfuhr bedarf der Genehmigung dieser Behörden.

(4) Ist ein Mitgliedstaat der Ansicht, daß sich in Zusammenhang mit der Überprüfung der Befugnis zum Erwerb gemäß Absatz 3 ein Problem stellt, so übermittelt er die diesbezüglichen verfügbaren Informationen der Kommission, die den in Artikel 13 vorgesehenen Ausschuß unverzüglich damit befaßt.

(5) Genehmigt die zuständige Behörde des Bestimmungsortes die Verbringung, so stellt sie dem Empfänger ein Dokument aus, das die Lizenz für die Verbringung darstellt und sämtliche in Absatz 3 genannten Angaben enthält. Dieses Dokument begleitet die EXPLOSIVSTOFFE bis zu ihrem vorgesehenen Bestimmungsort. Das Dokument ist den zuständigen Behörden jederzeit auf Verlangen vorzulegen. Der Empfänger hat eine Kopie des Dokuments aufzubewahren und der zuständigen Behörde des Bestimmungsortes auf Verlangen zur Einsichtnahme vorzulegen.

(6) Ist die zuständige Behörde eines Mitgliedstaats der Auffaßung, daß besondere Anforderungen an die Sicherheit der rechtmäßigen Verwendung gemäß Absatz 7 nicht erforderlich sind, so kann die Verbringung von EXPLOSIVSTOFFEN im Hoheitsgebiet dieses Mitgliedstaats oder in einem Teil davon ohne die vorherige Information gemäß Absatz 7 erfolgen. In einem solchen Fall erteilt die zuständige Behörde des Bestimmungsortes eine Genehmigung der Verbringung, die für einen bestimmten Zeitraum gültig ist, jedoch jederzeit im Wege einer begründeten Entscheidung ausgesetzt oder zurückgezogen werden kann. In dem in Absatz 5 genannten Dokument, das die EXPLOSIVSTOFFE bis zu deren Bestimmungsort begleitet, wird in diesem Fall nur die genannte Genehmigung erwähnt.

(7) Sind bei der Verbringung von EXPLOSIVSTOFFEN spezielle Kontrollen erforderlich, mit denen festgestellt werden kann, ob die Verbringung besonderen Anforderungen an die Sicherheit der rechtmäßigen Verwendung im Hoheitsgebiet eines Mitgliedstaats oder in einem Teil davon entspricht, so übermittelt der Empfänger der zuständigen Behörde des Bestimmungsortes vor der Verbringung folgende Informationen:
– Name und Anschrift der betreffenden Unternehmer. Diese Angaben müssen hinreichend detailliert sein, damit einerseits Verbindung mit diesen Unternehmern aufgenommen und andererseits festgestellt werden kann, ob die betreffenden Personen amtlich befugt sind, die Sendung entgegenzunehmen;
– Anzahl und Menge der verbrachten EXPLOSIVSTOFFE;
– eine vollständige Beschreibung des EXPLOSIVSTOFFS sowie Angaben zu dessen Identifizierung einschließlich der Identifikationsnummer der Vereinten Nationen;
– Angaben zur Einhaltung der Bedingungen für das Inverkehrbringen, sofern die Erzeugnisse in den Verkehr gebracht werden;
– Transportart und -strecke;
– vorgesehener Abfahrts- und Ankunftstermin;
– erforderlichenfalls die genauen Übergangsstellen zwischen den Mitgliedstaaten.

Die zuständigen Behörden des Bestimmungsortes prüfen die Bedingungen, unter denen die Verbringung stattfinden soll; diese Prüfung erfolgt insbesondere im Hinblick auf die besonderen Anforderungen an die Sicherheit der rechtmäßigen Verwendung. Entsprechen die EXPLOSIVSTOFFE den besonderen Anforderungen an die Sicherheit der rechtmäßigen Verwendung, so wird die Verbringung genehmigt. Bei einer Durchfuhr durch das Hoheitsgebiet anderer Mitgliedstaaten prüfen und genehmigen diese Staaten die transportbezogenen Informationen entsprechend.

(8) Unbeschadet der normalen Kontrollen, die der Abgangsmitgliedstaat in seinem Hoheitsgebiet gemäß dieser Richtlinie durchführt, übermitteln die Empfänger oder die Unternehmer den zuständigen Behörden des Abgangsmitgliedstaats sowie des Durchfuhrmitgliedstaats auf Antrag alle ihnen zur Verfügung stehenden sachdienlichen Informationen über die Verbringung von EXPLOSIVSTOFFEN.

(9) Kein Lieferant darf EXPLOSIVSTOFFE verbringen, solange der Empfänger nicht die nach den Absätzen 3, 5, 6 und 7 hierfür erforderlichen Erlaubnisse und Genehmigungen erhalten hat.

### Artikel 10

(1) Munition darf nur dann von einem Mitgliedstaat in einen anderen Mitgliedstaat verbracht werden, wenn das Verfahren der nachstehenden Absätze eingehalten wird. Diese Bestimmungen gelten auch im Fall der Verbringung von Munition im Versandhandel.

(2) Bei der Verbringung von Munition in einen anderen Mitgliedstaat teilt der Betreffende vor jeder Beförderung dem Mitgliedstaat, in dem sich diese Munition befindet, folgendes mit:
– Name und Anschrift des Verkäufers oder Überlassers und des Käufers oder Erwerbers und gegebenenfalls des Eigentümers;

- Anschrift, an die die Munition versandt oder befördert wird;
- Munitionsmenge, die Gegenstand des Versands oder der Beförderung ist;
- die zur Identifikation der Munition erforderlichen Angaben sowie ferner die Angabe, daß die Munition gemäß den Bestimmungen des Übereinkommens vom 1. Juli 1969 über die gegenseitige Anerkennung der Beschußzeichen für Handfeuerwaffen kontrolliert worden ist;
- Beförderungsmittel;
- Absendetag und voraussichtlicher Ankunftstag.

Die unter den beiden letzten Gedankenstrichen genannten Angaben können unterbleiben, wenn die Verbringung zwischen Waffenhändlern erfolgt. Der Mitgliedstaat prüft die Umstände, unter denen die Verbringung stattfindet, insbesondere nach Gesichtspunkten der Sicherheit der rechtmäßigen Verwendung. Genehmigt der Mitgliedstaat die betreffende Verbringung, so stellt er einen Erlaubnisschein aus, der alle in Unterabsatz 1 genannten Angaben enthält. Der Schein muß die Munition bis zu ihrem Bestimmungsort begleiten; er ist auf Verlangen der zuständigen Behörden der Mitgliedstaaten jederzeit vorzuweisen.

(3) Jeder Mitgliedstaat kann Waffenhändlern das Recht einräumen, ohne vorherige Genehmigung im Sinne des Absatzes 2 Munition von seinem Gebiet zu einem in einem anderen Mitgliedstaat ansässigen Waffenhändler zu verbringen. Er stellt zu diesem Zweck eine Genehmigung aus, die eine Gültigkeitsdauer von höchstens drei Jahren hat und jederzeit durch eine mit Gründen versehene Entscheidung ausgesetzt oder aufgehoben werden kann. Ein Dokument, das auf diese Genehmigung Bezug nimmt, muß die Munition bis zu ihrem Bestimmungsort begleiten; es ist auf Verlangen der zuständigen Behörden der Mitgliedstaaten vorzuweisen.

Die Waffenhändler teilen den Behörden des Abgangsmitgliedstaats vor Durchführung der Verbringung alle Auskünfte gemäß Absatz 2 Unterabsatz 1 mit.

(4) Jeder Mitgliedstaat leitet den anderen Mitgliedstaaten ein Verzeichnis der Munitionsarten zu, bei denen die Genehmigung zur Verbringung in sein Gebiet ohne seine vorherige Zustimmung erteilt werden darf.

Diese Munitionsverzeichnisse werden den Waffenhändlern zugestellt, die im Rahmen des Verfahrens des Absatzes 3 eine Genehmigung zur zustimmungsfreien Verbringung der Munition erhalten haben.

(5) Jeder Mitgliedstaat übermittelt dem Bestimmungsmitgliedstaat alle ihm zur Verfügung stehenden zweckdienlichen Informationen über endgültige Munitionsverbringungen.

Die Informationen, die die Mitgliedstaaten gemäß den in diesem Artikel vorgesehenen Verfahren erhalten, werden spätestens bei der Verbringung dem Bestimmungsmitgliedstaat und den etwaigen Durchfuhrmitgliedstaaten übermittelt.

### Artikel 11

Stellt der unrechtmäßige Besitz oder die unrechtmäßige Verwendung von EXPLOSIVSTOFFEN oder Munition, die unter diese Richtlinie fallen, eine ernste Gefahr oder eine Beeinträchtigung der Sicherheit der rechtmäßigen Verwendung dar, so kann abweichend von Artikel 9 Absätze 3, 5, 6 und 7 sowie von Artikel 10 der betroffene Mitgliedstaat im Hinblick auf die Verbringung von EXPLOSIVSTOFFEN oder Munition alle erforderlichen Maßnahmen treffen, um dem unrechtmäßigen Besitz oder der unrechtmäßigen Verwendung vorzubeugen.

Diese Maßnahmen müssen den Grundsatz der Verhältnismäßigkeit wahren. Sie dürfen weder ein Mittel zur willkürlichen Diskriminierung noch eine verschleierte Beschränkung im Handel zwischen Mitgliedstaaten darstellen.

Trifft ein Mitgliedstaat derartige Maßnahmen, so teilt er dies unverzüglich der Kommission mit; diese unterrichtet die anderen Mitgliedstaaten.

## Kapitel IV. Sonstige Bestimmungen

### Artikel 12

(1) Die Mitgliedstaaten errichten zur Durchführung der Artikel 9 und 10 Netze für den Informationsaustausch. Sie benennen den übrigen Mitgliedstaaten und der Kommission die einzelstaatlichen Behörden, die damit beauftragt sind, die Informationen entgegenzunehmen oder weiterzugeben und die Formalitäten nach den Artikeln 9 und 10 vorzunehmen.

(2) Für die Durchführung dieser Richtlinie gelten die Bestimmungen der Verordnung (EWG) Nr. 1468/81 entsprechend, insbesondere diejenigen über die Vertraulichkeit.

### Artikel 13

(1) Die Kommission wird von einem Ausschuss unterstützt.
Der Ausschuss prüft alle Fragen im Zusammenhang mit der Durchführung dieser Richtlinie.

(2) Wird auf diesen Artikel Bezug genommen, so gelten die Artikel 4 und 7 des Beschlusses 1999/468/EG[1] unter Beachtung von dessen Artikel 8.

Der Zeitraum nach Artikel 4 Absatz 3 des Beschlusses 1999/468/EG wird auf drei Monate festgesetzt.

(3) Der Ausschuss gibt sich eine Geschäftsordnung.

(4) Das Verfahren des Absatzes 2 findet insbesondere Anwendung, um künftigen Änderungen der Empfehlungen der Vereinten Nationen Rechnung zu tragen.

### Artikel 14

Die Mitgliedstaaten halten die aktualisierten Angaben über die Unternehmen des EXPLOSIVSTOFFSEKTORS, die eine Erlaubnis oder Genehmigung gemäß Artikel 1 Absatz 4 besitzen, zur Verfügung der übrigen Mitgliedstaaten und der Kommission.

Die Mitgliedstaaten vergewissern sich, daß die Unternehmen des EXPLOSIVSTOFFSEKTORS über ein System verfügen, mit dem der Be-

---

[1] Beschluss 1999/468/EG des Rates vom 28. 6. 1999 zur Festlegung der Modalitäten für die Ausübung der der Kommission übertragenen Durchführungsbefugnisse (ABl. L 184 vom 17. 7. 1999, S. 23).

sitzer der EXPLOSIVSTOFFE jederzeit festgestellt werden kann. Die Durchführungsbestimmungen zu diesem Absatz werden nach dem Ausschußverfahren des Artikels 13 erlassen.

Die Unternehmen des EXPLOSIVSTOFFSEKTORS bewahren die Unterlagen über ihre Geschäftsvorgänge auf, um ihre Verpflichtungen gemäß diesem Artikel zu erfüllen.

Die in diesem Artikel genannten Unterlagen sind ab dem Ende des Kalenderjahrs, in dem die betreffenden Geschäftsvorgänge stattgefunden haben, noch mindestens drei Jahre lang aufzubewahren, selbst wenn das Unternehmen inzwischen seinen Geschäftsbetrieb eingestellt hat. Sie sind den zuständigen Stellen auf Verlangen umgehend zur Prüfung zur Verfügung zu stellen.

**Artikel 15**

Die Mitgliedstaaten tragen dafür Sorge, daß die EXPLOSIVSTOFFE mit einer geeigneten Kennzeichnung versehen sind.

**Artikel 16**

Erteilt ein Mitgliedstaat eine Erlaubnis oder Genehmigung zur Ausübung einer Herstellungstätigkeit im EXPLOSIVSTOFFSEKTOR, so prüft er insbesondere, ob die Verantwortlichen die Gewähr für die Einhaltung der von ihnen übernommenen technischen Verpflichtungen bieten.

## Kapitel V. Schlußbestimmungen

**Artikel 17**

Jeder Mitgliedstaat legt im einzelnen fest, wie Verstöße gegen die zur Umsetzung dieser Richtlinie erlassenen Vorschriften zu ahnden sind. Die Sanktionen müssen hinreichende Gewähr für die künftige Einhaltung dieser Vorschriften bieten.

**Artikel 18**

Jeder Mitgliedstaat erläßt im Rahmen seiner innerstaatlichen Rechtsvorschriften die erforderlichen Maßnahmen, die es den zuständigen Behörden ermöglichen, jedwedes unter den Anwendungsbereich dieser Richtlinie fallende Erzeugnis zu beschlagnahmen, wenn hinreichend nachgewiesen worden ist, daß dieses Erzeugnis einem unerlaubten Erwerb, Verwendungszweck oder Handel zugeführt wird.

**Artikel 19**

(1) Die Mitgliedstaaten setzen die erforderlichen Vorschriften in Kraft, um den Artikeln 9, 10, 11, 12, 13 und 14 vor dem 30. September 1993 nachzukommen.

(2) Die Mitgliedstaaten erlassen und veröffentlichen vor dem 30. Juni 1994 die erforderlichen Rechts- und Verwaltungsvorschriften, um den anderen, nicht in Absatz 1 aufgeführten Bestimmungen dieser Richtlinie nachzukommen. Sie setzen die Kommission unverzüglich davon in Kenntnis.

Sie wenden diese Vorschriften ab dem 1. Januar 1995 an.

(3) Wenn die Mitgliedstaaten Vorschriften nach den Absätzen 1 und 2 erlassen, nehmen sie in den Vorschriften selbst oder durch einen Hinweis bei der amtlichen Veröffentlichung auf diese Richtlinie Bezug. Die Mitgliedstaaten regeln die Einzelheiten der Bezugnahme.

(4) Die Mitgliedstaaten gestatten jedoch bis zum 31. Dezember 2002 das Inverkehrbringen von EXPLOSIVSTOFFEN, die den am 31. Dezember 1994 geltenden einzelstaatlichen Regelungen entsprechen.

(5) Die Mitgliedstaaten teilen der Kommission den Wortlaut der innerstaatlichen Rechtsvorschriften mit, die sie auf dem unter diese Richtlinie fallenden Gebiet erlassen.

## Artikel 20

Diese Richtlinie ist an die Mitgliedstaaten gerichtet.
Geschehen zu Luxemburg am 5. April 1993.

## Anhang I

### Grundlegende Anforderungen an die Betriebssicherheit

### I. Allgemeine Anforderungen

1. Jeder EXPLOSIVSTOFF muß so ausgelegt, hergestellt und geliefert werden, daß unter normalen und vorhersehbaren Bedingungen, insbesondere bezüglich der Vorschriften für die Betriebssicherheit und des Stands der Technik, einschließlich des Zeitraums bis zu seiner Verwendung das kleinstmögliche Risiko für das Leben und die Gesundheit von Personen, die Unversehrtheit von Sachgütern und die Umwelt entsteht.

2. Jeder EXPLOSIVSTOFF muß die Leistungsfähigkeit erreichen, die vom Hersteller angegeben wird, um das höchstmögliche Maß an Sicherheit und Zuverlässigkeit zu gewährleisten.

3. Jeder EXPLOSIVSTOFF muß so ausgelegt und hergestellt werden, daß er bei Einsatz geeigneter technischer Verfahren möglichst umweltverträglich entsorgt werden kann.

### II. Besondere Anforderungen

1. Zumindest die nachstehenden Informationen und Eigenschaften müssen – falls relevant – berücksichtigt werden. Jeder EXPLOSIVSTOFF muß unter realistischen Bedingungen getestet werden. Kann dies nicht in einem Laboratorium erfolgen, so sind die Tests unter tatsächlichen Verwendungsbedingungen durchzuführen.

a) Aufbau und die charakteristischen Eigenschaften, einschließlich der chemischen Zusammensetzung, der Homogenität sowie gegebenenfalls der Abmessungen und der Korngrößenverteilung.
b) Physikalische und chemische Stabilität des EXPLOSIVSTOFFES bei sämtlichen Umweltbedingungen, denen der EXPLOSIVSTOFF ausgesetzt sein kann.
c) Empfindlichkeit gegenüber Schlag und Reibung.
d) Verträglichkeit aller Bestandteile im Hinblick auf ihre chemische und physikalische Stabilität.

e) Chemische Reinheit der EXPLOSIVSTOFFE.
f) Wasserbeständigkeit, wenn sie dazu bestimmt sind, in feuchter oder nasser Umgebung verwendet zu werden, und wenn die Betriebssicherheit des EXPLOSIVSTOFFS durch Wasser beeinträchtigt werden kann.
g) Widerstandsfähigkeit gegenüber niedrigen und hohen Temperaturen, sofern eine Aufbewahrung oder ein Einsatz bei solchen Temperaturen vorgesehen ist und die Betriebssicherheit oder Funktionsfähigkeit durch das Abkühlen oder das Erhitzen eines Bestandteils oder des gesamten EXPLOSIVSTOFFES beeinträchtigt werden kann.
h) Eignung des EXPLOSIVSTOFFES für eine Verwendung in Gefahrenbereichen (beispielsweise schlagwetterführende Bergwerke, heiße Massen usw.), soweit die EXPLOSIVSTOFFE zum Einsatz unter solchen Bedingungen vorgesehen sind.
i) Sicherheit gegen unzeitige oder unbeabsichtigte Zündung oder Anzündung.
j) Richtiges Laden und einwandfreies Funktionieren der EXPLOSIVSTOFFE bei bestimmungsgemäßer Verwendung.
k) Geeignete Anleitungen und – soweit notwendig – Kennzeichnungen in bezug auf sicheren Umgang und sichere Lagerung, Verwendung und Beseitigung in der oder den Amtssprachen des Empfängerstaats.
l) Widerstandsfähigkeit bezüglich nachteiliger Veränderungen an EXPLOSIVSTOFFEN, Umhüllungen oder sonstigen Bestandteilen bei Lagerung bis zum spätestens vom Hersteller angegebenen Verwendungsdatum.
m) Angabe aller Geräte und Zubehörs, die für eine zuverlässige und sichere Funktion der EXPLOSIVSTOFFE notwendig sind.

2. Darüber hinaus müssen die verschiedenen EXPLOSIVSTOFFGRUPPEN zumindest die folgenden Anforderungen erfüllen:

A) *Sprengstoffe*
  a) Sprengstoffe müssen durch die vorgesehene Art der Zündung sicher und zuverlässig zündbar sein und sich vollständig umsetzen oder deflagrieren. Besonders bei Schwarzpulver wird die Leistung nach dem Deflagrationsverhalten ermittelt. .
  b) Patronierte Sprengstoffe müssen die Detonation sicher und zuverlässig durch die Ladesäule übertragen.
  c) Die entstehenden Sprengschwaden von Sprengstoffen, die für eine Verwendung unter Tage bestimmt sind, dürfen Kohlenmonoxid, nitrose Gase, andere Gase, Dämpfe oder schwebfähige feste Rückstände nur in einer Menge enthalten, die unter den üblichen Betriebsbedingungen keine Gesundheitsschäden verursacht.

B. *Sprengschnüre, Sicherheitsanzündschnüre und andere Zündschnüre*
  a) Die Umhüllung von Sprengschnüren, Sicherheitsanzündschnüren und anderen Zündschnüren muß eine ausreichende mechanische Festigkeit besitzen und den umschlossenen EXPLOSIVSTOFF bei normaler mechanischer Beanspruchung ausreichend schützen.
  b) Die Parameter für die Brennzeiten von Pulverzündschnüren müssen angegeben und zuverlässig erreicht werden.
  c) Die Sprengschnüre müssen zuverlässig zündbar sowie ausreichend zündfähig sein und den Anforderungen auch nach Lagerung unter besonderen Klimabedingungen genügen.

Richtlinie 93/15/EWG  **Int. WaffenR 12**

C) *Sprengzünder, Sprengkapseln und Sprengverzögerer*
   a) Sprengzünder, Sprengkapseln und Sprengverzögerer müssen zuverlässig die Detonation von Sprengstoffen einleiten, die zur Verwendung mit ihnen vorgesehen sind, und dies unter allen vorhersehbaren Verwendungsbedingungen.
   b) Sprengverzögerer müssen zuverlässig zündbar sein.
   c) Das Zündvermögen darf durch Feuchtigkeit nicht beeinträchtigt werden.
   d) Die Verzögerungszeiten von Sprengzeitzündern müssen so gleichmäßig sein, daß die Wahrscheinlichkeit von Überschneidungen der Verzögerungszeiten benachbarter Zeitstufen unbedeutend ist.
   e) Die elektrischen Kenndaten von elektrischen Sprengzündern müssen auf der Verpackung angegeben werden (zB Nichtansprechstromstärke, Widerstand usw.).
   f) Die Zünderdrähte von elektrischen Sprengzündern müssen eine ausreichende Isolierung und mechanische Festigkeit besitzen, auch bezüglich ihrer Befestigung am Zünder.

D) *Treibladungspulver und Raketenfesttreibstoffe*
   a) Diese Stoffe dürfen bei der vorgesehenen Verwendung nicht detonieren.
   b) Stoffe dieser Art (zB auf der Basis von Nitrocellulose) müssen erforderlichenfalls gegen Selbstzersetzung stabilisiert sein.
   c) Raketenfesttreibstoffe dürfen in gepreßter oder gegossener Form keine unbeabsichtigten Risse oder Gasblasen enthalten, die ihr Funktionieren gefährlich beeinträchtigen könnten.

## Anhang II

1) MODUL B: **EG-Baumusterprüfung**

1. Dieses Modul beschreibt den Teil des Verfahrens, bei dem eine benannte Stelle prüft und bestätigt, daß ein für die betreffende Produktion repräsentatives Muster den entsprechenden Vorschriften dieser Richtlinie entspricht.

2. Der Antrag auf EG-Baumusterprüfung ist vom Hersteller oder seinen in der Gemeinschaft ansässigen Bevollmächtigten bei einer benannten Stelle seiner Wahl einzureichen.

Der Antrag muß folgendes enthalten:
– Name und Anschrift des Herstellers und, wenn der Antrag vom Bevollmächtigten eingereicht wird, auch dessen Name und Anschrift;
– eine schriftliche Erklärung, daß derselbe Antrag bei keiner anderen benannten Stelle eingereicht worden ist;
– die technischen Unterlagen laut Nummer 3.

Der Antragsteller stellt der benannten Stelle ein für die betreffende Produktion repräsentatives Muster (im folgenden als „Baumuster" bezeichnet) zur Verfügung. Die benannte Stelle kann weitere Muster verlangen, wenn sie diese für die Durchführung des Prüfungsprogramms benötigt.

3. Die technischen Unterlagen müssen eine Bewertung der Übereinstimmung des Produkts mit den Anforderungen der Richtlinie ermöglichen. Sie müssen in dem für diese Bewertung erforderlichen Maße Entwurf-, Fertigungs- und Funktionsweise des Produkts abdecken und folgendes enthalten, soweit dies für die Bewertung erforderlich ist:

- eine allgemeine Beschreibung des Baumusters;
- Entwürfe, Fertigungszeichnungen und -pläne von Bauteilen, Montage-Untergruppen, Schaltkreisen usw.;
- Beschreibungen und Erläuterungen, die zum Verständnis der genannten Zeichnungen und Pläne sowie der Funktionsweise des Produkts erforderlich sind;
- eine Liste der in Artikel 4 genannten, ganz oder teilweise angewandten Normen sowie eine Beschreibung der zur Erfüllung der grundlegenden Anforderungen gewählten Lösungen, soweit die im Artikel genannten Normen nicht angewandt worden sind;
- die Ergebnisse der Konstruktionsberechnungen, Prüfungen usw.;
- Prüfbericht.

4. Die benannte Stelle

4.1. prüft die technischen Unterlagen, überprüft, ob das Baumuster in Übereinstimmung mit den technischen Unterlagen hergestellt wurde, und stellt fest, welche Bauteile nach den einschlägigen Bestimmungen der in Artikel 4 genannten Normen und welche nicht nach diesen Normen entworfen wurden;

4.2. führt die entsprechenden Untersuchungen und erforderlichen Prüfungen durch oder läßt sie durchführen, um festzustellen, ob die vom Hersteller gewählten Lösungen die grundlegenden Anforderungen der Richtlinie erfüllen, sofern die in Artikel 4 genannten Normen nicht angewandt wurden;

4.3. führt die entsprechenden Untersuchungen und erforderlichen Prüfungen durch oder läßt sie durchführen, um festzustellen, ob die einschlägigen Normen richtig angewandt wurden, sofern der Hersteller sich dafür entschieden hat, diese anzuwenden;

4.4. vereinbart mit dem Antragsteller den Ort, an dem die Untersuchungen und erforderlichen Prüfungen durchgeführt werden sollen.

5. Entspricht das Baumuster den Bestimmungen dieser Richtlinie, so stellt die benannte Stelle dem Antragsteller eine EG-Baumusterprüfbescheinigung aus. Die Bescheinigung enthält Name und Anschrift des Herstellers, Ergebnisse der Prüfung, etwaige Bedingungen für die Gültigkeit der Bescheinigung und die für die Identifizierung des zugelassenen Baumusters erforderlichen Angaben.

Eine Liste der wichtigen technischen Unterlagen wird der Bescheinigung beigefügt und in einer Kopie von der benannten Stelle aufbewahrt.

Lehnt die benannte Stelle es ab, dem Hersteller oder seinem in der Gemeinschaft niedergelassenen Bevollmächtigten eine EG-Baumusterprüfbescheinigung auszustellen, so gibt sie dafür eine ausführliche Begründung.

Es ist ein Einspruchsverfahren vorzusehen.

6. Der Antragsteller unterrichtet die benannte Stelle, der die technischen Unterlagen zur EG-Baumusterprüfbescheinigung vorliegen, über alle Änderungen an dem zugelassenen Produkt, die einer neuen Zulassung bedürfen, soweit diese Änderungen die Übereinstimmung mit den grundlegenden Anforderungen oder den vorgeschriebenen Bedingungen für die Benutzung des Produkts beeinflussen können. Diese neue Zulassung wird in Form einer Ergänzung der ursprünglichen EG-Baumusterprüfbescheinigung erteilt.

7. Jede benannte Stelle macht den übrigen benannten Stellen einschlägige Angaben über die EG-Baumusterprüfbescheinigungen und die ausgestellten bzw. zurückgezogenen Ergänzungen.

8. Die übrigen benannten Stellen können Kopien der EG-Baumusterprüfbescheinigungen und/oder der Ergänzungen erhalten. Die Anhänge der Bescheinigungen werden für die übrigen benannten Stellen zur Verfügung gehalten.

9. Der Hersteller oder sein in der Gemeinschaft niedergelassener Bevollmächtigter bewahrt zusammen mit den technischen Unterlagen eine Kopie der EG-Baumusterprüfbescheinigung und ihrer Ergänzungen mindestens zehn Jahre lang nach Herstellung des letzten Produkts auf.

Sind weder der Hersteller noch sein Bevollmächtigter in der Gemeinschaft ansässig, so fällt diese Verpflichtung zur Bereithaltung der technischen Unterlagen der Person zu, die für das Inverkehrbringen des Produkts auf dem Gemeinschaftsmarkt verantwortlich ist.

### 2) MODUL C: Konformität mit der Bauart

1. Dieses Modul beschreibt den Teil des Verfahrens, bei dem der Hersteller oder sein in der Gemeinschaft ansässiger Bevollmächtigter sicherstellt und erklärt, daß die betreffenden EXPLOSIVSTOFFE der in der EG-Baumusterprüfbescheinigung beschriebenen Bauart entsprechen und die Anforderungen der für sie geltenden Richtlinie erfüllen. Der Hersteller bringt an jedem EXPLOSIVSTOFF das CE-Zeichen an und stellt eine Konformitätsbescheinigung aus.

2. Der Hersteller trifft alle erforderlichen Maßnahmen, damit der Fertigungsprozeß die Übereinstimmung der hergestellten Produkte mit der in der EG-Baumusterprüfbescheinigung beschriebenen Bauart gewährleistet und mit den Anforderungen dieser Richtlinie im Einklang steht.

3. Der Hersteller oder sein Bevollmächtigter bewahrt eine Kopie der Konformitätserklärung mindestens zehn Jahre lang nach Herstellung des letzten Produkts auf.

Sind weder der Hersteller noch sein Bevollmächtigter in der Gemeinschaft ansässig, so fällt diese Verpflichtung zur Bereithaltung der technischen Unterlagen der Person zu, die für das Inverkehrbringen des Produkts auf dem Gemeinschaftsmarkt verantwortlich ist.

4. Eine vom Hersteller gewählte benannte Stelle führt in willkürlichen Abständen stichprobenartige Produktprüfungen durch oder läßt diese durchführen. Eine von der benannten Stelle vor Ort entnommene geeignete Probe der Fertigungsprodukte wird untersucht. Ferner werden geeignete Prüfungen nach der oder den in Artikel 4 genannten einschlägigen Normen oder gleichwertigen Prüfungen durchgeführt, um die Übereinstimmung der Produkte mit den Anforderungen der betreffenden Richtlinie zu prüfen. Stimmen eines oder mehrere der geprüften Produkte nicht mit diesen überein, so trifft die benannte Stelle geeignete Maßnahmen.

Der Hersteller bringt unter der Zuständigkeit der benannten Stelle während des Fertigungsprozesses deren Kennnummer an.

### 3) MODUL D: Qualitätssicherung Produktion

1. Dieses Modul beschreibt das Verfahren, bei dem der Hersteller, der die Verpflichtungen nach Nummer 2 erfüllt, sicherstellt und erklärt, daß die betreffenden EXPLOSIVSTOFFE der in der EG-Baumusterprüfbescheinigung beschriebenen Bauart entsprechen und die Anforderungen der Richtlinie erfüllen. Der Hersteller bringt an jedem EXPLOSIVSTOFF das CE-Zeichen an und stellt eine Konformitätserklärung aus. Dem CE-Zeichen wird das Zeichen der benannten Stelle hinzugefügt, die für die EG-Überwachung gemäß Nummer 4 zuständig ist.

2. Der Hersteller unterhält ein zugelassenes Qualitätssicherungssystem für Herstellung, Endabnahme und Prüfung gemäß Nummer 3 und unterliegt der Überwachung gemäß Nummer 4.

3. *Qualitätssicherungssystem*

3.1. Der Hersteller beantragt bei einer benannten Stelle seiner Wahl die Bewertung seines Qualitätssicherungssystems für die betreffenden EXPLOSIVSTOFFE.

Der Antrag enthält folgendes:
- alle einschlägigen Angaben über die vorgesehene EXPLOSIVSTOFFKATEGORIE;
- die Unterlagen über das Qualitätssicherungssystem;
- die technischen Unterlagen über das zugelassene Baumuster und eine Kopie der EG-Baumusterprüfbescheinigung.

3.2. Das Qualitätssicherungssystem muß die Übereinstimmung der EXPLOSIVSTOFFE mit der in der EG-Baumusterprüfbescheinigung beschriebenen Bauart und mit den für sie geltenden Anforderungen der Richtlinie gewährleisten.

Alle vom Hersteller berücksichtigten Grundlagenanforderungen und Vorschriften sind systematisch und ordnungsgemäß in Form schriftlicher Maßnahmen, Verfahren und Anweisungen zusammenzustellen. Diese Unterlagen über das Qualitätssicherungssystem sollen sicherstellen, daß die Qualitätssicherungsprogramme, -pläne, -handbücher und -berichte einheitlich ausgelegt werden.

Sie müssen insbesondere eine angemessene Beschreibung folgender Punkte enthalten:
- Qualitätsziele sowie organisatorischer Aufbau, Zuständigkeiten und Befugnisse des Managements in bezug auf die EXPLOSIVSTOFFQUALITÄT;
- Fertigungsverfahren, Qualitätskontroll- und Qualitätssicherungstechnik und andere systematische Maßnahmen;
- Untersuchungen und Prüfungen, die vor, während und nach der Herstellung durchgeführt werden (mit Angabe ihrer Häufigkeit);
- Qualitätssicherungsunterlagen wie Kontrollberichte, Prüf- und Eichdaten, Berichte über die Qualifikation der in diesem Bereich beschäftigten Mitarbeiter usw.;
- Mittel, mit denen die Verwirklichung der angestrebten EXPLOSIVSTOFFQUALITÄT und die wirksame Arbeitsweise des Qualitätssicherungssystems überwacht werden können.

3.3. Die benannte Stelle bewertet das Qualitätssicherungssystem, um festzustellen, ob es die in Nummer 3.2 genannten Anforderungen erfüllt. Bei Qualitätssicherungssystemen, die die entsprechende harmonisierte Norm anwenden, wird von der Erfüllung dieser Anforderungen ausgegangen. Mindestens ein Mitglied des Bewertungsteams soll über Erfahrungen mit der Bewertung der betreffenden Produkttechnik verfügen. Das Bewertungsverfahren umfaßt auch eine Kontrollbesichtigung des Herstellerwerks.

Die Entscheidung wird dem Hersteller mitgeteilt. Die Mitteilung enthält die Ergebnisse der Prüfung und eine Begründung der Entscheidung.

3.4. Der Hersteller verpflichtet sich, die Verpflichtungen aus dem Qualitätssicherungssystem in seiner zugelassenen Form zu erfüllen und dafür zu sorgen, daß es stets sachgemäß und effizient funktioniert.

Der Hersteller oder sein Bevollmächtigter unterrichtet die benannte Stelle, die das Qualitätssicherungssystem zugelassen hat, über alle geplanten Aktualisierungen des Qualitätssicherungssystems.

Die benannte Stelle prüft die geplanten Änderungen und entscheidet, ob das geänderte Qualitätssicherungssystem noch den in Nummer 3.2. genannten Anforderungen entspricht oder ob seine erneute Bewertung erforderlich ist.

Sie teilt ihre Entscheidung dem Hersteller mit. Die Mitteilung enthält die Ergebnisse der Prüfung und eine Begründung der Entscheidung.

*4. Überwachung unter der Verantwortlichkeit der benannten Stelle*

4.1. Die Überwachung soll gewährleisten, daß der Hersteller die Verpflichtungen aus dem zugelassenen Qualitätssicherungssystem vorschriftsmäßig erfüllt.

4.2. Der Hersteller gewährt der benannten Stelle zu Inspektionszwecken Zugang zu den Herstellungs-, Abnahme-, Prüf- und Lagereinrichtungen und stellt ihr alle erforderlichen Unterlagen zur Verfügung. Hierzu gehören insbesondere:
– Unterlagen über das Qualitätssicherungssystem;
– Qualitätsberichte wie Prüfberichte, Prüfdaten, Eichdaten, Berichte über die Qualifikation der in diesem Bereich beschäftigten Mitarbeiter usw.

4.3. Die benannte Stelle führt regelmäßig Nachprüfungen durch, um sicherzustellen, daß der Hersteller das Qualitätssicherungssystem aufrechterhält und anwendet, und übergibt ihm einen Bericht über die Nachprüfungen.

4.4. Darüber hinaus kann die benannte Stelle dem Hersteller unangemeldete Besuche abstatten. Bei diesen Besuchen kann die benannte Stelle erforderlichenfalls Prüfungen zur Kontrolle des ordnungsgemäßen Funktionierens des Qualitätssicherungssystems durchführen oder durchführen lassen. Die benannte Stelle stellt dem Hersteller einen Bericht über den Besuch und im Fall einer Prüfung einen Prüfbericht zur Verfügung.

5. Der Hersteller hält mindestens zehn Jahre nach der letztmaligen Herstellung des Produkts folgende Unterlagen zur Verfügung der einzelstaatlichen Behörden:
– die Unterlagen gemäß Nummer 3.1 zweiter Gedankenstrich;
– die Aktualisierungen gemäß Nummer 3.4 Absatz 2;
– die Entscheidungen und Berichte der benannten Stelle gemäß Nummer 3.4 vierter Absatz, Nummer 4.3 und Nummer 4.4.

6. Jede benannte Stelle teilt den anderen benannten Stellen die einschlägigen Angaben über die ausgestellten bzw. zurückgezogenen Zulassungen für Qualitätssicherungssysteme mit.

### 4) MODUL E: **Qualitätssicherung Produkt**

1. Dieses Modul beschreibt das Verfahren, bei dem der Hersteller, der die Verpflichtungen nach Nummer 2 erfüllt, sicherstellt und erklärt, daß die EXPLOSIVSTOFFE der in der EG-Baumusterprüfbescheinigung beschriebenen Bauart entsprechen. Der Hersteller bringt an jedem EXPLOSIVSTOFF das CE-Zeichen an und stellt eine Konformitätserklärung aus. Dem CE-Zeichen wird das Zeichen der benannten Stelle hinzugefügt, die für die EG-Überwachung gemäß Nummer 4 zuständig ist.

2. Der Hersteller unterhält für die betreffenden EXPLOSIVSTOFFE ein zugelassenes Qualitätssicherungssystem für Endabnahme und Prüfung gemäß Nummer 3 und unterliegt der Überwachung gemäß Nummer 4.

*3. Qualitätssicherungssystem*

3.1. Der Hersteller beantragt bei einer benannten Stelle seiner Wahl die Bewertung seines Qualitätssicherungssystems für die betreffenden EXPLOSIVSTOFFE.
Der Antrag enthält folgendes:
– alle einschlägigen Angaben über die vorgesehene EXPLOSIVSTOFFKATEGORIE;
– die Unterlagen über das Qualitätssicherungssystem;
– die technischen Unterlagen über das zugelassene Baumuster und eine Kopie der EG-Baumusterprüfbescheinigung.

3.2. Im Rahmen des Qualitätssicherungssystems wird jeder EXPLOSIVSTOFF geprüft. Es werden Prüfungen gemäß den in Artikel 4 genannten Normen oder gleichwertige Prüfungen durchgeführt, um die Übereinstimmung mit den maßgeblichen Anforderungen der Richtlinie zu gewährleisten. Alle vom Hersteller berücksichtigten Grundlagen, Anforderungen und Vorschriften sind systematisch und ordnungsgemäß in Form schriftlicher Maßnahmen, Verfahren und Anweisungen zusammenzustellen. Diese Unterlagen über das Qualitätssicherungssystem sollen sicherstellen, daß die Qualitätssicherungsprogramme, -pläne, -handbücher und -berichte einheitlich ausgelegt werden.

Sie müssen insbesondere eine angemessene Beschreibung folgender Punkte enthalten:
– Qualitätsziele sowie organisatorischer Aufbau, Zuständigkeiten und Befugnisse des Managements in bezug auf die Produktqualität;
– nach der Herstellung durchgeführte Untersuchungen und Prüfungen;
– Mittel, mit denen die wirksame Arbeitsweise des Qualitätssicherungssystems überwacht wird;
– Qualitätsberichte wie Prüfberichte, Prüfdaten, Eichdaten, Berichte über die Qualifikation der in diesem Bereich beschäftigten Mitarbeiter usw.

3.3. Die benannte Stelle bewertet das Qualitätssicherungssystem, um festzustellen, ob es die in Nummer 3.2 genannten Anforderungen erfüllt. Bei Qualitätssicherungssystemen, die die entsprechende harmonisierte Norm anwenden, wird von der Erfüllung dieser Anforderungen ausgegangen.

Mindestens ein Mitglied des Bewertungsteams soll über Erfahrungen mit der Bewertung der betreffenden Produkttechnik verfügen. Das Bewertungsverfahren umfaßt auch einen Besuch des Herstellerwerks.

Die Entscheidung wird dem Hersteller mitgeteilt. Die Mitteilung enthält die Ergebnisse der Prüfung und eine Begründung der Entscheidung.

3.4. Der Hersteller verpflichtet sich, die Verpflichtungen aus dem Qualitätssicherungssystem in seiner zugelassenen Form zu erfüllen und dafür zu sorgen, daß es stets sachgemäß und effizient funktioniert.

Der Hersteller oder sein Bevollmächtigter unterrichtet die benannte Stelle, die das Qualitätssicherungssystem zugelassen hat, über alle geplanten Aktualisierungen des Qualitätssicherungssystems.

Die benannte Stelle prüft die geplanten Änderungen und entscheidet, ob das geänderte Qualitätssicherungssystem den in Nummer 3.2 genannten Anforderungen noch entspricht oder ob eine erneute Bewertung erforderlich ist.

Sie teilt ihre Entscheidung dem Hersteller mit. Die Mitteilung enthält die Ergebnisse der Prüfung und eine Begründung der Entscheidung.

4. *Überwachung unter der Verantwortung der benannten Stelle*

4.1. Die Überwachung soll gewährleisten, daß der Hersteller die Verpflichtungen aus dem zugelassenen Qualitätssicherungssystem vorschriftsmäßig erfüllt.

4.2. Der Hersteller gewährt der benannten Stelle zu Inspektionszwecken Zugang zu den Abnahme-, Prüf- und Lagereinrichtungen und stellt ihr alle erforderlichen Unterlagen zur Verfügung. Hierzu gehören insbesondere:
– Unterlagen über das Qualitätssicherungssystem;
– technische Unterlagen;
– die Qualitätsberichte wie Prüfberichte, Prüfdaten, Eichdaten, Berichte über die Qualifikation der in diesem Bereich beschäftigten Mitarbeiter usw.

4.3. Die benannte Stelle führt regelmäßig Nachprüfungen durch, um sicherzustellen, daß der Hersteller das Qualitätssicherungssystem aufrechterhält und anwendet, und übergibt ihm einen Bericht über die Nachprüfungen.

4.4. Darüber hinaus kann die benannte Stelle dem Hersteller unangemeldete Besuche abstatten. Bei diesen Besuchen kann die benannte Stelle erforderlichenfalls Prüfungen zur Kontrolle des ordnungsgemäßen Funktionierens des Qualitätssicherungssystems durchführen oder durchführen lassen. Sie stellt dem Hersteller einen Bericht über den Besuch und im Fall einer Prüfung einen Prüfbericht zur Verfügung.

5. Der Hersteller hält mindestens zehn Jahre lang nach der letztmaligen Herstellung des Produkts folgende Unterlagen für die einzelstaatlichen Behörden zur Verfügung:
– die Unterlagen gemäß Nummer 3.1 zweiter Gedankenstrich;
– die Aktualisierungen gemäß Nummer 3.4 zweiter Absatz;
– die Entscheidungen und Berichte der benannten Stelle gemäß Nummer 3.4 vierter Absatz, Nummer 4.3 und Nummer 4.4.

6. Jede benannte Stelle teilt den anderen benannten Stellen die einschlägigen Angaben über die ausgestellten bzw. zurückgezogenen Zulassungen für Qualitätssicherungssysteme mit.

### 5) MODUL F: **Prüfung bei Produkten**

1. Dieses Modul beschreibt das Verfahren, bei dem der Hersteller oder sein in der Gemeinschaft ansässiger Bevollmächtigter gewährleistet und erklärt, daß die betreffenden EXPLOSIVSTOFFE, auf die die Bestimmungen nach Nummer 3 angewendet wurden, der in der EG-Baumusterprüfbescheinigung beschriebenen Bauart entsprechen und die entsprechenden Anforderungen dieser Richtlinie erfüllen.

2. Der Hersteller trifft alle erforderlichen Maßnahmen, damit der Fertigungsprozeß die Übereinstimmung der EXPLOSIVSTOFFE mit der in der EG-Baumusterprüfbescheinigung beschriebenen Bauart und mit den einschlägigen Anforderungen der Richtlinie gewährleistet. Er bringt an jedem EXPLOSIVSTOFF das CE-Zeichen an und stellt eine Konformitätserklärung aus.

3. Die benannte Stelle nimmt die entsprechenden Prüfungen und Versuche je nach Wahl des Herstellers durch Kontrolle und Erprobung jedes einzelnen EXPLOSIVSTOFFS gemäß Nummer 4 vor, um die Übereinstimmung des EXPLOSIVSTOFFS mit den entsprechenden Anforderungen dieser Richtlinie zu überprüfen.

Der Hersteller oder sein in der Gemeinschaft ansässiger Bevollmächtigter bewahrt nach dem letzten Fertigungsdatum des EXPLOSIVSTOFFS mindestens zehn Jahre lang eine Kopie der Konformitätserklärung auf.

4. *Kontrolle und Erprobung jedes einzelnen EXPLOSIVSTOFFS*

4.1. Alle EXPLOSIVSTOFFE werden einzeln geprüft und dabei entsprechenden Prüfungen, wie sie in den in Artikel 4 genannten Normen vorgesehen sind, oder gleichwertigen Prüfungen unterzogen, um ihre Übereinstimmung mit der in der EG-Baumusterprüfbescheinigung beschriebenen Bauart und mit den entsprechenden Anforderungen dieser Richtlinie zu überprüfen.

4.2. Die benannte Stelle bringt an jedem zugelassenen EXPLOSIVSTOFF ihr Zeichen an bzw. läßt dieses anbringen und stellt eine Konformitätsbescheinigung über die vorgenommenen Prüfungen aus.

4.3. Der Hersteller oder sein Bevollmächtigter muß auf Verlangen die Konformitätsbescheinigungen der benannten Stelle vorlegen können.

### 6) MODUL G: **Einzelprüfung**

1. Dieses Modul beschreibt das Verfahren, bei dem der Hersteller sicherstellt und erklärt, daß der betreffende EXPLOSIVSTOFF, für den die Bescheinigung nach Nummer 2 ausgestellt wurde, die einschlägigen Anforderungen der Richtlinie erfüllt. Der Hersteller bringt das CE-Zeichen an dem EXPLOSIVSTOFF an und stellt eine Konformitätserklärung aus.

2. Die benannte Stelle untersucht den EXPLOSIVSTOFF und unterzieht ihn dabei entsprechenden Prüfungen gemäß den in Artikel 4 genannten Normen oder gleichwertigen Prüfungen, um seine Übereinstimmung mit den einschlägigen Anforderungen der Richtlinie zu überprüfen.

Die benannte Stelle bringt ihr Zeichen an dem zugelassenen EXPLOSIVSTOFF an oder läßt dieses anbringen und stellt eine Konformitätsbescheinigung über die durchgeführten Prüfungen aus.

3. Zweck der technischen Unterlagen ist es, die Bewertung der Übereinstimmung mit den Anforderungen der Richtlinie sowie das Verständnis der Konzeption, der Herstellung und der Funktionsweise des EXPLOSIVSTOFFS zu ermöglichen.

Der Inhalt der technischen Unterlagen muß folgendes enthalten:
– eine allgemeine Beschreibung des Produkttyps;
– Entwürfe, Fertigungszeichnungen und -pläne von Bauteilen, Baugruppen, Schaltkreisen usw.;
– Beschreibungen und Erläuterungen, die zum Verständnis der genannten Zeichnungen und Pläne sowie der Funktionsweise des Produkts erforderlich sind;
– eine Liste der in Artikel 4 genannten, ganz oder teilweise angewandten Normen sowie eine Beschreibung der zur Erfüllung der grundlegenden Anforderungen gewählten Lösungen, soweit die in Artikel 6 genannten Normen nicht angewandt worden sind;
– die Ergebnisse der Konstruktionsberechnungen, Prüfungen usw.;
– Prüfberichte.

## Anhang III

## von den Mitgliedstaaten zu berücksichtigende Mindestkriterien für die Benennung der Stellen

1. Die Stelle, ihr Leiter und das mit der Durchführung der Prüfung beauftragte Personal dürfen weder mit dem Urheber des Entwurfs, dem Hersteller, dem Lieferanten oder dem Installateur der zu prüfenden EXPLOSIVSTOFFE identisch noch Beauftragte einer dieser Personen sein. Sie dürfen weder unmittelbar noch als Beauftragte an der Planung, am Bau, am Vertrieb oder an der Instandhaltung dieser EXPLOSIVSTOFFE beteiligt sein. Die Möglichkeit eines Austausches technischer Information zwischen dem Hersteller und der Stelle wird dadurch nicht ausgeschlossen.

2. Die Stelle und das mit der Prüfung beauftragte Personal müssen die Prüfung mit höchster beruflicher Integrität und größter technischer Kompetenz durchführen und unabhängig von jeder Einflußnahme – vor allem finanzieller Art – auf ihre Beurteilung oder die Ergebnisse ihrer Prüfung sein, insbesondere von der Einflußnahme seitens Personen oder Personengruppen, die an den Ergebnissen der Prüfungen interessiert sind.

3. Die Stelle muß über das Personal verfügen und die Mittel besitzen, die zur angemessenen Erfüllung der mit der Durchführung der Prüfungen verbundenen technischen und administrativen Aufgaben erforderlich sind; sie muß außerdem Zugang zu den für außerordentliche Prüfungen erforderlichen Geräten haben.

4. Das mit den Prüfungen beauftragte Personal muß folgendes besitzen:
– eine gute technische und berufliche Ausbildung;
– eine ausreichende Kenntnis der Vorschriften für die von ihm durchgeführten Prüfungen und eine ausreichende praktische Erfahrung auf diesem Gebiet;
– die erforderliche Eignung für die Abfassung der Bescheinigungen, Protokolle und Berichte, in denen die durchgeführten Prüfungen niedergelegt werden.

5. Die Unabhängigkeit des mit der Prüfung beauftragten Personals ist zu gewährleisten. Die Höhe der Entlohnung jedes Prüfers darf sich weder nach der Zahl der von ihm durchgeführten Prüfungen noch nach den Ergebnissen dieser Prüfung richten.

6. Die Stelle muß eine Haftpflichtversicherung abschließen, es sei denn, diese Haftpflicht wird aufgrund der innerstaatlichen Rechtsvorschriften vom Staat gedeckt oder die Prüfungen werden unmittelbar von dem Mitgliedstaat durchgeführt.

7. Das Personal der Stelle ist (außer gegenüber den zuständigen Behörden des Staats, in dem es seine Tätigkeit ausübt) durch das Berufsgeheimnis in bezug auf alles gebunden, wovon es bei der Durchführung seiner Aufgaben im Rahmen dieser Richtlinie oder jeder anderen innerstaatlichen Rechtsvorschrift, die dieser Richtlinie Wirkung verleiht, Kenntnis erhält.

### Anhang IV
### Konformitätskennzeichnung

Die CE-Konformitätskennzeichnung besteht aus den Buchstaben „CE" mit folgendem Schriftbild:[1]

Bei Verkleinerung oder Vergrößerung der Kennzeichnung müssen die sich aus dem oben abgebildeten Raster ergebenden Proportionen eingehalten werden.

## d) Übereinkommen zur Durchführung des Übereinkommens von Schengen vom 14. Juni 1985 zwischen den Regierungen der Staaten der Benelux-Wirtschaftsunion, der Bundesrepublik Deutschland und der Französischen Republik betreffend den schrittweisen Abbau der Kontrollen an den gemeinsamen Grenzen (Schengener Durchführungsübereinkommen)[2]

vom 19. 6. 1990 (BGBl. 1993 II 1010), zuletzt geänd. durch ABl. EG Nr. L 105 vom 15. 3. 2006 S. 1

– Auszug –

### Kapitel 7. Feuerwaffen und Munition
**Artikel 77**

(1) Die Vertragsparteien verpflichten sich, die nationalen Gesetze, Verordnungen und sonstigen Vorschriften über den Erwerb, den Besitz, den Vertrieb und das Überlassen von Feuerwaffen und Munition den Bestimmungen dieses Kapitels anzupassen.

(2) Dieses Kapitel gilt für den Erwerb, den Besitz, den Vertrieb und das Überlassen von Feuerwaffen und Munition durch natürliche und juristische Personen; es gilt nicht für die Lieferung an sowie den Erwerb und Besitz durch staatliche Dienststellen und Gebietskörperschaften, die Streitkräfte und die Polizei, ferner nicht für die Herstellung durch staatliche Unternehmen.

---

[1] Schriftbild nicht eingefügt.
[2] Das Übereinkommen ist inzwischen ratifiziert worden. Der Tag des Inkrafttretens wird im Bundesgesetzblatt bekanntgegeben.

### Artikel 78

(1) Die Feuerwaffen werden im Rahmen dieses Kapitels wie folgt klassifiziert:
a) verbotene Waffen,
b) erlaubnispflichtige Waffen,
c) meldepflichtige Waffen.

(2) Auf Verschluß, Patronenlager und Lauf der Feuerwaffen sind die Vorschriften entsprechend anzuwenden, die für den Gegenstand gelten, dessen Bestandteil sie sind oder werden sollen.

(3) Als Kurzwaffen im Sinne dieses Übereinkommens gelten Feuerwaffen, deren Lauf nicht länger als 30 cm ist oder deren Gesamtlänge 60 cm nicht überschreitet; Langwaffen sind alle anderen Feuerwaffen.

### Artikel 79

(1) In die Liste der verbotenen Feuerwaffen und Munition sind die folgenden Gegenstände aufzunehmen:
a) Feuerwaffen, die üblicherweise als Kriegsschußwaffen verwendet werden;
b) vollautomatische Feuerwaffen, auch wenn sie keine Kriegsschußwaffen sind;
c) Feuerwaffen, die einen anderen Gegenstand vortäuschen;
d) panzerbrechende Munition, Munition mit Spreng- und Brandsätzen sowie Geschosse für diese Munition;
e) Pistolen- und Revolvermunition mit Dumdum-Geschossen oder Hohlspitzgeschossen sowie Geschosse für diese Munition.

(2) Die zuständigen Behörden können in Einzelfällen für die in Absatz 1 aufgeführten Feuerwaffen und Munition eine Erlaubnis erteilen, wenn Gründe der öffentlichen Sicherheit und Ordnung dem nicht entgegenstehen.

### Artikel 80

(1) In die Liste der Feuerwaffen, für deren Erwerb und Besitz eine Erlaubnis erforderlich ist, sind mindestens folgende Feuerwaffen aufzunehmen, soweit sie nicht verboten sind:
a) Halbautomatische Kurz-Feuerwaffen und kurze Repetier-Feuerwaffen;
b) kurze Einzellader-Feuerwaffen mit Zentralfeuerzündung;
c) kurze Einzellader-Feuerwaffen mit Randfeuerzündung mit einer Gesamtlänge von weniger als 28 cm;
d) halbautomatische Lang-Feuerwaffen, deren Magazin und Patronenlager mehr als drei Patronen aufnehmen kann;
e) lange Repetier-Feuerwaffen und halbautomatische Feuerwaffen mit glattem Lauf, deren Lauf nicht länger als 60 cm ist;
f) zivile halbautomatische Feuerwaffen, die wie vollautomatische Kriegswaffen aussehen.

(2) In die Liste der erlaubnispflichtigen Feuerwaffen sind nicht aufzunehmen:
a) Schreckschuß-, Reizstoff- und Signalwaffen, sofern bei diesen Waffen durch technische Maßnahmen sichergestellt ist, daß sie mit allgemein

gebräuchlichen Werkzeugen nicht zu Waffen zum Verschießen fester Körper umgebaut werden können und das Verschießen eines Reizstoffes keine dauernden körperlichen Schädigungen zufügen kann;
b) halbautomatische Lang-Feuerwaffen, deren Magazin und Patronenlager nicht mehr als drei Patronen aufnehmen kann, ohne daß sie neu geladen werden, und unter der Bedingung, daß das Magazin unauswechselbar ist, oder soweit sichergestellt ist, daß sie mit allgemein gebräuchlichen Werkzeugen nicht umgebaut werden können zu Waffen, deren Magazin und Patronenlager mehr als drei Patronen aufnehmen kann.

## Artikel 81

In die Liste der meldepflichtigen Feuerwaffen sind, sofern diese Waffen weder verboten noch erlaubnispflichtig sind, aufzunehmen:
a) Lange Repetier-Feuerwaffen;
b) lange Einzellader-Feuerwaffen mit gezogenem Lauf oder gezogenen Läufen;
c) kurze Einzellader-Feuerwaffen mit Randfeuerzündung mit einer Gesamtlänge von mehr als 28 cm;
d) die in Artikel 80 Absatz 2 Buchstabe b aufgeführten Feuerwaffen.

## Artikel 82

Die Listen der in den Artikeln 79, 80 und 81 aufgeführten Feuerwaffen umfassen folgende Gegenstände nicht:
a) Feuerwaffen, deren Modell vor dem 1. Januar 1870 entwickelt worden ist oder die vor diesem Zeitpunkt hergestellt worden sind – vorbehaltlich Ausnahmen – wenn in ihnen keine Munition geladen werden kann, die für verbotene oder erlaubnispflichtige Feuerwaffen bestimmt ist;
b) Reproduktionen von Waffen nach Buchstabe a, sofern daraus keine Patronen mit Metallhülsen verschossen werden können;
c) Feuerwaffen, die durch Anwendung technischer Verfahren zum Abschuß jeglicher Munition unbrauchbar gemacht worden sind, und die das Prüfzeichen einer offiziellen Dienststelle tragen oder von einer solchen Dienststelle anerkannt worden sind.

## Artikel 83

Eine Erlaubnis zum Erwerb und Besitz einer Feuerwaffe nach Artikel 80 darf einer Person nur erteilt werden,
a) wenn sie das achtzehnte Lebensjahr vollendet hat, von Ausnahmen für Jagd- oder Sportzwecke abgesehen;
b) wenn sie nicht wegen einer Geisteskrankheit oder anderer geistiger oder körperlicher Mängel unfähig ist, eine Feuerwaffe zu erwerben oder zu besitzen;
c) wenn sie nicht wegen einer Straftat verurteilt wurde oder wenn nicht andere Anhaltspunkte dafür vorliegen, daß sie eine Gefahr für die öffentliche Sicherheit oder Ordnung darstellt;
d) wenn der für den Erwerb oder Besitz einer Feuerwaffe angeführte Grund als triftig anzusehen ist.

### Artikel 84

(1) Die Meldung für Waffen nach Artikel 81 wird in ein von den in Artikel 85 bezeichneten Personen geführtes Register eingetragen.

(2) Wenn die Waffe durch eine Person überlassen wird, die nicht in Artikel 85 bezeichnet ist, muß dies nach den von jeder Vertragspartei festzulegenden Modalitäten gemeldet werden.

(3) Die in diesem Artikel genannte Meldung muß die für die Identifizierung der betroffenen Personen und Waffen erforderlichen Angaben enthalten.

### Artikel 85

(1) Die Vertragsparteien verpflichten sich, Hersteller und Händler von erlaubnispflichtigen Feuerwaffen einer Erlaubnispflicht, Hersteller und Händler von meldepflichtigen Feuerwaffen einer Meldepflicht zu unterwerfen. Die Erlaubnis für erlaubnispflichtige Feuerwaffen umfaßt auch die meldepflichtigen Feuerwaffen. Die Vertragsparteien unterziehen die Waffenhersteller und Waffenhändler einer Überwachung, die eine wirksame Kontrolle gewährleistet.

(2) Die Vertragsparteien verpflichten sich, Vorschriften zu erlassen, wonach alle Feuerwaffen mindestens mit einer dauerhaften fortlaufenden Identifizierungsnummer und der Marke des Herstellers gekennzeichnet sind.

(3) Die Vertragsparteien verpflichten Hersteller und Händler, alle erlaubnis- und meldepflichtigen Feuerwaffen zu registrieren; die Register müssen es ermöglichen, die Art der Feuerwaffen, ihre Herkunft und die Erwerber der Waffen schnell zu ermitteln.

(4) Die Vertragsparteien verpflichten sich, in bezug auf Erlaubnisse nach Artikel 79 und 80 Vorschriften zu erlassen, wonach die Identifizierungsnummer und die Kennzeichnung der Feuerwaffen in die ihrem Besitzer ausgestellte Erlaubnisurkunde eingetragen werden.

### Artikel 86

(1) Die Vertragsparteien verpflichten sich, Vorschriften zu erlassen, aufgrund deren es den rechtmäßigen Besitzern von erlaubnispflichtigen oder meldepflichtigen Feuerwaffen verboten ist, diese Personen zu überlassen, die nicht im Besitz einer Erwerbserlaubnis oder einer Anmeldebestätigung sind.

(2) Die Vertragsparteien können das vorübergehende Überlassen an Personen nach den von ihnen festzulegenden Modalitäten erlauben.

### Artikel 87

(1) Die Vertragsparteien führen in ihr nationales Recht ein System ein, welches die Rücknahme der Erlaubnisse bei Personen ermöglicht, die nicht mehr die Voraussetzungen für die Erteilung der Erlaubnisse nach Artikel 83 erfüllen.

(2) Die Vertragsparteien verpflichten sich, geeignete Vorschriften, einschließlich der Beschlagnahme der Feuerwaffen und der Rücknahme der Erlaubnis zu erlassen, sowie die Verletzung der Gesetze oder sonstiger

Vorschriften über Feuerwaffen mit geeigneten Sanktionen zu belegen. Dabei kann die Einziehung der Feuerwaffen vorgesehen werden.

**Artikel 88**

(1) Die Personen, die eine Erlaubnis zum Erwerb einer Feuerwaffe besitzen, benötigen keine Erlaubnis zum Erwerb von Munition für diese Waffen.

(2) Der Erwerb von Munition durch Personen, die nicht im Besitze einer Erlaubnis zum Waffenerwerb sind, unterliegt der entsprechenden Regelung der Waffe, für die sie bestimmt ist. Die Erlaubnis kann für eine Munitionsart oder für alle Munitionsarten ausgestellt werden.

**Artikel 89**

Die Listen der verbotenen, erlaubnispflichtigen und meldepflichtigen Feuerwaffen können geändert oder ergänzt werden, um die technische, wirtschaftliche und sicherheitspolitische Entwicklung zu berücksichtigen. Der Exekutivausschuß kann die Listen ändern oder ergänzen.

**Artikel 90**

Die Vertragsparteien sind befugt, strengere Gesetze und Vorschriften in bezug auf Feuerwaffen und Munition zu erlassen.

**Artikel 91**

(1) Die Vertragsparteien schaffen auf der Grundlage des Europäischen Übereinkommens vom 28. Juni 1978 über die Kontrolle des Erwerbs und des Besitzes von Schußwaffen durch Einzelpersonen nach Maßgabe ihres nationalen Rechts einen Informationsaustausch über den Erwerb von Feuerwaffen durch Personen, Privatpersonen oder Waffenhändler im Einzelhandel, die sich gewöhnlich in dem Hoheitsgebiet einer anderen Vertragspartei aufhalten oder dort ihren Sitz haben. Unter Einzelhändler ist jede Person zu verstehen, deren Erwerbstätigkeit insgesamt oder zum Teil in dem Einzelhandel von Feuerwaffen besteht.

(2) Der Informationsaustausch erstreckt sich:

a) Zwischen zwei Vertragsparteien, die das in Absatz 1 genannte Übereinkommen ratifiziert haben, auf die Feuerwaffen, die in Anlage 1 Teil A Nummer 1 Buchstaben a bis h des genannten Übereinkommens aufgeführt sind;
b) zwischen zwei Vertragsparteien, von denen mindestens eine das in Absatz 1 genannte Übereinkommen nicht ratifiziert hat, auf die Waffen, die in dem Hoheitsgebiet jeder einzelnen Vertragspartei erlaubnis- oder meldepflichtig sind.

(3) Die Informationen über den Erwerb von Feuerwaffen müssen so schnell wie möglich übermittelt werden und die folgenden Angaben enthalten:

a) Das Datum des Erwerbs und die Identität des Erwerbers, nämlich,
 – wenn es sich um eine natürliche Person handelt: Name, Vorname, Datum und Ort der Geburt, Anschrift und Paß- oder Personalaus-

weisnummer sowie Ausstellungsdatum und Angabe der ausstellenden Behörde, Waffenhändler oder nicht;
– wenn es sich um eine juristische Person handelt: Firma und Sitz sowie Name, Vorname, Datum und Ort der Geburt, Anschrift und Paß- oder Personalausweisnummer der Person, die zur Vertretung der juristischen Person berechtigt ist;
b) Modell, Herstellungsnummer, Kaliber und die anderen Merkmale der betreffenden Feuerwaffe sowie die Identifizierungsnummer.

(4) Jede Vertragspartei benennt eine nationale Behörde, die die in den Absätzen 2 und 3 erwähnten Informationen übermittelt und empfängt und setzt die anderen Vertragsparteien unverzüglich über jede Änderung der bezeichneten Behörde in Kenntnis.

(5) Die von jeder Vertragspartei benannte Behörde kann die erhaltenen Informationen den zuständigen örtlichen Polizeidienststellen und den Grenzüberwachungsbehörden zum Zwecke der Verhütung oder Verfolgung von Straftaten und Ordnungswidrigkeiten übermitteln.

[...]

## e) VN-Schußwaffenprotokoll

**Anlage**

zum Protokoll über die 101. Plenarsitzung der Vereinten Nationen am 31. 5. 2001

**Protokoll gegen die unerlaubte Herstellung von Schußwaffen, dazugehörigen Teilen und Komponenten und Munition und gegen den unerlaubten Handel damit, in Ergänzung des Übereinkommens der Vereinten Nationen gegen die grenzüberschreitende organisierte Kriminalität**

**Präambel**

*Die Vertragsstaaten dieses Protokolls,*

*im Bewußtsein* der dringenden Notwendigkeit, die unerlaubte Herstellung von Schußwaffen, dazugehörigen Teilen und Komponenten und Munition und den unerlaubten Handel damit auf Grund der nachteiligen Auswirkungen dieser Tätigkeiten auf die Sicherheit eines jeden Staates, jeder Region und der ganzen Welt, wodurch das Wohl der Menschen, ihre soziale und wirtschaftliche Entwicklung und ihr Recht, in Frieden zu leben, gefährdet wird, zu verhüten, zu bekämpfen und zu beseitigen,

daher *überzeugt* von der Notwendigkeit, daß alle Staaten alle geeigneten Maßnahmen zu diesem Zweck ergreifen, einschließlich Maßnahmen der internationalen Zusammenarbeit und anderer Maßnahmen auf regionaler und weltweiter Ebene,

*unter Hinweis* auf die **Resolution** 53/111 der Generalversammlung vom 9. Dezember 1998, in der die Versammlung beschloß, einen allen Mitgliedstaaten offen stehenden zwischenstaatlichen Ad-hoc-Ausschuß einzusetzen, mit dem Auftrag, ein umfassendes internationales Übereinkommen gegen die grenzüberschreitende organisierte Kriminalität auszuarbeiten und unter anderem die Ausarbeitung einer internationalen Übereinkunft zur Bekämpfung der unerlaubten Herstellung von Schußwaffen, dazugehörigen Teilen und Komponenten und Munition und des unerlaubten Handels damit zu erörtern, *eingedenk* des Grundsatzes der Gleichberechtigung und der Selbstbestimmung der Völker, der in der Charta der Vereinten Nationen und der Erklärung über völkerrechtliche Grundsätze für freundschaftliche Beziehungen und Zusammenarbeit zwischen den Staaten im Einklang mit der Charta der Vereinten Nationen verankert ist,

*überzeugt,* daß die Ergänzung des Übereinkommens der Vereinten Nationen gegen die grenzüberschreitende organisierte Kriminalität durch eine internationale Übereinkunft gegen die unerlaubte Herstellung von Schußwaffen, dazugehörigen Teilen und Komponenten und Munition und gegen den unerlaubten Handel damit für die Verhütung und Bekämpfung dieser Kriminalität von Nutzen sein wird,

*sind wie folgt übereingekommen:*

## I. Allgemeine Bestimmungen

### Artikel 1. Verhältnis zu dem Übereinkommen der Vereinten Nationen gegen die grenzüberschreitende organisierte Kriminalität

1. Dieses Protokoll ergänzt das Übereinkommen der Vereinten Nationen gegen die grenzüberschreitende organisierte Kriminalität. Es ist zusammen mit dem Übereinkommen auszulegen.

2. Die Bestimmungen des Übereinkommens werden auf dieses Protokoll sinngemäß angewendet, sofern in diesem Protokoll nichts anderes vorgesehen ist.

3. Die in Übereinstimmung mit Artikel 5 umschriebenen Straftaten werden als in Übereinstimmung mit dem Übereinkommen umschriebene Straftaten angesehen.

### Artikel 2. Zweck

Zweck dieses Protokolls ist es, die Zusammenarbeit zwischen den Vertragsstaaten zu fördern, zu erleichtern und zu verstärken, um die unerlaubte Herstellung von Schußwaffen, dazugehörigen Teilen und Komponenten und Munition und den unerlaubten Handel damit zu verhüten, zu bekämpfen und zu beseitigen.

### Artikel 3. Begriffsbestimmungen

Im Sinne dieses Protokolls

a) bezeichnet der Ausdruck „Schußwaffe" jede tragbare Feuerwaffe, mit Ausnahme antiker Schußwaffen oder deren Nachbildungen, die Schrot, eine Kugel oder ein anderes Geschoß mittels Treibladung durch einen Lauf verschießt, die für diesen Zweck gebaut ist oder die ohne weiteres für diesen Zweck umgebaut werden kann. Antike Schußwaffen und deren Nachbildungen werden nach innerstaatlichem Recht definiert. Zu den antiken Schußwaffen zählen jedoch keinesfalls nach 1899 hergestellte Schußwaffen;

b) bezeichnet der Ausdruck „Teile und Komponenten" jedes eigens für eine Schußwaffe konstruierte und für ihr Funktionieren wesentliche Teil oder Ersatzteil, insbesondere den Lauf, den Rahmen oder das Gehäuse, den Schlitten oder die Trommel, den Verschluß oder das Verschlußstück, und jede zur Dämpfung des Knalls einer Schußwaffe bestimmte oder umgebaute Vorrichtung;

c) bezeichnet der Ausdruck „Munition" die vollständige Munition oder ihre Komponenten einschließlich Patronenhülsen, Treibladungsanzünder, Treibladungspulver, Kugeln oder Geschosse, die in einer Schußwaffe verwendet werden, vorausgesetzt, dass diese Komponenten selbst in dem jeweiligen Vertragsstaat genehmigungspflichtig sind;

d) bezeichnet der Ausdruck „unerlaubte Herstellung" die Herstellung oder den Zusammenbau von Schußwaffen, dazugehörigen Teilen und Komponenten oder Munition
   i) aus Teilen und Komponenten, die Gegenstand des unerlaubten Handels waren;
   ii) ohne Lizenz oder Genehmigung einer zuständigen Behörde des Vertragsstaats, in dem die Herstellung oder der Zusammenbau stattfindet, oder
   iii) ohne Kennzeichnung der Schußwaffen zum Zeitpunkt der Herstellung nach Artikel 8;
die Lizenz oder Genehmigung zur Herstellung von Teilen und Komponenten wird nach Maßgabe der innerstaatlichen Rechtsvorschriften erteilt;

e) bezeichnet der Ausdruck „unerlaubter Handel" die Einfuhr, die Ausfuhr, den Erwerb, den Verkauf, die Lieferung, den Transport oder die Verbringung von Schußwaffen, dazugehörigen Teilen und Komponenten und Munition aus dem Hoheitsgebiet eines Vertragsstaats oder durch dessen Hoheitsgebiet in das Hoheitsgebiet eines anderen Vertragsstaats, sofern einer der betreffenden Vertragsstaaten dies nicht im Einklang mit diesem Protokoll genehmigt oder wenn die Schußwaffen nicht im Einklang mit Artikel 8 gekennzeichnet sind;

f) bezeichnet der Ausdruck „Rückverfolgung" die systematische Verfolgung des Weges von Schußwaffen und nach Möglichkeit der dazugehörigen Teile, Komponenten und Munition vom Hersteller bis zum Käufer zu dem Zweck, den zuständigen Behörden der Vertragsstaaten bei der Aufdeckung, Untersuchung und Analyse der unerlaubten Herstellung und des unerlaubten Handels behilflich zu sein.

### Artikel 4. Geltungsbereich

1. Dieses Protokoll findet Anwendung, soweit darin nichts anderes bestimmt ist, auf die Verhütung der unerlaubten Herstellung von Schußwaffen, dazugehörigen Teilen und Komponenten und Munition und des unerlaubten Handels damit und auf die Untersuchung und Strafverfolgung der in Übereinstimmung mit Artikel 5 umschriebenen Straftaten, wenn diese Straftaten grenzüberschreitender Natur sind und eine organisierte kriminelle Gruppe daran mitgewirkt hat.

2. Dieses Protokoll findet keine Anwendung auf Transaktionen zwischen Staaten oder auf staatliche Transfers in Fällen, in denen die Anwendung des Protokolls das Recht eines Vertragsstaats berühren würde, im Interesse der nationalen Sicherheit Maßnahmen zu ergreifen, die mit der Charta der Vereinten Nationen im Einklang stehen.

## Artikel 5. Kriminalisierung

1. Jeder Vertragsstaat trifft die notwendigen gesetzgeberischen und sonstigen Maßnahmen, um folgende Handlungen, wenn vorsätzlich begangen, als Straftaten zu umschreiben:
a) die unerlaubte Herstellung von Schußwaffen, dazugehörigen Teilen und Komponenten und Munition;
b) den unerlaubten Handel mit Schußwaffen, dazugehörigen Teilen und Komponenten und Munition
c) die Fälschung oder die unerlaubte Unkenntlichmachung, Entfernung oder Änderung der nach Artikel 8 erforderlichen Kennzeichnung(en) auf Schußwaffen.

2. Jeder Vertragsstaat trifft außerdem die notwendigen gesetzgeberischen und sonstigen Maßnahmen, um folgende Handlungen als Straftaten zu umschreiben:
a) vorbehaltlich der Grundzüge seiner Rechtsordnung den Versuch, eine in Übereinstimmung mit Absatz 1 umschriebene Straftat zu begehen oder sich als Mittäter oder Gehilfe an einer solchen Straftat zu beteiligen und
b) die Organisation, die Leitung, die Beihilfe, die Anstiftung, die Erleichterung und die Beratung in bezug auf die Begehung einer in Übereinstimmung mit Absatz 1 umschriebenen Straftat.

## Artikel 6. Einziehung, Beschlagnahme und Beseitigung

1. Unbeschadet des Artikels 12 des Übereinkommens treffen die Vertragsstaaten die notwendigen Maßnahmen, soweit dies nach ihrer innerstaatlichen Rechtsordnung möglich ist, um die Einziehung von Schußwaffen, dazugehörigen Teilen und Komponenten und Munition zu ermöglichen, die unerlaubt hergestellt oder gehandelt wurden.

2. Die Vertragsstaaten treffen im Rahmen ihrer innerstaatlichen Rechtsordnung die notwendigen Maßnahmen, um zu verhindern, daß unerlaubt hergestellte und gehandelte Schußwaffen, dazugehörige Teile und Komponenten und Munition in die Hände unbefugter Personen geraten, indem sie diese Schußwaffen, dazugehörigen Teile und Komponenten und Munition beschlagnahmen und vernichten, sofern nicht eine andere Form der Beseitigung offiziell genehmigt wurde, vorausgesetzt, dass die Schußwaffen gekennzeichnet und die Methoden zur Beseitigung der Schußwaffen und der Munition registriert wurden.

## II. Prävention

## Artikel 7. Registrierung

Jeder Vertragsstaat trägt dafür Sorge, dass Informationen über Schußwaffen und, soweit zweckmäßig und durchführbar, dazugehörige Teile und Komponenten und Munition mindestens zehn Jahre lang aufbewahrt werden, soweit diese notwendig sind, um diese Schußwaffen und, soweit zweckmäßig und durchführbar, dazugehörige Teile und Komponenten und Munition zurückzuverfolgen und zu identifizieren, die unerlaubt hergestellt oder gehandelt werden, und solche Tätigkeiten zu verhüten und aufzudecken.

Diese Informationen umfassen

a) die nach Artikel 8 erforderlichen entsprechenden Kennzeichnungen;
b) bei internationalen Transaktionen mit Schußwaffen, dazugehörigen Teilen und Komponenten und Munition das Datum der Ausstellung und des Ablaufs der entsprechenden Lizenz oder Genehmigung, das Ausfuhrland, das Einfuhrland, gegebenenfalls die Durchfuhrländer und den Endempfänger sowie die Beschreibung und die Menge der Artikel.

### Artikel 8. Kennzeichnung von Schußwaffen

1. Zum Zweck der Identifizierung und der Rückverfolgung jeder Schußwaffe

a) schreiben die Vertragsstaaten vor, daß jede Schußwaffe zum Zeitpunkt ihrer Herstellung eine eindeutige Kennzeichnung mit Angabe des Herstellers, des Herstellungslandes oder -orts und der Seriennummer zu erhalten hat, oder legen eine andere eindeutige nutzerfreundliche Kennzeichnung mit einfachen geometrischen Symbolen und einem numerischen und/oder alphanumerischen Code fest, die allen Staaten ohne weiteres die Identifizierung des Herstellungslandes erlaubt;
b) schreiben die Vertragsstaaten vor, daß jede importierte Schußwaffe eine geeignete einfache Kennzeichnung zu tragen hat, die die Identifizierung des Einfuhrlandes und nach Möglichkeit des Einfuhrjahres ermöglicht und die zuständigen Behörden des betreffenden Landes in die Lage versetzt, die Schußwaffe zurückzuverfolgen, sowie eine eindeutige Kennzeichnung, falls die Schußwaffe keine derartige Kennzeichnung aufweist. Im Falle vorübergehender Einfuhren von Schußwaffen für nachweislich rechtmäßige Zwecke brauchen diese Vorschriften nicht angewandt zu werden;
c) stellen die Vertragsstaaten sicher, daß eine Schußwaffe zu dem Zeitpunkt, an dem sie aus staatlichen Beständen in die dauerhafte zivile Verwendung überführt wird, die entsprechende eindeutige Kennzeichnung trägt, die allen Vertragsstaaten die Identifizierung des überführenden Landes ermöglicht.

2. Die Vertragsstaaten ermutigen die Schußwaffenhersteller, Maßnahmen gegen die Entfernung oder Änderung von Kennzeichnungen auszuarbeiten.

### Artikel 9. Deaktivierung von Schußwaffen

Ein Vertragsstaat, der eine deaktivierte Schußwaffe nach seinem innerstaatlichen Recht nicht als Schußwaffe ansieht, trifft die notwendigen Maßnahmen, gegebenenfalls einschließlich der Umschreibung bestimmter Handlungen als Straftaten, um die unerlaubte Reaktivierung deaktivierter Schußwaffen zu verhüten, wobei die folgenden allgemeinen Deaktivierungsgrundsätze gelten:

a) Alle wesentlichen Teile einer deaktivierten Schußwaffe sind auf Dauer so unbrauchbar zu machen, daß sie nicht mehr entfernt, ausgetauscht oder in einer Weise umgebaut werden können, die eine Reaktivierung der Schußwaffe ermöglicht;

b) es sind Vorkehrungen dafür zu treffen, daß die Deaktivierungsmaßnahmen gegebenenfalls durch eine zuständige Behörde nachgeprüft werden, um sicherzustellen, daß eine Schußwaffe durch die an ihr vorgenommenen Veränderungen auf Dauer unbrauchbar wird;
c) im Rahmen der Nachprüfung durch eine zuständige Behörde ist eine Bescheinigung oder ein Nachweis über die Deaktivierung der Schußwaffe auszustellen oder eine klar sichtbare entsprechende Markierung an der Schußwaffe anzubringen.

**Artikel 10.**[1] **Allgemeine Anforderungen im Hinblick auf Lizenzen oder Genehmigungen für die Ausfuhr, Einfuhr und Durchfuhr**

1. Jeder Vertragsstaat schafft oder unterhält für die Verbringung von Schußwaffen, dazugehörigen Teilen und Komponenten und Munition ein wirksames System von Lizenzen oder Genehmigungen für die Ausfuhr und Einfuhr sowie von Maßnahmen betreffend die internationale Durchfuhr.

2. Vor der Erteilung von Ausfuhrlizenzen oder -genehmigungen für Lieferungen von Schußwaffen, dazugehörigen Teilen und Komponenten und Munition überprüft jeder Vertragsstaat,
a) daß die Einfuhrstaaten Einfuhrlizenzen oder -genehmigungen erteilt haben und
b) daß die Durchfuhrstaaten unbeschadet zwei- oder mehrseitiger Übereinkünfte oder Abmachungen zu Gunsten von Binnenstaaten vor der Lieferung mindestens schriftlich mitgeteilt haben, daß sie keine Einwände gegen die Durchfuhr haben.

3. Die Ausfuhr- und Einfuhrlizenz oder -genehmigung und die Begleitdokumente enthalten mindestens folgende Angaben: Ort und Datum der Ausstellung, Ablaufdatum, Ausfuhrland, Einfuhrland, Endempfänger, Beschreibung und Menge der Schußwaffen, dazugehörige Teile und Komponenten und Munition und, im Falle von Durchfuhren die Durchfuhrländer. Die in der Einfuhrlizenz enthaltenen Angaben sind den Durchfuhrstaaten im Voraus zu übermitteln.

4. Der einführende Vertragsstaat unterrichtet den ausführenden Vertragsstaat auf dessen Verlangen über den Erhalt der Lieferung von Schußwaffen, dazugehörigen Teilen und Komponenten oder Munition.

5. Jeder Vertragsstaat trifft im Rahmen der verfügbaren Mittel die notwendigen Maßnahmen, um sicherzustellen, daß die Lizenz- oder Genehmigungsverfahren sicher sind und daß die Echtheit der Lizenz- oder Genehmigungsdokumente überprüft oder bestätigt werden kann.

6. Die Vertragsstaaten können vereinfachte Verfahren für die vorübergehende Einfuhr, Ausfuhr und Durchfuhr von Schußwaffen, dazugehörigen Teilen und Komponenten und Munition für nachweislich rechtmäßige Zwecke wie beispielsweise Jagd, Schießsport, Begutachtungen, Ausstellungen oder Reparaturen beschließen.

---

[1] Vgl. hierzu die Mitteilung der EU-Kommission vom 18. 7. 2005, herunterzuladen unter www. fwr.de.

### Artikel 11. Sicherheits- und Präventionsmaßnahmen

Mit dem Ziel, den Diebstahl, den Verlust oder die Umlenkung sowie die unerlaubte Herstellung von Schußwaffen, dazugehörigen Teilen und Komponenten und Munition und den unerlaubten Handel damit aufzudecken, zu verhüten und zu beseitigen, trifft jeder Vertragsstaat geeignete Maßnahmen,

a) um die Sicherheit von Schußwaffen, dazugehörigen Teilen und Komponenten und Munition zum Zeitpunkt der Herstellung, der Einfuhr, der Ausfuhr und der Durchfuhr durch sein Hoheitsgebiet vorzuschreiben und

b) um die Wirksamkeit der Einfuhr-, Ausfuhr- und Durchfuhrkontrollen, gegebenenfalls einschließlich der Grenzkontrollen, und die Wirksamkeit der grenzüberschreitenden Zusammenarbeit zwischen den Polizei- und Zollbehörden zu erhöhen.

### Artikel 12. Informationen

1. Unbeschadet der Artikel 27 und 28 des Übereinkommens tauschen die Vertragsstaaten im Einklang mit ihrer jeweiligen innerstaatlichen Rechts- und Verwaltungsordnung sachdienliche fallspezifische Informationen insbesondere über autorisierte Hersteller, Händler, Importeure, Exporteure und, nach Möglichkeit, Beförderer von Schußwaffen, dazugehörigen Teilen und Komponenten und Munition aus.

2. Unbeschadet der Artikel 27 und 28 des Übereinkommens tauschen die Vertragsstaaten im Einklang mit ihrer jeweiligen innerstaatlichen Rechts- und Verwaltungsordnung sachdienliche Informationen unter anderem über folgende Angelegenheiten aus:

a) die organisierten kriminellen Gruppen, die bekanntlich oder mutmaßlich an der unerlaubten Herstellung von Schußwaffen, dazugehörigen Teilen und Komponenten und Munition und am unerlaubten Handel damit beteiligt sind;

b) die Verschleierungsmethoden, die bei der unerlaubten Herstellung von Schußwaffen, dazugehörigen Teilen und Komponenten und Munition und beim unerlaubten Handel damit angewendet werden, und Möglichkeiten zu ihrer Aufdeckung;

c) die Methoden und Mittel, die Versand- und Zielorte und die Routen, die von organisierten kriminellen Gruppen, die unerlaubten Handel mit Schußwaffen, dazugehörigen Teilen und Komponenten und Munition betreiben, in der Regel benutzt werden, und

d) die Erfahrungen bei der Gesetzgebung sowie Verfahrensweisen und Maßnahmen zur Verhütung, Bekämpfung und Beseitigung der unerlaubten Herstellung von Schußwaffen, dazugehörigen Teilen und Komponenten und Munition und des unerlaubten Handels damit.

3. Die Vertragsstaaten stellen einander sachdienliche, für die Strafverfolgungsbehörden nützliche wissenschaftliche und technische Informationen zur Verfügung oder tauschen sie gegebenenfalls aus, um sich gegenseitig besser in die Lage zu versetzen, die unerlaubte Herstellung von Schußwaffen, dazugehörigen Teilen und Komponenten und Munition und den unerlaubten Handel damit zu verhüten, aufzudecken und zu untersu-

chen und die an diesen unerlaubten Tätigkeiten beteiligten Personen strafrechtlich zu verfolgen.

4. Die Vertragsstaaten arbeiten bei der Rückverfolgung von möglicherweise unerlaubt hergestellten oder gehandelten Schußwaffen, dazugehörigen Teilen und Komponenten und Munition zusammen. Diese Zusammenarbeit umfaßt die rasche Reaktion auf Ersuchen um Hilfe bei der Rückverfolgung solcher Schußwaffen, dazugehöriger Teile und Komponenten und Munition im Rahmen der verfügbaren Mittel.

5. Vorbehaltlich der Grundzüge seiner Rechtsordnung oder jeglicher internationaler Übereinkünfte garantiert jeder Vertragsstaat die Vertraulichkeit der Informationen, die er nach diesem Artikel von einem anderen Vertragsstaat erhält, einschließlich rechtlich geschützter Informationen im Zusammenhang mit gewerblichen Transaktionen, und befolgt alle Einschränkungen des Gebrauchs dieser Informationen, falls er von dem die Informationen bereitstellenden Vertragsstaat darum ersucht wird. Kann die Vertraulichkeit nicht gewahrt werden, ist der Vertragsstaat, der die Informationen bereitgestellt hat, im Voraus von ihrer Offenlegung in Kenntnis zu setzen.

### Artikel 13. Zusammenarbeit

1. Die Vertragsstaaten arbeiten auf bilateraler, regionaler und internationaler Ebene zusammen, um die unerlaubte Herstellung von Schußwaffen, dazugehörigen Teilen und Komponenten und Munition und den unerlaubten Handel damit zu verhüten, zu bekämpfen und zu beseitigen.

2. Unbeschadet des Artikels 18 Absatz 13 des Übereinkommens bestimmt jeder Vertragsstaat eine nationale Behörde oder zentrale Kontaktstelle, die die Aufgabe hat, in Fragen im Zusammenhang mit diesem Protokoll mit den anderen Vertragsstaaten Verbindung zu wahren.

3. Die Vertragsstaaten bemühen sich um die Unterstützung und Zusammenarbeit der Hersteller, Händler, Importeure, Exporteure, Zwischenhändler und gewerbsmäßigen Beförderer von Schußwaffen, dazugehörigen Teilen und Komponenten und Munition, um die in Absatz 1 genannten unerlaubten Tätigkeiten zu verhüten und aufzudecken.

### Artikel 14. Ausbildung und technische Hilfe

Die Vertragsstaaten arbeiten untereinander sowie gegebenenfalls mit den zuständigen internationalen Organisationen zusammen, um auf Ersuchen die Ausbildung und technische Hilfe zu erhalten, die notwendig ist, um ihre Fähigkeit zur Verhütung, Bekämpfung und Beseitigung der unerlaubten Herstellung von Schußwaffen, dazugehörigen Teilen und Komponenten und Munition zu verbessern, einschließlich technischer, finanzieller und materieller Hilfe in den in den Artikeln 29 und 30 des Übereinkommens genannten Angelegenheiten.

### Artikel 15. Zwischenhändler und Zwischenhandel

1. Mit dem Ziel, die unerlaubte Herstellung von Schußwaffen, dazugehörigen Teilen und Komponenten und Munition und den unerlaubten Handel damit zu verhüten und zu bekämpfen, erwägen die Vertragsstaa-

ten, sofern sie es nicht bereits getan haben, ein System zur Regelung der Tätigkeiten der am Zwischenhandel beteiligten Personen einzurichten. Ein derartiges System könnte eine oder mehrere der folgenden Maßnahmen beinhalten:

a) die obligatorische Registrierung der in ihrem Hoheitsgebiet tätigen Zwischenhändler;
b) die obligatorische Beantragung einer Lizenz oder Genehmigung für den Zwischenhandel oder
c) die obligatorische Offenlegung der Namen und Standorte der an der Transaktion beteiligten Zwischenhändler auf den Einfuhr- und Ausfuhrlizenzen oder -genehmigungen beziehungsweise in den Begleitdokumenten.

2. Den Vertragsstaaten, die ein Genehmigungssystem für den Zwischenhandel nach Absatz 1 geschaffen haben, wird nahe gelegt, beim Informationsaustausch nach Artikel 12 auch Informationen über Zwischenhändler und Zwischenhandel anzugeben und im Einklang mit Artikel 7 Aufzeichnungen über Zwischenhändler und Zwischenhandel aufzubewahren.

## III. Schlußbestimmungen

### Artikel 16. Beilegung von Streitigkeiten

1. Die Vertragsstaaten bemühen sich, Streitigkeiten über die Auslegung oder Anwendung dieses Protokolls durch Verhandlungen beizulegen.

2. Jede Streitigkeit zwischen zwei oder mehr Vertragsstaaten über die Auslegung oder Anwendung dieses Protokolls, die nicht innerhalb einer angemessenen Frist durch Verhandlungen beigelegt werden kann, wird auf Verlangen eines dieser Vertragsstaaten einem Schiedsverfahren unterbreitet. Können sich die Vertragsstaaten binnen sechs Monaten nach dem Zeitpunkt, zu dem das Schiedsverfahren verlangt worden ist, über seine Ausgestaltung nicht einigen, so kann jeder dieser Vertragsstaaten die Streitigkeit dem Internationalen Gerichtshof unterbreiten, indem er einen seinem Statut entsprechenden Antrag stellt.

3. Jeder Vertragsstaat kann bei der Unterzeichnung, Ratifikation, Annahme oder Genehmigung dieses Protokolls oder dem Beitritt zu diesem erklären, daß er sich durch Absatz 2 nicht als gebunden betrachtet. Die anderen Vertragsstaaten sind gegenüber einem Vertragsstaat, der einen solchen Vorbehalt angebracht hat, durch Absatz 2 nicht gebunden.

4. Ein Vertragsstaat, der einen Vorbehalt nach Absatz 3 angebracht hat, kann diesen Vorbehalt jederzeit durch eine an den Generalsekretär der Vereinten Nationen gerichtete Notifikation zurückziehen.

### Artikel 17. Unterzeichnung, Ratifikation, Annahme, Genehmigung und Beitritt

1. Dieses Protokoll liegt für alle Staaten vom dreißigsten Tag nach seiner Verabschiedung durch die Generalversammlung bis zum 12. Dezember 2002 am Sitz der Vereinten Nationen in New York zur Unterzeichnung auf.

2. Dieses Protokoll liegt auch für die Organisationen der regionalen Wirtschaftsintegration zur Unterzeichnung auf, sofern mindestens ein Mitgliedstaat der betreffenden Organisation dieses Protokoll nach Absatz 1 unterzeichnet hat.

3. Dieses Protokoll bedarf der Ratifikation, Annahme oder Genehmigung. Die Ratifikations-, Annahme- oder Genehmigungsurkunden werden beim Generalsekretär der Vereinten Nationen hinterlegt. Eine Organisation der regionalen Wirtschaftsintegration kann ihre Ratifikations-, Annahme- oder Genehmigungsurkunde hinterlegen, wenn dies mindestens einer ihrer Mitgliedstaaten getan hat. In dieser Ratifikations-, Annahme- oder Genehmigungsurkunde erklärt diese Organisation den Umfang ihrer Zuständigkeiten in Bezug auf die durch dieses Protokoll erfaßten Angelegenheiten. Diese Organisation teilt dem Verwahrer auch jede maßgebliche Änderung des Umfangs ihrer Zuständigkeiten mit.

4. Dieses Protokoll steht jedem Staat und jeder Organisation der regionalen Wirtschaftsintegration, von der mindestens ein Mitgliedstaat Vertragspartei dieses Protokolls ist, zum Beitritt offen. Die Beitrittsurkunden werden beim Generalsekretär der Vereinten Nationen hinterlegt. Zum Zeitpunkt ihres Beitritts erklärt eine Organisation der regionalen Wirtschaftsintegration den Umfang ihrer Zuständigkeiten in Bezug auf die durch dieses Protokoll erfassten Angelegenheiten. Diese Organisation teilt dem Verwahrer auch jede maßgebliche Änderung des Umfangs ihrer Zuständigkeiten mit.

### Artikel 18. Inkrafttreten

1. Dieses Protokoll tritt am neunzigsten Tag nach Hinterlegung der vierzigsten Ratifikations-, Annahme-, Genehmigungs- oder Beitrittsurkunde in Kraft, jedoch nicht vor Inkrafttreten des Übereinkommens. Für die Zwecke dieses Absatzes zählt eine von einer Organisation der regionalen Wirtschaftsintegration hinterlegte Urkunde nicht als zusätzliche Urkunde zu den von den Mitgliedstaaten der betreffenden Organisation hinterlegten Urkunden.

2. Für jeden Staat und jede Organisation der regionalen Wirtschaftsintegration, der beziehungsweise die dieses Protokoll nach Hinterlegung der vierzigsten entsprechenden Urkunde ratifiziert, annimmt, genehmigt oder ihm beitritt, tritt das Protokoll am dreißigsten Tag nach Hinterlegung der entsprechenden Urkunde durch diesen Staat beziehungsweise diese Organisation oder zum Zeitpunkt des Inkrafttretens dieses Protokolls nach Absatz 1 in Kraft, je nachdem welcher Zeitpunkt der spätere ist.

### Artikel 19. Änderungen

1. Nach Ablauf von fünf Jahren nach Inkrafttreten dieses Protokolls kann ein Vertragsstaat des Protokolls eine Änderung vorschlagen und sie beim Generalsekretär der Vereinten Nationen einreichen; dieser leitet die vorgeschlagene Änderung den Vertragsstaaten und der Konferenz der Vertragsparteien des Übereinkommens zu, damit diese den Vorschlag prüfen und darüber beschließen können. Die Vertragsstaaten dieses Protokolls, die in der Konferenz der Vertragsparteien zusammentreten, be-

mühen sich nach Kräften um eine Einigung durch Konsens über jede Änderung. Sind alle Bemühungen um einen Konsens erschöpft und wird keine Einigung erzielt, so ist als letztes Mittel eine Zweidrittelmehrheit der auf der Sitzung der Konferenz der Vertragsparteien anwesenden und abstimmenden Vertragsstaaten dieses Protokolls erforderlich, damit die Änderung beschlossen wird.

2. Organisationen der regionalen Wirtschaftsintegration üben in Angelegenheiten ihrer Zuständigkeit ihr Stimmrecht nach diesem Artikel mit der Anzahl von Stimmen aus, die der Anzahl ihrer Mitgliedstaaten entspricht, die Vertragsstaaten dieses Protokolls sind. Diese Organisationen üben ihr Stimmrecht nicht aus, wenn ihre Mitgliedstaaten ihr Stimmrecht ausüben, und umgekehrt.

3. Eine nach Absatz 1 angenommene Änderung bedarf der Ratifikation, Annahme oder Genehmigung durch die Vertragsstaaten.

4. Eine nach Absatz 1 angenommene Änderung tritt für einen Vertragsstaat neunzig Tage nach Hinterlegung einer Ratifikations-, Annahme- oder Genehmigungsurkunde für die Änderung beim Generalsekretär der Vereinten Nationen in Kraft.

5. Tritt eine Änderung in Kraft, so ist sie für diejenigen Vertragsstaaten, die ihre Zustimmung ausgedrückt haben, durch sie gebunden zu sein, bindend. Die anderen Vertragsstaaten sind weiter durch dieses Protokoll und alle früher von ihnen ratifizierten, angenommenen oder genehmigten Änderungen gebunden.

### Artikel 20. Kündigung

1. Ein Vertragsstaat kann dieses Protokoll durch eine an den Generalsekretär der Vereinten Nationen gerichtete schriftliche Notifikation kündigen. Die Kündigung wird ein Jahr nach Eingang der Notifikation beim Generalsekretär wirksam.

2. Eine Organisation der regionalen Wirtschaftsintegration hört auf, Vertragspartei dieses Protokolls zu sein, wenn alle ihre Mitgliedstaaten es gekündigt haben.

### Artikel 21. Verwahrer und Sprachen

1. Der Generalsekretär der Vereinten Nationen wird zum Verwahrer dieses Protokolls bestimmt.

2. Die Urschrift dieses Protokolls, dessen arabischer, chinesischer, englischer, französischer, russischer und spanischer Wortlaut gleichermaßen verbindlich ist, wird beim Generalsekretär der Vereinten Nationen hinterlegt.

ZU URKUND DESSEN haben die unterzeichneten, von ihren Regierungen hierzu gehörig befugten Bevollmächtigten dieses Protokoll unterschrieben.

## f) Deutsch-österreichisches Abkommen vom 28. 6. 2002

### Verordnung

zu dem Abkommen vom 28. Juni 2002 zwischen der Bundesrepublik Deutschland und der Republik Österreich über die gegenseitige Anerkennung von Dokumenten für die Mitnahme von Schusswaffen und Munition durch Angehörige traditioneller Schützenvereinigungen und Sportschützen

Vom 5. Januar 2004 (BGBl. II S. 63)

Auf Grund des § 47 des Waffengesetzes vom 11. Oktober 2002 (BGBl. I S. 3970, 4592; 2003 I 1957) verordnet das Bundesministerium des Innern:

### Artikel 1

Das in Berlin am 28. Juni 2002 unterzeichnete Abkommen zwischen der Bundesrepublik Deutschland und der Republik Österreich über die gegenseitige Anerkennung von Dokumenten für die Mitnahme von Schusswaffen und Munition durch Angehörige traditioneller Schützenvereinigungen und Sportschützen wird hiermit in Kraft gesetzt. Das Abkommen wird nachstehend veröffentlicht.

### Artikel 2

(1) Diese Verordnung tritt an dem Tag in Kraft, an dem das Abkommen nach seinem Artikel 4 Abs. 2 in Kraft tritt.

(2) Diese Verordnung tritt an den Tag außer Kraft, an dem das Abkommen außer Kraft tritt.

(3) Der Tag des Inkrafttretens und der Tag des Außerkrafttretens sind im Bundesgesetzblatt bekannt zu geben.

Der Bundesrat hat zugestimmt.

### Abkommen zwischen der Bundesrepublik Deutschland und der Republik Österreich über die gegenseitige Anerkennung von Dokumenten für die Mitnahme von Schußwaffen und Munition durch Angehörige traditioneller Schützenvereinigungen und Sportschützen

Die Bundesrepublik Deutschland und
die Republik Österreich –

in Ausfüllung des Artikels 12 Absatz 3 der Richtlinie des Rates vom 18. Juni 1991 über die Kontrolle des Erwerbs und des Besitzes von Waffen (91/477/EWG) und zur Schaffung von Erleichterungen im grenzüberschreitenden Verkehr mit Schusswaffen und Munition zwischen beiden Staaten –

haben Folgendes vereinbart:

### Artikel 1. Anwendungsbereich

Dieses Abkommen regelt die Mitnahme von Schusswaffen und der dafür bestimmten Munition durch Mitglieder traditioneller Schützenvereinigungen und von Sportschützenvereinen in das Gebiet des anderen Vertragsstaates zu besonderen Anlässen in der Republik Österreich und im Freistaat Bayern.

## Artikel 2. Dokumente

(1) Mitglieder österreichischer traditioneller Schützenvereinigungen sowie österreichischer Sportschützenvereine dürfen
– lange Repetierfeuerwaffen im Sinne der Kategorie B Nr. 6 und der Kategorie C Nr. 1, ausgenommen Vorderschaftrepetierwaffen (Pump-Guns),
– lange Feuerwaffen der Kategorie C Nr. 2,
– lange Feuerwaffen der Kategorie D der Richtlinie 91/477/EWG und
– Druckluft-, Federdruck- und $CO_2$-Waffen
einschließlich der dafür bestimmten Munition in die Bundesrepublik Deutschland, beschränkt auf den Freistaat Bayern, mitnehmen und dort besitzen, wenn der Vereinigung oder dem Verein ein Ausweis gemäß Artikel 3 ausgestellt wurde, ein im Ausweis für die Vollzähligkeit und die Transportsicherheit der Schusswaffen genannter Verantwortlicher an der Reise teilnimmt und der Grund der Reise durch Vorlage einer Einladung oder Anmeldung zur Teilnahme an einer Traditions- oder einer Schießsportveranstaltung im Freistaat Bayern glaubhaft gemacht werden kann. Die während einer Reise mitgenommenen Schusswaffen sind in einer Liste durch den Verantwortlichen schriftlich festzuhalten. Die nach dem Recht der Republik Österreich erforderlichen Besitzerlaubnisse für Schusswaffen sind durch den Inhaber der Erlaubnis mitzuführen.

(2) Mitglieder deutscher traditioneller Schützenvereinigungen sowie deutscher Sportschützenvereine dürfen Schusswaffen und Munition im Sinne des Absatzes 1 in das Gebiet der Republik Österreich mitnehmen und dort besitzen, wenn sie – soweit erforderlich – die deutsche Besitzerlaubnis und den Grund der Reise durch Vorlage einer Einladung oder Anmeldung zur Teilnahme an einer Traditions- oder einer Schießsportveranstaltung in der Republik Österreich glaubhaft machen können.

## Artikel 3. Österreichischer Ausweis für traditionelle Schützenvereinigungen und Sportschützenvereine

(1) Einer österreichischen traditionellen Schützenvereinigung oder einem Sportschützenverein, der Mitglied eines landes- oder bundesweiten Verbandes ist, kann auf Antrag des zur Vertretung der Vereinigung oder des Vereins nach außen Berufenen mit gegebenenfalls erforderlicher Zustimmung des Betroffenen die nach dem Sitz der Vereinigung oder des Vereins zuständige Waffenbehörde einen Ausweis nach dem Muster der Anlage zu diesem Abkommen ausstellen, in dem bis zu zwei Mitglieder als für die Schusswaffen Verantwortliche genannt werden.

(2) Der Antrag ist abzulehnen, wenn auf die von der Vereinigung oder dem Verein namhaft gemachten Verantwortlichen gemäß Absatz 1 Gründe zutreffen, die sie nach den innerstaatlichen waffenrechtlichen Regelungen als nicht verlässlich erscheinen lassen.

(3) Der Ausweis ist für eine Gültigkeit von höchstens zehn Jahren auszustellen und ist nur in Verbindung mit einem amtlichen Lichtbildausweis gültig; er ist von der Behörde zu entziehen, wenn die Vereinigung oder der Verein aufgelöst oder der Vereinszweck so geändert wurde, dass er die Teilnahme an einer Traditions- oder einer Schießsportveranstaltung nicht mehr umfasst. Ebenso ist er zu entziehen, wenn bei einem Verantwortlichen die Voraussetzungen zur Erteilung nicht mehr vorliegen; in diesem Fall stellt die Behörde einen neuen Ausweis aus, wenn die Vereinigung oder der Verein binnen angemessener Frist einen anderen Verantwortlichen namhaft macht, bei dem keine Gründe zur Ablehnung gemäß Absatz 2 vorliegen.

### Artikel 4. Schlussbestimmungen

(1) Dieses Abkommen bedarf der Ratifikation; die Ratifikationsurkunden werden so bald wie möglich in Wien ausgetauscht.

(2) Dieses Abkommen tritt am ersten Tag des dritten Monats nach Austausch der Ratifikationsurkunden in Kraft.

(3) Die Registrierung dieses Abkommens beim Sekretariat der Vereinten Nationen nach Artikel 102 der Charta der Vereinten Nationen wird unverzüglich nach seinem Inkrafttreten von der Bundesrepublik Deutschland veranlasst. Die Republik Österreich wird unter Angabe der VN-Registrierungsnummer von der erfolgten Registrierung unterrichtet, sobald diese vom Sekretariat der Vereinten Nationen bestätigt worden ist.

(4) Dieses Abkommen wird auf unbestimmte Zeit geschlossen. Jede Vertragspartei kann es unter Einhaltung einer Frist von sechs Monaten auf diplomatischem Wege schriftlich kündigen.

## g) Übereinkommen über die gegenseitige Anerkennung der Beschußzeichen für Handfeuerwaffen

Vom 1. 7. 1969 (BGBl. 1971 II S. 989)

abgedruckt als Anhang zu dem Gesetz zu diesem Übereinkommen vom 26. 7. 1971 (BGBl. II S. 989), zuletzt geänd. durch Bekanntmachung vom 25. 1. 1995 (BGBl. II S. 199)[1]

Die Regierungen des Königreichs Belgien, der Bundesrepublik Deutschland, der Republik Chile, der Französischen Republik, der Italienischen Republik, der Republik Österreich, des Spanischen Staates und der Tschechoslowakischen Sozialistischen Republik –
in der Erkenntnis, daß das Abkommen vom 15. Juli 1914 über die Festlegung einheitlicher Regelungen zur gegenseitigen Anerkennung der amtlichen Beschußzeichen für Handfeuerwaffen nicht mehr den Erfordernissen der modernen Technik entspricht –

---

[1] Dem Übereinkommen, das für die BRepD am 10. 10. 1971 in Kraft getreten ist (BGBl. II 1276) sind 13 Staaten beigetreten: Belgien, Chile, Deutschland, Finnland, Frankreich, Großbritannien, Italien, Österreich, Russland, Slowakei, Spanien, Tschechien, Ungarn.

haben folgendes vereinbart:

**Artikel I.** Es wird eine Ständige Internationale Kommission zur Prüfung von Handfeuerwaffen gebildet, im folgenden als Ständige Internationale Kommission – abgekürzt CIP – bezeichnet.

Ihre Aufgabe ist es,

1. einerseits die als „Normal-Gasdruckmesser" dienenden Geräte und andererseits die Meßmethoden auszuwählen, mit denen die amtlichen Stellen am genauesten und zweckmäßigsten den Gasdruck ermitteln können, den Gebrauchs- und Beschußpatronen entwickeln
   a) in Jagd-, Sport- und Verteidigungswaffen mit Ausnahme von Waffen, die für den Land-, See- und Luftkrieg bestimmt sind; jedoch können die Vertragsparteien die ausgewählten Geräte und Meßmethoden auch für alle oder einen Teil dieser letztgenannten Waffen anwenden;
   b) in allen anderen Handfeuerwaffen oder tragbaren Geräten für technische oder gewerbliche Zwecke, die vorstehend nicht genannt sind und eine Ladung eines Explosivstoffs zum Antrieb eines Geschosses oder eines sonstigen mechanischen Teiles benutzen und deren Prüfung von der Ständigen Internationalen Kommission für notwendig erachtet wird.

   Diese Geräte werden als „Normal-Gasdruckmesser" bezeichnet;

2. festzulegen, worin die amtlichen Prüfungen bestehen, denen die unter Nummer 1 Buchstaben a und b aufgeführten Waffen oder Geräte zu unterziehen sind, um jede Gewähr für Sicherheit zu bieten.

   Diese Prüfungen werden als „Normal-Prüfungen" bezeichnet;

3. die Normal-Gasdruckmesser und die Verfahren ihrer Benutzung sowie die Normal-Prüfungen soweit zu vervollkommnen, zu ändern oder zu ergänzen, wie es der Stand der Entwicklung in der Meßtechnik und in der Fabrikation von Handfeuerwaffen und von Geräten für technische oder gewerbliche Zwecke sowie ihrer Munition erfordert;

4. die Vereinheitlichung der Maße der Patronenlager der in den Handel kommenden Feuerwaffen sowie die Kontroll- und Prüfungsmodalitäten ihrer Munition zu fördern;

5. die von den Vertragsregierungen erlassenen Gesetze und sonstigen Vorschriften über die amtliche Prüfung von Handfeuerwaffen daraufhin zu prüfen, ob sie den nach Maßgabe der Nummer 2 festgelegten Bestimmungen entsprechen;

6. zu erklären, in welchen Vertragsstaaten die Durchführung der Prüfungen den Normal-Prüfungen nach Nummer 2 entspricht und eine Tabelle herauszugeben, in der die Muster der von den Beschußämtern dieser Staaten sowohl gegenwärtig als auch seit Unterzeichnung des Abkommens vom 15. Juli 1914 verwendeten Beschußzeichen aufgeführt sind;

7. die Erklärung nach Nummer 6 zurückzunehmen und die Tabelle zu ändern, sobald die unter Nummer 6 genannten Voraussetzungen nicht mehr erfüllt werden.

**Artikel II.** Die Beschußzeichen der Beschußämter einer jeden Vertragspartei werden im Hoheitsgebiet der anderen Vertragsparteien anerkannt, wenn sie Gegenstand der in Artikel I Nummer 6 vorgesehenen Erklärung waren.

**Artikel III.** Die Zusammensetzung und die Befugnisse der Ständigen Internationalen Kommission sind in der diesem Übereinkommen beigefügten Geschäftsordnung festgelegt. Die Geschäftsordnung ist Bestandteil des Übereinkommens.

**Artikel IV.** Im Falle eines Zweifels oder einer Meinungsverschiedenheit bei der Auslegung oder Anwendung einer der technischen Fragen, die durch einen Beschluß der Ständigen Internationalen Kommission nach Artikel I dieses Übereinkommens und nach Artikel 5 der Geschäftsordnung festgelegt sind, holt die betreffende Regierung ein Gutachten der Ständigen Internationalen Kommission ein.

**Artikel V.** Dieses Übereinkommen liegt vom 1. Juli 1969 an zur Unterzeichnung auf.

**Artikel VI.**

(1) Jede Unterzeichnerregierung notifiziert der Regierung des Königreichs Belgien die Erfüllung der für das Inkrafttreten dieses Übereinkommens erforderlichen verfassungsrechtlichen Förmlichkeiten.

(2) Dieses Übereinkommen tritt am dreißigsten Tag nach Eingang der dritten Notifikation in Kraft.

(3) Dreißig Tage nach Eingang der in Absatz 1 genannten Notifikation bei der Regierung des Königreichs Belgien tritt das Übereinkommen für die anderen Unterzeichnerregierungen in Kraft.

**Artikel VII.**

(1) Nach Inkrafttreten dieses Übereinkommens kann ihm jede Nichtunterzeichnerregierung beitreten, indem sie der Regierung des Königreichs Belgien auf diplomatischem Wege ein Beitrittsersuchen übermittelt, dem die in ihrem eigenen Hoheitsgebiet gültige Geschäftsordnung für die Beschußämter beigefügt ist.

Die Regierung des Königreichs Belgien leitet das Ersuchen und die ihm beigefügte Geschäftsordnung an alle Vertragsregierungen weiter. Der Beitritt wird wirksam, wenn alle Vertragsregierungen ihre Zustimmung erteilt haben. Nach Ablauf eines Jahres nach dem Zeitpunkt, an dem die Regierung des Königreichs Belgien den Vertragsparteien den Eingang des Ersuchens notifiziert hat, wird die Nichtbeantwortung seitens einer Vertragsregierung als Annahme gewertet.

(2) Die Regierung des Königreichs Belgien unterrichtet alle Vertragsregierungen und den Sekretär der CIP von dem Zeitpunkt, an dem jeder neue Beitritt wirksam wird.

**Artikel VIII.**

(1) Jede Vertragspartei kann dieses Übereinkommen frühestens drei Jahre nach dem Zeitpunkt kündigen, an dem es für sie in Kraft getreten ist.

Die Kündigung wird von der Regierung des Königreichs Belgien notifiziert und wird ein Jahr nach Eingang der Notifikation wirksam.

(2) Die Kündigung seitens einer Vertragspartei wird nur für diese selbst wirksam.

**Artikel IX.** Die Regierung des Königreichs Belgien notifiziert allen Unterzeichnerregierungen und beitretenden Regierungen den Zeitpunkt des Eingangs der in den Artikeln VI Absätze 1 und 3, VII und VIII Absatz 1 vorgesehenen Notifikationen.

**Artikel X.** Bis zum Inkrafttreten der Beschlüsse der Ständigen Internationalen Kommission nach Artikel 5 Absatz 1 ihrer Geschäftsordnung gelten die in Anlage I dieser Geschäftsordnung beschriebenen Normal-Gasdruckmesser und Normal-Prüfungen sowie die in Anlage II der Geschäftsordnung enthaltenen Vorschriften über die Mindestmaße der Patronenlager der Gasdruckmesser.

**Artikel XI.** Dieses Übereinkommen tritt an die Stelle des am 15. Juli 1914 in Brüssel unterzeichneten Abkommens über die Festlegung einheitlicher Regelungen zur gegenseitigen Anerkennung der amtlichen Beschußzeichen für Handfeuerwaffen und seiner Anlagen I und II.

geschehen zu Brüssel am 1. Juli 1969 in französischer Sprache in einer Urschrift, die im Archiv der Regierung des Königreichs Belgien hinterlegt wird; diese übermittelt jeder Unterzeichnerregierung und beitretenden Regierung beglaubigte Abschriften.

zu Urkund dessen haben die hierzu gehörig befugten Unterzeichneten dieses Übereinkommens unterschrieben.

# 13. Landesrechtliche Vorschriften zum Waffengesetz

## 13.1 Baden-Württemberg

### a) Verordnung der Landesregierung zur Durchführung des Waffengesetzes (Durchführungsverordnung zum Waffengesetz – DVOWaffG)

Vom 8. 4. 2003 (GBl. S. 166), geänd. durch Art. 42 Gesetz vom 1. 7. 2004
(GBl. S. 469)

Auf Grund von § 48 Abs. 1 und § 55 Abs. 6 des Waffengesetzes (WaffG) vom 11. Oktober 2002 (BGBl. I S. 3970) wird verordnet:

**§ 1. Allgemeine sachliche Zuständigkeit.** (1) Für die Durchführung des Waffengesetzes und der auf Grund dieses Gesetzes erlassenen Rechtsverordnungen sind die Kreispolizeibehörden sachlich zuständig, soweit nicht Bundesbehörden zuständig sind oder durch Bundesrecht oder in dieser Verordnung etwas anderes bestimmt ist.

(2) Die Zulassung einer Ausnahme nach § 12 Abs. 5 WaffG bedarf der vorherigen Zustimmung des Regierungspräsidiums.

(3) Wenn bei Gefahr im Verzug ein sofortiges Tätigwerden der auf Grund dieser Verordnung sachlich zuständigen Behörde nicht erreichbar erscheint, trifft der Polizeivollzugsdienst vorbehaltlich anderer Anordnungen der zuständigen Behörde die erforderlichen unaufschiebbaren Maßnahmen. Die zuständige Behörde ist unverzüglich zu unterrichten.

**§ 2. Besondere sachliche Zuständigkeiten.** (1) Antragsberechtigte Behörde des Landes im Sinne des § 2 Abs. 5 Satz 2 Nr. 2 WaffG und die nach Landesrecht anzuhörende Behörde des Landes im Sinne des § 2 Abs. 5 Satz 3 WaffG ist das Landeskriminalamt.

(2) Zuständige Behörde des Landes für die Erklärung des Benehmens bei der Anerkennung eines Schießsportverbands nach § 15 Abs. 3 WaffG ist das Regierungspräsidium Tübingen.

**§ 3. Waffenrechtliche Bescheinigungen.** (1) Für die Entscheidung über die Erteilung, für die Rücknahme und für den Widerruf von Bescheinigungen nach § 55 Abs. 2 WaffG sind zuständig:

1. im Geschäftsbereich des Innenministeriums
   die Regierungspräsidien
   a) für ihre Bediensteten,
   b) für die Bediensteten der ihnen nachgeordneten Landesbehörden und Polizeidienststellen und
   c) für die Bediensteten der der Aufsicht des Landes unterstehenden juristischen Personen des öffentlichen Rechts.

das Landeskriminalamt und das Landesamt für Verfassungsschutz für ihre Bediensteten,
das Bereitschaftspolizeipräsidium für seine Bediensteten sowie für die Bediensteten der nachgeordneten Polizeidienststellen,
die Fachhochschule Villingen-Schwenningen – Hochschule für Polizei – und die Akademie der Polizei für ihre Bediensteten,
im Übrigen das Innenministerium.
2. die sonstigen Ministerien, der Rechnungshof und die Verwaltung des Landtags von Baden-Württemberg im Rahmen ihres Geschäftsbereichs.

(2) Das Innenministerium wird ermächtigt, durch Rechtsverordnung Absatz 1 Nr. 1 und Absatz 3 zu ändern. Die übrigen Ministerien werden ermächtigt, ihre Zuständigkeit nach Absatz 1 Nr. 2 für die Entscheidung über die Erteilung, für die Rücknahme und für den Widerruf von waffenrechtlichen Bescheinigungen nach § 55 Abs. 2 WaffG durch Änderung und Ergänzung dieser Verordnung im Einvernehmen mit dem Innenministerium auf nachgeordnete Behörden zu übertragen.

(3) Für die Entscheidung über die Erteilung, für den Widerruf und für die Rücknahme von Bescheinigungen nach § 56 WaffG ist auch das Innenministerium zuständig, soweit nicht das Bundesverwaltungsamt zuständig ist.

**§ 4. Prüfungen.** (1) Für die Prüfung der Sachkunde (§ 7 WaffG) sind die Regierungspräsidien zuständig.

(2) Für die Prüfung der Fachkunde (§ 22 WaffG) ist das Regierungspräsidium Stuttgart zuständig. Die Geschäftsführung wird der Industrie- und Handelskammer Region Stuttgart übertragen.

**§ 5. Freistellung.** (1) Sofern das Waffengesetz nicht ausdrücklich etwas anderes bestimmt, ist es nicht anzuwenden auf:
1. die für die Durchführung des Waffengesetzes zuständigen Behörden und ihre Aufsichtsbehörden,
2. den Kampfmittelbeseitigungsdienst Baden-Württemberg,
3. die Polizeidienststellen,
4. die Fachhochschule Villingen-Schwenningen – Hochschule für Polizei –,
5. die Akademie der Polizei,
6. das Logistikzentrum der Polizei,
7. das Landesamt für Verfassungsschutz,
8. die Justizvollzugsanstalten,
9. die staatlichen und körperschaftlichen Forstbehörden,
10. die Fachhochschule für Forstwirtschaft Rottenburg am Neckar,
11. das Forstliche Bildungszentrum Karlsruhe,
12. die Forstliche Versuchs- und Forschungsanstalt Baden-Württemberg,
13. das Regierungspräsidium Tübingen – Beschussamt Ulm –
sowie deren Bedienstete, soweit sie dienstlich tätig werden.

(2) Die der Landesregierung nach § 55 Abs. 6 WaffG zustehende Befugnis, durch Rechtsverordnung zu regeln, dass das Waffengesetz auf sonstige Behörden und Dienststellen des Landes und deren Bedienstete,

soweit sie dienstlich tätig werden, nicht anzuwenden ist, wird im Rahmen ihres Geschäftsbereichs auf die Ministerien übertragen. Die Ministerien nehmen diese Befugnis durch Änderung und Ergänzung dieser Verordnung im Einvernehmen mit dem Innenministerium wahr.

**§ 6. Inkrafttreten.** Diese Verordnung tritt am Tage nach ihrer Verkündung in Kraft. Gleichzeitig tritt die Verordnung der Landesregierung zur Durchführung des Waffengesetzes vom 12. Mai 1981 (GBl. S. 264) mit Ausnahme ihres § 3[1] außer Kraft.

## b) Verordnung der Landesregierung zur Durchführung des Beschussgesetzes (Beschussgesetz-Durchführungsverordnung – DVO BeschG)

Vom 11. 11. 2003 (GBl. S. 721), geänd. durch Art. 78 Gesetz vom 1. 7. 2004 (GBl. S. 469)

Auf Grund von § 1 Abs. 6 und § 20 Abs. 1 des Beschussgesetzes (BeschG) vom 11. Oktober 2002 (BGBl. I S. 3970, 4003), geändert durch Art. 1a des Gesetzes vom 27. Mai 2003 (BGBl. I S. 742), wird verordnet:

**§ 1. Allgemeine sachliche Zuständigkeit.** Für die Durchführung des Beschussgesetzes und der auf Grund dieses Gesetzes erlassenen Rechtsverordnungen ist das Regierungspräsidium Tübingen – Beschussamt Ulm – sachlich zuständig, soweit nicht Bundesbehörden zuständig sind oder durch Bundesrecht oder in dieser Verordnung etwas anderes bestimmt ist.

**§ 2. Freistellung.** (1) Sofern das Beschussgesetz nicht ausdrücklich etwas anderes bestimmt, ist es nicht anzuwenden auf

1. die für die Durchführung des Beschussgesetzes zuständige Behörde und ihre Aufsichtsbehörden,
2. den Kampfmittelbeseitigungsdienst Baden-Württemberg,
3. die Polizeidienststellen,
4. die Fachhochschule Villingen-Schwenningen, Hochschule für Polizei,
5. die Akademie der Polizei,
6. das Logistikzentrum der Polizei,
7. das Landesamt für Verfassungsschutz,
8. die Justizvollzugsanstalten,
9. die staatlichen und körperschaftlichen Forstbehörden,
10. die Fachhochschule für Forstwirtschaft Rottenburg a. N.,

---

[1] § 3 hat folgenden Wortlaut: **Prüfung und Zulassung von Waffen und Munition.** Für die Ausführung von Abschnitt III des Waffengesetzes und der auf Grund des Waffengesetzes ergangenen Rechtsverordnungen, die diesen Abschnitt ergänzen, ist das Landesgewerbeamt – Beschussamt Ulm – zuständig. Vgl. hierzu auch **§ 35** der Allgemeinen Waffengesetz-Verordnung (AWaffV) vom 27. 10. 2003 (BGBl. I 2123): „**Anwendung des bisherigen Rechts.** Die Vorschriften der Abschnitte III und VI mit Ausnahme des § 20 Abs. 1 Nr. 2, 3 und 4 der Ersten Verordnung zum Waffengesetz in der Fassung der Bekanntmachung vom 10. März 1987 (BGBl. I S. 777), zuletzt geändert durch Art. 10 des Gesetzes vom 11. Oktober 2002 (BGBl. I S. 3970), sind weiterhin anzuwenden".

# 13 DVOWaffG

11. das Forstliche Bildungszentrum Karlsruhe,
12. die Forstliche Versuchs- und Forschungsanstalt Baden-Württemberg

sowie deren Bedienstete, soweit sie dienstlich tätig werden.

(2) Die der Landesregierung nach § 1 Abs. 6 BeschG zustehende Ermächtigung, durch Rechtsverordnung die Nichtanwendung des Beschussgesetzes auf sonstige Behörden und Dienststellen des Landes und deren dienstlich tätige Bedienstete zu regeln, wird auf die Ministerien im Rahmen ihres Geschäftsbereichs übertragen. Die Ministerien nehmen diese Befugnis durch Änderung und Ergänzung dieser Verordnung im Einvernehmen mit dem Wirtschaftsministerium wahr.

**§ 3. Inkrafttreten.** Diese Verordnung tritt am Tage nach ihrer Verkündung in Kraft. Gleichzeitig tritt § 3 der Verordnung der Landesregierung zur Durchführung des Waffengesetzes vom 12. Mai 1981 (GBl. S. 264) außer Kraft.

## 13.2 Bayern

a) AGWaffG noch nicht erlassen; es sollte erst nach Erlass der WaffVwV ergehen.

b) **Bayerisches Landeskriminalamt**
– Sachgebiet 207 –

### Merkblatt
### Soft-Air-Waffen

– Stand: August 2003 –

#### I. Technik und Ballistik

Unter dem im allgemeinen Sprachgebrauch verwendeten Begriff „Soft-Air" werden heute Schusswaffen mit geringer Energie verstanden, die für Spielzwecke entwickelt, gebaut und verwendet werden. Sie bestehen meist aus Kunststoff und sind so verarbeitet, dass in aller Regel jeder Umbauversuch, zB zur Steigerung der Bewegungsenergie der Geschosse, zur Zerstörung führt. Die Waffen werden als Einzellader, Mehrlader (Repetierer, vor jedem Schuss muss der Verschluss von Hand betätigt werden) oder Selbstlader (unter Verwendung von $CO_2$-, Flongas-, Pressluftkartuschen oder Elektroantrieb) angeboten.

Nach derzeitigem Kenntnisstand sind drei verschiedene Kaliber gebräuchlich, nämlich 7 mm mit Weichplastikgeschossen in Kelchform, 6 mm mit Kugeln aus hartem Kunststoff oder flüssigkeitsgefüllter Gelatine (Farbmarkierungskugeln) und 5,5 mm mit Kugeln aus hartem Kunststoff.

Soft-Air-Waffen stellen aus technischer Sicht Spielzeugwaffen dar. Die Energie der verschossenen Projektile liegt in aller Regel weit unter dem früheren vom Gesetzgeber eingeführten Grenzwert von 0,5 J[1] (Joule). An sich bietet dieser Grenzwert, von exponierten Körperstellen abgesehen, ausreichend Schutz vor ernsthaften Verletzungen durch die zur Verwendung kommenden Geschosse. Treffer auf der unbekleideten Haut rufen Befindlichkeiten von gerade noch merkbarem Geschossaufprall bis zur oberflächlichen Hautrötung, idR ohne Nachwirkungen, hervor. Bei Augentreffern kann es allerdings zu schwerwiegenderen Verletzungen kommen. Mit Inkrafttreten des WaffG-neu[2] am 1. 4. 2003 wurde dieser Grenzwert für die Bewegungsenergie von Geschossen aus Schusswaffen, die zum Spiel bestimmt sind, auf einen Wert von nicht mehr als 0,08 J reduziert.

Die genannten Grenzwerte resultieren aus einer Europäischen Richtlinie „Sicherheit von Spielzeug" (Richtlinie 88/378/EWG[3]) für Erzeugnisse, die zum Spielen für Kinder bis zu 14 Jahren bestimmt sind. Die DIN EN 71–1 als harmonisierte Norm iS der Spielzeug-Richtlinie beschreibt die mechanischen und physikalischen Eigenschaften solcher Spielzeuge. Bei den Geschossspielzeugen werden unter Nr. 4.17.3 für die maximale kinetische Energie folgende Werte genannt:

1) 0.08 J für starre Geschosse ohne elastische Aufprallspitzen
2) 0.5 J für elastische Geschosse oder Geschosse mit elastischen Aufprallspitzen (zB Gummi).

Bei Anwendung der genannten Norm würde dies zB bedeuten, dass bei den speziellen elastischen Weichplastikgeschossen Kaliber 7 mm die maximale zulässige Bewegungsenergie gemäß Spielzeugrichtlinie 0.5 J betragen könnte.

Soft-Air-Waffen sind grundsätzlich von den sogenannten Paintball-Waffen zu unterscheiden. Beim Paintball-, auch Gotcha[4]-Schießen genannt, werden in der Regel mittels kalter Treibgase Farbmarkierungskugeln im Kaliber .68 (ca. 17 mm) mit Bewegungsenergien deutlich über 0,5 J verschossen.

## II. Waffenrechtliche Beurteilungen

Grundsätzlich erfüllen Soft-Air-Waffen die waffenrechtliche Definition von Schusswaffen iSd § 1 Abs. 2 Nr. 1 iVm. Anlage 1 Abschnitt 1 Unterabschnitt 1 Nr. 1.1 WaffG-neu, Sie sind jedoch als Spielzeugwaffen gemäß Anlage 2 Abschnitt 3 Unterabschnitt 2 Nr. 1 dann von den Bestimmungen des WaffG ausgenommen, wenn den Geschossen eine Bewegungsenergie von nicht mehr als 0,08 Joule erteilt wird und die Energie mit allgemein gebräuchlichen Werkzeugen nicht gesteigert werden kann. Außerdem dürfen die Schusswaffen keine „getreuen Nachahmungen" scharfer Schusswaffen sein. Die überwiegende Anzahl der hier bekannten bzw. bisher untersuchten Soft-Air-Waffen der Kaliber 5,5 mm und 6 mm besitzen Geschossenergien um 0,1–0,4 J.

---

[1] Siehe § 1 Abs. 1 Nr. 1 der 1. WaffV 76; zum Vergleich: freie Schleudern können ein Vielfaches dieser Energie aufweisen.
[2] Waffengesetz gemäß Artikel 1 des Gesetzes zur Neuregelung des Waffenrechts, ausgegeben zu Bonn am 16. Oktober 2002.
[3] Siehe Merkblatt des Bayerischen Staatsministeriums für Wirtschaft, Verkehr und Technologie – http://www.stmwvt.bayern.de.
[4] Gotcha: Verballhornung des engl. Begriffes „I've got you" bzw. übersetzt „Ich habe dich erwischt".

# 13 DVOWaffG  Landesrecht

Dies bedeutet, dass die meisten bis zum 1. 4. 2003 in Bayern vom WaffG '76 überhaupt nicht erfassten Soft-Air-Waffen Kaliber 5,5 mm schon allein wegen ihrer Geschossenergie heute wie gewöhnliche Druckluft-, Federdruckwaffen und Waffen, bei denen zum Antrieb der Geschosse kalte Treibgase Verwendung finden (Anlage 2 Abschnitt 2 Unterabschnitt 2 Nr. 1.1 WaffG-neu) zu behandeln sind. Dies entspricht der bisherigen Verfahrensweise bei Soft-Air-Waffen im Kaliber 6 mm, Solche Waffen ohne „F"-Zeichen[1] sind waffenbesitzkarten- und waffenscheinpflichtig, die mit „F"-Zeichen erlaubnisfrei bezüglich des Erwerbs und des Besitzes ab 18 Jahren, zum Führen ist ein Waffenschein erforderlich. Für die waffenrechtliche Beurteilung sind Soft-Air-Waffen im Kaliber 7 mm und 5.5 mm gleichzustellen (zB Amnestieregelung).

Bei den Spielzeugwaffen im Kaliber 6 mm ohne „F"-Zeichen mit einer Geschossenergie über 0.08 J haben sich aufgrund der bisherigen Erlaubnispflichten (Waffenbesitzkarte, Waffenschein) nach WaffG '76 im Prinzip keine Änderungen ergeben, es sei denn, die Bewegungsenergie der verschossenen Kugeln aus solchen Soft-Air-Waffen liegt unter 0,08 J. Daraus resultierend sind diese Spielzeugwaffen nach Anlage 2 Abschnitt 3 Unterabschnitt 2 Nr. 1 WaffG-neu vom Waffengesetz ganz ausgenommen (vorbehaltlich der Auslegung der Anlage 2 Abschnitt 3 Unterabschnitt 2 Nr. 2 WaffG-neu ohne „Energiegrenze").

### III. Getreue Nachahmung

Gemäß Anlage 2 Abschnitt 3 Unterabschnitt 2 WaffG-neu sind Schusswaffen, die zum Spiel bestimmt sind, **nicht** vom Gesetz ausgenommen, wenn sie „getreue Nachahmungen" von Schusswaffen im Sinne der Anlage 1 Abschnitt 1 Unterabschnitt 1 Nr. 1.1 sind, deren Erwerb der Erlaubnis bedarf (zB „scharfe" bzw. „echte" Pistolen oder Revolver). Gemäß den „Hinweisen zum Vollzug des neuen Waffengesetzes durch die Waffenbehörden ab dem 1. 4. 2003" des Bundesministeriums des Innern (BMI) vom 18. 3. 03, Az. IS 7a681032/29,[2] kann *„von getreuen Nachahmungen einer echten Schusswaffe in diesem Zusammenhang aber nur gesprochen werden, wenn diese ihrem äußeren und inneren Erscheinungsbild (Vorhandensein baulicher Komponenten einer solchen Schusswaffe bis in ihren inneren Mechanismus hinein, zB durch einen Lademechanismus für Patronen oder patronenähnliche Gegenstände) sowie ihren Maßen nach einer echten erlaubnispflichtigen Schusswaffe täuschend ähnlich sehen. Nicht erforderlich ist allerdings, dass es sich um eine originalgetreue Nachahmung eines bestimmten, existierenden Modells einer erlaubnispflichtigen Schusswaffe handelt".*

Bei Heranziehung dieser stark einengenden Ausführungen bei der Beurteilung von Nachahmungen ist davon auszugehen, dass es im Grunde nur mehr wenige getreue Nachahmungen bei Soft-Air-Waffen geben wird.

### IV. Erwerb, Besitz und Führen

Im Sinne des Waffengesetzes führt eine Waffe, wer die tatsächliche Gewalt darüber außerhalb der eigenen Wohnung, Geschäftsräume oder

---

[1] Gemäß Abb. 1 Anlage 1 zur 1. WaffV vom 24. 5. 1976 oder ein durch Rechtsverordnung nach § 25 Abs. 1 Nr. 1 c WaffG-neu bestimmtes Zeichen.
[2] Anlage zum IMS vom 31. 3. 2003, Az. IC5–2131–1 FAL-siehe Intranet.

des eigenen befriedeten Besitztums ausübt (Anlage 1 Abschnitt 2 Nr. 4 WaffG-neu).

Die meisten bisher in den Handel gebrachten Soft-Air-Waffen, sowohl Kaliber 5.5 mm als auch 6 mm mit Geschossenergien um die 0.1–0.4 J, werden somit schon aufgrund der Überschreitung der Geschossenergie von 0.08 Joule seit dem Inkrafttreten des WaffG-neu wie gewöhnliche Druckluft-, Federdruckwaffen oder Waffen, bei denen zum Antrieb der Geschosse kalte Treibgase Verwendung finden, zu behandeln sein.

Somit sind ab 1. 4. 2003 diese Waffen waffenscheinpflichtig; für Waffen mit „F"-Zeichen gilt erlaubnisfreier Erwerb und Besitz ab 18 Jahren, zum Führen ist ebenfalls ein Waffenschein erforderlich.

Schusswaffen nach Anlage 2 Abschnitt 3 Unterabschnitt 2, die als getreue Nachahmung nicht vom Waffengesetz ausgenommen sind, wurden mit 1. 4. 2003 waffenbesitzkartenpflichtig, unterliegen jedoch kurioserweise keiner Erlaubnispflicht zum Führen[1] (nach Anlage 2 Abschnitt 2 Unterabschnitt 2 Nr. 3.3).

## V. Schießen

Das Schießen mit Soft-Air-Waffen außerhalb von Schießstätten und ohne waffenrechtliche Schießerlaubnis ist gemäß § 12 Abs. 4 Nr. 1a WaffG-neu nur zulässig durch den Inhaber des Hausrechts oder mit dessen Zustimmung im befriedetem Besitztum:
mit Schusswaffen, deren Geschossen eine Bewegungsenergie von nicht mehr als 7.5 Joule erteilt wird,
sofern die Geschosse das Besitztum nicht verlassen können.

Dies bedeutet, dass zB in geschlossenen Räumen innerhalb des befriedeten Besitztums geschossen werden darf, weil dann zuverlässig gewährleistet wird, dass die Geschosse das Besitztum nicht verlassen können.

## VI. Nachträgliches Kennzeichnen mit F-Zeichen

Bei geeigneten Soft-Air-Waffen mit einer Geschossenergie unter 7.5 Joule besteht die Möglichkeit, bei einem Beschussamt (München, Mellrichstadt, Ulm) auf der Waffe das sogenannte „F"-Zeichen anbringen zu lassen. Bei solchermaßen gekennzeichneten Waffen benötigen Personen über 18 Jahre keine waffenrechtliche[n] Erlaubnisse für den Erwerb und Besitz, zum Führen ist allerdings unverändert ein Waffenschein erforderlich.

## VII. Amnestieregelung

Für die Regelung des Altbesitzes (§ 58 WaffG-neu) von Soft-Air-Waffen sind die waffenrechtlichen Einstufungen vor Inkrafttreten des WaffG-neu, also vor dem 1. 4. 03, von maßgeblicher Bedeutung. Grundsätzlich waren Soft-Air-Waffen dann als Spielzeugwaffen gemäß § 1 Abs. 1 Nr. 1

---

[1] Hier scheint sich wohl ein redaktioneller Fehler im Gesetz eingeschlichen zu haben; die Grundintention dürfte gewesen sein, diese Waffen hinsichtlich Erwerb und Besitz erlaubnisfrei zu stellen. Die zutreffende Eingruppierung wäre dann unter Nr. 1 im Unterabschnitt 2 Abschnitt 2 der Anlage 2.

# 13 DVOWaffG

der 1. WaffV (in der Fassung vom 10. März 1987) von den Bestimmungen des WaffG '76 ausgenommen,[1] wenn
den Geschossen eine Bewegungsenergie von nicht mehr als 0.5 J erteilt wird, und
aus ihnen nur Geschosse nach § 2 Abs. 3 Nr. 1 WaffG '76 (feste Körper) verschossen werden können.

Für Soft-Air-Waffen im Kaliber 6 mm wurden in den vergangenen Jahren auch Farbmarkierungsgeschosse (Flüssigkeiten in Umhüllungen) im Handel angeboten. Damit wurde eine der wesentlichen Bedingungen zur Freistellung dieser Geräte von waffenrechtlichen Bestimmungen, nämlich dass nur feste Körper als Geschosse verwendet werden dürfen, nicht beachtet. Die zwangsläufige Folge davon war, dass alle ehemalig bundesweit einhellig als völlig frei betrachteten Spielzeugwaffen im Kaliber 6 mm, unabhängig vom Energiewert der aus ihnen verschossenen Geschosse, waffenbesitzkarten- und waffenscheinpflichtig geworden sind.

Soft-Air-Waffen in den Kalibern 5,5 mm und 7 mm wurden bei Einhaltung des Energiegrenzwertes von 0,5 Joule, nachdem sie zeitweise wie die 6 mm Waffen als grundsätzlich erlaubnispflichtig eingestuft wurden, der aktuellen Rechtsprechung folgend zuletzt als freie Spielzeugwaffen behandelt.

Somit gelten folgende Amnestieregelungen bei Inkrafttreten des WaffG-neu am 1. 4. 2003:

Soft-Air-Waffen Kaliber 5,5 mm u. 7 mm

§ 58 Abs. 7 WaffG-neu stellt im Wortlaut grundsätzlich auf sog. „verbotene Waffen" ab:

*„Hat jemand am 1. April 2003 eine bislang nicht einem Verbot nach § 37 Abs. 1 des Waffengesetzes in der Fassung der Bekanntmachung vom 8. März 1976 (BGBl. 1 S. 432) unterliegende Waffe im Sinne der Anlage 2 Abschnitt 1 dieses Gesetzes besessen, so wird das Verbot nicht wirksam, wenn er bis zum 31. 8. 2003 diese Waffe unbrauchbar macht, einem Berechtigten überlässt oder einen Antrag nach § 40 Abs. 3[4] dieses Gesetzes stellt."*

In den bereits genannten Vollzugshinweisen des BMI[2] wird nun zu den dort erwähnten Spielzeugwaffen u. a. ausgeführt:

*„... dass auch bereits nach noch geltenden Recht (Anm: vor dem 1. 4. 03) Spielzeugwaffen bis zu einer Bewegungsenergie von 0,5 J ... einer solchen Kennzeichnung (Anm.: „F"-Zeichen) bedürfen.*

*Dies kann nach dem Inkrafttreten des Gesetzes in Einzelfällen zu Härten führen, weshalb ggf noch auf der Grundlage der vorhandenen Verordnungsermächtigungen des Gesetzes eine Klarstellung über die künftige Behandlung dieser Schusswaffen erfolgen wird. In der Zeit unmittelbar nach dem Inkrafttreten des Gesetzes rechtfertigt sich daraus aber auch, den Rechtsgedanken des § 58 Abs. 7 WaffG neu entsprechend Anwendung finden zu lassen. Dieser bestimmt, dass Gegenstände, die ab 1. April 2003 erstmalig einem waffenrechtlichen Verbot unterfallen, bis zum 31. August*

---

[1] Diese Ausnahmeregelung war nur gültig, wenn die Vorschriften des § 1 Abs. 3 der 1. WaffV 76 (verbotene Waffen, zB: Vollautomaten oder solche, die den Anschein vollautomatischer Kriegswaffen erwecken) nicht greifen konnten.

[2] „Hinweise zum Vollzug des neuen Waffengesetzes durch die Waffenbehörden ab dem 1. 4. 2003" des Bundesministeriums des Innern (BMI) vom 18. 3. 03, Az. IS 7 a-681 032/29.

*2003 weiter besessen werden können; erst recht kann diese Vorschrift entsprechend für Spielzeugwaffen gelten, die ab 1. April 2003 erstmalig dem Waffengesetz unterfallen ".*

Dies bedeutet für Spielzeugwaffen in den Kalibern 5,5 mm und 7 mm, deren Geschosse eine Bewegungsenergie von mehr als 0,08 J besitzen, dass diese wie „verbotene Waffen" nach § 58 Abs. 7 zu behandeln sind. Dies bedeutet, dass solche Gegenstände bis zum 31. 8. 2003, am besten aber schnellstmöglich unbrauchbar zu machen oder einem Berechtigten zu überlassen sind oder dafür ein Antrag auf eine waffenrechtliche Erlaubnis bei der zuständigen Behörde zu stellen ist.

In einem IMS vom 3. 6. 2003 (Az. 1C5–2131–1 FAL) wird hierzu ergänzend ausgeführt:

*„Im Nachgang zum IMS vom 31. 3. 2003, Az. 1C5–2131–1, wird zu der in § 58 Abs. 7 des neuen Waffengesetzes enthaltenen und bis 31. 8. 2003 gültigen Übergangsregelung für „Verbotene Waffen" vom Bayerischen Staatsministerium des Innern Folgendes mitgeteilt:*
*Nach Abstimmung mit dem Bayer. Staatsministerium der Justiz ist bei der Feststellung eines strafbaren Umgangs mit einer ab dem 1. 4. 2003 „verbotenen Waffe" grundsätzlich der zuständigen Staatsanwaltschaft eine entsprechende Strafanzeige vorzulegen ".*

Soft-Air-Waffen Kaliber 6 mm

Nachdem Soft-Air-Waffen im Kaliber 6 mm ohne „F"-Zeichen vor dem 1. 4. 03 als erlaubnispflichtige Schusswaffen eingruppiert waren, wurden diese unerlaubt besessen und fallen unter die Regelung des § 58 Abs. 8 WaffG-neu, der wie folgt lautet:

*„Wer eine bei Inkrafttreten dieses Gesetzes unerlaubt besessene Waffe bis zum Ende des fünften auf das Inkrafttreten folgenden Monats (Anm. bis 30. 9. 2003) unbrauchbar macht, einem Berechtigten überlässt oder der zuständigen Behörde oder einer Polizeidienststelle übergibt, wird nicht wegen unerlaubten Erwerbs, unerlaubten Besitzes oder unerlaubten Verbringens bestraft. Satz 1 gilt nicht, wenn*
*1. vor der Unbrauchbarmachung, Überlassung oder Übergabe dem bisherigen Besitzer der Waffe die Einleitung des Straf- oder Bußgeldverfahrens wegen der Tat bekannt gegeben worden ist oder*
*2. der Verstoß im Zeitpunkt der Unbrauchbarmachung, Überlassung oder Übergabe ganz oder zum Teil bereits entdeckt war und der bisherige Besitzer dies wusste oder bei verständiger Würdigung der Sachlage damit rechnen musste ".*

Auf die Empfehlungen des Merkblattes „Das neue Waffenrecht" des Bayer. Staatsministeriums des Innern[1] zu den Amnestieregelungen wird hingewiesen.

## VIII. Anhang

In der nachfolgenden Übersicht sind die unterschiedlichen Einstufungen für Soft-Air-Waffen einschließlich der jeweiligen Amnestieregelungen (Stand August 2003) dargelegt.

---

[1] Siehe www.stmi.bayern.de.

# 13 DVOWaffG  Landesrecht

Einstufung Soft-Air-Waffen

| | Kaliber 5,5 mm | | | |
|---|---|---|---|---|
| | ohne F-Zeichen | | mit F-Zeichen | |
| | < 0.08 Joule | > 0.08 Joule | < 0.08 Joule | 0.08–7.5 Joule |
| vom WaffG ausgenommen | ja | nein | ja | nein |
| Mindestalter 18 Jahre | – | ja | – | ja |
| Waffenbesitzkartenpflicht | – | ja | – | nein[1] |
| Waffenscheinpflicht[2] | – | ja | – | ja |
| Amnestie gem. § 58 Abs. 7[3] | – | ja | – | – |

| | Kaliber 6 mm | | | |
|---|---|---|---|---|
| | ohne F-Zeichen | | mit F-Zeichen | |
| | < 0.08 Joule | > 0.08 Joule | < 0.08 Joule | 0.08–7.5 Joule |
| vom WaffG ausgenommen | ja | nein | ja | nein |
| Mindestalter 18 Jahre | – | ja | – | ja |
| Waffenbesitzkartenpflicht | – | ja | – | nein[1] |
| Waffenscheinpflicht[2] | – | ja | – | ja |
| Amnestie gem. § 58 Abs. 7[3] | – | ja | – | – |

---

[1] Erlaubnisfreier Erwerb und Besitz ab 18 Jahren, siehe Anlage 2 Abschnitt 2 Unterabschnitt 2 Nr. 1.1.
[2] Ausnahme getreue Nachahmung, siehe Anlage 2 Abschnitt 2 Unterabschnitt 2 Nr. 3.3.
[3] Amnestieregelung siehe Text.

## 13.3 Berlin

**Verordnung zur Durchführung des Waffengesetzes (DVWaffG)**

Vom 18. 3. 2003 (GVBl. S. 147), geänd. durch Gesetz vom 1. 9. 2004 (GVBl. S. 364)

Auf Grund des § 48 Abs. 1 und des § 55 Abs. 6 des Waffengesetzes vom 11. Oktober 2002 (BGBl. I S. 3970) wird verordnet:

**§ 1. Befreiungen.** (1) Das Waffengesetz findet, sofern es nicht ausdrücklich etwas anderes bestimmt, keine Anwendung auf
a) die Dienststellen der Amtsanwaltschaft und der Staatsanwaltschaft,
b) die Gerichte,
c) die Justizvollzugsbehörden und
d) die Berliner Forsten
sowie auf deren Bedienstete, soweit diese dienstlich tätig werden.

(2) Das Waffengesetz findet, sofern es nicht ausdrücklich etwas anderes bestimmt, in Bezug auf die in § 4 der Ordnungsdiensteverordnung vom 1. September 2004 (GVBl. S. 364) in der jeweils geltenden Fassung genannten Waffen keine Anwendung auf die Bezirksämter und deren dienstlich tätig werdenden Dienstkräfte, soweit diese nach der vorgenannten Bestimmung mit den betreffenden Waffen ausgerüstet oder im Rahmen ihrer Dienstaufgaben mit deren Beschaffung, Aufbewahrung, Instandhaltung und ähnlichen Maßnahmen betraut sind.

**§ 2. Zuständigkeiten.** (1) Bescheinigungen über die durch Rechtsvorschrift erfolgte Freistellung von waffenrechtlichen Vorschriften stellen aus
1. die Senatsverwaltung für Justiz für die Bediensteten der in § 1 Abs. 1 Buchstaben a bis c genannten Behörden,
2. die Berliner Forsten für die dort tätigen Bediensteten,
3. jede Senatsverwaltung für ihre gemäß § 55 Abs. 1 Satz 1 Nr. 1 des Waffengesetzes freigestellten Bediensteten,
4. der Polizeipräsident in Berlin für seine gemäß § 55 Abs. 1 Satz 1 Nr. 3 des Waffengesetzes freigestellten Bediensteten und
5. die Bezirksämter für ihre gemäß § 1 Abs. 2 freigestellten Bediensteten.

(2) Der Prüfungsausschuss für die Sachkundeprüfung nach § 7 Abs. 1 des Waffengesetzes wird durch den Polizeipräsidenten in Berlin, der Prüfungsausschuss für die Fachkundeprüfung nach § 22 Abs. 1 des Waffengesetzes durch die für Wirtschaft zuständige Senatsverwaltung gebildet. Die Geschäftsführung des Prüfungsausschusses für die Fachkundeprüfung nimmt die Industrie- und Handelskammer zu Berlin wahr.

(3) Die Mitwirkung im Anerkennungsverfahren nach § 15 Abs. 3 des Waffengesetzes obliegt der für Sport zuständigen Senatsverwaltung im Benehmen mit der Senatsverwaltung für Inneres.

**§ 3. Inkrafttreten.** Diese Verordnung tritt am 1. April 2003 in Kraft. Zugleich tritt die Verordnung zur Durchführung des Waffengesetzes vom 26. März 1991 (GVBl. S. 63) außer Kraft.

# 13 DVOWaffG

## 13.4 Brandenburg

**Verordnung zur Durchführung des Waffengesetzes (DVO WaffG)**

Vom 17. 12. 1991 (GVBl. S. 670), zuletzt geänd. durch VO zur Änderung der Verordnung zur Durchführung des Waffengesetzes vom 11. 3. 2003 (GVBl. II S. 121)

Aufgrund des § 6 Abs. 1 Satz 4 und des § 50 Abs. 1 des Waffengesetzes in der Fassung der Bekanntmachung vom 8. März 1976 (BGBl. I S. 432), des § 5 Abs. 2 Satz 2 des Landesorganisationsgesetzes und des § 36 Abs. 2 Satz 1 des Gesetzes über Ordnungswidrigkeiten in der Fassung der Bekanntmachung vom 19. Februar 1987 (BGBl. I S. 602) verordnet die Landesregierung:

**§ 1. Polizeipräsidien.** Zuständige Behörde nach dem Waffengesetz und nach den Verordnungen zum Waffengesetz sind die Polizeipräsidien, soweit im Waffengesetz, in den Verordnungen zum Waffengesetz oder in dieser Verordnung nichts anderes bestimmt ist.

**§ 2. Fachkundeprüfung.** (1) Zuständige Behörden für die Prüfung der Fachkunde nach § 22 Abs. 1 Satz 1 des Waffengesetzes sind die Polizeipräsidien.

(2) Die Geschäftsführung für die Abnahme der Prüfung nach § 22 Abs. 1 Satz 1 des Waffengesetzes wird der Industrie- und Handelskammer Potsdam übertragen.

**§ 3. Ausstellung von Bescheinigungen.** (1) Zuständige Behörden für die Erteilung einer Bescheinigung nach § 55 Abs. 2 des Waffengesetzes an Personen, die wegen der von ihnen wahrzunehmenden hoheitlichen Aufgaben des Landes persönlich erheblich gefährdet sind, sind die Polizeipräsidien. Für Mitglieder des Landtages und der Landesregierung sowie für Bedienstete des Landtages und der obersten Landesbehörden kann auch das Ministerium des Innern die Bescheinigung erteilen.

(2) Zuständige Behörden für die Erteilung einer Bescheinigung nach § 56 des Waffengesetzes sind die Polizeipräsidien.

**§ 4. Freigestellte Behörden und Einrichtungen.** Das Waffengesetz ist auf

1. das Landeskriminalamt
2. die Polizeipräsidien
3. die Polizeieinrichtungen
4. die Gerichte
5. die Justizvollzugsbehörden
6. die Forstbehörden und
7. den Staatlichen Munitionsbergungsdienst

sowie deren Bedienstete, wenn sie dienstlich tätig werden, nicht anzuwenden, soweit das Waffengesetz nicht ausdrücklich etwas anderes bestimmt.

**§ 5. Bußgeldbehörden.** (1) Die Zuständigkeit für die Verfolgung von Ordnungswidrigkeiten nach § 53 des Waffengesetzes wird den Polizeipräsidien übertragen.

(2) Die Zuständigkeit für die Ahndung von Ordnungswidrigkeiten nach Absatz 1 wird dem Zentraldienst der Polizei mit seiner Zentralen Bußgeldstelle der Polizei übertragen.

**§ 6. Inkrafttreten.** Diese Verordnung tritt am Tage nach ihrer Verkündung in Kraft.

## 13.5 Bremen
### Verordnung zur Ausführung des Waffengesetzes
Vom 18. 11. 2003 (GBl. S. 387)

Auf Grund des § 48 Abs. 1 und § 55 Abs. 6 des Waffengesetzes vom 11. Oktober 2002 (BGBl. I S. 3970, 4592) und § 36 Abs. 2 Satz 1 des Gesetzes über Ordnungswidrigkeiten vom 19. Februar 1987 (BGBl. I S. 602), das zuletzt durch Artikel 2 des Gesetzes vom 22. August 2002 (BGBl. I S. 3387) geändert worden ist, verordnet der Senat:

**§ 1. Zuständigkeiten.** (1) Für die Durchführung des Waffengesetzes und der auf Grund dieses Gesetzes erlassenen Rechtsverordnungen sind die Ortspolizeibehörden zuständig, soweit nicht Behörden des Bundes zuständig sind oder durch Bundesrecht oder in dieser Verordnung etwas anderes bestimmt ist.

(2) Antragsberechtigte Behörde nach § 2 Abs. 5 Satz 2 des Waffengesetzes und die nach Landesrecht anzuhörende Behörde nach § 2 Abs. 5 Satz 3 des Waffengesetzes ist das Landeskriminalamt.

(3) Zuständige Behörde für die Erklärung des Benehmens bei der Anerkennung eines Schießsportverbandes nach § 15 Abs. 3 des Waffengesetzes ist der Senator für Inneres und Sport.

(4) Für die Ausstellung, die Rücknahme oder den Widerruf von Bescheinigungen nach § 55 Abs. 2 des Waffengesetzes über die Berechtigung zum Erwerb und Besitz einer Schusswaffe und der dafür bestimmten Munition sowie zum Führen dieser Waffe ist der Senator für Justiz und Verfassung für seinen Geschäftsbereich, im Übrigen der Senator für Inneres und Sport zuständig.

(5) Die Prüfungsausschüsse für die Prüfung der Sachkunde nach § 7 des Waffengesetzes werden durch den Senator für Inneres und Sport gebildet; er kann diese Aufgabe auf Behörden seines Geschäftsbereichs übertragen.

(6) Die Prüfungsausschüsse für die Prüfung der Fachkunde nach § 22 des Waffengesetzes werden durch den Senator für Wirtschaft und Häfen gebildet. Die Geschäftsführung für die Abnahme der Prüfung wird der Handelskammer Bremen übertragen.

## 13 DVOWaffG

(7) Das Waffengesetz ist, soweit nichts anderes bestimmt ist, nicht anzuwenden auf

1. die für die Durchführung des Waffengesetzes zuständigen Behörden,
2. die Justizvollzugsanstalten,
3. die Gerichte der ordentlichen Gerichtsbarkeit

sowie deren Bedienstete, soweit sie dienstlich tätig werden.

**§ 2. Ordnungswidrigkeiten.** Zuständige Behörden für die Verfolgung und Ahndung von Ordnungswidrigkeiten nach § 53 Abs. 1 des Waffengesetzes sind die Ortspolizeibehörden.

**§ 3. Inkrafttreten.** Diese Verordnung tritt am Tage nach ihrer Verkündung in Kraft. Gleichzeitig tritt die Verordnung zur Ausführung des Waffengesetzes vom 21. Juni 1976 (Brem.GBl. S. 151–2190-e-1), zuletzt geändert durch Artikel 3 der Verordnung vom 29. Juni 1999 (Brem.GBl. S. 162), außer Kraft.

## 13.6 Hamburg

### a) Verordnung über die Freistellung vom Waffengesetz

Vom 27. 7. 2004 (GVBl. S. 341), geänd. durch VO vom 22. 2. 2005 (GVBl. S. 40) und vom 24. 1. 2006 (GVBl. S. 63)

Auf Grund des § 55 Absatz 6 Satz 1 des Waffengesetzes vom 11. Oktober 2002 (BGBl. 2002 I S. 3970, 4592, 2003 I S. 1957) wird verordnet:

**§ 1.** Auf die für Inneres zuständige Behörde sind die Vorschriften des Waffengesetzes nicht anwendbar, soweit das Gesetz nicht ausdrücklich Bestimmungen für die Polizeien der Länder trifft.

**§ 2.** (1) Die Bediensteten der für Inneres zuständigen Behörde, der für Justiz zuständigen Behörde, der für Forst zuständigen Behörde und die Bediensteten der Bezirksämter bedürfen bei Waffen und Munition, die ihnen dienstlich überlassen werden, keiner Erlaubnis nach folgenden Vorschriften des Waffengesetzes:

1. § 10 Absatz 1 (Waffenbesitzkarte),
2. § 10 Absatz 3 (Munitionserwerbsschein).

(2) Die Bediensteten bedürfen ferner, soweit sie dienstlich tätig werden, keiner Erlaubnis nach:

1. § 10 Absatz 4 (Waffenschein),
2. § 26 Absatz 1 (Nichtgewerbsmäßige Waffenherstellung), soweit sich die Vorschrift auf das Bearbeiten oder Instandsetzen von Schusswaffen bezieht,
3. § 10 Absatz 5 (Erlaubnis zum Schießen).

(3) Auf die Bediensteten sind, soweit sie dienstlich tätig werden, darüber hinaus folgende Vorschriften nicht anzuwenden:

Hessen **DVOWaffG 13**

1. § 2 Absatz 1 (Alterserfordernis beim Umgang mit Waffen und Munition),
2. § 34 Absatz 1 (Überlassen von Waffen oder Munition),
3. § 2 Absatz 3 in Verbindung mit Anlage 2 Abschnitt 1 (Verbotene Waffen),
4. § 42 Absatz 1 (Verbot des Führens von Waffen bei öffentlichen Veranstaltungen),
5. § 36 (Aufbewahrung von Waffen oder Munition),
6. § 37 (Anzeigepflichten),
7. § 39 (Auskunfts- und Vorzeigepflicht, Nachschau).

**§ 3.** Die Verordnung über die Freistellung vom Waffengesetz vom 30. Januar 1979 (HmbGVBl. S. 46) in der geltenden Fassung wird aufgehoben.

## b) Anordnung zur Durchführung des Waffengesetzes

Vom 9. 11. 2004 (Amtl. Anz. S. 2226)

Auf Grund von § 48 Abs. 1 des Waffengesetzes vom 11. Oktober 2002 (BGBl. 2002 I S. 3970, 4592, 2003 I S. 1957), geändert am 10. September 2004 (BGBl. I S. 2318, 2319) wird bestimmt:

**I.** Zuständig für die Durchführung des Waffengesetzes und der darauf gestützten Rechtsverordnungen in ihrer jeweils geltenden Fassung ist, soweit dort oder nachstehend nicht anderes bestimmt ist, die Behörde für Inneres.

**II.** Die Geschäftsführung der Prüfungsausschüsse nach § 16 Abs. 1 Satz 2 der Allgemeinen Waffengesetz-Verordnung vom 27. Oktober 2003 (BGBl. I S. 2123) obliegt der Handelskammer Hamburg.

**III.** Die Anordnung zur Durchführung des Waffengesetzes vom 30. Januar 1979 (Amtl. Anz. S. 241) in der geltenden Fassung wird aufgehoben.

# 13.7 Hessen

## a) Verordnung zur Übertragung von Ermächtigungen nach dem Waffengesetz

Vom 4. 2. 2003 (GVBl. I S. 60)

Aufgrund des § 48 Abs. 1 und des § 55 Abs. 6 Satz 2 des Waffengesetzes vom 11. Oktober 2002 (BGBl. I S. 3970) wird verordnet:

**§ 1.** Die der Landesregierung zustehenden Befugnisse, Rechtsvorschriften nach § 48 Abs. 1 und § 55 Abs. 6 Satz 1 des Waffengesetzes zu erlassen, werden auf die fachlich zuständigen Ministerinnen und Minister übertragen. Die fachlich zuständige Ministerin oder der fachlich zuständige Minister hat diese Befugnisse im Falle des § 55 Abs. 6 Satz 1 des Waffengesetzes im Benehmen mit der für innere Angelegenheiten zuständigen Ministerin oder dem hierfür zuständigen Minister auszuüben.

**§ 2.** Die Verordnung zur Übertragung von Ermächtigungen nach dem Waffengesetz vom 22. Juni 1976 (GVBl. I S. 279) wird aufgehoben.

**§ 3.** Diese Verordnung tritt am Tage nach ihrer Verkündung in Kraft. Sie tritt mit Ablauf des 31. Dezember 2008 außer Kraft.

## b) Verordnung über Zuständigkeiten nach dem Waffengesetz im Geschäftsbereich des Ministeriums für Wirtschaft, Verkehr und Landesentwicklung

Vom 10. 3. 2003 (GVBl. I S. 104), geänd. durch Art. 27 Gesetz vom 20. 12. 2004 (GVBl. S. 506) und durch Art. 12 VO vom 27. 7. 2005 (GVBl. S. 562)

Aufgrund des § 48 Abs. 1 und des § 55 Abs. 6 Satz 1 des Waffengesetzes vom 11. Oktober 2002 (BGBl. I S. 3970, 4592) in Verbindung mit § 1 der Verordnung zur Übertragung von Ermächtigungen nach dem Waffengesetz vom 4. Februar 2003 (GVBl. I S. 60) wird im Benehmen mit dem Minister des Innern und für Sport verordnet:

**§ 1.** Für die Ausführung des Waffengesetzes mit Ausnahme der Vorschriften über Schießstätten ist, soweit im Waffengesetz und in dieser Verordnung nichts Abweichendes bestimmt ist, wenn Gewerbetreibende oder Inhaber einer wirtschaftlichen Unternehmung nach § 21 Abs. 1 des Waffengesetzes betroffen sind, in kreisfreien Städten der Magistrat, in Landkreisen der Kreisausschuss zuständig.

**§ 2.** (1) Zuständige Behörde für die Prüfung der für den Waffenhandel erforderlichen Fachkunde nach § 22 Abs. 1 Satz 1 des Waffengesetzes ist das Regierungspräsidium.

(2) Die Geschäftsführung der staatlichen Prüfungsausschüsse nach § 13 Abs. 1 der Ersten Verordnung zum Waffengesetz in der Fassung vom 10. März 1987 (BGBl. I S. 778), zuletzt geändert durch Gesetz vom 11. Oktober 2002 (BGBl. I S. 3970, 4592), wird im Regierungsbezirk Darmstadt der Industrie- und Handelskammer Frankfurt am Main, im Regierungsbezirk Kassel der Industrie- und Handelskammer Kassel übertragen.

**§ 3.** Zuständig für die Erteilung der Bescheinigung über die Berechtigung zum Erwerb von und zur Ausübung der tatsächlichen Gewalt über Schusswaffen sowie zum Führen dieser Waffen nach § 55 Abs. 2 Satz 1 des Waffengesetzes sind

1. die dem Ministerium für Wirtschaft, Verkehr und Landesentwicklung unmittelbar nachgeordneten Behörden für Bedienstete dieser Behörden,
2. im Übrigen das Regierungspräsidium.

Hessen **DVOWaffG 13**

§ 4. Die Verordnung über Zuständigkeiten nach dem Waffengesetz im Geschäftsbereich des Ministers für Wirtschaft und Technik vom 29. Mai 1978 (GVBl. I S. 411) wird aufgehoben.

§ 5. Diese Verordnung tritt am 1. April 2003 in Kraft. Sie tritt mit Ablauf des 31. Dezember 2010 außer Kraft.

### c) Verordnung über die Ausnahme von Vorschriften des Waffengesetzes im Geschäftsbereich des Hessischen Ministeriums der Justiz

Vom 4. 4. 2003 (GVBl. I S. 110), geänd. durch VO vom 15. 2. 2005 (GVBl. I S. 107)

Aufgrund des § 48 Abs. 1 und des § 55 Abs. 6 Satz 1 des Waffengesetzes vom 11. Oktober 2002 (BGBl. I S. 3970, 4592) in Verbindung mit § 1 der Verordnung zur Übertragung von Ermächtigungen nach dem Waffengesetz vom 4. Februar 2003 (GVBl. I S. 60) wird im Benehmen mit dem Minister des Innern und für Sport verordnet:

§ 1. Das Waffengesetz ist, wenn es nicht ausdrücklich etwas anderes bestimmt, nicht anzuwenden auf die Justizvollzugsanstalten sowie deren Bedienstete, soweit sie dienstlich tätig werden.

§ 2. Zuständig für die Erstellung der Bescheinigung über die Berechtigung zum Erwerb von und zur Ausübung der tatsächlichen Gewalt über Schusswaffen sowie zum Führen dieser Waffen nach § 55 Abs. 2 Satz 1 des Waffengesetzes ist der Generalstaatsanwalt bei dem Oberlandesgericht; für Bedienstete der Justizvollzugsanstalten wird die Bescheinigung von der Anstaltsleitung, für die Leiterin oder den Leiter der Justizvollzugsanstalt von dem Hessischen Ministerium der Justiz erteilt.

§ 3. Die Verordnung über die Freistellung von Vorschriften des Waffengesetzes im Geschäftsbereich des Ministers der Justiz vom 28. Februar 1977 (GVBl. I S. 123) wird aufgehoben.

§ 4. Diese Verordnung tritt am Tage nach ihrer Verkündung in Kraft. Sie tritt mit Ablauf des 31. Dezember 2009 außer Kraft.

### d) Verordnung über Zuständigkeiten nach dem Waffengesetz im Geschäftsbereich des Hessischen Ministers des Innern und für Sport

Vom 24. 4. 2003 (GVBl. I S. 142)

Aufgrund des § 48 Abs. 1 und des § 55 Abs. 6 Satz 1 des Waffengesetzes vom 11. Oktober 2002 (BGBl. I S. 3970, 4592) in Verbindung mit § 1 der Verordnung zur Übertragung von Ermächtigungen nach dem Waffengesetz vom 4. Februar 2003 (GVBl. I S. 60) wird verordnet:

# 13 DVOWaffG

**§ 1.** (1) Soweit im Waffengesetz und in dieser Verordnung nichts Abweichendes bestimmt ist, ist für die Ausführung des Waffengesetzes, wenn nicht Gewerbetreibende oder Inhaberinnen oder Inhaber einer wirtschaftlichen Unternehmung nach § 21 des Waffengesetzes betroffen sind, die Kreisordnungsbehörde zuständig.

(2) Die Kreisordnungsbehörde ist für die Ausführung der Vorschriften des Waffengesetzes über Schießstätten nach § 27 des Waffengesetzes auch dann zuständig, wenn Gewerbetreibende oder Inhaberinnen oder Inhaber einer wirtschaftlichen Unternehmung nach § 21 des Waffengesetzes betroffen sind.

**§ 2.** (1) Zuständig für die Erteilung einer Bescheinigung über die Berechtigung zum Erwerb und Besitz von Waffen oder Munition sowie einer Bescheinigung zum Führen dieser Waffen nach § 55 Abs. 2 Satz 1 des Waffengesetzes ist das Regierungspräsidium, soweit in Verordnungen über Zuständigkeiten nach dem Waffengesetz in Geschäftsbereichen anderer Ministerinnen oder Minister nichts Abweichendes bestimmt ist.

(2) Zuständige Behörde im Sinne des § 15 Abs. 3 des Waffengesetzes ist das Regierungspräsidium Darmstadt.

(3) Zuständige Behörde im Sinne des § 2 Abs. 5 Satz 3 des Waffengesetzes ist das Hessische Landeskriminalamt.

**§ 3.** Das Waffengesetz ist, wenn nicht etwas anderes bestimmt ist, nicht anzuwenden auf die Fachaufsicht des für innere Angelegenheiten zuständigen Ministeriums unterstehenden Gefahrenabwehrbehörden und deren Bedienstete sowie auf die Angehörigen des Freiwilligen Polizeidienstes, soweit sie dienstlich tätig werden.

**§ 4.** Die Verordnung über die Freistellung von Vorschriften des Waffengesetzes und über Zuständigkeiten nach dem Waffengesetz im Geschäftsbereich des Hessischen Ministers des Innern vom 11. Dezember 1972 (GVBl. I S. 406) wird aufgehoben.

**§ 5.** Diese Verordnung tritt am Tag nach der Verkündung in Kraft und mit Ablauf des 31. Dezember 2008 außer Kraft.

## e) Verordnung über die Zuständigkeit für die Verfolgung und Ahndung von Ordnungswidrigkeiten nach § 53 des Waffengesetzes

Vom 21. 1. 2004 (GVBl. I S. 41), geänd. durch Art. 16 VO vom 27. 7. 2005 (GVBl. S. 562)

Aufgrund des § 36 Abs. 2 Satz 1 des Gesetzes über Ordnungswidrigkeiten in der Fassung vom 19. Februar 1987 (BGBl. I S. 603), zuletzt geändert durch Gesetz vom 22. August 2002 (BGBl. I S. 3387), wird verordnet:

**§ 1.** Zuständige Verwaltungsbehörde für die Verfolgung und Ahndung von Ordnungswidrigkeiten nach § 53 Abs. 1 des Waffengesetzes vom 11. Oktober 2002 (BGBl. I S. 3970, 4592, 2003 I S. 1957) ist, soweit in § 53 Abs. 3 des Waffengesetzes und in § 2 dieser Verordnung nichts Abweichendes bestimmt ist, die Kreisordnungsbehörde.

**§ 2.** (1) Zuständige Verwaltungsbehörde für die Verfolgung und Ahndung von Ordnungswidrigkeiten nach § 53 Abs. 1 des Waffengesetzes ist, soweit eine Ordnungswidrigkeit von einer Person, der eine Erlaubnis nach § 21 Abs. 1 des Waffengesetzes erteilt worden ist, begangen worden ist, in kreisfreien Städten der Magistrat, in Landkreisen der Kreisausschuss.

(2) Ist die Ordnungswidrigkeit von einer Person, der eine Erlaubnis nach § 27 Abs. 1 des Waffengesetzes erteilt worden ist, begangen worden, so ist für die Verfolgung und Ahndung der Ordnungswidrigkeit die Kreisordnungsbehörde auch dann zuständig, wenn der Person eine Erlaubnis nach § 21 Abs. 1 des Waffengesetzes erteilt worden ist.

**§ 3.** Die Verordnung über die Zuständigkeit für die Verfolgung und Ahndung von Ordnungswidrigkeiten nach § 55 des Waffengesetzes vom 22. Juni 1976 (GVBl. I S. 278) wird aufgehoben.

**§ 4.** Diese Verordnung tritt am Tage nach der Verkündung in Kraft und mit Ablauf des 31. Dezember 2010 außer Kraft.

## 13.8 Mecklenburg-Vorpommern

### Landesverordnung zur Ausführung des Waffenrechts (Waffenrechtsausführungslandesverordnung – WaffRAusfLVO M-V)

Vom 4. 8. 2003 (GVOBl. M-V S. 407; GS Meckl.-Vorp. Gl.-Nr. B 7133-4-1)

Aufgrund des § 48 Abs. 1 und des § 55 Abs. 6 des Waffengesetzes vom 11. Oktober 2002 (BGBl. I S. 3970, 4592), des § 1 Abs. 6 Satz 2 und des § 20 Abs. 1 des Beschussgesetzes vom 11. Oktober 2002 (BGBl. I 3970, 4003), das zuletzt durch Artikel 1a des Gesetzes vom 27. Mai 2003 (BGBl. I S. 742) geändert worden ist, sowie des § 1 Abs. 1 des Zuständigkeitsneuregelungsgesetzes vom 20. Dezember 1990 (GVOBl. M-V 1991 S. 2) verordnet die Landesregierung; aufgrund des § 36 Abs. 2 Satz 1 des Gesetzes über Ordnungswidrigkeiten in der Fassung der Bekanntmachung vom 19. Februar 1987 (BGBl. I S. 602), das zuletzt durch Artikel 17 des Gesetzes vom 23. Juli 2002 (BGBl. I S. 2850) geändert worden ist, in Verbindung mit § 1 der Landesverordnung vom 12. März 1991 (GVOBl. M-V S. 77) sowie aufgrund des § 5 Abs. 4 des Sicherheits- und Ordnungsgesetzes in der Fassung der Bekanntmachung vom 25. März 1998 (GVOBl. M-V S. 335), das zuletzt durch Artikel 2 Abs. 5 des Gesetzes vom 28. März 2002 (GVOBl. M-V S. 154) geändert worden ist, verordnet das Innenministerium:

**§ 1. Aufgabeübertragung.** (1) Die Aufgabe des Vollzugs des Waffengesetzes und des Beschussgesetzes sowie der aufgrund dieser Gesetze erlassenen Rechtsverordnungen einschließlich der Aufgabe der Verfolgung und Ahndung von Ordnungswidrigkeiten nach dem Waffengesetz und dem Beschussgesetz wird, soweit nichts anderes bestimmt ist, auf die Landkreise und kreisfreien Städte zur Erfüllung nach Weisung übertragen.

(2) Die durch die Übertragung von Aufgaben durch diese Verordnung entstehende Mehrbelastung der Landkreise und kreisfreien Städte ist durch die Erhebung von Gebühren und Auslagen für die ausgeführten Amtshandlungen auszugleichen.

**§ 2. Zuständigkeiten.** (1) Für die Ausstellung, die Rücknahme und den Widerruf von Bescheinigungen nach § 55 Abs. 2 Satz 1 des Waffengesetzes sowie für die Entgegennahme von Verlustanzeigen nach § 37 Abs. 2 des Waffengesetzes, soweit sie sich auf Bescheinigungen nach § 55 Abs. 2 Satz 1 des Waffengesetzes oder die darin aufgeführten Schusswaffen und Munition beziehen, sind zuständig:

1. der Ministerpräsident und die Ministerien in den Fällen, die ihren jeweiligen Geschäftsbereich betreffen,
2. das Innenministerium auch in den Fällen, die Mitglieder des Landtages, Bedienstete der Landtagsverwaltung oder Bedienstete des Landesrechnungshofes betreffen, sowie in allen übrigen Fällen.

(2) Das Innenministerium ist darüber hinaus zuständig
1. für die Stellung von Anträgen nach § 2 Abs. 5 Satz 2 Nr. 2 des Waffengesetzes,
2. für die Mitwirkung bei der Anerkennung von Schießsportverbänden nach § 15 Abs. 3 des Waffengesetzes,
3. für die Erteilung der Zustimmung nach § 55 Abs. 3 des Waffengesetzes,
4. für die Erteilung, die Rücknahme und den Widerruf von Bescheinigungen nach § 56 Satz 1 und 4 des Waffengesetzes, soweit die Zuständigkeit nicht beim Bundesverwaltungsamt liegt.

(3) Zuständige Behörde für die Abnahme der Fachkundeprüfung nach § 22 Abs. 1 Satz 1 des Waffengesetzes und die Durchführung der aufgrund des § 22 Abs. 2 des Waffengesetzes erlassenen Rechtsverordnung ist das Wirtschaftsministerium. Wird nur ein Prüfungsausschuss für das Gebiet des Landes Mecklenburg-Vorpommern gebildet, obliegt die Geschäftsführung des Ausschusses der Industrie- und Handelskammer zu Schwerin.

(4) Im Übrigen sind für die Ausführung des Waffengesetzes und der aufgrund dieses Gesetzes erlassenen Rechtsvorschriften die Landräte der Landkreise und die Oberbürgermeister der kreisfreien Städte als Kreisordnungsbehörden zuständig. Satz 1 gilt nicht, soweit im Waffengesetz oder in den zur Ausführung dieses Gesetzes erlassenen Rechtsvorschriften etwas anderes bestimmt ist. Die in Satz 1 genannten Behörden sind auch für den Vollzug des Abschnitts 3 des Beschussgesetzes zuständig, soweit nicht Bundesbehörden oder die nach § 20 Abs. 1 des Beschussgesetzes bestimmten oder in § 20 Abs. 3 des Beschussgesetzes aufgeführten Prüf- und Zulassungsbehörden zuständig sind.

(5) Für die Erteilung von Schießerlaubnissen, die sich ausschließlich oder teilweise auf das Gebiet der Seewasserstraße Ostsee gemäß § 1 Abs. 1 Nr. 2 des Bundeswasserstraßengesetzes in der Fassung der Bekanntma-

Mecklenburg-Vorpommern **DVOWaffG 13**

chung vom 4. November 1998 (BGBl. I S. 3294), zuletzt geändert durch Artikel 2a des Gesetzes vom 18. Juni 2002 (BGBl. I S. 1914), beziehen, ist die Kreisordnungsbehörde des an die Seewasserstraße angrenzenden Bezirks zuständig, bei der der Antrag auf Erteilung der Erlaubnis gestellt wird.

**§ 3. Befreiungen.** (1) Das Waffengesetz ist, wenn es nicht ausdrücklich etwas anderes bestimmt, nicht anzuwenden auf

1. das Landesamt für Brand- und Katastrophenschutz und dessen Bedienstete, die mit der Bergung von Kampfmitteln beauftragt sind,
2. die Justizvollzugsbehörden und deren Bedienstete,
3. die Staatsanwaltschaften und deren Bedienstete,
4. die Gerichte und deren Bedienstete,
5. die Kreisordnungsbehörden und deren Bedienstete, die mit dem Vollzug des Waffengesetzes beauftragt sind, sowie
6. die örtlichen Ordnungsbehörden und deren Bedienstete, die mit dem Vollzug des Fundrechtes beauftragt sind,

soweit sie dienstlich tätig werden.

(2) Auf Feuerwaffen, Böller, Geräte, Munition und sonstige Waffen im Sinne des § 1 Abs. 1 des Beschussgesetzes, die für die in Absatz 1 Nr. 1 und 2 genannten Behörden und Dienststellen in den Geltungsbereich des Beschussgesetzes verbracht oder hergestellt und ihnen oder ihren Bediensteten im Rahmen ihrer dienstlichen Tätigkeit jeweils überlassen werden, sind, soweit im Beschussgesetz nicht ausdrücklich etwas anderes bestimmt ist, die Vorschriften über die Prüfung und Zulassung nach dem Beschussgesetz nicht anzuwenden.

(3) Das Ministerium für Ernährung, Landwirtschaft, Forsten und Fischerei kann durch Rechtsverordnung eine dem § 55 Abs. 5 Satz 1 des Waffengesetzes entsprechende Regelung für die Behörden und Dienststellen seines Geschäftsbereiches treffen.

**§ 4. Bußgeldbehörden.** Zuständige Verwaltungsbehörden im Sinne des § 36 Abs. 1 Nr. 1 des Gesetzes über Ordnungswidrigkeiten für die Verfolgung und Ahndung von Ordnungswidrigkeiten nach § 53 des Waffengesetzes sind die Landräte der Landkreise und die Oberbürgermeister der kreisfreien Städte. § 53 Abs. 3 des Waffengesetzes bleibt unberührt.

**§ 5. Änderung der Landesverordnung über die zuständigen Behörden nach dem Versammlungsgesetz.** In § 2 Satz 2 der Landesverordnung über die zuständigen Behörden nach dem Versammlungsgesetz vom 21. Juli 1994 (GVOBl. M-V S. 804) wird die Angabe „nach § 6 Abs. 2 des Waffengesetzes" durch die Angabe „nach § 55 Abs. 2 Satz 1 des Waffengesetzes" ersetzt.

**§ 6. In-Kraft-Treten, Außer-Kraft-Treten.** Diese Verordnung tritt mit Wirkung vom 1. April 2003 in Kraft. Gleichzeitig tritt die Landesverordnung zur Ausführung des Waffengesetzes vom 10. April 1991 (GVOBl. M-V S. 107), geändert durch die Verordnung vom 18. November 1994 (GVOBl. M-V S. 1050), außer Kraft.

# 13 DVOWaffG  Landesrecht

## 13.9 Niedersachsen
### a) Verordnung über einzelne Zuständigkeiten im Waffenrecht

Vom 29. 4. 2004 (Nds.GVBl. S. 144)

Aufgrund des § 48 Abs. 1 des Waffengesetzes (WaffG) vom 11. Oktober 2002 (BGBl. I S. 3970, 4592; 2003 I S. 1957) in Verbindung mit § 1 Nr. 1 Buchst. b der Subdelegationsverordnung vom 23. Juli 2003 (Nds. GVBl. S. 306) wird verordnet:

**§ 1.** (1) Das Ministerium für Inneres und Sport ist antragsberechtigte Behörde nach § 2 Abs. 5 Satz 2 Nr. 2 WaffG.

(2) Das Landeskriminalamt Niedersachsen ist anzuhörende Behörde nach § 2 Abs. 5 Satz 3 WaffG.

**§ 2.** Die Polizeidirektion Hannover ist zuständig für

1. die staatliche Anerkennung von Lehrgängen nach § 3 Abs. 2 der Allgemeinen Waffengesetz-Verordnung (AWaffV) vom 27. Oktober 2003 (BGBl. I S. 2123) zur Vermittlung der Sachkunde im Umgang mit Waffen und Munition,
2. die Entgegennahme von Anzeigen nach § 3 Abs. 4 Satz 3 Nr. 1 AWaffV und
3. die Teilnahme an der Durchführung von Prüfungen nach § 3 Abs. 4 Satz 3 Nr. 2 AWaffV.

**§ 3.** Diese Verordnung tritt am Tag nach ihrer Verkündung in Kraft und mit Ablauf des 31. Dezember 2004 außer Kraft.

### b) Verordnung über Zuständigkeiten auf den Gebieten des Arbeitsschutz-, Immissionsschutz-, Sprengstoff-, Gentechnik- und Strahlenschutzrechts sowie in anderen Rechtsgebieten (ZustVO-Umwelt-Arbeitsschutz)

Vom 18. 11. 2004 (Nds. GVBl. S. 464), geänd. durch VO vom 31. 1. 2005 (Nds. GVBl. S. 45) und durch VO vom 5. 1. 2006 (Nds. GVBl. S. 2)

– Auszug –

**§ 1.** (1) Für den Vollzug der Verwaltungsaufgaben der in der **Anlage** genannten Rechtsgrundlagen und für die dort genannten Maßnahmen sind die in der Anlage genannten Stellen zuständig. Ist für den Vollzug der Verwaltungsaufgaben einer Rechtsgrundlage oder für eine Maßnahme, die zu den in der Anlage genannten Rechtsgebieten gehört, eine zuständige Stelle nicht bestimmt, so sind die Staatlichen Gewerbeaufsichtsämter Braunschweig, Hannover, Lüneburg und Oldenburg in den sich aus den

Erläuterungen zum Verzeichnis (GAA-Z) ergebenden örtlichen Zuständigkeitsbereichen zuständig.

(2) Die Staatlichen Gewerbeaufsichtsämter Braunschweig, Hannover, Lüneburg und Oldenburg sind in den sich aus den Erläuterungen zum Verzeichnis (GAA-Z) ergebenden örtlichen Zuständigkeitsbereichen bei Deponien, für deren Genehmigung und Überwachung sie zuständig sind, auch zuständig für den Vollzug der Verwaltungsaufgaben aller Rechtsgrundlagen und alle Maßnahmen, für die nach der **Anlage** die Staatlichen Gewerbeaufsichtsämter zuständig sind, einschließlich der Genehmigung und Überwachung von Anlagen, die dem Betrieb der Deponie dienen.

(3) In den gemeinde- und kreisfreien Gebieten der Küstengewässer einschließlich des Dollarts, des Jadebusens und der Bundeswasserstraßen Elbe, Ems und Weser sowie der davon eingeschlossenen oder daran angrenzenden gemeinde- und kreisfreien Gebiete ist das Staatliche Gewerbeaufsichtsamt Oldenburg für den Vollzug der Verwaltungsaufgaben der in der Anlage genannten Rechtsgrundlagen und für die dort genannten Maßnahmen zuständig. Satz 1 gilt nicht, soweit die in der Anlage bestimmte Stelle für das gesamte Land zuständig ist.

(4) Die für die Erteilung einer Erlaubnis, Genehmigung oder sonstigen Berechtigung, für die Festsetzung, für die öffentliche Bestellung oder für die Ausstellung eines Befähigungszeugnisses zuständige Stelle entscheidet auch über deren Versagung, Rücknahme, Widerruf, Entziehung, Änderung, Aufhebung oder Ablehnung.

(5) Ändern sich Zuständigkeiten nach dieser Verordnung, so führen die bisher zuständigen Stellen die bei ihnen anhängigen Verfahren zu Ende. Besteht die bisher zuständige Stelle nicht mehr, so führt die nunmehr zuständige Stelle das Verfahren fort. Die oberste Landesbehörde kann bestimmen, dass ein anhängiges Verfahren abweichend von Satz 1 von der nunmehr zuständigen Stelle zu Ende geführt wird.

§ 2. (1) Die den Landkreisen, den Gemeinden und den Samtgemeinden entstehenden Kosten werden im Rahmen des Finanzausgleichs abgegolten.

(2) Die Apothekerkammer, die Ärztekammer, die Handwerkskammern, die Industrie- und Handelskammern, die Tierärztekammer und die Zahnärztekammer decken die ihnen entstehenden Kosten aus der Übertragung von Aufgaben durch Erhebung von Gebühren und Auslagen.

§ 3. Diese Verordnung tritt am 1. Januar 2005 in Kraft.

# 13 DVOWaffG  Landesrecht

**Anlage**
(zu § 1 Abs. 1)

– Auszug –

## Erläuterungen zum Verzeichnis

Im Verzeichnis werden folgende Kurzbezeichnungen verwendet:

| | |
|---|---|
| ÄKN | Ärztekammer Niedersachsen |
| GAA | Staatliches Gewerbeaufsichtsamt |
| GAA-Z | Staatliches Gewerbeaufsichtsamt Braunschweig für die |
| | • Aufsichtsbezirke der Staatlichen Gewerbeaufsichtsämter Braunschweig und Göttingen, |
| | • Staatliches Gewerbeaufsichtsamt Hannover für die Aufsichtsbezirke der Staatlichen Gewerbeaufsichtsämter Hannover und Hildesheim, |
| | • Staatliches Gewerbeaufsichtsamt Lüneburg für die Aufsichtsbezirke der Staatlichen Gewerbeaufsichtsämter Celle, Cuxhaven und Lüneburg, |
| | • Staatliches Gewerbeaufsichtsamt Oldenburg für die Aufsichtsbezirke der Staatlichen Gewerbeaufsichtsämter Emden, Oldenburg und Osnabrück |
| G | Gemeinde |
| sG | selbständige Gemeinde |
| gsS | große selbständige Stadt |
| HWK | Handwerkskammer |
| IHK | Industrie- und Handelskammer |
| kS | kreisfreie Stadt |
| Lk | Landkreis |
| LBA | Landesbergamt |
| LS | Niedersächsisches Landesamt für Soziales, Jugend und Familie |
| MI | Ministerium für Inneres und Sport |
| MS | Ministerium für Soziales, Frauen, Familie und Gesundheit |
| ML | Ministerium für den ländlichen Raum, Ernährung, Landwirtschaft und Verbraucherschutz |
| MU | Umweltministerium |
| MW | Ministerium für Wirtschaft, Arbeit und Verkehr |
| NLStBV | Niedersächsische Landesbehörde für Straßenbau und Verkehr |
| NLWKN | Niedersächsischer Landesbetrieb für Wasserwirtschaft, Küsten- und Naturschutz |
| Region | Region Hannover in ihrem Gebiet einschließlich des Gebietes der Landeshauptstadt Hannover |
| TKN | Tierärztekammer Niedersachsen |
| Untere Abfallbehörden | Landkreis, kreisfreie Stadt sowie die Städte Celle, Cuxhaven, Göttingen, Hildesheim und Lüneburg |
| UVT | Träger der gesetzlichen Unfallversicherung |
| ZKN | Zahnärztekammer Niedersachsen |
| ZLS | Zentralstelle der Länder für Sicherheitstechnik beim Bayerischen Staatsministerium für Gesundheit, Ernährung und Verbraucherschutz |

Niedersachsen  **DVOWaffG 13**

Ist in der letzten Spalte des nachfolgenden Verzeichnisses neben einer anderen Stelle das Landesbergamt genannt, so ist dieses in seinem Aufsichtsbereich zuständig; ist neben dem MS oder dem MU das MW aufgeführt, so ist das MW als oberste Bergbehörde zuständig.

| Lfd-LLfd. Nr. | Rechtsgrundlage | Maßnahme | Stelle |
|---|---|---|---|
| 3.7 | **Waffenherstellung und -handel sowie Einfuhr von Waffen und Munition** | | |
| 3.7.1 | **Waffengesetz vom 11. Oktober 2002 (BGBl. I S. 3970, 4592; 2003 S. 1957), geändert durch Artikel 3 des Gesetzes vom 10. September 2004 (BGBl. I S. 2318)** | | Lk/kS/gsS/sG/ mit Ausnahme von |
| 3.7.1.1. | § 22 Abs. 1 in Verbindung mit § 16 Abs. 1 der Allgemeinen Waffengesetz-Verordnung | Bildung eines staatlichen Prüfungsausschusses für das Land Niedersachsen | MW |
| 3.7.2 | **Allgemeine Waffengesetz-Verordnung vom 27. Oktober 2003 (BGBl. I S. 2123)** | | G mit Ausnahme von |
| 3.7.2.1 | § 14 | Zulassung von Ausnahmen bei der Aufbewahrung von Waffen und Munition im gewerblichen Bereich | Lk/kS/gsS/sG/ mit Ausnahme von |
| 3.7.2.2 | § 16 Abs. 1 | Geschäftsführung des staatlichen Prüfungsausschusses (§ 22 Abs. 1) | IHK Hannover |
| 3.7.2.3 | § 29 Abs. 1 | Erlaubnis für Waffenherstellerinnen und -hersteller oder Waffenhändlerinnen und -händler (§ 21 Abs. 2 WaffG) zum Verbringen oder Verbringenlassen von erlaubnispflichtigen Schusswaffen oder erlaubnispflichtiger Munition jeder Art oder für bestimmte Arten dieser Schusswaffen oder Munition zu Waffenhändlerinnen und -händlern in anderen Mitgliedstaaten | Lk/kS/gsS/sG/ |
| 3.7.3 | **Dritte Verordnung zum Waffengesetz in der Fassung vom 2. September 1991 (BGBl. I S. 1872), zuletzt geändert durch Artikel 283 der Verordnung vom 25. November 2003 (BGBl. I S. 2304), in Verbindung mit § 22 Abs. 6 des Beschussgesetzes** | | MEN |

# 13 DVOWaffG

Landesrecht

| Lfd-LLfd. Nr. | Rechtsgrundlage | Maßnahme | Stelle |
|---|---|---|---|
| 3.7.4 | Beschussgesetz vom 11. Oktober 2002 (BGBl. I S. 3970) geändert durch Artikel 116 der Verordnung vom 25. November 2003 (BGBl. I S. 2304) | | Lk/kS/gsS/sG mit Ausnahme von |
| 3.7.4.1 | § 5 | Beschussprüfung | MEN |
| 3.7.4.2 | § 12 Abs. 1 | Bescheinigung über die Nichtdurchführbarkeit der Prüfung | MEN |

## 13.10 Nordrhein-Westfalen

### Verordnung zur Durchführung des Gesetzes zur Neuregelung des Waffenrechts (WaffRNeuRegG)

Vom 8. 4. 2003 (GV. NRW. S. 217), geänd. durch G vom 5. 4. 2005 (GV. NRW. S. 351)

#### Artikel 1
#### Verordnung zur Durchführung des Waffengesetzes

Auf Grund der §§ 48 Abs. 1 und 55 Abs. 6 des Waffengesetzes (Artikel 1 des Gesetzes zur Neuregelung des Waffenrechts vom 11. Oktober 2002 [BGBl. I S. 3970]), der §§ 5 Abs. 2, 7 Abs. 4 des Landesorganisationsgesetzes (LOG NRW) vom 10. Juli 1962 (GV. NRW. S. 421), zuletzt geändert durch Gesetz vom 9. Mai 2000 (GV. NRW. S. 462), und des § 36 Abs. 2 Satz 1 des Gesetzes über Ordnungswidrigkeiten (OWiG) in der Fassung der Bekanntmachung vorn 19. Februar 1987 (BGBl. I S. 602), zuletzt geändert durch Gesetz vom 26. Juli 2002 (BGBl I S. 2864), wird verordnet:

**§ 1.** Zuständige Behörden nach dem Waffengesetz und nach den Verordnungen zum Waffengesetz sind die Kreispolizeibehörden, soweit im Waffengesetz, in den Verordnungen zum Waffengesetz oder in dieser Verordnung nichts anderes bestimmt ist.

**§ 2.** (1) Zuständige Behörden für die Prüfung der Fachkunde nach § 22 Abs. 1 Waffengesetz sind

1. die Bezirksregierung Düsseldorf für die Regierungsbezirke Düsseldorf und Köln.
2. die Bezirksregierung Münster für die Regierungsbezirke Münster, Arnsberg und Detmold.

(2) Die Geschäftsführung für die Abnahme der Prüfung nach § 22 Abs. 1 Waffengesetz wird im Fall des Absatzes 1 Nr. 1 der Industrie- und Handelskammer zu Düsseldorf und im Falle des Absatzes 1 Nr. 2 der Industrie- und Handelskammer zu Münster übertragen.

Nordrhein-Westfalen **DVOWaffG 13**

**§ 3.** Zuständige Behörde für die Erteilung einer Bescheinigung nach § 55 Abs. 2 Waffengesetz an Personen, die wegen der von ihnen wahrzunehmenden hoheitlichen Aufgaben des Landes persönlich erheblich gefährdet sind. sind die Kreispolizeibehörden. Für Mitglieder des Landtages und der Landesregierung sowie für Bedienstete des Landtages und der obersten Landesbehörden kann auch das Innenministerium die Bescheinigung erteilen.

**§ 4.** Das Waffengesetz ist auf
die Gerichte,
die Staatsanwaltschaften.
die Justizvollzugsbehörden.
die Forstbehörden,
den Landesbetrieb Mess- und Eichwesen NRW
sowie deren Bedienstete, wenn sie dienstlich tätig werden, nicht anzuwenden, soweit das Waffengesetz nicht ausdrücklich etwas anderes bestimmt.

**§ 5.** Die Zuständigkeit für die Verfolgung und Ahndung von Ordnungswidrigkeiten nach § 53 Waffengesetz wird den Kreispolizeibehörden übertragen.

**§ 6.** Die Verordnung zur Durchführung des Waffengesetzes vom 29. Juni 1976 (GV. NRW. S. 243), zuletzt geändert durch Verordnung vom 18. Mai 1982 (GV. NRW. S. 250), wird aufgehoben.

**§ 7. In-Kraft-Treten, Berichtspflicht.** Diese Verordnung tritt am Tage nach ihrer Verkündung in Kraft [18. 4. 2003]. Das zuständige Ministerium berichtet der Landesregierung bis Ende 2009 über die Notwendigkeit dieser Regelung.

**Artikel 2**
**Verordnung zur Durchführung des Beschussgesetzes**

Auf Grund der §§ 4 Abs. 4 und 20 Abs. 1 des Beschussgesetzes (Artikel 2 des Gesetzes zur Neuregelung des Waffenrechts vom 11. Oktober 2002 [BGBl. I S. 3970]) und des § 5 Abs. 2 des Landesorganisationsgesetzes (LOG NRW.) vom 10. Juli 1962 (GV. NRW. S. 421), zuletzt geändert durch Gesetz vom 9. Mai 2000 (GV. NRW. S. 462), wird verordnet:

**§ 1.** Zuständige Dienststelle nach dem Beschussgesetz und nach der Verordnung zum Beschussgesetz ist der Landesbetrieb Mess- und Eichwesen NRW.

**§ 2.** Das Beschussgesetz ist auf die Gerichte, die Staatsanwaltschaften, die Justizvollzugsbehörden, die Forstbehörden und den Landesbetrieb Mess- und Eichwesen NRW sowie deren Bedienstete, wenn sie dienstlich tätig werden, nicht anzuwenden, soweit das Beschussgesetz nicht ausdrücklich etwas anderes bestimmt.

# 13 DVOWaffG

Landesrecht

**§ 3. In-Kraft-Treten, Berichtspflicht.**
Diese Verordnung tritt am Tage nach ihrer Verkündung in Kraft *[18. 4. 2003]*.
Das zuständige Ministerium berichtet der Landesregierung bis Ende 2009 über die Notwendigkeit dieser Regelung.

## 13.11 Rheinland-Pfalz

### Landesverordnung zur Durchführung des Waffengesetzes

Vom 26. 4. 2005 (GVBl. S. 148)

Aufgrund des § 48 Abs. 1 und des § 55 Abs. 6 Satz 1 des Waffengesetzes vom 11. Oktober 2002 (BGBl. I S. 3970, 4592; 2003 I S. 1957), zuletzt geändert durch Artikel 3 des Gesetzes vom 10. September 2004 (BGBl. I S. 2318), in Verbindung mit § 2 Abs. 4 Satz 1 der Gemeindeordnung in der Fassung vom 31. Januar 1994 (GVBl. S. 153), zuletzt geändert durch Gesetz vom 15. Oktober 2004 (GVBl. S. 457), BS 2020-1, und § 2 Abs. 7 Satz 1 der Landkreisordnung in der Fassung vom 31. Januar 1994 (GVBl. S. 188), zuletzt geändert durch Gesetz vom 15. Oktober 2004 (GVBl. S. 457), BS 2020-2,
wird von der Landesregierung und
aufgrund
des § 36 Abs. 2 Satz 1 des Gesetzes über Ordnungswidrigkeiten in der Fassung vom 19. Februar 1987 (BGBl. 1 S. 602), zuletzt geändert durch Artikel 18 des Gesetzes vom 9. Dezember 2004 (BGBl. I S. 3220), in Verbindung mit § 1 der Landesverordnung zur Übertragung der Ermächtigung der Landesregierung nach § 36 Abs. 2 Satz 1 des Gesetzes über Ordnungswidrigkeiten vom 6. November 1968 (GVBl. S. 247, BS 453-1), § 2 Abs. 4 Satz 1 der Gemeindeordnung und § 2 Abs. 7 Satz 1 der Landkreisordnung
wird von dem Ministerium des Innern und für Sport
verordnet:

**§ 1. Allgemeine sachliche Zuständigkeit.** Zuständige Behörde für die Ausführung des Waffengesetzes (WaffG) vom 11. Oktober 2002 (BGBl. I S. 3970, 4592; 2003 I S. 1957) in der jeweils geltenden Fassung und der aufgrund dieses Gesetzes erlassenen Rechtsverordnungen ist, soweit nicht Bundesbehörden zuständig sind oder in dieser Verordnung nichts anderes bestimmt ist, die Kreisverwaltung und in kreisfreien Städten die Stadtverwaltung als Kreisordnungsbehörde.

**§ 2. Besondere sachliche Zuständigkeit.** (1) Zuständige Behörde nach § 2 Abs. 5 Satz 2 Nr. 2 und Satz 3 WaffG ist das Landeskriminalamt.

(2) Zuständige Behörde für die Erteilung des Benehmens nach § 15 Abs. 3 WaffG ist das für das Waffenrecht zuständige Ministerium.

(3) Zuständige Behörde nach § 3 Abs. 2 der Allgemeinen Waffengesetz-Verordnung (AWaffV) vom 27. Oktober 2003 (BGBl. I S. 2123) in der jeweils geltenden Fassung ist die Landesordnungsbehörde.

**§ 3. Durchführung von Prüfungen.** (1) Zuständige Behörde nach § 7 Abs. 1 WaffG in Verbindung mit § 2 Abs. 1 AWaffV ist die Landesordnungsbehörde.

(2) Zuständige Behörde nach § 22 Abs. 1 Satz 1 WaffG und § 16 Abs. 1 Satz 1 AWaffV ist die Landesordnungsbehörde. Die Geschäftsführung wird auf die Industrie- und Handelskammer für Rheinhessen übertragen.

**§ 4. Waffenrechtliche Bescheinigungen.** (1) Die Bescheinigung nach § 55 Abs. 2 WaffG erteilt:

1. die Staatskanzlei für die Bediensteten ihres Geschäftsbereichs,
2. jedes Ministerium für die Bediensteten seines Geschäftsbereichs und
3. das für das Waffenrecht zuständige Ministerium
    a) im Einvernehmen mit der Präsidentin oder dem Präsidenten des Landtags für die Mitglieder und die Bediensteten des Landtags,
    b) im Einvernehmen mit der Präsidentin oder dem Präsidenten des Rechnungshofs für die Mitglieder und die Bediensteten des Rechnungshofs und
    c) für alle übrigen Personen, die wegen der von ihnen wahrzunehmenden hoheitlichen Aufgaben des Landes erheblich gefährdet sind.

(2) Zuständige Behörde für die Erteilung der Bescheinigung nach § 56 WaffG ist, soweit nicht das Bundesverwaltungsamt zuständig ist, das Landeskriminalamt.

**§ 5. Befreiungen.** Das Waffengesetz. ist, wenn es nicht ausdrücklich etwas anderes bestimmt, nicht anzuwenden auf

a) die für die Ausführung des Waffengesetzes zuständigen Behörden,
b) Behörden und Dienststellen des Landes,

sowie deren Bedienstete, soweit sie dienstlich tätig werden.

**§ 6. Ordnungswidrigkeiten.** Zuständige Behörde für die Verfolgung und Ahndung von Ordnungswidrigkeiten nach § 53 WaffG ist die Kreisverwaltung und in kreisfreien Städten die Stadtverwaltung als Kreisordnungsbehörde.

**§ 7. In-Kraft-Treten.** (1) Diese Verordnung tritt am Tage nach der Verkündung in Kraft.

(2) Gleichzeitig tritt die Landesverordnung zur Durchführung des Waffengesetzes vom 13. November 1981 (GVBl. S. 318), geändert durch Artikel 183 des Gesetzes vom 12. Oktober 1999 (GVBl. S. 325), BS 715-1, außer Kraft.

## 13.12 Saarland

*zZ noch nicht besetzt*[1]

## 13.13 Sachsen

### Verordnung der Sächsischen Staatsregierung zur Durchführung des Waffengesetzes (DVOWaffG)

vom 16. 4. 1991 (GVBl. S. 61), geänd. durch VO vom 22. 7. 2004 (GVBl. S. 399)

Auf Grund von § 6 Abs. 1 Satz 4 und § 50 Abs. 1 des Waffengesetzes (WaffG) in der Fassung vom 8. März 1976 (BGBl. I S. 432), zuletzt geändert durch Artikel 4 des Gesetzes vom 18. Februar 1986 (BGBl. I S. 265), wird verordnet:

**§ 1. Zuständigkeiten.** (1) Für die Durchführung des Waffengesetzes und der auf Grund dieses Gesetzes erlassenen Rechtsverordnungen sind die Kreispolizeibehörden zuständig, soweit nicht durch Bundesrecht oder in dieser Verordnung etwas anderes bestimmt ist.

(2) Zuständige Behörde des Landes im Sinne des § 2 Abs. 5 Satz 2 Nr. 2 und Satz 3 WaffG ist das Landeskriminalamt Sachsen.

(3) Zuständige Behörde des Landes im Sinne des § 15 Abs. 3 WaffG ist das Staatsministerium des Innern.

(4) Zuständige Behörden im Sinne des § 3 Abs. 2 der Allgemeinen Waffengesetz-Verordnung (AWaffV) vom 27. Oktober 2003 (BGBl. I S. 2123) sind die Regierungspräsidien.

**§ 2. Waffenrechtliche Bescheinigungen.** (1) Für die Erteilung, die Rücknahme und den Widerruf von Bescheinigungen nach § 55 Abs. 2 WaffG sind zuständig:
1. das Staatsministerium der Justiz für die Bediensteten seines Geschäftsbereichs,
2. das Landeskriminalamt für seine Bediensteten,
3. das Präsidium der Bereitschaftspolizei für seine und die Bediensteten der ihm nachgeordneten Dienststellen sowie die Polizeipräsidien, die Landespolizeidirektion Zentrale Dienste, die Polizeidirektionen und die Ausbildungs- und Beschaffungseinrichtungen der Polizei für ihre Bediensteten,
4. die Regierungspräsidien
   a) für ihre Bediensteten,
   b) für die Bediensteten der ihnen nachgeordneten Landesbehörden und

---

[1] Die Verordnung zur Druchführung des Waffengesetzes (DVWaffG) vom 20. 12. 1976 (Amtsbl. S. 1184), zuletzt geänd. durch G v. 27. 11. 1996 (Amtsbl. S. 1313) wurde dem neuen WaffG noch nicht angepasst, aber auch noch nicht aufgehoben. Auf den Abdruck wurde hier verzichtet.

c) für die Bediensteten der ihrer Aufsicht unterstehenden juristischen Personen des öffentlichen Rechts,
5. im übrigen das Staatsministerium des Innern.

(2) Für die Erteilung, Rücknahme und den Widerruf von Bescheinigungen nach § 56 WaffG ist das Staatsministerium des Innern zuständig.

**§ 3. Prüfungen.** (1) Für die Prüfung der Fachkunde (§ 22 Abs. 1 WaffG) ist das Regierungspräsidium Chemnitz zuständig.

(2) Für die Prüfung der Sachkunde (§ 7 Abs. 1 WaffG) sind die Regierungspräsidien zuständig.

**§ 4. Freistellung.** Sofern das Waffengesetz nicht ausdrücklich etwas anderes bestimmt, ist es nicht anzuwenden auf

1. staatliche Behörden,
2. Gerichte,
3. Landkreise,
4. Gemeinden

und deren Bedienstete, soweit sie in Erfüllung ihnen obliegender Aufgaben dienstlich tätig werden.

**§ 5. Inkrafttreten.** Diese Verordnung tritt am Tage nach ihrer Verkündung in Kraft.

# 13.14 Sachsen-Anhalt

## Waffen- und Beschussrechts-Verordnung (WaffBeschR-VO)

vom 18. 6. 2004 (GVBl. LSA S. 344)

Aufgrund des § 48 Abs. 1 und des § 55 Abs. 6 Satz 1 des Waffengesetzes vom 11. Oktober 2002 (BGBl. I S. 3970, 4592; 2003 I S. 1957) sowie des § 1 Abs. 6 Satz 1 und des § 20 Abs. 1 des Beschussgesetzes vom 11. Oktober 2002 (BGBl. I S. 3970, 4003), zuletzt geändert durch Artikel 116 der Verordnung vom 25. November 2003 (BGBl. I S. 2304, 2317) wird verordnet:

### Abschnitt 1
### Durchführung des Waffengesetzes

**§ 1. Zuständigkeiten.** (1) Zuständig für die Durchführung des Waffengesetzes und der aufgrund dieses Gesetzes erlassenen Verordnungen sind

1. die Landkreise und die kreisfreie Stadt Dessau,
2. die jeweilige Polizeidirektion anstelle der kreisfreien Städte Halle und Magdeburg,

soweit nicht durch Bundesrecht oder in dieser Verordnung etwas anderes bestimmt ist.

(2) Die Zulassung einer Ausnahme nach § 12 Abs. 5 des Waffengesetzes bedarf der vorherigen Zustimmung des Landesverwaltungsamtes.

# 13 DVOWaffG

**§ 2. Besondere Zuständigkeiten und Übertragungen.** (1) Das Landesverwaltungsamt ist zuständig für
1. die Prüfung der Sachkunde nach § 7 Abs. 1 des Waffengesetzes in Verbindung mit § 2 Abs. 1 der Allgemeinen Waffengesetz-Verordnung vom 27. Oktober 2003 (BGBl. I S. 2123),
2. die staatliche Anerkennung von Lehrgängen zur Vermittlung der Sachkunde nach § 3 Abs. 2 der Allgemeinen Waffengesetz-Verordnung,
3. die Erklärung des Benehmens nach § 15 Abs. 3 des Waffengesetzes und
4. die Prüfung der Fachkunde nach § 22 Abs. 1 des Waffengesetzes in Verbindung mit § 16 Abs. 1 der Allgemeinen Waffengesetz-Verordnung.

(2) Das Landeskriminalamt ist
1. antragsberechtigt nach § 2 Abs. 5 Satz 2 Nr. 2 des Waffengesetzes und
2. zuständig für die Erteilung der Bescheinigung nach § 56 Sätze 1 und 4 des Waffengesetzes.

(3) Das Ministerium des Innern ist zuständig für die Beteiligung nach § 2 Abs. 5 Satz 3 des Waffengesetzes.

(4) Die Geschäftsführung des staatlichen Prüfungsausschusses nach § 16 Abs. 1 der Allgemeinen Waffengesetz-Verordnung in Verbindung mit § 22 Abs. 1 Satz 1 des Waffengesetzes wird auf die Industrie- und Handelskammer Magdeburg übertragen.

**§ 3. Waffenrechtliche Bescheinigungen.** Das Landeskriminalamt Sachsen-Anhalt ist zuständig für die Erteilung von Bescheinigungen nach § 55 Abs. 2 Satz 1 des Waffengesetzes für die Mitglieder der Landesregierung und des Landtages von Sachsen-Anhalt sowie für die Bediensteten der obersten Landesbehörden und der ihnen unmittelbar nachgeordneten Behörden.

**§ 4. Ausnahmen.** Das Waffengesetz ist nicht anzuwenden auf die Dienststellen des Landes und deren Bedienstete, soweit diese dienstlich tätig werden und soweit das Waffengesetz nicht ausdrücklich etwas anderes bestimmt.

## Abschnitt 2
### Durchführung des Beschussgesetzes

**§ 5. Zuständigkeit.** Zuständig für die Durchführung des Beschussgesetzes und der aufgrund dieses Gesetzes erlassenen Verordnungen ist das Landeseichamt, soweit nicht durch Bundesrecht etwas anderes bestimmt ist.

**§ 6. Ausnahmen.** Das Beschussgesetz ist nicht anzuwenden auf die Dienststellen des Landes, soweit diese dienstlich tätig werden und soweit das Beschussgesetz nicht ausdrücklich etwas anderes bestimmt.

## Abschnitt 3
### Schlussvorschrift

**§ 7. Waffen- und Beschussrechts-Verordnung.** Diese Verordnung tritt am Tage nach ihrer Verkündung[1] in Kraft. Gleichzeitig treten außer Kraft:

---

[1] Verkündet am 24. 6. 2004.

Schleswig-Holstein **DVOWaffG 13**

1. die Verordnung über die Nichtanwendung von Vorschriften des Waffengesetzes (NWaffVO) vom 26. Juni 1991 (GVBl. LSA S. 150),
2. Anlage 1 lfd. Nm. 3.9, 3.10 und 3.11 der Verordnung über die Regelung von Zuständigkeiten im Immissions-, Gewerbe- und Arbeitsschutzrecht sowie in anderen Rechtsgebieten vom 14. Juni 1994 (GVBl. LSA S. 636), zuletzt geändert durch Verordnung vom 20. November 2003 (GVBl. LSA S. 337).

## 13.15 Schleswig-Holstein

### Landesverordnung zur Ausführung des Waffengesetzes

Vom 30. 6. 2004 (GVOBl. Schl.-H. S. 229), geänd. durch VO vom 12. 10. 2005 (GVOBl. Schl.-H. S. 487)

Aufgrund § 48 Abs. 1 und § 55 Abs. 6 des Waffengesetzes vom 11. Oktober 2002 (BGBl. I S. 3970) und § 28 Abs. 1 des Landesverwaltungsgesetzes verordnet die Landesregierung:

**§ 1. Zuständigkeiten.** (1) Das Innenministerium ist zuständig für die Erklärung des Benehmens nach § 15 Abs. 3 des Waffengesetzes.

(2) Das Innenministerium (Landeskriminalamt) ist zuständig
1. Anträge nach § 2 Abs. 5 Satz 2 Nr. 2 des Waffengesetzes zu stellen,
2. als anzuhörende Behörde nach § 2 Abs. 5 Satz 3 des Waffengesetzes.

(3) Das Ministerium für Wissenschaft, Wirtschaft und Verkehr ist zuständig, die Fachkunde nach § 22 Abs. 1 des Waffengesetzes zu prüfen. Beim Ministerium für Wissenschaft, Wirtschaft und Verkehr wird für die Abnahme der Prüfung der Fachkunde nach § 22 Abs. 1 des Waffengesetzes ein Prüfungsausschuss gebildet. Der Ausschuss entscheidet unter der Bezeichnung „Das Ministerium für Wissenschaft, Wirtschaft und Verkehr – Prüfungsausschuss für den Nachweis der Fachkunde im Waffenhandel –". Die Geschäftsführung des Prüfungsausschusses wird der Industrie- und Handelskammer zu Kiel übertragen.

(4) Die Ministerpräsidentin oder der Ministerpräsident und die Ministerien sind für ihren Geschäftsbereich zuständig, Bescheinigungen nach § 55 Abs. 2 des Waffengesetzes zu erteilen.

(5) Die Landrätinnen und Landräte, die Bürgermeisterinnen und Bürgermeister der kreisfreien Städte und die Bürgermeisterinnen und Bürgermeister der amtsfreien Gemeinden, denen die Aufgaben der unteren Bauaufsichtsbehörde ganz übertragen sind, sind als untere Bauaufsichtsbehörde zuständig für
1. die Erteilung der Erlaubnis nach § 27 Abs. 1 des Waffengesetzes,
2. die Entgegennahme der Anzeige über die Aufnahme und Beendigung des Betriebs der Schießstätte nach § 27 Abs. 2 Satz 2 des Waffengesetzes,
3. die Überprüfung der Schießstätten und die Untersagung der weiteren Benutzung einer Schießstätte nach § 12 der Allgemeinen Waffengesetz-Verordnung vom 27. Oktober 2003 (BGBl. I S. 2123).

**13 DVOWaffG** Landesrecht

(6) Im Übrigen sind die Landrätinnen und Landräte und Bürgermeisterinnen und Bürgermeister der kreisfreien Städte als Kreisordnungsbehörde für die Ausführung des Waffengesetzes und der aufgrund des Waffengesetzes erlassenen Verordnungen zuständig, soweit nicht Bundesbehörden zuständig sind.

**§ 2. Einschränkungen des Anwendungsbereichs des Waffengesetzes.**
(1) Das Waffengesetz ist, soweit nicht ausdrücklich etwas anderes bestimmt wird, auf
1. die Vollzugsanstalten der Justizverwaltung,
2. die unteren Forstbehörden und die staatlichen Forstämter

sowie deren nach § 256 Nr. 2 und 4 des Landesverwaltungsgesetzes zum Gebrauch von Schusswaffen befugte Bedienstete, wenn sie dienstlich tätig werden, nicht anzuwenden.

(2) Auf die Mitglieder des Prüfungsausschusses nach § 1 Abs. 3 sowie die mit der Organisation der Prüfungen betrauten Bediensteten der Industrie- und Handelskammer zu Kiel sind § 10 Abs. 1, 3 und 4 des Waffengesetzes nicht anzuwenden, soweit dies für die Prüfung der Fachkunde nach § 22 des Waffengesetzes erforderlich ist.

**§ 3. Inkrafttreten.** Diese Verordnung tritt am Tage nach ihrer Verkündung in Kraft. Gleichzeitig tritt die Landesverordnung zur Ausführung des Waffengesetzes vom 4. April 1987 (GVOBl. Schl.-H. S. 175), zuletzt geändert durch Artikel 4 Nr. 4 der Landesverordnung vom 10. Dezember 2003 (GVOBl. Schl.-H. S. 691), sowie die Landesverordnung über die Errichtung eines Prüfungsausschusses nach § 9 des Waffengesetzes vom 15. Januar 1973 (GVOBl. Schl.-H. S. 13), Zuständigkeiten und Ressortbezeichnungen zuletzt ersetzt durch Landesverordnung vom 16. September 2003 (GVOBl. Schl.-H. S. 503), außer Kraft.

# 13.16 Thüringen

## Thüringer Verordnung zur Durchführung des Waffengesetzes

Vom 10. 12. 2004 (GVBl. S. 896)

Aufgrund des § 48 Abs. 1 und des § 55 Abs. 6 des Waffengesetzes (WaffG) vom 11. Oktober 2002 (BGBl. I S. 3970, 4592; 2003 I S. 1957), geändert durch Artikel 3 des Gesetzes vom 10. September 2004 (BGBl. I S. 2318),
des § 36 Abs. 2 Satz 1 des Gesetzes über Ordnungswidrigkeiten in der Fassung vom 19. Februar 1987 (BGBl. I S. 602), zuletzt geändert durch Artikel 5 des Gesetzes vom 24. August 2004 (BGBl. I S. 2198), und des § 3 Abs. 1 a Satz 1 und 2 Halbsatz 1 sowie des § 88 Abs. 1 a Satz 1 und 2 Halbsatz 1 der Thüringer Kommunalordnung in der Fassung vom 28. Januar 2003 (GVBl. S. 41) verordnet die Landesregierung:

**§ 1.** Die Landkreise und kreisfreien Städte, jeweils im übertragenen Wirkungskreis, sind zuständig für

1. die Ausführung des Waffengesetzes und der aufgrund dieses Gesetzes erlassenen Rechtsverordnungen sowie
2. die Verfolgung und Ahndung von Ordnungswidrigkeiten nach dem Waffengesetz und den aufgrund dieses Gesetzes erlassenen Rechtsverordnungen,

soweit nicht Bundesbehörden zuständig sind oder in dieser Verordnung etwas anderes bestimmt ist.

**§ 2.** (1) Das Landesverwaltungsamt ist zuständig für
1. die Prüfung der Sachkunde nach § 7 Abs. 1 WaffG und der Fachkunde nach § 22 Abs. 1 WaffG,
2. die staatliche Anerkennung von Lehrgängen zur Vermittlung der Sachkunde nach § 3 Abs. 2 der Allgemeinen Waffengesetz-Verordnung (AWaffV) vorn 27. Oktober 2003 (BGBl. I S. 2123) in der jeweils geltenden Fassung und
3. a) die Erlaubniserteilung zum Schießen mit Kartuschenmunition nach § 16 Abs. 3 WaffG und
   b) die Zulassung von Ausnahmen von dem Verbot des Führens von Waffen bei öffentlichen Veranstaltungen nach § 42 Abs. 2 WaffG, wenn die Erlaubnis oder Ausnahmegenehmigung für einen größeren Bereich als den eines Landkreises oder einer kreisfreien Stadt beantragt wird.

(2) Das Landeskriminalamt ist
1. zuständige Behörde für Anträge nach § 2 Abs. 5 Satz 2 Nr. 2 WaffG und
2. anzuhörende Behörde im Sinne des § 2 Abs. 5 Satz 3 WaffG.

**§ 3.** Der Industrie- und Handelskammer Südthüringen wird nach § 16 Abs. 1 Satz 2 AWaffV die Geschäftsführung für die Abnahme der Fachkundeprüfung nach § 22 Abs. 1 WaffG übertragen.

**§ 4.** Das für Waffenrecht zuständige Ministerium ist zuständig für
1. die Erteilung von Bescheinigungen nach § 55 Abs. 2 Satz 1 WaffG für Personen, die wegen der von ihnen wahrzunehmenden hoheitlichen Aufgaben erheblich gefährdet sind,
2. die Entgegennahme von Verlustanzeigen nach § 37 Abs. 2 WaffG für den in Nummer 1 genannten Personenkreis,
3. die Erteilung von Bescheinigungen in den Fällen des § 56 Satz 1 und 4 WaffG sowie
4. die Mitwirkung im Anerkennungsverfahren nach § 15 Abs. 3 WaffG im Benehmen mit dem für Sport zuständigen Ministerium.

**§ 5.** (1) Sofern das Waffengesetz nicht ausdrücklich etwas anderes bestimmt, ist es nicht anzuwenden auf
1. die Landratsämter und kreisfreien Städte,
2. das Landesverwaltungsamt,
3. die Justizvollzugsbehörden,
4. die Staatsanwaltschaften,

# 13 DVOWaffG

5. die Gerichte,
6. die Industrie- und Handelskammer Südthüringen,
7. das Landesamt für das Mess- und Eichwesen (Beschussamt Suhl) und
8. die Forstbehörden

sowie auf deren Bedienstete, soweit sie dienstlich tätig werden.

(2) Die der Landesregierung nach § 55 Abs. 6 Satz 1 WaffG übertragene Befugnis, durch Rechtsverordnung Ausnahmen von der Anwendung des Waffengesetzes zu regeln, wird den Ministerien für ihren jeweiligen Zuständigkeitsbereich übertragen. Die Ministerien nehmen diese Befugnis im Einvernehmen mit dem für Waffenrecht zuständigen Ministerium wahr.

**§ 6.** Diese Verordnung tritt am Tage nach der Verkündung in Kraft und mit Ablauf des 31. Dezember 2009 außer Kraft. Gleichzeitig mit dem In-Kraft-Treten tritt die Thüringer Verordnung zur Durchführung des Waffen- und Sprengstoffgesetzes vom 7. November 1991 (GVBl. S. 611) außer Kraft.

# 14. Bescheide des Bundeskriminalamtes
## – Auswahl –

## I. Feststellungsbescheide nach § 2 Abs. 5 WaffG
### (Auszug)

**1.** 28. 8. 2003

BAnz. Nr. 165 vom 4. 9. 2003 S. 20138
Gemäß § 2 Abs. 5 iVm. § 48 Abs. 3 WaffG stellt das Bundeskriminalamt fest.

**Rettungsmesser** in Form eines
– Springmessers mit seitlich herausspringender Klinge, die länger als 8,5 cm ist, sowie
– Fallmesser
werden hiermit als **Werkzeug und nicht als Messer** eingestuft, wenn ihre Klinge
– einen nahezu geraden durchgehenden Rücken hat,
– sich zur Schneide hin verjüngt,
– anstelle der Spitze abgerundet und stumpf ist,
– im vorderen Teil hinter der abgerundeten Klingenspitze eine hakenförmige Schneide hat,
– eine gebogene Schneide hat, deren Länge 60% der Klingenlänge nicht übersteigt und
– im hinteren Bereich einen wellenförmigen Schliff aufweist.

Diese Werkzeuge dürfen, da sie nicht dem Waffengesetz unterliegen, ohne waffenrechtliche Erlaubnis hergestellt und vertrieben sowie von jedermann erworben, besessen und geführt werden. Es handelt sich bei diesen Werkzeugen nicht um verbotene Gegenstände, im Sinne des Waffengesetzes.

Diese Einstufung gilt ausschließlich für Werkzeuge mit der oben beschriebenen Klingenart und –form. Abweichungen hiervon machen eine erneute Beurteilung und Einstufung erforderlich.

**2.** 5. 2. 2004
BAnz. Nr. 35 vom 20. 2. 2004 S. 3041

### Bekanntmachung
### eines Feststellungsbescheides gemäß § 2 Abs. 5 des Waffengesetzes
### (WaffG) zur Einstufung von Soft-Nun-Chakus

BAnz. Nr. 35 vom 20. 2. 2004 S. 3041

Gemäß Anlage 2 Abschnitt 1 Nr. 1.3.8 ist der Umgang mit Gegenständen, die nach ihrer Beschaffenheit und Handhabung dazu bestimmt sind, durch Drosseln die Gesundheit zu schädigen, verboten.

Das Bundeskriminalamt stellt hierzu gemäß § 2 Abs. 5 in Verbindung mit § 48 Abs. 3 WaffG fest:

Hierunter fallen auch die sog. Soft-Nun-Chakus, unabhängig davon, wie diese in der Vergangenheit eingestuft wurden.
Die Materialbeschaffenheit und Konstruktion der Geräte im Einzelfall ist hierbei unerheblich.
**Vermerk:** Die Entscheidung ist angefochten.

**3.** 3. 5. 2004
BAnz. Nr. 91 vom 14. 5. 2004 S. 10459

Einstufung von **Spielzeugwaffen**, hier: **getreue Nachahmung**

### Feststellungsbescheid

Der Begriff „getreue Nachahmung von Schusswaffen" wird wie folgt definiert:

Als getreue Nachahmungen einer „echten" Schusswaffe im Sinne des WaffG gelten diese nur, wenn sie ihrem äußeren und inneren Erscheinungsbild (Vorhandensein baulicher Komponenten einer solchen Schusswaffe bis in ihren inneren Mechanismus hinein, zB durch einen Lademechanismus für Patronen oder patronenähnliche Gegenstände) sowie ihren Maßen nach einer echten erlaubnispflichtigen Schusswaffe täuschend ähnlich sehen. Das Anbringen von Originalkennzeichnungen (Beschusszeichen, Firmenbezeichnungen, Herstellungsnummern) verstärkt das äußere Erscheinungsbild einer echten erlaubnispflichtigen Schusswaffe und ist daher als Indiz für eine getreue Nachahmung anzusehen. Das Fehlen derartiger Kennzeichnungen hingegen berührt die Kriterien einer getreuen Nachahmung nicht.

Nicht erforderlich ist, dass es sich um eine originalgetreue Nachahmung eines bestimmten, existierenden
Modells einer erlaubnispflichtigen Schusswaffe handelt.

**4.** 18. 6. 2004 (BAnz. Nr. 122 S. 14 246)

**Waffengesetz (WaffG)**
**Einstufung von Spielzeugwaffen, hier: Festlegung der Energiegrenze**

Auf Grund des § 2 Abs. 5 des Waffengesetzes vom 11. Oktober 2002 (BGBl. I S. 3990) ergeht der folgende

### Feststellungsbescheid

Zur waffenrechtlichen Regelung von Schusswaffen, die zum Spiel bestimmt sind, wird festgestellt:

Als Spielzeug gelten alle Erzeugnisse, die dazu gestaltet oder offensichtlich bestimmt sind, von Kindern im Alter bis 14 Jahren zum Spielen verwendet zu werden. Die Kennzeichnung dieser Erzeugnisse mit dem CE-Kennzeichen kommt eine dahingehende Indizwirkung zu, auf die europäische Spielzeugrichtlinie (Richtlinie des Rates vom 3. Mai 1988 zur Angleichung der Rechtsvorschriften der Mitgliedstaaten über die Sicherheit von Spielzeug – 88/378/EWG, geändert durch Richtlinie 93/68/EWG vom 22. 7. 1993) wird verwiesen,

Die Herabsetzung der Geschossenergie auf 0,08 Joule im Waffenrecht ergibt auf europäischer Ebene Probleme dahingehend. dass Geschossspielzeug, das gemäß den Anforderungen der Spielzeugrichtlinie iVm. der DIN-Norm EN 71-1 mit einer Bewegungsenergie bis zu 0,5 Joule ordnungsgemäß in den Verkehr gebracht wird, unter das Waffengesetz fällt und damit von Kindern unter 14 Jahren nicht benutzt werden darf.

Festellungsbescheide des BKA  **WaffR 14**

Durch diese Regelung im Waffenrecht wird für das Inverkehrbringen dieser Produkte ein Handelshemmnis iSd. Artikel 4 der Spielrichtlinie aufgebaut.

Vor dem Hintergrund des dargelegten Widerspruchs zwischen Waffenrecht und europäischem Recht in diesem Punkt wird bis zu einer Angleichung des Waffenrechts die Energiegrenze für Spielzeugwaffen iSd. Anlage 2 Abschnitt 3 Unterabschnitt 2 Nr. 1 zu § 2 Abs. 3 des WaffG auf 0, 5 Joule festgelegt.

**Anm. des *Verf.*:**

Der Wert von 0,08 J ist vom **Gesetzgeber** im WaffG nF festgelegt worden unter Berufung auf die EG-Spielzeugrichtlinie (Richtlinie 88/378/EWG des Rates vom 3. 5. 1988 zur Angleichung der Rechtsvorschriften der Mitgliedstaaten über die Sicherheit von Spielzeug). In deren Anhang II ist indessen kein Joule-Wert enthalten, weder 0,5 J noch 0,08 J. In den Allgemeinen Grundsätzen des Anhangs II ist unter Buchst. i nur davon die Rede, dass die Bewegungsenergie so beschaffen sein muss, dass keine Gesundheitsschäden auftreten und dass die Verletzungsgefahr durch Projektile nicht unvertretbar hoch sein darf.

Im Hinblick auf die Festlegung des 0,08 J-Wertes durch den Gesetzgeber bedarf es zur Änderung dieses Wertes einer **Gesetzesänderung.** Die Neufestsetzung auf 0,5 J durch das BKA kann eine solche nicht ersetzen (so ausführlich auch *Gade* S. 30 ff.).

**5.** 28. 6. 2004
Mit Rasierklingen bestückter Handschuh

### Feststellungsbescheid

Waffenrechtlich zu beurteilen. ist ein Handschuh, bei dem auf dem Rücken des Ring- und Mittelfingers jeweils eine Rasierklinge angebracht ist.

1. Die **Hieb- und Stoßwaffeneigenschaft** im Sinne der Anlage 1 – Begriffsbestimmungen – (zu § 1 Abs. 4 WaffG) Abschnitt 1, Unterabschnitt 2 – Tragbare Gegenstände –, Nr. 1.1:

    „Gegenstände, die ihrem Wesen nach dazu bestimmt sind, unter unmittelbarer Ausnutzung der Muskelkraft durch Hieb, Stoß, Stich, Schlag oder Wurf Verletzungen beizubringen"

    wird aufgrund der Schärfe der Rasierklingen und deren Anordnung auf dem vorliegenden Handschuh **bejaht.**

2. Die **Verbotsnorm** im Sinne der Anlage 2 – Waffenliste – (zu § 2 Abs. 3 WaffG), Abschnitt 1, Nr. 1.3.1:

    „Hieb- oder Stoßwaffen, die ihrer Form nach geeignet sind, einen anderen Gegenstand vorzutäuschen, oder die mit Gegenständen des täglichen Gebrauchs verkleidet sind"

    kommt **nicht** in Betracht, weil die „Klingen" offen angebracht und jederzeit sichtbar sind.

3. Die **Verbotsnorm** im Sinne der Anlage 2 – Waffenliste – (zu § 2 Abs. 3 WaffG), Abschnitt 1, Nr. 1.3.2:

    „Stahlruten, Totschläger oder Schlagringe"

    kommt **nicht** in Betracht, weil der Handschuh nicht die Eigenschaften eines Schlagringes erfüllt.

**6.** 7. 7. 2004
BAnz. Nr. 141 vom 30. 7. 2004 S. 16885:

### Feststellungsbescheid

Waffenrechtlich zu beurteilen ist ein Messer mit zwei feststehenden, quer zum Griff angeordneten Klingen.
Die Verbotseigenschaft im Sinne der Anlage 2 zu § 2 Abs. 3 WaffG – Waffenliste – Unterabschnitt 1 Nr. 1.4.2:
„feststehende Messer mit einem quer zur Klinge verlaufenden Griff, die bestimmungsgemäß in der geschlossenen Faust geführt oder eingesetzt werden (Faustmesser)"
wird aufgrund der Anordnung der beiden Klingen auf das vorgelegte Messer bejaht.
Diese Einstufung gilt auch für andere Messer, deren beide feststehende Klingen quer zum Griff angeordnet sind.

**7.** 8. 7. 2004
BAnz. Nr. 141 vom 30. 7. 2004 S. 16885:

### Feststellungsbescheid

Waffenrechtlich zu beurteilen ist ein Messer mit drei feststehenden, quer zum Griff angeordneten Klingen.
Die Verbotseigenschaft im Sinne der Anlage 2 zu § 2 Abs. 3 WaffG – Waffenliste – Unterabschnitt 1 Nr. 1.4.2:
„feststehende Messer mit einem quer zur Klinge verlaufenden Griff, die bestimmungsgemäß in der geschlossenen Faust geführt oder eingesetzt werden (Faustmesser)"
wird aufgrund der Anordnung der drei Klingen auf das vorgelegte Messer bejaht.
Diese Einstufung gilt auch für andere Messer, deren drei feststehende Klingen quer zum Griff angeordnet sind.

**8.** 9. 7. 2004
BAnz. Nr. 141 vom 30. 7. 2004 S. 16885:

### Feststellungsbescheid

Waffenrechtlich zu beurteilen ist ein

**Klappmesser mit federunterstütztem Klappmechanismus.**

Eine Zuordnung nach Anlage 1 zu § 1 Abs. 4 WaffG – Begriffsbestimmungen – Abschnitt 1 Unterabschnitt 2 Nr. 2. 1.1 und 2.1.2

„Messer, deren Klinge(n) auf Knopf- oder Hebeldruck hervorschnellen und hierdurch festgestellt werden können (Springmesser),"

kann nicht erfolgen, weil kein Knopf oder Hebel zum Lösen einer Sperrvorrichtung vorhanden ist. Die Klinge wird mit Daumen oder einem Finger der Hand, die das Messer hält, aus dem Griff (wie bei einem üblichen Einhandmesser) ausgeklappt. Der Daumen oder Finger setzt an einem Teil der Klinge (zB angenieteter Knopf) an und drückt die Klinge aus dem Griff heraus. Nachdem die Klinge ca. 3 cm ausgeklappt ist, wird sie von einer vorgespannten Feder ganz ausgeklappt. Die ausgeklappte Klinge wird selbstständig arretiert.

Die **Verbotseigenschaft** im Sinne der Anlage 2 zu § 2 Abs. 3 WaffG – Waffenliste – Unterabschnitt 1 Nr. 1.4.1

„Spring- und Fallmesser nach Anlage 1 Abschnitt 1 Unterabschnitt 2 Nr. 2.1.1 und 2.1.2. Hiervon ausgenommen sind Springmesser, wenn die Klinge seitlich aus dem Griff herausspringt und der aus dem Griff herausragende Teil der Klinge
– höchstens 8,5 cm lang ist,
– in der Mitte mindestens eine Breite von 20 von Hundert ihrer Länge aufweist,
– nicht zweiseitig geschliffen ist und
– einen durchgehenden Rücken hat, der sich zur Schneide hin verjüngt"
wird aufgrund der oben beschriebenen Funktionsweise bei diesem Messer **verneint.**

Diese Einstufung gilt auch für andere Messer mit der oben beschriebenen Funktionsweise.

**9.** 16. 11. 2004
BAnz. Nr. 231, S. 23698

## Feststellungsbescheid

Waffenrechtlich zu beurteilen ist ein Messer (Gesamtlänge 8 cm) mit einem ca. 3 cm kurzen Griff, bekannt auch als so genanntes „Scheckkartenmesser".

[bildliche Darstellung]

Das Messer ist, zusammen mit kleinen Werkzeugen, in einem scheckkartenähnlichen Behältnis untergebracht und als solches **nicht** zu erkennen'

Die Prüfung, ob es sich um einen Gegenstand handelt, der seiner Form nach geeignet ist, einen anderen Gegenstand vorzutäuschen (Nummer 1.3.1 der Anlage 2 Abschnitt 1 WaffG), führt zu dem Ergebnis, dass die Form und der Schliff der Klinge mit dem offensichtlich durchgehenden Rücken, die Klingenlänge (auch im Verhältnis zur Klingenbreite) sowie deren Auskerbung dafür sprechen, dass es sich hier nicht um eine Hieb- und Stoßwaffe und damit auch **nicht** um einen verbotenen Gegenstand im Sinne des § 2 Abs. 3 in Verbindung mit Anlage 2 Abschnitt 1 Nummer 1.3.1 handelt.

Das Messer hat einen für ein Messer untypischen Griff. Zur Prüfung stand daher, ob es sich hier um ein verbotenes Faustmesser im Sinne der Nummer 1.4.2 der Anlage 2 Abschnitt 1 zum WaffG handelt.

Die Prüfung ergab, dass eine zweckmäßige und sichere Handhabung des Scheckkartenmessers nur möglich ist, wenn der Zeigefinger in der bogenförmigen Ausbuchtung den Griff umfasst und der Daumen von oben auf den Klingenrücken drückt. Dabei wird das Messer mit dem Daumen fixiert. Der kurze Griff ermöglicht nicht das Abstützen in der Handfläche und das für ein Faustmesser kraftvolle Zustoßen und energische Zurückziehen der Klinge.

Das Messer ist keine Waffe im Sinne des Waffengesetzes, es handelt sich um einen Gegenstand des täglichen Lebens.

Die gemäß § 2 Abs. 5 WaffG geforderte Länderanhörung wurde durchgeführt.

**10.** 23. 11. 2004

### Feststellungsbescheid

Waffenrechtlich zu beurteilen sind Geräte zum Abschießen für sogenannte Apportierdummys, die in der Hundeausbildung, insbesondere bei Jägern Anwendung finden:

1. Modell Rapid-Launcher, Kaliber 9 mm P. A. Knall,
   Hersteller/Vertreiber: Firma Röhm, Sontheim;
2. Modell Telebock, Kaliber 9 mm-R Knall;
3. Modell Dummy-Launcher, Kaliber 9 mm-R Knall,
   Hersteller/Vertreiber: Firma Sportartikel König, Bretzfeld;
4. Modell Dummy-Launcher, Kaliber 5,6 × 16 mm Knall
   Hersteller/Vertreiber: Hundeartikel „vom Fichtenhof", 28832 Achim

Die Geräte unterliegen der nach Beschussgesetz vorgeschriebenen Bauartzulassung.

Zu Gerät 1 (Rapid-Launcher der Fa. Röhm):
Das Gerät wurde auf der Basis einer 8-schüssigen Schreckschusspistole des Typs Röhm RG 96, Kal. 9 mm P. A. Knall entwickelt. Im Unterschied zu dieser Schreckschusswaffe wird bei dem Rapid Launcher für den genannten Zweck der Gaslauf dauerhaft mit einem Rohr verlängert. Diese Verlängerung dient als Führung für den Apportierbock. Die Mündung der Laufverlängerung ist deltaförmig aufgeteilt, damit das Vorladen und gezielte Verschießen von anderen Geschossen nicht möglich ist. Das Gerät der Firma Röhm erhielt die PTB-Zulassungs-Nr. 795.

Zu Gerät 2 (Telebock):
Dieses Gerät ist einschüssig. Als Antrieb dient Kartuschenmunition im Kal. 9mmR. Es gibt ein weiteres Gerät „Teleboc" der Fa. Teletakt mit PTB-Zulassung mit der Zulassungsnummer 141. Dieses Gerät wird mit der dafür bestimmten Kartuschenmunition Kaliber 5,6 × 16 mm verwendet.

Zu Gerät 3 (Dummy-Launcher):
Das Gerät ist einschüssig. Als Antrieb dient Kartuschenmunition im Kal. 9 mm R. Das Vorladen und gezielte Verschießen von anderen Geschossen ist nicht möglich. Das Gerät der Sportartikel König GmbH, Bretzfeld, erhielt die PTB-Zulassungs-Nr. 859.

Zu Gerät 4 (Dummy-Launcher):
Hierfür gilt das gleiche wie zu Gerät 3, es wird jedoch in einem anderen Kaliber angeboten.

### Beurteilung:

Für die vorgenannten Geräte ist der Schusswaffenbegriff iSd Nr. 1.1 der Anlage 1 zu § 1 Abs. 4 WaffG – Begriffsbestimmungen – Abschnitt 1 Unterabschnitt 1 zu verneinen, da kein Geschoss durch einen Lauf getrieben wird.

Es war zu prüfen, ob es sich um gleichgestellte Gegenstände iSd Nr. 1.2 der Anlage 1 zu § 1 Abs. 4 WaffG – Begriffsbestimmungen – Abschnitt 1 Unterabschnitt 1 handelt. Dazu muss es sich jeweils um einen Gegenstand zum Abschießen von Munition für die in Nummer 1.1 genannten Zwecke (Angriff oder Verteidigung, Signalgebung, zur Jagd, zur Distanzinjektion, zur Markierung, zum Sport oder zum Spiel) handeln.

Waffenrechtlich ist unbestritten, dass zur Jagd verwendete Waffen unter den Waffenbegriff des WaffG fallen. Das vorliegende Gerät findet jedoch bei der direkten Jagdausübung keine Verwendung, somit steht die Zweckbestimmung zur Jagd hier außen vor.

Festellungsbescheide des BKA  **WaffR 14**

Das Trainieren und Abrichten von Hunden zur Jagd oder im Rahmen des Hundesports fällt auch nicht unter den waffenrechtlich definierten Begriff „Sport". Waffenrechtlich ist die unmittelbar auf den Menschen bezogene Verwendung der Waffe bzw. des Gegenstandes erforderlich, zB um die Leistungsfähigkeit des Sportschützen im gegenseitigen Leistungsvergleich zu steigern.

**Ergebnis:**

Die in Rede stehenden Gegenstände sind **nicht** zum Abschießen von Munition für die in Nummer 1.1 der Anlage 1 zu § 1 Abs. 4 WaffG – Begriffsbestimmungen – Abschnitt 1 Unterabschnitt 1 genannten Zwecke bestimmt.

Somit handelt es sich **nicht** um den Schusswaffen gleichgestellte Geräte iSd Nr. 1.2 der Anlage 1 zu § 1 Abs. 4 WaffG – Begriffsbestimmungen – Abschnitt 1 Unterabschnitt 1.

Damit sind die Vorschriften des § 10 Abs. 4 iVm Anlage 2 zu § 2 Abs. 2 bis 4 WaffG – Waffenliste – Abschnitt 2 Unterabschnitt 3 Nr. 2 und 2.1 (Kleiner Waffenschein) und § 10 Abs. 5 WaffG (Schießerlaubnis) nicht anzuwenden.

Der Feststellungsbescheid gilt für die vorgenannten und baugleiche Geräte, mit PTB-Zulassung.

Die gem. § 2 Abs. 5 WaffG geforderte Länderanhörung wurde durchgeführt.

**11.** 3. 2. 2005 (BAnz. Nr. 32, S. 2461)
**Kugelschreibermesser/Brieföffner**

**Feststellungsbescheid**

Es handelt sich bei dem zugrunde liegenden Gegenstand der äußeren Form nach um einen klassischen Kugelschreiber, bei dem nach dem Abziehen bzw. Abschrauben der hinteren Kappe ein Messer sichtbar wird.

Es ist zu prüfen, ob es sich um einen Gegenstand im Sinne der Nummer 1.3.1 der Anlage 2 zu § 2 Abs. 3 WaffG, Abschnitt 1, handelt.

Auf Grund der geringen Klingenlänge, des durchgehenden Rückens, des einseitigen Schliffs der Klinge und des Griffs, dessen Formgebung für ein kraftvolles Zustoßen ungeeignet erscheint, da ein Abrutschen der Hand zur Klinge hin nicht verhindert wird, wird die Hieb- und Stoßwaffeneigenschaft verneint.

Als Ergebnis handelt es sich bei derart ausgestalteten Kugelschreibermessern nicht um eine Hieb- und Stoßwaffe und damit auch nicht um einen verbotenen Gegenstand im Sinne der oben angegebenen Verbotsnorm.

Der beurteilte Gegenstand ist keine Waffe im Sinne des WaffG, es handelt sich um einen Gegenstand des täglichen Lebens.

Diese Einstufung gilt für alle Kugelschreibermesser, die mit den oben angegebenen Merkmalen bezüglich der Klingenlänge und des Griffs ausgestattet sind.

Die nach § 2 Abs. 5 WaffG geforderte Länderanhörung wurde durchgeführt.

**12.** 4. 3. 2005 (BAnz. Nr. 57, S. 4431)
Feststehendes Messer mit schlagring-ähnlichen Griffen

**Feststellungsbescheid**

Bei Schlagringen handelt es sich in der Regel um aus Metall hergestellte und der Hand angepasste Nahkampfwaffen. Der in der Hand liegende Teil ist mit Öffnungen für die Finger versehen; an der Schlagseite (über den Fingern liegend) sind üblicherweise mehr oder weniger ausgeprägte Spitzen vorhanden. Zur Erhöhung der Schlagkraft stützen sich Schlagringe an der Innenhand ab.

Bei Messern mit einer ringartig um die Fingerglieder verlaufenden Metallarmierung stellt sich die Frage, ob hier eine Zweckbestimmung als Schutzbügel bzw. Handschutz oder eine Zweckbestimmung als Schlagwaffe vorliegt. Die Zweckbestimmung als bloßer Handschutz ist dann erfüllt, wenn durch den Griffbügel aufgrund seiner Breite ein Großteil des Handrückens abgedeckt und somit eine Schutzfunktion eindeutig erkennbar ist. Dadurch verteilt sich die Energie bei einem Schlag auf eine große Fläche, was gegen die Zweckbestimmung als Schlagwaffe spricht.

Bei Messern mit einem über der Faust liegenden, ganz oder überwiegend geschlossenen Metallsteg, der mit seiner Schmalseite und mehr oder weniger ausgeprägten Spitzen zur Schlagseite zeigt, dient dieser Steg auch als Schlagwaffe. Durch die so gestaltete Schlagleiste wird die durch Faustschläge erzielbare Auftreffenergie beträchtlich erhöht. Mit dem kompakten Messergriff stützt sich die Schlagleiste an der Innenhand ab.

Die Verbotseigenschaft im Sinne der Anlage 2 zu § 2 Abs. 3 WaffG – Waffenliste – Abschnitt 1 Nr. 1.3.2:

„… Schlagringe;"

wird daher für derartige Messer bejaht.

Diese Einstufung gilt auch für alle Messer, deren Griff als Schlagring ausgebildet ist.

Die nach § 2 Abs. 5 WaffG geforderte Länderanhörung wurde durchgeführt.

**13.** 8. 3. 2005 (BAnz. Nr. 57, S, 4431)
Messer, dessen Klinge abgeklappt und in einer Position im 90-Grad-Winkel quer zum Griff arretiert werden kann

### Feststellungsbescheid

Es stellt sich die Frage, ob es sich um ein verbotenes Faustmesser im Sinne der Anlage 2 zu § 2 Abs. 3 WaffG, Abschnitt 1 Nr. 1.4.2, handelt, wenn die Klinge im 90-Grad-Winkel seitlich quer zum Griff arretiert ist:

Ausgehend von Sinn und Zweck des Verbotes ist das vorliegende Messer durch die mögliche Arretierung der Klinge im 90-Grad-Winkel zum Griff zur Anwendung wie in der Begründung angegeben geeignet. Es lässt sich mit abgeklappter, arretierter Klinge genau so einsetzen oder verwenden wie ein verbotenes Faustmesser. Die Möglichkeit, die Klinge wie bei einem herkömmlichen Fahrtenmesser zu arretieren, ändert nichts an den Eigenschaften als Faustmesser.

Ausschlaggebend für das Verbot von Faustmessern ist einerseits die Eignung durch ihre Verwinkelung vom Griff zur Klinge zum Zufügen besonders schwerer Verletzungen auf Grund des Drucks, der auf die Klinge ausgeübt werden kann, andererseits ist es bei ihnen besonders schwer, einem Angriff auszuweichen.

Nach dem Willen des Gesetzgebers wäre hier abweichend vom reinen Wortlaut der Norm auch dieses Messer als Faustmesser und somit als verboten anzusehen.

Die Verbotseigenschaft im Sinne der Anlage 2 zu § 2 Abs. 3 WaffG – Waffenliste – Abschnitt 1 Nr. 1.4.2:

„feststehende Messer mit einem quer zur Klinge verlaufenden Griff, die bestimmungsgemäß in der geschlossenen Faust geführt oder eingesetzt werden (Faustmesser)";

wird daher auch für derartige Messer bejaht.

Festellungsbescheide des BKA  **WaffR 14**

**14.** 21. 4. 2005 (BAnz. Nr. 85, S. 7121)
Streitaxtähnlicher Gegenstand

**Feststellungsbescheid**

Waffenrechtlich zu beurteilen ist ein **streitaxtähnlicher Gegenstand**

[Abbildung]

Es ist zu prüfen, ob es sich um einen Gegenstand iS der Ziffer 1.4.2 der Anlage 2 zu § 2 Abs. 3 WaffG, Abschnitt 1, handelt.

Bei Inaugenscheinnahme des Gegenstandes ist festzustellen, dass eine Handhabung in der geschlossenen Faust durch die Ausgestaltung mit „Dornfortsätzen" nicht möglich ist.

Der Gegenstand ist an der linken Seite im Original mit einem ca. 50 bis 60 cm langen Holzstiel versehen. Aus Abbildungen mit dem Stiel ist ersichtlich, dass die Zweckbestimmung in einer Handhabung als Streitaxt, Hellebarde o. ä. liegt.

Die **Verbotseigenschaft** im Sinne der Anlage 2 zu § 2 Abs. 3 WaffG – Waffenliste – Abschnitt 1, Nr. 1.4.2:

„... (Faustmesser);"

wird daher **verneint**.

Es handelt sich hier um eine Hieb- und Stoßwaffe iSd Anlage 1 zu § 1 Abs. 4 WaffG- Begriffsbestimmungen- Abschnitt 1 Unterabschnitt 2 Nr. 1.1.

**15.** 20. 7. 2005 (BAnz. Nr. 143 S. 11764)

**Feststellungsbescheid**

Waffenrechtlich zu beurteilen sind

**Teleskop-Schlagstöcke**

Bei Teleskopschlagstöcken handelt es sich um Hieb- und Stoßwaffen, die teleskopartig aus- bzw. zusammengeschoben werden können.

Zur Beurteilung lagen hier Schlagstöcke vor, die entweder mechanisch mit Federkraft oder durch eine Schleuderbewegung ausgeschoben werden können. Im ausgeschobenen Zustand sind die Schlagstöcke starr, ein Einschieben ist nur nach größerem Kraftaufwand möglich.

Die **Verbotseigenschaft** im Sinne der Anlage 2 zu § 2 Abs. 3 WaffG – Waffenliste – Abschnitt 1, Nr. 1.3.1

„Hieb- oder Stoßwaffen, die ihrer Form nach geeignet sind, einen anderen Gegenstand vorzutäuschen, oder die mit Gegenständen des täglichen Gebrauchs verkleidet sind,"

wird **verneint**.

Bei Teleskopschlagstöcken handelt es sich um Hieb- und Stoßwaffen iSd. § 1 Abs. 2 Nr. 2 Buchst. – a – iVm. § 1 Abs. 4 WaffG.

**16.** 15. 8. 2005.

### Feststellungsbescheid

Waffenrechtlich zu beurteilen ist

a) **ehemalige Patronenmunition ohne Treibladung, deren Geschosse Leuchtspur-, Brand- oder Sprengsätze enthalten**
   **sowie**
b) **Geschosse mit Leuchtspur-, Brand- oder Sprengsatz.**

Zu prüfen war, ob es sich bei o. a. Gegenständen um unpatronierte pyrotechnische Munition iSd. Anlage 1 zu § 1 Abs. 4 WaffG – Begriffsbestimmung(en) – Abschnitt 1, Unterabschnitt 3, Ziffer 1.4.2 handelt.

### Zu a)

Anlage 1 zu § 1 Abs. 4 WaffG – Begriffsbestimmungen – Abschnitt I Unterabschnitt 3 Ziffer 1.4 definiert pyrotechnische Munition als

..."Munition, in der explosionsgefährliche Stoffe oder Stoffgemische – pyrotechnische Sätze, Schwarzpulver – enthalten sind, die einen Licht-, Schall-, Rauch- oder ähnlichen Effekt erzeugen und keine zweckbestimmte Durchschlagskraft im Ziel entfalten"...

Geschosse mit Leuchtspur-, Brand- oder Sprengsätzen verfolgen immer den Zweck, im Ziel eine Wirkung zu entfalten. Neben der üblichen Durchschlagskraft der Geschosse haben solche mit Sprengsätzen die zusätzliche Wirkung zB der Aufsprengung des Zieles, während solche mit Brandsätzen das Ziel in Brand setzen. Mit dem Leuchtspurgeschoss erhält der Schütze zusätzlich die Möglichkeit, die Flugbahn und den Auftreffpunkt des Geschosses zu beobachten. Brand- und Sprengsätze entfalten Ihre Wirkung direkt im Ziel.

Eine Einstufung als unpatronierte pyrotechnische Munition ist somit nicht möglich.

Die Einstufung unter die Begriffsbestimmung im Sinne der Anlage 1 zu § 1 Abs. 4 WaffG – Begriffsbestimmungen – Abschnitt 1, Unterabschnitt 3, Ziffer 1. 4

„pyrotechnische Munition";

wird **verneint.**

### Zu b)

Geschosse mit Leuchtspur-, Brand- oder Sprengsatz sind waffenrechtlich in Anlage 1 zu § 1 Abs. 4 WaffG – Begriffsbestimmungen – Abschnitt 1 Unterabschnitt 3 Ziffer 3 f. definiert, unterliegen aber waffenrechtlich keiner besonderen Erlaubnispflicht.

Patronenmunition ohne Treibladung, d. h. delaborierte Munition, ist standardmäßig mit einer Bohrung in der Hülse versehen. In den Begriffsbestimmungen des WaffG ist delaborierte Munition nicht definiert. Waffenrechtliche Einschränkungen sowie Einschränkungen nach KWKG liegen dafür nicht vor. Das gleiche gilt somit für delaborierte Munition mit einem Leuchtspur-, Brand- oder Sprengsatzgeschoss.

Dieser Bescheid gilt für o. g. Gegenstände nur, sofern diese in ihren Abmaßen Munition für Jagd- und Sportwaffen betrifft. Auf Ziffer VIII, Nr. 50 der KW-Liste wird in diesem Zusammenhang hingewiesen.

Festellungsbescheide des BKA **WaffR 14**

**17. 2. 10. 2005**

### Feststellungsbescheid
### Selbstladebüchsen Super Varmint / Super Match, Hersteller: Les Baer Custom Inc., Kal. .223 Rem.

Die Beurteilung der vorgenannten Schusswaffen führte zu folgendem Ergebnis:

1. bis 2 *(hier nicht wiedergegeben)*
3. Die o. a. Schusswaffen sind **keine** Kriegswaffen im Sinne des Gesetzes über die Kontrolle von Kriegswaffen in der Fassung der Bekanntmachung vom 22. 11. 1990 (BGBl. I S 2506, zuletzt geändert durch Artikel 3 des WaffRNeuRegG, BGBl I, Seiten 3970 ff).
4. Es handelt sich bei den o. a. Schusswaffen um halbautomatische Selbstladelangwaffen im Sinne der Anlage 1 zu § 1 Abs. 4 WaffG, Abschnitt 1, Unterabschnitt 1, Ziffer 2.3 und 2.6.
5. Die o. a. Schusswaffen sind in die Kategorie – B – gem. Anlage 1 zu § 1 Abs. 4 WaffG, Abschnitt 3, Ziffer 2.4 einzuordnen.
6. Die o. a. Schusswaffen sind **nicht** nach Anlage 2 zu § 2 Abs. 3 WaffG (Waffenliste), Abschnitt 1, Ziffer 1.2.1 und 1.2.3 verboten.
7. Die o. a. Schusswaffen können aufgrund einer Erlaubnis nach § 10, 17 oder 21 WaffG bzw. § 15 BJagdG (iVm. § 13 WaffG) erworben werden.
8. Die o. a. Schusswaffen sind **nicht** von dem Verbot zur schießsportlichen Verwendung nach § 6 Absatz 1 AWaffV erfasst, sofern sie mit Magazinen verwendet werden, deren Kapazität 10 Patronen nicht übersteigt.
Voraussetzung ist jedoch, dass die Schusswaffen für die Schießwettbewerbe des für den jeweiligen Waffenbesitzer zuständigen Schießsportverbandes zugelassen sind.

**Begründung zur Beurteilung:**

*1. und 2 (hier nicht abgedruckt)*
3. Die Waffengehäuse der o. a. Schusswaffen sind werksseitig so hergestellt, dass zwar die Verschlüsse von Kriegswaffen der Baureihe AR 15 bzw. M16 eingesetzt, aber nur zur Abgabe einer halbautomatischen Schussfolge verwendet werden können. Ferner sind die Verschlüsse der o. a. Schusswaffen so hergestellt, dass sie in Kriegswaffen der Baureihe AR 15/M 16 nur zur Abgabe einer halbautomatischen Schussfolge verwendet werden können. Diese Verwendungsmöglichkeit entspricht der Selbstladebüchse Colt AR 15 – Sporter (Zivilversion des US Sturmgewehres M 16/AR 15), welche vom Bundesministerium für Wirtschaft und Arbeit mit Schreiben vom 4. 6. 2003 – Az.: V B 3–10 17 84/100 – Pr – als **keine** Kriegswaffe iSd. KWKG eingestuft wurde.
Die o. a. Schusswaffen haben zivil gefertigte Matchläufe (Länge: von 18 bis 24 Zoll), deren Außendurchmesser dicker als das Rohr der Kriegswaffe AR 15/M 16 sind.
4. Bei den o. a. Schusswaffen kann durch eine einmalige Betätigung des Abzugs jeweils nur ein Schuss abgegeben werden. Die Schusswaffen sind daher **Halbautomaten** im Sinne der Anlage 1 zu § 1 Abs. 4 WaffG, Abschnitt 1, Unterabschnitt 1, Ziffer 2.3,
2. Alternative.
Lauf (zB bei 18 Zoll Länge) und Verschluss der o. a. Schusswaffen sind in geschlossener Stellung insgesamt länger als 30 cm. Weiterhin sind die Schusswaffen in ihrer kürzesten bestimmungsgemäß verwendbaren Gesamtlänge länger als

60 cm und somit Langwaffen im Sinne der Anlage 1 zu § 1 Abs. 4 WaffG, Abschnitt 1, Unterabschnitt 1, Ziffer 2.6.
5. Die o. a. Schusswaffen sind **halbautomatische Lang-Schusswaffen,** deren Magazin und Patronenlager mehr als drei Patronen aufnehmen können und sind somit in die Kategorie „B" gem. Anlage 1 zu § 1 Abs. 4 Waffe. Abschnitt 3. Ziffer 2.4 einzuordnen.
6. Die o. a. Schusswaffen werden **nicht** als Vollautomaten im Sinne der Anlage 1 zu § 1 Abs. 4 Waffe, Abschnitt 1, Unterabschnitt 1, Ziffer 2.3 hergestellt.

   Sie (ist) *sind* daher **nicht** als automatische Schusswaffen im Sinne von Anlage 1 zu § 1 Abs. 4 WaffG, Abschnitt 1, Unterabschnitt 1, Ziffer 2.3 Satz 3 anzusehen und unterliegen auch **nicht dem Verbot** nach Anlage 2 zu § 2 Abs. 3 Waffe (Waffenliste), Abschnitt 1, Nr. 1.2.1.

   Im übrigen erscheint ein Umbau der o. a. Schusswaffen unter der Verwendung allgemein gebräuchlicher Mittel in eine Schusswaffe, aus der in vollautomatischer Weise geschossen werden kann, aus sachverständiger Sicht ausgeschlossen.

   Die o. a. Schusswaffen haben einen Festschaft und lassen sich nur in der für Schusswaffen dieser Art üblichen Weise zerlegen.

   Sie unterliegen somit **nicht** dem Verbot nach Anlage 2 zu § 2 Abs. 3 Waffe (Waffenliste), Abschnitt 1 Nr. 1.2.3.
7. Die o. a. Schusswaffen sind weder Kriegswaffen iSd. KWKG noch verbotene Schusswaffen iSd. WaffG. Sie unterliegen keinen waffenrechtlichen Befreiungsvorschriften. Somit können sie aufgrund einer Erlaubnis nach § 10, 17 oder 21 WaffG bzw. § 15 BJagdG (iVm. § 13 WaffG) erworben werden, sofern die sonstigen waffenrechtlichen bzw. jagdrechtlichen Voraussetzungen gegeben sind.
8. Die o. a. halbautomatischen Schusswaffen sind keine *„halbautomatische(n) Schusswaffen, die ihrer äußeren Form nach den Anschein einer vollautomatischen Kriegswaffe hervorruft, die Kriegswaffe im Sinne des Gesetzes über die Kontrolle von Kriegswaffen ist"* (§ 6 Abs. 1 Nr. 2 AWaffV), weil sie **keiner** vollautomatischen Kriegswaffe der Baureihe AR 15/M *16* bis ins Detail gleicht.

   Dass die o. a. Schusswaffen eine weiterentwickelte Zivilversion der Kriegswaffentypen AR 15/M 16 sind, ist zB durch das fast gleich aussehende Waffengehäuse erkennbar. Die Schusswaffen sind mit einem für Kriegswaffen untypischen dicken Matchlauf (in stainless) ausgestattet.

   Die o. a. Schusswaffen haben auch **keines** der drei „verbotsbegründenden" Merkmale gemäß § 6 Abs. 1 Nr. 2 Buchstaben – a – bis – c – AWaffV.

   **Die o. a. Schusswaffen sind aus den vorgenannten Gründen nicht von dem Verbot zur schießsportlichen Verwendung (§ 6 Absatz 1 AWaffV) erfasst.**

   Die Voraussetzung dazu ist jedoch, dass nur Magazine verwendet werden, deren Kapazität 10 Patronen nicht übersteigt und dass die Schusswaffen für die Schießwettbewerbe des für den jeweiligen Waffenbesitzer zuständigen Schießsportverbandes zugelassen sind.

### Hinweise:

1. Nach § 2 Absatz 5 Ziffer 2 Satz 2 WaffG wurden die zuständigen Bundes- und Landesbehörden zu dem obigen Antrag angehört.
2. Dieser Feststellungsbescheid bezieht sich auf die beiden o. a. Musterwaffen-Modelle „Super Varmint" und „Super Match" sowie die unwesentlich davon abweichende Version „IPSC Action Modell". Der Feststellungsbescheid gilt nicht für deren Modifikationen, Nachbauten etc.

Festellungsbescheide des BKA  **WaffR 14**

3. Durch diesen Bescheid bleibt die evtl. Notwendigkeit waffenrechtlicher oder sonstiger Erlaubnisse unberührt.

**Anlage: 1 Abbildung** (hier nicht wiedergegeben)

**18. 6. 12. 2005** (BAnz. Nr. 239 vom 17. 12. 2005 S. 16769)

### Feststellungsbescheid

Waffenrechtlich zu beurteilen ist eine

**Stichwaffe, die aus zwei ineinander steckbaren Stockschwertern mit einer Gesamtlänge von 67 cm und einer Klingenlänge von 26 cm und 26,5 cm besteht.**

Der Stab ist 67 cm lang, schwarz mit edelstahlfarbenen Metallabschlusskappen und einem edelstahlfarbenen Mittelstück mit Arretierung. Durch Lösen der Arretierung und Auseinanderziehen des Stabes kommen zwei Klingen zum Vorschein. Beide Klingen sind ineinander gesteckt als solche **nicht** zu erkennen und täuschen einen anderen Gegenstand (Majoretten-Stab) vor.

Die Klingen sind beidseitig geschliffen, 26 bzw. 26,5 cm lang und 1,5 cm breit.

Aufgrund der Form der beidseitig geschliffenen Klingen und der Klingenlänge (auch im Verhältnis zur Klingenbreite) ist die Hieb- und Stoßwaffeneigenschaft im Sinne der Ziffer 1.1 der Anlage 1 zu § 1 Absatz 4 -Begriffsbestimmungen-, Abschnitt 1 Unterabschnitt 2 WaffG gegeben.

Die **Verbotseigenschaft** im Sinne der Anlage 2 zu § 2 Abs. 3 WaffG – Waffenliste – Abschnitt 1, Nr. 1.3.1:

„Hieb- oder Stoßwaffen, die ihrer Form nach geeignet sind, einen anderen Gegenstand vorzutäuschen, oder die mit Gegenständen des täglichen Gebrauchs verkleidet sind"

wird daher für derartige Messer **bejaht.**

**19. 6. 12. 2005**

### Feststellungsbescheid

**Selbstladebüchsen der Sabre Defence Industries Ltd., Northolt Middlesex UB5 5QJ – UK:**

1. **Modell XR 15 – Benchrest 20,** mit festem Hinterschaft,
    Kaliber: .223 Rem., Lauflänge: 50,8 cm, Waffenlänge: 101 cm;
2. **Modell XR 15 – Benchrest 24,** mit festem Hinterschaft,
    Kaliber: .223 Rem., Lauflänge: 60,9 cm, Waffenlänge: 111 cm;
3. **Modell XR 15 – Competition 16,75,** mit festem Hinterschaft,
    Kaliber: .223 Rem., Lauflänge: 42,5 cm, Waffenlänge: 93 cm;
4. **Modell XR 15 – Competition 20,** mit festem Hinterschaft,
    Kaliber: .223 Rem., Lauflänge: 50,8 cm, Waffenlänge: 101 cm;
5. **Modell XR 15 – Hunter,** mit festem Hinterschaft,
    Kaliber: .223 Rem., Lauflänge: 60,9 cm, Waffenlänge: 111 cm;
6. **Modell XR 15 – Carbine,** mit festem Hinterschaft,
    Kaliber: 9 mm Luger (9 × 19 mm), Lauflänge: 42,5 cm, Waffenlänge: 93 cm;
7. **Modell XR 15–22,** mit festem Hinterschaft,
    Kaliber: .22 l. r. (5,6 mm 1fB), Lauflänge: 42,5 cm, Waffenlänge: 93 cm;

die Gegenstand Ihres o. a. Antrages sind, wird aufgrund der Auswertung der von Ihnen vorgelegten Unterlagen sowie der von Ihnen gemachten Angaben und der Prüfung der vorgelegten Musterwaffen (Waffen der Nr. 1–5 + Nr. 7) zu den Schusswaffen gemäß § 2 Abs. 5 WaffG Folgendes im Ergebnis festgestellt:

**Ergebnis der Beurteilung:**

I. Die o. a. Schusswaffen waren noch nicht Gegenstand einer Anfrage nach § 2 Abs. 5 WaffG.

II. Das berechtigte Interesse i. S. d. § 2 Abs. 5 Nr. 1 WaffG für den o. a. Antrag haben Sie glaubhaft gemacht.

III. Die o. a. Schusswaffen sind keine Kriegswaffen im Sinne des Gesetzes über die Kontrolle von Kriegswaffen (KWKG) in der Fassung der Bekanntmachung vom 22. 11. 1990 (BGBl. I S. 2506, zuletzt geändert durch Artikel 3 des WaffRNeuRegG, BGBl. I, Seiten 3970 ff.).

IV. Es handelt sich bei den o. a. Schusswaffen um halbautomatische Selbstladelangwaffen im Sinne der Anlage 1 zu § 1 Abs. 4 WaffG, Abschnitt 1, Unterabschnitt 1, Ziffer 2.3 und 2.6.

V. Die o. a. Schusswaffen sind in die Kategorie – B – gem. Anlage 1 zu § 1 Abs. 4 WaffG, Abschnitt 3, Ziffer 2.4 einzuordnen.

VI. Die o. a. Schusswaffen sind **nicht** nach Anlage 2 zu § 2 Abs. 3 WaffG (Waffenliste), Abschnitt 1, Ziffer 1.2.1 und 1.2.3 verboten.

VII. Die o. a. Schusswaffen können aufgrund einer Erlaubnis nach §§ 10, 17 oder 21 WaffG bzw. § 15 BJagdG (i. V. m. § 13 WaffG) erworben werden.

VIII. Die o. a. Schusswaffen sind **nicht** von dem **Verbot** zur schießsportlichen Verwendung nach § 6 Absatz 1 AWaffV **erfasst**, sofern sie mit Magazinen verwendet werden, deren Kapazität **10 Patronen** nicht übersteigt.

Voraussetzung ist jedoch, dass die Schusswaffen für die Schießwettbewerbe des für den jeweiligen Waffenbesitzer zuständigen Schießsportverbandes zugelassen sind.

**Begründung, der Beurteilung:**

I. Es wurden bisher **keine** weiteren Anträge gemäß § 2 Abs. 5 WaffG bezüglich der o. a. Schusswaffen gestellt.

II. Sie beabsichtigen, als Importeur die oben genannten Schusswaffen zu importieren und im Geltungsbereich des WaffG zu vertreiben. Das berechtigte Interesse an der Entscheidung nach § 2 Absatz 5 Nr. 1 WaffG ist damit glaubhaft gemacht.

III. Die Waffengehäuse der o. a. Schusswaffen sind werksseitig so hergestellt, dass zwar die Verschlüsse von Kriegswaffen der Baureihe AR 15 bzw. M16 eingesetzt, aber nur zur Abgabe einer halbautomatischen Schussfolge verwendet werden können.

Ferner sind die Verschlüsse der o. a. Schusswaffen so hergestellt, dass sie in Kriegswaffen der Baureihe AR 15 / M 16 nur zur Abgabe einer halbautomatischen Schussfolge verwendet werden können. Diese Verwendungsmöglichkeit entspricht der Selbstladebüchse Colt AR 15 – Sporter (Zivilversion des US Sturmgewehres M 16 / AR 15), welche vom Bundesministerium für Wirtschaft und Arbeit mit Schreiben vom 4. 6. 2003 – Az.: V B 3–10 17 84/100 – Pr – **als keine Kriegswaffe** iSd. KWKG eingestuft wurde.

Mit seinem Schreiben vom 14. 4. 2003 – Az.: V B 3–10 17 03 – Pr – an die Firma Schumacher, Krefeld, hat das Bundesministerium für Wirtschaft und

Festellungsbescheide des BKA  **WaffR 14**

Arbeit, Referat V B 3, 53 107 Bonn festgestellt, dass die Vorschriften des KWKG auf die Schusswaffen des Modells XR 15 in den Kalibern .223 Rem., .22 l. r. und 9 mm Luger nicht anwendbar sind.

IV. Bei den gegenständlichen Schusswaffen kann durch eine einmalige Betätigung des Abzugs jeweils nur ein Schuss abgegeben werden. Die Schusswaffen sind daher **Halbautomaten** im Sinne der Anlage 1 zu § 1 Abs. 4 WaffG, Abschnitt 1, Unterabschnitt 1, Ziffer 2.3, 2. Alternative.

Lauf und Verschluss der o. a. Schusswaffen sind in geschlossener Stellung insgesamt länger als 30 cm. Weiterhin sind die Schusswaffen in ihrer kürzesten bestimmungsgemäß verwendbaren Gesamtlänge länger als 60 cm und somit **Langwaffen** im Sinne der Anlage 1 zu § 1 Abs. 4 WaffG, Abschnitt 1, Unterabschnitt 1, Ziffer 2.6.

V. Als halbautomatische Lang-Schusswaffen, deren Magazin und Patronenlager mehr als drei Patronen aufnehmen kann, sind alle o. a. Schusswaffen in die Kategorie „B" gem. Anlage 1 zu § 1 Abs. 4 WaffG, Abschnitt 3, Ziffer 2.4 einzuordnen.

VI. Die o. a. Schusswaffen werden **nicht** als Vollautomaten im Sinne der Anlage 1 zu § 1 Abs. 4 WaffG, Abschnitt 1, Unterabschnitt 1, Ziffer 2.3 hergestellt.

Sie sind daher **nicht** als automatische Schusswaffen im Sinne von Anlage 1 zu § 1 Abs. 4 WaffG, Abschnitt 1, Unterabschnitt 1, Ziffer 2.3 Satz 3 anzusehen und unterliegen auch **nicht dem Verbot** nach Anlage 2 zu § 2 Abs. 3 WaffG (Waffenliste), Abschnitt l, Nr. 1.2.1.

Im Übrigen erscheint ein Umbau der gegenständlichen Schusswaffen unter Verwendung allgemein gebräuchlicher Mittel in Schusswaffen, aus denen in vollautomatischer Weise geschossen werden kann, aus sachverständiger Sicht ausgeschlossen.

Ferner unterliegen die gegenständlichen Schusswaffen wegen ihrer festen Schäftung **nicht dem Verbot** nach Anlage 2 zu § 2 Abs. 3 WaffG (Waffenliste) Abschnitt 1 Nr. 1.2.3.

VII. Die o. a. Schusswaffen sind **keine** Kriegswaffen i. S. d. KWKG und **keine** verbotenen Waffen iSd. WaffG.

Sie unterliegen **keinen** waffenrechtlichen Befreiungsvorschriften.

Somit ist der Erwerb aufgrund der §§ 10, 13, 17 und 21 WaffG iVm. § 15 BJagdG möglich, sofern die sonstigen waffenrechtlichen bzw. jagdrechtlichen Voraussetzungen gegeben sind.

VIII. Die o. a. Schusswaffen sind keine *„halbautomatische Schusswaffen, die ihrer äußeren Form nach den Anschein einer vollautomatischen Kriegswaffe hervorrufen, die Kriegswaffe im Sinne des Gesetzes über die Kontrolle von Kriegswaffen ist"* (§ 6 Abs. 1 Nr. 2 AWaffV), weil sie **keiner** vollautomatischen Kriegswaffe der Baureihe AR 15 / M16 bis ins Detail gleichen. Eine weitergehende Abprüfung hinsichtlich der in § 6 Abs. 1 Nr. 2 Buchstaben – a – bis – c – AWaffV genannten Merkmale erübrigt sich dadurch. Dass die Schusswaffen weiterentwickelte Zivilversionen der Kriegswaffentypen AR 15 / M16 sind, ist zB durch die fast gleich aussehenden Waffengehäuse und Hinterschäfte erkennbar. Des Weiteren haben diese Schusswaffen Matchläufe, die je nach Waffentyp unterschiedlich lang und dick sind. Die Vorderschäfte haben eine zylindrische Form. Bei einigen Waffentypen sind die Pistolengriffe mit Handauflagen versehen. Diese Ausstattungen lassen ganz klar eine sportliche Verwendung der Schusswaffen erkennen.

Die o. a. **Schusswaffen sind somit nicht von dem Verbot zur schießsportlichen Verwendung (§ 6 Absatz 1 AWaffV) erfasst.**

Die Voraussetzung dazu ist jedoch, dass nur Magazine verwendet werden, deren Kapazität 10 Patronen nicht übersteigt und dass die Schusswaffen für die Schießwettbewerbe des für den jeweiligen Waffenbesitzer zuständigen Schießsportverbandes zugelassen sind.

**Hinweise:**
1. Nach § 2 Absatz 5 Ziffer 2 Satz 2 WaffG wurden die zuständigen Bundes- und Landesbehörden zu dem obigen Antrag angehört.
2. Dieser Feststellungsbescheid bezieht sich auf die o. a. Schusswaffen-Versionen. Der Feststellungsbescheid gilt nicht für deren Modifikationen, Nachbauten etc.
3. Durch diesen Bescheid bleibt die evtl. Notwendigkeit waffenrechtlicher oder sonstiger Erlaubnisse unberührt.

**Anlage:** 6 Schusswaffen-Abbildungen *(hier nicht abgedruckt).*

20. 7. 12. 2005

## Feststellungsbescheid

**Selbstladebüchsen der Sabre Defence Industries Ltd., Northolt Middlesex UB5 5QJ – UK:**

1. **Modell XR 15 – Standard 20,** mit festem Hinterschaft, Kaliber: .223 Rem., Lauflänge: 50,8 cm, Waffenlänge: 101 cm;
2. **Modell XR 15 – Standard 16,75,** mit festem Hinterschaft, Kaliber: .223 Rem., Lauflänge: 42,5 cm, Waffenlänge: 92,5 cm;
3. **Modell XR 15 – Standard SS 16,75,** mit einschiebbarer Schulterstütze, Kaliber: .223 Rem., Lauflänge: 42,5 cm, Waffenlängen: maximal 90,5 cm und bei komplett eingeschobener Schulterstütze 82,5 cm;
4. **Modell XR 15 – Standard 14,5,** mit einschiebbarer Schulterstütze, Kaliber: .223 Rem., Lauflänge: 36,8 cm, Waffenlängen: maximal 83 cm und bei komplett eingeschobener Schulterstütze 75 cm;
5. **Modell XR 15 – Compact,** mit einschiebbarer Schulterstütze, Kaliber: .223 Rem., Lauflänge: 19 cm, Waffenlängen: maximal 70 cm und bei komplett eingeschobener Schulterstütze 61 cm;
6. **Modell XR 15 – Compact,** mit einschiebbarer Schulterstütze, Kaliber: 9 mm Luger (9 × 19 mm), Lauflänge: 19 cm, Waffenlängen: maximal 70 cm und bei komplett eingeschobener Schulterstütze 61 cm;

die Gegenstand Ihres o. a. Antrages sind, wird aufgrund der Auswertung der von Ihnen vorgelegten Unterlagen sowie der von Ihnen gemachten Angaben und der Prüfung der vorgelegten Musterwaffen (Waffen der Nr. 1, 2, 3 +5) zu den Schusswaffen gemäß § 2 Abs. 5 WaffG Folgendes im Ergebnis festgestellt:

**Ergebnis der Beurteilung:**

I. Die o. a. Schusswaffen waren noch nicht Gegenstand einer Anfrage nach § 2 Abs. 5 WaffG.
II. Das berechtigte Interesse iSd. § 2 Abs. 5 Nr. 1 WaffG für den o. a. Antrag haben Sie glaubhaft gemacht.
III. Die o. a. Schusswaffen sind **keine** Kriegswaffen im Sinne des Gesetzes über die Kontrolle von Kriegswaffen (KWKG) in der Fassung der Bekanntma-

Festellungsbescheide des BKA **WaffR 14**

chung vom 22. 11. 1990 (BGBl. I S. 2506, zuletzt geändert durch Artikel 3 des WaffRNeuRegG, BGBl. I, Seiten 3970 ff.).
IV. Es handelt sich bei den o. a. Schusswaffen um halbautomatische Selbstladelangwaffen im Sinne der Anlage 1 zu § 1 Abs. 4 WaffG, Abschnitt 1, Unterabschnitt 1, Ziffer 2.3 und 2.6.
V. Die o. a. Schusswaffen sind in die Kategorie – B – gem. Anlage 1 zu § 1 Abs. 4 WaffG, Abschnitt 3, Ziffer 2.4 einzuordnen.
VI. Die o. a. Schusswaffen sind **nicht** nach Anlage 2 zu § 2 Abs. 3 WaffG (Waffenliste), Abschnitt 1, Ziffer 1.2.1 und 1.2.3 verboten.
VII. Die o. a. Schusswaffen können aufgrund einer Erlaubnis nach § 10, 17 oder 21 WaffG bzw. § 15 BJagdG (iVm. § 13 WaffG) erworben werden.
VIII. Die oben unter den **Nrn. 1, 2 und 3** genannten Schusswaffen sind **nicht** von dem **Verbot** zur schießsportlichen Verwendung nach § 6 Absatz 1 AWaffV **erfasst,** sofern sie mit Magazinen verwendet werden, deren Kapazität **10 Patronen** nicht übersteigt. Voraussetzung ist jedoch, dass die Schusswaffen für die Schießwettbewerbe des für den jeweiligen Waffenbesitzer zuständigen Schießsportverbandes zugelassen sind.
IX. Die oben unter den **Nr. 4, 5 und 6** genannten Schusswaffen sind von dem **Verbot** zur schießsportlichen Verwendung nach § 6 Absatz 1 AWaffV **erfasst.**

**Begründung der Beurteilung:**

I. Es wurden bisher **keine** weiteren Anträge gemäß § 2 Abs. 5 WaffG bezüglich der o. a. Schusswaffen gestellt.
II. Sie beabsichtigen, als Importeur die oben genannten Schusswaffen zu importieren und im Geltungsbereich des WaffG zu vertreiben. Das berechtigte Interesse an der Entscheidung nach § 2 Absatz 5 Nr. 1 WaffG ist damit glaubhaft gemacht.
III. Die Waffengehäuse der o. a. Schusswaffen sind werksseitig so hergestellt, dass zwar die Verschlüsse von Kriegswaffen der Baureihe AR 15 bzw. M 16 eingesetzt, aber nur zur Abgabe einer halbautomatischen Schussfolge verwendet werden können.
Ferner sind die Verschlüsse der o. a. Schusswaffen so hergestellt, dass sie in Kriegswaffen der Baureihe AR 15 / M 16 nur zur Abgabe einer halbautomatischen Schussfolge verwendet werden können. Diese Verwendungsmöglichkeit entspricht der Selbstladebüchse Colt AR 15 – Sporter (Zivilversion des US Sturmgewehres M 16 / AR 15), welche vom Bundesministerium für Wirtschaft und Arbeit mit Schreiben vom 4. 6. 2003 – Az.: V B 3–10 17 84/100 – Pr – als **keine Kriegswaffe** iSd. KWKG eingestuft wurde.
Mit seinem Schreiben vom 14. 4. 2003 – Az.: V B 3–10 17 03 – Pr – an die Firma Schumacher, Krefeld, hat das Bundesministerium für Wirtschaft und Arbeit, Referat V B 3, 53 107 Bonn festgestellt, dass die Vorschriften des KWKG auf die Schusswaffen des Modells XR 15 in den Kalibern .223 Rem., .22 l. r. und 9 mm Luger nicht anwendbar sind.
IV. Bei den gegenständlichen Schusswaffen kann durch eine einmalige Betätigung des Abzugs jeweils nur ein Schuss abgegeben werden. Die Schusswaffen sind daher **Halbautomaten** im Sinne der Anlage 1 zu § 1 Abs. 4 WaffG, Abschnitt 1, Unterabschnitt 1, Ziffer 2.3, 2. Alternative.
Lauf (ggfs. einschließlich eines dauerhaft und fest damit verbundenen Mündungsfeuerdämpfers, Kompensators o. ä.) und Verschluss der o. a. Schusswaffen sind in geschlossener Stellung insgesamt **länger als 30 cm.**

Weiterhin sind die Schusswaffen in ihrer kürzesten bestimmungsgemäß verwendbaren Gesamtlänge **länger als 60 cm** (auch bei komplett eingeschobener Schulterstütze) und somit **Langwaffen** im Sinne der Anlage 1 zu § 1 Abs. 4 WaffG, Abschnitt 1, Unterabschnitt 1, Ziffer 2.6.

V. Als halbautomatische Lang-Schusswaffen, deren Magazin und Patronenlager mehr als drei Patronen aufnehmen kann, sind alle o. a. Schusswaffen in die Kategorie „**B**" gern. Anlage 1 zu § 1 Abs. 4 WaffG, Abschnitt 3, Ziffer 2.4 einzuordnen.

VI. Die o. a. Schusswaffen werden **nicht** als Vollautomaten im Sinne der Anlage 1 zu § 1 Abs. 4 WaffG, Abschnitt 1, Unterabschnitt 1, Ziffer 2.3 hergestellt.

Sie sind daher **nicht** als automatische Schusswaffen im Sinne von Anlage 1 zu § 1 Abs. 4 WaffG, Abschnitt 1, Unterabschnitt 1, Ziffer 2.3 Satz 3 anzusehen und unterliegen auch **nicht dem Verbot** nach Anlage 2 zu § 2 Abs. 3 WaffG (Waffenliste), Abschnitt 1, Nr. 1.2.1.

Im Übrigen erscheint ein Umbau der gegenständlichen Schusswaffen unter Verwendung allgemein gebräuchlicher Mittel in Schusswaffen, aus denen in vollautomatischer Weise geschossen werden kann, aus sachverständiger Sicht ausgeschlossen.

Ferner unterliegen die oben unter den **Nrn. 3, 4, 5 und 6** aufgeführten Schusswaffen mit ihren stufenweise einschiebbaren Schulterstützen **nicht dem Verbot** nach Anlage 2 (zu § 2 Abs. 3 WaffG) Waffenliste Abschnitt 1 Nr. 1.2.3.

Die vorgenannten Schusswaffen haben bei komplett eingeschobenen Schulterstützen Gesamtlängen von 75 cm, 82,5 cm und 61 cm. Sie sind auch in diesem Zustand länger als das für die Einstufung als Langwaffe notwendige Mindestmaß von 60 cm.

Das Einschieben der Schulterstützen verkürzt die Schusswaffen in ihrer Gesamtlänge um maximal **9 cm**, was hE als **unwesentlich** und als ein „**für Jagd und Sportzwecke üblicher Umfang**" (zB zum bequemen Transport, zum Anpassen der Schulterstütze auf die Körpermaße des Schützen, insbesondere bei unterschiedlichen Schießstellungen) angesehen werden kann.

Die Schusswaffen sind bei jeder Stellung der einschiebbaren Schulterstütze schießfähig und erfüllen immer die Kriterien einer Langwaffe iSd. Anlage 1 zu § 1 Abs. 4 WaffG Abschnitt 1, Unterabschnitt 1, Nr. 2.6.

Die vorgenannten Schusswaffen haben Läufe mit Längen von 36,8 cm, 42,5 cm und 19 cm. Selbst bei der kürzesten Lauflänge von 19 cm sind der Lauf und der Verschluss in geschlossener Stellung 39 cm lang und somit länger als das für die Einstufung zur Langwaffe notwendige Mindestmaß von 30 cm.

Die evtl. an den Läufen vorhandenen Feuerdämpfer, Kompensatoren o. ä. sind **dauerhaft und fest** mit dem Lauf verbunden. Somit können die vorgenannten Läufe **nicht** durch Demontage des Mündungsfeuerdämpfers o. ä. **verkürzt werden.**

Daher sind die oben angegebenen Längenmaße der Schusswaffen bzw. der Läufe Endmaße.

VII. Die o. a. Schusswaffen sind **keine** Kriegswaffen iSd. KWKG und **keine** verbotenen Waffen iSd. WaffG.

Sie unterliegen **keinen** waffenrechtlichen Befreiungsvorschriften.

Somit ist der Erwerb aufgrund der §§ 10, 13, 17 und 21 WaffG iVm. § 15 BJagdG möglich, sofern die sonstigen waffenrechtlichen bzw. jagdrechtlichen Voraussetzungen gegeben sind.

Festellungsbescheide des BKA  **WaffR 14**

VIII. Alle o. a. Schusswaffen sind *„halbautomatische Schusswaffen, die ihrer äußeren Form nach den Anschein einer vollautomatischen Kriegswaffe hervorrufen, die Kriegswaffe im Sinne des Gesetzes über die Kontrolle von Kriegswaffen ist"* (§ 6 Abs. 1 Nr. 2 AWaffV), weil sie den vollautomatischen Kriegswaffe(n) der Baureihe AR 15/M 16 bis ins Detail hin gleichen.

Die o. a. Schusswaffen der **Nrn. 4, 5 und 6** haben **Lauflängen von 36,8 cm und 19 cm.**

Somit haben diese (nur) Schusswaffen das „verbotsbegründende" Merkmal nach § 6 Abs. 1 Nr. 2 Buchstabe – a – AWaffV – **Lauflängen kürzer als 42 cm.**

Das Magazin sämtlicher o. a. Schusswaffen befindet sich jeweils vor der Abzugseinrichtung.

Somit ist bei **keiner** der oben genannten Schusswaffen das „verbotsbegründende" Merkmal nach § 6 Abs. 1 Nr. 2 Buchstabe – b – AWaffV erfüllt.

Die aus den Schusswaffen **Nrn. 1 bis 5** verschossene Munition im Kaliber .223 Rem. hat eine Hülsenlänge von **45 mm** und die aus der Schusswaffe **Nr. 6** verschossene Munition im Kaliber 9 mm Luger hat eine Hülsenlänge von 19 mm.

Somit hat lediglich die Schusswaffe **Nr. 6** das „verbotsbegründende" Merkmal nach § 6 Abs. 1 Nr. 2 Buchstabe – c – AWaffV – die Hülsenlänge der verwendeten Munition ist kürzer als **40 mm**.

Hieraus ergibt sich, dass **nur** die oben unter den **Nrn. 1, 2 und 3** aufgeführten Schusswaffen **nicht** von den **Verbot zur schießsportlichen Verwendung** (§ 6 Absatz 1 AWaffV) **erfasst sind.**

Die Voraussetzung dazu ist jedoch, dass nur Magazine verwendet werden, deren Kapazität 10 Patronen nicht übersteigt und dass die Schusswaffen für die Schießwettbewerbe des für den jeweiligen Waffenbesitzer zuständigen Schießsportverbandes zugelassen sind.

Die oben unter den **Nrn. 4, 5 und 6** aufgeführten Schusswaffen sind aus den vorgenannten Gründen, bzw. wegen der vorhandenen und vorgenannten Merkmale von dem **Verbot zur schießsportlichen Verwendung** (§ 6 Absatz 1 Nr. 2 AWaffV) **erfasst.** Sie erfüllen aufgrund ihres Aussehens die Grundvoraussetzung nach § 6 Abs. 2 der AWaffV und haben zusätzlich noch **eines (Waffen Nr. 4 und 5)** oder sogar **zwei (Waffe Nr. 6)** der in § 6 Abs. 1 Nr. 2 Buchstaben – a – und – c – genannten „verbotsbegründenden" Merkmale.

**Hinweise:**

1. Nach § 2 Absatz 5 Ziffer 2 Satz 2 WaffG wurden die zuständigen Bundes- und Landesbehörden zu dem obigen Antrag angehört.
2. Dieser Feststellungsbescheid bezieht sich auf die o. a. Schusswaffen-Versionen. Der Feststellungsbescheid gilt nicht für deren Modifikationen, Nachbauten etc.
3. Durch diesen Bescheid bleibt die evtl. Notwendigkeit waffenrechtlicher oder sonstiger Erlaubnisse unberührt.

**Anlagen:** 4 Schusswaffen-Abbildungen *(hier nicht abgedruckt)*

21. 9. 12. 2005

## Feststellungsbescheid

**Selbstladebüchsen der Firma Izhmash Concern Russia,** 3, proezd Deryabin, RUS-426 006 Izhevsk:

1. **TIGR 9,3** mit festem Holzschaft, Kaliber: 9,3 × 64,
   Lauflänge: 62 cm, Waffenlänge: 120 cm;
2. **TIGR 308** mit fester Schulterstütze, Kaliber: .308 Win.,
   Lauflänge: 56,5 cm, Waffenlänge: 110 cm;
3. **TIGR 308** mit fester Schulterstütze, Kaliber: .308 Win.,
   Lauflänge: 62 cm; Waffenlänge: 117 cm;
4. **TIGR 762** mit fester Schulterstütze, Kaliber: 7,62 × 54 R,
   Lauflänge: 62 cm, Waffenlänge: 120 cm;
5. **TIGR 762** mit Klappschaft, Kaliber: 7,62 × 54 R,
   Lauflänge: 62 cm, Waffenlänge: 120 cm und mit geklappter Schulterstütze: 94 cm;
6. **TIGR 308** mit Klappschaft, Kaliber: .308 Win.,
   Lauflänge: 56,5 cm, Waffenlänge: 110 cm und mit geklappter Schulterstütze: 84 cm,

die Gegenstand Ihres o. a. Antrages sind, wird aufgrund der Auswertung der von Ihnen vorgelegten Unterlagen sowie der von Ihnen gemachten Angaben und der Prüfung der vorgelegten Musterwaffe (Waffe Nr. 1) zu(r) den vorgenannten Schusswaffen gemäß § 2 Abs. 5 WaffG Folgendes im Ergebnis festgestellt:

## Ergebnis der Beurteilung:

I. Die o. a. Schusswaffen waren noch nicht Gegenstand einer Anfrage nach § 2 Abs. 5 WaffG.

II. Das berechtigte Interesse iSd. § 2 Abs. 5 Nr. 1 WaffG für den o. a. Antrag haben Sie glaubhaft gemacht.

III. Die o. a. Schusswaffen sind keine Kriegswaffen im Sinne des Gesetzes über die Kontrolle von Kriegswaffen (KWKG) in der Fassung der Bekanntmachung vom 22. 11. 1990 (BGBl. I S. 2506, zuletzt geändert durch Artikel 3 des WaffRNeuRegG, BGBl. I, Seiten 3970 ff.).

IV. Es handelt sich bei den o. a. Schusswaffen um halbautomatische Selbstladelangwaffen im Sinne der Anlage 1 zu § 1 Abs. 4 WaffG, Abschnitt 1, Unterabschnitt 1, Ziffer 2.3 und 2.6.

V. Die o. a. Schusswaffen sind in die Kategorie – B – gem. Anlage 1 zu § 1 Abs. 4 WaffG, Abschnitt 3, Ziffer 2.4 einzuordnen.

VI. Die o. a. Schusswaffen sind **nicht** nach Anlage 2 zu § 2 Abs. 3 WaffG (Waffenliste), Abschnitt 1, Ziffer 1.2.1 und 1.2.3 verboten.

VII. Die o. a. Schusswaffen können aufgrund einer Erlaubnis nach § 10, 17 oder 21 WaffG bzw. § 15 BJagdG (iVm. § 13 WaffG) erworben werden.

VIII. Die o. a. Schusswaffen sind **nicht** von dem **Verbot** zur schießsportlichen Verwendung nach § 6 Absatz 1 AWaffV **erfasst,** sofern sie mit Magazinen verwendet werden, deren Kapazität **10 Patronen** nicht übersteigt.

Voraussetzung ist jedoch, dass die Schusswaffen für die Schießwettbewerbe des für den jeweiligen Waffenbesitzer zuständigen Schießsportverbandes zugelassen sind.

Festellungsbescheide des BKA  **WaffR 14**

**Begründung der Beurteilung:**

I. Es wurden bisher keine weiteren Anträge gemäß § 2 Abs. 5 WaffG bezüglich der o. a. Schusswaffen gestellt.

II. Sie beabsichtigen, als Importeur die oben genannten Schusswaffen zu importieren und im Geltungsbereich des WaffG zu vertreiben. Das berechtigte Interesse an der Entscheidung nach § 2 Absatz 5 Nr. 1 WaffG ist damit glaubhaft gemacht.

III. Die Waffengehäuse sind werksseitig durch Einschweißen von Stahlteilen so verändert worden, dass **keine** Verschlüsse von AK-Kriegswaffen eingesetzt und verwendet werden können. Es können somit **nur** die zur Waffe gehörenden und mit entsprechenden Aussparungen versehenen Verschlüsse verwendet werden. Ferner sind die Verschlüsse so hergerichtet, dass sie nicht in AK-Kriegswaffen eingesetzt werden können.

Die Vorschriften des KWKG sind auf die gegenständlichen Schusswaffen (Kaliber 7,62 × 54R, .308 Win. und 9,3 × 64 mm) nicht anwendbar. Diese Entscheidung traf das Bundesministerium für Wirtschaft und Arbeit, Referat V B 3, 53107 Bonn, in seinem Schreiben vom 5. 11. 2003 (Az.: V B 3–10 17 03 – Pr) an Ihre Firma.

IV. Bei den gegenständlichen Schusswaffen kann durch eine einmalige Betätigung des Abzugs jeweils nur ein Schuss abgegeben werden. Die Schusswaffen sind daher **Halbautomaten** im Sinne der Anlage 1 zu § 1 Abs. 4 WaffG, Abschnitt 1, Unterabschnitt 1, Ziffer 2.3, 2. Alternative.

Lauf und Verschluss der o. a. Schusswaffen sind in geschlossener Stellung insgesamt länger als 30 cm. Weiterhin sind die Schusswaffen in ihrer kürzesten bestimmungsgemäß verwendbaren Gesamtlänge länger als 60 cm (auch bei geklappter Schulterstütze) und somit **Langwaffen** im Sinne der Anlage 1 zu § 1 Abs. 4 Waffe, Abschnitt 1, Unterabschnitt 1, Ziffer 2.6.

V. Als halbautomatische Lang-Schusswaffen, deren Magazin und Patronenlager mehr als drei Patronen aufnehmen kann, sind alle o. a. Schusswaffen in die Kategorie **„B"** gem. Anlage 1 zu § 1 Abs. 4 WaffG, Abschnitt 3, Ziffer 2.4 einzuordnen.

VI. Die o. a. Schusswaffen werden **nicht** als Vollautomaten im Sinne der Anlage 1 zu § 1 Abs. 4 WaffG, Abschnitt 1, Unterabschnitt 1, Ziffer 2.3 hergestellt.

Sie sind daher **nicht** als automatische Schusswaffen im Sinne von Anlage 1 zu § 1 Abs. 4 WaffG, Abschnitt 1, Unterabschnitt 1, Ziffer 2.3 Satz 3 anzusehen und unterliegen auch **nicht dem Verbot** nach Anlage 2 zu § 2 Abs. 3 WaffG (Waffenliste), Abschnitt 1, Nr. 1.2.1.

Im Übrigen erscheint ein Umbau der gegenständlichen Schusswaffen unter Verwendung allgemein gebräuchlicher Mittel in Schusswaffen, aus denen in vollautomatischer Weise geschossen werden kann, aus sachverständiger Sicht ausgeschlossen.

Ferner unterliegen die oben unter **Nr. 1, 2, 3 und 4** genannten Schusswaffen wegen ihrer festen Schäftung **nicht dem Verbot** nach Anlage 2 zu § 2 Abs. 3 WaffG (Waffenliste) Abschnitt 1 Nr. 1.2.3.

Die oben unter den **Nrn. 5 und 6** aufgeführten Schusswaffen der Typen **„TIGR, Modelle 762 und 308"** mit **Klappschäften** sind trotz der Klappschäfte unter dem Blickwinkel des in der Anlage 2 zu § 2 Abs. 3 WaffG (Waffenliste) Abschnitt 1 Nr. 1.2.3 genannten Verbotes **unbedenklich** und führen **nicht** zu einer Einstufung als „verbotene Schusswaffen" iSd. vorgenannten Norm.

Die vorgenannten Schusswaffen haben Läufe mit Längen von 62 bzw. 56,5 cm und bei geklappten Schulterstützen eine Gesamtlänge von **94 bzw. 84 cm**. Sie sind somit auch im „zusammengeklappten" Zustand noch wesentlich länger als das für die Einstufung als Langwaffen notwendige Mindestmaß von **60 cm**. Die Waffen sind im zusammengeklappten Zustand nur bedingt schießfähig, d. h. man kann nur eine bereits geladene Patrone abfeuern. Danach kann die Waffe **nicht** mehr repetieren bzw. repetiert werden, da der umgeklappte Schaft den Spannschieber blockiert.

Die Schusswaffe ist in diesem Zustand, d. h. mit umgeklappter Schulterstütze, solchen Schusswaffen gleichzustellen, die keinen Hinterschaft haben und in ihrer Gesamtlänge 60 cm überschreiten.

Die oben unter den **Nrn. 5 und 6** aufgeführten Schusswaffen können auch **nicht** stärker verkürzt werden, als dies bei handelsüblichen zerlegbaren Kipplauf-Langwaffen der Fall ist. Die Zeitspanne, die für das Zusammenklappen zum Transport und dem Aufklappen zum Schießen benötigt wird, ist für die Betrachtung hinsichtlich der vorgenannten Verbotsnorm **unwesentlich.**

VII. Die o. a. Schusswaffen sind **keine** Kriegswaffen iSd. KWKG und **keine** verbotenen Waffen iSd. WaffG.
Sie unterliegen keinen waffenrechtlichen Befreiungsvorschriften.
Somit ist der Erwerb aufgrund der §§ 10, 13, 17 und 21 WaffG iVm. § 15 BJagdG möglich, sofern die sonstigen waffenrechtlichen bzw. jagdrechtlichen Voraussetzungen gegeben sind.

VIII. Die o. a. Schusswaffen sind **keine** *„halbautomatische Schusswaffen, die ihrer äußeren Form nach den Anschein einer vollautomatischen Kriegswaffe hervorrufen, die Kriegswaffe im Sinne des Gesetzes über die Kontrolle von Kriegswaffen ist"* (§ 6 Abs. 1 Nr. 2 AWaffV), weil sie **keiner** vollautomatischen Kriegswaffe der Baureihe AK 47 bzw. AK 74 – Kalashnikov bis ins Detail gleichen. Eine weitergehende Abprüfung hinsichtlich der in § 6 Abs. 1 Nr. 2 Buchstaben – a – bis – c – AWaffV genannten Merkmale erübrigt sich dadurch. Im Übrigen erfüllen die o. a. Schusswaffen keines der vorgenannten Merkmale.

Dass die Schusswaffen von der „halbautomatischen" Kriegswaffe Typ Dragunow SWD bzw. FPK abstammen oder in bestimmten Bereichen weiterentwickelte Zivilversionen der Kriegswaffentypen darstellen, ist dabei unerheblich.

**Die o. a. Schusswaffen sind somit nicht von dem Verbot zur schießsportlichen Verwendung (§ 6 Absatz 1 AWaffV) erfasst.**

Die Voraussetzung dazu ist jedoch; dass nur Magazine verwendet werden, deren Kapazität 10 Patronen nicht übersteigt und dass die Schusswaffen für die Schießwettbewerbe des für den jeweiligen Waffenbesitzer zuständigen Schießsportverbandes zugelassen sind.

**Hinweise:**
1. Nach § 2 Absatz 5 Ziffer 2 Satz 2 WaffG wurden die zuständigen Bundes- und Landesbehörden zu der obigen Antrag angehört.
2. Dieser Feststellungsbescheid bezieht sich auf die o. a. Schusswaffen-Versionen. Der Feststellungsbescheid gilt nicht für deren Modifikationen, Nachbauten etc.
3. Durch diesen Bescheid bleibt die evtl. Notwendigkeit waffenrechtlicher oder sonstiger Erlaubnisse unberührt.

**Anlage:** 3 Schusswaffen-Abbildungen *(hier nicht abgedruckt).*

Festellungsbescheide des BKA  **WaffR 14**

22. 4. 1. 2006

**Feststellungsbescheid**

hinsichtlich der von der Firma Waffen Schumacher vorgestellten
**Selbstladebüchsen Typ VEPR, Hersteller: Molot, JSC, Vyatskie Polanie in Russland:**

1. **Standard 223** mit Festschaft mit Pistolengriff, Kaliber: .223 Rem.,
   Lauflänge: 52 cm, Waffenlänge: 101 cm;
2. **Modell Standard 308** mit festem Lochschaft, Kaliber: .308 Win.,
   Lauflänge: 52 cm, Waffenlänge: 101 cm;
3. **Modell Standard 223** mit festem Lochschaft, Kaliber: .223 Rem.,
   Lauflänge: 52 cm; Waffenlänge: 101 cm;
4. **Modell Standard 762** mit festem Lochschaft, Kaliber: 7,62 × 39,
   Lauflänge: 52, Waffenlänge: 101 cm;
5. **Modell Standard 762** mit festem Lochschaft, Kaliber: 7,62 × 39,
   Lauflänge: 42 cm, Waffenlänge: 91 cm;
6. **Modell Super 223** mit festem Lochschaft, Kaliber: .223 Rem.,
   Lauflänge: 55 cm, Waffenlänge: 104 cm;
7. **Modell Super 308** mit festem Lochschaft, Kaliber: .308 Win.,
   Lauflänge: 55 cm, Waffenlänge: 104 cm;
8. **Modell Hunter 308** mit jagdlichem Festschaft, Kaliber: .308 Win.,
   Lauflänge: 55 cm, Waffenlänge: 104 cm;
9. **Modell Hunter 30–06** mit jagdlichem Festschaft, Kaliber: .30–06 Springf.,
   Lauflänge: 55 cm, Waffenlänge: 108 cm;
10. **Modell 1 V** mit Klappschaft und Zweibein, Kaliber: .223 Rem.,
    Lauflänge: 59 cm, Waffenlänge: 106 cm und mit umgeklappter Schulterstütze: 84,5 cm;

**Ergebnis der Beurteilung:**

I. Die o. a. Schusswaffen waren noch nicht Gegenstand einer Anfrage nach § 2 Abs. 5 WaffG.
II. Das berechtigte Interesse iSd. § 2 Abs. 5 Nr. 1 WaffG für den o. a. Antrag haben Sie glaubhaft gemacht.
III. Die o. a. Schusswaffen sind **keine** Kriegswaffen im Sinne des Gesetzes über die Kontrolle von Kriegswaffen (KWKG) in der Fassung der Bekanntmachung vom 22. 11. 1990 (BGBl. I S. 2506, zuletzt geändert durch Artikel 3 des WaffRNeuRegG, BGBl. I, Seiten 3970 ff.).
IV. Es handelt sich bei den o. a. Schusswaffen um halbautomatische Selbstladelangwaffen im Sinne der Anlage 1 zu § 1 Abs. 4 WaffG, Abschnitt 1, Unterabschnitt 1, Nr. 2.3 und 2.6.
V. Die o. a. Schusswaffen sind in Kategorie – B – gern. Anlage 1 zu § 1 Abs. 4 WaffG, Abschnitt 3, Nr. 2.4 einzuordnen.
VI. Die o. a. Schusswaffen sind **nicht** nach Anlage 2 zu § 2 Abs. 3 WaffG (Waffenliste), Abschnitt 1, Nr. 1.2.1 und 1.2.3 verboten.
VII. Die o. a. Schusswaffen können aufgrund einer Erlaubnis nach §§ 10, 17 oder 21 WaffG bzw. § 15 BJagdG (iVm. § 13 WaffG) erworben werden.
VIII. Die o. a. Schusswaffen sind **nicht** von dem Verbot zur schießsportlichen Verwendung nach § 6 Absatz 1 AWaffV erfasst, sofern diese mit einem Magazin verwendet werden, dessen Kapazität 10 Patronen nicht übersteigt.

Voraussetzung ist jedoch, dass die Schusswaffen für die Schießwettbewerbe des für den jeweiligen Waffenbesitzer zuständigen Schießsportverbandes zugelassen sind.

**Hinweise:**
1. Nach § 2 Absatz 5 Ziffer 2 Satz 2 WaffG wurden die zuständigen Bundes- und Landesbehörden zu dem obigen Antrag angehört.
2. Dieser Feststellungsbescheid bezieht sich auf die o. a. Schusswaffen-Versionen. Der Feststellungsbescheid gilt nicht für deren Modifikationen, Nachbauten etc.
3. Durch diesen Bescheid bleibt die evtl. Notwendigkeit waffenrechtlicher oder sonstiger Erlaubnisse unberührt.

**Anlagen:** 7 Waffenabbildungen (hier nicht wiedergegeben)

**23. 12. 1. 2006**

**Kurzversion des Feststellungsbescheides Nr. 55 nach § 2 Abs. 5 WaffG iVm. § 48 Abs. 3 WaffG**

**Anordnung der sofortigen Vollziehung gemäß § 80 Abs. 2 Satz 1 Nr. 4 VwGO**

Bezug: 1. Antrag der Firma Beitler Waffentechnik, Kernenweg 154, 73 730 Esslingen vom 22. 8. 05
2. Vorlage der Musterwaffe – Selbstladebüchse „BWT 3", Kal. .308 Win., Herst.-Nr. 001

1. Zu der

**halbautomatischen Selbstladebüchse Modell „BWT 3", Kal. .308 Win., mit fester – oder einschiebbarer – Schulterstütze,**

wird gemäß § 2 Abs. 5 WaffG festgestellt, dass sie **Vollautomat** im Sinne der Anlage 1 zu § 1 Abs. 4 WaffG, Abschnitt 1 Unterabschnitt 1 Nr. 2.3, Satz 3, ist.

Sie ist daher eine **verbotene Schusswaffe** iSd. Anlage 2 zu § 2 Abs. 3 WaffG (Waffenliste), Abschnitt 1 Nr. 1.2.1.

Für den Umgang (Herstellung, Vertrieb, Erwerb, Besitz usw.) mit dieser Schusswaffe bedarf es einer

**Ausnahmegenehmigung nach § 40 Abs. 4 WaffG.**

2. Die sofortige **Vollziehung** dieser Entscheidung **wird gemäß § 80 Abs. 2 Satz 1 Nr. 4 VwGO angeordnet.**

**Begründung zu 1.:**

Die Selbstladebüchse BWT 3, Kal. .308 Win.,
– basiert in ihrer technischen Funktion und ihrem Aussehen auf dem vollautomatischen Selbstladegewehr Heckler & Koch G 3 (vollautomatische Kriegswaffe iSd. Nr. 29 c – der Kriegswaffenliste „KWL" zum Gesetz über die Kontrolle von Kriegswaffen („KWKG") – ohne dieses vollständig zu kopieren;
– funktionierte bei den durchgeführten Funktionsbeschüssen (im Einlieferungszustand) einwandfrei;
– kann durch den einfachen Austausch einzelner Waffenteile gegen solche, die erlaubnisfrei erwerbbar sind und zB vom Sturmgewehr HK-G3 stammen, in eine **vollautomatische Selbstladewaffe** umgebaut werden;
– funktionierte bei durchgeführten Funktionsbeschüssen (im vorgenannten „umgebauten Zustand") **sowohl im Einzelfeuer wie auch im Dauerfeuer einwandfrei.**

Festellungsbescheide des BKA  **WaffR 14**

Wie bei der Kriegswaffe G 3 können bei der Schusswaffe BWT 3 ohne Werkzeug bzw. unter Zuhilfenahme von einfachen Hilfsmitteln die Schulterstütze, der Vorderschaft sowie das Griffstück entfernt werden. Der Zusammenbau der so feldmäßig zerlegten Schusswaffe ist ebenfalls ohne Werkzeug bzw. mit nur geringen Hilfsmitteln möglich.

Das Griffstück der vorgelegten Schusswaffe BWT 3 kann gegen ein Griffstück mit Dauerfeuereinrichtung (frei zu erwerbendes Tei!), welches aus dem vollautomatisch schießenden G 3 stammen kann, ausgetauscht werden.

Der Verschlussträger der vorgelegten Schusswaffe BWT 3 kann gegen einen Verschlussträger (ebenfalls frei zu erwerbendes Teil) einer vollautomatischen Schusswaffe (zB G 3) ausgetauscht werden. An diesen Verschlussträger des Vollautomaten wird nun der Verschlusskopf (mit seinen Einzelteilen) aus der Schusswaffe BWT 3 montiert.

**Hieraus ergibt sich, dass es sich bei der o. a. halbautomatischen Selbstladebüchse BWT 3 bereits im vorgelegten Zustand um eine verbotene Schusswaffe im Sinne der Anlage 2 zu § 2 Abs. 3 WaffG (Waffenliste), Abschnitt 1 Nr. 1.2.1 handelt.**

**Begründung zu 2. (Anordnung der sofortigen Vollziehung):**

Die **sofortige Vollziehung** gemäß § 80 Abs. 2 Satz 1 Nr. 4 VwGO war im öffentlichen Interesse anzuordnen.

Der durch den bisherigen Vertrieb in Privatbesitz oder bei Zwischenhändlern usw. vorhandene Bestand an verbotenen Schusswaffen des Typs BWT 3 muss als besondere Gefahr für die **öffentliche Sicherheit** angesehen werden.

Dies gilt auch für eine weitere Erhöhung dieses Bestandes, die im Falle der „aufschiebenden Wirkung" eines Widerspruchs gegen diesen Feststellungsbescheid möglich wäre. Auch die Möglichkeit des „einfachen" Umbaus dieser Schusswaffen in **Vollautomaten**, die in ihrer Feuerkraft und dem damit verbundenen Gefahrdungspotential denen des Sturmgewehres G 3 (Vollautomatische Kriegswaffe iSd. KWKG) gleich zu setzen sind, gefährdet die **öffentliche Sicherheit** erheblich.

Im Übrigen ist der gesamte Bestand an verbotenen Schusswaffen des Typs BWT 3, wie auch dessen weitere Erhöhung, die während der „aufschiebenden Wirkung" entstehen könnte, insgesamt **nicht genehmigungsfähig.** Dieser gesamte Bestand an BWT 3 Schusswaffen stellt eine Bestandvermehrung an verbotenen Gegenständen dar und steht der Regelungszweck der Verbotsvorschrift des **§ 2 Abs. 3 WaffG iVm. Anlage 2 (Waffenliste), Abschnitt 1** entgegen.

Nach § 2 Abs. 5 Satz 3 WaffG wurden die zuständigen Bundes- und Landesbehörden zu dem obigen Antrag und der Entscheidung des Bundeskriminalamtes angehört.

Rechtsbehelfsbelehrung: (hier nicht abgedruckt).

24. 12. 1. 2006 – Z 114

## Feststellungsbescheid

Waffenrechtlich zu beurteilen sind
zwei Messer, die mit einem Federmechanismus ausgestattet sind.

Bei einem der Messer handelt es sich um ein Messer mit einem Griff in der Art eines Füllfederhalters aus schwarzem Kunststoff mit zwei messingfarbenen Ringen

und mit metallisch blanker, magnetischer Klinge. Die Klinge ist 71,5 mm lang, 11 mm breit, einschneidig mit durchgängigem Rücken.
(Abbildung hier nicht wiedergegeben)
Das zweite Messer ist ein Messer mit tarnfarben-gefleckten Kunststoffgriffschalen und mit metallisch blanker, magnetischer Klinge. Die Klinge ist 79 mm lang, 13 mm breit, einschneidig mit durchgängigem Rücken. (Abbildung hier nicht wiedergegeben)

Es war zu prüfen, ob es sich jeweils um einen Gegenstand iS der Nr. 2.1.1 der Anlage 1 zu § 1 Absatz 4 WaffG – Begriffsbestimmungen – Abschnitt 1 Unterabschnitt 2 und Nr. 1.4.1 der Anlage 2 zu § 2 Absatz 2–4 WaffG – Waffenliste – Abschnitt 1 handelt.

Die Prüfung hat ergeben, dass bei beiden Messern die Klinge durch Federdruck nach vorne aus dem Griff herausschnellt und sich selbsttätig feststellt. Die statische Überprüfung der Klingenfixierung hat ergeben, dass diese dem Druck gegen die Tischoberfläche ohne Nachgeben der Klinge standhält.

Es handelt sich bei den zu beurteilenden Messern um Springmesser gemäß Anlage 1 Abschnitt 1 Unterabschnitt 2 Nr. 2.1.1.

Die **Verbotseigenschaft** im Sinne der Anlage 2 zu § 2 Abs. 3 WaffG – Waffenliste – Abschnitt 1, Nr. 1.4.1: „Spring- und Fallmesser nach Anlage 1 Abschnitt 1 Unterabschnitt 2 Nr. 2.1.1 und 2.1.2" wird für derartige Messer **bejaht.**

**25.** 20. 1. 2006

### Feststellungsbescheid

Waffenrechtlich zu beurteilen sind
**Feuerzeugspringmesser,** bei denen die Klinge seitlich aus dem Griff herausspringt und der Messerrücken mit Einkerbungen versehen ist.

Es ist zu prüfen, ob es sich um tragbare Gegenstände i. S. der Nr. 1.3.1 der Anlage 2 zu § 2 Abs. 3 WaffG – Waffenliste – Abschnitt 1 handelt. Danach sind Hieb- und Stoßwaffen, die ihrer Form nach geeignet sind, einen anderen Gegenstand vorzutäuschen, oder die mit Gegenständen des täglichen Gebrauchs verkleidet sind, **verbotene** Waffen.

Zunächst ist die Hieb- und Stoßwaffeneigenschaft zu prüfen. Aufgrund der Klingenlänge von 5 cm, der Klingenbreite von 2 cm, die in der Mitte damit eine Breite von mehr als 20% ihrer Länge aufweist, der Klingengenspitze in der typischen Formgebung eines Taschenmessers und des einseitigen Schliffs der Klinge wird die Hieb- und Stoßwaffeneigenschaft verneint Für diese Einstufung spricht auch die Eigenschaft des Griffs, dessen Formgebung für ein kraftvolles Zustoßen ungeeignet erscheint, da ein Abrutschen der Hand zur Klinge hin nicht verhindert wird.

Strittig ist bei der Klinge des gegenständlichen Messers, ob hier ein durchgehender Rücken vorliegt.

Die Prüfung hat ergeben, dass die Einkerbungen auf dem Klingenrücken der Verzierung dienen und teilweise auch beim Schneiden dem auf die Klinge drückenden Daumen einen gewissen Halt verleihen.

Ein Klingenrücken ist somit als durchgehend zu betrachten, wenn er stumpf, also nicht scharf geschliffen ist. Einkerbungen, Unterbrechungen, Riffelungen o. ä. im Klingenrücken sind daher als Elemente der Formgebung anzusehen, die als durchgehend iS der Nr. 1.4.1 der Anlage 2 zu § 2 Abs. 3 WaffG – Waffenliste – Abschnitt 1 zu sehen und damit nicht verboten sind.

Die Prüfung führt zu dem Ergebnis, dass es sich hier **nicht** um eine Hieb- und Stoßwaffe handelt. Feuerzeugspringmesser, bei denen die Klinge seitlich herausspringt und der Rücken mit Einkerbungen verziert ist, sind **keine** Waffen im Sinne des Waffengesetzes, vielmehr handelt es sich hier um Taschenmesser.

Damit liegt auch **kein verbotener** Gegenstand iS der Nr. 1.3.1 der Anlage 2 zu § 2 Abs. 3 WaffG – Waffenliste – Abschnitt I vor.

**26. 4. 5. 2006 (BAnz. 2005 Nr. 89 S. 3634)**

### Feststellungsbescheid

Waffenrechtlich zu beurteilen sind
Lampensets, die als Jagdlampen angeboten werden.

Ein Set besteht jeweils aus einer Lampe, einem Kabelschalter sowie einer Universalmontage.

Es war zu prüfen, ob es sich um Gegenstände i. S. der Ziffer 1.2.4.1 der Anlage 2 zu § 2 Abs. 2 bis 4 WaffG, – Waffenliste – Abschnitt 1, handelt.

Voraussetzung für das vorgenannte Verbot ist die Zweckbestimmung der Gegenstände.

Diese kann sich zum einen aus der Formgebung eines der Teile ergeben – so ist zB eine Montagevorrichtung zur Aufnahme an einer Weaver, Picatinny oder Glock-Schiene zur Verwendung an einer Waffe bestimmt.

Darüber hinaus sind weitere Kriterien denkbar, zB Bewerbung des Gegenstandes, Besitz des Gegenstandes i. V. mit dem Besitz von Schusswaffen oder letztlich – bei Fehlen konstruktiver Merkmale – Montage auf der Schusswaffe. Die Zweckbestimmung der Lampensets zur Verwendung an einer Schusswaffe ergibt sich im vorliegenden Fall aus der Werbung in entsprechenden Fachzeitschriften oder in entsprechenden Internet-Rubriken.

Eine anderweitig mögliche Verwendung an Gegenständen, die keine Schusswaffen sind, zB Fahrrädern, ist kein Ausschlussgrund. Unerheblich ist auch, ob das Gerät auch ohne die Verbindung mit einer Schusswaffe eingesetzt werden kann.

Die Verbotseigenschaft im Sinne der Anlage 2 zu § 2 Abs. 3 WaffG – Waffenliste – Abschnitt 1, für Schusswaffen bestimmte Nr. 1.2.4.1: „Vorrichtungen, die das Ziel beleuchten (zB Zielscheinwerfer) oder markieren (zB Laser oder Zielpunktprojektoren)" wird für die zu beurteilenden Lichtsets bejaht.

**27. 12. 7. 2006 (BAnz. Nr. 133 vom 19. 7. 2006)**

### Feststellungsbescheid

Waffenrechtlich zu beurteilen sind
**sogenannte „Tactical Gloves", Handschuhe mit verschiedenen Füllungen im Handrücken und Knöchelbereich, zB Füllungen mit Blei oder Stahl (als Granulat oder Staub), Quarzsand oder Sand.**

Die zu beurteilenden Handschuhe sind mit Motorradhandschuhen vergleichbar. Sie sind vollständig oder zum Teil aus Leder. Es gibt sie in allen handelsüblichen Größen. Ähnlich wie die sogenannten Protektoren bei Motorradhandschuhen sind im Handrücken und Knöchelbereich Abnähungen erkennbar. Diese sind mit verschiedenen Füllungen (s. o.) versehen.

Es war zu prüfen, ob es sich hierbei um Hieb- und Stoßwaffen iSd. Nr. 1.1 der Anlage 1 zu § 1 Abs. 4 WaffG Abschnitt 1 Unterabschnitt 2 und somit um Gegenstände iS der Nr. 1.3.1 der Anlage 2 zu § 2 Absatz 2–4 WafffG – Waffenliste – Abschnitt 1 handelt. Danach sind Hieb- und Stoßwaffen, die ihrer Form nach geeignet sind, einen anderen Gegenstand vorzutäuschen, oder die mit Gegenständen des täglichen Gebrauchs verkleidet sind, verbotene Waffen.

Es fehlt bei den Handschuhen an der Zweckbestimmung als Hieb- und Stoßwaffe. Die Verletzungsgefahr eines Gegners ist durch die Verstärkung mit der Füllung **nicht** signifikant erhöht, vielmehr dient die Füllung dem Schutz vor eigenen Verletzungen.

**Ergebnis:**

Die Hieb- und Stoßwaffeneigenschaft im Sinne der Nr. 1.1 der Anlage 1 zu § 1 Absatz 4 – Begriffsbestimmungen –, Abschnitt 1 Unterabschnitt 2 WaffG ist **nicht** gegeben.

Die Verbotseigenschaft im Sinne der Anlage 2 zu § 2 Abs. 3 Waffe – Waffenliste – Abschnitt 1, Nr. 1.3.1:

„Hieb- und Stoßwaffen, die ihrer Form nach geeignet sind, einen anderen Gegenstand vorzutäuschen, oder die mit Gegenständen des täglichen Gebrauchs verkleidet sind"

wird daher **verneint**.

**28.** 18. 7. 2006

### Feststellungsbescheid

Beurteilung der halbautomatischen Selbstladewaffe Modell „BWT 3 D" (vgl. hierzu auch den Feststellungsbescheid vom 17. 7. 2006 – Z 138 – betr. die gleiche Waffe.

Bezug: Länderanhörung gem. § 2 Abs. 5 WaffG vom 23. 5. 2006

Auf Grund der im Rahmen der o. a. Länderanhörung von einigen Bundesländern vorgetragenen Bedenken war die bisher vom Bundeskriminalamt vertretene Auffassung zu revidieren.

Daher wurde die Selbstladewaffe BWT 3 D, Herstellungsnummer 3891, einer nochmaligen Überprüfung unterzogen.

Insbesondere wurden die an der vorgelegten Schusswaffe vorgenommenen Sicherheitsvorkehrungen im Verschlussgehäuse (Einschweißen eines sog. Sperrblechs, um das Einsetzen eines G3 – Verschlusses zu verhindern) sowie wietere bauliche Sicherheitsvorkehrungen mit allgemein gebräuchlichen Werkzeugen bearbeitet mit dem Ziel, diese zu beseitigen. Dabei stellte sich heraus, dass eine einfache Rückänderung nicht möglich war. Bei dem Versuch, die im Gehäuse angebrachte Inbusschraube zu entfernen, hat sich das Gehäuse sichtbar verzogen.

Damit ist sichergestellt, dass in die zu beurteilende Selbstladewaffe das Griffstück der vollautomatischen Kriegswaffe G 3 nicht eingesetzt werden kann.

**29.** 18. 7. 2006

### Feststellungsbescheid

für die Schusswaffe BWT 3 D in unterschiedlichen Ausführungen.

Feststellungsbescheid für die vorgelegte Musterwaffe – halbautomatische Selbstladebüchse mit fester Schäftung oder einschiebbarer Schulterstütze Modell „BWT 3 D", Kal. .308 Win., Lauflänge: 45 cm, Herst.-Nr.: 3891 (vgl. **Bescheid Nr. 28**).

Festellungsbescheide des BKA  **WaffR 14**

Für die weiteren antragsgegenständlichen Versionen der halbautomatische Selbstladeschusswaffen Modell „BWT 3 D", Lauflängen: ab 10 cm bis 75 cm,
Laufdurchmessern:  von 1,3 cm bis 2,6 cm,
Kaliber (metrisch):  4 mm, 5,6 mm, 6,35 mm, 7,62 mm, 9 mm und 19 mm,
Kaliber (zöllisch):  .221.r., .222 Rem., .223 Rem., .243 Win., .308 Win., .358 Win., .40 S&W, .45 ACP und weitere Wildcats
**oder Spezialkaliber zB für Schalldämpferwaffen, Magazinkapazitäten: 2, 5, 10, 20 Patronen**
kann keine Bearbeitung nach § 2 Abs. 5 WaffG – ohne Vorlage einer entsprechenden Musterwaffe zusammen mit ergänzenden Angaben zu dieser – erfolgen.

Diese Feststellung wird auch mehrheitlich von den Länderbehörden, die im Rahmen der erfolgten Länderanhörung beteiligt wurden, vertreten.

**30. 19. 7. 2006**

### Feststellungsbescheid

Waffenrechtlich zu beurteilen sind
**sternförmige Klappmesser mit drei gebogenen Klingen.**

Es handelt sich zum einen um ein Klappmesser mit drei gebogenen Klingen, die sternförmig angeordnet sind. Im geschlossenen Zustand, d. h. alle drei Klingen sind umgeklappt, bildet das Messer ein kreisförmiges Gebilde mit einem Durchmesser von ca. 10 cm. Nach dem Ausklappen der sich selbständig arretierenden Klingen beträgt der Durchmesser ca. 20 cm.

Zum anderen liegt ein Klappmesser vor, bei dem die drei Klingen im zusammengeschobenen Zustand übereinander liegen.

Es war zu prüfen, ob es sich um Gegenstände iS der Nr. 1.3.3 der Anlage 2 zu § 2 Absatz 2–4 WaffG – Waffenliste – Abschnitt 1 handelt.

Aufgrund der Form der geschliffenen Klingen und der Klingenlänge sowie der ausgeprägten Klingenspitze ist die Hieb- und Stoßwaffeneigenschaft im Sinne der Nr. 1.1 der Anlage 1 zu § 1 Absatz 4 – Begriffsbestimmungen –, Abschnitt 1 Unterabschnitt 2 WaffG gegeben.

Im ausgeklappten Zustand sind die Klingen sternförmig angeordnet, dies erfüllt somit den Tatbestand der vorstehenden Norm.

**Ergebnis:**

Die Verbotseigenschaft im Sinne der Anlage 2 zu § 2 Abs. 3 WaffG – Waffenliste – Abschnitt 1, Nr. 1.3.3:
„sternförmige Scheiben, die nach ihrer Beschaffenheit und Handhabung zum Wurf auf ein Ziel bestimmt und geeignet sind, die Gesundheit zu beschädigen (Wurfsterne);"
wird daher **bejaht.**

## II. Ausnahmegenehmigungen nach § 40 Abs. 4 WaffG (Auszug)

a) 10. 11. 2003
BAnz. Nr. 221 vom 26. 11. 2003 S. 24712
**Ausnahmegenehmigung** zum Besitz von bisher gelieferten Spring- und Fallmessern an behinderte Berechtigte nach dem sozialen Entschädigungsrecht (Kriegsopferversorgung u. a.)

### Bekanntmachung

einer Ausnahmegenehmigung des Bundeskriminalamtes gemäß § 40 Abs. 4 des Waffengesetzes (WaffG) zur Regelung des Umgangs mit verbotenen Spring- und Fallmessern durch Berechtigte nach dem Bundesversorgungsgesetz

Gemäß § 40 Abs. 4 WaffG wird Berechtigten nach dem Bundesversorgungsgesetz die widerrufliche und unbefristete Ausnahmegenehmigung erteilt, nach Anlage 2 Abschnitt 1 Nr. 1.4.1 WaffG verbotene Spring- und Fallmesser, die vor dem 30. 6. 2003 durch die Versorgungsbehörden der Länder ausgegeben wurden, zu besitzen und zu führen.

**Auflagen:**

1. Die o. a. Messer dürfen anderen nicht überlassen werden.
2. Die rechtmäßigen Besitzer von o. a. Messern haben die erforderlichen Sicherheitsvorkehrungen zu treffen, um zu verhindern, dass diese abhanden kommen oder Dritte sie unbefugt an sich nehmen.
3. Ein evtl. Verlust eines o. a. Messers ist dem Bundeskriminalamt und der zuständigen Versorgungsbehörde des Landes unverzüglich schriftlich anzuzeigen.
4. Diese Ausnahmegenehmigung hat keine Gültigkeit für sonstige Personen (zB Erben). Im Ablebensfalle ist das Messer bei der zuständigen Versorgungsbehörde abzugeben.

b) 17. 3. 2006
Waffengesetz (WaffG)
hier: Ausnahmegenehmigungen nach § 40 Abs. 4 WaffG

### Bekanntmachung

von Ausnahmegenehmigungen des Bundeskriminalamtes gemäß § 40 Abs. 4 Waffengesetz (WaffG) zur Regelung des Umgangs mit verbotenen Elektroimpulsgeräten ohne Zulassung und Prüfzeichen

Die Geltungsdauer der mit Datum vom 28. 8. 2003 erteilten und mit Bescheiden vom 17. 12. 2003, 28. 6. 2004 und 23. 3. 2005 verlängerten Ausnahmegenehmigungen I. und II, die in Form einer Allgemeinverfügung erteilt wurden und deren Befristung zum 31. 3. 2006 ausläuft, wird bis zum 31. 12. 2006 verlängert.

Die im Rahmen der o. a. Ausnahmegenehmigungen geregelten Sachverhalte und erteilten Auflagen werden von dieser Maßnahme nicht berührt und gelten unverändert weiter.

**Hinweise:**

Die oben ausgesprochene Befristung bis zum 31. 12. 2006 wird dann verlängert, wenn sich abzeichnet, dass zu diesem Zeitpunkt Elektroimpulsgeräte noch nicht geprüft und zugelassen werden können. Die Verlängerung und neue Befristung wird ebenfalls im Bundesanzeiger veröffentlicht.

Sobald die o. a. verbotenen Gegenstände von der Physikalisch-Technischen Bundesanstalt in Braunschweig geprüft und zugelassen werden, erhalten die im Umlauf befindlichen Geräte das entsprechende Prüfzeichen. Die Ausnahmegenehmigung ist ab diesem Zeitpunkt gegenstandslos.

Elektroimpulsgeräte, die kein Prüfzeichen erhalten, sind dann unverzüglich vom Markt zu nehmen.

c) 23. 3 2005 (BAnz. Nr. 65 vom 7. 4. 2005 – S. 5416)
Waffengesetz (WaffG)
hier: Ausnahmegenehmigungen nach § 40 Abs. 4 WaffG

## Bekanntmachung

von Ausnahmegenehmigungen gemäß § 40 Abs. 4 des Waffengesetzes zur Regelung des Umgangs mit verbotenen Elektroimpulsgeräten ohne Zulassung und Prüfzeichen.

Die Geltungsdauer der mit Datum vom 28. 8. 2003 erteilten und mit Bescheiden vom 17. 12. 2003 und 28. 6. 2004 verlängerten Ausnahmegenehmigungen I. und II., die in Form einer Allgemeinverfügung erteilt wurden und deren Befristung zum 31. 3. 2005 ausläuft, wird bis zum 31. 3. 2006 verlängert.

Die im Rahmen der oben genannten Ausnahmegenehmigungen geregelten Sachverhalte und erteilten Auflagen werden von dieser Maßnahme nicht berührt und gelten unverändert weiter.

**Hinweise:**

Die oben ausgesprochene Befristung bis zum **31. 3. 2006** wird dann verlängert, wenn sich abzeichnet, dass zu diesem Zeitpunkt Elektroimpulsgeräte noch nicht geprüft und zugelassen werden können. Die Verlängerung und neue Befristung wird ebenfalls im Bundesanzeiger veröffentlicht.

Sobald die o. a. verbotenen Gegenstände von der Physikalisch-Technischen Bundesanstalt in Braunschweig geprüft und zugelassen werden, erhalten die im Umlauf befindlichen Geräte das entsprechende Prüfzeichen. Die Ausnahmegenehmigung ist ab diesem Zeitpunkt gegenstandslos. Elektroimpulsgeräte, die kein Prüfzeichen erhalten, sind dann unverzüglich vom Markt zu nehmen.

# Sachverzeichnis

Fette Zahlen ohne Zusatz verweisen auf die betreffenden Paragraphen des WaffG, die mageren Zahlen hinter dem Komma (ohne den Zusatz „Abs." oder „Satz") auf die Anmerkungen (Rdn.) hierzu. Fundstellen in den Verordnungen sind wie folgt abgekürzt: AWaffV = Allgemeine Waffengesetz-Verordnung, BeschussV = Allgemeine Verordnung zum Beschussgesetz. Die Paragraphenziffern sind auch hier **fett** gedruckt. So bedeutet AWaffV **13**, 5: Rdn. 5 zu § 13 der Allgemeinen Waffengesetz-Verordnung. Das KWKG ist mit „K", das Beschussgesetz mit „B" abgekürzt, die fetten Zahlen danach bedeuten auch hier die Paragraphen, die mageren (ohne den Zusatz „Abs." oder „Satz") die Randnummern dazu. Für die Fundstellen der Verordnungen zum KWKG gilt Entsprechendes.

Wenn **Anlagen ohne Zusatz** zitiert werden, handelt es sich um die beiden Anlagen des **Waffengesetzes** (Anlage 1 und Anlage 2). Diese werden bei der Zitierung jeweils voll ausgeschrieben; dagegen werden die Unterteilungen wie folgt abgekürzt: Abschnitt = A, Unterabschnitt = U, so dass zB bedeutet „Anlage 1 A 1 U 3 Nr. 2.6": Anlage 1 Abschnitt 1 Unterabschnitt 3 Nr. 2.6. Im Übrigen sind die Anlagen mit dem entsprechenden Zusatz versehen, zB BeschussV Anlage I.

Soweit ausnahmsweise noch auf die auf das WaffG aF gestützte 1. WaffV, 2. WaffV oder 3. WaffV sowie die WaffVwV aF Bezug genommen worden ist, wird auf die Vorauflage (7.) oder die Textsammlung Waffenrecht, 12. Aufl. 2003 (Beck-Texte im dtv) verwiesen.

Im Übrigen wird auf die beiden **Inhaltsübersichten** jeweils **vor § 1 und § 2 WaffG** hingewiesen.

**Abändern** K **1** Anhang A II
- Schießstätte **27**, 3; **53**, 17
- Schusswaffen Anlage 1 A 2 Nr. 8.2

**ABC-Waffen** KWL Teil A Nr. 1 bis 6
- Spezialfahrzeuge für solche Waffen K KWL Anhang 2 Abs. 23

**Abfeuerungseinrichtungen** K KWL Anhang 2 Abs. 11 und 12

**Abgeschlossenes Gelände** K **3**; **22a**, 5 +

**Abhandenkommen**
- Anzeigepflicht bei A. **37**, 12; **53**, 10 (unter Buchst. l); K **12** Abs. 6 Nr. 3
- Schutz vor A. **36**, 3, 4, 13
- Wiedererwerb nach A. **12**, 14

**Abhäutemesser 40** Abs. 3

**Abmessungen** des Patronen- oder Kartuschenlagers **14** Abs. Nr. 1; Maßtafeln v. 10. 1. 2000 BAnz. Nr. 38a v. 24. 2. 2000

- Freistellungsregelungen bezüglich Schießstätten **12** Abs. 1 Nr. 5, Abs. 2 Nr. 3, Abs. 3 Nr. 1, Abs. 4 Satz 1

**Abschießen** von Munition Anlage 1 A 1 U 1 Nr. 1.2.1

**Abschussbecher 1**, 12; B **8**, 4

**Abschussgeräte** zum einmaligen Abschuss pyrotechnischer Gegenstände **1**, 17

**Accelerator-Geschosse** Anlage 2 A 1 Nr. 1.5.3

**Adapter** für Kammerladungswaffen Anlage 1 A 1 U 2 Nr. 1.1

**Änderungen** durch das WaffRNeuRegG **1**, 2a

**Änderung von Schusswaffen**

**„Air Taser"** als Elektroimpulsgeräte: Anlage 1 A 1 U 2 Nr. 1.2.1

**Alarmwaffen** s. Schreckschusswaffen

**Allgemeine Genehmigung** K **3**, K **4**; K **8**

# Sachverzeichnis

Fette Zahlen ohne Zusatz = §§ des WaffG

- Rechtsnatur K **8**
- Verordnungen hierzu **Nr. 10 Buchst. d und e**
- Widerruf K **8**

**Allgemeine Verwaltungsvorschriften**
- Ermächtigung **59**
- WaffVwV, bisher nicht fertiggestellt

**Allgemein gebräuchliche Werkzeuge 1**, 14; **2**, 70, 72; Anlage 1 A 1 U 1 Nr. 1.3, 1.3.5 1.4.6, 1.5, 2.3; A 3 Nr. 2.5; Anlage 2 A 2 U 2 Nr. 1.5; A 3 U 2 Nr. 1 und 3

**Alliierte Streitkräfte 55** Abs. 1 Satz 1 Nr. 2

**Altbesitz 58**, 1 ff.

**alte einläufige Perkussionswaffen 2**, 38, 52, 60

**Alterserfordernis 2**, 2; **3**, 2; **4**, 3; **2** Abs. 1; **4** Abs. 1 Nr. 1; **6** Abs. 3
- Ausnahmen hiervon **3**, 4, 5; **27** Abs. 3 und 5; **58** Abs. 9

**alte Schusswaffen mit Lunten-/Funkenzündung 2**, 39, 47, 50, 61

**alte Schusswaffen mit Zündnadelzündung 2**, 40, 53

**Altersgrenze 2** Abs. 1; **4** Abs. 1 Nr. 1

**Altertümliche Schusswaffen**
- Nichtanwendung des WaffG Anlage 2 A 2 U 2 Nr. 1.7 bis 1.9

**Altwarenhandel** (Gebrauchtwarenhandel) **35**, 10

**Amnestie**, beschränkte **58**, 11

**Amorces** Anlage 2 A 3 U 2 Nr. 3

**Amtsärztliches Zeugnis 6** Abs. 2 und 3

**Anbieten** von Schusswaffen oder Munition in Inseraten **35** Abs. 1

**Anerkennung**
- ausländischer Beschusszeichen B **4**, 13
- ausländischer Prüfzeichen B **7**, 13
- von Schießsportverbänden und Schießsportordnungen **15**

**Anforderungen**
- an Reizstoffgeschosse, Reizstoffsprühgeräte und Reizstoffe sowie an Elektroimpulsgeräte BeschussV **15**
- an Reizstoffgeschosse, Reizstoffsprühgeräte und die dafür verwendeten -Reizstoffe BeschussV Anlage IV

**Anforderungen** an Sachkunde **4** Abs. 1 Nr. 3 ; **5**, 11; **7**; **10**, 4: **11**, 6; **13**, 6 a; **16**, 9; **17**, 2; **26**, 3; **45**, 2; AWaffV **1**

**Angegliederter Teilverband 14** Abs. 2 Satz 2

**Angepasste Form der Munition** Anlage 1 A 1 U 3 Nr. 1.3

**Angriff** als Zweckbestimmung der Waffe Anlage 1 A 1 U 1 Nr. 1.1

**Angriffskrieg** K 1 vor **1**; K **6** Abs. 3

**Ankaufen 1**, 62; **21** Abs. 1; Anlage 1 A 2 Nr. 9

**Anlagen 1 und 2**, abgedruckt hinter § 59 WaffG

**Anmeldepflicht** bei „Einfuhr" (Verbringen oder Mitnahme) **33**

**Anmeldepflicht bei Munition 58** Abs. 1 Satz 3

**Anleitung** (Molotow-Cocktail) **40**, 2

**Anmelde- und Vorführpflicht 33**
- beim Import aus Drittstaaten **33**, 3
- Verstoß als Ordnungswidrigkeit **53**, 22

**Anordnungen**
- bei der Aufbewahrung **36**, 3, 13
- bei Erben, Findern **40**, 13
- bezüglich der Nachschau **39**, 13
- der PTB nach § 9 Abs. 4 BeschG; B **9**, 16
- im Beschussrecht B **18**, 8 ff.
- im Zusammenhang mit der Erlaubnis, **9**, 9; **25**; **27**, 4
- Verstoß als Ordnungswidrigkeit **53**, 6; B **21**, 12, 14

**Anpassungspflicht** bei Aufbewahrung **36** Abs. 4

**Anscheinswaffen 2**, 28; K **13a** und VO dazu

**Anstrahlvorrichtung 2**, 9.

**Antiquitätenwaffen 1**, 15; BeschussV **10** Abs. 2

**Antrag auf Genehmigung**
- der Beförderung K **3**, 4
- des Erwerbs K **2**
- der Herstellung K **2**
- der Überlassung K **2**

**Antragsfrist**
- für Erwerber infolge Erbfalls **20**, 3
- für Jahresjagdscheininhaber **13**, 8

magere Zahlen = Randnummern

# Sachverzeichnis

**Antragsverfahren**
- bei Beschussprüfung BeschussV **7**
- bei Zulassung von Munition BeschussV **30**

**Antriebsenergie** Anlage 1 A 1 U 1 Nr. 1.2.2

**Antriebsmittel 1,** 5; Anlage 1 A 1 U 1 Nr. 1.1

**Antriebsvorrichtung** B **2,** 11; B **10,** 1; Anlage 1 A 1 U 1 Nr. 1.3.3
- als höchstbeanspruchtes Teil B **2,** 11

**Anwendung**
- des Gesetzes auf Bürger der EU AWaffV **26**
- weitere der Waffenverordnungen aF Art. 19 Nr. 3 WaffRNeuRegG, B **22** Abs. 7
- weitere sinngemäße der 3. WaffV aF bis 19. 7. 2006: B **22** Abs. 6

**Anwendungsbereich,** Ausnahmen **55**

**Anzeigefrist**
- bei Abhandenkommen **37** Abs. 2; **37,** 12
- für Erben **20,** 4; **37,** 6

**Anzeigen** an das BKA AWaffV **31**

**Anzeigen** zu Werbezwecken **35** Abs. 1

**Anzeigepflichten 1,** 45; **9,** 9; **10,** 8; **15,** 5; **20,** 4; **21,** 24 ff.; **24,** 12; **27,** 6; **28,** 7; **34,** 6, 9, 12, 14; **35,** 11; **37** Abs. 1 Satz 1; **37,** 14; **40,** 13; **53** Abs. 1 Nr. 5; **53,** 9 f.; **58,** 4; B **9;** B **21** Abs. 1 Nr. 3; B **21,** 5; K **12** Abs. 6; K **26 a**
- Verstoß als Ordnungswidrigkeit **53,** 9 ff.

**Anzeigepflichten nach § 37**
- bei Abhandenkommen **37,** 12
- bei Fund u. ähnlichem Erwerb **37,** 5
- bei Inbesitznahme in amtlicher Tätigkeit **37,** 6
- bei Schusswaffen- und Munitionserwerb **37,** 2
- beim Tod eines Waffenbesitzers **37,** 3 f.
- bei Unbrauchbarmachung und Zerstörung **37,** 14
- Reaktionen der Behörde auf eine Anzeige **37,** 7 ff.
- Verstoß als Ordnungswidrigkeit **53,** 10

**Anzeigepflichten**
beim Waffenversand ins Ausland **31** Abs. 2 Satz 3
beim Waffengewerbe **21** Abs. 6
für Benutzung von Marken **24** Abs. 5

**Anzeigeverfahren** B **9**
- Allgemeines B **9,** 1
- Entstehen der Anzeigepflicht B **9,** 5, 11
- erfasste Gegenstände B **9,** 2 ff., 7 ff.
- Unterrichtung der PTB B **9,** 6
- Verstoß als Ordnungswidrigkeit B **21,** 5
- Vorrang der Bauartprüfung B **9,** 17

**Arbeits- und Ausbildungsverhältnisse** hinsichtlich Erwerb und Besitz **12,** 10

**Armbrüste 1,** 18; **2,** 41, 48, 51, 62; Anlage 1 A 1 U 1 Nr. 1.2.2 ; Anlage 2 A 2 U 2 Nr. 1.10; Nr. 3.2; Nr. 4.2; Nr. 7.8; Anlage 2 A 3 U 2 Nr. 2
- Handel und Herstellung erlaubnisfrei Anlage 2 A 2 U 2 Nr. 4.2

**Armstütze** für Präzisionsschleuder Anlage 1 A 1 U 1 Nr. 1.3; Anlage 2 A 1 Nr. 1.3.7

**Arsenverbindungen** als Reizstoffe unzulässig BeschussV Anlage IV Nr. 5

**Artillerieraketen** als ungelenkte Flugkörper K KWL Anhang 2 Abs. 10

**Artilleriewaffen** K KWL Anhang 2 Abs. 32

**AtomG** K **1,** 4

**Atomwaffen** K **1,** 4; K **16,** 17, 19

**Attrappen,** s. Nachbildungen

**Aufbewahrung** von Waffen oder Munition **36;** AWaffV **13 f.**
- Anordnung eines erhöhten Sicherheitsstandards im Einzelfall **36,** 13
- Aufbewahrungskonzepte AWaffV **14**
- bei Waffen- oder Munitionssammlungen AWaffV **13** Abs. 7
- der Kriegswaffen K **12**
- Erleichterungen bei Langwaffen **36,** 9; AWaffV **13,** 3
- gemeinschaftliche AWaffV **13** Abs. 10

# Sachverzeichnis

Fette Zahlen ohne Zusatz = §§ des WaffG

- gesetzliche Standards Nr. 36.2 WaffVwV
- getrennte Aufbewahrung von Waffen und Munition **36**, 5 f.
- Gleichstellung von Räumen mit Behältnissen **36**, 9; AWaffV 13 Abs. 5
- gleichwertiges Schutzniveau AWaffV 13 Abs. 9
- „häusliche Gemeinschaft" AWaffV 13 Abs. 10
  im privaten Bereich AWaffV 13
- in Schützenhäusern, auf Schießstätten und im gewerblichen Bereich AWaffV 14
- in nicht dauernd bewohnten Gebäuden AWaffV 13 Abs. 6
- Kontrollbefugnisse der Behörde **36**, 10
- Mengenbegrenzung AWaffV 13 Abs. 1, 2 und 4
- Munition AWaffV 13 Abs. 3
- Nachrüstungspflicht **36**, 11
- niedrigere Anforderungen AWaffV 13 Abs. 8
- Sicherung gegen Abhandenkommen und Missbrauch **36**, 3 f.
- Verstoß als Ordnungswidrigkeit **53**, 26; AWaffV 34 Nr. 12
- von erlaubnispflichtigen und verbotenen Schusswaffen **36**, 7
- von Waffenbüchern; Verstoß als Ordnungswidrigkeit AWaffV 34 Nr. 14
- vorübergehende AWaffV 13 Abs. 11

**Aufbewahrungskonzept** AWaffV **14**, 4

**Aufbringen** der Prüfzeichen BeschussV 9

**Aufenthalt**
- im Inland **4**, 9; **21** Abs. 4 Nr. 2

**Aufklärungsdrohnen** keine Kriegswaffen K KWL Anhang 2 Abs. 11

**Aufklärungsflugzeug** K KWL Anhang 2 Abs. 14

**Auflagen**
- allgemein **9**
- Bauartzulassung **22**, 10
- im Beschussrecht B **18**, 6 f.
- Schießstätten **44**, 3, bei Schießen außerhalb von solchen **45**, 3
- Verstöße gegen A. **55**, 3

Verstoß im Beschussrecht als Ordnungswidrigkeit B **21**, 13
Vollziehbarkeit **53**, 6; **52**, 56
- Waffenbesitzkarte **28**, 10
- Waffenführen **39**, 6
Waffenherstellung, gewerblicher **10**, 3; nicht gewerblicher **26**
**Aufsichtspersonen** auf Schießstätten **27** Abs. 3; AWaffV **10**; **11**
**Aufsuchen** von Bestellungen **1**, 63 a; Anlage 1 A 2 Nr. 9
**Ausbildung** in der Verteidigung mit Schusswaffen **27**; AWaffV **22** bis **25**
**Ausbildung** iSv. § 12 Abs. 1 Nr. 3
**Ausbildungs- oder Arbeitsverhältnis** **3** Abs. 1
**Ausfuhr** (Export) s. Verbringen
- und Verbringen von Kriegswaffen in Freizone K KWL Anhang 1 Abs. 14
**Ausgeschlossene Waffen** beim Schießsport AWaffV **6**
**Auskünfte**
**Auskunftspflichten** im Rahmen der Überwachung B **17**
- Verstoß als Ordnungswidrigkeit B **21**, 10
**Auskunfts- und Vorzeigepflicht** **39**
- Inhalt der Auskunft **39**, 3
- persönlicher Anwendungsbereich **39**, 2
- Verstoß als Ordnungswidrigkeit **53**, 28
**Auskunftsverweigerungsrecht** **39**, 4; B **17**, 5
**Ausländer 21**, 20; **22**, 2; **34**, 14; früher: 2. WaffV aF (aufgehoben)
**Ausländervereine 5**, 19
**Ausländische Streitkräfte 55** Abs. 1 Satz 1 Nr. 2; **55**, 4
**Auslandsbezug** des Waffenrechts AWaffV **26 ff.**
**Auslagen** Kostenverordnung zum WaffG
**Ausleihe 12** Abs. 1 Nr. 1
**Auslösemechanismus 2**, 73; B **2**, **12**; Anlage 1 A 1 U 1 Nr. 1.3.4 und 1.4.3
**Ausnahmebewilligungen** bei Prüfung und Zulassung B **13**, 3

magere Zahlen = Randnummern

# Sachverzeichnis

**Ausnahmegenehmigung des BKA** bei verbotenen Gegenständen **40** Abs. 4
**Ausnahmen**
- bei Handelsverboten **35**, 15, 17, 20
- für das Führen **12** Abs. 3
- für das Schießen **12** Abs. 4
- für Erwerb und Besitz **12**, 2 ff.
  für Hoheitsträger **55**
- Genehmigung bei verbotenen Gegenständen **40** Abs. 4
- Jugendliche **3** Abs. 3
- vom Erfordernis der Prüfung und Zulassung im Einzelfall B **13**
- von Beschusspflicht B **4**
- von den Erlaubnispflichten **12**; Anlage 2 A 1 U 2 und U 3, A 3
**Außenballistik** als Bestandteil der Sachkunde AWaffV **1** Abs. 1 Nr. 2
**Außerkrafttreten** von Bestimmungen Art. 19 Nr. 1 und 2 WaffR-NeuRegG
**Ausschluss von der Beschussprüfung** B **12** Abs. 1 Satz 2, BeschussV **4**
**Außenwirtschaftsgesetz** K Einl. 7
**aus Schusswaffen hergestellte Gegenstände** s. Gegenstände
**Aussetzung des Erlaubnisverfahrens 5** Abs. 4
**Ausstellungen 35**, 16
**Austauschläufe 2**, 44; Anlage 1 A 1 U 1 Nr. 3.1; Anlage 2 A 2 U 2 Nr. 2.1; B **2**, 5
**Ausüben der tatsächlichen Gewalt** s. Besitz
**Ausweispflichten 38**
- bei Führen einer Waffe **38**, 2
- Erfordernis zusätzlicher Urkunden zum Personalpapier **38**, 4 ff.
- Erleichterungen für Jäger und Sportschützen **38**, 11
- Erweiterung der Ausweispflicht **42**, 8
**Automatische Schusswaffen 2**, 6; Anlage 1 A 1 U 1 Nr. 2.3; s. auch Vollautomaten, Halbautomaten
**Avionik** s. Schnittstellen

**Bajonette** K **1**, 14
**Bandenmäßige Begehung 51**, 15

**Bangalore-Torpedos** (Sprengrohre) sind Kriegswaffen nach Nr. 39 KWL K KWL Anhang 2 Abs. 38
**„bangsticks"** (Haiabwehrgeräte) WaffVwV zu Anlage 2 A 3 U 1
**Bauartzulassung 1**, **19**; B **1**, 13 ff.; B **7**, 1 f; BeschussV **11–21**
- Anforderungen an Reizstoffgeschosse, Reizstoffsprühgeräte und Reizstoffe sowie an Elektroimpulsgeräte BeschussV **15**
- als Ausnahme von der Beschusspflicht B **4**, 2 ff.
- Anerkennung ausländischer Prüfzeichen B **7**, 13
- Antragsverfahren BeschussV **18**
- Ausnahmen für den Einzelfall BeschussV **11** Abs. 3
- Bekanntmachungen BeschussV **21**
- Beschaffenheit pyrotechnischer Munition BeschussV **14**
- erfasste Gegenstände B **7**, 3, 9; B **8**, 2 ff.
- für besondere Schusswaffen, pyrotechnische Munition und Schussapparate BeschussV **11**
- Inverkehrbringen von Schussapparaten bei gegenseitiger Anerkennung der Prüfzeichen BeschussV **13**
- Modellbezeichnung bei B. BeschussV **12**
- verbotene Tätigkeiten ohne Bauartzulassung B **7**, 12; B **8**, 5
- Versagung B **7**, 14 ff.
- Versagung bei Schussapparaten B **7**, 16 ff.
- Versagung bei Waffen und Geräten nach § 8 B **8**, 6 ff., 12
- Verstoß als Ordnungswidrigkeit B **21**, 4
- Zulassung auch der Bezeichnung B **7**, 11
- Zulassungsbescheid BeschussV **19** Abs. 2
- Zulassungszeichen BeschussV **20**
- Zuständigkeit BeschussV **19** Abs. 1
**Bausätze 51**, 9; K **1**, 1 a
**Bauten, fliegende 27**, 2
**Bearbeiten** von Waffen **1**, 58; **21** Abs. 1; **26** Abs. 1; Anlage 1 A 2 Nr. 8.2 (sowie WaffVwV hierzu [Beispiele]); Nr. 26.3 WaffVwV

1023

# Sachverzeichnis

Fette Zahlen ohne Zusatz = §§ des WaffG

**Beauftragte von Behörden 27,** 3; **36,** 10; **39,** 6, 12; B **17,** 7
**Bedürfnis**
– allgemeine Grundsätze **8;** Nr. 8, 8.1, 8.3, 8.4 WaffVwV
– Auffangnorm § 8 WaffG:
– Begriff **8,** 5 ff.
– bei Auslandsberührung Nr. 8.1.2 WaffVwV
– Beispiele **8,** 16 ff.; 8.1.1 WaffVwV
– bei Waffenverwendung außerhalb Deutschlands Nr. 8.1.5 WaffVwV
– besonders gefährdete Personen **19** Abs. 1
– Bewachungsunternehmer **28;** Nr. 28.1 WaffVwV
– Brauchtumsschützen **16** Abs. 1; Nr. 16.1 WaffVwV
– Erwerb und Besitz erlaubnispflichtiger Schusswaffen – Einzelfälle – Nr. 8.1.3 WaffVwV
– für erlaubnispflichtige Signalwaffen Nr. 8.1.4 WaffVwV
– für Schießerlaubnis Nr. 10.16.2 WaffVwV
– Geeignetheit und Erforderlichkeit der Waffe **8,** 13; Nr. 8.1.1 WaffVwV
– gefährdete Personen Nr. 19.1; Nr. 19.2.1 WaffVwV
– Glaubhaftmachung **8,** 3
– Jagdscheininhaber **13** Abs. 1 und 2
– Nachweis entfällt Anlage 2 A 2 U 3 Nr. 1.1, Nr. 1.2 und Nr. 2
– Regelüberprüfung **4,** 11
– Sportschützen **14** Abs. 2 und 3; Nr. 8.1, 14.4.1.1 WaffVwV
– Unterstellung des Fortbestandes bei „Jägern" und „Sportschützen" Nr. 4.4, 8.2 WaffVwV
– „Vereinsbedürfnis" **10** Abs. 2 Satz 2 ff. iVm. **8;** Nr. 8.1.2, 10.5.5 WaffVwV
– Verwendung von Schalldämpfern Nr. 8.1.6 WaffVwV
– Waffen- und Munitionssachverständige **18**
– Waffen- und Munitionssammler **17**
– Wiederholungsprüfung (einmalige obligatorische) nur für Erlaubnisse ab 1. 4. 2003: Nr. 4.4 WaffVwV

– Zusammenhang mit dem anerkannten Bedürfnis Nr. 12.1.1.1 WaffVwV
**Bedürfnisgrund** einzutragen in WBK Nr. 10.8.4 WaffVwV
**Beförderung 1,** 54
– durch das Bundesgebiet s. Verbringen
– gewerbsmäßige **12,** 8
– nichtgewerbsmäßige **12,** 2, 7
– von Kriegswaffen K **3, 4**
**Befreiung** vom Erfordernis der Fachkunde **22,** 3 ff.
**befriedetes Besitztum 1,** 50; WaffVwV zu Anlage 1 A 2 Nr. 4; Nr. 12.4.1 WaffVwV
**Befristung**
– der Anzeigepflicht für verbotene Gegenstände **58** Abs. 7
– der nichtgewerbsmäßigen Waffenherstellung **26, 4**
– der WBK **10,** 6 ff.
– des Waffenscheins **10,** 12c
– im Beschussrecht B **18,** 5
– von Erlaubnissen **9,** 6; Nr. 9.1 WaffVwV
– von Genehmigungen nach KWKG K **10**
**„befugte Jagdausübung"** Nr. 13.6 WaffVwV
**Begriff „Waffe" 1,** 3 ff.
**Begriffsbestimmungen** Anlage 1 (zu § 1 Abs. 4)
– Verhältnis zwischen WaffG und BeschG B **2,** 17
**Behördenzuständigkeit**
– im Beschussrecht B **20**
– örtliche **49**
– sachliche **48**
**Behördliche Anordnungen 9,** 9 s. auch Anordnungen
**Behördliche Kontrollen** bei Zulassung von Munition BeschussV **34;** BeschussV Anlage III Nr. 3
**Behördliche Mitteilungen** AWaffV **32**
**Beirat** für schießsportliche Fragen AWaffV **8**
**Bekanntmachungen**
– bei Bauartzulassung BeschussV **21**
– bei Zulassung von Munition BeschussV **36**

magere Zahlen = Randnummern

# Sachverzeichnis

**Belange** der öffentlichen Sicherheit und Ordnung **1**, 1
**Benutzung von Schießstätten** AWaffV **9** bis **12**
**Berechtigungsbescheinigung**
– bei Jagdausbildung **27**, 11
– Verstoß als Ordnungswidrigkeit **53**, 21
**Beschaffenheitsprüfung** BeschussV **1** Abs. 3 Satz 1 Nr. 4
Bescheinigung
– eines anerkannten Schießsportverbandes Nr. 14.2.1 WaffVwV
– eventuell 2 Bescheinigungen Nr. 55.2.4 WaffVwV
– für erheblich gefährdete Personen **55**, 6 f.; Nr. 55.2 WaffVwV
– über das Beschussverfahren BeschussV **10**
**Beschränkung**
– der Genehmigung K **10**
– für das Waffengewerbe **21**, 12
– inhaltliche der Erlaubnis **9**, 2 f.; Nr. 9.1 WaffVwV
**Beschuss**
– Durchführung BeschussV Anlage I Nr. 1.2
– freiwilliger BeschussV **6**
– von Böllern B **5**, 8; BeschussV **1**
**Beschussgesetz** (Art. 2 des WaffR-NeuRegG), abgedruckt unter **Nr. 5**
– Allgemeines zur Ausgliederung aus dem WaffG vor B **1**
– erfasste Gegenstände B **1**, 3 ff.
– Zielrichtung des Gesetzes B **1**, 2
**Beschussmunition** B **5**, 2
– keine Zulassungspflicht: BeschussV **37** Abs. 1 Satz 1 Nr. 3
– Kennzeichnung BeschussV **39** Abs. 1 Nr. 3
**Beschusspflicht** B **1**, 3 ff.; B **3**, 3
– Ausnahmen B **1**, 10 ff.; für Gasböller B **3**, 6; B **4**, 2 ff.
– erfasste Gegenstände B **3**, 3
– erneuter Beschuss B **3**, 8 ff.
– Freistellungen B **4**, 7 ff.
– selbst prüfende Behörden B **4**, 11
– verstärkter Beschuss B **5**, 7
– verpflichtete Personen B **3**, 4
– Verstoß als Ordnungswidrigkeit B **21**, 3
– Zeitpunkt der Erfüllung B **3**, 5

– zusammengesetzte Feuerwaffen B **3**, 7
**Beschussprüfung** B **5**; BeschussV **1** Abs. 2
– Antragsverfahren BeschussV **7**
– Aufbringen der Prüfzeichen BeschussV **9**
– Bescheinigung über das Prüfverfahren BeschussV **10**
– Böller für Schwarzpulver BeschussV Anlage I Nr. 2.2
– freiwillige Beschussprüfung BeschussV **6** Abs. 2
– Gasböller BeschussV Anlage I Nr. 2.3
– Instandsetzungsbeschuss BeschussV **5**
– Mindestzustand des Prüfgegenstandes (gebrauchsfertig oder weißfertig) BeschussV **3**
– Modellkanonen BeschussV Anlage I Nr. 2.1.8
– „Nachprüfung" BeschussV **1** Abs. 5; BeschussV Anlage I Nr. 1.3
– Prüfung von Schwarzpulverwaffen und Böllern BeschussV **2**
– Prüfverfahren BeschussV **1**
– Rückgabe ohne Prüfung BeschussV **3** Abs. 3 und 4
– Salutkanonen mit Kartuschen BeschussV Anlage I Nr. 2.2.6
– Standböller BeschussV Anlage I Nr. 2.2.4
– Überlassung von Prüfhilfsmitteln BeschussV **8**
– von Feuerwaffen und höchstbeanspruchten Teilen nach §§ 5, 7 und 8 des BeschG: BeschussV Anlage I Nr. 1
– von Schusswaffen und Böllern BeschussV **1** bis **6**
– von Schwarzpulverwaffen und Böllern nach § 5 des Gesetzes: BeschussV Anlage I Nr. 2
– Vorderlader-Böller-Kanonen BeschussV Anlage I Nr. 2.2.5
– Vorprüfung BeschussV **1** Abs. 3; BeschussV Anlage I Nr. 1.1
– Wiederholungsbeschuss BeschussV **6**
– Zurückweisung vom Beschuss BeschussV **4**

# Sachverzeichnis

Fette Zahlen ohne Zusatz = §§ des WaffG

**Beschussrat 15**; BeschussV **41**
**Beschusszeichen** B **6**, 3; BeschussV Anlage II Abb. 1
- Anerkennung ausländischer B **4**, 13
- Rückgabezeichen BeschussV **4, 6** Abs. 4; **9** Abs. 5

**Besichtigungsrecht der Behörde** B **17**; K **14**
**Besitz 1**, 42; Anlage 1 A 2 Nr. 2
- erlaubnisfrei Anlage 2 A 2 U 2 Nr. 1 und (eingeschränkt) Nr. 2
- ohne Nachweis eines Bedürfnisses Anlage 2 A 2 U 3 Nr. 1

**Besitzdiener 1**, 39
**Besitzarten 1**, 33 ff.
**Besitztum**, befriedetes **1**, 50; Anlage 1 A 2 Nr. 4
**Besitzverbot 41**
**Besitzwechsel** Anlage 1 A 2 Nr. 5
**Besonders schwere Fälle 51**, 14 f.; **52, 64**
**Bestandteile**, wesentliche von Schusswaffen s. wesentliche Teile
**Bestellungen aufsuchen 1**, 63; Anlage 1 A 2 Nr. 9
**Betäubungsgeschosse 2**, 22; Anlage 2 A 1 Nr. 1.5.1
**Betreten**
- Recht zum Betreten **39**, 6; **46**, 11; K **14**

**Betriebsleiter 21** Abs. 6 Satz 2 bis 4
**Bewachungspersonal 28**
**Bewachungsunternehmer 28**
- Beschränkungen hinsichtlich des „Führens" **28**, 5
  Strafbarkeit **52**, 53, 54
- „Wachdienste" **28**, 3
- weisungsgebundene Wachpersonen **28**, 6

**Bewegungsenergie** der Geschosse
- beschränkte, Anlage 2 A 2 U 3 Nr. 1.1
- Ermittlung BeschussV Anlage VI
- Munition für Waffen mit beschränkter Bewegungsenergie **2**, 66; Anlage 2 A 2 U 3 Nr. 1.2

**Bezeichnung** von Straftaten **52**, 6
**Bezeichnung** von Waffen und Munition **24**
**Bezug zu Mitgliedstaat der EU 11**
**Biathlonwettbewerbe** freier Waffentransport **12**, 25a

**Bildwandler** Anlage 1 A 1 U 1 Nr. 4.2; Anlage 2 A 1 Nr. 1.2.4.2
**Biologische Waffen** K **1**, 5
**Blasrohre 1**, 15; Anlage 1 A 1 U 1 Nr. 1.1; Anlage 2 A 3 U 2 Nr. 2
**Böller**
- Begriff B **2** Abs. 3; B **2**, 14; Anlage 1 A 1 U 1 Nr. 2
- Beschusspflicht B **1**, 5; B **5**, 8; BeschussV **2**
- Wiederholungsprüfung innerhalb 5 Jahren BeschussV **5** Abs. 1

**Bogen** zum Schießen: keine Speicherung der Energie Anlage 2 A 3 U 2 Nr. 2

**Bolzensetzwerkzeuge 1**, 19; B **7**, 5
**Bomblets** (Submunition) K KWL Nr. 59, 60; K KWL Anhang 2 Abs. 51
**Booster** keine Zünder nach KWL Nr. 57 K KWL Anhang 2 Abs. 49
**Boote** als Kriegswaffen K KWL Anhang 2 Abs. 19
**Brandentstehung** Anlage 1 A 1 U 2 Nr. 1.2.5; Anlage 2 A 1 Nr. 1.3.4
**Brandsatzmunition** Anlage 2 A 1 Nr. 1.5.4

**Brauchtumspflege 16**
- Mitnahme von Waffen zu Brauchtumsveranstaltungen **32**, 12, 13

**Brauchtumsschützenparagraph 16**
- Ausnahmebewilligung zum Waffenführen **16**, 4, 6 f.
- Begriff des Brauchtumsschützen **16**, 2
- Bescheinigung der Schützenvereinigung **16**, 3
- erlaubnisfreies Führen **16**, 8
- Freistellung von Waffenschein und Schießerlaubnis **16**, 12
- Schießerlaubnis **16**, 9
- zugelassene Waffen **16**, 5

**Brinellhärte** Anlage 2 A 1 Nr. 1.5.4
**Brotzeitmesser 1**, 29
**Bücher**, s. Waffenbücher
**Büchsenmacher 9**, 1 f.; **5**, 18; **7**, 3; **17**, 1; **21**, 13, 18; **22**, 1, 3; **35**, 6
**Buchführung 23**; AWaffV **17** bis 20
- Grundsätze AWaffV **1**
- Erleichterungen AWaffV **18** Abs. 4; **19** Abs. 4
- in elektronischer Form AWaffV **20**

magere Zahlen = Randnummern

# Sachverzeichnis

- in gebundener Form Waffenherstellungsbuch AWaffV **18** Abs. 1; Waffenhandelsbuch AWaffV **18** Abs. 2
- in Karteiform AWaffV **19** Abs. 1; Waffenherstellungsbuch AWaffV **19** Abs. 2; Waffenhandelsbuch AWaffV **19** Abs. 3

**Bundesanstalt für Materialforschung und -prüfung (BAM)** B **10**, 1f.; B **20** Abs. 3 Satz 2

**Bundesbank 55,** 3; B **4,** 11

**Bundesbedienstete 55** Abs. 1

**Bundesjagdgesetz 1,** 2a; **5,** 16; **13**

**Bundeskriminalamt**
- Einstufungskompetenz im Waffenrecht **2,** 75
- Zuständigkeit **48,** 8

**Bundesverwaltungsamt**
- Zuständigkeit **48,** 3 ff. **50,** 2

**Bundeswehr 7,** 5; **55,** 1, 4; B **4,** 11; B **6,** 3; B **10,** 10

**Bußgeldvorschriften**
im Waffengesetz **53** Abs. 1; **53,** 49
in der AWaffV **34**
im Beschussrecht B **21,** 3, 14, 20; BeschussV **42**
im KWKG K **22b**

**Butterflymesser 1,** 28; **2,** 21; Anlage 1 A 1 U 2 Nr. 2.1.4; Verbot: Anlage 2 A 1 Nr. 1.4.3
- Strafbarkeit **52,** 41

**Charterer** von seegehenden Schiffen **12,** 12

**Chemiewaffenübereinkommen Nr. 8h**
- **Ausführungsgesetz Nr. 8i**
- **AusführungsVO Nr. 8k**

**Chemische Waffen** K **20**

**Chiffre-Anzeigen** bei Werbung **35,** 5
- Verstoß als Ordnungswidrigkeit **53,** 24

**CIP** B vor **1,** 2

**CO₂-Waffen** s. auch **Kalte Treibgase** Anlage 2 A 2 U 2 Nrn. 1.1, 1.2, 7.1
- Anzeigeverfahren B **9,** 7

**Combat-Schießen** s. Verteidigungsschießen

**Daten,** personenbezogene, **43**
**Dauergenehmigung** K **3** Abs. 4

**Dauerhafte Funktionsunfähigkeit** Anlage 1 A 1 U 1 Nr. 1.4.2

**Dauerhafte Unbrauchbarmachung** Anlage 1 A 1 U 1 Nr. 1.4.6

**DDR-Recht,** früheres, s. Vorauflage Einleitung 21 ff.; Anhang 3; **59b;** K **26b**

**Degen 1,** 23
- Stockdegen **1,** 23; **2,** 11

**Dehnungen** B **5,** 2

**Dekorationswaffen**
- als unbrauchbar gemachte Kriegswaffen K **13a;** KWL Anhang 2 Abs. 30

**Detonatoren** keine Zünder nach Nr. 57 KWL K KWL Anhang 2 Abs. 49

**Deutsche Staatsangehörigkeit 11,** 6; **21,** 20

**Diebstahl,** Sicherung gegen **36**

**Dienstanweisung BMFi** K Anhang 2; 9

**Diensträume 1,** 52

**Dienstvorschrift** BMFi betr. Kriegswaffen K KWL Anhang 1

**Diplomaten** und andere bevorrechtigte Personen **56**

**Dispenser** K KWL Nr. 61 Begriff K KWL Anhang 2 Abs. 52

**Distanzinjektion 1,** 3a; Anlage 1 A 1 U 1 Nr. 1.1

**Double action-Revolver 2,** 6; Anlage 1 A U 1 Nr. 2.3 (betr. Antrieb durch kalte Treibgase

**Drohnen** s. Kampfdrohnen

**Drosseln** als Gesundheitsbeschädigung **1,** 23g; **2,** 18; Anlage 1 A 1 U 2 Nr. 1.2.6; Verbot Anlage 2 A 1 Nr. 1.3.8

**Druckluftwaffen 2,** 33, 55; Anlage 2 A 2 U 2 Nr. 1.1, Nr. 1.2, Nr. 7.1; Anlage 2 A 3 U 2 Nr. 2
- Anzeigeverfahren B **9,** 7
- keine Feuerwaffen: Anlage 1 A 1 U 1 Nr. 2

**Druckmessverfahren** BeschussV Anlage III Nr. 5.1

**Druckübertragungsstempel** und Indizierkanal bei kleinen Laufinnendurchmessern BeschV Anlage III Technischer Anhang Abbildung 1

**Düsen von Sprühgeräten** keine Läufe Anlage 1 A 1 U 1 Nr. 1.3.1

# Sachverzeichnis

Fette Zahlen ohne Zusatz = §§ des WaffG

**Duldung,** der Nachschau **39,** 5 ff.; B **17,** 13
**Durchfuhr** s. Verbringen durch das Inland; K **3** Abs. 3
**Durchfuhr** von Kriegswaffen mit allgemeiner Genehmigung K KWL Anhang 1 Abs. 16
mit Einzelgenehmigung K KWL Anhang 1 Abs. 15
**durchgehender Längsschlitz** Anlage 1 A 1 U 1 Nr. 1.4.4
**Durchschlagskraft** Anlage 1 A 1 U 3 Nr. 1.4

**EG-Richtlinie,** abgedruckt unter **Nr. 12 b**
**Eignung**
– körperliche **41,** 5
– persönliche **6**
– Regelüberprüfung **4,** 10
**Einbauweise von Druckaufnehmern** BeschussV Anlage III Technischer Anhang Abbildung 2 a bis 2 c
**Einfuhr** von Kriegswaffen K KWL Anhang 1 Abs. 12/13;
**Einfuhr 33;** s. auch Verbringen ins Inland
**Einigungsvertrag** Einleitung 27
**einläufige Einzelladerwaffen** (Zündhütchenzündung) Anlage 2 A 2 U 2 Nrn. 1.7, 5.1, 7.6
**Einpassung** Anlage 1 A 2 Nr. 8.2
**Einsätze** (Adapter); Anlage 1 A 1 U 1 Nr. 3.7
– Bauartzulassung B **7,** 7
**Einsicht** in die Geschäftsunterlagen **39,** 11
**Einsteckläufe** Anlage 1 A 1 U 1 Nr. 3.3; Anlage 2 A 2 U 2 Nr. 2.3
– als höchstbeanspruchtes Teil B **2,** 7
– Bauartzulassung B **7,** 8
– periodische Fabrikationskontrollen BeschussV **22**
**Einstecksysteme 2,** 46; Anlage 1 A 1 U 1 Nr. 3.6; Anlage 2 A 2 U 2 Nr. 2.3
**Einstufungskompetenz** des Bundeskriminalamts (BKA) **2,** 75; Beispiele abgedruckt unter **Nr. 14**
**Eintragung** erworbener Waffen bei Sportschützen 14 Abs. 4 Satz 2

**Einzelbeschuss**
– Ausnahmen B **4**
– Begriff B **1,** 16
**Einzelladerkurzwaffen** Anlage 1 A 3 Nrn. 2.2, 2.3, 3.4
**Einzelladerlangwaffen** Anlage 1 A 3 Nrn. 3.2, 4.1
**Einzelladerwaffen 1,** 2 a; **2,** 38, 52, 60; **14** Abs. 1 und 4; **14,** 1, 6; **16** Abs. 1; **16,** 3, 5; **32,** 12; **34,** 14; **36,** 8

Anlage 1 A 1 U 1 Nr. 2.5 (Leuchtpistole Kal. 4 = 26,5 mm)
**Einzelprüfung** bei Zulassung von Munition BeschussV Anlage III Nr. 4
**Einziehung 54**
**Einziehung und Verwertung 46,** 13
**Einziehung und „Erweiterter Verfall" 54**
– von Kriegswaffen K **24**
– von Schusswaffen nach Verwaltungsrecht **37,** 11; **46,** 13
**Elektroimpulsgeräte (Elektroschocker) 1,** 23 a; **2,** 16; Anlage 1 A 1 U 2 Nr. 1.2.1; Nr. 2.2.1;
Anlage 2 A 1 Nr. 1.3.6; Nr. 1
– Anforderungen an E. BeschussV **15** Abs. 5 iVm. Anlage V zum BeschussV
– Anzeigeverfahren B **9,** 8
– Distanzwirkung Anlage 1 A 1 U 2 Nr. 1.2.1
– Grenzwerte BeschussV Anlage V
– Laser hiervon nicht erfasst Anlage 1 A 1 U 2 Nr. 1.2.1
– Scherzartikel mit geringer Wirkung nicht erfasst Anlage 1 A 1 U 2 Nr. 1.2.1
– unerlaubter Umgang als Ordnungswidrigkeit **53,** 4
– Zulassungszeichen nach Anlage IV zur BeschussV: Anlage 2 A 1 Nr. 1.3.6
**Elektromagnetische Strahlung** Anlage 1 A 1 U 2 Nr. 1.2.3 Buchst. b; Anlage 1 A 1 U 2 Nr. 1.2.3
**Elektronische Verstärkung** Anlage 1 A 1 U 1 Nr. 4.2; Anlage 2 A 1 Nr. 1.2.4.2

magere Zahlen = Randnummern  # Sachverzeichnis

**Energiewert** Prüfung bei Zulassung von Munition BeschussV Anlage III Nr. 5.5
**entflammbarer Stoff** Anlage 1 A 1 U 2 Nr. 1.2.5; Anlage 2 A 1 Nr. 1.3.4
**Entgegennahme von Bestellungen** Anlage 1 A 2 Nr. 9
Entleihe von Waffen 12
**entzündbares Gemisch** Anlage 1 A 1 U 1 Nr. 1.3.2
**Entschädigung** bei Widerruf der Genehmigung K **9**
**Erbenparagraph 20**
- Anzeige- und weitere Pflichten **20**, 3 ff.
- Besonderheiten bzgl. der WBK **20**, 8 f.
- Erbenprivileg **20**, 2
- „Erwerber infolge eines Erbfalls" **20**, 1
- Waffenerwerb durch Erben **52**, 15
**Erbfall**
- bei verbotenen Waffen **40** Abs. 5
- bei Waffen-(Munitions)sammlung **17** Abs. 3
**Erbschaftsbesitzer 1**, 44
**Erfordernis** der Zuverlässigkeit **4**, 4; **5**
**Erhebung und Übermittlung** personenbezogener Daten **43**
**Erläuterungen** zur KWL K KWL Anhang 2
**Erlaubnis** allgemein **2** Abs. 2; **10**; Anlage 2 A 2 U 1
- Ausnahmen **2** Abs. 4 iVm. Anlage 2 A 2 U 2; **12**
- Befristungen und Auflagen **9**, 5 ff.
- Betreiben von Schießstätten **27** Abs. 1
- Erlöschen bei § 21
- Fortgeltung alter Gestattungen **58** Abs. 1, 2, 4 und 5
- Freistellung vom Bedürfnisnachweis **2**, 65: Anlage 2 A 2 U 3 Nr. 1
- für Munitionserwerb **10** Abs. 3
- für Sportschützen **14** Abs. 1 und 4
- für Sachverständige **18** Abs. 2
- für Sammler **17** Abs. 2
- Inhaltliche Beschränkungen **9**, 2
- jagdrechtliche und Faustmesser **40**, 4

- „nach diesem Gesetz" Nr. 45.1 WaffVwV
- Nichtgewerbsmäßige Herstellung **26**
- Rücknahme und Widerruf **45, 46**
- Strafbarkeit bei Fehlen **52**, 61
- Voraussetzungen **4**, 2 ff.
- zum Betrieb einer Schießstätte **27** Abs. 1 Satz 1
- zum Erwerb und Besitz von Waffen **10** Abs. 1
- zum Erwerb in einem anderen EU-Staat AWaffV **28**
- zur Mitnahme von Waffen oder Munition nach oder durch die BRepD AWaffV **30**
- zum Schießen mit einer Schusswaffe **10**, 13
- zum Verbringen ins Ausland AWaffV **29**
- zur Waffen- und Munitionsherstellung und zum Waffenhandel **21** Abs. 1
**erlaubnisfrei**
- Erwerb und Besitz **2**, 33; Anlage 2 A 2 U 2 Nr. 1
- Erwerb und Besitz durch WBK-Inhaber **2**, 44; Anlage 2 A 2 U 2 Nr. 2
- Führen **2**, 47; Anlage 2 A 2 U 2 Nr. 3.1
- Handel und Herstellung 2, 50; Anlage 2 A 2 U 2 Nr. 4
- nichtgewerbsmäßige Herstellung von Munition **2**, 54; Anlage 2 A 2 U 2 Nr. 6.1
- Verbringen und Mitnahme **2**, 55; Anlage 2 A 2 U 2 Nr. 7
**Erlaubnispflicht**, allgemein **2**, 3; 32; **vor 51**, 2 ff.
- Ausnahmen **12**
- Ausnahmebewilligungen im Einzelfall **12, 45**
- Duldung **vor 51**, 32
- keine für Beschäftigte des Inhabers einer Erlaubnis nach § 21 WaffG (§ 12 Abs. 1 Nr. 3 Buchst. a WaffG)
- nichtige Erlaubnis **vor 51**, 33
- Rechtsmissbrauchslehre **vor 51**, 35
- rechtswidrige Erlaubnis **vor 51**, 34

1029

# Sachverzeichnis

Fette Zahlen ohne Zusatz = §§ des WaffG

**Erlaubnispflichtige Waffen und Munition 52,** 8
**Erlaubnisschein 10** Abs. 5; **11** Abs. 2; **26** Abs. 1; **26,** 1; **38,** 6, 14; AWaffV **28**
– Verstoß als Ordnungswidrigkeit **53,** 27
– Vorzeigepflicht **38,** 5
– zum Verbringen von Waffen oder Munition AWaffV **29**
– zur Mitnahme AWaffV **30**
**Erlaubnistatbestände für bestimmte Personengruppen 13** ff.
**Erlaubnisurkunde** bei Sportschützen **14** Abs. 4
**Erlaubte Spring- und Fallmesser 2,** 20; Anlage 2 A 1 Nr. 1.4.1
**Erlöschen** der Waffenherstellungserlaubnis **21,** 23
**Erlös** aus der Verwertung **37** Abs. 1 Satz 4, **46,** 13
**Ermächtigung** zum Erlass von Verordnungen
– des BMI z. Erlass von Rechts-VOen **25; 34,** 11
– für die Bauartzulassung B **14**
– für die Beschussprüfung B **14**
– für Schießstätten **27,** 14
**Erteilung** von Erlaubnissen **10**
**Erweiterter Verfall** s. Einziehung
**Erwerb** Anlage 1 A 2 Nrn. 1 und 9
– Anzeigepflicht vom E. **10** Abs. 1 Satz 4; **37,** 1, 2
– Begriff **1,** 33 ff.; Anlage 1 A 2 Nr. 1
– durch Aneignung **1,** 38
– durch Diebstahl **1,** 38
– durch Erbfall **17** Abs. 3; **20**
– durch Fund **1,** 38
– durch Jagdscheininhaber **13** Abs. 4
– durch Rechtsgeschäft **1,** 39
– durch Minderjährige als Ordnungswidrigkeit **53,** 3
– erlaubnisfrei Anlage 2 A 2 U 2 Nr. 1 und 2
– in einem anderen EU-Mitgliedstaat AWaffV **28**
– Mengenbegrenzung bei Sportschützen **14** Abs. 2 und 3
– ohne Bedürfnisnachweis Anlage 2 A 2 U 3 Nr. 1
– von Munition **10** Abs. 3; **10,** 11; Anlage 1 A 2 Nr. 1
– von Waffen oder Munition ohne Erlaubnis **52,** 7
– vorübergehender erlaubnisfreier **12** Abs. 1 Nr. 1; **12** Abs. 1 Nr. 5
– Wiedererwerb nach Verlust **12** Abs. 1 Nr. 4
**Erwerbsberechtigung 10,** 5
– Prüfen **34** Abs. 1
**Erwerbsfunktion** d. WBK **10,** 5
**„Erwerbsstreckungsgebot"** **14** Abs. 2 Satz 3; Nr. 14.2.2 Ewaff-VwV; zw. bei **14** Abs. 4
**Erwerb und Besitz**
– als Tatmodalitäten **52,** 14
– bei Charterern von seegehenden Schiffen **12,** 12
– bei Wiedererwerb **12,** 13
– durch Bewachungsunternehmer **28**
– durch Brauchtumsschützen **16**
– durch Erben **20**
– durch gefährdete Personen **19**
– durch Jäger **13**
– durch Sportschützen **14**
– durch Waffen- oder Munitionssammler **17**
– durch Waffen- oder Munitionssachverständige **18**
– innerhalb von Arbeits- und Ausbildungsverhältnissen **12,** 10
– mit Bezug zu einem anderen Staat der EU **11,** 2 ff.; AWaffV **28**
– nach Abhandenkommen **12,** 14
– ohne Bedürfnisnachweis Anlage 2 A 2 U3 Nr. 1.1
– Strafbarkeit **52,** 50
– vorübergehender zum Schießen in einer Schießstätte **12,** 15
– weisungsgebundener **12,** 9
**Erwerb und vorübergehender Besitz 14** Abs. 4
**Europäischer Feuerwaffenpass 32,** 9, 15; AWaffV **33;** s. EG-Richtlinie, abgedruckt unter **Nr. 12b,** dortiger Anhang II
– Geltungsdauer AWaffV **33** Abs. 1
– Verstoß gegen Vorlagepflicht als Ordnungswidrigkeit **53,** 13
**EU-Waffenrichtlinie 29,** 1; abgedruckt unter **Nr. 12b;** AWaffV **33;** Anlage 1 A 3
**EWG- (EG)-Staatsangehörige,** Sonderregelungen früher 2. WaffV

magere Zahlen = Randnummern

# Sachverzeichnis

(hierzu Art. 19 Nr. 3 Buchst. b WaffRNeuRegG)
**Expansivgeschosse** Anlage 1 A 3 Nr. 1.4
**Explosivstoff-Richtlinie 29**, 1; abgedruckt unter Nr. **12 c**

**Fabrikationskontrolle**
– Ausnahmen BeschussV **37** Abs. 1
– bei Zulassung von Munition BeschussV **33** iVm. Anlage III Nr. 2 zur BeschussV; Aufzeichnungen: BeschussV **33** Abs. 2–6
– periodische bei Schussapparaten und Einsteckläufen BeschussV **22**
**Fachkunde 22**; AWaffV **15**; **16**; **27**
– bei Bürgern der EU AWaffV **27**
– Entfallen des Nachweises **22**, 3 f.
– Nachweis **22**, 2
**Fachkunde**, Umfang AWaffV **15**
**Fachkundeprüfung 22**, 2; AWaffV **16**
**Fahrgestelle** als Kriegswaffen K KWL Anhang 2 Abs. 24
**Fahrlässigkeit 51**, 17; **52**, 63; B **21**, 17; K **22 a**, 12
**Fahrtenmesser 1**, 29
**Fallmesser 1**, 26; Anlage 1 A 1 U 2 Nr. 2.1.2; Verbot: Anlage 2 A 1 Nr. 1.4.1
– Strafbarkeit **52**, 39
**Faltmesser** WaffVwV zu Anlage 2 A 1 Nr. 1.4.3; s. auch Butterfly-Messer
„**Fangschussgeber**" sind Einsteckläufe Anlage 1 A 1 U 1 Nr. 3.3
**Faustmesser 1**, 27; **2**, 20
– Ausnahme vom Verbot **40** Abs. 3; Anlage 1 A 1 U 2 Nr. 2.1.3; Verbot: Anlage 2 A 1 Nr. 1.4.2
– Strafbarkeit **52**, 40
**Federdruckwaffen 2**, 55; Anlage 2 A 2 U 2 Nr. 1.1, Nr. 1.2, Nr. 7.1; Anlage 2 A 3 U 2 Nr. 2
– Anzeigeverfahren B **9**, 7
**Feilhalten 1**, 63; Anlage 1 A 2 Nr. 9
**Felddurchmesser** Anlage 2 A 1 Nr. 1.5.3
**Fernsehaufnahmen 2**, 57; Anlage 2 A 2 U 2 Nrn. 1.5 und 7.3
**Fertigungszeichen 24** Abs. 3 Satz 1

**Feste Körper 1**, 15; B 1, 4; Anlage 1 A 1 U 1 Nr. 1.2.2; U 3 Nr. 3.1
**feste und flüssige Stoffe** in Umhüllungen Anlage 1 A 1 U 3 Nr. 3.2
**feststehende Messer** Anlage 1 A 1 U 2 Nr. 2.1.3; Anlage 2 A 1 Nr. 1.4.2
**Feststellungsbescheide des BKA** bindend **2** Abs. 5; abgedruckt unter Nr. **14** I
**Feuerwaffen** s. EG-Richtlinie Art. 4 ff.; Anlage 1 A 1 U 1 Nr. 2; Anlage 2 A 2 U 3 Nr. 1.1
– zum einmaligen Abschießen von Munition oder eines Treibmittels B **4**, 2
**Feuerwaffen iS des BeschG** B **1**, 4; B **2**, 2; B **3 ff.**; BeschussV **1** Abs. 1
**Feuerwaffenpass** europäischer AWaffV **33**
**Feuerzeugspringmesser** Verbot Anlage 2 A 1 Nr. 1.3.1 unter Hinweis auf Nr. 1.4.1
**Film- und Fernsehaufnahmen** (zugelassene Waffen) **2**, 36, 57; Anlage 2 A 2 U 2 Nr. 1.5 und 7.3
– Anzeigeverfahren B **9**, 2
– technische Anforderungen BeschussV Anlage I Nr. 6.1.1; 6.2
**Finder 12**, 14; **37**, 5; **40**, 13; **57**, 8
**Fingergriffmesser 2**, 12;
**Firma 24** Abs. 1 Satz Nr. 1
**Flagge** K **4** Abs. 1
**Flamme** Anlage 1 A 1 U 2 Nr. 1.2.4
**Flammenwerfer 1**, 23 e; Anlage 1 A 1 U 2 Nr. 1.2.4
**Fliegende Bauten 27**, 2
**Flinten** mit speziellen Laufprofilen: keine Schusswaffen mit gezogenen Läufen Anlage 2 A 1 Nr. 1. 5. 34
**flüssiges Gasgemisch** Anlage 1 A 1 U 1 Nr. 1.3.2
**Flugbolzen** und Prüfgerät
– für Kartuschenmunition nach Tabelle 5 der Maßtafeln: BeschussV Anlage III Technischer Anhang Abbildung 4
– für Kartuschenmunition für Schussapparate nach Tabelle 6 der Maßtafeln: BeschussV Anlage III Technischer Anhang Abbildung 5 a und 5 b
**Flugkörper** K. K KWL Anhang 2 Abs. 9 bis 11

# Sachverzeichnis

Fette Zahlen ohne Zusatz = §§ des WaffG

- ungelenkte K KWL Anhang 2 Abs. 8
**Form**
- des Antrags auf Bauartzulassung BeschussV **18**
- des Antrags auf Beschussprüfung BeschussV 7
**Formen** des Umgangs mit Waffen **1**, 30 ff.
**Forschungstätigkeit 2**, 22; **40** Abs. 4 Satz 2; **40**, 5; B **4**, 7; B **11** Abs. 2 Nr. 2
**Forstschutz 13** Abs. 6
**Fortgeltung**
- alter Erlaubnisse **58** Abs. 1 Satz 1, Abs. 4 und 5; B **22**, 1
- der Verordnungen zum WaffG aF Art. 19 Nr. 3 WaffRNeuRegG; B **22**, 5
- gelbe WBK Nr. 58.1 EWaffVwV
**Frachtführer** K **3**
**Freihäfen** B **1**, 12
**Freistellung** von Bedürfnisnachweis; Notwendigkeit des Kleinen Waffenscheins **2**, 67; Anlage 2 A 2 U 3 Nr. 2.1
**Freistellung** von Vorschriften des Waffengesetzes
- Zusammenstellung **12**
- betr. § 21 Abs. 4 WaffG für Staatsangehörige der EU AWaffV **26** Abs. 1 bis 3; Ausnahme: AWaffV **26** Abs. 4
- betr. § 4 Abs. 2 WaffG für Staatsangehörige der EU AWaffV **26** Abs. 5
- durch Ausnahmeregelung im Einzelfall **12** Abs. 5
- personenbezogene **55** Abs. 1
- teilweise **2**, 69; Anlage 2 A 3 U 1
- totale **2**, 70; Anlage 2 A 3 U 2 und besonders zu U 2 Nr. 2
- unbrauchbar gemachte WaffVwV zu Anlage 2 A 3 U 2 Nr. 4
**Freistellung**
- gewerbliche Beförderung und Lagerung
- vom Erfordernis des Waffenscheins **12**, 19 ff.
- von Munitionserwerbserlaubnis **12**, 16
- von WBK **12**, 2 ff.; Nr. 12.1 WaffVwV

**freiwillige Beschussprüfung** B **1**, 16; BeschussV **6**
**Führen** von Waffen **1**, 46 ff.; Anlage 1 A 2 Nr. 4
- bei Brauchtumsveranstaltungen **16** Abs. 2
- bei öffentlichen Veranstaltungen **42** Abs. 1; Ausnahmen § **42** Abs. 2 und 4
- erlaubnisfrei Anlage 2 A 2 U 2 Nr. 3
- Erlaubnispflicht **10** Abs. 4, **16** Abs. 2, **42** Abs. 1 und 2
- SRS-Waffen (Schreckschuss-, Reizstoff-, Signalwaffen) Kleiner Waffenschein Anlage 2 A 2 U 3 Nr. 2
- Strafbarkeit **51**, 10, 12; **52**, 4a, 14, 50
**Fund** s. Finder
**Funkenzündung** Anlage 2 A 2 U 2 Nr. 1.8; Anlage 2 A 2 U 2 Nr. 3.1
- Schusswaffen mit F-Kennzeichnung: Handel und Herstellung erlaubnisfrei Anlage 2 A 2 U 2 Nr. 4.1; Nr. 7.7 (Verbringen und Mitnahme)
**Funktionssicherheit** B **5**, 3; BeschussV **1** Abs. 3 Satz 1 Nr. 2; **31** Abs. 3
**Funktionsweise** von Waffen als Bestandteil der Sachkunde AWaffV **1** Abs. 1 Nr. 2

**Garotte** Anlage 1 A 1 U 2 Nr. 1.2.6
**Gasböller** B **1**, 5; B **2** Abs. 3 Satz 3; Prüfung BeschussV **8** Abs. 4
- Bauartzulassung B **7**, 6
**Gasdruck** Messung BeschussV **31** Abs. 2; BeschussV Anlage III Nr. 5.1 ff.
**gasförmiges Gemisch** Anlage 1 A 1 U 1 Nr. 1.3.2
**gasförmige Stoffe** in Umhüllungen Anlage 1 A 1 U 3 Nr. 3.2
**Gas-Handgranaten,** die nur Nebel, Tränengas oder Rauch ohne Flammenwirkung entwickeln, sind **keine** KW K KWL Anhang 2 Abs. 42
**Gaslauf** Anlage 1 A 1 U 1 Nr. 1.3.1
**Gaspistolen 1**, 11; s. auch Reizstoffwaffen

magere Zahlen = Randnummern

# Sachverzeichnis

**Gebrauchsfähigkeit** Anlage 1 A 1 U 1 Nr. 1.3
**„Gebrauchsmesser"** als Maßstab für fehlende Waffeneigenschaft Anlage 1 A 1 U 2 Nr. 1.1
**Gebühren und Auslagen** Kostenverordnung zum WaffG; Fortgeltung Art. 19 Nr. 3 Buchst. c und § 22 Abs. 7 Beschussgesetz
**Gefährdung, besondere 19**
**Gefährdete Personen 19**
– Bedürfnis **19**, 2; zum Führen **19**, 15
– Geeignetheit und Erforderlichkeit **19**, 13
– überdurchschnittliche Gefährdung **19**, 3 bis 12
**Gefechtsköpfe** K KWL Anhang 2 Abs. 11 und 48
**Gegenstände**
– aus Schusswaffen hergestellte; Anzeigeverfahren B **9**, 4; technische Anforderungen BeschussV Anlage I Nr. 6.1.2; 6.3
– tragbare Gegenstände als Waffen **1**, 3; Anlage 1 A 1 U 2
– tragbare Gegenstände zum Abschuss von Munition **1**, 16; Anlage 1 A 1 U 1 Nr. 1.2.1
– verbotene G. Anlage 2 Abschnitt 1
**Gegenstände mit Reiz- oder anderen Wirkstoffen 1**, 23c; **2**, 15
– Strafbarkeit **52**, 36
**Gelände,** abgeschlossenes K **3**
**Geldbuße 53, 41;** B **21**, 21
**Geltungsbereich**
– des WaffG Einleitung 27
**Geltungsdauer**
– der WBK **10** Abs. 1 Satz 3
– des Waffenscheins **10** Abs. 4 Satz 2
**Gemisch,** flüssig oder gasförmig Anlage 1 A 1 U 1 Nr. 1.3.2
**Genehmigung**
– Allgemeine Genehmigung K **8**
– der Beförderung von Kriegswaffen K **3, 4, 6, 7**
– der Herstellung von Kriegswaffen K **2**
– des Verbringens von (sonstigen) Kriegswaffen K KWL Anhang 1 Abs. 6–16
– Inhalt und Form K **10**

– Muster nach KWKG K KWL Anhang 3
– Verfahren bei Fehlen d. G bei Kriegswaffen K KWL Anhang 1 Abs. 18 und 20
– Verfahren bei nachträglicher Vorlage der G. K KWL Anhang 1 Abs. 19
– von Auslandsgeschäften K **4 a**
– von Sportordnungen **15**
**Genehmigungsfähigkeit vor 51,** 31
**Genehmigungsurkunde,** Mitführungspflicht K **12**
**Geräte**
– geprüfte zum Versprühen von Reizstoffen **3** Abs. 2; **3**, 4
**Gerichtsvollzieher 1,** 45; **37** Abs. 1 Satz 1 Nr. 2; **37**, 6
**geringfügige Änderung** Anlage 1 A 2 Nr. 8.2
**Geschäftsfähigkeit,** beschränkte **6, 8**
**Geschäftsräume 1,** 49; Anlage 1 A 2 Nr. 4
**Geschäftsunfähigkeit 6** Abs. 1 Satz 1 Nr. 1; **6**, 3 f.
**Geschichtlicher Überblick** Einleitung 1 ff.
**Geschosse**
– allgemein **1,** 6 f.; Anlage 1 A 1 U 1 Nr. 1.1; U 3 Nr. 3; Anlage 2 A 1 Nr. 1.5
– Ermittlung der Bewegungsenergie BeschussV Anlage VI
– mit Betäubungsstoffen **2**, 22; Anforderungen an zulässige: BeschussV Anlage IV Nr. 2; Verbot: Anlage 2 A 1 Nr. 1.5.1 [auch betr. Ausnahmen]
– mit Eigenantrieb Anlage 1 A 1 U 3 Nr. 1.1
– mit pyrotechnischer Wirkung Anlage 1 A 1 U 3 Nr. 1.4
– mit Reizstoffen **2**, 23; Anforderungen an zulässige: BeschussV Anlage IV Nr. 2; Verbot: Anlage 2 A 1 Nr. 1.5.2
– verbotene G. Anlage 2 A 1 Nr. 1.5
**Geschossspielzeug** Anlage 1 A 1 U 1 Nr. 1.3.1 sowie Anlage 2 A 3 U 2 Nr. 1; Grenzwert: statt 0,08 J jetzt 0,5 J
(BKA vom 18. 6. 2004 – BAnz. vom 3. 7. 2004 S. 14246)

# Sachverzeichnis

Fette Zahlen ohne Zusatz = §§ des WaffG

**Gesetzeszweck 1,** 1
**gespeicherte Muskelkraft** Anlage 1 A 1 U 1 Nr. 1.2.2; Anlage 2 A 3 U 2 Nr. 2
**Gestattung** des Betretens **39,** 6; **46,** 11; K **14**
**Getarnte Waffen**
– Schusswaffen **2,** 7; Anlage 1 A 3 Nr. 1.3; Anlage 2 A 1 Nr. 1.2.2
– Schlagwaffen Anlage 2 A 1 Nr. 1.3.1
**Getreue Nachahmungen 2,** 49, 71; Anlage 2 A 2 U 2 Nr. 3.3; Anlage 2 A 3 U 2 Nr. 2 und Nr. 3
**Gewalt,** tatsächliche s. Erwerb, Besitz
**Gewalttätigkeit 5,** 22
**GewO,** Anwendung **21,** 4
**gewerbliche Niederlassung 21,** 22
**Gewerbsmäßige Beförderung u. a. 12,** 8
**Gewerbsmäßige Begehungsweise 51,** 14
**Gewerbsmäßiger Waffenhandel** s. Waffenhandel
**Gewerbsmäßige Waffenherstellung 21; 58** Abs. 3
– Gegenstand: Schusswaffen und Munition **21,** 5
– gewerbsmäßig **21,** 2
– handwerksmäßige Herstellung **21,** 17
– Herstellen, Instandsetzen, Bearbeiten **21,** 7 ff.; Anlage 1 A 2 Nr. 8.1 und 8.2
– Umfang der Herstellungserlaubnis **21,** 13
– Versagung der Erlaubnis **21** Abs. 3 und 4
– Wesen und Voraussetzungen der Erlaubnis **21,** 15 f.
– wirtschaftliche Unternehmung **21,** 4
**Gewerbsmäßiges Überlassen** ohne Kennzeichnungsprüfung **24,** 10
– Verstoß als Ordnungswidrigkeit **53,** 16
**Gewerbsmäßigkeit 21,** 2; **51,** 14; Anlage 1 A 2 Nrn. 8.1 und 9
**Gewehre**
– halbautomatische K KWL Nr. 29 d; K KWL Anhang 2 Abs. 28 und 29
– vollautomatische K KWL Nr. 29 c; K KWL Anhang 2 Abs. 27
**Gewehrscheinwerfer 2,** 9
**gewöhnlicher Aufenthalt 21,** 21
**Glaubhaftmachung** des Bedürfnisses **8** Abs. 1; **8,** 3
**Gleichgestellte** (tragbare) **Gegenstände,** den Schusswaffen gleichstehend Anlage 1 A 1 U 1 1.2
**Gleichstellung** wesentlicher Teile mit Schusswaffen Anlage 1 A 1 U 1 Nr. 1.3
**Glock 18** keine Kriegswaffe K KWL Anhang 2 Abs. 27
**Granatwerfer** K KWL Anhang 2 Abs. 31
**Griffstücke;** Anlage 1 A 1 U 1 Nr. 1.3.4 und 1.4.3
– als höchstbeanspruchtes Teil B **2,** 12
**Gummiknüppel 1,** 23
**Gutachten**
– Ausnahme für Dienstwaffenträger AWaffV **4** Abs. 7
– bei Personen unter 25 Jahren **6** Abs. 3, **58** Abs. 9 AWaffV **4** Abs. 1 Nr. 2, Abs. 2 bis 6
– über die geistige und körperliche Eignung **6** Abs. 2; AWaffV **4**

**Haftpflichtversicherung 4,** 8; **9,** 7; **16** Abs. 4 Nr. 4; **16,** 9; **27,** 4; **28,** 7, 2
– Nachweis entfällt (Kleiner Waffenschein) Anlage 2 A 2 U 3 Nr. 2
**Haiabwehrgeräte** keine Befreiung EWaffVwV zu Anlage 2 A 3 U 1
**Halbautomaten 2,** 6; **52,** 3, 11; K **1,** 10; KWL Nr. 29 d; Anlage 1 A 1 U 1 Nr. 2.3; Anlage 1 A 3 Nrn. 2.1, 2.4, 2.5, 2.7, 3.3; B **5** Abs. 1 Nr. 2
**Halbautomatische Gewehre** als Kriegswaffen, beispielhafte Aufzählung K KWL Anhang 2 Abs. 28 und 29
**Halbautomatische Kurz-Schusswaffen 52,** 10 ff.; Anlage 1 A 3 Nr. 2.1
**Halbautomatische Lang-Schusswaffen** Anlage 1 A 3 Nr. 2.4 bis 2.6 und Nr. 3.3
**Halbautomatische Schusswaffen mit glattem Lauf** Anlage 1 A 3 Nr. 2.6

magere Zahlen = Randnummern     **Sachverzeichnis**

**Haltbarkeitsprüfung** B **5,** 2
**Handböller** BeschussV **2** Abs. 1 Satz 2 Nr. 1
**Handel** mit Schusswaffen und Munition **1,** 61 ff.; **21;** Anlage 1 A 2 Nr. 9; Anlage 2 A 2 U 2 Nr. 4 und 5
**Handeln ohne Erlaubnis als Straftatbestand 52,** 5
**Handelsverbote 35,** 10
– Ausnahme für Munition an Schießständen **35,** 19
– Ausnahmen im Einzelfall **35,** 20
– bei Ausstellungen, Messen, Märkten **35,** 16
– bei öffentlichen Veranstaltungen **35,** 18
– erfasste Gegenstände **3,** 11
. im Reisegewerbe **35,** 14
– verbotene Formen des Umgangs **35,** 12 f.
– Verstoß gegen **52,** 23 f.
**Handfeuerwaffen** s. auch Feuerwaffen
– allgemein **2,** 5; vor **51,** 10; B vor **1,** 1 f.
– Maßtafeln für **2,** 45
**Handgranaten** sind Kriegswaffen KWL Nr. 46, auch solche, die unter Wasser sprengkräftig sind K KWL Anhang 2 Abs. 42; **Gas-Handgranaten,** die nur Nebel, Tränengas oder Rauch ohne Flammenwirkung entwickeln, sind **keine** KW
**Handhabung** von Waffen und Munition als Bestandteil der Sachkunde AWaffV **1** Abs. 1 Nr. 3
**Handhabungssicherheit** s. Funktionssicherheit
**Handrepetierer 2,** 6 a; K **1,** 11, 17
**Harpunengeräte 2,** 55, 69; Anlage 2 A 3 U 1
**Hartkerngeschosse 2,** 25; Anlage 2 A 1 Nr. 1.5.4
**Hauptenergieträger** Anlage 1 A 1 U 3 Nr. 2
**Hauptzollämter,** Zuständigkeits-VO abgedruckt unter **Nr. 10;** K KWL Anhang 1 Abs. 21
**heiße Gase** bei Feuerwaffen Anlage 1 A 1 U 1 Nr. 2
**Hersteller 8** Abs. 1 Nr. 1; **10,** 15; **21,** 2, 13 f., 16, 18; **23,** 1, 5, 8; **24** 2 f.,
5, 7 f., 9, 12; **27,** 6; **31,** 5 f., 9, 11; **35,** 6; **39,** 2, 5; **40,** 7; **52,** 63; **53,** 15, 16, 36; B **1,** 13 ; B **4,** 7; B **5,** 5; B **7,** 1, 15, 20; B **9,** 8, 12 bis 15; B **10,** 9; B **11,** 4; B **17,** 3, 6, 12; B **21,** 17; B **22,** 3
**Herstellen** von Waffen oder Munition **1,** 56 f.; Anlage 1 A 2 Nr. 8.1; Anlage 2 A 2 U 2 Nr. 4
– nichtgewerbsmäßige **26**
**Herstellererklärung** B **9,** 12
– Allgemeines B **9,** 12
– Inhalt B **9,** 13 f.
– Überprüfung B **9,** 15
**Herstellererlaubnis 21** Abs. 1 und 2
**Herstellerzeichen 24,** 2
**Herstellungsnummer 24,** 5
**Herstellungsverbot 2** Abs. 3
**Hieb- oder Stoßwaffen** Anlage 1 A 1 U 2 Nr. 1.1
– allgemein **1,** 21 ff.
– verbotene H. Anlage 2 A 1 Nr. 1.3.1
**Hinterladerwaffen** BeschussV **2** Abs. 1
**Hinterschaft** bei Pumpguns Anlage 2 A 1 Nr. 1.2.1
**Hinweispflicht** beim Überlassen an Erwerber **35**
– bzgl. „Kleiner Waffenschein" **35,** 8
– bzgl. Schießerlaubnis **35,** 7
– des Waffenhändlers **35,** 6 ff.
– Protokollierungspflicht **35,** 9
– Verstoß als Ordnungswidrigkeit **53,** 25
**Hirschfänger 1,** 23; Anlage 1 A 1 U 2 Nr. 1.1
**historische Waffen** BeschussV **10** Abs. 2
**höchstbeanspruchte Teile** B **1,** 7; B **2,** 3 ff.; BeschussV **1** Abs. 1; **3** Abs. 2
– unfertige B **4,** 12
**Hülsen,** allgemein Anlage 1 A 1 U 3 Nr. 1.1 und 1.2; **24** Abs. 3 Satz 1
**Hülsenlose Munition** Anlage 1 A 1 U 3 Nr. 1.3

**ICt50-Wert:** BeschussV Anlage IV Nr. 1.3
**„im Zusammenhang"** mit dem anerkannten Bedürfnis Nr. 12.1.1.1 WaffVwV

# Sachverzeichnis

Fette Zahlen ohne Zusatz = §§ des WaffG

**Industriekanonen 1,** 19
**Inhaltliche Beschränkung**
- der Erlaubnis **9**
- im Beschussrecht B **18,** 2 f.

Inkrafttreten
- d. WaffG und des BeschG Art. 19 Nr. 1 WaffRNeuRegG

**Inlandsaufenthalt,** fehlender als fakultativer Versagungsgrund **4,** 9; **21,** 21

**Innenabmessung** von Schusswaffen Anlage 1 A 1 U 3 Nr. 1.3

**Innenballistik** als Bestandteil der Sachkunde AWaffV **1** Abs. 1 Nr. 2

**Innerer Tatbestand 52,** 60 f.
- im Ordnungswidrigkeitenrecht B **21,** 16 ff.

**Insolvenzverwalter 37,** 6
**Instandsetzen 1,** 60; Anlage 1 A 2 Nr. 8
**Instandsetzungsbeschuss** B **3,** 9; BeschussV **5**
- Ausnahme: BeschussV **5** Abs. 1 Satz 2

**Inverkehrbringen** von ausländischen Schussapparaten BeschussV **13**

**Irrtumsfragen vor 51,** 39 ff.; B **21,** 18

**Jagd** Anlage 1 A 1 U 1 Nr. 1.1; Anlage 2 A 1 Nr. 1.2.3
**Jäger** Mitnahme von Waffen ins Ausland zum Zweck der Jagd **32,** 10, 13
**Jägerparagraph 13**
- Auszubildende im Jagdbereich **13,** 16
- Bedürfnis zum Erwerb und Besitz **13,** 2
- Begriff „Jäger" **13,** 3
- Erlaubnisfreies Waffenführen und Schießen durch Jäger **13,** 11 bis 14
- Erleichterungen bei der WBK **13,** 6, 9
- Jagdbedarf **13,** 4, 7
- Jagdwaffen und Jagdmunition **13,** 5
- Jahresjagdscheininhaber **13,** 8
- Munitionserwerb durch Jäger **13,** 10
- Sonderregelung für Inhaber von Jugendjagdscheinen **13,** 15

**Jägerprüfung** AWaffV **3** Abs. 1 Nr. 1 Buchst. a
**Jagdausübung 13,** 2, 4, 5, 12 ff.; Nr. 13.5 WaffVwV
**Jagdmunition 13** Abs. 1 Nr. 2
**Jagdrechtliche Erlaubnis** und Faustmesser **40** Abs. 3
**Jagdschein**
- Gleichstellung mit WBK **13** Abs. 4
**Jagdscheinanwärter 13** Abs. 8
**Jagd- und Sportgewehre** keine Kriegswaffen, Kriterien K KWL Anhang 2 Abs. 30
**Jagdschutz 13,** 13
**Jagdwaffen 13,** 5; **27** Abs. 5
- aus Kriegswaffen K **1,** 10 f.; 17 (nicht mehr zulässig)
- Bedürfnis **13,** 2
- Erwerb **13,** 5 ff.
**Jahresjagdschein 13,** 8
**Jahrmärkte 35,** 16
**Jugendjagdschein 13** Abs. 6 a; **13,** 3, 10, 15
**Jugendliche,** Umgang mit Waffen oder Munition Anlage 1 A 2 Nr. 11
- Ausnahmen **3,** 1 ff.
- Grundsatz 2 Abs. 1
**Juristische Personen 4,** 2; **10** Abs. 2 Satz 2; **10,** 4; **14,** 4; **21,** 6, 16

**Kabelschießer 1,** 19
**Kaliber** Anlage 1 A 1 U 1 Nr. 1.3.1
**kalibergroße Bohrung** Anlage 1 A 1 U 1 Nrn. 1.4.4 und 1.4.5; Anlage 2 A 2 U 2 Nr. 1.5
**kalibergroßer Stahlstift** Anlage 1 A 1 U 1 Nr. 1.4.5; Anlage 2 A 2 U 2 Nr. 1.5
**Kalte Treibgase** als Antriebsmittel **2,** 55; **27** Abs. 3 Nr. 1, Abs. 6; Anlage 2 A 2 U 2 Nr. 1.1, Nr. 1.2, Nr. 7.1
**Kampfdrohnen** K KWL Anhang 2 Abs. 11
**Kampffahrzeuge** KWL IV
- gepanzerte K KWL Anhang 2 Abs. 22
**Kampfflugzeuge** K KWL Anhang 2 Abs. 14
**Kampfhunde 1,** 3 a
**kampfmäßiges Schießen,** Verbot **27** Abs. 7 Satz 1

magere Zahlen = Randnummern  **Sachverzeichnis**

**Karteiform,** bei Buchführung AWaffV **19**
**Kartuschenbeutel,** mit Pulver gefüllt sind als Treibladungen (Nr 55 KWL) Kriegswaffen, sofern sie für Gefechtsmunition bestimmt sind K KWL Anhang 2 Abs. 47
**Kartuschenlager** Anlage 1 A 1 U 1 Nrn. 1.3.1, 2.7 bis 2.9
**Kartuschenmunition 1,** 55; **2,** 23, 42; **12,** 34, 38, 39, 44; B **5; 2; 42,** 9; **52,** 45; B **1,** 5, 11; B **7;** B **9;** B **14;** Anlage 1 A 1 U 1 Nr. 2.7; U 3 Nr. 1.2; A 2 Nr. 7; Anlage 2 A 1 Nr. 1.5.5; A 2 U 2 Nr. 1.11
– für abgeänderte Schusswaffen und Schussapparate nach § 7 BeschG **2,** 42; Anlage 2 A 2 U 2 Nr. 1.11
– mit Reizstoffen: BeschussV **15** Abs. 1; (Verbot) **2,** 23; Anlage 2 A 1 Nr. 1.5.2; Anzeigeverfahren B **9,** 10
– Zulassung und Prüfung BeschussV **29**
**Kauf**
– von Schusswaffen **35** Abs. 1 und 2
**Kennnummer,** s. Herstellungsnummer
**Kennzeichen** Anlage 2 A 2 U 2 Nr. 1.1; BeschussV Anlage II
– für Schusswaffen, deren Geschossen eine Bewegungsenergie von nicht mehr als 7,5 J erteilt wird (§ 7)
– Abs. 1 Satz 2 Nr. 1 und § 9 Abs. 2 Satz 1 Nr. 1 BeschG): BeschussV Anlage II Abb. 10
**Kennzeichnung**
– auf mehreren wesentlichen Teilen AWaffV **21** Abs. 1
– bei Schusswaffen mit glatten Läufen AWaffV **21** Abs. 2
– bei gewerbsmäßiger Veränderung AWaffV **21** Abs. 3 bis 6
– Beschusspatronen BeschussV **39** Abs. 4
– Bolzen für Schussapparate BeschussV **17** Abs. 5
– der Verpackung von Munition BeschussV **39**
– Kartuschenmunition für Schussapparate BeschussV **17** Abs. 2 Satz 2, Abs. 3 und 4

– Randfeuermunition BeschussV **17** Abs. 2. Abs. 3
– Schreckschussmunition BeschussV **17** Abs. 2 Satz 3
– von Schrot- und Stahlschrotpatronen BeschussV **39** Abs. 2
– von Schusswaffen AWaffV **21**
– von gewerbsmäßig wiedergeladener Munition BeschussV **39** Abs. 3
**Kennzeichnungsprüfung** B **5,** 5; BeschussV **1** Abs. 3 Satz 1 Nr. 1
**Kennzeichnungspflicht 24**
– Abweichungen bei besonderen Munitionsarten BeschussV **17**
– Ausnahmen **24,** 6, 11
– der Munition **24,** 7, 9
– Grundsatz **24,** 2 ff.
– Prüfungspflicht **24,** 10
– Verstoß als Ordnungswidrigkeit **53,** 15
– wesentlicher Teile **24** Abs. 1
– wiedergeladene Munition **24,** 8
**„Killernieten"** als Schlagringe Anlage 2 A 1 Nr. 1.3.2
**Kinder,** Umgang mit Waffen oder Munition, **3,** 5; **27,** 7, 10; Anlage 1 A 2 Nr. 10; s. auch Alterserfordernis
**kinetische Energie** Anlage 1 A 1 U 2 Nr. 1.2.3 Buchst. b
**Klappmesser** Anlage 1 A 1 U 2 Nr. 2.1.3
**Kleiner Waffenschein 2,** 67; **10,** 12; Anlage 2 A 2 U 3 Nr. 2
**Kleinkaliberwaffen 14** Abs. 1 Satz 2; K **1,** 9
**Kleinschrotmunition 2,** 27; verbotene Anlage 2 A 1 Nr. 1.5.6 (auch betr. Ausnahmen)
**Klinge** Anlage 1 A 1 U 2 Nrn. 2.1.1 bis 2.1.3; Anlage 2 A 1 Nrn. 1.4.1 und 1.4.2
**Knallkartuschen** verbotene Anlage 2 A 1 Nr. 1.5.5
**Knallkorken,** Nichtanwendung des WaffG **1,** 14; Anlage 1 A 1 U 3 Nr. 1.4.2; Anlage 2 A 3 U 2 Nr. 3
**Knallkorkenpistolen 1,** 13
**Körper,** feste, als Geschosse Anlage 1 A 1 U 3 Nr. 3.1
**Konkurrenzkorrektur 52,** 97
**Konkursverwalter** s. Insolvenzverwalter

# Sachverzeichnis

Fette Zahlen ohne Zusatz = §§ des WaffG

„Kontingent" für Sportschützen **14** Abs. 3
**Kontrolle,** beim Verbringen ins Inland **33**
**Koppelschlosspistolen 2,** 7; Anlage 2 A 1 Nr. 1.2.2
- Strafbarkeit **52,** 29
**Kosten 50,** B **16**
**Kostenverordnung zum WaffG** (WaffKostV) Fortgeltung Art. 19 Nr. 3 Buchst. c WaffRNeuRegG
**Kriegsflugzeuge** KWL A II
**Kriegsschiffe** KWL A III; K KWL Anhang 2 Abs. 17
**Kriegsschusswaffen** Anlage 1 A 3 Nr. 1.1
**Kriegswaffen und Waffengesetz 57, 58** Abs. 2
**Kriegswaffen 51,** 7; Anlage 1 A 3 Nr. 1.1; Anlage 2 A 1 Nr. 1.1
- Atomwaffen K **16, 17, 19**
- Ausfuhr K **3,** 16
- Auslandsgeschäfte K **4 a**
- Auslandstaten K **21**
- Beförderung K **3, 4; 12; 16**
- Begriff K **1**
- Biologische und chemische Waffen K **18,** 20
- Dekorationswaffen K KWL Anhang 2 Abs. 30
- Durchfuhr K **3**
- Durchführungsverordnungen **Nr. 8 a, 8 b, 8 c**
- Einfuhr K **3,** 16
- Einzelauslegungen zu den Positionen der KWL K. K KWL Anhang 2 Abs. 9 ff.
- Einziehung und „Erweiterter Verfall" K **24**
- Erwerb K **2**
- Gebrauchsfähigkeit K **1,** 15
- Genehmigung K **6 ff.**
- Gestellungspflicht K **14**
- Halbautomatische ehemalige WaffVwV zu Anlage 2 A 1 Nr. 1.1
- Herstellung, Instandsetzung, Inverkehrbringen K **2, 16,** 2 a
- Klärung von Zweifeln hinsichtl. Qualifizierung als K. **K** KWL Anhang 1 Abs. 22; K. K KWL Anhang 2 Abs. 8
- Kennzeichnung K **12** Abs. 7 Nr. 3
- Kriegswaffenbuch K **12** Abs. 2
- Kriegswaffenliste (KWL) K **1,** 1, 3; K Anhang 1
- MeldeVO **Nr. 8 f**
- nach Verlust der Kriegswaffeneigenschaft **2,** 5; **52,** 3; Anlage 2 A 1 Nr. 1.1
- Sicherstellung K **13**
- Strafbarkeit des unerlaubten Besitzes von früheren **52,** 59
- Strafvorschriften K **19, 20, 22 a**
- Teile von K. als Objekt der Regelung K KWL Anhang 2 Abs. 4 und 5
- Transport K **3, 4, 12**
- Überlassung K **2**
- unbrauchbar gemachte (K **13a**) als Dekorationswaffe K KWL Anhang 2 Abs. 30
- und Außenwirtschaftsgesetz K **vor 1,** 7
- und Waffengesetz K **vor 1,** 8
- Verlust K **12;** der Eigenschaft als K. K KWL Anhang 2 Abs. 6 und 7
- vollautomatische K KWL Anhang 2 Abs. 27
- Vollständigkeit als Voraussetzung K KWL Anhang 2 Abs. 3
**Kugelschreiber** als Tarnung für Waffe Anlage 2 A 1 Nr. 1.2.2
**kulturhistorisch bedeutsame Sammlung 12,** 19; **17,** 1, 3 f., 6; **18,** 2; **40,** 5, 10
**Kunststoffummantelung** bei Munition **2,** 24; BeschussV **26** Abs. 2; Anlage 2 A 1 Nr. 1.5.3
- Strafbarkeit **52,** 43
**Kurze Einzellader-Schusswaffen** Anlage 1 A 3 Nr. 2.2, 2.3 und 3.4
**Kurze Repetier-Schusswaffen** Anlage 1 A 3 Nr. 2.1
**Kurzwaffen 13** Abs. 2; **14** Abs. 3 und 4; **52,** 12; Anlage 1 A 1 U 1 Nrn. 1.3.4, 1.4.3, 1.4.4, 2.6; A 3 Nrn. 2.1 bis 2.3 und 3.4
- Einzellader für Munition mit Zentralfeuerzündung Anlage 1 A 3 Nr. 2.2
- Einzellader für Munition mit Randfeuerzündung Anlage 1 A 3 Nr. 2.3 und 3.4
- halbautomatische K. Anlage 1 A 3 Nr. 2.1
- Repetierer Anlage 1 A 3 Nr. 2.1

magere Zahlen = Randnummern

# Sachverzeichnis

**Laboratoriums-** (Forschungs-)Tätigkeit K **1,** 19
**Ladung** B **1,** 5, 10; B **5,** 2, 7
**Längsschlitz** Anlage 1 A 1 U 1 Nr. 1.4.4
**Lagerung**
– gewerbsmäßige **12** Abs. 1 Nr. 2
– gewerbsmäßige von Munition mit Reizstoffen BeschussV **40** Abs. 1
– von pyrotechnischer Munition BeschussV **40** Abs. 2
– von Schusswaffen s. Aufbewahrung
**Landesrecht Nr. 13**
– BW 13.1
– Bayern 13, 2
– Berlin 13, 3
– Brandenburg 13, 4
– Bremen 13, 5
– Hamburg 13, 6
– Hessen 13, 7
– Mecklenburg-VP 13, 8
– Niedersachsen 13, 9
– NRW 13, 10
– Rheinland-Pfalz 13, 11
– Saarland 13, 12
– Sachsen 13, 13
– Sachsen-Anhalt 13, 14
– Schleswig-H. 13, 15
– Thüringen 13, 16
**Landesregierungen 48** Abs. 1; **55** Abs. 6; B **4** Abs. 4; B **20** Abs. 1
**landwirtschaftliche Betriebe 12** Abs. 4 Nr. 3 Buchst. b
**Lange Einzellader-Schusswaffen**
– mit gezogenem Lauf Anlage 1 A 3 Nr. 3.2
– mit glattem Lauf Anlage 1 A 3 Nr. 4.1
**Lange Repetier-Schusswaffen** Anlage 1 A 3 Nrn. 2.6 und 3.1
**Lange halbautomatische Schusswaffen** Anlage 1 A 3 Nrn. 2.4, 2.5, 2.6 und 3.3
– zivile, die wie vollautomatische Kriegswaffen aussehen Anlage 1 A 3 Nr. 2.7
**Langwaffen 1,** 2a; **2,** 36, 57, 73; **12** Abs. 3 Nr. 3; **12,** 24, 25a, 38a; **13,** 2, 6a, 8, 9, 10; **14,** 1, 2, 3, 5, 6; **16,** 3, 5; **27,** 3: **32,** 10, 12; **34,** 14; **36,** 8; **45,** 11; **46,** 3; **52,** 12; **53,** 26; B **8,** 2; B **9,** 2; Anlage 1 A 1 U 1 Nrn. 1.4.5, 2.6; Anlage 2 A 2 U 2 Nrn. 1.5, 7.3
– zu besonderen Zwecken veränderte Anlage 2 A 3 U 2 Nr. 1.5
**Laser 1,** 23d; **2,** 9; Anlage 1 A 1 U 1 Nr. 4.1; Anlage 1 A 1 U 2 Nr. 1.2.1 und 1.2.3 Anlage 2 A 1 Nr. 1.2.4.1
– Strafbarkeit **52,** 31
**Laserwaffen** K KWL Nr. 62; K KWL Anhang 2 Abs. 53
**Lauf 1,** 4f.; Anlage 1 A 1 U 1 Nrn. 1.1, 1.3.1 und 1.3.5; B **2,** 4
**Laufinnendurchmesser 5,** 14
**Laufmündung** Anlage 1 A 1 U 1 Nrn. 1.4.4 und 1.4.5; Anlage 2 A 2 U 2 Nr. 1.5
**Laufrohlinge** Anlage 1 A 1 U 1 Nr. 1.3.5
**Laufveränderung** Anlage 1 A 1 U 1 Nrn. 1.4.4 und 1.4.5; Anlage 2 A 2 U 2 Nr. 1.5
**LCt50-Wert:** BeschussV Anlage IV Nr. 1.2 Technischer Anhang Abbildung 5a und 5b
**Lehren** B **5,** 4
**Lehrgänge** zur Ausbildung in der Verteidigung mit Schusswaffen AWaffV **22** bis **25**
– Verstöße als Ordnungswidrigkeit AWaffV **34** Nr. 17 bis 22
**Legitimationsprüfung 38,** 1 ff.
**Leibgardist 1,** 23a
**leicht entflammbare Stoffe** Anlage 1 A 1 U 2 Nr. 1.2.5; Anlage 2 A 1 Nr. 1.3.4
**Leinenwurfgeräte** BeschussV **24** Abs. 1 Satz 2; BeschussV Anlage I Nr. 3.5.2; 3.5.3; 3.6
**Leuchtpistolen 1,** 9
**Leuchtspurgeschosse,** einzelne: Anlage 1 A 1 U 3 Nr. 1.4
**Leuchtspurmunition** Anlage 2 A 1 Nr. 1.5.4
**Lichtimpuls** Anlage 1 A 1 U 3 Nr. 2
**Los** bei Munitionsprüfung BeschussV **28** Abs. 2; Anlage III Nr. 1.2
**Luftgewehre s.** Druckluftwaffen
**Luftverkehr 12,** 8
**Luntenzündung** Anlage 2 A 2 U 2 Nr. 1.8; Anlage 2 A 2 U 2 Nr. 3.1
– Schusswaffen mit L. Handel und Herstellung erlaubnisfrei Anlage 2

# Sachverzeichnis

Fette Zahlen ohne Zusatz = §§ des WaffG

A 2 U 2 Nr. 4.1; Nr. 7.7 (Verbringen und Mitnahme)

**Magazin 2,** 6; **12,** 24; **54,** 5
**Makler 1,** 65
**Mannschaftstransportwagen** als Kriegswaffen K KWL Anhang 2 Abs. 22
**Markenanzeigepflicht 24,** 12
**Markierung** als Waffenzweck **1,** 3a; Anlage 1 A 1 U 1 Nr. 1.1
**Märkte 35,** 16
– Volksfeste 35, 18
**Manövermunition** Anlage 1 A 1 U 3
**Maschinengewehre** KWL B 29 a
– luftgekühlte K KWL Anhang 2 Abs. 26
– wassergekühlte K KWL Anhang 2 Abs. 26; Anlage 2 A 1 Nr. 1.1
**Maschinenkanonen** K KWL Anhang 2 Abs. 32
**Maschinenpistolen** K KWL Nr. 29b; K KWL Anhang 2 Abs. 27
**Maße**
– unter dem Gesichtspunkt der Sicherheit zu prüfende: BeschussV Technischer Anhang zu Anlage III Nr. 1
– zur Bestimmung des Typs zu prüfende: BeschussV Technischer Anhang zu Anlage III Nr. 2
**Maßhaltigkeitsprüfung** B **5,** 4; **7,** 1, 2, 12; BeschussV **1** Abs. 3 Satz 1 Nr. 3
– bei Feuerwaffen B **1,** 13, 14; B **5,** 1, 4; BeschussV **1** Abs. 3 Satz 1 Nr. 3, Satz 3
**Maßtafeln** v. 10.1. 2000 BAnz. Nr. 38a v. 24. 2. 2000; Anlage 2 A 1 Nr. 1.5.5; BeschussV **26ff.;** BeschussV **26**
– Abs. 1 und 2
– Abweichungen von M. BeschussV **27**
**Materialprüfung** (Bundesanstalt) für Materialforschung und -prüfung B **19** Abs. 1 Satz 2
**Meldebehörden**
– Änderung des Melderechtsrahmengesetzes Art. 5 WaffRNeuRegG
– Übermittlung von Daten an und von **44**

**Merkblätter**
– Halbautomatische militärische Gewehre K **1** Anhang A
– Unbrauchbarmachen von Kriegswaffen K **1** Anhang B
**Messen 35,** 16
**Messer 1,** 24 ff.; **2,** 19 ff.; Anlage 1 A 1 U 2 Nr. 2.1; Anlage 2 A 1 Nr. 1.4; Anlage 1 A 1 U 2 Nr. 1.1; Anlage 2 A 1 Nr. 1.4.1
**Messung des Gasdrucks** BeschussV **31** Abs. 2
**Methoden der Messtechnik** BeschussV **31** iVm. Anlage III zur BeschussV
**MG-Rohre** auch ohne Verriegelungsstück Kriegswaffen K KWL Anhang 2 Abs. 35
**Militärkarabiner** K **1,** 11
**Minder schwere Fälle 51,** 16; **52,** 65
**Mindestalter 2** Abs. 1, **4** Abs. 1 Nr. 1; **35** Abs. 1 Satz 1 Nr. 2
**Mindestzustand** des Prüfgegenstandes BeschussV **3**
**Minen** KWL B 43; aller Art, auch Seeminen, sind Kriegswaffen K KWL Anhang 2 Abs. 40
**Minenleg- und Minenwurfsysteme** für Seeminen keine Kriegswaffen K KWL Anhang 2 Abs. 38
**Minenräummittel** Nr. 47 KWL; K KWL Anhang 2 Abs. 39
**Miniaturen** als „Nachbildungen" Anlage 1 A 1 U 1 Nr. 1.5
**Missbrauch** von Waffen und Munition **9,** 5; **14,** 3; **15,** 1; **36,** 5; **37,** 13; **41,** 4; vor **51,** 79; **53,** 29
**Mitführen von Urkunden** (Personalausweise, Waffenschein) **38**
**Mitnahme 1,** 54a, **32;** Anlage 1 A 2 Nr. 6; Anlage 2 A 2 U 2 Nrn. 7 und 8
– Anmeldepflicht 33
– Antragstellung auch gemeinsam **30** Abs. 4 AWaffV
– Auswirkungen der EG-Richtlinien **32,** 7 f., 11
– Begriff **32,** 2
– bei Sportschützen **32,** 11, 13
– Ein- und Durchreise ohne Erlaubnis **32.** 9
– erfasste Gegenstände **32,** 4

magere Zahlen = Randnummern

# Sachverzeichnis

- Erlaubnis **32,** 5 f.; **30** Abs. 1 Satz 2, Abs. 3 AWaffV
- Erlaubnisfreiheit **32,** 14
- Europäischer Feuerwaffenpass AWaffV 33
- Jahresjagdschein keine Erlaubnis nach § 32 Abs. 5 Nr. 1 WaffG
- unerlaubte **52,** 19
- zu Brauchtumsveranstaltungen **32,** 12, 13
- zum Zweck der Jagd **32,** 10, 13; auch „im Zusammenhang" hiermit

**Mitteilungen der Behörden** AWaffV **32**

**Mitteilungspflicht**
- bei Schießsportvereinen **10,** 10 a
- des BKA bei Besitz und Überlassen von Waffen mit EU-Bezug AWaffV **32** Abs. 2 Nr. 2
- Verstoß als Ordnungswidrigkeit **53,** 11

**Mobile Kontrollgruppen** im Kriegswaffenrecht K KWL Anhang 1 Abs. 23

**Modellbezeichnung** bei Bauartzulassung BeschussV **12**

**Modelle vor 1871** Anlage 2 A 2 U 2 Nr. 1.7, 1.8, 1.9, 3.1, 4.1, 5.1, 5.2, 7.6, 7.7

**Molotow-Cocktails 1,** 23 f.; **2,** 14; **40** Abs. 1; **vor 51,** 10 a; **52,** 4; Anlage 1 A 1 U 2 Nr. 1.2.5; Anlage 2 A 1 Nr.
- 1.3.4
- Anleitung oder Aufforderung zur Herstellung **40** Abs. 1; Verstoß **52,** 26
- militärische Brandgeschosse nicht erfasst Anlage 1 A 1 U 2 Nr. 1.2.5

**Mündungsknall** Anlage 1 A 1 U 1 Nr. 1.3.6

**Munition**
- allgemein Anlage 1 A 1 U 3 Nr. 1; Anlage 2 A 1 Nr. 1.5
- Aufbewahrung **36** Abs. 1, 3 bis 6
- Ausnahmebewilligung B **13**
- Begriff **1** Abs. 4 iVm. Anlage 1 A 1 U 3; im **KWKG** K KWL Nr. 49 ff.; K KWL Anhang 2 Abs. 45 und 46
- Bezeichnung **24** Abs. 3
- Erwerb und Besitz **10,** 11
- Erwerbserlaubnis **10** Abs. 3
- Freistellungen **12,** 16
- für erlaubnisfreie Waffen Anlage 2 A 2 U 2 Nr. 1.11
- für Kaliber 4 mm M20 erlaubnisbedürftig EWaffVwV zu Anlage 2 A 2 U 3 Nr. 1.2
  für Vollautomaten **51,** 8
- für Waffen mit Zulassungszeichen **2,** 35, 59; Anlage 2 A 2 U 2 Nr. 1.4 und Nr. 7.5
- inerte K KWL Anhang 2 Abs. 45
- iS des Beschussgesetzes B **1,** 8
- Kartuschenmunition im KWKG keine KW K KWL Anhang 2 Abs. 45
- keine Zulassungspflicht BeschussV **37** Abs. 1
- Kennzeichnung **24,** 7 ff.
- Kennzeichnung der Verpackung von M. BeschussV **39**
- Lagerung BeschussV **40**
- Los einer M. BeschussV **28** Abs. 2
- Manövermunition K KWL Anhang 2 Abs. 45
- nichtgewerbsmäßige Herstellung erlaubnisfrei **2,** 54; Anlage 2 A 2 U 2 Nr. 6.1; auch Wiederladen
- ohne Bedürfnisnachweis Anlage 2 A 2 U 3 Nr. 1.2
- Sondervorschrift für alte B **22,** 2
- Typ einer M. BeschussV **28** Abs. 1
- Überlassen oder Vertreiben als Ordnungswidrigkeit B **21,** 7
- Umgang mit M. **1** Abs. 3; durch Kinder und Jugendliche **2** und **3**
- verbotene **2,** 22 ff.; Anlage 2 A 1 Nr. 1.5; BeschussV **26** Abs. 3
- Verpackung BeschussV **38**
- nicht gewerbsmäßig wiedergeladene **24,** 8; BeschussV **37** Abs. 1 Nr. 2
- zulässige und nicht zulässige BeschussV **26** Abs. 1 und 2 bzw. Abs. 3
- Zulassung B **10, 11;** BeschussV **28–37**

**Munitionsabschussgeräte 1,** 16; Anlage 1 A 1 u 1 Nr. 1.2.1 ; B **1,** 6

**Munitionsbegriff im Kriegswaffenrecht** K KWL Anhang 2 Abs. 45 und 46

**Munitionserwerbschein 10,** 11

**Munitionshandelsbuch** (abgeschafft) **23,** 1

# Sachverzeichnis

Fette Zahlen ohne Zusatz = §§ des WaffG

**Munitionsherstellung** Anlage 1 A 2 Nr. 8.1; Anlage 2 A 2 U 2 Nr. 6
– Laden (§ 27 Abs. 1 a SprengG)
**Munitionssachverständiger 18** s. Sachverständiger
**Munitionssammler** s. Waffen- und Munitionssammler
**Munitionstransporter** K KWL Anhang 2 Abs. 20
**Muskelkraft 2**, 71; Anlage 1 A 1 U 1 Nr. 1.2.2; Anlage 2 A 3 U 2 Nr. 2
**Muster** (f. waffenrechtl. Urkunden) werden als Anlagen z. WaffVwV erscheinen
**Mustergenehmigung** nach KWKG K KWL Anhang 3
**Mustermessen 35**, 16

**Nachahmungen**, getreue Anlage 2 A 2 U 2 Nr. 3.3; A 3 U 2 Nrn. 1 bis 3
**Nacharbeit** Anlage 1 A 2 Nr. 8.2
**Nachbildungen**, von Schusswaffen **2**, 30 f.; Anlage 1 A 1 U 1 Nr. 1.5; Anlage 2 A 2 U 2 Nr. 3.3; Anlage 2 A 3 U 2 Nr. 3
– von Kriegswaffen **1**, 2 a
**Nachschau**, behördliche **39**, 5 ff.; B **17**, 6 ff.
– Duldungs- und Mitwirkungspflichten B **17**, 13
– Einsicht in Geschäftsunterlagen **39**, 11; B **17**, 12
– Prüfungen, Besichtigungen, Probeentnahme **39**, 10; B **17**, 11
– Verstoß als Ordnungswidrigkeit B **21**, 11
– Vorzeige- und Vorlegungspflicht **39**, 13 ff.; B **17**, 14 ff.
**Nachträgliche Nebenbestimmungen 9** Abs. 2 Satz 2; K **10** Abs. 2
**Nachtsichtaufsätze 2**, 10; Anlage 1 A 1 U 1 Nr. 4.2; Anlage 2 A 1 Nr. 1.2.4.2
– Strafbarkeit **52**, 32
**Nachtsichtgeräte 2**, 10; Anlage 1 A 1 U 1 Nr. 4.2; Anlage 2 A 1 Nr. 1.2.4.2
– Strafbarkeit **52**, 32
**Nachtsichtvorsätze 2**, 10; Anlage 1 A 1 U 1 Nr. 4.2; Anlage 2 A 1 Nr. 1.2.4.2
– Strafbarkeit **52**, 32

**Nachtzielgeräte 2**, 10; Anlage 1 A 1 U 1 Nr. 4.2; Anlage 2 A 1 Nr. 1.2.4.2
– Strafbarkeit **52**, 32
**Nachweis**
– des Bedürfnisses **8**
– der Fachkunde **22**
– der persönlichen Eignung AWaffV **4**
– der Sachkunde **7**; AWaffV **1**, 1 f.; anderweitiger AWaffV **3**
– der Unbrauchbarmachung **37**, 10 f.; **46**, 7
**Nadelgeschosse** Anlage 2 A 1 Nr. 1.5.3
**Namen, Firmenzeichen 24** Abs. 1
**Narkosewaffe 1**, 18; Anlage 1 A 1 U 1 Nr. 1.1
**Nebenbestimmungen 9**; B **18**
**Negativkatalog** bei Zuverlässigkeitsprüfung **5** Abs. 1 und 2
**Nichtanwendung des WaffG 55**
**Nichtanwendung** von Bestimmungen des WaffG Anlage 2 A 2 U 2 bis A 3 U 2
**Nichteignung**, absolute und regelmäßig anzunehmende **6**
**Nichterfasste Waffen** Anlage 2 A 3 U 2
**nicht gemeldete Schusswaffen 57** Abs. 2 Satz 2
**Nichterfüllung von Auflagen 53** Abs. 1 Nr. 4
**Nichtgewerbsmäßige Munitionsherstellung** Anlage 2 A 2 U 2 Nr. 6
**Nichtgewerbsmäßige Waffenherstellung 26**
– Begriff **26**, 2
– Erlaubnis **26**, 2 ff.
– Strafbarkeit **52**, 51
– Waffensachverständige **26**, 5
**Niederlassung**, gewerbliche **21**, 22
**Notsignalgeber** Anlage 1 A 1 U 1 Nr. 2.9
**Notsignalgeräte** Anlage 1 A 1 U 3 Nr. 1.4.3
**Notwehr, Notstand 52**, 62; AWaffV **1** Abs. 1 Nr. 1
**Nummer**, fortlaufende **24**, 5
**Nun-Chakus 1**, 23 g; **2**, 18; Anlage 1 A 1 U 2 Nr. 1.2.6; Anlage 2 A 1 Nr. 1.3.8
– Strafbarkeit **52**, 38

magere Zahlen = Randnummern  **Sachverzeichnis**

**Obhutspflicht** beim Schießen von Minderjährigen AWaffV **10** Abs. 4–6
– Nichtgeltung für ortsveränderliche Schießstätten (§ 27 Abs. 6 WaffG): AWaffV **10** Abs. 7
**Objektives Verfahren 54**, 11
**Öffentliche Sicherheit und Ordnung 1**, 1, 2
**Öffentliche Veranstaltungen**
– Ausnahmen vom Verbot des Waffenführens **42**, 5 ff., 9 ff.
– Begriff **42**, 3
– Erweiterung der Ausweispflicht **42**, 8
– Verbot des Waffenführens **42**, 2 ff.
**Opportunitätsprinzip 53**, 1
**Ordnungswidrigkeiten 53**, 1 ff.; AWaffV **34**; B **21**; BeschussV **42**; K **22 b**
– Bußgeldbemessung **53**, 39 ff.
– Innere Tatseite **53**, 35 ff.
– Täterschaft **53**, 31 ff.
– Verfolgungsverjährung **53**, 43
– Verletzung der Aufsichtspflicht **53**, 34
– Versuch nicht bußgeldbewehrt **53**, 38
– zuständige Verwaltungsbehörde **53**, 42
**Ordnungswidrigkeiten und Straftaten 52**, 98
**Ortszeichen** der zuständigen Behörden BeschussV Anlage II Abb. 3

**Panzer** als Kriegswaffen K KWL Anhang 2 Abs. 22
**Panzerabwehrwaffen** KWL B Nr. 37
**Panzerfaust** als Panzerabwehrwaffe Kriegswaffe K KWL Anhang 2 Abs. 37
**Panzerung** K KWL Anhang 2 Abs. 22
**Passivschutz 1**, 20
**Patronenlager 3**, 5; Anlage 1 A 1 U 1 Nrn. 1.3.1, 1.4.1, 1.4.4, 2.8, 2.9 und 3.7; Anlage 2 A 2 U 2 Nr. 1.5
**Patronen- oder Kartuschenlager** als höchstbeanspruchtes Teil B **2**, 9

**Patronenmunition** Anlage 1 A 1 U 3 Nr. 1.1
– verbotene **2**, 25; Anlage 2 A 1 Nrn. 1.5.3, 1.5.4
– Zulassung und Prüfung BeschussV **29**
**Patronen- und Kartuschenmunition** Prüfung und Zulassung BeschussV **29**
**Periodische Fabrikationskontrollen**
– für Schussapparate und Einsteckläufe BeschussV **22**
– Überprüfung im Einzelfall BeschussV **23**
**Perkussionswaffen 2**, 38, 52, 60; **14** Abs. 4; Anlage 2 A 2 U 2 Nrn. 1.7, 5.1, 7.6
– Handel zT erlaubnisfrei Anlage 2 A 2 U 2 Nr. 5.1
**Persönliche Eignung 4** Abs. 3; **6**; **58** Abs. 9; AWaffV **4**
– absolutes Fehlen **6**, 3
– Gutachten AWaffV **4**
– Mangel im Regelfall **6**, 8
– Regelüberprüfung **4**, 10
– Sonderregelung für Personen unter 25 Jahren **6**, 11
– unterschiedliche Zielrichtung der Gutachten nach § 6 Abs. 2 und Abs. 3 WaffG
– Vorlage ärztlicher Bescheinigungen **6**, 2
**Personalausweis 38** Abs. 1 Satz 1 Nr. 1
**Personenbezogene Daten** Erhebung und Übermittlung **43**
**Pfeifraketen** Anlage 1 A 1 U 3 Nr. 1.4.3
**Pflichten**
– zur Sorgfalt beim Umgang mit Kriegswaffen K **12**
– zur Verlustanzeige **37** Abs. 2
**Physikalisch-Technische Bundesanstalt 2**, 33; BeschussV **19**
**Pistole 10**, 5
– mit Reihenfeuer keine Kriegswaffe K KWL Anhang 2 Abs. 27
**Pistolengriff** bei Pumpguns Anlage 2 A 1 Nr. 1.2.1
**Pistolenmunition** Anlage 1 A 3 Nr. 1.4
**Platzpatronen 1**, 10; **2**, 26

1043

# Sachverzeichnis

Fette Zahlen ohne Zusatz = §§ des WaffG

**Polizei**
- Ausweiskontrolle **38,** 3
- Freistellung **55** Abs. 1 Satz 1 Nr. 3; **55,** 9; B **1** Abs. 4 bis 6
- Stellungnahme **5** Abs. 5 Nr. 3; **6** Abs. 1 Satz 3; **6, 9**

**Präzisionsschleudern 1,** 23h; **2,** 17; Anlage 1 A 1 U 2 Nr. 1.3; Anlage 2 A 1 Nr. 1.3.7

- Strafbarkeit **52,** 37

**Praktische Tätigkeit** als Ersatz für Fachkundeprüfung **22** Abs. 1 Nr. 2

**Produktsicherheit 1,** 2

**Protokollierungspflicht** s. Hinweispflicht

**Prototyp,** erster einsatzfähiger, bei Kriegswaffen K KWL Anhang 2 Abs. 2

**Prüfgegenstände** BeschussV **1** Abs. 1

**Prüfgerät**
- für Kartuschenmunition nach Tabelle 5 der Maßtafeln: BeschussV Anlage III Technischer Anhang
- Abbildung 4
- für Kartuschenmunition für Schussapparate nach Tabelle 6 der Maßtafeln: BeschussV Anlage III
- Technischer Anhang Abbildung 5 a und 5 b

**Prüfläufe** zur Funktionsprüfung und Gasdruckmessung BeschussV Anlage III Technischer Anhang Abbildung 3 a
- und 3 b

**Prüfmethoden** bei Zulassung von Munition BeschussV **31**

**Prüfung**
- Ausnahmen vom Erfordernis der Prüfung und Zulassung im Einzelfall B **13**
- durch Beschuss B **5**
- der Sachkunde AWaffV **2** Abs. 3
- von Böllern B **5,** 8 und Schwarzpulverwaffen BeschussV **2**

**Prüfungsausschüsse**
- für Fachkunde **22** Abs. 2 Nr. 2
- für Sachkunde **7** Abs. 2; AWaffV **2,** 2 f.

**Prüfungskosten** WaffKostV mit Anlage; s. auch Fortgeltung

**Prüfverfahren** BeschussV **1,** 7 ff.

**Prüfvorschriften** für Patronen- und Kartuschenmunition BeschussV Anlage III

**Prüfzeichen** B **6,** 2
- befristet erlaubter Umgang ohne B **22,** 4
- bei Wiederholungsprüfungen betriebener Schussapparate BeschussV **25**
- besondere B **6,** 3
- der Beschaffungsstellen für die Bundeswehr, den Bundesgrenzschutz und die Bereitschaftspolizeien der
- Länder BeschussV Anlage II Abb. 9
- Fortgelten nach Beschussgesetz B **22,** 1
- für betriebene Schussapparate BeschussV Anlage II Abb. 8
- für Handfeuerwaffen zum Verschießen von Stahlschrotmunition BeschussV Anlage II Abb. 2
- für Munition WaffVwV zu Anlage 2 A 2 U 2 Nr. 1.4; BeschussV Anlage II Abb. 4
- Überlassen ohne P. als Ordnungswidrigkeit B **21,** 8 f.

**Psychologisches Zeugnis 6** Abs. 2 und 3

**PTB-Zeichen** Anlage 2 A 2 U 2 Nr. 1.3; BeschussV Anlage II Abb. 6

**Pumpguns 2,** 6b; **51,** 6; Anlage 2 A 1 Nr. 1.2.1; Inkrafttreten der Verbotsregelung: Art. 19 Nr. 1 Satz 1 WaffRNeuRegG

**Pyrotechnische Munition 2,** 43, 63; B **8** Abs. 1 Nr. 3; B **10;** B **19** Abs. 3; Anlage 1 A 1 U 1 Nr. 2.9; U 3
- Nr. 1.4; A 2 Nr. 7; Anlage 2 A 2 U 2 Nr. 1.12, 7.9
- Abweichung bei Kennzeichnung BeschussV **17** Abs. 1
- Ausnahmen für Bundeswehr B **1** Abs. 4 bis 6
- Beschaffenheit BeschussV **14**
- erlaubnisfreie, Anlage 2 A 2 U 2 Nr. 1.12
- Klasseneinteilung PM I und PM II BeschussV **11** Abs. 5; BeschussV Anlage I Nr. 5.2.2 bzw. Nr. 5.2.3

magere Zahlen = Randnummern

# Sachverzeichnis

- mit der Antriebsvorrichtung fest verbundene: Anlage 1 A 1 U 3 Nr. 1.4.3; B **10** Abs. 1
- pyrotechnische Patronenmunition Anlage 1 A 1 U 3 Nr. 1.4.1
- Umgang mit Klasse I waffenrechtlich nicht beschränkt Anlage 1 A 1 U 3 Nr. 1.4.2
- technische Anforderungen BeschussV Anlage I Nr. 5
- unpatronierte Anlage 1 A 1 U 3 Nr. 1.4.2
- Verwendungshinweise B **10**, 4
- Versagung der Zulassung B **10**, 5 ff.
- Zulassung B **10**, 1 f.

**pyrotechnischer Satz** Anlage 1 A 1 U 3 Nr. 1.4

**Qualifizierungskompetenz** des BKA **2** Abs. 5; **2**, 75

**Raketen** Anlage 1 A 1 U 3 Nr. 1.4.3
**Raketenmunition** Anlage 1 A 1 U 3 N. 1.1; B **10**, 2
**Raketentriebwerke** K KWL Anhang 2 Abs. 13
**Randfeuermunition** Kennzeichnung BeschussV **17** Abs. 2
**Rauschmittelabhängigkeit 6**, 6
**Rechtfertigung** b. Waffendelikten **vor 51**, 40
**Rechtsanspruch** auf Erlaubniserteilung **9**, 5
**Reichswaffengesetz** vom 18. 3. 1938 Einleitung 10
**Reisegewerbe 35**, 14 f.
**Reizstoffe**
- Anforderungen an Reizstoffgeschosse, Reizstoffsprühgeräte und Reizstoffe BeschussV **15;** BeschussV
- Anlage IV
- Begriffsbestimmung BeschussV Anlage IV Nr. 1.1 Nr. 3 bis 6
- verbotene Anlage 2 A 1 Nr. 1.3.5

**Reiz- und Wirkstoffe 2**, 15; B **8** Abs. 1 Nr. 2; B **9;** Anlage 1 A 1 U 1 Nr. 5; Anlage 2 A 1 Nrn. 1.3.5, 1.5.2; Anlage-V zur BeschussV
**Reizstoffmunition** Anlage 2 A 1 Nrn. 1.5.2, 1.5.5; Anlage 2 A 2 U 2 Nr. 7.5

- Gebrauchsanweisung BeschussV **16** Abs. 3
- Kennzeichnung der Munition BeschussV **16** Abs. 2 Satz 2
- Kennzeichnung der Verpackung BeschussV **16** Abs. 1

**Reizstoffsprühgeräte 3** Abs. 2; BeschussV **15;** Anlage 1 A 1 U 2 Nr. 1.2.2 bis 1.2.4; Anlage 2 A 1 Nr. 1.3.5
- Anforderungen BeschussV **15** Abs. 1
- Gebrauchsanweisung BeschussV **16** Abs. 3
- Kennzeichnung BeschussV **16** Abs. 2

**Reizstoffwaffen 35** Abs. 2 Satz 2; Anlage 1 A 1 U 1 Nr. 2.8; Anlage 2 A 1 Nr. 1.3.5; Anlage 2 A 2 U 2 Nrn. 1.3, 7.2; Anlage 2 A 2 U 3 Nr. 2.1
- mit Zulassungszeichen **2**, 34, 56; Anlage 2 A 2 U 2 Nr. 1.3, Nr. 7.2
- Notwendigkeit des Kleinen Waffenscheins **2**, 67; **10** Abs. 4 Satz 4; Anlage 2 A 2 U 3 Nr. 2.1
- technische Anforderungen BeschussV Anlage I Nr. 4

**Reparatur** s. **Instandsetzung**
**Repetierwaffen 16** Abs. 1; **32** Abs. 3 Nr. 3; Anlage 1 A 1 U 1 Nr. 2.4; Anlage 1 A 3 Nrn. 2.1, 2.6, 3.1
**Repliken**
- Befreiungsvorschriften Anlage 2 A 2 U 2 Nr. 1.8, 1.9 sowie Nr. 3.1

**Reststücke** wesentliche Teile; Anlage 1 A 1 U 1 Nr. 1.3.5
**Revolver** double action **2**, 6; Anlage 1 A 1 U 1 Nr. 2.3
**Revolvermunition** Anlage 1 A 3 Nr. 1.4
**Rohre** als Kriegswaffen K KWL Anhang 2 Abs. 35
**rohrförmiger Gegenstand** Anlage 1 A 1 U 1 Nr. 1.3.1
**Rückgabepflicht** bzgl. Erlaubnisurkunden bei Rücknahme und Widerruf **46**, 2
**Rückgabezeichen** BeschussV **9** Abs. 5
**Rücknahme** beschussrechtlicher **Erlaubnisse** B **19**
- allgemein **19**, 1 f.

1045

# Sachverzeichnis

Fette Zahlen ohne Zusatz = §§ des WaffG

- fakultative **19**, 4
- Folgen **19**, 9
- obligatorische **19**, 3
- **Rücknahme und Widerruf waffenrechtlicher Erlaubnisse 45**
- allgemein **45**, 1 f.
- fakultative **45**, 6
- Folgen **46**, 2 ff., 10 ff.
- obligatorische **45**, 4 ff.

**Rümpfe** von Kriegsschiffen K KWL Anhang 2 Abs. 21

**Sachkunde 7; 1 bis 3** AWaffV
- anderweitiger Nachweis AWaffV **3**
- Begriff **7**, 2
- bei Antrag auf nichtgewerbsmäßige Waffenherstellung AWaffV **1** Abs. 3
- Beschränkung gemäß Antrag AWaffV **1** Abs. 2
- (der Jägerprüfung) gleichgestellte Prüfungen AWaffV **3** Abs. 1 Nr. 1 a
- Lehrgänge AWaffV **3** Abs. 2–4
- Nachweis AWaffV **2**; **3**
- Nachweis entfällt s. Anlage 2 A 2 U 3 Nr. 2
- Prüfung AWaffV **2**; durch Schießsportvereine AWaffV **3** Abs. 5; Wiederholung AWaffV **2** Abs. 5
- Rechtsvorschriften AWaffV **1** Abs. 1 Nr. 1
- Umfang AWaffV **1**, 2

**Säbel 1,** 23

**Sachverständiger** (Waffen- und Munitionssachverständiger) **18**
- Anzeige- und Vorlagepflicht **18** Abs. 2 Satz 3
- Bedürfnis **18**, 2
- Begriff **18**, 3
- Eintragung in die WBK **18**, 6
- Erlaubnis und Auflage **18**, 4 f.
- wissenschaftliche Tätigkeit Nr. 18.1.1 WaffVwV

**Salutkanonen** und Böller **1**, 16

**Salutwaffen** Anlage 2 A 2 U 2 Nr. 1.5

**Sammlerwaffen 17**
- Bedürfnisprüfung **17** Abs. 1

**Sammlerzwecke** (Langwaffen) Anlage 2 A 2 U 2 Nr. 1.5 und 7.3

**Saugnapfpistolen** als Geschossspielzeug Anlage 1 A 1 U 1 Nr. 1.3.1 sowie Anlage 2 A 3 U 2 Nr. 1;
- Grenzwert: statt 0,08 J jetzt 0,5 J (BKA vom 18. 6. 2004 – BAnz. vom 3. 7. 2004 S. 14 246)

**Schalldämpfer 34** Abs. 5; **34**, 14; Anlage 1 A 1 U 1 Nr. 1.3 und 1.3.6

**Schallimpuls** Anlage 1 A 1 U 3 Nr. 2

**Scheinwerfer** s. Zielscheinwerfer

**Schießen**
- außerhalb von Schießstätten **12** Abs. 4 Satz 2
- Begriff **1**, 55; Anlage 1 A 2 Nr. 7
- bei Not- und Rettungsübungen **12**, 43
- bei Theater- und ähnlichen Aufführungen **12**, 40
- durch Minderjährige auf Schießstätten **27** Abs. 3 bis 5; AWaffV **10**
- erlaubnisfreies auf Schießstätten **12** Abs. 4 Satz 1
- kampfmäßiges, Verbot **27** Abs. 7 Satz 1
- mit Signalwaffen **12**, 42
- mit Starterwaffen bei Wettkämpfen **12**, 44
- unerlaubtes als Ordnungswidrigkeit **53**, 5
- unzulässiges auf einer Schießstätte als Ordnungswidrigkeit AWaffV **34** Nr. 2
- Verteidigungsschießen AWaffV **22 bis 25**
- zur Vertreibung von Vögeln in der Landwirtschaft **12**, 41

**Schießerlaubnis 10** Abs. 5
- allgemein **10**, 13
- Auflagen **9**
- Ausnahmen **12**, 31 ff., 38 a (Biathlon-Wettkämpfe), 40, 41, 42, 43, 44, im Einzelfall **12**, 45
- Ausweispflicht **38** Abs. 1 Satz 1 Nr. 1 Buchst. f

**Schießkugelschreiber 1,** 13; **2,** 7; Anlage 2 A 1 Nr. 1.2.2
- Strafbarkeit **52,** 29

**Schießsport**
- ausgeschlossene Waffen AWaffV **6** Abs. 1
- Begriff **15** Abs. 6
- unzulässige Schießübungen AWaffV **7**

magere Zahlen = Randnummern

# Sachverzeichnis

**Schießsportbedarf 14** Abs. 2
**Schießsportliche Fragen** Beirat AWaffV **8**
**Schießsportliche Vereinigung 15**
**Schießsportordnungen 15** Abs. 7; AWaffV **5**, 2
– Abweichungen AWaffV **5** Abs. 3 und 4
– Voraussetzungen für Genehmigung AWaffV **5** Abs. 1
**Schießsportverbände, Schießsportvereine 15;** 5 ff. AWaffV
– Anerkennung **15,** 4
– Anforderungen **15,** 2
– Begriff „Sportliches Schießen" **15,** 7
– Benennungspflicht des Schießsportvereins **15,** 6
**Schießstätten 27**
– allgemeines **27,** 1
– Anordnungen der Aufsichtspersonen AWaffV **11** Abs. 2
– Aufsicht AWaffV **11** Abs. 1
– Aufsichtspersonal AWaffV **10**
– Aufsichtspflichtverletzung als Ordnungswidrigkeit **53,** 18
– Begriff **27,** 2
– Benutzung von AWaffV **9** bis **12**
– Erlaubniserteilung an juristische Personen **27,** 5
– Erlaubnisfreier vorübergehender Erwerb von Schusswaffen **12** Abs. 1 Nr. 5
– Erlaubnisfreies Schießen **12** Abs. 4
– Ermächtigungen zum Erlass von Verordnungen **27,** 14
– Freistellung vom Erlaubniszwang **27,** 6
– Meldepflicht **27** Abs. 1 Satz 6
– periodische Überprüfung AWaffV **12** Abs. 1
– Sachkunde **27** Abs. 1 Satz 3
– Schießen an Schießbuden **27,** 12
– Schießen durch Aufsichtspersonen AWaffV **11** Abs. 3
– Schießen durch Minderjährige **27,** 7 bis 9
– Schießsachverständige für Prüfung nach § 12 AWaffV
– Schießen im Rahmen der Jägerausbildung **27,** 11
– Sonderregelung für Kinder **27,** 10
– Überprüfung AWaffV **12**

– Unerlaubtes Betreiben oder wesentliches Ändern als Ordnungswidrigkeit **53,** 17
– Verbot des kampfmäßigen Schießens **27,** 13
– Verstöße als Ordnungswidrigkeiten **53,** 17 bis 20; AWaffV **34** Nr. 2 bis 12
– Voraussetzungen der Erlaubnis **27,** 4
– zulässige Schießübungen AWaffV **9**
**Schießübungen**
– Teilnahme oder Veranstaltung von unzulässigen Sch. als Ordnungswidrigkeit AWaffV **34** Nr. 1
– unzulässige im Schießsport AWaffV **7**
– zulässige auf Schießstätten AWaffV **9**
**Schlag** Anlage 1 A 1 U 2 Nr. 1.1
**Schlagringe 2,** 12; Anlage 2 A 1 Nr. 1.3.2
– Begriff: Anlage 2 A 1 Nr. 1.3.2
– Strafbarkeit **52,** 34
**Schlagringmesser 2,** 12; als Schlagringe zu werten Anlage 2 A 1 Nr. 1.3.2
**Schleudern** ohne Energiespeicherung freigestellt: Anlage 2 A 3 U 2 Nr. 2; s. aber Präzisionsschleudern
**Schnittmodelle** Anlage 1 A 1 U 1 Nr. 1.4.6
**Schnittstellen** zur Avionik K KWL Anhang 2 Abs. 14
**Schreckschussmunition** Anlage 2 A 2 U 2 Nr. 7.5
**Schreckschusswaffen 1,** 10; **10** Abs. 4 Satz 4; **12** Abs. 3 Nr. 5, Abs. 4 Nr. 5; **35** Abs. 2 Satz 2; Anlage 1 A 1 U 1 Nr. 2.7
– Bauartzulassung B **8,** 2
– mit Zulassungszeichen **2,** 24, 56; Anlage 2 A 2 U 2 Nr. 1.3, Nr. 7.2
– Notwendigkeit des Kleinen Waffenscheins **2,** 67; **10** Abs. 4 Satz 4 Anlage 2 A 2 U 3 Nr. 2.1
– Strafbarkeit des Führens ohne Kleinen Waffenschein: § 52 Abs. 3 Nr. 2 Buchst. a StGB
– technische Anforderungen BeschussV Anlage I Nr. 4

# Sachverzeichnis

Fette Zahlen ohne Zusatz = §§ des WaffG

**Schrotmunition 2,** 27
- Kennzeichnung der Verpackung BeschussV 39 Abs. 1 Nr. 4

**Schrotpatronen** verbotene: BeschussV 26 Abs. 3 Nr. 2

**Schussapparate**
- allgemein 24 Abs. 5 Satz 1; B **2** Abs. 4; B 7; Anlage 2 A 2 U 2 Nr. 1.11
- Bauartzulassung B **7,** 4
- Inverkehrbringen ausländischer Sch. BeschussV 13
- nicht tragbare B **1,** 15
- periodische Fabrikationskontrollen BeschussV 22
- Unterteilung in Klasse A und B: BeschussV Anlage I Nr. 3.5.2 ff.
- Wiederholungsprüfung betriebener Sch. BeschussV 24

**Schussauslösevorrichtung** Anlage 1 A 1 U 1 Nr. 1.4.6

**„schussbereit"** 12, 24

**Schusswaffen** Anlage 1 A 1 U 1 Nrn. 1.1 und 2.1; Anlage 2 A 1 Nr. 1.2
- Abgrenzung gegenüber „Feuerwaffen": Anlage 1 A 3
- alte mit Lunten- oder Funkenzündung **2,** 39, 47, 50, 61; Anlage 2 A 2 U 2 Nr. 1.8, 3.1, 4.1, 7.7
- alte mit Zündnadelzündung **2,** 40, 53; Anlage 2 A 2 U 2 Nr. 1.9 und 5.2
- automatische Sch. Anlage 1 A 1 U 1 Nr. 2.3
- Begriffsbestimmung **1** Abs. 2 und 3; **1,** 3 b; Anlage 1 A 1 U 1 Nr. 1.1
- einen anderen Gegenstand vortäuschende: Anlage 2 A 1 Nr. 1.2.2
- getarnte: Anlage 1 A 3 Nr. 1.3; Anlage 2 A 1 Nr. 1.2.2
- halbautomatische: Anlage 1 A 1 U 1 Nr. 2.3
- halbautomatische (zivile), die wie vollautomatische Kriegswaffen aussehen Anlage 1 A 3 Nr. 2.7
- gleichgestellte Gegenstände Anlage 1 A 1 U 1 Nr. 1.2; Anlage 2 A 1 Nr. 1.2
- im engeren Sinne **1,** 3 a
- im weiteren Sinne **1,** 16
- Kennzeichnung 24 Abs. 1
- mit einem anderen Gegenstand verkleidete Anlage 2 A 1 Nr. 1.2.2
- Nachbildungen Anlage 1 A 1 U 1 Nr. 1.5
- nach früherem Recht veränderte Anlage 2 A 2 U 2 Nr. 1.6 und 7.4
- unbrauchbar gemachte: Anlage 1 A 1 U 1 Nr. 1.4; Anlage 2 A 3 U 2 Nr. 4
- verbotene **2,** 4 ff.; Anlage 2 A 1
- Verbringen, Mitnahme und Einfuhr AWaffV 28 bis 33
- Verlust der Schusswaffeneigenschaft s. Unbrauchbarmachung
- vollautomatische: Anlage 1 A 1 U 1 Nr. 2.3
- wesentliche Teile § 1 Abs. 4 iVm. Anlage 1 A 1 U 1

**Schusswaffengesetz** v. 12. 4. 1928, Einleitung 7

**Schutzwesten, Schutzschilde 1,** 20

**Schwarzpulver** Anlage 1 A 1 U 3 Nr. 1.4

**Schwarzpulverpresslinge** Anlage 2 A 2 U 2 Nr. 1.11

**Schwarzpulverwaffen** Prüfung BeschussV **2**

**Seenotsignalwaffen** 12 Abs. 3 Nr. 4, Abs. 4 Nr. 4

**Selbstfahrlafetten,** gepanzerte K KWL Anhang 2 Abs. 334

**Selbstschussgeräte** nicht tragbare, Anlage 1 A 1 U 1 Nr. 1.2; **B 1** Abs. 3 Satz 1 Nr. 1

**Sharps** Anlage 1 A 1 U 3 Nr. 1.1

**Sicherstellung**
- bei Waffenbesitzverbot; K **13**
- bei Widerruf (Rücknahme) von Erlaubnissen) 46 Abs. 2 bis 4
- verbotene Waffen **40** Abs. 5 Satz 2

**Sicherung gegen Abhandenkommen** s. Aufbewahrung

**Sichtprüfung** BeschussV **1** Abs. 3 Satz 2

**Signalgebung** Anlage 1 A 1 U 1 Nr. 1.1; Anlage 2 A 1 Nr. 1.5.4

**Signalgeräte** ohne Patronen- oder Kartuschenlager
- Bauartzulassung B **8,** 3

**Signalwaffen 1,** 9; **2,** 34; **10** Abs. 4 Satz 4; **12** Abs. 3 Nr. 4, Abs. 4 Nr. 4; **32** Abs. 5 Nr. 2; **35** Abs. 2 Satz 2; Anlage 1 A 1 U 1 Nr. 2.9

magere Zahlen = Randnummern

# Sachverzeichnis

- Bauartzulassung B **8**, 2
- Freistellung vom Erfordernis des Waffenscheins **12**, 26 ff.
- mit Zulassungszeichen **2**, 56; Anlage 2 A 2 U 2 Nr. 1.3 und Nr. 7.2
- Notwendigkeit des Kleinen Waffenscheins **2**, 67; **10** Abs. 4 Satz 4; Anlage 2 A 2 U 3 Nr. 2.1
- Strafbarkeit s. Schreckschusswaffen
- technische Anforderungen BeschussV Anlage I Nr. 4

**Soft-Air-Waffen 1**, 3 f.; **2**, 70; als Geschossspielzeug Anlage 1 A 1 U 1 N. 1.3.1 sowie zu Anlage 2 A 3 U 2 Nr. 1; Grenzwert: statt 0,08 J jetzt 0,5 J (BKA vom 18. 6. 2004 – BAnz. vom 3. 7. 2004 S. 14246)

**Soft-Nun-Chakus 1**, 23 g; Anlage 1 A 1 U 2 Nr. 1.2.6

**„Sonstige Teile"** von Schusswaffen Anlage 1 A 1 U 1 Nr. 4

**Spediteur**, (Frachtführer) Freistellung von WBK-Pflicht **12** Abs. 1 Nr. 2

**Sperrfrist** bei Vorstrafen **5**, 7, 17, 18

**Sperrvorrichtung** Anlage 1 A 1 U 1 Nr. 1.2.2; Anlage 2 A 3 U 2 Nr. 2

**Spiel** als Zweck: Anlage 1 A 1 U 1 Nr. 1.1

**Spielzeugwaffen 2**, 70; Anlage 2 A 3 U 2 Nr. 1 und 3

**Sport** als Waffenzweck Anlage 1 A 1 U 1 Nr. 1.1; Anlage 2 A 1 Nr. 1.2.3

**Sportdegen** keine Stoßwaffe Anlage 1 A 1 U 2 Nr. 1.1

**Sportgewehre** keine Kriegswaffen Kriterien K KWL Anhang 2 Abs. 30

**Sportliches Schießen 15** Abs. 6 Satz 1
- nicht zugelassene Waffenmodelle AWaffV **6** Abs. 1

**Sportordnung**
- für Schießsportverbände **15** Abs. 6 und 7
- für das Schießen AWaffV **5**

**Sportschützen**
- Mitnahme von Waffen **32**, 11, 13
- organisierte **14** Abs. 2

**Sportschützenparagraph 14**
- Bedürfnis zum Erwerb und Besitz von Schusswaffen und Munition **14**, 2
- Eintragungsfrist **14**, 7
- Erwerbsstreckungsgebot **14**, 6
- Gesteigertes Bedürfnis über Grundausstattung hinaus **14**, 5
- unbefristete Erwerbserlaubnis **14**, 6
- vereineigene Waffen **14**, 4

**Sportveranstaltungen 12** Abs. 3 Nr. 5, Abs. 4 Nr. 5

**Sprengkapseln** als Kriegswaffen K KWL Anhang 2 Abs. 49

**Sprengladungen** Nr. 48 KWL; es handelt sich um Minen ohne Zünder K KWL Anhang 2 Abs. 44

**Sprengsatzmunition** Anlage 2 A 1 Nr. 1.5.4

**Sprengschnüre** keine Kriegswaffen K KWL Anhang 2 Abs. 43

**Sprengstoffgesetz** und Waffengesetz Einleitung 31

**Springmesser 1, 25**; Anlage 1 A 1 U 2 Nr. 2.1.2;
- „durchgehender" Rücken Anlage 2 A 1 Nr. 1.4.1
- nicht verbotene sind aber „Waffen" iSv. Anlage 2 A 1 Nr. 1.4; Nr. 1.4.1
- Strafbarkeit **52**, 39
- Verbot: Anlage 2 A 1 Nr. 1.4.1

**Sprühgeräte** s. Reizstoffsprühgeräte

**„SRS-Waffen"** (zugelassene [kombinierte] Schreckschuss-, Reizstoff- und Signalwaffen) Anlage 1 A 1 U 1 Nr. 2.7
- Munition Anlage 2 A 2 U 2 Nr. 1.4 und Nr. 7.5
- Strafbarkeit s. Schreckschusswaffen
- technische Anforderungen BeschussV Anlage I Nr. 4

**Staatsangehörigkeit,** deutsche **21** Abs. 4 Nr. 1

**Staatsgäste,** Sondervorschriften **56**, 1 ff.

**Stahlruten 2,** 12
- Begriff: Anlage 2 A 1 Nr. 1.3.2
- Strafbarkeit **52**, 34

**Stahlschrotmunition** B **5** Abs. 2; BeschussV **26** Abs. 3 Nr. 3

# Sachverzeichnis

Fette Zahlen ohne Zusatz = §§ des WaffG

- Kennzeichnung der Verpackung BeschussV **39** Abs. 1 Nr. 5, 7 und 9
**Standböller 1**, 16
**Startpistolen 1**, 14; **12**, 30
**Stationierungsstreitkräfte 55** Abs. 1 Satz 1 Nr. 2
**Stauchapparat** BeschussV Anlage III Nr. 5.2
**sternförmige Scheiben** Anlage 2 A 1 Nr. 1.3.3
**Stichwaffen** s. Hieb- und Stoßwaffen
**Stiletti 1**, 29
**Stockdegen 2**, 11
**Stockgewehre 2**, 7; Anlage 2 A 1 Nr. 1.2.2
- Strafbarkeit **52**, 29
**Stoffe in Umhüllungen** Anlage 1 A 1 U 3 Nr. 3.2
**Stoßwaffen** s. Hieb- und Stoßwaffen
**Straffreiheit 58** Abs. 8
**Straftaten und Ordnungswidrigkeiten 52**, 98
**Strafvorschriften 51**, **52** Vorbem. **vor 51**; K **19**, **20**, **22 a**
- Tatbestände des § 51: **51**, 10 ff.
**Strafzumessung 52**, 66, 69
**Submunition** K KWL Nr. 59, 60; K KWL Anhang 2 Abs. 11 und 51
**Süchtigkeit 6**, 5
**Symbole** und ihre Bedeutung BeschussV Anlage I vor Nr. 1; BeschussV Anlage III vor Nr. 1
**Systematik**, neue des WaffG nF **1**, 66
**Systemprüfung** B **7**, 10

**Täterqualität** vor **51**, 50
**Täterschaft** im Ordnungswidrigkeitenrecht B **21**, 15
**Taschenlampenpistolen 2**, 7; Anlage 2 A 1 Nr. 1.2.2
- Strafbarkeit **52**, 29
**Taschenmesser 1**, 29
**Tatbestandsirrtum** vor **51**, 42 ff.
**Tatbestände** des deutschen Waffenstrafrechts vor **51**, 2 ff.
**Tatsächliche Gewalt** s. Besitz; Erwerb **1**, 33; Anlage 1 A 2 Nrn. 1 bis 4
**Tatwaffe** (Einziehung) **54**
**Technische Anforderungen**
- an und Prüfvorschriften für Feuerwaffen und sonstige Gegenstände, die der Beschussprüfung nach § 5 des Beschussgesetzes unterliegen, und technische Anforderungen an Prüfgegenstände nach den §§ 7 bis 10 BeschG: BeschussV Anlage I
- an Gegenstände nach § 7 BeschG: BeschussV Anlage I Nr. 3
- an Leinenwurfgeräte BeschussV Anlage I Nr. 3.6
- an pyrotechnische Munition nach § 10 BeschG: BeschussV Anlage I Nr. 5
- an Schreckschuss-, Reizstoff- und Signalwaffen nach § 8 BeschG: BeschussV Anlage I Nr. 4
- an umgebaute und unbrauchbar gemachte Schusswaffen oder aus Schusswaffen hergestellte Gegenstände nach § 9 Abs. 1 Nr. 1 und 2 BeschG: BeschussV Anlage I Nr. 6
**Technischer Anhang**
- BeschussV zu Anlage III
**Teile**
- vorgearbeitete B **4**, 12; Anlage 1 A 1 U 1 Nr. 1.3.5
- wesentliche s. wesentliche Teile
**Teilstück** von Läufen oder Laufrohlingen Anlage 1 A 1 U 1 Nr. 1.3.5
**Teilverband**, angegliederter **14** Abs. 2 Satz 2
**Teleskopschlagstöcke** nicht verboten BKA **Nr. 14 I** Nr. 15
**Tender** K KWL Anhang 2 Abs. 20
**Theateraufführungen** (zugelassene Waffen) **2**, 36, 57; Anlage 2 A 2 U 2 Nr. 1.5 und 7.3
- Anzeigeverfahren B **9**, 2
- technische Anforderungen BeschussV Anlage I Nr. 6.1.1; 6.2
**Tierabwehrgeräte 1**, 29 a; **2**, 21 a; Anlage 1 A 1 U 2 Nr. 2.2 ; Anlage 2 A 1 Nr. 1.4.4
- Anzeigeverfahren B **9**, 8
- Reizstoffsprühgeräte zur Tierabwehr: keine „Waffen" **3**
- Strafbarkeit **52**, 42
**Torpedos,** vollständig und einsatzbereit K KWL Nr. 40; K KWL Anhang 2 Abs. 39
**Torpedos,** teilausgerüstet KWL Nr. 41 und 42; K KWL Anhang 2 Abs. 39

magere Zahlen = Randnummern

# Sachverzeichnis

**Totschläger 2**, 12; Anlage 2 A 1 Nr. 1.3.2
- Strafbarkeit **52**, 34
**tragbare Gegenstände 1**, 20; Anlage 1 A 1 U 2; Anlage 2 A 1 Nrn. 1.3, 1.4
- allgemein Anlage 1 A 1 U 1 Nr. 1.2
- iSv. § 1 Abs. 2 Nr. 2 Buchst. a WaffG Anlage 1 A 1 U 2 Nr. 1; Anlage 2 A 1 Nr. 1.3
- iSv. § 1 Abs. 2 Nr. 2 Buchst. b WaffG Anlage 1 A 1 U 2 Nr. 2; Anlage 2 A 1 Nr. 1.4
**Tragbarkeit** bei Waffen und Gegenständen **1**, 20
**Transport** (waffenscheinfreier) **12** Abs. 3 Nr. 2; **12**, 23 ff.; Anlage 1 A 2 Nr. 9
**Treibgase** (kalte) Anlage 2 A 2 U 2 Nrn. 1.1 und 1.2
**Treibladungen** Anlage 1 A 1 U 1 Nr. 1.4.1; A 1 U 3 Nr. 2: keine Munition)
- hülsenlose; Anlage 1 A 1 U 3 Nr. 1.3; keine Zulassungspflicht BeschussV **37** Abs. 1
**Treibspiegelgeschosse** Anlage 2 A 1 Nr. 1.5.3
**Triebwerke** als Kriegswaffen K KWL Anhang 2 Abs. 13 und 16
**Trommel 1**, 6; **12**, 24; s. auch Wechseltrommel
**Trommeln** für Maschinenkanonen als Kriegswaffe K KWL Anhang 2 Abs. 36
**Trunksucht 6**, 5
**Türme** für Kampfpanzer K KWL Anhang 2 Abs. 25
**Typenbezeichnung 24** Abs. 2
**Typenprüfung** bei sonstiger Munition B **11**, 1 f.;
- erfasste Munitionsarten B **11**, 3
- bei Patronen- und Kartuschenmunition BeschussV Anlage III Nr. 1
- generelle Ausnahmen B **11**, 5 f.
- Versagung der Zulassung B **11**, 7

**Übergangsregelung 52**, 99
- bzgl. Altbesitz **58**
- bzgl. Beschussrecht B **22**
- bzgl. früherer Kriegswaffen **57**, 7 ff.

**Überlassung** von Prüfhilfsmitteln BeschussV **8**
**Überlassen** von Waffen und Munition **34**
- Adressat der Anzeige **34** Abs. 2 Satz 1
- allgemein **1**, 43 ff., 64; **34**, 2 f.; Anlage 1 A 2 Nr. 3 und 9
- an Nichtberechtigte **52**, 55; **53**, 23
- Anzeigepflicht **34**, 7, 9, 14; nach § 34 Abs. 5: AWaffV **31** Abs. 3
- Ausnahme von der Anzeige- und Vorlagepflicht **34**, 8
- außerhalb von festen Verkaufsstellen **35** Abs. 3
- erlaubtes ohne Beschusszeichen B **12**, 4
- gewerbsmäßiges **1**, 64; **34**, 6
- innerhalb der EU **11**; **34**, 11 f.
- ins Ausland **34**, 10
- nichtgewerbsmäßiges **34**, 7
- Pflichten beim Überlassen **34**, 3; Nr. 34.1 WaffVwV
- Prüfung der Erwerbsberechtigung **34** Abs. 1
- Sonderregelung für Munition **34**, 5
- Verbote **35** Abs. 3
- verbotenes (ohne Beschuss-, Prüf- oder Zulassungszeichen) B **12**, 1 ff.
- Verstoß bei Munition nach § 11 Abs. 1 als Ordnungswidrigkeit B **21**, 7
**Übermittlung personenbezogener Daten 43**
**Übermittlung von Daten** an und von Meldebehörden **44**
**Überprüfung** der Schießstätten AWaffV **12**
**Übertragungsladungen** keine Zünder iSv. Nr. 57 KWL K KWL Anhang 2 Abs. 49
**Überwachung 39** Abs. 2
**Überwachungsbehörden** bei Einfuhr **33** Abs. 3
- Mitteilungspflicht AWaffV **32** Abs. 3
**Umarbeitung** von Waffen **25** Abs. 1 Nr. 2 Buchst. a; B **8** Abs. 2 Nr. 4; **8**, 9
**Umbau-/Abänderungs- und Prüfvorschriften** für Schusswaffen nach Nr. 6.1.1: BeschussV Anlage I Nr. 6.2

# Sachverzeichnis

Fette Zahlen ohne Zusatz = §§ des WaffG

**Umgang** mit Waffen und Munition **1** Abs. 3; **3;** Anlage 2 A 2 U 1
- durch Kinder und Jugendliche **3**
- durch Jugendliche **3**, 2 f.
- mit geprüften Reizstoffsprühgeräten durch Jugendliche **3**, 4
- mit Waffen oder Munition **1**, 30 ff.; **2**, 4 ff.

**Unbrauchbar gemachte Kriegswaffen** K **13 a** sowie VO hierzu

**Unbrauchbar gemachte Schusswaffen 2**, 73; **37** Abs. 3; **58** Abs. 7 und 8; B **9** Abs. 1 Nr. 2; Anlage 1 A 1 U 1 Nr. 1.4 und 1.4.6; Anlage 2 A 3 U 2 Nr. 4; BeschussV Anlage I Nr. 6.1.2 und Nr. 6.3.1
- Anzeigeverfahren B **9**, 3
- technische Anforderungen BeschussV Anlage I Nr. 6.1.2; 6.3

**Unbrauchbarmachen**
- von Kriegswaffen K **13a;** als Dekorationswaffen K KWL Anhang 2 Abs. 30
- von Schusswaffen **46**, 4; Anlage 1 A 1 U 1 Nr. 1.4; Anlage 2 A 3 U 2 Nr. 4

**Ungesetzlicher Waffen- oder Munitionsbesitz 46**, 8

**unpatronierte pyrotechnische Munition** Anlage 1 A 1 U 3 Nr. 1.4.2

**Unternehmern** (Waffenschein für Bewachungs-) **28;** Nr. 10.15.1.2 WaffVwV

**Unterwassersportgeräte**
- teilweise Freistellung **2**, 69; Anlage 2 A 3 U 1

**Unzulässige Schießübungen** im Schießsport AWaffV **7**

**Unzuverlässigkeit 5**, 2 ff.

**Urkunden 53**, 20
- bei der Schießerlaubnis **38** Abs. 1 Satz 1 Nr. 1 Buchst. f
- bei öffentlichen Veranstaltungen **42** Abs. 3
- Mitführen **38**
- Nichtrückgabe gegenstandslos gewordener **53**, 29

**Veränderte Langwaffen** Anlage 2 A 2 U 2 Nrn. 1.5 und 7.3; B **9** Abs. 1 Nr. 1; BeschussV Anlage I Nr. 6.1.1
- Anzeigeverfahren B **9**, 2

**Veränderung**
- von Schusswaffen **2**, 36, 37, 57, 58; Anlage 1 A 2 Nr. 8.2; Anlage 2 A 2 U 2 Nr. 1.5 und 1.6; Nr. 7.3 und 7.4

**Veranstaltungen**
- Brauchtumspflege **16;** s. auch Brauchtumsschützenparagraph
- Mitnahme von Waffen zu Brauchtumsveranstaltungen **32**, 12, 13
- öffentliche **35** Abs. 3 Satz 1 Nr. 3; **42**
- volksfestähnliche **42** Abs. 1

**Verantwortliche Personen**
- für Schießstätten **27**

**Verbleib** bei Verbringen Anlage 1 A 2 Nr. 5

**Verbot** einer Partei **5**, 20

**Verbote 2** Abs. 3; Anlage 2 A 1
- Ausnahmegenehmigungen durch das BKA **40**, 5 ff.
- Ausnahmen bei Faustmessern **40**, 4
- Ausnahmen bei gerichtlichem oder behördlichem Tätigwerden **40**, 3
- des Verbringens von ABC-Waffen, Antipersonenminen K KWL Anhang 1 Abs. 5
- für Anleitung und Aufforderung zur Herstellung von „Molotow-Cocktails" **40**, 2
- für den Einzelfall s. Waffenverbote
- Führen von Waffen bei öffentlichen Veranstaltungen **42**, 2 ff.
- Fund und Inbesitznahme verbotener Waffen **40** Abs. 5
- kampfmäßiges Schießen **27** Abs. 7 Satz 1
- Nichtwirksamwerden beim Erben usw. **40**, 12 ff.

**Verbotene Gegenstände,** die keine Schusswaffen sind, Funktions- und Wirkungsweise als Bestandteil der
- Sachkunde AWaffV **1** Abs. 1 Nr. 2

**Verbotene Geschosse** Anlage 2 A 1 Nr. 1.5.1 bis 1.5.4

**Verbotene Munition 2**, 25; BeschussV **26** Abs. 3; Anlage 2 A 1 Nr. 1.5
- Strafbarkeit **52**, 44 f.

**Verbotene Waffen (Gegenstände) 2**, 4 ff.; **35** Abs. 1 Nr. 3, Abs. 3; **40; 46** Abs. 5; **52**, 9; Anlage 2 A 1

magere Zahlen = Randnummern

# Sachverzeichnis

- Ausnahmegenehmigungen nach **40** Abs. 4
**Verbote und Beschränkungen – Kriegswaffen** K KWL Anhang 1
- Maßnahmen bei Verstößen bzgl. ABC-Waffen K KWL Anhang 1 Abs. 17
**Verbotsirrtum vor 51**, 49; **52**, 61
**Verbrauch der Strafklage 52**, 95
**Verbrechen 51**, K **19**, **20**, **22 a**
**Verbrennungsgase** Anlage 1 A 1 U 1 Nr. 1.3.1
**Verbrennungskammer** B **2** Abs. 2 Nr. 4; **2**, 10; Anlage 1 A 1 U 1 Nr. 1.3.2
- als höchstbeanspruchtes Teil B **2**, 10
**Verbringen** AWaffV 29
- Anmelde- und Nachweispflicht **33**, 3
- Begriff **1**, 54; Anlage 1 A 2 Nr. 5
- erlaubnisfreies Anlage 2 A 2 U 2 Nr. 7 und 8
**Verbringen ins Inland** 29
- Anmeldepflicht **33** Abs. 3
- Ausnahmen von der Erlaubnispflicht Anlage 2 A 2 U 2 Nr. 7
- erfasste Waffen und Munition **29**, 5
- Erlaubnis **29**, 4, 6
- Erlaubnisschein AWaffV **29** Abs. 1
- Sonderregelung für von EG-Richtlinie erfasste Gegenstände **29**, 7
- Überwachungsbehörden **33**, 5
- unerlaubtes **52**, 19
**Verbringen durch das Inland** 30
- Anmelde- und Nachweispflicht **33**, 3
- aus einem Drittstaat mit Ziel EU-Staat **30**, 5
- Erlaubnis und Zustimmung **30**, 3 f.
- Transportvorgang **30**, 2
- Überwachungsbehörden **33**, 5
- unerlaubtes **52**, 19
**Verbringen aus dem Inland in EU-Staat** 31
- Anzeige des Überlassers an BKA AWaffV **34** Abs. 4
- erfasste Gegenstände **31**, 2
- Erlaubnisschein AWaffV **29** Abs. 4

- Erlaubnisvoraussetzungen **31**, 3
- Erleichterungen für Waffengewerbetreibende **31**, 4
- Strafbarkeit **52**, 52
**Verdeckte Hieb- und Stoßwaffen** s. verkleidete Waffen
**Vereins-WBK 10**, 10 a
**Verfahren**
- bei Bauartzulassung BeschussV **18** bis **21**
- bei Beschussprüfung BeschussV **7** bis **10**
- bei Zulassung von Munition BeschussV **28** bis **37**
**Verfall 54**, 1
**Verfall, erweiterter 54**, 13; K **24** Abs. 3 Satz 2
**Verfassungsfeindliche Bestrebungen 5**, 21
**Verfolgungsverjährung 51**, 13, 17; **52**, 1; **53**, 43; B **21**, 23; K **22 a**, 19
**Vergehen 52**, 1
**Verkürzbare** Schuss**waffen 2**, 8; Anlage 2 A 1 Nr. 1.2.3
**Verjährung** s. Verfolgungsverjährung
**„Verkleidete" Waffen 2**, 11; Anlage 2 A 1 Nr. 1.2.2
- Strafbarkeit **52**, 33
**Verlängerung** des Waffenscheins **10** Abs. 4 Satz 2
**Verlust**
- der Kriegswaffeneigenschaft Anlage 2 A 1 Nr. 1.1
- der Schusswaffeneigenschaft s. Unbrauchbarmachen
- von Erlaubnissen s. Abhandenkommen
- von Schusswaffen s. Abhandenkommen
**Vermächtnisnehmer 17** Abs. 3; **20**, 1
**Vermitteln**
- des Erwerbs, Vertriebs oder Überlassens Anlage 1 A 2 Nr. 9
- gewerbliches **1**, 65
**Verordnungen** mit Bußgeldtatbeständen
- Verstöße als Ordnungswidrigkeiten **53**, 30; AWaffV **34**, B **21**, BeschussV **42**
**Verordnungsermächtigungen** übernationales Recht 47

1053

# Sachverzeichnis

Fette Zahlen ohne Zusatz = §§ des WaffG

**Versagung**
- Bauartzulassung B **7** Abs. 2; B **8** Abs. 2
- Ermessensentscheidung bei § 4 Abs. 2 WaffG: **26** Abs. 5 AWaffV
- Gewerbeerlaubnis **21** Abs. 3, 7
- waffenrechtliche Erlaubnisse **4** Abs. 1 und 2
- Zulassung (pyrotechnischer Munition) **10** Abs. 3; sonstiger Munition **11** Abs. 3

**Verschlechterungsverbot 54**, 12

**Verschluss**
- als wesentlicher Teil Anlage 1 A 1 U 1 Nr. 1.3.1 und 1.4.2
- als höchstbeanspruchter Teil B **2**, 8

**verstärkter Beschuss** B **5**, 7

**Verstärkung** (elektronische) Anlage 1 A 1 U 1 Nr. 4.2; Anlage 2 A 1 Nr. 1.2.4.2

**Versuch** der Straftat **51**, 13; **52**, 27

**Verteidigung** als Waffenzweck Anlage 1 A 1 U 1 Nr. 1.1

**Verteidigung** mit Schusswaffen; Lehrgänge zur Ausbildung und Schießübungen AWaffV **22, 23**
- Eingreifen der Behörde AWaffV **25**
- Verstöße als Ordnungswidrigkeit AWaffV **34** Nr. 17 bis 22
- Verzeichnisse AWaffV **24**

**Vertreiben**
- allgemein **1**, 63; Anlage 1 A 2 Nr. 9
- im Reisegewerbe **35** Abs. 3 Satz 1 Nr. 1
- im Versandhandel **1**, 61
- verbotenes, von Munition als Ordnungswidrigkeit B **21**, 7

**Vertriebsverbote für Schusswaffen 35** Abs. 3

**Verwahrung 12**, 6

**Verwaltungsakzessorietät** vor **51**, 24

**Verwaltungsbehörde**
- zuständige bei Ordnungswidrigkeiten **48** Abs. 1; B **21**, 22

**Verwaltungsvorschriften**, allgemeine **59**

**Verweigerung** von Auskünften bei Nachschau s. Auskunftsverweigerungsrecht

**Verwendungshinweise** bei pyrotechnischer Munition B **10**, 4

- Verstoß als Ordnungswidrigkeit B **21**, 6

**Verwerflicher Erwerb 54**, 8

**Verwertung** s. Einziehung und Verwertung

**Verwertungserlös 46**, 13; **37**, 31; **40**, 10; **48**, 8

**Verzierung** einer Waffe **1**, 58

**Vickershärte** Anlage 2 A 1 Nr. 1.5.4

**Vogelschreckraketen** Anlage 1 A 1 U 3 Nr. 1.4.3

**Volksfeste 35**, 18

**Vollautomaten 2**, 6; **51**, 6; Anlage 1 A 1 U 1 Nr. 2.3; Anlage 1 A 3 Nr. 1.2; Anlage 2 A 1 Nr. 1.2.1; KKWL Anhang 2 Abs. 27

**Vollautomatische Schusswaffen** Anlage 1 A 3 Nr. 1.2; Anlage 2 A 1 Nr. 1.2.1

**Vollautomatische Waffen** als Kriegswaffen K KWL Anhang 2 Abs. 26 und 27

**Volljährigkeit 2**, 2

**Vollziehbare Anordnung 41**, 3 ff.
- Strafbarkeit **52**, 56 f.

**Vollziehbare Anordnungen und Auflagen**
- Verstoß als Ordnungswidrigkeit **53**, 6 ff.

**Vorderladerwaffen** BeschussV **2** Abs. 1

**Vorderschaftsrepetierflinten (Pumpguns) 2**, 6 b; Anlage 2 A 1 Nr. 1.2.1; Art. 19 Nr. 1 Satz 1 WaffRNeuRegG
- Pistolengriff Anlage 2 A 1 Nr. 1.2.1

**Vorgearbeitete Teile** B **4**, 12; Anlage 1 A 1 U 1 Nr. 1.3.5; Anlage 1 A 1 U 1 Nr. 1.3

**Vorlegungspflicht** bei Waffenbüchern
- Verstoß als Ordnungswidrigkeit AWaffV **34** Nr. 13

**Vorprüfung** BeschussV **1** Abs. 3; BeschussV Anlage I Nr. 1.1

**Vorrichtungen zum Anleuchten** s. Zielscheinwerfer

**Vorsatz** im Ordnungswidrigkeitenrecht B **21**, 16

**Vorstrafen 5** Abs. 1 und 2

**Vortäuschung** eines anderen Gegenstandes Anlage 2 A 1 Nr. 1.3.1

magere Zahlen = Randnummern

# Sachverzeichnis

**Vorzeigepflicht 39**, 13
**Vornahme von Prüfungen und Besichtigungen 39**, 10
**Vorsatz 52**, 67; K **19**, 16; K **22a**, 13
**Vorübergehende Ausleihe 12** Abs. 1 Nr. 1

**Waffen 1** Abs. 2 und 4; Anlage 1 A 1 U 1 und 2
– bauartgeprüfte B **7**; B **8**
– erlaubnisfreie **2**, 70
– erlaubnispflichtige: Anlage 2 A 1 U 1 Satz 1
– Umgang **1** Abs. 3 und 4; Anlage 1 A 2
– verbotene **2**, 4 ff.; Anlage 2 A 1
– Zweckbestimmung **1**, 3 a
**Waffenanmeldungspflicht 58** Abs. 1
**Waffenbegriff 1**, 3
**Waffenbesitzkarte** (WBK)
– allgemein **10**, 4 ff.
– Anzeigepflicht bei Verlust **37** Abs. 2
– Anzeige- und Vorlagepflicht **10**, 8
– Eintragungspflichten **10** Abs. 1; **13** Abs. 3; **14** Abs. 4; **20**
– Eintragung von Kriegswaffen **57** Abs. 2
– für mehrere Personen **10**, 10: Ausstellung der WBK auf **eine** Person
– für Sachverständige **18** Abs. 2
– für Sammler **17** Abs. 2 und 3
– für Schießsportvereine **10**, 10 a
– für Sportschützen **14** Abs. 4
– Gültigkeitsdauer **10**, 6
– Inhaber Anlage 2 A 2 U 2 Nr. 2
– Vereins-WBK **10** Abs. 2 Satz 2
– Versagung **4** Abs. 1 und 2
– Verstoß gegen Vorlagepflichten als Ordnungswidrigkeit **53**, 12 f.
**Waffenbesitzverbot**
– im Einzelfall **41**
– verbotene Waffen **2** Abs. 3
**Waffenbücher 23**; AWaffV **17 bis 20**
– Ausnahmen **23**, 7
– Verstoß gegen Pflichten als Ordnungswidrigkeit **53**, 14; AWaffV **34** Nr. 13 bis 16
– Waffenhandelsbuch **23**, 6
– Waffenherstellungsbuch **23**, 4
– Wegfall des Munitionshandelsbuchs **23**, 1
– wesentliche Teile **23**, 9

**Waffenführen 1**, 46 ff.; **10 Abs. 4**
– Ausnahmen **12** Abs. 3
– Mitführen von Urkunden **38**, 4 ff.; Verstoß als Ordnungswidrigkeit **53**, 27
– Strafbarkeit bei unerlaubtem **52**, 58
**Waffengewerbe** s. Waffenherstellung
**Waffenhandel 1**, 61 ff.; **21**, 11; Anlage 1 A 2 Nr. 9; Anlage 2 A 2 U 2 Nrn. 4 und 5
– Beschränkung der Erlaubnis **21**, 12
– Erlöschen der Erlaubnis **21**, 23
– Fachkundenachweis **21**, 18; **22**; AWaffV **15**, 16 und 27
– unerlaubte Ausübung **52**, 16 ff.
– Versagung der Erlaubnis **21**, 19 ff.
**Waffenhandelsbuch 23**, 6; AWaffV **17**
**Waffenherstellung 1**, 56; **21**; Anlage 1 A 2 Nr. 8.1; Anlage 2 A 2 U 2 Nr. 4
– unerlaubte Ausübung **52**, 16 ff.
**Waffenherstellungsbuch** AWaffV **17**; s. auch Waffenbücher
**Waffenliste Anlage 2** (zu § 2 Abs. 3 WaffG)
**Waffenrichtlinie 29**, 1; Anlage 1 A 3; abgedr. unter **Nr. 12 b**
**Waffensachverständiger** s. Sachverständiger
**Waffen- (und Munitions-)sammler 17**
– kulturhistorisch bedeutsame Sammlung **17**, 3
– Nachweis der Sachkunde **1** Abs. 1 AWaffV
**Waffenschein 10** Abs. 4
– allgemein **10**, 12
– Ausnahmen **12** Abs. 3; **13** Abs. 6 und 7; **12**, 19 ff.
– für Bewachungsunternehmer **28**
– „Kleiner Waffenschein" **10** Abs. 4 Satz 4; **10**, 12
– Verlängerung **10** Abs. 4 Satz 2
– Waffentransport **12**, 23 ff.
**Waffenverbote** für den Einzelfall **41**; **58** Abs. 6
– bei erlaubnispflichtigen Waffen oder Munition **41**, 8

1055

# Sachverzeichnis

Fette Zahlen ohne Zusatz = §§ des WaffG

- bei erlaubnisfreien Waffen **41**, 2 ff.
- Unterrichtungspflichten gegenüber Polizei u. a. **41**, 10
- Wirkungen des Verbots **41**, 6

**Waffenvermittler 1,** 65

**Waffenverordnungen**
- Fortgelten aF Art. 19 Nr. 3 WaffR-NeuRegG; B **22**, 5

**Wandler** (mechanisch-elektrischer) zur Gasdruckmessung BeschussV Anlage III Nr. 5.3; 5.4

**Wahrnehmung hoheitlicher Aufgaben 55** Abs. 2

**Warenzeichen** (s.: „Marke")

**Wasserbombenablaufeinrichtungen** keine Kriegswaffen K KWL Anhang 2 Abs. 41

**Wasserfahrzeuge** als Kriegswaffen K KWL Anhang 2 Abs. 18

**Wechselbare Gaskartuschen:** keine wesentlichen Teile: Anlage 1 A 1 U 1 Nr. 1.3.3

**Wechselläufe 2,** 44; Anlage 1 A 1 U 1 Nr. 3.2; Anlage 2 A 2 U 2 Nr. 2.1; B **2,** 6

**Wechselsysteme** Anlage 1 A 1 U 1 Nr. 3.5; Anlage 2 A 2 U 2 Nr. 1.3; Anlage 2 A 2 U 2 Nr. 2.1

**Wechseltrommeln 2,** 45; B **2** Abs. 2 Nr. 7; Anlage 1 A 1 U 1 Nr. 3.4; Anlage 2 A 2 U 2 Nr. 2.2
- als höchstbeanspruchtes Teil B **2,** 13

**Wegfall der Bedürfnisprüfung** Anlage 2 A 2 U 3

**Weisungsgebundener Erwerb und Besitz 12,** 9

**Weißfertig** B **2,** 16 **19,** 1; BeschussV **3** Abs. 1 Satz 2

**Werbung 35**
- Pflichten des Anbieters **35,** 2
- Pflichten des Publikationsorgans **35,** 3

**Werkzeuge**
- allgemein gebräuchliche **1,** 14; Anlage 1 A 1 U 1 Nr. 1.3; BeschussV Anlage I Nr. 6.3.2
- keine Hieb- und Stoßwaffen Anlage 1 A 1 U 2 Nr. 1.1

**wesentliche Teile** von Schusswaffen **23** Abs. 2 Nr. 3; **24** Abs. 1; **25** Abs. 1 Nr. 2; Anlage 1 A 1 U 1 Nrn. 1.3 und 1.3.4

- Kennzeichnungspflicht **24** Abs. 1
- von Vollautomaten **51,** 9

**Widerruf** im Beschussrecht **19**
- allgemein **19,** 5
- fakultativ **19,** 7 ff.
- obligatorisch **19,** 6

**Widerruf** im Waffenrecht **45**
- allgemein **45,** 7 ff.
- Ausnahme bei Wegfall des Bedürfnisses **45,** 12
- fakultativ **45,** 11
- Folgen **46,** 2 ff., 10 ff.
- Maßnahmen der Behörde nach W. **46**
- obligatorisch **45,** 9 f.
- Unterausnahme **45,** 13
- vermuteter Wegfall der Erteilungsvoraussetzungen **45,** 14

**Wiedererwerb** nach Abhandenkommen **12,** 14

**Wiederholung** von Verstößen **5** Abs. 2 Nr. 4 und 5

**Wiederholungsbeschuss** BeschussV **6**

**Wiederholungsprüfung** betriebener Schussapparate BeschussV **24**
- Prüfzeichen BeschussV **25**

**Wiederladen von Hülsen** Anlage 1 A 2 Nr. 8.1
- nichtgewerbsmäßiges erlaubnisfrei Anlage 2 A 2 U 2 Nr. 6.1
- keine Zulassungspflicht BeschussV **37** Abs. 1 Satz 1 Nr. 2

**Wildererwaffen 2,** 8; Anlage 2 A 1 Nr. 1.2.3
- Strafbarkeit **52,** 30

**Wirkstoffmunition,** verbotene **2,** 26; Anlage 2 A 1 Nr. 1.5.5

**Wirtschaftliche Unternehmung 21** Abs. 1; Anlage 1 A 2 Nr. 9

**Wochenmarkt 35,** 16

**Wohnräume 1,** 48; **49** Abs. 2 Satz 1; B **17** Abs. 2 Satz 2

**Wohnung 12** Abs. 3 Nr. 1; Anlage 1 A 2 Nr. 4

**Würgegeräte 1,** 23 g; Anlage 1 A 1 U 2 Nr. 1.2.6
- Verbot: Anlage 2 A 1 Nr. 1.3.8

**Wurf** Anlage 1 A 1 U 2 Nr. 1.1

**Wurfsterne 2,** 13; Anlage 2 A 1 Nr. 1.3.3
- Strafbarkeit **52,** 35

magere Zahlen = Randnummern

# Sachverzeichnis

**Zellen** für Kampfflugzeuge oder Kampfhubschrauber K KWL Anhang 2 Abs. 15
**Zerlegbare Schusswaffen 2,** 8; Anlage 2 A 1 Nr. 1.2.3
**Zerstören** Anlage 1 A 1 U 1 Nr. 1.4
**Zeugnis** über Sachkunde AWaffV **2** Abs. 4
**Zieleinrichtung** Anlage 1 A 2 Nr. 8.2
**Zielfernrohre** als solche nicht verboten Anlage 2 A 1 Nr. 1.2.4
**Zielfernrohre** Anlage 1 A 1 U 1 Nr. 4.2; verbotene: Anlage 2 A 1 Nr. 1.2.4.2
**Zielpunktprojektoren 2,** 9; Anlage 1 A 1 U 1 Nr. 4.1; Anlage 2 A 1 Nr. 1.2.4.1
– Strafbarkeit **52,** 31
**Zielscheinwerfer 2,** 9; Anlage 1 A 1 U 1 Nr. 4.1; Anlage 2 A 1 Nr. 1.2.4.1
– Strafbarkeit **52,** 31
**Zielsuchköpfe** K KWL Anhang 2 Abs. 11; Nr. 58 KWL Begriff: K KWL Anhang 2 Abs. 50
**Zier- und Sammlerwaffen 2,** 36, 57; Anlage 2 A 2 U 2 Nr. 1.5
– Anzeigeverfahren B **9,** 2
– technische Anforderungen BeschussV Anlage I Nr. 6.1.1; 6.2
**Zimmerstutzen** B **4,** 3
**Zivile halbautomatische Schusswaffen,** die das Aussehen von vollautomatischen Kriegswaffen haben Anlage 1 A 3 Nr. 2.7; AWaffV **6** Abs. 1 Nr. 2
**Zollamtliche Überwachung** B **1,** 12
**Zollbeschau 33,** 4
**Zollstellen,** Mitwirkung im Kriegswaffenrecht K KWL Anhang 1 Abs. 3 und 4
**Zollverwaltung 55** Abs. 1 Nr. 4
**Zubehör** von Schusswaffen Anlage 2 A 1 Nr. 1.2
**Zündbänder** Anlage 2 A 3 U 2 Nr. 3
**Zündblättchen** Anlage 1 A 1 U 3 Nr. 1.4.2 sowie Anlage 2 A 3 U 2 Nr. 3
**Zündblättchenpistolen 1,** 13; Anlage 2 A 3 U 2 Nr. 3
**Zünder** K KWL Anhang 2 Abs. 11; Nr. 57 KWL; nicht erfasste Gegenstände: K KWL Anhang 2 Abs. 49
**Zündhütchen** als Teile von Zündern: keine „Zünder" nach Nr. 57 KWL K KWL Anhang 2 Abs. 49
**Zündhütchenzündung** s. Perkussionswaffen
**Zündnadelzündung** Anlage 2 A 2 U 2 Nr. 1.9
– Schusswaffen mit Z.: Handel erlaubnisfrei Anlage 2 A 2 U 2 Nr. 5.2
**Zündringe** s. Amorces
**„zugriffsbereit" 12,** 25
**Zulassung**
– Abweichung im Einzelfall B **13**
– Ausnahmen vom Erfordernis der Prüfung und Zulassung im Einzelfall B **13**
– Versagung der Zulassung s. Versagung
– von Munition BeschussV **28** bis **37**; s. auch „Zulassung von Munition"
– von pyrotechnischer Munition B **10,** 1
– von Schreckschuss- und Reizstoffwaffen B **8,** 1
– von Schussapparaten, Einsteckläufen u. a. B **7**
– von sonstiger Munition B **11**
– Zuständigkeit BeschussV **19**
**Zulassungen,** Fortgeltung früherer B **21,** 1
**Zulassungsbescheid** BeschussV **19**
**Zulassungsprüfung** (Typenprüfung) bei Patronen- und Kartuschenmunition BeschussV Anlage III Nr. 1
**Zulassungszeichen** B **12** Abs. 2; Anlage 2 A 2 U 2 Nr. 1.3; BeschussV **20** und Anlage II hierzu
– für bauartgeprüfte SRS-Waffen nach § 8 BeschG einschließlich Zusatzgeräten zum Verschießen
– pyrotechnischer Geschosse BeschussV Anlage II Abb. 6
– für Handfeuerwaffen, Schussapparate und Einsteckläufe nach § 7 BeschG und für nicht tragbare Geräte nach § 24 Abs. 1 BeschussV: BeschussV Anlage II Abb. 5

# Sachverzeichnis

Fette Zahlen ohne Zusatz = §§ des WaffG

- für pyrotechnische Munition nach § 24 WaffG iVm. § 17 BeschussV: BeschussV Anlage II Abb. 7
- nach Bauartprüfungen gem. § 9 Abs. 1 BeschG: BeschussV Anlage II Abb. 11
- nach Bauartprüfungen gem. § 9 Abs. 2 Nr. 2 bis Nr. 4 BeschG: BeschussV Anlage II Abb. 12

**Zulassung und Prüfung** von Kartuschen- und Patronenmunition BeschussV **29** und Anlage III zur BeschussV

**Zulassung von Munition** BeschussV **28** bis **37**; Anlage III zur BeschussV
- Antragsverfahren BeschussV **30**
- Ausnahmen BeschussV **37**
- behördliche Kontrollen BeschussV **34**
- Bekanntmachung BeschussV **36**
- Fabrikationskontrolle BeschussV **33**
- Form der Z. BeschussV **32**
- Prüfmethoden BeschussV **31**
- Überprüfung im Einzelfall BeschussV **35**

**Zurückweisung** vom Beschuss: BeschussV **4**

**Zusammenklappbare** Schusswaffen s. Wildererwaffen

**Zusammentreffen** strafbarer Handlungen **52**, 70 ff.; K **19**, 20; K **20**, 8; K **22 a**, 20 ff.

Zusatzgeräte
- für Schussapparate B **7**, 4
- Übergangsvorschrift B **22**, 3

- zum Verschießen pyrotechnischer Geschosse (Bauartzulassung) B **8**, 2, 4; Anlage 1 A 1 U 1 Nr. 2.7

**Zuständigkeit**
- der Bundesanstalt für Materialforschung und -prüfung (BAM) B **20**, 4
- der Physikalisch-Technischen Bundesanstalt (PTB) B **20**, 3, 5
- örtliche **49**, 2 ff.
- sachliche **48**, 2 ff.; B **20**; K **23**, 10

**Zuständigkeitsverordnungen** der Länder **48** Abs. 1; abgedr. unter **Nr. 13**

**Zuverlässigkeit 5**, 2 ff.
- absolute Unzuverlässigkeit **5**, 8 ff.
- Begriff **5**, 3
- Erkundigungen der Behörde **5** Abs. 5
- Fristberechnung bei Anstaltsverwahrung **5**, 26
- Fünfjahresfrist **5**, 17
- Mitgliedschaft in verbotenen Organisationen **5**, 18
- Regelüberprüfung **4** Abs. 3; **4**, 10
- Regelunzuverlässigkeit **5**, 13 ff.
- verfassungsfeindliche Bestrebungen **5**, 21
- Voraussetzungen für die Annahme der Unzuverlässigkeit **5**, 4 ff.
- Zehnjahresfrist **5**, 7

**Zweck** des Waffengesetzes **1**, 1

**Zweckbestimmung bei Schusswaffen 1**, 3 a; Anlage 1 A 1 U 1 Nr. 1.1 und Nr. 1.2.1

**Zweigniederlassungen 21** Abs. 3 Nr. 1

**Zweigstellen**, unselbständige **21**, 16